Oerter, Montada u. a.
Entwicklungspsychologie

Rolf Oerter
Leo Montada

Entwicklungs-psychologie

Ein Lehrbuch

2., völlig neubearbeitete und erweiterte Auflage

E. K. Beller, S.-H. Filipp, H. Grimm,
A. Hildeschmidt, E. Hoff, W. Hussy, P. Kastner,
E. Olbrich, F. Petermann, H. Rauh,
U. Schmidt-Denter, M. Schuster, K. Schneewind,
R. K. Silbereisen, T. B. Seiler, W. Wannenmacher

mit 173 Abbildungen und
80 Tabellen

Psychologie Verlags Union
München-Weinheim 1987

Anschriften der Hauptautoren

Prof. Dr. Rolf Oerter, Lehrstuhl für Psychologie II,
Universität München, Leopoldstr. 13, 8000 München 40
Prof. Dr. Leo Montada, Fachbereich I – Psychologie, Universität Trier,
Postfach 3825, 5500 Trier

Anschriften des Wissenschaftlichen Beirates des Psychologie-Programms

Prof. Dr. Dieter Frey, Institut für Psychologie der Universität Kiel,
Olshausenstr. 40/60, 2300 Kiel
Prof. Dr. Siegfried Greif, Universität Osnabrück, Fachbereich 8 Psychologie,
Knollstr. 15, 4500 Osnabrück
Prof. Dr. Heiner Keupp, Institut für Psychologie, Universität München,
Leopoldstr. 13, 8000 München 40
Prof. Dr. Ernst-D. Lantermann, Gesamthochschule Kassel, Fachbereich 3,
Heinrich-Plett-Str. 40, 3500 Kassel
Prof. Dr. Rainer K. Silbereisen, Fachbereich 06 Psychologie, Universität Gießen,
Otto-Behaghel-Str. 10, 6300 Gießen
Dr. Bernd Weidenmann, Universität der Bundeswehr München,
Fachbereich Sozialwissenschaften, Werner-Heisenberg-Weg 39, 8014 Neubiberg

Lektorat:

Dr. H. Jürgen Kagelmann

Abbildung auf dem Einband: „Altersstufen"
Chromo-Lithographie der Fa. May (Dresden) um 1900.
Wir danken dem Museum für deutsche Volkskunde Berlin (West) für die freundliche Überlassung.

CIP-Kurztitelaufnahme der Deutschen Bibliothek

Entwicklungspsychologie : e. Lehrbuch/Rolf Oerter . . . –
2. Aufl. – München ; Weinheim : Psychologie-Verl.-Union,
1987.
1. Aufl. im Urban u. Schwarzenberg Verl.,
München, Wien, Baltimore
ISBN 3-621-27017-5
NE: Oerter, Rolf [Mitverf.]

Umschlagentwurf: Atelier Warminski. Gesamtherstellung: C. H. Beck, Nördlingen

5 · 4 · 3 · 2

ISBN 3-621-27017-5

Vorwort zur zweiten Auflage

Die erste Auflage dieses Lehrbuches erschien im Jahre 1982. Daß bereits wenige Jahre später eine stark erweiterte und neu bearbeitete zweite Auflage notwendig wurde, liegt vor allem daran, daß die Entwicklungspsychologie in einer erfreulich dynamischen Entwicklung begriffen ist und die Zahl der wissenschaftlichen Publikationen stark angewachsen ist. Gerade auch im deutschen Sprachraum hat die entwicklungspsychologische Forschung neue Impulse erhalten, was sich daran ablesen läßt, daß in dieser neuen Auflage des Lehrbuches weitaus häufiger als in der ersten Auflage auf Forschungsergebnisse und theoretische Abhandlungen aus dem deutschen Sprachraum Bezug genommen wird.

Es ist eine allgemeine Erwartung, daß Lehrbücher vor allem das gut gesicherte Wissen eines Faches darzustellen haben. Befindet sich eine Disziplin aber in einer raschen Entwicklung, dürfen neue Forschungsgebiete nicht ausgespart bleiben. Es ist den Autoren dieses Lehrbuches ein besonders wichtiges Anliegen, nicht nur Fakten zu vermitteln (von denen wir im übrigen nicht wissen, ob sie bei gesellschaftlich-kulturellen Veränderungen Bestand haben werden), sondern dem Leser entwicklungspsychologische Fragestellungen, Denkweisen und Modelle für eigene Beobachtungen und für die Rezeption auch künftiger Forschungsergebnisse nahezubringen.

In dieser zweiten Auflage ist unter anderem daher der ökologische Ansatz stärker berücksichtigt, der die Bedeutung von Entwicklungskontexten hervorhebt. Dabei wird einerseits anhand von Befunden gezeigt, unter welchen Umständen der Mensch seine eigene Entwicklung handelnd gestalten kann und welche Wechselwirkungen es zwischen dem sich entwickelnden Menschen und der sich wandelnden Umwelt gibt. Andererseits wird versucht, Entwicklung in Mensch-Umwelt-Systemen zu beschreiben, in denen Veränderungen eines Systemteils Auswirkungen auf die Veränderung aller anderen Systemteile haben können.

Darüber hinaus sind Forschungsbereiche stärker repräsentiert, die in den letzten Jahren zunehmende Beachtung gefunden haben. So ist der Entwicklung im mittleren und höheren Erwachsenenalter viel mehr Raum gewidmet als bisher. Ebenso wurde die Darstellung der kognitiven Entwicklung weiter ausdifferenziert. Stark erweitert ist auch der anwendungsbezogene Teil des Lehrbuches.

Die Gliederung des Buches wurde in den Grundzügen beibehalten. In zwei Einführungskapiteln sind neben historischen Entwicklungslinien und aktuellen Trends die spezifischen Fragestellungen, Perspektiven, Modellvorstellungen und methodischen Zugangswege der Entwicklungspsychologie dargestellt. Anschließend wird der ökologische Ansatz in der Entwicklungspsychologie behandelt.

Der zweite Teil des Buches gibt einen Überblick über Entwicklungsveränderungen in den einzelnen Altersbereichen, die sich von der frühesten Kindheit bis ins Alter erstrecken.

Im dritten Teil werden Entwicklungen einzelner Funktionsbereiche (Erkenntnis- und Problemlösungsprozesse, Begriffsbildung und -bedeutung, Gedächtnis, Sprache, Motivation und Handlungssteuerung, soziale Kognition und Moral) beschrieben und analysiert. Diese Kapitel sind zwar thematisch nicht auf einzelne Lebensperioden beschränkt, behandeln jedoch vorzugsweise Entwicklungslinien in der Kindheit und Jugend.

Der vierte Teil ist wichtigen Anwendungsfragen und -feldern der Entwicklungspsychologie gewidmet. Er wird eingeleitet durch einen systematischen Überblick über Probleme der Angewandten Entwicklungspsychologie. Es folgen Beispiele aus unterschiedlichen Lebensabschnitten von der frühen Kindheit bis ins höhere Alter. Dieser Teil enthält auch ein breit angelegtes Kapitel über Familienentwicklung, das einen Überblick über die Familienforschung zur altersabhängigen Veränderung der Familienstruktur unter Einbezug mehrerer Generationen vermittelt.

Das Buch schließt mit einer Einführung in Forschungsmethoden der Entwicklungspsychologie. Ausgehend von Forschungsfragen und anhand von Beispielen werden Untersuchungspläne, Methoden der Entwicklungsdiagnostik und Datenerhebung sowie Methoden der Theorieprüfung vorgestellt.

Die erste Auflage fand weite Verbreitung in verschiedenen Ausbildungsgängen und Berufsgruppen. Auch die zweite Auflage wendet sich an diesen breiten Interessentenkreis. Wir haben uns daher bemüht, die Kapitel so abzufassen, daß sie in wesentlichen Teilen ohne fachspezifische Vorkenntnisse verständlich sind. Freilich ließ sich dieser Vorsatz nicht immer durchhalten, da man sonst auf einige Themengebiete ganz hätte verzichten müssen.

Wir hoffen, mit dieser zweiten Auflage das Interesse an Entwicklungspsychologie weiter anzuregen und darüber hinaus den Lesern einen Zugang zu eröffnen, der es gestattet, eigene Fragestellungen und Lösungsmöglichkeiten aus entwicklungspsychologischer Sicht zu analysieren.

München/Trier, im Juni 1987 *Rolf Oerter und Leo Montada*

Inhalt

Teil I: Einführung

Teil III: Entwicklung einzelner Funktionsbereiche

Teil IV: Angewandte Entwicklungspsychologie

Teil V: Methoden der Entwicklungspsychologie

Teil I

Einführung

Kapitel 1

Themen, Traditionen, Trends

Leo Montada

Kapitel 2

Der ökologische Ansatz

Rolf Oerter

Kapitel 1

Themen, Traditionen, Trends

Leo Montada

1. Gegenstand und Aufgaben der Entwicklungspsychologie

Was ist und zu welchen Zwecken betreiben wir *Entwicklungspsychologie?* Dieses Buch soll einen Überblick über verschiedenartige Antworten vermitteln, die in der etwa hundertjährigen Geschichte der empirischen Entwicklungspsychologie gegeben wurden. Der Leser sollte keine allgemein akzeptierte Bestimmung des Gegenstandes und der Aufgaben der Disziplin, sondern einen Strauß von Meinungen, Modellen und Methoden erwarten. Verschiedene Forschungstraditionen gehen von unterschiedlichen Menschenbildern und Konzepten der Entwicklung aus, sie wählen daher unterschiedliche Modelle für die Beschreibung und Erklärung und unterschiedliche wissenschaftliche Methoden (Schmidt 1970, Trautner 1978a). Allen gemeinsam ist nur eines: Sie untersuchen *Veränderungen.* Das tun andere psychologische Disziplinen aber auch, wie die Lernpsychologie, die Klinische Psychologie, die Psychopathologie oder die Sozialpsychologie. Welche Veränderungen nennen wir Entwicklung?

Vorschläge zur Gegenstandsbestimmung

1. Def ,,Wir bezeichnen solche psychophysischen Veränderungsreihen als Entwicklung, deren Glieder existentiell auseinander hervorgehen (d.h. in einem natürlichen inneren Zusammenhang stehen), sich Orten in einem Zeit-Bezugssystem zuordnen lassen und deren Übergänge von einem Ausgangszustand in einen Endszustand mit Hilfe von Wertkriterien zu

beschreiben sind.“ Diese Definition Hans-Dieter Schmidts (1970, S. 20) entspricht einer klassischen Auffassung von Entwicklung.

Was sind die definierenden Begriffe? Es ist die Rede von einer *Veränderungsreihe* mit mehreren *Gliedern.* An einer Veränderung sind also mehrere Schritte unterscheidbar. Zum Beispiel kann die Entwicklung der Fortbewegung des Kleinkindes bis zum Laufen verkürzt wie folgt gegliedert werden: Robben (mit nachgeschleppten Beinen), Krabbeln (auf Händen und Knien), Stehen und Gehen (mit und ohne Hilfe) (vgl. Abb. 1.1). Gehen diese Glieder auseinander hervor? Darf man in diesem Falle annehmen, daß der jeweils spätere Entwicklungsschritt die vorhergehenden als Voraussetzung hat? Die motorischen Funktionen des Gehens setzen wohl die Funktionen des Stehens voraus, setzt aber Stehen auch Krabbeln voraus?

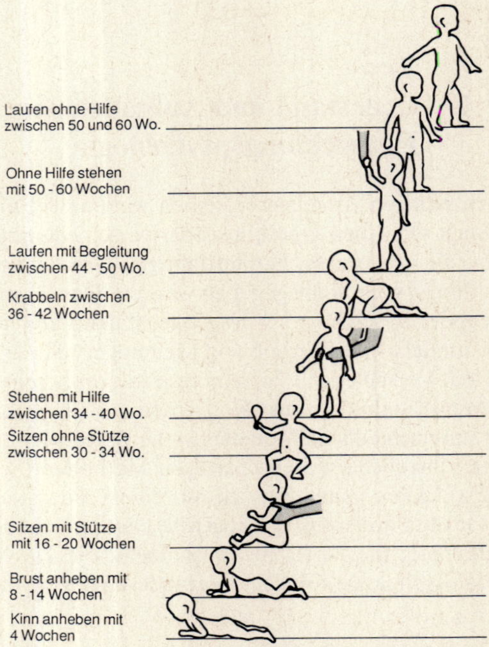

Abb. 1.1 Entwicklung des motorischen Verhaltens. Durchschnittswerte des Erwerbs der Fähigkeiten aus mehreren Untersuchungen

Die Zuordnung zu einem Zeitbezugssystem kann eine Ordnung in eine zeitliche Abfolge (vorher–nachher) oder eine Ordnung auf einer Zeitskala wie Lebensalter bedeuten. In der Entwicklung des Laufens lassen sich einzelne Entwicklungsschritte Altersperioden zuordnen.

Schließlich ist gefordert, daß die Übergänge von einem Ausgangszustand in einen Endzustand mit Hilfe von Wertkriterien zu beschreiben sind. Entwicklung wird als eine Veränderungsreihe aufgefaßt, die auf ein „höheres" Niveau gerichtet ist. Krabbeln ist gegenüber Robben, Laufen gegenüber Krabbeln die schnellere Fortbewegung, und beim Laufen bleiben auch die Hände frei für andere Tätigkeiten. Insofern kann man in diesem Fall schon funktionale Wertkriterien anlegen.

In diesem Lehrbuch sind viele Stufen- und Stadienabfolgen beschrieben, die in die o.g. Definition Schmidts passen, z.B. solche in der Entwicklung der Begriffsbildung und des logischen Denkens, der Syntax, des Verstehens anderer Menschen, des moralischen Urteilens, der Bildung sozialer Gruppen. Aber es werden auch viele Veränderungen genannt, die nicht in diesen engen Entwicklungsbegriff passen. Von Veränderungs*reihe* kann man nur sprechen, wenn die einzelnen Entwicklungsschritte *qualitativ* unterscheidbar sind, wenn nicht nur quantitative Veränderungen erfaßt werden, wie z.B. die quantitative Zunahme der Gedächtnisleistung oder des Wortschatzes oder der Anzahl gelöster Aufgaben in einem Intelligenztest. Ist die quantitative Zunahme also keine „Entwicklung"?

Diese Annahme wäre problematisch. Die Unterscheidung von qualitativen und quantitativen Veränderungen muß nicht im Gegenstand selbst, sie kann in der Methode der Erfassung liegen. Es gibt qualitative und quantitative Modelle für die Beschreibung von Veränderungen, die jeweils andere Ausschnitte oder Aspekte des Veränderungsprozesses sichtbar machen. Die Zunahme des Wortschatzes eines Kindes ist quantitativ zu erfassen durch Zählen der verwendeten oder verstandenen Wörter; die gleichzeitigen Veränderungen der Bedeutungszusammenhänge im Wortschatz sind hingegen nur qualitativ zu beschreiben (vgl. Kap. 12). Die Intelligenzentwicklung kann man sowohl als rein quantitative Zunahme lösbarer Aufgaben wie auch als qualitative Veränderung der Strukturen des Denkens und Problemlösens auffassen. Ein innerer Zusammenhang der Veränderungsschritte ist allerdings bei quantitativ beschriebenen Veränderungen nicht zu erfassen.

Die geforderte Beurteilung an einem Wertmaßstab engt die Menge der Veränderungen, die unter diesen Entwicklungsbegriff fallen, sehr ein. Es gibt viele Veränderungen, für die angemessene Wertkriterien schwierig zu finden sind, in anderen Fällen ist eine Wertung umstritten. Die Veränderung etwa „zu mehr Autonomie" kann von unterschiedlichen Folgen oder Standpunkten her positiv oder negativ beurteilt werden. Fehlentwicklungen, die durchaus etwa als Veränderungsreihe mit innerem Zusammenhang aufzufassen sind, blieben aus der Definition ganz ausgeschlossen.

Es gibt noch engere Definitionen als die zitierte von Schmidt. Man hat Entwicklung eingeschränkt auf Veränderungen, die *allgemein* oder *universell,* d.h. in allen Entwicklungsumwelten (z.B. in allen Kulturen) zu beobachten sind. Das trifft vielleicht für manche Veränderungsreihen während der Kindheit und Jugend zu, z. B. für die motorische Entwicklung bis zum Laufen, die Sprachentwicklung bis zur Beherrschung der grammatischen Strukturen der jeweiligen Erwachsenensprache und die geistige Entwicklung bis zur Beherrschung logischer Ableitungen. Die interindividuellen Unterschiede sind in diesen Fällen eher solche des Tempos als solche der Richtung und Abfolge der Schritte. Alle Forscher, die Stadien- oder Stufenfolgen vorschlugen (Hall, Piaget, Kroh, Kohlberg u. a.), neigten zu dieser definitorischen Abgrenzung.

Andere Forscher wollten diese Einengung des Gegenstandsbereiches vermeiden, zunächst einmal weil – streng genommen – empirisch Universalität nicht bewiesen werden kann, da nicht alle *möglichen* Entwicklungsumwelten beobachtbar und realisierbar sind. Man kann empirisch nicht feststellen, ob die Entwicklung unter ganz anderen Umweltbedingungen gleich (invariant) oder anders verliefe. Vor allem aber war man gerade an unterschiedlichen (differentiellen) Entwicklungen interessiert, denn nur sie geben Aufschluß über Bedingungen der Entwicklung. Die Unterschiede von Kultur zu Kultur, zwischen historischen Epochen, von Familie zu Familie und von Person zu Person geben Hinweise auf Einflußfaktoren, die in der genetischen Ausstattung, in Merkmalen der Entwicklungsumwelt (Familie, Schule, Nachbarschaft, Kultur), in spezifischen Erfahrungen, in spezifischen Ereignissen (Verletzungen, Erkrankungen) oder in Merkmalen der sich entwickelnden Person selbst gesucht werden.

Eine Arbeitsdefinition:
Wir versprechen uns keinen Gewinn von einer sehr einengenden Definition des Begriffs Entwicklung. Man benötigt aber eine Arbeitsdefinition, die den Gegenstandsbereich soweit präzisiert, daß nicht alle Veränderungen eingeschlossen sind, die in der Psychologie untersucht werden, wie Lernen, Vergessen, Adaptieren, Sensibilisieren, Hemmen, Verdrängen, Bewußtwerden usw.

Ein akzeptierter Vorschlag zur Abgrenzung ist folgender: Alle Veränderungen vollziehen sich in der Zeit. Gegenstand der Entwicklungspsychologie sind Veränderungen, die sinnvollerweise auf die Zeitdimension Lebensalter bezogen weden können. Kessen (1960) hat dafür die Formel $V = f(A)$ vorgeschlagen: Veränderung (V) als Funktion (f) des Lebensalters (A). Das ist ein häufig verwendetes Abgrenzungskriterium: Altersangaben, Altersverlaufskurven, Altersnormen sind charakteristische Informationen in entwicklungspsychologischen Forschungsberichten.

Dazu ein *Beispiel:* Die Allgemeine Psychologie hat den zeitlichen Verlauf des Vergessens von auswendig gelerntem Stoff untersucht und Vergessenskurven und deren Bedingungen ermittelt. Die Entwicklungspsychologie untersucht Veränderungen solcher Vergessenskurven über das Leben, also nicht die Vergessenskurve als Funktion der Zeit, sondern Veränderungen der Vergessenskurve im Verlauf des Lebens, wie das in Abbildung 1.2 hypothetisch dargestellt ist. Sollte sich bei nach Art und Umfang gleichen Stoffen die Vergessenskurve im Laufe des Lebens generell oder bei einzelnen ändern, würde eine allgemeine oder individuelle Altersverlaufskurve des Vergessens zu erstellen sein.

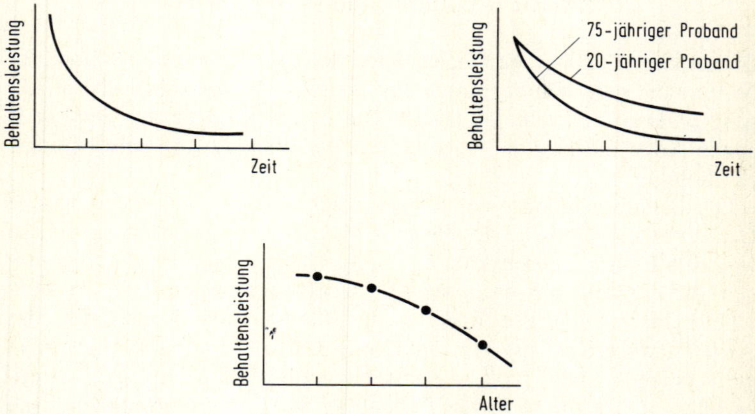

Abb. 1.2 Von der Allgemeinen Psychologie zur Entwicklungspsychologie

Kessens Formel kann suggerieren, daß das Lebensalter die Ursache der Veränderung sei. Diese Annahme wäre falsch. Alter ist keine Variable, die als solche schon eine psychologische Bedeutung hat. Lebensalter dient lediglich der beschreibenden Aufzeichnung der Veränderung, nicht ihrer Erklärung (Wohlwill 1977). Eine Veränderung tritt nicht ein, weil jemand älter wird, sondern weil Ereignisse eintreten, die diese Veränderungen bewirken. Diese Ereignisse mögen aus dem einen oder anderen Grunde mit dem Alter korrelieren. Das Alter ist also nur ein Stellvertreter oder Indikator für solche Ereignisse. Die Entwicklungspsychologie muß die wirklichen Bedingungen kennen, sonst ist eine Veränderung nur beschrieben, aber nicht erklärt.

Mit fortschreitender Lebenszeit (mit zunehmendem Alter also) können Veränderungen einhergehen, die als biologische Reifung anzusehen sind. Es können Erfahrungen über die Umwelt und sich selbst gesammelt werden, neue Methoden der Erfahrungsgewinnung werden erlernt, neue gesellschaftliche Rollen werden übernommen. Alles dies kann zu Veränderungen des Verhaltens und Erlebens führen.

Wir wollen nicht leugnen, daß die obige Arbeitsdefinition kaum mehr als den kleinsten (noch) gemeinsamen Nenner der Entwicklungspsychologie darstellt. Sie grenzt ein, was viele als Entwicklung ansehen. Zum

Verständnis von Entwicklungsprozessen trägt sie nur wenig bei. Die wesentliche Aufgabe besteht darin, die Veränderungen quantitativ und/ oder qualitativ genau zu beschreiben, ihre inneren Zusammenhänge und ihre äußeren Bedingungen aufzudecken.

Zwecke der Entwicklungspsychologie

Ein anderer Zugang, die Gegenstände der Entwicklungspsychologie zu bestimmen, geht von der Frage aus, welche Beiträge das Fach zur Lösung praktischer Probleme leistet. Die Fragestellungen aus der Praxis geben Auskunft über die Gegenstände der Wissenschaft Entwicklungspsychologie.

Der Schulpsychologe, der Klinische Psychologe, der psychologische Gutachter vor Gericht, sie alle brauchen Entwicklungspsychologie, so wie auch Eltern, Lehrer, Fürsorger oder Gesetzgeber ihre Entscheidungen auf entwicklungspsychologische Überzeugungen stützen. Wissenschaftliche Erkenntnisse fließen in das Bildungs-, das Wirtschafts-, das Sozial- und das Rechtssystem der Gesellschaft ein. Im folgenden werden wir versuchen, einige typische Klassen von Fragen aus der Praxis herauszustellen. (In Kap. 16 ist die Bedeutung der Entwicklungspsychologie für die Anwendungspraxis systematisch dargestellt, in den Kapiteln 17–23 sind einige Anwendungsbereiche exemplarisch behandelt.)

Orientierung über den Lebenslauf

Was hat man von einem Säugling, einem Grundschulkind, einem Jugendlichen, einem Erwachsenen, einem Greis zu erwarten? Welche Kompetenzen, Einstellungen, Interessen darf man voraussetzen? Welche Anforderungen sind angemessen, in welcher Hinsicht ist Schutz oder Schonung geboten? In welchen Entwicklungsperioden hat man mit welchen typischen Krisen oder Problemen zu rechnen? Was muß vermieden werden, damit kein Schaden entsteht? In vielen Lebensbereichen wird solches Wissen über das weithin Gültige der menschlichen Entwicklung benötigt.

Die Entwicklungspsychologie hat die Aufgabe, solches Wissen bereitzustellen, ernst genommen. Die Beschreibung von Lebensphasen (z.B. Remplein 1957), Kataloge „altersspezifischer Entwicklungsaufgaben“ (z.B. Havighurst 1948), die Zusammenstellung von Leistungsinventaren für verschiedene Altersstufen (z.B. Gesell 1940) oder die Herausarbeitung typischer Entwicklungsprobleme (z.B. Erikson 1968) sind nur einige Beispiele dafür. Bis heute ist die allgemeine Orientierung über Leistungen, Erwerbungen und Probleme der verschiedenen Altersstufen eine wichtige Aufgabe der Entwicklungspsychologie geblieben. Viele Kapitel dieses Buches werden daher den Leser über typische Erwerbungen, Entwicklungsaufgaben und Probleme verschiedener Lebensabschnitte informieren.

Unterschiede zwischen den Menschen werden dabei nicht übersehen. Sie werden durch Entwicklungstests objektiv meßbar gemacht, die Standards für die Bewertung des Entwicklungsstandes bieten: Welche Abweichungen vom Durchschnitt sind möglich? Wie sind sie zu erklären? Was bedeuten sie aktuell und für das weitere Leben? Wie ist das künftige Leben in günstiger Weise zu beeinflussen? Welche präventiven Maßnahmen gegen Fehlentwicklungen sind wann und in welcher Weise zu ergreifen? Wie kann man einen Menschen gegen schädigende Einflüsse immunisieren? Wie kann man die Wahrscheinlichkeit erhöhen, daß belastende Erfahrungen bewältigt werden? Wann und wie muß man mit den Vorbereitungen auf neue Aufgaben wie Schule, Beruf, Ehe oder Elterschaft beginnen? Wie kann man sich auf den Verlust sozialer Rollen oder auf den Verlust wichtiger Partner vorbereiten? Indem die Entwicklungspsychologie Antworten auf solche Fragen gibt, wird sie zu einem *Führer durch den Lebenslauf* für alle, die ihr eigenes Leben gestalten oder die andere bei der Gestaltung ihres Lebens unterstützen wollen.

Prognose der Ausprägung und Veränderung von Personmerkmalen

Welche Entscheidungen auch anstehen – die Festlegung von Unterrichtsstoffen oder des Sorgerechts, die Regelung der Volljährigkeit, der Strafmündigkeit oder der beruflichen Altersgrenzen, die Einleitung einer Psychotherapie oder die Bestrafung eines Vergehens – sie setzen entwicklungspsychologische Kenntnisse oder Meinungen voraus. Jede Maßnahme fußt auf mehr oder weniger sicheren Prognosen der weiteren Entwicklung. Ohne Vorhersagen von Entwicklungsverläufen, drohenden Störungen oder „spontanen" Remissionen (Besserungen) fehlt einer Entscheidung die rationale Grundlage: Eine Maßnahme mag dringend geboten oder überflüssig sein, wir wissen es nicht.

Lassen sich Schulerfolg, Harmonie in der Ehe, Bewältigung von Lebenskrisen oder das Auftreten pathologischer Störungen langfristig prognostizieren? Dies ist sicherlich eine schwierige Aufgabe, und es bleibt in aller Regel ein hohes Irrtumsrisiko, nicht nur, weil nicht alle Einflüsse bekannt sind, sondern weil der Mensch in der Lage ist, die eigene Entwicklung mitzugestalten, ihr eine neue Richtung zu geben. Entwicklung ist „plastisch": Sie ist in großem Maße nicht naturgesetzlich determiniert, sondern beeinflußbar und gestaltbar.

Ermittlung von Entwicklungsbedingungen

Charakteristisch für die entwicklungspsychologische Bedingungsanalyse im Unterschied etwa zu allgemein-, sozial- oder ökopsychologischer Forschung sind zwei Besonderheiten: Erstens werden die Auswirkungen von Einflußfaktoren (sofern möglich) nicht nur kurzfristig, sondern langfristig beobachtet. Vermutungen über die Spätfolgen von Kindheitserlebnissen, wie sie Sigmund Freud beispielsweise in der Erklärung von Psychoneurosen formulierte, mögen als Beispiel dienen (Freud 1920). Der Entwicklungspsychologe warnt davor, nur die aktuellen Wirkungen einer Erfahrung zu beurteilen. Manche Situation mag eine aktuell unangenehme und streßreiche Belastung darstellen, wie z. B. die befristete Trennung des Kleinkindes von der Mutter. Sie muß aber langfristig keine negativen Wirkungen haben. Wird sie bewältigt, ist die Person für künftige Belastungen dieser Art eher besser gerüstet.

Zweitens untersucht die Entwicklungspsychologie, inwieweit der bereits erreichte Entwicklungsstand als Bedingung für die weitere Veränderung eine Rolle spielt: Es wird geprüft, ob Effekt und Effizienz von Einflußfaktoren eine Funktion des bereits erreichten Entwicklungsniveaus (der Kompetenzen, der Interessen usw.) sind. Eine Einflußbedingung mag förderlich sein, wenn sie zur rechten Zeit kommt, sie mag Fehlentwicklungen auslösen, wenn sie zu früh erfolgt, und sie mag unwirksam bleiben, wenn sie zu spät erfolgt.

Begründung von Entwicklungszielen

Die Behauptung ist weit verbreitet, daß Erfahrungswissenschaften nur wertneutrales Wissen liefern, selbst aber keine Wertentscheidungen begründen können. Ziele sind sicher nicht allein aus wissenschaftlichen Befunden direkt ableitbar, sondern werden gesetzt. (In Kap. 16 wird ausführlicher dargestellt, auf welche Art und Weise Wissen und Meinungen über die Entwicklung in Wert- oder Zielentscheidungen einfließen.) Wenn aber entwicklungspsychologische Forschung aufzeigt, daß die Gestaltung der Entwicklungsumwelten einen größeren Einfluß auf das erreichbare Entwicklungsniveau (etwa der Intelligenz) hat, als zuvor angenommen wurde, dann werden da konkrete Interventionsziele möglich, wo man zuvor meinte, der Zufall der Erbausstattung determiniere die Entwicklung. Wenn die Forschung zeigt, daß man Ziele erreichen kann, werden Entscheidungen verlangt, wo zuvor nur Schicksalsergebenheit oder „fromme Wünsche" möglich waren.

Planung und Evalution von Interventionsmaßnahmen

Die Interventionsplanung baut auf den Prognosen, den entwicklungspsychologischen Bedingungsanalysen und Zielentscheidungen auf. Welche Maßnahmen sind bei welchen Voraussetzungen geeignet, ein Interventionsziel zu erreichen? Gibt es optimale Interventionsperioden? Gibt es für gegebene Entwicklungsvoraussetzungen optimale Interventionsformen? Das sind die typischen Fragen. Auch hier benötigen wir Informationen über die kurz- und langfristige Wirksamkeit, über kurz- oder langfristige Nebeneffekte, um entscheiden zu können, ob eine Maßnahme wirksam oder unwirksam, ob sie gefährlich oder förderlich ist. Ob es um Schulung oder Therapie, um Resozialisierung oder Rehabilitation, ob es um Adoption oder Bewährungshilfe geht, man muß versuchen, auch die längerfristigen Auswirkungen einzuschätzen. Langfristige ,,follow up-Studien" (also eine nachfolgende Wirkungsüberprüfung) zu Interventionen sind zwar immer aufwendig, aber wissenschaftlich und praktisch von großem Interesse.

2. Ein Abriß der Geschichte der Entwicklungspsychologie

Der Entwicklungsgedanke ist weder in der antiken, noch in der mittelalterlichen Philosophie differenziert ausgearbeitet worden. Ob er im allgemeinen Bewußtsein eine große Rolle spielte, darf bezweifelt werden. Ariès (1975) vermutete, daß für die Menschen des Mittelalters die ,,Metamorphosen" während Kindheit und Jugend nicht so ,,augenfällig" waren, wie sie es für uns heute sind. Ihm fiel auf, daß die Künstler des Mittelalters in Körperproportion und Kopfform oft keine Unterscheidung zwischen Kind und Erwachsenem machten. Häufig sind Kinder als kleine Erwachsene dargestellt: Der Kopf ist relativ zur Größe zu klein, das Gesicht im Verhältnis zum Hirnschädel zu groß.

Ariès meint, daß es keine Idee der Kindheit und Jugend als besonderen Lebensperioden gegeben habe, die Zeit der biologischen Abhängigkeit einmal ausgenommen. Kinder und Erwachsene hatten nicht nur gleiche Kleider, sondern auch die gleichen Spiele, Märchen, Schulen usw. Kinder (in unserem Verständnis) seien früher gehenkt, gefoltert und an den Pranger gestellt worden. Besonderheiten des kindlichen Erlebens und Begreifens der Welt, des anderen, des Selbst, der Moral seien unerkannt geblieben.

> ,,(...) das Kind wurde (...), kaum daß es sich physisch zurechtfinden konnte, übergangslos zu den Erwachsenen gezählt, es teilte ihre Arbeit, ihre Spiele (...) ohne die Etappe der Jugend zu durchlaufen (...)" (Ariès 1975, S. 46).

Es scheint auch im 17. Jahrhundert keine Trivialität gewesen zu sein, wenn der böhmische Pädagoge Johann Amos Comenius (1592–1670) einen kindgemäßen Unterricht oder – allgemeiner – eine altersgemäße Schule forderte.

„Wie für das ganze Menschengeschlecht die Welt eine Schule ist, von Anbeginn der Zeit bis zu ihrem Ende, so ist auch für jeden einzelnen Menschen sein ganzes Leben eine Schule, von der Wiege bis zur Bahre (...) Man muß nur jedem Alter das zu tun geben, wozu es geeignet ist, dann wird unser ganzes Leben bald von dem erfüllt sein, was wir lernen, tun und ins Werk setzen sollen. Wie nämlich jeder Tag, wie jedes Jahr seine Teile hat und diese wiederum ihre Abschnitte und ihre besonderen Aufgaben, so auch das ganze Leben." (Johann Amos Comenius, Pampaedia, entstanden zwischen 1650 und 1677).

Auch John Locke (1632–1704), der als erster empirische Studien über Kinder und Jugendliche forderte, fand die Aussage für mitteilenswert, daß Kinder nicht kleine Erwachsene seien, weswegen die Erwachsenen in den Fehler verfielen, die Möglichkeiten und die Bedürfnisse der Kinder falsch einzuschätzen.

Erst Mitte des 18. Jahrhunderts erreichte der Entwicklungsgedanke einen ersten Höhepunkt. Jean-Jacques Rousseau (1712–1778) schrieb 1762 seinen Erziehungsroman „Emile", der außerordentlich einflußreich wurde und Pädagogen wie Johann Heinrich Pestalozzi (1746–1827), Friedrich Fröbel (1782–1852) (den Begründer der Kindergartenidee) und später Maria Montessori (1870–1952) deutlich beeinflußt hat. Rousseau formulierte wohl als erster eindrucksvoll und prägnant den Entwicklungsgedanken.

Rousseau entwirft eine Naturphilosophie der Entwicklung, noch weit ab von jeder systematischen erfahrungswissenschaftlichen Beobachtung. Er sieht die menschliche Entwicklung als eine von innen programmierte Folge von vier Stufen, die er – weil in der Natur des Menschen begründet – als universell annimmt. Die Ausbildung des Körpers vom ersten bis zum dritten Lebensjahr, die Ausbildung der Sinnestätigkeit vom vierten bis zum zwölften Lebensjahr, die Ausbildung von Verstand und Urteil zwischen dem 13. und 15. Lebensjahr bereiten die Entwicklung des Gefühlslebens und der Sittlichkeit vom 16. Lebensjahr an vor. Bis zu diesem vierten Stadium besitzt der Mensch noch keine sittlichen Gefühle, er ist also noch ein amoralisches – vormoralisches – Wesen, auch unfähig zu echten Sozialbeziehungen und damit nicht reif für eine Beteiligung an der Gesellschaft. Auf jeder Stufe bildet der Heranwachsende eine charakteristische Erscheinung, mit jeweils spezifischen Interessen und Fähigkeiten.

Aus der Überzeugung, allein das Neugeborene sei frei von der Verderbtheit der Welt, gelangt Rousseau zu einer „negativen" Pädagogik: Die Umwelt, die Kultur könne nur verbilden, wenn sie in den natürlichen Verlauf der Entwicklung eingreife. Er plädiert für Vertrauen in die natürliche Reifung des Menschen. Die Erziehung soll darauf beschränkt sein, gewisse Lernangebote zu machen, die dann aufgenommen werden, sobald der entsprechende Reifestand erreicht sei. Jede Verfrühung, jeder Versuch autoritativ ein Erziehungsziel durchzusetzen, führe zu Verbiegungen und schade der natürlichen Entfaltung der guten Anlagen des Menschen.

Ende des 18. Jahrhunderts fand der Entwicklungsgedanke rasch Verbreitung. Zur gleichen Zeit mehrten sich die Forderungen nach einer „Erfahrungsseelenkunde", also einer empirischen Psychologie. In Deutschland schrieb Johann Nikolas Tetens (1736–1807) „Philosophische Versuche über die menschliche Natur und ihre Entwicklung", Dietrich Tiedemann (1748–1803) veröffentlichte 1787 als erster „Beobachtungen über die Entwicklung der Seelenfähigkeit bei Kindern". In dieser Zeit erschienen mehrere „Psychologische Magazine", die zum Teil kinderpsychologische Fragestellungen behandeln, wie die von Joachim Heinrich Campe (1746–1818) herausgegebene „Allgemeine Revision des gesamten Schul- und Erziehungswesens". Vielfach waren in diesen Magazinen moralisierend-pädagogische Anliegen mit empirischer Beobachtung vermischt, typisch für ein noch vorwissenschaftliches Überzeugungswissen.

Anfänge einer wissenschaftlichen Entwicklungspsychologie

Die Entwicklungspsychologie als Erfahrungswissenschaft erhielt um die Mitte des 19. Jahrhunderts entscheidende Anstöße. Der Entwicklungsgedanke prägte den Zeitgeist nicht nur in der Biologie, sondern auch in den Geschichts- und Sozialwissenschaften.

Karl Marx (1818–1883) faßte die Geschichte als gesetzmäßige Entwicklung, die über den Klassenkampf zu einer Aufhebung der Klassen und der Entfremdung von Produktionsmitteln und Produkten führe. Der britische Philosoph Herbert Spencer (1820–1903) entwarf ein Bild der Welt, in dem überall die Gesetze der Entwicklung sichtbar werden, in der Evolution der Arten, in der Geschichte der Völker wie im psychischen Leben. Entwicklung wurde teils als Integration zu einem zusammenhängenden Ganzen, teils als Differenzierung innerhalb der Integration verstanden: Immer verschiedenartigere Teile werden immer abhängiger voneinander. Unabhängig von Darwin konzipierte er einen Evolutionsprozeß, in dem die Vererbung von erworbenen Anpassungsfunktionen (Lamarcks Theorie) und das Ausscheiden von Nichtangepaßtem die Mechanismen darstellen. Die Instinkte erkannte er als ererbte Funktionen. Deshalb forderte er das Studium der Tiere, an denen man die Instinkte in reinster Form beobachten könne. Damit nahm Spencer Einfluß auf die Entstehung einer vergleichenden Psychologie und einer Tierpsychologie.

Die Hauptwerke von Charles Darwin (1809–1882) über den Ursprung der Arten (1859) und über die Abstammung des Menschen (1871) gaben der vergleichenden Entwicklungspsychologie, die sich später in Kinder-, Völker- und Tierpsychologie differenzierte, ebenfalls einen mächtigen Impuls. Darwin selbst hat 1877 biographische Aufzeichnungen über die Entwicklung seines ersten Kindes veröffentlicht. Er erhoffte sich Informationen über die Natur des Menschen, solange diese noch nicht durch Erziehungseinflüsse überdeckt, „denaturiert" ist. Parallelen zwischen Mensch und Tier sollten seine These von der Abstammung des Menschen erhärten.

In der Folge entstanden mehrere Säuglings- und Kinderbiographien, als anekdotische Tagebücher geführt. „Die Seele des Kindes", (1882) publiziert von dem Jenaer Physiologen Wilhelm Preyer (1841–1897), wurde das bekannteste der frühen Werke. Die Methode lieferte später noch viele wichtige Erkenntnisse. Die Aufzeichnungen der Ehepaare Ernst und Gertrud Scupin (1907, 1910) und Clara und William Stern (1914) oder diejenigen Jean Piagets (1936, 1937, 1945) aus Beobachtungen der eigenen Kinder wurden zu Fundgruben der Entwicklungspsychologie der frühen Kindheit. Selbstverständlich wurden die Theorien, die die Beobachtung und die Interpretation leiten, mit dem Fortschritt einer eigenständigen Kinderpsychologie reichhaltiger und komplexer.

Die *vergleichende Orientierung* der frühen Kinderpsychologie wird besonders deutlich bei dem Begründer der amerikanischen Entwicklungspsychologie, Stanley Hall (1846–1924). Ernst Haeckel (1834–1919) hatte 1866 das ,,biogenetische Grundgesetz“ formuliert, wonach die Keimentwicklung eine Rekapitulation der Stammesgeschichte sei, also die Phylogenese in der embryonalen Ontogenese nachvollzogen werde. Hall (1904) entwarf analog eine psychogenetische Rekapitulationstheorie, die beinhaltet, daß die menschliche Individualentwicklung eine Wiederholung der kulturellen und biologischen Geschichte der Menschheit sei. Im Spiel, sagte Hall, wiederhole das Kind die kulturelle Evolution des Menschen. Karl Bühler (1879–1963), William Stern (1871–1938) spekulierten ebenfalls in diesem Sinne. Heinz Werner (1890–1964) zog einige Jahre später (1926) Parallelen zwischen der ontogenetischen Entwicklung des Kindes und der kulturellen Entwicklung: Er wies hin auf die Strukturähnlichkeiten zwischen kindlichen Formen der Darstellung, des Denkens und Schlußfolgerns sowie der Naturerklärungen und denjenigen der sogenannten primitiven oder *Naturvölker.*

Die *vergleichende Tierpsychologie* war zunächst ebenfalls von der Annahme solch kühner Parallelen gekennzeichnet. Ein Vergleich von Ausdrucksbewegungen, Lernleistungen und Problemlösungen führte anfangs häufig zu anthropomophen Deutungen des Tierverhaltens, das man dem menschlichen analog sah und mit Erlebnisbegriffen aus der Humanpsychologie interpretierte.

Diese Phase wurde aber bereits vor der Jahrhundertwende durch strenges Experimentieren, objektive Verhaltensbeschreibung und einen Verzicht auf Spekulationen über geistig-seelische Prozesse ,,hinter“ dem Verhalten abgelöst (Lloyd Morgan [1852–1936], Edward L. Thorndike [1874–1949], Iwan Pawlow [1849–1936]). Dies mündete im Behaviorismus (John B. Watson), dessen auch heute noch lebende Vertreter (wie Burrhus F. Skinner, Jacob L. Gewirtz) die Kluft zwischen Mensch und Tier insofern leugnen, als das Verhalten von Mensch und Tier auf die gleichen Grundprozesse des Erwerbs zurückgeführt wird.

Eine andere Linie führte zur *vergleichenden Verhaltensforschung (Ethologie),* die art-spezifisches Verhalten (Instinkte) mit exakten Methoden untersucht und einem interspecies-Vergleich unterzieht. Heute ist die Ethologie als Sozial-Biologie (social biology) zu einem hochinteressanten und sehr virulenten Forschungsbereich geworden. Ethologische Betrachtungsweisen menschlichen Verhaltens sind zunächst hypothetisch-spekulativ (z.B. Konrad Lorenz, 1963, über die Instinktbasis aggressiven Verhaltens bei Menschen), dann aber mit differenzierter

Charlotte Bühler
1893–1974

L. M. Terman
1877–1956

G. Stanley Hall
1844–1924

Sigmund Freud
1856–1939

erfahrungswissenschaftlicher Methodologie besonders in der Kleinkindforschung zunehmend fundierter geworden (Papoušek & Papoušek 1979, Grossmann 1983; vgl. auch Kap. 3 dieses Lehrbuchs).

Die letzte Variante der vergleichenden Psychologie führt zur *Völkerkunde*. Spencers These einer Evolution von Sitten, Ideen und Organisationsformen und Wilhelm Wundts (1832–1920) vielbändige Völkerpsychologie (Wundt 1900ff) mit einer Stadienlehre, die über eine Anzahl von Evolutionsstufen zum Zeitalter der Humanität führt, kennzeichnen diese Phase. Später gewann die vergleichende Kulturforschung eine ganz andere Orientierung: Die Einflüsse der Kultur auf die Entwicklung des Menschen wurden Gegenstand von Untersuchungen (Abraham Kardiner [1891–1981], Margaret Mead [1901–1978], Ruth Benedikt [1887–1948]). Heute ist dies Teil einer ökologischen Psychologie und kulturvergleichenden Sozialisationsforschung (vgl. Kap. 2).

Wachstum und Differenzierung der Entwicklungspsychologie im 20. Jahrhundert

Die Geschichte der Disziplin in unserem Jahrhundert zu schreiben, wäre ein enzyklopädisches Unternehmen. Alle Entwicklungen, Wurzeln und Verflechtungen offenzulegen, wäre ein schwieriges Unterfangen, wie neuere Psychologie-historische Arbeiten zeigen (Reinert 1976, Hehlmann 1963, Schmidt 1970, Baltes 1979). Es bleibt hier nur Raum für einige wenige Schlaglichter.

In den ersten Jahrzenten dieses Jahrhunderts konnte sich die Entwicklungspsychologie mit bedeutenden Wissenschaftlern an den Universitäten etablieren. Stanley Hall (1846–1924) an der Clark University, Alfred Binet (1857–1911) in Paris, William Stern (1871–1938) in Hamburg, Karl Bühler (1879–1962), später Charlotte Bühler (1893–1974) in Wien, Edouard Claparède (1873–1940), dann Jean Piaget (1896 bis 1980) in Genf gründeten einflußreiche Forschungsstätten und Schulen.

Zu gleicher Zeit konzipierte Sigmund Freud (1856–1939) außerhalb der akademischen Psychologie seine Theorie der Persönlichkeits- und Neurosenentwicklung, die später vor allem die Sozialisationsforschung sehr stark beeinflussen sollte.

Weitere Anstöße zur Beschäftigung mit der psychologischen Entwicklung kamen aus dem Bereich der Praxis. Insbesondere in den USA wurden sogenannte *Child Guidance Clinics* gegründet, die sich mit Verhaltensproblemen von Kindern und Jugendlichen befaßten und Fragen an die Forschung stellten (Child 1954).

Die Sammlung von Fakten mittels Beobachtung, Auswertung von Dokumenten (wie Tagebüchern), bald auch mittels Fragebogen, Test und Experiment wurde geleitet und ergänzt durch die Suche nach Gesetzmäßigkeiten und theoretischen Deutungen. Es bildeten sich *Forschungstraditionen der Entwicklungspsychologie* heraus, die sich in Fragestellungen, Methoden und Grundannahmen z.T. recht deutlich unterscheiden. Im folgenden werden einige dieser Richtungen kurz charakterisiert.

Deskriptiv-normative Entwicklungspsychologie

Die sorgfältige Beschreibung von altersspezifischen Entwicklungsniveaus und -veränderungen war viele Jahrzehnte ein wichtiges Anliegen der Forschung. *Phasenbeschreibungen* bilden eine erste Gruppe von Arbeiten: Dabei wurden die altersspezifischen Leistungen, Neigungen und Probleme zu typisierenden Porträts von Lebensabschnitten zusammengestellt, die das Anliegen einer allgemeinen Orientierung erfüllten. Die Abfolge von Phasen wird gelegentlich beschrieben als Aufeinanderfolge von Perioden der Konsolidierung und Perioden oft krisenhaften Umbruchs (Trotzphase, negative Phasen), die in die nächsthöhere Stufe münden.

Phasenbeschreibungen betonen die qualitativen Besonderheiten eines Lebensabschnitts. Das pädagogische Anliegen ist die Forderung nach der ständigen Bereitschaft, ,,hinter der besonderen Erscheinung des einer bestimmten Entwicklungsstufe angehörenden Kindes den Sinn kindlichen Daseins zu sehen, das eine Berechtigung nach natürlicher Bestimmung in sich trägt“ (Kroh 1935). Kroh fordert eine phasenspezifische Erziehung und folgt damit einer alten Forderung Pestalozzis, der den Bildungsgang dem ,,natürlichen Wachstum“ anpassen wollte.

Arnold Gesell (1880–1961) an der Yale Clinic of Child Development wurde zur Leitfigur einer sehr detaillierten objektiven Entwicklungsbeschreibung. In drei materialreichen Bänden trug er mit seinen Mitarbeitern Altersnormen von der Geburt bis zum 16. Lebensjahr für alle Verhaltensbereiche (Motorik, Sprache, begriffliches Denken, Interessen usw.) zusammen (Gesell 1940, Gesell & Ilg 1946, Gesell et al. 1956). Dem stehen ganz andere, nämlich interpretierende, wertende, zum Teil literarisch ansprechende Porträts einzelner Lebensperioden gegenüber wie Eduard Sprangers (1882–1963) Psychologie des Jugendalters (1926).

Phasenlehren fassen in der Regel die Entwicklung als erbdeterminierten Wachstums- oder Reifungsprozeß auf, der sich – minimale Umweltanregungen vorausgesetzt – regelhaft nach einem inneren Plan des Werdens vollziehe. Umwelteinflüsse wurden in dieser Tradition nicht systematisch erfaßt, schon gar nicht experimentell variiert.

Vernachlässigt wurden auch interindividuelle Differenzen zugunsten der generellen (typischen) Veränderungen. Nach Entwicklungsbedingungen wurde nicht geforscht. Entwicklung wird als biologisches Wachstum verstanden. Dies ist wohl vor allem der Grund der Beschränkung der Entwicklungspsychologie auf das Kindes- und Jugendalter, auf einen Lebensabschnitt also, in dem in der Tat allgemeine, sequentiell geordnete Veränderungen sehr augenfällig sind.

Gegen die Mitte des Jahrhunderts bildeten Stadien- oder Stufenbeschreibungen einzelner Funktionen unter Ausblendung der interindividuellen Differenzen und unter Vernachlässigung der Entwicklungsbedingungen eine der Hauptströmungen der Entwicklungspsychologie. Jean Piagets Werk über die geistige Entwicklung (Entwicklung der Begriffsbildung, des logischen Denkens, der Raum- und Zeitvorstellungen, des systematischen Experimentierens usw.) ist ein herausragendes Ergebnis dieser Betrachtungsweise (vgl. Kap. 8).

Die *Suche nach Gesetzmäßigkeiten* führte zur Konzeption von *Sequenzregeln für Entwicklungsreihen* (die sich zum Teil nicht ausschließen, sondern ergänzen). So wurde Entwicklung als Differenzierung diffus-ungegliederter Ausganszustände verstanden (Heinz Werner, Jean Piaget), als Umstrukturierung (der Gestaltpsychologe Kurt Koffka), als Überschichtung (Oswald Kroh), als Aufbau innerer Kontrollinstanzen (Sigmund Freud). Besondere Verbreitung gewann die Konzeption der Entwicklung als Abfolge von Stadien oder Stufen, wobei angenommen wurde, daß jedes einzelne Stadium durch ein mehr oder weniger durchgängiges Organisationsprinzip gekennzeichnet sei (Piaget, Kroh, Charlotte Bühler, Lawrence Kohlberg). Auf einige Stadienabfolgen wird in späteren Kapiteln Bezug genommen.

Zur Beschreibung von Entwicklungsveränderungen wurden *Meßskalen für verschiedene Funktionsbereiche* (Motorik, Intelligenz, Wahrnehmungsleistungen, Sozialverhalten usw.) erstellt. Sie erleichtern die Gewinnung von Altersnormen und Altersverlaufskurven. Die Intelligenzskala von Binet und Simon, die Kleinkindertests von Charlotte Bühler und Hildegard Hetzer, die Entwicklungsskalen von Gesell sind frühe Beispiele. (Eine Einführung in die Geschichte der Entwicklungstests gibt Reinert, 1964; Filipp & Doenges, 1981, vermitteln einen systematischen Überblick über die theoretischen und methodischen Probleme der Entwicklungstests sowie über einzelne Testverfahren.)

Suche nach Kontinuität und Diskontinuität in Längsschnittstudien

Die Verfügbarkeit von Entwicklungstests erleichterte in den 20er Jahren die Planung groß angelegter *Längsschnittuntersuchungen,* durch die Veränderungen, Kontinuitäten oder Diskontinuitäten der Entwicklung während einer weiteren Strecke des Lebenslaufs aufgedeckt werden sollten. Lewis M. Terman (1877–1956) von der Standford University begann 1921 seine ,,Genetischen Studien über den Genius" mit 661 kalifornischen Kindern mit einem IQ von 135 und höher. Er wollte auch dem Vorurteil entgegentreten, daß hohe Intelligenz die Anpassung an die Lebenswirklichkeit beeinträchtige. Tatsächlich fand man (Terman & Oden 1959), daß die Mehrzahl der 1910 geborenen Hochbegabten in der Mitte des Lebens vergleichsweise weniger psychische, berufliche und familiäre Probleme aufwiesen, also gut mit der Lebenswirklichkeit zurechtkamen.

Ende der 20er Jahre wurden dann mehrere Institute gegründet, in denen seither Personenstichproben über Jahrzehnte in regelmäßigen Abständen untersucht wurden. Wir verdanken diesen Untersuchungen einen großen Teil unseres Wissens über Kontinuität und Veränderung, über Stabilität von Merkmalen und Störungen, gelegentlich auch über die Spätfolgen von Erziehungseinflüssen und anderen Sozialisationserfahrungen in der Kindheit und Jugend. Die Fels-Studie (Sontag et al. 1958, Kagan & Moss 1962), die Berkeley Guidance Study (Honzik et al. 1948), die Berkeley Growth Study (Bayley 1949), die Harvard Growth Study in Boston (Dearborn & Rothney 1941), die Oakland Growth Study (Jones 1958) sind die bekanntesten Längsschnittuntersuchungen. Es geht in diesen Studien nicht um die Gewinnung von Altersnormen, sondern eher um den *Aufweis von Kontinuität und Diskontinuität* sowie um den Aufweis der Stabilität oder Instabilität interindividueller Differenzen (also individueller Entwicklungsverläufe) und damit um die Erkundung der Möglichkeit individueller Vorhersagen der weiteren Entwicklung.

Experimentelle Kinderpsychologie

Die experimentelle Kinderpsychologie wird üblicherweise zur Entwicklungspsychologie gerechnet, obwohl in der Mehrzahl der Untersuchungen nur eine einzige Altersgruppe beobachtet wird. Das Vorgehen ist das gleiche wie in der Allgemeinen Psychologie oder in der Sozialpsychologie: experimetelle Variationen antezedierender Variablen und Beobachtung von Veränderungen der abhängigen Variablen.

In zweierlei Hinsicht gewinnt diese Forschungsrichtung entwicklungspsychologische Relevanz. Einmal insofern, als die gleiche experimentelle Anordnung oder Aufgaben bei Stichproben verschiedenen Alters unterschiedliche Effekte haben kann. So mag die Frage gestellt und beantwortet werden, ob eine Konditionierung bei Säuglingen gelingt bzw. ob sie ebenso leicht gelingt wie zwei oder vier Jahre später, ob sich Vier- und Achtjährige beim Auswendiglernen einer Wortliste in bezug auf Leistung oder Strategie unterscheiden usw. Selbst bei Untersuchungen mit nur einer Altersgruppe lassen sich durch Vergleich mehrerer Untersuchungen mit vergleichbaren Probandenstichproben verschiedenen Alters Entwicklungsunterschiede entdecken.

Zum zweiten können experimentelle Bedingungen als *Entwicklungsbedingungen* interpretiert werden, sei es, daß man die in natürlichen Lebensformen wirksamen Einflußfaktoren im Experiment nachzustellen (zu „simulieren") glaubt, sei es daß man im Experiment ein Verfahren erproben will, das im Bewährungsfall später im natürlichen Lebensraum (Familie, Schule, Medien usw.) als Entwicklungsintervention eingesetzt werden soll.

Die experimentelle Kinderpsychologie ist eine nach wie vor sehr starke Strömung, vor allem in den USA. Die Mehrzahl aller der Entwicklungspsychologie zugerechneten Publikationen steht in dieser Tradition (vgl. McCall 1977, Schmitz 1979, Thomae 1979). Häufig untersucht wurden Lernen und Gedächtnis, Begriffsbildung und Regelfindung, Aufmerksamkeit und Wahrnehmung, Sprache und Kommunikation, motivationale und sozial-kognitive Prozesse. (Das Handbuch von Reese & Lipsitt, 1970, gibt dazu einen Überblick.)

Sozialisationsforschung

Die Sozialisationsforschung bildet in bezug auf die theoretische Grundhaltung einen Gegenpol zu den Phasen- und Stufenbeschreibungen und ihren reifungsanalogen Erklärungen. Methodisch ist sie in der Regel aber wie diese deskriptiv. Zwar gibt es auch eine experimentelle Sozialisationsforschung in dem Sinne, daß einzelne Einflußfaktoren experimentell im Labor ,,simuliert" werden, wenn z. B. die Identifikation mit einem Vorbild oder die Auswirkungen von Lob und Strafe auf die Ausbildung oder den Abbau von Verhaltensgewohnheiten oder wenn Beziehungsqualitäten wie Wärme vs. Kälte, Unterstützung vs. Strenge experimentell im Labor und nicht im Feld untersucht werden. Üblicherweise ist die Sozialisationsforschung aber Feldforschung. Beobachtung, Interview, Fragebogen sind die Datenerhebungsinstrumente. Die zu beobachtenden Kategorien sind meist mit gröberem Raster (,,molarer") beschrieben als die experimetellen Prozeduren im Labor, die ein eher molekulares Analyseniveau aufweisen.

Die Sozialisationsforschung erreichte in den 40er Jahren eine erste Blüte. Dem psychologischen Zeitgeist entsprechend dominierten psychoanalytische Hypothesen, nicht selten in eine lernpsychologische Terminologie übersetzt (Hunt 1946). Die Forschung war interkulturell vergleichend – Whiting und Child (1953) unternahmen den umfassendsten Kulturvergleich über psychoanalytisch relevante familiäre Sozialisationseinflüsse – oder intrakulturell vergleichend (z. B. Sears et al. 1957).

Die Sozialisationsforschung wurde auch durch Einflüsse aus der Soziologie zu einem außerordentlich virulenten Forschungsgebiet. Die sozialisierenden Einflüsse verschiedener sozialer und institutioneller Einheiten (z. B. Schule, Hochschule, Beruf, Nachbarschaften, Peergruppen, Medien) auf unterschiedliche Entwicklungsdimensionen (z. B. geistige, sprachliche, kommunikative Funktionen, Motive, Interessen, soziale Einstellungen, Werthaltungen) wurden untersucht. Auch Fehlentwicklungen (Delinquenz, psychopathologische Störungen) wurden auf Sozialisationserfahrungen zurückgeführt. (Einen ebenso historischen wie aktuellen Überblick bietet der materialreiche Sammelband von Hurrelmann und Ulich 1980.)

Inzwischen hat sich aus der Sozialisationsforschung eine ökologische Entwicklungspsychologie herausgebildet, in der nicht nur die ,,Vergesellschaftung", Sozialwerdung und Sozialmachung untersucht wird. Allgemeiner werden sozioökologische Umwelten, deren Auswirkungen auf und Transaktionen mit dem sich entwickelnden Menschen Gegenstand der Untersuchung (Walter & Oerter 1979; vgl. auch Kap. 2 dieses Buches).

Vor allem die *familiäre Sozialstation* fand das Interesse der Entwicklungspsychologen. Die Suche nach Grunddimensionen der Interaktion zwischen Eltern und Kindern (Wärme – Kälte, Grad der Kontrolle, der Konsistenz, der Unterstützung usw.) stand im Vordergrund. Das gilt auch für die Untersuchung abweichenden Verhaltens: Die Längsschnittstudien der Ehepaare McCord und Glueck über die Entwicklung der Prognose von Delinquenz seien als die bekanntesten Beispiele genannt (Glueck & Glueck 1940, McCord & McCord 1959).

Während lange Zeit selbstverständlich das Verhalten der Eltern als Bedingung, das Verhalten der Kinder als Folge interpretiert wurde, trifft man in jüngerer Zeit häufiger auch die umgekehrte Betrachtungsweise: das Kind als Erzieher der Eltern (Klewes 1983). Insgesamt setzen sich systemische Perspektiven durch, d.h. die gegenseitige Beeinflussung der Mitglieder eines Systems rückt in den Blickpunkt (z.B. Lerner & Busch-Rossnagel 1981).

Entwicklungsauswirkungen von Interventionen und Ereignissen

Langfristige Auswirkungen von Maßnahmen zu untersuchen, ist ein verbreitetes Anliegen. Systematische Interventionen (Adoptionen, Therapieversuche in Beratungsstellen, Behandlungen in Kliniken, Trainingsprogramme für verschiedene Fertigkeiten oder kognitive Funktionen usw.) können ebenso Eingriffe in die Entwicklung darstellen wie ungewollte gravierende Lebensereignisse als unsystematische ,,Interventionen des Schicksals" (Erkrankungen, längere Trennung von der Familie durch Krankheit in jüngerem Alter, Verlust der Eltern, familiäre Konflikte usw.): Wie wirken sie sich aus, kurzfristig und langfristig? Wirken sie bei allen gleich? Wenn nicht, welche Merkmale (Alter, Kompetenzen, Vorerfahrungen, familiäre oder andere soziale Stützsysteme) modifizieren die Wirkung solcher Einflußfaktoren?

Die Antwort auf diese Fragen muß in sogenannten ,,follow up-" oder Folgeuntersuchungen ermittelt werden. Die Beschreibung des Lebensschicksals adoptierter Kinder (Skeels 1966), von Kindern, die wegen verschiedener Störungen in einer Child Guidance Clinic behandelt wurden (Robins 1970), der Auswirkungen der großen Wirtschaftsdepression Anfang der 30er Jahre (Elder 1974), der Spätfolgen früher Trennungserfahrungen (Graham & Rutter 1977), der Langzeitwirkungen von Psychotherapie (Gosset et al. 1973, Lambert 1976), der Auswirkungen ,,kompensatorischer" Frühförderung (Lazar & Darlington 1982) sind Beispiele für diese Forschungsrichtung.

3. Einige alte Themen der Entwicklungspsychologie

Entwicklung als Interaktion von Anlage und Umwelt

Bis in unsere Tage entbrennen heftige Kontroversen über die Frage, ob den Erbanlagen oder den Umwelteinflüssen mehr Gewicht bei der Entwicklung eines Merkmals zukomme. Die Heftigkeit ist insofern verständlich, als sich erhebliche praktische Konsequenzen aus der Beantwortung dieser Frage ergeben. Determinierte die Vererbung die Entwicklung, könnten wir nur über eugenische Maßnahmen Einfluß auf die Entwicklung nehmen; ist die Umwelt ein wesentlicher Entwicklungsfaktor, sind z. B. bildungs-, familien-, wirtschafts- oder sozialpolitische Maßnahmen angezeigt. Ideologische Voreingenommenheiten sind ebenso verbreitet wie unsinnig: Empirische Forschung sollte die Antworten auf die anstehenden Fragen geben. Wie aber ist diese anzulegen, damit gültige Antworten gefunden werden?

Die erbliche Basis art- und rassetypischer Merkmale, der Geschlechtszugehörigkeit und einiger pathologischer Phänomene ist heute unbestritten. Als Träger der Erbanlagen wurden Gene ausgemacht, die beim Menschen in 23 mikroskopisch darstellbaren Chromosomenpaaren organisiert sind (Abb. 1.3). Mehrere Möglichkeiten des Nachweises von Vererbungseinflüssen sind zu unterscheiden.

Abb. 1.3 Chromosomensatz des Menschen

Klassische Methoden zum Nachweis von Anlageeinflüssen

Chromosomenanomalien

Relativ unproblematisch ist der Nachweis der Vererbung in jenen Fällen, in denen ein Zusammenhang zwischen phänotypischem Merkmal und chromosomalem Merkmal erkennbar ist. So wird die Geschlechtszugehörigkeit durch das 23. Chromosomenpaar determiniert, das beim Mann unterschiedliche (XY), bei der Frau gleiche Paarlinge (XX) aufweist. Nicht nur das Geschlecht läßt sich auf chromosomale Merkmale zurückführen. Über 1500 Chromosomenanomalien sind bis heute beschrieben. Die meisten führen zum Tode oder zu pathologischen Veränderungen, häufig zu Debilität.

Ein Beispiel ist der sogenannte *Mongolismus* (das Down-Syndrom): Die Kinder kommen mit einem mongoloiden Gesichtsschnitt zur Welt; sie haben typischerweise ein zu niedriges Intelligenzniveau; ihre Lebenserwartung ist vermindert; sie sind im allgemeinen nicht fortpflanzungsfähig. Die Erkrankung ist auf eine Anomalie des 21. Chromosomenpaares zurückzuführen: Statt der üblichen zwei zählen wir hier drei Chromosomen. Dies beruht auf einer fehlerhaften Trennung der Chromosomensätze während der zweiten Zellteilung. Sie tritt bei älteren Müttern signifikant häufiger auf als bei jüngeren, insgesamt etwa in 15 Fällen auf 10000 Geburten.

Eine weitere Chromosomenanomalie ist das *Turner's–Syndrom.* Dies sind Frauen mit nur einem X-Chromosom, als XO dargestellt. Diese Frauen sind wegen Verkümmerung der Ovarien unfruchtbar und häufig kleinwüchsig. Auch werden die sekundären Geschlechtsmerkmale in vielen Fällen nicht ausgebildet. Money (1963) ermittelte eine signifikante Schwäche im Bereich der Raumwahrnehmung bei XO-Trägerinnen. Zusätzlich wurde eine Reihe psychologischer Auffälligkeiten wie Passivität, Vagheit und Mangel an Initiative beschrieben (Hampson et al. 1955). Man darf aber nicht übersehen, daß diese psychologischen Merkmale auch sekundäre Auswirkungen der physischen Auffälligkeiten darstellen können (Sabbath et al. 1961).

Es ist heute von der achten Woche der Schwangerschaft an möglich, durch Punktieren der Fruchtblase und Entnahme von Fruchtwasser embryonale Zellen im Frühstadium zu gewinnen, die man kultivieren und dann in bezug auf chromosomale Strukturen diagnostizieren kann. Der Eingriff ist relativ ungefährlich und liefert wichtige Informationen für die humangenetische Beratung Schwangerer.

Passung in ein Erbgangsmodell

Bei chromosomalen Auffälligkeiten ist die erbliche Basis von Merkmalen eindeutig festzustellen. Eine weitere Möglichkeit besteht darin, aus der Beobachtung eines Merkmals in der Generationenfolge bei Passung in ein *Erbgangsmodell* (ein Beispiel stellen die Mendelschen Gesetze dar) auf Erblichkeit zu schließen.

Gene oder Allele, die die Erbinformation enthalten und übertragen, sind doppelt vorhanden, je eines von der Mutter und vom Vater. Die gepaarten Allele können die identische oder verschiedene Erbinformation enthalten. Enthalten die Allele verschiedene Erbinformationen, dann sind zwei Fälle zu unterscheiden: Entweder ein Allel ist dominant und setzt sich in der Merkmalsausprägung gegenüber dem anderen, rezessiven, durch oder beide zusammen sind dominant und führen zu einer Mischform.

Rezessive Allele treten erst in Erscheinung, wenn sie auf ein zweites rezessives Allel mit der identischen Erbinformation treffen. Viele Krankheiten sind durch rezessive Allele bedingt und kommen erst zur Ausprägung, wenn zwei identische rezessive Allele zusammentreffen. Bei einer Heirat von Blutsverwandten ist die Wahrscheinlichkeit wesentlich höher als bei einer Heirat von nicht Verwandten.

Bei klar abgrenzbaren (diskreten) Merkmalen kann der Erbgang in der Generationenfolge leicht entdeckt und verfolgt werden. Über 3000 verschiedene Krankheiten mit nachgewiesenem Erbgang sind bis heute bekannt (Vogel & Motulsky 1979), u. a. die Bluterkrankheit, Diabetes mellitus, verschiedene Organtumore, Schizophrenie, Alkoholismus. In vielen Fällen ist eine Erkrankung nicht allein durch die Anlage determiniert. Anlagebedingt ist lediglich ein erhöhtes Risiko, das je nach Entwicklungsumständen, Umwelt und Lebensführung zu Erkrankungen führt.

Es gibt Phänomene, deren Erbgangsanalyse die Annahme zuläßt, ein *einziges Gen* sei für ihre Entstehung verantwortlich: so etwa bei einer Form der geistigen Behinderung, der Phenylketonurie (Brenztraubensäureschwachsinn), deren Ursache eine angeborene Eiweißstoffwechselstörung ist. Für eine normale Entwicklung ist die Produktion eines bestimmten Enzyms notwendig, welches ein Eiweiß (das Phenylalanin) in Phenylbrenztraubensäure umwandelt. Fehlt dieses Enzym, dessen Synthese durch ein Gen kontrolliert wird, wird die Konzentration des Phenylalanins im Körper zu hoch, was die Zellen des zentralen Nervensystems schädigt. Schwachsinn ist die Folge.

Bei in kontinuierlichen Abstufungen vorkommenden psychologischen Variablen wie Intelligenz, Dominanz oder Aggressivität muß ein Zusammenwirken vieler unabhängig voneinander vererbter Gene oder Gengruppen angenommen werden (polygene Vererbung). Dabei kann das gleiche Gen sich unter dem Einfluß anderer Gene (Modifikatoren) verschieden auswirken. Durch eine Erbgangsanalyse können wir in diesen Fällen den Anlageeinfluß nicht nachweisen. Dann stehen uns zwei Wege offen. Der erste ist der Versuch der *Reinzüchtung,* der zweite besteht in der Anwendung sogenannter *populationsgenetischer Analysemethoden.*

Reinzüchtung

Liegt eine kontinuierlich abgestufte Variable vor, z. B. Aggressivität, kann man Reinzüchtung dadurch versuchen, daß man die extremen phänotypischen Ausprägungen auswählt und jeweils untereinander kreuzt, also z.B. hochaggressive Hunde miteinander oder sehr friedliche Exemplare miteinander, und zwar in mehreren aufeinanderfolgenden Generationen. Wenn es gelingt, die phänotypische Varianz der Nachkommen durch die Kreuzung ähnlicher Individuen einzuschränken, ist ein Erbeinfluß nachgewiesen.

Mit Menschen kann man nicht in dieser Weise experimentieren. Dennoch lassen sich Analogien finden.

a) Wir wissen heute z.B., daß die Wahl des Ehepartners in bezug auf Intelligenz nicht zufällig ist, sondern daß sich in der Regel Partner ähnlicher Intelligenz zusammenfinden. Falls dies über mehrere Generationen der Fall war, ist mit einer stärkeren Einschränkung der Varianz der Nachkommen eines Paares zu rechnen, als im umgekehrten Fall wenn Intelligenz erstmalig in einer Generationenfolge ein Kriterium der Partnerwahl darstellt. Auch ist damit zu rechnen, daß extremere Ausprägungsgrade der Intelligenz in der Population häufiger werden, wenn über mehrere Generationen diesbezüglich Ähnlichkeit Kriterium der Partnerwahl war, was als Indikator einer von Generation zu Generation höheren Reinheit des entsprechenden Genpools anzusehen ist.

b) Wenn verwandte Personen miteinander Nachkommen haben, ist die Wahrscheinlichkeit größer, daß gleiche Anlagen zusammentreffen. Jede auffällige Häufung von Merkmalen in der Population der Nachkommen miteinander verwandter Eltern ist ein Indiz für einen Anlageeinfluß. Allerdings muß man auch Umwelteinflüsse kontrollieren, die hierfür verantwortlich sein könnten. Dies wird in populationsgenetischen Analysen versucht.

Populationsgenetische Analyse

Genotyp und Entwicklungsumwelt: Die Beziehungen zwischen dem Genotyp, dem Gesamt der Erbanlagen, und dem Phänotyp, dem Erscheinungsbild des Organismus, sind meist komplex. Der gleiche Phänotyp kann durch verschiedene Genotypen verursacht sein, und der gleiche Genotyp kann sich in unterschiedlichen Entwicklungsumwelten verschieden auswirken. Eine Anlage zur Schizophrenie mag sich in einem optimalen Milieu nicht auswirken, andererseits kann eine musikalische Begabung ohne Förderung brachliegen bleiben. So ist Brenztraubensäureschwachsinn zu vermeiden, wenn man den Enzymdefekt frühzeitig diagnostiziert und eine Phenylalanin-freie Diät verabreicht. Entsprechende Analysen gehören heute zur Standarduntersuchung in Kliniken.

Nur wenige Ausnahmen von dieser Regel sind bekannt. Die *Huntingtonsche Chorea* (der Veitstanz) scheint sich zumindest in einem weiten Variationsspektrum von Entwicklungsumwelten zu manifestieren, so daß man versucht ist, das krankmachende dominante Gen als notwendige und hinreichende Bedingung für diese Erkrankung anzusehen. Chorea ist durch auffällige, bizarre Bewegungen und Affektstörungen gekennzeichnet. Ein allmählicher Intelligenzabbau ist häufig zu beobachten; psychotische Symptomatik ist nicht selten. Die Krankheit verläuft tödlich; der Tod ist 15 Jahre nach Auftreten der ersten Symptome zu erwarten.

In aller Regel ist die Wirkung des Genotyps durch die Art der Entwicklungsumwelten beeinflußbar, und es ist die Aufgabe der empirischen Forschung festzustellen, welche phänotypischen Varianten durch welche Umweltbedingungen bei gleichem Genotyp zustande kommen und welche Interaktionen zwischen Umwelten und Anlagen bestehen. Es ist eine Frage der Theorienbildung, die Wege des Zusammenwirkens zwischen Anlagen und Umwelteinflüssen zu präzisieren, was im Falle der Phenylketonurie gelungen ist, in vielen anderen Fällen aber noch aussteht.

Die populationsgenetischen Methoden erlauben es, die in einer Population gegebenen phänotypischen *Unterschiede* auf Anlage und/oder Umwelt*unterschiede* zurückzuführen. Wir gehen aus von einer hypothetischen Feststellung: Der gleiche Phänotypus, z.B. ein gewisses Maß an Aggressivität oder ein bestimmter Intelligenzquotient (IQ) kann auf sehr vielen Wegen zustande kommen. Ein mittlerer IQ könnte sich beispielsweise durch die Kombination einer sehr guten Veranlagung mit einer sehr ungünstigen Umwelt oder einer sehr schwachen Begabung mit einem optimalen Milieu ergeben; oder Anlage und Umwelt sind beide von mittlerer Güte. Der Einzelfall kann uns bei diesen Verhältnissen keine Aufklärung über die Gewichte der beiden Faktorengruppen in der Population bringen. Wir brauchen größere Personenstichproben.

In einer Population haben wir
- phänotypische Unterschiede zwischen den Personen,
- unterschiedliche Anlageähnlichkeit, was aus dem Verwandtschaftsgrad zu erschließen ist, und
- unterschiedliche Umweltähnlichkeit, was aus geeigneten Umweltbeschreibungen und -skalierungen zu ersehen ist.

Die Frage ist nun, ob die phänotypischen Unterschiede höher mit den Anlageunterschieden (negativ mit dem Grad der Verwandtschaft) oder höher mit den Umweltunterschieden korrelieren.

Die Frage nach dem Gewicht von Anlage und Umwelt. Methodische Ansätze zur Klärung

Sir Francis Galton (1822–1911), ein Vetter Charles Darwins, beobachtete, daß häufig berühmte Wissenschaftler aus den gleichen Familien stammen (‚English Men of Science‘, 1887). Er schloß daraus auf eine Vererbung wissenschaftlicher Begabung. Dies ist fragwürdig, denn nicht nur die Erbanlagen, sondern Erziehung und Milieueinflüsse (spezifizierbar als Anregung, als Bildung, als Zielsetzung, als Vorbildwirkung usw. und eventuell auch als Hilfe bei der Positionsfindung) sollten ähnlich gewesen sein. Anlage und Umwelt sind also konfundiert in Galtons

Beobachtungen, und die *Auflösung dieser Konfundierung von Anlage- und Umweltähnlichkeiten* stellt das methodische Problem der Populationsgenetik dar.

Wir haben phänotypische Merkmalsausprägungen in Paaren oder Mengen von Individuen zu vergleichen, die wir hinsichtlich der Ähnlichkeit oder Unähnlichkeit ihrer Erbanlagen und ihrer Entwicklungsumwelten einschätzen können. Es wurden verschiedene Methoden vorgeschlagen und eingesetzt, die dieses erreichen sollen.

a) Zwillingsuntersuchungen:
Anlageähnlichkeit ist nicht zu beobachten, sondern nur zu erschließen. Verschiedene Verwandtschaftsgrade sollten Abstufungen der Anlageähnlichkeit darstellen. Wir können uns hier auf ein Experiment des Lebens stützen. Eineiige Zwillinge (EZ) entwickeln sich aus einem einzigen befruchteten Ei und sind anlagemäßig identisch. Alle Unterschiede müssen auf andere als Anlagefaktoren zurückgeführt werden, z. B. auf Meßungenauigkeiten oder auf Umweltunterschiede während der Entwicklung (Krankheiten, Unfälle, spezifische Erfahrungen, Schulung usw.). Bei allen anderen Verwandtschaftsgraden (Geschwister, Vettern verschiedenen Grades) können die phänotypischen Unterschiede sowohl auf Anlageunterschiede als auch auf Umweltunterschiede zurückführbar sein. Bei längerem gemeinsamen Aufwachsen sollten letztere geringer sein als ohne gemeinsame Lebensabschnitte. Zweieiige Zwillinge (ZZ) sind anlagemäßig nicht ähnlicher als normale Geschwister, teilen aber normalerweise, da gleich alt, mehr an Erfahrungen als diese, d. h. ihre Umwelt sollte im Falle des gemeinsamen Aufwachsens ähnlicher sein als bei jenen.

Eventuell beobachtete Ähnlichkeitsdifferenzen zwischen ZZ und normalen Geschwistern sind also nur auf größere Umweltdifferenzen bei letzteren zurückzuführen. Sind Ähnlichkeitsdifferenzen zwischen ZZ- und EZ-Paaren nur auf unterschiedliche Anlagedifferenzen zurückzuführen oder auch auf Umweltdifferenzen? Sicherlich zunächst auf die größeren Anlagenunterschiedlichkeiten der ZZ-Paare, möglicherweise aber auch auf größere Umweltdifferenzen. Es sind stichhaltige Argumente dahingehend vorgebracht worden, daß auch die Umwelt für EZ-Paare ähnlicher sei als für ZZ-Paaren. Von Bracken (1933) ermittelte durch Befragungen von Eltern, Lehrern, den Zwillingen selbst, daß im Vergleich zu ZZ-Paaren EZ-Paare eine längere Zeit des Tages zusammen verbringen, häufiger die gleichen Freunde haben, sich in der Schule häufiger helfen, mehr für den jeweils anderen eintreten, gleiche Interessen haben; sie sind schwieriger zu unterscheiden und werden daher auch ähnlicher behandelt und beurteilt als die ZZ-Paare. Trotz dieser Einwände: Wenn – wie in mehreren Untersuchungen ermittelt – EZ-Paare auch bei frühzeitiger Trennung eine größere Ähnlichkeit hinsichtlich der Intelligenzleistungen aufweisen als ZZ-Paare, die zusammen aufwachsen, dann spricht dies für einen erheblichen Anlageanteil an den phänotypischen Ausprägungsdifferenzen der Intelligenz.

b) Untersuchungen an Adoptivkindern:
Überzufällige Ähnlichkeiten zwischen Adoptiveltern und Adoptierten können – sofern sie nicht verwandt sind – nur aus zwei Quellen stammen: Erstens mag es eine differentielle Plazierung bei Adoptionen geben, z. B. derart, daß diejenigen mit einer besser eingeschätzten Intelligenzanlage in intelligentere Adoptivfami-

lien vermittelt werden. Zweitens dadurch, daß die Unterschiede zwischen den Adoptiveltern via Umwelteinfluß auf die adoptierten Kinder übertragen werden.

Auf der anderen Seite kann eine überzufällige Korrelation zwischen den biologischen Eltern und den frühzeitig adoptierten Kindern – falls differentielle Plazierung ausgeschlossen werden kann – nur auf Anlageähnlichkeiten zurückgeführt werden.

c) Studien über die Wirkungen spezifischer Umwelteinflüsse:
Die Wirkungen der Umwelt auf die Entwicklung von Merkmalen kann auf drei Weisen abgeschätzt werden. Erstens durch Interventionsforschung, also durch Beobachtung der Auswirkung intentionaler Veränderung in der Entwicklungsumwelt (etwa im Sinne von Schulungsmaßnahmen, spezifischer Trainings oder Therapien), zweitens durch Studien, in denen Umweltunterschiede mit Merkmalsunterschieden korreliert werden und drittens durch die Untersuchung der Auswirkungen von Veränderungen der Lebenslage (Adoption, Berufswechsel, Arbeitslosigkeit usw.).

Hinsichtlich der Anlage-Umwelt-Frage besteht immer das Problem, ob eine Korrelation zwischen Umweltfaktoren und Entwicklungsmerkmalen nicht durch die Erbanlage vermittelt ist. Umweltdifferenzen können Bedingungen für Merkmalsdifferenzen, aber auch deren Folge sein. Dave und Wolf (zitiert nach Bloom 1973), berichteten beeindruckende Korrelationskoeffizienten zwischen Merkmalen des familiären Anregungsmilieus und Intelligenz- bzw. Schulleistungen. Nicht eindeutig kann aber erklärt werden, wie dieser Zusammenhang kausal zu interpretieren ist. Es kann sich um eine Auswirkung der familiären Förderung handeln, um eine Auswirkung eines mit dem Ausmaß an Förderung und Anregung korrelierten Anlagefaktors oder um eine Rückwirkung kindlicher Leistungsinteressen auf die elterlichen Förderungsangebote.

Eine Untersuchung an Adoptivkindern

Munsinger (1975) hat 17 bisher publizierte Adoptivkinderuntersuchungen methodenkritisch analysiert. Greift man aus diesen 17 Untersuchungen die methodisch besten heraus, ergibt sich folgendes interessante Ergebnismuster: Der mittlere IQ der Adoptiveltern und der IQ der Adoptivkinder korreliert mit r = .18 (N = 351) deutlich geringer als die entsprechenden Werte der biologischen Mütter und der Adoptivkinder (r = .34). Dieser Wert liegt allerdings auch deutlich unter dem Koeffizienten für Eltern und ihre natürlichen, nicht getrennt lebenden Kinder (r = .58) (vgl. Tabelle 1.1). Interessant ist, daß je älter die Adoptivkinder werden (je länger die Trennung von ihren biologischen Eltern ist), um so höher wird die Korrelation zwischen Kindern und natürlichen Eltern.

Tabelle 1.1 Kovariation der Intelligenz von Kindern und ihren biologischen bzw. Adoptiveltern (nach Munsinger 1975)

	N-Fälle	durchschnittliche Korrelation
Durchschnittswert der Adoptiveltern (Intelligenzalter) x IQ des Kindes	351	.19
Durchschnittswert der biologischen Eltern (Intelligenzalter) x IQ des Kindes (zusammen lebend)	378	.58
Durchschnittswert der biologischen Eltern (sozialer Status) x IQ des Kindes (getrennt lebend)	41	.70
IQ der biologischen Mutter x IQ des Kindes (getrennt lebend)	255	.34

Munsinger moniert, daß häufig über die Repräsentativität der Stichprobe der Adoptierten (aus allen zur Adoption anstehenden Kindern) und über selektive Veränderungen der Ausgangsstichprobe nichts ausgesagt ist. Auch bemängelt er, daß häufig Informationen über den biologischen Vater fehlen oder von zweifelhafter Güte sind. Die Vergleichbarkeit der Intelligenzmerkmale bei biologischen und Adoptiveltern ist fraglich, da die untersuchten biologischen Mütter durchschnittlich zehn Jahre jünger sind und bezüglich ihres beruflichen Bildungsstandes – der häufig als Indikator für ihre Intelligenz verwendet wurde – weniger gefestigt sind. Außerdem sind sie häufig durch eine uneheliche Geburt und durch die Entscheidung zur Freigabe zur Adoption emotional stark belastet. Auch fehlen in vielen Untersuchungen Informationen über differentielle Plazierungen, über das Alter bei der Adoption und über die vorausgehende Entwicklungsumwelt. Festzuhalten ist, daß die Qualität der Information über die biologischen Eltern üblicherweise geringer ist als die Qualität der Information über die Adoptiveltern. Wenn sich trotzdem in den meisten Untersuchungen ein höherer Korrelationskoeffizient zwischen biologischen Eltern (meist nur Mutter) und Kindern ergibt als zwischen Adoptiveltern und Adoptivkindern, dann ist dieser Unterschied sicherlich nicht eine Folge der genannten methodischen Schwächen. Er ergibt sich im Gegenteil trotz dieser Schwächen, d. h., man darf einen Anlageeinfluß wirklich annehmen.

Ein Forschungsbeispiel zur Populationsgenetik: Intelligenz

In Tabelle 1.2 sind Korrelationen der Intelligenz von Paarlingen unterschiedlichen Verwandtschaftsgrades aufgelistet, die zusammen oder getrennt aufwachsen. Anlageähnlichkeit (EZ mit identischer Anlage, Geschwister, nicht verwandte „Paare" mit nur zufälliger Anlageähnlichkeit) und Umweltähnlichkeit (gemeinsam und nicht gemeinsam aufwachsende Paare) sind unabhängig voneinander variiert.

Man sieht, daß größere Anlageähnlichkeit auch dann mit höherer IQ-Ähnlichkeit einhergeht, wenn die Paarlinge in früher Kindheit getrennt wurden und in verschiedenen Umwelten aufgewachsen sind: Getrennt aufwachsende EZ weisen eine höhere IQ-Ähnlichkeit auf als gemeinsam aufwachsende Geschwister und ZZ. Nicht verwandte Paarlinge, die in der gleichen Umwelt aufwachsen (z.B. in einer Adoptivfamilie), weisen demgegenüber nur eine geringe IQ-Ähnlichkeit auf (vgl. auch die synoptische Darstellung in Abb. 1.4).

Dies sind deutliche Indizien dafür, daß in der untersuchten Population ein größerer Anteil an den phänotypischen Unterschieden, zu erfassen durch den statistischen Begriff der Varianz (Summe der quadrierten Abweichungen vom arithmetischen Mittel), durch Unterschiede im Erbgut als durch Umweltunterschiede während der Entwicklung erklärt wird. Welche Schlüsse sind aus diesem Tatbestand zu ziehen? *Läßt sich daraus folgern, daß das Merkmal Intelligenz stärker durch Anlagen als durch Umwelt determiniert sei?* Wir begegnen solchen Interpretationen leider recht häufig. Sie mögen sehr voreilig sein, wie das folgende Gedankenexperiment aufzeigen soll.

Tabelle 1.2 Phänotypische Ähnlichkeit bei unterschiedlichem Verwandtschaftsgrad und unterschiedlicher Umweltähnlichkeit (mediane Werte jeweils mehrerer Untersuchungen) nach Burt (1966)

Verwandtschaftsgrad	Schulleistung	Intelligenz
Eineiige Zwillinge		
gemeinsam aufwachsend	.98	.92
getrennt aufwachsend	.62	.87
Zweieiige Zwillinge		
gemeinsam aufwachsend	.83	.55
Geschwister		
gemeinsam aufwachsend	.80	.53
getrennt aufwachsend	.53	.44
Kinder, nicht verwandt		
gemeinsam aufwachsend	.54	.27

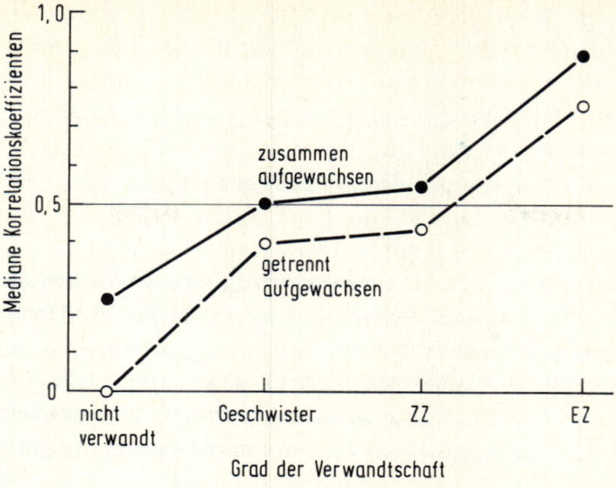

Abb. 1.4 IQ-Ähnlichkeit (r) als Funktion des Verwandtschaftsgrades und der Umweltähnlichkeit

Gedankenexperiment: Nehmen wir der Einfachheit halber einmal an, für alle Menschen sei die gleiche Entwicklungsumwelt optimal, und diese sei realisiert. Hätten wir ein solches Ideal erreicht, würden Umweltunterschiede zur Erklärung der phänotypischen Intelligenzvarianz gänzlich ausfallen, weil ja unterschiedslos die optimale Umwelt gegeben wäre. Alle registrierbaren Unterschiede müßten also auf Anlageunterschiede zurückgeführt werden (wenn wir einmal Meßfehler ausklammern). Würde dies bedeuten, daß die Umwelt für die Entwicklung der Intelligenz ohne Bedeutung sei? Doch wohl nicht. Aber wir können über Korrelationsberechnungen Umwelteinflüsse erst nachweisen, wenn unterschiedliche Umwelten realisiert sind. Wenn solche Unterschiede zwar bestehen, aber nicht mit der phänotypischen Intelligenz korrelieren würden, dann erst wäre nachgewiesen, daß diese Umweltunterschiede für die Entwicklung von Intelligenz*unterschieden* belanglos sind.

Umgekehrt: Sollte die Reinzüchtung eines Merkmals gelingen, sind alle Unterschiede genetischer Natur in der reingezüchteten Population beseitigt. Die gesamte beobachtbare phänotypische Varianz in dieser reingezüchteten Population muß auf Umweltunterschiede zurückgeführt werden. Dies heißt selbstverständlich nicht, daß die Anlagen ohne Bedeutung für die Ausprägung dieses Merkmals sind. Es heißt nur, daß alle beobachteten Unterschiede in dieser (reingezüchteten) Population nicht auf Anlageunterschieden beruhen. Nach einer Reinzüchtung gibt es per Definition in bezug auf das reingezüchtete Merkmal keine Anlageunterschiede mehr. Aber gerade die Tatsache, daß die Reinzüchtung gelungen ist, belegt doch den genetischen Einfluß. Betrachten wir unausgelesene Populationen, haben wir selbstverständlich andere Verhältnisse.

Auf keinen Fall darf von einem Anteil eines Faktors an der Varianz innerhalb der Population (Maß für die Unterschiede zwischen Individuen) auf den Anteil dieses Faktors am Zustandekommen eines Merkmals geschlossen werden. Das ist eine ganz andere Frage, die wir auf populationsgenetischem Wege nicht beantworten können.

Dies weist uns auf eine *Begrenzung der populationsgenetischen Analysen* hin. Sie beschreiben immer die Verhältnisse in der untersuchten Population. Sie können nichts dazu sagen, wie die Verhältnisse auch sein könnten. In jeder Population sind aber nur bestimmte Anlageunterschiede und bestimmte Umweltunterschiede mit bestimmten Häufigkeiten realisiert. Eine Generalisation von einer Population auf eine andere, z.B. eine künftige, ist daher mit großen Unsicherheiten behaftet. Bei Tabelle 1.2 können wir fragen, in welcher Häufigkeit welches Ausmaß an Umweltunterschieden gegeben war. Sind beispielsweise die getrennt aufgewachsenen eineiigen Zwillinge in Familien mit ähnlichem Bildungsniveau aufgewachsen oder haben die Paarlinge deutlich unterschiedliche Entwicklungsbedingungen gehabt?

Nur im Nachtrag zu Tabelle 1.2 sei auf einige Tatbestände hingewiesen. Cyril Burt (1966) untersuchte 53 EZ-Paare, die bei der Geburt oder kurz danach getrennt wurden und in verschiedenen Umwelten aufwuchsen. Die einzelnen Paarlinge wurden – so Burt – über die gesamte Skala sozioökonomischer Schichten verstreut. Die Originaldaten zeigen aber, daß über die Hälfte der Paarlinge in Familien aus der gleichen sozialen Schicht oder aus unmittelbar benachbarten Schichten (bei einer 6stufigen Schichtskala) stammen und daß nur wenige Paarlinge in deutlich unterschiedlichem Milieu aufgewachsen sind. Bei der Berechnung der Korrelation für die gesamte Gruppe fallen diese wenigen Paare nicht ins Gewicht.

Als erste haben Newmann et al. (1937) eine größere Zahl getrennt aufgewachsener EZ untersucht. Sie errechneten eine Korrelation von $r = .76$ für 19 Paare (zum Vergleich Burt: $r = .77$). Bloom (1973) hat diese Daten neu analysiert. Er teilte die 19 Paare in 11 Paare, in denen beide Paarlinge eine vergleichbare Erziehung genossen haben, und fand dort eine Korrelation von $r = .91$. Bei den restlichen acht Paaren hatten die Paarlinge eine deutlich unterschiedliche Schulbildung erhalten. Hier ergab sich eine Korrelation von nur noch $r = .24$, was ein völlig neues Bild auf die Interpretation wirft.

Populationsgenetische Analysen liefern Erblichkeitskoeffizienten (E), die den Anteil der Gesamtvarianz angeben, der auf die Anlagenunterschiede (A) zurückgeführt werden kann.

Erblichkeit als Populationsstatistik ist definiert als Anteil an der Gesamtvarianz dieses Merkmals in einer Population, der auf Anlageunterschiede in dieser Population zurückzuführen ist. Wenn man von Interaktionen zwischen Anlage- und Umweltunterschieden (U) absieht, kann das Verfahren im einfachsten Fall durch folgende Formel dargestellt werden:

$$E = \frac{A}{A + U}$$

Wenn es keine Umweltvariation in einer Population gibt, wird U = 0 und E = 1. Wenn es keine Anlagevariation gibt (wie nach der Reinzüchtung einer Population), ist A = 0 und folglich E = 0. Die einzelnen Komponenten dieser Formel lassen sich aber nicht direkt messen. Sie müssen aus Merkmalsunterschieden geschätzt werden, wobei man Gruppen unterschiedlichen Verwandtschaftsgrades und Gruppen mit unterschiedlichen Entwicklungsumwelten heranzieht.

Einfache Schätzungen stützen sich auf Korrelationen zwischen EZ- und ZZ-Paaren. Falconer (1960) berechnete die auf Erblichkeit zurückgehende Varianz als $E^2 = 2\,(r_{EZ} - r_{ZZ})$. Setzt man die Werte der Tabelle 1.2 in diese Formel ein, ergibt sich für Intelligenz $E^2 = 2(.87 - .55) = .64$ und für Schulleistung $E^2 = 2(.98 - .83) = .225$.

Jinks und Fulker (1970) stellen verschiedene Indices und ihre Logik dar. Cattell et al. (1980) haben eine komplexe varianzanalytische Methode (multiple abstract variance analysis = MAVA) vorgeschlagen. In Re-Analysen der bekannten Zwillingsuntersuchungen von Newman et al. (1937), Shields (1962) und Burt (1966) ergaben sich Erblichkeitskoeffizienten für die Intelligenz zwischen .60 und .80. Die Erblichkeitswerte für Schulleistungen liegen deutlich darunter.

Bei der Interpretation darf nicht übersehen werden, daß auch hohe Erblichkeitskoeffizienten nicht bedeuten, daß die Umwelt für die Entwicklung des Merkmals von geringer Bedeutung sei: Es ist nicht auszuschließen, daß die Erhöhung der Umweltvarianz in einer gegebenen Population (z.B. durch die Realisierung unterschiedlicher Entwicklungsumwelten) das Bild verschieben kann. Ein aufschlußreiches Beispiel liefert uns die Phenylketonurie: Vor der Entdeckung der Zusammenhänge konnte man die entscheidenden Umweltbedingungen nicht variieren, daher konnte es auch keine Umweltvarianz geben. Diese sind heute bekannt, so daß unterschiedlich günstige diätetische Ernährung zu einer Vergrößerung des Umweltanteils an der phänotypischen Gesamtvarianz führen wird.

Fehlinterpretationen populationsgenetischer Befunde

Meist werden Kontroversen heftig geführt, wenn keine eindeutigen oder keine eindeutig interpretierbaren Daten vorliegen. Nicht selten beruhen aber Kontroversen auch auf Interpretationsfehlern und unzulässigen Generalisierungen. So ist es nicht selten der Fall, daß von einem Erblichkeitskoeffizienten, also dem Varianzanteil in der untersuchten Population, der auf Anlageunterschiede zurückzuführen ist, fälschlicherweise auf den ,,Anteil" von Erbeinflüssen beim Zustandekommen eines Merkmals einer Person geschlossen wird. ,,Erblichkeit ist eine Populationsstatistik, welche die relative Größe der genetischen Komponente (oder das Assemble genetischer Komponenten) in der Populationsvarianz des fraglichen Merkmals beschreibt. In bezug auf eine Messung oder ein Merkmal eines Individuums hat sie keine vernünftige Bedeutung. Eine einzelne Messung hat per definitionem keine Varianz. Es gibt keine Möglichkeit, den IQ eines bestimmten Individuums in erbliche und Umweltkomponenten aufzuteilen, wie wenn dieses Individuum, sagen wir, 80% des IQ ererbt und 20% aus seiner Umwelt erworben hat. Das ist natürlich Unsinn." (Jensen 1973, S. 80).

Was also bei einem einzelnen Individuum oder einer Menge von Individuen an Veränderung durch entsprechende Förderungsmaßnahmen erreicht werden kann, ist durch den Erblichkeitskoeffizienten nicht bestimmbar. Der Erblichkeitskoeffizient sagt über die Möglichkeiten der Umweltwirkungen nichts aus, solange er nicht in Bezug gesetzt wird zum Ausmaß und zur Häufigkeit realisierter Umweltdifferenzen in einer Population und zu den Auswirkungen merkmalsrelevanter Umweltveränderungen. Erst wenn Umweltveränderungen (durch Experimente des Lebens oder durch gezielte Interventionen) keine Merkmalsveränderungen bewirken, und wenn in verschiedenen Populationen mit unterschiedlich großer Umweltvariation der Erblichkeitskoeffizient stabil bliebe, könnte ein hoher Erblichkeitskoeffizient dahingehend interpretiert werden, daß ein bestimmtes Merkmal sich relativ unabhängig von Umwelteinflüssen entwickelt.

Jensen (1973) interpretiert die seiner Meinung nach nur mäßigen Erfolge vorschulischer kompensatorischer Förderungsprogramme in diesem Sinne. Hunt (1979) hält dem entgegen, daß in der relativ kurzen Geschichte vorschulischer Förderungsversuche die besten Förderungsstrategien noch nicht gefunden worden seien. Tatsächlich differieren die Erfolge unterschiedlicher Förderungsprogramme ganz erheblich: Programminhalte, Vermittlungsstrategien, Einbezug der Eltern, Dauer der Programme und so fort spielen dabei eine Rolle (Hunt 1979a, vgl. auch Kap. 18 in diesem Buch).

Wir müssen Anne Anastasi recht geben, die 1958 in einem damals viel beachteten Aufsatz davor warnte, in der Debatte über Anlage- und Umwelteinflüsse die falschen Fragen zu stellen. Sie betont, daß es viele Wege des Zusammenwirkens von Anlagen und Umwelten gibt und daß es sinnvoller sei, diese Wege zu erkunden als nach Einflußanteilen zu fragen.

Nur einige wenige unterschiedliche Formen des Zusammenwirkens seien genannt. Die Umwelt kann fördernd, behindernd, kompensierend auf den anlagegeprägten Menschen wirken. Dollase spricht in diesem Zusammenhang von Koaktionen (Dollase 1985). Die Anlage zum Übergewicht kann durch Nahrungsangebot und -gewohnheiten zu voller Entfaltung kommen oder aber kompensiert werden. Intellektuelle Hochbegabung kann behindert werden in einer restriktiven, anregungsarmen Umwelt oder angemessen gefördert werden. Einige Auswirkungen von Anlagen werden erst durch die Bewertung, die die Umwelt vornimmt, produziert: Das Schönheitsideal ist kulturell geprägt, die normativen Bewertungen entscheiden über Selbstwert und Lebenschancen. Nicht selten werden körperlichen Merkmalen Charakterzüge zugeordnet, was sich im Sinne von Etikettierungseffekten auf die zukünftige Entwicklung auswirkt. Es gibt Anlagefaktoren für psychopathologische Entwicklungen (z.B. Schizophrenie). Ob es tatsächlich zu pathologischen Entwicklungen kommt, hängt von der Umwelt ab. Die Koaktionen zwischen Anlage und Umwelt sind sicher vielfältig; Aufgabe entwicklungspsychologischer Forschung ist es, im Einzelfall die Art des Zusammenwirkens zu erkunden.

Erklärung des Wandels: Reifung, Konstruktion und Sozialisation

Wie wird Entwicklung erklärt? Wir wollen drei Grundmodelle vorstellen, die als Antworten auf diese Frage vorgeschlagen wurden: Reifung, Konstruktion und Sozialisation. Diese Modelle müssen sich nicht gegenseitig ausschließen, sie können als sich ergänzend verstanden werden. Die möglichen Erkenntnisbeiträge aller verfügbaren Modelle sollten jeweils unvoreingenommen geprüft werden.

Reifung und Wachstum

Als Reifung wird die gengesteuerte Entfaltung der biologischen Strukturen und Funktionen verstanden. Die Analyse der Reifungsvorgänge ist allerdings nicht Gegenstand der Psychologie, sondern biologischer Wissenschaften. Wenn die Entwicklungspsychologie beobachtete Veränderungen auf Reifung zurückführt, dann muß dieses begründet werden. Als Argumente wurden angeführt: (a) das universelle Auftreten der Veränderung in derselben Sequenz und ungefähr in gleichen Altersabschnitten und (b) der Ausschluß von Übung, Lernen und Erfahrung als für die Entwicklung notwendige Faktoren.

Einige Fakten: Der Säugling wird mit einem bereits umfangreichen Verhaltensrepertoire geboren, dessen Erwerb nicht auf Erfahrung zurückgeführt werden kann (vgl. Kap. 3). Wir beobachten selbständiges Gehen um den 12./13. Lebensmonat, sinnvolle Zwei-Wort-Sätze um den 18. Lebensmonat, logische Operationen, die ein Verständnis der Mengenmathematik ermöglichen, um das sechste Lebensjahr. Wir kennen heute noch keinen Weg, den Erwerb dieser Kompetenzen deutlich vorzuverlegen. Da sie nicht allein aus Erfahrung, Lernen und Übung zu erklären sind, hat man auch Reifungsprozesse angenommen.

Reifung ist sozusagen negativ definiert: nämlich als jener Prozeß, der anzunehmen ist, wenn Entwicklung nicht ausschließlich auf Erfahrung, Übung und gedankliche Problemlösungen zurückgeführt werden kann. Aus dieser negativen Definition ergeben sich Methoden des „Nachweises" von Reifung. Wenn Erfahrungs-, Übungs-, Lernmöglichkeiten ausgeschaltet sind und trotzdem keine Verzögerung im Erwerb eines Merkmals eintritt, greifen wir auf das Erklärungskonstrukt „Reifung" zurück, ohne daß wir damit schon wüßten, wie diese Reifungsprozesse gesteuert sind.

Eine *experimentelle Ausschaltung von Erfahrungsmöglichkeiten* ist fast ausschließlich im Tierversuch realisiert worden, sie trifft beim Menschen auf wohl verstandene ethische Schranken. Ein Verstoß gegen dieses ethische Prinzip wird vom Staufer Kaiser Friedrich II. berichtet, der herausfinden wollte, ob die Sprache von Natur aus gegeben sei. Er ordnete an, einige Säuglinge in sprachlicher Isolation aufzuziehen, ihren Kontakt mit Erwachsenen auf die nötigste Pflege und Ernährung einzuschränken. Doch diese Kinder starben allesamt frühzeitig (vgl. Kap. 12).

Erkenntnisse können aus *Experimenten des Lebens* gewonnen werden, in denen eine Ausschaltung von Erfahrungsmöglichkeiten durch widrige Umstände gegeben ist. Diesbezüglich wäre der Beobachtung sogenannter Wolfskinder, die ohne menschliche Kontakte aufwuchsen, eine besondere Bedeutung zuzuschreiben (vgl. in Kap. 12 den Fall des Mädchens Genie, die viele Jahre isoliert vegetierte, bevor sie mit menschlicher Kultur und Sprache in Berührung kam). Leider ist die wissenschaftliche Dignität solcher Berichte oft fraglich.

Es liegen uns aber viele verwertbare Berichte über Extremvarianten kultureller Erziehungs- und Entwicklungsbedingungen vor, die hinsichtlich ihrer Auswirkungen beurteilt werden können. So gibt es Kulturen, in denen die Säuglinge in ihren ersten Lebensjahren in ihrer Bewegungsfreiheit durch Binden stark eingeschränkt werden (wie die Hopi-Indianer). Ergäbe sich bei diesen Kindern kein deutlicher Entwicklungsrückstand in der Entwicklung der Motorik, spräche dies für eine Reifungshypothese. Tatsächlich hat man Retardierungen beobachtet, die aber rasch behoben waren, wenn man Bewegungsfreiheit gewährte (Dennis & Dennis 1940; vgl. auch die nachfolgende Diskussion des Reifestand-Konzeptes).

Spezifische Erfahrungsdeprivationen sind in vielerlei Konstellationen gegeben. Taub Geborene hören keine Sprache: Welche Entwicklungsausfälle sind zu beobachten, wie gravierend, wie stabil, wie reparabel sind sie? Welche Auswirkungen haben sensorische Deprivationen wie Blindheit, stärkere motorische Beeinträchtigungen durch Lähmungen oder Gliedmaßenverstümmelung (Contergan-Kinder)? Welche Effekte haben ein Ausfall der Schulbildung, eine soziale Isolation wie Haft oder ein Leben mit einer autistischen oder schizophrenen Mutter?

Spielt die Dauer der Deprivation eine Rolle und die Lebensperiode, in der sie gegeben ist? Die Auswirkungen sind jeweils hinsichtlich ihres

Ausmaßes und ihrer Reversibilität, ihrer aktuellen und langfristigen Effekte zu beurteilen. Wenn sich zeigt, daß selbst eine gravierende Erfahrungs- und Übungsdeprivation keine gravierenden Nachteile für die Entwicklung dieser Funktion bringt, dann kann die Reifungshypothese nicht als widerlegt gelten.

Reifestand und Entwicklungsphasen

Die Konzepte Reifestand (oder: ‚readiness for learning') und sensible Periode (gelegentlich auch kritische Periode genannt) haben in der Geschichte der Entwicklungspsychologie eine gewisse Prominenz erlangt. Sie beinhalten, daß ein bestimmter Entwicklungsstand gegeben sein muß, damit Erfahrungen auf fruchtbaren Boden fallen oder damit effizient geübt werden kann.

Jede Mutter kann die Beobachtung machen, daß – zur rechten Zeit begonnen – mit wenig Aufwand dem Kind die Kontrolle über die Blasenentleerung oder selbständiges Gehen oder Fahrradfahren beigebracht werden kann. Versucht man das „zu früh", ist es mühsam, langwierig und vielfach zum Scheitern verurteilt. Ähnliches kennen wir aus der sprachlichen oder zeichnerischen Entwicklung oder der Genese grundlegender logischer Operationen. Die Voraussetzungen für den Erwerb scheinen erst mit einem bestimmten Entwicklungs- oder Reifestand gegeben, sind allerdings häufig nicht im Detail bekannt.

In vielen Phasenlehren wurde ungeprüft angenommen, daß solche Erwerbsvoraussetzungen nach einem inneren Bauplan heranreifen und nicht etwa durch Unterricht und Erziehung vermittelt werden können. Dies hat nicht selten eine pädagogische Passivität zur Folge: Man wartet ab, bis der Reifestand erreicht ist, der erfolgreiches Lernen gewährleistet. Sieht man hingegen das Defizit (etwa bei einem Kind die fehlende *Schulreife*) durch fehlende Erfahrungen und Lernmöglichkeiten bedingt, wird man versuchen, die Lücken zu schließen und die (für die Bewältigung des ersten Schuljahres) nötigen kognitiven und sozialen Voraussetzungen zu vermitteln.

Die traditionellen Phasenlehren schreiben der Umwelt nur die Aufgabe zu, die Genese der Kompetenzen und Motive entsprechend zu unterstützen, also „altersgemäße" Anforderungen und Angebote zu realisieren, sie warnen zugleich vor einer „Verfrühung" oder Überforderung.

Dabei wird eine wissenschaftliche Untersuchung der Entwicklungsbedingungen nicht versucht. Altersgebundene Veränderungen werden „natürlich" interpretiert, obwohl sie in Wirklichkeit vielleicht Folge ungeprüfter, verbreiteter Überzeugungen sind. Ist in einer Kultur die Meinung verbreitet, eine Leistung wie das Lesen sei nicht vor dem sechsten Lebensjahr möglich, so werden Anforderungen und Anregungen darauf abgestellt, und das geistig normale Kind dieser Kultur wird nicht früher und auch nicht später lesen lernen (dürfen). Erst Beobachtungen Fowlers und seiner Nachfolger zeigten, daß bereits Drei- und Vierjährige bei geeigneten Methoden durchaus in der Lage sind, Lesen zu lernen (Fowler 1962).

Im frühen 19. Jahrhundert kannte man die Festlegung der Schulreife auf das sechste Lebensjahr noch nicht, weshalb man auch jüngeren Kindern das Lesen und Schreiben beibrachte. Erst im Zuge der entwicklungspsychologischen „Erkenntnis" eines „Alters der Schulreife" wurden die Lernangebote so selegiert, daß Kinder tatsächlich erst mit sechs Jahren Lesen und Schreiben lernten.

Auch der häufig beobachtete Abfall der Gedächtnisleistung in höherem Alter muß nicht durch „Altern" bedingt sein. Die in der Regel geringeren Leistungen älterer Menschen in Gedächtnistests lassen sich nicht nur durch eine Reduktion der Speicherkapazität des Gehirns erklären, sondern sind eher auf wenig effiziente Nutzung von Gedächtnisstrategien zurückzuführen (Reese 1979). Dieses wiederum ist aus der Tatsache erklärlich, daß systematisches Auswendiglernen normalerweise in höherem Alter nicht mehr verlangt wird. Eine solche „Disuse-Hypothese" (Leistungsschwäche wegen mangelnder Übung) läßt die Erwartung zu, daß der beobachtete Leistungsabfall bei jenen Personengruppen, die bis ins höhere Alter entsprechenden Anforderungen genügen müssen, nicht auftritt, wofür es auch empirische Belege gibt (vgl. auch Kap. 11).

Sensible Periode

Das Konzept der sensiblen Periode (vgl. Ausubel & Sullivan 1970) stammt ursprünglich aus der Embryologie und bezeichnet dort Entwicklungsabschnitte, in denen bestimmte Organe ausgebildet werden: Zellsysteme erlangen hier ihre definitive Struktur. Treffen pathogene Einflüsse (Erkrankungen oder Unterernährung der Mutter, energiereiche Strahlen, Gifte usw.) auf den Organismus, sind Schädigungen insbesondere jener Organe zu erwarten, die gerade in der Entstehung begriffen sind. Konrad Lorenz definierte *Prägung* als ein verhaltensmäßiges Analogon. Klassisches Beispiel sind die Graugänse, die in einer bestimmten Entwicklungsphase auf die Muttergans oder in deren Abwesenheit auf ein anderes sich bewegendes Surrogat, etwa den Menschen, geprägt werden und diesem nachfolgen.

Wir definieren sensible Perioden allgemeiner als Entwicklungsabschnitte, in denen – im Vergleich zu vorangehenden oder nachfolgenden Perioden – spezifische Erfahrungen maximale positive oder negative Wirkungen haben.

Der Beginn einer sensiblen Periode ist wie die Reifestandshypothesen durch den Erwerb von Erfahrungsvoraussetzungen zu erklären. Schwieriger ist häufig die Frage zu beantworten, warum nach ihrem Ende die gleichen Erfahrungen weniger wirksam sind, warum also ein Lernen oder Umlernen weniger leicht möglich ist. Das muß von Fall zu Fall geklärt werden. Im folgenden werden einige bekannte Hypothesen dazu beispielartig erwähnt.

Freud hat das Konzept der *Fixierung* eingeführt, das analog dem der Prägung zu sehen ist. Er sprach von Fixierung, wenn er sehr stabile gefühlsmäßige Bewertungen beobachtete, die aus früheren Lebensperioden stammen und die nicht mehr altersgemäß sind. Fixierung auf ein Mutterbild oder auf kindliche libidinöse Strebungen oder Objekte sind Beispiele dafür.

Weit verbreitet wird die Kindheit als eine besonders sensible und verletzliche Phase angesehen, in der ungünstige Erfahrungen traumatisch wirken und nachwirken. Das ist nicht unplausibel: Etwa könnten fehlende Kompetenzen für den Umgang mit Gefahren, fehlende Unterscheidung von Realität und Irrealem (Traum, Märchen, Phantasie mit mancherlei angsterzeugendem Gehalt) die Kindheit zu einer kritischen Phase für die Entstehung von Ängsten machen. Die Stabilität von Ängsten kann man dann lernpsychologisch damit erklären, daß sie zu zuverlässigen Vermeidungen der angstauslösenden Objekte und Situationen führen: Wer auf Dauer die Realität vermeidet, kann auch nicht erfahren, daß die Angst unberechtigt ist.

Ein anderes einleuchtendes Beispiel betrifft die Fixierung von Vorurteilen, etwa rassistischer Art. Vorurteile werden dadurch stabilisiert, daß man die Aufnahme widersprechender Informationen vermeidet und lediglich vorurteilskonsistente Argumente und Beobachtungen registriert. Wer z. B. in einer Phase unkritischer Identifikation mit Autoritäten Vorurteile übernimmt, mag künftig gerade wegen seiner Vorurteile eine unvoreingenommene Informationsaufnahme vermeiden.

Diese selbststabilisierende Funktion kommt auch anderen Wahrnehmungs- und Interaktionsmustern zu. Wer in der Kindheit gelernt hat, seinen Mitmenschen mißtrauisch zu begegnen und das Risiko einer engen emotionalen Bindung an andere zu vermeiden, mag auch seine künftigen Sozialbeziehungen nach diesem Muster aufbauen. Daß er mit dieser Haltung immer wieder abweisenden Reaktionen seiner Mitmenschen begegnen wird, wird für ihn kein Anlaß zum Umlernen sein, sondern eher eine Bestätigung seiner Grundhaltung bedeuten.

Das Modell der sukzessiven Konstruktion

Stadienabfolgen müssen nicht immer auf Reifung zurückgeführt werden. Es gibt auch Alternativerklärungen. Die wichtigste ist die des *sukzessiven Aufbaus*. Dabei ist die Kernannahme, daß jedes Stadium auf dem vorausgehenden aufbaut, dieses voraussetzt und selbst eine Voraussetzung für das nächsthöhere darstellt. Entwicklung ist nicht eine beliebige, sondern eine sachlich wie logisch geordnete Folge von Konstruktionsschritten. Strukturanalysen der empirisch beobachteten Entwicklungsabfolgen sollten die Notwendigkeit dieser Ordnungen erhellen.

Zum Beispiel bildet der Erwerb der Begriffe geben, nehmen, bezahlen, tauschen, kaufen, verkaufen eine Stadienabfolge (Gentner 1978a). Warum? Eine Erklärung dafür bietet die Analyse der Bedeutungsstruktur der Begriffe. Die

Begriffe enthalten unterschiedlich viele Bedeutungselemente, die zu integrieren sind:

geben:	Transfer von Person A zu Person B; A ist Handlungssubjekt. Bei „nehmen" ist es umgekehrt, aber strukturgleich.
bezahlen:	Transfer von *Geld* von Person A zu Person B; A ist Handlungssubjekt.
tauschen:	Transfer von Person A zu Person B und umgekehrt; A und B sind Handlungssubjekte.
kaufen/verkaufen:	Transfer von Ware von B zu A und Transfer von Geld von A zu B (oder umgekehrt); A und B sind Handlungssubjekte.

Auch der Lehrer beginnt mit einer Strukturanalyse eines Stoffbereiches und fragt sich, welche Wissensstrukturen die Schüler bereits aufgebaut haben, an die er bei der Einführung des neuen Gegenstandes anknüpfen kann, und in welchen Schritten er vorgehen muß, um sein Ziel zu erreichen. Seine Unterrichtssequenz zielt auf eine geordnete Folge von Lernschritten.

Nehmen wir als Beispiel folgende Rechenaufgabe: „Wieviele Tapetenrollen (8 m lang, 60 cm breit) braucht man, um vier Wände (240 cm hoch, zusammen 18 m breit) zu tapezieren? Wieviel Tapete bleibt Rest?" Vielfältige Voraussetzungen müssen gegeben sein, damit diese Aufgabe verstanden und gelöst werden kann: die Wortbedeutungen von Wand, Tapete, Rolle, Rest; Dimensionsbegriffe wie Länge, Breite, Höhe; Maßeinheiten wie Meter, Zentimeter; Zahlbegriffe, Fragewörter. Ferner müssen die syntaktischen Strukturen des Satzes beherrscht werden. Zur Lösung der Aufgabe sind arithmetische Operationen des Multiplizierens, Addierens, Subtrahierens notwendig, Transformationen von Meter in Zentimeter, Operationen der Flächenberechnung usw.

Alle diese Begriffe und Operationen müssen entwickelt sein oder werden. (Zur Entwicklung einiger ist in diesem Buch etwas zu finden: zum Zahlbegriff in Kap. 8 und 10, zum Messen in Kap. 8, zur Begriffsentwicklung allgemein in Kap. 9 und zur Syntaxentwicklung in Kap. 12.) Zwar kennen wir heute die Aufbauprozesse aller dieser Operationen und Konzepte nicht lückenlos, vieles spricht aber dafür, daß auch die nichtgeleitete Entwicklung dieser Konzepte als ein sukzessiver Aufbauprozeß zu verstehen ist, der weniger systematisch ist, aber der Aufbaulogik von Unterricht analog gegliedert ist (Aebli 1970). Entwicklungsstufen und -stadien bauen aufeinander auf in dem Sinne, daß auf vorausgehenden Stufen Voraussetzungen geschaffen werden für die weitere Entwicklung. Höhere Stufen sind komplexer, sie integrieren mehr Aspekte oder Elemente als die vorausgehenden.

Piaget beschreibt diesen unsystematischen Aufbauprozeß als *Selbstkonstruktion.* Die Analogie zum systematischen Unterricht hat allerdings ihre Grenzen. Die Umwelt kann Probleme aufwerfen, Fragen stellen und Informationen anbieten: ob und wie diese aufgenommen werden, richtet sich nach dem jeweils gegebenen Entwicklungsstadium. Lösungen und Antworten sollten nicht autoritativ durchgesetzt werden, die Beschäftigung mit bestimmten Gegenständen sollte nicht erzwungen werden, Wissen und Fertigkeiten sollten nicht durch Drill vermittelt werden. Dies könnte zu unorganischen Veränderungen führen, die – aufgepfropft und systemfremd – nicht verstanden werden.

Piaget glaubt, daß der sich entwickelnde Mensch aktiv ist, seine Umwelt erkundet und strukturiert, daß er nach Informationen sucht und diese verarbeitet, daß er Fragen stellt nach Maßgabe des jeweils erreichten Entwicklungsstandes. Der sich entwickelnde Mensch braucht nicht motiviert zu werden, seine Erkenntnismöglichkeiten drängen nach Erprobung und Anwendung. Ein Kleinkind, das gerade werfen gelernt hat, wirft, was immer ihm in die Hände kommt. Ein vierjähriges Kind, das die Warum-Frage entdeckt hat, kann mit dem ständigen „warum" seine Umwelt strapazieren. Ein 12jähriger, der sich Computerfertigkeiten angeeignet hat, sucht in der Phantasie nach Einsatzmöglichkeiten und denkt sich mit seinen Freunden Spiele aus, in denen die neue Kompetenz benötigt wird („Hacken" zum Beispiel).

Entwicklung als Sozialisation

Um den Umfang dessen zu ermessen, was wir Sozialisation nennen, stelle man sich vor, was ein Mensch aus einer fremden Kultur oder einer vergangenen Epoche lernen müßte, um unsere Kultur zu begreifen und sich in unserer Gesellschaft zurechtzufinden: Sprache und Regeln der Rede, Regeln des sozialen Umgangs, die Funktionen von materiellen Kulturgütern und der Umgang mit wenigstens einigen von diesen, die Differenzierung sozialer Positionen und Berufe, die Rollenerwartungen und Pflichten der Positionsträger, die Institutionen und ihre Funktionen, die Wertsysteme und Ideologien, wenigstens einige Auszüge aus dem Rechtssystem, die Sitten und Bräuche, die Spiele, Moden und Kunstprodukte sowie Präferenzen für einige dieser usw.

Dies geschieht durch Anleitung, Information und Belehrung, durch Beobachtung und Nachahmung von Vorbildern, durch Sanktionen, Drohungen, Versprechungen und Belohnungen, die Übertragung von Aufgaben usw. Die Familie, die Schule, der Beruf, die Gruppe der Freunde, die Medien sind an diesem Prozeß beteiligt. Die psychologischen Theorien des Lehrens, des Lernens, der Identifikation, der Einstellungsbildung und -änderung, des sozialen Wandels usw. erhellen Ausschnitte dieses Prozesses.

Dieses Lernen ist nie zu Ende, nicht zuletzt weil die Gesellschaften und die Kulturen ständig im Wandel begriffen sind. Unsere Gesellschaft ist nicht einheitlich, sondern pluralistisch bezüglich Wertungssystemen, Religionen und Ideologien. Sie ist nicht statisch, sondern dynamisch: Wissenschaft, Technik, Künste, Sprache, soziale Institutionen sind in ständigem Wandel. Sie ist nicht geschlossen, sondern offen gegenüber Einflüssen aus anderen Kulturen und Neuerungen aus dem Inneren.

Sozialisation ist also lebenslanges Lernen. Sozialisationsziele in Familie und Schule fordern Anpassung und Veränderung des Sozialisanden; neue Forschungsergebnisse führen zu Veränderungen schulischer Lehrpläne und beruflicher Routinen, alte Berufe verschwinden, neue kommen hinzu, neue Moden und Trends ersetzen alte. Neue Ideologien finden ihre Anhänger: Auf die Moderne folgt die Postmoderne . . .

Da wir hier nicht einmal den Versuch machen können, *die* Sozialisationsforschung zu behandeln, beschränken wir uns auf eine einzige Frage: *Was ist entwicklungspsychologische Sozialisationsforschung?*

Sozialisationsforschung ist entwicklungspsychologisch angelegt, wenn a) der erreichte Entwicklungsstand (grob indiziert durch das *Alter*), wenn b) individuelle *Personmerkmale,* die sich herausgebildet haben, und wenn c) zurückliegende *Erfahrungen* als vermittelnde Variable zwischen Sozialisationseinflüssen und -effekten berücksichtigt werden.

Darüber hinaus hat eine entwicklungspsychologisch orientierte Sozialisationsforschung vor allem die Altersnormen einer Gesellschaft (und ihre Vermittlung bzw. Akzeptanz) zu untersuchen. Jede Gesellschaft kennt Altersnormen (Überzeugungen, Erwartungen und Vorschriften bezüglich dessen, was altersgemäß ist), die Anforderungen und Angebote und Bewertungen im Falle der Abweichung bestimmen.

Sozialisation als Abfolge von Entwicklungsaufgaben

Dieser Tatbestand findet in *Havighursts Konzept der Entwicklungsaufgabe* einen prägnanten Ausdruck (Havighurst 1948). Für jede Lebensperiode sind spezifische Aufgaben vorgesehen, deren Bewältigung Entwicklung erfordert. Von der Kontrolle der Ausscheidungsfunktionen, dem Ertragen einer Trennung von der Betreuungsperson, der Anpassung an schulische Anforderungen, der Berufsfindung, der Familiengründung bis zur Bewältigung des Verlustes sozialer Rollen im Alter ist das Leben als eine Abfolge z. T. geschlechtsspezifischer Entwicklungsaufgaben zu verstehen (vgl. Kap. 2).

Die Gesellschaft artikuliert ihr entwicklungspsychologisches Wissen oder ihre entsprechenden Überzeugungen in solchen Entwicklungsaufgaben, die jeweils für mehr oder weniger enge Altersperioden gelten (vgl. Kap. 2.5).

Dabei sind *normative und deskriptive Elemente vermischt.* Die gesellschaftliche Festlegung einer Aufgabe ist immer normativ. Die Bestimmung der Altersgrenzen für Entwicklungsaufgaben beruht aber z. T. auf Beobachtungen und einige der Aufgaben entstammen nicht sozialen Bestimmungen, sondern biologischer Determination. Die Erreichung der Fortpflanzungsfähigkeit wie die Menopause ist biologisch determiniert, die Festlegung von unteren Altersgrenzen für die Ehe ist dagegen sozial bestimmt. Der Grad der normativen Verpflichtung variiert von Angeboten bis zur strikten durch Sanktionsdrohungen gestützten Forderung: Die Ausscheidungsfunktionen kontrollieren und der Schulpflicht nachzukommen, ist ein Muß, für jeden in unserer Kultur; Ehegründung und Berufseintritt sind weniger verpflichtend als Normen.

Entwicklungsaufgaben gliedern den Lebenslauf. Sie geben Sozialisationsziele vor. Einige der Entwicklungsaufgaben sind langfristig voraussehbar und planbar, so daß eine angemessene Vorbereitung möglich ist. Man spricht von *antizipatorischer Sozialisation.* Auf den Schuleintritt, den Berufsbeginn, die Elternschaft, den Auszug des letzten Kindes aus der Familie, die Pensionierung kann man sich vorbereiten.

Es wäre eine einseitige Sicht, würde man Entwicklungsaufgaben ausschließlich als vorgegeben ansehen. Wie viele gesellschaftlich definierte Aufgaben werden auch Entwicklungsaufgaben individuell unterschiedlich aufgefaßt, interpretiert und bewertet. Die Auseinandersetzung mit vorgegebenen Aufgaben macht nur einen Teil der persönlichen Entwicklungsaufgaben aus. Der sich entwickelnde Mensch und seine jeweiligen Partner setzen darüber hinaus eigene. Was jemand an Leistungsfähigkeit und tatsächlichen Leistungen, an Erlebnisfähigkeit und tatsächlichen Erlebnissen, an sächlichen, sozialen und emotionalen Sicherheiten, an Selbstkontrolle oder Gestaltung einer Partnerschaft anstrebt, ist nicht alles gesellschaftlich als Norm vorgegeben.

Entwicklungspsychologische Sozialisationstheorie und Sozialisationsforschung

Sozialisationsforschung und die theoretischen Deutungen des Sozialisationsprozesses sind häufig nicht entwicklungspsychologisch orientiert, wofür als Beispiel die auf Konditionierungstheorien beruhende Sozialisationsforschung (Gewirtz 1969) angeführt werden kann. Verhalten und Verhaltensänderungen werden in dieser Tradition nur unter Kontrolle von (Reiz-)Situationen und Verhaltensfolgen (Bekräftigungen, Strafen) gesehen. Und es wird angenommen, daß diese Faktoren über das ganze Leben in gleicher Weise wirken. (Baer und Wright, 1974, formulierten diese eher allgemein- als entwicklungspsychologische Position sehr pointiert.) Heute finden wir diese Grundposition in Forschungsansätzen, in denen Personmerkmale und Entwicklungsveränderungen direkt auf Umwelteinflüsse zurückgeführt werden, ohne daß Annahmen über Entwicklungsvoraussetzungen der Person, z.B. über ihre Fähigkeiten und Bereitschaften zur Aufnahme und Verarbeitung von Informationen, in eine Theorie der Umwelteinwirkungen einbezogen werden.

Es geht häufig nur um den allgemeinen Nachweis der Auswirkungen sozialer Umwelten (mit ihren spezifischen Merkmalen, Anforderungen und Angeboten) auf irgendeine Altersgruppe: Ob diese Zusammenhänge auf andere Altersperioden generalisierbar sind oder nicht, bleibt häufig offen. Es gibt empirische Daten und theoretische Argumente, die Zweifel begründen, ob die Auswirkungen von Einflußfaktoren im Lebenslauf gleich bleiben. In der Fels-Studie z. B. wurde empirisch nachgewiesen, daß die unmittelbaren und langfristigen Wirkungen des einschränkenden, schützenden/unterstützenden, fordernd/akzelerierenden oder abweisenden Erziehungsverhaltens der Mutter auf die Entwicklung von Merkmalen des Kindes sich von der frühen Kindheit bis zur Adoleszenz deutlich wandeln (Kagan & Moss 1962). Eine Wechselwirkung zwischen Erziehungsverhalten und Entwicklungsstand ist wahrscheinlich.

Es geht auch um den allgemeinen Nachweis, wie Wirkungen zustande kommen können, z. B. über Identifikation mit mächtigen oder attraktiven Personen oder durch geschickte Überredung usw. Entwicklungspsychologisch angelegte Forschung stellt darüber hinaus die Frage, ob die Prozesse auf allen Altersstufen gleich sind oder nicht und ob die Entwicklungsfaktoren in jedem Alter in gleicher Weise wirken oder nicht. Wir wissen z. B., daß mit zunehmendem Alter argumentative Begründungen von Verboten und Geboten wichtiger werden und eine nur über Strafdrohungen angestrebte Kontrolle immer unwirksamer (LaVoie 1974, Parke 1974). Identifikation und Nachahmung (oder allgemeiner: Lernen aus der Beobachtung) gibt es auf allen Altersstufen. Wir können jedoch erwarten, daß z. B. Autoritätspersonen in der frühen Kindheit generell Vorbild und Orientierung bieten, mit wachsender Autonomie und gefestigtem Selbstbild aber an Einfluß verlieren. Tatsächlich zeigen empirische Untersuchungen, daß in der Adoleszenz im Vergleich zur Kindheit Modelleinflüsse selektiver werden.

Neben generellen altersgebundenen Entwicklungstrends sind differentielle und individuelle Entwicklungen zu beachten, so daß Sozialisationseinflüsse in Interaktion mit den Eigenschaften, Motiven, Einstellungen, Kompetenzen, Zielen, vergangenen Erfahrungen der einzelnen Sozialisanden und ihrer individuellen Entwicklungsumwelt treten. Ein Polizeiarrest ist für den behüteten Sohn aus einer Mittelschichtfamilie einer Kleinstadt ein ganz anderes Ereignis als für den mehrfach vorbestraften Jugendlichen aus dem Großstadtslum.

Die Sozialisationsforschung gewinnt schließlich auch eine Entwicklungsperspektive, wenn die Folgen von Sozialisationseinflüssen langfristig untersucht werden. Typische Fragen betreffen die Stabilität oder Instabilität der Wirkungen von Sozialisationserfahrungen, eine Thematik, die im nächsten Abschnitt wieder aufgegriffen wird.

Kontinuität und Diskontinuität in der Entwicklung

Betrachten wir eine Anzahl von Säuglingen im Alter von sechs Monaten und beobachten wir sie etwa fünf Jahre später als Schulanfänger, nach 15 Jahren als Jugendliche und nach 30 Jahren als Erwachsene: Wir werden Mühe haben, Ähnlichkeiten der gleichen Person in unterschiedlichem Lebensalter zu entdecken. Die Unterschiede in Aussehen, Leistung und Interessen sind derart groß, daß es schwierig oder unmöglich ist, die Identität der gleichen Person festzustellen. Relativ zum Ausmaß intraindividueller Veränderungen, während der ersten beiden Lebensjahrzehnte zumindest, sind die interindividuellen Unterschiede zwischen verschiedenen Personen im gleichen Alter eher gering.

Die allgemeinen Veränderungen sind in manchen Lebensabschnitten, vor allem in den ersten Lebensjahren, so groß, daß es nicht möglich ist, die gleichen Kategorien oder Dimensionen zur Beschreibung verschiedener Altersstufen zu verwenden. Zur Beschreibung der allgemeinen Eigentümlichkeiten von Säuglingen sowie der Ähnlichkeiten und Unterschiede zwischen ihnen benutzen wir Kategorien, die für die Charakterisierung der Schüler oder Jugendlichen fünf oder fünfzehn Jahre später nicht mehr verwendbar sind. Dieser Tatbestand ist häufig verschleiert, wenn allgemeine Begriffe wie Intelligenz oder Temperamentsattribute als beschreibende Kategorien verwendet werden. Attribute wie Intelligenz bedeuten aber Verschiedenes beim Säugling, beim Schüler oder beim Jugendlichen: die operationalen Meßdefinitionen sind verschieden, die Korrelate sind andere.

Solch drastische Metamorphosen stehen in einem Spannungsverhältnis zum Entwicklungsbegriff. Entwicklung ist nicht Veränderung im Sinne der Ersetzung eines Merkmals durch ein anderes: Wenn nach der Okkupation eines Landes die alte gesellschaftliche Struktur zerschlagen und eine neue errichtet wird, sprechen wir nicht von gesellschaftlicher „Entwicklung". Ebensowenig, wenn eine neue Mode populär wird. Entwicklung ist eine Transformation von Ausgangsstrukturen in eine neue Struktur, sagt Piaget (1946), und er trifft damit die Überzeugung vieler Entwicklungspsychologen: Man muß die *Kontinuität im Wandel* erkennen, um von Entwicklung zu sprechen. Entwicklung geht aus von einer Struktur, sagt Piaget weiter, und mündet in einer neuen Struktur. Das heißt, die Herausbildung einer bestimmten Struktur kann nicht von beliebigen Voraussetzungen aus erreicht werden. Verfolgen wir eine Entwicklung rückwärts, ist es möglich, spezifische Voraussetzungen für eine stattgehabte Veränderung zu entdecken.

Dies ist *eine* Sichtweise in der Suche nach Kontinuität. Es gibt andere. Wenn unterschiedliche Bedeutungen der Begriffe Stabilität und Kontinuität (Kagan 1980) nicht auseinandergehalten werden, führt das zu gravierenden Irrtümern. Bedeutet beispielsweise die empirisch gut gesicherte, recht hohe Stabilität des IQ zwischen den frühen Grundschuljahren und dem frühen Erwachsenenalter, daß die „Intelligenzleistung" sich nicht ändert (vgl. Abb. 1.6)? Keineswegs, es bedeutet nur, daß die relativen Unterschiede zwischen Personen in dieser Periode häufig erhalten bleiben. Dies nennt Kagan normative Stabilität. Die Intelligenzleistung als solche wird durch das IQ-Maß nicht erfaßt, sondern nur die Position eines Individuums in seiner Alterspopulation. Wie die durchschnittliche Altersverlaufskurve der Testleistungen absolut gesehen beweist, gibt es ein deutliches Intelligenzwachstum in dieser Periode (vgl. Abb. 1.7). Die Vereinbarkeit von normativer Stabilität und absoluter Veränderung ist in Abb. 1.5 dargestellt.

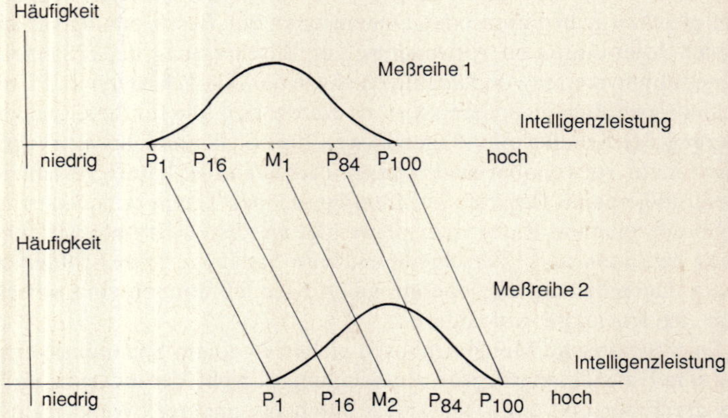

Abb. 1.5 Die Korrelation zwischen den beiden Meßreihen ist 1.0, was durch die Parallelen repräsentiert ist: die Positionen der Personen bleiben gleich, obgleich alle Personen eine absolute Veränderung aufweisen.

Konzepte der Stabilität

Absolute Stabilität

Wir sprechen von absoluter Stabilität, wenn keine Veränderung festgestellt wird.

Das ist selbstverständlich abhängig von der Meßmethode. Mit einer zweiwertigen kategorialen „Skala“ (vorhanden – nicht vorhanden, gekonnt – nicht gekonnt) sind weniger Veränderungen zu registrieren als mit differenzierteren Skalen. Ohne Erkrankungen oder Unfälle werden z. B. viele einmal erworbene psychomotorische Fertigkeiten (Laufen, Hüpfen, Werfen, Fangen, Schwimmen, Radfahren, Stricken, Schreiben usw.) nicht wieder völlig verlernt, aber die Leistungen können je nach Übung und körperlicher Kondition schwanken. Intellektuelle Fähigkeiten wie logisches Schlußfolgern oder systematisches Suchen und Experimentieren werden – einmal erworben – nicht wieder verloren, es sei denn durch Hirnerkrankung oder Gehirntrauma. Man kann in diesem Sinne auch die Persistenz von Störungen (Stottern, Phobien, Zwangssymptomen, Delinquenz usw.) oder die Stabilität bzw. den Wandel von Interessen, Werthaltungen, sozialen Vorurteilen und des Selbstbildes prüfen. Mißt man kategorial (vorhanden – nicht vorhanden), wird man absolute Stabilität auch in Fällen registrieren, in denen eine differenzierter abgestufte Messung Veränderungen aufzeigte.

Entwicklungsverlaufskurven geben Auskunft, ob und wann während des Lebenslaufes absolute Stabilität besteht. Man kann diesbezüglich verschiedene Merkmale, Verhaltensweisen oder Leistungen vergleichend beurteilen. Die Entwicklung der Gedächtnisleistungen des Wiedererkennens erreichen früher im Leben eine Asymptote als die Reproduktionsleistungen. Die Kapazitätsgrenze des Kurzzeitspeichers mit durchschnittlich sieben Elementen wird früh im Leben erreicht, eine Kapazitätsgrenze des Langzeitspeichers ist nicht bekannt (vgl. Kap. 11 dieses Buches).

Absolute Stabilität ist für einzelne Individuen oder für Alterskohorten zu erheben. Beides ist sorgfältig voneinander zu unterscheiden. Ein Beispiel für letzteres sind die Entwicklungskurven für Intelligenzentwicklung (vgl. Abb. 1.6), die etwa um das 20. Lebensjahr ihre Asymptote erreichen. Das bedeutet, daß keine Testaufgaben bekannt sind, die von einer älteren Stichprobe durchschnittlich besser gelöst werden. Aber nicht alle individuellen Entwicklungen erreichen ihre Asymptote in dieser Altersperiode: Einzelne Personen oder Klassen von Personen können sich allgemein oder in spezifischen Dimensionen der Intelligenz (z.B. induktives Denken, Raumvorstellungen, Begriffsbeherrschung, Wortflüssigkeit) durchaus weiter entwickeln, während sich andere Personen oder Klassen von Personen verschlechtern.

Ipsative Stabilität

die Rangordnung zweier Präferenzen bleibt bei einer Person über die Zeit hinweg gleich

Zur Feststellung *ipsativer Stabilität* (Kagan 1980) ist der Vergleich mindestens zweier alternativer Merkmale oder Verhaltensweisen bei der gleichen Person zu verschiedenen Zeitpunkten notwendig.

Es geht um die Feststellung von Präferenzen zwischen Alternativen, z. B. zwischen Krabbeln oder Laufen, zwischen neugieriger Annäherung oder fremdelndem Zurückweichen vor einer fremden Person (vgl. Kap. 3), zwischen einer Definition durch Nennung eines Merkmals oder durch Nennung des Oberbegriffs und der spezifischen Differenz (vgl. Kap. 8), zwischen verschiedenen Interessen (vgl. Kap. 13) usw.

Für die jeweiligen Präferenzen können Wahrscheinlichkeiten angegeben werden, z. B. für Freizeitaktivitäten. Die relativen Wahrscheinlichkeiten der Alternativen können stabil bleiben, gleichzeitig aber absolute Veränderungen aufweisen. Die Rangordnung der Interessen an Fußball und Tennis muß sich nicht ändern, auch wenn beide Interessen an Bedeutung verlieren oder gewinnen.

Normative Stabilität oder Positionsstabilität

Mit *normativer Stabilität* ist gemeint, daß die Position in der Verteilung eines Merkmals oder einer Leistung in der Alterskohorte als Bezugsgruppe erhalten bleibt. Der weitaus größte Teil der Stabilitätsangaben

Entwicklung als Stabilisierung

In der Alltagspsychologie finden sich die Überzeugungen, daß sich die Persönlichkeit des Erwachsenen nicht mehr wesentlich ändert, daß der alte Mensch rigide an einmal aufgebauten Überzeugungen festhält usw. Der Eigenschaftsbegriff in der Alltagspsychologie meint die absolute Stabilität von Merkmalen; der wissenschaftliche Eigenschaftsbegriff in der Persönlichkeitspsychologie enthält die Annahme, daß interindividuelle Unterschiede über die Zeit stabil bleiben (normative Stabilität).

Entwicklung kann als Stabilisierung aufgefaßt werden. Ein Beispiel bietet Abb. 1.6, die die zunehmende Stabilisierung der Positionen in der Verteilung der Intelligenz (ausgedrückt durch Korrelationen zwischen den Messungen in verschiedenem Alter) darstellt. Ob die Beobachtung solcher Stabilisierungen bedeutet, daß definitive Verfestigungen eingetreten sind und somit ein Ausschluß von Veränderungschancen, ist damit nicht gesagt. Systematische Überblicksreferate über den gegenwärtigen Forschungsstand (vgl. Brim & Kagan 1980) sprechen eher dafür, daß jederzeit im Leben Veränderungen möglich sind und daß die eingangs erwähnte Ansicht, das Erwachsenenalter sei eine Phase der Stabilität, in vielen Bereichen nicht begründet ist.

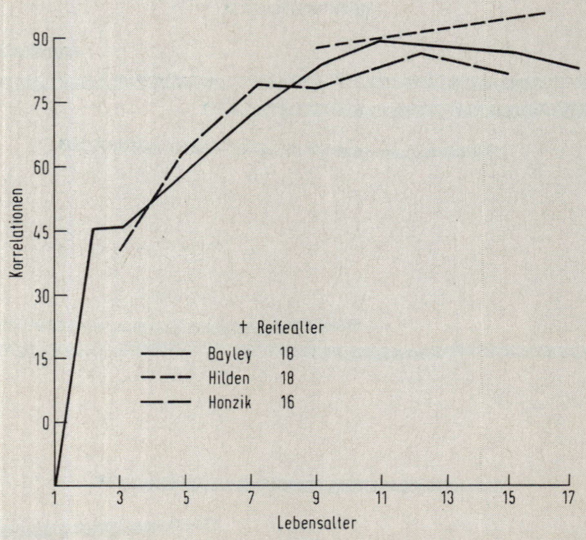

Abb. 1.6 Korrelationen zwischen der Intelligenz in Kindheit und Adoleszenz und Intelligenz im Reifestadium (nach Bloom 1973)

bezieht sich auf normative Stabilität. Wir wissen aus Längsschnittuntersuchungen, daß vom Grundschulalter an der IQ bis ins Erwachsenenalter eine vergleichsweise hohe und wachsende Stabilität aufweist (vgl. Abb. 1.6). Aggressives Verhalten ist bei Knaben/Männern im Gegensatz zu Mädchen/Frauen ebenfalls vom Grundschulalter an recht stabil (Olweus 1979). Umgekehrt verhält es sich mit Passivität und Abhängigkeit. Leistungsorientierung ist für beide Geschlechter recht stabil (Kagan & Moss 1962).

Positionsstabilität oder -veränderung wird als Korrelation zweier längsschnittlich erhobener Meßreihen an denselben Stichproben ermittelt. Da in der Korrelationsberechnung nur Abweichungswerte vom Mittelwert der Verteilung berücksichtigt werden, zeigt ein hoher Koeffizient nichts anderes als geringe Positionsverschiebungen in der Stichprobe. Absolut gesehen kann die Stichprobe als Ganzes große Veränderungen aufweisen, was durch einen Mittelwertvergleich der beiden Meßreihen aufgewiesen werden kann (vgl. Abb. 1.7). Normative (Positions-) Stabilität ist also verträglich mit absoluter Veränderung: lediglich die interindividuellen Unterschiede bleiben erhalten.

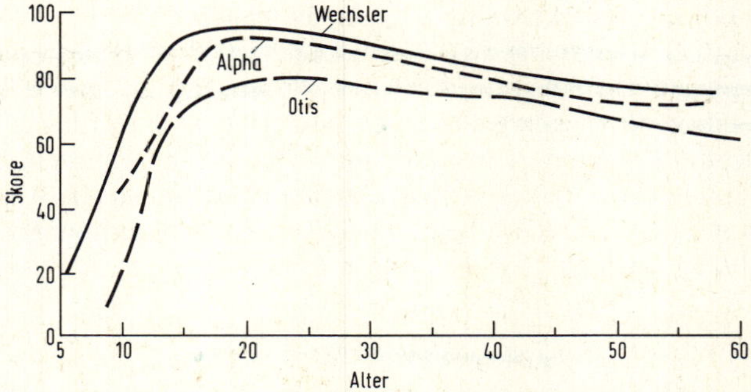

Abb. 1.7 Entwicklung der mittleren intellektuellen Leistungsfähigkeit bei Verwendung von drei verschiedenen Intelligenztests (nach Pressey & Kuhlen 1957, S. 76)

Alle Feststellungen über absolute, ipsative oder normative Stabilität sind zunächst deskriptiv. Sie beschreiben die Gegebenheiten in einer spezifischen Population. Man muß mit Verallgemeinerungen sehr vorsichtig sein, vor allem wenn es keine gesicherten Erklärungen über die vorgefundene Stabilität oder Instabilität gibt. Durch eine Veränderung z.B. der Entwicklungsbedingungen (-anforderungen und -angebote) können sich die Stabilitäten ändern, es sei denn sie beruhten auf Anlagen oder auf Stabilisierungen in sensiblen Lebensperioden. Solange hierüber keine Informationen vorliegen, können mögliche Änderungen nicht ausgeschlossen werden.

Diese Stabilitätskategorien sind ohne theoretische Annahmen deskriptiv zu erfassen. Es gibt weitere Kontinuitätskonzepte, die mehr theoretische Annahmen enthalten und deren empirische Erfassung komplizierter ist. Kagan (1980) spricht von Kontinuität der Struktur und Kontinuität von Prozessen.

Kontinuität der Struktur oder des Prozesses

Über Kontinuität und Diskontinuität kann nicht allein auf der Beobachtungsebene entschieden werden. Phänomenal Verschiedenes kann Ausdruck derselben Disposition, derselben Kompetenz, desselben Musters usw. sein. Phänomenal Ähnliches kann verschiedenes bedeuten. Rechtswidriges Verhalten im Jugendalter (z. B. Kaufhausdiebstahl) kann Ausdruck fehlender Kenntnis der Rechtsnormen, Ausdruck einer gesellschaftskritischen Haltung oder Ausdruck defizitärer Selbstkontrolle sein; es kann eine Mutprobe vor einer Peergruppe sein oder ein Versuch, der Langeweile zu entrinnen und vieles andere mehr. Jede einzelne der zur Deutung herangezogenen Bedingungen könnte auch ganz andere Folgen als rechtswidriges Verhalten haben.

Bevor über Kontinuität und Diskontinuität gesprochen werden kann, müßte die latente Bedeutung der beobachtbaren manifesten Verhaltensweisen und Äußerungen geklärt sein. Nur dann ist die Äquivalenz von Manifestationen zu beurteilen (Brandtstädter 1985a). Kontinuität oder Diskontinuität ist auf der Ebene der latenten Bedeutungen zu ermitteln. Hierfür muß es theoretisch begründete Regeln der Zuordnung von Beobachtbarem zu latenten Bedeutungen geben.

Kontinuität von Eigenschaften

Hypothesen über die Kontinuität der Struktur oder von Prozessen sind in der Psychologie nicht selten, wenn es um die Beziehungsbildung zwischen phänotypisch Unterschiedlichem geht. Zum Beispiel enthält das Konzept „Eigenschaft“ die Annahme einer hypothetischen (latenten) Disposition, die sich in unterschiedlichen Situationen (also generalisiert über Situationen), und in unterschiedlichen konkreten Verhaltensweisen (also generalisiert über konkrete Manifestationen) äußert. Generalisierte Ängstlichkeit z. B. sollte sich demzufolge in vielen nicht sicher beherrschten Situationen äußern, und zwar auf verschiedene Art und Weise, etwa als Vermeidung, als Flucht, in der Form physiologischer Symptome wie Herzklopfen und Schweißausbruch, in der Suche nach Sicherheit bei Sozialpartnern oder in magischen Praktiken usw.

Entwicklungspsychologisch interessant ist der Eigenschaftsbegriff insofern, als eine *Stabilität* von Eigenschaften (Aggressivität, Leistungsorientierung, Passivität usw.) angenommen wird, wodurch Kontinuität zwischen sehr unterschiedlichen und zeitlich weit auseinanderliegenden Verhaltens- und Erlebensweisen postuliert wird. Die Aggressivität eines sechsjährigen Kindes wird sich vielleicht in physischem Angriff auf Personen und Sachen äußern, die Aggressivität des Erwachsenen auch in subtilen Sarkasmen oder üblen Nachreden.

Wann ist es berechtigt, von Kontinuität zu sprechen? Vorausgesetzt ist die Annahme einer gemeinsamen zugrundeliegenden (latenten) Struktur. Empirisch kann die normative Stabilität der Eigenschaft durch Längsschnittuntersuchungen geprüft werden. Hohe Stabilität bedeutet Erhaltung der individuellen Unterschiede, also Positionsstabilität, d.h. hohe Korrelationen zwischen Aggressionsindikatoren im Kindes- und im Erwachsenenalter, auch wenn diese Indikatoren im Kindesalter inhaltlich (phänomenal) ganz andere sind als in späteren Lebensperioden.

Kontinuität von kognitiven Strukturen und Strategien

Ein anderes Beispiel stellen Zusammenhangshypothesen durch Rückgriff auf latente Kompetenzen dar. Unter anderem hat Piaget die *operatorische Struktur* beschrieben, die zur Bildung hierarchisch geschachtelter Klassen befähigt (Schäferhunde sind Haushunde, diese gehören zu den hundeartigen Raubtieren, diese zu den Säugetieren, diese zu den Wirbeltieren usf.; vgl. Kap. 8). Eine größere Anzahl unterschiedlicher Leistungen kann auf die Entwicklung dieser Struktur zurückgeführt werden.

(a) Die Struktur erlaubt logische Schlußfolgerungen nach Art des Syllogismus: Säugetiere ernähren ihre Jungen durch Muttermilch. Hunde sind Säugetiere. Also säugen Hunde ihre Jungen. (b) Die Struktur erlaubt Begriffsdefinitionen als sogenannte Realdefinitionen durch Nennung des hierarchisch nächsten Oberbegriffs und der differenzierenden spezifischen Merkmale: Der Fuchs ist ein hundeartiges Raubtier mit buschigem Schwanz, das in Erdhöhlen wohnt. (c) Die Struktur erlaubt die korrekte Verwendung der Quantifikatoren ‚ein', ‚einige', ‚alle' und die korrekte Verwendung des bestimmten und unbestimmten Artikels: ‚Alle Hunde sind Säugetiere.' ‚Einige Säugetiere sind Hunde.' Folgende Aussagen sind falsch: ‚Alle Säugetiere sind Hunde'. ‚Ein Hund ist das Säugetier.' Richtig ist wiederum: ‚Der Hund ist ein Säugetier.'

Woher wissen wir, daß diese Leistungen auf die Entwicklung derselben Struktur zurückzuführen sind? Hierfür gibt es ein logisches Argument: Diese Leistungen sind Implikationen der Struktur der hierarchischen Verschachtelung von Klassen. Piaget ergänzt dies um das empirische Argument, daß diese Leistungen etwa gleichzeitig zu beobachten sind, was er als Indiz für den Aufbau der latenten Struktur wertet. Dieses Argument ist allerdings eher schwach, schon weil es deutliche Zeitverschiebungen gibt zwischen Leistungen, die strukturell identisch sind.

Wenn solche latenten Operationssysteme oder Strukturen einmal definiert und mit manifesten (beobachtbaren) Leistungen oder Verhaltensweisen empirisch verknüpft sind, läßt sich ihre Stabilität untersuchen. Ein letztes Beispiel sei aus der Lern- und Gedächtnisforschung gewählt. Es gibt Annahmen über Strategien des Einprägens und Abrufens, die auf unterschiedlichste Inhalte angewendet werden können. Der Erwerb solcher Strategien ist seit einiger Zeit Gegenstand der Forschung (Flavell et al. 1973; vgl. Kap. 11 dieses Buches). Man darf in diesem Falle nicht davon ausgehen, daß einmal erworbene Strategien absolut stabil verfügbar bleiben. Es gibt Anzeichen dafür, daß sie ohne entsprechende Übung nicht oder nicht effizient eingesetzt werden (vgl. z. B. zur disuse-Hypothese des Abfalls von Gedächtnisleistungen im Alter Kap. 7). Durch die angemessene Übung von Strategien können die Leistungen aber deutlich angehoben werden (vgl. Kap. 23).

These von der zufälligen Entwicklung

Zu den Kontinuitätsannahmen in scharfem Kontrast steht die von Kenneth Gergen (1979) vorgetragene These von der *Zufälligkeit,* vom *„Aleatorischen“* (alea = lat. die Würfel) in der Entwicklung. Gergen begründet seine These etwa mit Schwankungen des Selbstbildes und des Verhaltens je nach Situation und sozialem Kontext. Das Selbstwertgefühl variiert z. B. je nachdem, ob man sich anwesenden Vergleichspersonen überlegen oder unterlegen fühlt. Das Verhalten variiert z. B. je nachdem, ob es anonym oder öffentlich (kontrolliert) ist. Solche situativen, kontextuellen Variationen von Verhalten und Erleben widersprechen jedoch nicht grundsätzlich einer Stabilitäts- oder Kontinuitätsannahme. Wenn sich Situations- und Kontextveränderungen auf alle Menschen in gleicher Richtung auswirken, können die interindividuellen Unterschiede erhalten bleiben, so daß Positionsstabilität resultiert.

Gergens These wird besser gestützt durch Forschungsergebnisse aus Längsschnittstudien, die mäßige oder geringe Stabilität von Merkmalen, Einstellungen usw. über die Zeit belegen. Hier muß man allerdings sehr differenzieren.

a) Stabilität ist nicht für alle Merkmale gleich. Nach Kagan & Moss (1962) sind zum Beispiel Fähigkeiten (wie Intelligenz) im allgemeinen stabiler im Sinne von Positionsstabilität als Persönlichkeitseigenschaften (wie Unselbständigkeit).
b) Die Stabilität eines Merkmals variiert im Lebenslauf. Viele Merkmale, die in den ersten fünf bis sechs Lebensjahren gemessen noch keine nennenswerte Stabilität aufweisen, stabilisieren sich in den Jahren danach (vgl. z. B. Abb. 1.6 zur Stabilisierung der Intelligenz).
c) Die Stabilität von Merkmalen muß immer in Bezug zur Stabilität und Veränderung der sozialen und materiellen Entwicklungsumwelt mit ihren Anforderungen, Angeboten und Ressourcen (vgl. Kap. 2), zu einschneidenden Erfahrungen und Entscheidungen sowie zur Verän-

derung von Aufgaben gesehen werden. Wir haben dann eher Stabilität zu erwarten, wenn es diesbezüglich wenig Veränderungen gibt.

Die Stabilität ist in diesem Sinne nicht eine wesensmäßige Facette eines Merkmals, sondern Auswirkung gewählter oder nicht gewählter Lebensumstände. Es gibt im Leben Entscheidungen, die die weitere Entwicklung auf lange Zeit kanalisieren, wie die Wahl von Freunden, die Schul- und Berufsentscheidung. Es gibt entsprechend nicht gewählte schicksalhafte Gegebenheiten wie z. B., in welche Familie man geboren wird. Diese Weichenstellungen sind sicher häufig zufallsabhängig, die Folgen dann allerdings nicht mehr.

Mäßige oder geringe Stabilität von Merkmalen, Kompetenzen, Einstellungen usw. heißt im übrigen nicht Zufälligkeit. Geringe Stabilität kann durchaus gesetzmäßig sein, dann nämlich, wenn sich die Entwicklungsbedingungen für einzelne Menschen oder Teile der Population ändern (vgl. Kap. 16), oder wenn entwicklungsrelevante Entscheidungen getroffen werden, die neue Weichenstellungen bedeuten.

Nach heutigen Erkenntnissen ist die *Veränderbarkeit (Plastizität)* während des ganzen Lebens größer als man früher angenommen hat. Von dieser Annahme der Plastizität müssen und können Psychologen wie Pädagogen ausgehen. Wie sonst könnte man Hoffnung in Therapie, in Resozialisierung, in lebenslanges Lernen setzen. Eigentlich muß jeder Mensch von dieser Annahme ausgehen, der seine eigene Entwicklung gestalten will.

Personale Merkmale, vorausgegangene Erfahrungen und Selbstkonzept als Kontinuität schaffende Faktoren

Nach Kontinuität sucht man nicht nur in allgemeinen, sondern auch in individuellen Entwicklungsverläufen. Wie kommt es, daß verschiedene Personen dieselben Informationen unterschiedlich auffassen und auswerten, das gleiche Ereignis unterschiedlich bewältigen und sich unter äußerlich ähnlichen Bedingungen unterschiedlich entwickeln? Die jeweils gegebenen personalen Merkmale (Motive, Interessen, Kompetenzen, Wissen, Einstellungen usw.), das Bild, das ein Mensch von sich selbst hat (Selbstbild), und die Erfahrungen, die er bisher gemacht hat, bestimmen die weitere Entwicklung.

Die Person ist auf mindestens drei Weisen ein produktiver Faktor der eigenen Entwicklung:

a) Die jeweils gegebenen individuellen Merkmale moderieren die Einflüsse aus der Umwelt und die Erfahrungen. Zum Beispiel lernt der intelligentere und der besser informierte Schüler aus einem anspruchsvollen Fachbuch mehr als der weniger begabte oder der schlecht informierte. Der erfolgszuversichtliche Schüler zieht aus einer schlechten Prüfung andere Schlüsse als der mißerfolgsängstliche.

b) Die Anforderungen und Angebote der Umwelt variieren je nach individuell gegebenen Merkmalen. Das „schwierige“ Kind wird weniger Zuneigung und Freundlichkeit erfahren als das „pflegeleichte“. Der rebellische oder delinquente Jugendliche wird häufiger zurückgewiesen und weniger unterstützt als der angepaßte. Vom intelligenten und guten Grundschüler erwartet man eher den Besuch einer höheren Schule.

c) Schließlich bestimmen die Dispositionen, Fähigkeiten, Einstellungen, Werte und die zugehörigen Komponenten des Selbstbildes, in welche Richtung ein Mensch seine eigene Entwicklung gestaltet. Zum Beispiel hängt es vom Selbstkonzept (z.B. über die eigenen Fähigkeiten) ab, was man anpackt und welche Ziele man sich setzt. Ausbildungs- und Berufsentscheidungen, Eingehen und Auflösen von Partnerschaften, Übernahme oder Ablehnung sozialer Pflichten sind auch Funktionen des Selbstkonzeptes. Diese Entscheidungen haben Auswirkungen auf die weitere Entwicklung. Die Bewältigung von Schwierigkeiten hängt nicht zuletzt davon ab, wie man in der Vergangenheit mit Schwierigkeiten fertiggeworden ist. Hat man zuvor ähnliche Probleme bewältigt, geht man die neuen mit mehr Selbstvertrauen und Geschick an als im umgekehrten Fall.

Die Suche nach Kontinuität in individuellen Lebensläufen zielt auf *Erklärungen individueller Entwicklungen aus Voraussetzungen, die als Personmerkmale, als Erfahrungen oder als Selbstkonzept zu fassen sind.* Diese vermitteln als strukturelle Voraussetzung die Aufnahme und Verarbeitung von Informationen, Ereignissen und Anforderungen.

Die empirische Basis für Kontinuitätsannahmen ist mitunter sehr fragwürdig. Die Phänomene, die durch eine Kontinuitätsannahme verknüpft sind, sind weder regelmäßig im Sinne einer Korrelation oder Veränderungssequenz, noch gesetzmäßig im Sinne einer Verursachungskette miteinander verknüpft. Eine Voreingenommenheit zur Postulierung von Kontinuitäten ist verbreitet.

Kagan (1980) nennt hierfür prominente Beispiele: Sigmund Freud etwa entwarf Hypothesen und brachte Fallbeispiele, die Beziehungen zwischen der Kindheit und der Persönlichkeits- und Problementwicklung im späteren Leben beinhalteten, z.B. solche zwischen Problemen bei der Sauberkeitserziehung im zweiten Lebensjahr und zwanghaften Zügen bzw. Zwangsneurosen im Jugend- und Erwachsenenalter. Auch ist es seit den Arbeiten von Spitz (1945) und Bowlby (1951) Allgemeingut, daß eine feste Bindung des Säuglings an eine Pflegeperson, üblicherweise die Mutter, Voraussetzung für die spätere Fähigkeit zur Bildung von Vertrauen und zum Eingehen einer tieferen Liebesbeziehung darstellt. Systematisch gesammelte empirische Belege dafür stehen jedoch aus.

Tiefenpsychologische Kontinuitätsmodelle

Kontinuität ist eine Kernannahme tiefenpsychologischen Denkens und Deutens. Eine ganze Anzahl von Konzepten werden angeboten, um Kontinuität im Wandel zu erkennen. Die sogenannten Abwehrmechanismen leisten Transformationen libidinöser Strebungen, so daß deren kontinuierliches Wirken nicht ohne weitere Analyse erkannt wird. Verdrängung verhindert bewußten und offenen Ausdruck. Durch Sublimierung werden Strebungen des Es in sozial erwünschte Form verändert (Libido wird zu Wißbegierde oder Kreativität oder Fleiß). Durch Verkehrung ins Gegenteil kann sich Haß in liebevoller Fürsorge äußern. Anale Strebungen werden in der Form verändert und erscheinen als Geiz oder Pedanterie. Diese Abwehrmechanismen wirken in der Regel zusammen.

Durch die Annahme von Abwehrmechanismen werden Veränderungen verstehbar und Bedeutungskontinuitäten erkennbar, wo durch oberflächtliche Betrachtung keinerlei Zusammenhang auffällt. Ein neurotisches Symptom eines Erwachsenen enthält zugleich eine verdeckte Befriedigung eines verbotenen (kindlichen) Wunsches, eine Verhinderung eben dieser Befriedigung und eine Sühne für die doch ansatzweise oder in der Wunschvorstellung erfolgte Befriedigung. Einem Waschzwang liegt die Angst vor einer Verbotsübertretung zugrunde, und die verdeckte Wunscherfüllung wird mit dem leidvollen Waschen gesühnt.

In der Analyse werden Probleme aus der frühen Entwicklung wiederholt und Emotionen, die sich beispielsweise auf die Eltern richteten, werden im Prozeß der ,,Übertragung" auf den Therapeuten projiziert.

Das Gewissen des Knaben bildet sich in den Konflikten, Ambivalenzen und Identifikationen der Ödipusphase und die dann internalisierten Normen werden von Neurotikern rigide bis ins Erwachsenenalter beibehalten (ohne daß er diesen Normen jederzeit genügen würde).

Auch in anderen tiefenpsychologischen Schulen werden Kontinuitätsannahmen getroffen. Carl Gustav Jung (1875–1961) weist z.B. auf die prägende Wirkung des Mutter- bzw. Vaterbildes hin, das die späteren Partnerwahlen beeinflussen kann. Wilhelm Reich (1897–1957) sieht in allen traumatischen Erlebnissen eine Wiederholung des Urtraumas Geburt. Alfred Adler (1870–1937) erkennt in der neurotischen Fehlentwicklung eine Auseinandersetzung mit erlebten kindlichen Minderwertigkeiten, häufig als

Versuch der Kompensation, gelegentlich der Überkompensation der Minderwertigkeiten. Bei Adler wird sehr deutlich, daß bestimmte Erlebnisse oder Erfahrungen als Problemthemen das weitere Leben bestimmen und Fehlentwicklungen begründen. Auch die bekannte Abfolge der Libido-Entwicklung (orale, anale, ödipale Phase) nach Sigmund Freud (1856–1939) ist als Abfolge wichtiger Erfahrungen zu verstehen, die, falls starke Wünsche offen bleiben, in ungünstigem Falle als konfliktbehaftete Themen weiterwirken.

Diese tiefenpsychologischen Theorien sind faszinierende entwicklungspsychologische Entwürfe. In retrospektiv analysierten Einzelfällen ermöglichen sie Deutungen mit Plausibilitätsanmutungen. In systematisch kontrollierten Untersuchungen haben sie sich bislang nicht überzeugend bewähren können. Freud hat Hypothesen vorgetragen und mit Fallbeispielen illustriert, die zwischen Kindheit und der Persönlichkeit bzw. der Problematik der Erwachsenen Zusammenhänge postulieren, etwa zwischen Problemen mit Sauberkeitserziehung im zweiten Lebensjahr und zwanghaften Zügen bzw. Zwangsneurosen im Jugend- und Erwachsenenalter.

Der spekulativen theoriebildenden Phantasie sind keine anderen Grenzen zu setzen als durch die Forderung nach einem methodisch überzeugenden empirischen Nachweis. Die Psychoanalyse geht immer von bestehenden Problemen aus und versucht diese retrospektiv zu rekonstruieren. Diese follow-back Analysen sind als empirische Überprüfungen von Hypothesen sehr problematisch (vgl. Kap. 16). Freud mahnte übrigens selbst zur Vorsicht und sagte, daß das, was retrospektiv notwendig oder gar hinreichend erklärt erscheine, prospektiv weder das eine noch das andere sei (1947, S. 296).

Modelle des Wandels

Wohlwill (1977) hat weitere Bedeutungen von Kontinuität als Regelhaftigkeiten in der *Veränderung* zusammengefaßt. Flavell (1972) hat in einer vielbeachteten theoretischen Analyse Kontinuität als Entwicklungssequenz interpretiert und mehrere Formen unterschieden: Addition, Substitution, Modifikation, Differenzierung, hierarchische Integration.

Addition kann als Wachstum verstanden werden, als Hinzukommen einer neuen Form oder neuer Elemente, ohne daß das Alte aufgegeben würde. Der Wortschatz wächst, ebenso unser Repertoire an Wissen, an

Lösungsmöglichkeiten für Probleme usw. Bruner et al. (1966) haben die Entwicklung von drei Repräsentationsmodi als Addition beschrieben. Die erste Form der Repräsentation ist eine enaktive (handlungsmäßige); später folgt vom zweiten Lebensjahr an die ikonische (bildhafte), danach die symbolische (sprachliche), ohne daß die vorhergehenden aufgegeben würden: Wir können als Erwachsene den Begriff „schlafen" enaktiv (pantomimisch), ikonisch (bildhaft) oder symbolisch (sprachlich) darstellen, das einjährige Kind kann dies nur pantomimisch (Piaget 1969b).

Substitution bedeutet Ersetzung und Verschwinden des Früheren. Eine Funktion wird durch eine andere ersetzt, die gleiche Handlungsergebnisse ermöglicht. Die Fortbewegungsart des „Robbens" (mit nachgeschleppten Beinen) wird durch Krabbeln (auf Händen und Knien) und dieses später durch Gehen ersetzt (vgl. Abb. 1.1). Die Eltern als Spielpartner werden vielleicht durch Freunde ersetzt, an die Stelle von physischen Aggressionen treten verbale.

Von *Modifikation* wird gesprochen, wenn die neue Form in einem Sinne als die verbesserte, „reifere" Version der alten Form, aus der sie entstanden ist, verstanden werden kann. Mit Modifikation ist insofern ein qualitativer Wandel oder eine Strukturtransformation gemeint. Freuds Hypothese, daß Wißbegierde oder Kreativität als Sublimation Es-hafter Strebungen anzusehen sind (Freud 1920), wäre ein Beispiel dafür, *Differenzierungen* von Ausgangsstrukturen ein anderes.

Bittet man vierjährige Kinder, ein Dreieck, einen Kreis und ein Quadrat abzuzeichnen, so wird die Mehrzahl drei sehr ähnliche Figuren zu Papier bringen (Abb. 1.8a): Dreieck, Quadrat und Kreis sind in der Zeichnung des Kindes nicht unterschieden. Anscheinend kann es die Differenzierungen zwischen diesen drei Formen der euklidischen Geometrie noch nicht leisten und begnügt sich mit der Darstellung des Merkmals „geschlossene Figur", das den drei Vorlagen gemeinsam ist. Bevor Strecken und Winkelverhältnisse später korrekt erfaßt werden, beobachten wir noch eine Zwischenstufe, in der bestimmte Merkmale (das Spitze oder das Eckige von Dreieck oder Quadrat) symbolisch dargestellt werden (Abb. 1.8b).

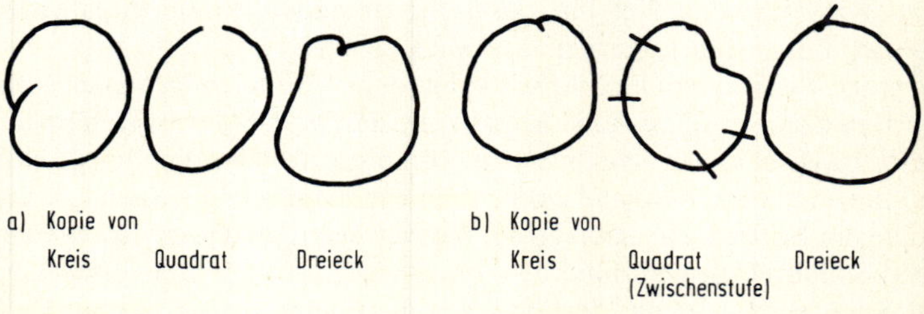

Abb. 1.8a und 1.8b Kopien von Kreis, Quadrat und Dreieck (nach Piaget & Inhelder 1971)

Um den Begriff Differenzierung zu klären, ziehen wir den Begriff der *Struktur* hinzu. Die Zeichnung des Kindes hat eine Struktur, ebenso haben ein Begriff, eine Handlung, eine logische oder mathematische Operation, ein Satz oder ein Satzgefüge eine Struktur. Jede Struktur enthält Inhalte, die durch Relationen in einer bestimmten Weise verbunden sind. Die geometrischen Strukturen des obigen Beispiels haben den Inhalt „Linie" und die Verbindungsrelation „Geschlossenheit", später zusätzlich die Inhalte Winkel, Art der Winkel zwischen sich schneidenden Linien, Strecke zwischen sich schneidenden Linien, Anzahl der Strecken sowie die Verknüpfungsrelationen zwischen Strecken und Winkeln. Alle Sach- und Wissenschaftsbereiche haben ihre spezifischen Strukturkonzepte entwickelt: Mathematik und Logik, Linguistik und Literaturwissenschaft, Biologie und Psychologie usw.

Differenzierung ist als ein Aufbauprozeß zu verstehen, in dem eine Ausgangsstruktur oder ein Ausgangssystem durch den Einbezug zusätzlicher Inhalte und Relationen spezifiziert wird (Zahl der Seitenstrecken und Art der Winkel in obigem Beispiel). Wir haben prinzipiell den gleichen Tatbestand, wenn wir den globalen Begriff Tier durch die Beachtung jeweils spezifischer Merkmale in Säugetier, Hund, Schäferhund, Lawinenhund differenzieren. Aus Unlust kann ein Schuldgefühl werden, wenn die Inhalte Verantwortlichkeit, Leiden eines anderen, Sympathie für diesen anderen und Nachempfinden seines Leidens mit einbezogen werden.

Die obige Definition der Differenzierung enthält bereits den Komplementärbegriff *hierarchische Integration*. Die Unterscheidung spezifischer inhaltlicher Merkmale oder Komponenten an einem ursprünglich undifferenzierten Ganzen macht die Herstellung eines Bezuges zwischen diesen Komponenten notwendig. Diese Bezugsbildung oder Organisation durch das Herstellen spezifischer Relationen hat man häufig Integration genannt. Ein Beispiel: Die Komponenten Unlust, Leid eines anderen, Ich, meine Handlung, sympathischer anderer machen noch kein Schuldgefühl aus. Es muß eine Ordnung hergestellt werden, wie sie in dem Satz ausgedrückt ist: Ich empfinde Unlust, weil ich für eine Handlung verantwortlich bin, durch die ein anderer, mir sympathischer Mensch Leid erfährt, das ich nachfühle.

Integrationsleistungen sind schon auf dem Niveau einfach erscheinender Bewegungen notwendig. Man denke daran, daß das Ergreifen einer Kinderrassel für den Säugling eine komplizierte Koordinationsleistung ist, die erst nach Monaten sicher gelingt. Man denke daran, welche Mühe der Erwachsene haben mag, die Bewegungselemente des Wedelns beim Skifahren zu koordinieren oder zu integrieren. In der Entwicklung der Sprache, der Logik, der Motive usw., überall treffen wir auf Differenzierungen und integrative Strukturbildungen.

Wir können also Entwicklung beschreiben als Aufbau immer komplexerer Strukturen, wobei wir aus der Art der im System hergestellten Relationen (grammatische, logische, räumliche, zeitliche usw.) die qualitativen oder strukturellen Veränderungen ablesen können.

Wir benötigen *Strukturkonzepte,* um die entwicklungsmäßige Veränderung darstellen zu können, ob es sich um Strukturen der Geometrie oder der Handlungsentscheidung, um die Struktur der Begriffshierarchie oder um die syntaktische Struktur von Sätzen handelt. Eine sorgfältige Strukturanalyse mit dem Ziel einer genauen Beschreibung der fraglichen Strukturen ist die Voraussetzung dieser Beschäftigung mit dem Entwicklungsgeschehen.

4. Einige aktuelle Themen der Entwicklungspsychologie

Die Entwicklungspsychologie ist in einem ständigen Wandel begriffen. Auf einige der weiter vorne beschriebenen alten Themen trifft man immer seltener: So spricht man heute kaum noch über Reifestand und sensible Perioden in der Entwicklung. Neue Themen tauchen auf, neue Forschungsfragen und neue Konzeptionen vom Wesen der Entwicklung. ,,Neu" heißt dabei meist nicht, daß eine Idee in jüngster Zeit zum ersten Mal geäußert oder verwirklicht würde, ,,neu" soll nur heißen, daß einer Idee nun häufiger Aufmerksamkeit geschenkt wird als früher.

Entwicklungspsychologie unter dem Aspekt der gesamten Lebensspanne

Besonders einflußreich in Richtung auf eine Neuorientierung der Entwicklungspsychologie wirkte seit Ende der 60er Jahre eine wachsende Gruppe von Autoren, die unter der programmatischen Thematik ,,Entwicklungspsychologie der Lebensspanne" (life-span developmental psychology) eine große Zahl konzeptioneller, methodologischer, analytischer und empirischer Arbeiten publizierte. (Einen Überblick vermitteln Baltes et al. 1980).

Diese Autoren weisen zunächst darauf hin, daß entwicklungsmäßige Veränderungen von der Empfängnis bis zum Tod möglich sind, daß Entwicklung also nicht dort aufhört, wo fast alle älteren Lehrbücher aufhören, nämlich nach der Adoleszenz. Sie werfen zweitens die Frage auf, ob es fruchtbar sei, den Begriff Entwicklung für den Typ der universellen, invarianten, irreversiblen, unidirektionalen, altersgebundenen Veränderung zu reservieren, wie das in der traditionellen Kinder- und Jugendpsychologie häufig der Fall war. Bemängelt wird auch, daß der traditionellen experimentellen Kinderpsychologie vielfach eine Entwicklungsperspektive fehle. Die Einführung einer Life-span-Orientierung schon in die Kinder- und Jugendpsychologie wirkt einer solchen Begrenzung entgegen.

Im Erwachsenenalter und höheren Alter sind generelle, unidirektionale Veränderungen kaum auszumachen: Eine generelle Richtung der Entwicklung, ein genereller Fortschritt auf ein Endniveau läßt sich nicht mehr für die ganze Population angeben. Die Veränderungen scheinen eher kultur-, subkultur- oder personspezifisch; sie sind unterschiedlich je nach Lebensschicksal, je nach gesellschaftlichen und beruflichen Anforderungen, je nach Erfahrungen, je nach Qualität der sozialen Einbindung und Unterstützung und – gemäß einer interaktionistischen Sicht – je nach eigenen Kompetenzen, Interessen und Einstellungen.

Auch bei person- oder personklassenspezifischen Veränderungen kann aber dann sinnvoll von Entwicklung gesprochen werden, wenn Kontinuitäten aufgewiesen werden, indem spezifische Voraussetzungen oder individuelle Dispositionen usw. für Veränderungen in die Analyse einbezogen werden (Montada 1979b).

Die Analyse differentieller Veränderungen ist unter theoretischen und anwendungspraktischen Aspekten fruchtbar. Fragen nach *Entwicklungsbedingungen* und *-prognosen* und nach den Möglichkeiten der Einflußnahme und Gestaltung können gestellt werden. Empirische Untersuchungen belegen in großer Zahl die Plastizität der Entwicklung, die Abhängigkeit vom Kontext, die Gestaltbarkeit über das ganze Leben. Sie deuten auch auf die gegenseitige Beeinflussung (Transaktion) verschiedener in Veränderung befindlicher Personen in Systemen wie Familie, Peergruppen usw.

Dieses Gedankengut hat eine lange Geschichte, wie Baltes (1979a) herausgearbeitet hat: Johann Nikolaus Tetens (1736–1807), Johann Nikolaus Carus (1770–1808), Adolphe Quetelet (1796–1874) haben manche Gedanken vorweggenommen. Die ersten empirisch fundierten Texte und Monographien durch Pressey et al. (1939) und Charlotte Bühler (1933) haben aber den Durchbruch noch nicht erzielen können. Erst seit den 60er Jahren hat diese Denk- und Forschungsrichtung Verbreitung gefunden (Goulet & Baltes 1970, Baltes & Schaie 1973, Nesselroade & Baltes 1974, Baltes & Brim 1978 bis 1985). Der Aufschwung der psychologischen Gerontologie (Birren 1964, Lehr & Thomae 1979, Birren & Schaie 1977), die Analyse kritischer Lebensereignisse (Datan & Ginsburg 1975, Filipp 1981a) und interdisziplinäre Befruchtung durch die soziologische Lebenslaufforschung (Riley 1979, Brim 1966, Neugarten & Datan 1973) haben diese Entwicklung gefördert.

Die psychologische Gerontologie, in der vormals ein biologisches Denken (Abbau, Zerfall) vorherrschte, entdeckte, daß psychologische Veränderungen im höheren Alter große *interindividuelle Differenzen* aufweisen und daß Faktoren wie die beruflichen und familiären Anforderungen, die selbstgewählten Ziele und Aktivitäten, der Gesundheitsstatus, die sozialen und materialen Ressourcen den Status und die Entwicklung dieser Lebensperiode wesentlich beeinflussen (vgl. Kap. 7).

In der Soziologie war eine Beschäftigung mit altersspezifischen Lebensereignissen oder Übergängen ein klassisches Thema (Brim & Ryff 1980). Übergänge in der beruflichen Karriere (Schüler, Lehrling, Geselle, Meister), Übergänge im Familienzyklus mit Etappen wie Verlobung, Heirat, Elternschaft, „empty nest-Situation", Großelternschaft mögen als Beispiele dienen (Glick 1947, vgl. Kap. 22). Die Gesellschaft enthält viele Altersstratifizierungen und teilt entsprechend dem Alter viele Positionen zu, die ihrerseits Rollenerwartungen implizieren und damit Verhalten regulieren und Verhaltensänderungen notwendig machen. Die Entwicklungspsychologie der Lebensspanne vollzieht insofern Gedankengänge nach, die in der Soziologie seit langem geläufig sind.

Das gilt auch für eine zweite Erkenntnis, nämlich daß die ontogenetische Entwicklung einem *historischen Wandel* unterliegt (vgl. Kap. 2). Die Soziologie und die Geschichtswissenschaften haben sozialen Wandel beschrieben, insbesondere als Wandel der Institutionen (Arbeitsfeld, Familie, Bildungseinrichtungen, soziale Versorgungssysteme usw.), aber auch Veränderungen in den herrschenden Ideologien, Wertvorstellungen und den politischen Überzeugungen. Selbstverständlich wurde angenommen, daß sich der auf diesem Niveau beschriebene gesellschaftliche Wandel auch in psychologisch beschreibbaren Veränderungen des Verhaltens, Wertens, Urteilens und Erlebens niederschlägt.

Die Entwicklungspsychologie hat diese Thematik lange vernachlässigt und sozusagen nach allgemeinen, über historische Epochen hinweg gültigen Veränderungen gesucht. Es wird zunehmend deutlich, daß sich als Folge des raschen gesellschaftlichen Wandels auch nah aufeinanderfolgende Geburtsjahrgänge hinsichtlich ihrer Entwicklung unterscheiden. Konsequenterweise müßte die Entwicklungspsychologie für jede Generation neu geschrieben werden, bis sich später einmal auf einer höheren theoretischen Ebene die Entwicklung in Abhängigkeit von Kontextdimensionen fassen lassen wird, die den historischen Wandel abzubilden erlauben.

Die hier beschriebene Problematik wurde erst ins allgemeine Bewußtsein der Entwicklungspsychologie gerückt, als Schaie (1965) die Frage nach der angemessenen Methodologie für die Gewinnung von Entwicklungsnormen aufwarf. Lange Zeit hat man die aus Querschnittsuntersuchungen ermittelte Alterskurve der Intelligenz (vgl. Abb. 1.7) im Sinne eines verbreiteten Vorurteils dahingehend interpretiert, daß es einen Anstieg der Intelligenzleistung bis ins frühe Erwachsenenalter gebe, wonach ein kontinuierlicher und beträchtlicher Abfall bis ins höhere Alter folge. Die Querschnittsmethode ist insofern problematisch, als die Stichproben unterschiedlicher Altersklassen nicht nur verschieden alt sind, sondern verschiedenen Generationen angehören, so daß die Frage offen bleibt, ob die beobachteten Unterschiede auf Alters- oder auf Generationsunterschiede zurückzuführen sind.

Erst durch die einflußreiche Veröffentlichung von Schaie wurde allgemein registriert, daß der scheinbare Abfall in Wahrheit kein *Abfall,* sondern ein Leistungs*unterschied* zwischen verschiedenen Generationen oder Geburtsjahrgängen sein könnte. Die geringe Leistung der Älteren wäre demnach nicht als Intelligenz*verlust,* sondern als ein von Anfang an *geringeres Niveau* dieser Generation anzusehen, was z.B. mit der geringeren Schulbildung zu erklären ist (vgl. Abb. 1.9).

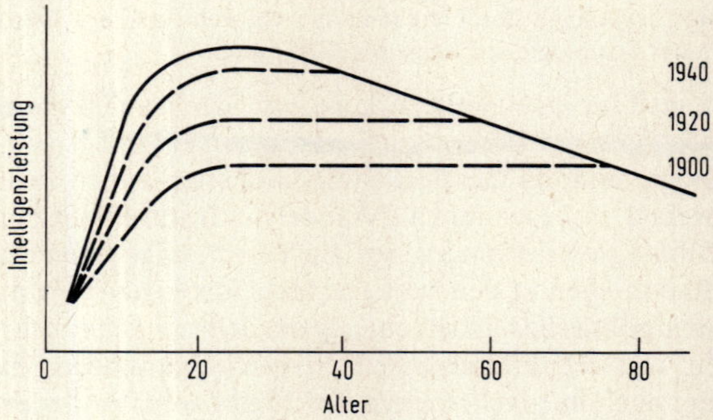

Abb. 1.9: Altersverlaufskurve der Intelligenz in einer Querschnittsuntersuchung (durchgezogene Kurve) und Längsschnittuntersuchungen (unterbrochene Linien) an Stichproben aus verschiedenen Generationen (hypothetische Daten; nach Baltes 1968)

Angeregt durch diese Debatte hat man Längsschnittdaten und Querschnittsuntersuchungen vergleichend gegenübergestellt und tatsächlich gefunden, daß sich der Altersverlauf in Längsschnittuntersuchungen anders darstellt (Palmore & Jeffers 1971).

Inzwischen sind die Dinge differenzierter betrachtet worden: Die Altersverlaufskurve ist je nach Intelligenzfaktor unterschiedlich. Cattell (1968) hat zwischen „fluider" und „kristallisierter" Intelligenz unterschieden. Mit fluider Intelligenz sind jene Fähigkeiten gemeint, die für die Lösung neuartiger und ungewohnter Probleme gebraucht werden. Mit kristallisierter Intelligenz ist der Bestand an kulturell relevantem Wissen gemeint. Fluide Intelligenz weist tatsächlich einen Abfall auf, kristallisierte nicht selten im Gegenteil einen kontinuierlichen Anstieg.

Die Erklärungen dieses Tatbestandes gehen auseinander. Horn und Donaldson (1980) tendieren eher zur Annahme, daß sich die im Laufe des Lebens kumulierenden Zellschädigungen im zentralen Nervensystem nachteilig auf fluide Intelligenzleistungen auswirken. Baltes, Schaie und andere vertreten die Hypothese, daß mangelnde Übung mit Aufgaben, die fluide Intelligenz erfordern, zu diesem Abfall beiträgt („disuse-Hypothese"). Berufsgruppenunterschiede sowie die Möglichkeit des Trainierens der fluiden Intelligenz auch in höherem Alter (Baltes et al. 1980; vgl. auch Kap. 23) sprechen für diese Hypothese.

Intelligenzentwicklung als Funktion des Lebensalters und des Geburtsjahrgangs

Schaie hat seine methodologischen Überlegungen an einer sehr bekannt gewordenen Studie über die Entwicklung von fünf „primary mental abilities" (nach Thurstone & Thurstone 1941) demonstriert, indem er Stichproben aus sieben Geburtskohorten (1889, 1896, 1903, 1910, 1917, 1924, 1931) zu drei Zeitpunkten (1956, 1963, 1970) untersuchte, also jede Kohorte in drei verschiedenen Altersstufen. Insgesamt hat er Daten zwischen dem 25. Lebensjahr (nur für den Jahrgang 1931) und dem 81. Lebensjahr (nur für den Jahrgang 1889). Er ist so in der Lage, Querschnittsdaten aus drei Meßzeitpunkten in Beziehung zu setzen mit Längsschnittdaten einer jeden Geburtskohorte über insgesamt 14 Jahre. Abbildung 1.10 stellt die Querschnittsdaten aus der 1956er Untersuchung als Basis und die nachfolgenden Längsschnittdaten für jede der Kohorten dar, wobei die Werte für „intellectual ability", „Wortverständnis" und „Wortflüssigkeit" herausgegriffen sind. „Intellectual ability" ist ein zusammengesetztes Maß (ein sogenannter „Omnibus-Test") aus Sprachverständnis, Raumvorstellung, Rechengewandtheit, schlußfolgerndem Denken und Wortflüssigkeit. Sprachverständnis wird als Verständnis für Wortbedeutungen durch Aufgaben gemessen, in denen ein Begriff vorgegeben wird und aus vier Alternativen das bedeutungsähnlichste Wort ausgewählt werden soll. Wortflüssigkeit wird an der Aufgabe gemessen, innerhalb von fünf Minuten möglichst viele Wörter mit dem Anfangsbuchstaben S niederzuschreiben.

Man erkennt aus Abbildung 1.10, daß die Wortflüssigkeit schon vor der Mitte des Lebens abfällt, während ähnliche Verluste im Sprachverständnis erst Jahrzehnte später einsetzen. Auch im Omnibus-Test „intellectual ability" setzt der Abfall wesentlich später ein.

Ma erkennt vor allem auch, daß die Differenzen zwischen den je sieben Jahre auseinanderliegenden Geburtskohorten vielfach größer sind als zwischen gleich großen Altersabständen einer einzigen Geburtskohorte. Diese intergenerationelle Differenz ist an den senkrecht übereinanderliegenden Werten abzulesen, die die Leistungswerte verschiedener Generationen im gleichen Alter repräsentieren (man vergleiche z. B. die Differenz im Alter von 60 Jahren zwischen den 1896, 1903 und 1910 Geborenen).

Schaie verfügt nicht über Daten, die die gesamte Lebensspanne zwischen dem 25. und dem 81. Jahr für alle Geburtskohorten

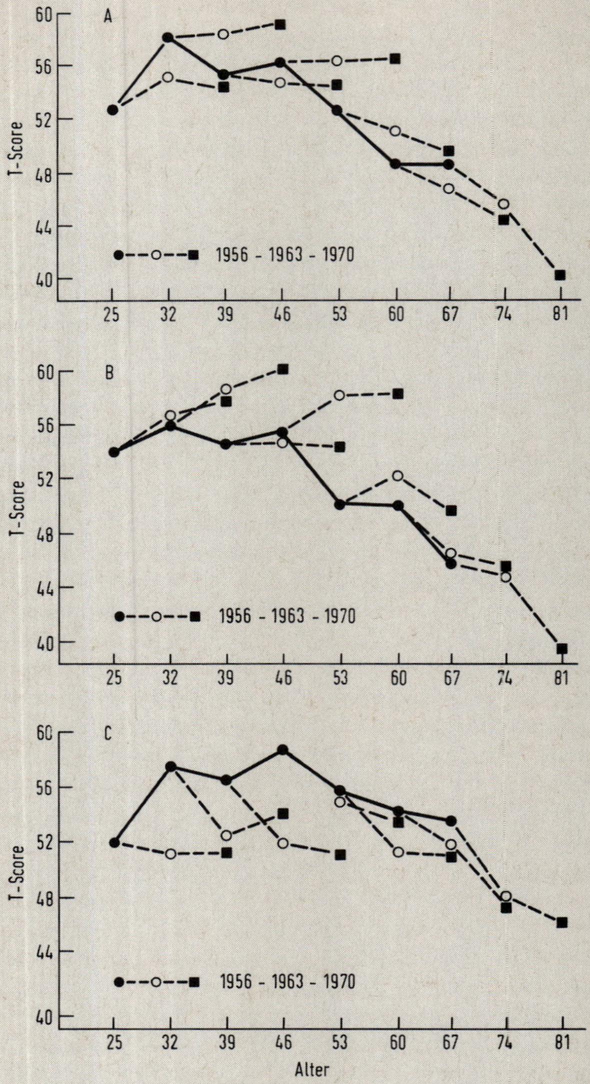

Abb. 1.10 Intelligenzentwicklung im Querschnitt und Längsschnitt (nach Schaie 1979)
A: „intellectual ability"
B: Sprachverständnis
C: Wortflüssigkeit

abbilden. Er hat ja jede Kohorte nur insgesamt 14 Jahre beobachtet. Aber aus diesen Daten läßt sich zeitlich eine Voraus- und eine Zurückschätzung des Altersverlaufs der Intelligenzleistung herleiten. Schaie wählt das mittlere Lebensalter aller Probanden (53 Jahre) und vergleicht die erhaltenen oder durch Voraus- oder Zurückschätzungen ermittelten Durchschnittswerte aller sieben Geburtskohorten für dieses Lebensalter. Er kann dadurch Differenzen zwischen den Kohorten im gleichen Lebensalter sichtbar machen.

In Abbildung 1.11 ist das Ergebnis graphisch dargestellt. Man erkennt den erwarteten deutlichen Anstieg der ,,intellectual ability" von Generation zu Generation und als Beispiel gegenläufiger Veränderungen die Kurven für die Untertests ,,Sprachverständnis" und ,,Wortflüssigkeit". Der Untertest ,,Wortflüssigkeit" ist der einzige aller fünf, der einen kontinuierlichen Leistungsabfall von Generation zu Generation aufweist. Drei der Untertests (neben Sprachverständnis auch Raumvorstellung und schlußfolgerndes Denken) weisen demgegenüber einen sehr markanten Anstieg auf.

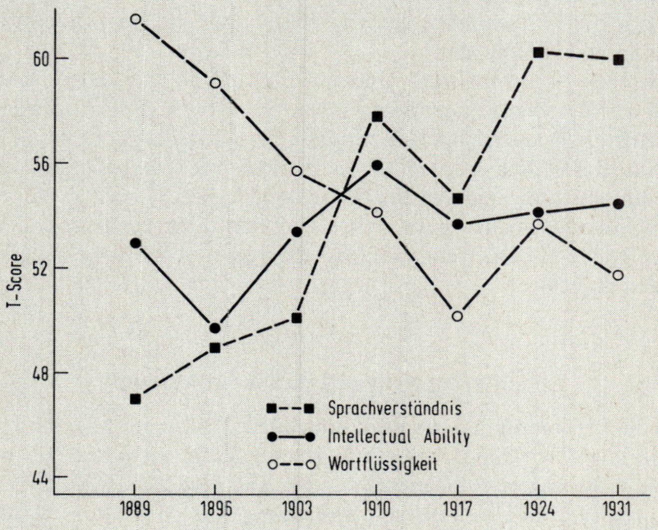

Abb. 1.11 Intergenerationelle Veränderung von Intelligenzleistungen (nach Schaie et al. 1973)

Schaies Untersuchungen weisen beträchtliche Leistungsunterschiede zwischen Geburtsjahrgängen auf. Der Geburtsjahrgang als solcher erklärt nichts, indiziert aber unterschiedliche Bildungsverläufe der Generationen. Damit ist exemplarisch ein Kontextmerkmal (Bildungswege und -dauer) herausgestellt. Es gibt andere mit Auswirkungen auf andere Bereiche. Elder (1974) hat die Auswirkungen der großen wirtschaftlichen Depression Ende der 30er Jahre untersucht. Es zeigte sich, daß große Teile der damaligen Jugend durch ungünstigere Startchancen langfristig benachteiligt blieben (vgl. dazu Kap. 2).

In Deutschland hat Schelsky (1957) die Erfahrungen der Jugend des Kriegsendes und der Nachkriegsjahre analysiert und diese Jugend als „skeptische Generation" charakterisiert, die gegenüber Ideologien, Wertsystemen und den sie vertretenden Autoritäten auf skeptischer Distanz blieb. Nachfolgende Jahrgänge hatten andere Erfahrungen, kamen in Kontakt mit anderen Ideen, profilierten sich auf andere Weise.

Die Unterscheidung von Generationen zur Kategorisierung von Personen mit spezifischen gemeinsamen Erfahrungen oder Entwicklungsbedingungen ist eine sehr globale Klassenbildung. Noch globaler wäre die Unterscheidung von Kulturen. Selbstverständlich ist die Untersuchung von Entwicklungskontexten häufig sehr viel präziser und trifft viel spezifischere Unterscheidungen (vgl. ausführlich dazu Kap. 2). Hier sollte nur die kontextualistische Perspektive der life-span Perspektive exemplarisch erwähnt sein.

Inzwischen liegen mehrere Untersuchungen vor, die andere Unterschiede als die oben genannten zwischen Geburtsjahrgängen aufzeigen. Dies wirft die Frage nach den Einflußfaktoren auf die Entwicklung auf. Neben dem gesellschaftlichen Wandel etwa hinsichtlich der Schulungs- und Bildungsdauer, dem Niveau der ökonomischen Sicherheit, der besseren Gesundheitsversorgung usw. sind vor allem bedeutsame Lebensereignisse in den Brennpunkt des Interesses von Entwicklungspsychologen gerückt.

Lebensereignisse und ihre Bewältigung

In den letzten Jahren hat die Forschung über *Lebensereignisse* und ihre Auswirkungen vor allem in der Klinischen Psychologie einen erstaunlichen Aufschwung erlebt (Dohrenwend & Dohrenwend 1974). Die entwicklungspsychologisch relevante Forschung und Methodologie ist in Sammelbänden von Datan und Ginsburg (1975), Filipp (1981 a), Filipp und Gräser (1982) repräsentiert.

Die Idee, daß einzelne Ereignisse im Leben eines Menschen bedeutsam für seine künftige Entwicklung werden (können), ist nicht neu. Freud (1920) machte bekanntlich traumatische Kindheitserfahrungen für die Entwicklung von Neurosen im späteren Leben verantwortlich. Spitz (1945) und Bowlby (1952) wiesen auf die Gefahren der Trennung von der Mutter in den ersten Lebensjahren hin. Auf die Folgen des Schulversagens und -abbruchs wurde von Höhn (1967) und anderen eindringlich aufmerksam gemacht (vgl. Kap. 19). Eine breitgefächerte Literatur über die Auswirkungen des Verlustes von Partnern liegt vor (Stroebe et al. 1980), ebenso über die möglicherweise stigmatisierende Wirkung einer Verurteilung (Sack 1972) oder einer Einweisung in eine psychiatrische Klinik (Goffman 1963).

Da sich die Psychologie traditionellerweise mehr für die Ursachen problematischer Entwicklungen interessierte, ist über die Wirkung positiver, also erfreulicher Ereignisse, wie z.B. das Erreichen wichtiger Lebensziele (Schul- oder Berufserfolge, das Eingehen von Partnerschaften, der Erwerb materieller Güter, der erwünschte Wohnungswechsel usw.) weniger geschrieben worden als über belastende Erfahrungen.

Auch erfreuliche Ereignisse bringen häufig Umstellungen und die Notwendigkeit neuer Anpassung mit sich: Die ersehnte Beziehung, der endlich gefundene Arbeitsplatz, der erhoffte Lottogewinn stellen neue Anforderungen, vor denen man versagen kann. Hat man früher die Risikosität von Ereignissen ausschließlich in Abhängigkeit vom Ausmaß der Veränderungen der Lebenssituation und notwendigen Neuanpassungen gesehen (Holmes & Rahe 1967), so ist mittlerweile geklärt, daß bei vergleichbarem Ausmaß an notwendigen Veränderungen erfreuliche Ereignisse weniger pathogen wirken als negativ bewertete (Ruch 1977).

In der Entwicklungspsychologie und Sozialisationsforschung hat man lange Zeit das Augenmerk eher auf *Lebenslagen* als auf einzelne *Lebensereignisse* gerichtet. Die Zugehörigkeit zu ethnischen oder religiösen Gruppierungen und zu sozialen Schichten oder Formen familiärer Erziehung oder Schultyp und Dauer des Schulbesuchs waren bevorzugte Gegenstände der Forschung. Zwar kann angenommen werden, daß mit so definierten Umweltkategorien auch die Häufigkeiten einzelner Erfahrungen variieren, aber offenbar ging man davon aus, daß im Normalfall nur die ,,Lage"-typische Häufung von Ereignissen sich auf die Entwicklung auswirke.

Betrachtet man die Listen kritischer Lebensereignisse, die insbesondere in der klinisch-psychologischen Forschung (Holmes & Rahe 1967, Dohrenwend & Dohrenwend 1974) verwendet werden – Krankheiten, Partnerverlust, Wohnungswechsel, Ausscheiden aus dem Beruf, Heirat, Geburt von Kindern usw. – erkennt man sogleich, daß die mutmaßlichen Wirkungen (Streß, Umstellung von Lebenszielen, Umstellung in der Lebensführung) nicht unmittelbar aus einem einzelnen datierbaren Ereignis herrühren, sondern daß dieses nur eine mehr oder weniger allgemeine Veränderung der Lebenssituation *einleitet*. Der Zusammenbruch der Börse 1929 (,,Schwarzer Freitag") ist ein datierbares Einzelereignis, die nachfolgende Wirtschaftsdepression, deren Spätfolgen Elder (1974) untersuchte, nicht mehr.

Die Critical life-event- oder ,,Ereignis"forschung und die traditionelle Entwicklungs- und Sozialisationsforschung unterscheiden sich also nicht darin, daß erstere Einzelereignisse und letztere Lebenslagen zum Gegenstand der Forschung wählt, sondern vielmehr darin, daß erstere *Veränderungen von Lebenslagen* ins Auge faßt, während letztere nur *Unterschiede in Lebenslagen* untersucht. Aber gerade die Erforschung von Veränderungen in den Lebensbedingungen sollte entwicklungspsychologisch ergiebig sein, weil die zeitliche Abfolge zwischen vorausgehenden Ereignissen und nachfolgenden Veränderungen eine Ursache-Wirkung-Interpretation erlaubt, während Kausalinterpretationen kovariierender Unterschiede immer sehr problematisch sind.

Die Auswirkungen von Veränderungen in der Lebenslage wurden in der traditionellen Entwicklungspsychologie nur sehr selten untersucht, sieht man einmal von der großen Zahl von Laborexperimenten ab, die wegen fraglicher ökologischer Validität nur beschränkte Aussagekraft haben (McCall 1977). Follow up-Studien nach Adoption (z.B. Skeels 1966), Studien über die Trennung von Mutter und Kind (zusammenfassend Rutter 1977) gehören zu den Ausnahmen. Es könnte wohl sein, daß die Erforschung von Lebensereignissen schon bald in der entwicklungspsychologischen Bedingungsanalyse eine herausgehobene Stellung einnehmen wird, da hier *Experimente des Lebens* realisiert werden, die im Laboratorium nicht simuliert und aus ethischen und praktischen Gründen in Feldexperimenten nicht verwirklicht werden können (Petermann 1981). Insofern ist die Entdeckung bedeutsamer Lebensereignisse als Erkenntnisquelle für die Entwicklungspsychologie sehr zu begrüßen.

Es wäre dabei verfehlt, würde man erwarten, daß objektiv ähnliche Ereignisse subjektiv gleichartig perzipiert oder bewertet werden und die gleichen aktuellen und langfristigen Veränderungen hervorrufen. Interindividuelle Differenzen mannigfaltiger Art sind zu erwarten. Riegel (1975) macht darauf aufmerksam, daß die gleichen Ereignisse für den einen eine Fehlentwicklung einleiten, für den anderen einen Impuls für eine positive Entwicklung darstellen, und sei es nur im Sinne der Vorbereitung auf spätere kritische Situationen.

Unter den interindividuellen Differenzen sind Voraussetzungen für die Bewertung von Ereignissen und Voraussetzungen für deren Bewältigung zu unterscheiden. Im folgenden werden einige wenige der entwicklungspsychologisch interessanten Fragestellungen aufgeworfen (vgl. Montada 1981, Petermann 1981, Filipp & Gräser 1982).

Variation der Bedeutung kritischer Lebensereignisse über den Lebenslauf

Jede Gesellschaft hat eine Altersordnung, hat formelle und informelle Normen für einzelne Lebensperioden. Die Umwelt reagiert bewertend auf Abweichungen, mit Empörung, Bestrafung oder Anerkennung. Die uneheliche Schwangerschaft einer Minderjährigen ist auch subjektiv ein anderer Tatbestand als das gleiche Ereignis bei einer erwachsenen Frau. Aber auch das objektive Ausmaß an Veränderungen der Lebenssituation durch ein Ereignis kann über den Lebenslauf variieren: Eine ungewollte Schwangerschaft tangiert die Lebenspläne einer 17jährigen Schülerin stärker als die Lebensperspektive einer 34jährigen Mutter zweier Kinder. Der Verlust der Mutter ist für den Säugling etwas anderes als für den Zehnjährigen oder den Erwachsenen.

Man unterscheidet normative Lebensereignisse von nicht-normativen. Erstere sind wegen biologischer Veränderungen oder durch soziale Normierungen in einem mehr oder weniger begrenzten Altersabschnitt regelmäßig zu erwarten (Einschulung, Pubertät, Berufseintritt, Pensionierung), letztere sind unerwartet (Erkrankung, Arbeitslosigkeit). Die altersnormierten Ereignisse lassen sich erstens voraussehen, so daß eine Vorbereitung möglich ist. Sie treffen darüber hinaus alle (oder viele vergleichbare) Personen, so daß sich aus der Auseinandersetzung mit der Frage nach der Verursachung, nach der Vermeidbarkeit und nach der Gerechtigkeit (warum man selbst im Gegensatz zu anderen Opfer des betreffenden Ereignisses wird) nicht zusätzliche Probleme ergeben. Dies gilt auch für nicht-normative Ereignisse wie Naturkatastrophen, für wirtschaftliche Katastrophen, für Krankheits-Epidemien usw., von denen viele betroffen sind.

Vorerfahrungen mit ähnlichen Ereignissen

Filipp (1981b) unterscheidet unter den Voraussetzungen für die Bewältigung vorgängige Erfahrungen mit ähnlichen Ereignissen, die Qualität und Erfolgsbilanz der Bewältigung, die Güte der antizipatorischen Sozialisation als Vorbereitung auf kritische Lebensereignisse, Kontextmerkmale (soziale Netzwerke, materielle Ressourcen, familiäres Umfeld) und eine Anzahl von Personmerkmalen (wie religiöse Überzeugungen, Handlungsziele, Gesundheitszustand und so fort), die die Perzeption und Bewältigung von Ereignissen modifizieren. Wir wollen exemplarisch nur die Frage von Vorerfahrungen mit ähnlichen Lebensereignissen herausgreifen. Ein Sprichwort sagt: ,,Was einen nicht umbringt, stärkt!“ Stimmt das?

Bisher gibt es nur wenige Untersuchungen über die Wirkungen vorausgehender Krisenerfahrungen auf die Bewältigung aktueller Krisensituationen, und diese geben kein einheitliches Bild. Die Frage kann heute nicht mehr lauten: Haben Lebenskrisen allgemein einen stärkenden oder schwächenden Effekt? Sie kann nur lauten: Wer lernt was in welcher Lebenskrise? Einen Überblick über den Forschungsstand vermitteln Silver und Wortman (1980). Ihrer Darstellung entnehmen wir einige Beispiele.

Bornstein et al. (1973) berichten z. B., daß Vorerfahrungen mit dem Tod von Angehörigen die Anpassung verwitweter Männer und Frauen erhöhen. Demgegenüber berichten Kennell et al. (1970), daß das Ausmaß an Trauer nach dem Verlust eines Kindes durch einen anderen vorausgehenden ähnlichen Verlust (Fehlgeburt oder Tod eines Neugeborenen) nicht gemindert, sondern gesteigert wird. Burgess und Holmstrom (1979) untersuchten Opfer von Vergewaltigungen und fanden unterschiedliche Effekte je nach Vorerfahrungen. Hatten die vergewaltigten Frauen zuvor eine nahestehende Person verloren (einen Elternteil, einen Gatten oder ein Kind), erholten sie sich von dem Schock des Verbrechens relativ rasch. Waren sie hingegen schon einmal Opfer einer Vergewaltigung, waren sie noch nach Jahren durch die wiederholte Erfahrung belastet.

Um solche Unterschiede der Bewältigung zu erklären, müßten die tatsächlichen Verarbeitungsprozesse analysiert werden. Vorerst verfügen wir nur über einige plausible Hypothesen. So mögen Menschen sich vorwerfen, sie hätten den Tod ihres Kindes oder die Vergewaltigung verhindern können. Selbstvorwürfe dieser Art haben nicht nur negative Wirkungen. Sie haben auch die positive Funktion, daß sie die Überzeugung einer gewissen Kontrollierbarkeit des negativen Ereignisses stärken. Zwar gilt: Nur was man selbst kontrollieren kann, kann man sich vorwerfen. Die Überzeugung der Kontrollierbarkeit bietet aber auch eine gewisse subjektive Sicherheit für die Zukunft. Wiederholt sich nun das Ereignis ein zweites Mal, verliert dieser positive Aspekt der Selbstvorwürfe an Gewicht: Was bleibt, sind Selbstvorwürfe, und diese allein sind nicht adaptiv.

Vorhersehbarkeit und Kontrollierbarkeit

Zu den wichtigsten Parametern kritischer Lebensereignisse gehören ihre Vorhersehbarkeit und Kontrollierbarkeit. Im allgemeinen gilt, daß die pathogene Wirkung belastender Ereignisse mit ihrer Unvorhersehbarkeit und Unkontrollierbarkeit wächst. Parkes (1975) beobachtete z. B., daß der Tod des Lebenspartners weit schwerer zu bewältigen war, wenn er unvorhergesehen, also plötzlich, eintrat. Schulz und Hanusa (1980) wiesen in einer vielbeachteten Studie (vgl. Kap. 23) darauf hin, daß die Kontrollierbarkeit und die Vorhersehbarkeit von Kontaktmöglichkeiten wichtige Mediatoren dafür sind, wie alte Menschen die Umsiedlung ins Altenheim bewältigen. Bulman und Wortman (1977) beobachteten, daß Unfallopfer mit Querschnittslähmung ihr Schicksal besser verkrafteten, wenn sie sich als mitverantwortlich erlebten. Dieser vielleicht überraschende Befund wird verständlich, wenn man bedenkt, daß Mitverantwortlichkeit Kontrollierbarkeit bedeutet. Auch Atchley (1975) vermutete, daß ungünstige Folgen eigener Entscheidungen weniger belastend sind als ähnliche Ereignisse, die unkontrollierbar eintreten.

Entwicklungspsychologisch folgt daraus die Unterscheidung von vorhersehbaren und unvorhersehbaren belastenden Ereignissen und Veränderungen. Auf viele voraussehbaren Ereignisse kann man sich vorbereiten und die eintretende Belastung (und/oder Umstellung) besser bewältigen.

Unterscheidung zwischen aktuellen und langfristigen Auswirkungen

Die Bewertung von Ereignissen orientiert sich an den beobachteten Folgen. Hier sind aktuelle und langfristige Folgen zu unterscheiden. Eine Bewertung nur aufgrund aktueller Folgen kann zu kostspieligen Fehleinschätzungen führen. So hat man auf der Basis der aktuellen Streßbeobachtungen die Gefahr der Trennung von der Mutter im frühen Kindesalter dramatisiert. Irreversible Schädigungen sind nicht die Regel. Sie sind insbesondere nicht allein aus dem Ereignis der Trennung zu prognostizieren: Zusätzlich müssen die Gründe für die Trennung, die vorausgehenden Beziehungen zur Mutter, die Qualität der Betreuung nach der Trennung usw. Berücksichtigung finden (Rutter 1977).

In epidemiologischen Untersuchungen zu psychiatrischen Auffälligkeiten findet sich erwartungsgemäß eine engere Kovariation mit unmittelbar vorausgehenden kritischen Lebensereignissen als mit weiter zurückliegenden. Jede Veränderung zum Negativen oder zum Positiven hinsichtlich kritischer Lebensereignisse spiegelt sich unmittelbar in einer Verschlechterung oder Verbesserung der psychiatrischen Symptomatik (Myers et al. 1974).

Psychopathologische Störungen als Funktion belastender Ereignisse

Ein Untersuchungsbeispiel: Myers et al. (1974) untersuchten den Zusammenhang zwischen einer großen Zahl von Lebensereignissen und Veränderungen auf einer Skala psychiatrischer Auffälligkeiten (Gurin et al. 1960), die sich als diskriminativ zwischen psychiatrisch auffälligen und gesunden Populationen erwiesen hat. Es werden Fragen gestellt wie ,,Leiden Sie unter Nervosität?", ,,Haben Sie Schlafprobleme?", ,,Haben Sie Schmerzen?". Zwanzig solcher Fragen werden nach vier Häufigkeitsstufen beantwortet, so daß der individuelle Wert zwischen 0–80 schwanken kann.

Insgesamt 64 Lebensereignisse wurden abgefragt, die in unterschiedlicher Weise kategorisiert werden können. Als kritisches Lebensereignis wurde im Sinne von Holmes und Rahe (1967) jedes Ereignis definiert, das eine deutliche Veränderung der sozialen Rolle, des sozialen Status, der sozialen und materiellen Umgebung, des Gesundheitszustandes, der Lebensziele usw. erwarten läßt. Die Ereignisse wurden allerdings nicht subjektiv von den Probanden als in dieser Hinsicht bedeutsam klassifiziert, sondern von den Untersuchern.

Im Gegensatz zur Mehrzahl der epidemiologischen Untersuchungen handelt es sich um eine *längsschnittlich* angelegte Studie. Das bietet die Möglichkeit, die Persistenz oder die Reversibilität von Störungen (spontane Remissionen) zu beobachten und zu analysieren. Die Untersuchung umfaßt zwei Untersuchungszeitpunkte, die zwei Jahre auseinanderliegen. Sie umfaßt 720 Personen, die altersmäßig über das Jugend- und Erwachsenenalter streuen.

Tabelle 1.3 weist den Zusammenhang zwischen Veränderungen in der Anzahl erfahrener bedeutsamer Lebensereignisse und Veränderungen in der psychiatrischen Symptomatik auf. Man erkennt, daß Verbesserungen und Verschlechterungen des psychiatrischen Status mit den Veränderungen in der Häufigkeit kritischer Lebensereignisse korrelieren. Dies belegt die empirisch gut gesicherte Hypothese, daß eine Häufung von kritischen Lebensereignissen das Störungsrisiko stark erhöht (vgl. Filipp 1981b).

Tabelle 1.3 Zusammenhang zwischen Veränderungen in der Zahl der Ereignisse und der psychiatrischen Symptomatik zwischen 1967–1969 (nach Myers et al. 1974)

Netto-Veränderungen der Ereigniszahl zwischen 1967–1969	Veränderungen in der psychiatrischen Symptomatik zwischen 1967 und 1969 Verschlechterung				
	> 15	6–14	2–5	1	0
4 und mehr	15[1])	18	29	11(73)[2])	4
2 oder 3	1	20	31	7(59)	13
1	2	16	20	4(42)	8
0	2	9	18	3(32)	13
− 1	0	4	19	3(26)	24
− 2 oder 3	0	11	14	8(33)	4
− 4 und mehr	2	7	11	2(22)	5
	Verbesserung				
	0	1	2–5	6–14	> 15
4 und mehr	4[1])	7	15	1	0
2 oder 3	13	4	11	9	4
1	8	10	24	19	1
0	13	9	28	14	4
− 1	24	16	20	13	1
− 2 oder 3	4	5	24	33	3
− 4 und mehr	5	2	21	35	15

[1]) % der Fälle.

[2]) In Klammern ist der kumulierte %-Satz für Verschlechterungen (1 − > 15) angegeben.

Tabelle 1.4 zeigt den Zusammenhang zwischen Persistenz und Remission psychischer Störungen und einer einzelnen Ereigniskategorie, nämlich finanzielle Einbußen. Tabelle 1.5 zeigt die Korrelation zwischen Veränderungen in der Anzahl bedeutsamer Lebensereignisse und der psychiatrischen Symptomatik als Korrelation. Sechs Kategorien sind herausgegriffen, und die Gesamtheit der Ereignisse ist nochmals als erwünscht oder unerwünscht dichotomisiert. In dieser Untersuchung stellen Konflikte mit dem Gesetz eine besondere Belastung dar.

Tabelle 1.4 Persistenz und Remission psychischer Störungen nach belastenden Ereignissen (hier: finanzielle Verschlechterung) (nach Myers et al. 1974)

Finanzielle Einbuße	Veränderung der psychischen Störungen in % der Fälle zwischen 1967 und 1969			
	Besserung	keine Änderung	Verschlechterung	N-Fälle
keine	24	56	20	675
1967, nicht 1969	52	36	12	25
1969, nicht 1967	13	43	44	16

Interessant ist, daß nicht nur unerwünschte Ereignisse kritisch sein können, sondern auch erwünschte. Dies ist ebenfalls in Übereinstimmung mit vielen anderen Befunden. Man muß sich vor Augen halten, daß auch erwünschte Ereignisse unter Umständen erhebliche Umstellungen mit sich bringen, vor allem aber, daß kaum ein Ereignis ausschließlich erwünschte Folgen hat, sondern in aller Regel auch unerwünschte (z. B. werden auch Verzichtsleistungen notwendig wie bei Heirat, Geburt eines Kindes, beruflichem Aufstieg usw.).

Kritische Stellungnahme: Die Untersuchung von Myers et al. (1974) weist auf, daß das psychiatrische Zustandsbild sich in engem zeitlichen Zusammenhang mit Veränderungen in der Zahl und Art von Lebensereignissen verändert. Kritisch sollen nur zwei Punkte angemerkt werden. (a) Die differentiell-entwicklungspsychologische Analyse ist nicht weit getrieben: Nicht alle, die eine Häufung kritischer Lebensereignisse erfahren, entwikkeln Störungen, und nicht alle, die Störungen entwickelt haben, verlieren diese, wenn das Ereignis eine Weile zurückliegt. (b) Die

Untersuchung ist auf Ereignisse bezogen (nicht auf Personmerkmale oder Merkmale des Person-Umwelt-Ereignis-Bezuges), d. h. sie sucht nach gültigen Aussagen über Ereigniskategorien, sie sucht nicht nach Personvoraussetzungen für deren Bewältigung oder für krisenhafte Entwicklungen. Untersuchungen, die diese Fragen aufgreifen, sind allerdings sehr komplex anzulegen. Es wundert nicht, daß sie bislang extrem selten sind.

Tabelle 1.5 Korrelation (r) zwischen Veränderungen in der Zahl bedeutsamer Lebensereignisse und Veränderungen in der psychiatrischen Symptomatik zwischen 1967 und 1969 (nach Myers et al. 1974)

Ereigniskategorie	Zahl der Fälle	r	Signifikanzniveau
Konflikt mit dem Gesetz	76	.41	p<.001
Heirat	338	.27	p<.001
Veränderung in der Arbeitssituation	211	.29	p<.001
Umzug	177	.12	nicht sign.
Veränderungen im sozialen Umfeld			
– Ausscheiden von Personen	291	.21	p<.001
– Hinzukommen von Personen	327	.10	p<.10
Erwünschtheit der Ereignisse			
– unerwünscht	535	.36	p<.001
– erwünscht	386	.29	p<.001

Erläuterungen zu den Ereigniskategorien

Konflikt mit dem Gesetz: vor Gericht geladen, Gefängnisaufenthalt, Arrestierung, Verlust des Führerscheins

Heirat: Verlobung, Heirat, Scheidung, Trennung, wesentliche Beziehungsveränderung

Beruf: erstes Arbeitsverhältnis, Arbeitswechsel auf gleichem Niveau, Aufstieg, Abstieg, Arbeitslosigkeit, Konflikte, jede größere Umstellung

Umzug: alle Wohnungswechsel erwünschter und unerwünschter Art

Ausscheiden von Personen: durch Tod, Trennung, Scheidung, Umzug

Hinzukommen von Personen: durch Geburt, Heirat

Ausgangsprognose und Entwicklungsintervention

Forschungsziel ist zunächst die Entwicklung von Prädiktoren, die eine differentielle Prognose gestatten, wer mit welchen Kompetenzen, mit welchen Vorerfahrungen, in welchem sozialen Kontext, mit welchen materiellen Ressourcen usw. welches Ereignis eher bewältigt, wer nicht. Differentielle Prognosen würden Ansatzpunkte für eine differentielle „*Entwicklungsberatung*" ergeben. Bevor solch differentielle Prognosen möglich sind, wird man versuchen müssen, in allgemeiner Weise im Sinne der *antizipatorischen Sozialisation* frühzeitig auf kritische Ereignisse oder Übergänge vorzubereiten. Der Kindergarten bereitet auf die Schule vor und die Schwangerenberatung auf die Geburt. Allenthalben findet man Ratschläge für die Vorbereitung auf die „empty nest"-Phase oder die Pensionierung. In der medizinischen Psychologie wurden Vorbereitungen auf Operationen und schwierige oder risikoreiche medizinische Eingriffe erprobt.

Darüber hinaus ist es aber notwendig, den Prozeß der Auseinandersetzung mit belastenden Ereignissen zu analysieren, damit gegebenenfalls in angemessener Weise beratend eingegriffen werden kann. Die *Krisenintervention* wird von solchen Prozeßanalysen profitieren. Klingers „incentive-disengagement-theory" (1977) oder Shontz's „theory of reaction to crises" (1975) stellen Versuche dar, den Prozeß der Verarbeitung als Abfolge von Stufen zu charakterisieren.

Neue Kernannahmen in Forschung und Theorienbildung

Die Geschichte der Entwicklungspsychologie ist auch als ein Ringen um die angemessenen anthropologischen Kernannahmen zu beschreiben: *Was ist das Wesen des Menschen? Was ist das Wesen von Entwicklung?* Die Antworten auf diese Fragen bestimmen erst, welche Fragen in Forschung und Praxis zu stellen und welche methodischen Zugangsweisen zu wählen sind. Vielfach wird diese Vorfrage nach dem Wesen des Menschen und dem seiner Entwicklung vom einzelnen Forscher weder explizit gestellt noch explizit beantwortet: Forscher bewegen sich in einer Forschungstradition, in die sie sozusagen hineinwachsen, ohne daß sie sich deren anthropologische Vorentscheidung bewußt machen.

Im letzten Jahrzehnt hat aber weithin ein Nachdenken über die zum Teil verdeckten Anthropologien von Forschungstraditionen eingesetzt, so daß heute Entscheidungen getroffen werden, wo früher schulenspezifische Selbstverständlichkeiten herrschten. Der diese Problematik betreffende Erkenntnisstand wurde vorangetrieben und verbreitet durch Wissenschaftstheoretiker wie Bunge (1967), Radnitzky (1973), von Wright (1974), Lakatos (1975), Kuhn (1976) und für die Psychologie spezifisch aufbereitet durch Holzkamp (1972), Westmeyer (1979a), Groeben und Scheele (1977), Herrmann (1979) und andere mehr.

Es ist heute allgemeine Einsicht, daß Forschungsprogramme und Theorien eingebettet sind in Menschenbildhypothesen, die ein Vorverständnis über den Gegenstand schaffen, ja diesen Gegenstand als Ausschnitt oder Aspekt der Realität erst bestimmen. Da dies bewußt oder nicht eine Bestimmungs- oder Definitionsleistung im voraus ist, bleibt sie innerhalb des Forschungsprogramms selbst einer direkten empirischen Überprüfung entzogen (Radnitzky 1975). Solche definitorischen Kernannahmen bestimmen ihrerseits die Forschungsfragen, die Wahl von Beschreibungs- und Erklärungsmodellen, gelegentlich sogar die Datenerhebungs- und -auswertungsstrategien, und sie leiten vor allem die Interpretation der Befunde. Kernannahmen wirken selektiv und generativ: Sie bestimmen, was gefragt, gesehen, untersucht und wie interpretiert wird. Wir müssen also auf spezifische Voreingenommenheiten hinsichtlich Themenwahl, Fragestellung und Interpretation gefaßt sein.

Seit Kuhn (1962/1967) hat sich für die typische Verknüpfung von Kernannahmen mit Forschungsprogrammen der Begriff *Forschungsparadigma* eingebürgert. Inzwischen sind die Begriffe Forschungsparadigma, Paradigmenwandel zu Modebegriffen der Psychologie geworden und werden inflationär gebraucht, auch zur Bezeichnung von Forschungsansätzen und Ansatzveränderungen von nicht grundlegender Bedeutung. Paradigmen unterscheiden sich in ihrer Perspektive. Sie machen Spezifisches sichtbar.

In der Entwicklungspsychologie wuchs das Wissen um die Bedeutung anthropologischer Kernannahmen mit der vergleichenden Würdigung von Entwicklungstheorien, wie sie z.B. von Baldwin (1967), Langer (1969), Schmidt (1970), Reese und Overton (1970), Overton und Reese (1973) unternommen wurden. Die Diskussion wurde durch die Perspektive der lebenslangen Entwicklung intensiviert (Baltes et al. 1980).

Vorannahmen über Aktivität und Passivität des Subjektes

Die Kernfrage lautet: Ist das Subjekt Gestalter seiner Entwicklung oder wird seine Entwicklung von inneren und außeren Kräften gelenkt? Watsons berühmtes Angebot, man möge ihm ein Dutzend Kinder geben und eine Welt, in der er sie aufziehen könne, dann garantiere er, daß er jedes zu dem mache, was man wolle: Arzt, Rechtsanwalt, Künstler, Unternehmer oder auch Bettler und Dieb (Watson 1924), ist prägnanter Ausdruck des behavioristischen Menschenbildes: Der Mensch ist vollkommen durch externe Reize kontrollierbar, deren Manipulation jedes gewünschte Ergebnis bringt. Das Modell der mechanistischen Kausalität (der Wirkursache) besagt, daß der Anstoß zur Veränderung von außerhalb des Systems kommt. Die äußere Ursache ist unabhängige Variable, die Veränderung abhängige Variable. Das Grundmodell des *Behaviorismus* enthält die Annahme einer strikten Reizkontrolle des erwünschten Verhaltens (Gewirtz 1969). Es sind die evokativen, die signalisierenden und verstärkenden Reize, durch die Verhalten und Verhaltensänderungen kontrolliert werden. Die Entwicklung kann je nach Einflüssen unterschiedliche Richtungen annehmen. Da Entwicklung unter Kontrolle externer Variablen steht, werden folgerichtig Interventionen in die Entwicklung für möglich gehalten. In methodischer Hinsicht hat diese Konzeption Affinität zu experimentellen Forschungsmethoden, weil hier die Unterscheidung von unabhängigen (verursachenden) und abhängigen (Folge-)Variablen angelegt ist.

Demgegenüber führen *endogenistische Theorien* Entwicklung auf Reifung, also auf Entfaltung eines angelegten Plans des Werdens zurück. Das genetische Entwicklungsprogramm ist für äußere Einflüsse bestimmter Art nur in bestimmten (sensiblen) Perioden offen. Sind die Einflüsse nicht kompatibel mit dem Programm, sind sie unwirksam, oder es ist ein Defekt zu erwarten. Normale Entwicklung wird nicht erklärt durch Einflüsse von außen: Sie ist nicht das Explanandum, das durch äußere Einflüsse erklärt würde. Die Entwicklung selbst erklärt die Einflüsse von außen: Sie ist Explanans, da spezifische äußere Faktoren nur bei bestimmtem Entwicklungsstand einwirken können.

Einer wachsenden Zahl von Forschern scheinen weder die *exogenistischen* noch die *endogenistischen* Grundannahmen für die Deutung der Mehrzahl der Entwicklungsvorgänge angemessen und durch die Datenlage gerechtfertigt. Der *Mensch selbst* wird *als Gestalter seiner Entwicklung* betrachtet. Er wird als erkennendes und selbstreflektierendes Wesen aufgefaßt, das ein Bild von sich und seiner Umwelt hat und beides im Zuge der Auswertung neuer und vorausgehender Erfahrungen modifiziert. Dieser reflexive Mensch reagiert nicht mechanisch auf äußere Reize, seine Entwicklung ist nicht nur biologische Reifung, er handelt ziel- und zukunftsorientiert und gestaltet damit seine eigene Entwicklung mit.

Diese Position ist nicht gänzlich neu. Elemente davon finden sich etwa in den organismischen Theorien von Jean Piaget (1896–1980) und Heinz Werner (1890–1964). Für sie ist Entwicklung ein *Konstruktionsprozeß*. Ausgangspunkt sind sensomotorische oder geistige Handlungen, die nicht zum erwünschten Ergebnis bzw. nicht zu widerspruchsfreien Problemlösungen führen. Dies macht eine Reorganisation der Ausgangsstrukturen notwendig. Die Veränderungsschritte erfolgen in einer sachlogisch notwendigen Sequenz. Es ist die analytische Aufgabe der Forschung, in Stadien- oder Stufenfolgen diese inneren Zusammenhänge zu erkennen. Eingriffe von außen in den Entwicklungsprozeß nach einem mechanistischen Grundmodell sind nicht möglich. Die Umwelt kann die Entwicklung nicht steuern, sie kann lediglich Angebote machen, die aber – sollen sie wirksam werden – in eigener entdeckender und strukturierender Aktivität des Subjektes konstruktiv genutzt werden müssen. Der Organismus wird als selbsttätig angenommen. Er sucht sich Probleme. Die Umwelt hat die Aufgabe, zum jeweils gegebenen Entwicklungsstand angemessene Anregungen zu geben und dosierte Diskrepanzen zu schaffen.

Das Denken dieser Autoren ist systemisch und *interaktionistisch*. Die Teilsysteme Mensch und Umwelt stehen im Austausch und beeinflussen sich gegenseitig. Für diese Tatsache wurden auch andere Bezeichnungen gewählt: Schmidt (1970) und Riegel (1975) sprechen von dialektischen Theorien der Entwicklung, Reese (1977, in Anlehnung an Petter) von kontextuellen, Sameroff (1975) von transaktionalen, Looft (1973) von relationalen Modellen der Entwicklung. Gemeinsame Kernannahme all dieser Modelle ist, daß der Mensch und seine Umwelt ein Gesamtsystem bilden, und daß Mensch und Umwelt aktiv und in Veränderung begriffen sind. Die Aktivitäten und die Veränderungen beider Systemteile sind verschränkt. Die Veränderungen eines Teils führen zu Veränderungen auch anderer Teile und/oder des Gesamtsystems.

Dieser Ansatz impliziert, daß die Strukturierung in antezedierende und abhängige Ereignisse ein gedankliches Modell ist, das die Interaktion nicht angemessen abbildet. Was folgt daraus? Wir sind daran gewöhnt, die komplexe Verschränkung gleichzeitiger Veränderungen des Individuums und seiner Umwelt zu vereinfachen. Wir erreichen dadurch, daß wir die Aktivitäten und Veränderungen der einen Seite als Ursache oder Voraussetzung nehmen, die der anderen Seite als Folge. Im interaktionistischen Ansatz werden beide Einflußrichtungen beachtet.

Zur Umsetzung dieses systemischen Denkens fehlt es aber noch an überzeugenden methodischen Ansätzen. Das neue Denken äußert sich zunächst in neuen Interpretationen von Forschungsbefunden und in der Korrektur tradierter Einseitigkeiten.

Hat man früher gefragt, wie das Kind durch seine familiäre Umwelt geformt wird, so fragt man heute umgekehrt, wie das Kind oder der Jugendliche auf die Familie rückwirken. Es wird also z. B. nicht nur gefragt, wie sich Scheidung auf die Kinder auswirkt, sondern auch, was Kinder zur Ehezufriedenheit oder zur Scheidungsneigung der Eltern beitragen, nicht nur, was eine Mutter einem Kind Gutes oder Schlechtes antut, sondern auch, was ein Kind einer Mutter Gutes oder Schlechtes antut, was dann wiederum auf das Kind rückwirken mag.

Interaktion und retroaktive Sozialisation

Neuerdings wird das tradierte Wirkungsmodell, nach dem Entwicklung und Fehlentwicklungen der Kinder durch Eltern und Erzieher verursacht werden, ergänzt durch die Beachtung der von den Kindern ausgehenden Einflüsse auf Eltern und Erzieher und darüber hinaus auf die kulturelle Entwicklung insgesamt. Konzepte wie retroaktive Sozialisation (Klewes 1983), bilaterale Sozialisation (Bengtson & Troll 1978), intergenerationale Sozialisation (Hagestad 1984) oder umgekehrte (reversed) Sozialisation (Brim 1968) bezeichnen diesen Perspektivenwechsel . (Der Sammelband von Klewes, 1983, sowie ein ausführliches Kapitel in Dollase, 1985, vermitteln darüber einen Überblick). Eine entsprechende systematische empirische Forschung steckt noch in den Anfängen.

Empirisch stehen allerdings auch die traditionellen Annahmen über die Wirkungsrichtung nicht auf sehr sicherem Fundament. Korrelationen zwischen gleichzeitig erfaßtem Eltern- und Kindverhalten – wie zwischen feindseliger Kritikbereitschaft der Eltern und Aggressionstendenzen der Kinder – sind mehrdeutig: Ob die Eltern die Kinder oder umgekehrt die Kinder die Eltern oder beide in einem circulus vitiosus sich gegenseitig beeinflussen, das bleibt offen. Thesen über familiäre Ursachen von Fehlentwicklungen stammen häufig aus retrospektiven „follow-back"-Berichten von problembehafteten Personen, die aus methodischen Gründen nicht als Nachweise von Verursachungsfaktoren taugen (vgl. Kap. 16). Prospektive Längsschnittuntersuchungen wären methodisch angemessen (vgl. Kap. 24), sind aber aufwendig und selten. Sie zeigen – vorsichtig ausgedrückt – insgesamt nicht, daß die Sozialisation eine Einbahnstraße von Eltern und Erziehern auf die Kinder darstellt.

Es gibt mehrere Bahnen eines umgekehrten Einflusses von Kindern auf ihre Eltern und Erzieher. Von der Schwangerschaft bis ins hohe Alter „stellen" Kinder ihren Eltern eine Abfolge von Entwicklungsaufgaben: Geburt, Versorgung und Betreuung des Kleinkindes, Einschulung, Berufswahlen, Partnerschaften, Auszug aus der Familie sind kritische Übergänge für die Eltern, die augenfällige Veränderungen im Tagesablauf, im Beruf und der Partnerschaft mit sich bringen. Die Sinngehalte des Lebens, die Verantwortlichkeiten, das Selbstbild und aktuelle Befindlichkeiten, die Interessenstrukturen der Eltern u.a.m. werden durch die Existenz und die Eigenarten, die Entwicklungsfortschritte und -probleme des Kindes wesentlich geprägt.

In der „Child effect"-Forschung sind Anpassungen der Eltern untersucht worden. Rheingold (1969) beschrieb z.B., wie bereits das Baby durch Weinen und Lächeln, durch Unmut und Behagen die Eltern steuert, ohne daß dieses bewußte Handlungen wären. Später verlangen Freizeitinteressen, Moden, Freunde, Krankheiten und Schwächen des Kindes Anpassungsleistungen.

Weiter vermitteln Kinder ihren Eltern häufig Fertigkeiten, schulisches und außerschulisches sowie berufliches Wissen. Von besonderem Interesse ist der Einfluß von Kindern und Heranwachsenden auf den Wandel von Ansichten, Einstellungen und Wertungen der Eltern. Ob es um die Höhe des Taschengeldes, um Haar- und Kleidermoden, Konsum von Medien, Ausgeherlaubnis, sexuelle Normen oder politische und gesellschaftliche Werte geht: in jeder Altersphase konfrontieren Kinder ihre Eltern mit „abweichenden“ Ansichten und Wertungen (Wurzbacher 1977).

Es geht häufig konkret um Privilegien, um die Aufhebung von Verboten und Forderungen, um die Durchsetzung von Freiheiten. Auch Einstellungen zu Personen und Gruppen, zu ökologischen und politischen Themen führen nicht selten zu Konfrontationen.

Pauls und Johann (1984) haben die Methoden zusammengetragen, die Kinder zur Beeinflussung ihrer Eltern verwenden: konstruktiv-aktive Steuerung (z.B. logisches Argumentieren, Kompromißaushandlung), Vorwürfe und oppositionelle Steuerung (z.B. Drohen, Trotzen, Fordern, Erpressen), Steuerung durch Bestrafung (Schreien, Nerven, für die Eltern unangenehmes Verhalten in der Öffentlichkeit), Steuerung durch Ignorieren elterlicher Normen, passiv-resignative Steuerung (z.B. demonstrative Hilf- und Machtlosigkeit), Steuerung durch Schmusen und Schmeicheln. Auch das Verlangen einer Begründung von Vorschriften und Verboten, von Einstellungen und Urteilen erzwingt eine Reflexion und führt nicht selten zu einer Revision.

Die Wirkungen der kindlichen Verhaltensweisen sind den Eltern zum Teil durchaus bewußt. In Befragungen erinnert sich jeweils die Mehrzahl der Eltern an Einflußversuche bzw. an erfolgreiche Einflüsse ihrer Kinder. Angress (1975) berichet z.B., daß 60% der Mütter im mittleren Erwachsenenalter angaben, bezüglich des Geschlechtsrollenverhaltens und des sexuellen Verhaltens von ihren Töchtern beeinflußt worden zu sein.

Baranowski (1978) befragte 84 Jugendliche und jeweils beide Eltern, ob und in welchen Verhaltensbereichen die Jugendlichen Einflußversuche auf das elterliche Verhalten genommen hätten. Beide Seiten gaben an, daß die meisten der Einflußversuche in gewissem Grade erfolgreich waren. In dieser Studie wurden sowohl Persönlichkeitsmerkmale der Jugendlichen als auch der Väter erhoben und als Einflußfaktoren nachgewiesen. So unternahmen Jugendliche mit ausgeprägten Selbständigkeitsbedürfnissen mehr Einflußversuche (sowohl nach eigener wie nach elterlicher Einschätzung), und dominante Väter nahmen weniger Einflußversuche der Jugendlichen wahr als nicht dominante Väter. Demokratische Väter sind häufigeren Einflußversuchen ausgesetzt als autokratische usw.

Alltagsbeobachtungen zeigen, daß die Jugendlichen immer wieder und mit zunehmenden Alter immer mehr die familiären Rollenverteilungen in Frage stellen. Besonders typisch ist der Aufbruch tradierter geschlechtstypischer Verhaltensweisen. Häufig wehren sich die Töchter nicht nur gegen die traditionelle Frauenrolle, sondern fordern auch von den Müttern und Vätern einen diesbezüglichen Wandel und unterstützen die Mütter bei entsprechenden Bemühungen.

Die Perspektive der retroaktiven Sozialisation ist eine notwendige Ergänzung der traditionellen Sicht. Obwohl sie ebenfalls unidirektional ist, führt sie doch zu einer neuen Betrachtung sozialer Systeme, in denen alle Partner interagieren und sich gegenseitig beeinflussen.

Der Mensch als Gestalter seiner eigenen Entwicklung

Ist der Mensch Produkt oder Gestalter seiner Umwelt oder beides? Interaktionistische Modelle nehmen an, er ist beides. An zwei Beispielen sei die Fragestellung verdeutlicht. Kagan und Moss (1962) ermittelten einen Zusammenhang zwischen feindseliger Kritikbereitschaft der Mutter und Aggressionshäufigkeit der Kinder gegen die Mutter (im Alter von sechs bis zehn Jahren erhoben). Sie errechneten Korrelationskoeffizienten von r = .70 für Jungen und r = .68 für Mädchen zwischen beiden Variablen. Was bedeutet das? Verursacht die Feindseligkeit der Mutter diejenige der Kinder? Dies ist die traditionelle Interpretation. Oder ist es gerade umgekehrt, d.h. haben sich die Kinder die Feindseligkeit der Mutter selbst zuzuschreiben? Oder bedingen sich beide gegenseitig? Sehen wir einmal von dem Fall ab, daß beides von einer dritten Ursache abhängt (beispielsweise einer Erbanlage zur Feinseligkeit, die bei Mutter und Kindern vorhanden ist und sich in unterschiedlicher Richtung auswirkt).

Es gibt Hinweise auf einen Zusammenhang zwischen Veränderungen des Intelligenzquotienten und Variablen des häuslichen Milieus, derart, daß ein kontinuierlicher Anstieg des IQ im Alter von sechs bis zehn Jahren in Familien zu erwarten ist, die großen Wert auf schulische Leistungen legen und diese unterstützen, während ein kontinuierlicher Abfall in Familien zu erwarten ist, die diesbezüglich wenig Interesse und Unterstützung aufbringen (Sontag et al. 1958). Sind diese IQ-Veränderungen verursacht durch das häusliche Milieu oder haben die interessierten, lernmotivierten Kinder sich selbst diese Umwelt durch ihre Fragen, ihre Wißbegierde, ihre Resonanz auf Bemühungen der Eltern geschaffen? Wer erlebt, wie häufig Eltern sich vergeblich bemühen (vielleicht auf die falsche Weise), ihren Kindern etwas nahezubringen, wird nicht alle Verantwortung den Eltern zuschreiben. Sind hingegen besondere Interessen und Begabungen (Musikalität, handwerkliche Geschicklichkeit, sportliche Leistungsfähigkeit, Witz usw.) erkannt, werden die Familien bereitwillig zu fördern versuchen.

Lerner und Busch-Rossnagel (1981) nennen mehrere Bahnen, auf denen der Mensch Einfluß auf seine eigene Entwicklung nehmen kann. Wir greifen drei heraus.

a) In jedem Zeitpunkt des Lebens – abgesehen von extremer äußerer Unfreiheit – gibt es *Wahlen* bezüglich der sozialen und materiellen Umwelt, in der man sich befindet. Selbst in der Gefängnissituation ist diese Aussage zutreffend. Man kann diese Wahlen interpretieren als Folge vorausgehender Einflußfaktoren, die das Subjekt passiv erleidet, oder als zielorientierte Handlungsweise eines aktiven Subjektes. Im ersten Fall ist die Wahl Folge, im zweiten Fall Antezedens von Veränderungen.

   Jeder Mensch sucht sich passende Umwelten und wählt solche aus. Bevorzugungen von Kontakten zu einzelnen Familienmitgliedern, zu Spielgefährten und Freunden, die Wahl von Lebenspartnern, die Trennung von solchen, das Selbständigwerden im Sinne der Lösung von der Elternfamilie, die Wahl von Vereinen nach der eigenen Interessenlage, die Wahl von Fernsehprogrammen und Urlaubsorten, die Wahl von

Wohnung und Beruf, alles dieses hat Folgen für die weitere Entwicklung.

b) Der Mensch trifft seine Wahlen auf der Basis subjektiver Definitionen oder Kodierungen seiner Umwelt. Er entscheidet dabei, was wichtig ist und was nicht und was es bedeutet. Für *ein* Kleinkind ist der fremde Mensch, der die Wohnung betritt, eine Bedrohung, für ein *anderes* eine interessante Abwechslung. Für gute Schüler sind die Lehrer positive Partner, für schlechte eher gefürchtete Kritiker, denen man nach Möglichkeit aus dem Wege geht. Für den einen ist ein Museumsbesuch eine Belohnung, für den anderen eine Strafe. Selbstverständlich mit unterschiedlichen Folgen. Mischel (1977b) hat diese subjektive Bewertung diskutiert, alle Motivationstheorien nach dem Grundmodell der Erwartungs-x-Wert-Theorie (Atkinson 1975, Heckhausen 1980) thematisieren individuell unterschiedliche subjektive Bedeutungen.

c) Jeder Mensch modifiziert seine Umwelt, und zwar nicht nur die materielle Umwelt (Zimmer, Wohnung, Arbeitsplatz), sondern auf vielfältige Weise das Selbstbild, die Einstellungen, die Werthaltungen und die Zielsetzungen seiner Sozialpartner. Der symbolische Interaktionismus (Mead 1934, Krappman 1973) hat letzteres zum zentralen Thema erhoben: Das Bild von sich selbst, das Bild von anderen, das Ausfüllen einer Rolle werden gestaltet in der sozialen Interaktion. Insofern ist diese nie einseitig, sondern hat Auswirkungen auf alle Beteiligten.

Der unleidliche, nervöse, irritierbare Säugling verursacht Frustrationen, Ängste, Ablehnung bei der Mutter. Der anschmiegsame, freundlichere, responsive Säugling vermittelt der Mutter Befriedigung, Sicherheit und Stolz. Verschiedentlich wurde ein Zusammenhang zwischen negativen Temperamentsmerkmalen in der frühen Kindheit und ungünstiger Persönlichkeitsentwicklung berichtet (Thomas et al. 1968, Rutter 1979a). Sameroff (1977) bietet für diesen Sachverhalt die Erklärung an, daß gewisse Temperamentsmerkmale des Kindes wie etwa Hyperaktivität oder Hypersensibilität von Erwachsenen, Geschwistern und Freunden als unangenehm erlebt werden. Kinder mit solchen Merkmalen werden daher eher abgelehnt oder gemieden, was sich ungünstig auf die kognitive oder die Persönlichkeitsentwicklung auswirken kann.

Die Wege solcher Einflußnahmen sind sehr vielfältig. Die Modelle der Lernpsychologie (positive und negative Verstärkung, Extinktion, Strafen), die Modelle des sozialen Lernens (Identifikation und Modellwirkung), Prozesse der Gewöhnung, der Einstellungsänderung und vieles mehr wären zu nennen.

Ein *Beispiel* zum Abschluß: Wie geschickt Kinder unter Umständen operieren, mag folgende Begebenheit belegen. Mein Sohn Martin war viereinhalb Jahre, es war zur Adventszeit. Ich sitze lesend am Tisch, als plötzlich schwere Schritte im Flur Besuch ankündigen. Es klopft, herein kommt Martin „als Nikolaus" mit einem Säckchen voller Nüsse über der Schulter und einem großen Buch in der Hand. Er erklärt: „Ich bin jetzt der Nikolaus", kommt gemessenen Schrittes zu mir, schlägt das Buch auf (das goldene Buch!), macht eine bedenkliche Miene, schüttelt gewichtig den Kopf und sagt: „Du schimpfst immer zu viel!" Entsprechend spärlich fällt dann auch die Belohnung aus: eine einzige Erdnuß. Dann entfernt er sich, schon nicht mehr würdig, sondern wie üblich hampelnd, den Sack schlenkernd, und wirft dabei eine Vase mit Blumen um. Keine Scherben, aber Wasser auf Tisch, Wand und Boden. Gerade ermahnt, schimpfe ich nicht und beseitige die Spuren. Kaum sitze ich wieder am Tisch, als erneut gewichtige Schritte Besuch ankündigen. Klopfen. Herein kommt Martin: ,,Es wär' jetzt nächstes Jahr!", den Sack über der Schulter und das goldene Buch in der Hand. Er schlägt auf, mit freundlichem Gesicht, und ,,liest": ,,Es ist schon viel besser geworden mit dem Schimpfen!", und entsprechend reichlicher fällt dann auch die Belohnung aus.

Systemisches Denken und der Begriff der Passung

Auf die Schwierigkeiten, Einflußverflechtungen methodisch zu fassen, wurde bereits hingewiesen. Begriffe wie circulus vitiosus, kompensatorische Förderung, Schaffung dosierter Diskrepanzerlebnisse oder Passung von Person und Umwelt bezeichnen *systemische Zusammenhänge*. Wir wollen uns hier auf den Begriff der *Passung* konzentrieren und als Beispiel die Forschung zur Kindesmißhandlung herausgreifen (vgl. Schneewind et al. 1983).

Ursprünglich hat man *Kindesmißhandlung* (oder -vernachlässigung) als Ausdruck einer pathologischen Persönlichkeitsstruktur der Eltern angesehen, die aus ungünstigen Sozialisationsbedingungen erklärt wurde, etwa der Erfahrung, als Kind selbst abgelehnt und überhart bestraft worden zu sein.

In anderen Theorien wurden aktuelle Stressoren wie Armut, Arbeitslosigkeit, Scheidung, beengte Wohnverhältnisse oder Streß am Arbeitsplatz verantwortlich gemacht. Erst in den letzten Jahren begann man, das Kind selbst in die Betrachtung einzubeziehen und stellte fest, daß es die sogenannten *schwierigen Kinder* sind, die besonders häufig Opfer von Mißhandlungen werden. Das sind nicht selten zu früh geborene Kinder, Kinder mit Geburtsschäden und anderen Anomalien, für die man als Außenstehender eher Rücksicht und Mitleid erwartet, die aber tatsächlich besondere Schwierigkeiten machen, mit denen nicht jede Mutter oder jeder Vater fertig wird. Später im Leben treten andere Schwierigkeiten in den Vordergrund: Ungehorsam, schlechte Leistungen.

Das transaktionale Modell legt es nahe, soziale Systeme unter dem Gesichtspunkt der Passung zu betrachten. Schwierige Kinder können geduldige, anpassungsbereite, einfallsreiche Mütter haben oder aber Mütter, die Machtansprüche und rigide Vorstellungen über das haben, was ,,normal" ist und wie ein Kind zu sein hat. Im letzten Falle sind autoritäre und gewaltsame Durchsetzungsversuche der eigenen Vorstellungen wahrscheinlicher. In einer Untersuchung über die Neigung zu harten Strafen in der Erziehung konnten Schneewind et al. (1983) in Bsp einem differenzierten Pfadmodell Belege für diese Passungshypothese beibringen. Häufig und hart bestraft werden überzufällig häufig die schwierigen Kinder, und zwar von Eltern, die zu einer rigiden Machtbehauptung neigen oder sich erzieherisch ohnmächtig erleben.

Brandtstädter (1985a) charakterisiert Entwicklungsprobleme generell als Passungsprobleme. Er redet von Entwicklungsproblemen, wenn bestimmte Entwicklungsstandards nicht erreicht sind, bzw. wenn Entwicklungsaufgaben (Selbständigkeit, Partnerschaft, Berufsfindung usw.) nicht bewältigt werden. Die Entwicklungsprobleme sieht er als Diskrepanz bzw. fehlende Passung zwischen (a) den Entwicklungszielen des Individuums selbst, (b) seinen Entwicklungspotentialen und -möglichkeiten (Dispositionen, Kompetenzen usw.), (c) den Entwicklungsanforderungen im familiären, schulischen, subkulturellen Umfeld des Individuums, d. h. den dort existierenden alters-, funktions- oder bereichsspezifischen Standards sowie (d) den Entwicklungsangeboten (Lern- und Hilfsangeboten, Ressourcen) in der Umwelt des Individuums. Mit Hilfe dieser wenigen Bestimmungsstücke unterscheidet er verschiedene Typen von Diskrepanz und Konfliktsituationen, bei deren Vorliegen von einem Entwicklungsproblem gesprochen werden kann: Zum Beispiel Diskrepanzen zwischen Entwicklungszielen und -potentialen, zwischen Entwicklungszielen und -anforderungen, zwischen Entwicklungsanforderungen und -potentialen, zwischen Anforderungen und Angeboten usw.

Die Entwicklungsprobleme manifestieren sich als Schulschwierigkeiten, Eheprobleme, Eltern-Kind-Probleme, Probleme mit Berufswahlen, mit Rollenverlusten. Sie können phänotypisch ganz unterschiedlich aufscheinen, z. B. als neurotische, psychopathologische Symptomatik, als deviantes Verhalten, als heftige aversive Emotion, als negative Befindlichkeit, als Leistungsversagen usw.

Temperament und Passung in Familie und Schule

Richard Lerner (1984a) hat Passungsprobleme zwischen Inidividuen und dem sozialen Umfeld in den Vordergrund seiner Forschung gerückt. Er hat die von Thomas und Chess (1977) begonnene New Yorker Längsschnittstudie weitergeführt, in der von den ersten Lebenswochen an Temperamentsvariablen wie Regelmäßigkeit oder Unregelmäßigkeit von biologischen Rhythmen (Schlaf-Wach-Rhythmen, Essens-Rhythmen), Ablenkbarkeit, Irritierbarkeit und Emotionalität usw. erhoben wurden.

Temperament in diesem Sinne moderiert die Interaktionen und die Kommunikation mit Sozialpartnern. Die Bedeutung von

Temperamentsunterschieden hängt vom sozialen Kontext ab. Es gibt Anforderungen, Einstellungen, Wertungen, Stereotype anderer bezüglich des Verhaltens und der Stile. Die Hypothese lautet, daß die Entwicklung und Auswirkungen von Temperamentsmerkmalen kontextspezifisch sind. Diese New York Längsschnittstudie wird an zwei Stichproben durchgeführt, eine an Kindern meist jüdischer Akademiker, also weiße Mittelklasse, eine zweite mit Kindern von Puerto Ricanern, Arbeiterklasse.

Die Verteilung von Temperamentsattributen ist in beiden Stichproben im ersten Lebensmonat nicht unterschiedlich, aber die Bedeutungszumessung variiert beträchtlich zwischen den beiden Kulturen. Für Puerto Ricaner spielt der Schlaf-Wach-Rhythmus überhaupt keine Rolle. Jederzeit während 24 Stunden kann das Kind schlafen oder wach sein, Hunger haben oder satt sein. Die Eltern passen ihren Rhythmus dem Kind an. Es gibt also keine Passungsprobleme.

In der weißen Mittelschicht hingegen wird auf die Gewöhnung an biologische Rhythmen großer Wert gelegt. Es gibt häufig Probleme während der ersten Lebensjahre. Nach einigen Jahren ist jedoch die Anpassung der Kinder erreicht. Deskriptiv äußert sich das in einer Instabilität dieser Temperamentsunterschiede über die Zeit. Bei Schuleintritt ist die Gruppe der Kinder aus diesen Familien relativ homogen, den üblichen Rhythmen der Kultur angepaßt.

Bei den Puerto Ricanern ergibt sich ein anderes Bild: Die ursprünglich bestehenden Temperamentsunterschiede sind stabil, sie dürfen es sein, weil die ganze Variationsbreite als unproblematisch toleriert wird. Mit fünf Jahren, wenn die Kinder in die Schule kommen, gibt es aber häufig Probleme: Diejenigen, die nicht an die üblichen Tagesrhythmen gewöhnt sind, fallen schlafend aus der Bank, sie können dem Unterricht nicht folgen usw.

Umgekehrt verhält es sich übrigens bei motorischer Überaktivität, die in den engen, überfüllten, hellhörigen Wohnungen der Puerto Ricaner nicht tolerierbar ist, in den großräumigen Appartements der weißen Mittelschicht mit Kinderzimmer und eventuell Garten ein viel geringeres Problem darstellt.

In Verfolgung dieser Fragestellung haben Lerner und seine Mitarbeiter die Passung zwischen normativen Erwartungen bezüglich verschiedener Temperamentsvariablen in Familie und Schule und unabhängig hiervon die entsprechenden realen Werte bei älteren Kindern und Jugendlichen erfaßt. Das Differenzmaß zwischen der Selbstbeschreibung auf Temperamentsvariablen und den entsprechenden Anforderungen wichtiger Sozialpartner ist ein wichtiger Prädiktor für Kriterien wie Angepaßtheit in Familie und Schule, Selbstwertgefühl, soziale Beliebtheit und Einstellungen anderer, soziale Einbindung in die Klasse usw.

Entwicklungsmodelle bieten die Grundlage für die Formulierung von Entwicklungsfragen, die Wahl von Methoden und die Interpretation der Ergebnisse. Ein interaktionistisches Modell liefert andere Informationen, sicher auch andere Interpretationen vorliegender Befunde als ein mechanistisches oder organismisches Modell. Probleme werden als Passungsprobleme beschrieben, etwa wie bei Brandtstädter (1985a) als Diskrepanzen zwischen Entwicklungszielen, -potentialen, -anforderungen, -angeboten/ressourcen. Eine Entwicklungsprognose wird nicht allein auf der Basis einer personalen oder einer Umweltdimension versucht, sondern wird nach Personklassen und Kontextklassen spezifiziert. Man baut z.B. nicht auf die empirische Regel „Intelligenz ist von der Schulzeit an recht stabil", sondern man versucht, die Stabilität nach Personklassen und Kontextklassen zu spezifizieren. Da aber Personen im Laufe des Lebens Kontexte wechseln (Schulwechsel, Wechsel von Peergruppen, Partnerschaft, Berufseintritt und -wechsel) und Kontexte personellen Austausch erleben, werden langfristige Prognosen ohnehin als höchst unsicher angesehen. Was Interventionen anbelangt, bieten interaktionistische Modelle vor allem mehrere Ansatzpunkte zur Wahl, u. a. das problembehaftete System als Ganzes. Solche Versuche hat man etwa in der Familientherapie unternommen (vgl. Kap. 23). Für eine Evaluation ist die Wirkungs- und Nebenwirkungsanalyse auf mehrere Elemente des Systems und das System insgesamt auszudehnen.

In der transaktionalen Variante der interaktionistischen Modellgruppe ist meist die Frage mitgedacht, ob die beteiligten Personen Wahlmöglichkeiten hatten und welche und wie sie ihre eigene Entwicklung durch Wahlen selbst gestalten können. Durch die Wahl von Freunden und Beschäftigungen, von Settings und Büchern, von Schulen, Kursen und Trainings, von Partnern, von Berufen usw. werden wesentliche Weichenstellungen für die künftige Entwicklung getätigt. Die Annahme von Handlungs- und damit Selbstgestaltungsmöglichkeiten grenzt den Raum für nomologische Gesetzeshypothesen ein. Die Annahme von entwicklungsbezogenen oder entwicklungsrelevanten Handlungen des Individuums selbst, was die Annahme von Wahlfreiheit impliziert, bringt ein Element der Freiheit von Gesetzen und damit eine mögliche Interpretation beobachteter Diskontinuitäten ins Spiel (vgl. Kap. 14).

Kapitel 2

Der ökologische Ansatz

Rolf Oerter

Urie Bronfenbrenner (1978) stellt vor einigen Jahren provokativ fest: ,,Entwicklungspsychologie ist die Wissenschaft fremdartigen Verhaltens von Kindern in fremden Situationen mit fremden Erwachsenen in kürzestmöglichen Zeitabschnitten," (op. cit. S. 33). Es ist eben einfacher und griffiger, menschliche Entwicklung ,,für sich" zu untersuchen und zu beschreiben. Der Mensch wird dabei als selbstregulierendes System aufgefaßt, das mit beliebigen äußeren Reizen fertig zu werden hat. Auch vom äußeren Augenschein her präsentiert sich uns der Mensch als wohlabgegrenztes, für sich existierendes Lebewesen. Nun zeigt aber schon die Biologie, daß Lebewesen mit ihrer Umwelt in Symbiose leben. Das Ökosystem eines Lebewesens ist keineswegs beliebig, es enthält genau die Bedingungen, die für die Erhaltung des Individuums wie der Art erforderlich sind. Umgekehrt trägt das Lebewesen zur Erhaltung des Ökosystems bei, seine Ausrottung bedroht zugleich die Umwelt. Daß auch Menschen in einem solchen biologischen Ökosystem leben, zeigt sich heute angesichts der Bedrohung dieses Systems durch den Menschen selbst besonders deutlich.

Menschliche Ökosysteme umfassen aber mehr als biologische Lebensbedingungen. Zu ihnen gehören die in einer Kultur erzeugten materiellen Gegenstände wie Häuser, Möbel und Werkzeuge, ebenso die Regeln des Zusammenlebens, die impliziten oder expliziten Handlungsvorschriften und die Einrichtungen für menschliche Entwicklung, wie sie in der betreffenden Kultur vorgegeben sind, allen voran die Familie. Soziale Partner, soziale Gruppen und das ganze gesellschaftliche System, in das ein Individuum eingebettet ist, sind Bestandteile des Ökosystems. Dabei darf aber nicht vergessen werden, daß diese Komponenten der menschlichen Lebenswelt Bestandteile einer räumlich-materiellen Umwelt sind, deren Einbeziehung frühere Forschungstraditionen, wie die

Urie Bronfenbrenner

der Sozialpsychologie und des Interaktionismus, zu einer ökologischen bzw. ökopsychologischen Betrachtungsweise weiterführt.

Für die Entwicklungspsychologie erscheint die ökologische Perspektive unentbehrlich, wenn man sich zwei Sachverhalte vergegenwärtigt. Erstens ist die Beschreibung und das Verständnis früher Entwicklung ohne die Wirkung des Ökosystems nicht möglich. Denn das Ökosystem gewährleistet erst die biologische und psychosoziale Entwicklung. Kapitel 3 wird darlegen, wie die beteiligten Partner, vor allem Mutter, Vater und Kind in Wechselbeziehung zueinander stehen und welche Rolle der Gegenstands- und Umweltbezug mit zunehmendem Alter spielt. Zweitens wechseln die Umwelten im Laufe der Entwicklung beträchtlich. Das Kind verläßt den Lebensraum Familie und betritt die neue Umwelt Schule. Später werden die Gruppe der Gleichaltrigen und die Lebensräume, in denen sie agieren, immer wichtiger (s. Kap. 4 und 5). Der Eintritt ins Berufsleben bringt erneut einen Umweltwechsel großen Ausmaßes mit sich, und die Gründung einer Familie (mit und ohne formelle Eheschließung) fügt ein weiteres Ökosystem hinzu. Der Lebensraum im höheren Alter ist demgegenüber oft eingeengt, in jedem Falle durch neue Charakteristika gekennzeichnet.

Daher spricht Bronfenbrenner (1979) bei der menschlichen Entwicklung vom sich verändernden Individuum in einer sich wandelnden Umwelt.

1. Lebensraum, Setting, ökologisches System

Wir beginnen mit zwei Begriffen, die auch historisch das ökologische Verständnis menschlicher Entwicklung eingeleitet haben, dem Begriff des Lebensraumes (Lewin 1936) und dem des Settings (Barker 1968). *Lebensraum* akzentuiert stärker die subjektive Komponente von Umwelt, also die subjektive Bedeutung, die Umwelt im menschlichen Leben besitzt, während *Setting* stärker objektive Aspekte berücksichtigt, indem es alle Beteiligten eines Umweltausschnittes gleichberechtigt behandelt.

Lebensraum

Ein Kind sitzt bei der Hausaufgabe und blickt aus dem Fenster sehnsüchtig hinunter auf den Spielplatz, wo sich die Kameraden tummeln. Aber erst wenn es die Hausaufgaben fertig hat, darf es zum Spielen. Im Lebensraum des Kindes ist die physikalische Anordnung des Zimmers, Wohnhauses und Spielplatzes repräsentiert. Wesentlich aber ist dabei die subjektive Bedeutung physikalischer Räume. Der Spielplatz ist attraktiv und besitzt (in der Terminologie von Kurt Lewin) hohe positive Valenz. Die Hausaufgabe und mit ihr die materiellen Gegenstände Schulheft, Schulbuch und Arbeitszimmer besitzen negative Valenz. Sie sind eine „Barriere" zwischen der eigenen Person und dem Spielplatz. Um zum Spielplatz zu gelangen, muß die Barriere überwunden, also die Hausaufgabe erledigt werden. Der Lebensraum im Sinne von Lewin ist also keine rein subjektive Konstruktion, sondern basiert auf objektiven Gegebenheiten. Der physikalische und soziale Raum wird zum Lebensraum durch die subjektive Bedeutung, die seine Komponenten erhalten. Handeln ist für Lewin ein Sich-Umherbewegen (Lokomotion) im Lebensraum.

Ebenso kann auch Entwicklung als Sich-Fortbewegen von einer Region in eine andere aufgefaßt werden. Das Kind bewegt sich aus dem Lebensraum Familie in den Lebensraum Schule, der Jugendliche später in den Lebensraum Beruf und Arbeit. Gleichzeitig verläßt er den bisherigen Lebensraum der Familie gänzlich und gründet als Erwachsener eine eigene Familie, d.h., er baut einen neuen Lebensraum auf, was auch mit räumlich-materiellen Aspekten viel zu tun hat (Wohnungssuche, Wohnungseinrichtung, Umgestaltung der Wohnung bei der Ankunft des ersten Kindes; s. Kap. 6).

Lewin (1946) beschreibt diese menschliche Entwicklung auch als Ausdifferenzierung des Lebensraums selbst. Besteht dieser anfangs nur aus wenigen Regionen, die überdies ineinander übergehen, so vermehren sich die Regionen mit zunehmendem Alter bzw. fortschreitender Entwicklung; manche werden scharf voneinander geschieden, andere mögen weniger klar getrennt sein. Abb. 2.1 zeigt den Lebensraum eines jüngeren und älteren Kindes. Zwei Dimensionen sind zur wachsenden Differenzierung zusätzlich aufgenommen: die Zeitdimension und die Realitäts-Irrealitätsdimension. Letztere wird durch zwei übereinanderliegende Ebenen dargestellt. Die Irrealitätsebene bezieht sich dabei auf Wünsche, Befürchtungen, Pläne, ,,Luftschlösser" und dergleichen. Der größere Abstand beider Ebenen beim älteren Kind (b) soll zeigen, daß nun im Gegensatz zum kleineren Kind die Phantasie und die Wirklichkeit schärfer voneinander geschieden sind. Als besonders wichtig erweist sich in dem Modell die Zeitdimension. Sie existiert keineswegs nur als physikalische Größe im menschlichen Lebenslauf, entlang welcher sich der Mensch fortbewegt, sondern auch als psychisch repräsentierte Komponente von Entwicklung, die aus dem Wissen und der Reflexion der Zeitlichkeit der eigenen Existenz besteht. Während das kleinere Kind (a) in Abb. 2.1 noch eine wenig differenzierte Repräsentation von Vergangenheit und Zukunft besitzt, zeigt das ältere Kind (b) eine stärkere Ausdifferenzierung sowohl hinsichtlich des zeitlichen Umfangs (entfernte und nähere Vergangenheit und Zukunft) als auch im Hinblick auf die in Vergangenheit und Zukunft vorhandenen Wissensstrukturen (Anzahl der Regionen).

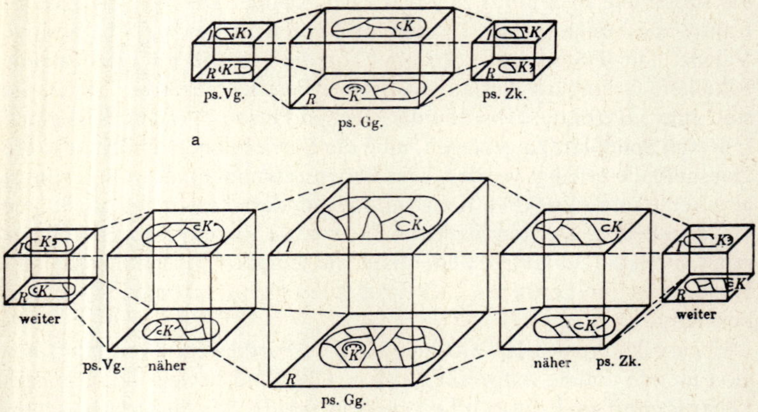

Abb. 2.1 Die Differenzierung des Lebensraumes in verschiedenen Stadien der Individualentwicklung unter Berücksichtigung verschiedener Abschnitte der Zeitperspektive (Gegenwart, Vergangenheit. Zukunft) und zweier Realitätsebenen (Realität vs. Irrealität). Oben ist der Lebensraum eines jüngeren Kindes dargestellt, unten der Lebensraum eines älteren Kindes. Dieser weist in dreierlei Hinsicht einen größeren Differenziertheitsgrad auf: hinsichtlich der Anzahl von Umweltbereichen, der Spannweite der Zeitperspektive und der Abgehobenheit von Realitäts- und Irrealitätsebene. (Nach Lewin 1946 S. 798). K = Kind; R = Realitätsebene; I = Irrealitätsebene; ps. Vg. = psychologische Vergangenheit; ps. Gg. = psychologische Gegenwart: ps. Zk = psychologische Zukunft (Heckhausen 1980, S. 183).

Lewin hat den Lebensraum als echtes ökologisches Konzept verstanden. Es handelt sich nicht nur um das geistig repräsentierte Wissen über die eigene Existenz in einer mehr oder minder differenzierten Umwelt, sondern um das Handeln dieser Person in der realen Umwelt aufgrund der dieser Umwelt vom Subjekt zugewiesenen Bedeutungsstruktur. Damit wird das Konzept zum Vorläufer des heutigen ökologischen Denkens, das mit unterschiedlichsten Ansätzen die Verbindung zwischen Person und Umwelt durch Handeln analysiert.

Das Modell des Lebensraumes wird im Kapitel über Jugend (Kap. 5) und im korrespondierenden Kapitel 21 genutzt. Es dient auch als eines der Modelle für die Entwicklung der Motivation (Kap. 13).

Setting

Barker und Wright, Schüler Lewins, interessierten sich für Umweltausschnitte, in denen Regelhaftigkeiten des Handelns aller Beteiligten besonders gut erfaßbar sind. Solche Umweltausschnitte nennen sie ,,ökologische Umwelten" (Barker 1968; Barker & Wright 1954). Die Autoren verstehen darunter das objektiv faßbare Umfeld (den ,,Kontext") von individuellem Verhalten. Analyseeinheiten der ökologischen Umwelten sind sogenannte *Synomorphe,* die sich zusammensetzen aus:

a) kollektiven, normierten Verhaltensmustern, die an einem bestimmten Ort und zu einem festen Zeitpunkt auftreten und nicht an ein bestimmtes Individuum gebunden sind,
b) einem physikalischen und sozialen Milieu, das die Verhaltensmuster umgibt und an sie angepaßt ist. Die Passung von Milieu (Umwelt) und Verhalten ist also ,,synomorph".

Synomorphe gibt es in unterschiedlich großen ökologischen Umwelten. Barker und Wright bevorzugten Verhaltenssettings. Mit Bronfenbrenner kann man *Setting* definieren als einen ,,Ort mit spezifischen physikalischen Eigenschaften, in denen die Teilnehmer in bestimmter Weise in bestimmten Rollen und in bestimmten Zeitabschnitten aktiv sind. Die Faktoren Ort, Zeit, physikalische Eigenschaften, Aktivität, Teilnehmer und Rolle konstituieren die Elemente eines Settings" (1977, S. 514, übers. vom Verf.).

Settings solcher Art sind beispielsweise die elterliche Wohnung (samt der in ihr lebenden Familie), das Klassenzimmer (mit der dazugehörigen Klasse und dem Klassenlehrer), der Kindergarten, der Spielplatz, die Kneipe, die Kirche u. a. m. In solchen Settings ist das Individuum unmittelbar in Kontakt mit sozialen Partnern und zwar gemäß der Annahme der Synomorphie, indem es festgelegte Verhaltensmuster, die den Umgang mit Partnern und mit physikalischen Objekten gleichermaßen umschließen, erwirbt und ausführt. Das Entwicklungsniveau eines Individuums läßt sich nun nicht mehr losgelöst von dem Leben in solchen Settings beschreiben, da reales Verhalten und Handeln nur in ihnen vorkommt. Weiterhin kann der Wechsel von einem Setting zum anderen einen Wechsel der Verhaltensmuster beinhalten, so daß die Entwicklung nur schwer als fortschreitender Aufbau universeller Verhaltensweisen und Handlungen verstanden werden kann. Der Wechsel von der Schule zum Arbeitsplatz kann für viele Jugendliche ein Wechsel hin zu stereotypen Verhaltensweisen (Monotonie an der Maschine, am Fließband, im Büro usw.) bedeuten. Die neu zu erwerbenden Kompetenzen und Handlungsmuster stellen keinen qualitativen Entwicklungsfortschritt dar, sind aber dennoch wesentlich für die Persönlichkeitsentwicklung.

Das Setting Familie (immer gemeint einschließlich der räumlichen Umgebung) wird in den Kapiteln 3, 6 und 24 zur Sprache kommen. Das Setting Kindergarten ist Gegenstand des Kapitels 19. Schule wird in Kapitel 4 als Setting betrachtet, und die berufliche Umwelt (allerdings nur partiell als Setting) wird in ihrer ökologischen Bedeutung in den Kapiteln 5, 6 und 22 dargestellt.

Die Vorgehensweise Barkers ist kritisiert worden. Insbesondere bereitet die Erhebungsmethode der ,,Specimen Records", die soziale Interaktionen in Settings detailliert erfassen sollen, Schwierigkeiten (siehe hierzu z. B. Caesar, 1979).

Ökologisches System

In Analogie zu biologischen Ökosystemen versucht Bronfenbrenner (1979), die Entwicklung des Menschen in ökologischen Systemen zu beschreiben, die ineinander verschachtelt sind. In einem System beeinflussen sich die Elemente wechselseitig. Die Veränderung eines Elements kann die Veränderung aller übrigen nach sich ziehen. In der Familie als System beispielsweise bedeutet die Geburt eines weiteren Kindes (als Hinzufügen eines Elements) eine Veränderung des Gesamtsystems ebenso wie das Verlassen der Familie durch das erwachsen gewordene Kind oder gar der Tod eines Elternteiles.

Bronfenbrenner (1979) unterscheidet nun vier verschiedene Arten von Systemen, wobei jedes folgende größer und umfassender als das vorausgegangene ist: Mikrosystem, Mesosystem, Exosystem und Makrosystem.

Das Mikrosystem ist das unmittelbare System, in welchem das sich entwickelnde Individuum lebt. Es ist also an konkrete Settings gebunden. Ein Mikrosystem bildet die Familie (Vater, Mutter, Kind), innerhalb der Familie aber auch die Dyade (Mutter-Kind, Vater-Kind, Geschwister-Dyaden) und die Triade (mehrere Geschwister, zwei Geschwister-eine Erwachsenenperson usw.) oder größere soziale Gebilde. Wichtig ist, daß zu einem Mikrosystem die physikalischen und materiellen Bedingungen dazugehören. Wohnverhältnisse, eingeschränkte Handlungsmöglichkeiten, materielle Armut sind stark beeinflussende Faktoren bei der Entwicklung des Kindes und Jugendlichen.

Das Mesosystem besteht aus zwei oder mehr Settings, denen das sich entwikkelnde Individuum angehört. Die Wechselbeziehungen zwischen solchen Settings (Widersprüche, wechselseitige Unterstützung) bilden ein eigenes, für die Entwicklung relevantes System. Das Mesosystem wird also durch das *Wechselwirkungsgefüge* definiert, das zwischen Mikrosystemen (bzw. Settings) besteht.

Das Exosystem umfaßt eines oder mehrere Settings, die das Individuum nicht als handelnde Person aufgenommen haben, die aber indirekt das Individuum beeinflussen und umgekehrt durch das Individuum beeinflußt werden. Ein Exosystem für das Kind im Vorschulalter ist beispielsweise die Schule (Schulklasse), da die älteren Geschwister die Schule besuchen, und die Mutter das Kind bereits jetzt auf den Schulbesuch vorbereitet. In ähnlicher Weise bildet der Arbeitsplatz für die Heranwachsenden ein Exosystem, das indirekt (Belastung der arbeitenden Eltern) einwirkt und seinerseits durch die Heranwachsenden über deren Wirkung auf ihre arbeitenden Eltern beeinflußt wird.

Das Makrosystem schließlich bezieht sich auf Übereinstimmungen in Systemen niedrigerer Ordnung (Mikro-, Meso-, Exosystemen), die auf der Ebene der Gesamtkultur oder Subkultur bestehen und denen Überzeugungssysteme oder Ideologien und Weltanschauungen zugrunde liegen. Das Makrosystem prägt allem und jedem seinen Stempel auf. Die moderne Arbeitsstruktur, die Ideologie der persönlichen Autonomie und Kontrolle und der Fortschrittsglaube sind beispielsweise Bestandteile des Makrosystems unserer Kultur. Das Makrosystem kann einerseits als die alle Individuen regulierende Gesamtkultur verstanden werden, andererseits bezieht Bronfenbrenner den Begriff auf Ausschnitte der Kultur, vor allem auf das Werte- und Normensystem.

Bronfenbrenners Einteilung ökologischer Systeme ist einleuchtend und vielversprechend. Es wird immer wieder versucht, seinen Ansatz methodisch zu realisieren (im Überblick s. beispielsweise Walter & Oerter 1979). Bei näherem Hinsehen erscheint diese Darstellung von Systemen allerdings ,,unsystematisch". So fehlen vor allem die größeren Organisationsformen, wie die Verwaltungsorganisationen von Gemeinde, Landkreis, Regierungsbezirk usw., es fehlt die Unterscheidung von Kleinbetrieb versus Großbetrieb als Systeme (beide sind Settings in obiger Terminologie), weiterhin die mehr oder minder strukturierten Zwischenformen wie Wohnquartier (Hübner-Funk & Müller 1981) und Stadtstruktur (Rotter & Steinert 1981). Das Makrosystem ist mit den übrigen Systemen kaum vergleichbar, da es die durchgreifende universelle Wirkung der Kultur meint, wobei die Definitionsmerkmale von ,,System" nur schwer auszumachen sind. Gleichwohl soll die Einteilung im folgenden benutzt werden, da sie derzeit den besten Zugang zu einer ökologischen Entwicklungspsychologie darstellt.

Entwicklung als Heimisch-Werden in neuen Settings

Unter ökologischer Betrachtungsweise ist Entwicklung nicht mehr die Ausfaltung oder Konzeptualisierung von universellen Fähigkeiten und Leistungen, die für beliebige Umwelten einsetzbar sind. Entwicklung wird zum ,,Prozeß, durch welchen die heranwachsende Person eine umfassende, differenziertere und gültige (valide) Konzeption der ökologischen Umwelt erwirbt und motiviert sowie fähig wird, sich in Aktivitäten zu engagieren, die auf der Ebene einer ähnlichen oder höheren Komplexität nach Form und Inhalt die Eigenschaften dieser Umwelt zeigen, sie erhalten oder neu strukturieren.“ (Bronfenbrenner 1979, S. 27, übers. v. Verf.).

Diese sowohl im Englischen wie im Deutschen etwas unhandliche Definition enthält zwei neue Komponenten von Entwicklung:

(a) Das Individuum kann sich nur entwickeln, wenn es neue Settings kennenlernt und damit sein Wissen und Können auf die neuen Umweltbedingungen ausweitet.

(b) Entwicklung besteht in der Eroberung neuer Umweltausschnitte und im Durchwandern von Settings. Manche der Settings werden für immer verlassen, andere werden beibehalten und durch neue ergänzt. Bronfenbrenner versteht wünschenswerte Entwicklung als Ausweitung des Horizonts, indem sich die Person neuen Umweltausschnitten zuwendet und sie mit bisherigen verbindet. Entwicklungsfortschritt besteht daher in dem Erwerb von Kompetenzen in neuen Settings; Bewältigung von Umweltanforderungen ist in der Tat ein Gradmesser für den Erfolg der Entwicklung des Individuums. Schulischer und beruflicher Erfolg bzw. sozialer Erfolg bei Partnern sind nichts anderes als die Bewältigung von Anforderungen in bestimmten Settings.

2. Entwicklungsbedingungen im Mikrosystem

Erziehungsstil

Als wichtige Entwicklungsbedingung sieht man seit langem den elterlichen Erziehungsstil an. Damit meint man ein typisiertes und relativ stabiles Erziehungsverhalten, hinter dem bestimmte Erziehungseinstellungen und Persönlichkeitsmerkmale der Eltern stehen (vgl. Lukesch 1975, Schneewind & Herrmann 1980). Erziehungsstile sind auf mindestens zwei Dimensionen (Liebe vs. Feindseligkeit und Autonomie vs. Kontrolle) zu unterscheiden (Schaefer 1959).

Diana Baumrind (1966, 1971) unterscheidet drei hauptsächliche Formen des Erziehungsverhaltens. Ihre pragmatische Einteilung ist für entwicklungspsychologische Fragestellungen besonders bedeutsam geworden:

Der *autoritäre* Erziehungsstil versucht, das Kind möglichst stark zu kontrollieren und die elterliche Autorität zu wahren. Zugleich zeigen die Eltern wenig liebevolle Zuwendung. Der *autoritative* Stil trägt einerseits klare Regeln und Anforderungen an das Kind (bzw. den Jugendlichen) heran, andererseits wird das Selbständigkeitsstreben ermuntert, und die Eltern zeigen sich warmherzig und liebevoll ihren Kindern gegenüber. Der *permissive* Stil setzt keine Regeln und Anforderungen, die Eltern sind inkonsequent in ihrem Verhalten, zeigen aber zugleich warmherzige Zuwendung zum Kind. Baumrind hat die langfristige Wirkung solcher Erziehungsstile untersucht und relativ konsistente Ergebnisse für Kindheit, Jugend- und Erwachsenenalter gefunden (Baumrind 1966, 1971, 1975). Der autoritative Stil erweist sich dabei als der förderlichste. Die Heranwachsenden, die unter dem Einfluß dieses Erziehungsverhaltens stehen, besitzen Selbstvertrauen, zeigen ein sozial reifes Verhalten, sind wißbegierig, zufrieden und durchsetzungsfähig.

Das Konzept des Erziehungsstils ist aus zwei Gründen nur ein Vorläufer ökologischer Betrachtungsweise: (a) es berücksichtigt zu wenig weitere ökologische Komponenten wie materielle häusliche Bedingungen, das soziale Stützsystem (Nachbarschaft, Großeltern und Verwandte) und die eigene Sozialisationsgeschichte der Eltern; (b) es vernachlässigt die wechselseitige Beeinflussung der in einem System (z. B. in der Familie) lebenden Personen („retroaktive" Sozialisation, s. Kap. 1). Beide Aspekte sollen im folgenden näher beschrieben werden.

Das Zusammenwirken von Einflüssen im ökologischen Kontext

Einige Beispiele für die Komplexität des Zusammenwirkens von ökologischen Faktoren seien aus dem Projekt „Psychologische und sozioökologische Determinanten von Eltern-Kind-Beziehungen", das mit deutschen Eltern und Kindern durchgeführt wurde, dargestellt (Schneewind, Beckmann & Engfer 1983).

Die Autoren befragten 570 Familien, die nach sozioökonomischer Herkunft (drei Schichten) und Kinderzahl (vier Gruppen: 1, 2, 3, 4 und mehr Kinder) zusammengestellt waren. Drei Datenquellen standen zur Verfügung: Väter, Mütter und Kinder, wobei aus jeder Familie nur ein Kind (9–14 Jahre) befragt wurde. Aus dem sehr umfangreichen Material wird hier der Zusammenhang von Komponenten für die sozialen Aktivitäten des Kindes herausgegriffen. Die Autoren entwickelten ein Zusammenhangsmodell, in das sie acht Blöcke einbezogen (Abb. 2.2): Öko-Kontext (erfaßt durch Schicht, Stadt-Land, Aktionsraumdichte, Verkehrslage und Wohndauer), Aktivitäten im außerhäuslichen Bereich (Vereinsaktivitäten), soziales Netzwerk (Intensität der Primärkontakte, Telefonkontakte, Zahl guter Freunde, Adressaten für Erziehungsprobleme u. a. m.), expres-

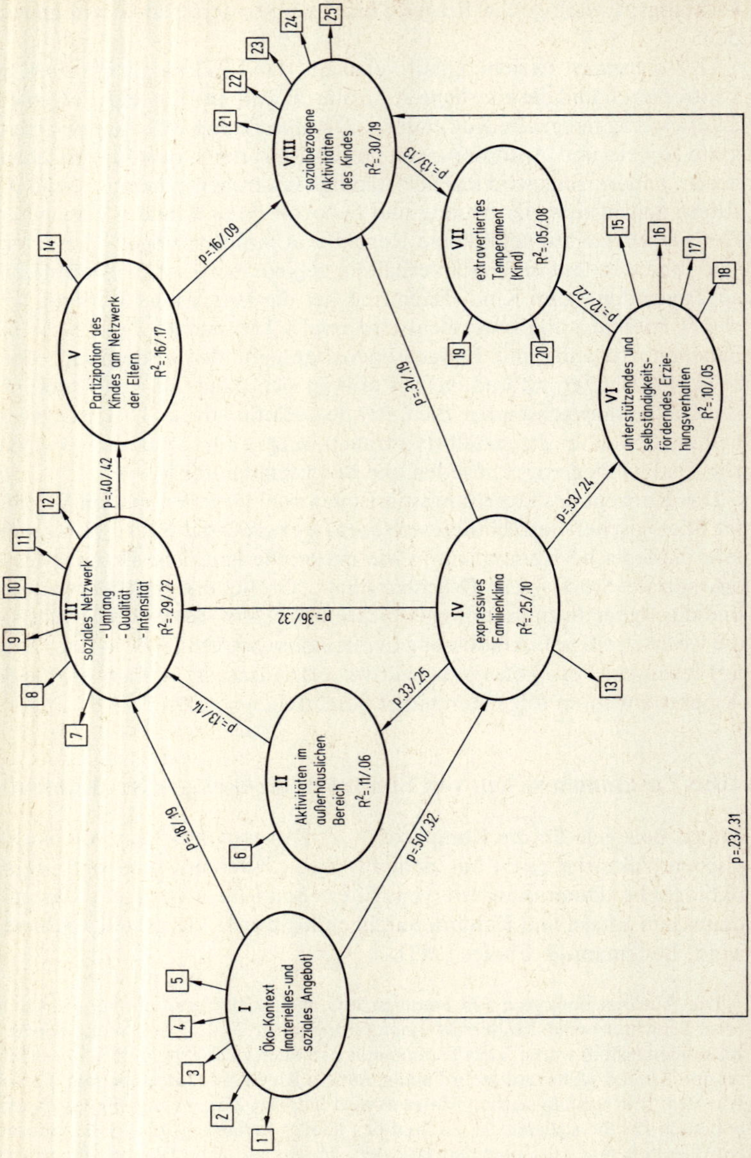

Abb. 2.2 Der komplexe Einfluß ökologischer Bedingungen auf sozialbezogene Aktivitäten des Kindes (Schneewind, Beckmann & Engfer 1983, S. 87). Erläuterungen s. Text.

sives Familienklima (erfaßt durch die Klimaskalen von Moos 1974), Partizipation der Kinder am Netzwerk der Eltern, Erziehungsverhalten (Zulassen kindlicher Initiative und Selbständigkeit, liebevolle Zuwendung, verbale Belohnung), Extraversion vs. Introversion, sozialbezogene Aktivitäten des Kindes. Für diese Bedingungen nahmen die Autoren kausale Zusammenhänge an und prüften diese mit Hilfe der sogenannten Pfadanalyse nach Lohmöller (1979, PLS-Programm). Als Beispiel für die insgesamt 12 Annahmen über Zusammenhänge sollen diejenigen über das Familienklima dargestellt werden. ,,Klima" ist ein ökologisches Maß für das Wohlbefinden in der Familie hinsichtlich des gesamten Beziehungsgefüges. Expressives Familienklima beinhaltet guten familiären Zusammenhalt, Offenheit und Kommunikationsbereitschaft sowie gut organisierte Aufgabenverteilung. Die beiden Annahmen lauten:

(a) ,,Je größer die Expressivität des Familienklimas, desto mehr sozialbezogene Aktivitäten übt das Kind aus";

(b) ,,Je expressiver das Familienklima, desto unterstützender und selbständigkeitsfördernder ist das Erziehungsverhalten der Eltern" (Schneewind, Beckmann & Engfer 1983, S. 85).

Abb. 2.2 zeigt die Ergebnisse der Pfadanalyse (zur Methode s. Kap. 25). Die Ellipsen stellen die acht ,,Blöcke" dar, die als ökologische Variablen einbezogen wurden. Die kleinen Quadrate beziehen sich auf die Variablen, mit denen die Blöcke gemessen wurden. Die Zahlen an den Pfeilen zwischen den Ellipsen stellen die Pfadkoeffizienten dar, die den Einfluß eines Blockes auf den anderen wiedergeben. In den Ellipsen steht der Anteil der aufgeklärten Varianz. Die erste Zahl bezieht sich jeweils auf die Mütterstichprobe, die zweite auf die Väterstichprobe. Die beiden Zahlen im Block ,,sozialbezogene Aktivitäten des Kindes" besagen also, daß die restlichen Blöcke 30% der gefundenen Varianz des kindlichen Sozialverhaltens aufklären, und zwar bezogen auf die Angaben der Mütter. Für die Väter ist der gefundene Erklärungsanteil nur 10%. Dies spiegelt den offenkundig größeren Einfluß der Mutter auf das Sozialverhalten des Kindes (bzw. Jugendlichen) wider. Die beiden obengenannten Hypothesen werden, wie man aus den Pfadkoeffizienten (33/24 und 31/19) ersehen kann, bestätigt. Bemerkenswert sind auch die gefundenen Zusammenhänge zwischen ökologischem Kontext (I) und Familienklima (IV) sowie Klima und Aktivitäten im außerhäuslichen Bereich (II).

Man beachte, daß der Gesamterklärungswert des Zusammenhangmodells nicht sonderlich groß ist. Für die Kriteriumsvariable ,,sozialbezogene Aktivitäten des Kindes" bleiben 70% der Varianz unaufgeklärt! Dies zeigt, daß eine Reihe anderer wichtiger Bedingungen nicht berücksichtigt werden konnten und vermutlich in ein Modell wie dem vorliegenden auch gar nicht aufgenommen werden können.

In ein Kausalmodell der obigen Art läßt sich vor allem nicht die Wirkung der Interaktion von beteiligten Partnern aufnehmen. Mit ihrem Einfluß in der Familie wollen wir uns noch etwas näher befassen.

Die Wirkung der Interaktion im Mikrosystem

In Kapitel 3 wird ausführlich davon die Rede sein, wie die Interaktion in der Mutter-Kind-Dyade (bzw. im Zweiersystem von Kind und Pflegeperson) sich darstellt und weiterentwickelt. Daher soll auf diese grundlegende Bedingung für menschliche Entwicklung hier nicht näher eingegangen werden. Ein erstes Untersuchungsbeispiel soll demonstrieren, daß eine einmalige Veränderung in einem Setting gravierende Langzeitfolgen haben kann.

Klaus et al. (1970) untersuchten die kurz- und langfristige Wirkung eines intensiveren Mutter-Kind-Kontaktes unmittelbar nach der Geburt. Sie ermöglichten, daß die Mütter auf der Entbindungsstation ihr Kind kurz nach der Geburt nackt erhielten und es etwa eine Stunde lang haben konnten. In den darauffolgenden Tagen wurde der Kontakt auf mehrere Stunden ausgedehnt. Die Kontrollgruppe hatte den auf amerikanischen (und deutschen) Entbindungsstationen üblichen Kontakt mit ihren Babys, nämlich 20 bis 30 Minuten alle vier Stunden zum Stillen der Säuglinge.[1] Die Ergebnisse waren in der Tat verblüffend. Die Mütter mit unmittelbarem Kontakt zu ihren Kindern nach der Geburt begannen, den Säugling an den Gliedmaßen und am Rumpf zu berühren und die Haut zu massieren und suchten Blickkontakt mit ihrem Kind, wobei sie die ,,en face"-Position innerhalb von vier bis fünf Minuten herstellten. Fünf Jahre später hatten die Kinder mit frühzeitigem Kontakt im Vergleich zur Kontrollgruppe einen signifikant höheren IQ und ein differenzierteres Sprachverständnis (Ringler 1977). Dieser Befund ist nur durch einen fortlaufenden wechselseitigen Vorgang der Einflußnahme zu erklären. Die Kinder, die stärkere Zuwendung und mehr Blickkontakt erfuhren, reagierten ihrerseits mit Signalen, die die Mutter zu erneuten Kontakten veranlaßte. Die wechselseitig anregende Wirkung führte dann zu einem wesentlich späteren Zeitpunkt, nämlich als die Kinder sich bereits von dem engen Kontakt zur Mutter gelöst hatten, zu Entwicklungsvorteilen.

Die Langzeitwirkung der Qualität des Bindungsverhaltens (attachment) fand Sroufe (1983) in systematischen Längsschnittuntersuchungen bestätigt. Kinder mit fünf Jahren, die im ersten Lebensjahr ein positives Bindungsverhalten zur Mutter (bzw. zur Pflegeperson) aufgebaut hatten, erwiesen sich im Kontakt mit Gleichaltrigen im Kindergarten als sozial kompetent, umweltzugewandt und neugierig. Kinder mit Störungen im Bindungsverhalten hatten auch häufiger Schwierigkeiten im Kontakt mit Gleichaltrigen im Kindergarten.

---

[1] Heute wird allerdings das ,rooming-in' mehr und mehr in den Entbindungsstationen gebräuchlich.

Über der intensiven Untersuchung der Mutter-Kind-Dyade hat man lange Zeit die Wirkung anderer Erwachsenenpersonen, insbesondere des Vaters vergessen. Parke (1978) beobachtete Väter und Mütter im Kontakt mit Neugeborenen in einem Krankenhaus. Die Anwesenheit des Ehegatten veränderte das Verhalten der Mutter. Beide zeigten stärker positive Gefühle dem Kind gegenüber und waren neugierig, mehr über die Reaktionen des Kindes zu erfahren. Pederson (1976) beobachtete die Wirkung des Ehemannes beim Füttern des Babys. Zeigte der Vater der Mutter gegenüber emotionale Unterstützung, so verlief das Füttern erfolgreich. Spannungen in der Ehe führten häufig dazu, daß die Mutter unfähig war, ihr Kind zu stillen.

Interessanterweise ist die Interaktion in der Triade Mutter-Vater-Kind in einer fremden Umgebung anders. Lamb (1978a) beobachtete, daß das Eintreten einer dritten Erwachsenenperson den bisherigen Kontakt zwischen Kind und Erwachsenem reduzierte. Die beiden Erwachsenen begannen selbst miteinander zu sprechen und zogen dadurch ihre Aufmerksamkeit vom Kind ab.[2]

Ökologische Bedingungen für Entwicklungsstörungen

Bronfenbrenner (1979) versucht, auf der Grundlage empirischer Befunde die Ursachen für Entwicklungsbeeinträchtigungen präziser zu fassen. Nach seiner Ansicht kommt es auf die qualitative Beschaffenheit der Beziehungen in einem Setting an. Die Beziehungen zu anderen Personen müssen vielfältig und komplex sein (op. cit. S. 55) und sich durch Wechselseitigkeit positiver Gefühle und eine allmähliche Verschiebung des Kräftegleichgewichts zugunsten der sich entwickelnden Person auszeichnen (op. cit. S. 59). Störungen in einem Ökosystem treten zunächst also in der dyadischen Beziehung selbst, sekundär aber durch alle Beeinträchtigungen, die von außen an die dyadischen Beziehungen gelangen, auf (op. cit. S. 77).

Aus den zahlreichen Untersuchungen werden im folgenden zwei näher vorgestellt. Die erste befaßt sich mit der Auswirkung von Ehescheidung auf die betroffenen Kinder, die zweite mit der Wirkung von Institutionalisierung.

Zur Auswirkung von Ehescheidungen

Hetherington et al. (1976, 1978) untersuchten Kinder aus 48 geschiedenen Ehen (Mittelschicht), bei denen den Müttern das Sorgerecht zugeschrieben worden war. Man versuchte eine Kontrollgruppe von nichtge-

[2] Einen Überblick über die Rolle des Vaters für die kindliche Entwicklung gibt Fthenakis (1985).

schiedenen Eltern zusammenzustellen, die nach Möglichkeit in allen wichtigen Kriterien den geschiedenen Paaren ähnlich waren (Alter, Ausbildung, Alter des Kindes). Wie aus den Ergebnissen hervorgeht und auch nicht anders zu erwarten war, litten alle Beteiligten unter der Scheidung. Am meisten waren zunächst die Väter betroffen, bis sie etwa nach einem Jahr ihre Schwierigkeiten, besonders in bezug auf die Aufnahme neuer heterosexueller Beziehungen, überwunden hatten. Die Mütter suchten häufig eine neue berufliche Position, um den finanziellen Ausfall auszugleichen oder zu verringern, waren auf der Suche nach einer neuen Identität und sahen sich als Familienoberhaupt vielen Schwierigkeiten gegenüber. Die Kinder, die in der Abwesenheit des Vaters eigentlich mehr Zuwendung und Aufmerksamkeit gebraucht hätten, wurden durch die Mutter zwangsläufig weniger betreut als früher. Insgesamt stellten geschiedene Eltern weniger anspruchsvolle (reife) Anforderungen an ihre Kinder, waren weniger gefühlsbetont zugewandt und zeigten auffällige Ungereimtheiten bezüglich der Disziplinierung und Kontrolle ihrer Kinder.

Das Verhalten der Kinder selbst wurde von Hetherington und ihren Mitarbeitern über zwei Jahre lang registriert. Die Kinder gehorchten der Mutter weniger, suchten weniger Kontakt zu ihr und zeigten häufiger negative Reaktionen ihr gegenüber. Insgesamt hatten diese Kinder mehr emotionale und soziale Probleme als Kinder aus intakten Familien und wurden auch häufiger in der Schule auffällig.

Bemerkenswert an den Befunden aus dieser Längsschnittstudie sind die Geschlechtsunterschiede. Jungen waren durch die Scheidung weit stärker betroffen als Mädchen. Letztere zeigten zwei Jahre nach der Scheidung kaum mehr auffälliges Verhalten. Die Untersuchungen führen mit anderen zusammen zu zwei generelleren Feststellungen:

(a) Jungen sind leichter verwundbar und werden durch ungünstige Umweltbedingungen in ihrer Entwicklung stärker beeinträchtigt als Mädchen (Bronfenbrenner 1979, Rutter 1979a, b).

(b) Die ungünstigen Folgeerscheinungen der Scheidung klingen nach einiger Zeit ab (in der Studie von Hetherington et al. nach zwei Jahren), bei Mädchen wesentlich stärker als bei Jungen. Dennoch müssen Dauerwirkungen angenommen werden, die über Jahre und Jahrzehnte reichen. Sroufe und Rutter (1984) argumentieren auf der Ebene sogenannter developmental issues, die am besten als „Entwicklungsaufgaben" übersetzt werden können (s. übernächsten Abschnitt). Für jeden Entwicklungsabschnitt gibt es spezifische Entwicklungsaufgaben. Die Art und Weise, wie frühere Aufgaben bewältigt wurden, hat Einfluß darauf, wie später Aufgaben bewältigt werden. Das Wesentliche bei solchen Entwicklungsaufgaben ist die produktive Anpassung des Individuums an Anforderungen. Führt der Anpassungsversuch in früher Kindheit zu Isolation und sozialer Abkapselung, so tendiert das Kind dazu, Bewältigungsformen zu wählen, die spätere Auseinandersetzung mit Gleichaltrigen zu vermeiden suchen.

Wirkung von Institutionalisierung

Institutionalisierung bedeutet Unterbringung und Erziehung von Kindern in Heimen, wobei der Kontakt mit den Eltern variieren kann. Säuglingsheime sind ökologisch betrachtet sowohl als Mikrosystem wie als Setting von der Familie deutlich verschieden. Dem Mikrosystem gehören mehr Gleichaltrige an, die Bezugspersonen wechseln häufig. Als Setting haben Heime größere Räume und erlauben häufig nicht den Aufbau fester Gegenstandsbeziehungen (z.B. zu Spielsachen) infolge der Heimorganisation und der größeren Anzahl sowie der Fluktuation der dort betreuten Kinder.

Forschungsgeschichtlich schien die entwicklungsbeeinträchtigende Wirkung einer Heimunterbringung in früher Kindheit zunächst ein klarer Tatbestand. Als man in Deutschland beispielsweise Anfang dieses Jahrhunderts versuchte, in Säuglingsheimen familienähnliche Bedingungen (vor allem eine konstante Pflegeperson mit wenigen zu betreuenden Kindern) zu schaffen, sank die Sterblichkeitsrate erheblich. Damit war indirekt die Ursache des Hospitalismusphänomens als das Fehlen adäquater psychosozialer Beziehungen bewiesen (Homburger 1926). Noch klarer zeigt sich das Bild in den berühmt gewordenen Studien von René Spitz (1945, 1946).

Er untersuchte mit Hilfe von Beobachtung und psychometrischer Messung die Entwicklung im ersten Lebensjahr in zwei verschiedenen Ländern. Jeweils eine Gruppe von Kindern lebte in normalen Familien mit einem ähnlichen kulturellen Hintergrund wie eine Vergleichsgruppe, die in Säuglingsheimen untergebracht war.

Seine Ergebnisse sind über die Psychologie hinaus bekannt geworden. Die Heimkinder zeigten im ersten Lebensjahr einen Abfall in einem Kleinkind-Intelligenztest (Hetzer-Wolf-Baby-Test) von 124 auf 72 und sanken im zweiten Lebensjahr weiter ab auf 45. Kinder der Kontrollgruppe aus normalen Familien behielten ihren Wert bei, der etwa bei 110 lag. Die Heimkinder entwickelten überdies schwere Verhaltensstörungen, die von extremer Angst bis zu bizarren stereotypen Bewegungen reichten. Zudem waren sie kränklich und sehr anfällig für Infektionen. Die Untersuchungen von Spitz stellen eines der ersten ökologischen „natürlichen“ Experimente dar. Sie sind häufig kritisiert worden, haben jedoch in jüngerer Zeit wieder eine Ehrenrettung erfahren (Bronfenbrenner 1979, Clarke & Clarke 1976). Die Hauptkritik an Spitz richtete sich gegen seine psychoanalytische Interpretation, wonach den institutionalisierten Kindern die emotionale Bindung zur Mutter und damit die Möglichkeit zum Aufbau von Objektlibido[3] fehle. Das Bindungsargument ist in der modernen Attachment-Forschung (s. nächstes Kapitel) erneut positiv aufgenommen worden. Die Frage ist jedoch, ob Kinder eine Mutter bzw. eine feste Pflegeperson brauchen, mit andern Worten, ob die Erwachsenen-Kind-Dyade tatsächlich der Kern eines Ökosystems menschlicher Entwicklung ist.

Tizard und Mitarbeiter (1976, 1978) bezweifeln dies. In einer sorgfältig geplanten Untersuchung an 25 institutionalisierten Kindern und drei weiteren parallelisierten[4] Kontrollgruppen erfaßten sie unter anderem den IQ (Intelligenzquotient: ein Maß für intellektuelle Leistungsfähigkeit) der Kinder von frühester Kindheit bis zum Alter von vier Jahren. Obwohl in allen Institutionen, aus denen die Kinder stammten, eine enge Beziehung zwischen Betreuerin und Kind eher unterdrückt wurde, fand sich bei diesen Kindern kein Intelligenzdefizit. Diese Kinder waren also durch viele verschiedene Hände gegangen, zeigten jedoch keine Entwicklungsverzögerung im kognitiven Bereich. Noch bemerkenswerter fiel der Vergleich mit Kindern aus, die mit dreieinhalb Jahren zu ihren Müttern, die aus niedrigeren sozioökonomischen Schichten stammten, zurückkehrten. Diese Kinder hatten ein Jahr später der Tendenz nach (aber nicht signifikant) einen niedrigeren IQ als die weiterhin institutionalisierten Kinder. Die Autoren erklären dies mit dem Verlust von bisherigen Umweltvorteilen (Spielsachen, Bücher, Vorlesen, gemeinsames Spiel). Eine dritte Vergleichsgruppe bestand aus Kindern, die im Alter zwischen zwei und vier Jahren von Mittelschicht-Eltern adoptiert wurden. Diese Kinder hatten mit viereinhalb Jahren den höchsten IQ von allen untersuchten Gruppen. Im Alter von acht Jahren hatte die letztgenannte Gruppe einen IQ von ca. 115, die bei Unterschicht-Eltern lebenden Kinder einen von 110 und die in Institutionen verbliebenen Kinder einen IQ von 98, was zeigt, daß wider Erwarten die beeinträchtigende Wirkung erst später sichtbar werden kann (Tizard & Rees 1976). Tizard und Rees (1974) sehen zwei Bedingungen eines Settings bzw. Mikrosystems für hinreichend an, um zumindest eine normale kognitive Entwicklung zu gewährleisten: ein günstiges Zahlenverhältnis Personal – Kinder und ein reichhaltiges Umweltangebot (Spielsachen, Bücher, ,,Auslauf").

---

[3] Libido ist nach Freud die Triebenergie des Sexualtriebes, die sich entweder auf sich selbst (narzißtische Libido) oder auf Personen und Gegenstände richten kann (Objektlibido). Letztere wurde von Freud als Voraussetzung für kulturelle Entwicklung und die Anpassung des Individuums an die Kultur gesehen.

[4] Die Personen der Vergleichsgruppen werden so ausgewählt, daß sie denen der Versuchsgruppe möglichst in allen Merkmalen außer dem zu untersuchenden (Heim als Umgebung) gleichen.

Bei kritischer Durchsicht der Veröffentlichungen der Tizard-Gruppe zeigt sich jedoch, daß auch sie die zusätzliche Bindung an die Mutter für vorteilhaft hält. Immerhin lassen sich normale bzw. günstige Entwicklungen von Kindern, die ihr Leben fast ausschließlich in Heimen verbracht haben, nicht leugnen. Eher sollte man auf die Argumente von Sroufe und Rutter (1984) zurückgreifen, die als Voraussetzung für die erfolgreiche Anpassung an neue Entwicklungsanforderungen die Bewältigung früherer Aufgaben, allem voran den Aufbau eines positiven Bindungsverhaltens, annehmen. Sofern ausgewogene und kontrollierte Emotionalität und Sozialverhalten bzw. soziale Kompetenz in die Bewertung von Entwicklungsverläufen mit einbezogen werden, scheint die Dyade Kind-Mutter (Pflegeperson) unerläßlich zu sein. Reichhaltiges Material über die Entwicklung konkreter Leistungen von Kindern, die tagsüber in Kinderkrippen untergebracht waren, den Rest der Zeit aber zu Hause lebten, bietet die Darstellung von Schmidt-Kolmer (1984).

Möglicherweise kann sich eine dyadische Beziehung auch nachteiliger auswirken als die distanziertere Beziehung von Betreuungspersonal zu Kindern in Heimen. Dies ist dann der Fall, wenn die dyadischen Beziehungen antagonistisch-konträr sind und das Kräfteverhältnis zwischen beiden Parteien zum Kampf um die Vorherrschaft der Macht wird (Bronfenbrenner 1979).

Abschließend soll auf das vielleicht interessanteste Setting verwiesen werden, das es für die frühe Kindheit gibt, nämlich das Kibbuz in Israel.

3. Entwicklung in Systemen höherer Ordnung

Am Kibbuz-Beispiel zeigt sich – positiv wie negativ – der Versuch, die Ökosysteme höherer Ordnung zu integrieren. Außerhalb der uns eher fremden Welt des Kibbuz existieren die Settings jedoch räumlich und institutionell getrennt voneinander. Sie bilden Mesosysteme.

Zur Rolle von Mesosystemen für die Entwicklung

Entwicklungsfördernde Bedingungen

Die sich entwickelnde Person tritt in Settings ein, macht neue Erfahrungen und verläßt die Settings gegebenenfalls wieder. Bronfenbrenner (1979) sieht daher die Teilhabe an möglichst vielen reichhaltigen Settings, die strukturell voneinander verschieden sind, als entwicklungsfördernd an (op. cit. S. 212). Er regt sogar an, möglichst viele kulturell verschiedene Settings kennenzulernen, da diese Ausweitung des Gesichtskreises und der erforderlichen Handlungskompetenzen die Ent-

Der Kibbuz, ein integratives Ökosystem

Im Kibbuz sind alle menschlichen Aktivitäten und Lebensbereiche der Intention nach integriert: Familienleben, Erziehung und Unterricht, Arbeit und Freizeit. Der Kibbuz strebt bewußt eine kollektive Erziehung an. Sie kann im großen und ganzen als erfolgreich angesehen werden, sofern man Erfolg nicht am Verhalten und den Bewältigungsleistungen außerhalb des Kibbuz mißt (Liegle 1971). Bezogen auf die menschliche Entwicklung bietet das Modell eine Reihe interessanter Aspekte, von denen nur einige angeführt seien:

- Der Kibbuz verbindet institutionalisierte Erziehung (durch die Metapelet) mit den Vorteilen familiärer Sozialisation (regelmäßiger und intensiver Kontakt mit den Eltern, die sich zwar kürzer, aber intensiver mit ihrem Kind abgeben);
- er bezieht systematisch den Gleichaltrigen in die Erziehung mit ein;
- die Bezüge zu Arbeit, Familie und Freizeit sind nicht mehr voneinander isoliert, sondern bilden einen sinnstiftenden Zusammenhang;
- Familien sind in allen Lebensbereichen nicht mehr auf sich allein gestellt, sondern finden Unterstützung. Diese wirkt sich für die kindliche Entwicklung besonders vorteilhaft aus, da Einseitigkeiten und mögliche Fehlanpassungen so leichter vermieden werden können.

wicklung des Individuums voranbringe (op. cit. S. 213). Allerdings müssen seiner Meinung nach eine Reihe von Bedingungen erfüllt sein, wenn diese fördernde Wirkung anderer Settings und Systeme eintreten soll. Zunächst muß der Übergang von einem Setting zum nächsten durch Bindeglieder abgesichert werden. Am besten geschieht dies, wenn die Dyaden des früheren Settings im neuen Setting ebenfalls Eingang finden (transkontextuelle Dyaden). Dies ist beispielsweise der Fall, wenn die Eltern das Kind in den Kindergarten begleiten und am dortigen Leben teihaben, wenn Kindergarten und Schule wechselseitig sich öffnen und austauschen, und wenn schließlich Schule und Berufswelt Übergänge ermöglichen, bei denen Lehrer und Arbeitgeber zusammen den Eintritt des Jugendlichen ins Arbeitsleben begleiten. Die Forderung nach transkontextuellen Dyaden wird weiterhin berücksichtigt, wenn das Kind bzw. der Jugendliche zusammen mit Gleichaltrigen in das neue Setting eintreten. So findet sich der Heranwachsende in der neuen Struktur gemeinsam mit seinen Freunden und ist den Rollen und Anforderungen besser gewachsen.

Eine weitere Bedingung für die entwicklungsfördernde Wirkung des Mesosystems sieht Bronfenbrenner im Aufbau positiver und unterstützender Beziehungen zwischen den Settings, die wechselseitiges Vertrauen, zusammenführende Aktivitäten und gemeinsame Zielsetzungen beinhalten (op. cit. S. 214). Umgekehrt können die Übergänge zu anderen Settings ökologische Brüche darstellen, die vom Individuum nicht bewältigt werden.

Der ökologische Ansatz erklärt somit, warum manche Kinder in der Schule Schwierigkeiten haben und andere nicht, warum manchmal der Übergang ins Berufsleben nicht gemeistert wird und unter welchen Bedingungen die Institutionalisierung alter Menschen Probleme aufwirft. In späteren Kapiteln (vor allem 4, 7, 19 und 24) wird von der positiven und negativen Entwicklungswirkung von Mesosystemen noch die Rede sein, wobei allerdings der Ausdruck ,,Mesosystem" oft nicht eigens eingeführt wird. Im folgenden sollen einige wenige Untersuchungsergebnisse die hier vorgetragene Sichtweise verdeutlichen.

Das Mesosystem Elternhaus – Schule

Die Wechselwirkung von Elternhaus und Schule zeigt sich in einer Untersuchung von Hayes und Grether (1969). Sie erfaßten die schulischen Leistungen von mehreren tausend Schülern der zweiten und sechsten Klassen in New York City. Man könnte annehmen, daß sich die stärksten Leistungsveränderungen und Unterschiede während des Schuljahrs gezeigt hätten. Tatsächlich traten aber die Hauptunterschiede zwischen den Schülern aus unterschiedlichen sozialen und ethnischen Gruppierungen in den Sommerferien auf. Die Schüler der Mittelschicht zeigten im gleichen Maße Leistungsfortschritte wie während der Schulzeit, wohingegen Schüler aus benachteiligten Gruppen Leistungsveränderungen in umgekehrter Richtung zeigten, also schlechter wurden.

Die Autoren schätzen, daß etwa die Hälfte oder mehr an Leistungsunterschieden im Lesen und Wortschatz auf das Konto der schulfreien Zeit gehen. Dieser bemerkenswerte Tatbestand beleuchtet den Unterschied zwischen entwicklungsförderndem und entwicklungshemmendem Mesosystem. Bei den Mittelschichtkindern wirkte das Elternhaus unterstützend und förderte auch während der Ferien schulische Leistungen. Kinder aus benachteiligten Gruppen (in diesem Fall vor allem Schwarze und Puertoricaner) waren zu Hause Einflüssen ausgesetzt, die sie weg vom schulischen Denken und schulischen Anforderungen brachten, so daß sie einen Teil des Erworbenen wieder verlernten.

Die in der Augsburger Längsschnittuntersuchung beobachteten wachsenden Unterschiede zwischen Mittelschicht- und Unterschichtkindern in der Intelligenz dürften ebenfalls hauptsächlich als Wirkung des Mesosystems anzusehen sein (Mandl 1975, s. Kap. 4). Das Ansteigen des anfänglich durchschnittlichen IQ bei Mittelschichtkindern während der ersten vier Schuljahre geht auf das Hand-in-Hand-Arbeiten von Schule und Familie zurück, während das Absinken des anfänglich gleichen Intelligenzniveaus bei Unterschichtkindern auf die Unvereinbarkeit und den geringen Zusammenhang der Settings Elternhaus und Schule zurückzuführen sein dürfte.

Sonderbedingungen bei ethnischen Minderheiten

Besonders stark divergieren die Settings Elternhaus und Schule, wenn sie verschiedenen Kulturen angehören. Dies ist der Fall bei *Gastarbeiterkindern.* Die etwa bei türkischen Gastarbeiterfamilien noch stark wirksame Heimatkultur ist nur schwer vereinbar mit Normen und Handlungsmöglichkeiten von Kindern und Jugendlichen in unserer Kultur. Vor allem die Gleichbehandlung der Geschlechter, die Unabhängigkeit der Mädchen von der Aufsicht der Brüder oder Vettern wird von den türkischen Eltern nicht akzeptiert. Ogbu (1985) hat aufgrund sorgfältiger Beobachtungen von Subkulturen in den USA festgestellt, daß nicht eine andere (Sub)Kultur per se für die schulische und berufliche Karriere beeinträchtigend sein muß, sondern daß entwicklungsstörende Effekte nur bei Minoritäten auftreten, die sich abkapseln und nicht gewillt bzw. unfähig sind, die Normen und die Lebensweise des Hauptstromes der Kultur zu übernehmen, und die zugleich aktiv an der Eingliederung in den Hauptstrom der Kultur gehindert werden. Ogbu nennt solche Gruppen *kastenartige Minoritäten.* Sie sind vor allem dadurch gekennzeichnet, daß sie die Sprache des Landes nicht oder nicht hinreichend erwerben, keine beruflichen Positionen erlangen, die sie in die Mittelschicht der betreffenden Kultur bringen und andererseits ein soziales Stützsystem innerhalb ihrer Subkultur aufbauen, das ihre Existenz trotz ungünstiger Bedingungen gewährleistet.

Übertragen auf die Gastarbeiter in der Bundesrepublik lassen sich auch zwei Hauptgruppen unterscheiden. Die eine Gruppe versucht, die deutsche Sprache zu erwerben, übernimmt mittlere und höhere berufliche Positionen und kümmert sich um die schulische Förderung ihrer Kinder. Die andere Gruppe verbessert ihre sprachliche Kompetenz auch nach mehr als einem Jahrzehnt kaum, verbleibt beruflich bei einfachen ungelernten Arbeiten und ist nicht in der Lage, ihre Kinder schulisch zu fördern. Daß hinter diesem Bild nicht nur die mangelnde Kompetenz einer Gruppe steckt, die im Heimatland schon unterprivilegiert war, zeigt eine erste Befragung von jugoslawischen Eltern in München, deren

Kinder sich in einer zweisprachigen Schule befinden (Antonijević (1985).

Die Eltern leben nur – ,,vorübergehend" – im Gastland, um möglichst viel Geld zu verdienen und danach wieder in die Heimat zurückzukehren. In der Regel verdienen beide Elternteile und versuchen sogar noch, in der anschließenden Freizeit zusätzlich zu arbeiten (z. B. in Putzkolonnen). Die Kinder sehen ihre Eltern kaum, bekommen aber alle materiellen Wünsche (eigenes Zimmer, Fernseher, Stereoanlage) erfüllt. In den Augen dieser Eltern müssen die Kinder die ,,Überbrückungszeit" möglichst gut überstehen, weshalb es ihnen an nichts fehlen soll. Inzwischen aber verstreichen die Jahre, in denen sprachliche und kognitive Kompetenzen aufgebaut werden müssen, und die Kinder kehren als Halb-Erwachsene ins Mutterland zurück, um auch dort nicht den dortigen Anforderungen gewachsen zu sein, denn sie beherrschen auch die Muttersprache (serbokratisch oder mazedonisch) nicht. Ein anschauliches Beispiel für Ogbus kastenartige oder Ghetto-Minorität ist eine Familie aus der Provinz Kosovo nahe der albanischen Grenze. Die Mutter kann sich fast nur auf albanisch verständigen, der Sohn lernte in der Schule mazedonisch und wurde in Bayern von den Eltern in eine zweisprachige Schule geschickt, damit er serbokroatisch, die jugoslawische Amtssprache, lerne.

Zum Entwicklungspotential des Exosystems und Makrosystems

Das einflußreichste Exosystem für die menschliche Entwicklung in unserer Kultur ist zweifellos der *Arbeitsplatz*. Er wirkt über die Persönlichkeitsstruktur, die alltäglichen Erfahrungen und über das Erziehungsverhalten der berufstätigen Väter und Mütter auf die Kinder. Bertram (1979) konnte zeigen, daß ein höheres Maß an beruflicher Autonomie über die Erziehungshaltung der Väter positive Auswirkung auf das Niveau des moralischen Urteils beim Kind hatte.

Das Beispiel der Großen Depression

Am gravierendsten dürften sich der Verlust des Arbeitsplatzes bzw. Einkommensverluste durch Arbeitszeitverkürzung und berufliche Verschlechterung in der Familie auswirken. Elder hat hierzu Daten aus einer Längsschnittstudie in Oakland (Kalifornien) ausgewertet.

Anfang der zwanziger Jahre begann man Kinder (Jahrgang 1920–21) und ihre Eltern zu untersuchen (Jones & Stolz, zit. nach Elder 1974). Diese Forschungsarbeiten wurden dann ausgeweitet und in einer Längsschnittuntersuchung über 40 Jahre fortgesetzt. 1929 kam es zum wirtschaftlichen Zusammenbruch in den USA (Große Depression). Elder nahm die forschungsgeschichtlich einmalige Chance wahr und analysierte aus den Längsschnittdaten der frühen 30iger Jahre die Auswirkungen dieses „natürlichen“ Ereignisses, das als ökologisches Experiment größten Ausmaßes gewertet werden kann, auf die betroffenen Familien. Dabei standen ihm und seinen Mitarbeitern Interviewdaten der Eltern, Lehrer und Kinder sowie Beobachtungsdaten und psychiatrische Gutachten zur Verfügung. Elder trennte in zwei Gruppen, wobei die erste einen Einkommensverlust von 35% und mehr erlitten hatte gegenüber der zweiten mit geringerem oder keinem Einkommensverlust. Später bezog er noch eine andere Kohorte aus Berkeley ein, bei der die Kinder acht Jahre jünger waren (Jahrgang 1928–29).

Die dramatischen Veränderungen im Mikrosystem Familie, die vor allem durch den Prestigeverlust der Väter und die Übernahme der Rolle des Familienoberhauptes durch die Mütter gekennzeichnet war, gingen nicht spurlos an den Kindern vorüber. Es kam sehr darauf an, in welchem Alter sich die Kinder zum Zeitpunkt des kritischen Ereignisses befanden. Die Älteren (schon nahe am Jugendalter) wurden von den Eltern aufgefordert, nun selbst für die Familie mitzusorgen. Sie entwikkelten Verantwortungsgefühl und Initiative und hatten 20 Jahre später beruflichen Erfolg und eine stabile Identität. Besonders die aus der Mittelschicht stammenden Jugendlichen zeigten positive Effekte. Sie wurden mit 30 Jahren in ihren Kompetenzen und in ihrer Gesundheit am besten eingeschätzt. Die jüngeren männlichen Kinder hingegen wurden in ihrer Entwicklung durch die Depression deutlich beeinträchtigt. Sie waren als Jugendliche weniger leistungsmotiviert und zeigten schlechtere Schulleistungen, sie waren als Erwachsene verwundbar, passiv, weniger gesund und besaßen geringeres Selbstbewußtsein. Offenkundig hatten sie zum Zeitpunkt des kritischen Ereignisses noch keine Bewältigungsmöglichkeiten und waren zudem den negativen Familieneinflüssen länger ausgesetzt als die älteren Kinder. Bemerkenswerterweise trifft dies nicht für Mädchen zu; denn auch die jüngeren Mädchen zeigten als Jugendliche und Erwachsene ein positives Entwicklungsbild. Elder (1979) führt dies auf die unterschiedlichen Beziehungen zu den Eltern zurück. Während die Söhne in deprivierten Familien Verluste an affektiver Zuwendung des Vaters hinnehmen mußten und von der Mutter nichts an Zuwendung dazugewannen, verloren die Töchter nichts an väterlicher Zuwendung und gewannen eine stärkere Bindung an die Mutter. Darüber hinaus zeigt sich hier möglicherweise wieder die stärkere Verwundbarkeit oder Anfälligkeit des männlichen Geschlechts, von der früher schon (in Zusammenhang mit Scheidungsfolgen) die Rede war.

Elders Untersuchungen wurden etwas ausführlicher dargelegt, weil sie ein hervorragendes Beispiel für ökologisch orientierte entwicklungspsychologische Forschung sind. Folgende Punkte sind dabei methodisch besonders zu beachten: (a) Das ganze System wird untersucht (in neueren Arbeiten sogar die Wirkung der Großeltern auf die Kindheit der damaligen Eltern; vgl. Elder et al. 1983): (b) verschiedene Kohorten werden verglichen, so wird die Wirkung eines kritischen Ereignisses (des Exosystems) zu unterschiedlichen Zeitpunkten im Lebenslauf kontrolliert; (c) man prüft die Auswirkung von Einflüssen während der Kindheit auf spätere Lebensepochen (für die Berkeley-Kohorte im Jugendalter, mit 30 Jahren und mit 40 Jahren).

Kultur und Makrosystem

Die weiter oben beschriebene entwicklungsbeeinträchtigende Wirkung beim Mesosystem Schule – Familie (Gastarbeiterproblem) geht offenkundig auf tieferliegende Faktoren in der Familie zurück, in diesem Fall auf die Kultur, aus der die betreffenden Familien stammen. Der eigentliche Grund für die Diskrepanz der Systeme Familie und Schule liegt in der Verschiedenheit der Makrosysteme, die auf sie einwirken. Die Kultur (in Bronfenbrenners Diktion das Makrosystem also) modifiziert nicht nur eine universell geltende Entwicklungsabfolge mehr oder minder stark, sondern scheint Entwicklung auch grundsätzlich mitzuformen. Eine solche Annahme ist freilich nur gerechtfertigt, wenn sie sich empirisch belegen läßt. Es gibt zwei Möglichkeiten einer empirischen Überprüfung. Die eine besteht im Vergleich des Entwicklungsverlaufes in verschiedenen Kulturen, die andere in der Beobachtung des Einflusses einer im raschen Umbruch befindlichen Kultur auf die individuelle Entwicklung.

Kulturvergleichende Untersuchungen gibt es in großer Zahl (Schöfthaler & Goldschmidt 1984, Wagner & Stevenson 1982). Viele von ihnen sind nicht unmittelbar auf Entwicklungsfragen bezogen, sondern konzentrieren sich auf Entwicklungsergebnisse, also darauf, was das Individuum in einer Kultur geworden ist. Am Beispiel des Einflusses der Schule wird in Kapitel 4 gezeigt, in welcher Weise schriftlose Kulturen und solche, die Lesen und Schreiben vermitteln, menschliche Entwicklung beeinflussen. In den Kap. 4, 5 und 6 wird der Einfluß der Struktur von Arbeit und Beruf, die vielleicht der bedeutsamste Wesenszug unseres Makrosystems ist, auf die individuelle Entwicklung dargestellt. Die zweite der genannten Möglichkeiten gleicht einem gewaltigen ökologischen Experiment, bei dem man die Gesamtkultur verändert, um die Wirkung dieser Manipulation auf die Individuen zu untersuchen. Solche „Experimente" werden bekanntlich nicht von Wissenschaftlern gemacht, sondern von Politikern. Eine der gewaltigsten kulturellen Veränderungen, die einen riesigen geographischen Raum und eine riesige Zahl von Menschen umfaßte, wurde durch die Oktober-Revolution 1917 in Rußland herbeigeführt. Innerhalb von zwei Jahrzehnten verwandelten sich in der neuen Sowjetunion Kulturen, die sich auf der Ebene von

Nomaden, einfachen Ackerbauern oder feudalistischen Ordnungen befanden, in solche mit allgemeiner Schulpflicht, moderner hierarchischer Verwaltungsorganisation und industrieller Produktionsweise.

Der russische Psychologe A. R. Luria nahm diese einmalige historische Gelegenheit wahr, um die Wirkung der drastischen Veränderung auf Kinder, Jugendliche und Erwachsene zu prüfen (Luria, engl. Übers. 1976). Mit seinen Mitarbeitern führte er Untersuchungen in Usbekistan und Kirgisien an Gruppen durch, die zu diesem Zeitpunkt (1931–32) in unterschiedlicher Weise von der Moderne erfaßt worden waren. Endgültig ausgewertet wurden fünf Gruppen, wobei den einen Pol eine Gruppe bildete, die noch völlig in der traditionellen Kultur (Islam, Analphabetentum) eines seit Jahrhunderten unveränderten ökonomischen Systems verhaftet war, während sich am anderen Pol eine Gruppe befand, die bereits in die neue Lebensform des Sowjetsozialismus eingeführt worden war (Organisation in Kolchosen) und eine schulische Grundausbildung erfahren hatte. Keine der Gruppen hatte jemals weiterführende Schulen besucht. Dennoch war der Unterschied zwischen den Gruppen erstaunlich. Luria, der seine Ergebnisse erst 40 Jahre später veröffentlichen durfte, beschreibt den Einfluß der modernen Industriegesellschaft auf kognitive Leistungen, soziales Verhalten und auf die Motivationsstruktur. Selbst so basale Prozesse wie die Wahrnehmung wurden nach Meinung des Autors verändert. Die Wahrnehmung bezog fortan komplexere und abstraktere Kategorien ein, d. h. die sinnliche Welt wurde neu in logische Ordnungen gruppiert. Mit dem Einfluß der modernen Industriegesellschaft wuchs die Fähigkeit zur Generalisation, zum schlußfolgernden Denken sowie zur Analyse und zum Verständnis des eigenen Innenlebens. Luria folgert aus seinen Ergebnissen, daß die historisch-kulturellen Veränderungen jener Zeit die Entwicklung der betroffenen Menschen fundamental verändert hätten. ,,Soziohistorischer Wandel führt nicht nur neue Inhalte in die geistige Welt des Menschen ein, er schafft auch neue Tätigkeitsformen[5] und neue Strukturen bei kognitiven Funktionen. Er fördert menschliches Bewußtsein zu neuen Niveaus" (a.a.O. S. 163f.).

Die Wechselwirkung von kultureller und individueller Entwicklung wird von Bronfenbrenner unter Verwendung des bekannten Modells von Einstein zu seiner Relativitätstheorie so formuliert: ,,Entwicklung findet in einem fahrenden Zug statt, und dieser Zug ist es, was wir das sich verändernde Makrosystem nennen" (Bronfenbrenner 1979, S. 265).

---

[5] Zum Begriff ,,Tätigkeit" siehe nächster Abschnitt.

4. Handlung und Gegenstandsbezug

Die bisherige Darstellung von menschlicher Entwicklung in Ökosystemen läßt die Frage immer dringlicher werden, wie diese Wechselwirkung in den einzelnen Systemen möglich ist. Welche Prozesse und Mechanismen bilden die Grundlage für das ganze Geschehen? Die Antwort der Behavioristen, obwohl theoretisch wohlüberlegt, muß unbefriedigend bleiben. Sie erklären die Umwelt-Individuum-Wirkung durch Verstärkung bzw. durch reine Reiz-Reaktionskoppelung und die Individuum-Umwelt-Wirkung als kontrollierende Veränderung des Verstärkerangebots.

Der Handlungsbegriff kann demgegenüber die Wechselwirkung zwischen Individuum und Umwelt weit besser erklären. Seine zunehmend stärkere Favorisierung ist durch seine Nutzung als ökologisches Konzept begründet (Kaminski 1977, v. Cranach et al. 1980, Lantermann 1980).

Handlung ist nur dann für unsere Zwecke als Begriff brauchbar, wenn sie Individuum und Umwelt systematisch miteinander verbindet. Ansätze hierzu finden sich vor allem in der Tätigkeitspsychologie (Rubinstein 1977, Leontjew 1977) und in konkreten am Handlungsbegriff orientierten ökologischen Untersuchungen (Kaminski 1977, v. Cranach et al. 1980).

Im einfachsten Fall zeigt sich der Gegenstandsbezug von Handlung als Umgang mit Dingen. Das Kleinkind, das versucht, aus einem Becher zu trinken, erwirbt eine Handlung, die auf einen Gegenstand gerichtet ist. Dieser Gegenstand ist kultureller Bestandteil der Umwelt, ohne die diese Handlung unverständlich bliebe. Eine solche Individuum und Umwelt verbindende Handlung baut zugleich das Verständnis, den „Begriff" des Gegenstandes auf. Diese Auffassung wurde vor allem von der Tätigkeitspsychologie herausgearbeitet (z.B. Vygotsky 1978 und Leontjew 1977). Für sie ist „Tätigkeit" auch das Trennkriterium zwischen Tier und Mensch.

Der Übergang vom Tier zum Menschen in der Evolution besteht nach Ansicht der Tätigkeitspsychologen eben darin, „daß die Lebensprozesse Gegenständlichkeit erwarben" (Leontjew 1977 S. 24).

Im folgenden wollen wir einige entwicklungspsychlogisch relevante Merkmale von Handlung und Gegenstandsbezug herausarbeiten, ohne uns in einzelnen Theorien und Gegenüberstellungen von Autoren zu verlieren. Dabei behalten wir den Terminus *„Handlung"* bei, obwohl er in der nachfolgenden Darstellung wichtige Merkmale der *„Tätigkeit"* aufweist.

Vergegenständlichung und Aneignung

Handlung wird als zweiseitig gerichteter Prozeß verstanden. Auf der Seite der Umwelt baut sie den Gegenstand auf, verändert ihn oder manipuliert ihn. Auf seiten des Individuums baut sich durch Handlung zugleich der Begriff, das Wissen und Verständnis des Gegenstandes auf (s. hierzu Rubinstein 1977; Leontjew 1977, Tomaszewski 1981). Keiner hat dies bisher besser gezeigt als Piaget (s. Kap. 3 und 8), obwohl sein Interesse ausschließlich dem Erkenntnisaufbau beim Individuum und nicht den Konsequenzen in der Umwelt gilt. Die Doppelrichtung der Handlung läßt sich durch die Prozesse *Vergegenständlichung* (Veränderung der Umwelt) und *Aneignung* (Veränderung des Individuums) kennzeichnen (Abb. 2.3).

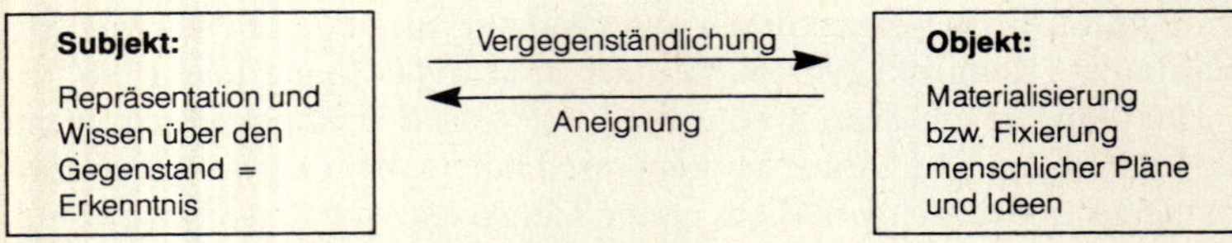

Abb. 2.3 Handlung als zweiseitig gerichteter Prozeß

Das Objekt als durch Handlung hergestellter Gegenstand trägt die Merkmale, die in es hineingelegt werden. Dies ist am augenscheinlichsten beim Werkzeug: Der Werkzeugmacher legt die arbeitserleichternde Funktion in das Werkzeug, indem er physikalisches Wissen und zuvor Entdecktes beim Bau berücksichtigt (Hammer, Schraubenzieher). Prinzipiell stecken in allen Gegenständen der Umwelt menschliche Ideen, denn auch natürliche Erscheinungen werden durch menschliche Deutungen zu Gegenständen.[6] Das Kind lebt daher in einer Welt solcher gesellschaftlich-kulturell definierten Gegenstände.[7] Im Umgang mit ihnen lernt es – meist unter Anleitung der Erwachsenen –, sie richtig zu gebrauchen. Wohlgemerkt, es handelt sich nicht um beliebig austauschbare Gegenstände, wie man aus den Beispielen in Tab. 2.1 ersehen kann, sondern um inhaltlich konkret bestimmte Objekte. Dies eben macht die ökologische Betrachtungsweise wichtig.

In Tabelle 2.1 sind einige solcher Leistungen des gegenständlichen Handelns für die ersten drei Lebensjahre zusammengestellt (Schmidt-Kolmer 1984). Man erkennt, wie eine konkrete Handlung innerhalb von

[6] Der Mond ist in einer Kultur eine Göttin, in der anderen eine tote, um die Erde kreisende Kugel.

[7] Theoretische Grundlagen für dieses Verständnis liefern der symbolische Interaktionismus (Mead 1973) und die Ethnomethodologie (Mehan & Wood 1975).

Tabelle 2.1 Beispiele für die Entwicklung gegenständlichen Handelns in den ersten drei Lebensjahren (nach Schmidt-Kolmer 1984, S. 387–411). Die Zahlen in der Tabelle geben das Alter der Kinder in Monaten an.

Prozentsatz der Kinder	25%	50%	75%	95%
Führt Löffel mit Unterstützung zum Mund	6	7	8	12
Hält ein Stück Brot und beißt ab	7	8	10	13
Hält in jeder Hand Schlegel und trommelt zielgerichtet	10	11	12	15
Hält Arme und Beine zielgerichtet entgegen beim An- und Ausziehen von Kleidung und Schuhen	9	10	12	15
Bückt sicht ohne Festhalten und hebt einen Gegenstand vom Fußboden auf	12	13	15	18
Wirft kleinen Ball mit einer Hand	13	15	16	19
Steigt Treppenstufen im Nachstellschritt	15	16	17	20
Stellt Tasse nach dem Trinken ab	12	13	15	18
Baut Turm aus drei Würfeln	13	13	15	18
Zeichnet Striche mit Farbstift	13	13	15	18
Löffelt selbständig Nahrung	12	14	15	18
Wischt mit Tuch über Möbel	15	16	17	19
Wäscht sich Gesicht mit Waschlappen	15	16	18	22
Verwendet Seife beim Händewaschen	18	19	21	25
Verwendet Handfeger und Schippe zum Auffegen	19	21	23	26
Zieht sich Jacke und Hose (Rock) aus	21	22	24	28
Springt mit beiden Beinen von Stufe	23	25	26	30
Fängt den Ball mit aktiver Fangbewegung der Arme	28	30	31	35
Springt über einen 10 cm breiten Zwischenraum	30	30	32	36
Balanciert im Wechselschritt über Balancierbrett	31	33	34	37
Wirft mit Schlagwurf 2 m weit	33	34	35	38
Legt ausgezogene Oberbekleidung ordentlich hin	28	30	32	35
Knöpft zu	30	32	34	37
Behilft sich selbständig auf Toilette	31	33	34	39
Reiht Handlungen beim Puppenfüttern sinnvoll aneinander	24	25	27	31
Klebt Tupfer auf vorgezeichneten Kreis	27	27	29	32
Formt Kugeln aus Knetmasse	31	33	35	37
Baut Garage	33	35	37	40
Identifiziert sich im Rollenspiel mit Erwachsenen	34	36	38	42

Die Zahl der Kinder (100%) schwankt zwischen N = 666 und N = 1511.

wenigen Monaten zuverlässig von praktisch fast allen Kindern aufgebaut wird.[8] Die kulturökologische Abhängigkeit dieser Entwicklung wird sofort deutlich, wenn wir sie mit der von Kindern aus traditionellen schriftlosen Kulturen in Schwarzafrika oder in der Südsee vergleichen. Dort gibt es keine Treppen, keine Tassen, keine Bausteine, kein Staubwischen usw., dafür andere Gegenstände, deren Umgang zu lernen ist.

Handlung als gemeinsamer Gegenstandsbezug

Die Beispiele in Tab. 2.1 machen einen weiteren Wesenszug menschlicher Handlung deutlich: ihren sozialen Charakter, ihre Gesellschaftlichkeit. Man geht nicht beliebig mit Gegenständen um, sondern mehr und mehr funktionell adäquat und gemäß der kulturellen Erwartungen und Normen. Erwachsene dienen neben ihrer Funktion der aktiven Anleitung und Kontrolle auch als Handlungsvorbilder, die wegen ihrer Attraktivität (sie sind mächtig, und das Kind möchte ihren Status erreichen) begierig nachgeahmt werden. Gesellschaftlichkeit besitzen die Gegenstände auch ohne Anwesenheit sozialer Partner, weil sie ihre Funktion von Menschen (im Normalfall vom Hersteller) erhalten haben. Wichtig bei der gesellschaftlichen Bestimmung von Gegenständen ist ihre Benennung durch Sprache und ihre damit verbundene Bedeutungsfixierung. Auf diesen Tatbestand weist der *Symbolische Interaktionismus* hin (Mead 1973, Blumer 1973). Sprache verknüpft zudem Gegenstand und Interaktionspartner. Unter ökologischer Perspektive läßt sich soziale Interaktion durch ihren Gegenstandsbezug charakterisieren:

$$S_1 \rightarrow O \leftarrow S_2$$

Der gemeinsame Objektbezug wird beim Kleinkind systematisch eingeführt. Die Mutter zeigt auf einen Gegenstand und lenkt die Aufmerksamkeit des Kindes so auf einen gemeinsamen Bezugspunkt. Gleichzeitig wird der Gegenstand benannt. Das gemeinsame Betrachten von Bilderbüchern ist eine andere wichtige Form des Zeigespiels. Tab. 2.2 zeigt einige Fortschritte im sprachlich gesteuerten Gegenstandsbezug bis hin zum Verständnis von Oberbegriffen, auf deren Nennung hin das Kind zugehörige Gegenstände zeigen bzw. aus dem Gedächtnis nennen kann.

Gemeinsamer Gegenstandsbezug wird vom Kind auch eigenständig hergestellt. So bezieht es zunächst Erwachsenenpersonen (die sich leichter anpassen können), später Gleichaltrige in sein Spiel ein.

Gegenstand der Handlung kann natürlich auch der Partner selbst sein. Er ist allerdings ein Objekt, das frühzeitig einer besonderen Kategorie, nämlich der von handelnden Objekten, von Akteuren, zugewiesen wird.

[8] Die Kinder befanden sich übrigens allesamt tagsüber in Kinderkrippen, was belegt, daß Institutionalisierung nicht per se Entwicklung beeinträchtigt.

Tabelle 2.2 Entwicklung des gemeinsamen Gegenstandsbezuges bei typischen Formen sprachlicher Kommunikation (nach Schmidt-Kolmer 1984, S. 388, 398, 409). Die Zahlen in der Tabelle geben das Alter der Kinder in Monaten an.

Gegenstandsbezug	Prozentzahl der bewältigenden Kinder (N = 777)			
	25%	50%	75%	95%
Sucht auf die Frage: ,,Wo ist ..." einen Gegenstand mit den Augen	9	10	12	15
Benennt auf die Frage: ,,Was ist das?" abgebildete vertraute Gegenstände	16	18	19	22
Zeigt auf Verlangen auf Abbildungen vertrauter Gegenstände	18	19	21	25
Zeigt auf die Frage: ,,Wo ist ...?" Gesicht und Körperteile	14	16	18	20
Nennt zu Oberbegriffen gehörige Objekte auf Abbildungen	30	31	33	36
Nennt aus dem Gedächtnis zu Oberbegriffen gehörende Objekte	33	34	36	40

Valenzen beim Gegenstandsbezug

Beim Gegenstandsbezug lassen sich drei Ebenen unterscheiden, auf denen das Objekt unterschiedliche Arten von Valenz erhält. Der erste Gegenstandsbezug des Kindes besitzt *subjektive Valenz*. Kind und Gegenstand sind zum Zeitpunkt der Handlung eng verbunden, das Objekt ist in den Augen des Kindes ausschließlich für die eigenen Bedürfnisse und Ziele vorhanden. Solange es sich mit dem Gegenstand beschäftigt, kann es ihn nicht mit anderen teilen. Erstes Objekt dieser Art ist die Bezugsperson, im Regelfall also die Mutter. Dieser Sachverhalt wurde in der psychoanalytischen Theorie mit Objektlibido umschrieben. Da aber alle ,,Gegenstände" in der Umwelt des Kindes sozialen Charakter haben, entwickelt es allmählich einen neuen Gegenstandsbezug, die Gegenstände erhalten *objektive Valenz*. Sie existieren unabhängig vom handelnden Subjekt, können von vielen benutzt werden und haben so eine ,,objektive" (von der Kultur zugedachte) Funktion, die das Subjekt nicht von sich aus verändern kann. Gebrauchsgegenstände, vor allem Werkzeuge, sind die ersten Gegenstände, deren objektive Valenz vom Kind erkannt wird. Der gemeinsame Umgang mit Gegenständen im

PA 21

Spiel fördert den Aufbau von objektiver Valenz. (Ein Beispiel dafür findet sich im Kap. 4, Abschnitt Spiel.)

Schließlich entsteht eine weitere Ebene des Gegenstandsbezuges, die in unserer Kultur besondere Bedeutung besitzt. Auf ihr erhält der Gegenstand *abstrakte Valenz*. Dabei muß das Subjekt von der subjektiven und objektiven Valenz absehen, sie sozusagen überwinden. Der Gegenstand wird wertvoll, unabhängig davon, ob er aktuell für irgendeinen konkreten Zweck gebraucht wird (objektive Valenz) oder ob er persönliche Bedürfnisse befriedigt (subjektive Valenz). Gegenstände mit abstrakter Valenz sind im Erwachsenenalter das Geld (es kann für beliebige Gegenstände mit subjektiver oder objektiver Valenz eingetauscht werden) und der Mensch in modernen politischen Ordnungen (er wird als prinzipiell gleich, unabhängig von Besitz, Status, Intelligenz und spezifischen Tugenden, konzipiert). Kinder erfahren die abstrakte Valenz beim Erbringen von Leistungen in der Schule (evtl. auch schon im Kindergarten), die unabhängig von ihrer konkreten Bedeutung wertvoll sind (s. Kap. 4).[9]

Objektive und subjektive Struktur

Der Handlungsbegriff erlaubt nun, Individuum und Kultur theoretisch besser aufeinander zu beziehen. Die Kultur zeigt sich uns als Ordnung von Gegenständen, die vom Menschen erzeugt worden sind. Auch die Einteilung dieser Gegenstände ist ein Erzeugnis menschlichen Geistes: materielle und ideelle Gegenstände, tote und lebendige Gegenstände, Objekte und Akteure. Ebenso ist die Einteilung in große Bereiche der Kultur vom Menschen geschaffen: Natur – Wirtschaft (Produktion und Konsumption) – Kunst, Wissenschaft und Religion. Die Gegenstände selbst sind vom Menschen als Erzeuger der Kultur hergestellt, konstruiert, erdacht. Unter der ökologischen Handlungsperspektive haben alle diese Gegenstände ein unsichtbares Band zu den Subjekten, die mit ihnen potentiell umgehen. Wenn beispielsweise Archäologen Artefakte ausgraben, so entsteht die Frage, wie diese benutzt wurden, wie also die Handlungsverbindung zwischen Subjekt und Objekt beschaffen war. Nur unter der Voraussetzung der Klärung dieser Frage kann man etwas über die vergangene Kultur aussagen. Jede Kultur läßt sich also aufgrund der in ihr existierenden und ihre Realität konstituierenden Gegenstände als Universum von Handlungsmöglichkeiten beschreiben. Die

---

[9] Zur genaueren Beschreibung der drei Valenzebenen siehe Oerter (1982, 1983). Ihre Entstehung läßt sich theoretisch aus dem dialektischen Zusammenspiel von Vergegenständlichung – Aneignung und Objektivierung – Subjektivierung herleiten. Für die individuelle Entwicklung ist aber entscheidend, ob und in welcher Form die Valenzebenen existieren. Danach richtet sich ihre Übernahme in die individuelle Handlungsstruktur (s. auch den nächsten Abschnitt).

Ordnung dieser Handlungsmöglichkeiten wird im folgenden als *objektive Struktur* bezeichnet. Die objektive Struktur ist im Laufe der soziohistorischen Entwicklung entstanden und wandelt sich permanent weiter. Die Veränderung der Kultur bzw. des Makrosystems ist das Resultat des fortlaufenden Vergegenständlichungsprozesses einzelner oder vieler Mitglieder der Kultur.

Umgekehrt entwickeln sich Individuen in dieser Kultur, indem sie die in ihr vorhandenen Handlungsmöglichkeiten kennenlernen und die erforderlichen Handlungsstrukturen aufbauen. Das Individuum ist in der es umgebenden Kultur nur lebensfähig, wenn seine eigene Handlungsstruktur mit derjenigen der Kultur übereinstimmt. Daher wird individuelle Entwicklung grundsätzlich durch die Kultur bestimmt und kann nicht losgelöst von ihr verstanden werden. Es existieren jedoch Entwicklungsgesetze, die universell sind (s. Kap. 1). Die Suche nach solchen Gesetzen und Prinzipien ist auch unter kultur-ökologischer Perspektive sinnvoll. Da alle Kulturen menschlichen Ursprungs sind und somit die Natur des Menschen widerspiegeln, muß gelten:

(a) Es gibt Wesenszüge, die allen Kulturen gemeinsam sind. So muß in allen Kulturen zumindest auf der Handlungsebene logische Stimmigkeit und Konsequenz herrschen (z.B. bei Werkzeugherstellung und -gebrauch sowie bei der Planung und Durchführung der Nahrungsbeschaffung).

(b) Demzufolge gibt es auch in der Entwicklung und im jeweils erreichten Entwicklungsstatus universelle Übereinstimmungen.

Die sich im Laufe der Entwicklung aufbauende Handlungsstruktur, deren wichtigster Anteil die kognitive Struktur ist, also die Erkenntnis, Repräsentation und das Wissen über die Handlungsmöglichkeiten sowie Strategien zu ihrer Realisierung, wird im folgenden als *subjektive Struktur* bezeichnet. Das Verhältnis von objektiver und subjektiver Struktur wird durch das Isomorphieprinzip reguliert. Die subjektive Struktur verändert sich in Richtung auf Isomorphie zur objektiven Struktur in immer größeren Ausschnitten und für tieferliegende Merkmale. Das Kind übernimmt im Rollenspiel beispielsweise zunächst äußere Merkmale und Verhaltensweisen des Modells (z.B. Kleidung, bestimmte Gesten: Cowboy, Indianer, Prinzessin), später tieferliegende Merkmale (Motive, Ziele) und soziale Kompetenzen (soziale Aufgaben der Mutter im Familienspiel).

Das Isomorphie-Prinzip wirkt aber auch regulierend bei der objektiven Struktur. Da Individuen permanent umweltverändernd agieren und niemals perfekt vorgeschriebene Handlungsmöglichkeiten übernehmen, sondern vielmehr neue Gegenstände und Handlungsmöglichkeiten schaffen, wird auch die objektive Struktur zwangsläufig verändert. Manchmal ist diese Veränderung nur vorübergehend (z.B. die Veränderung in der Familienumwelt durch die Aktivitäten des Kindes), manchmal bleibt sie lange Zeit erhalten (z. B. der Einfluß der Jugendkultur auf die Gesamtkultur, s. Kap. 5). Die Einwirkungen des Individuums auf die Kultur zeigen sich als langsame, oft kaum merkliche Veränderung (gewissermaßen in Zeitlupe). Der Einfluß der Kultur auf das Individuum präsentiert sich demgegenüber vergleichsweise rasch.

Das Isomorphie-Prinzip bewirkt in rasch wandelnden Kulturen asynchrone Verhältnisse zwischen objektiver und subjektiver Struktur. So orientieren sich die Handlungsweisen alter Menschen in vielen Bereichen an kulturellen Zügen, die gar nicht mehr existieren. Es besteht Isomorphie zwischen der individuellen Handlungsstruktur und einer früheren Struktur des Makrosystems. Manche Gruppen von Jugendlichen nehmen umgekehrt eine Kultur vorweg, die noch nicht existiert oder die nur vorübergehend und nur für sie selbst Geltung hat (Hippies, Generation der 60er Jahre). Solche Verschiebungen erschweren den Dialog zwischen den Generationen und können zusätzlich zu der ohnedies schon durch andere Kräfte geförderten Abkapselung der Generationen führen.

5. Entwicklungsaufgaben

Unsere Beispiele zum Aufbau konkreter Gegenstandsbezüge (Tabelle 2.1) zeigen, daß es im Lebensraum des kleinen Kindes eine Reihe von Aufgaben gibt, die es sukzessive erfolgreich bewältigt. Diese Aufgaben stellen sich zunächst wiederum in der kulturellen Umwelt und nicht losgelöst von ihr, gewissermaßen als universell anthropologische Konstanten der Entwicklung. Insofern allerdings alle Kulturen aufgrund ihres menschlichen Ursprungs gemeinsame Züge tragen und den menschlichen Lebenslauf in der gleichen Weise regeln, stellen sich auch universelle Entwicklungsaufgaben.

Struktur von Entwicklungsaufgaben

Havighurst (1982) definiert: ,,Eine Entwicklungsaufgabe ist eine Aufgabe, die sich in einer bestimmten Lebensperiode des Individuums stellt. Ihre erfolgreiche Bewältigung führt zu Glück und Erfolg, während Versagen das Individuum unglücklich macht, auf Ablehnung durch die Gesellschaft stößt und zu Schwierigkeiten bei der Bewältigung späterer Aufgaben führt“ (op. cit. S. 2). Der Autor unterscheidet drei Quellen der Entwicklungsaufgabe: physische Reife, kultureller Druck (Erwartungen der Gesellschaft) und individuelle Zielsetzungen oder Werte (1956, S. 215). Diese drei Komponenten lassen sich, wenn man sich eine etwas allgemeinere theoretische Sichtweise zu eigen macht, heute fassen als:

– individuelle Leistungsfähigkeit,
– soziokulturelle Entwicklungsnorm und
– individuelle Zielsetzung in einzelnen Lebensregionen.

Diese Komponenten zeigen, daß die Entwicklungsaufgabe ein zentraler Erklärungsbegriff einer ökologischen Entwicklungspsychologie ist: Sie verbindet Individuum und Umwelt, indem sie kulturelle Anforderungen mit individueller Leistungsfähigkeit in Beziehung setzt, und sie räumt zugleich dabei dem Individuum eine aktive Rolle bei der Gestaltung der eigenen Entwicklung ein. Im Gegensatz zu den meisten Entwicklungsbegriffen (s. Kap. 1) erklärt sie Entwicklung nicht nur als Resultat vergangener Ereignisse, sondern aus vorweggenommenen zukünftigen Geschehnissen. Dabei wird ein merkwürdiges, spezifisch menschliches Charakteristikum betont, nämlich daß sich Menschen monatelang, jahrelang und jahrzehntelang um etwas bemühen, für etwas kämpfen, das erst in Zukunft – und auch dann nicht mit Sicherheit – Wirklichkeit wird. Die Vorwegnahme zukünftiger Ereignisse, auch solcher in ferner Zukunft, ist ein entscheidender Motor menschlicher Entwicklung. Das Ungleichgewicht, das nach Piaget zu höheren Entwicklungsniveaus führt, besteht hier in der Diskrepanz zwischen jetzigem Entwicklungsstand und erwünschtem aktiv vorweggenommenem Status.

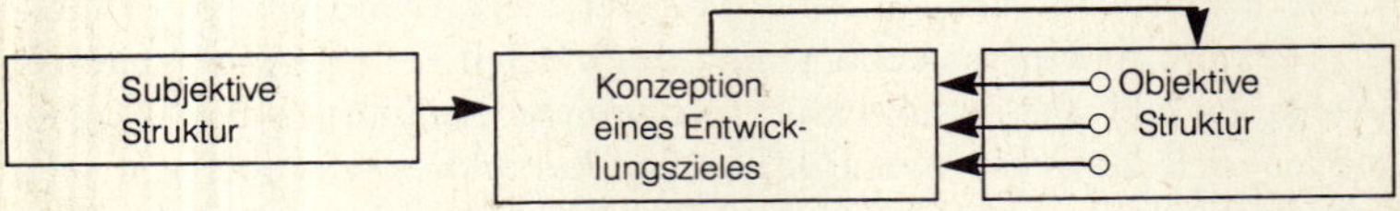

Abb. 2.4 Ein Strukturmodell der Entwicklungsaufgabe

Ordnet man die Entwicklungsaufgabe in die bisherige Darstellung ökologischer Zusammenhänge ein, so läßt sie sich in ein Modell, wie es in Abb. 2.4 gezeigt wird, fassen. Die subjektive Struktur entspricht dem jetzigen Entwicklungsstand erreichter Handlungskompetenzen, die objektive Struktur bietet Ausschnitte von Handlungsmöglichkeiten an, die normativ mit bestimmten Lebensperioden verknüpft sind (soziokulturelle Entwicklungsnormen). Die Anforderungen haben einen unterschiedlichen Verbindlichkeitsgrad; manche müssen unbedingt bewältigt werden (z. B. Kontrolle der Ausscheidungsorgane, Schulfähigkeit, berufliche Arbeitsfähigkeit, soziale Kontaktfähigkeit), andere bestehen eher als Chancen, die das Individuum ergreifen kann oder auch nicht. Schließlich gibt es Entwicklungsangebote, die für manche Individuen nicht realisierbar sind, sei es aufgrund mangelnder Kompetenz, sei es infolge familiärer und sozioökonomischer restriktiver Bedingungen. Die Diskrepanz zwischen subjektiver und objektiver Struktur läßt dem Individuum die Veränderung des jetzigen Zustandes wünschenswert erscheinen. Es wählt aus der objektiven Struktur die Aspekte aus, die seiner jetzigen Entwicklungssituation entsprechen und formuliert Zielsetzungen für die nahe oder entfernte Zukunft. Dabei üben soziale Partner, vor allem die Eltern, eine wichtige Funktion aus. Zunächst übernehmen sie die Auswahl der anstehenden Entwicklungsziele selbst und sorgen für deren Erreichung. Später spielen andere Vermittlungspersonen eine Rolle, bis schließlich der Heranwachsende seine Entwicklungsziele selbst formuliert, oft gegen die Vorstellung seiner Eltern und Lehrer.

Das Modell soll aber auch verdeutlichen, daß die Komponenten solcher selbstgesetzten Ziele isomorph zu den kulturell vorgegebenen Möglichkeiten sein müssen. Allerdings kann das Individuum eine andersartige Kombination solcher Komponenten versuchen, und da unsere Kultur ein riesiges Angebot an Entwicklungsmöglichkeiten bereithält, entstehen unverwechselbare individuell-einmalige Zielsetzungen. Sie zeigen sich besonders in den Persönlichkeitsentwürfen des Heranwachsenden. Je reifer und reflektierter sie werden, desto mehr beziehen sie allerdings die prinzipielle Abhängigkeit individueller Lebensgestaltung von der umgebenden Kultur mit ein. Dies konnte in einer Untersuchung über die Konzeption des Erwachsenenalters gezeigt werden (Dreher & Oerter 1986).

Taxonomie von Entwicklungsaufgaben

Sowohl theoretisch wie praktisch erscheint es notwendig, Entwicklungsaufgaben systematisch zu ordnen. Theoretisch lassen sich Verallgemeinerungen und, in einem bestimmten Umfang, Vorhersagen über Entwicklungsverläufe treffen. Praktisch bedeutsam wird die Systematik von Entwicklungsaufgaben, weil präventiv und interventiv Entwicklung in Richtung auf die Bewältigung von Aufgaben gefördert werden kann. Havighurst (1956) war der erste, der zusammen mit seinen Mitarbeitern zu praktisch-pädagogischen Zwecken einen Katalog von Entwicklungsaufgaben für verschiedene Lebensperioden aufgestellt hat. Er orientierte sich an der amerikanischen Mittelstandsgesellschaft. Für das mittlere Erwachsenenalter nennt er beispielsweise folgende Aufgaben (Havighurst 1963, S. 95; vgl. auch die Kap. 4 und 5 für Entwicklungsaufgaben in Kindheit und Jugend):

- Den heranwachsenden Kindern helfen, verantwortungsbewußte, kompetente und glückliche Erwachsene zu werden;
- Verantwortung in einem größeren sozialen Rahmen außerhalb der Familie übernehmen;
- eine befriedigende Position in der beruflichen Karriere erreichen und erhalten;

- Freizeitaktivitäten entwickeln und pflegen, die später im Ruhestand den ganzen Tag ausfüllen können;
- die Beziehungen zum Ehepartner festigen;
- sich mit körperlichen Veränderungen (z. B. Menopause) auseinandersetzen und sie akzeptieren;
- sich mit den Ansprüchen der eigenen hilfsbedürftigen Eltern auseinandersetzen.

Waters und Sroufe (1983) stellen für die frühe Kindheit Aufgabenbereiche vor, die sie ,,developmental issues" nennen (Tabelle 2.3).

Tabelle 2.3 Themen (Aufgabenbereiche) in der frühen Entwicklung (Waters & Sroufe 1983, S. 85)

Phase	Alter (in Monaten)	Thema (Aufgabenbereich)	Aufgabe der Bezugsperson
1	0–3	physiologische Regulation	behutsame Pflegeroutinen
2	3–6	Handhabung von Spannungen	sensitive, kooperative Interaktion
3	6–12	Aufbau einer effektiven Bindung (attachment)	Erreichbarkeit, Bereitschaft zu antworten
4	12–18	erfolgreiche Exploration	sicherer Bezugspunkt
5	18–30	Individuation (Autonomie)	nachhaltige Unterstützung
6	30–54	Handhaben von impulsiven Regungen, Geschlechtsrollenidentifikation, Beziehung zu Gleichaltrigen	klare Rollen und Werte, flexible Selbstkontrolle

Diese Entwicklungsaufgaben (,,Entwicklungsthemen") sind unabhängig voneinander formuliert, es sind Anforderungen, die sich in unseren Kulturen stellen. Die Autoren können anhand von Längsschnittuntersuchungen belegen, daß diese voneinander unabhängigen Lebensthemen am besten bewältigt werden können, wenn die jeweils vorausgehenden Aufgaben gemeistert wurden. Vor allem weisen sie auf den Zusammenhang zwischen dem Aufbau eines erfolgreichen Bindungsverhaltens (attachment) und der späteren sozialen Kompetenz im Umgang mit Gleichaltrigen hin. Beides hat vom Augenschein her wenig miteinander zu tun und ist dennoch entwicklungspsychologisch voneinander abhängig. Die in Tab. 2.3 aufgeführten Aufgabenbereiche für die angegebenen Altersstufen fußen auf empirischen Beobachtungen; sie sind nicht theoretisch abgeleitet, und die Autoren zeigen sich offen für die Umformulierung solcher ,,developmental issues", sofern neue Befunde dies erfordern.

Generell läßt sich eine Taxonomie von Entwicklungsaufgaben nach zwei Richtungen hin vornehmen: nach ihrem Umfang und nach Bereichen (Oerter 1986).

Tabelle 2.4 bringt einen Taxonomie-Vorschlag von Entwicklungsaufgaben hinsichtlich ihres *zeitlichen Umfangs*. Vom Umfang her gibt es Aufgaben, die durch das ganze Leben hin bleiben, solche für große Lebensabschnitte wie Jugend, Alter und solche für kleinere Zeitabschnitte innerhalb einer größeren Lebensperiode. Dazwischen gibt es punktuelle Ereignisse, sozusagen Meilensteine in der Entwicklung, deren Bewältigung nur durch langfristige Vorbereitung möglich ist (Schulabschluß, Eheschließung, Ruhestand). Hier besteht der Berührungspunkt zu dem Konzept der *kritischen Lebensereignisse* (s. Kap. 1). Sofern diese normativ oder regelhaft im Lebenslauf auftreten, können sie vom Individuum als Entwicklungsaufgabe wahrgenommen und dementsprechend bearbeitet werden.

Eine zweite Möglichkeit der Systematisierung von Entwicklungsaufgaben ist die Einteilung nach *Bereichen* (domains). Im Anschluß an Untersuchungen über Zukunftserwartungen von Neugarten und Datan (1973), Wadsworth und Ford (1983) sowie Rabbit und Subhash (1980) lassen sich folgende Bereiche unterscheiden:
- Gesundheit und körperliches Wohlbefinden,
- Lebenszeit als Entwicklungsbereich,
- Bereich Familie,
- soziales und politisches Leben,
- Schule und Beruf – Freizeit,
- Persönlichkeitsentwicklung.

Diese etwas willkürliche Einteilung entspricht nicht einer sozialwissenschaftlichen Logik, sondern eher der im Alltagsverständnis getroffenen Einteilung und Scheidung von Bereichen bei der Zukunftsorientierung. Zu zwei Bereichen sind noch Ausführungen nötig.

Lebenszeit als Entwicklungsbereich bezieht sich auf die subjektive Einteilung des Lebenslaufes nach Etappen. Prinzipiell werden im Entwicklungsverlauf bis zum Erwachsenenalter mehr Etappen unterschieden als im mittleren und höheren Erwachsenenalter (Fry 1976; Shaman & Kedar 1979/80). Jüngere Personen haben insgesamt mehr Zukunftspläne als ältere und orientieren sich oft an weiter entfernten Zielen, während ältere Personen häufiger Ziele in der nahen Zukunft nennen (Nuttin 1967; Rabbit & Subhash 1980). 70–75jährige nennen häufiger als jüngere (60–65jährige) ihr Lebensende als Orientierungspunkt (Thomae 1978). Die zeitliche Einteilung des eigenen Lebenslaufes für zukünftige Pläne ist also faktisch ein konkreter Bereich für Zielsetzungen zur Bewältigung von Entwicklungsaufgaben.

Tabelle 2.4 Taxonomie von Entwicklungsaufgaben nach ihrem zeitlichen Umfang

Themen (Beispiele)	Zeitdimension
Erwachsenwerden bzw. -sein Lebensbewältigung allgemein Integrität und Moralität körperliche und seelische Gesundheit	Aufgaben über den gesamten Lebenslauf
Havighursts (1956) Entwicklungsaufgaben für unterschiedliche Altersabschnitte Eriksons (1950) Lebenskonflikte Sroufes (1979) Entwicklungsthemen Einzelbeispiele: Kindergartenbesuch, Schulbesuch, Ehe	breite Aufgabenbereiche innerhalb einer Altersperiode
Vorbereitung auf die Geburt eines Kindes Vom Kind antizipierter und erwarteter Schuleintritt (erwarteter) Schulabschluß Vorbereitung auf den Einritt ins Berufsleben Antizipierte Heirat Vorbereitung auf „empty nest" Antizipierter Ruhestand Erwartung des Todes	Meilensteine im Lebenslauf (antizipiert)
Unabhängigkeit von den Eltern gewinnen Erstes Rendezvous Teilnahme an einem Tanzkurs Vorbereitung auf eine Abschlußprüfung Schwangerschaft	kürzere, klar umrissene Episoden
Der tägliche Kampf mit einer feindseligen Umwelt; Planung und Bewältigung des Tagesablaufs im höheren Alter; Vorbereitung auf die Bewältigung von besonderen Ereignissen (Operation, längere Abwesenheit des Ehepartners, Urlaubsvorbereitung)	Bewältigung von Aufgaben innerhalb sehr kurzer Zeitabschnitte, die zum regulären Lebenslauf unserer Kultur gehören.

Persönlichkeitsentwicklung existiert in der Sicht der befragten Personen getrennt von beruflicher Karriere, Familie und Freizeit als eigener Aufgabenbereich. Dies wird besonders deutlich in den Untersuchungen von Thomae (1968), der Interviews mit Erwachsenen über ihren Lebenslauf durchführte. Die Darstellungen der Befragten wurden inhaltsanalytisch ausgewertet. Es fanden sich sieben typische „Daseinsthematiken":

- Regulative Thematik (Beseitigung von Störung und Unausgeglichenheit, Herstellung von Gleichgewicht);
- Antizipatorische Regulation (Vorwegnahme von Konflikten und Störungen);
- Daseinssteigerung (Erlebnisdrang, Expansion);
- Soziale Integration (Schutz, Zuneigung, Anerkennung, Billigung durch Partner);
- Soziale Abhebung (Streben nach Dominanz, nach Unterschiedenheit von anderen);
- Kreative Thematik (Selbstverwirklichung, Extension der Gestaltungsmöglichkeiten);
- Normative Thematik (Verpflichtung, Moral, Integrität).

Solche Thematiken können als individuelle Persönlichkeitsziele gelten, die vom Individuum als Entwicklungsaufgaben aufgefaßt werden. Sie entsprechen in unserem Modell (Abb. 2.4) der eigenständigen Zielsetzung im Spannungsfeld von objektiver und subjektiver Struktur. Noch deutlicher fügen sich hier die „persönlichen Projekte" (Little 1980) ein, die sich eine Person längerfristig als Ziel setzt und die eine Vielfalt von Planungsschritten und Methoden der Realisierung umfassen.

Coping/Bewältigung

Die Konzeptualisierung von Entwicklungsaufgaben durch ein Individuum führt die Entwicklung nur dann weiter, wenn Bewältigungsmöglichkeiten vorhanden sind oder aufgebaut werden können. Im folgenden sollen vier Gruppen von Bewältigungsformen aufgezählt werden, die in der Forschung untersucht worden sind.

1. Skills. Fischer (1980) präsentiert eine Entwicklungstheorie des Aufbaus von Fertigkeiten (Skills[10]). Er kennzeichnet Skills als Handlungen, die immer Subjekt *und* Objekt umschließen. Eine Handlung ist aber nicht ein festgelegtes Verhalten gegenüber einem Objekt, sondern beinhaltet einen ganzen Satz von Verhaltensweisen, die vom Subjekt kontrolliert werden und dem Umgang mit dem Objekt angemessen sind. Diese Beherrschung der Umwelt vollzieht sich nach Aufgabenbereichen (task domains), die sich zu größeren Bereichen, sogenannten skill domains, gruppieren. Fischer analysiert sorgfältig einzelne Aufgaben und unter-

[10] Der Ausdruck „skill" ist nicht ganz adäquat übersetzbar und soll daher beibehalten werden.

scheidet vier Niveaus, die zusammen einen „Zug“ (tier) bilden. Jedes höhere Niveau enthält die niedrigeren Ebenen der Skills, jedoch in differenzierter Form. Das vierte Niveau bildet zugleich die unterste Ebene des nächsten Zuges.

2. Kompetenzen. Während Fischer sich auf die kognitive Kontrolle von engumgrenzten, klar definierten Aufgaben beschränkt, interessieren sich Waters und Sroufe (1983) für komplexe Bewältigungsformen, die z.B. das Bindungsverhalten im ersten und zweiten Lebensjahr oder das Sozialverhalten im fünften Lebensjahr kennzeichnen. Sie nennen solche Leistungen Kompetenzen und verstehen darunter eine breite Vielfalt von Skills und Anpassungsleistungen innerhalb typischer Entwicklungssituationen, die sich dem Individuum als Handlungsgelegenheit (action opportunities) in der Umwelt darbieten. „Das kompetente Individuum ist jemand, der fähig ist, Ressourcen aus der Umwelt und der eigenen Person zu nutzen, um ein gutes Entwicklungsergebnis zu erreichen“ (op. cit. S. 81).

3. Bewältigungs- bzw. Verarbeitungsformen. Thomae (1968) fand neben den *Daseinsthematiken* auch eine Vielfalt von Bewältigungsformen, die er Daseinstechniken nannte. In späteren Veröffentlichungen spricht er nur von Formen der Verarbeitung (Thomae 1984). Zu ihnen gehören verschiedene Formen der Anpassung (I und II), Leistung (als Einsatz von eigenen Ressourcen), Hilfe-Appell, aggressive Durchsetzung, aktiver Widerstand, Akzeptieren und positive (Um-)Deutung, Hoffnung auf eine Wende der Dinge u. a. m.

Bewältigungsformen sehen nach Lebensalter und Situation verschieden aus. So lassen sich für das Jugendalter andere Arten von Bewältigung finden als im Erwachsenenalter. (Zu Bewältigungsformen in der Jugend und im frühen Erwachsenenalter siehe Kap. 5, 6, 21, 22.)

4. Coping und Defense. Beides sind psychoanalytisch abgeleitete generelle Klassifikationen der Bewältigung, die in anderem Zusammenhang genauer dargestellt werden (Kap. 7).

Die Rolle der sozialen Partner und die Zone der nächsthöheren Entwicklung

Vygotsky (1978, orig. 1938) sieht menschliche Entwicklung als Prozeß an, der sich nicht von selbst vollzieht, also nicht allein als aktive Auseinandersetzung des Individuums mit der Umwelt, sondern aus den ständigen Anforderungen der Gesellschaft an das Individuum resultiert. Erziehung ist aus dieser Sicht nicht ein Prozeß, der neben und zusätzlich zur natürlichen Entwicklung verläuft, sondern eine wesentliche Komponente von Entwicklung. Dieser systematisch lenkende Einfluß ist notwendig, weil das Kind bis zum Erwachsenenalter ohne Hilfe kompetenter Partner nie das Niveau der Gesellschaft erreichen würde, zu dem diese Jahrhunderte der Entwicklung benötigt hat. Diese soziohistorische Theorie von Entwicklung (Vygotsky 1978, Luria 1976, Leontjew 1977) akzentuiert den bereits dargestellten Sachverhalt, daß die individuelle Entwicklung die gesellschaftlich-kulturelle Entwicklung widerspiegelt, weil ein Individuum als „Kind seiner Zeit" und Mitglied seiner Kultur zunächst keine anderen Strukturen aufbauen kann, als die Gesellschaft entwickelt hat.

Die beste Möglichkeit, den soziohistorischen Prozeß in der individuellen Entwicklung nachzuvollziehen, sieht Vygotsky (1978) in der Förderung innerhalb der Zone nächsthöherer Entwicklung. Nicht was das Kind gegenwärtig vermag, sondern wozu es mit Hilfe der Erwachsenen fähig ist, sagt Entscheidendes über seine Entwicklung aus. Der kompetentere Partner (Erwachsene oder ältere Kinder) hilft dem Kind auf dem nächsthöheren Entwicklungsniveau zu Leistungen, zu denen es allein noch nicht fähig ist. Nach einiger Zeit ist dann das Kind imstande, die Aufgaben dieses Niveaus selbständig zu bewältigen. Die Hilfe zwischen den Generationen läßt sich auch als lebenslanger Prozeß verstehen (Dreher & Dreher 1985b). Die Autoren gehen von Margaret Meads (1970) Einteilung in drei Kulturformen aus. In postfigurativen Kulturen lernt das Kind primär von seinen Eltern und Vorfahren. In konfigurati-

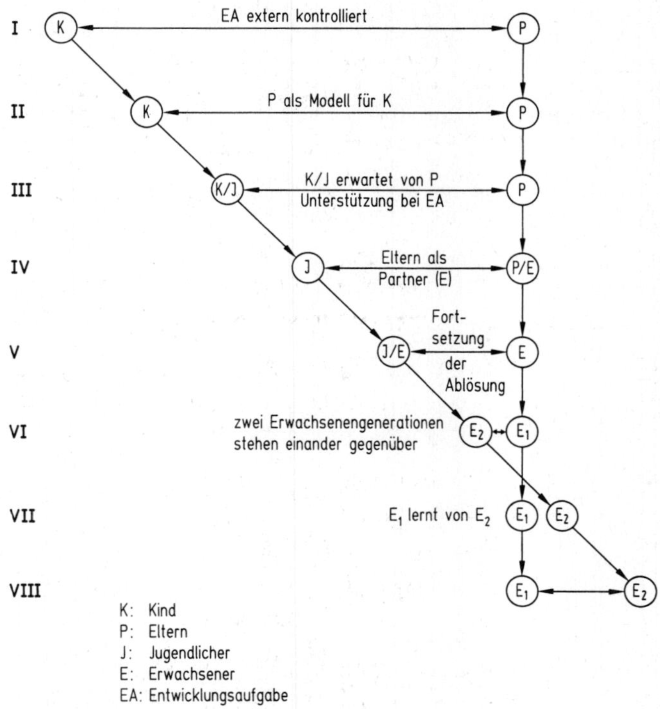

Abb. 2.5 Etappen (I–VIII) der Wechselwirkung zwischen den Generationen bei der Bewältigung von Entwicklungsaufgaben (Dreher & Dreher 1985b)

ven Kulturen lernen Erwachsene und Kinder von den Gleichaltrigen (Peers). In präfigurativen Kulturen schließlich lernen Erwachsene auch von ihren Kindern. In Abb. 2.5 läßt sich der Gedankengang Meads auf die Wechselwirkung zwischen den Generationen bei der Bewältigung von Entwicklungsaufgaben übertragen. Auf den Ebenen I bis III dominiert die Steuerung der Entwicklung durch die Erwachsenen. Spätestens beim Übergang zum Jugendalter erhoffen sich Heranwachsende die Hilfe der Eltern bei Entwicklungsaufgaben. Zugleich werden die Gleichaltrigen als Stützsystem wichtig (Dreher & Dreher 1985, s. auch Kap. 5). Mit fortschreitendem Alter werden die Eltern (im Normalfall) mehr und mehr zu Partnern, bis sich schließlich im Zuge des Ablösungsprozesses Kinder und Erwachsene gleichberechtigt gegenüberstehen. Von da an kehrt sich der Lernprozeß um: Die Eltern lernen (auch) von ihren Kindern. Die Shell-Studie 1985 belegt diesen Sachverhalt. Die Eltern berichten im Vergleich zu früheren Kohorten viel häufiger, auch von ihren Kindern erzogen zu werden.

Teil II

Entwicklung nach Lebensabschnitten

Kapitel 3

Frühe Kindheit

Hellgard Rauh

Kapitel 4

Kindheit

Rolf Oerter

Kapitel 5

Jugendalter

Rolf Oerter

Kapitel 6 A

Frühes Erwachsenenalter: Entwicklung im Familienzyklus

Erhard Olbrich

Kapitel 6 B

Frühes Erwachsenenalter: Arbeitsbiographie und Persönlichkeitsentwicklung

Ernst-H. Hoff

Kapitel 7

Das mittlere und höhere Erwachsenenalter im Fokus entwicklungspsychologischer Forschung

Sigrun-Heide Filipp

Kapitel 3

Frühe Kindheit

Hellgard Rauh

A: Das Neugeborene

1. Vorgeburtliche Entwicklung

Bei seiner Geburt ist ein Kind bereits neun Monate alt, und es hat in dieser Zeit eine rapide anatomische, physiologische und Verhaltensentwicklung durchgemacht, wie aus Tabelle 3.1 hervorgeht. Neue Beobachtungsmethoden wie z.B. durch Ultraschall sowie Ergebnisse der Entwicklungsneurologie haben zu wichtigen, auch für die Entwicklungspsychologie bedeutsamen Erkenntnissen über die vorgeburtliche Entwicklung geführt. Ultraschall erlaubt es, das Aussehen und Verhalten des normalen, gesunden, lebenden Embryos und Fötus in seiner natürlichen Umwelt zu beobachten. Ergebnisse der Entwicklungsneurologie ermöglichen eine präzisere Bestimmung des Alters eines möglicherweise frühgeborenen Kindes. Während die Geburt nämlich für Atmung, Kreislauf, Temperaturregelung und Nahrungsaufnahme eine erhebliche Neuanpassung verlangt, verläuft die neurologische Entwicklung, unbeschadet der Geburt, kontinuierlich weiter; für den Neurologen ist das Baby sogar bis zu ein oder zwei Monaten nach der termingerechten Geburt biologisch ein Fötus.

Zunächst einige Erklärungen zur Terminologie: Die Entwicklungszeit im Mutterleib heißt *Gestationszeit.* Sie beträgt bei termingerechter Geburt 40 Wochen, gerechnet vom Zeitpunkt der letzten Menstruation der Mutter. Ein Spielraum von 37 bis 42 Wochen gilt noch als ,,normal". Kinder mit einem *Gestationsalter* (Gestationszeit bis zur Geburt) von unter 37 Wochen gelten als frühgeboren, Kinder mit einem Gestationsalter von mehr als 42 Wochen als spätgeboren (letztere werden dann im

Tabelle 3.1 Zeittafel der Embryonal- und Fötalentwicklung

Alter*	Größe/Gewicht	Organ- und physiologische Entwicklung	Verhaltensentwicklung
16 Tage	1 mm	Konzeption; 3 Keimblätter mit räumlicher und symmetrischer Orientierung (vorn/hinten, oben/unten, innen/außen, rechts/links). Noch keine Nervenzellen. Einnistung in den Uterus.	
18–20 Tage		Nervenplatte bildet sich; stülpt sich von der Seite her auf zur Corda und zur Kopffalte; Bildung eines Zentralen Nervensystems (ZNS). Wanderung von Nervenzellen.	
22–25 Tage		Muskelzellen entlang der Körpermitte; Aufteilung des Körpers in Segmente (spätere Bewegungseinheiten).	
4 Wochen	6–8 mm	Innere Organe bilden sich. Knospung der Extremitäten. Wahrnehmungsorgane des Kopfes erkennbar: Augen, Ohren, Nasenflügel, Mund, Zunge. Axonbildung zur Verbindung zwischen den Nervenzellen; Absterben ,,überschüssiger" Nervenzellen.	
4–8 Wo.	8 mm–2 cm	Innere Organe zeigen Ansätze von Funktion. Rezeptoren im Kopf erhalten ihre Gestalt. Hände und Füße bilden sich aus. Erste visuelle Nervenzellfasern wachsen zum Dach des Mittelhirns. Gehirn sendet Impulse.	
8–12 Wo.	2 cm	Organdifferenzierung. Herzschlag; Leber produziert Blutzellen; Niere entzieht Urin aus dem Blut; Adrenalin und Androgen (aus den männlichen Keimdrüsen) nachweisbar. Alle für Wahrnehmen und Erkunden notwendigen Organe sind in verkleinertem Maßstab vorhanden. Erste Nervenfasern bilden sich aus, um ein zusammenhängendes Netz zwischen Hirnstamm und Rezeptoren/Effektoren zu bilden.	Ende der 8. Woche: erste Bewegungen. Unterscheidbare Bewegungsmuster: Gesamtbewegungen, Zusammenzucken, Schluckauf, isolierte Arm- und Beinbewegungen, Zurückbeugen und Rotation des Kopfes. Um die 11. Woche: erster Hand-Gesicht-Kontakt.
12–16 Wo.	9 cm	Erste Knochenzellen, Knorpelbildung. Formung von Finger- und Zehennägeln. Geschlechtsorgane differenzieren sich. Bildung der Stimmbänder. Vorderhirn stark ausgeprägt. Nicht-neurale Gliazellen bilden sich vermehrt; sie regulieren die Bedingungen für die chemische und elektrische Kommunikation der Nervenzellen. Im 3.–5. Monat stark vermehrte Teilung der Nervenzellen und Zellwanderung zu den Hemisphären des ZNS entsprechend der ,,Landkarte" der dortigen Repräsentation des Körpers.	Atmungsbewegungen, Kieferbewegungen, Sich-Strecken, Gähnen, Vorbeugen des Kopfes, Zwinkern, Saugen und Schlucken; Schreitbewegungen und ,,Salto rückwärts", Bewegungen der Finger und Handgelenke. Bis zur 14. Woche Zunahme der Aktivität des ganzen Körpers. Ab etwa 14. Woche Zyklen von Aktivitätsschüben und Ruhepausen.

Embryonalzeit (16 Tage bis 8–12 Wo.)

Fötalzeit

16–20 Wo.	16 cm 100 g	Weitere Knorpelbildung. Untere Extremitäten wachsen verstärkt. Augenmuskeln sind ausgebildet.	Bewegungen des Fötus von der Mutter spürbar. Feine Gesichts- und Handbewegungen. (Reflexe auslösbar)
21–24 Wo.	25 cm 400 g	Knochenachse wird gestreckt. Hautstruktur erhält endgültige Form. Talgdrüsen funktionieren. Hautsinne sind ausgebildet. Kleinhirn ist noch rudimentär. Um die 20. Woche Wachstumsspurt des ZNS: Erhebliche Vermehrung der Nervenzellen. (Im Falle vorzeitiger Geburt beginnende Fähigkeit zu atmen und zu schreien.)	Viel spontane Aktivität. Bevorzugte Lage und Schlafhaltung. Wachzeiten wie beim Neugeborenen sowie Dämmerzustände. (Erste Differenzierung zwischen taktilen und Schmerzreizen)
25–28 Wo.	30 cm 700 g	Lagunahaar über den ganzen Körper. Augen voll ausgebildet mit Brauen und Wimpern. Viele Geschmacksknospen auf der Zunge. Flüssigkeitsabgabe über die Haut. Bis zur Geburt starke Zunahme der Hirnstromaktivität. (Extrauterin bedingt überlebensfähig.)	Anpassung der Körperhaltung, z. B. an die Bewegungen der Mutter. Augenbewegungen bei geöffnetem Auge. Unregelmäßige Atembewegungen. Schlucken amniotischer Flüssigkeit. (Kann, extrauterin, bei Auslösung des Greifreflexes sein eigenes Gewicht halten.)
29–32 Wo.	35 cm 1200 g	Großhirn bedeckt fast das ganze Gehirn. Haarwuchs am Kopf. Eine der beiden Testes (Keimdrüsen des männlichen Fötus) ist ins Scrotum (Hodensack) abgesunken. Der Muskeltonus nimmt bis zur Geburt von den Beinen aus zu den Schultern zu, die Stärke der Reflexe aber in Richtung vom Kopf zu den Füßen. (Bei vorzeitiger Geburt eigenständiges Atmen möglich.)	(Unabhängiges extrauterines Überleben möglich. Fähig zu Atmung, Schreien, Schlucken; viele spezialisierte Reaktionen, aber temperaturinstabil und sehr infektionsanfällig.)
33–36 Wo.	45 cm 2000 g	Unterhautfettbildung, Straffung der Haut. Gewichtszunahme um ca. ½ Pfund pro Woche. Ab 35. Woche bestehen reife Synapsen und Axone zwischen den Sinneszellen und dem Gehirn („Schaltung" und damit Möglichkeit der Informationsaufnahme über die Sinne).	Sehr aktiv. Hören möglich; aber Umweltgeräusche werden von Herzschlag und Darmgeräuschen der Mutter überdeckt.
37–42 Wo.	51–54 cm 3000 g und mehr	Zweiter Wachstumsspurt des Gehirns; Volumenzunahme von 100 auf 400 ccm, insbesondere durch Synapsen- und Dendritenbildung sowie Gliazellen. Damit Differenzierung der Nervenzellen. Die meisten Hirnzellen sind nun vorhanden. Absinken in den Geburtskanal. Geburt um die 40. Woche.	„Mithören" des extrauterinen akustischen Geschehens möglich mit mütterlichem Herzschlag und Darmgeräuschen als „Hintergrundmusik". Abnahme der spontanen Motilität (wegen räumlicher Enge und motorischer Hemmung).

* Alter: geschätztes Konzeptionsalter vom Zeitpunkt der letzten Menstruation der Mutter.
Quellen: Dargassies 1983, Krone 1961, Munsinger 1971, Parmelee & Sigman 1983, Prechtl 1981, 1982, 1983, Saling 1984 (Tonband); Trevarthen 1980, 1982.

allgemeinen „geholt"). Das neurologische Alter eines Kindes ist das Alter vom Zeitpunkt seiner Konzeption *(Konzeptionsalter);* zu seiner Ermittlung rechnet man zum Lebens- oder chronologischen Alter eines Kindes sein Gestationsalter hinzu. Der menschliche Keim heißt in den ersten acht bis zwölf Wochen des Gestationszeit Embryo. In dieser Zeit entwickeln sich die Körperstruktur und die inneren Organe. Ab dem dritten Monat der Schwangerschaft wird das werdende Kind als Fötus bezeichnet. Nun beginnt ein Abschnitt der fötalen Entwicklung mit erheblichem Gehirnwachstum und spontaner, z.T. sehr differenzierter Aktivität (Funktionsentwicklung).

Die vorgeburtliche Entwicklung interessiert den Entwicklungspsychologen besonders hinsichtlich vier Fragen:
- Wie entwickeln sich die neurologischen Grundlagen für Wahrnehmung und Verhalten?
- Wie entsteht intrauterin Verhalten? Finden Lernprozesse statt?
- Liefert die vorgeburtliche Entwicklung Modelle für die spätere Entwicklung?
- Welche Gefährdungen aus der vorgeburtlichen Zeit können sich langfristig auf die psychische Entwicklung des Kindes auswirken?

Die Entwicklung des Zentralen Nervensystems

Die Entwicklung des Zentralen Nervensystems (ZNS) beginnt bereits in den ersten Wochen nach der Konzeption mit der Bildung der Nervenplatte und Corda (Rückenmark) sowie ihrer räumlichen Orientierung und damit Festlegung der Orte oder Adressen für spätere Funktionen. Auf diese Orte hin wandern die sich bildenden Nervenzellen, gestützt durch ein Gerüst von Gliazellen (weiße Hirnmasse), die die chemoelektrische Kommunikation zwischen den Nervenzellen regeln. Während Gliazellen das ganze Leben hindurch regenerierbar sind, vermehren sich echte Nervenzellen von einem bestimmten Zeitpunkt an nicht mehr. Trevarthen (1980) nennt dies die „eigentliche Geburt" der Nervenzelle. Dieser Zeitpunkt ist für die verschiedenen Funktionen unterschiedlich. Als erstes scheint das visuelle Zentrum und damit die Plazierung der Augen festgelegt zu werden (noch in der Embryonalzeit); am längsten vermehren sich noch die Zellen im Kleinhirn, das besonders für die Koordination der Fortbewegung von Bedeutung ist (bis zu sechs Monaten nach der Geburt). – Das Gehirngewicht nimmt vor allem zwischen der 20. Gestationswoche und dem sechsten Lebensmonat enorm zu. In diesem Wachstum gibt es zwei verschiedene Wachstumsschübe. Im dritten bis fünften Gestationsmonat vermehren sich die Nervenzellen rapide – es ist zugleich die Zeit der größten Gefährdung des kindlichen Gehirns. Wenige Wochen vor der Geburt beginnt ein zweiter Wachstumsschub mit einer Spitze um den dritten bis vierten Monat nach der Geburt; die Nervenzellen differenzieren sich, bilden viele Dendriten und Synapsen; außerdem nehmen die Gliazellen erheblich zu. In der vorgeburtlichen Phase vermehren sich Nervenzellen nicht nur, sie sterben auch in großer Zahl ab. Das Entwicklungsprinzip scheint zu sein, nach einer Phase der Überproduktion die für die Verbindungen notwendigen Zellen auszulesen, die überzähligen Zellen (und später Dendriten und Synapsen) dagegen eine Zeitlang für Korrekturen und Ausbesserungen ,,vorzuhalten" und dann absterben zu lassen. In diese Zeit des ,,Vorhaltens" fällt auch die Phase der jeweiligen enormen Plastizität der betreffenden Hirnfunktion. Ein weiteres Prinzip ist, daß sich die verschiedenen Hirnbereiche nach unterschiedlichen Zeitplänen (heterochron) entwickeln. Ein drittes Prinzip ist, daß sich Gehirn und Sinnesorgane zunächst unabhängig voneinander entwickeln, die Hirnentwicklung sogar der der Sinnesorgane funktionell voraneilt und zunächst nicht auf Stimulation über die Sinnesorgane angewiesen ist. Die Verschaltung von Gehirn und Sinnesorganen findet – mit leicht abweichenden Angaben bei verschiedenen Forschern – zwischen der 32. und 37. Gestationswoche statt (Parmelee & Sigman 1983, Prechtl 1981, 1982, 1983, Trevarthen 1980, 1982, Dargassies 1983). Die Stimulation über die Sinnesorgane in den folgenden acht Wochen dient, so die Entwicklungsneurologen, ausschließlich der Feinabstimmung der Synapsen und nicht dem Erlernen spezifischer Inhalte und Grunderfahrungen.

Motorische Verhaltensentwicklung des Fötus

Die Beobachtung des Spontanverhaltens von Föten in ihrer natürlichen Umwelt hat uns gelehrt, daß das werdende Kind nicht als ,,Reflexwesen" bezeichnet werden kann. Auch läßt sich die Entstehung der recht komplexen Bewegungsmuster der Föten nicht über die Lerngesetze des Behaviorismus erklären. Prechtl (1981, 1982, 1983) hat spezifische Bewegungsmuster bereits beim acht bis zwölf Wochen alten Fötus über Ultraschall beobachtet, darunter Bewegungen, die unvermittelt auftauchen und für die keine auslösenden Reize erkennbar sind. In der 12. bis 16. Woche, also noch bevor die Mutter das Kind spürt, gehören hierzu bereits das Räkeln, Strecken und Gähnen in genau der Art, wie wir es unser ganzes Leben lang zeigen. Die Aktivität des Fötus nimmt bis kurz vor dem Geburtstermin zu und vermindert sich dann in den letzten Wochen, und zwar nicht nur wegen Platzmangel, sondern auch aufgrund sich entwickelnder motorischer Hemm- und Steuerungsmechanismen. Neben der Aktivitätszunahme läßt sich ab der 14. Woche auch eine Zyklisierung der Aktivität mit Schüben und Ruhepausen erkennen. Wird ein Kind zu früh geboren, dann läßt sich sein neurologischer Reifestatus besonders gut an seinem Muskeltonus und an der Auslösbarkeit seiner Reflexe feststellen (Dargassies 1983). Ab etwa der 28. Woche nimmt der Muskeltonus, aufsteigend von den Beinen zum Schultergürtel, bis zum Geburtstermin entsprechend einem inneren Reifekalender zu; das gleiche gilt für die Stärke der Reflexe, allerdings in umgekehrter Richtung, nämlich vom Gesicht zu den Füßen. Diese Befunde revidieren das alte Prinzip der cephalo-caudalen Entwicklungsrichtung (vom Kopf zu den Füßen). Ähnliches gilt für das überkommene Prinzip der proximo-distalen Entwicklungsrichtung (d.h. von der Körpermitte nach außen): Entgegen diesem Prinzip zeigt der Fötus recht differenzierte Fingerbewegungen, bevor er die Armbewegungen entsprechend beherrscht. Der Groninger Biologe Prechtl faßt seine Befunde zur fötalen und neonatalen motorischen Entwicklung zu der These zusammen, daß das Kind in seinen ersten zwei extrauterinen Lebensmonaten *nur* die fötalen Bewegungsmuster zeigt, allerdings modifiziert unter dem Einfluß der Schwerkraft und in den ersten Lebenswochen möglicherweise nur verdeckt, da seine Muskeln zunächst noch zu schwach sind, um einige der Bewegungen in diesem neuen Schwerefeld zu zeigen.

Die Bedeutung der so früh auftauchenden Bewegungsmuster des Fötus stellt noch ein ungelöstes Rätsel dar. Zum einen sind sie Ausdruck der Aktivität des betreffenden sich gerade entwickelnden neuronalen Systems, z.B. die frühen „Atembewegungen“. Sie können aber auch der intrauterinen Feinanpassung der Gehirnstrukturen und Synapsen sowie dem Abbau überschüssiger Neuronen und Verbindungen dienen, z.B. die parallelen Bewegungen der Augäpfel zur neuronalen Vorstrukturierung des beidäugigen Sehens. Einige Verhaltensmuster haben mit Sicherheit antizipatorische Funktion: sie dienen der Vorbereitung überlebenswichtiger, vitaler Funktionen. In diesem Sinne sind die Atembewegungen und das Schlucken präadaptiv. Manche dieser Verhaltensweisen bleiben das ganze Leben hindurch gleich, z.B. das Niesen, Schlucken, Gähnen, Blinzeln und der Schluckauf; andere haben nur für einen begrenzten Lebensabschnitt vitale Bedeutung, wie z.B. der Suchreflex (Rooting) und das Saugen; wieder andere könnten aber „Vorläufer“ für spätere Bewegungsmuster sein, z.B. das Schreiten. Schließlich lassen sich einige nur als phylogenetische Überbleibsel verstehen; zu diesen zählt Prechtl außer dem Moro-Schreckreflex (Umklammerungsreflex) sogar auch den Greifreflex. Viele dieser Reflexe verschwinden im Laufe der ersten Lebensmonate (s. Abb. 3.3, 3.4, 3.5) bzw. machen flexibleren Verhaltensweisen Platz.

Die Reflexprüfung dient dem Pädiater zur Überprüfung des neurologischen Reifestandes und der neurologischen Unversehrtheit des Kindes. Für den Psychologen sind diese Reflexe als mögliche strukturierte Ausgangsverhaltensweisen interessant. In der Forschung dienten die vegetativen Reflexe, wie z.B. das Blinzeln, dem Studium früher klassischer

Konditionierbarkeit, während die komplexen motorischen Verhaltensmuster mitunter als „operants“ (nicht durch einen spezifischen Reiz ausgelöste Verhaltensweisen, die durch nachfolgende Wirkungen verstärkt werden) für instrumentelle Konditionierung verwendet wurden.

Einflüsse auf die vorgeburtliche Entwicklung

Von 100 befruchteten Eizellen kommen in der Bundesrepublik etwa 18 bis 20 zur Geburt. Die meisten (55%, Merker 1985) sterben, nahezu unbemerkt von der Frau, bereits in den allerersten Wochen ab, und zwar im allgemeinen vor der Einnistung in den Uterus. Weitere 10 bis 15% sind spontane Fehl- oder Totgeburten mit einem Maximum an Fehlgeburten zwischen der 10. und 15. Gestationswoche (Degenhardt & Michaelis 1977). Bei den überlebenden etwa 30% beendet bei 30 bis 40% der Schwangerschaften ein induzierter Abbruch die Weiterentwicklung (Senator für Gesundheit und Soziales 1985). Die Ursache für die meisten spontanen Fehlgeburten dürften Entwicklungsfehler mit Todesfolge sein. Bei Spontanaborten zwischen der 8. und 28. Woche lagen bei 30% Chromosomenfehler vor, bei Schwangerschaftsabbrüchen dagegen nur bei 2 bis 3% (Degenhardt & Michaelis 1977). Die häufigste Begründung für Schwangerschaftsabbrüche bis zur 12. Schwangerschaftswoche ist in der Bundesrepublik „schwere soziale Notlage“ (ca. 80% aller Abbrüche; Statistisches Bundesamt 1985). Bei medizinischer Indikation sind Abbrüche bis zur 22. Woche straffrei.

Etwa drei Prozent der Kinder kommen mit Mißbildungen (z. B. Gliedmaßenschäden, Hasenscharte, Herzfehler usw.) zur Welt (Merker 1985). Die Ursachen (Teratogene) hierfür lassen sich allerdings nur schwer ermitteln. Neben anscheinend spontanen Fehlbildungen gibt es solche, die z. B. auf spezifische Medikamente oder Alkohol zurückgeführt werden können.

Abb. 3.1 kennzeichnet mit schraffierten Balken diejenigen Perioden, in denen schädliche Einflüsse die biologisch-strukturelle (anatomische) Entwicklung bestimmter Organe besonders beeinträchtigen: es sind die Hauptentwicklungszeiten dieser Organe. Mit zunehmendem Alter des Fötus werden dagegen physiologische Funktionen und die spätere psychische Entwicklung betroffen. Beeinträchtigungen im letzten Schwangerschaftsdrittel führen – bei leichteren Störungen – gehäuft zu Überaktivität, bei mittleren Störungen zu Unteraktivität des Fötus (z. B. aus Sauerstoffmangel), zu Untergewicht und Frühgeburt (ausführliche Darstellung in Montague 1962).

Zu den häufigsten Einflüssen, die je nach Zeitpunkt, Dauer und Intensität die fötale Entwicklung beeinflussen und gravierende Spätfolgen haben können, gehören:
- Unter- und Fehlernährung der Mutter,
- Metabolismusfehler der Mutter,

- Alter der Mutter (Funktionsuntüchtigkeit der Plazenta),
- Infektionskrankheiten,
- Strahlenexposition (z. B. Röntgen),
- Umweltbelastungen (z. B. Bleigehalt der Luft),
- Alkohol,
- Drogen (bes. Schmerz- und Rauschmittel),
- Rauchen (und „Mitrauchen"),
- Streß,
- ablehnende Einstellung zum Kind.

Durch intensive medizinische Betreuung während der Schwangerschaft können heute gravierende Schäden für den Fötus rechtzeitig vermieden bzw. schwerwiegende Fehlbildungen (z. B. Chromosomenfehler, gespaltener Rücken) frühzeitig genug für einen etwaigen Schwangerschaftsabbruch erkannt werden; andererseits werden durch denselben medizinischen Fortschritt mehr geschädigte Föten ausgetragen und außergewöhnlich winzige Frühgeborene am Leben gehalten. Diese Kinder stellen nicht nur für die Eltern und den Mediziner, sondern auch für den Psychologen eine besondere Herausforderung dar. In den weitaus meisten Fällen verläuft die fötale Entwicklungszeit jedoch ohne größere Probleme und ohne erkennbare nachgeburtliche Folgen.

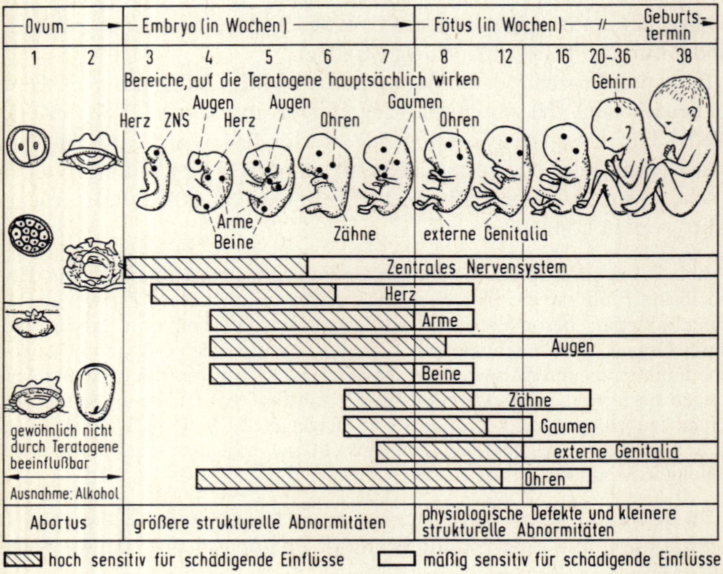

Abb. 3.1 Gefährdete Zeiten für die Organentwicklung der Emryonal- und Fötalzeit (aus Fein 1978, S. 74).

2. Die Geburt

Die normale Geburt

Nach vierzig Wochen bzw. 266 Tagen nach der Konzeption oder 280 Tage nach der letzten Regelblutung der Mutter kommt das Kind zur Welt. Bei termingerechter Geburt sind mitteleuropäische Babys durchschnittlich 51 bis 54 cm groß und wiegen 3,0 bis 3,5 kg.

Die Geburt ist ein einschneidendes Geschehen; denn mit der Geburt findet ein mächtiger Umgebungswechsel für das Kind statt, der von ihm eine sehr komplizierte Umstellung und Neuanpassung verlangt; dies gilt besonders für die Atmung, den Kreislauf, die Temperaturregelung und die Nahrungsaufnahme und -verarbeitung. Die Umstellungszeit wird international nach der Definition der WHO (World Health Organization) auf 28 Tage festgelegt und als „Neugeborenenperiode" bezeichnet, von der die ersten sieben Tage als „frühe Neugeborenenperiode" noch besonders abgehoben werden. Die ersten physiologischen Anpassungsleistungen des Neugeborenen werden anhand des Apgar-Indexes überprüft, dessen Ergebnis auch in den Geburtspaß eingetragen wird.

Apgar-Index

Das Kind wird 60 sec. (bzw. 5 und 10 Min.) nach der Geburt nach 3 Bewertungsstufen (0 = niedriges, 2 = gutes Ergebnis) beurteilt bzgl.:
1. Hautfärbung,
2. Gleichmaß und Art der Atmung,
3. Muskeltonus,
4. Reflexauslösbarkeit,
5. Herzschlag/Pulsfrequenz (unter/über 100 bzw. fehlend).

Ein maximaler Wert von 10 bedeutet: gesundes Kind mit regelmäßigem Herzschlag, kräftigem Schrei, wohlentwickeltem Husten-Reflex und rosa Hautfarbe.

Ein Apgar-Wert von 7 bis 10 gilt als normal bzw. optimal. Am vierten oder fünften Tag nach der Geburt erfolgt die erste von insgesamt (bis zum vierten Lebensjahr) acht kinderärztlichen Kontrolluntersuchungen.

Die Aufenthaltsdauer von Kind und Mutter im Krankenhaus hat sich in den letzten Jahren erheblich verkürzt und beträgt statt ehemals zwei Wochen nur noch fünf bis zehn Tage, mitunter noch kürzere Zeit.

Ob die Geburt für das Kind auch ein psychologisch einschneidendes Erlebnis darstellt, ist eine vielfach diskutierte Frage. Freud, Rank (1924) und Bernfeld (1925) sprechen vom „Trauma der Geburt" wegen des Herausgestoßen-Werdens, der Enge des Geburtskanals, der Atemnot und der Trennung von der Mutter. Alle späteren Angst- und Schreckreaktionen werden von ihnen auf diese „Urangst" zurückgeführt. Das Trennungserlebnis soll sich in der späteren unbewußten

Sehnsucht fortsetzen, in diesen „paradiesischen" Zustand wieder zurückzukehren, was sich z. B. in der „embryonalen" Schlafhaltung manifestiere. Der Konflikt zwischen dem Wunsch nach Rückkehr und der Angst bei der Erinnerung an den Geburtsvorgang mit seinen Schrecken stelle den neurotischen Grundkonflikt dar.

Es ist allerdings unwahrscheinlich, daß die Geburt vom Kind so erlebt wird und daß ein Mensch sich später daran erinnern kann.

„Für mich, der ich Babys nach der Geburt sehr genau und aus der Nähe beobachtet habe, ist überraschend, wie untraumatisiert sie wirken. Oft beruhigt sich das Baby nach dem ersten lauten Schrei schnell und liegt dann still da, offenbar zufrieden damit beschäftigt, mit seiner neuen Umgebung zurande zu kommen." (MacFarlane 1978, S. 61)

Solche und andere Beobachtungen haben in der letzten Zeit erneut zur Diskussion um die Bedeutung der Geburt für das Kind geführt. Jedoch geht es jetzt nicht so sehr um den Geburtsvorgang selbst, sondern um die Art, wie das Neugeborene in die extrauterine Lebensumwelt eingeführt wird. Diesem Empfang wird große Bedeutung für die soziale und emotionale Entwicklung des Kindes und für die Eltern-Kind-Beziehung zugeschrieben. Allerdings sind die propagierten Empfangs„rituale" bislang noch wenig wissenschaftlich abgesichert und nicht frei von Mystifizierungen.

Die Risikogeburt

Die Geburt ist zwar ein biologischer, aber dennoch kein ungefährlicher Vorgang. Auf die ersten Stunden und Tage nach der Geburt entfallen die meisten Todesfälle von Kindern.

Als Risikokinder gelten solche Kinder, deren vorgeburtliche Zeit und/oder Geburt nicht ganz normal verlief und die bei den ersten Untersuchungen nach der Geburt zu Bedenken Anlaß geben. Diese Kinder machen – je nach zugrunde gelegten Kriterien – 30% bis 80% aller Geburten aus. Bei Risikokindern ist außer der körperlichen meist auch die geistige, emotionale und soziale Entwicklung gefährdet. Jedoch nur bei wenigen Kindern ist die Gefährdung so groß, daß sie als behindert bezeichnet werden müssen. Je elf auf 1000 Kinder unter sechs Jahren gelten nach der amtlichen Statistik als behindert, dabei 4,1 auf 1000 als geistig behindert (Statistisches Bundesamt 1979).

Unmittelbar nach seiner Geburt wird das Kind auf erkennbare Anomalien seiner Gliedmaßen und auf seinen klinischen Zustand überprüft, gemessen und gewogen. Ein Apgar-Index von 4 bis 7 gilt als nicht optimal, ein Wert von 3 und darunter als sehr bedenklich; in letzteren Fällen bedurfte es besonderer Atmungshilfen bzw. Wiederbelebungsmaßnahmen. Sauerstoffmangel unter der Geburt, insbesondere in Verbindung mit schlechtem klinischen Zustand (Apgar-Wert) spricht für eine starke

Gefährdung des Kindes. Daher wird zusätzlich zur Apgar-Prüfung auch der Säuregrad im Nabelschnurblut gemessen (Saling 1979).

Neugeborene mit einem Gewicht unter 2500 Gramm gelten bei termingerechter Geburt als untergewichtig oder hypotroph (small-for-date) bzw. bei unter 37 Wochen Gestationszeit als frühgeboren. Sie machen die zahlenmäßig größte Gruppe der Risikokinder aus, nämlich 5 bis 8% der positiv verlaufenen Schwangerschaften (Goldberg, Brachfeld & deVitto 1983, Werthmann jr. 1981, Statistisches Landesamt Baden-Württemberg 1983). In der Bundesrepublik lag der Anteil aller Neugeborenen unter 2500 g in den Jahren 1979 bis 1981, ähnlich wie in anderen industrialisierten Ländern mit guter medizinischer Versorgung, bei 5,3%; in sozialen und ökonomischen Risikogruppen und in sehr schweren Zeiten (Krieg, Flucht) kann ihr Anteil jedoch wesentlich höher liegen (Montague 1962). Die Überlebensrate frühgeborener und untergewichtiger Neugeborener verbesserte sich in den letzten 25 Jahren dramatisch. Bei Kindern mit einem Geburtsgewicht von 1000 g bis 1500 g stieg sie seit 1961 von 52% auf 82%, bei Kindern unter 1000 g von 0 auf 15%. In Spezialkliniken können Frühgeborene mit einem Gestationsalter von 25–27 Wochen und einem Geburtsgewicht von nur 500 g überleben (Hunt 1981, Rauh 1984a). Insgesamt verringerte sich die Säuglingssterblichkeit im ersten Lebensjahr in der Bundesrepublik zwischen 1973 und 1983 von 22,7 auf 10,2 auf tausend Lebendgeborene; dies gilt besonders für das Überleben der ersten sieben Lebenstage (Rückgang von 14,3 auf 4,7 auf Tausend) und für frühgeborene bzw. untergewichtige Kinder (unter 2500 g), wo die Sterblichkeitsquote allein zwischen 1977 und 1982 von 160,9 auf 91,1 je Tausend zurückging.

Eine weitere Risikogruppe stellen die Kinder mit unmittelbaren Geburtskomplikationen dar. Bei den meisten dieser Kinder traten jedoch Störungen bereits während der Schwangerschaft auf (Saling 1979). Klug & Rey (1975) vermuten, daß bei 45–50% der später festgestellten leichten Hirnschädigungen von Kindern Geburtsschäden zumindest mitbeteiligt sind; 30% führen sie auf intrauterine und 20–25% auf postnatale Schädigungen zurück. In letzterem Falle gelten wiederum frühgeborene Kinder als besonders gefährdet.

Kinder mit Störungen des endokrinen Systems, d. h. der inneren Sekretion und des Stoffwechsels, sind ebenfalls in ihrer Entwicklung gefährdet. Zwölf erbliche Enzymdefekte, darunter die Phenylketonurie, sind bisher bekannt. Hinzu kommen während der Geburt eventuell auftretende Blutgruppenunverträglichkeit von Mutter und Kind und Übersäuerung (Acidose) wegen mangelhafter Funktion der Plazenta und Nierenversagen der Mutter bzw. des Kindes. In schweren und dauerhaft unerkannten Fällen kann die ungenügende Verarbeitung von Stoffwechselprodukten zu inneren Vergiftungserscheinungen führen, die vor allem das Gehirn in Mitleidenschaft ziehen. Solche „sekundären" Wirkungen können, wie z. B. bei der Phenylketonurie, durch rechtzeitige Behandlung (z. B. spezielle Diät) stark reduziert oder sogar vermieden werden (Stone & Church 1978).

Eine weitere Gruppe von Risikokindern hinsichtlich ihrer psychologischen Entwicklung stellen Kinder mit Chromosomenfehlern dar, von denen das Down-Syndrom (früher „Mongolismus" genannt) mit 1 auf 600 Geburten die größte Gruppe ausmacht. Neben einer Häufung gesundheitlicher Probleme in diesen Gruppen fallen die Down-Syndrom-Kinder durch ihre Muskelschwäche und verminderte Stärke ihrer Reflexe auf. Die entwicklungspsychologische Forschung untersucht ihre Entwicklung in letzter Zeit besonders intensiv, um wichtige Entwicklungsfaktoren herauszufinden (Rauh 1979a, 1983a, b, c, 1986).

Risikokinder werden vor allem während der ersten sechs bis zwölf Monate intensiv diagnostiziert und betreut; im Einzelfall erhalten sowohl sie als auch ihre Eltern spezielle Therapien.

3. Verhaltensausstattung des Neugeborenen

Lange Zeit wurde das Neugeborene fast nur als physiologisches Wesen betrachtet; alle Untersuchungen am Neugeborenen berücksichtigten im wesentlichen seinen physiologischen Reifestand und seine körperliche Unversehrtheit.

Um die Mitte der 60er Jahre – in Weiterführung der Arbeiten von Prechtl und Beintema (Niederlande), von Graham und Rosenblith (USA), die sich mit der neurologischen Untersuchung des Säuglings befaßten, und auf der Suche nach Vorläufern der Verhaltensweisen, wie sie in psychologischen Kleinkindertests erfaßt werden (Griffith-Skala, Entwicklungsskala von Psyche Cattell, Bayley-Skalen) – entwickelte Brazelton ein umfangreiches Verfahren, das Auskunft über Verhaltensunterschiede bei gesunden vollausgetragenen Neugeborenen geben sollte. Dieses Verfahren, die *Brazelton Neonatal Assessment Scale (BNAS)*, stellt einen Meilenstein in der Psychologie des Neugeborenen dar. Brazeltons Skala setzt sich zum Ziel, das interaktive Verhalten des Kindes zu erfassen. Er unterscheidet, entsprechend dem Stand der Forschung, beim Kind

- Zustände oder Verfassungen auf einer Schlaf-Wach-Dimension und
- Reaktionen auf Umweltstimuli. (Hierzu zählen die Reflexe, das Wahrnehmen und Lernen sowie die Voraussetzungen für Interaktionen mit der sozialen Umwelt.)

Schlaf-/Wachzustände des Neugeborenen

In der Literatur werden zwei (Charlotte Bühler 1928/1967) bis neun Wachheits- und Aktivitätszustände (Ashton 1973, Thoman 1975) des Neugeborenen unterschieden. Die wissenschaftliche Kontroverse um diese Wachheitszustände ist noch keineswegs abgeschlossen. Für die einen stellen sie eindeutig qualitativ unterscheidbare Stufen dar, für andere eher ein quantitativ beschreibbares Kontinuum mit beliebig feinen Differenzierungsgraden. Die einen berücksichtigen im wesentlichen Schlaf und Wachheit; die anderen kombinieren dies mit Graden der Aufmerksamkeit und Erregtheit.

Im folgenden halten wir uns an Brazelton, der wie die meisten Forscher sechs Zustände unterscheidet, wobei der dritte (das Dösen) von anderen, z.B. Prechtl, nur als Übergangsphase, nicht als eigenständiger Zustand anerkannt wird. Mit „Zuständen“ sind zeitlich relativ dauerhafte und in einem gewissen Rhythmus wiederkehrende, vom Kind selbst hervorgebrachte Befindlichkeiten gemeint. Es sind dies:

1. Schlaf ohne Augenbewegungen,
2. Schlaf mit schnellen Augenbewegungen (Rapid Eye Movement = REM-Schlaf), wenig Muskelaktivität sowie rascher und ungleicher Atmung, sog. leichter Schlaf,
3. Dämmerschlaf, Dösen („drowsiness"), evtl. nur als Übergang,
4. ruhiges Wachsein („alertness") mit offenen Augen und wiederholter eindeutiger Reaktion auf Reize,
5. unruhiges Wachsein mit offenen Augen und intensiver motorischer Aktivität,
6. Weinen und Schreien.

Die Schlafperioden nehmen ca. 16 Stunden, die verschiedenen Wachheitsstufen ca. acht Stunden am Tag ein (also 33%, nicht 10% wie bei Bühler). Auffallend ist in Abbildung 3.2 der hohe Anteil von REM-Schlaf, besonders in den ersten zwei Lebensjahren. (Schlaf mit ‚rapid eye movements' ist z. B. für Träumen typisch.)

Im Unterschied zum älteren Kind und zum Erwachsenen verteilen sich beim Neugeborenen die Schlaf- und Wachperioden mehrfach über den ganzen Tag und pendeln sich nach einigen Tagen auf einen etwa Vier-Stunden-Rhythmus ein. Dieses Einpendeln ist eine erste wichtige Lernleistung und abhängig von den Umwelterfahrungen: Rooming-in-

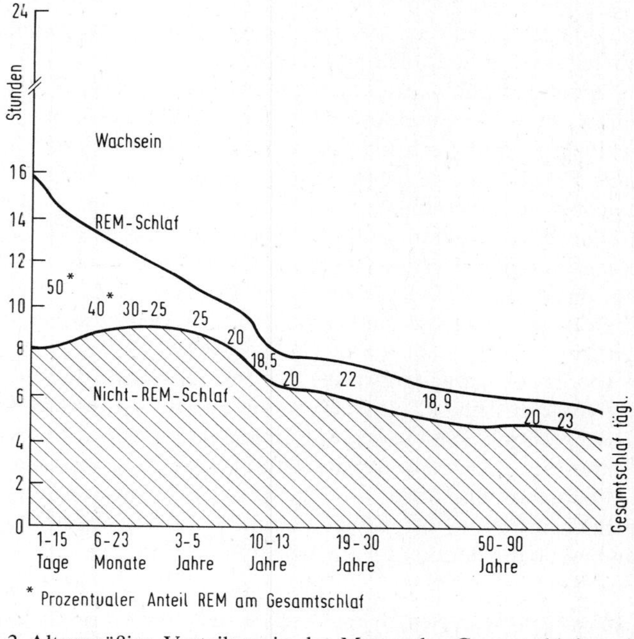

Abb. 3.2 Altersmäßige Verteilung in der Menge des Gesamtschlafes mit und ohne REM (nach Mussen, Conger & Kagan 1976, S. 178).

Kinder[1] bilden am raschesten und deutlichsten einen Tag-/Nacht-Zyklus aus (Sander & Julia 1966), Kinder auf einer Säuglings-Intensivstation, wo Geräuschpegel, Beleuchtung und Versorgung den Tag nicht so deutlich gliedern, haben damit größere Schwierigkeiten (Lawson & Turkewitz 1977).

Bei frühgeborenen Kindern lassen sich die Schlaf- und Wachzustände nicht so deutlich beobachten wie bei normal ausgetragenen Kindern. Sie fluktuieren viel stärker. Aber auch unter den voll ausgetragenen Neugeborenen gibt es Kinder mit ausgeprägten Zustandsarten und ziemlich stabilen Zyklen und solche, deren „Verhalten“ nicht genau erkennbar, geschweige denn vorhersagbar ist. Thoman (1975) unterscheidet daher Kinder mit „gut organisierten“ und „gering organisierten“ Verhaltenszyklen. Diese Charakterisierung hat nach Thoman auch prognostische Bedeutung. „Gut organisierte“ Babys machen es ihren Pflegepersonen relativ leicht, sich auf sie einzustellen, während die „gering organisierten“ häufiger zu Problemkindern werden. Eine Kombination von „gering organisiertem Baby“ und insensitiver Mutter stellt eine für die weitere Entwicklung risikoreiche Beziehung dar.

Organisation der Motorik

Außer über allgemeine motorische Aktivität, vor allem während der Wachheitsperioden mit höherem Erregungsgrad, verfügt das Neugeborene über eine Vielzahl spezifischer, gezielt auslösbarer Reflexe. Sie sind ausführlich bei Keller und Meyer (1982) beschrieben. Neurologisch und entwicklungspsychologisch interessant ist ihre Verlaufsgeschichte. Bei normaler Entwicklung verlieren sich diese Reflexe im Verlauf der nächsten zwei bis vier Lebensmonate (s. Abb. 3.3 und 3.5). Dabei gehen der Greifreflex, der Schreitreflex, das Kriechen usw. nicht unmittelbar in die entsprechend reifere Version dieses Verhaltens beim älteren Kind über, etwa in das Greifen, Gehen und Krabbeln: diese Reflexe sind somit weder Frühform noch Bestandteile dieser späteren Bewegungsformen (Prechtl 1981).

Die spontanen Verhaltensweisen des Neugeborenen sind uns schon aus der vorgeburtlichen Zeit bekannt. Sie müssen sich nun im Schwerkraftfeld bewähren. Die Freiheit und Geschmeidigkeit der Bewegungen, das Halten der Balance gegen die Schwerkraft, das Anspannen, etwa beim Hochziehen zum Sitzen, und das Entspannen, etwa beim An- und Einschmiegen, sind wichtige Indikatoren für die Reife des Neugeborenen und die Stabilität seines motorischen Systems.

---

[1] „Rooming-in“: Das Neugeborene befindet sich während des Krankenhausaufenthalts von Mutter und Kind tagsüber oder sogar auch nachts im Zimmer der Mutter.

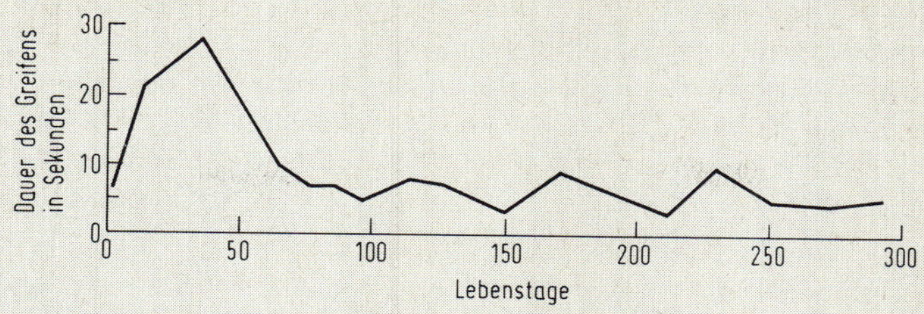

Abb. 3.3 Veränderung der Stärke des Greifreflexes in den ersten 300 Lebenstagen (aus Landreth 1967, S. 70).

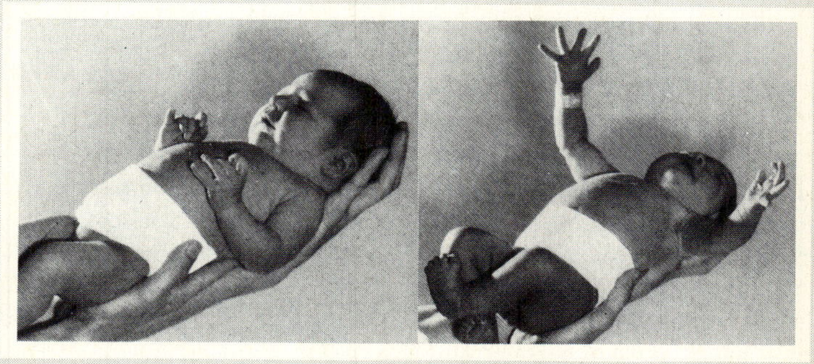

Abb. 3.4 Moro-Reflex beim Neugeborenen (aus Prechtl & Beintema 1976).

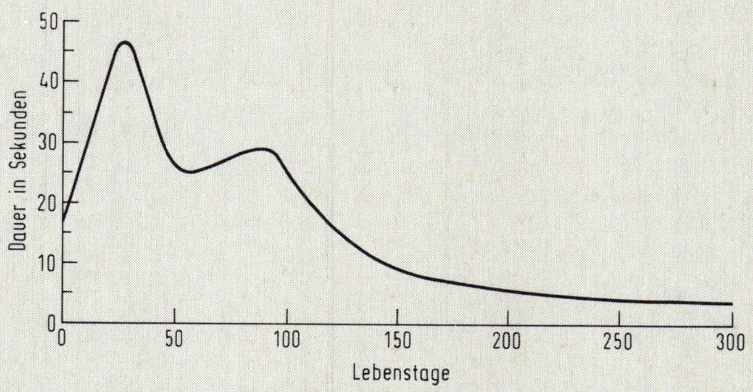

Abb. 3.5 Intensität des Moro-Schreckreflexes; Entwicklungsveränderungen in den ersten 300 Lebenstagen (aus Landreth 1967, S. 70).

Reflexe beim Neugeborenen

Durch intensive Forschung wächst ständig die Zahl der uns heute bekannten Reflexe. In der *Brazelton Neonatal Behavior Assessment Scale* (NBAS) werden 20 Reflexe überprüft, in entwicklungsneurologischen Untersuchungen sind es bedeutend mehr.

Zu den bekanntesten Reflexen gehören:

- der Saugreflex
- der Suchreflex (bei Berühren der Wange)
- der Greifreflex (und das Hochziehen in die Sitzstellung) (Abb. 3.3)
- der Babinski-Reflex (Strecken der Zehen bei Streichen der Fußsohle)
- der tonische Körperstellreflex (TNR = tonic neck reflex)
- der Schwimmreflex
- der Schreitreflex (Schreitreflexe tauchen in der ersten Lebenswoche auf und verschwinden wieder nach ca. acht Wochen)
- der Kriechreflex (Abstemmen von der Unterlage)
- der Rückziehreflex (bei Schmerzberührung)
- der Moro-Schreckreflex, Umklammerungsreflex (s. Abb. 3.4; 3.5).

In der psychologischen Untersuchung des Neugeborenen nach Brazelton werden verschiedene Reflexe und motorische Reaktionen ausgelöst, um die Fähigkeit des Kindes zu prüfen, sich angesichts von Störreizen zu fangen und zu stabilisieren. Gesunde, stabile Neugeborene werden im Laufe einer solchen Untersuchung im allgemeinen munterer, und ihre Bewegungen werden weicher und kraftvoller. Fragile Neugeborene dagegen reagieren mit Destabilisierung der Motorik, eventuell mit Absinken des Muskeltonus, Zittrigkeit und ausfahrenden Bewegungen, mitunter sogar physiologisch mit absinkendem Blutdruck und stockendem Atem, zumindest aber mit sichtbarer Erschöpfung. Wir finden hier erste Analoga zu Bewältigungs- und Copingstrategien.

Wahrnehmung und Lernen beim Neugeborenen

„Überraschenderweise ist das Neugeborene vom ersten Atemzug an ein bemerkenswert tüchtiger Organismus. Es kann sehen, hören und riechen, es empfindet Schmerz, Berührung und Positionsveränderungen. Die einzige Sinneswahrnehmung, die unter Umständen nicht sofort bei der Geburt funktioniert, ist der Geschmack (das Schmecken), aber auch er entwickelt sich ziemlich rasch. Das Kind ist vom ersten Moment seiner Geburt an bereit zur Wahrnehmung der meisten für den Menschen grundlegenden Sinneseindrücke ...“ (Mussen et al. 1976)

Methoden zur Untersuchung der Wahrnehmungs- und Lernfähigkeiten. Anatomische und physiologische Untersuchungen der Sinnesorgane lassen nur den Schluß zu, *daß* innerhalb eines bestimmten Sinnesbereiches wahrgenommen werden kann, nicht aber *was*. So weiß man z. B. aus der

Anatomie und Physiologie des Auges, daß das Neugeborene zugleich kurz- wie weitsichtig ist: es kann die Linse seines Auges noch nicht auf Entfernungen adaptieren; sein optimaler Sehabstand zum scharfen Sehen beträgt etwa 19 bis 25 cm. Auch die gleichzeitige Fixation beider Augen auf einen Punkt funktioniert noch nicht ganz.

Einen Durchbruch in der Untersuchung der visuellen Wahrnehmung bei Säuglingen stellen folgende drei Methoden dar:

Methode der Pupillenreflexion. Man geht davon aus, daß ein Mensch einen Gegenstand dann sieht, wenn er ihn „ins Auge gefaßt" hat; dies zeigt sich daran, daß sich der Gegenstand in der Pupille spiegelt. Diese Methode wird meist mit Wahlreaktionen verbunden: man mißt die Zeitdauer, in der sich der eine Stimulus im Vergleich zum anderen in der Pupille spiegelt.

Methode der Infrarotaufnahme von Orientierungsprozessen. Der Stimulus (z.B. ein Dreieck) sendet unsichtbares Infrarotlicht aus. Die Augenbewegungen relativ zum Stimulus werden mit einer Infrarotkamera registriert. Salapatek und Kessen (1966) konnten so nachweisen, daß Neugeborene auf z.B. ein schwarzes Dreieck reagieren und daß ihre visuellen Abtastversuche noch etwas unbeholfen sind und sich auf markante Konturen, besonders Ecken konzentrieren. Kinder im späteren Kindergartenalter dagegen umfahren den Stimulus mit den Augen, während Erwachsene mit sparsamen Blickbewegungen nur die informationsreichsten Aspekte herausgreifen.

Habituierungsmethode. Eine der frühesten Lernarten ist die Habituierung oder die „Langeweile-Reaktion". Auf einen Umweltstimulus erfolgt zunächst eine Hinwendungs- oder Orientierungsreaktion. Komponenten der *Orientierungsreaktion* sind: Hinwendung zum Stimulus, Weiten der Pupillen, Senken der Seh- und Hörschwellen, Blockieren der α-Rhythmen im EEG, Verlangsamung des Herzschlags, Erhöhung der elektrischen Leitfähigkeit der Haut, Verringerung der peripheren und Erhöhung der Gehirndurchblutung, Unterbrechung der Atmung und der augenblicklichen Aktivität, kurz: eine plötzliche und intensive Erhöhung der Aufmerksamkeit (Brackbill et al. 1967). Die Dauer einer solchen Orientierungsreaktion gibt Hinweise darauf, wie lange ein Reiz als „neu" erlebt wird bzw. wie lange es dauert, bis sich das Kind ein gedächtnismäßiges Modell von der Reizsituation gemacht hat. Das Abflauen der Orientierungsreaktion wird als *Habituierung* bezeichnet (s. Abb. 3.6).

Ergebnisse der Wahrnehmung- und Lernuntersuchungen. Mit Hilfe dieser Methoden hat die Zahl der Wahrnehmungsuntersuchungen bei Säuglingen und auch bei Neugeborenen rapide zugenommen und zu einem neuen Bild der Kompetenzen des Neugeborenen geführt.

Sehen. Wir wissen jetzt, daß Neugeborene bei mittlerer Helligkeit und ca. 20 cm Abstand ziemlich *scharf sehen* (Striche von drei mm Dicke von

Habituierung

Abbildung 3.6 gibt ein Modell des Untersuchungsverlaufs. Von den vielen möglichen Indikationsvariablen wurde hier die Fixationsdauer (Pupillenreflexion) genommen. Bis zur sechsten einminütigen Präsentation war das einfache Schachbrett für das Neugeborene noch interessant, dann sank seine Aufmerksamkeit. Die volle neue Orientierungsreaktion auf den komplexeren Stimulus beweist, daß das Baby nicht einfach ermüdet war und daß es den neuen Reiz als einen anderen wahrnimmt. Die Habituierungsmethode hat den besonderen Vorteil, daß sie auch in Bezug auf andere als auf visuelle Wahrnehmung anwendbar ist. Die Methoden der klassischen und operanten Konditionierung setzen bereits das Funktionieren dieser Lernweise voraus.

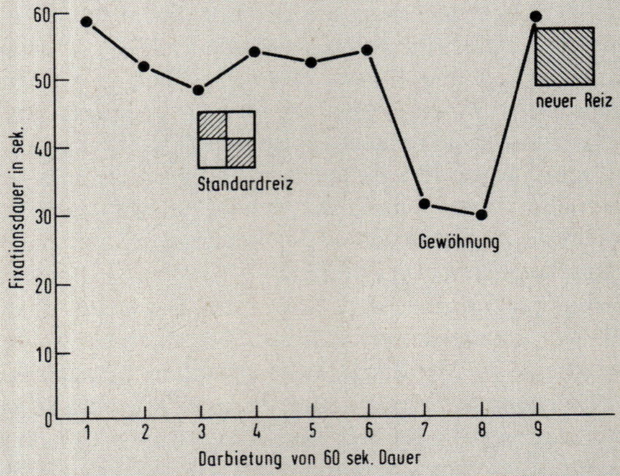

Abb. 3.6 Orientierungsreaktion und Habituierung bei einem Neugeborenen (Friedman, 1972, entnommen aus Schell 1975, S. 97).

gleich heller grauer Platte unterscheiden) können, Muster eines gewissen *Komplexitätsgrades* vor ungemusterten Stimuli bevorzugen, dem allem aber *Gesichter* und gesichtsähnliche Formen vorziehen, dabei sogar Attrappen und Photos vom lebendigen Gesicht unterscheiden. Sie können mit den Augen und dem Kopf *einem Stimulus folgen,* sofern er ihr Interesse gefunden hat – und all dies in den ersten Stunden nach der Geburt ohne vorherige Seherfahrung mit Menschen (Goren 1975). Auch *Farben* können sie unterscheiden (Jones-Molfese 1977). Ihre Sehmöglichkeiten sind jedoch eingeschränkt durch fehlende Adaption der Augen, nur ansatzweise Fixation (im Zweifelsfall gucken sie mit nur einem Auge) und vermindertes peripheres Sehen.

Hören. Auch Hören können die Kinder von Geburt an (Reizschwelle ca. 40–55 db), wenngleich sich das Gehör noch verbessert. Der bevorzugte Frequenzbereich liegt in der Höhe der menschlichen Sprache und leicht darüber; komplexe Laute lösen deutlichere Reaktionen aus als reine Töne (Appleton et al. 1975).

Koordination von Sehen und Hören. Im Dunkeln führen beim wachen Baby Laute von vorn dazu, die spontanen Suchbewegungen der Augen zu konzentrieren und zu fixieren; bei Licht führen sie zu erhöhter Wachheit und kleineren, konzentrierteren Suchbewegungen. Töne von den Seiten führen zu Kopf- und Augenwendungen zur Seite und wieder zurück (Mendelson & Haith 1976). Auditive und visuelle Wahrnehmung sind also teilweise koordiniert. Jedoch scheint das Baby ,,nur zu versuchen, gleichzeitig zu hören und zu sehen, nicht jedoch das zu sehen, was es hört" (McGurk et al. 1977).

Koordination von Sehen und Greifen. Auf sich nähernde (größer und schärfer oder nur schärfer werdende) Gegenstände antwortet es mit defensiven Reaktionen, nicht aber auf sich entfernende Stimuli (Maurer & Maurer 1976). Greifen ins Leere (Stoßen an einen Gegenstand aus Licht) bringen es zum Weinen. Offensichtlich erwartet es, daß ein gesehener Gegenstand auch taktile Konsequenzen hat (Bower 1979).

Lernen. Die klassische Konditionierbarkeit ist bei der Geburt gering und abhängig von der gewählten ursprünglichen Reiz-Reaktionskopplung (bzw. der Art der physiologischen Reflexsteuerung), der Art der Signalreize, der zeitlichen Beziehungen von unbedingtem und bedingtem Reiz, usw. Die klassische Konditionierbarkeit nimmt mit dem Alter bis zu etwa vier bis sechs Jahren zu und danach wieder ab (mit der Zunahme der Kontrolle über die eigene Lernsituation). *Operantes Konditionieren* setzt voraus, daß ein auf eine Handlung folgender Reiz in Beziehung zur Handlung gesetzt werden kann (Millar 1974 a, b). Ansätze zum operanten Lernen zeigen sich bereits in den ersten Lebenstagen und -wochen, aber zunächst nur in den für das Überleben bedeutsamsten Bereichen (z. B. Saugtätigkeit). Generalisierter ist es ab dem vierten bis fünften Lebensmonat zu beobachten, derselben Zeit, in der Piaget die ersten ,,sekundären Kreisreaktionen" beobachtet hat.

Situative und öko-biologische Abhängigkeit der Wahrnehmungs- und Lernleistungen. Früher untersuchte man Babys, wenn sie im Bettchen lagen; dann dösen sie und reagieren kaum. In halbaufrechter Stellung oder über die Schulter gelegt sind sie hellwach; nur in dieser Situation konnte Bower (1979) Reaktionen auf sich nähernde und virtuelle, d. h. nur aus Lichtstrahlen bestehende illusionäre Objekte beobachten. Nur dann erkunden sie visuell (Fredrickson et al. 1975), und nur dann reagieren sie auch deutlicher auf die Stimme z. B. ihrer Mutter (Thoman et al. 1977). Außerdem dürfen die Reize nicht zu kraß sein; dann wenden sich die Babys ab oder schlafen ein. Physikalisch reine visuelle und akustische Reize locken kaum Reaktionen hervor, wohl aber „natürliche“ (Gesicht, Stimme). Saugtätigkeit (Schnuller) bei den Experimenten lenkt ab, da die Kinder noch nicht mehreres auf einmal tun können (MacFarlane 1978).

Bemerkenswert ist, daß das Lernen beim gesunden Neugeborenen in den ersten Lebenstagen (s.o.) nur bezogen auf bedeutsame Reize in lebenswichtigen Situationen erfolgt. Zu diesen lebenswichtigen Bereichen gehört offenbar nicht nur die Ernährung, sondern auch sozialer Kontakt und Kommunikation (Millar 1974 b). Je ähnlicher also die Untersuchungssituation einer öko-biologisch bedeutsamen Situation ist, desto eher zeigen die Kinder erstaunliche Wahrnehmungs- und Lernleistungen.

Verhaltensrepertoire für beginnende soziale Interaktion

„So überraschend die wahrnehmungsmäßigen und motorischen Fähigkeiten des neugeborenen Babys sein mögen, sie schrumpfen fast zur Bedeutungslosigkeit zusammen, wenn man sie mit seinen sozialen Fähigkeiten vergleicht.“ (Bower 1977, S. 27).

Folgende sozialen Fähigkeiten des Neugeborenen lassen sich unterscheiden:
- die Fähigkeit, Signale der Umwelt, die eng mit sozialer Interaktion gekoppelt sind, bevorzugt zu beachten,
- die Fähigkeit, Signale auszusenden, die von der Umwelt als sozial interpretiert werden,
- Interaktionen und kommunikationsähnliche wechselseitige bzw. gemeinsame „Spiele“ zwischen Kind und Erwachsenem.

Proto-soziale Wahrnehmung des Babys. Das Kind beruhigt sich, wenn es aufgenommen wird und wenn es gewickelt wird; es beruhigt sich bei rhythmischer Stimulation und lauscht vor allem auf die menschliche Stimme (Thoman et al. 1977). Die entweder lerntheoretisch begründete Ansicht oder anderweitig hergeleitete Vermutung, daß das Kind intrauterin auf den individuellen Herzschlag seiner Mutter konditioniert bzw. eingestimmt sei, hat sich nicht bestätigt (Smith & Steinschneider 1975).

Seine optimale Sehschärfe entspricht etwa dem Abstand der Gesichter von Mutter und Kind beim Stillen. Das Kind hat ein angeborenes spezifisches Interesse an menschlichen Gesichtern, kann ihnen durch Kopf- und Augenbewegungen folgen und lernt so frühzeitig die Koppelung von Gesicht, Körper und Stimme der Hauptpflegeperson. Carpenter (1975) glaubt, bei zwei Wochen alten Kindern Blickabwendung und Verwirrung beobachtet zu haben, wenn der Mutter eine fremde Stimme unterlegt wurde oder die Stimme aus einer anderen Richtung kam als das Gesicht.

Sozial interpretierte Signale des Babys. Der Kopfwendereflex, die Zuwendung zur Geräuschquelle, das Lauschen auf die menschliche Stimme, das Schauen und Verfolgen mit den Augen, das Anschmiegen und Ankuscheln des Körpers und des Köpfchens („cuddliness"), all diese Verhaltensweisen orientieren das Baby auf seine soziale Umwelt und diese auf es. Mit Saugen, Greifreflex, Blickkontakt und zunehmend mit dem Lächeln kann es den Kontakt aufrechterhalten. Blickabwendung und Versteifung des Körpers und Abwehrreaktionen signalisieren Kontaktabbruch. Mit Weinen, Schreien und Vokalisieren erregt es die Aufmerksamkeit seiner Eltern.

Nach Beobachtungen von Osofsky und Danzger (1974) haben sensitive Mütter reagible Babys, und reagible Babys ziehen die Aufmerksamkeit ihrer Mütter auf sich. Babys mit Geburtskomplikationen sind in allem weniger reagibel; sie machen es ihren Betreuern schwerer, sie zu interpretieren und sich in ihren Kontaktbemühungen vom Kinde bestätigt zu fühlen.

Geübte Mütter, Hebammen und Kinderschwestern können die verschiedenen Schreie (Hungerschrei, Wutschrei, Schmerzschrei, weniger den Geburtsschrei) unterscheiden. Hirngeschädigte oder mangelernährte Babys haben allerdings einen anderen Schrei (schriller, unrhythmischer, mit längeren Pausen) als gesunde, ausgetragene Babys (Fein 1978); das Schreien von Babys mit erheblichen Geburtskomplikationen wird von Erwachsenen als besonders unangenehm, bedrängend und unnormal/krank wahrgenommen (Zeskind & Lester 1978, Frodi et al. 1978).

Interaktionen und Kommunikationsspiele. Besonders eindrucksvoll sind die Beobachtungen über frühes interaktives Verhalten. Nach Condon und Sander (1974) begleitet das Neugeborene bereits nach wenigen Tagen menschliche Sprache (im vorliegenden Versuch waren dies Englisch und Chinesisch) mit synchronen Bewegungen (vgl. Bower 1977). Noch erstaunlicher sind die Beobachtungen von Moore (1975). Er stellte fest, daß Neugeborene Mundbewegungen nachahmen (z.B. die Zunge herausstrecken, den Mund öffnen, den Kopf bewegen), was als besonders schwierige Nachahmungsleistung sonst frühestens erst bei acht bis zehn Monate alten Kindern beobachtet wird (Uzgiris 1979). Evolutionstheoretisch interpretiert, ist somit das Baby bei seiner Geburt nicht nur für sein rein physisches Überleben (Nahrungsaufnahme usw.) vorsorglich ausgestattet, sondern auch für frühe soziale Interaktion. Denn dieses Nachahmungsverhalten läßt sich nicht auf andere Überlebensfunktionen zurückführen oder aus biologischen Bedürfnissen herleiten. Dieses Phänomen wird aber weiterhin methodisch und theoretisch kontrovers diskutiert (z.B. Neuberger et al. 1983, vgl. Rauh 1986). Es scheint sich um ein Verhalten zu handeln, das nur unter ganz bestimmten Bedingungen auftritt, allerdings auffallend genug, daß auch Eltern davon berichten (Lewis & Sullivan 1985). Einig sind sich die verschiedenen Erklärungsversuche darin, daß es sich in etlichen Merkmalen und Bedingungen von der späteren ,,echten" Nachahmung unterscheidet, weshalb es besser als ,,Protonachahmung" bezeichnet wird. Ob es ein direkter oder funktionaler Vorläufer für spätere Nachahmung ist, ein Indikator für frühe intersensorische Koordination (Bower 1979, Harris 1983, Maratsos 1982, Meltzoff & Moore 1983, Moore 1975) oder stellvertretend die Funktion des späteren Lächelns, Lallens und echten Nachahmens für die beginnende soziale Interaktion einnimmt (Lewis & Sullivan 1985), ist dagegen noch nicht entschieden.

Es gibt Autoren (z. B. Uzgiris 1979), die den Sinn der Ausrichtung auf soziale Interaktion beim Neugeborenen lediglich darin sehen, daß das Kind auf diese Weise *soziale Zuwendung* erfährt. Papoušek und Papoušek (1979) gehen noch weiter, indem sie zeigen, daß diese frühen Kontakte eine Pflegeperson dazu bringen, dem Kinde die für seine Weiterentwicklung optimalen *Lernbedingungen* zu schaffen, ohne daß sie sich darüber selbst im klaren sein muß:

> Selbst wenn sie überzeugt sind, das Baby könne noch nicht sehen, bringen sie es in den optimalen Sehabstand und suchen seinen Augenkontakt. An den Händchen, am Kinn und am Körpertonus ,,prüfen" sie seinen Wachheitszustand. Sie imitieren es, wobei sie vereinfachen und übertreiben und mit unendlicher Geduld wiederholen (ein Neugeborenes braucht bei einfachsten Konditionierungsversuchen zum Lernen ca. dreimal so viele Wiederholungen wie ein dreimonatiges und sechsmal so viele Wiederholungen wie ein fünfmonatiges Baby). Sie reagieren direkt kontingent auf das Baby und vermitteln ihm so das Gefühl der Wirkung. Bei Habituierung des Babys lösen sie durch kleine Variationen wieder die Orientierungsreaktion aus.

Dieses frühe Optimieren der Lernsituation ist deshalb so wichtig, weil das Baby motorisch noch zu wenig entwickelt ist, um durch motorische Aktionen Wirkungen in der Umwelt auszulösen. Der soziale Partner ersetzt diese Funktion; er meldet durch seine Nachahmungen die jeweiligen Regungen des Kindes zurück und erweist sich so als ,,biologischer Spiegel". Im weiteren Entwicklungsverlauf übernimmt das Kind zunehmend selbst die Kontrolle über die Lernsituation durch eigene Handlungen und Ausführungen: Es macht sich Unbekanntes vertraut (= Lernen), allzu Vertrautes wird wieder verfremdet (Spiel), um – wie die Papoušeks meinen – noch mehr Kenntnis zu erlangen und vorbeugend Angst und Furcht, aber auch Langeweile zu vermeiden.

Normal ausgetragene und gesunde Neugeborene bringen also eine Reihe erstaunlicher Kompetenzen mit. Diese sind im allgemeinen auf eine ganz spezifische ökologische Nische abgestimmt und können daher nur in solchen ökologischen Situationen beobachtet werden. Überlebenswichtig für das Neugeborene ist, sich die Interaktion mit einem Erwachsenen zu sichern. Sein Aussehen und Verhalten hat für Erwachsene Signalcharakter; zugleich ,,belohnt" das Kind sie durch spezifische Reaktionen (z. B. Beobachten des Gesichtes, Verfolgen mit den Augen, Reaktionen auf Sprache und Sprachrhythmus, Anschmiegen, Sich-Beruhigen-Lassen usw.). Lernen zeigt es daher zuerst auch in den für seine Anpassung wichtigsten Verhaltensweisen, dem Saugen und der Steuerung seines Schlaf-/Wachrhythmus. Ansonsten ist sein Lernen noch reduziert; die Reizschwelle zur Aufnahme neuer Stimuli ist erhöht; nur spezifische Ausschnitte von Stimuli erhalten von ihm positive Zuwendung; es bedarf sehr vieler Wiederholungen, um das Gelernte auch beizubehalten. Anders ausgedrückt: es ist einigermaßen geschützt vor den unvermeidlichen ersten kleineren Erziehungsfehlern seiner unerfahrenen Eltern.

4. Verhaltensvorhersage aus der Neugeborenenzeit

Läßt sich die weitere Entwicklung des Kindes und seine spätere Persönlichkeit bereits im Neugeborenenverhalten und aus seinen Geburtsbedingungen erkennen?

Prognose aus interindividuellen Unterschieden

Gesunde ausgetragene Neugeborene zeigen ein durchaus beachtliches Maß an interindividuellen Unterschieden in ihrem Verhaltensrepertoire, ihrer Aktivität, ihrer Irritierbarkeit, ihrer Fähigkeit, sich selbst wieder zu beruhigen oder sich besänftigen zu lassen, und ihrer Wachheit und Ansprechbarkeit auf soziale Stimuli. Einige dieser Unterschiede lassen sich auf vorgeburtliche und Geburtsumstände zurückführen (z. B. Medikamentengaben während der Geburt), andere sind ,,Durchgangsphänomene" im Bemühen des Kindes, sich den Bedingungen seines extrauterinen Lebens anzupassen. Die meisten Merkmale, ausgenommen die motorische Reife, weisen nur eine sehr geringe Stabilität über die ersten Tage auf. Von größerer Bedeutung erscheint daher der Verlauf der Anpassung über die ersten vier Wochen (Sameroff 1978). Das Verhalten des Neugeborenen ist weniger Ausdruck von überdauernden Persönlichkeitsmerkmalen als vielmehr Anzeige dafür, wie gut ihm – unter den jeweils gegebenen Umständen und Belastungen – bislang seine Umstellung und Anpassung geglückt ist.

Neugeborene Jungen und Mädchen zeigen zwar im Prinzip dieselben Verhaltensmuster; nur scheinen Jungen im Schnitt erregbarer, wacher und motorisch aktiver zu sein (Osofsky & O'Connell 1977, Phillips et al. 1978). Teilweise lassen sich diese Unterschiede durch die etwas geringere neurologische Reife neugeborener Jungen erklären (Keller 1979, Keller & Meyer 1982). Außerdem sollte man bei der Übernahme von

Forschungsergebnissen aus den USA in Rechnung stellen, daß eine sehr große Zahl neugeborener Jungen, auch solche aus nicht-jüdischen und nicht-islamischen Familien, in den ersten Tagen nach der Geburt beschnitten wird, was zumindest vorübergehend ihre Streßreaktionen erhöht (Brackbill 1975). Weiterhin gibt es eine Reihe von Hinweisen, daß Mütter mit eigenen und fremden Babys je nach deren Geschlecht unterschiedlich umgehen. Dies läßt sich nur teilweise als Reaktion auf die geschlechtstypisch etwas unterschiedlichen Signale vom Kind erklären (Lewis 1972, Barker & Lewis 1975, Moss & Robson 1968).

Von mehreren Forschern wurden ethnische Unterschiede beobachtet: Neugeborene ostasiatischer und indianischer Abkunft scheinen bei der Geburt ruhiger und weniger erregbar zu sein als Kinder europäischer oder afrikanischer Abkunft (Brazelton 1972, Freedman & Freedman 1969). Letztere weisen in einigen motorischen Verhaltensweisen Entwicklungsvorsprünge auf, die aber nur als anders strukturiertes Verhaltensrepertoire, nicht als allgemein größere neurologische Reife interpretierbar sind (Warren & Parkin 1974). Solche Anfangsunterschiede könnten an der Entstehung unterschiedlicher elterlicher Erziehungsstile in den verschiedenen Kulturen mitbeteiligt sein.

Die Entwicklung von Verhaltensunterschieden bei den Kindern kann auch durch Unterschiede bei den Müttern bedingt sein. Diese unterscheiden sich im Grad ihrer Vorbereitung auf das Kind, in ihrer Sensitivität und Geduld und in der Intensität, mit der sie sich mit dem Neugeborenen beschäftigen, wovon im allgemeinen besonders Erstgeborene profitieren. Früher, intensiver Mutter-Kind-Kontakt in der Klinik, sog. *rooming-in,* scheint sich günstig auf die soziale Orientierungsfähigkeit des Babys auszuwirken, welche ihrerseits eine günstige Voraussetzung für soziale Aufgeschlossenheit und Vertrauen im ersten Lebensjahr schafft (Grossmann 1984). Rooming-in hat auch positive Auswirkungen auf manche Mütter, die in einem solchen Arrangement eher die Möglichkeit nutzen, ihr Kind gut kennenzulernen und die für das Gedeihen des Kindes so wichtige Feinfühligkeit zu entwickeln (Kennell et al. 1974, Ringler et al. 1975, 1978, Grossmann 1984). Beides, mütterliche Feinfühligkeit und stabile gute soziale Orientierungsfähigkeit des Neugeborenen, sind gute Prädiktoren für vertrauensvolle Mutter-Kind-Bindung am Ende des ersten Lebensjahres und aufgeschlossenes Erkundungsverhalten des Kleinkindes (Grossmann 1984). – Die ursprünglich von Kennell vertretene These, daß es sich hierbei um einen Prägungsprozeß der Mutter auf das Kind oder des Kindes auf die Mutter handele, wird heute kaum mehr vertreten. Vielmehr scheint es sich bei den Müttern und Vätern um Lernprozesse (etwa im Sinne einer Feinanpassung) zu handeln und bei den Kindern um Entlastungen von zusätzlichem Streß, so daß ihnen genügend Energie verbleibt, sich Umweltstimuli, insbesondere sozialen Stimuli, zu öffnen (Als et al. 1982).

Insgesamt läßt sich aber aus dem Verhalten des neugeborenen Kindes und des Säuglings in den ersten drei Lebensmonaten so gut wie kaum eine Prognose auf seine weitere Entwicklung oder interindividuelle Unterschiede im Kindes- und Jugendalter ableiten. Beobachtete Stabilitäten sind stets über das (konstantere) Verhalten der Eltern vermittelt. Die geringe Stabilität kindlicher Verhaltensunterschiede läßt sich auch positiv als notwendige Verhaltensplastizität deuten: Sie sichert dem Kind die Möglichkeit, sich im Prinzip auf sehr verschiedene Erwachsene einzulassen und erst in der Interaktion mit ihnen seine Verhaltensbesonderheiten zu entwickeln.

Eine Reihe von Forschern begründet diese geringe Vorhersagbarkeit aus einer entwicklungstypischen Diskontinuität im kindlichen Verhalten, einem Umbruch zwischen dem ersten und vierten Lebensmonat. Dafür werden folgende Phänomene angeführt: Das Neugeborene zeigt eine Vielzahl ganz spezifischer Verhaltensweisen, die in den nächsten Wochen allerdings verschwinden, um funktional gleichwertig, aber anders (flexibler, steuerbarer, durch Lernen veränderbarer) wieder aufzutauchen. Hierzu gehören einige der motorischen Reflexe, die frühe Koordinationen von Sehen und Greifen, Hören und Schauen, die (magnetische) Nachahmung und die Koordination von Atmen und Schlukken. Diese frühen Kompetenzen sind eng eingegrenzt auf wichtige Situationen, sie funktionieren automatisch, wirken aber wie intendiert (pseudointendiert) und sind durch Lernen nur begrenzt modifizierbar. Diese reflektorischen Verhaltensweisen und ihre späteren reiferen Äquivalente bestehen eine Zeitlang parallel nebeneinander (Prechtl 1981), gehen also nicht ineinander über. Sie erfüllen vermutlich eine wichtige Funktion: Das Reagieren auf akustische und visuelle Stimuli sowie die Pseudonachahmung sichern den Sozialkontakt; mit sechs Wochen erfüllt das Lächeln und Vokalisieren eine ähnliche Funktion (Maratsos 1982). Zur gleichen Zeit, in der Lächeln und Vokalisieren auftauchen, verliert sich die frühe automatische Greifreaktion: Wenn das Kind schaut, wird nun das Greifen gehemmt; das Kind betrachtet jetzt intensiv das Gesicht des Partners und lernt die ersten Grundmuster des Wechselspiels einer Kommunikation (Trevarthen 1982). In die gleiche Übergangszeit gehört auch der Erwerb der Atemkontrolle, vor allem beim Ausatmen (ab dem dritten Monat); er ist die Voraussetzung für das Lallen. Eltern führen nun in ihren ,,Gesprächen" mit ihren Babys Pausen für die Lallantworten des Kindes ein. Zur Freude der Eltern reagiert das Kind nun deutlich und variierend auf unterschiedliche mimische und stimmliche Reizmuster. Papoušek und Papoušek (1985) sehen in dieser Phase die Grundlegung für späteres Beobachtungslernen, für Nachahmung und für mimische und vokale Kommunikation, mithin wesentliche Aspekte des menschlichen Lernens. – Mit dem Auftreten des kontrollierten Greifens (nach vier Monaten) wechselt das Interesse des Kindes von den menschlichen Gesichtern zur Umgebung: das Greifen nach Spielzeug sowie das vergnügte Gurren und Lallen nehmen zu. Papoušek und Papoušek (1985) konnten ab der 11. Woche die für zielgerichtetes Verhalten typischen emotionalen Reaktionen beobachten: Erstaunen, Verwirrung, Vergnügen und Mißvergnügen. Nach erfolgten „Leistungen" zeigten die Babys nun zumeist deutliche Freude, nach erfolglosem Bemühen dagegen Mißbehagen. Die wesentliche Gemeinsamkeit all dieser Veränderungen um den dritten bis vierten Lebensmonat liegt darin, daß automatische Reaktionen kontrollierteren weichen, das Kind „überflüssige" Reaktionen vermeiden und neue Kombinationen schaffen kann.

Lipsitt (1979) verdeutlicht dies am Beispiel der Atmung: das Neugeborene kann zugleich atmen und schlucken, es reagiert automatisch auf mögliche Behinderung seiner Atemwege, kann seinen Atemrhythmus aber nur sehr begrenzt regulieren, was allerdings für späteres Sprechen sehr wichtig wäre. Unter diesem reflektorischen „Schutzschild" erlernt es in den ersten drei Monaten eine andere, flexiblere Atemtechnik, bei der nun Atmen und Schlucken voneinander getrennt sind. Bei einigen Kindern ist jedoch dieser Schutzschild entweder von vornherein nicht stark genug (Risikokinder), oder ihre ängstlichen Eltern geben ihnen nicht genug „Übungsmöglichkeiten" für Varianten im Atmen, so daß sie die neue Technik nicht rasch genug lernen können. Bei solchen Kindern kann dann bereits eine kleine Infektion der Atemwege zu einem Atemstillstand führen, der als „früher Krippentod" bekannt geworden ist.

Ähnlich lauten die Interpretationen anderer Forscher, denen zufolge das differenzierte Verhaltensrepertoire des Neugeborenen eine Art von Vorschuß darstellt, der sowohl das physische Überleben wie die soziale Kontaktnahme sichert, so daß sich unter dem Schutz dieses Vorschusses die flexibleren, steuerbaren neuen Verhaltenskompetenzen entwickeln können. Interindividuelle Unterschiede in diesem Anfangsrepertoire sind daher, innerhalb normaler Grenzen, für die spätere Entwicklung relativ unwichtig.

Bedeutung prä- und perinataler Risiken

Welche Spätwirkungen haben die prä- und perinatalen Belastungen des Kindes? Lassen sich schwere Schädigungen frühzeitig erkennen? Hierzu gibt es eine Reihe neuerer Längsschnittuntersuchungen insbesondere bei frühgeborenen Kindern (Bee et al. 1982, Largo et al. 1985, Meyer-Probst & Teichmann 1984, Molfese und Thomsen 1985, Sameroff 1979, Wilson 1985, Rauh 1984a). Das überwiegende und übereinstimmende Ergebnis dieser Untersuchungen besagt, daß – außer bei sehr wenigen Kindern mit frühzeitig und eindeutig nachweisbaren Hirnschädigungen – weder das Ausmaß der Frühgeburtlichkeit, noch das Geburtsgewicht, noch die Schwere der perinatalen Komplikationen, noch das pädiatrische Untersuchungsergebnis bei der Entlassung aus dem Krankenhaus, jeweils für sich genommen, irgendeine Prognose auf den Entwicklungsstand mit fünf Jahren erlauben, selbst wenn sie sich im ersten Jahr noch als Krankheitsanfälligkeit und Entwicklungsverzögerung bemerkbar machen sollten. Eine Massierung biologischer Risiken allerdings kann sich in Häufungen von Verhaltensproblemen sowie Leistungsproblemen im perzeptuell-motorischen, kognitiven und sprachlichen Bereich auswirken, und zwar vor allem in Belastungssituationen (z. B. bei Prüfungsleistungen in der Schule). Dabei sind auf die Dauer die pränatalen Probleme bedeutsamer als die peri- und postnatalen akuten Komplikationen.

Von größerer prädiktiver Bedeutung sind dagegen die psychosozialen Risikofaktoren; sie wirken sich mit zunehmender Entwicklung des Kindes immer deutlicher aus. Aber auch hier läßt sich weniger aus einem einzigen Faktum als vielmehr aus einer Massierung von Belastungen eine Prognose ableiten. Von besonderer Bedeutung sind der Bildungsgrad der Mutter, erhebliche Persönlichkeitsprobleme beider Eltern, fehlende Unterstützung in der Partnerbeziehung und im Verwandtschafts- und Freundeskreis sowie Unwissenheit und Ängstlichkeit im Umgang mit dem Neugeborenen und negative Erwartungen an das Kind. Schlimme Erfahrungen aus der Kindheit seiner Eltern (Alkoholismus der Großeltern, sexueller Mißbrauch u. a.) scheinen die Entwicklung des Kindes nicht unmittelbar zu tangieren, sondern nur insoweit hierdurch die Stabilität der jungen Familie betroffen ist (Gershenson 1983). Ähnliches gilt für den sozialen Status der Herkunftsfamilie der Mütter und der jungen Familie selbst: er wirkt sich im wesentlichen über die Inanspruchnahme von Vorsorgeuntersuchungen, das Geschick der jungen Eltern, dem Kind eine angemessene und anregungsreiche Umwelt zu gestalten, und über die damit gegebene weitere soziale Umwelt sowie die Art der zusätzlichen Interaktionspartner für das Kind aus (Gershenson 1983, Sameroff 1979, Bee et al. 1982).

Besonders aufschlußreich ist die Kombination von biologischen und sozialen Risiken. Unter sehr günstigen psychosozialen Bedingungen können sich auch Kinder mit vielen biologischen Risikofaktoren völlig normal entwickeln; ähnliches gilt umgekehrt für stabile und gesunde Kinder bei erheblichen psychosozialen Belastungen. Sie sind in die neuere Fachliteratur als die „unverwundbaren" Kinder eingegangen. Massierte Belastungen und Kombinationen von biologischen und psychosozialen Belastungen dagegen erlauben keine guten Prognosen.

Eine Reihe von Erklärungsmustern ist für die Wirkung der Risikofaktoren möglich (Rauh 1984a):

- biologische Risiken blockieren nur vorübergehend das physische und neurologische Gleichgewicht,
- biologische Risiken wirken sich stärker auf motorische als auf kognitive Bereiche aus,

- dauerhafte Einschränkungen werden eher durch chronische und langdauernde als durch kurze, wenn auch dramatische Risiken bedingt,
- beeinträchtigt werden nur die im Moment verhaltensbestimmenden psychischen Funktionen,
- eine behindernde Wirkung kommt erst später mit zunehmender Komplexität des Verhaltens voll zum Tragen (z. B. erst in der Schule),
- je nach situativer Anforderungsstruktur (Spiel und freies Verhalten im Vergleich zu Test- und Schulsituationen) hat das Kind größere oder geringere Freiräume zur Kompensation seines Handicaps (Hand 1981),
- soziale Risiken wirken später, da sie langanhaltender sind,
- soziale Risiken wirken sich primär im kognitiven und sozialen Bereich aus und werden daher erst in der späteren Entwicklung erkennbar,
- die Entwicklungstheorien und -erwartungen der Eltern als Reaktion auf die Probleme des Kindes bilden den Anregungs- und Entwicklungsrahmen,
- die geringen Ausgangskompetenzen von Risikokindern erfordern sensibles und kompetentes Verhalten ihrer Eltern, wodurch einige überfordert sind,
- soziale Belastungen bzw. unzureichender Bildungsstand schränken die Fähigkeiten der Eltern ein, flexibel auf neue Probleme und Anforderungen zu reagieren und zusätzliche Probleme ihrer Kinder abzufangen.

Ein häufiges Argument zur Begründung sowohl der geringen Spätwirkungen oft erheblicher biologischer Risiken als auch für positive Wirkungen sehr früh einsetzender Therapieverfahren bei hirngeschädigten Kindern ist die These der außerordentlichen Plastizität des kindlichen Gehirns. Der heutige Stand der Forschung dämpft jedoch den mit diesem Argument verbundenen Optimismus. Nach der Phase der Nervenzellbildung mit Überschuß findet bei einem anatomisch geschädigten Gehirn keine wirkliche Heilung mehr statt; auch die automatische Übernahme durch andere Hirnregionen ist umstritten. Es handelt sich bestenfalls um ein wiederum intaktes, dann aber ein ,,anderes" Gehirn (Prechtl 1982). Die Belege für die enorme Plastizität stammen größtenteils aus Tierversuchen mit Tierföten, deren neurologischer Entwicklungsstand nicht dem eines neugeborenen Menschen entspricht. Auch die bei Tieren geprüften Funktionen lassen nur sehr begrenzt Übertragungen auf die höheren kognitiven Funktionen beim Menschen zu. Die rasche Erholung von Kindern nach Hirntraumen wird mit der generell rascheren Rekonvaleszenz von Kindern im Vergleich zu Erwachsenen erklärt. Allgemein kann weiterhin gelten: je früher der Schaden, desto folgenreicher (Sigman 1982). Die positive Wirkung von Therapie wird eher mit einer Erhöhung der allgemeinen Anpassungsfähigkeit und der Kompensationsmöglichkeiten als mit einer spezifischen Umprogrammierung des Gehirns erklärt (Rauh 1986). Dennoch: ,,Auf welcher Grundlage sich eine Funktion erholt, ist völlig unbekannt und dürfte von System zu System verschieden sein" (Sigman 1982, S. 100). Schließlich ist zu bedenken, daß Lernfähigkeit, und somit auch Plastizität, nicht ein Privileg allein der frühen Kindheit ist, sondern die gesamte Lebensspanne des Menschen charakterisiert (Brim & Kagan 1980).

B. Entwicklung des Kleinkindes

1. Eroberung der gegenständlichen Welt

Die ersten Lebensjahre widmet das Kind zu einem wesentlichen Teil der Erkundung seiner gegenständlichen Umwelt und der Entwicklung und Herausbildung der dazu notwendigen Kompetenzen.

Den folgenden zwei Entwicklungserrungenschaften in der frühen Kindheit hat sich die Forschung der letzten Jahre daher mit besonderem Interesse zugewandt: der Greifentwicklung und der Entwicklung der Objektpermanenz.

Unter *Objektpermanenz* wird folgendes verstanden: Für das kleine Kind zwischen drei und sechs Monaten scheint die Welt aus Sinneseindrücken und Gegenständen zu bestehen, die nur solange existieren, wie es sie sieht, hört oder mit ihnen hantiert. Geraten sie aus seinem Gesichtskreis, scheinen sie auch nicht mehr zu existieren. Kinder über acht oder zehn Monaten dagegen suchen aktiv nach einem aus ihrem Blickfeld verschwundenen Gegenstand. Sie haben offenbar eine Vorstellung darüber entwickelt, daß Gegenstände auch dann noch weiterbestehen, wenn man sie nicht sieht, hört oder greift, und daß sie eine von der eigenen Handlung unabhängige Existenz haben. Das im Raum befindliche und über die Zeit existierende Objekt wäre damit nicht einfach ein Reflex der Erfahrungen, sondern eine geistige Konstruktion, ein erster ‚Begriff'.

Der Bildung der Objektpermanenz geht zeitlich und wahrscheinlich auch sie bedingend die Entwicklung des Greifens voraus. Greifen ist ja nicht nur eine motorische Fertigkeit, die beim Menschen mit der Möglichkeit der Gegenüberstellung von Daumen und Zeigefinger besonders differenziert ausgebildet ist; das Greifen ist auch eine Erkenntnishandlung: wir „begreifen" etwas. Zugleich gewährt aber die Beobachtung der Greifentwicklung einen anschaulichen Einblick in den Entwicklungsprozeß, wie er ähnlich auch in anderen, weniger sichtbaren Verhaltensweisen ablaufen könnte.

„Begreifen" durch Greifen

Der Entwicklung des Greifens und seiner psychologischen Bedeutung haben sich vier namhafte Entwicklungspsychologen gewidmet: Der Schweizer Jean Piaget (1936/1975, 1937/1975), die Amerikaner Burton L. White (1970) und Jerome S. Bruner (1968) von der Harvard Universität und der Schotte T. G. R. Bower (1979) (s. Tabelle 3.2).

Tabelle 3.2 Entwicklung der Greifbewegung

Alter	Piaget (1936)/White (1970)	Bower (1979)	Bruner (1968)
Neugeborenes 0–4 Wochen	(Üben der angeborenen Reflexschemata bei ihrer Auslösung durch Stimuli)	*Phase I A:* Anblick eines Gegenstandes löst Armbewegung in Richtung des G. aus, mit ca. 40% Kontakterfolg; Strecken des Armes löst Handschließen aus; Berühren der Handinnenfläche löst Greifreflex aus, Streichen entlang der Hand dagegen Strecken der Finger. 1.–20. Woche: Geräuschobjekt löst Armbewegung in Richtung Geräuschquelle aus mit ca. 25% Kontakterfolg bei 18 Wochen, auch im Dunkeln.	
1–2 Monate	*Stufe 1:* Hören, Sehen, Greifen und Saugen sind nicht koordiniert. Hand greift nicht nach gesehenem Gegenstand, greift auch nicht nach dem Gegenstand, an dem gesaugt wird, Kind schaut nicht nach ergriffenem Gegenstand oder nach Geräuschquelle. Mitunter wird die Hand zum Mund gebracht und daran gesaugt. D. h.: separate und nicht miteinander koordinierte Schemata.	Die Armbewegung nach einem Sehobjekt verschwindet aus dem Repertoire.	Kontaktberührung mit Objekt löst Greifreflex aus. Bei etwas entfernterem Greifobjekt: Strecken von Zeigefinger und Daumen, später auch aller Finger. Bei Anblick eines Objektes in Greifnähe (in aufrechter Haltung) Erhöhung der Muskelspannung in Armen und Schultern.
2–3 Monate	*Stufe 2:* Augen folgen der Bewegung der Hand, diese ist aber noch nicht unter der Kontrolle der Augen. Saugen am ergriffenen Gegenstand, aber kein Betrachten des ergriffenen Gegenstandes oder Ergreifen des gesehenen Gegenstandes. D. h.: beginnende Koordination von je 2 Schemata.		Bei Anblick von G. in Greifnähe: „Aufpumpen" von Armen, Schultern und Kopf, Fixieren des G. und aktive „Mundarbeit". Bewegung der Arme bei geschlossener Faust, aber Überraschung (Blinzeln), wenn Faust Objekt berührt.

3–4 Monate	*Stufe 3:* Das Sehen scheint die Handbewegung zu beeinflussen, diese im Sehbereich zu halten und ihre Aktivität zu erhöhen. Hand greift nach Gegenstand, an dem gesaugt wird; gerät aber der G. dabei zufällig in das Blickfeld, tritt eine Verzögerung ein, bevor daran gesaugt wird.	Betrachten der eigenen Hand: Kind verfolgt Hand mit Augen- und Kopfbewegungen (auch blinde Kinder). Allmählich wird Greifbewegung nach der gesehenen Hand mit der anderen Hand ausgelöst (nur bei sehenden Kindern).	Langsame Bewegung mit offener Hand auf das fixierte Objekt zu mit Mund- und Zungenaktivität. Bei bilateraler Armbewegung Zusammentreffen der Arme in der Körpermittellinie. Handschließen nur bei Berühren des Objekts. Bei unilateraler Armbewegung hängt der andere Arm schlaff.
4–5 Monate	*Stufe 4:* Hand ergreift erstmals gesehenen Gegenstand, sofern Hand und Gegenstand gleichzeitig im Sehfeld sind.	*Phase I B:* Wiederauftauchen der im 1. Monat beobachteten Arm- und Greifbewegung, ausgelöst durch Sehen von Gegenständen, aber in der Ausführung nicht gesteuert durch das Sehen. Keinerlei Ansatz einer Greifbewegung nach Geräuschobjekt im Dunkeln.	Klare Sequenz: Aktivierung, Armbewegung, Ergreifen, Heranholen zum Mund, in den Mund stecken. Auslösung der Bewegung durch Anblick von Gegenständen. Ausführung bis zum 7./8. Monat häufig ohne visuelle Steuerung.
5–6 Monate	*Stufe 5:* Echtes, durch Sehen gesteuertes Greifen nach Gegenstand Nach Ergreifen: Betrachten des Gegenstandes, danach Saugen am Gegenstand. Mit der Zeit verlängert sich die Betrachtungszeit, und das Saugen entfällt.	*Phase II.* Sehen löst Transport der Hand in das Blickfeld und dann zum G. aus; Handführung ist also visuell gesteuert und daher exakter (100% Kontakterfolg). Das Schließen der Hand dagegen erfolgt erst nach Berühren des Gegenstandes, ist also taktil gesteuert.	
7 Monate			Direktes Zustoßen auf den Gegenstand.
14 Monate			Ausbreiten der Arme auf der Höhe des Gegenstandes, dann erst Schließen der Hände um den Gegenstand.

1. *Piaget: Von einfachen Schemata zur komplexen Struktur.*
Für Piaget ist die Entwicklung des Greifens ein augenfälliges Beispiel für das Entstehen von Handlungs- und Operationsstrukturen. Das Kind kommt mit einigen reflexartigen *Schemata* zur Welt; dazu gehören das Schauen, Hören, Saugen und der Greifreflex. Diese werden durch entsprechende Umweltstimuli ausgelöst und so geübt. Piaget vertritt die Ansicht, zunächst gebe es für das Baby ebensoviele ,,Welten", wie es Sinneskanäle hat, also getrennte Seh-, Hör-, Tast-, Schmeckwelten. Außerdem erkenne das Kind über Zeiträume (Minuten, Stunden, Tage) denselben Stimulus nicht als denselben wieder. Da ein Gegenstand seinen Charakter nur über die Kombination und Integration der verschiedenen Sinnesinformationen erhält und seine Dauerhaftigkeit nur über Raum- und Zeitbeziehungen, besteht nach Piaget die Welt des kleinen Säuglings, der noch nicht nach Gesehenem greifen kann, auch noch nicht aus einer einheitlichen Welt mit konkreten Gegenständen, sondern bestenfalls aus interessanten Sinneseindrücken, die das Resultat seiner eigenen Handlungen sind.

Im weiteren Verlauf der Entwicklung wendet das Kind seine Schemata aktiv an, um diese interessanten Erscheinungen immer wieder hervorzurufen oder andauern zu lassen (Stufe 1). Dabei festigen sich die Schemata, weiten sich aus und differenzieren sich. Aber sie kombinieren sich zunächst höchstens mit Schemata anderen Ursprungs.

Der Prozeß der *Organisation* der Schemata untereinander wird von Piaget als gegenseitige, reziproke *Assimilation/Akkommodation* beschrieben. Die Schemata Greifen und Schauen koordinieren sich so, daß es einen Überlappungsbereich gibt, in dem beide gleichzeitig gültig sind, und Bereiche, in denen sie sich gegenseitig ausschließen (Piaget: Teilnegationen bei Intersektion).

Der weitere Schritt in der Organisation der Schemata zu *Strukturen* ist bei Piaget die Ausbildung von hierarchischen Ordnungen. Die Greifhandlung, die zunehmend sicherer abläuft, erhält dadurch Flexibilität, daß die Schemata je nach Bedarf unterschiedlich kombiniert werden können und außerdem zueinander in Mittel-Zweck-Beziehungen treten können: Das Kind greift nach einem Gegenstand, um ihn genauer inspizieren zu können, oder inspiziert ihn, um ihn präziser packen zu können. Greifen als flexibles System wird schließlich zu einem Untersystem für übergreifende Handlungen, wie z. B. beim Werkzeuggebrauch zum Lösen konkreter Probleme.

Der konkrete Gegenstand, der nun über alle Sinne identifiziert werden kann sowie unabhängig von der konkreten Handlung im Raum existiert und Dauer hat, ist nach Piaget eine geistige Konstruktion des Kindes und das Ergebnis der Organisation seiner Schemata, wobei die Organisation der am Greifvorgang beteiligten Schemata eine hervorragende Bedeutung hat.

2. *Bower (1979): Von globaler Struktur zu spezialisierten Verhaltenssequenzen.*
Für Bower sieht der Entwicklungsverlauf des Greifens in einigen Aspekten anders aus als bei Piaget. Er betont, daß viele Strukturen, die nach Piaget im Laufe der Entwicklung erst mühsam aufgebaut werden, bereits von Anbeginn vorhanden sind: Sie werden im Laufe der Entwicklung aufgebrochen, differenziert und durch Lernen angereichert. Dies läßt sich nach Bower daran ablesen, daß z. B. das Neugeborene Kompetenzen zeigt, die verloren zu gehen scheinen, um später in einer anderen Variante wieder aufzutreten. Nach Bower lebt das Neugeborene in einer einheitlichen Welt: Was hörbar ist, ist auch greifbar, was greifbar ist, ist auch sehbar; was sehbar ist, ist auch greifbar und so fort. Informationen über unterschiedliche Sinneskanäle werden einheitlich repräsentiert; Informationen aus unterschiedlichen Sinnen sind daher gegeneinander austauschbar.

Etwa um den fünften Lebensmonat werden die Sinne dissoziiert: Töne sind nicht mehr prinzipiell berührbar, sondern repräsentieren eher Kommunikation und werden Interessenobjekte in sich selbst; das Kind lauscht ihnen. Sehen führt nicht unmittelbar zum Greifen, sondern erst Berührung löst Zugreifen aus. Sehobjekte werden zunehmend Betrachtungsobjekte und erleichtern das Denken, das dem Handeln vorausgeht.

Bower unterscheidet zwei Phasen der Greifentwicklung. In Phase I wird durch Sehen und Hören die aus Armbewegungen und Handschließen bestehende Greifbewegung initiiert und ohne weitere Zwischenkontrollen zu Ende geführt. Wenn Kinder an lose hängende Objekte stoßen, lösen sie zwar ein für sie interessantes Ereignis aus, aber das Zugreifen (Handschließen) entfällt mit der Zeit aus der visuell initiierten Sequenz und erfolgt nur noch auf direkte Berührung, da es nur hier erfolgreich bleibt. Weicht dagegen der Gegenstand nach der Armbewegung nicht zurück, dann entfällt das Handschließen auch nicht aus der Greifsequenz, sondern ‚akkommodiert‘ sich. Mit etwa vier Monaten taucht ein Verhalten auf, das der ursprünglichen Phase I ähnelt, jetzt aber das – zunächst unvollkommene – Ergebnis zweier Entwicklungsstränge ist: der Armbewegung unter Wegfall des sofortigen Handschließens und dem taktil ausgelösten Handschließen. In der Phase II kommt die Armbewegung unter visuelle Steuerung mit feedback, und das Ergreifen erfolgt erst, wenn der Gegenstand berührt wird, wobei nun auch dies visuell mitverfolgt wird (vgl. Abb. 3.7).

Für Kinder, die nicht genügend Greiferfahrungen mit Gegenständen haben, hat die Natur – so Bower – noch einen Sicherheitsweg vorgesehen: das Betrachten der eigenen Hände. Mit etwa 12 Wochen tritt es verstärkt auf und scheint reifungsdeterminiert zu sein, da es auch bei blinden Kindern zu beobachten ist. Bei sehenden Kindern dient nun die eigene Hand als Seh- und Greifobjekt, nach dem das Kind mit seiner

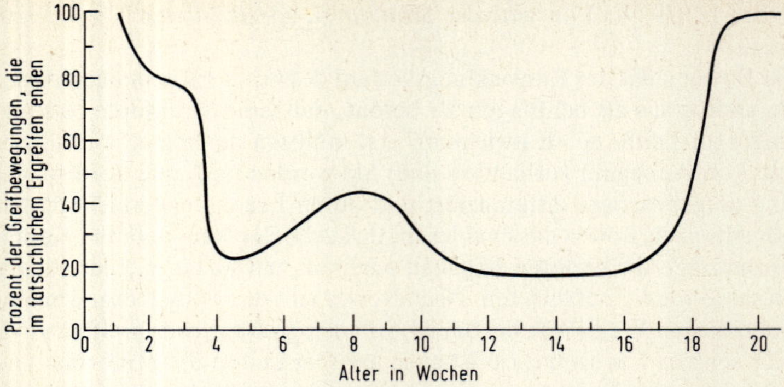

Abb. 3.7a Greifen nach einem hängenden Gegenstand. Längsschnittliche Beobachtung von Bower (aus Bower, 1979, S. 99).

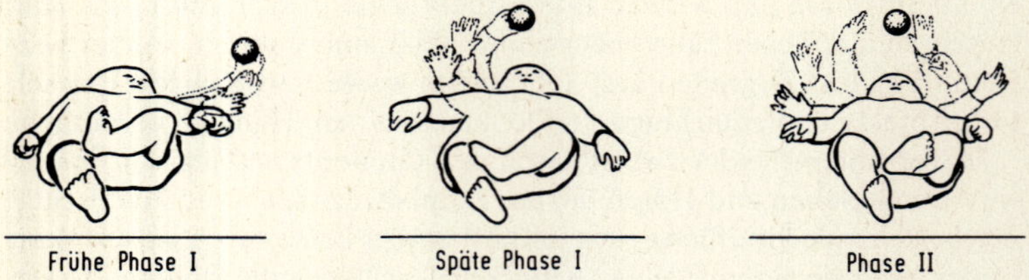

Abb. 3.7b Veränderungen in Armbewegung und Handhaltung beim Greifen, gezeichnet nach Videoaufnahmen (Bower 1979, S. 96). Bei Phase I ist die Armbewegung direkt auf den Gegenstand zu; bei Phase II weniger direkt, dafür aber stärker visuell gesteuert.

anderen Hand greift und so schließlich zum gleichen Entwicklungsresultat kommt wie Kinder mit anderen Seh- und Greifobjekten.

Reifung und Lernen führen nach Bower über zum Teil verschiedene Pfade schließlich zum selben Entwicklungsergebnis; der Entwicklungsprozeß ist damit überdeterminiert. So läßt sich erklären, daß die Umweltbedingungen zwar den Entwicklungsprozeß beschleunigen oder verlangsamen, ihn aber nicht prinzipiell verändern können, zumindest nicht in der frühen Kindheit.

3. *Bruner (1968): Von diffusen zu artikulierten, differenzierten Willenshandlungen.*

Für Bruner gibt es bei der Greifentwicklung noch einen weiteren Aspekt zu beachten. Er – und dabei beruft er sich auf sowjetische Wissenschaftler – sieht in ihr die Entwicklung eines motorischen Handlungsmodells, das seinerseits ein Modell für spätere symbolisierte Handlungsmodelle (Denken) bietet. Ihn interessiert besonders die Entwicklung intendierten (willentlich) zielgerichteten Handelns. Diese Entwicklungsreihe läßt sich nicht ohne weiteres allein aus vorbereiteten Reflexen herleiten.

Am Anfang steht nach Bruner der recht ungeschickte Ausdruck einer Willenshandlung, ohne daß das Kind ein Programm zur Verfügung hätte, die vielen Freiheitsgrade in den Bewegungen von Körper, Kopf, Armen und Beinen einzuschränken.

Dann folgt eine undifferenzierte, diffuse Aktivierung von Bewegungen, und zwar von langsamen Beuge- und Streckbewegungen, die sich deutlich von wohl organisierten Reflexbewegungen unterscheiden. Der Körpermittellinie kommt nach Bruner große Bedeutung für die Orientierung, die Reduktion überflüssiger Bewegungen und damit für das gezielte Greifen zu. Wichtig ist auch die ‚Mundarbeit' des Kindes. Seine Mundaktivität hat offensichtlich die Aufgabe, den Abschluß der Handlung während des Handlungsablaufes im Sinne zu behalten; sie ist damit ein Vorläufer für Intentionalität. Auch die starr offene Hand (Phase II nach Bower) statt der geschlossenen Faust dient als übertriebene Handlung dazu, die Intention aufrechtzuerhalten, wenn die Erfüllung zeitlich etwas verzögert ist.

Solche intendierten Handlungen werden ständig verbessert und im Gehirn als motorische oder *‚enaktive' Schemata* repräsentiert. Wenn das Kind dann nicht mehr direkt auf den Gegenstand zustößt, sondern die Greifhandlung zerlegt in ein Ausbreiten der Arme bis auf die Höhe des Gegenstandes und dann die Hände zusammenschließt, spricht dies dafür, daß es über eine weitere, eine *‚ikonische'* (bildhafte) Repräsentationsebene verfügt, auf der ein kartesischer Raum unabhängig von der Handlung existiert (ca. Ende des zweiten Lebensjahres).

Möglicherweise setzt das Greifen auch die Grundlage für die Vorstellung von Einzahl und Vielzahl. Gibt man Kindern rasch nacheinander zwei oder drei Spielzeuge in der Körpermittellinie, zeigt sich folgendes: Siebenmonatige Kinder lassen das erste Spielzeug, das bereits auf dem Wege zum Mund ist, fallen, um nach dem zweiten Spielzeug zu greifen. Die Einzahl ist durch den Mund definiert. Zwölfmonatige Kinder greifen das zweite Spielzeug mit der zweiten Hand; wird aber noch ein drittes gereicht, lassen sie eines der beiden ersten fallen. Die Zahl zwei ist durch die Hände definiert. Achtzehnmonatige Kinder behelfen sich bei mehr als zwei Gegenständen damit, daß sie die ersten in die Armbeuge klemmen, um die Hände für die nächsten freizubekommen. Ihre Mehrzahl ist begrenzt und definiert durch diese körperliche Reserve.

Piaget, Bower und Bruner im Vergleich. Für Piaget zeigt sich an der Greifentwicklung, wie separate, sinnesspezifische (Handlungs-)Schemata sich differenzieren und koordinieren und zu einer komplexen, flexiblen Struktur organisieren, die eine einheitliche Sinnes- und Handlungswelt für das Kind entstehen läßt. Entwicklung ist Aufbau von immer komplexeren, flexibleren und effizienteren Strukturen bzw. Systemen. Diese Systeme lassen sich anhand ihrer formalen Merkmale charakterisieren. Die Entwicklungsrichtung ist durch das Organisationsprinzip als Entwicklungsprinzip gesichert: Der jeweils folgende Entwicklungsschritt, charakterisiert durch seine Strukturmerkmale, ist der wahrscheinlichste, gegeben der vorausgehende Entwicklungsschritt und das Prinzip der Organisation zu immer effizienteren Strukturen (statistische Kausalität und Äquilibrationsprinzip). Die Entwicklungsmechanismen sind die neurophysiologische Reifung und vor allem die Äquilibration: d. h. Assimilation und Akkomodation in der Interaktion mit der Umwelt (Adaptation) und zwischen den Schemata (Organisation). Das Verhältnis von Reifung und Äquilibration ist nicht genauer expliziert.

Bower geht von vorgegebenen, sinnesunabhängigen, sehr allgemeinen kognitiven Strukturen aus, die die Möglichkeit zu einer einheitlichen Erfahrungswelt sichern. Im Laufe der Entwicklung findet (anders als bei Piaget) keine Strukturveränderung statt. Die vorgegebenen konkreten Verhaltensweisen brechen auf, differenzieren, konkretisieren und spezialisieren sich zu sinnesspezifischer Informationsaufnahme und -verarbeitung. Die Entwicklungsrichtung ist durch die vorgegebene Struktur funktional gesichert (d.h. an den Überlebensnotwendigkeiten orientiert). Einfache Lernprinzipien der selektiven Verstärkung, Löschung und Neuverknüpfung reichen aus, um die Spezialisierung und Konkretisierung zu erklären. Um die Entwicklungsrichtung auch gegen mangelnde oder dysfunktionale Lernerfahrung zu sichern, ist der Entwicklungsverlauf durch Reifungskomponenten überdeterminiert; sie erfüllen eine Notfallfunktion.

Während bei Piaget und Bower die kognitiven Aspekte im Vordergrund stehen, verbindet Bruner kognitive mit motivationalen Komponenten zu einem Handlungsmodell. Ihn interessiert die Struktur von Handlungen und das Medium ihrer Repräsentation (enaktiv, ikonisch, symbolisch). Die Entwicklungsrichtung verläuft für die intentionalen Handlungen von diffus-undifferenziert zu artikuliert und differenziert, d. h. Intention, Durchführung der Handlung und Abschluß der Handlung werden zunehmend besser unterschieden und aufeinander bezogen. Die zweite Entwicklungsrichtung ist charakterisiert durch die Abfolge der verfügbaren Repräsentationsebenen: enaktiv, ikonisch, symbolisch. Diese Repräsentationsebenen haben jeweils ihre Besonderheiten. Ein wesentlicher Entwicklungsmechanismus besteht daher im Lösen von Widersprüchen zwischen den Repräsentationsweisen.

Objektbegriff und Objektpermanenz

Der Objektbegriff, die Vorstellung von der Substanzhaftigkeit von Objekten, ihrer andauernden Existenz, auch unabhängig von der Wahrnehmung und Handhabung durch das Individuum, ist offensichtlich der erste „Begriff" in der Entwicklung jeden Kindes. Wegen seiner theoretischen und praktischen Bedeutung hat er in den vergangenen zwanzig Jahren große Aufmerksamkeit auf sich gelenkt, wobei sich alle Forscher im wesentlichen an Piaget orientierten und ihn zu bestätigen oder zu widerlegen trachteten. Daher soll die Darstellung des Erwerbs der Objektpermanenz nach Piaget auch hier als Ausgangspunkt dienen.

Entwicklung des Objektbegriffs nach Piaget (1936/1975, 1937/1975)
Für Piaget sind Begriffe und Vorstellungen nicht Abbilder der Wirklichkeit, sondern aktive Konstruktionen des Individuums. Diese Konstruktionen legen nur die Denk- und Handlungsformen fest, nicht notwendigerweise ihre Inhalte. Der heranwachsende Mensch bildet somit zunehmend passendere Konstruktionen für die ihm begegnenden Umweltkonstellationen.

Abbildung 3.8 veranschaulicht oben das Verhalten eines Kindes, für das Objekte noch keine Dauer oder Permanenz haben, unten das Verhalten eines Kindes, das erfolgreich nach dem verschwundenen Gegenstand sucht.

Tabelle 3.3 gibt einen Überblick über die Entwicklungsschritte in der Konstruktion des Objektbegriffs nach Piaget mit seinen Interpretationen.

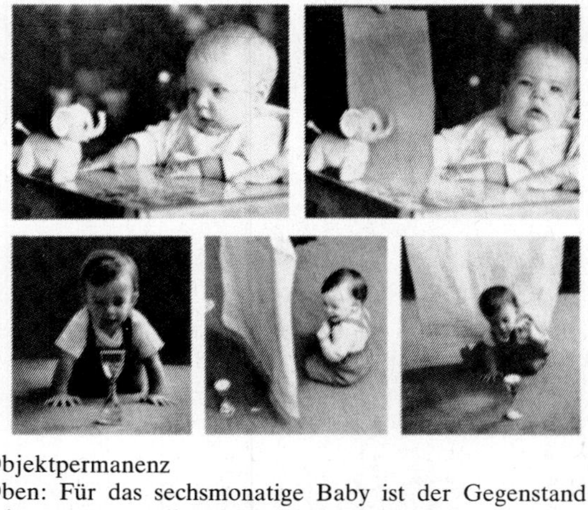

Abb. 3.8 Objektpermanenz
Oben: Für das sechsmonatige Baby ist der Gegenstand nicht mehr existent, wenn es ihn nicht mehr sieht.
Unten: Das 10–12monatige Kind dagegen sucht erfolgreich nach dem verdeckten Gegenstand (Schell, 1975, S. 135).

Tabelle 3.3 Entwicklung der Objektpermanenz (nach Piaget 1936/1975)

Stufe/LA	Merkmale	Interpretation
1 0–1 Mon.	Kind verfolgt Objekt langsam bis zur Mittellinie; evtl. leichtes Kopfwenden; kein Suchen	Objekt und Handlung nicht getrennt; Objekt ist quasi Produkt der Handlung
2 1–4 Mon.	Wenn Objekt aus Blickfeld verschwunden: a) Kind setzt begonnene Handlung fort b) sucht dort, wo Objekt zuletzt verschwand c) guckt dorthin, wo Objekt ursprünglich auftauchte und Wiederholung derselben Handlung.	Kind versucht, interessantes oder Vergnügen bereitendes „Bild" durch Fortsetzung oder Wiederholung der Handlung wieder einzufangen („primäre Kreisreaktionen")
3 4–8 Mon.	Grobe Ansätze von Suchbewegungen: Kind antizipiert sich bewegendes, aber kurz verschwundenes Objekt an der richtigen Stelle durch Verlängerung seiner Handlung; bei kurzer Pause: Suchen des Objekts, aber nicht mehr, wenn es Objekt nicht gleich findet a) erkennt halb verdeckten Gegenstand nicht b) setzt eingeleitete Greifbewegung auch bei halb verdecktem Gegenstand fort	Objekt hat noch keine selbständige Existenz, es entsteht aus der Handlung; „Entstehen" des Objekts kann teilweise vorhergesehen werden
4 8–12 Mon.	Deckt teilverdecktes Objekt auf; bei ganz verdecktem Objekt: a) sucht weiter, wenn Objekt bereits ergriffen b) aktive Suche, aber nur erfolgreich, wenn nur 1 Ort zur Wahl steht; bei sichtbarem Platzwechsel des Objekts: Suche am 1. Ort	Objekt erhält eigene Existenz unabhängig von Handlung des Kindes; Unabhängigkeit des Objekts vom Ort und von Raumbeziehungen noch nicht erfaßt; der assoziierte Ort ist das *Signal* für das Objekt.
5 12–18 Mon.	Kind beobachtet Platzveränderung von A nach B: a) Probesuchen bei A; dann bei B b) sucht gleich bei B	Objekt wird als unabhängig von eigener Handlung und von Raumposition begriffen; Erfassen von Sequenzen von Raumpositionen nur in der gesehenen Reihenfolge
6 18–24 Mon.	Objekt wird verdeckt (z. B. in eine Dose getan) nacheinander unter 3 Gegenständen entlanggeführt und unter einem verborgen a) Kind sucht in der Dose b) wenn ohne Erfolg: in der gesehenen Sequenz der Orte c) in der umgekehrten Sequenz der Orte	Objekt hat substantiellen Dingcharakter, unabhängig davon, ob man es sieht; Objekt ist wie das Kind selbst räumlichen Positionsveränderungen unterworfen, aber unabhängig vom Kind; beide Positionsveränderungen müssen im Geiste koordiniert werden.

Kritik und Erweiterungen durch Bower

Die sicherlich eingehendste und mit empirischen Befunden belegte Kritik an Piagets Interpretation stammt von Bower (1971, 1977, 1979). Er führte eine Reihe einfallsreicher Versuche durch, deren Ergebnisse sich nicht ohne weiteres in Piagets Schema einpassen lassen.

Erste Kritik: Bower untersuchte, ob man das Verhalten des Kindes auf der vierten Stufe der Objektpermanenzentwicklung wirklich zusammenfassen kann als: ,,Aus den Augen – aus dem Sinn".

Stellt man im Versuch das Spielzeug statt unter eine Tasse auf einen Klotz, dann zeigen sechsmonatige Babys das gleiche Verhalten wie beim Verschwinden eines Gegenstandes: Sie halten in ihrer Greifbewegung inne. Schaltet man dagegen bei beginnender Greifbewegung das Licht aus, setzen sie die Greifbewegung fort. – Zwölf Wochen alte Babys können zwar der Bewegungsbahn eines Gegenstandes mit den Augen folgen; wird der Gegenstand über eine Plattform geschoben, bleibt ihr Blick am ersten Berührungspunkt hängen, oder sie suchen am Ausgangspunkt der Bewegungsbahn. Wird dagegen der Gegenstand hinter einem Schirm durchgeschoben, bleibt die Blickbewegung erhalten!

Bower folgert aus dieser Beobachtung, daß für das Kind unter sechs bis acht Monaten Objekte keine klaren Grenzen, kein deutliches Oben, Unten, Hinten, Vorn, Links oder Rechts haben. Werden sie auf einen anderen Gegenstand gestellt und teilen mit ihm eine Grenze, dann werden sie für das Kind funktionell unsichtbar.

Zweite Kritik: Bower fragte weiterhin, ob Objektpermanenz für Babys prinzipiell ein Problem darstellt oder nur bei erschwerenden Versuchsbedingungen nicht geleistet wird.

Anstatt versteckt zu werden, bleibt im folgenden Versuch der Gegenstand an seinem Platz, und ein Schirm wird vor ihm vorbeigezogen, so daß in den verschiedenen Versuchsdurchläufen der Gegenstand für 1.5, 3. 7.5 oder 15 Sekunden verborgen bleibt.
A: Der Gegenstand taucht nach Vorbeiziehen des Schirmes wieder auf.
B: Der Gegenstand bleibt verschwunden.

Versuchspersonen waren Kinder im Alter von drei Wochen bis viereinhalb Monaten. Ihre Überraschungsreaktion wurde an der Veränderung der Herzschlagfrequenz abgelesen. Die Ergebnisse zeigen, daß alle, auch die jüngsten Kinder, bei raschem Vorbeiziehen des Schirms (bis drei sec.) überrascht waren, wenn danach der Gegenstand verschwunden blieb. Zog der Schirm langsamer vorüber, dann wandelte sich das Verhalten bei den jüngsten Kindern: Sie waren bei 15 sec. Dauer des Verbergens schließlich überrascht, wenn der Gegenstand dann doch noch auftauchte.

Bower folgert aus diesen Versuchen, daß selbst die jüngsten Kinder rudimentär über Objektpermanenz verfügen, also mit der Weiterexistenz eines Objektes rechnen, wenn es kurz verschwindet. Bei längerem Verschwinden sei das Verhalten der jüngsten Kinder durch Gedächtnisprobleme zu erklären.

Dritte Kritik: Schließlich wollte Bower wissen, anhand welcher Merkmale (Farbe/Form/Bewegungsbahn) Babys Objekte identifizieren. Er beobachtete nämlich unterschiedliche Reaktionen, wenn sich der Gegenstand bewegte oder der Schirm vorbeizog.

Bereits viermonatige Babys können ohne Probleme der Bewegungsbahn eines Gegenstandes folgen, selbst wenn dieser zwischendurch hinter einem Schirm verschwindet. Verändert aber der Gegenstand seine Bewegungsbahn, selbst ohne Schirm, oder bleibt er zwischendurch stehen, dann zeigt das Kind seltsames vergebliches Suchverhalten:

1. Kindern im Alter von sechs Wochen bis fünf Monaten führte Bower folgendes Arrangement vor:
   a) Ein Männlein wandert hinter einem Schirm vorbei.
   b) Ein Männlein ändert hinter dem Schirm seine Laufrichtung und kehrt um.
   c) Ein Männlein verändert hinter dem Schirm sein Lauftempo.
   d) Das Männlein wird bei den Arrangements a–b hinter dem Schirm gegen einen roten Löwen ausgetauscht.

   Die älteren Kinder folgten auch nach dem Austauschen zunächst dem neuen Objekt, schauten dann aber zum Schirm zurück, als erwarteten sie noch den ‚eigentlichen' Gegenstand. Die jüngsten Kinder (vier Monate) folgten ohne Verwirrung den Verwandlungen, sofern die Bewegungsbahn beibehalten wurde, schauten und suchten aber nicht weiter, wenn sich Laufzeit- oder -richtung veränderten!
2. Jüngere Babys akzeptieren ohne Verwirrung die allmähliche Verwandlung einer (stationären) Tasse in eine Blumenvase mit Blumen. Sie suchen nicht nach der verschwundenen Tasse, sind sogar überrascht, wenn sie woanders auftaucht.
3. In einem weiteren Versuch wurde Kindern ihre eigene Mutter über Spiegel in mehrfacher Ausgabe angeboten (verdoppelt oder verdreifacht) und ihr Verhalten mit dem verglichen, wenn außer der Mutter zwei fremde Frauen in den Spiegeln erschienen. Kinder unter fünf Monaten interagierten fröhlich mit der Mutter und ignorierten die Fremden. Es störte sie allerdings gar nicht, die Mutter mehrfach zu sehen. Kinder über fünf Monate dagegen interagierten ebenfalls nur mit der Mutter, reagierten aber unruhig und verwirrt, wenn sie ihnen in mehrfacher Ausgabe zugleich erschien.

Bower schließt aus diesen und ähnlichen Versuchen, daß kleine Babys Gegenstände nicht primär nach Form- und Farbmerkmalen identifizieren, sondern nach Ort bzw. Bewegungsbahn und -tempo. Bewegte und stationäre Objekte, selbst wenn sie gleich aussehen, sind für sie verschiedene Objekte; Objekte gleicher Bewegungsbahn oder am gleichen Ort dagegen sind für sie, selbst wenn sie verschieden aussehen, die gleichen Objekte. Sie können noch nicht die Informationen auf der Ebene eines Bildes (stationär) als das Ergebnis einer Bewegung analysieren.

Tabelle 3.4 gibt einen Überblick, wie sich Bower die Objektbegriffsentwicklung bis zur Stufe 4 im Schema von Piaget vorstellt.

Tabelle 3.4 Entwicklung des Objektbegriffs nach Bower (1979)

unter 5 Monaten	nach 5 Monaten	nach 8 Monaten
1 Ein Objekt ist ein umgrenzter Raum an einem bestimmten Platz →	1 Ein Objekt ist ein begrenzter Raum, der sich von Ort zu Ort bewegen kann →	
2 Ein Objekt ist ein umgrenzter Raum auf einer Bewegungsbahn →		
3 Zwei Objekte können nicht zugleich am selben Ort sein →	2 Zwei Objekte können nicht zugleich am selben Ort gesehen werden. Objekte, die man nicht sehen kann oder deren Bewegungsbahn nicht zu erkennen ist, existieren nicht mehr →	Ein Objekt, das man nicht sehen kann und dessen Bewegungsbahn man nicht verfolgen kann, ist entweder in einem anderen Gegenstand, oder es berührt einen anderen Gegenstand oder existiert sonst irgendwo
4 Objekte am gleichen Ort sind das gleiche Objekt, (unabhängig von Form- und Farbmerkmalen) →	3 Objekte lassen sich auch nach ihren Form-/Farbeigenschaften identifizieren →	
5 Gleich aussehende Objekte an verschiedenen Orten (auch nacheinander!) sind verschiedene Objekte →	4 Gleich aussehende Objekte, die zugleich an verschiedenen Orten zu sehen sind, sind verschiedene Objekte →	
6 Objekte mit unterschiedlichen Bewegungsbahnen sind verschiedene Objekte →		

Koordination der Ansätze von Piaget und Bower

Objektidentität und Objektpermanenz. M. Keith Moore (1978) versuchte, die Konzeptionen von Piaget und Bower zu vereinigen, indem er zwischen der Konstruktion der Objektidentität und der der Objektpermanenz unterscheidet (Moore 1978). Er postuliert drei aufeinanderfolgende Ebenen der *Objektidentität.*

Niveau I: Identität bei gleichbleibendem Zustand der visuellen Welt.
Niveau II: Identität bei Wechsel zwischen Ruhe und Bewegung (beobachtbare Veränderungen).
Niveau III: Identität auch bei Transformationen im Sinne des teilweisen oder vollständigen Verbergens des Objekts (= Permanenz).

Dieser letzte Schritt impliziert eine geistige Vorstellung vom Objekt. Das Kind verwendet zunächst jeweils räumliche Kriterien (Ort und Bewegungsbahn), um ein Objekt als dasselbe zu identifizieren; Kriterien des Aussehens folgen erst später.

Das Schema von Moore wäre noch durch die Stufen V und VI von Piaget zu ergänzen. Die Fähigkeit des ca. zweijährigen Kindes, den sukzessiven Verstecken zu folgen und sogar eventuell die Versteckabfolge vom letzten Versteck her aufzurollen, wird als ein deutlicher Hinweis dafür gesehen, daß es nun im praktischen Handeln flexibel mit räumlichen Beziehungen umgehen und diese sich auch vorstellungsmäßig repräsentieren kann.

Beziehungen zu anderen Bereichen der kognitiven Entwicklung

Sensumotorische Intelligenz

Die differenzierten Beobachtungen Piagets und seine faszinierende Theorie haben zur Konstruktion von Entwicklungstests und Überprüfung von Entwicklungssequenzen geführt. Die drei bekanntesten Testverfahren sind die von Casati-Lezine (1968), Corman und Escalona (1969) und Uzgiris und Hunt (1975), letztere in der Bearbeitung von Dunst (1980) und der deutschen Übersetzung von Sarimski (1986).

Die z.B. mit den Hunt-Uzgiris-Skalen erfaßbaren Teilbereiche sind, außer der Objektpermanenz, das Verwenden von Gegenständen als Mittel (z.B. einen Gegenstand am Band heranziehen, einen Stock als Mittel verwenden usw.), die Koordination von Schemata (ähnlich wie bei der Greifentwicklung besprochen), das Erfassen von praktischen Raumbeziehungen (z.B. über Umwege zum Ziel gelangen können), das Erfassen von einfachen Ursache-Wirkungsbeziehungen (z.B. wiederholt und absichtlich einen Spielzeugmechanismus in Gang setzen), sprachliche Imitation und gestische Imitation. Alle genannten Teilskalen haben das gleiche theoretische Bezugssystem, nämlich Piagets Theorie der kognitiven Entwicklung in der Periode der sensumotorischen Intelligenz.

Erste Frage: *Verlaufen die Entwicklungen parallel?* Die anfängliche Erwartung, daß sich die Bereiche wegen des gleichen Bezugssystems streng parallel entwickeln, hat sich nicht bestätigt. Sie sind aber ebensowenig völlig unabhängig voneinander. Vielmehr zeigen sich je nach Entwicklungsniveau ganz unterschiedliche Verflechtungen, wie Uzgiris (1973) und Wachs (1975) in Längsschnittuntersuchungen zeigten.

So scheint das Entstehen der einfachen Objektpermanenz (zwischen fünf und acht Monaten) einen ‚Knotenpunkt' für andere Bereiche (z. B. Raum- und Mittel-Zweck-Beziehungen) zu bilden und das spätere und genauere Erfassen von Raumbeziehungen und Umwegen im Raum (14–17 Monate) einen Knotenpunkt für konkrete Mittel-Zweck-Beziehungen im Sinne von Werkzeuggebrauch (oder umgekehrt). Zachry (1978), der ebenfalls den Test von Hunt-Uzgiris verwendete, und zwar bei 24 Kindern zwischen ein und zwei Jahren, fand jedoch eine erstaunliche Regelmäßigkeit in der Reihenfolge, in der die Kinder schließlich die Stufe VI, das oberste Niveau, in jeder der verwendeten Skalen erreichten, nämlich:

1. Objektpermanenz,
2. Raumbeziehungen,
3. Imitation,
4. Ursache-Wirkung,
5. Mittel-Zweck-Beziehungen.

Aus diesen Ergebnissen läßt sich schließen: Die Entwicklung in inhaltlich verschiedenen Teilbereichen der sensumotorischen Intelligenz verläuft nicht völlig parallel, obgleich ihre strukturelle Abfolge – legt man Piagets Theorie zugrunde – gleich oder sehr ähnlich ist. Diese horizontalen Verschiebungen bestärken Piagetianer in ihrer Auffassung, daß kognitive Strukturen für jeden Inhaltsbereich eigens aufgebaut werden, wobei der bereits erfolgreiche Strukturaufbau dann auf andere Bereiche durchaus erleichternd wirken kann.

Ebenso überzeugend kann man aber auch mit Bower interpretieren, daß die vorgegebene globale Struktur in den verschiedenen Inhaltsbereichen jeweils mittels Lernerfahrungen konkretisiert werden muß und dabei verschiedene Inhalte unterschiedlich schwierig sind.

Zweite Frage: *Gibt es eine Vorhersage-Möglichkeit auf spätere Entwicklungen?* Stufe VI (nach Piagets Theorie der kognitiven Entwicklung in der Periode der sensumotorischen Intelligenz) stellt den Übergang zum vorstellenden anschaulichen Denken und zum Gebrauch von Symbolen dar. So liegt die Frage nahe, welche Beziehungen zwischen Stufe VI einerseits und symbolisierendem, anschaulichem Denken (z. B. Sprache, Spiel und andere, durch Intelligenztests erfaßte Bereiche) andererseits bestehen.

Gratch (1975/1977) stellte fest, daß sich aus dem Entwicklungsstand in der sensumotrischen Intelligenz mit zwölf Monaten so gut wie keine Vorhersage auf die Intelligenzhöhe der Kinder mit zweieinhalb Jahren

(Stanfort-Binet-Test) herleiten läßt; nimmt man aber den Entwicklungsstand mit 18 bzw. 24 Monaten, ergeben sich eine Reihe bedeutsamer Korrelationen. Das Auftauchen von Sprache und Symbolisierungsfähigkeit zeige dann aber bereits viel Ähnlichkeit mit den künftigen Intelligenzleistungen, so daß sich die interindividuellen Unterschiede fortan, bis auf mäßige Abweichungen und seltenere Ausnahmen, stabilisieren.

Beziehungen zur Sprachentwicklung

Zwischen den Entwicklungsstufen IV bis V und der Sprachentwicklung ergaben sich keinerlei Zusammenhänge; kaum erreichten die Kinder aber die Stufe VI, stieg ihr Wortschatz erheblich an. Außerdem tauchten so frühe und wesentliche Begriffe von Kindern wie „alle-alle" und „mehr" in der richtigen Bedeutung erst auf, als sie über Objektpermanenz voll verfügten. Mit anderen sprachlichen Merkmalen (Wortkategorien usw.) ergaben sich dagegen keine Beziehungen (Corrigan 1978). Kinder fangen erst dann an, in Sätzen zu sprechen, wenn sie die Repräsentationsebene (Stufe VI) in mindestens drei oder vier Bereichen ausgebaut haben. Diese sind im allgemeinen Objektpermanenz, Raumbeziehungen, Imitation und Kausalbeziehungen. Wie rapide dann aber die Sprachentwicklung weitergeht, ist sehr unterschiedlich und offenbar nicht mehr linear mit der kognitiven Entwicklung verknüpft (Zachry 1978).

Beziehungen zum Spielverhalten

Zu den qualitativen Aspekten von manipulativem explorativem Spiel gehört die Art, wie die Kinder mit Gegenständen umgehen. Fenson et al. (1976) beobachteten bei sieben bis 20 Monate alten Kindern folgendes: Die jüngsten Kinder spielen typischerweise immer nur jeweils mit einem einzigen Gegenstand. Sie schütteln und schlagen ihn, drehen ihn um und um, nehmen ihn von einer Hand in die andere, betrachten ihn und lecken daran. Ältere Kinder (mit neun Monaten sporadisch beginnend, stärker dann mit 13 bis 20 Monaten) stellen Beziehungen zum Gegenstand oder zwischen Gegenständen her, sie füllen ein Gefäß, legen den Deckel auf den Topf, setzen Bausteine neben- oder übereinander; sie probieren kausale Beziehungen aus, indem sie z. B. ein Spielzeug aufziehen, Knöpfe und Hebel bedienen, um Effekte hervorzurufen. Sie setzen ähnliche Gegenstände zueinander (Gruppieren) oder trinken ‚symbolisch' aus einer Spielzeugtasse. Diese relationalen und symbolischen Handlungen setzen die Autoren mit der Stufe VI der sensumotorischen Entwicklung nach Piaget in Beziehung und sehen in ihnen die verhaltensmäßigen Vorläufer der entsprechenden sprachlichen Äußerungen, die zeitlich kurz danach folgen.

2. Emotion und Kommunikation

In den ersten eineinhalb Jahren, der vorsprachlichen Zeit des Kindes, sind Gefühle seine wichtigsten Ausdrucksformen. Es drückt damit sein Wohlbefinden und Unbehagen aus, etwa bei Hunger oder Krankheit, aber auch sein „Verstehen“ von Ereignissen, etwa seine Freude oder Furcht vor neuen Spielgegenständen oder Personen und sein Vergnügen an Kommunikationsspielen. Einige Gefühlsreaktionen treten zu bestimmten Entwicklungszeiten auf und gelten als Entwicklungsmeilensteine, z.B. das Lächeln, das Fremdeln, die Trennungsangst, der Trotz, aber auch Verlegenheit, Scham und Schuld. Von diesen Emotionen sollen einige im folgenden genauer behandelt werden, da sich an ihnen verschiedene Erklärungsmodelle für Entwicklung besonders gut veranschaulichen lassen. Außerdem wird deutlich werden, daß und wie die emotionale Entwicklung mit der kognitiven und der sozialen Entwicklung verschränkt ist. Aus Platzmangel können manche wichtigen Themen, z.B. die Entwicklung von Temperamentsunterschieden, nicht oder nicht ausführlich genug behandelt werden; es sei in diesem Zusammenhang auf das Buch von Keller und Meyer (1982) verwiesen.

Welches sind die Voraussetzungen für das Auftreten des ersten Lächelns? Was „fühlt“ das Kind dabei? Intendiert es mit seinem Lächeln etwas? Im folgenden werden wir die Entwicklungsverläufe von Lächeln und Lachen mit verschiedenen Erklärungsversuchen darstellen.

Das Lächeln

Für die meisten Eltern hat das erste Wiederlächeln ihres Kindes eine große emotionale Bedeutung: Sie haben das Gefühl, ihr Kind erkenne sie. Es tritt in der Regel in der fünften oder sechsten Woche nach der Geburt (bzw. dem erwarteten Geburtstermin) auf und wird in der Literatur seit Charlotte Bühler als „soziales Wiederlächeln“ bezeichnet. Für einige Stufentheoretiker, z.B. für Oswald Kroh, aber auch in vielen Laiendarstellungen, gewinnt das Kind erst jetzt spezifisch menschliche Qualität.

Entwicklungsverlauf des Lächelns

Bereits in den ersten Lebenstagen zeigt das Neugeborene mimische Verhaltensweisen, die als spontanes, endogen ausgelöstes Lächeln bezeichnet werden. Es ist eher ein dem Grinsen ähnliches, oft einseitiges Verziehen des Mundes. Es tritt unabhängig vom Grad des Hungers oder der Sättigung, vornehmlich auch während des REM-Schlafes auf und dürfte mit oszillierenden Erregungszuständen des Gehirns zusammenhängen. Diese Art des „Lächelns“ nimmt in den ersten drei Monaten ab. Es wird zunehmend von einem exogen ausgelösten andeutungsweisen Lächeln abgelöst, das nach sanfter Stimulation (Streicheln, Geräusch) auftritt, und zwar auch zunächst im Schlaf, dann im Wachzustand. Die leicht erhöhte menschliche Stimme (hellere Frauenstimme) ist ab der dritten Woche ein besonders guter „Auslöser". Das volle Lächeln tritt, insbesondere als Reaktion auf das menschliche Gesicht, um die fünfte bis achte Lebenswoche auf. Etwa ab der 20. Lebenswoche unterscheidet das Kind zwischen vertrauten und unvertrauten Personen und lächelt nur erstere an. Lächeln tritt nun vor allem auf, wenn Personen nahe sind, und nimmt an Dauer und Intensität im ersten Lebenshalbjahr zu (Tautermannova 1973). Dabei machen sich zunehmend interindividuelle Unterschiede bemerkbar, die auch relativ stabil bleiben: einige Kinder lächeln mehr als andere. Kinder in Massenpflege (Institutionen) lächeln weniger als individuell betreute Kinder (Gewirtz 1965).

Richtiges herzhaftes Lachen tritt mit etwa vier Monaten auf (Sroufe & Wunsch 1972), und zwar, wie Quer- und Längsschnittuntersuchungen zeigen, zunächst besonders auf plötzliche, auf das Kind eindringende Stimulation (z. B. akustisch: „bum, bum, bum", taktil: Bauch küssen, Kind kitzeln, Kniereiten), später auch auf weniger eindringende visuelle und soziale Stimulation (z. B. Maske vorm Gesicht, Mutter trinkt aus Babyflasche, Guck-guck- und Versteckspiele, Zunge herausstrecken).

Trotz dieser einfachen Entwicklungsbeschreibung gibt es zum Lächeln und Lachen sehr unterschiedliche Theorien mit entsprechend unterschiedlichen Konsequenzen für das Verständnis und die Beeinflussung des Verhaltens von Kleinstkindern.

Theorien: 7 Erklärungsversuche

1. *Lächeln als instinktive Reaktion.* Lächeln wird von einigen biologisch orientierten Forschern als eine *instinktive soziale Reaktion* (Stern 1914) auf eine spezifische Reiz-Konstellation interpretiert, vermittelt über einen *Angeborenen Auslösemechanismus* (AAM). Die auslösende Reizkonstellation sind die Augen bzw. das menschliche Gesicht oder sogar eine Attrappe eines Gesichts (Bühler 1928, Wolff 1963).

In Abbildung 3.9 sind diejenigen Partien bzw. Variationen des menschlichen Gesichts dargestellt, die auf den jeweiligen Altersstufen Lächeln auslösen. Sie scheinen die Theorie des AAM zu bestätigen.

2. *Lächeln als bedingte Reaktion.* Für Vertreter der *Psychoanalyse* dagegen ist Lächeln Ausdruck des Wohlbehagens nach der *Befriedigung primärer Bedürfnisse* (z. B. Hunger) und der damit einhergehenden Reduktion der Spannung. Diese Bedürfnisbefriedigung wird mit dem Gesicht der Mutter assoziiert, so daß das Lächeln auf das Gesicht hin eine *erlernte Reaktion* ist. Ähnlich, nur mit anderen Begriffen, argumentieren die

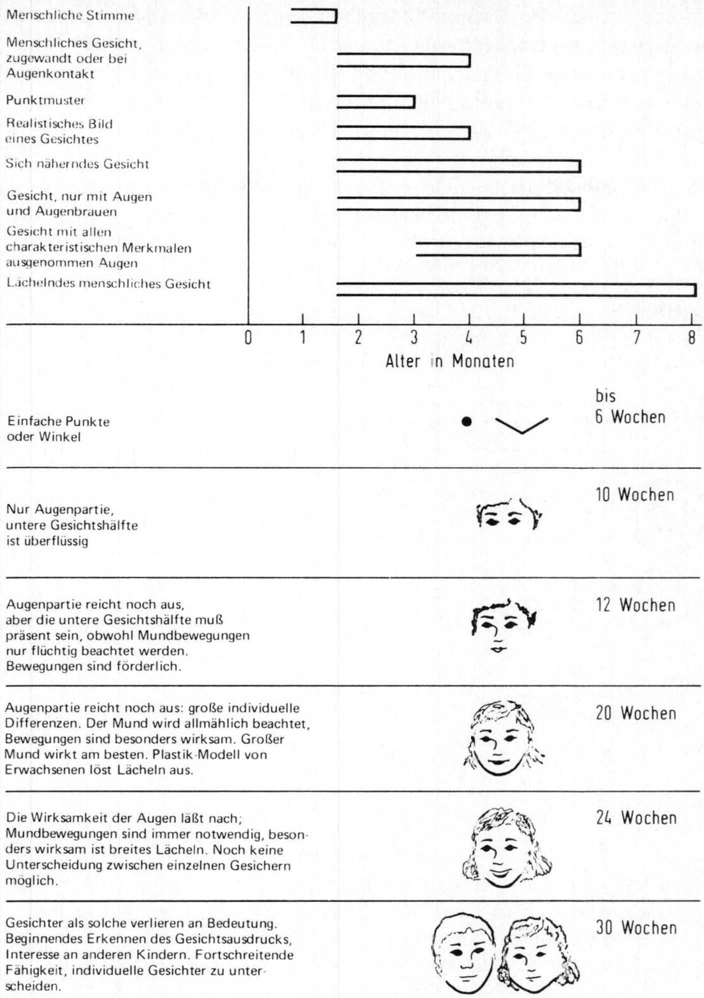

Abb. 3.9 Stimuli, die Lächeln auslösen (aus Bower 1977, S. 40).

Anhänger von Pawlow: Das Gesicht (der Mutter, später allgemein) ist der bedingte oder *konditionierte Stimulus*, der mit dem unkonditionierten Stimulus der physiologischen Spannungsreduktion gepaart wird und schließlich allein das Lächeln als bedingte Reaktion auslöst *(klassische Konditionierung)*.

Mehrere empirische Befunde sprechen gegen diese Theorieansätze. Bereits Neugeborene zeigen eine deutliche Präferenz für gesichtsähnliche Stimuli, wobei noch unentschieden ist, ob es die Gesichtsähnlichkeit oder ein spezifischer Grad der Komplexität des Reizes ist, der die Aufmerksamkeit der Kinder auf sich lenkt (Cohen et al. 1979).

Abbildung 3.10 zeigt die deutliche Präferenz von zwei bis drei Monate alten Babys *(karierte Balken)* für das schematische Gesicht im Vergleich zu anderen runden Mustern oder Farben; bei den über drei Monate alten Kindern *(schraffierte Balken)* ist der Unterschied nicht mehr ganz so ausgeprägt.

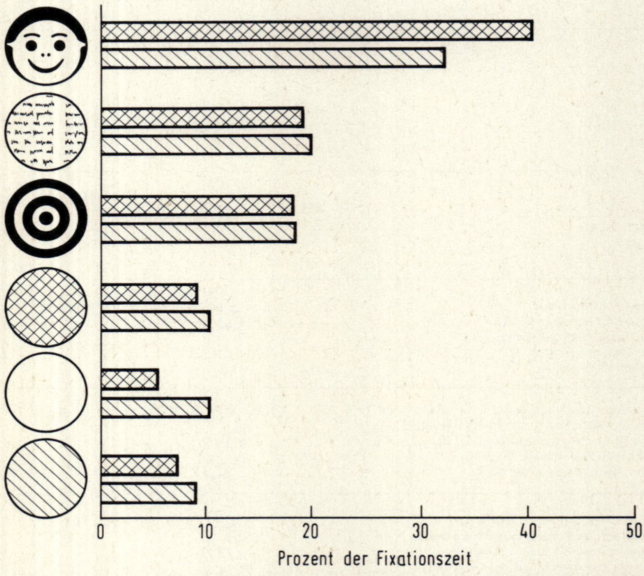

Abb. 3.10 Bedeutung von Mustern im Unterschied zu Farbe und Helligkeit, dargestellt an der Dauer der Aufmerksamkeitszuwendung von Babys im Alter von zwei bis drei Monaten (karierte Balken) und über drei Monaten (schraffierte Balken) auf ein Gesicht, Zeitungsausschnitte, Zielscheiben, roten, weißen und gelben Kreis (nach Fantz 1961/1967)

Nach zwei der oben dargestellten Theorien (Freud und Pawlow) müßte der Entwicklungs-Lernverlauf vom spezifischen Gesicht (Mutter) zu Gesichtern allgemein gehen. Der empirisch gefundene Verlauf erscheint jedoch genau umgekehrt (s. auch Abb. 3.9):

Im ersten Monat orientieren sich die Kinder an den Außenkonturen des Gesichts, im zweiten Monat differenzieren sich die Augen heraus, im vierten bis fünften Monat Nase und Mund. Nach dem vierten Monat werden offenbar die invarianten Beziehungen zwischen den Gesichtsteilen erkannt und reguläre Gesichter vor durcheinandergewürfelten Gesichtsteilen deutlich vorgezogen. Erst mit fünf Monaten beginnen die Kinder, auf Farbfotos individuelle Personen zu unterscheiden: Sie abstrahieren aus dem allgemeinen Gesichtsschema die individuelle Besonderheit einer bestimmten Person und können auch die verschiedenen Ansichten derselben Person wiedererkennen. Spätestens um die sechs Monate unterscheiden sie auch freundliche von ärgerlichen oder traurigen Gesichtern.

Gegen eine einfache Theorie der Konditionierung sprechen weitere Experimente: Harlows mutterlos aufwachsende Affenbabys kuschelten sich bei Angst an die Plüschattrappe, obgleich diese keine Milch gab, und ließen die milchspendende Drahtattrappe unbeachtet (Harlow 1958). Fantz (1961) fand bei Babys unter und über zwei Monaten, daß im Paarvergleich derjenige Gegenstand, der am häufigsten mit Bedürfnisbefriedigung gekoppelt sein dürfte, nämlich die Flasche, neben anderen farbenfrohen und formenreichen Gegenständen in der Präferenz der Kinder (Fixationszeiten) hoffnungslos unterlag, sowohl vor als nach dem Füttern. Die Verknüpfung mit der körperlichen Bedürfnisbefriedigung ließ sich nicht bestätigen.

3. *Lächeln als operantes Verhalten.* Nach Gewirtz (1965), einem Vertreter des radikalen Behaviorismus im Sinne von Skinner, ist Lächeln weder ein echter Reflex noch ein Instinkt noch eine Reaktion auf Bedürfnisbefriedigung und hat zunächst auch nichts mit irgendwelchen positiven Gefühlen zu tun. Es ist vielmehr eine *freie Verhaltensweise des Kindes (Operant), die* wie jede andere dieser Verhaltensweisen *den Lerngesetzen des operanten Lernens unterliegt,* insbesondere der Formung oder *shaping.* Jede Reaktion, die auf Lächeln erfolgt und systematisch seine Häufigkeit erhöht, wird zum positiv verstärkenden Stimulus (z.B. das Aufnehmen des Kindes oder das Sprechen zu ihm). Das Gesicht der Pflegeperson wird dann zum unterscheidenden Hinweisreiz (*cue*), daß gleich das Aufnehmen oder Ansprechen erfolgt. Lächeln bedeutet zunächst nichts anderes, als daß das Kind wach ist, einen Stimulus fixiert, dabei weder weint noch quengelt noch durch starke interne Reize (z.B. Blähungen) abgelenkt ist. Die positive Gefühlskomponente, die uns veranlaßt, Lächeln als *Ausdruck* von Wohlbehagen und Freude zu interpretieren, sei erst *nachträglich ankonditioniert* (z.B. Hochheben und Kitzeln oder Schütteln macht Freude, führt zum Lachen; diese Freude assoziiert sich mit dem Gesicht und dem Lächeln). Damit erhalte das Lächeln erst mit der Zeit auch seine kommunikative Bedeutung. Wichtig ist außerdem, daß das Lächeln ein wirksamer Verstärkerstimulus für den Interaktionspartner des Kindes ist. Das Baby gewinnt mit Lächeln „Kontrolle“ über das Verhalten des Partners; so dient Lächeln dem sozialen und emotionalen „Band“ zwischen Baby und Pflegeperson.

4. *Lächeln als emotionale Abschlußphase eines kognitiven Problemlöseprozesses.* Für Kagan (1974/1975) sind Weinen, Lachen und Lächeln verwandte *Reaktionen auf eine emotionale Unsicherheit* hin (d.h. eine Diskrepanz zur bisherigen Erfahrung), die das Kind geistig (kognitiv) zu

lösen versucht. Tabelle 3.5 zeigt den allgemeinen Ablauf dieses Vorganges. Lächeln begleitet eine gelungene Assimilation eines diskrepanten Ereignisses. Die Tatsache, daß Kinder auf Gesichter hin lächeln, ist für Kagan ein Hinweis dafür, daß das Gesicht wahrscheinlich das erste kognitive Schema ist, das das Kind aufbaut. Sobald es das Gesicht als vertraut wiedererkannt oder neu eingeordnet hat, lächelt es. Die fortschreitende Beachtung von immer mehr Aspekten des Gesichts bis hin zu individuellen Gesichtern ist für Kagan gleichbedeutend mit der Ausdifferenzierung der geistigen Repräsentation des Gesichtsschemas. Genauso gut lächelt oder lacht das Kind aber auch, wenn es andere, auch nicht-soziale Diskrepanzen durchschaut bzw. ein Problem gelöst hat. Lächeln ist also eng mit der *kognitiven Entwicklung* des Kindes verknüpft. In ähnlicher Weise interpretiert McGhee in den späteren Altersgruppen (Vorschul- und Schulalter) den Humor von Kindern: Humor bzw. Lachen ist danach die Reaktion auf einen durchschauten Verstoß gegen erworbene Erwartungen. Kagan bezieht sich außerdem gern auf neurophysiologische Befunde der Gehirnreifung: Die durch Gehirnreifung sich ergebenden neuen Informationsverarbeitungsmöglichkeiten erweitern das Erfahrungsfeld des Kindes; sein Lächeln, sein Erstaunen, sein Weinen teilen dem sorgfältigen Beobachter, der die Stimulussituation analysiert, mit, woran das Kind z.B. entwicklungsmäßig (d.h. kognitiv) „arbeitet", welche neuen Umweltaspekte es zu assimilieren versucht.

5. *Lächeln und Lachen als Ausdruck geistiger Spannungsauf- und abbauzyklen.* Sehr ähnlich wie bei Kagan ist die Interpretation von Sroufe und Waters (1976). Jedoch bestreiten diese beiden Forscher die Komponente der emotionalen Unsicherheit, die je nach Ausprägung in Kagans Modell zum Lächeln oder zum Weinen führen kann. Nach Sroufe findet wie bei Kagan zunächst eine Orientierungsreaktion auf den Reiz statt, der Reiz wird auf seine Assimilierbarkeit geprüft (*appraisal*). Dabei wird Spannung aufgebaut; diese ist aber zunächst affektneutral. Der positive oder negative Affekt bestimmt sich erst aus dem Kontext und der Art des Reizes. Während also bei Kagan geistige Arbeit eingesetzt wird, um Unsicherheit und Angst abzubauen, ist bei Sroufe geistiges Bemühen mit emotionaler Spannung verbunden, die sowohl positiv wie negativ erlebt werden kann. Lächeln und Lachen unterscheiden sich im wesentlichen dadurch, wie steil der Spannungsgradient aufgebaut wird.

Die Interpretation über Spannungsaufbau und Spannungslösung, die Sroufe und Mitarbeiter auch physiologisch belegen, eröffnet weitere Hypothesen über die *kognitive Entwicklung* im ersten Lebensjahr: Der Übergang vom Neugeborenenlächeln zum vollen Lächeln entspricht nach Sroufe Veränderungen von niedrigen, endogen oszillierenden Erregungszuständen zu zunehmend exogen ausgelösten Erregungen mitt-

Tabelle 3.5 Verarbeitung diskrepanter Reize: Hypothetische Reaktionssequenz auf ein Aufmerksamkeit erregendes Ereignis (Kagan 1974, S. 239)

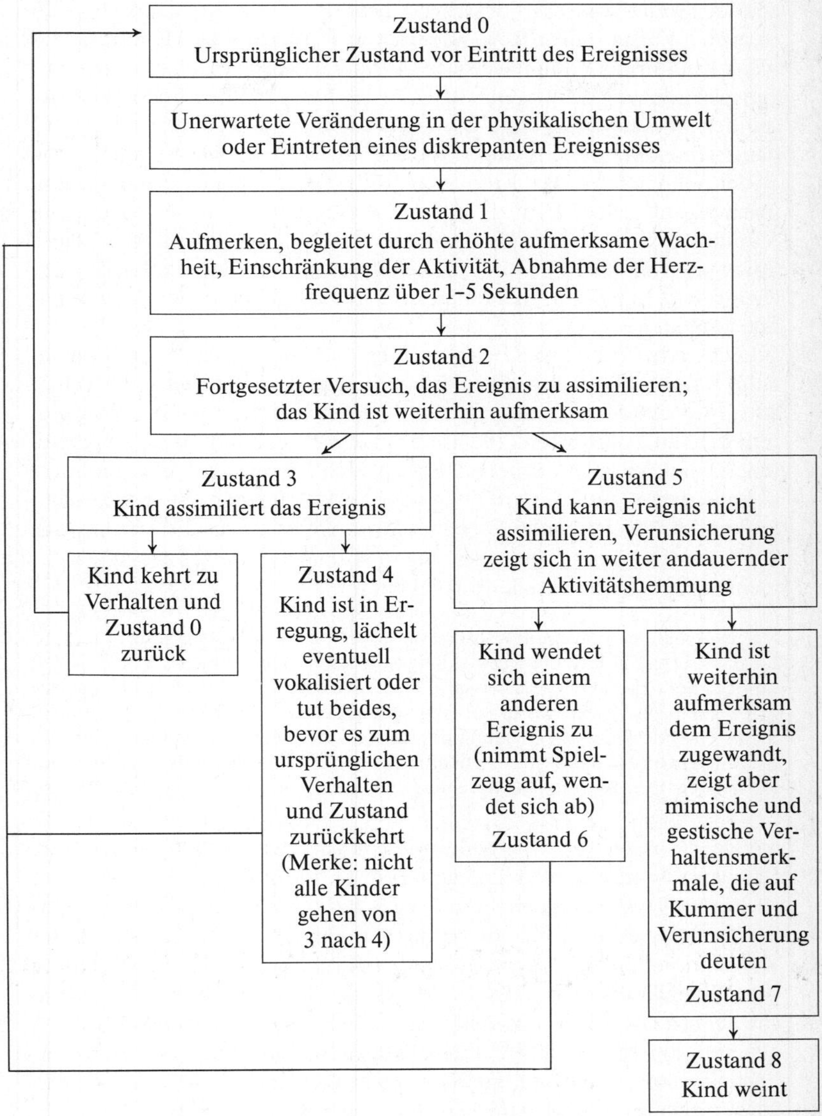

lerer Intensität. Die Entwicklung vom frühen vollen Lächeln zum vollen Lachen zeigt an, daß das Kind zunehmend besser stärkere Spannungsschwankungen verarbeiten kann. Zunächst bezieht es seine Erregung aus dem Stimulus selbst, der sich möglichst bewegen muß. Danach reicht es, wenn der stationäre Reiz möglichst viele Wechsel und Kontraste hat – das Kind bringt dann über seine Aufmerksamkeit einen eigenen aktiven Anstrengungsbeitrag bei. Mit vier bis fünf Monaten findet eine wesentliche Veränderung statt: Die äußeren Stimulusmerkmale werden für den Erregungsaufbau weniger wichtig als der vom Kind beigetragene Bedeutungsgehalt. Das Kind produziert die kortikale Spannung nun überwiegend selbst (Konzentration, Anstrengung) und versucht, den Stimulus zu ,,verstehen“ (,,rekognitive Assimilation“). Gelingt es, diese Spannung rasch und hoch aufzubauen, kommt es zum explosiven Lachen (mehr Bemühen, mehr angestrengte Assimilation von mehr Situationsaspekten).

Lächeln hat nach Sroufe eine wichtige Funktion: Es hält das Kind auf neue Reize mäßiger Intensität orientiert und erhöht damit seine Fähigkeit, Information zu verarbeiten und auf Umweltinformation zu reagieren, d. h. zu assimilieren (zu lernen) und dann erst motorisch zu reagieren. Zugleich drückt Lächeln natürlich Wohlsein aus und regt den Interaktionspartner zur Wiederholung oder Fortsetzung an. Wie Kagan sieht Sroufe die Bedeutung des Lächelns darin, daß es etwas über die kognitive Entwicklung des Kindes (in einem sozialen Kontext) aussagt, u. U. mehr als über seine soziale Entwicklung.

Sein Ansatz wird besonders interessant, wenn er ihn zusammen mit Cicchetti auf das Verhalten und die Entwicklung von Down-Syndrom (,,mongoloiden“)-Kindern überträgt, die typischerweise motorisch sehr schlaff sind, kaum weinen, spät lächeln und noch viel später und selten lachen; ihre Entwicklung des Lächelns entspricht der Entwicklung des Lachens bei normalen Kindern. Sie sind nach Sroufe und Cicchetti (1976) demnach weniger fähig als normale Kinder, aus eigener geistiger Anstrengung Erregung aufzubauen und ein ,,Problem“ zu lösen.

6. *Lächeln als geistiges Vergnügen über erlebte wirksame Verursachung.* Für den schottischen Psychologen Tom G. R. Bower (1979) wiederum ist Lächeln *reifungsabhängig* und *nicht sozial.* Reifungsabhängig sei es insofern, als es auch bei frühgeborenen Kindern 46 Wochen nach der Konzeption auftrete, auch bei blinden Kindern und selbst bei Kindern ohne Sozialkontakt. Nicht sozial sei es, da dunkle Punkte in heller Fläche ebenso Lächeln auslösen wie ein Gesicht. Nichtbezogen auf Bedürfnisreduktion sei es, da es unabhängig davon auftrete. Bower meint, Lächeln trete auf, wenn das Kind eine *Kontingenz* erlebe, also einen vorhersagbaren Effekt seines eigenen Verhaltens auf seine Umwelt. In westlichen Kulturen erlebe es solche kontigente Beziehungen am ehesten in Spielsituationen mit Erwachsenen und beim Augenkontakt. Das

John Bowlby

von Bower beobachtete blinde Kind lächelte, als es·ein akustisches Mobile bediente, obgleich normalerweise mechanische Geräusche kein Lächeln auslösten. Nach Bower ist Lächeln somit weitgehend Ausdruck für geistiges Vergnügen. Ein Problem löst beim Kind zunächst einen Aktivitätssturm aus, bis es den Zusammenhang „erkannt" hat; dann lächelt es und stellt die Aktivität ein.

Während also bei Kagan Lächeln den mit dem Durchschauen einhergehenden Abbau der Unsicherheit ausdrückt und bei Sroufe die mit der geistigen Bearbeitung aufgebaute Anspannung und Lösung signalisiert, die dem Kind, Stimulus-zugewandt, den Weg zur aktiven Handlung freigibt, ist für Bower gerade das Erkennen der eigenen Kontrolle über die Umwelt durch tatsächlich (oder symbolisch-gedanklich) vollzogene Handlung Anlaß für Lächeln und geistiges Vergnügen. Für alle drei Forscher tritt Lächeln besonders deswegen in Situationen sozialer Interaktion auf, weil diese entweder die häufigsten oder zunächst die optimalen Lernsituationen für die geistige Entwicklung des Kleinstkindes darstellen.

7. *Lächeln als proto-soziales Verhalten.* Schließlich hat das Lächeln für ethologisch orientierte Psychologen wie Bowlby (nach Ainsworth et al. 1978) eine ausdrücklich *soziale Funktion* (nicht notwendigerweise Ursache!). Zwar sei das Lächeln des zweimonatigen Babys möglicherweise zunächst nicht sozial intendiert, aber es werde von seiner Umwelt sozial interpretiert und erfülle damit seine wichtigste Funktion: einen erwachsenen Betreuer an das Baby zu binden. Robson und Moss (1970) berichten aus ihrer Studie an 54 erstgebärenden Müttern, daß die meisten dieser Mütter erst mit dem intensiveren Augenkontakt mit ihrem Baby und dessen beginnendem Lächeln das Gefühl einer ganz persönlichen, positiven Beziehung zu ihrem Kinde entwickelten.

Wesentlich für diesen Theorieansatz ist, daß das (z. T. zunächst angeborene) kindliche Verhalten die soziale Interaktion zwischen Eltern und Kind auslöst oder in Gang hält und durch die in der kommunikativen Interaktion stattfindende Interpretation des Erwachsenen seine soziale und emotionale Bedeutung erhält.

Schlußfolgerung: Selbst das für alle zunächst so eindeutig interpretierbare Lächeln des Babys kann also sehr unterschiedlich gedeutet werden, wie die sieben Ansätze zeigen. Sicherlich ist es noch verfrüht, eine einzige, gültige Theorie auszuzeichnen. Die Aufstellung der verschiedenen Ansätze sollte jedoch zeigen, daß eine genaue Beobachtung einer so harmlosen und eindeutig wirkenden Verhaltensweise, wie es das Lächeln ist, uns im Kontext der jeweiligen Situation Aufschluß geben kann (1) über die Verwobenheit emotionaler, sozialer und kognitiver Verhaltensaspekte und (2) über wichtige Entwicklungsveränderungen und ihre möglichen Bedingungen im ersten Lebensjahr.

Fremdeln und Trennungsangst

Mehr noch als das Lächeln haben das Fremdeln und die Trennungsreaktion von Kleinstkindern Laien und Experten zu verschiedenen Theorien über die emotionale und soziale Entwicklung veranlaßt. Während die einen diese Begriffe für unnütz und sogar fehlleitend halten, sehen andere im Fremdeln einen charakteristischen Meilenstein der Entwicklung, den möglichst jedes Kind ausgeprägt erleben sollte. Wie das Lächeln, so gibt uns auch das sog. Fremdeln einen Einblick in das komplexe Entwicklungsgeschehen in den ersten beiden Lebensjahren.

Entwicklungsverlauf

Die klassische Form des *Fremdelns* ist eine heftige emotionale Reaktion (Versteifen, Schreien) beim Anblick einer fremden Person. Diese Reaktion tritt – auch für die Eltern oft unerwartet und unerklärlich – ziemlich plötzlich auf, im allgemeinen um den achten/neunten Lebensmonat herum, weshalb sie oft auch als „Acht-Monats-Angst" bezeichnet wird. Nicht alle Kinder zeigen eine heftige Fremdelreaktion. Mildere Formen sind das Versteifen des Körpers und furchtsames Anstarren des Fremden, eventuell auch mit Blickabwendung, sowie verschiedene deutliche Anzeichen des Absinkens der Stimmung des Kindes und Zunahme seiner Ängstlichkeit. Nimmt man diese milderen Formen des Fremdelns hinzu, dann kann man es bei nahezu allen Kindern irgendwann zwischen sechs Monaten und zwei Jahren beobachten mit einem Höhepunkt zwischen acht und zwölf Monaten. Es tritt bei Kindern mit und ohne viel Besucher-Erfahrung (z. B. auch bei Kibbuz-Kindern und in Großfamilien) auf, dabei normalerweise früher und intensiver bei Kindern mit viel Mutter-Kind- oder Vater-Kind-Interaktionserfahrung. Zwar kann u. U.

(z. B. in unvertrauter Umgebung) bereits der schiere Anblick eines Fremden aus gewisser Distanz die Fremdelreaktion auslösen; meist aber zeigen die Kinder auf Distanz noch positive Neugier in bezug auf den Fremden, reagieren aber heftig verängstigt und abweisend, wenn er (oder sie) versucht, ihnen zu nahe zu kommen oder gar sie zu berühren und aufzunehmen.

Von einigen Psychologen werden Fremdeln und *Trennungsangst* deutlich unterschieden, andere setzen beide Phänomene nahezu gleich, wieder andere vermuten für beide zumindest teilweise gleiche Entwicklungsvoraussetzungen. Unter Trennungsangst wird die Reaktion des Kindes verstanden, die es zeigt, nachdem seine Zuneigungsperson (z. B. die Mutter) es – meistens in einer nicht ganz vertrauten Umgebung – kurz- oder längerfristig zurückgelassen hat. Trennungsangst äußert sich im Absinken der Erkundungs- und Spielaktivität, Absinken der Stimmung, mitunter bis hin zum Weinen und verzweifeltem Schreien. Bei längerdauernder Trennung kann diese Reaktion in dumpfe Passivität übergehen, wie sie Spitz so anschaulich bei hospitalisierten Kindern beschrieben hat.

Diese Reaktion ist kaum vor dem sechsten Lebensmonat, aber zunehmend deutlich nach dem sechsten Lebensmonat zu beobachten. Sie klingt jenseits des zweiten und dritten Lebensjahres ab und ist bei Fünfjährigen kaum mehr zu beobachten. Auch diese Reaktion wird transkulturell, d. h. in den verschiedensten Familientypen und Völkern beobachtet (Abb. 3.11).

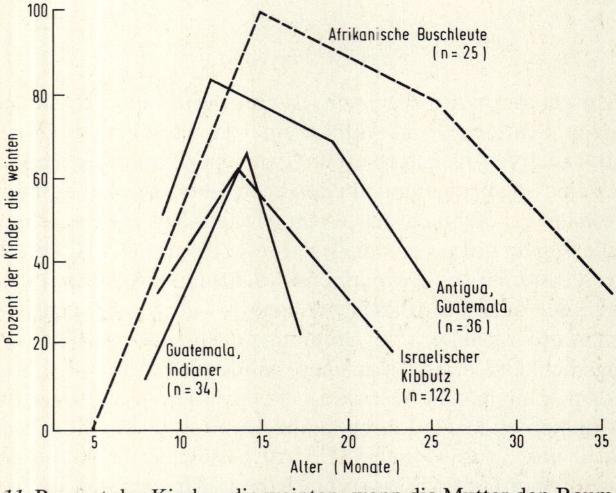

Abb. 3.11 Prozent der Kinder, die weinten, wenn die Mutter den Raum verließ. Vergleich verschiedener familiärer/kultureller Rahmenbedingungen (aus Kagan. J. et al. 1980, S. 107)

Theorien zur Erklärung des Fremdelns

1. *Fremdeln als konditionierte Angst vor Verlassenwerden.* Ältere Theorien, darunter die klassische *Psychoanalyse,* aber auch die *Lerntheorien,* gehen davon aus, daß die Hauptsorge des Kleinstkindes seine körperliche Versorgung sei. Seine Angstreaktion auf einen Fremden und seine Angstreaktion auf Verlassenwerden von der Mutter bedeuten im Prinzip dasselbe. Das Erscheinen eines Fremden sei erfahrungsmäßig assoziiert mit Verlassenwerden von der Mutter, letzteres mit Alleinsein und Ausgeliefertsein bei körperlichen Nöten (Schmerz, Hunger), oder, psychologischer gesehen, damit, daß das „Liebesband" zwischen Mutter und Kind zerrissen sei.

Diese Interpretation der beiden Angstreaktionen als konditionierte Furcht wird in der wissenschaftlichen Literatur kaum mehr vertreten, da zu viele empirische Ergebnisse dagegen sprechen.

2. *Fremdeln als kognitives Diskrepanzerlebnis.* Eine Reihe von Forschern sieht enge Beziehungen zwischen diesen Angstreaktionen und der *kognitiven* Entwicklung des Kindes.

Nach Kagan (1980) und Schaffer (1974) bietet die fortschreitende Gehirnreifung in Verbindung mit den bisherigen Lernerfahrungen neue Möglichkeiten: Während im ersten halben Lebensjahr die Umweltstimuli nur nacheinander erfaßt und „bearbeitet" werden konnten, hat nun das Kind die Möglichkeit, ein bereits geformtes Vorstellungsschema aus der Erinnerung hervorzuholen und mit dem wahrgenommenen Stimulus zu vergleichen, d.h. diesen nach gleich/verschieden zu *klassifizieren.* Da das Gesicht vertrauter Personen das wahrscheinlich am besten ausdifferenzierte Vorstellungsschema darstellt, ist die Reaktion auf andere Gesichter, die hiervon abweichen, besonders heftig. Neben dieser neuen Fähigkeit zur Analyse von Stimuli entwickelt das Kind aber auch produktive Fähigkeiten, Vergangenes und Gegenwärtiges aufeinander zu beziehen und Handlungsmöglichkeiten zu erwägen. Während es bislang seine Handlungen und deren Wirkungen als feste Einheit begriff (sekundäre Kreisreaktionen nach Piaget), beginnt es jetzt, Mittel und Wirkungen zu unterscheiden, ohne jedoch bereits die volle Kontrolle über diese „Handlungsplanungen" zu haben. In fremden oder als besonders bedrohlich erlebten Situationen wird es daher unsicher, wie es reagieren soll (Fremdeln), während räumliche Distanz zur fremden Person, Nähe der Mutter, Interaktion mit der fremden Person über ein Spielzeug ihm konkrete, sichere Handlungsalternativen belassen.

Nach Sroufe (1977) vermag diese Interpretation jedoch nicht zu erklären, warum Kinder auf Zudringlichkeit von Fremden so besonders heftig reagieren. Seiner Meinung nach reicht die kognitive Diskrepanzhypothese nicht aus: Hohe Erregung kann, je nach Kontextbedingungen, beim Kind positive und negative Reaktionen auslösen; daher postuliert er einen zusätzlichen Bewertungsprozeß als ,,bedrohliches Ereignis“, und zwar aufgrund vorangegangener Erfahrungen des Kindes (s. auch Bronson & Pankey 1977).

Solche *kategorialen Beurteilungen,* allerdings nicht notwendigerweise aufgrund negativer Vorerfahrungen, ziehen auch Lewis und Brooks-Gunn (1974) zur Erklärung des Fremdelns heran.

Lewis und Brooks-Gunn (1974) ließen im Untersuchungsraum mehrere Personen sich dem Kinde nähern; die Mutter, eine fremde Frau, einen fremden Mann, ein vierjähriges Kind, und einen Spiegel, d.h. das Spiegelbild des Kindes. Sie beobachteten den Gesichtsausdruck, die motorischen Reaktionen und die Lautproduktionen des Kindes (N = 24) und beurteilten sie nach positiv-zugewandt und negativ-abweisend. Abbildung 3.12 und 3.13 zeigen die Reaktionen von Kindern unter und über zwölf Monaten, wenn die sich nähernde Person an der Tür, mitten im Raum, nahe beim Kind stand bzw. das Kind berührte.

Die Abbildungen zeigen, daß die älteren Kinder deutlicher positiv *und* negativ reagierten und dabei zumindest die Kategorien ,,vertraut“ (es selbst, Mutter) und fremd (Mann, Frau) unterschieden, aber auch eher neutral bis positiv auf das sich nähernde Kind reagierten.

Brooks und Lewis (1976) wiederholten die Untersuchung mit 46 Kindern und führten als weitere Variante einen Liliputaner ein. Die vierjährigen Kinder wurden von den Babys mit neutraler bis positiver Aufmerksamkeit ,,begrüßt“. Auch den gleich großen Liliputaner beobachteten sie aufmerksam, aber ohne positiven und mit eventuell nur leicht negativem Affekt. Die fremde erwachsene Person dagegen wurde deutlich zögernder bis negativ empfangen.

Lewis glaubt, daß bereits Kinder um das erste Lebensjahr herum Menschen nach Kategorien einteilen, und zwar nach vertraut/fremd (Mutter/fremde Frau), Erwachsener/Kind/Baby und nach Geschlecht. Erwachsene und Kinder unterscheidet das Kind nach der Größe und nach dem ,,Kindchen-Schema“ des Gesichts. Der Liliputaner mit dem Gesicht eines Erwachsenen und der Größe eines Kindes habe daher Erstaunen, nicht Furcht, ausgelöst. Erwachsene aber, insbesondere wenn sie das Kind deutlich überragen, werden in die Kategorie ,,bedrohlich“ eingestuft (Weinraub & Putney 1978).

3. *Fremdeln als Versagen vorsprachlicher Kommunikation.* Eine dritte Gruppe von Theorien erklärt die Reaktion auf einen fremden Erwachsenen – sowohl in Abwesenheit als auch in Anwesenheit einer vertrauten Person – aus *vorsprachlichen Kommunikationsproblemen* (Bower 1979).

Die Synchronie von Interaktionen wurde in letzter Zeit intensiver untersucht (Uzgiris 1979, Brazelton et al. 1979, Dunn 1980). Es ist faszinierend zu erkennen, wie fein aufeinander abgestimmt vorsprachliche Kommunikationen sein können, wobei der erwachsene Partner je nach Entwicklungsstand des Kindes Initiativen setzt bzw. aufgreift, das Kind in einen Spannungsbogen zieht usw. Allerdings gibt es auch deutliche Unterschiede im Grade des Aufeinander-Abge-

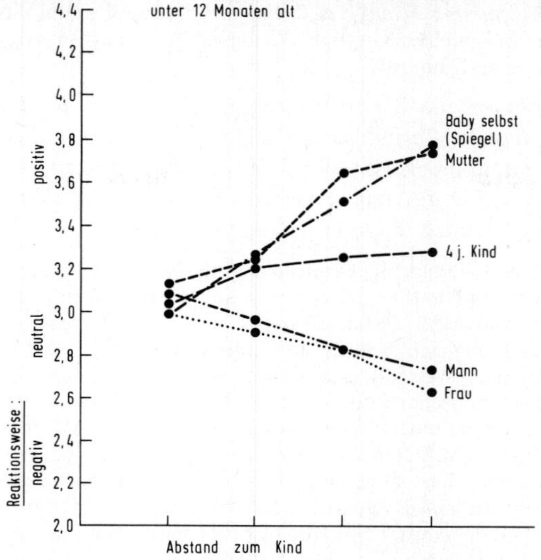

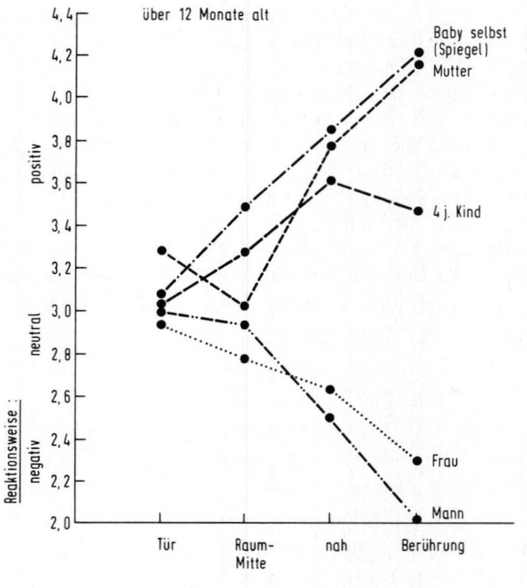

Abb. 3.12, 3.13 Gestische, mimische und lautliche Reaktionsweise auf Annäherung verschieden großer und verschieden vertrauter Personen (nach Lewis, M. & Brooks-Gunn, J. 1974)

stimmtseins, wobei diese z. T. auf das Konto des eventuell wenig sensiblen Erwachsenen gehen, z. T. auf das Konto des Kindes selbst bedingt sind (z. B. gehäuft bei geistig behinderten Kindern).

Soziabilität beginnt nach Bower bereits gleich nach der Geburt mit einer Art interaktiven Verhaltens zwischen der Mutter und dem Baby. Er bezieht sich auf die genauen (Video)Beobachtungen solcher vorsprachlicher ,,Unterhaltungen", wie sie Trevarthen (1979) und auch andere Forscher (Bruner, Papoušek) analysiert haben.

Nach Trevarthen (1979) verfügt bereits das Neugeborene über latente Strukturen der Interkommunikation, z. B. reagiert es auf Rhythmen, meidet aber meist noch Blickkontakt und auditive Stimulation; es ist ,,unresponsive but not unsensitive to the mother" (obgleich es nicht auf die Mutter reagiert, spürt es sie doch) (1979, S. 538). Bald aber schaut es aktiv und zeigt mit vier bis sechs Wochen sogar eine Art ,,magnetischer Imitation" von Mimik und Vokalisation, die mit sechs bis sieben Wochen abflaut und deutlichem ,,Begrüßungsverhalten" Platz macht. Mit zwei bis drei Monaten ist die Interaktion (über Augenkontakt, Mimik, Gestik, Vokalisieren) schon so eingespielt, daß sich satzähnliche Episoden bei den Partnern erkennen lassen. Klinkt der Erwachsene nicht ,,richtig" in das Gespräch ein, oder wird der Mutter eine fremde Stimme unterlegt, reagiert das Kind mit Mißmut. Mit der besseren Kontrolle über seine Motorik wendet sich das Kind mit vier bis acht Monaten stärker Gegenständen zu, die allmählich zum Spielzeug werden; dabei kann es u. U. den erwachsenen Partner deutlich ausschließen bzw. die Gesprächsversuche des Partners ablehnen. Andererseits entwickeln sich Partnerspiele mit festen Regeln, wobei das gegenseitige Imitieren dem gegenseitigen Verstehen dient; Ulk wird ein Bestandteil der Spiele. Neben selbstbezogenen Spielen in Anwesenheit, aber nicht mit dem Erwachsenen, gibt es ,,joint actions", die im wesentlichen durch das Kind vorgegeben werden und in die sich der Erwachsene einzufügen hat. Das Kind sichert durch Blickkontakt, daß der Erwachsene sein Spiel noch beachtet. Mit acht bis neun Monaten erhalten die Interaktionen eine neue Qualität: Das Kind kann nicht nur nehmen (greifen), sondern auch geben. Die Gegenstände werden zu gemeinsamem Spielzeug und Bilder werden gemeinsam betrachtet (mit ,,konspirativem" Blickaustausch der Verständigung). Mit zehn bis zwölf Monaten wird der Erwachsene zunehmend auch zur Erweiterung der Bedeutungen ,,befragt", als ,,Lehrer" akzeptiert.

Dieses feine vorsprachliche Kommunikationsnetz wird sehr personenspezifisch aufgebaut; das Kind hat eine – oder nur wenige – Personen, mit denen es sich so gut ,,verständigen" kann. Dies ist meistens die Mutter, kann aber ebensogut (oder zusätzlich) der Vater, ein Geschwister sein. Ein Fremder ist dadurch definiert, daß er sich mit dem Kind nicht in der erwarteten Weise ,,unterhalten" kann. Fremdenangst ist nach dieser Sicht ein Kommunikationszusammenbruch. Danach zeigen Kinder mit viel und enger Kommunikationserfahrung mit ihren Eltern mehr Fremdenangst (und früher), da der Fremde zu sehr absticht. Weiterhin erzeugt ein aktiver Fremder mehr Angst als ein passiver Fremder (im Unterschied zur Ansicht von Kagan!); Fremden- und Trennungsangst sinken mit zunehmender Fähigkeit, sich sprachlich verständlich zu machen.

Schlußfolgerung: Das Fremdeln ist offenbar weder ein zeitlich bestimmbarer Meilenstein der Entwicklung noch ein Hinweis auf einen überdauernden Verhaltenszug der Ängstlichkeit. Sein Auftreten hat seine Wurzeln vermutlich sowohl in den kognitiven „Errungenschaften" des Kindes (Gedächtnisfähigkeit, Objektpermanenz, Klassifizieren sozialer Objekte) als auch in seinen konkreten Handlungsmöglichkeiten (Lokomotion, Trennen von Mittel und Ziel, Interaktionsverhalten), wie auch in seiner emotionalen Beurteilung der jeweiligen Situation. Ähnlich wie bei den Trotzreaktionen (im Alter von eineinhalb bis drei Jahren) ist es wohl Ausdruck dafür, daß das Kind diese neuen Verhaltensmöglichkeiten noch nicht ganz beherrscht. Fremdeln hängt somit mit einem System von anderen sich entwickelnden Verhaltensweisen zusammen.

3. Die soziale Welt des Kleinstkindes

Vergleicht man ältere Darstellungen der Entwicklung von Kleinstkindern mit neueren, dann fällt auf, wie wenig Raum früher und wieviel heute der Sozialentwicklung des Kleinstkindes gewidmet wird. Dies hat verschiedene Gründe.

Die meisten älteren Theorien, so z.B. die Psychoanalyse, aber auch der Behaviorismus, gingen davon aus, daß der Säugling a-sozial und egoistisch auf die unmittelbare Erfüllung seiner Bedürfnisse ausgerichtet sei. Sie fragten daher besonders danach, wie das Kind sozial gemacht (sozialisiert) werden kann, d.h. wie es soziale Regeln und Konventionen erlernt (z.B. Reinlichkeit, Ausführen von Aufforderungen, Aufschieben von Bedürfnissen, Unabhängigkeit von der Hilfe der Erwachsenen, angemessene Sprache, Wertvorstellungen der Gesellschaft, Kontrolle über seine aggressiven Impulse u.a.m.). Wenn das Kind überhaupt „sozial" ausgerichtet sei, dann vor allem auf seine biologische Mutter, von der – auch als Nahrungsquelle – ja sein Leben abhänge. Dieser biologisch verwurzelten Mutter-Kind-Beziehung wurde teilweise mythische Qualität zugesprochen.

In den industrialisierten Gesellschaften hat sich in sehr kurzer Zeit ein sozialer Wandel vollzogen, von dem man negative Auswirkungen nicht nur auf die geistige, sondern auch auf die soziale und emotionale Entwicklung von Kleinstkindern befürchtete und z.T. noch befürchtet. Hierzu gehören u.a.: Reduktion der Familien auf Kleinstfamilien mit ein bis zwei Kindern, außerhäusliche ganztägige Berufstätigkeit beider Eltern, Unterbringung von Kleinstkindern in Institutionen (Heimen, Krippen, Tagespflege), Zunahme an Ein-Elternfamilien, Wandel in der Elternrolle. Außerdem wandelten sich die Wertvorstellungen in der Gesellschaft, was sich auch in den Erziehungszielen niederschlug: Standen in Deutschland vor 30 Jahren noch als erwünschtes Kindesverhalten Ordnungsliebe und Fleiß an der Spitze, so sieht heute die Mehrzahl der deutschen Eltern in der Selbständigkeit und freien Entscheidungsfähigkeit ihrer Kinder das vorrangig anzustrebende Erziehungsziel (vgl. Lukesch 1976). Auch die Bedeutung sozialer Fähigkeiten (z.B. Kooperation, Übernahme von Verantwortlichkeit, Mitfühlen) wird immer mehr erkannt.

Vielleicht hängt es auch mit den erst kürzlich entdeckten Kompetenzen des Kleinstkindes zusammen, daß sich die Welt des Babys in der wissenschaftlichen Analyse zunehmend bevölkert. Während man sich jahrzehntelang den Kopf allein über die Rolle der Mutter zerbrach, wird seit etwa 1970 auch der Vater mehr beachtet. Mitte der siebziger Jahre kamen gleichaltrige Gefährten hinzu; ganz neu ist die Frage, ob Geschwister eine von anderen Spielgefährten unterscheidbare Rolle spielen. Vereinzelt werden auch Großeltern und weitere Personen als Bestandteile der sozialen Welt des Kleinstkindes gesehen. Lewis und Feiring (1979) bezeichnen diese Personen als „soziale Objekte" und sind sich nicht sicher, ob für das Kleinstkind nur Personen (inkl. der eigenen) soziale Objekte sein können, oder ob nicht sogar auch Haustiere, Puppen und Teddybären, Schmusedecken u.ä. zumindest vorübergehend die subjektive soziale Welt des Kindes bevölkern können. Die Einteilung in physikalische Gegenstände und in Personen (= soziale Objekte) entsteht erst im Laufe der Entwicklung, wobei Meinungsstreit darüber besteht, welche der beiden Kategorien zuerst ausgebildet wird und wie sich die Grenzen im Laufe der Entwicklung bilden, verschieben und verfestigen.

Die Bedeutung der primären Sozialpartner des Kindes: Mutter und Vater

Das Aufwachsen und Überleben von Babys ohne Mutter oder Ersatzmutter (Amme) wurde erst durch die Einführung von Muttermilch-Ersatz in größerem Maße möglich. Die bittere Erfahrung, daß Kinder in Massenpflege trotz ausreichender Ernährung und trotz Beachtung hygienischer Vorschriften nicht nur nicht recht gediehen, sondern z.T. körperlich und psychisch verfielen (*Hospitalismus*), machte Ärzte und Psychologen auf die psychischen, sozialen und emotionalen Bedingungen aufmerksam, die für eine normale Entwicklung von Kleinstkindern wichtig zu sein scheinen (vgl. Grossmann 1978). Von Pfaundler hat wohl als erster 1925 auf diese Fragen aufmerksam gemacht. Spitz hat ab 1940 mit erschütternden Zahlen und Beschreibungen auf das Entwicklungsschicksal von Kindern in Säuglingsheimen hingewiesen (vgl. Rauh & Ort 1976). Ähnliche Befunde kamen aus der Schweiz (Meyerhofer & Keller 1966), dem Iran (Dennis 1960), den USA (Goldfarb 1945); schließlich wurden mehrere Berichte über den jeweiligen Stand der Erkenntnisse für die Weltgesundheitsorganisation angefertigt (1951: Bowlby, 1962: Ainsworth), die auch intensive Forschung über die Bedeutung der *Mut-*

ter und der Mutter-Kind-Beziehung in den ersten Lebensjahren anregten.

Zunächst glaubte man, daß es die Lösung des Babys aus einer ursprünglichen und engen bio-psychologischen Mutter-Kind-Symbiose sei, die so großen seelischen Schmerz verursache, daß das Kind aus Kummer sich nicht weiter entwickle (z. B. Spitz 1945). Was jedoch das Spezifische der „Mutterliebe" sei, ließ sich nicht befriedigend erfassen. Spätere Untersuchungen jedoch weisen plausibel nach, daß Trennungsschmerz das Bestehen einer sozial-emotionalen Bindung voraussetzt. Eine solche individuelle, auf eine spezifische Person bezogene Bindung (*attachment*) entwickeln Kinder selbst unter familiären Aufwuchsbedingungen erst in der zweiten Hälfte des ersten Lebensjahres. Für Kinder, die vor diesem Alter hospitalisiert wurden, müssen also andere Ursachen als der Trennungsschmerz für die stark verlangsamte oder gar Fehlentwicklung geltend gemacht werden. Die Suche nach diesen anderen Ursachen führte die Forschung weg von der Frage „Welchen Unterschied macht das Vorhandensein/Nicht-Vorhandensein einer (leiblichen) Mutter;" zu der Frage „Was tut eine Mutter mit ihrem Kind, damit es sich normal entwickelt? Inwieweit können diese Funktionen auch von anderen Personen – oder Apparaturen – übernommen werden?"

Ähnlich wie beim Wechsel von der Untersuchung des Vorhandenseins/Fehlens der Mutter (*mother-deprivation*) zur Tätigkeit von Müttern (*mothering*) veränderte sich die Frage nach Rolle und Funktion des *Vaters* von der nach seinem (Nicht-)Vorhandensein (*father absence*) zu der nach seiner Tätigkeit in bezug auf das Kind (*parenting*) – nur brauchte man zu dieser Erkenntnis einige Jahrzehnte länger.

Elterliche Erziehungspraktiken

Aus der Sicht der älteren, bedürfnisbezogenen Lerntheorien und der Psychoanalyse besteht eine der wichtigen Funktionen der Eltern darin, das Kind zu lehren, seine egoistischen Bedürfnisse entsprechend den Normen der sozio-kulturellen Gemeinschaft zu kontrollieren. Daher wurden, z. T. kulturvergleichend, die Methoden, Zeitpunkte und Langzeitwirkungen elterlicher Erziehungspraktiken in bezug auf Abstillen und Ernährungsverhalten, Reinlichkeitserziehung, Sexualverhalten sowie in Hinblick auf geschlechtskonformes Verhalten untersucht (vgl. Thomae 1959). Zusammenfassend schreiben hierzu Kagan et al. (1978):

> „Die ursprünglich psychoanalytisch-interessierenden Variablen – Dauer des Stillens, Abruptheit des Abstillens, Alter bei Beginn der Reinlichkeitserziehung – sind heute nicht mehr interessant. Bereits gegen Ende der 40er Jahre (...) stimmten die Forschungsergebnisse nicht mit den Vorhersagen aus der Theorie überein.

Manche schlossen daraus, daß die Theorie nicht stimme; andere meinten, daß es grundsätzlich schwierig sei, psychoanalytische Behauptungen zu untersuchen. Was immer der Grund sein mag, der Mißerfolg beim Versuch, die Theorie zu bestätigen, führte zur eiligen und eifrigen Annahme eines neuen Forschungsparadigmas, das von Piaget ausging und sich heute in der kognitiven Ausrichtung der modernen Kleinst- und Kleinkindforschung niederschlägt.

Die Beschreibung der Art elterlicher Erziehungspraktiken um die Bereiche des Fütterns, Entwöhnens und der Reinlichkeit wurde ersetzt durch Beobachtungen des Sprechens und Spielens der Eltern mit dem Kind und ihrer anregenden Unterstützung seiner kognitiven Entwicklung. Trotz des Wechsels im Inhalt der Forschungsthemen blieb die Interaktion zwischen Erwachsenem und Baby zentral, so daß neuere Forschungen auf die Bedeutung der beiderseitigen und reziproken Beziehungen zwischen Kind und Elternteil hinweisen. So kommt also der psychoanalytischen Theorie das außerordentliche Verdienst zu, die Nase des empirischen Forschers auf die Rolle der sozialen Erfahrung für die Entwicklung des Kindes gestoßen zu haben." (S. 60–61, Übers. v. Verf.).

Die Eltern als (kognitive) Stimulatoren

Als Replik auf die ersten Berichte zum Hospitalismus-Syndrom elternlos und in Massenpflege aufwachsender Kinder erschien eine Reihe von Untersuchungen, die belegen, daß diesen Kindern im wesentlichen Anregung und Stimulation durch die Umwelt fehlten. Bereits ein bißchen Streicheln am Tag, Aufnehmen und Herumtragen, selbst die Stimulation mit Sprache durch ein Tonbandgerät oder das Ersetzen einer weißen Umwelt durch eine farbige zeitigten Besserungen. Casler (1961) und andere Forscher folgerten, daß Mütter hauptsächlich vielfältige Quellen von Stimulation sind – und in dieser Hinsicht durchaus ersetzbar (vgl. Rauh 1976, Lehr 1974a).

Einen komplexeren Stimulationsansatz vertreten z.B. Yarrow et al. (1972), Papoušek und Papoušek (1979), Hunt (1979a). Sie weisen darauf hin, daß das Anbieten von Stimulation nicht ausreicht; vielmehr muß bereits das Baby erleben, daß auf seine Aktivität hin eine *Wirkung* erfolgt, d.h. daß z.B. die Gegenstände, mit denen es umgeht, nicht nur vielfältig sind, sondern auf entsprechende Handhabung hin ihren Platz oder ihr Aussehen verändern oder Töne von sich geben.

Gegenstände allerdings „reagieren" nur auf ganz spezielle Handhabung, während die erwachsenen Personen in der Umwelt des Kindes auf viel mehr und selbst zaghafte und noch wenig gekonnte Verhaltensweisen des Kindes, einschließlich seiner Blicke und Lautäußerungen, ansprechen. In der dyadischen sozialen Interaktion können die für das Kind notwendigen Lernbedingungen optimal verwirklicht werden. Hunts Versuch in einem Iraner Findelheim, die Babys individuellen Betreuerinnen zuzuordnen und sie anzuweisen, vor allem mit Nachahmung und Reagieren die Interaktionsangebote der Kinder aufzugreifen, führte zu deutlichen Entwicklungsverbesserungen der Kinder. Die kompensatorische Früherziehung in der Familie geht von den gleichen Prinzipien aus.

Inwieweit sich *Väter und Mütter* in dieser Art der Stimulation prinzipiell unterscheiden, ist noch eine Streitfrage (Yarrow et al. 1972, Fthenakis 1985). Schließlich ist die Mutter häufiger allein mit dem Kind, was die Dichte der Interaktion erhöht, während der Vater meistens zugleich mit der Mutter zu Hause ist und seine Interaktion auf zwei Partner aufteilt. Außerdem besteht, zumindest in traditionellen Familien, mit der Zeit die Tendenz, sich in der Interaktion zu spezialisieren: Väter tollen mehr mit ihren Kindern, Mütter sprechen mehr und verwenden beim Spiel mehr Gegenstände und Spielzeug (Lamb 1977). Wieweit die Art der Interaktion durch das *Geschlecht des Kindes* mitbestimmt wird, ist ebenfalls empirisch noch nicht eindeutig entschieden (Keller & Werner-Bonus 1978). Yarrow et al. (1979) halten es für wichtig, daß bereits das Kleinkind mit *mehr als einem vertrauten Erwachsenen* intensiven Kontakt hat und unterschiedliche Interaktionserfahrungen macht: Dies verhilft ihm zur besseren Unterscheidung zwischen sich selbst und der Außenwelt; seine kognitiven Schemata differenzieren sich stärker aus und machen es offener für weitere Stimulation; das Kind baut unterschiedliche Erwartungen darüber auf, wie sich Erwachsene verhalten und wird somit auch kompetenter für weitere soziale Interaktionen; das Sprechen über abwesende, aber vertraute Personen regt sein vorstellendes Denken an. Interaktionserfahrungen sind offenbar auch notwendig, um eine *Vorstellung von sich selbst* und seiner Zugehörigkeit zu anderen, ,,ähnlichen" Wesen aufzubauen: Lewis und Brooks (1979) bezeichnen als *soziales Wissen* das primäre Unterscheiden-Können, dabei zunächst das Unterscheiden des Verhaltens verschiedener Personen und ,,sozialer Objekte" relativ zu sich selbst. *Kategoriales Selbst* nennen sie die Gruppierung von sich selbst und anderen nach Ähnlichkeit in spezifischen Merkmalen (Geschlecht, Alter, Größe, Vertrautheit sind vermutlich die zuerst, d.h. Ende des ersten und im zweiten Lebensjahr erworbenen Ordnungsmerkmale). Alles, was das Kind als sich selbst ähnlich einordnet, wird auch von ihm bevorzugt.

Gallup (1979) berichtet, daß außer den Menschen auch Menschenaffen (Schimpansen, Orang-Utans) unter bestimmten Bedingungen ein ,,Selbstbild" aufbauen können. Diese Bedingungen sind (1) Entwicklung von Objektpermanenz, (2) Interaktionserfahrungen, (3) mindestens dreitägige Vertrautheit im Umgang mit Spiegeln. Dann seien sie ebenso wie Kinder im zweiten Lebensjahr in der Lage, sich selbst im Spiegel wiederzuerkennen. Washoe und Vicki, zwei unter Menschen aufgewachsene Schimpansen, die eine Art Zeichen- bzw. Gestensprache erlernt hatten, ordneten übrigens ihr Photo *nicht* den Tieren oder anderen Affen zu, sondern den Menschen; umgekehrt hatte der Sohn eines der Forscher, der mit dem Affen aufgewachsen war, zeitweilig Zweifel an seiner Spezies-Zugehörigkeit.

Unter dem Aspekt der kognitiven Stimulation durch die Eltern ist weiterhin die Unterscheidung zwischen kompetenzfördernder, entwicklungsanregender Stimulation und Stimulation geringerer Qualität zu berücksichtigen (Carew 1977, 1980 und White 1970).

Alle diese Ansätze versuchen, unter dem Aspekt der (kognitiven) Stimulation elterliches Verhalten zu analysieren und zu erklären. Eltern sind unterschiedlich kompetent als Stimulatoren. Daher geht aus diesen Ansätzen notwendig hervor, daß sie in dieser Kompetenz geübt werden können (oder müssen) bzw. auch prinzipiell ersetzbar sind.

Eltern als Partner und sozial-emotionale Bezugspersonen

Eltern nur als Entwicklungsstimulatoren zu sehen, ist sicher einseitig; auch das Interesse von Kleinstkindern an Personen nur aus ihrer kognitiven Neugier zu interpretieren, reicht nicht aus. Die emotionale Bindung an die Mutter als erlerntes Nebenprodukt der biologischen Abhängigkeit des Kindes deckt sich nicht mit vielen neueren empirischen Ergebnissen. Mary Ainsworth in Baltimore kommt das Verdienst zu, eine umfassende Theorie der *sozialemotionalen Bindung* (*attachment*) entwickelt und empirisch fundiert zu haben, wobei sie Aspekte der Psychoanalyse und der Ethologie (unter Berufung auf den Briten Bowlby), aber auch solche der kognitiven Theorie Piagets und der Kontrollsystemtheorie miteinander verknüpft.

Der theoretische Ansatz von Mary Ainsworth

Jeder Mensch ist nach Ainsworth mit mehreren Verhaltenssystemen ausgestattet, die für seine Spezies spezifisch bzw. charakteristisch und aus der Evolution hervorgegangen sind; sie sichern das Überleben der Spezies. Ainsworth unterscheidet eher umweltlabile und eher umweltstabile Verhaltenssysteme. Die mit der Reproduktion der Spezies verbundenen sind besonders stabil. Zu diesen gehört beim Kind das System des Bindungsverhaltens (*attachment*) und beim Erwachsenen sein Komplement, das Fürsorgeverhalten (*maternal behavior, bonding*). Das Bindungsverhaltenssystem muß dafür Sorge tragen, daß die Hauptpflegeperson in der Nähe bleibt und dem noch unreifen und hilflosen Kind Schutz sowie Hilfe bei der Adaption (= Lernen) geben kann. Soweit ist die Umschreibung von Bindungsverhalten ethologisch und funktionalzweckgerichtet.

Bindung als Verhaltenssystem ist ein Konstrukt, nicht gleichzusetzen mit ganz spezifischen Verhaltensweisen. Die beobachtbaren Verhaltensweisen (Lächeln, Anschmiegen, Schreien, Festklammern, Zur-Mutter-Krabbeln oder -Laufen, Suchen usw.) können diesem System dienen, aber in anderen Situationen auch andere Funktionen haben bzw. im Laufe der Entwicklung ihre schwerpunktmäßige Zuordnung von einem

System zum anderen wechseln. Diese Sicht als Verhaltenssystem besagt auch, daß die verschiedenen Komponenten alternativ kombiniert werden können, sofern sie demselben Ziel dienen (z.B. Rufen *oder* Hinterherlaufen). Konkretes Bindungs*verhalten* wird nur in Alarmsituationen aktiviert, z.B. wenn die Bezugsperson fortgeht, weg ist oder zu weit entfernt ist, zurückkommt oder wenn sie die Bittsignale um Schutz und Sicherheit abweist, wenn die Situation unvertraut ist oder das Kind sich körperlich unwohl fühlt. Räumliche Nähe zur Bezugsperson oder gar enger körperlicher Kontakt beenden das Bindungsverhalten. Das Verhaltenssystem der Bindung entwickelt sich zu unterschiedlichen Organisationsmustern je nach (kognitivem und motorischem) Entwicklungsstand des Kindes und seinen spezifischen Erfahrungen mit dem Partner und seinem Vertrauen in die Erreichbarkeit seiner Bezugsperson.

Komplementär dem Bindungssystem zugeordnet ist nach Ainsworth das *Erkundungssystem.* Wenn das Kind sich bindungssicher fühlt (und damit kein Bindungsverhalten aktiviert wird), dann wagt es sich weiter fort in den Raum, erkundet Gegenstände und Personen – oft mit Rückversicherungsblicken zur sicheren Ausgangsbasis.

Entwicklungsverlauf

Personenspezifische Bindung entwickelt das Kind im ersten Lebensjahr nach Ainsworth et al. (1978) in vier Etappen: (1) In einer Vorphase ist das Kind *allgemein sozial ansprechbar ohne Unterschied der Personen* und richtet auch seine Signale ohne Unterschied an die Umwelt. In der Interaktion lernt es dann, seine Partner zu unterscheiden, so daß ab etwa drei Monaten die Phase (2) der *personenunterscheidenden Ansprechbarkeit* zu beobachten ist. Das Kind wendet nun bevorzugt seine Signale einer spezifischen (oder einiger vertrauter) Person zu und erweitert auch sein aktives Repertoire an Bindungsverhaltensweisen (z.B. Greifen). Von (3) *eigentlicher Bindung* spricht Ainsworth, wenn das Kind (ab ca. sieben Monaten) sich aktiv in die Nähe der Bezugsperson bringen kann (Lokomotion), sie bei Abwesenheit vermißt (Objektpermanenz/Personenpermanenz) und flexibel sein Verhalten auf das Ziel, Mutter (oder Vater) in die Nähe zu bringen, einsetzen kann. Die letzte Etappe (4) dürfte erst nach drei Jahren wesentlich werden und wird als *zielkorrigierte Partnerschaft* bezeichnet.

Außer in Extremfällen bilden alle Kinder personbezogene Bindungen aus, vorausgesetzt, sie haben ein Minimum an Interaktionsmöglichkeiten mit einem Partner. (Dies kann u.U. sogar ein anderes Geschwister oder gar ein Tier sein.) Die Art oder *Qualität* der Bindung ist nach Ainsworth von der Qualität dieser Interaktionen abhängig. Sie unterscheidet drei *Klassen von Bindungsarten:*

A. Kinder mit unsicher-vermeidender Bindung an die Bezugsperson
B. Kinder mit sicherer Bindung an die Bezugsperson

C: Kinder mit ambivalent-unsicherer Bindung an die Bezugsperson.
Die Einteilung der Kinder in diese drei Gruppen wird anhand des Verhaltens der Kinder, wenn die Bezugsperson nach kurzer Trennung wieder zurückkommt, vorgenommen.

Der Fremde – Situation-Test

In einem durch Einwegscheiben beobachtbaren Raum mit Spielzeug und zwei Stühlen finden nacheinander die folgenden acht dreiminütigen Episoden statt:

1. Mutter und Kind werden vom Beobachter in den Raum geführt. Mutter setzt Kind auf den Boden.
2. Mutter und Kind sind allein. Mutter liest Zeitschrift. Kind kann die Umgebung und die Spielzeuge erkunden.
3. Eine Fremde tritt ein, setzt sich, unterhält sich mit der Mutter und beschäftigt sich auch mit dem Kind.
4. Mutter verläßt den Raum, Fremde bleibt mit dem Kind allein, beschäftigt sich mit ihm und tröstet es, wenn notwendig.
5. Mutter kommt wieder, Fremde geht. Mutter und Kind sind allein. Mutter beschäftigt sich mit dem Kind und versucht, es wieder für das Spielzeug zu interessieren.
6. Mutter verläßt den Raum und läßt Baby allein.
7. Fremde tritt ein. Versucht Kind zu trösten, wenn notwendig.
8. Mutter kommt wieder und Fremde verläßt den Raum.

Die Klassifikation der Kinder in drei Verhaltensmuster A, B und C (zu denen es auch Untergruppierungen gibt), erfolgt dadurch, daß eine Reihe von Verhaltensweisen in verschiedenen Episoden des oben geschilderten Ablaufs zusammengesehen werden, entsprechend den theoretischen Annahmen, jedoch in Absetzung von sonst üblichen psychologischen Klassifizierungsweisen.

A-Kinder: meiden auffallend die Nähe oder die Interaktion mit der Mutter in den Wiedervereinigungsepisoden: Baby ignoriert Mutter bei der Rückkehr, „grüßt", wenn überhaupt, nur beiläufig und mischt evtl. dieses Verhalten mit Meiden (Wegwenden, Blickabwenden, Vorbeibewegen). Es zeigt wenig oder keine Tendenz, die Nähe zur Mutter zu suchen; wenn es aufgenommen wird, klammert es sich kaum an und widersetzt sich auch nicht dem Absetzen; allerdings zeigt es auch keinen aktiven Widerstand gegen Kontakt und Interaktion. Mutter und Fremde werden fast gleich behandelt. Alleingelassen, zeigt es kaum Kummer über das Weggehen der Mutter, bestenfalls nur Unmut über sein Alleinsein.

B-Kinder: suchen und wahren Nähe und Kontakt zur Mutter bei oder nach Belastungen, z. B. bei ihrer Wiederkehr; sie wehren sich gegen Absetzen, haben mehr Interesse an der Interaktion mit der Mutter als mit der Fremden; zeigen kaum Kummer, wenn allein gelassen, jedoch wenn, dann deutlich bezogen auf das Vermissen der Mutter; dann kann auch die Fremde sie nicht ganz trösten. Die Mutter wird bei der Wiederkehr mehr als nur beiläufig begrüßt. Widerstand gegen Kontakt oder Meideverhalten bei der Wiedervereinigung wird bei ihnen kaum beobachtet.

C-Kinder: zeigen sich ambivalent gegenüber der Mutter: sie suchen und halten Kontakt mäßig bis stark, aber widerstreben auffallend den Kontakt- und Interaktionsversuchen der Mutter, besonders bei ihrer zweiten Wiederkehr (Episode 8). Sie ignorieren nicht die Mutter wie die A-Kinder, sondern sind eher wütend bis passiv in Belastungssituationen, z. B., wenn sie mit der Fremden alleingelassen werden.

Wesentliche Forschungsergebnisse

Dieser theoretische und methodische Zugang hat eine Menge Forschung angeregt. Einige der wesentlichen Ergebnisse sind:

– Die drei Gruppen der Kinder lassen sich empirisch gut unterscheiden.
– Bei älteren Kindern (zwei bis vier J.) verändern sich zwar einige Verhaltensweisen (sie weinen weniger, suchen weniger körperliche Nähe, halten mehr sprachlichen Kontakt); dennoch läßt sich das Verhaltenssystem auch dort noch anwenden.
– Über sechs und zwölf Monate hinweg sind die Zuordnungen ziemlich stabil.
– B-Kinder zeigen im Untersuchungszeitraum, auch außerhalb des Testsituation, die harmonischste Mutter-Kind-Beziehung.
– B-Kinder zeigen positivere Entwicklung im kognitiven Bereich, aber auch im Sozialverhalten (z. B. mehr Hilfsbereitschaft), C-Kinder zeigen in der Folgezeit häufiger eine verlangsamte kognitive Entwicklung; A-Kinder weisen häufiger Störungen im Sozialverhalten auf.
– Die Klassifikation mit einem Jahr läßt sich nicht aus dem Verhalten des Kindes in den ersten drei Monaten prognostizieren, wohl aber aus den bis dahin entstandenen Mutter-Kind-Interaktionen.
– Wesentliche familiäre Belastungen während des zweiten Lebensjahres des Kindes konnten vor allem bei solchen Kindern nachgewiesen werden, die von sicherer zu unsicherer Bindung wechselten.
– Auch Kinder, die halb- oder ganztags in Fremdpflege sind (sogar im Kibbuz), bilden Bindungsbeziehungen primär zur Mutter und nicht zur Pflegeperson aus.
– Bei Tagespflege und Krippenunterbringung sind die Ergebnisse bezüglich der Qualität der Bindung zur Mutter divergierend. Das Alter des Kindes (ein, zwei oder drei Jahre) bei Beginn der Fremdpflege, seine Eingewöhnungszeit, die Art der Fremdpflege sind ausschlaggebend. Bei Kindern in Gruppenpflege fanden sich mehr C-Kinder als bei solchen in Familienpflege.
– Berufstätigkeit von Müttern scheint keine Beziehung zur Qualität der Bindung zu haben.
– Väter können ebenso eine Bindungsperson sein wie Mütter; die Entwicklung der Vater-Kind-Beziehung verläuft parallel zur Mutter-Kind-Beziehung. Die Kategorisierung A, B, C läßt sich ebenso auf die Bindung an Väter anwenden mit prinzipiell den gleichen Merkmalen. Kinder können unterschiedliche Bindungsqualitäten zu ihren Vätern und Müttern entwickeln.
– Tabelle 3.6 zeigt die Ergebnisse einer Studie an ostwestfälischen Kindern (Grossmann et al. 1980). Weniger als die Hälfte, nämlich 20 von 46, wurden mit 12 Monaten im Hinblick auf ihre Mütter gleich eingestuft und wie mit 18 Monaten in Hinblick auf ihre Väter. 27 von 46 Kindern hatten zumindest zu einem Elternteil eine sichere Bindung (Typ B).
– Es scheint kulturelle Unterschiede in den Bindungsmustern zu geben, wobei die zugehörigen Vorläufer-Merkmale (Eltern-Kind-Interaktion) interkulturell weitgehend gleich zu sein scheinen. In den USA gibt es etwas weniger „sichere“

Babys in Unterschicht-Stichproben und bei Afro-Amerikaner-Stichproben. In der deutschen Untersuchung in Ostwestfalen waren die A-Kinder sogar in der Überzahl im Vergleich zu den B-Kindern (vgl. Randspalten Tabelle 1). Grossmann rätselt z. Z. noch, wieweit die Körperkontakt-meidende, affektiv zurückhaltende Interaktionsweise Bielefelder Eltern für die Sozialentwicklung der Kinder hinderlich ist – oder sogar besonders adaptiv in Hinblick auf die dort herrschenden sozialen Normen. Dieser überraschende Befund hat zumindest eine Reihe neuer Denk- und Forschungsanstöße gegeben (Bretherton & Waters 1985).

Tabelle 3.6 Bindungsbeziehungen von 46 deutschen Kindern mit ihren Müttern (mit 12 Monaten) und ihren Vätern (mit 18 Monaten) (Grossmann et al. 1980)

		Bindung zum Vater mit 18 Mon.				
	Bindungsart	'vermeidend' A (n = 25)	'sicher' B (n = 19)	'ambivalent' C (n = 1)	unklar (n = 1)	Σ
Bindung zur Mutter mit 12 Mon.	'vermeidend' A (n = 23)	14	9	0	0	23
	'sicher' B (n = 14)	8	6	0	0	14
	'ambivalent' C (n = 6)	1	4	0	1	6
	n.kl. (n = 3)	2	0	1	0	3
	Σ	25	19	1	1	46

Gleichaltrige, Freunde, Geschwister

Wie sehr theoretische Voreingenommenheiten das Beobachten und Interpretieren von Fakten beeinflussen können, zeigt die Forschung zu frühen sozialen Beziehungen unter Kindern. Unter der Annahme, daß das Kind erst durch seine Beziehung zu Erwachsenen und durch Erziehung ,,sozial" werde, untersuchte man jahrzehntelang die Interaktion zwischen Gleichaltrigen fast nur im Kindergarten- und Schulalter und befaßte sich fast nur mit der Frage nach der Entstehung und erzieherischen Kontrolle von Aggressionen und Streit, also von ,,negativen Interaktionen“ bei den Jüngsten (vgl. Schloon 1976). Erst in den 70er Jahren hielt man verstärkt nach Ansätzen für „prosoziales Verhalten“ und „Empathie“ Ausschau – und fand sie natürlich. In einem Überblick über entwicklungspsychologische Forschung zwischen 1977–1980 schreibt schließlich Masters (1981): „The most remarkable aspect of current research on aggression is its general absence“ (S. 136).[2] Zwei wesentliche Aspekte dürften die Veränderung der Sichtweise beeinflußt haben: (1) Die größere Verbreitung von Spielkreisen und Krippen, die nun nicht nur von Kindern aus besonders belasteten Familien besucht werden, und (2) die genauere Beobachtung und veränderte Interpretation kindlichen Verhaltens.

Die vorliegenden Forschungsergebnisse und ihre Erklärungen lassen sich als *Widerlegung von Thesen* zusammenfassen.

These 1: Kinder sind erst ab drei Jahren fähig, mit anderen Kindern zusammen zu spielen. Interaktion mit Gleichaltrigen setzt Interaktion mit Erwachsenen voraus.

Jüngere Vertreter dieser These berufen sich auf (soziale) lerntheoretische Überlegungen (d.h., Sozialverhalten wird im Sozialisationsprozeß erst erlernt) und auf kognitive Theorien (kleine Kinder sind noch nicht in der Lage, den Standpunkt und Blickwinkel des Partners in ihrer Interaktion zu berücksichtigen; sie sind egozentrisch und noch nicht fähig zur kognitiven Rollenübernahme). Ihnen weisen vor allem britische ethologisch orientierte Forscher, aber auch Lewis (USA) nach, daß bereits Babys positives Interesse an anderen Kindern zeigen, selbst in der Zeit, in der sie gegenüber fremden Erwachsenen fremdeln.

Lewis und Rosenblum (1975), Mueller (1979) und Dunn und Kendrick (1979) sehen als wesentliches vermittelndes Konstrukt für Interesse an Gleichaltrigen das sich entwickelnde *Selbstkonzept* des Kindes an. Mit dem Aufbau einer Welt aus Objekten (Objektpermanenz) differenziert auch das Kind sich selbst von seiner Umgebung; es bildet ein einfaches Bild von sich selbst, erlebt andere Kinder sich selbst als ähnlich und wendet sich ihnen daher positiv zu. Mueller analysierte die Interaktionsweisen kleiner Kinder mit ihren Müttern und ihren Spielgefährten und fand beide Interaktionsweisen unterscheidende Muster (Peer-Interaktionen sind z.B. objektbezogener und enthalten mehr Imitationen). Außerdem ließ sich das Strukturiertheitsniveau der Mutter-Kind-Interaktion sogar besser aus früheren Peer-Interaktionen vorhersagen als umgekehrt.

---

[2] „Der bemerkenswerteste Aspekt der gegenwärtigen Forschung zur Aggression ist, daß es sie nicht gibt.“

These 2: Interaktionen zwischen Kleinstkindern sind im wesentlichen negativ.

Unter „negativen“ oder gar „aggressiven“ Interaktionen verstand man u. a. das Anstoßen, das Wegnehmen von Spielzeug, später auch das Balgen. In neueren Untersuchungen rangieren solche Verhaltensweisen eher in der Rubrik „Ungeschicklichkeit“, „Geben-Nehmen-Spiel“ oder „spielerisches Tollen und Balgen“ (Smith 1974, Mueller 1979, Lowe-Vandell 1980, Rubenstein & Howes 1976, Rauh 1984b). Das von Piaget beobachtete parallele Spiel, das entwicklungsmäßig dem Miteinanderspielen vorangehe und Ausdruck der Egozentrik des Kleinstkindes sei, wird in seiner sozialen Anregungsfunktion heute positiver bewertet: Gleiches oder Ähnliches nebeneinander zu tun, dient außer dem Kompetenzerwerb („Replikation“) dem Mitfühlen und Miterleben, während das Austausch-Spielen (Ich-Du, Geben-Nehmen) mit rhythmischem Abwechseln der Rollen oder später mit komplementären Rollen vorsprachlichen Dialogen ähnelt.

These 3: Kinder verstehen sich besser, wenn sie das gleiche Entwicklungsniveau haben. (Diese These liegt der Bildung altershomogener Kindergruppen zugrunde).

Dem hält der Ethologe Konner (Lewis & Rosenblum 1975) entgegen, daß die altershomogene Gruppe von Kleinkindern evolutionstheoretisch völlig unnatürlich sei; vielmehr habe über Jahrmillionen der Entwicklung des Spezies Mensch die genetische Auslese auf die Fähigkeit hin stattgefunden, sich in eine gemischtaltrige Kindergruppe einzuordnen. Ohne sich auf diesen theoretischen Hintergrund zu beziehen, haben auch Schmidt et al. (1977) in ihrer Untersuchung an nordrhein-westfälischen Kindergruppen und Vorschulkindern den gemischtaltrigen Gruppen für die soziale Entwicklung den Vorzug gegeben. Aus kognitiver Sicht sind Gleichaltrige auch schwierigere Spiel- und Kommunikationspartner: Sie können sich weniger als ältere Kinder auf die Verständnis- und Handlungsmöglichkeiten des Partners einstellen (Dunn & Kendrick 1979, Abramovitch et al. 1979).

These 4: Es ist übertrieben, im Kleinstkindalter von „Freundschaften“ zu sprechen.

Neuere Forschungen gehen der Frage nach: Wie verhalten sich Kinder fremden bzw. vertrauten Kindern gegenüber (Kagan 1975, Jacobson 1980)? Wie werden sie miteinander vertraut? Wie verändert sich ihr Sozialverhalten (Lewis & Rosenblum 1975, vgl. auch Seiffge-Krenke 1979)? Beziehungen, die dem Bindungsverhalten entsprechen, wurden noch nicht untersucht; jedoch liegen etliche Beobachtungen an Kindern unter ungewöhnlichen Lebensumständen vor z. B. von Anna Freud

(Freud & Dann 1952), die auf z.T. sehr enge emotionale Bindungen zwischen kleinen Kindern verweisen.

These 5: Geschwister bedeuten im wesentlichen, daß die Eltern ihre Zuwendung auf mehrere Kinder aufteilen müssen.

Eine Vielzahl von Untersuchungen zeigt die statistische Benachteiligung nachgeborener Geschwister vor allem in Intelligenz- und Schulleistungsmaßnahmen. Nur Brüder einer älteren Schwester haben anscheinend Vorteile. Demgegenüber beobachteten Dunn und Kendrick (1979) in einer Längsschnittuntersuchung von der Geburt des Geschwisters von eineinhalb bis dreijährigen Kindern an bis zum Alter des Geschwisters von 14 Monaten sehr affektive (Toben, Dispute über Spielzeug) und fast ebensoviele positiv wie negativ getönte Interaktionen mit großer Variationsbreite zwischen den Geschwisterpaaren, eine Veränderung von Imitation durch das ältere Kind zu Replikationen und Imitationen durch das jüngere Geschwister, insbesondere wenn beide gleichen Geschlechts waren, und spontane, mitfühlende Hilfehandlungen seitens des älteren Geschwisters. Ältere Geschwister stellten sich auch auf das Spielniveau ihres jüngeren Geschwisters ein. Im Unterschied zu Interaktionen zwischen Nicht-Geschwistern fanden die Autorinnen kein Vorherrschen der Interaktionen nur über Spielzeug, dagegen aber deutliche Interaktion auch auf räumliche Distanz.

Geschwister, Altersgenossen und Erwachsene (besonders die Eltern) stellen offenbar unterschiedliche soziale Erfahrungswelten dar, die sich zeitweise relativ unabhängig voneinander entwickeln und zeitweise gegenseitig beeinflussen.

Kapitel 4

Kindheit

Rolf Oerter

Der hier betrachtete Lebensabschnitt der Kindheit umfaßt etwa das Alter vom vierten bis zum elften/zwölften Lebensjahr.

Kindheit ist nicht allein universell durch bestimmte qualitative und quantitative psychische Veränderungen bestimmbar, sondern auch kulturell definiert. In unserer Kultur, wie in anderen hochindustrialisierten Ländern handelt es sich bei der Kindheit um einen relativ klar umschriebenen Lebensabschnitt, in dem das Kind bestimmte Aufgaben zu bewältigen hat, aber von der Verantwortung der Erwachsenen frei bleibt. Die Entfernung zur Erwachsenenwelt ist noch so groß, daß wenig Konflikte zwischen Erwachsenenrolle und Kindesrolle entstehen. Das Kind kann höchstens im Spiel die Rolle des Erwachsenen übernehmen, im Ernstfall tritt es nur ausnahmsweise zum Erwachsenen in Konkurrenz, z.B. als Künstler, wobei charakteristisch ist, daß die eben nicht zur Kindheit gehörigen Merkmale zur Bewunderung der Erwachsenen führen und dem Kind einen Sonderstatus einräumen.

Ein letztes Definitionsmerkmal ist klar umschrieben: Das Kind befindet sich noch in allen wesentlichen Lebensfragen und bezüglich seiner Entscheidungen in vollkommener Abhängigkeit vom Erwachsenen. Diese Regelung wird von beiden Seiten, den Erwachsenen wie den Kindern, als selbstverständlich angesehen, eine andere Möglichkeit scheint nicht zu existieren. Dies gilt aber nur in komplexeren Gesellschaften. In anderen Kulturen, vor allem in sogenannten Primitivkulturen, müssen Kinder vielfach selbst für ihren Lebensunterhalt sorgen. So berichtet DuBois (1949) von den Aloresen, daß sich die Kinder schon frühzeitig selbst Nahrung suchen müssen und sich niemand um ihr Wohlergehen kümmert (Alor ist eine indonesische Insel). Zur Abhängigkeit des Kindes bei uns gehört demgegenüber die Sorgepflicht der Erwachsenen, die auch rechtlich klar geregelt ist.

1. Entwicklung der Intelligenz

Zur Messung der Intelligenz

Erstmals wird nun in diesem neuen Altersabschnitt als zentrales Thema *Leistung* wichtig (Erikson 1976); die Sozialisierung des Kindes richtet sich mehr und mehr auf Schule und schulischen Erfolg. Kein Wunder, wenn man frühzeitig nach Maßen gesucht hat, die das allgemeine geistige Leistungsniveau erfassen. Schon Anfang dieses Jahrhunderts entwickelte Binet zusammen mit dem Rechtsanwalt Simon einen Intelligenztest, dessen Grundidee originell und zugleich bestechend einfach war (Binet & Simon 1907). Binet formulierte für jede Altersstufe Aufgaben, die ungefähr dem jeweiligen kognitiven Niveau angemessen waren und von 75% der Altersstufe gelöst wurden. Wer die Aufgaben nicht bewältigte, wurde als unterdurchschnittlich, wer bereits Aufgaben der nächsthöheren Alterstufe löste, als überdurchschnittlich intelligent bezeichnet. Man drückte den Intelligenzabstand in Jahren oder Monaten aus. Stern (1912) versuchte, den Leistungsrückstand bzw. -vorsprung in eine vergleichbare quantitative Beziehung zu bringen und schlug den Quotienten Intelligenzalter/Lebensalter vor. Später multiplizierte man den Quotienten mit hundert, um Kommastellen zu vermeiden. Damit war der *Intelligenzquotient,* der IQ, geboren:

$$IQ = \frac{\text{Intelligenzalter}}{\text{Lebensalter}} \cdot 100$$

Dieser Quotient hat meßtheoretisch Nachteile, vor allem dann, wenn sich mit fortlaufendem Alter keine Verbesserung der kognitiven Leistung mehr einstellt. Dies war bei den Binet-Aufgaben schon ab 14 Jahren der Fall. Später konstruierte man noch einige Aufgaben für Erwachsene hinzu, die aber nur generell die Erreichbarkeit für den einzelnen über das frühere Jugendalter hinaus prüften. Für Erwachsene ist ein Quotient, der Intelligenzalter und Lebensalter in Beziehung setzt, daher sinnlos.

Wechsler (1955) interessierte sich vor allem für die Intelligenz im Erwachsenenalter und entwickelte eine Reihe von Aufgaben, die er für alle Personen aller Altersstufen konstant ließ. Er bezog die Leistung eines bestimmten Individuums auf dessen Bezugsgruppe (Altersgruppen zwischen 10 und 60 Jahren) und ermittelte aus dem Abstand der individuellen Leistung vom Gruppendurchschnitt den IQ. Der Durchschnitt wurde für jede gewählte Altersgruppe mit 100 angesetzt. Die Abweichung vom Durchschnitt berechnete man mit Hilfe des Streuungsmaßes (Sigma) und machte sie so für alle Individuen und Gruppen vergleichbar. Auf diese Weise erhielt Wechsler für jedes Individuum einen Intelligenzwert, den man nach wie vor als IQ bezeichnet, obwohl er keinen Quotienten, sondern die Abweichung vom Mittelwert der Normgruppe ausdrückt. In Tabelle 4.1 sind Aufgaben vom Typ des Binet-Tests solchen vom Typ des Hamburg-Wechsler-Intelligenz-Tests für Kinder (HAWIK) gegenübergestellt. Wenn man die Zusammenstellung solcher Aufgaben ansieht, mag man sich fragen: Was mißt der Intelligenztest eigentlich? Und: Wie ist Intelligenz definiert? Die Testkonstrukteure haben sich darüber zunächst noch keine ausgiebigen Gedanken gemacht; ihnen lag ja eine rein praktische Frage am Herzen, nämlich die nach Intelligenzunterschieden in der Entwicklung bzw. zwischen vergleichbaren Personen. So wird bei Tests der obigen Art Intelligenz zunächst ausschließlich durch den Test bestimmt: Intelligenz ist das, was der Test mißt (operationale Definition). Immerhin ist

Tabelle 4.1 Aufgabenbeispiele aus dem Binet-Test und dem Hamburg-Wechsler-Intelligenztest für Kinder (HAWIK)

Binet-Test	*HAWIK*	
3 Jahre	*6.–15. Lebensjahr*	
	Verbalteil:	
Tierbilder zuordnen Bildbeschreibung Satz von 6 Silben repetieren Weiße und schwarze Knöpfe sortieren	Allgemeines Wissen:	Wie viele Ohren hast du? Wie heißt dieser Finger? Wieviel Kilogramm hat eine Tonne? Warum schwimmt Öl auf Wasser?
Zu genannten Handlungen passende Bilder zeigen Zusammensetzspiel 2 Perlen geben Gegenstände benennen Groß und klein unterscheiden Perlen aufreihen	Allgemeines Verständnis:	Was sollst du tun, wenn du dich in den Finger geschnitten hast? Warum werden Häuser meistens aus Ziegelsteinen gebaut? Warum werden bei einem Schiffsunglück zuerst Frauen und Kinder gerettet?
„Was muß man tun, wenn ...?" Gegensatzanalogien wie: Tag ist hell, Nacht ist ...?	Rechnerisches Denken:	Wenn eine Zigarette 7 Pf. kostet, wieviel kosten dann 3 Zigaretten? Ein Milchmann hatte 25 Flaschen Milch und verkaufte davon 11. Wieviele Flaschen behielt er übrig?
8 Jahre		
Ähnlichkeit zwischen Mücke und Spatz usw. Gegensatzanalogien		
Aufzählen von Wochentagen	Gemeinsamkeiten:	Pflaume – Pfirsich Katze – Maus Bier – Wein
„Was muß man tun, wenn ...?"	Wortschatz:	Die Bedeutung von Wörtern erklären
Verstehen von Zusammenhängen		
Absurdität in Sätzen	Zahlennachsprechen:	Vorwärts und rückwärts
12 Jahre	*Handlungsteil:*	
4 Zahlen rückwärts repetieren	Zahlensymbol:	Eine Reihe von Mustern malen
Bildbeschreibung	Bilderergänzen:	Das fehlende Teil eines Bildes finden
Abstrakte Wörter definieren		
Geometrische Figur nach Gedächtnis zeichnen	Bilderordnen:	Aus einer ungeordneten Bildermenge eine sinnvolle Geschichte legen
Absurdität in Bildern	Mosaiktest:	Aus Bausteinen Muster legen
Lücken in Sätzen ergänzen	Figurenlegen:	Eine Art Puzzle

Alfred Binet (1857–1911)

diese zirkuläre Definition von pragmatischem Wert, wenn man verschiedene Altersstufen miteinander vergleicht, so kann man beispielsweise feststellen, ob und wie die absolute Zahl der gelösten Aufgaben zunimmt und wie stabil die Intelligenzposition des einzelnen in bezug auf den Gruppendurchschnitt über die Jahre hinweg bleibt. Zu beiden Bereichen liegen umfangreiche Ergebnisse vor, auf die in den folgenden Abschnitten näher eingegangen werden soll.

Intelligenzentwicklung als quantitative Zunahme

Wachstum

Frühe Untersuchungen mit Intelligenztests haben einen typischen Verlauf der quantitativen Intelligenzentwicklung erbracht. Während der ersten zehn Lebensjahre steigen die Intelligenzleistungen, erfaßbar als Menge der bewältigten Aufgaben, stark an. Im zweiten Lebensjahrzehnt flacht dieser Anstieg ab und erreicht bereits mit ca. 18 bis 20 Jahren seinen Höhepunkt.

Während sich der Verlauf der Intelligenz im Erwachsenenalter nach heutiger Erkenntnis anders vollzieht (s. Kap. 1 und 7), können wir nach wie vor prinzipiell davon ausgehen, daß sich die Intelligenz als mittlere intellektuelle Leistungsfähigkeit in der Kindheit stürmisch entwickelt. Aufgrund dieses Sachverhaltes und der weiter unten noch zu besprechenden wachsenden Stabilität des IQ folgerte Bloom (1964), daß die

Endausprägung der Intelligenz recht früh festgelegt werde. Nach seiner Rechnung sind mit fünf Jahren etwa 50% der endgültigen Intelligenzhöhe, mit acht Jahren sogar 80% der individuellen Intelligenz festgelegt. Diese Feststellung hat Bloom zu zwei Folgerungen veranlaßt.

- Die Intelligenz ist weitgehend genetisch festgelegt.
- Wenn die Intelligenzentwicklung überhaupt beeinflußbar ist, dann zur Zeit ihrer größten Veränderung, also in den ersten acht Lebensjahren.

Diese letzte Folgerung zieht Bloom in Analogie zur Beeinflußbarkeit der endgültigen Körpergröße durch entsprechende Ernährung während der ersten drei Lebensjahre, dem Lebensabschnitt des raschesten Körperwachstums.

Blooms Ideen haben großen Einfluß auf die Vorschulbewegung ausgeübt. Sowohl in den USA wie später in Deutschland glaubte man, durch Intelligenzförderung die kognitive Entwicklung positiv beeinflussen zu können (vgl. auch Kap. 18).

Bloom griff bei seinem Ansatz auf Anderson (1939) zurück, der das Wachstum der Intelligenz durch ein *Überlappungsmodell* erklärte. Dem Modell liegen zwei Annahmen zugrunde:

a) Die Intelligenzleistung zu einem bestimmten Zeitpunkt ist die Summe des früheren Leistungsniveaus zum Zeitpunkt t_1 plus dem Zuwachs im Zeitraum $t_2 - t_1$. Der Zuwachs ist unabhängig von früheren Leistungen (Nullkorrelation zwischen Zuwachs und vorherigem Leistungsstand).
b) Durchschnitte und Varianzen sind direkt proportional, d.h. je höher die Durchschnittsleistung der Altersgruppen, desto breiter streuen die Werte der Gruppe.

Die Intelligenzentwicklung stellte man sich ursprünglich weitgehend unabhängig vom Schuleinfluß vor, was schon daraus hervorgeht, daß Intelligenztests nach Alter und nicht nach Jahren des Schulbesuchs geeicht sind. Untersuchungen im deutschsprachigen Raum belegen jedoch, daß die Dauer des Schulbesuchs wichtiger ist als das Lebensalter. Merz et al. (1984) führten bei zwei Kohorten Intelligenztests durch, wobei die erste als Sechsjährige und vier Jahre später als Zehnjährige, die zweite nur als Sechsjährige erfaßt wurde. Während das Geburtsalter möglichst konstant gehalten wurde, variierten die Autoren die Dauer des Schulbesuchs, so daß sich innerhalb eines Schülerjahrgangs bis zu zehn Monaten Unterschiede ergaben. Bei gleichem Lebensalter zeigte sich regelmäßig ein Anstieg in den Intelligenzleistungen mit der Dauer des Schulbesuchs. Friedrich (1985) fand bei großen Stichproben in Dresden ebenfalls die Abhängigkeit der Intelligenzhöhe vom Jahr des Schulbesuchs. Ein Elfjähriger beispielsweise, der die sechste Klasse besucht, ist im Durchschnitt ,,intelligenter" als ein Elfjähriger der fünften Klasse. Das bedeutet, daß Intelligenztests zumindest für die Zeit des Schulalters immer noch falsch geeicht sind.

Stabilität

Die Wachstumskurve der Intelligenz täuscht eine Kontinuität vor, die nur schwer als Zunahme der Leistung faßbar ist. Frühzeitig haben sich daher Psychologen dafür interessiert, wie die Leistungen auf verschiedenen Alters-(Entwicklungs)stufen miteinander korrelieren. Hier erbringt eine Vielfalt von Untersuchungen immer wieder das gleiche Bild. Korreliert man die Leistung einer bestimmten Altersstufe mit der Leistung auf einer späteren Altersstufe, so ergibt sich ein positiver Zusammenhang, der um so höher ansteigt, je näher die frühere Altersstufe an die spätere heranrückt. Generell läßt sich aufgrund korrelativer Längsschnittstudien also eine wachsende Stabilität der Intelligenz vermuten. Mit acht bis zehn Jahren hat das Individuum schon mit einer gewissen Wahrscheinlichkeit die Position im Abstand zum Druchschnitt der Bezugsgruppe erreicht, die es im Erwachsenenalter einnimmt (Bayley 1949, Bloom 1964). In Abbildung 4.1 ist die steigende Korrelation zwischen der Leistung früherer Altersstufen mit dem Leistungsniveau bei erreichter körperlicher Reife in verschiedenen Untersuchungen dargestellt.

Wohlwill (1980) faßt die lange Zeit einhellig geteilte Meinung zur wachsenden Stabilität der allgemeinen Intelligenz in drei Aussagen zusammen:

- Maße der kognitiven Leistung in früher Kindheit (bis hin zu 12 bis 18 Monaten) liefern keine Vorhersage für spätere Intelligenzleistungen.

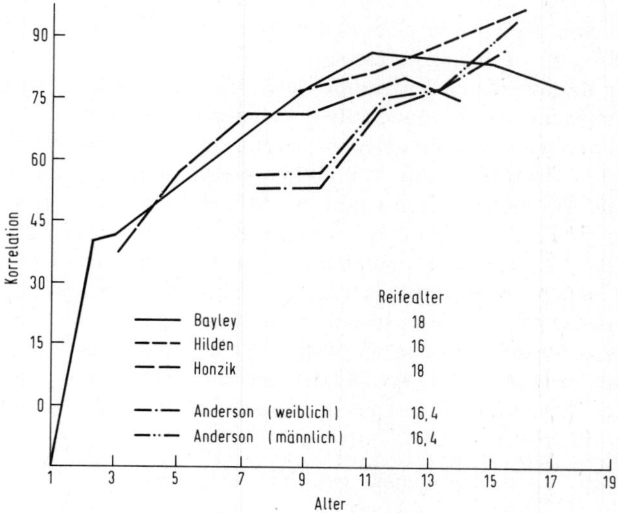

Abb. 4.1 Zusammenhang zwischen Leistungen in Intelligenztests in frühen Altersstufen und dem Intelligenzniveau im Reifealter (nach Wohlwill 1980, S. 383)

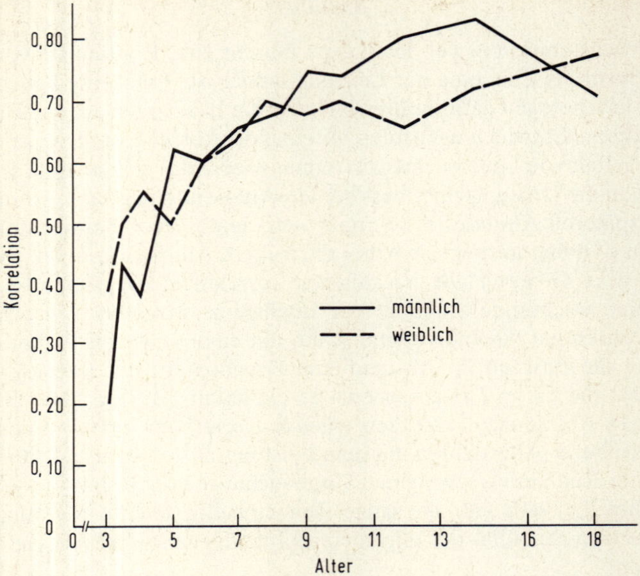

Abb. 4.2 Zusammenhang zwischen früheren Intelligenzleistungen und dem Intelligenzniveau mit 40 Jahren (nach Wohlwill 1980, S. 399)

- Die Test-Retest-Korrelationen nehmen im direkten Verhältnis zum Intervall zwischen den Tests ab.
- Für ein konstantes Test-Retest-Intervall (z.B. ein Jahr) wachsen die Test-Retest-Korrelationen mit zunehmendem Alter an.

Ein ähnlicher Verlauf zeigt sich, wenn man bei Längsschnittuntersuchungen den IQ im Alter von 40 heranzieht. Aus Abbildung 4.2 geht hervor, daß bei Mädchen schon mit neun Jahren, bei Jungen deutlich später die Endkorrelation in etwa erreicht ist.

Diese Annahmen sind durch eine größere Anzahl von Untersuchungen bestätigt, aber es gibt auch Längsschnittuntersuchungen, die kein so klares Bild abgeben. So schwanken die Korrelationen von früheren und späteren Messungen in der Entwicklung bei einer wenig referierten Studie am Institute of Childe Welfare der Universität Minnesota (Goodenough & Maurer 1942). Über weitere abweichende Arbeiten berichtet Wohlwill (1980).

Hypothese des kumulativen Defizits

Ein entscheidender Kritikpunkt beim Wachstumsmodell liegt darin, daß die Zuwachsrate nicht zufällig streut, sondern systematischen Einflüssen unterliegt, wie etwa einer anregenden oder einer deprivierenden Umwelt. Besonders mit der Wirkung von beeinträchtigenden Umwelten hat man sich ausgiebig befaßt. Eine eindrucksvolle Liste von Untersuchungen zeigt den Effekt langanhaltender Umweltdeprivation (mangelnde Anregung, Beeinträchtigung der kognitiven und äußeren Aktivität sowie der spontanen Initiative, mangelnde Zuwendung und emotionale Wärme, Mangel an sozialer Interaktion). Eine der frühesten Studien stammt aus England. Man untersuchte Kinder von Kanalschiffern, die die Schule nicht besuchten (Gordon 1923). Die Korrelation zwischen Alter und IQ betrug anfangs 0,76; je älter die Kinder wurden, desto mehr sank ihr IQ im Verhältnis zur Vergleichsgruppe ab. Andere bekannte Untersuchungen zeigten ähnliche Ergebnisse in isolierten Gegenden der Appalachen in den USA (Asher 1935, Skeels & Fillmore 1937) sowie isolierten Bauernhöfen in Norwegen (Haggard 1973) und Ungarn (Hollos & Cowan 1973).

Die Hypothese des kumulativen Defizits besagt, daß sich die Beeinträchtigung durch ungünstige Umwelteinflüsse in ständig wachsendem Maße negativ auf die geistige Entwicklung auswirkt, sich gewissermaßen akkumuliert. Wohlwill (1980) kommt aufgrund der Durchsicht neuerer Literatur zu dem Ergebnis, daß die kumulative Defizit-Hypothese nur für extreme Deprivation zutrifft, während mäßige Beeinträchtigung kompensatorisch aufgefangen werden kann.

Ein Rückkoppelungsmodell individueller Variation

Wohlwill kritisiert die bisherigen Wachstumsmodelle der Intelligenz und schlägt ein Modell vor, bei dem die Wechselwirkung zwischen Individuum und Umwelt im Mittelpunkt steht. Er macht vier Annahmen (1980, S. 425): (a) Die Umwelt des einzelnen Kindes bleibt meistens relativ konstant; (b) die kognitive Entwicklung ist eine Funktion der aktiven Auseinandersetzung des Kindes mit seiner Umwelt, wobei das Kind bevorzugt auf Objekte oder Ereignisse reagiert, die von sich aus wieder reagieren oder antworten, wodurch eine Rückkoppelungsschleife entsteht; (c) es bestehen wichtige Unterschiede in der Qualität der Umwelt, in der das Kind aufwächst; (d) Kinder unterscheiden sich in der Tendenz oder Fähigkeit, aus der Umwelt Informationen auszuwählen, Schemata zu formen und auf Objekte, die selbst wieder Rückmeldung geben, zu reagieren.

Aus diesen Annahmen ergeben sich unmittelbar einige Folgerungen. Die erste ist, daß sich Individuen mit fortlaufender Entwicklung mehr und mehr voneinander unterscheiden, da der positive wie negative Trend der kognitiven Entwicklung sich immer stärker ausprägt. Eine zweite Folge resultiert in der wachsenden Stabilität. Da die größer werdenden Unterschiede entwicklungsmäßig sich nach den gleichen Richtungen hin verfestigen, stabilisiert sich auch die intellektuelle Leistungsfähigkeit, denn diese wird ja als Abstand vom Mittelwert der Vergleichsgruppe definiert. So meint Wohlwill im Gegensatz zu Bloom, daß die zunehmende Stabilisierung der Intelligenz eher einen wachsenden Umwelteinfluß signalisiert als sein Zurückgehen.

Intelligenzentwicklung als qualitative Veränderung

Bislang wurde lediglich ein Gesamtindex der Intelligenz, zumeist ausgedrückt als IQ, bei der Beschreibung der Entwicklung herangezogen. Nun lassen sich die durch Intelligenztests gewonnenen Daten auch für die Erfassung qualitativer Veränderungen heranziehen. Dies geschieht vor allem mit Hilfe der Faktorenanalyse, die die Untertests einer Batterie von Verfahren zur Intelligenzmessung aufgrund ihrer Ähnlichkeitsbeziehungen ordnet.

Die Extraktion von Faktoren aus einer Korrelationsmatrix erbringt generell ein ähnliches Bild: Der erste Faktor deckt den größten Teil der Varianz ab, die nächsten Faktoren sukessive weniger Varianz. Ist der Varianzanteil des ersten Faktors bei Intelligenztests sehr hoch, so spricht man von einem *g-Faktor* (general factor, Spearman 1927). Er erklärt einen Großteil der Intelligenzleistung und stellt somit die gemeinsame Bedingung für alle Intelligenzleistungen dar. Ein g-Faktor tritt dann auf, wenn die Korrelationen zwischen den Untertests im allgemeinen recht hoch sind bzw. nicht allzu stark voneinander abweichen. Tritt demgegenüber der Varianzanteil des ersten Faktors zurück und erhalten die übrigen Faktoren größeres Gewicht, so resultiert daraus gewöhnlich auch eine größere Anzahl von Faktoren, weil mehr Varianz übrig bleibt. Zugleich erhalten die Faktoren eher gleiches Gewicht, der g-Faktor reicht für die Vielfalt von Intelligenzleistungen nicht mehr aus.

Differenzierungshypothesen der Intelligenz

Die Analyse der Intelligenzleistungen bei Kindern erbrachte eine typische Veränderung mit zunehmendem Alter: Bei jüngeren Kindern (Vorschulalter) war der g-Faktor noch sehr ausgeprägt, bei älteren Kindern trat er mehr in den Hintergrund und die Zahl der Faktoren erhöhte sich. Diesen Sachverhalt, der in zahlreichen Untersuchungen gefunden wurde, erklärte man als *Differenzierung der Intelligenz*.

Garrett formulierte als erster die sog. Altersdifferenzierungshypothese der Intelligenz: ,,Abstrakte oder symbolische Intelligenz verändert sich in ihrer Organisation mit wachsendem Alter von einer nahezu einheitlichen allgemeinen Fähigkeit zu einer locker organisierten Gruppe von Fähigkeiten oder Faktoren“ (1946, S. 373). Diese plausibel erscheinende Hypothese wurde durch einen deutschen Vertreter des Differenzierungskonzeptes, Wewetzer (1964), bereits relativiert. Er folgert, daß sich Tendenzen zur Ausdifferenzierung mit Tendenzen zur Integration abwechseln. Er hält aber an der Auffassung fest, daß der g-Faktor über die Altersstufen hinweg nicht konstant bleibt.

Lienert (1964) und Reinert (1970) erweiterten die Differenzierungshypothese zur sog. *genetischen Divergenzhypothese* oder genetischen Begabungsdifferenzierungshypothese. Sie besagt, daß das Begabungsniveau und das Entwicklungsniveau in der Faktorenstruktur korrespondieren. Jüngere Kinder besitzen nach dieser Hypothese eine ähnliche (wenig differenzierte) Intelligenzstruktur wie wenig Begabte. Ältere Kinder und Intelligentere weisen analog die gleiche (differenziertere) Struktur auf. Reinert erklärt dies dadurch, daß ein niedriger IQ durch die Fixierung auf ein ontogenetisch frühes Entwicklungsniveau und ein hohes Intelligenzniveau durch die späte Fixierung auf ein weiterentwickeltes Niveau zustandekommt (Reinert 1970, S. 474).

Zur Kritik: Alle bisherigen Überlegungen zur Faktorenstruktur der Intelligenz gehen von der Annahme aus, daß die abgebildete Struktur beim Individuum anzusiedeln sei. Sie ist aber ein Ergebnis der Analyse von Gruppen und beschreibt somit zunächst lediglich die getestete Gruppe als Ganzes. Wie gefährlich es ist, wenn man diesen Sachverhalt aus dem Auge verliert, konnten Merz und Kalveram (1965) zeigen. Die Ergebnisse über die Abnahme des g-Faktors und die Zunahme der Faktorenzahl sind ihrer Meinung nach ein Artefakt, das nicht auf psychische Entwicklungsveränderungen zurückzugehen braucht.

Der höhere Varianzanteil des ersten Faktors bei jüngeren Kindern erklärt sich nämlich schon allein durch die Zusammensetzung der Stichprobe. In einer jüngeren Altersgruppe sind die Intelligenzunterschiede in der Gesamtleistung zwischen den Kindern größer als später. Dies beruht auf dem rascheren Entwicklungstempo der Intelligenz im früheren Alter. Wenige Monate können da schon viel bedeuten: Manche Kinder sind bereits weiter, andere deutlich weniger weit entwickelt. Solche Entwicklungsunterschiede betreffen mehr oder minder alle Leistungen, so daß die einen Kinder der Stichprobe in fast sämtlichen Leistungen besser, die anderen in fast allen Leistungen schlechter sind. Korreliert man daher die Einzelleistungen miteinander, so erhält man eine Matrix mit relativ hohen Koeffizienten. Dies bewirkt jedoch bei der Faktorenanalyse einen hohen g-Faktor. Merz und Kalveram nannten diesen Effekt „simultane Überlagerung“.

Es gibt nun über die als generell zu denkenden Entwicklungsunterschiede im frühen Alter hinaus auch inhaltliche psychische Bedingungen, zum Beispiel das Instruktionsverständnis (Oerter et al. 1974). Da die Kinder mit Bleistift-Papier-Tests untersucht werden, müssen sie noch zusätzlich die Leistung aufbringen zu begreifen, was sie zu tun haben. Dieses Instruktionsverständnis ist nahezu allen Aufgaben vorgeschaltet. Nun sind manche Kinder durch mangelndes Instruktionsverständnis beeinträchtigt, andere haben dieses Handicap nicht. Wiederum dürften solche Unterschiede bei Schuleintritt wesentlich ausgeprägter sein als später. Schließlich und endlich läßt sich die Faktorenstruktur, da sie an Gruppen gewonnen wird und nicht am Individuum, eher als

,,Oberflächenstruktur" verstehen, die noch nichts über die zugrundliegenden Prozesse (Strategien des Lösens von Aufgaben) aussagt. Der gleiche Leistungsfaktor kann vielmehr durch unterschiedliche Prozesse zustande kommen.

2. Spiel und kindliche Entwicklung

Zum Begriff des Spiels

Die bevorzugte Aktivität von Kindern im Vorschulalter ist das *Spiel.* Wie andere psychologische bzw. anthropologische Begriffe kommt der Begriff Spiel aus der Alltagssprache, weshalb man sich zunächst fragen muß, ob er sich als entwicklungspsychologisches Konzept überhaupt eignet. In der Tat erscheint diese Frage berechtigt angesichts der Vielfalt von Aktivitäten, die man unter das Spiel subsumiert. Zu ihnen gehören das Spielen des Babys mit seinen Fingern, das Spielen mit Puppen und Autos, Rollenspiele (Superman, Mutter, Lehrer), Regelspiele wie Fußball und Schach, Malen und Kneten als ,,spielerische Betätigung" und heute auch das ,,Spielen" am Heimcomputer.

Da sich aber in der Alltagssprache die Weisheit der Kultur niedergeschlagen hat, lohnt es sich, nach der tieferen Bedeutung des Spiels zu suchen. Dabei müssen wir auf viele Ansätze verzichten, die sich mit dem Spiel beschäftigt haben (z.B. Huizinga 1956, Fink 1960, Schaller 1861, Haigis 1941). Vom *Individuum* aus gesehen hat Spiel den Vorzug, daß es Bedürfnisse unmittelbar und ohne Umwege befriedigen kann (Vygotsky 1967) und gesetzte Ziele relativ problemlos erreichbar macht. Das Kind kann sowohl Angst reduzieren, indem es sie in Spielhandlungen umsetzt (,,ausspielt"), als auch entfernt liegende Ziele ,,stellvertretend" verwirklichen, indem es die Aufgaben und Vorteile des Erwachsenseins im Symbol- und Rollenspiel vorwegnimmt. Vor allem eignet sich das Spiel zur Verwirklichung einer, heute in der Psychologie zentralen, handlungsleitenden Komponente, der *Umweltkontrolle* und der Selbstwirksamkeit (Bandura 1982). Für das Kind existieren noch wenig Kontrollmöglichkeiten über die Umwelt, es erfährt immer wieder seine Hilflosigkeit und sein Angewiesensein auf Erwachsene. Im Spiel hingegen übernimmt es Kontrolle, alles fügt sich seinen Wünschen, weil die Situation den eigenen Zielen durch Umdeutung gefügig gemacht wird: ein Stuhl wird zum Flugzeug oder Auto, ein Partner zum Baby, das man betreut, und der Phantasiegefährte vollends verhält sich immer so, wie man es möchte, und läßt einen auch nie im Stich.

Weitet man diesen Aspekt des Spiels als Mittel zur unverzögerten Wunscherfüllung und zur Selbstwirksamkeit in der Umwelt aus, so kommt man zu einem Systemansatz, wie ihn bereits Helanko (1958) vertreten hat. Versteht man beliebige Tätigkeiten des Individuums als Bestandteil eines Individuum-Umwelt-Systems, so sind beim Spiel die Objekte des Systems frei gewählt, und es gibt während des Spielverlaufes keine störenden Einflüsse durch andere Individuum-Umwelt-Systeme. Nach Helanko ist eine Tätigkeit (z.B. das Bauen mit Legosteinen) Spiel, wenn das Kind sich das Ziel etwas zu bauen selbst gesetzt hat und aus Freude am Handeln bei seiner Aktivität bleibt. Die gleiche Tätigkeit wird zum Lernen bzw. zu Arbeit, wenn die Erzieherin das Kind auffordert, weiterzubauen und etwas fertigzustellen.

Mit Vygotsky (1978) und Leontjew (1977) kann man das Spiel daher auch als die bevorzugte und wichtigste ,,Tätigkeit" des Kindes im Vorschulalter ansehen. *,,Tätigkeit"* meint hier einen zentralen psychologischen Begriff, nämlich die sinnstiftende Aktivität, die Individuum und Umwelt, Subjekt und Objekt, zu einem Ganzen verbindet. Spiel bildet den Rahmen und die Sinndeutung, die das Kind bevorzugt, der Erwachsene hin und wieder seinen Umweltbeziehungen gibt.

Diese individuumzentrierte Sichtweise sollte durch eine *sozio-kulturelle* ergänzt werden. Individuum-Umwelt-Systeme existieren ja nicht unabhängig und unverbindlich nebeneinander, sondern sind miteinander verknüpft und aufeinander abgestimmt. Legt man hier auch das Tätigkeitskonzept zugrunde, so ist die gesellschaftlich entscheidende Form der Tätigkeit die Arbeit. Spiel kann einerseits die Funktion der Erholung, Entlastung und des Sammelns neuer Kräfte haben (Schaller 1861), andererseits die Vorbereitungsphase für Arbeit als Tätigkeit bilden. Ersteres ließe sich eher für die spätere Kindheit und das Erwachsenenalter vermuten, letzteres gilt offenkundig für die vorschulische Kindheit, in der Arbeit als Tätigkeit nur begrenzt möglich ist.

Zunächst hat Arbeit durch ihren gesellschaftlichen Bezug immer auch einen außerhalb der Tätigkeit liegenden Zweck, was beim Spiel (trotz aller Einschränkung) im Regelfall nicht zutrifft. Weiterhin ist das Individuum bei der Arbeit in Systeme einbezogen, die nicht nur der eigenen Zielsetzung gehorchen, sondern von anderen Notwendigkeiten, zu der auch die sogenannte Entfremdung der Arbeit (Volpert 1975, Oesterreich 1981) gehört, mitbestimmt sind. Die für den Arbeitsvorgang erforderlichen psychischen Leistungen (s. Abschnitt 4.4) können vom Vorschulkind noch nicht erbracht werden, allem voran das Durchhalten einer Aktivität über ihren augenblicklichen Anregungsgehalt hinaus. Kinder können bekanntlich sehr ausdauernd bei einer Aktivität verweilen, sofern sie in sich selbst motivierend ist (s. intrinsische Motivation Kap. 13), aber sie reagieren schnell mit Unlust, wenn von außen gesetzte Ziele beibehalten werden müssen. Ob und wie sehr Spielverhalten kulturell determiniert ist, läßt sich heute nur schwer sagen. Einige Befunde und ihre Interpretation sollen später noch zur Sprache kommen.

Andererseits werden in der Spieltätigkeit wichtige Komponenten von

Arbeit vorbereitet, so der planende, vorbereitende und ausführende Umgang mit Gegenständen (in fiktiver wie in realitätsbezogener Weise), die Erkenntnis und Fähigkeit, sich selbst als Urheber von Handlungen zu erfahren und erfolgreich auf Gegenstände der Umwelt, d.h. deren Handhabung oder Herstellung, anzuwenden sowie schließlich die „spielerische" Vorwegnahme der späteren Arbeitstätigkeit.

Abschließend läßt sich feststellen, daß Spiel als sinnstiftende Tätigkeit aus der Haltung des Individuums gegenüber der Umwelt resultiert und nicht aus der konkreten Beschäftigung gefolgert werden kann. Die Spielhaltung existiert auch in der späteren Kindheit bei Aktivitäten, die äußerlich als reine Arbeit anzusehen sind. Schließlich gibt es Spielhaltung auch beim Erwachsenen, für den Arbeitsaufträge unter bestimmten Umständen Spielcharakter erhalten können (Beispiel: Computer-Tätigkeiten).

Formen des Spiels und ihre Reihenfolge in der Entwicklung

Die begriffliche Abgrenzung des Spiels, die zuvor getroffen wurde, steckt einen sehr weiten Rahmen ab, so daß die in früheren Arbeiten aufgeführten Arten des Spiels alle einbezogen werden können (Bühler 1928, Hetzer 1968, Berlyne 1960, Piaget 1969b). Im folgenden werden die wichtigsten „Spielformen" beschrieben, wobei aber hervorzuheben ist, daß es sich um eine pragmatische Einteilung handelt, da die eine Form während der Spielaktivität in die andere übergehen kann.

Sensumotorisches Spiel. Im ersten und zweiten Lebensjahr zeigt das Kind Aktivitäten, die als sensumotorisches Spiel, früher auch als Funktionsspiel (Bühler 1928), bezeichnet werden. Das Kind hat Freude an Körperbewegungen und wiederholt diese perseverativ oft lange Zeit. Diese Bewegungen richten sich mehr und mehr auf Gegenstände, zunächst auf eigene Körperteile als „Gegenstände" und einige wenige Objekte aus der Umwelt (z.B. Klapper), später bevorzugt auf neue Gegenstände, mit denen manipuliert wird.

Informationsspiel, Explorationsspiel. Der Umgang mit Gegenständen zeigt bei dieser Aktivitätsform Erkundungsfunktion. Das Kind will herausbekommen, was man mit den Gegenständen machen kann, wie sie beschaffen sind oder wie sie innen aussehen (z.B. Zerlegen von Spielgegenständen).

Konstruktionsspiele. Ebenfalls realitätsorientiert sind Spielformen, bei denen das Kind Gegenstände benützt, um aus ihnen bzw. mit ihrer Hilfe einen Zielgegenstand herzustellen. Solche Zielobjekte können sein: ein Bauwerk, eine Zeichnung, eine geformte Figur, ein konstruiertes Gerät

Rollenspiel: Taxifahren

Regelspiel

(Fahrzeug, Maschine). Beim Konstruktionsspiel müssen zwei Klassen von Gegenständen realitätskonform gehandhabt und aufeinander bezogen werden: Werkzeuge (Bleistift, Hammer usw.) und Rohmaterial (Sand, Knete usw.).

Symbolspiel, Fiktionsspiel. Diese Form des Spiels ist bei engeren Spieldefinitionen die eigentliche kindliche Spielform. Das Kind deutet einen Spielgegenstand sowie das auf ihn bezogene Handeln nach eigenen Wunsch- und Zielvorstellungen um. Die Handlungen selbst aber werden aus dem sozialen Umfeld, d.h. aus den Erfahrungen, die das Kind bislang gemacht hat, übernommen. Zu dieser Form des Spiels zählen die Puppenspiele der Mädchen (zur geschlechtsspezifischen Verteilung siehe unten), die Auto-, Cowboy- und Supermanspiele der Jungen, aber auch soziale Spiele, die dann im Regelfall die Bezeichnung Rollenspiel erhalten.

Rollenspiel. Das Zusammenspiel mehrerer Personen, die fiktive Rollen bekleiden, auch soziodramatisches Spiel genannt, gewährleistet über kürzere oder längere Zeit die Aufrechterhaltung koordinierten gemeinsamen Handelns. Diese Spielform erfordert von den Teilnehmern höhere soziale und kognitive Kompetenzen.

Regelspiel. Hier handelt es sich um soziale Formen des Spiels, bei denen nach festgelegten Regeln agiert wird, deren Einhaltung unabdingbar ist und die zugleich den Reiz des Spiels ausmachen. Regelspiele sind fast immer Wettkampfspiele, wobei der Wettbewerb anfangs weniger bedeutsam ist (Hüpfspiele mit dem Seil, Dritten abschlagen), dann aber mehr und mehr eine zentrale Rolle erhält (Sportspiele wie Fußball, Handball, Tennis; Brettspiele und sogenannte Gesellschaftsspiele, Kartenspiele). Im Gegensatz zu den bisherigen Spielformen erfordern Regelspiele meist eine spezifische Fähigkeit oder Kompetenz, die zuvor erlernt werden muß. Das Reizvolle an Regelspielen mit Wettbewerbscharakter ist der Leistungsvergleich von Partnern mit ungefähr dem gleichen Fähigkeitsniveau. Damit werden Spiele dieser Art zum Paradigma der Leistungsmotivation (s. Kap. 13).

Mit Ausnahme der ,,realitätsorientierten" Spiele zeigt das Spielverhalten eine bestimmte altersabhängige Reihenfolge, die auch über verschiedene Kulturen hinweg beobachtet wurde (Fein 1981, Fenson et al. 1976, Inhelder et al. 1972).

Sensumotorisches Spiel mit einem Einzelgegenstand (z.B. Rassel) nimmt zwischen 7 und 13 Monaten allmählich ab, kulturell adäquater Umgang mit Gegenständen (z.B. Benutzen einer Tasse) wächst zwischen 9 und 13 Monaten an, während kompliziertere Handlungen mit Alltagsgegenständen (Einhalten einer Reihenfolge, Einbeziehung mehrerer Gegenstände) erst mit 18 bis 24 Monaten auftreten (Inhelder et al. 1972). Ziemlich abrupt tritt mit 12 bis 13 Monaten erstmals das Symbolspiel auf, nimmt über die Jahre der Vorschulzeit zu und sinkt in seiner Häufigkeit dann wieder ab (umgekehrte U-förmige Beziehung: Piaget 1966, Fein 1981). Bei sozial benachteiligten Kindern fand man den Höhepunkt des Symbol- und Rollenspiels in der ersten und zweiten Grundschulklasse und danach einen plötzlichen Abfall (Eifermann 1971).

Das kooperative Rollenspiel ist bei Dreijährigen noch kaum zu finden, während bereits alle Vierjährigen bei „normaler" Entwicklung Rollenspiele machen. Die Dauer solcher Spiele wächst zwischen dem Alter von vier bis fünf Jahren deutlich an (Iwanaga 1973). Das Regelspiel ist noch relativ selten im Vorschulalter, tritt aber im Übergang zum Grundschulalter immer häufiger auf (Rubin et al. 1978).

Exploration und Konstruktion fallen für viele Spielforscher nicht unter Spielverhalten; nach der obengenannten Interpretation sollten sie jedoch als Spiel gelten, sofern sie die Merkmale des selbstgesetzten intrinsisch motivierten und des stellvertretenden bzw. unmittelbar wunscherfüllenden Umweltbezuges aufweisen. Exploration und Symbolspiel sind von Hutt (1966) aufgrund von Beobachtungen in einem Experiment in einen systematischen Zusammenhang gebracht worden. Sie beobachtete, daß Kinder einen Spielapparat, der neu für sie war, zunächst auf seine Möglichkeiten hin untersuchten, ihn jedoch, nachdem sie ihn genauer kannten, in ein Symbolspiel einbezogen. Der Spielapparat besaß auf seiner Oberseite einen Hebel, den man in verschiedene Richtungen bewegen konnte. Je nach Versuchsbedingung folgte auf eine Hebelbewegung keinerlei Signal, nur visuelle oder nur akustische Signale und beide Arten von Signalen gemeinsam. Komplexere Bedingungen veranlaßten die Kinder, länger beim Explorationsspiel zu verweilen. Alle wechselten jedoch nach einigen Sitzungen zum Symbolspiel über.

Handlungslogik und -entwicklung im kindlichen Spiel

Es läßt sich zeigen, daß sich das Spielverhalten entsprechend der Logik entwickelt, die in den Handlungsbezügen des Spieles steckt. Dies soll im folgenden am Symbol- und Rollenspiel, das im Vorschulalter im Vordergrund steht, gezeigt werden. (In Kap. 13 erfolgt eine analoge Darstellung für die Entwicklung des Werkzeuggebrauchs.)

Piaget (1969b) nennt vier Dimensionen, auf denen sich das Symbolspiel entwickelt: Dekontextualisierung, die geordnete Kombination von Verhaltenselementen, der Wechsel vom Selbstbezug zum Partnerbezug und die Substitution eines Gegenstandes durch einen anderen. Die *Dekontextualisierung* bezieht sich auf das Phänomen, daß sich der Spielende aus seiner unmittelbaren Umwelt, seinem „Kontext", herauslöst und durch sein fiktives Handeln von aktuellen, konkreten Umweltbeziehungen abgehoben ist. Das Ausmaß an Umdeutung und Fiktion beim Spiel ist zugleich ein Maß für den Grad der Dekontextualisierung. Je mehr solche Herauslösungen in der Sozialisation des Kindes vollzogen werden, desto ausgeprägter wird die Fähigkeit zum Illusionsspiel. Dieser Sachverhalt wird uns noch zu beschäftigen haben.

Kombination von Handlungselementen. Je komplexer das Spiel wird, desto mehr Einzelhandlungen und desto mehr (soziale wie unbelebte) Gegenstände sind beteiligt. Planung der Handlung, permanente Abstimmung und Kontrolle werden immer wichtiger. Die Entwicklung auf dieser Dimension zeigt sich in der wachsenden Länge und Komplexität von Spielhandlungen sowie in der Verbesserung und Differenzierung des Rollenspiels bei Beteiligung mehrerer Kinder. Interaktives Rollenspiel tritt gewöhnlich mit drei Jahren auf und nimmt in den darauffolgenden drei Jahren deutlich zu (Emmerich 1977, Rubin et al. 1978).

Selbstbezug im Symbolspiel herrscht bis etwa zum Alter von 15 Monaten vor. Das Kind füttert sich beispielsweise selbst fiktiv und nicht die Puppe. Später richtet sich die Aktivität auf die Puppe als Partner. Der *andere* (die Puppe) *als Bezugspunkt* wird zunächst als passiver Empfänger oder als Objekt behandelt (füttern, setzen, schlagen). Später wird der andere (Puppe, Bär) als eigener Akteur der Handlung ins Spiel einbezogen. Der fiktive Umgang mit Spielpartnern, so als würden diese selbst handeln, steigt zwischen dem Alter von 12 bis 30 Monaten dramatisch an (Watson & Fischer 1977).

Die *Entwicklung der Substitution* von Gegenständen durch andere beim Illusionsspiel ist am besten untersucht. Vygotsky (1978) und Elkonin (1966) nehmen an, daß das Kind zunächst außerstande ist, einen beliebigen Gegenstand an die Stelle des Spielobjektes zu stellen (z.B. ein Stück Holz als Puppe zu behandeln oder einen Bauklotz als Auto). Vielmehr benötigt das Kind anfangs „prototypische" Spielgegenstände, bei denen die wesentlichen Merkmale klar erkennbar sind. Dies ist der Fall bei einer Puppe, bei einem Spielauto oder Holzpferd. Piaget (1969b) hingegen meint, daß das Kind aufgrund seiner egozentrischen Haltung (s. Kap. 8) die Realitätstreue des Spielgegenstandes vernachlässige und erst später immer stärker zu realitätsangepaßtem Fiktionsspiel gelange. Untersuchungen zur Wahl und Bevorzugung von Spielgegenständen zeigen eindeutig, daß Kinder prototypisches und realitätsgetreues Spielzeug bevorzugen. Dies ist vor allem bei Jüngeren (etwa Dreijährigen) der Fall, während dann im Alter von vier bis acht Jahren der Umgang mit Ersatzobjekten leichter vonstatten geht. Aber selbst dann bevorzugen Kinder häufig (im Gegensatz zur Alltagsmeinung und

Bevorzugen Kinder realitätsgetreues Spielzeug?

McLoyd (1983) bildete Dreiergruppen von Kindern zweier Altersstufen (3½ und 5 Jahre) und beobachtete ihr Spiel in vier halbstündigen Sitzungen. In jeweils zwei Sitzungen stand den Kindern untypisches, vieldeutiges Spielmaterial (Scheiben, Klötze, Schachteln, Stoffstücke, Styropor u. ä.) zur Verfügung, während sie in den beiden restlichen Sitzungen realistisches Spielzeug bekamen (Herd-Guß-Kombination, Puppen, Telefon, Arztkoffer, Kleider usw.). Wie aus Tabelle 4.2 zu ersehen ist, bevorzugten die Kinder mit Ausnahme der fünfjährigen Mädchen (kooperatives Spiel) das realistische Spielmaterial.

Tabelle 4.2 Mittlere Hauptzeiten verschiedener Arten des Symbolspiels in Sitzung mit untypischem und realistischem Spielmaterial (aus McLoyd 1983, S. 631)

		Art des Symbolspiels			
Dreiergruppen	Spielmaterial	Einzelspiel	Parallelspiel	kooperatives Spiel	Gesamtwert
3½ Jahre					
Mädchen	untypisch	9.67	4.67	16.33	29.33
	realistisch	25.00	5.33	20.00	43.67
Jungen	untypisch	3.00	.33	2.66	5.67
	realistisch	20.00	1.67	4.67	24.33
5 Jahre					
Mädchen	untypisch	.67	.33	48.33	49.33
	realistisch	4.67	7.00	37.33	47.00
Jungen	untypisch	10.66	4.67	13.33	26.33
	realistisch	19.00	10.00	17.67	43.00

zu pädagogischen Ansichten) realistisches Spielmaterial. Dies soll an einer Untersuchung von McLoyd (1983) demonstriert werden (siehe oben).

Trotzdem wächst die Fähigkeit zum Spiel mit untypischen Ersatzobjekten bis hin zum gänzlichen Verzicht auf Spielgegenstände, wobei diese durch Sprache und Gesten ersetzt werden. Einsiedler (1985) stellt zwei Untersuchungen an drei- bis sechsjährigen Kindern vor, bei denen ältere Kinder „Objekttransformation“ und Rollenübernahme häufiger an wenig realistischem Spielmaterial vornahmen. In einer anderen Untersuchung fand McLoyd (1983) beispielsweise, daß Vierjährige bei 50% ihres Spielverhaltens mit vorgestellten, „gedachten“ Gegenständen umgingen.

Vygotsky (1978) und Elkonin (1966) erklären diese Entwicklung durch den wachsenden Einfluß der Sprache auf das Sozialverhalten des Kindes. Anfänglich ist das Kind noch nicht fähig, mit sprachlichen Bedeutungen und gedachten Gegenständen umzugehen. Daher müssen die Spielobjekte auch realistisch bzw. prototypisch sein. Je mehr das Kind in der Lage ist, sozial-kooperatives Handeln durch Sprache allein zu regulieren, desto weniger braucht es realistische Spielgegenstände. Bedeutungen werden unabhängig von der Gegenwart wahrnehmungsmäßig gegebener Gegenstände und Situationen aktiviert. Dies entspricht übrigens auch der oben erläuterten Dekontextualisierung. Das Ersatzobjekt im Symbolspiel wird bis zu einem gewissen Grad beliebig und zeigt die Entwicklung vom Gegenstand äußeren Handelns zum Gegenstand des Denkens (inneres Handeln, Operieren) an.

Von daher werden auch bestimmte sprachliche Kompetenzen verständlich, die mehr und mehr in das Spielverhalten eingehen. Mit vier Jahren übernimmt das Kind im Rollenspiel als Baby die Babysprache oder spricht, wenn es die Mutterrolle einnimmt, wie man zu einem Baby spricht (Sachs & Devin 1976). Besonders interessant ist in diesem Zusammenhang, was Kinder über ihr Spiel sprechen und wissen (Metakommunikation). Garvey und Berndt (1977) beobachteten Zweier-Spielgruppen von Kindern im Alter von drei bis fünf Jahren. Bei allen Gruppen wurde Metakommunikation beobachtet, jedoch mit verschiedenem Inhalt. Die Älteren machten mehr Vorschläge zur Rolle des Partners, wobei dieser auch unbelebte Gegenstände (z. B. einen Baum oder eine Brücke) darstellen sollte, und über das nun folgende Spielgeschehen („Spiel jetzt, daß du Fische nicht magst"). Weiterhin sind bereits Vierjährige in der Lage anzugeben, was sie spielen, und daß sie Handlungen nur vortäuschen. Sie besitzen also Metawissen über das eigene Spielverhalten (Chaille 1978).

Der soziale Charakter des Spiels: eine integrative Erklärung

Zur Sozialisationstheorie des Spiels

Die bisherige Darlegung über die Entwicklung des Spielverhaltens legt einerseits ein Fortschreiten gemäß der Handlungslogik oder sachimmanenten Entfaltungslogik (Heckhausen 1963/64) nahe, verführt andererseits zur Annahme einer biologischen universellen Gesetzlichkeit. Es erscheint aber sinnvoller, sich angesichts der empirischen Befunde der Meinung von Vygotsky, Elkonin und Sutton-Smith anzuschließen, daß Spiel eine vorwiegend soziale Aktivität ist, deren Ursprung und Weiterentwicklung eng verbunden ist mit der Interaktion sozialer Partner. Für das Kind sind diese Partner zunächst Erwachsene. Spiel wird so zum Bestandteil der Sozialisation des Menschen.

Elkonins (1966) Darstellung baut auf den Gedanken Vygotskys (engl. Übersetzung 1978) auf. Das *Symbolspiel* (einzeln oder interaktiv als Rollenspiel) ist nach Elkonins Meinung eine wichtige Bedingung für die „sozial entwickelten Methoden, bestimmte Gegenstände zu benutzen" (a.a.O. S. 36). Das Kind erwirbt diese Art des Umganges mit Gegenständen von den Erwachsenen durch direkte Instruktion (z.B. Benutzung eines Löffels) oder durch Nachahmung. Gemeinsame Aktivitäten von Erwachsenem und Kind konzentrieren sich zunächst oft auf Alltagsgegenstände und ihren Gebrauch. Auch die fiktive Handlung (Essen) erfolgt mit konkreten Objekten (leerer Löffel). Das spätere Spiel (mit etwa drei Jahren) bevorzugt immer noch Gegenstände, die den realen Objekten ähnlich sind (Auto, Küchengeräte, Arztkoffer, Kleidungsstücke, die zu einer bestimmten Rolle gehören). Erst im Alter zwischen drei und sechs Jahren wird die Handlung vom Gegenstand getrennt, letzterer wird „semifunktional" und der „Objektfetischismus" (Gebundenheit an realitätsgetreue Gegenstände) geht zurück. Zugleich mit dieser Veränderung wechselt die Aufmerksamkeit weg vom Objekt, das zur Handlung gehört, hin zur Person, die die Handlung ausführt. Dies wiederum bildet die Grundlage zum Rollenspiel, bei dem ja Verhaltensweisen und Zielsetzung des Akteurs übernommen werden. Daher wird das Symbol- bzw. Rollenspiel abstrakter und allgemeiner und mündet in „figurative" Handlungen, die nur noch den allgemeinen Sinn der ursprünglichen konkreten Handlung mitteilen. Anstelle der konkreten detaillierten Handlung übernimmt die Sprache die wichtigste Funktion im interaktiven Handeln. Gesten und Ersatzobjekte haben nur noch eine unterstützende Funktion. Die Verbesserung sprachlicher Kompetenz und die wachsende Fähigkeit zur Substitution von Objekten im Illusionsspiel haben eine gemeinsame kognitive Grundlage, nämlich den Umgang mit Objekten in der Vorstellung, also den Umgang mit ihnen in symbolischer Form, was bedeutet, daß sie nun losgelöst vom Kontext neu kombiniert und relativ beliebig gehandhabt werden können (zunehmende Dekontextualisierung).

Die Auffassung Vygotskys und Elkonins widersprechen teilweise denen Piagets. Der wichtigste Unterschied betrifft Piagets Annahme, daß Spiel, wie andere Aktivitäten auch, der Herstellung des Gleichgewichts dient. Während das Kind anfangs im Spiel Gleichgewicht durch Assimilation[1] ohne Berücksichtigung der realen Züge der Umwelt herstellt, bemüht es sich später um größere Wahrheitstreue und exakte Nachahmung. Die bereits beschriebenen Untersuchungen geben eher Elkonin und Vygotsky recht, ohne daß damit die Gleichgewichtshypothese schon in Frage gestellt wäre. Sofern man Gleichgewicht nicht als sozial unabhängig wirksames Prinzip der Erkenntnisgewinnung und Entwicklung ansieht, widerspricht dies nicht der Sozialisationshypothese. Neuere Untersuchungen und Arbeiten in der Piaget-Nachfolge führen zu einer Annäherung beider Standpunkte (Krasnor & Rubin 1983).

[1] Zu den Begriffen Assimilation, Akkommodation und Gleichgewicht sowie zu Piagets Theorie s. Kap. 8.

Aber wie vielfach sonst in der Entwicklungspsychologie liegt der Spielforschung ein philosophisches Menschenbild vom singulären Individuum zugrunde, das Kompetenz, Selbständigkeit und Kreativität durch eigenständiges Spielhandeln erwirbt. Sutton-Smith und Heath (1981) beschreiben demgegenüber Spiel, vor allem Symbolspiel, als eine Form der Kommunikation. Zum Verständnis dieser Sichtweise muß man sich die kulturellen und subkulturellen Unterschiede im Symbolspiel vor Augen halten. Feitelson (zit. n. Sutton-Smith & Heath 1981) beobachtete, daß kurdische Israelis große Schwierigkeiten hatten, sich den schulischen Anforderungen anzupassen und daß sie zugleich kaum fiktives, imaginatives Spiel zeigten. Kinder aus deutlich abweichenden Subkulturen in einer Gesellschaft zeigen gewöhnlich auch ein anderes Spielverhalten. Im Regelfall tritt, wie schon früher erwähnt, das Symbolspiel später und nicht so häufig auf wie bei Kindern des Hauptstromes der Kultur. Ronald und Susanne Scollon (1979) verglichen das Spiel ihrer zweijährigen Tochter mit dem ihres Spielkameraden, eines Chipewyan-Indianers. Während das Mädchen z. B. einen Spielzeuglöffel zum Mund führte und Essen spielte, nahm der Chipewyan-Junge den Löffel und bestand darauf, ihn seiner Mutter zu bringen. Beide spielten, das Mädchen in der uns gewohnten Weise, der Junge, indem er das Spielzeug der Mutter brachte, die es als echten Löffel behandeln sollte. Übrigens erweist sich auch das Puppenspiel bei afrikanischen Kindern durchaus verschieden von dem unserer Kinder. Mädchen beispielsweise scheinen Puppen genauso wie ihre kleinen Geschwister zu behandeln und an ihnen Handgriffe der Körperpflege und des Anziehens zu üben (Paul 1970). Rollenspiele in schwarzafrikanischen Kulturen scheinen andererseits eine zentrale Sozialisationsfunktion zu besitzen, worauf Paul (1975) hinweist.

Sutton-Smith und Heath (1981) sowie Feitelson und die Scollons (1981) vermuten einen engen Zusammenhang zwischen der Art des Illusionsspiels bei uns und den Kulturtechniken Lesen und Schreiben. In beiden Fällen handelt es sich um Dekontextualisierung, um Herauslösen aus dem Handlungszusammenhang. Beim Lesen visuell gebotener Texte wird Sprache aus dem Zusammenhang des Sprechens und damit der direkten Kommunikation von Person zu Person herausgelöst. Beim Illusionsspiel wird die imitierte soziale Handlung aus dem Zusammenhang des aktuellen Rollenhandelns abgehoben und als fiktive, isolierte Handlung durchgeführt. Wenn ein Kind allein mit einem Spielgegenstand umgeht, entsteht so der Eindruck eines singulären unabhängig vom Vorgang der Sozialisation ablaufenden Handelns. Tatsächlich aber lernt das Kind im Sinne der Sozialisationstheorie von Vygotsky (1978) und nach Ansicht von Sutton-Smith und Heath (1981) durch den Einfluß der Erwachsenen und älteren Kinder bestimmte Formen des Spiels. Allein schon die Bereitstellung bestimmter Spielsachen für bestimmte Altersstufen begünstigt eine Abfolge des Spielverhaltens, so auch den Wechsel vom motorischen- oder Funktionsspiel zum Symbolspiel. Fiktionen werden in unserer Kultur erst in der sozialen Interaktion geübt, bevor sie beim Kind im Alleinspiel auftauchen. Solche Vorläufer sind ritualisierte, durch Kinderlieder begleitete Interaktionen, wie „Hoppe, hoppe Reiter", „Pitsche, patsche Peter" oder das Winke-Winke-Machen. Bruner und Sherwood (1978) beschreiben beim Versteck-(„Guck-Guck"-)Spiel, wie das Kind von der anfänglichen Passivität zur Meisterung der Regeln fortschreitet und eine Folge von abgestimmten Handlungen zuwege bringt. Eine weitere Form der Dekontextualisierung ist das Geschichtenerzählen, bei dem Sprache ebenfalls aus dem unmittelbaren Handlungskontext herausgelöst wird. Symbolisierung von Handlungsabläufen durch Sprache und Herauslösen von Situationen oder Handlungen aus dem Alltagszusammenhang wird in der westlichen Kultur im besonderen Maße durch das Fernsehen vorgenommen. So paradox es klingen mag, das vor dem Fernsehen sitzende und womöglich noch mit Nachbildungen der Fernsehfiguren spielende Kind wird durch diese Form der Dekontextualisierung auf schulisches Lernen und den Erwerb der Kulturtechniken vorbereitet. Kultur und Sozialisation prägen also von Grund auf Spiel und Sozialverhalten und sorgen nicht nur für die inhaltliche Modifikation von strukturell gleichen Spielformen.

Sozialverhalten im Spiel als gemeinsamer Gegenstandsbezug

Der soziale Charakter des Spiels zeigt sich schon in der *Nachahmung* des Erwachsenenverhaltens, die in den meisten Spielhandlungen zu finden ist. Die Nachahmung erstreckt sich zum einen auf die Handlung (Umgang mit dem Gegenstand), zum anderen auf den Akteur, z.B. eine Puppe. McCall et al. (1977) beobachteten bei ein- bis dreijährigen Kindern eine klare Reihenfolge im Nachahmungsverhalten. Die jüngsten ahmten von sozialen Interaktionen bevorzugt Gesten und motorischen Umgang mit Objekten nach, während die Älteren mehr und mehr die sprachliche Interaktion übernahmen. Verhaltensweisen, die aus einer Handlung bestanden, konnten früher nachgeahmt werden als solche, bei denen zwei Handlungen kombiniert werden mußten. Anwesende Modelle wurden zunächst mehr nachgeahmt als Fernsehmodelle. Mit drei Jahren jedoch gab es diesen Unterschied nicht mehr. Verzögerte Nachahmung (nach 24 Std.) wuchs bei realen Personen als Modell nur wenig an, während sie sich bei Fernsehmodellen deutlich erhöhte. In einer anderen Untersuchung von Grusec und Abramovitch (1982) wurden Kinder von 23 Monaten bis 5 Jahren in ihrer natürlichen Umgebung beobachtet. Mit dem Alter nahm die Nachahmungshäufigkeit allmählich ab, was dadurch erklärlich ist, daß andere (höhere) Formen des Sozialverhaltens wichtiger werden. In der Mehrzahl der Fälle hatte Nachahmungsverhalten positive Folgen in Form der Aufrechterhaltung der Interaktion und der Gegenimitation (der Partner ahmt den Nachahmenden nach). Die Nachahmung Erwachsener hatte häufiger positive Folgen als die Nachahmung Gleichaltriger.

Nachahmung hat offenbar auch eine wichtige Funktion im Parallelspiel und bei der Beobachtung von anderen Kindern. Das Parallelspiel ist eine Zwischenform von Einzel- und Gruppenspiel und bildet entwicklungspsychologisch eine Voraussetzung für gemeinsames Rollenspiel oder sonstige gemeinsame Aktivität. Zwei oder mehrere Kinder führen die gleiche oder eine ähnliche Handlung nebeneinander aus, ohne miteinander direkt in Kontakt zu kommen. So spielen Kinder in einem Spielautobus sitzend alle den Chauffeur und steuern das Auto. Bei diesem Spiel ist wechselseitige Beobachtung und Nachahmung die wichtigste Form sozialen Verhaltens. Kinder lernen so ihre Handlungen aufeinander abzustimmen, ohne sich zu stören.

Die Rolle der Nachahmung ist auch später – zwischen vier und sechs Jahren – wichtig, nun aber stärker für Problemlösen und die Erfassung höherer kognitiver Anforderungen.

Kinder beobachten sich im Spiel

Morrison und Kuhn (1983) fanden bei kontrollierten Spielsituationen, daß bei Kindern im Alter von vier bis sechs Jahren die Beobachtung des Partners zunahm. Das Spiel bestand aus der Konstruktion einer Rollbahn, auf der man Murmeln hinabrollen konnte. Die Autoren unterschieden sieben Niveaus des Konstruktionsspieles. Die Beobachtungen richteten sich dabei auf Kinder, die jeweils ein Niveau höher lagen. Kinder, die Partner mit gleichem oder niedrigerem Spielniveau beobachteten, fielen selbst im Spielniveau häufiger ab, während die das höhere Spielverhalten beobachtenden Kinder sich selbst in ihrem Niveau verbesserten.

Schmidt-Denter (1985) fand in der freien Interaktion von Kindern eher einen abnehmenden Trend mit ansteigendem Alter im „Zuschauen" und „Beobachten". Er hebt aber ebenfalls ausdrücklich die Rolle dieser Strategie für den Aufbau sozialer Kompetenz hervor. Die generelle Rolle der Nachahmung kann hier nicht näher dargelegt werden. (S. hierzu aber Kap. 3, Bandura 1971 und die entwicklungspsychologische Darlegung in Oerter 1984a.)

Will man das Sozialverhalten im Spiel über die Nachahmung hinaus analysieren und verstehen, so erweist sich dies als sehr schwierige Aufgabe. Das liegt daran, daß Sozialverhalten und soziale Kognition bereits im Vorschulalter recht komplex sind (s. auch Kap. 14). Im folgenden soll als theoretischer Ordnungsgesichtspunkt der *gemeinsame Gegenstandsbezug* der (Spiel)handlung gewählt werden. Er zeigt sich bereits bei singulären (Spiel)handlungen. Das Kind, das mit einem Gegenstand hantiert und zunächst die in ihm steckenden Möglichkeiten exploriert, steht mit Sozialisanden insofern in Beziehung, als der Gegenstand von ihnen vermittelt wurde: Die Eltern besorgen altersgemäßes Spielzeug für ihre Kinder. Viel wichtiger aber ist die Wirkung der umgebenden Kultur durch das, was an menschlichem Geist beim Entwurf und der Herstellung des Gegenstandes fixiert wurde. Das Kind erkundet zwar die „sachlichen" Eigenschaften des Objektes, doch diese wurden ihm durch Menschenhand verliehen. Selbst der einfache Bauklotz ist davon nicht auszuschließen, denn seine symmetrische Form wurde entworfen, um ihn zu einem universellen Bauelement zu machen. Das Kind, das die Handlungsmöglichkeiten eines Gegenstandes erforscht, wird zugleich mit dem menschlichen Geist seiner Kultur vertraut. In vielen Fällen wird der Umgang mit den Gegenständen durch die Erwachsenen geleitet. Man zeigt dem Kind, wie der Löffel richtig zum Mund geführt wird, wie man eine Puppe anzieht, ein Spielzeugauto bedient usw. Daneben bedient sich das Kind der Beobachtung und Nachahmung von Handlungen.

Beim singulären Gegenstandsbezug gibt es eine handlungslogische Reihenfolge: (a) im Funktionsspiel wird die Körpermotorik geübt und verbessert, (b) das Hantieren mit Objekten (bereits im ersten Lebensjahr) erfolgt im Rahmen der motorisch entwickelten Möglichkeiten (s. Kap. 3: Entwicklung des Greifens), (c) systematisches Explorieren taucht regulär im zweiten Lebensjahr auf (s. Kap. 8: 5. Stufe der sensumotorischen Intelligenz), (d) danach spaltet sich das Spielverhalten in das erkundende Explorationsspiel bzw. das Konstruktionsspiel auf der einen und in das Illusionsspiel auf der anderen Seite auf. Bei der ersten Handlungsform (Explorationsspiel) wirkt der gesellschaftlich-kulturelle Einfluß durch die in den Gegenstand gelegten Eigenschaften, während das Kind im Illusionsspiel durch (meist verzögerte) Nachahmung die kulturell angemessene Umgangsweise mit dem Gegenstand übernimmt. Die Umdeutung eines Dinges in ein anderes Handlungsobjekt darf nicht darüber hinwegtäuschen, daß die Spielhandlungen des Kindes aus seinem Lebenskreis stammen und offenkundig die Funktion der Einübung sozial genormten Verhaltens bzw. der Vorbereitung auf solches Verhalten haben.

Bleibt der soziale Charakter beim Einzelspiel oft verborgen, so wird er im gemeinsamen Spiel (sozialen Spiel) offenkundig. Wie alles gemeinsame Handeln läßt sich soziales Spiel durch die Herstellung eines gemeinsamen Gegenstandsbezuges kennzeichnen. Handlungslogisch wird nun auch klar, warum soziales Spiel in der Entwicklung später auftaucht: Den Beteiligten muß es gelingen, sich in einer Weise auf den gemeinsamen Gegenstand zu beziehen, die die Aufrechterhaltung des Spiels gewährleistet. Gegenstände, die einen gemeinsamen Bezug erleichtern, ermöglichen auch eher ein gemeinsames Spiel. So kommen Kinder früh zu einem Sozialspiel, wenn der „Spiel"-Gegenstand groß und nicht transportierbar ist. Er bietet Möglichkeiten zu Handlungen, die noch nicht aufeinander abgestimmt zu sein brauchen. Einer der ersten Gegenstände, mit denen Kinder gemeinsam hantieren können, ist der Ball, der zwischen sitzenden Partnern hin- und hergerollt wird. Manche Gegenstände sind nur für gemeinsamen Gebrauch geeignet, wie die Wippe oder das Karussell, das von Kindern gemeinsam angetrieben werden kann. Andererseits entsteht bei kleinen Kindern häufig Streit um einen Spielgegenstand, den jedes für sich haben will. Das Überreichen eines Gegenstandes an einen Partner ist eine früh zu beobachtende einfache Handlung des Kindes. Dabei müssen noch keine Handlungen ausgeführt werden, die sachkundiges und koordiniertes Umgehen mit dem Gegenstand selbst verlangen. Somit ist Übergeben, „Schenken" eine frühe Form gemeinsamer Spielhandlung (Stanjek 1978).

Bemerkenswert ist unter der Sichtweise des gemeinsamen Gegenstandsbezuges das assoziative Parallelspiel. Kinder spielen nebeneinander, indem sie Gleiches oder Ähnliches mit einem gleichen oder ähnlichen Gegenstand tun, sich gegenseitig anregen und beobachten. Offenkundig ist diese Spielform schon sozial, ohne die Nachteile des Entstehens von Konflikten wegen eines gemeinsamen Spielobjektes zu besitzen.

Das spätere soziale Spiel ist ohne die qualitativ neue Form des Gegenstandsbezuges nicht aufrecht zu erhalten: den Gegenstandsbezug durch Sprache. Einerseits werden nun Gegenstandsbezüge durch Verhandeln und Einigung auf ein gemeinsames Spiel hergestellt, andererseits sind die Spielpartner nicht mehr auf wirklichkeitstreue Spielgegenstände angewiesen. Die vereinbarte Handhabung von fiktiv umgedeuteten Gegenständen hat den Vorteil der größeren Flexibilität im Handeln und der leichteren Abstimmung von Handlungen.

Der Aspekt des gemeinsamen Gegenstandsbezugs fördert noch einen anderen Sachverhalt zutage: Die subjektive Valenz des Objektes im Einzelspiel muß sich beim gemeinsamen Spiel in die objektive Valenz des Gegenstandes verwandeln.[2] Solange die subjektive Valenz im Vordergrund steht, gibt es Streit und Konflikte. Die objektive Valenz bildet den Wert, den der Gegenstand für alle Beteiligten gemeinsam besitzt. Das Kind erfährt und erkennt so durch Handeln die objektive Valenz von Gegenständen, wodurch sich auch sein Gegenstandsbezug qualitativ verändert. Hat das Kind schon zuvor im Einzelspiel die gesellschaftliche Funktion (den Gebrauchswert) von Gegenständen gelernt, so formt es nun seinen Handlungsbezug in der Weise um, daß die gesellschaftliche

[2] Zu den Begriffen ‚subjektive' und ‚objektive' Valenz s. Kap. 2.

Funktion des Gegenstands nicht nur von ihm allein, gewissermaßen privat, sondern gemeinsam genutzt wird. Damit löst sich das Objekt aber zugleich aus dem engeren Handlungszusammenhang, denn der Gegenstand behält seine Funktion, ob das Kind mitspielt oder nicht. Wiederum kann man den Schritt hin zur Dekontextualisierung erkennen.

Der gemeinsame Gegenstandsbezug erklärt auch handlungslogisch die in der Entwicklung später folgende Form des Regelspiels. Hier tritt zum gemeinsamen Gegenstandsbezug die Regel, nach der man mit dem Gegenstand umgehen soll. Zum Teil resultieren solche Regeln aus der Sachlogik des Gegenstandes, z. B. Elastizität und Flugeigenschaften des Balles beim Ballspiel, zum anderen Teil jedoch sind sie beliebig und haben nur die Aufgabe, die einzelnen Handlungen der Beteiligten zu normieren. Abb. 4.3 veranschaulicht den Gegenstandsbezug im Regelspiel. Einfache Regelspiele lassen sich daher mit Objekten durchführen, die keine spezifischen Handlungsqualitäten erfordern (Umgang mit Würfel und Spielstein). Ballspiele dagegen erfordern das sachgerechte Umgehen mit dem Ball *und* die Einhaltung der Spielregeln. Daher sind solche Spiele im Vorschulalter noch selten. Je mehr Lernvorgänge der Umgang mit dem (gemeinsamen) Gegenstand erfordert, desto mehr wird eine neue psychische Qualität wirksam: die Fähigkeit. Schachspiel, Tennis, Fußball und andere Regelspiele sind ohne langes Training nicht realisierbar. Abb. 4.3 veranschaulicht, daß zwischen Akteur und Gegenstand als weitere Komponente die Fähigkeit getreten ist.

a) $S_1 \longrightarrow R \longrightarrow O \longleftarrow R \longleftarrow S_2$

b) $S_1 \longrightarrow F \longrightarrow R \longrightarrow O \longleftarrow R \longleftarrow F \longleftarrow S_2$

Abb. 4.3 Zwei Ebenen des Objektbezugs im Regelspiel

Als besondere Form eines Regelspiels kann man die von Helanko (1958) bereits detailliert beschriebene Bandenbildung im späten Kindesalter ansehen. In solchen Banden gibt es festgelegte Rollen mit bestimmten Aufgabenverteilungen. Aber das Ganze wird von den Beteiligten nicht als Ernsthandlung, sondern als Spiel verstanden. Das Regelspiel gewinnt schließlich im Erwachsenenleben einen festen Platz und kann gewiß nicht nur als Vorbereitung auf Ernstsituationen aufgefaßt werden (zur Funktion von Regelspielen und Wettkämpfen im Erwachsenenleben siehe Sutton-Smith et al. 1963). Dennoch kann man sich fragen, ob das Regelspiel analog zu den vorausgehenden Spielformen eine Entwicklungsfunktion besitzt. Piaget (1954) sieht sie im Aufbau des Verständnisses von sozialen Regeln des Zusammenlebens und von moralischen Regeln (s. hierzu Kap. 15). Auch wenn man bezüglich der Rolle von Spielregeln für das Verständnis von moralischen Regeln heute eher skeptisch ist, läßt sich wohl festhalten, daß die Handlungserfahrung in Regelspielen zum Verständnis der Notwendigkeit sozialer Regeln des Zusammenlebens beiträgt. Die Spielregeln sind willkürlich und können durch gemeinsame Vereinbarung auch geändert werden. Ähnliches gilt für soziale Normen. Sobald ein Spieler die Regeln zu seinem Vorteil verändert, verliert das Regelspiel seinen Sinn. Anders ausgedrückt: Die Regel besäße in diesem Fall nicht mehr objektive Valenz, sondern hätte subjektive Valenz erhalten.

3. Die Identifikation mit dem eigenen Geschlecht

In der Kindheit ereignen sich wesentliche Schritte in der Persönlichkeitsentwicklung. Eine bedeutende Komponente der Persönlichkeit bildet die Identifikation mit dem eigenen Geschlecht. Sie soll im folgenden Abschnitt exemplarisch für viele andere Komponenten der Persönlichkeitsentwicklung behandelt werden.

Zwei Alltagsvorstellungen müssen zunächst aufgegeben werden:

- Es gibt nicht *die* Frau und *den* Mann, sondern eine große Variationsbreite von Merkmalen, so daß Femininität und Maskulinität ineinander übergehen und sich teilweise überlappen.
- Psychische bzw. verhaltensgemäße Geschlechtsunterschiede liegen vermutlich nicht im „Wesen" der Geschlechter begründet, sondern sind stark kulturell determiniert. Die entwicklungspsychologische Frage ist: Wie werden die kulturell bestimmten Züge der Geschlechtsrolle erlernt bzw. im Individuum aufgebaut?

Den Vorgang der Entwicklung geschlechtsspezifischer Persönlichkeitsmerkmale und Verhaltensweisen nennt man je nach Erklärungsansatz Identifikation mit dem eigenen Geschlecht oder Übernahme (Erlernen, Erwerb) der Geschlechtsrolle.

Für die Übernahme der Geschlechtsrolle (Geschlechtsidentifikation) gibt es rivalisierende, zum Teil auch einander ergänzende Erklärungsansätze, von denen im folgenden die drei wichtigsten einander gegenübergestellt werden sollen:

- Psychoanalyse (Freud),
- Soziales Lernen (Mischel 1971),
- Kognitive Konstruktion (Kohlberg 1974).

Psychosexuelle Identifikation nach Sigmund Freud

In der Auffassung Freuds ist die Haupttriebfeder für Entwicklung und Sozialisation der Sexualtrieb mit seiner Energie, die Freud als Libido bezeichnet. Auch bei der Übernahme der Geschlechtsrolle bilden die sexuellen Triebwünsche des Kindes die entscheidende Komponente. Durch die Identifikation mit dem Vater, die auf alles Männliche generalisiert wird, übernimmt der Knabe, sofern die Entwicklung nicht gestört wird, auch die geschlechtstypischen Verhaltensweisen des Vaters, also die männlichen Charakterzüge. Freud beschreibt die Entwicklung in drei Etappen,

- im Verlangen nach der Mutter und der daraus resultierenden Angst vor dem Vater,
- in der Identifikation mit dem Vater als Abwehrmechanismus (Identifikation mit dem Aggressor),
- im Aufbau der psychosexuellen Identität als Folge und Generalisierung der Identifikation mit dem Vater.

Hier ist nicht der Ort, die Psychoanalyse Freuds kritisch zu beleuchten. Abgesehen von der eher historisch-gesellschaftlich zu erklärenden Totalisierung des Sexualtriebs ist zunächst die Reihenfolge bei der psychosexuellen Identifikation wichtig: Der Vater ist das erste und entscheidende Modell für Männlichkeit, die Mutter für Weiblichkeit.

„Bei Mädchen gestaltet sich die Geschlechtsidentifikation anders, ja gegensätzlich. Das Mädchen löst sich von der Mutter, weil es ihr nicht verzeihen kann, daß es mangelhaft, nämlich ohne Penis, ausgestattet ist (Penisneid). Das verlorene Liebesobjekt wird durch den Mechanismus der Identifikation ...... von innen her ersetzt .... Das Töchterchen setzt sich an die Stelle der Mutter, wie sie es in ihren Spielen immer getan hat, will sie beim Vater ersetzen und haßt nun die vorher geliebte Mutter .... Ihr Verhältnis zum Vater gipfelt ...... in dem ..... Wunsch, von ihm zum Geschenk ein Kind zu bekommen.“ (Freud 1959, fertiggestellt 1938, S. 69). An die Stelle der primären Mutterbindung tritt die Identifikation mit der Mutter.

Identifikation, meist synonym mit Introjektion verwendet, ist als psychoanalytischer Terminus ein Abwehrmechanismus, der Versagen von Bedürfnissen durch „Hereinnahme“ anderer Personen in die eigene Person zu mindern trachtet. Die Identifikation mit einem geliebten Partner (anlehnende Identifikation) dient dem Ersatz und Auffangen der augenblicklichen oder längerwährenden Trennung von dieser Person. Die Identifikation mit einer gefürchteten oder gehaßten Person (Identifikation mit dem Aggressor) dient der unmittelbaren Angstreduktion (wenn man den Feind in sich aufgenommen hat, kann er von außen her nicht mehr gefährlich sein).

Geschlechtsrollenidentifikation als soziales Lernen

Ein zweiter Erklärungsansatz geht von allgemeinen Prinzipien des Lernens aus. Verhaltensweisen und Reaktionen, die verstärkt (bekräftigt) werden, behält man bei, solche, die keine Bekräftigung erfahren, werden aus dem Verhaltensrepertoire ausgeschieden. Nun haben die meisten Eltern den klaren Wunsch, daß aus ihrem Sohn ein richtiger Junge und Mann, und aus ihrer Tochter ein richtiges Mädchen und später eine richtige Frau wird. „Richtig" heißt für die Eltern, die Geschlechtsrolle so auszuführen, wie diese in der Umwelt erfolgreich praktiziert wird – „wie es sich gehört". Dahinter stehen soziale Normen, die festlegen, welche Verhaltens- und Denkweisen zu der Geschlechtsrolle gehören.

So belohnen die Eltern das kleine Mädchen mit Worten oder Geschenken für sein Interesse an Puppen und an hausfraulichen Tätigkeiten. Dem Jungen schenken sie Baukästen und technisches Spielzeug und zollen ihm Anerkennung, wenn er wenig Angst zeigt, ein Draufgänger ist und sich bei Gleichaltrigen durchsetzt. Auf diese Weise entsteht für das Kind nach der Auffassung über soziales Lernen folgende Logik beim Geschlechtsrollenerwerb: Ich will belohnt werden und werde für maskuline (feminine) Aktivitäten belohnt, also verhalte ich mich maskulin (feminin).

In einer Untersuchung von Block et al. (1973) wurden amerikanische Mütter und Väter gefragt, wie sie ihre dreijährigen Kinder erzögen und was sie dabei für Ziele anstrebten. Die Eltern wollten, daß ihr Sohn sein Bestes gibt, sich an Wettkampfspielen beteiligt, nicht weint und auch sonst seine Gefühle beherrschen lernt. Bei kleinen Mädchen dagegen legten die Eltern Wert darauf, enge persönliche Beziehungen zu fördern, über ihre Sorgen und Nöte zu sprechen und ihnen Zeit zum Nachsinnen und Müßiggang zu geben.

Die permanente Verstärkung geschlechtsspezifischen Verhaltens führt dazu, daß sich das Kind in seiner Umwelt nach Geschlechtsvorbildern umsieht und sich zugleich mit den Personen identifiziert, die es für sein Verhalten besonders belohnen. Nach wie vor sind solche Personen vorzugsweise die Eltern. Die Nachahmung des gleichgeschlechtlichen Elternteils hängt also im Gegensatz zur psychoanalytischen Lehre mit dem wohlwollend verstärkenden Verhalten des Vaters bzw. der Mutter zusammen und nicht mit der Bedrohung durch den Vater als Rivalen oder der Mutter als Rivalin.

Ein Mechanismus, der vermutlich bei der Identifikation in Form der Nachahmung geliebter oder bewunderter Vorbilder maßgeblich beteiligt ist, heißt stellvertretende Verstärkung (vicarious reinforcement). Wenn das Kind nämlich den attraktiven Erwachsenen nachahmt, so übernimmt es zugleich die verstärkende (bekräftigende) Funktion dieses Erwachsenen. Durch die Nachahmung und Identifikation belohnt es sich gewissermaßen selbst.

Wenn diese Überlegungen richtig sind, dann müßten Eltern mit bestimmten Eigenschaften und Erziehungsgepflogenheiten eher geschlechtstypische Identifikation bei ihren Kindern bewirken als Eltern, die solche Voraussetzungen nicht erfüllen. Zwei Bedingungen können beim Erwerb der traditionellen Geschlechtsrolle genannt werden:

- Der gleichgeschlechtliche Elternteil muß sich dem Kind gegenüber fürsorgend, wohlwollend und engagiert verhalten sowie selbst typische Merkmale der Geschlechtsrolle besitzen.
- Beide Elternteile müssen angemessenes Geschlechtsverhalten beim Kind konsequent belohnen.

Es gibt eine große Zahl von Untersuchungen, die auf solche Zusammenhänge hinweisen. Im folgenden seien drei Beispiele ausgewählt.

Direkte und stellvertretende Verstärkung bei der Übernahme der Geschlechtsrolle

Untersuchungsbeispiel 1: Langlois und Downs (1980) untersuchten, wie bei drei- und fünfjährigen Jungen und Mädchen geschlechtstypisches Verhalten belohnt bzw. atypisches Verhalten bestraft wurde. In einer ersten Studie spielten die Kinder zusammen mit ihrer Mutter, in einer anderen Situation zusammen mit Gleichaltrigen und in einer dritten Bedingung allein. Es stand ihnen geschlechtstypisches Spielzeug für beide Geschlechter zur Verfügung (u.a. Tankstelle mit Autos, Cowboy-Kleidung samt Ausstattung, weibliche Ankleide-Utensilien mit Kleidern, Spiegel, Kosmetik-Gegenstände, ein Herd mit Töpfen, Tellern und anderen Küchengeräten). In einer zweiten Studie wurde zusätzlich die Interaktion von Vätern mit ihren Kindern (ebenfalls drei bis fünf Jahre alt) beobachtet. Die Ergebnisse zeigen deutliches Verstärkungsverhalten der sozialisierenden Partner. Die Mütter belohnten häufiger, während die Peers (Gleichaltrigen) häufiger bestraften. Mütter belohnten aber nur geschlechtstypisches Verhalten der Mädchen, nicht der Jungen, während die Gleichaltrigen gegengeschlechtliches Verhalten bestraften. Die Väter zeigten im Gegensatz zu den Müttern ein klares geschlechtsstereotypes ,,Erziehungs"-Verhalten. Sie belohnten ihren Sohn bzw. ihre Tochter bei geschlechtstypischem Verhalten und bestraften sie bei gegengeschlechtlichem Verhalten. Diese Untersuchung zeigt wie zahllose andere, daß Verstärkung (reinforcement) eine wichtige Rolle bei der geschlechtlichen Identifikation spielt.

Untersuchungsbeispiel 2: Ein zweiter Bereich untersucht den Einfluß der Abwesenheit des Vaters. Wenn der Vater als Vorbild für Maskulinität fehlt, müßte sich dies auf die Geschlechtsrollenidentifikation des Jungen auswirken, er müßte größere Schwierigkeiten bei der Übernahme der Geschlechtsrolle haben. Man hat Jungen aus Familien, in denen Väter lange Zeit abwesend waren (Militärdienst, Tätigkeit bei See- und Luftfahrt usw.) mit Jungen aus ,,normalen" Familien verglichen. In einer Reihe von Untersuchungen zeigte sich, daß Jungen aus Familien, in denen Väter lange abwesend waren, weniger deutlich die maskuline Rolle übernahmen (Mischel 1958, Lynn 1973). Die wirkte sich bis hin zu den Interessen und Leistungen aus. Z.B. zeigten Jungen, deren Väter abwesend waren, höhere Leistungen in Sprachtests als in Mathematiktests im Gegensatz zu den üblicherweise bei Jungen vorfindbaren Leistungsunterschieden (Carlsmith 1964). Fthenakis (1985) kommt aufgrund der kritischen Durchsicht der einschlägigen Literatur zu folgendem Schluß: ,,Generell hatten Jungen, die ohne Vater aufwuchsen, eine weniger ausgeprägte männliche Identifikation, und die Geschlechtsrollen waren bei ihnen begrifflich weniger ausdifferenziert. Es gibt jedoch keine Hinweise dafür, daß durch die Abwesenheit des Vaters die Übernahme der männlichen Geschlechtsrolle durch den Sohn verhindert wurde." (op. cit. S. 372)

Untersuchungsbeispiel 3: Da im Normalfall die Kinder viel häufiger mit der Mutter als mit dem Vater zusammen sind, müßten eigentlich Mädchen gegenüber Knaben im Vorteil sein, weil sie ständig ihr geschlechtliches Vorbild vor Augen haben, während Jungen einerseits die Mutter nachahmen möchten, die verstärkt und betreut, andererseits in ihr das falsche Geschlechtsmodell haben.

Lynn, der sich mit dieser Frage intensiv beschäftigte, und die vorliegenden Untersuchungen darauf hin überprüfte, stellt unter anderem folgende Punkte heraus (Lynn 1966, 1969):
- Knaben haben größere Schwierigkeiten beim Erwerb der männlichen Geschlechtsrolle als Mädchen bei der weiblichen.
- Mehr Knaben als Mädchen versagen insgesamt bei dem Bemühen um gleichgeschlechtliche Identifikation und münden (als Erwachsene) in eine gegengeschlechtliche Identifikation (was sich beispielsweise in homosexuellen Neigungen auswirkt).
- Knaben sind ängstlicher als Mädchen darauf bedacht, daß sie ihre Geschlechtsrolle nicht richtig übernehmen können. Knaben werden auch häufiger für ,,mädchenhaftes" Verhalten bestraft als Mädchen für jungenhaftes Verhalten.
- Knaben entwickeln häufiger feindselige Gefühle gegenüber Mädchen als Mädchen gegenüber Knaben.

Seit langem wird die Frage diskutiert, ob die Geschlechtsrollentypisierung nach den traditionellen Rollenklischees wünschenswert ist und ob es Alternativen in der Sozialisation der Geschlechter gibt. Es leuchtet ein, daß im Zuge der sich verändernden Rolle der Frau in unserer Gesellschaft und ihrer wachsenden Gleichberechtigung mit dem Mann im Berufsleben die Sozialisation als Angleichung an die frühere Rollenidentifikation der Frau nachteilig werden kann. Als angemessene Lösung für die Geschlechtsrollenidentifikation gilt das Androgynie-Konzept. Beide Geschlechter können Einstellungen, Wertüberzeugungen und Verhaltensweisen voneinander übernehmen. Die Vereinigung von positiven Zügen beider Geschlechter in einer Persönlichkeit scheint sich vorteilhaft auszuwirken. Trotz aller Probleme, die in einer Gesellschaft mit ausgeprägten Geschlechtsrollenklischees für androgyne Persönlichkeiten auftreten mögen, bieten sich offenkundig bessere und breitere Möglichkeiten der Lebensbewältigung als für Personen mit einseitiger stereotyper Geschlechtsidentifikation (Bierhoff-Alfermann & Höcke-Pörzgen 1974).

Geschlechtsrollenidentifikation als kognitive Leistung

Eine kognitive Theorie

Die bisher dargestellten beiden Erklärungsversuche haben einen Sachverhalt nur nebenher behandelt: Die enorme Erkenntnisleistung, die nötig ist, um zu verstehen, was zu der entsprechenden Geschlechtsrolle gehört. Anders gesagt: Einem „richtigen" Rollenverhalten muß eine zutreffende Rolleninterpretation vorausgehen. Soll das Kind – wie in diesem Fall – einer geschlechtsspezifischen Rollenerwartung entsprechen, so muß es diese richtig erkannt haben. Dafür sind sowohl bestimmte Erfahrungen wie auch ein bestimmtes Wissen erforderlich. Diese Erkenntnisleistungen (kognitive Prozesse) stehen bei der Theorie Kohlbergs (1974) über die Geschlechtsrollenidentifikation im Vordergrund. Nach Kohlberg besteht der Prozeß der Geschlechtsrollenidentifikation in einer Kette interaktiv gewonnener, kognitiver Leistungen. Dadurch, daß das Kind erkennt, daß es zwei Geschlechter mit unterschiedlichen Aufgaben gibt, vermag es eine erste Ordnung in die soziale Welt zu bringen. Es scheidet sie nach Vätern und Müttern, stark und schwach, draußen und zu Hause. Eine korrespondierende Erkenntnisleistung ist die Zuordnung der eigenen Person zu einem Geschlecht. Sehr früh, so belegt Kohlberg, erkennt das Kind, ob es ein Junge oder ein Mädchen ist. Die Umwelt erleichtert und unterstützt diese Etikettierung, indem sie das Kind als „Bubele" oder „Mädele" kennzeichnet, es geschlechtsspezifisch bekleidet und auch in der Sprache das Geschlecht von Anfang an zuweist („er", „sie").

Nachdem sich das Kind in seiner zweigeteilten sozialen Welt einmal zugeordnet hat, gewissermaßen sein Geschlecht erkannt hat, wählt es aktiv aus seiner Umwelt aus, was zu ihm paßt. Dieser Vorgang hat zwei Seiten: Zum einen findet das Kind in der Umwelt Verhaltensmuster und -vorschriften, die zu seinem Geschlecht passen, zum anderen aber hat es eigene Bedürfnisse und Erfahrungen und muß die externen Modelle (Vater, Mutter, andere Erwachsene, Geschwister) mit den eigenen Möglichkeiten konfrontieren. Je nachdem was die Umwelt anbietet und was an persönlichen Möglichkeiten da ist, fällt daher die Geschlechtsrollenidentifikation individuell verschieden aus, so daß streng genommen keine Rolleninterpretation der anderen gleicht.

Das Selbstverständnis des Kindes in bezug auf sein Geschlecht stabilisiert sich nach Kohlberg mit fünf bis sechs Jahren. Die Logik, die der Geschlechtsidentifikation zugrunde liegt, lautet: ,,Ich bin ein Junge (Mädchen) und deshalb möchte ich das tun, was ein Junge (Mädchen) tut". Die Identifikation erfolgt also nach der Geschlechtstypisierung, nicht vorher. Das Kind identifiziert sich nach Meinung Kohlbergs mit seinem Vater bzw. mit seiner Mutter erst als Folge einer Kette von vorausgegangenen Orientierungs- und Handlungsbemühungen in seiner Umwelt.

Im Anschluß an Kohlbergs Auffassung vollzieht sich das Verständnis des Geschlechts in einer bestimmten Entwicklungsabfolge (Eaton & von Bargen 1981): (1) *Geschlechtsidentität:* Einstufung seiner selbst, dann anderer als ,,Junge" und ,,Mädchen"; (2) *Stabilität,* d.h. die Erkenntnis, daß das Geschlecht über längere Zeit erhalten bleibt; (3) *Motiv,* d.h. das Wissen, daß sich das Geschlecht nicht ändern kann, auch wenn man es wünscht; (4) *Konstanz,* d.h. das Wissen, daß das Geschlecht invariant bleibt trotz der Veränderung von Aktivitäten sowie der Veränderung in der äußeren Erscheinung und in den Einstellungen.

Wie Kinder ihr Geschlecht erkennen

Weinraub et al. (1984) untersuchten die geschlechtliche Identifikation auf der Basis der kognitiven Theorie im dritten Lebensjahr und erfaßten die Geschlechtszuordnung von Bildern Erwachsener, von Photographien der untersuchten Kinder selbst (Geschlechtsidentität) und die Bevorzugung geschlechtstypischen Spielzeugs. Die früheste Leistung (schon bei der Mehrzahl der 26 Monate alten Kinder) war die verbale Zuordnung des Erwachsenengeschlechts (,,das ist ein Mann .... eine Frau"). Die Mehrzahl der 31 Monate alten Kinder ordneten sich selbst dem richtigen Geschlecht zu (verbal wie non-verbal) und die meisten 36 Monate alten Kinder stuften geschlechtsstereotypes Verhalten der Erwachsenen richtig ein (z.B. Bildkarten einer Autoreparatur, einer Brandbekämpfung zum männlichen Verhalten). Auffällig ist in dieser wie in anderen Untersuchungen der Tatbestand, daß die verbal richtige Zuordnung *vor* der non-verbalen erfolgt. Kinder mußten in diesem Fall ein Bild von sich selbst oder dem Erwachsenen in eine Schachtel mit dem entsprechend gekennzeichneten Geschlecht werfen. Die Klassifikation in männlich oder weiblich durch die Sprache dürfte also für die Erkenntnis der Geschlechter sehr wichtig sein.

Geschlechtstypisches Spielverhalten

Die eben beschriebene Untersuchung wie eine weitere von Perry et al. (1984) berichten ein Ergebnis, das der Theorie Kohlbergs zu widersprechen scheint. Die Bevorzugung von geschlechtstypischem Spielzeug erfolgt unabhängig von der Erkenntnis geschlechtstypischen bzw. -stereotypischen Verhaltens. In der letztgenannten Untersuchung legte man Kindern von zwei bis fünf Jahren Karten vor, auf denen jeweils typisches Jungen- oder Mädchenspielzeug abgebildet war. Ein Teil der Karten enthielt auch geschlechtsneutrales Spielzeug (die Einstufung erfolgte durch Kinder der ersten Grundschulklasse). Die Kinder wurden zunächst gefragt, welches Spielzeug sie am liebsten wollten, und danach, welches Spielzeug typisch für Mädchen bzw. Jungen sei. Bei den untersuchten Jungen trat die eigene geschlechtstypische Spielzeugpräferenz oft ein Jahr vor der geschlechtstypischen Zuweisung von Spielzeug auf, während bei den Mädchen kein klarer Trend zu erkennen war. Letztere zeigten mit zunehmendem Alter auch nicht mehr eine klare Bevorzugung geschlechtstypischer Spielsachen. Die Autoren folgern unter Heranziehung anderer Untersuchungsergebnisse, daß sich zumindest in der frühen Kindheit, d. h. noch vor dem Kindergartenalter, geschlechtstypisches Verhalten noch unabhängig von der Erkenntnis- und Wissensentwicklung aufbaut. Diese Annahme hat vieles für sich, da sie auch für andere Bereiche zutrifft, etwa der getrennten Entwicklung von Sprache und Denken bis zum Alter von ca. sechs Jahren (s. Kap. 12) sowie der Bereichsspezifität der Entwicklung von Begriffen z. B. Verständnis von Konvention und Moral (s. Turiel & Smetana 1985).

Untersuchungen von Trautner et al. (1985) an deutschen Kindern zeigten ein deutlich anderes Bild, weisen jedoch ebenfalls auf die anfänglich unabhängige Entwicklung von geschlechtstypischem Verhalten und Erkenntnis der Geschlechter hin. Die deutschen Kinder zeigten von Anfang an (4;0 Jahre) geschlechtstypisches Verhalten im freien Spiel, wo man ihnen im Einzelversuch Spielmaterialien von Playmobil anbot. Mädchen bevorzugten häufiger Spielfiguren, zeigten sich also eher personzentriert, während Jungen häufiger Gegenstände (Spielsachen) wählten. Die Kinder spielten am liebsten Familienszenen, wobei Mädchen die Mutterrolle, Jungen die Vaterrolle wählten. Letztere blieb allerdings blaß und fungierte mehr als Randfigur. Die Autoren folgern aus ihren Untersuchungen eine starke Orientierung der Kinder an den traditionellen Geschlechtsrollenstereotypen.

In einer älteren Untersuchung von Raban (1950) wählten 65% der dreijährigen Knaben und ca. 60% der dreijährigen Mädchen geschlechtstypisches Spielzeug. Inwieweit die Erkenntnis des eigenen Geschlechts dem geschlechtstypischen Spielverhalten vorausgeht, bleibt offen.

Mit spätestens fünf Jahren wird die Rolle des Wissens und Erkennens jedenfalls sehr wichtig für die geschlechtliche Identifikation und für das entsprechende Verhalten.

Die genannten Befunde widerlegen jedoch nicht die Annahme aktiver Selektion von Merkmalen gemäß der eigenen Geschlechtszuweisung. Diese setzt kein bewußtes, ,,deklaratives" Wissen voraus (s. Anderson 1980); sonst könnte ein Kind ebenfalls die Sprache nur erlernen, wenn es ein bewußtes grammatikalisches Wissen besäße. Das Gegenteil ist der Fall.

Aufbau von Geschlechtskonstanz

Ein wichtiges Moment bei der Entwicklung der Geschlechtlichkeit ist der Aufbau der Identität des Geschlechts, d.h. die Erkenntnis, daß man sein Geschlecht nicht wechseln kann, sondern es für das ganze Leben behält. Kohlberg argumentiert, daß diese Identität eine kognitive Leistung ist, die ziemlich genau dem Aufbau des Invarianzverständnisses bei der Intelligenzentwicklung nach Piaget entspricht. Ähnlich wie das Kind begreift, daß Substanz, Gewicht und Volumen eines Objektes erhalten bleiben, auch wenn sich dessen äußerliche Form verändert, erkennt es allmählich, daß sein eigenes Geschlecht erhalten bleibt. Fragt man beispielsweise einen dreijährigen Jungen, ob er auch eine Mutti werden könnte, so hält er dies durchaus für möglich, während ein Fünfjähriger diese Frage entschieden verneint. Das Wissen um die Geschlechtsidentität ist die Voraussetzung für ein Gelingen der Geschlechtsrollenidentifikation.

Eine Diskussion über Geschlechtskonstanz

Folgende Unterhaltung fand zwischen Jimmy, soeben vier geworden, und seinem viereinhalbjährigen Freund Johnny statt:

Johnny: Wenn ich erwachsen bin, werde ich Flugzeugbauer.
Jimmy: Wenn ich erwachsen bin, werde ich eine Mutti.
Johnny: Du kannst nicht eine Mutti sein. Du mußt ein Papi sein.
Jimmy: Nein, ich werde eine Mutti sein.
Johnny: Nein, du bist kein Mädchen, du kannst keine Mutti sein.
Jimmy: Doch, ich kann.

(Zit. n. Kohlberg 1974, S. 353).

Wehren und De Lisi (1983) prüften die hypothetisch zu erwartende Reihenfolge des Verständnisses vom Geschlecht, indem sie Interviews mit 3-, 5-, 7- und 9Jährigen durchführten. Die erste Interviewhälfte bezog sich auf die Konstanz des eigenen Geschlechts, die zweite auf die Konstanz des Geschlechts bei anderen. Beidesmal wurden Stabilität, körperliche bzw. physikalische Merkmale, Aktivitäten und psychische Eigenschaften erfragt. Beispiele: Wenn du ein Kleid trägst, bist du dann ein Junge oder ein Mädchen? (Physikalisches Merkmal) – Wenn du Fußball spielst, bist du dann ein Junge oder ein Mädchen? (Aktivität) – Wenn du freundlich und lieb bist, bist du dann ein Junge oder ein Mädchen? (Psychisches Merkmal) – Als du geboren worden bist, warst du da ein Mädchen oder ein Junge? (Stabilität). Zu jeder Antwort wurde das Kind auch nach einer Begründung gefragt.

Abb. 4.4a zeigt eine Art U-förmigen Verlauf im Anstieg der Geschlechtskonstanz (kein Anstieg zwischen drei und fünf Jahren, beim Geschlechtsverständnis des anderen sogar ein leichter Abfall). Hingegen findet sich bei den Begründungen für die gegebenen Antworten ein kontinuierlicher Anstieg (Abb. 4.4b).

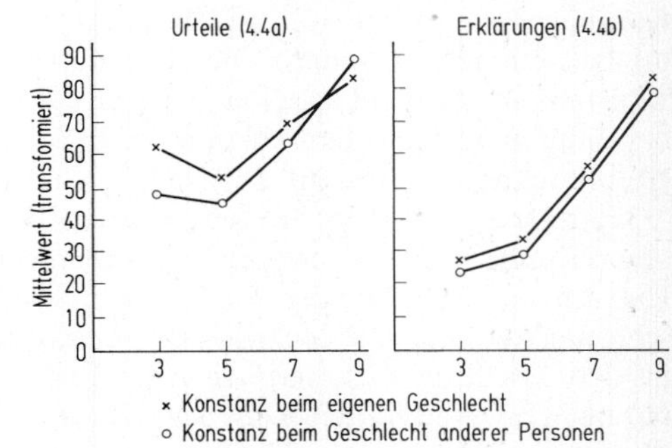

Abb. 4.4 Veränderung der Urteile und Erklärungen über Geschlechtskonstanz zwischen 3 und 9 Jahren (nach Wehren & De Lisi 1983, S. 1572).

In der Tat erklären die Begründungen der Kinder den Verlauf der Behauptung von Geschlechtskonstanz. Im Alter von drei Jahren gab es noch keine adäquaten Begründungen für Geschlechtskonstanz. Daher, so folgern die Autoren, dürften die Urteile über Konstanz in diesem Alter noch kein rechtes Verständnis widerspiegeln, sondern eher die Neigung, bei einer gemachten Aussage, nämlich der Geschlechtszuweisung, zu bleiben. Letzteres war infolge der Anordnung der Interviewfragen möglich. Die Fünfjährigen hatten zum Teil auch noch keine Begründung für Konstanz, zum anderen Teil beriefen sie sich auf gesellschaftliche Normen (ich möchte eben ein Junge ... ein Mädchen sein; Buben haben keine Mädchenkleider an). Die Siebenjährigen begründeten ihr Konstanzurteil zum größeren Teil mit einer echten Konstanzerklärung (z. B. ,,Hans ist ein Junge, es ist egal, ob er ein Kleid trägt"). Ein kleinerer Teil gab noch sozialnormative Begründungen ab.

Interessant ist die Reihenfolge der Urteile über Konstanz. Gemäß Kohlbergs Überlegungen, die auf Piagets Theorie (s. Kap. 8) fußen, ist

Konstanz zunächst am leichtesten erfaßbar, wenn sich keine auffälligen äußeren Merkmale beim Geschlecht ändern. So muß man entgegen der Alltagserwartung annehmen, daß Geschlechtskonstanz am ehesten bei Veränderung ,,innerer", also psychischer Merkmale zugestanden wird. Die Veränderung physikalischer Merkmale mußte dem Verständnis von Geschlechtskonstanz am meisten im Wege stehen, und der Wechsel von Aktivitäten beim Verständnis von Konstanz sollte im Schwierigkeitsgrad zwischen beiden Bereichen liegen. Getrennt für die Antworten zum eigenen und zum anderen Geschlecht wurde eine Guttman-Skalogramm-Analyse (s. Kap. 24) durchgeführt. Sie erbrachte in der Tat für 94% der Fälle die erwartete Reihenfolge in der Erkenntnis von Geschlechtskonstanz, nämlich: Stabilität – psychische Merkmale – Aktivitäten – physikalische Attribute (Reproduktionskoeffizient = .981).

Auch die sonstigen Erwartungen über die Entwicklung des Geschlechtsverständnisses wurden bestätigt. So trat das Verständnis der Konstanz des eigenen Geschlechts früher auf als das Konstanzverständnis bei anderen Personen. Die zu erwartende Reihenfolge (1) keine Konstanz bei sich und anderen, (2) Konstanz bei sich – keine Konstanz bei anderen, (3) Konstanz bei sich und anderen trat in 94% der Fälle auf (Reproduktionskoeffizient = .984).

Trautner et al. (1985) fanden in ihren Längsschnittstudien an deutschen Kindern (Dauer: über einen Zeitraum von zwei Jahren, gestaffelt von 4;0 bis 10;6 Jahren) ähnliche Fortschritte im Aufbau der Geschlechtskonstanz. Die Mehrheit der Kinder zeigte ein volles Verständnis der Geschlechtskonstanz erst gegen Ende des Grundschulalters, also mit neun bis zehn Jahren. Dies liegt sicher auch an den anspruchsvollen Methoden, die bei dieser Untersuchung verwendet wurden. Die Autoren weisen nach, daß es unterschiedliche Entwicklungsverläufe gibt, die nicht als generelle Stufenfolge, sondern eher als Verzweigung beschreibbar sind (s. Kap. 24). Trautner (1985) erklärt dieses relativ späte Auftreten eines vollen Verständnisses der Geschlechtskonstanz erkenntnistheoretisch durch die wachsende Fähigkeit des Kindes, zwischen Wirklichkeit und Erscheinung zu unterscheiden. Erscheinung (Haartracht, Kleidung, Verhalten) ist an wechselnde und unwesentliche Oberflächenmerkmale gekoppelt, während die ,,Wirklichkeit" des Geschlechts dahinter zu suchen ist und unveränderlich bleibt. Die Unterscheidung zwischen Erscheinung und Wirklichkeit ist ein wesentliches Kriterium für die konkret logischen Operationen, die das Kind befähigen, sich nicht mehr durch den Augenschein täuschen zu lassen (s. hierzu Kap. 8).

Entwicklung der Geschlechtsstereotype

Die kognitive Theorie der Geschlechtsrollenidentifikation impliziert auch, daß die anfänglich eher starren Geschlechtsstereotype aufgegeben werden und einem flexibleren Verständnis der Geschlechter weichen. Trautner et al. (1983) untersuchten die Entwicklung der Begriffe „männlich" und „weiblich" bei vier- bis zehnjährigen Jungen und Mädchen. Die Bedeutung der beiden Begriffe war über alle untersuchten Altersstufen recht einheitlich. Mit zunehmendem Alter wurden jedoch die beiden Begriffe stärker ausdifferenziert. Die Autoren unterscheiden drei Niveaus der Geschlechtsrollendifferenzierung: (1) Begriffe von männlich und weiblich, die nur geringes Wissen beinhalten, (2) Begriffe mit großem Wissen, aber starren Geschlechtsstereotypen und (3) Begriffe mit großem Wissen und flexibler Definition der Geschlechter. Die Ergebnisse in Abb. 4.5 zeigen mit zunehmendem Alter ein Fortschreiten von Niveau 1 zu Niveau 3 (Korrelation zwischen Alter und Niveau r = .69).

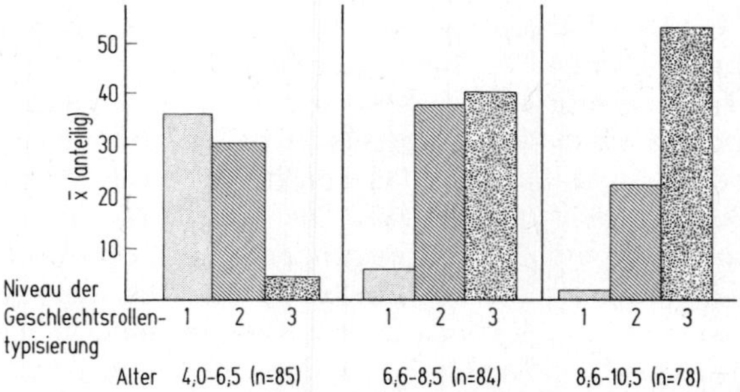

Abb. 4.5 Anteile der verschiedenen Altersgruppen an den drei Entwicklungsniveaus der Geschlechtsrollentypisierung (Trautner, Sahm & Stevermann 1983, S. 12).

Ähnliche Ergebnisse fand Meyer (1980) bei Arbeiterkindern. Untersucht wurden Mädchen im Alter von sechs bis acht und zehn bis zwölf Jahren. Die Jüngeren zeigten stärker geschlechtsstereotype Einstellungen als die Älteren. Letztere ähnelten in ihren Überzeugungen bezüglich der Geschlechtsrolle mehr den Müttern und deren Zielvorstellungen über die Zukunft ihrer Töchter.

4. Schule als Umwelt

Die Schule ist, sowohl was ihre räumliche Abgegrenztheit, als auch was die Tätigkeiten in ihr betrifft, eine Umwelteinheit, die ein für sich funktionierendes System darstellt. Sofern man noch konkreter das Klassenzimmer und Schulgebäude, in dem das Kind lernt, handelt und Erfahrungen sammelt, ins Auge faßt, kann man von einem „Setting" sprechen (s. Kap. 2).

Das *Setting* Schule bewirkt, daß Kinder im großen und ganzen über viele Jahre hinweg relativ gleich behandelt werden, nämlich als Schüler, obwohl sie in ihrer psychischen Entwicklung eine tiefgreifende Veränderung durchmachen. Schon der Erstkläßler arbeitet an seinem Lernplatz letztlich wie der Viert- und Neuntkläßler. Er findet in der Regel eine Lehrperson und viele Schüler vor. Die Aufgaben, die er zu bearbeiten hat, werden von außen an ihn herangetragen, er muß sie innerhalb eines bestimmten Zeitabschnittes bewältigen.

Darüber hinaus sind aber auch die *Interaktionsformen* deutlich von solchen außerhalb der Schule verschieden. Während das Kind im Elternhaus den Erwachsenenpartner verhältnismäßig stark für sich beanspruchen kann und ihn als Bezugsperson nur mit wenigen Familienmitgliedern teilt, erfährt sich das Kind in der Schule als einer von vielen und erkennt, daß der Lehrer alle Schüler gleich behandeln bzw. berücksichtigen muß. Die Beziehungen innerhalb der Familie sind zudem individuell spezifisch und in ihrer Entstehungsgeschichte bzw. Veränderung während des Heranwachsens des Kindes einmalig, nicht für andere Kinder (Geschwister) wiederholbar. Sie regulieren die eher emotionalen Anforderungen des Systems Familie. Man spricht daher auch von *partikularistischen* Beziehungen (Parsons 1949). Die sozialen Beziehungen in der Schule hingegen, besonders diejenigen zwischen Lehrer und Schüler sind typisierter, sie setzen sich in ähnlicher Weise fort, wenn der Lehrer wechselt oder der Schüler in eine andere Klasse kommt. In der Umwelt Schule erfährt das Kind erheblich mehr Formen *universalistischer* Beziehungen (Parsons 1949) als bisher. Bei ihnen besitzen Eigenschaften und Rollen nicht nur Bedeutung für das ,,Innenleben" der Gruppe, sondern sind darüber hinaus wichtig für ein Funktionieren der (,,externen") Gesamtgesellschaft: Universalistische Beziehungen haben daher eher instrumentellen Charakter. Der Weg zum Aufbau und Erwerb von universalistischen Beziehungen ist allerdings weit. Entscheidende Schritte erfolgen erst im Jugendalter.

Die typische Interaktionssituation der Schule beinhaltet Merkmale, die mit der Schule als Institution zusammenhängen. Sie lassen sich im Anschluß an Ulich (1976, S. 76) in vereinfachter Form folgendermaßen kennzeichnen:
- Eine spezifisiche Machtkonstellation, die bewirkt, daß Schüler geringere Chancen als der Lehrer haben, sich auszudrücken, andere zu beeinflussen oder mit anderen zu sprechen.
- Eine damit verbundene Verteilung der Kompetenzen (,,Sachverständigkeit") von Lehrer und Schüler. Sie ist zum großen Teil mit den Wissensunterschieden identisch.
- Bestimmte Kommunikationskanäle und -formen. Sie entsprechen ebenfalls dem Macht- und Kompetenzgefälle. So können Schüler im Regelfall viele Äußerungen des Lehrers nicht umgekehrt diesem gegenüber verwenden (etwa: Du hast dich heute wieder nicht auf den Unterricht vorbereitet; s. hierzu Tausch & Tausch 1970).

Die Schule stellt neue Entwicklungsaufgaben

Erikson (1976, Orig. 1950) weist der schulischen Kindheit (im Alter von sechs bis zwölf Jahren) als zentralen Konflikt Fleiß und Leistung versus Minderwertigkeit zu. Auch Havighurst (1978) und Newman und Newman (1975) sehen den Einsatz von Fleiß und Tüchtigkeit als wichtige Entwicklungsaufgabe des Schulalters an. Daneben wird explizit der Erwerb der Kulturtechniken des Lesens, Schreibens und Rechnens als Entwicklungsaufgabe genannt. Spätestens vom Schuleintritt an wird es unmöglich, Entwicklungsverläufe unabhängig vom Schulbesuch zu beschreiben und zu erklären. Daß dies immer noch in der entwicklungspsychologischen Forschung geschieht, muß als theoretische Blindheit gegenüber der Wirkung ökologischer Bedingungen gelten.

Neben leistungsbezogenen Entwicklungsaufgaben werden soziale Aufgaben der Kooperation sowie des Spielens und Arbeitens im Team genannt (Newman & Newman 1975). Auch diese Aufgaben stellen sich primär im Umfeld der Schule. Im folgenden soll die Dynamik von Entwicklungsaufgaben, die eng mit dem Schulbesuch verknüpft ist, am Beispiel der Schulfähigkeit, der Schulnoten und an der generellen Aufgabe des Aufbaus einer bestimmten Arbeitshaltung gezeigt werden.

Schulfähigkeit

Zunächst muß geprüft werden, ob das Kind schon soweit entwickelt ist, daß es die Schule besuchen kann. Früher glaubte man, dieser Entwicklungsstand würde sich von selbst einstellen, wenn man abwarten würde, bis das Kind „reif" sei. So entstand der Begriff der „Schulreife". Heute weiß man, daß die Voraussetzungen für den erfolgreichen Schulbesuch nicht einfach reifen, sondern von den Umweltanregungen und der Art der sozialen Interaktion während der ersten sechs Lebensjahre abhängen. Daher spricht man heute von „Schulfähigkeit". Auch dieser Ausdruck ist etwas irreführend, weil man glauben könnte, das Kind bringe ein Bündel von Leistungen oder Fähigkeiten mit, die genau dem entsprechen, was in der Schule gebraucht wird.

Schulfähigkeit beinhaltet aber nur, daß ein Kind aller Voraussicht nach die Aufgaben erfüllen wird, die an es gestellt werden und daß es sich an das soziale Leben der Schule anpassen kann. Es läßt sich zeigen, daß die Anforderungen, die man mit „Schulfähigkeit" in Tests oder durch Beobachtung im Unterricht erfaßt, soziokulturelle Entwicklungsnormen darstellen. Schulfähigkeit ist weniger das, was ein Kind von selbst wird, sondern das, was die Umwelt von ihm verlangt. Zu den Anforderungen der Schulfähigkeit gehören kognitive Leistungen, soziale Kompetenzen und Kompetenzen der Arbeitshaltung und Motivation. Schulreifetests erfassen gewöhnlich nur kognitive Leistungen. Wie aus Tabelle 4.3 hervorgeht, in die einige Bedingungen aufgenommen sind, bilden die kognitiven Lernvoraussetzungen den größten Anteil der aufgeklärten Varianz des Schulerfolgs, alle übrigen Anteile sind demgegenüber viel niedriger. Dieses Ergebnis mag aber auch meßtechnische Ursachen haben, da kognitive Leistungstests meist hohe Zuverlässigkeit besitzen, während andere Komponenten der Schulreife nur peripher, z. B. durch einzelne Fragen erhoben wurden.

Tabelle 4.3 Prädiktoren des Schulerfolgs nach Krapp & Mandl 1973

Prädiktor Gruppe	Prädiktor	β	Rangplatz	Varianzanteile $100 \cdot \beta^2$		Prozent von $100 \cdot R^2$
kognitive Lernvoraussetzungen	MST	.270	1	7,29	14,00	26,02%
	BT	.259	2	6,71		
Sozialverhalten	KONT	.104	7	1,08	2,62	4,87%
	ANP	.124	5	1,54		
körperl. Entwicklung	ALT	.115	6	1,32	1,62	3,01%
	KÖE	.055	9	0,30		
familiäre Bedingungen	SOZI	.157	4	2,47	3,05	5,65%
	KIZ	.076	8	0,58		
schulische Bedingungen	SKI	.183	3	3,35	3,35	6,23%

MST = Münchner Schulreifetest
BT = Bildertest (Intelligenz)
KONT = Kontaktverhalten
ANP = Anpassungsverhalten
ALT = Alter
KÖE = körperliche Erscheinung
SOZI = Sozialstatus
KIZ = Kinderzahl (Familien-Größe)
SKI = Schulleistungsklassendurchschnitt

Die einstmals von Kern (1966) vertretene Auffassung, daß das Nach-oben-Verlegen des Schuleintritts die Probleme des Schulversagens beheben würde, läßt sich aufgrund der empirischen Befunde nicht mehr halten. Krapp und Mandl (1973) fanden deutliche Unterschiede zwischen Normalaltrigen (6;0 – 6;11 Jahren) und Überalterten (7;0 und älter). Die Überalterten erbrachten im Durchschnitt niedrigere kognitive Leistungen, stammten aus einem Elternhaus mit niedrigerem sozioökonomischen Status und waren körperlich häufig retardiert. Umgekehrt fanden sich die jüngeren Kinder häufig in der Spitzengruppe bei den Schulleistungen (Vieweger 1966, Tietze 1973). Vorzeitig eingeschulte Schüler wiesen weder in den kognitiven Leistungen, noch im Arbeitsverhalten, im Sozialverhalten und anderen Variablen einen Rückstand gegenüber den Normalaltrigen auf (erfaßt durch das Lehrerurteil, Tietze 1973).

Wandel der Entwicklungsnorm

In den sechziger Jahren, als die Vorschulbewegung sich auch in Deutschland ausbreitete, tendierten viele Eltern dazu, ihre Kinder möglichst früh einzuschulen, um ihre geistige Entwicklung zu fördern. Aus Abbildung 4.6 geht hervor, wie die Zahl der vorzeitig Eingeschulten anwächst und die der verspätet Eingeschulten zurückgeht. In den fünfziger Jahren war die Tendenz umgekehrt. Nicht zuletzt durch Kerns (1954) Wortprägung vom ,,Sitzenbleiberelend" neigte man zu einer möglichst späten Einschulung. Der Schulerfolg im ersten Schuljahr war davon, wie oben bereits ausgeführt, nicht betroffen.

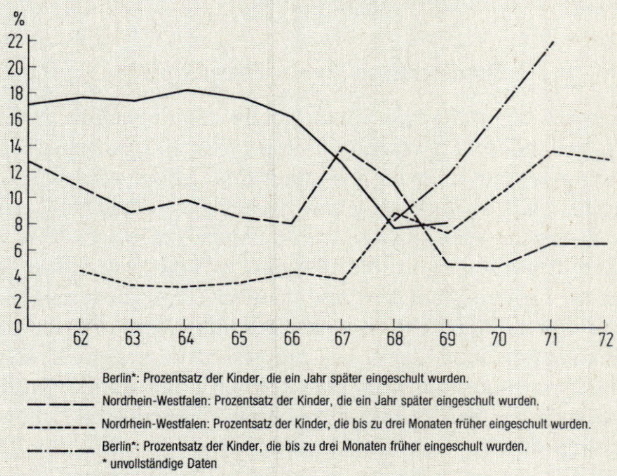

Abb. 4.6 Veränderung der Altersnormen für Schulreife in zwei Bundesländern (Nach Tietze 1973).

Mit Nickel (1985a) kann man den Schuleintritt als ökologischen Übergang bezeichnen (s. auch Kap. 2), der als Rahmen für die Entwicklungsaufgabe ,,Schulfähigkeit" angesehen werden muß. Kindern, denen dieser Rahmen und die mit Schule verbundenen Tätigkeiten vertrauter sind, haben größere Chancen, diese Aufgabe zu bewältigen. Es zeigt sich, daß je nach sozialem Hintergrund unterschiedlich gut auf die Schule vorbereitet wird. Sutton-Smith und Heath (1981) versuchten beispielsweise zu zeigen, daß das Fiktionsspiel wegen seines Trainings im Dekontextualisieren (Herauslösen aus dem unmittelbaren Zusammenhang) gut auf Schule vorbereitet. Vor allem der im Illusionsspiel anzutreffende Gebrauch dekontextualisierter Sprache bildet ein Bindeglied zwischen Spiel und schulischer Tätigkeit. Die Autoren vergleichen Abzählverse und Kinderreime aus der Unterschicht (schwarze Arbeiterbevölkerung) und Mittelschicht (von New Yorker Mittelschichtfamilien gesammelte Verse) und finden bei letzterer einen stärker dekontextualisierten Gebrauch von Sprache.

Für die Auffassung, Schulfähigkeit als Entwicklungsaufgabe anzusehen, spricht das Faktum, daß die Anforderungen für Schulfähigkeit keineswegs immer gleich bleiben. In den letzten 20 Jahren scheinen zumindest die kognitiven Anforderungen gestiegen zu sein. Dies war nur möglich, weil das geistige Leistungsniveau der Kinder über die Jahrzehnte ebenfalls angewachsen ist, wie vor allen Dingen aus der Erhöhung der Durchschnittsleistungen in Intelligenztests hervorgeht.

Daneben treten kohortenspezifische Effekte auf, die durch die jeweilige ,,Mode", den Zeitgeist, bedingt sind.

Schulnoten als Entwicklungsaufgabe

Das Erreichen des jeweiligen Klassenzieles kann ebenfalls als Entwicklungsaufgabe angesehen werden, da in unseren Jahrgangsklassen Schulbesuch und Alter miteinander gekoppelt sind. Mit passablen Schulnoten in die nächste Klasse aufzusteigen heißt zugleich, die Entwicklungsaufgabe für dieses Jahr bewältigt zu haben. Auch hier gibt es Verschiebungen in den Anforderungen, die belegen, daß die Beziehung zwischen individueller Leistungsfähigkeit und schulischen Anforderungen ein dynamisches Gebilde darstellt. Wären die schulischen Anforderungen jeweils genau auf die individuelle Leistungsfähigkeit abgestellt, so müßten alle Schüler mit guten bis sehr guten Noten abschneiden. Dies ist bekanntlich nicht der Fall. Somit gibt es eine Mehrzahl von Schülern, die Entwicklungsnormen nicht vollständig gerecht werden. Da Entwicklungsaufgaben jedoch durch die individuelle Zielsetzung (s. Kap. 2) bestimmt sind, regulieren die Schüler ihren Leistungsanspruch auf das Mögliche ein, sie streben entweder sehr gute Noten an, geben sich mit durchschnittlichen Leistungen zufrieden oder begnügen sich damit, gerade noch das Klassenziel erreicht zu haben.

Wenn die Annahme, daß der bevorstehende Schulwechsel die Anforderungsnorm beeinflußt, richtig ist, müßte in Schulsystemen, die einen solchen Übergang nach dem vierten Schuljahr nicht vorsehen, die Notengebung milder sein. Dieser Selektionsvorgang findet in der DDR nicht im gleichen Maße statt, da alle Schüler nach dem vierten Schuljahr weiter ein gemeinsames Schulsystem besuchen. Frommberger (1955) konnte in den Nachkriegsjahren einen deutlichen Unterschied zwischen den Durchfallquoten in der Bundesrepublik und in der DDR belegen. Abb. 4.7 zeigt, daß in Fächern, die nicht für die Selektion herangezogen werden, der Notendurchschnitt sich kaum ändert oder sogar noch besser wird.

Wenn es schwer wird, ein guter Schüler zu sein

Auch auf seiten der schulischen Anforderungen ändern sich die Ansprüche. Abb. 4.7 demonstriert dies an Notenverläufen in der Grundschule. Während der ersten vier Jahre des Schulbesuchs sinkt die Durchschnittsnote in Rechnen und Deutsch zunehmend ab, die Anforderungen werden erhöht. Der Schüler erhält gewissermaßen die Rückmeldung, daß seine Leistungen schlechter werden, weil die Aufgaben nun schwerer sind. Die Ursache hierfür liegt in der wichtigen Schullaufbahnentscheidung nach dem vierten Schuljahr. Ein Teil der Schüler wechselt in das Gymnasium über. Durch die Erschwerung der Anforderungen (bzw. durch strengere Notengebung) wird die Auswahl der besseren Schüler möglich.

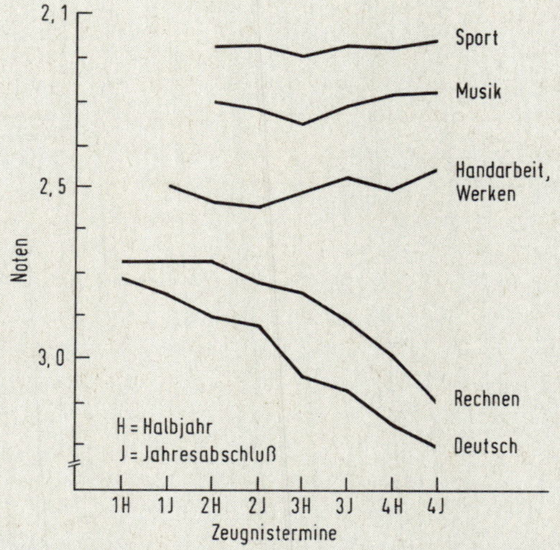

Abb. 4.7 Notenverläufe in der Grundschule (Oerter & Mandl 1977, S. 38).

Wie Kemmler (1967) zeigen konnte, setzt sich die Dynamik der Zensurengebung in weiterführenden Schulen fort. Das Gymnasium zensiert zunächst streng und hat eine relativ hohe Durchfallquote, kommt aber am Ende der Schullaufbahn, also beim Abitur, zu relativ guten Notendurchschnitten. Die Tendenz, den Schulabgänger mit möglichst gutem Zeugnis zu versehen, ist sowohl bei der Hauptschule wie beim Gymnasium deutlich ausgeprägt, während sie für die Realschule kaum sichtbar ist.

Die Übernahme der Arbeitsstruktur als Entwicklungsaufgabe

Genauso wichtig wie Leistungsfortschritte in den Kulturtechniken des Lesens, Schreibens und Rechnens sowie im Erwerb von Fachwissen ist die allmähliche Übernahme einer bestimmten Arbeitsstruktur, die auch im späteren Leben von zentraler Bedeutung ist. Das in der Schule geforderte Arbeitsverhalten verlangt erhebliche Kompetenzen der internen Kontrolle und zuverlässigen Regulation von Handlungen. Die Struktur moderner Arbeit und auch schulischer Arbeit ist durch eine bestimmte Form inhaltsunabhängiger („dekontextualisierter") Leistung bestimmt. Sie besteht in der *wohlmotivierten, zuverlässigen Erledigung extern gesetzter Aufträge* innerhalb bestimmter *Zeitgrenzen*. Der Überblick in Tabelle 4.4 stellt die wichtigsten gemeinsamen Züge der in schulischer und beruflicher Arbeit geforderten Leistung einander gegenüber.

Der Aufbau von Kognition und Motivation durch Schule

Die in der Schule auftauchenden Entwicklungsaufgaben lassen vermuten, daß Schule nicht nur peripher im Sinne der Vermittlung von Wissen und Fertigkeiten in die menschliche Entwicklung eingreift, sondern diese von Grund auf verändert. Empirisch nachweisen läßt sich der Einfluß der Schule nur durch Vergleich unserer Kultur mit Kulturen, in denen es keine Schule gibt oder Schule eben erst eingeführt wurde. Daher werden bei den folgenden Ausführungen kulturvergleichende Untersuchungen herangezogen.

Die Formung des Denkens durch Unterricht und Schule

Eine Reihe von Untersuchungen befaßt sich mit der Fähigkeit des logischen Denkens in verschiedenen Kulturen. Als typisches Denkproblem verwendet man den klassischen Syllogismus, da er logisch deduktives Denken verlangt. Die Untersuchungen benutzen Prämissen aus dem Alltagsleben der Befragten und legen eine Schlußfolgerung vor, die entweder bejaht oder verneint werden kann.

Beispiel: „Alle Menschen, die Häuser besitzen, bezahlen eine Haussteuer. Boima bezahlt keine Haussteuer. Besitzt Boima ein Haus?" (Scribner 1977, 1984).

Es zeigt sich, daß solche Syllogismen um so besser beantwortet und verstanden werden, je länger der Schulbesuch der Befragten war. Tabelle 4.5 faßt einige Untersuchungen in verschiedenen Kulturen zusammen (Scribner 1977). Während Probanden ohne Schulbesuch Antworten auf dem Zufallsniveau (um 50% richtige Antworten) geben, steigt bei Probanden mit Schulbesuch der Prozentsatz signifikant mit den Jahren des Schulbesuchs an.

Die Hauptursache für falsches Antworten liegt weniger in der Unfähigkeit logisch zu denken, als in der Art der Erklärung, die abgegeben

Tabelle 4.4 Gemeinsame Züge von schulischer und beruflicher Arbeit

Kennzeichen	*Schule*	*Beruf*
„Beliebigkeit“	Lernen einer Vielzahl von (in den Augen des Schülers) willkürlich zusammengestellten Wissensstoffen und Techniken.	Aufträge wechseln je nach Notwendigkeit im Fertigungsprozeß. Sie hängen nicht mit persönlichen Interessen oder Wünschen des Arbeitnehmers zusammen.
Zeitliche Terminierung	Schulaufgaben, Lernprozesse und Leistungsproben müssen innerhalb vorgegebener Zeitgrenzen vollendet sein	Arbeitszeiten sind nach Wochenstunden festgelegt, der Fertigungsprozeß ist wesentlich von Terminen bestimmt.
Zuverlässigkeit	Aufträge müssen jederzeit möglichst gut bewältigt werden.	Aufträge müssen jederzeit in der gleichen Qualität ausgeführt werden.
Motivation	Schüler soll sich möglichst für alle Wissensstoffe interessieren und an allen Lernaktivitäten Spaß haben.	Arbeitnehmer soll seine Arbeit gerne verrichten und sich am Arbeitsplatz wohlfühlen.
„Sinn“	Schüler vermag Sinn und Zweck des Wissenerwerbs in den meisten Fällen nicht zu durchschauen	Arbeitnehmer kann Zusammenhang zwischen seiner konkreten Tätigkeit und dem Gesamtergebnis, nämlich dem Stellenwert innerhalb der Erhaltung und Reproduktion der Gesellschaft nicht mehr erkennen.
Gegenwert für Arbeit	Noten, als symbolische Entlohnung und Bewertung (Notenschlüssel). Aber die gleiche „Arbeit“ im Sinne des getriebenen Aufwandes wird keineswegs durch die gleiche Note abgegolten, noch wird der gesamte, individuell verschiedene Aufwand berücksichtigt	Geld, als indirekte (nicht naturale) Form der Entlohnung. Für individuell geleistete Arbeitszeit gibt es einen vereinbarten Gegenwert in Form eines Geldbetrages (Tarifvertrag). Aber auch hier gibt es nicht die gleiche Bezahlung für gleiche Arbeit, noch ist der Arbeitslohn die volle Vergütung für die geleistete Arbeit (Prinzip des „Mehrwertes“)

wird und auf ein andersartiges Verständnis der gestellten Aufgabe schließen läßt. Solche Erklärungen sind nämlich nicht „theoretisch“, d.h. aussagenlogisch ohne Berücksichtigung des jeweiligen Inhalts orientiert, sondern „empirisch“, d.h. sie gehen von eigenen Erfahrungen und Wissensbeständen aus. Eine empirische Erklärung für den obigen Syllogismus wäre: ,,Boima hat kein Geld, um eine Haussteuer zu bezahlen". Eine theoretische Begründung könnte heißen: ,,Wenn du sagst, Boima bezahlt keine Haussteuer, so kann er kein Haus besitzen." Wiederum zeigte sich deutlich, daß Probanden ohne Schulbesuch weniger theoretische Begründungen geben als solche mit Schulbesuch (Tab. 4.5). Zu ähnlichen Ergebnissen kommt Tulviste (1979), der bei den Nganassan in Taimin (Sowjetunion) zeigen konnte, daß Syllogismen, die sich auf schulische Inhalte beziehen, besser beantwortet und begründet werden als solche, die dem Alltag entnommen sind. Beispiel für einen schulbezogenen Syllogismus: ,,Alle Edelmetalle sind rostfrei. Molybdän ist ein Edelmetall. Rostet Molybdän oder nicht?". Beispiel

Tabelle 4.5 Zusammenfassung der kulturvergleichenden Untersuchung: Prozentsatz der richtigen Antworten auf verbal-logische Probleme (nach Scribner 1977; aus Schöfthaler & Goldschmidt, 1984, S. 315)

	ohne Schulbildung	mit Schulbildung
Cole et al. (Kpelle)		
Untersuchung 3	35	91 (Highschool)
Untersuchung 4	61	100 (Highschool)
Untersuchung 5	65	
	64* (10–14 Jahre)	82* (10–14 Jahre, 2.–3. Klasse)
		89* (10–14 Jahre, 4.–6. Klasse)
Scribner (Kpelle)		
Untersuchung 1	63	83 (Junior Highschool)
Untersuchung 2	62	
Scribner (Vai)	52	
Cole & Scribner (Vai)	69	87 (alle Jahrgangsstufen
Sharp & Cole (Yucatán)	45* (Maya, trad. Stadt)	73* (3. Klasse)
	62* (Maya, teilmod. Stadt)	76* (4. Klasse)
		55 (1.–2. Klasse)
		78 (4.–6. Klasse)
		97 (Sekundarstufe)
Scribner et al. (Vereinigte Staaten)		
Untersuchung 1		74 (2. Klasse)
		77 (5. Klasse)
Untersuchung 2		72 (2. Klasse
		74 (5. Klasse)

* Bedeutet: Untersuchungen mit Alterskontrolle

für einen alltagsbezogenen Syllogismus: ,,Saiba und Nakupte trinken ihren Tee immer zusammen. Saiba trinkt um 3 Uhr Tee. Trinkt Nakupte um 3 Uhr Tee oder nicht?"

Tabelle 4.6 Prozentsätze der theoretischen Gründe für die Problembeantwortung (nach Scribner 1977; aus Schöfthaler & Goldschmidt 1984, S. 320)

	ohne Schulbildung	mit Schulbildung	
Scribner (Kpelle)	22.3	75.0	(College, Junior Highschool)
Scribner (Vai)	8.3	–	
Cole & Scribner (Vai)	29.5*	72,2*	(Erwachsene, alle Schulstufen)
Sharp & Cole (Yucatán)			
Maya, trad. Stadt	43.0	75.9	(erwachs. Mestizen, 1.–6. Klasse)
Maya, teil-mod. Stadt	58.5	46.5	(2. Klasse)
		80.8	(4.–6. Klasse)
		97.4	(Sekundarstufe)
Scribner et al. (Vereinigte Staaten)			
Untersuchung 1		77.6	(2. Klasse)
		93.2	(5. Klasse)
Untersuchung 2		76.0	(2. Klasse)
		95.1	(5. Klasse)

* Repräsentatives Sample.

Scribner (1977, deutsch 1984) faßt die Ergebnisse in drei Punkten zusammen:

1. In traditionellen Kulturen (ohne Schulbildung) gibt es nur Zufallstreffer für richtige Schlußfolgerungen bei Syllogismen.
2. Innerhalb einer Kultur gibt es große Unterschiede zwischen Personen mit und ohne Schulbildung.
3. Schulbildung ist entscheidender hinsichtlich des Verständnisses von Syllogismen als die Zugehörigkeit zu einer bestimmten Kultur. Besonders die letzte Aussage erscheint wichtig, da sie den prägenden und vereinheitlichenden Einfluß der Schulbildung auf die kognitive Entwicklung hervorhebt.

Formal-logisches Denken

Die letzte Stufe der kognitiven Entwicklung wird von Piaget (1964b, 1970a, deutsch 1984) durch Leistungen der sogenannten formal-logischen Operationen beschrieben, die in Kap. 8 genauer dargestellt werden. Im Gegensatz zu früheren Stufen der kognitiven Entwicklung scheint dieses Niveau nicht universell zu sein. Es ist gekennzeichnet durch die Fähigkeit, Denkoperationen systematisch und kontrolliert einzusetzen, sich dabei von vorgegebenem Erfahrungswissen zu lösen („formales" Denken) und so zu Resultaten zu kommen, die von beliebigen Hypothesen ausgehen und daher neu sind.

Piaget selbst berichtet, daß er seine Ergebnisse an den „besseren Oberschulen von Genf" (1970a, deutsch 1984, S. 53) gefunden habe und daß viele Jugendliche und Erwachsene dieses Niveau nicht oder erst spät erreichten. Nach Kohlberg und Gilligan (1971) liegt der Prozentsatz der älteren Jugendlichen in westlichen Kulturen, die formal-operationale Aufgaben bewältigen, zwischen 30 und 50%. Da aber nach Piagets Meinung einer Stufe generelle Geltung erst bei 75% richtiger Lösungen zukommt, ist dieses Kriterium für das formal-logische Denken nicht erfüllt. Bei Jugendlichen und Erwachsenen ohne Schulbesuch tritt das formal-logische Denken so gut wie nicht auf (Ashton 1975). Auch zwischen Dauer des Schulbesuchs bzw. Höhe des erreichten Bildungsniveaus und der Verbreitung des formal-logischen Denkens gibt es klare Zusammenhänge (Prince 1968, Phils & Kelly 1974). Man kann daher davon ausgehen, daß der Aufbau des formal-logischen Denkens samt der mit diesen Leistungen verbundenen Entwicklungsmöglichkeiten an den Schulbesuch gebunden ist, wobei die Dauer und das erreichte Bildungsniveau maßgeblich sein dürften.

Einfluß der Kulturtechniken Lesen, Schreiben, Rechnen

Die oben beschriebenen kognitiven Leistungen des schlußfolgernden und formalen Denkens haben viel mit der Handhabung der Sprache in der Schule zu tun. Sie wird als „logische Gattung" (Hymes 1974, Erickson 1984) verwendet, d.h. sie arbeitet logische Beziehungen zwischen den Sätzen aus, die für beliebige Inhalte dieser Sätze gelten. Prototyp der logischen Gattung ist der oben beschriebene Syllogismus. Diese Dekontextualisierung, die schon durch bestimmte Spielaktivitäten vorbereitet wird (s. Abschnitt 2), hat sehr viel mit dem Erwerb des Lesens und Schreibens zu tun. Geschriebene Sprache erlegt weniger Beschränkungen als gesprochene Sprache auf, die zeitlich rasch abläuft und vom Empfänger nicht kontrollierbar ist. Geschriebene Sprache erlaubt, eine Aussagenfolge auch rückwärts zu prüfen, Vergleiche anzustellen, kurzum, kritische Distanz zu sprachlichen Inhalten zu gewinnen (Ong 1977, Luria 1959, Olson 1977). Das geschriebene Wort wird so zur Grundlage für Reflexion. Olson und seine Mitarbeiter versuchen, den Übergang von gesprochener Sprache in geschriebene beim Lesenlernen herauszuarbeiten. Wenn das Kind in die Schule eintritt, verfügt es nur über gesprochene Sprache. So wird schulische Bildung zum kritischen Prozeß der Umwandlung vom Verständnis sprachlicher Äußerungen in Textverständnis.

Fundamental wirkt sich nach Ansicht vieler Autoren die Verschlüsselung der Sprache in ein einfaches Alphabet aus. Durch eine eng umgrenzte Zahl von Zeichen können beliebige Inhalte ausgedrückt werden. Havelock (1980) behauptet, daß die Einführung des Alphabets die Denkweise einer Gesellschaft radikal verändere. Erst die Beliebigkeit und Unabhängigkeit der Schriftzeichen vom Inhalt (anders als bei Silben- und Bilderschriften) verschafft den Zugang zu kontextfreien Aussagen.

Die bisherige Darstellung darf allerdings nicht darüber hinwegtäuschen, daß trotz der beschriebenen Entwicklung der Dekontextualisierung die Schule bereichsspezifische Fähigkeiten aufbaut, die nicht überall und in beliebigen Situationen einsetzbar sind (Cole & Bruner 1971, Scribner & Cole 1981). Arithmetische „Praktiken" der Schule werden z.B. nicht ohne weiteres auf arithmetische Probleme außerhalb der Schule übertragen. Lave, Murtaugh und de la Rocha (1984) beobachteten, daß Kunden im Supermarkt anders rechneten, d.h. andere Praktiken verwendeten als die in der Schule üblichen. Der Unterschied lag aber nicht auf der Dimension abstrakt-konkret, sondern in der Definition des numerischen Problems. Das Problem des Preisvergleichs und der daraus resultierenden Entscheidung liegt in der Hand des Kunden, er definiert das Problem selbst mit. Bei Testaufgaben oder schulischen Rechenproblemen jedoch befindet sich das arithmetische Problem in einem anderen Kontext, bei dem das Individuum keinen Einfluß auf die Problemformulierung nehmen kann.

Aufbau abstrakter Valenz

In Kap. 2 wurde der Gegenstandsbezug durch drei Valenzebenen gekennzeichnet. Während Familie und Spielpartner stärker mit Gegenstandsbezügen subjektiver und objektiver Valenz zu tun haben, dürfte die Schule der entscheidende Vermittler von Gegenstandsbezügen mit abstrakter Valenz sein. Schüler werden mehr und mehr motiviert, beliebige Lernstoffe gleich gut zu beherrschen, ob sie nun „interessant" sind oder nicht. Die starke Betonung von Interesse und „intrinsischer" Motivation durch die Didaktik darf nicht darüber hinwegtäuschen, daß kein Schüler in der Lage ist, auf Kommando Interesse für den neuen Inhalt bei Stundenwechsel, bei Einführung eines neuen Stoffgebietes und beim Abprüfen des Stoffes zu entwickeln. Im Gegenteil, die Schüler, die es fertigbringen, die abstrakte Valenz des Lehrstoffes und die abstrakte Valenz des Lernens selbst bei sich aufzubauen, sind im Vorteil und besser als die „intrinsisch" Motivierten an die Erfordernisse von Schule angepaßt.

Der Aufbau abstrakter Valenz wird durch einen bestimmten Gebrauch der Sprache gefördert. Vollzieht sich Kommunikation und Diskurs in Form von aussagenlogischer Verknüpfung von Sätzen bzw. Satzteilen, so heißt das ja ebenfalls, daß die Aussagenlogik für beliebige Begriffsinhalte gilt. Der Wert, die Valenz von Diskurs und sprachlicher Darstellung liegt in der Richtigkeit der logischen Beziehungen, in der Ordnung, in der sich die Gegenstände befinden, nicht jedoch in dem konkreten Wert oder Unwert, in der inhaltlichen Bedeutung dieser Gegenstände. (Wirtschaftlicher Warenfluß wird durch Angebot und Nachfrage reguliert, wobei Waren und Personen beliebig austauschbar sind; die physikalische Schwerkraft wirkt für beliebige Gegenstände gleich; das moralische Prinzip von Gerechtigkeit impliziert die Gleichheit von Personen, unabhängig von ihren sonstigen inhaltlichen Besonderheiten.)

Die abstrakte Valenz von schulischen Gegenständen kann durch das Individuum wieder in subjektive oder objektive Valenz zurückverwandelt werden. Die Interessenentwicklung bei Schulfächern (s. Kap. 13) zeigt, daß sich Schüler in der Auseinandersetzung mit verschiedenen Fächern für einzelne Bereiche interessieren, also an ihnen konkrete Valenzen entdecken. Dieses Interesse sinkt aber dann wieder ab (Todt 1984), was als erneute Zuweisung abstrakter Valenz verstanden werden kann. Oft dürfte der Weg auch umgekehrt verlaufen: Ein schulischer Handlungsbezug besitzt subjektive Valenz beim Schüler, die angesichts der stets wechselnden Inhalte in abstrakte Valenz überführt wird.

Übernahme der modernen Arbeitsstruktur

Vor dem Hintergrund der abstrakten Valenz schulischer Gegenstandsbezüge läßt sich nun die schrittweise Bewältigung der Entwicklungsaufgabe des Aufbaus einer in hoch arbeitsteiligen Gesellschaften typischen Arbeitshaltung beschreiben. Sie dürfte sich in Etappen vollziehen, die wiederum einer gewissen Entwicklungslogik folgen. Diese Logik korrespondiert mit der Entwicklung der Leistungsattribution (s. beispielsweise Heckhausen 1983 und Kap. 13).

Durch die Auseinandersetzung mit einer Vielzahl von Lerngegenständen im Unterricht baut das Kind als erstes den Gegenstandsbezug mit abstrakter Valenz auf: Inhalte werden austauschbar, der Bezug bleibt gleich (Lernen, Aneignen). Das Verständnis abstrakter Valenz wird also im konkreten Handlungsbezug entwickelt. Relativ rasch begreift das (angepaßte) Kind, daß es schulische Aufträge zuverlässig erledigen muß. Die erste Form des neuen Gegenstandsbezugs kann also symbolisiert werden als

$$S - - - - - O_{AV}$$

S = Subjekt; O = Objekt; AV = abstrakte Valenz

Schon im Vorschulalter, systematisch aber erst in der Grundschule, werden Anstrengung und Gegenstand linear verknüpft: geringe Anstrengung, geringe Leistung, hohe Anstrengung, hohe Leistung. Sukzessive erhält das Anstrengungskonzept auch abstrakte Valenz, denn die konkrete Form der Anstrengung wechselt, sie ist beim numerischen Rechnen anders als beim Schreiben oder Lesen oder Auswendiglernen und muß demgemäß vom Kind variiert werden. Auch durch ihre Lösung von einem konkreten Gegenstand und ihre Inbezugsetzung zu allen Lerngegenständen erhält Anstrengung abstrakte Valenz. Die nächste Form des schulischen Gegenstandsbezugs ist daher darstellbar als

$$S - - - - - A_{AV} - - - - - O_{AV}$$

A = Anstrengung, Fleiß

Anstrengung wird zugleich zu einer Arbeitstugend mit abstrakter Valenz und behält bei angepaßter Sozialisation ihre Funktion lebenslang bei. Dennoch bedarf das Konzept der Ergänzung angesichts der empirischen Falsifizierung des postulierten linearen Zusammenhangs von Anstrengung und Resultat. Dies führt zum Aufbau des Fähigkeitsbegriffs, der in Kombination mit dem Anstrengungskonzept die Leistung besser erklärt. Fähigkeit gewinnt ebenfalls abstrakte Valenz, da sie um so wertvoller wird, je mehr Einzelleistungen bewältigt werden können. Daher ist Intelligenz als allgemeine geistige Leistungsfähigkeit der angemessene psychische Begriff mit abstrakter Valenz. Keine Frage, daß dieses Konzept zuerst als notwendige Voraussetzung für vielseitige Einsetzbarkeit im Arbeitsprozeß entstand, bevor es in der Psychologie und in der Schule Eingang fand (siehe z.B. Schmid 1977). Das nächsthöhere Niveau, das sich durch schulische Sozialisation aufbaut, kann dargestellt werden als:

$$S - - - - - F_{AV} - - - - - A_{AV} - - - - - O_{AV}$$

F = Fähigkeit, Intelligenz

Schule als Setting für Gleichaltrige

Die Schule als Setting bringt Kinder gleichen Alters zusammen. Diese altershomogenen Gruppen verbringen im Laufe der Schuljahre viele tausend Stunden zusammen. Rechnet man noch die Zeit dazu, die Kinder außerhalb der Schule gemeinsam verbringen, oft initiiert durch die schulischen Kontakte, so kann man den systematischen und tiefgreifenden Effekt der Schule auf das Sozialverhalten der Kinder ermessen.

Symmetrische Interaktion

Die soziale Interaktion ist bei Gleichaltrigen prinzipiell anders als zwischen Kindern und Erwachsenen. Der Hauptgrund liegt darin, daß zwischen Kindern nicht der gewaltige Abstand hinsichtlich Macht (Machtgefälle), Wissen (Wissensgefälle) und Aufgabenbereich (gesellschaftliche Funktion) besteht wie zwischen Kindern und Erwachsenen. Die Interaktion und Kommunikation zwischen Kindern ist eher symmetrisch, zwischen Kindern und Erwachsenen eher asymmetrisch.

Verständnis für ,,Gleichheit". Nur mit Gleichaltrigen kann das Kind ein Grundverständnis für Gleichheit und Gleichberechtigung gewinnen. Es erfährt zunächst, daß andere die gleichen Ansprüche stellen wie es selbst, die gleiche Behandlung erfahren, gleiche Vorrechte und Nachteile haben. So kommt es, daß Kinder allmählich einen Sinn für Gerechtigkeit bekommen, ja daß Gerechtigkeit der erste reife Moralbegriff des Kindes wird (Piaget 1954). In der Schule wie außerhalb fühlt es sich in seinem moralischen Empfinden am stärksten getroffen, wenn es auf ,,Ungerechtigkeiten" in seiner sozialen Umwelt stößt, vor allem, wenn nicht alle Gleichaltrigen auch gleich behandelt werden. Bevorzugung des einen und Benachteiligung des anderen durch den Lehrer stoßen auf heftige Kritik. Diese Entwicklung vollzieht sich aber im Laufe von Jahren.

Umgekehrt nimmt das Kind im Umgang mit Gleichaltrigen wahr, daß andere auch andere Bedürfnisse, Wünsche und Vorlieben haben. Wenn es um die Verwirklichung solcher Wünsche in der Gruppe geht, muß eine Einigung erzielt werden, die nicht auf Kosten einzelner zustande kommen darf.

In der Interaktion mit Gleichaltrigen werden auch die zwei Grundformen gemeinsamen Handelns, die in der Arbeit wie im Spiel auftreten, erfahren: Kooperation und Wettbewerb. Mit Erwachsenen kann das Kind beide Formen eigentlich nur in Ausnahmefällen erproben. Tritt das Kind zum Erwachsenen in Wettbewerb, so unterliegt es, wenn dieser nicht das Kind ,,gewinnen" läßt. Aber auch bei Kooperation ist die Überlegenheit des Erwachsenen im Wege, er muß sich häufig erst ,,kleiner" machen, um kooperieren zu können (etwa beim gemeinsamen Bauen, Basteln, Musizieren). Ganz anders verhält es sich mit dem Gleichaltrigen, mit dem eine Gleichanteiligkeit in bezug auf Gewinnchancen, Arbeitsbeitrag und Hilfeleistung herstellbar ist.

Es nimmt nicht wunder, daß Wettbewerb zwischen Gleichaltrigen eine wichtigere Rolle einnimmt als Kooperation. Der Aufbau eines ,,sozialen" oder normativen Anspruchsniveaus (Veroff 1969), bei dem die eigene Leistung an der Leistung der Gruppe gemessen wird (s. Kap. 13), dürfte ohne schulische Sozialisation nicht in der gleichen Weise möglich sein. Ein Überblick über Untersuchungen zur sozial motivierenden Wirkung von Kooperation und Wettbewerb im Unterricht zeigt, daß Wettbewerb größere Wirkung als Kooperation hat (Slavin 1977). Dieser Sachverhalt ist kein Naturgesetz, sondern hängt mit der Konkurrenzsituation beim schulischen Lernen zusammen.

Andererseits wird die Interaktion zwischen Gleichaltrigen zur Grundlage für das *Verständnis von Regeln und Normen*. Soziale Normen als Satzungen und Vereinbarungen, die das Zusammenleben regeln, werden am besten in ihrer Funktion verstanden, wenn man erfährt, warum sie notwendig sind und wie sie entstehen. Beides ist innerhalb der Interaktion Gleichaltriger gegeben.

Bei einem gemeinsamen Spiel nach Regeln erfahren die Kinder, daß das Spiel zusammenbricht, wenn sie sich nicht an die Spielregeln halten. Der „Spielverderber" kann nicht in der Gruppe bleiben, sondern wird ausgeschlossen. Weiterhin entwickeln Kinder in gemeinsamen Unternehmungen auch neue Normen und Vereinbarungen. Bei einem gemeinsamen Rollenspiel z. B. werden auch Aufgaben verteilt und Verhaltensvorschriften für die einzelnen Mitspieler vereinbart. Viele ältere Kinder bilden Gruppen oder Banden, in denen sie sich Verhaltensnormen setzen (s. Abschnitt „Gruppenbildung bei Kindern" S. 260).

Die Rolle der Beziehungen zwischen Gleichaltrigen für ein reifes Verständnis sozialer Normen und Regeln der Interaktion wurde erstmals von Piaget theoretisch begründet (Piaget 1954). Für ihn ist die Interaktion mit Gleichaltrigen die ausschlaggebende Bedingung bei der Veränderung des kindlichen Moralverständnisses in Richtung auf eine reife Moral. Heute wird dies allerdings aufgrund empirischer Untersuchungen bezweifelt (Kohlberg 1964, Turiel 1966). Weniger in Frage steht, daß Kinder in der Interaktion mit Gleichaltrigen Regeln aufbauen, als vielmehr, ob und gegebenenfalls wie sie dieses Regelverständnis in andere Bereiche, vor allem ins spätere Erwachsenenleben übertragen.

Einüben von sozialen Fertigkeiten

Verständnis und Wissen allein gewährleisten noch nicht die Weiterentwicklung und Verbesserung des wirklichen sozialen Handelns. Handeln muß geübt und praktiziert werden. Hierzu bietet sich Gelegenheit, wenn Gleichaltrige zusammen agieren. Man muß sich aber vor Augen halten, daß das bloße Beisammensein noch nicht eine Verbesserung garantiert. Das Kind verbringt beispielsweise sehr viel Zeit mit Gleichaltrigen in der Schule, lernt aber im Verhältnis zu dem zeitlichen Umfang wenig soziale Geschicklichkeit und wird unter Umständen sogar sehr einseitig trainiert. Selbständiges gemeinsames Planen und Handeln sowie Bewerten von erreichten Ergebnissen fehlen häufig im Unterricht. Auch die außerschulischen Interaktionen mit Gleichaltrigen können zu starken Verzerrungen führen, da Erwachsenenmodelle mit einseitiger Perspektive kopiert werden. So versuchen einzelne Kinder, über andere zu dominieren, sie zu beherrschen und herumzukommandieren. Oft gibt es heftige Aggressionen zwischen Kindern, die gemeinsames Handeln unmöglich machen. Auch hier also erscheint es notwendig, Entwicklung nicht als festgelegten Prozeß zu verstehen, sondern durch Umweltveränderungen Verbesserungen anzustreben.

Allerdings muß man sich in diesem Sektor vergegenwärtigen, daß die Entwicklung sozialer Fertigkeiten nicht erst in der mittleren Kindheit beginnt, sondern daß sich frühzeitig individuelle Unterschiede ausprägen. In einer Längsschnittstudie von Halverson und Waldrop (1976) wurden Kinder im Zeitraum von zweieinhalb bis siebeneinhalb Jahren beobachtet. Unter anderem ergab sich ein deutlicher Zusammenhang bei sozialen Verhaltensweisen. Sozial geschicktere und interessierte Kinder mit sieben Jahren waren der Tendenz nach schon mit zweieinhalb Jahren in dieser Hinsicht auffällig.

Ein Untersuchungsbeispiel: Gesprächsverläufe

Dorval und Eckerman (1984) waren an der Entwicklung des Gesprächsniveaus in Gruppen interessiert. In einer Querschnittuntersuchung wählten sie fünf Altersstufen aus: Schüler der 2., 5., 9. und 12. Klasse sowie Erwachsene. Für jede Altersstufe bildeten sie Gruppen aus Personen, die sich gut kannten. Die Aufgabe bestand nun lediglich darin, in der Gruppe ein freies Gespräch zu führen, wobei kein bestimmter Gesprächsgegenstand vorab festgelegt wurde. Es zeigten sich fünf Ebenen des Gesprächs, die in der Aufeinanderfolge in zunehmendem Maße das Eingehen auf ein Gesprächsthema berücksichtigten. Untersucht wurde, wie der jeweilige Partner bei der Übernahme des Gesprächs (turn) auf die vorausgegangene Thematik einging.

Unbezogene Gesprächsbeiträge. Hier handelt es sich um Antworten und Gesprächsanteile, die sich nicht auf das zuvor angeschnittene Thema bezogen.

Tangentiale Gesprächsanteile. Hier bezieht sich der Sprecher auf eine Äußerung, die unmittelbar zuvor gemacht wurde, berücksichtigt aber nicht den vorausgegangenen Gesprächsgegenstand.

Beispiel: ,,Ich war mit meinen Eltern im Tierpark!" ,,Nächsten Samstag gehe ich in den Zirkus!" ,,Ich war auch schon im Zirkus."

Minimalbezogene Äußerungen. Das Gespräch bleibt bereits auf das Thema bezogen, es erscheinen aber noch keine neuen oder weiterführenden Gesichtspunkte.

Beispiel: ,,Ich bin gestern 1 km gerannt!" – ,,Ich kann den Berg hinaufrennen, sooo . . . .!" – ,,Thomas ist schneller als du."

Sachbezogene Aussagen. Hier beziehen sich die Gesprächspartner auf den Gegenstand, in dem sie Fragen dazu stellen, auf Bewertungen und Elaborationen (Ausarbeitungen, nähere Erläuterungen) eingehen.

Perspektivenbezogene Gesprächsanteile. Wenn sachbezogene Äußerungen eines Sprechers zugleich die Übernahme der Perspektive des vorausgegangenen Sprechers bzw. anderer Vorredner erkennen lassen, wurde die Äußerung als perspektivenbezogen klassifiziert.

Beispiel:

1: (Ray sagt verächtlich lachend) Die Frau Doktor.
2: Ja, also Ray – Du magst Sie nicht die Frau Doktor?
3: Ich meine, sie gäbe einen guten Hochschullehrer ab. Aber ich glaube nicht, daß sie sich vom Temperament her für einen Pauker am Gymnasium eignet. Sie ist unmöglich.
4: Sie explodiert immer gleich, sie hat keine Geduld.
5: Ich habe sie noch nie gehabt.

Die Äußerung von Sprecher 2 ist eine perspektivenbezogene Frage. Äußerung 3 ist eine perspektivenbezogene Ausarbeitung von Rays Meinung. Äußerung 4 ist eine perspektivenbezogene Bewertung des Lehrers und Beitrag 5 eine minimal bezogene Aussage. In Tabelle 4.7 sind die wichtigsten Ergebnisse zusammengestellt. Es zeigt sich ein klares Fortschreiten in den Ebenen mit den Altersstufen von der 2. Klasse an bis zu den Erwachsenen. Bei den Zweitkläßlern finden wir noch 23% tangentialer Äußerungen und 49% minimalbezogener Äußerungen. Die Fünftkläßler führen Gespräch mit bevorzugt minimalbezogenen Äußerungen, während bei den Neuntkläßlern bereits 36% der Äußerungen als sachbezogen klassifiziert wurden, ein Anteil, der bei den Zwölftkläßlern auf 42% anstieg. Nach dieser Stufe zeigen sich erstmals auch perspektivenbezogene Äußerungen im freien Gespräch, die dann bei den Erwachsenen einen höheren Anteil (23%) einnehmen. Die in Klammern angeführten Zahlen geben die Rangreihe der Mittelwerte gemäß dem Newman-Keuls-Test an. Der Wert 1 bedeutet, daß die angetroffe-

Tabelle 4.7 Mittlere Anteile von fünf Gesprächsniveaus bei fünf Altersgruppen (nach Dorval & Eckerman 1984, S. 28)

Art der Äußerung	Klasse 2	Klasse 5	Klasse 9	Klasse 12	Erwachsene	F (4,20)
Unbezogen	.14 (1)	.03 (2)	.04 (2)	.02 (2)	.01 (2)	14.1**
Tangential	.23 (1)	.09 (2)	.03(2)	.03(2)	.02(2)	12.8**
Minimalbezogen	.49 (2,3)	.72 (1)	.55(2)	.41(3)	.29(4)	49.9**
Sachbezogen	.13(2)	.17(2)	.36(1)	.42(1)	.46(1)	12.8**
Perspektiven-bezogen	.00(3)	.00(3)	.01(3)	.11(2)	.23(1)	39.3**

** $p \leq .01$.

Bemerkung: Die Ziffern in Klammern geben den Rangplatz der Mittelwerte an, die auf dem 5%-Niveau in einer bestimmten Altersgruppe am häufigsten auftreten (Newman-Keuls-Test)

nen Mittelwerte in dieser Altersgruppe am höchsten sind. Auf diese Weise ergibt sich in der Diagonale von der 2. Klasse bis zu den Erwachsenen nach unten verlaufend jeweils der Wert 1.

Es fällt auf, wie spät perspektivenbezogene Äußerungen im freien Gespräch auftreten. Diese Ergebnisse verändern sich vollständig, wenn man Versuchsanordnungen anders anlegt. So konnten eine Reihe von Autoren bereits perspektivenbezogene Äußerungen bei Vorschulkindern finden (Eisenberg & Garvey 1981). Die gefundenen Niveaus beziehen sich also nicht auf eine fixierte Fähigkeit, sondern auf eine Alltagshandlung, die eine beträchtliche Flexibilität in Sprachverständnis und in der Sprachproduktion erfordert.

Die wachsende Kompetenz der Beibehaltung eines Gesprächsthemas zeigt sich auch in der Diskussionslänge über jeweils ein Thema. Wie aus Tabelle 4.8 zu ersehen ist, steigt die Zahl der Gesprächsanteile der einzelnen Partner zu einem bestimmten Thema mit fortlaufendem Alter an, wobei die Zwölftkläßler und die Erwachsenen zu 61 bzw. 68% lange Gesprächsrunden mit über 31 Turns führen. Die Autoren wenden sich mit ihrem Ansatz und ihren Befunden gegen Piagets Annahme der Entwicklung der Konversation von der egozentrischen zur sozialisierten Sprache. Ihr Modell läßt sich als die Entwicklung eines gemeinsamen Gegenstandsbezuges beim Sprechen charakterisieren und fügt sich in unserer Sichtweise vom Spiel als Herstellung eines gemeinsamen Gegenstandsbezuges und in die in Kapitel 2 vorgetragenen theoretischen Grundlagen recht gut ein. Bei stärkerem Aufgabendruck dürfte sich der gemeinsame Gegenstandsbezug in der Diskussion wohl früher einstellen, so daß sich die gefundenen Niveaus zeitlich vorverlegen.

Tabelle 4.8 Mittlere, auf ein Thema bezogene Gesprächsanteile bei verschiedenen Altersstufen (nach Dorval & Eckerman 1984, S. 58)

Gesprächsanteile	Klasse 2	Klasse 5	Klasse 9	Klasse 12	Erwachsene	F (4,20)
1–2 Turns	.14	.02	.02	.01	.01	11.5**
3–10 Turns	.41	.13	.15	.13	.10	9.1**
11–30 Turns	.32	.21	.31	.25	.21	.7
31+ Turns	.14	.65	.51	.61	.68	5.3**

** $p \leq .01$.
Turn = Wortergreifen eines Partners

Gruppenbildung bei Kindern

Die Entwicklung der Gruppenbildung zwischen Gleichaltrigen läßt sich entwicklungspsychologisch grob durch drei Dimensionen beschreiben: Zunahme an Stabilität, Homogenität und Strukturiertheit.

Stabilität. Anfangs, im Kindergartenalter, beobachtet man häufig die Bildung von Spontangruppen. Sie dienen einem bestimmten momentanen Zweck, meist dem gemeinsamen Spiel. Danach löst sich die Gruppe wieder auf. Im Laufe der Grundschulzeit entstehen stabilere Gruppengebilde, die sich über Tage oder Wochen erhalten (Hartup 1970). Zusammenhalt und Stabilität sind besonders groß, wenn sich Kinder zu Banden zusammenschließen und dabei Merkmale von Erwachsenengruppen und -banden übernehmen. Zur weiteren Stabilität trägt die Identifikation mit der Schulklasse sowie mit formellen Gruppen wie Pfadfindern und Sportmannschaften bei. Frühere Studien belegen deutlich Geschlechtsunterschiede in der Gruppenbildung. Mädchen im Alter von siebeneinhalb Jahren bevorzugten soziale Aktivitäten, bei denen sie nur einen Partner (eine Partnerin) als Spielgenosse hatten, während Buben gleichen Alters das Spiel in Gruppen bevorzugten (Halverson & Waldrop 1976). Die stärkere Neigung zu weniger aber intimen Kontakten bei Mädchen gegenüber der Bevorzugung von Aktivitäten in Gruppen bei Jungen beobachteten auch Omark et al. (1975) und Lever (1976) sowie Eder und Hallinan (1978). Oswald und Krappmann (1984) fanden diese Geschlechtsunterschiede in ihren Untersuchungen an Schülern und Schülerinnen der 4. und 6. Klasse nicht. Tabelle 4.9 zeigt die Häufigkeit von Beziehungen bei Jungen und Mädchen, wobei „enge" und „schwache" Beziehungen zusammengefaßt sind.

Tabelle 4.9 Beziehungen von Mädchen und Jungen zu Kindern innerhalb und außerhalb der Klasse (nach Oswald & Krappmann 1984, S. 275)

Geschlecht/ Klassen-stufe	Beziehungen zu: Mädchen in der Klasse abs.	%	Jungen in der Klasse abs.	%	Mädchen außerhalb abs.	%	Jungen außerhalb abs.	%	Insg.		$\overline{X}$	N
Mädchen												
4. Klasse	108*	73	13*	9	25	17	2	1	148	100	8,2	18
6. Klasse	124*	57	22*	10	38	17	34	16	218	100	11,5	19
Jungen												
4. Klasse	13*	10	80*	59	7	5	35	26	135	100	9.6	14
6. Klasse	22*	20	49*	44	6	5	34	31	111	100	11,1	10

* Innerhalb der Klasse sind alle Beziehungen jedes Kindes gezählt, dyadische Beziehungen sind also zweimal berücksichtigt.

Homogenisierung. Eindeutiger sind die Ergebnisse bezüglich der zunehmenden Homogenisierung. Sie zeigt sich in zweierlei Hinsicht: Als Einengung auf die annähernd gleiche Altersstufe und Einengung auf das gleiche Geschlecht. Durch die Jahrgangsklassen wird Alter zugleich ein Statusmerkmal. Ältere Kinder versuchen, jüngere von ihren Spielen und

Aktivitäten auszuschließen und fühlen sich unter Gleichaltrigen am wohlsten. Gut untersucht ist die fortschreitende *Geschlechtshomogenisierung*. Während Kinder in den ersten Jahren des Schulbesuchs noch gemeinsam spielen und dabei feminine wie maskuline Tätigkeiten gleichermaßen auswählen, bevorzugen ältere deutlich das eigene Geschlecht und konzentrieren sich auf alterstypische Aktivitäten (Lever 1976, Eder & Hallinan 1978). Bevorzugte Methode zur Feststellung der Geschlechtssegregation ist das Soziogramm. Petillon (1982) fand in der 4. Klasse nur bei 4% der Probanden die Wahl eines andersgeschlechtlichen Sitznachbarn. Hallinan und Tuma (1978) teilen eine wesentlich höhere Rate an andersgeschlechtlichen Wahlen, nämlich 23%, mit.

Oswald und Krappmann (1984) wählten nicht die Methode des Soziogramms, sondern fragten Kinder der 4. und 6. Klasse in ihrer Längsschnittstudie nach ihren Beziehungen zu Gleichaltrigen. Auch sie fanden in der 4. Klasse eine sehr geringe Anzahl von zwischengeschlechtlichen Beziehungen und eine hohe Anzahl von gleichgeschlechtlichen Beziehungen. In der 6. Klasse gab die Hälfte der Mädchen bereits an, Beziehungen zu Jungen aus der Klasse zu haben, und die Gesamtzahl der gemischt-geschlechtlichen Beziehungen stieg von 13% auf 22%. Ein ähnlicher Anstieg in der Zahl der zwischengeschlechtlichen Beziehungen zeigte sich auch bei den Jungen.

Strukturiertheit. Die dritte Dimension der Entwicklung im Gruppenverhalten, nämlich die *wachsende Strukturiertheit,* zeigt ein differenzierteres Bild. Bei Jungen beobachtet man zum Teil Bandenbildung. Helanko (1958) untersuchte Banden bei 9- bis 15jährigen finnischen Kindern und Jugendlichen. Höhepunkte solcher Bandenbildung, die nicht mit den späteren Jugendbanden verwechselt werden darf, ist das Alter der Vorpubertät. Mark Twain setzte dieser Form von Gruppenbildung in seinem Buch über Tom Sawyer ein Denkmal. Banden dieser Art haben bereits eine feste Stuktur mit einem Anführer und einer bestimmten Rollenverteilung, die gewöhnlich einem Vorbild (Seeräuber, Geheimbund) abgeschaut ist.

Eine andere Wurzel der Gruppenstrukturierung ist die Einrichtung von Arbeitsgruppen im schulischen Alltag. Je nach unterrichtlichem Training können sich mehr oder minder funktionstüchtige Gruppen bilden.

Oswald und Krappmann (1984) fanden in der bereits erwähnten Studie an einer Schulklasse, die vom 4. bis zum 6. Schuljahr untersucht wurde, vier Formen der Gruppenbildung. Die erste Form nennen sie ,,Gruppen". Sie sind gekennzeichnet durch ein gemeinsames Thema und eine relativ klare innere Struktur. ,,Geflechte", die zweite Form der Gruppenbildung, sind weniger klar strukturiert, sie bestehen zwar aus einem relativ festen Kreis von Zugehörigen, unter denen aber die Freundschaften wechseln. Die dritte Form der Gruppenbildung wird von den Autoren als ,,Interaktionsfeld" bezeichnet. In solchen Gruppierungen kommt es zu häufigen Kontakten, aber es werden keine engeren Beziehungen eingegangen, und es entsteht keine deutlich ausmachbare Gruppenstruktur.

Solchen Interaktionsfeldern gehörten in der Studie die übrig gebliebenen Mädchen bzw. die ,,nichtangebundenen" Jungen an. Daneben gab es auch noch isolierte Personen, die keiner der drei Gruppierungen angehörten. Interessanterweise zeigt sich in der Längsschnittstudie kein deutlicher Effekt in Richtung zunehmender Strukturierung, sondern eher – vor allen Dingen bei den Mädchen – eine stärkere Tendenz zu Sozialbeziehungen des ,,Geflechtes". Geflechte sind von relativ langer Dauer, was von den Autoren auf ihre Flexibilität zurückgeführt wird. Es können Kinder hinzukommen oder weggehen, ohne daß dadurch das Funktionieren der Gruppe beeinflußt würde. Damit rückt diese Form der Gruppenbildung in die Nähe der späteren Peergruppe im Jugendalter, die ebenfalls oft ein loses Gebilde, allerdings mit einem festen Kern, darstellt (siehe nächstes Kapitel). Man kann also mit den Autoren vermuten, daß mit zunehmendem Alter nicht eine feste Gruppe die typische Sozialstruktur darstellt, sondern das ,,Geflecht". Die Kinder sind stärker am Gleichheitsprinzip orientiert und schätzen die Freiheit, solche Gruppen verlassen zu können, wenn sich Machthierarchien ausbilden, sich das Interesse ändert oder neue Freundschaften geschlossen werden. Die oben beschriebene zweite Möglichkeit der Bandenbildung wäre dann ein anderer Weg in soziale Gruppierungen, der je nach ökologischen Bedingungen häufiger oder seltener eingeschlagen wird. Offenkundig bietet er sich in Finnland, wo es mehr Bewegungsspielraum im unmittelbaren Sinn des Wortes gibt, stärker an als bei uns. Helenko (1958) fand, daß die weitaus überwiegende Zahl der von ihm untersuchten Kinder und Jugendliche Mitglieder von Banden war.

Soziale Kontakte unter den Geschlechtern. Die zunehmende Geschlechtshomogenisierung läßt sich gut zu der Latenzphase der psychosexuellen Entwicklung (Freud 1959) in Beziehung setzen. Sie verstellt aber den Blick für das Faktum, daß Kontakte zwischen den Geschlechtern weiterhin bestehen und die späteren heterosexuellen Beziehungen vorbereiten. Oswald et al. (1985) bezogen in die bereits erwähnte Untersuchung auch Beobachtungsdaten über Erstkläßler und über die vom 4. bis zum 6. Schuljahr verfolgte Klasse mit ein. Dabei zeigte sich in der ersten Klasse bereits eine gewisse Trennung beider Geschlechtsgruppen, die aber noch leicht überwindbar war, wenn man gemeinsam handelte. In der vierten Klasse dagegen gab es kaum noch Interaktionen zwischen Mädchen und Jungen. Auch in der sechsten Klasse hat sich dieses Bild nicht geändert. Die Mädchen nehmen sogar noch weniger Kontakt mit Jungen auf als zwei Jahre vorher. Bei den Jungen hat sich der Anteil der (spärlichen) Kontakte kaum verändert. Kontakte zum andern Geschlecht laufen oft über die gleichgeschlechtliche Gruppe, die als Sicherheitsbasis für Neckereien, Raufereien und Ärgern dient. Insgesamt beschreiben die Autoren die zwischengeschlechtlichen Kontakte nach drei Kategorien: Hilfen, Quatschmachen und Necken, Ärgern und Zurechtweisen sowie körperliche Berührungen.

Wechselseitige Hilfen zwischen den Geschlechtern sind für die Sechsjährigen noch problemlos, während sie bei Zehnjährigen seltener geworden sind. Bei den Zwölfjährigen nimmt der Anteil freundlicher Interaktionen zwischen Jungen und Mädchen wieder zu. ,,Quatschmachen" und Neckereien sind bei den Sechsjährigen noch nicht geschlechtsbezogen, sondern verteilen sich auf beide Geschlechter gleichermaßen. Bei den Zehnjährigen werden Neckereien und Spaß von den Mädchen oft abgelehnt und Jungen, die sich mit dieser Form der Interaktion an Mädchen wenden, erfahren Zurückweisung in ihre „Schranken". Auf der sechsten Jahrgangsstufe beobachten die Autoren Neckereien als erste Form des Flirts, die zunächst noch recht rauh sein können. Jungen bilden untereinander Bündnisse, bevor sie wagen, sich Mädchen zu nähern. Die geschlechtshomogene Gruppe gewährt also nicht nur Sicherheit gegenüber dem anderen Geschlecht, sondern ermöglicht auch die Überschreitung der Geschlechtsgrenze und die Herstellung neuer Kontakte (Schofield 1981).

Die dritte Form der Interaktion besteht in Ärgern und Zurückweisen. Bei den Sechsjährigen finden wir Ärgern und Schlagen relativ häufig auch bei Mädchen. Die wechselseitige Zurechtweisung bezieht sich gerne auf Schulordnung und gutes Benehmen. In der vierten Klasse werden überwiegend die Mädchen geärgert, angerempelt oder festgehalten. Die Mädchen reagieren mit Losreißen, Ignorieren oder schauen traurig. Zurückschlagen ist selten geworden. Ärgern und Stören ist aber auf verhältnismäßig wenige Jungen beschränkt, die Hälfte der männlichen Klassenmitglieder ist nie in diese Art der Interaktion verwickelt. In der sechsten Klasse haben die Übergriffe von seiten der Jungen stark abgenommen, und auch das Zurechtweisen durch Mädchen ist zurückgegangen.

Da körperliche Berührungen in unserer Kultur großenteils mit Zärtlichkeit und sexuellen Kontakten zusammenhängen, kann man annehmen, daß Körperkontakte in der „Latenzphase" der schulischen Kindheit Vorformen des Vertrautwerdens mit dem anderen Geschlecht darstellen. Es gibt nach Beobachtungen der Autoren ein großes Repertoire an Berührungen zwischen Jungen und Mädchen: „Vom leichten Streifen eines anderen beim Vorbeigehen bis zum verbissenen Kampf, vom Aneinanderkuscheln bis zum Wegschubsen wurde alles beobachtet" (Oswald et al. 1985, S. 24). Im Jagdspiel der Zehnjährigen ist Berührung von Kindern des anderen Geschlechtes notwendiger Bestandteil des Spiels und somit ein wichtiges Motiv, an dem Spiel teilzunehmen. Kitzeleien, Püffe und ernsthaftere Prügelei müssen ebenfalls unter diesem Aspekt gesehen werden. Die Kinder schienen sich über mögliche sexuelle Deutung des Körperkontaktes zwischen Mädchen und Jungen klar zu sein, denn sie kommentierten diesbezügliche Körperkontakte und Raufereien entsprechend anzüglich. Im Laufe der Jahre scheint sich so etwas anzubahnen, wie ein „Berührungsprivileg" des männlichen Geschlechts (Stier & Hall 1984). Mädchen können solche Berührungen zulassen oder ablehnen, sie müssen jeweils neu ausgehandelt werden.

Kapitel 5

Jugendalter

Rolf Oerter

Im psychologischen Alltagsverständnis gibt es hauptsächlich zwei Merkmalsbereiche, die den Jugendlichen kennzeichnen. Der eine bezieht sich auf die drastische und dramatische körperliche Veränderung, die äußerlich das Kind innerhalb von wenigen Jahren zum Erwachsenen verwandelt. Der andere Bereich umfaßt die auffälligen eigenwilligen Einstellungen, Gefühle und Verhaltensweisen des Jugendlichen. So sieht man das Jugendalter als Zeit des ,,Sturm und Drang", der extremen Gefühlsschwankungen (,,himmelhoch jauchzend – zu Tode betrübt") und der Rebellion gegenüber Sitte und Moral der Erwachsenen.

Dieses Bild hat auch Eingang in die wissenschaftliche Kennzeichnung des Jugendalters gefunden und spielt vor allen Dingen eine große Rolle in literarischen Darstellungen des Jugendlichen.

Gewiß gibt es Erfahrungen und individuelle Biographien, in denen solche Züge im Vordergrund stehen, sonst wäre es nie zu einer solchen Beschreibung des Jugendlichen gekommen. Trifft dieses Bild auch für die große Gruppe der Jugendlichen zu, die in sich nicht nur vom Alter, sondern auch von den Lebensbedingungen her alles andere als homogen ist? Der heutige Stand der empirischen Jugendforschung, insbesondere der entwicklungspsychologischen Forschung, läßt klar erkennen, daß wir von vielen vertraut gewordenen Vorstellungen Abschied nehmen müssen.

Im folgenden werden wir das Jugendalter nach vier verschiedenen Aspekten hin näher in Augenschein nehmen. Zunächst soll die körperliche Entwicklung beschrieben werden, da sie einen wichtigen Faktor in der Gesamtentwicklung des Jugendlichen darstellt. Dabei wird zu prüfen sein, ob sie direkte oder indirekte Auswirkungen auf die psychische und soziale Entwicklung ausübt. Sodann beschäftigen wir uns mit den Entwicklungsaufgaben des Jugendalters und ihrer Bewältigung durch

Jugendliche. Als zentraler Bereich wird sich dabei die Gewinnung von Identität herauskristallisieren, der ein eigener Abschnitt gewidmet wird. Schließlich betrachten wir das Jugendalter unter einer ökologischen Perspektive als Zeit des Übergangs, in der Unsicherheit, Labilität, aber auch aktive, weltzugewandte Umorientierung stattfindet. Diese Zeit des Übergangs ist auch dadurch gekennzeichnet, daß der Jugendliche in neue Umwelten eintritt, aber bisherige Umwelten noch nicht verläßt. Zusammenspiel und Widersprüchlichkeit solcher Umweltbereiche prägen seine Biographie entscheidend. Die Familie, die Subkultur des Jugendlichen, die Schule und die Arbeitswelt werden in ihrer Wirkung auf den Jugendlichen beschrieben. Dies führt immer wieder zu der Frage, ob der Jugendliche eine Marginalperson ist, ein ,,Außenseiterdasein" führt oder ob er problemlos und allmählich in die Welt der Erwachsenen hinübergleitet.

Zu dem vorliegenden Kapitel existiert ein teildokumentarischer Film mit dem Titel ,,Problem Jugend – Jugendprobleme. Entwicklungspsychologische Aspekte des Jugendalters", von Bullens und Oerter 1980: Fernstudium im Medienverbund. Institut für Psychologie der Universität Erlangen-Nürnberg.

1. Körperliche Entwicklung

Die bemerkenswerten körperlichen Veränderungen im Jugendalter beschäftigen uns nicht als ein Vorgang für sich allein, sondern weil sie bestimmte Auswirkungen auf die Gesamtentwicklung haben.

Die folgenden Abschnitte sind der Darstellung des körperlichen Längen- und Breitenwachstums sowie der geschlechtlichen Reifung gewidmet, um danach die Auswirkungen dieser Veränderungen auf den Jugendlichen zu schildern.

Die Folgen einer beschleunigten (Akzeleration) oder einer verlangsamten körperlichen Entwicklung (Retardation) sind hierbei von besonderem Interesse.

Körperwachstum und Motorik

Körpergröße und Gewicht: Der Jugendliche erreicht mit 18 bis 20 Jahren seine endgültige Größe, wobei Mädchen ihr Höhenwachstum früher einstellen als männliche Jugendliche (siehe Abbildung 5.1). Das Körpergewicht nimmt bekanntlich zum Leidwesen des Betroffenen auch im Erwachsenenalter noch zu und ist von der Art der körperlichen Belastung und der Ernährung abhängig.

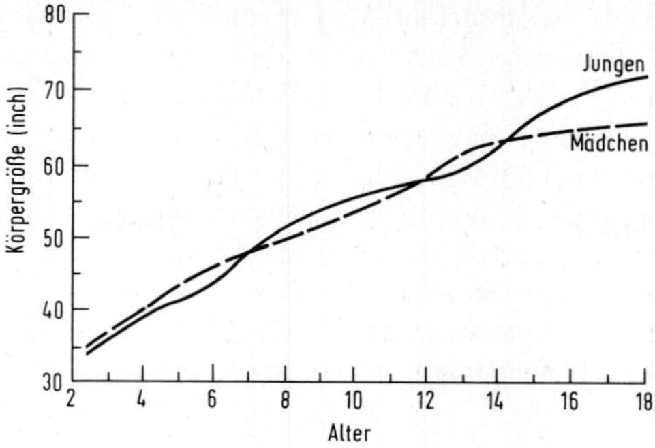

Abb. 5.1 Entwicklung der Körpergröße (nach Tuddenham & Snyder 1954)

Interessanter als die einfachen Wachstumskurven sind die durchschnittlichen jährlichen Zuwachsraten während des Jugendalters. Für beide Geschlechter gibt es einen *Wachstumsschub,* der bei Knaben um das Alter von 14/15 Jahren, bei Mädchen zwei Jahre früher liegt.

Abbildung 5.2 verdeutlicht das Größenwachstum von fünf Mädchen. Man erkennt einen gleichartigen Kurvenverlauf, die Kurven haben ihren Gipfelpunkt jedoch zu ganz unterschiedlichen Zeiten. Die angezeigte gemittelte Kurve verdeutlicht, daß man über den Gruppendurchschnitt ein falsches Bild bekommt. In Abbildung 5.3 sind die Kurven übereinander gelagert, und der Zeitpunkt der höchsten Wachstumsgeschwindigkeit ist mit Null angesetzt.

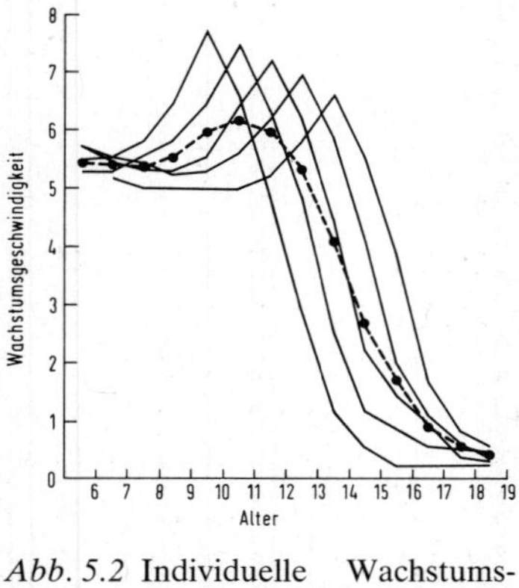

Abb. 5.2 Individuelle Wachstumskurven, orientiert am Zeitpunkt maximalen Wachstums (nach Shuttleworth 1937)

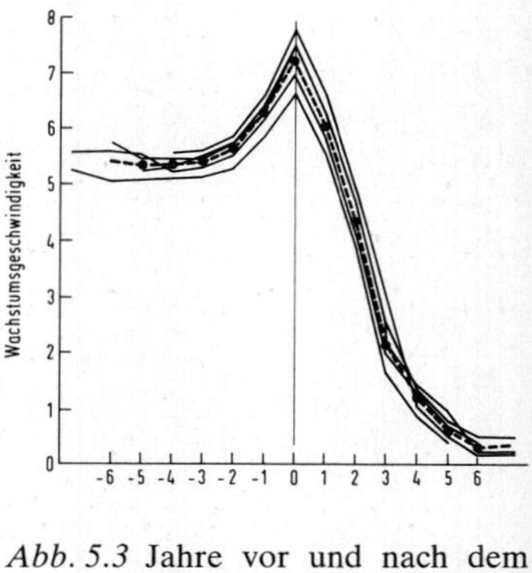

Abb. 5.3 Jahre vor und nach dem Zeitpunkt der größten Wachstumsgeschwindigkeit (nach Shuttleworth 1937)

Die Körperteile wachsen aber nicht alle mit einer synchronen Geschwindigkeit. Die ersten Körperteile, die den Erwachsenenstand erreichen, sind Kopf, Hände und Füße, was sich beim Wachstum des Jugendlichen in seinen Disproportionen bemerkbar macht (überproportional große Gelenke und Hände). Beine und Arme wachsen ebenfalls früher als der Rumpf, der den eigentlichen Wachstumsschub repräsentiert. Die männlichen Jugendlichen wachsen daher gewöhnlich ein Jahr früher aus den Hosen als aus dem Jackett.

Das ungleiche Körperwachstum zeigt sich sekundär in den schlaksigen, ungelenken Bewegungen, die das motorische Bild vorübergehend prägen.

Zunahme der Muskelkraft: Im Jugendalter erfolgt noch ein bemerkenswertes Muskelwachstum und damit eine dramatische Zunahme der Muskelkraft. Abbildung 5.4 zeigt, daß diese Zunahme hauptsächlich das männliche Geschlecht betrifft. Mädchen besitzen mit 11 Jahren noch gleich viel oder sogar mehr Muskelkraft, fallen aber hernach sehr stark hinter die männlichen Jugendlichen zurück.

Entwicklungsstörungen: Falsche oder mangelnde Ernährung kann Wachstum und Entwicklung im Jugendalter beeinträchtigen. Bei weiblichen Jugendlichen treten häufiger Mangelerscheinungen auf als bei männlichen Jugendlichen (Read 1965). Möglicherweise liegt dies daran, daß Mädchen aus Furcht, ihre schlanke Linie zu verlieren, zu wenig bzw. zu einseitig essen. In den USA sind die häufigsten Mangelerscheinun-

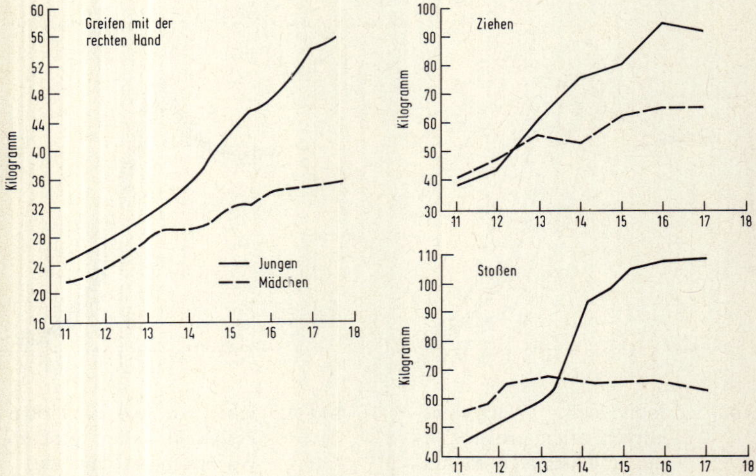

Abb. 5.4 Veränderungen in der Muskelkraft (nach Jones 1949)

gen: zu wenig Kalzium, zu wenig Eisen, Eiweißmangel, zu wenig Vitamin A und C, B_1 (Thiamin) und B_2 (Riboflavin) (Warnick & Zachringer 1963). Eine bekannte Entwicklungsstörung ist Fettleibigkeit oder Fettsucht. In den USA und bei uns dürften etwa 10 bis 15% der Jugendlichen an Übergewicht leiden. Fettleibigkeit hängt wohl im Jugendalter nicht mit Überernährung zusammen; dicke Mädchen essen im Durchschnitt sogar weniger als normalgewichtige Gleichaltrige (Hampton et al. 1961). Neben möglichen hormonalen Ursachen zeigt sich aber, daß Übergewichtige weniger Bewegung haben und weniger aktiv sind als Normalgewichtige (Lopez 1968).

Geschlechtsreifung (biosexuelle Entwicklung)

Die Hauptveränderungen der körperlichen Entwicklung liegen nicht im Bereich des Größen- und Breitenwachstums, obwohl diese besonders deutlich sichtbar sind, sondern im Bereich der Geschlechtsreifung. Sie wird verursacht durch eine beträchtliche hormonale Umstellung.

Körperliche Veränderungen bei der Geschlechtsreife

Wie beim Längen- und Breitenwachstum erfolgt die Entwicklung der primären und sekundären Geschlechtsmerkmale in einer ziemlich festgelegten Reihenfolge. Dabei gibt es typische Entsprechungen zwischen männlichen und weiblichen Jugendlichen, allerdings liegen die korrespondierenden Entwicklungsabschnitte beim Mädchen um rund zwei Jahre früher. In Tabelle 5.1 sind die wichtigsten Daten der körperlichen Entwicklung für Jungen und Mädchen in der Abfolge ihres Auftretens zusammengestellt.

Abbildung 5.5 demonstriert eine für das Auge auffällige Veränderung der Körperproportionen, nämlich das Verhältnis von Schulterbreite zu Hüftbreite. Wie man aus der Grafik ablesen kann, ändert sich das Verhältnis nach der Pubertät radikal. Bei männlichen Jugendlichen vergrößert sich das Verhältnis Schulterbreite zu Hüftbreite, bei Mädchen verkleinert es sich.

Die auf der Abszisse abgetragenen Werte verdienen wegen des methodischen Vorgehens besondere Beachtung. Die Marken b und d signalisieren den individuellen Beginn und Abschluß der Pubertät, erfaßt nach kombinierten Körpermerkmalen. Sie geben also kein chronologisches Alter wieder. Die Meßzeitpunkte b−3 und d+3 liegen drei Jahre vor bzw. nach dem eigentlichen Abschnitt der Pubertät. Damit wird sichtbar, daß Entwicklung nicht eindeutig bestimmten Zeitmarken des Lebensalters zugeordnet werden kann, weil die individuellen Unterschiede in der Reifungsgeschwindigkeit zu groß sind.

Schon jetzt wird deutlich, daß die Geschlechtsreifung Rückwirkungen auf die psychische Entwicklung des Jugendlichen haben dürfte. Zwei

Tabelle 5.1 Reifung der primären und sekundären Geschlechtsmerkmale (nach Rice 1975, S. 64)

Jungen	Altersspanne		Mädchen
Beginnendes Wachstum der Hoden, des Skrotums und Penis Pigmentierung, Veränderung der Brüste (verschwindet später)	12–13 J.	10–11 J.	Beginn der Rundung der Hüften, Fettablagerung Brüste und Warzen wachsen
Schamhaare (glatt) früher Stimmbruch	13–16 J.	11–14 J.	Schamhaare (glatt) Stimme wird etwas tiefer
Rasches Wachstum des Penis, der Hoden, des Skrotums, d. Vorsteherdrüse (Prostata) und der Samenblasen, erster Samenerguß (Ejakulation)			Rasches Wachstum der Eierstöcke, der Vagina, der Gebärmutter und der Schamlippen
Schamhaare werden gelockt			Schamhaare werden gelockt
Alter des größten Körperwachstums			Alter des größten Körperwachstums, Aufrichtung der Brustwarzen, Formung des ,,primären" Bruststadiums, Menarche (Eireifung und Menstruation)
Wachsen der Achselhaare, Bartwuchs, Einbuchtung des Haaransatzes Markanter Stimmwechsel	16–18 J.	14–16 J.	Wachsen der Achselhaare, Brüste erhalten ihre Erwachsenenform (sekundäres Bruststadium)

typische Probleme seien hier vorgestellt: der Monatszyklus des Mädchens (Menstruation) und der nächtliche Samenerguß beim Jungen (Pollution).

Die Menstruation bringt schon von der Körperhygiene her beträchtliche Veränderungen mit sich. Das Mädchen steht dem neuen Ereignis durchaus nicht immer positiv gegenüber und fühlt sich vor allem in seiner Aktivität beeinträchtigt. Die Menstruation, die in der Regel vier bis sechs Tage dauert, löst nicht selten körperliches Unwohlsein und Schmerzen aus. Sportliche Betätigung, vor allem Schwimmen (bei ausreichendem Infektionsschutz) ist während der Menstruation nicht schädlich. Angestrengte körperliche Tätigkeit ist nicht korreliert mit erhöhtem Unwohlsein. Wenn während des gesamten Menstruationszyklus Sport betrieben wird, so wirkt dies mildernd auf die negativen Begleitumstände (Anderson 1965).

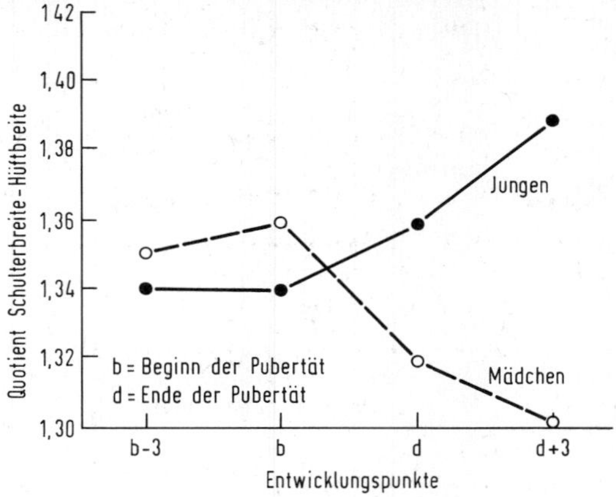

Abb. 5.5 Geschlechtsunterschiede im Verhältnis von Schulterbreite zu Hüftbreite zu vier Entwicklungszeitpunkten (aus Faust 1977, S. 67)

Die Pollution tritt bei rund 83% der Männer irgendwann in ihrem Leben auf, meist ein oder zwei Jahre nach dem Beginn der Pubertät. Da sie häufig mit sexuellen Träumen gekoppelt ist und Spuren im Bett hinterläßt, schämen sich Jugendliche über diesen Vorgang oder sind beunruhigt. Die Eltern selbst sollten daher ihrem Sohn die biologischen Ursachen der Pollution erklären.

Akzeleration und Retardation

Wie wir sahen, tritt die körperliche Reife mit ihren einzelnen Etappen im Durchschnitt bei uns in ganz bestimmten Altersabschnitten auf. Nun gibt es aber Jugendliche, die deutlich früher oder deutlich später reifen. Im Vergleich zum Altersdurchschnitt sind sie akzeleriert, d.h. Wachstum und Reifung vollziehen sich bei ihnen beschleunigt. Ebenso gibt es Jugendliche, die im Vergleich zum Altersdurchschnitt retardiert sind, langsamer reifen. Akzeleration und Retardation sind also sinnvoll nur auf eine Vergleichsgruppe beziehbar. So reifen verschiedene Rassen verschieden schnell, wobei die gleiche Rasse in verschiedenen historischen Zeiten zu einem unterschiedlichen Alterszeitpunkt pubertierte. In letzterem Falle spricht man von säkularer Akzeleration bzw. Retardation.

Säkulare Akzeleration: In Ländern der gemäßigten Zone hat es in den letzten 150 Jahren eine beträchtliche säkulare Akzeleration gegeben. Abbildung 5.6 zeigt das Absinken des Menarchealters in verschiedenen Ländern seit 1830. Die Daten sind unvollständig, weil Erhebungen in einigen Ländern erst später einsetzten.

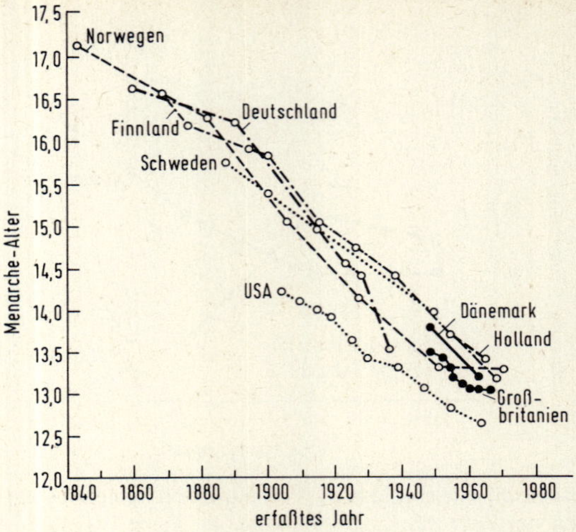

Abb. 5.6 Menarchealter zwischen 1830 und 1960 in 7 Ländern (aus Tanner, 1962, S. 165)

Einerseits reift der Mensch früher zum Erwachsenen heran, nämlich mit der biologischen Möglichkeit, sich fortzupflanzen. Andererseits wird er immer später zum Erwachsenen, der die volle Verantwortung für die Aufgaben in Familie und Arbeitswelt übernimmt. Die Kluft zwischen biologischem und sozialem Erwachsensein wird größer.

Individuelle Akzeleration und Retardation: Nirgendmehr sonst im Leben unterscheiden sich Gleichaltrige so deutlich voneinander wie im Jugendalter. Abbildung 5.7 zeigt drei Reifegrade von Jugendlichen beider Geschlechter, den ersten im vorpubertären, den zweiten mitten im pubertären und den dritten im nachpubertären Stadium. Der erste Junge erscheint noch als Kind, der dritte als Erwachsener. Der kognitive, emotionale und soziale Entwicklungsstand mag aber bei allen drei Reifegraden gleich oder sogar in umgekehrter Reihenfolge liegen, so daß die am kindlichsten Aussehenden evtl. sozial am weitesten entwickelt sind.

Es leuchtet ein, daß die Umwelt auf solche äußeren Unterschiede bei Jugendlichen reagiert. Nachpubeszente männliche Jugendliche werden eher wie Erwachsene behandelt, und man gesteht ihnen mehr Unabhängigkeit, aber auch mehr Vernunft zu als präpubeszenten Jugendlichen gleichen Alters. Das wirkt sich auf die Person des Betroffenen natürlich entsprechend positiv oder negativ aus. Für männliche Jugendliche gibt es eine Reihe von Untersuchungen, die solche Zusammenhänge und Wirkungen belegen (Jones 1938, 1957).

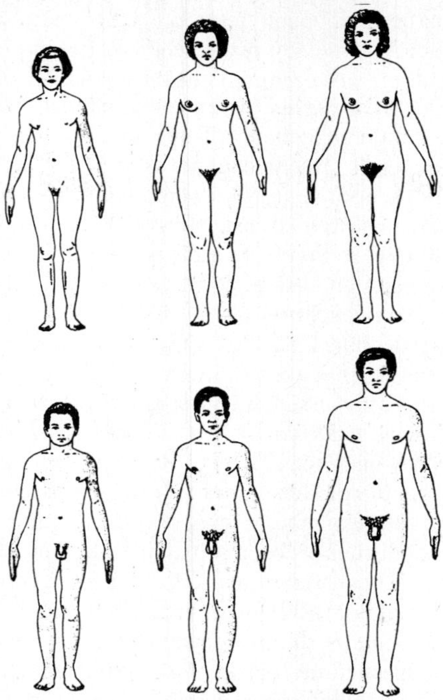

Abb. 5.7 Unterschiede im körperlichen Reifungsniveau bei Gleichaltrigen: Alle drei weiblichen Jugendlichen sind 12¾ Jahre alt, alle männlichen Jugendlichen 14¾ Jahre alt, aber sie befinden sich in verschiedenen Phasen körperlicher Entwicklung, nämlich vor, während und nach der Geschlechtsreife (nach Tanner, J. M.: Growing up; aus: Lerner & Spanier 1980, S. 205).

Spätreife männliche Jugendliche wurden nach diesen Befunden als körperlich weniger attraktiver, weniger ausgeglichen, im Verhalten „unbescheidener" und verkrampfter bewertet. Frühreife männliche Jugendliche erschienen reservierter, selbstsicherer und ausgeglichener, sie zeigten angemesseneres soziales Verhalten und besaßen mehr Humor. Mussen und Jones (1957) fanden auch bei Anwendung von Persönlichkeitstests Unterschiede zwischen Akzelerierten und Retardierten. Letztere hatten ein geringes Selbstwertgefühl, eher negative Vorstellungen von sich selbst, zugleich aber einen großen Drang nach Unabhängigkeit und Freiheit. Die Akzelerierten besaßen laut Test hohes Selbstbewußtsein und stärkere Ich-Identität. Solche Persönlichkeits- und Verhaltensunterschiede können sich auch über lange Zeitstrecken der Entwicklung auswirken. Jones (1957) untersuchte 33jährige in einer großen amerikanischen Längsschnittuntersuchung (Oakland Growth Study). Die einstmals Frühreifen besaßen auch jetzt noch höhere Werte im Selbstbewußtsein, in der allgemeinen psychischen Reife und im sozialen Verantwortungsgefühl (gemessen durch ein Persönlichkeitsinventar).

Bei Mädchen liegt der Sachverhalt nicht so einfach. Zwar haben auch die weiterentwickelten Mädchen höheres Prestige bei ihren Altersgenossen, wie etwa eine Untersuchung von Faust (1977) an über 700 Mädchen der High School zeigt, doch kommt es auf die Klasse an, die sie besuchen. In frühen Klassen (sechste Klasse) werden sie eher abgelehnt, weil man die Altersrolle offenbar noch anders definiert. Später jedoch, in der siebten bis neunten Klasse, gewinnen sie stark an Prestige.

Die kausale Wirkungsrichtung für solche Erscheinungen ist hier wohl nicht eindeutig festlegbar. Zunächst nimmt der Frühreife für sich selbst die Statuserhöhung wahr. Er beschäftigt sich – wie bereits erläutert – um diese Zeit viel mit dem Aussehen und erlebt Größe und Körperkraft als Prestigezuwachs. Das Mädchen erfährt, daß es nach der Geschlechtsreife sexuell und damit auch sozial begehrt ist. Kurzum, der Erwachsenenstatus ist durch die körperliche Veränderung anschaulich manifestiert. Aber auch die soziale Umgebung registriert die Veränderung. Die postpubeszenten Jugendlichen werden mit ,,Sie" angesprochen und zumindest von fremden Erwachsenen als reife Menschen behandelt. Umgekehrt müssen sich die spät Reifenden immer um Anerkennung und Prestige bemühen, sie sind auch mit sich selbst und ihrem eigenen Körper unzufrieden. Psychische und soziale Veränderungen als Folge körperlicher Reifung sind also Reaktionen des einzelnen wie der Umwelt auf die veränderte Situation.

,,Leib-Seele"-Zusammenhang (zur bio- und psychosexuellen Entwicklung)

An dieser Stelle ist es wohl sinnvoll, nach dem Zusammenhang zwischen körperlichen und psychischen Veränderungen zu fragen. Landläufig herrscht immer noch die Meinung vor, daß körperliche Umstellungen direkt auf psychische Zustände und Strukturen einwirken. Es wird angenommen, daß eine so gewaltige hormonale Veränderung nicht ohne Folgen für Emotion und Motivation bleiben.

In Deutschland haben sich unter anderem Steinwachs (1964) und Undeutsch (1952) mit diesem Problem beschäftigt. Sie erfaßten den körperlichen Entwicklungsstand von Jugendlichen und Aspekte der psychischen Entwicklung mit verschiedenen Methoden. Wenn ein unmittelbarer Zusammenhang zwischen körperlicher und seelischer Entwicklung bestehen sollte, dann müßten sich erhebliche Ähnlichkeitsbeziehungen zwischen beiden Meßreihen finden lassen, das heißt die Korrelationen zwischen physiologischen und psychologischen Daten müßten erheblich sein. Alle Korrelationswerte, die genannt werden, sind aber sehr niedrig; sie sind zum Teil wohl signifikant, liegen aber dennoch in der Hauptsache zwischen 0 und 0.25. Das bedeutet, daß rund 94% der gefundenen Varianz nicht gemeinsam ist. Damit ist eigentlich schon erwiesen, wie wenig körperliche Veränderungen unmittelbar auf psychische Bereiche einwirken. Auch Degenhardt (1971) fand in ihren Untersuchungen an pubertierenden Mädchen keinen deutlichen Zusmmenhang, der eine unmittelbare Kausalwirkung körperlicher Veränderung auf psychisches Erleben und Verhalten angezeigt hätte. Die Wirkung erfolgt vielmehr sekundär durch die Wahrnehmung des eigenen Körpers und durch die Reaktionen der Personen, mit denen der Jugendliche in Kontakt steht. Die gefundenen empirischen Ergebnisse sind bedeutsam für den Abbau eines Aberglaubens, der sowohl Lehrer als auch Eltern dazu veranlaßt, die Gründe für die Schwierigkeiten und Probleme, die ihre Jugendlichen zeigen, an falscher Stelle zu suchen. ,,Er ist halt gerade in der Entwicklung", ,,es sind eben jetzt die schwierigen Jahre" erklärt nichts und hilft nicht weiter. In den nächsten Abschnitten werden wir für etwaige Probleme nach anderen Ursachen suchen müssen.

2. Entwicklungsaufgaben und ihre Bewältigung im Jugendalter

Angesichts einer überwältigenden Anzahl von empirischen Belegen muß man heute endgültig von der Vorstellung Abschied nehmen, das Jugendalter sei eine Zeit der heftigen Krise, emotionalen Labilität und akuten Gefährdung (Offer 1984, Coleman 1974, Bachman 1984). Dennoch bleibt das objektive Faktum bestehen, daß Jugendliche schwierige Aufgaben im Übergang zum Erwachsenenalter zu bewältigen haben. Die Frage lautet angesichts unseres heutigen Wissens über die relativ problemlose Anpassung der Mehrzahl der Jugendlichen daher: Wie bringen es Jugendliche fertig, mit der Vielzahl von Aufgaben und Problemen, die auf sie zukommen, fertig zu werden?

Devianz, Rebellion und Fehlanpassung im Jugendalter sind daher trotz ihrer relativ geringen Häufigkeit nach wie vor Symptome für die Problemträchtigkeit des Jugendalters als schwierige Übergangszeit und geben uns Hinweise auf Ursachen und Bedingungen für das Versagen bzw. für die bewußt vollzogene Entscheidung, sich nicht dem Hauptstrom der Erwachsenenkultur anzupassen (s. Kap. 20).

Zur Beantwortung der Frage, warum verhältnismäßig wenig Jugendliche Schwierigkeiten haben, wollen wir uns zunächst mit wichtigen Entwicklungsaufgaben im Jugendalter befassen, sodann prüfen, ob und in welchem Umfang Jugendliche solche Aufgaben wahrnehmen und sich mit ihnen auseinandersetzen und schließlich Formen der Bewältigung und des Problemlösens kennenlernen.

Entwicklungsaufgaben im Jugendalter

Mehr als jemals zuvor und nachher im Lebenslauf wird im Jugendalter deutlich, daß Entwicklung nicht etwas ist, was sich gewissermaßen von selbst vollzieht. Der Jugendliche sieht sich expliziten Aufgaben gegenüber, und der Erwachsene sorgt dafür, daß solche Aufgaben bewältigt werden. Havighurst (1972) nennt folgende Entwicklungsaufgaben für das Jugendalter:

1. Akzeptieren der eigenen körperlichen Erscheinung und effektive Nutzung des Körpers: Sich des eigenen Körpers bewußt werden. Lernen, den Körper in Sport und Freizeit, aber auch in der Arbeit und bei der Bewältigung der täglichen Aufgaben sinnvoll zu nutzen.
2. Erwerb der männlichen bzw. weiblichen Rolle: Der Jugendliche muß seine individuelle Lösung für das geschlechtsgebundene Verhalten und für die Ausgestaltung der Geschlechtsrolle finden.
3. Erwerb neuer und reiferer Beziehungen zu Altersgenossen beiderlei Geschlechts: Hierbei gewinnt die Gruppe der Gleichaltrigen an Bedeutung.
4. Gewinnung emotionaler Unabhängigkeit von den Eltern und anderen Erwachsenen: Für die Eltern ist gerade diese Entwicklungsaufgabe schwer einsehbar und oft schmerzlich. Obwohl sie ihre Kinder gerne zu tüchtigen Erwachsenen erziehen wollen, möchten sie die familiäre Struktur mit den wechselseitigen Abhängigkeiten möglichst lange aufrecht erhalten.
5. Vorbereitung auf die berufliche Karriere: Lernen im Jugendalter zielt direkt (bei berufstätigen Jugendlichen) oder indirekt (in weiterführenden Schulen) auf die Übernahme einer beruflichen Tätigkeit ab.
6. Vorbereitung auf Heirat und Familienleben: Sie bezieht sich auf den Erwerb von Kenntnissen und sozialen Fertigkeiten für die bei Partnerschaft und Familie anfallenden Aufgaben. Die Verlängerung der Lernzeit bis häufig weit in das dritte Lebensjahrzehnt macht im Zusammenhang mit dem säkularen Wandel allerdings auch neue Lösungen notwendig.
7. Gewinnung eines sozial verantwortungsvollen Verhaltens: Bei dieser Aufgabe geht es darum, sich für das Gemeinwohl zu engagieren und sich mit der politischen und gesellschaftlichen Verantwortung des Bürgers auseinanderzusetzen.
8. Aufbau eines Wertsystems und eines ethischen Bewußtseins als Richtschnur für eigenes Verhalten: Die Auseinandersetzung mit Wertgeltungen in der umgebenden Kultur soll in diesem Lebensabschnitt zum Aufbau einer eigenständigen „internalisierten" Struktur von Werten als Orientierung für das Handeln führen.

Dreher und Dreher (1985) verwenden in ihren Untersuchungen noch drei weitere Aufgaben:

9. Über sich selbst im Bilde sein: Wissen, wer man ist und was man will. Diese Aufgabe ist zugleich allen übrigen übergeordnet und wird von Erikson (1968) als zentrales Thema des Jugendalters angesehen (Identität versus Rollendiffusion). Sie wird uns in Abschnitt 3 noch ausführlich beschäftigen.
10. Aufnahme intimer Beziehungen zum Partner (Sexualität, Intimität). Diese Entwicklungsaufgabe ist Voraussetzung für die Vorbereitung auf Heirat und Familienleben und dürfte den Jugendlichen zunächst näher liegen als Ehe und Familie.
11. Entwicklung einer Zukunftsperspektive. Sein Leben planen und Ziele ansteu-

ern, von denen man glaubt, daß man sie erreichen kann. Diese Aufgabe ist inhaltlich mit der Vorbereitung auf eine berufliche Karriere (Aufgabe 5) und auf Heirat und Familienleben (Aufgabe 6) sowie mit der Gewinnung von Unabhängigkeit (Aufgabe 4) verknüpft.

Mit dem Hinweis auf Querverbindung und Über- bzw. Unterordnung bei Aufgabe 11 wird deutlich, daß es sich bei der Aufzählung solcher Entwicklungsaufgaben nicht um voneinander unabhängige und gleichwertige Bereiche handelt, sondern um Konstrukte, die pragmatisch aus dem Alltagsleben abgeleitet werden. Havighurst selbst betont, daß er sich bei der Formulierung der Entwicklungsaufgaben an den Normen der amerikanischen Mittelschicht orientiert hat (Havighurst 1982). Folgt man dem in Kapitel 2 dargestellten qualitativen Modell der Entwicklungsaufgabe, so hängt das Verhältnis einzelner Entwicklungsaufgaben zueinander von drei Faktoren ab: (a) der in der objektiven Struktur (also der umgebenden Kultur) existierenden Ordnung und Verflechtung von Entwicklungsnormen, (b) der subjektiven Wahrnehmung und Ordnung solcher Entwicklungsnormen und (c) dem Grad des Wissens und der Reflexion über das Verhältnis eigener Zielsetzungen bezüglich der persönlichen Entwicklung und der kulturellen Entwicklungsnormen.

Einschätzung und Konzeption von Entwicklungsaufgaben durch Jugendliche

Bevor man weiter über solche komplexe Beziehungen nachdenkt, erscheint es fruchtbar, nach empirischen Befunden Ausschau zu halten, die belegen, ob und inwiefern Jugendliche solche Entwicklungsaufgaben wahrnehmen und bewußt zu bewältigen versuchen.

Remmers (1962) befragte an die 500 Jugendliche in den USA, in Puerto Rico, in Indien, in Spanien und in der Bundesrepublik Deutschland mit Hilfe eines vorformulierten Problemfragebogens. Die Rangreihe der Probleme war in den verschiedenen Ländern recht ähnlich. So standen an erster Stelle schulische Probleme und die Entscheidung über die berufliche Zukunft. In einer Untersuchung von Berg (1969) an bundesdeutschen Berufsschülern nahm die schulische und berufliche Ausbildung ebenfalls den Rangplatz eins unter den aufgezählten Problemen ein. An zweiter Stelle stand bei den meisten Jugendlichen die Beschäftigung mit sich selbst, somit also das Identitätsproblem. Obwohl die genannte Untersuchung von ,,Problemen" und nicht von ,,Entwicklungsaufgaben" ausging, kann sie als Beleg für die bewußte Auseinandersetzung mit solchen Aufgaben bewertet werden.

In einer anderen Untersuchung (Dreher & Oerter 1985) fanden sich bei Kindern und Jugendlichen unterschiedliche konzeptuelle Niveaus des Verständnisses von Erwachsensein. Die Probanden wurden mit Hilfe eines offenen Interviews befragt, das sich von vier Themenbereichen

Wie Jugendliche die Bedeutung von Entwicklungsaufgaben einschätzen

Dreher und Dreher (1985 a, b) befragten Jugendliche zwischen 14 und 16 Jahren explizit nach zehn Entwicklungsaufgaben (alle der oben angegebenen außer Aufgabe 7). Die Befragten schätzten unter anderem die Bedeutung jeder Aufgabe auf einer Skala ein. Wie Abbildung 5.8 zeigt, besitzen auch in dieser Untersuchung Beruf und Selbst die höchste Bedeutung, gefolgt von den Peers. Geschlechtsunterschiede traten über den erfaßten Altersabschnitt und die erfaßte Stichprobe hinweg in einer Reihe von Bereichen auf: Unter anderem werteten mehr männliche Jugendliche die Aufgabe der Herstellung intimer Beziehungen höher als weibliche Jugendliche, während letztere das Akzeptieren des eigenen Körpers als wichtiger ansahen.

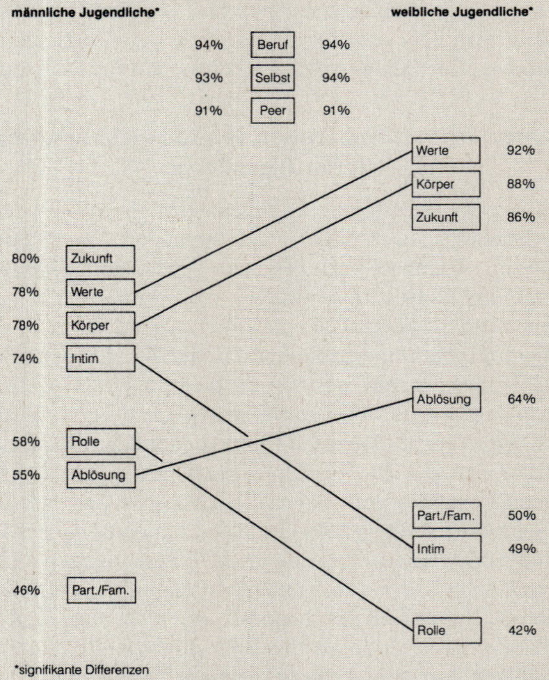

Abb. 5.8 Bedeutsamkeitseinschätzungen der Entwicklungsaufgaben von männlichen und weiblichen Jugendlichen. Die Prozentangaben beziehen sich auf die Zustimmung zu den Kategorien „sehr wichtig" und „wichtig" (nach Dreher & Dreher 1985 b)

leiten ließ: (1) Fragen allgemein, was zum Erwachsensein gehört (Fähigkeiten, Aufgaben, Fertigkeiten); (2) Fragen nach den drei wichtigen Erwachsenenrollen (Familie, Beruf, Rolle als Staatsbürger); (3) Fragen nach dem, wie man sich als Erwachsener entwickeln möchte und (4) Fragen nach dem Entwicklungsfortschritt, den man selbst in den letzten zwei, drei Jahren gemacht zu haben glaubt. Die Inhaltsanalyse der Interviewaussagen erbrachte vier konzeptuelle Niveaus:

Stufe I: *Konkrete Handlungen*
Vorwiegend im Alter von 8 bis 9 Jahren beschrieben Kinder das Erwachsenenalter durch konkrete Handlungen, z. B. „gut lesen und schreiben können", „kochen und nähen" und allgemeiner „gut arbeiten".

Stufe II: *Sich engagieren, persönliche Kosten investieren*
10 bis 12jährige führten aus, daß man sich anstrengen müsse, um erwachsen zu werden, und daß ein Erwachsener auch Schwierigkeiten in seiner Umwelt zu überwinden hätte. Die Probanden gebrauchten Ausdrücke wie „etwas durchstehen", „mit anderen Leuten fertig werden, sonst tun sie, was sie wollen", „gute Entscheidungen treffen". Später mit 12 bis 14 Jahren betonten die Probanden zusätzlich Selbstsicherheit und das Durchsetzen des eigenen Interesses, z. B. bei der Berufwahl. Insgesamt sahen die Probanden das Erwachsenenalter als Auseinandersetzung mit der sozialen und physikalischen Umwelt.

Stufe III: *Autonomie*
Auf dieser Ebene erscheint es notwendig, zwischen zwei Teilstufen zu unterscheiden. Stufe III a kann überschrieben werden als: *Umweltkontrolle und Selbstkontrolle.* Vorzugsweise im Alter von etwa 14 bis 16 Jahren hoben die Jugendlichen eindeutig die persönliche Kontrolle als das zentrale Ziel des Erwachsenenalters hervor. Selbständig mit dem Leben fertig werden, eine eigene Meinung haben, Selbstsicherheit und Stabilität besitzen sind Beispiele für solche Zielvorstellungen. Die Beziehungen zwischen dem persönlichen Willen und dem Entwicklungsziel wurde artikuliert. Beispiel: „Wenn du etwas wirklich willst, erreichst du es auch".

Auf Stufe III b ist das Thema Autonomie zusätzlich durch *reflexive Selbstbestimmung* gekennzeichnet. Die Jugendlichen hoben hervor, daß es wichtig ist, sich zu akzeptieren, wie man ist, und sie wünschten, daß auch andere sie akzeptieren, wie sie sind. Die gesteigerte Selbstreflexion führt zu dem Ergebnis, daß man selbst nahezu unbegrenzte Möglichkeiten der Selbstverwirklichung in seiner Umwelt erblickt.

Stufe IV: *Reflexion der Beziehung zwischen Ich und Umwelt*
Auf dieser Ebene erkannten die Probanden ihre Abhängigkeit von der umgebenden Kultur. Sie hatten den Eindruck, daß ihre Persönlichkeit sehr stark durch die Kultur geprägt wird und daß sie diesem Einfluß nicht entrinnen können. Die Auseinandersetzung mit dieser reflektierten Person-Umwelt-Beziehung erfolgte wiederum auf mehreren Ebenen, von denen die letzte ein Gleichgewicht bei Aufrechterhaltung von widersprüchlichen Sachverhalten und Umweltbeziehungen herzustellen versucht (weitere Erläuterungen zu dieser Ebene s. S. 311.)

Für das Jugendalter bedeutsam erscheinen vor allem die Stufen II und III. Auf Stufe II schält sich zunächst das Verständnis heraus, daß Entwicklung der eigenen Anstrengung bedarf und daß man sich gegenüber der sozialen und physikalischen Umwelt durchsetzen muß. Erstmals wird dem Heranwachsenden bewußt, daß man an seiner eigenen Entwicklung arbeiten muß bzw. kann. Das Individuum weiß nun, daß es der (Mit-) Gestalter seiner eigenen Entwicklung ist, während es sich vorher eher ohne dieses Bewußtsein um Entwicklung bemüht hat.

Auf Stufe III wird das Niveau erreicht, das seit langem als charakteristisch für das Jugendalter angesehen wird, nämlich das Streben nach Selbständigkeit, Selbstverwirklichung und Autonomie (Maslow 1954, Spranger 1926, Conger 1973, Newman & Newman 1979). Zugleich ist dies das konzeptuelle Niveau, auf dem Kontrolle (Rotter 1966; Seligman 1975) und Selbstwirksamkeit (Bandura 1982) am ausgeprägtesten in Erscheinung treten. Interessanterweise bilden manche Jugendliche in späteren Jahren noch ein komplexeres Niveau, das die wechselseitige Bezogenheit von Umwelt und Individuum und die prinzipielle Abhängigkeit des einzelnen von seiner kulturellen Umwelt in Rechnung stellt. Diese Form des Verständnisses scheint dialektisches Denken zu verlangen. Die Form der „produktiven Anpassung“ (Olbrich 1984), die auf dieser Ebene erreicht wird, basiert auf einem höheren Reflexionsniveau und bildet zugleich eine höhere Form des Gleichgewichts in den Beziehungen des Individuums zu seiner Umwelt.

Zur Hierarchie von Entwicklungsaufgaben

Die Konzeption des Erwachsenen und der mit dem späteren Leben als Erwachsener verknüpften Bewältigungsformen stellt ein Beispiel für eine umfassende Entwicklungsaufgabe dar. In ihrem Dienst stehen zeitlich und von der Zielsetzung her untergeordnete Aufgaben, wie etwa die von Havighurst genannten. Schließlich gibt es engumgrenzte Aufgaben, mit denen das sich entwickelnde Individuum fertig werden muß. (Näheres zur Hierarchie von Entwicklungsaufgaben s. Kap. 2.)

Es leuchtet ein, daß das Anstreben von längerfristigen Zielen meist auch eine übergeordnete Entwicklungsaufgabe darstellt, in deren Dienst Aufgaben mit zeitlich geringerem Umfang als Mittel treten. Die Herstellung sexueller Kontakte und die Anerkennung durch die Peergruppe dienen der längerfristigen Aufgabe, zu heiraten und eine Familie zu gründen (bzw. eine eheähnliche feste Partnerschaft einzugehen). Die Befragung von Jugendlichen in der sogenannten Shell-Studie (1981) enthielt auch Fragen nach Entwicklungsaufgaben bzw. -zielen mit unterschiedlicher Zeitperspektive und unterschiedlichem Allgemeinheitsgrad. Tabelle 5.2 bringt eine zahlenmäßige Zusammenstellung, aufgeschlüsselt nach Geschlecht und Alter.

Tabelle 5.2: Angaben von Jugendlichen über die Erreichung von (Entwicklungs-)Zielen. (Shell-Studie 1981, Bd. 3)

Frage	Skala/Kategorie	Geschlecht		Alter (Jahre)		
		männlich	weiblich	15–17 N = 351	18–20 N = 343	21–24 N = 383
Wie schnell möchtest du erwachsen werden?	10stufig von 1 = ganz langsam bis 10 = ganz schnell	4,9	4,7	4,9	4,7	4,7
	Bin schon erwachsen	22*	21	1	20	42
Anfangen, sich über die eigene Zukunft Gedanken zu machen	Habe schon erreicht	74	79	66	80	82
	Werde ich noch erreichen	15	11	25	10	4
Man sagt ja, Jugendliche stehen zwischen Kindsein und Erwachsensein. Sag mal, an welcher Stelle du stehst.	10stufige Skala (1 = Kind; 10 = Erwachsener)	7,4	7,2	6,5	7,4	8,2
	Ich fühle mich als Erwachsener	18	16	1	14	34
Genug verdienen, um für sich selbst sorgen zu können.	Habe schon erreicht	37	34	3	32	68
	Werde noch erreichen	52	50	79	54	23
	Läßt sich nicht in Jahren sagen	11	14	17	12	8
Weggehen und Heimkommen, wann man will	Habe schon erreicht	81	70	39	90	96
	Werde noch erreichen	18	25	56	8	1

Fortsetzung S. 282

Tabelle 5.2 (Fortsetzung)

Frage	Skala/Kategorie	Geschlecht		Alter (Jahre)		
		männlich	weiblich	15–17 N = 351	18–20 N = 343	21–24 N = 383
Einen Tanzkurs mitmachen	Habe schon erreicht	43	55	39	53	54
	Werde noch erreichen	12	11	25	6	4
	Will ich nicht erreichen	39	29	31	36	35
Selbst bestimmen, wie man aussehen will	Habe schon erreicht	85	91	82	89	92
Selbst sexuelle Erfahrungen mit Jungen/Mädchen machen	Habe schon erreicht	79	78	49	89	96
	Werde noch erreichen	12	10	30	3	1
	Läßt sich nicht in Jahren sagen	8	11	20	5	1
Aus dem Elternhaus ausziehen	Habe schon erreicht	29	33	5	27	58
	Werde noch erreichen	48	46	64	52	27
	Läßt sich nicht in Jahren sagen	19	18	28	17	12

* Die Zahlen sind entweder Prozentwerte (bei Kategorien) oder Mittelwerte (bei Skalen).

Aus der Tabelle ist zu ersehen, daß Geschlechtsunterschiede bezüglich der Erreichung von Entwicklungszielen gering sind, jedoch beträchtliche Altersunterschiede auftreten. Die meisten Ergebnisse liegen in der erwarteten Richtung: Mit zunehmendem Alter glauben die Jugendlichen mehr und mehr Ziele erreicht zu haben. Auffallend ist, daß die Mehrzahl aller Befragten die wünschenswerte Entwicklungsgeschwindigkeit zum Erwachsenwerden als nur mittelgroß ansehen, offenkundig wollen sie nicht allzu rasch erwachsen sein. Manche Aufgaben wie der Besuch eines Tanzkurses werden von einem Teil der Jugendlichen nicht als entwicklungsrelevant angesehen und daher auch nicht angestrebt.

Bewältigung von Entwicklungsaufgaben

Lösen bzw. Bewältigen von Entwicklungsaufgaben wird sinnvollerweise in Zusammenhang mit dem Copingbegriff von Lazarus (1966, 1980) gesehen. Coping ist ein Prozeß, der einsetzt, wenn ein Individuum sich Anforderungen (Belastungen) gegenübersieht, die große Wichtigkeit haben. Solche Probleme werden als Bedrohung, Gefährdung und Herausforderung erlebt. Der erste Abschnitt dieses Prozesses besteht in der subjektiven Einschätzung der Situation (primary appraisal). Sodann folgt eine Einschätzung der eigenen Handlungsmöglichkeiten und Chancen der Bewältigung (secondary appraisal). Aufgrund dieser kognitiven Aktivität kann die bedrohliche oder herausfordernde Ausgangssituation erneut bewertet werden (tertiary appraisal oder re-appraisal).

Norma Haan (1977) unterscheidet zwischen *Coping* und *Defending,* ein Begriffspaar, das sich aus der Psychoanalyse ableitet. Sie versteht unter Coping (Bewältigen) einen koordinierten Ich-Prozeß,[1] bei dem Handlungsplan und anschließende Reaktionen an die situativen Anforderungen angepaßt sind. Defending (Abwehr)-Reaktionen sind demgegenüber Abwehr-Prozesse des Ich, das die Situation verzerrt oder als nicht bewältigbar ansieht und vorhandene oder entwickelte Handlungsmöglichkeiten nicht koordinieren kann.

Coping und Defending erweisen sich als Bewältigungstechniken, die generell gelten. Daß auch Jugendliche sie benutzen, ist vielfach gezeigt worden (Döbert & Nunner-Winkler 1980, 1984, Westbrook 1979, Seiffge-Krenke 1984). Dennoch ist es von Vorteil, spezifisch jugendliche Bewältigungsformen zu suchen und sie, so weit möglich, mit dem Coping-Defending-Modell in Verbindung zu setzen. Dies ist von Westbrook (1979) mit Hilfe eines Fragebogens (Coping Questionnaire) geschehen, den in Deutschland Seiffge-Krenke (1984) verwendet hat.

---

[1] Das Ich wird im Sinne der Psychoanalyse als Instanz verstanden, die den Anforderungen des Es, des Über-Ich und der physikalischen und kulturellen Außenwelt gerecht zu werden hat (Freud 1959).

Anstehende Entwicklungsaufgaben werden gewöhnlich in einem bestimmten Alter angegangen. Man müßte daher annehmen, daß Ältere manche Entwicklungsaufgaben schon eher bewältigt haben als Jüngere. Dreher und Dreher (1985) fragten in der bereits beschriebenen Untersuchung auch nach dem Grad der Bewältigung der zehn aufgelisteten Aufgaben. Wie aus Abbildung 5.9 zu ersehen ist, geben Ältere prinzipiell einen höheren Grad der Bewältigung an als Jüngere. Interessanterweise werden die Unterschiede verwischt, wenn man die Jahrgangsklassen vergleicht. Erst die Scheidung der untersuchten Stichprobe in zwei

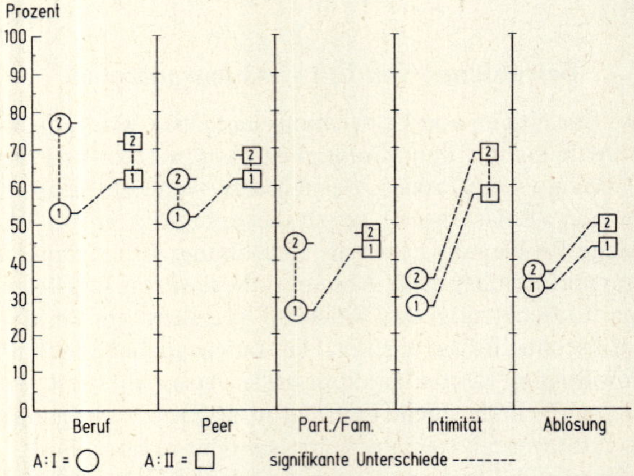

Abb. 5.9 Durchschnittliche Bewältigungsgrade der Altersgruppen A:I und A:II zu den Meßzeiten 1 und 2 (nach Dreher & Dreher 1985b)

Bewältigungsformen bei hoher und geringer Problembelastung

Insgesamt 353 15- bis 19jährige Jugendliche erhielten Problemsituationen vorgelegt und beurteilten sie nach 20 „Copingstrategien". Tabelle 5.3 bringt die Summenwerte über alle Situationen bei Jugendlichen mit hoher und mit geringer Problembelastung. Aus der Gegenüberstellung wird deutlich, daß Jugendliche, die sich hoher Belastung gegenübersehen, eher zum Rückzug und zur Meidung aktiver Problembewältigung neigen. Obwohl der Fragebogen nicht Abwehrmechanismen abfragen kann, da diese dem Probanden nicht bewußt sein können, stehen Verdrängung („Ich versuche nicht, über das Problem nachzudenken"), Vermeidung („Ich ziehe mich zurück, da ich doch nichts ändern kann") und inadäquates Ausagieren („Ich versuche mich abzureagieren", „Ich mache meinem Ärger Luft") bei hoher Problembelastung im Vordergrund. Allerdings gibt es auch aktive Auseinandersetzung mit dem Problem (Item Nr. 10) und die Suche nach Unterstützung der Eltern (Item 1) und der Freunde (Item 20).

Tabelle 5.3 Summenwerte der Problembewältigungsstrategien, getrennt ausgewertet für hoch problembelastete (N = 43) und wenig problembelastete Jugendliche (N = 42). (Zusammengestellt nach Seiffge-Krenke 1984, S. 368)

Copingstrategien	hohe Problembelastung	geringe Problembelastung
Ich diskutiere das Problem mit meinen Eltern/anderen Erwachsenen.	365.0	554.7
Ich lasse mir nichts anmerken und tue so, als ob alles in Ordnung wäre.	325.7	43.0
Ich versuche, mich abzureagieren (durch laute Musik, Motorradfahren, wildes Tanzen, Sport, etc.).	362.8	102.2
Ich denke über das Problem nach und spiele verschiedene Lösungsmöglichkeiten in Gedanken durch.	576.8	366.6
Ich schließe Kompromisse.	307.2	169.1
Ich mache meinem Ärger und meiner Ratlosigkeit „Luft" durch Schreien, Heulen, Türenknallen usw.	177.2	45.4
Ich mache mir klar, daß es immer irgendwelche Probleme geben wird.	413.9	111.9
Ich suche Trost und Zuwendung bei Leuten, denen es ähnlich geht wie mir.	369.7	233.3
Ich ziehe mich zurück, da ich es doch nicht ändern kann.	256.0	21.5

Seiffge-Krenke fand außerdem drastische Geschlechtsunterschiede in der Wahl der Bewältigungstrategien. Unabhängig vom konkreten Problem scheinen Mädchen Schwierigkeiten mit Freunden oder Eltern bzw. anderen Erwachsenen doppelt so häufig gemeinsam lösen zu wollen als Jungen und doppelt so häufig Trost bei Personen zu suchen, denen es ähnlich geht.

Altersgruppen führt zum angegebenen Resultat. Damit wird die Annahme belegt, daß es sich hier weniger um Sozialisationseffekte der Schule handelt als um entwicklungsbedingte Effekte. Die Orientierung an Altersnormen für Entwicklungsaufgaben scheint hier eine maßgebende Rolle zu spielen.

In der Abbildung ist auch ein Längsschnittvergleich enthalten, der ebenfalls Veränderungen im Bewältigungsgrad über ein Jahr hinweg belegt. Da die Längsschnittgruppe beim zweiten Meßzeitpunkt noch nicht so alt wie die ältere Gruppe des Querschnittes war, kann kein unmittelbarer Vergleich gezogen werden. Immerhin fällt auf, daß Quer- und Längsschnitt unterschiedliche Ergebnisse erbringen, die wohl auch bei exakter Vergleichbarkeit nicht zur Deckung gebracht werden können (zum methodischen Problem s. Kap. 24).

Dreher und Dreher (1985a, b) heben bei der Kennzeichnung der Dynamik von Entwicklungsaufgaben die Rolle der Erwachsenen bei der Bewältigung hervor. Die oben beschriebene Untersuchung von Seiffge-Krenke belegt das Ausmaß an Unterstützung, die bei den Eltern bzw. anderen Erwachsenen gesucht wird. (s. erstes Item in Tab. 5.3). Welche Art von Hilfe und Unterstützung aber brauchen die Jugendlichen und welche Art von Hilfe geben die Erwachsenen? In einer anderen Studie befragten Dreher und Dreher (1983) junge Erwachsene (120 Studierende der Fachakademie im Alter von 17 bis 19 Jahren) nach ihrer Meinung über die Unterstützung, die Eltern ihren Kindern im Jugendalter gewähren sollten. Über 60% der Aussagen fallen in drei Kategorien, nämlich erwünschte Persönlichkeitsmerkmale der Eltern, Erweiterung von Handlungsspielräumen durch die Eltern und (vorwiegend materielle) Unterstützung. Unter Persönlichkeitsmerkmalen der Eltern rangiert vor allem Akzeptieren der Freunde und Freundinnen des Sohnes bzw. der Tochter, das Akzeptieren der persönlichen Eigenart und der Wertüberzeugung des eigenen Kindes sowie das Vertrauen, das die Eltern ihren Kindern gegenüber im Jugendalter zeigen sollen. Die Gewährung von Handlungsspielräumen wird in der Schaffung von Kontaktmöglichkeiten, der Ermöglichung von Urlaub und Freizeitbeschäftigung und ähnlichem konkretisiert. Die Kategorie der Unterstützung bezieht sich auf eine große Skala von Maßnahmen, so z.B. Aufklärungsgespräche führen (Entwicklungsaufgabe des Aufbaus heterosexueller Beziehungen), zur Selbständigkeit erziehen und Hilfestellung leisten ohne einzuschränken (Ablösung von den Eltern), bei der Berufswahl und Berufsvermittlung (Entwicklungsaufgabe Schule/Beruf) helfen, Kritikfähigkeit fördern und mit gesellschaftlichem Leben vertraut machen (Integration sozialer Normen in das Selbstkonzept).

Hingegen sprachen sich die Befragten gegen Kontrolle (nur 1% der Gesamtzahl von Antworten) und gegen die Aufgabenerledigung durch die Eltern selbst aus (nur 4% der Gesamtzahl von Antworten).

Selbstmord unter dem Bewältigungsaspekt

Obwohl, wie schon hervorgehoben, die überwältigende Mehrzahl der Jugendlichen relativ problemlos ins Erwachsenenalter hinübergleitet, gibt es genug Jugendliche, die aus vielerlei Ursachen große Schwierigkeiten haben, Entwicklungsaufgaben zu bewältigen. Unter diesem Gesichtspunkt läßt sich der Selbstmord von Jugendlichen sehen.

Zwischen 1955 und 1974 stieg in den Vereinigten Staaten die Selbstmordrate von 15- bis 19jährigen Jugendlichen von 2,1 auf 8,8 pro 100000 Fälle. 1974 stand der Selbstmord bereits an dritter Stelle in der Häufigkeit der Todesfälle im Jugendalter (Ripple et al. 1982). Die Selbstmordrate ist im späteren Erwachsenenalter wieder niedriger, um erneut im höheren Alter anzusteigen. Männliche Jugendliche begehen etwa dreimal so häufig Selbstmord wie weibliche Jugendliche, letztere unternehmen aber sechsmal so häufig Selbstmordversuche. Man kann daraus schließen, daß Selbstmord bei Mädchen einen anderen Stellenwert bei der Bewältigung von Problemen hat. Sie scheinen den Selbstmordversuch als Strategie zu verwenden, um auf ihre Nöte aufmerksam zu machen und Unterstützung zu erhalten. Männliche Jugendliche scheinen viel häufiger den Selbstmord als ernsthaften Ausweg aus ihren Problemen zu wählen.

Jacobs (1971, S. 64) fand eine typische Folge von Erfahrungen, die bei Jugendlichen zum Selbstmord führen:

1. Das Individuum hat bereits früher, also in der Kindheit, Anpassungsprobleme gehabt, von denen viele durch eheliche Zwistigkeiten, strenge Erziehung und negative, wenig effiziente Beziehungen zwischen Eltern und Kind bedingt zu sein scheinen.
2. Wenige Wochen oder Tage vor dem Selbstmord erlebt das Individuum ein Anwachsen der Probleme.
3. Versuche, mit dem Problem fertig zu werden, sind erfolglos und führen zum Eindruck, keine Kontrolle mehr zu haben.
4. Der Jugendliche gewinnt den Eindruck, daß Eltern und andere Personen ihn nicht verstehen oder ihm nicht helfen wollen.

Selbstmordversuche können als inadäquate Strategien der Bewältigung von Problemen bzw. Entwicklungsaufgaben angesehen werden. Der Selbstmord löst aus der Sicht des Betroffenen mit einem Schlag alle Probleme.

Nirgendwo sonst wird die Notwendigkeit des Aufbaus von Kompetenzen zur Lebensbewältigung deutlicher als beim Problem des Selbstmordes. Döbert und Nunner-Winkler (1982b) zeigen eindrucksvoll, welche Rolle kognitive Prozesse der angemessenen Situationswahrnehmung bei solchen Kompetenzen spielen. Sie befragten Jugendliche nach ihren Anschauungen über die Ursachen für Selbstmord und ermittelten deren persönliche („naive") Selbstmordtheorien mit Hilfe von Tiefeninterviews. Dabei unterscheiden sie fünf Stufen des Selbstmordverständnisses bei Jugendlichen, wobei von Stufe 1 bis zu Stufe 5 die Begründungen der Selbstmordmotive zunehmend komplexer und adäquater werden.

Tabelle 5.4 zeigt die Stufenmittelwerte für verschiedene Altersgruppen ab 14 Jahren.

Tabelle 5.4 Zusammenhang von Alter und Stufe der Selbstmordtheorie (bei insgesamt 5 Stufen) (aus Döbert & Nunner-Winkler 1984, S. 266)

Anzahl der Probanden	Alter	Stufenmittelwerte
14	14	1.8
37	15–16	2.6
25	17–18	3.2
33	18–	3.4

Auf den unteren Stufen der Selbstmordtheorie werden konkrete äußere Anlässe, wie schlechte Noten oder Liebeskummer als Gründe für Selbstmord angegeben. Höhere Niveaus stellen die Motivationslage der Betroffenen in den Vordergrund, wobei auf der letzten Stufe zur Vertiefung des Motivationskonzeptes multifaktorielle Erklärungen treten. Nachfolgend je ein Beispiel für Stadium 1 und Stadium 5 zu Fragen nach den Gründen und nach der Rechtfertigung von Selbstmord.

Stadium 1: „Meistens weil sie Probleme mit Freunden oder mit Eltern haben, wegen Schule auch viel, wegen Noten und so." (a.a.O. S. 346f.).

Stadium 5: „Ja, in irgendwelchen Situationen, wo sie mit ihrer Umgebung eben nicht mehr fertig werden, wo sie mit ihren eigenen Mitteln der Situation, in der sie sich befinden, nicht mehr gerecht werden können, oder wo sie keinen Ausweg sehen. Wenn sie in irgendeiner Situation sind, wo sie nicht sehen, was sie machen können oder vielleicht auch, wenn sie keinen Rat von anderen finden, oder vielleicht merken sie auch, daß andere ihnen helfen wollen und letztlich ist es dann so, daß sie sehen, daß, obwohl die anderen ihnen helfen wollen, diese Hilfe bei ihnen nichts bewirkt, oder sie bilden sich ein, sie würde nichts bewirken." (a.a.O. S. 355).

Für den Bewältigungsaspekt wichtig sind Befunde der Autoren, wonach das jeweils höhere Niveau der subjektiven Selbstmordtheorie auch bessere Bewältigungsformen ermöglicht. Ein Proband, der vor einiger Zeit selbst einen Selbstmordversuch unternommen hatte (Konflikt mit der Freundin, zugleich Probleme bei der Arbeitssuche), lehnt nun solche Motive als unzureichend ab:

„Die meisten Selbstmörder sind momentan so verzweifelt, aber die Lage klärt sich meistens selbst von alleine wieder auf. Die Leute werden älter und es wird irgendwie besser. Aber wenn zum Beispiel einer nach einem Verkehrsunfall querschnittsgelähmt ist und kann sich sein Leben lang nicht mehr bewegen, dann könnte ich es schon verstehen, wenn er sagt: ‚O.K., ich mache Schluß mit mir.' Ansonsten, von wegen Freundin weggelaufen, keine Arbeit bekommen, das sind alles keine stichhaltigen Gründe, sein Leben wegzuwerfen." (Döbert & Nunner-Winkler 1984, S. 265)

Sexualität und Intimität als Entwicklungsaufgabe

Viel diskutiert und durch Massenkommunikationsmittel oft falsch dargestellt ist das Thema Sexualität im Jugendalter. Der theoretische Aspekt der Analyse dieses Bereichs als Entwicklungsaufgabe sieht Sexualkontakte und die Herstellung von intimen Beziehungen als neues Gebiet menschlicher Erfahrungen, das wesentlicher Bestandteil der Weiterentwicklung zum Erwachsenenalter ist.

Sexualverhalten von Jugendlichen

Offer (1984), der über 20000 Jugendliche von 13 bis 19 Jahren aus verschiedenen Ländern mit Hilfe des Offer-Selbstbild-Fragebogens untersucht hat, teilt auch über sexuelle Einstellungen Befunde mit. Sie belegen, wie alltäglich sexuelle Fragen für Jugendliche in unterschiedlichen Kulturen sind.

In der schon mehrfach zitierten Shell-Studie wurden Jugendliche nach ihren sexuellen Erfahrungen befragt. Während hier keine Geschlechtsunterschiede nach „sexuellen Erfahrungen" auftreten (die Frage ist ja auch unterschiedlich interpretierbar), gibt es erwartungsgemäß große Altersunterschiede. Die älteste Gruppe der 21- bis 24jährigen hat nahezu zu 100% sexuelle Erfahrung gemacht (vgl. Tab. 5.2). Die Art sexueller Erfahrungen hängt mit der wachsenden Kluft zwischen den Zeitpunkten der Geschlechtsreifung und der Eheschließung zusammen. Im Jugendalter gibt es eine Vielzahl sexueller Praktiken von denen die häufigste die Masturbation (Selbstbefriedigung) ist. Nach Untersuchungen von Sigusch und Schmidt (1972) sowie Schmidt und Sigusch (1971) haben unter den männlichen Jugendlichen 60% der 14jährigen und 90% der 16jährigen einmal oder häufiger masturbiert. Diese Zahlen verteilen sich relativ gleichmäßig auf Schüler, Studenten und berufstätige Jugendliche (Arbeiter). Bei den Mädchen ist die Masturbation weit weniger häufig. Nur 50% der befragten Schülerinnen im Alter von 16 Jahren gaben an, masturbiert zu haben.

Masturbieren als (inadäquates) Mittel, mit der eigenen Sexualität fertig zu werden, ist nach wie vor tabuisiert und weckt Schuldgefühle beim Jugendlichen. Nach Ergebnissen von Sorensen (1973) haben 45% der Jungen und 57% der Mädchen mit Masturbationserfahrungen Schuldgefühle, ein Hinweis darauf, daß die Entwicklungsaufgabe Sexualität nicht adäquat bewältigt wird.

Die heterosexuellen Beziehungen bauen sich stufenmäßig auf. Zunächst gibt es wenig oder gar keinen Kontakt zum anderen Geschlecht. Dann treffen sich Jungen und Mädchen und gehen miteinander aus (dating). Dabei kommt es zu ersten Formen sexuellen Kontaktes, bestehend vor allem aus Zungenkuß und Brustreizung über der Kleidung (leichtes Petting). Später gibt es intensivere sexuelle Kontakte, wie

Brustreizung unter der Kleidung, manuelle Reizung der Genitalien der Partner und genitale Apposition (wechselseitige Berührung der Geschlechtsteile). Schließlich kommt es zum Koitus mit einem oder mehreren Partnern.

Stadien sexuellen Verhaltens

Schofield (1969) untersuchte die Verbreitung dieser sexuellen Praktiken auf verschiedenen Altersstufen für beide Geschlechter. Die Mädchen liegen fast in allen Arten der Aktivität niedriger. Bei der aktiven und passiven Reizung kehrt sich das Verhältnis um: Männliche Jugendliche praktizieren mehr aktive Reizung, weibliche Jugendliche erfahren mehr passive Reizung. Dies entspricht den Rahmenstrukturen der Geschlechtsrolle, wonach der Mann der aggressivere und aktivere Part zu sein hat.

Diese Werte generalisiert Schofield zu einer Art „Stufen"- oder Stadienentwicklung sexuellen Verhaltens.

1. Wenig oder kein Kontakt zum anderen Geschlecht.
2. Leichtes Petting: Zungenkuß und Brustreizung (über die Kleidung).
3. Intensives Petting: Brustreizung unter der Kleidung, manuelle Reizung der Genitalien des Partners, genitale Apposition.
4. Koitus mit einem Partner.
5. Koitus mit mehr als einem Partner.

In den USA wie in Deutschland gibt es beträchtliche Unterschiede im Sexualverhalten von Arbeitern und Studenten. Arbeiter und Arbeiterinnen beginnen mit dem Koitus früher, wobei man aber berücksichtigen muß, daß Arbeiter früher heiraten als Studenten.

Sexualität und Intimität

Das Sexualverhalten der heutigen Jugend unterscheidet sich gewiß von dem früherer Generationen. Der Jugendliche spricht und handelt viel freier. Dennoch scheint Sexualität nicht abgekoppelt von sonstigen sozialen Wertvorstellungen zu sein. Schon die Stufen sexueller Entwicklung, wie sie Schofield (1969) aufgezeigt hat, lassen vermuten, daß Sexualverhalten ein Bestandteil des Sozialverhaltens ist. Das Sozialverhalten, das dabei in den Mittelpunkt rückt, ist zweifellos der Aufbau intimer Beziehungen. Erste Voraussetzung hierfür scheint die Einsicht in größere Dauerhaftigkeit von Beziehungen zu sein. Intime Kontakte hat man zu wenigen oder gar nur zu einer Person. Weiterhin legt man gemeinhin Wert darauf, daß solche Beziehungen verläßlich und stabil sind. Wenn dies nämlich nicht der Fall ist, bedeutet die persönliche Preisgabe der eigenen Intimität, das Sich-Öffnen gegenüber anderen (im psychischen wie im körperlichen Sinne) ein permanentes Risiko, vom anderen „verraten" zu werden. Er wird erneut zu einem Fremden, der Dinge von einem weiß, die ihn nichts angehen. Jugendliche teilen diese Ansicht bereits sehr deutlich trotz ihres veränderten Sexualverhaltens.

Psychische Intimität als Voraussetzung für Koitusbeziehungen

Tabelle 5.5 zeigt Ergebnisse einer Umfrage von Wolf (1981). Aus ihnen geht deutlich hervor, daß nicht sexuelle Freizügigkeit, sondern Geschlechtsbeziehungen mit einem festen Partner, den man liebt, angestrebt werden. Über 70% der Mädchen legen Wert auf Treue und feste Partnerschaft. Eine große Untersuchung von Kooy (1972) an holländischen Jugendlichen erbrachte ebenfalls „konservative" Vorstellungen und eine deutliche Übereinstimmung mit den Ansichten der Eltern über Ehe und Sexualität.

Tabelle 5.5 Voraussetzung für die Aufnahme von Koitusbeziehungen (aus Wolf 1981, S. 30)

	Beim Mann*		Bei der Frau**	
	J N = 155 %	M N = 153 %	J N = 155 %	M N =153 %
Heirat	3	1	3	1
Heiratsabsicht	3	1	3	3
fester Partner, den man liebt	45	70	45	68
fester Partner auch ohne Liebe	5	2	5	3
bei sexuellem Verlangen	33	22	32	22
keine Antwort	11	4	12	3

* Signifikanz der Geschlechtsunterschiede: p = 0,0003
** Signifikanz der Geschlechtsunterschiede: p = 0, 001

J: Jungen; M: Mädchen

Schlaegel et al. (1975) stellten Jugendlichen Fragen nach der Hauptfunktion der Sexualität, wobei sie zwischen Fortpflanzungs-, Beziehungs- und Lustfunktion unterschieden. Die Jugendlichen bevorzugten die beiden ersten Funktionen, wobei sich mit fortschreitendem Alter eine Verlagerung von der Fortpflanzungs- zur Beziehungsfunktion zeigte. Mädchen bewerteten die Beziehungsfunktion insgesamt höher als Jungen.

Zustimmende oder ablehnende Antworten zu vorgeformten Fragen geben jedoch nur oberflächlich Antwort auf die Frage, wie Jugendliche Sexualität und Intimität verbinden und welche konkreten Zielvorstellungen sie in diesem Sektor bilden.

Kaniak-Urban (1984) befragten 22 Mädchen der 9. Klasse der Hauptschule (Alter: 14;7 bis 17;6 Jahre) in einem Tiefeninterview nach ihrem Verständnis und ihren Erfahrungen zu Sexualität und Intimität.[2] Sie fand drei Formen von Intimität, die meist auch in der aufgezählten Reihenfolge auftraten: Intimität mit Eltern, mit gleichgeschlechtlichen Partnern und mit gegengeschlechtlichen Partnern. Die Inhaltsanalyse der Äußerungen über Intimität erbrachte sieben Kategorien. Sechs dieser Kategorien kennzeichnen Intimität mit den Eltern: Zugehörigkeit, Vertrauen, Verstehen, körperliche Nähe, gemeinsame Aktivitäten und Zeit widmen. Vier Kategorien klassifizieren hauptsächlich Intimität mit der Freundin: Vertrauen, Verstehen, gemeinsame Aktivitäten, Zeit widmen. Am reichhaltigsten stellten die Befragten die Intimität mit dem Freund dar. Zu den genannten Kategorien tritt eine neue: das ,,Unbenennbare" (das Erotische). Alle befragten Mädchen betonten, daß die persönliche Beziehung zum Freund den Vorrang vor sexuellen Beziehungen hat. Dies gilt auch dann, wenn bereits regelmäßig sexuelle Beziehungen (Koitus) bestehen.

Da die Stichprobe der Befragten klein ist, lassen sich noch keine Verallgemeinerungen vornehmen. Immerhin beschrieben die jüngeren Probandinnen (14- bis 15jährig) in aufsteigender Häufigkeit die Intimität zu den Eltern, zur Freundin und zum Freund. Bereits in dieser Gruppe tritt also die Intimität zu den Eltern zurück. Die 16 bis 17jährigen beschrieben Intimität nur noch als Beziehung zum Freund.

Bewältigungsformen

Bezüglich der Aufnahme sexueller Kontakte erweist sich der Koitus als kritisches Ereignis und als Aufgabe. Kaniak-Urban (1984) fand bei ihren weiblichen Probanden Bewältigungsformen in der ,,Vorhandlungsphase" (vor dem ersten Koitus) und in der ,,Nachhandlungsphase". Im Anschluß an Lazarus und Launier (1981) unterschied sie problemzentrierte und emotionszentrierte Bewältigungsformen, die sowohl vor als auch nach dem Koitus auftraten. In der Vorhandlungsphase unterschieden sich die Probandinnen hinsichtlich dreier aufschiebender Bewältigungsstile (Coping-Stile: problemzentrierte und emotionszentrierte Aktivitäten der Meidung und Verhinderung körperlicher Annäherung von Jungen), ambivalenter Stil (Unsicherheit in der Sicht des Problems, emotionale Selbstberuhigung angesichts des zukünftigen Ereignisses)

[2] Die Arbeit wurde vom Verfasser angeregt.

und zulassender Bewältigungsstil (Vertrautheit mit dem Partner, Akzeptieren der Problemsituation). In der Nachhandlungsphase konnten zwei Bewältigungsmuster unterschieden werden: Bei positiver Bewertung des Ereignisses kam es zu Kommunikation mit dem Partner über Sexualität und zur Neueinschätzung der Situation. Die negative Bewertung des Ereignisses führte zu aufschiebenden und ablehnenden Reaktionen, wobei emotionszentrierte Bewältigungsformen gegenüber problemzentrierten überwogen.

Das Jugendalter, eine risikoreiche Epoche?

Im Vergleich zum Erwachsenen, der sich in einer normalen gesicherten Position befindet und eine eigene Familie hat, lebt der Jugendliche zweifellos in größerer Unsicherheit und sieht sich einer Vielzahl von Aufgaben gegenüber. Dennoch scheint er, wie wir bereits festgestellt haben, recht gut mit der Situation fertig zu werden. Coleman (1974) versucht, dies durch seine ,,Fokaltheorie" zu erklären. Er befragte große Gruppen von Jugendlichen im Alter von elf bis siebzehn Jahren in Großbritannien über einen breiten Bereich von Themen, unter anderem über das Selbstbild, das Alleinsein, über heterosexuelle Beziehungen, über Beziehungen zu den Eltern und über Freundschaften. Das Interesse und die Beschäftigung mit den jeweiligen Themen (Aufgaben) hatten ihren Höhepunkt zu verschiedenen Zeiten. Coleman schließt daraus, daß die Jugendlichen die anstehenden Aufgaben nicht alle gleichzeitig zu bewältigen versuchen, sondern eine Reihenfolge einhalten. Dabei denkt er aber nicht an eine entwicklungspsychologische Sequenz im engeren Sinne, denn die Aufgaben könnten zumindest teilweise auch in anderer Folge abgearbeitet werden. So mag die Herstellung intimer Beziehungen und sexueller Kontakte bei manchen erst nach der Ablösung vom Elternhaus, bei anderen schon zuvor erfolgen. Fokaltheorie[3] nennt er seine Annahme, weil sich der Fokus des Interesses und der Beschäftigung ändert und sich auf andere Thematiken richtet. Die zuvor mitgeteilten Befunde von Dreher und Dreher (Abb. 5.9) weisen in eine ähnliche Richtung. In gleicher Weise tragen die Bewältigungsstrategien selbst zur Risikoverminderung bei.

In unterschiedlichen Situationen werden auch verschiedene Copingstrategien verwendet. Seiffge-Krenke (1984) hat in einer Großuntersuchung an über tausend Jugendlichen die Nutzung von 20 Coping-Strategien in 14 Problemsituationen abgefragt, die sich nach 5 Problembereichen ordnen lassen. Dabei zeigte sich, daß für die Auseinandersetzung mit der Zukunft die Suche nach Information und die Ratsuche bei Erwachsenen wesentlich wichtiger als in allen übrigen Problembereichen

[3] Um eine Theorie im eigentlichen Sinne des Wortes kann es sich selbstredend hier nicht handeln.

ist. Demgegenüber findet die „Entlastungs"-Strategie („Ich mache meinem Ärger Luft") hauptsächlich in den Beziehungen zu den Eltern Anwendung. Im Problembereich Schule werden alle 20 Strategien mit einer gewissen Häufigkeit verwendet.

Schließlich ändern sich Coping-Strategien im Laufe der Entwicklung. Wie wir sahen, führte die Verbesserung der kognitiven Leistungen zu einer Differenzierung der Selbstmordtheorien im Jugendalter (vgl. Tab. 5.4). Die eben zitierte Untersuchung von Seiffge-Krenke analysiert auch den Bedeutungswandel von Strategien mit zunehmendem Alter. Eine Reihe von Strategien werden mit wachsendem Alter häufiger benutzt, darunter die Informationssuche, das Durchdenken von Problemen, aber auch das Sich-Abreagieren. Hilfe- und Kontaktsuche bei den Eltern nimmt ab, während die Bemühung um Problembewältigung gemeinsam mit Freunden drastisch ansteigt. Der aus der Abb. 5.10 ersichtliche Anstieg bei Item Nr. 18 („Ich suche Trost und Zuneigung bei Leuten, denen es ähnlich geht wie mir") ist wesentlich stärker bei Mädchen als bei Jungen anzutreffen.

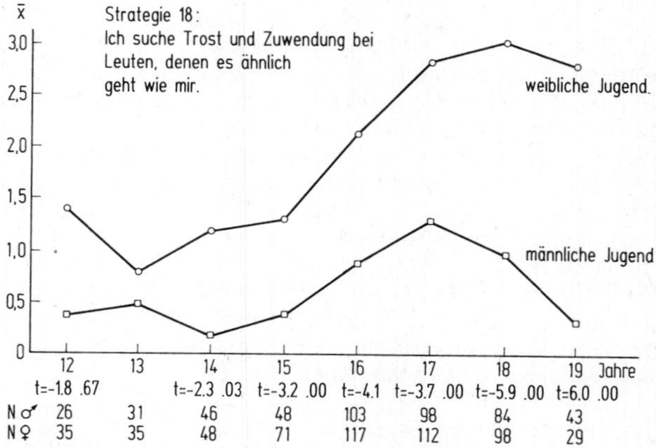

Abb. 5.10 Problemspezifische Nutzung der Coping-Strategie 18 bei männlichen und weiblichen Jugendlichen (aus Seiffge-Krenke 1984, S. 408)

3. Identität

Zum Begriff

Alle bisher beschriebenen Entwicklungsaufgaben hängen mit der Entwicklung der Identität zusammen, die seit Erikson (1974a und b) als zentrale Entwicklungsaufgabe angesehen wird. Der Begriff „Identität" ist leider alles andere als klar und wird uneinheitlich verwendet. Er umfaßt aber einen Bedeutungskern, der Soziologie und Psychologie gemeinsam ist. Identität beinhaltet danach die Definition einer Person als einmalig und unverwechselbar durch die soziale Umgebung wie durch das Individuum selbst.

Aus dem Definitionsversuch geht hervor, daß Identität mindestens zwei Komponenten hat: Die Person, für die man sich selbst hält und die Person, für die andere einen halten. Aus ersterer Komponente geht der Begriff des ,,privaten Selbst" oder der privaten (persönlichen) Identität hervor, aus letzterer Komponente das ,,soziale Selbst" oder die soziale (öffentliche) Identität (Goffman 1963, Krappmann 1973).

Die *persönliche Identität* bildet den lebensgeschichtlichen Zusammenhang zwischen den Erfahrungen, die ein Mensch gemacht hat. Sie ist der rote Faden, der sich durch den Strom der Ereignisse hindurchzieht und zugleich der gleichbleibende (eben identische) Brennpunkt, den sich das Individuum als Selbst konstruiert.

Die *soziale Identität* entsteht aus dem Bild, das die anderen sich von einem selbst machen. Uns interessiert dabei nur die subjektive Seite dieses Bildes, nämlich, was von diesem Bild (genauer von diesen Bildern, weil es sich um viele soziale Partner handelt) vom Individuum erfaßt wird. Cooley (1922) spricht vom ,,looking-glass-self", weil sich das Individuum durch die Brille der anderen sieht.

Eine in den 70er Jahren wieder diskutierte Konzeption der Identität stammt von G. H. Mead (1934, deutsch 1973), der ihr in seinem ,,Symbolischen Interaktionismus" eine zentrale Funktion zuweist. Er unterscheidet zwischen ,,me" und ,,I". Das ,,me" wird zu einer ,,individuellen Spiegelung des gesellschaftlichen Gruppenverhaltens" (S. 201). ,,Die Übernahme dieser organisierten Haltungen gibt ihm sein ,me', das heißt, die Identität, deren er sich bewußt ist" (S. 218). ,,Das ,me' steht für eine bestimmte Organisation der Gemeinschaft, die in unserer Haltung präsent ist, und verlangt nach einer Reaktion (. .)" (S. 221). Diese Reaktion des Subjekts auf gesellschaftliche Inhalte nennt Mead das ,,I". ,,Das ,I' reagiert auf die Identität, die sich durch die Übernahme der Haltungen anderer entwickelt. Indem wir diese Haltungen übernehmen, führen wir das ,,me" ein und reagieren darauf als ein ,I'" (S. 217). Beim ,,I" wird auch Freiheit und Unvorhersehbarkeit des Handelns angesiedelt. ,,Die Handlung des ,I' ist etwas, dessen Natur wir im vorhinein nicht bestimmen können" (S. 220).

Erikson versucht zu erklären, warum das Identitätsproblem im Jugendalter und nicht früher oder später zum Kernproblem wird. Nun nämlich ist die kognitive Entwicklung so weit fortgeschritten, daß sich der Jugendliche selbst bestimmen kann, sich als jemand versteht, der viele Eigenschaften und Interessen mit anderen gemeinsam hat, der aber auch von allen anderen in mancher Hinsicht verschieden ist. Zur gleichen Zeit, da er zu dieser Erkenntnis fähig wird, erfährt er aber auch einen beträchtlichen Druck, der ihn motiviert, sich mit seiner Person und seiner Zukunft auseinander zu setzen. Die körperlichen Veränderungen während der Pubertät machen ihn auf seine eigene Geschlechtlichkeit aufmerksam. Die Eltern erwarten von ihm allmählich mehr Unabhängigkeit und Verantwortlichkeit. Die Lehrer oder beruflichen Ausbilder drängen ihn in Richtung auf beruflichen Erfolg und berufliche

Erik Erikson

Verantwortung. Die kognitive Entwicklung (zum formallogischen Denken s. Kap. 8) und die im Jugendalter auftauchende Notwendigkeit, erwachsen zu werden, bilden zentrale Bedingungen der Identitätsfindung.

In der Psychologie steht gegenwärtig der Begriff „Selbstkonzept" oder „Selbstschema" im Vordergrund. „Selbstschemata" lassen sich (...) als „interne Selbstmodelle" auffassen, in denen als ‚Original' jeweils das betreffende Individuum abgebildet ist" (Filipp 1978, S. 113). Meist werden zwei Hauptkomponenten des Selbstkonzeptes unterschieden. Die *kognitive Komponente* beinhaltet das Wissen, das man von sich hat, und die Selbstwahrnehmung. Als wichtiger Aspekt schält sich in den jüngeren Untersuchungen dabei das Fähigkeitskonzept heraus, das beinhaltet, wie man seine eigenen Fähigkeiten gegenwärtig und zukünftig einschätzt. Die *affektive Komponente* des Selbstkonzeptes wird unter anderem erfaßt als Selbstwertgefühl bzw. Minderwertigkeitsgefühl (self esteem) und als Selbstvertrauen (self assurance).

Offer (1984) erfaßte mit seinem Selbstbild-Fragebogen folgende fünf Aspekte: das psychologische Selbst („Im allgemeinen habe ich mich unter Kontrolle"), das soziale Selbst („Ich helfe meinem Freund gern, wann immer ich kann"), das sexuelle Selbst („Sexuelle Erfahrungen machen mir Spaß"), das Familien-Selbst („Ich kann manchmal mit meinem Vater nichts anfangen") und das problembewältigende Selbst („Ich glaube, ich kann Entscheidungen selbst treffen").

Sears (1972) entwickelte eine Selbstkonzeptskala mit 48 Items (deutsche Fassung mit 52 Items, s. Ewert 1978), die neun Dimensionen erfaßt, darunter divergentes Denken, konvergentes Denken, Sport, Arbeitshaltung und Einstellung zur Schule usw.

Man sieht, daß solchen Zugängen eine überzeugende theoretische Basis fehlt, da pragmatisch bedeutsame Aspekte nach Gutdünken ausgewählt werden. Die Grenzen zwischen Persönlichkeitsmaßen (-dimensionen) und Selbstkonzeptmaßen sind fließend.

Entwicklung des Selbstkonzeptes: Kontinuität, Stabilität und Realismus

Die früher häufig angenommene Labilität des Selbstbewußtseins und die Krisenhaftigkeit der Identitätsbildung lassen sich für die überwiegende Mehrzahl der Jugendlichen nicht nachweisen. Im folgenden soll dies anhand einiger Untersuchungen belegt werden.

Die Erschließung des Selbstbildes durch konkrete Fragen

Offer und Mitarbeiter legten über 20000 Jugendlichen im Alter von 13 bis 19 Jahren in den USA, Australien, Israel den Offer-Selbstbild-Fragebogen (O.S.I.Q.) vor. Die überwältigende Mehrzahl der Jugendlichen fühlt sich nach den gemachten Angaben glücklich und meint, mit gegenwärtigen und zukünftigen Problemen gut fertig zu werden (Offer 1984). Die Fragen sind teilweise auch negativ formuliert, wie aus Tabelle 5.6 hervorgeht, so daß die Tendenz zur Erwünschtheit von Antworten nicht für dieses Hauptergebnis verantwortlich gemacht werden kann. Überdies sind in den Fragebogen ,,Lügenitems" eingebaut, die kontrollieren, ob der Jugendliche ehrlich antwortet. Tabelle 5.6 bringt eine Zusammenstellung von Antworthäufigkeiten zu ausgewählten Fragen im Bereich des ,,psychologischen" Selbst, des ,,sozialen" Selbst und des ,,problembewältigenden" Selbst.

Zwei Befunde sollen aus diesen Ergebnissen hervorgehoben werden.

a) Trotz des insgesamt positiven Bildes, das die Jugendlichen von sich zeichnen, gibt ein nicht unbeträchtlicher Teil an, sich häufig niedergeschlagen zu fühlen, leicht verletzbar zu sein und sich häßlich und unattraktiv zu finden.
b) Es gibt beträchtliche Geschlechtsunterschiede in den Selbstauskünften, die eine größere Selbstunsicherheit und eine stärkere negative Stimmungslage bei den Mädchen signalisieren. Es hat den Anschein, als ob die Identitätsfindung bei Mädchen aufgrund ihrer Geschlechtsrollenidentifikation problemträchtiger ist. Dieser Befund taucht in fast allen Untersuchungen zur Entwicklung des jugendlichen Selbstbildes auf.

Kritisch muß zu dem Offer-Fragebogen und den mit seiner Hilfe erhaltenen Ergebnissen angemerkt werden, daß solche Selbstauskünfte oft oberflächlich sind und die in unserer Kultur üblichen Gepflogenheiten sozialer Interaktion nach dem Motto widerspiegeln: Wie geht es dir? Danke, ganz gut!

Tabelle 5.6 Das Selbstbild im Jugendalter (zusammengestellt nach Offer 1984). Antworthäufigkeiten in Prozent.

Psychologisches Selbst (Auswahl von Items)	Jungen 13–15 Jahre	Jungen 16–18 Jahre	Mädchen 13–15 Jahre	Mädchen 16–18 Jahre
Unter normalen Umständen fühle ich mich entspannt.	93	90	88	93
Ich genieße das Leben.	91	90	87	92
Im allgemeinen habe ich mich unter Kontrolle.	87	87	94	92
Ich fühle mich stark und gesund.	89	86	85	85
Die meiste Zeit über bin ich glücklich.	83	85	85	88
Problembewältigendes Selbst (Auswahl von Items)				
Ich glaube, ich kann Entscheidungen selbständig treffen.	87	89	92	90
Wenn ich mich darauf konzentriere, kann ich fast alles lernen.	88	87	87	82
Wenn mir irgend etwas schiefgeht, versuche ich herauszufinden, was ich tun kann, um weitere Fehler zu vermeiden.	87	84	89	87
Ich glaube nicht, daß ich in der Lage bin, für mich in der Zukunft Verantwortung zu übernehmen.	11	15	9	7
Soziales Selbst (Auswahl von Items)				
Manchmal fühle ich mich anderen überlegen und glaube, daß sie manches von mir lernen können.	75	78	63	69
Ich kümmere mich kaum darum, wie meine Handlungen andere beeinträchtigen, Hauptsache ich habe einen Vorteil davon.	14	10	15	7
Ich habe den Eindruck, daß es sehr schwierig ist, Freunde zu bekommen.	17	13	15	13

Die Stabilität des Selbstkonzeptes im Längsschnitt

Über die Entwicklung des Selbstkonzeptes läßt sich in Querschnittsuntersuchungen der obigen Art allenfalls herausfinden, ob sich Jugendliche insgesamt eher stabil, ausgeglichen und glücklich fühlen oder nicht. Wie verhält es sich aber mit etwaigen Schwankungen beim Individuum? Geht der Aufbau der Identität mehr oder weniger kontinuierlich vor sich oder vollzieht er sich in Sprüngen, krisenhaft, schwankend? Solche Fragen lassen sich nur durch Längsschnittuntersuchungen beantworten, in denen die gleiche Gruppe von Personen über Jahre hinweg beobachtet wird.

Eine neuere Untersuchung, in der Querschnitt- und Längsschnittdaten einander gegenüber gestellt werden, stammt von Dusek und Flaherty (1981). Als Verfahren verwendeten sie die Selbstkennzeichnung mit Hilfe des semantischen Differentials, bei dem sich der Proband anhand von 21 polaren Wortpaaren kennzeichnete. In allen untersuchten Stichproben (Längs- und Querschnitt) traten dabei vier Faktoren des Selbstkonzeptes auf:

Anpassung (entspannt-nervös, stetig-unstetig, frisch-müde, stabil-labil, gesund-krank, glücklich-unglücklich)

Leistung und Dominanz (geschickt-ungeschickt, Erfolg-Mißerfolg, überlegen-unterlegen, hell-dumpf, wertvoll-wertlos, selbstvertrauend-unsicher)

Beliebtheit, Geselligkeit (nett-schrecklich, gütig-hart, freundlich-unfreundlich, gut-schlecht)

Maskulinität-Femininität (ungehobelt-feinfühlig, hart-sanft, stark-schwach, Führer-Geführter)

Untersucht wurden mit diesem Verfahren drei große Querschnitte in den Jahren 1975, 1976 und 1977 von der fünften bis zur zwölften Klasse der High School, zwei Stichproben über zwei Jahre und eine Stichprobe über drei Jahre hinweg.

Die drei Querschnittsuntersuchungen erbrachten beträchtliche Altersunterschiede in den extrahierten vier Faktoren, jedoch nicht gleichsinnig für alle Stichproben. So zeigte die 1976 erfaßte Stichprobe im Faktor Maskulinität/Femininität einen Wechselwirkungseffekt in der Weise, daß die männlichen Jugendlichen sich mit zunehmendem Alter stärker als männlich, die weiblichen Jugendlichen sich stärker als weiblich kennzeichneten. Dieses recht plausible Ergebnis zeigt sich jedoch nicht für die 1977 erfaßte Stichprobe, und die 1975er Stichprobe wies über beide Geschlechter hinweg eine signifikante Tendenz zur zunehmenden Femininität auf. Die Analyse einer einzigen Stichprobe hätte also zu falschen Schlußfolgerungen geführt.

Noch komplizierter wird das Bild, wenn man die drei Längsschnittuntersuchungen betrachtet. Als wesentliches Ergebnis ist hier festzuhalten, daß überhaupt keine signifikanten Alterseffekte auftraten. Die innerhalb von zwei bis drei Jahren erfolgten Urteilsänderungen waren so gering oder doch so kontinuierlich, daß sie statistisch nicht ins Gewicht fielen. Tabelle 5.7 zeigt die Stabilitätskoeffizienten des Faktors „Anpassung". Für die restlichen drei Faktoren liegen ähnliche Ergebnisse vor. Solche Befunde tauchen immer wieder auf, wenn man Längsschnitte und Querschnitte miteinander vergleicht (Nesselroade & Baltes 1974, Engel 1959, Hauser 1971).

Aus ihnen läßt sich mit Recht folgern, daß die Wandlungen des Selbstkonzeptes im Jugendalter intraindividuell (d.h. innerhalb ein und desselben Individuums) im Regelfall nicht allzu groß sind und das Selbstkonzept relativ stabil bleibt. Tabelle 5.8 zeigt die wichtigsten Ergebnisse

Tabelle 5.7 Stabilitätskoeffizienten für den Faktor „Anpassung" (Dusek & Flaherty 1981, S. 27)

Schülerjahrgang	6	7	8	9	10	11	12
5	.327**	.350**					
6		.599**	.405**				
7			.583**	.302*			
8				.537**	.488**		
9					.441**	.298	
10						.435**	.188
11							.239

Bemerkung: Die Stabilitätskoeffizienten der übrigen Faktoren liegen in vergleichbarer Höhe * $p < .05$ ** $p < .01$

Tabelle 5.8 Probanden der Längsschnittstichproben: Zusammenfassung der Ergebnisse der Varianzanalyse der Faktorskores (Dusek & Flaherty 1981, S. 25)

	Quadratsumme für Faktor			
Varianzquelle	Anpassung	Leistung u. Dominanz	Beliebtheit	Maskulinität/ Femininität
Zwischen:				
Gruppe	3.09	1.45	.87	.96
Geschlecht	.43	7.78**	23.30***	57.16***
Gruppe × Geschlecht	1.16	4.78*	.64	.80
Irrtumsvarianz zwischen:	1.91	1.86	1.59	1.59
Innerhalb:				
Jahre	.30	.71	.06	.68
Gruppe × Jahre	.24	.49	.60	.19
Geschlecht × Jahre	.32	1.97*	.09	.60
Gruppe × Geschlecht × Jahre	.33	.67	1.04	.51
Irrtumsvarianz innerhalb:	.55	.54	.64	.54

* $p < .05$. ** $p < .01$. *** $p < .001$.

der Längsschnittuntersuchungen im Überblick. Die dort zusammengestellten Ergebnisse der Varianzanalyse besagen, daß faktisch nur Geschlechtsunterschiede bestehen, hingegen zwischen den drei Längsschnittstichproben und zwischen wiederholten Messungen bei den gleichen Probanden keine signifikanten Differenzen auftreten. Allerdings sind die Stabilitätskoeffizienten auch nicht so hoch, daß sie nicht noch beträchtliche Veränderungen des Selbstkonzeptes zuließen.

Realistische Einschätzung des Selbstkonzeptes

Eine Untersuchung von Hörmann & Brunke (1985) an deutschen Jugendlichen bestätigt die Annahme, daß trotz relativer Stabilität des Selbstkonzeptes noch beträchtliche Änderungen auftreten können. Die Autoren erfaßten Jugendliche mit Hilfe eines Selbsteinschätzungsfragebogens zweimal im Abstand von vier Jahren mit ca. 17 und ca. 21 Jahren (1975 und 1979). Etwa in die Mitte der beiden Messungen fiel der Schulabschluß und die nachfolgende Aufnahme einer beruflichen oder weiterbildenden Tätigkeit. Dabei zeigte sich, wie bei den oben beschriebenen Untersuchungen, die Strukturgleichheit des Selbstkonzeptes, diesmal aufgegliedert in ein Fähigkeitsselbst, ein emotionales Selbst und ein soziales Selbst. Mit Hilfe der LISREL-Analyse (s. Kap. 24) wurden diese drei Komponenten als latente Faktoren abgebildet, d. h. als Erklärung der gemessenen Items benutzt. Auf diese Weise können sie berechtigterweise als Konstrukte verstanden werden, deren strukturelle Ähnlichkeit trotz Veränderung von Mittelwerten erhalten bleibt. Weiterhin läßt sich auf diese Weise ein Kausalzusammenhang zwischen dem ersten und zweiten Zustand (unter Zugrundelegung von diesbezüglichen Annahmen) folgern. Die Autokorrelationen der drei latenten Faktoren betragen für das Fähigkeitsselbst .64, für das emotionale Selbst .68 und für das soziale Selbst .66. Dies belegt eine ziemlich hohe Stabilität der gefolgerten Selbstkonzeptkomponenten.

Dennoch verändern sich zwei Komponenten in ihrer Ausprägung beträchtlich. Das Fähigkeitsselbst sinkt signifikant bei den älter gewordenen Probanden ab, ebenso das soziale Selbst. Das emotionale Selbst hingegen verändert sich nicht. Dies kann als Hinweis dafür gelten, daß das Selbstbild mit zunehmendem Alter realistischer wird und mögliche Selbstüberschätzungen korrigiert werden. Dafür sprechen auch frühere Untersuchungen von Bailey und Bailey (1974).

Umwelteinflüsse und Rahmenbedingungen bei der Entwicklung des Selbstkonzeptes

Damit sind wir bei der Frage nach Einflußgrößen auf die Entwicklung des Selbstkonzeptes angelangt. Das Absinken der Mittelwerte beim Fähigkeitsselbst und sozialem Selbst in der Untersuchung von Brunke und

Wie realistisch ist die Selbsteinschätzung?

Die Autoren untersuchten 341 Schüler aus der vierten, achten und zwölften Klasse sowie College-Studenten. Die Probanden gaben auf Skalen ihre Einschätzung der eigenen schulischen Leistung an. Dabei schätzten sie ihren ,,realen" (gegenwärtigen) Leistungswert und den ,,idealen" Wert (welche Leistungen sie zu erreichen hofften). Außerdem wurde die intellektuelle Leistungsfähigkeit mit einem Intelligenztest ermittelt. Die Ergebnisse sind aus den Abbildungen 5.11 und 5.12 ersichtlich.

Abbildung 5.11 veranschaulicht die Entwicklungs- oder Altersunterschiede bei der Real-Ideal-Diskrepanz. Damit ist die Differenz zwischen ,,realem" und ,,idealem" Selbst gemeint. Man erkennt, daß in der zwölften Klasse die Differenz am geringsten ist. Bis zu dieser Klasse hin gleichen sich Wunschvorstellungen und Wahrnehmungen der aktuellen Leistungsfähigkeit immer mehr an. Danach aber erfolgt wieder ein Anstieg der Diskrepanz. Die Mädchen stecken offenkundig ihre Ziele näher an die aktuell eingeschätzte Leistungshöhe, denn diese Kurve verläuft flacher.

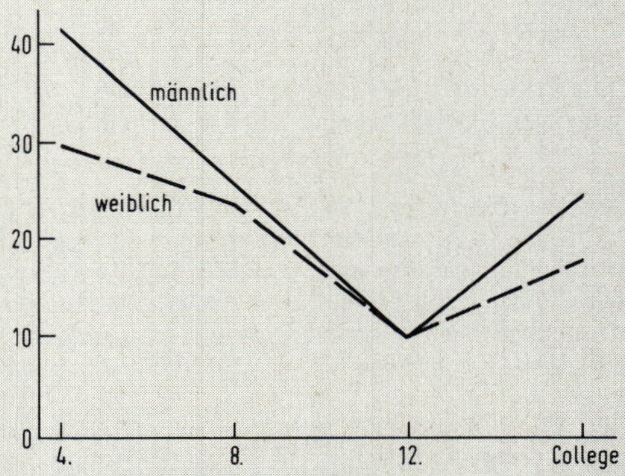

Abb. 5.11 Durchschnittswerte der Real-Ideal-Diskrepanz auf verschiedenen Altersstufen (nach Bailey & Bailey 1974)

Abbildung 5.12 zeigt die Veränderung in der Differenz zwischen ,,realer" Einschätzung und tatsächlich gemessenem Intelligenzwert. Interessanterweise steigt die Diskrepanz nach der zwölften Klasse wieder an, d. h. daß College-Studenten unrealistischer waren als Zwölftkläßler. Große Unterschiede bestehen zwischen den Geschlechtern. Die Mädchen sind in der zwölften Klasse weitaus genauer in ihren Schätzwerten als die männlichen Jugendlichen. Aber auch sie zeigen einen Anstieg in der Diskrepanz, werden also ,,unrealistischer".

Zur Interpretation. Zwei Aspekte müssen besonders hervorgehoben werden: Geschlechtsrolle und Umweltwechsel. Bezüglich der Geschlechtsrolle wird deutlich, daß Mädchen zur schulischen Leistung ein realistischeres Verhältnis haben. Möglicherweise bedeutet für sie (zumindest in den erfaßten Stichproben) die Schule mehr und füllt sie mehr aus. Darin spiegelt sich auch die größere (und leichtere) Anpassung der Mädchen an Anforderungen der Umwelt wider. Aber gerade die größere Anpassungsleistung ist wiederum ein Charakteristikum der weiblichen Geschlechtsrolle.

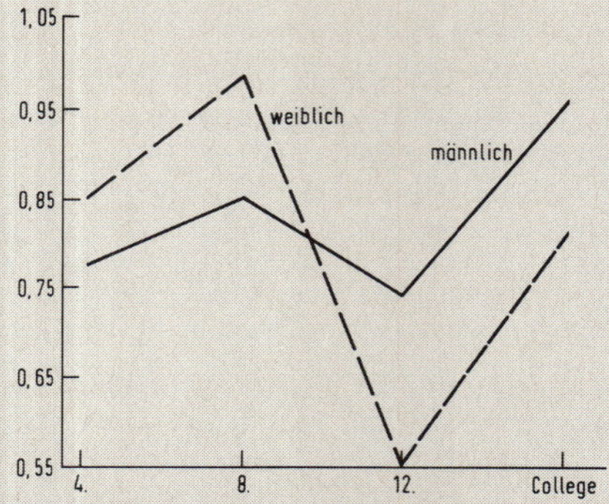

Abb. 5.12 Differenzen zwischen ,,realer" Einschätzung und tatsächlich gemessener Intelligenz (nach Bailey & Bailey 1974)

Von Mädchen wird weniger erwartet, daß sie aktiv experimentierend sind und sich eigene Ziele stecken, sondern eher, daß sie eine passive Flexibilität entwickeln, die eine spätere Anpassung an die Erwartungen des Mannes ermöglichen soll. Vielleicht überträgt sich dieses geschlechtsspezifische Rollenverständnis schon frühzeitig auf geschlechtsunspezifische Anforderungen (wie schulische Leistung) und deren Einschätzung.

Es spricht vieles dafür, daß der erneute Anstieg der Diskrepanzwerte in beiden Abbildungen mit dem Umweltwechsel zusammenhängt, nämlich mit dem Übertritt von der High School in das College. Das College bzw. die Universität eröffnet eine neue schulische Laufbahn, so daß die Ziele nun wieder weitergesteckt werden und die Erwartungen bezüglich der eigenen Person ansteigen. Sicherlich darf man solche Befunde nicht auf bereits Berufstätige übertragen.

Warum die deutschen Probanden nicht dieses Bild einer erneuten Höherschätzung ihrer Fähigkeit zeigen, bleibt offen. Dieser Umstand dürfte seine Ursachen in den unterschiedlichen Umwelten (College in den USA vs. Beruf, berufliche Weiterbildung und Universität in Deutschland) haben.

Hörmann dürfte mit dem Umweltwechsel zusammenhängen, den die Probanden erfahren haben. Die Konfrontation mit der neuen Umwelt führt offenkundig zu einer niedrigeren Selbsteinschätzung. Auch andere Befunde dieser Untersuchung belegen den Einfluß von Umweltbedingungen. Probanden mit Abitur zeigten eine höhere Einschätzung im

Schule und Selbstkonzept

Wie schulische Umwelt Komponenten des Selbstbewußtseins beeinflußt, soll an Befunden aus einer Längsschnittuntersuchung demonstriert werden (Jerusalem[4] 1984). Die Abbildungen 5.13 und 5.14 zeigen den Verlauf des mit Hilfe von Skalen erfaßten Begabungsselbstkonzeptes und des generalisierten Selbstkonzeptes über einen Zeitraum von zwei Schuljahren (5. und 6. Klasse). In Klassen, in denen der Lehrer individuelle Leistungsrückmeldung (zumindest in der Wahrnehmung der betroffenen Schüler) bevorzugte, bleibt die Bewertung des Selbstkonzeptes im Durchschnitt auf der gleichen Höhe, die des Begabungskonzeptes wächst sogar an. Schüler, die ihre Lehrer als an sozialen Bezugsnormen orientiert, d.h. auf den Vergleich innerhalb der Klasse ausgerichtet, wahrnehmen, schätzen ihre Begabung und ihren Wert zunehmend niedriger ein. Leider wurde die Orientierung der Lehrer nicht zusätzlich unabhängig erfaßt, so daß von den Angaben der Schüler allein nur sehr bedingt ein Schluß von der tatsächlichen Rückmeldung des Lehrers auf das Selbstkonzept des Schülers gezogen werden kann.

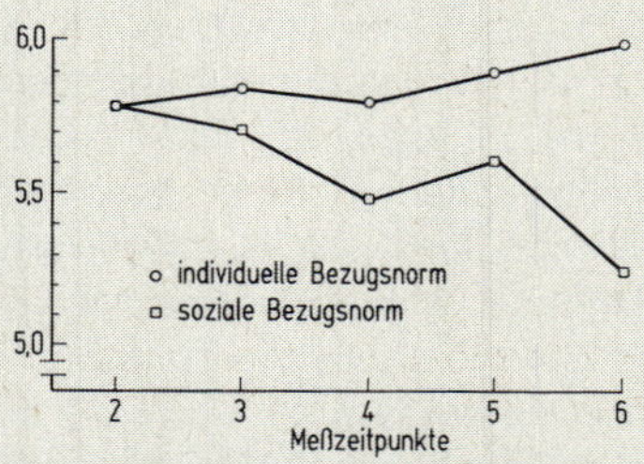

Abb. 5.13 Die Entwicklung des Begabungsselbstbildes in Abhängigkeit von der wahrgenommenen Bezugsnormorientierung der Lehrer (aus Jerusalem 1984, S. 307)

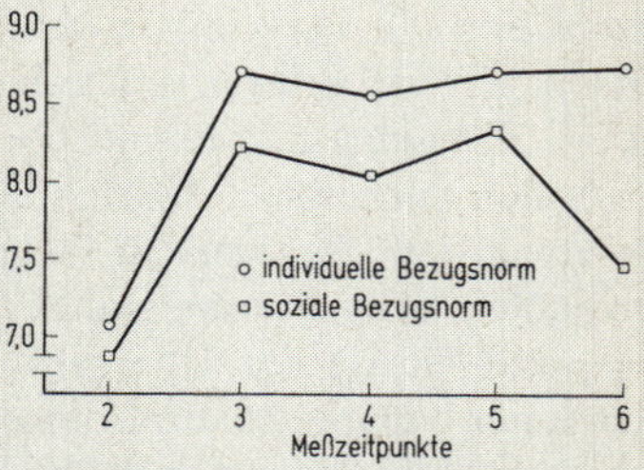

Abb. 5.14 Die Entwicklung des generalisierten Selbstkonzeptes in Abhängigkeit von der wahrgenommenen Bezugsnormorientierung der Lehrer (aus Jerusalem 1984, S. 309)

[4] Es handelt sich um Ergebnisse eines DFG-Projektes unter Leitung von Prof. Dr. Ralf Schwarzer.

Fähigkeitsselbst, Personen mit einer Partnerbeziehung bewerteten ihr soziales Selbst höher als die Vergleichsgruppe. Die Dauer der Partnerbeziehung korrespondierte mit der Einschätzung höherer emotionaler Stabilität.

Identitätsentwicklung als Aufbau und Veränderung komplexer Strukturen

Die bisherige Betrachtungsweise ist schon vom Alltagsverständnis her unbefriedigend. Das Herauslösen einzelner Dimensionen des Selbstkonzeptes und die Analyse ihrer Beziehungen zu anderen Variablen vermittelt nicht das Bild von Identität, das unser Selbstbewußtsein ausmacht. Auch theoretisch bleibt der bisher erläuterte Zugang unbefriedigend, weil er, bezogen auf den Identitätsbegriff, atheoretisch ist.[5] Ein andersartiger Zugang zur Identitätsentwicklung, der den komplexen Charakter des Identitätsbegriffes berücksichtigt, stammt von Erikson (1974 a und b, 1976). Sein Versuch geht allerdings auf Kosten präziser Aussagen und klarer Ableitungen für empirische Untersuchungen.

Identität als lebenslange Entwicklung durchläuft nach Erikson acht Krisen, die einen gegensätzlichen Ausgang haben können. Die jeweils positive Bewältigung der Krise ermöglicht die Auseinandersetzung mit der nächsten Aufgabe. Im Jugendalter wird Identität zur zentralen Entwicklungsaufgabe (wie auch bereits früher ausgeführt). Die ,,Identitätskrise", die Erikson an sich selbst intensiv erlebt hat, ist nach seiner Meinung das Hauptmerkmal jugendlicher Entwicklung. Der Jugendliche durchläuft ein Stadium des ,,Moratoriums", d. h. einen Schwebezustand mit ungewissem Ausgang. Der Weg kann einerseits in die ,,Identitätsdiffusion", andererseits in eine gefestigte Identität führen. Obwohl Erikson sehr viel gelesen und zitiert wird, hat man nur wenig versucht, seine Überlegungen in empirische Fragestellungen zu kleiden. Die in den beiden vorherigen Abschnitten behandelten Befunde lassen eher vermuten, daß die meisten Jugendlichen kein solches Moratorium durchlaufen. Aus Autobiografien berühmter Männer wissen wir allerdings, daß für sie der Übergang ins Erwachsenenalter krisenhaft im Sinne eines Identitätsmoratoriums verlief (Einstein pausierte ein Jahr nach dem Abitur, bevor er an die Technische Hochschule ging; Goethe führte ein ,,liederliches Leben", das ihm sogar Krankheit bescherte). Marcia (1964) versuchte, Eriksons Ansatz für empirische Untersuchungen zu nutzen, in denen er semistrukturierte Interviews mit jungen Erwachsenen im Alter von etwa 18 und 24 Jahren durchführte.

---

[5] Bezogen auf andere theoretische Konzepte hingegen mögen relativ klare und ausgearbeitete Zusammenhänge postuliert sein, so z. B. zum Zusammenhang von Fähigkeit und Selbsteinschätzung, zum Konzept der Selbstwirksamkeit und Kontrollüberzeugung u. a. m.

Punks im Gespräch (zu S. 316)

Die vier Identitätszustände, die er fand, lassen sich gemäß Tabelle 5.9 nach den Dimensionen ,,innere Verpflichtung“ und ,,Krise“ in vier Felder ordnen. Wichtig erscheint, daß die vier Identitätszustände nicht der Reihe nach (übernommene Identität – diffusse Identität – Moratorium – erarbeitete Identität) durchlaufen werden müssen. Die bei College-Studenten vorgefundenen Identitätszustände konnten gemäß dieser Viergliederung zugeordnet werden, jedoch verliefen Identitätsveränderungen in ganz verschiedene Richtungen und, was gegen Eriksons Annahme spricht, die erarbeitete Identität und das Moratorium erwiesen sich als weniger über die Zeit hinweg stabil als die diffuse Identität und die übernommene Identität. In Tabelle 5.10 ist eine kurze Kennzeichnung der vier Zustände zusammengestellt.

Tabelle 5.9 Die vier Identitätszustände nach Marcia und der hypothetische Verlauf einer Identitätskrise im Jugendalter nach Erikson (aus Haußer 1983, S. 122)

	Krise	Keine Krise
Innere Verpflichtung	Erarbeitete Identität	Übernommene Identität
Keine innere Verpflichtung	Moratorium oder Diffuse Identität	Diffuse Identität

Die unterschiedliche Kennzeichnung der vier Identitätsformen zeigt recht eindrucksvoll den Unterschied zu den vorherigen Komponenten des Selbstkonzeptes. Hier wird Identität als Ganzes konzipiert, in dem einzelne Komponenten wie Selbstkontrolle und Intimität sinnvoll aufeinander bezogen sind. Will man überhaupt eine Beziehung von den Fragebogenergebnissen (etwa bei Offer 1984) zu solchen Befunden (ermittelt aus der Inhaltsanalyse von Interviews) herstellen, dann allenfalls die, daß die meisten Jugendlichen eine übernommene Identität besitzen: sie sind glücklich, haben keine größeren Probleme und befinden sich mit ihren Eltern im guten Einvernehmen. Es leuchtet jedoch ein, daß die typischen Selbstkonzeptfragen wenig mit dem Identitätsverständnis Eriksons oder Marcias zu tun haben.

Die hier vertretene Auffassung läßt sich formal durch zwei Kennzeichen beschreiben, die in entwicklungspsychologischer Sicht spätestens ab dem Jugendalter wichtig werden: Sinnzuweisung und Struktur. In der Identitätsbeschreibung von Erikson wird der Sinn von Identität im Ent-

Tabelle 5.10: Einige Kennzeichen der vier Identitätszustände nach Marcia (1980)

Untersuchtes Merkmal	diffuse Identität (keine Festlegung für Beruf oder Werte)	Moratorium (gegenwärtige Auseinandersetzung mit beruflichen oder sonstigen Wertfragen)	übernommene Identität (Festlegung auf Beruf oder Werte, die von den Eltern ausgewählt wurden)	erarbeitete Identität (Festlegung auf Beruf und Wertpositionen, die selbst gewählt wurden)
Selbstwertgefühl	niedrig	hoch	niedrig (männlich) hoch (weiblich)	hoch
Autonomie	extern kontrolliert	internale Kontrolle	autoritär	internale Kontrolle
Kognitiver Stil	impulsiv, extreme kognitive Komplexität	reflexiv, kognitiv komplex	impulsiv, kognitiv simpel	reflexiv, kognitiv komplex
Intimität	stereotype Beziehungen	fähig zu tiefen Beziehungen	stereotype Beziehungen	fähig zu tiefen Beziehungen
Soziale Interaktion	zurückgezogen, fühlen sich von den Eltern nicht verstanden, hören auf Peers und Autoritäten	frei, streben intensive Beziehungen an, wetteifern	ruhig, wohlerzogen glücklich	zeigen nicht-defensive Stärke, können sich für andere ohne Eigennutz einsetzen

wicklungsgeschehen und in den Umweltbeziehungen zu erfassen versucht. Die Beschreibung dieser Identität nimmt dabei eher die Form einer Struktur und weniger einer isolierten Variablen an. Dieses Verständnis haben wir in ähnlicher Weise bei den früher erwähnten Selbstmordtheorien (Döbert & Nunner-Winkler 1984), bei der Konzeption des Erwachsenenalters (Dreher & Oerter 1985, s. o.) und bei den Stufen des moralischen Urteils (Kohlberg 1969; s. Kap. 15) vor uns.

Während bei Marcia die Entwicklungsrichtung für Identität nach allen Seiten offen ist – auch im späteren Erwachsenenalter wurden die vier Identitätsformen gefunden –, bemühen sich andere Ansätze um die Ermittlung von Strukturniveaus, die aufeinander aufbauen, ohne daß das jeweils höchste erreicht zu werden braucht. Die Konzeption des Erwachsenenalters, die auch die Beschreibung der Identität des Befragten enthält (siehe S. 279), kann als Folge von Strukturen beschrieben werden. Dies soll exemplarisch an dem sich wandelnden Person-Umwelt-Verhältnis verdeutlicht werden (s. S. 311).

Identitätsentwicklung wird gerne mit der Entwicklung des moralischen Urteils in Verbindung gebracht (Habermas 1976, Döbert & Nunner-Winkler 1975). Für das Jugendalter bedeutsam sind vor allem zwei Identitätsebenen: Rollenidentität und Ich-Identität. Erstere ist gekennzeichnet durch die mehr oder minder kritiklose Übernahme von Berufs- und Familienrolle sowie durch Anpassung auf dem konventionellen Niveau der Moral (s. Kap. 15). Letztere kennzeichnet Identitätsbildung auf der Ebene der post-konventionellen Moral, auf der die freie Gewissensentscheidung, die Veränderbarkeit sozialer Regeln und das Denken in alternativen (auch utopischen) Lebensformen bedeutsam wird. Nieder und Pezaro (1984) fanden bei Abiturientinnen entsprechend den theoretischen Erwartungen einen signifikanten Zusammenhang zwischen Ausgeprägtheit der Identitätskrise und dem Niveau der Identität. Personen mit Ich-Identität scheinen eher und stärker mit Identitätskrisen zu kämpfen als Personen mit Rollen-Identität. Sie zeigen auch eine stärkere Ablösung von den Eltern und berufliche Leitbilder, die entweder alternative Lebensformen anstreben oder die Autonomie bei der Wahl von traditionellen Berufen betonen.

Die Zukunft der Identitätsforschung liegt zweifellos bei der Aufhellung komplexer struktureller Züge der Identität. Die Beschreibung der Identität als komplexe Struktur wirft ein neues Licht auf die Befunde zur Stabilität des Ich-Konzeptes und zum relativ problemlosen Übergang der Mehrzahl der Jugendlichen ins Erwachsenenalter. Wer als Jugendlicher sukzessive und bejahend alle wesentlichen Normvorstellungen und Anforderungen des Erwachsenenlebens übernimmt, erlebt sich relativ wenig ausgeprägt in einer Krise. Er dürfte allerdings auch eher eine „Rollenidentität" (Habermas 1976) bzw. eine „übernommene Identität" (Marcia 1980) aufbauen. Der relativ kleine Prozentsatz von Jugendlichen mit erlebter Krise, die auch ein ,,Moratorium" umfaßt, dürfte eher zu einer ,,Ich-Identität" (Habermas 1976a) oder ,,erarbeiteten Identität" (Marcia 1980) gelangen, ist aber auch der Gefahr des Mißlingens der Identitätsbildung ausgesetzt (diffuse Identität).

Damit kommen wir zu der nicht ganz trivialen Folgerung, daß Höherentwicklung durch Verlust an Ausgewogenheit und persönlichem Glück erkauft werden muß. Je mehr jemand in die Komplexität und damit auch Widersprüchlichkeit der Welt und der eigenen Beziehungen zu ihr eindringt, desto weniger wird es ihm vergönnt sein, unbekümmert und glücklich in den Tag hinein zu leben.

Niveaus des Ich-Umwelt-Verhältnisses bei der Identitätsbildung

Stufe I (konkrete Handlungen) (Dreher & Oerter 1985). Hier beschreibt das Kind den kompetenten Erwachsenen als einen in seiner Umwelt Handelnden, wobei der Akteur und seine Handlungen sich noch nicht von der Umwelt abheben. Person und Umwelt sind in der Konzeption begrifflich noch nicht geschieden.

Stufe II (sich engagieren, persönliche Kosten investieren). Der kompetente Erwachsene steht nun der Umwelt bereits gegenüber, er muß sich mit ihr ,,auseinandersetzen", sie leistet Widerstand und ist ihm oft feindlich gesinnt.

Stufe IIIa (Umweltkontrolle und Selbstkontrolle). Das Person-Umwelt-Verhältnis wird nun gekennzeichnet durch die Möglichkeit der Steuerung und Einflußnahme. Der Akteur ist gewissermaßen Herr der Lage und der Umwelt wie auch seinen eigenen Trieben und Gefühlen nicht hilflos ausgeliefert.

Stufe IIIb (reflexive Selbstbestimmung). Die Distanz zwischen Ich und Umwelt hat ihr Maximum erreicht. Das Individuum wird als prinzipiell andersartig konzipiert und sehr viel stärker als die Umwelt gewichtet. Die Auseinandersetzung mit sich selbst wird als entscheidend für das Erwachsenwerden (und -sein) angesehen.

Stufe IV (Reflexion der Beziehungen zwischen Ich und Umwelt). Nun erhält auch die Umwelt aufgrund der Erkenntnis ihrer allgegenwärtigen prägenden Wirkung gleiches Gewicht wie das Individuum selbst und wird in die Konzeption von Identität einbezogen. Die auf Stufe IV anzutreffende Konzeption des Menschen und seiner Identität hat das (auch theoretische) prinzipiell widersprüchliche Verhältnis von Person und Umwelt zur Grundlage des Verständnisses. Identität definiert sich hier *strukturell* aus dem System der Umweltbeziehungen und dem Wissen um sie sowie *dynamisch* aus der stetigen Ausbalancierung des Person-Umwelt-Verhältnisses durch das Nachdenken über sie und durch reflektiertes Handeln.

Man sieht, daß Identität mit zunehmender Entwicklung hochkomplex im Wissen organisiert wird.

4. Der Jugendliche im Spannungsfeld verschiedener Umwelten

Die Beschreibung der Identitätsentwicklung hat deutlich gemacht, daß menschliche Entwicklung immer in ihrer Wechselwirkung zur Umwelt gesehen werden muß. Diese ökologische Perpektive soll nun auch bei der Beschreibung der Entwicklung im Jugendalter aufgegriffen werden.

Der Jugendliche als Marginalperson?

Nach Kurt Lewin (1963) entsteht der zentrale Konflikt des Jugendalters aus der Stellung des Jugendlichen zwischen Kindheit und dem Erwachsenendasein. Diese Zwischenstellung macht ihn – ähnlich den Angehörigen von Minderheitsgruppen – zur Randgruppenperson, zur ,,marginal person". Die Zwischenstellung, die zugleich Grenz- oder Randstellung ist, empfängt von zwei Seiten zusätzliche Belastung und Unsicherheit:
- Der Wechsel vom Kindes- zum Erwachsenenalter bringt den Übertritt in einen noch unbekannten Lebensbereich, der für den Jugendlichen wenig strukturiert und gegenüber dem bisherigen Erfahrungsraum viel stärker ausgeweitet ist.
- Die dramatischen Veränderungen am eigenen Körper mit neuen körperlichen Erfahrungen bringen Verwirrung, zumal die Umwelt ebenfalls auf diese körperlichen Veränderungen reagiert.

Der Konflikt des Jugendlichen als Marginalperson hängt in seinem Ausmaß davon ab,
- wie groß die Kluft zwischen Erwachsenenkultur und Kindheit ist und
- wie ausgeprägt sich der Jugendliche selbst in dieser Zwischenstellung als Marginalperson wahrnimmt.

In schriftlosen Kulturen ist beispielsweise die Kluft zwischen Kindheit und Erwachsenenalter gering, die Kinder übernehmen ganz allmählich die Aufgaben von Erwachsenen. Die Wahrnehmung der Grenzposition ist bei Jugendlichen in unserer eigenen Gesellschaft unterschiedlich. Die berufstätige Jugend nimmt diese Kluft vermutlich weniger wahr als Schüler und Studenten oder als arbeitslose Jugendliche.

In letzter Konsequenz führt die Marginalisierung zur Entfremdung von der umgebenden Gesellschaft und zur Wahl alternativer Lebensformen. Unter ökologischer Perspektive ist die Position des Menschen in seiner Umwelt durch ein vielfältiges Geflecht von Bindungen an Ausschnitte und Gegenstandsbereiche von Umwelt gekennzeichnet. Im Normalfall fühlen sich Jugendliche in ihrer Umwelt heimisch, weil sie positive Gefühlsbindungen zu ihrer Umgebung aufgebaut haben, so etwa in der Familie, in der Schule, im Wohnviertel oder anderen Freizeitumwelten und im Berufsleben. Alle diese Umweltbereiche (,,Lebensregionen“ nach Lewin 1963) können aber eine Umbewertung erfahren. Das Elternhaus bzw. die elterliche Wohnung kann im Zuge der Ablösung des Jugendlichen als einengend, ,,muffig“ und spießbürgerlich erlebt werden. Die Schule erhält, vor allem bei gehäuften Mißerfolgen, oft genug den Charakter einer bedrohlichen, einengenden, ja überholten Institution. Auch die bisherige Umwelt außerhalb von Familie und Schule mag negative Akzente erhalten. Der auf dem Land oder in der Kleinstadt lebende Jugendliche sehnt sich nach den Abwechslungen des Großstadtlebens, der Großstadtjugendliche nach dem alternativen Leben auf dem Lande. In je mehr Regionen sich Jugendliche unwohl fühlen, desto stärker dürfte sich das Entfremdungserlebnis auswirken.

Dazu treten allgemeine gesellschaftliche Bedingungen, die Entfremdung verstärken können. Die wichtigste ist die Entfremdung am Arbeitsplatz, genereller im gesamten Produktions-Konsumptionszirkel.

Beispiel einer Jugendkultur: Die Hippies

Am Beispiel der Hippie-Kultur in den USA soll die Gegenbewegung von Jugendlichen zur Gesamtkultur noch etwas verdeutlicht werden. Trotz einer breiten Variation von ,,Hippie-Typen“ gibt es doch gemeinsame Merkmale. Die meisten Hippies waren Weiße zwischen 18 und 26 Jahren und stammten aus der städtischen Mittelschicht (Zablocki 1969). Ihre Eltern waren meist erfolgreich, angepaßt und politisch gemäßigt. Die Hippies richteten sich gegen die aggressive, konkurrenz-orientierte und auf Konformität drängende amerikanische Gesellschaft und versuchten demgegenüber Liebe, Sanftmut, Ehrlichkeit, Kontakt und Zärtlichkeit als Werte zu verwirklichen. Enge Verbundenheit mit der Natur, unmittelbare emotionale Erfahrung und Befreiung von sozialen und sexuellen Hemmungen wurden angestrebt (Allen & West 1968, Brown 1967). Die Hippies waren in der Regel Drogenkonsumenten (vor allem Marihuana und LSD) und betrachteten solche Psychedelika als wesentlichen Bestandteil ihres Lebens. Hippies trugen ihre Glückseligkeit ostentativ zur Schau, sie bevorzugten ausgefallene Trachten, behängten sich mit Blumen und Perlenschnüren, zeigten sich humorvoll, freundlich und lebten dem Müßiggang. Ihre Lebensweise war mit wenigen Ausnahmen (Rock-Musiker, Maler, Handwerker) nur in parasitärer Form möglich. Die Gesellschaft, die sie ablehnten, ernährte sie. Viele Hippies lebten von den Zuschüssen ihrer Eltern. Es gab (und gibt) eigene Hippie-Viertel, so daß ihre Kultur auch räumlich lokalisierbar wurde. Heute scheint die Bewegung in den USA abgeklungen zu sein.

Untersuchungen über die spätere Entwicklung von Hippies zeigen, daß sie sich meist wieder von der Hippie-Kultur absetzen und zum Teil geregelten Tätigkeiten nachgingen. Keineswegs aber kehrten sie zum ,,establishment“, in die bürgerliche Welt, völlig zurück. Sie nahmen, wenn auch in geringerer Menge, weiterhin Drogen, wählten Tätigkeiten, die möglichst wenig körperliche und geistige Anstrengung erforderten, und nahmen nicht am politischen Leben teil (Wallach 1971, Allen & West 1968).

Nach Marx (s. Oesterreich 1981) lassen sich zwei Formen von Entfremdung unterscheiden: *Allgemeine* Entfremdung entsteht in warenproduzierenden Gesellschaften dadurch, daß menschliche Kontakte hauptsächlich oder ausschließlich über Waren hergestellt werden. Waren treten entfremdend zwischen die unmittelbaren Beziehungen von Menschen.

Spezielle Entfremdung entsteht am Arbeitsplatz, da die Arbeit nicht mehr unmittelbar auf die Ziele des eigenen Lebensbedarfes (Nahrung, Kleidung, Wohnung) gerichtet ist, sondern zum Tauschwert für Geld wird. Jugendliche, die in besonderem Maße der Entfremdung am Arbeitsplatz ausgesetzt sind, können solche Erfahrungen auch verbalisieren. So äußert sich ein Dreher im dritten Lehrjahr in einem Interview über Arbeit und Beruf (Oerter 1985, S. 86):

„Mein Berufsalltag? Ich gehe in der Früh an die Arbeit und arbeite den ganzen Tag an der Maschine. Spaß machen wird mir das eh nimmer lang. Kommst abends heim: Schon wieder so ein Scheißtag vorbei, Gott sei Dank ... Wenn ich ausgelernt habe, möchte ich meine Mittlere Reife nachmachen. Ich möchte halt nimmer in der Fabrik drinnenstehen und mich kaputtmachen. Ich möchte nicht, daß ich da bis fünfzig oder sechzig meinen Akkord runterschüttel, mich kaputtmach, das möcht ich nicht."

Wir werden zu zeigen haben, daß sich Entfremdung nur in Ausnahmefällen gravierend auswirkt, nämlich in dem Versuch, die traditionellen Lebensformen aufzugeben und der eigenen Kultur gewissermaßen den Rücken zu kehren. Meistens kommen Jugendliche in ihrer Umwelt überraschend gut zurecht und finden sich in neue Umweltbereiche und in die damit verbundenen Anforderungen ein.

Zur Subkultur des Jugendlichen

Die Marginalposition wird durch den Jugendlichen gewöhnlich in einer Weise kompensiert, die für den Hauptstrom der Kultur noch akzeptabel ist. Er nutzt den Freiraum, den ihm die Kultur bietet, zur Schaffung einer eigenen Umwelt, wo immer dies möglich ist. Coleman (1961), Tenbruck (1965) und Eisenstadt (1966) nehmen an, daß sich die Jugendlichen dabei eine eigene Subkultur errichten, die mehr oder minder von der Erwachsenenkultur abweicht. Keniston (1971) spricht sogar von einer Gegenkultur. Esler (1971) und Johnson (1973) führen die Subkultur des Jugendlichen auf seine Isolierung vom Erwachsenenleben und auf das Fernhalten von Verwantwortung zurück. Die Jugendlichen, so argumentieren sie, werden in Schulen und Universitäten wie in Ghettos von Positionen in der modernen Industriegesellschaft ferngehalten und als eigene Gruppe behandelt. Dies trifft stärker für amerikanische oder englische Jugendliche zu, bei denen Ausbildung und Alltagsleben im Campus integriert sind.

Ist es schon schwierig, Kultur überhaupt zu definieren, so läßt sich noch schwerer abgrenzen, ob und unter welchen Bedingungen man von einer Subkultur des Jugendlichen sprechen kann. Da die Jugendlichen sich untereinander stark unterscheiden – man vergleiche etwa berufstätige und schulbesuchende Jugendliche –, kann die Subkultur nichts Einheitliches sein. Wir benutzen daher den Ausdruck nur als Hilfsbegriff, gewissermaßen als anschaulichen Merkposten für typische Erscheinungen im Jugendalter. Generell läßt sich von Subkultur sprechen, wenn

- ein Orientierungs- und Normsystem vorhanden ist, das sich von der Gesamtkultur abhebt,
- ein von der Gesamtkultur abweichender Lebensstil existiert,
- ein Sozialsystem vorhanden ist, das die Normen und den Lebensstil erzeugt und trägt. Letzteres ist für das Jugendalter die Peergruppe (die Gruppe der Gleichaltrigen und Gleichgesinnten).

Im folgenden seien einzelne Züge der Subkultur des Jugendlichen herausgegriffen.

Sprache. Die Jugend wählt für gewisse Sachverhalte und Vorgänge neue Ausdrücke und bietet insbesondere für gefühlsbezogene Urteile ein Repertoire an Wörtern an.

Einige Beispiele: ,,Spitze", ,,Wahnsinn", ,,stark", ,,das bringt's", ,,Null Bock" haben (keine Lust zu etwas haben), ,,anturnen" (ansprechen), ,,jemand aufreißen" (kennenlernen), ,,cool sein" (eine möglichst unberührte Haltung in kritischen oder aufregenden Situationen zeigen).

Der Jugendjargon scheint bestimmte Funktionen zu erfüllen: (a) er drückt manches kurz und knapp und oft auch radikal simplifiziert aus, (b) er drückt Erlebniszustände aus, die in der Meinung des Jugendlichen mit der herkömmlichen Sprache nicht beschrieben werden können, (c) er ermöglicht die Verständigung und bewirkt das Gefühl der Zusammengehörigkeit gegenüber der ,,Außengesellschaft".

Musik. Als eines der hervorstechendsten Merkmale der Jugendkultur kann ihre Musik gelten, die typische Kennzeichen einer ,,Gegen"-Kultur aufweist: Hohe Lautintensität bis zur Schmerzhaftigkeit, expressiv bis zum Exzeß, hämmernde Rhythmen, perseverierende Wiederholungen. Wenn man überhaupt eine Deutung wagen kann, so ist die Musik der Jugendkultur eine Reaktion auf Konvention, Gefühlverflachung, bürokratische Erstarrung, kurzum auf die Entfremdung in einer auf Produktion und Konsumption ausgerichteten Gesellschaft. Die Musik der Jugendkultur[6] hat stärker als andere Schöpfungen auf die Erwachsenen- bzw. die Gesamtkultur zurückgewirkt, sie ist heute fester Bestandteil der

---

[6] Obwohl die Schöpfer der Rock- und Popmusik in der Regel junge Erwachsene sind, erscheint es gerechtfertigt, sie zur Jugend im weiteren Sinne der Zwischenstellung zu rechnen (im Englischen ,,Youth").

Unterhaltungsmusik. Inzwischen existiert eine große Variationsbreite innerhalb der Musikkultur. Sie reicht von anspruchsvoller Pop-Musik (Genesis, Pink Floyd) und (Pop-)Jazz über (Protest)lieder bis zu anspruchsloser Disco-Musik und Schlagern.

Die ‚Subkultur' wird nicht nur im Musikbereich vermarktet. Die Vorliebe für Jeans wurde von den Produzenten zur „Jeanskultur" ausgeweitet, Reklame und Werbung orientieren sich weitgehend an dem Jugendlichen und stellen das (möglichst lange) Jung-Sein als erstrebenswert hin, ein Ziel, das durch den Erwerb von Konsumgütern (entsprechende Kleidung, Kosmetika) länger und leichter erreichbar scheint.

Im Jahr 1980 bestanden mindestens vier unterschiedliche subkulturelle Ausprägungen bei Jugendlichen: die „Popper" (legen Wert auf schikke, auffällige Kleidung), die „Rocker" (bevorzugen Lederkleidung, schwere Motorräder), die „Punks" (Verfremden Selbstverständlichkeiten der körperlichen Erscheinung, färben beispielsweise die Haare blau und rot und bringen sich zum Teil Narben bei) und die „Teds" (kleiden sich wie Jugendliche vor 25 Jahren).

Die Peergruppe als Umwelt

In einem relativ unklar definierten Übergangsfeld zwischen Kindheit und Erwachsenenalter hat eine besondere Instanz Funktionen der Sozialisation und der sozialen Unterstützung übernommen: die Peergruppe.[7] Sie besteht und wirkt auf drei Ebenen: (a) als große Gemeinschaft mit gleichen Interessen, Vorlieben, zum Teil auch Werthaltungen, die einen bestimmten gemeinsamen Lebensstil nahelegen, (b) als konkrete Gruppe, der ein Jugendlicher angehört oder angehören möchte und (c) als Freundschaft mit spezifischen Bindungserfahrungen.

Peergruppe als große Gemeinschaft

Die Elemente der jugendlichen Subkultur sind meist mit der anonymen Großgruppe verbunden. Jugendliche verstehen sich in ihren Interessen und Vorlieben über Grenzen und politische Systeme hinweg. In sozialistischen Ländern beispielsweise setzt sich die Wirkung der jugendlichen Subkultur oft gegen den Willen der politischen Machtträger durch. In Pop- oder Rock-Konzerten wird die Peergruppe als Großgruppe anschaulich sichtbar. Jugendliche mit gleicher Gesinnung finden sich zusammen und entwickeln auch das Gefühl der Gemeinsamkeit.

---

[7] Der Ausdruck „Peer" läßt sich nur schwer übersetzen. Gemeint ist die Gruppe der Gleichaltrigen, aber auch Gleichgesinnten.

Die Peergruppe als konkrete Gruppe

Die Gruppe von Schulfreunden, die Clique an der Straßenecke oder eine stärker organisierte Jugendgruppe realisieren bestimmte Aspekte der Subkultur und des Lebensstils. Ihre Struktur ist unterschiedlich. Sie reicht von hierarchisch gegliederten Gruppen mit fester Rollenverteilung (Banden) über stabile Gruppen mit einem oder zwei bestimmenden Migliedern (z.B. tonangebende Gruppe in einer Schlulklasse: ,,Big Wheel") zu losen Gruppierungen mit relativ unverbindlicher Gruppenteilhabe der einzelnen Mitglieder (z.B. Treff an der Straßenecke, Plausch in der Eisdiele). Am häufigsten findet sich bei uns wohl eine Form der Peergruppe, bei der es einen festen Kern von befreundeten Mitgliedern gibt, zu denen sich ander Mitglieder gesellen, die häufiger wechseln und weniger regelmäßig an den Gruppenaktivitäten teilnehmen.

Die Aktivitäten von solchen Peergruppen sind so verschieden wie die Interessen, die ihren Mitgliedschaften bzw. ihrem Zustandekommen zugrunde liegen. Sugarman (1968) fand bei Londoner Schülern der High School drei Arten von Gruppen mit folgender Zielsetzung und Wertorientierung:

Sport- und Spielgruppen: Sie schätzten ,,fair play", Kameradschaftlichkeit und Sportlichkeit hoch ein.

Bummler: Sie erwarteten Toleranz, weiterhin daß ihre Mitglieder nicht empfindlich waren, nicht den Ton angeben wollten und nicht rechhaberisch waren. Sie waren besonders diskussionsfreudig.

,,Hard Boys": Sie werteten den inneren Zusammenhalt gegenüber äußeren Gegnern hoch, waren aggressiv und rücksichtslos, nahmen aber für die Durchsetzung von Zielen auch eigene Nachteile in Kauf.

Freundschaften

Freundschaften, die zunächst mit gleichgeschlechtlichen, später mit gegengeschlechtlichen Partnern geschlossen werden, heben sich von den bisherigen Ebenen der Peergruppe deutlich ab. In der Großuntersuchung von Douvan und Adelson (1966) suchten die 11- bis 13jährigen Freundschaften hauptsächlich, um gemeinsame Unternehmungen durchzuführen, während die 14 bis 16jährigen vor allem emotionale Sicherheit erwarteten. Youniss (1982) fand, daß Jugendliche ein neues Verhältnis für Freundschaften aufbauen. Der Freund wird zu einer Person, der man sich anvertrauen kann und die ihrerseits akzeptiert wird, auch wenn sie Fehler hat oder vorübergehend ein Verhalten zeigt, das dem Jugendlichen nicht gefällt. In eigenen Untersuchungen (Dreher & Oerter 1985) zeigte sich, daß Jugendliche nicht nur zunehmend die persönliche Autonomie in den Vordergrund stellten, sondern gleichzeitig das Recht auf Autonomie für andere betonten.

Wirkungen der Peergruppe

Damit kommen wir zur Frage, welche Funktion die Peergruppe für die Entwicklung im Jugendalter einnimmt. Erikson (1976), Ausubel (1968), Eisenstadt (1966) und viele andere weisen der Peergruppe eine zentrale Funktion zu:

a) Sie kann zur Orientierung und Stabilisierung beitragen und emotionale Geborgenheit gewähren.
b) Sie bietet sozialen Freiraum für die Erprobung neuer Möglichkeiten im Sozialverhalten und läßt Formen von sozialen Aktivitäten zu, die außerhalb der Gruppe zu riskant wären.
c) Sie hat eine wichtige Funktion in der Ablösung von den Eltern und bietet Unterstützung durch die normierende Wirkung einer Mehrheit (z.B. beim abendlichen Ausgang: ,,Die anderen dürfen auch so lange wegbleiben.“)
d) Sie kann zur Identitätsfindung beitragen, indem sie Identifikationsmöglichkeiten, Lebensstile und Bestätigung für Selbstdarstellungen bietet.

Dennoch ist Vorsicht geboten, die Ansicht Eisenstadts (1966) oder Colemans (1961) zu verallgemeinern, die Peergruppe sei eine entscheidende Sozialisationsinstanz im Jugendalter. Hartup (1977) findet beispielsweise, daß mehr als ein Drittel der von ihm befragten Jugendlichen angaben, noch nie einen guten Freund gehabt zu haben. Nach einer Emnid-Umfrage (1964) gaben nur 50% der Jugendlichen an, regelmäßig oder längere Zeit einer Peergruppe angehört zu haben.

Bei der Wirkung von Peers wie auch schon beim Zustandekommen von Gruppen ist der ökologische Rahmen bedeutsam, in dem Begegnungen stattfinden. Peergruppen und Freundschaften bei Schülern entstehen meist in Schulen. Berufstätige Jugendliche hingegen lernen sich weder in der Schule noch am Arbeitsplatz kennen, sondern in der Wohngegend (Kreutz 1964, Wald und Jaide, zit. n. Hornstein et al. 1975). Das bedeutet aber auch, daß die Peergruppe keinesfalls schichtintegrativ wirkt. Im Gegenteil, Peergruppen sind zumindest bezüglich der Schulbildung relativ homogen. Ökologische Bedingungen lassen übrigens einen Vergleich zwischen amerikanischen und deutschen Jugendlichen nur schwer zu, da amerikanische High Schools meist Ganztagsschulen sind, in denen die Jugendlichen viel mehr Gelegenheit zu sozialem Kontakt haben als bei uns. Ewert (1983) hält die Einführung des Begriffes Peergruppe nicht für glücklich, weil sie eher die amerikanischen als die deutschen Verhältnisse widerspiegele.

Peergruppe und psychosoziale Entwicklung

Bis jetzt ist noch nicht deutlich geworden, ob die Peers eine systematische Funktion für die Entwicklung des Jugendlichen hin zum Erwachsenenalter ausüben oder ob sie nur generell, d. h. nicht entwicklungsspezifisch sozialisieren (zur Unterscheidung s. Kap. 2).

Die entwicklungsrelevante Wirkung der *Peergruppe als Träger der Subkultur* kann durch zwei Momente charakterisiert werden: a) durch kohortenspezifische Effekte und b) durch Einflüsse auf den Lebensstil. Der *kohortenspezifische Effekt* der Peers als Gesamtgruppe zeigt sich in der Übernahme von Interessen und Vorlieben der Subkultur, der man als Jugendlicher angehörte. So behält man der Tendenz nach den Musikgeschmack zeitlebens bei, den man als Jugendlicher entwickelt hat, die (Jugend-)Kohorte der fünfziger Jahre die Vorliebe für Jazz, die Kohorte der sechziger Jahre für The Who oder die Beatles und später für Rock-Musik, die der siebziger Jahre für Pop-Musik (Dollase et al. 1985). Die Studentengeneration der sechziger Jahre, die die Unruhen an den Universitäten erlebt hat, ist von dieser Erfahrung in ganz anderer Weise geprägt als die Generation der siebziger Jahre oder die der achtziger Jahre, bei denen das Problem der mangelnden Berufsaussichten im Vordergrund steht. Theoretisch bildet die Subkultur des Jugendlichen oder die Ausprägung eines bestimmten Lebensstils eine interessante Basis für das Verständnis der Kohorten-Effekte (s. hierzu Kap. 25).

Die Peergruppe als Träger einer Subkultur oder zumindest subkultureller Lebensweisen formt den *Lebensstil* des einzelnen Jugendlichen mit. Der Jugendliche übernimmt Umweltbezüge, Interessen für Gegenstände der jeweiligen subkulturellen ,,Mode“ und entwickelt ein

Setting und Peeraktivitäten

Die Einbeziehung des Platzes, an dem Peers sich treffen, erbringt eine Reihe wichtiger Aspekte. Noack und Silbereisen (1984) befragten 1300 Jugendliche nach den Orten, wo sie sich in der Freizeit am liebsten aufhielten. Tabelle 5.11 zeigt einen Überblick. An erster Stelle stehen sportliche Einrichtungen, allem voran überraschenderweise die Bäder,[8] gefolgt vom Fußballplatz. Auch die ,,Straße“ und bevorzugt Warenhäuser sind beliebte Plätze. Etwa gleich hoch rangiert die eigene Wohnung bzw. die des Freundes (der Freundin).

[8] In einer kulturvergleichenden Untersuchung assoziierten Jugendlichen zum Stimulus ,,Freizeit“ am häufigsten ,,Schwimmen“ (Oerter, Metzing & Dreher 1987).

Tabelle 5.11 Bevorzugte Freizeitorte von Berliner Jugendlichen (aus Noack & Silbereisen 1984)

	Mittleres Alter 11.5			Mittleres Alter 14.5			Gesamtzahl
	männlich	weiblich	zusammen	männlich	weiblich	zusammen	
1. Privatwohnung			18.4[a] (269[b])			22.3 (300)	20.3 (569)
zu Hause	8.2	14.4		8.4	10.1		
beim Freund	8.4	9.4		10.0	15.9		
(bei der Freundin)							
2. Rezeptive Freizeit			7.5 (109)			13.2 (177)	10.2 (286)
Kino	6.4	2.7		8.7	9.1		
Bücherei	0.6	1.5		0.9	1.3		
anderes	2.1	1.9		3.8	2.6		
3. Unorganisierte Freizeit			1.3 (19)			10.5 (141)	5.7 (160)
Disco	0.0	0.6		4.4	6.5		
Kneipe, Café	0.0	0.6		2.8	3.5		
anderes	0.0	1.1		1.1	2.6		
4. Organisierte Freizeit			4.2 (62)			5.4 (72)	4.8 (134)
von der Stadt gefördert	1.4	1.0		3.4	2.9		
kirchlich gefördert	0.6	0.2		0.6	1.0		
anderes	0.5	4.5		1.1	1.7		
5. Straße			19.9 (299)			19.3 (259)	19.6 (550)
Kaufhaus	2.9	4.8		5.5	11.2		
Wohnviertel	6.7	5.8		5.2	5.1		
anderes	10.5	9.1		8.4	3.2		

	Mittleres Alter 11.5			Mittleres Alter 14.5			Gesamtzahl
	männlich	weiblich	zusammen	männlich	weiblich	zusammen	
6. Natur			9.0 (132)			6.0 (80)	7.6 (212)
Öffentliche Parks	3.2	4.5		1.4	1.7		
Gärten	2.4	3.5		3.4	1.2		
anderes	3.0	1.4		2.0	2.3		
7. Sportliche Einrichtungen			39.7 (581)			23.4 (314)	31.9 (895)
Schwimmbad	10.0	16.0		4.9	5.2		
Fußballplatz	17.4	0.6		12.4	0.4		
anderes	15.7	20.3		11.8	12.3		
8. Gesamt	100.0	99.9	100	100.2	99.9	100.1	100.1
	(657)	(806)	(1463)	(653)	(690)	(1343)	(2806)

a) Prozentsätze; Spalten ergeben 100% b) absolute Häufigkeit in Klammern

Bemerkenswert sind die Altersunterschiede zwischen den ca. 11½jährigen und ca. 14½jährigen. Sportstätten werden uninteressanter, Discos und Kino werden attraktiv. Natürlich sind Orte verknüpft mit Handlungsmöglichkeiten, die einerseits von dem Setting (im Sinne von Barker & Wright 1949) bestimmt sind (s. auch Kap. 2), andererseits von den Jugendlichen neu eingebracht werden. Tabelle 5.12 bringt Beispiele beobachteter Tätigkeiten an zwei Orten, der Disco und dem Kaufhaus. Die Peerinteraktionen, die hier stattfinden, sind ohne die jeweiligen materiellen Umweltbedingungen nicht möglich.

Tabelle 5.12 Typische Aktivitäten von Jugendlichen an zwei bevorzugten Freizeitorten (aus Noack & Silbereisen 1985)

Freizeitart	Aktivität
Disco	1. Herumhocken und etwas trinken
	2. Tanzen
	3. Sich mit einem Partner des anderen Geschlechts befassen
	4. Spielen an Automaten und Videospielen
Kaufhaus	1. Bummeln
	2. Herumhängen
	3. Sich mit einem Partner des anderen Geschlechts befassen
	4. Herumtoben
	5. Als Abkürzungsweg zur Parallelstraße benutzen

Lebensgefühl, das er mit vielen Altersgenossen teilt, so daß eine Verständigung auch von einander fremden Jugendlichen, sofern sie sich der gleichen Subkultur zugehörig fühlen, leicht möglich ist.

Die *konkrete Peergruppe,* welcher der Jugendliche angehört, vermittelt zwar in der Regel ebenfalls subkulturelle Einflüsse, doch wird ihre entwicklungspsychologische Bedeutung hauptsächlich in der Bestätigung durch den Konsens der Gruppe gesehen (Salmon 1979). Dieser Gruppenkonsens stellt eine neue – und für den Übergang ins Erwachsenenalter – wichtige Quelle für die Identitätsbildung dar. Gruppenkonsens verleiht Sicherheit in einem Lebensbereich, zu dem Eltern normalerweise keinen Zutritt haben. Diese persönliche Sicherheit und Bestätigung bildet wiederum die Basis für den Aufbau von Intimität.

Intimität als Entwicklungsaufgabe bleibt den *Freundschaftsbeziehungen* vorbehalten. Deren entwicklungspsychologische Funktion kann also am ehesten im Aufbau einer neuen Qualität von Sozialbeziehungen gesehen werden, die für spätere Partnerschaften eine wichtige Voraussetzung bildet. Die Selbstoffenbarung anderen gegenüber führt den Jugendlichen auch aus dem narzißtischen Zirkel der Selbstreflexion heraus.

Familie und Schule als Umwelten

Jugendliche leben in konkreten Settings, zu denen nach wie vor das Elternhaus gehört, weiterhin die Schule zählt und allmählich für mehr und mehr Jugendliche auch der Arbeitsplatz hinzutritt. In diesem Abschnitt befassen wir uns zunächst mit der Familie, danach mit der Schule als Umwelt.

Umwelt Familie

Das Verhältnis von Eltern zu ihren Kindern wird oft unter dem Aspekt des Generationskonflikts diskutiert. Zwischen Erwachsenen und Jugendlichen bestehe eine Kluft, die durch unterschiedliche Wertüberzeugungen, Zielsetzungen und Lebensweisen beider Gruppen bedingt sei. Empirische Untersuchungen zeigen, daß Jugendliche durchaus in der überwältigenden Mehrheit die Wertvorstellungen der Erwachsenen teilen (Coleman 1978) und daß in der Bundesrepublik die Zustimmung zur Wirtschaftsform und zu den herrschenden Einkommensverhältnissen während der siebziger Jahre deutlich bei den Jugendlichen gestiegen ist (Institut für Jugendforschung 1980, Leahy 1981). In Offers (1984) mehrfach zitierten Untersuchungen gaben mehr als 85% der befragten Jugendlichen an, daß ihre Eltern mit ihnen zumeist zufrieden seien. Umgekehrt fühlen sich Jugendliche um so wohler zu Hause, je mehr ihre Meinung von den Eltern akzeptiert und ernst genommen wird. Abbildung 5.15 veranschaulicht diesen Zusammenhang (Slocum 1958).

Der Konflikt mit den Eltern entsteht aktuell häufig durch rivalisierende Ansprüche der Peergruppe. Übernimmt die Peergruppe die bisherige Funktion der Eltern bzw. stehen die elterlichen Anforderungen im Widerspruch zu denen der Peergruppe? Während Coleman (1961) die Wirkung der jugendlichen Subkultur sehr hoch einschätzte, zeigen spätere Untersuchungen, daß die Ansprüche beider Parteien einander ergänzen und oft gar nicht in Rivalität zueinander stehen. Brittain (1969) beispielsweise fand, daß Eltern einen größeren Einfluß auf Entscheidungen mit langfristiger Wirkung haben, während die Peers Entscheidungen beeinflussen, die mit dem gegenwärtigen Status und den augenblicklichen Problemen zu tun haben. Der anhaltende Einfluß der Eltern im Jugendalter wird von einer Reihe von Autoren bestätigt (Conger 1979, Kandel & Lesser 1972). Gallatin (1980) weist den Einfluß der

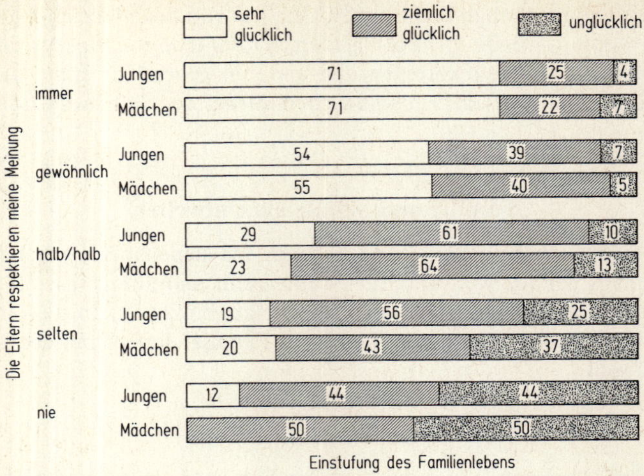

Abb. 5.15 Die Respektierung der Jugendlichen durch die Eltern und das Wohlbefinden der Jugendlichen in der Familie (nach Slocum 1958)

Eltern auf das politische Denken der Jugendlichen, Staub (1979) den auf das moralische Verständnis und Verhalten nach.

Das Zusammenwirken von Eltern und Peers bei der Entwicklung und Sozialisation des Jugendlichen ist ein gutes Beispiel für die Effekte des *Mesosystems* (s. Kap. 2). Dazu ein Beispiel auf der nächsten Seite.

Schule und Selbstbild

Schon mehrfach hat sich in der bisherigen Darstellung der gravierende Einfluß der Schule auf die Entwicklung des Jugendlichen gezeigt. Die Schule übt auf die Persönlichkeitsentwicklung eine direkte und eine indirekte Wirkung aus. Die direkte Wirkung zeigt sich, wie wir bereits sahen, bei der Identiätsentwicklung. Das Selbstkonzept ist maßgeblich durch das Fähigkeitskonzept und dieses wieder durch die schulische Leistung bedingt. Die indirekte Wirkung der Schule kann in ihrem Einfluß auf die Peergruppenbildung gesehen werden.

Man kann sich den Zusammenhang folgendermaßen vorstellen: Das Konzept der Fähigkeit wird im Jugendalter zu einer zentralen Komponente der Identität (s. hierzu Kap. 13; zur theoretischen Ableitung vgl. Nicholls 1979); da aber in unserer Kultur zumindest bis zum 16. Lebensjahr die Schule die wichtigste Rückmeldung über die eigene Fähigkeit liefert, hängt Identität wesentlich mit schulischem Erfolg zusammen. Die Peergruppe kann diesen gravierenden Einfluß verstärken oder mildern, je nachdem, ob sie die schulischen Leistungsnormen akzeptiert

Der Lebensraum von Jugendlichen

Lehr und Bonn (1974) holten bei 12 bis 15jährigen Jugendlichen mit Hilfe der Tagesablauf-Methode (z. B. Beschreibung eines normalen und eines herausragenden Tages) Auskünfte über den Lebensraum ein. Abbildung 5.16 stellt den Versuch dar, den typischen Lebensraum von Jugendlichen aus der gehobenen Mittelschicht und solchen aus der unteren Mittelschicht gegenüberzustellen (zum Begriff des Lebensraumes s. Kap. 2).

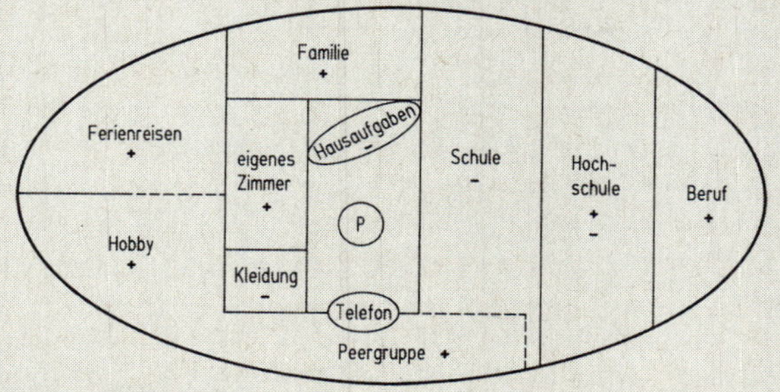

a) gehobene Mittelschicht

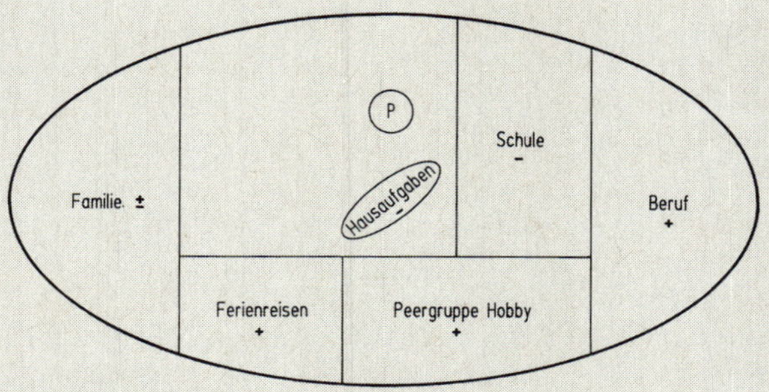

b) untere Mittelschicht

Abb. 5.16 Hypothetischer Lebensraum von Jugendlichen aus der gehobenen (a) und unteren (b) Mittelschicht (rekonstruiert aus Befunden von Lehr & Bonn, 1974)

Zunächst interessiert nur die Bedeutung der Familie. Sie besitzt für die untersuchten Jugendlichen aus der gehobenen Mittelschicht deutlich positive Valenz, während sie bei der Vergleichsgruppe eher neutralen Charakter hat. Das eigene Zimmer in der elterlichen Wohnung wird von den Jugendlichen der gehobenen Mittelschicht als wichtiger Ort für Selbständigkeit und Privatsphäre hervorgehoben. Gegenwartsorientierung (Ferienreise, Hobby, Peergruppe) und Zukunftsorientierung (Schule, Beruf) sind bei Jugendlichen der gehobenen Schicht eher diametral, bei Jugendlichen der unteren Mittelschicht eher integriert.

oder ablehnt. Weiterhin bestimmt sie das soziale Selbstbild des Schülers mit. Je nach Akzeptanz oder Ablehnung wird der Jugendliche eine hohe oder geringe Bewertung des sozialen Selbstbildes erwerben.

Ergänzend zu den Ergebnissen in Abschnitt 3 seien noch einige Befunde zum Selbstkonzept bei deutschen Jugendlichen (Fend et al. 1976) mitgeteilt. Abbildung 5.17 veranschaulicht eindrucksvoll den Einfluß verschiedener Schularten auf die Höhe des Begabungsselbstbildes und auf das Selbstwertgefühl. Haupt- und Realschüler zeigen eine deutlich geringere Einschätzung von Begabung, Intelligenz und Schulleistung als Gymnasiasten. Ein ähnliches Bild ergibt sich für die drei Leistungskurse in der Gesamtschule. Das Selbstwertgefühl, erfaßt durch 10 Items, ist ebenfalls bei den Gymnasiasten am höchsten ausgeprägt, hängt aber bei allen Schultypen zugleich von der Höhe des Leistungsdruckes ab. Hoher Leistungsdruck scheint das Selbstwertgefühl zu senken und umgekehrt (Tabelle 5.13).

Tabelle 5.13 Schulart, Leistungsdruck und Höhe des Selbstwertgefühls (Fend et al. 1976, S. 429)

Schulart	Gesamtschule		Hauptschule	
Leistungsdruck	hoch	niedrig	hoch	niedrig
N	644	622	138	142
Selbstwertgefühl (Summenskore)	14.01	14.82	13.72	14.26
Schulart	**Realschule**		**Gymnasium**	
Leistungsdruck	hoch	niedrig	hoch	niedrig
N	234	230	226	224
Selbstwertgefühl (Summenskore)	14.32	15.47	15.00	15.41

Den Zusammenhang zwischen Schulbildung und Selbsteinschätzung belegt auch die bereits zitierte Untersuchung von Hörmann und Brunke (1985). Probanden mit Abitur wiesen höhere Werte im ,,Fähigkeitsselbst" auf als Probanden ohne Abitur.

Schule als Setting für Peergruppenbildung

Specht (1982) analysierte die gleiche von Fend et al. (1976) erfaßte Stichprobe von 3750 Jugendlichen (9. und 10. Klasse) hinsichtlich des Einflusses der Schule auf die Interaktion zwischen den Gleichaltrigen.

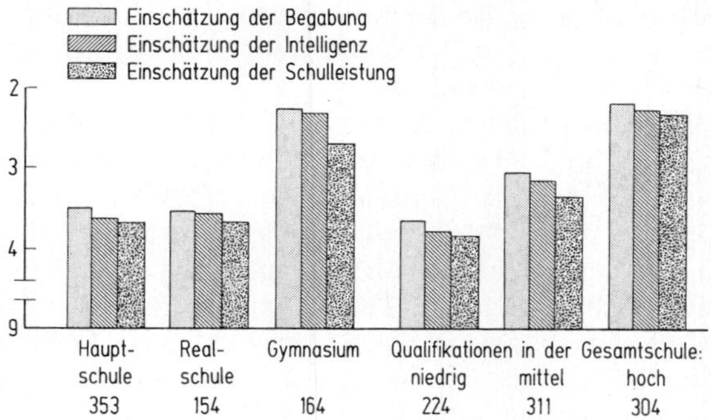

Abb. 5.17 Begabungs- und Leistungsselbstbild in Abhängigkeit vom Schultyp (aus Fend et al. 1976, S. 338)

Obwohl es sich hier nicht um eine Längsschnittuntersuchung handelt und Altersvergleiche fast gänzlich fehlen, sollen einige wichtige Ergebnisse ausgewählt werden, da sie für deutsche Verhältnisse valider sein dürften als Untersuchungen aus England oder Amerika.

In den Hauptschulen bleibt die gruppenstiftende Wirkung der Schule am geringsten. Zugleich ist auch die Bedeutung der schulischen Leistungen niedriger als in anderen Schularten. Daher richten sich die Normen und Erwartungen der Peergruppe relativ wenig an schulischen Inhalten aus. In Realschulen bilden die Klassen (gemeint sind immer 9. und 10. Klassen) geschlossene Einheiten, was sich durch höhere soziometrische Wahlhäufigkeiten[9] und einen geringeren Anteil an isolierten Schülern zeigt. Die Aufspaltung nach Gruppenbildung hinsichtlich der sozialen Herkunft und der schulischen Leistung ist in Realschulen nach diesen Untersuchungen geringer als in Hauptschulen. In den Gymnasien schließlich werden Sozialbeziehungen stark vom schulischen Leistungsstatus her beeinflußt. Leistungsstarke Schüler sind zugleich auch beliebt, allerdings nur, wenn sie zugleich eine kritische Einstellung gegenüber schulischen Lernanforderungen und konservativen politischen Ideologien zeigen. Die Schüler sind mit ihren Beziehungen zu anderen Schülern zufrieden, und in den Schulklassen der Gymnasien scheint relativ große soziale Integration durch die Peergruppe zu bestehen. Dennoch beklagen die Gymnasiasten am meisten den mangelnden Zusammenhalt in der Klasse. Schulen mit höherem Anpassungsdruck erzeugen stärkere Solidarisierung unter den Schülern und damit stärkeren Klassenzusammenhalt, während ein liberales Schulklima an Gymnasien die Entste-

[9] Die Schüler wurden gebeten, Mitschüler zu benennen, „die viel zu sagen haben ... oder stark beachtet werden“ (Geltungsstatus) und solche, die ihnen besonders sympatisch waren (Sympathiestatus).

hung von Konkurrenzorientierung unter den Schülern begünstigt. Dieser paradoxe und pädagogisch unbefriedigende Befund stammt allerdings aus eher allgemeinen Fragebogenantworten und seine Gültigkeit sollte mit Vorsicht bewertet werden.

Gegenwärtig dürfte also in der Bundesrepublik (wie übrigens in den USA auch) die Schule die stärkste peergruppenbildende Kraft sein. Anders als in Stereotypen der Massenmedien dargestellt, ist die typische Peergruppe mehr oder minder an schulischen Leistungsstandards orientiert, lehnt aber andererseits zu starke Konformität gegenüber den Lehrererwartungen ab. Wer in der Peergruppe das Sagen hat, muß gute Schulleistungen haben, aber zugleich Lehrer und Schule kritisieren.

Ein letzter Befund des Großprojektes ,,Sozialisationseffekte unterschiedlicher Schulformen" soll uns zu dem Gesamt-Lebensraum des Jugendlichen zurückführen. Etwa ein Drittel der Gymnasiasten gab an, ungern zur Schule zu gehen, während nur 20% der Schüler in anderen Schulformen diese Meinung äußerten. Insgesamt hegten Gymnasiasten die größte Abneigung gegen Schule und Lehrer, während Hauptschüler die am meisten positive Einstellung zur Schule kundtaten. Die von Fend et al. (1976) getroffene Charaktersisierung ,,benachteiligt aber zufrieden" und ,,bevorzugt aber unzufrieden" trifft auch für die Darstellung des Lebensraumes von zwei sozialen Schichten von Jugendlichen zu (s. Abb. 5.16). Auch dort finden sich bei Angehörigen der gehobenen Mittelschicht (hauptsächlich Gymnasiasten) negative Stimmung und Frustration, während Angehörige der unteren Mittelschicht (eher Hauptschüler und Realschüler) größere Zufriedenheit äußern. Zudem sind bei letzterer Gruppe die Regionen von Schule, Beruf und Peergruppe stärker integriert, während bei den Angehörigen der gehobenen Mittelschicht die Gegenwartsorientierung der Peergruppe mehr oder minder abgetrennt ist von Schule und Beruf. Die weiterführende Schule dient zwar als ,,Katalysator" für die Bildung der Peergruppe, sie selbst scheint jedoch um das Alter von 15 bis 16 Jahren herum eher negative Valenz zu besitzen.

Dies läßt uns vermuten, daß wir prinzipiell zwischen zwei Gruppen von Jugendlichen trennen müssen, solche, die bis zum Abitur eine Schule besuchen und solche, die frühzeitig ins Berufsleben eintreten. Heute, d. h. in den achtziger Jahren, muß als dritte Gruppe die der arbeitslosen Jugendlichen berücksichtigt werden. Die Jugend in den Gymnasien dürfte eine schärfere Trennung zwischen Gegenwarts- und Zukunftsorientierung vollziehen als die berufstätige Jugend. Die Zukunft liegt, vor allem was die berufliche Situation anlangt, für den Gymnasiasten noch in weiter Ferne, während sie für den berufstätigen Jugendlichen schon begonnen hat. Daher dürfte der beruflichen Umwelt besondere Entwicklungsrelevanz zukommen. Dieser Aspekt soll im nächsten Abschnitt näher beleuchtet werden.

Arbeit und Beruf als Umwelt

Für einen Teil der Jugendlichen eröffnet sich der Zugang zu einem neuen Setting, dem Arbeits- und Ausbildungsplatz im Beruf. Arbeit und Beruf wirken aber nicht nur unmittelbar über das Setting auf das Individiuum ein, sondern bilden zugleich ein Makrosystem (Bronfenbrenner, 1979, s. auch Kap. 2), das die individuelle Entwicklung tiefgreifend beeinflußt. In Kap. 4 (Kindheit) wurde die Wirkung dieses Systems im Lebensraum Schule gezeigt. Wir werden im folgenden seine Wirkung im Jugendalter durch die Konfrontation mit der beruflichen Arbeit kennenlernen.

Beschreibungsansätze der beruflichen Entwicklung

Verfolgt man Biographien beruflicher Karrieren, so läßt sich immer ein Werdegang konstruieren, der sich in bestimmten Etappen aufgliedert. Ginzberg (1952) hat versucht, den beruflichen Werdegang in drei Stufen zu untergliedern:

a) Stufe der Phantasiewahlen (7 bis 11 Jahre), bei der das Kind Berufswünsche hat, die noch wenig realistisch sind und rasch wechseln.
b) Stufe der Probewahlen (11 bis 17 Jahre), bei der anfangs nur das Interesse, später die eingeschätzte eigene Fähigkeit und schließlich berufliche Werte bestimmend werden.
c) Stufe der realistischen Wahlen (ab 17 Jahre), die der der Reihenfolge nach eine Explorations-, Kristallisations- und Spezifikationsphase durchläuft.

Nach Ginzberg ist die berufliche Entwicklung durch zunehmende Irreversibilität gekennzeichnet. Eine solche Einteilung erscheint plausibel, ist empirisch jedoch kaum haltbar (s. hierzu Scheller 1976).

Ein umfassendes System der Genese und Entwicklung des beruflichen Werdegangs haben Super und Mitarbeiter vorgelegt (Super 1953, Super et al. 1957). Im Gegensatz zu Ginzberg erstrecken sich Supers fünf Stufen über das ganze Leben.[10]

a) Stufe des Wachstums (untergliedert in vier Stadien, bis etwa 14 Jahre reichend),
b) Stufe der Exploration (bestehend aus drei Stadien, von 15 bis 25 Jahren),
c) Stufe der beruflichen Festlegung (zwei Stadien, von 25 bis 44 Jahren,
d) Stufe der beruflichen Festigung (45 bis 65 Jahre),
e) Stufe des beruflichen Abbaus (ab 65 Jahre).

Weiterhin unterscheidet Super vier typische Laufbahnmuster für Männer und sieben Laufbahnmuster für Frauen. Damit, wie mit der Aufstellung von fast 70 Determinanten, die diese Laufbahnmuster beeinflussen können, will Super der Komplexität des beruflichen Werdegangs gerecht werden (siehe Scheller 1976).

[10] Eine detaillierte Darstellung gibt Scheller (1976).

Die bisher beschriebenen Ansätze lassen kaum ein theoretisches Konzept der beruflichen Sozialisation bzw. Entwicklung erkennen und sind allenfalls Klassifizierungen von empirischen Daten. Tiedeman und O'Hara (1963) versuchen, diesem Mangel abzuhelfen, indem sie, beeinflußt durch die Psychoanalyse und durch Eriksons Ansatz, berufliche Entwicklung als Differenzierungs- und Integrationsprozeß darstellen. Zugleich beschreiben sie diesen Vorgang als Abfolge von Wahl- und Entscheidungsprozessen, die aufeinander aufbauen und sich voneinander ableiten. Sie unterscheiden sieben Prozesse, beginnend bei beruflicher Exploration und endend mit beruflicher Integration in die Arbeitswelt, vor allem in die Gruppe der Arbeitskollegen bzw. in die betriebliche Hierarchie. Auch dies stellt einen idealtypischen Entwicklungsvorgang dar, der so für eine Teilgruppe von Individuen, etwa College-Studenten zutreffen mag, aber sicher nicht verallgemeinert werden kann.

Interessant sind Ansätze, die berufliche Karriere unter dem Aspekt der Bewältigung von Entwicklungsaufgaben sehen. Super et al. (1957) wenden Havighursts Idee auf berufliche Entwicklungsaufgaben an und unterscheiden sowohl spezifische als auch allgemeine Aufgaben im menschlichen Lebenslauf. Diese Sichtweise führt weg vom Stufenmodell der Berufswahl, das bei den bisherigen Ansätzen im Mittelpunkt stand. Unter entwicklungs- und sozialisationstheoretischer Sichtweise ist die Wahl des konkreten Berufes in der Tat nebensächlich, so bedeutsam ein Beruf und die mit ihm verbundenen Aufstiegsmöglichkeiten im Einzelfall sein mögen. Wichtiger ist der Gesamtvorgang der Anpassung an die Arbeitswelt. Er beinhaltet das wachsende Verständnis der Struktur von Arbeit und Beruf, den Aufbau von Handlungskompetenzen (Bewältigungsstrategien) und die Einordnung der beruflichen Lebensregion in den bisherigen Lebensraum (im Sinne von Lewin 1963). Weiterhin läßt sich berufliche Sozialisation und Entwicklung als Teil der Identitätsentwicklung auffassen.

Berufliche Arbeit und Identitätsentwicklung

In seinen späteren Arbeiten beschäftigt sich Super (1963) mit dem beruflichen Werdegang als Realisierung des beruflichen Selbstkonzeptes, das ein Teil des allgemeinen Selbstkonzeptes bildet, wobei sich beide, berufliches und allgemeines Selbstkonzept, wechselseitig beeinflussen. Vor allem prüfte man die Ähnlichkeit der Einschätzung des Selbstkonzeptes mit der Einschätzung des präferierten Berufes („Verbundenheit mit dem Beruf“[11]) und fand deutliche Entsprechungen (z. B. Oppenheimer 1966). Wheeler und Carnes (1968) ließen Studenten der ersten beiden Studienjahre am College das Selbstkonzept, das Ideal-Selbstkon-

[11] Übersetzung des Ausdruckes ‚incorporation‘ nach Scheller (1976).

zept, das Berufskonzept und das Ideal-Berufskonzept einschätzen. Deutliche Ähnlichkeiten ergaben sich zwischen dem Ideal-Selbstkonzept und den beiden Berufsbildern (real und ideal), nicht jedoch zwischen dem jetzigen (aktuellen) Selbstkonzept und den Berufsbildern. Daraus folgern die Autoren, daß der Beruf als Mittel zur Identitätsentwicklung dient und weniger dem jetzigen Selbstkonzept angeglichen wird. Tiedeman und O'Hara (a. a. O.) sehen berufliche Entwicklung als Teil der Entwicklung der Ich-Identität an. Je mehr Zeit Arbeit und Beruf im Leben einnehmen, deso mehr definiert sich die Identität durch berufliche Tätigkeit. Diese Überlegung führt uns unmittelbar zu der Frage, welche Rolle Arbeit und Beruf bei Jugendlichen spielen, die frühzeitig ins Arbeitsleben eintreten. Die bisher genannten amerikanischen Untersuchungen haben sich kaum mit arbeitenden Jugendlichen befaßt, weil durch High School und College die Jugendlichen länger vom Arbeitsleben ferngehalten werden (und die Untersuchung von Studenten und Schülern zudem einfacher zu arrangieren ist). In einer Untersuchung des Verfassers (Oerter 1985) wurden 30 Gymnasiasten und 70 Auszubildende verschiedener Berufszweige über ihr Verständnis von Arbeit und Beruf interviewt. Die Ergebnisse zeigen beeindruckend, daß die berufstätigen Jugendlichen in starkem Maße ihre Identität aus der Arbeitstätigkeit gewinnen. Die identitätssteigernde Wirkung von Arbeit und Beruf wird nicht nur im ersten, sondern auch noch im dritten Lehrjahr betont. Entgegen den Annahmen vieler Autoren über die zentrale Rolle der Peers ist der berufliche Werdegang für die Mehrzahl der befragten Jugendlichen wichtiger als Freizeit und Freunde. Die Interpretation der eigenen Identität durch die berufliche Tätigkeit wird verständlicher, wenn man sich vor Augen hält, daß der Jugendliche hier mehr als im Ghetto der Schule an der Verantwortung und der Lebensweise des Erwachsenen teilhat.

Berufliche Umwelten

Wiederum erscheint es sinnvoll, den Einfluß von Arbeit und Beruf unter ökologischer Perspektive zu sehen, denn die psychologischen Variablen, wie Selbstkonzept, Zufriedenheit und Interesse definieren sich ja immer nur durch etwas in der Umwelt Existierendes, in unserem Fall durch die berufliche Tätigkeit. Holland (1966) hat in seinen Ansatz erstmals die berufliche Umwelt systematisch einbezogen. Er geht von der Annahme aus, daß sich das Individiuum eine berufliche Umwelt auswählt, die seiner Eigenart entspricht. Demzufolge unterscheidet er sechs Persönlichkeitstypen, denen er sechs Umweltmodelle gegenüberstellt. Beide Seiten charakterisiert er als: realistisch, intellektuell, sozial, angepaßt, dominant und ästhetisch. Je nach der Form der Wechselwirkung zwischen beruflicher Umwelt und Persönlichkeit können die Interaktionen

Wandel der beruflichen Zufriedenheit während der Ausbildung

Die Befragung von mehreren tausend Jugendlichen in Hamburg zur beruflichen Zufriedenheit zeigt einen charakteristischen Verlauf. Aus Tabelle 5.14 geht hervor, daß die Mehrzahl der Lehrlinge (heute Auszubildende genannt) mit ihrem Beruf und mit ihrem Arbeitsplatz anfänglich zufrieden sind. Je weiter die Ausbildung voranschreitet, desto weniger zufrieden fühlen sich die Jugendlichen, wobei sie den geringsten Zufriedenheitsgrad mit der Lehrfirma, also in ihrer konkreten Berufsumwelt, äußern. Dahinter steht ohne Zweifel die längerfristig entfremdende Wirkung der beruflichen Umwelt, deren realistische Momente erst allmählich erkannt werden. Da mit wachsender Ausbildungszeit die berufliche Kompetenz, die Erfolgsrückmeldung und wohl auch die soziale Anerkennung wächst, müßte das Ergebnis eher umgekehrt ausfallen, wenn nicht gravierende beeinträchtigende Einwirkungen der beruflichen Tätigkeit bestehen würden.

Tabelle 5.14 Zufriedenheit während der beruflichen Ausbildung. Die Zahlen sind Prozentwerte, die zwei Antwortkategorien zusammenfassen („Ja, bestimmt" – „Ja, wahrscheinlich") (aus Laatz 1974, S. 199f)

	Ausbildungsjahr			
Frage	1	2	3	4
„Würden Sie heute noch einmal eine Lehre anfangen?"	63	57	50	46
„Würden Sie Ihren jetzigen Beruf noch einmal aufgreifen?"	72	57	48	38
„Würden Sie Ihre heutige Lehrfirma noch einmal wählen?"	60	46	41	34
N	926	958	739	39

kongruent oder inkongruent sein (Übereinstimmung zwischen Persönlichkeitstyp und Umweltmodell), Konsistenz oder Inkonsistenz aufweisen (Stimmigkeit von Persönlichkeitszügen) und Homogenität oder Inhomogenität besitzen (Ausgeprägtheit des Persönlichkeitsprofils[12]). Die

[12] Die Persönlichkeitstypen werden mit dem „Vocational Preference Inventory" VPI ermittelt, dieser liefert je nach Ergebnis stark gezackte (= homogene) oder flache, (heterogene) eingeebnete Verläufe.

wohl für uns wichtigste Dimension der Kongruenz wurde auch für andere Bereiche diskutiert, so z. B. als ,,Passung" von schulischen Anforderungen und individueller Leistungsfähigkeit (Heckhausen 1974b) und als ,,goodness-of-fit zwischen Temperament und Umwelt (Lerner 1984b).

Zum Ansatz Holland liegt eine Vielzahl von Untersuchungen, allerdings meist an College-Studenten, vor. In einer Längsschnittstudie konnte beispielsweise der Zusammenhang zwischen Homogenität und Stabilität der Berufswahl nachgewiesen werden. Je eindeutiger der berufliche Persönlichkeitstypus, desto stabiler bleibt die Ausrichtung auf den zuerst gewählten Beruf (Holland 1968). Der Einfluß der Eltern auf die Herausbildung des beruflichen Persönlichkeitstypus belegt eine Untersuchung von Grandy und Strahmann (1974). Sie fanden bei über tausend weiblichen und männlichen Studienanfängern einen positiven Zusammenhang zwischen dem (beruflichen) Persönlichkeitstypus des Vaters und der Kinder beiderlei Geschlechts sowie der Mutter und der Tochter, nicht aber zwischen der Mutter und dem Sohn. Leider wurden die sechs Typen der beruflichen Umwelt noch kaum untersucht, so daß die eigentlich interessante Frage der Interaktion zwischen Individuum und beruflicher Umwelt immer noch offen ist.

Wenden wir uns nun stärker den deutschen berufstätigen Jugendlichen zu. Ein allgemeines Merkmal beruflicher Entwicklung ist die Zufriedenheit mit dem Beruf bzw. dem Arbeitsplatz. In der großen Lehrlingsuntersuchung von Hamburg wertete Laatz (1974) die Befunde über Berufswahl und Berufszufriedenheit aus.

In den achtziger Jahren scheint infolge der hohen Jugendarbeitslosigkeit die Zufriedenheit von Lehrlingen noch höher zu sein (Oerter 1985, Schläfli et al. 1985). Aber auch hier nimmt die relativ hohe Zufriedenheit im dritten Lehrjahr ab, was sich besonders in Schweizer Untersuchungen an Lehrlingen in Zürich, Grenchen, Freiburg, Aarau und Biel zeigt (Schläfli et al. 1985).

Nimmt man die ökologische Perspektive ernst, so führt die analytische Gegenüberstellung und damit auch Trennung von Individiuum und Umwelt auf die Dauer nicht weiter. Der Verfasser hat daher den Versuch unternommen, das Individiuum im Lebensraum von Arbeit und Beruf im funktionalen Zusammenwirken zu analysieren (Oerter 1985). Die Struktur moderner Arbeit läßt sich als Graph darstellen (vgl. Abbildung 5.18), in dem sich das Subjekt (S) auf den Beruf (oder die Arbeit) bezieht, durch seine Tätigkeit Geld eintauscht und das Geld in der Freizeit konsumiert. Der Graph verdeutlicht a) die scharfe Trennung von Beruf und Freizeit, b) die Vermittlerrolle des Geldes zwischen den Lebensregionen von Arbeit und Freizeit und c) den Entfremdungsprozeß, der darin besteht, daß berufliche Tätigkeit nicht Selbstzweck oder gesellschaftlicher Zweck ist, sondern vorwiegend gegen Geld getauscht wird und die eigentliche Selbstverwirklichung in der Freizeit stattfindet.

Im Zuge der allmählichen Übernahme dieser Arbeitsstruktur müßten die Jugendlichen zugleich Bewältigungsstrategien anwenden, um mit der Arbeitssituation fertig zu werden.

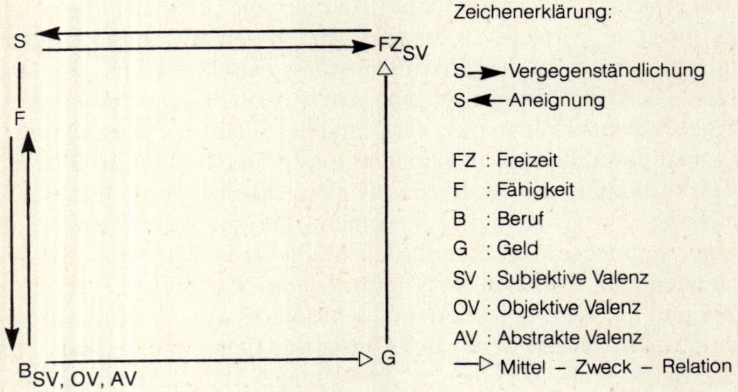

Abb. 5.18 Beruf als Gegenstandsbezug in der modernen (entfremdeten) Arbeitsstruktur (nach Oerter 1985)

In der bereits im vorigen Abschnitt erwähnten Untersuchung an 70 Auszubildenden und 30 Gymnasiasten zeigte sich, wie zu erwarten, ein beträchtlicher Unterschied zwischen beiden Gruppen. Während Gymnasiasten in ihren Lebensplänen die Struktur des Graphen teilweise noch nicht berücksichtigten, fand sie sich in den Darstellungen der Berufsschüler ausnahmslos. Die Berufsschüler überraschten durch eine relativ detaillierte Kenntnis ihres Berufsfeldes, ihrer Aufstiegsmöglichkeiten und durch klare Zukunftspläne. Wie schon ausgeführt, war die neue Umwelt für sie mit Ausnahme einer Gruppe (der Dreher[13]) attraktiv und ausfüllend. Ein entscheidender Grund für dieses Ergebnis kann darin gesehen werden, daß die Jugendlichen selektiv Züge der Arbeitsstruktur in den Vordergrund stellen, die ihren Entwicklungszielen entsprachen. Ein Ergebnis dieser Selektion besteht darin, daß die Jugendlichen neue und attraktive Handlungsmöglichkeiten in ihrem Arbeitsfeld erblicken. Abbildung 5.19 zeigt die Handlungsmöglichkeiten bei Augenoptikern aus der Sicht der Auszubildenden.[14]

Zwei Klassen von Gegenständen werden gesehen, auf die sich die berufliche Tätigkeit richtet: Umgang mit Menschen und mit Dingen. Der Umgang mit Kunden wird als besonders wichtiger Aspekt angesehen, obwohl er in den offiziellen

[13] Untersucht werden sieben Berufsgruppen, von denen als Facharbeiter nur die Dreher vertreten waren.

[14] Zur Methode siehe Oerter (1985).

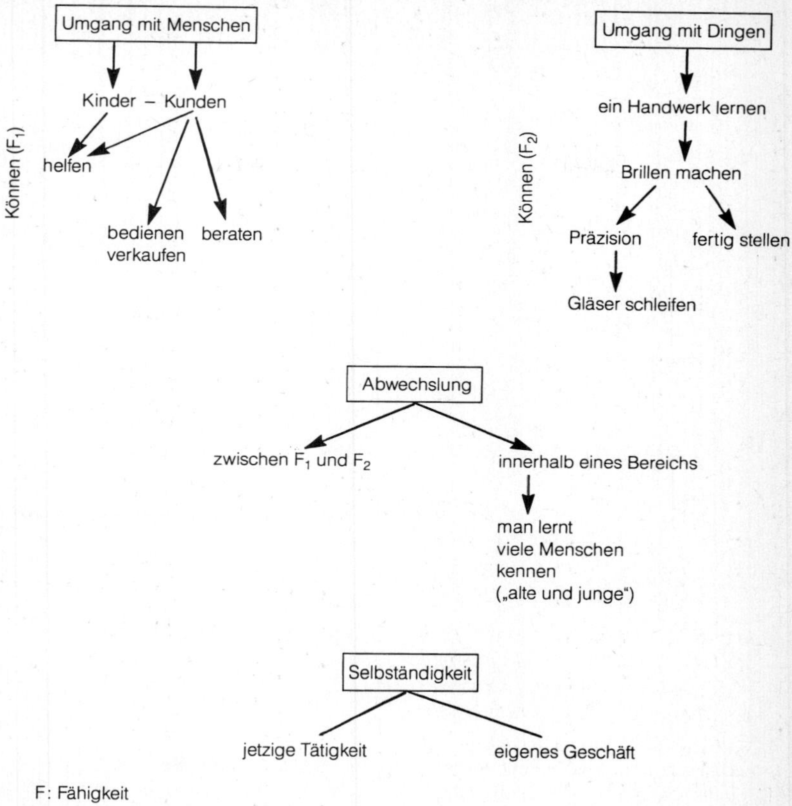

Abb. 5.19 Struktur der Handlungsmöglichkeiten bei Augenoptikern (nach Oerter 1985)

Tätigkeitsmerkmalen nicht erwähnt wird. Interessanterweise unterscheiden die Befragten zwischen ,,Kunden" und ,,Kindern", denen sie einen besonderen Status einräumen. Abwechslung, die ein zentrales Moment bei Auszubildenden aller Berufszweige darstellte, wird zum einen als Wechsel des Einsatzes bei unterschiedlichen Fähigkeiten beim Umgang mit Menschen und beim Umgang mit Dingen gesehen, zum anderen als Tätigkeitswechsel innerhalb eines Bereiches beschrieben (der Umgang mit alten Menschen ist recht verschieden von dem mit jüngeren). Als generelle positive Handlungsmöglichkeit wird die Selbständigkeit angesehen, die schon bei der jetzigen Tätigkeit gewährt wird und sich später zum Führen eines eigenen Geschäftes ausweitet. Von den untersuchten Berufsgruppen beschrieben die Versicherungskaufleute ihre Handlungsmöglichkeiten am reichhaltigsten. Sie nannten nicht weniger als fünf verschiedene Gegenstandsbereiche mit den zugehörigen Handlungsaspekten. Die Dreher hingegen kennzeichneten ihre Tätigkeit fast ausschließlich negativ, wobei typische Merkmale entfremdender Arbeit präzise beschrieben wurden: ,momentan', ,nur eine Tätigkeit

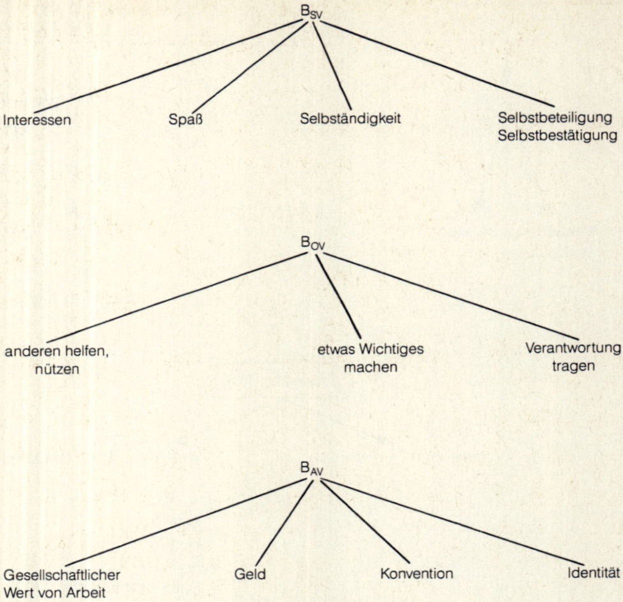

Abb. 5.20 Valenzzuweisungen des Berufes (nach Oerter 1985)
SV: Subjektive Valenz
OV: Objektive Valenz
AV: Abstrakte Valenz

ausführen', ,nur kleine Teile fertigen', ,riesige Serien', ,primitive Sachen', ,nichts Feines', ,nichts zum Denken'. Klare Unterschiede zwischen dem ersten und dritten Lehrjahr traten nicht zutage, was aber auch an der zu kleinen Stichprobe liegen kann.

Dem Beruf bzw. der Arbeit wurden Valenzen zugeschrieben, die sich als subjektive, objektive und abstrakte Valenz gruppieren lassen (zur Unterscheidung siehe Kap. 2). Abbildung 5.20 bringt eine Gegenüberstellung von Valenzzuweisungen. Subjektive Valenz besitzt der Beruf, wenn er ausschließlich dem eigenen Nutzen und Interesse dient. Die Jugendlichen nannten als Aspekte der subjektiven Valenz vor allem Interesse, Spaß, Selbständigkeit und Selbstbestätigung (Selbstverwirklichung). Objektive Valenz erhält der Beruf, wenn sein gesellschaftlicher Nutzen betont wird. Die Jugendlichen nannten als Aspekte der objektiven Valenz die Unterstützung anderer, die Herstellung von „etwas Wichtigem" und das Tragen von Verantwortung. Abstrakte Valenz bekommt der Beruf, wenn berufliche Arbeit unabhängig von ihrem Inhalt als wertvoll und notwendig angesehen wird oder wenn der Berufstätige nur den „Tauschwert" des Berufes schätzt. Die befragten Jugendlichen nannten hauptsächlich vier Aspekte: gesellschaftlicher Wert von Arbeit, Geld (Tauschgeld), Konvention (alle haben einen Beruf, das gehört sich so) und Identität (Beruf gehört, unabhängig von dem was man tut, zur eigenen Persönlichkeit, ist eine Komponente der eigenen Identität).

Man erkennt, daß Jugendliche ein differenziertes reichhaltiges Bild von der Struktur der Arbeit und des Berufes haben. Aber sie idealisieren offenkundig die berufliche Umwelt, indem sie bestimmte Züge auswählen und deren Realisationschancen überschätzen (z. B. spätere Selbständigkeit, spannende abwechslungsreiche Tätigkeit usw.). Offenkundig stellt dieses Vorgehen auch eine Form der Bewältigung dar. Sie drückt den jugendlichen Optimismus aus, der auch jetzt zur Zeit drohender Arbeitslosigkeit nicht gebrochen scheint.

Subjektive und abstrakte Valenz des Berufes dominieren gegenüber der objektiven Valenz, was den tatsächlichen Bedingungen der Arbeit in unserer Gesellschaft entspricht. Der Motor für berufliche Arbeitsleistung ist der persönliche Nutzen und Gewinn, nicht der Nutzen der Gemeinschaft. Wie Adam Smith schon im 18. Jahrhundert formulierte, dient der einzelne durch seinen Egoismus, ohne es zu wollen, dem Ganzen. Insofern stellt die Bevorzugung der subjektiven und abstrakten Valenz gegenüber der objektiven einen Anpassungsprozeß an die Struktur von Arbeit und Beruf dar. Die Hervorhebung von Identitätssteigerung (Selbstverwirklichung, -bestätigung usw.) kann als typisch für die Entwicklungsthematik der Jugend angesehen werden, die bereits zuvor als Aufbau einer stabilen Identität gekennzeichnet wurde.

Zwei Umwelten – zwei verschiedene Entwicklungsverläufe

Die Befunde über berufstätige Jugendliche (s. auch z. B. Kreutz 1964, die Publikationsreihe des Deutschen Jugendinstituts München, z. B. Daheim et al. 1978, Daviter 1973) legen nahe, ihre Entwicklung als verschieden von der Entwicklung der Jugendlichen in weiterführenden Schulen, vor allem in den Gymnasien, anzusehen. Die Identitätsgewinnung verläuft beim Berufstätigen sehr viel stärker über Arbeit und Beruf. Dort sind die Quellen für Erfolgsrückmeldung, Selbstbestätigung, aber auch für Mißerfolg und Minderwertigkeitsgefühl. Der Gymnasiast hingegen erfährt aus der Interaktion in der Peergruppe, aus dem schulischen Erfolg bzw. Mißerfolg und auch weiterhin aus dem Kontakt mit den Eltern Unterstützung bei der Identitätsentwicklung oder, im ungünstigen Falle, Einflüsse, die seine Identitätsentwicklung beeinträchtigen. Der Anpassungsdruck ans Erwachsenwerden ist bei berufstätigen Jugendlichen groß, bei Gymnasiasten gering, die Zukunftsperspektive bei ersterer Gruppe klar, aber eingeengt und relativ bescheiden, bei letzterer Gruppe eher diffus, unbestimmt, aber dafür offen, unter Einbeziehung einer Vielzahl von Perspektiven und Möglichkeiten.

Noch ein weiterer Unterschied zwischen beiden Gruppen erscheint bemerkenswert: das Verhältnis von Gegenwarts- und Zukunftsorientierung. Dieses Verhältnis ist für den berufstätigen Jugendlichen eher ausgewogen, da die gegenwärtige Tätigkeit mit der zukünftigen eng zusammenhängt, ja identisch ist. Für den Gymnasiasten sind beide Orientierungen im Widerspruch zueinander. Die jetzige Tätigkeit ist Arbeit, ohne ernsthafte berufliche Arbeit zu sein. Sie erscheint daher vielen nicht sehr sinnvoll (s. oben; Befunde von Fend et al. 1976). Der unsicheren und unbestimmten Zukunft möchte man nur ungern die Gegenwart opfern, und so entsteht immer wieder der Gegensatz von gegenwartsorientierter Aktivität in den Peergruppen bzw. in Form eines Hobbys und zukunftsorientiertem schulischem Lernen einschließlich des Wissens um die lange Ausbildungszeit bis zum endgültigen ,,Erwachsensein". Letzteres erscheint dann manchen im frühen Erwachsenenalter (Studentenzeit) auch gar nicht mehr attraktiv (,,spießig", ,,Tretmühle") und wird so lange wie möglich hinausgeschoben.

Ein letzter Aspekt, der uns bei den zwei Umwelten des Jugendlichen beschäftigen sollte, sind Geschlechtsunterschiede. Wiederum kann man vermuten, daß die berufliche Umwelt sich gravierend auf Mädchen auswirkt und ihre Anpassung an das Erwachsenendasein beschleunigt. Während die Mädchen der fünfziger Jahre den Beruf noch als Nebensache oder gar als zu vermeidendes Übel ansahen (Douvan & Adelson 1966), ist heute die Berufswahl und die berufliche Tätigkeit für Mädchen genauso selbstverständlich wie für Jungen (Ripple et al. 1982).

In der oben beschriebenen Untersuchung des Verfassers traten hinsichtlich des Verständnisses von Arbeit und Beruf und des Interesses an beruflicher Tätigkeit keine Geschlechtsunterschiede auf. Anders verhält es sich mit den beruflichen Interessen. Sie sind nach wie vor geschlechtsspezifisch und kanalisieren frühzeitig die Berufswünsche der Mädchen und Jungen (s. Kap. 13, Abschn. Interessen). Die Mädchen an Gymnasien sind demgegenüber bezüglich ihrer beruflichen und gesamten Umweltorientierung wohl den männlichen Gymnasiasten ähnlicher als den berufstätigen weiblichen Jugendlichen. So darf man zu Recht vermuten, daß die Scheidung der Jugendlichen in zwei Gruppen nicht nur eine periphere Wirkung hat, sondern die Entwicklung während eines wichtigen Lebensabschnittes in zwei verschiedene Richtungen lenkt. Ob dann die späteren Erwachsenen wirklich in ,,zwei Welten" leben, hängt von der einigenden (oder auch gleichmachenden) Wirkung der späteren Umwelt ab.

Kapitel 6A

Frühes Erwachsenenalter: Entwicklung im Familienzyklus

Erhard Olbrich

1. Allgemeine Kennzeichung des frühen Erwachsenenalters

Das frühe Erwachsenenalter kann als eine Periode des zunehmenden interpersonalen Austausches und der vermehrten Übernahme sozialer Rollen im Lebenszyklus beschrieben werden. Im außerfamiliären Bereich sind es Interaktionen mit Arbeitskollegen, Nachbarn und Gemeindemitgliedern, die häufiger beobachtet werden. Im hier behandelten Familienzyklus stellen Partnerwahl, Partnerschaft und Übergang zur Elternschaft zentrale Aufgaben für die Mehrzahl aller jungen Erwachsenen dar.

Erikson (1950) beschrieb die wichtigste psychische Aufgabe des frühen Erwachsenenalters als Lösung der psychosozialen Krise von ,,Intimität vs. Isolation". Junge Erwachsene, die in der Adoleszenz ihre Identität erarbeitet haben, also darauf vertrauen können, ,,daß der Einheitlichkeit und Kontinuität, die man in den Augen anderer hat, eine Fähigkeit entspricht, eine innere Einheitlichkeit und Kontinuität (...) aufrechtzuerhalten" (Erikson 1970, S. 107), können sich in eine relativ enge Beziehung begeben. Ohne die eigene Identität aufzugeben, können sie so einen intimen Austausch, eine Begegnung auf ganz zentraler psychischer Ebene leben.

Befunde von Orlofsky et al. (1973) belegen in der Tat, daß junge Männer, die ihre Identität erreicht hatten, leichter Beziehungen eingehen konnten. Jene, die noch in einem Stadium der Rollendiffusion standen, waren isolierter, lebten seltener in einem intimen Austausch (vgl. Marcia 1980, Whitbourne & Weinstock

1982). Daten aus der Oakland Growth Study sowie der Berkeley Guidance Study zeigen, daß Ehepaare, bei denen der Mann in der Jugend oder im frühen Erwachsenenalter eine gefestigte Identität erreicht hatte, nach etwa 20 Jahren des Zusammenlebens mehr eheliche Zufriedenheit erlebten und daß ihre Ehen weniger Indizes der Belastung aufwiesen als jene von Paaren, bei denen die Identität des Mannes diffuser war (Skolnick 1981a).

Gilligan (1984) macht auf eine geschlechtsspezifische Differenzierung aufmerksam: Jungen und junge Männer werden deutlicher auf Trennung und Unabhängigkeit sozialisiert, Mädchen und junge Frauen stärker auf Verbundenheit. Eine solche Differenzierung wird schon in der ödipalen Situation grundgelegt, in der ein Junge eine deutlichere Trennung von der Mutter erlebt als ein Mädchen vom Vater. Die Erfahrungen mit den Geschlechterrollen in der Kindheit sind bei Mädchen und Jungen verschieden: Mädchen erfahren in der Regel konkretere und näher erlebbare Modelle weiblichen Verhaltens. Im Spiel unterwerfen sich Jungen eher übernommenen oder selbstgestalteten Regeln und übernehmen Rollen eines unpersönlichen (generalisierten) anderen, während Mädchen pragmatischere und flexiblere Einstellungen zu Regeln zeigen und sich mit einem personifizierten anderen auseinandersetzen. Gilligan erklärt damit zum einen die Entstehung einer Ethik der Verantwortlichkeit bei der Frau und einer Ethik der Fairneß beim Manne. Andererseits macht sie deutlich, daß der junge Mann zu Beginn eines Familienzyklus eine Identität aufgebaut hat, die deutliche Elemente der Getrenntheit und Vereinzelung enthält, während eine junge Frau eine Identität entwickelte, die durch Bezogenheit mitgeprägt ist. Junge Frauen sind in einer Partnerschaft vor die Aufgabe gestellt, ihre Abgrenzungen zu verbessern, während junge Männer mehr darauf achten müssen, in engerer Bezogenheit zu leben.

Eine partielle Stützung erfahren solche Thesen durch Ergebnisse von Waterman und Nevid (1977), wonach Frauen im Bereich der sexuellen Beziehungen früher eine gefestigte Identität erreichen. Erikson (1970) schreibt, daß eine Frau den späteren Partner eindeutiger in die Definition ihrer eigenen Identität einbezieht, als dies beim Mann der Fall ist. Orlofsky (1977) fand, daß junge Männer, welche ein langes psychosoziales Moratorium durchlaufen hatten, also relativ lange an der Lösung von identitätsrelevanten Fragen gearbeitet hatten, im späteren Entwicklungsabschnitt mehr Flexibilität aufwiesen. Sie waren in der Lage, mehr feminine Aspekte in ihrem Selbstbild zu erkennen und in ihrem partnerschaftlichen Verhalten zu berücksichtigen. Weitere Belege dafür, daß eine längere und intensivere Arbeit beim Finden der eigenen Identität bei Männern mit der Aufnahme von mehr femininen und androgynen Elementen in die eigene Geschlechtsidentität einhergeht, finden sich bei Whitbourne und Weinstock (1982). Mit der Entwicklung einer androgynen Identität erhöht sich offensichtlich die Wahrscheinlichkeit des Abstimmens eigener Rollen und eigener Bedürfnisse des Mannes mit den Rollen und Bedürfnissen einer Partnerin. Bei der Frau scheint deutlichere Abgrenzung bei der Identitätsentwicklung für eine spätere Beziehung hilfreich zu sein. – Wenn auch noch Unsicherheit hinsichtlich der Bestimmung von Differenzierungen zwischen männlicher und weiblicher Identitätsentwicklung in der Literatur besteht, ist es doch angezeigt, der Tatsache Aufmerksamkeit zu schenken, daß Mann und Frau ganz unterschiedlich sozialisiert in die Partnerwahl, Partnerschaft und die spätere Elternschaft treten.

Rayner (1971) beschreibt das junge Erwachsenenalter als eine Zeit, in der Personen eigene Aktivitäten daraufhin überprüfen können, ob sie für sie selbst oder für Personen der Umgebung befriedigend sind. Werden soziale Rollen so ausgeübt, daß eine Abstimmung zwischen situativen Anforderungen und persönlichen Potentialen erreicht wird, kann ,,Stimmigkeit“ erlebt und subjektives Wohlbefinden verspürt werden.

Havighurst (1972) nennt als Entwicklungsaufgaben des frühen Erwachsenenalters vor allem solche, die das Leben in Partnerschaft, die Erfüllung familiärer Aufgaben und den Aufbau einer beruflichen Karriere betreffen. Das Individuum entwickelt sich, indem es solche Aufgaben aufgreift und bearbeitet. Havighurst vernachlässigt dabei jedoch jene aktiven Prozesse, durch die Entwicklung im Erwachsenenalter vorangetrieben wird.

Unter ausdrücklichem Bezug auf Havighurst hat Duvall das Konzept der ,,Familienentwicklungsaufgabe“ eingeführt (s. auch Kap. 23). Sie definiert diese als ,,eine Verantwortung zum Wachstum, die in einem bestimmten Alter des Lebens einer Familie auftaucht und deren erfolgreiche Lösung zur Zufriedenheit und zu Erfolg bei der Lösung späterer Aufgaben beiträgt, während Mißerfolg durch die Gesellschaft sanktioniert wird und zu Schwierigkeiten bei der Lösung späterer Familienentwicklungsaufgaben führt“ (1971, S. 46).

Auch Duvall sieht die Bewältigung von Entwicklungsaufgaben als einen aktiven Prozeß. Nach ihrer Definition stellt sich eine Entwicklungsaufgabe ,,aufgrund eines Anstoßes aus dem Individuum, sich so zu entwickeln, daß die Diskrepanz zwischen gegenwärtigem Verhalten und künftig möglichem Verhalten reduziert wird. Der Anstoß zur Veränderung kommt üblicherweise aus der Person heraus, er kann indessen durch die Anforderungen und Erwartungen anderer evoziert sein. Er erhält seine Richtung durch die kulturellen Bestimmungen dessen, was von einem Individuum auf seiner Stufe der Entwicklung erwartet wird. Während also eine Entwicklungsaufgabe kulturell bestimmt ist, ist sie weder eine Last noch eine Pflicht im Sinne einer externen Auflage. Sie erwächst vielmehr aus einer Verantwortlichkeit zur Entwicklung, die das Individuum um seiner eigenen Entwicklung willen übernimmt“ (a.a.O. S. 143).

Zwar wird das Konzept der Entwicklungsaufgaben von Murphy und Staples (1979), Norton (1983), Schneewind (1985) und anderen als zu normativ und statisch kritisiert. Dies gilt jedoch wohl in erster Linie für die spezifischen inhaltlichen Konkretisierungen, die Havighurst, Duvall oder andere vornehmen. Als deskriptives Konzept bleibt es prinzipiell brauchbar, wenn historische und interindividuelle Differenzierungen ebenso wie Einflüsse von nicht-normativen Lebensereignissen berücksichtigt werden (s. auch Kap. 2).

In Verbindung mit anderen theoretischen Entwürfen, die Veränderung erklären, wie dem der produktiven Bewältigung (Coping, s. Kap. 2, Abschn. 5), soll der Begriff der Entwicklungsaufgabe im folgenden dazu dienen, Veränderungen des frühen Erwachsenenalters begrifflich zu fassen. Dabei wird zunächst versucht werden, die Anforderungen an den jungen Erwachsenen zu beschreiben, die sich mit Partnerwahl, dem Eingehen einer Partnerschaft und der Erziehung von Kindern stellen (Betonung der Anforderungs- oder Stimulusseite). Das Verständnis der Anforderungen an den jungen Erwachsenen soll dann mit der psychologischen Betrachtung von Verarbeitungsprozessen (des aktiven Inividuums) verbunden werden. Entwicklungseffekte werden aus den soziokulturellen Anforderungen, verfügbaren individuellen Kompetenzen und der aktiven (oder gar produktiven) Verarbeitung erfahrener Aufgaben erklärbar.

2. Partnerwahl

Homogamie und Heterogamie

Zwei Auffassungen haben unser Alltagsverständnis von Partnerwahl und die wissenschaftlichen Forschungen über dieses Thema beeinflußt. Die eine ist die These von der *Homogamie.* Sie postuliert Ähnlichkeit als Voraussetzung der Partnerwahl („gleich und gleich gesellt sich gern"). Ähnlichkeit bezieht sich auf soziale und kulturelle Merkmale der Partner, beispielsweise Nationalität, sozioökonomischen Status, Bildungsniveau, Alter, Rasse, Religionszugehörigkeit. Dabei spielen auch psychische Merkmale wie Übereinstimmung von Werten, Personmerkmalen und Formen der psychischen Arbeit eine Rolle, nicht zuletzt auch körperliche Merkmale wie physische Attraktivität oder „passionate love" (Murstein 1980).

Eine Gegenposition drückt die These von der *Heterogamie* aus. Sie geht davon aus, daß Gegensätzlichkeiten das entscheidende Kriterium der Wahl ist („Gegensätze ziehen sich an") und hebt vor allem das Streben nach Komplementarität bei der Partnerwahl hervor. Barry (1970) meint, daß empirische Studien recht deutlich die Homogamiethese stützen. Allerdings setzen solche Studien in der Regel in einem relativ frühen Stadium der Partnerwahl an. Verfolgt man die Entwicklung von Partnerschaften, dann wird eine Integration der beiden Thesen erkennbar, die Homogamie zu Beginn einer Partnerschaft und die Bearbeitung von Unterschiedlichkeit in ihrem weiteren Verlauf akzentuiert. Auf der Basis von Ähnlichkeit kann im Verlauf einer Partnerschaft offensichtlich Unterschiedlichkeit bearbeitet werden – ein Prozeß, der zur Weiterentwicklung beider Partner beitragen kann.

Schon 1958 kamen Katz und Hill nach Durchsicht einer Reihe amerikanischer Studien zur Auffassung, daß *räumliche Nähe* ein wesentlicher Faktor bei der Partnerwahl sei. Allerdings scheint die gleiche Wohngegend oder die Nähe der sozialen Kreise, in denen junge Erwachsene verkehren, nur eine notwendige, keineswegs eine ausreichende Bedingung der Partnerwahl zu sein.

Ähnlichkeit im *Bildungsniveau* erklärt Warren (1966) oder Jäckel (1980) zufolge ebenfalls einen Teil der Varianz von Partnerwahlen. Eng verbunden mit dem Bildungsniveau muß die umfassendere Variable *sozioökonomischer Status* gesehen werden. Nach Jäckel wird die Regel, ,,in die eigenen Kreise zu heiraten", in vielen Gesellschaften sehr bewußt eingehalten. Strikter noch als die Familien von Männern achten die Familien von heiratsfähigen Frauen auf das Einhalten der Schichtenhomogamie. Eine zweite Tendenz beschreiben Newman und Newman (1975) mit dem Satz ,,Women marry up". Sie ist auch in modernen Industriegesellschaften erkennbar. Möglicherweise war in historisch früheren und patrilinearen Gesellschaften der Widerstand von Familien gegen die Verbindung einer Frau mit einem rangniederen Mann größer als heute.

Bedenkt man, daß Zugehörigkeit zu einer gleichen oder ähnlichen sozialen Schicht mit vergleichbarem Einkommen, vergleichbarer Bildung, ähnlicher beruflicher und sozialer Macht, vergleichbarem Verantwortungsniveau und anderen sozialen Merkmalen einhergeht, bedenkt man weiterhin, daß solche Variablen mit Erlebens- und Verhaltensweisen wie ähnlichen kulturellen und geistigen Interessen, Umgangsarten, Einstellungen zu Menschen und Werten, Ansprüchen an Lebensstandard usw. korrelieren, dann verwundert es nicht, daß Homogamie ein bedeutsamer Faktor bei der Partnerwahl geblieben ist. Schon solche Plausibilitätsüberlegungen machen Befunde verständlich, die bei Jäckel (1980) zusammengetragen sind: Ähnlichkeiten des soziodemographischen Hintergrundes der Partner geht mit Zufriedenheit in der Beziehung einher.

Die Tendenz zu einer geringer werdenden *Altersdifferenz* zwischen Mann und Frau wird bei Imhoff (1981) belegt. Der Autor zeigt, daß die Varianz des Alters bei der Erstheirat von Frauen und Männern seit dem 17. Jahrhundert kontinuierlich zurückgegangen ist. Gleichzeitig verringerte sich die Differenz zwischen Alter des Mannes und Alter der Frau. In der BRD beträgt sie heute bei der ersten Eheschließung zwischen zwei und drei Jahren. Die Auswertung von Heiratsinseraten (Pohl 1973) sowie Fragen nach dem idealen Altersunterschied zeigen, daß auch in jüngerer Zeit das Leitbild eines geringen Altersvorsprunges des Mannes wirksam geblieben ist.

Bei Jäckel (1980) finden sich weitere Befunde, aus denen sich *Konfessionsendogamie* ebenso wie *Rassen-* und *Nationalitätenhomogamie* belegen lassen.

Alle angesprochenen soziokulturellen Merkmale weisen auf die Bedeutung der Ähnlichkeit von Rahmenbedingungen für die Partnerwahl hin. Allerdings erklären diese Variablen nicht ausreichend, warum sich Menschen gegenseitig zum Aufbau einer engen Beziehung wählen. Sozialpsychologische Studien führen einen Schritt weiter. Sie betonen beispielsweise die Übereinstimmung der Wertorientierungen bei der Partnerwahl. Coombs (1966) führt aus, daß die Übereinstimmung der Wertorientierungen von jungen Männern und Frauen Interaktionen zwischen ihnen erleichtert; gleichzeitig wird dann eine belohnende Kommunikation wahrscheinlicher, Spannungen und Mißverständnisse werden reduziert. Ein Gefühl von Zufriedenheit mit der Kommunikation kann sich bei einem Konsens der Werte einstellen und das Bestreben der Partner verstärken, die Beziehung fortzuführen.

Stadien der Partnerwahl und Partnerschaft

Lewis (1972, 1973) hat sozialpsychologische Befunde zur Partnerwahl systematisiert. Er beschreibt einen Prozeß, der zunächst mehr passive Komponenten der vorgefundenen Übereinstimmung, in späteren Stadien aber immer deutlicher Komponenten der aktiven Gestaltung enthält. Er geht davon aus, daß die Partner auf einer ersten Stufe der Wahl *Ähnlichkeiten* beieinander wahrnehmen. Es sind dies sowohl Ähnlichkeiten im soziokulturellen Hintergrund als auch in Werten, Interessen und anderen Persönlichkeitsmerkmalen. Auf der zweiten Stufe wird *Rapport* hergestellt: Beide Partner verspüren die gegenseitige positive Evaluation, die leichte Kommunikation. So stellt sich ohne nennenswerte psychische Auseinandersetzung Zufriedenheit mit der Beziehung ein, jeder findet Bestätigung für sich beim anderen. Auf der dritten Stufe müssen die Partner lernen, *sich selbst dem anderen mitzuteilen* und Offenheit in der Beziehung zu erreichen. ,,Self-disclosure" verlangt nicht allein die Überwindung von Scheu oder Ängsten (und eine gesicherte Identität), sie ist in der Regel auch verbunden mit einer verbesserten Erkenntnis der eigenen Person und einer Integration der neu entdeckten Anteile in das bereits bestehende Selbstschema. Die vierte Stufe des Partnerwahlprozesses beschreibt Lewis durch die *Übernahme von Rollen,* die beide Partner definieren. Diese Anpassungs- und Abstimmungsbemühungen werden auf der fünften Stufe fortgesetzt, die durch die Herstellung beidseitiger *Ergänzung im Rollenrepertoire* zu kennzeichnen ist. Auf dieser Stufe wird Rollenkomplementarität ebenso wie Ähnlichkeit der Rollenausübung beider Partner direkt beobachtbar. Der Prozeß mündet auf seiner sechsten Stufe in die *Kristallisierung der Dyade:* andauerndes Engagement füreinander, Bindung aneinander und ein Sichern der dyadischen Einheit (Identität als Paar) bei gleichzeitiger Abgrenzung gegenüber dem Partner (Erhaltung der Identität des Individuums) werden jetzt in der Beziehung aktiv gelebt. Stark vereinfacht beschreiben diese Prozesse, wie zunächst die ,,sichere Basis" geschaffen wird, von der aus Bearbeitung von Diskrepanz mit dem Ziel der Komplementarität bzw. Ähnlichkeit erfolgen kann.

Auch andere primär soziologisch orientierte Theorien der Partnerwahl (z.B. Levinger 1980, Murstein 1976, 1980, Centers 1975) beschreiben dieses Geschehen mit seinen zunächst eher passivistischen, dann immer deutlicher aktivistischen Komponenten.

Auch in *psychologischen Konzeptionen von Partnerwahl* wird zunächst eine ,,passivistische" Determination angenommen, die aber einer aktiven Bearbeitung bedarf. Psychodynamische Theorien (s. Flügel 1950) gehen davon aus, daß zunächst eine Verlagerung der Bindung vom gegengeschlechtlichen Elternteil auf eine nichtverwandte jüngere Person die Partnerwahl bestimmt. In der Tat konnte Jedlicka (1980) zeigen, daß Männer und Frauen, die aus Ehen zwischen rasseverschiedenen Eltern stammen, überzufällig häufig einen Partner aus der Rasse des gegengeschlechtlichen Elternteiles heirateten.

Allerdings muß die Studie wegen der hohen Selektion der Stichprobe kritisiert werden. Fraglich bleibt auch, inwieweit gerade das Merkmal der Rasse repräsentativ für das ganze Bild vom gegengeschlechtlichen Elternteil ist.

Toman (1976) betont einen anderen Aspekt der Passung: er nimmt an, daß Partner so gewählt werden, daß eine Wiederholung der in der Ursprungsfamilie gemachten Erfahrungen möglich wird. Er fand Bestätigung für eine Wiederholung der Abstimmung von Rollenmustern zwischen Geschwistern und späteren Ehepartnern.

Eine interessante Modifikation der psychoanalytischen Theorie von Partnerwahl hat Jung erarbeitet. Er glaubt, daß neben Einflüssen aus der individuellen Erfahrungsgeschichte auch kollektiv unbewußte Elemente – etwa Animus- und Animaprojektionen - einen Einfluß auf die Partnerwahl von jungen Erwachsenen nehmen (vgl. dazu weiter Jung 1978).

Leichter beschreibbar und für die Anwendungen direkter nutzbar ist das Verständnis von Partnerwahl und erster partnerschaftlicher Interaktion in der *kommunikationstheoretischen Konzeption.* Mandel et al. (1972) betonen die Notwendigkeit einer reziproken Abstimmung zwischen den Partnern in einem Prozeß des ,,Einübens von Partnerschaft", der sich an Kennenlernen und anfänglich erlebte Gemeinsamkeit anschließt. Aktive Prozesse der Regelbildung über den Umgang miteinander, das Aufgreifen von Problemen und ihre Bewältigung durch Auseinandersetzung, das realistische Wahrnehmen eigener Verhaltensweisen und Erwartungen an den anderen, sowie das Erkennen von Erwartungen und Verhaltensmöglichkeiten des Partners werden von diesen Autoren als wesentliche Elemente einer gelingenden partnerschaftlichen Interaktion herausgestellt.

Anwendungsaspekte

Der Anwendungsbezug wird bei Mandel et al. (1972) direkt erkennbar; konkrete Hinweise für die Verbesserung der Kommunikation werden gegeben. Allerdings dürften die in den davor beschriebenen Konzeptionen erkennbaren Grundlegungen einer angewandten Entwicklungspsychologie gleich wichtig sein. Ausgehend von Rahmenbedingungen, die durch Ähnlichkeit gekennzeichnet sind, wählen sich junge Erwachsene für eine Beziehung, die eine intimere, d.h. eine mehr und mehr binnenpsychische Prozesse einbeziehende Kommunikation und Interaktion einschließen wird. Vorbereitend dürfte ihnen Wissen um die unterschiedliche Sozialisation von Mann und Frau, Sensibilität für die deutlichere Bezogenheit der jungen Frau und die deutlichere Getrenntheit des jungen Mannes helfen, die Beziehung ein Stück weit aktiv zu entwickeln. Es wurde schon angedeutet, daß der Akzent der Entwicklung beim Mann auf Verbindung, bei der Frau auf autonomerer Abgrenzung der eigenen Identität liegen wird.

Bei aller Erleichterung der anfänglichen Kommunikation zwischen den Partnern (aufgrund von Ähnlichkeiten im Erfahrungshintergrund, den Wertorientierungen, der Verbundenheit in der sexuellen Begegnung ebenso wie aufgrund unbewußter Determinationen) darf nicht übersehen werden, daß Beziehung dann mehr und mehr heißt, Unterschiedlichkeit zu bearbeiten. Das bedeutet Kommunikationsarbeit zwischen den Partnern. Es ist aber auch ein Gewahrwerden und eine „Kommunikation" mit den früh erfahrenen Prägungen der eigenen Person und mit den eigenen psychischen Kräften, die die Wahrnehmung des Partners und den Austausch mit ihm beeinflussen. Der Weg der Entwicklung einer Partnerschaft geht von der „glücklichen Verbundenheit" zur „aktiven Bearbeitung". Übereinstimmend wird in den Kennzeichnungen des frühen Erwachsenenalters gesehen, daß aktive oder gar produktive Beiträge zur Entwicklung in diesem biographischen Abschnitt möglich sind.

3. Partnerschaft

Säkularer Wandel

Während Partnerschaften und Ehen noch vor wenigen Jahrzehnten in erster Linie ökonomische und soziale Zweckgemeinschaften waren, in denen soziale Rollenvorschriften das Verhalten der Partner regelten und in denen der Austausch von gegenseitigen Dienstleistungen bei starker gegenseitiger Abhängigkeit durch ökonomische Notwendigkeiten im Vordergrund stand, hat heute der emotionale und psychische Austausch zwischen den Partnern sowie die Verarbeitung „intimerer" Interaktionen vorrangige Bedeutung (vgl. Willi 1975).

Gründe für diesen Wandel liegen nicht nur in der *zurückgehenden Kinderzahl,* der zunehmenden *Ausgliederung insbesondere älterer Mitglieder* aus dem Familienverband und der veränderten *Rollenverteilung von Frau und Mann* innerhalb der Familie. Sie liegen u. a. auch in den veränderten Funktionen der Erwachsenen bei der wirtschaftlichen Daseinssicherung und -vorsorge und bei der pädagogischen und sozialen Versorgung von Kindern. Hier ist vor allem an Funktionsverluste des Mannes zu denken. Auch auf neuere gesellschaftliche Entwicklungen und veränderte Lebensstile beim partnerschaftlichen Zusammenleben muß verwiesen werden. Der Anstieg der *nicht-ehelichen Lebensgemeinschaften* im letzten Jahrzehnt (in der Altersgruppe unter 24 um das Zehnfache), ein deutlicher Trend zum ,,*Single*", eine wachsende Anzahl *alleinerziehender Eltern,* die Zunahme der *bewußten Kinderlosigkeit* oder die ,,nicht-traditionellen Formen" der Partnerschaft (Macklin 1980) lassen Schlagworte von ,,apokalyptischen Visionen vom Werteverfall und Zusammenbruch von Ehe und Familie" ebenso wie ,,zukunftseuphorische Bilder einer neuen Beziehung zwischen den Geschlechtern" aufkommen (BMJFG 1985). Wir stehen ganz offensichtlich vor einem Wandel, den Tyrell (1985) als ,,Deinstitutionalisierung" der Ehe und Familie bezeichnet. Formale, juristische oder sonstwie konventionalisierte Manifestationen der Zusammengehörigkeit sind seltener geworden. Wieweit partnerschaftliches Zusammenleben auch psychisch verändert wurde, läßt sich indessen nicht genau absehen. Nachdenklich stimmt, daß junge Erwachsene Werten wie Offenheit füreinander, Dauerhaftigkeit des interpersonalen Engagements, Treue und Verantwortung nach wie vor große Bedeutung zusprechen. Möglicherweise stehen wir in einer Zeit, in der veränderte Möglichkeiten des manifesten Verhaltens jungen Erwachsenen selbstverständlicher als früher zugestanden werden. Wie weit aber psychische Wandlungen des Erlebens und des Lebens von Partnerschaft zu verzeichnen sind, wie weit eine grundlegende Veränderungen von Einstellungen und Werten geschehen ist, kann schwer abgeschätzt werden.

Sozialpsychologische Perspektive: Angleichung von Rollenerwartungen

Um zu einem Verständnis der Anforderungen der Partnerschaft und der Entwicklung junger Erwachsener in der Partnerschaft zu kommen, sollen zunächst Befunde referiert werden, die aus einer sozialpsychologischen Perspektive partnerschaftliche Anpassungsprozesse und deren Entwicklungseffekte beschreiben und erklären. Ein Review von Hicks und Platt machte bereits 1970 darauf aufmerksam, daß ein Zusammenhang zwischen übereinstimmenden Rollenerwartungen der Partner und zufriedenstellender ehelicher Anpassung besteht.

Craddock (1980) führte gestützt auf die Arbeit von Farber (1957), Barry (1970), Hicks und Platt (1970) aus, daß divergierende Rollenerwartungen der Partner in den ersten Monaten einer Beziehung häufig mit voneinander abweichenden Ziel- und Wertvorstellungen einhergehen. Damit verbundene Kommunikationsschwierigkeiten behindern die Bearbeitung von Frustrationen und Konflikten und erschweren eine gelingende eheliche Anpassung. Besondere Schwierigkeiten stellen sich Paaren in den Weg, bei denen der Mann einer starren traditionellen Rollenorientierung verhaftet ist, während seine Partnerin eine egalitäre Rollenverteilung anstrebt. Wie die Studie von Craddock (1980) zeigt, waren in der Konstellation von traditionellen Rollenerwartungen bei der Frau und egalitärer Orientierung beim Mann ebenso wie in Konstellationen von übereinstimmenden Rollenerwartungen beider Partner Kommunikationsschwierigkeiten geringer. Ziel-Wert-Diskrepanzen zwischen den Partnern erhöhten sich bei diesen Gruppen im Verlaufe eines Jahres nicht. Vermehrte Diskrepanz war jedoch bei jenen Paaren zu beobachten, bei denen ein traditionell orientierter Mann eine egalitär orientierte Frau geheiratet hatte.

Die Ergebnisse der Längsschnittstudien des Institute of Human Development (Skolnick 1981) belegen für die 1928/1929 in Berkeley und die um 1921 in Oakland geborenen Probanden, daß eheliche Zufriedenheit am größten ist, wenn die Anforderungen der ehelichen Rollen mit den persönlichen Eigenarten der Partner gut übereinstimmen. Konkret heißt dies, daß in zufriedenen Ehen selbstsichere Männer in erster Linie instrumentelle Rollen und fürsorgliche Frauen in erster Linie expressive Rollen ausübten.

Auch Jäckels (1980) Literaturanalysen bestätigen, daß Angleichung von Rollenvorstellungen im partnerschaftlichen Sozialisationsprozeß eine entscheidende Komponente ist. Sie bildet eine der Grundlagen für das Erreichen von Rollenvereinbarkeit, die nach Jäckel als eine Bedingung beiderseitiger Ehezufriedenheit anzusehen ist. Jäckel hebt sogar hervor, daß die ,,Kriterien der Partnerwahl keine Elemente enthalten, die spätere Eheunzufriedenheit bewirken" (a.a.O. S. 96). Unzufriedenheit sieht die Autorin vielmehr durch unterbliebene oder nicht hergestellte Rollenvereinbarkeit begründet. Daß eine aufeinander bezogene Bearbeitung von Rollenerwartungen im Verlaufe einer Partnerschaft immer wichtiger wird, ist auch dadurch zu erklären, daß zu Beginn einer Partnerschaft bzw. Ehe noch nicht alle Rollen von den jungen Erwachsenen erkannt werden können. Zum zweiten sind Rollen modifizierbar, sei es durch gesellschaftlichen Wandel oder aufgrund eines Wandels von Rollenvorstellungen der Partner.

Partnerschaft und Person

Neben sozialpsychologischen müssen auch personspezifische Prozesse zur Erklärung der Entwicklung von Partnerschaften herangezogen werden.

Diskrepanzen zwischen idealem und realen Bild von sich selbst und vom Partner in bezug auf Wertschätzung und Mächtigkeit, Unausgewogenheit im Geben und Nehmen von Sympathie sowie die Tendenz, dem Partner die Verantwortlichkeit für bestehende Probleme zuzuschieben, sind nach Prodöhl (1979) Faktoren, die das Gelingen der Partnerschaft gefährden. Eine Konstellation, in der jeder Partner Probleme primär durch den anderen verursacht sieht und deren Lösung von ihm erwartet, in der er selbst dem Partner nur noch wenig Sympathie entgegenbringt, die Erwartung aber nicht aufgibt, von ihm stärker geliebt zu werden, in der er den Partner als mächtiger und dominanter erlebt, während bei ihm ein deutliches Defizit an Selbstwertgefühl beobachtbar ist, blockiert Entwicklung geradezu. Kann in einer solchen Situation nicht jeder der Partner an einer realistischeren Wahrnehmung seiner selbst und des anderen arbeiten – in psychoanalytischer Terminologie: partner- und partnerschaftsbezogene Projektionen zurücknehmen – dann ist nicht nur die Kommunikation zwischen den Partnern und die Entwicklung der Beziehung gefährdet, sondern auch eine stagnierende, vielleicht gar gestörte Persönlichkeitsentwicklung zu erwarten.

Mandel et al. (1972) führen aus, wie die Kommunikation zwischen den Partnern verbessert werden kann. Um Gemeinsamkeit zu erarbeiten, gilt es, Regeln über die Art des Umgehens miteinander zu suchen und sich über Inhalte gemeinsamen Verhaltens zu einigen. Dabei stellen die Autoren fest, daß ein Bemühen um realtistische Wahrnehmung der eigenen Person und des Partners eine unabdingbare Voraussetzung für erfolgreiche Kommunikation und Interaktion ist. Notwendige Auseinandersetzungen sollten nicht verschoben, sondern aktiv mit dem Ziel der Problembewältigung bearbeitet werden. Die Überprüfung passiver Versorgungserwartungen sehen Mandel et al. als eine weitere Aufgabe, die sich auch auf die Relation von „Geben und Nehmen" beziehen sollte. Eng damit verbunden ist die Frage, ob und wieweit eine Erweiterung des eigenen sozialen Verhaltensrepertoires bei jedem der Partner angezeigt ist. Eine „Binnenarbeit" erstreckt sich schließlich darauf zu klären, ob ein Partner vom anderen möglicherweise die „stellvertretende" Erfüllung von Wünschen erwartet – der introvertierte beispielsweise die bei ihm selbst unterbleibende Kontaktnahme zu anderen durch den extravertierten Partner.

4. Der Übergang zur Elternschaft

Der Aufgabencharakter der Elternschaft ist häufig beschrieben worden. Patterson (1980) glaubt sogar, eine „Zwangstheorie" der Entwicklung junger Mütter rechtfertigen zu können. Mütter werden nach ihm als die „unerkannten Opfer" ihrer Kinder (und Partner) beschrieben. Bei einem solchen Verständnis von Elternschaft liegt der Akzent auf aversiven Stimuli, betont wird die Anforderungsseite. Seltener sind psychologische Motive des Kinderwunsches hervorgehoben worden. Schneewind (1983) faßt Studien zum „Wert von Kindern" dahingehend zusammen, daß er Erlebensmerkmale, nicht etwa Variablen der ökonomischen oder physischen Situation von Eltern benennt. „Kinder erzeugen bei ihnen positive Gefühle und sind für sie „ein Quell der Freude". Zugleich erleben junge Mütter und Väter sich als Folge ihrer Elternschaft reifer und verantwortlicher. Sie behaupten, mit mehr Respekt behandelt zu werden und eigentlich erst als Eltern „richtige Erwachsene zu sein" (a.a.O. S. 165). Allerdings sind solche Belohnungen der Elternschaft nicht direkt meßbar oder erfaßbar, sondern nur aus Erleben zu erschließen. Stets wird anerkannt, daß die Übernahme der Verpflichtungen für die jungen Erwachsenen eine Aufgabe darstellt, die durchaus krisenhafte Züge tragen kann. Seltener werden die Prozesse behandelt, welche die stark differierenden Konsequenzen der Krise der Elternschaft erklären.

Elternschaft als Krise?

Nach Hill (1949) fordert jede Erweiterung einer Familie (durch die Geburt eines Kindes, die Aufnahme eines neuen Familienmitgliedes, die Rückkehr eines Kindes usw.) ebenso wie ihre Verkleinerung (durch Tod eines Familienmitglieds, Scheidung oder Trennung) eine Umstrukturierung der Interaktionen zwischen den Familienmitgliedern und bringt zugleich eine Veränderung des individuellen Verhaltens eines jeden Familienmitgliedes mit sich. Hill spricht in solchen Fällen von einer ,,Krise", er definiert diese als ,,jede scharfe oder entscheidende Veränderung, für die alte Verhaltensformen nicht mehr adäquat sind (...) Eine Krise ist eine Situation, in der übliche Verhaltensformen nicht mehr belohnend sind und neue gefordert werden" (Russell 1974, S. 294). Das Konzept der Krise wurde bereits von LeMasters (1957) mit der Geburt des ersten Kindes in Verbindung gebracht, einem Übergang aus der Dyade in die Triade mit seiner Erfahrung von Diskontinuität der Verhaltensmuster. LeMasters registrierte bei vier von fünf befragten Paaren eine ausgedehnte bis schwere Krise.

Geburt des ersten Kindes – ein kritisches Lebensereignis

Dyer (1963) fragte in einer Wiederholung und Differenzierung der Studie von LeMasters nach den Effekten, welche die Geburt des ersten Kindes auf innerfamiliäre Beziehungen und die Rollenaufteilung der Partner hat. Dyers Forschungsinteresse richtete sich vor allem darauf, wie die Familien mit diesem ,,kritischen" Lebensereignis umgingen, wie neue und ausgewogene Formen der Interaktion zwischen den Partnern erreicht wurden und welche Differenzierungen sich bei soziodemographisch unterschiedenen jungen Erwachsenen erkennen ließen. Die Fragebogenerhebung von Dyer ergab, daß 53% der jungen Eltern eine schwere oder umfassende Krise beim Übergang zur Elternschaft erlebten. 87% der *Frauen* gaben ein oder mehrere ernste Probleme an. Am häufigsten nannten sie Angebundensein und Einschränkungen im Tagesablauf. Die Schwierigkeiten, Arbeiten im Haushalt häufig unterbrechen und sie nicht vollständig verrichten zu können, verband sich mit den erfahrenen Restriktionen zu einer nüchterneren und weniger romantisch erscheinenden Lebenseinschätzung. Die Eltern sahen sich mit der Verantwortung für ein Baby und den vielfältigen Aufgaben der Säuglingsbetreuung konfrontiert. 80% der jungen *Männer* berichteten über ein oder mehrere ernste Probleme der manifesten Situation: Sie machten sich über die familiäre finanzielle Situation Sorgen, da die meisten Frauen ihre Berufstätigkeit nach der Geburt des Kindes aufgaben; sie fügten sich den neuen, ihren Alltag stark prägenden Anforderungen der Elternschaft nur schwer und empfanden es als problematisch, auf Großeltern und andere Verwandte angewiesen zu sein.

Das Erleben von Krisenhaftigkeit wurde durch eine Reihe von Variablen moderiert: Paare, die länger als drei Jahre verheiratet waren, berichteten von weniger ernsthaften und umfassenden Krisen; gleiches galt für Paare, die sich auf die Ehe vorbereitet hatten und sehr gut aneinander angepaßt waren. Weiterhin trugen die Faktoren Wunschkind, höheres Bildungsniveau des Mannes und zeitlicher Abstand von Geburt zum Erhebungszeitpunkt dazu bei, daß das Erleben von Krisenhaftigkeit gemildert wurde. Dyer schließt, daß die Geburt des ersten Kindes für viele Paare durchaus eine Krise darstellen kann. Diese wird jedoch gemildert durch eine gute eheliche Beziehung, eine ausreichende Vorbereitung des Paares, das Bemühen um Neuanpassung der Partner aneinander und an das Kind nach der Geburt sowie durch Variablen wie Bildungsstand und finanzielle Lage des Paares.

Elternschaft als Entwicklungsaufgabe

Die Verwendung des Terminus *Krise* ist kritisch zu betrachten. Zu Recht kann doch der Übergang zur Elternschaft als ,,normatives" Ereignis im Lebenslauf eines Menschen gesehen werden. Rapoport (1963) schlug aufgrund solcher Überlegungen den Terminus der ,,normalen Krise" vor. Dem steht jedoch die Argumentation von Rossi (1968) entgegen. Die Autorin plädiert dafür, den Terminus Krise völlig zu vermeiden: Es sei schon semantisch irreführend, von Krise zu sprechen, wenn ein Übergang gemeint ist, der in den meisten Biographien eintritt und der üblicherweise gelingt. Sie befürwortet das Konzept der ,,phasenspezifischen Entwicklungsaufgabe" (stage task). Dadurch soll konzeptuell ein Erklärungsansatz ermöglicht werden, der sowohl den erfolgreichen als auch den nicht gelingenden Übergang von der Dyade in die Triade ausdrücken kann und Konsequenzen des Übergangs beschreibt.

Arbeiten von Hobbs (1965, 1968) und Jacoby (1969) verdeutlichen einen Wandel der Daten und der Konzeptualisierungen. Keines der 53 von Hobbs befragten Ehepaaren berichtete von einer schweren oder umfassenden ,,Krise". Wohl sprachen 86% der Befragten von einer geringen Belastung aufgrund der Elternschaft. Daß damit nicht eine Störung der Rollenorganisation gemeint war, geht aus Einschätzungen von Ehezufriedenheit und Eheglück vor und nach der Geburt des ersten Kindes hervor. 91% der jungen Väter und 70% der jungen Mütter erlebten ihre Partnerschaft nach der Geburt des ersten Kindes als glücklicher und zufriedener.

Eine vergleichende Interpretation der Auffassung von Krise sowie der unterschiedlichen Ausprägungen der erlebten Krisenintensität in den referierten Studien wird durch verschiedene Variablen erschwert. So lassen sich beispielsweise einige differierende Ergebnisse der Untersuchungen auf eine unterschiedliche *Zusammensetzung der Stichproben* zurückführen. Auch scheint die *Zeitspanne* zwischen der Geburt des ersten Kindes und dem *Zeitpunkt der Datenerhebung* von Bedeutung zu sein. Vergleicht man die Krisenwerte der Paare, die innerhalb des ersten Jahres nach der Geburt des Kindes befragt wurden, wie dies in den Studien von Hobbs der Fall war, mit denen der jungen Eltern aus den Untersuchungen von LeMasters und Dyer, die nach einer größeren Zeitspanne von bis zu fünf Jahren nach der Geburt des ersten Kindes erhoben wurden, so erzielten die jungen Eltern aus den Hobbs-Studien wesentlich niedrigere Krisenwerte. Jakoby weist in diesem Zusammenhang auf den ,,baby honeymoon" (Hobbs 1965) oder die ,,psychischen Flitterwochen" (Rossi 1968) hin, in denen die jungen Eltern alle neuen Erfahrungen der Elternschaft mit Begeisterung aufnehmen. *Dauer der Partnerschaft* sowie mehr oder weniger gelungene *Anpassung an die Partnerbeziehung* sind weitere, das Erleben von Krisenhaftigkeit moderierende Merkmale. Schließlich berichteten junge Eltern von umfassenderen Krisen und Anpassungsschwierigkeiten, wenn das erste Kind *ungeplant* zur Welt kam. Wir können vermuten, daß solche Variablen auch die Akzentuierung des Ereignisses im Sinne eines ,,Störreizes" bzw. die Betonung neuen Erlebens und der Entwicklung bei den jungen Erwachsenen beeinflussen können. Allerdings brauchen wir, um solche Vermutungen diskutieren zu können, mehr und andere Informationen.

Elternschaft als Gratifikation und Belastung

Russell (1974) erfaßte in einer Fortführung der oben genannten Studien nicht nur Belastungen und Krisen nach der Geburt des ersten Kindes mit Hilfe des von Hobbs entwickelten Krisenfragebogens, sondern mit ihrer ,,Gratification-Checklist" auch positiv erlebte Veränderungen. Ihre Stichprobe von 271 Ehepaaren glich in Bezug auf Repräsentativität und Zeitpunkt der Datenerhebung den Stichproben von Hobbs. Russell konnte lediglich bei etwa 4% der Ehepaare eine schwere und ausgedehnte Krise feststellen, wobei auch hier Frauen eine stärkere krisenhafte Belastung erlebten als Männer. Mütter spürten nach der Geburt in erster Linie negative Veränderungen ihres körperlichen Zustandes: Sie sorgten sich um ihr Aussehen, waren müde und abgespannt, litten an Schlafmangel, machten sich Sorgen um ihre Figur und fühlten sich emotional angespannt. Die Männer setzten sich mit physischen, extern ausgelösten und belastend erlebten Problemen auseinander, beispielsweise mit gestörten Schlafgewohnheiten, zunehmenden finanziellen Problemen und vermehrter Arbeit im Zusammenhang mit der Säuglingspflege.

Auf der anderen Seite zeigte sich aufgrund der Befragung nach Gratifikationen, daß viele der jungen Eltern Freude und Zufriedenheit erlebten. Es waren persönliche Empfindungen, wie das Erleben von Erfüllung, neuem Lebenssinn und Stolz auf das heranwachsende Kind, weniger eine Bereicherung der partnerschaftlichen Beziehung oder der Beziehungen zu eigenen Eltern und Nachbarn.

Russell konnte insgesamt 28 Moderatorvariablen des Erlebens von Krisenhaftigkeit analysieren. Bei guter ehelicher Beziehung der Partner, längerer Ehedauer, jedoch noch relativ jungem Alter des Vaters, vor allem aber dann, wenn das Baby ,,geplant" war und als Wunschkind auf die Welt kam, wurde weniger Krise erlebt. Schwierigkeiten während der Schwangerschaft und Geburt waren sowohl für Männer als auch für Frauen mit dem Erleben von Krisenhaftigkeit gekoppelt. Schließlich schienen auch Temperamentseigenschaften des Kindes einen Einfluß auf die erlebte Krise der jungen Väter zu haben: Sie berichteten in stärkerem Maße von Problemen, wenn sie aktive und tagsüber ebenso wie nachts unruhige Kinder hatten.

Die auffälligen Diskrepanzen zwischen den referierten Befunden und den Interpretationen können neben den bereits aufgeführten Faktoren auch auf eine Akzentuierung unterschiedlicher Aspekte bei den Befragungen in den einzelnen Studien zurückgeführt werden: Während LeMasters (1957) und Dyer (1963) sich auf das Ausmaß der erforderlichen Verhaltensänderungen konzentrierten – und relativ hohe Krisenwerte fanden, fragten die Autoren der späteren Studien primär nach Veränderungen von Einstellungen und Emotionen. Auch bei Russell (1974) wird auf der Ebene des manifesten Verhaltens Belastung relativ deutlich. Auf der Ebene des Erlebens indessen wird nicht nur weniger Problematik und Belastung geschildert, sondern positive Aspekte der Elternschaft treten hier in den Vordergrund. – Die Notwendigkeit einer ganzheitlichen Untersuchung von sowohl externen Anforderungen als auch psychischem Erleben und seiner Verarbeitung wird deutlich.

Bewältigung des Überganges zur Elterschaft

In einer methodisch und inhaltlich weitergehenden Untersuchung erfaßten Miller und Sollie (1980) längsschnittlich und damit aktuell und näher am emotionalen und kognitiven Erleben des Überganges zur Elternschaft an drei Meßzeitpunkten das psychische Wohlbefinden junger Eltern, ihre persönliche und eheliche Belastung. Bei 109 untersuchten Elternpaaren konnten – bei Frauen stärker als bei Männern – Zunahmen der persönlichen Belastungen nach der Geburt und erneut nach dem ersten halben Lebensjahr des Kindes beobachtet werden. Bei den jungen Vätern nahm zwar die persönlich erlebte Belastung, nicht jedoch die erlebte eheliche Belastung zu. Dieses Merkmal stieg bei den jungen Müttern stark an, vor allem während des ersten halben Lebensjahres des Kindes. Das psychische Wohlbefinden von Vätern und Müttern war jeweils kurz nach der Geburt am höchsten ausgeprägt. Es ging während der ersten Lebensmonate des Kindes bei den Vätern stärker zurück als bei den jungen Müttern. Auch hier wird das Phänomen des ,,baby-honeymoon“ deutlich. Auch aus diesen Ergebnissen läßt sich die von Gilligan (1984) erwähnte deutlichere Tendenz der Frau zu Bezogenheit und die Getrenntheit des Mannes bestätigen.

Die Untersuchung von Miller und Sollie ging darüber hinaus der Frage nach, wie junge Eltern mit den belastenden Erfahrungen des Überganges umgehen. Vorauszuschicken ist, daß Vorbereitung auf Geburt und Elternschaft zwar ein subjektives Gefühl verstärken, besser gewappnet zu sein, jedoch fordert die reale Erfahrung mit dem Kind neues Erleben und Verhalten, die in der Antizipation nicht vorweggenommen werden können. Bewältigung – und damit Entwicklung – wird eher möglich, wenn ein Paar flexibel ist, viel Geduld aufbringt und seine veränderte Lebenssituation in stärkerem Maße zu planen und zu organisieren versucht. Auch das Annehmen und Ausschöpfen von sozialer Unterstützung seitens der unmittelbaren sozialen Umgebung sowie die Hoffnung auf eine Verbesserung der Situation in der nahen Zukunft helfen den jungen Erwachsenen, den Übergang zur Elternschaft produktiv zu verarbeiten. Das Gefühl der Belastung wird ebenso abgeschwächt, wenn es den Partnern gelingt, ein Gefühl von Zusammengehörigkeit und Einheit zu entwickeln.

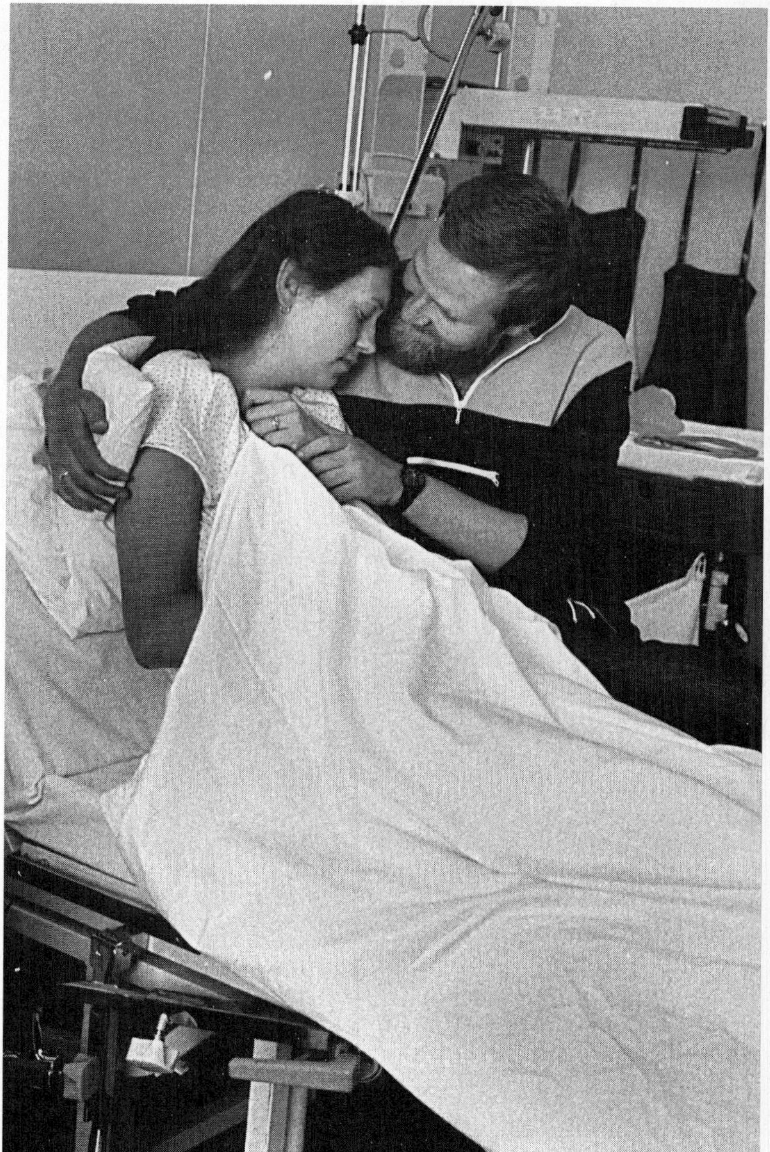

Emotionale Unterstützung bei der ersten Geburt

Die Bedeutung von Bewältigungsprozessen beim Übergang zur Elternschaft stellte Brüderl (1982) ins Zentrum ihrer Studie. Sie konnte 36 Paare, die ihr erstes Kind erwarteten, längsschnittlich mit den Meßzeitpunkten: drei Monate vor der Geburt, kurz vor, kurz nach, sowie drei Monate nach der Geburt des Kindes beobachten. In halbstrukturierten Explorationen eruierte sie, wie diese jungen Erwachsenen mit den Anforderungen und Aufgaben in den Bereichen ,,Partnerschaft", ,,Kind", ,,Beruf" und ,,Freizeit" umgingen.

In allen vier Lebensbereichen überwogen bei den werdenden Eltern aktive, auf eine Gestaltung der Situation zielende Verhaltensweisen. Allerdings griffen sowohl Frauen als auch Männer in den Bereichen ,,Partnerschaft" und ,,Kind" häufiger als in den anderen Bereichen auf psychische Techniken zurück, die dazu dienten, eine aktive Bewältigung zu umgehen oder aufzuschieben.

Die geschlechtsspezifische Analyse der Auftretenshäufigkeiten von Formen der Bewältigung ergab, daß die werdenden Mütter in allen vier Lebensbereichen sowohl vor als auch nach der Geburt ihres ersten Kindes häufiger als ihre Partner auf aktive und offensive Strategien zurückgriffen, während die Männer häufiger Mechanismen anwendeten, die dazu dienten, der Bewältigung einer erkannten, fordernden Situation beim Übergang zur Elternschaft auszuweichen. In den Bereichen ,,Partnerschaft" und ,,Kind" traten bei den weiblichen Probanden auch häufiger Bewältigungsmechanismen der Anpassung auf, bei den männlichen Probanden waren diese in den Bereichen ,,Beruf" und ,,Freizeit" vermehrt beobachtbar.

Bei Analysen der Veränderungen von Bewältigungsbemühungen der werdenden Eltern wurden Verlagerungen der vorherrschenden Bewältigungsform deutlich. Standen drei Monate vor der Geburt des ersten Kindes noch – insgesamt gesehen – weitgehend aktive und offensive Bewältigungsstrategien in allen beobachteten Lebensbereichen bei der Auseinandersetzung mit den dort entstandenen Anforderungen im Vordergrund der Verarbeitung, so gewannen drei Monate nach der Geburt des Kindes zunehmend Strategien der Anpassung an Bedeutung. Die jungen Mütter und Väter tendierten nach der Geburt ihres ersten Kindes in zunehmendem Maße dazu, sich an innere oder äußere Bedingungen mit relativ wenig Energieaufwand anzugleichen. Berücksichtigt man jedoch den Ausprägungsgrad der einzelnen Bewältigungsmechanismen in den genannten Lebensbereichen, so standen weiterhin Strategien des Coping in der Rangfolge an erster Stelle.

Bei der Stichprobe werdender Eltern von Brüderl handelte es sich also um junge Erwachsene, die über adäquate Bewältigungsmechanismen beim Übergang zur Elternschaft verfügten und somit die vielfältigen Anforderungen und Veränderungen dieser Phase ihrer Lebensspanne bewältigen konnten, so daß es nicht zu einer ausgedehnten Krise in den einzelnen Bereichen kommen konnte. Dies wurde auch in den übrigen Fragestellungen von Brüderl deutlich. So konnte die Annahme, daß es beim Übergang von der Dyade zur Triade durch Umstrukturierung der etablierten Partnerbeziehung und durch Neuorganisation gewohnter Verhaltensweisen zu einer signifikanten Veränderung der emotionalen Beziehung zwischen den Partnern kommt, in ihrer Studie nicht erhärtet werden. Die von den Paaren in den Explorationen vor und nach der Geburt des Kindes geschilderten Probleme und Schwierigkeiten innerhalb der Partnerbeziehung erstreckten sich im wesentlichen über die ersten Lebenswochen des Säuglings und konnten von den jungen Eltern im Laufe der ersten drei Monate nach der Geburt des Kindes weitgehend bewältigt werden. Anders als nach der von Hill (1949) formulierten Ausgangsthese, daß mit dem Hinzukommen eines Kindes in ein bestehendes partnerschaftliches System eine belastende soziale Umorientierung erfolge, wurde in dieser Untersuchung gefunden, daß die werdenden Eltern die neuartigen Aufgabenstellungen übernahmen, Verantwortung für die Versorgung ihres Kindes verspürten und durch persönliche Bewältigungsbemühungen und Anpassungsleistungen dieser neuen Verantwortung gerecht wurden. Das Ereignis der Geburt eines Kindes erscheint so als ein „belastender" Auslöser, der die wesentlichen innerpsychischen und partnerschaftlichen Prozesse der Bewältigung und Anpassung – unter Umständen auch die der Weiterentwicklung – aktiviert. Krise ist demnach nicht allein Funktion des auslösenden Ereignisses, sondern Funktion der Form der Bewältigung des Geschehens.

Die Untersuchung von Brüderl gibt auch in einem weiteren Aspekt Aufschluß über den Verlauf des Übergangs zur Elternschaft. Mit der deutschen Version des „Eight-State-Questionnaire" von Gräser (1978) maß sie den Verlauf des emotionalen Erlebens der werdenden Eltern über den Beobachtungszeitraum von sechs Monaten. Die Autorin fand, daß die letzte Phase der Schwangerschaft für die erstgebärende Frau mit großen physischen und psychischen Belastungen verbunden ist. Neben zunehmenden Angst- und Ermüdungsgefühlen unmittelbar vor der Entbindung des ersten Kindes und kurz danach zeigten die Frauen dieser Stichprobe eine ausgeprägtere depressive Grundhaltung und eine stärkere Introvertiertheit gegenüber den anderen beiden Meßzeitpunkten.

Die in der Literatur (Curtis 1955, Trethowan 1968, Wainwright 1966) häufig geäußerte Annahme, daß der Übergang zur Elternschaft auch bei Männern potentiell mit physischen und psychischen Belastungen verbunden sei, konnte Brüderl bei ihrer Stichprobe nicht bestätigen. In allen acht Faktoren der Befindlichkeit zeigten die Männer relativ stabile Ausprägungen ihres emotionalen Erlebens.

Betrachtet man jedoch die Stimmungsverläufe der werdenden Eltern differenziert, d.h. unterscheidet man danach, ob sich die werdenden Väter dieses Kind ausdrücklich gewünscht und es geplant hatten, oder ob das Kind ungewollt gezeugt wurde, so fühlte sich letztere Gruppe kurz vor der Entbindung ihres ersten Kindes emotional am stärksten belastet. Bei den Frauen, deren erstes Kind ungeplant zur Welt kam, zeigte sich unmittelbar nach der Geburt eine emotionale Befindlichkeit, die auf konfliktreicheres Erleben und heftige Bearbeitung schließen läßt. Brüderl unterteilte ihre Stichproben ebenfalls danach, ob sich nach Meinung der jungen Erwachsenen die Partnerbeziehung nach der Geburt verbessert oder verschlechtert hatte oder ob sie gleichgeblieben war. Bei den Männern fanden sich über den Erhebungszeitraum hinweg keine statistisch bedeutsamen Unterschiede in der emotionalen Befindlichkeit zwischen diesen Partnerschaftsgruppen. Wohl aber reagierten die nach erlebter Veränderung der Partnerbeziehung aufgeteilten Frauen der Stichprobe sehr unterschiedlich. Sie schienen emotional deutlich auf Veränderungen der Partnerbeziehung zu antworten, während die Männer in ihrem Erleben der eigenen Befindlichkeit von Veränderungen der Partnerbeziehung nicht beeinflußt zu werden scheinen. – Neben Geschlechtsunterschieden zeigen diese Differenzierungen, wie die Verarbeitung des Überganges zur Elternschaft von der zurückliegenden Entwicklung und der kognitiv-affektiven Vorbereitung auf die Elternschaft abhängt.

Anwendungsaspekte

Bei Diskussion der Anwendungsbezüge, die sich aus der Reihe der dargestellten Untersuchungen ableiten lassen, sind natürlich die bereits angesprochenen methodischen Kritikpunkte sowie Differenzierungen zu beachten. Inhaltlich wichtig für den Alltag von Partnerschaft erscheint die Erkenntnis, daß Elternschaft offensichtlich ganz unterschiedlich erfahren wird. In der Situation sind Anforderungen enthalten, die – als manifeste Stimuli aufgefaßt – ganz eindeutig Merkmale der Krise und des Zwanges aufweisen. Studien, die primär die äußere Situation von Eltern beschreiben, heben entsprechend Belastungen beim Übergang von der Dyade zur Triade hervor. Anforderungen können indessen sehr unterschiedlich aufgenommen und bearbeitet werden. Die Suche nach den Gratifikationen der Elternschaft akzentuiert Erlebensvariablen, weniger Merkmale der Stimulussituation. Vor allem aber zeigen Befunde, welche den Prozeß der Verarbeitung des Überganges in den Blick nehmen, die Rolle der aktiven Person. Eine Sensibilisierung junger Erwachsener für die psychische Realität der Elternschaft und ihre Vorbereitung auf einen Umgang mit den neuen Anforderungen – in der Art des vorbereiteten Lernens von Bewältigungsfertigkeiten (vgl. Roskies & Lazarus 1980) – scheint eine wesentliche Praxiskonsequenz. Eine zweite liegt in der fortlaufenden sozialen und psychischen Unterstützung junger Eltern.

Wichtiger wohl noch als Vorbereitungskurse in der Schwangerschaft scheinen Elternkurse, die kognitive Unterstützung durch Information geben. Genauso aber dürfte emotionale Unterstützung notwendig werden, die auf die affektive Komponente der kognitiven Bewertung der neuen Situation zielt. „Validierung" der neuen Erfahrungen – wohlgemerkt der (externen) Belastungen wie der (innerpsychischen) Gratifikationen der Elternschaft – und ein „Ventilieren" der Veränderungen von allen wesentlichen Perspektiven aus (vgl. Dunkel-Schetter & Wortman 1981) machen wesentliche Teile der emotionalen Unterstützung aus. Sie kann – wie vor allem Erfahrungen in Selbsthilfegruppen zeigen – sehr effektiv von Experten (also anderen Vätern und Mütter) gegeben werden.

5. Schlußfolgerungen

Partnerwahl, Partnerschaft und Elternschaft stellen soziale und persönliche Aufgaben des frühen Erwachsenenalters dar, die Entwicklung vorantreiben. Sie unter entwicklungspsychologischer Perspektive auszuwerten, war ein Anliegen dieses Beitrages. Der Entwicklungsprozeß wurde in seinen ersten Abschnitten durch Übereinstimmung und ein Zueinander-Passen der Partner beschrieben. Mehr und mehr aber – so wurde gezeigt – gewinnen aktive Prozesse der Bearbeitung von Unterschiedlichkeit und der Erarbeitung von Gemeinsamkeit an Bedeutung.

In relativ guter Übereinstimmung betonen sowohl psychoanalytische als auch sozialpsychologische Theorien, daß sich Partnerbeziehungen von einem anfänglichen Angezogensein (sei es nun libidinös oder sozial-instrumentell) über die Zeit hin zu einer tieferen, gelasseneren Liebe des Erwachsenenalters entwickeln können – selbstverständlich nicht notwendigerweise entwickeln müssen. Während in der jüngeren Beziehung körperliche Anziehungskraft, wahrgenommene Ähnlichkeit in äußeren und psychischen Merkmalen, Bereitschaft zur Selbstenthüllung und Kommunikation, Romantik und Leidenschaft als wesentlich angesehen werden, scheinen Faktoren wie das Geben von emotionaler Sicherheit, die Bereitschaft zum Bearbeiten von Konflikten, gegenseitige (komplementäre) Unterstützung und Loyalität sowie die Übernahme von Verantwortung für den Partner die Gemeinsamkeit über längere Zeit aufrechtzuerhalten (Driscoll et al. 1972, Kerckhoff & Davis 1962, Levinger & Snoek 1972). Die Entwicklung einer Beziehung – vor allem die Entwicklung zur Elternschaft – scheint im Laufe des Erwachsenenalters ein immer deutlicher werdender aktiver Prozeß zu sein.

So bietet sich die Verbindung von Paradigmen der Coping-Forschung mit jenen der Entwicklungspsychologie als theoretische Basis für die

Erklärung der wohl entscheidenden Komponenten der hier beschriebenen adaptiven Veränderungsprozesse an. Entwicklung ist ein diachrones Veränderungsgeschehen, Coping ist ein aktueller Prozeß, der Veränderung herbeiführen kann, wenn die Person sich mit neuartigen Anforderungen auseinanderzusetzen hat.

Wir nehmen an, daß Prozesse des Coping und der Entwicklung interagieren. Eine Form solcher Interaktionen beschreibt der Terminus der Verfestigung (Heiss 1936, Thomae 1951): Wird eine Person wiederholt mit thematisch gleichen oder ähnlichen Anforderungen konfrontiert (etwa mit den Anforderungen, die ein neugeborenes Kind stellt), und erweisen sich bestimmte Formen des adaptiven Umgehens mit diesen Anforderungen als ,,effektiv", dann erhöht sich die Wahrscheinlichkeit der Verfestigung solcher Stile des Coping. – Eine andere Form der Interaktion zwischen aktuellen und diachronen Prozessen beschreibt der Terminus der Verflüssigung: In neuartigen Anforderungssituationen, in Situationen, in denen habitualisierte Prozesse des adaptiven Umgehens mit der Anforderung nicht mehr greifen, wird eine ,,Umprogrammierung" wahrscheinlich. Das Individuum wird gezwungen, eine Form der Auseinandersetzung zu entwickeln, die den neuartigen – sei es herausfordernden, belastenden oder gar bedrohlichen – situativen Forderungen genügen kann. Die Verbindung zum Entwicklungsgeschehen liegt hier auch in dem Sinne nahe, daß adaptive Weiterentwicklung geschieht. Deutlich wird Personaktivität im jungen Erwachsenenalter vor allem im Leben von Partnerschaft und Elternschaft.

Kapitel 6B

Frühes Erwachsenenalter: Arbeitsbiographie und Persönlichkeitsentwicklung

Ernst-H. Hoff

1. Der lange Arm der Arbeit

„The long arm of the job“: So lautet der Titel einer Studie über das Verhältnis von Arbeit und Freizeit (Meissner 1971). Dieser Titel besagt, daß die Arbeitswelt im Leben erwerbstätiger Erwachsener nicht einfach hinter dem Fabriktor, im Büro, im Geschäft oder an anderen Arbeitsplätzen zurückbleibt, wenn der Feierabend, das Wochenende oder die Urlaubstage beginnen. Wie „frei“ die Freizeit ist, wie stark das Bedürfnis nach arbeits-„freier“ Zeit ist und was Menschen aus ihrer freien Zeit machen, das hängt fast immer auch vom Ausmaß an Zwang oder Freiheit in der Arbeit und von der Art der Berufstätigkeit ab. Es gibt aber noch eine zweite Lesart des Titels „Der lange Arm der Arbeit“: Dieser Arm greift schon lange vor der eigentlichen Erwerbstätigkeit in Familie und Schule zu. Und er kann auch noch die Zeit nach der Arbeit, den Ruhestand, fest „im Griff“ haben. Darauf soll zu Beginn kurz hingewiesen werden, bevor das Verhältnis von Arbeit und Freizeit erörtert wird.

Der lebenslange Arm der Arbeit

Die meisten Erwachsenen haben *erstens* schon früh in ihrer Herkunftsfamilie erfahren, wie wichtig die berufliche Stellung ihrer Eltern für die materielle Lage und das gesellschaftliche Ansehen der ganzen Familie war. Neben solchen Erfahrungen bringen sie Wertorientierungen und Vorstellungen etwa zu Ordnung, Fleiß, Disziplin, Selbständigkeit, Leistung oder Erfolg aus ihrer Kindheit und Jugend mit in das Erwachsenenalter, von denen sie vermutlich selbst gar nicht mehr wissen, daß bei deren Entstehung der Beruf der Eltern einmal eine Rolle spielte. Tagtägliche Arbeitserfahrungen von Eltern beeinflussen das Familienleben, die Erziehung und damit auch Einstellungen und Verhaltensweisen von Kindern und Jugendlichen (Kohn 1969, Hoff & Grüneisen 1978, Steinkamp & Stief 1978). Die Erfahrungen früherer Generationen mit der Arbeitswelt werden also in der Familie übermittelt und wirken in den folgenden Generationen fort.

Zweitens können alle Erwachsenen in unserer Gesellschaft auf eine Schulkarriere zurückblicken. Sie sollten bekanntlich nicht für die Schule, sondern für das Leben lernen, und das bedeutete in offenen wie heimlichen Lehrplänen vor allem: für das Erwerbsleben. Spätestens in den letzten Schuljahren wurde ihnen dann klar, daß Schulverläufe, Zeugnisse und Zertifikate des Bildungssystems die Schlüssel für unterschiedliche Zugänge („ports of entry") in das Beschäftigungssystem, in unterschiedliche Arbeitsmärkte und in unterschiedliche Berufskarrieren darstellen.

Ergebnisse einer Studie zum Berufsfindungsprozeß

Heinz et al. (1985) haben in einer qualitativen Längsschnittstudie von 1978 bis 1983 sehr exakt nachzeichnen können, wie intensiv „der lange Arm der Arbeit" bei Hauptschülern bereits Jahre und Monate vor der Lehre wirksam wird. So können sich angesichts einer sehr schlechten Arbeitsmarktsituation allmählich, aber radikal die individuellen Interessen und Wünsche verändern. Folgende vier aufeinanderfolgende Etappen bzw. Situationen ließen sich voneinander abgrenzen:

„Die Situation I wird objektiv durch die Chancenzuweisung in der 7. Klasse definiert. Sich einen Beruf wünschen, heißt also für Hauptschüler am ersten Wendepunkt zum Ende des 7. Schuljahres, bei sich selbst nach persönlichen Interessen und Fähigkeiten zu suchen, die sich mit dem gesellschaftlich vorgegebenen Bild ausführender, abhängiger Berufe in Übereinstimmung bringen lassen (...)

Die Situation II wird durch die Berufssuche während der 8. und 9. Klasse Hauptschule definiert. Sie steht aus der Sicht der Schüler unter dem Leitmotiv: ‚Hauptsache eine Lehrstelle ...'. Die Notwendigkeit, mit einem knappen Lehrstellenangebot zurechtzukommen, veranlaßt die Jugendlichen durchgängig zu einer Unterordnung ihres Berufsinteresses unter die Notwendigkeit, einen Ausbildungsplatz zu finden.

Die Situation III wird durch die Resultate der Berufssuche nach Beendigung der Hauptschule definiert. Aus der Sicht der Schüler steht sie unter dem Leitmotiv: ‚Das was ich hab', will ich auch werden.'

Situation IV wird (für einen beträchtlichen Teil der Schüler, bei denen die Lehrstellensuche zunächst erfolglos war) durch erneute Berufssuche am Ende schulischer Überbrückungsmaßnahmen definiert. (...) Am Ende bleibt nur noch zu wünschen, nicht arbeitslos zu werden." (a.a.O. S. 21ff.)

Drittens zeigt sich der lebenslange Einfluß von Arbeit auch noch im Ruhestand. Wenn zuvor im Beruf Handlungsspielräume vorhanden und Planungskompetenzen erforderlich waren, so wird die anschließende Zeit ohne Arbeit ebenfalls aktiv geplant und ausgestaltet (Abraham & Hoefelmayr-Fischer 1982). Eine andere Zeit ohne Arbeit im Lebenslauf, die der Arbeitslosigkeit, soll abschließend erwähnt werden. Sie hat besonders negative Auswirkungen für die Betroffenen und äußert sich häufig in Resignation, Fatalismus und Depressionen (Jahoda et al. 1933, Wacker 1978, Frese & Mohr 1978).

Arbeit und Freizeit

Lebensabschnitte von „Nicht-Arbeit" werden also durch die lange Phase des Erwerbslebens geprägt. Dasselbe gilt für die Bereiche von „Nicht-Arbeit" bzw. Freizeit im täglichen Leben erwerbstätiger Erwachsener. Wie die Bedeutung von Arbeit generell einzuschätzen ist (Udris 1979), und in welcher Weise sich der Einfluß von Arbeit auf Freizeit äußert (Ulich & Ulich 1977), wird allerdings in der Forschung sehr kontrovers diskutiert.

Die meisten amerikanischen Studien zum Verhältnis von Arbeit und Freizeit erbringen folgendes: Aktivität, Vielfalt und „Intellektualität" der Freizeitbeschäftigungen (Miller & Kohn 1983) oder auch Zufriedenheit mit der Freizeit finden sich bei Personen mit wenig restriktiven, d. h. mit komplexen, anspruchsvollen und autonomen Arbeitstätigkeiten. Umgekehrt geht restriktive Arbeit mit stärker rezeptivem, eingeschränkten Freizeitverhalten einher. Übereinstimmend werden diese Ergebnisse im Sinne der These vom „langen Arm der Arbeit", der sogenannten *„Generalisationsthese"*, interpretiert: Aspekte des Handelns, Denkens und Fühlens, die in der tagtäglichen Arbeit notwendig gefordert sind, werden allmählich auf die Freizeit übertragen, die deshalb der Arbeit in diesen Aspekten immer ähnlicher wird.

Nur wenige Befunde lassen sich im Sinne der *„Kompensationsthese"* interpretieren: Es kommt vor, aber anscheinend seltener, daß restriktive Arbeit positiv durch eine aktiv und autonom gestaltete Freizeit auszugleichen versucht wird. Angemerkt sei, daß sich „Kompensation" und „Generalisation" nicht notwendig gegenseitig ausschließen, und daß außer diesen empirisch untersuchten Formen des Verhältnisses von Arbeit und Freizeit noch andere Formen sehr plausibel erscheinen (Habermas 1958).

Der Befund fehlender Zusammenhänge zwischen Arbeits- und Freizeitindikatoren in einer Reihe weiterer Studien, und darunter fallen die meisten deutschsprachigen Untersuchungen, wird im Sinne der *„Neutralitätsthese"* interpretiert. Hier wird behauptet, die Lebensbereiche seien in der Regel segmentiert, folglich hätten sie auch im Handeln, Denken

Ein Beispiel für den langen Arm der Arbeit:

„Ich ruhe mich auf jeden Fall nach der Arbeit aus, das dauert rund ein bis zwei Stunden. Da sitze ich hier, rauche meine Zigarette oder esse ein Stück Kuchen, trinke meinen Kaffee. Dann sitze ich praktisch hier ganz alleine. Da darf meine Frau nicht reinkommen. Dann schäume ich praktisch schon: Ich werde zwar nicht handgreiflich, weil das nicht meine Art ist, aber dann kocht es schon ein bißchen. Wenn dann die Zeit da ist, wo ich fühle, daß ich wieder ruhig bin und weiß von der Arbeit nichts mehr, dann gehe ich rein und erzähle oder bin im Keller." (Bandarbeiter, 24 Jahre; Interviewzitat aus der gründlichsten qualitativen Studie im deutschen Raum zu „Freizeit und Familienleben von Industriearbeitern"; Schlösser 1981, S. 95)

und Fühlen der Menschen nichts miteinander zu tun. An dieser Interpretation kann man jedoch erhebliche Zweifel anmelden (Hoff 1984). Selbst wenn es objektiv sehr unterschiedliche Handlungsanforderungen in den beiden Hauptlebensbereichen gibt, ist es psychologisch kaum als Regelfall vorstellbar, daß sich Personen in ihrem Denken und Fühlen völlig in eine Berufs- und in eine Privatperson aufspalten und daß ihr Handeln ganz ohne individuelle Eigenheiten abläuft. Als subjektiver Wunsch oder als Versuch mag dies allerdings verständlich sein. Wenn Personen unter sehr strikten Verhaltenszwängen in der Arbeit leiden, dann wird für sie der Versuch „abzuschalten" sehr sinnvoll. Wenn in diesem Fall eine *subjektive* „Neutralitätsthese" nach dem Motto „Dienst ist Dienst, und Schnaps ist Schnaps" vertreten wird, so kann man dies psychologisch am besten im Sinne der „Kompensationsthese" interpretieren: nämlich als Bewältigungsstrategie mit dem Ziel, die Zwänge der Arbeit, negative Gedanken und Gefühle nicht noch in die „freie" Zeit hineinzutragen, sondern hier etwas ganz anderes denken, fühlen oder tun zu können. Der Versuch einer starken Trennung geht also mit dem Bemühen einher, den Zwängen im einen Bereich kompensatorisch die Freiheit sowie das „Lustprinzip" im anderen Bereich entgegenzusetzen.

2. Arbeit und Persönlichkeit

Die Person als Subjekt und Objekt ihrer Arbeitsumwelt

Hinter der Argumentation, daß eine strikte Aufspaltung von Menschen in eine Berufs- und in eine Privatperson allenfalls tendenziell, aber nur schwer als Normalfall vorstellbar sei, steht die Auffassung von der ständigen, wechselseitigen Beeinflussung von Person und Umwelt: Personen sind weder ganz und gar reagierende Objekte, noch ganz und gar frei agierende Subjekte ihrer Umwelt, sondern immer beides zugleich (gesellschaftliche Ungleichheit kann aber dazu beitragen, daß stärker das eine als das andere zur Geltung kommt).

Personen passen sich folglich nicht ausnahmslos und völlig mechanisch als ,,Rädchen im Getriebe" ihrer Arbeitsumwelt an; und sie reagieren nicht ganz losgelöst davon auf die Angebote der Freizeitindustrie. In beiden Lebenssphären spielen vielmehr identische Persönlichkeitsaspekte eine Rolle, die entweder nicht bewußt oder bewußt und aktiv in Handlungen, Kognitionen oder Emotionen eingebracht werden. Derartige Persönlichkeitsaspekte verfestigen oder ändern sich ihrerseits im Berufsverlauf. Ein Indikator für Persönlichkeitsveränderung wäre z. B. ein Freizeitverhalten, welches sich in bestimmten Aspekten allmählich dem Arbeitsverhalten angleicht (Generalisation) oder sich genau entgegengesetzt dazu entwickelt (Kompensation). Insofern thematisieren Studien zum Verhältnis von Arbeit und Freizeit immer auch das Verhältnis von Arbeit und Persönlichkeit.

Arbeit und Persönlichkeit: Einseitige Einflüsse oder reziproke Interaktion?

Zu dieser interaktionistischen Sichtweise von Persönlichkeit und Arbeitsumwelt schreibt beispielsweise Kohn: ,,(Sie) war durchaus nicht immer selbstverständlich. Als Schooler und ich 1964 unsere Querschnittsuntersuchung der berufstätigen Männer in den USA zu planen begannen, stellten wir mit Erschrecken fest, daß sowohl die Arbeitspsychologen als auch die Arbeitssoziologen, die wir um Rat fragten, die Beziehungen jeweils als unidirektional ansahen, dabei aber von miteinander unvereinbaren Prämissen ausgingen. Die Arbeitspsychologen gingen davon aus, daß die Beziehung zwischen Arbeit und Persönlichkeit von selektiver Personalauswahl, selektivem Verbleib an Arbeitsplätzen und individueller Ausgestaltung des Arbeitsplatzes herrühre; das heißt: die Persönlichkeit beeinflußt die Arbeit. Die Arbeitssoziologen nahmen dagegen an, daß die Beziehung zwischen Arbeit und Persönlichkeit allein von der Arbeit und ihrem Einfluß auf die Persönlichkeit herrühre. Keine der beiden Seiten war bereit, dem Gegenstandpunkt auch nur die Möglichkeit einer partiellen Berechtigung zuzugestehen. Wir zogen aus dieser Lage den Schluß, daß die Beziehung nicht bloß aus einem Einwegeffekt in einer der beiden Richtungen bestehen kann. Unsere gesamte Forschungsarbeit beruht auf der Annahme einer Reziprozität. Viele Jahre später nun decken sich unsere längsschnittlichen Befunde mit dieser Annahme, ebenso wie die Befunde aller anderen Längsschnittstudien, die ich kenne." (Kohn 1985, S. 43f.)

Der „interaktionistische" Ausgangspunkt einer wechselseitigen Beeinflussung von Person und Umwelt gilt zwar inzwischen fast als selbstverständlich in der Persönlichkeitspsychologie (Lantermann 1980) sowie in der Entwicklungspsychologie (Walter & Oerter 1979), darin stimmen psychologische auch mit soziologischen Theorietraditionen überein (Hoff 1981). Trivial ist dieser Standpunkt jedoch nicht. Denn es gab die extreme Position vom Menschen als Objekt seiner Umwelt ebenso wie die Sichtweise der einseitigen, umgekehrten Determination von Verhalten und Umwelt durch Persönlichkeitseigenschaften oder Erbanlagen. Das zeigt ein Blick in die Geschichte der Psychologie, z. B. in die Entstehungsgeschichte des Behaviorismus. Und diese extremen Positionen wurden ebenso deutlich von Wissenschaftlern in dem Forschungsbereich vertreten, um den es hier geht.

Empirische Studien zu Arbeit und Persönlichkeit

Welche Merkmale der „Person" und welche der „Umwelt" am Arbeitsplatz werden nun im einzelnen untersucht? Welche spezifischen Zusammenhänge rechtfertigen es, allgemein von einer reziproken „Interaktion" von Arbeit und Persönlichkeit zu sprechen? Um den Forschungsstand im Überblick darzustellen (Lempert 1977, Frese 1982, Hoff 1985a), wird von den psychologischen Beschreibungskategorien ausgegangen. Den Hauptmerkmalsbereichen von Persönlichkeit werden die Befunde über Zusammenhänge mit Arbeitsaspekten zugeordnet. Auf die soziologischen Kategorien zur Beschreibung von Arbeit und Beruf wird dann im nächsten Abschnitt noch einmal gesondert eingegangen.

Der emotional-motivationale Merkmalsbereich erscheint besonders heterogen. Entweder werden einzelne Indikatoren z. B. der Depressivität, der aktiven Orientierung, des Selbstkonzeptes oder des Selbstvertrauens in Verbindung mit Arbeitsaspekten gebracht. Oder man erfaßt eine allgemeine „mental health", wobei neben den soeben genannten weitere Indikatoren etwa von Angst, Neurotizismus oder Zufriedenheit zu einem globalen Kennwert zusammengefaßt werden (z. B. in der klassischen Studie von Kornhauser 1965). Daß man derart allgemein von „psychischer Gesundheit" sprechen und entsprechend globale Kennwerte verwenden kann, läßt sich von den empirischen Befunden her rechtfertigen, die bei allen Einzelmessungen in die gleiche Richtung weisen: Alle Arten negativ getönter emotionaler Zustände oder motivationaler Orientierungen, also psychisches Leiden generell, finden sich häufiger bei Erwerbstätigen mit restriktiver Arbeit. Umgekehrt geht „mental health" eher mit wenig restriktiver Arbeit einher.

Im einzelnen heißt das: Psychisches Leiden oder negativ bewertete Ausprägungsformen psychischer Merkmale kommen häufiger bei den Berufstätigen vor, deren Arbeits*inhalte* mangelnde Komplexität, Vielfalt und Problemhaltigkeit aufweisen (Brousseau 1978, Hackman & Lawler 1971, Morley o. J.), und bei denen das Niveau der geforderten Arbeitsqualifikationen gering ist (Gardell 1971, Kornhauser 1965, Karasek 1979). Dasselbe gilt, wenn stattdessen oder zusätzlich die Arbeits*formen* restriktiv sind, wenn also Kontrollspielräume und Verantwortung in der Ausgestaltung der Tätigkeiten fehlen (Brousseau 1978, Hackman & Lawler 1971, Morley o. J., Mortimer & Lorence 1979a, b), oder wenn es zusätzlich an zeitlichen sowie räumlichen Dispositionschancen mangelt, wenn die Umgebungseinflüsse (z. B. Hitze, Lärm, Schmutz, physische oder psychische Belastungen) kaum beeinflußbar sind, wenn die Arbeitsplatzsicherheit nicht gewährleistet ist oder wenn in Schicht gearbeitet wird (Gardell 1971, Kornhauser 1965, Karasek 1979).

Der große Bereich der Arbeitszufriedenheitsforschung (Bruggemann et al. 1975) muß hier außer acht gelassen werden, obwohl die Übergänge zum eben genannten Typ von Untersuchungen fließend sind. Denn hier ist empirisch schwer feststellbar, was Arbeitszufriedenheit eigentlich heißt; ob es sich z. B. um realistische Wahrnehmungen der ,,objektiven" Arbeitssituation oder stärker losgelöst davon um Charakteristika der Person handelt. Die methodischen Probleme und widersprüchlichen Befunde der Forschung lassen sich wohl auf eine mangelnde theoretische Reflexion des Begriffs ,,Arbeitszufriedenheit" zurückführen (Büssing 1985).

Der kognitive Merkmalsbereich ist im Vergleich dazu übersichtlich: Es dominieren Messungen psychometrischer Intelligenz. Das gilt für die bahnbrechenden Arbeiten von Kohn und Mitarbeitern zur ,,intellektuellen Flexibilität" ebenso wie für die einzige deutsche Studie von Schleicher (1973). Bei Schleicher korreliert das Qualifikationsniveau der Arbeitstätigkeit positiv mit Intelligenz. In den Studien von Kohn und Schooler kommen etliche andere Dimensionen hinzu: einmal die des Arbeits*inhaltes,* das Ausmaß des Umgangs mit Personen, Symbolen, Sachen, die Komplexität der Arbeit, Selbständigkeitsanforderungen und dann zusätzlich die Arbeits*formen* (Kohn 1971, 1976, Kohn und Schooler 1973, 1982).

Diese Untersuchungen sind aus folgenden Gründen besonders bemerkenswert: Sie beziehen sich auf repräsentative Stichproben Erwerbstätiger in den USA, und sie gingen aus früheren Arbeiten zum Zusmmenhang von Arbeit und (Erziehungs-) Wertorientierungen hervor. Weiter sind sie Bestandteil eines umfassenderen Forschungsprogramms (Kohn 1981, Kohn & Schooler 1983), in dessen Rahmen z. B. auch Hausarbeit bei Frauen oder das Verhältnis von Arbeit und Freizeit thematisiert werden. Die Analyse erstreckt sich deshalb auf weitere Person-Merkmale (z. B. zur Autonomieorientierung). Vor allem sind Kohn und Mitarbeiter jedoch von den früheren Querschnittstudien zur längsschnittlichen Analyse übergegangen. Während die vielen Querschnittsstudien zu einzelnen Merkmalen von Arbeit und Persönlichkeit eigentlich nicht kausal interpretierbar sind, können Kohn und Schooler wirklich nachweisen, daß einerseits die Berufstätigkeit Ursache für Persönlichkeitsänderungen ist und andererseits Persönlichkeit zugleich eine Ursache für die Veränderung der individuellen Arbeitssituation darstellt. Die wenigen anderen Längsschnittstudien beziehen sich auf andere und speziellere Personen- oder Merkmalsstichproben (Andrisani & Nestel 1976, Brousseau 1978, Mortimer & Lorence 1979a, b, Karasek 1979).

Psychologische Kontrolldimensionen bilden schließlich einen dritten, relativ homogenen Merkmalsbereich. Darunter fallen außer Indikatoren für „Autonomieorientierung" oder „Entfremdung" (eine psychologische Verkürzung des Marxschen Begriffs) vor allem Messungen zum „Locus of Control" im Sinne Rotters (1966). Autonomieorientierung, geringe Entfremdung oder internale Kontrollüberzeugungen, d.h. der Glaube, Herr des eigenen Handelns und seiner Konsequenzen zu sein, finden sich stärker bei Erwerbstätigen mit wenig restriktiver Arbeit. Umgekehrt geht restriktive Arbeit häufig einher mit Orientierungen von Heteronomie, Entfremdung und stärker externalen oder fatalistischen Kontrollüberzeugungen, d.h. dem Glauben, das eigene Verhalten und Leben sei durch äußere Umstände oder vom Schicksal bestimmt.

Neben amerikanischen Studien (Tudor 1972, Kohn 1971, 1976, Kohn & Schooler 1973, 1982; zum Überblick: Hoff & Hohner 1986) liegen zwei deutsche Arbeiten vor (Jurkuhn 1978, Hohner & Walter 1981). Weiter gibt es eine Reihe von Untersuchungen mit analogen Ergebnissen zum Zusammenhang von Kontrollüberzeugungen und globalen Indikatoren wie etwa dem beruflichen Status, dem Einkommen, dem Bürokratisierungsgrad der Tätigkeit oder der Aufstiegsmobilität (z.B. Andrisani & Nestel 1976). Schließlich liegen Studien mit ähnlichen Ergebnissen zu sozialkognitiven Dimensionen wie dem Moralbewußtsein oder Konformitätsorientierungen vor (Edwards 1972, Form 1973).

Die *Bezüge zu benachbarten deutschen Forschungsschwerpunkten* sind zahlreich. Zwar gibt es kaum deutsche Studien zum Zusammenhang von Arbeit und Persönlichkeit für das Erwachsenenalter, wohl aber für das Jugendalter.

Psychologisch akzentuierte Studien liegen seit Beginn der achtziger Jahre vor. Ihre Befunde bestätigen das eben dargestellte Bild der amerikanischen Studien.

Oerter (1984b) hat die außerordentlich wichtige und identitätsstiftende „Valenz" von Arbeit bei Lehrlingen und Schülern analysiert. Bemerkenswert erscheint daneben vor allem die Schweizer Längsschnittstudie von Schallberger et al. (1984). Denn sie kann am ehesten als Pendant zum Untersuchungstyp von Kohn und Schooler gelten. Wie für Erwachsene dort, wird hier für Lehrlinge ein sehr breites Spektrum von Berufen und Arbeitsdimensionen einbezogen. Noch breiter als bei Kohn und Schooler ist das Spektrum an Person-Merkmalen mit einer analogen traitpsychologischen Operationalisierung (Schallberger 1985). Wie dort kann auch hier als Ergebnis festgestellt werden, „daß ein reziproker Zusammenhang zwischen Intelligenz und Berufsausbildung besteht. Selektion für und Sozialisation durch die Berufsausbildung gehen dabei in dieselbe Richtung und führen letztlich zu einer Scherenentwicklung" (Schallberger et al. 1984, S. 204). Auch das Selbstwertgefühl sowie Einstellungen zur Geschlechtsrolle verändern sich bei Lehrlingen in Abhängigkeit von Berufsart und Ausbildungsform.

Eine eigenständige Tradition von Lehrlingsstudien ist stärker soziologisch orientiert. Sie wird hier außer acht gelassen. Erwähnenswert ist jedoch, daß diese Studien durch eines der klassischen Themen der deutschen Arbeits- und Industriesoziologie geprägt wurde, nämlich durch die Frage nach dem ,,Gesellschaftsbild" bzw. dem gesellschaftlichen Bewußtsein bei unterschiedlichen Gruppen von Arbeitern und Angestellten. Dieses Thema ist auch aus psychologischer Perspektive sehr interessant – vor allem deswegen, weil ein enger Zusammenhang zwischen dem ,,Gesellschaftsbild" einer Person und ihren eben erwähnten Kontrollüberzeugungen zu existieren scheint (ohne daß letztere direkt mit psychologischen Skalen gemessen wurden). Fröhlich (1981) hat z. B. darauf aufmerksam gemacht, daß in der ersten berühmten Nachkriegsstudie von Popitz et al. (1957) ein dichotomes Gesellschaftsbild, bei dem man sich selbst ,,unten" einordnet und gegen ,,oben" abgrenzt, mit der Überzeugung eigener Machtlosigkeit und Fatalismus einhergeht; hierarchisch differenzierte Vorstellungen von Gesellschaft verbinden sich demgegenüber mit dem Glauben an individuelle Leistungen, Anstrengungen und Fähigkeiten, die zum Erfolg führen.

3. Beruf, Biographie und Entwicklung

In diesem abschließenden Abschnitt soll auf einige Möglichkeiten künftiger Forschung aufmerksam gemacht werden, die vor allem in der stärkeren Integration soziologischer und psychologischer Ansätze sowie in einer disziplinübergreifenden Konzeptbildung zu liegen scheinen. Diese künftigen Wege der Forschung ergeben sich aus den offenen Fragen aller bislang genannten Untersuchungen.

Kritikpunkte an den empirischen Studien

Einerseits ist zwar die Übereinstimmung in der Ergebnisrichtung in allen eben angeführten Studien auffallend. Dies kann als Beleg dafür gelten, daß restriktive Arbeit Persönlichkeit eher ungünstig (bzw. daß nichtrestriktive Arbeit Persönlichkeit eher günstig) beeinflußt; und weiter läßt sich vor allem mit Verweis auf die Arbeiten von Kohn und Schooler festhalten, daß es zugleich den umgekehrten Einfluß von Persönlichkeit auf Arbeit gibt. Andererseits ist die Stärke der Zusammenhänge in der Regel eher schwach, zumindest nie auffallend hoch. Offen bleibt vor allem die Frage, wie der Prozeß beruflicher Entwicklung bzw. Sozialisation eigentlich verläuft.

Im einzelnen lassen sich folgende Forschungsdefizite benennen: Je größer *erstens* die Personenstichprobe in empirischen Studien ist, desto zwingender erscheint es forschungsökonomisch, die ,,objektiven" Arbeitsbedingungen nicht ,,objektiv", sondern durch Befragung der betroffenen Erwerbstätigen selbst zu erfassen. Es fehlen in allen Untersuchungen Arbeitsplatzbeobachtungen durch außenstehende Experten.

Es werden *zweitens* eher isolierte Einzelaspekte der Arbeit untersucht, nicht jedoch Berufe als ,,strukturierte Ganzheiten". Plausibel erscheint dagegen bei vielen Berufen, daß erst die Beziehung der Einzelaspekte zueinander die subjektive Bedeutung eines Arbeitsplatzes in seiner Gesamtheit bestimmt.

Daraus ergibt sich ein *dritter* Kritikpunkt: Betrachtet man die Arbeitsplätze als berufstypische Gesamtkonstellationen aller Einzelaspekte, so fällt zugleich deren biographische Dimension in den Blick, die jedoch in den empirischen Untersuchungen nicht berücksichtigt wird. Nur momentane Arbeitsplätze, nicht langfristige Berufsverlaufsmuster werden untersucht.

Die analoge Kritik gilt *viertens* für die Seite der Persönlichkeit. Auch hier werden nur ,,Momentaufnahmen" zu einem oder mehreren Zeitpunkten erhoben, aber keine Prozesse nachgezeichnet. Persönlichkeitsmerkmale werden traitpsychologisch erfaßt. Dahinter steht die Annahme stabiler, kaum beeinflußbarer Merkmale, obwohl doch eigentlich psychische Plastizität bei erwerbstätigen Erwachsenen untersucht werden soll. Die Frage, *wie* psychische Entwicklung verlaufen könnte, wird bereits auf der Ebene der zugrundeliegenden theoretischen Konzepte ausgeklammert.

Die Erfassung der objektiven Arbeitsbedingungen

Die subjektive Wahrnehmung der objektiven Lage, wie man sie üblicherweise mit Hilfe von Fragebögen erhebt, kann bei bestimmten Berufsverläufen systematisch verzerrt sein. Einmal können bei langfristig gleichbleibender Tätigkeit die Vergleichsmaßstäbe zur realistischen Beschreibung der eigenen Arbeit fehlen. Bei zusätzlicher hoher Restriktivität oder schleichender Entwertung der eigenen Arbeit ergibt sich ein weiteres Problem: Angesichts der Ideologie, jedermann sei seines eigenen beruflichen Glückes Schmied, kommt ein realistisches Bild einer solchen Arbeit dem Eingeständnis des eigenen Versagens gleich; eine ,,geschönte" Schilderung wäre also nur allzu verständlich.

In künftigen Studien zu Arbeit und Persönlichkeit könnte man nun auf bereits vorliegende Verfahren der Beobachtung und Analyse von Arbeitsplätzen durch Experten zurückgreifen. Die deutsche Forschung erscheint in diesem Punkt übrigens weiter fortgeschritten zu sein als die anderer Länder. Das betrifft einmal arbeitspsychologische Analysen, die vor allem die Tätigkeits*inhalte* betreffen (Volpert et al. 1983, Hacker & Iwanowa 1984).

Tätigkeiten werden nach dem kognitiven Anforderungsniveau der Handlungsregulation unterschieden, d.h. danach, ob sie die ,,Erschließung neuer Handlungsbereiche" und/oder die ,,Koordination mehrerer (vorgegebener) Handlungsbereiche" und/oder eine ,,Teilzielplanung" innerhalb eines Handlungsbereiches (d.h. die Abfolge von Teiltätigkeiten) und/oder ,,Handlungsplanung" (d.h. die Abfolge von einzelnen Arbeitsschritten) und/oder bloß ,,sensumotorische Regulation" erfordern (Hacker 1978, Oesterreich 1981). Die Ähnlichkeit mit der Dimension ,,Komplexität der Arbeit" bei Kohn fällt ins Auge. Zwar geht es bei Kohn um quantitative Abstufungen auf einem Kontinuum und hier um qualitative Niveau-Unterschiede; in beiden Fällen sollen jedoch die kognitiven

Autonomie am Arbeitsplatz (zu Seite 368)

Anforderungen klassifiziert werden. Es würde sich also lohnen, Kohns Ergebnisse handlungstheoretisch zu interpretieren. Und in Ergänzung zu seinen Studien könnte man künftig die hier erfaßten objektiven Handlungsanforderungen längsschnittlich zusammen mit kognitiver Persönlichkeitsentwicklung betrachten. Damit wäre allerdings nur der kognitive Aspekt des Arbeitsinhaltes abgedeckt, der sich mit dem Teilbereich überschneidet, den die Soziologen als Qualifikationsniveau bezeichnen.

In den industriesoziologischen Analysen werden die für Männer (Kern & Schumann 1970) und die für Frauen (Lappe 1981) typischen industriellen Arbeitsplätze durch Experten untersucht. Bemerkenswert daran ist, daß dies nicht in einem Teilbereich geschieht, sondern daß systematisch sämtliche Bereiche des Arbeits*inhaltes* und der Arbeits*formen* analysiert werden: das Qualifikationsniveau, die Zeitstruktur, der Bewegungsraum, die durch die Tätigkeitsstruktur erforderlichen Kooperationsformen, die Fremdkontrolle bzw. Überwachung durch Personen oder Maschinen, die Eigenkontrolle bzw. Verantwortung, alle Formen von Belastungen bzw. Beanspruchungen physischer und psychischer Art. Außerdem betrachtet man Arbeitsplätze vor dem Hintergrund des betrieblichen Gesamtkontextes. Typische Konstellationen der einzelnen Merkmale und ihrer Ausprägungsformen werden sofort sichtbar, wenn man die Funktion des Arbeitsplatzes im gesamten betrieblichen Produktionsablauf sowie seinen Mechanisierungsgrad bestimmt. Insofern könnte man jeden Arbeitsplatz auch als eine (in diesem Fall: betrieblich) ,,strukturierte Ganzheit" bezeichnen.

Der Beruf als ,,strukturierte Ganzheit" im biographischen Verlauf.

Der Rückgriff auf den gestaltpsychologischen Begriff der ,,strukturierten Ganzheit" erscheint besonders sinnvoll, wenn nicht mehr bloß von ,,Arbeit", sondern wenn von ,,Beruf" die Rede ist.

Damit läßt sich *erstens* die *gleichzeitige Strukturierung von Einzelmerkmalen zu einem einheitlichen Berufs-,,Bild"* kennzeichnen. Berufsbilder sind historisch geformte und z.T. institutionell (z.B. in Ausbildungsrichtlinien) festgelegte ganzheitliche Merkmalsmuster. Sie beinhalten ein unverwechselbares Anforderungsprofil. Ein solches Muster erscheint *persönlichkeitspsychologisch* bedeutsam, weil es möglicherweise ebenso, wenn nicht sogar stärker als einzelne Arbeitsbedingungen für sich die Persönlichkeit beeinflußt. Persönlichkeitseinflüsse können umgekehrt zu einem Berufswechsel, also zu einer Veränderung des gesamten Musters führen. Nun sind Berufswechsel allerdings um so schwieriger, je ausgeprägter dieses spezifische Muster oder Profil ist und je länger eine Person ihren Beruf ausgeübt hat. Außerdem sind alle Berufsgruppen verschiedenen, voneinander segmentierten Arbeitsmärkten zugeordnet. Hier gibt es unterschiedliche Mobilitätschancen innerhalb der Märkte und erschwerte Möglichkeiten der Mobilität zwischen den Märkten. Das berufssoziologische Wissen darüber (Beck et al. 1980) kann auch für psychologische Studien fruchtbar gemacht werden. So berichtet Greif (1985) aus dem Projekt „Streß am Arbeitplatz" u. a. von arbeitsmarkt- und berufstypischen Merkmalskonfigurationen und ihrem Zusammenhang mit Streß.

Zweitens läßt sich mit dem Terminus der „strukturierten Ganzheit" zugleich eine *zeitlich langfristige biographische Strukturierung der Berufe nach ihren unterschiedlichen Verlaufsmustern* kennzeichnen. Diese Berufsverlaufsmuster sind *entwicklungspsychologisch* bedeutsam, weil sie objektive Kontinuität, Diskontinuität, Brüche, Passagen oder Schnittstellen markieren und damit Ausgangspunkte für psychische Entwicklungsprozesse darstellen können. Solche Muster strukturieren das gesamte Erwerbsleben von Erwachsenen, und sie sind ihrerseits gesellschaftlich strukturiert durch Betriebe oder Firmen (hier z. B. durch Strategien der Personalauswahl und des Personaleinsatzes), durch Branchen und Arbeitsmärkte sowie durch technische, wirtschaftliche und politische Entwicklungen globaler Art.

Ergebnisse einer Studie zu Berufsverlaufsmustern

Drei Berufsverlaufsmuster von höchst unterschiedlicher Kontinuität bzw. Diskontinuität im frühen Erwachsenenalter können exemplarisch anhand einer qualitativ orientierten Längsschnittstudie an Facharbeitern im Metallbereich dargestellt werden (Lappe 1985):

Das Muster I eines kontinuierlichen, ausbildungsadäquaten Berufsverlaufes soll hier außer acht gelassen werden.

Das Muster II einer kontinuierlichen Dequalifizierung oder eines Bruchs mit dem Ausbildungsberuf sieht folgendermaßen aus: „Unsere Ergebnisse zeigen, daß die gelernten Produktionsfacharbeiter (Dreher und Fräser) unmittelbar nach der Ausbildung in ihren erlernten Beruf übernommen wurden und in den ersten Berufsjahren zunächst an die Kernbereiche der Produktion ‚angepaßt' wurden. Keiner von ihnen hat sich jedoch innerbetrieblich verbessern können. Die meisten sind bereits nach den wenigen Jahren seit ihrem Lehrabschluß in Abstiegsgefahr beziehungsweise arbeiten auf typischen Angelerntenarbeitsplätzen, und nur wenige haben den Beruf gewechselt. Je mehr die Qualifikationen auf bestimmte Verfahren und Maschinen eingeengt sind, als desto unflexibler erweisen sie sich hinsichtlich ihrer Einsetzbarkeit und desto rationalisierungsanfälliger sind sie auch. Aufgrund der Enttäuschung der in der beruflichen Sozialisation erworbenen Erwartungen und Interessen führt diese insgesamt prekäre Arbeitssituation zu Resignation und zum Teil zu Abwanderungstendenzen, zu einem Bruch mit dem ‚Metallberuf', weil die Perspektiven (Springer, Einrichter) zu dürftig sind und bei Weiterbildungsanstrengungen kaum innerbetriebliche Hilfen gewährt werden." (Lappe 1985, S. 197)

Das Muster III einer Diskontinuität von ausbildungsinadäquaten zurück zu adäquaten Arbeitsplätzen sieht so aus: Hier handelt es sich wie in Muster I um ausgebildete Maschinenschlosser und Werkzeugmacher, die jedoch nach der Lehre ausbildungsinadäquat eingesetzt wurden. Denn das Stellenangebot im Ausbildungsbetrieb und auf dem externen Arbeitsmarkt war äußerst knapp. „Obwohl ihre Eingangsarbeitsplätze denen der Produktionsfacharbeiter sehr ähnlich waren, standen ihnen – schon aufgrund ihrer Ausbildung – mehr Mittel und Wege zur Verfügung, ursprünglich angestrebte Qualifikationsziele auch zu erreichen. Bemerkenswert an unseren Ergebnissen ist, daß fast alle der Maschinenschlosser/Werkzeugmacher wieder in ihrem erlernten Beruf oder an einem qualifizierteren Arbeitsplatz in der Produktion arbeiten. Einige sind bereits zum Ausbilder aufgestiegen und nur wenige in der Produktion ‚unter Wert' eingesetzt. (...) Je fundierter und breiter die erworbenen Qualifikationen, desto disponibler hinsichtlich ihrer Einsatzbereiche (und ihrer Nutzung im Interesse des Betriebes) wirken sie auf den ersten Blick, aber als desto sperriger erweisen sie sich im weiteren Berufsverlauf. Das liegt freilich weniger an den Qualifikationen selbst als an den Ansprüchen und Interessen, die die jungen Facharbeiter zusammen mit diesen Qualifikationen erworben beziehungsweise von denen sie sich bereits bei der Berufswahl und dem Qualifikationserwerb während der Lehrzeit haben leiten lassen. Breite Qualifikationen, so möchte ich hervorheben, können eben in der Regel nicht ohne entsprechendes Sozial- und Arbeitsverhalten und ohne die mit dem Berufsbild verknüpften Ansprüche vermittelt werden." (a.a.O. 1985, S. 198)

Die zuletzt angerissenen soziologischen Überlegungen erlauben zwar eine Präzisierung der zuvor global gestellten Frage an die Psychologie, wie psychische Entwicklung bei unterschiedlichen berufstätigen Erwachsenen eigentlich verläuft, aber noch keine Antwort. Deshalb muß dieser Abschnitt so abgeschlossen werden, wie er auch begonnen hat – mit einer Reihe offener Fragen: Wie wirken sich kontinuierliche und wie diskontinuierliche Berufsverlaufsmuster auf Persönlichkeitsentwicklung aus? Ist es dabei auch von Bedeutung, ob solche Muster leicht oder schwer antizipierbar sind? An welchen kritischen Punkten oder in welchen Phasen des beruflichen Lebenslaufes gibt es Handlungsspielräume oder Möglichkeiten für persönliche Entscheidungen, für die Entfaltung interindividueller Unterschiede? Welche Persönlichkeitsaspekte sind es, die in solchen Nahtstellen oder Phasen dazu beitragen, die Chance zu nutzen, den einmal begonnenen Berufsverlauf im eigenen Sinn auszugestalten oder auf einen neuen Arbeitsplatz und in ein anderes Berufsverlaufsmuster überzuwechseln? Welche Bewältigungsstrategien müssen Personen entwickeln, falls ihr Berufsverlaufsmuster keine solche Chancen mehr enthält, falls sie bereits in einer Sackgasse des Arbeitsmarktes stecken, aus der kaum ein Weg zurück führt?

Kapitel 7

Das mittlere und höhere Erwachsenenalter im Fokus entwicklungspsychologischer Forschung

Sigrun-Heide Filipp

1. Das mittlere und höhere Erwachsenenalter

Bis in unsere Tage scheint es geläufig, daß wir – wenn wir von Entwicklungspsychologie sprechen – vorwiegend an eine Psychologie des Kindesalters (und mit einigem Zögern vielleicht an eine des Jugendalters) denken. Entwicklungsveränderungen in der Kindheit scheinen so augenfällig, daß man geneigt ist, diese Altersperiode als den zentralen Forschungsgegenstand der Entwicklungspsychologie zu betrachten. Und noch 1974 fragten Baer und Wright, ob denn tatsächlich das Aufblühen der an der Lebensspanne orientierten Entwicklungspsychologie die traditionelle Kinderpsychologie abgelöst habe. Auch neuere Analysen zum Stand der entwicklungspsychologischen Forschung (z. B. Silbereisen & Schuhler 1982) lassen erkennen, daß die frühen Jahre der Lebensspanne nach wie vor im Brennpunkt entwicklungspsychologischer Forschung liegen.

Dieser auch traditionell begründeten Schwerpunktsetzung wurde innerhalb der letzten Dekaden nun ein weiterer Schwerpunkt entwicklungspsychologischer Forschung hinzugefügt, indem das höhere Erwachsenenalter mehr und mehr Forschungsinteresse auf sich zog. Wenn man einer Analyse von Schaie und Geiwitz (1982) folgt, stieg die Zahl entsprechender Forschungsarbeiten seit 1965 in rasanter Weise an; entsprechendes läßt sich auch für den deutschsprachigen Raum verzeichnen, wobei nicht zuletzt die Bonner Längsschnittstudie (zum Überblick Thomae 1976) einen entscheidenden Beitrag zum Aufbau einer eigenständigen Disziplin der „Gerontopsychologie“ (vgl. z. B. Oswald & Fleischmann 1983) geleistet hat.

Während also der Anfangs- und Endpol der Lebensspanne das unumstrittene Forschungsfeld der Entwicklungspsychologie darstellen, erscheint das frühe, insbesondere aber auch das mittlere Erwachsenenalter als weitgehend vernachlässigtes Gebiet der Entwicklungspsychologie (siehe auch Lehr 1978). Allenfalls die Diskussion um die sogenannte ,,midlife crisis" zollte diesem Lebensabschnitt etwas mehr Aufmerksamkeit, doch haben die zahllosen, meist populärwissenschaftlichen Arbeiten das Verständnis der mittleren Jahre kaum erweitert.

Die ungleiche Verteilung des Interesses entwicklungspsychologischer Forschung auf die einzelnen Altersperioden mag einerseits an der Verwendung eines sehr eng gefaßten Entwicklungsbegriffs liegen (z.B. Flavell 1970), wonach nur solche Veränderungen als ,,Entwicklung" zu kennzeichnen sind, die sequentiell, irreversibel, auf einen Endzustand gerichtet und (weitestgehend) universell verlaufen. Erst mit der Abkehr von diesem ,,monolithischen" Entwicklungskonzept und der Zuwendung zu einem ,,liberaleren" Entwicklungsbegriff (Baltes 1973) schien es möglich, auch eine Vielzahl anderer Formen intraindividuellen Wandels und ,,Veränderung in der Zeit" als Entwicklung zu qualifizieren.

Andererseits spielte, wie Thomae (1978) bemerkt, neben der erweiterten Entwicklungskonzeption die Tatsache eine Rolle, daß man aus vergleichenden Analysen des Lebensalters vorschnell auf Entwicklungsveränderungen in einzelnen Lebensabschnitten schloß. Nach Thomae ist es angemessener, die einzelnen Lebensabschnitte daraufhin zu untersuchen, welche intraindividuelle Variabilität in bestimmten Verhaltensbereichen besteht und dabei zu beobachten, inwieweit bezüglich des Zeitpunkts, der Art und der Richtung von Entwicklungsveränderungen Unterschiede zwischen den einzelnen Menschen festzustellen sind. Der Grad der interindividuellen Unterschiede hänge vom jeweiligen Verhaltensbereich gleichermaßen ab wie vom jeweils betrachteten Altersabschnitt. Grundsätzlich gelte jedenfalls, daß über die gesamte Lebensspanne hinweg sowohl Veränderung wie auch Konstanz beobachtbar seien: Gerade jene Lebensabschnitte, die im allgemeinen als sehr veränderungsintensiv angesehen wurden (Kindheit und Jugend), ließen zugleich in manch anderen Verhaltensbereichen ein hohes Maß an Konstanz erkennen; umgekehrt gelte, daß das scheinbar durch Konsolidierung und Stabilität ausgezeichnete Erwachsenenalter durch eine Vielzahl von Entwicklungsveränderungen zu charakterisieren sei, die gleichwohl von Individuum zu Individuum höchst unterschiedlich verliefen. In der Tat sind die hier skizzierten Überlegungen auch in die ,,Entwicklungspsychologie der Lebensspanne" eingeflossen, die als programmatische Orientierung zunehmend auch die Analyse einzelner Lebensabschnitte leitet (zum Überblick z.B. Baltes 1983, Filipp & Olbrich 1986).

Neben das Argument, daß intraindividueller Wandel auch das Erwachsenenalter kennzeichne, trat die Forderung, angesichts des kontinuierlichen sozialen und technologischen Wandels müsse auch der erwachsene Mensch sich ständig neuen Anforderungen stellen und neue Qualifikationen erwerben. Die gängige Rede von der ,,education permanente" warf die Frage auf, in welcher Weise Lernvorgänge beim Erwachsenen initiiert, gesteuert und optimiert werden könnten. Die Beantwortung solcher Fragen verlangt selbstverständlich nach grundlegenden Analysen zum Entwicklungsverlauf kognitiver Funktionen (z. B. der Informationsverarbeitung, des Gedächtnisses) und seiner Modifizierbarkeit auch jenseits des Zeitpunkts, zu dem der Mensch mit dem Eintritt in das Erwachsenenalter vermeintlich seine ,,Reife" erlangt hat. Schließlich rücken das mittlere und höhere Erwachsenenalter dann zwangsläufig in unser Blickfeld, wenn wir uns an solchen Modellvorstellungen der lebenslangen Entwicklung orientieren, die in der Auseinandersetzung mit lebensaltertypischen Entwicklungsaufgaben (Havighurst 1978), psychosozialen Krisen (Erikson 1970) oder mehr oder minder an das kalendarische Alter gebundenen bedeutsamen Lebensereignissen (Filipp 1981b) den Motor intraindividuellen Wandels sehen. Solche Modellvorstellungen werden oft dazu herangezogen, das mittlere und höhere Erwachsenenalter chronologisch zu umgrenzen oder einzelne Altersabschnitte durch typische Ereignisse zu markieren, wobei als mittleres Erwachsenenalter etwa die Zeitspanne von 40 bis 60 Jahren, und als höheres Erwachsenenalter die Zeit ab dem 60. Lebensjahr umschrieben wird. Abgesehen von der Tatsache, daß solche Altersgliederungen weitgehend willkürlich sind, hat es sich aufgrund der Befundlage auch als notwendig erwiesen, im höheren Erwachsenenalter die ,,jungen Alten" von den ,,alten Alten" noch einmal zu unterscheiden (siehe unten).

Zusammenfassend läßt sich festhalten, daß die entwicklungspsychologische Forschung bis heute weitgehend von kinderpsychologischen Fragestellungen dominiert ist, daß das Interesse am höheren Erwachsenenalter erst in den letzten 20 Jahren allmählich gewachsen und zu einer bislang stattlichen Anzahl an Untersuchungen geführt hat. Das mittlere Erwachsenenalter stellt – obschon es aufgrund unterschiedlicher Überlegungen als forschungswürdige Lebensperiode zu gelten hat – bislang das unterentwickelte Kind der Entwicklungspsychologie dar. Bevor die zweite Lebenshälfte genauer beschrieben wird, sollen im folgenden Abschnitt kurz die Perspektiven skizziert werden, aus denen der Vorgang des Alterns betrachtet und analysiert werden kann.

2. Perspektiven in der Betrachtung des mittleren und höheren Erwachsenenalters

Der Vorgang des Alterns und des Durchschreitens der Lebensspanne kann unter verschiedenen Blickwinkeln thematisiert werden. Es lassen sich als wesentliche Perspektiven 1.) die biologische, 2.) die sozialhistorische und ökologische sowie 3.) die psychologische Perspektive unterscheiden – wie unter anderem auch die drei Bände eines führenden amerikanischen Handbuchs (Birren & Schaie 1977, Finch & Hayflick 1977, Binstock & Shanas 1976) dokumentieren. Die Tatsache, daß man solche unterschiedlichen Perspektiven einnehmen kann, darf natürlich keineswegs unseren Blick dafür verschließen, daß jedes alternde Individuum als „biopsychosoziale Einheit“ (Riegel 1975) begriffen werden muß und wir uns auch der Frage widmen müssen, inwieweit psychische, biologische und soziale Komponenten im Alternsprozeß interagieren, wie synchron oder spannungsgeladen sie zueinander verlaufen und wie sie sich gegenseitig beeinflussen. Gleichwohl bietet es sich aus Gründen der Übersichtlichkeit an, die einzelnen Perspektiven zumindest kursorisch darzustellen.

Altern aus biologischer Perspektive

In einem verallgemeinernden Sinne besteht für den Biologen der Vorgang des Alterns darin, daß sich das Leben kontinuierlich auf sein Ende hin zubewegt und mit jedem Tag die einem Organismus zugedachte Lebenszeit abnimmt. Der gesamte Alternsprozeß wird eher als ein dem Organismus inhärentes Geschehen, denn als Resultat externer Einflußfaktoren erklärt, und die zugrundeliegend gedachten Prozesse werden als irreversibel, unidirektional, universell und unvermeidlich betrachtet. Obschon es unterschiedliche Ansätze einer biologischen Alternstheorie gibt, teilen alle die Grundannahme einer genetischen Basis des Alterns, durch die die maximale Lebenserwartung jeder Spezies festgelegt ist.

Vor diesem allgemeinen Hintergrund werden in den einzelnen Zugängen unterschiedliche biologische Alternsphänomene betont und unterschiedliche Erklärungsansätze favorisiert. Dabei lassen sich drei wesentliche Theoriegruppen unterscheiden (siehe Finch & Hayflick 1977): genetische und nicht genetische Zelltheorien sowie physiologische Theorien. Aus der Sicht der beiden erstgenannten stellt Altern nichts anderes als ein Altern der Zellen dar, die die Fähigkeit zur Teilung zunehmend verlieren und zugleich anfälliger für externe Schädigungen werden. Dadurch komme es (je nach partialtheoretischer Betonung) zu Fehlern in der Übertragung genetischer Information, zu einer Akkumulation schädlicher Stoffe in den Zellen, zu einer Beschädigung der DNS oder der Zerstörung von Zellproteinen. Der gesamte Organismus erfahre so eine zunehmende Beeinträchtigung seines Funktionierens auf Zellniveau, was zu einer abnehmenden Integration der verschiedenen innerorganismischen Teilsysteme führe, so daß das System insgesamt zusammenbreche und das Individuum sterbe. Im engeren Sinne physiologische Theorien betonen gegenüber den Zelltheorien insbesondere den Sachverhalt, daß mit dem Altern ein kontinuierlicher Verlust der Überwachungsfunktion des Immunsystems einhergehe und eine Reihe neuroendokriner Veränderungen stattfinde. Dadurch komme es zu Störungen im endokrinen Kontrollsystem und zu Störungen diverser Regulationsvorgänge, so daß letztlich die Wahrscheinlichkeit letaler Erkrankungen im Alternsprozeß sukzessiv erhöht wird.

Selbstredend sind auch aus psychologischer Sicht die Veränderungen, wie sie in biologischen Theorien des Alterns beschrieben und erklärt werden, von besonderem Interesse, da sie bedeutsame Rückwirkungen auf das Verhalten und Erleben besitzen und sich in entsprechenden Veränderungen niederschlagen können (und vice versa). In vielen Veränderungen, die im Alltag oft als die typischen Alternssymptome beschrieben werden, zeigt sich die Verschränkung biologischer und verhaltensmäßiger Alternsvorgänge besonders augenfällig. Beispielhaft kann man hier das visuelle System nennen, wo strukturelle Veränderungen im Auge zu einer Beeinträchtigung der Wahrnehmung führen, oder das zentrale Nervensystem, das eine abnehmende Leitungsgeschwindigkeit aufweist, die ihrerseits zu einer verringerten Reaktionszeit und somit zu einer Abnahme der Leistungsgüte in Tests mit einer Geschwindigkeitskomponente führt. Auch Veränderungen im kardiovaskulären System oder im physiologischen Vigor (Muskeltonus, Atemvolumen usw.) besitzen als biologische Alternsphänomene vielfältige und naheliegende Rückwirkungen auf das Verhalten und Erleben des alternden Individuums. Umgekehrt weiß man aus einer Vielzahl von Interventions- bzw. Trainingsstudien, wie biologische Alternsphänomene etwa im Sinne des Abbaus körperlicher Leistungsfähigkeit durch systematisches Training kompensiert und in ihrem Verlauf beeinflußt werden können – bis hin zu der (wegen vielfältiger Konfundierungsprobleme nicht ganz schlüssigen) Beobachtung, daß körperlich aktive Menschen eine höhere Lebenserwartung zu haben scheinen als körperlich weniger aktive (Woodruff 1977).

Darüber hinaus sind aus psychologischer Sicht die biologischen Alternsphänomene insofern von entscheidender Bedeutung, da gerade bei der Analyse des höheren Erwachsenenalters der Gesundheitszustand (als Globalindex des biologischen Alternsniveaus) einen zentralen Prädiktor für Veränderungen in den unterschiedlichsten Verhaltensbereichen darstellt. Prospektive Studien zur Anpassung an einen Wohnortwechsel im höheren Alter ließen den Gesundheitszustand als vorhersagestärkste Variable erscheinen (z. B. Lieberman 1975). Des weiteren wird für die deutlich erkennbare Abnahme der Intelligenzleistungen der „alten Alten“ (etwa ab dem 75. Lebensjahr) die alterskorrelierte Verschlechterung des Gesundheitszustandes als Erklärung genannt. Die eindeutigste Evidenz für die Bedeutung des biologischen Status des alterndes Indiviuums läßt sich aus den Studien gewinnen, die die zeitliche Distanz zum Todeszeitpunkt als Entwicklungsvariable herangezogen haben und das Phänomen des ,,terminal drop" erkennbar werden ließen. Dieser zeigt sich in einer deutlichen und oft beschleunigten Abnahme der intellektuellen Leistungsfähigkeit und im allgemeinen Anpassungspotential (s. Riegel & Riegel 1972). Diese aus diversen Längsschnittstudien gewonnene Beobachtung legte die Vermutung nahe, daß man aus dem Verlauf der im Längsschnitt erfaßten Intelligenztestleistungen relativ zuverlässig den Todeszeitpunkt vorhersagen könne.

Zusammenfassend läßt sich festhalten: Biologische Alternsphänomene nehmen eine herausragende Stellung im Gesamtprozeß des Alterns ein, ihre Verflechtung und Rückwirkung auf psychische und soziale Alternsphänomene liegt außer Zweifel. Wenn man Shock (1977) folgen darf, so ist biologisches Altern auch mehr als die Summe von Veränderungen auf dem Niveau der Zelle oder der Organe. Vielmehr besteht biologisches Altern in einer abnehmenden Integration des Gesamtsystems und in einer reduzierten Effektivität der Anpassung des Organismus. Allerdings wäre es wohl verkürzt, von einer direkten 1:1-Verbindung zwischen biologischen und psychischen (intellektuellen usw.) Veränderungen zu sprechen. Altern vollzieht sich ja auch im subjektiven Erleben des Individuums; so scheint beispielsweise gut belegt, daß der objektive Gesundheitszustand alter Menschen nicht notwendigerweise mit dem subjektiv wahrgenommenen korrespondieren muß und daß letzterer oft von größerem Einfluß auf psychische Alternsphänomene ist als ersterer (Thomae & Kranzhoff 1979).

Überzeugungen und subjektive Interpretationen der Alternsphänomene des Individuums selbst mögen somit als indirekte Mechanismen zwischen biologischen, psychischen und sozialen Komponenten des Alterns vermitteln. Schließlich sollte auch noch betont werden, daß trotz der unterstellten Universalität der biologischen Alternsphänomene eine beträchtliche interindividuelle Variabilität existiert. Die Modifizierbarkeit und Plastizität biologischer Alternsprozesse – etwa via individueller Aktionen oder Umweltoptimierung – darf nicht unterschätzt werden (vgl. Fries & Krapo 1981).

Altern aus sozialhistorischer und sozioökologischer Perspektive

Obschon sich die Entwicklungspsychologie mehr mit den Veränderungen beschäftigt, die sich *innerhalb* von Individuen über die Lebensspanne hinweg vollziehen, betrachtet sie gleichwohl den Prozeß des Alterns nicht losgelöst von dem soziokulturellen und ökologischen Kontext, innerhalb dessen menschliche Entwicklung verläuft. Die Verflechtung des sich entwickelnden Individuums mit seiner sozialen und gegenständlichen Umwelt läßt sich auf unterschiedlichen Ebenen darstellen (Bronfenbrenner 1978), und sie läßt sich mit unterschiedlicher Akzentsetzung thematisieren.

Zum ersten ist jedes Individuum durch seine Zugehörigkeit zu einer bestimmten Geburtskohorte definiert, und die Bedeutung dieses Sachverhaltes wurde gerade in den letzten Jahren immer wieder betont. So konnte man aus einigen Studien, die sich sequentieller Strategien der Datenerhebung bedienten (s. Kap. 24), ableiten, daß Kohortendifferenzen in verschiedenen Testleistungen, ermittelt jeweils an altersgleichen Personen, zuweilen größer sind als längsschnittlich erfaßte alterskorrelierte Veränderungen innerhalb der Kohorten. Für manche Entwicklungsfunktionen scheint (insbesondere im Bereich der intellektuellen Leistungsfähigkeit) zu gelten, daß die Tatsache, zu einem bestimmten Geburtsjahrgang zu gehören, oft aussagefähiger ist als die Tatsache, einer bestimmten Altersgruppe anzugehören.

Welche soziohistorischen Veränderungen im einzelnen zu solchen Kohortendifferenzen beitragen, läßt sich wohl nur interdisziplinär beantworten (beispielhaft Imhoff 1981). Unterschiede in den Ernährungsgewohnheiten, im Gesundheits- und Erziehungssystem, in der Familienstruktur und in der Qualität und zeitlichen Plazierung der Lebensereignisse, die den „normalen" Lebenszyklus markieren, sind bedeutsame Faktoren für die Entstehung von Generationsdifferenzen. Wie aus den Analysen von Elder (1979) zu erkennen ist, war es für spätere Lebensstile und Handlungsoptionen von Männern zweier unterschiedlicher Generationen (Geburtsjahre 1920/21 und 1928/29) von entscheidender Bedeutung, zu welchem Alterszeitpunkt sie von der Weltwirtschaftskrise der 20er Jahre betroffen waren. So scheinen die 1920/21 Geborenen, wie die follow up-Erhebung in den 60er Jahren erbrachte, in ihrer weiteren Lebensgestaltung von den Wirkungen der Weltwirtschaftskrise weniger nachteilig erfaßt worden zu sein als die Kohorte der 1928/29 Geborenen. Ein solches Ereignis auf der Ebene des Makrosystems besitzt zweifellos entwicklungsrelevante Rückwirkungen, die für die meisten Individuen bis in alltägliche Lebensbereiche des Mikrosystems hineinreichen (z.B. Beeinträchtigung der Vater-Sohn-Beziehung oder der ehelichen Stabilität), wobei weniger der Ereigniseintritt selbst als vielmehr seine zeitliche Plazierung im individuellen Lebenslauf von entscheidender Bedeutung ist (Näheres s. Kap. 2, Abschn. 3).

Neben der zeitlichen Plazierung von bedeutsamen historischen Ereignissen ist aber auch der zahlenmäßige Umfang einer Geburtskohorte von Bedeutung für den Entwicklungsverlauf der dieser Kohorte angehörenden Individuen. In der aktuellen Diskussion zeigt sich dies in unserem Land etwa an den sogenannten „geburtenstarken" Jahrgängen, deren Mitglieder sich einer harten Konkurrenz auf dem Ausbildungs- und Arbeitsmarkt gegenübersehen und deren Entwicklungschancen und Optionen aufgrund eines solchen Merkmals der Kohortenstruktur ganz anders zu bewerten sind als die vorangegangener oder nachfolgender Geburtskohorten. Eine Fülle von anderen Merkmalen, die das Leben unterschiedlicher Generationen kennzeichnen, läßt sich denken (z.B. Verwicklung in Kriege, Konfrontation mit Naturereignissen), die in ihrer Bedeutung bis heute keineswegs hinreichend erkannt sind. Gleichwohl sind wir sensibilisiert dafür, daß menschliche Entwicklung in entscheidendem Maße mit sozioökologischen Veränderungen variiert, so daß die „ökokontextualistische Perspektive" (Labouvie-Vief & Chandler 1978) das entwicklungspsychologische Denken heute weitgehend beherrscht.

Zum zweiten ist festzustellen, daß jedes Individuum neben seiner Zugehörigkeit zu einer bestimmten Geburtskohorte zu jeder Phase seines Lebens auch einer spezifischen Altersgruppe angehört und mit der jeweiligen Altersgruppenzugehörigkeit unterschiedliche soziale und ökologische Erfahrungsräume (und damit auch Entwicklungsbedingungen) bereitgestellt und gestaltet werden. Je stärker in einem gesellschaftlichen System die Alterssegregation vorherrscht, um so einflußreicher dürfte dieser – bislang zumeist aus soziologischer Sicht beschriebene – Sachverhalt für Entwicklungsveränderungen auf seiten des Individuums sein (zum Überblick hierzu Riley et al. 1983). Das kalendarische Alter von Individuen entscheidet dann nicht nur darüber, welche sozialen Rollen ein Individuum einnehmen darf, welche gesellschaftlichen und ökonomischen Ressourcen ihm zugänglich sind und mit welchen (altersnormierten) Lebensereignissen (z.B. Versetzung in den Ruhestand) es konfrontiert wird; zudem sehen sich die einzelnen Altersgruppen auch mit prägnanten Altersstereotypien und Rollenerwartungen konfrontiert, die soziale Interaktionen entscheidend regulieren und dazu beitragen, welche Rückmeldungen aus ihrer sozialen Umwelt Individuen über sich erhalten und in welcher Weise sich Aufbau und Wandel von Selbstkonzepten und personaler Identität vollziehen. Insbesondere die das höhere Erwachsenenalter kennzeichnenden negativen Altersstereotype und die daraus resultierenden Verhaltensformen im Umgang mit alten Menschen werden häufig dafür verantwortlich gemacht, daß das Selbstwertgefühl im höheren Alter zunehmend sinkt (vgl. z.B Langer & Rodin 1976).

Zum dritten bedeutet Altern aus sozioökologischer Perspektive, daß mit dem Durchschreiten der Lebensspanne auch ein stetiger Wandel der sozialen Rollen einhergeht, die ein Individuum einnimmt und die es wieder verliert. Der Wechsel sozialer Rollen, wie er beispielsweise im größeren Kontext innerhalb der Lebensereignis-Forschung thematisiert wird (Filipp 1981b), ist häufig nicht nur durch veränderte Entwicklungsaufgaben und Anforderungen charakterisiert, sondern auch durch ökologische Übergänge; gerade innerhalb der entwicklungspsychologischen Lebensereignis-Forschung wird dann zur entscheidenden Frage, bei welchen Individuen, in welchem Ausmaß und bezogen auf welche Verhaltensbereiche ein systematischer intraindividueller Wandel vonstatten geht, den wir als Entwicklung im Erwachsenenalter charakterisieren können.

Solche Übergänge im Zuge des Wandels sozialer Rollen im mittleren und höheren Erwachsenenalter sind beispielsweise das „empty nest", welches den Frauen zumeist in der fünften Lebensdekade zum Teil gravierende Änderungen ihrer Handlungsorientierungen und -optionen abverlangt. Der Austritt aus dem Erwerbsleben kann unter bestimmten Bedingungen (z.B. unrealistische Einschätzung des Ausmaßes der Lebensveränderung, vgl. Atchley 1982) auch mit gravierenden Anpassungsstörungen einhergehen. Im höheren Erwachsenenalter verändert der Tod des Ehepartners das soziale Umfeld des alternden Individuums in massiver Weise (zum Überblick Stroebe et al. 1980; 1981). Neben Lebensereignissen und Übergangsperioden sind aber auch dauerhaftere Umweltkontexte von Entwicklungsrelevanz für das Erwachsenenalter, wobei die Berufswelt des Erwachsenen beispielhaft zu nennen wäre.

Exkurs: Die Entwicklung der Erwachsenenpersönlichkeit im Berufsleben

Daß die berufliche Tätigkeit eines Menschen bedeutsame Rückwirkungen auf sein Verhalten und Erleben besitzt und damit eine wesentliche Sozialisationsbedingung des Erwachsenenalters darstellt, erscheint uns unmittelbar evident: „Die Arbeitstätigkeit bestimmt die Zeitstruktur von Tag, Woche, Jahr und sogar des Lebens. Das Sozialprestige einer Person wird wesentlich von der Arbeitstätigkeit der Person bestimmt" (Frese & Greif 1983, 215). Schließlich verbringt der bundesdeutsche Mann – je nach Länge seiner Ausbildungszeit – zwischen 30 und 50 Jahren am Arbeitsplatz, gleichwohl etwa 40 Prozent weniger Lebensarbeitsstunden als sein Pendant im Jahre 1870 (vgl. Kastenbaum 1979). Trotz der Bedeutung des Berufslebens für die Sozialisation des Erwachsenen scheint unser auf empirische Daten und Befunde gestütztes Wissen bislang eher dürftig.

Welche Rückwirkungen die Arbeitstätigkeit auf die Erwachsenenpersönlichkeit besitzt, ist weitestgehend durch die Qualität der Arbeitsplatzanforderungen charakterisiert. Berufliche Tätigkeit kann ebenso eine Quelle für Selbstverwirklichung und für die Befriedigung multipler Bedürfnisse darstellen, wie sie eine Situation der Fremdbestimmtheit und des Kontrollverlustes schaffen kann. Kohn und Schooler (1982) konnten für höhere soziale Schichten nachweisen, daß deren berufliche Tätigkeit zumeist komplexere Arbeitsanforderungen stellt, das intrinsische Interesse an der Arbeit steigert, das Bild von der eigenen Person und von der Gesellschaft positiv beeinflußt und den Glauben an die Möglichkeiten rationaler Zielgerichtetheit des Handelns und der Selbstbestimmung fördert. Die Arbeitsbedingungen in den unteren Schichten sollen dagegen eher zu Fatalismus und Autoritätsgläubigkeit führen sowie eine eingeengte Betonung der lediglich äußeren Vorteile des Berufes fördern.

Den Befunden anderer Längsschnittstudien zufolge (Karasek 1979, Wall & Clegg 1981, zit. nach: Frese & Greif 1983) zeigen Indikatoren der psychischen Gesundheit regelhafte Zusammenhänge mit Merkmalen des Arbeitsplatzes: Karasek konnte aus der Kombination von hoher Belastung und geringem Handlungsspielraum am Arbeitsplatz eine Verringerung der psychischen Gesundheit bis hin zu einem größeren Herzinfarktrisiko vorhersagen; die zweitgenannte Studie zeigte, daß veränderte Arbeitsbedingungen, die mit einer Erweiterung des Entscheidungsspielraums einhergehen, in einer auch längerfristig beobachtbaren Verbesserung der psychischen Gesundheit resultieren. Ein geringes Maß an Kontrollmöglichkeiten über die eigene Arbeitstätigkeit ist, ebenso wie Arbeitslosigkeit und Arbeitsplatzverlust, gerade wegen ihrer Rückwirkung auf die Kontrollmotivation und Kontrollüberzeugungen der davon betroffenen Personen (s. Pelzmann 1982) als besonders risikobelastete Situation des Erwachsenenalters zu betrachten.

Die Art der Arbeitstätigkeit hat aber nicht nur Auswirkungen auf das Wohlbefinden, sondern auch auf intellektuelle Fähigkeiten. Gerade Menschen, die relativ anspruchsvolle Aufgaben zu erledigen haben, sehen sich mit der Forderung nach einem lebenslangen Lernen konfrontiert (vgl. Birren & Woodruff 1973). So konnte in mehreren Analysen nachgewiesen werden, daß eine hohe Komplexität der Arbeitsanforderungen nicht nur die geistige Beweglichkeit von Männern positiv beeinflußt, sondern auch umgekehrt geistige Beweglichkeit dazu führt, daß Männer die Arbeitsbedingungen, denen sie unterworfen sind, modifizieren; zudem zeigte sich, daß das Ausmaß der geistigen Beweglichkeit bei der Problemlösung durch die Komplexität der Arbeitstätigkeit vorausgesagt werden kann (hierzu Kohn & Schooler 1978, 1982).

Schließlich ist die Überlegung bedeutsam, daß die durch die Arbeit vermittelten Verhaltensdispositionen und Kompetenzen auch in den außerberuflichen Bereich übertragen werden. Einerseits scheint das Ausmaß der Berufszufriedenheit einer der potentesten Prädiktoren für Lebenszufriedenheit insgesamt zu sein (vgl. Rice, et al. 1980); zum anderen zeigte sich in der Studie von Karasek (1978, zit. nach Frese & Greif 1983), daß ein größerer Handlungsspielraum am Arbeitsplatz – unabhängig vom Bildungsniveau – häufig auch ein aktiveres Freizeitverhalten nach sich zieht.

Gerade aus der Perspektive des Erwachsenenalters scheint es zwingend, die Auswirkungen der beruflichen Tätigkeit hinsichtlich Stabilität oder Wandel affektiver, motivationaler und kognitiver Verhaltensaspekte besser zu erforschen. Solche Analysen vertieften zugleich unser Verständnis der psychischen Folgen der Arbeitslosigkeit oder der Benachteiligung am Arbeitsmarkt, wie sie beispielsweise derzeit die weibliche Bevölkerung erlebt. Gerade hier finden wir also ein auch aus anwendungspraktischer Perspektive höchst bedeutsames und doch zugleich sehr vernachlässigtes Forschungsgebiet.

Die Analyse des Alterns aus sozialhistorischer und sozioökologischer Perspektive geht also von der Grundannahme aus, daß menschliche Entwicklung ein Höchstmaß an Plastizität besitzt und daß die jeweils betrachteten Entwicklungsverläufe immer auch im Hinblick auf den historischen und ökologischen Kontext, innerhalb dessen sie sich vollziehen, zu relativieren sind. Gerade dies trägt dazu bei, daß wir über „die" Entwicklung im Erwachsenenalter so gut wie keine Aussagen machen können. Der Begriff Altern meint also differentielles Altern, das sich in Interaktion mit den Veränderungen vollzieht, welche die Lebenssituation der Einzelindividuen auf den verschiedenen Ebenen kennzeichnen. Schließlich sei betont, daß damit keinesfalls eine strikt milieutheoretische Perspektive eingenommen werden soll, die – im Sinne eines mechanistischen Entwicklungsmodells (Overton & Reese 1973) – Entwicklungsvorgänge ausschließlich unter der Kontrolle externer Einflußfaktoren begreift; vielmehr sind Veränderungen im sozioökologischen und gegenständlichen Kontext des sich entwickelnden Individuums zugleich auch immer als Versuche des Individuums zu interpretieren, seine eigene Entwicklungsumwelt zu gestalten und eigene Lebensbedingungen zu verändern oder gar zu optimieren. In diesem Sinne lassen sich Menschen auch als die „Produzenten ihrer eigenen Entwicklung" begreifen (vgl. Lerner & Busch-Rossnagel 1981). Gerade für das mittlere Erwachsenenalter scheint eine solche Konzeptualisierung insoweit angemessen, als mit der Erweiterung von Handlungsspielräumen und den gesteigerten Möglichkeiten der Verantwortlichkeitsübernahme auch die Gestaltungsmöglichkeiten der eigenen Entwicklungsbedingungen steigen können. Daß der Übergang ins höhere Erwachsenenalter gerade durch den Verlust solcher Handlungsspielräume und Kontrollmöglichkeiten charakterisiert ist und daß diese Lebensperiode genau aus diesem Grunde als eine besonders belastende zu qualifizieren ist, sei hier nur noch am Rande erwähnt. Im folgenden wollen wir uns nun den im engeren Sinne entwicklungspsychologischen Perspektiven des Alterns zuwenden.

Altern aus psychologischer Perspektive

Gemäß tradierter Aufgabenstellung geht es bei der entwicklungspsychologischen Betrachtung von Alternsprozessen darum, welche Veränderungen Merkmale des Verhaltens und Erlebens aufweisen und wie diese systematisch beschrieben, erklärt und gegebenenfalls modifiziert werden können. In der empirischen Forschung hat man sich dabei unterschiedlichen Verhaltensklassen zugewandt, wobei Veränderungen in der intellektuellen Leistungsfähigkeit (psychometrischen Intelligenz) – gefolgt von anderen kognitiven Verhaltensaspekten (z. B. Gedächtnis, Problemlösen) – und die Frage nach Stabilität vs. Veränderung ausgewählter Persönlichkeitsmerkmale einen breiten Raum einnehmen. Auf Alternsprozesse in diesen verschiedenen Bereichen wird im nächsten Abschnitt detaillierter einzugehen sein.

Ungleich der in biologischen Theorien des Alterns vorgenommenen starken Betonung der Universalität, Unidirektionalität und Irreversibilität von Veränderungen wird bei der Analyse von Alternsvorgängen aus psychologischer Perspektive mittlerweile stets auf ganz andere Charakteristika des Alternsprozesses verwiesen: Was aus psychologischer Perspektive imponiert, ist die Vielfalt in Alternsverläufen, sind die hohen interindividuellen Differenzen im Ausmaß und im Zeitpunkt intraindividuellen Wandels und ist schließlich die Variabilität auch in den ,,Endzuständen", auf die hin sich Individuen entwickeln; es sind die unterschiedlichen ,,Alternsstile und Alternsschicksale" (Thomae 1983), denen wir begegnen und die uns die These vom ,,differentiellen Altern" nahelegen. Angesichts der hier nur kurz angedeuteten Vielfalt und Variabilität psychischer Alternsphänomene scheint es auch nicht verwunderlich, daß wir bis heute über keine kohärente psychologische Theorie des Alterns verfügen. Vielmehr gibt es eine Reihe von Zugangswegen, die entweder als rahmentheoretische Orientierung bei der Analyse von Alternsprozessen Pate stehen oder die allenfalls den Status von Partialtheorien besitzen. Im folgenden sollen einige der prominenteren psychologischen Theorien des Alterns kurz skizziert werden, ohne daß wir dabei bereits auf die Beschreibung und Erklärung des Wandels in spezifischen Verhaltensbereichen eingehen wollen.

Die in der Entwicklungspsychologie geläufigen Modellvorstellungen des Alternsprozesses lassen sich zum einen in traditionelle Ansätze gruppieren, in denen Entwicklungsveränderungen im Sinne ,,normativer Theorien" dargestellt werden, d. h. die weitgehend von der Entwicklung der Modalperson und einem ,,normalen" Lebenslauf ausgehen und so versuchen, gleichsam Universalien menschlicher Entwicklung zu präzisieren. Diesen stehen neuere Ansätze gegenüber, in denen jenseits solcher allgemeinen Vorstellungen stärker die Stabilität oder Veränderung aus differentiell-entwicklungspsychologischer Sicht dargestellt werden.

Als Beispiel für die erstgenannte Gruppe läßt sich die bereits von Charlotte Bühler (1933) beschriebene ,,Dramaturgie des Lebenslaufs" anführen: Kindheit und Jugendalter seien durch rasanten Aufbau und stete Veränderungen charakterisiert, im frühen und mittleren Erwachsenenalter seien Prozesse der Konsolidierung und Stabilisierung beobachtbar, während im höheren Erwachsenenalter Veränderungen vorwiegend als Abbau und degenerative Prozesse beobachtbar seien. Diese molare Beschreibung des Alternsprozesses über die Lebensspanne wurde in den frühen 60er Jahren durch eine weit prominentere Vorstellung der Veränderungen im höheren Erwachsenenalter und eine daraus resultierende Theoriediskussion abgelöst: Im Zentrum der Kontroverse stand, ob Verhaltensänderungen im höheren Erwachsenenalter im Sinne der ,,Disengagement-Theorie" (Cumming & Henry 1961) oder im Sinne der ,,Aktivitätstheorie" (Tartler 1961) darzustellen seien.

Erstere betont, daß der Verlust sozialer Rollen und Verflechtungen im höheren Erwachsenenalter zu einem allgemeinen Disengagement führe und mit einem erlebnismäßigen Rückzug des Individuums aus seinen sozialen Bezügen und einer stärker innengeleiteten Orientierung einhergehe (etwa erfaßt über projektive Testverfahren, Einstellungsskalen usw.). Der zweite theoretische Ansatz hingegen betont, daß die Teilhabe des alternden Individuums an sozialen Belangen und Interaktionen aufrechterhalten bleibe und entsprechende Bedürfnisse und Einstellungen auch den alten Menschen charakterisierten.

Wie unschwer erkennbar ist, sind solche Theorieentwürfe mit dem implizierten verallgemeinernden Anspruch für die Beschreibung des Alternsprozesses wenig hilfreich, und beide besitzen aus heutiger Sicht in der Tat nur noch historischen Wert.

Gleichermaßen prominent sind zwei weitere Ansätze, in denen Universalien der psychischen Entwicklung des Menschen im Gesamt der Lebensspanne thematisiert werden. Erikson (deutsch 1966) beschreibt die Entwicklung der Persönlichkeit über die Lebensspanne als die Auseinandersetzung mit und Bewältigung von jeweils lebensaltertypischen Krisensituationen, die sich aus dem Zusammenspiel innerer Reifungsvorgänge und äußerer sozialer Anforderungen ergeben. Die das mittlere und höhere Erwachsenenalter charakterisierenden normativen Krisen stellen einerseits ,,Generativität vs. Stagnation" und andererseits ,,Ich-Integrität vs. Verzweiflung" dar. Erstere soll kennzeichnen, daß eine fortlaufende Extension des Selbst (z.B. durch Weitergabe eigener Erkenntnisse, Wertvorstellungen, Besitztümer an andere) im mittleren Erwachsenenalter an ihre Grenzen stößt und der Erkenntnis der Begrenztheit eigener Entwicklungsmöglichkeiten weichen muß. Die Krise des höheren Erwachsenenalters zeige sich in der Auseinandersetzung mit der eigenen Endlichkeit; die konstruktive Überwindung liege im Aufbau von Ich-Integrität, d.h. in einer positiven Bilanzierung des eigenen Lebens und einer Integration der vielfältigen eigenen Erfahrungen.

Die am Konzept der Entwicklungsaufgaben orientierte Beschreibung des Lebenslaufs von Havighurst 1978 ist dem normativen krisentheoretischen Zugang von Erikson vergleichbar. Havighurst betont, daß sich jedes Individuum mit spezifischen Entwicklungsanforderungen, die durch biologische innerorganismische Veränderungen, durch gesellschaftliche Erwartungen und durch individuelle Wertvorstellungen geschaffen würden, auseinandersetzen muß. Diese Entwicklungsanforderungen bzw. -aufgaben kennzeichneten den ganzen Lebenslauf und variierten zwischen den verschiedenen Altersperioden lediglich in ihrer spezifischen Thematik und Anforderungqualität. Für das mittlere Erwachsenenalter nennt Havighurst als Aufgaben 1.) den häuslichen Lebensbereich gestalten, 2.) Kinder erziehen und 3.) die berufliche Karriere konsolidieren. Für das späte Erwachsenenalter (etwa ab dem 50. Lebensjahr) müssen folgende Entwicklungsaufgaben bewältigt werden: 1.) Energien auf neue Aufgaben lenken, 2.) das eigene Leben akzeptieren und 3.) die eigene Endlichkeit erkennen und akzeptieren. Aus der konstruktiven Bearbeitung der jeweiligen Entwicklungsaufgaben ergibt sich nach Havighurst die lebenslange (Persönlichkeits)Entwicklung – insbesondere insofern, als zwischen den jeweils aktuell verfügbaren Verhaltenspotentialen und den durch neue Aufgaben gestellten Anforderungen wohldosierte Diskrepanzen im Sinne von Entwicklungsanreizen bestehen (siehe auch Olbrich 1981).

Die eben genannten Konzeptionen der Entwicklungsaufgaben bzw. der krisenhaften Übergänge im Lebenslauf sind auch in neueren entwicklungspsychologischen Modellvorstellungen enthalten. Allerdings verzichten diese ganz explizit auf die Annahme einer universellen Abfolge von Entwicklungsstadien bzw. alterstypischen Entwicklungsanforderungen. Vielmehr wird dort unter Rekurs auf das Konzept der ,,kritischen Lebensereignisse“ (Hultsch & Plemons 1979; Filipp 1981b) der Vielfalt von Lebensereignissen und Übergangsperioden Beachtung geschenkt.

Diese Vielfalt kommt auch in dem Versuch zum Ausdruck, Lebensereignisse als Einflußgrößen menschlicher Entwicklung in normative und nicht-normative zu unterscheiden. Normative Lebensereignisse sind mit dem kalendarischen Alter (z.B. Pensionierung) bzw. mit dem historischen Zeitpunkt verknüpfte Ereignisse. Nicht-normative Lebensereignisse können zu unterschiedlichsten Zeitpunkten in der Lebensspanne eines Individuums eintreten (z.B. schwere Erkrankungen). Dadurch werden vorschnelle Verallgemeinerungen in der Charakterisierung des menschlichen Lebenslaufs vermieden, und es bleibt möglich, interindividuelle Besonderheiten wie auch allgemeinere Typisierungen hervorzuheben.

Innerhalb der entwicklungspsychologischen Lebensereignisforschung, die differentielle Veränderungsmuster fokussiert, ist des weiteren von Bedeutung, zu welchem Alterszeitpunkt bzw. in welcher Lebensphase Ereignisse eintreten sowie welche zeitliche und thematische Folge diese Ereignisse im individuellen Lebenslauf besitzen. Es gibt in der Zwischenzeit eine Reihe von Hinweisen darauf, daß alterskorrelierte Ereignisse, sofern sie jenseits der sozialen oder biologischen Zeitpläne eintreten, höhere Bewältigungsanforderungen an das Individuum stellen und somit zu tiefergreifenden Veränderungen seines Verhaltens und Erlebens führen können, als Ereigniseintritt im ,,normalen“ Zeitplan.

Lowenthal et al. (1975) konnten beispielsweise zeigen, daß für Männer im mittleren Erwachsenenalter eine ,,verspätete" Karriereentwicklung den wesentlichsten Faktor in der Reduktion ihrer Lebenszufriedenheit darstellte. Ähnliche Befunde berichten Bourque und Back (1977) bezogen auf eine nicht altersgemäße Plazierung der ,,empty nest"-Situation für Frauen im mittleren Erwachsenenalter. Ohne daß die einzelnen Wirkmechanismen bislang ausreichend beschrieben wären, läßt sich doch vermuten, daß solche oder andere Typen einschneidender Lebensereignisse zu (u. U. auch langfristigen) Veränderungen in den unterschiedlichsten Verhaltensbereichen führen können.

Die Betonung der idiosynkratischen Struktur von Lebensläufen und Entwicklungsbedingungen, wie sie zum Teil in der Lebensereignisforschung vorgenommen wird, schließt gleichwohl nicht aus, Universalien in der Abfolge von Lebensereignissen und/oder in den sie charakterisierenden Anforderungen zu postulieren, wie dies beispielsweise Levinson (1978) in seiner biographischen Analyse des Lebens männlicher Erwachsener unternimmt. Doch scheint auch angesichts der Tatsache, daß objektiv gleiche Lebensereignisse ja auch immer auf Individuen mit unterschiedlichen personalen Ausgangslagen (z. B. bezüglich ihrer Bewältigungsressourcen, ihrer Vorerfahrung usw.; vgl. Braukmann & Filipp 1984; Filipp 1981 b) treffen, die Suche nach überindividuellen Gemeinsamkeiten und Universalien letztendlich wenig sinnvoll.

Während die Perspektive der entwicklungspsychologischen Lebensereignisforschung unser Augenmerk über den intraindividuellen Wandel hinaus auch auf sozialhistorische und sozioökologische Kontextbedingungen lenkt (siehe oben), thematisiert die ,,kognitive Theorie des Alterns" (Thomae 1970) sehr viel stärker die im Individuum ablaufenden und ihm erlebnismäßig präsenten Veränderungsvorgänge.

Dieser theoretische Zugang konzeptualisiert Altern als einen psychodynamischen Prozeß. Dabei wird insbesondere betont, daß die subjektive erlebnismäßige Repräsentation von Veränderungen in der Lebenssituation und/oder in der eigenen Person ein wesentliches Element des Alterns darstellt. Solche subjektinternen Repräsentationen des Alternsprozesses vollziehen sich vor dem Hintergrund dominanter Anliegen der Person und entscheiden über das Ausmaß des ,,erfolgreichen Alterns". Innerhalb dieses Zuganges gewinnen dann Merkmale des subjektiven Zeiterlebens, des Selbsterlebens oder der selbstperzipierten Persönlichkeitsveränderungen in der Retrospektive eine zentrale Bedeutung. In einem erweiterten Sinne impliziert dies, daß Altern im Sinne objektiver Veränderungen zum Verständnis des Alternsprozesses weit weniger beiträgt als die Analyse subjektiven Alternserlebens einschließlich der in verschiedenen Verhaltensbereichen wahrgenommenen Veränderungen.

Eine partielle empirische Umsetzung erfahren diese Überlegungen in der Analyse subjektiver Alternssymptome, deren Korrespondenz zu objektiven alterskorrelierten Veränderungen oft minimal ist: Beispielsweise zeigte sich nach Abschluß eines anhand objektiver Kriterien äußerst erfolgreichen Gedächtnistrainings mit älteren Menschen, daß im subjektiven Erleben sich die Gedächtnisleistungen keineswegs verbessert haben (vgl. Kap. 11). Daß solche subjektiven Überzeugungssysteme einen direkten Einfluß auf alltägliche Verhaltensabläufe besitzen können, scheint dabei außer Frage. Ein anderer empirischer Zugang liegt in der Erfassung des subjektiven Alters und der Prüfung, inwieweit dieses mit dem objektiven kalendarischen Alter korrespondiert. Wie unsere eigenen Daten zur Entwicklungspsychologie des Erwachsenenalters zeigen (Filipp & Klauer 1986), ist die Divergenz zwischen subjektivem und objektivem Lebensalter über verschiedene Verhaltensdomänen hinweg unterschiedlich hoch, wobei Unterschätzungen des eigenen Alters insbesondere im Hinblick auf die eigene geistige Leistungsfähigkeit und Interessenlage vorgenommen werden, weniger aber im Hinblick auf die körperliche Leistungsfähigkeit. Dabei ist zugleich zu beachten, daß die Tendenz, sich jünger zu fühlen als man ist, mit ansteigendem Alter immer größer wird und bei den 75jährigen im Durchschnitt etwa 15 Jahre beträgt (!), während die 55jährigen eine Unterschätzung ihres Alters um durchschnittlich bis zehn Jahre vornehmen. Daß zudem subjektiv erlebte Veränderungen zuweilen die objektiv erfaßten bei weitem übersteigen, zeigt sich in der Untersuchung von Woodruff und Birren (1972), und es ist zu vermuten, daß diese Perzeptionen in bedeutsamer Interaktion mit tatsächlich ablaufenden weiteren Verhaltensänderungen stehen.

Abschließend sei als letzte Perspektive, die innerhalb der Entwicklungspsychologie formuliert wird, der handlungstheoretische Zugang genannt. Im wesentlichen wird dabei betont, daß Entwicklungsveränderungen, da sie sich naturgesetzlich nicht rekonstruierten ließen, als *kulturgesetzlich* begründbare Prozesse zu beschreiben sind. Damit seien Entwicklungsveränderungen als Folgen menschlicher Handlungen, und zwar eigener Handlungen wie der anderer Menschen, zu begreifen (Brandtstädter 1984). Insofern sei menschliche Entwicklung (auch) Folge der eigenen Planung und Kontrolle. Mit dieser erst in den letzten Jahren formulierten Auffassung rückt in das Blickfeld, daß man Individuen als die Produzenten ihrer eigenen Entwicklung zu betrachten habe (vgl. den Sammelband von Lerner & Busch-Rossnagel 1981), die auf der Grundlage z. B. von entwicklungsbezogenen Entscheidungen, manipulativen Eingriffen in ihre Umwelt oder des selektiven Aufsuchens von sozialen Kontexten als aktiv handelnde Individuen ihre Entwicklung selbst steuern oder vielleicht gar optimieren. Diese (meta)theoretische Auffassung ist eher der entwicklungspsychologischen Darstellung des Erwachsenenalters angemessen als der des Kindes- und Jugendalters. Vielleicht müssen wir künftig Lebensläufe auch stärker danach beschreiben, welche Altersperioden unter welchen Bedingungen tatsächlich durch den postulierten weiten Handlungsspielraum des Einzelindividuums zu charakterisieren sind.

Im folgenden wollen wir Entwicklungsveränderungen in einzelnen Bereichen näher betrachten und durch einige Befunde illustrieren.

3. Entwicklung ausgewählter Merkmalsbereiche im Erwachsenenalter

Die Entwicklung der Intelligenz im mittleren und höheren Erwachsenenalter

Die Vorstellung, daß sich die intellektuelle Leistungsfähigkeit (definiert als psychometrische Intelligenz) in der zweiten Lebenshälfte kontinuierlich verschlechtere und daß dies ein dem gesamten Entwicklungsgeschehen inhärenter Prozeß sei, wurde noch vor nicht allzu langer Zeit behauptet (z. B. Wechsler 1958), und diese Annahme findet sich in abgewandelter Form bis in unsere Tage (Botwinick 1977). Mittlerweile scheint unumstritten, daß man die Frage, ob Intelligenztestleistungen abnehmen oder nicht, nicht global beantworten kann, und die Vorstellung vom *differentiellen Altern* auch im Bereich der psychometrischen Intelligenz und der kognitiven Funktionen wird allgemein geteilt. Entscheidend im Zusammenhang mit dieser Diskussion war auch die Erkenntnis, daß unterschiedliche Strategien der Gewinnung entwicklungspsychologischer Daten (cross-sectional, longitudinal, sequentiell; vgl. Kap. 24) unterschiedliche empirische Evidenz liefern. Diese Erkenntnis wurde insbesondere aus umfangreichen Studien zur Entwicklung der Erwachsenenintelligenz gewonnen (vgl. Schaie 1983). Die Notwendigkeit, zwischen Effekten des kalendarischen Alters, des Testzeitpunkts und der Geburtskohorte zu trennen, schien durch solche Untersuchungen nahegelegt. So konnte z. B. gezeigt werden, daß Unterschiede zwischen verschiedenen Geburtskohorten, die zum gleichen Alterszeitpunkt getestet wurden, genauso groß sind wie jene Unterschiede, die sich ergeben, wenn man eine Geburtskohorte längsschnittlich über verschiedene Alterszeitpunkte des höheren Erwachsenenalters verfolgt.

Aus den Befunden, die der längsschnittlichen Betrachtung von Individuen entstammen, kann man folgern, daß etwa bis zum Alter von 70 Jahren eine weitgehende Invarianz (bezogen auf den Gruppenmittelwert) beobachtbar ist und daß erst gegen Ende des 70. und zu Beginn des 80. Lebensjahrzehnts (im Bereich des „alten Alters") sich stärker verallgemeinerbare und regelhafte Abbauerscheinungen zeigen, die gleichwohl ein substantielles Maß an interindividueller Variabilität aufweisen. Dennoch finden wir bis heute eine zunehmende Kontroverse darüber, in welchem Ausmaß, in welchem Zeitabschnitt und aufgrund welcher Vorgänge intellektuelle Veränderungen im mittleren und höheren Erwachsenenalter stattfinden.

Wesentlich für die Analyse der Entwicklung der Erwachsenenintelligenz ist aber auch, daß differentielles Altern eine Funktion der zugrundeliegenden Intelligenzkonzeption und der jeweils gesondert betrachteten Intelligenzfunktionen ist. Die meisten Intelligenztheorien haben eine explizit entwicklungspsychologische Perspektive nicht aufgenommen; lediglich die ursprünglich von Cattell (1963) vorgelegte Intelligenzkonzeption, die später durch Horn (1978) ergänzt und verfeinert wurde, stellt hier eine Ausnahme dar, und sie scheint bis heute in entwicklungspsychologischen Studien des Erwachsenenalters zu dominieren.[1]

Ausgangspunkt war für Horn (1978) die Frage, welche Gemeinsamkeiten in den üblicherweise faktoriell unterscheidbaren intellektuellen Primärfähigkeiten enthalten sind. Entsprechende Analysen führten zu zwei Sekundärfaktoren, auf die sich unser Wissen über Entwicklungsverläufe der Erwachsenenintelligenz heute fast ausschließlich stützt: Unterschieden wurden die ,,fluide" und ,,kristalline" Intelligenz, die jeweils durch unterschiedliche Tests markiert und als Konglomerat verschiedener Einzelfähigkeiten aufgefaßt werden. Das wesentliche Charakterisitikum der fluiden Intelligenz ist, daß die Rolle des kultur- und erfahrungsabhängigen Wissens in den Testleistungen minimiert ist, während diese in den Fähigkeiten, die indikativ für die kristalline Intelligenz sind, maximiert ist. Gemeinsames Merkmal aller Tests der flüssigen Intelligenz ist, daß sie das Abstrahieren von Relationen, schlußfolgerndes Denken, Begriffsbildung und Aspekte des Kurzzeitgedächtnisses erfassen; kristallisierte Fähigkeiten hingegen sollen solche Leistungsaspekte abdecken, die auf Sprachgewandtheit, auf schulische Lerninhalte, allgemeines Faktenwissen usw. zurückgehen.

Die entwicklungspsychologisch interessante Beobachtung ist nun, daß beide Gruppen von intellektuellen Leistungen sehr unterschiedliche Verläufe über die Lebensspanne hinweg aufweisen, d.h., fluide Intelligenzleistungen zeigen im höheren Alter einen systematischen Abfall, während dieser für kristalline Intelligenzleistungen nicht erkennbar ist, diese vielmehr mit dem Alter eher noch zunehmen. In diesen Verlaufscharakteristika sollen sich wesentliche Einflußsysteme der Intelligenzentwicklung abbilden: Die der fluiden Intelligenz zugeschriebenen Leistungen sollen in besonderem Maße über inzidentelle Lernvorgänge aufgebaut worden sein, die ihrerseits sehr stark von neurologischen und physiologischen Vorgängen abhängig sind und demgemäß einen stärkeren alterskorrelierten bzw. reifungsabhängigen Verlauf aufweisen. Dagegen soll für die kristalline Intelligenz gelten, daß Menschen über die Lebensspanne hinweg sich zunehmend mehr Algorithmen, Strategien des Lernens und Erinnerns sowie Heuristiken des Problemlösens aneignen, welche die wesentlichen Lernfertigkeiten der fluiden Intelligenz mehr und mehr ersetzen können. Eine Abnahme in fluiden Intelligenzleistungen kann dann u.U. auch darauf zurückgeführt werden, daß die zu-

[1] Obschon in den folgenden Ausführungen die Intelligenzentwicklung im Erwachsenenalter ausschließlich im Sinne quantitativer Veränderungen der psychometrischen Intelligenz abgehandelt wird, soll nicht unerwähnt bleiben, daß einige Ansätze auch unter Rekurs auf die Theorie von Piaget Veränderungen im Erwachsenenalter thematisieren. So stellten Clayton und Overton (1976) fest, daß Altersdifferenzen im formal-operatorischen Denken früher eintreten als solche im konkret-operativen Denken (Altersgruppenvergleich 60 bis 70 und 70 bis 80 Jahre). Andere Studien (z.B. Papalia & Bielby 1974) zeigten, daß grundlegende kognitive Fähigkeiten, wie sie etwa in Varianzaufgaben zum Einsatz gelangen, im hohen Alter entweder ,,verloren" sind oder zumindest nicht mehr genutzt werden. Insgesamt ist aber dieses Forschungsfeld zu wenig bearbeitet, als daß sich hier weitergehende Ausführungen als notwendig erweisen.

grundeliegenden Fertigkeiten in geringerem Maße genutzt werden (vgl. Horn & Donaldson 1980).

Nicht nur in einer Reihe von deskriptiven Studien wird auf die unterschiedlichen Verläufe und die physiologische und neurologische Determination der fluiden Intelligenz verwiesen. Auch in Programmen zum Training intellektueller Leistungen im hohen und höchsten Erwachsenenalter (vgl. hierzu Kap. 22) kann man gleichlautende Hinweise gewinnen: Während kristalline Intelligenzleistungen sich in hohem Maße als trainierbar erweisen und die Trainingseffekte eine beachtliche zeitliche Stabilität besitzen, entziehen sich die fluiden Intelligenztestleistungen einem solchen systematischen Trainingseinfluß in bemerkenswertem Maße.

Diese Befunde legen nahe, daß differentielles Altern im Bereich der Intelligenz zunächst einmal eine Funktion des betrachteten Fähigkeitsbereiches ist. Studien zur Trainierbarkeit mancher Intelligenztestleistungen und solche, die ein „testing-the-limits" (Baltes & Willis 1982) vornehmen, verweisen auch darauf, daß die Leistungsfähigkeit auf dem „Maximalniveau" und bei extrem schwierigen Aufgaben abnimmt, daß eine solche Abnahme aber im Bereich der „normalen" Leistungsfähigkeit nicht beobachtbar ist und über Training als reversibel erscheint (vgl. das duale Prozeßmodell der Intelligenz von Baltes et al. 1984).

Die hier dargestellten Überlegungen und Befunde zeigen, daß es wenig sinnvoll ist, einen Gesamtscore der intellektuellen Tüchtigkeit zu bilden und ihn in seiner Veränderung über die Lebensspanne hinweg zu betrachten. Stabilität in manchen Intelligenztestleistungen ist genauso beobachtbar wie ein alterskorrelierter Abbau. In bezug auf Abbauphänomene des höheren Alters scheint wohl unumstritten, daß gerade alle jene Leistungen betroffen sind, bei denen die Geschwindigkeitskomponente bedeutsam ist. Der Literaturüberblick von Birren et al. (1980) macht deutlich, daß es eine allgemeine Verlangsamung von Verhaltensäußerungen im Alter gibt, die sich nicht nur in motorischen Reaktionen und sensorischen Prozessen unmittelbar zeigt, sondern die natürlich auch bei der Bearbeitung von Testaufgaben zum Tragen kommen kann. Entsprechende Hinweise lassen sich aus Untersuchungen gewinnen, in denen die Zeitbegrenzung für die Bearbeitung von Testaufgaben aufgehoben wurde; Altersunterschiede lassen sich dann in einer Reihe von Aufgabentypen nicht mehr nachweisen (vgl. schon Eisdorfer 1965).

Unterschiede im Entwicklungsverlauf intellektueller Fähigkeiten sind aber nicht nur eine Funktion der betrachteten Leistungsdomäne, sondern differentielles Altern zeigt sich auch im Sinne von interindividuellen Unterschieden. Abgesehen von der häufig zitierten Beobachtung, daß mit zunehmendem Alter die interindividuellen Differenzen sich mehr und mehr vergrößern, d. h. Individualität und jeweilige Einzigartigkeit so augenfällig werden, daß daneben intraindividelle Unterschiede häufig zurücktreten (z. B. McKenzie 1980), scheint für unsere Belange hier auch bedeutsam, daß die Entwicklung der Erwachsenenintelligenz von Individuum zu Individuum unterschiedlich verlaufen kann – in Abhängigkeit von den jeweiligen personalen Ausgangslagen, von den kontextuellen Bedingungen des Alterns, von korrespondierenden Veränderungen in nicht intellektuellen Verhaltensbereichen usw. Diese Annahme wird nicht nur eindrucksvoll durch die oben genannten Kohortendifferenzen im Verlauf der Intelligenzentwicklung belegt, sondern auch durch die gleichzeitige Erfassung verschiedener Personmerkmale in Längsschnittstudien der Intelligenz und die Prüfung, inwieweit sie mit Veränderungen in Testleistungen korrespondieren (beispielhaft Schaie 1983). Verschiedene Merkmalscluster, die Facetten der sozialen und gegenständlichen Umwelt und des Lebensstils kennzeichnen sollten (z. B. sozialer Status, subjektive Unzufriedenheit mit Lebensstatus, Disengagement, Hausfrauentyp usw.), weisen bedeutsame Zusammenhänge mit nach oben und unten gerichteten Veränderungen in einzelnen Testleistungen auf. Verallgemeinernd läßt sich sagen, daß z. B. ein hoher sozioökonomischer Status nicht nur mit hohen anfänglichen Intelligenztestleistungen kovariiert, sondern auch mit der Aufrechterhaltung des Leistungsniveaus assoziiert ist, wobei es sich weniger um einseitig kausale denn um reziproke Effekte handelt. Daneben gibt es eine Reihe anderer Hinweise, daß differentielle Veränderungen in der Intelligenzentwicklung auch als Funktion des Ausgangsniveaus der Intelligenz betrachtet werden müssen: In der Regel zeigen sich höhere Stabilitäten über das gesamte Erwachsenenalter hinweg und weniger Abbau bei den Personen, die ohnehin durch einen hohen Intelligenzquotienten zu beschreiben sind. Allerdings muß dabei, wie Schaie und Geiwitz (1982) betonen, auch darauf geachtet werden, daß man in Längsschnittstudien mit einer unterschiedlichen drop out-Quote zu rechnen hat, wobei die leistungsschwächeren Personen eine größere experimentelle Mortalität aufweisen als die leistungsstärkeren.

In einer Analyse der Bedeutung sozioökonomischer Anregungsbedingungen für die Intelligenz von 60–70jährigen Personen der Bonner Gerontologischen Längsschnittstudie (Rudinger & Lantermann 1980) konnte – ähnlich wie bei Schaie (1983) – nachgewiesen werden, daß 38 Prozent der Varianz der Unterschiede in den Intelligenztestleistungen zum ersten Meßzeitpunkt durch ,,anregende Bedingungen der Lebensgeschichte“ der älteren Personen (Schulbildung, Berufstätigkeit, sozioökonomischer Status der Herkunftsfamilie) aufgeklärt werden können und daß zugleich die meisten Personen ihre relative Position über die längsschnittliche Betrachtung hinweg innerhalb der Stichprobe beibehalten.

Neben den eher globalen Indikatoren der sozialen Schichtzugehörigkeit oder der allgemeinen Lebensbedingungen wurden auch Persönlichkeitsvariablen herangezogen, um unterschiedliche Verläufe der Intelligenzentwicklung ,,erklärbar“ zu machen. Schaie (1983) zog hierzu Meßwerte für motorische, kognitive und perzeptive Rigidität sowie für psychomotorische Geschwindigkeit heran und analysierte deren konkurrentes Beziehungsmuster zu den verschiedenen Intelligenztestleistungen. Interessanterweise zeigen sich dabei die höchsten Zusammenhänge zwischen den erfaßten Persönlichkeitsmerkmalen und Intelligenztestleistungen im mittleren Erwachsenenalter, während die Höhe des Zusammenhangs nach dem 60. Lebensjahr abzunehmen scheint. Zeitverzögerte Korrelationsanalysen lassen deutlich erkennen, daß ein hohes Maß an Verhaltensflexibilität im mittleren Alter ein substantielles Vorhersagemerkmal für alle Testleistungen, die 20 Jahre später erfaßt wurden, darstellt: ,,Es scheint, daß Menschen, die im mittleren Erwachsenenalter durch flexible Persönlichkeitsstile gekennzeichnet waren, mit hoher Wahrscheinlichkeit in ihrem höheren Erwachsenenalter ein hohes intellektuelles Leistungsniveau aufweisen“ (Schaie 1983, 176).

Nicht unerwähnt bleiben soll hier, daß differentielles Altern auch als Funktion des Gesundheitszustandes der Personen betrachtet werden muß. Viele Autoren kommen zu dem Schluß, daß der Gesundheitsstatus ein potenter Vorhersagefaktor dafür ist, ob Menschen die Aufrechterhaltung ihrer intellektuellen Leistungsfähigkeit gelingt oder nicht. In der mehrfach genannten „Seattle Longitudinal Study on Psychometric Intelligence" (Schaie 1983) konnte z.B. auch nachgewiesen werden, daß bestehende kardiovaskuläre Erkrankungen und Arthritis überzufällig häufig mit schlechteren Intelligenztestleistungen kovariieren. Und schließlich ist hier noch das Phänomen des „terminal drop" zu beachten: Interindividuelle Unterschiede im längsschnittlich erfaßten Intelligenzverlauf lassen sich oft (post hoc) besser aufklären durch die zeitliche Entfernung vom Tod der Untersuchungsteilnehmer als durch ihr kalendarisches Alter. Jarrik und Bloom (1971; zit. n. Jarrik & Bank 1983) konnten zudem die interessante Beobachtung machen, daß von den 138 untersuchten eineiigen Zwillingspaaren, die zwischen 60 und 89 Jahren alt waren, derjenige Zwilling, der erkennbar schlechtere Intelligenztestleistungen aufwies als sein Pendant, auch immer derjenige war, der früher starb – obschon, wie wir aus den traditionellen Zwillingsstudien der Kindheit wissen, auch hier die Zwillingspaare eine hohe Ähnlichkeit in kognitiven Fertigkeiten (besonders im numerischen Faktor) aufwiesen.

Interindividuelle Unterschiede im intraindividuellen Verlauf der Intelligenzentwicklung im Erwachsenenalter erscheinen, so läßt sich festhalten, als ein gesicherter empirischer Sachverhalt; sie repräsentieren Differenzen zwischen Generationen, zwischen Lebenskontexten, zwischen Persönlichkeiten und zwischen dem Insgesamt, welches individuelle Biographien ausmacht. Will man nun, trotz der immer wieder vorgenommenen Unterstreichung des differentiellen Alterns im Bereich der Intelligenz, eine einfache Antwort auf die Frage formulieren, von welchem Alter an es einen zuverlässig entdeckbaren Altersabbau der Intelligenz gibt, so läßt sich zusammenfassend festhalten: Vor dem Alter von etwa 60 Jahren zeigen sich kaum Veränderungen; spätestens etwa zum 75. Lebensjahr scheint eine klare Abnahme erkennbar zu werden für fast alle Fähigkeiten, mit dem Eintritt in das neunte Lebensjahrzehnt scheint die Abnahme der Leistungsfähigkeit ungefähr eine Standardabweichung zu betragen.

Ausführungen zu der Frage von Entwicklungsveränderungen der Intelligenz im mittleren und höheren Erwachsenenalter blieben unvollständig, ohne das Problem anzusprechen, ob und in welchem Maße die durch die üblichen Intelligenztests erfaßten Fähigkeiten überhaupt valide Indikatoren dafür sind, wie das alternde Individuum die ihm gestellten Lebensaufgaben bewältigt. So könnte man annehmen, daß die hierbei geforderten Kompetenzen über die in Intelligenztests erfaßten grundlegenden kognitiven Fertigkeiten und formallogischen Prinzipien hinausgehen (abgesehen von dem hinlänglich bekannten Sachverhalt, daß Intelligenztests vorwiegend an schulischen und/oder berufsbezogenen Außenkriterien validiert sind). So findet man zunehmend die Forderung, Entwicklungskonstrukte so zu transformieren, daß ihre Konzeptualisierung die Implementation einer die Lebensspanne übergreifenden Entwicklungspsychologie gestattet (vgl. Baltes 1983; Filipp & Olbrich 1986). Im Bereich der Intelligenz wurde dies z.B. dadurch versucht, anstelle der psychometrischen Intelligenz im höheren Erwachsenenalter das Konzept der ,,Wissenaktualität" (Schuster & Barkowski 1980) einzuführen – in der Annahme, daß dieses Anpassungsleistungen älterer Menschen besser vorhersagen kann. Mit dem gleichen Anspruch wird in der Zwischenzeit in der entwicklungspsychologischen Literatur des höheren Erwachsenenalters das Konzept der ,,Weisheit" diskutiert, das eine adäquatere Repräsentation dessen darstellen soll, was die ,,Intelligenz" des alten Menschen ausmacht.

Exkurs: Weisheit als Aspekt kognitiver Entwicklung im höheren Erwachsenenalter

Der Jahrhunderte alte Begriff der Weisheit erhält für die Entwicklungspsychologie neue Aktualität, seit mit der Ausdehnung ihrer Fragestellungen auf die gesamte menschliche Lebensspanne auch die Notwendigkeit entstand, bislang übersehene Klassen entwicklungsrelevanten Verhaltens zu identifizieren und u.U. für spätere spezifische Konstrukte zu erkennen (Baltes 1979).

Weisheit wird als ein Merkmal angesehen, auf dem sich für das hohe Erwachsenenalter spezifische kognitive ,,Wachstumsprozesse" abbilden sollen. Weisheit kann demnach gleichermaßen als Entwicklungsziel für das hohe Erwachsenenalter wie als Voraussetzung der erfolgreichen Bewältigung der Entwicklungsaufgaben dieser Altersperiode aufgefaßt werden. Einige ältere entwicklungspsychologische Theorien (z.B. Erikson 1970) verweisen auch explizit auf die Bedeutung dieses Konzepts.

Eine kulturgeschichtliche Betrachtung der Wurzeln des Weisheitsbegriffs zeigt deutlich, daß Weisheit konnotativ von jeher mit dem Alter assoziiert ist. Diejenigen Mitglieder menschlicher Gesellschaftsordnungen, denen man diese Eigenschaft zuschrieb, standen in den allermeisten Fällen im hohen Erwachsenenalter. Allerdings galt Weisheit bereits in den ältesten abendländischen und östlichen Hochkulturen als ein spezifischer Typus menschlichen Wissens, mit dem in der Regel nur eine Minorität ausgestattet war, die zugleich herausragende soziale Positionen einnahm.

Eine Analyse des Begriffs zeigt, daß ,,Weisheit" wohl nie in uniformer und einheitlicher Weise verstanden wurde; so finden sich z.B. in der Bibel Belege, daß Weisheit zum einen mit ,,Klugheit", zum anderen mit ,,Stärke" gleichgesetzt wird; teils hielt man Weisheit für erlern- und vermittelbar, teils für eine göttliche Gabe, die nicht durch menschliche

Anstrengung erreichbar ist (Clayton & Birren 1980). Im Gegensatz zu alten abendländischen Kulturen impliziert der Weisheitsbegriff in der östlichen Tradition die Auffassung, daß ein Übermaß an Fähigkeiten der intellektuellen und ,,vernunftgesteuerten" Analyse dem Aufbau von Weisheit eher hinderlich sei. Direktes und auf Erfahrung gegründetes Wissen über die Bedeutung des Lebens könne, faßt man diese Auffassungen vereinfachend zusammen, nicht durch symbolische (sprachliche) Erfahrung ersetzt werden. Insgesamt aber stimmen älteste Kulturen und Religionen darin überein, Weisheit als eine höchst wünschenswerte, gleichwohl interindividuell unterschiedlich ausgeprägte Form menschlichen Wissens zu betrachten, die das Verstehen von Bedeutung und Zweck des Lebens einschließt und sich im (sozialen) Verhalten manifestiert: Weise Personen zeichnen sich nach diesen überlieferten Auffassungen durch Ruhe und Gelassenheit aus, zentrieren ihr Leben um die Verantwortung für andere und haben dem Streben nach Macht und Ruhm ebenso entsagt, wie sie die Angst vor Alter, Krankheit und Tod hinter sich gelassen haben.

Es zeigt sich nun, daß Versuche einer Präzisierung des Weisheitsbegriffs in der Psychologie sehr wohl auf einige Aspekte dieser frühen Beschreibungen zurückgreifen. Clayton (1982) nähert sich dem Konzept, indem er es vergleicht mit dem Konstrukt der ,,kristallinen Intelligenz". Während ,,Intelligenz" Individuen zugeschrieben werde, die sich durch gute Leistungen in deduktivem und induktivem Schlußfolgern, in Klassifikationsaufgaben, abstraktem Denken usw. auszeichnen, würden Individuen dann als ,,weise" bezeichnet werden, wenn ihr Verhalten Rückschlüsse auf ein besonderes Wissen über die menschliche Natur und ihre Grundprinzipien der ,,Kontradiktion", ,,Paradoxie" und ,,permanenten Veränderung" zulasse. Weisheit als ein primär auf soziale Phänomene bezogenes Wissen ist nach Clayton zudem nicht über nonsoziale psychometrische Verfahren der Fähigkeitsmessung zu erfassen, sondern erschließe sich nur aus sozialen Handlungen und sozialen Urteilen der Person. Schließlich stelle Weisheit im Gegensatz zu Intelligenz einen Wissenstyp dar, der in weitaus geringerem Maße zeitgebunden bzw. historischen und politischen Fluktuationen unterworfen sei.

Jenseits dieser Versuche einer psychologischen Konzeptualisierung wurden in jüngerer Zeit einige empirische Definitionsansätze für Weisheit vorgelegt. Clayton und Birren (1980) verwendeten hierzu ein Verfahren der multidimensionalen Skalierung und ließen zwölf Deskriptoren in bezug auf das Reizwort ,,weise" beurteilen. Ihre Ergebnisse legen es nahe, Weisheit als ein mehrdimensionales Konzept aufzufassen, in welchem kognitive, affektive und reflexive Qualitäten integriert sind. Bei der Prüfung von Altersunterschieden zeigte sich, daß hinsichtlich der affektiven und reflexiven Komponenten keine Differenzen beobachtbar sind, während dies sehr wohl für die kognitive Komponente zutrifft. Ferner wurde die Alters- und Entwicklungsbezogenheit von „Weisheit" von den drei untersuchten Geburtskohorten unterschiedlich beurteilt. Die älteste Kohorte schätzte sich selbst im Altersvergleich nicht als weiser ein, während die jüngere Kohorte den Reiz „alt" sehr viel näher zu „weise" plazierte; zudem schätzte die älteste Kohorte affektive Qualitäten wie „verständnisvoll" und „einfühlsam" als deskriptiver für Weisheit ein als die jüngere.

Sowarka begreift Weisheit als ein sozial-kognitives Schema, nämlich als „organisiertes Muster prototypischer common-sense-Konzeptionen über regulatorische Prinzipien der Entwicklung über die Lebensspanne" (1985, 4; übersetzt v. Verf.). Über eine inhaltsanalytische Auswertung von Interviewtranskripten versuchte die Autorin, Vorstellungsmuster (Schemata) über weise Personen bei einer Population älterer Menschen zu eruieren. Neben einer Vielzahl von Attributen, die Personen als „weise" auszeichnen sollen, wurden hier auch Charakteristika typischer Handlungskontexte sowie Spezifika jener Handlungstypen ermittelt, die „weise" Personen in diesen Handlungskontexten zeigen sollen. Auf allen Analyseebenen wurden zudem Geschlechtsunterschiede in der kognitiven Repräsentation von Weisheit ermittelt. Wenngleich diese Studie ausschließlich ältere Personen einbezog, können die Ergebnisse als erste Hinweise für die Bildung von prüfbaren Hypothesen zur Beschreibung, Erkennung und Veränderung einiger für Weisheit konstitutiver Merkmale herangezogen werden, so daß Anlaß zu der Hoffnung besteht, daß das Konzept der „Weisheit" nicht länger in der Entwicklungspsychologie vernachlässigt werden wird.

Entwicklungsveränderungen im Bereich des Lernens und Erinnerns

Obschon viele Maßnahmen der Erwachsenenbildung (z.B. im Zuge der Einführung neuer Arbeitsmethoden und Technologien oder der Umschulung in neue Berufsfelder) nach einer umfassenden und aussagefähigen „Lernpsychologie des Erwachsenenalters" (Löwe 1975) verlangen, scheint dieser Forschungsbereich im Gegensatz zu der Analyse von Leistungsveränderungen in Intelligenztests noch weitgehend auszustehen. Zwar wird zuweilen argumentiert, daß die via Intelligenztests erfaßten Fähigkeiten weit komplexere und heterogenere Phänomene abdecken als dies traditionelle Prüfungen der Lern- und Gedächtnisfunktionen leisten können (vgl. Baltes et al. 1984), dennoch bleibt die Suche nach Entwicklungsveränderungen in Merkmalen des Lernens und des Gedächtnisses eine wichtige Aufgabe.

Die in diesem Bereich wenig kohärente und insgesamt eher widersprüchliche Befundlage hängt vor allem damit zusammen, daß in der Forschung unterschiedliche entwicklungspsychologische Gedächtniskonzeptionen (z.B. Mehrspeicher-

modelle, Konzeptionen unterschiedlicher Verarbeitungstiefe usw.; vgl. Weinert et al. 1983) vorherrschen bzw. unterschiedliche Definitionen relevanter Aspekte der Lernfähigkeit (z.B. Leichtigkeit, Nachhaltigkeit, Anregbarkeit des Lernens usw.; vgl. Löwe 1975) zugrunde gelegt werden. Zudem verfügen wir insgesamt über eine weit geringere Anzahl von Quer- und/oder Längsschnittstudien als etwa im Bereich der psychometrischen Intelligenz. Angesichts der gleichwohl vorliegenden Menge und Heterogenität empirischer Einzelarbeiten und ihrer Befunde ist es hier nicht möglich, diesen Bereich vertiefend darzustellen (zum Überblick Craik 1977, Weinert & Knopf 1983). Vielmehr sollen in eher vergröbernder Form einige grundlegende Überlegungen und Befunde der entwicklungspsychologischen Gedächtnisforschung im mittleren und höheren Erwachsenenalter dargestellt werden.

Wie Weinert und Knopf (1983) betonen, sind die entwicklungsbezogenen Vorstellungen im Alltag (wie auch bei vielen Wissenschaftlern) dadurch gekennzeichnet, daß Lern- und Gedächtnisleistungen sich während der Kindheit stetig verbesserten, daß sie im Erwachsenenalter relativ konstant blieben und im höheren Alter wieder abnehmen. Demnach müßten sich ältere Menschen und Kinder in ihren Gedächtnisleistungen sehr viel ähnlicher sein als im Vergleich zu Personen des mittleren Alters. Und in der Tat scheint es wohl eine Reihe von Befunden an älteren Personen zu geben, die in den Ergebnissen aus Studien mit Kindern ein ,,Echo" finden (vgl. Craik 1977). Ähnlichkeiten zwischen Kindern und älteren Personen werden in einem ,,Produktionsdefizit" bzw. einer ,,Produktionsineffizienz" gesehen, d.h. in einer nicht adäquaten oder spontanen Nutzung potentiell verfügbarer Gedächtnisstrategien. Aus diesem Grund wurde auch das Konzept des ,,Meta-Gedächtnisses" in die entwicklunspsychologische Diskussion eingebracht und damit umschrieben, daß ,,das Wissen eines Menschen über sein eigenes Gedächtnissystem und die damit verbundenen Möglichkeiten, Lernen und Erinnern zu planen, zu kontrollieren und zu steuern" (Weinert et al. 1983, 73) u.U. zum Verständnis der Leistungsunterschiede zwischen Altersgruppen beitragen könnte. Da aber das Meta-Gedächtnis mit dem Alter keineswegs abzunehmen scheint, läßt sich die weniger effiziente und spontane Nutzung verfügbarer Gedächtnisstrategien durch ältere Menschen auf diese Weise nicht erklären (Näheres s. Kap. 11, S. 567).

Craik (1977) weist auf Ähnlichkeiten in den Gedächtnisleistungen zwischen älteren Menschen, Kindern und klinischen Gruppen mit Hirnverletzungen hin. Übrigens verschwinden alterskorrelierte Abbauerscheinungen in den Gedächtnisleistungen, wenn man den Gesundheitszustand der Personen kontrolliert: Nach Auspartialisierung dieser Variablen zeigte sich die Leistungsgüte nur noch in einer von insgesamt vier Lernaufgaben als alterskorreliert (Hulicka 1965, zit. nach Craik 1977). In der entwicklungspsychologischen Analyse des Gedächtnisses wird daher zurecht zwischen Gedächtniskapazität (,,software") einerseits und Gedächtnisprozessen (,,hardware") andererseits differenziert, damit gelangt man zu unterschiedlichen Betrachtungen der Gedächtnisentwicklung.

Welches sind nun die wesentlichsten (und am wenigsten kontrovers diskutierten) Ergebnisse entwicklungspsychologischer Gedächtnisforschung?

Betrachtet man zunächst Leistungen, die mit dem Kurzzeitgedächtnis zusammenhängen, so scheinen unter bestimmten Bedingungen Altersdifferenzen zu verschwinden. Dies gilt insbesondere dann, wenn das Lernmaterial vollständig wahrgenommen werden konnte und es nicht neu strukturiert werden mußte. Andererseits haben Untersuchungen gezeigt, daß es älteren Menschen im Vergleich zu jüngeren sehr schwer fällt, ihre Aufmerksamkeit auf unterschiedliche Informationsquellen aufzuteilen, wie dies etwa beim dichotischen Hören verlangt ist, oder zwei oder mehr kognitive Operationen in einer Lernsituation zum Einsatz zu bringen. Schließlich zeigt sich, daß – obschon die Menge des behaltenen Materials im Kurzzeitgedächtnis über die Altersgruppen hinweg relativ stabil bleibt – die Geschwindigkeit des Abrufs im höheren Alter eher abnimmt.

Betrachtet man sich nun Altersdifferenzen in Leistungen, die im Zusammenhang mit dem Langzeitgedächtnis gesehen werden, so erscheint aufgrund der unterschiedlichen Operationalisierungen der Leistungsfähigkeit, der Unterschiede im Lernmaterial und der einzelnen experimentellen Variationen die hier angestrebte kursorische Sichtung der Befundlage noch schwieriger – auch hier werden wir uns vorwiegend auf die Darstellung Craiks (1977) beziehen.

Zieht man zunächst Studien heran, in denen die Lernleistungen vergleichend über die Methode des Wiedererkennens oder des freien Erinnerns gemessen wird, so zeigt sich relativ deutlich, daß ältere Menschen die größten Schwierigkeiten haben, wenn sie das Gelernte frei wiedergeben müssen, d. h. wenn keine Hinweisreize, die das Abrufen des gelernten Materials erleichtern, verfügbar sind. Umgekehrt sollte sich der Altersabbau weniger deutlich zeigen, wenn das freie Erinnern durch Hinweisreize unterstützt oder die Gedächtnisleistung über die Methode des Wiedererkennens überprüft wird. Auch diese Annahme läßt sich durch verschiedene Befunde stützen, so daß man vermuten muß, daß ältere Menschen insbesondere Schwierigkeiten beim Abrufen des gelernten Materials haben.

Eine weitere Gruppe von Studien beschäftigte sich damit, inwieweit Unterschiede in der Aneignung und Organisation des Lernmaterials für die beobachteten alterskorrelierten Differenzen in Gedächtnisleistungen verantwortlich gemacht werden könnten – insbesondere bei einem Lernmaterial, das einer stärker elaborierten Aneignung bedarf, beispielsweise extrem unvertrautes Lernmaterial; daher hat man viele Studien durchgeführt, in denen der Grad der Vertrautheit des Lernmaterials variiert wurde. So einleuchtend die Annahme ist, daß vertrautes und subjektiv bedeutsames Lernmaterial von älteren Menschen besser aufgenommen und erinnert werden kann, so heterogen ist hierzu die Befundlage, so daß kaum verallgemeinernde Schlußfolgerungen gezogen werden können.

Andere Studien waren der Frage gewidmet, ob bereits in der Phase der Aneigung des Lernmaterials ältere Menschen von bestimmten Instruktionen profitieren. So werden z. B. die Personen aufgefordert, in der Aneigungsphase das Lernmaterial zu organisieren (Gruppierungen vorzunehmen usw.). Dabei ergaben sich in mehreren Studien Interaktionseffekte zwischen Alters- und Instruktionsbedingung, d. h. Altersdifferenzen werden im freien Erinnern des Lernmaterials dann verringert, wenn die Personen aufgefordert worden waren, das Material in für sie sinnvoller Weise zu organisieren. Insgesamt wird durch diese Gruppe von Studien die Annahme nahegelegt, daß es älteren Personen schwerfällt, Informationen vom Kurzzeit- in das Langzeitgedächtnis zu übertragen, d. h. sie weisen ein Defizit in jenen mentalen Operationen auf, die in einer tieferen und stärker elaborierten Verarbeitung des Lernmaterials resultieren.

Häufig wird der entwicklungspsychologischen Gedächtnisforschung auch zum Vorwurf gemacht, daß sie mit sehr artifiziellem Lern- und Gedächtnismaterial arbeite und daß die Studien keine ausreichende ,,ökologische Validität" besäßen. So gibt es eine Reihe anderer Studien, in denen das zu erinnernde Material ,,lebensnäher" ist. Barick et al. (1975) stellten ihren Versuchspersonen die Aufgabe, die Namen und Gesichter ihrer Klassenkameraden frei zu erinnern bzw. wiederzuerkennen. Es zeigt sich ganz deutlich, daß alle Leistungen auf der Basis des freien Erinnerns mit dem Alter graduell abnahmen und daß mit zunehmendem Alter Erinnerungsfehler auch dadurch entstanden, daß die Personen die einzelnen Klassen ihrer Schulzeit und die jeweils zugehörigen Klassenkameraden verwechselten. Dieser Befund wird unter anderem auch im Zusammenhang damit diskutiert, daß ältere Menschen zunehmend Schwierigkeiten hätten, zeitliche Kontexte zu differenzieren und insgesamt weniger effiziente Selektionsmechanismen im Abrufen von Information besäßen.

In diesem Zusammenhang sollte auch die Annahme erwähnt werden, daß alterskorrelierte Veränderungen des Lernens und Gedächtnisses Folge einer verminderten Intensität der absichtlichen Auseinandersetzung mit dem ,,artifiziellen Lernmaterial" darstellen. Bei Verwendung alltagsnaher Texte zeigt sich, daß altersbezogene Lern- und Gedächtnisdifferenzen gar nicht mehr, seltener oder weniger stark auftreten (nach Weinert et al. 1983); dabei wird auch die Rolle kontextueller Bedingungen des Lernens und Erinnerns betont und die Frage nach altersspezifischen Zielen des Lernens oder der Nutzung von Lernstrategien virulent.

Betrachtet man die altersbezogenen Leistungsveränderungen im Gedächtnis schließlich primär unter der Perspektive, daß es bei Gedächtnisleistungen im wesentlichen auf die Intensität und Qualität der Verarbeitung von Informationen ankommt, so scheint sich zunehmend herauszukristallisieren, daß mit zunehmendem Alter die spontane Nutzung von prinzipiell verfügbaren „tiefen" Verarbeitungsstrategien abnimmt – daß sie prinzipiell verfügbar sind, zeigt sich darin, daß über entsprechende Instruktionsbedingungen bzw. die Induktion entsprechender Bearbeitungsstrategien ältere Menschen fast wieder an das Leistungsniveau der Erwachsenen im mittleren Alter herangeführt werden können. Offenbar ist also die *spontane* Nutzung entsprechender Strategien der Aneignung und Bearbeitung von Lernmaterial beeinträchtigt und nicht so sehr die Kapazität, entsprechende Strategien beim Abrufen überhaupt einzusetzen (weitere Befunde s. Kap. 11).

Unser Wissen über alterskorrelierte Veränderungen im Lernen und Gedächtnis ist bis heute dadurch gekennzeichnet, daß es sich im wesentlichen auf Querschnittstudien gründet und daß nach wie vor umfassende Studien dazu, was in einzelnen Aufgabenbereichen „normales Altern" kennzeichnet, fehlen. Und obschon ein „nachlassendes" Gedächtnis eines der verbreitetsten *alltags*psychologischen Phänomene des Alterns ist, legt uns die (heterogene und wohl auch z.T. verwirrende) Befundlage nahe, dieser Annahme erst immer einmal entgegenzuhalten: „Das kommt ganz darauf an ..."!

Entwicklungsveränderungen im Bereich der Persönlichkeit

Wenn wir uns nun im letzten Abschnitt der Frage zuwenden, welche Veränderungen im Bereich der Persönlichkeit über das Erwachsenenalter hinweg beobachtet wurden und wie man hierzu die Befundlage zu beurteilen hat, dann betritt man damit das am wenigsten übersichtliche und zugleich am stärksten vernachlässigte Gebiet in der Entwicklungspsychologie des Erwachsenenalters. Nach Neugarten (1977) spiegelt sich darin nicht nur das „Durcheinander", welches die persönlichkeitspsychologische Theorie- und Konzeptbildung allgemein charakterisiert; zudem sei neben der Tatsache, daß es nicht allzu viele Studien und Befunde gebe, das Forschungsfeld auch aus untersuchungsmethodischen Gründen äußerst defizitär. So scheint denn nicht nur umstritten, wie „Persönlichkeit" überhaupt beschrieben und erfaßt werden soll; es scheint auch völlig unklar, welche Facetten der Persönlichkeit als entwicklungspsychologisch bedeutsame Merkmale betrachtet werden sollen. Die gängigen Theorien (psychoanalytische Positionen, soziale Lerntheorien, ich-theoretische Ansätze usw.) legen zwar die Beachtung der unterschiedlichsten Aspekte nahe, doch sind daraus keine grundlegenden und aufeinander bezogenen Forschungsprogramme innerhalb dieser Theoriefamilien erwachsen.

Was wir zur Persönlichkeitsentwicklung im Erwachsenenalter wissen, bezieht sich somit entweder auf molare, allgemeine und „ganzheitliche" Betrachtungen der Erwachsenenpersönlichkeit, die zumeist Extrapolationen aus kasuistischem Material darstellen (z. B. Gould 1979), oder auf empirische Studien, die einzelne Persönlichkeitsmerkmale (z. B. Rigidität, Kreativität usw.) herausgreifen und bezüglich dieser Altersdifferenzen (und seltener Altersverläufe) untersuchen. Nur in einigen wenigen Längsschnittstudien wird eine multidimensionale Beschreibung der Persönlichkeit und der Persönlichkeitsveränderungen angestrebt, auf die wir uns im folgenden schwerpunktmäßig beziehen wollen. Nicht unerwähnt bleiben darf an dieser Stelle die Auffassung vieler Autoren, daß „die meisten dieser Veränderungen (des Erwachsenen; Anmerkung der Verf.) aus Veränderungen der impliziten Theorien eines Individuums über sich selbst, über andere und über das menschliche Leben generell (bestehen). Die Entwicklungsveränderungen haben es eher mit Urteilen, Einstellungen und Überzeugungen zu tun als mit Fähigkeiten. Aus diesem Grund lassen sie sich auch eher als Persönlichkeits- denn als kognitive Phänomene einordnen." (Flavell 1970, zitiert n. Whitbourne & Weinstock 1982, S. 75).[2] Wie man sieht, tauchen an dieser Stelle wieder Überlegungen auf, wie sie Thomae (1970) in seiner kognitiven Alterns- und Persönlichkeitstheorie formuliert hat. Wir werden darauf noch einmal zurückkommen.

Die folgenden Ausführungen sollen nun weniger thematisch gegliedert sein, sondern sich im einzelnen beziehen auf die (wenigen) großen Längsschnittstudien zur Persönlichkeitsentwicklung im Erwachsenenalter, in denen zugleich auch eine quantitative Erfassung der Persönlichkeit versucht wurde. Die eher auf kasuistischem Material und der biographischen Analyse aufbauenden Untersuchungen von Levinson et al. (1976), Vaillant (1977) sowie von Gould (1979) sollen hier nicht im einzelnen dargestellt werden.

Die Oakland Growth Study und die Berkeley Child Guidance Study haben durch nachfolgende Forschergenerationen Befunde erbracht, die auch für Entwicklungsveränderungen im Erwachsenenalter aussagefähig sind. Wie bekannt, gelten die beiden Studien als die berühmten frühen Längsschnittstudien zur Entwicklung im Kindesalter; die Oakland Growth Study wurde ca. 1930 gestartet und erfaßte alle Kinder, die damals in die siebte Klasse in Oakland eingetreten sind. Die Child Guidance Study konnte jedes dritte Baby, das in Berkeley in einem Zeitraum von 18 Monaten in den Jahren 1928/29 geboren worden war, als potentielle Versuchsperson rekrutieren. Aus den damaligen Untersuchungen stammen wichtige Einsichten in die Entwicklung der frühen Kindheit und ihrer Relation zu Merkmalen des häuslichen Milieus (zu-

---

[2] Nicht unerwähnt bleiben soll, daß eine der wenigen in deutscher Sprache vorliegenden Publikationen (Whitbourne & Weinstock 1982) zu Persönlichkeitsentwicklung im mittleren Erwachsenenalter primär um das Konzept der Identität zentriert ist und Persönlichkeitsentwicklung als Abfolge unterschiedlicher Identitätszustände konzipiert werden. Doch scheint auch hierfür die empirische Basis noch sehr schmal zu sein.

sammenfassend Eichhorn et al. 1981). Mit diesen Personen konnten weitere Längsschnittanalysen bis in das mittlere Erwachsenenalter hinein durchgeführt werden; die Oakland-Stichprobe war zum letzten Erhebungszeitpunkt 50 Jahre, die Berkeley-Stichprobe 40 Jahre alt. Für die Erfassung von Persönlichkeitsveränderungen wurde zu 4 Meßzeitpunkten das Q-Sort (bestehend aus 90 Items auf Adjektivniveau) zur Systematisierung unterschiedlichster Interview- und Beobachtungsdaten eingesetzt. Auf der Basis dieses Materials wurden über den Untersuchungszeitraum hinweg drei verschiedene Entwicklungsmuster bestimmt, nämlich ,,unaltered sameness", ,,ordered transposition" und ,,experiential change" (vgl. Haan & Day 1974).[3]

Das erste Entwicklungsmuster scheint für die Mehrzahl der Einzelvariablen nachweisbar, u. a. für solche Variablen, die indikativ für Modi der Selbstdarstellung (selbstzufrieden, charmant, gesprächig usw.) sein sollen. Das zweite Entwicklungsmuster zeigt sich u. a. in einer Zunahme der ,,philosophischen Orientierung" und in einer Abnahme der Geselligkeit. Das dritte Entwicklungsmuster schließlich zeigt sich neben individuellen Positionsveränderungen u. a. in einer Abnahme von Schuldgefühlen (insbesondere zwischen dem frühen und mittleren Erwachsenenalter) und einer Zunahme in der Einschätzung als ,,einsichtsvoll". Angesichts der Fülle von Einzeldaten, aber auch z. T. deutlicher Geschlechtsunterschiede in den Persönlichkeitsveränderungen ist eine konhärente Darstellung der Untersuchungsbefunde schwierig: Die Autoren interpretieren ihre Daten zusammenfassend dahingehend, daß die Entwicklung zwischen der frühen Adoleszenz bis zum mittleren Erwachsenenalter durch eine Zunahme an subjektivem Wohlbefinden und an Sicherheit in der Selbstdefinition gekennzeichnet sei, so daß sich das mittlere Erwachsenenalter (40 bzw. 50 Jahre) als ein Stadium darstelle, welches als ,,achieved, progressed, equilibrated" zu charakterisieren sei (vgl. Haan & Day 1974, S. 35).

Weitere Evidenz zur Veränderung von Persönlichkeitsmerkmalen im Erwachsenenalter entstammt der Untersuchung, die an den Eltern der Berkeley-Kinder durchgeführt wurde. Diese waren zum ersten Meßzeitpunkt etwa um die 30 Jahre alt und wurden im Alter von etwa 70 Jahren noch einmal mittels eines standardisierten Interviews befragt (zusammenfassend Maas & Kuypers 1975). Aus diesem Datenmaterial extrahierten die Autoren insgesamt zehn unterschiedliche ,,Lebensstile"

---

[3] ,,Unaltered sameness" soll umschreiben, daß sich weder der individuelle Rangplatz verändert hat noch Mittelwertsunterschiede auf dem Gruppenniveau beobachtbar sind; ,,ordered transpositions" umschreibt Merkmalsveränderungen unter Beibehaltung der individuellen Positionsstabilität; ,,experiental change" umschreibt Veränderungen in den individuellen Rangplätzen wie auch im Gruppenmittelwert.

(sechs zur Charakterisierung der weiblichen und vier zur Charakterisierung der männlichen Untersuchungsteilnehmer).

Bei den Frauen konnte z.T. ein großer Wandel in ihrem Lebensstil zwischen den beiden Meßzeitpunkten beobachtet werden, wobei die größten Veränderungen für die ,,arbeitszentrierten" Mütter berichtet wurden. Diese waren im Alter von 30 Jahren durch eine große Unzufriedenheit mit ihrer ökonomischen und ehelichen Situation gekennzeichnet, doch hatten sich ihre Belastungen im Laufe des Alters reduziert, und sie hatten, nicht zuletzt nach dem Tode des Ehemannes, einen völlig neuen und offensichtlich als sehr positiv empfundenen Lebensstil gefunden. Die Gruppe der ,,ehezentrierten" Frauen hingegen schien über den Untersuchungszeitraum hinweg sehr viel geringere Veränderungen zu zeigen. Die männliche Teilpopulation zeigte gleichfalls eine sehr hohe Stabilität; ,,familienzentrierte" Väter behielten diese Orientierung über die Zeit hinweg bei, wie auch die Gruppe der ,,relativ unengagierten" Männer ihren Lebensstil aufrechtzuerhalten schien.

Neben der Identifikation von Lebensstilen versuchten die Autoren, Persönlichkeitscharakteristika zu ordnen (vier Cluster wurden für die weibliche und drei Cluster für die männliche Population gebildet). Bezogen auf diese Merkmale zeigte sich nun ein umgekehrtes Befundmuster, d.h. die Männer zeigten höhere Veränderungen als die Frauen. So schien die Gruppe der als ,,aktiv und kompetent" beschriebenen Männer im Alter von 30 Jahren nervös, reizbar, gespannt und wenig kontrolliert, während sie im Alter von 70 Jahren als ,,liebevoll", ,,unterstützend" und ,,umgänglich" erschien.

Die Autoren stellen zusammenfassend fest, daß für die große Mehrzahl ihrer Untersuchungsteilnehmer die Veränderungen zwischen der Altersperiode um die 30 Jahre und der um die 70 Jahre keineswegs im Sinne einer Abwärtsbewegung verlaufen. Vielmehr seien ihre Probanden auch beim zweiten Meßzeitpunkt in eine Vielzahl unterschiedlicher Aktivitäten involviert gewesen, hätten gute Bewältigungsfertigkeiten erkennen lassen und ein ausgefülltes Leben geführt. Für jene kleine Teilpopulation, die aufgrund ihrer Persönlichkeitsmerkmale und Lebensstile eher als ,,problematisch" klassifiziert worden war, ließ sich erkennen, daß es sich dabei nicht um ein Phänomen des Alters handelte, sondern daß sich bestimmte Auffälligkeiten bereits zum ersten Meßpunkt manifestiert oder zumindest angedeutet hatten.

In den letzten Jahren wurde in mehreren Publikationen über eine andere Längsschnittstudie zur Persönlichkeitsentwicklung im Erwachsenenalter berichtet, für die nunmehr auch erste Ergebnisse vorliegen (vgl. Costa & McCrae 1980).

Diese Studie hat ihren Ursprung in der Baltimore Longitudinal Study of Aging, die 1958 gestartet worden war und über 20 Jahre lang mit einem Intervallzeitraum von etwa zwei Jahren jeweils an einer Population von ca. 2000 Männern im Alter zwischen 20 und 80 Jahre Daten gewonnen hatte (vgl. Costa et al. 1983). Neben der Erfassung von Intelligenztestleistungen, Einstellungen, Wahrnehmungsleistungen usw. wurde in dieser Studie insbesondere die Frage der Persönlichkeitsentwicklung verfolgt; hierbei wird ein neo-traitorientiertes Persönlichkeitsmodell zugrunde gelegt und Persönlichkeit durch drei globale Dimensionen (Neurotizismus, Extraversion und Offenheit für Erfahrung) umschrieben. Jede dieser Dimensionen repräsentiert ein Cluster von Traits im Sinne generalisierter Dispositionen für bestimmte Arten des Denkens, Fühlens und Verhaltens. Das Persönlichkeitsmodell wurde auf der Grundlage vieler faktorenanalytischer Untersuchungen mit gängigen Fragebogenverfahren der Persönlichkeitsmessung (z. B. 16PF-Test, vgl. Costa et al. 1983) entwickelt. Im Gegensatz zu früheren Faktorenmodellen der Persönlichkeit erscheint hier die dritte Dimension ,,Offenheit für Erfahrung" als neuer eigenständiger Faktor höherer Ordnung. Neben dem Versuch, die Konstruktvalidität dieser Faktoren nachzuweisen, besteht die eigentliche Zielsetzung der Studien darin, die Veränderungen in diesen Merkmalen längsschnittlich zu überprüfen.

Wie Costa und McCrae (1980) berichten, gilt als das wesentliche Ergebnis ihrer Studien, daß die Entwicklung der Erwachsenenpersönlichkeit weit eher durch Kontinuität denn durch Veränderung gekennzeichnet ist. Die Stabilitätskoeffizienten, bezogen auf einen Intervallzeitraum von zehn Jahren, liegen für Neurotizismus zwischen .58 und .69 und für Extraversion zwischen .70 und .84 für drei Altersgruppen; bezogen auf die dritte Dimension (Offenheit für Erfahrung) liegen die entsprechenden Koeffizienten für zwei Skalen bei .44 bzw. .63. Für das in der Baltimorestudie ursprünglich auch eingesetzte Verfahren (Guilford-Zimmerman-Temperament Survey) wurden für einen Intervallzeitraum von zwölf Jahren für die männliche Population im Alter zwischen 17 und 85 Jahren sogar Stabilitätskoeffizienten ermittelt, die durchschnittlich bei .73 liegen und damit sogar die Ein-Jahres-Retestreliabilitäten dieses Fragebogens übersteigen (vgl. Costa et al. 1980). Auch unter Einsatz varianzanalytischer Auswertungsmethoden zeigte sich, daß es für die Gruppe der Männer im Alter zwischen 25 und 82 Jahren weder signifikante Alterseffekte noch Meßzeitpunktseffekte bezogen auf die Dimension ,,Neurotizismus" gibt. Für den Bereich ,,Extraversion" scheint die Befundlage nicht ganz eindeutig. Sowohl Altersdifferenzen wie auch längsschnittlich erfaßte Veränderungen scheinen eher in Richtung auf eine Zunahme von Introversion zu deuten, wobei dieser Trend zwar statistisch bedeutsam, insgesamt aber eher gering ist. Für die dritte Dimension ,,Offenheit für Erfahrung" liegen noch keine längsschnittlichen Befunde vor; die Subskalen des 16PF-Tests, die hierfür indikativ sind, erbrachten in cross-sektionalen Untersuchungen keine signifikanten Altersdifferenzen. Schließlich wurde in der Studie auch überprüft, inwieweit strukturelle Veränderungen erkennbar sind. Dabei zeigt sich, daß für alle drei Persönlichkeitsdimensionen altersinvariante faktorielle Ladungsmuster aufgetreten sind.

„Klassische" Längsschnittstudien zum Erwachsenenalter stellen auch die beiden Duke Longitudinal Studies (zum Überlick Siegler 1983) dar.

Die erste wurde 1954 begonnen und war darauf angelegt, Veränderungen im Elektroenzephalogramm als Aspekt des „normalen Alternsprozesses" zu erfassen (neben anderen relevanten medizinischen und psychologischen Indikatoren). Sie umfaßte insgesamt elf Meßzeitpunkte über einen Zeitraum von 20 Jahren und den Altersbereich zwischen 59 bis 94 Jahre (t_1) bzw. 76 bis 102 Jahre (t_{11}). Die zweite Studie wurde 1965 begonnen; sie umfaßte vier Meßzeitpunkte über einen Zeitraum von etwa zehn Jahren und bezog zwölf Kohorten (jeweils im Zwei-Jahres-Abstand) im Alter zwischen 46 und 69 Jahren zum ersten Meßzeitpunkt ein. Dadurch konnte ein sequentielles Design realisiert werden. Im Zentrum der Analyse dieser zweiten Studie standen Persönlichkeitsmerkmale (z. B. erfaßt über den 16PF-Test), daneben auch die Variable „Locus of Control", Indikatoren der Lebenszufriedenheit, Selbstkonzeptvariablen und eine Reihe anderer Merkmale im Umfeld von Übergangsperioden (Streßreaktionen, Gesundheitsvariablen, usw.).

Auch hier zeigen die Persönlichkeitsvariablen eine beachtliche Stabilität, wobei über die Einzelvariablen hinweg am deutlichsten die Stabilität der Geschlechtsunterschiede war, die weder mit dem Alter/Kohorte noch mit der Zeit variierten.

Auch die Werte für Kontrollüberzeugungen zeigen beachtliche Stabilitäten, die in ihrer Höhe nahe an den Stabilitäten für verbale Intelligenz liegen und wiederum deutlich höher sind als die Werte für Affektbalance. Insgesamt zeigt also auch diese Studie ein Höchstmaß an Stabilität in den erfaßten Persönlichkeitsvariablen, d. h. weder aus dem cross-sektionalen Vergleich noch in der longitudinalen Analyse lassen sich Hinweise auf substantielle Persönlichkeitsveränderungen gewinnen. Für die meisten Variablen erscheint eher das Geschlecht denn das Alter als das entscheidende Datum; eine Stabilisierung von Geschlechtsdifferenzen im Sinne der traditionellen Rollenmuster scheint den Autoren zufolge auch angesichts der unterschiedlichen Lebenserfahrung und Lebensbereiche von Männern und Frauen dieser Geburtenjahrgänge naheliegend.

Die bislang erwähnten Studien waren in dem Punkt vergleichbar, daß sie alle an Traitkonzeptionen der Persönlichkeit orientiert waren und daß die berichteten Stabilitäten gleichsam Ausdruck dieser Persönlichkeitsmodelle und der spezifischen Operationalisierung sind (vgl. Mischel 1973). Costa und McCrae (1980) betonen, daß trotz der beobachteten Stabilität Altersveränderungen in spezifischen Verhaltensklassen denkbar sind. Dann allerdings eher in dem Sinne, daß Traits in unterschiedlichen Altersstadien durch unterschiedliche Manifestationen auf der Verhaltensebene gekennzeichnet sind, ohne daß die zugrundeliegend gedachten überdauernden Verhaltenstendenzen und -charakteristika als verändert betrachtet werden müßten.

Gleichwohl scheint es angezeigt, auch solche Persönlichkeitsvariablen in ihrer Veränderung zu analysieren, die eher an eine „kognitive Persönlichkeitstheorie" (sensu Thomae 1970, Mischel 1973) angelehnt sind.

Dies wurde z. B. im Rahmen der Bonner Gerontologischen Längsschnittstudie (zusammenfassend Thomae 1976, Schmitz-Scherzer & Thomae 1983) sowie in unserer eigenen Untersuchung zur Entwicklungspsychologie des Erwachsenenalters (Filipp et al. 1980) versucht.[4] Während die Bonner Studie einen holistischen Zugang wählte, d. h. eine Vielzahl höchst unterschiedlicher Merkmale der Person, ihrer Lebensgeschichte und sozialen Situation erfaßte und dementsprechend heterogenes Befundmaterial vorliegt, haben wir uns in unserer Studie darauf beschränkt, die differentielle Stabilität in Traitmaßen der Persönlichkeit einerseits (erfaßt über die „Personality Research Form“, vgl. Stumpf et al. 1985) im Vergleich zu der Stabilität für ausgewählte handlungsleitende Kognitionen andererseits (z. B. Hoffnungslosigkeit, Selbstaufmerksamkeit, Selbstwertgefühl) zu erfassen. Erwartungsgemäß sollten erstere höhere Stabilitäten im Längsschnitt aufweisen als letztere. Diese Annahme konnte nicht bestätigt werden – vielmehr zeigen auch Maße für Selbstaufmerksamkeit, Selbstwertgefühl, Selbstkonzeptvariablen über den untersuchten Zeitraum von ca. drei Jahren hohe Stabilitäten – und dies darüber hinaus bei allen fünf untersuchten Geburtsjahrgängen, die zum letzten Meßzeitpunkt 38, 48, 58, 72 und 78 Jahre alt waren (hierzu Filipp & Klauer 1986).

Zu den eben genannten Zugängen scheint es eine vielversprechende (und sogar ökonomische) Alternative, Gesetzmäßigkeiten der Persönlichkeitsentwicklung im Erwachsenenalter aus der Analyse der subjektiven Wahrnehmung von Veränderungen der eigenen Person abzuleiten.

In einer Reihe von Studien hat Ryff (1982, zum Überblick Ryff 1984) die „Innenperspektive“ von Entwicklungsveränderungen zu ergründen und die Dimensionen, auf denen Veränderungen der eigenen Person perzipiert werden, zu identifizieren versucht. Dabei ergaben sich Hinweise auf entwicklungsmäßigen Wandel wie auf Stabilität. Ryff und Baltes (1976) untersuchten subjektive Veränderungen in personalen Wertsystemen an zwei Altersgruppen erwachsener weiblicher Probanden und kamen zu dem Ergebnis, daß mit dem Übergang vom mittleren zum höheren Erwachsenenalter die relative Dominanz finaler gegenüber instrumentellen Werthaltungen anstieg. In einer weiteren Studie (Ryff & Heincke 1983) konnten Veränderungshypothesen für die aus verschiedenen Entwicklungstheorien abgeleiteten Persönlichkeitsdimensionen wie „Generativität“, „Integrität“ und „Inferiorität“ in verschiedenen Wechselwirkungszusammenhängen mit dem kalendarischen Alter der

[4] Die Kernfragestellung unseres Projektes war die Suche danach, welchen relativen Beitrag die Konfrontation und Auseinandersetzung mit bedeutsamen Lebensereignissen im Untersuchungszeitraum für die Erklärung von Persönlichkeitsveränderungen leistet. Angesichts der hohen Stabilitäten in den einzelnen Persönlichkeitsvariablen erscheint die Ausgangsfragestellung in einem neuen Licht.

untersuchten Probanden bestätigt werden. Bei mutmaßlich veränderungs*intensiven* Merkmalsdimensionen (z.B. ,,Impulsivität") konnten auch in der Wahrnehmung der Probanden keine Entwicklungsveränderungen gefunden werden. Insgesamt deuten diese Studien nachdrücklich darauf hin, daß das Veränderungsbewußtsein des sich entwickelnden Individuums eine von künftiger Forschung nicht zu vernachlässigende Quelle entwicklungspsychologischen Wissens darstellt (hierzu auch Woodruff und Birren 1972).

4. Abschließende Bemerkungen

Wie die vorangegangenen Ausführungen gezeigt haben, ist das mittlere und höhere Erwachsenenalter dadurch gekennzeichnet, daß wir sowohl Aufbau und Abbau wie auch Konstanz und Stabilität beobachten können. Altern ist also nicht ein eindimensionaler und einseitig gerichteter Prozeß. Bei Betrachtung der Unterschiede zwischen Menschen im Zeitpunkt, im Ausmaß und in der Richtung der Entwicklungsveränderungen, die sie kennzeichnen, entsteht der Eindruck, daß das kalendarische Alter sehr wenig darüber aussagt, was ein alter Mensch noch zu leisten imstande ist, welche Verhaltenstendenzen und -vorlieben er hat und wie er sein Leben bewältigt. Trotz vielfältiger Studien, in denen Prozesse des ,,normalen Alterns" untersucht werden sollten, kann man aufgrund der Vielfalt von Forschungsergebnissen heute wohl feststellen, daß es so etwas wie ,,normales Altern" in mancher Hinsicht gar nicht gibt. Selbst Vorgänge, die aus biologischer Sicht beschreibbar sein sollen, weisen noch eine hohe Variabilität zwischen Menschen und eine hohe Plastizität im intraindividuellen Wandel auf. Um so deutlicher unterscheiden sich dann jene Entwicklungsvorgänge von Person zu Person, bezüglich derer die relativen Entwicklungsbeiträge erfahrungsbedingter Faktoren als hoch veranschlagt werden müssen.

Daß in bezug auf das mittlere und höhere Erwachsenenalter noch eine Vielzahl von Problemen offengeblieben ist und vieles noch unerforscht erscheint, kann nicht daran liegen, daß das Erwachsenenalter aus entwicklungspsychologischer Sicht uninteressant wäre; vielmehr sind hier auch forschungspraktische Gründe mitverantwortlich: eine Population erwachsener Personen als ,,Versuchspersonen" zu gewinnen, um die noch ausstehenden entwicklungspsychologischen Fragen beantworten zu können, scheint bis heute noch sehr viel schwieriger zu realisieren sein, als kinderpsychologische Forschung zu betreiben.

Teil III

Entwicklung einzelner Funktionsbereiche

Kapitel 8

Die geistige Entwicklung aus der Sicht Jean Piagets

Leo Montada

Kapitel 9

Begriffs- und Bedeutungsentwicklung

Thomas Bernhard Seiler und Wolfgang Wannenmacher

Kapitel 10

Zur Entwicklung des Problemlösens

Walter Hussy

Kapitel 11

Gedächtnis und Wissen

Rolf Oerter und Martin Schuster-Oeltzschner

Kapitel 12

Sprachentwicklung: Voraussetzungen, Phasen und theoretische Interpretationen

Hannelore Grimm

Kapitel 13

Entwicklung der Motivation und Handlungssteuerung

Rolf Oerter

Kapitel 14

Soziale Kognition Entwicklung von sozialem Wissen und Verstehen

Rainer K. Silbereisen

Kapitel 15

Entwicklung der Moral

Leo Montada

Kapitel 8

Die geistige Entwicklung aus der Sicht Jean Piagets

Leo Montada

1. Einführung

Die philosophische Erkenntnistheorie sucht nach Antworten auf die Fragen nach den Voraussetzungen und Methoden des Erkennens, nach ihrer Gültigkeit, nach ihren Grenzen. Alle Erkenntnistheorien machen Annahmen über psychologische Prozesse wie Wahrnehmen, Erinnern, Begriffsbildung, Urteilen und Schlußfolgern. Warum sollte man sich, fragte Piaget Anfang der 20er Jahre dieses Jahrhunderts, mit einer spekulativen oder intuitiven Psychologie begnügen, wenn diese Erkenntnis-Prozesse selbst zum Gegenstand erfahrungswissenschaftlicher Forschung gemacht werden können?

Es war Piagets Überzeugung, daß die entwicklungspsychologische Forschung besonders aufschlußreich sein würde (Piaget 1970b). Alle psychologischen Voraussetzungen des Erkennens haben eine Entwicklung: z. B. die sinnliche Wahrnehmung, die Kategorien Raum und Zeit, die Mengen- und Zahlkonzepte, die logischen Verknüpfungen, die Strategien der Induktion und Deduktion, die Kausalitätskonzepte. Alle entwickeln sich in Etappen mit deutlich unterscheidbaren Niveaus der Leistung. Das Kind erkennt anders und auf andere Weise als der Jugendliche oder der Erwachsene; der Wissenschaftler verfügt über andere Methoden der Erkenntnisgewinnung als der Laie.

2. Vier Hauptstadien der geistigen Entwicklung

Piaget war von den Denkfehlern der Kinder fasziniert, weil sie eine bestimmte Form oder Struktur des Denkens erkennen lassen. Besonders eindrucksvoll sind die Fehler in der Periode zwischen dem zweiten Lebensjahr und dem Schuleintritt. Das Kind kann sich bereits sprachlich äußern. Man kann aus seinen sprachlichen Äußerungen die Art seines Denkens, seine Einsichten in Probleme, seine Sicht von der Welt, von seinen Mitmenschen und von sich selbst erschließen. Diese Periode bezeichnet Piaget als das *Stadium des voroperatorischen, anschaulichen Denkens.* Auf eine Differenzierung dieses Stadiums wird hier verzichtet.

Diesem Stadium geht eine *sensumotorische Entwicklung* und die *Entwicklung der Darstellungsfunktionen,* zu welchen auch die Sprache zählt, voraus.

Das voroperatorische Denken wird abgelöst vom *Stadium der konkreten Operation.* Etwa vom 10. Lebensjahr an entfaltet sich das *Stadium der formalen Operationen,* das einen Endpunkt der geistigen Entwicklung darstellt.

Sensumotorische Entwicklung

Piaget sah seine Lebensaufgabe darin, die höchsten Erkenntnisleistungen des Menschen durch die Analyse ihrer Genese mit den Anfängen zu verknüpfen. In der sensumotorischen Entwicklung während der ersten zwei Lebensjahre suchte er nach den Wurzeln des Denkens (verstanden als innerliches Handeln und Umgehen mit innerlich repräsentierten Gegenständen).

Seine These ist, daß es intelligente Auseinandersetzungen mit der Umwelt gibt, bevor Denken im Sinne des inneren Operierens mit Vorstellungen, Symbolen oder sprachlichen Zeichen möglich ist. Er beschreibt einige Marksteine dieser Entwicklung, wobei er sechs Stufen unterscheidet.

Sechs Stadien der sensumotorischen Entwicklung

1. Stufe: Übung angeborener Reflexmechanismen. Schon bei der Geburt ist der Säugling mit einer Anzahl funktionsbereiter Reflexmechanismen ausgerüstet (z.B. Saug-, Greif-, Schluckreflex usw.). Er kann Dinge anschauen, neue Reize von gewohnten unterscheiden, Geräuschen lauschen, lächeln, sich zu- und abwenden usw. (vgl. Kap. 3). Das angeborene Verhaltensrepertoire wird auf dieser ersten Stufe geübt. Üben führt zur Konsolidierung der gegebenen Schemata und zu deren Anpassung an die Umwelt, also bereits zu ihrer Differenzierung: Das Saugen an der

Mutterbrust ist etwas anderes als das Saugen an der Flasche und am Daumen; das Saugen zur Nahrungsaufnahme ist zu unterscheiden vom spielerischen Saugen usw.

2. Stufe: Primäre Kreisreaktionen. Eine Handlung, die zu einem angenehmen Ergebnis geführt hat, wird wiederholt. Die ersten Fähigkeiten und Gewohnheiten bilden sich aus. Ist es dem Säugling zufällig gelungen, eine Kinderrassel zu greifen, so wird er das viele Male tun. Ein Säugling schaut farbige oder interessante Muster immer wieder an. Handlungsschemata, wie Saugen, Greifen, einen Gegenstand anblicken, werden auf immer mehr Gegenstände und weitere Umweltbezirke angewandt. Dies nennt Piaget in Anlehnung an biologische Prozesse die generalisierende Assimilation, ,,Einverleibung", von Umweltgegebenheiten in die eigenen ,,Handlungsorgane".

3. Stufe: Sekundäre Kreisreaktionen. Diese Stufe ist durch eine Differenzierung zwischen Mittel und Zweck gekennzeichnet. Der Säugling entdeckt nun, daß eine bestimmte Handlungsweise immer wieder zu einem Ergebnis führt, daß sie ein Mittel zur Erreichung eines bestimmten Zweckes ist.

Hellgard Rauh (1974, S. 239) illustriert diese Stufe wie folgt: ,,Etwa ab dem vierten Lebensmonat kann man bei Kindern feststellen, daß sie z. B. nicht mehr strampeln, weil ihnen das Strampeln selbst Freude macht, daß sie also das Handlungsschema nicht mehr aus reiner Funktionslust anwenden. Zufällig stellen sie einen Effekt dieser Handlung fest, z. B. das Klingeln vom Glöckchen am Bett, und sie wiederholen daraufhin ihre Handlung, um den Effekt noch einmal auszulösen oder ihn zumindest andauern zu lassen. Handlung und Effekt werden miteinander verbunden; doch bleibt es manchen Babies lange unklar, was zuerst kommen muß, die Handlung oder die Wirkung. Sie strampeln nicht nur, um das Glöckchen in Bewegung zu setzen, sondern das Klingeln des Glöckchens löst auch ihr Strampeln aus. In einem dritten Entwicklungsschritt variiert es sein Strampeln: Es strampelt mal heftig, mal sachte, nur mit einem oder mit beiden Beinen und beobachtet beinahe fasziniert die Variationen in den Wirkungen, dem Klingeln der Glöckchen." Die dritte Form entspricht bereits den tertiären Kreisreaktionen (Stufe 5), der Entdeckung neuer Handlungsschemata durch aktives Experimentieren.

4. Stufe: Die Koordinierung der erworbenen Handlungsschemata und ihre Anwendung auf neue Situationen. Typisch für diese Stufe ist die systematische Anwendung mehrerer Handlungsschemata auf den gleichen Gegenstand. Ein Bauklötzchen wird betrachtet, geschüttelt, geklopft, geworfen, in den Mund gesteckt usw. Das Kind verhält sich so, als wolle es ausprobieren, wozu ein Gegenstand gut sei. Dadurch differenzieren sich die Handlungsschemata weiter, sie werden den Gegenständen angepaßt. Gleichzeitig koordinieren sich verschiedene Schemata: z. B. Greifen und Werfen (was ein Loslassen voraussetzt), Hinkrabbeln, Greifen, An-den-Mund-Führen und Beißen.

5. Stufe: Tertiäre Kreisreaktionen: Die Entdeckung neuer Handlungsschemata durch aktives Experimentieren. Das Kind findet nun durch die Koordination von Handlungsschemata zuweilen originelle Mittel, um sich neuen Situationen anzupassen. So mag es die Tischdecke heranziehen, um an ein außer seiner Reichweite auf der Decke liegendes Spielzeug zu gelangen. Es probiert systematisch verschiedene Möglichkeiten aus, einen Ball zu werfen: mit einer Hand, mit beiden Händen, aus geringer Höhe, aus großer Höhe, usw.

6. Stufe: Übergang vom sensumotorischen Intelligenzakt zur Vorstellung. Spätestens in der Mitte des zweiten Lebensjahres kann ein Kind offenbar in der Vorstellung die Ergebnisse seiner Handlungen antizipieren. Die Sicherheit des Kindes, ein bestimmtes Ergebnis zu erreichen, drückt sich unter anderem auch mimisch aus. Dieses plötzliche Verstehen hat Karl Bühler treffend als „Aha-Erlebnis" bezeichnet. Praktisches Probieren ist nicht mehr notwendig. Handlungen scheinen innerlich vollzogen zu werden. Diese *Verinnerlichung von Handlungen* charakterisiert den Übergang zum Denken.

Die sensumotorische Entwicklung des Menschen ist mit diesen von Piaget beschriebenen Etappen noch nicht abgeschlossen. Man denke nur an den Erwerb von Kulturtechniken wie Fahrrad- oder Rollschuhfahren, an handwerkliche Tätigkeiten oder andere spezialisierte Fertigkeiten. Diese Entwicklung verläuft teils parallel, teils aber auch in Verschränkung mit der Entwicklung von Erkenntnissen und dem Aufbau von Wissen.

Schöne Beispiele für das Zusammenspiel von Fertigkeiten und Erkenntnissen liefern jene Beobachtungen, die eine Verbesserung der sensumotorischen Leistung durch Einsicht in Regeln demonstrieren. So sollte der Billardspieler zusätzlich zu der sensumotorischen Stockführung die Reflexionsregeln (Einfallswinkel = Ausfallswinkel) kennen. Wissen um die Flugbahn erhöht neben der sensumotorischen Beherrschung von Pfeil und Bogen die Treffsicherheit des Bogenschützen. Viele sportliche Fertigkeiten, wie z. B. der Skilauf, werden über bestimmte Verhaltensregeln („Talski belasten! Bergschulter vor!" u. a.) vermittelt, bis die sensumotorischen Fertigkeiten automatisiert sind (Volpert 1981).

Piaget begnügte sich mit der Beschreibung des sensumotorischen Vorspiels der geistigen Auseinandersetzung mit der Welt, sozusagen des „Erwachens der Intelligenz" (Piaget 1969a).

Entwicklung der Darstellungs- oder Symbolfunktion in der frühen Kindheit

Die sechste Stufe ist durch die innere Repräsentation von Handlungen und ihren Gegenständen gekennzeichnet. Dies ist eine neue Qualität. Piaget hat aber Beobachtungen zusammengetragen, die wichtige Etap-

Jean Piaget
(1896–1980)

pen dieses Verinnerlichungsprozesses markieren, den er als Entwicklung einer Repräsentations- oder Symbolfunktion beschreibt (Piaget 1969b).

Objektpermanz: Einen ersten Markstein sieht Piaget im Erreichen der sogenannten Objektpermanenz. Etwa zwischen dem sechsten und achten Lebensmonat entdecken die Kinder, daß ein Gegenstand auch dann noch weiter existiert, wenn man ihn nicht mehr sieht. Zeigt man zuvor den Kindern ein interessantes Objekt, so schauen sie es an, greifen danach usw. Versteckt man dieses Objekt vor den Augen des Kindes unter einem Kissen, scheint es seine Existenz zu verlieren: „Aus den Augen, aus dem Sinn". Erst zwischen dem sechsten und siebten Lebensmonat beginnen Kinder aktiv nach einem versteckten Gegenstand zu suchen, was nach Piaget anzeigt, daß sie eine innere Repräsentation dieses Gegenstandes haben: Sucht man nach einem Gegenstand, so muß er als Suchziel innerlich repräsentiert sein (siehe Kap. 3, S. 167–172).

Nachahmungsverhalten: Das Beobachten einer Handlung bei einem anderen kann nur dann zu einer Nachahmung führen, wenn die Beobachtung innerlich als Modell, sei dieses nun fehlerhaft oder korrekt, repräsentiert wird. Für Piaget ist insbesondere die zeitlich verzögerte Nachahmung ein Indiz für den Aufbau einer inneren Repräsentation des beobachteten Verhaltens. Viele Handlungen und Ereignisse, die das Kind beobachtet, sind zu komplex, als daß es sie innerlich repräsentieren könnte, es kann sie dann auch nicht nachahmen. Dies ist in allen späteren Lebensperioden nicht anders: Ein dreijähriges Kind ist nicht in der Lage, einen Satz, etwa einen Passivsatz, nachzusprechen, dessen grammatische Struktur es noch nicht aufgebaut hat (vgl. Kap. 12). Es kann diesen Satz nicht repräsentieren, also auch nicht reproduzieren. Auch Erwachsene können nur jene Handlungen nachahmen, die ihren eigenen Kompetenzen nicht zu weit vorgreifen.

Symbolhandlungen: Eine dritte Linie der sukzessiven Entwicklung einer Repräsentationsfunktion verfolgt Piaget in jenen Aktivitäten, die eine Darstellung einer Handlung beinhalten. Schlüsselbeobachtungen sind etwa folgende: ,,Mit 0;10[1)] bis 0;11 brachte das Öffnen und Schließen meiner Augen keine Reaktionen bei L. Mit 0;11(5) aber, als ich die Augen schloß und öffnete, öffnete und schloß sie ihre Hand, langsam und systematisch. Dann, ebenfalls systematisch und langsam, öffnete und schloß sie den Mund (...)" (Piaget 1969b, S. 60f.). Dies ist eine symbolische Darstellung des Öffnens und Schließens der Augen.

Ein anderes Beispiel liefert J., die das Öffnen und Schließen einer Streichholzschachtel beobachtet. Als sie will, daß die Streichholzschachtel sich wieder öffnet, öffnet und schließt sie statt dessen den Mund.

Bei manchen spielerischen Handlungen des ersten Lebensjahres läßt sich eine Darstellungsabsicht deutlich erkennen: z.B. wenn das Kind ,,Schlafen" spielt und am hellichten Tag ein Kissen nimmt und kurze Zeit den Kopf darauf legt, oder wenn es, statt zu essen, nur entsprechende Mundbewegungen macht.

Die Verinnerlichung taucht also nicht erst schlagartig auf der sechsten Stufe auf, wenn das Lösen von Problemen im Kopf und antizipatorische Lösungen möglich werden. Sie hat Vorläufer, sie hat eine Entwicklung, die allerdings in ihren einzelnen Etappen weniger präzise beschrieben ist. Auch die Sprache in ihrer Repräsentationsfunktion wird so funktional vorbereitet.

Die Repräsentationsfunktion kann sich verschiedener Medien bedienen. Man kann etwas durch Handlung darstellen, durch bildhafte Symbole und durch Sprache (Bruner 1964). Die Darstellung in allen diesen Medien entwickelt sich weiter; die ersten Leistungen sind schon in der frühen Kindheit nachweisbar.

Voroperatorisches, anschauliches Denken

Wir werden jeweils anhand einiger Beispiele die wichtigsten Charakteristiken des voroperatorischen Denkens herausarbeiten.

Unangemessene Generalisierungen

Wir wählen exemplarisch einige Beobachtungen über die Genese des Weltbildes und der Kausalerklärungen, die in Nachahmung, Spiel und Traum (Piaget 1969b) geschildert sind.

1) Piaget gibt immer das Lebensjahr und durch Semikolon getrennt den Monat der Beobachtung an.

Mit 4;6 sagt J.: „Die Wolken gehen sehr langsam, weil sie keine Füße und Beine haben: Sie machen sich lang wie Würmer und die Raupen, daher gehen sie so langsam." (S. 317)

Noch mit 6;5 sagt sie, als die Tür des Hühnerstalles vom Wind zugeschlagen wird und sie vor Schreck aufschreit: „Er ist böse, der Wind, er macht uns Angst." „Aber nicht absichtlich?" „Doch absichtlich. Er ist böse, er hat gesagt, daß wir böse wären." „Aber weiß der Wind, was er tut?" „Er weiß, daß er bläst." (S. 317)

Mit 3;6 fragt J. ihre Großmutter, indem sie ihre Augen, ihre Nase usw. berührt: „Wie wird das gemacht, die Großmutter? Hast du dich selbst gemacht?" Danach: „Hat sie sich selbst gemacht? Wer hat sie gemacht?" Einige Tage später: „Wie haben sich die Babys gemacht?" Später: „Wie werden die Kinder gemacht?" (S. 311)

Mit 4;2 auf dem Salève (einem Berg): „Man hat sie dahin getan, die Felsen. Das sind sehr starke Leute, die sie hingesetzt haben." „Hätte ich es gekonnt, ich?" „Nein, du nicht, aber sehr starke Leute. Sie (die Felsen) waren zunächst klein, dann sind sie groß geworden." (S. 313)

Mit 4;3: „Das sind kleine Steine, die Berge, die sehr groß geworden sind. Sie sind lange klein geblieben, dann sind sie sehr groß geworden, immer größer. Da war vielleicht einer, der einen kleinen Stein hier hin geworfen hat, und der ist dann zum Salève geworden." (S. 313f.) Später erklärt sie: „Der Wind bewegt sich, weil die Wolken sich bewegen." „Und die Wolken, warum bewegen diese sich?" „Weil der Wind sie treibt." (S. 327)

Beginnen wir mit dem vorletzten Beispiel. Das Kind scheint über ein Konzept des Wachsens oder der Entwicklung zu verfügen. Es wendet diesen Begriff an, um die Entstehung eines Felsmassivs zu erklären. Wie bereits erwähnt, nennt Piaget solche Anwendungen von Konzepten „Assimilationen", Aufnahme eines Gegenstandes in ein geistiges Schema. In diesem Falle führt die Assimilation in die Irre, Steine wachsen nicht. Erfährt das Kind später, daß seine Assimilation fehlerhaft war, differenziert sich seine Weltsicht in Lebendes, das wächst, und „tote" Materie, die sich nicht entwickelt.

Solche fehlerhaften Assimilationen sind auch in anderen Beispielen zu finden. Die Bewegung der Wolken wird an die Fortbewegungsart der Würmer assimiliert, gleichzeitig werden die Wolken als Lebewesen gedeutet. Piaget nennt die Wahrnehmung unbelebter Gegenstände als belebt *animistische Deutungen.* Dem Wind wird in ähnlicher Verallgemeinerung Wille, Motiv oder Intention unterstellt. Er wird auch moralisch abqualifiziert.

Um fehlerhafte Assimilationen handelt es sich, wenn die Existenz von Naturerscheinungen (Steine) aus ihrem Zweck erklärt wird, als ob es sich um menschliche Handlungen handelte *(finalistische Erklärungen):* Steine sind da, damit Häuser gebaut werden können; Bäume sind da, damit sie uns Schatten spenden. Kinder dieses Alters verfügen über Konzepte der Herstellung, der Anfertigung, des Machens. An diese Konzepte assimiliert J., wenn sie fragt, wer die Großmutter oder wer die Babys macht, oder wenn sie vermutet, daß starke Leute den Berg gemacht haben. Piaget spricht in solchen Fällen von *artifizialistischen Naturdeutungen.*

Fehlerhafte Assimilationen sind natürlich auf jeder Entwicklungsstufe möglich. Wir versuchen während des ganzen Lebens, neuartige Probleme an uns bekannte Schemata und Konzepte zu assimilieren, d.h. mit jenen Konzepte zu bewältigen, die uns geläufig sind. Anders aber als der Erwachsene – sofern er sich sachlich und unvoreingenommen um Erkenntnis bemüht – verhält sich das Kind nicht so, als prüfe es mehrere Möglichkeiten oder mehrere Assimilationsschemata (Alternativen). Es redet vielmehr häufig so, als sei das gewiß, was es gerade als Deutung angibt, auch wenn es Minuten vorher etwas anderes behauptet hat.

Charakteristisch sind zirkuläre Erklärungen: „Der Wind bewegt die Wolke, und die Wolke bewegt den Wind.“ Der Erwachsene wird ein Konzept der gegenseitigen Bedingung haben, aber das ist keine zirkuläre Erklärungsweise. J. hat in der beschriebenen Erklärung nicht den Fall der wechselseitigen Bedingung reflektiert. Das Denken ist auf diesem Entwicklungsniveau unidirektional: Wenn das Kind eine Erklärung für die Bewegung der Wolken braucht, sucht es sich eine. Wenn es später eine Erklärung für die Bewegung des Windes braucht, sucht es sich diese. Es ist unwahrscheinlich, daß es diese beiden Erklärungen in einem Gesamtsystem der gegenseitigen Bedingung integriert hat.

Der Egozentrismus des Kindes

Piaget nennt die artifizialistischen, animistischen und finalistischen Erklärungen des Kindes egozentrisch. Den Begriff Egozentrismus verwendet er vielfältig, z.B. auch zur Bezeichnung der Unfähigkeit, sich in die Rolle eines anderen hineinzuversetzen, den Blickwinkel eines anderen einzunehmen oder die eigene aktuelle Sichtweise (Wahrnehmung oder Meinung) als eine unter mehreren Möglichkeiten zu begreifen. Ein Kind dieses Alters hat noch keine Zweifel, ob der Gesprächspartner verstanden hat, was es sagt, es fragt nicht nach. Es weiß nicht, daß der andere die Dinge vielleicht nicht so versteht und sieht, wie es selbst. Es sieht daher auch keine Veranlassung, seine Ansichten zu rechtfertigen und zu begründen.

Dieser kommunikative Egozentrismus wird überwunden durch die Entwicklung von Kompetenzen zur *Perspektiven- und Rollenübernahme.* Das Kind wird zunehmend fähig, die Perspektive anderer zu erkennen und sich in seinem eigenen Handeln und Reden auf die Verständnismöglichkeiten des anderen einzustellen. Die Erzählungen sind dann nicht mehr nur Erzählungen für Eingeweihte; Kommunikation gelingt unter Berücksichtigung der Verständnismöglichkeiten unterschiedlicher Partner (vgl. Kap. 14).

Wir treffen auf Phänomene des Egozentrismus im Wahrnehmungsbereich. Das Kind weiß zunächst nicht, daß es unterschiedliche Ansichten eines Gegenstandes von unterschiedlichen Perspektiven aus gibt. Bekannt ist Piagets ,,Drei-Berge-Versuch".

Versuch: Legen Sie vierjährigen Kindern ein Modell mit drei Bergen vor (*Abb. 8.1*), die sich deutlich unterscheiden. Setzen Sie jedes Kind vor das Modell (in Position 1) und lassen Sie es die Ansicht bestimmen, die es von den drei Bergen hat. Es wird vermutlich diese Aufgabe bewältigen und aus mehreren Zeichnungen oder Fotografien diejenige auswählen, die seiner Sicht entspricht.

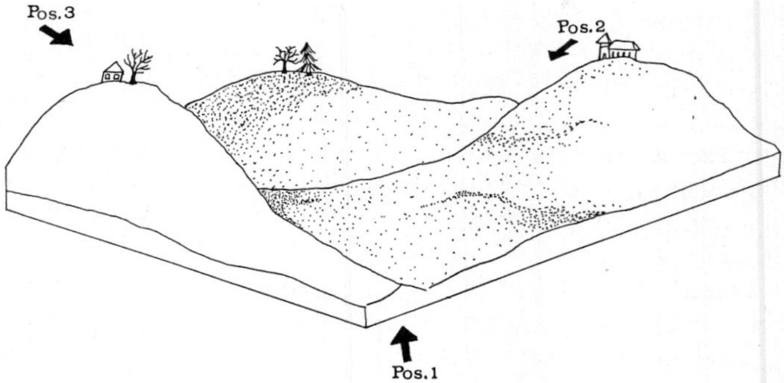

Abb. 8.1 Drei-Berge-Versuch

Nun fragen Sie die Kinder, wie die Berge aus der Sicht eines Betrachters aussehen, der in Position 2 oder in Position 3 sitzt. Die Mehrzahl der Kinder wird die eigene Ansicht der drei Berge auswählen. Daraufhin führen Sie die Kinder in die Position 2 bzw. Position 3, lassen von hier aus die Berge betrachten und die jeweilige Ansicht auswählen, eine Aufgabe, die wiederum geleistet wird. Schließlich führen Sie die Kinder wieder in Position 1 und lassen erneut diejenige Ansicht auswählen, die ein Betrachter aus der Position 2 oder 3 hat, die sie gerade vorher selbst auch bestimmt haben. Mit hoher Wahrscheinlichkeit wird als Lösung wiederum die aktuelle eigene Ansicht aus Position 1 angeboten.

Es ist nicht erstaunlich, daß das Kind die Ansicht eines Betrachters in anderer Position nicht korrekt bestimmen kann; das ist eine recht schwierige Aufgabe. Erstaunlich ist, daß es lange Zeit glaubt, *seine* aktuelle Sichtweise sei *die* Ansicht, nicht eine unter vielen.

Die Überwindung des Egozentrismus wird nach Piaget möglich durch sozialen Austausch, durch Widerspruch und Konflikt der ,,Ansichten", der Erfahrung und Speicherung unterschiedlicher Ansichten. Auch der Erwachsene muß egozentrische Sichtweisen ständig neu überwinden. Man denke z. B. an Selbstverständlichkeiten im sozialen Bereich, an Vorurteile und unreflektierte Ideologien. Die Weiterentwicklung wird im Erwachsenen- wie im Kindesalter angeregt sein durch Austausch von Meinungen, durch Widerspruch, durch Konflikt. Das ist Piagets plausible Hypothese.

Zentrierung auf einen oder wenige Aspekte (Beschränkung des Handlungsfeldes)

Als weiteres grundlegendes Kennzeichen des voroperatorischen Denkens nennt Piaget die Zentrierung der Aufmerksamkeit auf ein Merkmal des Gegenstandes und das Außerachtlassen anderer. Wir begegnen dieser Charakteristik z. B. im Bereich der physikalischen Mengenbegriffe. Das Umschütten einer Flüssigkeit von einem Gefäß in ein anders geformtes Gefäß bedeutet für das kleine Kind eine Veränderung der Menge, weil die Flüssigkeitssäule nicht mehr das gleiche Aussehen hat. Das Kind kann die Dimensionen Höhe und Umfang nicht beide gleichzeitig „ins Auge fassen" und in einem Urteil integrieren.

Versuch: Füllen Sie zwei gleiche Gefäße A und B mit der gleichen Menge einer farbigen Flüssigkeit. Lassen Sie vier- bis fünfjährige Kinder konstatieren, daß in A und B gleich viel „Saft" sei. Sie gießen nun den Inhalt von B in ein schmaleres Gefäß B' (vgl. *Abb. 8.2*) und fragen das Kind, ob B' mehr, weniger oder gleich viel Saft enthalte wie A.

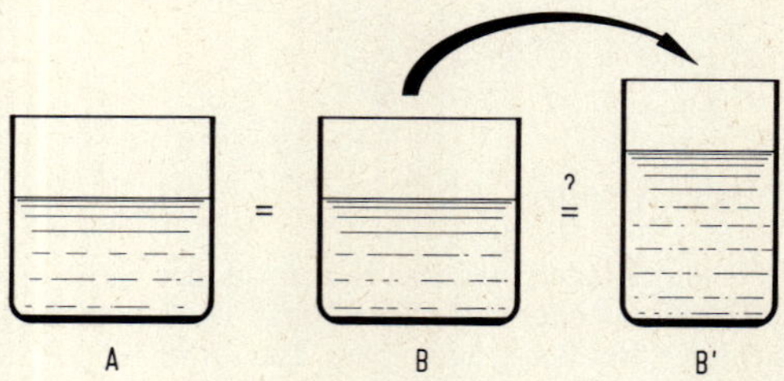

Abb. 8.2 Versuch zur Prüfung der Einsicht in die Invarianz der Menge bei Operationen des Umfüllens.

Die überwiegende Mehrzahl der Kinder wird behaupten, es sei nicht gleich viel. Viele werden sagen, es sei mehr Saft in B', weil das Niveau hier höher ist. Manche werden sagen, es sei weniger, weil das Gefäß schmaler ist. Die Flüssigkeitsmenge wird also nicht als invariant oder konstant bei Formveränderung gesehen.

Auch Anzahl, Gewicht und Volumen werden lange Zeit als veränderlich durch Form- und Anordnungsveränderungen betrachtet (Piaget & Inhelder 1969). Ähnliche Phänomene der Zentrierung auf einen Aspekt haben wir auch in anderen Bereichen, wie z. B. bei den Begriffen Zeitdauer und Alter.

Versuche zu den Konzepten Zeitdauer und Alter: Nehmen Sie zwei Spielzeugautos A und B, markieren Sie eine Startlinie, vereinbaren Sie daraufhin mit einem vierjährigen Kind, es möge sowohl das Startzeichen („los") als auch das Signal zum Halten („stop") geben. Auf „los" starten Sie beide Autos gleichzeitig, auf „stop" halten Sie diese gleichzeitig an. Sie lassen A aber schneller, also in der gegebenen Zeit weiter fahren.

Sie fragen nun das Kind, ob beide Autos eine gleich lange Zeit unterwegs gewesen seien oder nicht. Es wird antworten, daß A länger unterwegs gewesen sei, weil A ja weiter gefahren sei (Piaget 1946).

Unterhalten Sie sich mit Vorschulkindern über das Alter und Sie werden feststellen, daß nicht wenige Alter mit Größe verwechseln und der Meinung sind, sie könnten ihren älteren Bruder auch im Alter überholen. Sie identifizieren also Alter mit einem Merkmal (Größe), das mit Alter in Kindheit und Jugend eine Korrelation aufweist (Piaget 1955).

Zentrierungen finden wir auch bei moralischen Urteilen: Hans möchte seiner Mutter helfen. Unglücklicherweise zerbricht er zehn Tassen. Fritz' Mutter befiehlt, beim Geschirrspülen zu helfen: Fritz, der etwas anderes vorhatte, ärgert sich, nimmt eine Tasse und wirft sie auf den Boden, so daß sie zerbricht. Wer hat größeres Unrecht getan, Hans oder Fritz? Kinder bis zum fünften Lebensjahr zentrieren häufig auf den Handlungsausgang, weshalb Hans moralisch negativer beurteilt wird (Piaget 1954, vgl. auch Kap. 15).

Wir haben auch in den Kategorisierungen des Kindes Zentrierungen zu erwarten.

Versuch zum Kategorisierungsverhalten: Nehmen Sie eine größere Menge unterschiedlicher Objekte, die sich z.B. hinsichtlich Form, Farbe, Material, Funktion, Größe usw. unterscheiden. Wählen Sie nun einen Gegenstand (z.B. einen roten Ball) und bitten Sie vierjährige Kinder, andere Gegenstände auszuwählen, die zu diesem Gegenstand „passen".

Sie werden u.a. folgendes beobachten können. Ein Kind wählt beispielsweise zunächst einen gelben Ball aus („weil es auch ein Ball ist"), danach ein grünes Spielzeugauto („weil man damit auch spielen kann"), danach einen grünen Baustein („weil der auch grün ist"), danach einen Autoanhänger („weil man den an das Auto anhängen kann") usw. (Piaget & Inhelder 1973).

Sie werden also eine zufällig anmutende Beachtung einzelner Aspekte beobachten, die ohne „Gesamtkonzeption" zu Einzelzuordnungen führt. Piaget spricht von Kategorisierungen „de proche en proche". Ein ähnliches Fehlen eines Gesamtplanes haben wir in zeichnerischen Darstellungen, in denen ein neues Element (Häuser, Schornsteine, Rauch) jeweils nur einem anderen Element oder Bildausschnitt zugeordnet wird (vgl. *Abb. 8.3,* Piaget & Inhelder 1971).

Abb. 8.3 Zeichnung ohne Gesamtplan

Zentrierung auf Zustände

Die geschilderten Versuche zur Mengeninvarianz und zur Zeitdauer weisen ein weiteres Merkmal des voroperatorischen Denkens auf: die Zentrierung auf Zustände und die Vernachlässigung der Transformationen, die zu diesen Zuständen geführt haben. Das Kind betrachtet einen Zustand nicht als Ergebnis einer Transformationskette. Das Umschütten einer Flüssigkeit wird nicht als eine Transformation begriffen. Statt dessen wird der neue Zustand als Gegenstand für sich genommen, der als solcher beurteilt wird. Damit fehlt allerdings eine unverzichtbare Voraussetzung für ein korrektes Urteil.

Auch im Versuch zur Beurteilung der Zeitdauer eines Ablaufes begegnen wir diesem Phänomen. Nur der aktuell beobachtete Zustand (die unterschiedlichen Streckenendpunkte der beiden Autos) bildet die Basis für das Urteil. Wie es dazu gekommen ist, bleibt unberücksichtigt. Das Kind – sagt Piaget – ist der Sklave von Transformationen, nicht ihr Meister. Danach überrascht es nicht mehr, daß das Kind durch ins Auge fallende anschauliche Gegebenheiten (z. B. die größere Höhe des Flüssigkeitspegels in Gefäß B') beeindruckt wird und sein Urteil an dem ausrichtet.

Eingeschränkte Beweglichkeit

Zentrierungen auf ein oder wenige Merkmale bergen die Gefahr, daß wichtige Aspekte übersehen werden. Wer nach dem Umschütten der Flüssigkeit (vgl. *Abb. 8.2*) nur auf die Höhe des Gefäßes B', nicht aber auf dessen Breite achtet, wird zu einem Fehlurteil verleitet.

Wenn ein Kind die zweite Dimension ins Auge faßt (Piaget spricht dann von einer Dezentrierung oder Umzentrierung), verliert es oft die erste wieder. Es ist, als ob die Informationsverarbeitungszentrale des Kindes eine zu geringe Speicherkapazität habe. Piaget spricht von fehlender Beweglichkeit des Denkens, wenn er auf solche Grenzen der Informationserfassung und -verarbeitung stößt (vgl. Kap. 10).

Versuch zur Ergänzung einer zweidimensionalen Matrix: Konstruieren Sie eine Matrix mit zwei dreiwertigen Dimensionen (Vgl. *Abb. 8.4*) und lassen Sie ein Feld frei.

Erläutern Sie etwa fünfjährigen Kindern den Aufbau der Matrix. Lassen Sie jedes Kind herausfinden, daß in den Spalten die Formen übereinstimmen und in den Reihen die Farben. Lassen Sie die Kinder dies selbst entdecken und formulieren.

Nun legen Sie Ihren Probanden eine Anzahl von Karten zur Auswahl vor und bitten sie, die für das freie Feld passende auszuwählen. Sie werden feststellen, daß fünfjährige Kinder meist nur zufällig die richtige Ergänzung wählen, sie beachten nur eine Dimension, entweder die Farbe oder die Form. Die geforderte gleichzeitige Beachtung zweier Dimensionen, die logische Multiplikation im Sinne der Konjunktion von Farbe und Form, wird noch nicht geleistet (Piaget & Inhelder 1973).

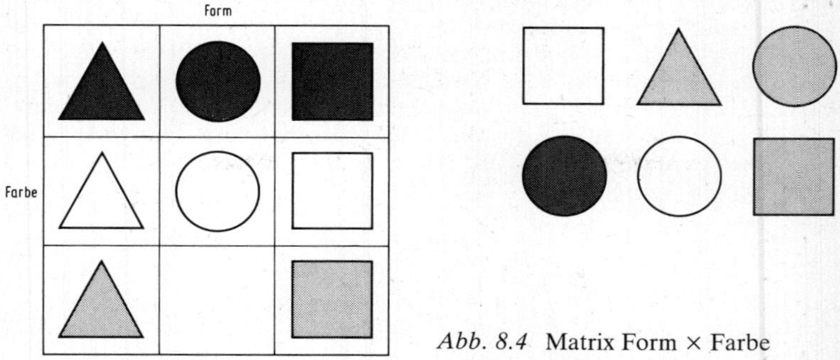

Abb. 8.4 Matrix Form × Farbe

Die Beweglichkeit wird im Verlauf der Entwicklung größer, und zwar einmal in dem Sinne, daß Dezentrierungen häufiger werden, d.h. im Sinne einer zunehmend systematischeren Erfassung verschiedener Aspekte, zum anderen aber auch im Sinne der gleichzeitigen Verfügbarkeit verschiedener Informationen für deren Verarbeitung. Für letztere ist der Aufbau von Verarbeitungsstrukturen erforderlich, die das nächste Entwicklungsstadium kennzeichnen.

Fehlendes Gleichgewicht

Das Denken des Kindes auf dieser Stufe führt ständig zu Widersprüchen oder – wie Piaget sagt – ins Ungleichgewicht. Die Widersprüche mögen dem Kind nicht bewußt sein; es mag gar nicht bemerken, daß es sich in verschiedenen Aussagen widerspricht. Eine gewisse Beweglichkeit im Sinne einer Erweiterung des Handlungsfeldes ist notwendig, damit die Widersprüche aufeinanderfolgender Urteile oder zwischen eigener Meinung und der Meinung eines anderen überhaupt erkannt werden. Die bewußt werdenden Widersprüche sind es aber nach Piaget schließlich, die das Kind zu einer Reorganisation seiner voroperatorischen Schemata zwingen.

Beachtet das Kind beispielsweise nach dem Umgießen von Flüssigkeiten nur die Höhe von B' (vgl. *Abb. 8.2*), wird es sagen, B' habe mehr Flüssigkeit als A. Achtet es aber auf die Breite, wird es zum umgekehrten Urteil gelangen. Wählt es im Matrixproblem nach der Farbe, beachtet danach aber die Form, muß es die ursprüngliche Wahl verwerfen. Wir wollen ein Beispiel genauer analysieren, das diese Widersprüchlichkeiten des anschaulichen Denkens besonders prägnant verdeutlicht: das Problem der Klasseninklusion oder des Eingeschlossenseins der Unterklasse in die Oberklasse.

Versuche zur Prüfung der Einsicht in die Klasseninklusion: Stellen Sie einem Kind von etwa fünf Jahren die Frage, ob mehr Mädchen oder mehr Kinder auf der Welt leben, so werden Sie beobachten, daß es verwirrt nach einer Antwort sucht. Schließlich mag es sagen, daß es ,,vielleicht mehr Mädchen gibt" oder ,,vielleicht gleich viel". Sie mögen denken, es habe die Frage nicht verstanden, es kenne nicht alle von Ihnen verwendeten Begriffe. Aber dem ist nicht so, es handelt sich um einen charakteristischen Fehler, wie der folgende Versuch belegt.

Sie legen einem fünfjährigen Kind Bilder vor, Bilder von Erwachsenen (zu einer Gruppe zusammengefaßt) und Bilder von Kindern, davon drei Knaben und fünf Mädchen (vgl. *Abb. 8.5*).

Abb. 8.5 Material zur Prüfung der Einsicht in die Klasseninklusion

Jetzt entspinnt sich etwa folgendes Frage- und Antwortspiel: ,,Zeig mir die Erwachsenen". Das Kind zeigt korrekt. ,,Zeig mir die Kinder". Es zeigt diese. ,,Zeig mir die Knaben, zeig mir die Mädchen". Alles wird richtig gezeigt. Das Kind kennt also alle Begriffe. Nun stellen Sie die entscheidende Frage: ,,Gibt es mehr Mädchen oder gibt es mehr Kinder?" ,,Mehr Mädchen". ,,Sind es wirklich mehr Mädchen?" ,,Ja, weil es weniger Knaben sind". ,,Aber ich habe nicht gefragt, ob es mehr Mädchen oder mehr Knaben gibt, ich habe gefragt, gibt es mehr Mädchen oder mehr Kinder? Zeig mir mal wieder die Erwachsenen, nun die Kinder, nun die Knaben und nun die Mädchen!" Alles wird korrekt gezeigt. Also stellen wir nochmals die Frage: ,,Gib Acht! Gibt es mehr Mädchen oder gibt es mehr Kinder?" Vielfach wird Ihr kleiner Proband nun sagen: ,,Es gibt mehr Mädchen, weil es weniger *Kinder* gibt". Mit Kinder meint er aber nun die Knaben. Das Wort ,,Kinder" ändert also seine ursprüngliche Bedeutung.

Worin liegen die Schwierigkeiten für das Kind? Es hat noch kein System der Klassenverschachtelung aufgebaut, das ihm erlaubt, die Inklusionsbeziehung von Unter- und Oberklasse zu erfassen. Es ist in der Lage, die Klasse ,,Kinder" zu differenzieren in ,,Knaben" und ,,Mädchen". Hat das Kind diese Differenzierung aber vollzogen, ist es aktuell nicht in der Lage, sie geistig wieder rückgängig zu machen und sogleich die Mädchen wieder in die Klasse der Kinder zu subsumieren. Wenn gleichzeitig nach ,,Mädchen" und ,,Kindern" gefragt ist, steht die Unterklasse ,,Mädchen" für die Bildung der Oberklasse ,,Kinder" nicht mehr zur Verfügung.

Das Denken ist noch *unidirektional* (die Differenzierung der Oberklasse gelingt), es ist aber noch *nicht reversibel* (gleichzeitiger Vollzug der Differenzierung der Oberklasse und der Abstraktion von dieser Differenzierung). Die Unterklasse „Mädchen“ ist, einmal gebildet, sozusagen fixiert und kann für den notwendigen Vergleich nicht mehr in die Oberklasse integriert werden.

Wodurch wird diese Leistung möglich? Durch die Konstruktion umfassender Systeme, die Beziehungsbildungen der geforderten Art in ihrer Struktur abbilden können. Piaget nennt diese Systeme „konkret-operatorische Strukturen“. Es sind neben der Klassenhierarchie und der logischen Multiplikation von Klassen die Systeme der Reihenbildung (der asymmetrischen Relationsbildung) sowie die Systeme der Zeit und des Raumes, vor allem der Zahl. Betrachten wir einige dieser Erwerbungen und ihre Leistungen etwas genauer.

Das Stadium der konkret-operatorischen Strukturen

Die Strukturen oder Operationssysteme dieses Stadiums, dessen Beginn in der Regel zwischen dem fünften und sechsten Lebensjahr liegt, ermöglichen die Bewältigung jener Schwierigkeiten, die wir im vorausgehenden Abschnitt kennengelernt haben. Diese Operationssysteme stellen einen wichtigen Teil der geistigen Werkzeuge des Menschen dar. Sie werden später im formal-operatorischen Stadium nicht ersetzt, sondern ergänzt durch einige noch komplexere Systeme.

Piaget bedient sich einer abstrakten, logisch-mathematischen Darstellungsweise, um die Operationen in diesen Systemen zu beschreiben. Er nennt sie in Anlehnung an den mathematischen Begriff der „Gruppe“ *Gruppierung*. Die Gruppierung der additiven Komposition der Klassen wird eingehender behandelt. Die Gruppierungen der Seriation asymmetrischer Relationen sowie der Multiplikation von Klassen und Relationen und die Gruppe der ganzen Zahlen werden nur kurz skizziert.

Additive Komposition von Klassen: Klassenhierarchie

Die Gruppierung der „additiven Komposition von Klassen“ ist wie folgt definiert.

a) Eine gegebene Menge M enthält die Klassen A, A’, B, B’, C, C’ . . . als Elemente.

   Beispiel: M seien Tiere, A seien Schäferhunde, A’ seien andere Haushunde, B seien Haushunde, B’ seien andere Hundetiere, C seien Hundetiere, C’ seien andere Raubtiere, . . .

b) Die Ordnungsrelation ist die Klasseninklusion:
   A enthalten in B, A’ enthalten in B, B enthalten in C, B’ enthalten in C, . . .

c) Die Operationen der Addition (+) und der Subtraktion (−) entsprechen der Vereinigung der Klassen (A + A' = B) und der Klassendifferenz (B − A' = A). Sie besitzen folgende Eigenschaften:

- Direkte Operationen (A + A' = B, B + B' = C ...) können durch inverse Operationen (C − B' = B, B − A' = A) rückgängig gemacht werden.
- Die Addition von Unterklassen und der dazugehörigen Oberklasse fügt der Oberklasse nichts hinzu (Resorption): A + B = B.
- Es gibt ein Nullelement O (leere Klasse), dessen Addition oder Subtraktion nichts ändert: A − O = A; A + O = A.
- Für die Verknüpfung der Elemente im System gilt Assoziativität: (A + A') + B' = A + (A' + B') = C.
- Die Addition eines Elementes mit dem gleichen Element ändert nichts (Tautologie): A + A = A.

Exkurs: Zum Vergleich betrachten wir die Unterschiede zwischen dieser „Gruppierung der additiven Komposition von Klassen" und der „Gruppe der ganzen Zahlen". Die Gruppe der ganzen Zahlen hat andere Eigenschaften: Es fehlt die Tautologie. Während A + A = A ist, ist 1 + 1 = 2. Die Addition des gleichen Elementes führt also bei der Gruppe der ganzen Zahlen zu einem anderen Element, in der Gruppierung der Klassenkomposition nicht. Es fehlt auch die Resorption: 1 + 2 = 3, während A + B = B ist.

Außerdem gibt es in der Gruppe der ganzen Zahlen direkte Beziehungen zwischen allen Elementen (2 + 5 oder 7 − 3), während in der Komposition der Klassen sinnvolle Beziehungen nur zwischen bestimmten Elementen möglich sind, nämlich zwischen Teil und Ganzem (oder Unterklasse und Oberklasse): A + A' = B gibt einen Sinn, während die Addition A + C' kein sinnvolles Ergebnis hat, es sei denn, man erstellt ein völlig neues Klassifikationssystem, in dem A und C' Unterklassen einer gemeinsamen Oberklasse sind.

Schließlich ist die Differenz zwischen zwei aufeinanderfolgenden Zahlen jeweils gleich, nämlich 1, was für die Differenz zwischen Klassen ebenfalls keinen Sinn macht: D − C' = C, B − A' = A; A und C sind quantitativ aber nicht zu vergleichen.

Was leistet die Gruppierung der additiven Klassenkomposition?

- Inklusionsprobleme der oben genannten Art werden lösbar. Die Herauslösung einer Unterklasse (Mädchen) zerstört nun nicht mehr die geistige Erfassung der Oberklasse (Kinder). Unterklasse und Oberklasse sind in einem Gesamtsystem repräsentiert, ihre Beziehung wird erkannt und kann ausgedrückt werden.
- Eine systematische, vollständige Kategorisierung von Material- oder Begriffsmengen ist möglich bis zu einem Punkt, an dem eine Integration nicht mehr gelingt. Dann wird dies aber nicht vertuscht, sondern offen zugegeben. Ein Ausweichen auf eine Zuordnung „de proche en proche", also einzelner Elemente zu einzelnen anderen Elementen, wird nicht mehr als Lösung angesehen.

Vor der Aufgabe, Oberbegriffe für die Begriffe Banane, Pfirsich, Kartoffel, Fleisch, Milch, Wasser zu finden, wird aktuell ein Klassifikationssystem konstruiert, das unter Umständen sehr umfassend sein kann, z. B.:

Banane, Pfirsich: Obst
Banane, Pfirsich, Kartoffel: Früchte
Banane, Pfirsich, Kartoffel, Fleisch: feste Nahrung
Banane, Pfirsich, Kartoffel, Fleisch, Milch: Nahrung
Banane, Pfirsich, Kartoffel, Fleisch, Milch, Wasser: Lebensmittel

In jedem Ratespiel benötigen wir umfassende Klassifikationssysteme, damit wir die Lösungsalternativen sukzessiv einschränken können.

– Begriffsdefinitionen werden nach Möglichkeit im Sinne der ,,Realdefinition" (Nennung eines Oberbegriffs und der spezifischen Differenz, also des differenzierenden Merkmals) gebildet, während jüngere Kinder sich häufig mit der Nennung eines Merkmals begnügen. Auf die Frage: ,,Was ist ein Hund?" folgt als Antwort: ,,ein Tier", ,,ein Säugetier", ,,ein Haustier", während die typischen Antworten jüngerer Kinder ,,ein Dackel", ,,er bellt" oder ,,er kann beißen" lauten.
– Die Existenz einer systematischen Klassifikation und Ordnung von Begriffen erkennen wir sprachlich an der korrekten Verwendung der Artikel (bestimmte und unbestimmte Artikel) sowie der Quantifikatoren ‚einige' und ‚alle'. Wir sagen nicht: ,,Ein Tier ist ein Hund." Wir können sagen: ,,Ein Hund ist ein Tier." Wir können nicht sagen: ,,Die Schnecke ist das Tier.", wohl aber: ,,Die Schnecke ist ein Tier." Wir können nicht sagen: ,,Einige Katzen sind die (alle) Tiere.", wohl aber: ,,Einige Tiere sind Katzen."

  Artikel und Quantifikatoren sind das wichtigste Mittel der sprachlichen Darstellung von Klassifikationssystemen. Sie sind auch das wichtigste Ausdrucksmittel logischer Schlüsse innerhalb eines Klassifikationssystems.

  Das Kind verfügt bereits lange über bestimmte und unbestimmte Artikel und die Quantifikatoren ‚einige' und ‚alle', kann diese aber erst nach dem Aufbau von Klassifikationssystemen korrekt verwenden.
– Die Lösung logischer Probleme, die auf einer Inklusionsbeziehung beruhen, wird möglich, also z. B. der Syllogismus mit Prämissen wie ,,Alle Menschen sind sterblich." ,,Sokrates ist ein Mensch." und dem Schluß ,,Also ist Sokrates sterblich."
– Es können singuläre Klassen erkannt werden. Eine Menge verschiedenfarbiger Formen (Quadrate Vierecke, Kreise usw.) kann auch so klassifiziert werden, daß ein singuläres Element (z. B. ein schwarzer Kreis) übrig bleibt. Dieses wird aber nun als Klasse verstanden, so daß das einzelne Element auch im Plural (also ,,die schwarzen Kreise") benannt wird.
– Verständnis von Komplementärklassen: A und nicht-A (A') sind in B enthalten, A' muß aber nicht aufgeschlüsselt und differenziert wer-

den, sondern kann global als ,,der Rest", ,,die anderen" (in B) zusammengefaßt werden.

– Das Klassifikationskriterium kann gewechselt und ein neues Klassifikationssystem nach einem neuen Kriterium rasch aufgebaut werden. Es wird erkennbar, daß die Klassifikation ein Grundmuster der Ordnung darstellt, das inhaltlich in verschiedener Weise realisiert werden kann.

Seriation asymmetrischer Relationen

Als weiteres System der konkret-operatorischen Gruppierungen greifen wir die Seriation asymmetrischer Relationen heraus, die das verhaltensmäßige Korrelat des Ordnens im Sinne einer Aufreihung nach einer Dimension (Größe, Helligkeit usw.) beinhaltet. Wir stellen die Entwicklung des Seriationsverhaltens anhand einer Aufgabe dar: das Ordnen einer Menge unterschiedlich langer Stäbe. Piaget und seine Mitarbeiter konnten mehrere Etappen der Entwicklung unterscheiden, von denen einige wie folgt beschrieben werden können.

In einer frühen Phase greifen Kinder aus der Gesamtmenge häufig einzelne Paare heraus und ordnen die Paarlinge in der Relation groß-klein, ohne eine Gesamtreihung zu erstellen. Dies wird später auf Dreier- oder Vierergruppen erweitert, wie die *Abbildung 8.6* illustriert.

Das Kind mag auch eine Ordnung im Sinne einer Treppenbildung versuchen, wobei die Gesamtlänge der Stäbe aber unbeachtet bleibt: Die Basis wird vernachlässigt *(Abb. 8.6)*.

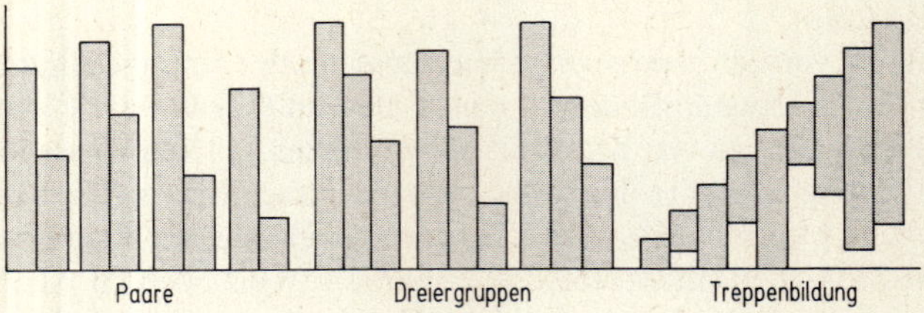

Abb. 8.6 Fälle unvollständiger Reihenbildung

Später gelingt durch Probieren eine korrekte Reihung, die aber noch nicht im eigentlichen Sinne als operatorische Systembildung angesehen werden kann. Piaget glaubt das daran erkennen zu können, daß die Einordnung eines neuen Elementes immer noch Schwierigkeiten bereitet (vgl. *Abb. 8.7*): Das Kind vergleicht nur in einer Richtung, sein Denken bleibt unidirektional.

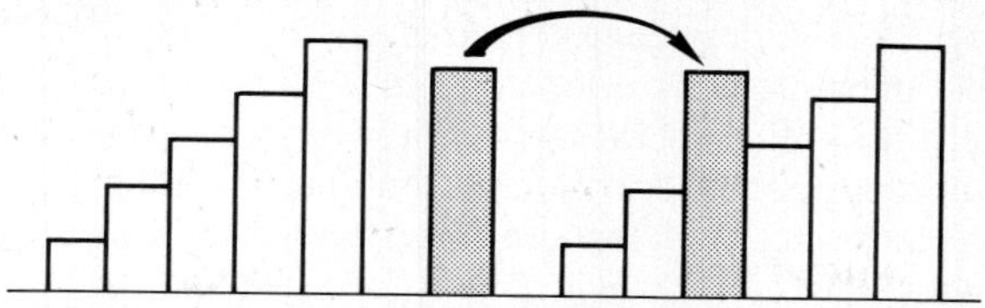

Abb. 8.7 Fehler bei der Einordnung eines Elementes in eine bestehende Reihe

Als Indiz für den Aufbau einer operatorischen Gruppierung sieht Piaget den mühelosen Vergleich eines Elementes nach beiden Richtungen, also in aufsteigender und in absteigender Richtung. Nur dann ist eine rasche Einordnung neuer Elemente möglich.

Sinclair (1967) fand auch in den sprachlichen Beschreibungen der Kinder Belege für eine Entwicklung im oben beschriebenen Sinne. Die Kinder wählen zunächst die Kategorien groß und klein, nicht den Komparativ, um Längen vergleichend zu beschreiben. Später geben Kinder Beschreibungen wie klein, mittel, groß; oder ganz klein, ein bißchen groß, mittelgroß usw. Auf der nächsten Stufe fand Sinclair vergleichende Beschreibungen in einer Richtung: am kleinsten, größer, noch größer, am größten. Verlangt man aber vom Kind die Beschreibung in der Gegenrichtung, so ist es unsicher, weil das vorletzte Stäbchen, das eben noch als größer beschrieben wurde, durch die Veränderung des Bezugspunktes als kleiner angegeben werden muß. Dies macht ihm Schwierigkeiten, weil sein Denken noch nicht die volle Reversibilität (im Sinne der Integration von direkter und umgekehrter Operation in einem Gesamtsystem) erreicht hat. Erst danach wird die vergleichende Beschreibung in beiden Richtungen geläufig, was die Erstellung des operatorischen Systems anzeigt.

Multiplikation von Klassen und asymmetrischen Beziehungen

Neben der additiven Komposition von Klassen und der Seriation asymmetrischer Relationen sind die Gruppierungen der multiplikativen Beziehungsbildungen zu nennen. Die Multiplikation von Klassen wurde in Abbildung 8.4 beispielhaft dargestellt, diejenige der Seriation erlaubt z.B. eine Ordnung von Blättern nach zunehmender Größe (1. Dimension) und gleichzeitig nach zunehmender Helligkeit (2. Dimension).

Der Zahlbegriff

Piagets Deutung der Entwicklung des Zahlbegriffs enthält eine systematische Verknüpfung mit der Entwicklung der elementaren logischen Systeme, der Gruppierungen der Klassenkomposition und der Seriation.

Die Entwicklung des *Kardinalzahlbegriffs:* Das voroperatorische Verhalten des Kindes ist gekennzeichnet dadurch, daß es gegenüber äußeren Wahrnehmungsgegebenheiten störanfällig ist. Piaget demonstriert dies meist am Beispiel der Entwicklung der Einsicht in die Invarianz einer Menge trotz Veränderung der äußeren Anordnung. Das Verhalten erreicht erst dann die konkret-operatorische Stufe, wenn die Quantität einer Menge für unveränderlich gehalten wird, auch wenn sie verschiedenen Anordnungstransformationen unterliegt. Folgendes einfache Prüfschema kann dies demonstrieren (vgl. *Abb. 8.8*).

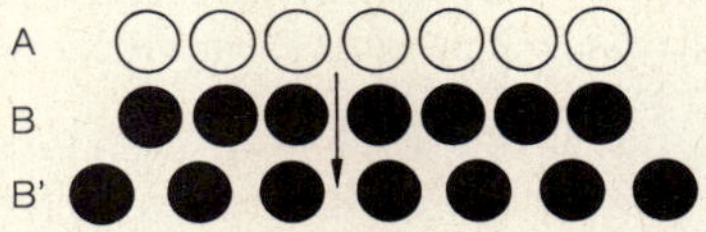

Abb. 8.8 Prüfanordnung zur Erfassung der Einsicht in die Zahlenkonstanz

Ein Verschieben der Reihe B zu B' führt bei jüngeren Kindern zur Behauptung, daß die Reihe B' zahlenmäßig nicht mehr mit der Reihe A korrespondiert. Zentriert das Kind auf die größere Länge der Reihe B', wird es behaupten, sie enthalte mehr Elemente, zentriert es auf die geringere Dichte, wird es die umgekehrte Behauptung aufstellen (Piaget & Szeminska 1965).

Es ist hierbei zu beachten, daß die „assoziative" Beherrschung (also das Aufsagenkönnen der Zahlenreihe) dem Kind dieses Stadiums noch keine für die Einsicht in die Invarianz nützliche Information vermittelt. Man kann ein fünfjähriges Kind auffordern, die Reihe A zu zählen, und es wird die Elemente von 1–7 zählen, danach wird es in der Reihe B' ebenfalls sieben Elemente zählen. Dies führt aber nicht zur Einsicht in die mengenmäßige Gleichheit der beiden Reihen. Die verwendeten Zahlworte haben im Sinne des Zahlbegriffs noch keine operatorische Bedeutung.

Wie entwickelt sich der operatorische Zahlbegriff? Nach Piaget ist der Zahlbegriff die Synthese zweier logischer Operationssysteme: der additiven Komposition von Klassen und der Seriation asymmetrischer Relationen. Wie gelangt das Kind zur Kardinalzahl? Zunächst muß es alle Objekte abzählen können, was voraussetzt, daß alle abgezählten Objekte gleich behandelt werden. Man muß von ihren qualitativen Besonderheiten absehen. (Ein typischer Fehler ist die Unterscheidung von Äpfeln, Birnen und Nüssen, wenn die Gesamtmenge gezählt werden soll.) Das ist eine der Leistungen der Klassenbildung.

Aber wenn abgezählt wird, werden nicht alle Elemente gleich behandelt, man braucht eine Ordnungsrelation: zunächst das erste, dann das zweite, dann das dritte Element (und das zweite nicht wieder als viertes oder als fünftes Element). Piaget verweist auf eine Struktur, die in dieser Weise eine Ordnung von Elementen erlaubt, nämlich die asymmetrische Relationsbildung: $a < b < c < d \ldots$

Die Kardinalzahl enthält ein weiteres definierendes Element, die tiefere Zahl ist in einer höheren eingeschlossen: Die Menge 5 enthält die

Menge 4, diese die Menge 3, ... Piaget verweist auf die Strukturähnlichkeit mit der additiven Komposition von Klassen, in der die Unterklassen in der Oberklasse eingeschlossen sind (vgl. *Abb. 8.9*).

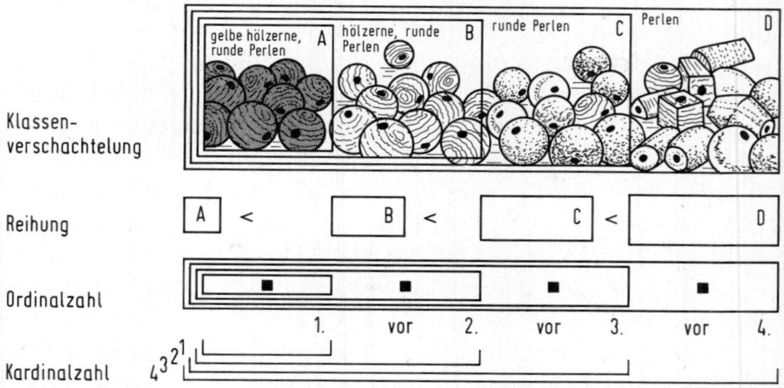

Abb. 8.9 Die Konstruktion der Zahl aus einem System von Klassen und aus einem System von asymmetrischen Beziehungen. Das System der sukzessiven Inklusion von Klassen ist durch zunehmende Abstraktion von qualitativen Unterschieden zwischen einzelnen Gruppen von Gegenständen, z.B. Perlen, bestimmt, die Reihe durch die zunehmende Größe ihrer Glieder. Im Zahlbegriff werden die beiden Systeme zu einem einzigen koordiniert und verschmolzen (nach Aebli 1963).

Ist dieser Aspekt der Kardinalzahl verstanden, kann es nicht mehr vorkommen, daß nach dem Abzählen der oben genannten beiden Reihen A und B' die zahlenmäßige Gleichheit wegen der Ungleichheit der Anordnung verleugnet wird.

Weitere Systembildungen auf dem konkret-operatorischen Niveau

Neben den bisher genannten werden in der Entwicklung zum operatorischen Niveau eine Anzahl weiterer Systeme konstruiert. Insbesondere erreichen die Konzeptionen von Raum und Zeit ein anderes Niveau. Wir können diese hier nicht mehr behandeln und verweisen auf einschlägige Darstellungen (z.B. Oerter 1984a, Steiner 1973, Piaget 1946, 1955, Piaget & Inhelder 1971, Piaget et al. 1971).

Exkurs: Die Informationsintegrationstheorie

Zur richtigen Urteilsfindung über mehrdimensionale Sachverhalte sind verschiedene Informationen aufzunehmen und zu integrieren. Piagets Erklärung voroperatorischer Fehler durch Zentrierung wurde in den letzten Jahren in Frage gestellt. Untersuchungen ergaben, daß eine Integration von Informationen bereits im Vorschulalter zu belegen ist. Sie basieren auf Andersons Theorie der Informationsintegration (Anderson 1981, Anderson & Cuneo 1978, Wilkening 1978, 1980), die weite Beachtung fand und viele Experimente anregte.

Die Integration erfolgt nach dieser Theorie analog einfacher mathematischer Operationen: Addition, Subtraktion, Multiplikation, Division. Anderson, Wilkening und andere liefern Hinweise, daß Kinder im Vorschulalter additiv integrieren, während Kinder im Grundschulalter je nach Problem früher oder später auch multiplikativ integrieren. Diese Operationen seien nicht bewußt und reflektiert gewählt, aber mit geeigneten Methoden aus den Lösungsversuchen zu erschließen. Piagets Methode habe diese Entdeckung nicht erlaubt.

Piaget verlangte von seinen Probanden in vielen Versuchen einzelne Paarvergleiche. Wenn man nach dem Umschütten einer Flüssigkeit von einem breiteren Glas A in ein schmaleres Glas B fragt, ob noch gleich viel Wasser oder mehr oder weniger enthalten sei (vgl. *Abb. 8.2*), und die Antwort lautet ,,mehr“, dann ist nicht zu entscheiden, ob sich das Urteil auf nur eine Dimension (Höhe) bezieht oder ob es zwei oder mehrere Dimensionen zwar integriert, aber verschieden gewichtet.

Anderson hat daher Methoden des funktionalen Messens vorgeschlagen. Hier wird vom Kind nicht der Paarvergleich zweier Objekte verlangt, sondern ein Urteil über jedes Objekt einzeln auf einem Maßstab, den man ihm verständlich gemacht hat. Ein häufig benutztes Beispiel betrifft die Schätzung des Flächeninhaltes von Rechtecken (,,Schokoladentafeln“). Man zeigt Kindern, daß Tafeln aus Rippen und diese aus noch kleineren Rechtecken (,,Häuschen“) zusammengesetzt sind, die man in einer Reihe aneinanderlegen kann, so daß sie eine Strecke ergeben. Kleine Tafeln ergeben eine kleine Strecke, große Tafeln eine größere. Wird dieses verstanden, kann man den Flächeninhalt verschiedener Rechtecke einzeln auf dieser Streckenskala beurteilen lassen. Mit solchen Methoden des Messens ist es möglich zu unterscheiden, ob Kinder, die eine Dimension ,,zentrieren“, die zweite ganz vernachlässigen oder nur geringer gewichten.

Wenn Piaget von Zentrierung sprach, meinte er relative Zentrierung: Überschätzung (der Bedeutung) der zentrierten Dimension. Die zweite Dimension bleibt nicht gänzlich unbeachtet, was an Umzentrierungen auf die zweite Dimension und an Entscheidungskonflikten zu erkennen ist, wenn die Veränderungen der Form, z.B. durch Umschütten in ein sehr schmales Glas, extrem werden. Allerdings vertrat er die Ansicht, daß eine systematische Integration zweier Dimensionen auf voroperatorischem Niveau noch nicht gelingt.

Die Aufgabe der Schätzung einer Serie von Flächen enthält auch die Frage nach der Flächenkonstanz: Bei welchen Veränderungen wird die Fläche eines Rechtecks als verändert, bei welchen als unverändert (konstant) eingeschätzt. Man stelle sich verschiedene Rechtecke des gleichen Flächeninhaltes vor (z. B. 6 × 4, 8 × 3, 12 × 2, 24 × 1 cm): Ist trotz unterschiedlicher Form das Urteil über den Inhalt gleich oder nicht? Dieselbe Frage läßt sich stellen bei gleichem Flächenumfang, aber objektiv verschiedenem Inhalt (z. B. 5 × 5, 6 × 4, 7 × 3, 8 × 2).

Mehrere Strategien sind unterscheidbar, von denen nur die drei folgenden behandelt werden: Addition von Grundlinie und Höhe, Multiplikation von Grundlinie und Höhe und Zentrierung auf die Grundlinie oder die Höhe.

Erwartet wird bei einer additiven Strategie etwa ein Ergebnisbild, wie es in *Abb. 8.10a* gegeben ist. Grundlinie und Höhe tragen unabhängig voneinander, eben additiv, zur Flächenschätzung bei: Bei gleicher Höhe steigt diese mit der Länge der Grundlinie an, je nach Höhe ergeben sich parallele Verschiebungen dieser Schätzung.

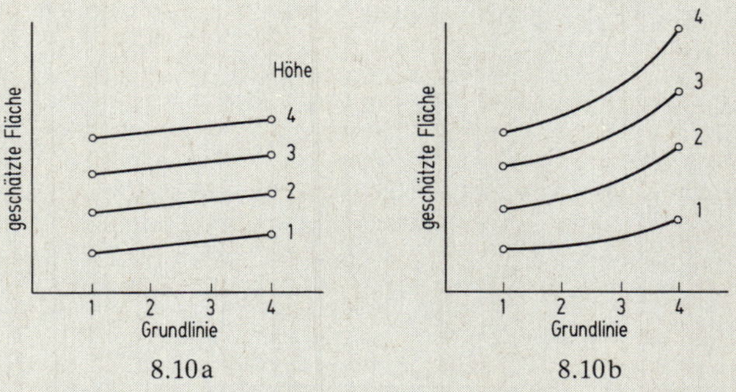

Abb. 8.10 Unterschiedliche Formen der Informationsintegration bei Flächenschätzungen. In Abbildung 8.10a ist die Addition, in Abbildung 8.10b die Multiplikation von Grundlinie und Höhe dargestellt (Erläuterungen im Text).

Die Ergebnisse einer multiplikativen Strategie führen zu positiv beschleunigten Kurvenverläufen, wie sie *Abbildung 8.10b* aufweist. Zentrierung nur auf die Höhe würde zu Verläufen der Schätzungen führen, die alle parallel zur Abszisse liegen.

Wertet man die Schätzurteile einer Stichprobe gemeinsam aus, liegt eine varianzanalytische Auswertung nahe. Wird generell nur eine additive Integration benutzt, werden sich nur Haupteffekte für die Länge der Grundlinie und die Länge der Höhe ergeben. Wird generell multiplikativ integriert, ist zusätzlich ein statistischer Interaktionseffekt Grundlinie × Höhe zu erwarten. Beruht die Flächenschätzung auf Zentrierung, gibt es nur einen Haupteffekt (Höhe oder Grundlinie).

Allerdings wurde zu Recht eingewandt, daß man diese Effekte nicht bei ganzen Altersstichproben, sondern bei einzelnen Personen nachweisen muß, denn in Gesamtstichproben können sich die Effekte unterschiedlicher Strategien der einzelnen Probanden überlagern und ein ganz falsches Bild ergeben (Gigerenzer 1983). Wenn z.B. eine Hälfte der Stichprobe nur die Grundlinie, die andere Hälfte nur die Höhe beachtet, ergibt sich bei Aggregation der Daten über die gesamte Stichprobe das Bild einer additiven Integration (vgl. *Tab. 8.1*), obwohl kein einziges Kind additiv integriert. Man muß noch einen Schritt weiter gehen: Auch mehrere Urteile einer Person dürfen nicht aggregiert werden, weil jedes einzelne Urteil einer Person nach einer anderen Strategie vorgenommen sein kann. Von den Urteilen einer Person können 50% auf die Höhe zentriert sein und 50% auf die Grundlinie, woraus sich der Eindruck der additiven Strategie fälschlich ergäbe. Nur wenn man unterstellt, daß eine einzelne Person ihre Strategie über den ganzen Versuch beibehält, ist eine aggregierte Auswertung ihrer Urteile sinnvoll.

Tabelle 8.1 Hypothetische Durchschnittswerte bei additiver Integration und bei Zentrierung, wenn die Hälfte der Stichprobe die Höhe, die andere Hälfte die Grundlinie zentriert. In jeder Zelle sind links oben die durchschnittlichen Werte eingetragen, die bei einer additiven Integration zu erwarten sind, rechts unten die zu erwartenden Durchschnittswerte, wenn die Hälfte der Stichprobe nur die Höhe, die andere Hälfte nur die Grundlinie zentriert. Auch dieses letztere ergibt für die Gesamtstichprobe das typische Bild der additiven Integration: parallele, lineare Steigungen.

Höhe	Grundlinie 1	2	3	4
4	5 / 2.5	6 / 3	7 / 3.5	8 / 4
3	4 / 2	5 / 2.5	6 / 3	7 / 3.5
2	3 / 1.5	4 / 2	5 / 2.5	6 / 3
1	2 / 1	3 / 1.5	4 / 2	5 / 2.5

Es stellt sich noch die grundsätzlichere Frage, ob man mit dieser Methode des funktionalen Messens den Übergang vom voroperatorischen zum operatorischen Denken untersuchen kann. Setzt das Verständnis der Meßskala nicht bereits Einsicht in die Invarianz (Erhaltung) der Menge von Elementen („Rippen“, „Häuschen“) bei Veränderung der Form voraus? Rechtecke („Schokoladentafeln“) werden in eine *Reihe* von Elementen transformiert: Die Menge ändert sich dabei nicht. Voroperatorisches Denken ist durch Inkonstanz der Menge bei Formveränderung gekennzeichnet. Kann man im voroperatorischen Stadium einen solchen Maßstab benutzen, um Flächen zu schätzen? Wird dabei nicht der Übergang der Nichterhaltung zur Konstanz in der Meßmethode als bereits geleistet vorausgesetzt? Piaget würde sagen, wer diese Meßskalen benutzen kann, ist nicht mehr im voroperatorischen Stadium.

Aber unabhängig davon sind die Untersuchungen mit dieser Methode interessant und ergänzen unser Wissen über den Aufbau der Erkenntnis. Sie geben Antwort auf die Frage, ob bei geeigneter Aufgabenstellung früher als bisher vermutet eine Informationsintegration gelingt, und welcher Art diese ist. Ob es sich dabei in jedem Fall um eine operatorische Systembildung im Sinne Piagets mit Reversibilität der Verknüpfungen (Integration) handelt, ist eine andere Frage, die von den Vertretern dieser Forschungsrichtung bislang nicht gestellt und nicht beantwortet wurde.

Lohaus & Trautner (1985) haben zur Flächenschätzung ein gut geplantes Experiment durchgeführt, in dem sie die genannten Probleme des Messens mit einer Meßstrecke vermieden haben. Sie verwendeten u. a. eine Serie mit zehn Rechtecken, die so aufgebaut war, daß die Summe von Höhe und Grundlinie bei allen Rechtecken gleich, das Produkt aber verschieden war. Wer die Additionsstrategie verwendet, müßte alle zehn Rechtecke gleich beurteilen (wenn man von zufälligen Urteilsunzuverlässigkeiten absieht), wer die Multiplikationsregel verwendet, kommt zu unterschiedlichen Schätzungen, wer nur die Höhe oder nur die Grundlinie beachtet ebenfalls. Die Größen dieser Rechtecke und die hypothetischen Verläufe auf der Basis der drei Strategien sind in *Abbildung 8.11* eingezeichnet.

Wegen der nachgewiesen sehr hohen Meßunzuverlässigkeit bei absoluten Urteilen (funktionales Messen) haben Lohaus und Trautner wiederum die Methode des Paarvergleiches gewählt, allerdings einen vollständigen, in dem jedes Rechteck mit allen anderen Rechtecken in zufälliger Reihenfolge als Paar vorgelegt wurde und jeweils das größere der beiden gewählt werden sollte. Die Anzahl der Wahlen eines Rechtecks in allen Paarvergleichen repräsentiert also die Position, die ein Proband diesem Rechteck in der Rangreihe aller Rechtecke gibt. Untersucht wurden 100 Kinder im Alter von fünf bis zehn Jahren und 26 Erwachsene.

Nach bisher vorliegenden Ergebnissen der Informationsintegrationstheorie wurde erwartet, daß Vorschulkinder additiv, Schulkinder

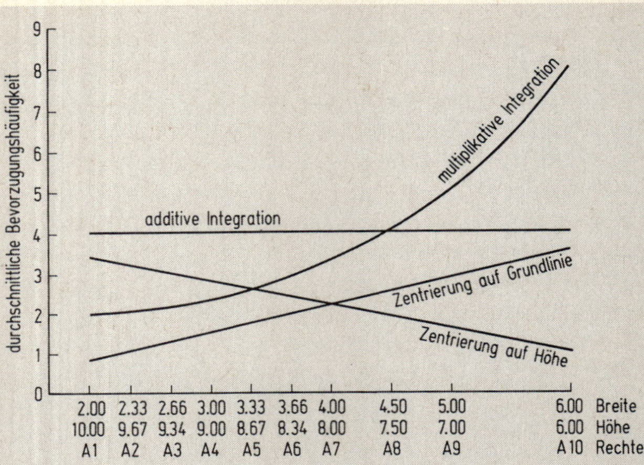

Abb. 8.11 Erwartete Kurvenverläufe bei vier Strategien der Flächenschätzung: Zentrierung auf die Höhe, Zentrierung auf die Grundlinie, additive Integration von Grundlinie und Höhe, multiplikative Integration von Grundlinie und Höhe (nach Lohaus & Trautner 1985).

und Erwachsene multiplikativ integrieren. Empirisch erwies sich, daß die Gruppendaten für die Altersstichproben in etwa diesen Erwartungen entsprachen (vgl. *Abb. 8.12a*). Es gab allerdings auch Indizien dafür, daß die Probanden einer Altersgruppe nicht einheitlich operieren. Durch Clusteranalysen wurden für die jüngste Gruppe zwei Verlaufsmuster getrennt, die diametral entgegengesetzt waren, also unterschiedliche Strategien repräsentieren. Die Subgruppe 1 scheint auf die Höhe zu zentrieren, während die Ergebnisse der Subgruppe 2 entweder einer Multiplikationsstrategie oder aber einer Zentrierungsstrategie auf die Grundlinie entsprechen (vgl. *Abb. 8.12b*). Zwischen beiden ist eine empirische Trennung nicht eindeutig möglich. Die Durchschnittsdaten der Gesamtgruppe ergeben also ein falsches Bild.

Die Experimente zur Informationsintegrationstheorie wurden viel beachtet und kontrovers diskutiert. Wilkening (1980, 1981) hat viele einfallsreiche Experimente mit der Methode des funktionalen Messens durchgeführt, u.a. zur Flächenschätzung, zur Integration von Zeit, Weg und Geschwindigkeit. Die erwähnten methodischen Probleme der varianzanalytischen Auswertung von Stichproben wurden vor allem von Gigerenzer (1983) herausgestellt. Die künftige Forschung wird diese zu beachten haben. Diese Diskussion unterstreicht die Bedeutung der Methode in der Gewinnung von Erkenntnis. Für eine abschließende Bewertung der Ergebnisse müssen weitere Forschungen abgewartet werden.

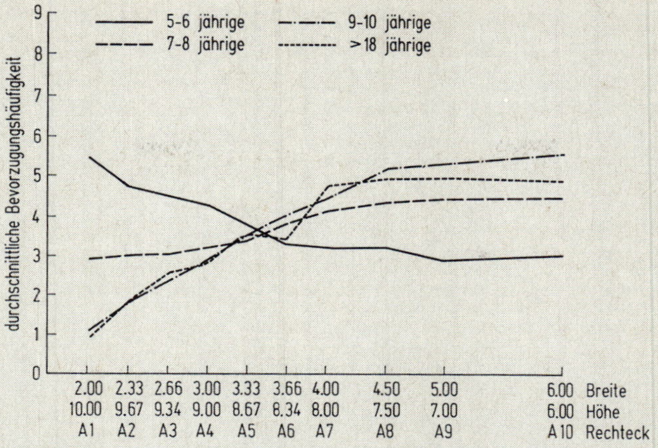

Abb. 8.12a Kurvenverläufe der Bevorzugungshäufigkeit in verschiedenen Altersgruppen (nach Lohaus & Trautner 1985).

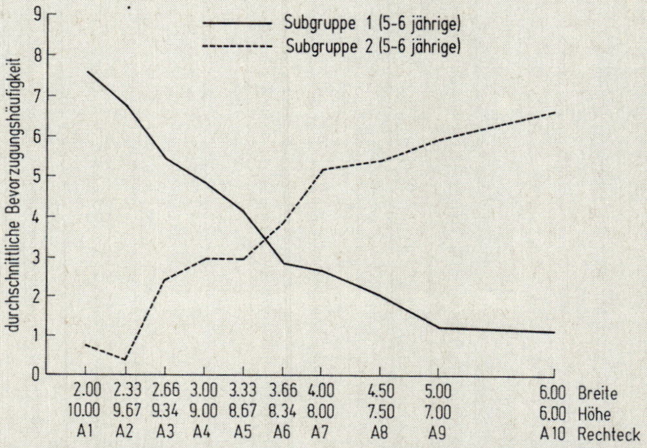

Abb. 8.12b Gegensätzliche Verläufe der Bevorzugungshäufigkeiten zweier empirisch ermittelter Subgruppen der Stichprobe fünf- und sechsjähriger Probanden. Der in Abbildung 8.12a dargestellte durchschnittliche Verlauf dieser Altersgruppe repräsentiert nicht die wirklichen Verläufe der beiden Subgruppen (Erläuterungen im Text) (nach Lohaus & Trautner 1985)

Das formal-operatorische Stadium

Was sind die neuartigen Leistungen der formalen Operation? Vielfach ist zu lesen, das konkret-operatorisch denkende Kind könne noch nicht mit abstrakten Zeichensystemen operieren, es benötige eine Abstützung des Denkens auf konkret-anschauliche Gegebenheiten. Gewiß wird das Operieren mit abstrakten Symbolen und Zeichen mit dem Fortschritt der geistigen Entwicklung verbessert, aber dies trifft nicht den Kern der Unterscheidung zwischen formal- und konkret-operatorischem Denken.

Im konkret-operatorischen Denken ist das Kind beschränkt auf gegebene Informationen, seien sie konkret-anschaulich oder in abstrakter Weise (etwa sprachlich) repräsentiert. Demgegenüber reicht das formal-operatorische Denken, das im Jugendalter die konkret-operatorischen Strukturen ergänzt, in spezifischer und systematischer Weise über vorgegebene Informationen hinaus.

Versuch: Wir stellen Schüler unterschiedlichen Alters die Frage, von welchen Faktoren die Frequenz eines Pendels abhänge, von seinem Gewicht oder von seiner Länge. Wir demonstrieren, daß ein kurzer/schwerer Pendel rasch schwingt, ein langer/leichter hingegen langsam (vgl. *Abb. 8.13*). Das Vorschulkind (voroperatorisches Stadium) neigt dazu, nur eine der beiden Dimensionen zu beachten: Es wird sagen, ein kurzer Pendel schwinge schneller, oder es wird behaupten, ein schwerer Pendel schwinge schneller, je nachdem welches der beiden in der Demonstration kombinierten Merkmale es gerade ins Auge faßt.

Das Kind der Grundschule (konkret-operatorisches Stadium) kann bereits mehrere Merkmale kombinieren und wird sagen, ein kurzer *und* schwerer Pendel schwinge schneller (dies kann es ja beobachten), es leistet also eine logische Konjunktion beider Dimensionen, die in diesem Falle allerdings nicht zur korrekten Lösung des Problems führt, da das Gewicht des Pendels irrelevant ist.

Der Sekundarschüler (formal-operatorisches Stadium) löst sich von den konkret beobachteten Fällen (kurz/schwer und lang/leicht) und sieht diese als zwei von vier möglichen Kombinationen der beiden Variablen Gewicht und Länge, wenn diese je zwei Werte aufweisen. Der Sekundarschüler wird sagen, er könne die Frage erst beantworten, wenn auch die noch nicht realisierten Kombinationen

Gewicht \ Länge	kurz	lang
schwer	schnell	
leicht		langsam

Abb. 8.13 Pendelversuch zur Ermittlung des Stadiums der geistigen Entwicklung

der beiden Dimensionen empirisch geprüft sind, wenn er also auch einen langen/schweren und einen kurzen/leichten Pendel beobachtet hat. Er wird Hypothesen formulieren und sagen, daß vielleicht nur das Gewicht oder nur die Länge oder aber beide Variablen die Pendelfrequenz determinieren.

Aufbau kombinatorischer Systeme

Dies ist ein deutliches Anzeichen für den Aufbau kombinatorischer Strukturen, die die Basis systematischer Hypothesenbildung und planvollen Experimentierens darstellen (Piaget & Inhelder 1977).

Piaget gibt als Beispiel den einfachsten Fall eines solchen kombinatorischen Systems, aus dem heraus sich empirisch zu prüfende Hypothesen ableiten lassen, die möglichen Kombinationen zweier zweiwertiger Variablen. Wir führen folgende Zeichen ein:

Pendelfrequenz:	hoch	+
	niedrig	−
Länge des Pendels:	lang	p
	kurz	$\bar{p}$
Gewicht des Pendels:	schwer	q
	leicht	$\bar{q}$

Die Pendelfrequenz (+, −) kann von den Variablen Länge (mit den Werten p, $\bar{p}$) und/oder Gewicht (mit den Werten q, $\bar{q}$) abhängen oder nicht. Eine empirische Abklärung erfordert die Beobachtung aller vier möglichen Kombinationen der beiden zweiwertigen Variablen.

Tabelle 8.2 enthält die möglichen empirischen Ergebnisse und die entsprechenden Hypothesen in sprachlicher Form. Darüber hinaus ist eine aussagenlogische Formulierung gewählt.

Tabelle 8.2 Überblick über die 16 möglichen Abhängigkeiten hoher Pendelfrequenz (+) von den beiden zweiwertigen Variablen Länge (lang = p, kurz = $\bar{p}$) und Gewicht (schwer = q, leicht = $\bar{q}$)

mögliches Beobachtungsergebnis	Hypothese	Aussagenlogische Form
1 $p\ \bar{p}$ 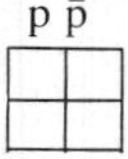 q $\bar{q}$	Hohe Pendelfrequenz (+) kommt nicht vor, d. h. sie ist nicht abhängig von Länge oder Gewicht des Pendels	„Kontradiktion“
2 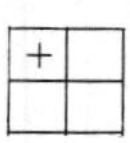	+ bei langem und schwerem Pendel	$p \wedge q$
3 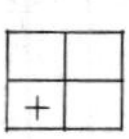	+ bei langem und leichtem Pendel	$p \wedge \bar{q}$
4 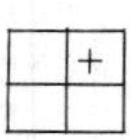	+ bei kurzem und schwerem Pendel	$\bar{p} \wedge q$

(Fortsetzung Seite 442)

mögliches Beobachtungsergebnis	Hypothese	Aussagenlogische Form
5 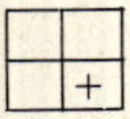	+ bei kurzem und leichtem Pendel	$\bar{p} \wedge \bar{q}$
6 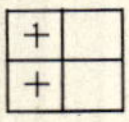	+ bei langem Pendel, das Gewicht ist irrelevant	p
7 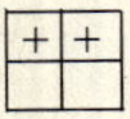	+ bei schwerem Pendel, die Länge ist irrelevant	q
8 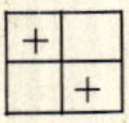	bei langem und schwerem sowie bei kurzem und leichtem Pendel	$p \leftrightarrow q$ $= (p \wedge q) \wedge (\bar{p} \wedge \bar{q})$
9 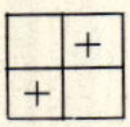	+ bei kurzem und schwerem sowie bei langem und leichtem Pendel, d. h. der Pendel darf entweder lang oder schwer sein, nicht beides	$p \downarrow q$ $= (\bar{p} \wedge q) \vee (p \wedge \bar{q})$
10 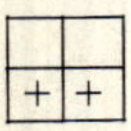	+ bei leichtem Pendel, Länge ist irrelevant	$\bar{q}$
11 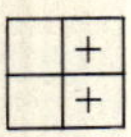	+ bei kurzem Pendel, Gewicht ist irrelevant	$\bar{p}$
12 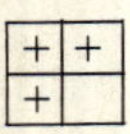	+ bei langem oder schwerem Pendel, d. h. ein kurzer Pendel muß schwer sein ($\bar{p} \rightarrow q$)	$p \vee q$ $= \bar{p} \rightarrow q$
13 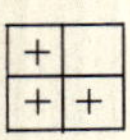	+ bei langem oder leichtem Pendel, d. h. ein kurzer Pendel muß leicht sein ($\bar{p} \rightarrow \bar{q}$)	$p \vee \bar{q}$ $= \bar{p} \rightarrow \bar{q}$
14 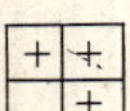	+ bei kurzem oder schwerem Pendel, d. h. ein langer Pendel muß schwer sein ($p \rightarrow q$)	$\bar{p} \vee q$ $= p \rightarrow q$
15 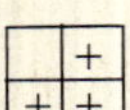	+ bei kurzem oder leichtem Pendel, d. h. ein langer Pendel muß leicht sein ($p \rightarrow \bar{q}$)	$\bar{p} \vee \bar{q}$ $= p \rightarrow \bar{q}$
16 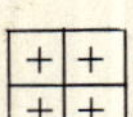	+ hohe Pendelfrequenz wird in allen Fällen beobachtet, also sind Länge und Gewicht irrelevant	Tautologie

$\wedge$ = Zeichen für die logische Konjunktion „und";
$\vee$ = Zeichen für die logische Disjunktion „einschließendes oder"
$\leftrightarrow$ = gegenseitige Implikation
$\downarrow$ = „ausschließendes entweder-oder"
$\rightarrow$ = Implikation

Das kombinatorische System mit 16 Fällen ist ein einfaches System. Sowohl die Anzahl der Variablen als auch die Anzahl der Werte (Stufen) einer Variablen kann größer als zwei sein. Eine systematische Erstellung eines vollständigen kombinatorischen Systems zum Zwecke der Hypothesenbildung und -abklärung ist wissenschaftlicher Arbeit vorbehalten. Auch bei weniger systematischem Vorgehen bei alltäglichen Problemen läßt sich erkennen, ob auf der Basis eines oder weniger beobachteter Fälle geurteilt wird oder ob weitere Beobachtungen oder Informationen gesucht oder nachgefragt werden. Auf dem formal-operatorischen Niveau bemüht sich ein Problemlöser um *Variablenkontrolle* und *Hypothesenbildung,* auch wenn der Versuch nicht unternommen wird oder nicht gelingt, das Netz der relevanten Variablen vollständig zu knüpfen.

Ein erstes zentrales Merkmal des formal-operatorischen Denkens ist dadurch umschrieben. Auf dem formal-operatorischen Niveau klebt das Kind nicht mehr an gegebenen Informationen. Es abstrahiert aus Beobachtungen und Aussagen mögliche Einflußvariablen, erstellt ein System möglicher Kombinationen solcher Einflußvariablen, das prinzipiell vollständig überprüft werden muß, bevor eine korrekte Antwort gegeben werden kann.

Galilei konnte das Trägheitsgesetz („Eine Bewegung ist in Richtung und Geschwindigkeit konstant, bis eine äußere Kraft einwirkt.“) nicht an anschaulichen Gegebenheiten beobachten. Keine beobachtbare Bewegung auf der Erde ist in Richtung und Geschwindigkeit konstant. Es beruht auf einer Abstraktion von Variablen und ihrer gedanklichen Kombination. Es ist eine Denkmöglichkeit, also eine Leistung des formal-operatorischen Niveaus, und zwar eine Glanzleistung.

Zwei Formen der Reversibilität: Negation und Reziprozität

Entwicklung ist nach Piaget gleichbedeutend mit dem Aufbau immer komplexerer Strukturen. Insofern ist für ihn der Systemcharakter, der innere Aufbau, wichtig. Was ist die Struktur des in *Tabelle 8.2* dargestellten kombinatorischen Systems? Es gibt mehrere. In *Abb. 8.14* ist nach einer Systematisierung von Brandtstädter und von Eye (1982) gezeigt, wie durch Kombination von Fällen neue Fälle gebildet werden. Links sind jeweils die Ereignisse registriert, die rechts aussagenlogisch beschrieben sind. „Die in einer Zeile aufgeführten Ereignisse bzw. Aussagen können entsprechend der eingezeichneten Verbindungslinien paarweise durch Konjunktion (‚und‘) zu einem in der darüberliegenden Zeile angeschriebenen Ereignis verknüpft werden“ (a. a. O. S. 5). Entsprechend können die Ereignisse bzw. Aussagen der gleichen eingezeichneten Linie disjunktiv („oder“) zu einem in der darunterliegenden Zeile angeschriebenen Ereignis paarweise verknüpft werden. Zwei Beispiele seien genannt: (1) Zelle 7 (q) ist durch Konjunktion der Zellen 12 ($p \vee q$) und 14 ($\bar{p} \vee q$) zu bilden: $(p \vee q) \wedge (\bar{p} \vee q) = q$. (2). Zelle 13 ($p \vee \bar{q}$) ist durch disjunktive Verknüpfung der Zellen 6 (p) und 10 ($\bar{q}$) zu bilden.

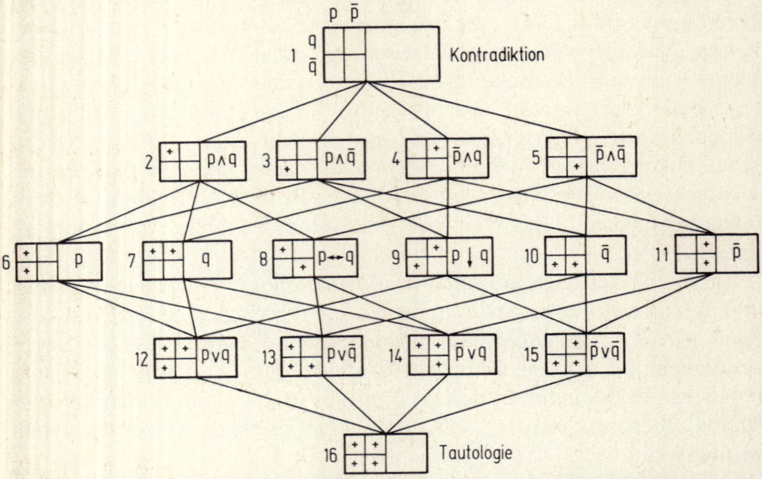

Abb. 8.14 Aussagenlogische Beziehungen im System der Kombination zweier binärer Variablen (aus Brandtstädter & von Eye 1982).

In diesem System sind noch weitere Relationen zu spezifizieren. So sind Gruppen von 4 Zellen durch die Relationen Identität (I), Negation (N), Reziprozität (R) und Korrelation (C) verbunden. Sie bilden die sogenannte Klein'sche Vierergruppe INRC, in der durch spezifische Transformationen jedes Element in jedes andere Element der Gruppe überführt werden kann (vgl. Abb. 8.15).

Ein Beispiel: Wir wollen die Wirkung zweier Medikamente p und q auf eine Krankheit untersuchen. Die Ausgangshypothesen sind folgende: Die Krankheit werde geheilt, wenn p oder q (oder beide) verabreicht werden ($p \vee q$). Wir nennen dies die identische Transformation *(Identität)*. Dies ist eine der 16 Möglichkeiten. Sie bildet mit drei anderen eine Vierergruppe.

Die Negation von ($p \vee q$) heißt ($\bar{p} \wedge \bar{q}$): p und q dürfen *nicht* gegeben werden (weder p noch q noch beide dürfen gegeben werden). Die reziproke Transformation ist ($\bar{p} \vee \bar{q}$): entweder p oder q weglassen oder beides. Die korrelierende Transformation ist ($p \wedge q$): Beide müssen gemeinsam gegeben werden, damit eine Heilung erreicht wird.

Die Wahrheitstafel in *Tabelle 8.3* verdeutlicht die Zusammenhänge und klärt auf, was Negation, Reziprozität und Korrelation hier bedeuten. Eine Heilung ist mit w (= wahr), ein Fehlschlag mit f (= falsch) symbolisiert.

Tabelle 8.3 Wahrheitstafeln der Vierergruppe INCR mit $(p \vee q)$ als I

		$I = (p \vee q)$	$N = (\bar{p} \wedge \bar{q})$	$R = (\bar{p} \vee \bar{q})$	$C = (p \wedge q)$
p	q	w	f	f	w
$\bar{p}$	q	w	f	w	f
p	$\bar{q}$	w	f	w	f
$\bar{p}$	$\bar{q}$	f	w	w	f

Das ist nicht die einzige Vierergruppe des Systems der 16 binären Kombinationen. Die Aussagen $(\bar{p} \vee q)$ als I, $(p \wedge \bar{q})$ als N, $(p \vee \bar{q})$ als R und $(\bar{p} \wedge q)$ als C bilden eine weitere.

Piaget stellt dieses Teilsystem immer wieder heraus, weil es eine Gruppe von Aussagen verbindet, in denen die Anwendung irgendeiner der definierten Transformationen oder einer Kombination dieser Transformationen wiederum zu einer dieser vier Aussagen führt, wobei verschiedene Transformationen zum gleichen Ergebnis führen können. Die Kohärenz dieser Aussagengruppe beeindruckte ihn und ließ ihn zur Überzeugung gelangen, daß hiermit ein Höhepunkt der Denkentwicklung erreicht ist.

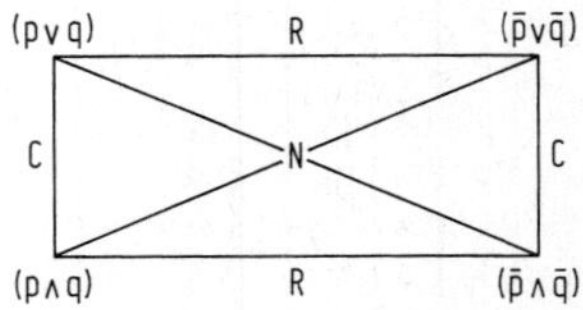

Abb. 8.15 Schema einer Vierergruppe aus den 16 Fällen der Kombination zweier binärer Variablen.

Suchen wir nach Gründen für die Faszination, die die Vierergruppe auf Piaget ausübt, treffen wir auf den Begriff „Beweglichkeit“, der in seinem Denken eine große Bedeutung hat. Piaget sieht die geistige Entwicklung als eine Entwicklung auf größere Beweglichkeit des Denkens hin. So ist das Operieren innerhalb eines Systems gegenüber Reiz-Reaktions-Sequenzen durch größere Beweglichkeit gekennzeichnet.

Die Gruppierung der additiven Klassenkomposition des konkret-operatorischen Denkens garantiert die Beweglichkeit des Denkens durch die *Inversion* und *Assoziativität.* Das heißt, man kann von verschiedenen Punkten aus zu einem gleichen Ergebnis kommen, man kann Operationen vollziehen und wieder rückgängig machen (Reversibilität der Operationen) sowie auf verschiedenen Lösungswegen zum gleichen Ziel kommen. Die Gruppe der ganzen Zahlen verdeutlicht diesen Aspekt der Beweglichkeit in besonders anschaulicher Weise: Alle Elemente (die ganzen Zahlen) sind durch die Operationen der Addition und Multiplikation (und ihren Umkehrungen Subtraktion und Division) kombinierbar. Jedes Element ist durch die Kombination vieler anderer Elemente erreichbar, alle Elemente sind miteinander verknüpfbar.

Die Gruppe der vier Operationen INRC verbindet *zwei Formen der Reversibilität, die Negation* (Rückgängigmachen der direkten Operation) und die *reziproke Operation* (Ausgleich der direkten Operation auf andere Weise). Das bewegliche Zusammenspiel von Negation und reziproker Operation wird bei physikalischen Problemen deutlicher als in der Aussagenlogik.

Hebelgesetze: Physikalische Systeme, deren Transformationen die INRC-Gruppenstruktur aufweisen, sind von folgender Art: Das System enthält zwei verschiedene Operationen, die genau gleiche Effekte haben. So kann man in einem Hebelsystem den gleichen Effekt auf zwei verschiedene Weisen erreichen: einmal durch Veränderung des Gewichtes und zum zweiten durch Veränderung der Distanz zum Drehpunkt.

Ein Beispiel: An einer Balkenwaage seien im Abstand von jeweils d_1 von der Achse Gewichte von jeweils 2 kg am rechten und linken Hebelarm. Wir stören nun dieses Gleichgewicht, indem wir ein Gewicht von 1 kg im Abstand von d_2 an den linken Hebelarm hängen *(Abb. 8.16)*. Der Einfachheit halber sei $d_2 = 2 \times d_1$. Wie können wir die Waage wieder ins Gleichgewicht bringen?

Wir haben die Möglichkeit der *Negation,* d. h. wir machen die gleichgewichtsstörende Operation rückgängig und entfernen das Gewicht im Abstand von d_2 am linken Hebelarm.

Wir haben zweitens die Möglichkeit der reziproken Operation, d. h. wir entfernen das Gewicht im Abstand d_1 am linken Hebelarm.

Wir haben eine dritte Möglichkeit einer korrelativen Operation (C), die darin besteht, daß wir im Abstand d_1 auf dem rechten Hebelarm ein Gewicht von 2 kg hinzufügen.

Wir folgen Piaget, daß die Integration dieser Operationen in ein Gesamtsystem der Hebelgesetze die Beweglichkeit und die Leistungen des Denkens verbessert, daß diese Operationen insofern eine Gruppe bilden, als die Kombination irgendwelcher dieser Operationen jeweils zu einem Resultat führt, das auch auf andere Weise entstehen kann.

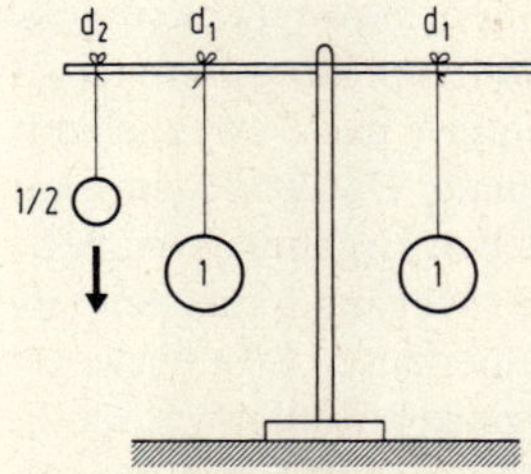

Abb. 8.16 Anordnung für die Prüfung des Verständnisses der Hebelgesetze

Variablenkontrolle

In den Erfahrungswissenschaften ist das Vorgehen der Variation eines Faktors unter Konstanthaltung anderer Faktoren oder Bedingungen gebräuchlich. Dies setzt die Fähigkeit voraus, alle Möglichkeiten zu überschauen und systematisch durchzuprobieren. Dieses Vorgehen ist mit Hilfe der auf dem formal-operatorischen Niveau konstruierten kombinatorischen Systeme möglich, wie folgender Versuch zeigt. (Die Beschreibungen sind Oerter 1967, S. 299, entnommen.)

Versuch: Piaget und Inhelder (1955) legten den Versuchspersonen vier gleiche Fläschchen mit geruch-, geschmack- und farblosen Flüssigkeiten vor, die sich äußerlich in nichts voneinander unterschieden. Fläschchen 1 enthielt gelöste Schwefelsäure, Fläschchen 2 Wasser, Fläschchen 3 Wasserstoffsuperoxyd, Fläschchen 4 Thiosulfat. Dazu kam noch ein Gefäß mit Tropfenzähler, das Kaliumjodid enthielt (g). Bei Vermischung von 1 und 3 mit einigen Tropfen aus g färbt sich die Flüssigkeit gelb. Bei Hinzufügen von 2 ändert sich nichts, bei Zuschütten von 4 verschwindet die gelbe Farbe. Der Versuchsleiter zeigte dem Kind zwei Gläser, die scheinbar die gleiche Flüssigkeit enthielten und setzte bei beiden einige Tropfen aus g hinzu. Da das eine Glas aus 1 und 3 gemischt war, färbte sich die Flüssigkeit gelb, das andere Glas, das nur Wasser enthalten hatte, zeigte keinen Effekt. Das Kind sollte das gleiche Ergebnis unter Benutzung der vier bereitgestellten Fläschchen und des Gefäßes erzielen.

Schon die sieben- bis zehnjährigen bemühten sich um eine systematische Lösung. Sie mischten g mit allen anderen Flüssigkeiten einzeln oder schütteten alle Flüssigkeiten zusammen. Die Lösung erfordert aber ein komplexeres Denken. Der Farbeffekt kann erst bei Verwendung formaler Operationen durch Mischung dreier Flüssigkeiten (1 + 3 + g) bei gleichzeitiger Abwesenheit der vierten (4) erzielt werden. Auf der Stufe der formalen Operationen erstellt der Jugendliche (nach anfänglichen Fehlversuchen) alle möglichen Kombinationen, auch die möglichen sechs zweier Flüssigkeiten mit g. Damit ist eine Variablenkontrolle realisiert.

Verständnis für Proportionen

Neben der Variablenkontrolle auf der Basis eines kombinatorischen Systems und der Vereinigung von Negation und reziproker Operation stellt für Piaget das Verständnis für Proportionen das zentrale Kennzeichen des formal-operatorischen Niveaus dar. Als Beispiel wählen wir zu Beginn ein Experiment der Genfer Schule (Piaget & Inhelder 1955).

Versuch: Es werden dem Kind drei Holzstücke A, B, C mit den Längen 5, 10 und 15 cm vorgelegt. Man erklärt ihm, daß diese Holzstücke Fische darstellen und daß es diese füttern soll. Als Futter bekommt es Perlen. Man erklärt ihm danach, daß der Fisch von 10 cm doppelt so viel frißt wie der Fisch von 5 cm und daß der Fisch von 15 cm dreimal so viel frißt wie der 5 cm große. Man stellt dem

Kind dann folgende Fragen: Wieviel Futter sollen wir den Fischen A und C geben, wenn wir wissen, daß der Fisch B 4 Perlen frißt? Wieviel Perlen sollen wir den Fischen A und B geben, wenn wir dem Fisch C 9 Perlen geben?

Man kann vier Stadien unterscheiden. Während des ersten Stadiums (fünf bis sechs Jahre) erkennt das Kind nur einen qualitativen Zusammenhang. Irgendeine Lösung ist für das Kind annehmbar, vorausgesetzt, daß der Fisch B mehr als A und der Fisch C mehr als B bekommt. Die Anzahl der Futterperlen stellen nur Symbole dieser nicht quantifizierten Ordnungsrelation dar.

In einem zweiten Stadium (beginnend mit sechs und sieben Jahren) beginnt die numerische Quantifikation. Die Lösungen sind dann die ganzzahligen Reihen 3, 4, 5 oder 7, 8, 9. Durch wiederholte Addition der Einheit 1 versucht hier das Kind, die qualitative Reihenfolge A, B, C zu quantifizieren. Aber dies ergibt doch nur einen ordinalen Zusammenhang (mehr, gleich, weniger).

Im dritten Stadium (sieben bis acht Jahre) gelangt das Kind zu einer „hyperordinalen“ Reihe. Die Lösungen sind hier von der Form 5, 7, 9. Die Kinder erkennen, daß die Unterschiede zwischen A–B und B–C gleich sein sollen. Sie stellen hier eine numerische Äquivalenz her, aber auf der Basis gleicher Differenzen, nicht proportionaler Differenzen.

Im vierten Stadium (beginnend vom achten bis neunten Lebensjahr) gelangen die Kinder zu Lösungen im Sinne der Proportionalität. Typische Antworten zur zweiten der oben genannten Fragen lauten beispielsweise: „Ich teile durch drei und bekomme, wieviel A frißt, das macht 3, dann verdopple ich für B, das macht 6.“

An diesem Beispiel lassen sich die drei *Etappen der Quantifikation* erkennen. Zuerst gibt es nur eine *intensive* Quantifikation, wie Piaget sagt, d.h. es wird eine Ordnungsrelation (Seriation) erkannt ohne Quantifizierung der Abstände. Später gelingt dem Kind eine *extensive* Quantifikation im Sinne gleicher Differenzen und erst zum Schluß eine Quantifikation unter Beachtung proportionaler Beziehungen.

Das proportionale Denken ist insbesondere auch am oben beschriebenen und in der Forschung häufig aufgegriffenen Problem der Balkenwaage untersucht worden, wo wir eine umgekehrte Proportion von Achsenabstand (Hebelarm) und Gewicht haben. Ein weiteres Beispiel, an dem die Etappen dieser Entwicklung deutlich erkennbar werden, ist von Noelting (1980) eingehender untersucht worden.

Versuch: Den Kindern werden zwei leere Gefäße gezeigt: A und B. Der Versuchsleiter erklärt, daß er nun einige Becher mit Flüssigkeiten in jedes der Gefäße gießen wird. Einige dieser Becher enthalten Orangensaft, andere enthalten Wasser. Die Aufgabe des Kindes besteht darin, vorauszusagen, welches der beiden Gefäße schließlich eine Mischung aus Orangensaft und Wasser enthalten wird, die stärker nach Orangensaft schmeckt. Der Proband kann die Zahl der Becher zählen, die in jedes Gefäß gegossen werden sollen, aber er darf die Becher nicht wirklich in das Gefäß gießen und probieren. Man kann nun folgende Sequenz von Lösungsstrategien unterscheiden:

Strategie I (drei bis viereinhalb Jahre) besteht in einem isolierten Zentrieren. Das Kind beurteilt jede Reihe mit Bechern für sich, ohne Vergleich. Es registriert lediglich, ob ein Becher mit Saft dabei ist oder nicht. Es löst daher nur jene Probleme, in denen nur auf einer Seite ein Glas mit Saft steht *(Abb. 8.17a)*, es versagt in allen anderen Fällen *(Abb. 8.17b, c, d)*.

Strategie II (viereinhalb bis sechs Jahre): eindimensionaler Vergleich. In dieser Periode registrieren die Kinder nicht nur die Anwesenheit oder Abwesenheit von Saft auf jeder Seite, sondern auch die Quantität des Saftes, das ist die Anzahl der Becher mit Saft. Ihre Antwortstrategie ist vergleichend und nicht mehr nur absolut. Sie haben Erfolg in allen Fällen, in denen das Zählen der Saftbecher auf jeder Seite die Lösung ermöglicht (*Abb. 8.17a, b* im Gegensatz zu *Abb. 8.17c, d*), d.h. sie behaupten, jenes Gefäß schmecke mehr nach Orangensaft, in das mehr Saftbecher gegossen werden.

Strategie III (sieben bis acht Jahre): zweidimensionaler Vergleich. Nun wird nicht mehr nur die Zahl der Saftbecher, sondern auch die Zahl der Wasserbecher beachtet. Die Strategie besteht darin, die relative Zahl der Wasser- und der Saftbecher auf jeder Seite zu kalkulieren und jene Seite zu wählen, bei der die Zahl der Saftbecher überwiegt. Wenn auf beiden Seiten nun aber die Zahl der Saftbecher überwiegt (Abb. 8.17d) oder wenn beide Seiten mehr Wasserbecher haben, sind die Kinder noch nicht zu einer korrekten Antwort fähig.

Strategie IV (neun bis zehn Jahre): zweidimensionaler Vergleich mit Quantifizierung. Im Alter von neun Jahren etwa beginnen die Kinder nicht nur die relative Zahl von Saft- und Wasserbechern zu betrachten, sondern die Proportion zu quantifizieren, so daß sie alle Probleme lösen können.

Es wird an diesem Beispiel deutlich, daß die Sequenz der Strategien eine Logik hat, daß jede Strategie eine modifizierte und leistungsfähigere Version der vorhergehenden darstellt. Alle Strategien lösen einige Probleme und alle machen in einer gewissen Weise Sinn. Jedes höhere Niveau erlaubt die Lösung einer größeren Zahl und Vielfalt von Problemen, da es einige neue relevante Aspekte der Aufgabe einschließt. Piaget würde sagen: Jede neue Strategie schließt die Elemente der vorhergehenden ein, ist aber differenzierter und gleichgewichtiger als diese. Wir werden auf diesen Versuch zurückkommen, wenn wir Piagets genetische Erklärungsweise diskutieren.

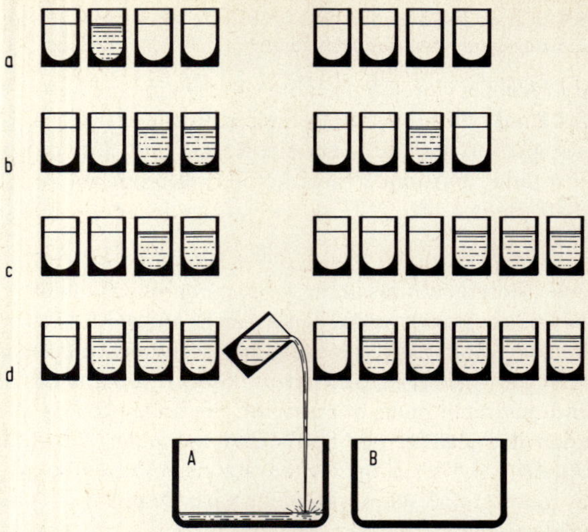

Abb. 8.17 Anordnung zur Prüfung des Proportionsverständnisses

3. Piagets Entwicklungstheorie

Nach den Entwicklungsbeschreibungen haben wir die Entwicklungstheorie, die Erklärung der Entwicklungsveränderungen zu behandeln. In den nächsten Abschnitten sind einige der Grundbegriffe und -hypothesen Piagets erläutert.

Schema, Struktur, Assimilation und Akkommodation

Schema, Struktur: Die Begriffe Schema und Struktur werden zunächst als Abstraktion und als kategorisierende Zusammenfassung von Handlungsweisen gebraucht. Zum Beispiel variiert jede Handlung des Greifens, des Werfens, des Schüttelns oder Saugens, je nach Gegenstand und Körperlage, je nach Situation. Es bedarf der Abstraktion, um von den Variationen abzusehen. Piaget faßt darüber hinaus Strukturen als (leistungs-)erklärende hypothetische Konstrukte (vgl. weiter unten).

Akkommodation und Assimilation: Piaget sieht eine Handlung oder geistige Operation durch ihre Struktur oder Form charakterisiert. Greifen, das ist ein Umfassen eines Objektes mit einem oder mehreren Körperteilen, z. B. mit Fingern und Handfläche oder mit Fingern alleine, mit den Armen, mit den Füßen. Das Schema oder die Struktur des Greifens wird je nach Situation und je nach zu greifendem Gegenstand in anderer

Weise realisiert. Diese Anpassung an die Situation oder den Gegenstand nennt Piaget Akkommodation des Schemas an den Gegenstand.

Die Akkommodation an den Gegenstand gelingt durchaus nicht immer auf Anhieb; sie mag ein schwieriges Neu- oder Umlernen erfordern. So versucht ein Kind mit den ihm geläufigen Schemavarianten Flüssigkeiten zu greifen: Wenn die einfache Assimilation von Flüssigkeiten mit den ausgebildeten Varianten des Schemas ,,Greifen" mißlingt, muß es dieses Greifschema akkommodieren, bis es Flüssigkeiten ,,schöpfen" kann. Wenn die Akkommodationsleistungen, wie in diesem Falle, eine sehr deutliche Differenzierung des Ausgangsschemas erfordern, wird man vielleicht eine neue Bezeichnung für diese Handlungsform (Schema) verwenden. Der Begriff Greifen wird durch Schöpfen ersetzt.

Struktur und Inhalt: Die Struktur oder Form einer Handlung unterscheidet Piaget also von der aktuellen Realisierung oder dem aktuellen Inhalt. Dies gilt ebenso für die Erwerbungen späterer Entwicklungsperioden: Das Schema oder die Struktur des Zählens kann z. B. auf beliebige Inhalte angewandt werden. Die Strukturen der additiven Klassenkomposition oder der Seriation können mit vielen verschiedenen Inhalten realisiert werden, die Struktur der Variablenkontrolle erlaubt die Erstellung von Hypothesen in jedem beliebigen Gegenstandsbereich.

Piagets Strukturmodelle

Welche Modelle wählt Piaget zur Beschreibung von Strukturen? Er kritisiert pointiert den Assoziationismus, der als einzigen Strukturtyp die Assoziation kennt. Er moniert, daß der Assoziationismus den deskriptiven Reichtum an Verhaltens- und Erkenntnisinhalten nicht annähernd angemessen abbildet. Die einzige Beziehung, die eine Assoziation ausdrücken kann, ist die zeitliche Aufeinanderfolge. Alle weiteren Beziehungen räumlicher, sozialer, kausaler, verwandtschaftlicher oder logischer Art sind im Modell der Assoziation nicht repräsentiert. Ein Reiz zieht eine assoziierte Reaktion nach sich, ein Reizwort ein Reaktionswort, ein Signal die Erwartung eines nachfolgenden Ereignisses. Die assoziierten Reaktionen können aufgrund unterschiedlicher Strukturen zustandekommen, z. B. können auf ein Reizwort wie ,,Stuhl" aufgrund sehr verschiedener semantischer Beziehungsstrukturen sehr unterschiedliche Reaktionsworte assoziiert werden, beispielsweise:

Bein (Ganzes – Teil), Tisch (funktionale Gebrauchsbezeichnung), Sitzmöbel (Oberbegriff), Sessel (nebengeordnete Unterklasse unter dem Oberbegriff Sitzmöbel), bequem (affektive Qualität), Holzstuhl (Unterbegriff).

Wir erkennen dabei, daß die Assoziation selbst gelenkt wird durch unterschiedliche Strukturen, in denen Stuhl ein Element ist und die jeweils assoziierten Begriffe andere Elemente darstellen, die mit Stuhl in unterschiedlichen Relationen stehen. Den Reichtum an Strukturen vollständiger auszuschöpfen, stellt Piaget als ein wichtiges Anliegen der Psychologie heraus.

Welche Strukturmodelle wählt er selbst? Er beschreibt die Entwicklung der Raum- und Zeitbegriffe, der physikalischen Mengenbegriffe, der Erklärungsweisen, der Klassenbildung, des Schlußfolgerns, der induktiven Regelfindung usw. Seine Themen weisen also einen großen qualitativen Reichtum auf. Seine Strukturmodelle aber repräsentieren diese qualitative Vielfalt nicht: Sie sind sehr abstrakt. Im voroperatorischen Denken sind es die allgemeinen Merkmale der Zentrierung auf eine Dimension, der Mangel an Beweglichkeit und Stabilität des Denkens. Auf dem konkret- und formal-operatorischen Niveau bietet er Gruppierungen und Gruppenstrukturen als Modelle an. Er sagt in seiner Autobiographie, daß er bereits als Jugendlicher vom Begriff der mathematischen Gruppe sehr beeindruckt war.

Die Gruppierungen enthalten aber nur zwei Formen der Verknüpfung (Addition und Multiplikation) mit ihren jeweiligen Umkehrungen (Subtraktion und Division). Auch bei Piaget bleibt also der qualitative Reichtum der Verknüpfungen unberücksichtigt, er wurde in die verknüpften Elemente verdrängt (Aebli 1978), wird dort aber nicht Gegenstand der Analyse. Verschiedene Dinge als Klasse zusammenzufassen, sie gegenüber anderen Klassen abzugrenzen, dies setzt ja spezifische Strukturbildungen voraus. Piaget analysiert diese nicht. Er beschreibt nur die logisch-mathematischen Verbindungen zwischen Klassen.

Wie die abstraktere Beziehung ,,gehört zu" auf verschiedene Weisen interpretiert, konkretisiert werden kann (z. B. ,,ist Teil von", ,,ist Merkmal von", ,,ist Eigentum von", ,,ist verwandt mit"), so kann auch die von Piaget betrachtete Addition auf sehr unterschiedlichen Beziehungen zwischen den addierten Elementen beruhen. Welche Bedeutung die Addition zweier Klassen hat, welche inhaltlichen Beziehungen diese Addition sinnvoll machen, betrachtet er nicht. Piagets Strukturtypen sind abstrakt, die inhaltliche Konkretisierung interessiert ihn nicht.

,,So hat Piagets Gruppentheorie nichts über die Klassen zu sagen, in die das Kind die Erscheinungen seiner Umwelt einteilt, und nichts über die Beziehungen, die es zwischen diesen herstellt, so daß sie in einem gewissen Zeitpunkt der Entwicklung addierbar, subtrahierbar, multiplizierbar oder dividierbar werden und daß diese Operationen zusammen Gruppierungen bilden" (Aebli 1978, S. 608).

Die Strukturen des formal-operatorischen Niveaus (Kombinatorik, Vierergruppe, Proportionalität) sind auf sehr viele Gegebenheiten anwendbar. Die abstrakte Formalisierung hat aber in Piagets Stufentheorie wichtige Implikationen, was im folgenden Abschnitt erläutert wird.

Piagets Verdienst liegt darin, daß er der erste Strukturalist unter den Denkpsychologen ist, wenn auch die Gestaltpsychologen eine gewisse Vorläuferfunktion haben. Heute ist dieser Gedanke weithin aufgegriffen worden. Er findet sich in viel reicherer Form in den Theorien des semantischen Gedächtnisses, der semantischen Netzwerke wieder (vgl. Kap. 9). Autoren wie Norman und Rumelhart (1978) sehen keinen Grund zu einer Beschränkung auf wenige Strukturtypen, wie Piaget sie beschreibt.

In semantischen Netzwerken werden alle Beziehungen ausdrückbar, die sprachlich, symbolisch oder handlungsmäßig darstellbar sind.

Piagets Stufenkonzept

Piaget versteht – wie gesagt – Strukturbegriffe nicht nur als Abstraktion beobachtbarer Handlungs- und Denkweisen, er gibt ihnen den Status von hypothetischen Konstrukten. Es bleibt darzulegen, ob und inwiefern dies sinnvoll ist.

Die Betrachtung eines Strukturmodells als hypothetisches Konstrukt ist immer dann gerechtfertigt, wenn verschiedene Verhaltensweisen, an denen gleiche strukturelle Merkmale erkannt werden, zur gleichen Zeit in der Entwicklung auftauchen. Wer das oben genannte Pendelproblem lösen kann, weil er einen Überblick über die möglichen Kombinationen der beiden Variablen Gewicht und Länge zu erstellen vermag, müßte – falls die Annahme einer über die spezifischen Inhalte hinausgehenden allgemeinen Struktur nützlich ist – andere Probleme dieser Art lösen können: z. B. das Problem, welche Kombination verschiedener Flüssigkeiten eine gewünschte Färbung ergibt, und das Problem, wovon die Biegsamkeit eines Metallstabes abhängt, wenn Metallart, Durchmesser und Massivität (massiv oder hohl) die Variablen sind (Piaget & Inhelder 1955).

Eine Entwicklungsstufe ist charakterisiert durch Strukturen, die aus Handlungen und Denkleistungen erschlossen werden. Genau in diesem Sinne verwendet Piaget Struktur- und Schemamodelle. Sie bezeichnen die strukturellen Gemeinsamkeiten inhaltlich unter Umständen sehr unterschiedlicher Verhaltensweisen und könnten damit die Gleichzeitigkeit des Auftretens dieser Verhaltensweisen in der Entwicklung erklären.

Horizontale Verschiebung: Ein Problem wirft die Beobachtung auf, daß die gleiche Struktur in unterschiedlichen Gegenstandsbereichen nicht zur gleichen Zeit (im gleichen Alter) realisiert wird. Piaget spricht von „horizontaler Verschiebung“. Bekannt geworden ist Piagets eigenes Beispiel für eine solche Verschiebung, die mit Regelmäßigkeit zu beobachten ist: Die Einsicht in die Invarianz bei Anordnungs- oder Formveränderungen wird hinsichtlich der Substanz (Menge, Anzahl) früher erreicht als hinsichtlich des Gewichtes und des Volumens eines Körpers, obwohl die Grundstruktur der Argumentation, die zu dieser Einsicht führt, in allen drei Bereichen die gleiche ist.

Piaget hat keine Theorie der Verschiebung entwickelt. Es sagt nicht, an welchen Inhalten eine Struktur leichter oder weniger leicht realisiert werden kann. Die Erwartung, daß alle Probleme der gleichen Struktur etwa zur gleichen Zeit gelöst werden können, entspricht dem Stufenkonzept, ist aber in jedem Fall empirisch zu prüfen, da weitere Faktoren (z.B. Vertrautheit mit dem Gegenstandsbereich, Motivation usw.) die Realisierung der Struktur mitbestimmen (Aebli 1963).

Die von Piaget beschriebene Stufenfolge wird als notwendige Sequenz betrachtet, in der die jeweils höhere Stufe Elemente der vorausgehenden in ein umfassenderes System integriert (vgl. Noeltings Abfolge der Entwicklungsschritte des Verständnisses von Proportionalität weiter oben als Beispiel). Die dieser Theorie zugrundeliegende spezifische Erklärungsweise wird im folgenden Abschnitt behandelt.

Piagets genetisches Erklärungsmodell

Die Entwicklungspsychologie hat einmal die Aufgabe der Beschreibung entwicklungsmäßiger Veränderungen (Piaget wählt ein Stufenmodell), zweitens die Aufgabe der Erklärung dieser Veränderungen. Es gibt unterschiedliche Arten der Erklärung (vgl. Hoppe et al. 1977, S. 29ff), im folgenden soll die Erklärungsweise Piagets charakterisiert werden.

Für viele besteht das Ideal einer Erklärung in einer universellen Kausalerklärung, die die gesetzmäßige Verknüpfung von *bedingenden* Ereignissen oder Zuständen und *bedingten* Folgen voraussetzt. Solche Gesetze haben die Form: immer wenn p, dann auch q. Gesetze dieser Art enthalten also eine hinreichende Bedingung p, aus der sich notwendig die Folge q ergibt. Hiervon zu unterscheiden sind z.B. Gesetze, die nur eine notwendige, aber nicht hinreichende Bedingung für das Eintreten der Folge q angeben. Eine positive Voraussage ist nur dann mit Sicherheit zu treffen, wenn die Erklärung vom Typ der hinreichenden Bedingtheit ist, nicht aber wenn sie vom Typ der notwendigen Bedingtheit ist. Dieser zweite Typ läßt sich nur im Sinne einer negativen Voraussage verwenden: Wenn wir die notwendigen Bedingungen eines Phänomens kennen, können wir bei ihrem Fehlen voraussagen, daß das Bedingte nicht eintreten wird. Ist die notwendige Bedingung gegeben, können wir das Eintreten der bedingten Folge nur als Möglichkeit voraussagen. Beobachten wir hingegen die Folge, können wir rückschließend sagen, daß deren notwendige Antezedenzbedingungen in der Vergangenheit ebenfalls vorgekommen sein müssen.

Die Psychologie kennt bislang kaum Gesetze mit hinreichenden Bedingungen, meist nicht einmal solche mit notwendigen Bedingungen, denn es müßte belegt sein, daß die Folge q immer p voraussetzt und nicht etwa auch ohne p, sondern durch o oder p' eintreten kann. Vieles von dem, was die Psychologie als Bedingung einer Veränderung ausgemacht hat, kann durch andere Bedingungen ersetzt werden.

Piagets Anspruch ist die Formulierung von Gesetzen mit notwendigen Bedingungen. Er behauptet, die von ihm beschriebenen Stufenfolgen seien notwendige Abfolgen. Jede Stufe sei notwendige, wenn auch nicht hinreichende Bedingung (oder Voraussetzung) für das Erreichen der nächsten. Was sind seine Belege?

Wenn ein Phänomen einem anderen entwicklungsmäßig vorausgeht, liegt die Vermutung nahe, daß es für dieses eine Voraussetzung darstellt. Selbstverständlich muß neben der Beobachtung der zeitlichen Abfolge eine plausible Zusammenhangshypothese hinzukommen. In diesem Sinne hat für Piaget bereits die Beobachtung Erklärungswert, daß der Sprache (mit ihrer Repräsentationsfunktion) Leistungen vorausgehen, die ebenfalls eine innere Repräsentation implizieren (Nachahmung, Objektpermanenz, Symbolhandlung).

Strukturanalyse: Zur Erklärung beobachteter Abfolgen bietet Piaget uns das Mittel der Strukturanalyse an. Wenn wir aus der oben genannten Aufgabe Noeltings die vierte Strategie (Proportionsbildung zwischen Zahlen, etwa $4 : 2 = 8 : 4$ oder $3 : 2 \neq 4 : 3$) herausgreifen und auf ihre Struktur hin analysieren, so können wir einige Voraussetzungen identifizieren, wie die Entwicklung des Zahlbegriffs, der Gruppe der ganzen Zahlen mit den Operationen Addition, Subtraktion, Multiplikation und Division. Insofern liefert eine Strukturanalyse Hypothesen über eine vorausgehende Entwicklungssequenz. Um ein anderes, altbekanntes Beispiel zu nennen: Bevor in einer Mengeninvarianzaufgabe die zwei Dimensionen Höhe und Breite integriert werden, müssen diese Dimensionen aus einem globalen Größenbegriff differenziert worden sein.

Piaget behauptet, daß die Abfolge der Stufen notwendig sei, weil die höheren Stufen Elemente der vorausgehenden integrierten. Warum die Entwicklung nicht auf einer Stufe stehen bleibt, sondern weiterschreitet, ist mit dieser Analyse noch nicht einsichtig aufgeklärt. Piaget bietet für die Erklärung der Weiterentwicklung das Konzept der Äquilibration an.

Das Konzept der Äquilibration: Äquilibration heißt Findung von Gleichgewicht. Der Impuls zur inneren Koordination und zum Aufbau immer komplexerer Strukturen erfolgt aus der Erfahrung eines Ungleichgewichtes, Widerspruchs oder kognitiven Konfliktes. Die Entwicklung der kognitiven Strukturen von einem relativ leicht störbaren System zu immer stabileren bezeichnet Piaget als Äquilibrationsprozeß.

Piaget hat den Konfliktbegriff nicht so präzise definiert, als daß aus seinen Definitionen Anordnungen für die Induktion kognitiver Konflikte und damit für die gelenkte Weiterentwicklung leicht ableitbar wären. Darin liegt die Schwäche seines Konzeptes, denn es ist unschwer, jede beobachtete Veränderung im nachhinein auf einen Konflikt zurückzuführen. Aus verschiedenen Beispielen lassen sich aber einige Grundformen der Konfliktentstehung herausarbeiten:
- *Konflikte zwischen zwei Assimilationsschemata,*
- *Widerlegen eines Urteils durch ein empirisches Ereignis,*
- *Ungleichgewicht durch fehlschlagende Assimilationsversuche,*
- *Ungleichgewicht durch Problemstellung und Frage.*

4. Lernpsychologische Implikationen der Theorie Piagets

Abgrenzung gegenüber Widerspiegelungstheorien

Piaget entwickelte sein System in der Blütezeit des Assoziationsmodells in der Lernpsychologie. Lernen wurde damals im wesentlichen als Assoziationsbildung verstanden. Gegen dieses Modell hebt Piaget seine Konzeption der Entwicklung ab. Er faßt das, was diese frühen assoziationistischen Theorien beinhalten, als Lernen im engeren Sinne zusammen, womit er das Registrieren empirisch erfahrener Ereignissequenzen und Wahrscheinlichkeiten meint.

Ein Organismus mag erfahren und sich einprägen, daß auf ein Signal hin eine unkonditionierte Reaktion erfolgt (das entspricht Pawlows klassischem Konditionieren), daß in einer spezifischen Situation ein bestimmtes Verhalten mit einer angebbaren Wahrscheinlichkeit ein positives oder negatives Ereignis nach sich zieht (das ist das Modell des Lernens am Erfolg, das von E. L. Thorndike vorgeschlagen wurde), daß bestimmte Wahlen mit einer angebbaren Wahrscheinlichkeit richtig oder erfolgreich sind (Wahrscheinlichkeitslernen), daß ein Verhalten in einer Situation erfolgreich, in einer etwas andersartigen nicht erfolgreich ist (Diskriminationslernen). Lernen in diesem Sinne kommt als Erklärung der geistigen Entwicklung nicht in Betracht.

Piaget weist alle Theorien zurück, die Entwicklung ausschließlich als empirisches Lernen, als direkte Widerspiegelung der Außenwelt interpretieren. Gerade die Unterscheidung von Entwicklungsstufen zeigt, daß je nach den aufgebauten Erkenntnisinstrumenten Unterschiedliches erfahren wird und erfahren werden kann. Der Beitrag des erkennenden Menschen und seiner Erkenntniskompetenzen (wir sprechen heute meist nicht von Erkenntnis, sondern von Informationsverarbeitung) darf nicht übersehen werden.

Versuch: Wir zeigen einem vierjährigen Kind eine durchsichtige Flasche, die mit einer farbigen Flüssigkeit gefüllt ist. Wir bringen die Flasche in Schräglage oder legen sie auf den Tisch (vgl. *Abb. 8.18a*). Nun lassen wir das Kind das Flüssigkeitsniveau in vorbereitete Umrißzeichnungen der Flasche einzeichnen. Es wird in charakteristischer Weise versagen (vgl. *Abb. 8.18b*).

Wir bitten es, doch genau den horizontalen Flüssigkeitspegel anzuschauen. Es lernt nichts aus dieser Anschauung, da es noch kein Konzept der Horizontalität aufgebaut hat, das ihm erlaubt, eine entsprechende Information aus der Anschauung zu gewinnen.

Mit dem Konzept der Äquilibration versucht Piaget, die geistige Entwicklung abzuheben gegenüber Theorien, die eine Widerspiegelung der

Außenwelt als grundlegenden Prozeß annehmen, wie z. B. die sensualistische Philosophie (Locke, Hume, Mill), die neue geistige Inhalte auf Sinneserfahrungen zurückführt. *Abbildung sinnlicher Eindrücke* ist das Paradigma des Erwerbs beim Sensualismus, *Konstruktion* ist die Idee in Piagets Konzept der Äquilibration. Die Konstruktion mag angeregt sein durch Erfahrungen, vor allem durch konflikt- und dissonanzerzeugende, sie mag auch vorgegeben sein durch Wort, Bild oder Beispiel; sie ist aber nicht empirisches Lernen, sondern neue Strukturierung und Organisation, ob kreativ und selbständig entdeckt oder nur nachvollzogen.

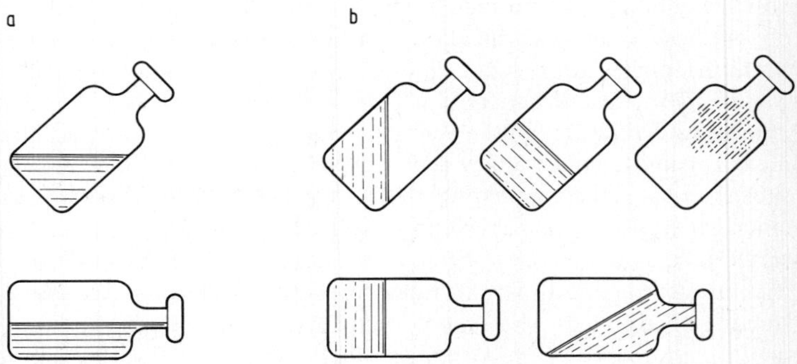

Abb. 8.18 Demonstration des Wasserspiegels in der gekippten Flasche (a) und typische Fehler (b) der Reproduktion

Lernanordnungen auf der Basis der Theorie Piagets

Strukturalistische Transfertheorie

Die Annahme von Schemata oder Strukturen als hypothetische Konstrukte macht eine Prognose über ihre Anwendungen auf neue Inhalte möglich. Die Lernpsychologie hat dieses Problem unter dem Konzept des Transfers oder der Übungsübertragung behandelt. Das an einem Inhalt Gelernte wird auf neue Inhalte übertragen.

In der kognitionspsychologischen Familie der Transfertheorien ist der Begriff der Struktur zentral. Die Anwendung einer Struktur (in Piagets Terminologie: ihre assimilatorische Funktion) impliziert die Annahme, daß Strukturen als dynamische Organisationsmuster hinter dem Verhalten stehen und dieses bedingen. Insofern sind Strukturen zwar nicht direkt beobachtbar, aber hypothetische Konstrukte, die eindeutig operational definiert werden können. Sie werden aus dem Verhalten erschlossen. Ebenso wie man die Strukturen eines Gegenstandes, eines Wissensbereiches oder einer Lektüre beschreiben kann, ist die Struktur des Verhaltens aus konkreten Handlungen und Denkleistungen abstrahierbar.

Strukturbeschreibungen von Fertigkeiten, Denkprozessen, Sachzusammenhängen stammen aus den verschiedenen Praxis- und Wissenschaftsbereichen. Schreiner, Maurer, Skilehrer liefern ebenso Strukturbeschreibungen wie Architekten, Mathematiker, Geographen oder Mediziner. Alle haben je eigene Strukturmodelle mit spezifischen begrifflichen Bezeichnungen für Elemente und deren Beziehungen innerhalb einer Struktur entwickelt. Jede der in diesen Bereichen beschriebenen Strukturen mag als Modell dienen für die Darstellung von Verhalten, von Verständnis- und Problemlösungsleistungen („Er verhält sich so, als ob er diese oder jene Struktur entwickelt oder angewandt hätte"). Strukturmodelle können ein unterschiedliches Abstraktionsniveau aufweisen. Der Abstraktionsgrad ist um so höher, je weniger spezifische inhaltliche Details enthalten sind. Je abstrakter die Struktur, auf um so mehr Inhalte kann sie angewandt werden (um so mehr Inhalte können subsumiert werden), um so weiter ist ihre Transferierbarkeit (im Sinne einer generalisierenden Anwendbarkeit). Piagets sehr abstrakte Strukturmodelle sind dann angemessen, wenn sich tatsächlich auf einer Entwicklungsstufe eine in struktureller Hinsicht hohe Konsistenz der Leistungen belegen läßt. Dies kann durch Lernanordnungen gefördert werden, indem man eine am konkreten Fall entwickelte Struktur auf neue Fälle und Gegenstandsbereiche anwendet, die strukturellen Gemeinsamkeiten bei diesem Prozeß der Anwendung herausarbeitet und die zufälligen inhaltlichen konkreten Züge des für die Einführung benutzten Falles als irrelevant aufweist. Der Transfer auf neue Inhalte wird um so leichter gelingen, an je mehr unterschiedlichen Gegenständen eine Struktur angewandt wurde.

Ableitungen aus dem Konzept der Beweglichkeit

Komplexe organisatorische Struktursysteme (Gruppierungen, Gruppen) zeichnen sich nach Piaget durch einen hohen Grad an Beweglichkeit aus. Mit Beweglichkeit meint Piaget jene Dezentrierungen, die die Erfassung verschiedener Aspekte eines Gegenstandes oder eines Problems erlauben. Wichtig ist, daß durch eine solche Dezentrierung neue Informationen gewonnen werden, ohne daß dadurch die aus der ersten Zentrierung resultierende Information wieder verloren geht. Solche Dezentrierungen können durch Übungen gefördert werden. Dadurch steigt die Wahrscheinlichkeit, daß alle zur Lösung benötigten Informationen geistig präsent sind, also im „Arbeitsspeicher" (vgl. Kap. 10) verfügbar sind. Die Frage ist dann, ob die notwendigen Relationen beherrscht werden, um diese nun verfügbaren Informationen zu verknüpfen.

Untersuchungsbeispiel: Die Einsicht in die Inklusionsbeziehung von Unter- und Oberklasse kann dadurch gefördert werden, daß anhand eines gegebenen Materials (z. B. *Abb. 8.5*) die Beweglichkeit des Zentrierens einzelner Klassen gesteigert wird.

Das kann dadurch geschehen, daß Probanden rasch nacheinander aufgefordert werden, die Elemente von Unterklasse und Oberklasse zu zeigen: ,,Zeig mir die Knaben!" ,,Zeig mir die Mädchen!" ,,Zeig mir die Kinder!" ,,Zeig mir die Mädchen!" ,,Zeig mir die Erwachsenen!" ,,Zeig mir die Kinder!" ,,Zeig mir die Mädchen!" usw.

Anfangs gelingt dies nur langsam und fehlerhaft, dann immer rascher. Die ausreichende Beweglichkeit erlaubt nun die Inklusionsfrage: ,,Sind es mehr Mädchen oder sind es mehr Kinder?" Viele Fünfjährigen gelangen nach solchen Mobilitätsübungen zur richtigen Antwort (Montada 1968).

In einer zweiten Bedeutung verwendet Piaget den Begriff der Beweglichkeit, wenn er jene Merkmale höherer Operationssysteme meint, die ein flexibles Operieren im System erlauben: Reversibilität (Negation, reziproke Operation) oder Assoziativität bzw. Kommutativität der Verknüpfungsoperationen. Diese Systemmerkmale sichern Beweglichkeit in dem Sinne, daß man auf verschiedenen Operationswegen und von verschiedenen Startpunkten aus zu einem gleichen Ergebnis kommen kann, daß im Gegensatz zu einer assoziationsartigen Verkettung ein Lösungsweg in beiden Richtungen durchlaufen werden kann. Die Gleichung $17 + 8 - 10 = 12 + 3$ kann als assoziative Kette auswendig gelernt werden oder aber im System der Gruppe ganzer Zahlen auf viele verschiedene Weisen gelöst werden.

Auch Reversibilität und Assoziativität lassen sich fördern. So kann ein Klassifikationssystem von verschiedenen Richtungen aus durchlaufen werden. Aebli (1976) gibt das Beispiel der Versandung eines Sees; die beteiligten Prozesse (Erosion, Anschwemmung usw.) lassen sich mit Kindern in verschiedenen Richtungen durchsprechen, was das Verständnis der Zusammenhänge erleichtert.

Ableitungen aus dem Äquilibrationskonzept

Das Konzept der Äquilibration – im Sinne einer Auflösung von Widersprüchen und Konflikten durch Umstrukturierung und Neuaufbau von Strukturen – hat viele Forscher angeregt, die geistige Entwicklung durch die Induktion kognitiver Konflikte zu fördern (zum Überblick vgl. Montada 1970).

Als erster realisierte Morf (1959) einen Versuch zum Erwerb der Einsicht in die Klasseninklusion in Anlehnung an das Äquilibrationskonzept.

Er entwickelte für voroperatorisch denkende Kinder eine Kategorisierungsaufgabe, in die er bestimmte Konfliktfälle einbaute. Zum Beispiel ließ er Gegenstände in zwei Kästchen ,,für Erwachsene" und ,,für Kinder" ordnen. Es gab Konfliktfälle bei Dingen, die sowohl für Erwachsene als auch für Kinder brauchbar waren. Sobald die Probanden den Konflikt erlebten, wurden die Kästchen durch

Rechtecke ersetzt, die sich überschnitten, wodurch ein Ort für die Schnittmenge geschaffen wurde. Der Versuchsleiter machte dem Kind die Nützlichkeit der Schnittmenge begreiflich.

Morf realisiert hier also einen kognitiven Konflikt, und er nutzt den bestehenden Konflikt, um eine Lösung vorzuschlagen: die Doppelkategorisierung. Das Charakteristische dieses Vorgehens liegt darin, daß multiples Klassifizieren durch Angebote von Konfliktfällen geübt wurde. Damit meinte Morf jene Schwierigkeiten anzugehen, die Kinder im Inklusionsproblem erleben (vgl. *Abb. 8.5*), nämlich die Unterklasse (Mädchen) gleichzeitig als eigenständige Klasse und als Unterklasse in der Oberklasse (Kinder) einzuordnen. Die Lösung des Inklusionsproblems gelingt ja nur, wenn die Mädchen zweifach klassifiziert werden, und zwar in diesem Falle in verschachtelte Klassen.

Wertet man Piagets Äquilibrationskonzept didaktisch aus, führt das zu Konsequenzen, die Widerspiegelungstheorien nicht nahelegen würden. Wer Äquilibrationsprozesse einleiten will, muß Konflikte induzieren. Die Unzulänglichkeit, eventuell die Widersprüchlichkeit der eingesetzten Problemlösungsstrategien, muß vom Lernenden verstanden werden. Im weiteren soll die Lösung aber möglichst vom Lernenden selbst gesucht und entdeckt werden, um die Gefahr zu vermeiden, daß ihm eine Lösung angeboten wird, die er nicht versteht, die ein Fremdkörper in seinem Denken bleibt, deren Struktur er nicht nachvollziehen kann. Diese Haltung ist bei Piaget zu einer Ideologie geworden.

5. Piagets Erziehungsideologie

Piagets konstruktivistisches Modell der Entwicklung ist nicht mit einer Reifungstheorie zu verwechseln. Entwicklung als selbstkonstruktiver Prozeß ist als Interaktion zwischen Subjekt und Umwelt konzipiert, wobei die Formen der Interaktion je nach Entwicklungsstand verschieden sind. Da Piaget aber Lehrern oder Erziehern keine konkreten Hinweise gibt, wie man Lernprozesse steuern könnte, wird seine Theorie verständlicherweise nicht selten als „Quasi-Reifungstheorie" angesehen (Ausubel 1969). In der Tat glaubte Piaget, daß die Äquilibrationsprozesse, die zum Aufbau komplexerer Struktursysteme führen, ohne Anleitung vollzogen werden. Ist ein bestimmtes Strukturniveau einmal erreicht, dann mag ein Lehrer die Aufgabe übernehmen, Gegenstände anzubieten, auf die sich die Strukturen anwenden lassen. Er mag inhaltliches Wissen vermitteln, aber den Aufbau der Erkenntnisinstrumente – die kognitive Entwicklung im engeren Sinne – kontrolliert er nicht.

Man spürt bei Piaget das kulturkritische Erbe Jean Jacques Rousseaus (Aebli 1967): Warnung vor den Gefahren der Autorität des Lehrers finden sich immer wieder, Warnungen, die sich mit Berechtigung auf die Didaktik der alten, inzwischen wohl aber überwundenen Paukschule beziehen. Die Gefahr, daß ein Lehrer durch seine Autorität bestimmte

Wissenselemente aufpfropft, die nicht verstanden werden, d. h. die nicht „organisch“ in die bestehende kognitive Organisation eingegliedert werden können, ist gewiß gegeben. Man darf deshalb Lehrer und Erzieher aber nicht zu Randfiguren der kognitiven Entwicklung degradieren.

Piaget begreift die von ihm beschriebene Entwicklung als ein „natürliches“ Aufbaugeschehen mit einer immanenten „Entfaltungslogik“ zu immer gleichgewichtigeren Organisationsformen hin (Piaget 1972): Der Aufbau der Struktur kann demnach nicht „gelehrt“ werden. Lernende müssen die Unzulänglichkeiten und Widersprüchlichkeiten ihrer Auseinandersetzung mit einem Problem begreifen, d. h. das Problem als ein Problem für das Verhaltensrepertoire begreifen, um dieses verändern zu können. Die beträchtlichen Schwierigkeiten, den Gang der geistigen Entwicklung deutlich zu beschleunigen, sieht Piaget als Bestätigung dieser seiner Grundhaltung.

Es wäre naiv zu glauben, man orientiere ein Lernprogramm an Piagets System, wenn man die typischen von ihm verwandten Aufgaben und Problemstellungen (Konstanzbegriffe, Mengenrelationen, Meßoperationen, Kombinatorik usw.) als Lernziele aufnimmt. Dies ist nebensächlich. Wesentlich hingegen ist, daß Lehrer die Erkenntnismöglichkeiten der Lernenden richtig einschätzen und angemessene Probleme vorlegen, Probleme, die Lernende als solche verstehen, die sie mit eigener Anstrengung (und vielleicht hilfreicher Anleitung) lösen können. Vermieden werden muß die unverstandene Übernahme der Erkenntnisse eines Lehrers. Piaget will Verbesserung der Erkenntnis, nicht auswendig gelernte Reproduktion fremder Erkenntnisse.

Aus dieser Haltung erklärt sich eine Favorisierung der selbsttätigen Entdeckung, der Modelle des offenen Unterrichts, der genetischen Methode, auch die Betonung der Bedeutung einer Interaktion der Kinder mit Gleichaltrigen für die kognitive Entwicklung, da diese Interaktion in geringerem Maße die Gefahr birgt, daß sich Meinungen einer übermächtigen Autorität unverstanden durchsetzen. Im Lichte dieser Überlegungen ist Piagets „klinische Methode“, die von ihm als eine Methode der Diagnose des Strukturniveaus seiner Probanden verstanden wird, in Wahrheit bereits die ideale Methode des Unterrichtens: Probleme werden gestellt, aber keine Lösungen durchgesetzt und auf oberflächlichem Niveau automatisiert. Der Erwachsene beginnt mit einem Problemangebot, das zu Lösungen oder Lösungsversuchen führt, die ihrerseits Anlaß geben, die Lernenden mit Alternativen oder gegenteiligen Meinungen zu konfrontieren, Implikationen der Antworten aufzuzeigen und zu erfragen, Begründungen herauszulocken und damit die Problemlage und den Lösungsversuch zu klären. Dies gibt wohl Anstöße zur Elaboration einer Lösung (Aebli 1963) und damit im Sinne Piagets zur Reorganisation des kognitiven Systems. Warum sollte nicht auch ein Lösungsangebot – so vorbereitet – auf fruchtbaren Boden fallen (Wickens 1973)?

Piagets Theorie ist ohne Zweifel keine Reifungstheorie, da er Weiterentwicklung als eine Auseinandersetzung zwischen Individuum und Umwelt betrachtet. Der Umwelt schreibt er aber einen passiven Part zu: Nur das Individuum ist aktiv, es selbst muß die Konflikte erleben, die eine Weiterentwicklung im Sinne einer Äquilibration einleiten.

6. Grenzen des Systems

Auch die Psychologie Piagets löst nicht alle Probleme. Piaget ist Entwicklungspsychologe, sein Thema ist die kognitive Entwicklung. Die Entwicklungspsychologie hat auch andere sehr wichtige Themen. Wir sollten von Piaget auf viele Fragen zur Persönlichkeits- und Sozialentwicklung keine Antworten erwarten und nicht mehr als einige Hinweise zur Motivationsentwicklung. Aber auch in den Bereichen, die seine typischen Forschungsgegenstände ausmachen, muß man auf charakteristische Einschränkungen der Fragestellungen gefaßt sein. Piaget beschreibt die allgemeine Aufeinanderfolge von Entwicklungsstadien. Nun beobachten wir allenthalben, daß das Strukturniveau nicht bei allen Problemen und nicht in allen Gegenstandsbereichen das gleiche ist. Unter welchen Bedingungen motivationaler, situations- oder problemspezifischer Art wird eine solche Struktur angewandt oder aus Bausteinen aktuell elaboriert, unter welchen nicht? Piaget beschreibt diese Tatbestände als Verschiebung, aber er hat keine Theorie dieser Verschiebung ausgearbeitet.

Wir wissen weiter, daß es beträchtliche interindividuelle Unterschiede hinsichtlich des Tempos der Entwicklung, auch hinsichtlich der Anwendung bereits entwickelter Strukturen gibt. Solche Fragen der Differentiellen Psychologie (interindividuelle Differenzen in Aspekten des Erwerbs oder der Anwendung) sind zentrale Anliegen einer Entwicklungspsychologie. Sie sind auch für die Anwendung entwicklungspsychologischer Erkenntnisse für geleitetes Lernen und Unterrichten zentral, aber dies sind nicht Piagets Themen. Er gibt uns eine Idee von den geistigen Werkzeugen des Erkennens, sagt uns aber nicht, bei welchen Gelegenheiten man sich ihrer erinnert, sie einsetzt; er sagt nicht, wer sie besser oder wer sie weniger gut beherrscht.

Piaget selbst hat darauf verzichtet, durch didaktische Versuche zur Entwicklungsförderung Entwicklungsbedingungen so zu präzisieren, daß sie erzieherisch oder unterrichtlich leicht ausgewertet werden könnten. Seine Erziehungsideologie hat ihn vielmehr dazu geführt, vor solchen Eingriffen zu warnen, insbesondere dann, wenn ihm die Gefahr gegeben schien, durch einen Eingriff in unorganischer Weise Wissen aufzuoktroyieren. Es blieb anderen Forschern vorbehalten, die Entwicklungspsychologie Piagets didaktisch nutzbar zu machen, was möglich ist.

Kapitel 9

Begriffs- und Bedeutungsentwicklung

Thomas Bernhard Seiler
und Wolfgang Wannenmacher

Wenn wir uns mit der entwicklungspsychologischen Erforschung der Begriffs- und Bedeutungsentwicklung auseinandersetzen wollen, müssen wir uns zuerst darüber klar werden, was man unter Begriff und Bedeutung verstehen kann und welche Vorstellungen darüber in der Psychologie vorherrschen.

1. Zur Definition von Begriff und Bedeutung

Die Worte ‚Begriff' und ‚Bedeutung' haben nicht nur in der *Alltagssprache,* sondern auch in der *wissenschaftlichen Rede* viele Bedeutungen mit sehr unterschiedlichen Implikationen. Dasselbe gilt in der psychologischen Forschung. In psychologischen Theorien herrscht eine gewisse Konfusion über die Bedeutungsimplikationen von Begriff und Bedeutung. Manche Mißverständnisse und unzureichende Konzeptualisierungen rühren unseres Erachtens aus einer ungenügenden Trennung von Begriff und Bedeutung.

Begriff

Ein weit verbreiteter Gebrauch sowohl im Alltag wie auch in den Wissenschaften faßt *Begriff* als eine definitorische Festlegung der wesentlichen Merkmale und Beziehungen eines Sachverhaltes und ihre Zusammenfassung in einem festgelegten sprachlichen Ausdruck. Begriffe sind in solchen Auffassungen in erster Linie die für die Beschreibung und Erklärung eines bestimmten Phänomenbereiches wichtigsten Worte und ihre definitorisch festgeschriebene Bedeutung. In diesem Verständnis ist es nicht möglich, zwischen Begriff und Bedeutung zu unterscheiden.

In den meisten philosophischen Auffassungen versteht man dagegen unter Begriff so etwas wie den „einfachsten Denkakt" oder eine „gedankliche Einheit" als „Zusammenfassung der wesentlichen Merkmale von etwas" (vgl. z.B. das Philosophische Wörterbuch von Schmidt und Schischkoff 1974, oder das Philosophische Wörterbuch von Klaus & Buhr 1969).

In der philosophisch-wissenschaftlichen Sprechweise hat sich allgemein eingebürgert, zwischen *Begriffsinhalt* (Intension) und *Begriffsumfang* (Extension) zu unterscheiden. Der Inhalt wird durch die Merkmale und Beziehungen gebildet, die für die Sachverhalte charakteristisch sind, die unter den Begriff fallen. Der Begriffsumfang verweist auf die Menge der Situationen, Fälle oder Individuen, die unter den Begriff fallen, die von ihm bezeichnet und zusammengefaßt werden. Man kann auch sagen, daß ein Begriff das bezeichnet, was beim Übergang von einem Element einer Klasse zu einem anderen invariant bleibt.

In der *psychologischen Forschung* findet man die ganze Palette dieser Auffassungen oft undiskutiert und unreflektiert nebeneinander. So wird in den semantischen Gedächtnistheorien (vgl. Kap. 11) von Begriffen als den Einheiten des Wissens gesprochen. Faktisch aber werden dann Begriffe dennoch wieder wie Worte oder Termini und ihre Bedeutungen behandelt. Vor allem dann, wenn Begriffe analysiert werden, werden sie normierten Wortbedeutungen gleichgestellt und in ihre konventionellen Bedeutungskomponenten aufgelöst. In anderen Auffassungen werden sie ausschließlich als Kategorien, d.h. Zusammenfassungen von gleichartigen Gegenständen oder Ereignissen gehandelt. Dabei geschieht die Zusammenfassung und Gleichbehandlung nach den behavioristischen Lerntheorien durch eine common response oder ein Wort-label, als mediativer Response. Auf derartigen Auffassungen baut z.B. das gängige *experimentelle Paradigma der Begriffsbildung* (concept identification, concept formation) auf. Danach müssen Versuchspersonen bestimmte (vom Versuchsleiter vorgegebene) Gegenstände oder Ereignisse unter dem Gesichtspunkt eines oder mehrerer gemeinsamer Merkmale zusammenfassen. Die Person bildet also den Begriff, indem sie nach den gemeinsamen Merkmalen sucht und gleichzeitig absieht von dem, was sie unterscheidet. Dieser Prozeß wird deswegen oft als Abstraktionsvorgang interpretiert. Und weil für eine erfolgreiche Begriffsbildung dieser Art die Versuchsperson in vielen Fällen mögliche alternative Kombinationen der Merkmale zu bilden und zu testen hat, sprechen diese Autoren auch von Problemlösung. Die Merkmale, auf die es dabei ankommt, sind vorgegeben oder kann die Versuchsperson den Gegenständen ablesen. Als weitere entscheidende Bedingung für die Begriffsbildung gilt meist der Erfolg, der durch positive Rückmeldung oder Verstärkung durch den Versuchsleiter gewährleistet wird. Diesem Begriffsverständnis hängen also in impliziter Weise sehr heterogene, ja widersprüchliche und problematische Annahmen an. Es liegen ihm sowohl empiristische, als auch konventionalistische und abstraktionistische Implikationen in ungeklärter Vermengung zugrunde. Dieses Paradigma und die ihm zugrundeliegenden Annahmen sollen hier aber nicht weiter diskutiert werden, da das darin zum Ausdruck kommende Verständnis vom Begriffsbildungsprozeß agenetisch ist. Damit meinen wir den Tatbestand, daß nicht erklärt wird, wie die Person überhaupt die Merkmale, vor allem ihr Verständnis erwirbt, und welchen Entwicklungsprozeß diese durchlaufen.

In dieser Tradition herrscht also eine gewisse Konfusion zwischen Wort, Begriff und Bedeutung: Begriffe sind labels, deren Bedeutung einzig und allein durch den Akt der Zusammenfassung gleichartiger Dinge oder den direkten Verweis darauf gegeben ist. Diese Konfusion ist einerseits in philosophischen Strömungen, wie z. B. dem Nominalismus und dem Empirismus, begründet, die in vielen psychologischen Grundannahmen spürbar sind. Andererseits hängen diese Tendenzen mit der Tatsache zusammen, daß gedankliche Einheiten nicht ohne den Rückgriff auf die Sprache erfaßt und ausgemacht werden können, was zu behavioristischen Trugschlüssen verführt.

In Abgrenzung gegen Tendenzen dieser Art halten wir es für wichtig, Bedeutung und Begriff zu trennen und *Begriffe als Einheiten des Denkens* zu begreifen. Für eine psychologische Analyse genügt aber diese Differenzierung noch nicht. Nach unserer Meinung besteht ein wesentliches Ziel entwicklungspsychologischer Begriffsforschung darin, das idiosynkratische Begriffsverständnis einzelner Individuen, sein Entstehen und seine Veränderungen, nachvollziehen zu können. Wir meinen aber, daß Begriffe als idiosynkratische Denkeinheiten, die das je einzelne Subjekt für sich gebildet hat, nicht identisch sind mit den Begriffen, die eher allgemeine Konstruktionen darstellen, mit denen der Wissenschaftler das Begriffsverständnis einzelner Personen oder Gruppen von Personen nachzuzeichnen versucht. Die theoretische Rekonstruktion des Wissenschaftlers bezieht ihre Elemente zwangsläufig aus dem Arsenal konventionalisierter sprachlicher Bedeutungen (s. unten). Es ist aber unseres Erachtens sehr wesentlich zu sehen, daß diese Elemente und ihre Verbindungen nur als Hypothesen betrachtet werden dürfen, und daß in ihrer abstrakten Verbindung sehr wesentliche Beschränkungen und spezifische Realisationsweisen idiosynkratischer Begriffe untergehen (s. Seiler 1985 a).

Bedeutung

Das Wort ‚*Bedeutung*' ist womöglich noch vieldeutiger als der Terminus ‚*Begriff*'. Wir schreiben sowohl in alltagssprachlichen als auch in wissenschaftlichen Verwendungen nicht nur Worten Bedeutung zu, sondern auch Handlungen, Dingen und Ereignissen. Dort wo Dinge, Ereignisse, z. B. sprachliche Ausdrücke, als Zeichen für andere Dinge verwendet werden, spricht man von der Bedeutung des Zeichens und meint damit den Sachverhalt, daß es auf Dinge und ihre Merkmale verweist. Ohne daß wir das hier diskutieren können, ist aber zu vermerken, daß die Bedeutungsrelation sprachlicher Zeichen, um die es hier geht, nicht einfach und direkt, sondern nur mittelbar ist. Sie sind über die begrifflichen Intentionen des Subjektes vermittelt.

Wenigstens drei Arten von sprachlicher Bedeutung sind zu unterscheiden: (1) Die *habituelle Bedeutung*. Das ist die Bedeutung, die eine Person einem bestimmten Wort für gewöhnlich zuschreibt oder zuzuschreiben fähig ist. Sie beruht auf begrifflichen Intentionen, d. h. den kognitiven Strukturen, die in einer losen oder strengen Weise an das betreffende Wort gebunden sind. Sie ist daher auch idiosynkratischer Natur. Man könnte auch von Bedeutungskompetenz sprechen. (2) Die *aktuelle Bedeutungszuschreibung*. Es handelt sich dabei um den Teil der begrifflichen Intentionen, den ein Sprecher/Hörer einem bestimmten sprachlichen Ausdruck in einer konkreten Verwendungssituation zuordnet. Sie stellt entweder einen Teil der habituellen Bedeutung oder der bedeutungsmäßigen Kompetenz dar, also den Teil, der aktualisiert wird. Oder es handelt sich dabei um eine Neuinterpretation des betreffenden Ausdrucks. Er ist explizit und bewußt, während der andere Teil der habituellen Bedeutung, der nicht explizit aktualisiert wird, implizit bleibt. Dieser implizite Bedeutungsanteil vermag aber sehr wohl die Verwendung des Wortes mitzubestimmen. Er kommt vor allem in den stillschweigenden Implikationen und den bewußten Konsequenzen, die mit einem Wort verknüpft werden, zum Vorschein. (3) Die *konventionelle Bedeutung* ist die in einer Sprache durch die Sprachgemeinschaft niedergelegte und kodierte oder sanktionierte Bedeutung der sprachlichen Ausdrücke. Wir sagten: Aktuelle und habituelle Bedeutungsinterpretationen von Wörtern und Sätzen beruhen auf idiosynkratischen Begriffen. Daraus folgt: Diese Bedeutungen sind keineswegs und nie vollständig identisch mit den konventionellen Bedeutungen der Sprache. Diese Behauptung gilt nicht nur für das Bedeutungsverständnis von Kindern, wo sie offensichtlich ist, sondern auch für Erwachsene. Die Gefahr einer unbesehenen Gleichsetzung ist aber nur allzuleicht gegeben.

Wenn daher im folgenden (insbesondere in Abschnitt 5) von Bedeutungsentwicklung die Rede ist, so ist damit unter anderem auch die

Frage angeschnitten, wie und über welche Etappen die idiosynkratische Bedeutung sich der konventionellen annähert.

Die Unterscheidung zwischen dem expliziten und dem impliziten Bedeutungsanteil kann und muß auch auf Begriffe übertragen werden. Wie für Bedeutungen gilt unseres Erachtens auch für Begriffe, daß uns normalerweise ihre intensionalen und extensionalen Implikationen nur in sehr eingeschränkter Weise bewußt sind, obwohl sie sehr wohl unsere Denkabläufe, unser Urteilen und Folgern bestimmen. Das ist auch eine der Ursachen für die enorme Schwierigkeit psychologischer Begriffs- und Bedeutungsforschung.

Bevor wir uns aber der Darstellung der Begriffs- und Bedeutungs*entwicklung* zuwenden, sollen einige allgemeine und relativ verbreitete psychologische Konzeptionen von Begriff in verkürzter und thesenhafter Form vorgestellt werden. Es handelt sich um das Komponentenmodell, das Prototypenmodell und die genetische Kognitionstheorie.

Komponentenmodelle

Das *Komponentenmodell,* auch als klassische Theorie apostrophiert, geht auf linguistisch orientierte Bedeutungsforscher wie Fodor, Katz, Bierwisch und Clark zurück. Wir finden allerdings auch verwandte Thesen in abgeschwächter Form bei vielen semantischen Gedächtnisforschern, vor allem in der ersten Hälfte der 70er Jahre.

Der Komponentenansatz (von vielen Autoren semantische Merkmalstheorie genannt) ist eher eine Bedeutungstheorie als eine Begriffstheorie, aber da in ihm keine Abgrenzungen zwischen Begriff und Bedeutung vorgenommen werden, kann er auch als Ansatz zur Analyse von Begriffen dienen und wird als solcher verwendet. Es ist wesentlich für den Komponentenansatz, daß die Autoren sich die Bedeutung eines Wortes aus Bedeutungselementen zusammengesetzt denken. Bedeutungselemente sind z. B. ± *männlich,* ± *gleichzeitig,* ± *vierbeinig* etc. (s. Abschnitt 5). Die Bedeutungselemente müssen alle mit dem betreffenden Wort verbunden sein (nach manchen Autoren auch bewußt aktualisiert werden), damit es richtig verstanden und verwendet wird. Richtig heißt hier: im Sinne der normierten, konventionellen Bedeutung. Die Bedeutungselemente sind entweder vorgegeben oder werden erworben. Sie sind auch nicht weiter zerlegbar. Ebenso sind sie unveränderlich oder wie wir sagen werden, entwicklungsinvariant, sie haben gleichsam einen Alles-oder-Nichts-Charakter. Bedeutungsentwicklung kann folglich nur durch den Neuerwerb von zusätzlichen Bedeutungskomponenten erklärt werden.

Die Autoren, denen man ein Komponentenmodell zuschreiben kann, sind in ihren Auffassungen allerdings nicht einheitlich. Nicht alle Annahmen werden von allen übernommen. Manche, z. B. Eve Clark (s. Abschnitt 5), fügen weitere Annahmen hinzu. Man kann auch feststellen, daß diese Annahmen im Gefolge einer intensiven wissenschaftlichen Diskussion und der Konfrontation mit Daten zum Teil abgeschwächt oder aufgegeben werden. Wir können uns hier nicht kritisch mit dem Komponentenmodell auseinandersetzen, das haben wir an anderer Stelle getan (Seiler & Wannenmacher 1985). Wir möchten aber auf einige wesentliche Schwächen hinweisen. Fragwürdig erscheinen vor allem die postulierte Universalität der Komponenten, ihre explizite Bewußtheit und schließlich die postulierte Entwicklungsinvariabilität. Einige weitere kritische Punkte werden in Abschnitt 5 im Zusammenhang mit der Darstellung der Erforschung der Bedeutungsentwicklung erörtert.

Prototypenmodelle

Das Gemeinsame der unterschiedlichen *Prototypenmodelle* ist in erster Linie ihre Ablehnung des Komponentenansatzes. Begriffe sind für sie keine definitorischen Ansammlungen aus Bedeutungselementen, die nur in ihrer Gesamtheit die Bedeutung eines Wortes bestimmen. Begriffe werden auch nicht in der Weise abgerufen, daß alle definitorischen Bedeutungselemente zusammen und gleichzeitig aktualisiert werden. Viel eher beruht aktuelles Begreifen auf einem Vergleich des in der betreffenden Situation gegebenen potentiellen Begriffsexemplars mit einem gespeicherten prototypischen Exemplar.

Es wird also angenommen, daß es für jede Kategorie oder Begriffsklasse einen Prototypen gibt, der die Eigenschaften oder Merkmale der betreffenden Klasse in ausgezeichneter und hervorstechender Weise besitzt. Für Rosch (1973) z. B. sind diese Prototypen nicht idiosynkratisch, sondern universell. So mag u. a. das Rotkehlchen als prototypisches Exemplar für die Kategorie Vogel gelten; es ist dadurch ausgezeichnet, daß es die Merkmale von Vögeln in besonders prägnanter Form besitzt und sich gleichzeitig besonders deutlich von der Klasse der Nicht-Vögel abhebt. Es wird daher schneller und sicherer als Vogel identifiziert. Je mehr umgekehrt eine Vogelart oder ein Exemplar der Klasse Vögel sich von diesem Prototypen entfernt, d. h. nicht mehr alle Eigenschaften des Prototypen besitzt, um so schwerer fällt seine Identifikation als Vogel, um so mehr Eigenschaften teilt sie/es mit der Klasse der Nicht-Vögel.

Manche Varianten dieses Ansatzes, z. B. Smith und Medin (1981), sprechen nicht von Prototypen, behandeln aber die begrifflichen Klassenmerkmale nicht als definitorisch oder essentiell gegeben, sondern nur als mit einer bestimmten Wahrscheinlichkeit mit dem betreffenden Begriff verbunden. Man könnte von einem abgeschwächten Komponentenmodell sprechen, bei dem die Komponenten nur Wahrscheinlichkeitscharakter haben. Auch nach dieser Auffassung manifestieren sich bei begrifflichen Kategorisierungen charakteristische prototypische Effekte, wie sie oben beschrieben wurden.

In extremen Varianten der Prototypentheorie stellt der Begriff ein ganzheitlich gespeichertes Exemplar dar, das bei jeder Begriffszuordnung gleichsam als Referenzobjekt benutzt wird. Man kann bildhaft sagen, daß das, was den Begriff ausmacht, von diesem typischen Exemplar ,,abgelesen" wird. Während also bei den Komponentenmodellen die Bedeutungsmerkmale irgendwie vorgegeben sind oder aus der Sprache oder mit der Sprache übernommen werden, haben zumindest die letztgenannten Prototypenmodelle eher einen empiristischen Touch: Die Merkmale werden den Gegenständen abgelesen. Ungeachtet der empiristischen Problematik bleibt bei allen Prototypenmodellen die Frage unbeantwortet, warum gerade diese und nicht andere Eigenschaften und Beziehungen wahrgenommen und warum gerade diese bestimmten Merkmale als typisch für den Begriff, für diese Kategorie angesehen werden.

Von dieser grundlegenden Schwäche abgesehen, könnte zugunsten der Prototypenmodelle vermerkt werden, daß die von ihnen postulierten Begriffseigenschaften vielen alltäglichen und wissenschaftlichen Beobachtungen gerecht werden. Es ist zwar charakteristisch für die Prototypenmodelle, daß sie fast nur an sogenannten ,,Objektbegriffen" überprüft wurden. Dennoch zeigt sich, wie wir sehen werden, nicht nur bei ihnen, daß die meisten Begriffe weit von einem durchstrukturierten Merkmalsgefüge entfernt sind, und sie eher aus Komplexen von relativ handlungs- und wahrnehmungsnahen Strukturen mit hoher situativer Beschränktheit bestehen. Man darf allerdings nicht übersehen, daß dies in extremer Weise nur für die Anfänge der Begriffsentwicklung und später für neu sich entwickelnde Begriffe gilt, und daß zugleich jeder Begriff ein hohes Generalisierungs- und Strukturierungspotential besitzt, das schrittweise eine Überwindung des Prototypencharakters bewirkt. Wir sehen daher, wie in Abschnitt 3 ausgeführt, im Prototypencharakter eher eine Beschreibungsdimension, die Abstufungen zuläßt und auch als Entwicklungsdimension aufgefaßt werden kann.

Genetische Kognitionstheorie

Während also in den Komponentenmodellen die Bedeutungsmerkmale in der Ausstattung des menschlichen Subjekts fertig mitgeliefert oder durch die Sprache übermittelt werden, und während sie in den Prototypenmodellen eher bestimmten prototypischen Exemplaren abgelesen werden, werden Begriffe in der *genetischen Kognitionstheorie* aufgefaßt als eigenständige Konstruktionen des je einzelnen Subjektes. Jede dieser Konstruktionen hat eine lange Geschichte und stellt eine mühsame und stets unfertige Rekonstruktion der erfahrenen Wirklichkeit und ebenso der sozialen und sprachlichen Einflüsse und Vorbilder dar. Diese Erfahrung sowie die Aufnahme und Verarbeitung der sozialen Einwirkungen setzt aber immer schon andere geeignete „Vorbegriffe" voraus.

Unter genetischer Kognitionstheorie verstehen wir eine Erkenntnis- und Begriffstheorie. Sie geht auf Grundannahmen der Theorie Jean Piagets zurück. Genetisch ist diese Erkenntnistheorie, weil sie das Denken und seine Strukturen aus ihrer Entstehung und Entwicklung heraus erklärt. Erkennen und Denken beruht danach auf kognitiven Strukturen oder, wie andere sagen, Erkenntnisstrukturen, die das Subjekt ausgehend von angeborenen Reflexschemata durch kontinuierliche Prozesse der gegenseitigen Assimilation und Akkommodation in der Auseinandersetzung mit der Umwelt entwickelt und durch ihre Verinnerlichung und allmähliche Differenzierung und Integration zu Operationen und Begriffen verdichtet. Mit ihnen macht es sich die Wirklichkeit greifbar.

In dieser Theorie werden also Begriffe, wie schon gesagt, aufgefaßt als eigenständige Konstruktionen des je einzelnen Subjektes. Sie sind daher auch kein Abklatsch der Umwelt und entstehen weder durch passive und vollständige Widerspiegelung der Dinge, noch sind sie ein direkter Effekt sozialer Einwirkungen. Ihre Konstruktion ist aber auch nicht willkürlich, sondern beruht immer auf den schon vorhandenen (früher konstruierten), kognitiven Strukturen, mit denen das Subjekt auf die Umwelt einwirkt, Gegenstände und Ereignisse rekonstruiert, soziale Vorbilder und sprachliche Angebote wahrnimmt und verarbeitet.

Begriffe werden somit als die Instrumente des Erkennens und Denkens gedeutet. Daraus folgt, daß sie zugleich die Teilstücke unseres Wissens bilden. Ebenso wesentlich ist, daß sie auch als mehr oder weniger durchstrukturierte Systeme konzipiert werden. Der Schema- oder Strukturbegriff, wie er dafür verwendet wird, hat zwei Implikationen. Erstens drückt er die gegenseitige Abhängigkeit, die systemhafte Bedingtheit und Regulation der Teilstrukturen und Teilkomponenten in jedem Begriff aus. Zweitens besagt er, daß solche Handlungs- und Erkenntnisstrukturen eine gewisse Beständigkeit und Wiederholbarkeit besitzen. Sie können wieder aktualisiert werden und sich dabei gleichzeitig mit anderen zu komplexeren, differenzierteren und integrierteren Struktursystemen verbinden. Die Bezeichnung Struktur gibt zwar bloß den Beziehungs- und Systemcharakter wieder und könnte daher den Eindruck erwecken, daß es sich bei Begriffen um statische Gebilde oder gar Abbildungen handelt. Begriffe sind jedoch für die genetische Kognitionstheorie dynamisch, sie haben einen prozeßhaften Charakter. Aus Handlungsschemata entstanden, sind sie in ihrer Vollendung ausgewogene Operationssysteme.

Begriffe rekonstruieren nicht nur Dinge und Beziehungen der Umwelt. Es ist ein hervorragendes Charakteristikum menschlichen Erkennens, daß Begriffe andere Begriffe zum Gegenstand nehmen können. Ebenso

Kreuze an!

Gelenke	D	Sch
Schultergelenk		
Ellbogengelenk		
Handgelenk		
Fingergelenk		
Hüftgelenk		
Kniegelenk		
Fußgelenk		
Zehengelenk		

Scharniergelenk: knickt nur in eine Richtung ab

Drehgelenk: rundum beweglich

Ein Beispiel für Begriffs- und Bedeutungsentwicklung in der Grundschule (Aus: Andresen, U.: Das zweite Schuljahr. München: Urban & Schwarzenberg 1980, S. 20).

wie schon jede Akkommodation (s. Abschnitt 2) eines Begriffs an neue Gegenstandsbedingungen nur durch differenzierende Integration schon vorhandener Strukturen geschieht, können in gewisser Weise durch eine Verselbständigung des nach innen gerichteten Prozesses Begriffssysteme entstehen, die der Beobachtung und Steuerung des Konstruktionsprozesses dienen. Piaget spricht von „abstraction de l'action". Mit anderen Worten, auch bewußtes Erkennen beruht auf Begriffen und wird vom sich entwickelnden Subjekt allmählich und stückweise erarbeitet.

Die Begriffe dienen dem Subjekt darüber hinaus zur Interpretation sprachlicher Zeichen, die es übernommen oder selber erzeugt hat, indem es sie mit diesen Zeichen mehr oder weniger dauerhaft koppelt. Auf diese Weise beginnt das Subjekt ein neues System von mit Lautzeichen gekoppelten kognitiven Strukturen, eben die Sprache, zu entwickeln, das sich immer mehr verselbständigt und das in vielfältiger Weise auf das rein begriffliche Erkenntnissystem zurückwirkt.

Auch wenn wir, wie oben ausgeführt, Begriffe als Strukturen oder Systeme ansehen, die in sich gegenseitig regulierende Teilstrukturen aufgelöst werden können, betrachten wir sie nicht als Komponentengefüge im Sinne des Komponentenmodells. Denn die Teilstrukturen sind in der Auffassung der genetischen Kognitionstheorie keine fertigen und unveränderlichen Bedeutungsmerkmale, sondern selber dynamische, in einem langen Entwicklungsprozeß aus vielen Teilsystemen entstandene und sich stets weiterverändernde Begriffe. Wenn wir also überhaupt von Komponenten sprechen wollen, so müssen wir betonen, daß die Komponenten eine Geschichte haben. Sie sind nicht einfach da oder nicht da. Sie werden nicht en bloc erworben, sondern machen eine fortwährende Veränderung durch. Darüber hinaus muß man sich stets der Tatsache bewußt sein, daß jede Komponentenanalyse eine Annäherung von außen darstellt, bei der der Wissenschaftler von der abstrakten Analyse konventioneller Bedeutungen ausgeht und damit die idiosynkratischen Begriffssysteme einzelner Subjekte und Personengruppen auszumachen und anzunähern versucht.

Ein weiterer wesentlicher Gesichtspunkt für eine kognitionstheoretische Analyse von Begriffen ist ihre Vernetztheit (vgl. hierzu die Auffassung von Furth in Abschnitt 6). Begriffe sind nicht nur in sich komplexe Systeme von Eigenschaften und Beziehungen, die insgesamt und jede einzelne aus nie vollständig rekonstruierbaren Handlungs- und Wahrnehmungsschemata für die Bedürfnisse der Rekonstruktion der Umwelt kondensiert und differenziert worden sind. Sie sind auch in ihrer Konstruktion und in jeder Aktualisierung eingespannt in die Gesamtheit der kognitiven Konstruktionen und Repräsentationen des Subjektes. Sie sind insbesondere abhängig von Zielsetzungen und übergreifenden Interpretationen. Man könnte auch sagen, sie sind Teilelemente seiner Weltsicht oder auch seiner (naiven) Theorien.

Ein weiterer grundlegender Aspekt einer genetischen Kognitionstheorie soll nur angedeutet werden. Begriffe sind nicht bloß rationale Strukturen oder anders gesagt, neutrale Sichtweisen eines distanziert schauenden Geistes, sondern engagierte Stellungnahmen, oder wie der Psychologe sagen würde, essentiell emotionale und motivationale Gebilde. Die emotionale Gestimmtheit und die motivationale Beschaffenheit oder Tendenz bilden die Grundlage ihrer Dynamik, von der ganz entscheidend ihre Aktualisierung, ihre Weiterdifferenzierung und Integration abhängt.

Die genetische Kognitionstheorie macht selbstverständlich auch Annahmen über den allgemeinen Entwicklungsverlauf kognitiver Strukturen. Davon reden wir im folgenden Abschnitt.

2. Allgemeine Thesen zur Begriffsentwicklung

Nach der genetischen Kognitionstheorie, deren wichtigste Grundannahmen wir am Ende von Abschnitt 1 vorgestellt haben, ist Begriffsentwicklung kognitive Entwicklung par excellence. Erkennen und Denken in allen Formen geschieht mit und durch kognitive Strukturen. Kognitive Strukturen umfassen aber sensomotorische Schemata, innere Vorstellungen, *Begriffe im engeren Sinn* und begriffliche Operationen. Wenn wir von all diesen Strukturen als von *Begriffen im weiteren Sinne* sprechen, fassen wir sie unter dem Aspekt ihrer Erkenntnisfunktion und ihres Erkenntnisgehaltes zusammen. Begriffe bestimmen, was und wieviel von der Welt erfahren wird, wie die Phänomene wahrgenommen und eingeordnet werden. Auch problemlösendes Handeln und Denken beruht auf der Dynamik von sensomotorischen Schemata oder Begriffen und wird in seinen höheren Formen von übergeordneten begrifflichen Strukturen gesteuert. Über das Instrument unserer Begriffe ist uns überdies die soziale Welt zugänglich, können wir Sprache verstehen, können wir uns anderen mitteilen. In der Auseinandersetzung mit der dinglichen und sozialen Umwelt verändern sich unsere kognitiven Strukturen fortwährend und vollziehen so eine schrittweise umfassendere und differenziertere Rekonstruktion der Erscheinungen, der sozialen Verhältnisse und Anforderungen, der Intentionen unserer Interaktionspartner und der normierten Bedeutungen sprachlicher Ausdrücke.

Konstruktion und Interaktion mit der Umwelt

Als eine der Grundannahmen der genetischen Kognitionstheorie haben wir hervorgehoben, daß der Aufbau immer differenzierterer und integrierterer Struktursysteme von schon vorhandenen Strukturen ausgeht und von ihnen getragen und gesteuert wird. Zugleich und ebenso wesentlich setzt dieser Konstruktionsprozeß aber auch Einflüsse von außen, von den Dingen, Ereignissen und Personen der Umwelt voraus. Wir haben es also mit einer *Interaktion* zu tun. Welcher Art ist sie? Beide Seiten, das Innen und das Außen, sind notwendig, keine ist für sich allein hinreichend. Ihre Wirkungsweise aber ist verschieden. Was in dieser Interaktion von den Eigenschaften der Dinge erfaßt, was den dinglichen und sozialen Vorbildern „abgeschaut" wird, wie weit die neu entstehenden Begriffe von der notwendigen sprachlichen Anregung und Auseinandersetzung profitieren, hängt ausschließlich von den vorhandenen und aktualisierten Strukturen des Subjektes und ihrer gegenseitigen Interaktion (Assimilation, Akkommodation und Äquilibration, siehe später) selber ab. Konfrontierend ausgedrückt: Begriffsentwicklung wird nicht einfach durch „Anschauung", durch soziale Einflüsse und Zwänge oder verbale Belehrungen gemacht. Das soziale und insbesondere das pädagogisch-didaktische Angebot ist unabdinglich, es liefert zusammen mit dem gesamten Umweltangebot gleichsam das Material. Aber die Strukturen des Subjektes entscheiden, was daraus wird.

So erklärt sich, daß der Verlauf der Begriffsentwicklung einerseits eine stetige *Annäherung an das konventionelle Begriffsverständnis* der umgebenden sozialen Welt und an die sprachlich kodierten und sanktionierten Bedeutungen der Kultur und Wissenschaft darstellt, andererseits aber auch dauernd diesen Rahmen sprengt. Was beispielsweise ein Kind unter ‚Mutter' oder unter ‚Arbeit' versteht, ist keineswegs identisch mit dem Verständnis des normalen Erwachsenen und noch weniger mit den in Lexika oder wissenschaftlichen Abhandlungen niedergelegten Bedeutungen. Sie nähern sich ihnen zwar stetig an. Dennoch sind auch die Begriffe von Erwachsenen, im Normalfall zumindest, weit entfernt von den Definitionen, wie sie in Lexika oder den Schriften von Wissenschaftlern niedergelegt sind. Darüber hinaus sind sie stets durch idiosynkratische Akzentuierungen gekennzeichnet und besitzen einen Bedeutungsüberhang, die selbst Diskussionen unter Wissenschaftlern gleicher Arbeitsgebiete erschweren.

Assimilation und Akkommodation

Gehorcht diese Entwicklung bestimmten Gesetzmäßigkeiten? Wenn ja, kann man davon sprechen, daß bestimmte Mechanismen (in analoger Sprechweise) den Gang der Entwicklung bestimmen? Nach der Theorie Jean Piagets sind es vor allem die folgenden: Assimilation, Akkommodation und Äquilibration. Es ist nicht möglich, hier diese Theorie ausführlich darzustellen. Wir verweisen auf Seiler (1968 und 1980). Im Beitrag von Leo Montada (Kap. 8) über kognitive Entwicklung findet man ebenfalls eine entsprechende Darstellung. Auch an anderen Stellen dieses Bandes sowie in zahlreichen Veröffentlichungen wird mehr oder weniger ausführlich und mehr oder weniger adäquat auf Piagets Theorie Bezug genommen. Wir wollen hier keine Exegese betreiben, sondern eine theoretische Position, die wir wesentlich in seiner Theorie verankert glauben, argumentativ vertreten.

Als *Assimilation* wird die Aktivierung sensomotorischer Schemata und begrifflicher Strukturen in der Konfrontation mit bestimmten Umweltgegebenheiten bezeichnet. Die Dinge, Ereignisse oder das soziale Angebot werden dabei gleichsam durch die Brille dieser Strukturen „erfaßt", in sie „eingeordnet", durch sie „erkannt", aber zugleich auch „verkannt", indem eben nur soviel von ihnen erfaßt wird, als in den Assimilationsschemata oder Assimilationsstrukturen enthalten ist. Da aber fast in jeder Situation eine Mehrzahl von Assimilationsstrukturen aktiviert werden, registriert das Subjekt damit auch unterschiedliche Aspekte der Situation. Und da gleichzeitig meist auch Strukturen angeregt werden, die Zielvorgaben machen oder die Angemessenheit der Aspekte untereinander und mit den Zielvorgaben überprüfen, wird das Subjekt aufgrund solcher handlungsmäßiger oder begrifflicher Vergleiche die teilweise Unangemessenheit der eingesetzten Assimilationsstrukturen zur handelnden oder erkennenden Bewältigung der Situation „bemerken". An diesem Punkt setzt die *Akkommodation* ein. Sie kennzeichnet den Prozeß, bei dem die in einem bestimmten Assimilationsvorgang eingesetzten kognitiven Strukturen oder Systeme so verändert werden, daß sie besser auf die Situation passen, sich dem Handlungs- oder Erkenntnisziel annähern (s. Seiler 1980, S. 108ff). Die Akkommodation vollzieht sich in der Weise, daß Elemente des aktivierten Struktursystems durch andere ersetzt, ergänzt oder einfach erweitert werden. Man kann somit auch sagen, daß Akkommodation auf der inneren, gegenseitigen Assimilation von Strukturen beruht.

Damit wird deutlich, daß Strukturaufbau und somit Begriffsentwicklung von der inneren Dynamik her gesehen in erster Linie eine komplexe und systematische *Interaktion der Strukturen* selber voraussetzt. Ihre schrittweise Koordination, ihre differenzierende Integration unter dem steuernden und regulierenden Einfluß anderer Strukturen treibt den Prozeß der Adaptation und der Rekonstruktion der Umwelt voran. Wir möchten aber an dieser Stelle noch einmal der weit verbreiteten Mißdeutung dieser These begegnen, als würde sie die Konfrontation mit den Dingen und die Interaktion mit der sozialen Umwelt erübrigen. Hierin kommt der dialektische Charakter dieser Theorie zum Ausdruck, nach der man genauso gut sagen kann, daß, vom Inhalt her gesehen, der Begriffsaufbau sich jederzeit und zunehmend vollständiger dem äußeren und vor allem sozialen Angebot anpaßt, indem er es schrittweise rekonstruiert, wobei eine entsprechende Dosierung des Angebots in Abhängigkeit von den strukturellen Möglichkeiten des Subjekts den Prozeß sehr wohl beeinflussen und lenken kann.

Äquilibration

Piaget kennzeichnet die Herausbildung neuer Strukturen und neuer Struktursysteme auch als *Äquilibration,* d.h. als Vorgang des Gleichgewichtigmachens und Herstellens eines beweglichen Gleichgewichtes. Damit sollen mehrere Dinge zum Ausdruck gebracht werden. Erstens, jeder neue Entwicklungsstand eines Begriffs oder Begriffssystems kommt durch eine komplexe Interaktion der Strukturen untereinander in der Auseinandersetzung mit ihren Gegenständen, den Dingen, Ereignissen, Personen und sprachlichen Bedeutungen, auf die sie sich beziehen, zustande. Gleichzeitig stellt das Ergebnis dieser Interaktion ein neues Struktursystem dar, in dem sich die gegenseitigen Anpassungen zu einem mindest vorübergehenden Gleichgewicht einspielen. Das bedeutet zum einen, daß dieses spezifische Interaktionssystem als Gesamtes wieder aktualisiert werden kann. Zum anderen, daß es als Baustein für umfassendere Systeme zur Verfügung steht. Der Vorgang der Äquilibration hat viele Facetten: In einzelnen Aspekten erscheint er als ein Beweglichmachen und gleichzeitig als ein sich gegenseitiges Assimilieren der Strukturen, in anderen als Konfliktgeschehen und wieder in anderen als ein mehr oder weniger systematisches Problemlösen und ebenso sehr auf der inhaltlichen Seite als differenzierende Integration (Seiler 1980, S. 109ff). Keiner dieser Aspekte wird ihm aber für sich allein genommen ganz gerecht.

Begriffsentwicklung kann also einerseits als ein kontinuierlicher Konstruktionsprozeß gesehen werden, der vom erkennenden Subjekt, d.h. seinen Begriffen, getragen und vorangetrieben wird. Sie vollzieht sich andererseits in großen Etappen und immer neuen *Gleichgewichtsstufen.* Dabei ist es durchaus möglich und sogar, wie wir sehen werden, wahrscheinlich, daß die zu einem bestimmten Entwicklungszeitpunkt erreichten Gleichgewichtsstufen vieler Begriffssysteme konsonant sind, d.h. gewisse Gemeinsamkeiten aufweisen. Diese Gemeinsamkeiten bestehen in relativ abstrakten Eigenschaften, von denen später die Rede sein wird.

Als *Ausgangspunkt* der Begriffsentwicklung kann man die reflexartigen Wahrnehmungs- und Reaktionsschemata ansehen, die das Neugeborene mitbringt. Einige der Koordinationen, die sich zwischen ihnen allmählich herausbilden, und auch viele der späteren differenzierenden Integrationen sowohl im Wahrnehmungs- als auch im Denkbereich sind wahrscheinlich durch strukturelle Bahnungen im Zentralen Nervensystem (ZNS) vorbereitet. Auf der ersten Stufe der Entwicklung werden die angeborenen Wahrnehmungs- und Reaktionsschemata ständig weiterdifferenziert und zu *sensomotorischen Schemata* integriert. Diese koordinieren sich untereinander und bilden stufenweise neue Systemqualitäten aus, die Piaget zu beschreiben und zu analysieren versucht hat (s. Montada, Kap. 8). Die Erkenntnisleistung dieser sensomotorischen Schemata liegt auf der Ebene von Handlung und Wahrnehmung. Es werden dabei also noch keine Strukturen ausgebildet, die von aktuellen Handlungen und Wahrnehmungen unabhängig sind.

In dem Maße, als die tatsächliche Ausführung der sensorischen und motorischen Tätigkeiten wegfallen kann, gewinnen ihre zentralnervösen Teilprozesse an Selbständigkeit. So entstehen kognitive Strukturen, die sich von aktuellen Handlungen und Wahrnehmungen lösen und allmählich eine rein innere Natur erwerben. Wir sprechen von *kognitiven Strukturen oder Begriffen im eigentlichen und engeren Sinn.* Dabei handelt es sich anfänglich überwiegend um „vorstellungsartige" Gebilde, die einen hohen Grad an „Anschaulichkeit" und Konkretheit besitzen. Während also in der ersten Entwicklungsphase das menschliche Subjekt sich Gegenstände, Ereignisse und Personen der Umwelt durch globale und schwerfällige Handlungsschemata repräsentiert, tut es dies in späteren Phasen mittels der inneren Teilstrukturen dieser Handlungen und Wahrnehmungen. Mit ihnen eröffnen sich ganz neue Dimensionen der Repräsentation, weil sie weit beweglicher sind und zunehmend komplexere und differenziertere Erfahrungen ermöglichen.

Schon auf der Stufe der sensomotorischen Entwicklung ist die Konstruktion neuer sensomotorischer Strukturen meist in einen sozialen Austauschprozeß eingebettet. Bestimmte sensomotorische Schemata erlauben dem Kind mit seinen Bezugspersonen zu interagieren. Dabei handelt es sich gewissermaßen um ein non-verbales *sensomotorisches Kommunikationssystem.* Über diesen Weg vermag es schon jetzt sensomotorische Schemata sozialen Gegebenheiten und Erwartungen anzugleichen. Mit ungefähr einem Jahr beginnt das Kind, begriffliche Strukturen im engeren Sinn auszubilden, und fast gleichzeitig fängt es an, sie mit sprachlichen Zeichen zu koppeln. Damit erwirbt es ein ganz neues Medium für die soziale Interaktion. Dieses Medium erlaubt ihm einen intensiveren Austausch. Es kann mehr und präzisere Hinweise für den Aufbau neuer Struktursysteme aufgreifen. Auf der Stufe formaler Operationen (s. Kap. 8 und Seiler 1973) vermag es sogar direkt über sprachliche Prozesse seine Begriffssysteme zu verändern. Dieser Prozeß ist aber denselben Beschränkungen und Bedingungen unterworfen, die wir oben für den Aufbau neuer kognitiver Struktursysteme postuliert haben: Das Subjekt interpretiert die von ihm (meist in Angleichung an gehörte Sprachzeichen) geschaffenen Lautzeichen mit seinen Vorstellungen und Begriffen und koppelt sie mit ihnen mehr oder weniger dauerhaft.

Kognitive Entwicklung, Begriffsentwicklung und Bedeutungsentwicklung

Trotz der Interdependenz des begrifflichen und des sprachlichen Systems ist es wünschenswert, ihre je spezifische Dynamik und Eigengesetzlichkeit auch gesondert zu untersuchen. Während die *Erforschung der Bedeutungsentwicklung* die sich verändernden strukturellen und inhaltlichen Bedeutungsinterpretationen einzelner Wörter und Sätze untersucht, verfolgt die Erforschung der Begriffsentwicklung weitergehende Zielsetzungen: Als *allgemeine kognitive Entwicklungsforschung* konzentriert sie sich auf universelle Mechanismen, Prozesse und Gesetzmäßigkeiten. Sie untersucht die Systemqualitäten der aufeinander folgenden Strukturen, arbeitet die ihnen zugrunde liegende Logik heraus und versucht, sowohl globale Stufen als auch feinere sachlogische Sequenzen nachzuweisen. Diese Art der Forschung war das zentrale Anliegen Jean Piagets.

Von der so gekennzeichneten allgemeinen kognitiven Entwicklungsforschung läßt sich unseres Erachtens eine andere Stoßrichtung abheben, die man *Begriffsentwicklungsforschung im engeren Sinn* nennen könnte. Ihr geht es nicht so sehr um universelle Gesetze, auch nicht um die bestimmten Arten von Strukturen und Struktursystemen innewohnenden und durch sie ermöglichten logischen Konnektionen und Prozesse, noch weniger um globale Phasen und Stufen, die sich im Insgesamt des ontogenetischen Strukturaufbaus unterscheiden lassen. Sie zielt auf die „inhaltliche" Seite der Begriffsentwicklung und kümmert sich vornehmlich auch um die kulturspezifischen und idiosynkratischen (oder idiographischen) Aspekte der sich entwickelnden Begriffe. In gewisser Weise könnte man auch von *begriffsorientierter Bedeutungsforschung* sprechen. Während nämlich, wie oben schon gesagt, die eher sprachlich orientierte Bedeutungsforschung von lexikalischen Einheiten ausgeht, die schrittweisen ontogenetischen Veränderungen ihres habituellen Bedeutungsgehalts und ihrer Verwendungsweisen sowie die Verwendungsrestriktionen einzelner Wörter, Wortformen und Sätze zum Gegenstand macht, befaßt sich begriffsorientierte Bedeutungsforschung primär mit der Ontogenese der Begriffssysteme, die sprachlichen Ausdrücken zugrunde liegen. Nicht die Bedeutung einzelner Worte oder sprachlicher Ausdrücke, sondern das begriffliche Verständnissystem, das hinter einem bestimmten Komplex sprachlicher Ausdrücke und Verwendungen steht, ist das Ziel der Analyse. So kümmert sich z. B. die Erforschung des Arbeitsbegriffs nicht so sehr um die verschiedenen Bedeutungen einzelner Wörter, ihre Verwendungsweisen und Veränderungen, sondern um das Wissen, das sie voraussetzen, oder, anders gesagt, um ihre zahlreichen Bedeutungsimplikationen und die Beziehungen zu anderen Bedeutungen oder Wissenskomplexen.

Diese Analyse erfolgt in verschiedenen Schritten: Zuerst muß ein bestimmtes Begriffssystem mit all seinen möglichen und notwendigen Implikationen theoretisch rekonstruiert werden, sodann gilt es, ein Modell seines Entstehungs- und Entwicklungsprozesses zu entwerfen. Erst auf dieser teilweise auch empirisch abgesicherten Grundlage kann eine systematische Untersuchung der Entwicklung einsetzen. Sie umfaßt zwei Hauptstränge: Einerseits versucht sie, *idiosynkratische Begriffsverständnisse und ihre individualgenetischen Veränderungen* auszumachen. Sodann filtert sie in einer vergleichenden Analyse dieser idiosynkratischen Verständnisse die *allgemeinen und kulturspezifischen Gemeinsamkeiten* heraus. Es ist selbstverständlich, daß diese Forschung in hohem Grade von den Analysen der allgemeinen kognitiven Entwicklungsforschung profitiert, ja auf ihnen aufbaut. In ähnlicher Weise macht sie sich die Methoden, Ergebnisse und Theorien der sprachlichen Bedeutungsforschung zunutze. Auch wenn wir also die Eigenständigkeit dieser unterschiedlichen Forschungsrichtungen verteidigen, übersehen wir dabei nicht, daß starke Überschneidungen und eine enge Verzahnung zwischen ihnen bestehen. Es ist vor allem auch wichtig zu sehen, daß nicht nur die Bedeutungsforschung von der Begriffsforschung abhängig ist, weil Bedeutungen durch Begriffe bestimmt werden, sondern auch umgekehrt, weil die Begriffsentwicklung in zunehmendem Maße durch die Sprache beeinflußt und gesteuert wird und insbesondere auch, weil Begriffe nicht direkt, sondern nur über das Mittel der Bedeutung, d. h. über ihre sprachliche Äußerung zugänglich sind.

In der Folge wollen wir uns mit *einigen allgemeinen Problemen begriffsorientierter Bedeutungsforschung* beschäftigen und sie mit relevanten Beispielen illustrieren. Die erste Frage betrifft die individual- und ontogenetischen Sequenzen in der Begriffsentwicklung und spaltet sich selbst in mehrere Teilfragen auf: Lassen sich invariable ontogenetische Sequenzverläufe beim Aufbau von Begriffen oder Begriffssystemen finden? Welches sind die Faktoren und Bedingungen, die kulturübergreifend und kulturspezifisch die inhaltliche Variabilität von Begriffsentwicklungen einschränken? Es geht bei dieser Frage nicht um die oben angesprochenen globalen Phasen oder Stufen, die kognitive Entwicklung allgemein, d. h. alle Begriffssysteme insgesamt, charakterisieren, sondern um die schrittweisen Veränderungen einzelner Begriffssysteme, die Abfolge ihrer Zustände, den Grad an interindividueller Invariabilität und gleichzeitig das Ausmaß etwa an kulturspezifischer Variabilität. Von „oben" her betrachtet, lautet diese Frage: Welche Vorbegriffe sind notwendig, damit sich ein bestimmtes nachfolgendes Begriffsverständnis entwickeln kann? Wie kann man die Notwendigkeit dieser Vorbegriffe nachweisen und wie hängt ihre Weiterentwicklung vom äußeren und sozialen Angebot ab?

Die zweite Hauptfrage bezieht sich auf mögliche gemeinsame Merkmale von Begriffsentwicklungsverläufen: Können wir in ihnen gewisse Gemeinsamkeiten entdecken? Läßt sich jede einzelne Begriffsentwicklung nach bestimmten Dimensionen beschreiben und analysieren? Unterscheiden sich Begriffe auf einem „frühen" Entwicklungsstand in charakteristischer Weise von ihrem späteren Zustand und unabhängig vom Alter des Subjekts? Wodurch erklären sich diese Merkmale und Dimensionen? Was läßt sich aus ihnen bezüglich der Gesetze und der Logik der Begriffsentwicklung schließen? In welcher Weise hängen sie mit den oben erörterten allgemeinen Gesetzen der kognitiven Strukturentwicklung zusammen? Wir beschäftigen uns nach einem kurzen methodischen Exkurs zuerst mit diesem zweiten Fragenkomplex.

Methodische Probleme

Die methodischen Schwierigkeiten der Untersuchung von Begriffs- und Wortbedeutungsentwicklung liegen auf einer allgemeinen (methodenübergreifenden) und auf einer methodenspezifischen Ebene.

Methodenübergreifende Probleme ergeben sich aus dem Faktum, daß die Erforschung von Wortbedeutungsentwicklungen zwar getrennt von der Begriffsentwicklungsforschung zu sehen ist, da jeweils besondere Eigengesetzlichkeiten und Zielsetzungen vorliegen, beide aber nicht völlig unabhängig voneinander, sondern über weite Strecken eng aufeinander bezogen sind: Wortbedeutungen werden wesentlich durch Begriffe determiniert, und zu Begriffen haben wir nur über die Bedeutung sprachlicher Äußerungen Zugang. Mit anderen Worten, wer Wortbedeutungsentwicklungen untersucht, rekurriert notwendigerweise auf Begriffe, und wer Begriffsentwicklungen analysiert, der muß sie über Wortbedeutungen angehen. Eine zweite grundsätzliche Schwierigkeit besteht darin, daß wir das *idiosynkratische* Begriffs- und Bedeutungsverständnis immer nur über die *konventionell normierten* Begriffe und Bedeutungen erschließen können. Deshalb sind wir nie sicher, ob wir den idiosynkratischen Aspekt nicht über- oder unterschätzen. Dies resultiert aber auch aus einer dritten Grundproblematik, nämlich der Tatsache, daß Begriffe und Wortbedeutungen uns nur in sehr eingeschränkter und begrenzter Weise explizit und bewußt sind, und ihre bewußte Rekonstruktion durch das Subjekt selbst und erst recht durch den Untersucher nur über die Verwendung konventionalisierter Begriffe und Bedeutungen geschieht. Daher ist sie in jedem Fall ein langwieriges Unterfangen. Dem Forscher kann sie auch nur gelingen, wenn er über ausreichende Stichproben des habituellen Begriffs- und Bedeutungsverständnisses verfügt. Die Interpretation isolierter Aussagenstücke, mit denen sich Wissenschaftler so oft begnügen, stellt immer ein Vabanquespiel dar. Die Erhebung des Bedeutungsverständnisses von Kindern wird durch einen weiteren Umstand erschwert: Die ausgeprägte Situations- und

Gegenstandsabhängigkeit des jeweiligen Begriffs- und Bedeutungsverständnisses steht einer vorschnellen Verallgemeinerung erhobener Befunde entgegen.

Auf der *methodenspezifischen Ebene* haben wir es mit Schwierigkeiten zu tun, die an anderer Stelle ausführlich diskutiert werden (vgl. Wannenmacher & Seiler 1985) und von denen hier nur einige kurz erwähnt werden sollen. Zum einen sind es Probleme, die generell beim Einsatz verbaler und nichtverbaler Methoden zu beachten sind, und zum anderen solche, die speziell die einzelnen Verfahren betreffen. (a) Was den Einsatz der sogenannten *nichtverbalen Methoden* angeht, werden wir am Beispiel der Replikationsstudie zu einer Untersuchung von Gentner erörtern, daß diese Zugangsweisen nur begrenzte Möglichkeiten bieten, das Begriffs- und Bedeutungsverständnis adäquat zu erfassen. (b) Die besonderen Schwierigkeiten *verbaler Methoden* liegen vor allem darin, daß der Befragte zumindest einige begriffliche Strukturen mit dem Untersucher gemein haben muß. Nur mit ihrer Hilfe vermag er, die sprachlichen Bedeutungen der Fragen zu interpretieren. Umgekehrt gilt das gleiche für den Untersucher, wenn er die verbalen Äußerungen des Befragten sowohl aktuell im Gespräch als auch beim Vorliegen entsprechender Gesprächsprotokolle interpretiert und das habituelle Begriffs- und Bedeutungsverständnis rekonstruiert. Eine ausführliche Diskussion verbaler Methoden kann – wie bereits erwähnt – hier nicht erfolgen. Wir möchten statt dessen summarisch zum Ausdruck bringen, daß etwa die Assoziationsmethode, die standardisierten Interviewtechniken, die méthode clinique, das semistrukturierte flexible Interview oder die kritische Exploration keine sich gegenseitig ausschließenden Alternativen sind, sondern wechselweise sich ergänzende Zugangsweisen darstellen. Ihre spezifischen Vor- und Nachteile erwachsen aus den jeweiligen Zielsetzungen, die mit ihnen verfolgt werden.

3. Beschreibende Dimensionen der Begriffsentwicklung

Für die Analyse von Begriffen und Begriffsentwicklungszuständen wurden in der einen oder anderen Form immer wieder folgende Aspekte und Dimensionen herangezogen.

Abstraktheit

Begriffe wurden und werden gerne in konkrete oder abstrakte geschieden. Auch eine oberflächliche Inspektion läßt allerdings sogleich erkennen, daß konkret und abstrakt keine dichotomen Kategorien sein können. Erstens sind alle Begriffe grundlegend abstrakt, weil sie immer nur einige ausgewählte Merkmale und Beziehungen von den Gegenständen und Ereignissen, die sie bezeichnen, herausgreifen. Von den übrigen sehen sie ab. Jeder Begriff betrachtet seine Objekte unter einer spezifischen Perspektive. Dennoch lassen sich natürlich konkretere von abstrakteren Begriffen unterscheiden, wie z.B. Hofhund von Tier oder Lebewesen, oder Gebäude von Freiheit. Konkret und abstrakt sind als Ausprägungen einer übergreifenden Abstraktheitsdimension zu sehen. Welches sind mögliche Kriterien, nach denen die Einordnung auf der Abstraktheitsdimension vorgenommen wird? Unseres Erachtens sind sie nicht einheitlich und systematisch. Personen stützen sich bei ihrer Einschätzung auf mehr oder weniger intuitive und implizite Kriterien. Der Art etwa: ob ein Begriff früher und unmittelbarer erfahren wird. Ob er wahrnehmungsnäher ist. Ob man sich leichter, fehlerfreier und sicherer über ihn als über andere verständigen kann. Die Abstraktheitsdimension ist folglich sehr stark subjektiver Art. An ihrem unteren Ende stehen z.B. Eigennamen für wahrnehmbare Objekte. Aber wahrscheinlich lassen sich selbst bei ihnen Abstufungen an Konkretheit unterscheiden: Wir empfinden ein Mädchen Anna, das wir kennen, konkreter als den Taifun „Anna“, nicht bloß wegen des bloßen Ereignischarakters des letzteren.

Wichtiger für eine entwicklungspsychologische Betrachtungsweise ist die Tatsache, daß der Abstraktheitsgrad eines Begriffs ontogenetisch variiert. Wir möchten dazu die These aufstellen, daß jeder Begriff von einem konkreteren, allmählich in einen abstrakteren Zustand übergeht. So versteht z.B. das kleine Kind unter Mutter oder Großmutter eine bestimmte Person, mit wahrnehmbaren und erfahrbaren Eigenschaften und erst allmählich beginnt es zu begreifen, daß viele Personen Mutter sind, daß sie alle Frauen sind und ein Kind geboren haben. Es dauert Jahre bis die Erzeugerrelation zum Kern des Begriffs wird.

Von dieser Abstraktheitsdimension ist der Vorgang der Abstraktion, soweit er als Erklärung für den Begriffsbildungsprozeß herangezogen wird, sehr wohl zu unterscheiden. Aus der Tatsache, daß Begriffe immer eine mehr oder weniger große Abstraktheit besitzen, folgt keineswegs, daß Begriffsentwicklung als ein Abstraktionsvorgang anzusehen ist, bei dem in mehr oder weniger systematischer Weise die relevanten Merkmale herausgelöst und die nicht relevanten vernachlässigt oder beiseite gelassen werden. Woher sollte das Subjekt auch wissen, welches die relevanten und welches die nicht relevanten Merkmale sind. Die Abstraktheit der Begriffe ist vielmehr als Ergebnis des oben erklärten Konstruktionsprozesses zu sehen. Dieser Konstruktion sind die zu abstrahierenden Merkmale, Beziehungen usw. in Form und Gestalt bisher schon entwickelter Begriffe (gleichsam als Hypothesen) vorgegeben.

Strukturiertheit

Begriffe können nicht nur als mehr oder weniger abstrakt eingeschätzt werden, die Merkmale und Beziehungen, die sie herausheben, erscheinen untereinander mehr oder weniger systematisch vernetzt. Diese Eigenschaft bezeichnen wir als Strukturiertheit. Sie läßt sich selber wieder in unterschiedliche Grade an Differenziertheit und Integriertheit der einzelnen Merkmale und Beziehungen auflösen. Es kann sich z. B. dabei um relativ vage, grobe, daher gleichzeitig auch sehr allgemeine Merkmale wie groß, klein, gut, schlecht oder um sehr spezifische handeln. Wichtiger ist die Art ihrer Verknüpfung. Handelt es sich eher um zufällige lose, wir könnten auch sagen, rein assoziative Komplexe oder hochgradig geordnete, vernetzte oder interdependente Systeme? Diese Betrachtungsweise entspricht der oben aufgestellten These, daß Begriffe Strukturen sind, die in andere Teilstrukturen aufgelöst werden können.

In entwicklungspsychologischer Hinsicht gehen wir nun davon aus, daß Begriffe sich allmählich aus anfänglich wenig differenzierten und vagen Teilstrukturen, die nur lose und komplexhaft miteinander verknüpft erscheinen, zu mehr oder weniger durchstrukturierten Systemen entwickeln. Dabei kann die systematische Koordination der Teilstrukturen teilweise explizit herausgearbeitet werden. Den anfänglichen komplexhaften Charakter von Begriffen hat auch Vygotsky (1964) betont. Die Verbindungen zwischen den Merkmalen, Beziehungen und Funktionen sind allerdings nie rein zufällig und assoziativ, auch wenn sie für den außenstehenden Betrachter diesen Eindruck erwecken. Das ergibt sich aus unseren allgemeinen Thesen zur Genese der kognitiven Strukturen. Ihre Konnektionen sind aber anfänglich wenig systematisch und haben einen stark idiosynkratischen und gegenstandsbezogenen Charakter. Erst im Verlaufe der weiteren Entwicklung werden die Zusammenhänge zwischen den Merkmalen und Funktionen immer expliziter und schärfer in Angleichung an konventionelle Bedeutungsnetze herausgearbeitet.

Situations- und Gegenstandsabhängigkeit

Kontext- und Gegenstandsabhängigkeit stellt den Gegenpol zu einer unbeschränkten Generalität dar. Beschreibungsmäßig läßt sich Kontextabhängigkeit sehr wohl von Abstraktheit und Strukturiertheit unterscheiden, erklärungsmäßig oder entstehungsmäßig hängen sie aber eng zusammen. Sie bedeutet, daß Begriffe trotz ihrer potentiellen Allgemeinheit eine starke situative Beschränktheit aufweisen. Vor allem für vier- bis fünfjährige Kinder sind die meisten Begriffe situations- oder gegenstandsabhängig: So ist die Mutter, die in einem Laden Verkäuferin ist oder gerade als Ärztin Kranke versorgt, nicht mehr Mutter. Das scheinen zumindest Untersuchungen von Saltz (1971) und Seiler (vgl. Mußler 1976) zu belegen. Saltz spricht von nicht ausgebildeter „concept conservation“. Das ist eine Folge der Tatsache, daß jeder neue Begriff in einer konkreten Situation zur Erfassung konkreter Objekte oder Ereignisse konstruiert wird. Auch wenn jeder so konstruierte Begriff eine „Tendenz“ besitzt, auf neue Situationen angewandt zu werden, gleichsam ein hohes oder unbeschränktes Generalisierungspotential besitzt, geschieht diese Generalisierung nicht von selber oder mühelos, jede einzelne Ausweitung erfordert eine mühsame und oft langwierige Akkommodation. Der Begriff löst sich nur langsam von den Gegebenheiten und Umständen seiner Bildung.

Prototypizität

Die drei bisher genannten Dimensionen zusammen stellen nach unserer Meinung ein Pendant zur Prototypentheorie dar. Die sogenannten „typicality effects“, die sich aus dem Prototypencharakter der Begriffe ergeben, sind offensichtlich Begriffseigenschaften, die den unteren Polen der drei bisher besprochenen Beschreibungsdimensionen entsprechen. Aus der These, daß Begriffe anfänglich eher konkret und wenig strukturiert sind und an konkreten Situationen und Exemplaren kleben, von denen sie sich nur mühsam lösen, folgt, daß Begriffe in den Anfangsstadien ihrer Entwicklung eher als Prototypen fungieren. Da überdies viele, vielleicht sogar die meisten Begriffe auch bei Erwachsenen nur wenig über diese Anfangsstadien hinausgelangen, haften ihnen tiefgreifende Beschränkungen an, die sich als prototypische Eigenschaften oder Effekte beschreiben lassen. Dazu rechnen wir folgende Phänomene: Erstens, daß viele Gegenstände und Ereignisse, die für einen Erwachsenen unter den Begriff fallen, vom Kind nicht dazu gezählt werden. Zweitens, daß die Gegenstände und Situationen, für die und in denen das Kind den Begriff zum ersten Mal gebildet hat, seinen Inhalt und Umfang ausschließlich bestimmen, oder doch im kindlichen Begriffsverständnis so privilegiert sind, daß jede Ausweitung nur im Vergleich mit ihnen vorgenommen wird.

Im Unterschied allerdings zur Prototypentheorie halten wir den Prototypencharakter aus folgenden Gründen nicht für eine notwendige und bleibende Eigenschaft von Begriffen. Erstens sind Begriffe auch beim Kind nie ausschließlich auf prototypenhafte Exemplare fixiert, sie enthalten stets, wie wir oben schon betont haben, ein erstaunliches Generalisierungspotential, das sich oft an einem einzigen Merkmal der ursprünglichen Situation orientiert. Zweitens sind die ursprünglichen Gegenstände in einem hohen Maße subjektspezifisch, während man den Prototypen eine universelle Gültigkeit (Rosch, 1973) oder doch wenigstens einen kulturspezifischen Geltungsbereich zuschreibt. Der dritte und in unseren Augen entscheidende Unterschied zur Prototypentheorie besteht schließlich darin, daß Prototypizität kein Alles-oder-Nichts-Merkmal, sondern eine Dimension mit gleichzeitigem Entwicklungscharakter darstellt. Mit anderen Worten: Prototypenhaftigkeit läßt Abstufungen zu und nimmt mit der Entwicklung ab. Wir möchten die These aufstellen, daß Begriffe sich im Verlauf der Entwicklung von Prototypen zu mehr oder weniger durchstrukturierten und flexiblen Systemen oder Theorien wandeln. Sie werden zunehmend abstrakter und allgemeiner und streifen die Fixierung auf konkrete Gegenstände und Situationen allmählich ab. Wenigstens einige der Merkmale und Beziehungen werden explizit herausgearbeitet und zu einem mehr oder weniger kohärenten und zugleich flexiblen System verdichtet. Dennoch bleibt bestehen, daß Begriffe nie den Charakter von festgefügten und unveränderlichen Definitionen annehmen, und der höchst mögliche Grad an Strukturiertheit und Flexibilität auch beim erwachsenen Begreifer kaum je erreicht wird.

Bewußtheit

Während Begriffe und Bedeutungen zumindest in einem vorwissenschaftlichen Verständnis meist mit Bewußtheit gleichgesetzt werden, gehen wir davon aus, daß dem subjektiven Begreifer die Implikationen seines Begriffes, d. h. die Merkmale und Beziehungen, die er damit verbindet, nicht bewußt gegenwärtig zu sein brauchen. Die These soll aufgestellt werden, daß die meisten Implikationen bei der Aktualisierung eines Begriffs nur implizit mitlaufen und keineswegs explizit und bewußt mitgedacht werden. Es erfordert mühsame Gedankenarbeit, sie schrittweise explizit herauszuschälen. Bewußtheit oder besser Explizitheit stellt darüber hinaus ebenfalls eine entwicklungspsychologische Dimension von Begriffen dar. Insbesondere auf der Stufe des formalen Denkens im Sinne von Piaget sind die jugendlichen Begreifer in einem erhöhten Maße bemüht, die konstitutiven Merkmale und Relationen der Begriffe explizit zu machen. Bei einigen Jugendlichen beobachtet man die Tendenz, die wesentlichen Merkmale, gleichsam als Entscheidungskriterien für die Zuordnung des Begriffs, zu finden. So zeigte sich in einer Untersuchung zur Entwicklung des Arbeitsbegriffs, daß viele Jugendliche die ihnen wesentlich erscheinenden Aspekte (z. B. „Arbeit ist eine Tätigkeit") absolut setzten und krampfhaft versuchten, das Zutreffen des Begriffs von ihnen her zu entscheiden. Als Folge davon ergab sich ein charakteristischer Trend zu einer neuen Übergeneralisierung des Begriffs, die zu Widersprüchen mit dem allgemeinen oder auch dem eigenen spontanen Gebrauch führte (Seiler, 1985 a).

Logische Konsistenz

Eine andere Dimension, die mit den bisher genannten eng zusammenhängt, ohne jedoch mit ihnen identisch zu sein, und die ebenfalls als eine Entwicklungsdimension von Begriffen aufgefaßt werden kann, ist der Grad an logischer Konsistenz oder das Ausmaß an logischen Verknüpfungsmöglichkeiten mit anderen Begriffen. Aufgrund der inneren oder intensionalen Strukturierung gewinnen Begriffe auch in zunehmendem Maße die Fähigkeit, sich logisch zu koordinieren, logische Schlüsse zuzulassen.

Während die frühen Begriffe des Kindes in gewisser Weise isoliert und unverbunden nebeneinander stehen und daher auch nur zu inkonsistenten und punktuellen Konstruktionen verknüpft werden – siehe z. B. Piagets Ausführungen zum Transduktionsschluß in der Phase des anschaulichen und voroperatorischen Denkens –, beginnen sich mit der Zeit ihre intensionalen und extensionalen Eigenschaften zu ordnen. Deduktive Ableitungen und logische Begriffskonstruktionen werden dadurch möglich. Allerdings haben auch noch viele logische Konstruktionen bei Erwachsenen nur wenig mit der Stringenz einer streng formalen und extensional begründeten Logik zu tun. Die natürliche Logik des Denkens ist stärker intensional geprägt, ihre Kohärenz beruht auf bedeutungsmäßigen Zusammenhängen, die stark situations-, gegenstands- und sprachabhängig sind und nur als Vorläufer einer systematischen Logik angesehen werden können.

Beweglichkeit und Festigkeit

Begriffe unterscheiden sich auch in bezug auf das Ausmaß an Beweglichkeit und Festigkeit. So sind die Leichtigkeit, Schnelligkeit und Sicherheit bestimmend, mit der ein Begriff aktualisiert, neu angewendet und generalisiert werden kann (Assimilation). Von diesen Eigenschaften hängt vor allem ihre Fähigkeit ab, sich neuen Aspekten und Situationen anzupassen und als Bausteine in neuen Begriffskonstruktionen zu fungieren (Akkommodation und Integration). Sie begründen und ermöglichen vergleichende und kontrastierende Beziehungsbildungen. Auch für Piaget ist die Mobilität – und als ihr Grenzwert die Reversibilität – die psychologische Voraussetzung für die logische Systembildung (Seiler 1968 und 1980, S. 111ff).

Zum Abschluß dieser beschreibenden Analyse möchten wir den für uns wichtigsten Punkt noch einmal herausheben: Alle genannten Dimensionen sind nicht nur abstrakte Beschreibungsmerkmale, sie stellen auch qualitative Veränderungsdimensionen dar, mit denen wir den Entwicklungsverlauf und den Entwicklungszustand der einzelnen idiosynkratischen Begriffe charakterisieren und teilweise auch erklären, weil diese Dimensionen untereinander in systematischer und theoriebestimmter Weise zusammenhängen. Ähnliche Analysen von Begriffsveränderungen und Begriffsentwicklungen finden sich u. a. bei Klausmeier et al. (1974).

4. Entwicklungssequenzen von Begriffen

Das Problem der Sachlogik

Wenden wir uns nun dem Problem der ontogenetischen und individualgenetischen Sequenzverläufe zu. Einige wesentliche Fragen wurden schon formuliert, wir möchten hier zwei aufgreifen und diskutieren. Unser Interesse gilt zuerst dem Problem, ob die Aufbausequenzen von Begriffen einer *internen Sachlogik* in der Weise folgen, daß bestimmte Begriffe oder Begriffszustände erst auftreten können, wenn andere notwendigerweise vorausgegangen sind? Würde dieses Prinzip gelten, so wäre zu folgern, daß für jeden Begriff bestimmte notwendige und hinreichende „Vorbegriffe" ausgemacht werden können, die das Subjekt zuerst entwickelt haben muß, bevor es das nachfolgende Begriffsverständnis erlangen kann. Das Prinzip der Sachlogik scheint einleuchtend und wird vielen didaktischen Theorien und Bemühungen zugrunde gelegt. Wenn man z.B. den Begriff der Beschleunigung verstehen will, muß man zuerst wissen, was Geschwindigkeit ist. Geschwindigkeit setzt selber wieder die Begriffe von Weg und Zeit in Beziehung.

Die Sachlage ist aber nicht so einfach, wie sie auf den ersten Blick erscheint. Aus mehreren Gründen kann dieses Prinzip keinen, zumindest keinen entwicklungspsychologischen, Erklärungswert beanspruchen. Erstens beruhen diese sachlogischen Beziehungen auf den explizit herausgearbeiteten Aspekten und Beziehungen der einzelnen Begriffe. Wie wir oben jedoch festgestellt haben, erfolgt diese Explizitierung nur sehr langsam und auch relativ spät und ist nie vollständig. Der Konstruktionsprozeß kann daher auch nicht auf der Ebene einer expliziten In-Beziehung-Setzung erfolgen. Es ist ebenfalls unwahrscheinlich, daß die implizite oder intuitive Konstruktion so strengen Regeln folgt. Daher erscheint es sinnvoller, ihn mit Piaget als einen komplexen Äquilibrationsprozeß (s. o.) zu verstehen, der nicht im strengen Sinn formalisiert und mit universeller Gleichartigkeit beliehen werden kann. Zweitens möchten wir mit Piaget annehmen, daß die *sachlogischen Beziehungen Konsequenz und nicht Ursache der Begriffskonstruktion* sind. Piaget sieht im Konstruktionsprozeß einen dialektischen Vorgang, der nicht formalisiert werden kann. Daher sind die sachlogischen Beziehungen und Regeln für ihn Ergebnis der Konstruktion: Sie können nicht vorhergesagt, im vorhinein gefolgert werden, sondern ergeben sich erst im nachhinein. Sachlogik ist aus diesen Gründen für uns kein Erklärungsprinzip, sondern ein Indiz für Entwicklungsabhängigkeit.

Variabilität der ontogenetischen Begriffssequenzen

Mit dem ersten Problem ist das zweite, das wir nun erörtern wollen, eng verwandt. Es bezieht sich auf die *Variabilität oder Invariabilität der Sequenzen.* Die Frage könnte lauten: Durchläuft die Entwicklung eines Begriffs bei verschiedenen Individuen dieselben Zustände, Schritte oder Etappen? Ist die Aufeinanderfolge der einzelnen Vor- und Teilbegriffe, die zu einem bestimmten Begriff hinführt, von Individuum zu Individuum identisch? Wie wir wissen, hat Piaget postuliert, daß die kognitive Entwicklung in invariablen Sequenzen verläuft. Dabei meint er nicht nur die großen Stufen oder Phasen der kognitiven Entwicklung, sondern auch den Verlauf einzelner Begriffsgenealogien. Solche invariablen Sequenzen postuliert er für Klassifikationsprozesse und andere Operationen für Raum- und Zeitbegriffe, für den Begriff des Zufalls, für den Zahlbegriff und viele andere, die er im Detail untersucht hat (s. Kap. 8). Man muß allerdings feststellen, daß Piaget seiner Invariabilitätshypothese vor allem bestimmte logische Eigenschaften von Begriffen zugrunde gelegt hat. Wenn aber eher inhaltliche Aspekte und Implikationen und ihre Veränderungen ins Auge gefaßt werden, wird man Abstriche von dieser These machen, ohne jedoch einer absoluten Variabilität das Wort zu reden.

Wie groß ist also im intersubjektiven Vergleich die *Variabilität der Begriffsinhalte und, wichtiger, der aufeinanderfolgenden Begriffskonstruktionen?* Die These, daß Entwicklung ein Ergebnis von Assimilations- und Akkommodationsvorgängen sei, impliziert keineswegs eine Gleichschaltung des Entwicklungsverlaufs. Träger und Ursache der aufeinanderfolgenden Assimilationen und Akkommodationen sind ja schon vorhandene idiosynkratische Strukturen. Im Gefolge der unterschiedlichen Ausprägung der angeborenen Tätigkeitsschemata und aufgrund ihres von Subjekt zu Subjekt verschiedenen Betätigungsfeldes, infolge auch der je spezifischen Umwelt und speziell der unterschiedlichen Betreuerreaktionen und Interaktionen, und nicht zuletzt aufgrund von tausend Zufälligkeiten im Betätigungsspiel der Schemata, wird kein Neugeborenes genau dieselben Assimilationen und Akkommodationen in genau derselben Reihenfolge vornehmen. Erst recht werden in späteren Entwicklungsphasen Tätigkeits- und Begriffssysteme, selbst wenn sie bei grober Betrachtung gleichartig erscheinen, bei einer genaueren Analyse stets mehr oder weniger starke Abweichungen aufweisen. So erfolgen bestimmte Integrationen von Handlungs- und Begriffssystemen aufgrund von zufälligen oder systematischen Umständen früher oder später. Ein Beispiel ist die wesentlich frühere Koordination von Greifen und Sehen bei einem der Kinder Piagets, die er auf Witterungsumstände zurückführt (Piaget 1936), weil die im Winter Geborenen warm zugedeckt und daher weniger Gelegenheit hatten, mit den Händen zu spielen. Darunter fallen ohne Zweifel auch die Phänomene, die Piaget als horizontale Verschiebung beschreibt. Ein Beispiel dafür: Der invariante Gewichtsbegriff bildet sich wegen geringerer Wahrnehmungsprägnanz erst zwei Jahre nach dem invarianten Substanzbegriff heraus.

Zu diesen Bedingungen in den Strukturen des Subjekts und in den äußeren Gegebenheiten sowie zu den Variationen der Interaktion mit den sozialen Bezugspersonen, gesellt sich eine ebenso große Mannigfaltigkeit der affektiven Gestimmtheit der einzelnen Handlungs- und Begriffssysteme, die selber wiederum Anlaß zu unterschiedlichen Konfliktsituationen und damit auch zu divergierenden Integrationen und Differentiationen im Entwicklungsgeschehen ist.

Gleichartigkeit der Sequenzen

Neben den genannten zahlreichen Quellen für Divergenzen im ontogenetischen Aufbau begrifflicher Systeme dürfte es allerdings nicht allzu schwer fallen, *Faktoren* zu benennen, *die zu einer gewissen interindividuellen Angleichung in den sequentiellen Konstruktionsprozessen und den Inhalten der einzelnen Schemata und Begriffe* führen. Im folgenden wollen wir einige Bedingungen aufzählen, die erklären, warum die idiosynkratischen kognitiven Strukturen schon am Beginn der Entwicklung eine gewisse Vergleichbarkeit von Individuum zu Individuum aufweisen, und warum speziell viele Begriffssysteme im Verlauf der Entwicklung sich kulturell vorgegebenen Bedeutungsnetzen annähern.

Die ähnliche Ausgangslage. Die kognitive Entwicklung baut auf einer biologischen Grundlage auf, die – abgesehen von individuellen Variationen, die durch das Zusammenspiel von genetischen Faktoren mit äußeren und inneren Bedingungen zustande kommen – eine identische Struktur aufweist. Auch in der physischen Umwelt läßt sich wahrscheinlich trotz mannigfaltiger Verschiedenheiten ein vergleichsweise größeres Ausmaß an Übereinstimmung aufdecken. Es ließe sich gar nicht von Variation sprechen, wenn nicht eine identische Grundstruktur gegeben wäre.

Die relative Gleichheit und Übereinstimmung des kulturellen, gesellschaftlichen und sozialen Lebensraumes. Sie äußert sich in der Art der Nahrung, Kleidung, der Spielsachen, der Interaktionsstile, der Gebräuche, Einstellungen usw. Auch dafür gilt wahrscheinlich, daß die kulturgegebenen Gemeinsamkeiten die gruppen-, milieu- und schichtspezifischen Unterschiede übertreffen. Vielleicht lassen sich sogar kulturübergreifende und universelle Grundmuster sozialen Handelns ausmachen.

Grundtendenzen der Begriffsbildung. Dazu zählen vor allem die kognitiven Strukturen gemeinsame Tendenz zur Verinnerlichung, Ökonomisierung und Straffung. Aber auch die in der beschreibenden Analyse festgestellten Trends und Tendenzen zur Herausbildung immer abstrakterer, stärker strukturierter und konsistenterer sowie beweglicherer Struktursysteme werden wahrscheinlich ebenfalls dazu beitragen, daß individuelle Variationen teilweise verloren gehen, und daß das Grundgerüst der Strukturen schärfer hervortritt.

Die Versprachlichung. Die Kopplung begrifflicher Strukturen mit sprachlichen Zeichen und die dadurch geschaffene Fähigkeit zur sprachlichen Kommunikation trägt ganz wesentlich zur beschleunigten Angleichung der subjektiven oder besser idiosynkratischen Begriffe an die in der Sprache niedergelegten ,,Vorbild"-Strukturen bei. Mit der Entwicklung der Sprache wird das Subjekt mehr und mehr befähigt, mit der sozialen Umwelt auch begrifflich zu interagieren und seine Vorstellungen und Begriffe an allgemeinsprachliche Vorbilder und gesellschaftliche Leitlinien zu akkommodieren.

Übergeordnete Steuerungsbegriffe und Strategien. Wir haben schon weiter oben erwähnt, daß aufgrund der gegenseitigen Assimilations- und Akkommodationsprozesse im Verlauf der Entwicklung Begriffe und Operationen ausgebildet werden, die gleichsam der beobachtenden Rekonstruktion und der gezielten Akkommodation und Integration von Begriffen dienen. So lernt das Subjekt seine handelnde und begriffliche Erkenntnistätigkeit zu lenken und sein Problemlösen effektiver zu gestalten. Es wird dadurch ebenso in die Lage versetzt, die Übereinstimmung seiner Begriffe mit den Gegenständen und insbesondere mit dem sprachlichen Angebot der sozialen Interaktionspartner zu kontrollieren und zu regulieren. Dazu werden nach und nach Operationen entwickelt, die es erlauben, den Anpassungsvorgang systematisch vorzunehmen. Diese Fähigkeit muß auf lange Sicht zur Akzentuierung struktureller Gleichheiten und zur inhaltlichen Annäherung zwischen den kognitiven Strukturen miteinander interagierender Subjekte führen. In der Altersspanne zwischen vier und acht Jahren scheinen die ersten operatorischen Kontroll- und Steuerungssysteme zu entstehen, die allerdings noch sehr stark gegenstands- und situationsabhängig sind. Sie übernehmen eine entscheidende Rolle für die Begriffsentwicklung und speziell für die Ausbildung logisch kohärenter Denksysteme.

Die genannten Faktoren, die wir hier nur andeuten konnten und denen sicher noch andere hinzuzufügen wären, ziehen keineswegs eine vollständige Gleichschaltung der individuellen Entwicklungsverläufe nach sich, weder im Sinne invariabler Sequenzen, noch weniger dem eines gleichen Entwicklungstempos. Die Variation von Subjekt zu Subjekt, nicht bloß bezüglich der zeitlichen oder altersmäßigen Ausprägung von inhaltlichen Aspekten, sondern auch in der Reihenfolge der einzelnen Veränderungsschritte bleibt erhalten. Sie wird noch verstärkt durch den grundsätzlich subjektiven Charakter des kreativen Generalisierungs- und Strukturierungsprozesses. Ungeachtet dieser Unterschiede bewirken aber diese Faktoren doch, daß der Gang der Begriffsentwicklung nicht einen ausschließlich idiosynkratischen Charakter behält, sondern einen hochgradig kulturspezifischen, in Teilen vielleicht sogar kulturübergreifenden Akzent bekommt.

Daraus ergibt sich unseres Erachtens eine dreifache Zielsetzung für eine empirische Begriffsentwicklungsforschung: Sie sollte erstens versuchen, idiosynkratische Entwicklungsverläufe zu rekonstruieren und individuelle Besonderheiten herauszuarbeiten. Ihr Interesse sollte zweitens und vor allem dem kulturspezifischen Verlauf und der Kulturabhängigkeit von Begriffen und Begriffsentwicklungssequenzen gelten. Wir meinen, daß die Entwicklungspsychologie, auch die kognitive, in der Vergangenheit die Kulturabhängigkeit allzu sehr außer acht gelassen hat. Drittens soll Begriffsentwicklungsforschung, so wie wir sie verstehen, die Suche nach universellen Aspekten und Gesetzmäßigkeiten nicht ganz aus dem Auge verlieren.

5. Die Erforschung der Wortbedeutungsentwicklung

Wir haben in Abschnitt 1 gesagt, daß in einem sehr allgemeinen Sinn sowohl Handlungen und Ereignissen, als auch Objekten Bedeutung zugeschrieben werden kann und in einem spezifischen Sinn auch Zeichen und Symbolen. Im folgenden befassen wir uns nur mit der Bedeutung sprachlicher Zeichen, also mit Wörtern und Sätzen, wobei den *Wortbedeutungen* und deren Ontogenese unser vornehmliches Interesse gilt.

Die Untersuchung von Wortbedeutungsentwicklungen hat in der neuzeitlichen Psychologie eine lange Tradition und reicht bis zur Jahrhundertwende zurück (vgl. Wannenmacher & Seiler 1983a). Entscheidend beteiligt waren daran insbesondere Linguisten und Psychologen. Von letzteren waren es zunächst diejenigen, die die geistige und sprachliche Entwicklung ihrer Kinder in Form von Tagebüchern dokumentierten, beispielsweise Wilhelm Preyer oder das Ehepaar Clara und William Stern; andererseits beschäftigten sich auch solche Psychologen sehr eingehend mit der Thematik, die mehr die pädagogischen Anwendungen dieses Forschungsgebietes im Auge hatten, etwa Ernst Meumann. Begünstigt und unterstützt wurden ihre Bemühungen durch entsprechende Arbeiten im allgemeinpsychologischen Bereich, zum Beispiel den Publikationen Narziß Achs über die Begriffsbildung. Im deutschsprachigen Raum wurde diese Forschungslinie durch den Zweiten Weltkrieg unterbrochen, während sie in den englischsprechenden Ländern durch den Behaviorismus theoretisch und methodisch dominiert wurde.

Das änderte sich in den 60er Jahren, als der Einfluß assoziationistischer Auffassungen zu schwinden begann. Gleichzeitig verstärkten sich neue Aktivitäten der Untersuchung von Wortbedeutungsentwicklungen. Die nachhaltigsten Impulse kamen dabei aus zwei Richtungen: der Koginitionspsychologie und der strukturell orientierten Linguistik.

Linguistisch orientierte Forschungen zur Wortbedeutungsentwicklung

Die strukturelle Linguistik, die den Leitlinien de Saussures folgte, befaßte sich schon sehr bald mit der Bedeutung von Wörtern und deren Veränderungen. Der epochenmachende Durchbruch erfolgte aber erst als Katz und Fodor (1963) den Versuch unternahmen, Chomskys Generative Transformationsgrammatik im semantischen Bereich zu ergänzen und weiterzuentwickeln (vgl. Kap. 12). Die Bedeutung eines Wortes kann ihrer Ansicht nach als Kombination von „kleineren", nicht weiter zerlegbaren, quasi atomistischen Bedeutungselementen aufgefaßt werden.

Der Semantische Merkmals-Ansatz

Aufgegriffen und kritisch weiterentwickelt wurde diese Konzeption vor allem von dem Sprachwissenschaftler Bierwisch, der die Bedeutungselemente oder semantischen Merkmale („semantic features") außerlinguistisch verankerte. Sie beruhen seiner Meinung nach auf Dispositionen der kognitiven und perzeptuellen Struktur des menschlichen Organismus und sind deshalb auch nicht von Sprache zu Sprache verschieden. Vielmehr stellen sie ein universelles Inventar dar, das in spezifischer Weise in einzelnen Sprachen zur Anwendung kommt.

Demnach ist beispielsweise die Bedeutung des Wortes ‚Mann' durch die Kombination der semantischen Merkmale + *männlich* & + *erwachsen* & + *menschlich* gegeben, während die von ‚Junge' sich darin unterscheidet, daß statt + *erwachsen* das Merkmal − *erwachsen* vorhanden ist.

In Anlehnung an diese Vorstellung ist eine der einflußreichsten Theorien der Wortbedeutungsentwicklung entstanden, die „Semantic Feature Hypothesis" von Eve Clark, der wir uns jetzt zuwenden.

Clark veröffentlichte (1973a) einen bemerkenswerten Beitrag, in dem sie in großer Affinität zu Bierwisch postulierte, daß die Bedeutung von Wörtern eine Kombination kleinerer Einheiten, den „semantic features", sei. Außerdem stellte sie in Anlehnung an Gibsons Theorie der Wahrnehmungsentwicklung die Hypothese auf, daß diese ersten Merkmale perzeptueller Art seien. Für das sich entwickelnde Individuum bilde der sensorische Input die wichtigste Information und deshalb würden sich sensorische Attribute der Lernumwelt wie Form, Größe, Bewegung, Lautheit usw. auch am ehesten anbieten, um erste Wortbedeutungen zu bilden. Da Kinder im Vergleich zu Erwachsenen anfänglich nur über sehr wenige Merkmale verfügen, komme es zu fehlerhaften Übergeneralisierungen („over-extension“) der Wortbedeutungen. Stehe beispielsweise für das Wort ‚Hund‘ lediglich + *vierbeinig* als Komponente zur Verfügung, könne dessen Bedeutung fälschlicherweise auf andere vierbeinige Wesen ausgedehnt werden, die keine Hunde sind, etwa Schafe, Kühe, Pferde.

Darüber hinaus nahm Clark an, daß Kinder semantische Merkmale in *hierarchischer* Weise erwerben, und zwar derart, daß sie sich die allgemeinen vor den spezifischen aneignen, um selbstproduzierten Worten oder wortähnlichen Lauten oder den im Umgang mit Erwachsenen gehörten Wörtern eine Bedeutung zu verleihen. Außerdem werde bei bipolaren Wortpaaren, z. B. ‚lang/kurz‘ oder ‚vorher/nachher‘, die Bedeutung des unmarkierten Teils (hier: ‚lang‘ und ‚vorher‘) vor dem markierten richtig verstanden und verwendet.

Unmarkierte Formen haben eine allgemeinere Bedeutung als markierte, die einen zusätzlichen Bedeutungsaspekt aufweisen. Mit unmarkierten Formen drükken wir die Dimension aus, auf die sich das bipolare Wortpaar bezieht: Man fragt in der Regel z. B. nicht nach der Kürze der Person oder der Tiefe eines Berges, sondern nach deren Größe bzw. dessen Höhe.

Entsprechend den genannten Annahmen müßte etwa der Bedeutungserwerb von ‚während‘, ‚vorher‘ und ‚nachher‘ folgendermaßen vonstatten gehen: ‚Während‘ enthält die Merkmale + *Zeit* & + *gleichzeitig,* ‚vorher‘ die Merkmale + *Zeit* & – *gleichzeitig* & + *früher* und „nachher“ die Merkmale + *Zeit* & – *gleichzeitig* & – Früher; da nach Clark das Merkmal + *Zeit* allgemeiner als ± *gleichzeitig* ist, und diese wiederum allgemeiner als ± *früher* sind und außerdem – *gleichzeitig* eine größere Spezifität als + *gleichzeitig* habe sowie + *früher* einen größeren Allgemeinheitsgrad als – *früher,* müßte ‚während‘ vor ‚vorher‘ und dieses vor ‚nachher‘ erworben werden:

‚während‘	+ *Zeit* + *gleichzeitig*
‚vorher‘	+ *Zeit* – *gleichzeitig* + *früher*
‚nachher‘	+ *Zeit* – *gleichzeitig* – *früher*

Diese ursprüngliche Fassung von Clarks Theorie, die sie „Full Semantic Hypothesis“ nannte, wurde in den nachfolgenden Jahren erheblich ergänzt und korrigiert (vgl. Wannenmacher & Seiler 1981) und schließlich als zentrale Leitidee von ihr nicht mehr weiter verfolgt. Unabhängig davon erscheinen immer noch viele Abhandlungen, die theoretische und methodische Probleme diskutieren, die Clarks Konzeption inhärent sind, bzw. die sie provoziert hat. Wir werden deshalb jetzt auf einige der strittigen Punkte eingehen.

Zum einen betrifft es die Frage, woher semantische Merkmale kommen. Clark stellt sich deren Bildung in enger Anlehnung an die Entstehung sensorischer Merkmale vor. Ihrer Meinung nach werden sensorische Merkmale direkt zur Interpretation von Wortbedeutungen verwendet, d.h. das Individuum funktioniert sie zu semantischen um. Was dabei aber völlig unklar bleibt, ist der Transformationsprozeß von sensorischen zu semantischen Merkmalen sowie der kognitionstheoretische Status von letzteren.

Abgesehen davon gibt es eine Reihe weiterer ernstzunehmender Einwände. Clark wirft selbst als Problem auf, ob die aus *linguistischen* Analysen hervorgegangenen semantischen Merkmale nicht ihrerseits wieder in Merkmale unterteilbar sind. Andererseits weist Clark auch darauf hin, daß Wörter existieren, wie etwa ‚links' oder ‚rot', die sich überhaupt nicht in semantische Merkmale zerlegen lassen. Weitaus problematischer ist jedoch das Faktum, daß es sehr viele Wörter gibt, z.B. ‚Spiel', ‚Denken', ‚Arbeit' usw., für die keine definierenden, d.h. notwendigerweise vorhandenen semantischen Merkmale angebbar sind. Insgesamt ist es also sehr fraglich, ob und inwieweit mit semantischen Merkmalen die Bedeutungsaspekte von Wörtern adäquat erfaßt werden.

Ungeachtet dieser und anderer Schwierigkeiten, z.B. der Erklärung metaphorischer oder untergeneralisierter Wortbedeutungen, ist zu prüfen, welche empirischen Befunde für bzw. gegen den Theorieentwurf sprechen. In dieser Hinsicht ist es wichtig zu wissen, daß sich fast alle der überaus zahlreichen Publikationen lediglich auf die Bedeutungsentwicklung von Adjektiven beziehen, die räumliche, zeitliche, größen- oder mengenmäßige Relationen ausdrücken, z.B. ‚in/on/under', ‚first/last', ‚big/small'. Diese Untersuchungen vermitteln aber kein einheitliches Bild, da Clarks Hypothese einerseits durch zahlreiche Experimente bestätigt wird, andererseits aber eine Reihe von Arbeiten keinen empirischen Nachweis berichten (vgl. Carey 1982, Richards 1979).

Wesentliche Gründe für die heterogene Befundlage liegen unseres Erachtens im methodischen Bereich und in theoretischen Defiziten.

Methodische Unzulänglichkeiten

Vielfach wurden experimentelle Vorgehensweisen gewählt, die Artefakte produzieren, die nicht gleich als solche erkennbar waren. Wir wollen das kurz an einem Beispiel demonstrieren, das gleichzeitig eine der Zugangsweisen verdeutlicht, mit denen die Entwicklung von Wortbedeutungen erforscht werden kann. Clark (1973b) ging in der Untersuchung zu ‚in/on/under' unter anderem so vor, daß sie Kinder im Alter zwischen 1; 6 und 4; 11 Jahren aufforderte, kleine Spielzeugtiere *‚in'*, *‚auf'* oder *‚unter'* ein bestimmtes Referenzobjekt zu plazieren. Dabei wurde jede Präposition bei jedem Kind achtmal überprüft. Als Referenzobjekte verwendete sie sechs Spielzeuggegenstände, eine auf der Seite liegende längliche Schachtel, einen Tunnel, einen Lastwagen, eine Kinderkrippe, eine Brücke und einen Tisch. Die Analyse der korrekten/inkorrekten Instruktionsausführungen legte ihrer Ansicht nach nahe, daß die Wortbedeutung von ‚*in*' zuerst erworben wird, dann die von ‚*on*' und schließlich die von ‚*under*'.

Wie Wilcox und Palermo (1975) aber zeigten, beruhen Clarks Resultate auf einem Methodenartefakt, das sich aus dem spezifischen Zusammenwirken der Instruktion und den verwendeten Materialien ergab. Sie fanden nämlich große Unterschiede in den Ergebnissen, je nachdem, ob die in der Instruktion geforderte Handlung durch das Referenzobjekt besonders nahegelegt wurde oder nicht: Wenn man das Kind lediglich bittet, ein Spielzeugtier ‚*auf*' den Lastwagen zu legen oder ‚*in*' die Krippe, ist anzunehmen, daß es mehr korrekte Handlungen ausführt, als wenn es den Gegenstand ‚*unter*' den Lastwagen oder ‚*unter*' die Krippe plazieren soll. Werden Instruktionen des ersten Typs verwendet, ist denkbar, daß Kinder diese richtig ausagieren, ohne die Bedeutung des jeweiligen Wortes tatsächlich zu kennen. Wilcox und Palermo prüften dies mit verschiedensten Materialien und Instruktionen. Die Kinder mußten zum Beispiel ein Boot ‚*auf*' oder ‚*unter*' eine Brücke legen, ein Straßenstück ‚*unter*' oder ‚*auf*' einen Lastwagen etc. Dabei stellten sie fest, daß Kinder in der Tat dazu tendieren, die Objekte an ihren „natürlichsten" Ort zu plazieren, unabhängig vom verwendeten Lokativ und auch unabhängig davon, ob ein Lokativ oder ein sinnloses Wort an seiner Stelle benutzt wurde (vgl. hierzu auch die weiterführende Diskussion in Palermo 1985).

Theoretische Defizite

Neben methodischen Gesichtspunkten sind es unserer Ansicht nach zwei theoretische Defizite, die zur Heterogenität der empirischen Befundlage beigetragen haben. Zum einen ist es das Faktum, daß die Erstellung der linguistischen Bedeutungsanalyse eines Wortes für verschiedene Wissenschaftler durchaus nicht identisch ist. Und das führt letzten Endes dazu, daß empirische Ergebnisse völlig unterschiedlich interpretierbar werden. Diese Unzulänglichkeit hängt unseres Erachtens mit einem zweiten Theoriedefizit zusammen: Die „Semantic Feature Hypothesis" wurde in keine umfassendere kognitive Entwicklungstheorie eingebettet und sie nahm insbesondere von Forschungen zur Begriffsentwicklung so gut wie keine Notiz, wie Wannenmacher und Seiler (1983b) beispielsweise für ‚before/after' gezeigt haben.

Abgesehen von den bisher vorgetragenen Kriterien gibt es einen weiteren strittigen Punkt, der über viele Jahre die Diskussion in diesem Forschungsgebiet bestimmte. Wir meinen die Auseinandersetzung über die Frage, ob *perzeptuelle* semantische Merkmale in vorrangiger Weise für die Bedeutungsinterpretation erster Wörter herangezogen werden. Clark hatte ursprünglich diese Ansicht vertreten und war damit in Opposition zu Katherine Nelson (1974) getreten, die auf der Basis einer begriffsorientierten Theorie der Wortbedeutungsentwicklung *funktionalen* semantischen Merkmalen die größere Bedeutung zuschrieb.

Perzeptuelle Merkmale eines Objektes, etwa eines Fußballs, sind z.B. dessen Größe oder dessen runde Form; funktionale Merkmale sind z.B. die, daß er rollt und kullert oder er gekickt, geworfen und gestoßen werden kann, also das, was man mit ihm tun kann bzw. was er scheinbar selbst tut. Perzeptuelle und funktionale Merkmale sind – wie auch das Beispiel verdeutlicht – nicht völlig unabhängig voneinander. Sie können experimentell auch nur sehr schwer in unabhängiger Weise variiert und untersucht werden.

Wir sind der Ansicht, daß sowohl für das Kind als auch für den analysierenden Wissenschaftler bei der Interpretation erster Wortbedeutungen perzeptuelle *und* funktionale Merkmale stets kopräsent sind, wenn auch in unterschiedlicher Ausprägung. Für uns ist deshalb die Debatte um perzeptuelle vs. funktionale Merkmale letztlich ein Scheingefecht, auf dessen Darlegung wir verzichten. Im übrigen haben sich die Standpunkte der beiden Kontrahentinnen auch angenähert, was in Einklang mit einer Reihe von wichtigen Arbeiten steht, die etwa Bowerman (1978), Barrett (1978) oder Anglin (1977) vorgelegt haben.

Ein merkmalsorientierter Ansatz auf der Grundlage semantischer Gedächtnistheorien

Zum Schluß dieses Abschnitts wollen wir noch auf einen merkmalsorientierten Ansatz eingehen, der wie Clarks Konzeption einen sehr großen Bekanntheitsgrad erlangte. Es ist Dedre Gentners Analyse der Verbbedeutungen, die Besitzrelationen ausdrücken. Ihre Überlegungen sind zwar aus den allgemeinpsychologischen Untersuchungen zum semantischen Gedächtnis hervorgegangen, haben aber mit denjenigen von Clark zwei wesentliche Gemeinsamkeiten. Zum einen basiert ihre Suche nach Wortbedeutungsatomen ebenfalls auf einer *linguistischen* Analyse, wobei jedoch nicht vom einzelnen Wort ausgegangen wird, sondern von Aussagen oder Präpositionen; zum anderen ist auch Gentner der Ansicht, daß die von ihr identifizierten Bedeutungskomponenten, zum Beispiel die der Verben des Besitzens (vgl. *Tabelle 9.1*), in hierarchischer Relation zueinander stehen, und diese Hierarchie gleichzeitig die ontogenetische Erwerbsfolge der Verben determiniert.

Gentner (1975) hat zwar in einer empirischen Untersuchung versucht, die obige Bedeutungsentwicklung der sieben Verben nachzuweisen, aber es konnte später gezeigt werden (vgl. Bauer 1983, Wannenmacher & Seiler 1985), daß ihre Befunde aus methodischen Gründen anzuzwei-

Tabelle 9.1 Die hierarchische Organisation der semantischen Komponenten der Verben ‚geben', ‚nehmen', ‚tauschen', ‚bezahlen', ‚kaufen', ‚verkaufen' und ‚Geld ausgeben' und die Erwerbsabfolge ihrer Bedeutung. (Nach Gentner, 1978a, S. 237)

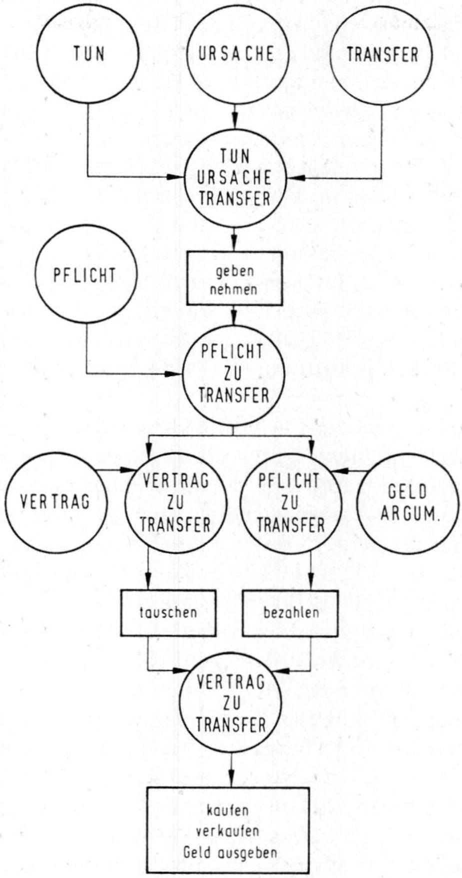

feln sind. Gentner verließ sich in der Erfassung des kindlichen Bedeutungsverständnisses auf Tausch-, Kauf- und Verkaufshandlungen, die die Kinder in einer *Spielsituation* mit den Sesamstraßenpuppen Bert und Ernie auszuführen hatten. Die Überprüfung ihrer Ergebnisse durch Bauer (1983) war folgendermaßen angelegt: Zwölf fünf- bis sechsjährige Kinder wurden in zwei Gruppen eingeteilt, von denen die erste zunächst die getreue Wiederholung des Versuchs von Gentner durchlief und danach einer extensiven Befragung über das entsprechende Bedeutungsverständnis unterzogen wurde. Die Untersuchung der zweiten Gruppe erfolgte in umgekehrter Reihenfolge. Zusätzlich zur Replikation von Gentners Studie und zur verbalen Erhebung des Bedeutungsverständnisses wurden die Kinder unmittelbar nach dem Puppenspiel direkt zu ihrem Verhalten in der Spielsituation befragt.

Den auffallendsten Befund dieser Replikationsstudie sehen wir darin, daß das Handeln der Kinder in der Spielsituation nicht im Einklang mit ihrem Bedeutungsverständnis stand, das sich in der verbalen Erhebung gezeigt hatte. Wir meinen, daß der entscheidende Grund hierfür in der Tatsache zu suchen ist, daß Kinder dieses Alters die Bedeutung von ‚kaufen' und ‚verkaufen' im Erwachsenensinn nur auf reale, alltägliche Kaufhandlungen beziehen, nicht dagegen auf eine ,,nicht ernste" Situation. Für diese Kinder scheint es selbstverständlich, daß man in einer solchen Situation nur so tut als ob, was unserer Ansicht nach eindeutig belegt, daß bloße Handlungen in einem eingeschränkten spielerischen Versuchsarrangement prinzipiell ungeeignet sind, die gesamten Implikationen des kindlichen Bedeutungsverständnisses ausreichend offenzulegen.

Unabhängig davon gibt es sowohl allgemeinpsychologisch-experimentelle Belege und Argumente gegen die semantische Komponentenanalyse von Gentner (vgl. z.B. Konerding & Wender 1985) als auch kognitionstheoretisch-entwicklungspsychologische, zum Beispiel von Seiler (1985 a). Wir können seine differenzierten Überlegungen an dieser Stelle nicht vorstellen und beschränken uns deshalb auf die Hervorhebung eines wesentlichen Aspekts. Sowohl Clark als auch Gentner entwerfen semantische Merkmale als *entwicklungsinvariant.* Demgegenüber vertreten wir aber die Ansicht, daß semantische Merkmale nichts anderes als begriffliche Strukturen des Individuums darstellen, die weder prädeterministisch angelegt sind (wie Bierwisch, Fodor und Clark vermuten) noch als statische Entitäten fungieren (wie Gentner annimmt), sondern die vom Individuum aktiv *konstruiert* werden und sich ihrerseits entwikkeln. Eine derartige Auffassung wird zwar von den meisten Vertretern einer begriffsorientierten Erforschung von Wortbedeutungsentwicklungen geteilt, ist aber am konsequentesten bei denen zu finden, die im Rahmen eines an Piaget angelehnten Strukturalismus denken.

6. Begriffsorientierte Erforschung der Wortbedeutungsentwicklung

Neben dem zentralen, kognitionstheoretisch fundierten Ansatz der begriffsorientierten Bedeutungsforschung (oder Begriffsentwicklungsforschung im engeren Sinn), den wir in den Abschnitten 2–4 dargelegt haben, behandeln wir unter dieser Rubrik auch andere, sehr unterschiedliche theoretische Konzeptionen, die trotz ihrer Differenzen, im Vergleich zu den bisher erörterten, einen gemeinsamen Nenner haben. Man ist der Auffassung, daß die Bedeutung von Wörtern wesentlich durch den Rückgriff auf *nichtsprachliche* Elemente konstituiert ist: Die begrifflichen Strukturen des Individuums.

Im folgenden möchten wir einen knappen Überblick über begriffsorientierte Ansätze geben und anhand von je einem Beispiel die beiden hauptsächlichen Gruppierungen erläutern.

Auf der einen Seite sehen wir theoretische Entwürfe, die teilweise noch mit der Denkfigur entwicklungsinvarianter Merkmale arbeiten, sie aber nicht aus linguistischen Analysen ableiten, sondern ihre Entstehung kognitionstheoretisch zu fassen versuchen. Darüber hinaus sind diese Ansätze dadurch gekennzeichnet, daß sie sich nahezu ausschließlich mit ersten Objekt-Wörtern bzw. -Begriffen befassen, und sie davon ausgehen, daß diese sich in holistisch-exemplarischer Weise anhand eines einzigen oder sehr weniger Referenzobjekte ausbilden, ohne daß in größerem Umfang analysierende Tätigkeiten auftreten, die gemeinsame Merkmale mehrerer Objekte abstrahierend herausarbeiten (vgl. hierzu auch Wannenmacher, 1983). In diese Kategorie sind etwa die Ansätze von Nelson (1974), Anglin (1977), Bowerman (1978), Barrett (1978, 1982), Palermo (1978) oder Greenberg und Kuczaj (1982) zu subsumieren. Als Beispiel werden wir weiter unten Nelsons Konzeption von 1974 sowie die 1983 publizierte Erweiterung erörtern.

Auf der anderen Seite haben wir es mit Überlegungen zu tun, die Wortbedeutungen nicht mehr als Kombinationen und Ordnungen von Merkmalen begreifen, sondern als vernetzte Strukturen sich entwickelnder Begriffssysteme. Hierzu gehören beispielsweise die Untersuchungen von Furth (1980), Szagun (1983), Aebli (1985) sowie die von Seiler und Wannenmacher (1980, 1981, 1983) und Wannenmacher (1981, 1985). Bevor wir uns Furths Analyse zuwenden und an ihr die Besonderheiten der systemorientierten Arbeiten erläutern, möchten wir Nelsons Beitrag, stellvertretend für einen der holistischen Ansätze skizzieren.

Katherine Nelsons funktionaler Ansatz

Nelson (1974) geht in Anlehnung an Piaget davon aus, daß das Individuum im handelnden Umgang mit Gegenständen oder Personen begriffliche Strukturen aktiv konstruiert. Piaget etwas überinterpretierend, ist sie der Ansicht, daß die ersten Wissensstrukturen vorwiegend *funktionaler* Art sind und sie sich auf das beziehen, was das Kind mit Gegenständen oder Personen tun kann bzw. was sie selbst tun können. Sie betreffen also im Unterschied zu Clark nicht das Aussehen, die Größe oder die Form von Objekten. Voraussetzung für den Aufbau funktionaler begrifflicher Merkmale ist für Nelson das, was Piaget ,,Verständnis des permanenten Objekts" nannte. Ein Kind, das mit dieser Eingangsbedingung ausgestattet ist, kann nach ihr eine rudimentäre Begriffsstruktur von Objekten ausbilden, mit denen es interagiert. Es wird dabei eine Vielfalt funktionaler Beziehungen erkennen und erfahren, in die das neue Objekt, z.B. ein Ball, eingebunden ist: Der Ball kann gerollt, gekickt oder geworfen werden; er kullert an abschüssigen Stellen von alleine, wenn man ihn losläßt; er springt zurück, wenn man ihn gegen die Wand oder den Boden wirft usw.

Diese funktionalen Beziehungen werden nach Nelson in einem vorsprachlichen Kernbegriff verdichtet (dem ,,functional core"), dem das Kind dann funktionale ,,non-core"-Merkmale hinzufügt, wenn es dasselbe Objekt zu späteren Zeitpunkten in neuartigen Beziehungen erfährt. Beispielsweise findet es den Ball oft an bestimmten Stellen der Wohnung, an anderen nicht oder er ist im Besitz von einer Person, wird von anderen gewünscht, gesucht. Das Kind hat dementsprechend zu lernen, welche der funktionalen Merkmale essentiell sind und dem ,,functional core" zugerechnet werden müssen und welche quasi außerhalb dieses Kernbegriffs liegen. Da eine solche Differenzierung zwischen ,,core"- und ,,non-core"-Merkmalen anfänglich noch sehr fehlerhaft ist, sei es wahrscheinlich, daß der Kernbegriff des Kindes zahlreiche funktionale Beziehungen enthält, die im Vergleich zu den Standards der Erwachsenen völlig irrelevant sind.

Mit der Ausbildung von ,,core"- und ,,non-core"-Merkmalen ist aber die begriffliche Konstruktion nicht abgeschlossen. Denn um andere Bälle zu identifizieren und sie als Vertreter des vorläufigen Begriffs BALL anzusehen, ist ein weiterer Schritt erforderlich: die Herausarbeitung der ,,identifying features", die perzeptueller Natur sind, beispielsweise Form, Farbe oder Größe (vgl. *Abb. 9.1*). Mit anderen Worten, der Begriff BALL wird gebildet auf der Grundlage funktionaler und generalisiert auf der Basis perzeptueller Merkmale.

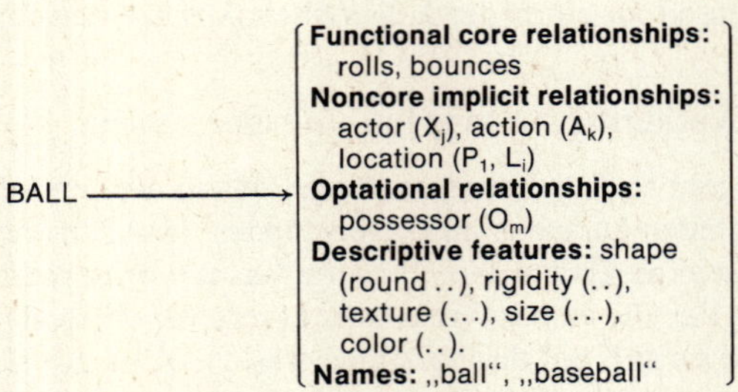

Abb. 9.1 Die Begriffsstruktur BALL mit ,,core" – und ,,non-core"-Merkmalen sowie den ,,identifying features" (nach Nelson, 1974, S. 280)

Was die Zuordnung eines linguistischen Zeichens angeht, also etwa die des Wortes ‚Ball' zum Begriff BALL, so vertrat Nelson ursprünglich die Ansicht, daß dies erst erfolgen könne, wenn das Individuum sich die identifizierenden Merkmale angeeignet hat. Später revidierte sie die Ansicht dahingehend (vgl. Nelson et al. 1978), daß eine Zuordnung zu *jedem* Zeitpunkt des Begriffserwerbsprozesses möglich sei.

Aus theoretischer Sicht steht das von Nelson vorgeschlagene Modell einer *kognitionstheoretischen* Psychologie der Begriffs- und Bedeutungsentwicklung sehr viel näher als etwa das von Clark. Sie versucht wenigstens, Wege zu weisen, wie der Erwerb von Wortbedeutungen in den Gesamtzusammenhang der kognitiven Entwicklung, insbesondere der Begriffsentwicklung eingebettet ist. Dennoch bleiben viele Dinge offen und unspezifiziert. Das in unseren Augen theoretisch am wenigsten gelöste Problem ist die Herkunft und die Entwicklung der Kategorien (wie *Rollen, Kicken, Werfen* oder *Handelnder* und *Handlungsobjekt*), die das Kind offensichtlich benötigt und die Nelson voraussetzen muß, um die Differenzierung von „core"- und „non-core"-Begriff zu erklären. Eine zweite, nicht minder gravierende Unzulänglichkeit liegt darin begründet, daß die Modellvorstellung lediglich für Objekte entworfen wurde und unklar bleibt, ob und inwieweit sie sich z. B. auch auf die Konzeptualisierung von Handlungen selbst oder die von sozialen Beziehungen im allgemeinen anwenden ließe.

Noch ein kurzes Wort zur empirischen Seite. Wir hatten bereits angemerkt, daß die einseitige Betonung perzeptueller oder funktionaler Merkmale theoretisch kaum Sinn macht und methodisch außerordentlich schwierig zu realisieren und nachzuweisen sein dürfte. Ungeachtet dessen gibt es einige Forscher, die zu zeigen versuchten, ähnlich wie in Clarks Fall so jetzt für Nelsons Ansatz, daß funktionale Merkmale nicht der entscheidende Aspekt frühkindlicher Begriffs- und Wortbedeutungsentwicklung sind (vgl. z. B. Prawat & Cancelli 1977, Gentner 1978a und die Kritik von Casby 1979). Es ist müßig, das Pro und Contra der Befunde hier darzulegen. Viel wichtiger erscheinen uns die Einwände zu Nelsons Annahme, daß funktionale Merkmale als *definierende* Komponenten anzusehen sind, ein Postulat, das in analoger Weise von Clark für perzeptuelle Merkmale vertreten wurde. In Anbetracht philosophischer Überlegungen, insbesondere von Wittgenstein (1971) oder Putnam (1975) sowie angesichts empirischer Untersuchungen zum Prototypenkonzept ist diese Hypothese aber sehr in Frage zu stellen. Die Kritiker argumentieren, daß für natürliche Begriffe keine definierenden Attribute angegeben werden können. Nelson (1982) meint deshalb auch, daß ihre Annahme wahrscheinlich zu strikt sei, um als invariable Regel weiter bestehen zu bleiben.

In dem gerade erwähnten Beitrag von 1982 hat Nelson auch Überlegungen zu einer entscheidenden Erweiterung ihrer Konzeption aus dem

Jahr 1974 angestellt, die dann in einer nachfolgenden Abhandlung (1983) noch präzisiert wurde. Sie möchte damit vor allem das ausschließliche Verhaftetsein an Objektwörtern bzw. -begriffen überwinden und meint, daß Kinder zunächst keine Vorstellungen über Objekte ausbilden (wie im Modell von 1974 postuliert), sondern sie primär ein Wissen über vertraute Handlungen und Ereignisse aufbauen, zum Beispiel von Spiel- oder Essenssituationen, in denen bestimmte Objekte, etwa ein Ball oder eine Tasse eingebunden sind. Diese Vorstellungen von Handlungen und Ereignissen („event representations"), die Nelson in Anlehnung an Schank und Abelson (1977) „scripts" nennt, können kleinere Einheiten sein, wie etwa das Hin- und Herrollen eines Balls zwischen Mutter und Kind, oder auch ausgedehntere Handlungsabläufe, wie etwa die Vorgänge des Anziehens, des Mittagessens oder des Zubettgehens. Auch in dieser Erweiterung ihrer Theorie kommt offensichtlich ein sehr holistisches Moment zum Ausdruck.

Von besonderem entwicklungspsychologischem Interesse ist Nelsons Annahme, daß ein script den Ansatzpunkt für die Ausbildung begrifflicher Strukturen und lexikalischer Bedeutungen darstellt:

In einem ersten Schritt kann das script die *Basis für einen situationsspezifischen Begriff* abgeben, wenn das Kind ein Objekt im Rahmen ein und desselben scripts in verschiedenen Handlungsvollzügen erfährt, z.B. den Ball, mit dem Mutter und Kind in unterschiedlichster Weise zusammen spielen. Bereits in diesem Stadium kann eine Zuordnung von Begriffsstruktur und lexikalischer Form (z.B. ‚Balla') erfolgen, wobei aber noch eine sehr starke Gebundenheit an die jeweilige Situation besteht.

Der weitere Weg zu einem allgemeineren begrifflichen Verständnis setzt nach Nelson voraus, daß das Kind erkennt, daß *verschiedene Objekte* (z.B. ein Tennisball, ein Fußball oder ein Gummiball) *innerhalb eines scripts dieselbe oder ähnliche Funktionen* erfüllen können und dadurch erst kontextunabhängigere begriffliche Kategorien gebildet werden. Nelson schreibt der sprachlichen Entwicklung in diesem Stadium des Strukturierungs- und Restruktierungsprozesses eine erhebliche unterstützende Rolle zu, die sich auf dem nachfolgenden Niveau noch verstärkt.

Allgemeine kontextunabhängige Begriffe bilde das Kind schließlich dann aus, wenn es *gleiche oder ähnliche Funktionen* erkennt, die ein Objekt oder eine Kategorie von Objekten in mehreren unterschiedlichen scripts einnehmen, z.B. Bälle auf dem Tennisplatz, am Strand, auf dem Fußballfeld.

An empirischen Untersuchungen kann Nelson zwar eine Reihe von Befunden anführen (z.B. Ashmead & Perlmutter 1980, Bruner 1975, Nelson 1978), die belegen, daß Kinder im Alter von einem Jahr bereits über zahlreiche scripts verfügen, aber es fehlen bisher noch überzeugende Arbeiten, die ihr entwicklungspsychologisches Modell überprüfen.

Wir möchten uns daher einer Bewertung aus diesem Blickwinkel enthalten. Andererseits fallen die Parallelen zu Piagets Denken ins Auge, die es wert sind, daß man sie einer kritischen Erörterung unterzieht. Insbesondere wäre zu fragen, in welcher Weise sich Nelsons „event representations" von Piagets Handlungsschema unterscheiden, wie beide die klassische Abstraktionstheorie umschiffen und wie sie die Rolle der Sprache einordnen. Da dies an anderer Stelle geschieht (Wannenmacher i. Vorb.), werden wir uns jetzt Untersuchungen zuwenden, die Wortbedeutungen als vernetzte Strukturen sich entwickelnder Begriffssysteme ansehen. Als Veranschaulichung greifen wir auf die Publikationen von Hans Furth und seinen Mitarbeitern zurück, die sich unter anderem mit einem Inhaltsbereich beschäftigt haben, den auch Gentner untersuchte: die Bedeutungsentwicklung von ‚kaufen' und ‚verkaufen' (vgl. Furth 1980).

Die Entwicklung sozialer Begriffe und Bedeutungen nach Hans Furth

Furth, der Kinder im Alter zwischen fünf und elf Jahren in semistrukturierten Interviews befragte, konnte folgendes beobachten:

1. Die jüngsten der von ihm untersuchten Kinder haben zwar keine Schwierigkeiten zu schildern, daß sie in ein Geschäft gehen, um z. B. Bonbons zu kaufen; daß sie dabei dem Verkäufer oder der Verkäuferin Geld geben, das in die Kasse gelegt wird; daß sie dann Wechselgeld zurückerhalten, und man ihnen die Ware überläßt. Aber sie verstehen und deuten diese Vorgänge, die in Abb. 9.2 (mit I und II) bezeichnet sind, in einer ganz anderen Weise als Erwachsene.

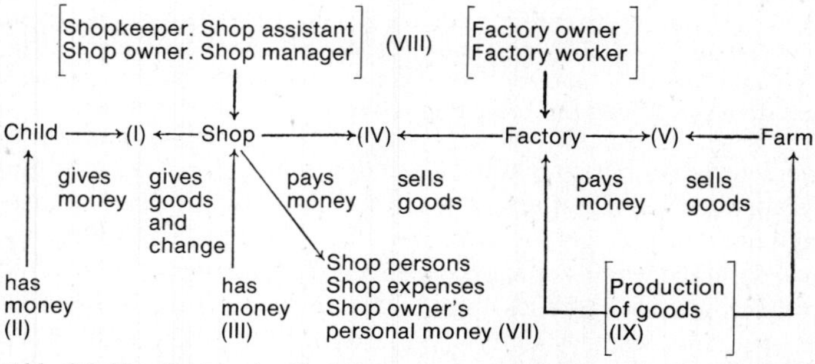

Abb. 9.2 Das System der Beziehungen von ‚kaufen', ‚verkaufen' ‚bezahlen' etc. (nach Furth 1980, S. 27)

Für fünf- bis sechsjährige Kinder ist das ganze nichts als ein Ritual, das unter anderem dazu dient, daß die *Käufer* sich Geld beschaffen. Wenn man Geld benötigt, muß man nur oft genug in ein Geschäft gehen und etwas ‚kaufen', denn das ist eine der Quellen, woher man Geld bekommen kann, abgesehen von der Bank, wo man nur danach zu fragen braucht oder abgesehen vom

Postboten, der es quasi ungefragt ins Haus bringt. Kinder auf diesem Stand der Entwicklung haben noch kein Erwachsenenverständnis der ablaufenden Prozesse. Geld und Güter sind für sie frei verfügbar; man kommt einfach an solche heran, indem z.B. bestimmte Handlungsabfolgen in einem Geschäft beachtet und ausgeführt werden. Die Kinder haben aber genauso wenig ein Verständnis für die sonstigen Zusammenhänge und Verflechtungen, die in *Abb. 9.2* dargestellt sind.

2. Wenn sie zu begreifen beginnen, daß Kunden im Laden die Ware gegen einen bestimmten Geldwert eintauschen, dann bleibt ihnen immer noch verschlossen, daß auch der Ladenbesitzer für die Ware etwas geben muß. Und selbst wenn die Kinder sich vorstellen können, daß der Ladenbesitzer ebenfalls für seine Waren bezahlt (IV), wird diese nicht unmittelbar wahrnehmbare Transaktion keineswegs mit I in Verbindung gebracht, d.h. die Herkunft des Geldes, mit dem er seine Waren kauft, wird woanders vermutet, z.B. darin, daß er noch einen weiteren Job hat. Wenn diese Erklärungsmuster nicht mehr greifen und gedankliche Konflikte und Inkonsistenzen sich häufen, wird von vielen Kindern die Regierung oder eine ähnliche Institution ins Spiel gebracht. So sagen sie dann, daß sie das Geld, das Menschen zur Verfügung haben, von der Regierung, der Königin bzw. aufgrund ihrer Arbeitstätigkeit erhalten.
3. Erst zu einem späteren Zeitpunkt, ab etwa 9 Jahren, kommt es in überzufälliger Weise zu einer Koordination von I und IV, teilweise auch von I und V, ohne daß aber ein adäquates Verständnis über den Gewinn vorhanden ist, den der Ladenbesitzer erzielen muß, um für sich persönlich Geld zur Verfügung zu haben (VII) und um seine geschäftlichen Auslagen und Kosten (IV, V, VI) finanzieren zu können. Auch die Bedingungen in VIII und IX werden nur in Ansätzen begriffen.
4. Manchmal bei zehnjährigen, meist aber erst bei elfjährigen und älteren Kindern, konnte Furth beobachten, daß sie die verschiedenen Aspekte des sozioökonomischen Gesamtzusammenhangs korrekt in Beziehung setzen und sie die Bedeutung von ‚kaufen', ‚verkaufen', ‚bezahlen' usw. insoweit verstehen und richtig verwenden, als sie das Geld, das dem Geschäft zur Verfügung steht (III), in adäquater Weise mit I in Verbindung bringen und sie vor allen Dingen begreifen, daß IV, V, VI und VII nur möglich sind, wenn der Ladenbesitzer seine Waren zu einem höheren Preis verkauft, als er sie einkauft. Darüber hinaus werden VIII und IX ebenfalls in vermehrtem Maße verstanden.

Abschließend sei hervorgehoben, daß der unbestrittene Mentor und Bezugspunkt der begriffsorientierten Erforschung von Wortbedeutungsentwicklungen Jean Piaget ist. Er hat zwar keine Theorie der Sprachentwicklung formuliert und sich vorwiegend auf die Kognitionsentwicklung konzentriert, aber er hat eine Theorie der Entstehung erster Begriffs- und Bedeutungssysteme geliefert (vgl. Piaget 1923, 1926, 1927, 1936, 1937, 1945), die in ihrer Weite und ihrem Detailreichtum bis heute beispiellos geblieben ist. Darüber hinaus hat er darauf aufbauend eine Theorie der begrifflichen Kategorien entworfen, z.B. von Raum, Zeit, Kausalität, Masse, Gewicht, Volumen, Bewegung, Geschwindigkeit, Wahrscheinlichkeit (vgl. Kap. 8), die jedoch vielfach im Rahmen der Untersuchung entsprechender Wortbedeutungsentwicklungen meist gar nicht oder nicht hinreichend berücksichtigt wurden.

7. Pädagogische Relevanz

Aus unseren Ausführungen dürfte deutlich geworden sein, daß die Erforschung der Begriffs- und Bedeutungsentwicklung nicht nur theoretisch, sondern auch praktisch von großer Relevanz und Wichtigkeit ist. Der Mensch denkt in Begriffen und steuert mit ihnen sein Handeln. Erziehung, Bildung, Lehren und Lernen ist – von der emotional-motivationalen Einbettung abgesehen – primär Aufbau, Erweiterung und Differenzierung von begrifflichen Erkenntnis- und Handlungssystemen. Damit sind bereits auch die pädagogisch-didaktischen Implikationen der theoretischen Analyse und der empirischen Untersuchungen zur Begriffsentwicklung und zum Erwerb von begriffsgetragenen Wortbedeutungen umrissen. Es muß allerdings festgestellt werden, daß die bis jetzt vorliegenden Beschreibungen und Erklärungen dieser Konstruktionsprozesse, auch diejenigen, die auf Piaget und seine Theorie zurückgehen, nicht mehr als generelle Leitlinien für die pädagogische Praxis abgeben. Es stellt sich daher der Entwicklungspsychologie die vordringliche Aufgabe, diese Modellvorstellungen nicht nur in bezug auf ihre allgemeinen und kulturspezifischen Gesetzmäßigkeiten, sondern mehr noch in pädagogisch-didaktischen Situationen zu rekonstruieren.

Kapitel 10

Zur Entwicklung des Problemlösens

Walter Hussy

1. Einführung

Die Analyse des Problemlösens war bisher eher eine Domäne der Allgemeinen Psychologie (vgl. Hussy 1984). Entwicklungspsychologische Fragestellungen wurden vor allem in Teilbereichen wie ‚begriffliches Denken‘ (Kapitel 9) oder ‚Gedächtnis‘ (Kapitel 11) untersucht, die allerdings als integrative Bestandteile von Problemlöseprozessen anzusehen sind. Es ist ein Anliegen dieses Kapitels, einen Überblick über entwicklungspsychologische Erkenntnisse vor allem zu den weiteren Teilstrukturen und -prozessen des Problemlösens zu geben. Dazu stellen wir ein allgemeines Modell des Problemlösens vor, das die Differenzierung und Ordnung der verschiedenen Prozesse erlaubt. Die Notwendigkeit eines solchen Modells wird zunächst an einem Untersuchungsbeispiel erläutert.

Eine Studie zur Denkentwicklung

Spada & Kluwe versuchten in einer Studie, „Hypothesen über quantitative und strukturelle Veränderungen des Aufgabenlösungsverhaltens im Laufe der Entwicklung zu spezifizieren und präzise zu testen“ (1981, S. 27). Als Aufgabenstellung verwenden sie das uns aus Kapitel 8 bereits vertraute *Waagebalkenproblem,* das Aufschlüsse über die Entwicklung der *Proportionalitätsrelation* zulassen soll. Die Teiloperationen, die zur Einsicht in diese Relation nach Ansicht der Autoren in Anlehnung an Piaget und Inhelder (1973) verfügbar sein müssen, sind in Tabelle 10.1 zusammengestellt. Aus der Größe der Gewichte (1) und der Länge des Hebelarms (2) sind Folgerungen für das Ausmaß der Auslenkung des Waagebalkens aus dem Gleichgewicht zu ziehen. Abbildung 10.1a

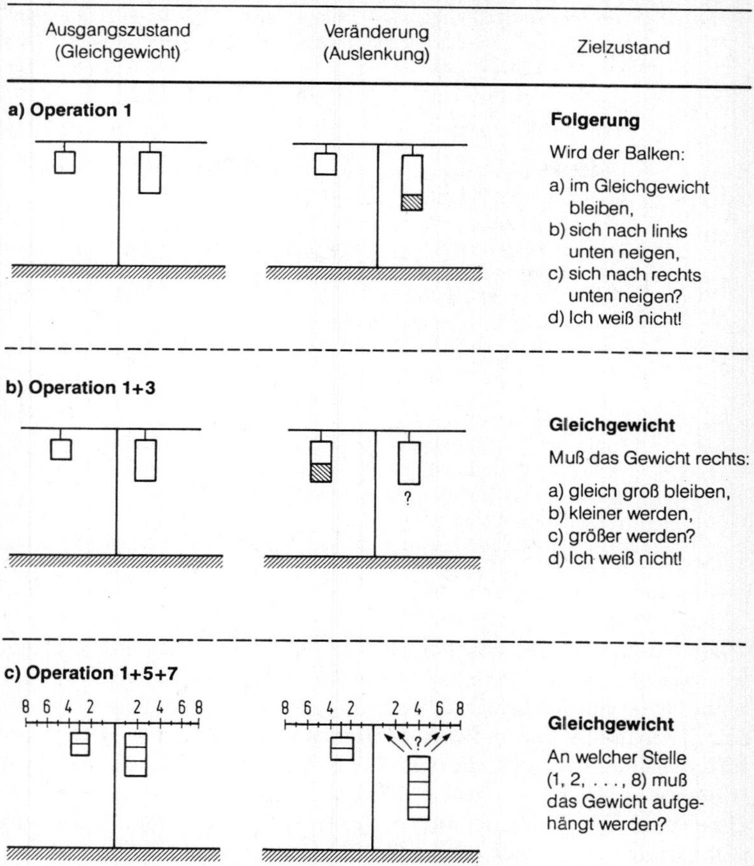

Abb 10.1 Veranschaulichung einiger für die Beherrschung der Proportionalitätsrelation beim Waagebalkenproblem wesentlicher Operationen (modifiziert nach Spada & Kluwe 1981, S. 34–38)

demonstriert die Operation 1. Zusätzlich zur Operation 1 ist 3 erforderlich, wenn es um eine Problemstellung geht, wie sie in Abbildung 10.1b veranschaulicht ist: Wie ist das gestörte Gleichgewicht nach der Auslenkung wieder herzustellen? Andere Kompensationsmöglichkeiten bieten die Operation 4 und 5. Für die relationale Definition der Abhängigkeit der beiden Größen Gewicht und Hebelarm werden die Operationen 6 bis 8 erforderlich. So zeigt Abbildung 10.1c eine Problemstellung, die das komplette Verständnis für die umgekehrte Proportionalität (mit der multiplikativen Verknüpfung: Operation 7) der beiden Variablen voraussetzt.

Tabelle 10.1 Die notwendigen kognitiven Teiloperationen zur Beherrschung der Proportionalitätsrelation bei Waagebalkenproblemen (nach Spada & Kluwe 1981, S. 38)

Bezeichnung	Beschreibung
1	Beachtung und Folgerung aus der Größe der Gewichte.
2	Beachtung und Folgerung aus den Hebelarmlängen.
3	Kompensation einer Veränderung der Größe eines Gewichts oder der Länge eines Hebelarms in derselben Modalität auf der anderen Seite des Waagebalkens.
4	Kompensation einer Veränderung in der anderen Modalität auf der anderen Seite des Waagebalkens.
5	Kompensation einer Veränderung in der anderen Modalität auf derselben Seite des Waagebalkens.
6	Zusätzliche Beachtung des zur Kompensation erforderlichen Veränderungsfaktors.
7	Zusätzliche Beachtung des für Waagebalken spezifizierten Hebelgesetzes, das besagt, daß das Produkt von Gewicht und Hebelarm auf beiden Seiten des Waagebalkens gleich groß sein muß.
8	Kompensation einer Ungleichheit in einer Modalität durch eine reziproke Ungleichheit in der anderen Modalität auf derselben Seite des Waagebalkens.

Die Autoren stellten eine Serie solcher Aufgaben zusammen, die diese acht kognitiven Operationen in unterschiedlicher Weise erfordern, wodurch sie hinsichtlich ihrer Anforderungen *(Aufgabenstruktur)* eindeutig beschreib- und vergleichbar werden (vgl. Abbildung 10.1).

In Anlehnung an Inhelder und Piaget formulieren die Autoren *zwei zentrale Annahmen:*

a) Die einzelnen Denkoperationen werden in einer bestimmten Sequenz im Laufe der Entwicklung verfügbar. Diese Sequenz ist für alle Kinder gleich. ... Das für den entsprechenden Aufgabenbereich spezifische Entwicklungsniveau kann anhand der Operation bestimmt werden, die zuletzt erworben wurde.

b) Es wird angenommen, daß die Operationen in deterministischer Weise angewandt werden. Ein Kind, das eine bestimmte Operation erlernt hat, ist in der Lage, diese Operation bei all jenen Aufgaben richtig anzuwenden, deren Lösung diese Operation erfordert" (Spada & Kluwe 1981, S. 43–44).

Die erste Annahme entspricht einem universalistischen Entwicklungsmodell, die zweite einem deterministischen Modell des Zusammenhangs zwischen Verfügbarkeit einer Denkoperation und der Lösung von Aufgaben, die diese Operation erfordern.

Die Beobachtungen Piagets über (Alters-)Verschiebungen bei der Lösung strukturgleicher Aufgaben sollten warnen, ein deterministisches

Modell dieser Art zu postulieren: Die Probleme sind nicht nur durch die in Frage stehenden Operationen, sondern durch manche weiteren Anforderungen charakterisiert.

Es überrascht daher kaum, daß Kluwe und Spada Inkosistenzen beobachtet haben (a) insofern, als nicht alle mutmaßlich strukturgleichen Aufgaben gelöst oder nicht gelöst werden und (b) insofern, als viele Probanden einige mutmaßlich schwierigeren Aufgaben lösten und bei leichteren versagten.

Die beobachteten Inkonsistenzen müssen aber nicht bedeuten, daß die beiden Kernannahmen falsch sind. Sie könnten auch bedeuten, daß 1) die Anforderungscharakteristik (Aufgabenstruktur) nicht umfassend und adäquat erstellt und/oder 2) die implizite Annahme des identischen Lösungsweges bei gleichen, richtig bearbeiteten Aufgaben nicht haltbar ist.

Probleme und Folgerungen aus dem Theoriendefizit

Wie eingangs erwähnt – und wie von Spada und Kluwe auch ausdrücklich betont – besteht das Hauptproblem in der mangelnden Fundierung der Hypothesen zur Anforderungscharakteristik der zu bearbeitenden Probleme. Sie konzedieren, daß sie den Hypothesen zur Aufgabenstruktur viel weniger Aufmerksamkeit geschenkt haben, als den methodischen Fragen eines Tests derartiger Hypothesen. ,,Wir ziehen aus dieser möglichen Kritik die Schlußfolgerung, daß ... in Zukunft wesentlich mehr Aufmerksamkeit den Methoden der Generierung besserer und differenzierterer Hypothesen über die Aufgabenlösungsprozesse gewidmet werden muß" (1981, S. 73f.). Sie fordern also ein differenzierteres und umfassenderes theoretisches Modell.

Ein solches Modell muß vor allem auch den Verlaufscharakter des Problemlösens erfassen. Das eigentlich Wesentliche beim Problemlösen ist nicht allein das Ergebnis – und nur auf Ergebnisse im Sinne von richtigen oder falschen Lösungen stützen sich die Analysen von Spada und Kluwe –, sondern auch der Prozeß, der zu diesem Ergebnis führt. Und hier muß man sehen, daß eine ganze Reihe von Variablen (Leistungsbereitschaft, Selbstbild, Interesse, Bezugsnormorientierung usw.) an diesem Prozeß beteiligt sind und nicht allein die kognitiven Operationen und deren Abfolge. ,,Es ist deshalb nicht sinnvoll, aus dieser überaus großen Menge von Variablen nur wenige herauszugreifen, um sie einzeln zu analysieren" (Lüer 1981, S. 86). Nimmt man die entwicklungspsychologische Dimension hinzu, so wird in diesem Zusammenhang besonders deutlich, wie massiv die Erkenntniseinschränkungen sind, wenn man sich a) auf nur wenige Variablen beschränkt und b) den Prozeßaspekt weitgehend außer acht läßt. Sowohl die vielen problemlöserelevanten Variablen als auch ihr Zusammenwirken im Lösungsvorgang unterliegen entwicklungsbedingten Veränderungen.

Nur ein ausgearbeitetes Problemlösemodell bietet die Grundlage für die Ableitung fundierter Hypothesen zur Veränderung problemlöserelevanter Variablen und ihres Zusammenwirkens im Lösungsvorgang durch Entwicklungsprozesse. Erst wenn für Teilbereiche der kognitiven Entwicklung – z. B. für die Entwicklung des Gedächtnisses – solche Hypothesengebäude vorliegen, ist es sehr wünschenswert, sie mit Hilfe mathematischer Methoden zu präzisieren und – im Sinne eines Modelltests – zu überprüfen.

2. Problemlösen als Informationsverarbeitung

Der informationsverarbeitungstheoretische Ansatz erweist sich wegen seines integrativen Charakters dafür als besonders geeignet. Demnach liegt ein Problem dann vor, wenn eine bestehende Situation *(Ausgangssituation, Istzustand)* in eine andere Situation *(Zielsituation, Sollzustand)* überführt werden soll und dieses nicht unmittelbar gelingt. Folgendes Modell soll als Anregung (Heuristik) und Ordnungsrahmen dienen.

Das SPIV-Modell

Im *SPIV-Modell* (*S*truktur- und *P*rozeßmodell menschlicher *I*nformations*v*erarbeitung; Hussy 1983, 1984) wird Problemlösen, ähnlich wie von Dörner (1979), als *Prozeß der Informationsverarbeitung* aufgefaßt: das Individuum empfängt (über die Sinnesorgane) Signale (Reize) aus der Umgebung; diese werden in eine organismusadäquate Informationsform umgewandelt *(Enkodierung)*, den Anforderungen der jeweiligen Situation gemäß weiterverarbeitet (z. B. Speichern, Bildung neuer Relationen) und (über die Motorik) wieder an die Umwelt abgegeben *(Dekodierung)*. In diesem Sinne handelt es sich beim menschlichen kognitiven Apparat um ein *offenes kybernetisches System* mit den Sinnesorganen einerseits und der Motorik (Sprache, Mimik, Gestik) andererseits als Randelemente (zur Umgebung). Dazu treten unterschiedliche Gedächtnisstrukturen als interne Systemelemente (Speicher) und der Fluß der Informationen durch diese Elemente als Ausdruck der Relationen zwischen ihnen. Im SPIV-Modell werden nun gemäß Abbildung 10.2 vor allem jene Elemente differenziert, die beim Problemlösen beteiligt sind.

Zu den acht Elementen, die den *Strukturaspekt* des Modells repräsentieren, zählen zwei wahrnehmungsnahe Randelemente, die *Sinnesorgane* (SO) und das *sensorische Register* (SR). Die SO nehmen die physikalischen Umweltreize auf und wandeln sie in eine organismusadäquate Form um. Diese Form der internen Repräsentation wird im SR für den

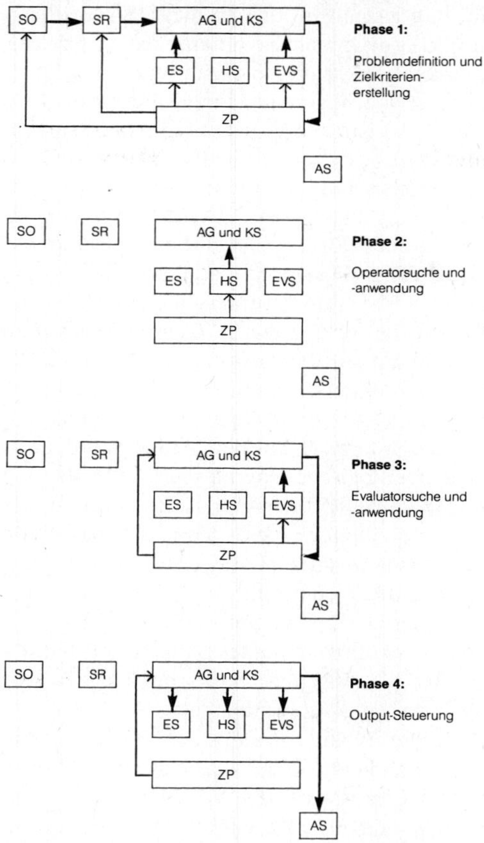

Abb. 10.2 Skizzierung der Struktur- und Prozeßaspekte des SPIV-Modells (nach Hussy 1984, S. 194)

Bruchteil einer Sekunde (ca. 0.25, Ultrakurzzeitspeicher) vollständig präsent gehalten. Durch Aufmerksamkeitszuwendung wird ein Teil dieser Information in den *Kurzzeitspeicher* (KS) und das *Arbeitsgedächtnis* (AG) transferiert, die restliche Information zerfällt. In diesen mittelfristigen Gedächtnisstrukturen wird die Information bis zu ca. 20 Sekunden vor dem Zerfall bewahrt, wobei Memorierungsvorgänge (stille Wiederholung, rehearsal) diese Zeitdauer erheblich verlängern können. Die zeitliche Kapazitätsbegrenzung fällt auch im Alltag auf, wenn man z. B. versucht, eine neue Telefonnummer zu wählen und dabei gezwungen ist, sie fortwährend zu wiederholen, um sie nicht zu vergessen. Neben der zeitlichen Begrenzung existiert auch eine Kapazitätsbegrenzung hinsichtlich der Informationsmenge, die in diese Strukturen einfließen kann. Übereinstimmend geht man davon aus, daß ca. sieben Informationseinheiten (chunks) gleichzeitig präsent sein können, also sieben Zahlen, Wörter oder auch zusammenhängende, kurze Sätze. Jeder, der einmal versucht hat, eine Liste von Wörtern (Einkaufsliste) zu behalten, weiß, daß es Umfangsgrenzen gibt. Nicht zuletzt deshalb wählt man häufig externe Gedächtnishilfen (Notizen).

Beide Arten der Kapazitätsbegrenzung entfallen in den *langfristigen Speichermedien,* d.h. einmal dort angelangt, bleiben beliebig viele Informationen für beliebig lange Zeit erhalten. Innerhalb des langfristigen Gedächtnisses werden Teilstrukturen unterschieden, wobei diese Einteilung den unterschiedlichen Beitrag dieser Informationen zum Problemlösen widerspiegelt. So enthält die *epistemische Struktur* (ES) das Faktenwissen, welches eine Person im Laufe ihrer Lerngeschichte sammelt (z.B. eine Meise ist ein Vogel; die Schule ist Bestandteil des Bildungswesens; der Mensch verändert sich mit dem Alter). Veränderungswissen (z.B. mathematische oder logische Operationen) ist Bestandteil der *heuristischen Struktur* (HS). Versucht jemand, die Zahlenreihe „1, 3, 6, 2, 6, 11, ?" fortzusetzen, so benötigt er dieses Veränderungswissen. Schließlich umfaßt die *evaluative Struktur* (EVS) das Bewertungswissen, welches für die Beurteilung des Zielabstands beim Problemlösen (z.B. nach einem erfolgten Lösungsversuch) verantwortlich ist. Der *zentrale Prozessor* (ZP) als vierte Subkomponente des Langzeitgedächtnisses enthält bewährte Strategien zur Bewältigung unterschiedlichster Probleme unter Beteiligung der zuvor genannten Elemente.

Damit ist der *Prozeßaspekt* des Modells angesprochen. Auch hierfür spielt der ZP die entscheidende Rolle: Das Zusammenwirken aller beschriebenen Elemente zum Zweck der Verarbeitung von Information für das Problemlösen steuert und kontrolliert diese Instanz. Abbildung 10.2 veranschaulicht diesen Gesamtprozeß, der in *vier Hauptphasen* unterteilt ist. So steuert der ZP in der ersten Phase die *Problemdefinition und die Erstellung der zu erreichenden Zielkriterien.* Ersichtlich sind daran neben den wahrnehmungsnahen ultrakurzfristigen Strukturen (SO, SR) die mittelfristigen (AG und KS) und zwei der langfristigen Substrukturen (ES, EVS) beteiligt. Zur Veranschaulichung stelle man sich folgendes Problem vor: Gegeben ist eine Symbolmatrix (vgl. Abbildung 10.3). Aus einem Teil dieser Symbole ist eine lange Sequenz gebildet (z.B. Raute, Rechteck, Karo, Rechteck, Raute usw.), die bestimmte Gesetzmäßigkeiten aufweist (z.B. nach „Raute" kommt immer „Rechteck"). Durch schrittweise Vorhersage dieser Symbole mit jeweiliger Rückmeldung (richtig/falsch) sollen diese Gesetzmäßigkeiten erkannt und damit korrekte Vorhersagen ermöglicht werden. Die entsprechende Instruktionsinformation läuft unter Kontrolle des ZP in das AG (KS). Danach ergeht ein Suchbefehl an die ES um zu überprüfen, ob diesbe-

Gemeinsames Bauen einer Wohnung aus Stäbchen
(Aus: Andresen U.: Das zweite Schuljahr München: Urban & Schwarzenberg 1980, S. 117)

zügliches Wissen vorhanden ist. Dieses wird abgerufen (in das AG transferiert) und mit Hilfe der EVS überprüft (erlaubt der derzeitige Informationsstand die zuverlässige Vorhersage des ersten Symbols der Zeichenfolge?). Im positiven Fall (wenn die Person etwa die Zeichenfolge schon kennt) handelt es sich nicht um ein Problem, sondern um eine Aufgabe; erst im negativen Fall liegt ein Problem vor.

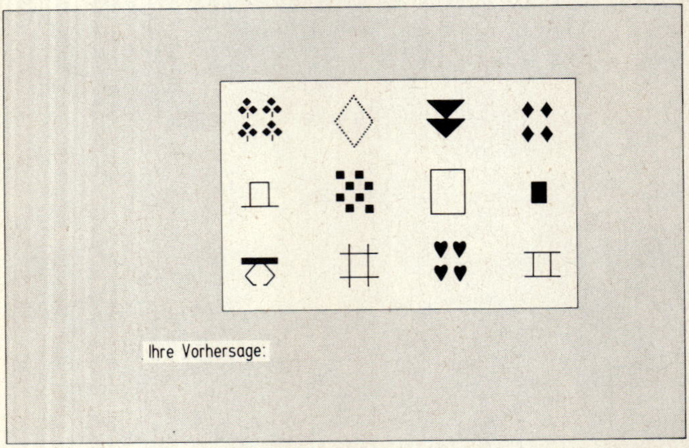

Abb. 10.3 Darstellung einer Symbolmatrix auf dem Bildschirm eines Tischcomputers

Dann steuert der ZP die Phase der *Operatorsuche und -anwendung,* wobei beispielsweise eine Selektion der ‚Strichsymbole' aufgrund des Operators ‚abstrahiere' aus der HS erfolgt. Diese kognitive Operation äußert sich in konkretem Verhalten (Strichsymbolvorhersage, z. B. Quadrat). In der dritten Phase *(Evaluatorsuche und -anwendung)* ermöglicht die Rückmeldung die Überprüfung des gewählten Operators. War die Vorhersage korrekt, kann der Operator beibehalten werden. Im anderen Fall ist er zu verwerfen oder zu ergänzen.

Kommt ein Individuum nach einer Reihe von Vorhersagen aufgrund der Bewertungsvorgänge zu dem Schluß, das Problem gelöst zu haben, so folgt die abschließende Phase der *Outputsteuerung,* in welcher entsprechendes Verhalten gezeigt (AS = Ausgabesystem), beispielsweise der Lösungsvorgang beendet wird. Zusätzlich steuert der ZP die langfristige Speicherung des im Lösungsprozeß gewonnenen Wissens, und zwar epistemischer, heuristischer und evaluativer Art. Der Leser wird ermuntert, das Modell in seinen strukturellen und prozessualen Anteilen am Beispiel des Waagebalkenproblems oder der Beantwortung einer Prüfungsfrage nachzuvollziehen.

Dieses hier nur knapp skizzierte Modell bietet einen Ordnungsrahmen zur Beschreibung der verschiedenen Aspekte der kognitiven Entwicklung im allgemeinen und der Entwicklung des Problemlösens im besonderen. So kann man einige der in den Kapiteln 9 und 11 behandelten Aspekte der Entwicklung des *begrifflichen Denkens* schwerpunktmäßig der epistemischen Struktur zuordnen, denn die interne Repräsentation von Wissen in begrifflicher Form findet in der epistemischen Struktur ihr Abbild. Der Aufbau dieses semantischen Gedächtnisses – sowohl hinsichtlich des Umfangs als auch der internen Begriffsstruktur und der Relationen zwischen den Begriffen – bildet einen wesentlichen Beitrag zum Gesamtbild der Entwicklung des Problemlösens. Weitere referierte Befunde zum *Gedächtnis,* zur *Nutzung von Strategien* usw. sind eher den mittelfristigen Gedächtnisstrukturen zuzuweisen. Das hierbei dominierende Thema bezieht sich auf die Fragestellung, wodurch die beobachtbaren Leistungsverbesserungen beim mittelfristigen Behalten mit zunehmendem Alter erklärbar werden: Vergrößert sich deren Kapazität oder gelingt ‚nur' eine bessere Nutzung durch Einsatz von Fakten-, Veränderungs- und/oder Bewertungswissen?

Entwicklungspsychologische Forschung kann sich nicht mit dem Nachweis von Altersunterschieden begnügen. Sie hat zu klären, *was* sich in der Entwicklung verändert. An einer Studie von Hussy und von Eye (1986) soll demonstriert werden, wie auf der Grundlage eines solchen Modells differenzierte Fragestellungen zu entwickeln sind.

Entwicklung informationsverarbeitender Strukturen beim Problemlösen

Zur Analyse der Fragestellung, *was* sich beim Problemlösen entwickelt, führten Hussy und von Eye (1986) eine Untersuchung durch, die sowohl Operatoren aus der heuristischen Struktur (HS) als auch die mittelfristige Behaltensleistung (AG, KS) zum Betrachtungsgegenstand hat. Das bereits erwähnte *sequentielle Vorhersageproblem* (vgl. Abbildung 10.3) dient dabei der Erfassung von Operatoren aus der heuristischen Struktur, hier *‚Superzeichenbildung'* genannt (vgl. von Cube 1968). Als Instrument zur Erhebung der mittelfristigen Behaltensleistung wird ein klassisches Lernexperiment mit *Listen von sinnfreiem und sinnvollem Material* eingesetzt. Durch die Untersuchung soll entschieden werden, ob nachweisbare Altersunterschiede im kognitiven Bereich auf Unterschiede in der Superzeichenbildung und/oder der Behaltensleistung zurückzuführen sind.

Sequentielles Vorhersage- und Lernexperiment

Wie bekannt folgt die Zeichenfolge bei einem sequentiellen Vorhersageproblem bestimmten Gesetzmäßigkeiten, die es zu erkennen gilt. Im Experiment von Hussy & von Eye (1986) bestanden diese Regeln in bedingten Wahrscheinlichkeiten zwischen den verschiedenen Zeichen. So folgt z.B. auf die Raute immer das Rechteck ($p = 1.0$), auf das Rechteck manchmal das Karo ($p = 0.7$), manchmal das Piksymbol ($p = 0.3$) usw. Dieses Wahrscheinlichkeitsgefüge zwischen je zwei Symbolen nennen sie Superzeichen erster Ordnung, ihr Erkennen Superzeichenbildung (erste Ordnung). Superzeichen höherer Ordnung beziehen sich entsprechend auf mehr als zwei Zeichen. So handelt es sich um Superzeichen dritter Ordnung, wenn auf die Symbolkette ,,Raute, Rechteck, Karo" das Symbol ,,Pik" mit einer bestimmten Wahrscheinlichkeit folgt (z.B. $p = 0.9$). Optimale Vorhersageleistung setzte in den verwendeten Zeichensequenzen Superzeichenbildung fünfter und höherer Ordnung voraus. Die Bearbeitung der Sequenzen erlaubte somit die Erfassung des Operators Superzeichenbildung (erster und höherer Ordnung).

Zur Erfassung der Behaltensfähigkeit diente die Reproduktionsleistung bezüglich einer Liste von a) sinnfreien Silben und b) Vor- und Nachsilben.

Abbildung 10.4 zeigt die Leistungen der sechs untersuchten Altersgruppen im Lern- und Problemlöseexperiment. Sie legen die Interpretation nahe, daß sich sowohl die mittelfristigen Speichermedien (etwa durch Kapazitätserweiterung von AG und KS) als auch die langfristigen Gedächtnisstrukturen (etwa Erweiterung der heuristischen Struktur durch Superzeichenoperatoren höherer Ordnung) entwickeln. Mit Hilfe der Strukturgleichungsmethode (EQS, Bentler 1983, 1984) konnten die Autoren jedoch zeigen, daß die altersbezogenen Veränderungen der heuristischen Struktur ausreichen, um die unterschiedlichen Behaltensleistungen der verschiedenen Altersgruppen zu erklären, die Annahme einer Kapazitätserweiterung der mittelfristigen Speichermedien mit dem Alter also überflüssig ist.

3. Forschungsergebnisse zur Entwicklung kognitiver Strukturen und Prozesse

Diese Studie von Hussy und von Eye zeigt den ordnungsstiftenden und heuristischen Wert eines integrativen Modells auf. Es ermöglicht nicht allein die Ableitung von differenzierten Hypothesen, sondern – wie im folgenden gezeigt werden wird – auch die Einordnung vorliegender Befunde zur kognitiven Entwicklung. Zunächst beschäftigen wird uns mit der Entwicklung der mittelfristigen Speichermedien (Arbeitsgedächt-

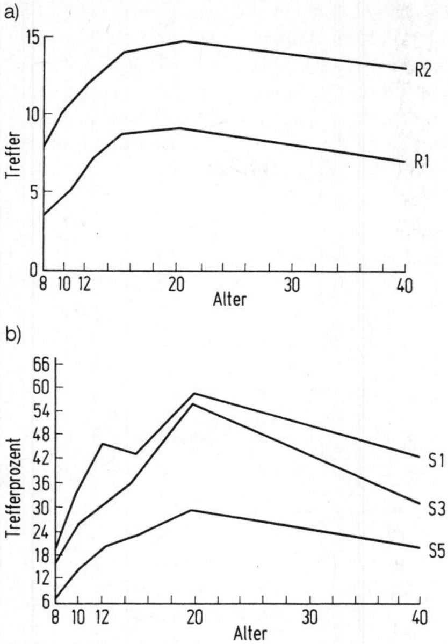

Abb. 10.4 Die Behaltensleistungen der sechs Altersgruppen im (a) Lernexperiment (R1 = sinnfreie Silben, R2 = Vor- und Nachsilben und (b) die Problemlöseleistung (differenziert nach dem Ordnungsgrad der Superzeichenbildung S1, S3, S5)

nis), sodann mit der Entwicklung der Komponenten des Langzeitgedächtnisses und schließlich mit der Entwicklung des zentralen Prozessors.

Entwicklung des Arbeitsgedächtnisses: Kapazitätserweiterung oder bessere Nutzung des Speicherplatzes?

Es gibt altersbezogene Leistungsunterschiede beim mittelfristigen Behalten von Informationen (vgl. Abbildung 10.4a). Diese wurden in der Arbeit von Hussy und von Eye nicht als ein Beleg für die altersabhängige Kapazitätsveränderung interpretiert. Die Daten sprachen vielmehr dafür, daß durch die Anreicherung und Differenzierung der Wissensbestände in den langfristigen Gedächtnisstrukturen die vorhandenen Kapazitäten besser nutzbar sind. Man kann sich diesen Vorgang dadurch verdeutlichen, daß die zu speichernde Information auf einem höheren Abstraktionsgrad in komprimierten Einheiten (chunks) zusammengefaßt wird. Unter Konstanthaltung der Kapazitätsbegrenzung (etwa fünf bis sieben chunks) kann um so mehr Information mittelfristig präsent bleiben, je mehr Information in den einzelnen chunks zusammengefaßt wird (z. B. Superzeichen erster, dritter oder fünfter Ordnung).

Brainerd (1983) hat sich in differenzierter Weise mit der Frage auseinandergesetzt, ob mit dem Alter die Kapazität oder die Nutzung des Speichers wächst. Er verwendete die von Piaget und Inhelder (1951) eingeführten Probleme zur

Wahrscheinlichkeitsbeurteilung (WBP). Gegeben ist in dieser experimentellen Situation ein Behälter mit einer jeweils bekannten Anzahl verschiedenfarbiger Kugeln, z. B. acht rote und zwei blaue Kugeln. Die Aufgabe besteht darin vorherzusagen, welche Farbe eine „blind" aus diesem Behälter gezogene Kugel trägt. Dieses Vorgehen wird mehrmals wiederholt, wobei für diese Wiederholungsdurchgänge experimentelle Variationen möglich sind (z. B. mit oder ohne Zurücklegen in den Behälter; mit oder ohne Rückmeldung).

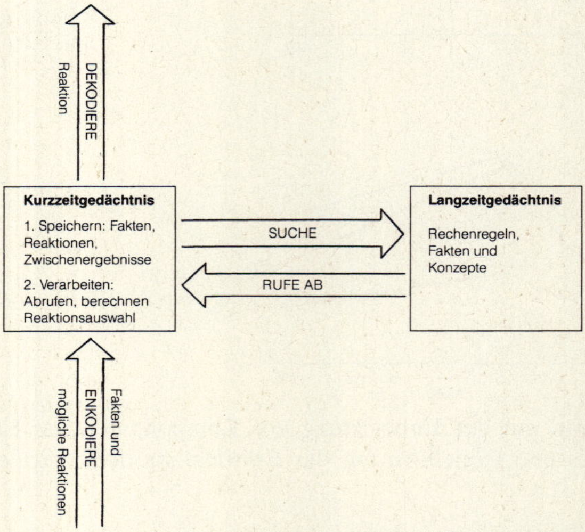

Abb. 10.5 Diagramm zum Informationsfluß durch das Arbeitsgedächtnissystem (modifiziert nach Brainerd 1983, S. 177)

In seinem Modell zum Arbeitsgedächtnissystem unterscheidet Brainerd die Operationen ‚*Speichern*' und ‚*Verarbeiten*' im Kurzzeitgedächtnis. In WBP müssen a) die Ausgangszahlen der beiden Farben im Behälter, b) die Fragen des Versuchleiters und c) die Zwischenergebnisse, die im WBP beispielsweise beim Vorgehen ‚ohne Zurücklegen der gezogenen Kugeln' entstehen, gespeichert werden.

Bezüglich der *Verarbeitungs*operation lassen sich ebenfalls zwei Hauptformen unterscheiden. Von ‚*Berechnen*' (computation) spricht Brainerd, wenn die gespeicherten Ausgangsfakten mittels bestimmter Regeln in einen Zustand transformiert werden, der eine mitgespeicherte Antwortmöglichkeit nahelegt. Im WBP bestünde eine solche Regel in der Anweisung, jene Farbe zu wählen, die den höheren Zählerstand aufweist. Unterscheidbar davon ist die *Abruf*operation, die nach langfristig gespeichertem Wissen sucht, welches für die jeweils vorliegende Problemstellung adäquat erscheint. Als Hinweisreiz für den Suchprozeß dient der Inhalt des Kurzzeitspeichers, also im WBP die Zählerstände und die Fragestellungen des Versuchsleiters. Die Abrufoperation mündet im Beispielsfall in das Auffinden und Abrufen der oben genannten Anweisung.

Eine zweite kritische Frage betrifft die *Kapazitätsbegrenzung*. Das Kurzzeitgedächtnis stellt den begrenzten ‚Arbeitsraum' dar, in welchem die Speicher- und Verarbeitungsprozesse ablaufen. Beide Operationen sind *kapazitätsintensiv*. Wesentlich erscheint, daß die verfügbare Kapazität *in flexibler Weise* – je nach Bedarf – für beide Verarbeitungsklassen eingesetzt werden kann. Daraus folgt aber andererseits, daß durch beide – getrennt oder gemeinsam – auch eine Kapazitätsüberlastung resultieren kann.

Aus diesem Modell ergeben sich nach Brainerd fünf Hypothesen zur Lokalisierung von altersbezogenen Leistungsveränderungen.

1. *Enkodierdefizite* (encoding failure): Hierzu zählen vor allem *mangelndes Sprachverständnis,* welches sich im Laufe der Entwicklung verbessert, wodurch sich auch die Wahrscheinlichkeit für erfolgreiches Problemlösen erhöht. Ein Kind, welches bei WBP die Bedeutung von Zahlen nicht kennt, weist dieses Defizit auf. Weiter zählen dazu *Selektionsdefizite* in dem Sinne, daß irrelevante Informationen – zu Lasten relevanter Informationen – enkodiert werden.
2. *Speicherdefizite* (storage failure): Hier sind in erster Linie *vorzeitige Zerfallsprozesse* zwischen En- und Dekodierung zu erwähnen. Hat ein Kind bei der Bearbeitung eines WBP nach erfolgreichem Suchen und Abrufen einer korrekten Anweisung die Zählerstände vergessen, so kann es nur Zufallsverhalten zeigen.
3. *Rechenregeldefizite* (computational (software) failure): Den gleichen Effekt hat das Fehlen einer problemadäquaten Verarbeitungsregel bei intakter Speicheroperation. Entwicklungsprozesse bewirken hier die Anreicherung der Verarbeitungsregeln.
4. *Abrufdefizite* (retrieval failure): Verarbeitungsregeln können zwar beherrscht, trotzdem aber nicht adäquat gefunden bzw. die falschen abgerufen werden, woraus erneut inkorrektes Verhalten resultiert.
5. *Arbeitsplatzbegrenzungen* (work-space constraints): Schließlich können auch dann noch inkorrekte Leistungen gezeigt werden, wenn alle Enkodier-, Speicher- und Verarbeitungsoperationen problemgemäß vorhanden bzw. einsetzbar sind. In diesem Fall ist primär an die Kapazitätsbegrenzung des Kurzzeitgedächtnisses zu denken mit der (kritischen) Annahme der altersbezogenen Veränderung.

In einer Serie aufeinander bezogener Experimente versuchte Brainerd, diese Hypothesen im Vergleich zwischen fünf- bis sechsjährigen und sieben- bis achtjährigen Kindern zu untersuchen. Tabelle 10.2 stellt die jeweils wesentlichsten Informationen zum experimentellen Aufbau und zu den Ergebnissen zusammen. Wir beschränken uns hier auf die zentralen Gedankengänge und Ergebnisse.

Ein erstes Experiment erstellt sozusagen den Bezugspunkt. Wir sehen, daß in dieser *Standardsituation* (ohne Rückmeldung, mit Zurücklegen) die Fünf- bis Sechsjährigen in 66% der ersten Vorhersage (korrekt) die häufigere Klasse wählten, bei den Sieben- bis Achtjährigen waren es bereits 87%. In den Vorhersagen 2 bis 5 erkennt man in beiden Altersgruppen die (unsinnige) *Tendenz zum Klassenwechsel.* Wurde in Wahl n die häufigere Klasse prädiziert, so folgte in Wahl n+1 die niedrigere und umgekehrt. Diese bedingten Wahrscheinlichkeiten lauten bei den Fünf- bis Sechsjährigen .28 (auf häufig folgt häufig) bzw. .67 (auf selten folgt häufig) und bei den Sieben- bis Achtjährigen entsprechend .41 bzw. .84.

In den folgenden Experimenten sollten folgende drei Fragen geklärt werden: (1) Weshalb verfahren nur relativ wenige Fünf- bis Sechsjährige in der ersten Wahl korrekt? (2) Woran liegt es, daß die Sieben- bis Achtjährigen dabei wesentlich erfolgreicher, aber noch immer nicht perfekt sind? (3) Unter welcher Kontrolle steht das alternierende Vorhersageverhalten?

Im zweiten Experiment wurde die Hypothese ausgeschlossen, daß diese Probleme durch *Enkodierungs- und Speicherdefizite* entstehen. Im Vergleich zu Experiment 1 wurde den Versuchspersonen lediglich zusätzlich ein externes Gedächtnis geboten. Vor der Urne war die gleiche Anzahl an Klassenelementen aufgebaut, wie sie sich auch in dem Behälter befand. Die Ergebnisse unterscheiden sich nicht vom ersten Experiment, also schließt Brainerd diesen Ansatzpunkt für altersbezogene Veränderungen (in diesem Experiment und für diese Altersstufen) aus. Somit standen die *Verarbeitungsdefizite* zur Überprüfung an.

Für ein Dreiklassenexperiment (z.B. drei rote, vier blaue und zwei gelbe Kugeln) erbringen die *Rechenregeldefizite* und die *Abrufdefizite* unterschiedliche Vorhersagen. Auf die zugehörige komplexe Anordnungslogik kann hier nicht näher eingegangen werden. Die Ergebnisse sprechen eher für die Abrufdefizite. Dabei bleibt der Leistungsniveauunterschied zwischen den beiden Altersgruppen (und in Bezug zu den beiden ersten Experimenten) ebenso erhalten wie das alternierende Vorhersageverhalten.

Mit Hilfe der weiteren Experimente galt es zu überprüfen, welche von zwei differenzierten Hypothesen zum Abrufdefizit gültig ist: a) die *,recency'-Hypothese* besagt, daß die jeweils jüngste aufgenommene Information den Abrufvorgang steuert. b) Die *Interferenzhypothese* besagt, daß vorausgegangene oder nachfolgende Information die für den Abruf eigentlich relevante Zählerstandinformation überlagert.

Die Ergebnisse der Experimente 4 und 5 (in Tabelle 10.2 nicht aufgeführt) favorisieren die „recency-"Hypothese. Das beobachtbare fehlerhafte Verhalten ist demnach darauf zurückzuführen, daß jeweils die jüngste – und nicht die eigentlich relevante – Information den Suchprozeß bestimmt.

In Experiment 6 machte man von diesem Wissen Gebrauch und fragte die Zählerstände vor jeder Vorhersage ab (z.B.: Hatten wir zu Beginn

Tabelle 10.2 Darstellung der wesentlichsten Informationen einer Reihe von Experimenten zur Entwicklung des Arbeitsgedächtnissystems (Brainerd 1983): experimenteller Aufbau und Ergebnisse

Experiment		Experimentelle Variante	zusätzliche prozedurale Variation	5- bis 6jährige Durchgang		7- bis 8jährige Durchgang	
Nr.	Bezeichnung und Ziel			1	2–5	1	2–5
1	Ausgangsexperiment	ohne Rückmeldung mit Zurücklegungen	Standard	.66[a]	.28[b] .67	.87	.41 .84
2	Externes Gedächtnis (Enkodier- und Speicherdefizit)	,,	externes Gedächtnis	.72	.24 .80	.91	.38 .89
3	Dreiklassenexperiment (Rechenregel- und Abrufdefizite)	,,	drei Ereig-nisklassen	.60	.16[c] .42 .43	.74	.08 .71 .76
6	Abfrageexperiment (Abrufdefizit durch Rezens)	,,	vorher Zähler-stand abfragen	.94	.86[d]	.99	.96

a: Prozentsatz der Versuchspersonen, die die größere Klasse (= hoch-Vorhersage) prädizierten
b: Prozentsatz der Versuchspersonen, die im Anschluß an eine hoch-Vorhersage erneut eine hoch-Vorhersage trafen
c: Entspricht (b), jedoch für drei Ereignisklassen
d: Prozentsatz an hoch-Vorhersagen in Durchgang 2 bis 5

mehr . . . als . . . Kugeln im Behälter?). Als Folge davon war diese suchrelevante Information die jüngste im Kurzzeitspeicher mit der postulierbaren Konsequenz der verbesserten (perfekten) Vorhersage. Die Ergebnisse zeigen tatsächlich perfektes Verhalten (99 Prozent in der ersten Wahl und 96 Prozent in den Wahlen von Zug 2 bis 5) bei den Sieben- bis Achtjährigen, dagegen noch Defizite bei den Fünf- bis Sechsjährigen. Diese werden – zusammen mit weiteren experimentellen Befunden – auf den fünften Ansatzpunkt für altersbezogene Leistungsveränderungen, die *Arbeitsplatzbegrenzungen,* zurückgeführt, so daß sich zusammenfassend folgendes Bild ergibt:

Bei den Sieben- bis Achtjährigen sind die kognitiven Voraussetzungen für die Bewältigung eines WBP weitgehend gegeben. Sie unterliegen teilweise lediglich der Tendenz, die jeweils jüngste Information im Kurzzeitspeicher zum Ausgangspunkt für die Suche nach Verarbeitungsregeln zu machen. Diese verschwindet im Laufe der weiteren Entwicklung. Für die Fünf- bis Sechsjährigen dagegen gilt diese Tendenz in verstärktem Maße. Hinzu kommt – nach einer etwas spekulativen Interpretation der Daten –, daß sie eine vergleichsweise geringere Kurzzeitspeicherkapazität besitzen. Ein diesbezüglicher Aufbau würde sich somit bis etwa zum siebten bis achten Lebensjahr vollziehen.

Untersuchungen zur Entwicklung der epistemischen und heuristischen Struktur

Im folgenden Abschnitt behandeln wir die Entwicklung der epistemischen Struktur, also jene Komponente des Langzeitgedächtnisses, in welcher das Faktenwissen repräsentiert ist. Unter den Etiketten der *‚Entwicklung des semantischen Gedächtnisses‘* (Kapitel 11) und der *‚Begriffsentwicklung‘* (Kapitel 9) wird dazu an anderer Stelle dieses Bandes ausführlich berichtet.

Wir betrachten an dieser Stelle *exemplarisch* die Entwicklung des *Zahlenbegriffs,* die schon seit längerer Zeit intensiv untersucht wird (z.B. Piaget 1952, vgl. Kap. 8). Diese Auswahl birgt nämlich die Möglichkeit, die im SPIV-Modell aus Gründen der besseren Durchschaubarkeit akzentuierte Unterscheidung zwischen den Substrukturen des Langzeitgedächtnisses zu relativieren bzw. deren enge Verknüpfung miteinander zu illustrieren. Nach der Erläuterung der strukturellen internen Repräsentation dieses Begriffs (epistemischer Aspekt) kommen wir dann auf seine *operativen Konnotationen zur heuristischen Struktur* zu sprechen. Damit beleuchten wir auch das Wechselspiel von Fakten- und Veränderungswissen im Arbeitsgedächtnis im Sinne der Such- und Verarbeitungsoperationen (Brainerd 1983).

Von den vielen existierenden theoretischen Ansätzen fügen sich vor allem die jüngsten Arbeiten von Siegler und Robinson (1982) bzw.

Siegler und Richards (1983) in den hier durch das SPIV-Modell gewählten Ordnungsrahmen ein. Sie gehen davon aus, daß die Merkmale des Zahlenbegriffs – ähnlich wie andere Begriffe auch – in *hierarchischer Form* im Gedächtnis repräsentiert sind. Die oberste Ebene bildet der Klassenaspekt; so wie Hund, Katze, Maus usw. zur Klasse der Tiere gehören, bilden einzelne Zahlen wie 5, 8, 20 usw. die Klasse der Zahlen. Auf der mittleren Ebene erfahren diese Einzelzahlen eine erste Ordnung hinsichtlich ihrer Größe (‚sehr kleine Zahl' bis zu ‚sehr große Zahl'). Einzelzahlen schließlich repräsentieren die unterste Ebene. Je nach Entwicklungsstand existieren dafür mehr oder weniger eindeutige Zuordnungen zur Größendimension, also zur mittleren Ebene. Auf dieser untersten Ebene finden sich auch spezifische Informationen wie ‚Zahl der Augen', ‚Arme' und ‚Beine' einer Person als Ergänzung zur Zahl 2. Außerdem haben die Einzelzahlen Relationen zueinander insofern, als sie eine Abfolge bilden, also auf die Zahl 1 folgt die 2, dann die 3 usw. In Abbildung 10.6 ist diese strukturelle Repräsentation des Zahlenbegriffs veranschaulicht.

Siegler & Richards (1983) berichten, daß diese Grobstrukturen im Alter von drei bis sechs Jahren weitgehend konstant bleiben, während sich innerhalb und zwischen den Ebenen doch deutliche Veränderungen abzeichnen. Dazu gehören etwa die Vervollständigung der Abfolge der Zahlen, die zunehmende Eindeutigkeit der Zuordnung der Einzelzahlen zur mittleren Ebene (also dem Größenbegriff) oder auch die inhaltliche Anreicherung, wie etwa ‚Papa ist 30 Jahre alt' (vgl. Abbildung 10.6a und b).

Am deutlichsten sind die Entwicklungsvorgänge in diesem Altersabschnitt auf der Zuordnungsebene. So fanden die Autoren, daß die Zahlen 1, 2, 5 und 9 am Ende dieses Altersabschnitts fast zu 100% den Größenordnungen ‚kleinste Zahl', ‚kleine Zahlen', ‚mittelgroße Zahlen' und ‚große Zahlen' zugeordnet werden. Die Variabilität der Zuordnung der restlichen Zahlen verringert sich insofern, als nun kategoriale Wahrscheinlichkeiten dafür unterscheidbar sind (A = .5, B = .2, C = D = E = .1; vgl. Abbildung 10.6b). Das bedeutet, daß zunächst mit der größten Wahrscheinlichkeit die Zuordnungskategorie A gewählt wird, deren Binnenstrukturen eindeutig ist. Bei der Betrachtung von *Größenvergleichsoperationen* kommen wir auf die Bedeutung dieser strukturellen Differenzierung zurück. Zu Beginn (vgl. Abbildung 10.6a) war die Zuordnungskonstanz wesentlich geringer.

Diese interne Repräsentation bildet nun die Grundlage für *kognitive Operationen* (aus der heuristischen Struktur) wie Zählen, Addieren sowie Größenschätzungen und Mengenvergleiche. Siegler und Mitarbeiter fanden, daß für all diese Operationen das altersspezifische Zahlenrepräsentationsmodell eine brauchbare Grundlage zur Beschreibung und Erklärung der Leistungsveränderungen darstellt. Zusätzlich müssen jedoch

a)

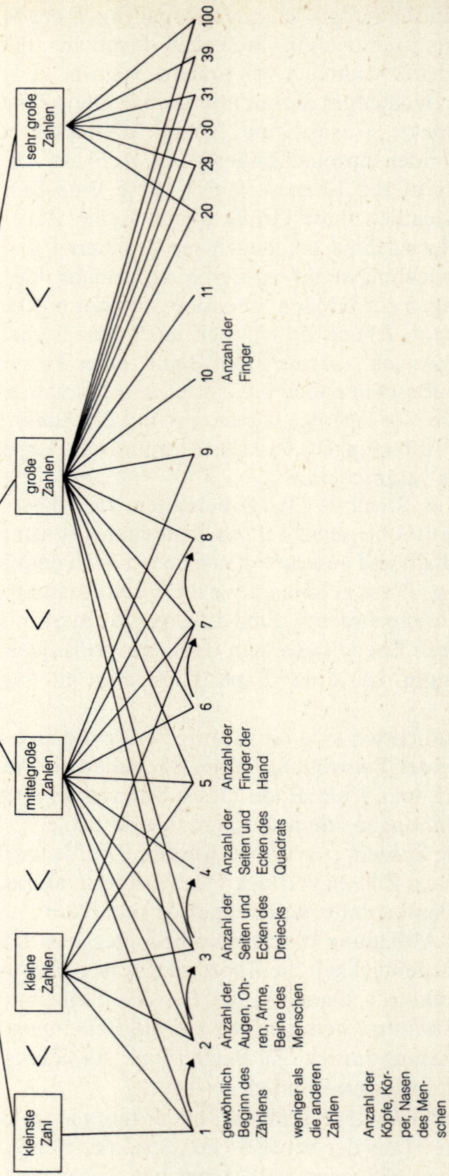
Zahlen
kleinste Zahl
<
kleine Zahlen
<
mittelgroße Zahlen
<
große Zahlen
<
sehr große Zahlen
1
2
3
4
5
6
7
8
9
10
11
20
29
30
31
39
100
gewöhnlich Beginn des Zählens
weniger als die anderen Zahlen
Anzahl der Köpfe, Körper, Nasen des Menschen
Anzahl der Augen, Ohren, Arme, Beine des Menschen
Anzahl der Seiten und Ecken des Dreiecks
Anzahl der Seiten und Ecken des Quadrats
Anzahl der Finger der Hand
Anzahl der Finger

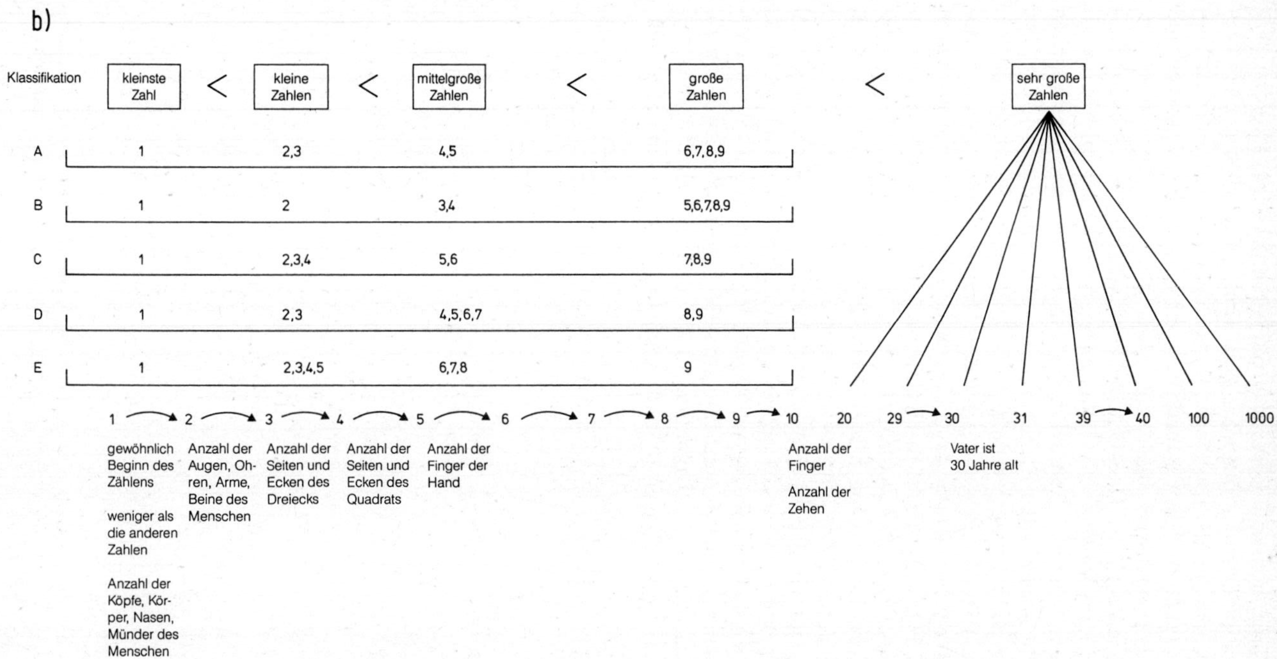

Abb. 10.6 Die strukturelle Repräsentation des Zahlenbegriffs bei Vorschulkindern unterschiedlichen Alters (vereinfacht nach Siegler & Richards 1983, S. 98–100): a) 3 Jahre, b) 6 Jahre.

auch auf Operationsseite Entwicklungen mitberücksichtigt werden. Anhand der Probleme der *Invarianz* (vgl. Kap. 8 bezüglich der entsprechenden Vorstellungen von Piaget & Inhelder 1969) sowie der *Zahlengrößenvergleiche* wollen wir versuchen, ihr empirisches Vorgehen und die aus den Ergebnissen abgeleiteten Modellvorstellungen zu erläutern.

Das Wissen um den Zahlenbegriff spielt natürlich u. a. dann eine Rolle, wenn *Transformationen* in Invarianzproblemen angesprochen sind. Das typische Vorgehen bestand in der Vorgabe von zwei gleich langen Reihen von gleich vielen Elementen (Kugeln, Äpfeln usw.). Eine der beiden Vergleichsreihen wurde nun transformiert, z. B. durch Spreizen der Elemente (= Verlängerung der Reihe), durch Komprimieren, hinzufügen, Wegnehmen oder durch Kombinationen dieser Transformationen (z. B. Hinzufügen *und* Komprimieren). Gefragt wurde immer danach, ob nach der für die Kinder (zwischen drei und neun Jahren) sichtbaren Transformation die beiden Reihen gleich oder unterschiedlich viele Elemente haben. Die Anzahl solcher Experimente vervielfachte sich noch dadurch, daß die Reihen einmal wenige (z. B. vier) und einmal viele Elemente (z. B. neun) enthielten. Aus dieser Vielzahl an Daten isolierten sie fünf altersbezogene Regeln der Bearbeitung solcher Invarianzprobleme, die den Verarbeitungsprozeß und die kognitiven Operationen widerspiegeln. In Abbildung 10.7 sind die Modelle für die Dreijährigen (a), Sechsjährigen (b) und Neunjährigen (c) zusammengestellt.

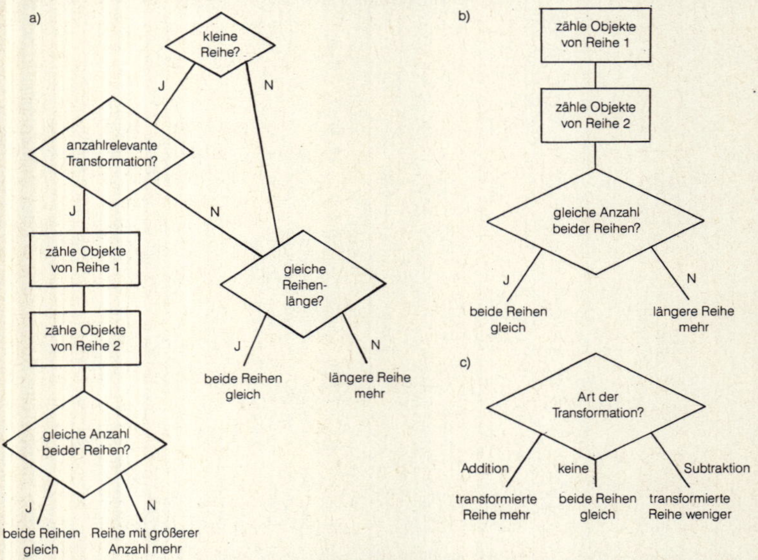

Abb. 10.7 Bearbeitungsregeln für Zahleninvarianzprobleme bei drei- (a), sechs- (b) und neunjährigen Kindern (c), modifiziert nach Siegler und Richards (1983, S. 55–58).

Ein Vergleich von Abbildung 10.6a und 10.7a zeigt, daß das typische Vorgehen der etwa Dreijährigen sich daraus ergibt, daß kleine Reihen gezählt werden können (die ‚nächste' Relation ist zwischen den Zahlen 1, 2, 3 und 4 vorhanden). Die Kinder kommen in diesem Fall durch *Abzählen* auch zum korrekten Ergebnis. Bei großen Reihen aber wird ein anderes (fehlerhaftes), an der *Längenwahrnehmung* orientiertes Vorgehen gewählt. Die Wissensstruktur reicht in diesem Fall für das zählende Verarbeiten nicht aus. Dagegen sind diese Voraussetzungen bei den etwa Sechsjährigen gegeben (Abbildung 10.6b). Entsprechend verfahren Kinder dieser Altersgruppe auch bei zahlenmäßig großen Reihen quantifizierend und kommen somit auch (in der Regel) zum korrekten Ergebnis. Neunjährige schließlich (Abbildung 10.7c) sind nicht mehr auf Abzählen angewiesen. Sie verfügen bereits über die Einsicht, daß sich die Anzahl einer Reihe nur verändern kann, wenn bei der *Transformation* eine für den *Zahlenbegriff relevante Dimension* (Hinzufügen, Wegnehmen) betroffen ist.

Ein anderes Beipsiel für die Verarbeitung von Wissen um Zahlen sind *Zahlengrößenvergleiche* und *Zahlengrößenbenennungen.* Im ersten Fall besteht die Aufgabe darin, die für die Zahlen 1 bis 9 möglichen 36 Paarvergleiche vorzunehmen. Im zweiten Fall sind die gleichen Zahlen hinsichtlich der vorgegebenen Kategorien ‚kleine', ‚mittelgroße' und ‚große Zahlen' einzuordnen. Siegler & Richards (1983) untersuchten eine Stichprobe von drei- bis fünfjährigen Kindern bezüglich dieser beiden Operationen (auf der Grundlage ihres Wissens um den Zahlenbegriff). Für den Größenvergleich zeigte sich bei den Dreijährigen ein Zufallsergebnis: 56 Prozent ihrer Vergleiche waren richtig. Die Vier- (mit 81 Prozent) und Fünfjährigen (mit 90%) übertrafen sie deutlich.

Erstaunlich an den weiteren – über multiple Skalierungsverfahren ermittelten – Ergebnissen war, daß die Zahlen von 1 bis 9 offensichtlich in (vier) Gruppen geordnet sind. Dabei stellt die Zahl 1 das Mitglied der Gruppe ‚kleinste Zahl', die Zahlen 2 und 3, 4 und 5 sowie 6, 7, 8 und 9 die Vertreter der weiteren Gruppen. Insofern überraschen die Daten des zweiten Experiments (Zahlengrößenbenennung) nicht mehr: Schon Dreijährige ordnen den vorgegebenen Kategorien Zahlen zu, die im Mittel die Werte 3.14, 5.15 und 6.0 ergaben. Die Skala differenziert sich bei den Fünfjährigen mit den korrespondierenden Werten von 2.16, 5.12, 7.15.

Aus diesen und weiteren empirischen Befunden entwickeln Siegler und Richards (1983) altersgemäße *Prozeßmodelle zum Größenvergleich,* die sich von der Wissensseite erneut auf die bereits bekannten *Repräsentationsvorstellungen* (Abbildung 10.6a für die Dreijährigen und 10.6b für die Fünfjährigen) beziehen.

Abbildung 10.8a spiegelt die referierten Ergebnisse der Dreijährigen wider. Zwar demonstrieren diese Kinder (lückenhaftes) Wissen zur kategorialen Zuordnung (Abbildung 10.6a), sind aber noch nicht in der Lage, dieses Wissen zu verarbeiten (Abbildung 10.8a). Bei den Fünfjährigen hat sich dieses Bild bereits entscheidend verändert. Sie sind nicht nur in der Lage, wie Abbildung 10.8b verdeutlicht, den Größenvergleich auf der Grundlage der Benennungen der beiden Zahlen vorzunehnmen, sondern verfügen über die erwähnten probabilistischen Klassifikationssysteme, die bei Bedarf (Benennungen gleich, aber Zahlen unterschiedlich) aufgerufen und auch in den Lösungsprozeß eingebunden werden können. Natürlich führt auch dieses Vorgehen (in Übereinstimmung mit den empirischen Ergebnissen) zum Teil noch zu Fehlern. Dieses Defizit ist erst dann zu überwinden, wenn – z.B. im Zusammenhang mit der Zähloperation – die Größenrelation zwischen den Zahlen *intern repräsentiert und operativ verwertbar* wird.

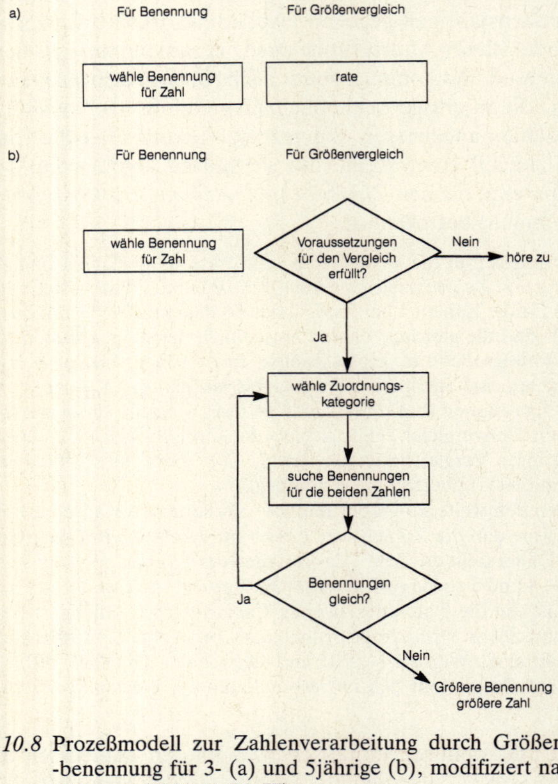

Abb. 10.8 Prozeßmodell zur Zahlenverarbeitung durch Größenvergleich und -benennung für 3- (a) und 5jährige (b), modifiziert nach Siegler und Richards (1983, S. 76–77).

Untersuchungen zur Entwicklung der Bewertungs-, Steuer- und Kontrollstrukturen

In Brainerds (1983) Experimenten zum Arbeitsgedächtnis blieb bei den Fünf- bis Sechsjährigen Restvarianz, die der Autor hypothetisch auf Unterschiede in der Kapazität des Kurzzeitspeichers zurückführte. Die Analysen von Siegler und Mitarbeiter legen dagegen eher die Vermutung nahe, daß bei den Fünf- bis Sechsjährigen das noch defizitäre Zahlenkonzept diese Restvarianz erklärt. Das SPIV-Modell bietet weitere Erklärungsansätze. Sie betreffen die Bewertungs-, Steuer- und Kontrollstrukturen des Langzeitgedächtnisses.

Beginnen wir mit der *evaluativen Struktur.* Da es erst wenige spezifische Untersuchungen hierzu gibt, greifen wir auf die Möglichkeit der Reinterpretation von Daten zurück, die im Zusammenhang mit anderen Fragestellungen anfielen.

Die Untersuchung von Bruner et al. (1966) zur Selektion problemrelevanter Informationen in einem *Mustererkennungsexperiment* bietet sich als Beispiel an. Die Autoren boten ihren Versuchspersonen (drei-, fünf-, sieben- und neunjährige Kinder) mehrere Muster an (Zahlen, Buchstaben). Sie sollten in möglichst wenigen Versuchen herausfinden, welches Muster der Versuchsleiter sich ausgesucht hatte. Als Reaktions- und Rückmeldegerät diente ein 5 × 5 Lampenfeld. Mit diesen 25 Lampen lassen sich die Buchstaben und Zahlen darstellen. Die einzelnen Lampen leuchteten auf, wenn man sie berührte. Dieses geschah allerdings nur dann, wenn die berührte Lampe dem zu findenden Muster angehörte (Rückmeldung!). Es kam für die Versuchspersonen darauf an, möglichst jene Lampen zu berühren, die selektive Informationen liefern (gehört zu Muster A, nicht aber zu B, C usw.), um mit möglichst wenigen Wahlen das gesuchte Muster zu finden. Diese (optimale) *Selektionsstrategie* war nur bei einem Teil der Neunjährigen zu beobachten. Eine eher *planlose Suchstrategie* dominierte bei den Dreijährigen, die *Nachbildung* (Überprüfung eines hypothetischen Musters durch Musternachbildung) bei den Fünf-, Sieben- und Neunjährigen.

Die hier interessierenden Veränderungen ergaben sich, wenn die Kinder nach jeder Wahl gefragt wurden, ob sie schon wüßten, welches Muster gemeint sei. Die *Bewertung* des bisherigen Vorgehens wird dadurch im Individuum angeregt, die *Steuerung* und *Kontrolle* des weiteren Problemlösens gefördert. In dieser experimentellen Variante wechselten die Neunjährigen zu 100% und die Siebenjährigen zu 80% zur Selektionsstrategie. Dagegen verbesserten sich die Fünfjährigen (20%) selten und die Dreijährigen (0%) nicht. Man kann daraus schließen, daß sich eine zielgerichtete Verhaltensbewertung, -steuerung und-kontrolle in diesem Altersbereich (für diesen Aufgabentyp) entwickelt, aber bei vielen Sieben- und Neunjährigen noch aktualisiert werden muß. In diesem Interpretationsrahmen kann man die erwähnte Restvarianz in den Experimenten von Brainerd auch verstehen als Fehlen von Bewertungsstrukturen- und -prozessen bei den fünf- bis sechsjährigen Kindern.

Wir haben die oben beschriebene Aufgabe des Erkennens von Zeichenfolgen (Punkt 2, Hussy & von Eye 1986) ergänzt, so daß *direkte* Analysen zur Entwicklung evaluativer Strukturen und Prozesse möglich werden (Hussy & Köhl 1982a, b). Dazu legten wir den Versuchspersonen (8-, 10-, 12-, 15-, 20-, 40-, und 60jährig) im Anschluß an die eigene Bearbeitung des sequentiellen Vorhersageproblems des *Problemlösebogen* von drei fiktiven Personen (A, B, C,) vor, die von den Probanden nach dem Zielabstand in eine Rangfolge zu bringen waren. Der Bogen bestand aus den ersten zwanzig Vorhersagen der drei Personen und der zugehörigen korrekten Zeichensequenz. Die Vorhersage der drei fiktiven Personen unterschieden sich nicht in der absoluten Zahl korrekter Vorhersagen (je acht Treffer), sondern hinsichtlich der sukzessiven Zielannäherung. A hatte eine Häufung von Treffern am Beginn, B am Ende der Vorhersagen; bei C waren die acht Treffer gleichmäßig über die zwanzig Wahlen verteilt. Weiter unterschieden sich A, B und C in der Berücksichtigung der Zahl der relevanten Zeichen. Wir hatten die allgemeine Hypothese, daß mit zunehmendem Alter mehr und adäquatere Evaluatoren beim Lösen von Problemen zur Verfügung stehen und eingesetzt werden können, daß also Kinder im Vergleich zu Erwachsenen entweder keine oder falsche Strategien insofern aufweisen, als sie einfach raten oder inadäquate Ausschnitte (z. B. Anfang) aus den 20 Vorhersagen beachten. Erwachsene sollten eher in der Lage sein, relevante Informationen zur Bewertung heranzuziehen (z. B. beachten des Mittel- und Endteils der Folgen; Hussy & Köhl 1982a, S. 12f.).

Global konnten wir konstatieren, daß Acht- bis Zwölfjährige nicht in der Lage sind, bewertungsrelevante Informationen zu selektieren (sie raten oder beziehen sich auf den eher irrelevanten Folgenbeginn). Demgegenüber wählen 15- bis 20jährige die Folgenmitte bzw. das Folgenende als Analyseeinheit aus. Dabei beachten sie nicht nur die Treffer, sondern kalkulieren auch das Erreichen von Teilzielen (Berücksichtigung relevanter Zeichen) ein. 40- bis 60jährige leisten wieder weniger, die 60jährigen haben das Niveau der Zwölfjährigen. Wie bei der Studie von Bruner et al. (1966) können wir mutmaßen, daß die Entwicklung von Bewertungsmaßstäben und -prozessen als ein differenzierter, *sukzessiver Aufbau relevanten Wissens* erscheint. Auf die geringeren Leistungen im mittleren und höheren Erwachsenenalter kommen wir später zurück.

Neben dem Bewertungsaspekt sind die *Steuerung* und *Kontrolle* von Problemlöseprozessen zu behandeln. Nach dem SPIV-Modell handelt es sich dabei um eine Analyse der Entwicklung des zentralen Prozessors. Einen wesentlichen Anteil daran schreibt man in den letzten 15 Jahren dem Wissen um das eigene Wissen (*Metakognitionen, Metagedächtnis*) zu. Die ersten Impulse in diesem Themenbereich stammen aus entwicklungspsychologischen Forschungen (Flavell 1971), die z. B. der Frage nachgingen, inwiefern Metawissen (vgl. Kap. 9 und 11) Einfluß auf Behaltensleistungen hat, z. B. durch Verfügbarkeit und Einsatz von Gedächtnisstrategien (stille Wiederholungen oder inhaltliche Klassifikationen beim Erwerb von Lernmaterial), oder der Frage, ob sich Metawissen erst mit dem Alter aufbaut und wie es dann verwendet wird. Inzwischen geht man davon aus, daß Metawissen nicht nur für das Behalten, sondern auch für Steuerung und Kontrolle von Problemlösungen von Bedeutung sind (Metakognitionen oder – wie Kluwe & Schieber (1984) vorschlagen – *exekutive Steuerungs- und Kontrollkognitionen)*. Wir wollen sowohl aus dem Gedächtnis- als auch aus dem Problemlösebereich je eine Studie herausgreifen.

Metakognition und Gedächtnis: Wellman (1977, 1983) präsentierte seinen Probanden (24 Kindergartenkinder, 24 Erst- und 24 Drittkläßler) eine Reihe von Bildern von konkreten Gegenständen mit der Aufgabe, diese zu benennen. Die nicht auf Anhieb benannten Objekte wurden ihnen ein zweites Mal dargeboten. Dieses Mal mußten sie einschätzen, ob sie das Gefühl hätten, den Namen schon zu kennen (er ihnen also momentan nur nicht eingefallen sei) oder ob sie den Namen nicht wüßten. In einer dritten Phase schließlich befragte der Versuchsleiter die Kinder zu diesen nicht benannten Gegenständen (z.B. Was könnte das denn sein?) und registrierte die Versuche einer Benennung. Wellman geht dabei von der These aus, daß das vermutete Wissen um die Namenskenntnis die Anstrengung, doch noch eine Benennung zu finden, vergrößert (Steuerungseffekt). Dieser Effekt sollte bei Gegenständen, die definitiv als unbekannt eingeschätzt werden, nicht beobachtbar sein. Tatsächlich fand er exakt dieses Ergebnismuster, überraschenderweise – wenn auch nicht im gleichen Ausmaß – schon bei den jüngsten Kindern.

Ähnliche Befunde berichten andere Autoren bezüglich der Lernzeit beim Einprägen von Inhalten: Als wesentlich erachteten Inhalten (beispielsweise in einem Lerndurchgang noch nicht behaltenen Items oder Inhalten mit Selbstbezug) wird mehr Lernzeit gewidmet. Hier zeigt sich jedoch ein deutlicher Altersunterschied: Während Drittkläßler solches „Metawissen“ zur Steuerung der weiteren Anstrengungen nutzen konnten, war dieses bei Erstkläßlern nicht beobachtbar (Masur et al. 1973).

Metakognition und Problemlösen: In einem interessanten Experiment variierten Kluwe & Schiebler (1984) in geschickter Weise die Präsentationsform mehrerer *Puzzleprobleme,* welche von Kindern der Altersgruppen von vier, fünf, sechs und sieben Jahren zu bearbeiten waren. Die Variation bestand darin, daß in der ‚reversiblen‘ Bedingung die Puzzleteile auf einem weißen Karton (als Arbeitsunterlage) zusammenzufügen waren, während in der ‚irreversiblen‘ Bedingung diese Unterlage mit einem stark klebenden Material überzogen war; kamen die Puzzleteile einmal mit dieser Klebefläche in Berührung, so konnten sie nicht mehr entfernt werden. Als Konsequenz davon entfiel in diesem Fall die Möglichkeit, auf der Arbeitsunterlage die Plazierung der Teile auszuprobieren. Die ersten drei Puzzles lösten die Kinder unter der reversiblen, zwei weitere unter der irreversiblen Bedingung.

Aus der Vielzahl der berichteten Ergebnisse greifen wir jene Aspekte heraus, die sich auf vier Operationen beziehen: a) Puzzleteile sortieren, b) Puzzleteile mit der Lösung auf der Unterlage vergleichen, c) Puzzleteile nahe an einen Teil auf der Unterlage halten, ohne diese zu berühren und d) Modellbildung (zwei oder mehr Teile neben der Unterlage zusammenfügen). Dabei ergibt sich folgendes Gesamtbild: Unter irreversiblen Problemlösebedingungen werden neue Operationen in das Lösungsverfahren eingefügt mit dem Ziel der besseren Analyse der Puzzleteile (Operationen a, b und c). Unabhängig vom Alter der Kinder wird die durchschnittliche Zeit zur Analyse der Vorlage (*bevor* gelegt wird) größer (Operation b). Ältere Kinder fügen allerdings häufiger ihrem Repertoire Operationen hinzu, die zur genaueren Analyse der Puzzleteile dienen (a, b und d), jüngere Kinder die Operation c.

Diese Ergebnisse lassen erkennnen, daß bereits vier- und fünfjährige Kinder ihr Wissen um die Lösungssituation (z. B. ‚Jetzt kann ich nicht mehr auf der Unterlage ausprobieren!') zur *Steuerung der Lösungsaktivitäten* nutzen. Sie zeigen aufgrund veränderter Lösungsbedingungen durchaus eine *flexible, kompensierende Steuerung* ihrer Lösungsoperationen. Der Unterschied zu den Siebenjährigen besteht nicht in dieser prinzipiellen Möglichkeit der Nutzung des Wissens um die Situation, sondern eher in qualitativ differierenden Maßnahmen. Während die jüngeren Kinder nahe an dem zunächst dominierenden Versuch-Irrtums-Vorgehen orientiert sind (Operation c), lösen sich die älteren mehr davon und wählen zusätzliche Operationen (a, b und d) zur Analyse der Puzzleteile. Die *Güte der Problemlösung* wird in dieser Untersuchung mit der Anzahl und Qualität der zusätzlichen Steuerungsmaßnahmen jedoch nicht besser vorhersagbar (Kluwe et al. 1984), wie schon in der Diskussion der Analysen zum Arbeitsgedächtnis (Brainerd 1983) festgehalten. Der Abruf kognitiver Operationen (Verarbeitungsregeln) garantiert noch nicht den Erfolg. Die Experimente von Kluwe und Mitarbeitern demonstrieren demgemäß alleine die vorhandene Einsicht in die Notwendigkeit des Einsatzes zusätzlicher (anderer) Operationen; deren Angemessenheit bleibt jedoch offen.

4. Probleme, Defizite und Ergänzungen

Der bisher vorherrschende Eindruck, daß die Erforschung der Entwicklung des Problemlösens ein bis in jüngster Zeit eher vernachlässigter Bereich ist, muß relativiert werden. Das Problemlösemodell hat zu dieser Veränderung insofern beigetragen, als verschiedene Inhaltsbereiche durch Einbezug in die strukturelle und prozessuale Konzeption des Modells zu essentiellen Beiträgen zur Entwicklung des Problemlösens wurden. Dazu zählen beispielsweise die Analysen zur Gedächtnisspanne, die – wie in der Untersuchungsreihe von Brainerd (1983) demonstriert – einen völlig neuen Stellenwert erhalten ebenso wie die Studien zum semantischen Gedächtnis oder zur Metakognition. Als *ursprünglich eigenständige Gebiete* erhalten sie unter der integrativen Informationsverarbeitungsperspektive einen Bezugsrahmen.

Andererseits wird auch erkennbar, daß noch *kein geschlossenes Bild* der Entwicklung des Problemlösens vorliegt. Dafür gibt es eine Reihe von Gründen, die wir zusammenstellen und ggf. ausführen wollen. Es handelt sich dabei u. a. um die Heterogenität a) der untersuchten Altersbereiche, b) der verwendeten Untersuchungsmethoden und c) der eingesetzten Problemlöseparadigmen.

Zu a): Es ist zwischenzeitlich eine weitverbreitete Sichtweise, daß die Entwicklung – gerade auch die kognitive – nicht mit etwa 16 Jahren endet, sondern einen *lebenslangen Prozeß* darstellt. Damit vergrößert sich die Anzahl der untersuchbaren Altersausschnitte natürlich beträchtlich. Kein Wunder also, wenn bisher nur punktuelle Erkenntnisse zu diesem Gesamtbild vorliegen. Damit ist ein zweites Problem verknüpft, nämlich die Frage nach dem Unterschied von Auf- und Abbauprozessen. Während es sich bei den *Aufbauprozessen* primär um die *Anreicherung* der langfristigen Strukturen mit Wissen unterschiedlichster Art handelt, gestaltet sich die Beantwortung der Frage nach *Abbauprozessen* im Alter, wie sie z. B. in den Studien von Hussy und Köhl (1982a, b) anzutreffen waren, erheblich schwieriger. Sicherlich wäre es verfehlt anzunehmen, allein das Vergessen des Wissens sei ausschlaggebend. Ebenso einseitig erscheint die These, das Wissen sei zunehmend *weniger verfügbar* oder verstärkt *Interferenzen* unterworfen. Sehr spekulativ ist schließlich auch das Postulat, den Abbau als Konsequenz *anatomisch-physiologischer* Veränderungen zu sehen. Vielleicht tragen alle drei Faktoren, Kombinationen davon oder gänzlich andere zum Gesamtbild bei; in jedem Fall verbleibt ein erhebliches Wissensdefizit.

Zu b: Das zweite Problem, das die Erstellung eines Gesamtbildes erschwert, besteht in der Unterschiedlichkeit des methodischen Vorgehens. Erkenntnisse zum gleichen Inhalt – z. B. dem Erwerb des Proportionalitätsbegriffs – beziehen sich einmal auf einen *mathematischen Modellbildungsansatz* (Spada & Kluwe 1981), ein anderes Mal auf den *Computersimulationsansatz,* wie durch Klahr (1981) demonstriert.

Ohne auf Einzelheiten des Vorgehens einzugehen (Hussy & von Eye 1986) sei doch vermerkt, daß Klahr zu völlig anderen Erkenntnissen kommt, als Spada und Kluwe (1981) in ihrer Studie. So findet er Dichotomisierungstendenzen für die Länge des Hebelarms (kurz – lang) und die Größe des Gewichts (leicht – schwer) im Altersbereich von etwa acht Jahren, ein Befund, der Anknüpfungspunkte zu den Erkenntnissen zur Entwicklung des Zahlenkonzepts liefert (Siegler & Richards 1983, vgl. auch die Abbildungen 10.6 und 10.8). Weitere Erkenntnisse bestätigen die von Brainerd (1983) gefundene Alternationstendenz bei der Bearbeitung von Wahrscheinlichkeitsbeurteilungsproblemen. Kriteriumswechsel bei negativer Rückmeldung scheint ein generelles Merkmal des Arbeitsgedächtnissystems in diesem Altersbereich zu sein. Dagegen lassen sich die Befunde von Spada und Kluwe (1981) und Klahr (1981) nicht in der gleichen, überzeugenden Weise integrieren. Vielmehr widersprechen sie sich bezüglich einiger zentraler Annahmen (z. B. korrekte Lösungen werden immer auf dem gleichen Weg gefunden).

Das Problem liegt klar auf der Hand (und betrifft nicht nur die Erforschung der Entwicklung des Problemlösens): Untersuchungen zum gleichen Gegenstand (Erwerb des Proportionalitätsbegriffs) liefern unterschiedliche (widersprüchliche) Ergebnisse u. a. durch Verwendung verschiedener Forschungs- und Auswertungsmethoden.

Zu c): Es überrascht nicht, daß bei der Erforschung der Entwicklung des Problemlösens die unterschiedlichsten *Paradigmen* zum Einsatz gelangen. Interessieren Teilaspekte des Gesamtgeschehens, so erscheinen entsprechend einfache *Problemvorgaben* angemessen, z. B. Wahrscheinlichkeitsbeurteilungsprobleme für die Analyse des Arbeitsgedächtnisses. Richtet sich das Augenmerk dagegen auf die vollständige Erfassung des Spektrums möglicher Problemlöseprozesse, so sind auch nur entsprechende *komplexe Problemstellungen* als Paradigmen geeignet. Dieses unterschiedliche Beobachtungs- und Analyseniveau bringt allerdings nicht nur Probleme, sondern auch interessante Aufschlüsse mit sich. Wir wollen dieses anhand von Untersuchungen zum Planungsverhalten belegen.

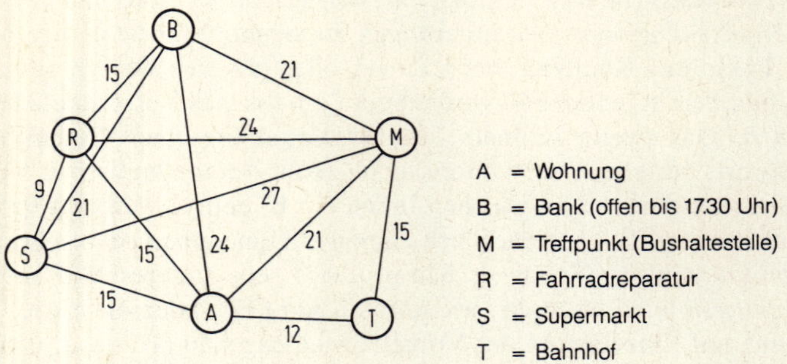

Abb. 10.9 Stationen des Organisationsproblems mit Zeitangaben (in Minuten) für die Bewältigung der Distanzen zu Fuß (mit dem Fahrrad ⅓ dieser Zeiten), modifiziert nach Dreher und Oerter (1985).

Das Untersuchungsparadigma ist in diesen Studien von Oerter (1981) und Dreher und Oerter (1985) ein sogenanntes *Organisationsproblem,* dessen Struktur Abbildung 10.9 enthält. Es zählt zweifellos bereits zu den komplexeren Problemen. Die Vp wird instruiert, nach Rückkehr vom Arbeitsplatz (16.20 Uhr) noch eine Reihe von Tätigkeiten zur Vorbereitung eines am nächsten Tag beginnenden Campingurlaubs durchzuführen (z. B. Lebensmitteldosen einkaufen, Chef am Bahnhof treffen, Freund/Freundin treffen, Geld von der Bank abholen). Dabei sind bestimmte Zeitmarken vorgegeben, die bei der Planung zu berücksichtigen sind (z. B. Supermarkt bis 18.30 Uhr offen, Chef am Bahnhof zwischen 18.08 und 18.11 Uhr, Bank bis 17.30 Uhr offen, Abfahrt des Busses des Freundes/der Freundin 17.50). Zusätzlich wird mitgeteilt, daß man ein Fahrrad reparieren lassen kann (Dauer 1 Stunde), so daß sich die Zeit der Wegstrecken um ⅔ vermindert. Weiterhin ist zu berücksichtigen, daß man das Abholen des Geldes von der Bank an einen Freund delegieren kann. Verbunden damit ist allerdings die Implikation, dann von 17.00 bis 17.15 Uhr zu Hause sein zu müssen, um das Geld in Empfang zu nehmen. Die Aufgabe der Vp besteht darin, die Liste der Tätigkeiten so abzuwickeln (planend), daß die gegebenen Zeitmarken eingehalten sind.

Die Ergebnisse zeigen, daß die Anzahl zeitgerechter Lösungen von 11 bis 16 Jahren erheblich ansteigen (um ca. 40%) und daß auch das Fahrrad und die Delegationsmöglichkeit mit zunehmendem Alter verstärkt in die Lösungsversuche einbezogen werden (Oerter 1981). Schon in dieser Untersuchung fielen Unterschiede zwischen (altersgleichen) Kindern verschiedener Schultypen (Gymnasium, Realschule, Volksschule) auf. Dreher & Oerter (1985) untersuchten nun speziell den Effekt unterschiedlicher Alters- und Sozialisationsbedingungen auf das Planungsverhalten (Berufsfachschule für Hauswirtschaft, Fachakademie für Sozialpädagogik, Fachhochschule für Wirtschaft, Universität usw.). Das Ergebnisbild zu den Alterseffekten entsprach den bereits referierten Befunden.

Interessante zusätzliche Aspekte dagegen ergaben sich, wenn die Gesamtzahl der korrekten Lösungen kategorisiert wurde in a) *‚Kreislösung'* (ASRBMTA) mit großer Belastung durch das lange Tragen der zwanzig Dosen, b) *‚zu Fuß'-Lösungen* (z. B. ASBMTA) mit reduzierter Tragezeit für die Dosen, c) *‚integrierte'* Lösungen mit reduzierter Trage- und Gesamtzeit (z. B. mit Fahrradbenutzung) und d) *‚balancierte' Lösungen* mit ausgewogener Berücksichtigung aller Bedingungen (z. B. mehr Zeit für Freund/Freundin). So zeigten Universitätsstudenten den größten Anteil an d-Lösungen, mit der ausgiebigsten Beachtung und Testung von Alternativen, ohne daß aber alle Studenten zu einer korrekten Lösung kamen. Dagegen zeigten die Abendrealschüler relativ wenig integrierte und balancierte Lösungen, erzielten dafür aber den höchsten

Anteil korrekter Lösungen. Schließlich zeigten Berufsfachschülerinnen eine im direkten Alters- und Schultypvergleich (17jährige Gymnasiasten) deutlich höheren Anteil an Lösungen, die Fahrradverwendung und/oder Delegationsnutzung beinhalteten.

Hier tritt der differentielle Effekt des Sozialisationshintergrundes auf den Aufbau der langfristigen Wissensstrukturen und deren Einfluß auf die Bewältigung komplexer Planungsprobleme deutlich zutage. Die Studenten agieren eher systematisch-analytisch, ähnlich wie bei der Bewältigung theoretischer Probleme. Die fachspezifisch und alltagsnahe Ausgebildeten dagegen zeigen eher Verhaltensweisen, die auf tagtägliche *Kosten-Nutzen-Analysen* schließen lassen (wenig Zeit, wenig Anstrengung). Diese sind nicht nur Gegenstand ihrer Ausbildungs-, sondern auch ihrer (späteren) Berufssituation. Die in der Untersuchung von Hussy und von Eye (1986) betonte These, daß Entwicklung des Problemlösens zusammenfällt mit dem *Aufbau der diversen langfristigen Speicherstrukturen,* erhält hier eine Bestätigung und Differenzierung. Je nach *Sozialisationshintergrund* (im Zusammenspiel mit dem Alter) findet man typische Vorgehensweisen bei der Bewältigung von Problemen, die den Einfluß der jeweils gesammelten Erfahrungen widerspiegeln.

Zusammenfassend kann man feststellen, daß die entwicklungspsychologische Betrachtung des Problemlösens einen Forschungsbereich aufspannt, der durch außerordentliche Vielfalt und Komplexität gekennzeichnet ist. Die Studien, die in der Regel erst seit den letzten zehn bis fünfzehn Jahren verstärkt betrieben werden, reflektieren diesen Eindruck: Ihre Befunde liefern *Mosaiksteine eines Gesamtbildes.* Allerdings bieten die vorliegenden Erkenntnisse und der hier zugrundegelegte Informationsverarbeitungsansatz einen vielversprechenden (Bilder-)Rahmen, der die gezielte Ausfüllung dieser Leerstellen erleichtern sollte.

Kapitel 11

Gedächtnis und Wissen

Rolf Oerter und Martin Schuster-Oeltzschner

Die Gedächtnisforschung ist ein so großes Gebiet, daß es in einem relativ kurzen Kapitel kaum angemessen dargestellt werden kann. Vereinfachung und Konzentration auf einige wesentliche Trends sind notwendig. In einem ersten Abschnitt werden basale Gedächtnisprozesse dargestellt, wobei wir auch die in der Allgemeinen Psychologie getroffenen Unterscheidung von drei Gedächtnisspeichern übernehmen. Obwohl diese Einteilung heute problematisch geworden ist, hilft sie immer noch zu einer besseren Zuordnung von Gedächtnisprozessen. Der Leser sollte mit dieser Einteilung also nicht die Vorstellung getrennt arbeitender Systeme, sondern die typischen Gedächtnisprozesse verbinden, die unter die drei Speicher subsumiert sind.

In einem zweiten Abschnitt werden Gedächtnisstrategien und ihre Entwicklung beschrieben. Eigentlich ist für diesen Abschnitt ferner die Kenntnis der Rollen des Wissens wichtig, das erst im dritten Abschnitt zur Sprache kommt. Was hier in der Darstellung aufeinanderfolgt, muß also als zusammengehörig gesehen werden.

1. Funktionsweise des Gedächtnisses und ihre Entwicklung

Wiedererkennen und Erinnern (Reproduzieren)

Zwei grundlegende Gedächtnisleistungen, die sowohl im Alltag als in der psychologischen Forschung eine große Rolle spielen, sind das Wiedererkennen und Erinnern bzw. Reproduzieren.

Beim *Wiedererkennen* geht es um die Identifikation von derzeit wahrgenommenen Ereignissen mit früher erfahrenen Ereignissen. Der Proband muß beispielsweise anhand vorgelegten bildhaften oder verbalen Materials angeben, welche der Elemente mit den früher wahrgenommenen (eingeprägten) übereinstimmen. Im Alltag sind solche Leistungen sehr häufig erforderlich. Das Kind erkennt Mutter, Vater und Geschwister wieder, im späteren Leben existieren eine Fülle von Gebrauchsgegenständen und Personen, die man sofort wiedererkennt, wenn man mit ihnen konfrontiert wird; der Zeuge muß vor Gericht den Täter identifizieren usw. Das Wiedererkennen stellt zugleich die einfachste Gedächtnisleistung des Langzeitgedächtnisses dar (s. S. 547).

Entwicklungspsychologische Untersuchungen zeigen, daß Wiedererkennungsleistungen sehr früh auftreten. Cohen und Gelber (1975) berichten über Versuche mit Säuglingen, bei denen man ein Bild so lange darbietet, bis das Habituierungsphänomen eintritt (Nachlassen der Zuwendung, s. Kap. 3). Danach wird das vertraute Bild in eine Folge neuer Bilder eingereiht. An den Unterschieden in der Fixierungsdauer sieht man, ob das Kind das vertraute Bild wiedererkennt. Schon sechs bis acht Wochen alte Kinder identifizieren ein länger dargebotenes Bild nach 24 Stunden wieder. Im Alter von vier bis fünf Monaten vermag das Kind Bilder, die ein bis zwei Minuten dargeboten wurden, noch nach zwei Wochen wiederzuerkennen. Kinder im Vorschulalter zeigen eine hohe Wiedererkennungsgenauigkeit, sie können aus einer großen Serie von Bildern früher dargebotene Bilder recht zuverlässig identifizieren.

Auch im höheren Alter scheint das Wiedererkennen am wenigsten beeinträchtigt zu sein. Die Stabilität des Wiedererkennens über das ganze Leben hinweg läßt vermuten, daß diese Leistung eine ,,allgemeine Funktionstüchtigkeit des Gedächtnisses" einschließlich ihrer neurostrukturellen Grundlage zeitlebens vorhanden und keiner Entwicklungsveränderung unterworfen ist (Reese 1979, S. 95). Neuerdings gibt es gegen diese Auffassung Einwände. Salthouse (1980), der eine Vielzahl von Untersuchungen zu diesem Thema zusammengetragen hat, berichtet, daß auch Wiedererkennensleistungen im Alter abfallen, allerdings lange nicht so stark wie Gedächtnisleistungen, die Strategien erfordern.

Freies Reproduzieren (Erinnern) verlangt demgegenüber die aktive Vergegenwärtigung früher erfahrener Ereignisse ohne Zuhilfenahme äußerer Reize und Wahrnehmungshilfen. In sogenannten Reproduktionsaufgaben muß der Proband bildliche oder verbale Einheiten, die er sich zuvor eingeprägt hat, wiedergeben. Während also beim Wiedererkennen nur Prozesse des Einspeicherns erforderlich sind, benötigt man beim Erinnern zusätzlich Prozesse des Abrufes aus dem Langzeitgedächtnis. Erinnern und Reproduzieren entwickeln sich später als das Wiedererkennen und verbessern sich bis zum Erwachsenenalter ständig, während sie im Alter wieder abnehmen (Craik 1977, Weinert et al. 1982, Yussen & Levy 1975).

Es liegt daher nahe, im Erinnern (bzw. Reproduzieren) und Wiedererkennen zwei grundverschiedene Leistungen zu sehen, die sich auch entwicklungspsychologisch unterscheiden. Möglicherweise ist aber Wiedererkennen nur ein einfacherer Teilprozeß innerhalb der Leistung des Erinnerns und Reproduzierens. Beim Wiedererkennen liegt der ,,Hinweisreiz" (cue) außen. Er muß lediglich mit dem gesuchten Element im Gedächtnis verknüpft werden. Beim Reproduzieren müssen auch die Hinweisreize gespeichert werden. Das bedeutet, daß solche Reize zuvor bereitgestellt und mit dem Gedächtnismaterial verknüpft werden müssen. Vielleicht existiert also entwicklungspsychologisch ein Kontinuum zwischen Wiedererkennen und Reproduzieren und letzteres wird im allmählichen Übergang erreicht (Nelson 1984).

Episodisches und semantisches Gedächtnis

Sowohl in der Gedächtnisforschung der Allgemeinen Psychologie als auch in derjenigen der Entwicklungspsychologie hat sich die Unterscheidung von zwei Formen des Langzeitgedächtnisses durchgesetzt: episodisches und semantisches Gedächtnis (Tulving 1972).

(a) Unter episodischem Gedächtnis versteht man ,,die Speicherung und Reproduktion von zeitlich datierten, räumlich lokalisierten und persönlich erfahrenen Ereignissen oder Episoden" (Brown 1975, S. 108).

Das episodische Gedächtnis ist für Kinder zunächst die Hauptform des Gedächtnisses. Es prägen sich Erfahrungen und Ereignisse mit ihrem räumlichen und zeitlichen Kontext ein. Dabei macht die zeitliche Einordnung zunächst größere Schwierigkeiten als die räumlich-anschauliche Ordnung. Möglicherweise ist das sog. eidetische Gedächtnis eine Sonderform des episodischen Gedächtnisses. Es zeichnet sich dadurch aus, daß der Proband nach kurzem intensiven Betrachten eines Reizmusters (z.B. eines Bildes) in der Lage ist, aus der Erinnerung sehr genau die Details des Musters bzw. der Darstellung wiederzugeben. Untersuchungen zeigen, daß die Wiedergabe auch noch nach Wochen erstaunlich gut ist (Jaensch 1922, Düker 1965, Haber 1968, Luria 1968). Das eidetische Phänomen tritt bei Kindern viel häufiger auf als bei Jugendlichen und Erwachsenen (Baddeley 1976). Möglicherweise wird es benutzt, weil andere effiziente Strategien des Einprägens, die nur das Wesentliche festhalten und eine Ordnung der Gedächtniselemente herbeiführen, noch nicht zur Verfügung stehen. In der Tat ist das eidetische Gedächtnis nicht von besonderem Vorteil (Baddeley 1976), da es viel zu unökonomisch ist, Gedächtnisinhalte in größerem Umfang auf diese Weise zu speichern.

(b) Das semantische Gedächtnis behält die Information nicht so spezifisch wie das episodische. Hier wird die Information klassifiziert und gruppiert, z.B. nach Bedeutungszusammenhängen, nach begrifflicher Über- und Unterordnung, aber auch nach phonetischen Merkmalen. Zum semantischen Gedächtnis gehören das meiste schulische und berufliche Wissen, das Wissen über Regeln und Anweisungen, das begriffliche Wissen und das Wissen über Sprichwörter, bildliche Redensarten und andere Formen kultureller Weisheit. Das semantische Gedächtnis entwickelt sich später als das episodische und gewinnt allmählich die Oberhand. So antworten jüngere Kinder bei Verarbeitung von Information stärker auf den Kontext des Reizes, während ältere Kinder stärker auf seinen semantischen, ,,dekontextualisierten" Gehalt reagieren (Entwistle 1966, Petrey 1977).

In einem späteren Abschnitt werden wir uns damit beschäftigen wie der Wissensaufbau im semantischen Gedächtnis vor sich geht und welche Rolle dieses Wissen wieder auf neue Gedächtnisleistungen ausübt.

Funktionseinheiten des Gedächtnisses

Die zwei grundlegenden Leistungen des Gedächtnisses sind zweifellos das Einspeichern und Abrufen. Gedächtnismaterial, wie Informationen, Erlebnisse, Ereignisse, wird durch Prozesse des Einspeicherns festgehalten. Ähnlich wie in einer Bibliothek, in der es keine Kartei gibt und die Bücher nicht nach einem System geordnet sind, bliebe das Gedächtnismaterial unzugänglich, wenn nicht Gedächtnisprozesse am Werk wären, die es ausfindig und wieder verfügbar machen. Die große Gruppe der Gedächtnisprozesse des Einspeicherns und Abrufens bedarf eines Mediums oder Rahmens innerhalb dessen sie ablaufen. In Analogie zum Computer, aber auch zu Alltagsvorstellungen nennt man solche Funktionseinheiten Speicher oder Gedächtnis.

Das gebräuchlichste Gedächtnismodell unterscheidet drei Systeme (vgl. z. B. Atkinson & Shiffrin 1968):

- der sensorische Informationsspeicher (auch sensorischer Buffer genannt),
- der Kurzzeit- und Arbeitsspeicher und
- der Langzeitspeicher.

Eine ausführliche Darstellung des Mehr-Speicher-Modells findet sich bei Bredenkamp und Wippich (1977). Ein alternatives Modell spricht von Prozeßebenen, um zu verdeutlichen, daß es sich bei dieser Einteilung nicht um getrennte Funktionseinheiten handeln kann (wie etwa im Computer), sondern um ineinander übergreifende Niveaus der Informationsverarbeitung.

Prozeßebene I: Sensorischer Informationsspeicher (SIS)

Darunter versteht man die äußerst kurzfristige Speicherung der Sinnesinformation (akustische, optische, taktile u. a. Information), die nur für Bruchteile von einer Sekunde anhält. Die visuellen SIS nennt man auch ‚Ikon', den auditiven SIS ‚Echo' (Neisser 1967). Der sensorische Speicher hat die Aufgabe, Sinnesdaten so lange festzuhalten, bis eine Mustererkennung und eine Auswahl wichtiger Merkmale erfolgen kann. Dieser Vorgang ist ein Teil der sog. Kodierung (bzw. – mit weniger Sprachgefühl – Endkodierung). Die Information wird mit früheren Informationen aus dem Gedächtnis verglichen und zugeordnet, z. B. als

,,Haus", ,,Mensch", ,,Musik". Die Kodierung der im sensorischen Register festgehaltenen Information beinhaltet auch die Einteilung nach der Modalität, d. h. der Art der Sinnesdaten (optisch, akustisch, taktil usw.). Während sich die Leistung des kurzfristigen Festhaltens in der menschlichen Entwicklung kaum verändern dürfte, sind die Prozesse des Kodierens einem beträchtlichen Wandel unterworfen. Zwei Entwicklungstendenzen sind besonders bedeutsam:

(a) Die Modalitäten sind anfangs nicht scharf geschieden. Kleine Kinder scheinen bis zu einem gewissen Grad verschiedene Modalitäten gemeinsam zu kodieren. So sind bei ihnen sog. Synästhesien häufiger als bei Erwachsenen (z. B. Farbhören: Farbwahrnehmung bei Klangereignissen; Klangsehen: Klangwahrnehmung bei visuellen Ereignissen). Synästhesien treten vermutlich in anderen Kulturen auch bei Erwachsenen häufig auf. So konnte McKellar (1972) bei einer neuseeländischen Studentin insgesamt 24 Synästhesien nachweisen. In unserer Kultur ist die kanal- oder modalitätsspezifische Kodierung im Erwachsenenalter fast die alleinige Form der Wahrnehmungsverarbeitung. Optische Signale werden nur visuell, akustische Signale nur auditiv kodiert usw. Dies bedeutet allerdings zugleich eine Erlebnisverarmung (s. Oerter 1975).

Conolly und Jones (1970) folgern aus experimentellen Untersuchungen, daß visuelle Information (z. B. Verhalten der Mutter) vom kleinen Kind integriert kodiert wird, d. h. zugleich kinästhetisch und visuell. Das Kind hat also nach dieser Annahme nicht nur visuelle Eindrücke, sondern auch Bewegungsempfindungen. Auf diese Weise kann es leichter nachahmen. Vor allem die Sozialisation in unserer Kultur scheint dafür zu sorgen, daß mit zunehmendem Alter mehr und mehr kanalspezifisch kodiert wird.

(b) In der Geschwindigkeit und Differenziertheit der Kodierung sind Fortschritte festzustellen. Da kleine Kinder noch weniger Erfahrungen mit Sinnesdaten gesammelt haben als ältere Individuen, können sie die Information auch nicht hinreichend realitätsangemessen kodieren. Alle Vierbeiner werden als ,,Wauwau", alle Menschen als ,,Papa" klassifiziert (s. Kap. 8). Überdies brauchen kleine Kinder mehr Zeit, um Informationen aufzunehmen, müssen also einen Gegenstand länger anschauen bzw. ein akustisches Ereignis öfter hören, um es ,,kodieren" zu können. Eine Untersuchung von Piaget (1963) soll die Veränderung in der Verarbeitungsgeschwindigkeit von visuellen Ereignissen demonstrieren (entnommen aus Oerter 1984a S. 359).

Ein weiterer entwicklungspsychologisch interessanter Aspekt des sensorischen Informationsspeichers ist die Mustererkennung (Zimbardo 1983, S. 251). In bezug auf Gedächtnisleistungen wird sie vor allem beim Lesen von Buchstaben wichtig. Kinder unter sechs Jahren ver-

Was siehst du? Entwicklungsunterschiede beim Betrachten eines rotierenden Quadrats

Ein Quadrat von 25 mm Seitenlänge bewegt sich aufrechtstehend auf einer Kreisbahn von 35 mm Durchmesser Bei relativ langsamer Drehbewegung sieht man das Quadrat kreisen. Bei rascherer Rotation nimmt man ein stehendes großes Kreuz wahr (wie auf Abb. 11.1 zu sehen), und bei großer Rotationsgeschwindigkeit erblickt man ein Doppelkreuz, ähnlich der Form eines Schmetterlings. In Tab. 11.1 sieht man die Abhängigkeit der Wahrnehmungstäuschung vom Alter und von der Entfernung. Je älter die Probanden, desto größer mußte die Geschwindigkeit werden, bis Phase II (stehendes Kreuz) und III (Doppelkreuz) erreicht waren. Die Vergrößerung der Entfernung von 1 auf 3 m bewirkte, daß die gleichen Wahrnehmungseffekte erst bei deutlich höherer Rotationsgeschwindigkeit auftraten (Piaget 1963).

Tabelle 11.1 Kritische Rotationsgeschwindigkeit (Umdrehungen pro Minute) als Funktion des Alters und der Entfernung. Auszug aus: Piaget (1963)

	5–6 Jahre		7–8 Jahre		10–12 Jahre		Erwachsene	
	1 m	3 m	1 m	3 m	1 m	3 m	1 m	3 m
Phase II (gr. Kreuz)	141	160	155	164	172	184	186	193
Phase III (Doppelkr.)	225	220	230	232	232	245	264	296

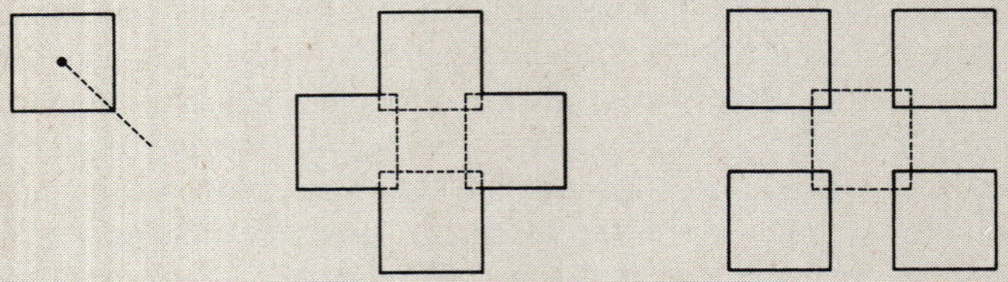

Abb. 11.1 Optische Täuschungen bei verschiedener Rotationsgeschwindigkeit eines Quadrates mit exzentrischer Achse (aus Auersperg & Buhrmester, 1936)

wechseln bekanntlich b und d (rechts-links-Beziehungen) und d und p (oben-unten-Beziehung). Zunächst scheint das Kind die ,,Gestalt" der Buchstabenformen (wie anderer Muster auch) zu erfassen, ohne ihre Position im Umfeld genau mitzukodieren (Rock 1956, Wallach & Kogan 1965). Der Vorzug bei dieser ,,intrarelationalen" Kodierung ist, daß das Kind gedrehte Figuren leichter erfassen kann als der Erwachsene, der erst gedanklich eine Rotation vornehmen muß, um das Reizobjekt identifizieren zu können. Als nachteilig erweist sich diese Kodierungsform, wenn es um die exakte Beziehung des Reizmusters zu seiner Umgebung geht, wie dies bei Buchstaben der Fall ist, wenn also zusätzlich eine ,,extrarelationale" Kodierung nötig ist. Im Vorschulter verbesserte sich die letztgenannte Form zunehmend, wobei offenkundig besonders bedeutsame Reizmuster, wie das menschliche Gesicht, schon sehr frühzeitig extrarelational kodiert werden (Watson 1965). Beim Buchstabenerkennen wird zunächst die oben-unten-Beziehung, dann erst die rechts-links-Relation richtig erfaßt (Huttenlocher 1967a und b, Cairns & Steward 1970).

Prozeßebene II: Kurzzeit- und Arbeitsspeicher (KZS)

Der Kurzzeitspeicher oder das Kurzzeitgedächtnis (KZS) ist die nächste informationsverarbeitende Einheit des Gedächtnismaterials. Er vermag Information nur kurze Zeit (bis ca. 30 Sek.) zu behalten. Außerdem ist seine Kapazität sehr begrenzt. Nur 7 ± 2 Elemente kann er maximal zugleich aufnehmen (Miller 1956). Werden mehr Einheiten eingespeichert, so fallen die vorherigen wieder hinaus. Durch aktives Wiederholen (rehearsal) kann das Gedächtnismaterial länger im Kurzzeitspeicher behalten werden. Die geringe Kapazität des KZS läßt sich wesentlich verbessern, wenn man Elemente zu Einheiten zusammenfaßt. Beim Lesenlernen beispielsweise erfaßt der Lesende zunächst Buchstaben, weshalb er nur ein Wort auf einmal erkennt (,,erliest"). Der geübtere Leser erfaßt bei vertrautem Wortschatz gleich ganze Wörter, später ganze Satzteile. In einem Speicherplatz kann also ein Buchstabe, ein Wort, ein Satz oder gar eine Geschichte (etikettiert durch eine Überschrift) zusammengefaßt sein. Solche Organisationseinheiten bezeichnet man als *Chunks* (Miller 1956) oder Superzeichen.

Das Kurzzeitgedächtnis ist zugleich der Arbeitsspeicher für das Einprägen und Abrufen von Gedächtnismaterial sowie für Denken und Vorstellen überhaupt. Das Umgehen mit dem Gedächtnismaterial erfordert allerdings auch Speicherplatz. Je mehr oder je komplexer Strategien der Informationsverarbeitung sind, desto weniger Speicherplatz bleibt für die zu verarbeitenden Gedächtniselemente. Das Modell vom Kurzzeitspeicher wird weiter dadurch verkompliziert, daß Informationsverarbeitung in verschiedenen Medien stattfindet (enaktiv – ikonisch –

symbolisch, s. Bruner et al. 1966). Daher ist es sicherlich falsch, diese Funktionseinheit analog zum Arbeitsspeicher des Computers zu sehen, also als morphologisch abgegrenzte Region im Großhirn.

Der KZS ist offenkundig nicht von Geburt an vorhanden, sondern baut sich beim Kleinkind mit etwa acht Monaten auf. Als Beleg hierfür seien zwei Untersuchungen angeführt (entnommen aus Kagan 1979).

Wann entsteht das Kurzzeitgedächtnis?

Acht Monate alte Kinder wurden monatlich bis zum Alter von zwölf Monaten mit folgender Gedächtnisaufgabe getestet: Sie sollten ein Spielzeug, das vor ihren Augen unter einem von zwei gleichaussehenden Tüchern versteckt wurde, ausfindig machen. Die Kinder durften entweder gleich, eine Sekunde, drei Sekunden oder sieben Sekunden später zugreifen. Außerdem befand sich zwischen dem Kind und dem versteckten Spielzeug entweder kein Sichthindernis, ein durchsichtiger Schirm oder ein undurchsichtiger Schirm. Der KZS wird nach obiger Kennzeichnung benötigt, wenn die Information von der Position des Spielzeugs einige Sekunden gemerkt werden muß, ohne daß man die Lage zugleich sehen kann. In der Versuchsbedingung mit sieben Sekunden Verzögerung und undurchsichtigem Schirm ist also eindeutig die Leistung des KZS nötig. Kein Kind mit acht Monaten war in der Lage, die Position des Spielzeugs nach einer Sekunde Verzögerung und bei Verdeckung durch einen undurchsichtigen Schirm richtig zu erinnern. Aber bereits mit einem Jahr konnten sich die gleichen Kinder die Position des Spielzeugs bei drei Sekunden Verzögerung und Verdeckung durch den undurchsichtigen Schirm merken. Einige von ihnen waren sogar in der Lage, die Position über sieben Sekunden Verzögerung zu behalten.

Ein ganz ähnliches Experiment wurde mit zwei Gesichtern durchgeführt, die man vor den Augen des Kindes an der Wand befestigte. Eines der beiden Gesichter leuchtete kurz auf, und das Kind lernte, das betreffende Gesicht zu berühren. Variiert wurde wiederum die Verzögerungszeit zwischen Erlöschen der Beleuchtung und dem Berühren durch das Kind (von null bis neun Sekunden) sowie die permanente Sichtbarkeit des Reizmaterials (kein Schirm, durchsichtiger und undurchsichtiger Schirm). Kein acht Monate altes Kind konnte bei neun Sekunden Verzögerung das beleuchtete Gesicht erinnern, wenn der durchsichtige oder der undurchsichtige Schirm sich zwischen Reizmuster und Kind befand. Aber bereits zwölf Monate alte Kinder konnten unter der schweren Bedingung (neun Sekunden Verzögerung und undurchsichtiger Schirm) das beleuchtete Gesicht wiedererkennen.

Schacter und Moscovitch (1984) kommen aufgrund einer Reihe von Beobachtungen ebenfalls zu dem Schluß, daß erste Abrufprozesse (erinnern) ohne die Gegenwart des gesuchten Gegenstandes mit ca. acht bis neun Monaten auftreten.

Ist damit der KZS voll funktionsfähig und entwickelt er sich nicht mehr weiter? Pascual-Leone (1969) analysierte entwicklungstypische Aufgaben auf die nötige Verarbeitungskapazität hin und folgerte aufgrund seiner empirischen Untersuchungen, daß Kinder mit drei Jahren nur eine Einheit im Arbeitsspeicher handhaben könnten, während Fünfzehnjährige bei formallogischem Denken mit sieben Einheiten operieren würden (s. Kap. 8). Er folgert daraus, daß die Gedächtniskapazität (des KZS) linear mit dem Alter zunimmt und eine Folge neurologischer Reifungsvorgänge ist. Auch Burtis (1982) vertritt später diese Auffassung.

Obwohl sicherlich Reifungsvorgänge vor allem in den ersten sechs Lebensjahren noch eine Rolle spielen mögen, erscheint vom heutigen Standpunkt aus die Reifungshypothese nicht gerechtfertigt. Es gibt Hinweise dafür, daß sich die Kapazität des KZS, wenn er einmal aufgebaut ist, durch das ganze Leben hindurch nicht mehr ändert. Ein Beleg hierfür ist das Zahlennachsprechen vorwärts.

Die Anzahl der auf vorausgegangene Darbietung in der gleichen Reihenfolge richtig reproduzierten Zahlen gibt einen direkten Hinweis auf die Anzahl der verfügbaren Speicherplätze im KZS. Diese Leistung verändert sich auch im Alter nicht (zusammenfassend siehe Salthouse 1982). Kleinere Kinder unter fünf bis sechs Jahren können nur eine geringe Anzahl von Zahlen nachsprechen, was auch daran liegen mag, daß ihnen das Gedächtnismaterial noch wenig vertraut ist.

Das Bild ändert sich, wenn man Zahlenreihen rückwärts reproduzieren läßt. Hier zeigt sich eine laufende Verbesserung bis zum Erwachsenenalter und ein Absinken der Leistung im höheren Alter. Zahlennachsprechen rückwärts erfordert den Einsatz einer Strategie, die effizient oder weniger effizient genutzt zu werden scheint (Brown & DeLoache 1978).

Was sich im KZS verändert, ist seine effektive Nutzung. Wie Case (1978) und Case et al. (1982) zu zeigen versuchen, ist die effektivere Nutzung des KZS vor allem mit einer Erhöhung der Informationsverarbeitungsgeschwindigkeit verbunden. Dazu gehören mindestens drei Möglichkeiten: Die Chunkbildung („chunking"), der mehr oder minder bewußte Einsatz von Strategien und die Automatisierung von Strategien zu Operationen.

Diese drei Möglichkeiten werden einerseits als Alternativhypothesen diskutiert (Dempster 1981), können aber auch, wie im folgenden, als einander ergänzende Prozesse aufgefaßt werden.

Chunking als Methode der wirksamen Nutzung des KZS läßt sich entwicklungspsychologisch nach zwei Richtungen hin verfolgen. Zum einen verbessert sich das Chunking im Hinblick auf den Umfang einer Einheit. So erwähnten wir im sprachlichen Bereich bereits den Fortschritt vom Buchstabenspeichern, über das Zusammenfassen zu Wörtern, Sätzen und ganzen Geschichten bzw. Sachzusammenhängen, die stellvertretend durch ein Wort oder Symbol im Arbeitsspeicher gegenwärtig sein können. Zum anderen spielt auch die Ebene bzw. das Medium der Repräsentation eine Rolle. Imaginativ repräsentierte Elemente (s. Kap. 9) sind nicht so flexibel handhabbar wie symbolisch repräsentierte Elemente (Wörter, Formeln). Daher bedeutet die Entwicklung der symbolischen Repräsentation, die auf das engste mit dem Entstehen des konkret-logischen Denkens zusammenhängen dürfte, einen beträchtlichen Fortschritt für Gedächtnisprozesse im KZS.

Strategien als willentlich eingesetzte kognitive Aktivitäten (Naus & Ornstein 1983) sind gegenwärtig der Hauptgegenstand entwicklungspsychologischer Forschung. Ihre Entstehung und Verbesserung wird als Kern der Gedächtnisentwicklung angesehen (Reese 1976, Flavell et al. 1966, Naus & Ornstein 1983). Sie eignen sich besonders für verbales Material und sind in diesem Bereich auch am genauesten untersucht worden. Ihnen obliegt zusammen mit den Operationen (s. u.) die Aufgabe des Einspeicherns und Abrufens von Information aus dem Langzeitgedächtnis. Zu den Strategien oder – wenn man den Begriff nicht zu weit fassen will – zu den Prozessen im KZS gehören auch Aufmerksamkeitsleistungen und die Nutzung der vorhandenen Zeit zum Einprägen und Lernen (s. Abschnitt ,,Gedächtnisstrategien“). Die Verbesserung der Gedächnisleistungen geht nicht zuletzt auf die wachsende Fähigkeit des Einsatzes gezielter Aufmerksamkeit zurück. Da bei kleinen Kindern die Aufmerksamkeit vorwiegend durch äußere Reize gelenkt und noch wenig internal kontrolliert wird, können Prozesse des Einspeicherns und Abrufens auch willentlich noch wenig beeinflußt werden. Die im höheren Alter beobachtbaren Leistungsverluste beim Gedächtnis scheinen auf solche Aufmerksamkeitsprozesse und auf die Abnahme eines wirksamen Einsatzes von Gedächtnisstrategien zurückzugehen (s. u.).

Automatisierte Operationen sind Prozesse des Einspeicherns und Abrufens, die ohne fortlaufende Kontrolle im Bewußtsein ablaufen. Sie werden gewissermaßen als fertige Programme abgerufen. Ihr Vorteil liegt darin, daß sie keinen oder nur geringen Speicherplatz im KZS brauchen (Case 1978). Viele Operationen waren wohl zunächst bewußt und willentlich eingesetzte Strategien, die durch häufige Nutzung automatisiert wurden (analog zum Einüben des Autofahrens oder Schreibmaschinenschreibens). Daher ist verständlich, warum ältere Kinder und

Erwachsene den KZS effizienter nutzen können: Sie besitzen nicht nur bessere Strategien, sondern auch mehr und effiziente Operationen, die ihnen zur Verfügung stehen. Daneben muß es aber auch Operationen geben, die sich kaum entwickeln und zur Grundausstattung des Lernens gehören. Denn schon Säuglinge prägen sich Reizereignisse ein und erkennen sie bei erneutem Auftreten wieder. Über diese Prozesse weiß man aber noch relativ wenig.

Prozeßebene III: Langzeitspeicher (LZS)

Vom KZS gelangt ein Teil der Information in den Langzeitspeicher (das Langzeitgedächtnis, LZS). Dabei kann man mindestens zwischen zwei Gedächtnissen unterscheiden: einem mittelfristigen Gedächtnis über Minuten bis zu Tagen (auch *sekundäres* Gedächtnis genannt) und einem langfristigen Gedächtnis (*tertiäres* Gedächtnis), das die Information praktisch zeitlich unbegrenzt behält. Gewöhnlich meint man mit LZS nur das tertiäre Gedächtnis. Hier werden die *Bedeutungen* der aufgenommenen Informationen gespeichert. Im Gegensatz zum KZS ist aber die Information nicht mehr unmittelbar zugänglich. Man braucht geeignete Hinweise oder *Adressen,* um das Material abrufen zu können. Man vergleicht den LZS gerne mit einer Bibliothek. Die Bücher (Gedächtniseinheiten) in der Bibliothek sind nur solange zugänglich, als sie Adressen haben und an dem ihnen zugedachten Platz stehen. Würde keine Ordnung existieren und gäbe es keinen Schlüssel für die Bücher, könnten sie nicht aufgefunden werden. Das Langzeitgedächtnis kann also sehr viel Information beherbergen, die für uns nicht mehr abrufbar ist. Umgekehrt ist das Gedächtnis um so leistungsfähiger, je besser die Ordnung und Struktur der gespeicherten Wissenselemente ist und je besser die Adressen sind. Es zeigt sich dabei auch, daß ein Informationselement mehr als eine Adresse hat. Je mehr solcher Adressen vorhanden sind, desto besser und leichter ist das betreffende Element verfügbar.

Obwohl die Information im LZS praktisch unbegrenzt behalten werden kann, bleibt sie nicht unverändert, sondern ändert ihre Struktur im Laufe der Zeit. Fehlende Elemente werden hinzugefügt, es kommt zu Verzerrungen in Richtung auf größere Einfachheit und Klarheit u. ä.

Bezüglich der Entwicklung des LZS nimmt man an, daß er bereits in der frühen Kindheit voll funktionstüchtig ist. Was sich aber verändert, ist die Wissensstruktur (kognitive Struktur der gespeicherten Information). Sie wächst außerdem permament an, ein Vorgang, der auch im Alter nicht endet und den älteren Menschen eine Wissensüberlegenheit gegenüber den jüngeren beschert.

2. Entwicklung von Gedächtnisstrategien

Eine Schlußfolgerung aus der bisherigen Darstellung drängt sich förmlich auf: Nicht alles am Gedächtnis entwickelt sich. Eine grundlegende Funktionstüchtigkeit scheint analog zu den Sinnesorganen zeitlebens zu existieren. Hingegen verändern sich die Strategien des Einprägens und Abrufens während der menschlichen Entwicklung beträchtlich. Im folgenden soll anhand einiger Strategien die Verbesserung ihrer Nutzung im Laufe der Entwicklung dargestellt werden. Zuvor erscheint es aber notwendig, den Strategiebegriff einzugrenzen. Mit Naus und Ornstein verstehen wir darunter „aufgabenbezogene Kognitions- und Verhaltensaktivitäten, die das Subjekt willentlich einsetzt, um die Gedächtnisleistung zu verbessern" (1983, S. 12). Diese Definition ist zwar umstritten (Pressley et al. 1985) soll aber dennoch vorläufig beibehalten werden.

Zur Entwicklung einzelner Strategien

Aktives Wiederholen (rehearsal)

Lautes oder leises Wiederholen (Hersagen) von einzelnen zu lernenden Elementen ist vielleicht die einfachste Strategie, die absichtlich und bewußt eingesetzt werden kann. Sie vermag das Gedächtnismaterial solange im KZS zu halten bis die „Gedächtnisspuren" sich verfestigt haben. Diese Strategie tritt zumindest bei Materialien, die aus dem Kontext abgehoben sind, wie Wortlisten, Bilderlisten, Gegenstandslisten, spontan meist erst im Grundschulalter auf. Sie bewirkt eine deutliche Verbesserung der Gedächtnisleistung (Wimmer 1977, Liberty & Ornstein 1973).

Wiederholen kann zugleich bewußt als Kontrolle für das Einprägen verwendet werden. Jede darauffolgende Wiederholung prüft, ob das Material noch verfügbar ist. Spontan findet sich diese Art der Selbstprüfung erst bei zehnjährigen Kindern (Ornstein et al. 1977). Aber aktives Wiederholen ist keineswegs eine Strategie, die man hat oder nicht hat, sondern scheint selbst wiederum eine Entwicklung durchzumachen. Um ein zuvor dargebotenes Element frei hersagen zu können, muß man es aus dem KZS abrufen können. Dieses Abrufen (retrieval) wird erleichtert, wenn man die betreffenden Elemente vor sich sieht. Wenn aber das Abrufen aus dem Gedächtnis gut und rasch gelingt, dürfte die äußere Hilfe keinen zusätzlichen Effekt haben: man kann dann auch ohne Wahrnehmungshilfe genauso leicht wiederholen. Ornstein et al. (1985) prüften bei Zweit- und Sechskläßlern diesen Zusammenhang.

Wann nutzen Kinder die Strategie des Wiederholens?

Man bot den Kindern eine Liste von acht Wörtern, jedes auf einem Kärtchen, unter drei Versuchsbedingungen dar, wobei jedesmal nur ein Wort gelesen werden mußte und fünf Sekunden Zeit zum Wiederholen blieb. In der ersten Versuchsbedingung sagte man den Kindern nur, sie sollten die Wörter laut üben. In der zweiten Bedingung wurden die Kinder instruiert, mehrere Wörter nach der Darbietung eines Wortes (mit Ausnahme natürlich des ersten Wortes der Liste) zu wiederholen. Die Kärtchen wurde aber verdeckt hingelegt. Die dritte Versuchsgruppe praktizierte die gleiche Strategie, hatte aber die Wörter vor sich liegen. Die Sechstkläßler wurden nur den beiden letzten Versuchsbedingungen unterworfen. Anschließend an die Darbietung und Wiederholung der Wörter mußten diese reproduziert werden. Die Ergebnisse liegen in der erwarteten Richtung. Die Zweitkläßler profitierten von der zusätzlichen Wahrnehmungshilfe. Das aktive Wiederholen und das Erinnern (Reproduzieren) verbesserte sich, wenn die Wortkarten nach der Darbietung offen liegen blieben. Bei den Sechstkläßlern hatte diese Bedingung jedoch keinen Effekt mehr auf die Strategie des Wiederholens und auf das Behalten.

In einem zweiten Experiment prüften die gleichen Autoren, ob zusätzlich zur Wahrnehmungshilfe die Zeit für das Wiederholen des Wortes eine Rolle spielte. Sie wählten als kritische Gruppe wieder Zweitkläßler, da ja die ältere Gruppe die rehearsal-Strategie bereits beherrschte, und kombinierten Wahrnehmungshilfen (Karten offen vs. verdeckt) mit einer Zeitvorgabe zum Wiederholen (fünf Sekunden vs. zehn Sekunden). Die Verlängerung des Zeitabschnittes nach der Darbietung eines Wortes auf zehn Sekunden verbesserte eindeutig die Strategie des aktiven Wiederholens. Aber nur wenn zugleich auch die Wortliste sichtbar war, zeigte sich auch eine Verbesserung der Gedächtnisleistung. Damit ist erwiesen, daß Achtjährige die rehearsal-Strategie erst aufbauen und von Wahrnehmungshilfen sowie größerem Zeitaufwand profitieren. Diese Befunde liefern zugleich interessante Anregungen für das Training von Gedächtnisstrategien.

Gruppieren und Organisieren

Eine wichtige Methode des Einprägens und Wiederfindens besteht in der Umstrukturierung des Materials nach logischen oder anderen Prinzipien der Zusammengehörigkeit. Wenn es sich um viele Elemente handelt, ist eine hierarchische Gruppierung vorteilhaft. So entwickelt der Lernende ganze hierarchische Rekonstruktionspläne. Bower et al. (1969) konnten beispielsweise zeigen, daß sich die Gedächtnisleistung um 40% verbessert, wenn das Material nach einem hierarchischen Schema geordnet wird.

Die Nutzung des Gruppierens beim Einprägen

Kobasigawa (1974) demonstrierte Altersunterschiede im Gebrauch des kategorialen Gruppierens. Kindern im Alter von sechs, acht und elf Jahren wurden 24 Bilder vorgelegt, die nach acht Kategorien zu je drei Elementen zusammengeordnet werden konnten. Die Bilder waren auf einer Tafel angebracht, und neben jedem Bild befand sich ein weiteres Bild, das die betreffende Kategorie veranschaulichte, z. B. neben den drei Tierbildern das Bild eines Zoos. Der Versuchsleiter wies bei jedem der 24 Bilder ausdrücklich auf die Beziehung zu dem Kategorie-Bild hin. Bei der Reproduktion der Bilder lagen den Kindern als Abrufhinweis ebenfalls die acht Kategorie-Karten vor. Von da an gab es zwei unterschiedliche Versuchsbedingungen. In der einen Bedingung teilte man den Kindern lediglich mit, sie sollten die Karten beim Erinnern zu Hilfe nehmen. In der anderen Bedingung wurden die Kinder aufgefordert, sämliche Objekte zu nennen, die zu einem Kategorie-Bild gehörten und erst dann zum nächsten weiterzugehen. Nur in der ersten Versuchssituation traten Altersunterschiede auf, die älteren Kinder nutzten spontan die Kategorie-Bilder systematisch zum Erinnern. In der zweiten Versuchsbedingung, in der alle Kinder zur Nutzung der Abrufstrategie veranlaßt wurden, traten keine Leistungsunterschiede zwischen den Altersgruppen auf.

Nach der obigen Definition von ,,Strategie“ müßte der Benutzer der Strategie des Ordnens und Gruppierens ihren Vorteil beim Einprägen kennen. In der Tat fanden Tornquist und Wimmer (1977) bei 7-, 10- und 17jährigen Versuchspersonen keine einzige, die das Lernmaterial ohne das entsprechende Wissen um den Vorteil des Ordnens gruppierte. Fünfjährige setzen eine solche Strategie spontan noch nicht ein, aber etwa die Hälfte der Zehnjährigen und alle Erwachsenen taten dies (Heimlich & Wimmer 1977, Liberty & Ornstein 1973).

Gerade beim Gruppieren erweist sich die Unterscheidung von Strategie und (automatisierter) Operation (s. Abschnitt 1, KZS) als wichtig.

Sofern Gedächtnismaterial beim Einprägen bewußt und zum Zwecke des besseren Behaltens geordnet wird, können wir von einer Strategie im Sinne der obigen Definiton sprechen. Sie verbessert sich im Laufe der Schulzeit beträchtlich. Anders verhält es sich mit Gruppierungen, die ohne bewußte Kontrolle eher automatisch vorgenommen werden. Auch Kinder organisieren und ordnen Lernmaterial, wenn sich die Ordnung förmlich aufdrängt (Corsale 1978, Corsale & Ornstein 1980). In einer Untersuchung von Bjorklund und Zeman (1982) waren sich die Kinder der von ihnen vorgenommenen Gruppierung des Gedächtnismaterials nicht bewußt, sie verwendeten die Ordnungsprinzipien also nicht als Strategien, sondern als (automatisierte) Operationen. Wenn Gedächtnismaterial in der Alltagserfahrung immer wieder in bestimmten Gruppierungen auftaucht, z.B. in Form sprachlicher Assoziationen, dann wird es in dieser Form auch eingespeichert, selbst wenn keine Strategie zur Verfügung steht. Dies zeigt sich in einer Untersuchung von Schneider (1985a).

Gruppieren als nicht bewußte Operation und als planvolle Strategie

Schüler der zweiten und vierten Klasse erhielten 24 Bilderkarten in zufälliger Reihenfolge vorgelegt mit dem Auftrag, sie sich möglichst gut einzuprägen. Die 24 Items bildeten vier Gruppen zu je sechs Gegenständen, die für vier Versuchsbedingungen jeweils verschieden zusammengesetzt waren:

1. Ausgeprägte Kategorie-Zugehörigkeit und starke Assoziation zwischen den Items, z.B. Tiere (Hund, Katze, Pferd, Kuh, Schwein, Maus), Kleider (Jacke, Socken, Hose, Schuhe, Mantel, Hut).
2. Ausgeprägte Kategorie-Zugehörigkeit bei geringer Assoziationsstärke zwischen den Items, z.B. Tiere (Tiger, Elefant, Kuh, Bär, Hund, Schwein), Kleider (Mantel, Schuhe, Anzug, Hose, Weste, Krawatte).
3. Niedrige Kategorie-Zugehörigkeit und hohe Assoziationsstärke (Tiere: Ziege, Reh, Büffel, Flußpferd, Affe, Lamm).
4. Niedrige Kategorie-Zugehörigkeit und geringe Assoziationsstärke (Tiere: Biber, Ratte, Alligator, Kamel, Eichhörnchen, Giraffe).

Die jüngeren Kinder (Zweitkläßler) gruppierten beim Reproduzieren der eingeprägten Items mehr nach Kategorien, wenn eine hohe Assoziationsstärke zwischen den Items bestand (Versuchsbedingung 1). Die Erfassung des Wissens über den Nutzen der Gruppierungsstrategie zeigte, daß sie sich des Vorteils dieser Strategie nicht bewußt waren. Die Älteren (Viertkläßler) gruppierten unabhängig von der Assoziationsstärke der Items (Versuchsbedingung 1 und 2) und waren sich des Vorteils dieser Strategie fürs Einprägen bewußt. Überdies zeigten sie insgesamt bessere Gedächtnisleistungen als die Jüngeren, ein Befund, der immer wieder bei Gedächtnisexperimenten auftritt.

Elaborative Gedächtnisstrategien

Bei elaborativen Gedächtnistechniken wird dem Lernmaterial eine Elaboration, eine ,,Ausarbeitung" hinzugefügt, die das Lernen erleichtert. Hauptsächlich bestehen solche Elaborationen in bildhaften Verknüpfungen oder in verbalen Verknüpfungen – etwa in Form von Geschichten. Als Beispiel für eine solche Technik mag die Paarassoziation dienen: ein deutsches Wort wird mit einem englischen gleicher Bedeutung verknüpft. Um sich zu merken, daß ‚barn' ‚Stall', ‚Scheune' bedeutet, mag jemand als Eselsbrücke die Verbindung zum Nachbarn benutzen: ,,Beim Nach*barn* gibt es einen Stall mit einer Scheune." Die Fragen, die bezüglich dieser Gedächtnistechniken nach dem heutigen Stand der Forschung und Theorienbildung beantwortet werden können, lauten nach Pressley (1982):

(a) Ab welchem Alter können Kinder elaborative Techniken einsetzen, wenn sie dazu instruiert werden?
Bereits Kinder im Alter von fünf bis sechs profitieren z.B. beim Paarassoziationslernen von der Instruktion zu bildhaften Verknüpfungen. Die Wirkung der entsprechenden Instruktion steigt aber bis zum elften Lebensjahr noch an. Von verbalen Elaborationen profitieren dagegen bereits Vorschulkinder. Möglicherweise verlangen bildhafte Elaborationen von den Kindern eine komplexere Informationsverarbeitung.

(b) Ab welchem Alter behalten Kinder elaborative Techniken bei oder wenden sie auch bei ähnlichen Aufgaben an?
Schon vierjährige Kinder behalten eine einmal durchgeführte Elaboration bei weiteren gleichartigen Aufgaben bei, aber auch Schulkinder generalisieren die Technik nicht immer auf ähnliche Aufgaben, wenn deren Ähnlichkeit bzw. Analogien nicht erkannt werden.

(c) Auf welchem Entwicklungsniveau werden elaborative Techniken spontan eingesetzt?
Tatsächlich werden solche Lernstrategien spontan auch im Erwach-

senenalter nicht von allen Menschen genutzt, obgleich erwiesen ist, daß Elaborationen die Lernleistung dramatisch steigern können. 47% der Zehnjährigen berichteten in einer Untersuchung, eine bildhafte Lerntechnik einzusetzen, während dies 94% der 16jährigen Schüler taten (Pressley & Levin 1977). Möglicherweise ist die ,,Metakognition", das Wissen um die Nützlichkeit der Technik und entsprechende praktische Erfahrung die Vorbedingung für den Einsatz der Techniken. Die Erfahrung lehrt (vgl. Schuster & Metzig 1982), daß bei Erwachsenen motivationale Barrieren bestehen, dem Lernstoff noch weiteres Material hinzuzufügen. Wer eine elaborative Gedächtnistechnik verwendet, muß zunächst mehr Zeit einplanen, etwa um die Bilder zu produzieren, die Gedächtniselemente miteinander verbindet (s. u. Untersuchung von Kliegl et al. 1986). Erst die konkrete Erfahrung der lernerleichternden Wirkung einer elaborativen Technik baut diese motivationalen Schranken ab.

Auch bei den elaborativen Techniken spielen Wissensbestände eine wichtige Rolle (Rohwer 1980): Der Anwender muß über verschiedene Möglichkeiten verfügen, die Elemente des Lernstoffes zu verbinden.

Lerntechniken beim Einprägen von sinnvollem Lernmaterial

Bei sinnvollen Texten kommt es darauf an, die wichtigsten Ideen zu identifizieren, z. B. durch Unterstreichen, um so den Aufwand bei einer folgenden Bearbeitung zu reduzieren. Kinder im Vorschulalter haben größere Schwierigkeiten den Kern einer Geschichte oder Aussage zu erfassen, sie hängen oft an Details. Beim Erzählen von Märchen, die sie oft gehört haben, kritisieren sie häufig jede kleine Abweichung, weil sie darin eine Veränderung der Geschichte sehen. Mit wachsendem Alter verbessert sich die Herausarbeitung des Kerngedankens. Wahrscheinlich hängt die Verbesserung aber nicht mit dem Aufbau einer Strategie zusammen, die zunächst nicht da war, sondern mit dem wachsenden Wissen und Verständnis über Zusammenhänge in der Umwelt. Brown und Smiley (1977) untersuchten eine breite Altersspanne von drei Jahren bis zum Erwachsenenalter (College-Studenten). Alle Gruppen neigten dazu, die wesentliche Handlungssequenz der dargebotenen Geschichte wiederzugeben und Nebensächlichkeiten wegzulassen. Vorschulkinder erinnerten sich an wenige Details, erfaßten aber, sofern die Geschichte für sie verständlich war, den Kern der Handlung. Wenn man viele Einzelheiten bietet und die Erzählung verwickelter wird, haben allerdings jüngere Kinder Schwierigkeiten, die irrelevanten Inhalte zu vernachlässigen. Dies gilt übrigens auch bei der Wahrnehmung von komplexen Reizmustern (Mackworth & Bruner 1970, Pushkina 1971).

Brown et al. (1978) untersuchten die Veränderung der Strategie beim Einprägen von Prosatexten. Schüler und Studenten hatten die Aufgabe, die wirksamsten Abrufreize aus einem Prosamaterial zu entdecken. Dabei zeigte sich, daß die College-Studenten nicht die Hauptidee als Abrufreiz verwenden (weil diese ohnehin erinnert wird), sondern eine weniger wichtige Idee oder Passage zum Abrufreiz wählen, um auch diese verfügbar zu haben.

Neben den Strategien des Kodieren, Einspeicherns und Abrufens seien noch zwei Strategie-Komponenten erläutert, die für Gedächtnisleistung wichtig sind und einem entwicklungsabhängigen Wandel unterliegen: Nutzung von Zeit und Aufmerksamkeitsprozesse.

Die Nutzung der verfügbaren Zeit beim Einprägen

Ältere Kinder verstehen die Lernzeit besser zu nutzen. Brown und Smiley (1977) gaben Schülern verschiedener Altersstufen Texte zum Einprägen, wobei dreimal soviel Zeit zur Verfügung stand, als die Kinder zum Lesen der Texte benötigten. Von der siebten Klasse an verbesserte sich die Wiedergabeleistung beträchtlich, wenn die zusätzliche Lernzeit zur Verfügung stand. Jüngere Schüler nutzten die Zeit spontan kaum, ihre Leistungen stiegen bei einer Vergrößerung der Lernzeit nicht an.

Aufmerksamkeitsprozesse

Bei allen genannten Strategien sowie spezifischen Gedächtnistechniken, wie die Loci-Methode (s. u.), müssen gelenkte Aufmerksamkeitsprozesse eingesetzt werden. Wie die oben beschriebene Untersuchung von Ornstein et al. (1985) zeigt, brauchen jüngere Kinder noch äußere Wahrnehmungshilfen zum Abrufen (retrieval). Das heißt auch, daß sie Schwierigkeiten haben, die Aufmerksamkeit ohne äußere Anhaltspunkte auf die Gedächtniselemente bzw. deren Hinweisreize zu lenken.

Ein anderes Beispiel für Aufmerksamkeitsprozesse im KZS ist das Zahlennachsprechen rückwärts. Um diese Leistung zu vollbringen, müssen die Zahlen in der ursprünglichen Folge im KZS festgehalten und rückwärts aufgesagt werden. Der umgekehrte U-förmige Entwicklungsverlauf dieser Leistung weist darauf hin, daß auch ältere Menschen Schwierigkeiten bei der Aufmerksamkeitslenkung haben.

Ein Blick in die heutige Gedächtnisforschung soll zeigen, wie man Aufmerksamkeitsprozesse isolieren kann.

Rabbitt (1979, 1982) unterscheidet zwischen datengesteuerter und gedächtnisgesteuerter selektiver Aufmerksamkeit. Die Versuchsanordnung präsentiert dem Probanden eine Serie von Reizen, wobei dieser auf einen bestimmten Reiz mit Tastendruck antworten muß. Wenn der kritische Reiz gleich nach der Reaktion des Probanden erneut erscheint, so drückt er die Taste aufgrund *der daten-(reiz-) gesteuerten* selektiven Aufmerksamkeit. Wenn aber auf eine ganze Klasse von Reizen mit Drücken auf die gleiche Taste geantwortet werden muß, dann muß das Gedächtnis einspringen und prüfen, ob der nächste (nun nicht mehr isolierte) Reiz zur fraglichen Reizklasse gehört oder nicht. Hier ist *gedächtnisgesteuerte* selektive Aufmerksamkeit nötig. Rabbitt folgert aufgrund seiner Untersuchungen an jüngeren und älteren Erwachsenen, daß sich die daten- bzw. reizgesteuerte selektive Aufmerksamkeitsleistung nicht mit zunehmendem Alter verändert, während die gedächtnissteuernde Aufmerksamkeit nachläßt.

Zumindest also in diesem engen Bereich der untersuchten Aufmerksamkeitsprozesse kann die allgemeine Hypothese des Aufmerksamkeitsdefizits im Alter nicht aufrecht erhalten werden.

Die Unterstützung des Gedächtnisses durch das Denken und die Motivation

Zum Einfluß von Denkoperationen[1]

Gedächtnisstrategien als zielgerichtete, planvolle Prozesse stehen bereits dem Denken und Problemlösen sehr nahe. Piaget und Inhelder (1974) nehmen daher an, daß die Entwicklung des Gedächtnisses eng mit den Strukturierungsleistungen des Denkens zusammenhängt. Sie zeigten Kindern verschiedenen Alters eine geordnete Reihe von Stäben. Die Kinder wurden nach ein paar Tagen bzw. nach mehreren Monaten aufgefordert, die Ordnung der Stäbe aus dem Gedächtnis nachzuzeichnen. Jüngere Kinder im präoperativen Stadium (s. Kap. 8) waren nicht in der Lage, die Ordnung der Stäbe wiederzugeben, während ältere Kinder dies sehr wohl vermochten. Die Erklärung für den Entwicklungsfortschritt bilden Längsschnittdaten. Kinder, die im Laufe von Monaten nach der Darbietung ins operative Stadium gelangt waren, zeichneten die Ordnung besser als unmittelbar nach der Darbietung. Diese „Gedächtnisverbesserung" ist auf die in der Zwischenzeit aufgebaute Erkenntnis des Ordnungsprinzips der Stäbe (logische Reihung) zurückzuführen. Das Prinzip ließ die Kinder rückwirkend erkennen, wie die Stäbe damals angeordnet waren.

Case (1978) hat durch eine detaillierte Analyse von Piaget-Aufgaben zu zeigen versucht, daß der von Pascual-Leone (s. o.) gefundene Leistungsfortschritt in der Nutzung des KZS nicht eine reifungsbedingte Kapazitätserweiterung ist, sondern auf verbesserte Strategien und Operationen zurückgeht. In Tab. 11.2 finden sich Leistungen in verschiedenen Altersstufen aufgeschlüsselt nach den Speicherplätzen, die für die eingesetzten Strategien und gehandhabten Elemente nötig sind.

---

[1] Die Bezeichnung „Denkoperation" wird im Anschluß an Piaget (1964, 1976) verwendet und ist nicht identisch mit den weiter oben erwähnten automatisierten Operationen, die ohne bewußte Kontrolle ablaufen.

Tabelle 11.2 Korrespondierende Strategie und Anzahl von Elementen für drei verschiedene Aufgaben, die auf unterschiedlichen Altersstufen bewältigt werden (zusammengestellt nach Case 1978).

Strategie	Benötigte Speicherplätze für die zu handhabenden Elemente	Aufgabe		
		Finden eines Gegenstandes, der vor den Augen des Kindes versteckt wird	Aufträge ausführen	Wahl eines von zwei Behältern mit der größten Wassermenge
Isolierte Zentrierung	1	Augen des Kindes verweilen an der Stelle, wo der Gegenstand verschwunden ist (1–4 Monate)	,,Lege es auf den Tisch!" (was das Kind in der Hand hat) (1–2 Jahre)	Kind schätzt vom Gesamteindruck die größere Wassermenge ein (3–4 Jahre)
Operieren mit einer Dimension	2	Gegenstand verschwindet auf der einen Seite des Bettchens und taucht regelmäßig auf der andern Seite wieder auf. Kind schaut auf die richtige Seite und erwartet den Gegenstand (4–8 Monate)	,,Lege den Knopf in die Schachtel!" (2–2½ Jahre)	Kind vergleicht die Höhe der Gefäße. Dasjenige mit dem höheren Wasserspiegel wird gewählt. (5–6 Jahre)

Operieren mit zwei Dimensionen	3	Gegenstand wird vor den Augen des Kindes unter einer Decke versteckt. Das Kind hebt die Decke auf (8–12 Monate)	„Öffne die Türe und bringe mir dann die Schachtel!“ (die an einer andern Stelle liegt) (3–4 Jahre)	Durchmesser und Höhe der Gefäße werden beachtet. Wahl des Gefäßes erfolgt aufgrund einer Schätzung (qualitativer Vergleich) (7–8 Jahre)
Operieren mit zwei Dimensionen und einer zusätzlichen Bedingung	4	Nachdem der Gegenstand wiederholt an einer Stelle versteckt wurde, legt man ihn an einer anderen Stelle unter die Decke. Das Kind sucht an der richtigen Stelle. Speicherplätze: Gegenstand – 1. Versteck – 2. Versteck – Aktion des Aufdeckens. (12–18 Monate)	„Lege den Bleistift (den das Kind in der Hand hat) auf den Tisch, öffne die Tür und bringe mir die Schachtel!“ Speicherplätze: Aktion Bleistift – Aktion Türe – Aktion Schachtel suchen – Aktion Schachtel bringen. (4–6 Jahre)	Durchmesser und Höhe werden beachtet. Wahl erfolgt aufgrund eines quantitativen Vergleichs. Speicherplätze: Zunächst vier Meßwerte, nach Verrechnung zwei Werte und die Vergleichsoperation. (9–11 Jahre)

Anmerkung: Nur auf dem letzten Niveau sind die zu speichernden Elemente (jeweils 4) aufgezählt. In analoger Weise können die auf niedrigeren Niveaus benötigten Speicherplätze hergeleitet werden.

Mit Case (1978) kann man annehmen, daß um so weniger Elemente oder Einheiten Platz haben, je mehr Speicherplatz für Strategien benötigt wird. Immer wenn Strategien neu entworfen werden und erstmals zum Einsatz gelangen, wie dies bei unbekannten Problemen der Fall ist, muß mit großem Speicherbedarf gerechnet werden. Der Fortschritt in der kognitiven Entwicklung geht seiner Meinung nach einerseits auf den Aufbau effizienterer Strategien zurück, die weniger Speicherplatz benötigen, andererseits auf den Einsatz automatisierter Operationen, die überhaupt keinen Speicherplatz im Arbeitsspeicher beanspruchen.

Tabelle 11.2 bringt eine Zusammenstellung von Entwicklungsbeispielen auf vier unterschiedlichen qualitativen Niveaus. Sie sind im Anschluß an Case (1978) so zusammengestellt, daß die freien Speicherplätze für die zu handhabenden Elemente von 1 auf 4 anwachsen. Obwohl sich der Entwicklungsfortschritt bezüglich der zu verwendenden Strategien und der zu handhabenden Elemente ganz analog vollzieht, ereignet er sich doch in unterschiedlichen Altersbereichen. Die Objektpermanenz (s. auch Kap. 3) bis hin zum vierten Niveau (s. Tabelle) entwickelt sich bereits in den ersten beiden Lebensjahren. Die Leistung, mehrere Aufträge zu speichern und danach auszuführen, baut sich im Vorschulalter auf, während eine logische Aufgabe vom Piaget-Typus (Vergleich der Gefäßinhalte) in den Jahren des Umgangs mit konkret-logischen Operationen allmählich besser bewältigt wird.

Case (1978) rechnet nach Durchsicht typischer Probleme, die bei entwicklungspsychologischen Untersuchungen, vor allem in der Piaget-Nachfolge verwendet wurden, mit maximal fünf Speicherplätzen für Elemente, über die der Problemlöser beim Einsatz von Strategien verfügen kann. Damit würde übereinstimmen, daß das Ziffernnachsprechen vorwärts, das deutlich mehr als fünf Elemente bei Jugendlichen und Erwachsenen erbringt, keine Strategie obiger Art und damit keinen zusätzlichen Speicherplatz benötigt, ganz im Gegensatz zum Nachsprechen rückwärts.

Das Anwachsen des verfügbaren Speicherplatzes läuft parallel zur zunehmenden Komplexität der benötigten Strategie. Wie aus der ersten Spalte der Tabelle 11.2 ersichtlich ist, müssen zunehmend mehr Vergleichs- und Verrechnungsprozesse, aber auch ein Mehr an Planung eingesetzt werden. Die Lösung der Behälteraufgabe erfordert auf der letzten Ebene das Operieren mit zwei Dimensionen (Höhe und Breite) und zusätzlich die Verrechnung von deren metrischen Kennwerten. Dazu werden während des Problemlöseprozesses mindestens an zwei Stellen vier Speicherplätze zugleich benötigt. Zunächst beim Festhalten und Vergleichen der vier Werte (zweimal Höhe und Breite), sodann beim Ausrechnen des Ergebnisses:

- Bildung des Produktes und dessen Festhalten beim ersten Behälter: 1 Platz dazu;
- Bildung des zweiten Produktes (Höhe-Breite-Produkt): 3 Plätze.

Trotz seltener Fälle, daß Retardierte ein gutes Gedächtnis haben können (Extremfall: der sog. idiot savant), sollte man bei pädagogischen Bemühungen um die Verbesserung der Gedächtnisleistungen die Intelligenz für das Gedächtnis nutzen. Wer blind und mechanisch lernt, mag ganz am Anfang einen kleinen Zeitvorsprung haben, der planend und überlegt Lernende ist nach Sicherheit, Dauer und Strukturiertheit des Gedächtnisses jedoch überlegen.

Zum Einfluß der Motivation

Wie bei allen Leistungen beeinflußt die Motivation die Gedächtnisleistung. Im entwicklungspsychologischen Zusammenhang interessieren aber weniger die bekannten Befunde aus der Allgemeinen Psychologie (z.B. Zeigarnik-Effekt: Behalten unerledigter Aufgaben), sondern in welcher Weise motivationale Rahmenbedingungen Gedächtnisleistungen mitbestimmen. Wer sich beiläufig (also nicht willkürlich) etwas einprägt, tut dies um so eher, je interessanter bzw. persönlich bedeutsamer die Ereignisse waren. Bewußtes, willentliches und planvolles Einprägen, bei dem Strategien der bisher beschriebenen Art genutzt werden, hängt eng damit zusammen, welchen Sinn die Gedächtnisaufgabe für das Subjekt hat. Leontjew (1977) beschreibt diesen Sachverhalt mit dem Konzept der Tätigkeit. Sie liefert das Motiv, den Sinn für die jeweilige Handlung. In unserem Falle entspricht der *Handlung* die Gedächtnisaufgabe, der *Tätigkeit* dagegen, welcher Sinn hinter einer solchen Aufgabe gesehen wird. Gedächtnisaufgaben vom Typus der Laboratoriumsexperimente sind für Schüler bis hinein ins Erwachsenenalter (College- und Universitätsstudenten) durchaus sinnvoll und damit motivierend, weil sie in vielem den Aufgaben entsprechen, die im Setting Schule verlangt werden. Für kleinere Kinder haben sie hingegen ebensowenig Sinn wie für ältere Menschen, die der Schule lange entwöhnt sind. Bei letzteren kommt hinzu, daß sie das Nachlassen ihrer Gedächtnisleistung angstvoll wahrnehmen und fürchten müssen, schlecht abzuschneiden (Weinert & Knopf 1983). In schriftlosen Kulturen, die ganz andere Gedächtnisleistungen verlangen, dürfte das Individuum nicht einmal verstehen, worum es bei solchen schulnahen Aufgaben eigentlich geht.

In einer Untersuchung von Poon und Schaffer (berichtet von Roberts 1983) wurde eine Gedächtnisaufgabe aus dem Alltag ausgewählt, die von jüngeren und älteren Versuchspersonen auszuführen war. Es handelte sich darum, den Versuchsleiter für einen Zeitraum von drei Wochen regelmäßig zu festgelegten Zeitpunkten anzurufen. Diese Aufgabe entspricht etwa den Anrufen eines kranken Freundes oder Verwandten, der nur zu bestimmten Zeiten erreichbar ist. Drei unterschiedliche Bedingungen wurden dabei zusätzlich eingeführt: a) Gewährung eines pau-

Spiel und Lernen als Rahmentätigkeit

Eine Untersuchung von Istomina (1975) belegt, daß Kinder im Vorschulalter spontan Gedächtnisstrategien einsetzen, wenn die Gedächtnisaufgabe in einen für sie sinnvollen Zusammenhang (in eine „Tätigkeit" im Sinne der sowjetischen Psychologie) eingebettet ist.

Kinder im Vorschulalter von drei bis fünf Jahren erhielten zwei Arten von Gedächtnisaufgaben. Die erste Art glich den in Laborexperimenten gegebenen Bedingungen. Der Versuchsleiter sagte den Kindern, er halte ihnen eine Unterrichtsstunde, und sie sollten möglichst genau aufpassen und sich die Wörter, die er ihnen nennen würde, einprägen. Bei der zweiten Versuchsbedingung war die Gedächtnisaufgabe in ein Verkaufsspiel eingebettet. Im Kindergarten war ein Kaufladen aufgestellt mit einem Warenlager, einer Kasse und Spielgeld. Die Kinder befanden sich einzeln mit dem Versuchsleiter im Nachbarzimmer und wurden aufgefordert, fünf Gegenstände im Kaufladen nebenan zu kaufen. Die Wörter waren in Länge und Anzahl mit denen in der ersten Versuchsbedingung vergleichbar. Die Kinder merkten sich in der Spielsituation mehr als doppelt soviele Items. Sie benutzten zweckvoll die Strategie des Wiederholens (rehearsal) und der permanenten Selbstkontrolle (self-monitoring). So sagten sie laut die Namen der Gegenstände auf, während sie ins Nachbarzimmer gingen, kehrten zurück, wenn sie ein Wort vergessen hatten oder ließen sich gleich die Liste der Waren, die sie kaufen sollten, wiederholen.

schalen Betrages für die Teilnahme am Versuch, b) Bezahlung bei pünktlichem Anruf, c) lediglich Aufforderung zur Teilnahme an der Untersuchung.

In allen Versuchsbedingungen waren die älteren zuverlässiger als die jüngeren Erwachsenen. Letztere zeigten überdies keine versuchsabhängige Änderung in der Pünktlichkeit des Anrufs, während die Gruppe der älteren Personen sich am genauesten an die ausgemachten Zeiten bei den Versuchsbedingungen (b) hielten (Bezahlung bei pünktlichem Anrufen). Dieses Ergebnis, das den Annahmen der Autoren, die die Überlegenheit der Jüngeren erwartet hatten, zuwiderläuft, läßt sich wiederum aus dem Tätigkeits- bzw. Sinnkonzept verstehen. Für die Älteren bedeutete die telefonische Kontaktnahme eine sinnvolle Tätigkeit, da sie selbst oft Kontakte, und seien es nur telefonische, entbehrten. Der finanzielle Aspekt war für sie auch bedeutsam, während die berufstätige jüngere Gruppe durch die Vergütung keinen zusätzlichen Ansporn erfuhr.

Verallgemeinert man diesen Aspekt, so läßt sich grob folgende Veränderung von Sinnstiftung bei Gedächtnisaufgaben im Lebenslauf feststellen: Für kleine Kinder haben Gedächtnisleistungen vorwiegend im Rahmen von Spieltätigkeit einen Sinn, manchmal auch schon bei Alltagsaufgaben, wie etwa Besorgungen im Laden um die Ecke. Für Schulkinder wird Lernen selbst zur sinnvollen Tätigkeit und Gedächtnis per se etwas Wertvolles (Kail & Hagen 1982). Im Berufsleben des Erwachsenen stehen andere, an die Arbeit gebundene, Gedächtnisaufgaben im Vordergrund. So merken sich Einkäufer, Ladeninhaber und Handwerker eine Vielzahl von Waren bzw. Bedarfsgütern samt Preisen. Manager und leitende Angestellte haben eine Reihe von gleichzeitig anstehenden Vorgängen im Kopf und jemand, der die Eisenbahn zu seinem Hobby erklärt hat, besitzt ein detailliertes Wissen über sein Interessengebiet (Prototyp: Fernsehsendung ‚Alles oder Nichts'). Über solche Gedächtnisleistungen und ihren Aufbau gibt es noch wenig Untersuchungen, doch dürften dabei nicht mehr die obengenannten Strategien im Vordergrund stehen.

Der theoretische Hintergrund: Die Produktionsdefizithypothese und die Rolle von Unterweisung bei der Gedächtnisentwicklung

Bisher haben wir verschwiegen, daß viele der bereits dargestellten Untersuchungen und Befunde auf bestimmte theoretische Annahmen zurückgehen, die zunächst von Flavell (Flavell, Beach und Chinsky 1966) vorgestellt wurden. Wie schon ausgeführt, scheint die Gedächtniskapazität des KZS und LZS zeitlebens unverändert zu sein. Hingegen verbessern sich während der schulischen Kindheit und auch noch im Jugendalter bis hin zum Erwachsenenalter die Gedächtnisstrategien. Beim Aufbau dieser Strategien lassen sich vier Etappen unterscheiden (Reese 1976):

1. In einem ersten Stadium gelingt die Vermittlung von Strategien nicht, weil das Kind das Medium für die Strategie noch nicht besitzt (mediational deficiency), was sich mit Bruners Medientheorie gut in Verbindung bringen läßt.
2. In einem zweiten Stadium kann Instruktion über eine angemessene Strategie die Gedächtnisleistung nur geringfügig, wenn auch nachweislich verbessern (production inefficiency).
3. Auf einer dritten Ebene erbringt angemessene Instruktion vollständigen Erfolg, aber das Individuum setzt die entsprechenden Strategien noch nicht spontan ein (production deficiency).

John H. Flavell

4. Schließlich produziert das Individuum spontan adäquate Gedächtnisleistungen, weil es ohne Vermittlung die richtigen Strategien verfügbar hat und einsetzt.

Diese Annahmen beziehen sich auf den Aufbau und die Verbesserung von Gedächtnisleistungen. Wie steht es aber mit dem Nachlassen von strategieabhängigen Leistungen im Alter? Dies läßt sich nicht auf das Verschwinden von Strategien oder deren Nichtverfügbarkeit zurückführen, denn ältere Menschen kennen sehr wohl solche Strategien, gewöhnlich besser als jüngere, aber sie können sie nicht mehr spontan nutzen oder nicht wirksam einsetzen. Diese Einbuße in der Effizienz von Strategien hat andere Ursachen als die nicht spontane Verfügbarkeit bei Kindern. Die Durchsicht der Literatur zu dieser Frage zeigt eine Fülle von widerspruchsvollen Ergebnissen (zusammenfassend s. Salthouse 1982). Was aber durchwegs beobachtet wurde, ist die Verringerung der Geschwindigkeit von Gedächtnisprozessen im höheren Alter. Ältere Menschen scheinen Information nur noch langsamer verarbeiten zu können, insbesondere sind die Prozesse des Kodierens, des Ordnens und der Elaboration verlangsamt. Wenn nun aber im KZS Strategien langsamer oder mühsamer ablaufen, so wird mehr Kapazität beansprucht. Gedächtniselemente, die für den KZS weiter verarbeitet werden sollen, können nicht lange genug im Arbeitsgedächtnis behalten werden, sie „purzeln“ sozusagen wieder hinaus.

Die vier Stufen des Aufbaus von Gedächtnisstrategien fügen sich gut in Vygotskys Konzept (1978, Orig. 1938) von der Zone der nächsthöheren Entwicklung ein (s. Kap. 2). Die nächste Stufe in der Entwicklung eines bestimmten Leistungsbereiches kann häufig ohne fremde Hilfe, d.h. ohne die Unterstützung und Anleitung kompetenter Partner nicht erreicht werden. Bei der Gedächtnisentwicklung erweist sich die Vermittlung von Strategien sowohl in der Forschung wie in der praktischen Anwendung als höchst bedeutsam.

Flavell hat von Anfang an nach einem Grund für das Nichtverwenden von Strategien gesucht und angenommen, daß Kinder, die kein Wissen über eine Strategie besitzen, diese auch nicht einsetzen können. Damit kommt dem Wissen über das Gedächtnis, dem sog. Metagedächtnis, eine große Bedeutung für die Entwicklung des Gedächtnisses zu (zum Metagedächtnis siehe Abschnitt 3).

Im folgenden soll die Produktionsdefizithypothese an je einer Untersuchung aus der Kindheit, dem Jugendalter und dem höheren Alter belegt und veranschaulicht werden. Es ist wichtig, sich vor Augen zu halten, daß diese Abfolge beim Aufbau von Strategien je nach Schwierigkeitsgrad variiert. So werden manche Strategien erst im späteren Jugendalter spontan verwendet (s. unten: Experiment 2). Generell läßt sich mit Waters und Andreassen (1983) folgende Entwicklungssequenz bei Einweisung in die jeweilige Strategie postulieren: anfänglich keine Nutzung der Strategie – Anregung zur Nutzung durch Instruktion – Nutzung der Strategie und Wissen über ihre Vorteile beim gleichen Aufgabentyp – Generalsierung der Strategie auf neue Inhalte.

Experiment 1: Kindheit

Flavell et al. (1966) führten folgenden Gedächtnisversuch mit Vorschulkindern, Zweitkläßlern und Fünftkläßlern (Alter fünf, sieben und zehn Jahre) durch: In einer Serie von Aufgaben legte der Versuchsleiter jeweils sieben Bilder mit bekannten Objekten vor und zeigte langsam der Reihe nach auf drei von ihnen. Die Kinder begriffen, daß sie ebenfalls hinterher auf die Bilder, und zwar in der gleichen Reihenfolge zu deuten hatten. In einer der experimentellen Bedingungen betrug die Verzögerung zwischen dem Hinzeigen des Versuchsleiters und dem Deuten der Versuchsperson 15 Sekunden. Die Kinder trugen einen Spielzeug-Raumfahrerhelm, dessen Sichtfenster während des 15 Sekundenintervalls verdeckt wurde. Einer der Versuchsleiter, der auf die Registrierung von Lippenbewegungen beim Hersagen der Bildnamen trainiert worden war, hielt fest, ob und wie oft die Versuchsperson die Strategie des Wiederholens (rehearsal) durch Hersagen der Bildnamen einsetzte.

Von den zwanzig Probanden in jeder Altersstufe verwendeten zwei Fünfjährige, zwölf Siebenjährige und siebzehn Zehnjährige das Hersagen als Strategie, ein deutlicher sukzessiver Anstieg in der spontanen Nutzung einer Strategie. In einer nachfolgenden Untersuchung prüften Flavell und seine Mitarbeiter den kritischen Übergang zur aktiven Nutzung einer Strategie (Keeney et al. 1967). Der Teil der Kinder, der noch nicht das Wiederholen verwendet hatte, wurde auf diese Technik hingewiesen. Die Kinder vermochten schon bei einem Minimum an Unterweisung die Strategie einzusetzen. Ihre Erinnerungsleistung stieg auf die der spontanen Strategiebenutzer an. Aber bei späteren Gedächtnisaufgaben gab die Hälfte der instruierten Kinder die Strategie wieder auf.

Diese Befunde zeigen eindrucksvoll, wie externe Unterstützung das Niveau der Gedächtnisentwicklung anhebt. Zugleich ist aber, entsprechend der obigen Hypothese, das Induzieren der Strategie noch nicht identisch mit der spontanen Nutzung.

Experiment 2: Jugend

Barclay (1979) bezog in seine Gedächtnisuntersuchung Schüler der sechsten, zehnten und zwölften Klasse sowie eine Gruppe von Universitätsstudenten ein. Zunächst wurde die Gedächtnisstrategie erfaßt. Die Probanden sollten sechs Bilder, die sie der Reihe nach von links nach rechts per Tastendruck aufrufen konnten, lernen und in der Reihenfolge 5, 6, 1, 2, 3, 4 aufsagen. Es war ihnen freigestellt, wie lange sie bei einem Bild verweilten, bis sie zum nächsten gingen. Die offenkundig effizienteste Strategie wurde von der ältesten Gruppe benutzt. Diese Universitätsstudenten zeigten ein Anwachsen der Reaktionszeit bei den Bildern 1–4, d. h. sie wiederholten bei jedem folgenden Bild die vorausgegangenen mit (kumulatives Wiederholen). Die Bilder 5 und 6, die als erste reproduziert werden sollten, betrachteten sie nur kurz. Von den Sechstkläßlern benutzte kein Proband diese Strategie, während die älteren Gruppen sukzessive größere Pausen bei der Bildfolge 1 bis 6 einschalteten. Nur wenige benutzten die oben beschriebene kombinierte Strategie.

In der nächsten Phase des Experiments wurden die Schüler über die noch nicht spontan genutzte kombinierte Strategie informiert, indem der Versuchsleiter durch kumulatives Hersagen bei der Bilddarbietung 1–4 und anschließendes rasches Darbieten der letzten beiden Bilder vormachte, wie zu verfahren sei. Daraufhin stieg die Nutzung der Strategie bei den Probanden der Versuchsgruppe stark an, während eine Kontrollgruppe keine Veränderung in ihrem Verhalten zeigte.

Es folgte eine dritte Phase des Experiments, bei der eine Reihe weiterer Aufgaben gestellt wurde, und eine vierte Phase, während der deutlich andere Gedächtnisaufgaben folgten, die jedoch ebenfalls die gleiche Strategie vorteilhaft einzusetzen erlaubte. Von den neun Sechstkläßlern benutzte nur einer die Strategie bei der Generalisierungsaufgabe vollständig und ein anderer teilweise (Anstieg der Wiederholungszeit bis zum sechsten Bild). Von den Zehntkläßlern setzte bereits die Hälfte die Strategie zumindest partiell ein (ebenfalls Anstieg der Wiederholungszeit bis zum letzten Bild), während bei den Zwölftkläßlern nur noch einer die Strategie überhaupt nicht nutzte (drei mit vollständiger, fünf mit partieller Nutzung).

Das Experiment zeigt, daß Gedächtnisstrategien auch im späteren Jugendalter spontan aufgebaut werden und daß Instruktion die Übernahme erleichtert. Weiterhin entspricht die Reihenfolge bei der Übernahme den theoretischen Erwartungen (s. o.).

Experiment 3: Alter

Baltes und seine Mitarbeiter (Kliegl et al. 1986) entwickelten ein Trainingsverfahren für eine Gedächtnisleistung, die mit der normalen Gedächtniskapazität des KZS nicht bewältigt werden kann. Im Anschluß an Chase und Erikson (1981) versuchten sie, die Leistung des Zahlennachsprechens („Gedächtnisspanne“) von dem üblichen Niveau auf die bislang in Trainingsversuchen erreichten 80 Zahlen auszudehnen. Diese unglaublich klingende Leistung wurde mit Erwachsenen im frühen (um 20 Jahre) und höheren Lebensalter (67 bis 78 Jahre) trainiert. Das Trainingsvorhaben gründete sich auf drei Gedächtniskomponenten und ihr Zusammenspiel: das Wissenssystem, eine Abrufstruktur und eine effiziente Geschwindigkeit des Kodierens und Abrufens.

Das *Wissenssystem* bildeten im ersten Modell Geschichtszahlen, die von den Probanden mit historischen Ereignissen verknüpft und eingeprägt wurden, im zweiten Modell Substantiva, die mit zweistelligen Zahlen assoziiert wurden. Dieses Wissen sollte die Probanden befähigen, beliebige Dreiergruppen (bzw. Vierergruppen) von Zahlen durch Verknüpfung mit einem historischen Datum bzw. einem Substantiv einzuprägen (Beispiel 492: Entdeckung Amerikas; die Eins wird weggelassen).

Als *Abrufstruktur* wurde die Methode der Loci, die auf die Griechen zurückgeht, gewählt. Bei dieser Methode werden bestimmte wohlbekannte Orte, die man der Reihe nach gedanklich abgeht, mit den einzuprägenden Elementen (hier also historischen Ereignissen) verknüpft. Die Probanden lernten auf einem Spaziergang in Berlin 40 solcher Orte, die sie sich genau einprägten und sich der Reihe nach gedanklich vergegenwärtigen konnten.

Eine wichtige Leistung besteht in der „Elaboration“ einer bildhaften Verknüpfung zwischen den Elementen der Wissensstruktur (hier: historischen Ereignissen) und den Orten. So mag ein Proband den Bahnhof Zoo mit dem Ende des 2. Weltkriegs und der einzuprägenden Zahl (1)945 dadurch in Verbindung bringen, daß Bahnhof Zoo seitdem zum wichtigsten Bahnhof in Westberlin wurde. Andere Elaborationen können dagegen völlig beliebig sein, wenn sie nur ihren Zweck erfüllen. (Café Kranzler – Währungsreform (1)948: nur wer gutes Geld hat, bekommt dort etwas). Die *Geschwindigkeit des Kodierens und Abrufens* wurde ebenfalls trainiert, z. B. die Schnelligkeit, mit der man das „Bild“, das den Ort und das historische Ereignis (und somit die zu merkende Zahl) verbindet, wachrufen kann.

Kliegl et al. (1986) vermuteten, daß sich Ältere und Jüngere wenig hinsichtlich der Effizienz des Wissenssystems und der Abrufstruktur unterscheiden würden, wohl aber hinsichtlich der Kodierungs- und Abrufgeschwindigkeit. Sie wollten die Entwicklungsunterschiede durch das Testen der maximalen Grenze (testing the maximum limits) herausbekommen. Die bisherigen Ergebnisse sind in mindestens zweierlei Hinsicht besonders bedeutsam. (1) Auch ältere Personen lernten in den Trainingsphasen mehr als 40 Zahlen, die man ihnen vorsagte, in der richtigen Reihenfolge zu reproduzieren, eine für den Laien unlösbare Aufgabe. Eine 69jährige Frau war sogar nach 38 Trainingsversuchen in der Lage, 120 Zahlen auf einmal zu reproduzieren, die ihr im Abstand von acht Sekunden, also insgesamt 16 Minuten lang, dargeboten wurden! Damit ist der Nachweis erbracht, daß auch Ältere zu extrem hohen Gedächtnisleistungen fähig sind, wenn sie mit effizienten Strategien üben. (2) Bei Erhöhung der Kodierungs- und Abrufgeschwindigkeit fallen ältere Personen jüngeren gegenüber stark ab. Dies entspricht den Erwartungen und zeigt eine entwicklungsbedingte Veränderung, die wohl nicht mehr aufzufangen ist. Wie schon erwähnt, wurde der Geschwindigkeitsfaktor als Unterscheidungskriterium zwischen Älteren und Jüngeren auch in anderen Untersuchungen gefunden (Salthouse 1982).

3. Wissen und Gedächtnis

Meumann (1912) hat aufgrund seiner gedächtnispsychologischen Untersuchungen und anderer zu seiner Zeit vorliegenden Befunde behauptet, daß das Gedächtnis um so mehr aufnehmen könne, je mehr schon darin sei. Diese für sinnvolles Material auch heute noch zutreffende Feststellung rührt zum einen von der als nahezu unbegrenzt anzusehenen Gedächtniskapazität des LZS her, zum anderen hat sie mit der Wissensstruktur und den mit ihr verbundenen Chancen des Anbindens und Einordnens zu tun. Je mehr Adressen ein Gedächtniselement hat, desto sicherer ist es wieder aufzufinden. An differenzierte und reichhaltige Wissensstrukturen lassen sich mehr Elemente anbinden als an wenig ausgeformtes Wissen.

Die Beziehung zwischen Wissen und Gedächtnis ist eine doppelte. Das Gedächtnis ist inhaltlich hauptsächlich bestimmt durch das in ihm gespeicherte Wissen. So ist Gedächtnisentwicklung in erster Linie der Aufbau von Wissensstrukturen. Zum anderen ist dieses Wissen eine Voraussetzung für die Aufnahme neuer Information. Assimilation und Akkomodation, wie sie Piaget beschreibt (s. Kap. 8), resultieren in einer permanenten Veränderung der kognitiven Struktur, die identisch ist mit der Wissensstruktur des LZS. Wir werden zunächst den letzteren Aspekt aufgreifen.

Wissen verbessert die Gedächtnisleistung

Bei der positiven Wirkung des Wissens auf neue Gedächtnisleistungen gibt es zwei verschiedene Komponenten: das Wissen über die Funktionsweise des Gedächtnisses, vor allem über Strategien, und das Wissen als semantisches Netzwerk, in das neue Gedächtnisinhalte gut eingefügt werden können. Die erste Möglichkeit ist unter der Bezeichnung Metakognition und Metawissen bekannt geworden. Unter Metakognition versteht man jedes Wissen oder jede kognitive Aktivität, die kognitive Vorgänge selbst zum Gegenstand haben bzw. diese regulieren (Flavell 1985, S. 230). Metagedächtnis ist das Wissen über das Gedächtnis und zugleich der Einfluß, den dieses Wissen auf Gedächtnisleistungen ausübt.

Metagedächtnis

Der Begriff Metagedächtnis und die ersten ,,Interviewstudien" stammen aus dem Arbeitskreis um Flavell. Nachfolgend soll ein Untersuchungsbeispiel ausführlicher beschrieben werden.

Untersuchungsbeispiel zum Metagedächtnis
(Kreuzer et al. 1975)

Probanden waren 80 Kinder, jeweils 20 Jungen und Mädchen im Kindergartenalter, in der ersten, in der dritten und in der fünften Klasse. Der Versuchsleiter erklärte den Kindern, daß er erfahren möchte, was sie über ihr eigenes Gedächtnis wüßten. Nach einem Gedächtnistest stellte er verschiedene Fragen, z. B.: ,,Manchmal vergesse ich was; vergißt du auch was?", ,,Gibt es Dinge, die man sich wirklich nur schwer merken kann?", ,,Kannst Du Dich gut an etwas erinnern, hast Du ein gutes Gedächtnis?". Bereits die jüngsten Kinder haben einige Kenntnis über die Leistungen und Funktionen ihres Gedächtnisses: Sie wissen, daß man etwas vergißt, daß es schwerer ist, sich an lange zurückliegende Dinge zu erinnern, und daß es schwerer ist, eine große Menge von Lernstoff sowie relativ sinnlosen Lernstoff zu lernen.

Bei den älteren Kindern wird diese allgemeine Kenntnis spezifischer. Sie wissen, daß die Wiedergabeleistung eine Funktion der Lernzeit ist, daß die genaue Wiedergabe eines Stoffes schwieriger ist als die sinngemäße Wiederholung. Erst die älteren Kinder wissen, daß z. B. auch die Aktivität zwischen Lernen und Behaltensprüfung die Leistungen beeinträchtigen kann.

Die Ergebnisse der Studie sind in einigen Einzelheiten recht eindrucksvoll: Von den 20 Kindergartenkindern glaubten sechs, daß sie überhaupt nichts vergessen könnten, von den Erstkläßlern nur noch eines. Auf die Frage, was sie tun würden, wenn sie sich eine Telefonnummer merken sollten, schlugen fast alle Kinder vor, die Nummer aufzuschreiben. Nur die Altersgruppe der Fünftkläßler erwähnte die Möglichkeit, die Nummer in Gedanken zu wiederholen (neun von 20).

Alle Kinder wurden dann gebeten, sich einige Bilder zu merken und gefragt, wie sie das getan hätten. Tabelle 11.3 gibt Aufschluß über die Entwicklung von Memorisierungsstrategien.

Die Reaktion der Kinder wurde dann als ,,Kategorisierung" bezeichnet, wenn die Bilder in Begriffsklassen (Körperteile, Nahrung, Kleidung) geordnet wurden, als ,,Assoziation", wenn die Bilder in irgendeine andere, nicht zufällige Reihenfolge gebracht wurden. Von ,,Wiederholungen" (rehearsal) wurde immer dann gesprochen, wenn die Kinder angaben, sie würden die Bilder wiederholt betrachten oder wiederholt an sie denken.

Tabelle 11.3 Entwicklung von Memorisierungsstrategien

		(Klasse)		
	Kindergarten	1.	3.	5.
vollständige Kategorisierung	1	5	10	13
Assoziation	6	3	4	3
Wiederholen	0	2	3	2
externe Speicherung	2	2	1	0
Hinschauen	4	4	0	0
Wiedergabe in zufälliger Reihenfolge	4	1	0	0
keine	3	3	2	0

Nach dem ersten Enthusiasmus über die ,,Metakognition" als Ursache von Gedächtnisveränderungen mußten auch ernüchternde Ergebnisse zur Kenntnis genommen werden. Das Wissen über günstige Gedächtnisstrategien und das aktuelle Verhalten hängen nicht unbedingt zusammen (Salatas & Flavell 1976, Cavanaugh & Borkowski 1980).

Natürlich ist es möglich, daß Kinder neben den erfragten Konstruktionen noch andere Meinungen über das Gedächtnis haben, z. B. daß Anstrengung wichtiger sei als die Organisation des Lernstoffes. In diesem Fall verzichtet das Kind auf eine Organisation, obwohl es deren lernfördernde Wirkung kennt. Ein Kind könnte auch annehmen, die Organisation des Lernstoffes sei zwar eine nützliche

Technik, die vorliegende Aufgabe aber zu einfach, als daß es die Mühe der Organisation lohne. Wellman (1983) vertritt die Auffassung, daß die Verschaltung und Vernetzung der einzelnen Konstrukte über den Umgang mit dem eigenen Gedächtnis bisher zu wenig berücksichtigt wurde. Für eine Umsetzung von Kenntnissen in aktuelle Verhaltensweisen wird im übrigen die umfangreiche Forschung zum Zusammenhang von Einstellung und Verhalten relevant.

Mit Interviewstudien – wie der oben berichteten – wird man nicht das gesamte verfügbare Wissen über Gedächtnisprozesse erforschen können. Kinder verfügen nicht über ausreichende verbale Ausdrucksmöglichkeiten, und manches Wissen ist auch in relevanten Verhaltensweisen automatisiert und dem Bewußtsein nicht zugänglich (Cavanaugh und Perlmutter 1982).

Der Zusammenhang zwischen Gedächtnisleistung und Metagedächtnis hängt, wie Schneider (1985b) in einer detaillierten Analyse zeigen kann, davon ab, welche Bereiche jeweils untersucht werden.

a) Die Vorhersage der eigenen Gedächtnisleistung: Das Kind soll z.B. vorhersagen, wieviele Elemente einer Lernliste es behalten kann. Insgesamt haben Vorschulkinder mit solchen Aufgaben große Schwierigkeiten. Nur unter sehr günstigen Aufgabenbedingungen können sie mit diesem Problem umgehen.
b) Vorhersage der Gedächtnisleistung bei unterschiedlich strukturierten Listen: Das Kind soll vorhersagen, ob z.B. eine Liste, deren Elemente bestimmten Kategorien zugeordnet werden können, leichter zu lernen ist als eine nicht organisierbare Liste. Erstkläßler haben oft Schwierigkeiten, ihre Gedächtnisleistungen in Beziehung zu einer möglichen Organisation der Liste zu setzen.
c) Die Steuerung der Aufmerksamkeit und die Verteilung der Lernzeit beim Auswendiglernen: Es wird geprüft, ob das Kind den noch nicht gelernten Items einer Liste zusätzliche Aufmerksamkeit widmet. Kenntnisse über solche Strategien entwickeln sich erst in der späten Kindheit. Vor dem Alter von zehn Jahren zeigt sich in der Regel kein Zusammenhang zwischen Metagedächtnis und Gedächtnisleistung.
d) Die Verteilung des Aufwandes für den Abruf: Etwa ab acht Jahren schätzen Kinder korrekt ein, ob sie eine bestimmte, nicht gleich verfügbare Information richtig abrufen können. Bei solchen Kindern gibt es dann eine enge Beziehung zwischen Metagedächtnis und Gedächtnisleistung.
   Wellman (1983) beschreibt eine Studie, die den hier bestehenden Zusammenhang von Gedächtnisentwicklung und Metagedächtnis demonstriert. Wenn Kinder ein bestimmtes Wort im Moment nicht fanden, aber glaubten, sie könnten sich daran erinnern, so verwendeten sie in Aufgaben, in denen dieses Wort auch benutzt werden mußte, mehr Suchzeit, um das Wort zu finden, als die Kinder, die das relevante Wort nicht zu wissen glaubten. Tatsächlich ist es effektiv, nur auf solche Worte Suchzeit zu verwenden, die mit einer gewissen Wahrscheinlichkeit gefunden werden können.
e) Die Verteilung des Lernaufwandes bei sinnvollen Texten: Es geht hier darum, wieweit sich das Kind auf die Hauptideen des Textes konzentrieren und die logische Struktur des Materials nutzen kann. Diese Geschicklichkeit entwickelt sich ebenfalls in der späten Kindheit. Eine Vorbedingung für die entsprechende Lernstrategie ist, daß die wichtigen Elemente des Textes erkannt werden.

f) Aktive Organisation des Lernmaterials: Es wird geprüft, ob Kinder von der Möglichkeit Gebrauch machen, das Lernmaterial kategorial zu organisieren. Erst im Alter von über zehn Jahren besteht hier eine engere Beziehung zwischen Metagedächtnis und Gedächtnisleistung.

Die Meta-Analyse von ca. 50 Studien (Schneider 1985b) ergibt einen mittleren Korrelationskoeffizienten von .41 zwischen Metagedächtnis und Gedächtnisleistung. Bei jüngeren Kindern ist der Zusammenhang niedriger und bei älteren ist er höher. Tatsächlich sagt das Metagedächtnis die Gedächtnisleistung besser als z.B. die Intelligenz voraus (Borkowski et al. 1983). Kinder wissen im Unterricht immer, was sie lernen müssen, nicht aber, wie sie lernen sollen. Wie man etwa lernt, wird heute im Unterricht nicht gelehrt und kann somit berechtigt als ,,heimlicher Lehrplan" aufgefaßt werden. Die Vermittlung von Kenntnissen über den Umgang mit dem eigenen Gedächtnis kann eine wichtige Vorbedingung für erfolgreiches Lernen sein.

Bei älteren Menschen ändert sich offenkundig die Funktion des Metagedächtnisses. Obwohl das Wissen über Gedächtnis und Gedächtnisstrategien im Alter vorhanden ist, ja sogar zunimmt, werden die Strategien nicht oder nicht effizient eingesetzt (Perlmutter 1978, Lachmann et al. 1979). Murphy und Mitarbeiter (1986) beobachteten, daß ältere Personen die Zeit, die sie zum Einprägen benötigen, nicht mehr richtig einschätzen. Vermutlich greifen sie auf frühere Erfahrungen zurück, bei denen die Angaben zutrafen.

Experte und Laie (Novize)

Experten können in dem Gebiet ihres Wissens erheblich mehr und schneller lernen als Neulinge des jeweiligen Sachgebietes. Dies ist für Schachpositionen (Chase & Simon 1973), aber auch für Kenntnisse im Fortran-Programmieren (Shneiderman 1976) nachgewiesen. Weil ältere Kinder mehr Wissen besitzen als jüngere Kinder, könnte die Zunahme der Lern- und Gedächtnisfähigkeit auch eine Folge der Wissensakkumulation sein. Insofern hat die Aufklärung der Gründe für ein Anwachsen der Gedächtnisleistung durch die Wissensmenge eine erhebliche entwicklungspsychologische Relevanz.

In welchem Maße allein durch das ,,Vorwissen" nachfolgende Lernleistungen in der Entwicklung aufgeklärt werden können, illustriert Chi (1978). Junge Schachexperten (mittleres Alter = 10,5 Jahre) konnten sich Schachpositionen besser merken als ältere Schachnovizen. Wenn sich das ,,Wissensgefälle" im Alter umkehrt, wird also auch das allgegenwärtige ,,Leistungsgefälle" in der Gedächtnisleistung zwischen älteren und jüngeren Kindern aufgehoben.

Wie kann man den Zusammenhang zwischen Wissen und Lernleistung erklären? Chi und Rees (1983) weisen auf unterschiedliche Chunk-Größen hin. Komplexere Informationen können zu einem „Superzeichen", d. h. zu einem *Chunk* zusammengefaßt werden. So nimmt die Speicherkapazität und die Verarbeitungskapazität des Kurzzeitspeichers zu. Da die Chunkbildung aus der Wissensspeicherung im LZS stammt, eignet sich die im KZS vorgeordnete Information bestens zur Einordnung in den LZS.

Das von Baltes und Mitarbeitern (Kliegl et al. 1986) durchgeführte und im vorigen Abschnitt beschriebene Experiment zur Verbesserung einer spezifischen Gedächtnisleistung (Behalten einer großen Anzahl von dreistelligen Zahlen nach deren einmaliger Darbietung) ist ein markantes Beispiel für den Einfluß von Expertentum auf Gedächtnisleistungen. Zugleich erhellt es aber auch den ursächlichen Zusammenhang zwischen beiden Komponenten. Offenkundig bildete die Basis in der Tat ein gesichertes Wissen von Zahlen, die in wohlgeordneter Form, nämlich als historisches Wissen zur Verfügung standen. Daneben existierte aber ein Wissen ganz anderer Art, die Gedächtnistechnik der Loci. Weiterhin hatten die Experten mit einer Elaborationsstrategie Orte und geschichtliche Ereignisse verknüpft. Das Wissen allein also genügt nicht, um die Überlegenheit in Gedächtnisleistungen von Experten gegenüber Laien zu erklären. Überdies sind solche Leistungen bereichsspezifisch. Die Experten im Baltes-Versuch können sich daher nicht besser als Laien Namen oder Gegenstände einprägen. Dies wurde von Chase und Ericsson (1982) an ihrer Versuchsperson, die analog zu dem obigen Experiment Zahlenfolgen zu lernen hatte, überprüft.

Der Aufbau von Wissensstrukturen

Konstruktion und Rekonstruktion

Alle unsere Erfahrungen, verbale Informationen und Geschichten, die wir hören oder lesen, werden nicht Stück für Stück übernommen, sondern als Wissen konstruiert. Am leichtesten nachvollziehbar ist dies bei Texten:

> Heinz kam um die Ecke gerast und klingelte heftig, so daß Brigitte gerade noch ausweichen konnte. Am Ortsende mußte er dann heftig in die Pedale treten, doch hundert Meter weiter hatte er es geschafft und sauste immer schneller werdend durch die Landschaft dahin.

Der Leser dieses Textes merkt sich von einem gewissen Entwicklungsstand an nicht nur den Verlauf der Geschichte, sondern weiß, daß Heinz sein Fahrrad benutzt, zunächst ein Stück Steigung zu überwinden hat und dann bergab fährt. Um die Geschichte zu verstehen, muß man diese Fakten, die nicht verbal mitgeteilt werden, folgern. Hier wird der Vergleich mit dem Computer interessant. Er könnte z. B. folgende Fragen

gen beantworten: Wer kam um die Ecke gerast? Wie hieß das Mädchen, das gerade noch ausweichen konnte? Oder absurd: In was hat Heinz getreten? Nicht beantworten kann der Computer (wenn man nicht einen riesigen Aufwand betreibt) die Fragen: Welches Fahrzeug hat Heinz benutzt? Warum mußte er heftig in die Pedale treten? Warum wurde er immer schneller?

Information wird also zu einer Wissensstruktur zusammengefügt, die wesentlich mehr enthält als im Text geboten wird. Gedächtnisinhalte werden nicht angesammelt wie in einem Sack, sondern konstruiert. Die Wiedergabe von solchen sinnvollen Gedächtnisinhalten entspricht dann einer Rekonstruktion des Wissens (Flavell 1985). Diese Struktur des Gedächtnisses ist aber nicht von Anfang an da, sondern muß erst aufgebaut werden. Dies mag das folgende Experiment beleuchten.

Unterstützung des Gedächtnisses durch sprachliche Zusatzinformation

Paris und Lindauer (1976) boten ihren (sieben-, neun- und elfjährigen) Versuchspersonen einfache Sätze, in denen ein Akteur auf einen Gegenstand einwirkt, z. B. ,,Unser Nachbar schließt die Türe auf" – ,,Ihr Freund fegte den Boden." Aus den Sätzen kann man die verwendeten Instrumente folgern. Die Türe wird mit einem Schlüssel aufgeschlossen, der Boden in der Regel mit dem Besen gefegt. Wenn man die beiden Sätze verstanden hat, kann man also weitere Informationen um sie ranken. Die Autoren interessierte nun, ob und ab wann Kinder dies tun. Sie boten die Hälfte der Sätze unter Nennung des jeweiligen Instruments, die andere Hälfte – wie oben – ohne Nennung. Später sollten die Kinder die Sätze reproduzieren, wobei ihnen als Hinweis das jeweilige Instrument genannt wurde.

Die Ergebnisse entsprachen den Erwartungen. Für die Elfjährigen spielte es keine Rolle, ob das Instrument bereits zuvor im Satz genannt worden war oder nicht; sie nutzten die Hinweise bei mehr oder minder allen Sätzen. Bei den Jüngeren (sieben- und Neunjährigen) jedoch war der Hinweis auf das Instrument viel wirksamer, wenn es schon vorher bei der Darbietung der Sätze gezeigt worden war. Mit zunehmendem Alter also setzt eine verstärkte Aktivität beim Behalten sprachlicher Information ein, sie wird umgeformt oder – in unserem Beispiel – angereichert.

Schema und Skript

Wie ist es es aber möglich, Mitteilungen, Geschichten oder Ereignisse so zu speichern, daß sie als Sinnzusammenhänge zur Verfügung stehen und Informationen rekonstruieren, die nicht direkt in den aufgenommenen Inhalten stecken? Der entscheidende Faktor ist zweifellos die vorausgegangene Erfahrung. Wer nichts von einem Fahrrad weiß, kann die obige Geschichte nicht verstehen und sie sich höchstens mechanisch einprägen. Entsprechendes gilt für die Gebrauchsgegenstände in den von Paris und Lindauer verwendeten Sätzen. Diese früheren Erfahrungen werden vereinfacht und bilden Schemata, mit denen man neue Ereignisse kategorisieren kann (s. auch Kap. 10).

Sowohl durch Interaktion mit Personen und Dingen der Umgebung als auch durch den Gebrauch der Sprache entstehen Handlungsschemata als Grundtypen menschlichen Wissens. Ein sehr allgemeines und zugleich einfaches Handlungsschema ist das folgende (Fillmore 1968):

Agent (Akteur) – Handlung – Objekt

Ein Akteur führt eine Handlung an oder mit einem Gegenstand durch. Spätere kompliziertere Handlungsschemata beziehen sich auf den Ablauf und die Folge von Handlungen (Heckhausen 1980):

Situation – Handlung – Handlungsergebnis – Handlungsfolge

Andere Schemata haben mit der Strukturierung und Speicherung wahrnehmungsmäßiger (perzeptiver) Ordnungen zu tun. Sie lassen sich aus der Kinderzeichnung erschließen, die beispielsweise bei der Darstellung von Menschen mit dem Rumpf als Zentrum und paarig dazugefügten Gliedmaßen sowie dem aufgesetzten Kopf ein typisches frühes Menschenschema darstellt. Die Veränderung und Differenzierung der menschlichen Darstellung im Laufe der Entwicklung zeigt zugleich die Verbesserung des Wahrnehmungsschemas an. Im übrigen deutet die Unfähigkeit vieler Erwachsenen zur adäquaten Darstellung von Menschen und Tieren darauf hin, daß keine entsprechenden Gedächtnisschemata entwickelt wurden bzw. abrufbar zur Verfügung stehen.

Als besonders brauchbar für Handlungswissen hat sich der Begriff des Skripts erwiesen, der von Schank und Abelson (1977) eingeführt wurde. Ein *Skript* ist ein schmatischer Ablaufplan eines Ereignisses, der aufgrund der Erfahrung gewonnen wird. Es ist ein schematisiertes ,,Drehbuch" für Handlungsabläufe. Eine Geburtstagsparty beispielsweise beginnt mit dem Eintreffen der Gäste, setzt sich fort mit dem Überreichen der Geschenke, dem gemeinsamen Verspeisen des Geburtstagskuchens usw.

Hudson und Nelson (1984) heben die Bedeutung solcher Skripts für das Speichern und Erinnern von Ereignissen hervor. Erst wenn Kinder in der Lage sind, eine allgemeinere Ereignisrepräsentation in Form eines Skripts zu etablieren, können sie wiederkehrende Ereignisse einordnen und im Gedächtnis festhalten. Dies ist etwa mit drei Jahren der Fall. Bereits in diesem Alter können Kinder in allgemeiner Form über einen

Skripts von der Geburtstagsparty

Nelson und Gruendel (1979) fragten Kinder zwischen drei und acht Jahren nach dem Ablauf einer Geburtstagsparty. Die Kinder schilderten keineswegs eine konkrete Party, etwa die letzte, an der sie teilgenommen hatten, sondern eine verallgemeinerte Handlungsfolge, die nach Raum und Zeit geordnet war. Von Anfang an entsprach die Beschreibung der sozialen Realität. Die Dreijährigen reduzierten die Party noch auf ,,erst einen Kuchen backen und ihn dann essen", während die älteren Kinder den sozialen Aspekt der Party (Gäste einladen, Geschenke erhalten, Spiele veranstalten) betonten.

Restaurantbesuch berichten (,,da geht man essen" und nicht ,,da habe ich gegessen"). Werden Ereignisse in der falschen Reihenfolge dargeboten, so korrigieren bereits Kinder im Vorschulalter in der Erinnerung die Geschichte. Werden beispielsweise bei der Darstellung einer Geburtstagsparty die Geschenke erst am Ende überreicht, so macht sie das Kind in seiner Erzählung zu Abschiedsgeschenken für die Gäste (Bower et al. 1979).

Biographisches Wissen

Vieles, was wir in unser Gedächtnis hineinfüttern, ist unwichtig. Das Lernen von Wortlisten in Experimenten und das Nachsprechen von 80 Zahlen aus dem Gedächtnis ist zwar eindrucksvoll, hilft aber gewöhnlich für Lebensbewältigung und für persönliche Probleme wenig. Anders verhält es sich mit dem autobiographischen Wissen, mit dem Wissen um die eigene Lebensgeschichte; denn dieses bildet die Basis des Selbstbewußtseins, des Wissens um die eigene Identität. Ein zusammenhängendes autobiographisches Wissen scheint sich erst mit drei Jahren anzubahnen (Nelson et al. 1983). So erklärt sich, daß man sich nur selten an Ereignisse vor dem dritten Lebensjahr erinnern kann. Allerdings ist es falsch zu glauben, daß das Kind vorher noch überhaupt kein Gedächtnis über vergangene Erlebnisse besäße.

Gehringer und Strube (1985) interessierten sich vor dem Hintergrund bisheriger biographischer Gedächtnisforschung dafür, ob die Gedächtnisprozesse bei Lebenslaufereignissen anders als bei den üblichen Gedächtnisaufgaben sind. Sie untersuchten drei Altersgruppen: 15 Zehn- bis Elfjährige, 16 Schüler der Kollegstufe (18 bis 20 Jahre) und 15 Erwachsene im Alter von 35 bis 40 Jahren. Sie erfaßten die freie Repro-

Wörter mit ph
(sprich wie f)
Telephon
telephonieren
Photograph
Photographie
photographieren
Philipp
Alphabet
Strophe
Prophet
prophezeihen
Sophie

das Telefon
der Hörer
die Wählscheibe
die Nummer
die Gabel
das Kabel
der Strom
die Klingel
die Hörmuschel
die Sprechmuschel
abheben
wählen
melden
sprechen auflegen

Fernsprechansagedienste
(eine Auswahl)

Fahrplanhinweise	11531
Fernsehprogramme	11603
Küchenrezepte	1167
Sportnachrichten	1163
Straßenzustand	1169
Wettervorhersage	1164
Zahlenlotto	1162
Zeitansage	119
Auskunft Inland	118

Ordne die Namen
wie im Telefonbuch!

○ Müller, Ina	○ Müller, Alfons
○ Müller, Dieter	○ Müller, Martin
○ Müller, Klaus	○ Müller, Ottilie
○ Müller, Ute	○ Müller, Harald
○ Müller, Josefa	○ Müller, Thomas
○ Müller, Cordula	○ Müller, Zenzi
○ Müller, Gisela	○ Müller, Yvonne
○ Müller, Fritz	○ Müller, Walter
○ Müller, Berti	○ Müller, Sybille
○ Müller, Pauline	○ Müller, Rita
○ Müller, Elisabeth	○ Müller, Ludwig

Buchstabiertafel
für Telefonate im Ausland

A - Amsterdam	N - New York
B - Baltimore	O - Oslo
C - Casablanca	P - Paris
D - Dänemark	Q - Quebec
E - Edison	R - Roma
F - Florida	S - Santiago
G - Gallipoli	T - Tripoli
H - Havana	U - Upsala
I - Italia	V - Valencia
J - Jerusalem	W - Washington
K - Kilogramm	X - Xanthippe
L - Liverpool	Y - Yokohama
M - Madagaskar	Z - Zürich

Welchen Ansagedienst habe ich angerufen?

○ ... Reis hineingeben, zudecken und bei geringer Hitze ausquellen lassen ...
○ ... Beim nächsten Ton ist es 8 Uhr, 23 Minuten und 10 Sekunden.
○ ... Nach Kopenhagen, Oslo und Stockholm umsteigen in Hamburg / Hauptbahnhof ...
○ ... 21.45 Uhr Blickpunkt Sport
22.45 Uhr Nachrichten
○ ... vor Titelverteidiger Nikkola aus Finland ...
○ ... Winterreifen werden benötigt für San Bernardino, Simplon ...
○ ... 40 000 Mark für die Losnummer 404 109 ...
○ ... Von Westen und Südwesten her fließt zunehmend mildere Meeresluft nach Süddeutschland ...

1. Zahlenlotto	5. Fernsehprogramme
2. Zeitansage	6. Sportnachrichten
3. Küchenrezepte	7. Wettervorhersage
4. Fahrplanhinweise	8. Straßenzustandsbericht

Wie man das Telefon benutzt

○ Man horcht, ob das Freizeichen ertönt.
○ Man hebt den Hörer ab.
○ Der Teilnehmer meldet sich. Er sagt seinen Namen und grüßt
○ Wenn jemand den Hörer des anderen Apparates abnimmt, hört das Tuten auf.
○ Wenn mit dem angewählten Apparat nicht telefoniert wird, hört man ein langgezogenes Tuten.
○ Man sucht die Telefonnummer des Teilnehmers heraus, den man anrufen will.
○ Der Anrufer grüßt und sagt auch seinen Namen.
○ Wenn die Leitung frei ist, wählt man mit der Wählscheibe die gewünschte Nummer.
○ Beide sprechen miteinander.
○ Wenn dann das Besetztzeichen ertönt, muß man den Hörer wieder auflegen und später die Nummer nochmals wählen.
○ Wenn beide den Hörer wieder auf die Gabel ihres Telefonapparates legen, ist die Verbindung zwischen ihnen unterbrochen.

Zerschneide, ordne, nummeriere, klebe richtig auf!

Buchstabiertafel
für Telefongespräche in Deutschland

A - Anton	O - Otto
Ä - Ärger	Ö - Ökonom
B - Berta	P - Paula
C - Cäsar	Q - Quelle
Ch - Charlotte	R - Richard
D - Dora	S - Samuel
E - Emil	Sch - Schule
F - Friedrich	T - Theodor
G - Gustav	U - Ulrich
H - Heinrich	Ü - Übermut
I - Ida	V - Viktor
J - Julius	W - Wilhelm
K - Kaufmann	X - Xanthippe
L - Ludwig	Y - Ypsilon
M - Martha	Z - Zacharias
N - Nordpol	

Gedächtnistraining beim Telefonieren (2. Schuljahr)
(Aus: Andresen, U.: Das zweite Schuljahr. München: Urban & Schwarzenberg 1980, S. 107).

Selbstgespräche: Was ein kleines Kind über seine Vergangenheit weiß

Nelson (1984) zeichnete die „Einschlaf-Selbstgespräche" eines etwa zweijährigen Kindes über einige Monate hinweg auf und prüfte, inwieweit sie sich auf vergangene Ereignisse bezogen und inwiefern diese korrekt erinnert wurden.

In dem so gesammelten Gedächtnismaterial finden sich die Anfänge des autobiographischen Wissens. Zunächst werden mehrere Ereignisse zu einem einzigen zusammengezogen, ein Fehler, der manchmal übrigens auch Erwachsenen passiert. Auch Teile von Geschichten, die man dem Kind erzählt hat, und eigene Erlebnisse werden miteinander vermischt. Die Verwendung von Zeitwörtern wirft ein Licht auf die konstruktive Tätigkeit des Gedächtnisses. Der Zukunftsbezug entwickelt sich von sehr allgemeinen Angaben wie „nach" (z.B. nach meinem Schlaf) im Alter von 21 Monaten zu genaueren Zeitangaben wie „Samstag" oder „sehr bald" (mit 23 bis 24 Monaten). Die Vergangenheit wird zunächst mit „gestern" (21 Monate), später mit Angaben wie „neulich" gekennzeichnet (23 Monate). Mit steigendem Alter tauchten mehr und mehr präzisere Zeitbezeichnungen auf. Der Aufbau von Zukunft und Gegenwart und der darauffolgende Aufbau der Vergangenheit konnten am Inhalt der Selbstgespräche recht deutlich verfolgt werden. Das Kind erinnerte sich auch an Episoden, die über Monate zurücklagen. Damit zeigt sich, daß der Aufbau eines autobiographischen Gedächtnisses schon frühzeitig beginnt und kontinuierlich vonstatten geht.

Ein weiteres Phänomen, das Nelson beobachtet hat, soll nicht unerwähnt bleiben: Erinnerte (frühere) Begebenheiten und gegenwärtige Aktivitäten, also das, was das Kind gerade während seiner Selbstgespräche tat, wurden in unterschiedlicher Tonhöhe dargestellt. Diese Form des Ausdrucks entwickelte sich aber erst im Laufe der Monate, während der die Sprachproben gesammelt wurden. Daraus kann man entnehmen, daß die Scheidung von Vergangenheit und Gegenwart, die zugleich die Scheidung von Erinnerung und aktuell Erlebtem darstellt, erst allmählich erkannt und zum Ordnungsprinzip für autobiographisches Wissen gewählt wird.

duktion von biographischem und autobiographischem Material, das Ordnen von Lebensereignissen aus einer vorgegebenen und der eigenen Biographie sowie Assoziationen aus dem eigenen Lebenslauf zu dargebotenen Wörtern, wie Schmerz, Wasser, Kälte, Freundschaft. Die Ergebnisse entsprechen im großen und ganzen den allgemeinen entwicklungspsychologischen Befunden der Gedächtnisforschung.

Autobiographische Daten werden besser erinnert als vorgegebene biographische Angaben. Weiterhin zeigt die mittlere Altersgruppe (18 bis 20 Jahre) die besten Reproduktionsleistungen für biographische und autobiographische Daten. Auch bei der Ordnungs- (Sortier-) Aufgabe zeigten sich Entwicklungsunterschiede. Während die Kinder biographische und autobiographische Items völlig gleich ordneten, benutzten die beiden Erwachsenengruppen unterschiedliche Ordnungsprinzipien für biographisches und autobiographisches Material. Die Art der Assoziationen waren sowohl nach Geschlecht als auch nach Alter verschieden. Die Kinder bevorzugten situationsspezifische (kontextabhängige) Assoziationen, besonders solche mit einem Ereignis als Anker. Die Erwachsenen produzierten häufiger Assoziationen des gleichen thematischen Inhalts (z. B. der gleichen semantischen Kategorie).

Insgesamt sprechen die Befunde eher dafür, daß biographisches und autobiographisches Wissen wie anderes Wissen auch eingespeichert, geordnet und reproduziert wird. Autobiographisches Wissen ist aber besser und genauer reproduzierbar als weniger belangvolles Material, und es wird nach besonderen inhaltlichen Kategorien geordnet. Daß biographisches Wissen allgemeinen Gesetzmäßigkeiten des Gedächtnisses gehorcht, zeigt sich auch in Befunden über die Ordnung persönlicher Erinnerung nach Schemata und Skripts. Autobiographische Ereignisse, also persönliche Erlebnisse, werden offenkundig mit Hilfe von Schemata geordnet und abgerufen, ganz wie dies bei der Erfassung und Wiedergabe von Geschichten (Prosatexten) der Fall ist (Nigro & Neisser 1983, Alba & Hasher 1983).

Kapitel 12

Sprachentwicklung: Voraussetzungen, Phasen und theoretische Interpretationen

Hannelore Grimm

1. Sprache als System und als Handlung

,,Der Besitz der Sprache unterscheidet den Menschen vom Tier. In der Sprache liegen alle Möglichkeiten des Menschseins beschlossen. Wahrheit gibt es nur in ihr oder jedenfalls nur auf dem Weg über sie. Nur in der Sprache kann man lügen."

Mit dieser Aussage leitet Hörmann (1967) sein Buch ,,Psychologie der Sprache" ein. Sie ist als Herausforderung der Psychologie zu verstehen, sich mit dem Phänomen Sprache entsprechend der ihr zukommenden Bedeutung zu beschäftigen. Die Annahme dieser Herausforderung kann nun aber nicht heißen, daß vorwiegend die Sprache selbst zum psychologischen Gegenstand gemacht wird. Die formale Beschreibung dessen, was Sprache ist, liegt nach Ansicht vieler Forscher eher außerhalb des Möglichkeitsrahmens psychologischer Forschung; die Psychologie befaßt sich in erster Linie mit der Erklärung, wie die Menschen mit der Sprache umgehen, aufgrund welcher Voraussetzungen und in welcher Weise sie sie erwerben. Mit diesem Ziel vor Augen knüpft der psychologische Forscher an die Erkenntnisse der Sprachwissenschaft oder Linguistik an. Der moderne Begriff ,,Psycholinguistik" kennzeichnet diese interdisziplinäre Beziehung treffend. Daß damit aber keine Verordnungsrelation in dem Sinne gemeint sein kann, daß die Linguistik der Psychologie ihren Gegenstand gewissermaßen vorgibt, sei hier schon betont und ergibt sich aus der nachfolgenden Darstellung.

Was ist das nun aber: ,,die Sprache"? Auf diese Frage hat auch die Linguistik, die allgemein als die Wissenschaft von der Sprache definiert ist, keine einfache Antwort parat. Konstituierend für Forschungsprogramme der Sprachentwicklungspsychologie sind jedoch die Grundannahmen zweier Betrachtungsweisen geworden, die im folgenden kurz besprochen werden sollen.

Strukturelle Betrachtungsweise

In seiner Zeichentheorie der Sprache (Semiotik) unterscheidet Morris (1972) drei Dimensionen:

- Die *syntaktische Dimension;* sie beinhaltet die Beziehung sprachlicher Zeichen untereinander,
- die *semantische Dimension;* durch sie wird das Verhältnis der Zeichen zu nichtsprachlichen Realitäten bestimmt,
- die *pragmatische Dimension;* sie stellt das Verhältnis von den Zeichen zu ihren Benutzern her.

Diese Dimensionen sind nicht selbständig: Die Form der Sprache, ihr Bedeutungsgehalt und ihr Gebrauch gehören eng zusammen. Als verschiedene Aspekte aufgefaßt, sind sie allerdings voneinander abstrahierbar. Und es ist genau diese Abstrahierbarkeit, auf der die Verschiedenheit der linguistischen Betrachtungsweisen beruht (vgl. Abbildung 12.1).

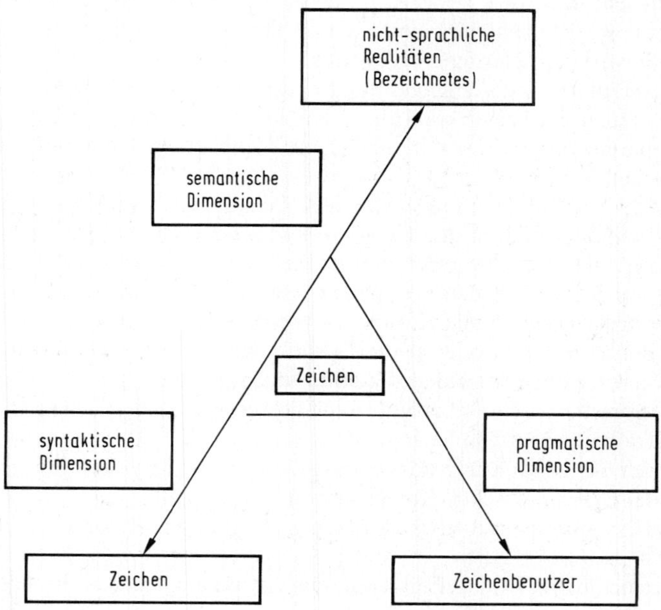

Abb. 12.1 Vereinfachtes Schema nach Morris (1972). Das Dreieck vertritt Zeichen.

In seiner berühmt gewordenen Theorie der ,,Generativen Grammatik" klammert Chomsky (1969) die pragmatische Dimension vollständig aus und rekonstruiert die Sprache als formales System, in dem isolierbare syntaktische und semantische Elemente regelhaft aufeinander bezogen sind. Die wichtigste linguistische Grundeinheit ist dabei der Satz; Sprachbeschreibung und -erklärung sind damit reduziert auf die Beschreibung und Erklärung von Sätzen; die Sprachverwendung bleibt ausgeklammert.

Sätze stellen nach Chomsky einen Bezug her zum menschlichen Wissenssystem. Er geht dabei von der Beobachtung aus, daß Sprecher/Hörer einer Sprache (sogenannte ,,native speakers") die folgenden Leistungen erbringen:

- Sie können Sätze auf ihre Grammatikalität hin beurteilen; so weisen sie z. B. den Satz ,,Er liebt ihr" als nicht wohlgeformt zurück;
- sie erkennen, ob verschiedene Sätze bedeutungsgleich sind, wie z. B. ,,Der Vogel baut ein Nest" und ,,Ein Nest wird von dem Vogel gebaut";
- sie sind in der Lage, Ambiguitäten (Mehrdeutigkeiten) zu durchschauen und durch Paraphrasierung (verdeutlichende Umschreibung mit anderen Worten) aufzulösen. Der Satz: ,,Die Milch wird getrunken, um nicht dick zu werden" erhält so zwei Interpretationen: Die Milch wird getrunken, damit sie nicht dick wird oder damit man nicht dick wird (vgl. Heringer 1970, S. 85).
- Nicht zuletzt sind sie fähig, immer wieder neue Sätze zu bilden und zu verstehen. Sie zeigen sprachliche Kreativität. Auf diese schöpferische Beherrschung der Sprache hat schon Wilhelm von Humboldt hingewiesen.

Es stellt sich nun die Frage, wie diese Leistungen zu erklären sind. Sie ist gleichbedeutend mit der Frage, welche Kenntnisse die Sprecher/Hörer im Laufe ihrer Sozialisation über das System Sprache erworben haben. Chomsky führt den Begriff der *linguistischen Kompetenz* ein und rekonstruiert diese in der folgenden Weise: Aus den genannten ersten drei Beobachtungen zieht er den Schluß, daß den wahrnehmbaren Gestalten von Sätzen Baupläne zugrunde liegen, die die eigentliche Bedeutung konstituieren. Dabei unterscheidet er eine Oberflächenstruktur und Tiefenstruktur von Sätzen.

In der Tiefenstruktur ist dabei festgelegt,

- welche grammatischen Kategorien ein Satz enthält,
- welche grammatischen Relationen zwischen den Kategorien bestehen,
- welche lexikalischen Einheiten für die grammatischen Kategorien eingesetzt werden können.

Der Tiefenstruktur wird entsprechend eine semantische Interpretation zugeordnet, die ihre Bedeutungsstruktur bestimmt.

Mittels Transformationsregeln wird die Tiefenstruktur in die Oberflächenstruktur überführt. Diese Regeln bestimmen z. B., ob ein Satz im Aktiv oder Passiv steht, ob er eine Frage darstellt, usw.

Die richtige Artikulation des Satzes wird schließlich durch die phonologische Komponente gewährleistet.

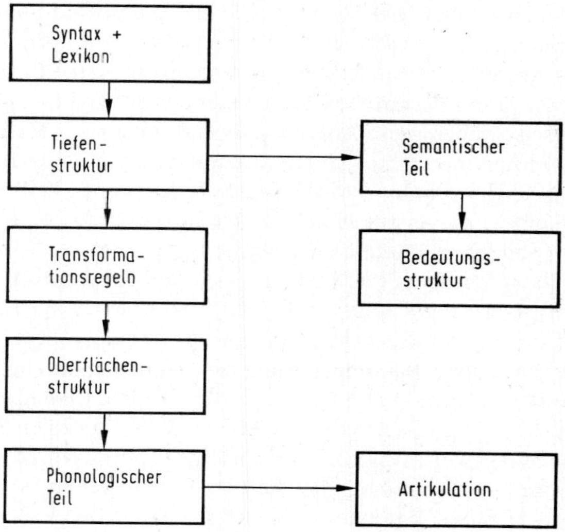

Abb. 12.2 Grammatiksystem nach Chomsky (1969)

Erklärung des Grammatiksystems (vgl. Abb. 12.2):

- Die Regeln eines Satzes werden von der Tiefe nach der Oberfläche hin formuliert. Die Notwendigkeit dieser Richtung begründet sich logisch aus der zweiten und dritten Beobachtung. Zur Verdeutlichung noch ein Beispiel (vgl. Seuren 1977, S. 13f): Der Fragesatz ,,Wem sagtest du, daß Hans das Buch verkauft hat?" kann einmal bedeuten: ,,Zu wem hast du davon gesprochen, daß Hans das Buch verkauft hat?". Zum anderen kann er aber auch verstanden werden als: ,,Wem hat, wie du sagtest, Hans das Buch verkauft?". Diese zwei Interpretationsmöglichkeiten verweisen darauf, daß dem Fragesatz auch zwei verschiedene Strukturen zugrunde liegen.
- Durch die syntaktischen Regeln der Tiefenstruktur wird in grober Gestalt festgelegt, um welche der beiden Satzstrukturen es geht. Diese Information wird dann mittels der semantischen Komponente interpretiert; liegt die erste Struktur zugrunde, so wird u. a. die Beziehung herausgearbeitet, daß ,,wem" Dativobjekt zu ,,du sagtest" ist.

  Wie diese Beziehung herausgearbeitet wird, bleibt unklar. Chomsky spricht von ,,Interpretation", ohne zu klären, was genau darunter zu verstehen ist.
- Über Transformationsregeln wird die Tiefenstruktur in die Oberflächenstruktur überführt; der Satz erhält seine endgültige Form. Hierbei wird u. a. geregelt, daß das Fragewort ,,wem" an erster Position steht.

- Es müssen nun noch die Regeln der Aussprache befolgt werden, so daß z. B. nicht ,,du" und ,,daß" wie ein zusammenhängendes Wort ausgesprochen werden.

Funktionale Betrachtungsweise

Die monologische Auffassung von der Sprache als einem System im Sinne eines autonomen Objekts birgt die Gefahr eines automatenhaften Menschenbildes: Die Sprachfähigkeit wird reduziert auf die unbewußt ablaufende Anwendung von Regeln. Bei entsprechender Eingabe müßte ein Computer grundsätzlich dieselbe Leistung erbringen können.

Der Mensch ist aber kein Sätze ausspuckender Computer, sondern ein mit anderen Menschen in konkreten Situationen kommunizierendes Individuum. Sein Erwerb der Sprache ist an die Notwendigkeit gebunden, sich mit anderen zu verständigen. Er produziert deshalb nicht Sätze, sondern verwendet sie intentional und zweckgerichtet.

Sprachliche Kompetenz im Sinne der Verständigungsfähigkeit umfaßt das Wissen, in welchem sozialen Kontext, in welcher Weise und mit welcher Erwartung welchem Gesprächspartner etwas zu sagen und unter Umständen auch zu verschweigen ist.

Der Erwerb sozial-normativer Regeln der Verständigung, die allgemein unter dem Begriff der *kommunikativen Kompetenz* gefaßt sind, ist dem Grammatikerwerb sicherlich nicht nachgeordnet: Wir kommunizieren nicht, weil wir grammatische Regeln gelernt haben, sondern wir lernen diese, weil wir kommunizieren (vgl. Apel 1976, S. 300). Durch den Gebrauch von Sprache erwerben wir die Struktur, die wiederum neue Formen des Gebrauchs ermöglicht. Funktion und Struktur der Sprache sind nicht zu trennen; beide bedingen sich gegenseitig und machen zusammen die Sprache aus.

Sprache unter diesem funktionalen Aspekt zu untersuchen, hat sich die linguistische Pragmatik zum Thema gemacht. Um ihre wesentlichen Grundgedanken herauszustellen, sei auf die Feststellung Hörmanns zurückgegriffen: ,,Nur in der Sprache kann man lügen". Ist die Lüge, wie z. B. das Sichversprechen, nur ein zufälliger Lapsus? Doch wohl kaum. Die Lüge ist vielmehr mit einer bestimmten Täuschungsabsicht verbunden. So stellt man z. B. ein bestimmtes Tun in Abrede, um der erwarteten Strafe zu entgehen. Nimmt der Hörer diese Aussage für bare Münze, so hat der Lügner Glück gehabt; wenn nicht, war das Lügen erfolglos und er muß die entsprechenden Konsequenzen tragen. Hier wird deutlich,

- daß das Sprechen eine Form des Handelns ist – die Äußerung mit Täuschungsabsicht ist ja kein Bericht über die Lüge, sondern die Lüge selbst;
- daß die Sprechhandlung (auch ,,Sprechakt" genannt) konstituierend für die Beziehung der Kommunikationspartner zueinander ist – hätte

man statt der Lüge die Wahrheit gewählt, so wäre die hergestellte intersubjektive Beziehung eine ganz andere gewesen;
- daß sie so, wie jede andere Handlung auch, gelingen oder mißlingen kann.

Machen wir uns das Neue dieser Sicht über die Sprache an dem Satz „Die Suppe ist fad" klar.

Chomsky wird dazu feststellen: Dieser Satz ist wohlgeformt, es sind keine grammatischen Regeln verletzt.

Bei alleinigem Interesse am Wahrheitsgehalt von Aussagesätzen läßt sich nach entsprechender Überprüfung hinzufügen: Der Satz ist nicht nur wohlgeformt, sondern auch wahr.

Der Vertreter der linguistischen Pragmatik wird dem entgegenhalten: Das ist alles richtig, aber damit ist noch nichts über den Zweck der Äußerung ausgesagt. Ist diese Aussage eine Antwort auf eine Frage oder dient sie der Aufforderung an einen anderen, den Zustand der Fadheit zu beseitigen? Enthält sie einen versteckten Vorwurf oder die Bitte um Information, was in diesem Fall zu tun sei (vgl. Abb. 12.3)?

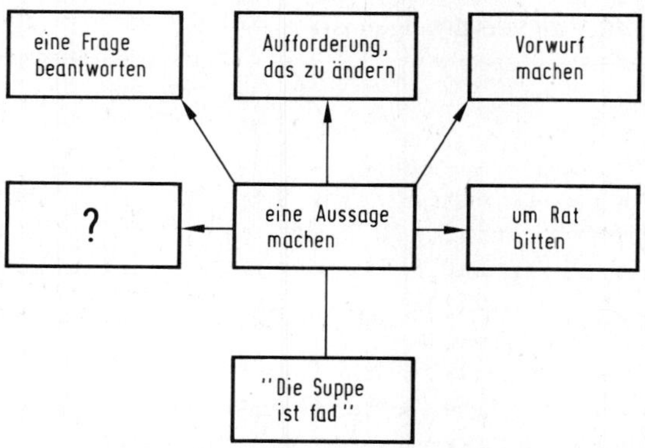

Abb. 12.3 Mögliche Zwecke einer Sprechhandlung

Welche von diesen Möglichkeiten, die noch weiter ergänzt werden könnten, die richtige ist, läßt sich offensichtlich nur dann entscheiden, wenn man die Kommunikationssituation mit den vorangegangenen und nachfolgenden Handlungsmustern kennt (vgl. Wunderlich 1976).

Abschließend soll versucht werden, die bisher eingebrachten Gesichtspunkte mehr zu systematisieren.

Der Sprachpsychologe Karl Bühler hat schon vor über 40 Jahren (1934) den Handlungscharakter der Sprache betont. Sie ist für ihn Werkzeug („organon" im Sinne Platons), „um Einer dem Anderen etwas mitzuteilen über die Dinge". Damit werden drei Komponenten hervorgehoben, die bei jeder Sprechhandlung beteiligt sind:

- die *subjektive* Komponente: Einer,
- die *intersubjektive* Komponente: dem Anderen,
- die *objektive* Komponente: über die Dinge.

In seinem berühmten ,,Organon-Modell" (s. Abb. 12.4) der Sprache wird die Beziehung zwischen diesen Komponenten, die Bühler allerdings anders benennt, dargestellt.

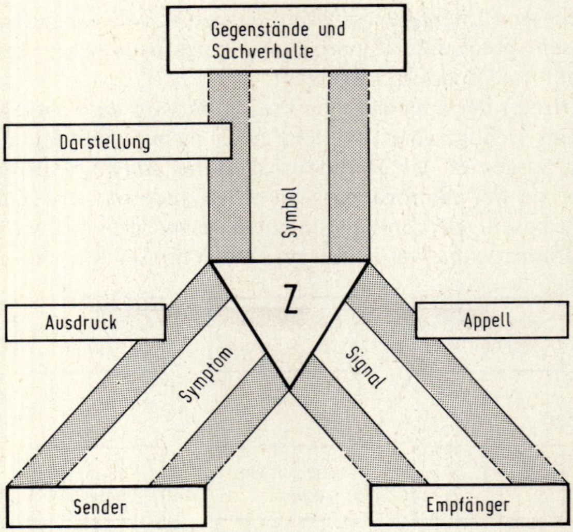

Abb. 12.4 Organon-Modell nach Karl Bühler (vereinfachte Darstellung)

Die Linien symbolisieren die Bedeutungsfunktion des Sprachzeichens. Das Zeichen ist Symbol kraft seiner Zuordnung zu Gegenständen und Sachverhalten (objektive Komponente), es ist Symptom kraft seiner Abhängigkeit von der Sprecherintention (subjektive Komponente), und es ist Signal kraft seines Appells an den Hörer, dessen Verhalten es steuert (intersubjektive Komponente). Eine Sprechhandlung dient also immer zugleich der Darstellung, dem Ausdruck und dem Appell. Allerdings wird bei den verschiedenen möglichen Sprechhandlungen immer nur eine Funktion im Vordergrund stehen können. Ist es die Darstellung, so handelt es sich um konstative Sprechakte (,,Die Vase ist zerbrochen"); ist es der Ausdruck, so sprechen wir von expressiven Sprechakten (,,Ich würde mich schämen, hätte ich die Vase zerbrochen"); ist es der Appell, so geht es um regulative Sprechakte (,,Gib's nur zu, daß du die Vase zerbrochen hast").

Viel später und ohne Bezug auf Bühler haben Austin (1972) und sein

Karl Bühler (1879–1963)

Schüler Searle (1971) den Handlungscharakter der Sprache untersucht und die folgenden Komponenten unterschieden:
- *Inhaltskomponente* (Lokution): Was sage ich dir?
- *Beziehungskomponente* (Illokution): Wie sage ich es dir?
- *Interpretationskomponente* (Perlokution): Wie verstehst du, was ich dir sage?

Hinter dieser Unterscheidung steckt sehr viel mehr, als hier behandelt werden kann. Wichtig ist, daß Austin als erster eine systematische Einordnung des Gelingensaspekts vorgenommen hat und damit die Grenze des an den Sprecher gebundenen Sprechakts transzendiert. Obwohl auch Bühler den kommunikativen Bezug zum anderen (Empfänger) in der Signalfunktion mitgesehen hat, ist seine Sprechhandlung doch immer etwas, das nur von einer Person bestimmt wird. Bei Austin hingegen ist sie dialogischer Natur, da auch die Reaktion des Hörers miteinbezogen ist, denn ob eine Sprechhandlung gelingt oder nicht, ob sie also die beabsichtigte Wirkung erzielt, hat nicht allein der Sprecher in der Hand, sondern hängt ganz wesentlich davon ab, ob der Hörer mitspielt. Diese Form der zwischenmenschlichen Beziehung wurde schon am Beispiel des Lügens erläutert. Die Erklärung von Braunroth et al. (1975, S. 149) sei abschließend hinzugefügt: ,,Wenn ich jemanden beleidigen will und rufe ihm ein Schimpfwort zu, dann kommt die Beleidigung nur dann zustande, wenn er sich dadurch auch beleidigt fühlt. Andernfalls gibt es ein ‚perlokutionäres Nachspiel', das nicht mit meinem Ziel übereinstimmt. So etwas geschieht häufig, und schon mancher, der beleidigen wollte, ist einfach ausgelacht worden."

Phasen entwicklungspsychologischer Theorienbildung

Wir haben bisher auf der synchronen Analyseebene aufzuzeigen versucht, was es heißen kann, im ‚Besitz' der Sprache zu sein. Dabei sind wir zu dem Ergebnis gelangt, daß dies einmal die Beherrschung des sprachlichen Ausdrucksmittels im Sinne des grammatischen Regelrepertoires ist und daß es zum anderen bedeutet, sich anderen Personen verständlich zu machen, sich über Gegenstände und Sachverhalte zu verständigen und dabei gegebenenfalls eine Einigung miteinander erzielen zu können. Der System-Aspekt wurde „linguistische Kompetenz" und der Handlungs-Aspekt „kommunikative Kompetenz" genannt.

Mit dieser Klärung ist die Voraussetzung für die Behandlung des Themas „Spracherwerb" geschaffen. In den letzten 20 Jahren hat die entwicklungspsychologische Sprachforschung viele Beobachtungen gemacht, Daten gesammelt und Erklärungsversuche angeboten. Je nach der theoretischen und methodologischen Grundausrichtung lassen sich drei verschiedene Forschungsphasen unterscheiden. Sie unterscheiden sich danach, welche Beobachtungen gemacht, wie Daten gesammelt und welche Erklärungen angeboten werden. Diese Phasenabfolge kann als dreistufiger Prozeß aufgefaßt werden, bei dem die einzelnen Phasen aufeinander aufbauen und sich ergänzen. Dies zu betonen ist deshalb wichtig, weil häufig eine Tendenz zur Verabsolutierung der einzelnen Phasen zu beobachten war und ist. Vor dem weiteren Mißverständnis, diese Phasen der Erkenntnisfindung als Entwicklungsstufen im Sinne der Ontogenese zu interpretieren, sei an dieser Stelle ebenfalls gewarnt.

Bevor die genannten Phasen kurz charakterisiert werden, sei auf zwei Einschränkungen hingewiesen:

- Mit dem Versuch, den erkenntnistheoretischen Veränderungsprozeß der Sprachentwicklungspsychologie während des relativ kurzen Zeitraums von 20 Jahren zu rekonstruieren, geht hier eine bewußte historische Verkürzung einher. Unberücksichtigt bleibt die erste große Epoche der Kindersprachforschung, die mit so wichtigen Namen wie Darwin, Wundt und Stern verbunden ist. Unberücksichtigt bleibt auch das behavioristische Nachspiel auf den wegweisenden Versuch Sterns, die Kontroverse ‚angeboren-gelernt' mit seiner Konvergenztheorie zu überwinden (vgl. hierzu Kegel 1974).
- Diese Darstellung kann auch nicht mehr als einen Orientierungsrahmen geben. Ziel ist, so weit in die Geschichte der Entwicklungspsychologie der Sprache in ihrer Beziehung zur Linguistik einzuführen, daß es dem Leser ermöglicht wird, den theoretischen und methodolo-

gischen Standort vorliegender Forschungsergebnisse zu bestimmen (eine ausführlichere Diskussion siehe bei Grimm 1977 a u.b).

Ein ganzes Jahrzehnt von 1960–1970, hat die entwicklungspsychologische Sprachforschung unter dem Einfluß der Grammatiktheorie Chomskys gestanden. Den interdisziplinären Bezug verstand man so, daß der Linguist dem Psychologen seinen Untersuchungsgegenstand als nicht mehr reflexionsbedürftiges Wissen vorgab.

Wie konnte es zu dieser Sichtweise kommen? McNeill (1970), der Hauptvertreter dieser Phase, gibt dafür eine plausible Erklärung: Ende der 50er Jahre hatte die Entwicklungspsychologie (in den USA) begonnen, sich an der Kognitionstheorie Piagets zu orientieren. Die Erforschung der Sprachentwicklung blieb demgegenüber weiterhin auf dem vom Behaviorismus geprägten Erkenntnisstand: Viele standardisierte Daten und wenig oder keine Theorien. Chomskys vollständige theoretische Konzeption wurde deshalb begeistert aufgenommen. Als die wesentlichsten Folgen davon sind zu nennen:

- Die Gleichsetzung von Sprache mit Grammatik schränkte das Interesse an der sich entwickelnden Sprachfähigkeit auf die Fragestellung ein, wie das Kind allmählich sein grammatisches System aufbaut. Dadurch blieben Überlegungen zu den vorsprachlichen Voraussetzungen der Sprachentwicklung ausgeklammert. Die Sprache wurde nicht, wie Hörmann so trefflich formuliert hat, als Fortsetzung des nicht-sprachlichen Handelns mit einem anderen Mittel begriffen (Hörmann 1977/1978).
- Die noch weitergehende Einschränkung auf die Untersuchung des syntaktischen Teils der Grammatik ist als Folge der Tatsache zu werten, daß Chomsky der Syntax Priorität einräumt und sie auch am befriedigendsten präzisiert hat.
- Grammatik und Kommunikation wurden auseinanderdividiert.

Auf dieser Basis ging man davon aus, daß alle Menschen dieselbe Kompetenz ausbilden, weil ein angeborener Mechanismus alle Kinder aus der Sprache ihrer Umwelt dasselbe herauslesen und als Regeln internalisieren läßt (s.u.). Von der Verschiedenheit der Lernbedingungen konnte somit abgesehen werden. Deshalb waren die Forscher auch nicht an dem einzelnen Kind in seinem konkreten Sozialisationskontext interessiert, sondern an dem Kind in einem universellen ahistorischen Sinn. Es wurde dabei als geschichtsloses Wesen betrachtet, von dem man nicht wissen wollte, warum es Äußerungen bildet, sondern nur welche Äußerungen es hervorbringt. Gezeigt werden sollte, wie einer ersten Subgrammatik des etwa Zweijährigen immer komplexer werdende Regelsysteme folgen und sich allmählich der Erwachsenengrammatik, so wie Chomsky sie beschrieben hat, annähern.

Semantisch-relationale Phase

In einer vielbeachteten Arbeit hat zuerst Bloom (1970) die rein syntaktische Analyse kindlicher Äußerungen kritisiert und den *Bedeutungsaspekt* hervorgehoben. Der Befund, daß das ausgebildete syntaktische System nur unter Einbezug der Bedeutungsrelationen adäquat erfaßt werden kann, ist richtungsweisend für die weitere Forschung geworden.

Wie aber erkennt man, welche Bedeutung der folgenden Äußerung eines zweijährigen Kindes zukommt: „Mama Strumpf"? Das Kind kann ja ganz Verschiedenes damit meinen, so etwa:
- „Mama, zieh mir den Strumpf an!"
- „Das ist Mamas Strumpf."
- „Mama, gib mir den Strumpf!"

Festzuhalten ist somit, daß man die zutreffende Interpretation nur vor dem Hintergrund des Gesamtkontextes erkennen kann.

Mit dem Einbezug der Semantik hat sich demnach auch die Methodik verändert. Die Frage, was das Kind eigentlich meint, wenn es Wörter in einer bestimmten Abfolge äußert, kann nur beantwortet werden, wenn auch festgestellt wird, wem gegenüber in welcher konkreten Situation es diese und keine anderen Wörter äußert. Diese Methode der Kontextanalyse macht allerdings an dem Punkt halt, der als konstituierend für die pragmatische Sprachauffassung herausgestellt wurde, nämlich an den Reaktionen des Kommunikationspartners.

Diese werden nur einseitig mit einbezogen. Sie interessieren nur insoweit, als sich mit ihrer Hilfe mehrdeutige kindliche Äußerungen eindeutig erklären lassen. Die Antwort der Mutter: „Ja, das ist mein Strumpf" dient lediglich als Hinweis darauf, daß das Kind mit „Mama Strumpf" der zweiten der oben angegebenen Bedeutungen Ausdruck verleihen wollte. Daß diese Antwort eine Form der Bestätigung darstellt, auf die das Kind wiederum reagieren kann, bleibt jedoch außer Betracht. Die Folge ist, daß die kindlichen Äußerungen letztlich wiederum vom dialogischen Geschehen abgezogen werden und den Status kommunikationsloser Sätze erhielten. Das Kind ist das einsame Forschungsobjekt geblieben.

Um den Erwerb grammatischer Regelmäßigkeiten zu erklären, wollte und brauchte man jedoch nicht länger auf den angeborenen Sprachmechanismus im Sinne Chomskys zurückgreifen. Die Wurzeln der Grammatik wurden jetzt vielmehr in den von Piaget (1970a, 1973) beschriebenen sensumotorischen Schemata gesucht; damit wurde angenommen, daß sich die linguistische Kompetenz in direkter Abhängigkeit von der Denkentwicklung ausbilde. Diese neue Sichtweise wird in der von Slobin (1973) gestellten und zugleich positiv beantworteten Frage deutlich, ob man nicht die Theorie Piagets als Handbuch der Sprachentwicklungspsychologie verwenden könne.

Es ist nun zweifellos als Fortschritt zu betrachten, daß die Entwicklung der Sprache an die Entwicklung allgemeiner Denkstrukturen gebunden wurde. Entsprechend führt auch Hörmann (1978, S. 345) aus, daß es Piaget gelungen ist, den ,,aus Handlung und Wahrnehmung zusammengeschlossenen Akt" als ,,den Kern jenes Wissens" darzustellen, das dann sprachlich wird.

Allerdings kann dieser kognitive Wissenskern nicht ausreichend sein, um den Erwerb der Sprache zu erklären. Zu diesem muß vielmehr das hinzutreten, was man als kommunikatives Wissen bezeichen kann. Daß die Bereitschaft zum sprachlichen Ausdruck sich zuerst im handelnden Umgang der Kinder mit anderen Menschen entwickelt, hat insbesondere Bruner deutlich gemacht (s.u.).

Funktional-kommunikative Phase

Diese Phase entwicklungspsychologischer Forschung läßt sich am einfachsten in Abgrenzung von den bisher dargestellten Positionen charakterisieren.

Mit der Feststellung Lorenzers (1976, S. 192f), daß Bedeutungen lebenspraktische Entwürfe sind, die in einem Wechselprozeß produziert werden, bei dem das Kind Produkt und Produzent ist, ist das Programm gekennzeichnet, das die heutigen Forschungsbemühungen bestimmt. Die Subjekt-Objekt-Trennung ist durch die Bindung der Sprache an ihre Funktionen aufgehoben, und das bis dahin geschichtslose kindliche Individuum wird als intersubjektiv handelndes Subjekt begriffen. ,,Learning of language is learning how to mean" schreibt Halliday (1975, S. 35) und weist damit die bisher vertretene Ansicht zurück daß das Lernen der Sprache erst mit dem Lernen von Wörtern und ihren Verknüpfungsregeln einsetze. Er geht vielmehr (wie auch Bruner 1975) davon aus, daß das Kind schon sehr früh in der Interaktion mit der Mutter signifikante Gesten im Sinne Meads zu verwenden lernt. Bevor es also Sprache im linguistischen Sinn erworben hat, kann es sich mit der Mutter kommunikativ verständigen.

Das Ziel der Forschung ist es daher, von diesen prälinguistischen Kommunikationsformen auszugehen und den zunehmenden Erwerb sprachlicher Struktur- und Verwendungsregeln zu beschreiben und zu erklären. Relevante Untersuchungsfragen sind:

- Welche Formen der Kommunikation zwischen dem Kind und seinen Bezugspersonen bilden sich heraus?
- Wie baut das Kind im und über den Dialog sein grammatisches System auf?

Wie schon der Begriff ,,Programm" verdeutlicht, ist zur Beantwortung dieser Forschungsfragen noch eine weite Wegstrecke zurückzulegen. Über die Ausprägung des linguistischen Repertoires in den verschiedenen Altersstufen wissen wir mehr als über die Sprechhandlungen selbst. In welcher Weise, mit welcher Absicht und in welchem Handlungszusammenhang sprachliche Kompetenz eingesetzt wird, ist weitgehend unerforscht.

Für Untersuchungen, die sich mit dem Erwerb von Sprechhandlungen beschäftigen, sind die theoretischen Grundlinien der linguistischen Pragmatik richtungsweisend. Die Beziehung zwischen Psychologie und Linguistik ist dabei allerdings eine andere als in der Chomsky-Ära: Die Psychologie ist nicht mehr bereit, sich ihren Untersuchungsgegenstand einfach vorgeben zu lassen. Vielmehr wird auf der Grundlage der psychologischen Theorie das linguistische Modell auf seinen Gehalt an heuristisch interessanten und empirisch überprüfbaren Hypothesen überprüft.

Konkret heißt das: Der Linguist formuliert Regeln, denen z.B. Sprechhandlungen des Aufforderns folgen sollen. Der Psychologe geht nun nicht davon aus, daß diese Regeln auch diejenigen sind, die das Kind erwirbt. Sie sind ihm vielmehr Anlaß für die Fragen: Sind manche dieser Regeln (oder auch alle) psychologisch plausibel? Welchen Erklärungswert haben sie für eine psychologische Theorie der Sprachverwendung? Wie läßt sich ihre Wirksamkeit empirisch überprüfen?

2. Biologische Grundlagen des Spracherwerbs

Mit der Beschreibung der Sprache wurden Fähigkeiten des Menschen gekennzeichnet, die ihn am prägnantesten von allen Tieren unterscheiden. Dies führt zu der Frage nach artspezifischen biologischen Voraussetzungen für den Spracherwerb.

So sind uns sehr frühe ,,Experimente“ zur Überprüfung der Grundannahme überliefert, daß es eine universelle Menschheitssprache gäbe, die Kinder von sich aus entwickeln.

Einem Bericht Herodots zufolge soll der Pharao Psammetichos im 6. Jahrhundert v. Chr. einem Hirten befohlen haben, mit seiner Herde zwei Kinder aufzuziehen, ohne mit ihnen zu sprechen. Als einziges Wort sollen die Kinder aber ,,Bekos“ nach zwei Jahren gesprochen haben, was bei den Phrygern Brot heißt. Dem Pharao, so wird weiter berichtet, sei dies Beweis dafür gewesen, daß die Phryger ein noch älteres Volk als die Ägypter sind.

Von der These, daß das Hebräische die ursprüngliche Sprache des Menschen sei, ging demgegenüber Jakob IV. von Schottland (1473–1513) aus. Sein vergleichbar inszenierter Versuch führte allerdings zum frühen Tod der isolierten Kinder. Den gleichen tödlichen Ausgang nahm auch das Experiment des in vielen Bereichen als sehr wissensdurstig hervorgetretenen Stauferkaisers Friedrich II. (1212–1250). Der Franziskanermönch Salimbene von Palermo, erst Bewunderer, dann Kritiker des Staufers, berichtet:

,,Seine Wahnidee war, daß er ein Experiment machen wollte, welche Art Sprache und Sprechweise Knaben nach ihrem Heranwachsen hätten, wenn sie vorher mit niemandem sprächen. Und deshalb befahl er den Ammen, sie sollten den Kindern Milch geben, sie baden und waschen, aber in keiner Weise mit ihnen schön tun und zu ihnen sprechen. Er wollte nämlich erforschen, ob sie die hebräische Sprache sprächen, als die älteste, oder griechisch oder lateinisch oder arabisch oder aber die Sprache der Eltern, die sie geboren hatten. Aber er mühte sich vergebens, weil die Kinder alle starben. Denn sie vermochten nicht zu leben ohne die Koseworte ihrer Ammen."

Nativistische Annahme Chomskys

Eine universelle Menschheitssprache gibt es nicht; was es aber gibt, sind universelle Prinzipien, die die Formen grammatischer Regelmäßigkeiten in den einzelnen Sprachen bestimmen. Und es sind diese Prinzipien, die nach Chomsky (1969) dem Kind als Spracherwerbsmechanismus angeboren sein sollen.

Um Mißverständnissen vorzubeugen: Chomsky behauptet nicht, daß dem Kind die grammatische Kompetenz in fertiger Form angeboren sei. Aber was biologisch determiniert sein soll, ist ein aus universellen Strukturprinzipien bestehender Regelapparat, durch den der Grammatikerwerb im Sozialisationsprozeß geleitet bzw. kanalisiert wird. Dieser Regelapparat heißt „*LAD*" *(language acquisition device)* und erlaubt dem Kind, aus seinen Erfahrungen mit der Umweltsprache über das Bilden von Hypothesen generelle Regeln zu induzieren und damit die Grammatik für eben diese Sprache aufzubauen.

Die Annahme, daß Sprache über den Prozeß der Induktion erworben wird, rückt die konstruktive Tätigkeit des Kindes in den Vordergrund und ist daher nicht mit einer reifungstheoretischen Annahme, wie sie Chomsky bisweilen unterstellt wird, gleichzusetzen. Wenn er auch davon ausgeht, daß die Struktur der Sprache durch die Organisation des menschlichen Geistes bestimmt ist (vgl. dazu auch Lyons 1972), so heißt das noch lange nicht, daß diese Struktur sich von alleine entfaltet. Zur Veranschaulichung ein Beispiel:

> Ein linguistisches Universale, das dem Kind angeboren sein soll, bildet die Subjekt-Prädikat-Unterscheidung. Dieses Universale legt ihm nahe: Analysiere die gehörten Sätze danach, welche Spracheinheiten das Subjekt und welche das Prädikat darstellen. Eine Hypothese, die das Kind bildet, lautet: Das Nomen, das an erster Stelle des Satzes genannt wird, ist das Subjekt. Diese Hypothese muß später jedoch deshalb korrigiert werden, weil in Passivsätzen z.B. das Subjekt nicht an erster Position steht.

Mit der Annahme eines angeborenen spezifischen Spracherwerbsmechanismus geht Chomsky sehr weit. Er versucht, mit drei Argumenten, die im folgenden zusammenfassend dargestellt sind, seine These zu erhärten (vgl. hierzu die Referate und Diskussionsbeiträge Chomskys in Piatelli-Palmarini 1980):

1. Es ist eine biologische Tatsache, daß alle Organe des Menschen, wie

das Herz oder die Leber, in ihrer Struktur festgelegt sind. Warum sollte dann ausgerechnet der Geist als die komplizierteste Organsammlung nicht genetisch determiniert sein?

2. Unbestritten ist weiter, daß Tiere genetische Programme haben, die teilweise sehr spezifisch sind. Warum sollte ausgerechnet der Mensch als der komplizierteste Organismus kein spezifisches genetisches Programm haben?
3. Ohne ein genetisches Sprachprogramm könnte das Kind keine generellen Regeln aus der Sprache der Umwelt ableiten, weil diese Sprache unsystematisch und fehlerhaft ist.

Es ist erstaunlich, daß das dritte Argument lange Zeit ohne empirische Überprüfung akzeptiert wurde. Als dann damit begonnen wurde, neben der kindlichen Sprache auch die Sprache der Umwelt zu analysieren, stellte sich heraus, daß die Diskrepanz zwischen der kindlichen Spracherfahrung und dem kindlichen Sprachwissen bei weitem nicht so groß ist, wie sie von Chomsky unterstellt wird. Vielmehr verhält es sich so, daß die Lernumwelt, womit meist die Mutter gemeint ist, sich in ihrer sprachlichen Verwendungsweise auf die Kenntnisse und Informationsbedürfnisse des Kindes einstellt (s. u.). Durch ein vereinfachtes Sprachregister, das dem Kind Strukturregeln quasi auf der Oberfläche sichtbar macht, leistet die Lernumwelt daher zumindest bis zu einem gewissen Grade das, wofür der Spracherwerbsmechanismus gedacht war.

Der eindeutige empirische Gegenbeweis zur postulierten fehlenden Systematik der Umweltsprache darf nun aber nicht zu den beiden folgenden Fehlschlüssen verleiten:

1. Das Kind bringt überhaupt keine angeborenen Fähigkeiten für den Spracherwerb mit. Wir wissen heute, daß der Säugling schon in den ersten Tagen zwischen der menschlichen Stimme und anderen Lautfolgen differenzieren kann und dabei sogar in der Lage ist, den Unterschied zwischen stimmhaften und stimmlosen Konsonanten wahrzunehmen (vgl. für eine zusammenfassende Darstellung Grimm 1983).
2. Ebenso ist es falsch anzunehmen, daß mit dem Aufweisen des vereinfachten Sprachregisters der Spracherwerb im wesentlichen erklärt sei. Mit diesem Register ist ja noch nichts darüber ausgesagt, aufgrund welcher intrapsychischer Fähigkeiten das Kind überhaupt in der Lage ist, die wahrnehmbare Sprache kategorial zu verarbeiten (vgl. hierzu Grimm 1985a).

Lateralisation und kritische Periode

Wie schon bekannt, hat die nativistische Sichtweise viele Psychologen angesprochen. So auch Lenneberg (1972), von dem der wichtige ergänzende Versuch stammt, die biologisch-neurale Determiniertheit des Spracherwerbs aufzuzeigen.

Gemeinsames Anschauen eines Bilderbuches als ein typisches Beispiel für den Sprachlehr- Sprachlernprozeß.

Es darf als erwiesen gelten, daß beim Menschen die beiden Gehirnhemisphären funktionell verschieden arbeiten. Diese Funktionalität steht in einer komplizierten Beziehung zur Händigkeit, die hier nur angedeutet werden kann, und die auch noch nicht vollständig erforscht ist. Für Rechtshänder gilt, daß die linke Hemisphäre auf analytische und die rechte Hemisphäre auf eher holistische Prozesse spezialisiert ist. Wenn daher allgemein davon gesprochen wird, daß bei Rechtshändern die linke Hemisphäre des Gehirns ausschlaggebend für das Sprachvermögen sei, so bedarf dies dahingehend der Differenzierung, daß zwar der informative Gehalt sprachlicher Mitteilungen links, der affektive Gehalt jedoch rechts verarbeitet wird. Bei Linkshändern würde man nun, um wieder vergröbernd zu sprechen, eine Rechtslateralisation der Sprache erwarten. Dies trifft jedoch nur zum Teil zu. Häufig liegt ebenfalls eine Linkslateralisation vor, bei der allerdings die rechte Hemisphäre noch eine wichtige Rolle spielen kann. Manche Autoren gehen daher von dem besonderen Fall einer bilateralen Repräsentation der Sprache bei Linkshändern aus (vgl. Zangwill 1975).

In jedem Fall gilt, daß die Sprache ein lokalisierbares biologisches Substrat hat. Eine vergleichbare Lokalisation einer Verhaltensfunktion in einer der beiden Hemisphären ist bei Tieren nicht feststellbar. Gehen wir im folgenden von der Linkslateralisation aus, so soll nach Lenneberg (1972) gelten, daß diese erst allmählich entsteht. Der Beginn und das Ende dieser Hirnreifung soll die Grenzen bilden, innerhalb derer der Spracherwerb biologisch gesteuert erfolgen kann. Der Zeitraum vom Beginn bis zur Erreichung der Hirnreifung wird auch als *kritische Periode* bezeichnet. Lenneberg geht davon aus, daß beim kleinen Kind noch eine vollständige Flexibilität besteht; erleiden Neugeborene oder Säuglinge Schädigungen der linken Hemisphäre, so kann sich Sprache normalerweise mit der rechten Hemisphäre entwickeln. Auch bei Zwei- bis Dreijährigen hat das Nervensystem seine Plastizität noch nicht verloren, so daß bei Verletzungen der zunächst erfolgte Sprachverlust wieder rasch aufgeholt werden kann. Mit fortschreitendem Alter soll die zerebrale Organisation jedoch ihre Flexibilität verlieren und mit Erreichung der Pubertät fixiert und irreversibel sein. Die bekannte Hypothese Lennebergs, daß nach diesem Zeitpunkt ein Spracherwerb nicht mehr möglich ist, läßt sich in eine starke und in eine schwache Version fassen (vgl. auch Curtiss 1977):

- *Starke Version:* Eine erste Sprache (gemeinhin als Muttersprache bezeichnet) kann nach der Pubertät nicht mehr im natürlichen Lernkontext erworben werden.
- *Schwache Version:* Ein normaler Spracherwerb ist nach der Pubertät nicht mehr im natürlichen Lernkontext möglich.

In der Literatur sind der untere und der obere Grenzwert umstritten. Gegen die Richtigkeit des unteren Grenzwertes wenden sich u.a. Molfese et al. (1975). Bei einer Gruppe Erwachsener, bei einer Kindergruppe sowie bei einer Gruppe von Kleinkindern und Säuglingen haben sie Reaktionen in der rechten und in der linken Hemisphäre auf sprachliche und nichtsprachliche Reize mit dem Ergebnis registriert, daß schon bei Säuglingen sprachliche Reize links und nichtsprachliche Reize rechts verarbeitet werden. Dieser systematische Effekt veranlaßte die Autoren zu der Folgerung, daß verschiedene Gehirnzonen offensichtlich vorprogrammiert sind, um zu einem sehr frühen Zeitpunkt, wahrscheinlich schon bei oder vor der Geburt, zwischen bestimmten Reizen zu differenzieren.

Gegen die Gültigkeit des oberen Grenzwertes sprechen sich u.a. Krashen (1973) und Zangwill (1975) aus. Beide gehen davon aus, daß die Dominanz schon im Alter von vier bis fünf Jahren ausgebildet ist. Während jedoch Krashen meint, daß der Prozeß der Lateralisation nichts mit einer Begrenzung der Spracherwerbsfähigkeit zu tun habe, glaubt Zangwill, daß nach diesem Alter ein normaler Spracherwerb mit der linken Hemisphäre nicht mehr möglich sei.

Die Meinungen gehen also weit auseinander. Zu einer weiteren, wenn auch keiner endgültigen Klärung, vermag das folgende Fallbeispiel beizutragen.

Der Fall des Mädchens Genie

Genie wurde im April 1957 geboren. Vom vierten bis elften Lebensmonat mußte ihre Hüfte wegen eines angeborenen Leidens geschient werden. Mit 14 Monaten erkrankte sie schwer. Der behandelnde Arzt machte die Eltern auf die Gefahr einer Retardierung aufmerksam. Der Vater interpretierte die Warnung als Tatsache: Ab diesem Zeitpunkt wurde Genie in einem winzigen Raum festgehalten; dort blieb sie tagsüber und zuweilen auch in der Nacht auf einem Kinderstühlchen angebunden. Sonst lag sie im Schlafsack in einem Kinderbett, das mit einem Drahtnetz auf allen Seiten und nach oben abgesichert war.

Von der Mutter, die allmählich erblindete, wurde sie nur mit dem Notwendigsten versorgt. Gab Genie irgendwelche Laute von sich, wurde sie vom Vater physisch bestraft. Dessen Intoleranz gegen jede Art von Geräusch hatte auch dazu geführt, daß er weder Radio noch Fernsehen duldete.

Ob die Mutter jemals zu Genie gesprochen hat, ist ungewiß. Sicher ist, daß der Vater und ihr (gesunder) Bruder niemals mit ihr redeten, von Zeit zu Zeit sie aber wie Hunde anbellten.

Nach ihrer Befreiung verblieb Genie bis 1971 in einer Kinderklinik und lebt heute bei Pflegeeltern. Als sie gefunden wurde, machte sie den Eindruck einer total unterernährten Sechsjährigen. Sie konnte nicht aufrecht stehen, war nicht sauber und konnte auch nicht essen, da sie nur flüssig ernährt worden war. Sie gab keinerlei Laute von sich, weinte und lachte nicht.

Eine anschauliche Schilderung der Fortschritte, die Genie auf fast allen Gebieten während ihres relativ kurzen Aufenthalts in der Klinik und in der anschließenden Zeit bei ihren Pflegeeltern machte, gibt Curtiss (1977). In unserem Zusammenhang interessiert nur die Sprachentwicklung. Genie zeigte sehr bald ein wachsendes Sprachverständnis und begann, auch ohne spezielles Training, einzelne Wörter zu sprechen. Zum frühestmöglichen Zeitpunkt, nämlich dann, als sie sich ausreichend kooperativ verhielt, erhielt Genie allerdings gezielten Sprachunterricht. Ihre Fortschritte dabei wurden mit speziell entwickelten Testverfahren überprüft. Gezielter Sprachunterricht darf aber nicht mit drillartigem Einpauken gleichgesetzt werden. Da hätte Genie, die im sozialen Bereich weitgehend ein ,,wildes" Kind geblieben ist, gar nicht mitgespielt. Curtiss, die mit ihr arbeitete (und heute noch mit ihr in Kontakt ist), hat offensichtlich versucht, die Lernsituation so natürlich wie möglich zu gestalten; häufig wurden die in natürlichen Situationen gegebenen Lernmöglichkeiten einfach ausgeschöpft.

Fragt man nun nach den Sprachleistungen, die Genie nach der Pubertät erbringen konnte, so läßt sich festhalten: Eine normale Sprache hat sie nicht erworben. Ihre Sprache weist vielmehr Merkmale auf, die von Kindern mit Entwicklungsaphasie und von aphasischen Erwachsenen berichtet werden:

- Zwischen dem Sprachverständnis und der Fähigkeit zur spontanen Sprachproduktion besteht eine große Diskrepanz. Genie versteht mehr als sie selbst äußern kann. Sie weist also eine geringere Produktionskapazität auf.
- Syntaktische Formen sind nur in geringem Maße verfügbar. Auch fehlen komplexe Formen (s. u.) ganz.
- Die Regelanwendung ist variabel. Systematische Übergeneralisierungen lexikalischer Einheiten fehlen.
- Nicht nur das Einhalten der richtigen Wortordnung, sondern auch das Verstehen der Wortordnung bereiten Genie große Schwierigkeiten.
- Im Vergleich zur Syntax und zur Morphologie kann ihr Wortschatz als gut bezeichnet werden.
- Insgesamt mutet ihre Sprache stark stereotyp an.

Kommen wir zur Hypothese Lennebergs zurück, so kann die Tatsache, daß Genie nach der Pubertät Sprache erworben hat, als Beweis gegen die starke Version gewertet werden. Die schwache Version hat hingegen eine Unterstützung erfahren, da Genie eine normale Sprache offensichtlich nicht erworben hat.

Als nächste Frage stellt sich nun, ob bei Genie, die Rechtshänderin ist, auch eine Linkslateralisation nachweisbar ist. Die Überprüfung dieser Frage wurde u.a. mit dichotischen Hörtests vorgenommen. Das allgemeine Prinzip dieser Tests ist, daß der Hörer simultan unterschiedliche, aber leicht verwechselbare Reize vernimmt. Mit dem rechten Ohr hört er z. B. ,,da" oder ,,bunt", mit dem linken Ohr ,,ga" oder ,,rund". Wenn diese sprachlichen Reize über das rechte Ohr besser verstanden werden, wird dies als Hinweis für die linke Dominanz der Gehirnhemisphäre gewertet. Abweichend von diesem Prinzip wurden Genie allerdings sehr unähnliche Reize vorgegeben wie z. B. ,,car – mirror", ,,boy – pig", ,,baby – table". Als Ergebnis konnte eine eindeutige Rechtsdominanz festgestellt werden. Da sich auch alle anderen nichtsprachlichen kognitiven Leistungen als rechtslateralisiert erwiesen, spricht Curtiss von Genie als einer ,,rechtshemisphärischen Denkerin" (right-hemisphere thinker) und nimmt in Übereinstimmung mit Lenneberg an, daß nach der kritischen Periode, wie sie durch den oberen Grenzwert der Pubertät erreicht wird, die linke Hemisphäre den Spracherwerb und den Erwerb anderer kognitiver Fähigkeiten nicht mehr kontrollieren kann.

Diese Annahme kann, muß aber nicht zutreffend sein, da sich nicht ausschließen läßt, daß der Grenzwert sehr viel früher erreicht wird. Die Meinung Zangwills, daß schon nach dem vierten bis fünften Lebensjahr ein normaler linkshemisphärischer Spracherwerb nicht mehr möglich ist, wird selbst von Curtiss unterstützt, wenn sie die Sprachleistungen Genies mit den Leistungen schwer dysphasischer Kinder vergleicht, die häufig nicht vor dem fünften Lebensjahr, jedoch in jedem Fall vor der Pubertät zur Sprache kommen. Nicht weniger kompliziert als diese Frage ist das Problem, das sich aus dem Widerspruch zwischen den Befunden von Molfese et al. (1975) und der klaren Rechtslateralisation Genies ergibt. Eine Lösung, die über Spekulationen hinausreicht, scheint bisher nicht in Sicht zu sein.

Bewegungsrhythmus

Vor einigen Jahren hat Roger Lewin (1975) ein Buch mit dem Titel ,,Child alive" herausgebracht. Die darin enthaltenen Arbeiten können als Plädoyer dafür verstanden werden, die angeborenen Fähigkeiten des Säuglings nicht länger mit dem Mantel eines empiristischen Menschenbildes zuzudecken. Lewin schreibt im Vorwort:

> ,,Alle Forscher stimmen jedoch darin überein, daß der neugeborene menschliche Säugling in hohem Grade unterschätzt worden ist. Wir sind nun dabei zu erkennen, wie falsch diese alten Ideen waren." (Übers. v. Verf.)

Für unser Thema der biologischen Grundlagen des Spracherwerbs ist vor allem die Arbeit Condons (1975) interessant. Schon der Titel ,,Speech makes babies move" verspricht etwas nicht Alltägliches. Die Hypothese Condons lautet: Schon am ersten Tag nach der Geburt reagiert der Säugling auf die menschliche Stimme mit synchronen Bewegungen. Diese angeborene rhythmische Fähigkeit bildet eine Voraussetzung für den Spracherwerb. Wie ist der Autor zu dieser Annahme gekommen und in welcher Weise versucht er, sie zu belegen?

Condon schreibt, daß er sich schon über zehn Jahre lang mit der Mikroanalyse gefilmter menschlicher Verhaltensweisen, insbesondere Kommunikationsformen, beschäftige. Dabei sei ihm aufgefallen, daß der Hörer die Äußerungen des Sprechers mit rhythmischen Bewegungen des Kopfes, der Finger, Beine usw. begleite. Sein Schluß daraus: Die aus der Pausengebung und Betonung resultierende Gegliedertheit der Sprache spiegelt sich im nichtsprachlichen Verhalten des Hörers wider; dieser begleitet quasi die sprachliche Äußerungsfigur mit einer ‚passenden' Bewegungsfigur.

Neugierig geworden, ab wann solche Bewegungsmuster nachweisbar sind, ging Condon so vor: 16 Säuglingen, keiner älter als zwölf Wochen und der jüngste erst zwölf Stunden alt, wurden über Tonband isolierte Laute und chinesische Sprachbrocken dargeboten. Weiter war ein Erwachsener anwesend, der zu ihnen sprach. Condon beobachtete: Auf die Tonband-Reize zeigten die Kinder keine Reaktionen. Nach der artikulatorischen Struktur der Stimme des Erwachsenen bewegten sie sich hingegen ganz präzise. Daraus zog er den Schluß, daß das Kind bei Sprachbeginn über das Einüben der Bewegungsstruktur die Form und Struktur des Sprachsystems schon beherrsche.

Das ist nun wiederum eine gewagte These. Und es fragt sich, wie zuverlässig sie durch die Beobachtungen Condons gestützt wird. Sind die behaupteten synchronen Bewegungsmuster wirklich zweifelsfrei nachgewiesen? Einer persönlichen Mitteilung Papoušeks zufolge ist dies nicht der Fall, da Condons Analyse ein mit dem Bild genau synchronisiertes Spektrogramm fehlt. Condon verglich den Ablauf von Bewegungen allein mit seiner eigenen akustischen Wahrnehmung der Sprachkomponenten, und deshalb können seine Befunde nicht mehr sein als interessante Fragen für methodisch aufwendigere Untersuchungen.

Sprachtraining mit Primaten. Es ist bisher oft betont worden, daß der Besitz der Sprache dem Menschen eigentümlich sei. Dem könnten jedoch erfolgreiche Versuche an verschiedenen Forschungsinstitutionen in den USA entgegengehalten werden, Primaten, vorwiegend Schimpansen, Zeichensysteme beizubringen.

- Gardner und Gardner (1969) lehrten das Schimpansenmädchen Washoe die offizielle Taubstummensprache (American Sign Language). Das Ergebnis war, daß Washoe nach einer Trainingszeit von etwa dreieinhalb Jahren ca. 130 Zeichen sinngemäß gebrauchen konnte. So machte sie u. a. das ‚open'-Zeichen (beide Handflächen nach unten, dann nach oben rotiert) bei geschlossenen Türen, verschlossenen Behältern usw. Nicht nur Gegenstände, auch Eigenschaften und einfache Handlungen konnte sie benennen. Darüber hinaus kombinierte sie die gelernten Zeichen spontan, allerdings ohne erkennbare Syntax: ,,open eat drink" steht so für ,, den Kühlschrank öffnen".
- Premack (1971) brachte seiner Schimpansin Sarah, die täglich Unterricht erhielt, fast Unglaubliches bei. Als ‚Wörter' gebrauchte Sarah Plastikformen

verschiedener Größe und Farbe, die sie an eine Tafel heftete. Sie ‚las' und ‚schrieb' von oben nach unten. Die richtige Bezeichnung von Dingen war für sie kein Problem; sie ‚schrieb' so schwierige Sachen wie „Mary give banana Sarah" (= Mary gibt Sarah die Banane) an die Tafel und vermochte auf die Frage, ob zwei Dinge gleich sind, mit „gleich" bzw. „nein gleich" zu antworten.
- Rumbough und Mitarbeiter (1975) arbeiteten mit einer computerähnlichen Sprachmaschine: Lana ‚sprach' zu dieser Maschine, indem sie auf Tasten drückte, die Wörter repräsentierten. Lana bildete auf diese Weise korrekte Sätze der Art: „Bitte Maschine gib Banane". Auch antwortete sie auf Fragen des Computers korrekt: „What name of this?" – „Banana name of this".

Entscheidend ist nun die Frage, was genau die Primaten gelernt haben. Unterscheidet sich ihre ‚Sprache' von der menschlichen in entscheidenden Hinsichten? Wo sind die Grenzen zu ziehen?

Wie diese Frage beantwortet wird, hängt natürlich davon ab, was man unter Sprache versteht. Folgt man unserem Verständnis, so kann festgehalten werden: Die Affen gebrauchen konventionelle Zeichen im Hier und Jetzt und haben damit ihre Fähigkeit zur Abstraktion und zur Symbolbildung bewiesen. Dies hätte man ihnen früher nie zugetraut. Als Erkenntnis ergibt sich daraus für uns, daß die Abstraktions- und die Symbolbildungsfähigkeit notwendige Voraussetzungen für die menschliche Sprachentwicklung gewesen sind.

Mit dem, was die Affen gelernt haben, ist nun andererseits nur ein Aspekt der komplexen Fähigkeit erfaßt, sich mit anderen sprachlich zu verständigen und auch die Sprache selbst zum Gegenstand der Verständigung zu machen. Diese ‚Höchstform', wenn man so sagen will, bleibt dem Menschen vorbehalten. Hier liegt der entscheidende Unterschied, der aber nicht verbieten soll, wie z.B. Chomsky meint, im phylogenetischen Vergleich nach den biologischen Wurzeln der Sprache zu suchen.

3. Phasen der Sprachentwicklung

Lorenzer (1973, S. 163) schreibt: „Sprachentwicklung ist stets als ein Vorgang der Vermittlung einer vorhandenen Sprache als Symbolsystem einer bestehenden Gesellschaft anzusehen. Spracherwerb ist ein Prozeß der Sprachvermittlung." Damit sind die beiden entscheidenden Gedanken für die folgende Darstellung angesprochen:
- Gegenüber einer subjektivistisch verkürzten Sichtweise gilt, daß Sprachentwicklung als Sozialisationsvorgang von Grund auf dialogischer Natur ist. In der Mutter-Kind-Dyade vermittelt, ist Sprache das Produkt gemeinsamer Teilnahme an gesellschaftlicher Praxis. Dabei steht „Mutter" modellhaft für „primäre Bezugsperson".
- Sprache wird in einem lang anhaltenden Prozeß erworben. Eine wesentliche Frage ist deshalb, welche Formen vorsprachlicher Interaktion zur Sprache gebracht werden. Bei dem Versuch, wesentliche Schritte der Sprachentwicklung nachzuzeichnen, wird im folgenden integrativ vorgegangen. Aus der Vielzahl der Ergebnisse und Meinungen sollen dabei nur solche mit einem hohen Verläßlichkeitsgrad referiert werden.

Vorsprachliche Phase

Diese Phase umfaßt den Zeitraum nach der Geburt bis zu der Produktion erster konventioneller Sprachsymbole. Es kann heute kein Zweifel mehr an der kritischen Bedeutung der frühen sozialen Beziehungen des Kindes für seine spätere Entwicklung bestehen. Einigkeit besteht auch darin, daß die dyadische Mutter-Kind-Beziehung eine dynamische, wechselseitige Interaktion darstellt. Wie an anderer Stelle beschrieben (Grimm 1983), kommunizieren Mutter und Kind von Beginn an. Dabei schafft die Mutter über den Dialog, den sie zunächst allein aufrechterhalten muß, eine gemeinsame Erfahrungswelt: Indem sie das Verhalten des Säuglings interpretiert und diesem Bedeutungen zuweist, bringt sie den Säugling allmählich dazu, selbst solche Konzepte und Regeln zu erlernen, die die Basis für den Spracherwerb bilden.

Von den bisherigen Untersuchungen zur sensitiven Anpassungsleistung der Mutter an die Bedürfnisse und Fähigkeiten des Säuglings und zur allmählichen Herausbildung gemeinsamer Kommunikationsformen seien vor allem die von Bruner (1975, 1981), Halliday (1975) und Papoušek und Papoušek (1977) genannt. Sie sind praktisch-empirische Beispiele für den theoretisch begründeten Versuch, soziale Handlungsmuster als Vorläufer symbolischen Verhaltens aufzufinden.

Einübung interaktiver Grundmuster

Bruner geht davon aus, daß die Sprache eine spezialisierte und konventionalisierte Erweiterung kooperativen Handelns ist. Damit ist zweierlei ausgesagt:

- Sprachliche Symbole werden nicht als leere Hülsen gelernt, um nachträglich mit Bedeutung gefüllt zu werden. Vielmehr findet der umgekehrte Prozeß statt: Konzeptuelle Unterscheidungen werden schrittweise mit Wörtern und Wortverbindungen belegt.
- Die ersten fundamentalen Konzepte über interpersonale Handlungs- und Aufmerksamkeitsstrukturen, die im sozialen Kontakt mit der Mutter herausgebildet werden, sind notwendige Voraussetzungen für das Erfassen sprachlicher Regeln. Das Kind lernt also die Regeln der Sprache nicht isoliert, sondern sie haben ihren Ursprung in Strukturen sozialen Handelns.

Wie sehen nun aber die Handlungsmuster als die Vorläufer sprachlicher Formen aus, und welche besondere Rolle nimmt die Mutter ein?

Einigkeit besteht einmal darin, daß die Mutter sich ihrem Kind gegenüber weniger korrigierend als vielmehr interpretierend verhält. Dabei neigt sie häufig dazu, das Verhalten des Kindes, insbesondere dessen mimischen und lautlichen Ausdruck, nachzuahmen. Sie erfüllt damit nach Papoušek und Papoušek die wichtige vermittelnde Rolle eines „biologischen Spiegels", indem sie dem Kind sein eigenes Verhalten als

Modell anschaulich macht. Eine zweite wichtige Beobachtung ist, daß die Mutter standardisierte Spiele inszeniert, die dem Kind nicht nur helfen, die Intentionen, Gesten und Vokalisationen der Mutter zu verstehen, sondern es auch dazu bringen, selbst seinen Intentionen Ausdruck zu verleihen. Solche Spiele sind allgemein dadurch gekennzeichnet, daß die Mutter einzelne Handlungssequenzen mit übertriebenen Gesten und Ausrufen kennzeichnet. Als Indiz für die Aufmerksamkeit des Kindes dient der Blickkontakt.

Bruner (1975) beschreibt fünf Prozesse in denen das vorsprachliche Kind von der Mutter auf den Spracherwerb vorbereitet wird.

Diese Prozesse sind als Hypothesen aufzufassen, da das Datenmaterial, auf das sich Bruner stützt, nicht sehr umfangreich ist. Viele weitere Analysen des Interaktionsgeschehens in der Mutter-Kind-Dyade sind notwendig, um zu sicheren Aussagen zu gelangen.

- Im *ersten Prozeß* lernt das Kind, in der Handlungsabfolge den Handelnden vom Objekt der Handlung zu unterscheiden, womit die grammatische Subjekt-Prädikat-Unterscheidung vorbereitet wird.
- Der *zweite Prozeß* besteht aus dem primitiven Zyklus der Aufmerksamkeitslenkung: Die Mutter lenkt den Blick des Kindes durch Ausrufe wie ,,Da!", ,,Schau!" sowie durch Zeigegebärden auf Objekte und Handlungselemente, die sie gleichzeitig benennt. Dieser Prozeß ist der Vorläufer des ,,Jedes Ding hat seinen Namen"-Spiels. Hinzuzufügen ist, daß damit auch die regulatorische Funktion der Sprache vorbereitet wird: So wie die Mutter die Aufmerksamkeit des Kindes lenkt, so ‚dirigiert' dieses später selbst sein Tun.
- Der *dritte Prozeß* baut auf dem zweiten auf: Wenn sich die Mutter der ungeteilten Aufmerksamkeit ihres Kindes sicher ist, spricht sie über das Objekt und/oder führt mit diesem Handlungen aus. Durch diese praktische Routine: ,,Schau hin – Tu etwas", wird bei dem Kind das Erwartungsmuster: Ort-Eigenschaft bzw. Objektname-Objekthandlung hervorgerufen, das sich in späteren Sprachhandlungen wiederholt.
- Der *vierte Prozeß* ist der letzte, durch den die ersten Anfänge des Sprachgebrauchs erklärt werden sollen. Das Kind lernt, Fragen und Aufforderungen der Mutter am Tonfall zu unterscheiden. Indem es den Tonfall der Mutter nachahmt, vermag es selbst schon seinen Wünschen ersten primitiven Ausdruck zu verleihen.
- Beim *fünften Prozeß,* der den anderen übergeordnet ist, steht das gemeinsame Spiel im engeren Sinne im Vordergrund. Bruner schreibt: ,,Das Spiel lenkt die Aufmerksamkeit des Kindes auf die Kommunikation und auf die Struktur der Handlungen, in denen Kommunikation stattfindet." (1975, S. 10, übers. v. Verf.).

Zur Veranschaulichung ein selbstgewähltes Beispiel: Mutter und Kind spielen das beliebte ‚Wo-Da'-Spiel. Die Mutter hält einen Ball hinter ihrem Rücken und fragt: ,,Wo ist der Ball?" Das Kind schaut auf die Mutter, macht Zeigegebärden und vokaliert. Die Mutter holt den Ball hervor: ,,Da ist der Ball!" Das Kind entspannt sich und lacht.

Weiter wird diese Spiel-Sprache Beziehung so begründet, daß über Regeln im Spiel das Kind überhaupt erst für kulturelle Regeln sensitiviert wird, die symbolische Anweisungen für das Handeln nach gesellschaftlichen Normen darstellen.

Wahrnehmung und Produktion von Sprachlauten

Von besonderem Interesse ist das Auftreten der ,,konstanten Laut-Bedeutungs-Muster". Dies heißt, daß dieselbe Sache immer mit demselben Ausdruck belegt wird. Bei Nigel, dem Sohn Hallidays (1975), bedeutet so z. B. ,,nananana" immer so etwas wie ,,ich will das Ding da", nie aber so etwas wie ,,komm zu mir". Dabei gilt, daß die semantische und die pragmatische Dimension noch nicht getrennt sind. Mit den beiden variablen Komponenten der Artikulation und der Intonation modelliert das Kind seinen Ausdruck. Das Inhaltssystem besteht dabei aus einer Art Repräsentation, die noch wenig oder nichts mit den Wörtern der Erwachsenensprache zu tun hat. Auf dieser Entwicklungsstufe können nach Halliday u. a. vier verschiedenen Funktionen jeweils Bedeutungen zugeordnet werden:

1) der instrumentellen oder ,,Ich will"-Funktion,
2) der regulatorischen oder ,,Tu wie ich dir sage"-Funktion,
3) der interaktionalen oder ,,Ich und du"-Funktion,
4) der personalen oder ,,Hier komme ich"-Funktion.

Daran wird deutlich, daß zu Beginn der Sprachentwicklung der Imperativ steht und erste sprachliche Äußerungen nicht kognitiver, sondern affektiver Art sind. Die regulative und die expressive Sprachhandlung sind somit der konstativen ontogenetisch vorgeordnet.

Phase der Spracheinführung

Wir haben bisher das Kind als einen Dialogpartner kennengelernt, der sprachliche Mitteilungen schon teilweise verstehen kann und auch selbst zum primitiven Ausdruck spezifischer Bedürfnisse in der Lage ist. Man darf sich nun solche Dialoge freilich nicht als lediglich vereinfachte Formen von Dialogen zwischen Erwachsenen oder älteren Kindern vorstellen. Auch ist das Wort ,,Partner" nicht in seiner vollen Bedeutung zu interpretieren. Denn es gilt: Die Mutter verwendet die sogenannte *Ammensprache (baby talk)* und paßt sich ganz den Anforderungen des Kindes an. In psychoanalytischen Begriffen können wir diesen Sachverhalt mit Lorenzer als ,,Regression im Dienste des Kindes" bezeichnen. Das Kind nimmt andererseits die Mutter als solche wahr und reagiert auf sie. Diese Differenzierung und seine Reaktionen sind aber noch nicht zum Bewußtsein gebracht im Sinne einer Ich-Du-Unterscheidung und eines reflexionsfähigen Mit- und Gegeneinanders. Dazu bedarf es der weiteren Sprachentwicklung, deren nächster Schritt im Erwerb von Wörtern im Sinne konventioneller Symbole besteht.

Wort und Bedeutung

Am Beispiel des Wortes ,,Mund" zeigt Bruner (1975, S. 16) im einzelnen, in welcher Weise ein Gegenstandsbereich (Topik) vor seiner Benennung in Handlungszusammenhänge und referentielle Episoden eingebettet wird.

Zwischen Ann (A) und ihrer Mutter (M) spielen sich drei besondere Szenen ab:

Mit neun Monaten hält A die Tasse an den Mund ihrer Puppe. Später hält sie diese auch an den Mund von M, die zu trinken vorgibt. Wieder etwas später, beim Wechseln der Windeln, hält A ihre Zehen in Erwartung eines Spiels hoch. M nibbelt mit dem Mund an ihnen und A lacht. Zwei Monate später hat das Zehenspiel die Form angenommen, daß M A beim Abtrocknen nach erfolgtem Bad fragt: ,,Wo sind deine Zehen?" A vokalisiert, lacht und hält ihre Zehen hoch, an denen M wieder nibbelt. Mit einem Jahr berührt A ihren eigenen und nach einer Weile den Mund von M. M nibbelt an A's Finger. A berührt wieder ihren eigenen Mund, schaut M an und bildet eine lange Vokalisation. M sagt: ,,Ja, das ist ein Mund."

Es ist nun äußerst unwahrscheinlich, daß ,,Mund" das erste Wort ist, das erworben wird. Welches Wort bzw. welche Wörter mit welchem Bedeutungsgehalt sind es aber dann? Dieser Frage wurde seit jeher viel Beachtung geschenkt. Erinnern wir uns dazu, daß die wesentlichsten Bedürfnisse des Kindes im sozialen Kontakt mit ganz bestimmten Personen, insbesondere der Mutter, befriedigt (und auch nicht befriedigt) werden, so liegt die Annahme nahe, daß sich die ersten Wörter mit ihren Bedeutungen genau auf das Handeln dieser Personen in Bedürfnissituationen beziehen werden. Dies bestätigt die Untersuchung Greenfields (1973). Im Alter von etwa 12 Monaten gebrauchte Lauren, die Tochter der Autorin, die Wörter ,,Dada", ,,Mama" und ,,Baba" (= Barbara).

Das erste Wort ,,Dada" war für Lauren mit der Bedeutung ,,Pflegeperson" verknüpft. Auf die Frage: ,,Wo ist Dada?" schaute sie sowohl die Mutter als auch den Vater und das Kindermädchen Barbara an. Noch vor der Unterscheidung in Eltern und Nicht-Eltern differenzierte sie zwischen männlich und weiblich. So generalisierte sie ,,Dada", nicht aber ,,Mama" oder ,,Baba" auf einen unbekannten Mann. Daß sie schließlich auch den Bedeutungsunterschied zwischen Eltern und Nicht-

Eltern erworben hatte, ließ Lauren daran erkennen, daß sie mit „Baba“ und nicht mit „Mama“ eine unbekannte Frau bezeichnete.

Ob aus dieser Analyse generell auf eine Entwicklungspriorität der Unterscheidung von männlich und weiblich gegenüber der Differenzierung in Eltern und Fremdpersonen geschlossen werden darf, muß wegen der besonderen Konstellation „Mutter – Vater – Babysitter“ und auch deshalb in Frage gestellt werden, weil sich nicht alle Väter an der Kinderpflege so intensiv wie im vorliegenden Fall beteiligen. Scheint dieser Einwand auch zunächst nebensächlich, so hilft er doch, deutlich zu machen, daß die Erstellung einer generellen Entwicklungsfolge erst auf der Grundlage vieler Einzeluntersuchungen möglich sein kann.

Expressive und regulative Sprachspiele

Zwischen 12 und 18 Monaten erwerben Kinder eine ganze Anzahl von Wörtern. Diese werden holophrastisch gebraucht, wofür Stern schon 1907 den treffenden Begriff des „Ein-Wort-Satzes“ eingeführt hat. So wie „nananana“ für den kleinen Nigel haben auch diese Wörter eine umfassendere Bedeutung als den einfachen Referenzbezug und dienen nicht nur der Bezeichnung von Objekten und Ereignissen. Die meisten Autoren sind sich vielmehr darin einig, daß Kinder auf der sogenannten Einwortstufe schon weitgehend die relationalen semantischen Konzepte erworben haben, die sie später mit Zwei- und Dreiwort-Äußerungen sprachlich expliziter markieren. Diese Relationen stellen Erweiterungen und Differenzierungen der bislang erworbenen konzeptuellen Unterscheidung in Handelnden – Handlung – Objekt der Handlung dar. Insgesamt sieben solcher Relationen lassen sich unterscheiden (vgl. u.a. Brown 1973):

1 Vokativ	„Mama“	Kind will etwas haben;
2 Objekt des Wollens	„Milch“	Kind greift danach;
3 Handlung einer anderen Person	„fort“	Mutter geht weg;
4 unbelebtes Handlungsobjekt	„Löffel“	Mutter nimmt einen Löffel aus der Schublade;
5 Handlung eines unbelebten Objekts	„fort“	Mutter sagte zuvor: „Die Platte liegt dort“;
6 Handlungsempfänger	„Mama“	Kind gibt ihr etwas;
7 Handlungsagent	„Mama“	Kind reicht nach erfolglosem Versuch, mit einem Messer zu schneiden, dieses der Mutter.

Die Beispiele zeigen, daß die einzelnen Wörter mit Handlungen und Gesten verbunden sind. Gerade diese Eingebundenheit der Wörter in den Handlungszusammenhang macht ihre Bedeutung aus.

Hier erkennen wir nochmals ganz deutlich, daß die Entwicklung der Sprache nicht isoliert erfolgt, so wie Chomsky es postuliert. Vielmehr werden Handlungsspiele, die das Kind schon beherrscht, schrittweise zu Sprachspielen. Der erste Schritt besteht in der Versprachlichung einer Komponente des Handlungsspiels, das noch primär bedeutungstragend ist. Im Laufe der weiteren Entwicklung wird dann das Handeln zunehmend durch Sprechen ersetzt.

Die Bedeutungsvermittlung hat vorwiegend affektiven (expressiven) und regulatorischen Charakter: Das Kind vermißt etwas, freut sich über etwas und will etwas. Dabei erlebt es die Mutter als Zuschauerin und antizipiert sie als Unterstützende. Genau dies macht das noch nicht zweijährige Kind, von dem oft behauptet wird, daß es egozentrisch und nicht in der Lage sei, den Standpunkt eines anderen einzunehmen!

Aufbau des sprachlichen Systems

Das heuristische Prinzip der Gestaltpsychologie: ,,Das Ganze ist mehr als die Summe seiner Teile" trifft auch auf Sätze zu, deren Sinn nicht nur von den sie konstituierenden Wörtern, sondern ebenfalls von ihrer jeweiligen syntaktischen Struktur abhängt. Die strukturellen Aufbauregeln werden von dem Kind schrittweise gelernt. Den ersten Schritt tut es in der Zwei- und Dreiwort-Phase, zumindest was die Produktion betrifft. Wie sieht die Grammatik des ungefähr zweijährigen Kindes aus? Diese Frage impliziert nicht, daß sich das Kind in irgendeiner Weise den Regeln, denen es folgt, bewußt ist. Sie drückt lediglich den Sachverhalt aus, daß seine Äußerungen regelhaft strukturiert sind.

Der weiteren Frage nach den Inhalten und Funktionen der ersten Wortverbindungen wenden wir uns anschließend zu.

Zwei- und Dreiwort-Sätze

Der Übergang zwischen dem Einwort- und dem Mehrwortstadium ist fließend. Nach Bloom (1970) gilt, daß das Kind zunächst zwei Einwortsätze aneinanderreiht; diese sind durch eine längere Pause getrennt und weisen nicht die typische Satzmelodie auf. Damit wollen wir uns hier aber nicht näher beschäftigen, sondern gleich die folgenden Wortkombinationen betrachten (Beispiele aus Grimm 1973, Miller 1976).

1 ,,net hiemache"
2 ,,net schreibe"
3 ,,mehr habe"
4 ,,Mädi schlafe"
5 ,,Papa schläft"
6 ,,Wauwau bellt"
7 ,,Frau mitschreibe"
8 ,,Des Bode nalege"
9 ,,Frau Hanshans mole"
10 ,,Maxe weg"
11 ,,Maxe auf"
12 ,,Auge zu"
13 ,,Tür auf"
14 ,,Balla Schoß"
15 ,,Papa Hut"
16 ,,Mama Arm"
17 ,,kleines Balla"
18 ,,der müde"
19 ,,da ein Schönes"
20 ,,mehr Saft"
21 ,,des auch paßt"
22 ,,Meike Bank auch"

Diese Äußerungen sind aus Platzgründen ohne Kontextbeschreibungen angeführt. Sie geben auch kein vollständiges Bild des Sprachrepertoires, sondern sollen vielmehr die folgenden drei Hauptcharakteristika veranschaulichen:

Telegraphische Sprache: Alle bisher untersuchten Kinder, gleichgültig ob sie Deutsch, Englisch oder eine andere Sprache als ihre Muttersprache erlernen, lassen bei ihren ersten Wortkombinationen systematisch bestimmte Satzelemente aus. Vorwiegend sind dies Artikel, Hilfsverben, Ableitungs- und Flexionsmorpheme sowie Funktionswörter wie Konjunktionen und Präpositionen, die in der Erwachsenensprache einen Satz ‚zusammenhalten'. Da wir bei der Abfassung eines Telegramms (aus Kostengründen) vergleichbar vorgehen, hat Brown (1973) diese Äußerungen als „telegraphisch" bezeichnet. Völlig zutreffend ist dieser Vergleich jedoch nicht. Denn sind im Telegrammstil übermittelte Inhalte normalerweise trotz Auslassung vieler grammatischer Elemente verständlich, so lassen sich die Äußerungen der Kinder nur vor dem Hintergrund der Gesamtsituation eindeutig interpretieren. Kontextlos betrachtet sind sie, wie die Einwortsätze, immer noch mehrdeutig. Mit „Tür zu" kann so gemeint sein: „Mutter, mach die Tür zu" – „Ich mache die Tür zu" – „Die Tür ist zu". Nur wenn die Tür geöffnet ist, und das Kind den Satz äußert, indem es seine Mutter auffordernd anschaut, liegt z. B. die erste Interpretation nahe. Solche Interpretationen nimmt die Mutter nun ständig vor. Dabei überprüft sie, ob sie das Gesagte auch richtig verstanden hat, häufig in der Weise, daß sie die Äußerung des Kindes in grammatisch vollständigerer Form wiederholt und Protest erwartet, wenn sie sich geirrt hat. Brown und Bellugi (1964) haben diese Wiederholungen als „Expansionen" bezeichnet. Daß sie eine wichtige Funktion für den Spracherwerb haben, machen die folgenden Beispiele deutlich.

Kind	Mutter
net hiemache	Ich soll den Turm nicht kaputt machen
auch Saft	Du willst auch Saft haben
Balla Schoß	Der Ball liegt auf meinem Schoß

Die Autoren beschreiben die Regel, der die Mutter beim Expansionsprozeß folgt, so: „Behalte die Reihenfolge der Wörter bei und füge jene Funktoren hinzu, die zu einem gutgebildeten einfachen Satz führen, der zur Situation paßt" (Brown & Bellugi 1964, S. 147, übers. v. Verf.).

Dabei geht die Mutter offensichtlich davon aus, daß das Kind mehr verstehen als selbst sprachlich produzieren kann. Diese – wohl implizite – Annahme ist zutreffend: Das Kind muß erst verstanden haben, was ein sprachlicher Ausdruck bedeutet, bevor es diesen Ausdruck selbst verwenden kann. Erinnert sei hier an die anschauliche Schilderung Bruners, wie ein erstes Verständnis eines sprachlichen Ausdrucks durch die gemeinsame Orientierung von Mutter und Kind auf ein Ereignis hervorgerufen wird.

Die Mutter als Sprachlehrende

In inzwischen zahlreichen Untersuchungen wird beschrieben, wie Mütter in ganz besonderer Weise zu ihren Kindern sprechen. Neben dem Begriff der sogenannten Ammensprache (baby talk) hat sich in der englisch-sprachigen Literatur der Neologismus „Motherese" durchgesetzt, der auch die Tatsache widerspiegelt, daß bisher die Sprache der Mutter am besten untersucht ist. Diese Sprache stellt ein vereinfachtes und besonderes Register dar, das höchstwahrscheinlich universeller Natur ist. Es wird also in ganz verschiedenen Sprachgemeinschaften verwendet. Das Register wird dem kindlichen Entwicklungsstand entsprechend verändert.

Welche besonderen Merkmale auf der phonologischen, morphologischen, syntaktischen und semantischen Ebene das Register gegenüber dem Kind aufweist, das noch nicht sprechen kann bzw. sich am Beginn des Spracherwerbs befindet, hat insbesondere Ferguson (1964, 1977) untersucht. Danach handelt es sich u. a. um die folgenden Merkmale:

- Ersetzung schwieriger Laute durch einfachere,
- Hervorhebung neuer Information durch Betonung,
- Übertreibung der Intonationskontur von Äußerungen,
- Ersetzung von Pronomen der ersten und zweiten Person durch Eigennamen,
- Verwendung von Diminutiven,
- längere Pausen an Phrasen- und Satzgrenzen,
- kurze und grammatisch korrekte Sätze,
- Wiederholung von Wörtern und Satzteilen,
- begrenzter kindgemäßer Wortschatz,
- Durchführung ritualisierter Sprachspiele.

Hieran wird deutlich, daß der Sprache der Mutter eine Sprachlehrfunktion zukommt, womit aber nicht gleichzeitig behauptet ist, daß die Mutter die Rolle der Sprachlehrenden bewußt übernehmen muß.

Dem sehr kleinen Kind gegenüber scheint die Sprachlehrfunktion auch nicht die primäre zu sein; primär sind vielmehr die affektive, Intimität stiftende und die kommunikative Funktion: Durch ihre besondere Sprechweise stellt die Mutter eine positive affektive Beziehung zu ihrem Kind her und sichert die gegenseitige Verständigung.

Interessant ist auch die weitere, Status zuweisende Funktion, die der Ammensprache zugesprochen wird: Dadurch, daß das Kind erfährt, daß z. B. der Vater anders zu ihm spricht als zur Mutter und diese wiederum anders zu ihm spricht als zu den älteren Geschwistern, lernt es, eine erste Abgrenzung sozialer Rollen vorzunehmen.

Dem in seiner sprachlichen Entwicklung schon etwas fortgeschrittenen Kind gegenüber nimmt die Mutter dann bewußt die Rolle der Sprachlehrenden ein. Damit reagiert sie auf die Tatsache, daß die Phase zwischen dem zweiten und dem vierten Lebensjahr wesentlich durch die Entwicklungsaufgabe des Spracherwerbs bestimmt ist. Diese Rolle wird insbesondere an der Verwendung von Expansionen (s. o.) und Reformulierungen deutlich. Beide stellen modellierende Sprachlehrstrategien dar, die gestaltspsychologisch aufgefaßt werden können. Bei der Expansion als selektiv korrigierender Strategie nimmt die Mutter die grammatisch unvollständige Äußerung ihres Kindes auf, verändert diese aber inhaltlich nicht, sondern fügt allein die fehlende grammatische Information hinzu. Sie gibt also so etwas wie eine ,,gute Gestalt" des von ihr akzeptierten Inhalts vor.

Beispiel: Das Kind sagt ,,Hatter put tetangen", und die Mutter erwidert ,,Ja, das ist kaputt gegangen". Bei der Reformulierung macht die Mutter von der Möglichkeit Gebrauch, ein vorgegebenes Satzmuster in ein anderes Satzmuster zu transformieren. Hierzu folgendes Beispiel: Das Kind stellt fest ,,Da is der Teufel wieder", und die Mutter fragt zurück ,,Wo ist der Teufel wieder?"

Nelson und seine Mitarbeiter haben experimentiell aufgezeigt, daß Reformulierungen Kinder tatsächlich dazu bringen, die angebotenen Satzmuster schneller zu erwerben (Nelson 1983). Englischsprachige empirische Untersuchungen, bei denen Expansionen und Reformulierungen berücksichtigt sind, finden sich u. a. in Ferguson und Snow (1977). Über eine Untersuchung mit deutschsprachigen Kindern berichtet Grimm (1984, 1985a und b), wobei belegt wird, daß die Sprachlehrstrategien der Mütter nur dann entwicklungswirksam sind, wenn die Kinder komplementäre Sprachlernstrategien einsetzen.

Am Beispiel dysphasischer Kinder wird gezeigt, wie ein Lehren ohne Lernen stattfinden kann (Grimm 1984, 1985b).

Allerdings bleibt in diesem Zusammenhang auch festzustellen, daß sich nicht alle Mütter in derselben Weise sprachlich auf ihre Kinder einstellen (können). Die verschiedenen Spracherfahrungen, die Kinder machen, bleiben sicherlich nicht ohne Folgen auf die Ausbildung der Sprachfähigkeit.

Wortordnung: Die Wortordnung ist das erste grammatische Merkmal, das Kinder lernen. Mit wenigen Ausnahmen (Beispiele 21, 22) folgen ihre skelettartigen Äußerungen der dominanten Wortstellung in der Erwachsenensprache. Als wichtige allgemeine Regel beachten sie:
- Verben und Verbpartikel stehen am Satzende (Beispiele 1–9, 10–13),
- Spezifischere Regeln sind u. a.: Subjekt – Objekt (Beispiele 14–16),
- net/mehr usw. + Verb/Objekt (Beispiele 1–3, 20).

Wiederholung: Kleine Kinder neigen häufig zu Wiederholungen, denen ganz verschiedene Funktionen zukommen können. So macht es dem Kind einfach Spaß, mit Worten zu spielen und sich selbst zu hören. Diese Wortspiele geschehen ohne kommunikative Absicht. Von einer „replacement sequence“ (Ersetzungsreihe) spricht Braine (1971) demgegenüber dann, wenn das Kind bei der Suche nach einem passenden Ausdruck für einen Gedanken Wortkombinationen durchprobiert („Stevie Gewehr. Tommy, Stevie Gewehr. Gewehr. Tommy Gewehr. Tommy gibt Stevie Gewehr“ (übers. v. Verf.)). Die dritte Funktion der Spezifikation tritt zu einem etwas späteren Zeitpunkt auf. Unter anderem erfahren Nomen durch Hinzufügen von Artikeln oder Adjektiven bzw. durch Änderung der Wortwahl eine nachgestellte exaktere Bestimmung, wie diese Beispiele (Grimm 1973, S. 111) zeigen. „Da Bibilein, das Bibilein. Aa a Katz, a rote Katz. Guck Rage, Autorage. Des isch a Fisch, a Blaufisch“.

Darstellungsfunktion

Auch ohne Kontextbeschreibung ist den oben angeführten Beispielen unschwer zu entnehmen, daß die Kinder zusätzlich zu den Relationen der Einwort-Phase noch den weiteren Bedeutungen
- der Lokation, Beispiel: „Balla Schoß“,
- der Negation, Beispiel: „net schreibe“,
- des Hinweises, Beispiel: „da ein Schönes“,
- des Besitzes, Beispiel: „Papa Hut“,
- des Wiederauftretens, Beispiel: „mehr habe“,
- der Attribution, Beispiel: „kleines Balla“,

Ausdruck verleihen (Brown 1973, Bruner 1975).

Sie vermögen jetzt also auch etwas über die Dinge auszusagen. Zur expressiven und regulatorischen Sprechhandlung ist die konstative getreten. Die Sprache hat die Qualität der Kognitivität erhalten. Schon Vygotsky (1964, S. 8) schreibt: „Das Wichtigste, was wir über die Entwicklung von Denken und Sprechen beim Kind wissen, ist die Tatsache, daß etwa um das zweite Jahr die Entwicklungslinien des Denkens und Sprechens zusammenfallen und eine neue, für den Menschen charakteristische Verhaltensform einleiten.“ Zwei Kriterien charakterisieren seiner Ansicht nach den zeitlichen Umschwung, von dem an die Sprache intellektuell und das Denken sprachlich wird: die Fragen des Kindes nach den Bezeichnungen neuer Dinge sowie die damit verbundene sprunghafte Erweiterung des Wortschatzes. Stern hat dieses Ereignis mit den Worten umschrieben, daß das Kind die größte Entdeckung seines Lebens mache, daß jedes Ding einen Namen hat (Stern & Stern 1965).

Ein drittes Kriterium ist aber noch hinzuzufügen: Das Kind beginnt jetzt auch, sich berichtend auf Vergangenes zu beziehen. Dazu ein Beispiel von Miller (1976, S. 237f): Meike (20; 3 Monate) und Simone spielen miteinander. Simone weint und Meike äußert: „Mone weint." Etwas später, als Simone schon wieder lacht, stellt sie nochmals fest: „Mone weint".

Die sich anbahnende Lösung der Sprache von der aktuellen Handlungssituation wird an dem bekannten Beispiel Sterns besonders deutlich: Stern läßt beim Einsteigen in eine Droschke seine Touristenflasche fallen, die in Stücke geht. Fünf Tage später erinnert sich seine Tochter Hilde (25 Monate): „Papa, brrbrr, Fasche putt" (brrbrr = Pferd).

4. Wichtige Fortschritte der Sprachfähigkeit

Mit der Unterscheidung zwischen einem System- und einem Handlungsaspekt der Sprache sind die beiden Grundlinien der weiteren Entwicklung der Sprachfähigkeit angedeutet.

Die erste betrifft den zunehmenden Ausbau der Grammatik. Dabei gilt: Je vollständiger dieser Ausbau ist, desto kontextunabhängiger ist das Verstehen und Erzeugen von Sprache. In der Literatur findet dieser Entwicklungsaspekt, der auch die Voraussetzung für den Erwerb der Schriftsprache bildet, die meiste Beachtung: „Zunehmende Kontextunabhängigkeit" der Sprache ist dort das große Zauberwort, das jeden Entwicklungsfortschritt kennzeichnen soll.

Die zweite Grundlinie, die demgegenüber weniger berücksichtigt ist, betrifft die Elaboration kontextspezifischer Formen sprachlichen Handelns. Damit ist die Tatsache erfaßt, daß wir nicht nur lernen, daß jedes Ding seinen Namen hat, sondern auch, daß jedes Ding viele Namen haben kann. Wir erwerben auch nicht nur jeweils eine Form der Sprechhandlung für den Ausdruck unserer Intentionen, sondern viele verschiedene. Je nach den Umständen formulieren wir so z.B. eine Aufforderung als Aussage, Befehl oder Wunsch.

Beispiel: Ich möchte, daß das Fenster geschlossen wird. Um einen anderen dazu zu veranlassen, kann ich äußern:
- „Es zieht";
- „Mach das Fenster zu";
- „Ich würde gerne bei geschlossenem Fenster sitzen".

Mag die erste Äußerung bei meinem Ehepartner angebracht sein, so ist sie es sicherlich nicht bei fremden Personen; hier ist die dritte Äußerung angebrachter. Mein Sohn wird die erste Aussage gar nicht als Aufforderung verstehen und antworten: „Das finde ich gar nicht". Wunschgemäß reagieren wird er hingegen auf den Befehl.

Diesen beiden Entwicklungslinien, dem Ausbau der Grammatik und der Elaboration kontextspezifischer Sprachformen, wollen wir uns nun zuwenden.

Phonologische Entwicklung

Da der Systemausbau eng mit der Fähigkeit verbunden ist, Wörter richtig zu verstehen und auszusprechen, soll deren Entwicklung zuerst kurz dargestellt werden.

Das sogenannte Fis-Phänomen (Brown 1973, vgl. auch Clark & Clark 1977) macht anschaulich, daß Kinder schon dann Wörter richtig verstehen, wenn sie sie selbst noch nicht richtig produzieren können. So unterhält sich ein Versuchsleiter mit einem kleinen Kind, das seinen Plastikfisch ,,Fis" nennt. Die Aussprache des Kindes imitierend, fragt der Versuchsleiter: ,,Ist das dein Fis?" ,,Nein", antwortet das Kind, ,,das ist mein Fis". Weitere Imitationen weist es ebenfalls zurück, bis der Versuchsleiter fragt: ,,Ist das dein Fisch?" ,,Ja", freut sich das Kind, ,,das ist mein Fis".

Diesem wie vielen anderen Beispielen ist zu entnehmen, daß Kinder Wörter in einer komplexeren Form wahrnehmen und gespeichert haben, als ihre eigene Wortproduktion vermuten läßt. Mit etwa drei Jahren scheinen ihre Wortrepräsentationen so ziemlich den Erwachsenenformen zu entsprechen und vermögen damit eine wichtige Modellfunktion für die Wort-Aussprache zu erfüllen, die spätestens bei Schuleintritt beherrscht sein soll.

Bis sie aber soweit sind, nehmen die Kinder häufig die folgenden Simplifikationen bei der Aussprache vor:

- Segmente am Wortende werden weggelassen. ,,Blumen" wird so zu ,,Blu". Häufig ist eine einfache Konsonant-Vokal-Struktur.
- Konsonantencluster werden reduziert: ,,cry" wird zu ,,ay" oder ,,cay". Oder ein Konsonant wird durch einen anderen ersetzt: ,,cway" statt ,,cry".
- Unbetonte Silben werden ausgelassen: ,,Aff" statt ,,Affe".
- Bei zweisilbigen Wörtern wird nur eine Silbe beibehalten und verdoppelt: ,,kitchen" wird zu ,,kiki".

Warum Kinder diese Vereinfachungen vornehmen, scheint am plausibelsten durch ihre noch begrenzte Artikulationsfähigkeit erklärbar zu sein. Denn die Annahme, daß diese abweichenden Formen durch unvollständige Wortrepräsentationen im semantischen Gedächtnis bedingt sind, ist, wie wir gesehen haben, nicht haltbar. Und wenig wahrscheinlich ist auch die teilweise ebenfalls vertretene Annahme, daß sie das Ergebnis eines noch begrenzten Kurzzeitgedächtnisses sind. Dagegen sprechen die Systematik der Vereinfachungen und die Tatsache, daß sehr viel mehr als nur ein einzelnes Wort reproduziert werden kann.

Da es hier zu weit führen würde, die phonologische Entwicklung im einzelnen nachzuzeichnen, sei abschließend nur darauf hingewiesen, wie sich leicht feststellen läßt, ob und inwieweit ein Kind gelernt hat, welche Laute miteinander verbunden werden können und welche nicht. Man läßt es einfach Wörter danach beurteilen, ob sie mögliche Wörter des

Deutschen sind, oder man läßt es neue Wörter erfinden. Dabei zeigt sich, ob „unmögliche" Verbindungen wie z. B. „Mvzon" akzeptiert bzw. hergestellt werden oder nicht.

Erwerb grammatischer Morpheme

Nachdem das kleine Kind gelernt hat, eine ganze Reihe semantischer Relationen mittels der Wortordnung auszudrücken, beginnt es schon auf der Dreiwort-Stufe, erste grammatische Morpheme zu gebrauchen. Wie die Entwicklung dann bis etwa zum vierten Lebensjahr fortschreitet, hat Brown (1973, S. 250–399) bisher am umfassendsten, methodisch saubersten und theoretisch einsichtsvollsten dargestellt.

Bei den drei von ihm und seinen Mitarbeitern im Längsschnitt untersuchten Kindern mit den biblischen Decknamen Adam, Eve und Sarah konnte Brown feststellen, daß diese im Zeitraum von weniger als zwei Jahren allein 14 verschiedene grammatische Morpheme erworben haben. Interessant ist dabei nicht nur, daß die Kinder trotz Schwankungen der jeweiligen Erwerbszeitpunkte dieselben Morpheme innerhalb eines bestimmten Entwicklungsabschnitts beherrschten, sondern daß sie diese auch in derselben Abfolge zu beherrschen lernten (vgl. Tabelle 12.2).

Daß diese invariante Abfolge nicht generalisiert werden darf, wird jedem sofort einsichtig: Im Deutschen gibt es z. B. keine Progressivform und auch keine kontrahierten Formen („I'm" oder „you've"). Sieht man aber von diesen einzelsprachlichen Eigenheiten ab und stellt eine Beziehung von der Oberflächen- zur Tiefenstruktur her, so kann der interkulturelle Vergleich an die Frage gebunden werden, ob entsprechende Bedeutungen jeweils auch entsprechend verschieden komplexen Ausdruck finden. Bedauerlicherweise fehlen uns jedoch ausreichende Daten, um diese Frage hier beantworten zu können.

Tabelle 12.2 Erwerbsfolge grammatischer Morpheme

1.	Progressive Präsensform
2./3.	Präpositionen *in – auf*
4.	Plural
5.	Unregelmäßige Vergangenheitsform
6.	Possessivform
7.	Nicht-zusammengezogene Kopula
8.	Artikel
9.	Regelmäßige Vergangenheitsform
10.	Regelmäßige Form der dritten Person
11.	Unregelmäßige Form der dritten Person
12.	Nicht-zusammengezogene Hilfsverben
13.	Zusammengezogene Kopula
14.	Zusammengezogene Hilfsverben

(aus Brown 1973)

Über welche Lernschritte Kinder erst allmählich das im Deutschen oft sehr komplizierte System grammatischer Morpheme erwerben, soll am Beispiel der *Vergangenheitsform* illustriert werden.

Ich stütze mich dabei auf Daten von Rau (o. J.), die in einem Zeitraum von neun Monaten die Äußerungen ihres Sohnes Philipp (zwei Jahre, zehn Monate – drei Jahre, sieben Monate) systematisch erfaßt hat.

Innerhalb dieser neun Monate lassen sich fünf Lernschritte unterscheiden. Obgleich es unzulässig ist, von den Daten eines Kindes generelle Aussagen abzuleiten, rechtfertigen doch ausreichende Hinweise die Annahme, daß außer Philipp auch andere Kinder diese bzw. ähnliche Phasen durchlaufen. Die zeitlichen Angaben dürfen allerdings nicht verallgemeinert werden und sind nur als Richtwerte zu verstehen. Dabei ist zu betonen, daß Philipp überdurchschnittlich schnell lernt.

Lernschritt I (2 Jahre, 10 Monate – 2 Jahre, 11 Monate): Philipp beginnt, Vergangenes von Gegenwärtigem zu unterscheiden; er bringt immer häufiger Erlebtes und Erinnertes in das Gespräch mit der Mutter ein. Als primäre Träger der Vergangenheitsbedeutung dienen die Adverbien „früher mal", „schon mal", „mal": „Früher mal hat's zu uns geschneit". „Morgen" wird für die Vergangenheit und die Zukunft verwendet, wobei die häufige Verbindung mit „heute" den Bezug zur Gegenwart herstellt: „Heute morgen bin ich ausgerutscht". Diese Übergeneralisierung der Bedeutung ist besonders interessant und läßt sich in vielen anderen Bereichen nachweisen (s. u.). Aus dem Bereich der Vergangenheit grenzt Philipp mit „eben" die unmittelbare Vergangenheit aus: „Hol mir noch ein Löffen, Mama; das hat eben so getropft". Wie die Beispiele zeigen, verwendet er das Perfekt als die Zeit der Vergangenheit; es wird mit haben/sein + Partizip II gebildet. An den fehlerhaften Partizipialformen wird besonders deutlich, daß grammatische Formen nicht einfach übernommen, sondern produktiv gebildet werden: „hat getretet", „ist gereitet", „ist gegeht".

Lernschritt II (2 Jahre, 11 Monate – 3 Jahre, 1 Monat): Dieser Lernschritt besteht nicht in einer abrupten Veränderung der Vergangenheitsform, sondern die erworbenen Formen werden strukturell verbessert und dienen dem Ausdruck vielfältigerer Funktionen.
Beispiele:
Wissen: „Mama, ich hab das gewußt, daß du mir fünf Mark geben mußt".
Wertung: „Die hat mir schon wieder nen festen Kuß gegeben".
Sich behaupten: „Ich habe dir doch gesagt, daß ich möchte baden".
Zu beobachten sind zwei strukturelle Veränderungen:
- Adverbien werden nur noch selten gebraucht;
- die Vorsilbe „ge-" wird übergeneralisiert (statt be-, er-, ver- und zer-) verwendet: „gefutscht", „mich geschluckt", „geobachtet", „gestückelt", „gebarmt".

Lernschritt III (3 Jahre 1 Monat – 3 Jahre, 4 Monate): Er ist durch vier wesentliche Fortschritte gekennzeichnet:
- Das Perfekt wird häufig durch das Präteritum ersetzt; die kürzere Form verdrängt die umständlichere:
  „Da stand der Mann".
  Die neu erworbene Form wirkt dabei auf die Bildung der Partizipialform zurück:

,,gestanden" wird zu ,,gestand";
,,geholfen" wird zu ,,gehelf";
,,gegangen" wird zu ,,gang".

- Berichte (,,Reportstrukturen" nach Rau) nehmen zu, wobei häufig Phrasen mit ,,sagen" verwendet werden: ,,Mama, der Eiermann hat gesagt, das Geld ist zuviel".
- Philipp beginnt, mit Konjunktivformen zu experimentieren: ,,Da hab ich gesagt, du seist doch kein Affe".
- Bisher hat Philipp einzelne Handlungen bzw. Ereignisse in der Vergangenheit mit ,,dann" aneinandergereiht: ,,Dann hab ich die Großmutter gefragt: Hast du noch mehr Wiwis? Dann hab ich ihn eine Wiwi gebracht". Jetzt gelingt ihm eine erste Koordination mit als-Sätzen: ,,Als ich groß war, kamst du da in mein Haus?".

Lernschritt IV (3 Jahre, 4 Monate – 3 Jahre, 5 Monate): Als völlig neue Errungenschaft tritt das Plusquamperfekt auf und verdrängt vor allem beim Geschichtenerzählen das Präteritum: ,,Früher mal hatten wir ne Maus in Garten beobachtet".

Lernschritt V (3 Jahre, 5 Monate – 3 Jahre, 7 Monate): Die Mutter berichtet, daß Philipp jetzt, neun Monate nach den Entwicklungsanfängen, die Vergangenheitsstrukturen der standarddeutschen Umgangssprache fast vollständig beherrscht. Die Bezeichnung der Vorzeitigkeit in der Vergangenheit mit dem Plusquamperfekt ist allerdings noch selten: ,,Wir haben die Straße nicht geguckt. Da kamen Autos, aber wir waren gelaufen. Wir haben aufgepaßt".

Am Beispiel des Gebrauchs räumlicher (lokativer) und zeitlicher (temporaler) *Präpositionen* wird ebenfalls anschaulich, wie Kinder schrittweise zur Strukturierung sprachlicher Teilbereiche kommen. Hierzu folgende Ergebnisse einer Analyse, der Sprachdaten von 137 Kindern zugrunde liegen (Grimm 1975a):

- Wie im Englischen sind die räumlichen Präpositionen ,,in" und ,,auf" die einfachsten.
- Lassen Zwei- bis Dreijährige sehr häufig Präpositionen aus, so finden sich bei den älteren Kindern mehr Ersetzungen. Dadurch gelingt es ihnen, mit nur wenigen Präpositionen ganz verschiedene Beziehungen auszudrücken. Die Präposition ,,in" wird z.B. anstelle von ,,aus", ,,zu", ,,über" und ,,durch" verwendet: ,,aussteigen in Wagen", ,,gehen in Arzt", ,,rübergehen in Straße", ,,reinkommen in Tür".
- Mit ungefähr dreieinhalb Jahren wird zwischen statischen und dynamischen Zuständen unterschieden; so kommen keine Vertauschungen zwischen statischen und dynamischen Präpositionen vor, wohingegen aber ,,in" häufig für ,,auf" steht: ,,schreiben in Kuh", ,,sitzen in Treppe".
- Für den Ausdruck zeitlicher Beziehungen müssen die Kinder neue Verwendungsregeln für die schon erworbenen räumlichen Präpositionen lernen. Daß selbst Schulkinder zwischen konkret-lokalen und abstrakt-temporalen Begriffen nicht klar zu differenzieren vermögen, zeigen Vertauschungen wie die folgenden: ,,gehen in Samstag", ,,dasein im Weihnacht", ,,hell sein bei Abend".
- Präpositionen mit rein grammatischer Funktion sind ganz besonders schwierig. Die neuen Verwendungsregeln, die hierfür gelernt werden müssen, verlangen

ein Absehen vom Bedeutungsgehalt. Daß tatsächlich ein Entsemantisierungsprozeß stattfindet, zeigt sich daran, daß Verben, die rein syntaktische Präpositionen fordern, zunächst mit semantisch passenden Präpositionen verbunden werden. Die folgenden Beispiele zeigen, wie der den Verben inhärenten Dynamik durch die Wahl direktionaler Präpositionen entsprochen wird: ,,aufpassen zu dem Kind", ,,zeigen zu dem Bild", ,,Hunger haben gegen Bananen".

Verarbeitung komplexer Satzstrukturen

Wenn Kinder beginnen, komplexere Sätze als einfache, aktive Aussagen zu verstehen und zu produzieren, ist es dann gerechtfertigt, ihnen dieselbe sprachlich-linguistische Kompetenz zu unterstellen, von der wir bei Erwachsenen ausgehen, wenn sie entsprechende Sätze verstehen und äußern? Diese Frage ist zu verneinen; allein schon aus der Art, wie Kinder mit Sprachmitteln spielen, wie sie Witze und mehrdeutige Äußerungen aufnehmen, ist zu ersehen, daß sie für Oberflächenstrukturen empfänglicher sind als Erwachsene, und daß sie deshalb, wenn sie auch schon wie Erwachsene sprechen, auf einer teilweise anderen psychischen Ebene operieren.

Kinder lernen demnach Sprache nicht von den abstrakten linguistischen Kategorien zu den wahrnehmbaren Oberflächenformen, sondern der Weg nimmt gerade die umgekehrte Richtung; er verläuft von ,,oben" nach ,,unten".

Um dies am Beispiel zu verdeutlichen, wollen wir uns einem Lieblingskind der Sprachforscher zuwenden: der *Passivstruktur.*

Stellt man etwa Drei- bis Vierjährigen die Aufgabe, Sätze die sie hören, mit Spielzeugmaterial nachzuspielen (Manipulationsexperiment, vgl. auch Grimm & Schöler 1977), so kann man folgendes beobachten: Sätze wie:

,,Der Junge wird von dem Mädchen geküßt",
,,Die Katze wird von dem Pudel weggeschubst"

werden von den Kindern handlungsmäßig umgesetzt als:

,,Der Junge küßt das Mädchen",
,,Die Katze schubst den Pudel weg" (vgl. Grimm et al. 1975).

Die Kinder haben also etwas anderes als das Gesagte verstanden. Sie haben die Sätze nicht nach grammatischen Regeln analysiert, sondern sind der Strategie gefolgt, daß das erstgenannte Nomen das Subjekt der Handlung und das an letzter Stelle genannte das Handlungsobjekt ist. Auf die Wirksamkeit dieser Strategie beim Verstehensprozeß hat zuerst Bever (1970) aufmerksam gemacht; er bezeichnet sie als ,,sequential labelling strategy" und beschreibt sie so: ,,Jede Nomen-Verb-Nomen-Sequenz (NVN) innerhalb einer potentiellen internalen Einheit auf der Oberflächenstruktur entspricht der Folge Handelnder – Handlung – Objekt" (übers. v. Verf.). Eingebürgert hat sich entsprechend auch der

Begriff *N-V-N-Strategie,* der deutlich dafür steht, daß die Kinder beim Verstehen der Wortordnung der Oberflächenstruktur des Satzes folgen.

Was sie verstehen, ist das Ergebnis der Anwendung einer bestimmten Technik. Hörmann (1978, S. 382) spricht davon, daß das Kind ,,auf die gehörte Sprache etwas anwendet, was es auch auf seine nichtverbalen Handlungen anwendet: Es stülpt seinem Tun ein Gerüst über, eine Strategie"; Strategien sind in seinen Worten ,,Rezepte für das Vorgehen".

Neben der N-V-N-Strategie stehen dem kleinen Kind noch weitere Rezepte zur Verfügung. So wendet es auch das Rezept an: ,,Setze unabhängig von der Syntax bzw. der Wortordnung die Wörter in der plausibelsten Weise miteinander in Beziehung." Dieser *Semantik-Strategie* folgt es dann, wenn es Sätze hört, die aufgrund seiner bisher gemachten Erfahrungen nur eine sinnvolle Interpretation zulassen. In dem erwähnten Manipulationsexperiment werden so Sätze wie:

,,Das kleine Kind wird von der Mutter gewaschen",
,,Die Maus wird von der Katze gejagt"

ganz richtig handlungsmäßig umgesetzt als:

,,Die Mutter wäscht das kleine Kind",
,,Die Katze jagt die Maus".

Die Sätze werden deshalb richtig verstanden, weil das Kind aus Erfahrung weiß, daß die Mutter das Kind wäscht und die Katze die Maus jagt und nicht umgekehrt. In Worten Hörmanns ausgedrückt: Die ,,Weltkenntnis" bestimmt hier die Sprachkenntnis. (Die Passivregel wird ja noch nicht beherrscht.)

Daß bei fünfjährigen und älteren Kindern, die die Passivregel beherrschen, ebenfalls die Kenntnis um die Welt beim Verstehen wirksam ist, zeigen ihre Reaktionen auf die Umkehrung obiger Sätze:

,,Die Mutter wird von dem kleinen Kind gewaschen",
,,Die Katze wird von der Maus gejagt".

Die Kinder schauen den Versuchsleiter zuerst erstaunt an, lachen manchmal oder stellen fest, daß dies aber komisch sei, um dann aber die Sätze gemäß ihrer syntaktischen Struktur in Handlung umzusetzen:

,,Das Kind wäscht die Mutter."
,,Die Maus jagt die Katze."

Die kleineren Kinder werden hingegen durch diese erfahrungswidrigen Sätze nicht in Erstaunen versetzt: Für sie gibt es nur eine wahrscheinliche Handlungsrichtung, die zudem mit der N-V-N-Strategie übereinstimmt.

Bevor Kinder in der Lage sind, Passivsätze selbst zu verwenden, müssen sie deren Strukturform zuerst verstanden haben. Es verhält sich jedoch nicht so, daß die Kinder das syntaktische Wissen, das sie beim Verstehensprozeß zeigen, auch gleich bei der Produktion anwenden können. Ein nahtloser Übertragungsvorgang findet nicht statt. Die Passivsätze stellen vielmehr zunächst so etwas wie fertige Muster oder Routinen für den Ausdruck ganz bestimmter Bedeutungszusammenhänge dar und sind nicht als Sprachfiguren konstruiert. Dafür sprechen die folgenden zwei Beobachtungen:

- Die Kinder verwenden nur verkürzte bzw. agenslose Passivformen, bei denen das Subjekt der Handlung nicht mitgenannt ist. Dies hat eine Analyse von mehr als 10000 Äußerungen erbracht (Grimm 1973). Beispiel: ,,Ein Tisch wird hingestellt".
- Diese verkürzten Formen sind fast immer mit denselben Verben ,,(hin)stellen", ,,(hin)/(rein)legen", ,,(hin)/(rein)setzen" verknüpft und dienen ohne Ausnahme den folgenden drei Funktionen:

1. Sie dienen dem Ausdruck eines Geschehens mit bekanntem handelnden Subjekt: ,,Der wird auf den Stuhl gesetzt".
2. Das handelnde Subjekt ist unbekannt: ,,Dann wird ein Stuhl hingestellt".
3. Sie stehen anstelle einer aktiven Satzform mit dem Subjekt ,,man": ,,Wird das so gemacht?" in der Bedeutung von ,,Kann man das so machen?"

Wenn die Kinder dann explizit das gesamte semantische Umfeld dieser Verben beschreiben, wird kein Passiv mehr gebraucht. Dies zeigt anschaulich der Bericht einer Fünfjährigen über ihre Geburtstagsfeier: ,,Da wird ein Tisch innen reingestellt und der, wo ich einlad, der darf ... äh ... an den Tisch ... äh ... Stühl hinstelle, und die andere habe so an Kreis, die müsse da sitze bleibe. Und ich muß rausgehe, und dann wird ... äh ... dann tut die Tante mir was auf de Tisch stelle, und dann ... dann singe mir was und dann kriegt jeder a Bonbon" (Grimm 1973, S. 118f).

Es zeigt sich also wieder, daß Verstehen und Produktion von Sprache asymmetrische Vorgänge sind. Die sprachlich-linguistische Verstehenskompetenz ist der Produktionskompetenz vorgeordnet. Dabei gilt, daß nicht sofort und auf einen Schlag syntaktische Regeln erworben werden. Diese bilden vielmehr das Endprodukt von Zwischenschritten, die durch die Anwendung bestimmter Strategien bzw. Routinen gekennzeichnet sind.

Organisation des subjektiven Lexikons

Im Abschnitt ,,Wort und Bedeutung" wurde beschrieben, in welcher Weise eine Beziehung zwischen den ersten Wörtern und Objekten und Ereignissen hergestellt wird. Der Erwerb dieser ersten Benennungen bildet den Ausgangspunkt für die, wie Stern sagt, größte Entdeckung des Kindes, daß jedes Ding einen Namen hat. Es soll uns hier nun aber nicht interessieren, welche Wörter im weiteren Verlauf der Entwicklung erworben werden, sondern vielmehr wie sie erworben werden.

Um uns diesem Problem zu nähern, wollen wir von der Beobachtung ausgehen, daß kleine Kinder Wörter häufig anders gebrauchen als Erwachsene. Einerseits wenden sie ein Wort auf Gegenstände und Ereignisse an, für die der Erwachsene jeweils eigene Bezeichnungen hat, und andererseits definieren sie den Geltungsbereich eines Wortes sehr viel enger als wir es tun.

Im ersten Fall spricht man von *Übergeneralisierung,* im zweiten von *Überdiskrimination.*

Beispiele dafür sind allgemein bekannt. So neigen Kinder unter anderem dazu, andere Männer mit ,,Papa" oder ,,Onkel" zu bezeichnen, das Wort ,,Hund" auch auf Katzen und Esel anzuwenden, sowie die Bedeutung des Wortes ,,Bonbon" auf all das auszudehnen, was gut und süß schmeckt. Andererseits wird z. B. das Wort ,,Sessel" für einen ganz bestimmten reserviert, so wie eine Tomate zwar als etwas zum Essen, nicht aber als Pflanze erkannt wird.

Überdiskrimination: Als Beispiel für die Untersuchung des eingeschränkten Gebrauchs von Wörtern im Sinne der Überdiskrimination sei die Arbeit von Saltz et al. (1972) angeführt.

Methode: Versuchspersonen waren 72 Kinder im Alter von fünf bis zwölf Jahren, drei Gruppen wurden gebildet:
- Kindergartenkinder, fünf bis sechs Jahre alt,
- Drittkläßler, acht bis neun Jahre alt,
- Sechstkläßler, elf bis zwölf Jahre alt.

Jede Gruppe umfaßte 24 Versuchspersonen.

Als Material dienten 72 bunte Bilder, die den sechs Kategorien (Oberbegriffen) zugeordnet werden konnten: Lebensmittel, Tiere, Transportmittel, Kleidung, Spielzeug, Möbel. Jedes Kind wurde individuell getestet. Seine Aufgabe bestand darin, alle diejenigen Bilder aus den 72 auszuwählen, die unter einen der genannten Begriffe fallen.

Ergebnis: DieTabelle 12.3 zeigt, daß die Kindergartenkinder den Oberbegriffen konsistent die geringste Anzahl der möglichen Bilder zuweisen. Ihre Wortbedeutungen, so schließen die Autoren, sind ,,fragmentierte Subkonzepte".

Tabelle 12.3 Mittelwerte der gewählten Bilder

	Altersstufen		
	Kindergarten	3. Klasse	6. Klasse
Kategorie	Mittel	Mittel	Mittel
Nahrungsmittel	12.4	12.71	14.67
Tiere	10.46	11.04	11.08
Transportmittel	6.96	9.58	9.21
Kleidung	7.13	9.33	9.58
Spielzeug	13.38	17.29	16.33
Möbel	5.38	6.63	5.88

Wie sieht nun eine solche fragmentierte Bedeutung aus? Für das Beispiel ,,Kleidung" wurde festgestellt: 93% der Fünf- bis Sechsjährigen wählten Bilder eines Kleides, eines Hemdes und einer Jacke; nur 54% wählten Handschuhe, 58% einen Hut und 37% Schuhe. Die ältesten Kinder ordneten hingegen auch diese Kleidungsstücke zu 80% oder häufiger dem Oberbegriff zu (vgl. Abb. 12.5).

Die Eingeengtheit des Bedeutungsumfanges bei kleinen Kindern kann weiter an den Wahlen zum Oberbegriff ,,Nahrungsmittel" verdeutlicht werden: Alle Kinder wählten Bilder mit Bananen, Sandwiches, einem Kuchen und Orangen. Nur 79% der Fünf- bis Sechsjährigen wählten jedoch Kekse, Eiskrem und einen Lutscher. Zudem konnte festgestellt werden, daß die kleinen Kinder nur äußerst selten Kreuzklassifikationen vornehmen. Trotz der Instruktion, daß ein Bild auch mehrmals gewählt werden könne, fiel es ihnen offensichtlich schwer, ein Bild, das sie einmal einer Kategorie zugeordnet hatten, noch einer anderen zuzuweisen.

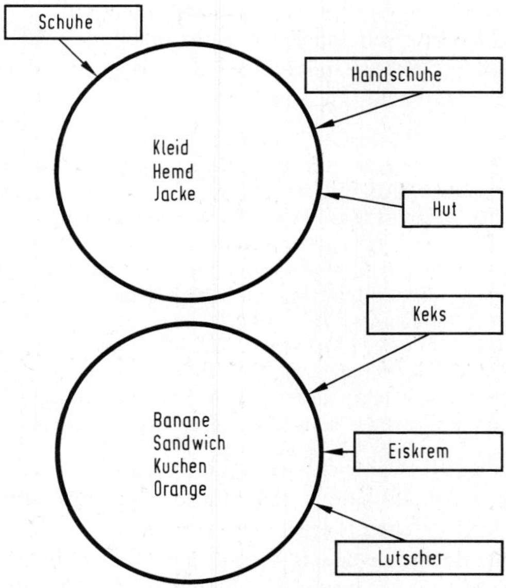

Abb. 12.5 Teilkonzepte

Trotz dieser Befunde geht die abschließende Feststellung der Autoren sicherlich zu weit:
,,Bei der Entwicklung von Konzepten geht es vor allem um eine Veränderung von der Überdiskriminierung hin zur Integration und nicht so sehr um eine Veränderung der Übergeneralisierung zur Differenzierung" (Saltz et al. 1972, S. 1202, übers. v. Verf.). Diese einseitige Sichtweise hat ihren Grund darin, daß den Autoren eine Strukturtheorie fehlt, in der die Prozesse der Differenzierung und der Integration auf-

einander bezogen sind und sich nicht als mehr oder weniger unvereinbar darstellen. Als weiterführend hat sich hier die semantische Merkmalstheorie von Katz und Fodor (1963) erwiesen.

Semantische Merkmalstheorie

Die Grundannahme dieser Theorie ist, daß Wortbedeutungen keine zerlegbaren Ganzheiten, sondern vielmehr Konfigurationen isolierbarer und beschreibbarer Merkmale sind. Entsprechend wird die semantische Relation von Wörtern als die Relation von Merkmalskonfigurationen aufgefaßt. Dabei gelten zwei Wörter dann als synonym, wenn ihre Bedeutungen die gleichen semantischen Merkmale in der gleichen Zusammensetzung aufweisen. Ein Merkmal wird dabei als eine Bedeutungskomponente oder Bedeutungsdimension verstanden, die es ermöglicht, Wörter bzw. Gruppen von Wörtern zu unterscheiden.

Gerade diese Unterscheidbarkeit konstituiert ihre Bedeutung (vgl. Engelkamp 1974, S. 81). Und über diese Unterscheidbarkeit kommt man auch zur Differenzierung von Merkmalen.

Dafür ein Beispiel (Grimm 1977a): Betrachten wir die folgenden Wörter: ,,Katze", ,,Hund", ,,Mann", ,,Frau", ,,Kind", ,,Stein", ,,Wasser", ,,Haus", ,,Werkzeug". Auf die Frage, was diesen gemeinsam ist bzw. worin sie sich unterscheiden, läßt sich zunächst feststellen: Die ersten fünf Wörter bezeichnen Lebewesen, die anderen unbelebte Objekte. Diese Gemeinsamkeiten bzw. Unterschiedlichkeiten lassen sich durch das semantische Merkmal (+ belebt) charakterisieren. Innerhalb der so differenzierten zwei Klassen bestehen nun wiederum Gemeinsamkeiten und Unterschiede. ,,Katze" und ,,Hund" sind Tiere, ,,Mann", ,,Frau" und ,,Kind" hingegen Menschen. Das Merkmal (+ menschlich) bewirkt also eine weitere Unterdifferenzierung, die mittels des Merkmals (+ erwachsen) eine weitere Gabelung erfährt. Entsprechend kann die Gruppe der unbelebten Objekte über das Merkmal (+ natürlich) aufgegliedert werden.

Daraus leiten sich zwei wichtige Ergebnisse ab:

- Jedes Wort kann auf relevanten Merkmaldimensionen als + (trifft zu) oder – (trifft nicht zu) eingestuft werden.
- Semantische Merkmale lassen sich im Hinblick auf ihre Allgemeinheit bzw. ihre Spezifität unterscheiden. Dabei gilt die folgende Beziehung: Je genereller ein Merkmal, um so umfassender die Klasse, die es beschreibt, und je spezieller ein Merkmal, um so kleiner die Klasse, die es beschreibt. Diese generell-spezifisch-Beziehung läßt sich als Inklusionsbeziehung darstellen (vgl. Abb. 12.6).

Diese Beziehung ist eng mit wichtigen Formen der Prädikation verknüpft. So wird die Inklusion von Mann und Mensch durch die analytische Aussage ausgedrückt: ,,Ein Mann ist ein Mensch". Die umgekehrte Behauptung: ,,Ein Mensch ist ein Mann" wäre, wenn das vielleicht auch nicht alle glauben wollen, falsch, so wie es auch unsinnig wäre zu sagen: Ein Kinn hat ein Gesicht.

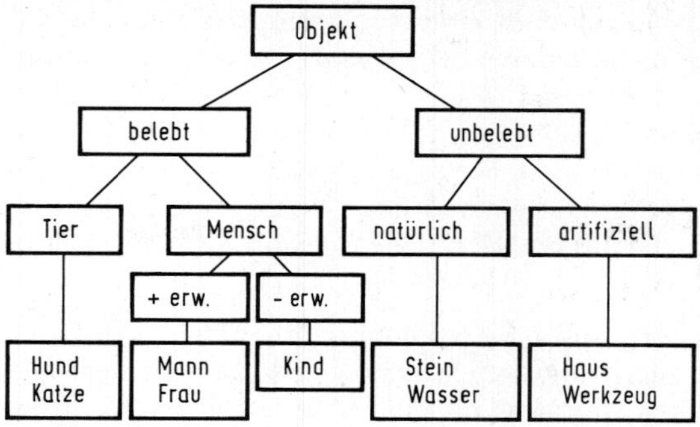

Abb. 12.6 Inklusionsbeziehung

Daß semantischen Merkmalen psychologische Realität zukommt, wird von Hundsnurscher (1971, S. 31) deutlich gemacht. Er bezeichnet sie als ,,begriffliche Kategorien", die letztlich auf den kognitiven Fähigkeiten des Menschen beruhen. Entsprechend betont auch Bierwisch (1970, S. 181), daß semantische Merkmale nicht direkte Repräsentationen physikalischer Bedingungen, sondern vielmehr Repräsentationen kategorialer Prinzipien sind, mit denen reale oder fiktive, wahrgenommene oder vorgestellte Situationen und Objekte strukturiert und klassifiziert werden. Dies führt zu zwei weiteren Punkten:

- Semantische Merkmale werden über die kognitiven Grundoperationen der Kontrastierung (Gegenüberstellung von Ereignissen aufgrund ihrer Unterschiedlichkeit) und der Gruppierung (Anordnung von Ereignissen aufgrund ihrer Ähnlichkeit) erworben (siehe oben).
- Wortbedeutungen haben eine bestimmte intra- und interindividuelle Konstanz. Diese besteht in dem, was man als die Kernbedeutung eines Wortes bezeichnen kann. Ohne diese wäre eine sprachliche Kommunikation gar nicht möglich. Um solche Kernbedeutungen aufzubauen, muß das Kind im Laufe seiner Entwicklung lernen, unwesentliche Aspekte von solchen, die für die Bedeutung konstitutiv sind, zu unterscheiden. Zur Verdeutlichung wollen wir das Beispiel ,,Hund" herausgreifen: Die Bedeutung dieses Wortes lernt das Kind ja ohne explizite Definition und ohne den Hund im abstrakten Sinn jemals ‚sehen' zu können. Was es wahrnimmt, sind viele verschiedene Hunde, die von verschiedener Farbe, Größe, Zutraulichkeit, Gesundheit usw. sind. Mit ihnen macht es ganz verschiedene Erfahrungen, so wie es in verschiedenen Kontexten als Name nicht nur ,,Hund" hört, sondern ebenso ,,Pluto", ,,Tier" usw. Es lernt, daß Hunde manchmal beißen oder nach einem schnappen, daß sie normalerweise nicht verspeist werden und vieles andere mehr. Nicht alle diese Merkmale sind nun aber für die Kernbedeutung des Wortes Hund wesentlich. Diese

hat das Kind erst dann erworben, wenn die Sinnrelation der Synonymie, der Implikation und des Widerspruchs verstanden sind:

1. Pluto ist ein Hund.
2. Ein Hund ist ein Tier.
3. Pluto ist ein Hund, der kein Tier ist.

Wie schwierig dies für kleine Kinder ist, zeigt die Beobachtung, daß auf die Frage: ,,Ist das ein Tier?" die Antwort einer Fünfjährigen lautete: ,,Nein, das ist doch ein Hund!"

Übergeneralisierung: Untersuchungen zur Frage, welche semantischen Merkmale zuerst und welche später erworben werden, sind zahlreich (vgl. für einen Überblick de Villiers & de Villiers 1979). Sehr bekannt geworden sind die Arbeiten von Clark (vgl. u.a. Clark 1971, Clark & Clark 1977), die von der folgenden Annahme ausgeht: Kleine Kinder erwerben zunächst nur sehr generelle Merkmale, die dann im Laufe der weiteren Entwicklung durch immer spezifischere additiv ergänzt werden. Dabei leiten sich die Merkmale, die zuerst erworben werden und die einfachsten sind, aus den wahrnehmungsmäßig gegebenen Attributen der Referenten ab. Diese Annahme wird entsprechend als *Semantische Merkmalshypothese* bezeichnet. In dieser Hypothese ist zugleich die Annahme enthalten, daß kleine Kinder sehr viel mehr zu Übergeneralisierungen als zur Überdiskrimination neigen, was sich daraus ergibt, daß – wie zuvor ausgeführt – generelle Merkmale nur sehr große Klassen voneinander trennen.

In verschiedenen Experimenten hat Clark selbst wie auch andere Autoren (vgl. Grimm & Wintermantel 1975) eindrucksvoll die Richtigkeit dieser Annahme bestätigen können.

Das methodische Vorgehen umfaßt dabei im allgemeinen die folgenden drei Schritte:

1. Beschreibung der zu untersuchenden Wortbedeutungen auf der Grundlage der semantischen Merkmalstheorie und Vorhersage der Schwierigkeitsabfolge,
2. Wahl einer geeigneten Experimentalanordnung,
3. Vergleich der empirisch gefundenen mit der vorausgesagten Schwierigkeitsabfolge.

Hierzu ein Beispiel: Die räumlichen Adjektive groß-klein, dick-dünn, breit-schmal lassen sich in der folgenden Weise charakterisieren (Grimm & Wintermantel 1975, S. 70):

- groß – klein: (Pol) (nRaum) (+ Haupt),
- dick – dünn: (Pol) (nRaum) (– Haupt),
- breit – schmal: (Pol) (1Raum) (+ Sekundär).

Das Merkmal der Polarität (Pol) kommt allen zu, da es sich bei allen um polare Adjektivpaare handelt. Im zweiten Merkmal unterscheiden sich jedoch die Paare; das Paar ,,breit-schmal" kann sich nur auf eine Dimension (eben die Breite) beziehen, wohingegen die beiden anderen Paare sich auf mehrere Dimensionen beziehen können und damit genereller sind. Daß allein ,,groß – klein" das Merkmal (+ Haupt) zukommt, rührt daher, daß dieses Wortpaar zur Bezeichnung der signifikantesten Dimension des Referenzobjektes dient, wohingegen die anderen

Adjektive weniger hervorstechende Eigenschaften bezeichnen. Abgeleitet werden kann demnach die folgende Schwierigkeitsfolge:

„groß" – „klein", „dick" – „dünn", „breit" – „schmal".

Als Methode zur Überprüfung dieser Voraussage eignet sich u. a. das sogenannte Oppositionsexperiment bei dem die Kinder aufgefordert werden, zu vorgegebenen Wörtern die gegenteiligen Wörter zu nennen. Man untersucht, ob bei den als schwieriger eingestuften Adjektiven mehr Fehler gemacht werden als bei den anderen. In dem von uns durchgeführten Experiment war dies tatsächlich der Fall. So wurde z. B. auf „breit" nicht mit „schmal", sondern mit „dünn" reagiert und als Gegenteil von „dünn" wurde „groß" angegeben.

Steht bei der zuvor gegebenen Beschreibung der Adjektiv-Paare das Merkmal der Polarität auch an erster Stelle, so kann dies nicht heißen, daß es auch als erstes erworben wird; im Gegenteil: Nach Clark soll es sogar als letztes Merkmal erworben werden. Dabei nimmt sie an, daß zuerst das positive Glied eines Wortpaares gelernt wird, da dieses von allgemeinerer Bedeutung ist und deshalb eines geringeren kognitiven Aufwandes bedarf. Von allgemeiner Bedeutung ist es deshalb, da mit ihm die Dimension als ganze angesprochen wird. Das negative Glied beinhaltet hingegen zusätzlich die Ausprägungsrichtung. Deshalb kann man z. B. fragen: „Wie dick ist dieser Seidenfaden?" Nicht fragen kann man aber: „Wie dünn ist dieses Mastschwein?"

Diese Annahme hat sich nun allerdings nicht in jedem Fall bestätigen lassen. So wurde z. B. die Voraussage widerlegt, daß Drei- bis Vierjährige nicht zwischen „groß" – „klein" differenzieren, sondern „klein" in der gleichen Bedeutung wie „groß" verwenden.

Bei anderen Paaren, wie z. B. bei den temporalen Konjunktionen „bevor" – „nachdem", konnte Clark (1971) jedoch die größere Einfachheit des positiven Gliedes „bevor" experimentell nachweisen; zu einem entsprechenden Ergebnis kamen auch Grimm et al. (1975). So zeigte sich im Manipulationsexperiment, bei dem die Kinder Sätze als Instruktionen für die Ausführung von Spielhandlungen erhielten (s. o.), daß u. a. der Satz „Das Pferd springt, ‚nachdem' der Esel läuft" falsch verstanden wird als „Das Pferd springt, ‚bevor' der Esel läuft" (Der Testsatz ist grammatisch nicht ganz korrekt; die Nachzeitigkeit müßte eigentlich durch das Tempus bezeichnet werden: „ ... nachdem der Esel gelaufen ist". Diese sprachliche Unkorrektheit muß jedoch sein, um keinen Hinweis auf die Bedeutung von „nachdem" zu geben).

Diese Ergebnisse zur Übergeneralisierung belegen nun aber noch nicht, daß die ersten semantischen Merkmale, die Kinder erwerben, in jedem Fall auf Kategorien der sinnlichen Wahrnehmung basieren. Diese Annahme wird auch von Nelson (1974) als nicht zutreffend zurückgewiesen. Sie geht statt dessen davon aus, daß der Bedeutungserwerb seinen Ursprung in der nicht-sprachlichen Erkenntnis der Funktionen hat, die Objekte erfüllen. Diese Erkenntnis wird durch die anschließende Zuordnung eines Wortes zum funktionalen Bedeutungskern eben dieses Wortes. Im weiteren Entwicklungsverlauf muß dieser Bedeutungskern um stabile Objektmerkmale ergänzt und aus seinem für die referentielle Bedeutung irrelevanten Beziehungsfeld gelöst werden. So ist für die Bedeutung des Wortes „Ball" neben der Möglichkeit, ihn zu rollen, die Rundheit wesentlich, nicht jedoch die Tatsache, daß die Mutter häufig in das Ballspiel einbezogen ist.

Obgleich zwischen dieser *Funktionalen Kernhypothese* Nelsons und der Semantischen Merkmalshypothese Clarks ein grundsätzlicher Unterschied besteht, sollten beide dennoch nicht als unvereinbar angesehen werden. Es wäre sicherlich falsch zu glauben, daß Wortbedeutungen nur im Perzeptuellen oder nur im Funktionellen gründen.

Nun soll noch versucht werden, die Merkmalsdifferenzierung durch die Operationen des *Kontrastierens* und der *Gruppierung* näher zu beschreiben. Diese Operationen werden dann wirksam, wenn eine schon gebildete Hypothese über die Wortbedeutung sich in der Realität nicht bewährt, also ein Konflikt zwischen vermeintlicher und tatsächlicher Bedeutung besteht. Sind dabei die folgenden Bedingungen erfüllt, so liegt nach Schlesinger (1978) Diskriminationslernen vor:

1. Das Kind nimmt etwas wahr, was einem Objekt ähnlich ist, für das es eine bestimmte Bezeichnung hat.
2. Ein anderer benutzt dafür aber ein Wort, das nicht mit dem von ihm gelernten übereinstimmt.
3. Daraufhin wird das Kind auf Attribute aufmerksam, die das neue Objekt auszeichnen.

Beispiel: Das Kind sieht ein Pferd, das es an den Träger des gelernten Wortes „Hund" erinnert. Die Mutter gebraucht aber das Wort „Pferd", und das Kind bemerkt, daß das Pferd größer als ein Hund ist und auch eine Mähne hat. Diese Attribute dienen ihm im folgenden als diskriminierende Merkmale; sie sind positiv diskriminierend für das Wort „Pferd", negativ diskriminierend für das Wort „Hund".

Ähnlichkeit und Unterschiedlichkeit von Dingen und Ereignissen erkennt das Kind aber nicht ausschließlich durch Diskriminationslernen, das aus dem Widerspruch zwischen dem kindlichen Wortgebrauch und dem Wortgebrauch des Erwachsenen resultiert. Das Kind ist auch von sich aus zum Attributvergleich und der Isolierung unterscheidender Merkmale in der Lage, die dann den Ausgangspunkt für die Differenzierung vorhandener und die Einführung neuer Wörter bilden. Diese „positive Merkmalsextraktion", wie Schlesinger (1978) den Prozeß bezeichnet, erfordert lediglich, daß das Kind eine neue Instanz mit einer schon bekannten vergleicht, für die es bereits eine Benennung hat. Dabei gilt: Je geringer die Ähnlichkeit zwischen ihnen wahrgenommen wird, um so eher wird erkannt, daß die neue Instanz einer anderen Kategorie zugehört. Hier ist der Ursprung der häufigen „Wie-heißt-das"-Fragen zu sehen. Je größer jedoch die Ähnlichkeit zwischen ihnen wahrgenommen wird, um so mehr wird dies dazu beitragen, daß beide Instanzen als zu derselben Kategorie gehörig betrachtet werden.

Auf dieser Basis bildet nach Rosch (1977) das Kind nun semantische Prototypen aus, die die vorherrschenden Ähnlichkeitsmerkmale maximieren. Unter Familienähnlichkeit versteht sie dabei das strukturelle Prinzip, daß als Mitglieder einer Kategorie nur solche Instanzen gewählt werden, die eine Ähnlichkeit zu Prototypen dieser Kategorie aufweisen. Negativ ausgedrückt: Prototypische Mitglieder einer Kategorie haben die geringste Ähnlichkeit mit anderen Kategorien im Sinne gemeinsamer Attribute.

Das Phänomen der Überdiskrimination kann nun mit Hilfe solcher Prototypen auch besser verstanden werden: ,,Kuchen" z.B. ist ,,Brot" als einem Prototyp für Nahrungsmittel sehr viel näher als ,,Lutscher" und wird deshalb zuerst gewählt.

Situative und kontextuelle Determinanten des Sprachgebrauchs

Die Mutter spielt mit der fünfjährigen Julia ,,Kuchen backen". Mehl fehlt und Julia wendet sich zur Mutter: ,,Hol Mehl!" ,,Na, hör mal, was ist das denn für ein Ton", wehrt sich die Mutter, worauf Julia einlenkt: ,,Holst du bitte Mehl?"

In beiden Fällen geht es Julia um die gleiche Sache: Die Mutter soll das fehlende Mehl holen. Zuerst drückt sie diesen Sachverhalt als Befehl, dann als Bitte aus. Sie realisiert damit die fundamentale Leistung der Sprache, eine gleichbleibende inhaltliche Information (= Inhaltskomponente) unterschiedlich auszudrücken, so daß jeweils eine andere Beziehung zum Partner hergestellt wird (= Beziehungskomponente).

Allerdings gelingt Julia dies erst bei manchen Sprechhandlungen. Sie hat auch noch kein reflexives Verständnis über diese Möglichkeit erworben, Äußerungen in flexibler Weise der jeweiligen Situation anzupassen. Zwar hat sie gelernt, daß man mit einer Bitte oftmals mehr Erfolg hat als mit einem Befehl; es fehlt ihr aber noch die Möglichkeit über die Sprache wie auch über nichtsprachliche Ausdrucksmittel bewußt zu verfügen. Bevor sie diese haben kann, muß sie erst ihr Repertoire an Sprechhandlungstypen erweitern.

Auf dem Tisch steht eine Schale mit Äpfeln und Tim ruft: ,,Ich will den da!" ,,Welchen? Den roten oder den grünen?" fragt die Mutter zurück. ,,Den roten", spezifiziert Tim seinen zuvor mehrdeutigen Wunsch.

Die Mutter hat Tim mit ihrer Rückfrage einen Hinweis darauf gegeben, daß die Dinge kontextgerecht zu benennen sind, um Unklarheit bzw. Unsicherheit beim Informationsempfänger zu vermeiden. In einer Situation, in der die Mutter auf zwei verschiedene Äpfel deutet und fragt: ,,Willst du den grünen?" wäre es durchaus angemessen gewesen zu antworten: ,,Nein, den da." Als ,,Benennungsflexibilität" bezeichnen

Herrmann und Deutsch (1976) die Fähigkeit, dasselbe Objekt variabel zu bezeichnen.

,,Mensch", erzählt Hannes seiner Mutter, ,,da bin ich gerutscht und auf den Arsch gefallen." ,,Wie bitte?" reagiert die Mutter indigniert, worauf sie die Rückmeldung erhält: ,,Na ja, auf den Hintern." Hannes hat hier die Regel verletzt, daß Vulgärausdrücke in ganz bestimmten Situationen und bei ganz bestimmten Personengruppen nicht verwendet werden dürfen. Nach Herrmann hat Hannes nicht die richtige ,,Sprachschichthöhe" gewählt.

Mit diesen Beispielen, die durch viele weitere zu ergänzen wären, sind drei wesentliche Aspekte der Fähigkeit angesprochen, die als kommunikative Kompetenz zu bezeichnen ist. Zuvor wurde festgestellt, daß die zunehmende Fähigkeit des Kindes, grammatisch wohlgeformte Sätze zu bilden, nur ein Aspekt der fortschreitenden Sprachentwicklung ist. Daneben müssen Kinder auch lernen, von ihren Sprachmitteln so variabel Gebrauch zu machen, daß sie in verschiedenen Situationen gegenüber verschiedenen Personen Verständlichkeit und Verständigung erzielen. Diese Grundlinie der Entwicklung haben wir als ,,Elaboration kontextspezifischer Formen sprachlichen Handelns" bezeichnet und damit gemeint, daß jedes Ding nicht nur einen, sondern viele verschiedene Namen hat, so wie es auch nicht nur eine mögliche Sprechhandlung gibt, um einer Intention Ausdruck zu verleihen. Entsprechend schreibt Herrmann (1978, S. 209f):

> ,,Es soll darauf hingewiesen werden, daß Kinder eine Fülle von Leistungen zu erbringen lernen müssen, an die man im allgemeinen wenig denkt, wenn man die Sprachentwicklung nur phonologisch, lexikalisch, syntaktisch oder satzsemantisch behandelt. Ein Kind muß jedoch beispielsweise lernen, in bestimmten Situationen bestimmte Äußerungen zu produzieren (Beispiel: grüßen); es muß in bestimmten Situationen bestimmte Wörter, Wendungen und dergleichen zu unterlassen lernen, die in anderen Situationen erlaubt sind (...); es muß lernen, wie man verschieden zu reden hat, wenn man etwas haben will, was einem der andere zu geben entweder verpflichtet oder aber nicht verpflichtet ist; es muß lernen, daß man seine Zugehörigkeit oder Nichtzugehörigkeit zu einer sozialen Gruppierung sprachlich markieren kann; es muß lernen, daß man, wenn zum Beispiel zwei Äpfel auf dem Tisch liegen und man einen von diesen Äpfeln haben will, nicht sagen darf: ,,Bitte, gib mir den Apfel!", welche Äußerung man aber durchaus erfolgreich verwendet, wenn ein Apfel und eine Birne auf dem Tisch liegen."

Diese drei Aspekte sollen nun, beginnend auf der Wortebene, etwas weiter ausgeführt werden. Dabei bleibt zu betonen, daß nur sehr wenige empirische Untersuchungen dazu vorliegen, die zudem ausgeprägten Labor-Charakter haben.

Benennungsflexibilität

Die Abhängigkeit der Wortwahl von den Bedingungen des Objektkontextes hat zuerst Olson (1970) an dem folgenden Beispiel deutlich gemacht:

Achtjährige Kinder beobachteten, wie unter dem Standardgegenstand, einem weißen, runden Holzklotz, ein goldener Stern versteckt wurde. Einem anderen Kind, das diese Beobachtung nicht gemacht hat, sollten sie daraufhin sagen, wo der Stern zu finden ist. Der Stern wurde immer unter den gleichen Klotz gelegt, jedoch waren jeweils verschiedene andere Klötze (kontextkonstituierende Objekte) vorhanden.

Entsprechend der Erwartung zeigte sich, daß die Kinder (teilweise) dasjenige Attribut des Standardobjekts verbalisieren, das dieses vom Objektkontext abhebt (vgl. letzte Spalte in Abb. 12.7). Damit ist deutlich gemacht, daß es keine feste 1:1-Beziehung zwischen Außersprachlichem und Sprachlichem gibt.

Item	Standard-gegenstand	Kontext-gegenstände	erw. Sprachverhalten / Formulierung
1	○	●	der weiße
2	○	□	der runde
3	○	□ ● ■	der runde weiße
4	○		der Holzklotz

Abb. 12.7 Paradigma nach Olson

Davon ausgehend, formulierte Olson vier wesentliche Postulate über die Wort-Referent-Beziehung:

- Wörter sind nicht einfach Namen von Dingen: So war bei jeder Aufgabe das zu benennende Objekt ein Holzklotz, aber fast nie wurde dieses Attribut bei den Benennungen verwendet. Olson schließt daraus, daß die Verwendung des Nomens in diesem Kontext keinerlei nützliche Information liefert, da alle Objekte der gleichen Grundart sind.
- Bedeutung ist die Information, die dem Hörer eine Wahl zwischen Alternativen erlaubt: Es wurden nur diejenigen Attribute oder Eigenschaften des Objekts sprachlich benannt, die für das Verständnis des Hörers erforderlich waren.
- In einer Äußerung sind nicht alle möglichen Attribute des wahrgenommenen Objekts enthalten. Dies ist auch gar nicht möglich, denn, wie Olson vermerkt: „Man entdeckt an jedem Objekt neue Attribute, sobald man es in verschiedenen Alternativen anbietet". (1970, S. 265, übers. v. Verf.). Und gerade in der Verbalisierung von solchen Attributen, die eine Differenzierung von Alternativen ermöglicht, liegt ja die Überlegenheit der sprachlichen Äußerung über die unmittelbare Wahrnehmung. Dies führt zum letzten Postulat:

- Das Wort bzw. die Bezeichnung enthält mehr Information als die visuelle Wahrnehmung des Ereignisses: Die Verbalisierung der kritischen Eigenschaft informiert gleichzeitig darüber, welche anderen Eigenschaften als nicht kritisch außer Betracht bleiben können.

Beispiel: Wenn das Kind sagt: „Der Stern ist unter dem großen", so informiert es gleichzeitig seinen Partner, daß z. B. die Farbe keine Rolle spielt. Diese zusätzliche Information erhält der Hörer aber nicht, wenn nur auf den entsprechenden Klotz gedeutet wird.

Olson schreibt in diesem Sinne: „Ein Wort oder eine Äußerung enthält mehr Information als die einfache Wahrnehmung eines Gegenstandes, da man damit nicht nur den Gegenstand spezifiziert, sondern auch die ausgeschlossenen Alternativen" (1970, S. 265, übers. v. Verf.).

Olsons Paradigma ist von Herrmann und Deutsch (1976) in zwei entscheidenden Hinsichten weitergeführt worden: Zum einen behandeln sie die von Olson nicht untersuchte Frage, wie das Standardobjekt (= das zu benennende Objekt) in solchen Fällen benannt wird, wenn es sich in mehreren Attributen von den anderen Objekten unterscheidet. In verschiedenen standardisierten Spielsituationen mit neun- bis elfjährigen Schülern, in denen u. a. Autos als Untersuchungsmaterial dienten, kommen sie zu dem Ergebnis: Dasjenige Attribut mit dem höchsten Diskriminationswert wird benannt. Sind zwei Attribute (z. B. Farbe und Größe) in gleicher Weise diskriminativ, so wählt das Kind dasjenige, was für es aufgrund seiner persönlichen Lerngeschichte am wichtigsten ist.

Zum anderen weisen die Autoren daraufhin, daß es für eine Erklärung differenzierender Benennungsleistungen nicht ausreichen kann, nur den Objektkontext in Betracht zu ziehen, sondern daß vielmehr auch die Fähigkeit des Sprechers zu berücksichtigen ist, Objekteigenschaften zu erkennen und von dieser Erkenntnis angemessenen Gebrauch zu machen. Bis zu welchem Grad diese Fähigkeit ausgebildet ist, hängt von der Erfüllung der folgenden vier Voraussetzungen ab:

- *Kognitive Voraussetzung des operatorischen Denkens.* Eine kontextadäquate Objektbenennung ist erst dann möglich, wenn das Kind vom Objekt dezentrieren und die Kontextobjekte simultan in Rechnung stellen kann. Es muß zum Perspektivenwechsel in der Lage sein, um dasselbe Objekt quasi von verschiedenen Seiten her beleuchten zu können.
- *Voraussetzung der Klassifikationsfähigkeit.* Das Kind muß grundsätzlich zur Isolierung und Spezifizierung von Attributen in der Lage sein.
- *Voraussetzung der semantischen Flexibilität.* Darunter ist die Fähigkeit zu verstehen, sehr schnell verschiedene Gesichtspunkte für die Klassifikation von Gegenständen aufzufinden. Wie wir am Beispiel der Kreuzklassifikation gesehen haben, ist diese Fähigkeit bei kleinen Kindern noch wenig ausgebildet.
- *Voraussetzung der Eingeübtheit im situationsspezifischen Wortge-*

brauch. Diese hängt nicht nur vom kognitiven Entwicklungsstand, sondern in ganz entscheidendem Maße auch von der sozialen Lerngeschichte ab.

Erweiterung von Sprechhandlungen

Mit der folgenden Methode wurde untersucht, inwieweit es fünf- und siebenjährigen Kindern gelingt, einen anderen um etwas zu *bitten,* ihm etwas zu *befehlen,* zu *erlauben,* zu *untersagen* und zu *versprechen* (Grimm 1975b).

Den Kindern wurden kurze Geschichten erzählt, die sie zu den unterschiedenen Sprechhandlungen veranlassen sollten. Ihr Kommunikationspartner war Felix, eine große Puppe, die (mit der Stimme des Versuchsleiters) den Kindern in immer gleicher Weise ablehnend antwortete. Wie das Schema zeigt, steigerte sich die ablehnende Haltung systematisch von der ersten bis zur dritten Reaktion. Auf diese Weise wurden die Kinder dazu gebracht, jeweils vier Versionen derselben Sprechhandlung zu produzieren (vgl. Abb. 12.8).

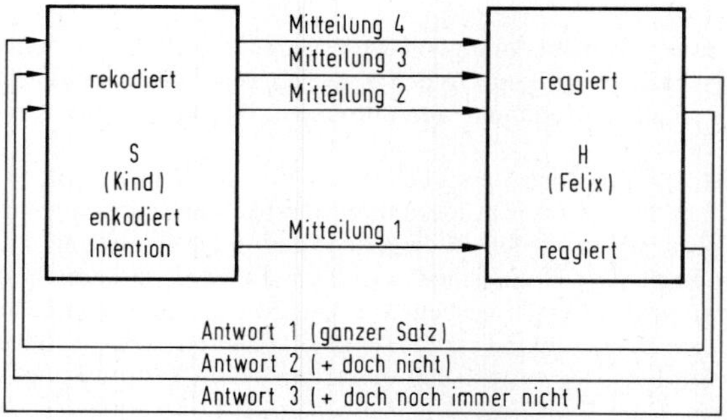

Abb. 12.8 Dialog-Schema

Um die Kinder dazu zu bringen, Felix zu etwas aufzufordern (Bitte, Befehl), wurde ihnen u.a. die folgende Geschichte vorgegeben: ,,Du bist mit Felix auf einem großen Spielplatz. Er sitzt auf der Schaukel, und du bist auf der Rutschbahn. Jetzt möchtest du, daß der Felix dich auch mal schaukeln läßt. Was sagst du zu Felix?"

Eine Geschichte, die ein Verbot hervorrufen sollte, lautete: ,,Du willst einen Besuch machen und hast deine besten Sachen angezogen. Felix schmiert gerade überall mit Farbe rum und versucht, dich auch zu bemalen. Du willst nicht, daß er dich anmalt. Was sagst du zu Felix?" Beispiel für einen typischen Aufforderungs-Ablehnungs-Dialog:

Kind: ,,Felix, läßt du mich auch einmal schaukeln, bitte?"
Felix: ,,Ich laß' dich nicht schaukeln."
Kind: ,,Dann kannst du doch von der Rutschbahn rutschen."
Felix: ,,Ich laß' dich doch nicht schaukeln."
Kind: ,,Ich möchte auch mal schaukeln, nicht nur immer du!"

Felix: ,,Ich laß' dich doch noch immer nicht schaukeln."

Kind: ,,Aber du mußt!"

Von den Ergebnissen dieses Experimentes sind für unsere Fragestellung die folgenden zwei wesentlich (vgl. Tabelle 12. 4):

Tabelle 12.4 Prozentualer Anteil adäquater Sprechhandlungen

	Alter	
	5,0-5,6	7,0-7,6
Bitte	82	95
Befehl	92	92
Erlaubnis	51	86
Verbot	86	93
Versprechen	57	55

- Die direktiven Sprechhandlungen (Bitte, Befehl, Verbot, Erlaubnis) sind verschieden schwierig. Besonders den Fünfjährigen fällt es noch schwer, eine Erlaubnis sprachlich adäquat auszudrücken. Befehlen können sie hingegen ausgezeichnet.
- Die Sprechhandlung des Versprechens ist für alle Kinder äußerst schwierig. Nur 57% (bzw. 55%) der Äußerungen, die als Versprechen gemeint waren, waren auch wirklich welche. Woran liegt das? Eine Erklärung dafür kann in dem grundlegenden Unterschied zwischen dieser Sprechhandlung und den Aufforderungshandlungen gesucht werden: Mit einem Versprechen geht der Sprecher eine Verpflichtung ein, die er selbst erfüllen muß. Im Gegensatz dazu kann er vom Hörer erwarten, daß dieser auf seine Aufforderungshandlungen hin reagiert. Eine Verpflichtung einzugehen, ist offensichtlich schwieriger als von einem anderen etwas zu verlangen oder ihm etwas zuzugestehen. Entsprechend führen Clark und Clark aus, indem sie sich auf dieses Experiment beziehen: ,,Die Sprechhandlungen, die eine Verpflichtung für den Sprecher bedeuten, werden im allgemeinen später erworben als jene, bei denen der Zuhörer eine Verpflichtung eingeht" (1977, S. 366, übers. v. Verf.).

Die eigenen Intentionen kann man mit *direkten* und *indirekten Sprechhandlungen* zum Ausdruck bringen. Der Frage, wann und unter welchen Umständen Kinder indirekte Formen zu gebrauchen lernen, ist bisher wenig Beachtung geschenkt worden. Sicher ist, daß dieser Gebrauch eng mit dem Erwerb grammatischer Regeln zusammenhängt.

Den Ergebnissen des angeführten Experimentes ist zu entnehmen: Fünfjährige formulieren einen Wunsch schon häufig indirekt: ,,Warum läßt du mich nicht schaukeln?" Wenn sie Felix etwas verbieten oder erlauben, tun sie dies jedoch sehr direkt, wohingegen die Siebenjährigen auch hier schon zu höflicheren Formulierungen greifen: ,,Ich habe nichts dagegen, wenn du dem Vogel Futter gibst" und ,,Es wäre mir lieber, wenn du mich nicht bemalen würdest" sind Formen der Erlaubnis und des Verbots, denen Fünfjährige knapp entgegensetzen: „Du kannst dem Vogel Futter geben" und „Du mußt mich nicht bemalen".

Das reflexive Sprachverständnis selbst der Siebenjährigen ist aber erst unvollkommen ausgebildet. Sie vermögen noch nicht über die Kommunikation selbst zu kommunizieren. Dies gelingt erst, wenn sie zum reversiblen Denken in der Lage sind, das ihnen erlaubt, ihre Beziehungen zu einem anderen quasi von der Position eines neutralen Dritten aus zu reflektieren (vgl. Habermas 1975).

Durch die mangelnde Fähigkeit zum reversiblen Denken ist dem Kind die Konventionalität der Zeichen noch nicht voll bewußt und es bringt deshalb auch noch kein Verständnis für metaphorische Redeweisen auf. Dies hat Augst (1978, S. 231f) aufgezeigt:

> „Die Metapher (sprengt) das gesellschaftlich gegebene konventionelle Zeichen, bei dem ein Zeicheninhalt einem Zeichenträger zugeordnet ist. Positiv gewendet liegt in der Metapher eine entscheidende Möglichkeit, die Norm aufzubrechen oder doch zumindest in ihrer Selbstverständlichkeit bewußt zu machen. Für das Kind ist diese reflexive Sprachhaltung weitgehend ohne Bezug, da ihm die Konventionalität der Zeichen noch nicht genug bewußt ist. Dies zeigt sich (...) darin, daß das Vorschul- und Grundschulkind (...) energisch bestreitet, daß z.B. eine „Kuh" auch „Pluck" heißen könnte, „dann kann sie doch keine Milch geben." (...) So beschwert sich ein Kind, nachdem ein anderes gesagt hat, „Das Salzwasser hat die Muschel zerfressen", mit dem Hinweis: „Das Wasser hat doch keiner Mund." (...) Erst wenn das sprachliche Zeichen nicht mehr nur (...) unablösbares Symptom des Gegenstands (des Bezeichneten) selbst ist, kann man es auch bewußt (spielerisch) verändern und den widersprüchlichen simultanen Reiz des Ähnlich-Unähnlichen, d.h. eine Metapher wagen."

Die Metapher läßt sich allgemein als Wendung mit übertragener, uneigentlicher Bedeutung definieren. Im Gegensatz zum ausgeführten Vergleich verzichtet sie als häufige Form des bildlichen Ausdrucks auf Vergleichswörter: „Du bist ein Fuchs" statt „Du bist schlau wie ein Fuchs". Die übertragene Bedeutung ergibt sich daraus, daß Wörter kombiniert werden, die auf den ersten Blick nicht zusammenpassen und erst auf einer gewissermaßen höheren Ebene zusammengebracht werden können. Hörmann (1972) beschreibt entsprechend die Metapher als eine „Sprachfigur, die durch erstes semantisches Nicht-Passen ein Zögern verursacht, den Verstehensprozeß bewußter macht und ihn dann durch Einbeziehung einer ungewohnten Denkperspektive seiner kommunikativen Aufgaben besonders treffend gerecht werden läßt." Diese Beschreibung macht nochmals deutlich, daß für das Verstehen metaphorischer Redeweisen bestimmte kognitive Voraussetzungen gegeben sein müssen. Billow (1975) kennzeichnet sie genauer, indem er für das Verständnis von Ähnlichkeitsmetaphern konkret operationale und für das Verständnis von Analogie-Metaphern formal operationale Mechanismen im Sinn von Piaget (1970a) ansetzt.

Bei Ähnlichkeitsmetaphern, wie z. B. ,,Haare wie Spaghetti", weisen die Referenten gemeinsame Merkmale auf (z. B. lang und dünn). Metaphern, die auf Analogie beruhen, wie z. B. ,,Kopf wie ein Apfel ohne Kern", können hingegen nur über die gedankenmäßige Hinzufügung eines weiteren Referenten verstanden werden (Kopf: Apfel, Gehirn: Kern). In einem Experiment, das Billow durchführte, zeigte sich entsprechend, daß Fünfjährige im Durchschnitt 29% und Siebenjährige im Durchschnitt 66% der vorgegebenen Ähnlichkeitsmetaphern verstanden; das Verständnis für die schwierigeren Sprachfiguren stieg hingegen erst im Alter zwischen neun und dreizehn Jahren signifikant an.

5. Theoretische Interpretationen: Verstärkung, Imitation, Konstruktion

Bisher ist vor allem aufgezeigt worden, welche Arten von Sprachregeln das Kind im Laufe seiner Sozialisation erwirbt. Abschließend sollen jetzt kurz unterschiedliche Antworten auf die Frage herausgestellt werden, welche Mechanismen für das Lernen dieser Regeln verantwortlich sind.

Verschiedene Lerntheoretiker gehen davon aus, daß sprachliches Verhalten wie jedes andere Verhalten durch Konditionierung gelernt wird. Den ehrgeizigsten und extremsten Versuch, die Sprachentwicklung innerhalb des S-R-Modells zu erfassen, hat Skinner in seinem Werk ,,Verbal Behavior" (1957) vorgelegt. Dabei spricht er ausdrücklich nicht von Sprache, sondern von verbalem Verhalten, das er mit der gleichen Beschreibungssprache wie jedes andere Verhalten auch zu erklären sucht. Wie schon Watson (1968), so meint auch er, daß kein prinzipieller Unterschied zwischen verschiedenen Verhaltensformen besteht. Allerdings räumt er dem verbalen Verhalten insofern eine Sonderstellung ein, als es in jedem Fall über eine andere Person vermittelt werden muß. Diese Vermittlung ist nun aber nichts anderes als eine Kontrolle: Das Kind soll deshalb nach den Regeln der Grammatik zu sprechen lernen, weil es für die Befolgung richtiger Regeln ,,belohnt" (positiv verstärkt) und für die Anwendung falscher Regeln ,,bestraft" wird. Im einzelnen stellt sich Skinner den Sprachlernprozeß dabei so vor:

In der vorsprachlichen Phase bildet das Kind zunächst spontane nichtreaktive Laute, die im Gegensatz zu reaktiven (,,elicited") Responses als ,,emitted" Responses oder Operants bezeichnet werden. Diese ersten Anfänge der Artikulation stellen das Ausgangs- bzw. Rohmaterial für den darauf folgenden Gestaltungsprozeß (,,shaping") durch andere Personen dar. In zunächst noch sehr großzügiger Weise, dann immer restriktiver selektiv verstärkt, nähern sich die kindlichen Laute allmählich den Lauten der Erwachsenen an. Welche Laute dabei zuerst erworben werden, hängt – wie dies auch für andere Verhaltensweisen gilt – von der Häufigkeit ihres Auftretens ab. Entsprechend soll das ganze verbale Repertoire aufgebaut werden: Nach den Lauten kommen Wörter, dann kürzere und immer längere verbale Sequenzen bis hin zu komplexen Äußerungsformen.

Das shaping-Modell wird zwar in gewisser Weise der phonologischen Entwicklung gerecht; es vermag aber weder den Aufbau des grammatischen Systems noch die sich entwickelnde Verständigungsfähigkeit in dem von uns definierten Sinn auch nur annähernd zu erklären. Deshalb soll es im folgenden nicht ausführlich dargestellt und widerlegt werden. Nur soviel sei dazu gesagt: Obgleich niemand an der Bedeutsamkeit von Belohnung und Bestrafung für manche Lernprozesse zweifeln wird, gibt es gute Gründe, diesen Mechanismen eine allein ausschlaggebende Rolle für den Sprachlernprozeß abzusprechen. Kinder erwerben nämlich auch dann die Sprache, wenn sie keine Verstärkung erfahren. Lenneberg (1962) berichtet so z. B. von einem normal hörenden Kind, das jedoch aus physiologischen Gründen nicht sprechen konnte. Obgleich also niemals für korrektes Sprechen belohnt, hat es doch ein gutes Sprachverständnis entwickelt.

Es wäre nun aber gar nicht notwendig gewesen, diesen extremen Fall zu nennen. Es hätte schon ausgereicht, sich zwei Tatsachen vor Augen zu führen: Kinder sprechen häufig mit sich selbst, wenn niemand da ist, um sie zu verstärken, und Mütter beeinflussen nicht systematisch das Sprachverhalten ihrer Kinder im Sinne des postulierten Gestaltungsprozesses.

Was für den Mechanismus der Verstärkung gilt, trifft auch auf den der Imitation (Nachahmung) zu: Für sich genommen, kann er nicht den Erwerb der Sprache erklären.

Für das Erlernen phonologischer Unterscheidungen wie auch für den Erwerb von Wörtern ist die Bedeutsamkeit der Imitation grundsätzlich nicht in Frage gestellt worden. Welche Rolle ihr für die syntaktische Entwicklung zukommt, ist hingegen eher umstritten. So liegen einerseits Untersuchungen (vgl. z. B. Ervin-Tripp 1964) vor, die aufzeigen, daß das Kind durch die Imitation den Horizont seiner sprachlichen Fähigkeit nicht erweitert, sondern gerade umgekehrt die gehörten Äußerungen auf diesen reduziert. Dafür folgendes Beispiel:

Mutter: „Auf der Wiese stehen viele Kühe."
Kind: „viel Muh-Kuhs."
Mutter korrigiert: „Kühe, nicht Muh-Kuhs."
Kind: „Muh-Kuhs, Muh-Kuhs."

Andererseits gibt es Beobachtungen, daß Kinder bei der Nachahmung neue sprachliche Formen ausprobieren. Von Slobin (1968) stammt dazu das folgende Beispiel:

Kind: ,,Papa Name Papa.“
Mutter korrigiert: ,,Papas Name ist Papa.“
Kind: ,,Papa Name ist Papa.“

In einer Längsschnittstudie hat Grimm (1984, 1985b) aufgezeigt, daß kleine Kinder, die noch keine drei Jahre alt sind und somit am Beginn ihrer Sprachentwicklung stehen, sehr häufig unmittelbar vorausgegangene Äußerungen ihrer Mütter nachahmen. Dazu die folgenden Beispiele:

Mutter: ,,Ach, was'n das?“
Kind: ,,Ach, was'n das?“
Mutter: ,,Und was hat's denn da?“
Kind: ,,hat's da?“
Mutter: ,,Kann es jetzt wieder fahrn?“
Kind: ,,kann das wieder fahrn.“

Das erste Beispiel steht für eine vollständige Imitation der Gesamtäußerung, die als Routineform übernommen wird. Mit einer fertigen, d.h. nicht analysierten Sprachfigur vermag so das Kind einer Bedeutung Ausdruck zu verleihen. Wong-Fillmore (1979) hat in einer interessanten Arbeit aufgezeigt, daß Kinder beim natürlichen Zweitspracherwerb nach einer entsprechenden Lernstrategie vorgehen, die sie in der folgenden Weise umschreibt: Behalte einige Ausdrücke, die du verstehst und verwende sie.

Beim zweiten Beispiel wird die mütterliche Äußerung unter Auslassung des Beginns imitiert. Teilimitationen dieser und anderer Art sprechen dafür, daß die gehörte Äußerung durch das eigene Fähigkeitssystem gefiltert wird (s.o.). Gleichzeitig machen sie jedoch auch den wichtigen und meist vernachlässigten Tatbestand deutlich, daß das Kind aus der Sprache der Lernumwelt Operationseinheiten herauslöst, die größer als ein einzelnes Wort sind.

Das dritte Beispiel steht schließlich für den bedeutsamen Befund, daß Kinder sich das Grundmuster der mütterlichen Äußerung für ihren eigenen Sprachausdruck nutzbar machen. Daß solcherart auf Entscheidungsfragen und nicht mit einem einfachen Ja oder Nein geantwortet wird, was durchaus genügen würde, spricht sehr deutlich für die Bereitschaft der Kinder, am Modell zu lernen.

Die Nachahmungstätigkeit, so läßt sich festhalten, ist mehr als ein bloßes Nachplappern. In ihren unterschiedlichen Ausprägungsformen ist sie vielmehr als eine ganzheitliche Strategie der Sprachverarbeitung aufzufassen. Motiviert durch den Wunsch, sich zu verständigen, kompensiert das Kind seine noch unfertige Sprachkompetenz durch die Übernahme von Sprachformen der Mutter (zur Erinnerung: ,,Mutter“ wird im Sinne von primärer Bezugsperson verwendet).

Dieser ganzheitlichen Übernahme kommt damit auch, oder sogar zuerst, eine emotionale Qualität zu (vgl. für eine ausführliche Darstellung Grimm 1985b).

Der Spracherwerb als Erwerb innersprachlicher Regeln kann indes nicht mit der ganzheitlichen Sprachverarbeitungstrategie erklärt werden, worauf auch zuvor schon hingewiesen wurde. Welche Regeln das Kind im Laufe seiner Sprachentwicklung auf den verschiedenen Sprachebenen erwirbt, wurde ausschnittsweise bereits in den vorangegangenen Kapiteln beschrieben. Als eindrucksvollen Beweis dafür, daß das Sprachwissen nicht aus einzelnen gespeicherten Sätzen bestehen kann, führt Miller (1967) die folgende Rechnung an: Es gibt zumindest 10^{20} Sätze, die 20 Wörter umfassen. Sollten nur diese und sonst keine gelernt werden, so benötigte das Kind dafür 1000mal so lange wie das geschätzte Alter der Erde, und zwar lediglich, um sich diese anzuhören!

Vielleicht nicht ganz so eindrucksvoll, aber dennoch nicht weniger beweiskräftig ist die Beobachtung, daß alle Kinder während ihrer Sprachentwicklung von der Norm abweichende Formen bilden, die einen systematischen Charakter aufweisen. Diese Formen sind uns schon als Übergeneralisierungen bekannt. Um nochmals Beispiele zu nennen: ,,Backhaus" = Bäckerei, ,,hinauf leitern" = auf die Leiter steigen, ,,gegeht" = gegangen, ,,Männers" = Männer, ,,Bilderns" = Bilder, ,,den Hof verblättern" = Blätter fallen in den Hof.

Sicherlich haben sich nicht alle Eltern abgesprochen, ihren Kindern solche Formen zur Nachahmung vorzugeben. Diese Formen sind vielmehr Beispiele der sprachlichen Kreativität, die auf der Grundlage innersprachlicher Regeln erzeugt sind; ihre Gesetzmäßigkeit kommt von innen. Über die Bildung eigener, kreativer Konstruktionen eignet sich das Kind nachkonstruierend das schon strukturierte Erfahrungsmaterial der Sprache an. Hierfür geht es analysierend an die Sprache heran: Es segmentiert einzelne Wörter, bildet (unbewußt) Hypothesen über deren kategorialen und regelhaften Status und konstruiert auf dieser Grundlage seine Äußerungen. Können diese Äußerungen von anderen nicht adäquat erfaßt werden, und führen sie nicht zu dem erwünschten Erfolg, so werden die Hypothesen verändert oder ganz verworfen. Im umgekehrten Fall, d.h. bei Bestätigung durch die Erfahrung, werden die Hypothesen beibehalten.

Dieser kognitive Prozeß der analytischen Sprachverarbeitung ist auf diese Weise immer noch viel zu einfach beschrieben. Wie er genauer abläuft, ist indes, um mit Cromer (1981) zu sprechen, nach wie vor geheimnisumwittert.

Abschließend soll wenigstens ansatzweise versucht werden, den Spracherwerb als einen Prozeß der induktiven Extrapolation zu beschreiben, bei dem die ganzheitliche und die analytische Sprachverarbeitungsstrategie zusammenwirken (vgl. auch Grimm 1985b). Dabei wird davon ausgegangen, daß der ganzheitlichen Verarbeitungsstrategie vor allem eine Orientierungs- und Steuerungsfunktion zukommt: Das Kind übernimmt solche Sprachäußerungen aus der Umwelt, die es häufig hört, und die für seine Wünsche und Bedürfnisse von Bedeutung sind. Diese Äußerungen memoriert es so gut es kann und ruft sie in dieser memorierter Form auch wieder ab. Selbst wenn das Kind die einzelnen Wörter kennt, sind die memorierten Äußerungsformen in ihrer Struktur unverstanden. Durch den variablen Gebrauch dieser Formen erkennt es dann allmählich, daß deren einzelne Positionen durch verschiedene Wörter besetzt werden können. Diese auf die Oberflächenform der Sprache bezogene Erkenntnis, daß die Wörter nach wahrscheinlichen Abfolgen angeordnet sind, dient der analytischen Tätigkeit als Eingabeinformation: Aus Wörtern in denselben Positionen werden Kategorien und aus deren Abfolgen syntaktische Wortstellungsregeln generalisierend abgeleitet.

Dieser Prozeß, mit dem der frühe Spracherwerb erklärt werden soll, ist mit Sicherheit noch viel zu einfach gesehen und läßt vieles unberücksichtigt. Die Kernaussage scheint freilich richtig zu sein: Das Kind operiert nicht nur auf der Wortebene, sondern auch, und gerade am Sprachbeginn, mit größeren Einheiten. Es ist nicht nur kognitiv motivierter Analysator, sondern auch und zuerst sozial und emotional motivierter Imitator. Die sprachlichen Gesetzmäßigkeiten kommen nicht nur von innen, sondern auch von außen.

Bei den bisherigen Versuchen, den Spracherwerb als einen sich schrittweise vollziehenden internalen Ausbau abstrakter Strukturen zu beschreiben, wurde die konkrete ganzheitliche Sprachverarbeitung, wie sie in den verschiedenen Formen der imitativen Tätigkeit erscheint, unberücksichtigt gelassen. Gegen diese Ansicht spricht u.a. der Befund, daß dysphasisch sprachgestörte Kinder von der Möglichkeit, am Sprachmodell imitativ zu lernen, keinen oder nur geringen Gebrauch machen (können). Auch Kinder ohne Sprachprobleme, jedoch nicht dysphasische Kinder, übernehmen in lebhafter Weise Äußerungen aus der Umweltsprache imitativ. Dies spricht dafür, daß dieser Übernahmefähigkeit bzw. der ganzheitlichen Form der Sprachverarbeitung der Status einer notwendigen Bedingung für den Spracherwerb zukommt (vgl. hierzu Grimm 1984, 1985b).

Kapitel 13

Entwicklung der Motivation und Handlungssteuerung

Rolf Oerter

Die Motivationsentwicklung wird im folgenden unter zwei theoretischen Perspektiven abgehandelt. Der erste Ansatz nach Kurt Lewin (1963) läßt sich mit Baldwin (1974) als ,,*galileisch*" bezeichnen. Die Antriebskräfte und Ziele des Menschen werden nicht als psychische Entitäten in das Individuum verlagert, sondern in seine Umwelt. Der Mensch handelt in ihr, weil die Gegenstände anziehend oder abstoßend sind, weil man sie besitzen oder vor ihnen fliehen will. So läßt sich der Mensch in seiner Umwelt durch die unsichtbaren Bänder und Kräfte beschreiben, die zwischen ihm und der Umwelt bestehen.

Der ,,*aristotelische*" Ansatz, der als zweiter theoretischer Zugang zur Motivationsentwicklung herangezogen wird, konzentriert sich umgekehrt auf die im Individuum verankerten Ursachen für Verhalten. Die Konzeption des Menschen als Träger von Motiven, Eigenschaften und Dispositionen kann als ,,aristotelisch" bezeichnet werden, weil ihr das aristotelische Verständnis vom Menschen wie auch von der Natur zugrunde liegt. Exemplarisch wird in den nachfolgenden Abschnitten die Entwicklung des Leistungsmotivs und des Neugiermotivs (bzw. der Interessen) behandelt. Schließlich werden einige Aspekte der Handlungssteuerung dargestellt, die wir aus einem eingangs erläuterten Handlungsmodell ableiten.

1. Die Entwicklung des individuellen Lebensraumes und seiner Valenzen

Lewin (1954, 1963) geht nicht von der bekannten Alltagsvorstellung aus, daß wir Bedürfnisse und Triebe in uns besitzen, die unser Handeln bestimmen, sondern von der Erfahrung, daß wir in einer Welt leben, deren Gegenstände für uns ,,Aufforderungscharakter" oder ,,Vermeidungscharakter" haben. Wir fühlen uns zu Gegenständen oder Personen hingezogen, andere Objekte lassen uns gleichgültig, und wieder andere flößen uns Angst oder Abneigung ein. So bewegen wir uns handelnd in einem ,,Lebensraum", in dem Kräfte wirksam sind, die uns gedanklich oder wirklich in Bewegung versetzen. Die Dynamik des Verhaltens wird also nicht oder nicht allein im Individuum gesucht, sondern in dem Lebensraum, der zu einem gegebenen Zeitpunkt das Handlungsfeld des Individuums ausmacht.

Begriffe

Der *Lebensraum* ist die Summe aller Tatsachen, die das Verhalten der Person zu einem bestimmten Zeitpunkt determinieren. Die Gesamtheit der Tatsachen, die den Lebensraum ausmachen, besteht aus solchen, welche die *Person* und solchen, welche die *Umwelt* beschreiben. Wir konzentrieren uns im folgenden auf die Umwelttatsachen. Sie bilden nicht die physikalische, sondern die psychologische Umwelt. Letztere umfaßt nur Tatsachen, die auf das Verhalten einwirken. Der Lebensraum enthält solche physikalischen Elemente oder Anteile, die psychologisch für das Individuum bedeutsam sind. Wenn sich ein Kind in der Dämmerung vor einem Pfahl fürchtet, weil es einen lauernden Bösewicht vermutet, so existiert zwar ein physikalischer Anteil für das nun folgende Fluchtverhalten des Kindes, doch ist dabei weniger die physikalische Beschaffenheit des Pfahles ausschlaggebend, sondern seine psychologische Bedeutung.

Kurt Lewin (1890–1947)

Beispiel Konflikt

In Abbildung 13.1 befindet sich das Individuum zwischen zwei positiven Alternativen. Ein Jugendlicher möchte z. B. ein Rock-Konzert und ein Fußballspiel besuchen, die beide zur gleichen Zeit stattfinden. Im Lebensraum des Jugendlichen befinden sich beide Ziele (Z) einander gegenüber und ,,ziehen" das Individuum (P), das sich in der Mitte befindet, an.

Abbildung 13.2 zeigt demgegenüber ein Individuum, das zwischen zwei negativen Alternativen wählen muß. Ein Kind muß sich z. B. entscheiden, ob es Hausaufgaben machen oder das Zimmer aufräumen soll. Im ersten Fall (Appetenz-Appetenz-Konflikt) fühlt sich das Individuum nach beiden Richtungen gezogen, im zweiten Fall (Aversions-Aversions-Konflikt) möchte es von beiden Zielen wegkommen.

Die Lebensraumdarstellung zeigt sofort, daß der Aversions-Aversions-Konflikt (Wahl des geringeren Übels) länger dauern müßte als die Entscheidung zwischen zwei positiven Möglichkeiten. Bewegt sich nämlich das Individuum auf eines der beiden positiven Ziele zu, so wird die Anziehungskraft des anderen Zieles schwächer. Wenn aber das Individuum im zweiten Beispiel sich auf ein negatives Ziel hin bewegt, so wird die abstoßende Kraft dieses Zieles stärker, die des gegenüberliegenden Zieles jedoch schwächer, so daß das Individuum geneigt ist, in die Ausgangsposition zurückzukehren.

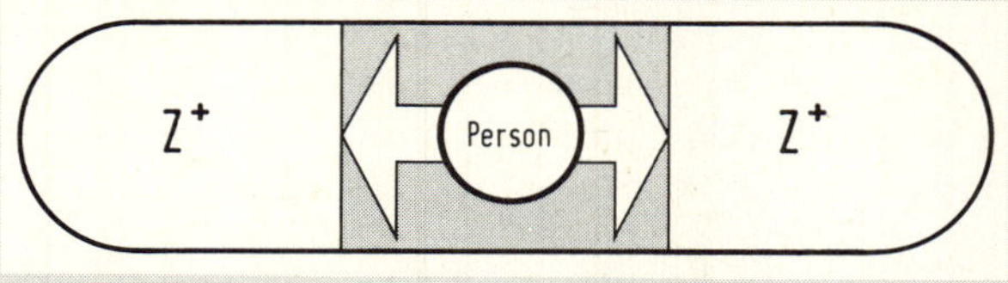

Abb. 13.1 Appetenz-Appetenz-Konflikt

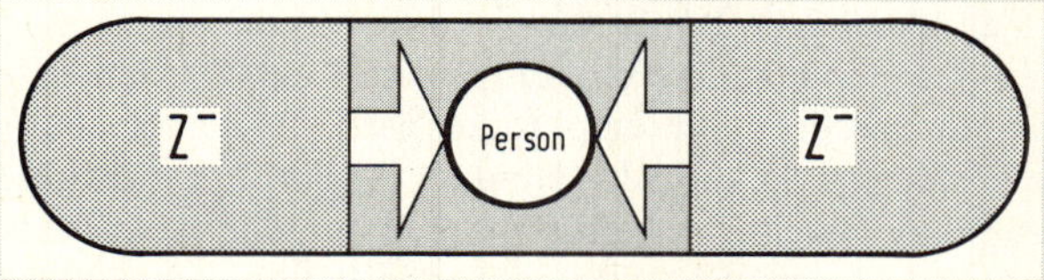

Abb. 13.2 Aversions-Aversions-Konflikt

Feld oder Region. Lewin beschreibt die psychologische Umwelt mit geometrischen Begriffen. Die Umwelt besteht in erster Linie aus Feldern oder Regionen. Solche Felder sind physikalische Regionen (also Orte), Ereignisse (angegriffen werden, gelobt werden), Gruppenmitgliedschaften (Freundeskreis, Clique, Familie) oder auch Aktivitäten (ein Kind, das malt und hinterher liest, bewegt sich also durch zwei Regionen). Damit kann ein Feld (eine Region) je nach Situation, in der gehandelt wird, etwas ganz Verschiedenes sein. In den obigen Beispielen ist der Lebensraum nur in drei Regionen untergliedert.

Kräfte und Valenzen. Lewin beschreibt den Lebensraum als dynamisches Gebilde, in dem Kräfte miteinander oder gegeneinander wirken. Kräfte werden als Vektoren definiert: sie besitzen einen Ansatzpunkt (Ausgangspunkt), eine Stärke (Pfeillänge) und eine Richtung (Pfeilrichtung). Wenn Kräfte gemeinsam auf eine Region hinzielen, entsteht dort ein Kraftfeld von besonderer Struktur, das Lewin *Valenz* nennt. Sind die Kräfte alle weg von einer bestimmten Region gerichtet, so besitzt sie *negative* Valenz, im umgekehrten Falle *positive* Valenz (sie kann mit *Handlungsziel* gleichgesetzt werden).

Verhalten und Handlung. Das menschliche Verhalten wird nun nicht erklärt durch die Aktionen, die mit einer Person verknüpft sind, sondern durch die Veränderung des Lebensraumes. Sie kann auf zweierlei Weise zustande kommen, einmal durch die Fortbewegung (Lokomotion) des Individuums, zum anderen durch die Valenz-Veränderungen der Region selbst, die eine andere Bedeutung gewinnt. So mag eine Region (Rollerfahren) zunächst eine hohe Valenz besitzen, einige Jahre später aber diese Valenz für das heranwachsende Kind gänzlich verloren haben und dafür eine andere Region (Treffen mit einem andersgeschlechtlichen Partner) besonders wichtig werden.

Barriere und Umweg. Im Lebensraum können häufig Ziele (Regionen mit positiver Valenz) nicht unmittelbar bzw. durch das Durchschreiten von Regionen erreicht werden. Es liegen Barrieren dazwischen. Im einfachsten Fall sind solche Barrieren wirkliche physikalische Hindernisse. Z.B. kann das kleine Kind nicht aus seinem Laufställchen heraus, was häufig als sehr unangenehm empfunden wird. Wichtiger aber sind unsichtbare Barrieren. So kann das Kind im Augenblick nicht die begehrten Vorzüge und Rechte des Erwachsenen genießen, ein Angehöriger der Unterschicht nicht ohne weiteres in die Oberschicht überwechseln, eine unqualifizierte Arbeitskraft nicht einen hochqualifizierten Beruf übernehmen usw.

Barrieren können nur durch Umwege umgangen werden. Diese sind zwar aufwendig und zeitraubend, führen aber zum begehrten Ziel. In

Abbildung 13.4 ist das Erreichen eines höherqualifizierten Berufes auf dem Umweg über einen Ausbildungsgang dargestellt.

Eine ,,galileische" Konzeption. Lewin nannte seine Feldtheorie ,,galileisch", weil die Kräfte, die das Individuum zum Handeln bewegen (also die Motive), nach ,,außen" in den Lebensraum verlagert sind.

Damit verfährt er ähnlich wie das physikalische Denken seit Galilei. In der Physik wird die Kraft nicht mehr als eine dem Objekt innewohnende Entität verstanden, sondern durch ein um das Objekt gelagertes Kraftfeld beschrieben. Da der Lebensraum nicht einfach die Summe von physikalischer Umwelt und Individuum ist, sondern auch die psychologische Umwelt enthält, in der sich das Individuum handelnd erlebt und bewegt, bedeutet diese ,,galileische" Sichtweise keineswegs, daß die Prozesse nicht mehr mit dem Individuum verknüpft wären. Aber sie zwingt dazu, die konkreten Inhalte und Situationen, in denen sich das Individuum befindet, kennenzulernen und Motive, Ziele und Handlungen mit Hilfe dieser Inhalte zu beschreiben. Motive sind in der vorliegenden Konzeption also Regionen mit positiver Valenz, die das Individuum erreichen möchte.

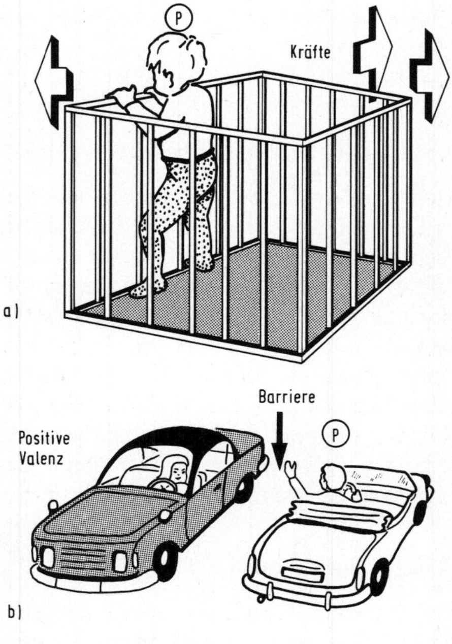

Abb. 13.3 a/b Zwei Beispiele für Barrieren

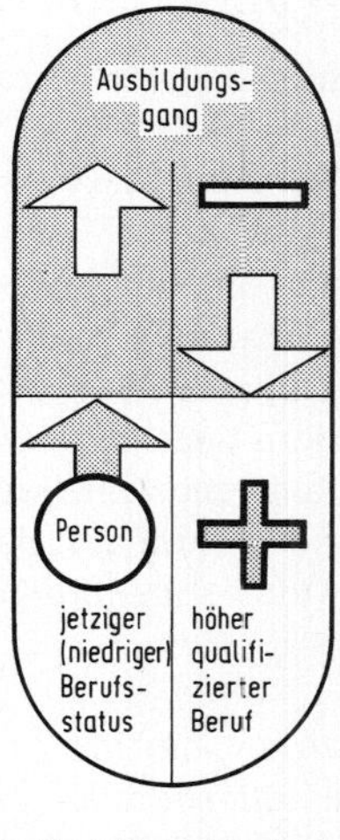

Abb. 13.4 Beispiel einer Barriere und eines Umweges.

Lebensraum in früher Kindheit: Ein Beispiel

Von Lewin selbst stammt die Darstellung des Lebensraumes in einer aktuellen Situation in früher Kindheit, wenn das Kind eine bestimmte von der Mutter vorbereitete Kost nicht mag. Abbildung 13.5 verdeutlicht die Regionen, die die einzelnen Handlungsetappen bis zum Hinunterschlukken der Nahrung darstellen. Das Kind soll etwas essen, das es nicht mag. Essen hat eine negative Valenz. Die Kraft weg vom Essen wird um so stärker, je geringer die Entfernung zwischen K und E wird.

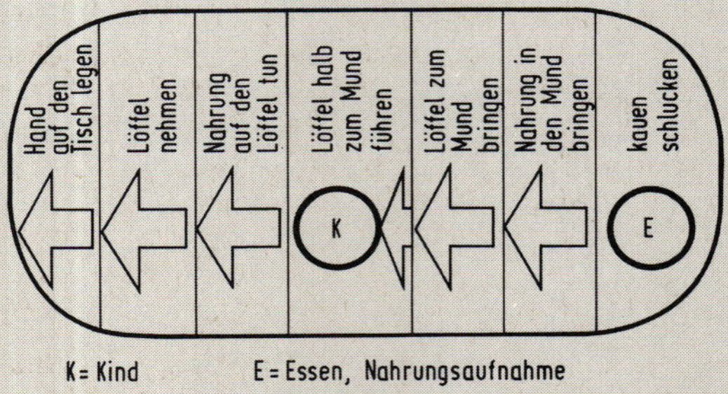

Abb. 13.5 Lebensraum beim Essen einer abgelehnten Nahrung (nach Lewin 1963)

2. Vom primären zum sekundären Motivationssystem

Im folgenden bevorzugen wir eine andere Sichtweise, die der oben gewählten bis zu einem gewissen Grad entgegengesetzt ist. Wir verlagern die Motive in die Person und sehen sie als Erklärungsgrund für gleiches oder ähnliches Verhalten in einer Reihe (Klasse) von Situationen an. Motive sind unter diesem Blickwinkel hypothetische Konstrukte, die aus dem Verhalten gefolgert werden.

Nehmen wir an, ein Kind nutzt jede freie Minute, um mit anderen Kindern oder mit Erwachsenen zusammen zu sein. Dieses Suchen nach Kontakt und Anlehnung, so folgern wir, muß einen Grund haben, den wir beim Kind als relativ dauerhaftes Motiv annehmen. Man nennt dieses Motiv *Anschlußmotiv* oder *need affiliation* (Walker & Heyns 1962).

Wie Motive entstehen

Man könnte der Einfachheit halber annehmen, Motive seien angeboren, sie gehörten zur Grundausstattung des Menschen. Wenn der Mensch heranreift, reifen auch diese Motive von selbst. Damit ist eigentlich nichts erklärt; vor allem bleibt unverständlich, (1) warum ein Motiv nicht immerzu, sondern nur in bestimmten Situationen wirkt und (2) warum ein bestimmtes Motiv umgekehrt in recht unterschiedlichen Situationen das Handeln bestimmt.

Motive entstehen im Laufe der Entwicklung durch die aktive Auseinandersetzung mit der Umwelt, sie werden erworben oder, genauer gesagt, erlernt.

Wenn wir Motive als Bestandteile des Handelns verstehen wollen, so muß erst verdeutlicht werden, wie sich menschliches Handeln insgesamt in der Entwicklung verändert. Der wichtigste Veränderungstrend – zumindest bis zum Erwachsenenalter – kann durch das zunehmende Selbstständigwerden des Kindes und Jugendlichen gekennzeichnet werden. Auf diesem langen Weg zur (relativen) Unabhängigkeit und Selbstkontrolle gibt es typische Anliegen (Heckhausen 1974a). Zum Teil tauchen sie nacheinander auf, zum Teil entstehen sie auch gleichzeitig während der Entwicklung. So ist das Kind zunächst völlig auf Pflege und Kontakt der Mutter oder einer anderen Erwachsenenperson angewiesen. Dabei stehen physiologische Bedürfnisse sehr stark im Vordergrund. Die totale Abhängigkeit bewirkt, daß der Säugling bei Anwesenheit der Mutter Sicherheit und Geborgenheit erfährt, da diese für Verringerung von Triebspannung sorgt. Fremde Situationen, in denen die Mutter (oder die Bezugsperson) nicht zugegen ist, lösen Angst und Unsicherheit aus. Weil solche Situationen immer wieder auftreten, entsteht das Bedürfnis nach Sicherheit. Sobald allerdings das Kind etwas selbständiger wird, die Zuwendung zur Mutter mit eigener Zuwendung und Anhänglichkeit beantworten kann, entsteht ein Motiv, das den Anfang des Bedürfnisses nach sozialem Kontakt oder Anschluß bildet. Das Kind überträgt nämlich, wenn es mit anderen Personen in Verbindung tritt und vertrauter mit ihnen wird, die Anhänglichkeit auch auf diese Personen. So kann man sich die Entstehung des Motivs nach sozialem Anschluß (need affiliation) erklären. In allen Situationen, wo soziale Partner auftauchen, mag nun der Mensch in seinem Handeln von Hoffnung auf Annahme und Zuwendung und zugleich von Furcht vor Zurückweisung und Ablehnung bestimmt werden. Ist dies tatsächlich der Fall, so wird sein Handeln im sozialen Kontakt durch das Motiv nach sozialem Anschluß determiniert.

Die immer wiederkehrende Situation, mit anderen Partnern in Kontakt zu treten, von ihnen Angenehmes zu erfahren, andererseits aber von ihrer Macht abhängig zu sein und gelenkt zu werden, führt zum Versuch, Macht über andere auszuüben. Je mehr man andere beeinflussen und kontrollieren kann, desto selbständiger fühlt man sich selbst und desto eher lassen sich eigene Ziele verwirklichen. So entsteht ein neues Motiv, das Machtmotiv.

Zur gleichen Zeit aber erwachsen aus der kindlichen Aktivität, die sich mehr und mehr selbst kontrollieren kann, auch noch andere Motive. Zunächst zeigt sich beim Kind schon in den ersten Lebensmonaten die Freude an der Aktivität selbst. Solange es sich wohlfühlt, ist es ununterbrochen wahrnehmend und motorisch tätig („Funktionslust" nach Karl Bühler 1918). Sobald dieses Handeln etwas gegliederter wird, vermag das Kind zwischen der Aktion und dem Effekt zu trennen. Das Auftreten von Effekten kann aktiv und wiederholt herbeigeführt werden. So beobachtet man beim Kind die Freude am Effekt. White (1959) nannte dies feeling of efficacy, effectance motivation. Allmählich kann das Kind sich selbst als Handlungsträger identifizieren und erkennt sich als Urheber des Effektes.

Beispiel: Ein Kind kann vom Laufställchen aus die Schranktüre erreichen und macht sich an ihr zu schaffen. Es entdeckt den Effekt des Auf- und Zuschlagens und führt ihn immer wieder von neuem herbei.

Diese Erkenntnis erfüllt es mit Stolz, wie man aus Alltagsbeobachtungen leicht erfahren kann. Tritt zu dieser Erkenntnis noch die Erfassung eines „mehr" oder „weniger", „besser" und „schlechter", so haben wir Anfänge einer Leistungs*bewertung* vor uns. Von nun an wird das Kind nicht mehr beliebig agieren, sondern in bezug auf die Güte des erreichten Effektes. So baut es beispielsweise aus Steinen einen Turm und freut sich, wenn dieses Unterfangen glückt oder ist zornig bzw. unglücklich, wenn es mißlingt. Diese Unterscheidung von verschieden hoher Qualität eines Effektes führt zugleich zur Feststellung des eigenen Tüchtigkeitsgrades. Wenn nun das Kind noch einen Gütemaßstab für sein Handeln entwickelt, so entsteht das Leistungsmotiv.

Die Entwicklung des menschlichen Handelns führt auf dem Weg der Erfahrung von Erfolg und Mißerfolg in bestimmten Grundsituationen zu Zielvorstellungen und Erwartungen. Sobald diese sich individuell ausgeprägt haben und immer wieder das Handeln mitbestimmen, spricht man von Motiven oder Motivsystemen. Solche Motive sind unter anderem: Anschlußmotiv, Leistungsmotiv (need achievement), Geltung, Macht, Hilfe (andere ohne Entschädigung unterstützen wollen) und Aggression. Alle diese Motive sind „sekundär", weil sie nicht von Anfang an existieren, sondern sich aus konkreten Handlungen und Situationen erst entwickeln. Im folgenden soll in vereinfachender Weise das „sekundäre" Motivationssystem dem „primären" gegenübergestellt werden.

Zuvor seien noch zwei *definitorische Festlegungen* getroffen:

Unter *Motivation verstehen wir* alle Bedingungen, welche die Aktivität eines Organismus ankurbeln und die Variation dieser Aktivität nach Richtung, Quantität und Intensität bestimmen. Im engeren Sinne bezeichnet man mit Motivation alle aktuellen Faktoren und Prozesse, die unter gegebenen situativen Anregungsbedingungen zu Handlungen führen und diese bis zu ihrem Abschluß in Gang halten.

Motive sind individuelle Verhaltensbedingungen, die sich im Laufe der Entwicklung in bestimmten Grundsituationen herausgebildet haben.

Motive sind wiederkehrende Anliegen und werden in der Psychologie als Persönlichkeitskonstrukte gefaßt. Als solche können sie lebenslang wirken und das Verhalten beeinflussen.

Theorie der Bedürfnishierarchie von Maslow (1954)

Abraham Maslow nimmt an, daß sich menschliche Grundbedürfnisse in einer festgelegten Reihenfolge entwickeln. Dieser Folge liegt die Logik aufeinander aufbauender Stufen oder Ebenen zugrunde. Wenn das jeweils vorausgegangene Motiv nicht befriedigt wurde, kann sich das nächsthöhere Motiv nicht entwickeln. Die von ihm postulierte Abfolge ist aus Abbildung 13.6 ersichtlich. Zunächst dominieren biologisch-physiologische Bedürfnisse. Aus ihnen entwickelt sich, wenn Hunger, Durst und Schmerz regelmäßig reduziert wurden, das Bedürfnis nach Sicherheit, das bei adäquater Befriedigung in das soziale Bedürfnis nach Liebe und Geborgenheit übergeht. Aus der sozialen Sicherheit entstehen mehr und mehr Anteile sozialer Anerkennung, was zum Bedürfnis nach Geltung und Anerkennung führt. Wird auch diesem Bedürfnis in angemessener Weise Rechnung getragen, so kann sich als höchstes Entwicklungsmotiv das Bedürfnis nach Selbstverwirklichung ausbilden. Es stellt im Normalfall ein zentrales Motiv im Jugendalter dar, wird aber unterschiedlich bezeichnet.[1)]

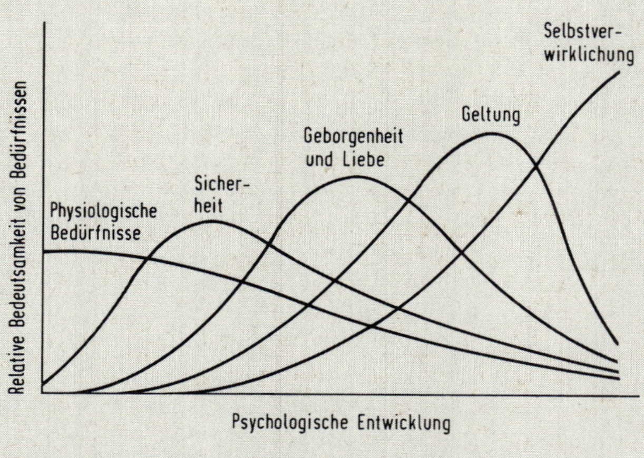

Abb. 13.6 Modell der Bedürfnishierarchie nach Malsow

[1)] Maslows Ansatz ist zu einfach angesichts der Fülle von Motiven und Zielsetzungen, die sich schon in der Kindheit und Jugend zeigen. Zudem ist das Postulat der Transitivität (vorausgegangene Ebenen als Voraussetzung für die neue Ebene) empirisch nicht gesichert.

Funktionsmerkmale des primären und sekundären Motivationssystems

Das sekundäre Motivationssystem funktioniert nicht von Anfang an, aber schon vor seiner Entstehung, die sich über lange Zeit erstreckt, agiert das Kind. Die Motivbedingungen, die hier zusammen mit der Situation das Handeln bestimmen, bilden das ,,primäre Motivationssystem". Auf der Ebene dieses Systems stehen andere Funktionsmerkmale im Vordergrund, die im folgenden denen des ,,sekundären Motivationssystems" gegenübergestellt werden.

Lust – Unlust versus Hoffnung auf Erfolg – Furcht vor Mißerfolg: Schon Sigmund Freud behauptete, daß die früheste und basale Instanz der menschlichen Persönlichkeit, das Es, durch das Lustprinzip beherrscht wird. Gewinnung von Lust und Vermeidung von Unlust bestimmen das Verhalten in diesem Motivationssystem. Lust wird sogar auf Kosten des eigenen Überlebens angestrebt. Der Säugling schreit solange, bis er von seiner Unlust (Schmerz, Hunger) befreit ist. Es kostet große Mühe, bis er sich an feste Essenszeiten gewöhnt. In Extremsituationen wird auch der Erwachsene von diesem Motivationssystem beherrscht: Bei extremen Entzugsbedingungen, wie Wassermangel in der Wüste, strebt der betroffene nach Triebbefriedigung, häufig unter Mißachtung lebensbedrohender Gefahren (z. B. verseuchtes Wasser).

Im sekundären Motivationssystem stehen demgegenüber Erwartungen über Zielerreichung und Effekte des eigenen Handelns im Vordergrund. Sie lassen sich in vielen Fällen durch den Konflikt zwischen Hoffnung auf Erfolg und Furcht vor Mißerfolg kennzeichnen. Das Anschluß- (Anlehnungs-) Verhalten wird etwa durch Hoffnung auf Gelingen des Kontaktes versus Furcht vor Mißlingen bestimmt. Der Versuch, sich Geltung und Ansehen zu verschaffen, ist ebenfalls durch die Erwartung eines Erfolgs bei gleichzeitiger Einbeziehung der Möglichkeit eines Mißerfolgs gekennzeichnet. Für die Leistungsmotivation wird Erfolgshoffnung und Mißerfolgsfurcht besonders wichtig.

Häufig decken sich natürlich Erfolg und Lustgewinn. Daher müssen wir Fälle betrachten, in denen der Weg zum Erfolg über Unlust und unangenehme Spannungszustände führt. Diese Konstellation (Situation) tritt je nach Bereich früher oder später auf. Ein Kind, das einen Turm bauen will, weint, wenn dieser kurz vor der Vollendung einstürzt. Gleichwohl mag es von einem bestimmten Entwicklungsalter an wieder mit dem Bau von vorne beginnen. Natürlich muß sich bei solchen Versuchen auch früher oder später ein Erfolg einstellen, sonst wird das Kind seine Versuche aufgeben. Analog zu diesem Beispiel mag ein Kind immer wieder versuchen, sich bei Gleichaltrigen Geltung zu verschaffen, auch wenn dabei Mißerfolge und somit Unlust auftreten.

Beide Systeme sind offenkundig mit kognitiven Leistungen gekoppelt, von denen weiter unten noch die Rede sein wird. Das Streben nach Lustgewinn und die Vermeidung von Unlust hängen eng mit dem unmittelbaren Wahrnehmen und Erleben zusammen. Solange das Kind (in manchen Regionen auch der Erwachsene) vom Wahrnehmungseindruck abhängig ist, wird das primäre Motivationssystem vorherrschen. Wenn das Kind ein Bonbon, das es jetzt gleich bekommen kann, einer Tüte Bonbons, die es für morgen in Aussicht gestellt bekommt, vorzieht, so ist es auf sofortigen Lustgewinn aus. Ebenso verhält sich aber auch der Erwachsene, der beim Fernsehen die Snacks und Getränke, die vor ihm stehen, immer wieder zu sich nimmt, weil infolge der vorwiegend auf den Bildschirm gerichteten Aktivität das primäre System die Oberhand gewinnt.

Untersuchungsbeispiel (Cromwell 1963)

Versuchspersonen mit unterschiedlichem Entwicklungsalter (festgestellt durch Intelligenztests) erhielten nacheinander zwei Puzzles. Puzzle I konnten sie ganz zusammensetzen, bei Puzzle II wurden sie an der Vollendung gehindert. Später durften sie nach eigener Wahl eines der beiden Puzzles erneut legen. Je höher der kognitive Entwicklungsstand der Kinder war, desto häufiger fiel ihre Wahl auf das zweite unvollendete Puzzle, während Kinder mit niedrigem Entwicklungsstand beim zweiten Mal das erste Puzzle wählten, das schon zuvor Erfolg gebracht hatte.

Erklärung: Die Wahl des unvollendeten Puzzles zeigt an, daß ein Kind auch auf die Gefahr des Mißerfolgs hin neue Erfolge erringen will, während die Wahl des vertrauten Puzzles die Vermutung nahelegt, daß das Kind ein vorheriges Lusterlebnis wiederholen möchte.

Zeitspanne: Das sekundäre Motivationssystem operiert mit Zielen, die gewöhnlich zeitlich weiter weg liegen. Nicht der augenblickliche Lustgewinn ist entscheidend, sondern die Erreichung eines Ziels, was normalerweise verschiedene Zwischenschritte erforderlich macht. Der mit dem Ziel verbundene Erfolg (gewiß auch lustvoll erlebt) wird vorweggenommen (antizipiert), während ein augenblicklich gegebener Vorteil demgegenüber zurückgestellt werden kann. Die Hemmung augenblicklicher Lustbefriedigung zugunsten späterer Zielerreichung geschieht auf den verschiedensten Gebieten und in einem langen Lernprozeß. Zeitspannen erstrecken sich anfangs über Minuten (z. B. Warten aufs Essen im Kindergarten, Warten auf Zuwendung der Lehrerin in der Grundschule), später über viele Jahre (schulisches Lernen zum Erlangen der für einen bestimmten beruflichen Status erforderlichen Ausbildung).

Ziele, Standards: Im primären Motivationssystem gibt es keine intern gesetzten Ziele oder Gütestandards. Die Ziele sind gewöhnlich anschaulich durch das Vorhandensein eines attraktiven Gegenstandes oder einer begehrten Person vorgegeben. Ohne Zeitverzug und Umwege will das Individuum das betreffende Objekt erreichen. Im sekundären Motivationssystem dagegen agiert das Individuum auf Ziele hin, die es sich selbst setzt. Solche Ziele oder Standards können von außen übernommen sein oder aus der unmittelbar gegebenen Situation stammen. Beispiele für Ziele: den Partner beim Wettlauf übertreffen wollen, etwas Aufsehenerregendes vollbringen wollen, um vor den Freunden zu glänzen, einen entfernt wohnenden geliebten Partner besuchen wollen.

Hinter solchen Zielen und konkreten Standards stecken häufig allgemeinere Regulierungsprinzipien. So mag der eine Heranwachsende mehr durch die Hoffnung auf Erfolg, der andere mehr durch die Furcht vor Mißerfolg bei der Setzung seines Zieles beeinflußt werden. Im ersteren Falle wird er risikofreudiger, im letzteren Falle auf Sicherheit bedacht sein.

Attribuierung: Im sekundären Motivationssystem ist das Individuum imstande, sich selbst den erreichten Effekt (oder Anteile davon) zuzuschreiben. So weist das Individuum bei Bemühungen um sozialen Erfolg, um schulischen Erfolg, aber auch wenn es anderen erfolgreich geholfen hat, zumindest einen Teil der Ursachen der eigenen Aktivität zu. Auf diese Weise wird es sich bei Nichterreichen des Zieles vermehrt anstrengen, da es den Zusammenhang zwischen eigenem Bemühen und dem Effekt kennt. Diese kognitive Leistung tritt für einfache Vorgänge sehr früh auf. Wir erinnern an die aktive Herbeiführung von Effekten im ersten Lebensjahr.

Im primären Motivationssystem finden solche Attribuierungen nicht oder in anderer Weise statt: Der Lustgewinn wird unmittelbar mit dem äußeren Objekt verknüpft. Dieses selbst, nicht die eigene Aktivität, bringt den Lustgewinn. Anschaulich ist dies wiederum beim Säugling zu beobachten, der beim Anblick der Flasche in unkoordinierte Bewegungen („Bewegungssturm") verfällt und seine Triebspannung deutlich zum Ausdruck bringt, bis die Flasche sich am Mund befindet und er zu trinken beginnt.

Verstärkung, Bekräftigung: Beim primären Motivationssystem wirkt die Bekräftigung von außen; sie ist mit dem begehrten Objekt oder Vorgang verknüpft (externe Verstärkung). Solche externen Verstärker sind Lob (versus Strafe), Zärtlichkeiten, Leckereien, Spielsachen u. a. m. Das sekundäre Motivationssystem ist dagegen ein Selbstbekräftigungssystem: das Erreichen des erhofften und selbstgesetzten Zieles ist ausschlaggebend. Wenn in diesem System das handelnde Individuum sein

Ziel erreicht, so vermag auch ein äußerer Verstärker häufig nicht über den Mißerfolg hinwegzutrösten. Ein Junge, dessen Bauwerk eingestürzt ist, der nicht Anführer in einer Spielgruppe geworden ist, oder der es nicht erreicht hat, neben einem attraktiven Partner zu sitzen, ist ,,frustriert", selbst wenn er von einer Erwachsenenperson getröstet wird. Die Selbstbekräftigung ist in dieser theoretischen Sichtweise der entscheidende Mechanismus des sekundären Systems.

Ort der Kontrolle (locus of control): Zusammenfassend lassen sich beide Systeme durch die Art und Weise kennzeichnen, wie sie kontrolliert werden. Beim primären Motivationssystem liegt der Ort der Kontrolle außerhalb vom Individuum. Es wird durch externe Reize und Verstärker gesteuert. Kleine Kinder kann man häufig auch in ihrer äußeren Bewegung steuern, indem man ihnen einen Leckerbissen vor die Nase hält und ihn bei Annäherung des Kindes wegzieht. Aber auch der junge Mann, der einem geliebten Mädchen ,,nachläuft", wird von außen kontrolliert. Das Mädchen führt ihn am (unsichtbaren) Gängelband.

Das sekundäre Motivationssystem reguliert sich selbst: Ein selbstgesetztes Ziel wird durch eigene (mehr oder minder planvoll arrangierte) Tätigkeit erreicht, wodurch sich das Individuum selbst bekräftigt. Auf diese Weise ist es unabhängig von äußerer Kontrolle, der Ort der Kontrolle (locus of control) liegt in ihm selbst.

Ein Motivationsmodell

Heckhausen (1977) unterscheidet in seinem Motivationsmodell vier ,,Ereignis-Stadien": Situation – Handlung – Ergebnis – Folge. In Abb. 13.7 sind diese Etappen und die dazugehörigen Erwartungen dargestellt. Die Situations-Ergebnis-Erwartung ist die Einschätzung des Subjekts, mit welcher Wahrscheinlichkeit die gegenwärtige Situation ohne eigenes Handeln zum Ergebnis führen wird. Ist die Wahrscheinlichkeit hoch, so wird das Subjekt nicht handeln. Die Handlungs-Ergebnis-Erwartung ist die Einschätzung, in welchem Ausmaß eigenes Handeln zum gewünschten Ergebnis führen wird. ,,Handlungs-bei-Situation-Ergebnis-Erwartungen" beziehen sich auf die Einschätzung, in welchem Ausmaß äußere Umstände (die Situation) das eigene Handeln bei der Erreichung eines Ergebnisses fördern oder beeinträchtigen. Als besonders wichtig erweist sich die Trennung von Ergebnis und Folge. Handlungsergebnisse werden nach Meinung des Autors hauptsächlich wegen ihrer Folgen angestrebt. Sie haben also instrumentellen Charakter. Solche Folgen können positive Selbstbewertung, soziale Anerkennung, materielle Vorteile, generell: Oberziele sein. Ergebnis-Folge-Erwartungen beziehen sich also auf die Einschätzung, in welchem Ausmaß das Ergebnis Instrument für eine attraktive bzw. nachteilige Folge ist. In dem Modell kann der Zusammenhang Ergebnis – Folge nicht mehr durch Handeln beeinflußt werden. Alles, was man selbst tun kann, bezieht sich auf ein Ergebnis, von dem man weiß oder wünscht, daß es diese oder jene Folge haben wird.

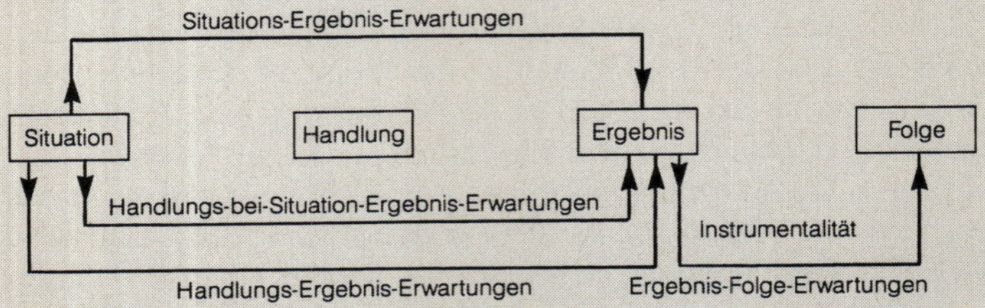

Abb. 13.7 Ereignis-Stadien und Erwartungstypen im Motivationsmodell von Heckhausen (1977, S. 287)

Das Motivationsmodell von Heckhausen erlaubt zunächst eine Trennung von Spiel und Arbeit bzw. anderen ,,ernsthaften" Tätigkeiten. Spielhandlungen sind wegen ihres unmittelbaren Ergebnisses, dem lustvollen Effekt des Handelns, attraktiv. Weitere Folgen, wie die Nutzung des Handlungsergebnisses (z.B. eines hergestellten Gegenstandes) dienen nicht als Spielanreiz. Das Modell beschreibt daher präziser als bisher den Motivationszustand bei einer Tätigkeit, die um ihrer selbst willen ausgeführt wird. Arbeit (in Beruf wie in der Freizeit) hat ihr Ziel außerhalb der Tätigkeit. Sie wird um der Folgen willen ausgeführt (Geld, Nutzung des durch Arbeit erzielten Ergebnisses).

Weiterhin klärt das Modell entwicklungspsychologisch einsichtig die Reihenfolge beim Aufbau der Motivation. Zunächst werden offenkundig Situations-Ergebnis-Erwartungen aufgebaut. Das Kind verbindet frühzeitig bestimmte angenehme Effekte mit dem Auftreten von Reizen. So löst das Erscheinen der Mutter beim Säugling positive Reaktionen aus. Ebenso wird bald das Wiederkehren eines Signals (z.B. Läuten mit einer Glocke) freudig erwartet. Zeitlebens erweitert und festigt sich dann das Wissen über den Zusammenhang zwischen Situation und Ergebnis.

Danach, aber ebenfalls im ersten Lebensjahr, bildet sich die Handlungs-Ergebnis-Erwartung aus. Sie ist in den sekundären und tertiären Kreisreaktionen (s. Kap. 8) beobachtbar. Das Kind führt einen Effekt (Aufschlagen eines Gegenstandes beim Hinunterwerfen) immer wieder selbst herbei. Ebenso wird verständlich, daß das Kind die Folgen seines Handelns noch wenig beachtet, also die Ergebnis-Folge-Erwartungen noch kaum kennt. Dies liegt vor allem daran, daß die Folgen oft zeitlich verzögert auftreten. Die Einbeziehung von zeitlich später liegenden Ereignissen in die Handlungsplanung und damit in die Motivationsstruktur gelingt zunächst noch kaum. Besonders deutlich wird dies, wenn man Fernziele (zugleich Oberziele) als Folgen von Handlungsergebnissen in Betracht zieht. Sie dienen noch nicht ernsthaft als Rahmenbedingung für Handlung. Im Gegenteil, wenn Fernziele, wie Erwachsensein (mächtig sein) vom Kind ins Auge gefaßt werden, so muß das Handeln unmittelbar die Erreichung dieses Ziels ermöglichen, was natürlich nur im Spiel geschieht. Das Kind übernimmt die Rolle des Erwachsenen als Vater, Schornsteinfeger oder Raumpilot und erfüllt damit ohne zeitlichen Aufschub seine Wünsche (Vygotsky 1978, orig. 1938, s. auch Kap. 4, Abschn. 2). Freilich gibt es diese Art von Zielerreichung in der Phantasie auch beim Erwachsenen. Er wählt sie immer dann, wenn ein Ziel als Folge von Handlungsergebnissen unerreichbar fern ist oder wenn Gegebenheiten gegen die Zielverwirklichung sprechen (z. B. dem Chef die Meinung sagen).

Ergebnis-Folge-Erwartungen werden im Vorschulalter wichtig, wenn das Kind zur Rechenschaft für sein Handeln herangezogen wird. In der Schule werden die Handlungsfolgen zum entscheidenden Glied der Motivationsstruktur. Auch das Verständnis von Verantwortung und die Motiviertheit dazu hat den Aufbau der Ergebnis-Folge-Erwartungen zur Voraussetzung.

Die ,,Handlungs-bei-Situation-Ergebnis-Erwartungen" können mit dem explorativen Verhalten des Kleinkindes in Verbindung gebracht werden. In Gegenwart einer vertrauten Bezugsperson (günstige Situation) wendet sich das Kind auch in fremder Umgebung der Umwelt zu, um sie zu erforschen (s. Kap. 3). Die Situation unterstützt die Handlungs-Ergebnis-Erwartung. Im Erwachsenen-Alter kann das belastete Individuum eher zuversichtlich handeln, wenn es sich der sozialen Unterstützung durch Partner des weiteren Umkreises bewußt ist (s. Mesosystem, Kap. 2).

3. Die Entwicklung der Leistungsmotivation

An der Genese des Leistungsmotivs läßt sich besonders gut nachvollziehen, wie ein „Selbstbekräftigungssystem" entstehen kann. Die derzeit wohl klarste und umfassendste Darstellung findet sich in Heckhausen (1980, 1983). Auf sie wird im folgenden hauptsächlich zurückgegriffen.

Entstehung der Leistungsmotivation in Untersuchungsbeispielen

Induzierter Wetteifer (Heckhausen & Roelofsen 1962)

Methode: In einem Vorversuch lernten Kinder einen Turm bauen, der durch Aufstapeln von Ringen auf einen Ständer entsteht. Danach folgte der Hauptversuch: Kind und Versuchsleiter bauten um die Wette. Der Versuchsleiter ließ das Kind in festgelegter Reihenfolge gewinnen und verlieren. Ab dem vierten Versuch wurde das Kind aufgefordert, Vorhersagen über den Ausgang zu machen, nach dem siebten Versuch wurde dem Kind die Entscheidung über die Fortsetzung überlassen („sollen wir's nochmals machen?").

Versuchspersonen: Kinder von 1;11 bis 6;10 Jahren.

Ergebnisse: Kinder unter 2,3 Jahren verstehen die Wetteifersituation nicht, wohl aber haben sie Freude am Selbermachen (wobei einige den vom Versuchsleiter gebauten Turm wieder abbauen).

2;3 – 3;6 Jahre: Anfänge des Wetteifers, erste Anzeichen der Leistungsmotivation. Die Mehrzahl der Kinder erfaßt das Bauen um die Wette noch nicht. Erfolg und Mißerfolg werden aber dem eigenen Handeln attribuiert, das Kind zeigt sich stolz oder beschämt.

Tabelle 13.1 Zunahme der Wetteiferspanne nach Anzahl der gebauten Türme (Heckhausen 1974a, S. 123)

	Wetteiferspanne				N
Lebensalter	1–7	8–12	13–16	Mittelwert	
2;3–3;6	8	1	1	5.1	10
3;7–4;6	5	7	4	9.3	16
4;7–5;6	0	6	6	13.1	12
5;7–6;10	2	3	8	12.8	13
N	15	17	19		51

3;7–4;6 Jahre: Alle untersuchten Kinder zeigen nun Wetteiferverhalten. Die Zeitspanne für dieses Verhalten wächst (durchschnittlich neun Türme werden gebaut). Der Konflikt zwischen Erfolgs- und Mißerfolgserwartung scheint heftig zu sein. Die Kinder zeigen beim Ausgang des Wettspiels heftige mimische Reaktionen.

4;7–5;6 Jahre: Die Wetteiferspanne verlängert sich erneut (im Durchschnitt werden 13 Türme fertiggestellt). Der mimische Ausdruck bei Erfolg und Mißerfolg wird beherrschter, Mißerfolge können nun besser verarbeitet werden. Gewinn- und Verlustchancen werden abgewogen. Die Zukunftserwartung spielt eine größere Rolle. Nach diesem Alter verlängert sich abermals die Wetteiferspanne, während sonst keine auffälligen Veränderungen mehr auftreten.

Ab 5;6 Jahren bemühen sich Kinder darum, einen Mißerfolg durch vermehrte Anstrengung wettzumachen, während sie zuvor keine solchen Versuche unternehmen. Abbildung 13.8a bis d zeigt das Ausdrucksverhalten von Kindern bei Erfolg und Mißerfolg. Tabelle 13.1 verdeutlicht die Verlängerung der Wetteiferspanne.

Genese des Anspruchsniveaus (Heckhausen & Wagner 1965)

Methode: Die Kinder hatten Aufgaben zu bewältigen, die anschaulich nach Schwierigkeitsgraden abgestuft waren. Aufgabentypen waren: Weitsprung, Hochsprung, Turmbau und Gewichtsaufzug (Abb. 13.9.) Bei letzterer Aufgabe standen die Kinder vor einer Serie von fünf unterschiedlich schweren Gewichten, die sie hochziehen sollten. Erreichte das betreffende Gewicht die erforderliche Höhe, so rastete es in eine Sperrvorrichtung ein. Versuchspersonen: 53 Kinder zwischen 2;7 und 6;3 Jahren

Ergebnisse: Es zeigen sich deutlich zwei Wendepunkte in der Entwicklung der Leistungsmotivation, der erste liegt bei etwa 3;6 Jahren, der zweite bei etwa 4;6 Jahren. Diese Altersangaben sind nur auf die untersuchte Stichprobe zu beziehen und bezeichnen jenen Zeitpunkt, zu dem nahezu alle Kinder den betreffenden Wandel zeigen. Erster Wendepunkt (mit 3;6 Jahren): Erfolg und Mißerfolg werden dem eigenen Bemühen und Handeln zugeschrieben. Die Diskrepanz zwischen Wunscherwartung und erzieltem Resultat löst Erstaunen aus. Anfänge einer Anspruchsniveausetzung (Setzung von Leistungszielen) werden sichtbar: Die aufsteigende Schwierigkeitsreihe wird häufiger gewählt als die absteigende. Die Wahl von oberen Schwierigkeitsgraden ist noch sehr konfliktträchtig, Kinder werden mit ihrem Mißerfolg noch nicht fertig.

Zweiter Wendepunkt (4;6 Jahre): Das Kind rechnet mit Mißerfolgen und sucht sie durch vermehrte Anstrengung auszugleichen. Die Zielsetzung erfolgt nun gemäß dem eigenen Leistungsvermögen, Schwierigkeitsgrade werden an der Grenze des bisherigen Erfolges gewählt, aber unrealistische Setzungen (z.B. die Wahl des schwersten Gewichtes, wenn das zweitschwerste noch nicht bewältigt wurde) werden vermieden. Ein zunächst nicht erreichtes Ziel wird erneut angegangen, nicht selten bis zur Erschöpfung. Schon jetzt treten typische Persönlichkeitsunterschiede auf: Manche Kinder meiden eher eine Erhöhung der Zielsetzung (mißerfolgsängstlich), andere suchen die Leistungsgrenze nach oben zu verschieben (erfolgszuversichtlich).

Als Kennzeichen des Anspruchsniveaus nennt Heckhausen (1974a, S. 252): (1) Einseitige Gerichtetheit der Zielsetzung gegen die obere Schwierigkeitsgrenze, (2) realistische Zielsetzung (Erfassung der Grenzen der eigenen Leistungsfähigkeit), (3) nicht erreichte Ziele werden erneut angegangen, (4) persönlichkeitsspezifische AN-Setzung (erfolgs- vs. mißerfolgsorientiert). Diese Kennzeichen waren im Verhalten der Kinder, die älter als viereinhalb Jahre waren, zu beobachten.

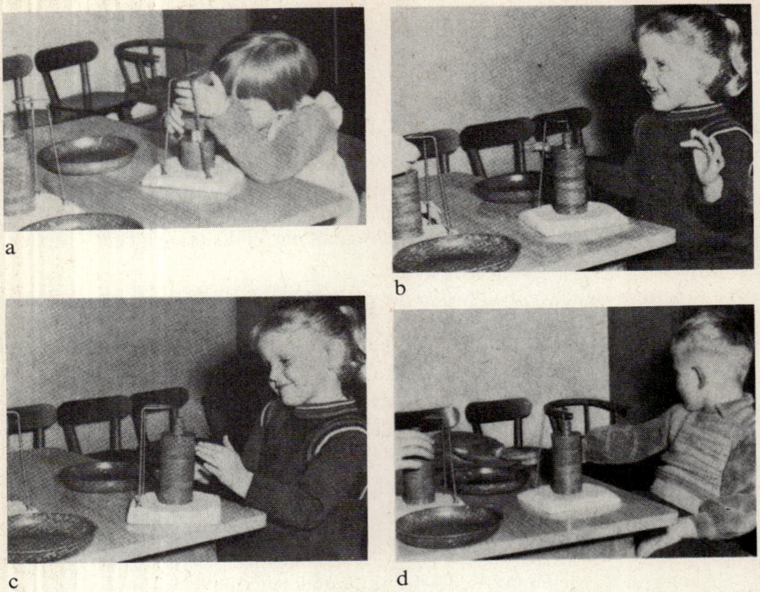

Abb. 13.8a bis 13.8d Erfolgs- und Mißerfolgsausdruck bei Kindern (aus Heckhausen, 1974a, S. 129, 155, 164)

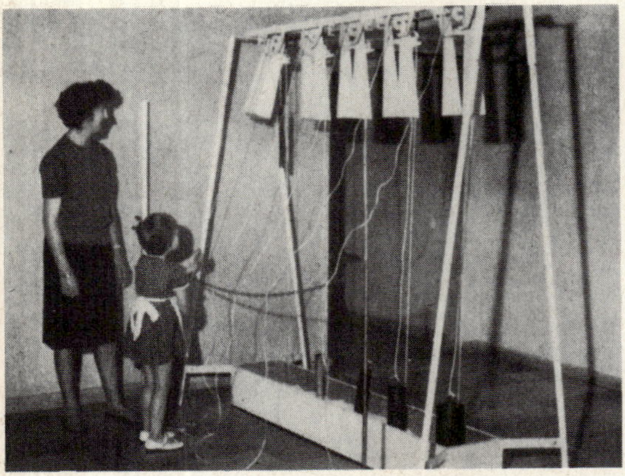

Abb. 13.9 Versuchsanordnung zur Setzung von Leistungszielen (aus Heckhausen 1974a, S. 199)

Etappen auf dem Weg zur Leistungsmotivation

Freude am Effekt. Wie bereits erwähnt, führt das Kind bereits im ersten Lebensjahr aktiv Effekte herbei und erlebt dies lustvoll (feeling of efficacy, effectance motivation; vgl. White 1959). Bereits dieses Handeln bedarf keiner äußeren sozialen Verstärkung, es wirkt selbstbelohnend. Bekanntlich drängt es Kinder selbst dann zu solchen Handlungen, wenn die Mutter oder der Vater sie verbieten oder zu verhindern trachten. Beispiele: etwas immer wieder hinunterwerfen, mit einem Gegenstand immer wieder auf den Boden klopfen, ein Spielzeug umherschieben, die Klapper betätigen und so ein Geräusch erzeugen.

Selber machen. Das Kind kann einen belohnenden Effekt selbst herbeiführen. Warum aber hat es größere Freude, wenn es selbst und nicht die Kontaktperson den Effekt erzeugt? Offenbar tritt zu der Freude am Effekt recht bald der Wunsch, es selber machen zu wollen. Wir beobachten diese Tendenz des Selbermachenwollens schon recht früh im Leben des Kindes. Ausgeprägt läßt sie sich gegen Ende des ersten Jahres feststellen. Heckhausen (1980, S. 644) verbindet das Selbständigkeitsbedürfnis (Motiv) mit der kognitiven Leistung des Kindes, sich selbst als Urheber des Handlungseffektes zu erkennen. Das Kind empfindet über die selbsterzeugten Effekte Freude und Stolz.

Verknüpfung des Handlungsergebnisses mit der eigenen Tüchtigkeit. Wie Heckhausen aufgrund eigener Untersuchungen (s. unten) und der von ihm gesammelten Literaturübersicht belegen kann, zeigen Kinder etwa ab dreieinhalb Jahren Freude und Stolz über ein gelungenes Werk und Enttäuschung über Mißerfolge. Sie führen also das Handlungsergebnis auf ihre eigene Tüchtigkeit zurück (Heckhausen 1980, S. 645). Ab diesem Alter versteht das Kind auch eindeutig die Wettbewerbssituation und schreibt Gewinnen der eigenen Tüchtigkeit, Verlieren dem Mangel an Tüchtigkeit zu. Damit ist eine entscheidende Komponente der Leistungsmotivation geschaffen: die Herausbildung eines Kausalschemas für Leistungshandeln, wobei die eigene Tüchtigkeit als Ursache und das Ergebnis als Wirkung gesehen wird.

Unterscheidung von Tüchtigkeit und Schwierigkeit. Die Einschätzung der eigenen Tüchtigkeit bleibt inadäquat, wenn nicht die Schwierigkeit von Aufgaben mit berücksichtigt wird. Für das Zustandekommen einer Leistung ist daher wichtig, die externale Ursache (Aufgabenschwierigkeit) von der internalen Ursache (Tüchtigkeit) zu unterscheiden und beide miteinander zu kombinieren. Obwohl Kinder mit ca. dreieinhalb Jahren Leistungen ihrer eigenen Tüchtigkeit zuschreiben, bevorzugen sie noch einige Zeit die Aufgabenschwierigkeit als Erklärungsgrundlage. Ruble et al. (1976) veranschaulichten Schwierigkeitsgrade von Leistung anhand einer Skala. Dabei erklärten Fünf- bis Sechsjährige den Erfolg ausschließlich mit der Aufgabenschwierigkeit. Erst Sieben- bis Neunjährige verwendeten in diesem Fall die Fähigkeit als Ursachenerklärung. Nimmt man aber anstelle anschaulicher Kriterien für Aufgabenschwierigkeit sogenannte Konsensinformation (Kelley 1967), etwa, ob viele oder wenige die betreffende Aufgabe lösen können, so ändert sich das Bild. Die Kinder erklären Leistungsunterschiede durch unterschiedlich hohe Fähigkeit (Shaklee 1976). Fünfjährige können unter günstigen (Versuchs-)Bedingungen bereits Tüchtigkeit und Aufgabenschwierigkeit kombinieren (Shultz & Butkowsky 1975). Kun (1977) beobachtete schon bei Fünfjährigen die direkte Kompensation von Tüchtigkeit und Schwierigkeit. Erfolg trotz hoher Schwierigkeit wird auf einen hohen Tüchtigkeitsgrad zurückgeführt.

Anspruchsniveau-Bildung. Ein wichtiger Entwicklungstrend der Leistungsmotivation besteht in der eigenständigen Setzung von Gütemaßstäben für Leistungshandeln. Die Anspruchsniveau-Bildung, seit Lewin (1926) so genannt, folgt dem Risikowahl-Modell (Heckhausen 1980, S. 386f). Dieses Modell nimmt die multiplikative Verknüpfung von Erwartung und Anreiz vor. Die *Erwartung* gründet sich auf die Einschätzung der eigenen Tüchtigkeit (internale Attribution) und der Aufgabenschwierigkeit (externale Attribution). Beide ergeben miteinander verknüpft die Erfolgs- bzw. Mißerfolgserwartung. Der *Anreiz* besteht ausschließlich in der ,,Vorwegnahme einer affektiven Selbstbewertung" (S. 389) und wird durch Erfolg (Stolz) und Mißerfolg (Beschämung) bestimmt. Der gewichtete Anreiz, nämlich Erwartung × Wert, wird durch die subjektive Erfolgswahrscheinlichkeit erfaßt. Diese liegt gemäß dem Risikowahl-Modell bei 50% bzw. nach einer Revision des Modells (Heckhausen 1968) bei 30%. Erfolgsmotivierte wählen bevorzugt Aufgaben mit mittlerer subjektiver Erfolgswahrscheinlichkeit. Mißerfolgsmotivierte bevorzugen zu leichte und zu schwere Aufgaben.

Nach bisherigen Befunden bildet sich die subjektive Erfolgswahrscheinlichkeit und damit die Anspruchsniveausetzung als Erwartung × Anreiz erst nach dem zehnten Lebensjahr heraus. Dies liegt nicht zuletzt daran, daß ein stabiles Fähigkeitskonzept erst relativ spät aufgebaut wird (s. u.). Vorformen, die sich mehr oder minder stark diesem ausgebauten Konzept des Anspruchsniveaus annähern, finden sich je nach Versuchsanordnung jedoch deutlich früher. Drei Komponenten werden im Anschluß an Kelley (1972) von Heckhausen (1980) als entwicklungspsychologische Erklärung ins Spiel gebracht: Information über Besonderheit, Konsistenz und Konsens. Am frühesten scheint *Besonderheitsinformation* genutzt werden zu können. Wenn die Aufgabenschwierigkeit anschaulich gegeben ist, wie im Gewichtheben (Heckhausen & Wagner 1965), dann kann die Erwartungskomponente ‚Schwierigkeit' schon mit dreieinhalb Jahren erfaßt werden. Die Bezugsetzung zur eigenen Tüchtigkeit wird im gleichen Experiment durch *Konsistenzinformation* möglich, denn die Kinder durften sich beliebig oft an den Gewichten versuchen.

Die *Konsensinformation,* also Angaben über den Anteil der Personen (Kinder), die eine bestimmte Aufgabe lösen, wird viel später berücksichtigt. Vermittelt man allerdings Kindern diese Information ebenfalls möglichst anschaulich, etwa durch Beobachten von Leistungen anderer Kinder in Videoaufzeichnungen, so können schon Fünfjährige Konsensinformation nutzen und Leistungsunterschiede durch Fähigkeitsunterschiede (z.B. Körperkraft) erklären (Shultz & Butkowsky 1977).

Die Ausdifferenzierung von Anstrengung und Fähigkeit als Erklärungsbegriffe. Bislang haben wir die internale Ursache für Leistung nur global als Tüchtigkeit gekennzeichnet. In der Tat verwendet das Kind als Erklärungsgrundlage zunächst ein solches globales Ursachenkonzept. Bedeutsam wird in der Entwicklung die Zuweisung von *Anstrengung* und *Fähigkeit* für Leistungseffekte. Sehr bald, schon im Vorschulalter, erkennt das Kind den Zusammenhang zwischen Anstrengung und Effekt und folgert richtig eine quantitative Beziehung zwischen Höhe des Aufwandes (der Anstrengung) und erbrachter Leistungshöhe. Dieser Zusammenhang wird wohl deshalb frühzeitig gefolgert, weil er anschaulich gegeben ist (Anstrengung kann man sehen, ebenso ihren Effekt) und unmittelbar erfahren werden kann (das Aufsichnehmen eines unangenehmen Zustandes führt im Falle des Erfolgs zu dem selbstbelohnenden Effekt).

Anders verhält es sich dagegen mit der Erklärung von Leistung durch Fähigkeit (Begabung, Intelligenz). Die Fähigkeit steht hinter der Anstrengung und der Handlung, sie ist unsichtbar und zudem etwas Gewordenes (aus einem Entwicklungs- und Lernprozeß Entstandenes). So nimmt es nicht wunder, daß, wie Untersuchungen über Attribuierung bei der Leistungsmotivation zeigen, die Fähigkeit als Erklärungskonzept relativ spät auftaucht. Immerhin vermögen schon Sechsjährige die Fähigkeit richtig auf den Effekt zu beziehen, wenn sie anschaulich ist. So wird Körpergröße als Indiz der Fähigkeit ,,Kraft" richtig mit einem zu erwartenden Leistungsergebnis (Heben eines Steins) in Verbindung gebracht (Gurack 1978).

Nicholls (1978) zeigte Probanden zwischen fünf und dreizehn Jahren Filmszenen von zwei Kindern. Eines arbeitete ununterbrochen, das andere nur zeitweilig, brachte jedoch gleiche oder sogar bessere Leistungen zustande. Die Versuchspersonen wurden gefragt, wer sich mehr angestrengt habe, wer schlauer sei und wer besser wäre, wenn sich beide gleichviel anstrengen würden. Es ergab sich folgende Entwicklungsstufung:

a) Ein globales Tüchtigkeitskonzept (fünf bis sechs Jahre);
b) Anstrengung gliedert sich als Ursache für den Effekt heraus und wird direkt auf die Leistungshöhe bezogen (sieben bis neun Jahre);
c) Fähigkeit taucht als Erklärungskonzept auf und wird unsystematisch und gelegentlich benutzt (zehn bis elf Jahre);
d) Fähigkeit wird als Erklärungskonzept richtig benutzt und kompensatorisch mit Anstrengung verknüpft (hohe Fähigkeit kann geringe Anstrengung wettmachen und umgekehrt). Nun wird auch erkannt, daß ein Minimum an Fähigkeit Voraussetzung für den Leistungseffekt ist und ihr Fehlen nicht durch vermehrte Anstrengung ausgeglichen werden kann (zwölf bis dreizehn Jahre).

Die Kombination von Fähigkeit und Anstrengung scheint zunächst additiv und dann erst multiplikativ zu erfolgen. In letzterem Falle wird ,,erkannt", daß die *gleiche* Anstrengung nicht nur additiv zur Fähigkeit hinzutritt, sondern bei niedriger Fähigkeit als niedriges Produkt (Fähigkeit mal Anstrengung) geringe Leistung erbringt, während in Kombination mit hoher Fähigkeit ein hohes Leistungsprodukt zustande kommt. Eine umfassende Darstellung zu diesem Problemkreis findet sich in Heckhausen (1980, Kap. 13).

Nach Nicholls (1979) bildet die Fähigkeitsattribution im Jugend- und Erwachsenenalter die entscheidende Komponente der Leistungsmotivation. Nur wer sich selbst eine hohe (oder angemessene) Begabung bzw. Fähigkeit zuweist, kann ein optimales Motivationsniveau entwickeln; andernfalls wird das Individuum seine Leistung durch den Schwierigkeitsgrad der Aufgabe wie durch Zufälle gefährdet sehen. Vermehrte Anstrengung hilft nicht, wenn es am Fähigkeitsniveau fehlt.

Eine genauere Analyse läßt sich anhand weiterer Untersuchungen vornehmen. Danach können die Erklärungsbegriffe ,,Anstrengung" und ,,Fähigkeit" als erstes in einfacher Kovariation zum Leistungsergebnis erfaßt werden: Das Leistungsniveau korrespondiert mit der Höhe der Fähigkeit *oder* (aber nicht zugleich) mit der aufgewendeten Anstrengung. Die Koppelung beider Erklärungskonzepte gelingt zunächst nur nach einem starren ,,Koppelungsschema". Wer eine gute Leistung zustande bringt, hat eine hohe Fähigkeit und strengt sich zugleich an. Mit acht Jahren wird laut Untersuchung (wobei es aber immer auf die Versuchsbedingungen ankommt) die starre Koppelung aufgegeben und Anstrengung und Fähigkeit werden kompensatorisch aufeinander bezogen. Zuerst gelingt die ,,Anstrengungskompensation". Der Proband kann z. B. bei zwei Fähigkeitsniveaus (Vater – Kind) angeben, wer sich mehr anstrengen muß, um zur gleichen Leistung zu kommen (in unserem Beispiel also das Kind). Diese Form der Kompensation wurde schon bei Erstkläßlern (Karabenick & Heller 1976) und mit anschaulicherem Vorgehen auch bei Fünfjährigen beobachtet (Kuhl 1976). Die Fähigkeitskompensation beinhaltet demgegenüber, daß die gleiche Leistung bei vorgegebener Information über unterschiedliche Anstrengung durch verschieden hohe Fähigkeit (z. B. Körperkraft) erklärt wird. Dieses Erklärungsmuster taucht deutlich später auf.

Die hohe Einschätzung von Fähigkeit hat in der Schule und im späteren Leben Folgen. Lob des Lehrers bei leichten Aufgaben wird von Grundschulkindern gewöhnlich noch als Anerkennung gewertet, während es später als Ausdruck der Zuweisung von niedriger Fähigkeit gelten kann (Meyer & Plöger 1979).

Man kann vermuten, daß die Entwicklung der Leistungsmotivation, insbesondere die Entwicklung der Attribution von Anstrengung und Fähigkeit mit der Übernahme der modernen Arbeitsstruktur zusammenhängt. Eine ökologische Interpretation der obigen Motivationsuntersuchungen wurde bereits in Kapitel 4 (Abschn. 4) und 5 (Abschn. 4) dargestellt.

Drei Stadien der Bezugsnormbildung. Veroff (1969) nimmt drei Arten von Leistungsmotiven an, die entwicklungspsychologisch aufeinanderfolgen. Bereits im Vorschulalter entsteht das ,,autonome Leistungsmotiv"; hier setzt sich das Kind eigene Maßstäbe aufgrund der erfahrenen Leistungsmöglichkeiten. Es vergleicht seine Leistungen also nicht mit denen anderer Kinder, sondern setzt die

Ein Verfahren zur Erfassung des Leistungsmotivs

Das spätere Auftreten des sozial-normativen Gütemaßstabes wird durch das Vorhandensein einer Gruppe von Gleichaltrigen als notwendige Voraussetzung erklärt. Erst wenn eine solche Bezugsgruppe – vor allem als Jahrgangsklasse – existiert, kann sich diese Norm herausbilden.

Veroff (1969) entwickelte eigene Verfahren zur Erfassung des autonomen und sozialen Leistungsmotivs. Das Kind erhält vier Aufgaben mit verschiedenen Schwierigkeitsgraden in je sechs Versionen. Zunächst bearbeitet das Kind alle sechs Versionen, damit es seinen eigenen Leistungsstand realistisch ansetzen kann und zu einer Gütemaßstabsbildung fähig ist. Darauf folgt noch eine Aufgabenversion zur nachträglichen Bearbeitung. Das Verhalten in dieser Aufgabenversion dient als Kriterium für die Setzung des Gütemaßstabs. Wählt das Kind ein Schwierigkeitsniveau, das es gerade noch lösen kann oder gerade nicht mehr lösen kann, so gilt sein Anspruchsniveau als ausgewogen. Aus der Anspruchsniveausetzung schließt Veroff auf das Vorhandensein und die Ausgeprägtheit des ,,autonomen Leistungsmotivs" (besser: der individuellen Bezugsnorm). Beim Verfahren zur Erfassung des ,,sozialen" Leistungsniveaus werden Aufgaben gleichen Typs vorgegeben, nur daß das Kind zuvor nicht sein Leistungsniveau abprüfen kann. Die Information über Schwierigkeitsgrade wird durch Angaben über die Bezugsgruppe der Gleichaltrigen, die einen bestimmten Schwierigkeitsgrad bewältigen, gegeben. Aufgrund dieser Information wählt dann das Kind sein Anspruchsniveau (soziale Bezugsnorm).

gegenwärtige Leistung in Bezug zu eigenen früheren Leistungen (Nutzen von Konsistenzinformation, s.o.). Im Schulalter entwickelt sich das „soziale" oder „normative" Leistungsmotiv und erreicht zwischen sieben und neun Jahren einen Höhepunkt. Es entnimmt seine Gütemaßstäbe aus den durch die Gruppe vorgegebenen Normen, vor allem aus der in einer Schulklasse vorfindlichen Leistungsskala (Nutzen von Konsistenzinformation, s.o.). Allmählich soll sich dann ein „integriertes" Leistungsmotiv aufbauen, bei dem beide Motivarten zusammengeführt werden. Heckhausen (1972) schlägt vor, nicht von verschiedenen Motiven zu sprechen, sondern diese Befunde durch drei Stadien im Aufbau von Gütemaßstäben zu erklären. Zunächst wird der Gütemaßstab als „individuell-autonom" definiert (wobei dieser trotzdem von den Eltern übernommen werden kann). Nach Schuleintritt rücken „sozial-normative" Gütemaßstäbe immer mehr in den Vordergrund und schließlich existieren beide Arten von Maßstäben nebeneinander und kommen je nach Lebensregion zum Einsatz (s. auch die Befunde von Rheinberg et al. 1977).

Beispiel für bereichsabhängige Gütemaßstabsbildung: Ein Kind setzt bezüglich der schulischen Leistung einen sozialnormativen Gütemaßstab und begnügt sich damit, bei der besseren Hälfte der Klasse zu sein. Sein Hobby ist Musik; in seiner Leistung beim Klavierspiel ist es seinen Altersgenossen haushoch überlegen. Dennoch setzt es in diesem Bereich seinen Gütemaßstab sukzessiv höher (individuelle Bezugsnorm).

Einfluß von Sozialisationsbedingungen

Nach Ansicht vieler Autoren (vor allem Heckhausen) bildet sich das Leistungsmotiv immer und überall aus, es braucht nicht auf dem Weg über soziale Verstärkung oder über die Nachahmung aufgebaut zu werden. Aber die Sozialisation kann die Entstehung des Leistungsmotivs fördern oder hemmen, sie kann Variationen des Leistungsmotivs hervorrufen. Einige wichtige Bedingungen sowie ihre Wechselwirkungen sollen im folgenden kurz erläutert werden.

Erziehung zur Selbständigkeit. Selbermachenwollen ist der Vorläufer für Leistungsmotivation. Was liegt näher als die Annahme, daß die frühzeitige Erziehung zur Selbständigkeit die Entwicklung eines ausgeprägten Leistungsmotivs fördert? die Untersuchungen, die bis heute zu dieser Frage vorliegen (vgl. Heckhausen 1972, 1974a), ergeben ein facettenreiches und differenziertes Bild. Die obige Annahme mußte nach anfänglicher Bestätigung modifiziert werden. Entscheidend ist nicht der möglichst frühe Zeitpunkt der Erziehung zur Selbständigkeit, sondern ihre Entwicklungsangemessenheit. Verfrühung führt zur Überforderung des Kindes, das auf diese Weise leicht abhängig und mißerfolgsängstlich werden kann.

Allerdings gibt es bemerkenswerte Geschlechtsunterschiede. In einer berühmt gewordenen Längsschnittstudie am ‚Fels Research Institute', in der Kinder in regelmäßigen Abschnitten bis ins Erwachsenenalter hinein getestet, befragt und beobachtet wurden, ergaben sich auch bezüglich des Leistungsmotivs eine Reihe von wichtigen Befunden (Kagan & Moss 1962). Einer davon bezieht sich auf die Erziehungsunterschiede bei Mädchen. Die am stärksten motivierten Frauen der Felsstudie waren von ihren Müttern schon in den ersten drei Lebensjahren forciert zur Selbständigkeit und fortlaufenden Leistungssteigerung angehalten worden. Es zeigte sich ein sogenannter ,,Schläfer-Effekt": Erst im Erwachsenenalter kam die starke Leistungsmotivation zum Durchbruch, während sie in der Kindheit verborgen oder gehemmt blieb.

Bei Jungen lagen die Zusammenhänge anders. Setzte der stärkere Leistungsansporn nach einem behütenden Erziehungsverhalten in den ersten drei Lebensjahren ein, so bewirkte dies anhaltend (ohne ,,Schläfer-Effekt") ausgeprägtes Leistungsverhalten.

Erziehung durch Bekräftigung (Verstärkung). Eltern unterscheiden sich unter anderem durch die Art, wie sie kindliches Verhalten verstärken. Manche Eltern belohnen häufiger richtiges Verhalten als sie falsches Verhalten tadeln, andere Eltern machen es umgekehrt, sie tadeln mehr als sie loben (siehe Herrmann 1969). Innerhalb dieser Verstärkungstechniken gibt es deutliche Beziehungen zur Genese der Leistungsmotivation. Eltern, die selbst ein hohes Anspruchsniveau haben, positive Verstärkung bevorzugen und den Kindern größere Selbständigkeit einräumen, fördern nach Untersuchungen (Rosen & D'Andrade 1959, Heckhausen & Oswald 1969) die Leistungsmotivation ihrer Kinder. Eltern mit niedrigem Anspruchsniveau, der Tendenz zu Tadel und Strafe und zu steuernden, einengenden Eingriffen hatten Kinder mit niedriger Leistungsmotivation.

Zur Rolle der Nachahmung. Es kann als gesichert gelten, daß Leistungsverhalten und -motivation auch auf dem Weg über Nachahmung und Identifikation aufgebaut wird. Nach einer Untersuchung von Argyle und Robinson (1962) beispielsweise gab es einen signifikanten Ähnlichkeitszusammenhang zwischen Oberschülern (13 bis 17jährige der High-School) und ihren Eltern hinsichtlich der Ausgeprägtheit des Leistungsmotivs: Hochmotivierte besaßen eher hochmotivierte Eltern und umgekehrt. Freilich kann hier die Wirkung der Erziehungspraktiken nicht ausgeschlossen werden.

Anregungsgehalt der Umwelt. Nicht nur soziale Partner beeinflussen die Leistungsmotivation des Kindes, auch die Anregungen, die in seiner Umwelt überhaupt gegeben sind, fördern Leistungsverhalten. So besteht ein Zusammenhang zwischen Anregung durch Spielzeug, Mal- und Bastelgerät und der Stärke der Leistungsmotivation, ausgedrückt durch die Netto-Hoffnung (das ist die Stärke des Erfolgsmotivs, wenn man die durch TAT erfaßte Stärke der Furcht vor Mißerfolg von der Stärke der Hoffnung auf Erfolg abgezogen hat). Ein mittlerer Anregungsgehalt ist mit einem höheren Erfolgsmotiv gekoppelt als ein niedriger oder ein hoher Anregungsgehalt (Abb. 13.10).

Freilich läßt sich hier nicht sagen, wie ein solches Ergebnis zustande kommt. Erklärbar wird die Wirkung der Sachumwelt nur innerhalb eines Umweltsystems, in dem es Wechselwirkungen zwischen den Personen und der Sachumwelt gibt. Dabei scheint die Vermittlung ,,dosierter Diskrepanzerlebnisse" (Heckhausen 1974b, S. 125) wichtig zu sein. Bietet die Umwelt Handlungsanregungen, die im Niveau etwas schwieriger, aber nicht sehr viel schwieriger sind, so kann sich das Leistungsmotiv angemessen herausbilden.

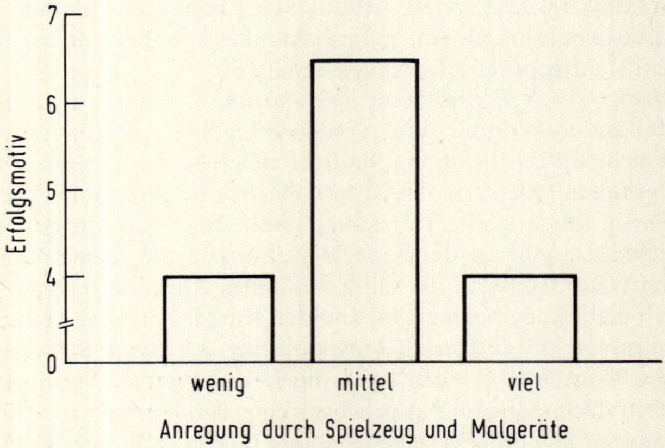

Abb. 13.10 Mittelwerte des Erfolgsmotivs (Netto-Hoffnung) von Schülern des 4. Schuljahres bei wenig, mittel und viel Anregung durch Spielzeug und Malgeräte (nach Trudewind in Heckhausen, 1974b, S. 192)

Soziale und kulturelle Unterschiede. In vielen Ländern hat man Unterschiede zwischen einzelnen Bevölkerungsgruppen hinsichtlich der Ausgeprägtheit des Leistungsmotivs gefunden. In einer Schweizer Untersuchung von Vontobel (1970) wurden unter anderem die Ausprägung des Leistungsmotivs und die soziale Herkunft bei 539 Rekruten zueinander in Beziehung gesetzt. Es zeigte sich ein fast linearer Zusammenhang zwischen der Höhe des Sozialstatus der Familie und der Ausprägung der Leistungsmotivation. Ein interessanter Befund über unterschiedliche Attribuierung der Eltern verschiedener sozialökonomischer Schichten wurde von Meyer gefunden (zit. n. Heckhausen 1974b): Mütter der oberen Mittelschicht führen Mißerfolge ihrer Kinder bei Aufgaben, die in ihrer Gegenwart bearbeitet wurden, eher auf (noch) mangelnde Fähigkeit zurück und greifen demzufolge nicht massiv oder tadelnd in die Bemühungen des Kindes ein. Unterschichtmütter aber führen Mißerfolge eher auf mangelnde Anstrengung zurück und suchen durch steuernde

Maßnahmen die Leistung zu verbessern. Die z.T. Schichtabhängigen Stile der Bekräftigung und der sozialen Interaktion tun ihr Übriges bei der Ausbildung bzw. Hemmung der Leistungsmotivation.

Die Befunde Vontobels dürften auch für deutsche Verhältnisse gültig sein (Mollenhauer 1969). Andererseits ist „Schicht" nur ein Etikett für eine Vielfalt von Bedingungen. Interessanterweise scheint der Zusammenhang zwischen unterer sozialer Schicht und Leistungsmotivation in Indien umgekehrt zu liegen. Mehta (1967) fand dort, daß Schüler aus Schichten mit niedrigem Einkommen und aus solchen mit hohem Einkommen eine ausgeprägte Leistungsmotivation besaßen, während Schüler aus dazwischenliegenden Einkommensgruppen (Beamte und Angestellte) ein niedriges Niveau der Leistungsmotivation aufwiesen.

Weitere Entwicklungen im Erwachsenenalter

Man kann zwar davon ausgehen, daß sich das Leistungsmotiv als sekundäres System in der Kindheit entwickelt, doch ist es auch im weiteren Leben Wandlungen unterworfen. Nachfolgend seien nur kurz einige Aspekte genannt.

Häufigkeit von Leistungssituationen (über die Lebensspanne). Im menschlichen Lebenslauf treten Leistungssituationen nicht gleichmäßig verteilt auf. Häufungen finden sich bevorzugt an Übergängen, wie Übertritt in eine weiterführende Schule, Abschluß einer Ausbildung, Bewerbung um einen Posten. Für viele stellt besonders der Schulbesuch einen Lebensabschnitt dar, bei dem Leistungssituationen am häufigsten und ausgeprägtesten vorkommen.

Andere sehen sich im Beruf höheren Leistungsanforderungen als in der Schule ausgesetzt. Pensionierung oder Aufgeben des Berufes sind mit einem plötzlichen Rückgang von Leistungssituationen verbunden. In einer groß angelegten Untersuchung in den USA an Erwachsenen verschiedener Altersgruppen zeigten ältere Menschen (50- bis 60jährige) eine deutlich schwächere Ausprägung des Leistungsmotivs als jüngere, vor allem im Vergleich mit den 20jährigen (Veroff et al. 1960).

Kritischer Exkurs: Methodische Beschränkungen der Querschnittstudie. Die genannte Untersuchung ist eine Querschnittsstudie, die nicht unmittelbar einen Schluß auf die tatsächliche Entwicklung zuläßt. Die Altersstichproben entstammen, da sie zur gleichen Zeit erfaßt wurden, verschiedenen Generationen. In der Kindheit der ältesten Gruppe mag das Leistungsmotiv eine andere Bedeutung gehabt haben als bei der jüngsten Gruppe. Ob also die zum Meßzeitpunkt 20jährigen in 40 Jahren einen Abfall des Leistungsmotivs aufweisen werden, läßt sich nur aus Längsschnittstudien ermitteln.

Inhaltliche Veränderungen. Wichtiger als der quantitative Aspekt des Mehr oder Weniger ist der qualitative, sind die inhaltlichen Veränderungen, die das Leistungsverhalten bestimmen. Ziele und Anspruchsniveaus ändern sich im Laufe des Lebens vielfach radikal. In einer Untersuchung von Oerter (1970) fanden sich bei einer recht homogenen Gruppe (Lehrerstudenten) bemerkenswerte Unterschiede im Leistungsbegriff. Studenten, deren Väter eher handwerklich-praktische Berufstätigkeiten ausübten, bevorzugten als Leistungsideal die Dimension der Weltgewandtheit und Lebenstüchtigkeit, während solche, deren Väter Beamte und Angestellte mit Verwaltungstätigkeit waren, häufiger Charakterfestigkeit und körperliche Leistungsfähigkeit als Leistungsideal angaben. Dieser nicht eindeutig interpretierbare Befund soll nur zeigen, daß verschiedene Menschen unterschiedliche Vorstellungen darüber haben, was Leistung ist. Ebenso dürfte sich der Leistungsbegriff im Laufe des Lebens wandeln.

Damit ist natürlich eine Kritik des Leistungskonzepts verbunden. Es ist fraglich, ob die komplexen Bedingungen, die im Alltag zum Leistungsverhalten führen, immer durch die gleichen formalen Kategorien, wie Gütemaßstab, Konflikt zwischen Hoffnung auf Erfolg und Furcht vor Mißerfolg, charakterisiert werden können. Angemessenere Konstrukte werden heute in der Persönlichkeitspsychologie (Thomae 1966, Mischel 1977a) und unter ökologischer Sichtweise (Bronfenbrenner 1979) diskutiert.

Konstanz. Entwicklung ist genauso durch Konstanz wie Veränderung gekennzeichnet. Dies gilt auch für das Leistungsmotiv. In der bereits erwähnten Längsschnittstudie des Fels Research Institute prägten sich individuelle Unterschiede beim Leistungsverhalten schon mit sechs Jahren aus und blieben bis zum Erwachsenenalter erhalten (Moss & Kagan 1961). Erfolgsmotiviertheit und Mißerfolgsängstlichkeit als die Hauptvarianten des Leistungsmotivs scheinen sich ebenfalls relativ überdauernd bei den Individuen zu erhalten. So besehen ist das Leistungsmotiv sowohl hinsichtlich seiner Ausprägung als auch der Akzentuierung seiner Komponenten ein relativ stabiles Persönlichkeitsmerkmal.

4. Entwicklung der Neugiermotivation

Neugier und Interesse bestimmen das Verhalten des Menschen zeitlebens, wenn er nicht durch zu große Arbeitsbelastung in diesen Aktivitätsbereichen blockiert wird. Je mehr der technische und soziale Fortschritt die menschliche Arbeit verkürzt und erleichtert, desto bedeutsamer wird auch nach der frühen Kindheit die Neugiermotivation. Wir werden zunächst einige Strukturmerkmale der Neugiermotivation kennenlernen, sodann die Entwicklung in bezug auf diese Strukturmerkmale beschreiben und die späteren Interessenbildungen dazu in Beziehung setzen, schließlich die Entwicklung von Interesse und Neugier während des Lebenslaufes unter drei Gesichtspunkten darstellen.

Strukturelle Züge der Neugiermotivation

Im Alltag ist die Neugiermotivation wie die Leistungsmotivation selten in Reinform gegeben; viele andere Motivkomponenten spielen in aktuelle Handlungsvollzüge hinein. Dennoch lassen sich einige allgemeine strukturelle Merkmale festhalten.

Suche nach Neuem. Neugierverhalten in einer Situation ist generell durch die Suche nach Neuem gekennzeichnet. Gewinnen Merkmale der Situation die Qualität des Bekannten und Vertrauten, wendet sich das Verhalten anderen, unbekannten Aspekten zu. Aus dieser Suchrichtung resultieren mindestens drei Verhaltensklassen:

a) Explorieren. Das Umfeld bzw. Objekt wird systematisch oder planlos durchsucht und erforscht. Beispiel: Kind öffnet Schublade und nimmt alle Gegenstände heraus.
b) Variation des Verhaltens. Oft wechselt das räumliche Suchfeld nicht, sondern der Gegenstand der Aufmerksamkeit bleibt der gleiche. Variiert wird in diesem Fall die Art des Umgangs mit dem Gegenstand, um ihm neue Seiten abzugewinnen. Beispiel: Ein einjähriges Kind entdeckt einen Bleistift und unternimmt alles Mögliche mit ihm, bis es seine Schreibfunktion entdeckt.
c) Umdeuten des Gegenstandes bzw. der Situation. Wenn der Handlungsvollzug in einer bestimmten Situation mit einem bestimmten Gegenstand keine neuen Aspekte bringt, können beide umgedeutet und völlig anders erlebt werden. Beispiel: Ein Schüler sitzt vor seinem Arbeitstisch in der Schule und deutet ihn um als Steuerpult eines Raumschiffes.

Orientierende Reaktion und Habituierung als Basisprozesse. Neugier und Exploration haben eine neurophysiologische Grundlage, die schon in den ersten Lebensmonaten funktionstüchtig ist: orientierender Reflex und Habituierung. Bei Reizwechsel kommt es zur orientierenden Reaktion (OR), die komplexe physiologische Prozesse beinhaltet und die Funktion der Aufmerksamkeitszuwendung hat. Erst jetzt kann der Reiz aufgenommen und verarbeitet werden. Bleibt der Reiz längere Zeit konstant erhalten, so klingt die OR wieder ab und erlischt (Habituierung). Die Habituierung kann unterschiedlich lange dauern (Bruchteile von Sekunden bis Minuten).

Konflikt zwischen Aufsuchen und Meiden: Das Neue ist nur innerhalb einer Mittelregion attraktiv. Ist es zu vertraut, wird es langweilig, ist es zu fremd, flößt es Angst oder Unbehagen ein. So läßt sich auch das Neugiermotiv aus dem Wechselspiel von Hoffnung und Furcht verstehen: Hoffnung (Erwartung) auf Neues und Interessantes, Furcht vor unangenehmen oder erschreckenden Ereignissen. Abbildung 13.11 zeigt das Neugierverhalten als Funktion der Reizvertrautheit: In einer Mittelregion der Vertrautheit ist das aufsuchende Verhalten am größten. Der Konflikt zwischen Aufsuchen und Meiden ist bei kleinen Kindern besonders deutlich zu beobachten. Sie entfernen sich von der Mutter auf den begehrten Gegenstand zu, zögern aber, wenn sie sich ihm genähert haben, und kehren häufig wieder um.

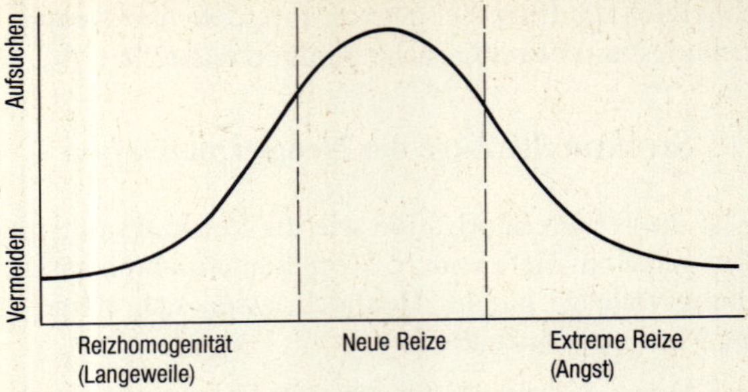

Abb. 13.11 Neugierde als Funktion der Reizvertrautheit

Neugier und kognitiver Konflikt: Sobald die kognitive Entwicklung soweit vorangeschritten ist, daß Inhalte repräsentiert (vorgestellt) werden können, entsteht die Möglichkeit zur Erkenntnis, daß verschiedene kognitive Inhalte nicht zusammenpassen. Berlyne (1960) nennt unter anderem folgende Arten von kognitiven Konflikten:

a) Zweifel: Konflikt zwischen der Tendenz zu glauben und der Tendenz, nicht zu glauben. Beispiel: Ein Kind bekommt Zweifel an der Existenz des Nikolaus.
b) Verwirrung: Mehrere Überzeugungen, die man zugleich hat, sind gleichwahrscheinlich oder gleichsicher. Beispiel: Ein guter Freund, mit dem man viele Interessen teilt und gemeinsam Unternehmungen durchführt, äußert politische Überzeugungen, die konträr zu den eigenen Überzeugungen sind. Die Diskrepanz von gemeinsamen Zielen auf der einen und widersprechenden Zielen auf der anderen Seite führt zum kognitiven Konflikt.
c) Begriffliche Inkongruenz: Wenn Eigenschaft A und Eigenschaft B als nicht zusammengehörig erlernt wurden, erzeugt ein Ereignis, das beide Merkmale zugleich aufweist, einen kognitiven Konflikt. Beispiel: Der Beruf des (katholischen) Geistlichen (Eigenschaft A) wird in der Regel nur von Männern ausgeübt, nicht aber von Frauen (Eigenschaft B). Ein weiblicher Priester führt daher zunächst zur begrifflichen Inkongruenz.

Je mehr Wissen jemand im Laufe seiner Entwicklung erwirbt, desto neugieriger wird er, da er viel häufiger kognitiven Konflikten ausgesetzt ist. Er entdeckt nämlich bei der Konfrontation mit Ereignissen Unstimmigkeiten, die nicht oder nicht vollständig in sein Wissenssystem passen. Wer andererseits wenige und unstrukturierte Wissenssachverhalte gespeichert hat, ist infolge seines „übervereinfachten“ Wissens nur wenigen kognitven Konflikten ausgesetzt.

Zur Genese des Neugiermotivs

Drei Stufen der Entwicklung

Hunt (1965) beschreibt die Entstehung des Neugierverhaltens in drei Etappen. Zuerst ist das Kind attentiv und reaktiv. Reizwechsel führt zur Aufmerksamkeitszuwendung als Reaktion. Diese Reaktion wurde oben bereits als orientierende Reaktion (OR) gekennzeichnet. Reizarmut bzw. Reizmonotonie hemmt die kognitive Entwicklung. Reizmonotonie wirkt sich schon bei Tieren beeinträchtigend aus, bei Säuglingen scheint sie in gravierender Weise die Entwicklung zu hemmen. Hunt führt die Beeinträchtigung der Kinder in Waisenhäusern hauptsächlich auf Reizmonotonie zurück. Die Mutter als wiederkehrender Reiz wird von Hunt ebenfalls mit der Neugierentwicklung in Verbindung gebracht.

In einem zweiten Entwicklungsabschnitt sucht das Kind den Kontakt mit Vertrautem herzustellen. Es nimmt wiederkehrende Reize (z. B. die Mutter) vorweg und sucht sie erneut herbeizuführen. Effekte, die man kennt, werden aktiv wiederholt. Dieser Sachverhalt ist uns schon von der Entstehung der Leistungsmotivation her bekannt. Das Aufsuchen von Vertrautem geht also dem Aufsuchen von Neuem voraus. Dabei ist wichtig, daß allmählich ganze Inhaltsklassen solcher bekannten Ereignisse aufgebaut werden können. Dies ist nur möglich, wenn die Begegnung mit ihnen immer wieder erfolgt. Die unermüdliche Wiederholung von Handlungen im Umgang mit Gegenständen, die wir bereits mit der Freude am Effekt in Verbindung gebracht haben, baut feste Erwartungen bezüglich des Eintretens zukünftiger Ereignisse auf, wie etwa das Kommen der Mutter, wenn sie gerufen wird, das Rasseln der Klapper, wenn mit ihr manipuliert wird.

Erst wenn das Kind gelernt hat, daß Ereignisse vorhersagbar sind (erwartet werden können), wird es kognitiv mit dem Auftreten neuer Ereignisse fertig. Nun, in einem dritten Entwicklungsabschnitt, wendet sich das Kind neuen Reizen zu. Damit beginnt das eigentliche Neugierverhalten, vor allem als explorative Tätigkeit. Zunächst sucht das Kind innerhalb des Vertrauten nach Neuem, es manipuliert mit Gegenständen und sucht ihnen neue Aspekte abzugewinnen, es erforscht seine nähere Umgebung und es produziert eine Serie von Handlungen, die eine Variation vertrauter Eindrücke zur Folge haben (Klopfen, Schieben, Werfen, Umherkriechen usw.). Das aktive Wiederholen wird jetzt durch das Experimentieren und schließlich (in der zweiten Hälfte des zweiten Lebensjahres) durch das ,,Erfinden" abgelöst. Mehr und mehr vermag sich das Kind dann vom Vertrauten zu lösen und fremde Umgebungen bzw. Objekte zu erforschen. Lange noch ist dabei die Anwesenheit bzw. Nähe der Mutter nötig, denn in fremder Umgebung entsteht rasch Angst (siehe hierzu u. a. Untersuchungen von Shalock 1956, Tulkin 1972, Lamb 1976).

Die drei genannten Etappen zeigen, daß Neugiermotivation aufs engste mit der kognitiven Entwicklung verknüpft ist.

In Anlehnung an unsere Ausführungen über das sekundäre Motivationssystem ist in Tabelle 13.2 der Wandel der Handlungsbeziehung zur Umwelt im Laufe der ersten beiden Lebensjahre dargestellt. Zunächst enthält der Reizwechsel in der Situation das auslösende Moment für den OR; bei Reizhomogenisierung kommt es zur Habituierung. Die Aktivität (Handlung) kann als Reizverarbeitung interpretiert werden. Danach besteht der Aufforderungsgehalt der Situation in der Wiederkehr gleicher Reizkonstellationen (Mutter, Flasche, Ausfahren). Die Handlung im Motivationssystem sucht die Wiederkehr des Vertrauten herbeizuführen oder ist die Erwartung des Vertrauten selbst. Später erhalten neue Aspekte innerhalb vertrauter und bekannter Situationen Aufforderungscharakter, die Handlung sucht diese neuen Aspekte auf. Schließlich gewinnen neue Elemente und Sachverhalte Aufforderungsbedeutung, das Handeln wird zum eigentlich ‚neugierigen' Verhalten.

Tabelle 13.2 Schematische Darstellung der Entwicklung der Neugiermotivation

	Entwicklungsetappe			
	I	II	III	IV
Aufforderungsgehalt der Situation	Reizwechsel	gleiche Reizmuster kehren wieder	neue Aspekte vertrauter Situation	Situation ist neu, unbekannt
Zielsetzung (Standard)	Reizhomogenität (extern)	Vertrautheit (intern)	neue Seiten d. Vertrauten (intern)	Neues, Unbekanntes (intern)
Handlung	orientierende Reaktion Habituierung	Suche nach bzw. Herstellung von Vertrautem	Suche nach Neuem bei vertrauten Objekten u. Situationen	Suche nach nicht Vertrautem (Unbekanntem)

In Tabelle 13.2 ist zur Verdeutlichung die bei Hunt (1965) beschriebene dritte Entwicklungsetappe in zwei Etappen, nämlich III und IV, aufgeteilt.

Nur der erste Standard ist extern: Bei Reizwechsel wird der OR ausgelöst, bei Homogenität klingt er ab. Die Standards der späteren Etappen sind bereits alle intern: Das Individuum selbst hat sie aufgebaut und reguliert sein Verhalten gemäß ihrer Richtwerte. Was ,,vertraut" (Etappe II) und ,,neu" ist (Etappe III und IV), läßt sich nicht ,,von außen", also durch die Reizbeschaffenheit der Situation, erklären, sondern nur durch ihren Stellenwert innerhalb der Erfahrung des Individuums.

Die Entstehung von Interessen

Im späteren Leben spricht man nicht mehr so häufig von Neugier – diese mag situativ angesichts neuer Informationen aufkommen – sondern vielmehr von Interessen. Was hat sich verändert? Unter ökologischer Sichtweise läßt sich dies am besten am Gegenstandsbezug darstellen. Allgemeine Neugier verwandelt sich in gerichtete Interessen, wenn sich das Handeln auf gleichbleibende Gegenstände bzw. Gegenstandsklassen richtet. Schon frühzeitig scheint sich beispielsweise eine Differenzierung nach ,,Personinteresse" und ,,Sachinteresse" in der Weise anzubahnen, daß kleine Kinder unter zwei Jahren sich entweder stärker Personen und ihrer Handlung oder materiellen Gegenständen und ihren Funktionsweisen zuwenden. Die von Keil (1979, 1983) gefundene frühzeitige Klassifikation in lebendige und tote Gegenstände sowie in Menschen, Tiere, Pflanzen und Dinge weist auf eine solche Einteilung von Objekten hin, die je nach Ausbildung der Interessenrichtung unterschiedlich Beachtung finden.

Gehen wir vom Begriffspaar *Aneignung-Vergegenständlichung* aus (Kap. 2, Abschnitt 4), so wird deutlich, daß Aneignung die vorherrschende Bewegungsrichtung bei der Interessenbildung ist. Das Kind wendet sich Objekten zu, um sie kennenzulernen, sie ,,in sich aufzunehmen", ihre Struktur zu erfassen und von ihnen (vor allem bei sozialen Objekten) Rückmeldung, Reaktionen zu erfahren. Später zeigt sich jedoch erneut eine Differenzierung bezüglich des Gegensatzpaares Aneignung und Vergegenständlichung. Eine große Gruppe von Interessenrichtungen bevorzugt weiterhin Aneignung als Bewegungsrichtung (Aufnehmen, Kennenlernen) wie etwa bei Interesse am Reisen, an Kunst, Musik und Literatur, an einzelnen Wissensgebieten u. a. m. Eine zweite Gruppe von Interessen akzentuiert jedoch Vergegenständlichung. Frühes Beispiel in der kindlichen Entwicklung ist das Konstruktionsspiel. Das Interesse richtet sich auf die Herstellung eines Gegenstandes, der anfänglich erst im Nachhinein, d. h. nach seiner Fertigstellung, Beachtung findet, später jedoch *vor* Handlungsbeginn intendiert wird (Hetzer 1931). Die Interessenbildung durchläuft auch in späteren Entwicklungsabschnitten eine Umakzentuierung von Aneignung zu Vergegenständlichung, nämlich dann, wenn in spezifischen oder generellen Lebenssituationen ein Anreiz, eine Aufforderung zur Vergegenständlichung vorliegt. Dies ist gewöhnlich der Fall bei Berufsinteressen, die in einem konkreten Beruf realisiert werden können. Ein solcher Wandel liegt auch vor bei Aktionen wie ,,Jugend forscht". Das interessierende Wissensgebiet dient nun plötzlich der ,,Anwendung" und kann zu Vergegenständlichungen in Form von Entdeckungen und Erfindungen führen.

Damit sind wir bei der Rolle der Umwelt für die Interessengenese. Hier geht es aber nicht allein um den Anregungsgehalt, der Voraussetzung für die Förderung von Interessen ist, sondern um einen viel grundsätzlicheren Zusammenhang. Greifen wir zur Verdeutlichung dieses Zusammenhanges noch einmal das im 2. Kapitel (Abschnitt 4) dargestellte Verhältnis von *objektiver Struktur* (das Universum von Handlungsmöglichkeiten in einer Kultur) und *subjektiver Struktur* (die vom Individuum aufgebaute Handlungsstruktur) auf. Stabilere Objektbezüge entstehen zunächst nur zu Gegenständen, die in der umgebenden Kultur vorhanden sind. Dabei sind nicht nur der Gegenstand, sondern auch die gegenstandsbezogenen Handlungsmöglichkeiten prinzipiell von der Kultur festgelegt. Interesse für Musik, Kunst und Literatur beispielsweise kann sich nur auf die Bereiche beziehen, die das Individuum kennenlernt.

Viele Jugendliche stürzten sich in Deutschland nach 1945 begeistert auf die bislang als „entartete" Kunst gebrandmarkten Kulturbereiche (Jazz, Impressionismus und Expressionismus in Malerei und Musik, verbotene Literatur). Erst damals lernten sie diese Gegenstände kennen, sie wurden (erneut) Bestandteil der Kultur. Analog ist die Ausbreitung neuer Stilrichtungen, wie Rock und Pop zu sehen, die durch die verfügbaren Medien (Rundfunk, Platte, Kassette) überallhin transportiert werden können. Interessenbildung zeigt, wie der Mensch an seiner Umwelt teilhat, sich die für ihn bedeutsamen Ausschnitte auswählt und durch die in ihnen aufgebauten Gegenstandsbezüge Sinn findet. Der Interessenbegriff trägt so besehen zur Erklärung von Sinnfindung im menschlichen Leben bei. Er erklärt außerdem zumindest partiell den produktiven Anteil des Individuums an der Kultur. Wer ein Interessenfeld, d. h. stabile Objektbezüge, aufgebaut hat und sich engagiert, kann kulturerhaltend, kulturverändernd und kulturbereichernd handeln. Alle großen und kleinen Leistungen in einer Kultur, die diese über die bloße Lebensfristung und die Aufrechterhaltung eines ökonomischen Systems hinaus fördern, sind ohne intensive Handlungsbezüge zu Gegenstandsbereichen nicht denkbar.

Die Verzahnung von subjektiver und objektiver Struktur bedingt einen individuellen Interessenwandel, wenn sich die Kultur wandelt. Umgekehrt können individuelle Interessen via Vergegenständlichung auch einen Wandel der Kultur

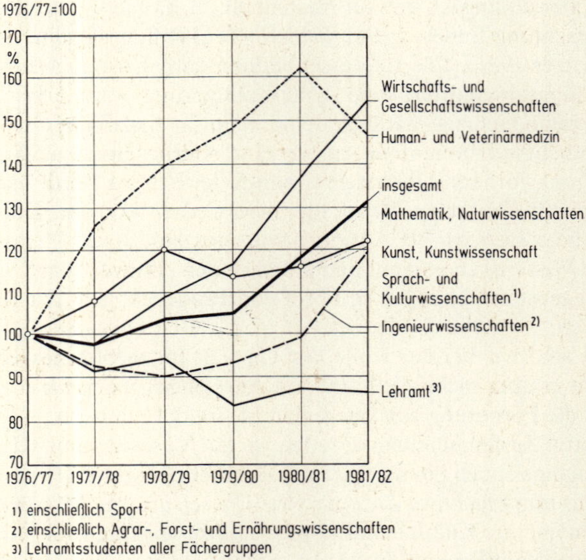

Abb. 13.12 Änderung in der Häufigkeit der Berufswahl von 1976–1982 (aus Todt 1985, S. 47)

bewirken. Die Geschichte der Jazz-, Rock- und Popmusik, alles Stilrichtungen, die von wenigen kreiert wurden, zeigt den enormen Einfluß, den subjektive Interessenbildung auf die Kultur nehmen können. In Abbildung 13.12 ist der Interessenwandel, ausgedrückt durch Berufswahlen, über sechs Jahre dargestellt. Da die Ursachen für die Änderung in der Berufswahl mannigfaltig sind, ersparen wir uns eine Interpretation. Hier soll nur demonstriert werden, daß sich innerhalb kurzer Zeit infolge der Wechselwirkung von objektiver und subjektiver Struktur ausgeprägte Interessenveränderungen vollziehen können.

Bis jetzt ist die besondere Eigenart von Gegenstandsbezügen, die als Interesse bezeichnet werden können, nicht beschrieben worden. Unter Zuhilfenahme des *Valenzbegriffs* (s. Kap. 2, Abschnitt 4) müssen wir dem Gegenstandsbereich des Interesses zweifellos zunächst *subjektive Valenz* zuschreiben. Sie ist ja dadurch gekennzeichnet, daß das Individuum den fraglichen Gegenstand (Gegenstandsbereich) nur um der eigenen Bedürfnisse und Zielsetzungen willen für wertvoll hält. Später können andere Valenzen des Gegenstandsbezugs hinzutreten. Sammelinteressen und Spielmoden im Kindesalter, Kleidung und Musik im Jugendalter sowie generell aufkommende Konsumtrends im Erwachsenenalter weisen eine Interessenkomponente der *objektiven Valenz* auf, denn die Gegenstandsklassen sind (auch) interessant, weil auch andere sie für wertvoll halten.

Schließlich kann *abstrakte Valenz* das Interesse mitbestimmen, z. B. wenn es sich auf Gegenstände mit abstrakter Valenz richtet. Prototyp ist das Interesse an Geld, das inhaltlich für beliebige Gegenstände steht. Wer Geldverdienen auch dann noch als Hauptziel seines Lebens ansieht, wenn er es nicht für andere Zwecke (Gegenstände mit subjektiver und objektiver Valenz) nutzen kann, wird durch das Interesse an einem Gegenstand mit abstrakter Valenz bestimmt.

Von einer anderen theoretischen Sichtweise kommen Schiefele und Prenzel (1981, 1984, zit. n. Karsten 1985) zu einer ähnlichen Kennzeichnung des Interesses. Sie nennen folgende Bestimmungsstücke (zit. nach Karsten 1985, S. 105f):

- Gegenstandsbezug;
- gegenstandsbezogene Handlungen;
- Handlungseffekte am Gegenstand und an der Person;
- Nichtinstrumentalität, Selbstintentionalität (entspricht im Heckhausen Modell, s. Abb. 13.7), der Ausklammerung von Handlungsfolgen und der Akzentuierung der Handlung selbst);
- emotionale Tönung (entspricht der Valenz des Gegenstandsbezuges);
- differenzierte und integrierte Gegenstandsbildung. Dieses Merkmal leitet sich von dem Konzept der kognitiven Komplexität (Seiler 1973, Schroder et al. 1967) ab und bezieht sich auf die Ausformung und Weiterentwicklung des Gegenstandsbezugs;
- relative zeitliche Stabilität und Kontinuität;
- Beziehung zum Selbstkonzept (s. hierzu nächster Abschnitt).

Entwicklung von Neugier und Interesse im Lebenslauf

In der folgenden Darstellung halten wir uns in der Hauptsache an Todt (1985), der versucht, verschiedene Erklärungsansätze der Interessenentwicklung zu verbinden.

Entstehung universeller Interessen

Travers (1978) unterscheidet zwei große Gegenstandsbereiche, die frühzeitig unterschieden und in der Zuwendung akzentuiert werden: die physikalische und die soziale Umwelt. Das Kind sucht aktiv die Struktur seiner Umwelt zu entdecken (wie Piaget dies gezeigt hat), exploriert eine der beiden Umwelten stärker und baut dort ein universelles Interesse auf. Es gibt auch die Interessenkombination, die je nach Umweltausschnitt physikalische oder soziale Objekte beachtet.

Nakamura und Finck (1980) fanden mit Hilfe eines Meßverfahrens bei neun bis zwölfjährigen Schülern die Komponenten Aufgabenorientierung und soziale Orientierung. Die erfolgreichsten Kinder ließen sich in Situationen, bei denen Aufgabenorientierung erforderlich war, nicht durch soziale Reize mit Verstärkungen beeinflussen. Umgekehrt waren sie in sozial relevanten Situationen sensibel gegenüber sozialen Signalen und Einflüssen. Daneben gab es Kinder mit einseitig sozialer und aufgabenspezifischer Orientierung.

Sicherlich stehen solche Orientierungen zu universellen Interessen in Beziehung, etwa der Präferenz der physikalischen Umwelt gegenüber der sozialen.

Warum einer der beiden Bereiche bevorzugt wird, läßt sich wohl nicht an einer einzigen Ursache festmachen. Zum einen mag das Umweltangebot oder das soziale Klima in der Familie den einen oder den anderen Bereich dem Kind näherbringen, zum anderen mögen bereits frühzeitig anlagemäßig stärker ausgebildete kognitive und/oder motorische Funktionen die Kanalisierung von Interessen mitbewirken. Daß die Anlagekomponenten bei der Ausbildung solcher universeller Interessen eine Rolle spielen, zeigen sowohl der Lebenslauf berühmter Musiker, Künstler, Dichter und Wissenschaftler, die sich meist sehr frühzeitig auf ihr Interessengebiet festlegten, als auch Zwillingsuntersuchungen (s. Tab. 13.3).

Tabelle 13.3 Interessenähnlichkeit (ausgedrückt als Korrelation) bei eineiigen und zweieiigen Zwillingen (nach Todt 1985, S. 42)

Autor	Verfahren	Eineiige Zwillinge	Zweieiige Zwillinge
Carter (1932)	Strong SVIB: Scale ,,Physicist"	.65 (43 Paare)	.22 (43 Paare)
Vandenberg & Kelly (1964)	Strong SVIB: Scale ,,Physicist"	.62 (43 Paare)	.30 (34 Paare)
Nichols (1969)	Holland VPI: Intellectual orientation männl.:	.48 (220 Paare)	.28 (137 Paare)
	weibl.:	.43 (296 Paare)	.32 (197 Paare)
Schoenfeldt (1971)	Project Talent: scale ,,science interests" männl.:	.58 (150 Paare)	.34 (53 Paare)
	weibl.:	.42 (187 Paare)	.31 (103 Paare)

Interessen und Geschlechtsrolle

Die Entstehung geschlechtsbezogener Interessen bildet den Prototyp der Interessengenese. Todt (1978, 1979) leitet die Entstehung von Interessen überzeugend aus Kohlbergs kognitiver Theorie der Geschlechtsrollenidentifikation ab (s. Kapitel 4, Abschn. 3). Kinder wählen, nachdem sie ihr eigenes Geschlecht erkannt haben, aktiv die Geschlechtsmerkmale und Verhaltensweisen aus, die ihrem Entwicklungsniveau angemessen sind. So stabilisieren sich die Umweltbezüge frühzeitig, die geschlechtsbezogene Interessen beinhalten. Bezüglich bevorzugter Tätigkeiten haben Geschlechtsrollenmerkmale bereits mit sechs bis sieben Jahren ihre maximale Ausprägung erreicht. Im Jugendalter liberalisiert sich die Geschlechtsrollenpräferenz, was sich besonders hinsichtlich der typisch männlichen und weiblichen Interessen zeigt. Dabei gibt es bemerkenswerte schulartabhängige Unterschiede, wie Todt (1978) belegen konnte. Hauptschüler und -schülerinnen konnten aufgrund der erfaßten geschlechtstypischen Berufsinteressen (z. B. Friseuse bei Mädchen, Kfz-Mechaniker bei Jungen) noch fast so klar wie nach den physischen Merkmalen getrennt werden. In der Realschule und im Gymnasium gab es hingegen schon stärkere Interessenüberlappungen zwischen den Geschlechtern (Tab. 13.4). Damit wird deutlich, daß schulische Bildung über aktuelle Kenntnisse und Fähigkeiten hinaus eine

Tiefenwirkung erzielt, die bei Liberalisierung und Ausweitung von Interessen die Freiheitsgrade menschlicher Entwicklung vergrößert. Todt (1979) versucht daher auch zu belegen, wie sehr Chancenverbesserung für Mädchen von der Ausweitung geschlechtstypischer Interessen abhängt.

Tabelle 13.4 Schulart und Geschlechtstypik der Berufsinteressen, Ergebnisse von Diskriminanzanalysen (nach Todt 1979, S. 109)

Schulart	Fehlklassifikationen in Gruppen männlich	weiblich
Hauptschule (8./9. Kl.) 118 m, 112 w	2,54%	1,79%
Realschule (8./9./10. Kl.) 253 m, 244 w	9,09%	8,20%
Gymnasium (9. Kl.) 109 m, 67 w	11,93%	7,46%

Zwei weitere Tabellen (13.5 und 13.6) können belegen, daß Interessenunterschiede zwischen den Geschlechtern dem gängigen Stereotyp folgen. Die Inspektion der Streuungen zeigt allerdings eine besonders breite Verteilung der Interessenausprägung in kritischen Interessenbereichen, z. B. Physik/Technik und Politik/Recht.

Tabelle 13.5 Mittlere Interessenwerte ($\overline{X}$) und Streuungen (S) bei Jungen und Mädchen im DIT (HR) für Haupt- und Realschulabgänger (nach Todt 1985, S. 14)
(Antwortalternativen: 5 = sehr gern bis 1 = sehr ungern)

Interessen-bereich	Item-Anzahl	Jungen		Mädchen	
		$\overline{X}$	S	$\overline{X}$	S
Technik	13	43,94	10,11	20,30	8,82
Verkehr	13	39,91	8,39	35,48	8,29
Handel	13	35,69	7,82	34,65	7,93
Sozialpflege	13	34,04	9,27	46,31	8,95
Medizin	13	33,40	9,31	40,65	8,88
Hauswirtschaft	13	31,34	7,97	36,68	8,80
Biologie	13	38,05	10,56	43,56	10,62
Journalismus	13	33,03	9,80	36,34	9,23
Verwaltung	13	32,96	9,49	35,99	9,55
Kunst	13	35,45	11,10	43,34	10,61

Tabelle 13.6 Mittlere Interessenwerte ($\overline{X}$) und Streuungen (S) bei Jungen und Mädchen im DIT (S II/A) für Abiturienten (nach Todt 1985, S. 14) (Antwortalternativen: 5 = sehr gern bis 1 = sehr ungern)

Interessen-bereich	Item-Anzahl	Jungen		Mädchen	
		$\overline{X}$	S	$\overline{X}$	S
Physik/Technik	22	71,41	18,29	51,10	16,20
Mathematik	11	36,92	9,74	30,80	9,85
Chemie	5	15,37	4,69	14,03	4,57
Verwaltung/Wirtschaft	15	40,77	10,87	36,67	10,79
Politik/Recht	17	55,64	12,64	54,64	12,60
Sport	10	33,04	7,79	31,29	7,92
Literatur/Sprache	14	39,90	10,29	49,15	9,39
Kunst	14	39,96	10,71	50,44	9,62
Sozialpflege/Erziehung	15	42,68	10,89	51,21	10,44
Musik	10	26,18	8,76	30,08	8,09
Biologie	15	45,95	11,02	51,75	10,37

Interesse und Identität

Gottfredson (1981), die sich hauptsächlich mit der Entwicklung von Berufsinteressen befaßt, hebt die Bedeutung von Interessen für das Selbstkonzept hervor. In ihrem Modell orientieren sich Kinder von drei bis fünf Jahren zunächst an Größe und Macht, dann (mit sechs bis acht Jahren) an der sozialen Bewertung und schließlich (ab ca. 14 Jahren) am ,,inneren und einzigartigen" Selbst.

Viele Autoren sind sich darin einig, daß diese Interessenstruktur eng mit der Berufswahl verknüpft ist. Sofern die prinzipielle Wahlmöglichkeit eines Berufsbereiches (Verwaltung, Technik, Handwerk usw.) gegeben ist, trachtet das Individuum nach Selbstverwirklichung im Beruf. Das bedeutet, daß bei der Ausformung der Identität Arbeit und Beruf, lange bevor diese aktuell werden, einbezogen werden. Dennoch zeigt schon die Alltagserfahrung, daß allgemeine Interessen nicht immer beruflich realisiert werden können und daher in die Freizeit verlagert werden.

Die von Gottfredson vermutete sukzessive Überlagerung von Geschlechtsrollenorientierung durch soziale Bewertung und Zentrierung auf die eigene Identität erklärt die empirischen Befunde über Geschlechtsunterschiede beim Aufbau von Berufsinteressen. Beim männlichen Jugendlichen steigt mit zunehmendem Alter der Zusammenhang zwischen beruflichem Interesse und dem Prestige des Berufs, während dies bei weiblichen Jugendlichen nicht der Fall ist (Barnett 1975, s. Tab. 13.7).

Tabelle 13.7 Rangkorrelationen zwischen beruflichen Interessen und Berufsprestige (nach Barnett 1975)

Geschlecht	Alter (Jahre)								
	9	10	11	12	13	14	15	16	17
männlich (N = 1531)	.39	.44	.37	.59	.58	.57	.73	.63	.72
weiblich (N = 988)	.00	.22	.14	–.04	–.18	.14	–.12	–.19	–.07

Die Einschätzung des Berufsprestiges nähert sich bei Jugendlichen überdies mit zunehmendem Alter kontinuierlich derjenigen bei Erwachsenen an, wie Gum (1964) zeigen konnte. Ab der zehnten Klasse wich nur noch eine Berufsposition von der Rangfolge der Erwachsenen ab.

Weiteres Licht auf Geschlechtsunterschiede in der Koppelung zwischen Interesse und anderen Bewertungskriterien wirft eine Studie von Wismans (1977). 15 Berufe aus dem Umfeld Biologie und 15 Berufe aus dem Bereich Technik wurden so zusammengestellt, daß je zehn Hauptschulabschluß, Mittlere Reife und Abitur voraussetzten. Probanden der Klassenstufe sechs und acht hatten diese Berufe unter verschiedenen Gesichtspunkten zu bewerten. Tab. 13.8 zeigt, daß bei Jungen nach der Geschlechtstypik Prestige und Informiertheit am höchsten mit dem Interesse korreliert, während bei Mädchen „Dienst am Menschen und Verantwortung" die zweit- und dritthöchste Korrelation ergab. Man beachte aber, daß dieser Wert infolge der durchwegs höheren Korrelationen bei Mädchen noch höher liegt als bei Jungen!

Tabelle 13.8 Berufsinteresse, Berufsprestige und prestigeverleihende Merkmale in den Bereichen Biologie und Physik/Technik (nach Todt 1985, S. 28)

Jungen		Mädchen	
Interesse +	r_s	*Interesse +*	r_s
typisch für Männer	.75	typisch für Frauen	.95
Prestige	.66	Dienst am Menschen	.82
Informiertheit	.47	Verantwortung	.79
Einfluß	.41	Prestige	.77
Intelligenz	.37	Einfluß	.71
Verdienst	.19	Verdienst	.55
Verantwortung	.16	Informiertheit	.51
Dienst am Menschen	–.49	Intelligenz	.47
typisch für Frauen	–.62	typisch für Männer	–.75

Die von Todt (1978, 1985) untersuchten fachbezogenen Interessen und allgemeinen Interessenrichtungen weisen neben den geschlechtsspezifischen Ausprägungen noch zwei weitere entwicklungsspezifische Merkmale auf:

- Es zeigt sich mit fortlaufendem Alter während der Zeit des Schulbesuchs eine generelle Abnahme der Interessen;
- die Interessenkonfiguration bleibt vom fünften/sechsten Schuljahr an relativ konstant.

Beide Befunde sprechen gegen den interessenbildenden Einfluß der Schule. Diese mag wohl im Einzelfall Jugendliche zu bestimmten Gegenstandsbereichen führen und dementsprechend Interessen wecken. Generell (d. h. in diesem Falle statistisch) dürften zwei andere Komponenten bei der Interessenbildung wirksam sein, nämlich

- die Auseinandersetzung mit Arbeit und Beruf sowie
- die Identitätsbildung (Aufbau des Selbstkonzepts).

Spezifische Interessen, Hobbys

Die Frage nach Freizeitinteressen und Hobbys erbringt in empirischen Untersuchungen gewöhnlich andere Interessennennungen als die Fragebogenuntersuchungen von Strong, Kuder, Holland, Irle und Todt.

Martin und Mitarbeiter (1983) analysierten Freizeitverhalten und folgerten Bedürfnisse, die in Abb. 13.13 zusammengestellt sind. Hier sind auch Trendänderungen für die Zukunft angegeben, wie sie von den Autoren vermutet wurden.

Grundbedürfnis	Bedeutungstrend für die Zukunft
Körperliche Bewegung, sportl.-spieler. Betätigung	↗
Ruhe, Alleinsein, Selbstverwirklichung	→
Geselligkeit und soziale Kommunikation	↗
Soziale Selbstdarstellung	→
Vergnügen und Zerstreuung	↘
Bildung und Diskussion	⇗
Mobilität, Suchen neuer Umweltreize	↗
Wettkampf, Leistung, Konkurrenz	↘
Spielerischer, nicht zweckgerichteter Zeitvertreib	↗
Sinnliche Eindrücke, Wohlbefinden	⇗

Abb. 13.13 Grundbedürfnisse des Freizeitverhaltens (nach Martin 1983)

Zu ähnlichen Ergebnissen kommt Todt (1985). Spezifische Interessen scheinen also enger mit bestimmten Bedürfnissen verknüpft zu sein, die eher durch Freizeitaktivitäten abgedeckt werden können. Dies entspricht der Annahme Cattells (1965), wonach Interessen der Befriedigung von bestimmten persönlichen Bedürfnissen dienen. Freilich muß man dabei Freizeit in einer Wechselbeziehung zur Arbeit sehen (s. Kap. 6b und 21) und darf den Bereich der spezifischen Interessen nicht als Phänomen für sich erklären wollen. Freizeitinteressen und Hobbys erhalten vermutlich in einer Kultur, in der Beruf und Arbeit nur vorwiegend als entfremdete Tätigkeit möglich sind, teilweise die Funktion einer als sinnhaft erlebten Vergegenständlichung. Dies ist besonders für aktive Hobbys zutreffend (s. aber Generalisierungshypothese, Kap. 6b).

Todt (1985) führte Untersuchungen mit Studenten durch, in denen sie über die Entwicklung ihrer Hobbys in Kindheit und Jugend befragt wurden. Die inhaltsanalytische Auswertung erbrachte drei wichtige Sachverhalte:

- Hobbys können zu ganz verschiedenen Zeitpunkten im menschlichen Lebenslauf entstehen;
- die Anregung zu der später als Hobby ausgeführten Tätigkeit kommt häufig von engen Bezugspersonen, ist aber dabei oft das Ergebnis von Zufällen;
- stabilisierende Momente der Tätigkeit bei spezifischen Interessen sind Erfolg, Anerkennung und soziale Kontakte (letztere könnten zur objektiven Valenz des Interessenbereiches beitragen).

Da Mangel an Zeit spezifische Interessen und Hobbys stark einschränken, könnten im höheren Erwachsenenalter neue Anregungen zur Interessenbildung auftreten. In der Tat zeigt schon eine ältere Untersuchung (Briggs 1938) einen abrupten Anstieg an Hobbys im Alter von 65 bis 74 Jahren (Abb. 13.14). Offensichtlich hängt dieser Anstieg mit dem Eintritt in den Ruhestand zusammen.

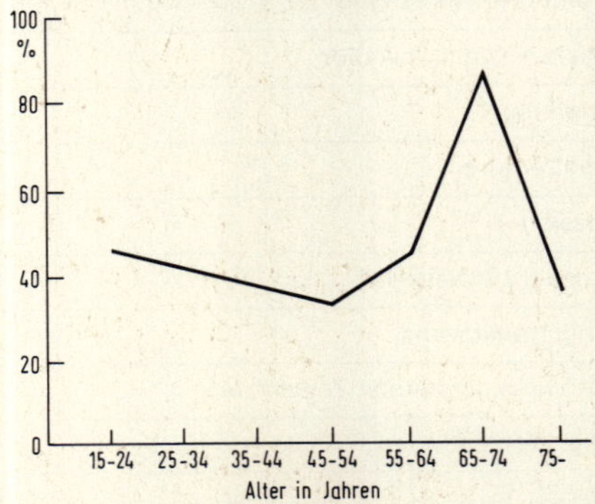

Abb. 13.14 Alterstrends bei Angaben über Hobbys (nach Briggs 1938)

Zusammenfassung: Ein vorläufiges Modell der Interessenentwicklung

Todt (1985), der verschiedene theoretische Ansätze zur Erklärung der Entstehung von Interessen sowie empirische Belege zu diesen Ansätzen gesammelt hat, schlägt ein Modell der Entwicklung von Interessen vor, dem er selbst allerdings nur vorläufigen Charakter zuschreibt. Dieses Modell ist in Abb. 13.15 dargestellt. Universelle Interessen, z. B. Bevorzugung der physikalischen Umwelt vor der sozialen Umwelt, scheinen schon in den ersten beiden Lebensjahren zu entstehen. Geschlechtsorientierte Interessen kommen mit der aktiven Konstruktion der eigenen Geschlechtsrolle auf, also spätestens mit vier bis fünf Jahren. Berufsinteressen als Ausdruck „allgemeiner" Interessen werden nach empirischen Befunden erst etwa um das Alter von neun Jahren herum relevant. Spezifische Interessen werden von Todt erst im Jugendalter angesiedelt, da sie als Ausdruck der sich herausbildenden Individualität zu verstehen sind, die erst in der Jugend als wichtiges Entwicklungsziel erscheint. Das Modell berücksichtigt weniger Gesichtspunkte einer differentiellen Entwicklungspsychologie, im vorliegenden Falle also den Aspekt der Interessenentwicklung als individuell einmalige Lebensgeschichte. Auf diesen Aspekt kann jedoch dann eingegangen werden, wenn man die individuellen lebensgeschichtlichen Besonderheiten unter

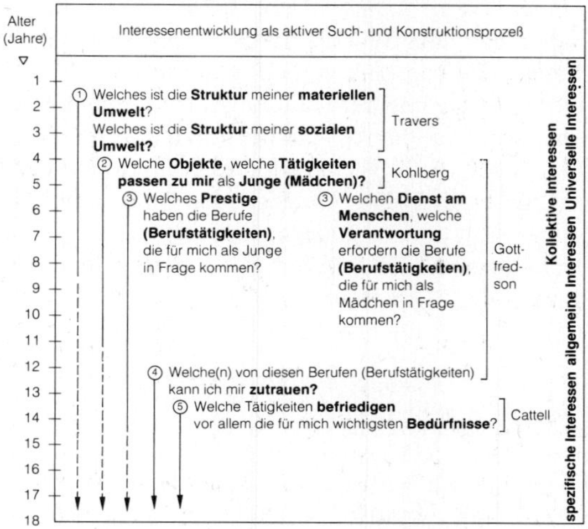

Abb. 13.15 Ein integratives Modell der Interessenentwicklung (nach Todt 1985)

Legende:

① Universelle Interessen
② Kollektive Interessen
③, ④ Allgemeine Interessen
⑤ Spezifische Interessen

Nutzung der Interessenkategorien von universell bis spezifisch beschreibt. Die weitere Interessenentwicklung im mittleren und höheren Erwachsenenalter müßte allerdings dem differentiellen Aspekt auch systematisch Rechnung tragen, indem neue Kategorien von Interessen eingeführt werden, etwa die Transformation von ,,allgemeinen" und ,,spezifischen" Interessen nach Eintritt in den Ruhestand.

5. Zur Entwicklung der Handlungssteuerung

Komponenten menschlichen Handelns

Menschliches Handeln wird durch viele Komponenten und Bedingungen bestimmt. Man kann eigentlich die gesamte Humanpsychologie als Psychologie menschlichen Handelns auffassen. Im vorliegenden Abschnitt wird nur ein kleiner, aber sehr wichtiger Ausschnitt aus dem Gesamtgeflecht von Bedingungen menschlichen Handelns beschrieben.

Das in Abbildung 13.16 dargestellte Modell menschlichen Handelns faßt in vereinfachter Form Komponenten zusammen, die in ähnlicher Weise von Heckhausen (1977), Miller, Galanter und Pribram (1960), Neisser (1967) und Oerter, Dreher und Dreher (1977) dargestellt wurden.

Wir unterscheiden dabei: (A) die bereits vorhandenen Voraussetzungen bei der Person (Personstruktur), (B) eine Instanz, die den aktuellen Prozeß der Orientierung und der Handlungsausführung leistet (Exekutive) und (C) die Situation, die Ausschnitte von Umwelt (D) repräsentiert und zum Handeln veranlaßt. Weiterhin sind zur Verdeutlichung ,,Handlungsergebnis" und ,,Sollwert" ausgegliedert, das Handlungsergebnis (E) wegen seiner situationsverändernden Bedeutung und seiner Rückwirkung auf die Person, der Sollwert (F) wegen seiner regulierenden Funktion während der Planung und Ausführung von Handlungen.

Erläuterung des Modells

Die Person handelt in einer bestimmten konkreten Situation (C) in ihrer Umwelt (D). Dabei stehen ihr die bisher gesammelten Erfahrungen und die bislang entwickelten Dispositionen zur Verfügung. Die Einzelkomponenten A1 bis A5 (s. Abb. 13.16) sind unter dem Begriff ,,Personstruktur" (A) zusammengefaßt.

Bei der aktuellen orientierenden und handelnden Auseinandersetzung mit der Umwelt kommt die ,,Exekutive" (B) (Neisser 1967) zum Einsatz. Sie vollbringt zunächst die Orientierung in der konkreten Situation (Wahrnehmung und Deutung der Situation), fällt aufgrund der gesammelten Information Entscheidungen und steuert die Handlung. Die für die Bewältigung der anstehenden Aufgaben erforderliche Aktivierung von Komponenten aus der Personstruktur (A 1–5) ist in der Abbildung 13.16 angegeben. Dabei handelt es sich aber nur um Akzentsetzungen und nicht um eine vollständige Auflistung von Leistungen.

Die vermittels der Exekutive ausgeführte Handlung hat ein *Ergebnis* (E) zur Folge, das einerseits die gegenwärtige Situation verändert, andererseits vom Individuum und der Umwelt bewertet wird. Ergebnisse können materielle Produkte (Gegenstände) oder Leistungen des Problemlösens sein, die nur durch Symbole äußerlich manifest werden (sprachliche Darstellung, Zahlen). Der *Sollwert* (F),

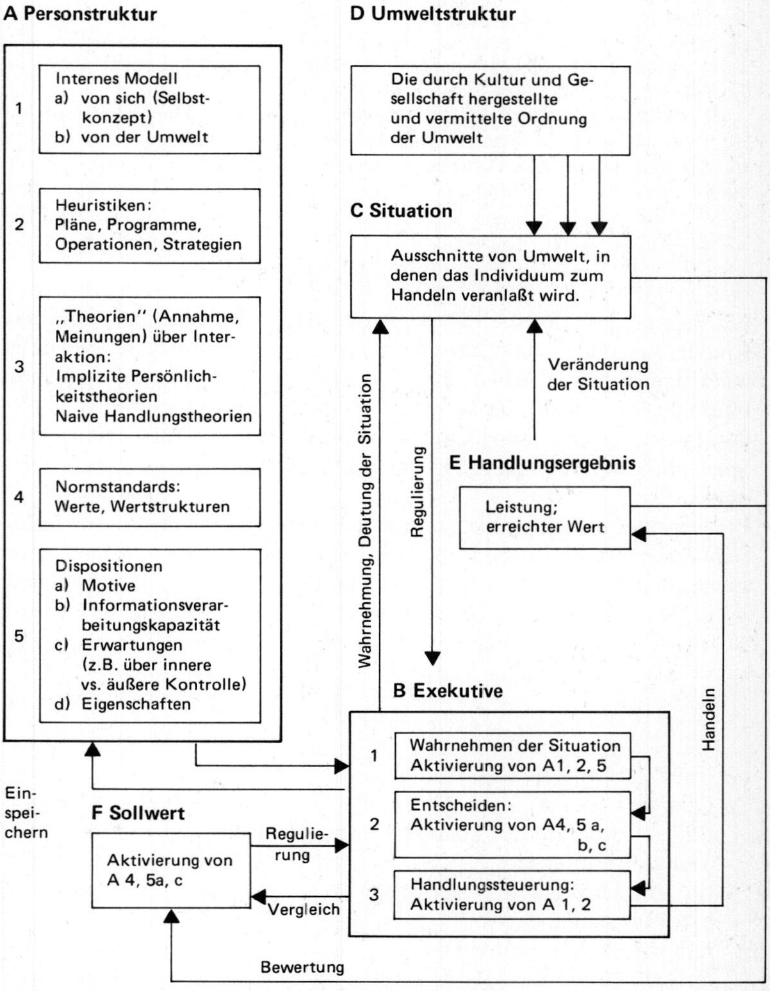

Abb. 13.16 Ein vereinfachtes Modell menschlichen Handelns (nach Heckhausen 1977 und Oerter et al. 1977)

der für das augenblickliche Handeln aktiviert wurde, reguliert die Exekutive bei der Bewertung des Handlungsergebnisses und bei der Entscheidung über weitere Handlungsschritte.

In dem Modell sind die einzelnen Komponenten numeriert bzw. durch Groß- und Kleinbuchstaben gekennzeichnet, so daß in relativ knapper Form gezeigt werden kann, welche Schwerpunkte in anderen Kapiteln dieses Bandes über Entwicklungspsychologie behandelt werden. Einige Beispiele mögen dies verdeutlichen.

Die vorangegangenen Abschnitte dieses Kapitels befassen sich vordringlich mit den Komponenten A1, 4, 5a der Personstruktur, der Bewertung des Handlungsergebnisses E (vor allem seiner verstärkenden Wirkung) und dem aktuellen Sollwert F. Kapitel 15 handelt demgemäß bevorzugt von den Komponenten A4 und F, sowie B2.

Der vorliegende Abschnitt über die Entwicklung der Handlungssteuerung greift vor allem die Komponenten A2, B1, B3, F und E auf. Dabei interessiert, wie das Individuum seine Handlungsziele verwirklicht, welche Schritte es unternimmt und wie es seine Handlung, die zum Ziel (Resultat E) führen soll, steuert.

Beispiele für Handlungen

Für kleine Kinder ist die Hauptform des Handelns das Spiel, für ältere Kinder, Jugendliche und Erwachsene wird die Hauptform des Handelns mehr und mehr die Arbeit. Man kann Handlungen einteilen nach ihrer Funktion für wesentliche Aufgaben der Erhaltung, Fortführung und Höherentwicklung des Individuums. So kommt man zu Gruppierungen wie Spiel, Arbeit, Erholung (ausgleichende Aktivität), Konsumption, Produktion.

Betrachtet man kleinere und aktuelle Handlungseinheiten, so lassen sich verschiedene Ebenen des Handelns angeben, die gewöhnlich gemeinsam auftreten und hierarchisch geordnet sind. Der Einfachheit hal-

Beispiel

Ein Kind kauft sich ein Heft.
Oberste Ebene: Festlegung des Zieles und des Geschäftes (Kiosk), wo das Heft gekauft werden soll.
Teilschritte (mittlere Ebene): Bereitstellen des Geldes, Festlegen (in Erinnerung rufen) der Wegfolge, Zurücklegen der Wegabschnitte, Kaufen.
Unterste Ebene (automatisiert): Gehen, Nutzung von früher gelernten Rechenoperationen des Addierens und Subtrahierens beim Einkaufen, Nehmen und Geben beim Tauschvorgang.

ber sollen nur drei Ebenen unterschieden werden. Auf der obersten Ebene besteht die Handlung in der Festlegung des Zieles, der Absicht, das Ziel zu erreichen und in der Suche nach nötigen Einzelschritten. Auf der nächsten Ebene werden die einzelnen Handlungsschritte simultan oder sukzessiv entworfen und kontrolliert. Auf der untersten Ebene des Handlens bedient man sich fertiger (zuvor eingeübter bzw. gespeicherter) Programme, das sind Verhaltensketten, die automatisiert ablaufen und keiner bewußten oder absichtichen Kontrolle bedürfen.

Zur Entwicklung der Handlungssteuerung beim Umgang mit Gebrauchsgegenständen

Wir haben Handeln als sinnhaft und zielgerichtet gekennzeichnet. Nun muß als weiteres Kriterium seine Gegenständlichkeit hinzugefügt werden (s. Kap. 2, Abschn. 3). Handeln ist immer gegenständliches Handeln, wobei die Gegestände, auf die es sich bezieht, sehr verschieden sein können. Sie reichen von dinglich-materiellen Gegenständen über Personen als Objekte bis zu ideellen Objekten (Begriffen, Normen). Im folgenden geht es vor allem um ,,Dinge", also um konkret-materielle Gegenstände.

Entwicklungstrends des gegenständlichen Handelns

Zwei allgemeine Entwicklungstrends des gegenständlichen Handelns lassen sich aufzeigen: die zunehmende Vergegenständlichung der Welt und die wachsende Distanz zwischen Individuum und Welt. Die zunehmende Vergegenständlichung der Welt zeigt sich vor allem darin, daß alle Erfahrungen und Erscheinungen als Gegenstände des Bewußtseins konzipiert werden. Mehr und mehr verwenden wir beispielsweise für Phänomene Namen und gehen mit ihnen in Gedanken und im praktischen Handeln wie mit Gegenständen um. Es gibt Kulturen, in denen diese Vergegenständlichung generell noch nicht so weit fortgeschritten ist. Viele Phänomene (wie Feuer, Regen, Welle, Blitz, Wind) sind sprachlich nur als Prozesse, also als Verb darstellbar (z. B. bei den Hopi-Indianern und in der Nootka-Sprache auf Vancouver-Island). Die Vergegenständlichung wirkt nicht nur auf das Handeln, sondern das Handeln erzeugt umgekehrt Gegenstände. Letzteres ist besonders deutlich im kindlichen Spiel beobachtbar: Kinder malen Gegenstände, wobei sie diesen Vergegenständlichungsprozeß erst allmählich bemerken. Sie benennen anfangs ihre Produkte noch *nicht,* später dann häufig *während* und schließlich *vor* der Handlung des Malens (Hetzer 1931). Bauen und Kneten sowie alle Konstruktionsspiele begünstigen den Prozeß der Vergegenständlichung. Natürlich zeigt sich dieser auch im Großen, nämlich als gesellschaftlicher Produktionsprozeß. Die zunehmende Distanzierung von Individuum und Umwelt ist als Resultat des gegenständlichen Handlens verstehbar. Anfangs sind die ,,Gegenstände", die durch Handeln erzeugt werden, noch fest mit dem Individuum verbunden. Für den Säugling beispielsweise ist die Milchflasche nicht ein unabhängig existierender Gegenstand, sondern nur im Moment des Handelns, nämlich der Nahrungsaufnahme wichtig. Noch deutlicher wird dies, wenn kindliches Handeln wirklich den Gegenstand hervorbringt. Gebilde im Sand oder aus Knet, ein Turm aus Bausteinen, eine Kritzelzeichnung sind zunächst nur Bezugspunkt (,,Gegenstand"), solange das Kind tätig ist. Danach verliert es das Interesse daran. Später jedoch beachtet das Kind das von seinem Handeln erzeugte und nun fortexistierende Ergebnis (eine Figur, einen ,,Kuchen" oder einen Turm) und legt Wert darauf, daß seine Produkte erhalten bleiben und beachtet werden.

Zur Entwicklung des Werkzeuggebrauchs

Die frühzeitige Verbindung von Mittel und Zweck ist eine Vorstufe für den späteren Werkzeuggebrauch. Das Werkzeug dient einem Zweck, der ohne das Werkzeug nicht oder viel schwerer erreicht werden kann. Außerdem ist das Werkzeug der Gegenstand, an dem erstmals durch eigenes Handeln die Eigenart funktionaler Gegenstände erfahren werden kann: Sie tragen in sich einen Zweck, der gewissermaßen bei der Herstellung in sie hineingelegt wurde. Nicht Farbe und Form, sondern das, wozu die Gegenstände dienen, ist ausschlaggebend. Dies kann beim Werkzeuggebrauch anschaulich erfahren werden. Der dem Hammer innewohnende Zweck wird durch die Tätigkeit des Hämmerns realisiert und zugleich erkannt.

Bei der Entwicklung des Werkzeuggebrauchs lassen sich im allgemeinen drei Stufen ausmachen: unspezifischer, inadäquater Umgang mit dem Werkzeug, Als-ob-Gebrauch des Werkzeugs (äußerliche Merkmale des Gebrauchs werden übernommen) und Nutzung der Werkzeugfunktion des Gegenstandes (Lisina & Nevorovich 1971, Hetzer 1931).

Zur ersten Stufe: Kinder hantieren mit Werkzeugen zunächst wie mit allen Gegenständen, sie probieren, was man alles mit ihnen machen kann. Dabei entdecken sie häufig die Werkzeugfunktion, wie etwa das Hämmern beim Hammer, das Malen beim Bleistift, das Einfüllen und Tragen beim Eimerchen.

Zur zweiten Stufe: Nun zeigt der Werkzeuggebrauch bereits das äußere Bild des Umgangs mit dem Werkzeug. Das Kind hat von anderen seine Nutzung abgeschaut (Modellernen) oder gezeigt bekommen (z. B. Führung der Hand beim Malen). Aber in diesem Stadium wird die eigentliche Funktion des Werkzeugs noch nicht oder nur unvollkommen erfaßt. Die Hebelwirkung des Hammers nutzt das Kind z. B. noch nicht. Es faßt ihn unmittelbar am Schaftanfang und hämmert mit dem Arm, nicht mit dem Hammer selbst. Die Schaufel wird oft schräg gehalten, so daß der Sand wieder herausrinnt und nicht in den Eimer gelangt. Der Löffel wird verkehrt oder so zum Mund geführt, daß die Nahrung auf Tisch und Boden tropft. Solche Beispiele lassen sich beliebig vermehren, wichtig ist dabei, daß je nach Werkzeug und Bekanntwerden mit einer Funktion dieses Stadium zu unterschiedlichen Alterszeitpunkten auftreten kann. Es gibt Kinder, die schon mit drei Jahren besser mit Malstift und Papier umgehen können als Fünfjährige.

Zur dritten Stufe: Die eigentliche Funktion des Werkzeugs, die gewissermaßen als ,Tiefenmerkmal' im Gegenstand steckt, wird erfaßt. Das Kind nutzt beim Hantieren diese Funktion zumindest einigermaßen sachgerecht. Dies trifft im Vorschulalter gewöhnlich für die Tätigkeit des Malens, Schneidens, Hämmerns, Schaufelns, Essens, Tragens, Schiebens und anderes mehr zu. Dagegen gibt es eine Reihe von werkzeugbezogenen Handlungen, die auch Erwachsene oft nur unangemessen beherrschen, wie etwa Umgang mit Pickel, Spaten, Axt, Geschirr (beim Spülen) und Besen. Für die Steuerung von Handlungen besitzt der Werkzeuggebrauch insofern eine Schlüsselstellung, als das Werkzeug den ,,verlängerten Arm" des Menschen darstellt. Die zunächst in Arm und Hand liegenden Leistungen und Rückempfindungen werden in das Werkzeug verlegt. Hierzu das folgende Beispiel:

Untersuchungsbeispiel

Die Probanden hatten drei auf einer Gleitbahn befindliche Behälter mit einem Stock in Bewegung zu setzen. Dabei mußten sie angeben, wo sie den Stoß, den sie den Behältern gaben, ,,fühlten". Sechs- bis siebenjährige Kinder fühlten den Stoß viel häufiger als Erwachsene an Hand, Arm oder Stockgriff, während Erwachsene ihn wesentlich häufiger am Behälter selbst bzw. an der Stockspitze spürten (Piaget & Maroun 1958).

Zur Entwicklung von Aufmerksamkeitsleistungen als Instrument der Handlungssteuerung

Handlungstypen für Aufmerksamkeitsverhalten

Auch hier können wir nur exemplarisch den Leistungsfortschritt darstellen. Aufmerksamkeit ist keineswegs eine einheitliche Funktion, sondern umfaßt je nach dem Handlungssektor und Handlungsziel recht unterschiedliche Steuerungsleistungen. Wir können das Konzept des Handlungsplanes zum Verständnis dieses Sachverhaltes zu Hilfe nehmen. Handlung läßt sich aufgliedern in orientierendes (explorierendes) und ausführendes (instrumentelles, exekutives) Handeln (Rubinstein 1977, Galperin 1957, Leontjew 1977). Pläne beziehen sich auf beide Verhaltenskomponenten und zwar in doppelter Hinsicht. So geht es zunächst um das Entwerfen oder Auswählen eines Planes (je mehr Erfahrungen gesammelt werden, desto mehr fertige Pläne stehen zur Verfügung, man muß nur noch zwischen ihnen wählen). Dann aber muß der Handlungsplan durchgeführt werden. Abbildung 13.17 kennzeichnet die durch die Kombination von Plan und Handlungskomponenten entstehenden Handlungstypen und Zielsetzungen.

		Handlungskomponente explorativ	Handlungskomponente exekutiv
Planungskomponente	Entwerfen bzw. Auswählen von Plänen	Typ: Zuwendung, erste Orientierung in der Situation Ziel: Gibt es etwas Neues, Bemerkenswertes? I	Typ: Entwerfen oder Auswählen von Plänen für Handlungsschritte Ziel: Was will ich tun? Wie kann ich's tun? III
Planungskomponente	Durchführung von Plänen	Typ: Erforschung (Analyse und Erfassung) der Situation Ziel: Was enthält die Situation? II	Typ: äußeres und inneres Handeln Ziel: Verwirklichung des Vorhabens IV

Abb. 13.17 Handlungstypen bei explorativem (orientierendem) und exekutivem (ausführendem) Handeln

Aufmerksamkeitsprozesse bei vier Handlungstypen

Abbildung 13.18 bringt eine Zusammenstellung von Aufmerksamkeitsprozessen bei vier Handlungstypen.

Quadrant I: Die hierher gehörigen Aufmerksamkeitsleistungen beziehen sich auf die Zuwendung und den ersten Eindruck in einer Situation. Die im I. Quadranten angegebenen Begriffe sind Hinweise auf theoretische Konzepte, die hier nicht näher erläutert werden können.

Quadrant II. Die hier benötigte Aufmerksamkeitsleistung besteht darin, die Strategie beim Explorieren zu steuern und beizubehalten. So müssen beim Betrachten eines Bildes die wichtigen Elemente herausgefunden und gespeichert werden, damit sie in Zusammenhang gebracht werden können. Untersuchungen zeigen, daß das Vorgehen beim Bilderfassen unterschiedlich ist. Kleine Kinder können ihre Aufmerksamkeit nicht längere Zeit auf die Analyse von Bildern konzentrieren und erfassen so häufig nicht die wesentlichen Aspekte. Ein wichtiges Merkmal der hier erforderlichen Prozesse ist die Zentrierungstechnik (Piaget

	Handlungskomponente explorativ	exekutiv
Kontrolle beim Entwerfen und Auswählen von Plänen	I Zuwendungsreaktionen (orientierender Reflex), focal attention, preattentive processes (Neisser 1967) „Schema" (Norman & Rummelhardt 1978), „Rahmen" (Winograd 1974)	III Kontrolle bei der Entwicklung oder Auswahl von Plänen. Umfang des vorgeplanten Abschnittes.
Kontrolle beim Durchführen von Plänen	II Kontrolle von Explorationsstrategien, Zentrierung vs. Selektive Aufmerksamkeit	IV Überwachung der geplanten Handlungsschritte, „Ausdauer" bei der Durchführung und Wiederholung.

Abb. 13.18 Aufmerksamkeitsprozesse als Planungskontrolle bei vier Handlungstypen

1963, Gantenbein 1952). Kinder zentrieren z.B. ihre Aufmerksamkeit eher auf die Nähe zur eigenen Person, Erwachsene eher auf die Ferne und kommen so zu anderen Entfernungsschätzungen (Denis-Prinzhorn 1961). Auch die Dauer der Zentrierung ist je nach Situation und Alter verschieden.

Eine gegenwärtig besonders untersuchte Komponente bildet die selektive Aufmerksamkeit, die irrelevante Merkmale unbeachtet läßt und relevante Merkmale beachtet (Hale & Lewis 1979, Ceci & Tishman 1984, Haith 1980). Sie wird gewöhnlich nicht in Komponenten von Quadrant I und II geschieden. wäre also in unserer Einteilung bei beiden Quadranten anzusiedeln.

Quadrant III: Handlungsketten oder -abschnitte können vorgeplant werden. Entweder es liegen bereits Handlungspläne vor oder es sind neue Abschnitte zu entwerfen. So wird die Aufmerksamkeit in unterschiedlichem Umfang bei der Steuerung und Kontrolle des Entwerfens und Speicherns solcher Handlungspläne benötigt. Von dem Vorhandensein solcher Pläne hängt die Qualität auf allen Gebieten des Handelns ab: äußeres praktisches Handeln, Einprägen und Wiedergeben, Sprechen, Problemlösen (s. hierzu Miller et al. 1960). Pläne werden mit großer Geschwindigkeit gewählt und entworfen.

Quadrant IV: Im Sektor des ausführenden Handelns bezieht sich Aufmerksamkeit auf Konzentration und Arbeitsverhalten. Die Leistung der Aufmerksamkeit wird in ihrer Qualität sowohl durch die Anzahl der gleichzeitig zu berücksichtigenden Aspekte beim Handeln als auch durch die Länge der Handlungsketten bestimmt. Die alltagssprachlichen Bezeichnungen wie Ausdauer, Sorgfalt, Geschwindigkeit sind Komponenten der vor allem hier (aber auch in den Sektoren II und III) benötigten Prozesse.

Die Entwicklung der Aufmerksamkeitsleistung in Beispielen

Es folgt nun zu jedem Quadranten ein entwicklungspsychologisches Beispiel, das den Fortschritt dieser unterschiedlichen Prozesse beleuchten soll.

Ad I: Von unwillkürlicher zu willkürlicher Aufmerksamkeit. Seit langem sind zwei verschiedenartige Aufmerksamkeitsformen bekannt (s. z.B. Fröbes 1920), die man heute durch den Ort der Steuerung kennzeichnet. Die „unwillkürliche" Aufmerksamkeit beobachten wir, wenn jemand von Erscheinungen und Ereignissen gefesselt ist, ohne es zu „wollen". Die Attraktivität externer Reize steuert also das Aufmerksamkeitsverhalten. In seiner ursprünglichen Form haben wir dies bei der Orientierungsreaktion (OR) vor uns: Externe Reize lösen Aufmerksamkeit aus. Werbeplakate, Warenarrangement in Warenhäusern, attraktive Kleidung lenken ebenfalls die „unwillkürliche" Aufmerksamkeit auf sich. Demgegenüber liegt der Ort der Kontrolle im Individuum, wenn es sich ohne externe auslösende bzw. anregende Reize mit einem Gegenstand beschäftigt, weil diese Aufmerksamkeitszuwendung in seiner Absicht liegt und aufrechterhalten wird, solange die Absicht nicht erfüllt ist. Diese Form der Aufmerksamkeit bezeichnet man als „willkürliche" Aufmerksamkeit. Sie wird bei allen Formen der Arbeit notwendig. Die Entwicklung verläuft von unwillkürlicher zu willkürlicher Aufmerksamkeit. Noch im Vorschulalter herrscht die unwillkürliche Aufmerksamkeit vor. Die Schule beansprucht dann mehr und mehr die willkürliche Aufmerksamkeit.

Ad II: Eine wesentliche Rolle bei der Exploration des Wahrnehmungsfeldes spielen Art und Dauer der Zentrierung. Dies soll an einem von Piaget (1963) mitgeteilten Experiment erläutert werden.

Zentrierung als Aufmerksamkeitsleistung

Es handelt sich um Untersuchungen zur Größenkonstanz. Probanden verschiedener Altersstufen hatten in der einen Versuchsanordnung ein Stäbchen von 10 cm Länge in einem Meter Entfernung (Standardreiz) mit einem Stäbchen in 4 m Entfernung zu vergleichen. Durch Verlängerung bzw. Verkürzung des entfernteren Stäbchens wurde die Größe hergestellt, die im Urteil des Probanden der Größe des Standardreizes entsprach. In einer zweiten Untersuchung war der Standardreiz entfernter und der Vergleichsreiz näher am Probanden. Ergebnis: Die Befunde zeigen eine stetige Zunahme der Überschätzung des jeweils *entfernteren* Reizes mit wachsendem Alter. Ist der Standardreiz der entferntere Reiz, so ist die Überschätzung am höchsten. Diese Täuschung bezeichnet man auch als Überkonstanz: Das entferntere Objekt wird, obwohl es auf der Netzhaut um ein Vielfaches kleiner ist, in seiner Größe überschätzt. Piaget erklärt den entwicklungspsychologischen Wandel durch die Veränderung der Zentrierung. Kleine Kinder zentrieren auf die näher gelegenen Reize, Jugendliche und Erwachsene auf die entfernter liegenden. Der Wechsel von nahe zu entfernt in der Zentrierung konnte auch in anderen Experimenten nachgewiesen werden (Denis-Prinzhorn 1961).

Tabelle 13.9 Fehleinschätzungen beim Größenvergleich eines Stäbchens mit einem Standardstäbchen. die Zahlen geben die Abweichung der Größenschätzung des entfernteren Stäbchens in Prozenten der Größe des näheren Stäbchens an (nach Denis-Prinzhorn 1961).

Alter	7–8	8–10	10–12	12–14	Erwachsene
Standardreiz nahe	− 2	+ 3	+ 6	+ 9	+ 10
Standardr. entfernt	+ 4	+ 18	+ 16	+ 16	+ 24

Ad III: Planen. Hier besteht die Aufmerksamkeitsleistung unter anderem darin, sich auf die Vorwegplanung von Handlungsschritten zu konzentrieren. Je mehr Einzelschritte vorweg überdacht werden können, desto größer muß der Aufmerksamkeitsumfang sein. Als Beispiel der Verbesserung dieses Aufmerksamkeitstyps seien Befunde von Problemlösungsverhalten im Jugendalter herangezogen (Oerter, Dreher & Dreher 1977). Die Probanden bearbeiteten eine sog. Organisationsaufgabe, bei der eine Reihe von Aufträgen innerhalb gewisser Zeitgrenzen an verschiedenen Orten erledigt werden mußte. Die Lösung der Aufgabe erfordert Planungsschritte, die entweder nur den nächsten zu wählenden Auftrag oder aber alle Aufträge zusammen ins Auge fassen. Wer gedanklich mögliche Abfolgen von Aufträgen überhaupt nicht vorwegnimmt, ,,plant" zumindest, einzelne Schritte auszuprobieren. Tabelle 13.10 zeigt am Beispiel der kompletten Vorwegplanung den Entwicklungsfortschritt bis zum Erwachsenenalter. Während 14jährige noch kaum vor Ausführung der Lösung einen Gesamtplan entwerfen, findet man dieses Vorgehen bei 60% der Erwachsenen.

Tabelle 13.10 Planungsverhalten von Jugendlichen und Erwachsenen bei einer Organisationsaufgabe (nach Oerter, Dreher & Dreher 1977).

Alter	11	14	Erwachsene
Planung/Vollzug einzelner Lösungsschritte	40 (88,9)	34 (75,6)	18 (40,0)
Vollzug der Lösung nach Gesamtplanung	5 (11,1)	11 (24,4)	27 (60,0)
gesamt	45 (100)	45 (100)	45 (100)

Prozentangaben in Klammern
$\chi^2 = 26{,}51$ (p<001) C = 0,41

Ad IV: Dauer und Umfang ausführenden Handelns. Die Beschäftigung mit einer Aufgabe erfordert Aufmerksamkeit als Steuerung und Kontrolle des Vorgehens. Sowohl hinsichtlich des Umfangs (der Länge) einer Beschäftigung, als auch bezüglich der Ablenkung und Fehler gibt es schon im Vorschulalter beträchtliche Fortschritte. Ljublinskaja (1977) zitiert eine Untersuchung, deren Ergebnisse in Tabelle 13.11 zusammengestellt sind. Vorschulkinder verteilen

Buntpapier in Kästchen. Die Dauer dieser Beschäftigung wächst an (übrigens in einem auf unsere Verhältnisse in westlichen Ländern kaum übertragbaren Umfang) und die Zahl der Ablenkungen verringert sich.

Tabelle 13.11 Zunahme in der Dauer von Handlungen bei Kindern im Vorschulalter (nach Ljublinskaja 1977)

Alter der Kinder	mittlere Dauer (in Min.)	
	Tätigkeiten	Ablenkung
2;6–3;6	17,5	7,8
3;6–4;6	37,4	7,5
4;6–5;6	51,4	6,4
5;6–6;6	62,8	1,6

Entwicklung der Selbstkontrolle

Zum Begriff der Selbstkontrolle

Handlungssteuerung besteht zu einem wichtigen Teil darin, gelernte oder angeborene Verhaltenstendenzen zu unterdrücken oder sie zu kontrollieren. Ertst wenn dies möglich ist, kann ein Handlungsschritt realisiert werden, der gerade jetzt in den Plan paßt. Steuerung von Handlung besteht unter diesem Aspekt also nur zum Teil in der Verwirklichung von Schritten, die im Plan enthalten sind, zum anderen Teil umfaßt sie Leistungen der Hemmung oder Blockierung eingeschliffener Verhaltenstendenzen. Sie dürfen bei kontrollierten Verhaltensplänen erst dann zum Einsatz „freigegeben" werden, wenn es der Plan erlaubt.

Drei Arten der Selbstkontrolle

Im folgenden beschränken wir uns auf drei Arten von Selbstkontrolle, die empirisch häufiger untersucht wurden:
- Kontrolle motorischer Reaktionen (motor inhibition);
- Aufschub der Belohnung (delay of reinforcement, delay of gratification);
- einer Versuchung widerstehen (resistiance to temptation).

1. *Kontrolle motorischer Reaktionen.* Diesen Aspekt erfaßt man unter anderem durch den Auftrag, eine bereits vertraute Bewegung möglichst langsam auszuführen, z.B. den eigenen Namen möglichst langsam zu schreiben oder (bei kleinen Kindern) eine gerade Linie zwischen zwei Punkten möglichst langsam zu ziehen bzw. eine gerade Strecke möglichst langsam zu gehen.

Eine andere Möglichkeit besteht darin, eine kurze einfache Reaktion, wie Drücken einer Gummiblase, zu einem genau festgelegten Zeitpunkt auszuführen und ebenso wieder zu blockieren. Abbildung 13.19 zeigt die Leistung von ca. zweijährigen Kindern, wie Drücken einer Gummiblase, beim Auftreten eines Lichtsignals. Im ersten Fall verschwindet das Lichtsignal unabhängig vom Drücken, im zweiten Fall wird das Licht ausgeschaltet, sobald das Kind die Gummiblase drückt. Wie man erkennt, steuert das Verschwinden des äußeren Reizes die Reaktionen, während das Kind selbst noch nicht in der Lage ist, seine Reaktion allein zu steuern, es drückt einfach vielmals hintereinander (Luria 1961).

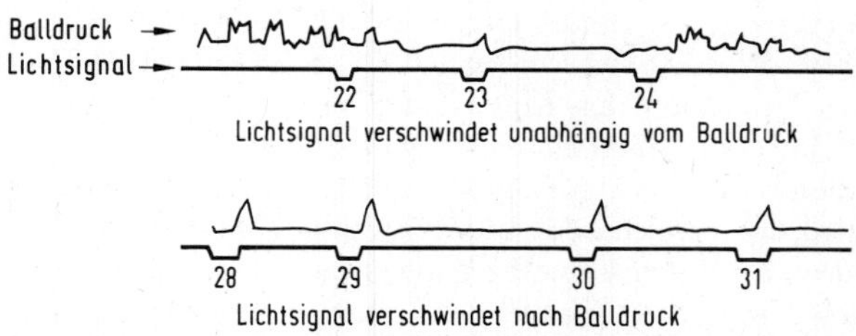

Abb. 13.19 Motorische Reaktion beim Auftreten eines Lichtsignals (Luria 1961, S. 109).

2. *Aufschub der Belohnung.* Von Mischel (z.B. 1971) wurde eine originelle Versuchsanordnung entworfen, mit der der entwicklungsmäßige Verlauf der Selbstkontrolle geprüft werden kann. Ergebnisse mit dieser Versuchsanordnung werden in der Literatur unter dem Stichwort ,,delay of reinforcement" (Aufschub von Belohnung) abgehandelt.

Abb. 13.20 Apparat zur Erfassung von Belohnungsaufschub bei Kindern (Mischel 1971, S. 381)

Kinder können nach Bearbeitung einer Aufgabe wählen, ob sie sofort eine geringere, oder später eine größere Belohnung nehmen wollen. Ein clownartig bemalter Automat (s. Abb. 13.20) hat zwei Fächer: eines mit der kleineren Belohnung (z.B. Süßigkeiten) und eines mit der größeren Belohnung. Das Kind zeigt auf die Alternative, die es wählt. Eine solche Versuchsanordnung hat Bedeutung für viele Situationen der Entwicklung. Während der Schulzeit und bei vielen aufgabenbezogenen Aktivitäten kommt es darauf an, eine mögliche sofortige Belohnung zugunsten einer größeren späteren Belohnung aufzuschieben. So ist es wichtig, die Schulaufgaben fertig zu stellen, um Versetzung und Schullaufbahn nicht zu gefährden, anstatt sofort spielen zu gehen. Dies ist eine Aufgabe des Belohnungsaufschubes, die viele Eltern von ihren Kindern verlangen. Zum Entwicklungsverlauf der Fähigkeit zum Belohnungsaufschub ist zunächst zu berichten, daß die Anzahl der Kinder, die die spätere größere Belohnung der sofortigen kleineren vorzieht, mit dem Alter steigt. Allerdings scheinen einige Determinanten der Umwelt wesentlich für den Erwerb dieses Verhaltens zu sein. Mischel schreibt dazu: „Von besonderer Bedeutung sind die Erwartungen des Individuums, daß zukünftige (verzögerte) Belohnungen für die es arbeiten und auf die es warten muß, Wirklichkeit werden“ (1971, S. 382, Übers. v. Verf.). Das heißt, das Vertrauen des Kindes, daß versprochene Ereignisse auch wirklich eintreten, spielt hier eine wesentliche Rolle. So ist es nicht überraschend, daß das kindliche Verhalten stark davon abhängt, welche Alternative ein erwachsenes Modell wählt. Daß Belohnungsaufschub von Kindern als Entwicklungsaufgabe erkannt wird, zeigt eine Untersuchung von Nisan und Koriat (1977). Kindergartenkinder sollten zwischen sofortiger kleiner und verzögerter großer Belohnung wählen. Außerdem sollten sie raten, wie sich „kluge“ und „dumme“ Kinder verhalten würden. Während die Kinder in diesem Alter noch dazu neigten, sich selbst sofort zu belohnen, schrieben sie klugen Kindern bereits das bedürfnis-aufschiebende Verhalten zu. Sie wußten also schon, was „richtig“ ist und was man später, wenn man klüger sein würde, tun sollte.

3. *Einer Versuchung widerstehen (temptation resistance).* Während es im „delay of reinforcement-design“ darum geht festzustellen, ob ein Kind die Belohnung in einer einmaligen Entscheidung eine Zeitlang aufschieben kann, wird im folgenden Design untersucht, wie lange und ob ein Kind einer dauernden Versuchung widerstehen kann. Eine Möglichkeit der experimentellen Verwirklichung wäre, ein Kind in einen Raum zu bringen, in dem sehr attraktive Spielsachen liegen. Das Kind wird instruiert, daß der Versuchsleiter nun den Raum verläßt und es sich in dieser Zeit nicht mit dem vorhandenen Spielzeug beschäftigen darf. Tatsächlich sucht der Versuchsleiter einen Platz hinter einer Einwegscheibe auf. So kann er beobachten, was das Kind in seiner Abwesenheit macht. Wiederum ist zu berichten, daß die Fähigkeit, der Versuchung zu widerstehen, mit dem Alter steigt. Darüber hinaus konnte durch experimentelle Variation (z.B. Patterson & Mischel 1976) geklärt werden, durch welche Verhaltensweise das Kind die Situation für sich erleichtert. Es zeigte sich, daß alle Instruktionen, die dazu führen, daß das Kind seine Aufmerksamkeit nicht auf das attraktive Spielzeug richtete, die Zeitspanne ohne verbotswidriges Handeln verlängerten.

So scheint die erforderliche Kontrolltechnik im wesentlichen kognitiv zu sein. Das Kind muß lernen, seine Gedanken und nach Möglichkeit seine Affekte zu beeinflussen: Fry (1975) berichtet, daß Kinder, die instruiert wurden, an ein erfreuliches Ereignis zu denken, der Versuchung länger widerstanden als Kinder, die an etwas Trauriges denken sollten. So zieht Fry die Konsequenz: ,,Kinder zu lehren, wie sie ihr Gedächtnis kontrollieren und positive Gefühle bei sich wecken können, dürfte eine wirksame Voraussetzung zur Verbesserung der Selbstkontrolle in Situationen der Versuchung sein." (1975, S. 471, übers. v. Verf.)

Die Ergebnisse in diesem Forschungsbereich belegen, daß mit steigendem Alter und größerer Möglichkeit der Selbstkontrolle eine stärker interne kognitive Steuerung erfolgt. Das wird auch in einer Untersuchung von La Voie (1974) auf allgemeinerem Niveau gezeigt: Bei Kindern wirkte Lob und Strafe besser in bezug auf die Unterdrückung von abweichendem Verhalten, während bei Heranwachsenden Lob und Strafe nur dann effiziente Erziehungsmittel waren, wenn sie mit einer plausiblen Begründung verbunden waren.

Sprache und Selbstkontrolle

Heute ist man davon überzeugt, daß die Sprache für die Verhaltenskontrolle eine große Bedeutung besitzt. So konnte man unter anderem nachweisen, wie sprachliche Steuerung das Problemlösen verbessert (z.B. Gagné & Smith 1962, Stern 1967) und motorische Handlungen kontrolliert. Der Vorgang der Handlungssteuerung durch Sprache wird auch als Selbstinstruktion bezeichnet. Im folgenden interessiert uns vorwiegend die Rolle der Sprache bei der Selbstkontrolle und hier wiederum bei der Blockierung und Freigabe motorischer Reaktionen. Dieser Zusammenhang wurde vor allem von russischen Psychologen aufgegriffen (Vygotsky 1964, Luria 1961).

Lurias Versuchsanordnung bestand vorwiegend darin, daß ein Gummiball beim Erscheinen eines Lichtsignals gedrückt werden sollte. Bei Erschwerung dieser Aufgabe mußte das Kind bei rotem Licht drücken, bei grünem Licht durfte es jedoch nicht drücken (aktive Hemmung der Reaktion). Dabei lassen sich drei Entwicklungsabschnitte unterscheiden.

Externe Sprache löst Reaktionen aus (Alter: ein bis zwei Jahre). Kinder im Alter von einem bis zwei Jahren können ohne weiteres sprachliche Kommandos ausführen (in die Hände klatschen, Winke-Winke machen). Aber Sprache löst nur Reaktionen aus, ohne sie zu regulieren. Wenn man dem Kind den Gummiball, von dem bereits die Rede war, in die Hand gibt und sagt: ,,Wenn das Licht erscheint, drückst du auf den

Ball", so beginnt das Kind sofort zu drücken und wiederholt diese Reaktion immer wieder. Selbst die Aufforderung ,,nicht drücken!" oder ,,genug!" löst die Reaktion des Drückens aus.

Handlungsregulierung durch verbale Stimuli als Impulse (drei bis vier Jahre). Schon mit drei bis vier Jahren vermag das Kind motorische Reaktionen durch eigenes Sprechen zu regulieren. Dabei dient die Sprache aber nur als Impuls, auch die negative Selbstinstruktion ,,nicht drükken!" löst beim Kind als Antwort das Drücken aus. In Abbildung 13.21 sind die drei Schlüsselbedingungen und das Verhalten des Kindes in diesem Stadium zusammengestellt. Die obere Linie stellt die durch das Balldrücken entstandene Kurve dar (mechanische Übertragung auf eine Schreibvorrichtung), die unteren Linien zeigen, wann Lichtsignale gegeben wurden. Ohne Selbstinstruktion (drücken – nicht drücken) sind die Fehler noch gravierend (Abb. 13.21a). Die Selbstanweisung ,,nicht

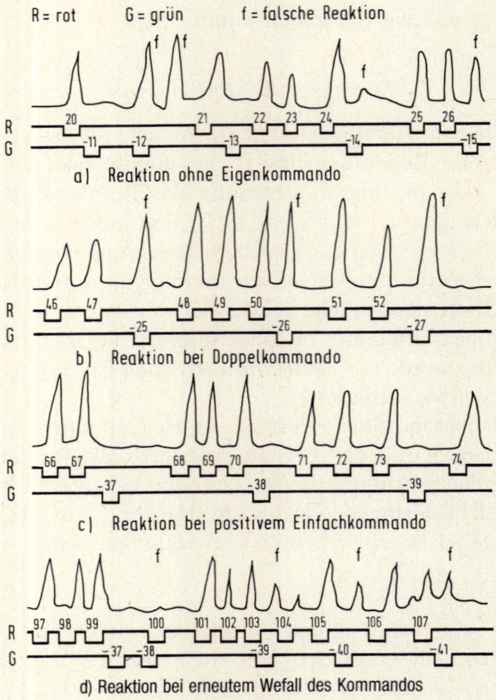

Abb. 13.21 Steuerung von motorischen Reaktionen durch sprachliche Impulse. Auf rotes Licht soll mit Drücken eines Balles reagiert werden, auf grünes Licht soll nicht gedrückt werden (nach Luria 1961, S. 11).

drücken!" löst den Balldruck auch bei grün aus (b). Hingegen führt die Einfachinstruktion (bei rot „drücken!") zur optimalen Regulierung (c). Läßt man im weiteren Versuchsverlauf das Sprachkommando wieder weg, erhöht sich die Fehlerzahl von Neuem (d).

Handlungsregulierung durch die inhaltliche Bedeutung sprachlicher Stimuli (Alter: fünf bis sechs Jahre). Mit fünf bis sechs Jahren gewinnt der semantische Gehalt der Selbstinstruktion handlungsregulierende Funktion. In der oben beschriebenen Versuchsanordnung formuliert das Kind häufig selbst die Aufgabe: „Wenn das rote Licht kommt, muß ich drücken, beim grünen darf ich nicht drücken". Nach kurzer Zeit führt es die Reaktion (auch ihre Hemmung) richtig aus, ohne dies durch lautes Sprechen zu begleiten. Zwischen motorischer Reaktion und sprachlichen Äußerungen ist ein internes regulierendes System eingeschaltet, das wir bereits früher kennengelernt und als Plan bezeichnet haben. Aber noch im Erwachsenenalter ertappen wir uns dabei, daß wir bei schwierigen Handlungsketten lautes Sprechen zu Hilfe nehmen (Befolgen einer Gebrauchsanweisung, der Anfänger am Steuer im ungewohnten Verkehr usw.).

Kapitel 14

Soziale Kognition Entwicklung von sozialem Wissen und Verstehen

Rainer K. Silbereisen

1. Was ist soziale Kognition?

Soziale Kognition ist ein Begriff, der sowohl das Wissen über die Welt sozialer Geschehnisse, als auch den Prozeß des Verstehens von Menschen, ihrer Beziehungen sowie der sozialen Gruppen und Institutionen, an denen sie teilhaben, umfaßt. Mitgedacht ist die Bedeutung sozialer Kognition für die Organisation sozialer Interaktion (vgl. Shantz 1982, Ostrom 1984, Silbereisen 1983).

Worauf bezieht sich soziale Kognition?

Die ,,Welt sozialer Geschehnisse", auf die sich soziale Kognition bezieht, ist schier unbegrenzt. Flavell (1977) erwähnt beispielsweise innerpsychische Prozesse des Gegenüber wie seine Intentionen, Attitüden, Emotionen, Ideen, Fähigkeiten, Eigenschaften, Gedanken, Wahrnehmungen, Gedächtnisinhalte; weiterhin die psychologische Qualität von Beziehungen zwischen Menschen wie Freundschaft, Liebe, Macht oder Einfluß; ferner das Zuschreiben der Befähigung zu Bewußtsein, Selbstbestimmung und Umweltrepräsentation.

Wissen und Verstehen dieser Sachverhalte können sich sowohl auf das Selbst wie auf andere Personen beziehen. Die anderen können tatsächlich anwesend, Menschen im allgemeinen oder soziale Gruppen sein. Schließlich geht es nicht nur um das, was getan (gedacht, gewollt usf.) wurde, sondern auch um das, was der

Akteuer aus ethischen Gründen oder konventionsgemäß hätte tun sollen.

Flavell (1977) fand eine recht einprägsame Veranschaulichung, die in der folgenden Abbildung 1 wiedergegeben wird.

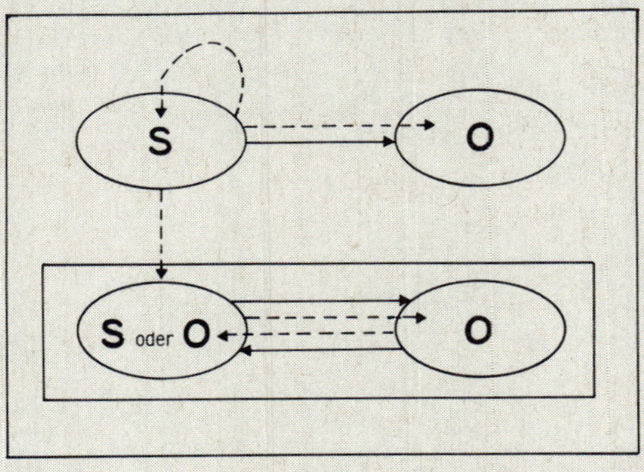

Abb. 14.1 Themen sozialer Kognition. S bedeutet das Selbst, O eine andere Person oder Gruppe. Die gestrichelten Pfeile sollen soziale Kognition bedeuten, die durchgezogenen soziales Handeln. Der obere Teil der Abbildung repräsentiert soziale Kognition über Personen, der untere über Gruppen, wobei das Selbst Teil der Gruppe sein kann (nach Flavell 1977, 120).

Dargestellt sind das Selbst (S) und andere (O, Person oder Gruppe). Die gestrichelten Pfeile bedeuten soziales Wissen und Verstehen, die durchgezogenen Pfeile soziales Handeln. Der obere Teil der Abbildung verdeutlicht, daß eine Person sowohl über sich selbst, als auch auf andere Personen bezogen Aufschluß erlangen kann. Der untere Teil erinnert daran, daß eine Person nicht nur über sozusagen isolierte andere, sondern auch über soziale Beziehungen und Interaktionen Wissen haben und Verstehen erreichen kann. Die eigene Person kann in die Beziehung einbezogen sein oder nicht, und schließlich können Verhalten ebenso wie soziale Kognitionen selbst Gegenstand sozialer Kognition sein.

Mit dieser Arbeitsdefinition ist ein ebenso umfangreiches wie komplexes Forschungsfeld umrissen, mit dem sich verschiedene Disziplinen wie Persönlichkeitspsychologie, Sozialpsychologie und Entwicklungspsychologie beschäftigen. Gegenstand der Entwicklungspsychologie sind *Ver-*

änderungen sozialer Kognition über die Lebensspanne, genauer gesagt ihre Beschreibung, Erklärung und die Erkundung ihrer Modifizierbarkeit.

Wissen und Verstehen sind Begriffe zur Bezeichnung gesonderter Facetten sozialer Kognition (vgl. Damon 1981):(a) *Verstehen* betrifft (sozial-)kognitive Prozesse, mittels derer Wissen über soziale Geschehnisse neu angeeignet, oder schon vorhandenes Wissen für die Planung und Ausführung sozialer Interaktion nutzbar wird. (b) Hiervon zu unterscheiden ist das *soziale Wissen* selbst, dessen Inhalt nach Kategorien und Organisationsprinzipien gemeint ist.

Der Sinn einer Unterscheidung von Inhalt und Prozeß sozialer Kognition dürfte evident sein – zu wissen, was Freundschaft heißt, bedeutet noch lange nicht, die Mittel und Wege zu beherrschen, um eine Freundschaft begründen zu können. So wie die Unterscheidung hier eingeführt ist, spielt sie auf eine aus der Wissenspsychologie (vgl. Kluwe und Spada 1981) vertraute Differenzierung von deklarativem und prozeduralem Wissen an, wobei letzteres beispielsweise die Prinzipien betrifft, nach denen deklaratives Wissen erworben oder im Handlungsverlauf eingesetzt wird. Wenn statt dessen von Wissen (deklarativ) und Verstehen (prozedural) die Rede ist, soll dies die Festlegung auf lediglich einen theoretischen Ansatz vermeiden helfen, denn nicht weniger als fünf recht verschiedene werden zu berichten sein.

Soziale Kognition und Kognition

Ist soziale Kognition etwas *anderes* als Kognition? Wie deutlich werden wird, führen Fragen nach der eigenständigen ,,Natur“ sozialer Kognition rasch zu immer grundsätzlicheren Themen.

Psychologische Spezifität – was ist anders?

Personen und soziale Geschehnisse als prototypische Inhalte sozialer Kognition unterscheiden sich von Dingen und ,,nicht-sozialen“ Ereignissen schon als Gegenstand der Wahrnehmung. Die Unterschiede sind so schlagend, daß man für soziale Kognition spezifische Kategorien und Organisationsprinzipien sicher annehmen möchte. Hier sind einige Argumente:

a) Verglichen etwa mit der Vielfalt des Mienenspiels schon eines Säuglings zeichnen sich Dinge durch eine vergleichsweise geringe Variabilität ihres Erscheinens auch über längere Zeiträume aus.
b) Veränderungen des Zustands können bei unbelebten Objekten in der Regel äußeren Beeinflussungen zugeschrieben werden, während Menschen beispielsweise in ihren sozialen Beziehungen fast stets durch ihr eigenes Zutun für Wandel sorgen (,,agency“).

c) Bei persönlichen Begegnungen jedenfalls stellt sich das Verhalten des einen Akteurs immer auch als Ergebnis der Interaktion mit dem beobachtenden Interaktionspartner dar, wenn sie auch noch so restringiert oder gar nur vorgestellt ist. Entfällt diese Reagibilität, wie zumeist bei Dingen („anregendes" Spielzeug ist entsprechend anders konstruiert; eine Kinderrassel macht zum Beispiel beim Schütteln Lärm), läßt unsere Aufmerksamkeit rasch nach.
d) Auch wenn zwischen Personen etwa aufgrund ihres Alters beträchtliche Unterschiede bestehen können, bleibt doch zwischen menschlichen Interaktionspartnern eine grundsätzliche Ähnlichkeit. Vom anderen anzunehmen, was man selbst in vergleichbarer Lage empfinden würde, kann kaum ganz falsch sein.
e) Andere Menschen und ihr Geschick berühren uns stets emotional, wenn man von pathologischen Grenzfällen absehen will. Die Gegenwart anderer aktiviert Vorstellungen über eigenes Handeln, treibt uns zu mitunter heftigen Gefühlen und ist Anlaß zu sozialen Vergleichen.
f) Schließlich ist soziale Kognition im Alltag in den Austausch mit einer womöglich stattlichen Zahl von Interaktionspartnern eingebunden, von denen jeder unterschiedliche Ziele verfolgt, die zu koordinieren vom Akteur ein Mehrfachhandeln großer Komplexität erfordert.

Wie schon erwähnt ist es eine andere Frage, ob die am Wissen und Verstehen der sozialen Welt beteiligten kognitiven Prozesse teilweise oder insgesamt anderer Art sind, als die beim Wahrnehmen von Dingen und Denken über die Welt physikalischer Sachverhalte betroffenen. Anders als bei der schon durch phänomenologische Überlegungen beantwortbaren Frage nach der Spezifität des Inhalts sozialer Kognition ist hier Empirie gefragt. Einer der wenigen (vgl. die Übersicht bei Ostrom 1984) systematischen Vergleiche zwischen der auf Personen und der auf Dinge bezogenen Informationsverarbeitung wurde von Wyer und Podeschi (1978) berichtet. Ihr Untersuchungsparadigma sind Generalisierungen anhand teilweise widersprüchlicher Informationen über die Attribute von Personen bzw. Dingen. Sie fanden, daß die Attribute unterschiedlich verknüpft werden, die kognitiven Prozesse also in der Tat andere sind: Im Fall von Personen ist die Verknüpfung bevorzugt disjunktiv (jemand ist ... oder ...), im Fall von Objekten aber eher konjunktiv (etwas ist ... und ...).

In ähnlicher Weise, allerdings ohne eigene empirische Grundlage, hatten Eckensberger und Silbereisen (1980, vgl. Eckensberger & Burgard 1986) soziale Kognition als ein spezielles Operationssystem verstanden, das sich von Kognition im Rahmen eines einfachen *Modells der Struktur von Handlungen* unterscheiden läßt. Ziel, Mittel, Ergebnis und Folgen einer Handlung sind durch unterschiedliche Denktypen miteinander verknüpft. Das Ziel ist mit den Mitteln final, die Ergebnisse sind mit den Folgen kausal bzw. (in umgekehrter Richtung) funktional verbunden;

eine Bewertung der Folgen nach intendierten und nicht-intendierten entspricht dem intentionalen Denktypus: ,,Immer dann, wenn ein Ereignis ausschließlich kausal interpretiert wird, dann soll es sich (per definitionem) um materiell-physikalisches Denken handeln (auch dann, wenn an dem Ereignis de facto Personen beteiligt sind); immer, wenn dagegen ein Ereignis als intendiert oder als final mit dem Ziel verknüpft interpretiert wird, soll es sich (per definitionem) um einen sozial-kognitiven Prozeß handeln (auch dann, wenn de facto nur Objekte an dem Ereignis ,,beteiligt" sind). Sozial-kognitive Prozesse stellen sich also heraus als Denken über Handeln schlechthin" (S. 30).

Denken wir über Menschen anders als über Dinge?

Wyer und Podeschi (1978) fanden, daß Attribute zur Beschreibung von Personen gedanklich anders verknüpft werden als Attribute zur Beschreibung von Objekten. Beurteiler erhielten beispielsweise die folgenden Aussagen (hier in deutscher Übersetzung): ,,Primitive Gesellschaften kaufen (in anderen Varianten der Erhebung töten, schätzen oder lehnen ab) Bienen", ,,Städtische Gesellschaften kaufen Bienen", ,,Bäuerliche Gesellschaften kaufen Bienen nicht". Sie sollten daraufhin einschätzen, wie sehr sie diese widersprüchliche Evidenz mit der Gültigkeit der Generalisierung ,,Volksstämme kaufen Bienen" in Einklang sehen. Es zeigte sich, daß die Beurteiler diese auf Personen (Stämme) bezogene deduktive Generalisierung eher akzeptierten, als wenn ihnen gleichermaßen widersprüchliche Evidenz über Objekte gegeben wurde, wie etwa ,,Volksstämme kaufen fliegende Insekten", ,,Volksstämme kaufen summende Insekten", ,,Volksstämme kaufen stechende Insekten nicht". Aus diesem Ergebnis schlossen die Autoren, daß die Attribute (primitiv bzw. fliegend, usf.) der Kategorien (Personen bzw. Objekte; Stämme und Bienen sind nur eines von mehreren untersuchten Beispielen) unterschiedlich verknüpft werden. Die Verknüpfung ist im Fall von Personen disjunktiv (Stämme sind primitiv oder . . . oder . . .), im Fall von Objekten aber konjunktiv (Bienen fliegen und . . . und . . .). Bei disjunktiver Verknüpfung impliziert schon ein einziger positiver Fall, daß zumindest einige Stämme Bienen kaufen; umgekehrt bedeutet ein negativer Fall nicht, daß kein Stamm Bienen kauft. Bei konjunktiver Verknüpfung wird die Generalisierung schon bei einem einzigen Fall ungültig, positive Evidenz bedeutet indessen nur Sicherheit, wenn sie für alle Attribute zutrifft. So läßt sich verstehen, daß bei Personen die Bedeutung positiver Evidenz größer bzw. die Bedeutung negativer Evidenz kleiner ist, obwohl sie vergleichbar widersprüchlich vorgegeben wurde.

Bei induktiver Generalisierung werden umgekehrt solche über Objekte eher akzeptiert als Generalisierungen über Personen. Hier wurden Aussagen gegeben wie ,,Nördliche Volksstämme kaufen Bienen", ,,Zentrale Volksstämme kaufen Bienen", ,,Südliche Volksstämme kaufen Bienen nicht". Die analogen Aussagen über Bienen lauteten ,,Volksstämme kaufen Hummeln (= bumble-bees)", ,,Volksstämme kaufen Honigbienen", ,,Volksstämme kaufen Arbeitsbienen nicht (= sweat-bees)". Wenn Subklassen einander ausschließen, ist der Informationsgehalt der Aussagen bei gleicher Vorgabe höher, als wenn die Subklassen einander überlappen. Werden also induktive Generalisierungen über Objekte eher akzeptiert, heißt dies, daß Personen als stärker in ihren Subklassen überlappend, als homogener, betrachtet werden.

Dieses Ergebnis bedeutet auch, daß es bei induktiver Generalisierung höherer Evidenz bedarf, wenn es um Generalisierungen über Personen geht. Die Aussage ,,Alle Volksstämme kaufen einige Bienen" wird beispielsweise als passender zur Generalisierung ,,Volksstämme kaufen Bienen" angesehen als die Aussage ,,Einige Volksstämme kaufen alle Bienen". Die implizite, mitgedachte Verallgemeinerungsbasis ist also bei Personen universeller als bei Objekten.

Genetische Priorität – was kommt zuerst?

Für die Priorität sozialer Kognition (genauer: sozialer Erfahrungen als Grundlage jeder Kognition) in der Entwicklung spricht die Ausgangssituation zu Beginn des menschlichen Lebenslaufs. Es sind die Eltern oder andere Bezugspersonen, über die zu wissen und die zu verstehen hilft, die eigenen Bedürfnisse zu verwirklichen, wie unvollkommen die soziale Kognition in diesem Lebensabschnitt auch immer sein mag. Ausgehend von dieser Charakterisierung hätte also nicht, wie es einem gängigeren Denkmuster entspricht, die ,,einfachere" Objekt-Kognition, sondern die ,,komplexere" Kognition über Subjekte die Priorität in der Entwicklung.

Tatsächlich gibt es für diese Position empirische Belege erst aus der jüngeren Forschung. Wie Golinkoff und Harding (1980) fanden, werden belebte Objekte von unbelebten schon im Alter von 24 Monaten unterschieden: Die untersuchten Kinder zeigten Erstaunen, wenn sich ein Stuhl von selbst bewegte. Wurde er aber von jemandem geschoben, blieb die Verwunderung aus. Noch mit 16 Monaten hatte keines der Ereignisse besondere Aufmerksamkeit erregt. Die Unterscheidung von belebt und unbelebt, bzw. ein Verständnis der ,,Handlungsfähigkeit" sozialer im Gegensatz zu materiellen Objekten, ist also bei vertrauten Sachverhalten früh gegeben. Sehr viel früher jedenfalls, als man aus der Piagetschen Beobachtung (1969a) annehmen sollte, wonach noch im Vorschulalter gegenüber Wolken, Flüssen oder dem Mond ,,animistische" Vorstellungen üblich sind.

Noch eindeutiger für das genetische Primat sozialer Kognition sprechen Untersuchungen zum Vergleich des Verhaltens von Kleinkindern in Situationen, in denen entweder ein Objekt oder eine Person aus ihrem Sichtkreis verschwindet. Erst in der zweiten Hälfte des ersten Lebensjahres sucht ein Kind, wo ein Spielzeug geblieben ist, das eben vor seinen Augen zugedeckt wurde. Etwa um die gleiche Zeit, nach Meinung Bells (1970) sogar deutlich früher, reagieren Säuglinge ganz unterschiedlich, je nachdem, wer sich aus ihrem Sichtkreis entfernt, ob eine vertraute Bezugsperson oder ein Fremder. Eine kognitive Voraussetzung ist in beiden Fällen die Befähigung zur internen Repräsentation oder ,,Permanenz" des Objekts bzw. der Person. Diese Repräsentation erfolgt gegenüber Personen früher (und ist damit ein klarer Fall sozialer Kognition).

Bei einer weiteren Grundkategorie unseres Erkennens, der *Kausalität,* sieht es nicht anders aus. Kinder verstehen die Strukturierung sozialer Ereignisse nach Anlaß und Folge offenbar eher, als sie Ursache und Wirkung bei physikalischen Geschehnissen differenzieren. Hoffman (1981) berichtet eine Reihe eindrucksvoller Belege. Beispielsweise fand sich, daß Kinder soziale Geschehnisse, die ihnen als ungeordnete Bildfolge vorgegeben wurden, sowohl in die natürliche wie die umgekehrte Abfolge ordnen konnten, und zwar in einem Alter, wo ihnen Reversibilität im physikalischen Bereich herzustellen (Konservation von Länge bzw. Menge) nicht problemlos gelang.

Entwicklungslinien der Forschung

Soziales Wissen und Verstehen ist eine so grundlegende Erfahrung im täglichen Umgang mit anderen Menschen und zugleich deren Voraussetzung, daß eine lange Forschungstradition erwartet werden darf. Dies ist auf den ersten Blick auch der Fall: Die traditionelle *Ausdruckspsychologie* (vgl. Kirchhoff 1965) beschäftigte sich zweifelsohne mit Themen, die heute (auch) als soziale Kognition bezeichnet würden. Wer aus der Mimik seines Gegenüber Schlüsse über dessen Absichten zieht, wendet soziales Wissen an, erreicht ein Verstehen (das zutreffen kann oder auch nicht) und wird in seinem eigenen Handeln davon beeinflußt. Dennoch ist dies kein Beispiel für das heutige Verständnis des Forschungsfeldes. Die früher übliche ausschließliche Betrachtung ,,personengebundener Medien" (Gesicht, Stimme, Haltung usf.) erschiene ebenso verkürzt wie die Fixierung auf Fragen der sozusagen diagnostischen Gültigkeit des Ausdrucksurteils oder die weitgehende Ausblendung von Situation und Handlungskontext.

In der Entwicklungspsychologie markierte das ursprünglich 1968 (Neuauflage 1975, deutsch 1975) erschienene Buch von Flavell und Mitarbeitern „*The development of role-taking and communication skills in children*" für die folgenden Jahre das, was als zukünftige Forschungsaufgaben galt. Was die theoretische Fassung von sozialer Kognition angeht, ging es den Autoren darum, in der Art der für Piaget (etwa 1966) typischen Stufenkonzeption der kognitiven Entwicklung analoge Stufen des Denkens über soziale Sachverhalte zu formulieren. Ein Beispiel einer solchen sozial-kognitiven Stufe wäre ein Entwicklungsstand, bei dem ein Kind dem Interaktionspartner ganz selbstverständlich das eigene soziale Wissen zuschreibt, weil es sich der Situationsabhängigkeit, z.B. von Absichten, noch nicht bewußt ist. Die Erweiterung traditioneller Konzepte der Entwicklungspsychologie der Genfer Schule auf soziale Geschehnisse war der Kern des Anstoßes von Flavell et al. (1968); der Anspruch indessen ging sehr viel weiter: Das eigentliche Ziel war ein Brückenschlag zwischen der kognitivorientierten Entwicklungspsychologie und der stärker am Verhalten ausgerichteten Sozialpsychologie. Obwohl sogar der Begriff *Rollenübernahme (role-taking)* für den prototypisch untersuchten Ausschnitt sozialer Kognition von dort, genauer gesagt von George Herbert Mead (1934) entlehnt war, wurde dieses Ziel verfehlt: Die Rolle kognitiver Prozesse für Handeln in sozialer Interaktion war damals kaum mehr als ein Programm und ist bis heute weitgehend ein Desiderat geblieben.

Etwa zeitgleich, aber unabhängig von der entwicklungspsychologischen Diskussion, wurde soziale Kognition als interdisziplinäres Forschungsprogramm aus der *Sozialpsychologie* heraus etabliert. Hier wurde Anfang der siebziger Jahre deutlich, daß sich die neue, systemtheoretisch orientierte Wissenspsychologie und Gedächtnisforschung offenbar eignete, einen konsistenten Ansatz für die bis dahin weitgehend eklektisch betriebene Forschung zur Personwahrnehmung zu geben. Aus der Wissenspsychologie lagen Modelle zur Beschreibung von Aufnahme, Verarbeitung und Abruf von Informationen vor, die eine Ausweitung auf soziale Sachverhalte, beispielsweise das Handeln eines Akteurs in einer Episode, erlaubten. Den Pioniergeist und die Virulenz, mit der das so formulierte Gebiet expandierte (Hamilton 1981, 136: „consideration of all factors influencing the acquisition, representation, and retrieval of person information, as well as the relationship of these processes to judgments made by the perceiver"), läßt sich schon daran erkennen, daß bereits 1982 eine eigene Zeitschrift „*Social Cognition*" erschien, der bald eine erste Handbuchreihe von Wyer und Skrull (1984) folgte.

Der von Flavell et al. (1968) beabsichtigte Brückenschlag zwischen entwicklungspsychologischer und sozialpsychologischer Tradition scheint sich nun in jüngster Zeit doch zu verwirklichen. Eine Art Zwischenbilanz stellt die Zusammenschau bei Flavell und Ross (1981) dar. Zum raschen Ausbau der Forschung über soziale Kognition und zu ihrer Ausstrahlung in weitere Disziplinen, vor allem in die Persönlichkeitspsychologie (vgl. Showers & Cantor 1985), hat sicherlich beigetragen, daß die Befähigung zu sozialer Kognition zunehmend als eigenständige Charakteristik menschlichen Handelns eingeschätzt wurde.

2. Soziale Kognition über Personen und Ereignisse

Wie die jüngeren Sammeldarstellungen von Flavell (1977), Keller (1980), Chandler und Boyes (1982) oder Shantz (1983) belegen, dominieren Untersuchungen zur Kindheit und frühen Jugend. Eine *Lebensspannen*-Konzeption (vgl. Baltes, Reese & Lipsitt 1980) ist also in der Forschung zur Entwicklung sozialer Kognition nicht verwirklicht. Diese Einschätzung gilt indessen für die Entwicklungspsychologie insgesamt (vgl. Silbereisen & Schuhler 1982, Nickel 1985b). Die meisten Arbeiten berichten zudem lediglich Daten zur Entwicklungsfunktion, also zu den Mittelwerten der untersuchten Altersgruppen. Angaben zur Stabilität und erst recht zur Kontinuität, also Gleichheit oder Veränderung in der Qualität einer Entwicklungsdimension, fehlen.

In der Regel handelt es sich um einfache *Querschnittsvergleiche,* recht selten um Längsschnitte und praktisch nie um solche Studien, die Einflüsse sozialen Wandels oder bedeutsamer Lebensereignisse betrachten. Eine beispielhafte Ausnahme stellen jüngste Untersuchungen zur Entwicklung der sozialen Intelligenz von Cantor und Kihlstrom (1985) dar. Ungeachtet des mißverständlichen Titels geht es um soziale Kognition, genauer gesagt um Veränderungen in Inhalten und Prozessen sozialer Kognition beim Übergang in neue Lebenskontexte, etwa von der Schule auf die Universität. Unterschiede in Strategie und Ergebnis im Meistern solcher Herausforderungen werden als Funktion von Unterschieden der sozialen Kognition gedeutet. Wer beispielsweise seine Welt vor allem als Netz persönlicher Beziehungen zu strukturieren gewohnt ist, wird angesichts eines anonymen Massenbetriebs vor großen Problemen stehen.

Im folgenden werden *fünf* Ansätze unterschieden. Sie sollten als Akzentuierung, nicht als überschneidungsfreie Grenzlinien verstanden werden.

Der Beitrag der Forschung zur Personwahrnehmung

Die Arbeiten zeichnen sich vor allem durch einen gemeinsamen Nenner im Methodischen aus. Komplexe soziale Interaktionen im Alltag oder Personen, die man kennt, sollen frei beschrieben werden. Es ist klar, daß in solche Beschreibungen sehr viele Bedingungen eingehen, wie Aufmerksamkeits- oder Gedächtnisprozesse, die ihrerseits einer Entwicklung unterliegen. Erstaunlicherweise gibt es zur wohl elementarsten Fragestellung praktisch keine Forschung (vgl. Shantz 1983): Wie gliedern Kinder den Strom sozialer Interaktion in bedeutungshaltige Episoden? Görlitz (1983) berichtet hierzu von Untersuchungen, bei denen Kinder im Vorschulalter Videoszenen beobachten, in denen ein Kind und ein Erwachsener interagieren. Durch Drücken einer Taste sollen die beobachtenden Kinder beispielsweise im Verlauf einer Szene anzeigen ,,wenn Hans etwas Neues macht". Erste Ergebnisse zeigten, daß die Gliederung in Ereignisse reliabel erfolgt und deutliche interindividuelle Unterschiede zeigt. Auf die Ergebnisse längsschnittlicher Auswertungen darf man gespannt sein.

Für Verhaltensbeschreibungen ist die Untersuchung von Flapan (1968) wichtig. Die Autorin zeigte Mädchen im Alter von 6, 9 und 12 Jahren Ausschnitte aus Filmen. Beispielsweise wird ein Kind dargestellt, dessen Beziehung zum Vater gespannt ist. Die Sechsjährigen beschreiben das Geschehen überwiegend nach dem äußeren Sachverhalt und den situativen Ursachen. Im Alter von 9 und erst recht mit 12 sind zusätzlich solche Erklärungen zahlreich, die mit psychischen Umständen einer Person argumentieren oder Gründe in den interpersonalen Beziehungen sehen (das Kind ist nicht mehr traurig, ,,weil" es weint, sondern weil der Vater es nicht mag).

Für naive Personenkonzepte haben die Untersuchungen von Secord und Peevers (1974) und Livesley und Bromley (1973) einen ähnlich großen Stellenwert. In der letzteren Arbeit beschrieben Kinder im Alter zwischen 7 und 16 ihre Freunde und Kameraden gerade so, wie es ihnen einfiel. Für Kinder unter sieben Jahren zeichnet sich eine Person nach den Ergebnissen vor allem dadurch aus, *was sie besitzt* und *wo sie lebt.* Im Alter von etwa acht Jahren ergibt sich eine deutliche Veränderung. Statt der Beschreibung solcher äußerer Merkmale werden abstrakte Charakteristika, wie Werte, Überzeugungen, Fähigkeiten wichtig. Barenboim (1977) geht davon aus, daß im Alter zwischen 12 und 14 Jahren Personkonzepte stärker organisiert und integriert werden. Indikatoren sind ihm beispielsweise, daß in den Beschreibungen qualifizierende Äußerungen wie ,,manchmal" oder Verschränkungen zwischen individuellen Merkmalen und Situationen vermehrt auftreten. Die naive Persönlichkeitstheorie von Jugendlichen ist, wie man sagen könnte, eine interaktionistische.

Perspektivenübernahme und der kognitiv-strukturtheoretische Ansatz

Der Inbegriff sozialer Kognition im kognitiv-strukturtheoretischen Ansatz ist die *Perspektivenübernahme (perspective taking)*. Man spricht von Perspektivenübernahme wenn es darum geht, psychische Zustände und Prozesse, wie etwa das Denken, Fühlen oder Wollen einer anderen Person zu verstehen, indem die Situationsgebundenheit des Handelns (bildlich also: ihre Perspektive) erkannt und entsprechende Schlußfolgerungen gezogen werden.

Perspektivenübernahme ist ein hypothetischer *Verstehensprozeß,* dessen Entwicklung nach Flavell et al. (1968; vgl. ähnliche Überlegungen bei Oppenheimer 1978; Edelstein, Keller & Wahlen 1984) in den folgenden Schritten erfolgen soll: a) Zunächst werden Unterschiede in der sozialen Perspektive als Möglichkeit erkannt, ohne im bestimmten Fall angeben zu können, welches Denken, Fühlen oder Wollen ihr entspricht. b) Danach wird ein Bedürfnis ausgebildet, solche Unterschiede auch zu erkunden. Soziale Perspektiven gewinnen an Attraktion. c) Es werden analytische Fertigkeiten und Fähigkeiten entwickelt, die das Bedürfnis in die Tat umzusetzen erlauben. d) Im letzten Schritt werden Fähigkeiten erworben, um das durch Perspektivenübernahme gewonnene Verstehen planvoll in der sozialen Interaktion einsetzen zu können.

Dieses Modell ist letztlich ein Programm zur Erforschung der Grundlagen sozialer Handlungsfähigkeit, das durch die genannten Schritte mehr angedeutet denn erschöpfend umschrieben wird. Die schier unübersehbare Zahl von Arbeiten unter diesem ursprünglich alle Forschungsbemühungen beherrschenden Thema sozial-kognitiver Entwicklung (vgl. die lesenswerte Zusammenstellung bei Geulen 1982) reduziert sich beträchtlich, wenn man auf die Eindeutigkeit der Operationalisierung achtet. Wegen der prinzipiellen Ähnlichkeit zwischen Menschen führt häufig allein schon die unbesehene Gleichsetzung von Perspektiven zu zutreffenden Einschätzungen über den Interaktionspartner. Umgekehrt muß natürlich ein Irrtum nicht an der Perspektivenübernahme liegen. Die tatsächliche Kovariation zwischen Verfahren, die gleichermaßen beanspruchen, Perspektivenübernahme zu messen, ist recht niedrig (vgl. Ford 1979). Kritische Hinweise zu den verwendeten Methoden finden sich bei Higgins (1981) oder Silbereisen, Schuhler und Claar (1980).

Kognitive Perspektivenübernahme

Studien zur Frage, ab wann Kinder zumindest mit der Möglichkeit verschiedener Perspektiven rechnen (Schritt (a) bei Flavell et al.), verwenden Untersuchungsanordnungen, welche das untersuchte Kind in der einen oder anderen Form mit einem *Informationsprivileg* gegenüber einer anderen Person ausstatten. Geprüft wird dann, ob sie ihre eigene Sicht eines sozialen Geschehens auch der anderen Person zuschreiben, wenn sie nach deren Wissen gefragt werden, bzw. falls nicht, ob sie in der Lage sind, eine plausible Beschreibung aus deren Sicht zu geben.

Perspektivenübernahme und Informationsprivileg

Die Bilderserie erzählt eine Geschichte, etwa: Ein Junge fährt mit seinem Roller. Da kommt ein anderer, der auch fahren will. Weil er nicht fahren darf, läßt er aus Wut die Luft aus dem Reifen. Der Junge kann nicht mehr fahren und schiebt seinen Roller traurig nach Hause.

So oder so ähnlich sind die Geschichten, die Silbereisen (1976) von Schülern des dritten Schuljahrs zu dieser Bilderserie erhielt.

Eine der von Monika Sieveking gestalteten Bilderserien zur Erfassung der Perspektivenübernahme. Die Kinder sollen zunächst eine Geschichte zur vollständigen Bilderserie erzählen. Anschließend wird das Bild, auf dem der eine Junge etwas am Reifen macht, weggenommen. Zu dieser reduzierten Bilderserie sollen die Kinder wieder eine Geschichte erzählen, diesmal aber so, wie das jemand machen würde, der die vollständige Bilderserie nie gesehen hat (nach Silbereisen 1976).

Anschließend wurde das für diese Gechichte entscheidende Bild (Junge manipuliert am Reifen) weggenommen, die Bilderserie wieder zusammengelegt und ein „uninformierter Dritter" vorgestellt (im Bild): ,,Der Mann da hat diese Bilder noch nie gesehen. Wenn Du jetzt dieser Mann wärst, was würdest Du zu diesen Bildern erzählen?"

Einige der Kinder, aber bei weitem nicht alle, brachten nun eine Geschichte wie die folgende: ,,Der Junge fährt Roller, dann fährt er über 'nen Glassplitter (!), dann kriegt er 'nen Platten rein, dann fährt der Junge nach Hause, weil er ja nicht mehr Roller fahren kann." In diesem Beispiel wird der unterschiedliche Informationsstand nicht nur irgendwie berücksichtigt (die meisten Kinder wiederholen lediglich ihre erste Erzählversion, wenn auch mit Zeichen von Unsicherheit), sondern es wird genau jene Geschichte erzählt, die tatsächlich von anderen Kindern gebracht wurde, die nur die verkürzte Bilderserie kannten und natürlich auf den spitzen Untergrund achteten.

Aufgaben wie diese sind nach ihrer Anforderung an die Informationsverarbeitung recht komplex. Nur wer wie alle untersuchten Drittkläßler in der Lage ist, die Logik der Geschichte zu verstehen, kann seine womöglich längst ausgebildete prinzipielle Befähigung zur Differenzierung von sozialen Perspektiven auch wirklich zur Geltung bringen.

Wie sieht es nun mit den Anfängen der Perspektivenübernahme aus? Mossler, Marvin und Greenberg (1976) haben das Informationsprivileg durch Manipulation der Sinnesmodalität erreicht, die dem Kind bzw. dem Beobachter zugänglich ist. Sie zeigten Kindern im Alter zwischen etwa zwei und sechs Jahren kurze Videoszenen, während ihre Mütter nicht im Raum waren. Dargestellt war, wie ein kleiner Junge zur Tür hereinkommt und seine Schwester um ein Plätzchen bittet. Anschließend sahen sich die Kinder gemeinsam mit den Müttern die Ausschnitte erneut an, aber diesmal ohne Ton. Die Frage an die Kinder war: ,,Weiß Deine Mammi . . . (was der Junge seine Schwester gefragt hat)?“ Während alle Zwei- und die meisten Dreijährigen in der Tat ihr Wissen auch der (wegen des abgeschalteten Tons) unwissenden Mutter unterstellten, war dies bei der Hälfte der Vier- und bei fast allen Fünfjährigen nicht mehr der Fall.

Eine interessante Variante wurde von Wimmer und Perner (1983) berichtet. Es geht ihnen nicht um fehlende Information beim Gegenüber, sondern im Gegenteil um feste Überzeugungen, von denen allerdings das Kind weiß, daß sie falsch sind. Beispielsweise glaubt ,,Maxi“, daß die Schokolade immer noch dort ist, wo er sie hingelegt hat, obwohl die Mutter in seiner Abwesenheit einen anderen Platz fand. Diese Geschichte kennen die untersuchten Kinder. Die Frage ist, ob sie dennoch aus der Sicht von Maxi dessen Verhalten antizipieren können, wenn er beispielsweise ,,schummeln“ will und seinem Bruder den falschen (da er im Irrtum ist, faktisch aber den zutreffenden) Platz der Schokolade nennt. Während im Alter von drei bis vier Jahren keines der Kinder hierzu in der Lage war, sind es etwa die Hälfte zwischen vier und sechs Jahren, sowie an die 90% zwischen sechs und neun Jahren. Der ,,soziale Egozentrismus“ hält also bei falschen Überzeugungen länger an als bei fehlender Information, wie sei von Mossler, Marvin und Greenberg (1976) untersucht wurde. Hogrefe, Wimmer und Perner (im Druck) interpretieren dies als Ausdruck der größeren Anforderungen an die mentale Repräsentation im Fall einer falschen Überzeugung.

Die wohl bekannteste Untersuchungsanordnung wurde von Chandler und Greenspan (1972) eingeführt: Wer beispielsweise mitten in eine laufende Auseinandersetzung hineinplatzt, wird über das Geschehen und seinen Anlaß anders denken, als wer von Anfang an dabei war. Nimmt man als Kriterium nicht nur die Differenzierung von Perspektiven, sondern tatsächlich die ,,kognitive“ Perspektivenübernahme, also die interpretative Ausgestaltung der hypothetischen Auffassung des später hinzugekommenen Beobachters, so treten die wichtigsten Fortschritte erst im Grundschulalter ein. Le Mare und Rubin (1985) stellten beispielsweise fest, daß selbst im 3. Schuljahr nur etwa 20% der Kinder Aufgaben vom Typus des Informationsprivilegs in diesem Sinne bewältigten.

Emotionale Perspektivenübernahme und Empathie

Das Verstehen von Emotionen aufgrund der Lage des anderen wird als emotionale Perspektivenübernahme bezeichnet. Zwischen drei. und sechs Jahren finden offenbar die wichtigsten Entwicklungen in der Differenzierung von Emotionen und ihrer situativen Auslöser statt. Allerdings wurden zumeist nur elementare Gefühle untersucht. Borke (1971) ging es vor allem darum, die Fähigkeiten im Vorschulalter zu demonstrieren. Deshalb ließ sie die Kinder stilisierte Darstellungen des Ausdrucks von Trauer, Angst, Freude und Ärger entsprechenden Geschichten zuordnen. Komplexere Gefühle bzw. Situationen machen nach Rothenberg (1970) noch Achtjährigen Verständigungsschwierigkeiten, allerdings handelt es sich bei ihrem Material um Interaktionen zwischen Erwachsenen.

Emotionale Perspektivenübernahme ist konzeptionell strikt von Empathie zu unterscheiden. Mit Feshbach (1978) und Mehrabian und Epstein (1972) wird *Empathie („Mitgefühl")* als gefühlsmäßige Reaktion auf die wahrgenommene Befindlichkeit anderer verstanden (mehr oder weniger unwillkürlich erfolgendes Nachempfinden von ähnlicher Gefühlsqualität). Eine typische Selbstaussage in dem von Bryant (1982) entwickelten Fragebogenverfahren für Kinder und Jugendliche lautet „Mir kommen fast die Tränen, wenn ich jemanden anderes weinen sehe". Es gab in bezug auf die Empathie, in dieser Art verstanden als Disposition, kaum Unterschiede im Vergleich zwischen Kindern der ersten und der vierten Schulstufe. Empathie stellt eine Verbindung zwischen dem Erleben von Emotionen und ihrem Verstehen dar. Wie sich dies genauer fassen läßt, stellen Sroufe (1979) oder Steiner (1985) dar.

Viele der Untersuchungen zur Perspektivenübernahme schließen direkt an die Konzeption des kindlichen Egozentrismus in der kognitiven Entwicklung an: Im Stadium der voroperatorischen Intelligenz vermag das Kind seine auf die dingliche Umwelt bezogenen Erfahrungsinhalte nicht gleichzeitig nach mehreren Dimensionen zu strukturieren. Es kann beispielsweise im Alter von zwei bis drei Jahren nicht angeben, welche Objekte im Blickfeld einer anderen Person, nicht aber im eigenen sind (Massangkay et al. 1974). Die Parallele zu Schwierigkeiten, soziale Sachverhalte aus mehr als einer sozialen Position zu betrachten, hat aber kaum mehr als metaphorischen Charakter.

Perspektivenkoordination und der symbolisch – interaktionistische Ansatz

Wie schon der erwähnte Titel der Pionierarbeit von Flavell et al. zeigt, war an der Begründung des Forschungsgebiets das von Mead (1934) entwickelte Konzept der *Rollenübernahme* (role-taking) beteiligt: Es geht (vgl. Turner, 1962) um das Verständnis der *eigenen* Rolle und der Rolle des *Gegenübers* (d. h. der Erwartungen über das jeweilige zukünftige Verhalten), das es erst möglich macht, sich koordiniert zueinander zu verhalten. Dieses wechselseitige Verständnis wird schrittweise in der sozialen Interaktion aufgebaut und kann folglich ohne Berücksichtigung des Interaktionskontextes auch gar nicht untersucht werden. Waller (1978) hat in einer differenzierten Kritik gezeigt, daß Rollenübernahme in diesem Verständnis ein komplexer kognitiv-motivationaler Prozeß ist, der weder die Anfänge der Entwicklung noch den Alltag sozialer Interaktion zu charakterisieren vermag.

Die Wirksamkeit des symbolisch-interaktionistischen Ansatzes betrifft bislang weniger die entwicklungspsychologische Konstruktbildung über soziale Kognition, denn die Durchsetzung zweier methodologischer Desiderate. Das erste ist die Betonung realer Interaktionskontexte. Dafür ist die Untersuchung von DeVries (1970) ein gutes Beispiel. In ihr ging es um die Entwicklung von Strategien zum Unterlaufen der Absichten eines Interaktionspartners in Wettspielen. Auf dem obersten der von etwa der Hälfte der Sechsjährigen erreichten Strategieniveaus tarnt ein Kind seine Absichten, indem es die Vorhersagbarkeit seines Verhaltens reduziert, dabei wohl in Rechnung stellend, daß auch der Gegner ähnliche Taktiken entwickelt.

Die Koordination sozialer Perspektiven zu untersuchen statt ihrer bloßen Differenzierung (wie bei der Perspektivenübernahme), ist das zweite Desiderat. Hier sind die Ansätze von Feffer (1970) und vor allem von Selman (1976, 1980) zu nennen. Bei Selman werden Kindern und Jugendlichen Geschichten vorgelegt, in denen sich die Perspektiven als Konflikte zwischen Handlungszielen und Handlungswegen darstellen. Beispielsweise ist die Katze eines kleinen Mädchens auf einen Baum geklettert und traut sich nicht mehr herunter. Das Mädchen ist zwar gut im Klettern, ihr Vater hat es ihr aber verboten. Von der Katze hat er natürlich nichts gewußt. ,,Was soll das Mädchen tun?“ ist die Frage. Die Antworten auf Geschichten wie diese lassen sich in den folgenden Stufen einer Entwicklungssequenz abbilden:

a) Im Altersbereich zwischen 4 und 9 Jahren wird zunächst die Subjektivität von Perspektiven bewußt (Menschen denken unterschiedlich, weil sie sich in unterschiedlichen Situationen befinden). b) Zwischen 6 und 12 Jahren folgt ein reflexives Verständnis der Subjektivität (das eigene Handeln kann aus der Perspektive eines anderen reflektiert und umgekehrt dessen Reaktion auf eigenes Handeln antizipiert werden. c) Wechselseitige Perspektivenkoordination zwischen 9 und 15 Jahren bedeutet zu erkennen, daß beide Seiten die Perspektive des jeweils anderen gleichzeitig berücksichtigen können (jeder kann sich auf den Platz des anderen oder eines unabhängigen Dritten versetzen und sich selbst von dort aus betrachten, bevor er sich für ein bestimmtes Handeln entscheidet). d) In der letzten Stufe, ab etwa 12 Jahren, gelingt es, die Perspektive sozialer Bezugsgruppen zu übernehmen. Erst die Einbeziehung der Perspektive des sozialen Systems und seiner Normen erlaubt ein angemessenes Verstehen und Kommunizieren.

Die ursprünglich nur an Querschnittdaten gewonnenen Altersangaben ließen sich durch Gurucharri und Selman (1982) spezifizieren. Sie untersuchten Kinder bzw. Jugendliche insgesamt dreimal, verteilt über fünf Jahre. Bei der ersten Erhebung waren die Schulstufen 1 bis 6 vertreten, bei der dritten entsprechend 6 bis 11; in Jahren ausgedrückt wurde also ein Alter von etwa 6 bis 17 Jahren erfaßt. Die Veränderung über den fünfjährigen Beobachtungszeitraum betrug etwa den fünften Teil einer Stufe pro Jahr, insgesamt also rund eine Stufe. Dieser Zuwachs war weitgehend unabhängig vom Ausgangsniveau und bestätigte sich praktisch bei jeder einzelnen Person.

Die Stufen der Perspektivenkoordination finden sich nach dem Verständnis von Selman (1980) im Entwicklungsverlauf von Konzepten über interpersonale Beziehungen als notwendige, wenn auch nicht hinreichende Voraussetzungen ihrer Veränderung wieder.

Kommen Kinder der Werbung auf die Schliche?

Paget, Kritt und Bergemann (1984) untersuchten das Verständnis von Werbespots im Fernsehen, die sich ausdrücklich an Kinder und Jugendliche richten. Beispielsweise ging es in einem der ,,Commercials" darum, daß ein jüngeres Kind seine doch so gesunden Cornflakes nicht essen will. Der ältere Bruder, selbst um die zehn Jahre alt, hilft nach, indem er das Ganze als ein Geschäft umstrukturiert: Ißt der jüngere die Cornflakes, darf er den Baseballhandschuh nehmen. In der Auswertung wird das Verständnis der Szene geprüft, und zwar unter dem Aspekt der Rekursivität im Entschlüsseln der Situation. Hierbei wird unterschieden, ob der Betrachter nur vom Verhalten der Akteure berichtet, auf deren Denken eingeht oder die Geschichte sogar so versteht, daß er (,,Denken über Denken über Denken ...", vgl. Miller, Kessell & Flavell 1970) das Denken der Akteure als seinerseits durch soziale Kognition bestimmt erfaßt. In dieser Art wurden Erklärungen von Kindern im Vorschulalter, in den Schulstufen 3 und 6, sowie von Studenten ausgewertet, und zwar sowohl direkt bezogen auf die dargestellte Szene (,,Was dachten die Kinder ...?"), als auch auf die Absichten der Werbefilmer (,,Warum hilft dieser Spot beim Verkauf von Cornflakes?"). Während im Kindergartenalter praktisch keinerlei Verständnis möglich war, können Dritt- bzw. Sechstkläßler plausibel darstellen, was die Akteure beabsichtigen, allerdings ohne deren tatsächliche Strategien (den eigentlichen ,,Trick" also) erklären zu können. Dies gilt auch für die Intentionen der Fernsehmacher: Daß sie den Verkauf fördern wollen ist klar, ebenso, daß der kleine Junge den Baseballhandschuh will – die Verknüpfung indessen, also die Koordination von Perspektiven, gelingt erst später.

Handlungserklärungen und der attributionstheoretische Ansatz

Die klassischen Attributionstheorien, etwa von Heider (1958) oder Kelley (1973), sind urspünglich ohne eine entwicklungspsychologische Dimension. Erst in den letzten zehn oder fünfzehn Jahren wurde eine ganze Reihe von Untersuchungen mit Kindern und Jugendlichen durchgeführt (vgl. zur Übersicht Görlitz 1983).

Attributionsschemata. Nach Kelley (1973) wird die Ursache für ein beobachtetes Verhalten jener (internalen bzw. externalen) Bedingung zugeschrieben, mit der es über die Zeit kovariiert. Für solche Zuschreibungen ist es relevant, ob die Person sich gegenüber anderen Bedingungen (Personen oder Dingen) gleich bzw. anders verhält (Herausgehobenheit), ob sie hierin mit anderen Personen übereinstimmt oder nicht (Konsens), und ob sie sich über die Zeit oder Gelegenheiten hinweg gleich oder verschieden verhält (Konsistenz). Zeige ich mich nicht nur gegenüber Person X, sondern vielen gegenüber zuvorkommend, ist sonst niemand ihr gegenüber aufgeschlossen, und habe ich mich in den verschiedensten Umständen so verhalten, spricht alles für meine Nettigkeit und nichts für einen bei X liegenden besonderen Anlaß.

Wie sieht es mit diesem *Kovariationsprinzip* bei Kindern aus? Die meisten Arbeiten bislang beziehen sich auf physikalische, nicht auf soziale Sachverhalte. Eine Ausnahme ist die Arbeit von Di Vitto und McArthur (1978). Sie fanden, daß die meisten Kinder mit sechs Jahren nach dem Kovariationsprinzip verfahren, wenn sie über die Herausgehobenheit und Konsistenz eines Verhaltens informiert wurden.

Was sagt die Vergangenheit über die Zukunft?

Rholes und Ruble (1984) verglichen jeweils 36 Kinder der Altersgruppen fünf bis sechs, sieben bis acht und neun bis zehn Jahre sowie Studenten zwischen 18 und 22. Sie erhielten beispielsweise die folgende Geschichte: „Gestern hat Sam beim Basketball fast jedesmal den Korb getroffen. Früher hat er das fast nie geschafft.“ Dies wurde durch Bilder illustriert. Anschließend folgte: „Wird Sam auch bei anderen Wurfspielen treffen?“. In diesem Beispiel ist eine geringe zeitliche Konsistenz des Verhaltens gepaart mit der Frage nach der Erwartung bezüglich situativer Stabilität. Insgesamt wurden vier Typen von Geschehnissen bzw. Fragen verwendet, nämlich hohe/niedrige Konsistenz des Verhaltens gepaart mit der Erwartung situativer Stabilität (vgl. das Beispiel), und hohe/niedrige Herausgehobenheit des Verhaltens gepaart mit der Erwartung von zeitlicher Stabilität.

In der folgenden Tabelle sind Ausschnitte aus den Ergebnissen wiedergegeben. Dargestellt sind die Mittelwerte der Erwartungen, beurteilt auf fünfstufigen Skalen (je höher die angegebenen Werte, desto stärker die Erwartung von Stabilität).

Tabelle 14.1 Erwartungen von Verhaltensstabilität als Funktion von Alter und Information

	Alter			
	5-6	7-8	9-10	18-22
Erwartungen von Stabilität über Situationen				
hoch-konsistente Information	3.27	3.33	3.61	4.70
niedrig-konsistente Information	4.06	3.33	2.06	2.39
Erwartung von Stabilität über die Zeit				
hoch-herausgehobene Information	3.44	2.72	2.78	3.28
niedrig-herausgehobene Information	4.50	4.33	4.22	4.28

Anmerkung: Angaben nach Rholes & Ruble (1984); je höher die Werte, desto stärker die Erwartung von Stabilität.

Die varianzanalytische Auswertung der Erwartungen bezüglich situativer Stabilität ergab einen signifikanten Alterseffekt ($p < .01$) und eine signifikante Interaktion von Alter und Grad der Konsistenz des Verhaltens ($p < .002$). Anschließende Einzelvergleiche bestätigten, daß die beiden jüngeren Altersgruppen von Unterschieden in der Vorgabe unbeeinflußt bleiben, während bei den älteren die konsistentere Information zu höherer Erwartung von Verhaltensstabilität bei wechselnden Situationen führt. Bezüglich der Erwartungen von Stabilität über die Zeit fand sich nur ein signifikanter Effekt des Grades der Herausgehobenheit ($p < .001$). Bei einem Verhalten, das sich in vielen Situationen zeigt, also wenig herausgehoben ist, erweist sich die erwartete zeitliche Stabilität als durchgängig höher.

Was bedeuten diese Ergebnisse? Unter entwicklungspsychologischen Gesichtspunkten ist es vor allem der klare Alterstrend in der Erwartung situativer Stabilität. Hierbei ist wichtig, daß solche Generalisierungen ein Konzept von individuellen Dispositionen oder Eigenschaften voraussetzen. Zeitliche Stabilität anzunehmen ist indessen schon möglich, wenn einfach die Umstände gleich bleiben. Warum Attributionsprinzipien erst ab einem bestimmten Alter verfügbar sind, früher aber nicht, wird in den attributionstheoretischen Ansätzen selbst nicht erklärt.

Wenn es darum geht, das Verhalten eines Interaktionspartners zu erklären, wird in der Regel mehr als eine Ursache in Frage kommen. Hier argumentiert Kelley (1973) mit der Wirksamkeit sogenannter *Kausalschemata* bzw. daraus abgeleiteter Attributionsprinzipien. Entsprechend dem *Abwertungsprinzip* sinkt im Urteil Erwachsener die Bedeutung einer bestimmten Ursache für einen Handlungseffekt dann, wenn noch weitere Ursachen angenommen werden können. Karniol und Ross (1978) erzählten Kindern Geschichten mit zwei Personen, anhand derer sie entscheiden sollten, welche der beiden ganz von sich aus spielen wollte. Die eine, die von der Mutter dafür belohnt wurde, oder die andere, die ohne äußeren Anstoß spielte. Wer das Abwertungsprinzip anwendet, für den wäre die Belohnung der Mutter hinreichend (dies erfolgt ab etwa zehn Jahren). Nicht so Kinder im Vorschulalter, in deren Attribution beide Ursachen zusammenkommen (sogenanntes Halo-Prinzip): Das belohnte Kind wollte außerdem (!) schon von sich aus spielen.

Ein weiteres heuristisches Prinzip wird als *Aufwertungsprinzip* bezeichnet. Sei eine Situation gegeben, in der ein hemmender ebenso wie ein förderlicher Faktor für ein Verhalten zugleich vorliegen. Nach Kelley (1973) wird dann der förderliche Einfluß höher angesetzt, als wenn er allein aufgetreten wäre. Wie Kassin und Pryor (1985) in ihrer breiten Übersicht zur Entwicklung von Attributionsprozessen berichten, scheint das Aufwertungsprinzip allerdings erst ab dem Jugendalter angewendet zu werden.

Leistungshandeln. Viele Untersuchungen befaßten sich mit Ursachenerklärungen beim Leistungshandeln. In einer Studie von Nicholls (1978) wurden Kindern zunächst Filme mit einem fleißigen und einem faulen Kind gezeigt. Anschließend wurden sie beispielsweise gefragt, wie es wohl kommen könnte, daß das fleißige Kind weniger Erfolg hat als das faule. Kinder im Kindergartenalter und Erstkläßler konnten Anstrengung und Fähigkeit nicht recht unterscheiden. Statt dessen zeigte sich erneut das Halo-Prinzip: Wer sich mehr anstrengt, ist gescheiter – auch wenn er Mißerfolg hat. Erst ab zehn Jahren wird das Ergebnis in seiner doppelten Determination durch Fähigkeit und Anstrengung gesehen. Nicholls und Miller (1984) haben die Untersuchung wiederholt und fanden vergleichbare Ergebnisse auch dann, wenn es um die eigene Leistung geht.

Abwehrmechanismen. Ein weiteres Thema sind Untersuchungen zum Verständnis von Abwehrmechanismen. Obwohl nicht im attributionstheoretischen Ansatz entstanden, fallen sie doch in diese Gruppe: Es handelt sich um Ursachen, die dem Handelnden selbst nicht zugänglich sind. Neben einer früheren Arbeit von Whiteman (1967) ist vor allem auf Chandler, Paget und Koch (1978) zu verweisen. Sie unterscheiden nach der implizierten logischen Operation drei Gruppen: einfache Verlagerung (etwa Verdrängung), einfache Vertauschung (Rationalisierung), sowie eine Kombination beider (Projektion). Erst konkret-operatorische Kinder verstanden wenigstens die beiden Typen einfacherer Abwehrmechanismen.

Soziale Kognition in wissenspsychologischen Ansätzen

Verschiedene Ansätze zur Repräsentation von Wissensinhalten im Gedächtnis werden in jüngster Zeit auch auf Fragen der sozial-kognitiven Entwicklung angewendet. Das wichtigste Konzept dieser Forschungsrichtung ist das sogenannte *Schema,* worunter eine mentale Repräsentation von Personen oder Ereignissen verstanden wird, die unter Verzicht auf Einzelheiten gewissermaßen generalisiert gehalten ist (vgl. Kluwe & Spada 1981). Die Interpretation einer Situation oder, in anderen Worten, das „interne Modell" läßt sich als eine hierarchisch organisierte Verschachtelung einer Anzahl solcher Schemata vorstellen. Wissenspsychologische Modelle ziehen ihre Attraktion für soziale Kognition nicht zuletzt aus ihrer Affinität zu systemtheoretischen Modellen der Organisation sozialen Handelns. Die meisten hierauf bezogenen Arbeiten sind allerdings bislang sozialpsychologisch ausgerichtet.

Repräsentation von Ereignissen. Soziale Interaktion muß auch dann „in Gang" gehalten werden können, wenn die Sicherheit über das, was angemessen ist, nicht durch so komplexe sozial-kognitive Prozesse wie Perspektivenübernahme geschaffen werden kann. Hier können mentale Repräsentationen von Ereignissen helfen, die alles wesentliche bereits enthalten.

Nelson (zusammenfassend 1981; 1986) initiierte eine Serie von Studien zu Skripten. Unter *„Skript"* wird ein Schema für eine Klasse stereotypisierter sozialer Ereignisse verstanden. Im Prinzip handelt es sich einfach um jene Abfolge einzelner Handlungen, die routinemäßig zu einem bestimmten Ziel führen, etwa um ein Essen im Restaurant zu bekommen oder um Plätzchen zu backen. Im Skript sind die hauptsächlichen Rollen und Requisiten („Leerstellen" für situative Besonderheiten eingeschlossen) angegeben; jede Person, die über das gleiche Skript verfügt, kann sich dann „den Rest denken". Die Verhaltenssicherheit dank der in Skripten gefaßten kulturellen Selbstverständlichkeiten schafft Entlastung für jene vergleichsweise selteneren Situationen, in denen es wirklich auf die aktuelle Analyse einer Situation durch soziale Kognition ankommt.

Wenn Skripte sogar die Grundlage sozialer und kognitiver Entwicklung sind, wie French (1985) betont, dann müßte das Wissen über soziale Ereignisse schon im frühen Kindesalter in Art von Skripten organisiert sein. Nelson und Gruendel (1979) fragten daher Kinder im Alter zwischen drei und acht Jahren, „Was passiert, wenn du Geburtstag feierst?“ Das wichtigste Ergebnis ist, daß schon das soziale Wissen Dreijähriger als Skript organisiert ist: Die Kinder erzählen generalisierte Erwartungen (sie berichten nicht etwa ein konkretes Ereignis), die Handlungsabfolge ist nach Raum und Zeit wohl organisiert und steht im Einklang mit den sozialen Konventionen. Die qualitativen Veränderungen sind natürlich beträchtlich. Während sich für eine Dreijährige das Geburtstagsfest auf „erst einen Kuchen backen und ihn dann essen“ konzentriert, kommt bei den älteren Kindern vor allem der soziale Aspekt (Gäste einladen, gemeinsame Spiele) zur Geltung. Die Handlungsfolgen werden länger und ihre Verknüpfungen komplexer. Unabhängig davon, daß die Inhalte von Skripten mit dem Alter komplexer werden, scheint es aber so zu sein (vgl. French 1985), daß in den strukturellen Aspekten zwischen Vorschulkindern und Erwachsenen praktisch keine Unterschiede bestehen. Es handelt sich stets um generalisierte Repräsentationen, obligatorische und fakultative Handlungen, Akteure und Requisiten sind spezifiziert, und die raumzeitliche Organisation ist umrissen.

Für die Ausbildung von Skripten scheint vor allem eine besondere Art der Interaktion mit Erwachsenen förderlich: Sie organisieren alltägliche Routinen (Anziehen, Mittagessen) in einer Weise, die das Kind sich in die jeweils erwartete Rolle zwanglos einfügen läßt.

Hagendorff (1985) hat jüngst gezeigt, daß die Repräsentation von Ereignissen in Art von Schemata auch tatsächlich Verstehensprozesse („Inferenzleistungen in Repräsentationen von Ereignissequenzen“) bezogen auf interpersonelle Kontexte erleichtert. Das verwendete Material entspricht im Grundsatz den aus dem kognitiv-strukturtheoretischen Ansatz vertrauten Verfahren zur kognitiven Perspektivenübernahme. Kinder im Alter von vier Jahren hatten zwar einige Schwierigkeiten im Erkennen der wahrscheinlichen Sequenz eines Ereignisses, doch war dies stark von geringfügigen Variationen des Materials abhängig (zwischen einem Drittel und einem Fünftel der Geschichten wurde falsch gelegt) und glich sich bei sechsjährigen bis zur völligen Beherrschung der Aufgabe aus. Die vielen weiteren Untersuchungen in dieser Arbeit stellen einen systematischen Versuch dar, entwicklungspsychologische Fragen zur sozialen Kognition mit allgemeinpsychologischen Ansätzen zur Wissensrepräsentation zu bearbeiten. In dieser Hinsicht hat sie Modellcharakter.

Handlungsplanung. Shure und Spivack (1978) haben die Entwicklung von Fertigkeiten untersucht, die das Lösen interpersoneller Probleme erleichtern *(„interpersonal problem solving skills“).* Im Prinzip geht es darum, für alltägliche Interaktionsprobleme mehrere alternative Lösungen zu benennen, alternative Folgen anzugeben, oder entsprechend komplexere und weitreichendere Handlungsfolgen zu überlegen. Die Kinder und Jugendlichen erhalten Geschichten mit der Schilderung schwieriger sozialer Situationen vorgegeben, wobei nur Anfang und Ende festliegen. Erzählt werden soll dann beispielsweise, „wie es dazu kam, daß ...“ Ford (1982) fand bei solchen Aufgaben noch im Vergleich von Schülern der Klassenstufen 9 und 12 Unterschiede in der Zahl und Stimmigkeit berichteter Handlungspläne.

Im Zusammenhang mit verschiedenen Versuchen, soziale Kognition ausdrücklich in einem handlungstheoretischen Format zu sehen (vgl. Eckensberger & Silbereisen 1980; Keller & Reuss 1984), bekommt der Ansatz von Shure & Spivack (1978) wegen seiner Differenzierung von strukturellen Komponenten der Handlung einen besonderen Stellenwert. Eine Sammeldarstellung, die vor allem auch auf den Zusammenhang zu Verhaltensauffälligkeiten eingeht, liegt von Urbain & Kendall (1980) vor.

Metakognition. Flavell (1981) hat seine Überlegungen zum Metagedächtnis auf die Entwicklung der Metakognition über soziale Kognition übertragen. Beispiele für a) *metakognitives Wissen* sind etwa: mein Wissen, daß sich Menschen verstellen können und ich häufig darauf hereinfalle; daß ich mich auf gewohnte Interaktionsroutinen nicht verlassen kann, wenn ich mich in einer fremden Kultur bewege. Mit den ebenfalls zur Metakognition gezählten b) *Kontrollprozessen* (Analyse-, Planungs-, Steuerungs- und Bewertungsprozesse im Lernen und Erinnern; „metacognitive experiences“ bei Flavell) sind die begleitenden Kognitionen und Affekte gemeint, die zur Veränderung einer Interaktionsstrategie führen: Weil mir das Verhalten meiner Lebenspartnerin ganz ungewohnt vorkommt, werde ich aufmerksamer, denke erneut nach und versuche mich neu zu orientieren. Der von Elkind (1967; zur Kritik vgl. Lapsley & Murphy 1985) beschriebene jugendliche Egozentrismus ist ein treffender Fall metakognitiver Erfahrungen im sozialen Verstehen: „alle Welt schaut auf das, was ich mache, deshalb muß ich mich in meinem Verhalten vorsehen“ – ständig wie auf einer Bühne gegenüber einem vorgestellten Publikum, wie Elkind meint.

Flavell (1981) erwartet die meisten Veränderungen für die mittlere Kindheit und die Adoleszenz. Systematische Untersuchungen liegen allerdings nur zum Metawissen über Kommunikationsprobleme vor (Flavell et al. 1981; vgl. die oben erwähnte referentielle Kommunikation als einen Anwendungsfall).

3. Soziale Kognition über Gruppen und Normen

Auch hier lassen sich verschiedene Ansätze unterscheiden. Wie Tesch (1983) in einem Überblick zum Wandel der Bedeutung und Funktion von Freundschaft herausstellte, sind es vor allem zwei:

a) Nach Art der aus der Forschung zur Personenwahrnehmung bekannten freien Beschreibungen werden beispielsweise eigene Freunde beschrieben. Die Auswertung erfolgt inhaltsanalytisch anhand von Kategorien, die am Material gewonnen werden.
b) Vor dem Hintergrund kognitiv-strukturtheoretischer oder symbolisch-interaktionistisch inspirierter Ansätze werden halbstrukturierte Interviews zu vorgegebenen Themen (,,Wie beginnt eine Freundschaft?") oder zu vorgegebenen Geschichten durchgeführt. Besonders einflußreich für die Untersuchung einer ganzen Reihe von Beziehungen bzw. Prinzipien der Verhaltensregulation nach dieser Leitlinie waren die Bücher von Selman (1981) und Youniss (1980).

Interpersonale Beziehungen

Interpersonale Beziehungen sind auf die Beachtung von Prinzipien angewiesen, welche das Miteinander regeln. Die Frage ist, wie sich deren Verständnis über die Jahre ändert.

Dominanz. Ist es so, daß auch beim Menschen, insbesondere bei Kindern, als Ergebnis von Machtkämpfen Dominanzhierarchien entstehen, ähnlich anderen Primaten auch, deren Funktion im Vermeiden ,,unnötiger" Konflikte liegt? Die Technik der Studien ist entsprechend dem humanethologischen Hintergrund im wesentlichen auf Verhaltensbeobachtung in natürlichen Settings angelegt. Omark und Edelman (1976) zeigten, daß Kinder im Vorschulalter sowohl untereinander als auch mit erwachsenen Beobachtern kaum in der Frage übereinstimmen, ,,wer mir sagen kann, was ich tun soll". Schon Erstkläßler sind sich aber darin einig und treffen auch die tatsächlichen Verhältnisse. Dominanzhierarchien sind gegenüber anderen regulativen Prinzipien, die in sozialen Gruppen wirksam werden, wie Autorität, Freundschaft oder Koalitionsbildung, weit weniger komplex. Die Vermutung, daß die Beziehungen unter Jugendlichen deshalb weniger offensichtlich nach dem Gesichtspunkt der Dominanz geregelt werden, ist dennoch falsch. Wie Savin-Williams (1979) in einer Serie von Untersuchungen in Sommerlagern fand, bilden sich sehr schnell Dominanzhierarchien heraus (durch Mittel wie ,,Ausstechen" anderer dank physischer Stärke oder verbaler Überlegenheit), die allerdings bei Jungen stabiler sind als bei Mädchen. Worauf es im Hinblick auf die Entwicklung sozialer Kognition aber besonders ankommt, ist die außerordentliche Sensitivität gegenüber dem eigenen Rang in der Gruppe: Selbstaussagen und die Ergebnisse der minutiösen Beobachtungen stimmen insbesondere bei Jungen weitgehend überein.

Freundschaft. In den meisten Arbeiten der letzten Jahre geht es um komplexere interpersonale Beziehungen, vornehmlich um Konzepte von Freundschaft und Autorität. Für Youniss (1980), einem der Vorreiter dieser Fragestellung, war das Primat des Sozialen ausdrücklich Forschungsleitlinie: Wir verhalten uns stets im Rahmen sozialer Beziehungen und die Mittel ihrer Gestaltung sind deshalb besonders wichtig. Für ihn heißt Freundschaft, a) mit sechs Jahren, Reziprozität im Handeln strikt einzuhalten. Man läßt dem anderen zukommen, was man selbst von ihm erhalten hat oder als nächstes erwartet, und zwar unmittelbar und Zug um Zug. b) Bei 11jährigen hingegen bezieht sich Reziprozität auf Bedürfnisse. Die Handlungen zur wechselseitigen Unterstützung müssen psychologisch äquivalent, nicht aber faktisch gleich sein. Sie können durchaus in der Zukunft erfolgen. c) Bis zum Alter von etwa 14 Jahren kommen als weitere Merkmale Vertrautheit und gegenseitiges Verstehen hinzu.

Nach verschiedenen Studien (Kon & Losenkov 1978; Reisman & Schorr 1978) nimmt die Bedeutung wechselseitiger Unterstützung schon während der Adoleszenz ab. *Offenheit („intimacy")* indessen wird wichtiger und behält seine Bedeutung bis in das Alter (vgl. Tesch 1983). Selman (1981) hat eine sehr differenzierte Stufenkonzeption vorgelegt, aufbauend auf der Perspektivenkoordination, die neben Freundschaft auch noch Konzepte von Peergruppen und von Eltern-Kind Beziehungen enthält.

Autorität. Damon (1977b) hat die kindlichen Reziprozitätsvorstellungen für weitere interpersonale Beziehungen untersucht. Im Fall der Autoritätsbeziehung haben Kinder zwar schon vor dem Schulalter ein gewisses Verständnis für die Wechselwirkung zwischen Gehorsam und Führung. Am Anfang ist ein Führungsanspruch aber schon dann legitimiert, wenn a) eine persönliche Bindung des Kindes an den Führenden vorliegt. Darauf folgend wird b) die Macht der Autorität entscheidend, sei sie durch Gratifikationsmacht oder physische Überlegenheit gesichert. Später wird die Macht als Legitimationsbasis abgelöst von c) geistiger Überlegenheit und persönlichen Führungsqualitäten. Schließlich stützt sich Legitimität, beginnend in der Adoleszenz, auf die von der Autoritätsperson ausgehende d) Fürsorge und Achtung vor dem Geführten.

Soziale Rollen und Regeln

Die soziale Welt von Erwachsenen und Kindern ist durch Erwartungen charakterisiert, die an soziale Positionen (Lehrer, Schüler, Lebenspartnerin usf.) geknüpft sind.

Mehrfachrollen. Ein wichtiger Aspekt ist die mehrfache Rollenzugehörigkeit. Watson und Amgott-Kwan (1983, 1984) haben dies jüngst am Beispiel der Entwicklung des Konzepts der Familie im Alter zwischen drei und 13 Jahren untersucht. Sie verwendeten Puppen, welche Großvater, Großmutter, Vater, Mutter, Sohn im Jugendalter und Tochter im Vorschulalter darstellten. Den Kindern bzw. Jugendlichen wurden Fragen gestellt, die so formuliert waren, daß sie eine postulierte Sequenz in der Entwicklung des Familienkonzepts abzufragen erlaubten. Im Prinzip geht es darum, daß der abstrakte Begriff der Familie, wie ihn Erwachsene verwenden, eine disjunkte Verknüpfung von zwei Teilsystemen darstellt, nämlich der Eltern-Kind Beziehung und der Mann-Frau Beziehung, die alleine oder in Kombination eine Familie ausmachen (wenn man unvollständige und „nicht-traditionelle" Familien einbezieht). Dieses elaborierte Familienkonzept verstanden selbst unter den 13jährigen die wenigsten. Die traditionelle Kernfamilie ist für die neunjährigen ein gängiges Konzept. Vor dem Alter von sechs Jahren besteht noch kein Verständnis der Mehrfach-Rolle als beispielsweise Vater, Ehemann und Sohn (des eigenen Vaters).

Was ist eine Familie?

Fischer (1980) stellte eine Theorie der kognitiven Entwicklung vor, die sich formal dadurch auszeichnet, daß die Entwicklung „additiv-konstruktiv" in Stufen erfolgt: Additiv, weil im Fortschreiten der Entwicklung früher ausgebildete Fähigkeiten zusammengebracht werden; konstruktiv, weil die Verknüpfung zu qualitativ neuen Leistungen führt.

Für den Altersbereich zwischen etwa drei und sieben Jahren postulieren Watson und Amgott-Kwan (1983) insgesamt sechs Schritte für die Entwicklung des Familienkonzepts, die in drei Stufen zu je zwei Schritten unterteilt sind. In der folgenden Tabelle 14.2 ist ein Ausschnitt aus der behaupteten Sequenz wiedergegeben.

Tabelle 14.2 Schritte beim Erwerb des Familienkonzepts: Beschreibung

Stufe	Schritt	Fähigkeit
Repräsentation einer Dimension		
	1	Versteht andere Menschen als Personen, die unabhängig von ihm handeln
	2	Versteht Elternrolle als Zusammenfassung wichtiger Verhaltensweisen und Charakteristika
Zusammenstellung mehrerer Dimensionen		
	1	Versteht Eltrernrolle als komplementär zu anderen Rollen
	2	Rolle wird über den Lebenslauf gewechselt, Tochter wird selber Mutter
Repräsentation als System		
	1	Zwei Rollen können gleichzeitig angenommen werden, etwa Vater und Großvater zugleich
	2	Mehrere Rollen können angenommen werden

Jeder Schritt stellt eine für die entsprechende Stufe charakteristische Vorstellung bzw. Handlungsmöglichkeit dar, wobei der jeweils zweite den ersten lediglich elaboriert, bevor beide auf der nächsten Stufe neu koordiniert werden: Ist einem Kind klar, daß andere Menschen als Personen mit eigenem Willen handeln, ist ihm außerdem klar, daß die Inhaber einer Familienposition sich durch typische Handlungen auszeichnen (Schritte 1 und 2), dann sind die Voraussetzungen gegeben, die Komplementarität von Familienrollen zu sehen und damit ein neues Niveau des Denkens zu erreichen. In der folgenden Tabelle 14.3 ist zusammengestellt, wieviele der insgesamt 64 Kinder welchen Schritt bewältigt haben. Das Kriterium hierfür waren angemessene Antworten auf entsprechende Fragen (bei Schritt 3: „Sind alle erwachsenen Männer Väter?“), wobei die Familienmitglieder durch Puppen dargestellt wurden.

Tabelle 14.3 Schritte beim Erwerb des Familienkonzepts: Häufigkeiten

Entwicklungsskala	Schritt 1	2	3	4	5	6	Anzahl*	Durchschnittsalter
0	–	–	–	–	–	–	1	4.4
1	+	–	–	–	–	–	3	2.9
2	+	+	–	–	–	–	24	4.2
3	+	+	+	–	–	–	6	4.7
4	+	+	+	+	–	–	6	5.9
5	+	+	+	+	+	–	0	
6	+	+	+	+	+	+	15	7.0

Anmerkung: *) Gesamtzahl 64, jedoch 9 Kinder nicht skalierbar.

Die wichtigste Information über die Angemessenheit der behaupteten ,,additiv-konstruktiven" Sequenz ist ihre Skalierbarkeit als hierarchische Guttman-Skala (d.h., die Zahl bewältigter Schritte entspricht einer aufsteigenden Rangreihe von Fähigkeiten). Dies war der Fall, wobei einschränkend gesagt werden muß, daß die Schritte 5 und 6 nicht differenziert werden konnten. Die große Häufung beim Wert 2 der Entwicklungsskala (24) legt nahe, hier eine Art Plateau zu vermuten; der Übergang ist schwierig und benötigt Zeit.

Konventionen. Das Zusammenleben vieler Einzelindividuen wird auch durch soziale Regeln gewährleistet. Turiel (1983) berichtete in seinen auf Interviews beruhenden Arbeiten eine Reihe qualitativer Entwicklungsschritte, die bis ins Erwachsenenalter reichen. Personen zwischen 6 und 25 Jahren wurden beispielsweise gefragt, was sie darüber denken, wenn ein Junge Säuglings-,,schwester" werden will. Hierbei ergab sich auch längsschnittlich ein Entwicklungsmuster, das zwischen Bejahung und Ablehnung der Konvention abwechselt: Wer mit fünfzehn Jahren Konventionen als notwendig für das Funktionieren eines sozialen Systems sieht, wird mit siebzehn darauf bestehen, daß sie letztlich nichts als Tradition sind, der in vielen Fällen die Begründung mangelt. Schon mit sechs Jahren ist indessen der Vereinbarungscharakter von Konventionen deutlich.

In den verschiedenen Konzepten sozialer Konvention spiegeln sich Änderungen in den Gesellschaftsvorstellungen. Weitere Ergebnisse zu deren Entwicklung finden sich bei Furth (1980) und Leahy (1983).

4. Soziale Kognition und soziale Interaktion

Soziale Interaktion schafft einerseits die notwendigen Voraussetzungen für die Entwicklung sozialen Wissens und Verstehens, und andererseits ist soziales Wissen und Verstehen an der Ausführung sozialer Interaktion beteiligt. Beide Aspekte sind miteinander verschränkt. Der jeweilige Entwicklungsstand sozialer Kognition bestimmt mit, welche Erfahrungen im sozialen Handeln gemacht werden, und diese wiederum sind ihrerseits Voraussetzungen weiterer Entwicklungen: Erst wenn die Familie des Freundes in eine andere Stadt zieht, erkennt ein Kind, ob die Trennung über Raum und Zeit mit seinem Begriff von Freundschaft kompatibel ist. Weitet es daraufhin sein Freundschaftskonzept aus, ist dies wiederum die Grundlage, ganz neue Freunde zu gewinnen.

Erfahrungen aus sozialer Interaktion

Von einer einigermaßen umfassenden Erforschung der Entwicklungsbedingungen sozialer Kognition kann bis heute keine Rede sein. In der Regel steht stattdessen der Hinweis auf die bekannten Paradigmen zur Erklärung von Veränderungen.

Sozial vermittelte kognitive Konflikte

Im nach wie vor einflußreichen kognitiv-strukturtheoretischen Paradigma wird die Genese der Strukturen des Denkens als selbstregulatorischer Prozeß der Äquilibration verstanden. Piaget (1976, vgl. Moessinger 1978) hatte sein über Jahrzehnte zunehmend differenziertes Modell der Äquilibration ursprünglich vor allem für den Aufbau der Objekt-Erkenntnis formuliert. Furth (1980) und vor ihm Turiel (1974) haben dies ausdrücklich auf das Verstehen von Personen und sozialen Beziehungen ausgeweitet. Der Ausgangspunkt von Entwicklung ist der Widerstand, den ein Objekt seiner Assimilation an die Strukturen des Subjekts entgegensetzt. Als *kognitiver Konflikt* (vgl. Seiler 1978) wird das subjektive Erleben dieses Widerstands bezeichnet. Die damit eingeleitete Reorganisation kognitiver Strukturen gelingt allerdings nur, wenn eine noch bewältigbare kognitive Überforderung vorliegt. Grundlegend für die Wirksamkeit von Interaktionserfahrungen als Auslöser kognitiver Konflikte sind zwei Gesichtspunkte:

a) Anforderungen einer Interaktionssituation an sozial-kognitive Strukturen dürfen dem gegebenen Entwicklungsstand nicht problemlos assimilierbar sein. Dabei ist von einem Optimum von Überforderung auszugehen, das bei Turiel (1974) vereinfacht als Abstand von einer Entwicklungsstufe beschrieben wird. Die Bedeutung eines Interaktionspartners kann im absichtlichen oder beiläufigen Arrangement solcher

Erfahrungsmöglichkeiten bestehen. b) Die Interaktion muß weiterhin so beschaffen sein, daß der Widerstand auch tatsächlich als problematisch erlebt wird.

Förderungsprogramme. Die gezielte Induktion kognitiver Konflikte setzt voraus, daß der Interaktionspartner ein handlungsleitendes Konzept über den Entwicklungsstand des Gegenüber ausgebildet hat: Daher verwundert es nicht, daß Untersuchungen zur ,,Konfliktinduktion" zunächst im Zusammenhang von Förderungsprogrammen zur Sozialentwicklung erfolgten. Durch ein entsprechend optimal gestuftes Erfahrungsangebot sollten fortlaufend neue und dem jeweiligen Entwicklungsstand angemessene kognitive Konflikte induziert werden. Dies ist mit Erfolg beispielsweise von Chandler, Greenspan und Barenboim (1974), Ianotti (1978), Silvern, et al. (1979), Gerris (1981) oder Kreibich-Fischer, Silbereisen und Vogel (1980) versucht worden. Das spielerische Übernehmen von Rollen scheint entscheidend zu sein. Bei Silbereisen et al. beispielsweise spielten die Kinder in verteilten Rollen ,,was wohl passieren wird", wenn ein Kind beim Einkaufen eine Tüte Bonbons ,,mitgehen" läßt. Die im Spiel umgesetzten Ideen (,,es dem Chef sagen", ,,die Bonbons wieder reinlegen, wenn keiner hinschaut" usf.) haben die Kinder zuvor selbst entwickelt. Spiele dieser Art bringen deutliche Steigerungen der Perspektivenübernahme.

Spontane Interaktion. Der Erfolg solcher Programme gibt keine Antwort auf die Frage, unter welchen Umständen kognitive Konflikte spontan in sozialer Interaktion auftreten. Erst in der letzten Zeit wurden hierzu Untersuchungen durchgeführt, die etwas Licht in die Interaktionserfahrungen bringen. Mugny und Doise (1978) und Perret-Clermont (1980) arbeiteten mit einer abgewandelten Version des 3-Berge-Problems (vgl. Piaget & Inhelder 1971): Statt die Ansicht einer Berglandschaft von einem anderen räumlichen Standort als dem eigenen zu beschreiben, geht es darum, das Modell eines Dorfes aus Spielzeugsteinen in einer anderen räumlichen Lage nachzubauen. Die Ergebnisse zeigten, daß gemeinsame Lösungsversuche in Kinder-Dyaden, die sich im Entwicklungsstand ihrer räumlichen Perspektivenübernahme nicht zu sehr unterscheiden, für beide stabile Fortschritte (d.h. angemessene Berücksichtigung perspektivischer Verschiebungen) auch in der selbständigen Problemlösung vermitteln. Weiterhin besteht in der Tat eine positive Beziehung zu Häufigkeit sozialer Auseinandersetzungen zwischen den Kindern, die von den Erfahrungen einander widersprechender Lösungen ausgehen.

Noack (zit. n. Silbereisen 1982) konnte allerdings Förderungseffekte in Art der von Mugny und Doise (1978) berichteten sofort unterbinden, wenn einem der Kinder die Rolle des ,,Lehrers" zugeteilt war. Dieses

Ergebnis verweist auf weitere Voraussetzungen für entwicklungswirksame Interaktionen, die über die strukturellen Konfliktbedingungen hinausgehen. Mugny, de Paolis und Carugati (1984) haben jüngst solche Bedingungen systematisiert und damit auch letztlich erst die bekannte Überlegenheit von Gleichaltrigen gegenüber Erwachsenen verständlich gemacht. Selbst wenn Unterschiede in den Ansichten bestehen (im wörtlichen oder übertragenen Sinn), kann der Konflikt nämlich sozial reguliert statt kognitiv verarbeitet und damit für Entwicklung gegenstandslos werden:

a) Einer der Beteiligten kann sich zu Konformität veranlaßt sehen, beispielsweise weil der andere einen höheren Status einnimmt, oder weil mehrere andere die gleiche Meinung vertreten.
b) Nicht minder wichtig ist das, was in verschiedenen Untersuchungen als „*social marking*" bezeichnet wurde. Soziale Relationen (etwa Lehrer – Schüler) können dingliche Relationen überlagern. Bei de Paolis et al. (1981) zeigten die Kinder beispielsweise dann mehr Gewinn aus der Untersuchungssituation, wenn es sich nicht um Häuser handelte, deren räumliche Lage reproduziert werden sollte, sondern um die (tatsächliche oder auch nur vorgestellte) Reproduktion der räumlichen Verhältnisse in den Sitzanordnungen von Lehrern und Schülern (soziale Markierung!). Umgekehrte Effekte wären dann zu erwarten, wenn die soziale Markierung gegensinnig zum in Frage stehenden Konzept ist.

Sozial vermittelte kognitive Konflikte können sicherlich nicht die einzige Entwicklungsbedingung sein. Dies gilt allein schon deshalb, weil höhere Perspektivenübernahme-Niveaus in alltäglicher Interaktion relativ selten sind: Selman (1980) erfaßte in Gruppengesprächen von Kindern und Jugendlichen über ihre eigenen interpersonalen Probleme all jene Diskussionsäußerungen, die das Niveau selbstreflexiver Perspektivenübernahme („Der Lehrer ist auf uns sauer, weil wir so einen Krach machen") erkennen lassen. Obwohl dies dem Entwicklungsstand ihrer Kompetenz entspräche, waren solche Äußerungen die Ausnahme.

Über was orientieren wir uns in der Interaktion?

Einen vergleichsweise direkten Zugang zu solchen kognitiven Prozessen, die Handlungen einleiten, steuern und kontrollieren, verspricht die Methode der *Selbstkonfrontation* (vgl. von Cranach et al. 1980), bei der Videoaufnahmen des eigenen Handelns betrachtet und die bewußt erlebten, handlungsbegleitenden Kognitionen berichtet werden.

Silbereisen und Claar (zit. n. Silbereisen 1985) haben sich eines solchen Verfahrens bedient, um die interaktive Funktion sozialer

Kognition in Instruktionskontexten genauer zu bestimmen. Das Untersuchungsparadigma entstammt Untersuchungen zur „referential communication“. Kinder im Vorschulalter sollten einem Zuhörer Spielsachen (unterschiedlich gekleidete Puppen, die in einer bestimmten Anordnung in einem Autobus sitzen) so eindeutig beschreiben, daß er sie identifizieren kann ohne sie zu sehen. Die Untersuchungsanordnung war so angelegt, daß die Kinder durch die Kommunikationsschwierigkeiten überfordert waren. Sie konnten die Informationsbeschränkungen des Zuhörers nicht angemessen berücksichtigen. Dem zuschauenden Elternteil war es freigestellt, ihrem Kinde zu helfen (was auch stets geschah). In einer früheren Untersuchung (Silbereisen et al. 1981) hatte sich schon gezeigt, daß die Hilfestellungen der Eltern keinen Erfolg hatten. Anhand von Verhaltensbeobachtungen ergab sich die Vermutung, daß die Eltern die Schwierigkeiten ihrer Kinder, wenn überhaupt, nur sehr vage erkannten. Die Ergebnisse der Selbstkonfrontationsinterviews bei den Eltern zeigten, daß sich nur 36% der kindbezogenen Kognitionen überhaupt mit dessen interner Handlungsperspektive beschäftigten, wobei aber beispielsweise reflexive Perspektivenübernahme („Weil, da merkte ich, daß ich nicht genau weiß, welche Puppe sie meint“) mit 2% praktisch nicht auftrat.

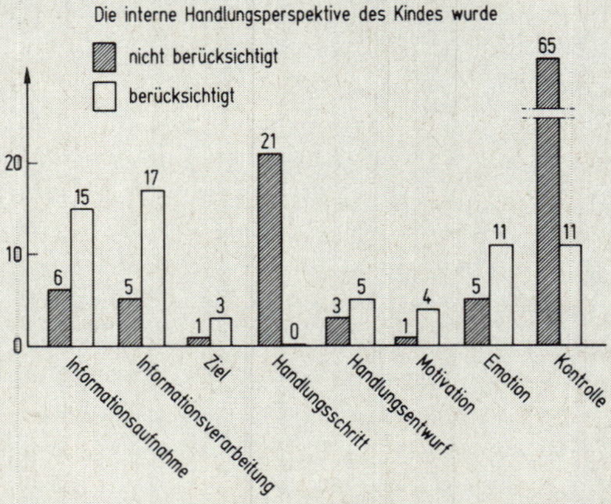

Abbildung 14.3 Kognitionen der Eltern über Prozeßkomponenten der Kindhandlung. Ausgewertet wurden Selbstkonfrontationsinterviews. Wenn die interne Handlungsperspektive des Kindes überhaupt in diesen Kognitionen repräsentiert war, so betrafen sie überwiegend nur seine Informationsaufnahme und Informationsverarbeitung (nach Silbereisen 1985).

Wie in Abbildung 14.3 deutlich wird, betrafen die sozialen Kognitionen der Eltern meist die Informationsaufnahme und -verarbeitung. Kognitionen über Ziele, Handlungsentwürfe oder Kontrollprozesse beim Kind waren selten.

Weitere Ergebnisse zeigten, daß selbst die häufigeren Kognitionen über die Informationsaufnahme und -verarbeitung des Kindes (sein Problem also!) in der Regel nicht die Funktion hatten, eigenes Handeln der Eltern einzuleiten. Ausdrückliche Konfliktinduktion („Eben hast Du gesagt . . . und jetzt sagt der (Zuhörer) . . .") tritt so gut wie nie auf – kein Wunder, wenn die Eltern schon die Problemlage nicht verstehen.

Robinson, Silbereisen und Claar (1985) haben die Ergebnisse in einen größeren Zusammenhang gestellt. Es scheint so, daß unter Laborbedingungen ebenso wie in natürlichen Kontexten Eltern ihre Kinder so behandeln, als ob sie all das verstehen, was den Eltern selbst zugänglich ist. Dies hemmt die Eltern, Widersprüche zu thematisieren. Auf diese Weise entstehen dann jedenfalls keine kognitiven Konflikte. Dies hindert die Kinder natürlich nicht, auf anderem Wege ihre Fertigkeiten zu erhöhen. Welcher dies aber ist, bleibt bislang unbekannt.

Familiäre Beziehungsmuster

Die Untersuchungen zu kognitiven Konflikten haben die Bedeutung von Gleichheit und Wechselseitigkeit von sozialen Beziehungen für die Entwicklung sozialer Kognition unterstrichen. Keller (1982) unterscheidet in diesem Zusammenhang, vor allem mit Blick auf das Verhältnis von Eltern und Kind, person- und positionsorientierte Beziehungen, die sich in der Offenheit gegenüber den Bemühungen des Kindes, seine soziale Welt zu strukturieren, unterscheiden.

Im elterlichen Verhalten scheint für die sozial-kognitive Entwicklung vor allem die sogenannte *Induktion* wichtig; ein Stil, der seinerseits in personorientierten Beziehungen häufiger zu erwarten ist. Mit Hoffman (1976) wird hierbei das Verhalten des Kindes zu beeinflussen versucht, indem auf die Folgen seines Handelns für sich selbst oder für andere, auf das Befinden ebenso wie auf die Beeinträchtigung der sozialen Beziehungen, hingewiesen wird. Michalski (zit. n. Silbereisen, 1982) fand, daß Mütter von Kindern im Vorschulalter Induktion im Vergleich zu Liebesentzug und Machtausübung allgemein bevorzugen. Eine sozial-kognitiv anspruchsvollere Form der Induktion aber, die ihrerseits reflexive Perspektivenkoordination beinhaltet („Ich freue mich sehr auf das Kino, und Du weißt doch, wie sehr Du Dich immer freust, wenn Du etwas vorhast", vgl. Selman 1980), kam sehr selten vor.

Weitere Entwicklungskontexte sozialer Kognition, wie die Schule oder der Arbeitsplatz, haben viel zu wenig Beachtung gefunden. Eine der wenigen Ausnahmen ist eine Studie von Steinberg et al. (1981), die auf Interviews mit Jugendlichen und ihren Eltern beruht. Sie sehen das Anregungspotential vor allem in dem häufigen Wechsel von Perspektiven (etwa Interaktion mit Ausbilder, Kunden oder Kollegen), sowie allgemein in der Interaktion mit Menschen anderen Alters und anderer Herkunft. Befunde zur familiären Förderung der von Shure und Spivack (1978) herausgestellten Fähigkeiten zur Lösung interpersoneller Probleme wurden von Elias, Ubriaco und Gray (1985) berichtet. In sozialpädagogischen Programmen für schlecht ausgebildete, beruflich schwer integrierbare Jugendliche spielt die Förderung sozialkognitiver Fähigkeiten eine große Rolle.

Soziale Kognition als Handlungsorganisation

Zunächst soll eine vielleicht unerwartete Frage gestellt werden: Denken wir beim Handeln? Begleiten sozial-kognitive Prozesse jede soziale Interaktion, oder tun wir nur so, ‚als ob' wir dabei denken?

Langer (1978) hat darauf aufmerksam gemacht, daß wir uns alle in der Mehrzahl der Fälle sozialer Interaktion etablierten Handlungsskripten anvertrauen, statt Informationen über soziale Sachverhalte jeweils neu zu verarbeiten. Anders ist die Lage vornehmlich dann, wenn tatsächlich neue Anforderungen auftreten, für die es natürlich kein Skript geben kann, sowie in solchen Situationen, in denen die Verhaltensroutine anzuwenden mehr Aufwand bedeutet als sich neu zu orientieren. Diese Einschätzung trifft sich mit Ergebnissen, die v. Cranach et al. (1980) berichten. Zielkognitionen fanden sie nur, wenn einer der Interaktionspartner auf Schwierigkeiten stieß. Solche Einschätzungen korrigieren übertriebene Vorstellungen von der Bedeutung sozialer Kognition, stellen aber andererseits ihre wichtigste Funktion überhaupt erst heraus: Soziale Kognition spielt eine Art Feuerwehrrolle, wenn die Routine versagt. Allgemein zu wissen, unter welchen Umständen höchste Aufmerksamkeit geboten ist, Metakognition also, dürfte sogar eine der wichtigsten Entwicklungen sein.

Beobachtungen im Handlungskontext

Will man überhaupt erst eine Materialbasis zur Rolle sozialer Kognition schaffen, sind Beobachtungen im Handlungskontext hilfreich. In der schon erwähnten Arbeit von Selman (1980) ergab sich, daß selbstreflexive Perspektivenübernahme während der Diskussion interpersonaler Probleme häufig zur Verteidigung diente, wenn das betreffende Kind selbst zum Gegenstand der Debatte geworden war. Selman et al. (1983)

haben diese Forschungsleitlinie im Rahmen schulischer Sozialarbeit weiter ausgebaut. Ein wichtiges Ergebnis ist, daß jene Teilnehmer an einem sich über Monate erstreckenden Gruppendiskussionsprogramm, deren Perspektivenkoordination höher war, in der Tat auch sozial-kognitiv elaboriertere spontane Interaktionsstrategien verwendeten („Ich würde der Petra an Deiner Stelle nicht helfen" statt „Laß' die Petra ...").

Krasnor und Rubin (1983) haben Kinder im Alter zwischen drei und vier Jahren im Kindergarten beobachtet, jedes Kind für etwa fünf Stunden. Geachtet wurde darauf, wie ein Kind durch soziale Interaktion Absichten verfolgt. Unterschieden wurde die Zielperson, die Strategie, die Absicht und das Ergebnis. Für die Kategorisierung der Beobachtungen wurde auf frühere Untersuchungen zurückgegriffen, beispielsweise auf Spivack und Shure (1974). Die häufigsten Ziele waren darauf gerichtet, andere zu bestimmten Aktionen, etwa Hilfestellungen aufzufordern. Darauf folgten nach der Häufigkeit unspezifische Kontaktaufnahme und Versuche, Aufmerksamkeit beim anderen zu erreichen. Sehr viel seltener ging es darum, etwas bestimmtes, beispielsweise ein Spielzeug, zu erlangen. Sich um den Besitz eines Spielzeugs zu streiten mag eine kritische Situation sein, eine häufige jedenfalls ist es nicht. Die Strategien waren überwiegend „sachlich", aggressives Durchsetzen war sehr selten, und Erfolg war etwa der Hälfte aller Aktionen beschieden. Wichtig an dieser Studie ist auch die Erkenntnis, daß die Untersuchungssituationen von Spivack und Shure (1974) nach der Häufigkeit jedenfalls nicht alltäglichen Situationen entsprechen.

Korrelation von Kognition und Verhaltensmerkmalen

Frühere Untersuchungen haben immer wieder versucht, sehr pauschal Zusammenhänge zwischen sozialer Kognition und sozialem Verhalten zu überprüfen. Die empirischen Befunde wurden in verschiedenen Sammelreferaten als weitgehend inkonsistent bewertet. Krebs und Russel (1981) taten dies unter dem erwähnenswerten Titel „Role-taking and altruism: When you put yourself in the shoes of another, will they take you to their owner's aid"? Underwood und Moore (1982) haben diese Sichtweise durch eine statistische Meta-Analyse vorliegender Studien etwas relativiert. Im Ergebnis gelangen sie zur Bestätigung eines zwar schwachen, aber signifikanten Zusammenhangs. Er beträgt beispielsweise im Gesamtdurchschnitt $r = .19$ zwischen der Perspektivenübernahme, gemessen nach Chandler und Greenspan (1972) und verschiedenen Indizes von Altruismus, etwa dem Teilen.

Natürlich läßt sich durch den Nachweis solcher Korrelationen die Rolle sozialer Kognition in der Handlungsorganisation weder bestätigen noch widerlegen. Wie die erwähnten Beobachtungen im ökologischen Kontext von Krasnor und Rubin (1983) zeigten, haben die Operationalisierungen in Verfahren zur Messung sozialer Kognition wenig mit den typischen Verwendungszusammenhängen zu tun. Dies läßt sich verallgemeinern. Die Operationalisierungen von sozialer Kognition einerseits, davon hypothetisch beeinflußtem Verhalten andererseits, sind in der überwiegenden Zahl der Studien handlungslogisch völlig unverbunden. Hinweise über die vermittelnden Erfahrungen und Prozesse sind Untersuchungen wie der von Hudson, Forman und Brion-Meisels (1982) zu entnehmen. Sie begnügten sich nicht mit globalen Altruismusindizes, sondern beurteilen eine Vielzahl von Verhaltensweisen nach Videoaufnahmen. Hiernach scheint sich das höhere Niveau der Perspektivenübernahme in einer höheren Aufmerksamkeit und Sensibilität gegenüber Problemen zu äußern, und dies gibt dann den Ausschlag für höhere Hilfsbereitschaft.

Modelle zur Organisation des sozialen Handelns

Die Probleme der Korrelationsstudien verweisen auf die Notwendigkeit, das Zusammenspiel von sozialer Kognition und sozialer Interaktion theoretisch genauer zu fassen. Dies nicht getan zu haben, kann letztlich allen berichteten Ansätzen zur Entwicklung sozialer Kognition vorgehalten werden. Die folgende Darstellung bezieht sich vor allem auf ein Modell, das in den letzten Jahren zunehmend Beachtung fand: Die Organisation des sozialen Handelns wird als ein Fall von *Selbstregulation* verstanden, der auf mehreren hierarchisch organisierten Ebenen in Art von Rückkopplungsprozessen abläuft.

Entscheidend für Inhalt und Abfolge des Handelns in einer Situation ist im Modell der Selbstregulation die Ebene, von der die Regulation ihren Ausgang nimmt. Carver und Scheier (1982) nehmen an, daß Selbstregulation zumeist „*programmkontrolliert*" erfolgt, also ohne große Bewußtheit nach mehr oder weniger eingeschliffenen Mustern. Dies bedeutet zugleich, daß in der Regel nur solche Bezugsgrößen aktualisiert werden, die zur Regulation auf dieser Ebene erforderlich sind. Die Frage ist damit, *wie es* zur Aktualisierung von Bezugsgrößen kommt. An dieser Stelle wird soziale Kognition bedeutsam. Ihr kommt nämlich mehr zu, als bloß die Zustandsbeschreibung interpersonaler Sachverhalte zu ermöglichen: Die falsche Überzeugung eines Interaktionspartners erkennen zu können, wie dies bei Wimmer und Perner (1983) untersucht wurde, bedeutet für die Organisation sozialen Handelns nicht nur, die Situation verstanden zu haben. Wie das Beispiel der Skripte schon zeigte, sind damit häufig auch Informationen darüber gegeben, welches Verhalten angemessen ist. Diese Information wird zur Bezugsgröße – vorausgesetzt vor allem, daß die handelnde Person in diesem Augenblick ein Mindestmaß an Selbstaufmerksamkeit verwirklicht. Sonst kommt das Handeln erst gar nicht in Gang. Welche Aspekte einer Situa-

Handeln im Selbstregulations-Modell

Unter diesem Carver und Scheier (1982) verpflichteten Begriff sollen Modelle verstanden werden, die Handeln im Grundsatz als Serie von Rückkopplungsprozessen abbilden:

a) Wir regulieren Abweichungen des wahrgenommenen Zustands der Umwelt von einer ihren gewünschten Zustand charakterisierenden Bezugsgröße, indem wir durch eigenes Handeln die erforderlichen Veränderungen der Umwelt zu erreichen trachten. Was als Ergebnis herauskommt, ist dann erneut Gegenstand von Bewertungen und möglichen weiteren Regulationsbemühungen.

b) Solche Zyklen sind in Art hierarchisch verschachtelter Ebenen so organisiert zu denken, daß die Regulation auf einer jeweils höheren Ebene Bezugsgrößen für die nächst niedrigere zum Ergebnis hat. Was eine Bezugsgröße ausmacht, hat je nach Ebene eine andere Qualität – von abstrakten Werten auf den oberen Ebenen, über konkrete Handlungsziele im mittleren Bereich, schließlich zu nicht bewußten Standards für motorische Aktionen. Jede Handlung kann im Prinzip jede übergeordnete Ebene betreffen, muß aber keineswegs jede einschließen. Wir handeln beispielsweise nur von Zeit zu Zeit mit Bewußtheit auf die Verwirklichung eines Wertes wie Frieden hin.

c) Handeln ist weiterhin als eine Abfolge von Teilhandlungen zu verstehen, die sich über kürzere oder längere Zeiträume erstrecken und in ihrer Gesamtheit die Einhaltung der für die betroffenen Ebenen geltenden Bezugsgrößen erreichen lassen.

Selbstregulations-Modelle der beschriebenen Art finden sich bei Carver und Scheier (1982) als Beitrag zur Persönlichkeitspsychologie, weiterhin in sozialpsychologischen Zusammenhängen bei von Cranach, Kalbermatten, Indermühle und Gugler (1980) oder Lantermann (1980), in der Arbeitspsychologie bei Volpert (1982), sowie in vielen weiteren Bereichen. Ein Sammelband, der zur Diskussion zwischen verschiedenen Ansätzen beitragen möchte, wurde jüngst von Frese und Sabini (1985) vorgelegt. In allen Fällen geht es um ein Modell der Selbstregulation individuellen Handelns. Dieses Handeln kann und wird durchaus auf Interaktionspartner ausgerichtet sein. Es ist aber sicher kein Ansatz zur Darstellung kollektiven Handelns, bei dem beispielsweise eine Dyade als „Subjekt" der Regulation auftritt.

Gute Freunde tauschen ihre Gedanken und Gefühle aus. (Aus: Berns, R. M.: Child, family, community. New York: Holt, Rinehart & Winston 1985, S. 233).

tion erkannt, und damit welche Ziele gebildet und schließlich verfolgt werden, hängt von der momentanen Regulationsebene ab. Sie zu ändern, kann sich auch aus der sozial-kognitiven Analyse von Mißerfolgen bisheriger Regulationsbemühungen ergeben. Nicht zuletzt kann soziale Kognition zu betreiben natürlich selbst Gegenstand des Handelns sein, etwa weil sich so ein übergeordnetes Ziel erreichen läßt.

Die verschiedenen Ansätze zur Entwicklung sozialer Kognition sind mit der kontrolltheoretischen Auffassung von der Organisation sozialer Interaktion nicht gleichermaßen verträglich. Konstrukte wie Perspektivenübernahme, Attributionsschemata oder Skripte haben in diesem Rahmen unterschiedliche Bedeutung, etwa für die Ausbildung von Bezugsgrößen. Indem soziale Kognition in ihrer Funktion für die Ausbildung von Bezugsgrößen auf angemessenen Regulationsebenen charakterisiert wird, erlangt auch die lange vernachlässigte Frage nach dem Verhältnis von sozialer Kognition und Emotion Aufmerksamkeit: Beide beeinflussen einander, und sind für die Ausbildung von Handlungszielen und deren Verfolgung wichtig (vgl. Zajonc 1980; Lantermann 1983).

Soziale Kognition und prosoziales Handeln. Die Forschung zur Entwicklung des prosozialen Handelns, also beispielsweise von *Helfen, Teilen und Anteilnehmen,* bietet eine themenspezifische Differenzierung des allgemeinen kontrolltheoretischen Paradigmas (vgl. Eisenberg 1986). Beispielhaft ist ein von Schwartz und Howard (1981) berichtetes Modell der Aktualgenese des altruistischen Handelns. Entscheidend ist danach der in der Situation erfolgende Aufbau einer moralischen Verpflichtung zur Hilfeleistung, die sich gegen konkurrierende Handlungsimpulse (etwa Eigennutz oder Konformität), sowie Tendenzen zur Abwehr der Verantwortlichkeit behaupten muß.

Sozialer Kognition kommt dabei zunächst die Rolle zu, durch eine angemessene Situationsinterpretation die Aufmerksamkeit auf die Bedürfnisse der in einer Notlage befindlichen Person zu lenken. Ein schöner Beleg hierzu findet sich in einer Untersuchung von Bernett et al. (1979). Sie baten Kinder, sich die schlechte Lage anderer vorzustellen. Diese Kinder schenkten anschließend großzügiger als ihre Kameraden, die über sich selbst oder über die unglücklichen Seiten des Lebens ihres Interaktionspartners nachdenken sollten.

Wie offen und unverstellt die Situation interpretiert wird, oder ob sich schon hier Tendenzen zur Abwehr der Hilfe durchsetzen, hängt von einer Vielzahl situativer und persönlicher Bedingungen ab, die ihrerseits auf die soziale Kognition rückwirken. Ein bereits früher erwähntes Beispiel hierfür ist das von Selman (1980) berichtete Ergebnis, daß höhere Niveaus der Perspektivenübernahme, also im Ansatz von Carver und Scheier (1982) höhere Regulationsebenen, bevorzugt dann auftreten, wenn sich die Person gegen Anforderungen Dritter verteidigen muß.

Sozialer Kognition kommt eine weitere Funktion zu, wenn der Akteur die prinzipielle Möglichkeit sinnvoller Hilfestellungen und nicht zuletzt eine eigene Befähigung hierzu bedenkt. Ist all dies mit der augenblicklichen Zielhierarchie verträglich (etwa, sich wieder mal als verantwortungsbewußt zu zeigen, zumal es nicht viel an Aufwand bedarf . . .), wird es zur entsprechenden altruistischen Motivation und schließlich zur Hilfehandlung kommen.

Entwicklung von Verantwortlichkeit. Hoffman (1978) beschreibt und erklärt für den Fall des *Altruismus* Veränderungen des entwicklungstypischen Zusammenspiels von sozialer Kognition und Motivation während Kindheit und Jugend. Die ontogenetische Grundlage interpersonaler Verantwortlichkeit ist für ihn die empathische Reaktion, also die elementare Befähigung, Gefühlsregungen anderer nachvollziehend miterleben. Der davon ausgehende Impuls zur Beseitigung des Leids ist aber zunächst ausschließlich auf das Kind selbst gerichtet, da es noch nicht zwischen dem eigenen und dem nachvollzogenen Leid unterscheiden kann.

Damit die andere Person zum Ziel des altruistischen Handelns werden kann, bedarf es dreier Entwicklungsschritte:

a) Zunächst muß der soziale Egozentrismus, also die Gleichsetzung von Selbst und Anderem, überwunden werden. b) Die Möglichkeit zur Übernahme und Koordination sozialer Perspektiven überformt daraufhin das bloß affektive Einfühlen zum Mitleid. In einer aktuellen Situation ist dies die Voraussetzung zu persönlichen Schuldgefühlen, weil nun das Leid anderer als Folge eigener Hilfeunterlassung erkannt werden kann. c) Ein weiterer Entwicklungsschritt führt zu einer generellen, von einzelnen Personen und ihrem Leid abgelösten Mitleidshaltung und einer dadurch vermittelten existentiellen Schuld gegenüber sozialer Not als Lebensschicksal. Montada, Schmitt und Dalbert (1986) berichten Untersuchungen gerade zu diesem Aspekt im Erwachsenenalter.

5. Ausblick

Die Entwicklungspsychologie sozialer Kognition steht nach zwei Dekaden intensiver Forschung vor heftigen Umstrukturierungen. Waren die Anfänge durch Impulse aus der entwicklungspsychologischen Tradition geprägt, so standen in der jüngeren Zeit vor allem Anregungen aus der Sozialpsychologie (z. B. die Attributions-Ansätze) und aus der Wissenspsychologie (z. B. die Skript-Ansätze) Pate. Nicht minder wichtig sind Veränderungen, die das Verhältnis sozialer Kognition zum Handeln in sozialer Interaktion betreffen. Themenspezifische Modelle der Aktualgenese sozial-orientierten Handelns rücken ebenso in den Mittelpunkt des Interesses wie Ansätze, die den zeitlichen Verlauf des Handelns zwischen den Interaktionspartnern untersuchen.

Dies alles zusammengenommen hat sicherlich den Vorteil, daß die langwährende Dichotomie zwischen sozialer Kognition und sozialem Verhalten nicht länger akzeptiert wird (vgl. Flavell & Ross 1981). Weil indessen ausgearbeitete, spezifische Modelle sozialer Handlungsorganisation kaum vorliegen, besteht die Gefahr, daß Konzepte aus verschiedenen theoretischen Ansätzen so behandelt werden, als ob sie schon deshalb unterschiedliche Phänomenbereiche beträfen.

Die Forschung zur Entwicklung sozialer Kognition hat über die Jahre eine immer stärkere Bedeutung für eine zunehmende Zahl von Praxisfeldern gewonnen. Am Anfang standen die Interventionsstudien, die ursprünglich nicht in einem Anwendungszusammenhang standen: Will man sozial-kognitive Entwicklung sowohl beschreiben, wie dies in den siebziger Jahren überwiegend geschah, als auch Veränderungen durch die Angabe von Entwicklungsmechanismen erklären, bedarf es der experimentellen Bedingungsmanipulation und zusätzlich des Versuchs, Entwicklungsverläufe zu modifizieren. Typisch hierfür sind jene Untersuchungen, welche die Gültigkeit von Annahmen über sogenannte ,,diachrone" Entwicklungsmuster, etwa die Perspektivenübernahme als Voraussetzung der Entwicklung des moralischen Urteils gesehen, zu bestätigen suchten. Längsschnittstudien allein genügen nicht, es bedarf der Intervention (vgl. Kurdek 1978). Anregungen aus solchen Interventionsstudien gingen in pädagogische Programme ein. Beispiele aus der Vorschulerziehung finden sich bei Croissier, Heß und Köstlin-Gloger (1979).

Für die Ausbildung von Ansätzen zur *Entwicklungsintervention* waren weiterhin Studien wichtig, welche Problemgruppen verschiedenster Art untersuchten. Hains und Ryan (1983) verglichen Bewohner eines geschlossenen Heimes mit in dieser Hinsicht unauffälligen Jugendlichen und fanden, daß Unterschiede in der Fülle und Realistik der ihnen geläufigen sozialen Strategien bestehen (,,Wie schafft man es, mit einer neuen Klassenkameradin näher bekannt zu werden?"). Natürlich muß man bei solchen Untersuchungen bedenken, daß beispielsweise Delinquenz ein sehr unscharfer Begriff ist, der die tatsächlich bedeutsamen Bedingungen noch nicht enthüllt. In der jüngsten Zeit erscheinen häufig Arbeiten, in denen vor allem die Bedeutung von interpersonalen Problemlösefähigkeiten für die Prävention von Entwicklungsstörungen herausgestellt wird. Charakteristisch hierfür ist eine Studie von Pellegrini (1985), die einen klaren Zusammenhang sieht zwischen Perspektivenkoordination und interpersonalen Problemlösefähigkeiten einerseits und der Einschätzung durch Klassenkameraden als ,,prosozial" andererseits.

Damit ist die Liste der Praxisfelder noch bei weitem nicht erschöpft. Weitere Anwendungen betreffen beispielsweise so unterschiedliche Dinge wie die sozialpädagogische Arbeit mit Lehrlingen (Oser 1981) oder die Verkehrserziehung von Grundschülern (Küting et al. 1983).

Dieses Kapitel wurde während eines von der Deutschen Forschungsgemeinschaft gewährten Akademiestipendiums verfaßt (Si 296/2–2). Einige Passagen sind einem früheren Beitrag entnommen (Silbereisen, R. K. Soziales Wissen und Verstehen. In Silbereisen R. K. & Montada, L. (Hg.): Entwicklungspsychologie. Ein Handbuch in Schlüsselbegriffen. München: Urban & Schwarzenberg (1983). Ich möchte an dieser Stelle Annette Claar, Peter Noack, Petra Schuhler sowie Sabine Walper für die jahrelange Zusammenarbeit bei der Untersuchung sozialer Kognition und ihrer Entwicklung danken.

Kapitel 15

Entwicklung der Moral

Leo Montada

Immanuel Kant hat drei Arten von Regeln (Maximen oder Imperativen) als Grundformen der Praxis unterschieden: die technischen oder die Regeln der Geschicklichkeit, die pragmatischen oder die Regeln der Klugheit, die moralischen oder die Regeln der Sittlichkeit. Hinske hat diese Dreiteilung herausgearbeitet, der ,,in der Sprache der Gegenwart etwa die Unterscheidung von technologischen (oder technokratischen), taktischen (oder strategischen) und moralischen Prinzipien" entspricht (1980, S. 92). Während die technischen und pragmatischen Regeln nicht Selbstzweck sind, sondern immer nur eine Mittelfunktion haben und dadurch nur unter bestimmten Voraussetzungen, also hypothetisch gelten, gelten die moralischen Regeln der Sittlichkeit ohne Voraussetzung bestimmter Zwecke, sie gelten nicht hypothetisch, sondern kategorisch.

1. Moralphilosophie und Moralpsychologie

,,Was heißt es, von einer Handlung zu sagen, sie sei schlecht (und zwar schlechthin, und nicht für den oder jenen Zweck)? Was meinen wir, wenn wir sagen, daß man so oder so handeln soll oder muß bzw. nicht darf (und zwar einfachhin, und nicht mit Rücksicht auf eine bestimmte Absicht)? Und: Wie kann man Aussagen dieser Art begründen? (. . .) Und welchen Sinn hat hier die Rede von einer Begründung?" (Tugendhat 1984, S. 3).

Es ist der Anspruch der Moralphilosophie, auf diese Fragen (end-)gültige Antworten zu geben. Sie sucht nach Argumenten, inwiefern das primitive Gegenseitigkeitsgebot ,,Auge um Auge, Zahn um Zahn" als moralische Maxime des Handelns mehr oder weniger akzeptabel ist als beispielsweise die Maxime des Sokrates ,,Es ist besser, Unrecht zu erleiden, als Unrecht zu tun." Sie sucht nach Begründungen für Moralnormen, die von den einen auf göttliche Gebote zurückgeführt werden, von anderen wie Thomas Hobbes auf das wohlverstandene eigene Interesse zur ,,Vermeidung des Krieges aller gegen alle", von Vertretern der Aufklärung wie Kant auf vernünftige Überlegung, von den Utilitaristen wie John Stuart Mill auf das Prinzip der Maximierung des Gesamtnutzens.

Der Anspruch der Psychologie ist es nicht, eine Ethik zu begründen. Sie will aufzeigen, wie unterschiedlich die Normen sind, die das Erleben, Urteilen und Handeln von Menschen leiten, wie unterschiedlich Menschen diese Normen begründen oder rechtfertigen, wie unterschiedlich sie diese Normen einhalten und wie unterschiedlich sie auf ihre Einhaltung oder Übertretung reagieren. Der Entwicklungspsychologie fällt die Aufgabe zu, die Übernahme bzw. den Aufbau normativer Überzeugungen zu untersuchen, also entwicklungsmäßige Veränderungen der Inhalte von Normen, ihrer Auslegung und ihrer Begründung zu analysieren.

Die Aufgaben der Entwicklungspsychologie der Moral sollen an einem gedachten Fall dargelegt werden: Der Mathematiklehrer einer zehnten Klasse behandelt seit einiger Zeit den Schüler O ungerecht. Wenn O sich meldet, wird er nicht berücksichtigt. Wenn er keine Antwort zu haben scheint, wird er aufgerufen. Der Lehrer läßt ihm keine Zeit zum Nachdenken und verunsichert ihn durch ungeduldiges Drängen. Versagt O, dann kritisiert der Lehrer ihn harsch oder ironisch. Os Leistungen in den schriftlichen Arbeiten sind in der letzten Zeit bedenklich schlechter geworden, so daß seine Versetzung gefährdet ist.

Wie beurteilt Os Banknachbar E das Verhalten des Lehrers, wie verhält er sich gegenüber dem Lehrer? Rechtfertigt er dessen Verhalten? Entschuldigt er ihn oder verurteilt er ihn moralisch? Ist letzteres der Fall, welche moralischen Normen sieht er durch den Lehrer verletzt? Fühlt er sich verpflichtet, gegen das Verhalten des Lehrers Protest einzulegen? Wird er einer solchen Verpflichtung nachkommen? Wie wird er sich fühlen, wenn er das nicht tut? Wie wird er seine Unterlassung rechtfertigen?

Wie verhält er sich gegenüber O? Fühlt er sich verpflichtet, O zu trösten oder etwas zu seiner Unterstützung zu tun? Wird er O bei der nächsten Klassenarbeit zu helfen versuchen und ihm Lösungen der Aufgaben zuspielen? Wie wird er ein solches strafbares Verhalten rechtfertigen?

2. Indikatoren moralischer Überzeugungen

Woran ist zu erkennen, welche moralischen Normen erlebt und zur Beurteilung des eigenen und des Verhaltens anderer herangezogen werden? Zur *Frage nach den Indikatoren der moralischen Normen* einer Person sind verschiedene Lösungen vorgeschlagen worden, die jedoch alle Irrtumsrisiken bergen.

1. Das *Verhalten* einer Person gibt keinen zuverlässigen Aufschluß über ihre moralische Überzeugung. E mag sich im geschilderten Fall verpflichtet fühlen, für O Partei zu ergreifen und Protest zu erheben, kann das aber z. B. aus Angst vor Vergeltung des Lehrers unterlassen. Er wird vielleicht auch die Folgen bedenken, die ein Protest für O haben kann: Wird O noch mehr zu leiden haben, wenn der

Lehrer nach einem Protest beweisen will, daß Os Leistungen wirklich schwach sind?

E mag sich verpflichtet fühlen, O bei der nächsten Klassenarbeit verbotenerweise zu helfen. Aber auch hiervon könnte er Abstand nehmen, sei es aus Angst vor Entdeckung, sei es wegen moralischer Skrupel. Im ersten Fall hätten wir einen Konflikt zwischen einer moralischen Verpflichtung und einem Motiv (nach Sicherheit), im zweiten Falle ein moralisches Dilemma, einen Konflikt zwischen zwei unvereinbaren moralischen Normen: der Pflicht, einer anderen Person in der Not zu helfen, und dem Verbot, in Prüfungen zu täuschen.

Das heißt, auch wenn E nicht protestiert und O in der Klassenarbeit nicht hilft, bedeutet das nicht, daß er keine entsprechenden moralischen Verpflichtungen erlebt. Umgekehrt, wenn er protestiert und O in der Klassenarbeit hilft, kann er das aus anderen als moralischen Motiven tun. Vielleicht möchte er durch einen Protest den Klassenkameraden imponieren, möglicherweise hilft er O in der Klassenarbeit, um diesen an sich zu binden oder ihn zu einer Gegenleistung zu verpflichten.

2. Auch bei *Befragungen* über moralische Überzeugungen ist Vorsicht geboten. Es ist schwierig zu klären, ob eine Person nach bestem Wissen wahrhaftig über sich Auskunft gibt, oder ob sie ein zweckdienliches Bild über sich vermittelt, das z.B. je nach der vermuteten Einstellung der Gesprächspartner variieren kann.

Dieses Problem hat man auf zweierlei Weise zu lösen versucht. Einmal durch *Kontrolle* der individuellen Tendenz, die Wahrheit über sich in Richtung auf *soziale Erwünschtheit* zu verfälschen, was mittels spezifischer Fragebögen möglich ist. Zweitens hat man *projektive Verfahren* verwendet, mit denen von der befragten Person nicht direkt Auskunft über sich selbst verlangt wird, sondern in denen eine geschilderte oder bildlich dargestellte Geschichte oder Szene zu interpretieren und auszumalen ist, wie es zu der dargestellten Situation gekommen ist und wie sie sich fortsetzen wird. In solchen Geschichten oder Szenen wird eine zentrale Figur geschildert, die vor einem moralischen Problem steht bzw. eine moralische Verfehlung begangen hat. Man erwartet eine Identifikation des Befragten mit dieser Figur und hofft, daß Hergang und Fortgang so konstruiert werden, daß die wirklichen Motive und Überzeugungen der befragten Person zum Vorschein kommen, ohne daß sie sich bewußt wäre, über sich selbst Auskunft zu geben. Im vorliegenden Falle würde man darauf verzichten, E über die Problemsituation zwischen dem Lehrer und O zu befragen. Statt dessen würde ihm eine Problemszene zwischen einem Lehrer und einem Schüler durch Wort und/oder Bild vorgegeben. Unter der Annahme von Tendenzen zur Unehrlichkeit (z.B. aus Gründen der sozialen Erwünschtheit, aus Angst oder Scham) ist die Überlegung plausibel, indirekte ,,projektive" Befragungen kämen der Wahrheit näher.

Es stellt sich weiter die Frage, auf welchem Abstraktionsniveau wir die Wertüberzeugungen erfassen. Wählen wir ein hohes Abstraktionsniveau, wie beispielsweise in der Frage an E, ob er sich generell verpflichtet fühle, einem ,,Menschen in Not zu helfen", erhalten wir andere Antworten als auf die Frage, ob sich E verpflichtet fühlt, der Person O zu helfen, und zwar durch unerlaubte Hilfe bei der Klassenarbeit. Die Kosten für Hilfe sind unterschiedlich hoch; Menschen sind uns unterschiedlich sympathisch oder fremd; wir fühlen uns in unterschiedlichem Maße kompetent, Hilfe zu leisten; wir fühlen uns für den einen mehr, für den anderen weniger verantwortlich; wir erleben eine spezifische Notlage in unterschiedlichem Maße als unverschuldet oder selbstverschuldet, was die Bereitschaft zu helfen stark beeinflußt. Dies alles erklärt, warum der Zusammenhang zwischen auf abstraktem Niveau erfragten Werthaltungen und tatsächlichem Verhalten nicht sehr eng ist (vgl. Schwartz 1977). Je konkreter allerdings eine Situation dargestellt ist, je mehr Aspekte erfaßt sind und je realistischer die Befragten sich in eine Situation hineinversetzen können, um so eher sollten ihre Antworten ihrem tatsächlichen Erleben und Handeln entsprechen.

3. Aber auch wenn eine Person angibt, sie sähe sich selbst oder andere in dieser oder jener Verpflichtung, ist über den Grad der Verpflichtung noch nichts ausgesagt. Von diesem letzten Einwand gegen Befragungen ausgehend hat man überlegt, ob nicht *Gefühle* die besten Indikatoren für moralische Überzeugungen seien. An zwei Gefühle ist hier zu denken, die bei einer Abweichung von einer Norm zu erwarten sind: Zum einen sind es *Schuldgefühle* bei der Verletzung einer moralischen Norm, und zum anderen ist es die *moralische Entrüstung,* die man erlebt, wenn man Opfer einer Normverletzung wird oder eine solche beobachtet. Im geschilderten Fall könnte E Schuldgefühle erleben, wenn er nicht gegen die ungerechte Handlungsweise des Lehrers protestiert oder wenn er O bei der Klassenarbeit nicht hilft. Wenn er die Ungerechtigkeit des Lehrers moralisch verurteilt, wird er das Gefühl der Empörung oder Entrüstung erleben.

Solche gefühlsmäßigen Stellungnahmen sind sehr sensible Indikatoren für das Erleben der Verletzung von Moralüberzeugungen. An der Heftigkeit der Gefühle könnte die persönliche Bedeutung der entsprechenden Moralnormen abgelesen werden. Aber die objektive Erfassung von Gefühlen ist ein bis heute nicht befriedigend gelöstes Problem. Man kann Gefühle nicht direkt beobachten, man muß sich auf Indizien stützen. Dazu zählen mimischer Ausdruck, Aussagen über Gefühle, bewertende Urteile, etwa über das gerechte Strafmaß nach einer Verfehlung. In der Moralforschung stützt man sich vor allem auf Aussagen über Gefühle, die man in direkten Befragungen oder in projektiven Verfahren erhält. Die Irrtumsquellen sind jedoch die gleichen geblieben. Wer sagt, er fühle sich schuldig, kann das auch aus der Überlegung heraus tun, dadurch milder beurteilt zu werden und vielleicht gar Mitleid zu erfahren statt Strafe.

Welche entwicklungspsychologischen Erkenntnisse hat die Moralforschung bis heute gewonnen? Man hat entwicklungsabhängige Veränderungen der für richtig gehaltenen moralischen Normen entdeckt, also Veränderungen im Urteil darüber, was gut und was böse ist, was gerecht und was ungerecht ist. Man hat weiter entdeckt, daß in die Bewertung von Verfehlungen mit zunehmendem Alter differenziertere Urteile über die Verantwortlichkeit einfließen. Schließlich hat man deutliche Veränderungen in den Begründungen von Normen nachgewiesen.

3. Die Internalisierung moralischer Normen

Wir nennen ein Verhalten moralisch, wenn es einem ,,kategorischen Imperativ" entspricht, d.h. wenn es nicht nur der Vermeidung von Strafen oder anderen unangenehmen Folgen oder der Erreichung positiver Ziele dient. Die Beachtung eines Gebotes oder Verbotes ohne Kontrolle von außen, ohne Furcht vor Entdeckung und Strafe und ohne Hoffnung auf äußeren Gewinn und Anerkennung gilt als Indikator der Verinnerlichung oder Internalisation von Normen. Mit Verinnerlichung meinen wir, daß die Normen von der Person als ihre eigenen persönlichen Normen akzeptiert und aufgefaßt werden.

Verinnerlichung ist mehr als Kenntnis der Norm: Die meisten Delikte werden in voller Kenntnis der sozialen Normen begangen. Nach der Verinnerlichung ist die Norm Teil der Person, sie ist eine Facette ihrer Identität geworden.

Wie kommt es zu einer Internalisation von Normen? Die interessantesten Befunde hierzu hat die familiäre Erziehungsforschung erbracht, in der erzieherisches Handeln, Erziehungsstile und gefühlsmäßige Beziehungen zwischen Eltern und Kindern als wichtige Einflußgrößen erkannt wurden. (Eine Übersicht gibt Kasten 1976). Hoffman (1970) unterscheidet z.B. drei Grundformen der Erziehungsstile: den machtausübenden Stil, für den die direkte, auch gewaltsame Durchsetzung von Forderungen und harte Strafen bei Mißachtung typisch sind, den Liebesentzug als Ausdruck der Enttäuschung und als Abweisung des Wunsches nach Kontakt und schließlich den induktiven Erziehungsstil, für den charakteristisch ist, daß dem Verständnis entsprechende Erläuterungen für normative Forderungen gegeben werden.

Die Forschung hat eindeutig ergeben, daß *machtausübendes Erziehungsverhalten* eine Internalisation von Normen eher verhindert als fördert. Als Ergebnis ist Angst vor Strafe zu erwarten, die zwar eine äußere Anpassung zu motivieren vermag, nicht aber eine freigewählte Beachtung einer Norm: Wenn ein Kind keine Überwachung und Entdeckung befürchtet, wird es sich nicht an die Vorschriften halten.

Hoffman (1963) hat hierzu eine interessante Studie im Kindergarten vorgelegt. Er ging aus von der Frage, ob Eltern Kinder zu hilfsbereitem, prosozialem Verhalten erziehen, indem sie häufig altruistische Ziele formulieren und ihre Kinder auf die Konsequenzen des eigenen Handelns für andere hinweisen. Er erfaßte die diesbezüglichen Unterschiede zwischen den Müttern einer Gruppe von Kindergartenkindern und erwartete, entsprechende Unterschiede in bezug auf prosoziales Verhalten ihrer Kinder im Kindergarten (außerhalb der Kontrolle der Mütter) zu finden. Er fand aber keine Korrelation.

Erst als er die Neigung der Mütter zur Machtausübung einbezog, ergaben sich deutliche Zusammenhänge. Mütter mit ausgeprägter Neigung zu unbeherrschter Machtausübung verfehlten ihre Erziehungsziele: Die Korrelation zwischen mütterlichen Aufforderungen zu prosozialem und hilfsbereitem Verhalten der Kinder war negativ ($r = -.68$). Mütter, die weniger Macht ausübten, waren erfolgreicher: Die Korrelation zwischen ihren Aufforderungen und dem Verhalten der Kinder war positiv ($r = .75$).

Ähnliche Beziehungen sind auch auf höheren Altersstufen nachgewiesen worden. Hoffman (1970) hat 17 Studien analysiert: Im allgemeinen fanden sich negative Korrelationen zwischen Machtausübung und unterschiedlichen Indices der Moral. Dieser Zusammenhang wird erhärtet durch die Delinquenzforschung: Sehr häufig wurde machtausübende Erziehung als Prädiktor für Delinquenzentwicklung im Jugendalter berichtet (z.B. Glueck & Glueck 1968, West & Farrington 1973). Allerdings bleibt in diesen Korrelationsstudien offen, was Antezedenz und was Folge ist.

Diese Befunde können auf mehrere Weisen theoretisch interpretiert werden.

a) Machtausübung ist gepaart mit einer feindseligen Grundhaltung gegenüber dem Kind, zumindest mit einem Fehlen liebevoller Wärme. In einem solchen Klima ist eine Identifikation mit den Erziehern und ihren Zielen nicht zu erwarten. Im Gegenteil, Rügen und harte Strafen werden als ungerecht abgelehnt und die geforderte Norm gleich mit.
b) Man kann Theorien der *Einstellungsänderung* zur Deutung heranziehen (Staub 1982). Nach der *Dissonanztheorie* z.B. ist eine Internalisation einer Norm nur zu erwarten, wenn entsprechendes Verhalten nicht erzwungen oder durch hohe externale Belohnungen ,,erkauft" wird. Zur Internalisation kommt es nur, wenn eine Person ihre Handlungsweise internal erklärt, d.h. auf eigene Motive und Überzeugungen zurückführt. Harsche Forderungen und Strafdrohungen wie auch ,,inflationäre" Versprechungen verhindern dieses. Erstere erzeugen im Gegenteil häufig *Reaktanz* (Brehm 1964), womit ein Widerstand gegen Aufforderungen und Zumutungen gemeint ist, der um so höher sein wird, je mehr die Freiheit der eigenen Entscheidung eingeschränkt erscheint.
c) Harsche Rügen erschrecken und emotionalisieren, wodurch die Informationsverarbeitung nicht mehr optimal gelingt: Schimpfen und Bestrafung können Kinder ,,verstören" und verhindern dadurch, daß sie die erzieherische Botschaft auffassen (Hoffman 1977). Entsprechende Ergebnisse liegen aus der *experimentellen Strafforschung* vor (vgl. Parke 1974); milde Strafen haben sich häufig als effektiver erwiesen als strengere.

Als Ideal gilt die *induktive Erziehung*. Hier werden je nach Verständnis des Heranwachsenden argumentative Erläuterungen der Forderungen gegeben, ihr Sinn erklärt, Konflikte zwischen Normen angesprochen, Ausnahmen durchdacht und Lösungsmöglichkeiten erwogen. Auf Zwang und Zurechtweisung wird verzichtet. Spielraum für eigene Entscheidungen wird gewährt. Heranwachsende können die Beachtung einer Norm als ihre eigene Entscheidung erleben und so wird sie auch von den Erziehern kommentiert und gelobt. Die Beachtung der Norm wird auf diese Weise zu einem Teil ihres Selbst, ihrer Identität.

Bei induktiver Erziehung kann sich entwickeln, was Hoffman eine humanistisch flexible Moral nennt. Dies ist keine ängstliche, starre Moral, kein Sich-Klammern an den Wortlaut von Regeln. Über die Berechtigung einer Regel und ihre angemessene Auslegung in einer gegebenen Situation darf nachgedacht werden.

Als dritten Typ des Erziehungsstils nennt Hoffman den *Liebesentzug*. Demonstratives Gekränktsein, Abbruch und Zurückweisung von Kontakten, Beschränkung der Interaktion auf das Nötigste, kein Lächeln, keine Freundlichkeit, kein Blickkontakt, keine Ansprache sind die Formen der Strafe. Ein solcher Abbruch der Beziehung kann sehr aversiv sein. Die Auswirkungen auf die Internalisation von moralischen Normen sind empirisch nicht eindeutig geklärt. Vermutlich ist entscheidend, wie das Kind den Liebesentzug erlebt: Viele Kinder leiden, andere sind wenig betroffen, wieder andere mögen zuversichtlich sein, durch demonstrierte Reue und gute Vorsätze die Eltern wieder freundlich zu stimmen.

Es spricht vieles dafür, daß dieser Stil nicht unproblematisch ist. Wenn er zu einer Internalisation von Normen beiträgt, dann führt er eher zu einer ängstlich-rigiden Moral. Beispiele bietet die Kasuistik der Psychoanalyse. Der Neurotiker ist gekennzeichnet durch ein überstrenges Gewissen. Er ist den Moralregeln verpflichtet, die ihm in der frühen Kindheit durch Liebesentzug vermittelt worden sind. Das Ergebnis ist Angst vor den eigenen Bedürfnissen und Trieben und Angst vor moralischem Versagen. Dies führt zu einer ängstlichen Abwehr von Verantwortung, zur Vermeidung von Kritik (Gilligan 1976).

Daß die Beziehungen zu den Eltern auch im Jugendalter und frühen Erwachsenenalter einflußreich sind, belegen Studien über politische Einstellungen, denen normative Überzeugungen zugrunde liegen. Krause und Hippler (1984) konstruierten in einer Umfrage unter Studenten im Jahre 1979 einen Index ,,Alternative Wertorientierung", der die Distanz zu zentralen Bereichen des traditionellen kulturellen Wertsystems erfassen soll. Sie wählten folgende sechs Bereiche aus:

1. Arbeitswelt: autonome Arbeitskollektive vs. traditionelle Produktionsformen;
2. Wohnform: Wohngemeinschaften vs. traditionelles Zusammenleben;
3. Lebensumwelt: Landleben vs. Großstadtleben;
4. Ehe: informelle Zweierbeziehung vs. formelle Ehe;
5. Familienstruktur: offene Gruppenbeziehung vs. Kleinfamilie;
6. Geschlechterrolle: Emanzipation der Geschlechter vs. Zufriedenheit mit dem Status quo.

In allen Bereichen wurde Zustimmung, wohlwollende Toleranz, Desinteresse oder massive Kritik an neuen Formen erfragt. Ein Index ,,Alternative Wertorientierung" wurde durch Addition der Zustimmung zu alternativen Formen in allen sechs Bereichen gebildet, so daß der Index Werte von 0 (keine Zustimmung) bis 6 (Zustimmung in allen Bereichen) annehmen kann. Dieser Einstellungsindex korreliert deutlich mit selbstberichtetem alternativen Verhalten.

Interessant sind die Zusammenhänge zwischen diesem Index und den erlebten Beziehungen zu den Eltern. Wurden diese in der Adoleszenz als negativ und konfliktreich erlebt, wurde mehr Zustimmung zu alternativen Werten angegeben, insbesondere wenn im Elternhaus gemessen an der Parteipräferenz des Vaters konservative Orientierungen erfahren wurden. Alternative Wertorientierungen erhalten somit den Charakter eines Protestes gegen die Eltern. Wurde ein Bruch mit der Elternfamilie berichtet (meist zwischen dem 14. und 18. Lebensjahr), war Zustimmung zu alternativen Werten ausgeprägt, was eine Abwendung von der Orientierung der Familie vermuten läßt. Diese Orientierung wird durch die Einbindung in eine politische Clique mit alternativer Orientierung noch unterstützt.

Dieser letzte Befund weist auf, daß neben der Familie im Laufe der Entwicklung Freunde und Peergruppen einflußreich werden. Das wurde z. B. nachgewiesen für normative Überzeugungen bezüglich Sexualität, wobei sich viele Jugendliche nach den Normen und dem Verhalten von gleichaltrigen Freunden richten (Mirande 1968), bezüglich Alkohol und Drogen (Jessor & Jessor 1977), delinquentem Verhalten (Glueck & Glueck 1968).

Was die verschiedenen, u. U. divergierenden Einflüsse anbelangt, sind mehrere Ausgänge möglich. Es kann zu Wertekonflikten kommen. Konflikte können aber auch durch eine Trennung von Bereichen mit einer Anpassung an die Normen des jeweils gegebenen Settings vermieden werden (De Wit & Van der Veer 1982). Schließlich kann der Jugendliche angesichts unterschiedlicher normativer Angebote und Anforderungen zu eigenständigen Entscheidungen gelangen (Larson 1972).

Der Begriff Internalisation enthält das Bild ,,von außen hereinnehmen". Vorgegebene Normen werden gelernt und übernommen. Eine Gegenthese ist die, daß jede einzelne Person sich mit moralischen Problemen auseinanderzusetzen hat und zu persönlichen Wertüberzeugungen gelangen kann, die mit den in dieser Gesellschaft mehrheitlich geteilten übereinstimmen mögen oder auch nicht. Wird die mehrheitlich für gültig gehaltene Norm nicht geteilt, sind zwei Fälle zu unterscheiden. Der erste Fall kann als einfache Nichtübernahme einer bestehenden Norm angesehen werden. Das wäre ein Fall fehlgeschlagener Sozialisation, der bei Delinquenten mit wiederholten Straftaten wohl häufig vorkommt.

Einen anderen Fall haben wir, wenn die Berechtigung einer bestehenden Norm durch grundsätzliche Überlegungen zur Gerechtigkeit und Funktionalität dieser Norm in Frage gestellt wird. Hier handelt es sich um eine Auseinandersetzung mit den Begründungen einer Norm, die durchaus zu Zweifeln an geltendem positiven Recht oder geltenden Sitten führen kann, insbesondere wenn ihre Verträglichkeit mit Grundrechten und allgemeinen Prinzipien der Gerechtigkeit geprüft und verneint wird. Dies setzt moralische Autonomie voraus, die Jean Piaget und Lawrence Kohlberg beschrieben haben.

Hier sei nur festgehalten, daß in pluralistischen Gesellschaften die permanente Auseinandersetzung über die Notwendigkeit und die Art von Geboten und Verboten die Regel ist. Konflikte über soziale Gerechtigkeit, über die Wahrung von Grundrechten, sowie über spezifische Normenkomplexe, z. B. Jugendschutz, Sexualmoral, Abtreibung, Asylrecht und -praxis, Datenschutz, Umweltschutz sind alltäglich.

Die Vorstellung, die Eltern vermittelten ihren Kindern die gültigen sozialen Normen, die auch in der Zukunft Geltung haben werden, greift zu kurz. Kinder und Eltern werden von dritter Seite zu Auseinandersetzungen mit Normen angeregt. Der Prozeß der Beeinflussung ist im übrigen nicht einseitig, die Kinder haben ihrerseits Einfluß auf die Moralentwicklung ihrer Eltern, vermitteln diesen veränderte Werte und tragen dadurch in vielen Fällen bei zu einem allgemeinen Wertewandel (Bengtson & Troll 1978, vgl. Kap. 1). Einen Überblick über diese „retroaktive" Sozialisation der Eltern durch ihre Kinder vermittelt Klewes (1983).

4. Begründung sozialer Normen und moralischer Urteile

Soziales Handeln und Urteilen wird durch normative Regelsysteme geleitet, die teils als Gesetz, teils als Sitte und Brauch tradiert, teils als Spielregel und Absprache nach Bedarf vereinbart werden. Diese Normen definieren die Erwartungen an die Inhaber von Positionen, also den Inhalt von sozialen Rollen, sie schreiben Formen des Zusammenlebens, die Verteilung von Aufgaben, Pflichten und Gütern vor sowie Maßnahmen für den Fall von Regelverletzungen. Weiter gibt es Verfahrensregeln für die Änderung und die Neuschaffung von Normen, also Regeln für den geordneten sozialen Wandel. Es gibt entwicklungsmäßige Veränderungen im Verständnis von Normen, vor allem, was deren Begründung anbelangt.

Von der Heteronomie zur Autonomie

Etwa im Grundschulalter beginnt die Auseinandersetzung mit Normen: *Fragen nach ihrer Herkunft und Begründung, Zweifel an ihrer Berechtigung* tauchen auf. Auch wenn sie Gebote und Verbote übertreten oder ihren Gefühlen der Frustration bei normativen Anforderungen und Sanktionen freien Lauf lassen, stellen Kinder im Vorschulalter die vorgegebenen Normen nicht in Frage, sondern akzeptieren grundsätzlich als berechtigt, was Eltern und andere Autoritäten sagen. Vom Schulalter an werden Widerspruch und Zweifel immer häufiger. Dies kann angeregt sein durch die Erfahrung abweichender Regelungen in anderen Familien oder inkonsequente Regeln in der eigenen. Vorschriften bezüglich Beschäftigungen, Sozialkontakten, Kleidung und Nahrung, Fernsehen und häuslichen Pflichten, die Gerechtigkeit von Strafen und Privilegien: immer häufiger werden Anordnungen und Sanktionen in Frage gestellt. Das zeigt, daß die Auseinandersetzung mit moralischen Regeln eine andere Dimension gewonnen hat. Es geht nicht mehr nur

um ihre Einhaltung und Nicht-Einhaltung, sondern um ihren *Sinn* und ihre *Begründung.* Gerechtigkeit und Zweckmäßigkeit werden zu Themen.

Viele der Forschungen zur Moralentwicklung wurden durch ein Buch Piagets (1934) angeregt, in dem dieser über umfangreiche Befragungen von fünf bis dreizehn Jahre alten Kindern berichtet. Er fragte diese u.a. nach der Herkunft von Spielregeln, nach der gerechten Verteilung von Gütern und Pflichten und der Gerechtigkeit unterschiedlicher Strafen für ein Vergehen. Aufgrund der Antworten unterschied er zwei Stadien der moralischen Entwicklung. Das erste nannte er das Stadium der *Heteronomie:* Die Regeln werden durch Autoritäten gesetzt, die auch berechtigt sind, Abweichungen zu bestrafen. Gut oder böse oder ungerecht ist das, was die Autoritäten so bezeichnen.

Dieses Stadium wird abgelöst durch das der *Autonomie.* Die Heranwachsenden entscheiden nun selbst, was gut und richtig ist, sie vereinbaren die Gebote und Verbote, die Spielregeln, und zwar unter Bezugnahme auf Maßstäbe der Gerechtigkeit. Etwa vom neunten bis elften Lebensjahr an, je nach Problem und Thema früher oder später, kann man Überzeugungen dieser Art beobachten.

Piaget untersuchte das moralische Bewußtsein u.a. an zwei Kinderspielen der Jungen und Mädchen. Die Knaben beobachtete er beim Murmelspiel, er erfragte ihr Wissen über die Regeln, er fragte, wer die Regeln erfunden habe, ob es sie immer schon gegeben habe, ob man sie ändern könne, ob das Kind selbst eine neue Spielregel erfinden könne und ob diese von anderen und eventuell allgemein akzeptiert werden würde. Er beobachtete, daß die Regeln in den ersten Lebensjahren – soweit sie bekannt sind – noch nicht als verpflichtende Norm aufgefaßt werden. Das werden sie erst vom vierten bis fünften Lebensjahr an, dem Beginn des Stadiums der Heteronomie. Die Regeln werden in diesem Stadium als unveränderbar und unantastbar angesehen. Sie verdanken ihren Ursprung Gott oder den erwachsenen Autoritäten und haben ewigen Bestand. Die Kinder können sich nicht vorstellen, daß sie eine Änderung der Regel vorschlagen dürften, die nicht Mogelei wäre.

Um das zehnte Lebensjahr beginnt das Stadium der Autonomie. Die Regeln werden als Übereinkunft, als gegenseitige Vereinbarung betrachtet, zu deren Beachtung man verpflichtet ist, solange die Übereinkunft gilt, die man jedoch im Einverständnis mit anderen abändern darf. Tradition und Autorität als Begründung der Geltung der Regel werden abgelöst durch Selbstverpflichtung in einem sozialen Vertrag.

Piaget interpretiert diese Stadien, indem er zwei Typen der Achtung vor der Regel unterscheidet: die *einseitige Achtung,* die durch Gehorsam gegenüber Autoritäten gekennzeichnet ist, und die *gegenseitige Achtung,* die sich im Respektieren der Vereinbarungen bewährt.

Die gleichen Muster fand Piaget auch bei allen anderen Themen, z.B.

bei *Urteilen über Gerechtigkeit.* Piaget stellte seinen Probanden folgende Frage: Eine Mutter bat Sohn und Tochter um Hilfe im Haushalt. Beide bekamen je eine Aufgabe. Der Sohn verschwand aber bald zum Spielen, ohne seine Aufgabe erledigt zu haben. Daraufhin übertrug die Mutter der Tochter auch noch die Pflicht des Bruders. Die Frage, ob sie das richtig und gerecht fänden, bejahten fast alle Sechsjährigen. Alle Zwölfjährigen hingegen beurteilten die Mutter als ungerecht.

Die Antworten der Sechsjährigen beruhten nicht etwa auf einem Mißverständnis. Sie wußten sehr wohl, was Gleichbehandlung ist, und sie forderten in anderem Zusammenhang Gleichbehandlung unter Kindern. Piaget schilderte eine zweite Geschichte, in der Kinder Ball spielen, der Ball häufiger auf die Straße fliegt und die Mitspieler immer wieder den gleichen Jungen auffordern, den Ball zurückzuholen. Dies fanden alle Sechsjährigen ungerecht, sie forderten Gleichbehandlung. Dieser Unterschied in der Beurteilung ist Ausdruck der Heteronomie im Sinne des Respekts vor der moralischen Autorität der Erwachsenen, die im frühen Alter als unfehlbar anerkannt sind.

Die Entwicklung von der heteronomen Vorgabe zur autonomen Vereinbarung von Regeln bestätigt sich auch in der *Definition, was eine Verfehlung ist.* Für jüngere Kinder ist eine Verfehlung eine objektive Verletzung von Geboten und Verboten oder Ungehorsam gegenüber einer Autorität, für ältere eine Verletzung des Vertrauens, der gegenseitigen Achtung und der auf Vereinbarung beruhenden gerechten Ansprüche der Partner. Die Jüngeren beziehen sich auf den Wortlaut von Geboten und Verboten, die Älteren auf den Sinn von sozialen Normen, den sie in der Aufrechterhaltung gemeinschaftlichen Lebens sehen.

Dementsprechend wandeln sich auch die *Ansichten, was eine gerechte Strafe sei.* Jüngere Kinder fordern Sühnestrafen, wenn sie Übertretungen zu beurteilen haben. Nicht selten werden drakonische Strafen ohne Gespür für die Verhältnismäßigkeit von Strafe und Vergehen als gerechte Sühne vorgeschlagen. Ältere Kinder plädieren für Strafen, die eine Wiedergutmachung beinhalten, oder solche, die eine natürliche Konsequenz der Verfehlung darstellen, womit der Sinn der verletzten Norm demonstriert wird. Eine gerechte Strafe für Lüge ist Zweifel an der Wahrheit einer Aussage des Lügners bei nächster Gelegenheit. Eine gerechte Strafe für Ungefälligkeit ist reziproke Ungefälligkeit bei nächster Gelegenheit. Eine gerechte Strafe ist damit nicht primär eine Sühne, sondern demonstriert den Sinn der verletzten Norm. Reine Sühnestrafen werden häufig abgelehnt, weil sie mit der Verfehlung ,,nichts zu tun haben".

Moralische Autonomie beruht auf einer Einsicht in den Sinn von Normen für das Leben in der Gemeinschaft. Die Verletzung einer Norm ist eine Gefährdung des sozialen Bandes, des Vertrauens und der gegenseitigen Verantwortlichkeit.

Diese Entwicklungsrichtungen sind empirisch recht gut belegt. Da das Niveau der Urteile aber von mancherlei Komponenten der Untersuchungsmethode und der Situation beeinflußt wird, sind Altersangaben mit Vorsicht aufzufassen. Je nach Thema sind deutliche *Altersverschiebungen* nicht ungewöhnlich. In einer Studie von Adelson et al. (1969) zur Entwicklung des Denkens über Recht und Gesetze wurde Autonomie sehr viel später beobachtet als bei Spielregeln. Heranwachsende zwischen 11 und 18 Jahren sollten sich vorstellen, daß 1000 Menschen auf einer unbewohnten Insel eine neue Gesellschaft gründen, Gesetze entwickeln und eine Regierung bilden. Zu dieser Rahmenthematik wurden eine Anzahl von Fragen zur Funktion, Begründung und Veränderbarkeit von Gesetzen gestellt. Die Mehrzahl der 11–13jährigen definiert Gesetze durch konkrete Beispiele und begründet die Gesetze durch ihre Funktion, spezifische Untaten konkret zu fassen, die die Gemeinschaft verhindern und bestrafen muß. Sie benutzen Gesetze nur zur Verurteilung und Verhinderung antisozialen Verhaltens einzelner.

Die Mehrzahl der 15- bis 18jährigen nennt statt dessen abstrakte Funktionen von Gesetzen wie Schutz der Sicherheit und Freiheit und betont weniger die restriktive als die hilfreiche Funktion von Gesetzen, was ein neues Verständnis für die Gemeinschaft und ihre soziale Ordnung anzeigt. Erst aus diesem Verständnis kann eine Reform von Gesetzen ins Auge gefaßt werden. Aber auch nur knapp ein Drittel der 15- bis 18jährigen sieht ein Gesetz als ein Experiment an, das Leben in der Gemeinschaft günstiger zu gestalten, als einen Versuch, der modifiziert werden kann und soll, wenn er Schwächen aufweist. Dies bedeutet eine sehr deutliche Altersverschiebung gegenüber den Beobachtungen Piagets. Spielregeln vereinbaren und verändern Zehnjährige, eine Reform von Strafgesetzen scheint nur einer Minderheit von 15- bis 18jährigen denkbar. Vermutlich liegt das daran, daß alle Heranwachsenden häufig erfahren haben, daß man Spielregeln vereinbaren und verändern kann, entsprechende Erfahrungen mit staatlichen Gesetzen fehlen ihnen weitgehend.

Adelson et al. thematisieren die möglichen Schwächen von Gesetzen nicht. Ein Gesetz ist nicht schwach, wenn es nicht eingehalten wird, das ist eine Frage der sozialen Kontrolle. Ein Gesetz ist schwach, wenn es im Widerspruch zu anderen Gesetzen steht, wenn es übergeordneten Normen der Gerechtigkeit widerspricht, wenn es die berechtigten Ansprüche von Mitgliedern der Gemeinschaft nicht berücksichtigt. Damit ist eine Thematik aufgeworfen, der sich Kohlberg gewidmet hat.

Von der egozentrischen zur universalistischen Begründung normativer Urteile

Seit 1963 haben Lawrence Kohlbergs Veröffentlichungen große Aufmerksamkeit gefunden und viele Forschungsarbeiten angeregt. Der gegenwärtige Stand seiner Konzeption ist u.a. in Levine et al. (1985) dargestellt, kritische und weiterführende Analysen finden sich z.B. in Eckensberger und Silbereisen (1980) und Portele (1978).

Kohlberg geht es nicht um die Frage, welche konkreten Normen Heranwachsende unterschiedlichen Alters aufgenommen haben und ob sie sich diesen konkreten („inhaltlichen“) Normen entsprechend verhalten

Lawrence Kohlberg (1927–1987)

oder nicht. Sein Interesse gilt vielmehr der Entwicklung von Begründungen normativer Urteile und den Orientierungen, die diese Urteile leiten. Die Begründungen der Normen – so meint er wohl zu Recht – kann man nicht besser studieren als anläßlich moralischer Dilemmata, d.h. dem Konflikt zwischen zwei moralischen Normen.

Solche Dilemmata sind in allen Lebensbereichen zu finden, etwa in der Frage der Kriegsdienstverweigerung (Tötungsverbot vs. Gebot, den Staat zu schützen), Aufdeckung oder Vertuschung einer Straftat einer nahestehenden Person, Gewährung oder Verweigerung von Sterbehilfe bei unerträglichen Schmerzen, Wahrung oder Bruch einer beruflichen Schweigepflicht angesichts einer Gefahr usw. Moralische Dilemmata sind nicht zu verwechseln mit dem Konflikt zwischen Pflicht und Neigung, obwohl sie in den ersten Stadien der Entwicklung auf einen solchen Konflikt reduziert werden. Kohlberg selbst verwendet u.a. die folgenden, verkürzt wiedergegebenen Probleme:

Das *„Heinz-Dilemma“:* Eine todkranke Frau litt an einer besonderen Krebsart. Es gab ein Medikament, das nach Ansicht der Ärzte ihr Leben hätte retten können. Ein Apotheker der Stadt hatte es kurz zuvor entdeckt. Das Medikament war teuer in der Herstellung, der Apotheker verlangte jedoch ein Vielfaches seiner eigenen Kosten. Heinz, der Ehemann der kranken Frau, borgte von all seinen Bekannten Geld, brachte aber nur die Hälfte des Preises zusammen. Nach ergebnislosen Verhandlungen mit dem Apotheker brach Heinz in die Apotheke ein und stahl das Medikament für seine Frau.

An eine solche Vorgabe schließen sich Fragen an: Hätte Heinz das Medikament stehlen sollen? Warum? Was ist schlimmer: jemanden sterben zu lassen oder zu stehlen? Warum? Hätte ein Ehemann einen triftigen Grund zu stehlen, auch wenn er seine Frau nicht liebt? Wäre es genauso gerechtfertigt, für einen Fremden wie für die eigene Frau zu stehlen? Warum? Angenommen, Heinz stiehlt das Medikament für ein Haustier, das er sehr gern hat. Wäre es gerechtfertigt, für ein solches Tier zu stehlen? Heinz stiehlt das Medikament und wird festgenommen: Soll der Richter ihn verurteilen? Warum? Der Richter überlegt sich, Heinz ohne Strafe frei zu lassen. Was könnten die Gründe sein? Wenn man einmal daran denkt, daß wir alle in einer Gesellschaft zusammenleben, welche Gründe hätte der Richter dann, Heinz zu verurteilen?

Das *„Sterbehilfe-Dilemma“:* Eine Frau war lebensbedrohlich an Krebs erkrankt. Man kannte keinerlei Behandlung, die sie retten konnte. Der Arzt gab ihr noch etwa sechs Monate zu leben. Sie hatte unerträgliche Schmerzen. Sie bat den Arzt immer wieder um eine Überdosis Morphium, damit sie sterben könne. Sollte der Arzt ihr das Medikament geben, das sie töten würde? Warum? Weitere Fragen schließen sich an.

Entwicklungsstadien moralbezogener Argumentation

Kohlberg interessiert sich weniger für die letztendlich getroffenen Entscheidungen, sondern für das Muster der Argumentation. Er differenziert sechs Stadien der Entwicklung, die sich vor allem darin unterscheiden, daß jeweils spezifische Orientierungspunkte bei der Lösungssuche bevorzugt werden.

Dabei beschreibt er drei Niveaus mit je zwei Stufen: ein *vormoralisches Niveau* mit einer hedonistischen Orientierung, ein *konventionell-konformistisches* Niveau mit einer Orientierung an wichtigen Partnern in Primärgruppen (Angehörige, Freunde) oder an der Gesellschaft in der bestehenden Form und ein *postkonventionelles* Niveau mit vorherrschender Orientierung an Prinzipien, die zwischen den Betroffenen entweder im Sinne eines Sozialkontraktes vereinbart oder unter Anlegung bestimmter Gerechtigkeitsgrundsätze autonom konstruiert werden.

Auf *vormoralisches Niveau* werden „moralische“ Entscheidungen entweder durch drohende Strafen und mächtige Autoritäten oder mit eigenen Interessen begründet. Die Interessen anderer werden nur im direkten reziproken Austausch nach Maßgabe eigener Interessen berücksichtigt.

Für *Stufe I* charakteristisch ist eine Orientierung an Bestrafung und Gehorsam. Ob eine Handlung gut oder böse ist, hängt ab von ihren physischen Konsequenzen. Vermeidung von Strafe und Unterordnung unter die Autorität gelten als Werte an sich, die nicht vermittelt sind durch eine tieferliegende Moralordnung, die durch Autoritäten und Strafe nur repräsentiert wäre (dieses würde der Stufe IV entsprechen). Proband, zehn Jahre alt: „Heinz sollte nicht stehlen, er sollte das Medikament kaufen. Wenn er das Medikament stiehlt, könnte er ins Gefängnis kommen und müßte das Medikament dann doch zurückgeben.“

Auf der *Stufe II* dominiert eine instrumentelle Orientierung an den eigenen Bedürfnissen. Es gibt zwar Ansätze von Gegenseitigkeit und Sinn für gerechte Verteilung, dabei sind aber nicht allgemeine Gerechtigkeitsprinzipien, sondern die eigenen Interessen das Maß: „Eine Hand wäscht die andere.“ Proband, dreizehn Jahre alt: „Heinz sollte das Medikament stehlen, um das Leben seiner Frau zu retten. Er mag dafür ins Gefängnis kommen, aber er hätte immer noch seine Frau.“ ,,Sollte er das Medikament auch stehlen, wenn es für einen sterbenden Freund wäre?“ ,,Das ginge zu weit. Er wäre im Gefängnis, während sein Freund gesund und frei sein würde. Ich glaube nicht, daß ein Freund dies für ihn tun würde.“

Auf dem *konventionellen Niveau* herrscht eine Tendenz zur Erhaltung wichtiger Sozialbeziehungen vor. Auf der *Stufe III* bleibt die Lösungssuche beschränkt auf persönlich bekannte Personen: Die Familie und andere Primärgruppen bilden den Bezugsrahmen. Gelingt es aber nicht, die Interessen aller wichtigen Sozialpartner gleichzeitig und gleichermaßen zu berücksichtigen, bleibt ein Konflikt, der noch nicht prinzipiell gelöst werden kann. Proband, 16 Jahre alt: ,,Wäre ich Heinz, hätte ich das Medikament für meine Frau gestohlen. Liebe hat keinen Preis. Auch das Leben hat keinen Preis.“

Auf der *Stufe IV* erweitert sich die Orientierung von persönlich bekannten Personen auf übergreifende Systeme wie Staat und Religionsgemeinschaften. Das System als solches wird wichtig, nicht mehr nur konkrete persönliche Sozialbeziehungen. Die Erfüllung eines gegebenen Ordnungs- und Rechtssystems, das die Rechte, Pflichten und Ansprüche aller regelt, wird zum obersten Gebot. Der Gehorsam gegenüber dem System äußert sich in einer ,,law and order“-Haltung. Proband, 21 Jahre alt: ,,Wenn man heiratet, schwört man sich Liebe und Treue. Eine Ehe ist nicht nur Liebe, sie bedeutet auch eine Verpflichtung, genau wie ein gesetzlicher Vertrag.“

Auf dem *postkonventionellen Niveau* wird erkannt, daß das System in seiner je gegebenen Form nicht unwandelbar ist, es wird nicht mehr fraglos als richtig und verteidigenswert angesehen. Es ist ein Bemühen festzustellen, Prinzipien und Werte zu definieren, die unabhängig sind von der Autorität einzelner Gruppen oder Personen und der eigenen Identifizierung mit diesen. Der Egozentrismus wird auf diesem Niveau grundsätzlich überwunden.

Das *Stadium V* ist gekennzeichnet durch ein Verständnis des Systems als Gesellschaftsvertrag, der prinzipiell zwischen den Beteiligten vereinbar ist und daher verändert werden kann. Utilitaristische Überlegungen sind häufig: Maximierung des Gewinns für möglichst viele. Auf dieser Stufe gewinnt auch eine neue Dimension der Gerechtigkeit an Bedeutung: Gerechtigkeit des Verfahrens bei der Entscheidungsfindung, z. B. nach dem Modell demokratischer Entscheidungen.

Dabei werden aber die Menschenrechte häufig als unveräußerlich angesehen. Sie sind nicht verhandelbar, sie können nicht Gegenstand vertraglicher Vereinbarungen sein. In einem Konflikt zwischen Menschen- oder Grundrechten und vereinbartem positiven Recht müssen erstere prinzipiell größeres Gewicht haben. Ein Proband (22 Jahre) zum Sterbehilfe-Dilemma: ,,Ausgehend von der ethischen Verpflichtung des Arztes, der die Verantwortung übernommen hat, menschliches Leben zu retten, sollte er es wahrscheinlich nicht. Es gibt jedoch auch eine andere Perspektive. Immer mehr Mediziner halten es für eine unzumutbare Härte für den Patienten und seine Familie zu wissen, daß er sterben wird. Ist es ihre eigene Entscheidung, sollte man die Tatsache respektieren, daß jeder Mensch als solcher bestimmte Rechte und Privilegien hat.“

Auf der *Stufe VI,* die in empirischen Studien selten gefunden wird, gibt es dann Bemühungen, allgemeingültige ethische Prinzipien zu finden. Diese Prinzipien sind abstrakt wie die Goldene Regel oder die Maxime Kants ,,Handle so, daß die Maxime deines Willens jederzeit zugleich als Prinzip einer allgemeinen Gesetzgebung gelten könnte“. Der Bezugspunkt ist nicht ein konkreter Normenkatalog. Es geht um allgemeine Verfahren zur Prüfung konkreter Entscheidungen. Gefordert sind hier Prinzipien wie Mitsprache aller von der Entscheidung Betroffenen, Unparteilichkeit in der Aufnahme der Information, der Abwägung der Argumente und der Interessen, die Möglichkeit der Revision einer Entscheidung, wenn neue Argumente auftauchen. Grundsätzlich kann jede bestehende Ordnung jederzeit in Frage gestellt werden, wenn geltend gemacht werden kann, daß sie nicht fair ist.

Diese Postulate entsprechen den Ansichten führender Moralphilosophen. Alle von einer Entscheidung Betroffenen müssen das gleiche Recht und die gleiche Chance haben, ihre Interessen zu formulieren und zu begründen und bei der Entscheidungsfindung ist die Unparteilichkeit eine Voraussetzung für die Ausarbeitung fairer Lösungen.

Wir treffen auf dieser Stufe auf Orientierungen, wie sie auch in idealen Diskursmodellen (Habermas 1976) oder idealen Beratungsmodellen (Lorenzen & Schwemmer 1975) anzutreffen sind. Voraussetzung dieser idealen Modelle ist, daß die Teilnehmer sachkundig sind und offen für alle Argumente, d.h. nicht nur darauf bedacht, eigene Interessen und Privilegien zu wahren. Fairneß wäre am sichersten zu erreichen, wenn – wie Rawls (1977) das in einem Gedankenspiel formuliert hat – über eine neue Ordnung beraten würde und niemand der Beteiligten wüßte, welche Position er im System nachher einnehmen wird. Jeder wäre dann bemüht, Entscheidungen so zu treffen, daß sie gegenüber jedermann fair und gerecht sind, daß auch diejenigen auf den geringsten Positionen die Ordnung als gerecht akzeptieren können.

Einen Überblick über den Entwicklungsverlauf vermittelt Abbildung 15.1. Ob die individuelle Position auf Kohlbergs Skala ausschließlich durch entwicklungsmäßig gegebene Kompetenzgrenzen bestimmt wird oder ob sie in gewissem Rahmen auch eine individuelle Wertentscheidung darstellt, also gewählt werden kann und damit eher eine Werthaltung darstellt, ist heute noch nicht definitiv zu entscheiden. Bedenkens-

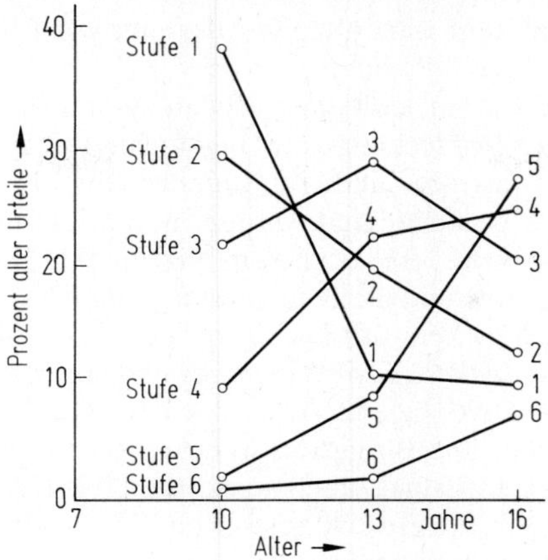

Abb. 15.1 Entwicklungsverlauf des moralischen Urteils (aus Kohlberg 1971)

wert ist eine Untersuchung von Yussen (1976), die zeigte, daß Jugendliche und Studenten in der Lage sind, neben ihrer eigenen Stellungnahme zu einem Dilemma auch weitere, davon verschiedene, aus der Sicht eines durchschnittlichen Polizisten und eines Philosophen zu geben. Aus letzterer Position argumentieren viele Probanden nicht unerheblich über ihrem „eigenen" Niveau. Ihre eigene Stellungnahme reflektiert also nicht die Grenzen ihrer Kompetenz, sondern ihre Überzeugung. Wenn dies so ist, kann die Skala nicht nur als Entwicklungsskala betrachtet werden.

Moralische Argumentation und Verhalten

Diese Entwicklungsstufen sind nicht als Skala im psychometrischen Sinn gedacht. Nicht Eindimensionalität und Homogenität war das Ziel der Konstruktion, sondern der Aufweis der qualitativen Unterschiedlichkeit der Stufen. Daher ist hinsichtlich der Bezüge zwischen den Stadien des Argumentierens und Verhalten nicht die Bedeutung der sechsstufigen Skala insgesamt, sondern die Bedeutung jeder einzelnen dieser sechs Stufen von Interesse. Insofern ist es unsinnig, die Skala im üblichen psychometrischen Sinn zu gebrauchen und mit anderen Variablen (z.B. mit Delinquenz, Ehrlichkeit, Hilfsbereitschaft, soziale Verantwortlichkeit usw.) zu korrelieren, in der Erwartung, es ergäben sich lineare Zusammenhänge.

Wenn eine qualitative Entwicklungsskala vorliegt, muß man aus der Bedeutung der einzelnen Stufe spezifische Hypothesen über Verhaltenskorrelate entwickeln. Es gibt bezogen auf die Skala Kohlbergs nur wenige empirische Studien, in denen halbwegs überzeugende Hypothesen aus der Struktur- und Inhaltsanalyse der einzelnen Stufen hergeleitet wurden.

Wir können erwarten, daß ein Nachdenken auf dem postkonventionellen Niveau zur Entdeckung von Ungerechtigkeit in der Gesellschaft und in der Welt führt. Da auf dieser Stufe die Ansprüche und Interessen aller Betroffenen berücksichtigt werden, und zwar aus einer möglichst objektiven Perspektive, ist auf diesem Niveau eine kritische Reflexion über die Institutionen und die Politik der eigenen Gesellschaft zu erwarten, sobald sich Zweifel aufdrängen, ob die soziale Ordnung und die praktische Politik für alle Betroffenen fair und gerecht sei.

Die politisch aktive Jugend Amerikas der 60er Jahre ist mehrfach untersucht worden. Die Bürgerrechtsgesetze für die Farbigen und ihre Durchsetzung waren damals ein Thema, die Ungerechtigkeit des Krieges in Vietnam ein anderes. Keniston (1970) und Haan et al. (1968) fanden, daß in politisch aktiven, kritischen Gruppen diejenigen, die auf der Stufe sechs stehen, deutlich überrepräsentiert sind (vgl. Abb. 15.2). Dies gilt wohl primär für die Initiatoren, daneben gibt es Mitläufer aus den verschiedensten Motiven.

Aus einer später durchgeführten Untersuchung von Fishkin et al. (1973) geht hervor, daß eine radikale Form des politischen Aktivismus von einer friedlichen Form unterschieden werden muß. In der radikalen

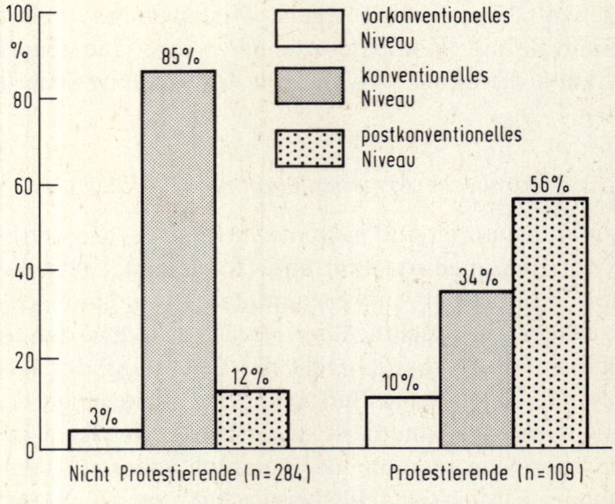

Abb. 15.2 Niveau des moralischen Argumentierens und Beteiligung an politischen Protestaktivitäten (Themen: Vietnamkrieg oder Bürgerrechte). Vergleich zwischen protestierenden und nicht-protestierenden Studenten durchgeführt an der University of California Berkeley und der San Francisco State University. Daten nach Haan et al. 1968 (aus Keniston 1970).

Form finden sich gehäuft Personen, die auf dem vormoralischen Niveau stehen, während das postkonventionelle Niveau eine friedliche Variante erwarten läßt. Dies ist verständlich, insofern als die radikalen Formen des Aktivismus die Zahl der Opfer meist nicht mindern, sondern erhöhen. Auf der sechsten Stufe, wo auch die Interessen potentieller Opfer der eigenen Aktionen mitbedacht werden, sind friedliche Formen der Kritik zu erwarten. Kants Imperativ „Handle gegenüber jedem vernünftigen Wesen so, als sei es ein Zweck in sich selbst, und nie, als sei es bloß ein Mittel." verbietet Terroropfer zum Zwecke der Erreichung politischer Ziele.

Aufschlußreich ist auch ein weiterer Tatbestand: Unter den Kritikern an der Gesellschaft sind Personen, die auf der Stufe IV der Skala Kohlbergs argumentieren, deutlich unterrepräsentiert, was als typisch für die Systemtreue dieses Niveaus angesehen wird.

Als weitere Verhaltenserwartungen auf postkonventionellem Niveau wurden Nonkonformität bei Gruppendruck, wie sie Asch untersucht hat (Saltzstein u. a. 1972), oder die Ablehnung einer ethisch verwerflichen Forderung einer Autorität (Milgram 1974) genannt. Wie Blasi (1980) in einem Sammelreferat feststellt, ist aber der erwartete Zusammenhang durchaus nicht in allen Untersuchungen aufgewiesen worden (vgl. auch Montada 1983).

Solche inkonsistenten Befunde sind nicht als Widerlegung von Kohlbergs Stufenmodell zu verstehen. Durch das Urteilsniveau bei der Lösung moralischer Dilemmata ist moralisches Handeln nicht determiniert. Nur zwei Argumente seien genannt. Erstens ist durch das Niveau der Argumentation die konkrete – inhaltliche – Sollsetzung nicht festgelegt. Auf der gleichen Stufe kann man unterschiedliche inhaltliche Überzeugungen begründen. Für die Stufe IV z. B. ist die Verteidigung der Ordnung einer Gesellschaft charakteristisch: In Religionskriegen treffen die Verteidiger unterschiedlicher normativer Systeme aufeinander.

Zweitens werden hypothetische Konflikte vorgegeben, in denen die befragten Probanden nicht aktuell stehen. Sie können daher konstruieren, was sie bei den gegebenen Informationen als richtig ansehen. Ob sie das als richtig Erkannte auch tun würden, danach werden sie nicht einmal gefragt. Typischerweise sind reale Entscheidungen viel komplexer: Viele konfligierende Interessen, Einstellungen, aber auch häufig mehr als zwei unvereinbare Sollvorschriften sind im Spiel.

Unterstellen wir, daß es eher unwahrscheinlich ist, auf postkonventionellem Niveau die Forderung der vollen Bürgerrechte für die Schwarzen in den USA der 60er Jahre oder heute in Südafrika abzulehnen (wenn man nicht wie z. B. noch Thomas Jefferson meinte, daß diese Rasse von Natur aus zu minderem Status prädestiniert sei). Ob man sich aber für die Durchsetzung der Forderung nach Bürgerrechten verantwortlich fühlt, ist damit noch nicht entschieden. Jederzeit gibt es mehr Pflichten, als man erfüllen kann, folglich sind Prioritäten zu setzen. Persönliche Motive und unvereinbare Pflichten mögen gegen ein Engagement für diese Forderung stehen, z. B. die Gefährdung des eigenen Arbeitsplatzes und damit eine drohende Notlage der eigenen Familie. Viele unterlassen es, in totalitären Regimen gegen das Regime zu protestieren, nicht weil sie um die eigene Sicherheit, sondern weil sie um die Sicherheit ihrer Angehörigen fürchten, deren Schutz sie als ihre erste Pflicht ansehen. Die Notwendigkeit einer *Trennung zwischen grundsätzlicher moralischer Norm und der persönlichen Verantwortung, dieser Norm zu entsprechen,* hat mittlerweile auch Kohlberg gefolgert (Kohlberg & Candee 1984).

Die handlungsleitende Funktion der Entwicklungsstufen des moralischen Urteils nach Kohlberg ist nicht ihre einzige. Die Interpretation und Rechtfertigung eigenen Verhaltens und die Rekonstruktion wichtiger, während des Lebens getroffener Entscheidungen sind andere. Mit fortschreitender Entwicklung ändern sich die Perspektiven, ändern sich die Bewertungen des eigenen Verhalten, und es ändern sich die für Begründungen notwendig erachteten Argumente. Dies belegt eine Studie von Gilligan und ihren Mitarbeitern. Gilligan und Belenky (1980) haben 24 schwangere Frauen zwischen 15 und 33 Jahren befragt, die vor der Entscheidung standen, ob sie abtreiben lassen sollten oder nicht. Schließlich haben sich 20 von ihnen zur Abtreibung entschlossen. Gleichzeitig wurde das moralische Entwicklungsniveau mit Kohlbergs Moral Maturity Scale geschätzt.

Ein Jahr später haben Blackburn-Stover et al. (1982) 20 dieser Frauen gebeten, über die zurückliegende Entscheidung zu berichten. Wiederum wurde die Entwicklungsstufe des moralischen Urteils ermittelt. Zwei Gruppen bildeten sich heraus: eine erste aus den Frauen, die auf dem gleichen Niveau der moralischen Entwicklung stehenblieben, und eine zweite aus den Frauen, die sich ein oder mehr Stufen höher entwickelt hatten. Die Hypothese war, daß die Frauen, die sich weiter entwickelt hatten, die vormalige Entscheidung in einem anderen Licht sahen und neu rekonstruierten. Das impliziert nicht, daß sie zu einem anderen Ergebnis gelangten, es läßt nur erwarten, daß andere Perspektiven und Argumente für die Entscheidungsbegründung vorliegen.

Blackburn-Stover et al. gingen von folgenden Erwartungen aus: Gegenüber der ersten Befragung sollte die Gruppe, die sich weiterentwickelt hat, mehr Abweichungen im Bericht über die vormalige Entscheidungslage aufweisen, mehr zusätzliche Argumente und Informationen anführen und häufiger Erinnerungslücken angeben (letzteres, weil sie die vormals gegebenen Informationen und Argumente nicht mehr überzeugend fanden und verleugneten). Alle drei Erwartungen wurden sehr deutlich bestätigt. Das zeigt, daß die Entwicklungsstufe des moralischen Urteils zur Bewertung biographisch wesentlicher Entscheidungen herangezogen wird, auch wenn die Entscheidung selbst nicht in Frage gestellt wird. Gerade die Gruppe, die sich weiterentwickelt hatte, betrachtete die eigene Entscheidung als eine zwar sehr schwierige, die Mut und Reife erforderte, aber als sorgfältig bedachte und richtige. Die Veränderungen in der Argumentation zeigen jedoch, daß die Entscheidungen nicht ein für alle Mal getroffen und abgehakt sind, sondern auch im Nachhinein Begründungen und Rechtfertigungen verlangen, die nach den Einsichten des jeweils erreichten moralischen Entwicklungsniveaus neu konstruiert werden.

5. Moralische Urteile und die Entwicklung des Konzeptes Verantwortlichkeit

Moralische Normen sind nicht nur eine Richtlinie des Handelns, sie sind auch Standards für die Bewertung eigenen und fremden Verhaltens, die sich äußert als moralische Befriedigung und Schuldgefühl, moralische Entrüstung und Schuldvorwurf. Diese Bewertungen setzen ein Urteil über die Verantwortlichkeit voraus.

Verantwortlichkeit setzt nach reifem Verständnis Handlungsfähigkeit voraus, also Freiheit der Entscheidung. Auch in unserem Rechtssystem wird nur dann für eine Verfehlung Schuld zugerechnet, wenn die Freiheit der Entscheidung nicht wegen vorübergehender oder dauerhafter Einschränkung der geistigen Kräfte (z. B. bei Geisteskrankheiten) bezweifelt werden muß oder durch Zwang eingeschränkt war. Ein Beschuldigter kann sich rechtfertigen, oder sein Anwalt tut es für ihn, indem er auf Beschränkungen seiner freien Entscheidung hinweist, z. B. auf Befehlsnotstand, Nötigung, Erpressung, vorausgehenden Drogenkonsum, affektive Erregung.

Abstufungen der Verantwortlichkeit werden im Strafrecht, z. B. bei Tötungsdelikten, berücksichtigt (absichtliche heimtückische Tötung = Mord, Tötung im Affekt = Totschlag, Tötung in Notwehr, fahrlässige Tötung, unvorhersehbare Tötung = Unglücksfall). Desgleichen werden im Alltag z. B. böswillige Beeinträchtigungen anders beurteilt als fahrlässige oder solche in guter Absicht. Letztere lösen weniger Aggression und Strafbedürfnis aus als erstere.

Dies setzt allerdings ein differenziertes Verständnis des Zustandekommens von Verhalten voraus. Zunächst ist die Unterscheidung von Automatismen und Handlungen zu treffen. Erstere sind nicht oder nur schwierig willentlich – d. h. durch Selbstaufforderungen – kontrollierbar (z. B. Reflexe, eingeschliffene Gewohnheiten, Affektreaktionen, pathologische Symptome wie Stottern), letztere resultieren aus Entscheidungen und sind kontrollierbar: Handlungen können ausgeführt oder unterlassen werden. Verantwortlichkeit kann nur für Handlungen begründet werden, nicht für Automatismen. Damit die Verantwortlichkeit differenziert beurteilt werden kann, ist eine Rekonstruktion der Entscheidung notwendig, für die – mehr oder weniger planvoll – Ziele, Handlungsmittel, antizipierte Handlungsergebnisse und -folgen, normative Standards reflektiert werden.

Sodann ist die Unterscheidung zwischen gelingenden und mißlingenden Handlungen zu treffen und eine Ursachenanalyse anzustellen. Verantwortlich für ein Mißlingen (z. B. Versagen in einer Prüfung) ist der Handelnde nur dann, wenn dieses auf von ihm kontrollierbare Ursachen zurückzuführen ist, also z. B. auf Faulheit, nicht aber wenn es auf unkontrollierbaren Ursachen beruht, z. B. auf fehlender Begabung.

Die Unterscheidung von Ausgang und Absicht

Es überrascht nicht, daß diese Differenzierungen eine lange Entwicklung erfordern. Jean Piaget (1934) hat beschrieben, daß jüngere Kinder bei der Beurteilung einer Tat die Tatmotive und Intentionen vernachlässigen und ihre moralische Bewertung auf den objektiven Handlungsausgang gründen. So kann es passieren, daß sie das Mißgeschick eines Kindes, das der Mutter helfen will und dabei mehrere Geschirrteile zerbricht, für ,,schlimmer" halten und härter zu bestrafen vorschlagen als die Tat eines zweiten Kindes, das aus Wut, weil es der Mutter helfen soll, einen Teller absichtlich zerschlägt. Verschiedene andere Forscher haben im wesentlichen Piagets Beobachtungen bestätigt. Lickona (1976) gibt darüber einen Überblick.

Diese Aussage Piagets beruht auf seiner Untersuchungsmethode. Er schilderte in seinen Geschichten eine Person A, die gute Absichten hatte, aber unglücklicherweise einen schlimmen Ausgang verursachte, und eine Person B mit bösen Absichten oder Motiven, aber einem weniger schlimmen Handlungsausgang. Sagt ein Kind, A verdiene gegenüber B die größere Strafe, dann ist nicht zu entscheiden, ob dieses Kind die Absicht ganz vernachlässigt oder nur weniger gewichtet hat als den Handlungsausgang.

Differenziertere Analysen zeigen, daß die Entwicklung der Berücksichtigung von Absicht (und Motiven) auf der einen Seite und Ausgang auf der anderen Seite als eine sukzessive Verschiebung der Gewichte dieser beiden Aspekte in den moralischen Bewertungen zu beschreiben ist, daß auch Vorschulkinder bereits beide Informationen (Absicht und Ausgang) berücksichtigen und im Urteil integrieren.

Um dieses aufzuweisen, müssen die Personen A und B getrennt beurteilt werden. Das wurde zuerst von Hebble (1971) mit der Methode des funktionalen Messens getan (vgl. Kap. 8). Inzwischen liegen viele Arbeiten vor (zum Überblick Karniol 1978, Leon 1982), die in der Mehrzahl belegen, daß vom Vorschulalter an sowohl die Absicht als auch der Handlungsausgang berücksichtigt wird, allerdings verändert sich im Laufe der Entwicklung die Gewichtung von Absicht und Ausgang. Nur in einigen wenigen Studien ergab sich, daß vier- bis sechsjährige Kinder im Unterschied zu den älteren nicht beide Informationen, sondern nur den Ausgang berücksichtigen, allerdings auch nur dann, wenn gute Absichten mit schlimmem Ausgang kombiniert sind. Wird ein guter Ausgang berichtet, dann wird die Absicht generell berücksichtigt.

Wie deutlich sich die Gewichte mit zunehmendem Alter verschieben, zeigt ein Experiment von Weiner und Peter (1973). Die Autoren verwenden dabei folgendes Thema: Ein kleiner Junge hat sich verirrt, er trifft einen größeren und fragt diesen, wie er nach Hause kommen könne, da er rechtzeitig zum Essen zurück sein müsse. Verschiedene Versuchsgruppen erfahren nun verschiedene Varianten der Geschichte. Entweder weiß der größere Junge den richtigen Weg, oder er weiß ihn nicht; entweder ist er bereit, dem Verirrten weiterzuhelfen, oder nicht; entweder kommt der Verirrte rechtzeitig nach Hause oder nicht. Weiner und Peter baten ihre Probanden, den größeren Jungen durch Zuordnung von 0 bis 5 Belohnungs- bzw. Strafmarken zu belohnen oder bestrafen. Die Daten zeigen, daß auf allen Altersstufen (4 bis 18 Jahre) gute Absichten (der Angesprochene will helfen) belohnt und schlechte (der Angesprochene verweigert Hilfe) bestraft werden. Mit zunehmendem Alter wird der guten oder bösen Absicht immer größeres Gewicht beigemessen, während die Bedeutung der Handlungsausgänge (Kind kommt rechtzeitig nach Hause oder nicht) abnimmt (vgl. Abb. 15.3).

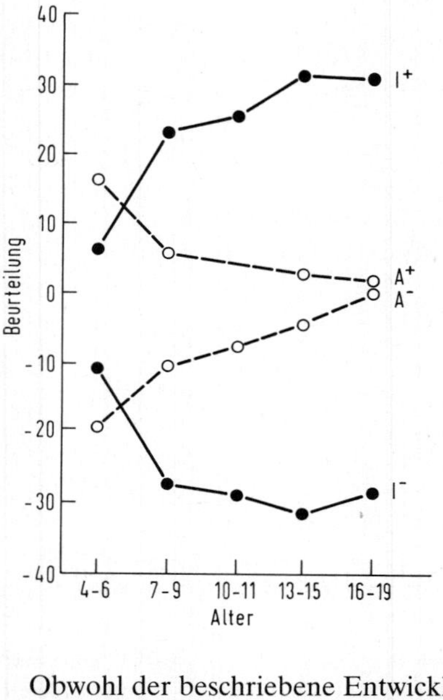

Abb. 15.3 Veränderungen der Gewichte von Handlungsausgängen (A^+ = positiver Ausgang, A^- = negativer Ausgang) und Intentionen (I^+ = positive Intention, I^- = negative Intention) in Abhängigkeit vom Alter (nach Weiner & Peter 1973, Abb. 5)

Obwohl der beschriebene Entwicklungstrend von einer stärkeren Gewichtung der Handlungsausgänge zu einer stärkeren Gewichtung der Intentionen universell zu sein scheint (Kohlberg et al., 1967, fanden ihn mehr oder weniger deutlich in 13 untersuchten Kulturen), spricht vieles dafür, daß es sich um die Folge verbreiteter Sozialisationserfahrungen und nicht um eine notwendige Abfolge handelt. Zwar könnte man meinen, daß die Erfassung von Intentionen spezifische Kompetenzen der

Rollenübernahme voraussetzt und deshalb erst auf einem späteren Entwicklungsniveau zu erwarten ist. Dies ist aber bei der Stellungnahme zu sprachlich dargestellten Situationen nicht erforderlich. Die Intentionen werden ebenso wie der objektive Handlungsausgang als Information vorgegeben. Die Beachtung der Intention kann deshalb nicht auf einen Zuwachs der Kompetenz zur Rollenübernahme zurückgeführt werden.

Aus einer Untersuchung von Surber (1977) geht eindeutig hervor, daß auch bei Kindergartenkindern das moralische Urteil völlig auf Intentionen basiert, wenn kein Ausgang berichtet wird. Wird beides berichtet, Intention und Ausgang, hat letzterer größeres Gewicht. Die Gewichte verschieben sich sukzessive bis zum Erwachsenenalter, wo der Ausgang nahezu irrelevant wird für die Beurteilung, selbst wenn keine Intention mitgeteilt wird (vgl. Abb. 15.4).

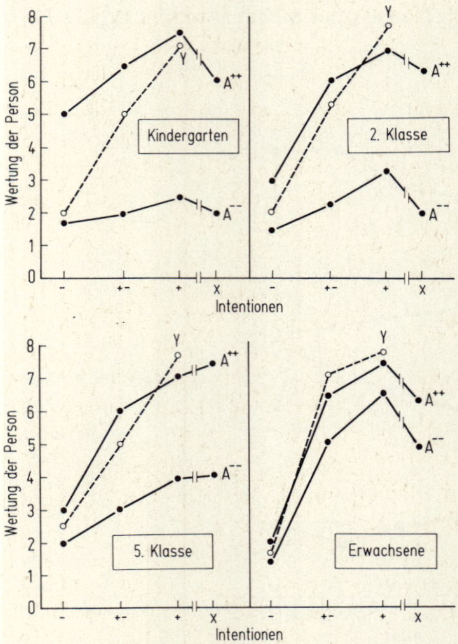

Abb. 15.4 Durchschnittliche Beurteilung der Figur einer Geschichte auf einer 8stufigen Skala von 1 (sehr schlecht) bis 8 (sehr gut) in Abhängigkeit von 3 Intentionen (+ = gute Absicht, will Mutter helfen; + − = wertmäßig neutral; − = schlechte Absicht, verletzt ein Verbot) und 2 Ausgängen (A^{--} = großer Schaden; A^{++} = Fund einer großen Münze); X = nur der Ausgang ist erwähnt, nicht die Intention; Y = nur die Intention ist erwähnt, nicht der Ausgang. Die graphischen Darstellungen sind für 4 Altersgruppen getrennt angelegt (nach Surber 1977, Abb. 3).

Daß es sich eher um die Verarbeitung von Sozialisationserfahrungen als um sachlogische Entwicklungsveränderungen handelt, wird weiter durch Studien belegt, die zeigen, daß es nicht schwierig ist, auch im Vorschulalter eine stärkere Gewichtung der Handlungsintentionen bei der Beurteilung zu bewirken. Bereits wenige Beobachtungen von Modellen, die in ihrem Urteil auf die Absichten abheben, reichen aus, um die dominante Beachtung der Handlungsausgänge abzuschwächen.

Die Integration von Informationen zur moralischen Bewertung

Die moralische Urteilsfindung scheint über einen weiten Altersbereich auf einer Integration von Informationen zu beruhen. Es hat Versuche gegeben, die Form dieser Integration zu analysieren (vgl. auch Kap. 8 zur Informationsintegrationstheorie).

Typischerweise fand man additive Verknüpfung von Ausgang und Intention, keine interaktive. Additive Integration besagt, daß der Effekt einer Information gleich bleibt, unabhängig von weiteren Informationen. Varianzanalytisch zeigt sich dies als Haupteffekt der gegebenen Informationen (Absicht oder Motiv bzw. Ausgang) und dem Fehlen von Interaktionen. Graphisch zeigt es sich in der Parallelität der Beurteilungsverläufe, wie in Abbildung 15.4 dargestellt. Allerdings sind in der Regel in diesen Untersuchungen nur Mittelwerte von Altersgruppen angegeben. Wie in Kapitel 8 begründet, müßte die Integration von Informationen bei einzelnen Personen, bzw. bei einzelnen Urteilen einer Person, nachgewiesen werden. In einigen wenigen Arbeiten (Surber et al. 1985, Leon 1982) wurde die Art der Informationsverarbeitung für einzelne Probanden geprüft. Leon (1982) hat sechs- bis siebenjährigen Probanden Geschichten vorgegeben, in denen (a) die Absicht (Unglücksfall, Ärger oder böser Wille), (b) das Handlungsergebnis (kein Schaden, mäßiger Schaden oder großer Schaden) sowie (c) die emotionale Handlungsbewertung (Reue, sachlich-objektive Übernahme der Verantwortung oder aggressive Bekräftigung der bösen Absicht) jeweils dreiwertig variiert wurden. Die Bewertungen der Probanden wurden als Strafzumessungen erhoben.

Empirisch ließen sich drei Kategorien von Probanden unterscheiden. 20 Probanden berücksichtigten alle drei Variablen, und zwar additiv, fünf Probanden ignorierten die Handlungsabsicht und integrierten nur Handlungsergebnis und emotionale Handlungsbewertung, sieben Probanden bewerteten differenzierter: Sie ignorierten die Absicht, wenn Reue oder aggressive Bekräftigung des bösen Willens geschildert war, sie berücksichtigten aber die Absicht, wenn sachlich-objektiv Verantwortung übernommen wurde. Dies macht Sinn: Reue und aggressive Bekräftigung des bösen Willens enthalten Einstellungen zur Tat, die die ursprüngliche Absicht in ihrer Relevanz reduzieren. Da aus einer sachlichen Verantwortungsübernahme keine bewertende Einstellung ersichtlich ist, muß auf die ursprünglich geäußerte Absicht zurückgegriffen werden, um die Person bewerten zu können.

Weitere Differenzierungen in der Entwicklung von Verantwortungszuschreibung

Fritz Heider (1958) unterschied neben Absicht weitere Möglichkeiten, Verantwortlichkeit für den Ausgang zu beurteilen. Er vermutete, daß sich die Entwicklung der Beurteilung der Verantwortlichkeit in fünf Stufen gliedern läßt.

Auf dem primitivsten Niveau reicht es aus, eine Person auf irgendeine Weise mit einer Tat in Verbindung zu bringen, um sie verantwortlich zu machen: Derjenige, dem die Verantwortung für eine Tat zugeschrieben wird, muß diese Tat weder begangen noch verursacht haben. Den Nachfahren kann die Schuld für die Taten der Vorfahren angelastet werden: Es hat Judenverfolgungen gegeben, die durch den Verweis auf die Schuld der Juden am Tod Christi gerechtfertigt wurden. Uns ist die Idee der Erbsünde fremd geworden, vielleicht weil sie eine Verantwortlichkeitszuschreibung auf diesem Niveau enthält: Die Zugehörigkeit zur Gattung Mensch begründet eine Zuschreibung der Mitschuld an den Sünden des Menschengeschlechts. Heider nennt dies das *Niveau der Assoziation.* Ob die Basis der Assoziation eine völkische oder familiäre Gruppenzugehörigkeit ist, bleibt sich gleich. Rational begründbar ist Verantwortlichkeitszuschreibung auf diesem Niveau nicht.

Auf dem nächsten Niveau, dem *Niveau der Verursachung,* wird jemand nur noch für das, was er selbst verursacht hat, verantwortlich gemacht, allerdings bleibt es irrelevant (etwa bei der Beurteilung der Verantwortlichkeit für Unfälle), ob er den Handlungsausgang voraussehen konnte oder nicht.

Auf dem dritten Niveau, dem *Niveau der Vorausschaubarkeit,* wird jemand nur noch für jene Konsequenzen seines Handelns verantwortlich gemacht, die er hätte voraussehen können. Die Unterscheidung zwischen fahrlässig und absichtlich wird noch nicht getroffen.

Auf dem vierten Niveau, dem *Niveau der Absicht,* werden nur die mit Absicht herbeigeführten Konsequenzen einer Handlung mit besonderem Gewicht angerechnet.

Auf dem fünften Niveau schließlich wird eine Person nicht einmal für alle mit Absicht begangenen Handlungen verantwortlich gemacht. Es werden *Entschuldigungsgründe* beachtet. Waren die Umstände so, daß jeder oder die meisten Menschen ebenso gehandelt hätten, wird die Tat nicht dem Täter zugerechnet. Diebstahl in Notsituationen oder Töten in Notwehr sind Beispiele hierfür.

Diese Sequenz ist durch eine von Stufe zu Stufe differenziertere Analyse gekennzeichnet. Es beginnt mit irgendeiner Assoziation einer Person mit einem Ausgang oder Ereignis. Es folgen sukzessive Feststellungen zur Verursachung, zur Vorhersehbarkeit, zur Absicht, schließlich werden Rechtfertigungsgründe berücksichtigt. Es handelt sich also um einen Modellfall eines konstruktiven Aufbauprozesses (vgl. Kap. 1). Nur einige wenige Studien sollen zur Illustration des Entwicklungsverlaufs vorgestellt werden.

Shaw und Sulzer (1964) waren die ersten, die diese Entwicklungshypothese Heiders in einer empirischen Untersuchung aufgriffen. Eine Arbeit von Harris (1977) illustriert eine mögliche Untersuchungsmethode, leider eine etwas lebensferne.

Harris ließ Probanden verschiedenen Alters (erste Klasse bis Universität) die Schuld eines Mädchens am Zusammenbruch eines Stuhles einschätzen. In fünf verschiedenen Video-Szenen waren Heiders fünf Stufen der Verantwortlichkeit dargestellt. Die Mittelwertdifferenzen zwischen den Altersgruppen entsprachen grob Heiders Entwicklungshypothesen, wobei zwischen der sechsten und achten Klasse die Voraussehbarkeit und zwischen der dritten und sechsten Klasse das Vorliegen externer Verantwortlichkeit Urteilsdifferenzen begründete.

Daneben zählt auch Provokation zu den Entschuldigungsgründen. Berndt (1977) und Hewitt (1978) untersuchten den Einfluß der Provokation auf die Bewertung aggressiver Akte und fanden einen Anstieg in der Gewichtung der Provokation mit dem Alter. In natürlichen Kontexten ist der Entwicklungsverlauf nicht so deutlich nachweisbar. Walton (1985) sammelte im Kindergarten und in Grundschulklassen Aussagen über Verantwortlichkeit bei der Rechtfertigung eigener Regelverstöße und negativer Verhaltensfolgen (Sachbeschädigungen, Verletzungen). Walton stellte fest, daß über die Verantwortlichkeit sozusagen verhandelt wird: Sie kann zugegeben oder geleugnet werden; das eigene Verhalten kann gerechtfertigt werden durch Leugnen des Schadens, Bestreiten der Geltung einer Regel, durch Verweis auf Provokation oder übergeordnete Normen; oder es kann eine Entschuldigung vorgebracht werden wie Unwissenheit, mangelnde Kontrollierbarkeit des Ereignisses und Verweis auf Unabsichtlichkeit.

Abstreiten der Verursachung, Abstreiten des Wissens um die Regel oder der Voraussehbarkeit von Folgen, Abstreiten von Absicht und Verweis auf äußeren Zwang oder Provokation können den Stufen Heiders zwei bis fünf zugeordnet werden. Tatsächlich ergaben sich bei der Auswertung von insgesamt über 1700 beobachteter Episoden signifikante Häufigkeitsdifferenzen zwischen den Altersstufen in der Benutzung dieser Argumente, *aber alle Argumentklassen kamen auf allen Altersstufen* vor. Bereits in den Kindergartenklassen wurde auf äußeren Zwang oder Provokation verwiesen, wurde Absichtlichkeit und Voraussehbarkeit bestritten, so daß diese Altersdifferenzen nicht als absolute Kompetenzgrenzen zu interpretieren sind.

Generell sollte man sehr vorsichtig sein mit der Behauptung entwicklungsbedingter Kompetenzgrenzen. Vielfach lassen sich bei geeigneter Beobachtungs- und Untersuchungsmethode auch bei jüngeren Kindern Argumente und Urteile finden, die man erst in späterem Alter erwartet hätte.

Neben Voraussehbarkeit und Absicht bieten die *Ursachenerklärungen des Gelingens oder Mißlingens* von Handlungen eine weitere Differenzierungsmöglichkeit der Beurteilung von Verantwortlichkeit. Theoretische Analysen und empirische Arbeiten liegen vor allem über Ursachenerklärungen von Leistungen vor. Vereinfachenderweise wurden bislang die Erklärungskategorien Fähigkeit, Anstrengung, Aufgabenschwierigkeit und Zufall analysiert, die sich auf den Dimensionen internal (Fähigkeit und Anstrengung), external (Aufgabenschwierigkeit und Zufall), stabil (Fähigkeit und Aufgabenschwierigkeit) und instabil (Anstrengung und Zufall) ordnen lassen (Weiner 1976). Empirische Untersuchungen zeigen regelmäßig, daß sowohl Fremd- wie auch Selbstbewertungen als Funktion solcher Ursachenerklärungen zu betrachten sind (Meyer 1973, Heckhausen 1980).

Ursachenerklärungen haben eine moralische Dimension, da Mißerfolge häufig bestraft und getadelt, also moralisch mißbilligt werden. Daß auch bezüglich der Gewichtung von Ursachen in der moralischen Bewertung eine Entwicklung stattfindet, wird in einer zweiten Untersuchung von Weiner und Peter (1973) deutlich. Sie konnten nachweisen, daß Erfolg und Mißerfolg in unterschiedlichem Alter verschieden beurteilt werden, je nachdem ob große oder geringe Anstrengung, hohe oder geringe Fähigkeit angenommen werden. Selbst die jüngsten Probanden (Vier- bis Sechsjährige) beziehen die dargestellten Leistungsursachen in ihre Bewertungen ein, die Sieben- bis Neunjährigen bereits in sehr differenzierter Weise. Es zeigt sich, daß von dieser Altersstufe an ein Erfolg positiver und ein Mißerfolg nachsichtiger beurteilt werden, wenn dem Handelnden große Anstrengung zugeschrieben wird. Es ist sorgfältig zu trennen zwischen der objektiven Bewertung der Leistung (das ist eine Bewertung des Ausganges) und der moralischen Bewertung, die eine Bewertung der vorausgehenden Handlungen ist. Es überrascht nicht, daß diese Differenzierung mit zunehmender Entwicklung besser geleistet wird.

Teil IV

Angewandte Entwicklungspsychologie

Kapitel 16

Systematik der Angewandten Entwicklungspsychologie: Probleme der Praxis, Beiträge der Forschung

Leo Montada

Kapitel 17

Intervention in der frühen Kindheit

E. Kuno Beller

Kapitel 18

Kognitive und sprachliche Entwicklungsförderung im Vorschulalter

Ulrich Schmidt-Denter

Kapitel 19

Schulversagen als Entwicklungsproblem

Anne Hildeschmidt

Kapitel 20

Jugend und Problemverhalten: Entwicklungspsychologische Perspektiven

Rainer K. Silbereisen und Peter Kastner

Kapitel 21

Persönlichkeitsförderung und Arbeitsgestaltung

Ernst-H. Hoff

Kapitel 22

Intervention in der Gerontopsychologie

Sigrun-Heide Filipp

Kapitel 23

Familienentwicklung

Klaus A. Schneewind

Kapitel 16

Systematik der Angewandten Entwicklungspsychologie: Probleme der Praxis, Beiträge der Forschung

Leo Montada

1. Differentielle Entwicklung als Leitbegriff einer Angewandten Entwicklungspsychologie

Entwicklungspsychologische Überzeugungen und Theorien haben praktische Entscheidungen von Eltern, Lehrern, Richtern oder Politikern immer beeinflußt. Was ist altersgemäß? Was sind bedrohliche oder erfreuliche Vorboten? Welche Anforderungen dürfen in welchem Alter gestellt werden? Welche individuellen Unterschiede sind dabei zu beachten? Welche Entwicklungsumstände und Ereignisse bergen Risiken, welche bergen Chancen für die Entwicklung? Wie ist die Wirksamkeit von präventiven und korrektiven Maßnahmen und Programmen unter der Entwicklungsperspektive zu beurteilen? Das sind typische Fragen nach Anwendungsbezügen der Entwicklungspsychologie.

Welche Anwendungsbezüge eine Wissenschaft bieten kann, hängt zunächst von den bevorzugten Forschungsparadigmen mit ihren jeweils charakteristischen Perspektiven, Fragestellungen und Methoden ab (vgl. Kap. 1). In den letzten 20 Jahren erlebten wir diesbezüglich neue Orientierungen (z. B. Baltes & Sowarka 1983, Montada 1979, Trautner

---

Der Autor dankt Manfred Schmitt für seine kritische Durchsicht des Manuskripts.

1983), vor allem eine Ergänzung des traditionellen Entwicklungsbegriffs, der für universelle, invariante, irreversible, auf einen Endzustand gerichtete, altersgebundene Veränderungen reserviert war. Auch die unter dieser traditionellen Entwicklungskonzeption gesammelten Erkenntnisse haben Bedeutung für die Praxis: Sie orientieren über alterstypische Leistungen, Veränderungen und Probleme. Aber *gerade die interindividuell unterschiedlichen Entwicklungsverläufe finden neuerdings Beachtung, weil nur die Unterschiede in bezug auf Sequenz, Richtung und Tempo eine Analyse der Veränderungsbedingungen und Einflußmöglichkeiten erlauben.*

Im Begriff *differentielle Entwicklung* (Thomae 1979) kristallisieren sich Kernannahmen, die besonders von Vertretern der life-span Entwicklungspsychologie propagiert wurden (Baltes et al. 1980): Mit wenigen Ausnahmen sind Entwicklungsverläufe als *plastisch*, d.h. veränderbar anzusehen. Entwicklung ist *multifaktoriell,* d.h. von einer Vielzahl von Faktoren bedingt. Der sich entwickelnde Mensch und seine Umwelt, die sich historisch ständig ändert, bilden ein *System*, dessen Komponenten sich in komplexer Weise *wechselseitig* beeinflussen. Entwicklungspsychologische Forschung muß dieser Komplexität ebenso Rechnung tragen wie entwicklungspsychologisch ausgerichtete Anwendungspraxis.

2. Aufgaben einer Angewandten Entwicklungspsychologie

Angewandte Entwicklungspsychologie ist für alle Praxisfelder (Schule, psychiatrische Klinik, Erziehungsberatung, forensische Begutachtung, Altersheime usw.) mit ihren Aufgaben der Prävention, Optimierung, Korrektur und Rehabilitation wichtig. Aus der Sicht praktisch psychologischer Arbeit lassen sich folgende miteinander verbundene Aufgaben nennen, die alle entwicklungspsychologisches Wissen verlangen:

1. Orientierung über den Lebenslauf,
2. Ermittlung von Entwicklungsbedingungen,
3. Vorhersage von Stabilität und Veränderung von Merkmalen und Verhaltensweisen,
4. Begründung von Entwicklungs- und Interventionszielen,
5. Planung von Interventionsmaßnahmen,
6. Evaluation von Entwicklungsintervention.

Es gilt nachzuweisen, daß mit entwicklungspsychologischer Theorienbildung und Forschungsarbeit Erkenntnisse zu gewinnen sind, die zu einer Lösung dieser Aufgaben, zumindest aber zu einer konzeptuellen Differenzierung der Probleme beitragen.

Orientierung über den Lebenslauf

Lange Zeit wurde die Orientierung über die Psychologie unterschiedlicher Lebensabschnitte als die wichtigste Aufgabe der Entwicklungspsychologie angesehen. Was hat man von einem Säugling, einem Schulanfänger, einem Heranwachsenden in der Pubertät, einem Greis zu erwarten? Welche Leistungen, welche Einstellungen und Interessen, auch welche Probleme sind charakteristisch für die einzelnen Lebensphasen?

Diese Informationen sind nötig, um entscheiden zu können, welche Anforderungen angemessen sind, in welcher Hinsicht Schutz und Schonung geboten ist. Entwicklungsstandards werden benötigt, um im Einzelfall den erreichten Entwicklungsstand beurteilen zu können, oder um zu erkennen, ob ein auftretendes Problem typisch für eine Lebensphase ist oder nicht. Vielleicht wird man sich rechtzeitig auf ein Problem vorbereiten können. Falls ein Problem transitorisch ist, wird man ihm weniger Gewicht beimessen.

Die Entwicklungspsychologie hat Beschreibungen von Lebensphasen erarbeitet, die zum Teil sehr detaillierte Inventare altersspezifischer Leistungen und Besonderheiten enthalten. Remplein (1957) oder Gesell et al. (1952, 1954, 1956) haben weit verbreitete *Führer durch Kindheit und Jugend* publiziert.

Darüber hinaus wurden Entwicklungstests für verschiedene Funktionen (Wahrnehmung, Motorik, Sprache, Intelligenz, soziale Kognition, Gedächtnis usw.) entwickelt, die eine präzisere Diagnose des Entwicklungsstandes oder -rückstandes erlauben (Filipp & Doenges 1982).

Sowohl an Phasenbeschreibungen wie an den Testnormen von Entwicklungstests lassen sich im übrigen historische Veränderungen erkennen. Man kann nicht davon ausgehen, daß die Entwicklung über historischen kulturellen Wandel hinweg konstant verliefe. Wie in Kapitel 1 und 2 dargelegt, wirken sich veränderte Entwicklungsumwelten auf den Entwicklungsverlauf aus. Nicht zuletzt sind es entwicklungspsychologische Überzeugungen in der Gesellschaft, die über Angebote und Anforderungen Einfluß auf die Entwicklung nehmen. Diese Überzeugungen werden durch wissenschaftliche Theorien und Forschungen mitgestaltet.

Ermittlung von Entwicklungs- und Veränderungsbedingungen

Bedingungswissen wird von verschiedenen Teildisziplinen der Psychologie erarbeitet, z. B. der Lernforschung, der Familienforschung, der Ätiologieforschung abweichenden Verhaltens und Erlebens usw. Wann können wir von entwicklungspsychologischen Bedingungsanalysen sprechen?

Die Entwicklungspsychologie lenkt das Augenmerk darauf, daß nicht ungeprüft von einer Kontinuität von Einflußfaktoren über den Lebenslauf auszugehen ist (Baltes & Schaie 1973). Ausmaß und Richtung der Wirkung mögen in unterschiedlichen Entwicklungsabschnitten variieren.

Zum Beispiel sollten Anforderungen, Angebote und Methoden der Vermittlung dem Entwicklungsstand angemessen sein. Auf dieser Einsicht beruhen die Warnungen vor Verfrühung oder Überforderungen. Die Passung zwischen Anforderungen und Entwicklungsstand bzw. eine sensibel dosierte Diskrepanz wurde mehrfach für die Entwicklung von Leistungszuversicht und Mißerfolgsängstlichkeit empirisch nachgewiesen (zur Übersicht vgl. Heckhausen 1980, S. 684ff.). Die Probleme hochwüchsiger Kinder ergeben sich z.T. daraus, daß sie älter eingeschätzt werden, als sie sind, und damit an überhöhten Ansprüchen gemessen werden (Degenhardt 1984). Für Hochbegabte entstehen Probleme aus den abträglichen Wirkungen von Unterforderungen bei einer Beschränkung auf altersnormierte Erwartungen, Angebote und Anforderungen (Schmidt 1977).

Hypothesen über das Vorliegen sensibler Perioden enthalten die Annahme einer erhöhten Empfänglichkeit für Lernangebote oder einer erhöhten Verletzbarkeit durch Stressoren oder fehlende Anregungen. Solche sensiblen Perioden wurden z.B. in der Sozialentwicklung (Spitz 1945, Bowlby 1951) oder in der Sprachentwicklung von Kindern (vgl. Kap. 12) angenommen.

Längsschnittuntersuchungen haben gezeigt, daß die Auswirkungen des gleichen Erziehungsverhaltens mit fortschreitender Entwicklung variieren. Behütendes Verhalten in den ersten drei Lebensjahren hat andere – positivere – Wirkungen als in späteren Lebensjahren (Kagan & Moss 1962).

Sozialkontexte variieren in ihrem Einfluß auf die Entwicklung: Die Elternfamilie verliert, die Peer-Gruppe gewinnt häufig an Einfluß in der Adoleszenz, etwa in bezug auf Freizeitinteressen, deviantes Verhalten oder Drogenkonsum (bzgl. Rauchen z.B. Krosnick & Judd 1982, vgl. auch Kap. 5).

Belastende Lebensereignisse verlieren in ihrer Risikosität je nach Lebensalter. Verlust der Eltern, Schwangerschaft, Arbeitslosigkeit, Verlust eines Partners kann „in-time" oder „off-time" sein mit unterschiedlichen Wirkungen (vgl. Filipp & Gräser 1982).

Die Unterscheidung von Entstehungs- und Stabilisierungsbedingungen trifft einen weiteren Aspekt der Diskontinuität von Bedingungen. Wertungen und Vorurteile beispielsweise *entstehen* wohl häufig durch Kontakt mit wichtigen anderen Personen, werden dann aber *stabilisiert* durch wertungskonsistente Informations- und Kontaktselektionen der Person selbst. Ungünstige familiäre Verhältnisse mögen die Entstehung von deviantem Verhalten begünstigen, das – einmal entstanden – durch die Affiliation zu devianten Interaktionspartnern oder Peer-Gruppen oder auch durch gesellschaftliche Stigmatisierungen stabilisiert werden kann.

In der modernen Entwicklungspsychologie wird immer häufiger auf das Zusammenwirken von Umständen, Ressourcen und Anforderungen auf der einen Seite und personalen Merkmalen (Motiven, Eigenschaften, Kompetenzen usw.) auf der anderen Seite verwiesen. Diese können diskrepant sein oder aber in einer Beziehung der Passung zueinander stehen. „Schwierige" Kinder können geduldige, anpassungsbereite und einfallsreiche Mütter haben oder aber Mütter, die rigide Vorstellungen über das haben, was normal ist und wie ein Kind zu sein hat. In letzterem Falle sind gewaltsame Durchsetzungen der eigenen Vorstellungen und harte Strafen bis zur Kindesmißhandlung wahrscheinlicher. Schneewind et al. (1983) prüften diese Hypothese im Rahmen eines Pfadmodells und konnten entsprechende Daten vorlegen. Sameroff (1977) nennt dieses eine transaktionale gegenseitige Beeinflussung (vgl. Kap. 1).

Eine entwicklungspsychologische Bedingungsanalyse ist grundsätzlich langfristig angelegt und erlaubt damit die Unterscheidung kurz- und langfristiger Folgen von Erfahrungen, Umweltbedingungen und Ereignissen. Dies erlaubt die Entdeckung von Kontinuitäten und Diskontinuitäten und deren weitere bedingungsanalytische Aufklärung. Z.B. impliziert auch eine dramatische akute Reaktion eines Kindes auf eine Trennung von der Mutter nicht notwendigerweise eine längerfristige Fehlentwicklung. Wie aus Literaturübersichten von Yarrow (1964), Ainsworth (1962) und Casler (1961) hervorgeht, sind weniger die kurzfristigen Reaktionen verläßliche Prädiktoren für die spätere Entwicklung als vielmehr Variablen wie Alter bei der Trennung, Dauer und Ursachen der Trennung, Güte der Beziehung zur Mutter vor der Trennung und die Möglichkeit einer verläßlichen Beziehung zu einer Pflegeperson.

Vorhersage von Stabilität und Veränderung von Merkmalen und Verhaltensweisen

Die praktische Bedeutung frühzeitiger Vorhersagen späterer Entwicklung ist offensichtlich. Schulische und berufliche Laufbahnwahlen, rechtzeitige Einleitung präventiver Maßnahmen bei drohender Fehlentwicklung, die Wahl eines Lebenspartners, die Strafzumessung in gerichtlichen Strafverfahren sind nur einige der Entscheidungen, die durch verläßliche Prognosen erleichtert würden. Geht man allerdings von der Annahme einer Plastizität der Entwicklung während des ganzen Lebens und einer ständigen Interaktion zwischen den sich entwickelnden Individuen und ihrer wechselnden und sich ständig ändernden sozialen und materialen Umwelt aus, dann wird man keine unrealistisch hohen Erwartungen bezüglich der Treffsicherheit von Prognosen hegen. Es wäre allerdings auch falsch, die Möglichkeit von Entwicklungsprognosen aus den genannten Gründen grundsätzlich zu verneinen, was Gergen (1979) in seiner Konzeption der zufälligen, „aleatorischen" Entwicklung nahelegt (vgl. Kap. 1).

Prognosen werden häufig auf der Basis deskriptiver längsschnittlicher Untersuchungen erstellt. Für eine Anzahl von Leistungen (Intelligenz, Schulerfolg, Berufserfolg), von Persönlichkeitsmerkmalen und Fehlentwicklungen liegen Informationen über die Stabilität oder Persistenz vor, die auf der einen Seite die Hoffnung auf allgemeine Vorhersagbarkeit der Entwicklung zwar dämpfen, auf der anderen Seite jedoch für spezifische Dimensionen zumindest für begrenzte Lebensabschnitte durchaus nützliche Orientierungen geben. Beispielsweise hat man folgende Generalisierungen formuliert:

- Abgesehen von pathologischen Fällen neuraler oder endokriner Schädigungen gibt es kaum ein Merkmal, das, während der ersten beiden Lebensjahre gemessen, die spätere Entwicklung halbwegs verläßlich vorherzusagen erlaubt (Clarke & Clarke 1976, Kagan 1976). Lediglich in bezug auf einige Temperamentsvariablen wie Irritierbarkeit, Reizbarkeit, biologische Rhythmen (Thomas & Chess 1977) und die Qualität der Bindung (Lewis et al. 1984) sind gewisse Kontinuitäten berichtet worden. Daraus läßt sich auch schließen, daß die beiden ersten Lebensjahre entgegen weit verbreiteter Überzeugungen keine besonders sensible Periode darstellen, in denen die spätere Entwicklung grundgelegt oder gar determiniert würde (vgl. Kap. 3).

  Zum Vergleich ist z.B. das Skelettwachstum heranzuziehen, das anlagebedingt ist und vom Kleinkindalter an spätere Größenunterschiede besser vorherzusagen erlaubt. Das schließt Umwelteinflüsse nicht aus, wie die säkulare Akzeleration des Längenwachstums ausweist (zum Überblick Ewert 1983).
- Auch im Vorschulalter sind halbwegs zuverlässige längerfristige Prognosen nicht möglich. Sozialisationserfahrungen, die sich kurzfristig durchaus in Merkmals- und Verhaltensunterschieden der Kinder spiegeln (Sears et al. 1957), taugen nicht für langfristige Prognosen. McClelland et al. (1978) fanden in einer follow-up Erhebung der Untersuchungsgruppe von Sears et al. 20 Jahre später keine Korrelationen zu den im Kindesalter erhobenen Daten.

  Über kürzere Zeiträume sind Prognosen im Vorschulalter zuverlässiger. Das gilt z.B. für Intelligenzleistungen (Honzik 1972), Persönlichkeitsmerkmale (Kagan & Moss 1962), Temperamentsmerkmale (Thomas & Chess 1977) und Verhaltensprobleme (Fischer et al. 1984).
- Erst vom Grundschulalter an sind über längere Zeiträume halbwegs treffsichere Prognosen möglich. Dabei sind Leistungsvariablen normalerweise besser vorherzusagen als Persönlichkeitsvariablen (zusammenfassend Bloom 1973). Intellektuelle Hochbegabung z.B. ist zumindest vom zehnten Lebensjahr an relativ stabil (Terman & Oden 1959).
- Unter den Fehlentwicklungen sind Persönlichkeitsstörungen (Neurosen, Ängste) zumindest in Kindheit und Jugend im allgemeinen weniger stabil als Verhaltensstörungen wie Aggressivität oder Delinquenz (zusammenfassend Kohlberg et al. 1972, Fischer et al. 1984).
- Insgesamt sind Verhaltensprobleme („externalizing symptoms") bessere Prä-

dikatoren späterer Probleme als Persönlichkeitsprobleme („internalizing symptoms") (Kohlberg et al. 1972, Fischer et al. 1984).

- Spätere Störungen sind nicht nur von phänotypisch ähnlichen frühen Störungssymptomen aus vorherzusagen. Fehlanpassungen in bezug auf die jeweils altersspezifischen Entwicklungsaufgaben können prognostische Indikatoren irgendwelcher späterer Probleme sein. Phänotypische Diskontinuität (Veränderung des problematischen Verhaltens) bei einer Kontinuität der Problembehaftetheit ist nicht selten (Sroufe & Rutter 1984).
- Je größer die Zahl und Verschiedenartigkeit der in der Kindheit auftretenden Probleme, um so größer die Wahrscheinlichkeit von Fehlentwicklungen im späteren Leben (Robins 1966).
- Auch bei beunruhigenden Auffälligkeiten in Kindheit und Jugend ist eine persistierende Fehlentwicklung nicht vorprogrammiert. Viele der Kinder und Heranwachsenden, die wegen Verhaltens- oder Persönlichkeitsstörungen in Behandlung waren (Robins 1966) oder wegen Delikten arrestiert wurden (Farrington & West 1977), sind später unauffällig. Während die Persistenz der Störungen nur mäßig hoch ist, ist die Persistenz der guten Anpassung sehr hoch: Wer bis zum Jugendalter nie wegen Verhaltensproblemen auffällig wurde, wird mit hoher Wahrscheinlichkeit auch später unauffällig bleiben (Kohlberg et al. 1971).
- Je größer die Zahl der Risikofaktoren (Stressoren) wie Armut, zerrüttete, desorganisierte Familie, Verlust von Betreuungspersonen, Alkohol- und Drogenprobleme von Eltern, kriminalitätsbelastetes Milieu, um so größer ist die Gefahr einer Fehlentwicklung im Sinne von Schulversagen, fehlender Berufsausbildung, Delinquenz, Drogenabhängigkeit usw. Aber auch eine extreme Häufung von Risikofaktoren führt nicht deterministisch zu Fehlentwicklungen. Es gibt offenbar „unverwundbare" Kinder (Rutter 1979).
- Diskontinuitäten der Lebenslage (durch Scheidung der Eltern, Adoption, Ortswechsel, Verarmung usw.) führen häufig zu einer Diskontinuität in personalen Merkmalen.

Die heute vorliegenden empirischen Daten lassen hinsichtlich der Mehrzahl der untersuchten Merkmale und Störungen beträchtliche Diskontinuität erkennen und erlauben somit keine präzisen individuellen Prognosen. Selten ist mehr als 25% bis 35% der Varianz aufgeklärt, was im Einzelfall ein hohes Irrtumsrisiko bedeutet. Zur Identifikation von Risikogruppen mit dem Ziel präventiver Maßnahmen sind die bis heute verfügbaren Daten aber durchaus beachtenswert.

Es liegt aber nahe, angesichts dieser Befundlage nach Interaktionen Ausschau zu halten, d.h. nach Faktoren, die die Kontinuität der Entwicklung beeinflussen. Das können alle Entwicklungsfaktoren sein (Anlagen, Umwelt, Ereignisse und die Person selbst mit ihren Dispositionen, Kompetenzen usw.). Findet man solche Interaktionen, kann die Prognose treffsicherer werden.

Bezogen auf die obigen Generalisierungen müßte man z.B. wissen, ob es unterschiedliche Entwicklungsverläufe für verschiedene Personenklassen gibt. Schon in der Fels-Studie (Kagan & Moss 1962) hat man festgestellt, daß das Merkmal Aggressivität bei männlichen Probanden zwischen dem Grundschulalter und dem frühen Erwachsenenalter wesentlich stabiler war als bei weiblichen Probanden (vgl. auch Olweus 1979), bezüglich Passivität und Unselbständigkeit verhielt es sich gerade umgekehrt. Zur Remission oder Persistenz von Fehlentwicklungen sollte man wissen, bei welchen Personen Persönlichkeits- oder Verhaltensstörungen wieder verschwinden, bei welchen nicht, ob dabei spezifische Umwelteinflüsse oder Erfahrungen (Ereignisse) eine Rolle spielen usw.

Allerdings stehen Prognosen grundsätzlich auf einem schwachen Fundament, solange sie lediglich auf empirisch ermittelten deskriptiven Daten basieren. Dies gilt auch, wenn, wie etwa im Falle der IQ-Entwicklung zwischen dem Grundschulalter und dem Erwachsenenalter, die Stabilität relativ hoch ist. Eine Vorhersage wird sicherer, zumindest überzeugender, wenn wir die Bedingungen für die Kontinuität oder Diskontinuität kennen. Beispielsweise könnte es sein, daß hohe Stabilität durch eine gleichbleibende Umwelt bedingt ist. Die Frage, bei welchen Umweltveränderungen in welchen Entwicklungsperioden Stabilität erhalten bleibt, bei welchen sie geringer wird, muß noch geklärt werden. Analoges gilt für die Wirkung spezifischer Erfahrungen bzw. Ereignisse.

Prognosen werden zuverlässiger, wenn man neben deskriptiven Stabilitätsdaten Informationen über wirksame anlagemäßige, sozioökologische, ereignismäßige und personale Entwicklungsbedingungen hat, die auch die Stabilität beeinflussen.

Begründung von Entwicklungs- und Interventionszielen

Es ist oft betont worden, daß erfahrungswissenschaftliche Forschung wertneutrale Erkenntnisse über die vorfindbare Wirklichkeit generiert, aus denen sich nicht direkt und ohne weiteres präskriptive Normen (Wertnormen) ableiten lassen, die als Begründung für Anforderungen und Zielsetzungen dienen können. Dennoch beeinflussen entwicklungspsychologische Theorien und Forschungsergebnisse faktisch in vielfältiger Weise Wert- oder Zielentscheidungen.

Die Entwicklungspsychologie liefert *Altersverlaufsbeschreibungen* im Sinne von Stadienfolgen und im Sinne von (deskriptiven) *Altersnormen*. Sie liefert damit Bezugspunkte und -dimensionen für die Beurteilung des erreichten Entwicklungsstandes, für die Formulierung von Anforderungen, von idealen Erwartungen und Zielsetzungen sowie für die Klassifikation eines Verhaltens oder Merkmals als abweichend (z. B. als nicht altersgemäß). Man braucht nur einen Blick auf die vielen Altersnormen unseres Rechtssystems zu werfen (Strafrecht, Wahlrecht, Zivilrecht, Jugendschutzgesetz, Familienrecht, Arbeitsrecht, Straßenverkehrsordnung, Schulrecht), um zu erkennen, wie verbreitet das Bedürfnis nach solchen Orientierungen ist. Entwicklungstests erlauben die Registrierung des sprachlichen, geistigen, interessenmäßigen oder sozialen Entwicklungsstandes in bezug auf die Altersgruppe. Eine Retardierung, im Einzelfall auch eine Akzeleration (etwa im Bereich der Sexualentwicklung), kann als Problem erscheinen.

Die traditionelle Entwicklungspsychologie hat gerichtete Entwicklungssequenzen mit Stadien der Reife beschrieben, die als naturgegebene Ziele gewertet werden: der Aufbau eines rationalen im Gegensatz zu einem magischen Weltbild, operatorisches statt voroperatorisches Denken (vgl. Kap. 8), komplexe Perspektiveübernahme in der sozialen Kognition (vgl. Kap. 14), Autonomie in moralischen Wertentscheidungen (vgl. Kap. 15) u. a. m.

Solche Wertsetzungen können selbstverständlich nicht zwingend aus beschreibenden Untersuchungen begründet werden. Sie mögen aus naturphilosophischer Sicht plausibel sein, nach dem Satz: ,,Was der Durchschnitt tut oder leistet, kann nicht unnatürlich oder pathologisch sein.“ Dennoch bleiben sie Setzungen.

In anderer Weise trägt *entwicklungspsychologisches Bedingungswissen* zur Wahl von Entwicklungszielen bei. Bedingungsanalysen geben Aufschluß darüber, ob zielführende Maßnahmen möglich sind oder nicht. Wüßten wir, daß der IQ ausschließlich durch die ererbte Anlage bedingt ist, könnten wir nichts zu seiner Förderung tun (Jensen 1973). Die Förderung der Intelligenzentwicklung könnte kein Ziel sein. Wenn heute die Plastizität von Merkmalen und Kompetenzen bis ins hohe Alter behauptet wird (Baltes & Dittmann-Kohli 1982), und es werden kontrollierbare Einflußfaktoren nachgewiesen, dann sind Zielentscheidungen möglich (und damit geboten!), wo bislang allenfalls Wünsche und Hoffnungen waren.

Bedingungswissen der Form ,,wenn p, dann q“ gibt eine Begründung für die Wahl von p als Mittel oder Zwischenziel unter der Prämisse, daß q angestrebt wird. Das *angestrebte Ziel* q ist in diesem Fall *gesetzt*. Es kann aber seinerseits einer erfahrungswissenschaftlichen Analyse unterzogen werden. So ist zu fragen, welche weiteren Folgen und Nebenwirkungen das Anstreben und Erreichen dieses Zieles haben kann. Sind solche Folgen zu erkennen, ist das bisher gesetzte Ziel als Bedingung für die weiteren Folgen anzusehen (,,wenn q, dann r“). In diesem Fall muß q nicht mehr gesetzt werden, sondern ist aus dem Wissen über seine Folgen rational zu begründen (Brandtstädter 1980). Wenn die Folgen (r) als Ziel gesetzt sind, wird q zu einem zweckmäßigen Zwischenziel.

Wenn Empathie und die Fähigkeit zur Rollenübernahme Voraussetzungen des Hilfehandelns sind (z.B. Hoffman 1979), dann ist deren Förderung rational begründbares Zwischenziel zur eigentlichen Erreichung der Hilfsbereitschaft (Chandler 1973, Ianotti 1978). Natürlich kann man auch die Zielsetzung ,,Hilfsbereitschaft“ hinterfragen, indem man nach den Folgen des Altruismus forscht und nach den Folgen dieser Folgen im infiniten Rekurs. Schließlich sind „Setzungen" oder Vereinbarungen zum Abbruch des Rekurses notwendig, aber die Grenzen sind hinausschiebbar, jenseits derer Zielwahlen nicht mehr begründet werden können, sondern gesetzt werden müssen. *Die entwicklungspsychologische Forschung verschiebt diese Grenzen und erweitert den Bereich rational begründbarer Ziele.*

Planung von Interventionsmaßnahmen

Wir reden von Entwicklungsproblemen, wenn bestimmte Entwicklungsstandards (Entwicklungsnormen, Ziele) nicht erreicht werden, bzw. wenn Entwicklungsaufgaben (Selbständigkeit in verschiedenen Bereichen, Partnerschaft, Berufsfindung usw.) nicht bewältigt werden. Die darauf bezogene Praxis kann präventiv, korrektiv oder rehabilitativ sein.

Zur Beschreibung von Entwicklungsproblemen können wir mit Brandtstädter (1984) a) die Entwicklungsziele oder -aspirationen des Individuums selbst, b) die Entwicklungspotentiale und -möglichkeiten des Individuums (Dispositionen, Kompetenzen), c) die Entwicklungsanforderungen im familiären, schulischen oder subkulturellen Umfeld des Individuums (alters-, funktions- oder bereichsspezifische Standards) sowie d) die Entwicklungsangebote (Lernangebote, Hilfeangebote, Ressourcen) in der Umwelt des Individuums ermitteln. Mit Hilfe dieser Bestimmungsstücke lassen sich verschiedene Typen von Diskrepanz- oder Konfliktkonstellationen unterscheiden, bei deren Vorliegen von einem Entwicklungsproblem gesprochen werden kann: z. B. Diskrepanzen zwischen Entwicklungszielen und -potentialen, zwischen Entwicklungszielen und -anforderungen, zwischen Entwicklungsanforderungen und -potentialen, zwischen Anforderungen und Angeboten usw. Schulschwierigkeiten, Partnerschaftsprobleme, Eltern-Kind-Probleme, Probleme mit Berufswahlen, Probleme mit Rollenverlusten lassen sich in diesem konzeptualen Rahmen analysieren. Die angesprochenen Typen von Passungsproblemen repräsentieren eine systemische Betrachtungsweise: Es geht um intra- und/oder interpersonale Diskrepanzen bzw. Konflikte.

Entwicklungsinterventionen und -beratungen sollen solche Diskrepanzen vermindern. Sie können deshalb die Ziele, die Anforderungen, die Potentiale und die Angebote betreffen, wobei entwicklungspsychologisches Bedingungswissen und Entwicklungsprognosen einbezogen sind.

Hier stellt sich zunächst die Frage, bei wem angesetzt werden kann oder soll, um eine größere Passung zu erreichen. Unter entwicklungspsychologischer Perspektive ist dabei u. a. die Unterscheidung von Entstehungs- und Stabilisierungsbedingungen sowie die mögliche Diskontinuität des Bedingungsgefüges über das Leben zu beachten.

Auch zur Frage, wann angesetzt werden sollte, liefert die Entwicklungspsychologie Hinweise:

a) Störungsprävention kann auf normative, d.h. in ihrer zeitlichen Abfolge bekannte und vorhersehbare kritische Übergänge wie Schuleintritt, Pubertät, Elternschaft, empty-nest-Situation, Pensionierung usw. konzentriert sein. Man weiß inzwischen, daß die Risikosität von kritischen Übergängen und Ereignissen vor allem durch Vorhersehbarkeit und Kontrollierbarkeitsüberzeugungen vermindert wird (Filipp & Gräser 1982). Vom Krankenhausaufenthalt eines Schulkindes bis zum Eintritt in ein Altersheim ist das vielfach belegt (vgl. Kap. 1 und Kap. 23).

b) Weiterhin ist auf das nach Alter oder Entwicklungsstand spezifizierte Bedingungswissen zurückzugreifen. Dabei ist sorgfältig zwischen Bedingungs-, Prognose- und Interventionsvariablen zu unterscheiden (Brandtstädter 1982). Zwar ist jede Bedingungsvariable auch ein Prädiktor, umgekehrt ist dies aber nicht der Fall: Ein Prädiktor kann beispielsweise nur ein Indikator für eine wirksame Bedingung oder Vorzeichen einer beginnenden Fehlentwicklung sein. Die Unterscheidung von Bedingungs- und Interventionsvariablen sagt aus, daß eine Intervention nicht notwendigerweise an Bedingungen der Fehlentwicklung ansetzen muß, sondern immunisierende, kompensatorische oder rehabilitative Ziele verfolgen kann.

c) Darüber hinaus liefert entwicklungspsychologische Forschung durch Sequenzbeschreibungen (Entwicklungstestreihen, Stadien- und Stufenfolgen) Informationen über eine mutmaßlich angemessene Sequentierung von Entwicklungsanforderungen und -angeboten. Kognitive, sprachliche, motorische oder moralische Förderungsprogramme u.a.m. haben sich diese Sequenzbeschreibungen zunutze gemacht.

d) Schließlich sind auch Entscheidungen über das Interventionsverfahren entwicklungspsychologisch zu begründen. Eine Problemlösetherapie setzt eine höheres Niveau der kognitiven Entwicklung voraus als ein Konditionierungsprogramm. Bezüglich des Aufbaus von Selbstkontrolle ist dieser Punkt von Braun und Tittelbach (1978) herausgearbeitet worden.

Evaluation von Entwicklungsinterventionen

Bei der *Evaluation* von Entwicklungsinterventionen und -beratungen gelten die gleichen Prinzipien, die auch für die anderen Aufgabentypen herausgestellt wurden: a) Neben kurzfristigen sind auch langfristige Folgen in Betracht zu ziehen; b) auf eine mögliche Alters- oder Entwicklungsstandabhängigkeit von Effekten ist ebenso zu achten wie auf unterschiedliche Effekte bei verschiedenen Klassen von Personen und/oder Umwelten.

a) Schultz (1976) z. B. hat in einem Altenheim ein Besuchsprogramm mit Studenten realisiert. Als günstigste unter vier experimentellen Bedingungen erwies sich jene, in der die besuchten Senioren Kontrolle über die Häufigkeit und die Dauer der Besuche hatten. In einer zweiten Gruppe waren die Besuche lediglich angekündigt, also vorhersehbar, in einer dritten gleich häufig, aber nicht angekündigt. Eine Kontrollgruppe erhielt keine Besuche. In allen Kriteriumsvariablen wie Gesundheitsstatus und subjektives Wohlbefinden erreichte die erstgenannte Gruppe am Ende des Programms die höchsten Werte, gefolgt von der zweiten Gruppe. In einer späteren Nachuntersuchung 24 und 42 Monate nach Abschluß des Besuchsprogramms mußten Schultz und Hanusa (1978) allerdings eine dramatische Verschlechterung in den ersten beiden Gruppen registrieren. Ihre Durchschnittswerte lagen nun unter denen der beiden anderen Gruppen. Es scheint also, daß die Tatsache, Kontrollmöglichkeiten über die eigene Umwelt einmal besessen zu haben und dann ihrer beraubt worden zu sein, längerfristig schlimmer ist als keine Kontrollmöglichkeiten gehabt zu haben. Ohne eine längerfristige Nachuntersuchung wäre dieser hochproblematische Effekt des Besuchsprogramms nicht aufgefallen.
b) Wie in der gesamten Interventionsforschung wird auch in der Entwicklungspsychologie eine Überprüfung differentieller, d. h. person- und/oder kontextspezifischer Wirksamkeit gefordert. In der Unterrichtspsychologie gilt die Suche den Aptitude-Treatment-Interactions, ATI (zum Überblick vgl. Brandtstädter 1982, zur Kritik auch Treiber & Petermann 1976). Im resozialisierenden Strafvollzug beruht die Forderung nach Ergänzung oder Ersetzung des Regelvollzugs durch sozialtherapeutische Maßnahmen auf der Vermutung differentieller Wirksamkeit von Maßnahmen (Kury 1980). In der klinischen Psychologie ist die differentielle Indikation (Baumann 1981, Seidenstücker 1984) zu einem wichtigen Thema geworden.

Beispiele für differentielle Wirksamkeit von Programmen wurden für viele kognitive und sprachliche Trainings berichtet, die typischerweise abhängig von den Eingangsvoraussetzungen sind (z. B. Kuhn 1974). Kontextspezifische Wirksamkeit von Förderungsprogrammen wurde in Evaluationsstudien über kompensatorische Vorschulerziehung berichtet (Hunt 1979, vgl. auch Kap. 18).

3. Bezüge zwischen Theorienbildung, Forschung und Anwendungspraxis

Evaluationsdaten aus Interventionsstudien wurden häufig unterschiedlich, und zwar gemäß theoretischer Vorannahmen interpretiert (vgl. Paradigma-Diskussion in Kapitel 1). Dieser Interpretationsspielraum besteht, weil Forschungsergebnisse und theoretische Überzeugungen nicht eindeutig aufeinander bezogen sind. Theorien sind durch empirische

Forschung nicht zweifelsfrei bestätigt oder widerlegt. Grundsätzlich sind sowohl Zweifel an der Gültigkeit der Theorie als auch Zweifel an der Angemessenheit der Daten zu ihrer Überprüfung zulässig. Schließlich werden je nach theoretischer Überzeugung unterschiedliche Evaluationskriterien akzeptiert, was etwa die Debatte über die Möglichkeiten der kompensatorischen Frühförderung (vgl. Kap. 18) deutlich gezeigt hat.

Kritiker (vgl. Jensen 1973) der kompensatorischen Frühförderung haben zwar nicht bestritten, daß ein IQ-Anstieg erzielt wurde, ihre Kritik betraf den Tatbestand, daß dieser Anstieg nicht stabil blieb und in ein oder zwei Jahren nach Ende des Programms wieder verlorenging. Sie erheben also die Stabilität des Gewinns nach Ende des spezifischen Förderungsprogramms zum Erfolgskriterium. Andere Forscher gehen nicht davon aus, daß der IQ, der die intellektuelle Leistungsfähigkeit relativ zur Population der Gleichaltrigen angibt, ein für alle Mal angehoben werden kann. Nach ihnen kann der IQ während des ganzen Lebens durch Anregungsgehalte und Anforderungen der Umwelt günstig oder ungünstig beeinflußt werden. Für sie sind auch nicht dauerhafte Anstiege ,,echte" Erfolge, und die nachfolgenden Verluste werden erklärt durch die erneute Anregungsarmut nach Beendigung der Förderung (Horowitz 1980). Es besteht also Interpretationsspielraum und -bedarf.

Das gleiche gilt, wenn aus theoretischen Gesetzesaussagen Lösungen für konkrete Problemstellungen in der Anwendungspraxis gewonnen werden sollen. Aus Theorien sind Handlungsprogramme nicht logisch zwingend ableitbar (vgl. Brandtstädter 1982, Montada 1983). Der Geltungsbereich von Theorien und Gesetzen ist grundsätzlich nicht vollständig bekannt. Bei einer empirisch erprobten Theorie weiß man zwar einiges darüber, über welche Unterschiede (in Personen, in Kontexten, in der Implementation von Maßnahmen) verallgemeinert werden darf, aber der Praktiker muß immer zusätzliche Verallgemeinerungen vornehmen und geht damit ein Irrtumsrisiko ein. Auch wenn er bei der Frage, ob eine Theorie für seine Problemstellung taugt, nach empirischen Untersuchungen für diese Theorie Ausschau hält, die in ihrer Problemstellung, bezüglich der Untersuchungsstichprobe und den realisierten Maßnahmen seinem Problemfall nahekommt: eine völlige Entsprechung ist grundsätzlich ausgeschlossen.

- Er muß beispielsweise von der Untersuchungsstichprobe mit spezifischen demographischen und psychologischen Merkmalsverteilungen auf seine Klienten generalisieren.
- Er muß von den in der Untersuchung getroffenen Maßnahmen auf die von ihm und seinem Klienten zu realisierenden Maßnahmen generalisieren.
- Er muß vielleicht von einem testdiagnostisch gefaßten Konzept auf ein durch Interviewdaten gefaßtes Konzept generalisieren.

Dies sind einige der Äquivalenzprobleme (Kaminski 1970), die der Praktiker zu lösen hat. Insofern ist Bunge (1967) zuzustimmen, der das Verhältnis von Theorie und Anwendung als ein ,,Probieren" kennzeichnet. Theorien stellen Heuristiken für die Anwendungspraxis dar, nicht mehr, allerdings auch nicht weniger. Der Praktiker ist ein Problemlöser, der sein Repertoire durch die Auseinandersetzung mit theoretischen Gesetzesaussagen und den zugeordneten Forschungen ständig erweitert. Er tut gut daran, die möglichen Fehlerquellen bei der Interpretation und Auswertung von Forschungsergebnissen sorgfältig zu beachten. Unter den Irrtumsquellen sind vor allem unvorsichtige oder unzulässige Generalisierungen von Forschungsergebnissen zu nennen, die am Ende dieses Kapitels behandelt werden sollen.

Entwicklungspsychologische Gesetze und Handlungsfähigkeit

Für den Praktiker sind Theorien und theoretische Gesetzesaussagen noch aus einem anderen Grunde unzulänglich und bedürfen der Interpretation. Forschung und Theorienbildung zielt auf Erkenntnis über Zusammenhänge zwischen Variablen. Praxis zielt auf Kontrolle über Variablen. Der Praktiker, der eine Entwicklungsintervention plant, muß wissen, was er kontrollieren kann. Der Entwicklungsberater muß wissen, was die von ihm Beratenen kontrollieren können. Gesetze sagen typischerweise darüber nichts aus.

Es gibt z.B. Gesetze, die schulische Leistungsschwierigkeiten auf geringe Intelligenz, auf Wissenslücken, auf mangelndes Interesse, auf ungünstige Kontrollüberzeugungen, auf fehlende Anstrengungsbereitschaft, auf Prüfungsangst, auf Leistungsverweigerung und/oder anderes zurückführen. Für Belange der Praxis ist es nun wesentlich zu wissen, *wer welche dieser Bedingungen* und *wodurch kontrollieren kann*. Es ist nicht nur zu fragen, ob die im Einzelfall diagnostizierten Bedingungen des Schulversagens veränderbar sind, sondern wer diese Veränderungen zu kontrollieren vermag und wie ihre Veränderung zu bewerkstelligen ist, d.h. wer welche Handlungsmöglichkeiten hat.

Der Schüler selbst ist vielleicht in der Lage, nach entsprechenden Fremd- oder Selbstaufforderungen seine Anstrengungen zu erhöhen oder eine Leistungsverweigerung aufzugeben. Die Eltern könnten in der Lage sein, ihre vielleicht überhöhten Leistungserwartungen zu reduzieren und dadurch die Prüfungsangst ihres Kindes zu dämpfen. Vielleicht ist die Prüfungsangst aber auch nur therapeutisch zu beheben oder durch einen Wechsel der Schule, der Klasse oder des Lehrers. Wissenslücken können vielleicht durch den Schüler allein, vielleicht durch Nachhilfe behoben werden.

Das Beispiel zeigt, daß in der Praxis Handlungsentscheidungen getroffen werden müssen, die aus dem bereitgestellten Bedingungswissen und auch aus der entsprechenden Diagnostik im Einzelfall nicht ableitbar sind. Auch empirisch gut belegte Zusammenhänge zwischen Bedingungsfaktoren und -folgen liefern nicht alle erforderlichen Informationen. Die Gesetze sind typischerweise nicht informativ bezüglich der Frage, wer was kontrollieren kann. Ein Gesetz ,,wenn p, dann q" sagt nicht aus, ob p kontrolliert (verändert) werden kann und durch wen und wodurch. Wie es zur Veränderung von p (also dem durch das Gesetz nahegelegten Mittel zur Veränderung von q) kommen kann, müßte durch Einbeziehung weiterer Gesetze beantwortet werden, in denen p die Folgevariable ist. Wenn in einem ersten Gesetz geringe Intelligenz als Bedingung für Schulversagen genannt ist, müßte ein zweites Gesetz gefunden werden, das die Veränderung der Intelligenz zum Gegenstand hat. Aber auch dann bleibt offen, wer die Veränderung kontrollieren kann.

Bezüglich der Kontrollierbarkeit von Variablen ist häufig die reine Gesetzesaussage weniger informativ als die Art ihrer empirischen Konfirmierung. War eine manipulative Forschungsstrategie (Experiment, Intervention) erfolgreich, dann ist das ein Hinweis auf die Kontrollierbarkeit der Antezedenzvariablen. Vielleicht ist im Experiment und in der Intervention auch dargelegt, wie die Kontrolle ausgeübt werden kann.

Im übrigen ist es offen, ob man zur Veränderung von q das Gesetz ,,wenn p, dann q" oder andere Gesetze mit Antezedenzbedingungen überhaupt braucht. Vielleicht muß man zur Veränderung von q gar keine Antezedenzbedingungen heranziehen, dann nämlich nicht, wenn q direkt vom Beratenen kontrolliert wird, also durch ihn selbst verändert werden kann. Das allerdings setzt voraus, daß q eine Handlungsweise ist, die gewählt ist, für die sich der Beratene entschieden hat und für die es Alternativen (z.B. Unterlassung) gibt.

Das mag bei Schulversagen selten der Fall sein. Aber es sind immerhin Fälle denkbar, in denen ein Schüler durch schlechte Leistungen seine Eltern bestrafen oder deren Zustimmung zum vorzeitigen Abgang erzwingen will. In anderen Fällen, wie etwa bei antisozialen Verhaltensauffälligkeiten, bei beginnendem Drogenkonsum, aber auch bei manchen Persönlichkeitsstörungen wie beginnender Magersucht usw. ist es naheliegender, zunächst einmal an eine direkte Kontrollierbarkeit der Auffälligkeiten durch den Träger selbst zu denken, sie also als Handlungsweisen aufzufassen und nicht als unkontrollierbare Folgen naturgesetzlich wirkender Antezedenzbedingungen.

Ist die Annahme berechtigt, es liege eine Handlungsweise vor, wird man eine Veränderung durch die Darbietung entsprechender Argumente versuchen. Solche Argumente stellen die vorausgehenden Handlungsentscheidungen dadurch in Frage, daß Ziele problematisiert werden, die Kompatibilität mit Wertsystemen reflektiert wird, Mittelalternativen angeboten werden usw. (vgl. Brandtstädter 1984).

Die typische Darbietungsweise wissenschaftlicher Erkenntnisse in der Form von deterministischen oder (meist) probabilistischen Gesetzen geht von einem naturwissenschaftlichen Modell aus, das die Handlungsfähigkeit und Entscheidungsfähigkeit der Person nicht erfaßt. Die Darbietung psychologischen Wissens in Gesetzesform bietet folglich dem Praktiker nicht die nötigen Informationen, wer in bezug auf die oben genannten problemgenerierenden Faktoren (Entwicklungsziele, -anforderungen, -angebote, -potentiale) bzw. das resultierende problematische Verhalten und Erleben selbst handlungs- und entscheidungsfähig ist (vgl. Montada 1984, 1985 und Kap. 1).

4. Forderungen an die entwicklungspsychologische Forschung

Ungeachtet der diskutierten grundsätzlichen Probleme in den Bezügen zwischen Theorie, Forschung und Praxis muß es Ziel der Wissenschaft sein, dem Praktiker möglichst gute Heuristiken an die Hand zu geben und sie ständig zu optimieren.

Gemessen an den eingangs beschriebenen Aufgaben, die sich der Angewandten Entwicklungspsychologie stellen, besteht ein schier unermeßlicher Bedarf an elaborierten Theorien und differenziertem Datenmaterial.

Die folgenden Forderungen sind an die Forschung gerichtet. Sie erwachsen aus den Wissensbedürfnissen der Praxis (vgl. auch Montada 1979, 1984), mögen aber auch dem Praktiker als Gütekriterien für die kritische Bewertung von Forschungsbefunden dienen.

1. *Wir benötigen Wissen über Veränderungen, nicht nur über Altersunterschiede:* Der Gegenstand der Entwicklungspsychologie ist die Analyse intraindividueller Veränderungen und diesbezüglicher interindividueller Unterschiede. Viele der entwicklungspsychologischen Befunde sind aber in Wahrheit nur Vermutungen über Veränderungen auf der Basis beobachteter Unterschiede zwischen Stichproben verschiedenen Alters. Ein Schluß von *querschnittlich erfaßten* (interindividuellen) Altersunterschieden auf *längsschnittlich zu erfassende* (intraindividuelle) Veränderungen ist u. a. wegen der Konfundierung von Altersdifferenzen und Differenzen zwischen Geburtskohorten problematisch (Schaie 1965, vgl. auch Kap. 24).

Darüber hinaus liefern Querschnittsuntersuchungen nur Mittelwertdifferenzen zwischen Altersstufen, sie können also allenfalls einen durchschnittlichen Entwicklungstrend angeben. Interindividuelle Unterschiede in den Entwicklungsverläufen werden nicht erfaßt. *Die individu-*

ellen Verläufe können aber in Richtung, Ausmaß der Veränderung und Form außerordentlich unterschiedlich sein: Einige Personen mögen viel gewinnen, andere nichts, wieder andere mögen verlieren. In Querschnittsuntersuchungen ist dies nicht erkennbar. Somit kann man die Querschnittsmethode zwar mit den genannten Nachteilen für die *Gewinnung von Altersnormen* verwenden, jedoch nicht für die *Analyse interindividueller Unterschiede in der Entwicklung*.

Keine der oben erörterten Aufgaben einer Angewandten Entwicklungspsychologie kann ohne Wissen aus längsschnittlichen Analysen adäquat bewältigt werden. Die Längsschnittmethode bleibt der Königsweg der Entwicklungspsychologie (Thomae 1979).

2. *Wir brauchen eine differentielle Entwicklungspsychologie:* Der Bedarf an Wissen über differentielle (d. h. personen- oder gruppenspezifische) Entwicklungsverläufe hat zwei Gründe. Erstens ist das Bedürfnis nach differentiellen (und individuellen) Prognosen zu nennen, zweitens das Interesse an Interventionsmöglichkeiten, die ihrerseits auf entwicklungspsychologischen Bedingungsanalysen basieren müssen. Wie oben bereits erwähnt, lassen jedoch in Sequenz, Geschwindigkeit und Richtung generelle Veränderungen eine Bedingungsanalyse nicht zu; *nur Variation kann auf ihre Bedingungen hin analysiert werden.* Variation muß also aufgesucht oder hergestellt werden, damit etwas über die Entwicklungsbedingungen in Erfahrung gebracht werden kann.

3. *Wir benötigen Bedingungswissen auch aus Interventionsstudien, nicht nur aus deskriptiven Studien:* Überlicherweise besteht unser Bedingungswissen über Entwicklungen und Fehlentwicklungen in der Kenntnis meist zeitgleich erhobener Korrelate: sozioökologische, situative, personale, ereignisartige Variablen, die deskriptiv erfaßt werden und deren Varianzüberlappung mit den Entwicklungsvariablen als Nachweis ihrer Wirkung interpretiert wird. Dieses ist problematisch. Es ist z. B. ein empirisch gut bestätigter Befund, daß überstrenge Erziehung gekoppelt mit wenig konsistenter Kontrolle mit antisozialen Auffälligkeiten korreliert (Lefkowitz et al. 1977). Was hierbei Bedingung oder Folge oder ob beides Ausdruck einer gemeinsamen Schwäche (z. B. fehlende Selbstkontrolle) ist, ist nicht geklärt. Für Interventionsentscheidungen, die auf diesem Befund aufbauen, ist eine Klärung jedoch notwendig.

Die Gefahren einer voreiligen bedingungsanalytischen Interpretation deskriptiver Daten sind etwa in der Diskussion um Blooms Hypothese einer sensiblen Periode der Intelligenzentwicklung (Bloom 1964) als Grundlage der Einrichtung vorschulischer Förderungsprogramme deutlich geworden. Bloom stützte seine These einer sensiblen Periode der Intelligenzentwicklung im Vorschulalter auf Beobachtungen in Längsschnittstudien, die zeigen, daß sich der IQ, also die Position in der Intelligenzverteilung einer Altersgruppe, zwischen dem vierten und siebten Lebensjahr stabilisiert (wohlgemerkt: die Intelligenzleistung wächst generell noch sehr beträchtlich zwischen der Vorschulzeit und dem Erwachsenenalter!).

Im Vorschulalter hingegen sind größere Veränderungen der Position noch häufig, während sie später seltener werden, was sich in steigenden Korrelationen zwischen Altersstufen ausdrückt. Das ist aber ein rein *deskriptiver Befund,* ein vorgefundenes Faktum. Die Frage, ob spätere Positionsveränderungen *möglich* sind oder nicht, ist aus einem solchen deskriptiven Befund allein nicht beantwortbar. Um diese Frage zu beantworten, müßte man z. B. abklären, bei welchen Personen und/oder Ereignissen und/oder Schulungen die Positionsstabilität erhalten bleibt, bei welchen nicht. Man müßte die Positionsstabilität zweier Teilpopulationen vergleichen: jener, die in eher gleichbleibenden (förderlichen oder ungünstigen) Umwelten aufwächst, und jener, die deutliche Umweltveränderungen erfährt (z. B. durch Verarmung der Eltern, durch Adoption in besser gestellte Familien, durch günstige Beschulung usw.).

Beispielsweise mag die relativ hohe Stabilität des IQ von den ersten Schuljahren bis ins Erwachsenenalter dadurch bedingt sein, daß drastische Veränderungen im Anregungsgehalt der Entwicklungsumwelt selten sind und die in der Grundschule sich herausbildenden Leistungsunterschiede in die weiteren Schullaufbahnentscheidungen eingehen, die dann die Bildungs- und Intelligenzunterschiede fixieren. Blooms Daten zur sensiblen Periode sind ebenso wie Jensens (1969) Daten zum Erblichkeitskoeffizienten (vgl. Kapitel 1) rein deskriptiv und erlauben als solche keinerlei sicheren Schluß über die Chancen von Interventionsmaßnahmen (Montada 1979).

Der Praktiker benötigt – wie oben ausgeführt – nicht nur Wissen über Entwicklungsbedingungen, sondern auch Wissen über deren *Veränderbarkeit* und Kontrollierbarkeit. Ohne die Möglichkeiten bedingungsanalytischer Bearbeitung deskriptiver Daten zu übersehen (z. B. mit Zeitreihenanalysen, Pfadanalysen, vgl. Kap. 24): nur manipulative Forschung liefert dieses Wissen, deskriptive nicht. Entwicklungspsychologische Forschung muß etwas aussagen über die Realisierbarkeit von Entwicklungszielen durch Interventionen. Deskriptive Untersuchungen bieten hierfür keine zureichende Basis.

4. *Wir benötigen prospektive Untersuchungen zur Gewinnung von Wissen über Entwicklungsbedingungen und als Basis von Entwicklungsprognosen:* In der psychologischen Anwendungspraxis werden Vermutungen über Risikofaktoren für die Entstehung von Fehlentwicklungen ex post facto, d. h. durch „Zurückverfolgung" (follow-back) von Problemfällen gewonnen, die wegen dieser Fehlentwicklung auffällig wurden. Anamnesen, Aktenstudium, Rückerinnerungen, Befragungen von

Informanden über die Entwicklungsgeschichte und -umstände sind die Methoden.

Wird dabei das Grundratenproblem (vgl. z.B. Brandtstädter 1982) nicht beachtet, sind die so generierten Vermutungen über Entstehungsbedingungen systematisch verzerrt, was folgendes Beispiel illustriert: Wenn in einer Menge verhaltensauffälliger Kinder alle aus gestörten Familien kommen, wissen wir damit nichts über die Häufigkeit der Entwicklung von Verhaltensauffälligkeiten in der Gesamtheit der gestörten Familien. Nur wenn die Gesamtheit gestörter Familien erfaßt wäre, könnten wir ermitteln, ob die Herkunft aus einer gestörten Familie eine notwendige oder eine hinreichende Bedingung für die Entwicklung dieser Verhaltensauffälligkeiten ist oder auch nur einen nennenswerten Beitrag zu ihrer Prognose leistet. Immer dann also, wenn versucht wird, Bedingungswissen nur aus Daten abzuleiten, die an Stichproben mit bestimmten Auffälligkeiten gewonnen wurden, ist das Risiko von Generalisierungsirrtümern unvermeidlich.

Beispiele für fehlerhafte Verwendungen von follow-back Informationen finden sich aber nicht nur in der psychologischen Praxis, sondern auch in der Epidemiologieforschung, die sich häufig auf Expertenbefragungen und die Auswertung von Klientenakten stützt, ohne die Grundratenproblematik zu beachten.

5. *Wir brauchen Untersuchungen im ökologischen Kontext, Laborstudien reichen nicht aus:* Bronfenbrenner karikierte die heutige Entwicklungspsychologie als ,,the science of the strange behavior of children in strange situations with strange adults for the briefest possible periods of time“ (1977, S. 531). Mit dieser Bemerkung weist er auf die Gefahr fehlender ökologischer Validität hin. Auch andere Autoren (z.B. Hultsch & Hickey 1978, Lerner et al. 1980) erheben ökologische Validität zu einem zentralen Qualitätskriterium von Forschung. *Komplexe Wechselwirkungen zwischen dem menschlichen Organismus einerseits und einer sich ständig wandelnden und historisch einmaligen Umwelt andererseits sind in Laborsituationen nicht zu simulieren.* Tatsächlich dürfen wir von der Analyse möglicher Entwicklungsbedingungen in kontrollierten Laborsituationen nicht ohne weiteres Aufschluß über die wirklichen Einflußfaktoren in realen Lebenssituationen erwarten (McCall 1977). Es muß jeweils abgeklärt werden, ob eine im Labor unter experimentellen Bedingungen wirksame Maßnahme (z.B. Training) im normalen ökologischen Kontext auch greift.

6. *Entwicklungspsychologische Forschung darf nicht auf Einzelvariablen begrenzt sein, sondern sollte multivariat angelegt sein:* Die Aufgaben einer Angewandten Entwicklungspsychologie, so wie sie oben beschrieben wurden, verlangen eine multivariate Betrachtung. Entwicklung voll-

zieht sich in vielen Funktionsbereichen (z. B. Sprache, Denken, Persönlichkeitsmerkmale) gleichzeitig, deren Zusammenhänge analysiert werden müssen, was bereits eine multivariate Betrachtung nahelegt. Nimmt man ferner an, daß immer mehrere entwicklungssteuernde Faktoren (Umweltvariablen, Personvariablen, der vorhandene Entwicklungsstand) gleichzeitig wirken und sich in ihrer Wirkung gegenseitig beeinflussen (in Wechselwirkung zueinander stehen), erscheint eine multivariate Anlage entwicklungspsychologischer Forschung unerläßlich. Selbst wenn man die (sicherlich falsche) Annahme machte, Entwicklung sei nur durch einen Faktor gesteuert, könnte man diese Annahme nur durch den multivariaten Vergleich mit potentiellen anderen Entwicklungsbedingungen prüfen.

Eine multivariate Analyse ist mit dem Angebot langer Listen bivariater Zusammenhänge noch nicht geleistet. Viele frühere Untersuchungen, z. B. über familiäre, ökologische, demographische, personale Korrelate der Delinquenz (Glück & Glück 1968, West & Farrington 1973), bieten Dutzende signifikanter bivariater Korrelationen ohne Klärung der Zusammenhänge zwischen den Prädiktoren und ohne Klärung ihres theoretischen Status: Handelt es sich um Bedingungsvariablen, um Deckvariablen (Korrelate) der Bedingungsvariablen, um Folgen oder Anzeichen der Delinquenz selbst? Gibt es Moderatorvariablen, die den Zusammenhang zwischen anderen Variablen und Delinquenz klären? Welche Teilmenge der Variablen ist zur bestmöglichen Vorhersage ausreichend? Dieses sind Fragen für multivariate Datenanalysen.

7. *Wir benötigen mehr Sekundäranalysen:* Die Sicherheit bei der Anwendung von Forschungsbefunden wächst mit deren ,,Robustheit". Ein statistisch gerade signifikantes Ergebnis ohne Replikation in einer anderen Studie, ohne Prüfung seiner Robustheit über verschiedene Populationen, Kontexte, Maßnahmevarianten usw. bietet dem Praktiker nur ein unsicheres Fundament für seine Entscheidungen.

Sekundäranalysen, die eine Kompilation der Ergebnisse (oder gar der Daten!) verschiedener Studien zur gleichen Thematik enthalten, sind daher hilfreich. Lazar und Darlington (1982) geben ein Beispiel hierfür. Sie verglichen elf Studien zu den Effekten vorschulischer Förderprogramme und kommen trotz erheblicher Divergenzen zwischen den Einzelstudien zu der praktisch brauchbaren Schlußfolgerung: Trotz beträchtlicher unaufgeklärter individueller Varianz sind positive Langzeiteffekte zwar nicht bezüglich der Intelligenz, aber doch bezüglich der Schulkarrieren nachweisbar.

Kapitel 17

Intervention in der frühen Kindheit

E. Kuno Beller

Dieses Kapitel wird sich in einem begrenzten Sinne mit dem Thema Intervention in der frühen Kindheit befassen. Therapeutische Interventionen mit behinderten Kindern bleiben dabei unbeachtet. Der Schwerpunkt des Kapitels liegt eher auf Modellen präventiver und kompensatorischer Intervention, wobei der Begriff kompensatorisch sich auf Intervention bei Kleinkindern aus sozial benachteiligten Familien bezieht.

Der erste Teil des Kapitels wird sich mit der historischen Perspektive von Modellen der Intervention in der frühen Kindheit befassen. Die Diskussion konzentriert sich auf einige ausgewählte Erziehungskonzepte, die seit der Zeit der Aufklärung im 17. Jahrhundert einen großen Einfluß auf pädagogisches Denken ausgeübt haben und bis in die Gegenwart das Fundament für prominente Modelle und Modellversuche der Intervention in der frühen Kindheit geblieben sind.

Der zweite Teil widmet sich Modellversuchen, in denen aufgrund vorliegender Forschungsergebnisse ausgewählte Förderungsmaßnahmen für die Entwicklung von Kindern in den ersten drei Lebensjahren in der Praxis erprobt und die Wirkung ihrer Umsetzung in primären und sekundären Sozialisationsfeldern empirisch ausgewertet und veröffentlicht wurden.

1. Modelle der Kleinstkindpädagogik in historischer Perspektive

In der Kleinstkindpädagogik ist die Konzeption der Kindheit und der Entwicklung des Kindes besonders in den ersten Lebensjahren ausschlaggebend. Man kann drei unterschiedliche Konzeptionen zur Pädagogik des Kleinstkindes in der Geschichte unterscheiden. Die erste

Konzeption sieht in dem Kleinstkind ein hilfloses, eher passives Wesen, dessen Entwicklung durch äußere und innere Bestimmungsfaktoren bedingt ist. Eine zweite Konzeption betrachtet das Kind vom frühesten Zeitpunkt an als ein aktives Wesen, das die Richtung seiner Entwicklung vielfach selbst bestimmen und mitbestimmen kann. Nach der dritten Konzeption sind das Kind und die Betreuungsperson zwei aktive Partner, deren transaktionale Beziehungen die Entwicklung beider mitbestimmen (vgl. Kap. 1).

Das Kind als passives, hilfloses Wesen

Für die erste Konzeption gibt es unter anderem drei historische Strömungen: (a) britischer Empirismus und Behaviorismus, (b) biologisch verankerte Vererbungs- und Anlagetheorien und (c) die psychoanalytische Theorie der Entwicklung des Kleinstkindes.

a) In mancher Hinsicht kann John Locke als der Vater der *Verhaltenstheorie* angesehen werden. In seinem Buch ,,Some Thoughts Concerning Education" (1699) mißt John Locke der Erziehung im frühesten Kindesalter große Bedeutung bei. Die ersten Lebensjahre sind die wichtigsten für die Erziehung und Entwicklung des Kindes und bestimmen seine spätere Entwicklung. Das neugeborene Kind ist wie eine leere Tafel *(tabula rasa)*, die mit Erfahrungen gefüllt wird. Erfahrungen durch Sinneseindrücke und Wahrnehmungen sind das Fundament, auf dem sich Wissen aufbaut. Locke formulierte vier Prinzipien des Lernens, die für die Erziehung ausschlaggebend sind: Assoziation von Erfahrungen, Wiederholung und Praktizieren, Nachahmung, Belohnung und Bestrafung. Die Persönlichkeit des Kindes wird von den erwachsenen Betreuungspersonen durch die Erfahrungen, die sie dem Kind bieten, geprägt. Die Konsequenz dieser Konzeption für ein Modell der Kleinstkindpädagogik ist eine erwachsenenorientierte Pädagogik, die darin besteht, die Werte und Fertigkeiten der Gesellschaft der Erwachsenen so früh wie möglich im Kinde zu fördern. Dieses Modell wird in unserer Zeit vom Behaviorismus vertreten.

b) Die biologisch verankerte *Vererbungs- und Anlagetheorie* der Entwicklung in der frühen Kindheit findet in Charles Darwin (1859) ihren historischen Vorläufer. Nach diesem Standpunkt kommt das Kind *vorprogrammiert* zur Welt. Obwohl Erziehung und Erfahrung die Möglichkeiten der Entwicklung des Kindes einschränken oder fördern können, sind die Grenzen dieser Möglichkeiten weitgehend von den genetischen Strukturen bestimmt. Positionen dieser Art sind z. B. im deutschsprachigen Raum von Hassenstein (1973), Hellbrügge (1975), Pechstein (1972) und Grossmann (1977) formuliert worden. Daraus leitet sich das pädagogische Modell ab, dem Neugeborenen für die ersten drei Lebensjahre einen sozialen Uterus, d.h. Nestwärme und Schutz anzubieten, womöglich von der biologischen Mutter, um den vorprogrammierten Möglichkeiten des Kindes eine optimale Chance zu geben. Ein weiterer Aspekt dieses Standpunktes kann in den Formulierungen von René Spitz (1945) und John Bowlby (1951, 1969) gesehen werden, die die Kontinuität der Betreuung durch die leibliche Mutter als eine unentbehrliche Voraussetzung für eine optimale Entwicklung des Kindes darstellen. Betreuungsformen oder -einrichtungen außerhalb der Familie sollen dieser Konzeption nach nicht vor Beendigung des dritten Lebensjahres eingesetzt werden.

c) Die dritte Variante dieser Konzeption kann in der psychoanalytischen Theorie der Kleinstkindentwicklung gesehen werden. Das Kind ist in den ersten Lebensjahren dem Lustprinzip, d.h. dem Drang nach sofortiger Befriedigung seiner Triebe, ausgesetzt. Das Ziel der Erziehung des Kleinstkindes ist es, an die Stelle des Lustprinzips das Realitätsprinzip zu setzen und anstelle von Unbewußtem Bewußtsein zu fördern. Ebenso wie in der biologisch verankerten Theorie der kindlichen Entwicklung wird auch von Vertretern der Psychoanalyse die Wichtigkeit von Nestwärme und Kontinuität in der leiblichen Familie als Bedingung für eine optimale Entwicklung betont.

Das Kind als aktives Wesen

Die zweite pädagogische Konzeption des Kindes und seiner Entwicklung versteht das Kind als aktives Wesen, das seine eigene Entwicklung weitgehend selbst bestimmen kann. Sie findet historisch ihren Ursprung in dem pädagogischen Hauptwerk Jean-Jacques Rousseaus (1762). Seine Konzeption hat besondere Bedeutung für die kognitive Entwicklung im Kleinstkindalter und für die Förderung dieser Entwicklung durch die Betreuungsumwelt. Diese Theorie und die damit verbundenen Modelle der Kleinstkindpädagogik wurden im 18. und 19. Jahrhundert teilweise von H. Pestalozzi (1920) und im 20. Jahrhundert teilweise von Maria Montessori vertreten.[1]

Rousseau

Jean-Jacques Rousseau sah Kindheit als eine Entwicklungsphase mit einem eigenen Sinn und nicht als Vorstufe zum erwachsenen Leben an. Ebenso wie Freud warnte Rousseau vor den Schäden einer frühzeitigen Einflußnahme der Erwachsenen auf das Kleinstkind. ,,Gut sozialisierte Erwachsene hängen von den Meinungen anderer ab und denken nicht selbständig. Sie haben verlernt, mit ihren eigenen Augen zu sehen und mit ihrem eigenen Kopf zu denken.“ Kinder dagegen eignen sich Kenntnisse durch die Betätigung ihrer eigenen Sinne und Motorik an. In seiner Einstellung zur Erziehung ging Rousseau davon aus, daß Kinder vom frühesten Alter an ein starkes Bedürfnis haben, ihre Umwelt durch ihre Sinne und Motorik zu erkunden. Dies ist die Basis des Lernens für das Kind. Die Umwelt soll so gestaltet sein, daß dem Kind die Gelegenheit gegeben wird, seine Umwelt alleine zu erkunden. Der Erzieher bietet dem Kind zur Aneignung von Kenntnissen keine Lenkung an und widmet sich dem Kind nur, wenn es seine Hilfe braucht, um eigene Aktivitäten durchzuführen. In vieler Hinsicht erinnert die Rolle, die Rousseau dem Erzieher zuschreibt, an diejenige, die nach Platon Sokrates verkörperte. Während sich Rousseau ebenso wie Jean Piaget hauptsächlich mit der Beschreibung der (normalen) Stufen der Entwicklung des Kindes befaßte, gingen Pestalozzi und Montessori der Frage nach, wie durch eine Gestaltung der Umwelt die Entfaltung dieser normalen Stufen der kognitiven Entwicklung gefördert werden könnte.

---

[1] Fröbels Beitrag wird hier nicht behandelt, weil er sich eher auf das Kindergarten- und Vorschulalter als auf die ersten drei Lebensjahre bezieht.

Pestalozzi

Pestalozzi stimmte mit Rousseau darin überein, daß das Kind nur durch eigene Tätigkeit und die aktive Benutzung seiner Sinnesorgane wirklich lernen kann. Das Kind lernt nicht durch Appelle an die Vernunft und durch sprachliche Belehrungen. Allerdings glaubte Pestalozzi nicht daran, daß das Kind der Natur überlassen werden könne. Pädagogik muß die Natur für das Kind ordnen und sie dem Kind attraktiv aufbereiten.

Der wichtigste Lehrer des Kindes ist seine Mutter, aber nicht, weil sie Wissen vermittelt, sondern weil sie Sinnesreize, die die Natur bietet, dem Kinde nahebringt und die Empfindung dieser Reize angenehm und interessant macht. Im Gegensatz zu Rousseau beschränkte sich Pestalozzi nicht auf literarische Abhandlungen über Pädagogik, sondern entwickelte ganz konkrete Methoden, dem Kinde zu einem Verständnis von Formen, Gegenständen, Sprache und Mathematik zu verhelfen.

Montessori

Für Maria Montessori ist das fundamentale Prinzip der Erziehung die Freiheit des lernenden Kindes. Freiheit ist Aktivität. Diese Freiheit wird balanciert durch Ordnung und Selbstkontrolle, welche durch die Organisation der Umwelt gefördert werden. Das Ziel der Pädagogik ist Unabhängigkeit. Die Motivation zur Unabhängigkeit und zum Lernen ist von Geburt an gegeben.

Materialien und der Erzieher sind die zwei Faktoren, welche die pädagogische Gestaltung der Umwelt bestimmen. Ein wesentlicher Teil der Lernerfahrung des Kindes sind in Montessoris Pädagogik die Materialien, die sie entworfen hat, um Sinnesempfindung, Wahrnehmung und Klassifizierung, das Fundament der Intelligenz, beim Kind zu ermöglichen und zu fördern. Diese didaktischen Materialien werden so ausgewählt, daß es dem Kind erleichtert wird, seine Fehler (z. B. im Klassifizieren) zu entdecken und zu korrigieren. Damit ermöglichen sie Selbsterziehung.

Die Materialien regen Operationen an, die grundlegend sind für Klassifikation und Reihung. Sie werden dem Kind in einer gewissen Reihenfolge präsentiert, so daß es zunächst lernt, zwischen gleich und ungleich zu unterscheiden. Im nächsten Schritt übt das Kind, Materialien nach gewissen Dimensionen zu ordnen. Letztlich wird es befähigt, nach gewissen Dimensionen zu integrieren. Ein wichtiges Element in dieser Konzeption von Pädagogik ist, daß das Üben im Klassifizieren durch direkte sensorische Erfahrung und motorische Handlung mit einem Minimum von sprachlicher Benennung und Beschreibung erfolgt.

Der zweite Bestimmungsfaktor in der Gestaltung der Umwelt des Kindes ist der Erzieher. Der Erziehungsstil soll eine Mischung von Toleranz, Empathie, Sachlichkeit und Aufgabenorientierung sein. Die Erzieherin soll die emotionale Beziehung zwischen sich und dem Kind nicht ermutigen, denn das würde die Entwicklung von Aufgabenorientierung und Unabhängigkeit beim Kind erschweren. Sie soll sich immer sachlich und objektiv, d.h. aufgabenorientiert verhalten.

Zweihundert Jahre nach Rousseau hat Jean Piaget die Grundideen Rousseaus in einer im Detail ausgearbeiteten Theorie der kognitiven Entwicklung in den ersten zwei Lebensjahren weitergeführt (vgl. Kap. 8). Ebenso wie Rousseau befaßt sich Piaget nicht mit konkreten pädagogischen Methoden für die Förderung der Entwicklung des Kleinstkindes. Dafür haben Kamii und DeVries (1977) ein Modell der Pädagogik im Sinne Piagets formuliert.

Das Kind als interagierender Partner

Die dritte Konzeption der frühen Kindheit, welche Kind, Betreuer(in) und andere Kinder als aktive, interagierende Partner sieht, hat unter anderem wichtige historische Vorläufer in Owen (1955) in England und Charles Fourrier (1958) in Frankreich im 19. Jahrhundert. Für Owen und Fourrier waren der soziale Kontext, in dem sich das Kind befindet, und die interaktiven Beziehungen zwischen dem Kind und seiner sozialen Umwelt ausschlaggebend für seine Entwicklung. Owen und Fourrier befaßten sich viel mehr als die Vertreter der ersten beiden Konzeptionen mit der sozialen Entwicklung des Kleinkindes. Ebenso kennzeichnend für die Arbeiten und Schriften Owens und Fourriers ist, daß sie sich mit pädagogischen Einrichtungen für Kinder in den ersten Lebensjahren außerhalb der Familie beschäftigten.

Die Kinderschule (Owen)

Owen war zur Idee des Aufbaus kompensatorischer pädagogischer Einrichtungen durch seine Einsicht in die Wohnverhältnisse der Arbeiterfamilien gekommen, die er als völlig ungeeignet für die Erziehung der Kinder erachtete, da die Kinder bei der begrenzten und unzweckmäßigen Ausstattung der Räume ihren Eltern immer im Wege seien. So kam er auf den Gedanken der Kleinkinderschule nach dem Grundsatz, daß die Charakterbildung so früh wie möglich beginnen müßte.

Die pädagogische Atmosphäre dieser Einrichtung sollte die Neugier der Kinder durch die Dinge anregen, mit denen sie umgeben waren. Die Betreuer durften unter keinen Umständen ein Kind schlagen, bedrohen oder barsch anreden. Den Kindern sollte Bestrafung und Bedrohung unbekannt bleiben, und sie sollten ihre Gedanken und Gefühle frei äußern. Sie sollten keine Furcht empfinden und Vertrauen zu den Menschen ihrer Umgebung haben. Durch diese Maßnahmen wird nach Meinung Owens eine feste Grundlage für die Entwicklung eines gesunden und logischen Verstandes sowie besserer Gewohnheiten und nützlicher Kenntnisse gelegt.

Owens Überlegungen zur Kinderschule sind äußerst aktuell zum Thema Gruppenerfahrung für Kinder unter drei Jahren und weitgehend durch empirische Forschung der Gegenwart bestätigt. Owen befürwortete altersgemischte Gruppen, da dort jüngere Kinder von den älteren viel lernen können. Ältere Kinder bekommen die Möglichkeit, fürsorglich mit jüngeren Kindern umzugehen. Nach Owen mindert die Gruppenerfahrung die Intensität der Beziehung zwischen Kind und Eltern nicht.

Fourriers Ansatz

Charles Fourrier formulierte fünf Neigungen oder Vorlieben von Kleinstkindern:

1. Räume durchstöbern, mit Gegenständen hantieren, und explorieren sowie Aktivitäten häufig wechseln;
2. Aktivitäten, die Lärm machen;
3. Nachahmung;
4. Werkstatt mit kleinen Werkzeugen;
5. ältere, größere und stärkere Kinder.

Fourrier behauptete, daß ältere Kinder die natürlichen Erzieher von jüngeren auf allen Altersstufen sind. Der beste Weg, ein- und zweijährige Kinder zu leiten, besteht darin, sie zu Werkstätten von drei- und vierjährigen Kindern mitzunehmen. Sie werden dasselbe tun wollen, was die älteren Kinder tun. Fourrier entwarf einen Plan für eine Erbsensortieranlage, in welcher Kinder unterschiedlichen Alters leichtere und schwierigere Sortieraufgaben durchführen. Jedes Kind wird diese Arbeit lieber machen als Erwachsene und daher einen wichtigen Beitrag zur Produktion leisten. Er war auch der Auffassung, daß Kinder ebenso Titel, Medaillen und farbenfrohe Insignien lieben wie Erwachsene. Diese sollen als Ansporn und Belohnung für Leistung genutzt werden.

Fourrier hatte vor 150 Jahren die Vision, daß Gruppenerfahrung in der frühesten Kindheit ein mächtiger Ansporn für motiviertes Lernen sei. Auch die Idee der Erziehung in altersgemischten Gruppen findet sich eindeutig in seinen Schriften. In bezug auf die Faszination von Abzeichen und Uniformen könnte man sagen, daß Fourrier das Kind im Erwachsenen erkannt hat.

Weitere Modelle

Die *British Infant School* in England und das *Educational Development Center Program* in den USA haben vieles gemeinsam mit der *Reformpädagogik* in Deutschland. Diese haben ebenso wie die *Montessori-Pädagogik* das Ziel, Initiative und Selbstbestimmung zu fördern. Im Gegensatz zum Montessori-Ansatz legt die British Infant School viel

Wert auf die Entwicklung von Phantasie und Einbildungskraft. Beiden gemeinsam ist die Betonung der Bedeutung einer Strukturierung der materiellen Umwelt. Die materielle Umwelt soll dem Kind Reize bieten, die Lernprozesse anregen, und korrigierend Feedback geben, so daß das Kind direkt aus seinem eigenen Problemlösungshandeln ohne äußere Hilfe lernen kann. Dadurch soll seine Unabhängigkeit verstärkt werden. Beide Ansätze betonen die Notwendigkeit, das Kind von der Tyrannei der äußeren Zeiteinteilung zu befreien und es ihm zu überlassen, seinen eigenen Rhythmus bei aufgabenorientiertem Handeln zu bestimmen. Darüber hinaus unterscheiden sich die beiden Ansätze wesentlich in der Gestaltung der materiellen Umwelt und der Auswahl von Materialien. Während die Montessori-Pädagogik sich auf einen vorbestimmten Satz von Lernmaterialien stützt, die es dem Kind ermöglichen sollen, von einfachen zu komplexen Stufen der sensorischen Wahrnehmung und Integration von Erfahrung fortzuschreiten, geht die British Infant School davon aus, daß die Auswahl von Materialien nicht vorbestimmt sein soll. Die Reaktionen des Kindes auf seine Umwelt bieten den Ausgangspunkt für sein Lernen. Die Auswahl von Materialien wird eher bestimmt vom augenblicklichen Interesse des Kindes als von vorgeschriebenen Schritten im Lernprozeß. Aktivitäten werden häufiger durch die Bedürfnisse und Interessen der Gruppe angeregt als durch das Kind selbst. Ein weiterer Unterschied zwischen der Montessori-Pädagogik und der British Infant School besteht darin, daß letztere schon in der frühen Kindheit einen viel größeren Wert auf die Rolle der Sprache im Lernprozeß legt. Ein offener Dialog zwischen Erzieher und Kind sowie der Kinder untereinander ist das Wesentliche guter Pädagogik.

Im Gegensatz zur Montessori-Pädagogik nimmt in der British Infant School der Erzieher eine aktive Rolle im Lernprozeß des Kindes ein. Der emotionalen Beziehung zwischen Erzieher und Kind wird große Bedeutung beigemessen. Der Erzieher soll dem Kind angemessene Hilfe bieten, wenn Schwierigkeiten und Hindernisse auftauchen. Solche Schwierigkeiten können im sozialen, emotionalen oder intellektuellen Bereich liegen.

Im folgenden werden einige der oben genannten Modelle kurz skizziert. Verhaltenstheorie hat einen großen Einfluß auf die kompensatorische Vorschulerziehung ausgeübt. Allerdings wurden Programme mit diesem Ansatz am häufigsten bei Kindern vom dritten bis zum fünften Lebensjahr durchgeführt. Das klassische Beispiel ist das akademische Vorschulprogramm, das von Bereiter und Engelmann (1966) konzipiert und durchgeführt wurde und das im Kapitel 18 dargestellt ist.

Lernen wird als Arbeit und nicht als Spiel behandelt. Kinder werden ermutigt, kritisiert oder bestraft, wenn sie sich nicht voll beteiligen und unaufmerksam sind. Sie erhalten materielle Belohnung oder Lob für korrekte Antworten und für Anstrengung und Bemühung. Falsche Antworten werden sofort korrigiert. Um die Aufmerksamkeit der Kinder auf einer hohen Stufe zu halten, wechselt der Erzieher die Geschwindigkeit des Lehrens, die Lautstärke seiner Stimme und bietet so oft wie möglich Überraschungen an. Mit solchen Strategien soll Langeweile und Übersättigung bei Kindern vermieden werden.

Aus diesen kurzen Beschreibungen geht hervor, daß das Kind in eine rezeptive Position versetzt wird und daß sein Lernen oder seine Entwicklung in hohem Maße von außen her bestimmt wird. Was und wie das Kind lernt, wird nicht vom Kind oder von seinen aktuellen inneren Bedürfnissen und Fähigkeiten bestimmt, sondern von den Interessen, Werten und Kompetenzen der erwachsenen Erzieher. Die Eigenarten des individuellen Kindes werden als Unebenheiten der Tabula rasa behandelt – nichts weniger und nichts mehr. Derselbe Ansatz wird gegenwärtig in Deutschland mit unterschiedlichen inhaltlichen Schwerpunkten in pädagogischer Arbeit mit autistischen Kindern angewandt (Cordes 1983).

In scharfem Gegensatz zu den verhaltenstheoretischen Modellen steht das an Piaget orientierte Modell der Kleinkindpädagogik von Kamii und DeVries (1977). In diesem Ansatz bestimmt das Kind den Inhalt und die Form seines Lernens selbst. Die Aufgabe des Erziehers ist es, dem Kind zu helfen, seine eigenen Kenntnisse direkt durch das Feedback von Gegenständen, mit welchen es umgeht, und durch sein eigenes Denken aufzubauen. Nehmen wir an, das Kind macht eine Aussage über seine physische Umwelt, wie zum Beispiel „Der Holzklotz wird im Wasser sinken“. Die Erzieherin wird in einem solchen Fall das Kind ermutigen, seine Kenntnis oder Aussage über den Holzklotz zu überprüfen. Ganz anders handelt die Erzieherin, wenn soziales Wissen aufgebaut werden soll. Da soziales Wissen durch Feedback von anderen Menschen aufgebaut werden kann, beantwortet die Erzieherin Fragen direkt, ohne das Kind zu ermutigen, durch sein eigenes Handeln Kenntnisse zu erwerben. Bei logischen Denkprozessen dagegen wird das Kind zu eigenem Denken ermutigt, ohne daß ihm äußere Kriterien für die Richtigkeit seines Denkens auferlegt werden.

2. Interventionsmodelle zur Förderung der Entwicklung von Kindern unter drei Jahren und ihre Evaluierung

In den 60er Jahren wurde in den USA eine Anzahl pädagogischer Modelle für Kinder unter drei Jahren mit grundsätzlich präventiven Zielen entwickelt und erprobt. Die Entwicklung von Kleinstkindern aus Unterschichtfamilien sollte gefördert werden, um bei diesen Kindern Lernmotivations- und Schulleistungsdefizite im Kindergarten- oder Schulalter zu verhindern. Einige der Programme konzentrierten sich auf die pädagogische Arbeit mit Eltern, andere arbeiteten direkt mit den Kindern. Die Programme, die auf die pädagogische Arbeit mit Eltern konzentriert waren, sollten die pädagogische Funktion der Mutter und ihr Selbstbild als wirksame Person fördern. Die Auswahl pädagogischer Methoden war bei diesen Modellen durch Piagets und Eriksons Theorien der frühkindlichen Entwicklung und durch die soziale Lerntheorie beeinflußt. Modellernen, der Gebrauch von Spielmaterialien sowie sensomotorische Aktivitäten waren vorrangig. Der Akzent lag auf der Anpassung der Tätigkeiten an die Entwicklungsstufe und das Temperament des Kindes. Leistungsdruck und Mißerfolgserlebnisse sollten vermieden werden; anstelle von Kritik wurde Wert gelegt auf Lob und Zuwendung.

Im folgenden werden einige dieser Programme skizziert, deren Interventionsmethoden sowie kurz- und langzeitige Auswirkungen auf die Entwicklung der Kinder. Von den fünf Modellen, die sich auf die pädagogische Arbeit mit Eltern konzentrierten, wurden vier innerhalb der Familien durchgeführt, das fünfte mit Gruppen von Müttern außerhalb der Familie.

Programme, die sich auf die Arbeit mit Eltern konzentrieren

Gordon

Gordon initiierte eines der ersten Programme pädagogischer Intervention mit Eltern innerhalb der Familie (Gordon 1969, 1972, Gordon & Guinagh 1974, Guinagh & Gordon 1976). Die Hauptziele dieses Programms bestanden einerseits darin, die kognitive und soziale Entwicklung des Kindes zu fördern, andererseits das Selbstbild der Mutter und ihre Überzeugung zu festigen, die Entwicklung des Kindes beeinflussen zu können.

Gordon bereitete unausgebildete Mütter auf die pädagogische Arbeit mit den Eltern vor. Sein Curriculum stützte er auf Piagets Theorie der Entwicklung. Spiele wurden geplant, die die sensomotorischen und Erkundungstätigkeiten des Kindes anregen sollten, während die Mutter die Tätigkeit des Kindes beschrieb. Für Spiele älterer Kinder wurde die Entwicklung von Objektpermanenz betont. Die Mutter sollte alle Aufgaben als Spiel und Spaß behandeln. Die Auswahl von Spielen erfolgte erst dann, wenn die Kompetenz des Kindes geprüft war. Das Alter der Kinder variierte zwischen einem und drei Jahren, die Dauer der Intervention umfaßte einen Zeitraum von ein bis drei Jahren. Um die Wirkung der Intervention zu untersuchen, wurden Kontrollgruppen gebildet. Die Intelligenzentwicklung der Kinder wurde durch standardisierte Tests wie die *Bayley-Scales,* den *Griffith-Test* und später den *Stanford-Binet-Test,* den *Peabody-Vocabulary-Test* und die *Leiter-International-Performance-Scales* gemessen. In den Intelligenztests konnte Gordon bis in die erste Schulklasse signifikante Unterschiede zwischen Interventions- und Kontrollgruppenkindern feststellen. Noch in der dritten Schulklasse waren die Interventionskinder den Kontrollkindern bei Schulleistungstests überlegen und wurden seltener in Sonderklassen eingruppiert.

Levenstein

Levenstein betonte in ihrem Programm die verbale Kommunikation zwischen Mutter und Kind (Levenstein & Sunley 1968, Levenstein 1971, Levenstein & Levenstein 1971, Madden et al. 1977). Das langfristige Ziel dieses Programms war es, Kinder intellektuell und sozial auf die spätere Schulerfahrung vorzubereiten, und der Mutter zu helfen, bei der Förderung der kognitiven Entwicklung des Kindes wirksamer zu werden. Levenstein setzte Sozialarbeiter für die pädagogische Arbeit mit den Müttern ein.

Die verwendeten Spielmaterialien waren so ausgewählt, daß sie sich nicht zum Alleinspiel eigneten und eine Beteiligung von zwei Personen anregten. Die Methode bestand darin, daß man die Handhabung der Spielmaterialien beschrieb; die Spielgegenstände wurden nach Form, Farbe und Größe bezeichnet, das Nachdenken durch Fragen angeregt und Selbstvertrauen durch Lob unabhängigen Verhaltens gefördert. Der Trainer demonstrierte den Gebrauch der Spielmaterialien für die Mutter. Am Anfang der Intervention spielte der pädagogische Trainer selbst mit dem Kind und zog sich allmählich mehr und mehr zurück, um der Mutter die Interaktion mit dem Kind zu überlassen. Die Intervention wurde im Rahmen von halbstündigen wöchentlichen Besuchen über einen Zeitraum von sieben Monaten hauptsächlich mit zwei- und dreijährigen Kindern durchgeführt. Die Wirksamkeit der Intervention wurde durch einen Vergleich zwischen Interventions- und ausgewählten Kontrollkindern überprüft. Levenstein verfolgte die Entwicklung der Kinder bis zum achten Lebensjahr und fand bei wiederholten Untersuchungen eine signifikante Überlegenheit der Interventionskinder im Stanford-Binet und Hawik (Wechsler Intelligenztests für Kinder). Auch bei sozial-emotionalen Kompetenzen waren die Interventionskinder den Kontrollkindern im achten Lebensjahr signifikant überlegen.

Das Darcree Infant Program

Forester und Gray entwickelten das Darcree Infant Program (Forester et al. 1971, Gray 1976, Gray & Ruttle 1980). Bezüglich der Rolle der Mutter hatten sie ähnliche Ziele wie Gordon und Levenstein. Gray betonte, daß man der Mutter helfen sollte, die Umgebung und ihr eigenes Verhalten dem Temperament und Gemütszustand des Kindes anzupassen, und daß die Angebote für das Kind eine optimale Diskrepanz zwischen der Entwicklungsstufe des Kindes und der Aufgabe bieten sollten. Das Programm sollte beim Kind die Motivation für Lernen, Selbstvertrauen und Initiative fördern.

Die Intervention bestand aus einstündigen wöchentlichen Besuchen über einen Zeitraum von sechs bis acht Monaten und umfaßte mehrere Schritte, unter anderem die Pflege des Kindes und die Aufklärung der Mutter über die sozialen und kognitiven Komponenten der Pflege; Information über Entwicklungsveränderungen in den ersten Lebensjahren; Vermittlung von Fertigkeiten, das Verhalten des Kindes und Entwicklungsveränderungen zu beobachten und zu protokollieren; Vermittlung entwicklungsfördernder Verhaltensweisen der Mutter (z.B. Lob, positive Verstärkung eher als Bestrafung), Methoden zur Aufrechterhaltung der Aufmerksamkeit des Kindes sowie des Grenzen-Setzens. Sodann wurde die Mutter aufgefordert, Beobachtungen zu protokollieren über die motorische Entwicklung und neuer Verhaltensweisen des Kindes gegenüber Spielmaterialien, über Reaktionen des Kindes auf Grenzen-Setzen und auf das Sauberkeitstraining sowie über seine sozialen Gewohnheiten. Auch Veränderungen in der Umgebung des Kindes waren zu berichten.

Gray betonte vor allem das Grenzen-Setzen, d.h. (a) die Angemessenheit und Begründung von Grenzen, und (b) das Anbieten von Alternativen für unerwünschtes Verhalten, das die Eltern abstellen wollen. Er betont die Entwicklung innerer Kontrolle und Initiative, und zwar mit Methoden, die das Kind nicht beschämen.

Die Interventionsgruppe wurde ein volles Jahr hindurch wöchentlich einmal besucht, während die Kontrollgruppe insgesamt viermal besucht wurde, wobei man die Kinder fotografierte und ihnen Spielsachen schenkte.

Forester und Gray beobachteten in zwei Evaluationsstudien eine Überlegenheit der Interventionsgruppe bezüglich der Intelligenzleistungen (gemessen mit Bayley- und Stanford-Binet-Skalen). Gray berichtete, daß die Interventionsgruppe auch bei einem Sprachtest, der sich auf das Sprachverständnis des Kindes bezog, überlegen war. Bei einem Vergleich des Begriffsverständnisses der Kinder konnte kein Unterschied zwischen Interventions- und Kontrollgruppen festgestellt werden. Nach der Intervention waren die Familien und Eltern aus der Interventionsgruppe der Kontrollgruppe in bezug auf pädagogische Anregung (HOME) und im Erziehungsstil signifikant überlegen.

Das Ypsilanti-Projekt

Lambie und Weikart führten das Ypsilanti-Kleinstkindförderungsprojekt durch (Lambie et al. 1974), wobei zwei Interventionsgruppen und eine Kontrollgruppe untersucht wurden. Erzieher wurden dazu ausgebildet, in den Interventionsgruppen über einen Zeitraum von 16 Monaten wöchentlich ein- bis eineinhalbstündige pädagogische Arbeit mit Müttern von Kleinstkindern durchzuführen.

Das Ziel der Intervention war in bezug auf die Mütter grundsätzlich dasselbe wie in den bisher beschriebenen Modellen. Die Methode bestand aus der Umsetzung eines Curriculums für Kleinstkinder, das sich in seiner Konzeption stark an Piagets Theorie der sensomotorischen Stufen der Entwicklung anlehnt. Man ermutigte die Mütter, die Kinder zu beobachten und das Verhalten der Kinder zu interpretieren, um das Curriculum angemessen an die Entwicklung des Kindes adaptieren zu können. Es wurde Wert darauf gelegt, eher den Erziehungsstil der Mütter zu akzeptieren als von außen vorgeschlagene Strategien einzuführen. Man versuchte durch Modellverhalten, die Mutter zu häufigem Sprechen, zu Lob und positiver Verstärkung sowie zu Ermutigung von Initiative anzuregen.

In einer zweiten Gruppe wurden anders als in der ersten Gruppe nur informelle Spieltätigkeiten durchgeführt. In einer Kontrollgruppe gab es nur wiederholte Tests, keine Intervention. Die Kinder waren ein bis elf Monate alt.

Die Wirkung der Intervention auf die Kinder wurde über Bayley- und Stanford-Binet-Skalen erhoben, während die Wirkung auf die Mütter durch einen „Verbal Interaction Record" festgestellt wurde. Dieses Instrument erfaßt zum einen Beobachtungen des Sprachverhaltens der Mutter in Situationen, in denen sie die Sprache des Kindes anzuregen versucht, und in einer Situation, in der sie eine Problemlösungsaufgabe mit dem Kind durchführt. Die Mütter der ersten Interventionsgruppe gebrauchten häufiger als die der beiden anderen Gruppen unterstützende und seltener abfällige und einschränkende sprachliche Äußerungen. Bei Summierung aller Intelligenztestergebnisse und in bezug auf die Sprachleistungen waren die Kinder der ersten Interventionsgruppe den Kindern der beiden anderen Gruppen überlegen.

Das Projekt von Karnes

Das fünfte Modell, das sich auf die Arbeit mit Eltern konzentriert, wurde in Form von Gruppenarbeit außerhalb der Familie durchgeführt (Karnes 1969, Karnes et al. 1970). Eine Gruppe von Müttern traf sich wöchentlich über einen Zeitraum von zwei Jahren.

Die Mütter wurden angeleitet, ihre eigenen Spielmaterialien herzustellen, Bilder aus Zeitschriften auszuschneiden, die sie ihren Kleinstkindern zeigten und worüber sie mit den Kindern sprachen, und Bücher vorzulesen. Diese Tätigkeiten sollten mit den Kindern nur dann ausgeführt werden, wenn die Mütter deren Aufmerksamkeit gewinnen konnten. Die Spielmaterialien und Tätigkeiten wurden in einer Reihenfolge angeboten, die den sich entwickelnden Fähigkeiten und Fertigkeiten der Kinder in den ersten zwei Lebensjahren entsprach. Ein Teil der Gruppentreffen war Diskussionen gewidmet, in denen die Wichtigkeit einer positiven Beziehung zwischen Mutter und Kind und des häufigen Gebrauchs von positiver Verstärkung betont wurde und in denen versucht wurde, die Autonomie und positive Selbsteinschätzung der Mutter zu fördern. Die wöchentlichen Treffen erstreckten sich im ersten Jahr über einen Zeitraum von sieben Monaten, im zweiten Jahr über einen Zeitraum von acht Monaten. Das Durchschnittsalter der Kinder zu Anfang der Intervention war 15 Monate. Zur Überprüfung der Interventionswirkung wurde eine Kontrollgruppe gebildet. Am Ende der Intervention waren die Leistungen der Kinder der Interventionsgruppe, gemessen mit dem Stanford-Binet-Test und einem Sprachtest (ITPA), denjenigen der Kinder einer Kontrollgruppe überlegen.

Interventionsmodelle mit direkter Arbeit mit Kindern in der Familie

Das Modell von Schaefer und Aaronson

Zwei weitere pädagogische Modelle sehen eine direkte Förderung des Kindes innerhalb der Familie vor. Eines dieser Modelle wurde von Schaefer geleitet (Schaefer 1968, Schaefer und Aaronson 1972). Das Hauptziel dieses Projektes war es, die Aneignung von sprachlichen Fertigkeiten und die Sprachentwicklung bei Kindern zwischen 15 und 36 Monaten zu fördern. Die Intervention wurde in informeller Weise eine Stunde täglich über einen Zeitraum von eineinhalb Jahren durchgeführt. Studenten im Hauptstudium wurden als Tutoren ausgebildet.

Man bot den Kindern Puzzles an, wobei sie nie unter Druck gesetzt wurden, sich mit dem Puzzle zu befassen. Die Teile des Puzzles wurden benannt und das Kind ermutigt, die Teile zu berühren und ihre Benennung zu wiederholen.

Ebenso erklärte man den Kindern den Umgang mit den Puzzleteilen und zeigte ihnen, wie man die Teile am richtigen Platz einsetzt, wobei die Bemühungen des Kindes mit häufiger Anerkennung belohnt wurden. Die Kinder wurden vor Anfang der Intervention und am Ende im Alter von 36 Monaten mit Bayley-, Stanford-Binet- und anderen Entwicklungstests untersucht. Die Wirkung der Intervention äußerte sich darin, daß die Kinder der Interventionsgruppe im Durchschnitt ihren Anfangsscore in den Entwicklungstests beibehielten, während die Kinder der Kontrollgruppe über denselben Zeitraum einen Abfall von 20 IQ-Punkten aufwiesen. Dieser Unterschied verminderte sich zwar bis zum Alter von sechs Jahren, war aber dann noch klar festzustellen.

Das Interventionsmodell von Painter

Ein zweites Modell mit direkter Intervention bei acht bis 24 Monate alten Kindern wurde von Painter (1969) durchgeführt. Die Intervention fand täglich statt und erstreckte sich über den Zeitraum von einem Jahr. Im Gegensatz zu Schaefers Projekt war dieses hochstrukturiert.

Die Förderung der Sprache wurde in vier Schritten durchgeführt: Anregung 1. der Lautproduktion, 2. des Wortlernens, 3. des Gebrauchs globaler Spracheinheiten und 4. eines Dialogs. Für die Förderung der begrifflichen Entwicklung wurden Übungen zur Entwicklung des Körperbildes, des Raum-, Zahl- und Zeitbegriffs und zum kategorialen Gruppieren durchgeführt. Im Verlauf des Trainings führte man Rollenspiele, Reime, Lieder, Imitationsspiele, Zuflüstern von Lösungen ein, dazu Spiegelspiele, in denen das Kind Teile seines Körpers wahrnehmen lernte. Um die Veränderungen bei den Interventions- und Kontrollkindern zu vergleichen, verwendete man eine Anzahl von Entwicklungs- und Sprachtests. 25 von 26 Variablen zeigten die Überlegenheit von Interventionskindern gegenüber Kontrollkindern; acht dieser Vergleiche waren statistisch signifikant.

Interventionsmodelle mit direkter Arbeit mit Kindern außerhalb der Familie

Die fünf Modelle, die im folgenden beschrieben sind, konzentrierten sich ebenfalls auf direkte Intervention mit Kindern unter drei Jahren, wurden jedoch außerhalb der Familie durchgeführt.

Kognitives Training (Palmer)

Das erste von Palmer geleitete Projekt (Palmer 1967, 1968, 1969, Palmer & Siegel 1977) sollte die Frage klären, ob gezieltes kognitives Training in den ersten Lebensjahren die Schulleistung von Kindern vom sechsten Lebensjahr an verbessern könnte. Es wurde mit zwei- und dreijährigen Kindern durchgeführt. Drei Gruppen wurden miteinander verglichen. Die erste Gruppe erhielt ein hochstrukturiertes intensives Training nach einem festen Curriculum. Die Intervention in der zweiten Gruppe war eine informelle, wobei man den Kindern die gleichen Materialien, die auch in der ersten Gruppe verwendet wurden, anbot, jedoch ohne daß ein spezifisches und systematisches Training erfolgte. Die dritte Gruppe war eine Kontrollgruppe ohne Intervention. Das Programm umfaßte zweimal wöchentlich 45 Minuten Training über einen Zeitraum von acht Monaten. Das Training wurde gewöhnlich in vier Schritten durchgeführt. Im ersten Schritt führte der Trainer die Materialien vor und nannte die Tätigkeiten, mit denen ein Begriff verbunden werden sollte. Im zweiten Schritt führten der Trainer und das Kind gemeinsam die Tätigkeit aus, wobei der Trainer wieder die Begriffe nannte, die mit der Tätigkeit des Kindes zu assoziieren waren, z.B. oben/unten, naß/trocken, leer/voll, hinein/heraus, groß/klein. Im dritten Schritt führte das Kind nach Anweisung des Trainers die Tätigkeit aus, auf die sich der Begriff bezog. Dieser Schritt war das Kriterium für das Erlernen des Begriffes. Im vierten Schritt wurde das Kind ermutigt, in Begriffen zu beschreiben, welche der Tätigkeiten es ausführte (genauere Beschreibung vgl. Beller 1979). Am Ende des Trainings waren die beiden Interventionsgruppen den Kontrollkindern in ihren Leistungen im Stanford-Binet-Intelligenztest, im Sprachverständnis, in differenzierter Wahrnehmung, motorischem Verhalten und in ihrer Ausdauer bei einer langweiligen Aufgabe überlegen. Zehn Jahre nach der Intervention zeigten sich noch immer signifikante Unterschiede zugunsten der Interventionskinder im Wechsler-Intelligenztest und in zwei Schulleistungstests (Metropolitan Achievement Test und Stanford Achievement Test).

Vier Beispiele der Förderung in Kinderkrippen

Die im folgenden beschriebenen vier Modelle wurden im Rahmen von Krippen mit Unterschichtkindern aus sozial benachteiligten Familien durchgeführt. Eines der Hauptziele dieser Modellversuche war es, zu beweisen, daß die Trennung des Kindes von seiner Familie und eine zeitweise Betreuung in einer Kindertagesstätte nicht schädlich sei. Mit Ausnahme des Modellversuchs, den Keister durchführte, ging die intensive Förderung der Kinder, über dieses Ziel hinaus und strebte eine optimale Entwicklung im kognitiven und sozialen Bereich der Kinder an. Die vier Modelle wurden von Keister (1970), Caldwell und Richmond (1964), Robinson und Robinson (1971) sowie Lally (1971), Lally und Honig (1977) durchgeführt. Keister ging es darum, den Kindern eine liebevolle, anregende Umgebung zu bieten, in der sie sich ebenso geborgen fühlen konnten wie in einer guten Familie. Angebote für soziale und kognitive Erfahrungen der Kinder wurden so gestaltet, daß sie dem Entwicklungsstand des Kindes angemessen waren, d.h. es weder überforderten noch unterforderten. Den körperlichen Bedürfnissen der Kinder wurde mit großer Sorgfalt Rechnung getragen. Saunders (1972) untersuchte die Auswirkungen der Krippenerfahrung in Keisters Programm. Sie verglich die Intelligenzleistung und einige sozialemotionale Entwicklungsindizes der Kinder des Modellversuchs mit denen einer Gruppe von Kindern, die ausschließlich in der Familie erzogen worden waren. Sie fand keine Unterschiede zwischen den zwei Gruppen in bezug auf Intelligenzleistung, Fremdenangst und emotionale Störungen, Eß- und Schlafverhalten sowie Erkundungsverhalten.

Caldwell verfolgte die gleichen Ziele, ging aber methodisch über Keister hinaus, indem sie spezielle entwicklungsfördernde Maßnahmen einführte. Für je vier Kinder zwischen sechs und achtzehn Monaten wurde eine stabile Bezugsperson eingesetzt. Jedes der vier Kinder wurde von dieser Betreuerin gefüttert, schlafengelegt, aufgeweckt, gewickelt usw. Jedes Kind sollte von seiner Bezugsperson täglich für zumindest 15 bis 30 Minuten persönliche Zuwendung erhalten. Caldwell und Richmond (1964) hatten einen sorgfältig ausgearbeiteten Plan für pädagogische Tätigkeiten und Programmeinheiten in einer Krippe vorbereitet. Das Programm sah das tägliche Angebot von pädagogischen Aktivitäten vor, die sich nach den Interessen der Kinder und den aktuellen Bedürfnissen der Betreuungssituation richten sollten. Das Programm umfaßte z.B. das Vorlesen von Büchern, das Benennen von Gegenständen, sensorische Spiele und Gruppenspiele. In ihren Evaluationsuntersuchungen fand Caldwell, daß Kinder im Alter von drei Jahren, nachdem sie ein Jahr oder länger in der Krippe gewesen waren, sich in bezug auf Bindung an die Mutter nicht von Kindern unterschieden, die ausschließlich zu Hause erzogen wurden. Zur Intelligenzleistung berichtet Caldwell, daß Kinder im Alter von zwölf Monaten besser abschnitten, wenn sie die Krippe besucht hatten, d.h. sie zeigten nicht den für dieses soziale Milieu typischen IQ-Verlust wie die rein familienerzogenen Vergleichskinder.

Robinson und Robinson (1971) leiteten eine Modellkrippe, die volle ärztliche Versorgung und ein pädagogisches Programm anbot. Durch das pädagogische Modell sollten Sprachentwicklung, sensomotorische Fertigkeiten, Wahrnehmung, Begriffsentwicklung sowie schöpferische Interessen und Fähigkeiten gefördert werden. Das Programm wurde halbtägig durchgeführt. Eine Anzahl von Intelligenztests sowie ein Leistungstest wurden bis zum vierten Lebensjahr mit den Krippenkindern und mit einer Kontrollgruppe wiederholt durchgeführt. Die Ergebnisse zeigen, daß Krippenkinder der Kontrollgruppe signifikant und erheblich überlegen waren, insbesondere bei Kindern aus äußerst deprivierten farbigen Familien. Ebenso wie in einigen anderen Untersuchungen (u. a. Schaefer 1968, Caldwell & Richmond 1964) fielen die familienerzogenen Unterschichtkinder im Laufe der Zeit in ihren Intelligenzleistungen ab, während die Krippenkinder ihr ursprüngliches Leistungsniveau aufrechterhielten.

Lally und Honig übernahmen das Krippenprogramm von Caldwell und erweiterten das Modell in einigen Bereichen (Lally 1971, Lally & Honig 1977). Organisation, Inhalt und Raumgestaltung des Programms der altersgemischten Gruppen wurde nach dem Modell der British Infant School gestaltet, d.h. es wurden verschiedene Interessenzentren eingerichtet, zwischen denen die Kinder sich frei bewegen konnten, um zu spielen oder kleine Projekte durchzuführen. Die Erzieher gingen jeweils nach Bedürfnis der Kinder auf deren Tätigkeiten und Projekte ein. Dadurch waren die Kontakte zwischen Erziehern und Kindern *gegenstandsbezogen* und *individualisiert.* Die Anregungen wurden nach den Theorien Piagets und Eriksons gestaltet.

Die Betreuung eines Teils der Mütter begann bereits sechs Monate vor der Geburt der Kinder. Bei allen Eltern, deren Kinder die Krippe besuchten, wurden wöchentliche Hausbesuche durchgeführt. Die Elternarbeit wurde in Kleingruppen geleistet. Es bestand das ständige Angebot ärztlicher Betreuung sowie einer Ernährungsberatung. Der Projektleiter pflegte informelle Kontakte mit den am Projekt beteiligten Eltern und Mitarbeitern. Die Erzieher richteten ihr gemäß den Theorien von Piaget und Erikson konzipiertes Anregungsprogramm nach den Bedürfnissen der Kinder aus. In der Arbeit mit Erwachsenen und Kindern strebte das Modell eine Integration kognitiver und sozialemotionaler Funktions- und Entwicklungsbereiche an. Pädagogische Ziele für Eltern, Erzieher und Kinder wurden bis ins einzelne formuliert und in ihrer Umsetzung in der Krippe protokolliert und dokumentiert (Lally & Honig 1977). In einem Teil der Krippe wurden die Kinder bis zum Alter von 15 Monaten betreut, in einem anderen Teil altersgemischte Gruppen von 18 bis 48 Monate alten Kindern. Eine Kontrollgruppe bestand aus einer vergleichbaren Gruppe von Kindern und Eltern aus Unterschichtfamilien.

Man erhob eine Anzahl von Daten bei Eltern, Erziehern und Kindern, als die Kinder das Alter von 36 bzw. 48 Monaten erreicht hatten. Der Bericht über die Evaluation besteht zum Großteil aus einer beschreibenden Darstellung der Ergebnisse und enthält nur einige wenige statistische Analysen. Die Kinder der Interventionsgruppe waren den Kindern der Kontrollgruppe in ihren Leistungen im Stanford-Binet-Test signifikant überlegen; letztere waren signifikant unruhiger und unkonzentrierter. Als die Kinder 36 Monate alt waren, hatten die Familien der Interventionskinder einen signifikant höheren pädagogischen Anregungswert der ebenfalls erfaßt wurde.

Ein Vergleich zwischen altersgemischten und altershomogenen Gruppen

Lallys und Honigs Einführung von altersgemischten Gruppen ist pädagogisch von besonderem Interesse, da es darüber trotz einer weitverbreiteten Befürwortung nur wenige empirische Belege aus vergleichenden Untersuchungen mit Kindern unter drei Jahren gibt. Aus diesem Grund wird hier eine Untersuchung über die Auswirkungen altersgemischter im Vergleich zu homogenen Krippen auf Kinder im dritten Lebensjahr berichtet (Beller 1976, Beller et al. 1977).

Die Befürwortung altersgemischter Gruppen beruht auf der Annahme, daß in solchen Gruppen positive Erziehungsstile gefördert und wichtige Lernmöglichkeiten geschaffen werden. So regt zum Beispiel die Anwesenheit von Kindern verschiedener Entwicklungsstufen die Erzieherin dazu an, individueller und differenzierter auf die Kinder einzugehen, da pauschale Verallgemeinerungen nicht anwendbar sind. Den jüngeren Kindern bieten die älteren Modelle und Lernmöglichkeiten, die ihren Entwicklungsmöglichkeiten und erwarteten Entwicklungsschritten näher sind als das Verhalten von Erwachsenen. Für ältere Kinder besteht die Möglichkeit, neu erworbene Kompetenzen, etwa fürsorgliches Verhalten und Fertigkeiten, im Umgang mit jüngeren Kindern zu praktizieren. Solche Lernmöglichkeiten sollen besonders die Entwicklung von sozialem Vertrauen und Selbstvertrauen fördern.

In seiner Untersuchung verglich der Autor Entwicklungsveränderungen von 30 zweijährigen Unterschichtkindern über einen Zeitraum von zwölf Monaten in einer Stichprobe von zehn Krippen, in denen die Gruppenzusammensetzung in bezug auf Altersmischung variierte. Die Kinder wurden in einem Pre-Post-Design in kontrollierten Situationen auf die Entwicklung von sozialem Vertrauen und Selbstvertrauen sowie auf ihre Intelligenzleistung (Bayley- und Stanford-Binet-Tests) untersucht. Eine Anzahl von relevanten Erzieherverhaltensweisen und Erzieher-Kind-Interaktionen wurden zwischen den Pre-Post-Erhebungen durch Zeitstichproben-Beobachtungen erhoben.

In altersgemischten Gruppen verbrachten Erzieher mehr Zeit mit pädagogischen Tätigkeiten und griffen weniger ein als Erzieher in altershomogenen Krippen. Sie gaben den Kindern mehr Zuwendung und regten häufiger Modellernen an. Erzieher in altershomogenen Gruppen reagierten seltener auf Bedürfnisse und Forderungen der Kinder, während die Kinder in diesen Gruppen mehr passive Abhängigkeit und Hilflosigkeit den Erziehern gegenüber zeigten. Erzieher und Kinder in altersgemischten Gruppen gingen demgegenüber mehr auf die Bedürfnisse und Forderungen anderer ein.

In den Pre-Post-Tests der Kinder ergab sich, daß Kinder aus den altersgemischten Gruppen über einen Zeitraum von 12 Monaten größere Gewinne in Intelligenztests (Bayley-Scales und Stanford-Binet-Test) zeigten als Kinder in altershomogenen Gruppen. In den Veränderungen von Pre- und Post-Tests zeigten Kinder aus altersgemischten Gruppen in einer modifizierten Ainsworth-Situation (s. Kap. 3) einen größeren Zuwachs an sozialem Vertrauen (verstärkte Annäherungen und positive Reaktionen auf Einladungen einer unbekannten Person, gemeinsam zu spielen). In einer anderen kontrollierten Situation erhöhten Kinder aus altersgemischten Gruppen ihre Ausdauer bei lösbaren, aufgabenorientierten Beschäftigungen mehr als Kinder aus homogenen Gruppen. Sie baten bei Wiederholung einer unlösbaren Aufgabe häufiger den Versuchsleiter um Hilfe, während Kinder aus altershomogenen Gruppen häufiger indirekt durch Blicke Hilfe suchten und weinend vor der unlösbaren Aufgabe verharrten. Insgesamt ergab die Untersuchung empirische Belege für die positiven Auswirkungen altersgemischter Gruppenzusammensetzung auf das Erzieherverhalten, die Erzieher-Kind-Beziehungen und auf die Entwicklung von sozialem Vertrauen und Selbstvertrauen im dritten Lebensjahr.

3. Pädagogische Modelle für das Kleinstkind in der Bundesrepublik Deutschland

In den 70er Jahren wurden in der Bundesrepbulik Deutschland zwei Modellversuche durchgeführt. Das erste Modell befaßte sich, wie die eben beschriebenen Modelle, mit familienerweiternder Betreuung des Kindes, während das zweite als pädagogische Intervention mit Betreuern und Kindern in Krippen durchgeführt wurde.

Das Tagesmütter-Modell

Das Tagesmütter-Modell, von Pettinger (1974) initiiert und vom Deutschen Jugendinstitut (DJI) wissenschaftlich begleitet, versuchte durch Beratung, Gruppendiskussion und Fortbildung die Kompetenz von Tagesmüttern zu erhöhen. Es ging um den Nachweis, daß Kinder nicht grundsätzlich geschädigt werden, wenn man sie in den ersten drei Lebensjahren außerhäuslich in einer familienähnlichen Situation betreut.

Ziel der wissenschaftlichen Begleitung war die Evaluation eines familienähnlichen, den Tagespflegestellen vergleichbaren Modells der Tagesfremdbetreuung von Kindern in den ersten drei Lebensjahren. Es sollte insbesondere untersucht werden, ob und wieweit ein Modellversuch „Tagesmütter" im Bereich der frühkindlichen Sozialisation annä-

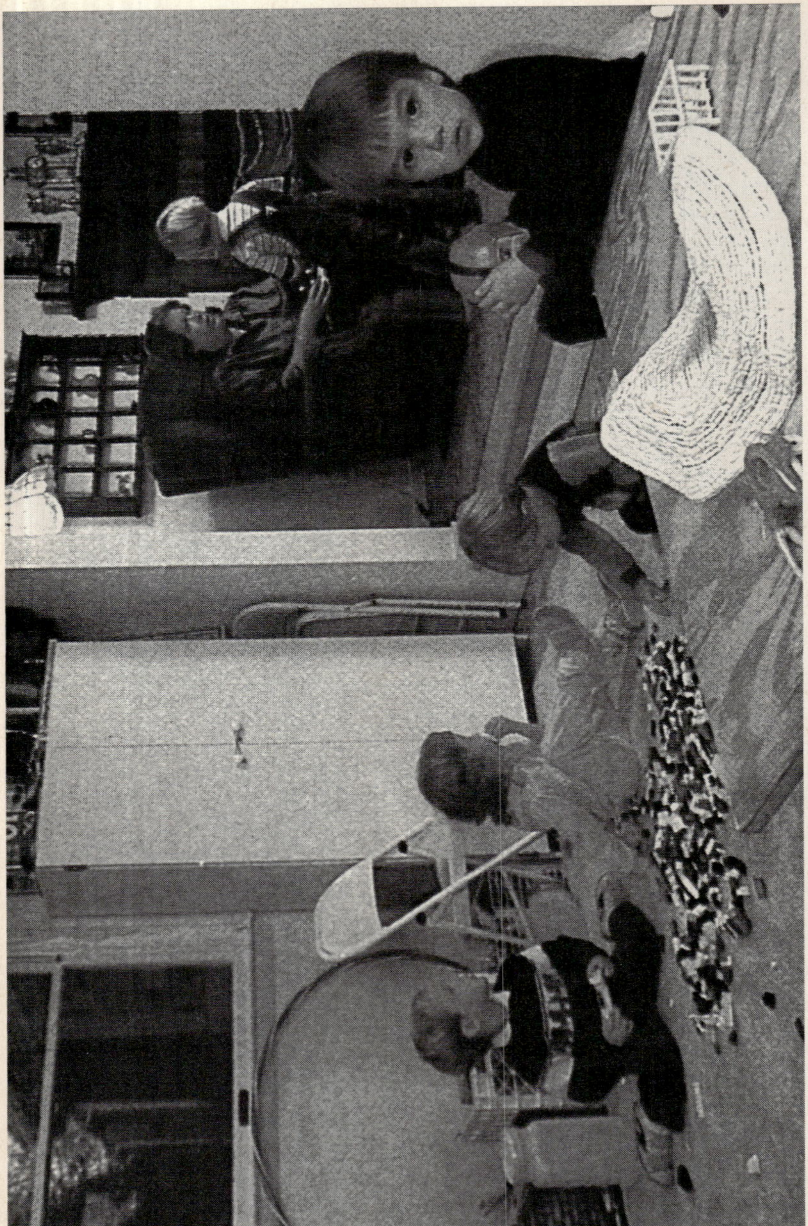

hernd gleiche Leistungen wie die Familienerziehung erbringt. Untersucht wurden die Entwicklung der Tagespflegekinder und der Verlauf der Beziehung zwischen den Kindern und ihren berufstätigen Müttern. Die Mutter-Kind-Beziehung bei fremdbetreuten Kindern war nicht generell konflikthafter als die zwischen den familienbetreuten Kindern und ihren Müttern. Keine Hemmung im Umgang mit Spielmaterial zeigten 38% der Modellkinder und 22% der Familienkinder. Selbständigkeit im Umgang mit Spielmaterial zeigten 20% der Modellkinder und 13% der Familienkinder. Im Spiel hochmotiviert und begeistert bei der Sache waren 20% der Modellkinder und 8% der Familienkinder. In der Spielsituation zeigten sich als sehr autonom 35% der Modellkinder und 20% der Familienkinder. In den Entwicklungstests ergaben sich nur geringfügige Unterschiede zwischen den Gruppen: PET (Psycholinguistischer Entwicklungstest von M. Angermeier) 53.5 zu 51.8, MSCA (McCarthy Scales of Children's Abilities) 54.7 zu 55.15 für Pflegekinder zu Familienkindern. Je ähnlicher die Erziehungsvorstellungen von Tagesmutter und Mutter waren, um so besser entwickelte sich das Kind. Insgesamt kann gesagt werden, daß die zusätzlich von Tagesmüttern betreuten Kinder in keiner Beziehung geschädigt wurden, sondern in einigen Aspekten sogar im Vorteil waren.

Das Berliner Modell der Kleinstkindpädagogik

Beller et al. (1981) erprobten ein Modell der Kleinstkindpädagogik mit Erziehern in 25 Krippen. Der Beitrag dieses Modells besteht in der Systematisierung eines pädagogischen Konzepts und der pädagogischen Methodik sowie in der erweiterten Anwendbarkeit des pädagogischen Modells in Familien und in ergänzenden Betreuungsumwelten von Kleinstkindern. Wichtige Ziele der ersten Erprobung des Modells in Krippen waren, die Pflege pädagogisch zu erweitern und die pädagogische Kompetenz der Erzieherinnen zu erhöhen. Angestrebt wurde ein Erziehungsstil, der Vermittlung von positiven Gefühlen, Zuwendung, Anregung, Anpassung an das Kind, Engagement, Erweiterung seiner Aktivitäten, stabile Zuwendung und Autonomie gewährendes Lenken verwirklicht. Ein individualisiertes Eingehen auf das Kind und seine aktive Position wurde betont, um Selbstvertrauen, Neugierde, Empathie und Kooperation zu ermöglichen und dadurch die kognitive und sozialemotionale Entwicklung des Kindes zu fördern. Durch die Einführung einer Entwicklungstabelle wurden die Betreuer in systematischer Beobachtung der Kinder und in der Umsetzung der dadurch gewonnenen Information in Erfahrungsangebote trainiert. Die Auswertung der durch die Beobachtungen gesammelten Informationen ergab ein Entwicklungsprofil, das zwei Zwecken diente: a) Anregungsangebote an die individuelle Entwicklungsstufe des Kindes in verschiedenen Bereichen anzupassen und b) in diesen Angeboten die höchst entwickelten Bereiche mit den am geringsten entwickelten Bereichen in einen Zusammenhang zu bringen, so daß das Kind in den angebotenen Tätigkeiten aus seiner eigenen Stärke Motivation und Selbstvertrauen schöpfen kann. Die Angebote wurden auf drei aufeinanderfolgenden Stufen durchgeführt. Die erste Stufe, die Vertrauens- oder Sicherheitsstufe, beschränkte sich auf Tätigkeiten, die voll in der Kompetenz des Kindes lagen; die zweite Stufe bezog sich auf Tätigkeiten, die im Alltagsverhalten des Kindes noch selten auftraten, während die dritte Stufe Tätigkeiten betraf, die am Kind noch nicht beobachtet wurden. Die Intervention bestand aus durchschnittlich 18 wöchentlichen, ca. dreistündigen Besuchen in der Krippe, in denen Trainer und Erzieherinnen sich gegenseitig bei den Erfahrungsangeboten mit dem Kind beobachteten und danach ihre Eindrücke austauschten. Zusätzlich zu den Einzelbesuchen wurden zwei zweitägige Workshops durchgeführt. Dort wurden die Ziele des Modells vorgestellt und die Methoden seiner Anwendung in Kleingruppendiskussion und durch Rollenspiel erläutert. Die Erzieher in den Kontrollkrippen erhielten Anleitung in der Anwendung der Entwicklungstabelle und sechs monatliche Beratungsbesuche, deren Inhalt von den Interessen der Erzieher bestimmt wurde. 33 Erzieher und 66 Kinder im Alter von vier bis sieben Monaten und im Alter von 14 bis 17 Monaten wurden nach Zufallstabellen der Interventions- und Kontrollgruppe zugeteilt. Die Wirkung der Intervention auf das Erzieherverhalten wurde anhand von unterschiedlichen Veränderungen in Pre- und Post Zeitstichproben-Beobachtungen während des Fütterns, Wickelns und während der Spielsituation ausgewertet. Die Wirkung der Intervention auf die Entwicklung der Kinder wurde anhand der Veränderung der Kinder in den Interventions- und Kontrollkrippen von Pre zu Post ausgewertet.

Die Zeitstichprobenerhebung ergab eine signifikante Überlegenheit der Erzieher der Interventionsgruppe im Ausdruck positiver Gefühle, aktiver Zuwendung, Anpassen an und Erleichtern von Tätigkeiten des Kindes, Förderung autonomer Aktivität, Erweiterung von Aktivität, Stabilität der Zuwendung bei Anwesenheit von anderen Erwachsenen und Autonomie gewährendem Lenken. Autoritäres Lenken, Behinderung von Aktivitäten und Ausdruck negativer Gefühle verminderten sich bei den Interventionserziehern signifikant mehr als bei den Erziehern der Kontrollgruppe. Die Wirkung der Intervention erbrachte ein signifikant höheres Entwicklungsniveau der Interventionskinder im Vergleich zu den Kontrollkindern in den Bereichen: Selbständigkeit in Körperpflege, Umwelterfassung, sozialemotionale Entwicklung, Spielverhalten, sprachliche und kognitive Entwicklung, Grobmotorik und Feinmotorik. Diese Ergebnisse wurden durch den Pre-Post-Vergleich der Entwicklungstabelle gewonnen. Auf den Bayley-Infant-Scales, die nur im nachhinein erhoben wurden, waren nur die älteren Interventionskinder den Kontrollkinder signifikant überlegen.

4. Zusammenfassende Bewertung

In Modellen, in denen Interventionsprogramme mit den Eltern durchgeführt wurden, ging man von der Annahme aus, daß eine Veränderung des Erziehungsstils bei den Eltern als den primären Erziehern ihrer Kinder den größten Einfluß auf die Entwicklung der Kinder haben würde. Eine zweite Annahme war, daß die Interventionen mit den Eltern innerhalb der Familie die Beziehung zwischen Eltern und Kind und die Bindung des Kindes an seine Eltern nicht schwächen. Drittens glaubte man, daß der von einer Veränderung im Erziehungsstil der Eltern und damit in der Beziehung zwischen Eltern und Kind ausgehende Einfluß auf die Entwicklung des Kindes von Dauer sein würde (Bronfenbrenner 1974).

Für die Richtigkeit der ersten Annahme gibt es nur wenige Belege. In zweien der Modelle traten keine signifikanten Unterschiede zwischen den Eltern in den Interventionsgruppen und denen in den Kontrollgruppen auf (Gordon 1972, Levenstein 1971). In zwei weiteren Modellen konnten nur einzelne Anhaltspunkte für Veränderungen im Erziehungsstil der Eltern gefunden werden. So machten z. B. die Eltern der Interventionsgruppe häufiger von belohnendem als von bestrafendem Verhalten Gebrauch und sprachen häufiger mit dem Kind (Gray 1976, Lambie et al. 1974). In diesen Fällen ist unklar, ob die Wirkung der Interventionsprogramme unzureichend oder die Methoden der Evaluation der anspruchsvollen Zielsetzung der Programme nicht angemessen waren.

Für die zweite Annahme, die sich auf eine Förderung der Eltern-Kind-Beziehung durch eine Intervention innerhalb der Familie bezog, gibt es nur indirekte Belege, da in keinem der Projekte die Stärke der Beziehung oder die Bindung zwischen Eltern und Kind in den Interventions- und Kontrollgruppen erfaßt wurde. Allerdings wurde im Rahmen einer Anzahl von krippenorientierten Modellen diese Frage untersucht. Unter anderem berichtet Caldwell über Ergebnisse, die die Aussage rechtfertigen, daß Krippenkinder in keiner Weise eine schwächere Beziehung zu ihren Müttern zeigen als ausschließlich in der Familie erzogene Kinder. Diese Aussage konnte inzwischen für die Kinder, die im „Tagesmütter-Modell" betreut wurden, bestätigt werden.

Auch über die dritte Erwartung, die sich auf eine erhöhte Dauerhaftigkeit der Effekte der Entwicklungsförderung innerhalb der Familie bezog, lassen sich Aussagen nur in begrenztem Umfang machen, da nur für zwei der elternorientierten (Gordon 1972, Levenstein 1971) und eines der kindorientierten (Palmer 1969) Interventionsprogramme longitudinale Untersuchungen der Kinder bis ins Schulalter hinein durchgeführt wurden. Dabei zeigten nicht nur die Kinder in den Programmen von Gordon und Levenstein, sondern auch die Kinder in Palmers Programm, langfristig höhere Leistungen als die Kontrollkinder in Intelligenz- und Schulleistungstests, was nicht für die dritte Hypothese spricht.

In den meisten der in diesem Kapitel beschriebenen Modelle lag der Schwerpunkt auf einer Förderung der kognitiven Entwicklung der Kinder, und die Wirksamkeit der Interventionsprogramme wurde vor allem hinsichtlich dieses Bereiches der Entwicklung empirisch untersucht. In einer Anzahl von Fällen lag die Wirkung der Programme darin, daß sie die defizitären Einflüsse von Unterschichtfamilien auf die kognitive Entwicklung der Kinder präventiv verhinderten. Wo die in die Modelle einbezogenen Kinder bis in das Schulalter hinein wiederholt untersucht werden konnten, erwiesen sich in den meisten Fällen die Gewinne der Interventionskinder bei formellen Intelligenztests als instabil. Im Vergleich zu den Kindern aus den Kontrollgruppen wurde jedoch eine signifikant bessere Anpassung an die Anforderungen der Schule und höhere Leistungen in Lernfächern wie Sprache und Mathematik beobachtet (Gordon 1972, Palmer 1976).

Über den Einfluß der verschiedenen Modelle auf die sozialemotionale Entwicklung der Kinder liegen zu wenige Resultate vor, als daß eine allgemeine Aussage hierüber gemacht werden könnte. Nur in zwei Fällen brachten Interventionsprogramme im Bereich der sozialemotionalen Entwicklung ebenso hohe Gewinne wie in den anderen geförderten Bereichen. Dabei handelt es sich um Levensteins elternorientiertes und Bellers et al. krippenerzieherorientiertes Modell.

Zu den Modellversuchen, die sich auf die Förderung der kognitiven Entwicklung der Kinder bezogen, seien hier einige kritische Anmerkungen gemacht. Zum einen können die erzielten Wirkungen in den meisten Untersuchungen nicht eindeutig auf das Interventionsprogramm zurückgeführt werden, da zu den Eltern und Kindern der Kontrollgruppe in den meisten Fällen außer den Anfangs- und Schlußerhebungen kein Kontakt bestand. Es bleibt daher unklar, in welchem Ausmaß die Qualität der Interventionsprogramme oder die reine Quantität der Zuwendung und Kontakte in den Interventionsgruppen für den Erfolg verantwortlich sind. Darüber hinaus erfolgte die Zuweisung der Kinder und Eltern zu Interventions- und Kontrollgruppen nicht in allen Fällen dem Zufall nach. Ein weiterer Einwand bezieht sich auf die Häufigkeit des Kontaktes des Kindes mit Erwachsenen außerhalb der Familie, die in den Interventionsgruppen in den meisten Fällen höher war als in den Kontrollgruppen. Die Forschungsliteratur enthält Hinweise darauf, daß Kontakte von Kindern außerhalb der Familien zu mehr Aufgeschlossenheit und freundlicher Haltung sowohl zu vertrauten als auch zu unbekannten Erwachsenen führen. Dieser Faktor könnte auch den Unterschied zwischen Kindern in Krippen und ausschließlich in der Familie erzogenen Kindern in ihrer Leistung in Intelligenztests, die von Fremden durchgeführt wurden, beeinflußt haben. Allerdings sprechen zwei Untersuchungsergebnisse dagegen, daß die Vertrautheit im Umgang mit Fremden allein für derartige Unterschiede verantwortlich sein könnte. In einem Fall (Beller et al. 1977) bestanden sowohl Interventions- als auch Kontrollgruppe aus Krippenkindern, wobei dieselbe Wirkung der Intervention wie in den anderen Untersuchungen (nach Bayley Infant Scales) gefunden wurde. Zum anderen fanden Palmer (1976) und Lambie et al. (1974), daß Kinder in Interventionsgruppen mit hochstrukturierten Programmen, die nicht mehr Kontakte mit Erwachsenen außerhalb der Familie wie die Vergleichsgruppen hatten, in allgemeinen Intelligenztests überlegen waren.

Ein weiterer Mangel der vorliegenden Untersuchungen besteht darin, daß zwar in einigen durchgeführten Projekten die entwicklungsgemäße Anordnung der Förderungsangebote für die Kinder sorgfältig dem Entwicklungsstand der Kinder angepaßt war, andererseits jedoch in keinem der Projekte die Bedeutung der Anordnung, die in der im ersten Teil dieses Kapitels zusammengefaßten Forschungsliteratur betont wird, systematisch ermittelt wurde. Nur eine Untersuchung läßt hinsichtlich der entwicklungsgemäßen Anordnung der Angebote Vergleiche zu (Palmer & Siegel 1977). In dieser Untersuchung wurden zwei Gruppen verglichen, wobei in einer Gruppe Materialien und mit diesen assoziierte Begriffe nach Entwicklungsstufen geordnet angeboten waren, während in der zweiten Gruppe dieselben Materialien ohne solche Ordnung angeboten wurden, d. h. diese Kinder konnten selbst frei wählen. Ein Vergleich der kognitiven Entwicklungsveränderungen ergab keinen signifikanten Unterschied. Daraus läßt sich schließen, daß Kinder von sich aus unter verschiedenen Angeboten eine angemessene Wahl treffen können, sofern ihnen die Freiheit dazu gegeben wird.

Trotz solcher Fragen, die in der Mehrzahl der beschriebenen Modellversuche nicht beantwortet werden können, ist die Tatsache von Bedeutung, daß alle Ergebnisse dieser Felduntersuchungen in die gleiche Richtung weisen. Vor dem Hintergrund der Resultate dieser Untersuchungen kann kein Zweifel daran bestehen, daß eine gezielte Förderung der Entwicklung von Kindern unter drei Jahren möglich und für Kinder aus benachteiligten Familien in hohem Maße wünschbar ist. Die dargestellten Förderungsgrogramme sind in einigen Fällen mehr, in anderen weniger strukturiert, in allen Fällen jedoch von ihren Autoren klar dargestellt, so daß sie replizierbar und unter den Bedingungen der verschiedenen Betreuungsumwelten von Kleinkindern anwendbar sind.

Kapitel 18

Kognitive und sprachliche Entwicklungsförderung im Vorschulalter

Ulrich Schmidt-Denter

1. Entwicklungsförderung im Elementarbereich: theoretische und institutionelle Voraussetzungen

Die gezielte Förderung von Kindern im Vorschulalter ist ein Thema, das gegen Ende der 60er Jahre sehr schnell zu einem zentralen Forschungsgegenstand aufstieg. Rückschauend spricht man sogar von einer ,,Förderungswelle", die etwa bis Mitte der 70er Jahre anhielt (Rauh 1979). Ziel dieses Kapitels ist es, diese intensive Forschungsphase und die selteneren nachfolgenden einschlägigen Projekte darzustellen, Folgerungen abzuleiten und zu einer zusammenfassenden Bewertung zu kommen.

Wesentliche Impulse für das zunehmende Interesse an vorschulischen Förderungsmaßnahmen kamen von der Entwicklungspsychologie. Die entwicklungspsychologische Forschung entdeckte das Vorschulalter, das bislang nur geringes Interesse gefunden hatte. Die Ausbildung von Erzieherinnen und die pädagogische Praxis in den Kindergärten hatte sich zuvor noch weitgehend an den älteren Reifungstheorien der Entwicklung orientiert (Hoffmann 1971, Grossmann 1974). Diese engten die erzieherischen Wirkungsmöglichkeiten eher ein und legten Zurückhaltung nahe. Sie billigten dem Erzieher eher eine die Reifung begleitende und bewahrende Betreuung des Kindes zu; pädagogische Maßnahmen sollten dem erreichten Entwicklungsstand nicht vorgreifen (vgl. dazu Nickel 1975).

Eine Reihe von psychologischen Autoren formulierte nun genau entgegengesetzte Standpunkte. Sehr einflußreich waren die Thesen von Hunt (1961) über die Bedeutung einer frühen Umweltstimulierung. Sie wurden unterstützt durch Blooms (1964) Berechnungen über die Intelligenzentwicklung. Aus Analysen amerikanischer Längsschnittuntersuchungen kam er zu der häufig zitierten Feststellung, daß sich, gemessen am Stand von 17 Jahren, ,,etwa 50% der intellektuellen Entwicklung . . zwischen Empfängnis und dem 4. Lebensjahr abspielen" (Bloom 1964, S. 88, vgl. auch Kap. 1). Weitere 30% würden zwischen vier und acht Jahren festgelegt. Daraus ließ sich schließen, daß die schulische Förderung eigentlich zu spät kommt, um die Intelligenzentwicklung noch maßgeblich zu beeinflussen. Wirksame Maßnahmen müßten entsprechend früher einsetzen. (Zur Kritik an den Aussagen Blooms vgl. Abschnitt 4). Die neue, lerntheoretisch orientierte Botschaft der Entwicklungspsychologie an die Praxis der Vorschulerziehung faßte Roth (1961, 1969) in der Meinung zusammen, daß Kinder nicht begabt seien, sondern daß man sie begaben müsse. Aber auch die kognitiven Theorien stimulierten das Interesse an der Früherziehung, indem sie nach den altersgemäßen Formen intelligenten Handelns und den Möglichkeiten einer ,,akzelerierenden Instruktion" fragten (Bruner 1963).

Die Bemühungen um eine Entwicklungsförderung im Vorschulalter weisen eine Besonderheit und damit auch Begrenzung auf: Es handelt sich primär um Maßnahmen im Rahmen der institutionellen Erziehung. Dies läßt sich dadurch erklären, daß die Durchführung von Förderungsprogrammen und die Reform der institutionellen Erziehung im Elementarbereich in einem engen Zusammenhang standen. So gilt das Head-Start-Projekt, mit dem in den USA bereits 1965 begonnen wurde, als Reaktion auf den sog. Sputnik-Schock. Die Bildungsförderung im Vorschulalter erschien als ein notwendiges Mittel, um alle Begabungsressourcen auszuschöpfen, die benötigt werden, um im technologischen Wettbewerb zu bestehen. Diese neue Aufgabenstellung der Vorschulerziehung richtete das Augenmerk insbesondere auf die benachteiligten Kinder. Mit dem Head-Start-Projekt verband sich die Erwartung, die Probleme der sozialen Schichtung und der Rassendiskriminierung in der amerikanischen Gesellschaft zu lösen. Zu den zentralen Anliegen der vorschulischen Förderung gehörte somit von Anfang an die kompensatorische Erziehung. In Deutschland war Lückert (1967a) zu einer der heftigsten Kritiker des traditionellen Kindergartens, in dem die Kinder ,,künstlich dumm" gehalten würden. Mit der organisatorischen Reform des Elementarbereichs in der Bundesrepublik beschäftigte sich der Deutsche Bildungsrat (1970), ein Beratungsgremium von Bund und Ländern. Im Jahre 1970 wurde der Kindergarten als Elementarstufe des Bildungssystems anerkannt und hörte auf, eine vorwiegend sozialfürsorgerische Einrichtung zu sein. Während bis zu diesem Zeitpunkt nur ein Drittel aller Kinder im Alter von drei bis fünf Jahren einen Kindergarten besuchte, gingen die Planungen nun dahin, bis 1975 für die Hälfte und bis 1980 für 80% der Kinder Plätze zur Verfügung zu stellen. Dieses Ziel wurde (allerdings mit starken regionalen Schwankungen) teilweise schon früher erreicht, vor allem wegen des nicht vorhersehbaren Geburtenrückgangs (vgl. Schmidt-Denter 1984).

In seinem ,,Strukturplan" empfahl der Deutsche Bildungsrat (1970) auch eine sog. Eingangsstufe für die Fünf- und Sechsjährigen und damit die Vorverlegung des Einschulungsalters um ein Jahr. Die Frage, ob die Fünfjährigen besser in den Vorklassen der Grundschulen oder besser in den Kindergärten gefördert werden können, wurde in den folgenden Jahren heftig diskutiert. Im Rahmen der sog. Begleitforschung wurde die Wirksamkeit der Förderung unter beiden organisatorischen Bedingungen verglichen. Von vielen Projekten wurde also auch eine Entscheidungshilfe über die günstigste Förderung für die Fünfjährigen und für ihren organisatorischen Verbleib erwartet. Von daher sind auch viele Programme und Curricula eng mit dem Problem einer optimalen institutionellen Schulvorbereitung verbunden.

2. Bereiche der Frühförderung und Klassifikation der Programme

Aus den veränderten Bedingungen und Zielsetzungen der vorschulischen Förderung wird verständlich, daß die kognitive und sprachliche Entwicklung zunächst im Mittelpunkt der Bemühungen stand. Unter den speziell ausgerichteten Programmen dominierten das Frühlesen, das Sprach- und Intelligenztraining sowie die Früherziehung nach Piaget. Daneben wurden breit angelegte Projekte durchgeführt, die einer umfassenden Vorbereitung auf die Grundschule dienten.

Neben diesen Hauptgebieten gab es zahlreiche weitere Anregungen für Möglichkeiten der Frühförderung, so z. B. im Bereich der Wahrnehmung (Schüttler-Janikulla & Krohne 1966, Nickel 1969, Frostig et al. 1972), der kognitiven Stile (Wagner 1973, 1976, 1978, Nickel et al. 1984), der Musik (Noll & Suder 1974), der Leibeserziehung (Diem 1971), der künstlerischen und ästhetischen Erziehung (Ullrich 1972, Knopff 1973, Seitz 1974), des Englischunterrichts (Schmid-Schönbein et al. 1974) oder im Rahmen von Fernsehprogrammen wie vor allem der „Sesamstraße“ (Setzen 1973, Geisler & Kalb 1975). Mit einer gewissen Zeitverschiebung wurde auch die sozial-emotionale Entwicklung in die Frühförderung einbezogen (Schmidt-Denter 1978, Dollase 1979, Nickel & Schmidt-Denter 1980).

Die Entwicklungsförderung im Vorschulalter stellt ein sehr vielfältiges Gebiet dar. Dies betrifft zum einen die Bereiche der Frühförderung und die damit zusammenhängende inhaltliche Variation der Materialien. Zum anderen unterscheiden sich die Programme jedoch auch hinsichtlich ihres strukturellen Aufbaus. Im folgenden sollen einige wesentliche Kriterien zusammengestellt werden, durch die sich die wichtigsten Programmformen nach formalen Gesichtspunkten unterscheiden lassen.

Weikart (1975) schlägt eine Klassifikation von vier Typen vor. Die beiden Dimensionen des Modells betreffen die Rolle der Erzieherin und des Kindes, die jeweils vorwiegend im Initiieren oder im Reagieren bestehen kann (vgl. Abb. 18.1).

Im *stark strukturierten Programm* entsprechen die initiierende Erzieherin und das reagierende Kind einander. Der Grad der Strukturiertheit

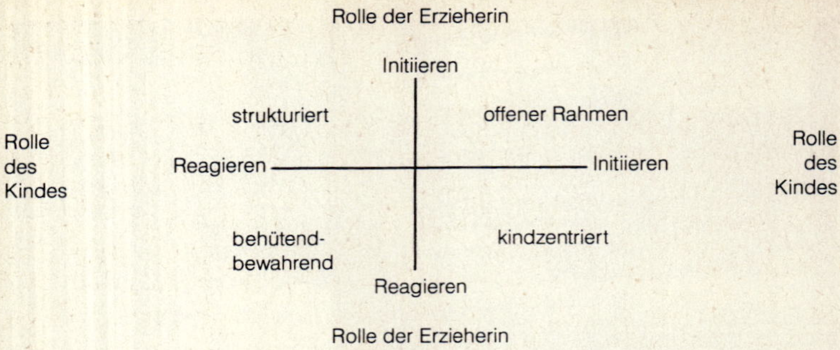

Abb. 18.1 Modell von Weikart (1975, S. 496) zur Klassifikation vorschulischer Förderprogramme

läßt sich nach Bissel (1970) definieren als das Ausmaß der Organisation einer Lernumwelt und der Lenkung der Lernerfahrungen. Ein hoch strukturiertes Curriculum schreibt dem Erzieher genau vor, welche Maßnahmen zu ergreifen sind. Das Lernen des Kindes besteht in der Aneignung korrekter Antworten. Das Programm gibt detaillierte, festgesetzte Lernziele an. Das wohl bekannteste Beispiel ist das Programm von Bereiter und Engelmann (1966). Die grundlegenden Prinzipien basieren auf der Lerntheorie, Theorien der Verhaltenssteuerung und verschiedenen Sprachentwicklungstheorien.

Das *offene Vorschulcurriculum* ist durch die initiierende Erzieherin und das initiierende Kind gekennzeichnet. Derartige Programme basieren in der Regel auf Piagets Entwicklungsmodell (vgl. Abschn. 3). Ziel ist die Förderung der Entwicklung des Denkens und der Sprache. Der curriculare Ansatz legt zwar die Materialien und die Art der Aktivitäten fest, das spezifische Programm entwickelt die Erzieherin jedoch nach den Bedürfnissen der Kinder in ihrer Gruppe. Diese lernen im aktiven Umgang mit der Umgebung, die von der Erzieherin strukturiert wird.

Zum *kindzentrierten Curriculum,* in dem das initiierende Kind und die darauf eingehende Erzieherin einander entsprechen, zählen die herkömmlichen Kindergartenprogramme. Das Kind soll in seiner Gesamtentwicklung, besonders aber im sozialen und emotionalen Bereich, gefördert werden. Dies erfolgt durch behutsames Eingehen auf seine individuellen Bedürfnisse. Auf der Basis ihrer entwicklungspsychologischen Kenntnisse bzw. aus ihrem intuitiven Verständnis von kindlicher Entwicklung gestaltet die Erzieherin eine unterstützende, kreative Umgebung. Das Kind lernt aus dem aktiven Umgang mit Materialien, anderen Kindern und der Erzieherin.

Behütend-bewahrende Programme sind von geringem Anregungswert, da hier die Erzieherin und auch das Kind lediglich reagieren. Die Erzieherinnen gehen vorwiegend auf körperliche Bedürfnisse ein. Höchstens bei besonders schlechten familiären Verhältnissen können solche Programme leichte Verbesserungen bewirken. Unter den heutigen Lebensbedingungen gibt es jedoch kaum eine Rechtfertigung für den Fortbestand solcher ,,Bewahranstalten".

Die Klassifikation von Weikart (1975) erleichtert die Einordnung der vielfältigen vorschulischen Förderprogramme und hilft auch beim Verständnis der Ergebnisse einiger Effizienzuntersuchungen. Allerdings lassen sich den einzelnen Typen kaum eindeutige Aussagen über die differentielle kurz- und langfristige Wirksamkeit zuordnen (vgl. hierzu den nächsten Abschnitt).

3. Programme der Frühförderung und ihre Effektivität

Frühlesen

Programme

Daß manche Kinder auch ohne die Anwendung spezieller Programme schon vor dem Schuleintritt lesen können (sog. Spontanleser), ist eine bekannte Tatsache. Ihre Zahl liegt nach deutschen Erhebungen etwa bei 2%–3% eines Einschulungsjahrgangs (Notz 1967, Rüdiger 1970, Nelles-Bächler 1972). Das entscheidende Problem ist, ob Kinder im Vorschulalter allgemein lesen lernen sollten.

Die Auseinandersetzung hierüber eröffnete in Deutschland die Debatte über die vorschulische Förderung. Sie entzündete sich an dem *Programm von Doman,* das in den USA selbst weniger Beachtung fand. In seiner Ganzwortmethode geht Doman von der Annahme aus, das Kind könne durch das Sehen von Wörtern das Lesen und Schreiben erlernen. Dies geschehe in Analogie zum Spracherwerb, der durch das Hören der Sprache vonstatten gehe (Doman & Lückert 1967). Die von Lückert (1967b, 1968/69) herausgegebene deutsche Adaptation besteht aus Ganzwort-Lesekarten.

Das Material ist so aufgebaut, daß auf der rechten Seite die Wörter stehen und auf der linken Seite die entsprechenden Bilder gezeigt werden. Am ersten Tag lernt das Kind das Wort ,,Mama". Nachdem sich die Mutter nach der ersten Darbietung vorübergehend anders mit dem Kind beschäftigt, wird das Wort ein zweites und drittes Mal vorgegeben. Eine Darbietung soll insgesamt fünf Minuten dauern und am ersten Tag mit mindestens halbstündigen Pausen fünfmal wiederholt werden. Am zweiten Tag wird die Lektion zweimal wiederholt und dann beim dritten Versuch die Karte hochgehalten und das Kind nach dem Wort gefragt. Bei einem Dreijährigen werden für die Durcharbeitung des ersten Bandes etwa drei Monate veranschlagt. Das zweite Buch zeigt schon Handlungsbilder, die mit Verben, Konjunktionen, Artikeln und Hauptwörtern verbunden werden. Das Kind kann mit Hilfe der 84 Wortkarten selbst Sätze zusammenstellen. Zeichen auf den Karten geben eine Kontrolle über die richtige Reihenfolge. Im dritten Band geht es dann um die Laute und die Erfassung der Buchstabenschrift.

In ähnlicher Weise basieren auch die Kleinkindfibel von Kratzmeier (1967/71), die sog. Trainingsleiste von Tausch und Köhler (1971) und das Leselernspiel von Schreiber (1968) auf einem Wortbildtraining von Ganzwörtern.

Die meisten Programme gehen davon aus, daß für jüngere Kinder nur das ganzheitliche Lesenlernen in Frage kommt. Schmalohr (1973) kommt in einer Diskussion der vorliegenden Ergebnisse zu dem Schluß, daß Kinder im Vorschulalter gleich gute Voraussetzungen für die ganzheitliche und die lautanalytische Methode mitbringen. Er schlägt deshalb vor, bei Vierjährigen mit einem Verfahren zu beginnen, das sich zunächst auf kurze Wörter stützt, die sofort akustisch und visuell auf Laute und Buchstaben hin analysiert werden können. So wird das ganzheitliche und synthetische Vorgehen kombiniert.

Das Leseangebot von Schmalohr (1973) umfaßt Buchstabenklötze, Stempel und Arbeitsblätter. Die Wörter, die im Leselehrgang vorkommen, sollen mit den Buchstabenklötzen gelegt bzw. mit den Stempeln gedruckt werden. Schmalohr bezeichnet diesen motorisch-operativen Zugang als „Lesehandeln". Der Lehrgang beginnt mit dem Wort „OMO", dem Namen für ein Waschmittel, der den Vorzug besitzt, noch einfacher zu sein als „Mama" oder „Papa".

Die Befürworter des Frühlesens erwarteten, daß Vorschulkinder das Lesenlernen als lustvoll empfinden und daß es ihnen leicht fällt. Der Vorsprung würde in der Grundschule erhalten bleiben, so daß zusätzlich Zeit für andere Lerninhalte entstünde. Darüber hinaus wurde dem Frühlesen eine allgemeine intelligenzfördernde Wirkung zugesprochen. Die Gegner befürchteten insbesondere Gefahren für die Persönlichkeit und sozial-emotionale Entwicklung der Kinder, wenn schon in frühen Jahren zu viel Zeit durch Leseübungen gebunden würde.

Effektivität der Programme

Im Rahmen des *Duisburger Frühleseversuchs* wurden Kinder, die zu Beginn der Maßnahme zwischen 3;9 und 5;0 Jahre alt waren, an drei Tagen pro Woche unterrichtet. Schließlich übten die Eltern noch täglich zwischen einer halben und zwei Stunden mit den Kindern. Der gesamte Kurs dauerte eineinviertel Jahre (Walter 1967, Schmalohr 1969). Die Lehrmethode bestand im ersten halben Jahr aus einem Ganzworttraining (Wortbildkarten); danach erfolgte eine optische und akustische Durchgliederung der Worte. Die Effekte des Trainings wurden erhoben mit Intelligenz- und Entwicklungstests, Lesetests sowie Aufgaben zur optischen und akustischen Durchgliederungsfähigkeit. Bereits die Ergebnisse eines Vortests hatten gezeigt, daß die Versuchskinder überdurchschnittlich begabt waren, also keine repräsentative Stichprobe darstellten. Eine Kontrollgruppe wurde nicht gebildet.

Das Lesetraining bewirkte keine Steigerung in den Intelligenztestleistungen. Sieben der neun Kinder konnten nach Abschluß des Trainings lesen, wobei nicht geklärt werden kann, ob sie aufgrund ihrer überdurchschnittlichen Intelligenz nicht auch ohne das Training lesen gelernt hätten. Ihre Leistungen entsprachen jedoch nicht denen, die nach Ablauf eines normalen ersten Schuljahres zu erwarten sind. So konnten einige Kinder nur einzelne Wörter lesen, hatten Schwierigkeiten bei unbekannten Wörtern und ermüdeten schnell. Die Entwicklungstests zeigten keine Anhaltspunkte für eine zu einseitige intellektuelle Förderung und für eine Beeinträchtigung der sozial-emotionalen Entwicklung. Die meisten Eltern sahen das Training als einen Erfolg an und würden ihre Kinder wieder in eine Frühleseklasse geben. Sie betonten aber auch, daß das Training keineswegs „spielend" ablaufe. Die Aussagekraft der Ergebnisse wird durch die geringe Stichprobengröße und die hohe Ausgangsintelligenz der Kinder eingeschränkt.

Auch in den Untersuchungen von Diekmeyer (1968), Kratzmeier (1970b) und Sennlaub (1970) beteiligten sich Eltern mit einer großen Aufgeschlossenheit für vorschulische Fördermaßnahmen. Die Kinder waren meistens überdurchschnittlich intelligent. Dennoch trat zumindest bei den Jüngeren oft Desinteresse auf.

In der *Untersuchung von Schüttler-Janikulla* (1969) erhielten zehn Kinder (Durchschnittsalter 5;8 Jahre) an 92 Tagen täglich ein 30minütiges Training nach der Methode von Doman-Lückert. Die parallelisierte Kontrollgruppe erhielt die übliche Schulkindergartenbetreuung. Der überwiegende Teil der am Versuch beteiligten Kinder erreichte das übliche Leseniveau für das Ende des ersten Schuljahres. Neben dem Lesetraining dürften für das Ergebnis die individuelle Betreuung sowie motivationale Bedingungen von Eltern und Kindern eine Rolle spielen. In diesem Falle konnte die Hypothese statistisch abgesichert werden, daß Frühlesen die Intelligenz erhöht. Allerdings erreichte auch wiederum die Kontrollgruppe eine hochsignifikante Steigerung. Die Differenzen zwischen beiden Gruppen waren nicht statistisch bedeutsam. Das Lesenlernen erwies sich somit nicht als spezifische oder besonders effektive Methode der Intelligenzförderung.

In der *Regensburger Längsschnittstudie* erhielten drei Experimentalgruppen ($N = 118$) zusätzlich zur konventionellen Kindergartenbetreuung ein analytisch-synthetisches Lesetraining (Rüdiger 1971). Als Kontrollgruppe dienten 48 Kinder mit und ohne konventionelle Kindergartenförderung, die keine speziellen Leseanregungen erhielten. Nach den Ergebnissen konnten Kinder der Experimentalgruppe im Alter ab viereinhalb Jahren in gleichem Maße und innerhalb der gleichen Zeitspanne sinnentnehmend lesen lernen wie Kinder im ersten Schuljahr. Während der ersten beiden Schuljahre ergaben sich signifikante Vorsprünge gegenüber den Kontrollgruppen. Hinsichtlich der Gesamtentwicklung und der Intelligenz zeigten insbesondere die jüngeren (unter fünf Jahre) lesetrainierten Kinder eine Überlegenheit gegenüber der Kontrollgruppe. Die Differenz verringerte sich später. Negative Auswirkungen auf den sozial-emotionalen Bereich ließen sich nicht feststellen. Die Befunde stützten somit nicht diejenigen Vorbehalte gegen das Frühlesen, die vor Verintellektualisierung und Neurotisierung warnten (z. B. Biermann 1967, Kietz 1967, Lersch 1967, Pichottka 1967, Schenk-Danzinger 1969). Brem-Gräser (1969), die eine Frühförderung in Münchener Kindergärten durchführte, fand ebenfalls keine Zunahme von Verhaltensstörungen. Die Kinder wurden nach dem Urteil der Erzieherinnen eher ruhiger und ausgeglichener. Eine weitere *Längsschnittuntersuchung zum frühen Lesenlernen* führten Krüger und Duhmke (1973) in Flensburg durch. Ab September 1968 erhielten drei Kindergartengruppen von je 25 Kindern mit durchschnittlichem Entwicklungsstand ein Frühlesetraining. Der Lehrgang erfolgte mit schulischen Mitteln und dauerte neun Monate lang. Jeder Erzieherin stand eine Beratungslehrerin zur Seite, die die Klasse dann auch in der Grundschule übernahm. In der Schule wurde zu jeder Leseklasse eine parallelisierte Kontrollklasse gebildet. Daneben wurden noch Stichprobenklassen aus allen Flensburger Schulen für das jeweilige Schuljahr ausgewählt.

Die Ergebnisse zeigten auch hier, daß die Versuchsgruppe in ihrer Intelligenzentwicklung der Kontrollgruppe nicht überlegen war. Die Autoren vermuten, daß pädagogisches Engagement als solches für IQ-Steigerungen verantwortlich ist. Vorschulisches Lesenlernen führe nicht zu einer höheren Intelligenzentwicklung als andere Maßnahmen. Bis zum Ende des zweiten Schuljahres verbesserten sich die Testleistungen sowohl der Versuchs- als auch der Kontrollgruppe hochsignifikant. Zwischen den Gruppen zeigten sich keine Differenzen. Dagegen lagen die Werte für die Stichprobenklassen jeweils deutlich niedriger. Bei den Kontrollklassen machte sich durch die Einbindung in den Versuch offensichtlich ein Hawthorne-Effekt bemerkbar.

Hinsichtlich der Entwicklung der Lesefähigkeit wurde erwartet, daß die Versuchskinder am Ende des ersten Schuljahres den Stand des zweiten Schuljahres erreicht haben würden. Der Vorsprung fiel jedoch nicht in dieser erwarteten Höhe aus, und auch der Vorsprung gegenüber den Kontrollkindern war geringer als vermutet. Eine gewisse Überlegenheit zeigte sich weniger bei den einfachen Leseaufgaben als vielmehr beim Verständnis größerer Sinnzusammenhänge. In der Mitte des zweiten Schuljahres erreichten sowohl die Versuchs- als auch die Kontrollklassen im Lesetest die Normen für das Ende des zweiten Schuljahres, beide waren jedoch signifikant besser als die Stichprobenklassen. Bei den Messungen am Ende des dritten und des vierten Schuljahres hatten sich nahezu alle Unterschiede nivelliert. Die Mittelwerte aller Gruppen lagen nun im durchschnittlichen Leistungsbereich. Nur in der Lesegeschwindigkeit erreichten die Versuchskinder signifikant höhere Werte als die Kontroll- und Stichprobenklassen. Die Autoren bewerten dies als Zeichen größerer Lesefreudigkeit der Frühleser (vgl. auch Nelles-Bächler 1972). Somit hatte die Frühförderung vielleicht einen langfristigen motivierenden Effekt. Die Befürchtung, daß das Frühlesen durch einseitige Beanspruchung Verhaltensauffälligkeiten begünstigen könnte, ließ sich nicht bestätigen.

Man kann zusammenfassen, daß das Frühlesen Hoffnungen auf eine intelligenzfördernde Wirkung kaum erfüllt. Von jüngeren Kindern wird das Lesetraining auch nicht immer als leicht und lustvoll empfunden. Anhaltspunkte für eine Beeinträchtigung der sozial-emotionalen Entwicklung fanden sich jedoch ebenfalls nicht. Es zeigten sich Fortschritte in den Lesefähigkeiten, die jedoch meistens nicht nur auf das Curriculum, sondern auch auf die intensive institutionelle und familiäre Betreuung zurückzuführen waren. Die Frühlesebewegung sprach vor allem bildungsbeflissene soziale Schichten an. Da ein ähnliches Engagement in den Elternhäuser benachteiligter Kinder nicht erwartet werden kann, sind Frühleseprogramme kein geeignetes Instrument einer kompensatorischen Entwicklungsförderung. Zu den Effekten auf den schulischen Leseunterricht kann gesagt werden, daß zu Beginn der Grundschulzeit ein Vorsprung besteht, der sich jedoch zunehmend nivelliert. Um überhaupt einen speziellen Transfer von der vorschulischen auf die schulische Förderung zu sichern, ist es notwendig, daß Elementar- und Primarbereich eng miteinander verzahnt sind. Der überdauerndste Effekt scheint sich in einer erhöhten Motivation niederzuschlagen.

Sprachförderung

Programme

Der vorschulischen Sprachentwicklungsförderung liegt weitgehend das Konzept zugrunde, daß die schulischen Mißerfolge von sozio-kulturell benachteiligten Kindern maßgeblich auf sprachliche Defizite zurückzuführen sind.

Eines der ersten Programme stammt von Bereiter und Engelmann (1966). Es entstand im Rahmen kompensatorischer Erziehungsprojekte in Chicagoer Slums und wurde zuerst an vierjährigen farbigen Kindern erprobt, die aus extrem ungünstigen sozialen Verhältnissen stammten. Ihr Sprachentwicklungsrückstand betrug gemessen an den Standards von Mittelschichtkindern ein bis eineinhalb Jahre. Ihr sprachliches Ausdrucksverhalten bezeichneten die Autoren als „alogische Form“, der die formalen Eigenschaften fehlten, die für die Organisation des Denkens notwendig sind. Entsprechend wurde den Kindern die Hochsprache wie eine Fremdsprache durch Einüben von Sprachmustern gelehrt. Der Unterricht betrug drei Stunden täglich und erfolgte in einer stark strukturierten, lehrerzentrierten Form. Der Lehrer stellte Fragen, die Kinder antworteten im Chor. Als Bekräftigung wurden Lob und kleine Geschenke eingesetzt.

Das Sprachförderungsprogramm von Denis und Georgina Gahagan (1970) knüpft an den Überlegungen Bernsteins (1964) an, der zwischen einem restringierten und einem elaborierten Code unterscheidet. Der restringierte Code als Ausdrucksform der sozialen Unterschicht ist gegenüber der Mittelschichtsprache gekennzeichnet durch geringeren Wortschatz, stärkere Beteiligung nichtsprachlicher Signale, autoritäre Diktion, grammatische, artikulatorische und semantische Mängel, Konkretheit und Kontextgebundenheit sowie durch weniger Formulierungen über innerseelische Vorgänge.

Der Ansatz von Gahagan (1970) beruht auf folgendem Prinzip: Es werden Situationen vorgegeben, in denen ein restringierter Code nicht adäquat ist, sondern der Einsatz elaborierter Sprachformen erforderlich wird. Dieser Aspekt des Programms wird als „contexts“ bezeichnet. Den zweiten Bestandteil bildet „training“. Er beinhaltet Übungen zur Erweiterung des Wortschatzes, zur Verbesserung der Begriffsbildung, der syntaktischen Fähigkeiten, der Lautdiskriminationsfähigkeit und der Satzkonstruktion. Beispielsweise sollen vorgesprochene Sätze mit verbundenen Augen nachgesprochen werden, um Aufmerksamkeit und auditive Differenzierungsfähigkeit zu trainieren. Eine Förderung des Wortschatzes und der Satzstruktur wird mit Assoziationsspielen erreicht, bei denen bestimmte Begriffe ergänzt werden müssen. Eine Verbesserung verschiedener Sprachleistungen intendieren die Bildgeschichten. Die Kinder sollen sie nacherzählen, Gefühle und Motive der handelnden Personen erkennen, den Inhalt diskutieren und mit wechselnden Rollen im Spiel darstellen. Die Kinder erfahren auf diese Weise, daß der restringierte Code insbesondere für das Verbalisieren von subjektiven Intentionen und Emotionen sowie zur Bedeutungsspezifizierung unzureichend ist.

Das wohl bekannteste Sprachförderungsprogramm in den USA ist das „*Peabody Language Development Kits*“ (Dunn & Smith 1966). Das theoretische Konzept orientiert sich vor allem am „Illinois Test of Psycholinguistic Abilities (ITPA)“ (Kirk et al. 1968). Das Verfahren verfolgt das Ziel, spezifische Funktionen psycholinguistischen Verhaltens zu messen und einen Rahmen für die Verbesserung von Sprachdefiziten zu schaffen. Die Grundannahme ist, daß diskrete Elemente des sprachlichen Verhaltens indentifizier- und meßbar sind und daß diese Mängel durch Lernen ausgeglichen werden können.

Zu den verbreitetsten deutschsprachigen Programmen gehören die Arbeitsmappen von Schüttler-Janikulla (1968).

Die drei Mappen enthalten insgesamt 148 Arbeitsblätter. Davon sind 20 sog. Hauptbilder, die Grundsituationen des kindlichen Lebens und Erlebens darstellen sollen (Wohnung, Haus, Straße, Post, Zoo usw.). Ihnen sind jeweils sechs bis zehn Nebenblätter thematisch zugeordnet. Anhand dieser Stimuli werden sprachliche Funktionsübungen durchgeführt. Neben dem Sprachtraining bietet das Programm Übungen zur Feinmotorik, räumlichen Orientierung, Formwahrnehmung u. ä. an. Die Programme lassen keine eindeutige theoretische Fundierung erkennen. Als Grundüberzeugung kommt zum Ausdruck, daß in den sprachlichen Fähigkeiten die Voraussetzung für die Entwicklung aller anderen kognitiven Funktionen, insbesondere für die Intelligenz gesehen wird.

Den engen Zusammenhang zwischen Sprach- und Intelligenzentwicklung betonen auch Kamratowski und Meißner (1971).

Der Schwerpunkt des Programms liegt im Benennen von Gegenständen. Die Erweiterung des Wortschatzes und die Anhebung vom restringierten zum elaborierten Sprachcode bilden die Hauptziele. Daneben wollen die Materialien die Leistungsmotivation wecken und den Erwerb der ersten Kulturtechniken (Lesen, Schreiben, Rechnen) vorbereiten und erleichtern.

Die Werkspielblätter des Sprach- und Denktrainings von Kratzmeier (1970) sind gedacht für Vier- bis Siebenjährige.

Benennen, Beschreiben und Klassifizieren gehören zu den Grundübungen. Aus Folgen von jeweils drei Bildern sollen übergreifende Sinn- und Handlungszusammenhänge erkannt und sprachlich dargestellt werden.

Die zentralen Intentionen der Sprachförderungsprogramme liegen also zum einen im Ausgleich sozio-kulturell bedingter Defizite und zum anderen in der Intelligenzförderung.

Effektivität der Programme

Über den Wert des Programms von Bereiter und Engelmann (1966) entwickelte sich eine scharfe Kontroverse. Zum einen schien die Lerngeschwindigkeit bei diesem stark strukturierten Programm besonders groß zu sein. Es zeigten sich signifikante Leistungssteigerungen gegenüber einer Kontrollgruppe und ein positiver Effekt auf die Schulreife. Zum anderen richtete sich die Kritik auf die Defizit-Hypothese der Sprachentwicklung, die diesem Ansatz zugrunde lag. Ihr wurde die Differenzhypothese gegenübergestellt, die besagt, daß Unterschichtkinder keine schlechtere, sondern eine andere Sprache verwenden. Daraus ergibt sich als zweiter Kritikpunkt, daß diese Art Sprachförderung das Kind von seiner alltäglichen Erlebniswelt isoliert und daß die Erfolge nach Rückkehr in seine soziale Umwelt wieder wirkungslos werden. Schließlich galten die Bedenken dem äußerst straffen Unterrichtsstil, der im Gegensatz zu dem Bemühen um Selbständigkeit, Spontaneität und Verantwortungsbewußtsein für das eigene Lernen stand.

Die Begleitforschungen zum Programm des Ehepaars Gahagan

(1970) erstreckten sich über zweieinhalb Jahre. Die Kinder der Experimentalgruppe zeigten signifikant bessere Leistungen beim Lernen von Paar-Assoziationen, wobei sie eine größere Zahl verschiedenartiger Satzbautypen verwendeten. Des weiteren waren sie überlegen beim Beschreiben taktiler Empfindungen und in einem Begriffsbildungstest. Vor allem schwachbegabte Kinder schienen von dem Training zu profitieren. Ferner wies die Versuchsgruppe häufiger einen vermittelnden Stil auf, der in flexibler Weise die Konsequenzen des Verhaltens mitreflektierte, Verständnis für die Interaktionspartner zeigte und zu gegenseitigen Konzessionen bereit war.

Hammill und Larsen (1974) stellten die *Ergebnisse von 38 Förderexperimenten* zusammen, die den gesamten ITPA (Illinois Test of Psycholinguistic Abilities) oder einzelne Subtests als Kriteriumsvariable benutzten. Auf dem Altersniveau ,,Preschool" führten 15 Autoren 121 Analysen durch. Erfolgreich war nur das Training im Subtest ,,auditive Assoziation". Die Gruppe ,,Elementary" erzielte in 142 Analysen, die von 19 Autoren durchgeführt wurden, zu über 50% Verbesserungen in der verbalen Ausdrucksfähigkeit. Am effektivsten ist das Training auf der Ebene der Repräsentation und im Ausdrucksprozeß. Die Trainingsmethoden scheinen geeignet, assoziative und expressive Fähigkeiten zu trainieren, nicht aber rezeptive und automatische.

Eine Effizienzprüfung der *Arbeitsmappen von Schüttler-Janikulla* (1968) nahm Eppel (1974) im Rahmen eines dreimonatigen Sprach- und Intelligenztrainings mit Vorschulkindern vor. Eine Überprüfung des Trainingseffekts erfolgte mittelfristig nach Ablauf der anschließenden Sommerferien. Die untersuchten Aspekte waren Intelligenz sowie gesprochene Sprache. Sprachfluß und grammatikalische Komplexität wurden aufgrund der Erzählungen jedes Kindes zu zehn Bildern in einer standardisierten Untersuchungssituation erhoben.

Es zeigten sich in diesen Leistungen keine signifikanten Unterschiede zwischen der Trainings- und einer sog. Zuwendungsgruppe, die kein Leistungstraining erhielt, sondern an Kleingruppensitzungen mit angeleiteter Beschäftigung teilnahm, bei denen sich die Erzieher auf Zuwendung und Ermutigung konzentrierten. Beide Behandlungsgruppen wiesen nicht einmal in allen drei Leistungsmerkmalen gegenüber der Kontrollgruppe ohne vorschulische Kleingruppenförderung deutliche Verbesserungen auf. Die intelligenteren Kinder der Kontroll- und Zuwendungsbedingung verschlechterten sich deutlich, die intelligenteren Kinder der Trainingsgruppe steigerten dagegen ihre Leistungen. Die weniger intelligenten Kinder verschlechterten sich in allen drei Gruppen geringfügig und zeigten keine Unterschiede im Posttest. Eine Generalisierbarkeit der Ergebnisse kann lediglich vorsichtig erfolgen, da das Training nur sehr kurzfristig war, der Trainingseffekt nicht unmittelbar gemessen wurde und die Erzieherinnen wenig Erfahrung in der Sprachförderung hatten. Schüttler-Janikulla (1972) selbst fand bei einer Effizienzprüfung seiner Arbeitsmappen einen signifikaten IQ-Anstieg gegenüber einer Kontrollgruppe nach einem zwölfmonatigen Training.

Man kann zusammenfassen, daß es grundsätzlich möglich ist, durch Sprachförderungsprogramme die Entwicklung der Intelligenz positiv zu beeinflussen. Es läßt sich jedoch nicht sagen, daß die vorhandenen Trainingsverfahren einen generellen Effekt in bedeutsamer Höhe hervorbrächten. Die Ergebnisse sind häufig nicht signifikant. In fast allen Untersuchungen zeigte sich die große Bedeutung von Moderatorvariablen (Sander 1978). Bestimmte Trainingsaspekte wirken in Abhängigkeit von Persönlichkeitsmerkmalen der Kinder, von Merkmalen der Übungssituation, vom Alter und Intelligenzniveau der trainierten Kinder sowie von der Programmgestaltung und der Schwierigkeit der Übungsaufgaben. Diesen vielfältigen Wechselwirkungen wurde bislang nicht Rechnung getragen, so daß man nicht weiß, welche Programme bei welchen Kindern unter welchen Bedingungen zu welchen Effekten führen. Ähnliche Anmerkungen gelten für den erhofften – aber z.T. umstrittenen – kompensatorischen Effekt. Die meist nur kurzfristigen Erfolge können nicht allein aus den Wirkungen des Programms heraus erklärt werden (vgl. hierzu Abschn. 5).

Intelligenzförderung

Programme

Nahezu alle Vorschulprogramme intendieren indirekt auch eine Steigerung in den Intelligenztestleistungen (z.B. Frühlesen, Sprachprogramme, Wahrnehmungstrainings und sogar motorische Übungen). So setzten Chansky und Taylor (1964) ein perzeptiv-motorisches Training bei jüngeren geistig retardierten Kindern ein. Sander (1973) arbeitete mit dem Wahrnehmungstraining nach Frostig et al. (1972). McKinney und Corter (1968, 1971) verwendeten ein Material, bei dem die Wahrnehmung von Figur-Grund-Beziehungen und Teil-Ganzes-Beziehungen geübt wurde.

Bei den Verfahren, die direkt eine Verbesserung des Intelligenzquotienten (IQ) anstreben, geht es um Transfer-Effekte, d.h. die Leistungsänderungen im Intelligenztest sollen durch Übung von Aufgaben, die nicht im Test selbst enthalten sind, herbeigeführt werden. Häufig verwendete Programme stammen von Schüttler-Janikulla (1968), Kratzmeier (1970a) sowie Kamratowski et al. (1972). Zur Überprüfung der Auswirkungen auf die Intelligenzleistungen dienten verschiedene gebräuchliche Intelligenztests.

Das Training von Baar (1952) bzw. Baar und Tschinkel (1973) ist ähnlich wie andere Programme konzipiert zur Förderung solcher Kinder, die wegen mangelnder Schulreife vom Schulbesuch zurückgestellt wurden.

Das Material besteht aus einer Mappe mit kindgerechten Zeichnungen. Es erfordert keine sprachlichen Äußerungen des Kindes, jedoch Sprachverständnis, Formvergleich, Zweckverständnis und Erkennen von Abbildungen. Als konzeptuelle Grundlage diente der „Primary Mental Ability Test" von Thurstone (1938). Die Trainingsaufgaben sind entsprechend den Faktoren des Intelligenzmodells in sieben Klassen eingeteilt:

Optische Differenzierung (z.B. Formgleichheit oder -verschiedenheit erkennen), akustische Differenzierung (z.B. auf Anweisungen achten oder Stimmen erkennen); Form- und Raumerfassung (z.B. geometrische Muster vervollständigen oder Figuren nachzeichnen); Gedächtnis (z.B. mehrere Aufträge nacheinander ausführen); Denken in Sachgebieten (z.B. Gespräche über Berufe); allgemeine Begriffsbildung (z.B. Sortierübungen oder Zuordnen eines Teiles zu einem entsprechenden Ganzen); Zahlbegriffsbildung (z.B. Größen und Mengenunterschiede erkennen).

In analoger Weise basiert die Spielbatterie zur Intelligenzförderung von Rüppel (1975, 1983) auf dem Strukturmodell der Intelligenz von Guilford.

Die Fragestellungen der Trainingsexperimente richteten sich darauf, ob es prinzipiell möglich ist, Intelligenz in nicht trivialer Weise zu fördern und ob gezielte Effekte hervorgerufen werden können.

Effektivität der Programme

Ein Teil der Trainingsversuche wurde mit lern- und geistigbehinderten Kindern durchgeführt. Sie lieferten die ersten Beweise dafür, daß es überhaupt nachweisbare Effekte bei intellektuellen Fördermaßnahmen gibt (Klauer 1975). In einer Untersuchung von Kirk (1964) sollten schwachbegabte Kinder durch den Besuch eines Sonderkindergartens gefördert werden. Es zeigte sich ein schwacher, aber signifikanter IQ-Anstieg (Stanford-Binet). Nach dem ersten Schuljahr hatte die Kontrollgruppe erheblich aufgeholt, die Experimentalgruppe aber noch nicht erreicht. Der größte Förderungseffekt zeigte sich bei Kindern aus anregungsarmen Familien, der geringste bei hirngeschädigten Kindern.

Die Studie von Oliver (1958) wies einen gewissen Einfluß der sportlichen Förderung auf die Intelligenzentwicklung nach. Nach zwölf Wochen Trainingszeit zeigte sich ein IQ-Anstieg in einigen der eingesetzten Intelligenztests (Terman-Merrill, Goodenough und Porteus), in anderen dagegen nicht (Raven, Goddards Formbrett). Der Effekt war insgesamt gesehen eher im Verbalteil als bei sprachfreien Aufgaben nachweisbar. Auch bei Corder (1966) erbrachte ein intensives Sporttraining entgegen den Erwartungen des Autors einen Gewinn im Verbal- und nicht im Handlungsteil des WISC (Wechsler Intelligence Scale for Children).

Chansky und Taylor (1964) führten ein perzeptiv-motorisches Training mit geistigbehinderten Kindern durch. Es ergaben sich Verbesserungen in verschiedenen Subtests des WISC, und zwar auch im Verbalteil, obwohl gar kein verbales Training stattgefunden hatte. Klauer

(1975) faßt die Ergebnisse der Untersuchungen dahingehend zusammen, daß das Intelligenzniveau schwachbegabter Kinder in „nicht-trivialer" Weise verbessert werden konnte, d.h. Übungs- und Testaufgaben waren nicht dieselben und zwischen beiden zeigten sich Transfereffekte.

Ziel der Untersuchung von Issing und Ullrich (1969) war es, die Wirkung eines länger dauernden Verbalisierungstrainings auf die Bearbeitung einer Denkaufgabe am Ende der Trainingsperiode zu prüfen. Zwei Gruppen von vierjährigen Kindern wurden täglich eine Stunde über einen Zeitraum von vier Wochen mit verschiedenen altersgemäßen Spielen beschäftigt. Während der Versuchsleiter die Kinder der Versuchsgruppe zu sprachlichen Äußerungen bezüglich der Spielaktivität aufforderte, wurde die Kontrollgruppe nicht entsprechend angeregt. Die Wiederholungsuntersuchung mit den Stanford-Binet-Intelligenztest erbrachte eine signifikante IQ-Zunahme für die Experimentalgruppe. Dabei war der Leistungsanstieg der Mädchen in beiden Gruppen größer als bei den Jungen. Signifikante Differenzen ergaben sich diesbezüglich jedoch nur für die Kontrollgruppe. Die bei Mädchen festgestellte schnellere Sprachentwicklung (z.B. Moore 1967) und damit einhergehend eine beschleunigte Steigerung der Intelligenzleistung konnte in der Versuchsgruppe offensichtlich durch das Verbalisierungstraining nivelliert werden.

Klauer (1964) führte in einer Sonderschule für Lernbehinderte ein Training mit den *Arbeitsblättern von Baar* (1952) durch. Hinzu kamen weitere Trainingselemente, so ein psychomotorisches Spieltraining und Rollenspiele. Von den insgesamt 36 Transferversuchen dieses Projekts gab es elf signifikante positive Effekte auf den Gesamt-IQ. In 31 Fällen gelangten die Trainingsgruppen zu höheren Werten als die Kontrollgruppen. Klauer sieht es als gesichert an, daß das Leistungsniveau bei Intelligenztestaufgaben durch Übung anderer Aufgaben positiv beeinflußt werden kann. Daß häufig das Signifikanzniveau verfehlt wurde, führt er auf die geringe Stichprobengröße zurück, auf die geringe Intensität des Trainings, auf spezielle Einflüsse des Lehrmaterials oder das Lebensalter der Kinder.

Eine genaue Profilanalyse des BTS von Horn (1957) ergab, daß das Training nur bei bestimmten Untertests eine Veränderung erbrachte. Diese Veränderung konnte sogar negativ ausfallen, so z.B. beim Subtest „Grundrechnen". Klauer vermutet hierzu, daß der durchführende Lehrer eventuell den Rechenunterricht gekürzt hatte. In diesem Falle könne man das Ergebnis als einen Hinweis dafür nehmen, daß das intellektuelle Leistungsprofil durch Verlagerung des Trainingsschwerpunktes beeinflußt werden kann. Diese Möglichkeit wurde durch weitere Analysen bestätigt. Der Trainingseffekt kann somit sowohl das Gesamtniveau anheben, als auch eine spezifische profilverändernde Wirkung haben. Gleichzeitig läßt sich jedoch nicht ausschließen, daß es auch zu negativen Transfereffekten kommt.

Kamenz und Klapprott (1984) beobachteten dagegen als indirekten Effekt des Intelligenztrainings eine Zunahme des Selbstvertrauens bei den Kindern und eine erhöhte Bereitschaft, sich mit Fördermaterialien zu beschäftigen.

Klauer faßt aufgrund der vorliegenden Untersuchungsergebnisse die Möglichkeiten zu einer vorschulischen Intelligenzförderung wie folgt zusammen:

,,*Erstens:* Es ist zweifelsfrei möglich, intellektuelle Fähigkeiten erfolgreich zu trainieren. Die Ergebnisse sind im Durchschnitt jedoch nicht allzu hoch, sofern das Training zeitlich begrenzt und wenig intensiv ist.

Zweitens: Ein spezifisches Training hat auch spezifische Effekte. Daraus folgt, daß ein umfassend-allgemeines Training auch umfassend-allgemeine Effekte bringt.

Drittens: Unter bestimmten Bedingungen können auch generelle Effekte entstehen.

Viertens: Man kann nicht ausschließen, daß ein Training gelegentlich sogar negative Effekte nach sich zieht, also schadet. Deshalb ist solange Vorsicht angezeigt, bis die Zusammenhänge besser durchschaut werden.

Fünftens: Der Effekt eines Trainings hängt vom Lebensalter ab, und zwar in doppelter Weise. Zunächst scheint es für jedes Training ein Altersoptimum zu geben, wobei Verfrühungen und Verspätungen weniger Effekte bringen. Darüber hinaus kann sich aber auch die Art des Effektes mit dem Lebensalter ändern.“ (1978, S. 330).

Kognitive Förderung nach Piaget

Programme

Der Einfluß der Theorie Piagets (vgl. auch Kap. 8) auf die vorschulische Entwicklungsförderung betrifft drei Aspekte. Er erfolgte *erstens* indirekt durch die Thematisierung der kognitiven Entwicklung, durch Aussagen über den Zusammenhang zwischen Sprache und Denken und durch die Betonung der Bedeutung einer aktiven, explorativen Tätigkeit des Individuums für den Entwicklungsfortschritt. Auf diese Weise vermittelte die ,,kognitive Wende“ der vorschulischen Entwicklungsförderung einen allgemeinen Impuls.

Eine *zweite* Einflußrichtung äußerte sich in aufwendigen Curricula für den Elementarbereich, die von den Konzepten Piagets über die Intelligenz, die Gesetze des Entwicklungsverlaufs und die Möglichkeiten des Lernens ausgingen. Man fragte sich, was Entwicklung und Lernen nach Piaget bedeutet und wie diese Prozesse gefördert werden können. Die Übungen sind dementsprechend den Piaget-Aufgaben stark nachempfunden. So geht es in dem Curriculum von Kamii (1972) um Raum-Zeit-

Beziehungen, Klassifizieren, serielles Ordnen, den Zahlbegriff und soziales Wissen. Vielfältige Materialien zur Früherziehung nach Piaget entwickelte Stendler-Lavatelli (1976).

Ihr Trainingsprogramm ,,Klassifikation" besteht aus folgenden curricularen Einheiten:

1. Erkennen der Merkmale von Objekten und Zuordnen von Objekten anhand von mehr als einem Merkmal: Es wird eine ausgewählte Reihe von Perlen verwendet (zwei Größen, zwei Formen, drei Farben). Die Erzieherin bildet eine Musterkette, die die Kinder nachahmen. Es beginnt einfach (z.B. alle roten Perlen aufreihen) und wird dann komplizierter, indem Zahl, Form und Größe gleichzeitig mitbeachtet werden müssen. Die Spiele werden von verbalen Aktivitäten begleitet. Kann das Kind nicht richtig verbalisieren, tut dies der Lehrer und fordert das Kind auf, zu wiederholen. Nach ähnlichen Prinzipien werden auch die anderen Aufgaben geübt:
2. Mehrere Merkmale eines Objekts im Gedächtnis behalten.
3. Komplementäre Klassen bilden: Den Kindern werden die Beziehungen zwischen den Objekten klargemacht, damit sie entscheiden können, was eine Klasse bzw. Komplementärklasse ausmacht (vgl. Inhelder & Piaget 1967).
4. Aufspalten der Gesamtklasse zur Erstellung von Subklassen sowie Vergleiche zwischen ,,alle" und ,,einige": Die Übungen orientieren sich an den von Bruner et al. (1966) beschriebenen Entwicklungsstufen: aktional, ikonisch und symbolisch. Das Kind führt also zunächst die Tätigkeit mit Hilfe des sensomotorischen Systems durch, befaßt sich dann mit bildlichen Vorstellungen und setzt sich schließlich auch sprachlich damit auseinander.
5. Abstraktion der gemeinsamen Merkmale einer Klasse und Erweiterung der Klasse, um alle Objekte gleicher Merkmale einzuschließen.
6. Erkennen eines Objektes, das zwei Klassen zugehörig ist.
7. Kombination von Elementen: Die Kinder sollen entscheiden, wieviele Kombinationsmöglichkeiten es für eine bestimmte Zahl von Elementen gibt. Im Trainingsprogramm ,,Messen" lernt das Kind, daß ein Ganzes aus einer Anzahl von Teilen zusammengesetzt ist und daß einer der Bestandteile des Ganzen wiederum als Einheit verwendet werden kann. Zunächst verwendet das Kind seinen Körper als Meßinstrument (Hand oder Brusthöhe). Danach entdeckt es andere Maßeinheiten wie Bücher, lange Schnüre, Holzblöcke usw.

Beim Trainingsprogramm ,,Raum" sollen die Kinder lernen, sich Dinge trotz räumlicher Verschiebung aus einer anderen Perspektive vorzustellen. Das Ziel ist es, die egozentrische Sichtweise des Kindes zu überwinden. Es soll befähigt werden, sich Gegenstände aus verschiedenen räumlichen Perspektiven vorzustellen.

Ein *dritter* Zusammenhang zwischen Piagets Theorie und Entwicklungsförderung manifestiert sich in speziellen, gut kontrollierten Trainingsexperimenten. Es handelt sich nicht um curriculare Ansätze, die Eingang in die erzieherische Praxis gefunden hätten. Vielmehr geht es um die Beantwortung der prinzipiellen Frage, ob die Entwicklung von Denkstrukturen forciert werden kann.

Piaget selbst hat nicht versucht, systematische Trainings durchzuführen, um den Entwicklungsverlauf zu beschleunigen. Erste didaktische Versuche stammen von Aebli (1951). Er ging dabei von den Grundsätzen aus, daß der Lernende zu einer aktiven Auseinandersetzung mit dem Lerngegenstand gebracht und daß der Aufbau starrer Denkgewohnheiten verhindert werden muß. Die Übungen setzen an den typischen Denkfehlern des voroperatorischen Niveaus an (Montada 1968, 1970). Verschiedene Trainings folgen verschiedenen Prinzipien (vgl. Kap. 8).

Smedslund (1959) setzte eine ,,verstärkende Übung" und ein sog. Additions-/Subtraktionstraining ein, um das Konservationskonzept zu vermitteln. Die *verstärkende Übung* bestand darin, die Objekte vor und nach einer Formveränderung zu wiegen; in der zweiten Bedingung wurden Teile hinzugefügt oder weggenommen. Unter beiden Experimentalbedingungen trat ein nennenswertes, aber unspezifisches Lernen auf. Der Unterschied zwischen beiden Bedingungen war nicht signifikant, obwohl die Gruppe, die nur ein verstärkendes Training erhielt, etwas besser abschnitt. Später hat Smedslund (1961a, b, d, e, f, 1962) die Hypothese aufgestellt, daß der Übergang zum operationalen Denken gefördert werden kann, wenn es zu einem *kognitiven Konflikt* kommt. Die Disäquilibration gilt als das markanteste Kennzeichen des Übergangs zwischen den Stadien. Smedslund (1961a) folgerte daraus, daß Trainingsmethoden, die eine solche Disäquilibration induzieren, den Erwerb konkret-operationaler Konzepte forcieren. Dies geschieht dann, wenn die *Schemata für Addition/Subtraktion* und *für Deformation* zu unterschiedlichen Bewertungen führen. Wenn ein Kind glaubt, daß die Verlängerung eines Stücks Plastilin dieses schwerer macht, und gleichzeitig weiß, daß die Subtraktion eines Stückchens das Objekt leichter macht, dann kann ein kognitiver Konflikt hervorgerufen werden, wenn man ein Stück Plastilin gleichzeitig verlängert und ein Stück wegnimmt.

Der kognitive Konflikt läßt sich manchmal auch im Verhalten des Kindes erkennen (Zögern, Hin- und Herblicken zwischen beiden Formen, Gespanntheit). Ist dann jedoch eine Einsicht in die Mengenerhaltung erfolgt, so geht Smedslund (1961) davon aus, daß diese auch durch Suggestionen des Versuchsleiters nicht mehr zu verunsichern ist. Dies entspricht der Ansicht Inhelders (1962), wonach das operative Kind, das die Erhaltung der Menge erkannt hat, nicht mehr wieder zu anschaulichen Beurteilungskriterien zurückkehrt.

Nach Beilin (1965) ist die Methode der *verbalen Regelinstruktion* vorzuziehen. Dabei werden die Prinzipien, die der Konservation zugrundeliegen, vom Versuchsleiter erläutert. Auch Kohnstamm (1963) und Gruen (1965) verwendeten Methoden, in denen Übung plus zusätzliche Regelerklärung eingesetzt wurden, um Lernprozesse zu induzieren.

Wallach et al. (1967) argumentierten, daß das *Erkennen der Reversibilität* die entscheidende Voraussetzung dafür ist, daß sich das Konservationskonzept entwickelt. Ein weiterer Trainingsansatz besteht darin, statt eines intraindividuellen einen *sozialen Konflikt* als Ausgangspunkt für eine kognitive Strukturveränderung zu schaffen. In einer Version werden Paare von konservierenden und nichtkonservierenden Kindern gebildet. Sie erhalten die Anweisung, zu einer gemeinsamen Entscheidung über das Konservationsproblem zu gelangen (Murray 1972, Silverman & Geiringer 1973).

Effektivität der Programme

Zu den vorschulischen Curricula, die von den Konzepten Piagets abgeleitet wurden, gibt es keine nennenswerten Effizienzuntersuchungen.

Kamii (1972, S. 126) gesteht freimütig: „In a nutshell, I don't know how to evaluate this curriculum." Früherziehung nach Piaget bedeutet ein breites aufwendiges Programm, das mit den Erfahrungen in der Praxis immer wieder verändert wird. Es lassen sich schlecht testbare Prognosen ableiten. Eine Evaluation durch Schulleistungen ist problematisch, weil die schulische Instruktion das Gegenteil vom Vorgehen im Piaget-Curriculum darstellt. Es betont passive Rezeption gegenüber aktiver Exploration und Weckung von Neugier.

Die Frage der Trainierbarkeit des Invarianzbegriffs und anderer spezieller Konzepte war dafür um so häufiger Gegenstand von empirischen Überprüfungen. Die Problemstellung einer Untersuchung von Smith (1968) bestand darin, die *relative Effizienz von Smedslunds Additions-/Subtraktionsmethode und Beilins Methode der verbalen Regelinstruktion* abzuschätzen, um die Entwicklung eines Konservationskonzepts zu fördern. Die zweite Fragestellung betraf den Einfluß dieses Trainings auf Kinder, die sich auf verschiedenen Stufen ihrer kognitiven Entwicklung befanden. Die Einteilung erfolgte auf der Grundlage eines Konservations-Vortests. Es wurde vermutet, daß Kinder in der Übergangsphase zum operativen Denken mehr vom Training profitieren würden als konsistente Nicht-Konservierer. Schließlich sollte überprüft werden, ob der Erwerb eines Konservationskonzepts resistent gegen Suggestionen sein würde.

Die Ergebnisse zeigen, daß die Methode der Addition/Subtraktion mit der Smedslund erfolgreich arbeitete, nicht effektiv war. Die Methode der verbalen Regelinstruktion, verbunden mit Demonstrationen der Reversibilität erschien dagegen als geeignet, Trainingsgewinne zu erzielen. Die Additions-/Subtraktionsmethode war sogar für transitionale Kinder ineffektiv. Das Training nach Beilin erwies sich dagegen sowohl für diese Kinder als auch für konsistente Nicht-Konservierer als erfolgreich. Die wiederholte Erläuterung eines Prinzips hat somit die Bildung eines kognitiven Konzepts gefördert. Allerdings konnte in den meisten Untersuchungen kein Transfer auf andere Konservationsprobleme erzielt werden. Keine Gruppe war resistent gegen suggestive Gegenargumentationen. Dies betraf sowohl die Kinder, die während des Trainings ein Konstanzkonzept erworben hatten als auch diejenigen, die schon im Vortest ein Konservationskonzept besaßen. Bei der Mehrzahl der Versuchspersonen gab es Regressionen zum Nicht-Konservieren. Strauss (1972) faßt zusammen, daß die anfänglichen Erfolge der Gruppe um Smedslund und Bruner mit der kognitiven Konflikt-Technik nicht repliziert werden konnten, wenn man sorgfältig kontrollierte Bedingungen schuf. Bruner (1964) sowie Bruner et al. (1966) benutzten z.B. keine Kontrollgruppen. Eine Übersicht über Additions-/Subtraktions-Trainings von Strauss (1972) ergab, daß sich keine Beweise für einen Entwicklungsgewinn ableiten lassen.

Das verbale Feedback erwies sich dagegen in mehreren Untersuchungen als besser geeignet, um dauerhaft ein Konservationskonzept zu vermitteln (Brainerd 1972a, b).

Zur *Effizienz von Reversibilitätstrainings* existieren Übersichten mit völlig entgegengesetzten Schlußfolgerungen (Beilin 1971, Brainerd & Allen 1971, Glaser & Resnick 1972, Strauss 1972). Immerhin spricht eine Reihe von Untersuchungen dafür, daß das Reversibilitätstraining eine effektive Trainingsmethode ist, um Konservation zu induzieren.

In einer Untersuchung von Schmalohr und Winkelmann (1969) kamen verschiedene Induktionstechniken zum Tragen. Die Autoren verwendeten in ihrem Trainingsexperiment zunächst als Vortests den Gläser-Perlen-Umfüllversuch und den Eierbecher-Eier-Versuch in Anlehnung an Piaget und Szeminska (1941) sowie Piaget und Inhelder (1941).

Beim Eierbecher-Eier-Versuch werden sieben Eierbecher in einer Reihe aufgestellt. Der Versuchsleiter bittet das Kind, vor jeden Becher ein Ei zu legen. Danach wird im ersten Teil des Versuchs die Reihe der Eier auseinandergezogen und im zweiten Teil eng zusammengeschoben. Das Kind soll jeweils angeben, ob immer noch für jeden Becher ein Ei da ist oder ob nun zu wenig bzw. zu viele Eier daliegen. Das nachfolgende Übungsprogramm war individuumzentriert. Den einzelnen Kindern wurde eine Reihe von Lernhilfen zum Gläser-Perlen-Versuch gegeben, um sie von der Invarianz der Mengen zu überzeugen, z. B. durch den Hinweis, daß das eine Glas zwar höher, dafür aber schmaler ist (Prinzip der Kompensation); Zurückschütten der Perlen, um die Gleichheit des Inhalts zu demonstrieren (Prinzip der Reversibilität) oder gleichzeitiges Einfüllen von Perlen in beide Gläser durch das Kind (Erfahrung der Diskrepanz zwischen Tätigkeit und anschaulichem Ergebnis der Tätigkeit). Beim Nachtest mit dem Gläser-Perlen-Versuch ergab sich eine hohe Erfolgsquote des Trainings. Die Übertragung auf den Eierbecher-Eier-Versuch fiel ungünstiger aus. Noch schlechter gelang der Transfer auf den Plastilin-Versuch. Die Autoren folgern aus den Ergebnissen, daß die Lernübertragung eher auf der Ähnlichkeit der Aufgabensituation als auf der gemeinsamen formallogischen Struktur der drei Aufgaben beruht. Es wurde also ein aufgabenspezifisches Lösungskonzept gelernt und kein generell neues Niveau in den logischen Operationen erreicht.

In den Versuchsanordnungen zur *Induzierung sozialer Konflikte* (widersprüchliche Aussagen verschiedener Personen), wurden in unterschiedlichen Kombinationen Kinder, die zur Konservation fähig, Kinder, die noch präoperativ denken und solche, die instabile Lösungen produzieren, zusammengebracht und vom Versuchsleiter beauftragt, zu einer gemeinsamen Lösung über das Konservationsproblem zu gelangen. Murray (1972) fand einen Trainingsgewinn sowohl für Nicht-Konservierer als auch für transitionale Kinder, womit seiner Meinung nach auch das „harte“ Kriterium für eine kognitive Strukturveränderung erfüllt sei. Der Trainingseffekt der Gruppe ergibt sich auch ohne systematische Instruktion durch einen Dritten.

Ein Erklärungsansatz gründet auf die Meinung von Piaget, daß das Kind in der Interaktion mit Gleichaltrigen gleichberechtigt ist und sich daher mit Perspektiven anderer ungezwungen auseinandersetzt. In den Arbeiten der Neo-Piagetschen Schule wird die Auffassung vertreten, daß die soziale Interaktion einen kausalen Effekt auf die kognitive Entwicklung ausübt (Doise 1978). Der kollektive Konflikt, also der Widerspruch zwischen den Ansichten der beteiligten Kinder, sei ein wirksamerer Faktor als der induzierte kognitive Konflikt im Individuum, wie er etwa von Smedslund geschaffen wurde. Der Konflikt zur Lösung der Aufgabe wird in eine soziale Kooperation eingebettet, und als Trainingsfaktor wird eine kollektive Koordination der Perspektiven angesehen, die zu einer dezentrierten Lösung führt.

Doise et al. (1975) behaupten, daß durch ein solches Verfahren tatsächlich eine kognitive Strukturveränderung hervorgerufen wird. Als Beweis nennen sie die Tatsache, daß das Kind Erklärungen verwendet, die es vorher noch nicht gehört hat. Die Versuchsanordnung entsprach der klassischen Erhaltungsaufgabe Piagets. Die beteiligten Kinder mußten solange Saft unter sich verteilen und umschütten, bis alle die Lösung als gerecht akzeptierten. Der Posttest 1 erfolgte nach einer Woche, Postttest 2 nach einem Monat. Es zeigten sich stabile Effekte. Die Kinder gebrauchten viele neuartige Argumente. Die Ergebnisse stützen somit die Hypothese, daß eine kognitive Strukturveränderung stattfand.

Man kann zusammenfassen, daß die Förderexperimente zur kognitiven Strukturentwicklung im Sinne von Piaget den Gegenstand einer kontroversen akademischen Diskussion darstellen. Möglicherweise lassen sich abschließende Schlußfolgerungen deswegen kaum ziehen, weil eine Reihe von entwicklungsspezifischen und kontextuellen Bedingungen dafür verantwortlich ist, ob eine Methode Fördereffekte hervorruft und ob diese im Sinne einer Strukturveränderung oder eines aufgabenspezifischen Lernens interpretiert werden können.

Schulvorbereitung und Organisation des Elementarbereichs

Die Verbesserung der Voraussetzungen für eine erfolgreiche Einschulung gehörte von Anfang an zu den zentralen Zielen der Früherziehung. So begann das Head-Start-Programm 1965 mit achtwöchigen Sommerkursen, an denen Kinder teilnahmen, die unmittelbar vor der Einschulung standen. Nach diesem Training sollten sich unterprivilegierte Kinder bis zum Schulbeginn mit Mittelschicht-Kindern messen können. Um ihnen einen erfolgreichen Start zu ermöglichen, wurde eine breite Förderung in allen als defizitär empfundenen Bereichen angestrebt. Die Maßnahmen erstreckten sich auf vorschulischen Unterricht, Gesundheitsfürsorge, sozialfürsorgerische Hilfen für die Familie, psychologische Dienste, Ernährungsfürsorge und Beteiligung der Eltern am Programm (Dau 1973). Bei großen Projekten dieser Art ging es nicht mehr nur um die Effizienz bestimmter Materialien und um die Frage der Trainierbarkeit einzelner Entwicklungsfunktionen, sondern auch um die günstigste Organisationsform für eine vorschulische Förderung überhaupt. Auf diesen Aspekt soll im folgenden näher eingegangen werden, zunächst am Beispiel einiger amerikanischer Organisationsformen.

Programme

Das *Daily Program I* folgt dem Vorbild der traditionellen „nursery school" für Mittelschichtkinder und ähnelt dem herkömmlichen deutschen Kindergarten. Eine Entwicklungsförderung ergibt sich eher unstrukturiert aus dem Spiel oder dadurch, daß der Erzieher auf das Kind eingeht.

Das *Daily Program II* bietet stärker strukturierte Angebote und gezielte Anregungen.

Nach der Ankunft der Kinder und einer Phase des Freispiels dient ein erstes Zusammenkommen dazu, die Kinder zum Reden zu ermutigen. Weiter soll die Entwicklung des Zeitgefühls und die Förderung von Interessen erreicht werden. Das Frühstück bietet verschiedene Lernmöglichkeiten wie motorische Kontrolle, Abwarten und Tischmanieren. Es folgt die erste Arbeitsperiode, für die vier Grundsätze gelten: 1. Anfangs wählen die Erzieher Tätigkeiten, die sich in einer Sitzung beenden lassen, später werden längerfristige Tätigkeiten eingeplant. 2. Dem Kind soll zunächst viel Aufmerksamkeit gewidmet werden, die dann zunehmend reduziert werden kann. 3. Die Tätigkeiten sollten als Schulvorbereitung aufgefaßt werden. Zu fördern sind darum Wissensgebiete und Fertigkeiten, die ein Schulanfänger benötigt. 4. Statt die Wissensgebiete täglich zu wechseln, sollte eins zwei bis drei Wochen thematisch im Mittelpunkt stehen.

Nach dem Mittagessen sind eine Reinigungsperiode zur Sauberkeitserziehung, eine Ruheperiode mit sozialen Lernzielen, eine zweite Arbeitsperiode und eine Schlußversammlung vorgesehen.

Die *New Nursery School* zählt zu den strukturierten, kognitiv orientierten Programmformen (Nimnicht et al. 1969). Sie stellt eine Synthese verschiedener Ansätze dar:

Von Deutsch stammen die Zielvorstellungen (Entwicklung eines positiven Selbstbildes, Schärfung der Wahrnehmung, Sprachentwicklung, Begriffsbildung und Problemlösefähigkeit), von Montessori wurden die Methoden und Materialien sowie die Auffassung von der Rolle des Lehrers als Beobachter und Berater übernommen, und Moores Konzept einer selbstmotivierenden reagierenden Umgebung diente als theoretische Grundlage. Danach darf das Kind seine Umwelt untersuchen, es darf selbst bestimmen, wie schnell es vorgeht, es wird über die Konsequenzen seines Handelns informiert und ermutigt, Erfahrungen zu sammeln. Das Kind widmet sich selbstgewählten, vorstrukturierten Beschäftigungen und bestimmt selbst, ob es diese beendet, um an Gruppenaktivitäten und geplanten Lernepisoden teilzunehmen. Die New Nursery Schools gehören zu den Organisationsformen, die 1967 für Kinder eingerichtet wurden, bei denen nach der Teilnahme an Head-Start-Kursen der Erfolg früherer Förderung aufrechterhalten werden sollte.

Die *Academic Preschool von Bereiter und Engelmann* (1966) ist im Gegensatz dazu nicht kind-, sondern lehrerzentriert, die Materialien sind stark strukturiert.

Das Hauptgewicht liegt auf der Förderung der Sprachfähigkeit. Durch Schulung von Syntax und Grammatik sollen gleichzeitig logische und intellektuelle Fähigkeiten verbessert werden. Zwar gibt es zwischen den stark strukturierten Lernphasen auch schwächer strukturierte (mit Musik, Kunst, Spielen), jedoch sind auch diese auf Kompetenz- und Informationsvermittlung ausgerichtet. Zweckfreies, spontanes Spiel wird von den Programmautoren als ,,Luxus" angesehen.

In der *Bundesrepublik Deutschland* waren die Versuche, eine bestmögliche Schulvorbereitung zu erreichen, ebenfalls eng mit organisatorischen Reformen und Experimenten verbunden. Sie ließen sich einerseits stark vom Gedanken der kompensatorischen Erziehung tragen und zielten somit auf die Herstellung von Chancengleichheit ab. Andererseits ging es um das Problem der günstigsten Förderung speziell für die Fünfjährigen (ob weiterhin im Kindergarten oder aber in einer Vorklasse) und somit um die Organisation des Elementarbereichs überhaupt.

Um Entscheidungshilfen zu erhalten, wurden die sog. *Modellversuche* durchgeführt. Hierunter ist zu verstehen, daß bestimmte Reformmaßnahmen wissenschaftlich begleitet und evaluiert werden. Eine Reihe von deutschen und österreichischen Bundesländern führte derartige Programme durch (Schenk-Danzinger 1980). Beispielsweise verglich ein *Modellversuch des Landes Nordrhein-Westfalen* die pädagogische Arbeit in 50 Kindergärten, die aus altersgemischten Gruppen von Drei- bis Fünfjährigen bestanden, mit 50 altershomogenen Gruppen (Fünfjährige) in Vorklassen.

Während die Betreuung in den Kindergärten in herkömmlicher Weise erfolgte, war die Vorklassen-Erziehung wie folgt organisiert: Die Förderung fand nach dem Schulklassensystem statt; der Unterricht betrug durchschnittlich vier Stunden pro Vormittag. Der Klassenraum hatte eine kindergartenähnliche Ausstattung. Die Leitung der Klasse übernahm jeweils eine Sozialpädagogin, die jedoch stundenweise von einer Grundschullehrerin abgelöst wurde, insbesondere wenn es um Übungen in Lesen und Mathematik ging. Der Arbeit lag ein neu konzipierter Bildungsplan für Vorklassen zugrunde (Kultusminister des Landes NRW 1972). Die Erzieher besuchten eigens eingerichtete Fortbildungsveranstaltungen. Der Unterricht in den Vorklassen bezog sich auf die Lernbereiche Musik, Kunst, Körperbildung und Bewegungserziehung, Religion, Sprachförderung, Verkehrserziehung, Sachbegegnung sowie eine Einführung in Lesen, Schreiben und Mathematik. Dieser aufwendige Modellversuch, an dem insgesamt 2500 Kinder teilnahmen, wurde im Rahmen einer fünfjährigen Längsschnittstudie wissenschaftlich begleitet (Winkelmann et al. 1977).

Das *Vorschulprojekt Schwäbisch-Gmünd* entwickelte ein Curriculum für Fünfjährige auf der Grundlage eines fachübergreifenden Konzepts. Es setzte die Lernbereiche Sprache, Mathematik, Kunst, Musik, Natur, Sachwelt, technische Elementarerziehung und Sport miteinander in Beziehung.

In der wissenschaftlichen Begleituntersuchung wurden die Eingangsvoraussetzungen der Kinder sowie die Effekte des Programms im Vergleich zu einer Kontrollgruppe aus Kindergartenkindern gemessen (Baumann et al. 1977). Die Kinder aus der Versuchsgruppe wurden im Gegensatz zu anderen Projekten geschlossen in vier Klassen eingeschult. Die beiden Lehrkräfte des Projekts übernahmen zwei Klassen, für die anderen beiden Klassen arbeitete man zwei weitere Lehrer ein. Die Versuchs- und Kontrollgruppe wurde im ersten Schuljahr nach den üblichen Rahmenbedingungen unterrichtet. Die Evaluation erfolgte durch verschiedene Testverfahren, Schulleistungen und Lehrerbeurteilung.

Effektivität der Programme

Mit der Auswertung des Head-Start-Projekts wurde die Westinghouse Learning Corporation in Verbindung mit der Universität of Ohio beauftragt (Cicirelli et al. 1969). Der Report zeichnete ein vorwiegend düsteres Bild vom Erfolg der Fördermaßnahmen:

„1. Die Sommerprogramme brachten den Kindern keine kognitiven oder affektiven Gewinne, die bis in die ersten Schuljahre anhielten.
2. Die Ganzjahresprogramme beeinflußten die affektive Entwicklung anscheinend nicht, hatten aber geringe Wirkungen auf die kognitive Entwicklung, die noch in den ersten drei Schulklassen nachgewiesen werden konnten.
3. Head-Start-Kinder stehen sowohl im Stanford-Leistungstest als auch beim Illinois-Test der psycholingustischen Fähigkeiten immer noch unter dem nationalen Durchschnitt, während sich die Ergebnisse beim Metropolitan-Readiness-Test den nationalen Werten nähern.
4. Die Eltern der Kinder haben das Programm geschätzt und daran teilgenommen.“ (nach Dau 1973, S. 90).

Die vorläufige Publikation des Berichts löste stürmische Reaktionen in der politischen Öffentlichkeit aus und verursachte wahrscheinlich maßgeblich die Kürzung von Finanzmitteln. Dabei war die Auswahl der bewerteten Zentren nicht repräsentativ. Nicht berücksichtigt wurde, daß die einzelnen Zentren erheblich in ihren Methoden, der Dauer der Programme, der Ausbildung der Lehrer usw. variierten. Auch war nicht sichergestellt, daß die Stichproben der Kinder repräsentativ und die Kontrollgruppen wirklich vergleichbar waren. So deuten z. B. die Ergebnisse darauf hin, daß die Head-Start-Kinder größtenteils aus stärker benachteiligten Familien als die Kontrollkinder stammen (vgl. z. B. Campbell & Erlebacher 1970). Diese mangelnde Gleichwertigkeit beider Gruppen stellte das Ergebnis des Reports im ganzen in Frage.

Eine Re-Analyse der Daten von Smith und Bissel (1970) kam zu positiven Schlußfolgerungen über die Fortführung des Head-Start-Projekts. Plädiert wurde insbesondere für die Erweiterung der Ganzjahresprogramme, deren relative Effektivität auch schon der Westinghouse

Report zugestanden hatte. Des weiteren sollte ein Grundschulprogramm eingerichtet werden, um die anfänglichen Entwicklungsgewinne aufrechtzuerhalten. Es wurden Begleituntersuchungen vorgeschlagen, um eine ständige Verbesserung der Programme vornehmen zu können und um zu einer differentiellen Bewertung einzelner Zentren und einzelner Aspekte zu gelangen. Aus einer späteren Auswertung der Head-Start-Daten schloß Barnow (1973), daß selbst die Sommerprogramme effektiv für bestimmte Gruppen von Teilnehmern waren.

Zu den verschiedenen Arten vorschulischer Förderprogramme, die in den USA durchgeführt wurden, liegen einige *vergleichende Effektivitätsuntersuchungen* vor. So verglich Karnes (1969) in einer zweijährigen Studie die Effektivität von fünf Programmformen mit unterschiedlichem Strukturiertheitsgrad (Struck 1973). Die größten Intelligenzgewinne waren bei den stark strukturierten Programmen nach etwa einem Jahr nachweisbar. Am Ende des ersten Schuljahres ließen sich jedoch keine signifikanten Unterschiede mehr hinsichtlich der Förderungsbereiche Intelligenz, Wahrnehmung und Sprache zwischen den verschiedenen Programmformen feststellen. Hinsichtlich der Mathematikleistungen und des Schulerfolgs erreichten strukturierte und stark strukturierte Programmformen signifikant bessere Ergebnisse als eine Förderung im Rahmen traditioneller Vorschulerziehung. Insgesamt gesehen beeinflußte das einjährige Förderprogramm die Kinder nicht so, daß sie mit den erworbenen Fähigkeiten ihren intellektuellen Vorsprung hätten ausbauen und fortsetzen können.

Die dreijährige Vergleichsuntersuchung von Di Lorenzo (1969) umfaßte sieben unterschiedlich stark strukturierte Programme. Auch hier waren diejenigen Maßnahmen am erfolgreichsten, die stark strukturiert und hierarchisch aufgebaut waren und sich gezielt auf kognitive Kompetenzen richteten. Nach Struck (1973) erwiesen sich vor allem für die benachteiligten Kinder die stark strukturierten Programme als erfolgreich, für die Mittelschichtkinder dagegen schienen schwächer strukturierte Programmformen geeigneter zu sein. Durchgängig wird festgestellt, daß die Leistungssteigerungen nach einigen Jahren wieder verschwinden (Karnes 1969). Vergleicht man speziell geförderte benachteiligte Kinder mit ungeförderten, dann schneiden erstere etwa bis zum Ende des dritten Schuljahres signifikant besser ab.

Nach Bronfenbrenner (1974) ließ sich diesem Leistungsabfall jedoch entgegenwirken, wenn die Kinder an sog. Follow-Through-Projekten für das zweite Schuljahr teilnahmen, die auf der vorschulischen Förderung aufbauten.

Das American Institute for Research untersuchte 1000 kompensatorische Vorschulprogramme, von denen lediglich 21 als erfolgreich eingestuft wurden (Iben 1972). Die erfolgreichen Programme zeichneten sich durch folgende Merkmale aus:

- Sorgfältige Planung und Definierung der Ziele;
- Schulung der Lehrer in den verwendeten Methoden;
- kleine individuelle Gruppen;
- Art des Unterrichts und Materials entsprechen den Bildungszielen;
- Einbeziehung der Eltern;
- intensive Arbeit mit den Kindern.

Eine Vielfalt von Faktoren ist also von Bedeutung. Die Hypothese, daß der Erfolg eines Programms in erster Linie von seiner Strukturiertheit abhänge, konnte nicht bestätigt werden. Sehr spezielle und einseitige Anregungen, wie z. B. durch das Sprachtrainingscurriculum von Bereiter und Engelmann (1966) bringen das Problem mit sich, daß die Kinder nur schwer zur Mitarbeit anzuhalten sind. Wenn dies dennoch gelingt, so liegt das an den harten erzieherischen Maßnahmen, die an Drill und Dressur erinnern. In einem ganzheitlich ausgerichteten kognitiven Curriculum im Rahmen der traditionellen Kindergartenarbeit beteiligen sie sich dagegen freudiger und spontaner. Nach Iben (1972) ist das ganzheitliche Curriculum für benachteiligte Kinder besonders geeignet, da es sowohl die sozial-emotionale als auch die kognitive Entwicklung fördert. Man solle daher mehr die Verbesserung der Kindergartenarbeit im Sinne eines ganzheitlichen Curriculums anstreben.

Weitgehend positive Ergebnisse liegen zur Evaluation der *New Nursery School* vor. Sie versucht einen Mittelweg zwischen Freiheit und Kontrolle zu gehen und setzt bei der Lenkung des kindlichen Verhaltens mehr auf die Planung der Lernumgebung als auf Verbote. Alle Kinder, die an diesem Programm teilnahmen, absolvierten erfolgreich das erste Schuljahr oder den Schulkindergarten, obwohl ihr IQ teilweise unter 60 gelegen hatte. Das Lehrerurteil über diese Kinder ergab keine signifikanten Unterschiede zu einer Kontrollgruppe, die aus weniger benachteiligten Kindern bestand. Auch Testergebnisse deuteten darauf hin, daß der Besuch der New Nursery School die Schulreife begünstigt, am stärksten bei zweijähriger Teilnahme am Programm. Je länger benachteiligte Kinder teilnahmen, um so mehr näherten sie sich Mittelschicht-Kindern hinsichtlich Impuls-Kontrolle, Neugierde, innovativem Verhalten, Feldabhängigkeit intentionalem Lernen und der Fähigkeit, Beziehungen zwischen Objekten zu erkennen. Gegenüber Kindern mit vergleichbarem sozio-ökonomischen Hintergrund zeigten sie im ersten Schuljahr ein positiveres Selbstbild, mehr Selbstsicherheit und stärkere Ansprechbarkeit (Iben 1972).

Die Ergebnisse der Effizienzuntersuchungen weisen darauf hin, daß man nicht mit globalen Effekten argumentieren darf; vielmehr lassen sich die Befunde nur sinnvoll im Zusammenhang mit dem Evaluationskriterium und den Bedingungen, unter denen das Programm durchgeführt wurde, interpretieren. Ziel des *Ypsilanti Perry Preschool Projekts* (Weikart et al. 1970) war es, die langfristigen Wirkungen einer zweijährigen vorschulischen Förderung zu untersuchen. Das für Kinder aus benachteiligten Familien konzipierte Programm basierte teilweise auf der Theorie Piagets und sah kognitive Lernziele vor (Weikart et al. 1971). Die Versuchsgruppe erzielte zunächst signifikante höhere Werte im Stanford-Binet-Intelligenztest. Zum Ende des zweiten Schuljahres glich sich diese Überlegenheit jedoch wieder aus. Bei den Leistungstests in der Grundschule blieb der Vorsprung der geförderten Kinder dagegen während der ersten drei Schuljahre bestehen. Ebensolange schätzten die Lehrer die Versuchsgruppe hinsichtlich ihrer intellektuellen, emotionalen und sozialen Entwicklung besser ein als die Kontrollgruppe. Überweisungen in die Sonderschule waren bei den geförderten Kindern entsprechend seltener.

Um verschiedene Vorschulprogramme zu evaluieren, wurde 1969 das *Planned Variation Head Start Experiment* begonnen. In diesem Zusammenhang wurde auch das Ypsilanti-Programm auf seine Effizienz getestet. Die Ergebnisse waren positiver als die Befunde zu den Projekten, die in Ypsilanti selbst durchgeführt wurden. Weikart folgert, daß die Bedingungen des Versuchsprogramms die Resultate weitaus stärker beeinflussen als die verwendeten Curricula selbst. Er postuliert:

1. „Umfassende Curricula sind einander gleichwertig. Kinder profitieren intellektuell und sozial-emotional von fast jedem Curriculum, das auf einem breiten Spektrum von Lern- und Sozialerfahrungen beruht.
2. Das Curriculum ist für die Erzieherin da und nicht für das Kind. (...) Das erfolgreiche Curriculum ist eines, das eine (...) Strukturierung der Aktivitäten der Erzieherin gestattet mit dem Ziel, sie bei ihrer Aufgabe (...) zu unterstützen.“ (1975, S. 506).

Die Wirksamkeit vorschulischer Förderung könne dementsprechend durch sorgfältige Planung und Supervision gesteigert werden.

Die starke Betonung der Curriculumentwicklung hat nach Weikart (1975) die Notwendigkeit verdeckt, auch andere Komponenten der vorschulischen Erziehung sorgfältig zu erforschen. Hier sei eine Akzentverschiebung erforderlich (vgl. Abschn. 6).

Zu den wenigen von Langzeituntersuchungen begleiteten Fördermaßnahmen gehört das *Early Training Project* (Klaus & Gray 1968). Es handelt sich um ein offenes kognitiv orientiertes Curriculum, das auf den entwicklungspsychologischen Positionen von Hunt (1961) und Piaget aufbaut. Neben dem Training der Kinder bildeten wöchentliche Hausbesuche ein besonderes strukturelles Merkmal des Projekts.

Die Evaluation des Early Training Projects erfolgte zunächst durch einen Vortest, durch begleitende Untersuchungen während der Förderungszeit und durch Nachtests in den ersten beiden Schuljahren. In dieser Zeitspanne verbesserten alle Gruppen ihre Leistungen im Stanford-Binet-Test. Am höchsten lagen die Werte für die Experimentalgruppe 1 (dreijährige Förderung); es folgten die Experimentalgruppe 2 (zweijährige Förderung), die lokale und schließlich die externe Kontrollgruppe. Die Unterschiede waren jedoch gering und nur teilweise signifikant. Bei den Schulleistungstests zeigte sich dagegen von wenigen Ausnahmen abgesehen eine Überlegenheit der geförderten Kinder. Es konnten so gut wie keine geschlechtsspezifischen Unterschiede nachgewiesen werden.

Durch Interviews konnten einige Effekte des Hausbesuchs auf die Mütter aufgezeigt werden. Die Aktivitäten mit den Kindern nahmen zu. Schulähnliche Übungen (wie Lesen) waren häufiger als in der Kontrollgruppe, bei der Fernsehen, im Haushalt helfen und gemeinsame Spiele überwogen.

Insgesamt gesehen werden die positiven Effekte der Förderung am Ende des zweiten Schuljahres von den Autoren als relativ bescheiden eingeschätzt. Dies wird darauf zurückgeführt, daß sich die grundlegenden Sozialisationsbedingungen der Kinder in Schule und Elternhaus nicht wesentlich verändert haben. Hinzu kommt, daß zwischen den Experimentalgruppen und der lokalen Kontrollgruppe vielfältige Kontakte und soziale Verflechtungen bestanden, so daß die intendierten Effekte nicht auf die Versuchskinder beschränkt werden konnten. Beispielsweise waren Zeitungen, die als Anregungsmaterial an die beteiligten Familien verteilt wurden, plötzlich auch bei den Zeitungsständen sehr gefragt und bald vergriffen.

Die Follow-up-Studie nach weiteren zwei Jahren (1968) erbrachte eine zunehmende Nivellierung zwischen den Gruppen (Gray & Klaus 1970). Die familiäre Situation der Probanden hatte sich ebenfalls kaum verändert: Es gab nach wie vor große Familien, nur bei ca. zwei Drittel war ein Vater oder Stiefvater vorhanden; meist waren beide Eltern berufstätig und die finanzielle Situation ungünstig. Dieselben Verhältnisse fand man gegen Ende der Schulzeit (1975–79). Zu diesem Zeitpunkt wurden weitere Nachfolgeuntersuchungen angesetzt, um doch noch langfristig wirkende Effekte des frühen Trainings feststellen zu können und um zu dokumentieren, wie sich der Lebensweg der Probanden bis zum Alter von 21 Jahren insgesamt gestaltet hatte (Gray et al. 1982).

Sämtliche eingesetzten Intelligenz- und Leistungstests differenzierten nicht mehr zwischen den Gruppen. Die Längsschnittanalyse offenbarte, daß die frühen Leistungen, insbesondere intellektueller Art, eine gute Prädiktorvariable für spätere Leistungen abgeben. Die ersten Messungen zu Beginn des Projekts erklärten zwei Drittel der Varianz der Testergebnisse im Jahre 1977. Diese Stabilität läßt sich nach Ansicht der Autoren auf den unveränderten Entwicklungskontext im Sinne von Hunt (1979) zurückführen. Die frühen Entwicklungsbedingungen der Kinder wurden quasi bis zu ihrer Adoleszenz fortgeschrieben.

Während sich die relative Position der Probanden zueinander kaum veränderte, war die generelle Tendenz der Leistungswerte fallend. Hierin zeigt sich, daß die Entwicklungsbedingungen im großen und ganzen ungünstig einzuschätzen waren. Diesen Verhältnissen gegenüber hatte sich auch die zwei- oder dreijährige Frühförderung als wirkungslos erwiesen.

Anders verhielt es sich dagegen mit dem Schulerfolg. Er ließ sich sehr viel schlechter durch Testergebnisse vor Beginn der Fördermaßnahme vorhersagen (zu ca. 35%). Es zeigte sich des weiteren eine interessante Wechselwirkung mit dem Geschlecht. Bei den männlichen Jugendlichen gab es keine signifikanten Unterschiede mehr hinsichtlich der Schulleistungen zwischen Versuchs- und Kontrollgruppen. Bei den Mädchen erreichten dagegen drei Viertel der ehemals geförderten einen High-School-Abschluß gegenüber weniger als einem Viertel aus den Kontrollgruppen.

Die Frühförderung hatte nur bei den Mädchen die Anpassung an die schulischen Anforderungen erleichtert. Ein Effekt zeigte sich also nur in bezug auf naturalistische Settings und auf Probleme der Lebensbewältigung und nicht auf artifizielle Testsituationen. Die Autoren vermuten, daß der Effekt durch motivationale Faktoren bedingt ist. Mädchen sind ohnehin für schulische Aktivitäten leichter zu interessieren und zeigen sich auch ansonsten an die Schulsituation, an die Erwartungen der Lehrer und die geltenden Verhaltensnormen besser angepaßt.

Ein Teil der motivationalen Voraussetzungen wurde durch das Elternhaus vermittelt. Hier zeigte sich ein Effekt des Home-Visiting auf die Mütter und indirekt auf die Kinder, in diesem Fall vor allem auf die Töchter. Die Einstellungen gegenüber dem Kind entwickelten sich in Richtung auf realistische, kindgerechte und aufstiegsmobile Qualitäten. Es bedarf noch eingehender Untersuchungen der Beziehungsdynamik in der Familie, um die Einflußprozesse genauer zu bestimmen. Auch in anderen amerikanischen Längsschnittuntersuchungen zeigten sich Schläfer-Effekte. Diese äußerten sich oft mehrere Jahre nach Abschluß der Förderung in verbessertem Schulerfolg (Palmer 1978). Der IQ-Gewinn, der sich meist sehr schnell einstellt und dann nach Beendigung der Fördermaßnahme wieder absinkt, darf somit nicht als alleiniges und nicht als das wichtigste Evaluationskriterium herausgestellt werden. Vor allem rechtfertigen Ergebnisse dieser Art nicht den Verzicht auf vorschulische Entwicklungsförderung.

Bei der Evaluation des *Modellversuchs in Nordrhein-Westfalen* stellte sich vor allem die Frage: Welche Kinder werden in welchen Institutionsformen (Kindergarten oder Vorklasse) am besten gefördert? Signifikante Ergebnisse zeigten sich bezüglich der sozialen Herkunft, der Ausgangslage (Stand der geistigen Entwicklung bei Beginn der Fördermaßnahme) und der Dauer der Förderung.

Nach den Ergebnissen der Vortests lagen die Kinder aus der sozialen Unterschicht in ihrem IQ durchschnittlich um 13 Punkte niedriger als ihre Altersgenossen aus höheren Sozialschichten. Hatten die Unterschichtkinder vor Beginn des Förderjahres 18 Monate und länger bereits einen Kindergarten besucht, so erzielten sie bessere Werte im Frankfurter Schulreifetest als Unterschichtkinder ohne Kindergartenbesuch vor Beginn des Förderjahres. Zwischen den Mittel- und Oberschichtkindern differenzierte dagegen der vorherige Besuch des Kindergartens nicht. Unterschichtkindern mit institutioneller Erziehung gelang es, ähnliche Leistungen zu erreichen wie Mittel- und Oberschichtkinder ohne Kindergartenerfahrung.

Nach dem Förderungsjahr zeichneten sich kaum Unterschiede zwischen den Institutionen ab. Lediglich im sensomotorischen Bereich erzielten die Vorklassen bessere Förderungseffekte, und zwar vor allem bei Unterschichtkindern. Ansonsten waren die Leistungsverbesserungen linear, d. h. alle Kinder verbesserten sich proportional zu ihrer Ausgangslage. Dies galt vor allem für den IQ, die sprachlichen Fähigkeiten und die Gedächtnisleistungen. Es gab jedoch keine Annäherungen und Überschneidungen, d. h. keinen kompensatorischen Effekt für Kinder mit niedriger Ausgangslage.

Nach dem Urteil der Eltern verringerten sich die Verhaltensauffälligkeiten der Kinder aus beiden Einrichtungsformen. Ihr Schulbesuch war erfolgreicher als es nach dem Landesdurchschnitt zu erwarten gewesen wäre. Es gab weniger Repetenten und mehr Übergänge ins Gymnasium. Der Vorsprung durch den Leseunterricht in den Vorklassen ging bereits im Laufe des ersten Schuljahres wieder verloren.

Während der gesamten Grundschulzeit blieben die Unterschiede zwischen den Sozialschichten erhalten. „Es ist für die kognitive Entwicklung der Kinder offensichtlich viel entscheidender, in welchem Elternhaus sie aufwachsen, als welchen Typ der vorschulischen Bildungseinrichtungen sie aufsuchen" (Minister für Arbeit, Gesundheit und Soziales 1977, 18). Die schlechtesten Leistungen zeigten jedoch Kinder ohne irgendeine institutionelle Förderung. Die Diskrepanz fiel besonders deutlich bei Unterschichtkindern dieser Gruppe aus.

Im Gegensatz zu den Ergebnissen aus den Intelligenz- und Schulleistungstests, die bisher berichtet wurden, konnten bei den Schulnoten echte kompensatorische Effekte beobachtet werden. Insbesondere der Besuch des Modellkindergartens brachte den Unterschichtkindern Vorteile. Sie näherten sich in ihren Schulnoten den Werten für die Mittelschichtkinder an. Die Vorklassen erbrachten kaum bessere Effekte als der Regelkindergarten. Die Kinder aus allen drei Institutionen waren jedoch denjenigen überlegen, die keinerlei vorschulische Förderung erfahren hatten.

Im vierten Schuljahr hatten sich bei den Mittel- und Oberschichtkindern die Unterschiede zwischen institutionell geförderten und nicht geförderten ausgeglichen. Anders lagen die Verhältnisse bei den Unterschichtkindern: Hier blieb die Überlegenheit der Modellkindergartengruppe gegenüber den statusgleichen aus den anderen Institutionen und noch viel stärker gegenüber nicht geförderten Kindern erhalten. Bei den Schulleistungen konnten somit Effekte nachgewiesen werden, die im Bereich der Testleistungen nicht auftraten. Ein Grund für die Überlegenheit des Modellkindergartens mag darin liegen, daß hier die altersgemischte Gruppe erhalten geblieben war. Eine „Enthauptung" der Kindergartengruppe bei Abzug der Fünfjährigen in eine Vorklasse oder Eingangsstufe hatte von Anfang an zu den häufigsten Bedenken gehört (Zimmer 1975). Nicht zuletzt fiel die Entscheidung gegen die Vorklassen in Nordrhein-Westfalen aus volkswirtschaftlichen Gründen (Mösberger 1975).

Die Evaluation des *Vorschulprojekts Schwäbisch Gmünd* erfolgte bis zum Beginn des zweiten Schuljahres.

Zu drei Meßzeitpunkten – Beginn des Vorschuljahres, Beginn des ersten Schuljahres und Ende des ersten Schuljahres – wurde eine Reihe von Testverfahren eingesetzt. Diese bezogen sich auf die Intelligenz, Wahrnehmung, Körperbeherrschung, Feinmotorik, Konzentration und auf die Schulleistungen in Schreiben und Rechnen. Bei den Testprüfungen ließen sich für das vorschulische Förderungsjahr und das erste Schuljahr einige Förderungseffekte nachweisen. Diese waren jedoch bis zum Beginn des zweiten Schuljahres wieder verlorengegangen. Anders sah es dagegen auch hier bei den Schulleistungen aus. Die Versuchskinder erwiesen sich den Kontrollgruppenkindern als überlegen. Baumann et al. (1977) führen diesen Vorsprung, der vor allem auch die Unterschichtkinder betraf, auf die verbesserte Konzentrationsfähigkeit, die Arbeitshaltung und auf motivationale Faktoren zurück. Trotz der geschlossenen Einschulung erwiesen sich die kompensierenden Effekte jedoch nicht als dauerhaft. Sie konnten nicht verhindern, daß in der Grundschule erneut eine Leistungsschere zwischen Unter- und Mittelschichtkindern entstand.

Zusammenfassend muß man der vergleichenden Analyse zur Wirksamkeit schulvorbereitender Förderprogramme von Bolscho (1978) zustimmen, daß die vorliegenden Ergebnisse keine praktischen Konsequenzen für bestimmte Organisationsformen der Vorschulerziehung zulassen. Das Förderungsangebot müsse vielmehr differenziert sein. Insofern sei auch die ausschließliche Entscheidung zugunsten des Kindergartens in Nordrhein-Westfalen übereilt. Sie lasse sich in dieser Geradlinigkeit auch nicht aus den Daten begründen; diese sprächen vielmehr für eine differenzierte Konzeption im Vorschulbereich.

4. Wichtige Bedingungsvariablen als Schlüssel zum Verständnis der Untersuchungsbefunde

Ergebnisse über die Bedeutung von Bedingungsvariablen ergeben sich aus den vorliegenden Effizienzuntersuchungen fast immer als eine Art Nebenprodukt. Einige Autoren gehen überhaupt erst in einer kritischen Reflektion ihrer eigenen Studie darauf ein. Um so überraschender ist es, daß gerade in den zunächst wenig beachteten Randbedingungen der Schlüssel zu manchen Widersprüchen, Fehlinterpretationen und notwendigen Differenzierungen liegt.

Beginn und Dauer der Förderung

Am häufigsten wurde in der Versuchsanlage die Frage berücksichtigt, in welchem Ausmaß Beginn und Dauer der Förderung die Effekte beeinflussen. Gordon (1971), Levenstein (1970) und andere Autoren beantworten diese Frage kurz und bündig: Je früher und je länger die Förderung, um so besser. Sie sehen ihre Ansicht durch den ständig wiederkehrenden Befund gestützt, daß nach Ende der Förderungsdauer wieder ein Abfall und eine Nivellierung der Leistungen mit der Kontrollgruppe zu beobachten ist. Diesem Trend läßt sich durch längerfristige Fördermaßnahmen entgegenwirken.

Es kann als gesichert gelten, daß das Vorschulalter kein prinzipiell besonders *„sensibles" Alter* für Fördermaßnahmen darstellt. Die ersten drei Lebensjahre sind für die Entwicklungsförderung nicht zu früh und für eine weitere gezielte Förderung ist es im Schulalter nicht zu spät. Die auf den Thesen Blooms gründenden Befürchtungen einer fehlenden Plastizität der kognitiven Entwicklung während der Schulzeit und später erwiesen sich in allen nachfolgenden Analysen als unzutreffend. Hopf (1973) stellt in einer kritischen Auseinandersetzung mit den Thesen Blooms fest, daß intellektuelle Förderung auf allen Altersstufen als erfolgversprechend angesehen werden kann.

Karnes et al. (zit. nach Palmer 1978) vertreten dementsprechend die Überzeugung, daß die Tatsache gefördert zu werden und die *Förderungsdauer* das eigentlich Entscheidende sind. Die verschiedenen Arten von Programmen hätten keinen durchschlagenden differentiellen Effekt gezeigt. Diese Feststellung ist aber nur richtig, wenn man von Mittelwertsvergleichen ausgeht. Bezogen auf einzelne Kinder oder spezifische Gruppen von Kindern gibt es bestimmte Fördermaßnahmen, die sinnvoll und effektiv sind und andere, auf die dies nicht zutrifft. Es bestehen somit *Wechselwirkungen* zwischen der Art des Trainings und individuellen Bedingungen des Kindes (Sander 1978).

Wechselwirkungen zwischen der Art des Trainings und weiteren Bedingungen

Lebensalter: Nach Klauer (1978) und Palmer (1978) gibt es für jedes Trainingsverfahren und auch für die Dauer einer bestimmten Förderung ein Altersoptimum. Verfrühungen oder Verspätungen schwächen die Effekte ab. Darüber hinaus ändert sich die Art des Effekts mit dem Lebensalter und dem intellektuellen Niveau. Das Problem ist, daß sich diese Zuordnungen gegenwärtig nicht ausreichend spezifizieren lassen (Brown 1978).

Betreuungsbedingungen: Palmer (1978) stellt in einem Vergleich der vorliegenden Befunde fest, daß der Erfolg um so größer ist, je individualisierter das Training ist. Die Bedeutung des Engagements und der Ausbildung des Lehrenden hebt Kleinschmidt (1971) hervor. Ebenso wichtig sei die richtige Umsetzung des Lehrplans, wobei in der Art der Vermittlung die eigentliche Wirkung des Curriculums liege.

Neben der kompetenten Umsetzung des Förderungsprogramms sind qualitative Merkmale der sozial-emotionalen Beziehung von Bedeutung. Als günstig erwies sich bekräftigendes, ermutigendes Verhalten und eine freundliche, zugewandte Atmosphäre. Die Beziehung zwischen Trainingsleiter und Kind kann als eine der Ursachen für die erhöhte Motivation gelten, die zu den langfristigen Auswirkungen vorschulischer Förderung zählt. Kamenz und Klapproth (1984, S. 106) bezweifeln, ob ohne eine positive Bindung überhaupt nennenswerte Entwicklungsfortschritte erzielt werden können. Der Erfolg eines Programms sei geradezu ein Kriterium für eine gute sozial-emotionale Beziehung zwischen Kind und Erzieherin.

Einbeziehung der Eltern

Zu den am besten dokumentierten Bedingungsfaktoren gehören die Einbeziehung der Eltern in das Förderungsprogramm sowie die dadurch erreichte Veränderung der familiären Situation. Die in den Programmen eingesetzten Methoden zur Einbeziehung der Eltern sind:

1. Vermitteln didaktischer Fähigkeiten, Erläutern der Handhabung von didaktischen Materialien durch die Experten.
2. Modellernen durch Beobachtung der Erzieher-Kind-Interaktion. Der Erzieher wirkt als Verhaltensmodell für die Mutter. Die Beobachtung

des Kindes in einer pädagogischen Situation führt zu neuen Einsichten in seine Entwicklung.
3. Eine Hospitation im Kindergarten vermittelt Anregungen für die Mutter-Kind-Interaktion (nach Goodson & Hess 1978).

Die meisten elternorientierten Programme setzen Hausbesuche ein (z. B. Klaus & Gray 1968, Karnes 1969, Levenstein 1970, Gordon 1971, Gray et al. 1982). Sie wenden sich in der Regel an die Mutter, wobei der eigentliche Gegenstand der Einflußnahme weniger die Person der Mutter als die Mutter-Kind-Interaktion ist. Die Ergebnisse der Interventionen im Elternhaus sind durchweg günstig zu beurteilen. Die kurzfristigen Förderungseffekte sind dadurch noch weiter zu verbessern und häufig sind die wenigen langfristigen Erfolge gerade auf die verbesserten familiären Entwicklungsbedingungen zurückzuführen. So konnte folgendes festgestellt werden:

a) Auswirkungen auf die Eltern bzw. insbesondere die Mutter:
   - wachsendes Selbstvertrauen in die eigenen Fähigkeiten und wachsende Überzeugung, eine Kontrolle über das eigene Leben gewinnen zu können;
   - veränderte Einstellung zum Kind und zu seiner Entwicklung.
b) Auswirkungen auf die Eltern-Kind-Interaktion:
   - Änderungen im verbalen Verhalten. Die Eltern geben mehr Bekräftigungen für die Anstrengungen der Kinder, häufiger positives Feedback über die Leistung, häufigere Informationsmitteilungen, verwendeten eine syntaktisch komplexere Sprache, zeigten responsivere Reaktionen.
c) Auswirkungen auf das Kind:
   - Änderungen im non-verbalen Verhalten durch eine allgemeine Aktivierung im Umgang mit ihm, Durchführen von anregenderen Freizeitaktivitäten.
d) Auswirkungen auf die häusliche Umwelt:
   - Ausstrahlungseffekt auf die Geschwister, der darauf schließen läßt, daß die Eltern ihr Verhalten generell geändert hatten;
   - günstigere, anregendere Gestaltung der häuslichen Umwelt.
e) sonstige Auswirkungen:
   Der Lebensweg vieler beteiligter Eltern änderte sich in erstaunlicher Weise. Viele bildeten sich fort, eigneten sich neue Fähigkeiten an und wurden beruflich erfolgreich.

Die Unterschiede in den Arten der vorschulischen Förderungsprogramme mit Elternbeteiligung entsprechen nicht in systematischer Weise bestimmten Effekten. In dieser Hinsicht gibt es also parallele Befunde zu den direkten Auswirkungen von verschiedenen Arten vorschulischer Förderung auf das Kind.

Unterrichtsbedingungen der Primarstufe

Als letzter wichtiger Einflußfaktor sollen die Unterrichtsbedingungen in der Primarstufe genannt werden. Sie sind teilweise für den ungünstigen Verlauf der längerfristigen Entwicklungslinien verantwortlich. In fast allen Untersuchungen wurde deutlich, daß die Lehrpläne und Lehrmethoden nicht auf die vorschulischen Fördermaßnahmen abgestimmt waren. Es handelte sich um keine individualisierte Förderung, die auf dem erreichten Entwicklungs- und Förderungsniveau aufbaute. Vielmehr wurden die Kinder mit völlig neuen Standards konfrontiert. Dies kommt einem ökologischen Umbruch gleich, wobei der Fördereffekt unter den veränderten Bedingungen nur schlecht zum Tragen kommen kann. So wurden geförderte Kinder aus Slums mit unzureichenden schulischen Verhältnissen konfrontiert und mit nicht geförderten Kindern gemeinsam auf einem relativ niedrigen Niveau unterrichtet. In anderen Fällen mußten Unterschichtkinder mit Gleichaltrigen aus der Mittelschicht konkurrieren und konnten diesem Leistungsstandard nicht entsprechen.

Abelson et al. (1974) betonen demgegenüber, daß eine systematische Weiterführung der vorschulischen Entwicklungsförderung im Primarbereich notwendig ist. Einen Ansatz in dieser Richtung bot das Follow-Through-Programm, das an das Head-Start-Projekt anschloß (Hunt 1979). Kinder, die an diesem Programm teilnahmen, behielten während der Schulzeit ihre Überlegenheit gegenüber den Kontrollgruppen bei. Sie zeigten bessere Intelligenztest- und Schulleistungen, eine größere Neugierde gegenüber den schulischen Angeboten, ein positiveres Selbstbild und eine stärkere Bereitschaft, die Hilfe von Erwachsenen in Anspruch zu nehmen.

Um langfristige Effekte zu sichern, bedarf es also einer Ausweitung der Forschungen zur vorschulischen Förderung auf den Primarbereich. Nickel (1981) fordert dementsprechend eine Umorientierung der schulischen Lerninhalte sowie einen individualisierenderen Unterrichtsstil. Maßnahmen dieser Art sind notwendig, um den ökologischen Umbruch bei Schuleintritt besser bewältigen zu können und eine weiterhin optimale Förderung zu gewährleisten.

5. Kompensatorische Effekte der vorschulischen Förderung für sozio-kulturell benachteiligte Kinder

Maßnahmen zur Entwicklungsförderung im Vorschulalter und der Ausgleich sozio-kulturell bedingter Defizite in den kognitiven und sprachlichen Leistungen waren stets eng miteinander verbunden. Kompensatorische Förderung beabsichtigt vor allem, unterprivilegierte Kinder auf die Schule als „Mittelschicht-Institution" vorzubereiten. Sie umfaßt dementsprechend insbesondere drei Komponenten (Trouillet 1972):

1. die kognitiven Fähigkeiten, insbesondere den niedrigen IQ und die sprachlichen Defizite;
2. die Lernmotivation und Leistungsorientierung;
3. die Übernahme der Schülerrolle.

Gegen diese Maßnahmen sind sehr viele Einwände erhoben worden. Ein Kritikpunkt bezog sich auf die überhastete Durchführung vieler Projekte, die mangelnde Vorbereitung und eine Reihe von organisatorischen Mängeln.

Ein zweiter Einwand betraf die Gültigkeit des Ziels. Es wurde bestritten, daß die Verhaltensweisen und Normvorstellungen der Mittelklasse als Maßstab für die Förderung der Unterschichtkinder gelten könnten. Du Bois-Reymond (1971) befürchtete die Entfremdung der Kinder von dem Milieu, dem sie entstammten und in dem sie weiterhin leben mußten. Bernstein (1970) unterstrich ebenfalls die Notwendigkeit, den sozialen Erfahrungsraum der Kinder zu berücksichtigen. Anderenfalls würde ein Keil zwischen die Familie und die Schule bzw. vorschulischen Institutionen getrieben. Darüber hinaus lenkt der Begriff der kompensatorischen Erziehung die Forschung auf einen Mangel im Individuum, den es zu beheben gilt. Fähigkeiten und Eigenschaften werden thematisiert, während die Bedingungen in den Erziehungsinstitutionen und im sonstigen Sozialisationskontext in den Hintergrund treten. Bernstein (a.a.O., S. 16) folgert dementsprechend: ,,Wir sollten aufhören, in Ausdrücken der ,kompensatorischen Erziehung' zu denken und statt dessen sehr ernst und systematisch die Bedingungen der pädagogischen Umwelt und die Zusammenhänge, in denen diese steht, studieren". Unter dieser Perspektive können die Probleme bei der Förderung sozio-kulturell benachteiligter Kinder auch als Unangepaßtheit der Curricula statt als Unangepaßtheit der Kinder verstanden werden. Bernstein (1970) weist dies insbesondere im Zusammenhang mit der Auseinandersetzung um den ,restringierten Code' nach. Die Verwendung der sog. Unterschichtsprache bedeutet nicht notwendigerweise eine kulturelle Deprivation, sondern stelle eine eigene andersartige Ausdrucksform dar.

Eine weitere Welle der Kritik entstand, als die ersten Effizienzuntersuchungen zu den Head-Start-Kursen bekannt wurden (vgl. Abschn. 3). Die Wirkungen des Programms schienen in der Schule nur von kurzer Dauer zu sein (Brazziel 1968, Knoll 1968, Wolff & Stein 1968). Von den Ergebnissen enttäuscht, entzog man vielen Projekten die finanzielle Grundlage. Zwar erzielten die geförderten Kinder im ersten Schuljahr bessere Leistungen als die Kontrollgruppen, die nicht am Programm teilgenommen hatten, aber dieser Vorsprung ließ vom zweiten Schuljahr an nach.

Die Wirkungen der kompensatorischen Förderung vor Schulbeginn waren offensichtlich nicht stark genug gewesen, um sich durchzusetzen. Die Ursache hierfür muß jedoch nicht notwendigerweise in Mängeln des Programms liegen, sondern kann in hemmenden Einflüssen während der Schulzeit begründet sein. Ferdinand (1969) ging dieser Frage nach. Er verglich in Düsseldorf unausgelesene Schulanfänger aus verschiedenen sozialen Schichten mit Schulreife- und Intelligenztests. Die mittleren

Meßwerte sanken zwar mit der Sozialschicht ab, die Streubreite der Leistungen war jedoch so groß, daß auch in den sozialen Grundschichten eine beträchtliche Anzahl von Kindern mit überdurchschnittlichen Werten zu finden war. Ein niedriger Sozialstatus sagt somit zumindest für deutsche Verhältnisse nicht unbedingt etwas über Entwicklungsdefizite aus. Ferdinand bildete dann aus den beiden sozio-ökonomischen Extremgruppen (Oberschicht und Grundschicht) zwei hinsichtlich ihrer Intelligenz vergleichbare Stichproben. Seine Fragestellung lautete: ,,Wie ist das Ergebnis des schulischen Unterrichts bei jenen Kindern der sozialen Grundschicht, die (trotz relativ geringer intrafamiliärer Förderung) äquivalente Intelligenzquotienten zu erreichen vermochten wie ihre Vergleichspersonen aus gehobenem Milieu?" (a.a.O., S. 194). Am Ende des zweiten Schuljahres erwiesen sich die Kinder aus der Oberschicht vergleichsweise besser in den Lese-, Leseverständnis- und Rechtschreibleistungen; die Rechenfertigkeiten unterschieden sich dagegen nicht. Der Abstand in den sprachintensiven Fächern deutet darauf hin, daß der schichtspezifische Sprachgebrauch während des Schulbesuchs differenzierend wirkt, wobei die Kinder aus der Unterschicht benachteiligt sind. Ein weiterer Nachteil entsteht ihnen durch ungünstigere Lerntechniken und motivationale Voraussetzungen. Diesbezüglich bietet die familiäre Unterstützung in den höheren Sozialschichten bessere Voraussetzungen.

In einer weiteren Untersuchung fragte sich Ferdinand (1973), ob dieser ,,Sozialeffekt" nicht durch vorschulische Förderung aufgefangen werden könne. Durch eine Betreuung in Vorschulklassen erreichte er sogar bei Kindern aus Notunterkünften IQ-Gewinne bis in die Mitte des zweiten Schuljahres, während eine nicht geförderte Vergleichsgruppe sich im selben Zeitraum stark verschlechterte. Die institutionelle Förderung kann somit deprivierenden sozialen Bedingungen entgegenwirken.

Dies gilt nach Henning (1970) insbesondere für langfristige Fördermaßnahmen. Spielgruppen, die für kurze Zeit zusammengestellt wurden, konnten den Sozialeffekt nicht mildern. Vom Besuch eines Kindergartens profitierten Kinder aus sozial schwächeren Schichten sogar mehr als solche aus den oberen Schichten. Letztere erhielten schon im Rahmen der familiären Erziehung eine starke Unterstützung, die durch die Bedingungen im Kindergarten nicht noch weiter verbessert werden konnte.

Die Ergebnisse der Effizienzuntersuchungen lassen sich dahingehend zusammenfassen, daß es ohne Zweifel kompensatorische Effekte in dem Sinne gibt, daß geförderte Kinder nicht geförderten überlegen sind. Ein Förderprogramm kann jedoch nicht in dem Sinne kompensatorisch wirken, daß es gleichsam alle ungünstigen Entwicklungsbedingungen neutralisiert und bei Schulbeginn eine Startgleichheit mit anderen sozialen Gruppen herstellt, die in der weiteren Entwicklung erhalten bleibt. Die Wirkung der Programme ist im Bereich der Testleistungen kurzfristig, bezüglich der Schulleistungen, der motivationalen Bedingungen, Konzentrationsfähigkeit und Selbstsicherheit jedoch längerfristig nachweisbar.

6. Vorschulische Förderung als Gegenstand der angewandten Entwicklungspsychologie

Die Möglichkeiten, die Entwicklung durch Fördermaßnahmen günstig zu beeinflussen, wurden seit Beginn der ,,Förderungswelle" in extrem unterschiedlicher Weise beurteilt. Zunächst gab es unter dem Einfluß bestimmter theoretischer und epochaler Voraussetzungen (vgl. Abschnitt 1) sehr hoch gesteckte Erwartungen und eine fast euphorische Grundstimmung unter den Wissenschaftlern und Praktikern. Nur auf dieser Basis sind die intensive Forschungstätigkeit und die Vielzahl der institutionellen Reformansätze denkbar. Die Ergebnisse der ersten Effizienzuntersuchungen wirkten um so ernüchternder (vgl. Abschnitt 3). Sie gaben nicht nur den Skeptikern Auftrieb, sondern stimmten auch diejenigen pessimistisch, die der Entwicklungsförderung wohlwollend gegenübergestanden hatten. Bronfenbrenners Bericht vor der American Psychological Association aus dem Jahre 1974 klingt so, als wolle er eine leichtfertig verbreitete Irrlehre widerrufen und die wissenschaftliche Gemeinschaft um Absolution bitten: ,,Recently, I completed a report for a committee of the National Academy of Sciences reviewing available research on early intervention projects conducted over the past ten years. Although there are some modest achievements, by and large the results were disappointing. The effects were at best short-lived and small in magnitude, with substantial overlap in the distributions for experimental and control groups. In short, my optimism about the plasticity of the developing organism (read children) and its responsiveness to environmental change turned out to be ill founded" (zit. nach Palmer 1978, S. 14).

Man gewinnt den Eindruck, als sei die Epoche der vorschulischen Förderung damit abgeschlossen. Die negative Bewertung der Effizienzuntersuchungen wurde jedoch implizit oder explizit durch bestimmte Vorstellungen über die Art des Entwicklungsprozesses geleitet, die es kritisch zu betrachten gilt. Die Diskussion litt vor allem unter der übervereinfachten Gleichsetzung von Umwelteinfluß und Variabilität des Verhaltens einerseits sowie Vererbung und Festlegung der Entwicklung andererseits. Das Abflachen oder sogar Absinken des Fördereffektes läßt sich dementsprechend nur so interpretieren, als könne man keine dauerhafte Abweichung vom genetisch festgelegten Entwicklungsstand erreichen. Die Ergebnisse des Westinghouse-Reports wurden somit auch als Bestätigung der Thesen Jensens (1969) über die starke erbliche Bedingtheit des Intelligenzquotienten gewertet.

Der Umwelteinfluß ist jedoch nicht mit Entwicklungsstimulierung gleichzusetzen, er kann auch Stagnation und Leistungsrückgang bedingen. Bei den Wirkungsfaktoren ist des weiteren die gesamte Komplexität der Entwicklungsbedingungen zu beachten und nicht nur das Interventionsprogramm. Wenn man die häufig erdrückende Vielfalt ungünstiger Einflüsse berücksichtigt, unter denen die Probanden zahlreicher Projekte aufwuchsen, dann muß es eher erstaunen, wie schnell selbst durch sehr begrenzte Maßnahmen entwicklungsfördernde Effekte hervorgerufen werden können, und es erscheint nicht mehr als verwunderlich, wenn diese nach Beendigung des Programms wieder abklingen.

Auch der Verlust des Fördereffektes kann als Ausdruck der Plastizität der kindlichen Entwicklung verstanden werden, weil er eine Adaptation an bestimmte – in diesem Falle ungünstige – ökologische Bedingungen bedeutet. Die Auswertungen der Effizienzuntersuchungen stützen die Sichtweise der ökologisch orientierten Entwicklungspsychologie, daß Entwicklung als kontinuierlicher Prozeß der Wechselwirkung zwischen Individuum und Umwelt gesehen werden muß. Interventionen sind um so effektiver, je überdauernder und je umfassender sie die Entwicklungsbedingungen des Kindes positiv verändern. Aufgrund dieses Prinzips wird der Effekt der Hausbesuche und einer anschließenden gezielten Förderung im Schulalter (wie durch das Follow-Through-Programm) verständlich.

Die Frage kann nun nicht mehr lauten, ob vorschulische Förderung prinzipiell effektiv ist, sondern nur noch, wie sich günstige Bedingungen spezifizieren lassen und wie die Maßnahmen optimiert werden können. Der ökologische Ansatz impliziert, daß es auf die individuellen Voraussetzungen eines Kindes und auf die spezifischen Bedingungen seiner Entwicklungsumwelt ankommt. Beide Komponenten müssen bei der Entwicklungsoptimierung berücksichtigt und in ihrer Beziehung zueinander verstanden werden. Die Einbeziehung der subjektiven Determinanten in den Untersuchungsansatz bedeutet, daß von bestimmten Maßnahmen keine generellen Effekte erwartet werden können und daß, statt von normorientierten Erziehungszielen und vom Glauben an die nahezu unbegrenzte Bildsamkeit des Kindes auszugehen, eine Optimierung der individuellen Entwicklungsmöglichkeiten angestrebt wird. Eine Konsequenz aus den bisherigen Projekten und eine Folgerung für die zukünftige Forschung muß es somit sein, die vielfach vorherrschende pädagogische Orientierung mit dem Schwerpunkt auf der Curriculumentwicklung durch einen Ansatz der Entwicklungsoptimierung zu ersetzen. Der angewandten Entwicklungspsychologie bietet die vorschulische Förderung unter dieser Voraussetzung ein vielversprechendes Betätigungsfeld.

Die Hoffnungen gründen sich nicht nur auf eine veränderte Interpretation der Effizienzuntersuchungen im Rahmen eines ökologisch-dialektischen Entwicklungsverständnisses, sondern auch auf Sekundäranalysen früherer Daten, die bei differenzieller Auswertung ein positiveres Bild zeigen, sowie auf die Befunde der Längsschnittuntersuchungen. Diese weisen nach, daß selbst zunächst kurzfristige Entwicklungsgewinne auf der Ebene der Testleistungen bedeutsame Langzeit- und Schläfereffekte nach sich ziehen können. Diese äußern sich im Schulerfolg und in einer kompetenteren Lebensbewältigung. Viele der späteren günstigeren Bewertungen wurden jedoch kaum beachtet und führten nicht zu einer erneuten Belebung der Forschungstätigkeit.

Die vorliegenden Ergebnisse rechtfertigen aus heutiger Sicht keinen Abbruch der Forschungen zur vorschulischen Entwicklungsförderung, wie er seit den ersten Enttäuschungen droht. Sie fordern vielmehr eine erneute Belebung dieses Themas unter einer entwicklungspsychologischen Perspektive. Schenk-Danzinger (1980) ist zuzustimmen, die ebenfalls vor Pessimismus warnt und die Ansicht vertritt, daß die in den 60er und 70er Jahren mit großem finanziellen, personellen und emotionalen Aufwand durchgeführten Forschungen nicht umsonst gewesen sind. Sie sollten „nicht abgewertet, verdrängt, vergessen werden – nur weil nicht alle Blütenträume reiften“ (a.a.O., S. 171). Die gegenwärtige Situation bietet die Möglichkeit, auf dem Fundament zahlreicher Forschungsbefunde und Erfahrungen, mit einer besonnenen Grundhaltung und angemesseneren Konzepten einen neuen Anfang zu setzen.

Kapitel 19

Schulversagen als Entwicklungsproblem

Anne Hildeschmidt

Neben der Familie ist die Schule diejenige Instanz, der die gesellschaftliche Aufgabe übertragen wurde, für den Heranwachsenden auf immer längere Lebenszeitstrecken adäquate Entwicklungsbedingungen planmäßig bereitzustellen. ,,Das Ziel einer umfassenden Persönlichkeitsentwicklung aller Menschen impliziert Unterschiede, Besonderheiten, Spezialisierungen" (Wilms & Kornmann 1978, S. 82).

Im traditionellen Schulsystem der Bundesrepublik Deutschland wird – unter der Vorstellung optimaler Entwicklungsförderung in homogenen Lerngruppen – den individuellen Unterschieden und Besonderheiten durch fünf vertikale Bildungsniveaus (Geistigbehindertenschul-, Lernbehindertenschul-, Hauptschul-, Realschul- und Gymnasialniveau) und durch horizontale Gliederungen (z. B. Gymnasialformen, Sonderschulformen) begegnet.

Ein anderer Komplex schulischer Entwicklungsbedingungen hängt eng mit der Verstaatlichung des Schulsystems und der Jahrgangsklassenstruktur zusammen. Das staatliche Bildungsmonopol legt unter anderem den Beginn und das Ende der Schulpflicht, die Fähigkeits- und Leistungsanforderungen bei schulischen Übergängen (Einschulung, Umschulung, Schulabschluß), sowie Lehrinhalte und Lerntempo fest (vgl. Wilms & Kornmann 1978, S. 82).

Schulische Sozialisation beginnt in einem ,,frühen – und damit vielleicht für manche Entwicklungseinflüsse besonders – sensiblen Abschnitt der Lebensspanne; in ihr kommen potente Strategien der Entwicklungskontrolle zur Anwendung, die das Ergebnis einer mehrtausendjährigen pädagogischen Erfahrungsgeschichte sind. Die ätiologische Rekonstruktion individueller Entwicklungsprobleme endet vielfach bei schulischen Sozialisationsbedingungen" (Brandtstädter 1982, S. 275). Kernstück schulischer Sozialisationsbedingungen ist die Ziffernbeurteilung, in der die Schule über ein Kontrollinstrumentarium zur moderierenden Bewertung schulischen Erfolges bzw. Versagens verfügt.

In der nachfolgenden Darstellung werden wir uns im wesentlichen auf das sog. objektivierte Schulversagen beschränken. Abzugrenzen ist Schulversagen gegenüber punktuellen schulischen Lernschwierigkeiten, die vorübergehende Schwierigkeiten der Verarbeitung eines bestimmten Lernstoffes beinhalten, und gegenüber fachspezifischen längerfristigen Lernschwierigkeiten, die zwar zu intraindividuellen Leistungsunterschieden im Fächerkatalog der Schule führen, sich jedoch nicht in Schulversagen manifestieren. Unter Schulversagen verstehen wir längerfristige kumulative Lernschwierigkeiten, die sich zu einer nicht mehr tolerierbaren Diskrepanz zwischen Leistungsstand und schulisch gesetzten Entwicklungsnormen bzw. damit abgestimmten Entwicklungsaufgaben verdichten und sich in der Nichterreichung angestrebter schulischer Ziele – z.B. Aufnahme in eine Schule, Jahrgangsklassenziel, angestrebter Schulabschluß – niederschlagen. Aus der Sicht des Betroffenen kann sich Schulversagen zu einem „kritischen Lebensereignis“ (Filipp 1981) zuspitzen.

Schulversagen soll im Rahmen folgender entwicklungstheoretischer Auffassungen analysiert werden: a) Entwicklung ist in wechselseitige Person-Umwelt-Bezüge eingebunden; b) Entwicklung ist nicht ausschließlich durch äußere situative oder innere personale Bedingungen gesteuert, sondern von der sich entwickelnden Person selbst kontrollierbar und aktiv mitzugestalten; c) Entwicklung ist ein lebenslanger Prozeß; d) Lebensereignisse sind im Kontext ökosystemischer Verhältnisse als quasi-experimentelle Veränderungen der Lebensumstände (Montada 1983) aufzufassen.

Hinsichtlich des Schulversagens interessieren uns nachstehende Fragestellungen, denen wir unter Verknüpfung entwicklungstheoretischer (Bronfenbrenner 1981, Montada 1979, 1983, Oerter 1978, 1985), handlungstheoretischer (Allmer 1985, Boesch 1976) und streßtheoretischer (Lazarus 1981, Nitsch & Hackfort 1981) Konzepte nachgehen:
- Wie kommt es zu Schulversagen? Wie lassen sich die Entstehungs- und Entwicklungsbedingungen systematisieren?
- Welche Veränderungen, Neben- und Auswirkungen sind zu erwarten?
- Gibt es alternative Interventionsmöglichkeiten und lassen sich diese entwicklungspsychologisch begründen?

1. Wie kommt es zu Schulversagen?

Betrachtet man Entwicklung als Interaktion einer Person und ihrer Umwelt, wird man Schulversagen weder einseitig dem Schüler noch einseitig der Schule zuschreiben, sondern als Ergebnis wechselseitiger Beeinflussung auffassen. Das Ereignis ist nicht unmittelbar als Versagen des Schülers zu verstehen, sondern es ist verwoben mit den schulischen Entscheidungen, welche ihrerseits mit soziokulturellen Traditionen und Erwartungen interagieren.

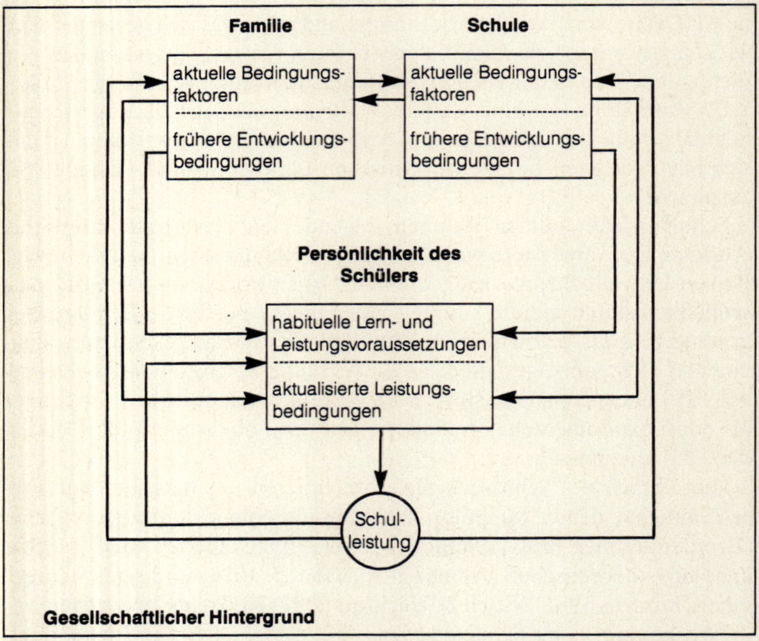

Abb. 19.1 Mehrebenenmodell antezedenter und aktueller Bedingungsfaktoren der Schulleistung (Krapp 1976)

Gesellschaftliche Normen bilden die Basis für *Normen* im Setting Schule. Schulische Normen sind vorrangig Setzungen der Schule und nicht Ergebnisse gemeinsamer Vereinbarungen zwischen Lehrern, Eltern und Schülern. Das Statusgefälle zwischen Lehrern und Schülern (Ulich 1976) und auch das Statusgefälle zwischen erfolgreichen und erfolglosen Schülern (Masendorf 1979) ist konstituierend. Schulische Leistungs- und Verhaltenserwartungen können als schulische Entwicklungsnormen bezeichnet werden, die vom Schüler angenommen oder in gewissem Maße abgelehnt werden können. Sie bestimmen, in welchen Bereichen, wann und mit welchem Ergebnis der Schüler sich weiterentwickeln muß. Sie legen die Leistungsstandards für die Übergänge zur nächsten Klasse, zu einer ,,höheren" Schulform und für die jeweiligen Bildungsabschlüsse fest.

Schulische Entwicklungsnormen

Die *Entwicklungsnormen* der Schule sind traditionell hoch angesetzt. Sie haben den Charakter von Idealnormen. Funktionale Normen – also auf die Passung zwischen Anforderungen und Entwicklungspotentialen und/oder Ressourcen zielende – sind nicht expliziert. Ihre strikte Anwendung würde aber den größten Teil der Schüler zu ,,Schulversagern" machen: 100%ige Zielerreichung ist für die meisten Schüler nicht möglich. Daher werden faktisch schulische Entwicklungsnormen in ,,durchschnittliche" Erfahrungswerte verändert, die – etwa über Schultestnormen – im Schulalltag gewonnen oder von den sozialwissenschaftlichen Disziplinen geliefert werden. Schüler, die deutlich negativ von den Durchschnittsleistungen ihrer Vergleichsgruppe abweichen, werden als ,,Schulversager" klassifiziert. Dies können je nach Kriterium bis zu 25% und mehr sein. Legt man die Normalverteilung zugrunde, kann man einen bestimmten Anteil der Verteilung als ,,Schulversager" einstufen. Allerdings gibt es keinen zwingenden Grund, die statistische Norm aus Normalverteilungen zu bestimmen, zumal Chancenausgleichsmodelle, z. B. das Erreichen eines Minimalkriteriums, abweichende Verteilungen implizieren (vgl. Kleber et al. 1977, Treiber & Weinert 1985).

Auf die von der Schule definierten Entwicklungsnormen kann ein Schüler seine Handlungspläne und -ausführungen ausrichten oder aber, vor allem mit fortschreitender Identitätsgewinnung, seine persönlichen Handlungsziele mit den schulischen Anforderungen abstimmen. In Einschätzung eigener Lernfähigkeit und -motive versuchen Schüler, zu bewältigende Entwicklungsaufgaben selbst zu setzen (Oerter 1978). Da auch explizite Entwicklungsnormen variabel interpretiert werden und implizite schulische Entwicklungsnormen mitreflektiert werden müssen, ist die Festlegung persönlicher Entwicklungsziele eine komplexe Aufgabe. Zur Vermeidung von Schulversagen ist es entscheidend, daß die persönlichen Entwicklungsziele die schulischen Mindestkriterien für erfolgreiches Lernen nicht unterschreiten.

Auch die schulischen Entwicklungsnormen sind veränderbar. Sie spiegeln im Kontext epochaler Zielvalenzen Meinungen über generelle und individuelle Entwicklungsaufgaben und -fähigkeiten. Viele Reformbestrebungen können als Ausdruck derartiger Abstimmungsprozesse gedeutet werden, in denen oft die Toleranzgrenzen (cut offs) neu festgelegt werden.

Welche Beurteilungsprozesse den unterschiedlichen Formen schulischen Versagens gegenwärtig in der Bundesrepublik Deutschland zugrundeliegen und wie die Schule im allgemeinen auf ein Unterschreiten dieser Grenzen reagiert, mag der folgende Überblick verdeutlichen.

Zu Beginn der Schulzeit werden die *,,Schulreife"* bzw. Schulfähigkeit und Regelschulfähigkeit des Schülers bestimmt. Schüler bei fehlender ,,Schulreife" vom Schuleintritt zurückzustellen, geht auf Kern (1954) zurück. Entsprechend der damals vorherrschenden, reifungstheoretischen Entwicklungsauffassung setzte Kern sich dafür ein, bei fehlender ,,Schulreife" Kinder nicht zu überfordern, sondern abzuwarten, bis die für den Schuleintritt notwendigen ,,Reife"-Voraussetzungen sich (endogen) entwickelt haben würden. Inzwischen werden zwar die Einflüsse der Lernumwelt und deren Wechselwirkungen mit den Einzuschulenden erkannt, am Eingangskriterium für den Schuleintritt wurde jedoch festgehalten. Lehrer- bzw. Arzteinschätzungen oder Schulreifetests, die mehr oder weniger gut validierte Prognoseinstrumente für Schulerfolg darstellen, bilden die Entscheidungsgrundlage für die ,,Zurückstellung" eines Schülers.

Die Entscheidungskriterien der Schulinstanzen und damit die ,,Schulfähigkeit" eines Schülers variieren regional und historisch. So interpretiert Oerter (1978) die unterschiedlichen Quoten (10–25%) von Zurückstellungsempfehlungen bei verschiedenen Schulreifetests als Indikatoren dafür, daß sich schon beim Schulstart die Anforderungsnormen des späteren Schulsystems niederschlagen: ,,Es ist sicherlich kein Zufall, daß der Münchener Schulreifetest, der in Bayern verwendet wird, die härteste Selektion und der Frankfurter Schulreifetest eine großzügige Selektion trifft". Entwicklungspsychologisch gesehen ist auch eine Analyse der Veränderung der Entwicklungsnormen aufgrund zurückgehender Schülerzahlen interessant. So berichtet Kemmler (1976), daß in ihrem Untersuchungsraum in Münster 1960 über 20% der Kinder vom Schuleintritt zurückgestellt wurden. Heute liegen die als Durchschnittsquoten auf Bundesebene geltenden Anteile bei 8% (Sander 1984). Daß die Quoten wegen zurückgehender Schülerzahlen weiter abnehmen könnten, kann nur vermutet werden.

Schulversagen und Entwicklung

Zu den Formen schulischen Versagens, die durch einen als valide angesehenen Prädiktor bestimmt werden, gehört die Diagnose *,,Geistigbehinderung"*. Intelligenztestmaße mit einem oberen Grenzwert von IQ 55 (PR = 0.5) dienen der Kategorisierung. Wie bei den sog. Schulreifetests spiegeln auch die verschiedenen Intelligenztests unterschiedliche Anforderungsnormen wider (Kleber 1982). In der Bundesrepublik Deutschland werden Schüler, die als ,,geistigbehindert" klassifiziert werden, nicht zu den allgemeinen Schulen zugelassen, sondern besuchen eine Sonderschule. Da diese ,,Schule für Geistigbehinderte" die niedrigsten Leistungsanforderungen in der Hierarchie des fünfgliedrigen Schulsystems stellt und nicht in Jahrgangsklassen eingeteilt ist, entfallen die den anderen Schulformen entsprechenden Sanktionen bei Nichterfüllung schulischer Normen. Abgesehen von den aus ethischen und humanen Überlegungen rückläufigen ,,Befreiungen vom Schulbesuch", weil Schüler als ,,nicht förderungsfähig" eingestuft werden (Sander 1984), wird schulintern kein Schulversagen attestiert. Phasen verlangsamter oder stagnierender Entwicklung werden akzeptiert und individuum-, nicht sozialnormbezogene Entwicklungsfortschritte fokussiert.

Geläufige Formen des Schulversagens auf der Grundlage einer Prädiktor-Schulleistungskriterium-Kombination stellen die Konzepte des ,,Underachievement" und der ,,Lernbehinderung" dar. Von *,,Underachievement"* spricht man bei erwartungswidrig niedrigen Schulleistungen im Vergleich zur Leistungsprognose auf der Basis von Intelligenztests (Kornadt 1975, Tiedemann 1981). In Schule und Öffentlichkeit wurde das Underachievement-Konzept in bezug auf spezielle Kriteriumsleistungen im Bereich der Lese-Rechtschreibfertigkeiten als *,,Legasthenie"* bekannt und ist bis heute heftig diskutiert. Die Bedeutung einer Lese-Rechtschreibschwäche für die Diagnose ,,Lernbehinderung" wurde u.a. von Müller (1974) herausgestellt: Bei der Gruppe von Schülern in Lernbehindertenschulen, die einen IQ im Normalbereich aufwiesen, hätten über 50% zum Zeitpunkt der Umschulung als ,,Legastheniker" angesehen werden müssen. Die Fehlklassifikation mag darauf zurückzuführen sein, daß einerseits Schwierigkeiten im Lesen und besonders im Rechtschreiben den Lehrer in der Gesamtbeurteilung eines Schülers beeinflussen, andererseits die mangelnde Beherrschung der Kulturtechniken zu einer Kumulation schulischer Lerndefizite führt.

Wie gerade erwähnt, gibt es in Lernbehindertenschulen durchaus Schüler mit durchschnittlicher Intelligenz. Offiziell wird *,,Lernbehinderung"* aber als Kombination unterdurchschnittlicher Intelligenztestwerte (in der Regel IQ-Obergrenze 85) und negativer Leistungserwartungen, z.B. aufgrund ,,fehlender Schulreife" oder aufgrund kumulativen Schulversagens – in der Regel zweimaliges ,,Sitzenbleiben" – festgestellt (Deutscher Bildungsrat 1973). Bemerkenswert ist, daß in die Klassifikationsgesichtspunkte administrative Entscheidungsregeln einfließen. So läßt sich heute ein über die allgemeine Schülerrückläufigkeit hinausgehender rückläufiger Trend in der Klassifikation ,,Lernbehinderter" erkennen. Dieser spiegelt sich auch im Vergleich der Schülerquoten der Sonderschule für ,,Lernbehinderte" mit denen *aller* zehn Sonderschulformen. Betrug deren Anteil in der Bundesrepublik Deutschland 1970 noch 82%, so war er 1980 auf 69% zurückgegangen (Sander 1984).

Die *Nichtversetzung* in die nächsthöhere Klasse, die *Nichtaufnahme* in eine angestrebte Schulform, die *Umschulung* in eine niedrigere Schulform und die *Schulentlassung* ohne den angestrebten Schulabschluß sind die geläufigsten Formen des Schulversagens. Bezüglich der schulischen Leistungskriterien lassen differentielle Bedingungsanalysen folgende Gesetzmäßigkeiten erkennen: Die Leistungsstandards sind unterschiedlich für verschiedene Altersgruppen, sie sind z. B. deutlich ansteigend von der ersten bis zur vierten Grundschulklasse (vgl. Ries et al. 1984), sie sind höher für Jungen als für Mädchen (vgl. Kemmler 1976), sie variieren von Bundesland zu Bundesland, von Schule zu Schule und von Klasse zu Klasse (Fischer et al. 1982, Starck 1974).

Tabelle 19.1: Nichtversetzungen am Ende des Schuljahres 1980/81 (Statistisches Bundesamt 1983; nach Sander 1984).

Klassenstufe		Grund- und Hauptschule	Realschule	Gymnasium
1	abs.	8.998	–	–
	%	1,4	–	–
2	abs.	16.398	–	–
	%	2,5	–	–
3	abs.	11.428	–	–
	%	1,6	–	–
4	abs.	11.336	–	–
	%	1,5	–	–
5	abs.	3.335	1.219	1.497
	%	0,7	1,0	0,7
6	abs.	10.930	5.757	7.942
	%	2,1	4,0	3,4
7	abs.	12.575	15.188	18.514
	%	3,2	5,5	6,5
8	abs.	10.868	21.278	18.499
	%	2,7	7,6	6,8
9	abs.	6.185	20.196	17.530
	%	1,6	7,4	6,9
10	abs.	1.080	6.084	16.912
	%	1,9	2,4	6,8
11	abs.	–	–	10.476
	%	–	–	4,5
12	abs.	–	–	4.271
	%	–	–	2,0
13	abs.	–	–	2.896
	%	–	–	1,6
1–13	abs.	93.471	69.722	98.537
	%	1,9	5,2	4,7

Das liegt unter anderem wohl auch daran, daß Lehrer sich in ihren Entscheidungen auf die jeweilige ,,Bezugsgruppe", d.h. die aktuell unterrichtete Klasse beziehen, aber auch frühere persönliche Erfahrungen über Durchschnittsleistungen oder Erwartungen über die Leistungen bestimmter Schülergruppen in die Beurteilungen einfließen.

Wenn auch in schulischen Leistungsstandards und im schulischen Bewertungssystem Schulversagen formal festgeschrieben wird – ohne Versetzungsordnung z.B. gäbe es kein ,,Sitzenbleiben" –, erfolgen die Entscheidungen doch aufgrund kumulativer Leistungsergebnisse des einzelnen Schülers. Schüler beginnen bereits ihre Schullaufbahnen mit sehr unterschiedlichen Lernvoraussetzungen, die sich mit fortschreitender interindividueller Variation entwickeln.

Die weiteren Ausführungen über die komplexen, empirisch belegten Bedingungen schulischer Lernschwierigkeiten orientieren sich an einem Ordnungsmodell von Zielinski (1980, vgl Abb. 19.2).

Traditionell werden ungünstige Lernvoraussetzungen beim Schüler auf genetische Faktoren und physische Traumata einerseits und auf ,,niedrige" soziale Schichtzugehörigkeit andererseits zurückgeführt. Der Faktor soziales Umfeld wird inzwischen differenziert in Anforderungsgehalt und -niveau der häuslichen Umgebung, in elterliche Interessen und Einstellung zur Schule, in familiäre Erziehungs- und Kommunikationsstile u.a.

Mit dem Eintritt in die Schule kommen weitere Bedingungen hinzu, beispielsweise ,,mangelhafter Unterricht" auf Lehrerseite oder schulische ,,Mißerfolge" auf Schülerseite. Biologische und soziale Faktoren konvergieren in Lernerfahrungen, aus denen die ,,kognitiven und motivationalen Dispositionen" resultieren. Diesen dispositionellen Bedingungen auf Schülerseite, den aktuellen Unterrichtsbedingungen und den Lehrer-Schüler-Interaktionen hat sich die neuere pädagogisch-psychologische Forschung zugewandt, mit dem Ziel, Bedingungen für Schulversagen zu identifizieren, die veränderbar sind (vgl. Klauer & Reinartz 1978, Treiber & Weinert 1985).

Als relevante kognitive Dispositionen gelten fehlende Vorkenntnisse, ineffektive Informationsverarbeitung und Arbeitstechniken. Auf motivationaler Seite kommen ungünstige Kausalattribuierungen und daraus resultierend fehlende Anstrengungsbereitschaft, negatives Selbstkonzept eigener Fähigkeiten, geringes Interesse an Schule und Lernen, negative Einstellung zu Schule und Lehrern hinzu (vgl. auch Kleber et al. 1977, Krapp 1978, Kretschmann 1976). Solche Risiko-Dispositionen können mit negativen schulischen Bedingungen interagieren, wenn das Sozialklima ungünstig ist, wenn es an didaktischer Unterrichtsqualität mangelt, wenn Lehrer angesichts von Lernschwächen mit Bestrafungen, mit Rückzug oder mit ungünstigen Attribuierungen bzw. Etikettierungen reagieren, aber auch wenn den Schülern individuell zu wenig Lern-

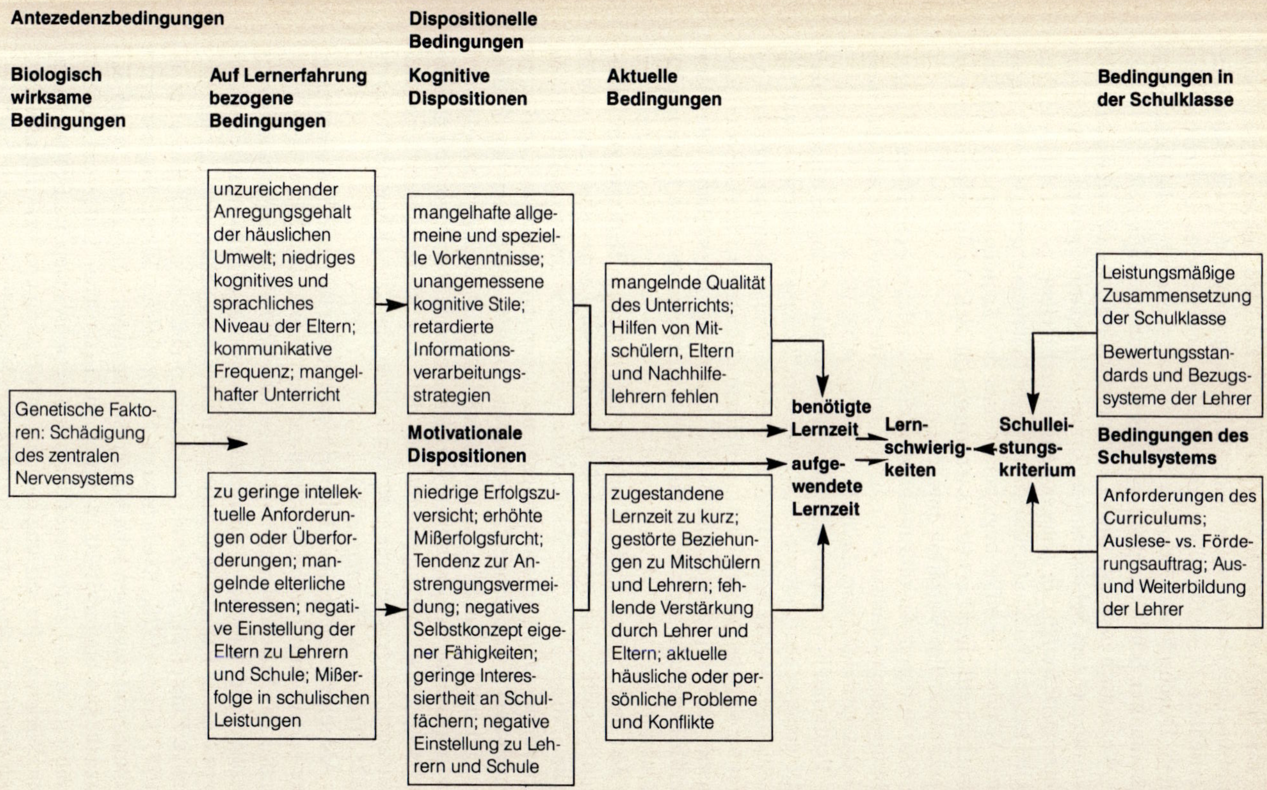

Abb. 19.2 Ein Ordnungsmodell zur Klassifikation von Bedingungskonstellationen schulischer Lernschwierigkeiten von Zielinski (1980, S. 124–129.)

zeit zugestanden wird und Hilfen durch Mitschüler, Lehrer oder Eltern fehlen (vgl. auch Meister 1982, Nickel 1976, Saldern 1983, Schwarzer 1983).

Die Kumulation antezedenter und aktueller Risiko-Bedingungen machen schulische Lernschwierigkeiten wahrscheinlich. Allerdings würden diese Schwierigkeiten, wenn nicht administrative Attestierungen von Schulversagen hinzukämen, schul- und lerngruppenintern bleiben, und die kurz- und längerfristigen Auswirkungen wären anders.

2. Welche Probleme ergeben sich für die Schullaufbahn?

Schulische Lernschwierigkeiten ohne entsprechende administrative Maßnahmen (z. B. permanent schwache Schulleistungen ohne Nichtversetzung, Sander 1982) werden außerhalb der Klassengemeinschaft nicht offenbar, es sei denn am Ende der Schullaufbahn. Anders beim administrativ attestierten Schulversagen, das, weil beurkundet, die persönliche Biographie nicht nur während der Schulzeit, sondern bis in die Wahl und Gestaltung des Berufs und bis in die Familiengründung hinein begleitet. Offizielles Schulversagen vergrößert in der Regel nicht nur die subjektive Distanz zu schulischen Entwicklungsanforderungen, sondern auch die objektive Distanz zum angestrebten Bildungsabschluß und zum angestrebten sozialen Status. Administrative Maßnahmen treffen die Schüler in der Regel fremdbestimmt, auch ,,freiwillige“ Klassenwiederholungen, Rückschulungen in eine niedrigere Schulform oder Dropouts sind oft nur scheinbar selbstbestimmt (vgl. Gerstein 1972).

Im folgenden werden wir uns näher mit den ,,objektiven“ Aus- und Nebenwirkungen auf nachstehende Versagensformen, zu denen auch Längsschnittstudien vorliegen, beschäftigen: Zurückstellung von der Einschulung, Überweisung in die Sonderschule für ,,Lernbehinderte“ und Nichtversetzung in verschiedenen Schulformen.

Die Zurückstellung und ihre Folgen

Fehlende Schulfähigkeit führt unmittelbar zur Zurückstellung des Schülers von der Einschulung um ein ganzes Schuljahr. Die von Kern (1954) vermuteten Folgen der Zurückstellung, nämlich Heranreifen zur Schulfähigkeit und Prävention späteren ,,Sitzenbleibens“, werden durch empirische Untersuchungen nicht bestätigt. Kemmler (1967, 1976) untersuchte 50 verspätet eingeschulte Schüler und fand bei diesen im Vergleich zu den altersgemäß eingeschulten eine niedrigere ,,seelisch-soziale Reife“. 30% dieser Schüler blieben im Verlaufe ihrer Schulzeit (meist bereits in den ersten drei Grundschuljahren) sitzen.

Fischer et al. (1982) berichten, daß von 47 zurückgestellten Schülern ein Drittel bereits am Ende des ersten Schuljahres mangelhafte Leistungen in Deutsch oder Rechnen bzw. in beiden Fächern aufwies. Über die Hälfte der zurückgestellten Schüler wurde im Verlaufe ihrer Grund- bzw. Hauptschulzeit (bis zur sechsten bzw. achten Klasse) nicht versetzt. Davon wurden drei Schüler zweimal und je ein Schüler dreimal bzw. viermal sitzengelassen.

Die vorliegenden Ergebnisse über die kurz- und längerfristigen Folgen verspäteter Einschulung stellen die Effizienz der Maßnahme Zurückstellung in Frage, wenn man bedenkt, daß z. B. in der Untersuchung von Kemmler (1976) über 80% der zurückgestellten, nicht-schulreifen Schüler im Verlaufe ihrer neunjährigen Schulzeit nicht versetzt wurden, während über 70% altersgemäß eingeschulter, nicht-schulreifer Schüler erfolgreich waren (vgl. Tab 19.2).

Tabelle 19.2 Verteilung erfolgreicher (E) und versagender (V) Schüler nach den Reifegruppen ,,schulreif" (SR), ,,fraglich schulreif" (FS), ,,nicht schulreif" (NR) am Ende des neunten Schulbesuchsjahres (Kemmler 1976)

		Altersgemäß eingeschult		Zurückgestellt	
		E Prozent	V Prozent	E Prozent	V Prozent
SR	,,Münchener"	97	3	88	12
(N = 120)	Kern	94	6	81	19
FR	,,Münchener"	83	17	38	62
(N = 86)	Kern	91	9	50	50
NR	,,Münchener"	72	28	13	87
(N = 18)	Kern	71	29	17	83

Des weiteren ist zu bedenken, daß die Zurückstellung nicht auf die Schulpflichtzeit angerechnet wird und daß zurückgestellte Schüler schon nach einmaliger Nichtversetzung zur Überprüfung durch die Sonderschule anzumelden sind. Wie sehr zurückgestellte Schüler von einer Sonderbeschulung bedroht sind, läßt sich wiederum an Hand der Längsschnittstudie von Kemmler (1976) exemplarisch verdeutlichen. Von den zwölf Schülern ihrer Stichprobe, die im Verlaufe der erfaßten achtjährigen Schulzeit in die Sonderschule überwiesen wurden, waren elf Schüler vom Schuleintritt zurückgestellt.

Die Sonderschulüberweisung und ihre Folgen

Die Feststellung von ,,Lernbehinderung" ist mit einer verpflichtenden Veränderung auf Schulformebene verknüpft. Die Sonderschulüberweisung erfolgt schulischerseits mit dem Anspruch, für die besonderen Bedürfnisse der als ,,lernbehindert" diagnostizierten Schüler adäquate Entwicklungsbedingungen bereitzustellen. Schülerseits beinhaltet diese Form schulischen Versagens eine gravierende Beschneidung schulischer Entwicklungschancen und Bildungsabschlüsse. Schüler einer ,,Lernbehindertenschule" können den Hauptschulabschluß nur noch nachträglich erwerben. Dazu müssen eine Schulzeitverlängerung, außerschulische einjährige Kurse und eine Externenprüfung in Kauf genommen werden (vgl. Abb. 19.3).

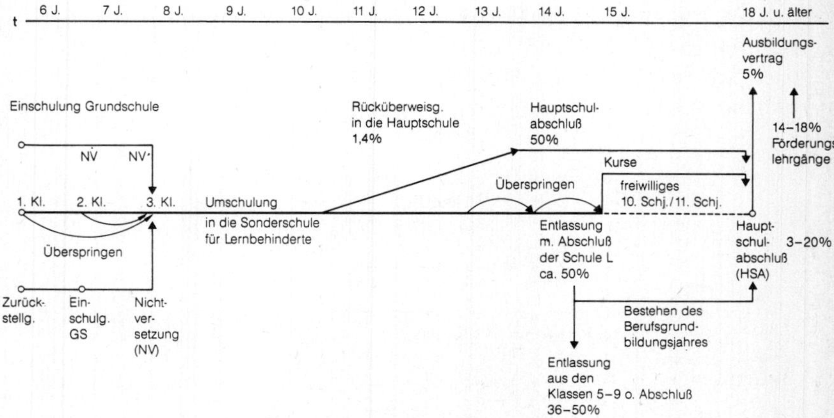

Abb 19.3 ,,Lernbehinderung" – Auswirkungen auf den Bildungsweg

Selbst der niveau-niedrigere Sonderschulabschluß wird von einem hohen Prozentsatz (30–50%) der Schüler nicht erreicht (vgl. Kanter 1977; Pixa-Kettner et al. 1978). Der Befund von Stranz, ,,daß die Aussichten für den erfolgreichen Abschluß der Hilfsschule um so größer sind, je kürzer diese Schule besucht wird" (1966, zit. nach Sander 1978, S. 155), wurde von Zikowski (1975) bestätigt und differenziert. Die Chance eines Sonderschulabschlusses ist bereits durch die Umschulungspraxis (Überweisung in der Regel nach zweimaliger Nichtversetzung) gefährdet. Von den in seiner Untersuchung erfaßten 443 ,,lernbehinderten" Schülern an zehn verschiedenen Sonderschulen erreichten nur 16% den Sonderschulabschluß regulär. Insgesamt erreichten aber 55% diesen Abschluß durch ein- oder mehrmaliges Überspringen einer Klasse, wodurch die Nichtversetzungen in der Grundschulzeit wieder aufgeholt wurden. Andere werden auch in der Schule für „Lernbehinderte" nicht versetzt. Nach Sander (1984) sind dies 12 bis 20%. Wie der Anteil nichtversetzter Sonderschüler, zum Teil durch das Selektionskriterium bedingt, kumulieren kann, verdeutlichen die Ergebnisse einer saarländischen Untersuchung, bei der von 937 erfaßten Sonderschülern 64% mindestens einmal eine Klasse wiederholt hatten (Hildeschmidt et al. 1979).

In diesem Zusammenhang ist eine Längsschnittstudie von Langfeldt (1978) erwähnenswert, in der die Schullaufbahn von Grundschülern (n = 305), die am Ende des vierten Grundschuljahres als „sonderschulbedürftig" hätten eingestuft werden können (IQ Obergrenze 85, Notendurchschnitt in den Fächern Aufsatz, Rechtschreiben, Rechnen schlechter als ausreichend), bis zu ihrer Schulentlassung erfaßt wurde (vgl. Tab 19.3). Zwei Drittel dieser Schüler erreichten den Hauptschulabschluß, davon rund zwei Prozent mit Klassenwiederholungen. Von dem Drittel, das den Hauptschulabschluß nicht erreichte, verließen die meisten Schüler (26,6%) die Hauptschule nach der achten Klasse (vgl. Ferdinand & Uhr 1968).

Tabelle 19.3 Schullaufbahnen von als „lernbehindert" klassifizierten Grundschülern (viertes Grundschuljahr) an Hauptschulen (Langfeldt 1978)

	N	N%
Untersuchungsstichprobe	305	100%
Erfolgreiche Schüler	204	66,9%
davon Hauptschulabschluß		
ohne Klassenwiederholungen	197	64,5%
mit Klassenwiederholungen	7	2,3%
Nicht-erfolgreiche Schüler	101	33,1%
davon Entlassungen ohne Hauptschulabschluß aus		
Klasse 5	1	0,3%
Klasse 6	3	1,0%
Klasse 7	10	3,3%
Klasse 8	81	26,6%
Klasse 9	1	0,3%
Umschulung in die Sonderschule aus		
Klasse 6	1	0,3%

Als positive Indikatoren schulischer *Leistungsentwicklung* in der Sonderschule könnten einerseits die Rücküberweisung in eine Regelschule und andererseits der Erwerb des Hauptschulabschlusses herangezogen werden. Die nach der amtlichen Schulstatistik mitgeteilten Rückschulungsquoten (aller Sonderschulen) liegen jedoch durchschnittlich nur bei 1,4% (Sander 1984). In regionalen Erhebungen von Hoffmann (1967) und Sander (1977) erreichte die Hälfte der zurücküberwiesenen Schüler auch den Hauptschulabschluß. Durch ein freiwilliges zehntes Schuljahr erlangten nach den vorliegenden Studien knapp 6% diesen Abschluß (Kanter 1977, Zikowski 1975).

Zur *kognitiven Entwicklung* in der Sonderschule hat Kniel (1979) 24 Untersuchungen (des In- und Auslandes) ausgewertet und fand in der Regel schwächere Leistungen bei Sonderschülern als bei Regelschülern parallelisierter Stichproben (IQ, Schulleistungen zum Umschulungszeitpunkt, biographische Merkmale) in bezug auf die erfaßten fachspezifischen Leistungen in Lesen, Rechtschreiben, Wortschatz und Rechnen. Auch die Intelligenzleistungen stiegen weniger an oder entsprachen höchstens denen der jeweiligen Kontrollgruppen aus regulären Klassen.

Auswirkungen auf die *soziale und emotionelle Entwicklung* lassen sich anhand der wenigen vorliegenden Untersuchungen folgendermaßen zusammenfassen: Nach längerem Sonderschulbesuch scheint sich die Schul- und insbesondere die Prüfungsangst zu verringern und die in der Schule erlebten Erfolge beeinflussen das Selbstkonzept und das Lernmotiv positiv, wenn die ehemals „schlechten" Grundschüler einen hohen Rangplatz innerhalb der neuen Bezugsgruppe (Klasse) in der Sonderschule einnehmen (Krug & Peters 1977, Rheinberg & Enstrup 1977, Probst & Metz 1974). Andererseits ist zu bedenken, daß nach einer Sonderschulüberweisung Schüler auch wieder mittlere und untere Positionen einnehmen und auch in den von den Sonderschülern bereinigten Grundschulen neue Schüler die unteren Rangplätze belegen.

Insgesamt legen die Untersuchungsergebnisse den Schluß nahe, daß als „lernbehindert“ zu klassifizierende Schüler, die in der allgemeinen Schule verbleiben, mit höherer Wahrscheinlichkeit den *Hauptschulabschluß* oder zumindest eine Schulentlassung aus der achten Hauptschulklasse erreichen, als diejenigen den *Sonderschulabschluß* erlangen, die in eine Lernbehindertenschule überwiesen wurden. Bezieht man die Untersuchungsbefunde von Knöller u.a. (1975), nach denen Sonderschüler mit „gutem“ Entlassungszeugnis bei der Ausbildungsplatzsuche leistungsschwachen Hauptschülern unterlegen seien, in die Nutzen-Kosten-Überlegungen ein, so erscheint eine Schulversagenszuschreibung „Lernbehinderung“ mit den administrativen Pflichtkonsequenzen auf Schulformebene kaum mehr gerechtfertigt.

Die Nichtversetzung und ihre Folgen

Schulversagen in Form von Nichtversetzung wird von Befürwortern insofern als pädagogische Maßnahme angesehen, als „sitzengebliebenen“ Schülern die Möglichkeit gegeben wird, aufgrund wiederholter Übung und verlängerter Lernzeit die Lernziele im zweiten Anlauf zu erreichen.

Ein Weg, Effekte der Nichtversetzung zu überprüfen, besteht darin, die Schullaufbahnen von „schwachen“ Schülern, die immer versetzt wurden, mit denen von „Sitzenbleibern“ zu vergleichen. So wies Jackson in einer Sekundäranalyse von 44 (amerikanischen) Untersuchungen nach, daß „Repetenten und versetzte schlechte Schüler sich bei der Überprüfung nach einem Jahr leistungsmäßig nicht signifikant voneinander unterschieden“ (nach Zielinski 1980, S. 144). In unserer Untersuchung verglichen wir die Benotungsverläufe der „sitzengelassenen“ Schüler (n = 70) mit denen einer Gruppe permanent leistungsschwacher, aber versetzter Schüler (n = 81) in den Schuljahren eins bis acht. Die Notendurchschnittswerte der immer versetzten Schüler lagen über denen der nichtversetzten Schüler. Lediglich in den Schuljahren zwei, drei und acht waren die Rechennoten und im vierten Schuljahr die Deutschnoten gleich. Bei einer lehrerunabhängigen Leistungserfassung mittels des „Kombinierten Schulleistungstests“ (Mietzel 1974) unterschieden sich die beiden Gruppen in keinem Untertest signifikant, während die Lehrerbeurteilungen über fast alle Schuljahre hinweg deutliche

Bringt die Klassenwiederholung den erwarteten Erfolg?

Dieser Frage ging eine saarländische Untersuchung mit folgenden Ergebnissen nach (Fischer et al. 1982): Von 306 Hauptschülern der sechsten und achten Klasse waren 74 nicht versetzt worden. Im Jahr danach waren die Noten von 49 (66%) dieser Schüler besser, von 15 (20%) gleichbleibend und von 10 (14%) schlechter als auf dem Nichtversetzungszeugnis. Ein Vergleich der Einzelnoten (Deutsch, Mathematik, Mitarbeit, Führung) in den Jahren vor, bei und nach Nichtversetzung läßt zwar im Wiederholungsjahr deutlich verbesserte Noten erkennen, bezieht man jedoch das Jahreszeugnis vor der Nichtversetzung ein, so gilt dies nur noch für Mathematik. Der höhere Anteil der ,,Fünfen" in den Haupt- und Nebenfächern im Nichtversetzungsjahr gegenüber dem Jahreszeugnis davor bzw. danach kann als *Strengeeffekt* interpretiert werden. Andererseits wäre es auch denkbar, daß im Jahr nach der Nichtversetzung der sog. *Mildeeffekt* zum Tragen kommt. Ob diesem Ab und Auf in der Notengebung tatsächliche Leistungsschwankungen entsprechen, läßt sich anhand der Zeugnisse kaum beantworten, aber die Ähnlichkeit der Zeugnisse im Jahr vor und nach der Nichtversetzung kann zumindest als Beleg für eine fehlende positive Schulleistungsentwicklung herangezogen werden (vgl. Abb. 19.4).

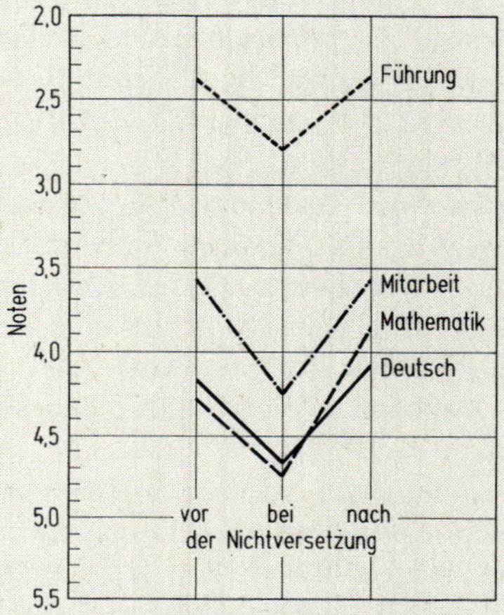

Abb. 19.4 Mittelwertsprofile der Noten in Deutsch, Mathematik, Mitarbeit und Führung in den Jahren vor, bei und nach Nichtversetzung (Hildeschmidt 1982, S. 158).

Unterschiede aufwiesen (vgl. Tab. 19.4). Die Ergebnisse lassen vermuten, daß „sitzengelassene“ Schüler, abgesehen vom Jahr unmittelbar nach der Nichtversetzung, strenger beurteilt werden als leistungsschwache Schüler, die immer versetzt wurden (vgl. Brophy & Good 1976, Rosenthal & Jacobson 1968, Weinert & Zielinski 1977).

Tabelle 19.4 Leistungstestvergleich von nichtversetzten und versetzungsgefährdeten Schülern (Hildeschmidt 1982, S. 163)

Schülergruppe Durchschnittsleistung in	„Sitzenbleiber“	„schwache Schüler“	p
Wortverständnis	3,8	3,7	n.s.
Leseverständnis	3,5	3,3	n.s.
Rechtschreiben	3,9	3,7	n.s.
Groß-/Kleinschreibung	3,9	3,8	n.s.
Zeichensetzung	4,2	4,1	n.s.
Sprachbeherrschung	3,9	3,9	n.s.
Mathematische Probleme	3,5	3,5	n.s.
Rechnerische Probleme	3,8	3,6	n.s.
Kartenverständnis	3,6	3,7	n.s.
Tabellenlesen	3,9	3,7	n.s.
Hilfsmittel benutzen	3,9	3,7	n.s.

Verfolgt man die weitere Schullaufbahn von „Sitzenbleibern“, registriert man *bald wieder „mangelhafte“ Zensuren* vor allem in den versetzungsrelevanten Fächern Rechtschreiben und Rechnen (vgl. Belser & Küsel 1969, Höhn 1967). *Weitere Nichtversetzungen* sind nicht selten (vgl. Fischer et al. 1982, Gerstein 1972, Hildeschmidt et al. 1979, Kemmler 1976).

Eine problematische Auswirkung der Nichtversetzung liegt im *globalen Wiederholen eines ganzen Schuljahres* in allen Fächern und im damit verbundenen Zeitverlust von einem Jahr mit Blick auf den jeweils angestrebten Bildungsabschluß. Tabelle 19.5 gibt eine Übersicht zu den kumulativen Zeitverlusten von Haupt-, Real- und Gymnasialschülern (N = 218), die von Kemmler (1976) in ihrer Längsschnittstudie erfaßt wurden.

Die Ergebnisse verdeutlichen, daß 32% der Hauptschüler mit ein- bis zweijähriger Verspätung den Hauptschulabschluß erreichten und 11% die Hauptschule ohne Abschluß verließen. Von den Realschülern gaben rund 10% die Schule ohne Mittlere Reife auf, während fast 50% den mittleren Bildungsabschluß mit ein- bis dreijähriger Verspätung erreichten. Nur rund 23% der ein- oder zweimal „sitzengebliebenen“ Gymnasiasten schafften das Abitur. 28% der Schüler (n = 20), von denen fast alle (n = 19) zu den Wiederholern gehörten, verließen die weiterfüh-

Tabelle 19.5 Schullaufbahnen von 218 Schülern (Kemmler 1976)

	Hauptschüler n = 100		Realschüler n = 47		Gymnasiasten n = 71	
Schulabschluß						
ohne Zeitverlust	57%	(57)	40.4%	(19)	29.6%	(21)
1 Jahr Zeitverlust	29%	(29)	34 %	(16)	12.7%	(9)
2 Jahre Zeitverlust	3%	(3)	8.5%	(4)	9.9%	(7)
3 Jahre Zeitverlust	—		6.4%	(3)	—	
Dropouts	11%	(11)	10.3%	(5)	[47.9%	(34)]

rende Schule mit dem mittleren Bildungsabschluß. Von den übrigen 20% (n = 14) Drop outs erreichten noch vier ein Jahr verspätet den Hauptschulabschluß. Zehn Gymnasiasten, die ein- bis viermal nicht versetzt wurden, erlangten keinerlei Schulabschluß. Damit verließen insgesamt beinahe 50% der erfaßten Gymnasiasten diese Schulform, ohne den einmal angestrebten Bildungsabschluß zu erreichen; in einer Untersuchung von Gerstein (1972) waren es 58% (n = 2918) Sextaner, die ohne Abitur abgingen.

Aus den erwähnten Befunden läßt sich folgern, daß die beabsichtigten positiven Wirkungen administrativer Formen des Schulversagens bei den meisten Schülern ausbleiben. Die Folgen – Klassenwechsel, Schulformabstufung, verlängerte Schulzeit – bedeuten für alle Schüler, daß die Schulziele in weitere Entfernung rücken. Insbesondere der Vergleich zwischen „Sitzenbleibern" und permanent „schwachen" Schülern, die immer versetzt wurden, weckt Zweifel am Sinn des „Sitzenlassens". Andere zitierte Kontrollstudien begründen Zweifel an der Effektivität der Zurückstellung und der einschneidenderen Maßnahme der Überweisung in eine „Schule für Lernbehinderte". Demnach scheint es angezeigt, die herkömmlichen Selektionsformen des Schulversagens nicht fraglos als sinnvoll weiterhin zu tradieren, sondern systematische feldexperimentelle Vergleiche zur Effektivität und zu Nebenwirkungen alternativer Maßnahmen durchzuführen.

Neben den sog. objektivierten Effekten des Schulversagens sind die subjektiven Folgen für die Persönlichkeitsentwicklung in die Analyse einzubeziehen. Durch die schulischen Eingriffe erfährt der betroffene Schüler eine Kanalisierung von außen, die ihn in seiner Schullaufbahn festlegt, seine Handlungsmöglichkeiten einengt und Handlungsbarrieren beinhaltet: Das Schulversagen ist damit ein kritisches Lebensereignis. Der subjektiven Auseinandersetzung und Bewältigung von Schulversagen werden wir uns im nächsten Abschnitt zuwenden.

3. Wie setzen sich Schüler mit Schulversagen auseinander?

Die Auseinandersetzung mit kritischen Lebensereignissen bzw. mit Streß fand vornehmlich durch die Schulangstforschung Eingang in die Pädagogische Psychologie. Entwicklungspsychologische Analysen, insbesondere der längerfristigen Auswirkungen, sind rar. Sie betreffen vornehmlich Bewertungsprozesse (Attribuierungstendenzen) und Anspruchsniveausetzungen nach punktuellen Erfolgen oder Mißerfolgen. Deshalb werden wir uns im folgenden auf eine knappe Vermittlung der Konzeptualisierungen von Auseinandersetzungs- und Bewältigungsprozessen beschränken und versuchen die relevanten Forschungsergebnisse einzuordnen.

Die Auslösesituationen

Sowohl der Gedanke an ein drohendes Schulversagen, ausgelöst durch „schlechte" Noten oder durch Mitteilung der „Versetzungsgefährdung", als auch der aktuelle Bescheid über Nichtversetzung, ja selbst die Erinnerung an ein weit zurückliegendes Schulversagen lösen in der Regel Streß aus, wie die folgenden biographischen Auszüge illustrieren:

Ruedi: Als ich das Zeugnis von der Lehrerin erhielt, öffnete ich es sofort. Meine Erwartung bestätigte sich. Die ersten Gedanken galten den Eltern. Was sagen die wohl dazu? Ich hatte mich damit abgefunden, denn, wie gesagt, ich war mir schon seit längerer Zeit darüber im klaren gewesen, daß es einmal so kommen würde. Aber meine Eltern? Würden sie sich auch ohne weiteres damit abfinden?" (Jegge 1983, S. 18).

Peter: Ich kam mit dem Schulzeugnis nach Hause, in dem ein schrecklicher Satz zu lesen war, ein Satz, vor dem mein ganzes Dasein zerbrechen wollte. Ich ging mit diesem Satz große Umwege, wagte mich nicht mit ihm nach Hause, sah immer nach, ob er nicht plötzlich verschwunden war, doch er stand immer noch da, klar und deutlich." (Weiss 1961, S. 58)

Obgleich sich Schulversagen vor allem im Bereich der Schule manifestiert, geht seine Wirkungsbreite doch deutlich darüber hinaus. In Abhängigkeit vom Bewußtwerden der Wirkungsbreite des Schulversagens auf gegenwärtige andere Lebensräume (Familie, Peers, Freizeit u. a.) und auf zukünftige Lebensräume (Schullaufbahn, Beruf, zukünftige Familie) wird die Streßwirkung verständlich. Sie wird als gestörtes Gleichgewicht der Person-Umwelt-Transaktionen gedeutet. Die Folgen sind Unterbrechungen gewohnter Handlungen, sowie diverse internale und externale Aktivitäten, die nach Lazarus (1981) darauf abzielen, a) die gestörten Person-Umwelt-Transaktionen zu verändern und b) die sozioemotionalen Reaktionen zu regulieren.

Die Bewertungsprozesse

Entwicklungspsychologisch gesehen gibt es zwar objektiv beschreibbare Aspekte der Transaktionsprozesse zwischen Person-, Situations- und Umweltvariablen, jedoch wird eine Lebenssituation vor allem auch durch die subjektiven Bewertungsprozesse in ein „kritisches Lebensereignis“ bzw. in eine „Entwicklungsaufgabe“ transformiert (Oerter 1958). Dies geschieht auf dem Hintergrund von Vorerfahrungen, welche persönliche Wahrnehmungen, Kognitionen, Gefühle und die Verarbeitung der Ereignisse steuern (Belschner & Kaiser 1981).

Die Bewertungen sind nicht punktuell, sie bestehen „aus sich ständig ändernden Beurteilungen der *Bedeutungen* des laufenden Geschehens für das Wohlbefinden einer Person“ (Lazarus & Launier 1981, S. 233). Solche primären Bewertungen weisen auch im Kontext vermittelter Normen, Wertüberzeugungen und Handlungsziele eine gewisse Kontinuität auf. „Sekundäre Bewertungen“ beziehen sich auf die Einschätzung eigener *Fähigkeit* und der sozialen *Unterstützungsressourcen.*

Speziell zu den Bewertungsprozessen liegen einige entwicklungspsychologisch relevante Ergebnisse zumindest in bezug auf kurzfristige Versagenssituationen vor. Nach schulischem Mißerfolg übernehmen Schüler die negative Fremdbewertung. Sie grübeln mehr über Mißerfolge, ihre Erfolgszuversicht sinkt (Heckhausen 1980). Allerdings scheinen jüngere Schüler (zweite Klasse) noch stark wunschorientiert zu werten und ichschützende Attribuierungen vorzunehmen. Gegen Ende der

Tabelle 19.6 Zustandekommen und mögliche Auswirkungen der Ursachenzuschreibung bei kumulativen Mißerfolgen in der Schule (Hildeschmidt 1982, S. 217)

Vorausgehende Bedingungen	Ursachenfaktoren	Ursachendimensionen	Auswirkungen unmittelbar	Auswirkungen mittelbar
Kumulative Mißerfolge: „schlechte“ Klassenarbeiten und Zeugnisse, Nichtversetzung	*mangelnde Begabung* bei Mißerfolg	stabil	negative Leistungserwartungen	mangelnde Anstrengungsbereitschaft
		internal	Inkompetenzgefühle, Unzufriedenheit	Handlungsblockierung (Vermeidungsverhalten)
	Zufall bei Erfolg	variabel	Erstaunen	
		external		

Grundschule werden die Bewertungen der Schüler „realistischer", d.h. sie gleichen sich den Fremdbewertungen an, und sie werden „selbstkritischer" (Ries et al. 1984).

Die unterschiedlichen *Attribuierungstendenzen* von mißerfolgsorientierten und erfolgsorientierten Schülern haben Diener und Dweck (1978) differenzierter nachweisen können. „Hilflose" Schüler tendierten nach Mißerfolg zu Reflexionen über die Ursachen, während erfolgszuversichtliche Schüler sich aktiv der Problemlösung zuwandten. Eine mögliche positive Funktion der Ursachenüberlegungen könnte sein, die Faktoren – schulische Anforderungen, eigene Kompetenzen und Bewältigungsressourcen – zu gewichten, um aus der Mißerfolgssituation emotional und instrumentell herauszufinden. Gegen diese Annahme spricht jedoch, daß diese Schüler aufgrund ungünstiger Ursachenzuschreibungen zu einer Mißerfolgsbilanz tendieren, die negative Leistungserwartungen, Inkompetenzgefühle, Unzufriedenheit, mangelnde Anstrengungsbereitschaft und das Gefühl von „Hilflosigkeit" nach sich ziehen kann (vgl. Tab. 19.7).

Tabelle 19.7 „Lautes Denken" während einer Mißerfolgsserie von „hilflosen" und „leistungsorientierten" Schülern (Diener & Dweck 1978, nach Heckhausen 1980, S. 470)

Inhaltskategorie des „lauten Denkens"	Schülergruppe	
	„hilflos"	„leistungsorientiert"
	n = 30	n = 30
Ursachenerklärung:		
mangelnde Fähigkeit	11	0
lösungsirrelevante Aussagen	22	0
ineffektive Aufgabenstrategie	14	2
effektive Aufgabenstrategie	26	26
Selbstinstruktion	0	12
Selbstüberwachung	0	25
Erfolgserwartungen	0	19
positiver Affekt	2	10
negativer Affekt	20	1

Auch ältere Schüler einer Hauptschule, nach den Gründen ihres „Sitzenbleibens" befragt (n = 180), nannten in Übereinstimmung mit der Fremdbewertung an erster Stelle mangelnde Leistungen. An zweiter Stelle gaben vor allem die Mädchen (67%) private Gründe, Familien- und Freundschaftsprobleme an (Arbeitsgruppe Hauptschule 1977). In Einzelinterviews mit Gymnasial- und Hauptschülern, die in einer anderen Untersuchung unmittelbar nach der Nichtversetzung erfolgten, stellten auch hier beide Schülergruppen (n = 20) primär die Eigenverantwortlichkeit für das Schulversagen heraus. Aber im Verlaufe des Interviews entwickelte die Mehrheit der Schüler ein differenzierteres Erklärungsmuster (vgl. Abb. 19.5). In der Art und Weise, wie die einzelnen Ursachenfaktoren verknüpft werden, unterscheiden sich jedoch die befragten Schülergruppen: Die Hauptschüler deuten ihr Versagensproblem vorrangig als interpersonalen Konflikt, als eine persönliche Reaktion auf „nicht-unterstützende Lehrer" und als Reaktion auf die Leistungsanforderungen des Lehrers. Demgegenüber erleben die Gymnasiasten ihr Schulleistungsproblem als einen intra*personalen Konflikt,* die Leistungsanforderungen von außen mit den eigenen Bedürfnissen abstimmen zu wollen (Arbeitsgruppe Schulforschung 1980, S. 178).

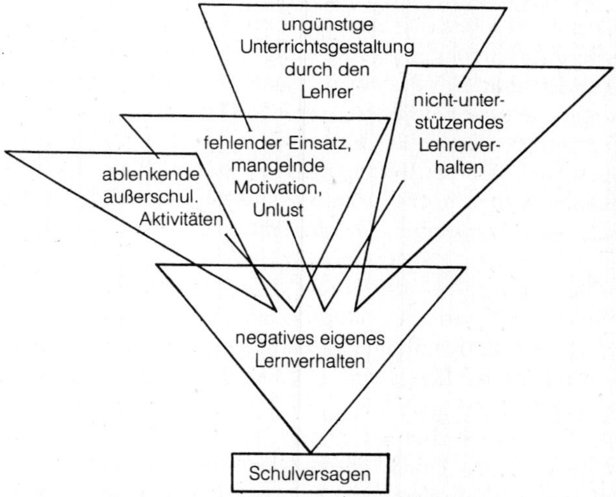

Abb. 19.5 Erklärungsmuster versagender Schüler für Schulversagen (nach: Arbeitsgruppe Schulforschung 1980, S. 177)

Die *retrospektiven Ursachenüberlegungen* fließen in die Kalkulationsprozesse ein, wobei nach handlungstheoretischem Konzept mangelnde Fähigkeitseinschätzungen in gewissem Maße durch hohe *Valenzeinschätzungen* kompensiert werden können (Boesch 1976, Nitsch & Hackfort 1981). Auch längerfristige schulische Handlungsziele scheinen im Kontext sozialer Einschätzungen, z. B. hinsichtlich der besuchten Schulform korrigiert zu werden. So charakterisieren die befragten Hauptschüler ihre Situation nach Nichtversetzung „Schule ist wichtig, aber nicht für mich", während die Gymnasialschüler trotz Nichtversetzungen weiterhin einen höheren Bildungsabschluß anstreben wollen. Die befragten Hauptschüler rechnen zumindest bei mehrjährigem Zeitverlust durch „Sitzenbleiben" nicht mehr mit einem nachträglichen Hauptschulabschluß, sondern suchen unter Verzicht auf das ursprüngliche Handlungsziel nach neuen Handlungsmöglichkeiten. Berufsziele lassen sich aus ihrer Sicht nur noch über Beziehungen und Zufall realisieren, während die Gymnasialschüler selbst nach Abstufungen noch einen mittleren Bildungsabschluß einkalkulieren können (Arbeitsgruppe Schulforschung 1980).

Zur Bewältigung

Grundsätzlich kann Schulversagen dazu führen, a) das *instrumentelle Zielhandeln* aufzugeben (drop out nach der Schulpflichtzeit auch aus höheren Schulen), b) sich den schulischen Handlungsmöglichkeiten anzupassen (z. B. einen „niedrigeren" Schulabschluß anzustreben) oder c) trotz der Mißerfolge das Handlungsziel (z. B. Hauptschulabschluß, Berufsausbildung, Studienplatz trotz Numerus Clausus) nicht aus dem Auge zu verlieren, vielmehr aktiv Handlungsmöglichkeiten zur Realisierung des ursprünglichen Zieles zu erschließen. Daß Schüler unterschiedliche Bewältigungsreaktionen instrumentellen Handelns „wählen" (häufig auf Anregung oder Druck der Eltern) ist bekannt. Entwicklungspsychologisch gesehen, sind die Bedingungen zu klären, die einen Schüler dazu veranlassen, Eingrenzungen zu akzeptieren, nach Problemlösungen zu suchen oder „aus dem Felde" zu gehen.

Den Handlungsverläufen bzw. Bewältigungsreaktionen gehen vielschichtige Bewertungsprozesse voraus. Zum *Bewertungs- und Handlungszusammenhang* bei schulischen Handlungsbarrieren vermitteln zumindest die vorliegenden Längsschnittstudien den Eindruck, daß unmittelbar nach Nichtversetzungen geäußerte Handlungsabsichten in vielen Fällen nicht umgesetzt werden (Kemmler 1976, vgl. Tab. 19.6). Häufig ist eine Nichtversetzung Anlaß, direkt oder auch um Jahre verzögert, das Gymnasium vorzeitig zu verlassen, wobei speziell Mädchen zu einem Abgang mit Mittlerer Reife neigten, während Jungen bei Nichtversetzung vor allem in den unteren und letzten Klassen des Gymnasiums eher direkt die Schule verließen: Von den Abgängern sind überproportional viele, nämlich 75% der Mädchen und über 60% der Jungen, wenigstens einmal nicht versetzt worden (Gerstein 1972).

Andererseits setzen die meisten Schüler trotz Nichtversetzung ihren Bildungsweg fort. Druck und Ermutigung aus dem sozialen Umfeld, die Regel einer neunjährigen Schulpflicht, aber auch die Interpretation des Schulversagens als „Herausforderung" können dafür verantwortlich sein, daß die erlebten Zielbarrieren und Handlungserschwernisse als Entwicklungsaufgaben aufgefaßt werden.

Psychische Reaktionen sind jedoch nicht nur unmittelbar auf konstruktive Problemlösungen ausgerichtet. Vielmehr sind darunter alle intrapersonalen kognitiven und affektiven Prozesse zu verstehen. Damit ist jede gedankliche Weiterbeschäftigung im wachen und im schlafenden Zustand gemeint. Auch hier interessieren vor allem die Art der Prozesse und deren Funktionen. Bekannt ist eine erhöhte Traumaktivität in streßreichen Situationen, die Suche nach Ursachenerklärungen, Gedanken der Verneinung wie der Annahme des Ereignisses, Informationssuche, das Abrufen erfolgsbilanzierender Copingtechniken, die Suche nach neuen

Lösungswegen sowie nach sozialen Unterstützungssystemen unterschiedlicher Reichweite (vgl. Bronfenbrenner 1978). Wie aus der Aufzählung deutlich wird, sind unter psychischen Reaktionen eine Reihe kognitiver Aktivitäten identifizierbar, die Lazarus (1981) nach ihrer Zielgerichtetheit als person- oder situationsbezogene Handlungen klassifiziert. Hier ließe sich eine dritte Dimension, nämlich die Ausrichtung auf das soziale Umfeld ergänzen. Jacobs (1981) schlägt vor, die kognitiven Umdeutungs- und Klärungsprozesse unter den Aspekten „Thematisierung" vs. „Nichtthematisierung" der Bedrohung bei der Auseinandersetzung mit „Prüfungsangst" (via Fragebogenerhebung) einzuordnen. Eine weitere Betrachtungsebene könnte die Unterscheidung nach vergangenen (retrospektive Analyse), derzeitigen („lautes Denken") und auf die Zukunft ausgerichteten (prospektive Analyse) Gedanken sein.

Da Schulversagen sozial und persönlich in hohem Maße unerwünscht ist und primär als Verlustereignis erlebt wird, verwundert es nicht, daß die Forschung über Schulstreß und Schulangst den *psychosomatischen Reaktionen* vermehrt Aufmerksamkeit schenkte. Schulversagen führt nicht nur häufig zu Angst und depressiven Verstimmungen, sondern manchmal sogar zu Suizidversuchen und Suiziden (vgl. Creamer 1980, Heuer 1979). Nach Schülerbefragungen ist der Anteil psychosomatischer Reaktionen auf schulische Anforderungen (nicht nur nach Schulversagen) insgesamt erschreckend hoch.

„So bekommen fast zwei Drittel (61%) der Schüler Herzklopfen allein schon dann, wenn die Klassenarbeitshefte verteilt werden, auch Händezittern tritt häufig auf, 67 Prozent verspüren ein komisches Gefühl im Magen, wenn geprüft wird, und jeder fünfte Schüler berichtet, daß ihm vor der Schule manchmal ganz schlecht sei. Gar jeder zweite leidet beim Frühstück unter Appetitlosigkeit, und rund 22 Prozent klagen über Schlaflosigkeit" (Mreschar 1985). Wie kommt es, daß ein Schüler vor allem mit somatischen Reaktionen auf schulische Anforderungen reagiert, wiewohl sich im Laufe seiner Entwicklung die höheren Regulationsebenen, die angemessenere kognitive und emotionale Handlungsregulationen ermöglichen, herausgebildet haben? Zur Erklärung ließen sich hier die allgemeinen Überlegungen Boeschs (1976) zur Entwicklung von Toleranzgrenzen heranziehen: Situative Handlungserschwernisse müssen eine bestimmte Größe erreichen, damit sie überhaupt bewußt werden. Das Bewußtwerden kann einerseits durch eine Summierung erhöhter Leistungsanforderungen in der Schule hervorgerufen werden. Andererseits kann aber auch gerade die Gewöhnung an eine mit dem Schulalter stetig steigende Leistungsanforderung dazu führen, daß sich die Toleranzgrenzen weiten, Handlungs- bzw. Lernschwierigkeiten sich quasi „einschleichen". Leistungsdruck seitens der Eltern, Leistungsdruck seitens der Schule, persönliches Festhaltenwollen an der Verwirklichung gesetzter Entwicklungsaufgaben können dazu führen, daß „Abwehrreaktionen solange verschoben werden, bis der Organismus die Grenze seiner Anpassungsmöglichkeit erreicht hat und dann den Störungen nicht mehr gewachsen ist" (Boesch 1976, S. 305). Versuche zur Handlungskorrektur, Infragestellen von Handlungszielen, Äußerungen funktionaler Beeinträchtigungen, stärkere Signale der Unlust, Abwehr-

und Ausweichverhalten, wiederholte Angst oder Müdigkeit können als Anzeichen individueller Toleranzgrenzen gesehen werden, auf die ein Individuum mit psychosomatischen Regulationen reagiert.

Betrachten wir den Bewältigungsprozeß als Ganzes, so muß darunter ein komplexes transaktionales Geschehen verstanden werden, welches sowohl durch augenblickliches, vergangenes oder drohendes Schulversagen ausgelöst werden kann. Der Verarbeitungsprozeß läuft auf mehreren Ebenen gleichzeitig oder nacheinander ab und erfüllt problemlösende und emotionsregulierende Funktionen (Lazarus 1981). Coping ist individuum- und kontextabhängig. Seitens der betroffenen Schüler haben sowohl die bisherigen Vorerfahrungen (Erfolgs- oder Mißerfolgsbilanz) im Umgang mit Schulversagen besonderes Gewicht und copingrelevante Personmerkmale, als auch die subjektiven Ereignismerkmale, beispielsweise die Vorhersagemöglichkeit und die Kontrollüberzeugung (Filipp 1981). Seitens der Kontextmerkmale sind hier die inter- und intrasystemischen Beziehungen, insbesondere mit Blick auf mögliche Unterstützungssysteme, zu nennen (Bronfenbrenner 1978, Olbrich 1981) sowie die objektiven Ereignismerkmale, beispielsweise der Zeitpunkt des Ereigniseintritts oder dessen Wirkungsbreite.

4. Gibt es alternative Interventionsmöglichkeiten?

Die Beschreibung des administrativen Schulversagens als negative Selektionsstrategien der Schule bei deutlichen Diskrepanzen zwischen schulischen Anforderungsstrukturen und individuellen Leistungs- und Entwicklungsergebnissen sollte zeigen, wie stark einerseits die tradierten schulischen Entwicklungsnormen, die einfachen Prognosemodelle, die endogenistischen entwicklungstheoretischen Vorstellungen und die exosystemischen Strukturen die schulischen Entscheidungsprozesse tragen, und wie sehr sich andererseits die Folgen schulischen Versagens kurz- und langfristig als negative Laufbahnentscheidungen und persönliche Handlungserschwernisse manifestieren können.

Abschließend werden anhand der ätiologischen Rahmenmodelle (Abb. 19.1 und 19.3) Ansätze zur Reduktion schulischen Versagens auf mikrosystemischer Ebene (Lehrer-Schüler-Stoff-Interaktion) und auf exosystemischer Ebene (institutionelle Gegebenheiten) skizziert.

Zur Prävention schulischer Lernschwierigkeiten und zur Optimierung von Lernprozessen bei heterogenen Schülergruppen gilt die *Unterrichtsdifferenzierung* als die wichtigste schulische Modifikationsstrategie (im Gegensatz zur Selektionsstrategie äußerer Differenzierung mit dem Ziel homogener Lerngruppen). Sie basiert primär auf der Annahme differentieller Effektivität von Lehrmethoden bei verschiedenen Schülern. Diesen Grundgedanken versuchte der ATI-Forchungsansatz (aptitude-treatment-interaction nach Cronbach 1967) empirisch abzusichern. Er führte zu folgenden unterrichtlichen Konzepten:

In Carrolls (1973) Modell des ,,Lernerfolgs für alle" wurde die Bedeutung der Lernzeitvariablen (benötigte, zugestandene und genutzte Lernzeit) herausgestellt. In der Weiterentwicklung des Ansatzes durch Bloom (1973) zum ,,Mastery Learning" wird eine Abstimmung mit den Vorkenntnissen des Schülers und mit den dem Lernstoff zugrundeliegenden Lernhierarchien (Gagné 1973) postuliert. *Das Modell des zielerreichenden Lernens* hat die Vorteile, die Komplexität unterrichtlicher Lerninhalte, die Abhängigkeit des Lernerfolges von didaktischen Bedingungen und die Notwendigkeit zu deren Systematisierung hervorzuheben. Nachteile des Modells liegen in der Reduktion individueller Differenzen auf Lernzeitvariablen und in der Beschränkung des Lehrstoffes auf voraussetzungsarme Lehrgänge, die möglichst aus abgeschlossenen Lerneinheiten bestehen und leicht sequenzierbar sind (vgl. Programmierter Unterricht). Eine empirische Überprüfung hypothetisch hierarchischer Sachstrukturen ist zwar methodisch weiterentwickelt (Klauer 1978, Schott 1975), deren Anwendbarkeit bzw. Handhabbarkeit wirft vor allem dann noch ungelöste Probleme auf, wenn Lernstoffe keine eindeutigen aufeinander aufbauenden Strukturen aufweisen.

Einen weiterreichenden Systematisierungsversuch zur Unterrichtsdifferenzierung aufgrund der Wechselwirkungshypothesen zwischen Schülermerkmalen und Unterrichtsmethoden legte Salomon (1975) vor. Er unterscheidet remediales Lernen, kompensatorisches Lernen und Präferenzlernen. Im *remedialen Lernen* sind die Gedanken des zielerreichenden Lernens adaptiert. Die Verfügbarkeit notwendiger Vorkenntnisse wird durch ,,lückenschließendes" Lehren angestrebt. Im *kompensatorischen Ansatz* werden, differentielle didaktische Maßnahmen oder Hilfsmittel vorgesehen, um Schülern unterschiedliche Lernwege für eine Zielerreichung zu ermöglichen. Im *Präferenzlernen* stützt sich der Unterricht ausdrücklich auf die Fähigkeitsschwerpunkte einzelner Schüler oder Schülergruppen.

Während das ATI-Forschungskonzept und die daraus resultierenden Unterrichtsmodelle zumindest von relativ dauerhaften, wenn auch veränderbaren Schülermerkmalen ausgehen, versuchen weitere Ansätze auf der Grundlage prozeßorientierter Forschungsergebnisse diese eher auf situative Lehrer-Schüler-Interaktionen anzuwenden. Das Konzept des *adaptiven Unterrichts* (Schwarzer & Steinhagen 1975, Kleber et al. 1977) zielt darauf ab, alle vorgenannten Ansätze zur Individualisierung zu berücksichtigen. Auf der Basis von Lernprozeß- und Lernfortschrittsdiagnosen werden allgemeine und spezifische Lernvoraussetzungen vermittelt, Leistungsstärken genutzt und unterstützt und Lernschwierigkeiten zu kompensieren versucht.

Die bisher dargestellten Ansätze zielen unmittelbar auf die Verbesserung kognitiver Lernprozesse ab, das Konzept des *proaktiven Unterrichts* (Brophy & Good 1976) setzt hingegen an der Verbesserung des Unterrichtsklimas als Voraussetzung erfolgreichen und motivierten Lernens an (vgl. Weinert 1978).

Die skizzierten Differenzierungsmodelle stellen grobe Rahmenkonzepte zur Vermeidung und Behebung schulischer Lernschwierigkeiten dar. Um eine differentielle Verbesserung der Lehrer-Schüler-Interaktionen zu planen, ist dieser Rahmen durch spezifischere Theorien und Technologien zu füllen. Zu Teilaspekten der Bedingungskonstellationen schulischer Lernschwierigkeiten sind Konzepte und teilweise auch Programme verfügbar, beispielsweise zur Veränderung von Attribuierungsprozessen (deCharms 1973, 1979, Gatting-Stiller et al. 1979, Krug & Hanel 1976), zur Lernmotivierung (Heckhausen 1980, Meister 1977, Sander 1981), zum Problemlösen und zur Informationsverarbeitung (Dörner 1976, Treiber & Weinert 1982), zur Kommunikation (Fittkau et al. 1980, Kochan 1977), zur Verbesserung des Unterrichtsklimas (Gordon 1977, Stollberg 1982), zum prosozialen Lernen (Kochan 1981, Staub 1982) und breiter angelegte Programme zur Bearbeitung von Lehrer-Schüler-Problemen (Huber et al. 1982) oder zur Vermeidung von Schulschwierigkeiten (Kultusministerium Rheinland-Pfalz 1982).

Alle vorgenannten Modelle und Technologien setzen auf Schüler-, Lehrer- oder der Interaktionsebene im Rahmen des bestehenden Schulsystems an (vgl. Treiber & Weinert 1985). Daneben gibt es eine Reihe von Veränderungsvorschlägen auf *Schulsystemebene*, die sich gegen Selektionsstrategien und für Modifikationsstrategien im Schulsystem aussprechen (vgl. Fend et al. 1976, Kniel 1979, Arbeitskreis Grundschule o. J.), für einen individuum- und lehrzielorientierten Entwicklungsbericht anstelle einer sozialnormorientierten Benotung plädieren (vgl. Bolscho & Schwarzer 1979) und eine andere Schule, eine ,,gemeinsame Schule für alle Kinder" wollen (Freire 1981, Freinet 1971, Montessori 1926, Reinartz & Sander 1978, Stöllger 1984).

Den vielfachen Plädoyers für ,,humane Schulen" sind nur wenige Realisierungen in privaten Institutionen und in Modellversuchen gefolgt, während das staatliche Bildungsmonopol in der Bundesrepublik Deutschland noch weitgehend an der tradierten ,,Schulökologie" (Fischer 1978) festhält, obwohl diese durch entwicklungspsychologische Theorien, empirische Ergebnisse, Hinterfragung des Überzeugungswissens (heterogene vs. homogene Lerngruppen) und der Wertvorstellungen (Integration vs. Aussonderung) auch in Abhängigkeit von politischen Strömungen und ökonomischen Veränderungen problematisiert wird (vgl. Brandtstädter 1982).

Wäre es wirklich nicht denkbar, daß es für alle Schüler eine Schule gäbe, in der der Schüler/die Schülerin grundsätzlich als Individuum akzeptiert wird? Die Schüler nicht jeden Morgen zur selben Zeit, im selben Raum, am selben Platz, denselben Lernstoff mit derselben zugestandenen Lernzeit lernen müssen? „Behinderte" und „hochbegabte" Kinder sich nicht getrennt von ihren Nachbarskindern und Freunden unterrichten lassen *müssen?* Daß Schule *ein Lebensraum für gemeinsames Lernen und Sichentwickeln* ist? Ein Ort, wo dem Kind Lernen Spaß macht, wo es lernt, wie man lernt, wo es fragen darf, wo es mit Mitschülern zusammenarbeiten darf, wo seine Interessen aufgegriffen und ernstgenommen werden, wo es aber auch müde sein darf und entspannen kann? Ein Lebensraum, in dem Lehrer sich ihren Schülern individuell zuwenden, individuelle Lernfortschritte verstärken, Stagnationen zulassen, selbständiges Lernen unterstützen und in dem Zielsetzungen, Handlungsplanungen, -durchführungen und -evaluationen allein und kooperativ mit Mitschülern und Lehrern im Mittelpunkt des Unterrichts stehen?

Kapitel 20

Jugend und Problemverhalten Entwicklungspsychologische Perspektiven

Rainer K. Silbereisen und Peter Kastner

1. Einleitung

Den Übergang zwischen Kindheit und Erwachsenenstatus zu bewältigen verlangt, sich mit einer Vielzahl neuer Anforderungen auseinanderzusetzen. Der Erfolg dieser Bemühungen hängt nicht zuletzt davon ab, ob es gelingt, die *Komplexität der Anforderungen mit den gegebenen Möglichkeiten in Einklang zu bringen.* Dies geht nicht ohne Schwierigkeiten, denen mehr oder weniger alle Jugendlichen ausgesetzt sind. So betrachtet ist Jugend ein Lebensabschnitt, der sich vor anderen durch besondere Belastungen auszeichnet. Problemverhalten ist eine Antwort auf solche Belastungen und ist in dieser Hinsicht allen auf Entwicklung bezogenen Bemühungen gleichgestellt. Es schafft ohne Frage Risiken für die Entwicklung, hilft aber auch, Entwicklungsprobleme zu überwinden und entzieht sich damit jeder einfachen Bewertung. Wird Problemverhalten so gesehen, kann es nur im Kontext der Jugendentwicklung insgesamt verstanden werden.

Die Tragfähigkeit dieser These zu belegen, ihre Bedeutung für die Prävention von verzichtbaren Entwicklungsrisiken vorzustellen, ist das Anliegen des folgenden Beitrags. Um nicht mißverstanden zu werden: Die Behauptung ist nicht, daß jugendliches Problemverhalten grundsätzlich durch eine Historie von Entwicklungsproblemen charakterisiert ist. Neben Entwicklungsproblemen gibt es natürlich viele weitere Gründe und Ursachen, die am Ende zu Problemverhalten führen. Man denke nur im Fall übermäßigen Alkoholgebrauchs an die „gute alte Sitte", etwa im Zusammenhang mit Familienritualen (vgl. Bennett & Wolin 1985).

Wer Problemverhalten in dieser Weise aus entwicklungspsychologischer Perspektive betrachtet, wird die Einheit von Entwicklungsprozessen gegenüber der Vielfalt ihrer Erscheinungen und deren sozialer Bewertung betonen. Überspitzt formuliert gilt: *Problemverhalten wird nicht in erster Linie zum Problem wegen der Abweichung von sozialen Normen, sondern wegen möglicher Risiken für die weitere Entwicklung.*

Was ist Problemverhalten?

Wir sprechen von Problemverhalten statt von abweichendem Verhalten und wollen damit die entwicklungspsychologische Perspektive gegenüber devianztheoretischen Konnotationen betonen.

In jedem Fall kann eine genauere Bestimmung nur über den Bezug zu *Normen* im präskriptiven Sinne erfolgen (vgl. Brandtstädter 1977): Normen werden häufig mit Bezug auf Erfordernisse eines Systems begründet. Was für das eine System und die darauf bezogenen Soll-Vorstellungen als funktional gelten darf, kann für ein anderes System dysfunktional sein. Für den gegenwärtigen Zusammenhang ist es hilfreich, sozial-orientierte und person-zentrierte Normen zu unterscheiden. Der Begriff des abweichenden Verhaltens ist eindeutig auf sozial-orientierte Normen bezogen, deren Einhaltung gefordert wird, um Probleme für das Funktionieren sozialer Systeme zu vermeiden. Person-zentrierte Normen lassen sich nicht minder durch Funktionalität legitimieren, allerdings hier bezogen auf das Individuum. Sie sind eng mit Begriffen wie Gesundheit oder Wohlbefinden verbunden und enthalten Vorstellungen über die optimale Entwicklung der Persönlichkeit.

Sozial-orientierte und person-zentrierte Normen können einander entsprechen oder widersprechen, und ihr Verhältnis kann sich zudem in systematischer Weise über die Lebensspanne ändern. Wer als Jugendlicher Alkohol trinkt, verhält sich je nach Alter und Konsummenge entsprechend sozialer Norm.

Wir sprechen von Problemverhalten statt abweichendem Verhalten, um nicht einzig auf sozial-orientierte Normen abzuheben. Rauchen beispielsweise bedeutet in jedem Fall ein Gesundheitsrisiko und ist damit Problemverhalten, ob es nun sozial legitimiert ist oder nicht. Umgekehrt gilt die Teilhabe an einer jugendlichen Subkultur im üblichen Verständnis als abweichend, ist damit ebenfalls Problemverhalten, kann aber davon unabhängig zur Ausbildung eines innovativen Lebensstils im Sinne person-zentrierter Vorstellungen einer optimalen Entwicklung beitragen.

In der Literatur werden Verhaltensklassen wie die folgenden als typische Fälle abweichenden Verhaltens bezeichnet (vgl. Thio 1978, Goode 1978):
a) Kriminalität und Delinquenz, b) Konsum und Beschaffung von Drogen, c) Suizid und Suizidversuch, d) sexuelles Fehlverhalten und Prostitution, e) Verwahrlosung, Trebegang und Vandalismus, f) psychische und Verhaltensauffälligkeiten, g) Zugehörigkeit zu extremistischen Gruppierungen, schließlich h) subkulturelle Orientierungen und Aktivitäten. Die Ausgrenzung gerade dieser Kategorien spiegelt weniger sachthematische Gesichtspunkte, denn die überkommene Arbeitsteilung zwischen verschiedenen Disziplinen wie Kriminologie, Jugendsoziologie oder Kulturanthropologie wider.

Es geht im folgenden also nicht um einen repräsentativen Überblick zum Problemverhalten Jugendlicher, sondern darum, eine besondere Perspektive auf Problemverhalten vorzustellen, an Beispielen aus der Forschung zu erläutern, sowie die Prinzipien ihrer praktischen Anwendung zu verdeutlichen. Dies versteht sich nicht in Konkurrenz zu anderen Sichtweisen, etwa der Devianzforschung, sondern als entwicklungspsychologischer Beitrag zu einem besseren Verständnis von Problemverhalten Jugendlicher. Diese Absicht wird durch den Forschungsstand nicht sonderlich unterstützt: Nach wie vor gilt, daß rund die Hälfte aller entwicklungspsychologischen Untersuchungen auf Kinder im Schulalter bezogen sind, und daß Forschung zu Grundlagen dominiert (Silbereisen & Schuhler 1982; Stephan, Petzold & Nickel 1986).

Wenn Entwicklungsprobleme und Problemverhalten in der skizzierten Weise zusammenhängen, so müßte sich dies schon an seiner über die Lebensspanne wechselnden Häufigkeit ablesen lassen. Die These von der Entwicklungsrelevanz des Problemverhaltens soll deshalb zunächst durch die Beschreibung von Entwicklungsverläufen unterstützt werden. Hier wird sich zeigen, daß die Risiken zur Ausbildung der betrachteten Problemverhaltensweisen in der Tat nicht gleichmäßig über den Lebenslauf verteilt sind, sondern eine deutliche Häufung im Jugendalter zeigen.

2. Problemverhalten über die Lebensspanne

Problemverhalten im Kontext der gesamten Jugendentwicklung zu untersuchen, wird durch eine Forschungsstrategie erleichtert, die gewissermaßen eine Kombination von entwicklungspsychologischen und epidemiologischen Herangehensweisen darstellt: *Prospektive Längsschnittstudien an Zufallsstichproben aus Normalpopulationen* (vgl. Kandel 1978).

Entscheidend ist, daß die Erhebungen möglichst schon vor dem ersten Auftreten des in Frage stehenden Problemverhaltens beginnen, die Aussagen sich also im Prinzip auf alle Jugendlichen beziehen.

Die folgende Darstellung ist auf Drogengebrauch und Delinquenz beschränkt. Die Ergebnisse lassen sich indessen auf anderes Problemverhalten verallgemeinern (vgl. Elliott et al. 1983).

Jugendlängsschnitt im Kulturvergleich: Berlin-Warschau

Wer die Entwicklung von Problemverhalten verstehen und vor diesem Hintergrund Prävention vermeidbarer Schwierigkeiten betreiben will, muß Erkenntnisse über Gemeinsamkeiten und Unterschiede zwischen allen auf Entwicklung gerichteten Bemühungen der Jugendlichen haben, seien diese Aktivitäten nun nach sozio-kulturellen Maßstäben positiv oder aber negativ bewertet.

Hierfür die Grundlagen zu schaffen wird durch prospektive Längsschnittstudien an Normalpopulationen Jugendlicher und ihrer Familien erleichtert, wenn sie zudem den Vergleich historischer und kultureller Bedingungen erlauben. Das Spektrum der einbezogenen Merkmale darf sich nicht auf Problemverhalten beschränken, sondern muß Veränderungen des Verhaltens und Erlebens im Jugendalter in voller Breite erfassen. Hinzu kommen muß die Erhebung von Entwicklungskontexten wie Familie, Freizeit und Arbeit sowie deren Wandel.

In einem komplexen Längsschnittdesign mit mehreren *Kohorten* werden in Berlin seit 1982, in Warschau seit 1985 einige Tausend Jugendliche und ihre Familien nach einem diesen Gesichtspunkten entsprechenden Forschungsplan alljährlich untersucht. Neben dieser Repräsentativerhebung stehen Feldstudien in jugendtypischen Freizeitsettings, die systematische Beobachtung und qualitative Befragungen verbinden. Hinzu kommen Fallanalysen ausgewählter Problemgruppen (vgl. Silbereisen & Eyferth 1985, Silbereisen et al. 1984).

Der Jugendlängsschnitt Berlin-Warschau bietet Möglichkeiten zum Vergleich der Jugendentwicklung in unterschiedlichen kulturellen und gesellschaftlichen Systemen. Strukturelle Probleme der gesellschaftlichen Situation, die ihrerseits Rahmenbedigungen für die Jugendentwicklung setzen, wie etwa das Zahlenverhältnis der Generationen untereinander, technologische Innovationen, Auswirkungen der Arbeitsmigration oder ökonomische Belastungen werden besonders beachtet.

Berlin											
B	14	15	16	17			11	D			
A	11	12	13	14	15	16	17				
C				11	12	13	14				
								Warschau			
				11	12	13	14	15	16	17	E
				14	15	16	17				F
			H	17			11	12	13	14	G
	1982	83	84	85	86	87	88	89	90	91	Erhebungsjahr

Abb. 20.1 Kohorten-Sequenzplan der Jugendlängsschnitte in Berlin und Warschau. In den beiden Städten werden jeweils drei Längsschnitte von sieben (Stichproben A und E) bzw. vier Jahren (B, C und F, G) Dauer erhoben. Sie betreffen die Altersspanne von 11 bis 17 Jahren. Hinzu kommen die Stichprobe D mit 11jährigen in Berlin, sowie H in Warschau mit 17jährigen. Der Plan erlaubt systematische Vergleiche von Entwicklung zu verschiedenen historischen Zeitpunkten. Für 11jährige in Berlin beispielsweise 1982, 1985 und 1988. Die Eltern der Jugendlichen sind in die Erhebungen einbezogen (vgl. Silbereisen & Eyferth 1985, Silbereisen et al. 1984).

Drogengebrauch

Die ersten prospektiven Längsschnittstudien wurden Anfang der siebziger Jahre begonnen, aber häufig schon nach einigen Erhebungswellen eingestellt. In den letzten Jahren wurden dann Stichproben aus der damaligen Zeit wieder aufgesucht und zum Teil in mehreren Untersuchungen erneut befragt. Damit können Veränderungen des Drogengebrauchs erstmals über einen beträchtlichen Zeitraum bei den gleichen Personen beschrieben werden. So untersuchte Kandel (Kandel & Logan 1984, Yamaguchi & Kandel 1985) eine repräsentative Stichprobe junger Leute im Abstand von zehn Jahren. Bei der ersten Erhebung lag die Altersspanne bei 14 bis 17, bei der Wiederholung entsprechend bei 23 bis 26 Jahren. In dieser zweiten Erhebung (1981/82) wurde nach dem Gebrauch von Nikotin, Alkohol, Marihuana und weiteren Drogen im gesamten vergangenen Zeitraum gefragt, und zwar retrospektiv für jedes Vierteljahr (!) gesondert. Solche Befragungen haben natürlich ihre Probleme, indessen wird der Untersuchungsplan gegenwärtig durch prospektive Teile ergänzt (Kandel 1985, persönliche Mitteilung).

Epidemiologische Kennwerte

Unter *Prävalenz* wird die Häufigkeit des Auftretens eines Symptoms, also beispielsweise des Gebrauchs einer bestimmten Droge, in einer spezifizierten Bevölkerungsgruppe in einem definierten Zeitraum verstanden. Unterschieden werden Lebenszeit-Prävalenz (Symptom jemals im bisherigen Leben aufgetreten), Jahres-Prävalenz (Jahr vor der Erhebung), Monats-Prävalenz (Monat vor der Erhebung) und Tages-Prävalenz (Symptom an mehr als 20 Tagen des Monats vor der Erhebung aufgetreten).

Hiervon zu unterscheiden ist die *Inzidenz,* die Auskunft darüber gibt, wieviel neue Fälle eines Symptoms aufgetreten sind. Auch hier lassen sich wie bei den Prävalenzen Zeiträume unterscheiden. Häufig wird zur Charakterisierung der Inzidenz angegeben, welcher Anteil unter den Personen, die bislang ohne Symptom geblieben waren, zu einem gegebenen Zeitpunkt das Symptom zeigen. Nach Daten von Dwyer et al. (1985) beträgt das so definierte Risiko („hazard rate"), zum regelmäßigen Raucher zu werden, etwas über 20% im Alter von 16 Jahren (24% bei männlichen, 22% bei weiblichen Jugendlichen). Diese Angaben beziehen sich auf retrospektive Befragungen an einer für die Bundesrepublik repräsentativen Stichprobe.

Alterskorrelierte Verläufe

Kandel und Logan (1984) berichteten Altersverläufe des Risikos („hazard rates") zum Drogengebrauch für eine Reihe legaler und illegaler Substanzen. Im Alter von 10 Jahren machen erst etwas weniger als 10% der bis dahin abstinenten Jugendlichen die erste Erfahrung mit Alkohol, im Alter von 14 sind es um 20% und mit 18 schließlich über 80% derjenigen, die vorher noch nicht getrunken hatten. Wer bis dahin noch keine Erfahrung mit Alkohol hatte, wird auch in den folgenden Jahren nur mit sehr viel geringerer Wahrscheinlichkeit beginnen. Insgesamt erfolgt also ein starker Anstieg des Risikos bis zum Alter von 18, danach ein noch steilerer Abfall. Obwohl der Zigarettenkonsum zunächst einen vergleichbaren Risikoverlauf zeigt, fällt der Anstieg mit 15 Jahren schwächer aus und auch der Abfall nach dem 18. Lebensjahr ist weniger ausgeprägt. Die höchste Wahrscheinlichkeit zum ersten Gebrauch liegt bei etwa 16 Jahren, wenn rund 20% der Jugendlichen ohne Nikotinerfahrung zu rauchen beginnen. Der Verlauf des Risikos für Marihuanagebrauch ähnelt dem des Rauchens, ist aber im Gipfel auf etwa 18 Jahre verschoben.

Solche Alterstrends zeigen sich auch, wenn die Zeiten des *höchsten* Gebrauchs betrachtet werden. Hierbei ergaben sich für Alkohol und für Marihuana einander fast entsprechende, schmale Zeitfenster. Grob gesagt sind es die Jahre zwischen etwa 18 und 21 bei Alkohol, 19 und 22 bei Marihuana. Davor wie danach ist das Risiko beträchtlich niedriger, bei Alkohol lediglich etwas weniger ausgeprägt als bei Marihuana. Hier ist der Anteil 23jähriger, die dieses Alter als Periode ihres höchsten Gebrauchs nannten, wieder so niedrig, wie der entsprechende Anteil unter den 16jährigen war. Beim Gebrauch von Zigaretten verhält es sich etwas anders. Die Zeit des höchsten Gebrauchs scheint erst mit etwa 23 Jahren zu beginnen, wobei der Anstieg des Risikos weitaus langsamer als bei Alkohol und Marihuana erfolgt.

Kandel (1985, persönliche Mitteilung) hat diese Stichprobe bis zum Ende des dritten Lebensjahrzehnts weiterverfolgt. Etwas überspitzt ausgedrückt ergab sich für den höchsten Gebrauch folgendes: Marihuana fällt weiter kontinuierlich ab, ist also eindeutig auf die Jugendzeit beschränkt. Alkohol zeigt Ende des dritten Lebensjahrzehnts einen neuen Anstieg, allerdings selbst in der Spitze unter dem ersten Gipfel mit Anfang zwanzig. Das Rauchen hingegen bleibt auf dem einmal erreichten hohen Niveau erhalten. Dieses letzte Ergebnis würde indessen nicht ganz mit Querschnittsbefunden übereinstimmen, die schon für diesen Altersbereich eine Abnahme erkennen lassen.

Im chronologischen Alter drücken sich Unterschiede in den Belastungen durch Entwicklungsanforderungen nur sehr mittelbar aus. Ein schon direkterer Zugang zum Zusammenhang von Entwicklungsproblemen und Problemverhalten ergibt sich, wenn die Lebensspanne nicht bloß nach Jahren, sondern nach dem Zeitpunkt der *Bewältigung normativer Lebensübergänge* gegliedert wird. Yamaguchi und Kandel (1985) haben anhand der bereits erwähnten Studie genauer untersucht, ob in Erwartung bzw. als Folge von Heirat und Elternschaft der Marihuanagebrauch abgebrochen wird oder doch zurückgeht. Nach ihren Ergebnissen ist dies im großen und ganzen der Fall. Umgekehrt gilt, daß bei Marihuanagebrauch der Zeitpunkt solcher biographischer Übergänge im Vergleich zu Jugendlichen ohne diese Drogenerfahrung vezögert wird. Nach jüngsten Ergebnissen (Kandel 1985, persönliche Mitteilung) scheint es weiterhin so zu sein, daß die Kontingenz zwischen der Bewältigung normativer Entwicklungsaufgaben und der Abnahme des Drogengebrauchs vor allem für solche Anforderungen gilt, die sich der Privatsphäre im Gegensatz zum Arbeitsleben zurechnen lassen.

Die veröffentlichten Daten von Kandel (Kandel & Logan 1984, Yamaguchi & Kandel 1985) ebenso wie die Ergebnisse weiterer Studien, etwa von Jessor (1986), reichen bislang nicht über das frühe Erwachsenenalter hinaus. Weiter gespannte *Querschnittstudien* bestätigen indessen die beschriebene Charakteristik im Verlauf über die Lebensspanne. Dies gilt beispielsweise für die Befragungen aller über zwölfjährigen Personen auf der Basis sehr großer, repräsentativer Stichproben von Haushalten, die Miller et al. (1983) für die USA berichteten.

Historische Trends

Nach den bisherigen Erkenntnissen hat sich die generelle Charakteristik alterskorrelierter Verläufe seit dem Beginn systematischer Längsschnittforschung in den sechziger Jahren nicht geändert. Drogengebrauch, insbesondere aber die weit verbreiteten Substanzen Nikotin, Alkohol und Marihuana, haben ihren Schwerpunkt in Art von *Episoden,* allerdings unterschiedlicher Ausdehnung, während der Jugendzeit und des frühen Erwachsenenalters. Der wichtigste historische Trend stellt sich demgegenüber als Nivellierung seit alters vertrauter Unterschiede dar. Wie Johnston et al. (1984) berichten, holen Mädchen und Frauen seit Mitte der siebziger Jahre auf und haben bei einigen Substanzen wie Stimulantien und Nikotin die Männer bereits überholt. Dies gilt nach eigenen Daten (Kastner 1985) sogar für die früher als typisch männlich eingeschätzten härteren Gebrauchsmuster: Unter den etwa 16jährigen Berliner Jugendlichen rauchen 22% der Jungen, aber 33% der Mädchen täglich.

Drogengebrauch und biographische Übergänge

Yamaguchi und Kandel (1985) standen die Auskünfte von 1325 Jugendlichen zur Verfügung. Das Ziel der Studie war herauszufinden, inwieweit der Zeitpunkt von Heirat und Elternschaft durch vorangegangene Erfahrungen mit Drogen beeinflußt wird, und umgekehrt, inwiefern sich solche Entwicklungsübergänge ihrerseits auf den Drogengebrauch auswirken. Hierzu diente die „Event-History"-Analyse (vgl. Tuma et al. 1978).

Das Ergebnis solcher Analysen sind Risikokoeffizienten b_i für Personen k, die sich in der Form exp (b_i) wie folgt interpretieren lassen: Personen mit Merkmal k kommt exp (b_i) mal wahrscheinlicher das Merkmal i zu jedem Zeitpunkt t zu, als Personen ohne k. Im Beispiel ausgedrückt: Personen mit Marihuanaerfahrung werden zu jedem Zeitpunkt exp (– .471) = .62 mal *wahrscheinlicher* heiraten als Personen ohne Marihuanaerfahrung. Sie heiraten also seltener bzw. der Zeitpunkt der Heirat ist verzögert. Bei positivem Vorzeichen von b_i bzw. Werten von exp (b_i) größer 1 wäre zu interpretieren, daß sich die Heirat beschleunigt.

In den folgenden Tabellen 20.1 und 20.2 sind einige Ergebnisse von Yamaguchi und Kandel (1985) dargestellt, wobei die Risikokoeffizienten zum leichteren Verständnis nicht als b_i, sondern als exp (b_i) angegeben werden.

Tabelle 20.1 Der Einfluß von Marihuanagebrauch auf den Zeitpunkt von Heirat und Elternschaft[a]

	Heirat[b]		Elternschaft[b]	
Unabh. Var.	Mann	Frau	Mann	Frau
Marihuanagebrauch 1 Jahr vorher[b]	.69*	.75*	.71	.51**
Schulausbildung gegenwärtig[b]	.18**	.43**	1.81	.88
Beschäftigungslos gegenwärtig[b]	.44*	1.49*	.88	1.23
Peeraktivitäten Adoleszenz	1.11	1.99***	4.34**	1.47

[a] Angaben nach Yamaguchi und Kandel (1985); N = 1325 im Alter von 14 bis 17 bei Erhebung 1971/1972, 23 bis 26 bei Wiederholung 1980/81; Auswertung basiert auf retrospektiven Angaben zu den Variablen, erhoben nach Jahr und Monat über den gesamten Zeitraum. Die Koeffizienten sind zu lesen als: Wer ein Jahr vorher Marihuana gebrauchte (UV), wird .69 mal wahrscheinlicher zum gegebenen Zeitpunkt verheiratet (AV) sein (d. h. später) als jemand, der Marihuana nicht gebrauchte. Werte größer 1 bedeuten Beschleunigung, kleiner 1 Verzögerung.

[b] Zeit-variable Größen; die Effekte sind wechselseitig kontrolliert.

* $p < .05$, ** $p < .01$, *** $p < .001$.

Tabelle 20.2: Der Einfluß von Heirat und Elternschaft auf Änderungen im Marihuanagebrauch[a]

	Beendigung[b]		Beginn[b]	
Unabh. Var.	Mann	Frau	Mann	Frau
Heirat 1 Jahr später[b]	2.01**	1.48	.69	.34**
Elternschaft[b]	2.57*	.73	.99	1.81
Peeraktivitäten Adoleszenz	.46***	.82	1.90**	1.29

[a] [b] vgl. Tabelle 20.1

Wie die Daten in Tabelle 20.1 belegen, folgt aus Marihuanagebrauch bei beiden Geschlechtern eine Verzögerung von Heirat und Elternschaft, deren Größenordnung (um .70) in etwa den Auswirkungen einer noch nicht abgeschlossenen Schulausbildung entspricht. Sehr viel stärkere Effekte hat die zum Vergleich ebenfalls aufgeführte Bindung an Gleichaltrige während der Adoleszenz. War sie hoch, heiraten Frauen früher (1.99) bzw. werden Männer früher Väter (4.34). Die Angabe in Tabelle 20.2 machen deutlich, daß sich die Bewältigung einer biographischen Aufgabe auf den Marihuanagebrauch auswirkt. Wer beispielsweise heiratet, wird als Folge seinen allfällig bestehenden Drogenkonsum verringern bzw. ganz einstellen.

Weiterhin ist eine weltweite Nivellierung der Gebrauchsmuster zu beobachten. Leider liegen vergleichende Studien, die ein entwicklungspsychologisches Format verwirklichen, praktisch nur aus wenigen hochindustrialisierten Ländern vor (USA, Kanada, Australien, Norwegen, Schweden, Bundesrepublik). Johnston und Harrison (1984) konnten belegen, daß hier der Alkoholgebrauch unter Jugendlichen besonders in den sechziger Jahren stark anstieg. Seit den späten Siebzigern und bis gegenwärtig anhaltend findet sich bei Alkohol und Marihuana kein weiteres Ansteigen, in einigen Ländern, wie in den USA, sogar eine Abnahme. Bei diesem Trend muß allerdings das hohe Ausgangsniveau gegenüber der Zeit vor dem Zweiten Weltkrieg beachtet werden. In nichtentwickelten Ländern hingegen zeigt der Drogengebrauch weiter steigende Tendenz. Zusammen mit der gleichzeitigen Abnahme in den hochindustrialisierten Ländern kann also von einer zunehmenden Internationalisierung gesprochen werden.

Die Tendenz zur Nivellierung gilt nicht minder für intrakulturelle Unterschiede, wobei die sich zunehmend verwischenden regionalen Besonderheiten nur ein Beispiel sind.

Delinquenz

Was prospektive Längsschnittstudien zur Delinquenz angeht, ist die Datenlage weit ungünstiger als beim Drogengebrauch. Neben dem Stockholmer Längsschnitt („Individual Development and Environment", vgl. Magnusson & Duner 1981) sticht vor allem eine von Elliott et al. (1983) berichtete Studie heraus, in der eine für die USA repräsentative Stichprobe Jugendlicher und junger Erwachsener untersucht wird.

Im Ergebnis wird sich wie schon beim Drogengebrauch zeigen, daß ein breites Spektrum delinquenten Verhaltens seinen Schwerpunkt im Jugendalter hat. Auch Delinquenz stellt also unter der Lebensspannen-Perspektive eher eine *Episode* dar.

Alterskorrelierte Verläufe

Betrachtet man die Delinquenzbelastung über den Lebenslauf unter dem Aspekt von *Verurteilungen,* ist die Häufung bei Jugendlichen und jungen Erwachsenen im Vergleich zu anderen Altersgruppen eindeutig. So entfielen (vgl. Statistisches Bundesamt 1985) in der Bundesrepublik im Jahr 1983 auf 100000 Einwohner die meisten Verurteilungen auf die Altersgruppe der 18- bis 21jährigen (3380) und der 21- bis 25jährigen (3160). Hierbei sind alle Deliktgruppen einbezogen. Dieser Alterstrend stellt sich zwar je nach Delikt etwas anders dar, gilt aber allgemein. Diebstähle beispielsweise sind in der Gruppe der 14- bis 16jährigen überrepräsentiert, während Verurteilungen wegen Straftaten gegen die Person oder Gewaltkriminalität vor allem bei 18- bis 21jährigen auftreten.

Die *Dunkelfeldforschung* zeigt, wie zu erwarten, daß delinquentes Verhalten weiter verbreitet ist, als es diese sogenannten Kriminalitätsbelastungszahlen zeigen. Kreuzer (1983) berichtete die Ergebnisse verschiedener Befragungen bei Schülern, Rekruten und Studenten, deren Alter jeweils um 20 Jahre lag. Die Lebenszeitprävalenzen vieler Bagatelldelikte sind demnach beträchtlich: Schuleschwänzen, Schwarzfahren, Souvenirdiebstähle oder Fahren ohne Führerschein haben zwischen über 50% und nahe 90% der Befragten angegeben.

Elliott et al. (1983, S. 394ff.) berichteten für verschiedene Deliktbereiche einen den Drogengebrauchsraten vergleichbaren Altersverlauf für den Zeitraum zwischen elf und 21 Jahren. Ungeachtet der Unterschiede zwischen verschiedenen Deliktbereichen gilt für alle, daß die Jahresprävalenz nach dem 19. Lebensjahr stark abnimmt: Beispielsweise liegen die höchsten Prävalenzen für Kleindiebstähle im Alter von 16 Jahren (13%), während Zechprellerei und Nichtbezahlen von Rechnungen ihren Gipfel bei 19 Jahren (22%) haben. Einen deutlichen Abfall in der Prävalenz zeigen auch Schlägereien mit Gleichaltrigen und Kämpfe zwischen Banden. Sie weisen die höchste Prävalenz zwischen 15 und 17 Jahren auf (27% bzw. 7%).

Nach den Ergebnissen der gleichen Studie gibt es eine zeitliche Entsprechung zwischen dem Rückgang der Prävalenzen und der Bewältigung normativer Lebensübergänge: Durchgängig gilt für alle Delikte, daß Verheiratete niedrigere Prävalenzen besitzen als Unverheiratete.

Aggression zwischen Angehörigen zweier Jugendkulturen

Zusammenhänge zwischen Problemverhalten

Die Grundlage des National Youth Survey (vgl. Elliott et al. 1983) ist eine repräsentative Stichprobe von 2360 Jugendlichen im Alter zwischen elf und 17 Jahren, die 1976 auf der Basis von Haushalten erstmals erhoben wurde. Nach 1976 wurden allein bis 1983 sechs Erhebungswellen bei dieser Gruppe durchgeführt. Der Untersuchungsplan ist so angelegt, daß Kohortenvergleiche möglich werden: 17jährige lassen sich beispielsweise 1976 und 1982, also im Abstand von immerhin sieben Jahren, miteinander vergleichen.

Diese Studie zeichnet sich darüber hinaus dadurch aus, daß unterschiedliche Arten von Problemverhalten (Delinquenz, Gebrauch legaler und illegaler Substanzen, psychische Störungen) an der *gleichen* Stichprobe untersucht werden. Dies geschieht aus Gründen der überkommenen Arbeitsteilung zwischen Forschungsbereichen viel zu selten.

Elliott und Huizinga (1984) berichten Wahrscheinlichkeiten des Übergangs von verschiedenen vorgängigen Drogenerfahrungen und Delinquenzbelastungen zu schwerer Delinquenz (Gewalt gegen Personen etwa) und chronischem Gebrauch illegaler Drogen im folgenden Zeitraum. Während es für die Vorhersage der schweren Delinquenz aufgrund früherer Delinquenz ($p = .23$) wenig ausmacht, ob außerdem illegaler Drogengebrauch vorlag ($p = .33$), sind beide, Delinquenz und Drogen, für die Vorhersage des chronischen Gebrauchs illegaler Drogen wichtig: Wer früher illegale Drogen nahm, aber nicht zugleich schwer delinquent war, trägt ein weit geringeres Risiko ($p = .25$), später Drogen zu gebrauchen, als es nach dem Durchschnitt aller Konsumenten illegaler Drogen ($p = .66$) zu erwarten gewesen wäre.

Historische Trends

Zieht man die Verurteiltenziffern der letzten 30 Jahre aus der Bundesrepublik heran, so hat sich die berichtete Häufung im Jugend- und frühen Erwachsenenalter offenbar noch verstärkt: Während in den Altersgruppen jenseits des 25. Lebensjahres die Verurteiltenziffern im allgemeinen ständig fielen, sind sie für Jugendliche zwischen 14 und 18 Jahren über diesen Zeitraum drastisch gestiegen. In welchem Maße dies allerdings durch größere Aufklärungserfolge, erhöhte Anzeigebereitschaft oder Rechtsreformen erklärbar ist, kann beim notorischen Mangel repräsentativer Längsschnittstudien nicht entschieden werden.

Wie beim Drogengebrauch, wenn auch weniger ausgeprägt, holen Mädchen bei nahezu allen Delikten auf: Die Kriminalitätsbelastungszahl hat sich zwischen 1980 und 1983 für Mädchen der Altersgruppe von 14 bis 16 Jahren fast verdreifacht, bei den 16- bis 18jährigen mehr als verdoppelt (Statistisches Bundesamt 1985). Besonders betroffen ist davon die Kleindelinquenz. Dieser Trend findet sich auch in anderen hochindustrialisierten Ländern (vgl. Federal Bureau of Investigation 1980).

Seit Mitte der siebziger Jahre sind weiterhin intrakulturelle Unterschiede von einer Tendenz zur Nivellierung betroffen. So verwischt sich das früher übliche Gefälle zwischen Stadt und Land zusehends (vgl. Elliott et al. 1983).

3. Entwicklungsprozesse und Problemverhalten

Der Überblick zu Veränderungsmustern von Substanzgebrauch und Delinquenz über die Lebensspanne führte zu einem eindeutigen Ergebnis: Zwischen dem Alter, ausgedrückt in Jahren oder verstanden als Lebenslauf, und der Häufung von Problemverhalten besteht eine systematische Beziehung. Wir sehen das mit Begriffen wie Episode oder Fenster bezeichnete Muster alterskorrelierter Veränderungen als Ergebnis zielbezogener Aktivitäten der Person. Wie beispielsweise der rasche Anstieg des Risikos zum Alkoholgebrauch zwischen 15 und 18 Jahren deutlich macht, dürfte hierbei ein wichtiges Moment die *Auseinandersetzung mit Normen* sein: Die Daten von Kandel und Logan (1984) wurden im Staat New York erhoben, in dem Kauf und Verbrauch von Alkohol durch Jugendliche unter 18 Jahren an sich gesetzlich verboten ist.

Im folgenden werden die Grundzüge eines Handlungsmodells von Entwicklung so weit beschrieben, wie es für die sich anschließende Unterscheidung in prototypische Entwicklungsprobleme erforderlich ist.

Jugendentwicklung als Selbstregulation

Wir sprechen pointiert von „Entwicklung als Handlung im Kontext" (vgl. Silbereisen 1986, Silbereisen & Eyferth 1986, Silbereisen & Kastner 1986), um das Handeln und Wollen der Jugendlichen selbst in den Mittelpunkt zu stellen. Wenn unsere Einschätzung richtig ist, werden heute solche *handlungstheoretischen* Vorstellungen über die Bedingungen von Entwicklung gegenüber den klassischen Entwicklungsparadigmen besonders beachtet (vgl. Lerner & Busch-Rossnagel 1981, Brandtstädter 1984). Um ein denkbares Mißverständnis erst gar nicht aufkommen zu lassen: Behauptet wird keineswegs, daß ein handlungstheoretisches Entwicklungsmodell für alle Bereiche und alle Lebensabschnitte angemessen sei. Handeln ist seiner Natur nach nur möglich, wo Alternativen im Prinzip zugestanden und von der Person auch in Selbstbestimmung genutzt werden. In dieser Hinsicht scheint die Entwicklung Jugendlicher ein Musterfall zu sein. Ist es doch für die häufig als *Entwicklungsaufgaben* (vgl. Havighurst 1956, Petersen & Spiga 1982) bezeichneten Zielprojektionen für den Lebenslauf wesentlich, daß die aktive Bewältigung einer keineswegs eindeutig festgelegten Anforderung verlangt wird. Jugendliche müssen im Schnittfeld von biologischen Voraussetzungen, soziokulturellen Erwartungen und persönlichen Möglichkeiten zu Entwicklungsorientierungen und darauf aufbauend zu entsprechenden Umsetzungen in ihrer Lebenspraxis gelangen. Allein schon die soziokulturellen Erwartungen sind nicht einfach strukturiert, sie verlangen Handeln unter Bedingungen von Unbestimmtheit, Komplexität und Widersprüchlichkeit (Silbereisen & Eyferth 1986).

Wenn in den letzten Jahren die Eigeninitiative der Person vermehrt zum Attribut des psychologischen Entwicklungsbegriffs wurde, so entspricht dem eine charakteristische Veränderung in unserem Gesellschaftssystem: Soziologische Analysen verweisen auf die Ablösung der Identitätsbildung von den gewohnten sozialstrukturellen Bezügen (Siegert & Chapman, im Druck), auf einen Trend zur Individualisierung (Beck 1983), welcher dem einzelnen mehr Freiheit in der Lebensplanung gibt, aber auch mehr Verantwortung anlastet und Risiko überträgt. Das Herkunftsmilieu beispielsweise verliert immer mehr an Bedeutung für die Sicherung eines auskömmlichen Platzes im sozialen Gefüge.

Zugespitzt spricht Zinnecker (1985, vgl. Postman 1983) in diesem Zusammenhang vom ,,Anfang des Endes der Jugend", weil kaum länger von Jugend als pädagogisch betreutem Moratorium (selbst eine erst ab den fünfziger Jahren verwirklichte Utopie des 18. Jahrhunderts!) die Rede sein könne: Die Jugendlichen müssen sich immer früher, im Grunde bereits als Kinder, ungeschützt mit widersprüchlichen Anforderungen und Karrierezwängen auseinandersetzen.

Schema der Selbstregulation

,,Entwicklung als Handlung im Kontext" versteht die kognitiv-motivationale Organisation von Entwicklung als charakterisiert durch *Selbstregulation,* die in Art von Rückkopplungsprozessen abläuft. Im unteren Teil von Abb. 20.2 ist die Grundstruktur solcher Selbstregulationsprozesse in Übertragung eines Modells von Carver & Scheier (1982) dargestellt. Der obere Teil soll Unterschiede in der Prävalenz einiger normativer Entwicklungsaufgaben über die Lebensspanne verdeutlichen.

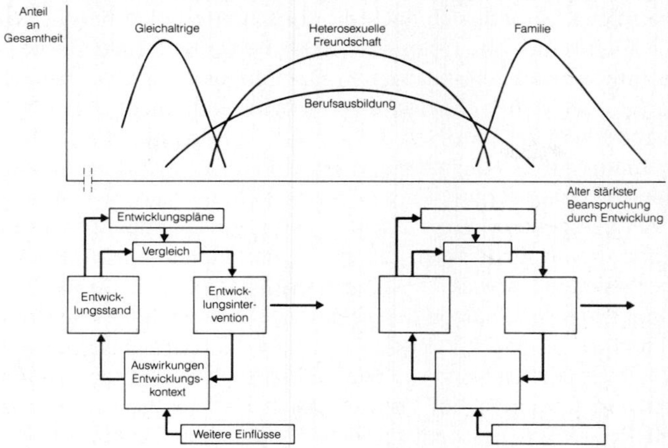

Abb. 20.2 Selbstregulation und Entwicklung. Oberhalb der Zeitachse ist die unterschiedliche Prävalenz einiger Entwicklungsaufgaben schematisch dargestellt; unterhalb ist die Rückkopplung zwischen Entwicklungsstand und Entwicklungsplan als Prozeß über die Lebensspanne verdeutlicht.

Diese schematische Darstellung von Selbstregulation ist wie folgt zu lesen: Auf Abweichungen des wahrgenommenen Entwicklungsstands von dem gewünschten Zustand, wie er in persönlichen Entwicklungsplänen festgehalten ist, wird durch selbst bewirkte Entwicklungsinterventionen begegnet. Versucht wird, durch Veränderungen von Entwicklungskontexten, worunter die Person in ihrer Umwelt zu verstehen ist, eine entsprechende Änderung des Entwicklungsstands zu erreichen. Auf dieses System wirken zudem außerhalb liegende Einflüsse ein, die beispielsweise von anderen Personen ausgehen können, die ihrerseits Entwicklungspläne verfolgen.

Der Prozeß der Selbstregulation von Entwicklung erfolgt einerseits in „langen Wellen" (vgl. Abb. 20.2 oberer Teil), andererseits in darauf bezogenen „kurzen Zyklen": Beziehungen zu Gleichaltrigen aufzubauen oder eine Berufsausbildung zu durchlaufen, braucht seine Zeit. Langfristige Veränderungen solcher Art bestehen genau betrachtet aus einer Vielzahl von kleinen Schritten. Ihr jeweiliger Soll-Zustand kann das Ergebnis früherer Entwicklungsinterventionen sein, die nach Maßgabe übergeordneter, weiter in die Zukunft reichender und abstrakter aufgebauter Entwicklungspläne erfolgten.

Dieses („hierarchisch-sequentielle") Prinzip der Verschachtelung verschiedener Regulationsebenen bewirkt zusammen mit der beschränkten Kapazität zum Mehrfachhandeln (vgl. Kaminski 1985), daß erst Teilprobleme abgearbeitet werden, bevor Bemühungen um neue Gesamtziele erfolgen. So läßt sich auch die sogenannte Fokaltheorie jugendlicher Entwicklung von Coleman (1980) verstehen: Jugendliche versuchen, ihre entwicklungsbezogenen Bemühungen so im Lebenslauf zu plazieren, daß Mehrfachbelastungen möglichst vermieden werden.

In Abbildung 20.2 war von Plänen für Entwicklung die Rede. Diese Bezeichnung sollte lediglich stellvertretend für *Entwicklungsorientierungen* verschiedener Regulationsebenen stehen, die sich nach Abstraktion und Zeitperspektive unterscheiden. Für ein handlungstheoretisches Verständnis von Entwicklung ist ganz entscheidend, auf welcher Regulationsebene ein Entwicklungsthema angegangen wird: Den Fall langfristig angelegter und allgemein gehaltener Entwicklungsorientierungen hat Thomae (1968) im Blick, wenn er von Daseinsorientierungen spricht. Vergleichbar sind die Identitätsprojekte bei Harré (1984, vgl. Siegert und Chapman, im Druck). Auch Little (1983) verwendet den Begriff Projekte („personal projects"), allerdings für kurzfristiger und konkreter gemeinte Entwicklungsinterventionen. Hiervon lassen sich auf Entwicklung bezogene Skripten (vgl. Nelson 1986) unterscheiden, um dem Umstand Rechnung zu tragen, daß wir alle unsere Entwicklung die meiste Zeit nicht sonderlich bewußt betreiben, sondern mit Erfolg eingeschliffene Muster verfolgen.

Typen von Entwicklungsproblemen

„Entwicklung als Handlung im Kontext", beschrieben wie bislang, erlaubt den Entwurf einiger Szenarien von *Entwicklungsproblemen,* die Anlaß von Problemverhalten sein können. Unser Vorgehen hat den Vorteil, für wechselnde Inhalte offen zu sein. Dies macht die größere Anschaulichkeit plakativer Formulierungen wett (Baacke und Heitmeyer 1985: „Neue Widersprüche – Jugendliche in den achtziger Jahren").

Übermaß an Fremdbestimmung. Als erstes denken wir an solche Umstände in der Umwelt des Jugendlichen, die zwar alterskorrelierte Veränderungen des Erlebens und Verhaltens ermöglichen oder erzwingen, sich aber dennoch im gegebenen Kontext nicht sinnvoll als das Ergebnis von Handlungen interpretieren lassen. Weil hier mit der Beschneidung von Selbstregulation ein entscheidendes Moment jugendlicher Entwicklungsprozesse betroffen ist, muß in der Folge mit schweren Beeinträchtigungen des Selbstwerts gerechnet werden: Fehlt dem Jugendlichen jede Kontrolle über die Ergebnisse seiner Entwicklungsinterventionen, weil äußere Einflüsse die beabsichtigten Änderungen von Entwicklungskontexten wirkungslos machen oder gar in ihr Gegenteil verkehren, mangelt es also grundsätzlich an Autonomie und Alternativen, wollen wir vom Problem der Fremdbestimmung in der Entwicklung sprechen.

Erleben von Sinnverlust. Solchen übermächtigen äußeren Einflüssen in den Auswirkungen vergleichbar, doch an einem ganz anderen Punkt des Prozesses angreifend, ist der Mangel an zukunftsorientierten Perspektiven der Person. Wer den Zusammenhang zwischen den einzelnen Schritten einer langen Serie von Veränderungen nicht zu sehen oder zu stiften vermag, weil es letztlich an Werthaltungen fehlt, die allem erst Sinn verleihen könnten, steht vor dem Problem des Sinnverlusts in der Entwicklung.

Mangel an Passung. Entwicklungsprobleme als Folge von Fremdbestimmung oder Sinnverlust haben gemeinsam, daß sie Selbstregulation als Merkmal von Entwicklung grundsätzlich in Frage stellen. Fremdbestimmung und Sinnverlust können Handeln gegenüber den betroffenen Entwicklungsthemen letztlich unmöglich machen. Weniger tiefgreifende Entwicklungsprobleme beziehen sich auf Beschränkungen der Selbstregulation, ohne sie völlig zu beschneiden: Der Entwicklungskontext kann für die Entwicklung in einem bestimmten Bereich problematisch sein, weil entweder alle verfügbaren Entwicklungsinterventionen nicht zu den gewünschten Veränderungen führen oder weil sich der erforderliche Entwicklungsstand selbst bei geändertem Kontext nicht erreichen läßt. Wir wollen hier vom Problem der Passung in der Entwicklung sprechen.

Widersprüche in der Planung. So wie bei Passungsproblemen beabsichtigte Ziele und Möglichkeiten ihrer Verwirklichung auseinanderfallen, können auch verschiedene Entwicklungsorientierungen, also auf Entwicklung bezogene Themen, Pläne, Projekte oder Skripten, untereinander mehr oder weniger in Widerspruch stehen oder sich gar wechselseitig ausschließen. Liegt dies vor, soll von Problemen der Planung in der Entwicklung die Rede sein.

Schwierigkeiten der Verständigung. Schließlich muß noch eine weitere eigenständige Quelle von Entwicklungsproblemen genannt werden: Entwicklung findet nie isoliert statt, sondern erfolgt in sozialen Einheiten wie der Familie oder der Gleichaltrigengruppe. Jugendliche sind auf soziale Interaktion als wesentliche Quelle von Erfahrungen, Unterstützung und Widerstand angewiesen. Auf Entwicklung orientierte Aktivitäten sind Anstoß für das Handeln unserer Interaktionspartner, das seinerseits auf deren eigene oder auch auf unsere Entwicklung gerichtet sein kann. Sind die Entwicklungsorientierungen der Beteiligten sehr verschieden, werden die Möglichkeiten zum wechselseitigen Verständnis beschränkt sein. Solche Umstände und Schwierigkeiten sollen als Probleme der Verständigung in der Entwicklung bezeichnet werden. Auch hier macht es natürlich einen Unterschied, ob einzelne Entwicklungsbereiche oder aber mehr oder weniger alle durch Kommunikationsstörungen beeinträchtigt sind.

Risikofaktoren

Die Beziehung zwischen Problemverhalten und Entwicklungsproblemen wird in ihrer Stärke, Dauer und damit auch in ihrem Gefährdungspotential für die künftige Entwicklung durch Einflüsse moderiert, die wir als *Risikofaktoren* bezeichnen wollen.

Formal versteht man hierunter (vgl. Garmezy et al. 1984) lediglich jedwede Umstände, welche die Wahrscheinlichkeit für Problemverhalten erhöhen. In diesem Sprachgebrauch zählten also die Entwicklungsprobleme selbst zu den wichtigsten Risikofaktoren. Dies scheint indessen für die gegenwärtige Diskussion wenig sinnvoll. Im Zusammenhang von Risikofaktoren ist oft auch die Rede von gewissermaßen gegenläufigen *Schutzfaktoren.* Sie erniedrigen die Wahrscheinlichkeit von Problemverhalten, indem die Einflüsse vorhandener Risikofaktoren gleichsam blockiert werden.

Risiko- und Schutzfaktoren eigens herauszustellen, lohnt für die Analyse der Beziehung von Jugendentwicklung und Problemverhalten, wenn nur solche Bedingungen gemeint sind, von denen Gefährdungen bzw. Abschirmungen gegenüber einem breiten Spektrum von Entwicklungsproblemen und Problemverhalten ausgehen. Solche Faktoren sind in unserem Verständnis entweder ihrer Natur nach Veränderungen schwer zugänglich, wie im Fall genetisch bedingter Beeinträchtigungen, oder aber sie sind so eng mit den Umständen normativer Entwicklung verbunden, wie das Beispiel von Freizeitsettings zeigt, daß der Versuch, sie auszuschalten, Entwicklung selbst unmöglich machen würde. Schutzfaktoren heben die negativen Wirkungen von Risikofaktoren auf, ohne die positiven zu beeinträchtigen.

Einer groben Einteilung zufolge liegen Risikofaktoren entweder in der Person oder aber in der Umwelt.

Vulnerabilität der Person

Wie sich die Beziehung zwischen Problemverhalten und Entwicklungsproblemen gestaltet, ist von der Anfälligkeit gegenüber den von Entwicklungsproblemen ausgehenden Belastungen abhängig, die von Person zu Person sehr unterschiedlich ausfallen kann. Diese Verletzbarkeit oder *Vulnerabilität* (vgl. Garmezy & Rutter 1983, Werner & Smith 1982) scheint eng mit Unterschieden in der Reaktion auf Streß zusammenzuhängen: Gegen Verhaltensstörungen als Folge von Belastungen ist eher gefeit, wer auch unter solchen Umständen die interne Integration aufrechterhalten kann und sich nicht unkontrolliert Spannungen hingibt.

Vergleichsweise gut abgesichert scheinen Unterschiede in der Vulnerabilität in Abhängigkeit vom Geschlecht. In dieser Hinsicht sind die bei Mädchen und Jungen unterschiedlichen Auswirkungen ökonomischer Belastungen auf die Jugendentwicklung ein anschauliches Beispiel. Elder et al. (1986) zeigten mit ihren Analysen von Daten der Oakland Growth Study bzw. Berkeley Guidance Study aus der Zeit der Weltwirtschaftskrise, daß es vor allem die durch die ökonomische Belastung verstärkte emotionale Instabilität der Väter war, die Entwicklungsrisiken für die Heranwachsenden barg. Die Mütter hingegen hatten eher eine ausgleichende, Konflikte moderierende Funktion. Die Auswirkungen waren für die beiden Geschlechter verschieden: Töchter litten in der Folge weit stärker an Selbstwertproblemen als Söhne, und dies erst recht, wenn ihre physische Attraktivität (nicht von den Vätern beurteilt!) als gering eingeschätzt wurde.

Eine mögliche Begründung für die unterschiedliche Vulnerabilität liegt im traditionellen Verständnis von Familien- und Geschlechtsrollen. Die Töchter mußten sich stärker im Haushalt engagieren als Söhne, bekamen deshalb mehr Spannungen und Auseinandersetzungen mit, und hatten wenig Gelegenheit, alternative Entwicklungsorientierungen auszubilden. Für die Söhne ergaben sich aus dem innerfamiliären Statusverlust der Väter (vgl. Elder et al. 1984) eher Entwicklungschancen: Vielen gelang es, sich früher als nach dem traditionellen Verständnis üblich Freiräume außerhalb der Familie zu sichern. Diese größere Selbständigkeit wiederum wirkte sich auch langfristig positiv auf ihren Lebenserfolg als Erwachsene aus.

Wie aktuell muß Längsschnittforschung sein?

Der sozialwissenschaftlichen Jugendforschung wird zu Recht der Vorwurf gemacht, stets auf der Jagd nach dem jeweils jüngsten Jugendproblem zu sein. Diese Sucht nach der Aktualität wird häufig damit begründet, daß Wandel die Regel, Beständigkeit die Ausnahme in der Jugendentwicklung sei. Stimmte dies, wären die Ergebnisse von Längsschnittforschung immer Beiträge zur Geschichte *vergangener* Jugendentwicklung.

Soweit Längsschnittforschung die Prozesse von Veränderungen zu entschlüsseln sucht, statt bloß die Häufigkeiten der beteiligten Merkmale, trifft diese Einschränkung ungeachtet aller Plausibilität nicht zu. Die von Elder et al. (1986) herausgestellte höhere Vulnerabilität der Mädchen gegenüber negativen Auswirkungen der Weltwirtschaftskrise repräsentiert mehr als bloß eine historische Momentaufnahme. Unbeeinflußt von allen gesellschaftlichen Veränderungen in der Stellung der Frau scheinen auch heute die gleichen Entwicklungsprozesse wirksam zu sein: Galambos und Silbereisen (1986) untersuchten eine Stichprobe Berliner Familien. Mit Pfadmodellen sollte geprüft werden, welche Zusammenhänge zwischen der ökonomischen Lage, der Lebenszuversicht der Eltern sowie den berufsbezogenen Zukunftserwartungen der Kinder bestehen. In der folgenden Abbildung 20.3 sind einige Ergebnisse wiedergegeben.

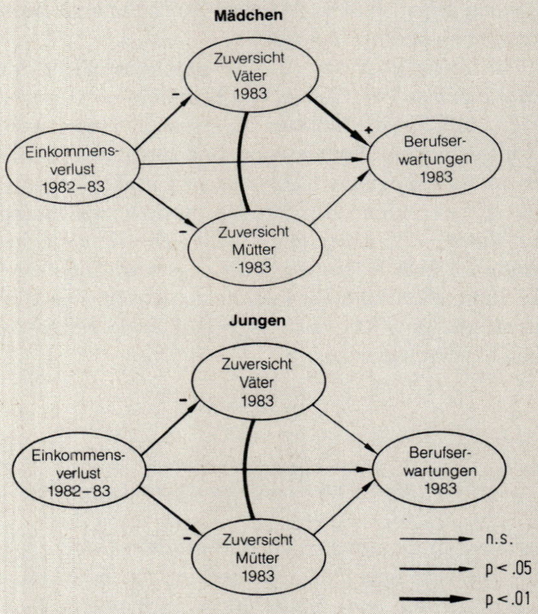

Abb. 20.3 Einkommensverlust, elterliche Zuversicht und Berufserwartungen der Jugendlichen (nach Galambos & Silbereisen 1986).

Wie zu erwarten, wirken sich Veränderungen des Familieneinkommens auf die Lebenszuversicht beider Eltern aus. Wer im vergangenen Jahr Verluste zu beklagen hatte, ist entsprechend weniger zuversichtlich. Dies hat für die berufsbezogenen Zukunftswartungen der Jungen indessen keine weiteren Auswirkungen. Ganz anders steht es bei den altersgleichen Mädchen: Je pessimistischer die Väter, desto niedriger die Erwartungen ihrer Töchter an die Zukunft. Die Mütter sind in dieser Hinsicht erneut bedeutungslos.

Galambos und Silbereisen (1986) fanden außerdem an der gleichen Stichprobe, daß Mädchen aus Familien mit Einkommensverlust mehr abweichendes Verhalten und entsprechende Kontakte mit Peergruppen hatten. Bei Jungen zeigte sich dieser Zusammenhang nicht.

Die Vulnerabilität der Mädchen bestätigt sich also auch für die aktuelle deutsche Situation. Die Gründe liegen sicherlich nicht nur im traditionellen Verständnis der Frauenrolle, das sich ja geändert hat. Vielmehr scheint die Adoleszenz für alle Mädchen eine Zeit gesteigerter Anfälligkeit zu sein. Die Ergebnisse sind demnach weniger spezifisch für die besondere Art der Belastung, denn für die Prävalenz eines typischen Entwicklungsproblems von Mädchen.

Das Beispiel der Studien zu Auswirkungen ökonomischer Belastungen auf die Entwicklung der Jugendlichen verdeutlicht noch weitere Besonderheiten von Schutz- und Risikofaktoren in unserem Verständnis: a) Lebensbedingungen als solche sind für Entwicklung und Problemverhalten nicht grundsätzlich gut oder schlecht. b) Es kommt auf die Art der Interaktion zwischen Merkmalen der Person und Umständen in der Umwelt an (vgl. Bronfenbrenner 1986). Sie kann *destruktiv* sein wie im Fall der Mädchen, wo negative Einflüsse von Entwicklungskontexten verschlimmert und positive unterminiert werden. Sie kann aber auch *konstruktiv* sein wie bei den Jungen, wo positive Einflüsse von Entwicklungskontexten verstärkt und negative abgeblockt werden.

Folgt man Werner und Smith (1982), dürften die Ergebnisse weniger von den besonderen Umständen der ökonomischen Belastung des Familiensystems abhängen, als es den Anschein hat. Die höhere Vulnerabilität der Mädchen ist auf die frühe Adoleszenz beschränkt. Umgekehrt zeigen Jungen eine höhere Vulnerabilität in der frühen Kindheit. Für weitere Beispiele kann auf die Längsschnittstudie von Pulkkinen (1983) verwiesen werden, die in Finnland durchgeführt wird: Schon in der Kindheit bestehende Unterschiede im Mangel an Impulskontrolle sind prognostisch relevant für den übermäßigen Gebrauch von Alkohol im frühen Erwachsenenalter. Diese Beziehung gilt aber nur für Männer, nicht für Frauen.

Belastungen aus der Umwelt

Risikofaktoren können sich als scheinbare Besonderheiten des Problemverhaltens darstellen. In diesem Zusammenhang kann an die immer wieder geführte Debatte erinnert werden, ob Haschisch eine „gateway"-Funktion für den Gebrauch illegaler Drogen hat oder nicht (vgl. Kandel 1980, Projektgruppe Tudrop 1984). Die Antwort hängt sehr davon ab, worauf man die unbestritten deutliche Übergangswahrscheinlichkeit zurückführt: zutreffend auf mittelbare Auswirkungen des Kontexts oder fälschlich auf unmittelbare pharmakologische Effekte. Wenn also Kandel und Adler (1982) von Konsumenten illegaler Drogen, auch im Vergleich zwischen Ländern wie USA und Frankreich, gleiche Sequenzen im ersten Gebrauch verschiedener Drogen finden, wobei Marihuana bzw. Haschisch in der Abfolge zwischen den legalen und den illegalen Drogen steht, so ist dies nicht unbedingt Ausdruck eines Risikopotentials von Marihuana an sich, sondern spiegelt Unterschiede in der *Verfügbarkeit* oder der Sanktionsträchtigkeit wider.

Bei weiteren Risikofaktoren in der Umwelt ist nach Elliott et al. (1979) vor allem an zwei Bedingungen zu denken: zunächst an *soziale Desorganisation* im häuslichen Lebensraum, wobei hierunter der Verlust von elterlicher Aufsicht und Kontrolle über die Aktivitäten, besonders in der frühen Adoleszenz, verstanden wird. Von nicht minderer Bedeutung sind dadurch geförderte Kontakte mit Peergruppen in der späten Adoleszenz, soweit sie Problemverhalten zeigen. Für die Wichtigkeit dieser beiden Risikofaktoren gibt es zahlreiche empirische Belege. Patterson, Dishion und Bank (1984) befragten Jugendliche der Schulstufen sieben und zehn sowie ihre Eltern. Die Analyse von Strukturgleichungsmodellen (LISREL, vgl. Jöreskog & Sörboom 1981) ergab einen deutlichen Zusammenhang (Regressionskoeffizienten) zwischen Delinquenz und mangelnder Aufsicht durch die Eltern (–.43) einerseits, Teilhabe an Peergruppen mit Problemverhalten (–.31) andererseits. Mangelnde Aufsicht stand mit Peergruppen in Beziehung (–.43). Kandel (1986) fand Freundschaften mit Jugendlichen, die Marihuana nehmen, als einen der wichtigsten Prädiktoren von Problemverhalten überhaupt.

Die von Bronfenbrenner (1986) geforderte Analyse von Moderatoreffekten ist im Fall von Risikofaktoren aus der Umwelt bislang kaum aufgegriffen.

Funktionelle Äquivalenz

Fremdbestimmung, Sinnverlust, Mangel an Passung, Widersprüche in der Planung und schließlich *Schwierigkeiten der Verständigung* sind es, auf die Jugendliche mit Problemverhalten antworten. Besondere Bindungen zwischen dem Problemtyp und der Art des nachfolgenden Problemverhaltens anzunehmen, wäre indessen eine zu einfache Vorstellung: a) Ein und dasselbe Problemverhalten kann Ausdruck und Bewältigungsversuch gegenüber unterschiedlichen Entwicklungsproblemen sein. Der Gebrauch illegaler Drogen ist in dieser Hinsicht ein bekanntes Beispiel.

Wer mit seinen Freunden Haschisch konsumiert, kann sich durch den Anschluß an eine solche Gruppe sowohl der Fremdbestimmung erwehren, als auch im schlimmsten Fall den Verlust an glaubhaften Lebensorientierungen durch eine auf Drogen zentrierte Alltagsphilosophie ersetzen. Natürlich wird die Bilanz von Risiken und Chancen für die weitere Entwicklung dabei unterschiedlich günstig oder ungünstig sein. b) Unterschiedliches Problemverhalten kann Ausdruck und Bewältigungsversuch gegenüber demselben Entwicklungsproblem sein. Beispielsweise aus einem Übermaß an Fremdbestimmung auszubrechen, kann auf vielfache Weise erfolgen. Wer durch offene Auflehnung versucht, Kontrolle über seine Entwicklung zu gewinnen, geht andere Risiken ein und darf auf andere Chancen hoffen als jemand, dem Widerstand nur durch Rückzug in die eigene Innerlichkeit möglich ist.

Diesen Fall hatten Jessor und Jessor (1977) vor Augen, als sie ihre Theorie des Problemverhaltens entwickelten. Sie unterstellen, daß sich die *Bereitschaft* („proneness") *zum Problemverhalten* in der Summe von Haltungen des Jugendlichen, wie starker Selbständigkeitsanspruch, und Umständen in der sozialen Umwelt, wie geringe soziale Kontrolle, aufbaut. Verschiedene Problemverhaltensweisen, ob übermäßiger Alkoholgebrauch oder verfrühte sexuelle Beziehungen, sind in dieser Hinsicht gleichgestellt. Ihre Funktion ist, neben anderen, den vorzeitigen Übergang in den Erwachsenenstatus symbolisch zu vollziehen (vgl. Jessor 1986).

Phänomenal verschiedene Antworten auf ein bestimmtes Entwicklungsproblem können also nach ihrer Funktion für die Bewältigung vergleichbar sein. Solch ein Verhältnis „funktioneller Äquivalenz" besteht nicht nur innerhalb verschiedener Arten von Problemverhalten, sondern auch zwischen Problemverhalten und in dieser Hinsicht unauffälligen Auseinandersetzungen der Jugendlichen mit Entwicklungsproblemen. Wie dieses Verhältnis im einzelnen aussieht, welche Aktivitäten andere Handlungen im Hinblick auf Entwicklung substituieren können, muß durch empirische Forschung geklärt werden. Ihre Ergebnisse sind für die wissenschaftliche Fundierung von Präventionsmaßnahmen aber entscheidend: Wegen der zumindest prinzipiellen Bedeutung eines jeden Problemverhaltens für die Bewältigung von Entwicklungsproblemen kommt es zur *Prävention darauf an, Alternativen minderen Risikos, aber vergleichbarer Entwicklungsfunktion anzubieten* (vgl. Brandtstädter 1985, Silbereisen & Kastner 1985).

4. Entwicklungsfunktionen von Drogengebrauch

Wir haben bislang, vor allem an Ergebnissen aus vielschichtig und langfristig angelegten Längsschnittstudien, beispielhaft gezeigt, wie sich Entwicklungsprobleme im Schnittfeld ökologischer und biologischer Bedingungen aufbauen, welche Bedeutung jugendliches Problemverhalten bei ihrer Bewältigung hat und welche Entwicklungsrisiken und Entwicklungschancen sich in der Lebensspannen-Perspektive ergeben. Das Ziel war, allgemeine Prinzipien im Verhältnis von Entwicklungsproblemen und Problemverhalten herauszuarbeiten.

Im weiteren wird ein besonderer Fall von Problemverhalten in den Mittelpunkt gestellt: Der Gebrauch von *Substanzen,* legalen wie illegalen Drogen. Wegen des Zusammenhangs aller auf Entwicklung bezogenen Problemverhaltensweisen geraten dabei andere Spielarten ohnehin nicht aus dem Blick. Die folgende Darstellung beschränkt sich auf exemplarische Fälle. Sie ist nach den bereits genannten Entwicklungsproblemen gegliedert, wobei allerdings zu bedenken ist, daß Überschneidungen bei dieser idealtypischen Kategorisierung nicht zu vermeiden sind.

Drogengebrauch und Fremdbestimmung

Im Fall der *Fremdbestimmung* lassen sich wie bei den anderen Entwicklungsproblemen typische Anlässe unterscheiden.

Biologische Anlässe

Einer vermeintlich genuin sozialwissenschaftlichen Perspektive wegen wurden in der Vergangenheit gerade biologische Voraussetzungen, genetisch bestimmte interindividuelle Unterschiede eingeschlossen, in ihrer Wirkung auf die Jugendentwicklung und damit auch auf jugendliches Problemverhalten unterschätzt. Dabei ist es nur scheinbar paradox, wenn gerade jene Forschungsansätze für ein handlungstheoretisches Modell der Jugendentwicklung Argumente liefern, welche das Wechselspiel von biologischen und ökologischen Faktoren untersuchen (vgl. Lerner 1985, Lerner & Foch, im Druck).

Biologisch determinierte Einflüsse in der Entstehung von Entwicklungsproblemen sind ein hervorragender Fall von Problemen der Fremdbestimmung in der Entwicklung. Betroffen sind gleich mehrere normative *Entwicklungsaufgaben,* wie etwa das Akzeptieren der eigenen körperlichen Erscheinung, der Erwerb der Geschlechtsrolle oder die Anforderung, neue Beziehungen und Partnerschaften aufzubauen. Magnusson, Stattin und Allen (1985) konnten am Stockholmer Längsschnitt zeigen, daß körperlich *früh entwickelten* Mädchen Problemverhalten offenbar dazu dient, die Diskrepanz von physischem und psychosozialem Entwicklungsstand und daraus folgende Störungen zu beheben. Sie verhalten sich eigentlich nicht viel anders, als es ihrer scheinbaren Altersgruppe entspricht.

Problemverhalten, Reifung und Umwelt

Magnusson (vgl. Magnusson et al. 1975) erfaßte 1965 alle Schüler der dritten Schulstufe (1025 Mädchen und Jungen) einer Stadt (etwa 100000 Einwohner) in Schweden. An dieser Stichprobe wurden seitdem immer wieder neue Erhebungen durchgeführt. Ihr Ziel ist, die Ausbildung von Alkoholismus, Delinquenz und psychischen Störungen zu untersuchen, und zwar im Gesamt der Entwicklung von der späten Kindheit bis in das Erwachsenenalter.

Wie Magnusson et al. (1985) berichten, besteht ein klarer Zusammenhang zwischen dem Alter der *Menarche,* das weitgehend genetisch bestimmt ist, und verschiedenen Problemverhaltensweisen dieser Mädchen. Je früher die Geschlechtsreife eintritt, desto höher liegen beispielsweise die Gebrauchsraten von Haschisch während der Jugendzeit. Einige Daten zu diesem Zusammenhang im Alter von knapp 16 Jahren sind in Tabelle 20.3 angegeben.

Tabelle 20.3 Gebrauch von Haschisch mit 16 Jahren in Abhängigkeit vom Alter bei Eintritt der Menarche[a]

	Haschisch			
Alter Menarche	nein	ja	N	%
< 11	70.0	30.0	40	9.2
11–12	82.4	17.6	102	23.6
12–13	89.5	10.5	171	39.5
> 13	95.8	4.2	120	27.7
N	380	53	433	
%	87.8	12.2		

[a] Angaben nach Magnusson et al. (1985, S. 155); Chi^2 (3,433) = 22.27, $p = < .001$.

Dieser Zusammenhang gilt insbesondere für jene Mädchen, die sich älteren Freunden angeschlossen haben. Damit liegt eine Interpretation nahe, die auf Prozesse sozialer Einflußnahme abhebt: Früh entwickelte Mädchen attrahieren beispielsweise dank ihres Aussehens ältere Freunde, die ihrerseits dem Alter entsprechend eher Haschisch gebrauchen und dann durch ihr Vorbild Einfluß auf den Drogengebrauch der Mädchen nehmen.

Zum vollen Verständnis der Befunde ist aber noch wichtig anzumerken, daß sich im Erwachsenenalter dieser Zusammenhang zwischen dem Alter der Menarche und Problemverhaltensweisen verliert. Dies ist nicht einfach durch die generell über so lange Zeiträume niedrigere Stabilität zu erklären: Das Bildungsniveau früh entwickelter Mädchen ist im Erwachsenenalter in gleicher Weise niedriger, wie es dies auch schon während der Jugend im Vergleich zu normal entwickelten war. Diese Ergebnisse widersprechen dem immer wieder berichteten Befund (vgl. Loeber & Dishion 1983), daß Problemverhalten um so eher im späteren Leben beibehalten wird, je früher der Beginn und je höher die damalige Intensität lag. Dank ihres in den meisten Delinquenzstudien nicht verwirklichten entwicklungspsychologischen Formats kommen Magnusson et al. (1985) zu einer ganz anderen Auffassung: Die Normverletzungen sind nicht so sehr Ausdruck einer devianten Einstellung, sondern *Ergebnis von Bemühungen, in der psychosozialen Entwicklung mit den biologischen Gegebenheiten Schritt zu halten* (vgl. Simmons et al. 1983). Problemverhalten ist dann nichts anderes als der Versuch, jene Selbständigkeit auch darzustellen, die dem körperlichen Erscheinungsbild entspricht, also ein Problem mangelnder Passung zu lösen. Wenn sich dieses Mißverhältnis in den späteren Jahren ausgeglichen hat, dem Problemverhalten also die Grundlage fehlt, wird es aufgegeben.

Scarr und McCartney (1983) stellten jüngst ein neues, durch die *Verhaltensgenetik* beeinflußtes Modell der Wechselwirkung von genetischem Programm und Umwelt vor. Sie gehen davon aus, daß die phänotypische Entwicklung sowohl direkt durch genotypische Änderungen als auch indirekt über Umwelteinflüsse gesteuert wird, wobei letztere selbst von genotypischen Änderungen angestoßen wurden. Ab der Adoleszenz soll dieser Effekt aktiv vom Heranwachsenden ausgehen, da in diesem Alter allfällige Anlageunterschiede nicht länger durch womöglich gegenläufige Familienumwelten verdeckt werden. Der von Magnusson et al. (1985) berichtete Effekt wäre also doppelt determiniert: Früh entwickelte Mädchen attrahieren nicht nur ältere Freunde, sie suchen solche Gelegenheiten auch aktiv auf.

Haschisch zu gebrauchen ist hier Ausdruck des Bemühens, jene Selbständigkeit jugendtypisch nach außen darzustellen, die dem körperlichen Erscheinungsbild entspricht. Die tolerante oder ermutigende Reaktion der zumeist älteren Freunde dieser früh entwickelten Mädchen ist lediglich ein zusätzlicher Faktor, welcher das Auftreten von Problemverhaltensweisen unterstützt.

Soziale Anlässe

Kaplan (1980) bezieht sich auf Problemverhalten, bei dem Jugendliche im Ergebnis längerer Auseinandersetzungen den normativen Erwartungen einer Gruppe, deren Mitglied sie sind, willentlich nicht genügen und sich davon abweichend verhalten. Als eine solche Gruppe wäre beispielsweise die eigene Familie oder der Freundeskreis zu sehen. So motiviertes Problemverhalten wird als Folge negativer und zugleich als mögliche Voraussetzung künftig positiver Selbstbewertung gesehen. *Abweichung hat die Funktion, das Selbst gegen aufgezwungene negative Bewertungen zu schützen.*

Vor diesem Hintergrund erfolgt die Ausbildung des Problemverhaltens in mehreren Schritten: Der Jugendliche erkennt zunächst einen Zusammenhang zwischen negativer Selbstbewertung und Mißerfolg gegenüber normativen Entwicklungsanforderungen und, worauf es ankommt, schreibt dies der von der Gruppe ausgehenden Fremdbestimmung zu („Was immer ich anstelle, die geben mir doch keine Chance ..."). Hierauf kommt es zur Ausbildung positiver Einstellungen zu Verhalten, das von den Normen der ursprünglichen Bezugsgruppe abweicht. Hält die Hilflosigkeit gegenüber den selbstabwertenden Erfahrungen an, wird die Aufmerksamkeit zunehmend auf abweichendes Verhalten gerichtet. Die Umwelt wird in dieser Hinsicht neu strukturiert. Aus den ersten Versuchen im abweichenden Verhalten werden sich schließlich Bindungen an neue Bezugsgruppen ergeben, deren Anerkennung zu einer Steigerung des Selbstwerts und damit zur Verfestigung des Problemverhaltens beiträgt.

Kaplan et al. (1982, 1984) versuchten, dieses Modell für den Gebrauch illegaler Drogen zu bestätigen. Untersucht wurden, schon Anfang der siebziger Jahre, rund 3000 Schüler, wobei jeweils im Abstand von zwölf Monaten drei Erhebungen, beginnend mit der siebten Klasse, durchgeführt wurden. Die Jugendlichen waren aus einer noch größeren Stichprobe danach ausgewählt worden, daß sie vor der ersten Erhebungswelle keine Erfahrung mit illegalen Drogen hatten. Die Ergebnisse von Pfadanalysen über die drei Zeitpunkte waren: Ist der Selbstwert zu Beginn der Untersuchung niedrig, entspricht dem bei der zweiten Erhebung einerseits die Selbsteinschätzung, von Klassenkameraden, Eltern und Lehrern abgelehnt zu werden, was wiederum zu einer Belastung des Selbstwerts führt. Andererseits ergibt sich eine positive Bewertung von Devianz und vermehrte Kontakte mit Jugendlichen, die Drogen nehmen, ist festzustellen. Zum dritten Zeitpunkt wurde schließlich ein um so höherer Gebrauch von illegalen Drogen berichtet, je negativer die Selbstbewertung im Jahr zuvor lag und je größer die Zahl von befreundeten Drogenkonsumenten damals war.

Probleme mit dem Selbstwert führen also in der Tat zu Drogengebrauch. Die in entwicklungspsychologischer Perspektive wesentliche Besonderheit der Theorie aber, der vermutete *positive* Effekt des Drogengebrauchs für den späteren Selbstwert, ließ sich leider mit dem Untersuchungsplan von Kaplan et al. erst gar nicht prüfen (!), weil die entsprechenden Erhebungen nicht im Untersuchungsplan vorgesehen waren. Wir kommen auf diese Frage zurück.

Drogengebrauch und Sinnverlust

In den Untersuchungen der Arbeitsgruppe von Jessor (vgl. Jessor & Jessor 1984, Jessor 1986) findet sich immer wieder das sogenannte *Nonkonformismus-Syndrom,* das eindeutig mit dem Gebrauch von Drogen zusammenhängt: Hierzu zählen neben den Erfahrungen mit Drogen Merkmale wie der Wunsch nach Unabhängigkeit von traditionellen Leistungserwartungen, kritische Einstellungen gegenüber gesellschaftlichen Institutionen, Toleranz gegenüber Normverletzungen und Abkehr von gewohnten Formen der Religiosität. Nimmt man die von Fischer et al. (1981, „Shell-Studie Jugend '81") herausgestellten öffentlichen Wandsprüche als Maßstab des jugendlichen Nonkonformismus, geht es bei den Träumen von der besseren Welt heute vor allem um jugendtypische Formen von Anarchismus („Schwarzfahren ist billiger"), Zivilisationskritik („Schade, daß Beton nicht brennt") und Hedonismus („Leben – jetzt") Drogengebrauch ist häufig ein Symbol der Verwirklichung solcher Werte.

Von der weit verbreiteten Teilhabe an solchen jugendtypischen Lebensäußerungen, einschließlich des Risikos von Drogengebrauch, zur langfristigen Orientierung an einer durch Drogengebrauch gezeichneten Subkultur als Ersatz für Sinnverlust ist es ein weiter Weg. Unsere Perspektive verweist aber auch hier auf die für die Entwicklung konstruktiven Momente.

Entsprechend dem von Greverus (1978) vertretenen kulturanthropologischen Ansatz verstehen wir unter *Subkultur* nicht beliebige kulturelle Teilsysteme, sondern nur solche soziale Gruppierungen, die aufgrund ihrer gesellschaftlichen Marginalposition den Anforderungen einer herrschenden Kultur (bzw. Kulturen) und deren Regeln nicht entsprechen. Nur wenn ein eigenes Muster der Lebensbewältigung und Lebensgestaltung vorliegt, welches die Gesamtheit materieller, sozialer und geistiger

Kulturbereiche artikuliert, macht der Begriff wissenschaftlich Sinn. Bezeichnend für jugendliche Subkulturen ist denn auch die Kreativität ihres Erscheinungsbildes, dessen Elemente häufig auf das Weiterexistieren früherer, in der übergeordneten ,,Stammkultur" (etwa traditionelle Arbeiterschichten; vgl. Clarke et al. 1979) nicht länger funktionaler Verhaltensweisen und Orientierungen schließen lassen. Beispiele umfassen die Dockarbeiterstiefel der Skinheads ebenso wie die grotesk überzogene Abgrenzung subkultureller Arbeiterjugendlicher gegenüber Ausländern. Die folgende Charakterisierung nach Schichten ist überzeichnet; bei Punks beispielsweise wäre eine Zuordnung nicht möglich.

In subkulturellen Gruppierungen mit *Unterschicht*-Hintergrund haben sich historisch wiederholt zwei Leitthematiken gezeigt (vgl. Brake 1980, Clarke 1979): a) Hervorkehrung traditioneller Orientierungen des Herkunftsmilieus, vor allem des Ideals der Männlichkeit – hart, zupackend, sexistisch wie die Skinheads. Alkohol im Übermaß ist Ausdruck der Unabhängigkeit. b) Im Gegensatz hierzu ausdrückliche Distanzierung von der schichttypischen Rollenzuweisung, wobei die Orientierung an Konsum und Mode als Karikatur bürgerlicher Haltungen zu verstehen ist wie bei den Mods. An die Stelle des Macho-Images tritt eine kultivierte Androgynität, statt des bodenständigen Alkohols greift man lieber zu chemischen Modedrogen.

Jugendliche Subkulturen mit *Mittelschicht*-Hintergrund zeichnen sich dadurch aus, daß ihre Orientierungen über die Kompensation im Freizeitbereich hinausgehen. Merkmale waren beispielsweise der idealistische Widerstand gegen die Politik (,,make love not war"), eskapistische Abenteuer in den fernen Osten oder auch in die eigene Subjektivität, und schließlich ein auf die Spitze getriebener Individualismus. Die Verknüpfung kultureller Versatzstücke unterschiedlicher Herkunft zeigt sich beispielsweise am Mystizismus der Hippies, nicht zuletzt aber in der Suche nach immer neuen, durch Drogen gestützten ,,Flips" aus dem Alltag.

Subkulturen unterliegen ihrerseits einem raschen Wandel, sind Opfer der kommerziellen Trivialisierung, die sich einzelne Elemente herausgreift und zu einem auf jugendliche Kosumenten zugeschnittenen Warenangebot macht. Die Musikmoden sind ein Beispiel (Weiß 1980): Was gestern noch die Andersartigkeit demonstrieren ließ, hat heute schon den Stachel verloren. Die Jugendlichen selbst werden älter, mit der Übernahme von Erwachsenenrollen verlieren subkulturelle Orientierungen an Attraktivität.

Alle Argumente sollten indessen berücksichtigen, wie gering letztlich die Zahl jener in der Gesamtpopulation ist, die einer Subkultur nach unserem Verständnis angehören: In der von Allerbeck und Hoag (1985) berichteten repräsentativen Studie rechneten sich nur unter 1% aller Jugendlichen einer entsprechenden Gruppe zu.

Drogengebrauch und Entwicklungsaufgaben

Fremdbestimmung und Sinnverlust sind als tiefgreifende Entwicklungsprobleme konzipiert, welche die Persönlichkeit der betroffenen Jugendlichen nachhaltig beeinflussen und keineswegs die Regel darstellen. Im Vergleich hierzu handelt es sich bei *Problemen der Passung und Planung,* die im folgenden behandelt werden sollen, um stärker umgrenzte Belastungen, denen Jugendliche kaum entgehen können: Mit widersprüchlichen Zielen muß sich jeder Heranwachsende in seiner Entwicklungsplanung auseinandersetzen – wer die disziplinierenden Tugenden (Leistungsstreben, Selbstkontrolle, soziale Verantwortung) von Schule und Arbeitsplatz den Werthaltungen im Konsum- und Freizeitbereich (Selbstaufgabe, Augenblicklichkeit, Emotionalität) gegenüberstellt, mag sich eine Vorstellung über das subjektive Dilemma machen, in dem Jugendliche stehen können.

Nicht anders sieht es aus, wenn man an Anpassungsprobleme denkt: Für viele Jugendliche ist es eine vertraute Erfahrung, daß die Arbeit wesentlich über den Platz bestimmt, den sie im Gesellschaftssystem einnehmen. Zugleich erkennen sie aber, daß wegen fehlender Ausbildungsplätze und weiterer struktureller Probleme des Wirtschaftssystems ihr Bemühen scheitern könnte (vgl. Baethge, Schomburg & Voskamp 1983). Ein Mißverhältnis von angestrebten Zielen und verfügbaren Mitteln besteht natürlich nicht bloß bei „großen" Themen, sondern erst recht im kleinen. Wer Freundschaften sucht, sich aber in seiner Haltung den Gepflogenheiten entsprechender Orte wie Diskotheken nicht anpassen kann, wird in Schwierigkeiten geraten.

Nach unserer Auffassung sind es gerade die *Bemühungen um alltägliche Entwicklungsprobleme des Jugendalters, die zu ersten Erfahrungen mit Trinken, Rauchen und Drogengebrauch führen.* Inwiefern Verfestigungen zu habituellem Gebrauch überhaupt zu befürchten sind, hat viel mit der Ermunterung zu weiterem Probierverhalten unter Gleichaltrigen zu tun, wobei es unter ungünstigen Umständen mehr und mehr zur gezielten Wahl entsprechend belasteter Freunde und Kontexte kommt (Kandel 1986). In Anlehnung an die *Coping*-Literatur (vgl. Lazarus 1986) sollen zwei Funktionen von Substanzgebrauch unterschieden werden, für die wir einige empirische Belege anführen.

Aktive Bewältigung

Normative Entwicklungsaufgaben des Jugendalters, wie der Aufbau sozialer Beziehungen, führen zwangsläufig auch zu Mißerfolgen und damit zu erhöhter *Selbstaufmerksamkeit* („Ich will immer wissen, was mit mir los ist", vgl. Fenigstein, Scheier & Buss 1975). In Art eines Zirkels kann dies wiederum den Selbstwert erniedrigen, womit weitere Mißerfolge wahrscheinlich werden. In diesem Zusammenhang sei daran erinnert, daß gesteigerte Selbstaufmerksamkeit als ein typisches Charakteristikum Jugendlicher gilt (vgl. Elkind 1967, Lapsley & Murphy 1985). Nach einer Theorie von Hull (1981) erklärt sich die Beliebtheit von Alkohol zumindest teilweise über die erlebte Reduzierung der Selbstaufmerksamkeit: Speziell solche kognitiven Prozesse werden blockiert, welche die Aufnahme von Informationen über das Selbst betreffen. Hull und Young (1983) konnten hiermit übereinstimmend zeigen, daß frühere Alkoholiker nach Lebensereignissen, die nach sozialen Maßstäben als Mißerfolg bewertet werden, bevorzugt dann wieder zur Flasche griffen, wenn sie eine ausgeprägte Neigung zu erhöhter Selbstaufmerksamkeit hatten.

„Mal ordentlich Dampf ablassen ...“

Silbereisen et al. (1986) haben für den Alkoholgebrauch Jugendlicher zu zeigen versucht, daß sich tatsächlich positive Effekte für das Selbstwertgefühl ergeben. Als vermittelnde Variable nehmen sie Präferenzen für *kathartische Freizeitbeschäftigungen* an. Hierunter werden jugendtypische Aktivitäten wie der Besuch von Rockkonzerten oder Diskotheken verstanden, soweit sie von den Jugendlichen selbst als Ausgleich frustrierender Erfahrungen in der Schule oder mit den Eltern gesehen werden.

Zur Auswertung standen Daten aus zwei Wellen des Berliner Jugendlängsschnitts zur Verfügung, erhoben im Abstand von rund zwölf Monaten. Das Alter der Jugendlichen lag zu Beginn etwa zwischen 13 und 15 Jahren. In der folgenden Abbildung 20.4 ist das Strukturmodell der zeitversetzten Einflüsse zwischen den Konstrukten Selbstabwertung, Freizeitpräferenz und Alkoholgebrauch wiedergegeben. Es handelt sich um Ergebnisse der Analyse von Strukturgleichungsmodellen (LISREL, vgl. Jöreskog & Sörbom 1981). Die Ellipsen symbolisieren die mit jeweils mehreren Indikatoren gemessenen Konstrukte, die Stärke der Pfade wird durch die angegebenen standardisierten Regressionskoeffizienten verdeutlicht. Das Modell insgesamt ist gegen den Zufall abgesichert, ebenso die dargestellten Pfade.

Wie ersichtlich, ist die Stabilität aller Konstrukte über die Spanne eines Jahres recht hoch. Die Selbstabwertung hat über die Zeit eine positive Beziehung zur Freizeitpräferenz, die Freizeitpräferenz eine positive Beziehung zum Alkoholgebrauch. Je weniger man von sich hält, desto stärker wird zukünftig die Vorliebe für Entlastung in der Freizeit sein, und je stärker diese Präferenz,

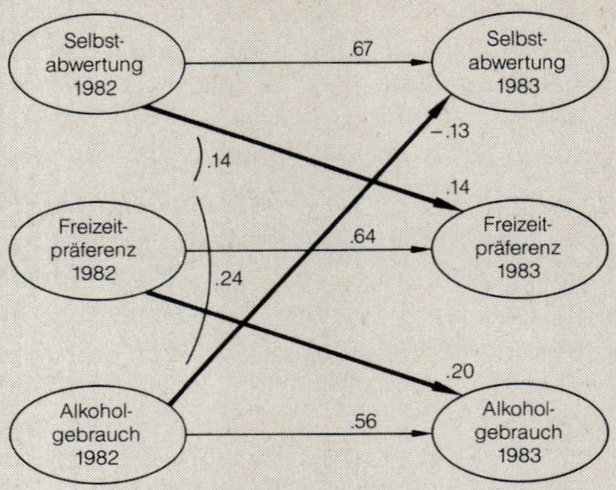

Abb. 20.4 Stukturmodell der zeitversetzten Einflüsse zwischen Selbstwert, Freizeitpräferenz und Alkoholgebrauch (nach Silbereisen et al. 1986).

desto höher der spätere Gebrauch von Alkohol. Weiterhin gilt aber, daß Alkoholgebrauch in negativer Beziehung zur Selbstabwertung ein Jahr später steht, also mit anderen Worten den Selbstwert steigert. Dies gilt allerdings nur in der angesprochenen Altersgruppe, in der frühen Adoleszenz findet sich lediglich die Ausbildung kathartischer Freizeitpräferenzen als Folge eines niedrigen Selbstwertgefühls (Silbereisen und Reitzle 1987).

Zusätzliche Analysen zeigten, daß kein Unterschied in der Art der zeitversetzten Beziehung zwischen Mädchen und Jungen besteht. Für beide Geschlechter handelt es sich um das gleiche Muster von Anlaß und Folgen der Änderungen im Alkoholgebrauch. Unterschiede im Veränderungsmuster fanden sich auch nicht, wenn Schularten und Altersgruppen miteinander verglichen wurden.

Unabhängig davon bestehen natürlich teilweise erhebliche Unterschiede im Mittelwert: Bei der Selbstabwertung, den Freizeitpräferenzen und im Alkoholgebrauch liegen stets die Hauptschüler vorn, die Gymnasiasten indessen hinten. Mädchen halten weniger von sich als Jungen.

Entwicklungsprobleme spiegeln sich also im Selbstwertgefühl, erfolgreiche Kontrolle in einem alterstypisch wichtigen Lebensbereich wirkt sich positiv auf die Selbstbewertung aus. Wie Caspi und Silbereisen (1986) zeigen konnten, unterschieden sich Jugendliche von etwa 15 Jahren in dieser Hinsicht beträchtlich: Je nachdem, ob es ihnen in der vergangenen Zeit gelang, *Freundschaften* dann zu schließen, wenn sie es wünschten, war als Folge ihr Selbstwertgefühl höher oder niedriger. Wird der Wunsch nach einer Freundschaft zur Wirklichkeit, hat dies allerdings seinen Preis. Wer eine Beziehung beginnt, trinkt mehr Alkohol und raucht mehr Zigaretten; wer sie beendet, vermindert den Gebrauch. Die Verknüpfung erfolgt vornehmlich über situative Aufforderungen zu entsprechenden Verhaltensweisen, die für beliebte Freizeitorte bezeichnend sind (Silbereisen, Noack & Eyferth 1986).

Keine Partnerschaft zu haben, ist ein Risikofaktor für das Selbstwertgefühl, aber ein Schutzfaktor gegen Alkohol und Nikotin. Wie vielschichtig diese Beziehung ist, mag daran deutlich werden, daß ein niedriges Selbstwertgefühl seinerseits einer der bekanntesten Vulnerabilitätsfaktoren ist (vgl. Werner & Smith 1982).

Reaktive Bewältigung

Entsprechend unserem Modell von „Entwicklung als Handlung im Kontext" wurde die aktive, planvolle Rolle der Jugendlichen, selbst oder gerade in Problemverhaltensweisen, herausgestellt. Nun kann es durch die verschiedensten äußeren und inneren Umstände bedingt zu einer Massierung von Entwicklungsproblemen kommen, die nicht mehr der Reihe nach abgearbeitet („fokussiert", Coleman 1980) werden können. Wer wiederholt solche Situationen erleben mußte, kann Ängste bis hin zur *Hilflosigkeit* (vgl. Peterson & Seligman 1984) entwickeln. Drogengebrauch kann dann die Rolle einer emotional ausgleichenden Notfallreaktion übernehmen. Wie Labouvie (1986) betont, gibt es hierfür alles andere denn subtile Aufforderungen in unserem Alltag („Warum in die Luft gehen – greife lieber zur HB"), die vor allem dahin beeinflussen, daß emotionaler Ausgleich vor jeder aktiven Bewältigung steht.

5. Leitlinien für Prävention

Eine entwicklungspsychologische Perspektive auf das Problemverhalten Jugendlicher muß sich auch in ihrer Bedeutung für die Praxis, etwa der sozialen Arbeit mit Jugendlichen, messen lassen. Wir sehen als wichtigstes Anwendungsgebiet die *Prävention.* Wie schon in den vorangegangenen Abschnitten wird auch im folgenden der Substanzgebrauch im Mittelpunkt stehen.

Zur Prävention lassen sich verschiedene Ansatzpunkte vorstellen, wie Verbot von Konsum oder Handel, Einschränkung durch Verbrauchssteuern, Reduzierung des Schadstoffgehalts, aber auch Aufklärung, Bildung und Erziehung für die Jugendlichen selbst oder ihre Angehörigen. Entwicklungspsychologisches Wissen über die Funktion von Problemverhalten in der normalen Jugendentwicklung ist auch dort unentbehrlich, wo man es zunächst nicht vermuten möchte: Welchen Effekt die Erhöhung oder Absenkung des Steuersatzes von Tabakwaren auf Jugendliche hat, ist nicht bloß eine Frage der schwächeren Wirtschaftskraft, sondern auch ein Problem des im (höheren) Preis ausgedrückten Prestigewerts (zum Diskussionsstand vgl. Warner 1985).

Im folgenden sollen vor allem zwei in der jüngsten Zeit ausgearbeitete Präventionsansätze vorgestellt werden, die sich durch die Anwendung entwicklungspsychologischer Erkenntnisse auszeichnen. Nach ersten Ergebnissen systematischer Evaluationsforschung (vgl. Botvin 1984) übertreffen sie frühere Versuche, durch Information und Aufklärung (etwa über langfristige Auswirkungen von Nikotingebrauch auf die Gesundheit) die Einstellung gegenüber Substanzen und deren Gebrauch zu ändern (Goodstadt 1978). Sie scheinen ebenfalls erfolgreicher zu sein als Programme, die im Sinne einer unspezifisch ,,humanistischen" Entwicklung der Persönlichkeit versuchen, die Selbstbestimmtheit des Handelns zu fördern (Knigge-Illner et al. 1983).

Angesichts der quasi-normativen Verbreitung von Substanzgebrauch und seiner engen Bindung an Entwicklungsprozesse kann es nicht um generelle Abstinenz gehen, sondern um ,,verantwortlichen Gebrauch" (vgl. Gulotta & Adams 1982), was allerdings bei vielen Substanzen, abgesehen von ersten Erfahrungen, Verzicht bedeutet.

Strategie der Immunisierung

Die Zielrichtung dieses Ansatzes (,,inocculation") sind die zum Substanzgebrauch ermunternden Erwartungen und Forderungen der sozialen Umwelt, vor allem aus der Gruppe Gleichaltriger. Ziel der Prävention ist, Jugendliche gegen solche Einflüsse zu *immunisieren*. Die theoretische Fundierung entstammt der Bandura (zusammenfassend 1985) verpflichteten sozial-kognitiven Lerntheorie, wobei den Überlegungen zur *Selbstregulation* besondere Bedeutung zukommt. Ihre im gegenwärtigen Zusammenhang wichtigsten Schlüsselbegriffe sind Fertigkeiten zur Selbstregulation (self-monitoring, goal-setting, self incentives) und Selbstwirksamkeits-Überzeugungen (self-efficacy), also der Glaube an die eigene Fähigkeit, beabsichtigte Verhaltensänderungen auch bewirken zu können.

Die Pionierarbeiten zur Immunisierungs-Strategie stammen von Evans (Evans et al. 1978) und McAllister (McAllister et al. 1980). Um

Fertigkeiten zur Selbstregulation gegen unerwünschte soziale Erwartungen aufzubauen, wurden Jugendlichen Filme mit Episoden vorgeführt, die für den Schulalltag typische Anstiftungssituationen enthielten (self-monitoring). Da Jugendliche die schon objektiv hohen Prävalenzen zudem noch zu überschätzen geneigt sind, wurden entsprechende Informationen zur Revidierung von Verhaltensstandards gegeben (goal-setting). Um die grundlegenden motivationalen Voraussetzungen zur Verhaltensänderung zu sichern, wurden Folgen des Substanzgebrauchs herausgestellt (wie: schlechter Atem bei Rauchern) die im Selbstverständnis Jugendlicher negativ bewertet sind und die, anders als die eigentlich gemeinten gesundheitlichen Folgen, unmittelbar erlebt werden können.

Auf die für Bandura (1985) fast wichtigste Einflußgröße bei Verhaltensänderungen schließlich, die Selbstwirksamkeit, ist ein für Immunisierungs-Ansätze bezeichnendes Element ausgerichtet: Ältere Jugendliche („peer leader") werden als Vorbilder eingeführt, die für die Ziele des Programms stehen, entsprechendes Verhalten vorleben und dadurch den Teilnehmern Vertrauen in die eigenen Fähigkeiten vermitteln.

Strategie funktioneller Alternativen

Substanzgebrauch in irgendeiner Weise zu ersetzen, ist eine weit verbreitete Forderung. Wenn es aber an die Verwirklichung geht, bleibt von dieser Idee nicht viel anderes übrig als eine Liste mit Substanzgebrauch (scheinbar!) inkompatibler Tätigkeiten – mehr soziales Engagement, Sport, religiöse Ambitionen, Arbeit, expressive Tätigkeiten (vgl. Bundeszentrale für gesundheitliche Aufklärung 1980).

Wenn im folgenden von der *Strategie funktioneller Alternativen* die Rede ist, sind damit solche konventionsgerechten Imperative nicht gemeint, sondern aus dem Aufbau jugendlicher Identität begründete Alternativen für das entwicklungsbezogene Handeln (vgl. Silbereisen & Kastner 1985). Die wichtigsten Anstöße zur Formulierung entsprechender Leitlinien in Präventionsprogrammen sind Jessor (vgl. Jessor & Jessor 1977, Jessor 1984) zu verdanken, der schon früh auf die konstruktive Rolle von Problemverhalten hingewiesen hat.

Wie erwartet, haben Substanzen je nach Entwicklungskontext verschiedene Funktionen und unterscheiden sich darüber hinaus in ihrer Bandbreite, was die Bewältigung von Entwicklungsproblemen anbelangt. So gehen Flay et al. (1983) davon aus, daß die ersten Erfahrungen (initiation) mit dem Rauchen, anders als die spätere Verfestigung zur Gewohnheit, vor allem für die Einbindung in die Peergruppe funktional sind: anerkannt werden, sich beteiligen, Gefühle kontrollieren, sich als „wer" darstellen. Die pharmakologischen Effekte kommen als Erhaltungsfaktoren erst ins Spiel, falls diese ersten Erfahrungen positiv waren, da es sonst gar nicht zur folgenden Phase des Experimentierens kommt. Der beste Ansatzpunkt zur Prävention des Rauchens liegt demnach kurz vor dem Experimentieren: Die Relevanz für die Stellung in der Peergruppe wurde schon erlebt, die Jugendlichen wissen also, wofür Alternativen gesucht werden. Andererseits greifen pharmakologische Effekte und/oder soziale Verstärkungsmechanismen noch nicht.

Ein Beispiel für die Strategie funktioneller Alternativen im Schulkontext ist das von Perry (vgl. Perry & Jessor 1985) betreute Programm „Keep It Clean“.

Keep It Clean

Dieses von Perry und Jessor (1985) vorgestellte Programm ist Teil eines großen Modellversuchs („Minnesota Heart Health Program“), dessen Ziel die *Prävention kardiovaskulärer Erkrankungen* ist. Im einzelnen geht es um Veränderungen hinsichtlich Rauchen, Eßgewohnheiten, körperlicher Betätigung und Umgang mit Belastungen. Der Modellversuch richtet sich an Gemeinden, und zwar mittels Aufklärungskampagnen, Erziehung in der Schule und Ansätzen, existierende soziale Netzwerke so umzugestalten, daß sie für die Ziele des Vorhabens wirksam werden.

Das Schulprogramm wendet sich gegen Rauchen und Drogengebrauch Jugendlicher im Alter von 13 bis 14 Jahren. Es besteht aus sechs Unterrichtseinheiten, die durch ältere Schüler („peer leaders“) vermittelt werden. Sie werden entsprechend ausgebildet und ausdrücklich als Vorbilder aufgebaut, die ohne Rauchen und Drogengebrauch leben. Die Lehrer wirken unterstützend mit. Hauptsächlich geht es darum zu lernen, wie man sich gegen soziale Einflüsse schützt, die zum Substanzgebrauch ermuntern. Hierfür wird auf verschiedenen Ebenen eingegriffen: Was Umgebungseinflüsse anbelangt, wird versucht, die übertriebenen Eindrücke über hohe Prävalenzen unter Gleichaltrigen zu korrigieren. Unerwünschte Einstellungen sollen durch Gruppendiskussionen und durch selbst gestellte Szenen, die auf Video aufgezeichnet werden, verändert werden. Das Augenmerk liegt vor allem auf sozialen und physiologischen Folgen, die sich nach den Maßstäben Jugendlicher mit negativen Bewertungen versehen lassen.

Auf der Verhaltensebene schließlich wird das Nein zu Nikotin und Drogen durch eine ganze Reihe von Maßnahmen beeinflußt: Gelöbnisse zur Abstinenz bzw. zu eingeschränktem oder aufgeschobenem Gebrauch vor der Klasse, Erfahrungsberichte Dritter, praktische Übungen von alternativen Verhaltensweisen im Rollenspiel.

Wie sieht es mit den Erfolgen aus? Allein schon für das Schulprogramm sind eindeutige Unterschiede zwischen Untersuchungs- und Kontrollgruppen festzustellen, und zwar wiederholt über einen Zeitraum von 33 Monaten erfaßt: 5% gegen 15% hinsichtlich Rauchen in der letzten Woche, 10% gegen 24% im letzten Monat.

Die Strategie der Immunisierung und die Vermittlung funktioneller Alternativen stellen keine Gegensätze dar, sondern ergänzen einander. Dies rührt sicher auch daher, daß beide Ansätze im Zusammenhang von Modellversuchen zur Prävention kardiovaskulärer Erkrankungen entwickelt wurden (Minnesota Heart Health Program, Stanford Heart Disease Prevention Program; vgl. Matarazzo et al. 1984). Vor diesem Hintergrund ist einsichtig, daß zu den Schlüsselthemen Immunisierung und Alternativen neben Programmen zur Gesundheitserziehung in der Schule auch Vorschläge zur Mobilisierung der Öffentlichkeits- und zur Gemeinwesenarbeit entworfen wurden. Die Überprüfung langfristiger Effekte ebenso wie der Transfer auf die Prävention anderer Problemverhaltensweisen bedürfen noch weiterer Forschung.

Für die Leitgedanken dieser Präventionsansätze ist der Forschungsstand über die Entwicklung problematischen und weniger riskanten Verhaltens, das als funktionell äquivalent erachtet werden kann, noch längst nicht hinreichend. Solcher Untersuchungen aber bedarf es, um von bloß programmatischen Erklärungen zu Präventionsmaßnahmen abzukommen.

Dieses Kapitel wurde während eines R. K. Silbereisen von der Deutschen Forschungsgemeinschaft gewährten Akademiestipendiums verfaßt (Si 296/2–2). Alle im Text erwähnten Arbeiten der Autoren fanden im Rahmen des von der Deutschen Forschungsgemeinschaft unterstützten ,,Berliner Jugendlängsschnitt" statt (Si 296/1–1,2,3,4,5; Leitung: R. K. Silbereisen, K. Eyferth).

Kapitel 21

Persönlichkeitsförderung und Arbeitsgestaltung

Ernst-H. Hoff

1. Ansatzpunkte für Prävention und Intervention: Person, Umwelt, Interaktion

Für jede psychologische Beratung oder Behandlung, für jede Maßnahme der Prävention oder der Intervention stellt sich die Frage, wo die Quelle des Problems und wo der Ansatzpunkt zu dessen Lösung liegt. Geht man von der *interaktionistischen Grundannahme* einer ständigen wechselseitigen Beeinflussung von Person und Umwelt im Verhalten bzw. Handeln aus, so kann die Quelle psychischer Störungen weder ausschließlich im Individuum noch ausschließlich in dessen Umwelt, sondern sie muß darüber hinaus auch in den wechselseitigen Beziehungen gesucht werden – für erwerbstätige Erwachsene heißt das immer auch: in den Beziehungen zwischen der Person und ihrer Arbeitsumwelt.

Die empirischen Befunde sprechen dafür, daß solche reziproken Einflüsse zwischen Arbeit, Beruf und Persönlichkeit existieren. In welcher Weise die beruflichen Faktoren verursachend wirken und wie dann die weiteren Prozesse der gegenseitigen Beeinflussung im einzelnen ablaufen, ist allerdings noch weitgehend unklar. Das kann jedoch kein Argument gegen korrektive oder vorbeugende Maßnahmen sein, wenn diese offensichtlich erfolgreich sind (Brandtstädter 1982a). Will man solche Maßnahmen einleiten, so ergibt sich aus dem wechselseitigen Zusammenhang mehrerer Ursachenfaktoren, daß entsprechend vielfältige Ansatzpunkte und Möglichkeiten für Prävention und Intervention gewählt werden können, die sich systematisch folgendermaßen einordnen lassen (Hohner & Hoff 1983):

Ein erster Ansatzpunkt zur Einleitung von Veränderungsprozessen *liegt bei der einzelnen Person* (oder bei Gruppen von Personen). Traditionellerweise ist hier das Arbeitsfeld des *psychologischen Experten* angesiedelt. Dessen Maßnahmen zielen in erster Linie auf die innere Vorstellungswelt, auf emotionale Erlebnisinhalte, auf kognitive Strukturen und dann auf individuelles Handeln. Verändertes Handeln richtet sich jedoch zugleich häufig auf eine Veränderung der Umwelt. Für die Arbeitsumwelt bedeutet das: Restriktionen am Arbeitsplatz und im Berufsverlauf als eine häufige Quelle psychischen Leidens (Frese et al. 1978) sollen abgebaut, Handlungsspielräume sollen aufgebaut, erweitert und genutzt werden. Ist der Experte beratend tätig, und definiert man Beratung als „argumentative, entwicklungsbezogene Handlungsvorbereitung" (Brandtstädter 1985), so setzt das ein fachübergreifendes Wissen voraus, um überhaupt „argumentieren" zu können.

Psychologische Kenntnisse für sich reichen also nicht aus; hinzukommen muß ein Bezug zu arbeitswissenschaftlichen und soziologischen Kategorien der Beschreibung objektiver Arbeitsbedingungen, betrieblicher Produktionsprozesse, betrieblicher Personalstrategien, Branchen, Arbeitsmärkte, typischer Berufsverlaufsmuster usw. Das gilt ebenso für den therapeutisch tätigen Experten. Wenn ihm die Arbeitswelt seines Klienten völlig fremd ist, so wird er schwerlich die dort möglicherweise verborgenen Ursachen für psychische Probleme lokalisieren oder Verständnis für den Stellenwert dieses Lebensbereiches in der gesamten Lebenswelt des Klienten entwickeln können.

Ein zweiter Ansatzpunkt zur Einleitung von Veränderungsprozessen *liegt in der Arbeitsumwelt*. Traditionell sind hier *arbeitswissenschaftliche Experten* zuständig. Deren Maßnahmen sind häufig dem „Taylorismus" verhaftet (Taylor 1913), d.h. ursprünglich komplexe Arbeiten werden in weniger komplexe Einheiten zerlegt und arbeitsteilig auf unterschiedliche Personen verteilt, deren Arbeit dann in der repetitiven Aneinanderreihung von solchen, immer gleichen Einheiten besteht. Entgegen Taylors gutgemeinten eigenen Absichten (Volpert 1977) gehen mit derart zerlegter, repetitiver Arbeit besonders häufig psychische Störungen einher (Kornhauser 1965). Arbeitswissenschaftliche Arbeitsgestaltung muß jedoch nicht generell mit inhumanen Rationalisierungsmaßnahmen (mit dem Ziel eines optimalen Produktionsablaufes z.B. im Gefolge technischer Entwicklung) gleichgesetzt werden. Vor allem dann, wenn von „Humanisierung der Arbeit" und von „Persönlichkeitsförderung" die Rede ist, richten sich arbeitspsychologische Maßnahmen von vornherein auf den Arbeitsplatz in seiner Gesamtheit und auf die ganze arbeitende Person. Veränderte Arbeit soll Streß reduzieren (Frese 1981, Udris 1981, Semmer 1984); sie erfordert verändertes Handeln und darüber soll die Persönlichkeit gefördert werden (Hacker 1976, Ulich 1978a). Dieser Gedanke ist in neueren Verfahren der Arbeitsanalyse leitend (Frei & Ulich 1981). Zu den bekanntesten Maßnahmen einer Veränderung der objektiven Gesamtsituation gehören (Ulich et al. 1973, Groskurth 1975, Rost-Schaude et al. 1979): a) Formen der Erweiterung der Arbeit durch strukturell ähnliche Aufgaben („job enlargement"), b) Formen der Komplexitätsanreicherung durch qualitativ unterschiedliche Anforderungen („job enrichment"; hierbei handelt es sich um eine deutliche Gegentendenz zum „Taylorismus"), c) Formen einer Auflösung rigider Arbeitsteilung in Gruppen durch den periodischen Wechsel der Personen von Arbeitsplatz zu Arbeitsplatz („job rotation") und d) die Einrichtung teilautonomer Arbeitsgruppen (Bruggemann 1979; diese Maßnahme kann jedoch auch schon dem gleich folgenden Ansatzpunkt zugeordnet werden). Im konkreten Fall setzen solche Maßnahmen ein psychologisches Wissen voraus. Um technische und organisatorische Maßnahmen dieser Art erfolgreich einzuführen, müssen solche Änderungen mit den differentiellen Merkmalen der Betroffenen, mit ihren kognitiven und emotionalen Fähigkeiten, ihrer Belastbarkeit und ihren Entwicklungsmöglichkeiten abgestimmt werden (Ulich 1978b).

Von ihrem Ansatzpunkt und ihrem Nahziel lassen sich also *Interventionen* als „personzentriert" oder als „umwelt"- bzw. „kontextzentriert" kennzeichnen (Filipp & Gräser 1982). Von ihren weiterreichenden Zielen und Auswirkungen her handelt es sich zugleich um *präventive* Interventionen (zur Abgrenzung von Prävention und Intervention vgl. auch Brandtstädter 1982b). Mit ein und derselben Maßnahme können also sowohl Ziele einer unmittelbar korrigierenden Intervention als auch Ziele einer vorbeugenden Prävention verfolgt werden. Bei unterschiedlichen, person- oder umweltzentrierten Maßnahmen können jedoch die Ziele von Prävention im einen und von Intervention im anderen Fall identisch sein. Persönlichkeitsförderung ist unmittelbar Interventionsziel, wenn Individuen beraten oder therapiert werden. Es ist Präventionsziel, wenn Arbeitsplätze human gestaltet werden. Umgekehrt: Wenn objektive Handlungsspielräume erweitert werden, so ist dies das Interventionsziel der arbeitspsychologischen Gestaltung von Arbeitsplätzen. Zugleich kann es Präventionsziel individueller Beratung und Therapie sein, die objektiven Handlungsspielräume zu erweitern, um langfristig deren Rückwirkung auf eine persönlichkeitsförderliche Entwicklung zu stabilisieren.

Die Unterscheidung zwischen Prävention und Intervention wird jedoch hinfällig, wenn ein *dritter Ansatzpunkt* gewählt wird: *Person und Umwelt werden gleichzeitig, d.h. in ihrer Interaktion* berücksichtigt (zur theoretischen Fundierung s. Frei et al. 1984). Dabei läßt sich auch eine strikte professionelle Rollentrennung nach personenzentrierten Beratern oder Therapeuten und Arbeitsplatzexperten nicht mehr aufrechterhalten. Fachleute mit disziplinübergreifenden Kenntnissen, die von außen kommen, können zwar Veränderungsprozesse anleiten. *Die eigentli-*

chen „Experten“ sind jedoch die arbeitenden Personen selbst. Bereits die „subjektive Tätigkeitsanalyse“ bzw. Überlegungen zum „Ist-“ und zum „Wunsch-Zustand“ der eigenen Arbeit können persönliche Einstellungen verändern (Alioth 1980, Ulich 1983). Eine solche Analyse mündet in wechselnde Phasen ein: Partizipative und kollektive Veränderungsmaßnahmen werden unterbrochen durch individuelle Reflexionen und kollektive Diskussionen, in denen Bilanz gezogen oder weiter geplant wird (Baitsch & Frei 1980, Duell 1983, 1985). Diese Prozesse scheinen um so besser zu verlaufen, je mehr Autonomie den Arbeitsgruppen zugestanden wird, man kann sie geradezu als Gegenstrategie zum „Taylorismus“ verstehen.

Der Wissenschaftler als Experte der Arbeitsgestaltung im Sinne Taylors

Taylor (1913) stellt beispielsweise für „Zeitstudien“ folgende Schritte zusammen:

„*Erstens:* Man suche 10 oder 15 Leute (am besten aus ebensoviel verschiedenen Fabriken und Teilen des Landes), die in der speziellen Arbeit, die analysiert werden soll, besonders gewandt sind.

Zweitens: Man studiere die genaue Reihenfolge der grundlegenden Operationen, welche jeder einzelne dieser Leute immer wieder ausführt, wenn er die fragliche Arbeit verrichtet, ebenso die Werkzeuge, die jeder einzelne benutzt.

Drittens: Man messe mit der Stoppuhr die Zeit, welche zu jeder dieser Einzeloperationen nötig ist, und suche dann die schnellste Art und Weise herauszufinden, auf die sie sich ausführen läßt.

Viertens: Man schalte alle falschen, zeitraubenden und nutzlosen Bewegungen aus.

Fünftens: Nach Beendigung aller unnötigen Bewegungen stelle man die schnellsten und besten Bewegungen, ebenso die besten Arbeitsgeräte tabellarisch in Serien geordnet zusammen.

Durch diese Zusammenstellung der schnellsten und vorteilhaftesten Einzelbewegungen ersetze man nun die 10 oder 15 unvorteilhafteren Serien von Einzelbewegungen und Handgriffen, die bisher im Gebrauch waren. Diese beste Methode wird zur Norm und bleibt Norm, bis sie ihrerseits wieder von einer schnelleren und besseren Serie von Bewegungen verdrängt wird. Erst werden die Lehrer oder die für die speziellen Tätigkeiten vorhandenen Meister (die Spezialmeister, die das Amt der Lehrer versehen) in der neuen Methode unterwiesen, dann wieder durch sie alle Arbeiter der Fabrik. In dieser einfachen Art wird ein Grundgesetz der Wissenschaft nach dem andern entwickelt.“ (Neudruck 1977, S. 125f)

Der Arbeitende als Experte der eigenen Arbeit

Aus einem Aktionsforschungsprojekt zur „partizipativen Arbeitsgestaltung" zieht Duell folgendes Resümee:

1. Während man ursprünglich davon ausging, daß sich durch Gestaltung entsprechender Arbeitsstrukturen Qualifizierungschancen für Arbeitnehmer eröffnen lassen, wissen wir heute, daß es vor allem der Prozeß der Beteiligung an der Arbeitsgestaltung selbst ist, welcher Qualifizierungschancen schafft.
2. Arbeitnehmer verfügen über das notwendige Expertenwissen für eine erfolgreiche Beteiligung an der Arbeitsgestaltung.
3. Arbeitsimmanente Qualifizierung führt zu einer höheren innerbetrieblichen Flexibilität sowie zu einer besseren individuellen und kollektiven Wahrnehmung und Durchsetzung von Interessen.
4. Der Prozeß der Beteiligung an der Arbeitsgestaltung muß bei den Arbeitsbedingungen ansetzen, welche von den Beschäftigten als alltäglich störend empfunden werden.
5. Arbeitsimmanente Qualifizierung ist nicht alleine ein individueller, quasi innerpsychischer Prozeß, sondern eine Wechselwirkung psychischer und sozialer Veränderungsprozesse. Arbeitsimmanente Qualifizierung verlangt daher die Veränderung der gesamten Arbeitssituation im Interesse der Arbeitnehmer.
6. Es gibt keinen one best way der qualifizierenden Arbeitsgestaltung. Dieser muß jeweils den entsprechenden betrieblichen Bedingungen angepaßt werden.
7. Es lassen sich aber eine Vielzahl von betrieblichen Bedingungen nennen, die qualifizierende Arbeitsgestaltung behindern bzw. unter Umständen im Ergebnis in ihr Gegenteil verkehren können. Dazu zählt insbesondere das Leistungslohnsystem, welches die bestehende hierarchische Struktur des Betriebes stabilisiert und Qualifizierungsbemühungen verhindert.
8. Um dieses Problem zu lösen und um zu verhindern, daß Qualifizierungsbemühungen allein dazu dienen, das Expertenwissen der Arbeiter zu nutzen, benötigen die Arbeiter vor allem die Unterstützung durch den Betriebsrat. (Duell 1985, S. 45)

Im Ablauf dieser Veränderungsprozesse kann es natürlich auch Kooperationsprobleme geben, z.B. bei der Formulierung gemeinsamer Ziele (Orendi & Papst 1983). Vor allem aber lassen Unternehmens- und Betriebsleitungen solche Prozesse nur selten zu. Projekte, in denen Schichtarbeiter zur Verbesserung der eigenen Lage aktiviert werden konnten, zeigen, daß eine gewerkschaftliche Initiative oder Trägerschaft hier hilfreich sein kann (Walter & Wolf 1983, vgl. auch Projektgruppe Arbeit und Leben 1979). Bei allen Schwierigkeiten bleibt jedoch als Fazit: *Indem Personen ihre Arbeitssituation verändern, verändern sie sich selbst.*

Ein Beispiel zur Wirksamkeit präventiver Intervention im Betrieb

Ulich (1983) schildert ein Projekt mit Mitarbeitern in der Hauptverwaltung eines Unternehmens der Zigarettenindustrie. Die früher getrennt erledigten Aufgaben der Kontrolle, Freigabe und Zahlung von Rechnungen sowie ihre Aufbereitung für die Datenverarbeitung werden umgestaltet, wobei die Mitarbeiter der Abteilung Einfluß nehmen. Sie selbst schildern auch die gleichzeitige Wirkung dieser kollektiven Einflußnahme auf die eigene Person – und dies geschieht öffentlich, in einer Abteilungsversammlung:

Frau E.: „Am Anfang war ich sehr skeptisch; was können wir Älteren noch dazulernen (...) Die menschliche Seite hat sich sehr positiv entwickelt (...) Ich habe gelernt zuzuhören (...) Die Auswirkungen des Versuchs auf meinen privaten Bereich sind sehr positiv: ich bin ein ganz anderer Mensch geworden."

Frau F.: „Ich habe mich sehr darüber gewundert, daß ältere Kollegen sich sehr wohl noch im positiven Sinne ändern können (...) Ich gehe jetzt nach Büroschluß unbelastet nach Hause (...) Ich bin freier geworden."

Herr G.: „Ich kann jetzt Kritik sehr viel besser ertragen (...) Mein Horizont hat sich sehr erweitert (...) Alle haben für sich akzeptiert, daß sie ständig lernen müssen."

Herr H.: „Die Kollegialität hat sehr zugenommen (...) Ich bin selbstbewußter geworden."

Frau I.: „Das Projekt hat mir sehr geholfen."

Es kann nicht die Aufgabe dieses Beitrags sein, nun genau die Methoden der Beratung, der Therapie oder der Arbeitsgestaltung zu erörtern. Zu den Aufgaben einer Angewandten Entwicklungspsychologie gehört jedoch die Beschreibung von Entwicklungsmöglichkeiten und die Bestimmung sowie Begründung von Zielen für Entwicklung, Intervention und Prävention (Brandtstädter 1982c, Montada & Schmitt 1982). Hier reicht es sicherlich nicht aus, derart global wie bislang lediglich von „Persönlichkeitsförderung" oder von „humaner Arbeitsgestaltung" zu sprechen. Mit Blick auf sämtliche eben genannten Ansatzpunkte und Vorgehensweisen und für alle Experten mit unterschiedlichem Schwerpunkt der Beratung, der Therapie oder der arbeits- und organisationspsychologischen Praxis stellen sich folgende Fragen:

1. Was heißt eigentlich „persönlichkeitsförderliche Arbeitsgestaltung" im einzelnen? Auf welche Handlungsspielräume am Arbeitsplatz können Personen aufmerksam gemacht werden; welche Restriktionen lassen sich abbauen, welche Spielräume nutzen oder erweitern? Wie sieht dies längerfristig in der gesamten Arbeitsbiographie aus?
2. Was heißt eigentlich „Persönlichkeitsförderung"? Welche Ziele lassen sich im einzelnen formulieren, damit Personen tägliche Arbeitsanforderungen meistern können? Welche Bewältigungsstrategien benötigen sie, um nicht längerfristig im Berufsverlauf „verschlissen" zu werden, bzw. um diesen Verlauf in ihrem Sinne beeinflussen zu können, soweit das möglich ist?

2. Persönlichkeitsförderliche Arbeitsgestaltung

Wieder ist der Grundgedanke der Person-Umwelt-Interaktion der Ausgangspunkt, aus dem sich allgemeine theoretische Überlegungen und dann exaktere Ziele beruflicher Entwicklung systematisch ableiten lassen. Die *Art* der gegenseitigen Einflußnahme von Person und Umwelt im Verhalten bzw. Handeln kann als Kriterium zur Bewertung unterschiedlicher Umwelten, Arbeitsplätze und Berufsverläufe herangezogen werden: *Verhalten* wird hier nicht als Oberbegriff jeglicher Interaktion von Personen mit ihrer materiellen und sozialen Umwelt verstanden, sondern als *Re*aktion auf eine stärker einseitig determinierende Umwelt. Ein solches Verhalten bewirkt seinerseits keine strukturelle Veränderung, sondern allenfalls eine Verfestigung dieser Umwelt. Im *Handeln* sind dagegen stärker beide Einflußrichtungen vorhanden: Es wird zwar einerseits immer durch die Umwelt geprägt, aber gleichzeitig nimmt die Person ihrerseits Einfluß auf ihr Handeln und kann Umwelt aktiv in ihrem Sinne verändern.

Umwelten können nun nach ihrer *objektiven Restriktivität* oder, positiv formuliert, nach ihren *Handlungsspielräumen* bzw. nach den *objektiven Möglichkeiten zur Eigenkontrolle* beurteilt werden. Sie lassen sich unterscheiden nach dem Ausmaß, mit dem entweder Verhalten als Reaktion auf und Anpassung an die situativen Umstände erzwungen oder aber Handeln als deren Aus- und Umgestaltung ermöglicht wird. Komplexe Umwelten lassen sich also danach unterscheiden, inwieweit sie objektiv ihre eigene Veränderbarkeit durch die Subjekte, die Entfaltung interindividueller Unterschiede zulassen oder gar fordern bzw. umgekehrt: inwieweit sie nur ein einziges Verhaltensresultat erzwingen.

Das Ziel von Maßnahmen zur Veränderung von Arbeitsumwelten und das Optimum beruflicher Karrieren – nämlich ein persönlichkeitsfördernder, wenig restriktiver Arbeitsplatz, der objektive Möglichkeiten zur Eigenkontrolle bzw. große Handlungsspielräume bietet – läßt sich

Verkettete Frauenarbeitsplätze mit geringen zeitlichen und räumlichen Handlungsspielräumen, einseitigen Belastungen und geringen Qualifikationsanforderungen

nun nach *Teilzielen* differenzieren (Hoff 1985b). Dies geschieht anhand der Kategorien und Dimensionen, wie sie in industriesoziologischen Arbeitsplatzanalysen üblicherweise verwendet werden (Kern & Schumann 1970):

a) *Zeitstruktur.* Als Ziel läßt sich die eigene Kontrolle und Strukturierung der Arbeitszeit nennen, die mit der externen Strukturierung (z.B. durch Zeitvorgaben, Stückzahlen usw.) abnimmt. Die Häufigkeit subversiver Techniken gegen Zeithetze, kollektive „Tricks“ und „Kniffe“ bei besonders restriktiver, repetitiver und taktgebundener Arbeit spricht hier besonders dafür, auch kollektive Kontrollmöglichkeiten zu bedenken.
b) *Bewegungsraum.* Der Handlungs*raum* im wortwörtlichen Sinne ist naturgemäß größer, je weniger die Arbeit ortsgebunden ist (z.B. an Maschinenteile, Maschinen, einen Raum, die Abteilung, die Halle usw.). Es liegt auf der Hand, daß objektiv mögliche Kontrolle über den eigenen Bewegungsraum besonders häufig (aber nicht immer) mit Eigenkontrolle über die Zeit sowie besonders mit der objektiv größeren Chance einhergeht, Fremdkontrolle etwa durch Vorgesetzte zu vermeiden, aber zugleich selbst soziale Kontakte zu Kollegen aufzunehmen.
c) *Soziale Beziehungen.* Geringe Restriktivität als Zielvorstellung bedeutet hier die objektive Chance zur Aufnahme und Strukturierung sozialer Kontakte – auch informeller Kontakte, die nicht unmittelbar an die notwendige gegenseitige Hilfeleistung, den notwendigen Austausch von Wissen und Problemlösungen gebunden sind. Horizontale Kooperation etwa in Akkord-Kolonnen eröffnet meist zugleich kollektive objektive Handlungschancen gegenüber einer Fremdkontrolle durch Vorgesetzte auf vertikalhierarchischer Ebene.
d) *Überwachung.* Hier geht es um die Überwachung der Ausführung der Arbeitsaufgabe (sozial, durch Personen oder aber auch durch Maschinen, Stechuhren, organisatorische Regelungen u.ä.) und/oder um betriebliche bzw. institutionelle Konformitätsanforderungen. Die Zielvorstellung geringer Überwachung kann auch in „totalen“ Institutionen noch sinnvoll bzw. ansatzweise realisierbar sein. Auch dann, wenn Überwachung überaus perfektioniert erscheint, ist individuelle oder kollektive Eigenkontrolle (z.B. wiederum in subversiver Form) häufig doch noch möglich.
e) *Belastung/Beanspruchung.* Das Schwergewicht bisheriger arbeitswissenschaftlicher Forschung liegt in diesem Dimensionsbereich und der darunter subsumierten Fülle diskriminierbarer Phänomene, wie z.B. Belastungen durch statische und dynamische Arbeit; Belastungen durch Umgebungsfaktoren wie Lärm, Hitze usw., Monotonie, Vigilanz oder andere Phänomene. Wiederum kann als Ziel eine hohe Belastungskontrolle genannt werden, die zumeist mit zeitlichen und räumlichen Dispositionschancen identisch ist. Beanspruchungen können durch Pausen, durch Ortswechsel, durch Variationen des Tempos, der Schwere, der Schwierigkeit oder der Arbeitsinhalte reduziert werden.

Für alle bisher genannten Ziele spielen Persönlichkeitsunterschiede wohl keine Rolle; diese Ziele sind für jedermann wünschens- und erstrebenswert. Die nun folgenden letzten Ziele einer hohen Verantwortung oder hoher Qualifikationsanforderungen können dagegen für bestimmte Personengruppen auch eine ständige Überforderung darstellen. Diese Ziele sind also je nach den Fähigkeiten und Lernerfahrungen, die Personen mitbringen, zu modifizieren. Hier wäre genauer nach „objektiven“ und „subjektiven“ (d.h. von den subjektiven Fähigkeiten mit definierten) Handlungsspielräumen zu unterscheiden (Osterloh 1985).

f) *Verantworung.* Objektive Handlungsspielräume eröffnen sich fast immer, wenn Personen Verantwortung über andere Personen, Material, Medien, Organisationsformen tragen. Das kann (aber muß nicht) mit geringer Überwachung der eigenen Tätigkeit einhergehen.
g) *Qualifikationsanforderungen.* In diesem, ausschließlich auf den Arbeits*inhalt* gerichteten Dimensionsbereich ist der handlungstheoretischen Bewertung (Volpert et al. 1983) nichts hinzuzufügen: Das Ziel einer möglichst hohen Eigenkontrolle heißt hier, daß Personen nicht bloß über Teilziele, Mittel und Wege, sondern auch über Gesamtziele ihrer Arbeit die Entscheidungsbefugnis haben. Objektive externe, stark einseitige Determination bedeutet demgegenüber, daß nichts gefordert wird, was über sensumotorische Fertigkeiten hinausgeht. Die realen Anforderungen liegen meist zwischen diesen Extremen.

Alle angeführten Ziele lassen sich kaum gleichzeitig und gleich optimal realisieren. Das liegt daran, daß Berufe „strukturierte Ganzheiten", d.h. unverwechselbare Konfigurationen von Restriktivität und Handlungsspielräumen darstellen. Im Erwerbsleben können sich außerdem nicht bloß einzelne Aspekte, sondern diese gesamten Konfigurationen ändern. Denn es gibt gesellschaftlich vorgezeichnete, kontinuierliche oder diskontinuierliche *Berufsverlaufsmuster.*

Im Zusammenhang mit diesen Berufsverlaufsmustern wird der soziologische Begriff der *Reproduktionsinteressen* wichtig (Lempert et al. 1979, Drexel 1982, Lappe 1985), der auch in der psychologischen Literatur aufgegriffen worden ist (Greif 1983). Um Mißverständnisse zu vermeiden, muß betont werden, daß Soziologen damit nicht individuelle, sondern „objektive" Interessen ganzer Gruppen meinen, die sich allgemein aus der gesellschaftlichen Struktur der Arbeit (etwa aus dem Lohnarbeitsverhältnis) und speziell aus Möglichkeiten bzw. Beschränkungen der jeweiligen Berufsverlaufsmuster und Arbeitsmärkte ergeben. Was im einzelnen unter diesem Interesse an der „Sicherung der Reproduktion" zu verstehen ist, kann einmal anhand der beiden wichtigsten zuvor genannten Dimensionen veranschaulicht werden: Es besteht das objektive Interesse am Erhalt des fachlichen Qualifikationsniveaus; außerdem das Interesse, sich nicht durch langfristige, u.U. erst kumulativ wirksam werdende Belastungen (z.B. bei Akkord-, Schichtarbeit oder auf dem Bau) physisch und/oder psychisch verschleißen zu lassen; weiter ist damit gemeint: das Interesse an einer langfristigen Lohn- und Einkommenssicherung und das an der Sicherung oder Verbesserung der Arbeitsmarktposition.

Diese Reproduktionsinteressen können Bezugspunkt kollektiver (z.B. gewerkschaftlicher) Interessenvertretung sein. Für den Psychologen ergeben sich hier aber auch für die Diagnose und Prognose einzelner Personen normative Bezugspunkte, d.h. Soll-Vorstellungen für Bewältigungsstrategien des Individuums zum Erhalt seiner Arbeitskraft in seinem spezifischen Beruf. Die tatsächlich vorhandenen Vorstellungen, Fähigkeiten, Wissensbestände und Handlungsstrategien lassen sich daraufhin überprüfen, ob sie zur Bewältigung des momentanen Alltags und dann zur Vertretung eigener langfristiger Interessen am Erhalt der Arbeitskraft ausreichen. Ziele von Persönlichkeitsförderung sind damit abgestimmt auf den bisherigen und den künftig möglichen Verlauf von Beruf zu Beruf in abgewandelter Form zu formulieren. Wenn hier dennoch abschließend einige Vorschläge zu ganz allgemein formulierten Entwicklungszielen vorgelegt werden, so soll dies lediglich als Anregung dienen. Das kann den psychologischen Praktiker nicht der Mühe entheben, diese Ziele von Fall zu Fall auf ihre Angemessenheit angesichts unterschiedlicher Berufsverlaufsmuster zu prüfen.

3. Persönlichkeitsförderung: Ziele zur Bewältigung des Arbeitslebens

Vorstellungen zu Kontrolle bzw. Autonomie im eigenen Leben. Wenn es bislang um die *objektive* Restriktivität, um Handlungsspielräume bzw. um objektive Kontrollmöglichkeiten ging, so stellt sich nun die Frage, welche *subjektiven* Vorstellungen oder Kontrollüberzeugungen Personen ihrerseits mitbringen und wie derartige Vorstellungen im Arbeitsleben zu beurteilen sind. In der Fülle der psychologischen Forschung zu diesem Persönlichkeitsmerkmal (Krampen 1982) werden folgende Wertungen sehr deutlich: *Internale Kontrollüberzeugungen,* d.h. der Glaube, das eigene Verhalten und dessen Konsequenzen sei durch die eigene Person (Anlagen, Fähigkeiten, Anstrengungen) bestimmt, gelten als positiv. Es scheint also nahezuliegen, diese Überzeugungen als optimale Endform von Entwicklung zu bezeichnen und sie als Ziel für psychologische Prävention und Intervention zu wählen. *Externale und fatalistische Überzeugungen,* d.h. der Glaube, das eigene Verhalten und dessen Konsequenzen sei durch äußere Umstände (andere Personen, Institutionen, das Schicksal) bestimmt, gelten demgegenüber als nicht erstrebenswert.

Nach allem, was bereits über Berufe und Berufsverlaufsmuster gesagt wurde, erscheinen diese Wertungen höchst problematisch. Wenn beispielsweise Personen in eine berufliche Sackgasse ihres Arbeitsmarktes hineingeraten sind, und wenn es hier bei andauernder Wirtschaftskrise objektiv kaum Änderungschancen gibt, so können ihnen auch internale Kontrollüberzeugungen nicht aus dieser Lage helfen. Werden diese Überzeugungen dennoch aufrechterhalten, so müssen sie sogar als illusorisch bezeichnet werden. Wenn es weiter in vielen Berufen ein ,,Nebeneinander" und in Berufsverlaufsmustern ein fest vorgezeichnetes ,,Nacheinander" von Restriktivität und Handlungsspielräumen gibt, so sprechen eigentlich alle theoretischen Überlegungen für eine andere optimale Form von Kontrollbewußtsein (Hoff 1982). In der Regel (aber nicht immer, vgl. Hohner 1985), d.h. wenn es solche objektiven Restriktionen und Freiheitsgrade zugleich gibt, wäre ein individuelles Bewußtsein *realitätsangemessen,* das (in Analogie zur wissenschaftlichen Grundannahme der Person-Umwelt-Interaktion) als *interaktionistisch* bezeichnet werden kann: Personen begreifen sich selbst nicht einseitig als Subjekt *oder* als Objekt, sondern zugleich als Subjekt *und* Objekt ihrer Umwelt. Autonomie bedeutet für diese Personen also nicht die absolute „Machbarkeit" ihrer Welt, sondern autonomes Leben und Handeln heißt für sie die rationale Gestaltung des Zusammenspiels von internen und externen Faktoren.

Diese interaktionistische Vorstellungsform schließt im übrigen nicht aus, daß in einer Situation äußere, in einer anderen innere Faktoren als jeweils dominant wahrgenommen werden können – im Gegenteil: Gerade situativ variierende Handlungsspielräume müssen zwangsläufig eher dann einkalkuliert werden, wenn man von einer relationalen Denkfigur des Zusammenspiels externer und interner Einflußfaktoren ausgeht. Der Umwelt- und Realitätsbezug impliziert also die Zielvorstellung einer möglichst differenzierten und flexiblen Berücksichtigung objektiv variierender situativer Kontexte im Kontrollbewußtsein und dann auch im Handeln.

Vorstellungen zum Verhältnis der Hauptlebensbereiche. Zwischen den individuellen Überzeugungen zu Autonomie und Heteronomie im eigenen Leben einerseits und der Sichtweise des Verhältnisses von Arbeit und Freizeit andererseits gibt es Zusammenhänge (Hoff 1985).

Je stärker die Fremdbestimmung in der Arbeit erfahren wird, desto notwendiger kann beispielsweise die Vorstellung von Freiheit und völliger Eigenkontrolle des eigenen Verhaltens in der Freizeit werden. Dazu paßt die *subjektive „Neutralitätsthese"* einer strikten Trennung der Lebensbereiche nach dem Motto: „Dienst ist Dienst und Schnaps ist Schnaps". Es wäre allerdings voreilig, sofort eine Diagnose oder Prognose für Prävention oder Intervention im Sinne einer mangelnden Bewältigungsstrategie zu formulieren. Hier muß wiederum die objektive Lage in Rechnung gestellt werden. Erinnert sei noch einmal daran, daß Personen in berufsbiographische Sackgassen mit minimalen Änderungschancen geraten können. Außerdem kann eine oberflächlich geäußerte Neutralitätsthese auch im Sinne einer „Kompensationsthese" gemeint sein, die allmählich aus Erfahrungen im Sinne der „Generalisationsthese" hervorgegangen ist: Damit die Zwänge der Arbeit nicht noch in die Freizeit hineinreichen, damit also negativ besetzte Gefühle, Gedanken oder Verhaltensweisen nicht hinübergetragen werden („Generalisation"), ist es notwendig, hier etwas ganz anderes als dort zu tun, zu denken, zu empfinden und zu erleben („Kompensation"). Und zu diesem Zweck muß zuerst einmal versucht werden, eine bewußte Tren-

Ein Beispiel für die Reflexion des Verhältnisses von Arbeit und Freizeit:

Folgende Interviewsequenz aus Einzelfallstudien mit jungen Facharbeitern wird von Hoff und Hohner zitiert und anschließend kommentiert:

„Freizeit zum Beispiel. Obwohl also det natürlich ooch wieder unter äußerem Einfluß steht. Da ist ja wieder die Frage, die finanzielle Frage, die Zeitfrage und so weiter. Aber ist ja egal jetzt. Aber von daher gesehen also (...) (ist die Freizeit) Selbstgestaltung, wa; ist deine eigene Idee irgendwo, wa (...) Also, da hat man ja also uf Arbeit, auf Grund weil man seine 8 Stunden da bringen muß, oder 9 Stunden, hat man ja sehr wenig Zeit. Von daher geseh'n (...) mußt (das) halt in der ganzen Freizeit, mußt (du) det total selber gestalten, selber planen, und vor allen Dingen hast du dabei ooch Verantwortung, wa (...) Und von daher geseh'n kann man denn schon sich det, wat man druff hat, da muß man sich einfach ooch ganz frei entfalten. Und vor allen Dingen lernt man daraus wieder was: Selbstbwußtsein und (...), um wieder da 9 Stunden arbeiten zu können, wa. Weil du nämlich endlich mal det bringen kannst, wat dir eigentlich Spaß macht (...) Ick würde sagen, daß also 'ne Freizeitgestaltung selber, daß das nicht irgendwie 'ne Eigenschaft ist, die dir in die Wiege gelegt worden ist, sondern die mußt du dir selber erarbeiten (...)" (1983, S. 20).

„In dieser Sequenz wird ‚Freizeit' kurz aber prägnant in Relation zur Arbeit gestellt. Handeln in der ‚Frei'-Zeit erscheint nur im Augenblick als völlig selbstbestimmt; es hat zugleich eine Funktion im Hinblick auf Arbeit. Ein ständiger Aufbau von *Selbstbewußtsein* im autonomen Handeln ist erforderlich, ‚*um* wieder da (im Betrieb) 9 Stunden arbeiten zu können'. Oder – so kann man daraus umgekehrt folgern: das Bedürfnis nach autonomem Handeln ergibt sich für diesen jungen Arbeiter immer auch von neuem kompensatorisch aus der fremdbestimmten Arbeit. Insofern begreift er sich eben nicht als absolut autonom, sondern gerade in seinem autonomen Handeln zugleich als von außen bestimmt. Man könnte sagen, daß er alltagssprachlich das Spannungsverhältnis von ‚Produktions'- und ‚Reproduktionsvermögen' thematisiert" (a.a.O., S. 23).

nungslinie zwischen Arbeit und Freizeit zu ziehen. Diese Interpretation einer positiven Bewältigung wird aber in dem Maße fragwürdig, wie sich Personen innerlich langfristig und konstant in eine Berufs- und Privatperson aufspalten und dann ihre gesamte Zukunft in einen Lebensbereich gar nicht mehr auf die im anderen Bereich beziehen. Negativ wäre es ebenfalls zu bewerten, wenn sich im Zusammenhang damit allmählich die Überzeugungen, *nur* Objekt der Arbeitsumwelt und *nur* Subjekt der Freizeit zu sein, so sehr verfestigen, daß tatsächlich existierende Handlungsspielräume in der Arbeit gar nicht mehr erkannt oder genutzt werden, und daß umgekehrt in der Freizeit die hier immer auch vorhandenen Zwänge völlig geleugnet werden.

Wieder kann ein *interaktionistisches Vorstellungsmuster, nunmehr zu*

Arbeit und Freizeit als Optimum von Entwicklung bzw. als Ziel von Prävention und Intervention benannt werden. Wenn der Gedanke einer ständigen Wechselwirkung als selbstverständlich gilt, so haben sich hier vielfältige Einzelerfahrungen zu einer generalisierten Vorstellung verdichtet. Arbeit beeinflußt nicht nur Freizeit positiv oder negativ, sondern Gedanken, Gefühle oder Handlungen in der Freizeit können auch umgekehrt in der Arbeit nachwirken, antizipiert oder bewußt kompensiert werden. In der Arbeit wird gerade dann, wenn sie restriktiv ist, auch nach Handlungsspielräumen gesucht. Die Freizeit gilt umgekehrt nicht mit als Reich der individuellen Freiheit, sondern hier werden auch Zwänge sowie funktionale Beziehungen zur Arbeit reflektiert.

Man kann also die Verarbeitung von Ambivalenzen und die bewußte Integration von Berufs- und Privatperson als Zielperspektive für Entwicklung, Prävention und Intervention benennen. Auf die ,,widersprüchliche Realität“ besonders der Frauen zwischen Industriearbeit und Familie und deren Verarbeitung hat Becker-Schmidt (1980) aufmerksam gemacht. Biographisch läßt sich diese Perspektive verlängern: Retrospektiv, z. B. wenn ,,bilanziert“ wird, oder prospektiv, wenn ,,antizipiert“ wird (Kohli 1982), erscheint es angebracht, Ereignisse und Prozesse im beruflichen Lebensstrang in ihrer Bedeutung und Funktion für solche im privaten Lebensstrang (und vice versa) zu erkennen, abzuwägen und in die Handlungsplanung einzubeziehen.

Abschließend sei noch kurz darauf hingewiesen, daß die theoretische Stärke auch strukturalistisch-entwicklungspsychologischer Ansätze darin besteht, daß sie ein Optimum, ein höchstes Stadium angeben können, von dem her Entwicklung positiv bestimmbar wird. Das gilt auch für die Entwicklung von Erwachsenen. Besonders die *moralische Entwicklung* zu einem Niveau der *postkonventionellen moralischen Urteilsfähigkeit* ist nicht schon im Kindes- oder Jugendalter abgeschlossen. Das Arbeits- und Berufsleben (in seinen zuvor erwähnten Aspekten der sozialen Kooperation, der sozialen Fremdkontrolle sowie in allen, damit einhergehenden sozialen Konflikten) kann dazu beitragen, daß es entweder a) zur Stagnation der moralischen Entwicklung z. B. auf dem konventionellen Niveau, b) zur bereichsspezifischen Segmentierung des moralischen Urteils, oder c) zur Ausbildung des an universellen moralischen Prinzipien orientierten höchsten Niveaus kommt (Lempert 1982, 1985a). Eine erste Interventionsstudie im deutschsprachigen Raum weist auf Möglichkeiten der ,,Förderung sozial-moralischer Identität bei Lehrlingen“ hin (Oser & Schlaefli 1985). Für Zusammenhänge zwischen Moral- und Kontrollbewußtsein (Hoff & Lempert 1985) sowie zwischen Moralbewußtsein und der gesellschaftlich-politischen Handlungsfähigkeit (Lempert 1985b, Kärtner 1985) sprechen schließlich eine Reihe anderer theoretischer Überlegungen sowie die integrative Betrachtung empirischer Befunde.

Kapitel 22

Intervention in der Gerontopsychologie

Sigrun-Heide Filipp

1. Gerontopsychologische Intervention aus anwendungspraktischer und grundlagenwissenschaftlicher Perspektive

Mit der Renaissance einer „Angewandten Entwicklungspsychologie" (vgl. Montada in diesem Band) wurde innerhalb des Aufgabenkanons entwicklungspsychologischer Forschung erneut betont, daß unsere Bemühungen nicht bei der Beschreibung, Erklärung und Vorhersage von Entwicklungsverläufen stehen bleiben sollten, sondern auch (oder vielleicht sogar in erster Linie) zur Veränderung oder Optimierung von Entwicklung beizutragen hätten. Unser theoretisches Wissen sollte so erarbeitet und aufbereitet werden, daß es für *Entwicklungsintervention* in der Praxis nutzbar wird, d.h. daß es die Grundlagen für die Planung, Implementation und Evaluation von (entwicklungsbezogenen) Interventionsmaßnahmen liefern könnte.

Das „Theorie-Praxis-Verhältnis" stellt sich in dieser Sicht also so dar, daß gleichsam am Ende unseres Erkenntnisprozesses die praktische Verwertung und Anwendung unseres Wissens steht. Beispielhaft kann man dies in der Tradition der *Entwicklungsdiagnostik* beobachten: Aus der sorgsamen Beschreibung von alterskorrelierten Entwicklungsfunktionen resultierte irgendwann die praktische Nutzung, indem man anhand eines entwickelten Instrumentariums Kinder als „schulreif" diagnostizierte oder nicht (s. Filipp & Doenges 1983).

Nun hat sich aber gerade in den letzten Dekaden eine ganz andere Variante des Theorie-Praxis-Verhältnisses in das Blickfeld geschoben, in der die sogenannte Praxis gleichsam an den Beginn des Erkenntnisprozesses rückt. Die Devise lautete nunmehr: ,,Wenn man die Dinge verstehen will, muß man sie ändern" (s. Bronfenbrenner 1978). In unserer Disziplin zeigt sich dieser Zugang eindrucksvoll z. B. in Ansätzen der funktionalen oder experimentellen Verhaltensanalyse, des ökologischen Experiments, in Simulationsstudien und in Interventionsstudien. Aus den letztgenannten Untersuchungen lassen sich Hinweise gewinnen, in welchem Maße und über welche Techniken und Wirkfaktoren Verhaltensmerkmale (z.B. Problemlösestrategien, Intelligenztestleistungen) veränderbar sind. Für entwicklungspsychologische Interventionsstudien gilt in besonderer Weise, daß sie unser theoretisches Wissen bedeutsam erweitern zum einen über den Verlauf der Entwicklung in bestimmten Merkmalen und zum anderen über die Möglichkeiten, diesen Verlauf nicht als gleichsam naturgesetzlich, sondern als formbar zu begreifen. Eindrucksvolle Beispiele hierfür liegen etwa in der Trainierbarkeit kognitiver Fähigkeiten bei alten Menschen und im Nachweis der hohen Plastizität der intellektuellen Entwicklung vor (z.B. Baltes & Willis 1982).

Es ist sofort evident, daß eine solchermaßen durchgeführte ,,Praxis" eine unmittelbare Rückwirkung auf unser theoretisches Wissen hat, welches dadurch wiederum verfeinert und unter Umständen in die Neugestaltung der weiteren (Interventions-)Praxis münden könnte. Mit anderen Worten: Die hier angesprochene *duale Funktion* (entwicklungs-) psychologischer Intervention, nämlich die der Generierung von Wissen einerseits wie auch die der Anwendung von Wissen andererseits, kann nicht im Sinne eines ,,entweder-oder" aufgefaßt werden, sondern sie muß als in reziproker Beziehung zueinander stehend gesehen werden, aus der eine fortlaufende Verfeinerung unseres theoretischen Wissens und eine fortlaufende Verbesserung unserer Praxis resultieren. Intervention ist also nicht nur als übliche ,,Anwendungspraxis" zu verstehen, sondern auch als eine Methode zur Generierung von Hypothesen und Grundlagenwissen. Dies gilt allerdings nur, wenn Interventionsbemühungen nicht einem blinden Pragmatismus folgen, sondern auf ein (und sei es noch so vorläufiges) theoretisches Fundament aufbauen.

2. Der Begriff der Intervention

In einem ganz allgemeinen Sinne umschreibt Intervention zunächst alle möglichen Formen der Einflußnahme auf das Verhalten und Erleben einer Person. Insofern könnte sogar jede alltägliche Interaktion mit einem anderen Menschen irgendeine Form von ,,Intervention" darstellen (Looft 1972). Es bedarf hier also vorab einer kurzen eingrenzenden Präzisierung des Interventionsbegriffs.

Im Falle psychologischer Intervention handelt es sich immer um eine Form *planmäßiger* Einflußnahme auf das Verhalten und Erleben von Menschen; solche Einflußnahme gründet sich in der Regel auf eine präzise Beschreibung des jeweiligen Zielverhaltens und seiner Bedingtheit wie auch auf praxeologisches Wissen zur Modifizierbarkeit des Zielverhaltens. Diese Einflußnahme hat – ungeachtet der jeweiligen Interventionsziele – ihre ,,Letztbegründung" wohl immer darin, daß dadurch das psychische und/oder physische Wohlbefinden der Menschen gesteigert oder ggfs. wiederhergestellt werden kann, bzw., daß mögliche Beeinträchtigungen des Wohlbefindens u. U. sogar verhindert werden können. Gezielte Maßnahmen der Beratung und Aufklärung, gemeindepsychologisch orientierte Ansätze der Bereitstellung von Hilfsdiensten, die Gestaltung von Wohnumwelten, Förderungsprogramme für benachteiligte Gruppen, Maßnahmen zur Steigerung der Effektivität sozialer Stützsysteme bis hin zu individualisierten therapeutischen Maßnahmen sind nur einige Beispiele aus dem möglichen Spektrum dessen, was im Rahmen psychologischer Intervention (mit mehr oder minder großem Erfolg) bislang getan wird.

Wenn wir nun Intervention auf der Grundlage einer *entwicklungspsychologischen* Orientierung betreiben (vgl. insbes. Gräser 1980), so gilt in analoger Weise, daß wir es mit Maßnahmen der planmäßigen Einwirkung auf Entwicklungsverläufe zu tun haben; diese Maßnahmen sind nun ihrerseits zu gründen auf eine hinreichend genaue Beschreibung der Entwicklungsverläufe und auf theoretische Annahmen bezüglich ihres Zustandekommens und ihrer Veränderbarkeit, und sie sind auch hier ungeachtet ihrer konkreten Zielsetzung auf die Erreichung ganz bestimmter *,,Entwicklungsziele"* gerichtet. Danish (1981) argumentiert noch weitergehend, indem er darauf verweist, daß eine entwicklungspsychologische Intervention die Optimierung oder Steigerung der Entwicklungsverläufe zum Ziel hat, während Interventionsmaßnahmen, die sich nicht auf entwicklungspsychologische Überlegungen gründen, vornehmlich an einer Wiederherstellung des Status quo interessiert und sehr viel stärker an homöostatischen Modellvorstellungen orientiert sind.

Mit der an entwicklungspsychologischem Denken orientierten Dehnung der Zeitspanne wird aber zugleich auch die Frage aufgeworfen, *wann* innerhalb der Lebensspanne eine Form von Intervention angezeigt ist und welche Konsequenzen sich u. U. daraus ergeben, daß man Interventionsmaßnahmen unterschiedlich zeitlich plaziert – etwa im Sinne einer geringeren oder höheren Entwicklungsangemessenheit (vgl. Weinert 1979). Wenn wir uns nun im folgenden ausschließlich mit Interventionsmaßnahmen im höheren Erwachsenenalter beschäftigen, so scheint es zunächst ratsam, diesen Abschnitt der Lebensspanne unter dem Blickwinkel einer besonderen ,,Interventionsbedürftigkeit" zu thematisieren.

3. Gerontopsychologische Intervention:

„Warum müssen alte Hasen neue Tricks lernen?" und einige weitere Grundfragen

Entwicklungspsychologisch orientierte Interventionsbemühungen haben sich in den letzten Jahren verstärkt dem anderen Ende der Lebensspanne zugewandt: „*Interventionsgerontologie*" (Lehr 1979) bzw. „*gerontologische Intervention*" (Baltes & Danish 1979) stellen sich als begrifflich in sich geschlossene Forschungskomplexe dar, und ihre Gegenstandsbestimmung als „das Insgesamt der Bemühungen, bei psychophysischem Wohlbefinden ein hohes Lebensalter zu erreichen" (Lehr 1979, S. 1), zeigt zugleich auch den weit gesteckten Anspruch. Daß das höhere Erwachsenenalter so stark in den Fokus von Interventionsbemühungen rückt, muß allerdings nicht notwendigerweise als Anzeichen eines gesteigerten Handlungsbedarfs gedeutet werden, sondern kann auch Ausdruck gesteigerter Handlungsmöglichkeiten und einer verbesserten Einsicht in die Prozesse des Alterns und ihrer Plastizität sein. Inwieweit die weithin erkennbare Enttäuschung ob der wenig befriedigenden Ergebnisse vieler Förderprogramme in der frühen Kindheit auch dazu beigetragen hat, nun gleichsam das andere Ende der Lebensspanne für Interventionsbemühungen zu „entdecken" und u. U. dort erfolgreicher zu agieren, mag hier dahingestellt bleiben.

Der wohl zentrale Unterschied zwischen der eingangs skizzierten „natürlichen" Intervention, der wir in unserem Alltag in unterschiedlicher Form begegnen, und jeder wissenschaftlich begründeten Intervention ist, daß im letzteren Falle Interventionsmaßnahmen nicht nur planmäßig und gezielt eingesetzt, sondern auch im Hinblick auf grundlegende Fragen reflektiert werden, von deren Beantwortung die Planung und Implementation der jeweiligen Interventionsmaßnahmen entscheidend abhängt. Baltes und Danish (1979) haben dies als die Fragen nach dem „*Warum, Wie und Wozu*" umschrieben; Montada (1983) hat in einem erweiterten Rahmen den Aufgabenkanon einer Angewandten Entwicklungspsychologie durch sechs Grundfragen umrissen. Solche Fragen tragen nicht nur zu einer Systematisierung gerontologischer Interventionsmaßnahmen bei, sondern sie wirken auch einem unreflektierten Pragmatismus entgegen, der – wie es scheint – eine Vielzahl von Interventionsprogrammen kennzeichnet. Im folgenden wollen wir uns diesen Fragen kurz zuwenden.

1. Ist im jeweiligen Falle überhaupt *Handlungsbedarf gegeben,* oder existiert gar Handlungsdruck für gerontopsychologische Intervention? Wohl mag man sich eine Vielzahl von Fällen vorstellen, in denen diese

Frage überflüssig oder gar zynisch erscheint, doch ist eine gewissenhafte Prüfung dieser Frage aus unterschiedlichen Gründen geboten.

Zunächst schafft jegliche Form von Intervention zwangsläufig eine asymmetrische Beziehung zwischen dem ,,Akteur" und anderen Menschen als ,,Zielobjekt" der Intervention; somit sind immer auch prinzipiell ethische Fragen berührt, da Menschen in die Entwicklung, das Verhalten und Erleben anderer Menschen planmäßig eingreifen. In diesem Zusammenhang werden ebenso Probleme der Beeinflussung, der systematischen ,,Fremdbestimmung" durch andere und die Effekte von (erwünschter und unerwünschter) Hilfeleistung wichtig. Solche Überlegungen sind vermutlich insbesondere dort angebracht, wo die Interventionseuphorie in einen ,,Kult des Interventionismus" auszuarten droht (vgl. Looft 1973).

Aber auch jenseits ethischer Bedenken gibt es handfeste ökonomische Interessen, die die Frage nach dem Handlungsbedarf aufwerfen. Dabei gilt es abzuwägen zwischen dem, was werden würde, wenn man keine Intervention durchführte, im Vergleich zu dem Zustand, der sich nach einer Intervention einstellen würde. Es geht also auch um Kosten-Nutzen-Analysen und die daraus gewonnenen entscheidungsrelevanten Informationen.

Ein zusätzliches Problem liegt in dem häufig zu hörenden negativen Stereotyp begründet, demzufolge alte Menschen in besonderer Weise schwach, hilfsbedürftig, abhängig, unfähig etc. sein sollen. Dies erfordere spezielle Interventionen, stabilisiere andererseits aber erst recht die Stereotype, ohne daß den alten Menschen wirklich ,,geholfen" würde (z.B. Labouvie 1973). In der Tat hat es den Anschein, als seien fast alle Interventionsprogramme für das höhere Erwachsenenalter an einem ,,Defizit-Modell" orientiert, welches gerade diese Altersspanne als besonders interventionsbedürftig ausweist und einen besonderen Handlungsbedarf suggeriert. Die eingangs genannte Forderung, daß sich jede Intervention auf eine gründliche Deskription und Kenntnis der Entwicklungsprozesse und ihrer Bedingungen stützen muß, ist gerade in diesem Zusammenhang mehr als berechtigt. Gleichwohl wird – unabhängig davon, ob Interventionsmaßnahmen auf die Annahme eines Abbauprozesses gegründet sind oder nicht, den es zu verhindern oder zu verlangsamen gilt – der letzte Abschnitt der Lebensspanne oft deshalb als so interventionsbedürftig betrachtet, weil er eine Kumulation von Verlusterfahrungen, oft kombiniert mit körperlichen Beeinträchtigungen, in sich birgt.

In aller Regel werden wir jedoch unser Urteil, daß im gegebenen Falle Handlungsbedarf besteht, weniger auf allgemeine Überlegungen denn auf spezifische diagnostische und/oder prognostische Aussagen gründen, zu denen wir im Zuge unserer Analysen des ,,Was ist?" und des ,,Was wird werden?" (Montada 1983) gelangt sind. Im einen Falle hätten wir es mit einer Störung, einer Auffälligkeit, einer Problemsituation zu tun, zu deren Überwindung psychologische Intervention beitragen kann. Im anderen Falle, in dem wir aus prognostischen Aussagen Handlungsbedarf ableiten, folgen wir der Annahme, daß vorhersehbare Ereignisse (z. B. Eintritt in den Ruhestand) zu gravierenden Beeinträchtigungen der Handlungsorientierung der betroffenen Person(en) führen, daß aber eine geeignete Vorbereitung auf dieses Ereignis den Übergang zu einer „Entwicklungschance" machen könnte.

Schließlich könnte auch die Extrapolation des künftigen Entwicklungsverlaufs aus der Kenntnis des bisherigen und der gegebenen Entwicklungsbedingungen Handlungsbedarf für Interventionsmaßnahmen nahelegen – wie dies üblicherweise bei der Bestimmung sogenannter Risikogruppen und der Implementation entsprechender Interventionsmaßnahmen der Fall ist. Wie unschwer erkennbar, ist dies allerdings mit sehr viel größeren Unsicherheiten behaftet; bedarf es doch hier gut fundierter Vorhersagemodelle der künftigen Entwicklung, die angesichts der Multidirektionalität, der hohen interindividuellen Variabilität und multifaktoriellen Bedingtheit von Altersprozessen wohl sehr schwer zu erstellen und bis heute auch kaum in Sicht sind. Insofern werden Interventionsmaßnahmen, die auf prognostische Aussagen gegründet sind und als primär-präventive Maßnahmen implementiert werden, im höheren Erwachsenenalter vorzugsweise als Vorbereitung auf künftige potentiell problematische Ereignisse oder Übergangsperioden durchzuführen sein.

Nicht zuletzt sollte noch erwähnt werden, daß Handlungsbedarf sich in der Tat nicht ausschließlich auf einen diagnostizierten oder prognostizierten „defizitären Zustand" der Person gründen muß oder gründen sollte (wie es etwa typisch für klinisch-psychologische Interventionsmaßnahmen ist). Vielmehr sollte sich unser Augenmerk auch auf Möglichkeiten der Optimierung von Altersprozessen richten, die zur Erweiterung oder doch zumindest zum Erhalt von Handlungsspielräumen und -optionen alter Menschen beitragen können. Daß gerontologische Intervention *„erfolgreiches Altern"* unterstützen und fördern kann, wird allenthalben betont; doch verschleiert die Geläufigkeit dieser Redewendung zugleich das Problem, daß im Gegensatz zu jenen Situationen, in denen man zulässigerweise von Erfolg bzw. Mißerfolg sprechen kann (Heckhausen 1980), die Frage nach dem Gütemaßstab, an dem sich Erfolg und Mißerfolg bemessen, offenbar nur selten beantwortet wird.

2. Die zweite Kernfrage betrifft *das Problem der Zielformulierung,* die für alle Interventionsmaßnahmen Richtschnur des Handelns darstellt und den Orientierungsrahmen abgibt. Nun hat man es hier auch mit dem Problem zu tun, daß Interventionsziele als hierarchisch geordnet und sequentiell miteinander verschachtelt zu denken sind. Wenn man, wie eingangs erwähnt, fordert, daß gerontopsychologische Intervention zur Erhaltung oder Steigerung des physischen und psychischen Wohlbefindens älterer Menschen beizutragen habe, so ist eine solche Zielformulierung ebenso konsensfähig wie unverbindlich. Als äußerst globale Zielsetzung muß sie jeweils im einzelnen Falle in Unterziele differenziert und *konkretisiert* werden – nicht zuletzt auch deshalb, weil Interven-

tionsprogramme hinsichtlich ihrer Effektivität *evaluiert* werden müssen, was sich nur über eine explizite Formulierung und Operationalisierung der Zielkriterien erreichen läßt. Was im einzelnen im Sinne solcher Interventionsziele erstrebenswert ist oder nicht, ist keineswegs unumstritten. Daher überrascht es nicht, daß Erfolg oder Mißerfolg vieler gerontologischer Interventionsmaßnahmen oft an einer Veränderung des Mortalitätsrisikos gemessen werden, weil hier jegliche Diskussion um die Relevanz und Eindeutigkeit des Kriteriums überflüssig zu sein scheint (vgl. Rowland 1977).

Selbst wenn man Veränderungen im physischen Wohlbefinden resp. körperliche Krankheitssymptome als Indikatoren heranzieht, die doch scheinbar exakt zu erfassen und objektivierbar sind, gerät man oft in große Schwierigkeiten. Wählt man etwa als Kriterium die Zahl der Arztbesuche, so muß dies nicht notwendigerweise auf eine Verbesserung/Verschlechterung des physischen Gesundheitszustandes hinweisen (Mechanic 1974). Wählt man Selbsteinschätzungen des Gesundheitszustandes, so muß man Gefahr laufen, daß dieser mit dem objektiv diagnostizierten Zustand oft nur geringe Zusammenhänge aufweist. Zieht man die Schwere der Erkrankung als Kriteriumsvariable heran, so würde man vermutlich sehr schnell auf immense Probleme der Skalierung stoßen. Welche Ziele gerontopsychologische Intervention erreichen und woran ihre Erreichung gemessen werden soll, gehört wohl zu den am schwersten lösbaren Problemen. Nicht zuletzt deshalb vermutet Lehr (1979), daß der Anteil an kognitiven Interventionsstudien bei alten Menschen unter anderem deshalb überproportional hoch ist, weil dort die Erfolgskriterien (z.B. Verbesserung in Testleistungen) so exakt zu formulieren und zu messen sind und – so könnte man hinzufügen – die Zielbestimmung offenbar auch keiner weiteren Legitimation zu bedürfen scheint (kritisch hierzu jedoch Looft 1973).

Unabhängig davon, wie die jeweiligen Interventionsziele zum Zwecke der Evaluierbarkeit expliziert werden, ist natürlich das grundlegendere Problem der Zielformulierung, d.h. die Bestimmung des ,,Wünschenswerten" und ihre Begründung, noch nicht mitgelöst. Die Auffassung, daß Psychologie als ,,wertfreie" empirische Wissenschaft nichts zur Formulierung von Interventions- oder Entwicklungszielen beitragen könne, ist zwischenzeitlich weit differenzierteren Betrachtungen gewichen (vgl. Brandtstädter 1980, 1983). Selbstredend kann unser Wissen herangezogen werden, wenn es etwa um die Analyse der Kompatibilität von gleichzeitig oder zeitverzögert zu realisierenden Zielen geht oder wenn gefragt ist, ob die Zielvorgaben momentan oder grundsätzlich überhaupt erreichbar sind. Schließlich sind Zielformulierungen, gestützt auf psychologische Konzeptbildungen, auch dort möglich, wo Modelle ,,optimaler Entwicklung" (Brandtstädter & Schneewind 1977) oder Konzepte wie ,,Lebenszufriedenheit" (zum Überblick vgl. Thomae 1983) zugrunde gelegt werden, die als ,,offene" Konzepte individuelle Ausgestaltungen zulassen und keine Wertentscheidungen für andere Menschen enthalten. Vielleicht finden gerade deshalb verschiedene Indizes der

Lebenszufriedenheit als Kriterien gerontologischer Intervention bevorzugt Verwendung.

Mit der Wahl bestimmter Kriteriumsvariablen ist gleichwohl noch nichts über den Interventionserfolg ausgesagt, solange wir nicht den Preis kennen, um den dieser erreicht wurde. Menschen sind als „biopsychosoziale Einheit“ zu begreifen, und man ist aufgefordert, sofern Interventionsbemühungen nur auf ein einziges Ziel ausgerichtet sind, unbeabsichtigte Interventionseffekte und Nebenwirkungen anhand eines multiplen Kriterienansatzes zu prüfen (Brandtstädter 1980, Danish 1981). Ungeachtet einer solchen der Evaluationsmethodologie entlehnten Forderung scheint ein Grundproblem auch darin zu liegen, daß in die Formulierung von Interventionszielen und Evaluationskriterien oft nicht weiter hinterfragte Annahmen einfließen bezüglich dessen, was „erfolgreiches Altern“ ausmacht; ein Beispiel dafür ist die Studie von Carp (1977): Die Anzahl von Mitgliedschaften in Vereinen und Clubs sowie die Zahl der Freunde wurden dort als „Erfolgskriterien“ in die Analyse und Modifikation des Alternsprozesses eingeführt; da (wie in vielen anderen Studien) eine Zieldiskussion und -begründung nicht erfolgte, treten die Wertorientierungen des Autors um so mehr in den Vordergrund.

3. Ein *dritter Themenkomplex* schließlich betrifft die *Strategien und Techniken der Intervention,* die zu wählen sind, um die angestrebten Ziele realisieren zu können. Es ist dies die Frage nach den gegebenen Handlungsmöglichkeiten und danach, zu welchem Zeitpunkt, in welchem Setting, über welches Medium und auf welcher Ebene die Interventionsmaßnahmen zu implementieren sind. Es liegt auf der Hand, daß die Beantwortung dieser Fragen in einem nicht zu unterschätzenden Maße davon beeinflußt wird, welche „begriffliche Fassung der Ausgangslage“ (Montada 1983) man vorgenommen hat, d.h. wie man die Problemsituation definiert und rekonstruiert hat. Sicher wird man dabei, selbst wenn man viele Phänomene des hohen Alters in einem lebensgeschichtlichen Zusammenhang rekonstruieren sollte, auch nach den proximalen und aktuellen Bedingungen für das, was es über die Intervention zu verändern gilt, suchen, sofern deren Kenntnis im Zuge einer technologischen Umsetzung für die Interventionsmaßnahmen relevant ist.

So ist beispielsweise die Beobachtung, daß durch Bereitstellung öffentlicher Verkehrsmittel die Lebenszufriedenheit der älteren Bewohner gesteigert werden konnte (vgl. Culter 1972), im vorliegenden Zusammenhang in zweierlei Hinsicht von Interesse: Zum einen belegt es, auf welch naheliegende, relativ einfach zu realisierende Umweltveränderungen „Intervention“ fokussieren kann. Zum anderen macht es deutlich, wie sorgsam man vorgehen muß, wenn man ein Problem einer bestimmten Ebene (Individuum, soziales Umfeld, Mikroökologie usw.) kausal oder konditional zuweist. Nicht umsonst werden auch verschiedene Ebenen im Sinne der Interventionsstrategien als „physical intervention", „psychological intervention" und „social intervention" unterschieden (s. Eisdorfer & Stotzki 1977, Estes & Freeman 1976), die je nach Problemdefinition in unterschiedlichem Maße bedeutsam sind.

Es ist einsichtig, daß angesichts der Heterogenität von Zielvorgaben in der gerontologischen Intervention fast alle nur denkbaren Interventionsmethoden ins Auge gefaßt werden können (hierzu z. B. Lehr 1979). Zu unterscheiden ist hier, inwieweit die eingesetzten Interventionstechniken für die Population alter Menschen spezifische Elemente enthalten oder nicht; viele stellen eher allgemeine Techniken psychologischer Intervention dar, die zu allen Zeitpunkten der Lebensspanne Einsatz finden können (z. B. Verhaltensmodifikationsprogramme, Problemlösetraining); andere, oft sehr pragmatisch orientierte Maßnahmen scheinen dagegen ganz spezifisch auf alte Menschen zugeschnitten zu sein (z. B. jene, die unter dem Sammelbegriff „Altenhilfe" gefaßt und im Kontext geriatrischer Einrichtungen implementiert werden). Wie bei jeder anderen psychologischen Intervention gilt es auch hier zu prüfen, inwieweit die gewählten Techniken und Strategien zielförderlich, d. h. kompatibel mit den Interventionszielen, sind und adäquate Mittel zu ihrer Realisierung darstellen.

Ungeachtet der jeweils gewählten Techniken und Strategien wird man bei entwicklungspsychologisch orientierter Intervention wohl auch in Rechnung stellen müssen, daß Entwicklungsverläufe von historischen und kulturellen Kontextbedingungen in besonderem Maße abhängig sind. Insofern hat man Interventionsmaßnahmen sinnvollerweise wohl primär in Termini der Person-Umwelt-Transaktion zu konzeptualisieren und eine passungstheoretische Sichtweise einzunehmen (Kahana 1982). Dies erfordert eine sorgfältige Analyse der Passung zwischen individuellen Handlungsmöglichkeiten und -optionen auf seiten des alten Menschen und den durch seinen jeweiligen Umweltkontext bestimmten Handlungsspielräumen und Handlungsanforderungen. Eine solche Sichtweise legt es nahe, nicht nur personbezogene Interventionsmaßnahmen ins Auge zu fassen, sondern diese als kontextzentrierte Intervention zu planen, in der beispielsweise der Gestaltung der Lebensumwelt alter Menschen aus ökopsychologischer Sicht ebenso Beachtung geschenkt wird wie den Möglichkeiten, das soziale Umfeld alter Menschen neu zu arrangieren (z. B. Lawton 1985).

4. Exemplarische Darstellung gerontopsychologischer Interventionsmaßnahmen

Im folgenden sollen nun diese eher grundsätzlichen Ausführungen einer konkreten, an einzelnen Maßnahmen orientierten Beschreibung gerontologischer Intervention weichen. Diese verschiedenen Maßnahmen könnte man anhand unterschiedlicher Kriterien systematisieren, z.B. anhand der globalen Interventionsziele der Prävention, Korrektur, Rehabilition oder Optimierung und/oder der jeweils eingesetzten Interventionstechniken und/oder – Interventionssettings (vgl. Baltes & Danish 1979). Der folgenden Systematik liegt die Unterscheidung zugrunde,
a) ob Interventionsmaßnahmen zentriert sind um konkrete Lebensereignisse und Übergangsperioden oder nicht *(ereignisspezifische vs. ereignisunspezifische Intervention)* und
b) ob die Interventionsmaßnahmen vorzugsweise an der Person selbst oder an ihrem physikalischen und/oder sozialen Umfeld ansetzen *(personzentrierte vs. kontextzentrierte Intervention).*

Die folgende Abbildung 22.1 zeigt das daraus abgeleitete Vierfelderschema zur Klassifikation von Interventionsmaßnahmen und gibt für jedes Feld beispielhaft konkrete Interventionsmaßnahmen an.

	Interventionsebene	
Ereignisbezug	personzentriert	kontextzentriert
ereignisspezifisch	z.B. individuelle Beratung nach Partnerverlust	z.B. Besuchsprogramm nach Wohnortwechsel
ereignisunspezifisch	z.B. Training kognitiver Fertigkeiten	z.B. Bereitstellung von Verkehrsmitteln

Abb. 22.1 Klassifikation von Interventionsmaßnahmen nach Interventionsebene und Ereignisbezug.

Personzentrierte Intervention: „Fördern durch Fordern“ und ähnliche Maximen

Wie bereits mehrfach erwähnt, ist die Entscheidung dafür, daß man Interventionsmaßnahmen auf der *Individual*ebene implementiert und beispielsweise Fertigkeiten trainiert oder Verhaltensweisen einübt, wesentlich davon bestimmt, wie man die „Problemdefinition" vorgenommen hat (vgl. auch Reese & Overton 1980). Daß viele gerontologische Interventionsmaßnahmen einen solchen Zugang wählen, mag einerseits bedingt sein durch das Vorherrschen des eingangs erwähnten „Defizit-Modells"; andererseits glaubt man, daß Interventionsmaßnahmen auf dieser Ebene leichter zu implementieren und insbesondere ihre Ergebnisse eindeutiger zu evaluieren seien (Estes & Freeman 1977).

Betrachtet man sich nun im einzelnen, auf welches Zielverhalten die verschiedenen Programme ausgerichtet sind, so ist der Bereich *kognitiver* Funktionen wohl deutlich überrepräsentiert; Interventionsmaßnahmen im Bereich des Sozialverhaltens und Interventionsmaßnahmen zum Aufbau sogenannter Bewältigungsfertigkeiten treten dahinter zahlenmäßig zurück. Im folgenden werden wir aus den genannten Bereichen jeweils einige Beispiele vorstellen.

Interventionsmaßnahmen im kognitiven Bereich

Seit jeher ist mit der Vorstellung vom Altern auch die eines regelhaften, gleichsam naturgesetzlichen Abbaus kognitiver Fähigkeiten verknüpft. Daß man hier hohe interindividuelle Variabilität zu erwarten und zudem fähigkeitsspezifisch unterschiedliche Verläufe anzunehmen hat, sei hier nur am Rande erwähnt (vgl. hierzu Kapitel 7). Eine Vielzahl von Interventionsmaßnahmen ist in diesem Bereich erarbeitet und durchgeführt worden. Eine globale Zielsetzung dieser Maßnahmen war wohl immer, bestehende oder antizipierte Beeinträchtigungen der intellektuellen Leistungsfähigkeit auszugleichen oder zu verhindern. Gerade hier wird aber auch die duale Funktion von Intervention deutlich: Die meisten Interventionsstudien waren zunächst darauf ausgerichtet, Hinweise auf die Modifizierbarkeit oder Trainierbarkeit intellektueller Fertigkeiten zu liefern, und insofern stand im Fokus dieser Zugänge eher die Generierung von Wissen durch Intervention denn seine Anwendung. Prototypisch ist dies realisiert in dem von Baltes und Willis (1982) entwickelten Trainingsprogramm ADEPT:

Dieses Programm basiert zunächst auf *zwei Prämissen:* a) auf der Betonung des Unterschieds zwischen Performanz und Potential (Kapazität) und der Annahme, daß die intellektuelle Performanz alter Menschen eine Unterschätzung ihres Potentials darstellt und insofern gesteigert werden kann. b) Es wird vorausgesetzt, daß die Theorie der *fluiden und kristallinen Intelligenz* (Horn & Cattell 1966) den geeigneten theoretischen Rahmen liefert, aus dem sowohl der Gegenstandsbereich der zu trainierenden Fähigkeiten als auch (multivariate) Kriterien für die Evalution des Trainingserfolgs abgeleitet werden können.

In den Trainingsstudien werden zwei Interventionsmodi getrennt geprüft; zum einen wird der Effekt einer bloßen wiederholten Durchführung der Tests (acht einstündige Testsitzungen) erfaßt, zum anderen wird ein direktes Training durchgeführt, das jeweils auf einen der drei Primärfaktoren der fluiden Intelligenz abzielt (figurales Denken, induktives Denken und Aufmerksamkeit/Gedächtnis). Das Training selbst besteht darin, den Personen (Altersbereich 62 bis 84 Jahre) an ähnlichen Aufgaben die Aufgabenstruktur und ihre Lösungswege zu erklären und ihnen Gelegenheit zur Bearbeitung und Einübung zu geben; die Durchführung des Trainings erfolgt jeweils in mehreren einstündigen Sitzungen. Die Effektivität des Trainings wird anhand von zwei globalen Kriterien geprüft: zum einen an der Reichweite der Effekte, indem mittels einer differenzierten Prüftestbatterie erfaßt wird, inwieweit sich die Trainingseffekte auch noch in Aufgaben abnehmender Ähnlichkeit zu den trainierten Leistungen zeigen. Zum anderen wird die Stabilität der Trainingseffekte über die Zeit hinweg (letzte follow-up-Untersuchung nach sechs Monaten) analysiert.

Die Ergebnisse der einzelnen Trainingsstudien zeigen zunächst einmal, daß die Testleistungen in allen drei Bereichen der fluiden Intelligenz erhöht wurden; der Trainingstransfer und die Stabilität der Trainingseffekte sind jedoch zwischen diesen drei Bereichen unterschiedlich hoch. Es sieht so aus, als sei die Trainierbarkeit bzw. Plastizität der Fähigkeitsdimension des figuralen Denkens besonders hoch. Ebenso scheint sich das Training auch auf Aufgaben mit geringer Ähnlichkeit zu den trainierten Leistungen auszuwirken. Für das Training des induktiven Denkens trifft dies in geringem Maße zu; Trainingseffekte zeigten sich nur in dem Prüftest, der die trainierte Fähigkeit markiert, und zudem war der Trainingseffekt (im Gegensatz zum figuralen Denken) nach sechs Monaten nicht mehr beobachtbar. Bessere Resultate erbrachte allerdings eine Replikationsstudie an deutschen Versuchspersonen, die ein zehnstündiges Trainingsprogramm durchlaufen hatten (Dittmann-Kohli 1983). Für das Aufmerksamkeitstraining konnten gleichfalls signifikante Trainingseffekte für selektive Aufmerksamkeit, Aufmerksamkeitswechsel und Konzentration nachgewiesen werden, die auch noch nach sechs Monaten beobachtbar waren; allerdings konnte hier kein Transfer auf andere Fähigkeiten erzielt werden. Schließlich muß betont werden, daß alleine die Wiederholung von Testdurchführungen ohne explizites Training Effekte im Sinne eines kontinuierlichen Leistungsanstiegs bis zur letzten Sitzung erbrachte, wobei die Zugewinne um eine Standardabweichung lagen.

Das von Baltes und Willis (1982) durchgeführte Forschungsprogramm hat alles in allem gut gesicherte Hinweise erbracht, daß eine Reihe kognitiver Fähigkeiten auch im höheren Erwachsenenalter trainiert werden kann und daß eine Intervention, die auf Einsicht in die Aufgabenstruktur und auf Übung basiert, entsprechende positive Effekte erbringt, wenngleich man dies fähigkeitsspezifisch relativieren muß. Die Autoren folgern aus den Ergebnissen, daß die hohe Plastizität der kognitiven Entwicklung auch auf eine latente Reserve intellektueller Tüchtigkeit hinweist, die man noch ausschöpfen kann (wobei allerdings noch performanztheoretische Fragen zu klären sind).

Eine Vielzahl weiterer Interventionsmaßnahmen im kognitiven Bereich zielt auf die *Verbesserung der Gedächtnistätigkeit* und das Einüben von Gedächtnisstrategien ab – wohl ganz im Einklang mit den „typischen" subjektiven Alternssymptomen, nämlich Energieverlust und Nachlassen der Gedächtnisleistungen (vgl. Kahn & Miller 1978).

Das von Poon et al. (1980) vorgestellte Trainingsprogramm soll visuelle Mnemotechniken einüben und die Person darin trainieren, durch Generierung geeigneter Vorstellungsbilder ihre Gedächtnisleistungen zu verbessern. Die von diesen Autoren durchgeführten Studien lassen allerdings keine abschließende Bewertung des Trainingsprogramms zu; sie liefern aber Hinweise darauf, welche Beschaffenheit die Bilder haben müssen (z.B. hinsichtlich Komplexität, Vertrautheit), damit sie zu einer Verbesserung der Gedächtnisleistung führen. Zudem wurde festgestellt, daß Persönlichkeitsmerkmale und aktuelle affektive Zustände von so großem Einfluß auf die Gedächtnisleistung und ihre Trainierbarkeit sind, daß die Autoren eher für die Erstellung individualisierten Trainingsmaterials denn für eine allgemeine Trainingsdurchführung plädieren.

Unabhängig von den zuletzt genannten Überlegungen argumentieren Winograd und Simon (1980), daß Gedächtnistrainingsprogramme, die sich das Phänomen der Visualisierung zunutze machen, für alte Menschen eher zweifelhaft seien, da in vielen Studien ein Altersabbau eher im effektiven Umgang mit visueller Information nachgewiesen zu sein scheint als im Umgang mit verbaler Information. Daher seien Trainingsprogramme, die das verbale Gedächtnis durch Visualisierung stützen wollen, auf einen schwachen Grund gebaut.

Ungeachtet der Frage, mittels welcher Methoden und mit welchem Erfolg Gedächtnisprozesse im hohen Alter trainiert werden können, scheint eine Verbesserung in den Gedächtnisleistungen keineswegs automatisch von den alten Menschen auch als solche erkannt zu werden, wie die Befunde von Scogin et al. (1985) zeigen: Beschwerden über ein (vermeintliches) Nachlassen der Gedächtnisleistungen blieben nämlich nach dem Training aufrechterhalten, obschon sich die Gedächtnisleistungen selbst verbessert hatten. Dies verweist darauf, daß in diesbezügliche Interventionsbemühungen auch das Metagedächtnis einbezogen werden muß.

Als letztes Beispiel für Intervention im kognitiven Bereich soll das von Labouvie-Vief und Gonda (1976) entwickelte *Strategietraining* Erwähnung finden. Es basiert auf dem von Meichenbaum (1974, 1977) vorgeschlagenen Zugang, durch den gezielten Einsatz von Selbstinstruktion „kognitive Prothesen" für alte Menschen zu schaffen. Das Training bestand darin, unter Einsatz des Modellernens alten Frauen beizubringen, sich bei der Lösung von Problemen bzw. der Bearbeitung von Aufgaben durch geeignete Selbstinstruktionen selbst zu steuern und ihre Leistungsfähigkeit zu steigern. Von diesem Training hoben die Autorinnen ein unspezifisches Training ab, wobei eine Gruppe alter Frauen lediglich die Aufgabenstellung ohne Hilfe übt; eine Kontrollgruppe schließlich wurde mit einer irrelevanten Aufgabe beschäftigt. Für die Evaluation der Intervention zogen sie einen Primärfaktor der fluiden Intelligenz, nämlich induktives Denken heran. Es zeigte sich, daß sowohl die spezifisch wie auch die unspezifisch trainierte Gruppe nach dem Training der Kontrollgruppe überlegen war, wobei auch hier eine Transferwirkung auf andere Aufgaben (im RAVEN-Test) nachgewiesen werden konnte.

Zusammenfassende Betrachtung: Die vielen Trainingsstudien lassen erkennen, daß intellektuelle Prozesse auch im hohen Alter eine beachtliche Plastizität besitzen. Frühere Annahmen, denen zufolge der Altersabbau mehr oder minder universell beobachtbar, weil biologisch zu erklären ist, sind unzutreffend; folglich dürfen die Möglichkeiten gezielter Intervention nicht unterschätzt werden. Dennoch sollte man auch in diesem Bereich eine Zieldiskussion führen und Interventionsmaßnahmen im kognitiven Bereich kritisch bewerten, soweit sie über die Generierung neuen entwicklungspsychologischen Wissens hinausgehen und eine wie auch immer geartete Verbesserung der Lebenssituation älterer Menschen anstreben. Bevor man solche Interventionsprogramme systematisch und auf breiterer Ebene implementiert, muß wohl in erster Linie geklärt werden, welche Bedeutung die zweifelsohne erreichbaren Verbesserungen der intellektuellen Leistungsfähigkeit bei alten Menschen für die Bewältigung alltäglicher Lebensvollzüge besitzen und *was* im Alternsprozeß jenseits einer verbesserten Testleistung überhaupt „*optimiert*“ wird.

In diesem Zusammenhang scheinen Ansätze bemerkenswert, die auf der Grundlage neu formulierter Konzeptualisierungen wie etwa „Wissensaktualität“ (Schuster & Barkowski 1982) oder „Weisheit“ (Clayton 1982) die Brauchbarkeit des klassischen psychometrischen Intelligenzkonzepts für das hohe Alter anzweifeln (s. auch Kapitel 11). Gleichwohl fehlt es für diese Reformulierungen bislang an konzeptuell-theoretischen Vorarbeiten, auf deren Grundlage man geeignete Interventionsmaßnahmen planen und implementieren könnte.

Schließlich sollten auch etwaige Beeinträchtigungen der (kognitiven) Leistungsfähigkeit älterer Menschen in einem erweiterten Rahmen betrachtet und es müßte genauer analysiert werden, was nicht-kognitive Variablen (Gesundheitszustand, Ängstlichkeit, Motivation usw.) zu Leistungsdefiziten beisteuern. Gerade diesem Themenkomplex wird in den letzten Jahren im Rahmen einer „educational gerontology“ besondere Beachtung geschenkt (zum Überblick vgl. Lumsden 1985).

Interventionsmaßnahmen im Bereich des Sozialverhaltens

Eine globale Zielsetzung dieser Programme besteht darin, die soziale Kompetenz älterer Menschen zu erhalten oder zu steigern. Dabei wird zumeist implizit unterstellt, daß der Verlust bzw. Wechsel sozialer Rollen und der Verlust sozialer Interaktionspartner im Alter zu einer Reduktion des Selbstwertgefühls, zu sozialer Unsicherheit und zu sozial inkompetentem Verhalten führt.

Gerade hier stellt sich nun die Frage, auf welcher Ebene solche Interventionsmaßnahmen (unabhängig von ihrer Begründung) implementiert werden sollen, d. h. ob man also die Person selbst in den Fokus rückt und im Sinne einer direkten personbezogenen Intervention Trainingsprogramme durchführt oder ob man den sozialen Kontext der Person so beeinflußt, daß im Sinne einer intermediären Intervention die erwünschten sozialen Verhaltensweisen erreicht werden. Im folgenden soll auf zwei Programme des ersten Typs eingegangen werden, während der letztgenannte Aspekt noch einmal bei der Darstellung von Maßnahmen kontextzentrierter Intervention aufgegriffen werden wird.

Gerade wenn man es mit Programmen zu tun hat, die auf die Förderung sozialer Kompetenz abzielen, zeigt sich, daß solche Interventionsmaßnahmen keineswegs altersspezifisch sind, vielmehr auf allen Stufen der Lebensspanne implementiert werden können. Dies gilt z. B. für das Training zum Aufbau interpersonaler Problemlösefähigkeiten von Shure und Spivack (1978) ebenso wie für die üblichen an verhaltenstheoretischen Annahmen orientierten Programme. Die Wirkmechanismen dieser Intervention werden allgemeinpsychologisch rekonstruiert, und es gibt bislang keine durch entwicklungspsychologische Befunde nahegelegte altersspezifische Relativierung der vermuteten Wirkungsweise.

Ein unlängst von Rupp (1984) für den deutschen Sprachraum vorgelegtes Programm hatte zum Ziel, die soziale Kompetenz allein lebender älterer Frauen zu erhöhen und dabei zugleich die unterschiedliche Effektivität verschiedener Interventionstechniken gegeneinander abzuwägen. Als Kriteriumsvariablen hierfür wurden Selbstunsicherheit und Ängstlichkeit (über Fragebogen erfaßt) herangezogen. Die verschiedenen Trainingsformen bestanden 1. in einer strukturierten Trainingsform, in deren Zentrum der Aufbau angemessener selbstregulativer Prozesse im Sinne von Meichenbaum (1977) stand, 2. einem reinen Verhaltenstraining ohne die Komponenten der Selbstregulation; dem gegenüber wurden verglichen 3. eine „Intervention“ in Form eines freien Gesprächskreises und schließlich 4. eine reine Kontrollgruppe. In beiden Experimentalgruppen konnten signifikante Veränderungen im Sinne einer Reduktion von Selbstunsicherheit und Ängstlichkeit erzielt werden, wobei das Kombinationstraining (Verhaltenstraining mit Selbstregulationskomponenten) sich als effektiver erwies als das reine Verhaltenstraining; zudem konnten die Effekte auch nach drei Monaten beobachtet werden.

Das gleiche Zielverhalten, nämlich Selbstsicherheit, liegt auch dem Programm „Asserti-care“ von Hudson (1983) zugrunde. Trainingseffekte sollten in dieser Interventionsstudie in einer Erhöhung selbstsicheren Verhaltens, in einer Zunahme internaler Kontrollüberzeugungen sowie in einer Erhöhung des Selbstwertgefühls (alle Variablen via Fragebogen erfaßt) resultieren. Das Training selbst wurde in sechs zweistündigen Gruppensitzungen durchgeführt und bestand in der Einübung assertiver Verhaltensweisen in fiktiven Situationen, in Rollenspielen und in der Ausführung entsprechender Verhaltensweisen im natürlichen Setting (in Form von Hausaufgaben). Zwei Kontrollgruppen wurden eingeführt; eine Gruppe diente als Aufmerksamkeitskontrollgruppe, d. h. es wurde die gleiche Menge von Gruppensitzungen durchgeführt, jedoch ohne die spezifischen Trainingsinhalte. Die zweite Kontrollgruppe wurde der Warteliste entnommen. Um die Befunde kreuzvalidieren zu können, wurde die Interventionsstudie in einer zweiten Phase an einer anderen Gruppe, die mit 65 Jahren durchschnittlich acht Jahre jünger war als die erste Gruppe, wiederholt. Eine Prüfung der Trainingseffekte zeigte in beiden Studien einen signifikanten Anstieg in den Werten für Selbstsicherheit, Selbstwertgefühl und internale Kontrollüberzeugung sowie eine Abnahme der Werte für externale Kontrollüberzeugung in der Experimentalgruppe, wobei sich in einem Posttest (drei Wochen später) die Effekte als stabil erwiesen.

Die beiden genannten Trainingsstudien belegen, daß altersunspezifisch konzipierte Trainingsprogramme zum Aufbau sozialer Kompetenz bzw. Selbstsicherheit auch bei alten Menschen ihre Wirkung haben. Daß sie gerade bei alten Menschen ohne weitergehende Indikationsstellung eingesetzt werden, basiert auf der Annahme, daß solche Verhaltensweisen gerade im höheren Alter (und vorzugsweise bei Frauen) defizitär sind. Andererseits scheint aber gerade bei einer ausschließlich personbezogenen Intervention die Frage angebracht, inwieweit nicht auch das soziale Umfeld in Betracht gezogen werden muß, das unter Umständen das ängstliche und selbstunsichere Verhalten älterer Frauen aufrechterhält oder gar erzeugt. Kontextzentrierte Maßnahmen sollten hier also – zumindest ergänzend – gleichfalls zum Einsatz kommen.

Interventionsmaßnahmen zum Aufbau von Bewältigungskompetenzen

Nachdem innerhalb der letzten zwanzig Jahre die *Streßforschung* mehr und mehr aus der laborexperimentellen Situation heraus verlagert und „natürlichen" Stressoren mehr Beachtung geschenkt worden war, richtete sich gleichzeitig das Augenmerk auf Strategien und Techniken der Bewältigung streßreicher Situationen (zum Überblick vgl. Lazarus 1981, Braukmann & Filipp 1983). Die hohen interindividuellen Differenzen im Bewältigungsverhalten und in der Angemessenheit der Reaktionen auf Belastungssituationen legten es fast zwangsläufig nahe, in den Fällen, in denen die Bewältigung der Problemsituation nicht gelingt oder ihr Gelingen fraglich ist, durch den Einsatz entsprechender Maßnahmen eine erfolgreichere Bewältigung zu fördern.

Zusätzlich wurden sogenannte *kritische Lebensereignisse* (oder Übergangsperioden im Lebenslauf) als Ausgangspunkte für eine entwicklungspsychologische Intervention betont. Das Bewältigungsverhalten von Menschen sollte nicht nur im Zuge der aktuellen Auseinandersetzung mit solchen Ereignissen unterstützt werden, sondern es sollte durch entsprechende Maßnahmen auf spätere Ereignisse vorbereitet und das Bewältigungspotential der Person insgesamt gestärkt werden. Im Zentrum steht dann nicht so sehr die Auseinandersetzung mit spezifischen

Einzelereignissen, sondern eine am Konzept der *Bewältigungskompetenz* (coping skills) orientierte *Vorbereitung* auf Belastungssituationen allgemein.

Alle vor diesem Hintergrund entwickelten Programme sind nicht als eigentlich gerontopsychologische Interventionsmaßnahmen zu bewerten; da sie oft eine frühzeitige Implementation im Lebenslauf erfordern, sind sie hier von untergeordnetem Interesse. Gleichwohl ist gerade das höhere Erwachsenenalter durch eine Vielzahl von kritischen Lebensereignissen gekennzeichnet, so daß alte Menschen auf die in solchen Trainings vermittelten Kompetenzaspekte zurückgreifen können sollten. Solche Kompetenzen werden alten Menschen entweder in der Einzelberatung nahegebracht (z.B. Smyer 1984), oder sie werden im Rahmen von breiter angelegten Maßnahmen (z.B. im Zuge der Vorbereitung auf den Ruhestand) spezifisch bezogen auf die typischen Ereignisse des höheren Alters.

Die bislang vorgelegten allgemeinen Trainingsprogramme zum Aufbau von Bewältigungskompetenz (Brammer & Abrego 1981, Danish et al. 1981) gelangten offenbar bislang nicht an älteren Populationen zum Einsatz. Lediglich das von Meichenbaum (1974) entwickelte Training zum Erwerb von Selbstregulationskompetenzen ist bei alten Menschen erprobt worden. Dieses Programm kann nicht nur für die Bearbeitung von Intelligenztestaufgaben oder Problemlösung hilfreich sein (Labouvie-Vief & Gonda 1976), sondern es findet auch als „*Streßimpf-Technik*" für Belastungssituationen Anwendung. (Für weitergehende Ausführungen zu diesen Programmen sei auf Danish und D'Augelli (1981) sowie auf Filipp und Gräser (1982) verwiesen.)

Kontextzentrierte Intervention: Maßnahmen zur Gestaltung der sozialen und physikalischen Umwelt alter Menschen

Wie der vorangegangene Abschnitt gezeigt hat, gibt es eine Reihe von Möglichkeiten, in Form direkter, personbezogener Intervention bei alten Menschen Fertigkeiten zu erhöhen oder Verhaltensweisen aufzubauen, die sie bislang nur in geringem Maße gezeigt haben. Zweifellos könnten noch andere Verhaltensweisen in den Fokus von Interventionsmaßnahmen gerückt werden, etwa Veränderungen in den Selbsteinschätzungen alter Menschen mit dem Ziel des Aufbaus von Selbstwirksamkeitsüberzeugungen; zweifellos könnten Interventionsmaßnahmen auch stärker auf eine Vitalisierung des alten Menschen abzielen oder darauf, den Handlungsspielraum und Handlungsoptionen zu erhalten oder zu erweitern.

Unabhängig von der Angemessenheit und Realisierbarkeit solcher Maßnahmen verweist Labouvie (1973) zu Recht darauf, daß man gerade bei alten Menschen die Bedingungen für „defizitäre Zustände" (seien sie aktuell eingetreten oder nur antizipiert) immer in den Personen selbst sucht, während bei Kindern anders vorgegangen wird: wenn Entwicklungsprobleme in früheren Lebensaltern auftreten, fragt man in erster Linie nach den Umweltbedingungen und setzt die Intervention in erster Linie dort an.

Seit Beginn der siebziger Jahre hat sich jedoch mehr und mehr die Auffassung durchgesetzt, daß Altern auch als *„ökologisches" Schicksal* begriffen werden muß (Lehr 1979). Indem nun die physikalische wie auch soziale Umwelt als wesentliche Bedingungen für differentielles Altern erkannt und ihre Bedeutung für das Auftreten von Altersproblemen zunehmend berücksichtigt werden, drängt sich eine an der Veränderung der Umweltgegebenheiten orientierte (d.h. kontextzentrierte) gerontopsychologische Intervention geradezu auf. Mit einer solchen Akzentverschiebung stellt sich als nächstes Problem, in welcher Weise „die" Umwelt zu konzeptualisieren ist (Lawton 1980), welche Umweltkomponenten die für eine gerontopsychologische Intervention relevanten Faktoren darstellen und auf welcher Ebene (z.B. Mikro-, Exosystem, vgl. Bronfenbrenner 1978) kontextzentrierte Intervention überhaupt ansetzen sollte. Im folgenden wollen wir beispielhaft auf die Interventionsmöglichkeiten eingehen, die auf das soziale Umfeld, insbesondere das Familiensystem, abzielen, des weiteren auf Interventionsmaßnahmen im institutionellen Kontext (Altenheime). Schließlich sollen einige allgemeine Maßnahmen der Umweltgestaltung für alte Menschen erörtert werden.

Interventionsmaßnahmen im familialen Kontext

Seit Spark und Brody (1970) unter dem trivial erscheinenden Titel „The aged are family members" auf die Verzahnung der Probleme alter Menschen mit der Struktur und Qualität ihres familiären Interaktionsgefüges aufmerksam machten, ist der Blick für einen weiteren Ansatzpunkt gerontopsychologischer Intervention geöffnet worden: Probleme des einzelnen alten Menschen werden nur nicht mehr ausschließlich als Folge von Abbauprozessen gedeutet, sondern werden erst im Kontext der jeweiligen *familialen Beziehungsmuster* und der familienspezifischen Interpretationsregeln der Wirklichkeit rekonstruierbar. Allerdings ist, so einleuchtend diese Sichtweise auch erscheinen mag, die Anwendung einer *systemischen* Betrachtung in der gerontologischen Interventionspraxis seit Veröffentlichung des genannten Aufsatzes nur zögernd vorangekommen (s. hierzu Schlesinger-Kiepp & Rabold 1982). Auch die Forderung nach Beratungsstellen für Familien mit alten Mitgliedern – analog zu den Erziehungsberatungsstellen – findet nur allmählich Gehör (vgl. Bruder & Schultze-Jena 1986).

Es gibt genügend Problemfelder, in denen eine familienbezogene Intervention, die zugleich immer auch als intermediäre Intervention für den alten Menschen selbst zu denken ist, indiziert erscheint:

Veränderte Rollenanforderungen an das alte Familienmitglied, z. B. infolge des Ausscheidens aus dem Berufsleben, führen meist zu einer Neustrukturierung intrafamilialer Arbeits- und Rollenteilung, die mit erheblichen Belastungen für das gesamte Familiensystem einhergehen können; dyadische Koalitionen über die Generationsgrenzen hinweg können Partnerschaften der mittleren Generation beeinträchtigen; symbiotische Bindungen erwachsener Töchter an ihre Mütter mögen notwendige Individuationsprozesse verhindern; Entscheidungen sind darüber zu fällen, in welcher Form die alten Menschen, sofern sie einer intensiveren Versorgung und Pflege bedürfen, betreut werden sollen. Wenn die alten Menschen in der Familie verbleiben, geht dies oft mit starken Belastungen, insbesondere der erwachsenen Töchter, einher (vgl. hierzu auch Montada et al. 1982).

Familientherapie, Familienberatung. Gerade in den letzten Jahren ist im Zuge der stärkeren Betonung familientherapeutischer Maßnahmen auch der Blick darauf gerichtet worden, wie man Hilfestellung für alte Menschen geben kann, wobei der Ansatz von Weakland und Herr (1984) hier erwähnt werden soll. Die Autoren rechtfertigen die Anwendung ihres kommunikations- und systemtheoretischen Ansatzes auch in der gerontologischen Intervention u. a. mit zahlreichen Parallelen, welche man zwischen den Problemen Jugendlicher und denen alter Menschen erkennen könne: In beiden Lebensperioden träten Veränderungen im körperlichen, sozialen und ökonomischen Bereich auf, die bewältigt werden müßten. In allen Fällen müsse bei der Definition und Rekonstruktion von Problemen davon ausgegangen werden, „daß es innerhalb des Interaktionssystems andere Verhaltensweisen geben muß, die das Problemverhalten hervorrufen und aufrechterhalten, und zwar unabsichtlich und ungeachtet aller Bemühungen, es zu beseitigen" (Weakland & Herr 1984, S. 84).

Sofern nun Problemverhalten bei einem alten Menschen diagnostiziert wird, setzt eine genaue Analyse der Verhaltensweisen der gesamten Familie sowie der bisher gescheiterten Problemlöseversuche ein. Die Intervention wird in Form einer Beratung durchgeführt, welche sich streng an das Vorgehen des Problemlöseansatzes anlehnt. In die Beratungsarbeit werden, abgesehen vom „problematischen" alten Menschen selbst, alle Mitglieder des Systems des alten Menschen einbezogen, um auch deren Problemdefinitionen zu erfahren. Auf diese Weise sollen fremd- oder selbstzugeschriebene Etikettierungen (wie „verwirrt" oder „einsam") hinterfragt werden und einer differenzierteren Problembeschreibung und Zielbestimmung weichen. Im Zusammenhang mit der Planung der Intervention wird die Analyse des Familiensystems nun anhand einer Reihe von Leitfragen vorgenommen (Welche Formen der Machtausübung sind in der Familie vorherrschend? Was wird sich in der Familie ändern, wenn das vorgetragene Problem nicht mehr existent sein sollte?). Der Berater eröffnet sich damit auch einen Einblick in die Art und Weise, wie die einzelnen Familienmitglieder ihre Realität konstruieren; die Kenntnis dieser Wahrnehmungsstrukturen ist Voraussetzung für die Aktivierung von Änderungsprozessen innerhalb der Familie, insbesondere auch für die Technik des Umdeutens. Umdeuten meint eine Neuformulierung der Problemaspekte, die für alle Familienmitglieder akzeptabel ist und zugleich auch neue Handlungsmöglichkeiten eröffnet.

Die hier beschriebene Form der Familienberatung bzw. Familientherapie rückt den alten Menschen also nicht mehr als Individuum, sondern als *Mitglied eines Systems* in den Vordergrund; der Vorteil gegenüber einer isolierten Betrachtung des alternden Individuums bei der Lösung der wie auch immer gearteten Probleme liegt auf der Hand. Allerdings ist dieses Vorgehen – seiner praxeologischen Orientierung folgend – bislang nur durch Kasuistiken, nicht jedoch durch systematische Untersuchungen belegt. Dies mag auch damit zusammenhängen, daß im Fokus der Intervention hier nicht ein spezifisches Zielverhalten bzw. Interventionsziel steht, so daß eine nach gängigen Kriterien durchzuführende Evaluation (etwa im Sinne eines Kontrollgruppenvergleichs) fast unmöglich wird.

Andere der familientherapeutischen Richtung nahestehende Ansätze richten ihr Interesse stärker auf das Beziehungsmuster zwischen den einzelnen Generationen (hierzu auch Troll et al. 1979); entsprechenden Maßnahmen liegt als Interventionsziel zugrunde, die alten Menschen (die Großelterngeneration) wieder in das Familiensystem einzugliedern (vgl. Boszormenyi-Nagy & Spark 1981). Diese Mehrgenerationenperspektive ist aus entwicklungspsychologischer Sicht insofern auch bedeutsam, als in diesem Ansatz dem alten Menschen eine integrierende und „versöhnende" Funktion für das Gesamtsystem Familie zugeschrieben wird (was für die nachfolgenden Generationen u.U. sogar primärpräventive Bedeutung haben kann). Zugleich wird ihm die Fähigkeit zugesprochen, auch in späteren Jahren noch die Beziehung zu seinen Kindern bzw. Enkeln neu gestalten und definieren zu können. Die grundlegende Technik dieser Intervention besteht in der Initiierung, Kommentierung und Bewertung des *intergenerativen Gesprächs*. Wie auch im zuletzt genannten Falle liegen hier keine systematischen Interventionsstudien vor, die eine Bewertung dieses Programms über den Einzelfall hinaus zuließen.

Angehörigenarbeit. Während die bislang geschilderten familienbezogenen Interventionsmaßnahmen die aktive Mitarbeit des alten Menschen erfordern, zielt eine Reihe von intermediären Interventionsansätzen in erster Linie darauf ab, daß die Familienangehörigen ihre Betreuungsaufgaben für alte Menschen (z.B. mit seniler Demenz) effektiver wahrnehmen können (zum Überblick vgl. Smyer 1984 b). Eine Vielzahl von Untersuchungsbefunden belegt, daß die Familienangehörigen geriatrischer Patienten durch die Betreuungsarbeit hoch belastet sind und selbst einer Unterstützung bedürfen; damit sie ihre Betreuungsaufgaben in der erwünschten Weise erfüllen können, wurden einige Interventionsprogramme implementiert, die indirekt den alten Menschen zugute kommen sollen, aber als direkte Intervention auch für die mittlere Generation gedacht sind. Kennzeichnend für die Situation dieser mittleren Generation (und dort zumeist der Frauen) ist eine Rollenüberlastung, die aus dem Anspruch erwächst, sowohl den kranken Eltern als auch den eigenen Kindern gerecht zu werden.

Speziell für eine solche Zielgruppe (Angehörige von Patienten mit seniler Demenz) haben Zarit und Zarit (1982) ein Interventionsprogramm entwickelt, welches die durch die Betreuungsarbeit entstandene Belastung reduzieren soll. Der Intervention vorgeschaltet ist eine ausführliche differentialdiagnostische Abklärung der Beschwerden des alten Menschen sowie die Bestimmung häufig auftretender Verhaltensprobleme mittels einer Checkliste. Da die Wesens- und Verhaltensänderungen des Patienten starke Belastungsfaktoren für den Angehörigen darstellen, baut das Interventionsprogramm primär auf der *Vermittlung von Informationen* über Ursachen und Behandlungsmöglichkeiten der Krankheitsbeschwerden auf, um so die Verhaltensauffälligkeiten des Patienten in ein für den Angehörigen verstehbares Krankheitsbild einordenbar zu machen. Auf der Grundlage einer funktionalen Verhaltensanalyse werden mit den Angehörigen neue Reaktionsmöglichkeiten eingeübt; ferner werden sie angeleitet, rechtzeitig Anzeichen der Überforderung wahrzunehmen und Ruhepausen effektiv zu gestalten. Ein besonderer Stellenwert kommt der Mobilisierung familiärer Unterstützung für den Angehörigen selbst zu; schließlich zielt das Programm auch darauf ab, *informelle Gruppen* zu schaffen, in denen sich betroffene Angehörige austauschen können, die – im Gegensatz zu reinen Selbsthilfegruppen – unter Anleitung eines professionellen Beraters arbeiten.

Interventionsmaßnahmen im institutionellen Kontext

So wünschenswert es im einzelnen sein mag, daß alte Menschen im Kontext der Familie die letzten Jahre ihres Lebens verbringen, so sorgsam muß man zugleich auch die institutionellen Bedingungen, in denen alte Menschen leben wollen oder leben müssen, analysieren und gegebenenfalls im Rahmen von Interventionsmaßnahmen optimieren.

Obschon der Anteil der in Heimen lebenden alten Menschen relativ gering ist (Schätzungen sprechen von etwa fünf Prozent), muß man wohl auch künftig allein aufgrund der demographischen Entwicklung damit rechnen, daß mehr und mehr alte Menschen ihren Lebensabend in Heimen verbringen. Dies hat einerseits damit zu tun, daß immer mehr alte Menschen ohne Ehepartner leben, sei es aufgrund der gestiegenen Scheidungsquote bzw. der immer größer werdenden Differenz in der Lebenserwartung zwischen Männern und Frauen. Zum anderen geht die Anzahl der Kinder immer mehr zurück, so daß die nachfolgende Generation, die gegebenenfalls den alten Menschen aufnehmen könnte, zahlenmäßig geringer wird. Schließlich tragen auch andere Faktoren (z. B. geographische Mobilität) dazu bei, daß alte Menschen nicht auf das Familiensystem als Wohnumwelt zurückgreifen können. All dies sind Gründe dafür, den institutionellen Kontext alter Menschen im Hinblick auf die für das Verhalten und Erleben der Heiminsassen relevanten Faktoren zu analysieren.

In der Tat liegen viele Interventionsmaßnahmen vor, die im institutionellen Setting eingesetzt werden sollen – die Vielzahl solcher Bemühungen rührt vermutlich auch daher, daß es in solchen Settings leichter sein dürfte, Interventionsmaßnahmen zu planen, zu implementieren und zu evaluieren. Im folgenden sollen einige solcher Ansätze vorgestellt werden, wobei wir jene Studien ausklammern, die spezifisch mit der Institutionalisierung selbst bzw. mit dem Problem des Wohnortwechsels als kritischem Ereignis befaßt waren.

Innerhalb der Interventionsmaßnahmen im institutionellen Kontext finden sich unterschiedlich breit angelegte Programme. Zum einen werden Maßnahmen vorgeschlagen, die Gottesman (1973) als „*Milieu-Behandlung*" eingeführt hat und die eine Vielzahl von Interventionsansatzpunkten einschließen (räumliche Ausgestaltung der Institution, Farbgebung, Training des Mitarbeiterstabs, Bereitstellung von Handlungsmöglichkeiten usw.). Grundannahmen dieser Behandlung sind:

1. daß man das institutionelle Setting ändern kann,
2. daß eine veränderte Institution zu Verhaltensänderungen der alten Menschen führt,
3. daß nicht alle alten Menschen in identischer Weise auf die veränderte Umgebung reagieren und
4. daß nicht alle Zielverhaltensweisen in identischer Weise durch die Veränderung beeinflußt werden.

Mit der Einrichtung von „*Experimentellen Stationen*" in Altenheimen versuchte Gottesman – über den Vergleich mit traditionellen Stationen als Kontrollbedingung – nachzuweisen, wie auf diese Weise Verhaltensänderungen herbeigeführt werden können. Dabei zeigte sich, daß insbesondere Merkmale wie soziale Partizipation, Selbstvertrauen und Ich-Stärke unter der experimentellen Bedingung anstiegen, beobachtbare klinische Symptome sich hingegen nicht änderten, über einen Zeitraum von zwei Jahren aber auch keine Reduktion intellektueller Leistungsfähigkeit zu beobachten war. Differentielle Effekte zeigten sich insofern, als die Heimbewohner, die im oberen und unteren Bereich der IQ-Verteilung lagen, von den veränderten Bedingungen nicht profitierten, wohl aber jene im mittleren Bereich. Die Effekte erweisen sich aber auch für verschiedene Verhaltensweisen als unterschiedlich hoch. Da die Milieu-Behandlung sehr viele unterschiedliche Einzelmaßnahmen impliziert, dürfte es zudem auch sehr schwierig sein, differenzierte Wirkungsanalysen anzustellen.

Andere Interventionsmaßnahmen im institutionellen Kontext zielen auf die Veränderung relativ präziser und eng umschriebener Verhaltensweisen der alten Menschen ab. In diesem Falle wird als Interventionstechnik bevorzugt das *operante Konditionieren* eingesetzt, und der Erfolg der Intervention wird an der veränderten Auftrittshäufigkeit des Verhaltens im Vergleich zu der vorab registrierten Grundrate geprüft. Als Zielverhaltensweisen gelten z. B. sozial-interaktives Verhalten (z. B. Blackmann 1976), Lokomotions-Verhalten (MacDonald & Butler 1974) und Eßgewohnheiten (Geiger & Johnson 1974).

Ein Verhaltensbereich, der gerade bei institutionalisierten alten Menschen als problematisch erachtet werden muß, ist das von der Hilfestellung und Unterstützung anderer abhängige Verhalten. Baltes und Lascomb (1975) haben hierfür insbesondere die Rolle des Pflegepersonals betont. Wie sorgfältig durchgeführte Interaktionsanalysen zeigten, werden abhängige Verhaltensweisen der Heimbewohner durch das Pflegepersonal aufrechterhalten, während unabhängige Verhaltensweisen keine Beziehung zu dem Verhalten des Pflegepersonals aufweisen (Barton et al. 1980). Auf diesen Beobachtungen aufbauend haben Barton et al. in einer Reihe von Interventionsstudien, die alle auf dem Paradigma des operanten Konditionierens basieren, eine Minderung abhängiger Verhaltensweisen bei den alten Menschen (z. B. beim Essen, Ankleiden) erreichen können (Baltes & Zerbe 1976).

Über die hier beschriebenen Ansätze hinaus lassen sich noch andere Maßnahmen denken, die entweder stärker auf kontrolltheoretischen Überlegungen aufbauen und primär darauf abzielen, die Transparenz und Kontrollierbarkeit des institutionellen Settings für den alten Menschen zu erhöhen (siehe hierzu S. 967 ff.) oder die sich sehr eng an ökopsychologische Konzeptbildungen anlehnen und die unmittelbare Wohnumwelt zu optimieren trachten (hierzu auch Fischer 1985).

Aber auch die erweiterte Umwelt alter Menschen ist Ansatzpunkt für kontextzentrierte Intervention, wie der folgende Abschnitt zeigt.

Interventionsmaßnahmen als Gestaltung der erweiterten Wohnumwelt alter Menschen

Wenn wir außerhalb des familialen oder institutionellen Kontextes den erweiterten Lebensraum alter Menschen für die Interventionsplanung in Betracht ziehen, so wird sehr schnell deutlich, daß es angesichts der zunehmenden Komplexität des Umweltgefüges immer schwerer wird, einerseits die relevanten Umweltfaktoren, auf die sich eine Intervention beziehen sollte, zu identifizieren und andererseits die Effekte der Intervention auch angemessen zu evaluieren.

Insofern sind in diesem Bereich viele Maßnahmen sehr pragmatisch orientiert und stützen sich nur noch selten auf theoretische Überlegungen, wie sie in Abschnitt 2 vorgestellt wurden.

Beispielhaft kann hier ein Programm genannt werden, das darauf abzielte, die Mobilität älterer behinderter Bürger in West Virginia (USA) zu erhöhen (Cohen 1980). Die Maßnahme bestand darin, den alten Menschen Fahrgutscheine zur Verfügung zu stellen, die sie in verschiedenen Verkehrseinrichtungen einlösen konnten. Über einen Zeitraum von vier Jahren wurde das Programm im Sinne einer Prozeßevaluation begleitet. Dabei wurde geprüft, inwieweit sich Veränderungen in bezug auf die räumliche Mobilität, aber auch in der Lebensqualität generell ergeben. Wie es scheint, war das Programm bezüglich einer Mobilitätssteigerung überaus erfolgreich; inwieweit ein Transfer auf andere Bereiche (Wohlbefinden, Lebensqualität) erfolgte, läßt sich aus den Daten jedoch nicht erkennen.

Im Gegensatz zu dem eben genannten Vorgehen, in dem *ein* Umweltaspekt relativ isoliert herausgegriffen wurde, versuchen andere Ansätze, die einzelnen Umweltaspekte stärker zu differenzieren, um sie dann in einer systematischen Umweltplanung insgesamt in den Blick zu nehmen. Ein Beispiel hierfür ist die von Kamerman und Kahn (1976) entwickelte Einrichtung von Hilfsdiensten für alte Menschen. Als die wesentlichen Komponenten, die bei einer Umweltplanung für alte Menschen zu beachten sind, werden hier Sicherheit des Einkommens, Gesundheit, Beschäftigung, Wohnverhältnisse und verfügbare Sozialdienste genannt. Bei genauer Betrachtung sind diese Komponenten weniger im Sinne einer gerontopsychologischen Intervention bedeutsam denn im Sinne sozialpolitischer und sozialpflegerischer Maßnahmen. Dies wird auch deutlich an den verschiedenen Dienstleistungen, die als *„gerontologische Intervention"* planmäßig in verschiedenen Städten und Gemeinden angeboten werden: Möglichkeiten der Freizeitgestaltung, Lieferung von Mahlzeiten in das Haus, Bildungsangebote und Altenclubs oder Altentagesstätten (zum Überblick für bundesdeutsche Maßnahmen Rückert 1979).

Es ist unschwer erkennbar, daß diese Form gerontologischer Intervention sowohl gesamtgesellschaftlich als auch im Einzelfall eine nicht zu unterschätzende Bedeutung hat; doch wird auch die Forderung vertreten, Ergebnisse gerontologischer Forschung stärker in die Bereitstellung und Evaluation solcher Hilfsangebote einzubeziehen. Es ist nämlich damit zu rechnen, daß ein intensives soziales Versorgungssystem auch zu einer Vergrößerung der Abhängigkeit alter Menschen führt (s. hierzu Lehr 1979). In der Gruppe der älteren Menschen, die diese Hilfsdienste besonders intensiv in Anspruch genommen hatten, wurde sogar eine höhere Mortalitätsrate festgestellt (Bloom & Blenkner 1970). Allerdings muß man mit einer Interpretation dieses Befundes sehr vorsichtig sein, da keine Zufallszuweisung zu der Gruppe erfolgt war, die jeweils starken oder schwachen Gebrauch von dem Dienstleistungsangebot gemacht hat, so daß unterschiedliche Mortalitätsraten in beiden Gruppen unter Umständen einen bereits vorher bestehenden Unterschied in der Hilfsbedürftigkeit und im Grad physischer Beeinträchtigung reflektieren könnten.

Andere Maßnahmen, die die Gestaltung der Lebenswelt alter Menschen im Auge haben, zielen ab auf die Einrichtung von speziellen

Wohngebieten für alte Menschen oder Wohngemeinschaften, in denen (miteinander nicht verwandte) alte Menschen leben können (Carp 1976, Lawton 1985). Solche ,,alternativen Wohneinrichtungen" scheinen allerdings nicht die positiven Effekte gezeitigt zu haben, die man erwartet hatte (die Interventionsziele bleiben ohnehin hier mehr auf einer globalen Ebene). In einer sehr sorgfältigen Analyse kommt Lawton (1985) zu dem Schluß, daß das Hauptproblem solcher Einrichtungen in der ,,Bedürfnisdialektik" alter Menschen liegen dürfte: sie hätten einerseits das Bedürfnis nach Unterstützung und Nähe und andererseits das Bedürfnis nach Autonomie und Kontrolle. Insofern verwundere es nicht, daß solche Wohnformen nicht pauschal positive Effekte zeitigten. Wie die im Sonderband des ,,Journal of Community Psychology" 1984 publizierten Arbeiten zeigen, stellt der Anspruch, zum Wohlbefinden älterer Personen durch eine Steigerung der Umweltressourcen beizutragen, bis heute insgesamt eher Programm denn Realität dar.

Interventionsmaßnahmen im Umfeld kritischer Lebensereignisse

Das Interesse, das kritische Lebensereignisse auch aus entwicklungspsychologischer Perspektive gefunden haben (vgl. Hultsch & Plemons 1979, Filipp 1981, Danish et al. 1983), gründet sich nicht nur auf die Annahme, daß Entwicklungsveränderungen unter Rekurs auf dieses Konzept beschrieben und erklärt werden können. Es ist auch von großem Wert, wenn es um die Planung und Implementation von (insbesondere präventiven) Interventionsmaßnahmen geht. Da aus der Konfrontation mit kritischen Lebensereignissen stets mehr oder minder transiente Perioden einer gestörten Person-Umwelt-Passung resultieren, die die Überwindung von Handlungsbeeinträchtigungen und Neuorientierungen in der weiteren Lebensgestaltung abverlangen, liegt es nahe, auf solche Übergangsperioden entsprechend vorzubereiten und/oder ihre aktuelle Bewältigung durch geeignete Interventionsmaßnahmen zu unterstützen.

Danish et al. (1980) argumentieren ebenfalls, daß das Konzept der kritischen Lebensereignisse in der Tat einen äußerst brauchbaren Rahmen für die Planung von Entwicklungsintervention liefert. Dabei gelangen sie zu der in Abbildung 22.2 dargestellten Systematisierung von Interventionsstrategien, die a) am Zeitpunkt der Intervention – relativ zu dem Ereignis – orientiert ist und b) einen eher klinisch-psychologischen von einem eher entwicklungspsychologischen Zugang unterscheidet. Die Implementation von Maßnahmen vor dem Ereigniseintritt gelingt natürlich um so leichter, je besser die Eintrittswahrscheinlichkeit von Lebensereignissen kalkuliert werden kann. In der Tat lassen sich die für die verschiedenen Lebensalter typischen Ereignisse im Sinne alters-

Konzeptueller Schwerpunkt	Interventionszeitpunkt in Relation zu dem Ereignis		
	Vorher	Während	Nachher
klinisch-psychologisch	primäre Prävention	sekundäre Prävention	Rehabilitation
entwicklungs-psychologisch	„Erhöhung" (Kompetenzaufbau)	soziale Stützung	Beratung

Abb. 22.2 Klassifikation von Interventionszugängen nach Zeitpunkt und konzeptuellem Schwerpunkt (nach: Danish, Snyer & Nowak, 1980, p. 350).

normierter Ereignisse recht gut bestimmen und in den Fokus von Interventionsmaßnahmen rücken.

Der Vorteil einer unmittelbar auf kritische Lebensereignisse bezogenen präventiven (aber auch korrektiven) Intervention ist, daß die Interventionsziele relativ klar bezogen werden können auf die Anforderungsstrukturen des jeweiligen Ereignisses, d.h. an den gegebenen Bewältigungsaufgaben ansetzen können, die der Person durch das Ereignis gestellt sind. Damit ist es nicht nur möglich zu prüfen, welche einzelnen Bewältigungsaufgaben zu meistern sind, sondern auch dort gezielt einzugreifen, wo ihre Bewältigung im einzelnen zu mißlingen scheint. Wir haben einen solchen Zugang bei der Analyse von Prozessen der Krankheitsbewältigung gewählt (Filipp et al. 1983); Worden (1983) ging im Hinblick auf das Ereignis „Partnerverlust" ähnlich vor.

In den letzten Jahren gab es einige Studien, die standardisierte Angaben zu Häufigkeitsverteilung und Erwünschtheit kritischer Lebensereignisse im höheren Erwachsenenalter liefern (Murrell et al. 1984) oder subjektive Ereigniseinschätzungen bei verschiedenen Altersgruppen des mittleren und höheren Erwachsenenalters erfaßt haben (Filipp et al. 1980), um die besonders „kritischen" Ereignisse des höheren Alters herausfiltern zu können. Daraus lassen sich Hinweise gewinnen, welche Einzelereignisse im Mittelpunkt von Interventionsmaßnahmen stehen sollten. Doch ungeachtet dessen sind die meisten Interventionsmaßnahmen nur auf die gleichsam „klassischen" Ereignisse des höheren Erwachsenenalters gerichtet: Übergang in den Ruhestand, Tod des Ehepartners und Wohnortwechsel/Institutionalisierung. Obschon z.B. Krankheiten eine äußerst hohe Auftretenshäufigkeit haben und ein dominantes Anliegen älterer Menschen darstellen, gibt es offenkundig kaum Programme, die explizit gesundheitsbezogene Aktivitäten und/oder angemessene Formen der Krankheitsbewältigung trainieren. Murrel et al. (1984) fordern daher, daß Maßnahmen, die das psychische Wohlbefinden alter Menschen steigern sollen, in allererster Linie im Umfeld von Beeinträchtigungen der körperlichen Verfassung zu implementieren seien.

Interventionsmaßnahmen im Umfeld des Partnerverlustes

Während die Vorbereitung auf Krankheitsprozesse oder die Unterstützung bei ihrer Bewältigung im höheren Erwachsenenalter trotz ihrer Bedeutung für das psychische Wohlbefinden nur geringe Beachtung fanden, stellt der *Tod des Ehepartners* ein Lebensereignis dar, an dem viele Interventionsmaßnahmen ansetzen. In der Tat verweist eine Reihe von Studien auf ein gesteigertes Mortalitäts- und Morbiditätsrisiko nach dem Verlust des Ehepartners; insbesondere scheint dies für die männliche Population innerhalb der ersten sechs Monate nach dem kritischen Ereignis zu gelten (zum Überblick vgl. Stroebe et al. 1980). Daraus wurde die Notwendigkeit für Interventionsmaßnahmen abgeleitet, die inzwischen im Rahmen unterschiedlicher Programme realisiert werden (z. B. Williams & Polak 1976, Ramsay & Happee 1977, Raphael 1977).

Obschon der Tod des Ehepartners im höheren Alter sehr viel wahrscheinlicher als in jüngeren Jahren ist, handelt es sich hier nicht um eine im engeren Sinne gerontopsychologische Intervention. Denn es gibt einige Hinweise darauf, daß der Tod des Ehepartners alterspezifisch unterschiedlich bewältigt wird und daß gerade die jüngeren Witwer und Witwen als ,,Risikopopulation" betrachtet werden müssen – was auch darauf verweist, daß Ereignisse, die außerhalb der sozial und/oder biologisch normierten Zeitpunkte (im Sinne von off-time-Ereignissen) eintreten, in der Regel schwerer zu bewältigen sind (Worden 1983). Bei näherer Betrachtung der verschiedenen Programme zeigt sich auch, daß es sich dabei um im engeren Sinne Maßnahmen der *Krisenintervention* und *-prävention* handelt, wobei – losgelöst von der jeweiligen Lebenssituation der hinterbliebenen Person – die Interventionsziele orientiert sind an Modellvorstellungen eines ,,normalen" Prozesses des Trauerns und der Verlustverarbeitung (z. B. lernen, die Realität des Verlustes zu akzeptieren, den emotionalen Rückzug vom Verstorbenen vorzunehmen usw.).

Die verschiedenen Interventionstechniken repräsentieren – entsprechend den unterschiedlichsten Zielvorgaben – ein Sammelsurium von einzelnen Maßnahmen (Hilfe bei praktischen Problemen, Einzelberatung, gruppentherapeutische Sitzungen bis hin zu individuellen psychotherapeutischen Maßnahmen). Viele Programme bestehen auch nur darin, Selbsthilfegruppen für Verwitwete zu initiieren und gegebenenfalls professionell zu begleiten (z. B. Silverman 1976).

Interessant ist in diesem Zusammenhang eine von Lieberman (1984) publizierte Längsschnittstudie an Witwen und Witwern. Verschiedene Indikatoren der psychischen Verfassung (Depression, Selbstwertgefühl usw.) wurden erfaßt, bevor die betroffenen Personen (freiwillig!) von unterschiedlichen Interventionsmaßnahmen Gebrauch machten; diese Indikatoren wurden in einer follow-up-Messung ein Jahr später erneut erfaßt. Ein Teil der Personen war einer Selbsthilfegruppe beigetreten; eine andere Gruppe (etwa 28%) hatte sich in psychotherapeutische Behandlung begeben, einer ,,Kontrollgruppe" war angeboten worden, sich der Selbsthilfegruppe anzuschließen, was diese Personen aber nicht taten (ca. 20% der Gesamtgruppe). Als Kontrollgruppe im engeren Sinne diente eine Population nicht verwitweter Personen, die hinsichtlich einer Vielzahl demographischer Variablen gematcht waren.

Zum ersten Meßzeitpunkt zeigten sich erwartungskonforme Unterschiede zwischen der verwitweten und nicht verwitweten Population, wobei innerhalb der Gruppe der Verwitweten diejenigen, die eine Selbsthilfe oder eine professionelle Therapie aufsuchten, ihrerseits schlechtere Befindlichkeitswerte hatten als die ,,Kontrollgruppe", die keine Hilfsdienste in Anspruch nahm. Nach einem Jahr zeigten die Teilnehmer der Selbsthilfegruppe eine signifikante Verbesserung in den erfaßten Befindlichkeitsindikatoren, während bei denjenigen, die eine professionelle Psychotherapie durchlaufen hatten, sich die Befindlichkeit *nicht* signifikant verbessert hatte. Da es keine Zufallszuweisung zu der Art der Intervention gab und über die Art der psychotherapeutischen Intervention nur wenig bekannt ist, muß dieser Befund allerdings mit Vorsicht interpretiert werden.

Die Annahme, daß Mitglieder von Selbsthilfegruppen (z.B. die ,,Grauen Panther") dort zu einer vermehrten sozialen Partizipation und sozialen Aktivitäten angeregt werden und daß dies sich in einer Verbesserung ihrer Befindlichkeit niederschlägt, sollte in systematischen Untersuchungen geprüft werden. Trotz der Verbreitung und des Aufschwungs der Selbsthilfebewegung ist in der Forschung bis heute völlig unklar, welche Wirkmechanismen eine Rolle spielen, welche Selektionsprinzipien zum Tragen kommen und inwieweit eine Vernetzung mit professioneller Hilfe anzustreben ist (Lieberman 1984).

Interventionsmaßnahmen im Umfeld des Übergangs in den Ruhestand

Obwohl mit dem Austritt aus dem Berufsleben gravierende Veränderungen in der Lebenssituation einhergehen und man somit auch Anpassungsprobleme bei vielen betroffenen Personen vermuten muß, ist gerade bei diesem Ereignis eine differentielle Betrachtung seiner vermuteten Wirkung angezeigt. Murrell et al. (1984) kommen in ihrer Untersuchung zu dem Schluß, daß diesem Ereignis in der Wahrnehmung älterer Menschen eine eher geringere Bedeutsamkeit zugeschrieben wird, während in den klassischen Ereignislisten sensu Holmes und Rahe (1967) der Eintritt in den Ruhestand immerhin an zehnter Stelle in der Höhe der geforderten Neuanpassung rangiert. Viele Studien zur Anpassung an den Ruhestand zeigen, daß es hier vermutlich wesentlicher ist, ,,Risikopersonen" herauszufiltern, für die Anpassungsprobleme befürchtet werden müssen, als allgemeine Programme zur Ruhestandsvorbereitung oder -beratung einzusetzen.

Betrachtet man die einzelnen Maßnahmen, so scheinen Programme, die rein auf die Bereitstellung von relevanten Informationen ausgerichtet sind, genauso häufig angeboten zu werden wie Programme, die auf die Veränderung von Handlungsorientierungen oder auf die Motivation zum Erwerb eines neuen Lebensstils (Harpaz & Kremer 1981) abzielen. Dabei hat man zumeist den Eindruck, daß viele Programme sich an einer aktivitätstheoretischen Konzeption des erfolgreichen Alterns orientieren und oft unausgesprochen als Globalziel die Möglichkeit zum „*Aktiv-Bleiben*" anstreben. Nur wenige Programme versuchen, die spezifischen Anforderungsgehalte des Lebens im Ruhestand gegenüber dem früheren Leben zu konkretisieren und in das Training entsprechender Bewältigungsschritte und -fertigkeiten umzusetzen (vgl. Walker et al. 1980/81). Kenney (1978) formuliert einen Zielkatalog, an dem sich jede Vorbereitung auf den Ruhestand orientieren sollte, nämlich:

1. die Notwendigkeit einer Planung für den Ruhestand muß bewußt gemacht werden;
2. eine Verminderung der negativen Einstellung gegenüber dem Ruhestand muß erreicht werden;
3. brauchbare praktische Informationen zu relevanten Bereichen müssen bereitgestellt werden;
4. Eigeninitiative soll gefördert und Lernprozesse sollen angeregt werden;
5. Möglichkeiten und Handlungsalternativen sollen aufgezeigt werden.

Was das Setting anbelangt, in dem Vorbereitungsprogramme auf den Ruhestand zum Einsatz kommen sollen, so plädieren viele Autoren für innerbetriebliche Maßnahmen. Dabei wird betont, daß die Kosten für den Arbeitgeber im Vergleich zum Nutzen, den die betroffenen Arbeitnehmer wie die Gesellschaft insgesamt haben, eher als gering zu veranschlagen sind (Kenny 1978). Interessanterweise variiert die Anzahl von Vorbereitungsprogrammen sehr stark mit der Unternehmungssparte (nur 29% der industriellen Betriebe in den USA bieten solche Programme an im Gegensatz zu 51% der Dienstleistungsunternehmen; Siegel & Rives 1980). Im deutschsprachigen Raum gibt es kaum entsprechende Maßnahmen (ausgenommen z.B. Lehr 1974). Nachfolgend sollen Programme beispielhaft vorgestellt werden.

Glamser und DeJong (1975) führten ein Programm mit Industriearbeitern durch, wobei per Randomisierung zwei Experimentalgruppen und eine Kontrollgruppe gebildet wurden. Die eine Experimentalgruppe durchlief ein Gruppenprogramm von acht Sitzungen, über einen Monat hinweg. Experten führten in die jeweiligen Themenbereiche ein und gaben den Teilnehmern die Möglichkeit zu einer intensiven Diskussion. Die einzelnen Inhaltsbereiche umfaßten Themen

Senioren-
Schutz-Bund
„Graue Panther“ e.V.
RENTE
ALLE

wie: Bedeutung von Arbeit und Ruhestand, finanzielle Planung, Freizeitverhalten, Rentenansprüche usw. Die zweite Experimentalgruppe wurde durch das betriebliche Personalbüro betreut und erhielt im Rahmen eines Besuches aus dem Personalbüro Informationen über betriebliche Pensionsregelung sowie Broschüren zu verschiedenen Themen. Die Kontrollgruppe erhielt keinerlei Vorbereitungshilfen. Die Evaluation wurde zunächst über einen standardisierten Wissenstest zu verschiedenen relevanten Themen durchgeführt; die erste Experimentalgruppe erwies sich den beiden anderen signifikant überlegen. Bezogen auf das Kriterium ,,Einstellung zum Ruhestand" zeigten sich in allen Gruppen keinerlei Veränderungen. Schließlich wurde mittels einer Checkliste mit 19 verschiedenen Aktivitäten erfaßt, inwieweit die Personen selbst konkrete Schritte zur Vorbereitung auf den Ruhestand unternommen hatten – hier zeigte sich die erste Experimentalgruppe wiederum beiden anderen Gruppen klar überlegen. In der subjektiven Einschätzung der Programmteilnehmer erwiesen sich 21 Prozent in der ersten, hingegen niemand aus der zweiten Experimentalgruppe sowie der Kontrollgruppe als ,,gut vorbereitet". Anzumerken ist allerdings, daß eine Programmevaluation unmittelbar nach Abschluß der Intervention vorgenommen wurde und keine follow-up-Messungen vorliegen. Insofern ist völlig unklar, ob und inwieweit damit Anpassungsprobleme an den Ruhestand überhaupt hatten verhindert bzw. reduziert werden können.

Während das eben beschriebene wie auch die meisten anderen Programme sehr stark auf die Bereitstellung relevanter Informationen abzielen (und sich zuweilen daraus zusätzlich eine ,,Einstellungsänderung" erhoffen!), sind andere – stärker an psychologischen Überlegungen orientierte – Programme darauf aus, die betroffenen Personen zu einer angemessenen neuen Lebensplanung und Neuorientierung zu befähigen (z.B. Boyack 1978). Dabei geht es nicht so sehr darum, konkrete Interventionsziele für alle Programmteilnehmer festzulegen, sondern in einem stärker individualisierten Zugang die Personen mit heuristischen Fragen zu konfrontieren, deren Reflexion dazu führen soll, unter Umständen unrealistische Erwartungen zu korrigieren, Prozesse der Lebensplanung und der Lebensführung stärker in den Aufmerksamkeitsfokus zu rücken usw. Gleichwohl betonen viele Autoren, daß solche Reflexionen der eigenen Lebensführung sehr viel früher im Lebenslauf einsetzen müßten als beim Übergang in den Ruhestand. Man darf zudem vermuten, daß jene Fälle, in denen gravierende Anpassungsprobleme an den Ruhestand zu beobachten sind, möglicherweise auch eine aus entwicklungspsychologischer Sicht immer wieder formulierte Forderung (Montada 1983) unterstreichen, nämlich, daß man bei der Formulierung von Entwicklungs- bzw. Interventionszielen auch beachten müsse, inwieweit sie mit zeitlich nachfolgenden Zielsetzungen verträglich sind. Für unser Thema heißt dies, daß eine einseitig an beruflichem Erfolg orientierte Lebensführung im jüngeren und mittleren Erwachsenenalter beim Übergang in den Ruhestand plötzlich ganz anderen Zielorientierungen weichen muß und in der Tat zu gravierenden Übergangsproblemen führen kann. Solche Überlegungen zeigen aber auch, daß die

Forderung nach individualisierten Vorbereitungsprogrammen angesichts der heterogenen personalen Ausgangslagen der Betroffenen sehr berechtigt ist.

Interventionsmaßnahmen im Umfeld des Wohnortwechsels alter Menschen

Wohnortwechsel stellt das Ereignis des höheren Erwachsenenalters dar, das in seiner Bedeutung sehr gut erforscht ist und für das es eine Reihe von gut fundierten Vorschlägen für Interventionsmaßnahmen gibt. Dabei gilt das Interesse sowohl der Einweisung in ein Altenheim (Institutionalisierung) als auch einem Ortswechsel von einer Wohnung in eine andere. Daß man dem Wohnortwechsel so viel Beachtung geschenkt hat, hat vielleicht einerseits forschungspraktische Gründe (entsprechende Datenerfassung ist vor und nach dem Ereignis möglich, randomisierte Gruppenzuweisungen können leicht realisiert werden usw.). Andererseits hat sich das Interesse an diesem Ereignis auch auf die Annahme gegründet, daß die mit dem Wohnortwechsel verbundenen psychischen Belastungen für alte Menschen besonders hoch sind, wie dies schon frühe Studien, z.B. die Studie von Aldrich und Mendkoff (1963), belegen.

Die Autoren untersuchten, nachdem ein Pflegeheim für alte Menschen hatte geschlossen werden müssen, die Folgen des Ortswechsels in ein anderes Heim für 182 Heiminsassen; sie fanden ein Jahr später eine Mortalitätsrate von 32 Prozent bei dieser Gruppe, wohingegen die durchschnittliche Mortalitätsrate (gemittelt über die letzten zehn Jahre) in der betreffenden Institution lediglich bei 19 Prozent gelegen hatte. Interessanterweise ereigneten sich die meisten Todesfälle während der ersten drei Monate nach dem Ortswechsel. Andere Studien haben teilweise ähnliche Befunde geliefert. Daher schien es angezeigt, geeignete Interventionsmaßnahmen im Umfeld des Ortswechsels zu planen, wobei zwei Fragenkomplexe im Vordergrund stehen:

Zum einen wird nach den Umständen des Wohnortwechsels gefragt, wobei die Unterscheidung eines freiwilligen von einem erzwungenen Ortswechsels von entscheidender Bedeutung ist. Zum anderen interessiert der Grad der Diskontinuität zwischen der alten und der neuen Wohnumwelt und das damit einhergehende Ausmaß an Neuanpassung, welches der Person abverlangt wird. Daneben richtet sich das Augenmerk aber auch auf relevante Personenmerkmale der alten Menschen und die Identifikation von „Risikogruppen“, für die ein Mißlingen der Anpassung an die neue Umwelt besonders befürchtet wird. Ungeachtet der unterschiedlichen Variablenauswahl in einzelnen Studien scheinen *„Risikopersonen“* solche zu sein, die

- bereits vor dem Ortswechsel in einer schlechten körperlichen Verfassung waren,
- eine deutliche Beeinträchtigung ihrer kognitiven Leistungsfähigkeit zeigten und
- höhere Depressivitätswerte aufwiesen (Pastalan 1983).

Da verschiedene Untersuchungsergebnisse – abgesehen von personseitigen Risikofaktoren – besonders die Fälle als problematisch ausweisen, in denen der Ortswechsel erzwungen und zugleich mit einem hohen Ausmaß an Umweltveränderungen verbunden ist, haben sich die meisten Interventionsstudien diesem Ereignistyp zugewandt. Im Mittelpunkt stand dabei entweder die Vorbereitung auf die neue Institution und/oder eine Unterstützung des Einlebens in der neuen Institution.

Für den ersten Fall läßt sich beispielhaft die Studie von Zweig und Czank (1975) heranziehen, die ein großes Vorbereitungsprogramm mit geriatrischen Patienten vor der Umsiedlung in eine andere Institution durchführten. Sie konnten feststellen, daß die Mortalitätsrate in dieser Gruppe im Vergleich zu anderen nicht umgesiedelten Gruppen nicht erhöht war. Jasnau (1967) verglich eine Gruppe alter Menschen, die in der üblichen Weise umgesiedelt worden war, während eine andere Gruppe ein hoch individualisiertes Vorbereitungsprogramm durchlaufen hatte. In der ersten Gruppe zeigt sich nach dem Wohnortwechsel eine erhöhte Mortalitätsrate, nicht aber in der zweiten Gruppe.

Schließlich überprüfte Pastalan (1976, zit. n. Pastalan 1983) die Wirksamkeit von drei verschiedenen Arten der Vorbereitung auf den Wohnortwechsel. Die alten Menschen konnten entweder die künftige Institution vorab besuchen, an Gruppendiskussionen über den bevorstehenden Ortswechsel teilnehmen oder in Gesprächen mit dem Pflegepersonal Beratung einholen. Vergleiche mit entsprechend gebildeten Kontrollgruppen zeigten, daß alle drei Typen der Vorbereitung in einem niedrigeren Mortalitätsrisiko resultierten – wobei sich Unterschiede zwischen einzelnen Subgruppen ergaben. Generell war jedoch die *Art* der Vorbereitung von eher geringer Bedeutung im Vergleich zu der Tatsache, daß *überhaupt* eine Vorbereitung stattgefunden hatte.

Schließlich wurde auch noch die *Intensität* der Vorbereitung auf die neue Institution variiert. Als ,,maximale“ Vorbereitung wurden einmal Besuche der künftigen Umgebung, zum anderen Besuche von seiten des künftigen Pflegepersonals eingeführt; diesen beiden Gruppen standen zwei mit ,,minimaler“ Vorbereitung gegenüber, die entweder Dias der künftigen Wohnumwelt präsentiert bekamen oder an allgemeinen Diskussionsgruppen teilnehmen konnten. Während die Mortalitätsrate über einen Zeitraum von einem Jahr hinweg in den beiden erstgenannten Gruppen bei 27 Prozent lag, war der entsprechende Wert für die beiden letztgenannten Gruppen mit minimaler Vorbereitung bei 52 Prozent (s. Pastalan 1983).

Bei den diversen Maßnahmen der Vorbereitung auf den Ortswechsel ist noch weitgehend unklar, welche Wirkmechanismen im einzelnen zugrunde liegen und wie die entsprechenden Effekte theoretisch rekonstruiert werden können. Hingegen gilt für fast alle Maßnahmen, die eine Förderung der Anpassung an die neue Umwelt *nach* erfolgtem Wohnortwechsel erreichen wollen, daß explizit kontrolltheoretische Konzepte zugrunde gelegt und in den Einzelmaßnahmen berücksichtigt wurden. Hierauf soll abschließend eingegangen werden.

Eine der ersten Studien in diesem Zusammenhang ist die von Schulz und Hanusa (1977) vorgelegte. Eine Population älterer, geistig reger Menschen wurde nach ihrer Umsiedlung in ein Altenheim drei verschiedenen Bedingungen per Zufall zugewiesen: Eine Gruppe erhielt eine Einführung in das Altenheim in höchst individualisierter Weise, eine zweite Gruppe erhielt in zeitlich vergleichbarem Umfang Informationen, die nichts mit dem Altenheim zu tun hatten (gleiche Aufmerksamkeitszuwendung), das letzte Drittel diente als Kontrollgruppe und erhielt eine routinemäßige Einweisung. Nach drei Monaten zeigte die erste Gruppe hinsichtlich Aktivitätsniveau und Gesundheitszustand (Fremdbeurteilungen) signifikant höhere Werte als die beiden anderen Gruppen; bezüglich der wahrgenommenen Lebensqualität und subjektivem Wohlbefinden waren die beiden ersten Gruppen einander ähnlich und unterschieden sich nur von der dritten Gruppe signifikant.

Wurde durch diese Studie also deutlich, welche Rolle die *Transparenz* der neuen Umwelt spielt, so zeigt eine andere Studie die Bedeutung der Autonomie und Selbstverantwortlichkeit, die man alten Menschen zugesteht (Langer & Rodin 1976). Nach erfolgter Heimweisung wurden die alten Menschen zwei Gruppen zugeteilt: Die erste Gruppe erhielt als Einführung einen Vortrag, in dem der Heimleiter die Autonomie der Bewohner besonders betonte und positiv wertete und sie zugleich aufforderte, die bei der Einweisung erhaltenen Grünpflanzen selbst zu versorgen. Die zweite Gruppe wurde in dem Einführungsvortrag auf die Unterstützung durch das Pflegepersonal hingewiesen, und es wurde ihr zugleich mitgeteilt, daß das Personal auch die bei der Einweisung erhaltenen Grünpflanzen versorgen würde. In einer follow-up-Erhebung nach 18 Monaten zeigten sich signifikante Unterschiede in Maßen für subjektives Wohlbefinden, Aktiviertheit und Gesundheitszustand, die alle zugunsten der ersten Gruppe ausfielen. Offensichtlich sind es nicht die beiden Gruppen gleichermaßen überlassenen Grünpflanzen, die das Wohlbefinden steigern, sondern die Tatsache, daß bei der ersten Gruppe die Selbstverantwortlichkeit gefördert und die Kontrollierbarkeit der Umwelt (zumindest in einem kleinen Ausschnitt) aufrechterhalten werden konnte.

Eine weitere Studie befaßte sich gleichfalls mit der Frage, welche differentiellen Effekte die Tatsache hat, ob man alten Menschen Einflußnahme auf alltägliche Ereignisse zugesteht oder dies nicht tut – im Vergleich auch dazu, ob sie den Ablauf der Dinge lediglich vorhersehen und sich darauf einstellen können. Schulz (1976) ließ Bewohner eines Altenheims im Alter zwischen 68 und 96 Jahren an einem Programm teilnehmen, in dessen Verlauf die alten Menschen in bestimmten Abständen von Studenten besucht wurden. Dabei wurden vier Gruppen gebildet: Die erste Gruppe konnte Häufigkeit und Zeitpunkt der Besuche alleine festlegen (Kontrollierbarkeit), die zweite Gruppe wurde informiert, wann der Besucher kommt, ohne daß sie Einfluß auf Dauer oder Zeitpunkt des Besuchs nehmen konnte (Vorhersagbarkeit); die dritte Gruppe erhielt die gleiche Anzahl an Besuchen, allerdings ohne Einflußmöglichkeiten und ohne eine Vorabinformation (Zufall); eine Kontrollgruppe erhielt überhaupt keine Besuche. Als Kriteriumsvariablen, um den Effekt der verschiedenen Interventionsformen zu prüfen, wurden Gesundheitszustand, Aktivitätsniveau (Fremdbeurteilungen) und das subjektive Wohlbefinden herangezogen. Nach Abschluß der Intervention zeigte sich, daß die beiden ersten Gruppen (Kontrollierbarkeit und Vorhersagbarkeit) in allen Merkmalen der Zufallsgruppe und der Kontrollgruppe überlegen waren, während sie sich voneinander kaum unterschieden. Das zeigt, daß alleine schon die Vorhersehbarkeit bestimmter Ereignisse einen positiven Effekt hat und Kontrolle über die Umwelt nicht nur darin liegen muß, daß man selbst Entscheidungen beeinflussen kann, sondern auch darin, daß man in einer transparenten und vorhersagbaren Umwelt leben kann (vgl. auch Miller 1980).

Gerade diese Studie zeigte aber auch, wie wichtig es ist, auch die längerfristigen Folgen von Interventionsmaßnahmen zu betrachten. Schulz und Hanusa (1978) führten im Abstand von 24 und 48 Monaten nach Abschluß des Besuchsprogramms erneut eine Datenerhebung bei den alten Heiminsassen durch. Dabei zeigte sich eine dramatische Abnahme in den Kriteriumsvariablen bei den beiden ersten Gruppen, die bei den beiden letzten Gruppen (Zufalls- und Kontrollgruppe) nicht zu beobachten war, wie die Abbildung 22.3 zeigt.

Da auch die Zufallsgruppe, die ebenfalls Besuche erhalten hatte, keine Verschlechterung erkennen ließ, kann diese Veränderung auch nicht darauf zurückgeführt werden, daß nun die alten Menschen keinen Besuch mehr von den Studenten erhielten. Der eigentlich wichtige Punkt ist hier vielmehr, daß den beiden ersten Gruppen Möglichkeiten der Einflußnahme und Aspekte einer transparenten Umwelt weggenommen wurden, die sie vorher besessen hatten! Es stellt offensichtlich also eine größere Beeinträchtigung dar, wenn man einmal vorhandener Kontrollmöglichkeiten wieder beraubt wird, als wenn man solche Möglichkeiten überhaupt nur in einem geringen Maße besitzt oder besessen hatte.

Die Ergebnisse dieser Studie sind auch insofern bedeutsam, als sich daraus ableiten läßt, daß die Kontrollierbarkeit der Umwelt, wie sie sich

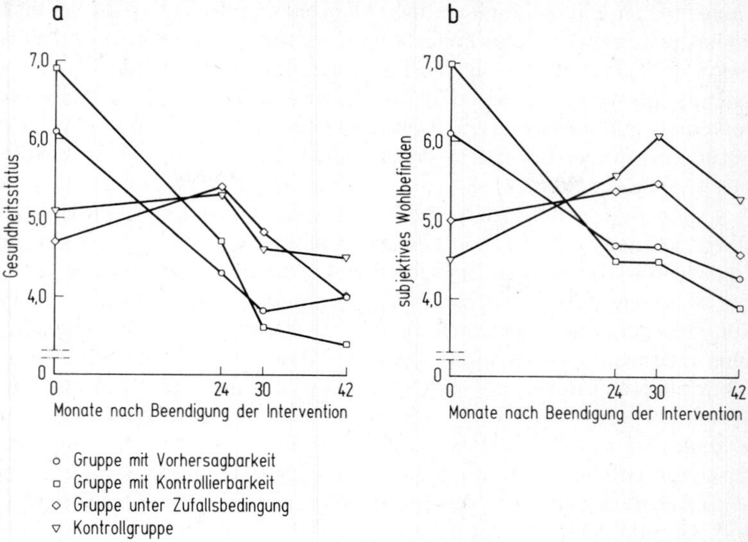

Abb. 22.3 Verlauf in Werten für ,,Gesundheitsstatus" und ,,subjektives Wohlbefinden" zu verschiedenen Zeitpunkten nach Abschluß der Intervention bei vier Untersuchungsgruppen (nach Schulz & Hanusa 1978).

etwa in der ,,Grünpflanzen"-Studie (s.o.) darstellt, dauerhaft gegeben sein muß und positive Rückwirkungen auf das Selbstwertgefühl der Altenheiminsassen zulassen muß. Denn allen Besuchsprogrammen gemeinsam ist auch, daß die alten Menschen zu der Auffassung gelangen müssen, die positiven Ereignisse ihres Lebens stehen trotz mancher Einflußnahme auf Zeitpunkt oder Dauer der Besuche letztlich unter der Kontrolle anderer Menschen. Dies aber läßt die Aufrechterhaltung bzw. den Aufbau von Überzeugungen ob der eigenen Wirksamkeit und des eigenen Wertes nicht zu, und vermutlich ist jede ,,Hilfe", die solche Überzeugungen unterminiert, langfristig nur zum Schaden dessen, dem unser Interesse gilt.

Schlußbemerkung

Gemessen an der Vielzahl von Problemstellungen und der Heterogenität von Zugangswegen in der gerontopsychologischen Intervention konnten die vorangegangenen Ausführungen lediglich illustrativen Charakter haben und einen nur groben Überblick bieten. Es sollte deutlich gemacht werden, daß das höhere Erwachsenenalter einerseits durchaus einen großen Spielraum für die Implementation entwicklungspsychologischer Interventionsmaßnahmen gewährt und daß die Ziele vieler Interventionsmaßnahmen (z.B. Förderung der Lebenszufriedenheit, Steigerung kognitiver Leistungsfähigkeit) über die eingesetzten Techniken erreicht werden können.

Andererseits sollten auch jene Stimmen ernst genommen werden, die davor warnen, mit der besonderen Betonung gerontopsychologischer Intervention das höhere Erwachsenenalter unter Umständen als generell interventionsbedürftig zu etikettieren oder bei der Implementation von Interventionsmaßnahmen vorschnell auf der Ebene des Individuums anzusetzen und dabei zu übersehen, daß in vielen Fällen eine kontextzentrierte Intervention sehr viel angemessener wäre und auch zu einer akzeptableren Neuformulierung des Problems beitragen könnte. Zudem darf man mit Baltes und Danish (1979) fordern, daß eine den gesamten Lebenslauf ins Auge fassende Entwicklungspsychologie in erster Linie auch impliziert, daß Intervention nicht erst im Alter einsetzen soll. Gerade der Interventionsgedanke, der sich an den Prinzipien der Prävention und Optimierung orientiert, muß so umgesetzt werden, daß Interventionsbemühungen zu einem früheren Zeitpunkt stattfinden und das höhere Erwachsenenalter in weit geringerem Maße als interventionsbedürftig betrachtet wird, als es der „Interventionskult“ in der Gerontologie zuweilen nahelegen könnte.

Kapitel 23

Familienentwicklung

Klaus A. Schneewind

1. Vom rechtlichen zum psychologischen Familienbegriff

Was ist eine Familie? So selbstverständlich wir in der Umgangssprache mit diesem Wort umgehen, so problematisch ist es, das Phänomen „Familie" wissenschaftlich „auf den Begriff" zu bringen. Was Familie ist oder bedeutet, hängt u. a. davon ab, welchen historisch-epochalen, sozio kulturellen und individuell-lebenszyklischen Fokus man wählt. Darüber hinaus spielt auch eine Rolle, welche Wissenschaftsdisziplin sich um eine Definition des Familienbegriffs bemüht. Dabei ist freilich zu bedenken, daß „die Definition von Familie" – wie Skolnick (1981, S. 43) ausführt – „nicht nur von akademischem Interesse ist; die Art und Weise wie man Familie definiert, bestimmt auch, welche Arten von Familien man als normal oder abweichend betrachtet und welche Rechte und Pflichten von rechtlichen oder anderen sozialen Institutionen anerkannt werden". Gesellschaftliche Anerkennung ist also ein wichtiger Aspekt für die Konstitution von Familie (vgl. Lüscher & Böckle 1981).

Der rechtliche Familienbegriff

Wie sehr der Staat ein Interesse hat, die Familie als eine legalisierte soziale Institution zu bewahren, wird u. a. daran deutlich, daß nach Art. 6 des Grundgesetzes der Bundesrepublik Deutschland Ehe und Familie „unter dem besonderen Schutz der staatlichen Ordnung" stehen. Dieser besondere Schutz wird dann auch – etwa in Form von familienpolitisch ermöglichten finanziellen Zuwendungen und Erleichterungen – nur denen zuteil, deren Elternschaft und/oder Ehe öffentlich ausgewiesen ist. Dabei kann der Status der Elternschaft sowohl biologisch als auch rechtlich, d. h. durch Adoption eines Kindes, erworben werden.

Der Status der Ehe wird hingegen offiziell ausschließlich auf rechtlichem Wege hergestellt, was freilich nicht ausschließt, daß auch Paare, die vor dem Gesetz nicht verheiratet sind, sich als ,,miteinander verheiratet" erleben können.

Nach dem gegenwärtigen rechtlichen Verständnis in der Bundesrepublik Deutschland steht für die Definition von Familie das *Filiationsprinzip* zusammen mit dem *Sorgerechtsprinzip* im Vordergrund, d.h., eine Familie entsteht dann, wenn zwei Generationen durch biologische oder rechtliche Elternschaft miteinander verbunden werden und eine Klärung des Sorgerechts für die nachwachsende Generation erfolgt ist. Berücksichtigt man darüber hinaus den Personenstand der Eltern (verheiratet, unverheiratet), so lassen sich zwei Gruppen von Familien bilden, nämlich a) *vollständige Familien* bestehend aus Mutter *und* Vater und Kind(ern) sowie b) *unvollständige Familien* bestehend aus Mutter *oder* Vater und Kind(ern). Auch die amtliche Statistik als Organ des Staates orientiert sich am rechtlichen Familienbegriff. So gibt es nach Angaben des Statistischen Jahrbuchs (1984, S. 67) derzeit in der Bundesrepublik Deutschland 7,24 Mio. vollständige und 927000 unvollständige Familien mit mindestens einem Kind unter 18 Jahren.

Der genealogische Familienbegriff

Neben diesem engen, auf gesellschaftlicher bzw. rechtlicher Anerkennung basierenden Familienbegriff gibt es einen erweiterten Familienbegriff, der sich am *Verwandtschaftsprinzip* orientiert und daher als genealogischer Familienbegriff bezeichnet werden kann. Mit Blick auf die einzelne Person stellt sich ,,ihre" Familie zu jedem beliebigen Zeitpunkt ihres Lebens dar als ,,die Gruppe von Menschen (...), die miteinander verwandt, verheiratet oder verschwägert sind, gleichgültig, ob sie zusammen oder getrennt leben, ob die einzelnen Mitglieder noch Leben oder – bereits verstorben – ein Glied in der Entstehung von Familie sind" (Wissenschaftlicher Beirat für *Familienfragen* 1984, S. 27).

Ein derartiger Familienbegriff macht deutlich, daß die einzelne Person selbst ,,ein Glied in der Entstehung von Familie" ist, somit also – auch wenn sie sich selbst als familienlos bezeichnet – unentrinnbar ein ,,Familienmensch" ist. Selbst wenn jemand Zeit seines Lebens nie seine biologischen Eltern oder deren Verwandtschaft kennengelernt hat und darüber hinaus nie in einer Familie aufgewachsen ist oder selbst eine Familie gegründet hat, bleibt er mit seinen leiblichen Eltern durch biologische Verwandtschaft, d.h. durch die genetische Ausstattung, die sie ihm mitgegeben haben, verbunden. Die Adoptionsstudien der modernen Verhaltensentwicklungsgenetik liefern empirische Belege hierfür (vgl. Plomin et al. 1985, Scarr & McCartney 1983).

Im Vergleich zum rechtlichen Familienbegriff umfaßt der am Verwandtschaftsprinzip orientierte Familienbegriff einerseits eine größere Vielfalt von Familienformen. Andererseits führt er aber auch zu einer Abgrenzung gegenüber einer

Reihe familienähnlicher Lebensformen. So sind z.B. nach dem genealogischen Familienbegriff kinderlose Ehepaare oder zusammenlebende Geschwister als Familie zu bezeichnen, wohingegen etwa nichteheliche Lebensgemeinschaften oder auch Pflegefamilien sich nicht als Familien qualifizieren.

Grundlegung eines psychologischen Familienbegriffs

Eine ausschließliche Orientierung am rechtlichen oder genealogischen Familienbegriff bringt die Ausgrenzung einer Reihe quasi-familiärer Lebensformen mit sich. Dieser aus psychologischer Sicht wenig befriedigende Zustand fordert zur Konzeption eines erweiterten, für psychologische Fragestellungen geeigneten Familienbegriffs heraus. Als Ausgangspunkt hierzu soll zunächst das *Prinzip des gemeinschaftlichen Lebensvollzugs* kurz erläutert werden. Dazu lassen sich folgende vier Kriterien anführen:

a) *Abgrenzung,* d.h. der Zusammenschluß von zwei oder mehr Personen, die in Abhebung von anderen Personen oder Personengruppen ihr Leben nach bestimmten expliziten oder impliziten Regeln in wechselseitiger Bezogenheit gestalten;
b) *Privatheit,* d.h. das Vorhandensein eines umgrenzten Lebensraumes, der die Verwirklichung von intimen interpersonalen Beziehungen ermöglicht;
c) *Nähe,* d.h. die Realisierung von physischer, geistiger und emotionaler Intimität im Prozeß interpersonaler Beziehungen;
d) *Dauerhaftigkeit,* d.h. ein durch wechselseitige Verpflichtung, Bindung und Zielorientierung auf längerfristige Gemeinsamkeit angelegter Zeitrahmen.

Soziale Beziehungssysteme, die diesen Kriterien gemeinschaftlichen Lebensvollzugs genügen, sollen im folgenden als *intime Beziehungssysteme* bezeichnet werden. Intime Beziehungssysteme weisen einen relativ hohen Grad an *interpersonaler Involviertheit* auf, womit die Tiefe und Intensität wechselseitiger Bezogenheit nach den Kriterien der Abgrenzung, Privatheit, Nähe und Dauerhaftigkeit gemeint ist. Interpersonale Involviertheit kann nur durch gemeinschafltichen Lebensvollzug geschaffen werden. Sie bedarf zu ihrer aktuellen Verwirklichung wenigstens zweier Personen und äußert sich im konkreten gemeinsamen Tun. Mit jedem neuen gemeinsamen Tun wird unweigerlich ein Mehr an interpersonaler Involviertheit erzeugt, und zwar unabhängig davon, was getan wird und ob dieses gemeinsame Tun von den beteiligten Personen als angenehm oder unangenehm erfahren wird. Nicht nur tief empfundene Liebe, sondern auch massiver Streit sind Indikatoren für ein hohes Maß an interpersonaler Involviertheit. Die Äußerungsformen interpersonaler Involviertheit können im Verlauf der Entwicklung intimer Beziehungssysteme einem Wandlungsprozeß unterliegen, der neben quantitativen auch qualitative Veränderungen beinhalten kann. So z.B., wenn sich bei einem Paar die Zärtlichkeit der ersten Wochen und Monate des Kennenlernens in die ewige Nörgelei eines etablierten Ehepaares umwandelt.

Im Gegensatz zu intimen Beziehungssystemen weisen andere Beziehungssysteme (z. B. mehr oder minder langfristige ad hoc-Gruppen im Ausbildungs-, Berufs- und Freizeitbereich) in der Regel einen geringeren Grad an interpersonaler Involviertheit auf (vgl. Walters 1982). Darüber hinaus unterscheiden sich intime Beziehungssysteme definitionsgemäß auch vom Modus des (unfreiwilligen oder selbst gewählten) Alleinlebens – ein Aspekt, der zunächst trivial erscheint, aber in einer lebenszyklischen Perspektive durchaus bedeutsam ist. Intime Beziehungssysteme stellen somit eine besondere Art menschlicher Lebensformen dar, die – auch wenn sie nicht Familien im Sinne eines rechtlichen oder genealogischen Familienbegriffs sind – für den einzelnen dennoch quasi-familiäre Funktionen erfüllen.

Ein wesentlicher Vorteil eines psychologischen Familienbegriffs, der sich am Prinzip gemeinschaftlichen Lebensvollzugs in intimen Beziehungssystemen orientiert, besteht darin, daß im Raster der Kriterien, die für intime Beziehungssysteme kennzeichnend sind, eine größere Erscheinungsvielfalt von Formen gemeinschaftlichen Lebens Platz findet. Konkret heißt dies, daß z. B. auch nichteheliche Lebensgemeinschaften, Pflegefamilien, „Familien" nach dem Tagesmüttermodell oder nach dem Konzept des SOS-Kinderdorfs als quasi-familiäre intime Beziehungssysteme zu bezeichnen sind. In psychologischer Sicht sind intime Beziehungssysteme von besonderem Interesse, da man davon ausgehen kann, daß sie wegen der ihr unterstellten hohen interpersonalen Involviertheit die Persönlichkeitsentwicklung der beteiligten Personen entscheidend mitgestalten. Diesen Prozeß hat Willi (1985) im Rahmen seines ökologischen Modells der Person als „*Koevolution*" bezeichnet.

Eine in intimer wechselseitiger Bezogenheit verlaufende Persönlichkeitsentwicklung des einzelnen bedeutet, daß im gemeinschaftlichen Lebensvollzug mit anderen gemeinsame Geschichte geschaffen wird. Zugleich wirkt die vergangene Geschichte des jeweils anderen – insbesondere seine in früheren intimen Beziehungssystemen erworbene Geschichte – in die Gestaltung des gegenwärtig gelebten intimen Beziehungssystems mit hinein. Darüber hinaus ist zu berücksichtigen, daß die Personen, die Mitglieder früherer intimer Beziehungssysteme waren (z. B. Eltern oder frühere Partner), ihrerseits ihre persönliche Geschichte in den damaligen gemeinschaftlichen Lebensvollzug eingebracht haben.

Dies ist einer der Gründe, weswegen es z. B. zum besseren Verständnis aktueller Beziehungsprobleme innerhalb eines intimen Beziehungssystems – etwa einer Ehe – ratsam ist, nicht nur die gemeinsame Geschichte der beiden Ehepartner, sondern auch ihre in der Vergangenheit unabhängig voneinander erworbene Geschichte (z. B. im Kontext ihrer jeweiligen Herkunftsfamilie) sowie die Geschichte ihrer damaligen Bezugspersonen (z. B. die Geschichte, durch die sich die Persönlichkeitsentwicklung der Eltern in deren Elternhaus vollzog) zu berücksichtigen. Mit anderen Worten: im aktuell zum Ausdruck kommenden Beziehungsgeschehen manifestieren sich immer auch die Spuren einer mehrere Generationen umspannenden Geschichte intimer Beziehungssysteme. Die empirische Familienforschung und die familientherapeutische Praxis liefern gleichermaßen Belege hierfür (vgl. Elder et al. 1984, Kramer 1985, Sperling et al 1982).

Neben dem ohnehin schon komplexen Sachverhalt einer Mehrgenerationenperspektive tritt in neuerer Zeit eine Entwicklung, die eine weitere Erschwernis für die Rekonstruktion personaler Entwicklung im Kontext intimer Beziehungssysteme darstellt. Dies liegt vornehmlich an den Begleitumständen eines epochalen gesellschaftlichen Wandlungs- und Differenzierungsprozesses. So läßt sich zumindest für die westlichen Industrienationen in den letzten Jahrzehnten eine zunehmende Pluralisierung und Individualisierung von Lebensstilen feststellen (vgl. Bericht der Kommission ,,Zukunftsperspektiven gesellschaftlicher Entwicklungen" 1983). Dies äußert sich u. a. auch in einer ,,*Deinstitutionalisierung von Ehe und Familie*" (Tyrell 1985, S. 116), womit eine Auflockerung und ein Verlust an Verbindlichkeit des traditionellen bürgerlichen Liebes-, Ehe- und Familiencodes im Sinne einer normativen Abfolge von romantischer Liebe, Ehe und ehelicher Elternschaft gemeint ist (vgl. Luhmann 1982). Bezogen auf den Lebenszyklus des einzelnen können sich dabei Phasen der Teilhabe an intimen Beziehungssystemen von unterschiedlicher Art und personeller Zusammensetzung ablösen mit Phasen des Alleinlebens bzw. der Teilhabe an Beziehungssystemen geringerer interpersonaler Involviertheit. Eine derartige Phasenabfolge könnte etwa wie folgt aussehen: Aufwachsen im Elternhaus, Alleinleben, erste nichteheliche Lebensgemeinschaft, Ehe und Elternschaft, Alleinleben, zweite nichteheliche Lebensgemeinschaft, Zweitehe mit Stiefelternschaft usw.

Innerhalb dieser Phasen und insbesondere bei den Übergängen zwischen den einzelnen Phasen ergeben sich für die betroffene Person, aber auch für die übrigen Personen, die an dem jeweiligen intimen Beziehungssystem teilhaben, Herausforderungen für den gemeinsamen Lebensvollzug. Diese Herausforderungen münden in der Regel in ein mehr oder minder gelungenes Aushandeln neuer Formen interpersonaler Bezogenheit ein. Die dabei ablaufenden Prozesse sind entsprechend dem skizzierten psychologischen Familienbegriff einerseits Gegenstand einer theoriegeleiteten psychologischen Familienforschung, andererseits aber auch Ansatzpunkt für praktisch-psychologisches Handeln in Form von Prävention und Therapie.

Die Untersuchung von Personen im Kontext intimer Beziehungssysteme kann nicht ohne eine theoretische Fundierung in Angriff genommen werden. Hierzu haben einige unterschiedliche theoretische Perspektiven beigetragen, von denen drei im folgenden skizziert werden sollen. Es sind dies a) die *Familiensystemtheorie,* b) die *Familienentwicklungstheorie* sowie c) die *Familienstreßtheorie.* Diese theoretischen Ansätze beziehen sich zwar vornehmlich auf Familienformen, die dem rechtlichen bzw. genealogischen Familienbegriff zuzuordnen sind. Sie lassen sich aber auch auf quasi-familiäre Lebensformen übertragen, die unter dem hier vorgeschlagenen psychologischen Familienbegriff subsumierbar sind.

2. Die Familiensystemtheorie

Die Familiensystemtheorie kann als eine inhaltliche Konkretisierung der allgemeinen Systemtheorie angesehen werden, als deren Begründer gemeinhin v. Bertalanffy (1956, 1968) gilt. V. Bertalanffy definiert ein System global als ,,einen Komplex interagierender Elemente" (1968, S. 55). Ähnlich umfassend ist die häufig zitierte Definition von Hall und

Fagen: „Ein System ist ein Aggregat von Objekten zusammen mit den Beziehungen zwischen den Objekten und zwischen ihren Merkmalen" (1956, S. 18). Dieser wissenschaftsübergreifende Systembegriff bedarf je nach Disziplin einer Präzisierung. So fällt es der Psychologie, die sich allmählich ein Verständnis davon erarbeitet hat, daß sie es nicht mit Objekten, sondern mit menschlichen Subjekten zu tun hat (vgl. Groeben & Scheele 1977), schwer, den allgemeinen Systembegriff unbesehen zu übernehmen. Für die Familie haben daher z.B. Bavelas und Segal folgende Definition vorgeschlagen: „Ein Familiensystem ist eine besondere Gruppe von Personen, zwischen denen Beziehungen bestehen; diese Beziehungen werden durch die Familienmitglieder etabliert, aufrechterhalten und erkennbar gemacht, indem sie miteinander kommunizieren" (1982, S. 10f.).

Einige Aspekte, die von der Familiensystemtheorie und auch von der Familientherapie als besonders bedeutsam angesehen werden, seien im folgenden kurz genannt (vgl. hierzu auch Ackerman 1984, Baker 1981, Minuchin 1985, v. Schlippe 1984).

1. *Ganzheitlichkeit.* Die Familie wird als eine Einheit betrachtet, in der die einzelnen Mitglieder durch Interaktion und Kommunikation miteinander „vernetzt" sind. Insofern ist – in Abwandlung von Ehrenfels' Übersummativitätsbegriff (vgl. Ehrenfels 1890) – die Familie als Ganzes mehr als die Summe ihrer aus Personen bestehenden Teile. Dies hat die Aufmerksamkeit von einer vornehmlich intrapersonalen zu einer interpersonalen Sichtweise verlagert. Bestimmte personspezifische Probleme (z.B. das Bettnässen eines Kindes) werden somit nicht mehr ausschließlich als ein individuelles, sondern auch als ein systemisches, d.h. in den Familienbeziehungen begründetes, Problem gesehen.

2. *Zielorientierung.* Familien richten ihr gemeinschaftliches Leben nach mehr oder minder expliziten Zielen aus, die dem Zusammenleben in der Familie Sinn und Kontinuität geben sollen. Solche Ziele können je nach Lebens- und Familienphase inhaltlich eine unterschiedliche Ausgestaltung haben. Familienziele äußern sich u.a. in der Orientierung an phasentypischen individuellen und familiären Entwicklungsaufgaben (z.B. Karriereorientierung, Kindererziehung) und deren mehr oder minder gelungener Ausbalancierung im Familienkontext.

3. *Regelhaftigkeit.* Die Beziehungen zwischen den Mitgliedern einer Familie lassen insbesonders bei längerer Beobachtung bestimmte Regelhaftigkeiten erkennen. Diese werden teils bewußt als *Familienrituale* gepflegt (z.B. Einhaltung gemeinsamer Essenszeiten, Gutenachtgeschichten), teils bestimmen sie unausgesprochen das Verhalten der einzelnen Familienmitglieder (z.B. wer, wann – eventuell auch mit wem – das Badezimmer benutzen darf). Die handlungsleitende Regelstruktur einer Familie kann aus deren spezifischem Interaktionsmuster, d.h. den Gleichförmigkeiten der konkreten Interaktionen zwischen den einzelnen Familienmitgliedern, erschlossen werden.

4. *Zirkuläre Kausalität.* Das in einer Familie beobachtbare Interaktionsgeschehen und die daraus abstrahierbaren Interaktionsmuster weisen statt *linearer Kau-*

salität die Kennzeichen *zirkulärer Kausalität* auf. Damit ist der wechselseitige Beeinflussungsprozeß zweier oder mehrerer Personen gemeint, der sich über eine bestimmte Zeitspanne hinweg analysieren läßt. P. Minuchin macht dies an einem Beispiel deutlich: ,,Es ist ein epistemologischer Irrtum, zu behaupten, daß eine überbehütende Mutter bei ihrem Kind Ängste auslöse. Vielmehr haben Mutter und Kind gemeinsam ein Muster geschaffen, in dem (beginnend an einem beliebigen Punkt) die Ängste des Kindes besorgtes Verhalten bei der Mutter auslösen. Das Verhalten der Mutter verschlimmert die Ängste des Kindes, was bei der Mutter wiederum zu erhöhter Besorgnis führt, usw" (1985, S. 290). Im Mittelpunkt des Interesses steht somit nicht eine einseitig gerichtete, von einer einzelnen Person ausgehende Verhaltensweise, sondern der Interaktionszyklus selbst, der als eine nicht weiter reduzierbare Einheit angesehen werden kann.

5. *Rückkoppelung*. Mit Blick auf das Familiensystem bezieht sich der Begriff Rückkoppelung auf den Prozeß, der durch das regelabweichende Verhalten eines bestimmten Familienmitglieds A ausgelöst wird und Effekte bei den übrigen Familienmitgliedern hervorruft, die ihrerseits wieder auf das Verhalten von A zurückwirken. Es wird grundsätzlich zwischen einer positiven (oder abweichungsverstärkenden) und einer negativen (oder abweichungs-dämpfenden) Rückkoppelung unterschieden. *Positive Rückkoppelung* tritt z. B. dann auf, wenn es zwischen zwei Partnern zu einer Ärgereskalation kommt, d. h. wenn beispielsweise aus einem ,,Frotzeln" ein Anklagen, aus einem Anklagen ein Schimpfen, aus einem Schimpfen ein Anbrüllen wird. Positive Rückkoppelung ist prinzipiell *veränderungsorientiert,* da die durch sie zum Ausdruck kommenden eskalierenden Interaktionsprozesse nicht beliebig fortgeführt werden können und somit nach neuen Lösungen verlangen. *Negative Rückkoppelung* zielt auf die Rückkehr zu einer Ausgangslage ab, die vor dem Eintreten der ,,Störung" bestand, so etwa wenn eine Mutter ihr schreiendes Kind beruhigt, indem sie es in den Arm nimmt, hin- und herwiegt und mit ruhiger Stimme auf es einredet. Negative Rückkoppelungsprozesse sind grundsätzlich *stabilitätsorientiert,* d. h. mit ihrer Hilfe soll ein Systemzustand wiederhergestellt werden, der vor dem destabilisierenden Ereignis bestand.

6. *Homöostase*. Mit Homöostase ist die Aufrechterhaltung und Ausbalancierung des in einer Familie wirkenden Kräftegleichgewichts gemeint. Homöostase wird gewöhnlich durch negative Rückkoppelungsprozesse hergestellt, indem sich die Familie an etablierten Zielen, Regeln und Handlungsabläufen orientiert. Familien mit starren Regeln versuchen – auch unter veränderten internen oder externen Bedingungen – ihre bisherige Lebensform zu bewahren. Dies ist etwa der Fall, wenn die Eltern von einem 17jährigen Jugendlichen – als ob er ein Zehnjähriger sei – verlangen, abends spätestens um acht Uhr zu Hause zu sein. Familien mit flexiblen Regeln gelingt es, ihr Zusammenleben in Abhängigkeit von den Herausforderungen, vor die sie gestellt sind, nach neuen Regeln einzurichten. Für das Beispiel des Jugendlichen könnte dies etwa heißen, daß eine neue Zeit ausgehandelt wird, zu der der Jugendliche daheim sein soll. Für flexibel organisierte Familien ist es im Gegensatz zu rigiden Familien leichter, von einem Zustand relativer Stabilität zu einem neuen Zustand zu gelangen, der ebenfalls relativ stabil ist und zugleich eine Anpassung des Familiensystems auf anderem Niveau zur Folge hat. Speer (1970) hat hierfür in Anlehnung an allgemeinkybernetische Überlegungen bei Mayurama (1960) den Begriff der *Morphogenese* eingeführt, der im Gegensatz zur *Morphostase* die Entwicklung von neuen

Strukturen innerhalb eines Familiensystems bezeichnet. Auf den gleichen Sachverhalt zielen Olson et al. (1979) mit der Dimension „*Anpassungsfähigkeit*" im Rahmen ihres Circumplexmodells zur Beschreibung von Familientypen ab (vgl. Abschnitt 4).

7. *Wandel erster und zweiter Ordnung.* Eng verknüpft mit dem Problem der Anpassungsfähigkeit einer Familie ist die Frage, von welcher Art die Veränderung ist, die sich bei einer Familie gegebenenfalls einstellt. Watzlawick et al. (1974, S. 29f) sprechen in diesem Zusammenhang vom Wandel erster und zweiter Ordnung. Mit *Wandel erster Ordnung* meinen sie „den Wandel von einem internen Zustand zu einem anderen innerhalb eines selbst invariant bleibenden Systems". Dies gilt für Interaktionssequenzen, in denen zur Lösung eines Problems – wie Watzlawick et al. (1974, S. 51) sich ausdrücken – „mehr desselben" herangezogen wird und damit „die Lösung selbst das Problem ist". Beispiel hierfür wäre etwa das Vorgehen von Eltern, die ihr Kind bestrafen, weil es sein Zimmer nicht aufgeräumt hat, und beim nächsten Mal, wenn das Zimmer wieder nicht aufgeräumt ist, das Kind noch härter bestrafen.

Demgegenüber besteht *Wandel zweiter Ordnung* in einem Wandel, der „das System selbst ändert" (a. a. O., S. 30). Beispiele hierfür sind etwa Änderungen in den Kommunikationsregeln (z. B. Zuhören statt Dazwischenreden), im Rollenverständnis der Partner (z. B. Ebenbürtigkeit statt Unterwürfigkeit oder Dominanz) oder in der personellen Zusammensetzung einer Familie (z. B. Loslösung des Jugendlichen aus dem Elternhaus).

8. *Grenzen.* Ein wesentliches Merkmal lebender Systeme ist, daß sie sich gegenüber anderen Systemen mehr oder minder abgrenzen. In der Perspektive der Familiensystemtheorie hat es sich eingebürgert, die Familie als ein *System* zu sehen, das selbst in ein oder mehrere *Suprasysteme* (z. B. erweiterte Familie, Nachbarschaft, Kirchengemeinde) eingebettet ist. Bronfenbrenner (1981) hat für Suprasysteme eine feinere Differenzierung vorgeschlagen, indem er neben Mikrosystemen (zu denen auch Familien gehören) Meso-, Exo- und Makrosysteme unterscheidet (s. Kap. 2). Innerhalb der Familie existieren *Subsysteme*, die entweder aus einzelnen Personen (personales Subsystem) oder aus Zusammenschlüssen von zwei oder mehr Personen einer Familie (interpersonales Subsystem) bestehen. So lassen sich etwa interpersonale Subsysteme nach Generationen (Eltern- oder Geschwistersubsystem) oder nach dem Geschlecht (z. B. Mutter-Tochter- bzw. Vater-Sohn-Subsystem) bilden.

Eine Veranschaulichung der verschiedenen Systemtypen und ihrer über die Zeit hinweg analysierbaren Wechselbeziehungen findet sich in Abbildung 23.1. Diese Abbildung geht auf v. Schlippe (1984, S. 28) zurück, der sich seinerseits auf entsprechende Vorstellungen bei Miller (1978) und Bronfenbrenner (1981) bezieht.

Die Grenzen zwischen einem Familiensystem und seinen Suprasystemen können ebenso wie die Grenzen zwischen den Subsystemen innerhalb einer Familie unterschiedlich ausgeprägt sein. S. Minuchin (1977) unterscheidet zwischen starren, diffusen und klaren Grenzen. *Starre Grenzen* sind charakteristisch für geschlossene Systeme, die im Extremfall in keinem materiellen, energetischen oder informationellen Austausch mit anderen Systemen stehen. Bei Familien dürfte dieser Fall in der Praxis kaum anzutreffen sein. Dennoch lassen sich Familien finden, die „nichts über sich rauslassen" oder „niemanden reinlassen", was angenähert dem Definitionskriterium eines geschlossenen Systems entspricht. *Diffuse*

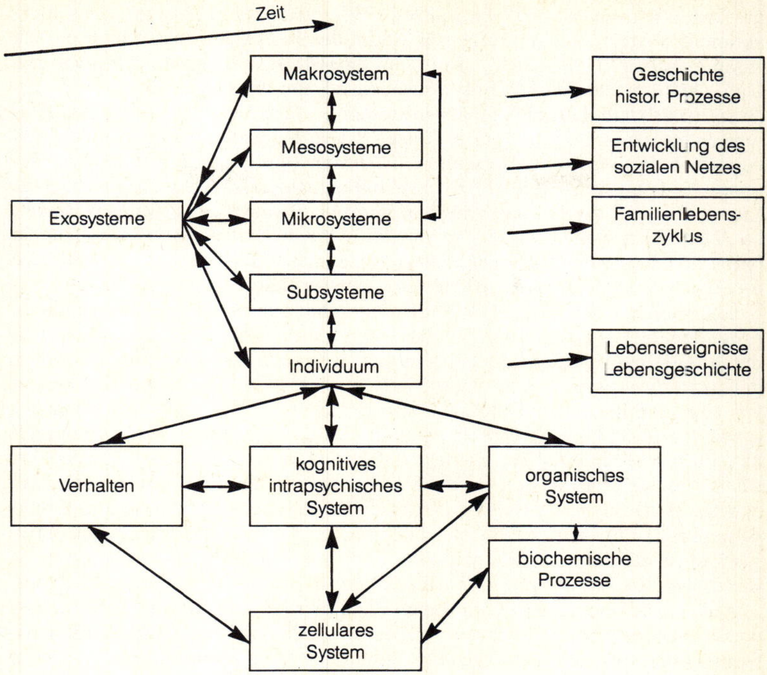

Abb. 23.1 Einbettung des Mikrosystems „Familie" in eine Hierarchie anderer Systemtypen (nach v. Schlippe 1984, S. 28)

Grenzen sind daran erkennbar, daß zwischen den einzelnen Systemen und Subsystemen kaum unterschieden werden kann. Dies ist etwa dann der Fall, wenn innerhalb einer Familie jeder mit jedem an jedem beliebigen Ort und zu jeder beliebigen Zeit in Kontakt treten kann. Die Privatheit einzelner Personen ist dann ebensowenig gewährleistet wie z. B. die sexuelle Intimität von Ehepartnern. *Klare Grenzen* sind durch ein gewisses Maß an Durchlässigkeit nach außen bei gleichzeitiger Abwehr der Einmischung von außen gekennzeichnet. Dies gilt etwa für das elterliche Schlafzimmer, in dem den Kindern zu bestimmten Zeiten erlaubt ist, mit den Eltern zu schmusen, während zu anderen Zeiten aber für die Kinder schon das Betreten des Schlafzimmers tabu ist.

Die Familiengrenzen verändern sich je nach der Entwicklungsphase, in der die Familie steht. Äußerlich ist dies z. B. an den personellen Zu- und Abgängen einer Familie (z. B. durch Geburt, Tod, Ablösung, Trennung) erkennbar (vgl. Boss 1980). Aber auch in einer Neuaufteilung von Familien- und Individualzeit oder in der veränderten Nutzung einer gemeinsamen Wohnung kann sich der Wandel von Grenzen innerhalb einer Familie niederschlagen.

9. *Internes Erfahrungsmodell.* Ein theoretischer Ansatz, der die Familie als System begreift, läuft Gefahr, das System zu verdinglichen und damit die Person

aus dem Blick zu verlieren (vgl. Massey 1985). Dell bemerkt hierzu: „Das interaktionale System ist eine Folge der Natur der Individuen, aus denen es sich zusammensetzt" (1982, S. 37). Der Titel eines Kongreßbeitrags von Duhl und Duhl (1980) macht deutlich, was notwendig ist, um der Gefahr einer Verdinglichung von Familiensystemen entgegenzutreten: „Das Innerste nach außen kehren: Es ist schwer, ein System zu küssen". Das Innerste einer Person läßt sich begrifflich als *internes Erfahrungsmodell* fassen (vgl. Schneewind 1982a). Gemeint ist damit die subjektive Repräsentation, die eine Person von sich, ihrer Umwelt und den Beziehungen zu ihrer Umwelt zu einem bestimmten Zeitpunkt hat. Das interne Erfahrungsmodell läßt sich somit in ein *internes Selbstmodell,* ein *internes Umweltmodell* und ein *internes Beziehungsmodell* gliedern, wobei diese drei Partialmodelle in einem Wechselwirkungsverhältnis zueinander stehen.

Überträgt man das Konzept des internen Erfahrungsmodells auf die Familiensystemtheorie, so besagt dies, daß ein Familiensystem nicht nur von außen, d. h. durch die Registrierung familiärer Interaktionsmuster erfaßbar wird. Darüber hinaus ist es auch wichtig zu wissen, welche interne Repräsentation eine Person von sich, von ihren Familienmitgliedern und deren Beziehungen untereinander sowie von ihren eigenen Beziehungen zu ihren Familienmitgliedern entwickelt hat. Im *familienspezifischen internen Erfahrungsmodell* einer Person findet sich somit ihr subjektives Wissen von der Familienrealität. Ein Kind „weiß" etwa, daß es seine Wünsche in der Regel durchsetzen kann, es „weiß", daß sein Vater auf Bitten im allgemeinen zunächst ablehnend reagiert, dann aber doch „rumzukriegen" ist, und es „weiß", wie man es anstellt, um vom Vater das zu bekommen, was es will. Freilich ist dieses Wissen nicht unbedingt ein dem reflexiven Bewußtsein zugängliches und somit sprachlich kommunizierbares Wissen. Dennoch ist dieses implizite, häufig unbewußt bleibende Wissen in hohem Maße verhaltenswirksam und trägt somit auch zu dem besonderen Interaktionsmuster bei, das für eine Familie kennzeichnend ist.

Die einzelnen Personen innerhalb einer Familie verfügen in der Regel über jeweils unterschiedliche bzw. sich nur partiell überlappende subjektive Sichtweisen der Familienrealität. Diese personspezifischen subjektiven Familienwirklichkeiten sind einerseits aufgrund gemeinschaftlichen Lebensvollzugs entstanden. Andererseits verändern sie sich aber auch im Kontext der sich entwickelnden Familie als einer Gruppe sich gemeinsam entwickelnder Personen. Dieser Prozeß wird gemeinhin als *Koindividuation* bzw. *Koevolution* bezeichnet (vgl. Simon & Stierlin 1984). Durch familienberaterische oder -therapeutische Intervention kann dieser Prozeß – sofern er ins Stocken geraten ist oder pathologische Symptome hervorgebracht hat – beeinflußt werden. Dies ist letztlich erst dann gelungen, wenn mit der von außen erkennbaren Veränderung der Beziehungsstruktur einer Familie auch eine Veränderung des jeweiligen familienspezifischen internen Erfahrungsmodells der einzelnen Familienmitglieder einhergeht.

3. Die Familienentwicklungstheorie

Die Familienentwicklungstheorie ist eine vor allem im angloamerikanischen Sprachraum entstandene und gepflegte theoretische Perspektive zur Analyse von Familienentwicklungsprozessen. Die Hauptvertreter dieses Ansatzes sind Familiensoziologen, deren zentrales Anliegen das

Studium des *Familienlebenszyklus* ist (vgl. Aldous 1978, Duvall 1977, Hill & Mattessich 1979, Hill & Rodgers 1964, Rodgers 1973). Duvall definiert den Familienlebenszyklus als „eine Abfolge von charakteristischen Stufen, die mit der Familienbildung beginnen und sich über die Lebensspanne der Familie bis zu ihrer Auflösung fortsetzen" (1977, S. 485f.). Einige wesentliche Aspekte der Familienentwicklungstheorie sollen im folgenden kurz skizziert werden.

Familienstufen

In Analogie zu dem individuumsorientierten Stufenkonzept der Entwicklungspsychologie wird in der Familienentwicklungstheorie der Familienlebenszyklus in eine Reihe chronologisch aufeinander folgender Stufen unterteilt. Nach Bergius können Stufen als „Entwicklungsabschnitte bezeichnet werden, die voneinander durch mehr oder weniger tiefe Einschnitte und plötzliche Niveauänderungen unterschieden werden" (1959, S. 107). Diese Stufen stellen Perioden von unterschiedlich langer zeitlicher Erstreckung dar, deren Abfolge gewöhnlich als ein Prozeß linearer Progression beschrieben wird. Insofern diese Stufenabfolge – wenn auch eingeschränkt auf bestimmte historische bzw. kulturelle Kontexte – für eine Majorität von Familien zutrifft, kann mit Barcai von einer „normativen Familienentwicklung" (1981, S. 353) gesprochen werden.

Dabei ist es zunächst wichtig, Kriterien für die Einteilung von Familienstufen zu finden. Allgemeine Verbreitung hat ein Vorschlag von Duvall und Hill (1948) gefunden, in dem drei Kriterien zur Bildung von Familienstufen herangezogen werden. Es sind dies a) Veränderungen in der Zahl der Mitglieder einer Familie, b) der Entwicklungsstand des ältesten Kindes und c) das Ausscheiden der Haupterwerbsperson – in der Regel ist dies der Familienvater – aus dem Erwerbsleben. Diese Einteilungskriterien haben zu folgendem *8-Stufen-Modell des Familienlebenszyklus* geführt (vgl. Tabelle 23.1).

Duvalls 8-Stufen-Modell ist wegen der bereits weiter oben festgestellten zunehmenden Pluralisierung und Individualisierung von Lebensstilen ins Kreuzfeuer der Kritik geraten (vgl. Höhn 1982, Nock 1979, Spanier et al. 1979, Trost 1977). Zur Rettung des Familienzykluskonzepts hat Stapelton (1980) ein erweitertes Modell vorgeschlagen, in dem – orientiert am Lebenslauf des einzelnen – der Gedanke einer normativen Abfolge von Familienstufen aufgegeben wird und statt dessen mehrere Verzweigungsmöglichkeiten dargestellt werden. Im Hinblick auf die hohen Scheidungs- und Wiederverheiratungsquoten, die für unseren Kulturbereich gegenwärtig kennzeichnend sind, stellt sich die Frage, ob nicht zumindest die Nachscheidungsphase sowie die Phase der erneuten Familienbildung als wesentliche Varianten des traditionellen Familienlebenszyklus in das Konzept einer „normativen Familienentwicklung" zu integrieren sind (vgl. McGoldrick & Carter 1982).

Tabelle 23.1 Das 8-Stufen-Modell des Familienlebenszyklus nach Duvall (1977, S. 144)

Stufe	Beschreibung und zeitliche Erstreckung
I	Verheiratete Paare (ohne Kinder)
II	Familien mit Kindern, frühes Stadium (ältestes Kind: Geburt – 30 Monate)
III	Familien mit Vorschulkindern (ältestes Kind: 2½–6 Jahre)
IV	Familien mit Schulkindern (ältestes Kind: 6–13 Jahre)
V	Familien mit Jugendlichen (ältestes Kind: 13–20 Jahre)
VI	Familien im Stadium der Ablösung junger Erwachsener (vom Weggang des ältesten bis zum jüngsten Kind)
VII	Eltern im mittleren Lebensalter (vom „leeren Nest" bis zum Rückzug aus dem Arbeitsleben)
VIII	Alternde Familienmitglieder (vom Rückzug aus dem Berufsleben bis zum Tod beider Ehepartner)

Familienrollen

Da die Familienentwicklungstheorie einen stark soziologischen Einschlag aufweist, wird die Abfolge von Familienstufen weitgehend unter rollentheoretischen Gesichtspunkten analysiert. So stellt beispielsweise für Hill und Rodgers (1964) die Familie ein Aggregat von aufeinander bezogenen Positionen zu einem bestimmten Zeitpunkt des Familienlebenszyklus dar. *Positionen* markieren die Stellung, die eine Person im Familiensystem innehat (z. B. die Position des Familienvaters). Der jeweiligen Position sind bestimmte *Rollen* zugeordnet (z. B. Rolle des Ehemannes, Ernährerrolle, Vaterrolle). An diese wiederum sind bestimmte *Verhaltenserwartungen* geknüpft (z. B. eheliche Treue, außerhäusliche Erwerbstätigkeit, Disziplinierung der Kinder). Mit dem Durchlaufen des Familienlebenszyklus ändert sich einerseits die Zusammensetzung verschiedener positionsgebundener Rollen und damit die an sie geknüpften Verhaltenserwartungen – ein Prozeß, der von Hill und Rodgers (1964) als *Positionskarriere* bezeichnet wird. Andererseits ändert sich auch das Positionsgefüge innerhalb einer Familie, wenn mit der Geburt eines Kindes ein neues Familienmitglied hinzukommt. Das zu einem bestimmten Zeitpunkt im Familienlebenszyklus feststellbare Positionsgefüge (z. B. Ehemann-Vater, Ehefrau-Mutter, Kind-Geschwister) und die damit assoziierten Rollen wird von Hill und Rodgers (1964) als *Rollenkomplex* bezeichnet.

Familienkarriere

Zur Beschreibung der Veränderung des Rollenkomplexes von einer Familienstufe zur anderen verwenden die Autoren (1964) den Ausdruck, *Familienkarriere*. Dabei wird vor allem auf die wechselseitige Bezogenheit der Positionen innerhalb eines Familiensystems hingewiesen, wie aus folgendem Definitionsvorschlag von Aldous (1978) ersichtlich wird. Nach Aldous besteht eine Familienkarriere ,,aus den Positionskarrieren der einzelnen Familienmitglieder im Zeitverlauf. Das Konzept unterstreicht zum einen die Interdependenzen der Familie, durch die die Rollenmuster der einzelnen Familienmitglieder in einen Komplex von Familienrollen eingebunden werden, und zum anderen die erwartbaren Veränderungen dieser Interdependenzen, die sich von der Bildung einer Familie bis zu ihrer Auflösung ergeben" (1978, S. 340).

Familienrollen müssen sich allerdings nicht notwendig an den üblichen soziologischen Rollenkategorien (z. B. Ernährerrolle, Hausfrauenrolle, Schülerrolle) orientieren. Im Zusammenhang mit klinisch-psychologischen Familienmodellen ist eine Reihe von Familienrollen beschrieben worden (vgl. Levant 1980). So hat z. B. Satir (1975) vier typische Familienrollen herausgearbeitet. Es sind dies a) der Beschwichtiger, b) der Ankläger, c) der Rationalisierer und d) der Ablenker. Abbildung 23.2 zeigt diese vier Familienrollen in karikierter Form.

Abb. 23.2 Familienrollen (nach Satir 1975, S. 87f.)

Für diese Familienrollen nimmt Satir an, daß sie in einer Familie in unterschiedlichen Kombinationen auftreten und durchaus auch beim einzelnen in einem unterschiedlichen Mischungsverhältnis anzutreffen sind. Im Gegensatz zum Rollenkonzept der soziologischen Familienentwicklungstheorie sind diese Familienrollen nicht an eine bestimmte Familienstufe gebunden. Sie können aber mit Hilfe bestimmter familientherapeutischer Techniken bearbeitet werden. Eine dieser Techniken besteht z. B. darin, nach Satirs Rollenschema – etwa bezogen an die in Abbildung 23.2 wiedergegebenen Karikaturen – eine *Familienskulptur* zu erstellen, in der die Beziehungen der Familienmitglieder zueinander deutlich gemacht werden können (vgl. Constantine 1978). In einem zweiten Schritt kann dann ein Rollentausch vorgenommen werden, wodurch die Rolle des jeweils anderen unmittelbar erfahrbar wird. Auf diese Weise kann eine Veränderung des gesamten familiären Rollensystems in die Wege geleitet werden.

Familienentwicklungsaufgaben

In Anlehnung an das Konzept der *individuellen Entwicklungsaufgabe* (s. Kap. 2, Abschn. 5), das von Havighurst (1953) stammt, wurde in der Familienentwicklungstheorie der Begriff der *Familienentwicklungsaufgabe* eingeführt (s. Kap. 6). Gemeint ist damit nach Duvall ,,eine Wachstumsverantwortlichkeit, die auf einer bestimmten Stufe des Familienzyklus entsteht und deren Gelingen mit Zufriedenheit, Anerkennung und Erfolg bei der Bewältigung späterer Aufgaben einhergeht, wohingegen Mißlingen zu Unzufriedenheit, Mißbilligung durch die Gesellschaft und Schwierigkeiten bei späteren Familienentwicklungsaufgaben führt" (1977, S. 177). Familienentwicklungsaufgaben beziehen sich einerseits auf die physischen und psychischen Erfordernisse der einzelnen Familienmitglieder (z. B. die Reifungsetappen und Wachstumsbedürfnisse von Kindern und Jugendlichen). Andererseits reflektieren Familienentwicklungsaufgaben aber auch außerfamiliäre Erwartungen (etwa in Form kultureller Normen) und nicht zuletzt die innerhalb einer Familie verbindlichen Ziele und Wertvorstellungen (z. B. religiöse, ökonomische oder kulturelle Werte).

Die Formulierung von Familienentwicklungsaufgaben erfolgt in der Regel mit Blick auf die verschiedenen Stufen des Familienlebenszyklus. Ähnlich wie die Familienstufen als eine normative Abfolge von Entwicklungsschritten konzipiert sind, beinhalten auch die stufengebundenen Familienentwicklungsaufgaben eine stark normative Komponente. Welche Inhalte und welche Spielbreite von Familienentwicklungsaufgaben beobachtbar sind, hängt vom historischen und gesellschaftlichen Entwicklungsstand einer Sozietät ab. Dies hat zur Folge, daß Familienentwicklungsaufgaben deutliche Schwankungen aufweisen können.

Zur Veranschaulichung inhaltlicher Aspekte von Familienentwicklungsaufgaben sind in Tabelle 23.2 die „stufenkritischen Familienentwicklungsaufgaben" für das von Duvall vorgeschlagene 8-Stufen-Modell der Familienentwicklung dargestellt (vgl. Duvall 1977, S. 179).

Tabelle 23.2 Stufen-kritische Familienentwicklungsaufgaben nach Duvall (1977, S. 179).

Stufe im Familienlebenszyklus	Stufen-kritische Familienentwicklungsaufgaben
1. Verheiratetes Paar	Gestalten einer wechselseitig befriedigenden Ehebeziehung; Anpassung an Schwangerschaft und bevorstehende Elternschaft; Einpassung in das Netz der Verwandtschaftsbeziehungen
2. Familie mit Kindern, frühes Stadium	Kinder haben und sich auf sie einstellen; Ermutigung der Entwicklung von Kleinkindern; Einrichtung eines Heims, das für Eltern und Kleinkinder gleichermaßen zufriedenstellend ist.
3. Familien mit Vorschulkindern	Anpassung an die kritischen Bedürfnisse und Interessen von Vorschulkindern in einer stimulierenden und wachstumsfördernden Weise; Auseinandersetzung mit Energieverlust und eingeschränkter Privatheit als Eltern
4. Familien mit Schulkindern	Konstruktives Einfügen in die Gemeinschaft von Familien mit schulpflichtigen Kindern; Ermutigung des kindlichen Leistungsverhaltens
5. Familien mit Jugendlichen	Balancierung von Freiheit und Verantwortlichkeit entsprechend dem Emanzipationsprozeß Jugendlicher; Entwicklung nachelterlicher Interessen und Karrieren
6. Familien im Ablösungsstadium	Entlassung der jungen Erwachsenen ins Berufsleben, Militärdienst, Studium, Ehe usw. mit entsprechenden Ritualen und Unterstützung; Aufrechterhalten eines unterstützenden Elternhauses
7. Eltern im mittleren Lebensalter	Neugestaltung der Ehebeziehung; Aufrechterhalten von Verwandtschaftsbeziehungen mit jüngeren und älteren Generationen;
8. Alternde Familienmitglieder	Auseinandersetzung mit Partnerverlust und Alleinleben; Auflösung des Familienhaushalts oder Anpassung an die Bedürfnisse von Senioren; Anpassung an den Rückzug aus dem Berufsleben

Wie bereits erwähnt, wird in Duvalls 8-Stufen-Modell der gesellschaftlichen Realität erhöhter Scheidungs- und Wiederverheiratungszahlen nicht Rechnung getragen. McGoldrick und Carter (1982, S. 190f) haben daher für alleinerziehende und alleinbleibende Eltern sowie für den Fall der Wiederverheiratung typische Entwicklungsaufgaben zusammengestellt, die in Tabelle 23.3 wiedergegeben sind. Dabei ist allerdings zu berücksichtigen, daß bis zum Erreichen dieser Stufen mehrere Entwicklungsschritte vorgeschaltet sind (z.B. Scheidungsphase, Aufbau einer neuen Partnerbeziehung), für die ebenfalls charakteristische Entwicklungsaufgaben anfallen, auf deren Darstellung jedoch hier verzichtet werden muß.

Tabelle 23.3 Familienentwicklungsaufgaben für die Nachscheidungs- und Wiederverheiratungsphase (nach McGoldrick und Carter 1982, S. 190f.)

Stufe	Familienentwicklungsaufgaben
Nachscheidungsphase:	
A. Alleinerziehende Eltern	a) Einrichten flexibler Besuchsregelungen mit dem Expartner und seiner oder ihrer Familie b) Umgestalten des eigenen Netzwerkes an Sozialbeziehungen
B. Alleinlebende (nicht sorgerechtsberechtigte) Eltern	a) Ausfindigmachen von Wegen, um eine effektive elterliche Beziehung zu den Kindern aufrecht zu erhalten b) Umgestalten des eigenen Netzwerkes an Sozialbeziehungen
Wiederverheiratung und Rekonstituierung der Familie	a) Umstrukturieren der Familiengrenzen, um die Einbeziehung des neuen Partners – Stiefelternteils zu ermöglichen b) Neuordnen der Beziehungen zwischen den Subsystemen, damit eine Vernetzung der verschiedenen Systeme möglich wird c) Bereitstellen von Beziehungsmöglichkeiten für alle Kinder mit ihren biologischen (nicht – sorgerechtsberechtigten) Eltern, Großeltern und anderen Mitgliedern der erweiterten Familie d) Austausch von Vergangenheit und Geschichte, um die Integration der Stieffamilie zu verbessern

Der Übergang von einer Familienstufe zur nächsten und das damit verbundene Hinzukommen neuer bzw. Ablegen alter Familienentwicklungsaufgaben geht in der Regel mit einer mehr oder minder tiefgreifenden Umstrukturierung des Familienlebens vom Typ des Wandels zweiter Ordnung im Sinne von Watzlawick et al. (1974) einher. Diese Umbruchphase hat den Charakter eines kritischen Übergangs, in dem erprobte Muster des familiären Zusammenlebens in Frage gestellt werden. Um verständlich zu machen, wann es im Zuge der Familienentwicklung zu solchen krisenhaften Übergängen kommt, haben Weeks und Wright (1979) das von Riegel (1975, 1980) vorgeschlagene dialektische Entwicklungsmodell auf den Familienlebenszyklus angewandt.

Riegel geht davon aus, daß sich Entwicklung auf vier Dimensionen vollzieht. Es sind dies a) die inner-biologische, b) die individuell-psychologische, c) die kulturell-soziologische und d) die äußere-physikalische Entwicklungsdimension.

Eine qualitative Entwicklungsveränderung oder ein Wandel zweiter Ordnung tritt dann auf, wenn es innerhalb oder zwischen diesen Entwicklungsdimensionen zu Asynchronien kommt. Dies ist z. B. dann der Fall, wenn in einer Familie der biologische Reifungsprozeß (inner-biologische Entwicklungsdimension) und die damit einhergehenden Autonomiebestrebungen (individuell-psychologische Entwicklungsdimension) von Kindern und Jugendlichen nicht berücksichtigt werden, d. h. die Heranwachsenden gewissermaßen psychisch „klein gehalten" werden. Die Asynchronie äußert sich in einem dialektisch sich verschärfenden Spannungsverhältnis, das – wenn es ein bestimmtes Ausmaß erreicht hat – nach einer Lösung drängt, die eine strukturelle Neuordnung des Beziehungsgefüges innerhalb der Familie erfordert.

Sofern im Familienlebenszyklus Asynchronien auftreten, bedarf es nach Riegel (1975) einer „synchronisierenden Reinterpretation". Wo dies einer Familie von sich aus nicht gelingt, kann dieser Synchronisierungsprozeß durch professionelle Hilfe von außen in Gang gesetzt werden. So sieht z. B. Haley (1978) eine wesentliche Aufgabe therapeutischer Intervention darin, Familien, die in einer bestimmten Stufe des Familienlebenszyklus „steckengeblieben" sind, dabei behilflich zu sein, die nächste Familienstufe zu erreichen. Beispiel hierfür sind etwa Ablösungsprobleme von Jugendlichen aus dem Elternhaus, bei denen es um eine Neudefinition von Nähe und Distanz zwischen Eltern und Jugendlichen und in der Regel auch zwischen den Ehepartnern geht. Einschlägige Beispiele für eine ausdrücklich familienzyklisch orientierte therapeutische Vorgehensweise finden sich u. a. bei Carter und McGoldrick (1980), Hughes et al. (1978) oder Weeks und Wright (1979).

Wandel zweiter Ordnung: ein Fallbeispiel

Ein anschauliches Beispiel, das ein Ablösungsproblem beschreibt und zugleich demonstriert, wie man auf unkonventionelle Weise einen Wandel zweiter Ordnung herbeiführen kann, ist bei Watzlawick et al. (1974) nachzulesen. Es geht dabei um ein junges Ehepaar, das um eine Paartherapie nachgesucht hatte, weil beide unter einer starken Abhängigkeit von den Eltern des Mannes litten. Die Eltern kamen im Jahr mehrfach für längere Zeit zu Besuch und übernahmen jedesmal sofort die gesamte Haushaltsführung. Watzlawick et al. geben hiervon eine drastische Beschreibung: ,,die junge Frau wird aus der Küche verbannt, während die Schwiegermutter alle Mahlzeiten zubereitet und Berge von Lebensmitteln einkauft; sie wäscht alles Waschbare und stellt die Möbel um, während der Vater die beiden Wagen wäscht und überholt, Laub zusammenrecht, das Gras mäht, Bäume beschneidet, pflanzt und jätet. Wenn alle vier ausgehen, zahlt der Vater unweigerlich für alle Ausgaben" (1974, S. 143). Sämtliche Versuche des jungen Ehepaares, sich ein wenig Freiraum zu bewahren, waren nicht nur kläglich zum Scheitern verurteilt, sondern verstärkten auch noch die Wut- und Schuldgefühle der beiden jungen Leute.

Vor dem nächsten Besuch der Eltern erhielt das Paar von ihren Therapeuten die Anweisung, ihr Haus nicht – wie bisher – ihren Eltern in einem möglichst aufgeräumten Zustand zu präsentieren. Vielmehr sollten sie möglichst viel Müll und unabgewaschenes Geschirr ansammeln, den Garten in einem unansehnlichen Zustand belassen, die Autos vernachlässigen und sich kommentarlos sämtliche Ausgaben von den Eltern bezahlen lassen.

Die beiden jungen Leute hielten sich einigermaßen an diese Instruktion und der Erfolg war, daß die Eltern ihren Besuch vorzeitig abbrachen. Watzlawick et al. berichten hierzu folgendes Detail: ,,Vor der Abreise hatte der Vater seinen Sohn zur Seite genommen und es ihm freundlich, aber unmißverständlich klargemacht, daß er und seine Frau viel zu verwöhnt wären, sich anscheinend vollkommen daran gewöhnt hatten, von den Eltern bedient und versorgt zu werden, und daß es nun höchste Zeit sei, sich als Erwachsene zu benehmen und weniger von ihnen abzuhängen" (a.a.O., S. 145). Was offenkundig stattgefunden hatte, war eine strukturelle Veränderung in den Beziehungen zwischen den Eltern und dem jungen Paar – eine Veränderung, die ohne großen therapeutischen Aufwand die Ablösung von der Elterngeneration herbeiführte.

4. Die Familienstreßtheorie

Ähnlich wie die Familienentwicklungstheorie hat sich auch die Familienstreßtheorie im Lager der angloamerikanischen soziologischen Familienforschung entwickelt. Ausgehend von der Beobachtung, daß zum einen die Übergänge zwischen zwei aufeinanderfolgenden Familienstufen (z. B. von der Paarbeziehung zur Eltern-Kind-Beziehung) und zum anderen vom ,,normalen“ Familienlebenszyklus abweichende Einflüsse von unterschiedlicher zeitlicher Erstreckung (z. B. vorzeitiger Tod eines Partners, Leben mit einem chronisch kranken Kind) besondere Belastungen für das Familiensystem darstellen, ergab sich die Frage, wie Familien mit solchen Belastungssituationen umgehen. Zunächst sollen hierzu die bisher entwickelten Modellvorstellungen kurz dargestellt werden, bevor die Grundzüge eines integrativen Familienstreßmodells sowie einige Aspekte von streßauslösenden Faktoren und deren Bewältigungsmöglichkeiten erörtert werden.

Bisherige Ansätze der Familienstreßtheorie

Aufbauend auf früheren Arbeiten zur Auswirkung der Weltwirtschaftskrise der 30er Jahre auf das Familienleben (vgl. Angell 1936, Cavan & Ranck 1938) hat Hill (1949) die Folgen kriegsbedingter familiärer Trennung und Wiedervereinigung in der Zeit während und nach dem II. Weltkrieg untersucht. In diesem Zusammenhang entwickelte er ein *Familienkrisenmodell* und ein *Phasenmodell zur Bewältigung von Familienstreß*. Das Familienkrisenmodell wird von Hill auch als ABCX-Modell bezeichnet und von ihm selbst wie folgt zusammengefaßt: ,,A (das Stressorereignis) – in Interaktion mit B (den Krisenbewältigungsressourcen der Familie) – in Interaktion mit C (die Definition einer Familie von dem Ereignis) – erzeugt X (die Krise)“ (1958, S. 141). Mit dem Phasenmodell zur Bewältigung von Familienstreß gibt Hill eine globale Beschreibung des familiären Anpassungsprozesses auf krisenauslösende Ereignisse (vgl. Mederer & Hill 1983): Ausgehend von einem bestimmten Organisationsniveau der Familie führt der krisenauslösende Stressor a) zu einer Phase der Desorganisation, innerhalb derer b) eine Erholungsphase eingeleitet wird, die c) je nach Qualität der Krisenbewältigung in ein neues Organisationsniveau der Familie einmündet.

Modifikationen bzw. Weiterentwicklungen von Hill's ABCX-Modells stammen vor allem von Burr (1973) und von McCubbin und Patterson (1983a). Die Modifikation, die Burr (1973) an Hill's ABCX-Modell vorgenommen hat, besteht im wesentlichen darin, daß er das *Ausmaß der Krise* in einer Familie von zwei Einflüssen abhängig macht. Dies ist zum einen das *Ausmaß der Veränderung,* die durch das streßinduzierende Ereignis erforderlich wird und zum anderen die *Verletzlichkeit durch Streß* in einer Familie. Letztere hängt davon ab, a) für wie schwerwiegend die Veränderungen von der Familie gehalten werden und b) wie anpassungsfähig bzw. regenerationsfähig die Familie in bezug auf das streßauslösende Ereignis ist.

McCubbin und Patterson (1983a) haben Hill's ABCX-Modell zu einem doppelten ABCX-Modell ausgebaut, das für eine Vielzahl empirischer Untersuchungen als forschungsleitendes Rahmenkonzept dient (vgl. Figley & McCubbin 1983, McCubbin & Figley 1983a, McCubbin et al. 1985, Olson & McCubbin 1983, Patterson 1985). Die Autoren begründen ihre Erweiterung damit, daß es durch eine Krise zu einer *Anhäufung von Stressoren* kommen kann. Dies verlangt von der Familie zum einen eine erneute Einschätzung der Krisensituation und ihrer Bewältigungsmöglichkeiten. Zum anderen stellt sich die Frage, welche Ressourcen einer Familie neben denen, die bereits vor der Krise bestanden, zusätzlich zur Verfügung stehen. Diese beiden Aspekte bestimmten das konkrete Krisenbewältigungsverhalten der Familie, was je nach der Qualität der Krisenbewältigung eine mehr oder minder gelungene Neuanpassung der Familie zur Folge hat. Eine graphische Veranschaulichung des doppelten ABCX-Modells findet sich in Abbildung 23.3.

Im folgenden wird in teilweiser Abwandlung der bisherigen Ansätze der Familienstreßtheorie ein integratives Modell der familiären Verarbeitung von belastenden Lebensumständen skizziert.

Grundzüge eines integrativen Familienstreßmodells

Bevor dieses Modell in Abbildung 23.4 in seiner Grundkonzeption dargestellt wird, soll zunächst geklärt werden, warum Hill's ABCX-Modell und seine Erweiterungen einer erneuten Revision unterzogen wurden.

Eine *erste Überlegung* besteht darin, daß in den bisherigen familienstreßtheoretischen Modellvorstellungen suggeriert wird, belastende familiäre Lebensumstände müßten unweigerlich in die Krise führen. Nach McCubbin und Patterson ist eine *Familienkrise* charakterisiert „durch die Unfähigkeit einer Familie zur Wiederherstellung von Stabilität und durch den andauernden Druck, den Veränderungen in der Familienstruktur und den Interaktionsmustern herbeiführen" (1983a, S. 10). Im Gegensatz dazu entsteht *Familienstreß* durch ein „tatsächliches oder wahrgenommenes Ungleichgewicht zwischen Anforderungen und Fähigkeiten im Funktionieren der Familie, für die eine mehrdimensionale Forderung nach Ausgleich und entsprechenden Anpassungsreaktionen charakteristisch ist" (a.a.O., S. 9).

Aus den Unterschieden dieser beiden Definitionen geht hervor, daß im Falle einer effektiven Bewältigung von Anpassungsforderungen, die einer Familie abverlangt werden, Familienstreß keineswegs in eine Familienkrise einmünden muß. Andererseits ist schwer vorstellbar, daß eine in die Krise geratene Familie streßfrei ist, nachdem ja eine Krise gerade durch die Unfähigkeit zur Bewältigung von streßinduzierenden Ereignissen gekennzeichnet ist. Schließlich ist zu berücksichtigen, daß es auch streßauslösende Ereignisse gibt, die von der einzelnen Familie entweder faktisch nicht oder nur unzureichend zu bewältigen sind bzw. so erlebt werden oder für die keine Bewältigungsmotivation besteht. Bei-

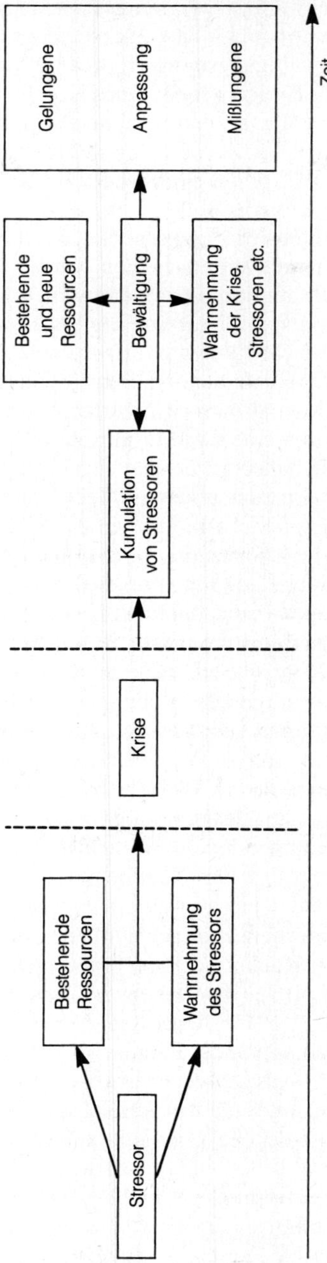

Abb. 23.3 Das doppelte ABCX-Familienstreßmodell (nach McCubbin & Patterson 1983a, S. 12)

spiele für nicht zu bewältigende Ereignisse sind etwa Naturkatastrophen, Kriege, Revolutionen, globale ökonomische Krisen usw. Beispiel für eine fehlende Bewältigungsmotivation wäre eine Familie, die sich dem streßauslösenden Ereignis (z. B. einer Krankheit oder einer Besetzung ihrer Wohnung) völlig ausliefert, ohne etwas dagegen zu unternehmen. Je nachdem, ob dieser Zustand von der Familie als erträglich oder unerträglich erlebt wird, kommt es entweder zur Krise oder zur Duldung der streßauslösenden Ereignisse.

Zusammenfassend läßt sich somit sagen, daß mindestens folgende drei Formen von Familienstreß unterschieden werden können: a) *Bewältigungsstreß,* d. h. Streß, der durch die antizipierte oder faktische Bewältigung von Stressoren entsteht; b) *Krisenstreß,* d. h. Streß, der sich durch die Unfähigkeit zur Bewältigung von Stressoren einstellt; c) *Duldungsstreß,* d. h. Streß, der bei fehlenden Bewältigungsmöglichkeiten und/ oder fehlender Bewältigungsmotivation ertragen wird.

Ein *zweiter Aspekt,* der eine Erweiterung der bisherigen familienstreßtheoretischen Modelle nahelegt, bezieht sich auf eine differenzierte Berücksichtigung der Zielsetzung und der Effektivität der Bewältigung von Familienstreß. An dieser Stelle bietet sich ein Rückgriff auf die bereits weiter oben dargestellten Konzepte der Familiensystemtheorie an. Familienstreß kann demnach als Folge eines destabilisierenden Veränderungsimpulses gesehen werden, dem zeitlich ein relativ stabiles Gleichgewicht des Familiensystems vorangeht. Bei dem Versuch, den Veränderungsimpuls unter Kontrolle zu bekommen, können nun grundsätzlich zwei verschiedene Bewältigungsziele unterschieden werden: zum einen eine *strukturerhaltende* und zum anderen eine *strukturverändernde* Bewältigung. Insofern eine aktive Wiederherstellung von relativer Stabilität des Familiensystems in die Wege geleitet wird, beziehen sich die Aktivitäten der Familie auf Bewältigungs- bzw. Krisenstreß.

Bei einer strukturerhaltenden Bewältigung besteht das Ziel in einer Rückkehr zur Ausgangslage des Familiensystems, d. h. es wird angestrebt, das relativ stabile Gleichgewicht, das vor dem streßinduzierenden Ereignis bestand, wiederherzustellen. Wir haben die hierzu ablaufenden Prozesse als negative Rückkoppelung bzw. in der Terminologie von Watzlawick et al. (1974) als Wandel erster Ordnung kennengelernt. In Anlehnung an Piagets (1947) Begriffsrepertoire kann man auch von einer *aktiven Streßassimilation* der Familie sprechen. Ist dieses Bemühen erfolgreich, so kann dies als *gelungene aktive Streßassimilation* der Familie bezeichnet werden. Im Falle des Scheiterns strukturerhaltender Bewältigungsversuche, ist das Resultat eine *mißlungene Streßassimilation* der Familie.

Auch wenn die Streßassimilation mißlingt, muß dies noch keineswegs zu einer Familienkrise führen. Zwar wird vermutlich die Streßintensität steigen, aber solange der Familie noch Möglichkeiten zum strukturerhaltenden Streßausgleich offenstehen, ist anzunehmen, daß sie von diesen Möglichkeiten Gebrauch macht – es sei denn, die Familie richtet sich mit den bestehenden Stressoren ein. Dann kommt es zu Duldungsstreß. Solange jedoch noch eine Bewältigungsmotivation besteht, wird es zu einer Familienkrise erst dann kommen, wenn das Repertoire an streßassimilierenden Bewältigungsmöglichkeiten erschöpft ist. Selbst dann besteht noch die Möglichkeit, daß die Familie z. B. durch Inanspruchnahme externer Hilfe ihr Potential an strukturerhaltenden Bewältigungsmöglichkeiten erweitert und damit die streßinduzierenden Ereignisse erfolgreich assimilieren kann.

Für beide Varianten einer gelungenen aktiven Streßassimilation der Familie, d. h. einer Streßassimilation mit und ohne vorangegangener Krise, lassen sich unschwer Beispiele finden. Eine junge, noch unerfahrene Mutter, die ihr schreiendes Kind beruhigt – unter Umständen nach Konsultation einer erfahreneren Mutter –, wäre ein solches Beispiel. Allerdings muß auch gefragt werden, ob das Gelingen der Streßassimilation bisweilen bloß ein vordergründiges bzw. zeitweiliges Ausschalten der „Störquelle" ist, das der Familie die Rückkehr zu ihrer Ausgangslage ermöglicht. Dies wäre etwa der Fall, wenn ein rebellischer Jugendlicher von seinen Eltern mit Strafen (z. B. Taschengeldentzug) mundtot gemacht werden soll und dann – wenn dies nichts nutzt – die Eltern ihre Strafmaßnahmen erhöhen, bis sich der gewünschte Erfolg einstellt. Wenn dieses „mehr desselben" letztlich doch in eine Familienkrise führt, und die Eltern in ihrer Ohnmacht um Rat von außen nachsuchen, so könnte dieser darin bestehen, es gerade mit „weniger desselben" zu versuchen, d. h. statt mit Bestrafungen mit Vergünstigungen (z. B. Erhöhungen des Taschengeldes) zu operieren. Sollte es auf diese Weise glükken, den „Störenfried" zur Raison zu bringen, dann ist dies vordergründig zwar auch eine gelungene Streßassimilation, die langfristig aber womöglich von geringem Bestand ist.

Mißlingen strukturerhaltende Bewältigungsversuche, so kann an dieser Stelle die zweite, strukturverändernde Variante von Streßbewältigung ins Spiel kommen. Im Sinne von Watzlawick et al. (1974) impliziert strukturverändernde Streßbewältigung einen Wandel zweiter Ordnung. Mit einer erneuten Begriffsanleihe bei Piaget (1947) können wir auch von *Streßakkomodation* sprechen. Auch hier läßt sich zwischen gelungener und mißlungener Streßakkommodation der Familie unterscheiden. *Gelungene Streßakkomodation* führt zur Neuanpassung der Familie auf einem Niveau, das im Vergleich zur Ausgangslage strukturell verändert ist. Gleichzeitig beseitigt diese strukturelle Neuanpassung den vorhandenen Familienstreß.

Mißlungene Streßakkomodation läßt zunächst die Frage aufkommen, ob die Bewältigungsmöglichkeiten erschöpft sind. Wenn nicht, werden alternative Formen der Streßbewältigung erkundet; wenn ja, führt dies zu Krisenstreß und zu daran anschließenden Phasen einer mehr oder minder gelungenen Streßbewältigung.

Im Falle von *Duldungsstreß* ist davon auszugehen, daß die streßauslösenden Bedingungen als erträglich eingestuft werden, selbst wenn sie die Betroffenen als nicht bewältigbar erleben und/oder keine Bewältigungsmotivation besteht. Duldungsstreß führt auf längere Sicht entweder in eine gelungene oder mißlungene *passive Streßassimilation.* Letztere gibt den Anstoß dazu, daß der gesamte Streßbewältigungsprozeß mit den verschiedenen Verzweigungsmöglichkeiten erneut in Gang gesetzt wird.

Auf dem Hintergrund dieser Überlegungen soll nun das erweiterte Streßmodell in einer graphischen Veranschaulichung zusammengefaßt werden (vgl. Abb. 23.4).

Das in Abbildung 23.4 wiedergegebene Prozeßschema zur Entstehung und Bewältigung verschiedener Streßarten bezieht sich auf *systemischen Streß,* d.h. Streß, der auf dem gesamten Familiensystem lastet. Dies wird besonders deutlich, wenn es sich um familienexterne Belastungen handelt (z.B. wirtschaftliche Rezession, Ablehnung durch Nachbarn). Daneben können aber auch Probleme, in die ein einzelnes Familienmitglied geraten ist (z.B. durch kriminelles Handeln) zunächst individuellen Streß verursachen, der sich dann zum systemischen Streß auswächst, von dem alle Familienmitglieder mehr oder minder betroffen sind.

Familienstressoren

Um genauer zu verstehen, aufgrund welcher Umstände eine Familie in Streß gerät, ist eine Analyse der streßauslösenden Ereignisse unabdingbar. Diese streßauslösenden Ereignisse werden gewöhnlich als Stressoren bezeichnet. McCubbin und Patterson definieren einen *Familienstressor* „als ein auf die Familie einwirkendes Lebensereignis oder Übergangsstadium, das im sozialen System der Familie Veränderung hervorruft bzw. das Potential zur Veränderung in sich trägt. Diese Veränderung kann sich in verschiedenen Bereichen des Familienlebens äußern, wie z.B. Grenzen, Zielen, Interaktionsmustern, Rollen oder Werten" (1983a, S. 8).

In der Regel sind mit einem Familienstressor weitere Familienbelastungen eng gekoppelt, so z.B. wenn mit der Arbeitslosigkeit des Haupternährers einer Familie neben finanziellen Einbußen eine erhöhte Unsicherheit in den inner- und außerfamiliären Rollenbeziehungen auftritt. Familienstressoren sind zunächst als objektive Ereignisse anzusehen, die jedoch ihre spezifische streßauslösende Wirkung erst dadurch erhalten, daß sie von der Familie und ihren einzelnen Mitgliedern in einer bestimmten Weise wahrgenommen werden. So kann etwa Arbeitslosigkeit

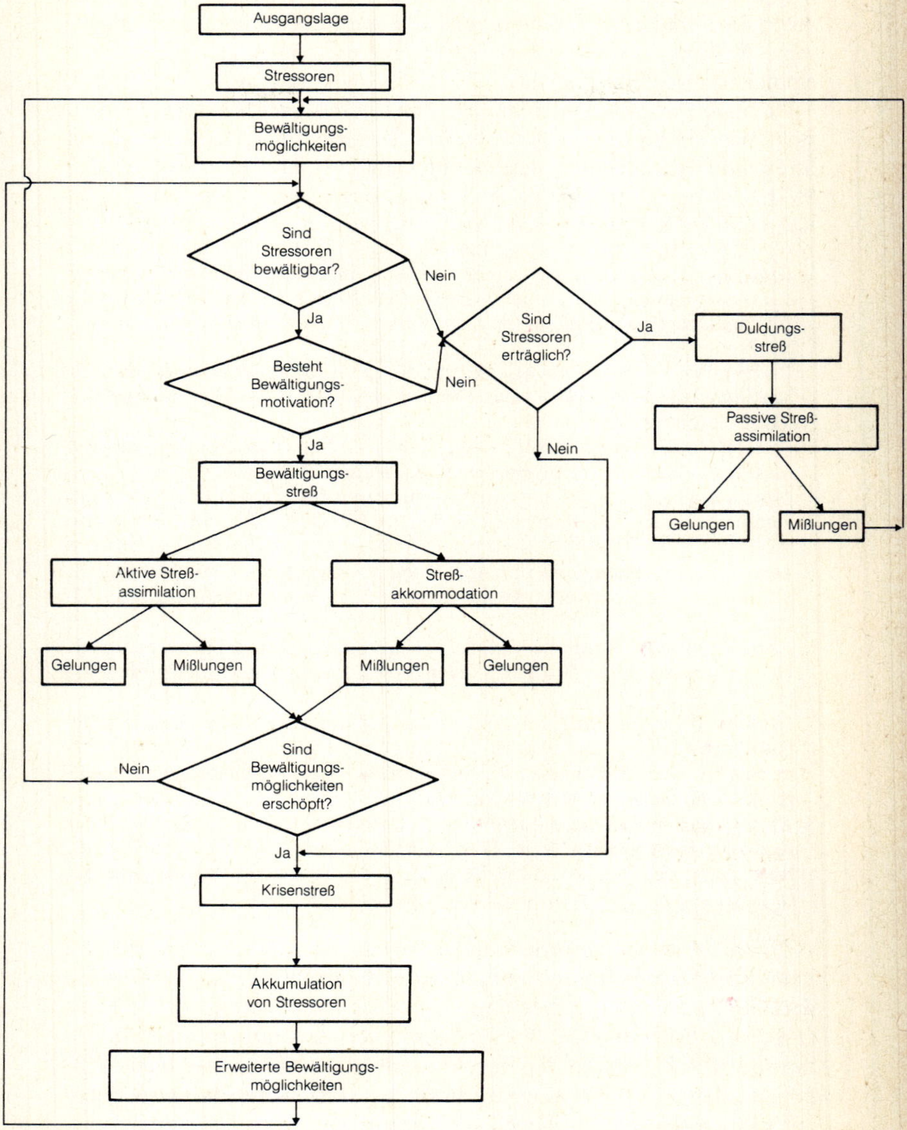

Abb. 23.4 Prozeßschema eines integrativen Familienstreßmodells

von der Familie als ein selbstverschuldetes Versagen oder als eine Herausforderung für die Suche nach einer befriedigenderen beruflichen Tätigkeit interpretiert werden. Die subjektive Deutung eines Stressors durch die Familie stellt somit bereits eine wesentliche Voraussetzung für seine Bewältigung dar – ein Aspekt, auf den wir weiter unten noch einmal zu sprechen kommen.

Da Familienstressoren inhaltlich sehr unterschiedlich sein können, stellt sich die Frage, ob es allgemeine Kriterien gibt, nach denen sich Stressoren klassifizieren lassen. McCubbin und Patterson (1983b, S. 7f.) haben in Anlehnung an Lipman-Blumen (1975) folgende acht Kriterien zur Beurteilung von Familienstressoren zusammengestellt:

1. *Ursprung.* Hat der Stressor seinen Ursprung innerhalb des Familiensystems (z.B. eine Familienmutter nimmt ihre Berufstätigkeit wieder auf), oder ist er auf familienexterne Einflüsse zurückzuführen (z.B. Verlust des Arbeitsplatzes)?
2. *Verbreitung.* Wirkt sich der Stressor auf das gesamte Familiensystem aus (z.B. Scheidung) oder nur auf einzelne Familienmitglieder (z.B. Streitigkeiten zwischen Geschwistern)?
3. *Abruptheit.* Setzt der Stressor plötzlich ein (z.B. Naturkatastrophe), oder entwickelt sich der Stressor langsam (z.B. Schwangerschaft)?
4. *Intensität.* Handelt es sich um einen schwerwiegenden Stressor (z.B. Tod eines Familienmitglieds) oder um einen milden Stressor (z.B. Kauf eines neuen Autos)?
5. *Dauer der Anpassung.* Ist die Anpassung an den Stressor kurzfristig (z.B. Schulbeginn eines Kindes) oder längerfristig (z.B. Krebserkrankung eines Elternteils)?
6. *Vorhersehbarkeit.* Kann das Einsetzen eines Stressors erwartet werden (z.B. Übergang in die Pubertätsphase), oder tritt der Stressor unvorhergesehen auf (z.B. Autounfall)?
7. *Ursache.* Liegt der Grund für das Auftreten eines Stressors in naturgegebenen Umständen (z.B. Hagelschaden am Haus einer Familie) oder in mensch-gemachten bzw. gesellschaftlichen Bedingungen (z.B. Arbeitsplatzverlust aufgrund technologischen Strukturwandels)?
8. *Kontrollierbarkeit.* Ist eine Familie davon überzeugt, daß sie den Stressor unter Kontrolle bringen kann (z.B. Eingewöhnen in eine neue Wohnumgebung), oder glaubt sie, daß sie auf die Beseitigung des Stressors keinen Einfluß hat (z.B. Inflationsauswirkungen auf das Familienbudget)?

Innerhalb dieses Kriterienkatalogs spielt die Vorhersehbarkeit von Familienstressoren für den Verlauf der Familienentwicklung eine besondere Rolle. Nachdem Übergänge von einer Familienstufe zur anderen (z.B. vom Alleinsein zur Partnerschaft, von der Partnerschaft zur Elternschaft usw.) sich in der Regel als erwartbare Ereignisse darstellen, können derartige Übergänge als *normative Familienstressoren* bezeichnet werden. Davon abzuheben sind *nicht-normative Familienstressoren,* d.h. Ereignisse, die außerhalb des aktuellen Erwartungshorizonts einer Familie liegen. Hierzu gehören etwa der Ausbruch einer unheilbaren

Krankheit, unvorhergesehener Tod eines Familienmitglieds, Vergewaltigung usw. Carter und McGoldrick (1980) fassen normative und nichtnormative Ereignisse als *horizontale Stressoren* zusammen und unterscheiden sie von *vertikalen Stressoren*. Gemeint sind damit Einflüsse auf das Familiensystem wie z. B. Familientabus oder -mythen, die im Sinne einer Mehrgenerationenperspektive von einer Generation auf die andere tradiert werden.

Für eine Reihe nicht-normativer Familienstressoren gilt, daß sie die Qualität von *Familienkatastrophen* erhalten. McCubbin und Figley definieren eine Katastrophe als „eine plötzliche und extreme Lebensbedrohung, die mit einem Gefühl von Hilflosigkeit, Zersetzung, Zerstörung und Verlust einhergeht" (1983b, S. 220). Eine Gegenüberstellung von normativen und Katastrophen-Stressoren anhand einer Reihe charakteristischer Unterscheidungsmerkmale findet sich in Tabelle 23.4 (vgl. McCubbin & Figley 1983b, S. 223).

Tabelle 23.4 Allgemeine Unterschiede zwischen normativen und Katastrophen-Stressoren (nach McCubbin & Figley 1983b, S. 223)

Merkmale	Normative Stressoren	Katastrophenstressoren
Vorbereitungszeit	etwas	wenig bis keine
Vorhersehbarkeit	groß	gering
Frühere Erfahrung	etwas	keine
Unterstützungssystem	viele	wenige
Erfahrbarkeit für andere	universell	selten
Zeit in der „Krise"	keine bis wenig	wenig bis viel
Gefühl der Kontrolle	mittel bis hoch	wenig bis überhaupt nicht
Gefühl der Hilflosigkeit	wenig bis überhaupt nicht	mittel bis hoch
Verlustgefühl	etwas	stark
Gefühl der Auflösung	etwas	stark
Gefühl der Zerstörung	etwas	stark
Grad der Gefährlichkeit	gering	hoch
Stressorbezogene emotionale Probleme	einige	viele
Stressorbezogene medizinische Probleme	einige	viele

Zur Frage der Auswirkungen normativer Familienstressoren liegt eine Reihe empirischer Untersuchungen vor, die – je nach Fragestellung – Veränderungen auf der Individual-, Familiensubsystem- oder Familiensystemebene zum Gegenstand haben. So fand beispielsweise Nock (1981) in einer Längsschnittstudie an ca. 1500 Erwachsenen, daß normative Übergänge im Familienzyklus tendenziell mit einer negativen Bewertung der Lebenszufriedenheit einhergehen. Allerdings hat es den

Anschein, daß normative Familienstressoren im allgemeinen nicht so krisenhaft erlebt werden, wie es eine Reihe von Autoren etwa im Zusammenhang mit der Geburt des ersten Kindes behauptet hat (vgl. hierzu Gloger-Tippelt 1985, Schneewind 1983). Daß normative Familienstressoren im allgemeinen als wenig bedrohlich erlebt werden, ergibt sich auch aus einer Untersuchung von Menaghan (1982), in der die Autorin bei mehr als 1000 Erwachsenen deren subjektive Beurteilung von normativen Stressoren im Familienlebenszyklus erhob. So wurde etwa für zehn kindbezogene normative Übergänge erfragt, a) inwieweit sich das Leben der betroffenen Eltern veränderte, b) inwieweit sich ihre Gefühle zu sich selbst veränderten und c) inwieweit sie sich durch das jeweilige Ereignis beeinträchtigt fühlten. Die Ergebnisse dieser Studie sind in Tabelle 23.5 ausschnitthaft wiedergegeben (vgl. Menaghan 1982, S. 100).

Im Vergleich zu anderen, eher nicht-normativen Familienstressoren, die ebenfalls Bestandteil dieser Studie waren (z. B. berufliche, ökonomische, eheliche und gesundheitliche Veränderungen), sind die Effekte der in Tabelle 23.5 genannten normativen Stressoren eher als bescheiden einzustufen. Dies wird auch in einer weiteren Untersuchung von Menaghan (1983) bestätigt, in der Familien, die sich in einem normativen Übergangsstadium befanden, verglichen wurden mit Familien in einer relativ stabilen Familienphase. Untersucht wurde dabei die Qualität der *Partnerbeziehung*. Von zwei Ausnahmen abgesehen, zeigten sich keine Unterschiede zwischen Familien im Übergang und Familien in stabilen Phasen. Die eine Ausnahme ist der Übergang in die Phase der nachelterlichen Gefährtenschaft, die tendenziell mit mehr Gleichheit in den Partnerbeziehungen einhergeht. Die andere Ausnahme sind Familien, bei denen gleichzeitig der Übergang des ältesten Kindes ins Jugendalter und der Schuleintritt des jüngsten Kindes auftritt. Diese Konstellation führt tendenziell zu mehr Ungleichheit im Partnerverhältnis.

Insbesondere Familien mit Kindern, die sich im Übergang zum Jugendlichenstatus befinden, scheinen einem erhöhten Familienstreß ausgesetzt zu sein – ein Ergebnis, zu dem auch Olson und McCubbin (1983) in ihrer umfangreichen Studie zur Analyse normativer Stressoren im Familienlebenzyklus gelangen. Ein weiterer empirischer Befund spricht dafür, daß normative Übergänge, die eine Aneignung neuer Rollensegmente erforderlich machen (z. B. wechselseitige Verantwortlichkeit in einer Partnerschaft, Übernahme von Elternpflichten), intensivere Stressoren sind als normative Übergänge, die mit einer Reduzierung von Rollenanforderungen verbunden sind (z. B. beim Übergang in die nachelterliche Gefährtenschaft).

Solche Ergebnisse sind jedoch allenfalls als tendenzielle Hinweise zu verstehen. Genauere Analysen zeigen, daß die Wirkung normativer

Tabelle 23.5 Subjektive Beurteilungen von elterlichen Übergängen (nach Menaghan 1982, S. 100)

Elterliche Übergänge	Subjektive Beurteilungen		
	Mein Leben änderte sich sehr stark	Meine Gefühle über mich selbst änderten sich	Ich fühlte mich ziemlich bis sehr beeinträchtigt
Geburt des ersten Kindes	78[a]	53	30
Geburt eines späteren Kindes	57	36	28
Schulbeginn des ältesten Kindes und Geburt eines weiteren Kindes	18	22	9
Schulbeginn des ältesten Kindes	22	19	6
Schulbeginn des jüngsten Kindes	22	20	15
Ältestes Kind wird 13 Jahre und jüngstes Kind beginnt Schule	15	18	12
Ältestes Kind wird 13 Jahre	4	5	17
Jüngstes Kind wird 13 Jahre	5	5	12
Ältestes Kind verläßt das Haus	17	11	22
Jüngstes Kind verläßt das Haus	21	0	21

[a] Prozentsatz der Befragten, die das Ereignis erlebten.

Stressoren unter anderem auch im Kontext zeitlich vorausgehender Bedingungen zu sehen ist. Am Beispiel des Übergangs von einer losen zu einer verpflichtenden Partnerschaft (im Sinne einer gesellschaftlich legalisierten Ehe oder einer auf längere Frist angelegten nicht-ehelichen Lebensgemeinschaft) läßt sich verdeutlichen, unter welchen Voraussetzungen dieser normative Übergang erleichtert bzw. erschwert wird (vgl. Kap. 6). Einige dieser Voraussetzungen, die – sofern sie nachweisbar sind – als zusätzliche Stressoren wirken, seien im folgenden genannt:

1. *Persönlichkeit.* Für unreife, starre, wenig angepaßte und in interpersonalen Beziehungen ungeschickte Personen stellt sich der Übergang zu einer intimen Partnerschaft schwerer dar (vgl. Duvall 1977, Coleman 1984).

2. *Qualität der Partnerbeziehungen in der Herkunftsfamilie.* Personen, deren Eltern über eine belastende und wenig zufriedenstellende Partnerbeziehung berichten, haben selbst mehr Probleme in intimen Beziehungssystemen (vgl. Greenberg & Nay 1982).
3. *Akzeptanz durch die Eltern.* Eltern, die den jeweiligen Partner ihres Kindes nicht akzeptieren oder nur widerwillig Hilfe anbieten, erschweren ihren Kindern den Übergang in eine intime Partnerbeziehung (vgl. Duvall 1977).
4. *Frühere intime Partnerschaften.* Je weniger eine Person ihre Beziehungen in früheren Partnerschaften geklärt hat, desto stärker wird dies eine Belastung für die Bildung einer stabilen Partnerschaft in der Gegenwart sein (vgl. Goetting 1980).
5. *Dauer des Kennenlernens.* Für Personen, die eine feste Partnerschaft nach einer kurzen Zeit des Kennenlernens eingehen, besteht ein erhöhtes Risiko des Scheiterns. Das Risiko erhöht sich noch, wenn die Verbindung in sehr jungen Jahren erfolgt. Spanier und Glick (1981) fanden z. B., daß für Teenager-Ehen die Scheidungsrate doppelt so hoch ist wie für Paare, die zu einem späteren Zeitpunkt heiraten.
6. *Kommunikation.* Unangemessenes Kommunikationsverhalten (z. B. nicht zuhören können, seine Wünsche nicht klar zum Ausdruck bringen können) erschwert den Übergang in eine intime Partnerschaft (Coleman 1984).
7. *Wechselseitige Selbstenthüllung.* Partner, die nicht gelernt haben, sich über ihre Gefühle, Gedanken und Phantasien auszutauschen, haben es schwerer, den Übergang in eine intime Partnerschaft zu schaffen (vgl. Milholland & Avery 1982).
8. *Grundregeln.* Paare, die keine expliziten Vereinbarungen über Ziele, Werte, Aufgabenverteilung und Verantwortlichkeiten ausgehandelt haben, müssen mit mehr Problemen beim Übergang in eine intime Partnerschaft rechnen (vgl. Coleman 1984).
9. *Konfliktlösung.* Personen mit einer gering ausgebildeten Fähigkeit zur Lösung von Konflikten fällt der Übergang in eine bindende Partnerbeziehung schwerer (vgl. Braiker & Kelley 1979).
10. *Ökonomische Basis.* Personen, die ihre Beziehungen auf einem unsicheren Einkommen oder drohendem Arbeitsplatzverlust aufbauen, sind beim Übergang zu einer stabilen Partnerschaft gefährdeter (vgl. Duvall 1977).

Einer Reihe der hier aufgeführten streßinduzierenden Bedingungen, die sich beim Übergang zu einer intimen Partnerschaft ergeben, kann durch präventive Maßnahmen begegnet werden. So haben sich z. B. Begegnungsgruppen, die unter professioneller Leitung mit Paaren im vorehelichen Stadium durchgeführt wurden, als hilfreich zur Verbesserung von Kommunikations- und Konfliktlösungsfähigkeiten oder zur Klärung von persönlichen bzw. gemeinsamen Zielen und Wertvorstellungen erwiesen (vgl. Avery et al. 1980, Ginsberg & Vogelsong 1977, Ridley et al. 1982).

Familiäre Streßbewältigung

Das Ausmaß von systemischem Streß in der Familie hängt neben der Art eines Stressors und seiner Begleitumstände davon ab, welche Bewältigungsmöglichkeiten einer Familie zur Verfügung stehen, um die Streßquelle unter Kontrolle zu bekommen. Im folgenden soll auf drei Aspekte der familiären Streßbewältigung eingegangen werden: a) die familieninterne Definition von Stressoren, b) die Bewältigungsressourcen und c) funktionale und dysfunktionale Bewältigungsformen.

1. Familieninterne Definition von Stressoren.
Weiter oben war bereits darauf hingewiesen worden, daß die Art und Weise, wie die Familie einen Stressor definiert, mit darüber entscheidet, ob er als Herausforderung oder Belastung empfunden wird. Die familiäre Defintion des Stressors ist dabei auch abhängig von den erwartbaren Konsequenzen und antizipierten Bewältigungsmöglichkeiten. So haben etwa Needle et al. (1983) für einen bestimmten nicht-normativen Familienstressor – die Drogenabhängigkeit eines jugendlichen Familienmitglieds – folgende sechs Aspekte herausgestellt, die für die Definition dieses Ereignisses durch die Familie typisch sind:

- *Besorgtheit:* Die Familie sorgt sich um die Gesundheit und Sicherheit des Jugendlichen;
- *Angstgefühle:* Bedingt durch ein erhöhtes Selbstmord- und Todesrisiko drogenabhängiger Jugendlicher kommt es zu intensiven Angstgefühlen in der Familie;
- *Verantwortlichkeits- und Schuldgefühle:* Eltern machen sich Selbstvorwürfe, bezweifeln ihre erzieherische Kompetenz oder halten sich für das Verhalten des Jugendlichen verantwortlich;
- *Innerfamiliäre Verbreitung der Drogenabhängigkeit:* Die Eltern entwickeln die Sorge, daß Geschwister von dem drogenabhängigen Jugendlichen angesteckt werden und ebenfalls Drogen nehmen;
- *Irritation über Nebeneffekte:* Die Familie sorgt sich über eine mehr oder minder grundlegende Änderung im Lebensstil des drogenabhängigen Jugendlichen, die sich z. B. in Interesselosigkeit, Passivität oder emotionaler Entfremdung äußern kann;
- *Ruf der Familie:* Sofern bekannt wird, daß ein jugendliches Familienmitglied drogenabhängig ist, fürchtet die Familie um ihren Ruf in der Nachbarschaft und der Gemeinde. Die Konsequenz kann familiäre Isolation und eine Erniedrigung des familiären Selbstwertgefühls sein.

Durch die Art der Definition eines Familienstressors wird häufig die effektive Bewältigung eines streßauslösenden Ereignisses behindert. Im Falle professioneller Hilfe ist es daher von besonderer Bedeutung, die subjektive Definition eines Familienstressors in Erfahrung zu bringen. Gegebenenfalls können dann durch Umdeutung des Stressors neue Kräfte für dessen Bewältigung freigesetzt werden (vgl. Grinder & Bandler 1985).

2. Bewältigungsressourcen.
Insbesondere bei der Entstehung von Bewältigungs- und Krisenstreß erhebt sich die Frage, über welche Ressourcen eine Familie zur Streßregulation verfügt. Obwohl es für inhaltlich unterscheidbare normative und nicht-normative Ereignisse stressorspezifische Bewältigungsvoraussetzungen gibt, läßt sich auch eine Reihe von Bewältigungsmöglichkeiten anführen, die unabhängig von der Phase der Familienentwicklung oder der besonderen Art des Stressors von allgemeiner Bedeutung sind. Im folgenden wird vor allem auf diese allgemeineren Formen familiärer Bewältigungsressourcen näher eingegangen.

In einem Dekadenrückblick zur familiären Streß- und Bewältigungsforschung in den 70er Jahren haben McCubbin et al. (1980) neben dem faktischen Bewältigungsverhalten drei Aspekte von Bewältigungsressourcen herausgestellt, die einer Familie die Streßregulation erleichtern. Genannt werden a) persönliche Ressourcen einzelner Familienmitglieder, b) interne Ressourcen des Familiensystems und c) außerfamiliäre Unterstützungssysteme.

Zu den *persönlichen Bewältigungsressourcen* zählen vor allem finanzieller Wohlstand, Bildungsniveau, gesundheitliches Wohlergehen und psychische Voraussetzungen in Form bestimmter Persönlichkeitsdispositionen. Perlin und Schooler (1978) haben in ihren Untersuchungen zur Struktur des Bewältigungsprozesses insbesondere drei Persönlichkeitsdispositionen als einflußreiche Faktoren der Streßregulation gefunden, nämlich *Selbstwertgefühl,* d.h. eine positive Einstellung der Person zu sich selbst, *Selbstverunglimpfung,* d.h. eine Tendenz, seine eigenen Fähigkeiten geringzuschätzen, und *personale Kontrolle,* d.h. die Gewißheit, auf veränderte Lebensumstände durch eigenes Handeln Einfluß nehmen zu können. Eine Reihe weiterer empirischer Studien bestätigt die Relevanz dieser oder ähnlicher Persönlichkeitsdispositionen für die Streßbewältigung (vgl. Costa & McCrae 1983, Kobasa 1979, Lefcourt 1980).

Interne Ressourcen des Familiensystems liegen vor allem in der Art und Weise, wie eine Familie ihr Zusammenleben organisiert und sich mit ihrer Außenwelt in Beziehung setzt. Durch das Selbstverständnis familiären Zusammenlebens werden auch mehr oder minder angemessene Formen der Streßregulation festgelegt. Neben einer Reihe konkurrierender Modelle zur Beschreibung von Familiensystemvariablen (vgl. Beavers & Voeller 1983, Moos & Moos 1981) hat das von Olson et al. (1979) entwickelte *Circumplexmodell* zur Beschreibung von Ehe- und Familiensystemen besondere Beachtung gefunden. Das Modell besteht aus zwei Dimensionen – Kohäsion und Anpassungsfähigkeit –, die je nach Ausprägungsgrad und Konfiguration zu unterschiedlichen *Familientypen* führen. Insgesamt leiten die Autoren aus ihrem Circumplexmodell 16 Typen von Paar- und Familiensystemen ab, die in einem weiteren Abstraktionsschritt als offene, geschlossene oder zufällige Systeme zusammengefaßt werden. Einen Überblick über das von Olson et al. entwickelte Circumplexmodell vermittelt Abbildung 23.5.

Familienkohäsion wird von Olson und McCubbin definiert als „die emotionale Bindung, die Familienmitglieder untereinander haben und das erlebte Ausmaß an individueller Autonomie" (1982, S. 49), während der Begriff *Familienanpas-*

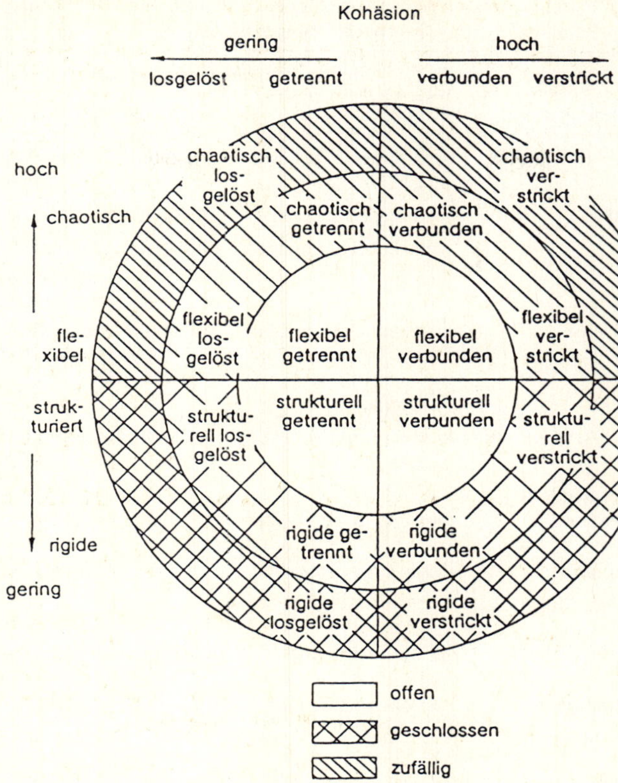

Abb. 23.5 Circumplexmodell zur Beschreibung von Ehe- und Familiensystemen (nach Olson et al. 1979, S. 301)

sungsfähigkeit von den gleichen Autoren eingeführt wird als ,,die Fähigkeit eines Ehe- oder Familiensystems, ihre Machtstruktur, Rollenbeziehungen und Beziehungsregeln als Reaktion auf situations- und entwicklungsbedingten Streß zu ändern“ (a. a. O., S. 51). Auf diesem Hintergrund wird deutlich, daß eine Typisierung von Familien anhand des Circumplexmodells nicht unbedingt bedeutet, eine Familie ein für allemal einem bestimmten Familientyp zuzuweisen. Die Autoren gehen vielmehr davon aus, daß sich die Position einer Familie in den Koordinaten der Kohäsions- und Anpassungsdimension in Abhängigkeit von normativen und nicht-normativen Familienstressoren ändert. Olson und McCubbin (a. a. O., S. 59) haben für eine Reihe normativer Familienstufen und Entwicklungsübergänge charakteristische Systemtypen für Familien mit und ohne Problemen zusammengestellt, die in Tabelle 23.6 wiedergegeben sind.

Tabelle 23.6 Familiensystemtypen in verschiedenen Phasen und Übergängen des Familienlebenszyklus (nach Olson & McCubbin 1982, S. 59)

Phasen und Übergänge im Familienlebenszyklus	Dimensionen des Circumplexmodells	
	Kohäsion	Anpassungsfähigkeit
Vor der Ehe	verbunden & verstrickt	strukturell & rigide
Neuvermählte	verbunden	flexibel & chaotisch
Frühe Ehe	getrennt & verbunden	flexibel & strukturell
Spätere Ehe		
a) nicht-belastet	getrennt & verbunden	flexibel & strukturell
b) belastet	ein oder beide Partner losgelöst oder verstrickt	ein oder beide Partner chaotisch oder rigide
Geburt des ersten Kindes	verbunden & verstrickt	anfänglich chaotisch, später strukturell & rigide
Familien mit Kindern		
a) unproblematische Familien	getrennt & verbunden	flexibel & strukturell
b) Problemfamilien	losgelöst & verstrickt	chaotisch & rigide
Familien mit Jugendlichen		
a) unproblematische Familien	primär losgelöst; einige verbunden	flexibel & strukturell
b) Problemfamilien	verstrickt & losgelöst	rigide & chaotisch
Ältere Paare mit/ohne Kinder		
a) nicht-belastet	getrennt & verbunden	flexibel & strukturell
b) belastet	losgelöst & verstrickt	rigide

Aus Tabelle 23.6 wird ersichtlich, daß offene Familiensysteme, d.h. Familien mit einer mittleren und balancierten Ausprägung auf den Dimensionen Kohäsion und Anpassungsfähigkeit, zu den weniger problematischen gehören. Diesen Familien gelingt es auch besser, mit familiärem Streß umzugehen, was Olson und McCubbin (1983) ansatzweise auch empirisch bestätigen konnten. Erwähnenswert ist in diesem Zusammenhang, daß Systemmerkmale der Familie wie Zusammenhalt, flexible Regelhandhabung und hoher Gehalt an Erfahrungsanregung wesentliche Voraussetzungen für die Sozialisation persönlicher Streßbewältigungsressourcen wie z.B. personale Kontrolle darstellen (vgl. Schneewind 1982b, 1985a).

c) Über *Unterstützungssysteme* ist die Familie eingebunden in umfassendere Lebenskontexte, die bei der Bewältigung von Familienstreß behilflich sein können (vgl. Pilisuk & Parks 1983). Abgesehen davon, daß eine Partnerschaft oder eine Familie selbst als ein auf Wechselseitigkeit angelegtes Unterstützungssystem angesehen werden kann (vgl. Caplan 1982, Burke & Weir 1982), lassen sich außerfamiliäre Unterstützungssysteme nach Andrews et al. (1980) in formelle, nichtformelle und informelle Unterstützungssysteme gliedern. Abbildung 23.6 vermittelt einen Eindruck davon, welche Organisationsformen diesen drei Typen von Unterstützungssystemen zuzuordnen sind und wie sie mit dem Familiensystem verbunden sind (vgl. Andrews et al. 1980, S. 41).

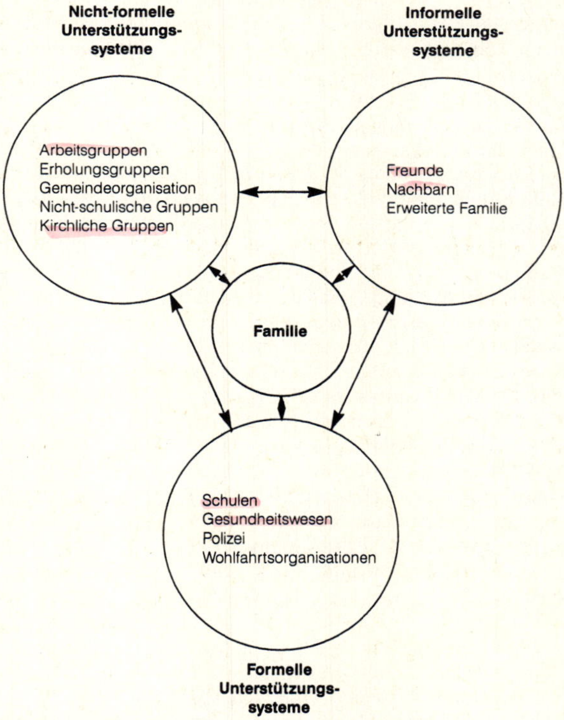

Abb. 23.6 Unterstützungssysteme und ihre Beziehung zur Familie (nach Andrews et al. 1980, S. 41)

Cobb (1982) macht eine Unterscheidung zwischen verschiedenen Formen der Unterstützung. Dabei ist *soziale Unterstützung* eine von vier Formen, die lediglich informationellen Charakter hat und folgende drei Komponenten umfaßt: a) *emotionale Unterstützung,* die dazu führt, daß der Empfänger sich geliebt und umsorgt fühlt, b) *Wertschätzungsunterstützung,* die dem Empfänger das Gefühl vermittelt, daß er geschätzt und anerkannt ist, c) *Netzwerkunterstützung,* die beim Empfänger zur Überzeugung beiträgt, daß er eine bestimmte Position in einem Netzwerk wechselseitiger Kommunikation und Verpflichtungen innehat. Für die Bewältigung von Familienstressoren kann sich soziale Unterstützung vor allem auf eine Erhöhung der Bewältigungsmotivation auswirken.

Die zweite Unterstützungsart wird von Cobb als *instrumentelle Unterstützung* bezeichnet und bezieht sich unter anderem auch auf Hilfe durch Beratung und Therapie in professionellen bzw. paraprofessionellen Kontexten. Bezogen auf die Bewältigung von Familienstressoren besteht hier die Aufgabe vornehmlich darin,

Familien bei der Aktivierung neuer oder alternativer Bewältigungsmöglichkeiten behilflich zu sein. Dies ist insbesondere dann erforderlich, wenn eine Familie im Falle von Krisenstreß davon überzeugt ist, daß ihre Bewältigungsmöglichkeiten erschöpft sind. Einschlägige Therapieevalutionsstudien sind ein Beleg dafür, daß systemorientierte Beratungs- und Therapieansätze bei der Lösung von Familienproblemen erfolgreich helfen können (vgl. Gurman & Knisken 1978).

Die dritte Unterstützungsart bezieht sich auf *aktive Unterstützung,* für die Cobb als Beispiel nennt, ,,was Mütter für ihre Kinder und Krankenschwestern für ihre Patienten tun" (1982, S. 190), nicht ohne darauf hinzuweisen, daß unnötige aktive Unterstützung zu Abhängigkeit führen kann. Aktive Unterstützung wird sich vor allem in nicht-formellen und informellen Unterstützungssystemen finden (z.B. in Form nachbarschaftlich organisierter Fahrgemeinschaften oder Kinderbetreuungshilfen) und kann dadurch dazu beitragen, familiären Alltagsstreß abzubauen. Aber auch in bezug auf unterschiedliche Phasen der Familienentwicklung hat sich aktive Unterstützung als ein wesentlicher streßlindernder Faktor erwiesen. Exemplarisch sei hier eine Studie von Crockenberg (1981) genannt, in der sich herausstellte, daß junge Mütter von Kindern mit ,,schwierigem Temperament" diesen Stressor besser verarbeiteten, wenn sie auf Hilfe durch aktive Unterstützungssysteme zurückgreifen konnten.

Die vierte von Cobb genannte Unterstützungsart ist *materielle Hilfe,* d.h. die Bereitstellung von Geld, Gütern und Dienstleistungen. Ein Beispiel hierfür sind die Aktivitäten formeller Unterstützungssysteme auf kommunaler oder staatlicher Ebene (z.B. familienpolitisch bewirkte Transferzahlungen, Sozialstationen, Familien- und Erziehungsberatungsstellen). Auch diese Hilfen können wesentlich dazu beitragen, familiäre Dauerbelastungen erträglicher zu machen. In einer Familienentwicklungsperspektive bestehen jedoch gerade für den Bereich der Familienpolitik erhebliche Defizite. So fordert der Beirat für Familienfragen beim Bundesministerium für Jugend, Familie und Gesundheit ,,eine *phasenspezifische Betrachtung* des Lebens- und Familienzyklus, der für die Ausgestaltung einer systematischen Familienpolitik künftig ganz generell ein deutlich größeres Gewicht erhalten sollte, als dies bisher in der tatsächlichen Familienpolitik wie auch in ihrer gedanklichen Grundlegung der Fall ist" (1984, S. 19).

Die von Cobb unterschiedenen Unterstützungsarten sind nicht unabhängig voneinander, sondern können sich mehr oder minder überlappen. Dabei ist auch zu berücksichtigen, daß die Funktionen der verschiedenen Unterstützungssysteme auf eher engen oder eher schwachen Bindungen zur Familie beruhen können (vgl. Pilisuk & Parks 1983). Nicht immer sind enge Bindungen an ein bestimmtes Unterstützungssystem in jeder Beziehung hilfreich. So können z.B. Freunde und Bekannte einer von Arbeitslosigkeit betroffenen Familie zwar im Sinne sozialer Unterstützung Trost und Zuspruch gewähren, ohne jedoch hinreichend instrumentelle, aktive oder materielle Hilfe leisten zu können.

3. *Funktionale und dysfunktionale Bewältigungsformen.*

Nicht alle Bewältigungsversuche sind erfolgreich und führen zur Linderung von Familienstreß. Mißlungene oder inadäquate Bewältigungsversuche können die Lage einer Familie eher verschlimmern als verbessern und tragen somit zur Akkumulation von Familienstressoren bei. Im Zusammenhang mit familiären Strategien zur Bewältigung von Arbeitslosigkeit nennt Voydanoff (1983) ineffektive Bewältigungsformen wie sozialen Rückzug und Kontakteinschränkung, ein erhöhtes Gesundheitsrisiko aufgrund falscher Sparmaßnahmen (z. B. bei der Krankenversicherung). Weiterhin zählen dazu offensichtlich dysfunktionale Verhaltensweisen wie erhöhter Alkohol- und Drogenkonsum oder Gewalttätigkeit gegenüber Familienmitgliedern.

Auf einem allgemeineren Niveau haben McCubbin und Figley (1983b, S. 227) eine Gegenüberstellung funktionaler und dysfunktionaler Formen familiärer Streßbewältigung anhand von elf Kriterien vorgenommen. Diese Gegenüberstellung findet sich in Tabelle 23.7.

Tabelle 23.7 Unterscheidung von funktionalen und dysfunktionalen Formen familiärer Streßbewältigung (nach McCubbin & Figley 1983b, S. 227)

Merkmale	Familiäre Bewältigungsformen	
	funktional	dysfunktional
Identifikation des Stressors	klar, Annahme	unklar, Verleugnung
Lokalisierung des Problems	familienzentriert	individuumszentriert
Annäherung an das Problem	lösungsorientiert	beschuldigungsorientiert
Duldung von anderen	hoch	gering
Verpflichtung und Zuneigung zu Familienmitgliedern	klar, direkt	unklar, indirekt
Kommunikation	offen	geschlossen
Familienkohäsion	hoch	gering
Familienrollen	flexibel, sich ändernd	rigide
Nutzung von Ressourcen	balanciert bis hoch	niedrig bis überhaupt nicht
Gebrauch von Gewalt	nicht gegeben	gegeben
Gebrauch von Drogen	selten	häufig

Die in Tabelle 23.7 aufgeführten funktionalen Bewältigungsformen von Familienstreß können als allgemeine Bewältigungsvoraussetzungen angesehen werden, die im Laufe der Familienentwicklung dazu beitragen, sich mit einer Fülle unterschiedlicher normativer und nicht-normativer Familienstressoren angemessener auseinanderzusetzen. Zusammen mit stressorspezifischen Kompetenzen (wie sie z. B. der Umgang mit kleinen Kindern oder die Bewältigung von Verlust und Tod eines engen Familienmitglieds erfordern), tragen diese allgemeineren Bewältigungsressourcen zu einem Kenntnis- und Erfahrungsfundus bei, der im Rahmen der Familienentwicklung auch vorbeugend nutzbar gemacht werden kann. Hier bietet sich neben den eher korrektiv orientierten familientherapeutischen Ansätzen, die in der Regel auf Familien abzielen, die sich in der Krise befinden, ein weites Anwendungsfeld für eine präventiv ausgerichtete Familienentwicklungspsychologie.

5. Erfahrungsgeleitete Sensibilisierung für Familienentwicklungsprozesse

Die Annäherung an eine Psychologie, die sich mit Familienentwicklungsprozessen beschäftigt, kann grundsätzlich auf zweierlei Weisen geschehen: Zum einen können theoretische und empirische Wissensbestandteile gesammelt und auf einer vornehmlich kognitiven Ebene, d.h. vor allem durch Lehre und Lektüre, vermittelt werden. Die dabei ablaufenden Lernprozesse lassen sich als *instruktionsgeleitetes Lernen* bezeichnen. Zum anderen besteht aber auch die Möglichkeit, Familienentwicklungsprozesse auf der Basis unmittelbarer Erfahrung und Anschaulichkeit zu vermitteln. Diese Form des Lernen kann als *erfahrungsgeleitetes Lernen* bezeichnet werden.

Eine *erste Variante* erfahrungsgeleiteten Lernens besteht in der Durchführung von bzw. Teilhabe an grundwissenschaftlich orientierten Projekten der *psychologischen Familienentwicklungsforschung*. Psychologiestudenten, die an familienbezogenen empirischen Diplomarbeiten oder Dissertationen arbeiten, ist die Erfahrung ebensowenig fremd wie einschlägig spezialisierten Fachwissenschaftlern, da sie bei ihren Untersuchungen immer wieder auch mit akuten Familienproblemen konfrontiert werden. Auch wenn es bei derartigen Untersuchungsvorhaben nicht eigentlich um Fragen der Familienentwicklung geht, werden solche Probleme nicht selten von den Familien selbst ins Feld geführt.

Eine *zweite Variante* erfahrungsgeleiteten Lernens hat ausdrücklich mit *Familienentwicklungsprozessen* zu tun, indem der Lernende dazu angehalten wird, durch eigene Aktivität oder durch stellvertretende Beobachtung konkrete Familienverläufe kennenzulernen. Gewöhnlich sind die dabei ablaufenden Lernprozesse durch eine starke Selbstbeteiligung und nicht selten auch durch ein hohes Maß an Betroffenheit gekennzeichnet. Im folgenden sollen zwei Ansätze kurz skizziert werden, die dazu geeignet erscheinen, für erfahrungsgeleitetes Lernen von Familienentwicklungsprozessen zu sensibilisieren. Es sind dies die Methode der *Familienrekonstruktion* und die *Simulation von Familienentwicklungsverläufen*.

Familienrekonstruktion

Im Zusammenhang mit dem im ersten Abschnitt diskutierten psychologischen Familienbegriff wurde darauf hingewiesen, daß Familienentwicklungsprozesse immer auch im Lichte der generationenübergreifenden Geschichte intimer Beziehungssysteme zu sehen sind. Im deutschen (aber auch im angloamerikanischen) Sprachraum hat vor allem Toman (1974) mit seinem Konzept der Familienkonstellation die Grundlagen

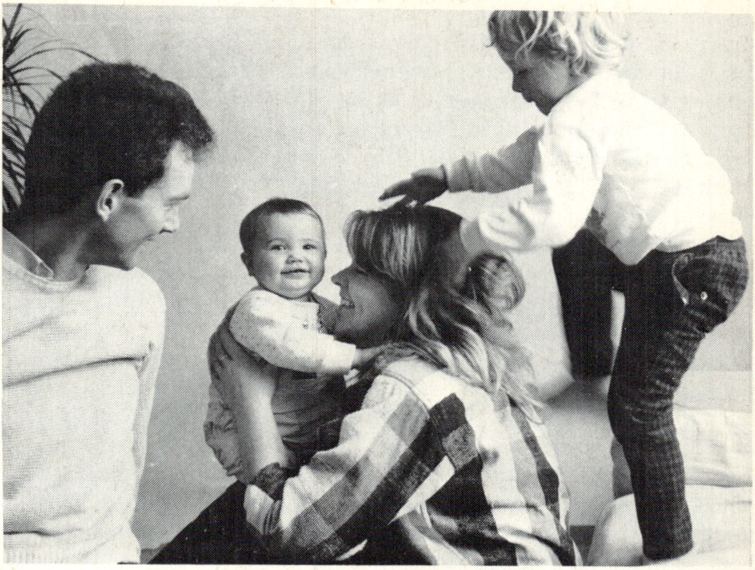

für eine Mehrgenerationenperspektive in der Familienforschung, -beratung und -therapie geschaffen (vgl. Toman 1979, Toman & Preiser 1973). In diesem Zusammenhang hat Toman auch eine spezielle Notationsweise für Familienkonstellationsdaten geschaffen, die im wesentlichen auf eine symbolische Darstellung von Geschwisterpositionen in den einzelnen Generationen der Familie hinausläuft.

Für die familientherapeutische Ausbildung und Praxis wurde der Gedanke einer anschaulichen Darstellung der Familiengenealogie besonders von Guerin und Pendagast (1976) sowie Pendagast und Sherman (1977) forciert. Diese Autoren haben ihrer Methode die Bezeichnung *Genogramm* gegeben. Gemeint ist damit die generationenübergreifende graphische Darstellung der Personenzusammensetzung einer Familie, die selbst in ihrer sparsamsten Darstellung wichtige Informationen über das familiäre Beziehungsgefüge und dessen Entwicklung liefert. Abbildung 23.7 vermittelt einen Eindruck von der Konstruktion eines Dreigenerationen-Genogramms für eine Person, die dem Autor relativ gut bekannt ist. Die Notationsweise orientiert sich dabei an einem Vorschlag von Kramer (1985, S. 38f.). Zu berücksichtigen ist dabei, daß prinzipiell von der gegenwärtigen Lebens- und Familiensituation der betreffenden Person ausgegangen wird.

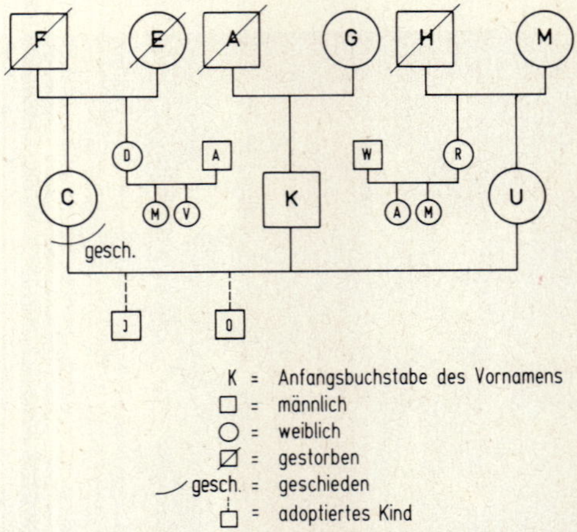

Abb. 23.7 Beispiel eines Dreigenerationen-Genogramms (in Anlehnung an Kramer 1985, S. 38f.)

Das in Abbildung 23.7 wiedergegebene Gerüst eines Genogramms kann nun mit einer Fülle weiterer Informationen angereichert werden. Im vorliegenden Fall wäre es z. B. wichtig, in das Genogramm die Großelterngeneration mit einzubeziehen, genauere Informationen über Zeit- und Altersangaben (z. B. Alter der dargestellten Personen, Zeit der Scheidung und Wiederverheiratung) einzuholen oder die Qualität der Beziehungen zwischen den Personen zu eruieren.

Tabelle 23.8 Faktische und Beziehungsdaten zur Vervollständigung eines Genogramms nach Kramer (1985, S. 36f.)

A. *Faktische Daten*

Berücksichtige wesentliche Familienereignisse, mit Zeitangabe:

- Geburt und gegenwärtiges Alter
- Tod und Todesursache
- Adoption
- Heirat und Wohnort
- Scheidung und Zuhause der Kinder
- Schwere Krankheiten (physische und psychische), Beschreibung der Dysfunktion
- Wohnortwechsel, wohin und Verursachungsfaktor, wenn relevant
- Zeitangaben zum Weggang der Familienmitglieder aus dem Haus
- Unfälle und Verluste zusätzlich zu den oben genannten
- Fehlgeburten, Abgänge, Todgeburten und Kinder, die im Kleinkindalter starben

Berücksichtige ebenso:

- Berufe
- Besondere Interessen
- Ethnische Herkunft
- Religionszugehörigkeit
- Bildungsstand

Achte auf generationsübergreifende Parallelen wie:

- Namen
- Berufe, einschließlich Familienbetriebe
- Heiraten außerhalb der religiösen, rassischen, nationalen oder kulturellen Gruppe
- Scheidungen
- Uneheliche Kinder
- Auszeichnungen während der Ausbildung oder des Berufslebens
- Geschwisterfolge

B. *Beziehungsdaten*

Achte auf Muster wie:

- Balance in der Kernfamilie und mit der erweiterten Familie, einschließlich Allianzen und Ausgrenzungen. Bestehen von seiten der Kernfamilie balancierte Beziehungen zu beiden Zweigen der erweiterten Familie?
- Triangulationen
- Probleme von Männern/Frauen
- Krankheitsmuster
- Kommunikationsmuster
- Ansammlungen von Krisen/Dysfunktionen, besonders bei Verlusten
- Identifiziere etwa gleichzeitig auftretende Geburten und Todesfälle (innerhalb eines Jahres) und verfolge ihre Effekte
- Höre auf unausgesprochene Familienregeln und -bindungen, wenn die Familienmitglider ihre Interaktion beschreiben. Schreibe sie auf und ermutige die Familienmitglieder, sie zu diskutieren

Kramer (1985, S. 36, 40) empfiehlt, in ein Genogramm zwei Arten von Daten aufzunehmen, die sie als *faktische Daten* und *Beziehungsdaten* bezeichnet. Einen Überblick über die Daten, die nach dem Vorschlag dieser Autorin bei der Erstellung eines Genogramms zu berücksichtigen sind, vermittelt Tabelle 23.8.
Ein wesentlicher Vorteil der Sammlung von Familienrekonstruktionsdaten besteht darin, daß die betroffene Person dazu angeregt wird, in Kontakt mit noch lebenden Personen zu treten, um fehlende Informationen einzuholen. Dabei ist für sich bereits aufschlußreich, an welchen Stellen Informationslücken auftreten und welche Widerstände bestehen, mit bestimmten Familienmitgliedern Kontakt aufzunehmen.

Die Einsatzmöglichkeiten der Familienrekonstruktionsmethode sind sehr vielfältig. Sie kann primär zur Familiendiagnostik herangezogen werden und stellt dann eine wichtige Informationsquelle für das Vorgehen eines Familientherapeuten dar. Sie kann aber auch gezielt als eine Therapietechnik eingesetzt werden, wenn es darum geht, der betroffenen Person zu mehr Einsicht in ihre gegenwärtigen Beziehungsprobleme zu verhelfen. Auf diese Weise kann Familientherapie auch mit einer Person durchgeführt werden (vgl. Carter & Orfanidis 1976).

Eine weitere Möglichkeit zum Einsatz der Familienrekonstruktion besteht darin, sie im Rahmen von Seminaren mit Skulpturtechniken, Rollenspielen und Methoden des Psychodramas zu kombinieren. So können z. B. einzelne Phasen der generationenübergreifenden Familienentwicklung auf der Basis der Informationen, die von der jeweiligen Person selbst recherchiert und zusammengestellt wurden, in der Seminargruppe nachgespielt werden. Hawkins und Killorin (1979) haben ein derartiges Eintagesseminar zur Rekonstruktion der Ursprungsfamilie mit Erfolg erprobt.

Simulation von Familienentwicklungsprozessen

Ein weiteres Modell zur Aktivierung erfahrungsgeleiteten Lernens im Zusammenhang mit Familienentwicklungsprozessen besteht darin, im Rollenspiel die einzelnen Phasen der Familienentwicklung durchzuspielen. Dies kann einmal für eine *konkrete Familie,* etwa die Herkunftsfamilie eines der Rollenspieler, geschehen. Voraussetzung hierfür ist, daß die betreffende Person aus einer Gruppe einzelne Personen aussuchen kann, die in die Rolle ihrer Familienmitglieder (z. B. Eltern, Geschwister) schlüpfen. Des weiteren müssen die Rollenspieler mit einem Grundbestand an Informationen über die Personen, die sie spielen sollen, ausgestattet werden. An dieser Stelle bietet sich eine Brücke zur Methode der Familienrekonstruktion an.

Als nächstes können nun normative und nicht-normative Ereignisse, die im Laufe der Familienentwicklung dieser konkreten Familie aufgetreten sind, nachgespielt werden. Hierzu gehört etwa die Phase des Kennenlernens der Eltern; ihr Entschluß, eine feste Partnerschaft einzugehen oder zu heiraten; die Geburt des ersten Kindes, insbesondere die Geburt der betroffenen Person selbst und die Reaktionen, die dieses Ereignis bei den Eltern oder Geschwistern ausgelöst hat; der erste Tag im Kindergarten oder der erste Tag in der Schule und wie damit in der Familie umgegangen wurde; die erste längere Abwesenheit von zu Hause; die erste Verliebtheit und die Reaktionen der Eltern und Geschwister darauf; das erste selbstverdiente Geld; der Entschluß, aus dem Elternhaus auszuziehen und die Reaktionen der einzelnen Familienmitglieder hierzu; die Vorstellung des ersten Intimpartners im Elternhaus und wie damit umgegangen wurde usw.

Ein Vorteil dieses Vorgehens besteht darin, daß die einzelnen Phasen der Familienentwicklung an ganz konkreten Erfahrungen einer bestimmten Familie festgemacht werden können und somit für die Rollenspieler wie für die Beobachter dieser Sequenz von Familienszenarien auf eine höchst anschauliche Weise systemisches Denken vermittelt wird. In der Tat haben Autoren, die mit der Technik der Simulation von Familienentwicklung im Rollenspiel – insbesondere im Zusammenhang mit der Ausbildung von angehenden Familientherapeuten – gearbeitet haben, darauf hingewiesen, daß durch dieses Verfahren der Grad der Involviertheit der Trainees gehoben und ihre Ausbildungszeit verkürzt werden kann (vgl. Raasoch & Laquer 1979, Weingarten 1979). Darüber hinaus lassen sich durch diese Methode auch bestimmte Konzepte der familientherapeutischen Theorie anschaulich erfahrbar machen (vgl. Green & Saeger 1982, Liddle & Saba 1982). Als Beispiel hierfür sei das Konzept der *Triangulation* genannt, bei dem es nach Simon und Stierlin um die „Erweiterung einer konflikthaften Zweierbeziehung um eine dritte Person (z.B. Kind, Therapeut), die den Konflikt verdeckt und/oder verschärft" (1984, S. 366), geht. Dies kann etwa dadurch sichtbar werden, daß sich nach der Ankunft des ersten Kindes das Kommunikationsmuster der Eltern deutlich ändert oder ein Kind zum „identifizierten Patienten" gemacht wird, der die gesamte Aufmerksamkeit auf sich zieht und somit die Eltern auf der Partnerebene von ihren Beziehungsproblemen ablenkt.

Rollenspiel und Familie

Neben einer Sensibilisierung für Entwicklungsprozesse, die bei konkreten Familien ablaufen, besteht eine weitere Möglichkeit erfahrungsgeleiteten Lernens in der Rollenspielarbeit mit *simulierten Familien.* Fulmer (1983) hat hierzu Vorschläge für die Gestaltung eines entsprechenden Seminars gemacht.

Der wesentliche Punkt dieses Programms besteht darin, daß sich die Seminarteilnehmer, nachdem sie zunächst zu potentiellen Partnern und potentiellen Kindern bestimmt wurden, selbst zu Familien finden und dann den gesamten Familienentwicklungsprozeß im Rollenspiel durchlaufen. Fulmer (1983) hat diesen Entwicklungsprozeß in fünf Übungsabschnitte aufgeteilt, nämlich 1. Partnerwerbung und Heirat, 2. Vorbereitung auf die Geburt des ersten Kindes, 3. Geburt des Kindes und Kindererziehung, 4. die Ablösungsphase des Jugendlichen und 5. die Familie im Alter.

Diese Familienphasen werden vom Seminarleiter im Rahmen von Kurzvorträgen zunächst beschrieben. Dann folgt jeweils ein Übungsteil, in dem die Seminarteilnehmer „ihre" simulierte Familie entstehen lassen. Gleichzeitig werden die jeweiligen Beobachter angehalten, auf bestimmte Aspekte des verbalen und nonverbalen Kommunikationsverhaltens besonders zu achten. Da die Beobachter gleichermaßen Mitglieder einer simulierten Familie sind und umgekehrt, lernen die Seminarteilnehmer nicht nur, Familien „von innen" und „von außen" zu betrachten. Zugleich werden sie auch mit einer Vielfalt unterschiedlicher Formen familiären Zusammenlebens in vergleichbaren Phasen der Familienentwicklung konfrontiert.

Ein Vorzug dieses Programms, das sich unschwer auch auf weniger traditionelle Formen intimer Beziehungssysteme im Sinne des im ersten Abschnitt dargestellten psychologischen Familienbegriffs erweitern läßt, besteht in der Verknüpfung von instruktionsgeleiteten und erfahrungsgeleiteten Lernelementen. Es scheint dies ein vielversprechender Weg zu sein, familienwissenschaftliche Grundlagenforschung und Anwendungspraxis zu integrieren und somit den Weg für eine professionell betriebene Familienentwicklungspsychologie zu bahnen (vgl. Schneewind 1985b).

Teil V

Methoden der Entwicklungspsychologie

Kapitel 24

Daten, Dimensionen, Verfahrensweisen

Franz Petermann

Kapitel 24

Daten, Dimensionen, Verfahrensweisen

Franz Petermann

1. Einführung

Erinnern wir uns nochmals an die Aufgabenstellung der Entwicklungspsychologie, die im wesentlichen in der Beschreibung, Erklärung und Modifikation intraindividueller Veränderung gesehen werden kann. Moderne Methodologie und Forschungsmethodik der Entwicklungspsychologie muß sich deshalb in erster Linie mit der Abbildung *intraindividueller Veränderungen* beschäftigen. ,,Intraindividuelle Veränderung“ hat dabei in den verschiedenen Teilbereichen der Entwicklungspsychologie unterschiedliche Bedeutungen:

- Veränderung im Sinne von quantitativem Wachstum und allgemeinen quantitativen Veränderungen einer Variablen. Beispiel: Intelligenzwachstumskurve.
- Veränderung im Sinne qualitativer Veränderung (z.B. Differenzierung, Integration). Beispiel: Strukturveränderung im Bereich grammatikalischer Leistungen.
- Veränderung im Sinne komplexer Aufbauprozesse. Beispiel: Leistungsmotivation (,,Vorläufermotive“, etwa Selbständigkeit, kognitive Voraussetzungen, etwa Leistungsbeurteilung auf Gütemaßstab, Vergleich mit einem dort festgelegten Anspruchsniveau, internale Leistungserklärungen).
- Veränderung im Sinne der Veränderung von Zusammenhängen zwischen mehreren Variablen bei einer Person. Beispiel: Sozialentwicklung im Kleinstkindalter; *1. Phase:* vergleichbare Ausprägungen von aggressiven und prosozialen Verhaltensweisen (= positive Korrelation), *2. Phase:* alternativ ausgeprägtes Sozialverhalten (aggressives

und prosoziales Verhalten sind entgegengesetzt ausgeprägt; negative Korrelation).

Auf die angeführten Konzepte der Veränderung wird in verschiedenen Abschnitten des Kapitels unter methodischen Gesichtspunkten näher eingegangen. Dazu wird es erforderlich sein, noch ausführlicher als in den bisherigen Kapiteln über die Möglichkeiten der Datensammlung, die Formen des experimentellen Arbeitens in der Entwicklungspsychologie und die Ansätze der Datenanalyse zu berichten.

Im Gegensatz zu anderen Bereichen der Psychologie ist es in der Entwicklungspsychologie nur selten möglich, exakte Experimente durchzuführen. Der Entwicklungspsychologe beschäftigt sich bevorzugt mit der Abbildung von längeren Lebensphasen. Dies setzt in der Regel aufwendige Längsschnittstudien voraus, die sich über viele Jahre erstrecken. Hierbei betreibt der Entwicklungspsychologe prospektive Forschung mit dem Anspruch, Entwicklungsnormen abzuleiten (vgl. Abschnitt 2). Viele Kapitel dieses Buches beziehen sich jedoch auf „qualitative" Daten, die in der Regel in Explorationsstudien gewonnen wurden. Solche *qualitativen* Studien untersuchen z. B. die Bewältigungsversuche von Lebenskrisen, die Auswirkungen von kritischen Lebensereignissen oder das Einleben in neue kulturelle und soziale Umwelten. Bei diesen Studien kann man – wie generell in der Entwicklungspsychologie – die unabhängige Variable nicht frei variieren, sondern wird sich mit natürlich abzeichnenden Effekten näher auseinandersetzen. Häufig muß man sich darum bemühen, aus der Erinnerung eines Betroffenen einen Entwicklungsverlauf zu rekonstruieren. Diese Form der Datengewinnung nimmt in der Entwicklungspschologie an Bedeutung zu, da man sich immer komplexeren Zusammenhängen zuwendet. Die Entwicklungspsychologie macht sich damit ihrer Ursprünge stärker bewußt (vgl. Thomae & Petermann 1983; s. a. Abschn. 4).

Unter methodischen Gesichtspunkten wird das Kapitel zeigen, daß Entwicklungspsychologen immer komplexere und angemessenere Modelle zur Datenanalyse heranziehen. Die Ausführungen werden jedoch mit Überlegungen aus den 60er Jahren beginnen, in denen man sich mit der Quer- und Längsschnittuntersuchung auseinandersetzte. Über Quer- und Längsschnittuntersuchungen berichteten vorwiegend die Kapitel „Kindheit" (4) und „Jugend" (5). Diese Bemühungen führen einerseits zu einem bestimmten Muster, nach dem Daten erhoben werden müssen und andererseits zu einem statistischen Auswertungsmodell, das sich an der Varianzanalyse orientiert. Mit Hilfe von Quer- und Längsschnittstudien versucht die Entwicklungspsychologie zu erfahren, was altersangemessen ist und welche Komponenten an dieser Entwicklung beteiligt sind.

2. Datenerhebungsstrategien für die Gewinnung von Entwicklungsnormen

In Kapitel 5 wurde über eine neuere Untersuchung von Dusek und Flaherty (1981) berichtet, in der die Ergebnisse aus Längsschnitt- und Querschnittdaten gegenübergestellt wurden. Diese Autoren analysierten die Veränderungen des Selbstkonzeptes bei weiblichen und männlichen Jugendlichen; die Ergebnisse belegen für die längsschnittliche Betrachtung – bezogen auf einen Zeitraum von zwei bis drei Jahren – ein stabiles Selbstkonzept. Ein klarer Unterschied besteht jedoch zwischen Jungen und Mädchen. Dusek und Flaherty verglichen die Ergebnisse aus Quer- und Längsschnittuntersuchungen systematisch und konnten nur in den Querschnittdaten einen Alterseffekt feststellen. Diese Unterschiede, die durch das methodische Vorgehen mitbedingt sind, beschäftigen uns im folgenden.

Das grundlegende Interesse aller entwicklungspsychologischer Studien, die sich mit der intraindividuellen Veränderung auseinandersetzen, ergibt sich aus der Notwendigkeit, eine Beziehung zwischen Alter und Verhalten, Denken, Fühlen u.a. herzustellen. In diesen Studien geht es um die Suche nach dem Altersgemäßen bzw. der Entwicklungsnorm. Die Beantwortung dieser Frage führte zunächst zu der sehr einfachen Formel „Verhalten = Funktion des Alters". Diese Grundannahme wurde mit herkömmlichen Quer- und Längsschnittstudien geprüft. Selbstverständlich wollte man die Mängel aus Quer- und Längsschnittuntersuchungen vermeiden und hat in diesem Zusammenhang komplexe, multivariate Vorstellungen entwickelt, die Verhalten als Funktion von Alter, Kohorte (Generation) und Testzeit betrachten. Die traditionellen Konzepte von Quer- und Längsschnittuntersuchungen und die komplexen Vorstellungen von Schaie (1965ff.) werden im folgenden nacheinander referiert.

Querschnittuntersuchung

Eine Querschnittuntersuchung geht, formal betrachtet, von altersspezifischen Stichproben ($S_1 \ldots S_n$) der Altersstufen ($A_1 \ldots A_n$) aus. In Abgrenzung zur Längsschnittstudie werden bei Querschnittstudien Daten (z.B. Ergebnisse eines Leistungsmotivationstests) zu einem Zeitpunkt bei verschiedenen Altersgruppen (z.B. Schüler verschiedener Jahrgangsklassen) untersucht. Die Stichproben $S_1 \ldots S_n$ entstammen demnach verschiedenen Generationen (Kohorten). Geht man davon aus, daß den Stichproben z.B. unterschiedliche ‚Startbedingungen' und Sozialisationsbedingungen im Leben zuteil wurden, sagen die in der Querschnittstudie erzielten Ergebnisse nichts über die Entwicklung (z.B. des Leistungsmotivs) aus. Zusätzlich zu diesem Problem der

Vergleichbarkeit von Stichproben kann eine selektive Populationsveränderung auftreten (Petermann 1978). Eine selektive Populationsveränderung liegt vor, wenn z.B. durch das Kriegsgeschehen Hochleistungsmotivierte soziale Krisen eher ‚überleben' als Niedrigleistungsmotivierte, da sie einen stärker ausgeprägten ‚Lebenswillen' aufweisen. In dem gewählten Beispiel lassen sich damit keine zuverlässigen Angaben über die Genese des Leistungsmotivs machen, da Hochleistungsmotivierte in der Ausgangsstichprobe überrepräsentiert sind.

Ein weiteres Problem ergibt sich aus der für die einzelnen Stichproben unterschiedlichen Aussagekraft der Meßinstrumente. So kann ein Papier-Bleistift-Test (Fragebogen) bei älteren Menschen eine abschrekkende Wirkung haben, wodurch die Testergebnisse in einem anderen Licht erscheinen als die der Stichprobe der jüngeren.

Als sehr gewichtiges Problem ist die Konfundierung von Alter und Kohorte (Generation) anzusehen. Von einer Konfundierung spricht man, wenn die Einflüsse mehrerer Variablen nicht eindeutig in für die einzelnen Variablen spezifische Komponenten zerlegt werden können. Im vorliegenden Fall bedeutet dies, daß eine Angabe über die Kohorte auch eine Altersangabe impliziert. So bereitet es bei der Erklärung der Veränderung des Leistungsmotivs Schwierigkeiten, eine Veränderung auf die Variable „Alter" zurückzuführen. Mit derselben Berechtigung könnte man von Effekten der Kohorte (Generation) sprechen, da sowohl das Alter als auch die Stichprobe, an der die Ergebnisse gewonnen wurden, variiert. Durch die unterschiedlichen kulturellen und sozialen Einflüsse der Gesellschaft ist ein solcher Kohorteneffekt beachtlich und verhindert entscheidend, daß eine Entwicklungskurve aufgrund einer Querschnittstudie bestimmt werden kann.

Längsschnittuntersuchung

Die Querschnittstudie zeichnet sich durch ihre Ökonomie aus, die durch die Messung an nur einem Zeitpunkt bedingt ist. Längsschnittuntersuchungen gehen von einer Stichprobe (z. B. S_3) aus und untersuchen diese von $T_1 \dots T_n$. Diese Stichprobe stellt zu den Zeitpunkten $T_1 \dots T_n$ die Altersgruppe $A_1 \dots A_n$ dar.

Zentrale Probleme der Längsschnittstudie sind: Probleme der Stichprobengewinnung, systematische Drop-outs, Wahl der Entwicklungssequenz, allgemeine Testungsfaktoren (vgl. ausführlich Petermann 1978, S. 19ff., Bortz 1984, S. 443ff.). Wiederholte Erhebungen erfordern von seiten der Versuchsperson ein relativ hohes Engagement, sich den verschiedenen Tests über einen relativ langen Zeitraum zu unterziehen. Ein solches Interesse kann man bestimmt nicht grundsätzlich bei allen Versuchspersonen in gleichem Maße voraussetzen. Neben Desinteresse können auch äußere Gründe wie Wohnungswechsel, Schul- und Berufsortwechsel zum Ausscheiden führen. Wenn diese Ausfälle nun nicht zufällig stattfinden, sondern auf einem systematischen Faktor beruhen, der mit der abhängigen Variable in Zusammenhang steht, spricht man von einem selektiven Ausfall. Diese Selektivität ist zwar zahlenmäßig zu erfassen, jedoch kann man ihr im Rahmen der Versuchsplanung nur schwer entgegenwirken.

Beispiele für solche Verzerrungen stellt Abbildung 24.1 dar. Die Abbildung zeigt die unterschiedlichen Effekte aufgrund des Ausfalls von Versuchspersonen: Im ersten Beispiel fallen im Rahmen einer Intelligenzförderung (vgl. Rüppell & Rüppell 1976) alle weniger Intelligenten heraus, da sie die Lernvoraussetzungen für das Förderprogramm nicht mitbringen, von daher restlos überfordert sind und deshalb frühzeitig aufgeben. Vergleicht man nun die Mittelwerte vor dem Training mit denen nach dem Training, dann ergeben sich große Verzerrungen allein schon dadurch, daß diejenigen Schüler, die sich überfordert fühlten, vorher aufgaben. Zwangsläufig muß dann im Durchschnitt der zweite Mittelwert eine Verbesserung der Intelligenz anzeigen. Bei Nichtbeachtung der Tatsache, daß die weniger Intelligenten herausgefallen sind, könnte unter Umständen ein völlig wertloses Intelligenzförderungsprogramm als geeignet angesehen werden. Dieser Stichprobenfehler würde also zu ungerechtfertigten Schlüssen führen.

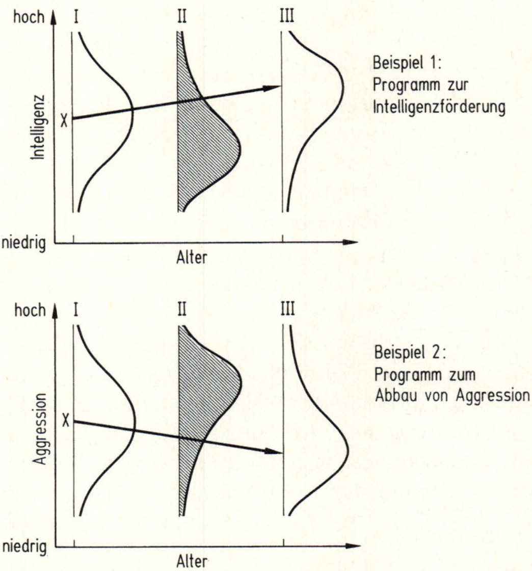

Abb. 24.1 Positiver und negativer Ausfall von Versuchspersonen bei Längsschnittstudien (I = Ausgangsverteilung, II = Verteilung der Ausfälle, III = Endverteilung)

Das zweite Beispiel in Abbildung 24.1 zeigt einen ähnlichen Effekt auf. Mit verhaltensauffälligen Kindern soll ein Training zum Abbau von Aggression durchgeführt werden (vgl. Petermann & Petermann 1984). Bei einem solchen Training kann es leicht vorkommen, daß die stark aggressiven Kindern ein Training längerfristig verweigern, da sie keine Lust mehr haben. Vergleicht man in diesem Fall die Mittelwerte vor und nach dem Training und bedenkt nicht den Stichprobenausfall, treten ähnliche Verzerrungen wie in Beispiel 1 auf.

Die Sequenzmodelle von Schaie

Nachdem die Fehlerquellen der Längsschnitt- und Querschnittstudie referiert wurden, stellt sich die Frage, in welcher Weise entwicklungspsychologische Veränderungen zu erfassen sind. 1965 machte Schaie den Vorschlag, die Quer- und Längsschnittmethode zu kombinieren, um damit die Fehlerquellen beider Ansätze zu minimieren. Schaies Absicht war zudem, den Altersbegriff durch diesen Ansatz zu präzisieren. Sein Modell berücksichtigte drei Faktoren:

$$V = f(A, K, T)$$

In Worten ausgedrückt: Entwicklung (oder Verhalten) ist eine Funktion von Alter, Kohorte (Generation) und Testzeit. Diese drei Komponenten erklärt Schaie wie folgt:

Alter (A): Die Variable ,,Alter“ umfaßt entwicklungsbedingte Einflüsse (neurophysiologische Prozesse), die sich zwischen der Geburt und dem Zeitpunkt der Verhaltensmessung eingestellt haben.

Kohorte (K): Die Variable ,,Kohorte (Generation)“ bezieht sich auf alle Umwelteinflüsse, die auf die Mitglieder einer Kohorte in gleicher Weise wirken. Formal wird dabei die Kohorte als Population angesehen, die in einem bestimmten Zeitintervall geboren ist.

Testzeit (T): Die Variable ,,Testzeit“ umfaßt die kulturellen, sozialen und historischen Einflüsse (Lebensbedingungen). Formal ist die Testzeit durch den Zeitpunkt der Messung gegeben.

Abbildung 24.2 versucht auf dem Hintergrund der Dreigliederung in die Komponenten Alter, Kohorte und Testzeit eine Einordnung der Längs- und Querschnittmethode in das allgemeine Entwicklungsmodell von Schaie. Dabei wird nochmals die Aussage der Querschnittstudie deutlich: Eine beobachtete Querschnittdifferenz (Q_d) setzt sich aus der Altersdifferenz (A_d) und der Kohortendifferenz (K_d) zusammen. Die Längsschnittdifferenz (L_d) wird hingegen aus der Altersdifferenz (A_d) und Testzeitdifferenz (T_d) gebildet.

Bisher noch nicht erwähnt wurde die in Abbildung 24.2 eingezeichnete Zeitwandelmethode, die eine Gruppe von Gleichaltrigen vergleicht, um so den Einfluß von sich wandelnden kulturellen, sozialen und histo-

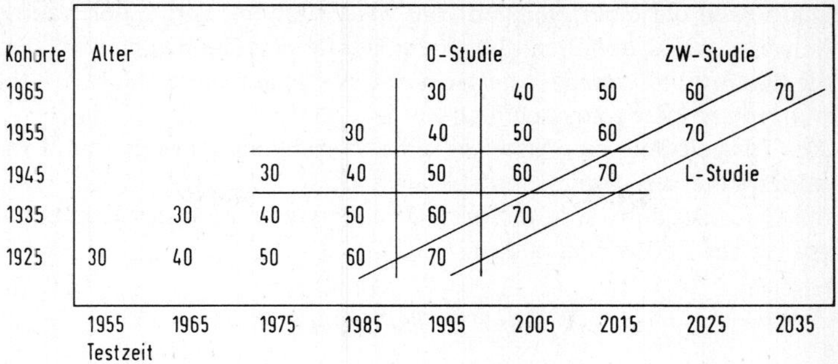

Abb. 24.2 Einordnung der Querschnitt- und Längsschnittmethode in das Schaie-Modell

rischen Bedingungen auf das Verhalten zu prüfen: Zeitwandeldifferenz (ZW_d) = Testzeitdifferenz (T_d) + Kohortendifferenz (K_d).

Die Aussagen ($Q_d = A_d + K_d$; $L_d = A_d + T_d$; $ZW_d = T_d + K_d$) nahm Schaie als Grundlage, um Alter, Kohorte und Zeit zu isolieren, die in den einzelnen Aussagen konfundiert sind. Schaie beabsichtigt, unter experimenteller Kontrolle der Kohorte und der Testzeit den Alterseffekt zu bestimmen. Formt man die eben angeführten Gleichungen um, dann ergibt sich:

$A_d = Q_d - K_d$; unbekannt bleibt: K_d . K_d ist aber
$K_d = ZW_d - T_d$; unbekannt bleibt: T_d . T_d ist aber
$T_d = L_d - A_d$.

Jetzt läßt sich A_d bestimmen:

$$A_d = \frac{Q_d - ZW_d + L_d}{2}$$

Analog lassen sich auch die Testzeit- und die Kohortendifferenzen ausdrücken:

$$T_d = \frac{L_d - Q_d - ZW_d}{2} \qquad K_d = \frac{Q_d + ZW_d - L_d}{2}$$

Man erkennt aus dem Rechenbeispiel, daß durch die Kombination der beschriebenen Methoden (Längsschnitt, Querschnitt und Zeitwandel) eine bessere Bestimmung der Effekte möglich ist, als es die konventionellen Verfahren gestatten. Da die Variablen ,,Alter", ,,Kohorte" und ,,Testzeit" wechselseitig abhängig sind, kann immer nur eine Variable kontrolliert werden. Demzufolge schlägt Schaie eine sequentielle Strategie der Datenerhebung vor. Der Begriff ,,Sequenzmodell" ergibt sich deshalb, weil die Überlegungen vom wiederholten Einsatz der traditionellen Verfahren ausgehen. Schaie schlägt im einzelnen vor:

- die Kohorten-Sequenz-Analyse (eine Verallgemeinerung des Erhebungsplanes der Längsschnittstudie);
- die Testzeit-Sequenz-Analyse (eine Verallgemeinerung des Erhebungsplanes der Querschnittstudie) und
- die Quer-Sequenz-Analyse (eine Verallgemeinerung des Erhebungsplanes der Zeitwandelstudie).

Kohorten-Sequenz-Analyse

Bei der Kohorten-Sequenz-Analyse untersucht der Entwicklungspsychologe mindestens zwei Kohorten (K_2 und K_3) an mindestens zwei aufeinanderfolgenden Altersstufen A_1 und A_2 (vgl. dazu den Minimalplan der Kohorten-Sequenz-Analyse in Abb. 24.3).

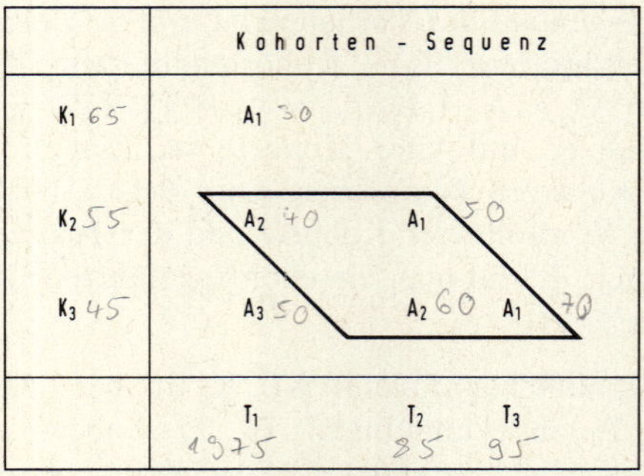

Abb. 24.3 Minimalplan einer Kohorten-Sequenz-Analyse (aus Petermann 1978, S. 48)

Die Kohorten-Sequenz-Analyse bestimmt unabhängig voneinander Alters- und Kohorteneffekte im Sinne von Haupteffekten bei einer varianzanalytischen Auswertung. Ein Effekt einer Kohorte wäre durch den kulturellen Wandel in einer Gesellschaft denkbar, der bestimmte menschliche Fähigkeiten vervollkommnet und somit sich z. B. in der gemessenen Intelligenz niederschlägt. Die so erzielten Effekte sind nur eindeutig zu interpretieren, wenn $T_d = O$. Die Annahme ($T_d = O$) geht jedoch davon aus, daß die Lebensbedingungen für die psychische Entwicklung unbedeutend oder konstant sind, was sich kaum stützen läßt.

Testzeit-Sequenz-Analyse

Die Testzeit-Sequenz-Analyse beschreibt mindestens zwei Altersstufen (A_1 und A_2) an mindestens zwei aufeinanderfolgenden Zeiten (T_1 und

T_2). Abbildung 24.4 stellt den Minimalplan einer Testzeit-Sequenz-Analyse grafisch dar.

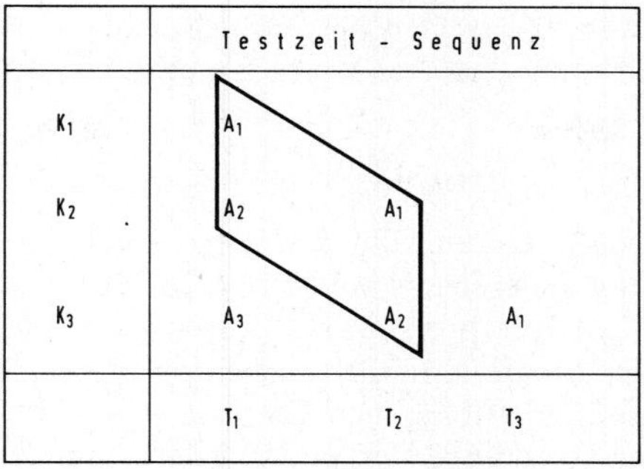

Abb. 24.4 Minimalplan einer Testzeit-Sequenz-Analyse (aus Petermann 1978, S. 48)

Die Testzeit-Sequenz-Analyse bestimmt unabhängig voneinander Testzeit- und Alterseffekte (im Sinne varianzanalytischer Haupteffekte). Die so erhaltenen Effekte sind nur eindeutig zu interpretieren, wenn $K_d = O$. Eine solche Annahme wäre gerechtfertigt, wenn man annimmt, daß keine genetischen Änderungen zwischen den Kohorten oder kohortenspezifische Umweltveränderungen auftreten.

Quer-Sequenz-Analyse

Die Quer-Sequenz-Analyse beschreibt mindestens zwei Kohorten (K_2 und K_3) an mindestens zwei aufeinanderfolgenden Zeiten (T_1 und T_2). Abbildung 24.5 stellt den Minimalplan einer Quer-Sequenz-Analyse grafisch dar.

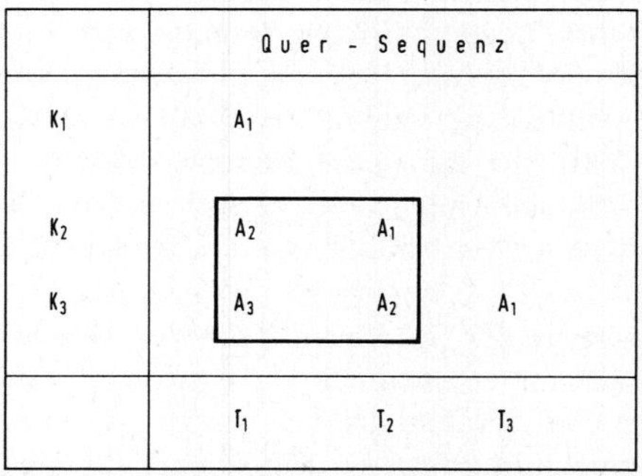

Abb. 24.5 Minimalplan einer Quer-Sequenz-Analyse (aus Petermann 1978, S. 48)

Aufgrund der Quer-Sequenz-Analyse erhält man Testzeit- und Kohorteneffekte unabhängig voneinander, im Sinne von varianzanalytischen Haupteffekten. Die Effekte können nur dann als eindeutig angesehen werden, wenn $A_d = O$. Eine solche Annahme ist gerechtfertigt, wenn man entwicklungsbedingte Veränderungen ausschließt.

Kritische Einschätzung der Sequenzmodelle

Die Sequenzmodelle stellen einerseits eine Anleitung für die Datensammlung dar und andererseits implizieren sie auch ein Erklärungsmodell. Die inhaltliche Interpretation der Variablen des allgemeinen Entwicklungsmodells könnte sicherlich Gegenstand einer Diskussion sein (vgl. Alter = neurophysiologische Einfüsse usw.). Problematisch erscheint vor allem die additive Verknüpfung der Variablen und damit die Annahme, daß Effekte des Alters, der Kohorten und der Testzeit auf einer Dimension liegen. Auf diese formale Kritik soll jedoch nicht weiter eingegangen werden, da es schon auf der inhaltlichen Ebene eine Vielzahl von Problemen gibt, die Schaies Ansatz kritikwürdig erscheinen lassen. Zur Abschätzung des Erklärungswertes der Sequenzmodelle muß man sich vor Augen führen, daß Alter eine chronologische/physiologische (nicht-psychologische) Variable darstellt, deren Bedeutung sich erst durch das Auffinden von altersbezogenen Bedingungen und Prozessen einstellt. Man kann zwar durch eine solche Analyse zu Normen kommen, die auf dem Alterskontinuum abgetragen werden, aber die erzielten Ergebnisse können nur schwer interpretiert werden. Baltes et al. (1977) bezweifeln in diesem Zusammenhang, daß Alter und Kohorte überhaupt unabhängig voneinander gesehen werden können. Die vergleichbare Aussagerichtung von Kohorte und Alter ergibt sich, wenn man unterstellt, daß neben der Geburt weitere lebensgeschichtliche Ereignisse (wie Kriege, wirtschaftliche Depressionen), biologische oder psychologische Kennzeichen (Familienkonstellationen) im Vordergrund stehen. So betrachtet liegen bei Kohortenmitgliedern im gleichen Zeitintervall dieselben Erfahrungen vor. Die Kohorten-Variable ist, wie die Alters-Variable, keine experimentell manipulierbare Variable, sondern eine gefundene Variable, die an die Person gebunden ist. Mit anderen Worten: Man kann eben nicht eine Versuchsperson das erste Mal im Alter von 25 Jahren und anschließend im Alter von 15 Jahren untersuchen.

Der Erklärungswert der Sequenzmodelle von Schaie fällt dann vollkommen in sich zusammen, wenn die Unterschiede zwischen den Personen einer Kohorte größer sind als die zwischen den Kohorten (auf der Ebene von Gruppenmittelwerten). Ein solcher Zustand bedeutet, daß eine Person der Kohorte 1 mehr den Mitgliedern der Kohorte 2 ähnelt als ihren eigenen Kohortengenossen. Diese weite Streuung in der Kohorte könnte dann nicht mehr interpretiert werden, da es offensichtlich Untergruppen in der Kohorte gibt, die sich in ihren Einflüssen und Erfahrungen grundsätzlich unterscheiden. In einem solchen Fall muß man entsprechend homogene Untergruppen von Personen bilden, die sich in ihrem Verhalten ähnlich sind. Bei Personen, die stark abweichen, muß man auch in Erwägung ziehen, diesen ,,Sonderfall" separat zu betrachten. Die Analyse solcher interessanter Einzelfälle ist ein neuer und zugleich sehr ursprünglicher Forschungszugang in der Entwicklungspsychologie.

3. Experimentelle und quasi-experimentelle Ansätze

Experimentelle Ansätze

Wohlwill (1977) unterscheidet vier Formen des Experiments nach ihrer Anlage und Bedeutungshaltigkeit für die Entwicklungspsychologie:

1. experimentelle Untersuchung von nicht-entwicklungspsychologischen Phänomenen (z. B. experimentalpsychologische Arbeiten an Kinderstichproben, die zu belanglosen Ergebnissen für die Entwicklungspsychologie führen);
2. experimentelle, nicht-entwicklungspsychologisch orientierte Untersuchungen von Problemen der Entwicklung (z. B. Untersuchungen über die Formorientierung kleiner Kinder, siehe im Detail bei Wohlwill 1977);
3. im Labor durchgeführte Simulation von Entwicklung (vgl. Ansätze des operanten Konditionierens -sensu Skinner- in der Entwicklungspsychologie, den funktionalen Ansatz von Bijou & Baer (1963), Ansätze zur Interventionsgerontologie von Plemons et al. (1979), allgemeines kontrolliertes Erfahrungslernen und jegliche Art von Interventionsstudien u. a. von Petermann & Petermann (1984));
4. die experimentelle Kontrolle von Erfahrung.

Das experimentelle Vorgehen unter Punkt 4.) entspricht am ehesten den traditionellen Vorstellungen von entwicklungspsychologischer Forschung, da im Gegensatz zu Punkt 3.) nicht starr festgelegte Abfolgen von Stimuli, sondern Effekte analysiert werden, die über einen ausgedehnten Entwicklungsabschnitt aufgrund von Erfahrungsbedingungen zu verzeichnen sind (vgl. z. B. Erfassung und Analyse von Komponenten des Erwerbs von Fertigkeiten der Konversation in der natürlichen Umgebung). Die Ansätze untersuchen komplexe Verhaltensweisen, wobei als unabhängige Variablen idealerweise betrachtet werden:

A = Alter zum Zeitpunkt des Erfahrungsbeginns
T = Testzeitpunkt
D = Erfahrungsdauer

Dieser traditionell entwicklungspsychologische Forschungszugang hat sich zwar bewährt, jedoch soll im weiteren der von Wohlwill (1977) in die Diskussion gebrachte Aspekt der ,,Simulation von Entwicklung" und das ,,ökologische Experiment" von Bronfenbrenner (1978) näher dargestellt werden. Obwohl es sich hierbei nicht mehr um ganz neue Überlegungen handelt, sollen sie vertieft werden, in der Hoffnung, daß sie zukünftig stärker im Forschungsalltag berücksichtigt werden.

Simulation von Entwicklung

Vorweg muß darauf hingewiesen werden, daß der Begriff ,,Simulation" in unterschiedlicher Weise interpretiert werden kann. So kann man einerseits die reale Simulation von Entwicklung z.B. durch Trainings- und Interventionsstudien (vgl. Petermann & Petermann 1984, Plemons et al. 1979) und andererseits die Computersimulation (vgl. Markus & Zajonc 1977, Ueckert, 1983) darunter fassen. Da hinsichtlich der Aussagefähigkeit von Computersimulationsstudien bislang noch sehr wenig Anhaltspunkte vorliegen, genügt es, die reale Simulation vorzustellen.

Die reale Simulation möchte Veränderungen im Labor erzeugen. Sollte ein reines Laborexperiment nicht möglich sein, was der Normalfall sein dürfte, begnügt sich dieser Ansatz damit, das einzelne Kind eine gewisse Zeit unter entsprechend kontrollierten Bedingungen zu untersuchen. Ein sehr frühes Anwendungsbeispiel stellt die Untersuchung des Diskriminationslernens spiegelbildlicher Darstellungen von Bjou und Baer (1963) dar, die damit einen Beitrag zur funktionalen Analyse der Lesefertigkeit leisten konnten. In dieser Untersuchung verwendeten Bijou und Baer systematisch ausgebaute Stimulussequenzen, wobei zu einer Vorlage aus einer Serie von fünf Formen die jeweils passende auszuwählen war.

Die experimentelle Simulation bietet anhand engumgrenzter Stimuli eine Möglichkeit, für einen kurzen Zeitraum auf den Verlauf von Entwicklungsprozessen einzuwirken, indem man durch fördernde Stimuli einen ‚Entwicklungsschub' induziert. Durch dieses Einwirken läßt sich eine Aussage über den Entwicklungsverlauf machen, die für viele Fragestellungen nützlich erscheint (vgl. z.B. das vorwiegende Anwendungsgebiet: die Sozialentwicklung). Problematisch ist dieser Ansatz dann, wenn man davon ausgeht, daß der auf diese Weise abgebildete Kurzzeitprozeß repräsentativ für einen langfristigen stehen soll. Eine solche Vergleichbarkeit von kurz- und langfristigen Prozessen darf nur in den wenigsten Fällen, wenn überhaupt, als plausibel angesehen werden.

Die Konzeption des ökologischen Experiments (nach Bronfenbrenner)

Geht man davon aus, daß für die Entwicklungspsychologie vorwiegend komplexe Prozesse von Interesse sind, muß man sich entscheiden, ob man a) mehr oder weniger exakte Experimente (oder Quasi-Experimente) plant und die so erzielten Ergebnisse aus einer zwangsläufig begrenzten Sicht unter Umständen ungerechtfertigterweise auf langfristige entwicklungspsychologische Prozesse überträgt oder b) die Genauigkeit des experimentellen Vorgehens in den Hintergrund stellt und dafür etwas mehr an komplexer Realität „einfängt". Sollte man sich für Fall b) entscheiden, bietet sich die Konzeption des ökologischen Experiments von Bronfenbrenner (1978) an. Diese Konzeption steht im Gegensatz zu den Ausführungen des vorherigen Abschnitts und wäre am ehesten im Rahmen von Wohlwills Klassifikation von Experimenten mit der Form 4.) in Einklang zu bringen.

Bronfenbrenner stellt der Künstlichkeit der herkömmlichen experimentellen Entwicklungspsychologie die Forderung gegenüber, naturalistische und experimentelle Vorgehensweisen unter besonderer Berücksichtigung des Einflusses von Umweltvariablen zu verschmelzen. Für diese kombinierte Sichtweise führt er die Bezeichnung „Ökologie der menschlichen Entwicklung" ein.

Die von Bronfenbrenner besonders betonte Variable „Umwelt" läßt sich in verschiedene Systeme aufgliedern, wie z. B. das unmittelbar für das Zusammenleben relevante Mikrosystem (Heim, Schule, Arbeitsplatz u. a.), das Mesosystem, das die Beziehung zwischen Mikrosystemen bezeichnet oder das Makrosystem, das umfassende Zusammenhänge integriert, die z. B. Mikro- und Mesosystem entscheidend bestimmen (vgl. auch Kapitel 2).

Nach Bronfenbrenner bezieht sich die ökologische Validität „auf das Ausmaß, in welchem die von Subjekten in seiner wissenschaftlichen Untersuchung erfahrene Umwelt die Merkmale aufweist, die sie nach Vermutungen oder Annahmen des Forschers besitzt" (1978, S. 38). Das ökologische Experiment, das sich auch hinsichtlich grundlegender Forderungen, wie der nach der gleichberechtigten Wechselseitigkeit von Forscher und Forschungsobjekt, vom klassischen Experiment unterscheidet, versucht folgenden Anspruch zu erfüllen:

> „. . . die fortlaufende Anpassung zwischen dem sich entwickelnden menschlichen Organismus und seiner Umwelt mit Hilfe der systematischen Gegenüberstellung zweier oder mehrerer Umweltsysteme oder ihrer strukturellen Komponenten zu erforschen" (Bronfenbrenner 1978, S. 40).

Eine abschließende Bewertung der Konzeption Bronfenbrenners kann nicht erfolgen, da nicht abgeschätzt werden kann, inwieweit die angenommene komplexe Abbildung von entwicklungspsychologischen Prozessen möglich ist.

Einzelfallstudien

Neben exakt geplanten Experimenten (Laborexperiment, d.h. der Simulation von Entwicklung) und dem ökologischen Experiment nach Bronfenbrenner eignen sich für die Analyse von Einzelfällen sogenannte *Zeitreihenexperimente* (Campbell & Stanley 1970). Unter einem Zeitreihenexperiment versteht man die detaillierte Abbildung einer Person in ihrer Entwicklung; man nennt aus diesem Grund das Vorgehen auch N = 1-Methode oder die Durchführung einer Einzelfallstudie. Wesentlich bei diesem Vorgehen ist die Annahme, daß entwicklungspsychologische Analysen sensibler durch die Betrachtung einer einzelnen Person als durch Gruppenbetrachtungen durchgeführt werden können. Ein historischer Beleg für diese Position stammt von Shuttleworth aus dem Jahre 1937 und wurde schon zu Beginn des fünften Kapitels vorgestellt (vgl. auch dort Abb. 5.2 und 5.3).

Shuttleworth untersuchte, wie schnell fünf Mädchen über einen längeren Zeitraum hinweg wuchsen. Er erstellte dabei für jedes Mädchen eine Kurve, die angab, wieviele Zentimeter das Größenwachstum innerhalb eines festgelegten Zeitintervalls betrug. Diese individuellen Kurven wurden mit einer gemittelten (prototypischen) Kurve verglichen. Es zeigte sich, daß keine individuelle Kurve mit der über das Alter gemittelten Kurve übereinstimmte, und die individuellen Kurven durch die gemittelte (prototypische) jeweils unter- oder überschätzt wurden (vgl. die Abb. 5.2 und 5.3).

Die hohe Spezifität einiger entwicklungspsychologischer Aussagen und damit verbunden die geringe Möglichkeit der Verallgemeinerung von Entwicklungsverläufen läßt für eine Reihe von Fragestellungen Einzelfallstudien als angebracht erscheinen. Die Kurvenverläufe von Shuttleworth zeigten, daß durch die Mißachtung der interindividuellen Unterschiede bei der Mittelung der Kurven eine Aussage über intraindividuelle Veränderungen verzerrt wird.

Die Durchführung einer Einzelfallbetrachtung ist an einige Vorbedingungen geknüpft, die sich am deutlichsten bei der Versuchsplanung erkennen lassen. Eine Einzelfallbetrachtung ist nur bei einer ausreichenden Anzahl von wiederholten Messungen und klar definierten Einflußfaktoren (Treatments, kritischen Lebenseinflüssen u.ä.) möglich. Für den Einsatz der meist aufwendigen Auswertungsverfahren, wie die Zeitreihenanalyse (s.u.), sind über 50 Meßwiederholungen pro Person notwendig (Barlow & Hersen 1977, Bortz 1984, Roth 1985).

Das Plädoyer für eine Einzelfallbetrachtung bedeutet nicht, daß die Datenerhebungsstrategie von einer einzigen Person ausgehen muß. Der Begriff „Einzelfall" bezieht sich vielmehr auf die Tatsache, daß man bei der Analyse von Veränderungen von einer einzigen Untersuchungseinheit ausgeht. Was im Detail als Untersuchungseinheit angesehen wird, ist damit noch nicht festgelegt, obwohl ca. 90% aller Einzelfallstudien sich mit der Analyse des Verhaltens einer einzelnen Person beschäftigen.

Es ist jedoch für einige Fragestellungen der Entwicklungspsychologie vorteilhaft, eine Gruppe (z. B. eine Schulklasse, die Familie u. ä.) oder ein Setting (z. B. die Wohnung, den Spielplatz, den Arbeitsplatz u. ä.) als Untersuchungseinheit zu wählen. Allgemeiner formuliert: Für die Einzelfallbetrachtung ist eine Untersuchungseinheit dadurch gegeben, daß ein aufgrund der Fragestellung nicht mehr teilbarer und in sich homogen zu behandelnder Analyseaspekt vorliegt.

Eine statistische Auswertungsmöglichkeit von Einzelfallstudien bietet die sogenannte *Zeitreihenanalyse* (vgl. zur Methodik Petermann 1978, Huber 1985). In der psychologischen Forschung hat vor allem Holtzman (1977) die statistische Zeitreihenanalyse eingeführt. Holtzman weist in seiner Arbeit nach, daß sich jede Beobachtung im zeitlichen Verlauf in drei Komponenten gliedern läßt; diese Komponenten sind, vereinfacht formuliert,

1. *der Entwicklungstrend,* d. h. eine eindeutige Änderung in eine Richtung (z. B. verbesserte Diskriminationsfähigkeit oder Problemlösefähigkeit),
2. *Entwicklungsschwankungen* eines Entwicklungstrends (z. B. zulässigerweise besonders gut oder schlecht gelungene Problemlösungen) und
3. *Meßfehler* aufgrund von Mängeln in der Datengewinnung.

Die Zeitreihenmodelle lassen sich aufgrund der unterschiedlichen Meßwertzerlegung in deterministische und stochastische Beschreibungsformen gliedern. Von deterministischen Beschreibungen spricht man beim Vorliegen folgender Beziehungen: $V = f(A)$. Man geht bei deterministischen Aussagen, hier der Beziehung zwischen Verhalten und Alter, davon aus, daß nach der Bestimmung des Funktionstyps (f) die Beziehung zwischen zwei oder auch mehr Variablen eindeutig festgelegt ist. Bei stochastischen Beschreibungsformen – formal wie folgt dargestellt: $V = f(A) + e$ – geht man dagegen davon aus, daß die Beziehung zwischen Verhalten und Alter auch nach der Bestimmung des Funktionstyps (f) nur dann eindeutig bestimmbar ist, wenn der Fehlerwert (e) bekannt ist. Die durch diesen Fehlerwert umschriebenen Einflüsse von unbekannten Störfaktoren dürften jedoch nie eindeutig bestimmbar sein. Auf diesem Hintergrund erscheinen deterministische Modelle für psychologische Fragestellungen in dem vorliegenden Themenbereich nicht adäquat, da eine große Anzahl unbekannter Störfaktoren auftreten kann. Von daher sind stochastische Modelle zur Beschreibung angemessen.

Eine entwicklungspsychologische Untersuchung, in der Entwicklungssequenzen von zwei Kindern der Altersspanne von 1;4 bis 7;3 Jahren betrachtet wurden, stammt von Petermann (1983b). In dieser Studie wurden Filmdokumente, die in systematischer Weise am Psychologischen Institut der Universität Bonn erstellt wurden, mit Hilfe der Zeitreihenanalyse ausgewertet. Das Filmmaterial zeigt zwei Mädchen in Jahresabständen, wie sie Aufgaben aus dem Bühler-Hetzer-Test bearbeiten. Die an die Kinder gestellten Anforderungen sind dadurch standardisiert und altersangemessen. Das gefilmte Verhalten wurde deshalb in 63 bzw. 71 Untereinheiten gegliedert, um die mögliche Differenziertheit des Entwicklungsverlaufes zu erfassen. Hätte man nur wenige Einschätzungen herangezogen, dann wären Zufallsschwankungen überbewertet worden und ein verzerrter Entwicklungstrend wäre die Folge gewesen. Für die Anwendung der Zeitreihenanalyse ist eine solch große Zahl von Einschätzungen unbedingt erforderlich, um präzise Veränderungen im Einzelfall beschreiben zu können. Durch eine so große Anzahl von Einschätzungen lassen sich einzelne Fehlurteile in der Schätzung des Entwicklungstrends eliminieren (vgl. Petermann 1978). Die nachfolgende Abbildung gibt ein Beispiel bezüglich der Differenziertheit einer Einzelfallaussage:

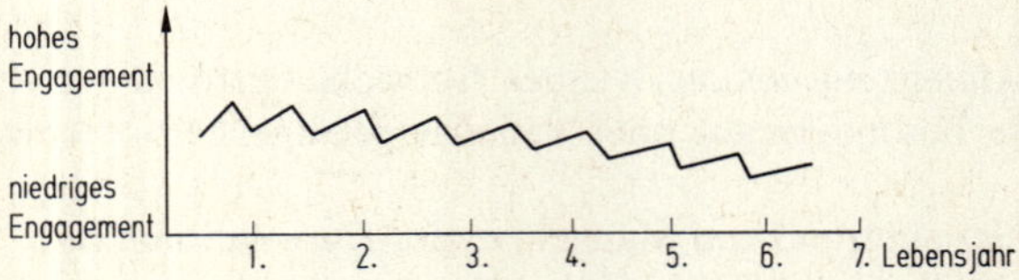

Abb. 24.6 Entwicklung des Engagements bei Kind E vom ersten bis siebten Lebensjahr (Petermann 1983b, S. 262)

Unter Kenntnis der ersten beiden Filme (d.h. der Verhaltensweisen im zweiten und dritten Lebensjahr) wurden Hypothesen über die weitere Entwicklung der Kinder erstellt und diese getrennt für jedes Kind nach den folgenden vier Verhaltensdimensionen von Thomae (1968) festgelegt.

a) *Hohe Aktivität vs. niedrige Aktivität:* Gegensatzpaar ,,Ruhe" vs. ,,ständige, nach außen sichtbare Aktivität";
b) *Geringes Engagement vs. hohes Engagement*: ,,weitgehende emotionale Isolierung von der sachlichen Situation" vs. ,,enge Bindung an die momentane Situation bzw. Tätigkeit";
c) *Negative Tönung vs. positive Tönung*: ,,die Situation ist stark durch Unlustgefühle beeinträchtigt; sie wird eher abgelehnt als gesucht" vs. ,,die Situation ist vor allem durch positive Gefühle bestimmt";
d) *Verschlossenheit vs. Offenheit:* ,,Nichterfassen des Aufforderungscharakters der Situation und der zweckmäßigen Mittel zu ihrer Bewältigung" vs. ,,Sehr gutes Erfassen des Aufforderungscharakters der Situation und der zweckmäßigen Mittel zu ihrer Bewältigung".

Für beide Kinder konnten präzise fallspezifische Vorhersagen erstellt werden, die zutrafen. Somit konnte über die Filmdokumente die Entwicklung aufgrund von Verhaltenskategorien bewertet und genau mittels der Aspekte „Entwicklungstrend" und „Entwicklungsschwankung" beschrieben werden. Dadurch ließen sich Formen der motorischen Aktivität oder Impulsivität in allen Entwicklungsabschnitten wiederfinden.

Verfahren zur Kausalanalyse

Neben den Problemen der Beschreibung und des Nachweises von intraindividuellen Veränderungen, die einleitend als ein grundlegendes Problem der Entwicklungspsychologie genannt wurden, ist die *Analyse von Wirkungszusammenhängen* eine weitere wichtige Problemstellung der Entwicklungspsychologie. Hierbei handelt es sich deshalb um eine bedeutsame methodische Fragestellung der Entwicklungspsychologie, da gerade in diesem Bereich der Psychologie nicht-experimentielle Arbeiten einen großen Anteil aufweisen. Zur Erinnerung sei darauf hingewiesen, daß nicht-experimentelle Arbeiten solche sind, deren Effekte (unabhängige Einflußgrößen) nicht manipuliert werden können. Man muß also die naturgegebenen Effekte betrachten und reanalysieren. Eine einfache Kenngröße zur Datenbeschreibung stellen Korrelationsgrößen oder vergleichbare Zusammenhangsmaße (z.B. Übergangswahrscheinlichkeiten) dar. Die bislang vorwiegend kausale Interpretation von Korrelationen kann als äußerst unangemessen bezeichnet werden, um Wirkungszusammenhänge zu postulieren. Eine Korrelation zwischen zwei Merkmalen enthält keine Angabe darüber, ob Variable A Variable B oder Variable B Variable A verursacht. Die Korrelation ist lediglich ein beschreibendes Maß, das die Höhe eines Zusammenhanges angibt, aber keine Aussage über Ursachen zuläßt, da sehr viele Variablen einen Beitrag an der Korrelation besitzen und deren Einflüsse nicht kontrolliert werden können.

In der Entwicklungspsychologie nimmt die Frage nach dem möglichen Zusammenwirken von bestimmten Erscheinungsformen des Lebens eine große Rolle ein. Unter der methodischen Sichtweise ist in diesem Zusammenhang zu fragen, welche Voraussetzungen idealerweise gegeben sein sollten, um z.B. von einem empirisch gesicherten negativen Einfluß der sozialen Deprivation auf den weiteren Entwicklungsverlauf zu sprechen. Die Bestimmung eines solchen Wirkungszusammenhangs kann nur schwer laborexperimentell erfolgen, da Langzeiteffekte dadurch kaum zu bestimmen sind.

Wir werden im folgenden vier kausalanalytische Auswertungsverfahren vorstellen, die in der Entwicklungspsychologie angewandt werden:
- die Sequenzanalyse von Sackett;
- die Cross-lagged Panel Analysis;

- die Pfadanalyse und
- die linearen Strukturgleichungsmodelle.

Allen Verfahren ist gemeinsam, daß sie mit Hilfe von wiederholten Datenerhebungen pro Person einen Aufschluß über die kausale Abhängigkeit von Variablen geben wollen.

Sequenzanalyse von Sackett

Nicht nur eine Entwicklung über längere Lebensabschnitte, sondern auch zeitlich engumgrenzte Interaktionen im sozialen Umfeld verlangen kausalanalytische Auswertungsverfahren, die für die Entwicklungspsychologie geeignet sind. Der Entwicklungspsychologe Sackett stellte 1980 ein Verfahren vor, mit dem man das Interaktionsverhalten mehrerer Personen (z.B. zwischen Mutter und Kind) genauer untersuchen kann. Es handelt sich dabei um die Berechnung von Übergangswahrscheinlichkeiten, wobei in der Interaktionsfolge mehr als ein vorausgehendes bzw. nachfolgendes Ereignis berücksichtigt wird.

Dieses Vorgehen wurde von Petermann (1985) zur Analyse der Vertrauensentwicklung zwischen Kindern und Erziehern in einer Freizeiteinrichtung herangezogen. Dabei wurde geprüft, welche Erzieherverhaltensweisen am ehesten in der Lage sind, vertrauensvolles Verhalten bei Kindern aufzubauen. Die Handlungsweisen der Erwachsenen und die Reaktionen der Kinder wurden anhand von 100 Interaktionssequenzen analysiert. Bestimmte Verhaltensweisen der Erzieher, wie das Erfragen selbstexplorativer Äußerungen, positives und ruhiges Verhalten fördern eindeutig vertrauensvolles Verhalten beim Kind.

Bei der Analyse von Sackett (1980) wird die Grundwahrscheinlichkeit, mit der jedes beobachtete Verhalten auftritt, mit den Übergangswahrscheinlichkeiten zwischen den jeweiligen Verhaltenskategorien (im Beispiel: das Verhalten des Kindes) in Beziehung gesetzt. Übergangswahrscheinlichkeiten sind als bedingte Wahrscheinlichkeiten zu verstehen, d.h. die Übergangswahrscheinlichkeit eines positiven Erzieherverhaltens A zu einer vertrauensvollen Kindreaktion (B) bedeutet statistisch die Wahrscheinlichkeit von B unter der Bedingung von A. Ist die Übergangswahrscheinlichkeit größer als die Grundwahrscheinlichkeit von B, dann kann geschlossen werden, daß A einen fördernden Einfluß auf B ausübt, ist sie geringer als die Grundwahrscheinlichkeit von B, so wird auf einen hemmenden Einfluß geschlossen.

Das Verfahren von Sackett (1980) geht von dem *„lag"-Konzept* aus, mit dem man Interaktionsketten auf Verlaufsmuster hin untersuchen kann. Hierzu muß man zunächst bestimmte Verhaltensweisen als Kriterien festlegen, deren Einfluß auf die übrigen Verhaltensweisen überprüft werden soll. „Lag 1" gibt Auskunft darüber, wie oft ein bestimmtes Verhalten einem ausgewählten Kriterium unmittelbar folgt, „lag 2" meint die Auftretenshäufigkeit des bestimmten Verhaltens als zweites Folgeereignis usw. Diese Informationen werden jeweils in Beziehung zu den Grundwahrscheinlichkeiten der entsprechenden Verhaltensweisen gesetzt, wodurch sich die bedingten Wahrscheinlichkeiten für unmittelbar, an zweiter, dritter usw. Stelle folgende Verhaltensweisen ergeben. Stimmen Grund- und bedingte Wahrscheinlichkeiten überein, kann davon ausgegangen werden, daß die betreffenden Verhaltensweisen unabhängig voneinander sind. Gibt es jedoch zwischen beiden Maßen bedeutsame Unterschiede, dann kann man davon ausgehen, daß das Erzieherverhalten einen Einfluß auf das vertrauensvolle Kindverhalten ausübt. Ist die bedingte Wahrscheinlichkeit größer als die Grundwahrscheinlichkeit, dann liegt ein fördernder Einfluß vor, ist sie kleiner, dann muß man von einem hemmenden ausgehen.

Cross-lagged Panel Analysis

Auf diesem Hintergrund schlägt Kenny (zusammenfassend 1979) die sogenannte *Cross-lagged Panel Analysis* vor, mit der Wirkungszusammenhänge zwischen zwei Variablen sehr einfach zu prüfen sind. Mit dieser Methode bestimmt man im Rahmen von quasi-experimentellen Versuchsanordnungen, bezogen auf Gruppenstudien mit einer Versuchspersonenanzahl größer als 100, Wirkungszusammenhänge zwischen den Variablen X und Y, die zu zwei Meßzeitpunkten gemessen wurden.

Eine sehr frühe Untersuchung, die die Cross-lagged Panel Analysis zur Überprüfung dieses Wirkungszusammenhangs benutzt, wurde von Eron et al. (1972) durchgeführt. Die Autoren untersuchten über einen Zeitraum von zehn Jahren den Zusammenhang zwischen der Vorliebe für Fernsehsendungen mit aggressiven Inhalten und der Äußerung von Aggressivität. Für die Analyse zogen die Autoren die Daten von über 800 Kindern/Jugendlichen im Alter von acht bis neun Jahren bzw. 19 Jahren heran. Die gewonnenen Ergebnisse lassen sich grafisch wie folgt darstellen (vgl. Abb. 24.7).

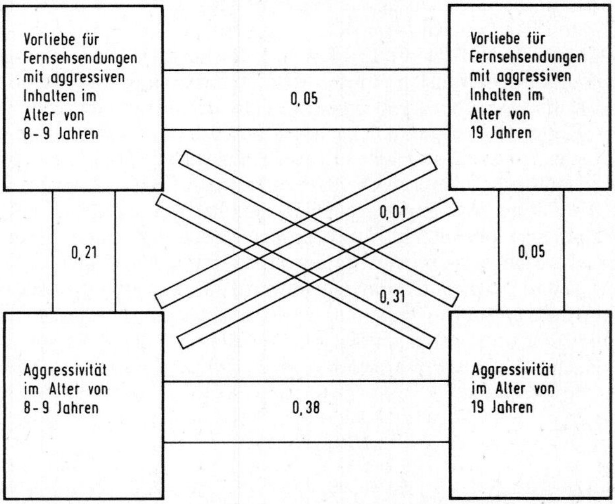

Abb. 24.7 Darstellung des Wirkungszusammenhangs zwischen der Variablen „Vorliebe für Fensehsendungen mit aggressiven Inhalten“ und der Äußerung von Aggressivität (nach Eron et al. 1972)

Die Autoren verglichen, um eine Aussage über den Wirkungszusammenhang machen zu können, die eingezeichneten Korrelationen (Doppelstriche). Es zeigte sich, daß faktisch keine Beziehung zwischen der Äußerung von aggressiven Verhaltensweisen im Alter von acht bis neun Jahren und der Vorliebe für Fernsehsendungen mit aggressiven Inhalten im Alter von 19 Jahren bestand (r = .01), jedoch eine beachtliche Korrelation zwischen der Vorliebe für Fensehsendungen mit aggressiven Inhalten im Alter von acht bis neun Jahren und der Äußerung aggressiven Verhaltens mit 19 Jahren.

Bei dem Vorgehen von Eron et al. (1972) muß jedoch eine Reihe von Bedingungen beachtet werden, um die Wirkungszusammenhänge der Variablen X und Y interpretieren zu können. Zur Einordnung der Korrelationen zwischen X und Y müssen die übrigen Korrelationen herangezogen werden, die man bei zwei Variablen, die zu zwei Meßzeitpunkten erfaßt wurden, noch bestimmen kann (vgl. dazu Kenny 1979, Petermann 1978).

Das Einführungsbeispiel war nur auf zwei Variablen beschränkt, und es dürfte selten entwicklungspsychologische Fragestellungen geben, die mit solch einfachen Abhängigkeitsstrukturen arbeiten. Aus diesem Grunde soll noch ein realitätsnäheres Beispiel geliefert werden, das ebenfalls mit Hilfe der Cross-lagged Panel Analysis auswertbar ist.

Anwendungsbeispiel:
Im Rahmen einer Studie zur Analyse von Einflußfaktoren der sozialen Entwicklung soll die Bedeutung des Kommunikationsstils in der Familie, der allgemeinen Ängstlichkeit des Kindes, der Selbsteinschätzung, des autoritären Erziehungsstils der Eltern und die vom Kind empfundene subjektive Streß-Belastetheit im täglichen Leben für die Entwicklung von prosozialen Verhaltensweisen des Kindes untersucht werden. Eine solche Untersuchung muß theoretisch begründbare Annahmen über die Beziehungen zwischen diesen Variablen machen. Da das nachfolgende Beispiel nur zur Illustration dient, brauchen diese Annahmen hier nicht im Detail abgeleitet zu werden. Die Beziehungen zwischen den sechs Variablen lassen sich grafisch veranschaulichen (Abb. 24.8).

Die in Abbildung 24.8 eingetragenen Beziehungen lassen sich jeweils anhand zweier Variablenpaare prüfen und mit den theoretischen Annahmen vergleichen. Empirisch sollen die Zusammenhänge jeweils zwischen dem 1. und 2., dem 2. und 3. und dem 1. und 3. Zeitpunkt untersucht werden, um so etwaige Zufallsschwankungen auszuschalten. Die erzielten Ergebnisse lassen sich aus Gründen der Übersichtlichkeit am günstigsten in einer Tabelle abtragen. Die so gewonnene Vor- und Nachordnung von Variablen zeigt die Wirkungszusammenhänge auf.

Pfadanalyse

Möchte man komplexere Variablenverknüpfungen eleganter prüfen, als dies im Rahmen der Cross-lagged Panel Analysis möglich ist, dann bieten sich Gleichungssysteme an, die alle Einflußfaktoren zusammenfassen (Pedhazur 1982). In dem Beispiel aus Abbildung 24.8 würden dies

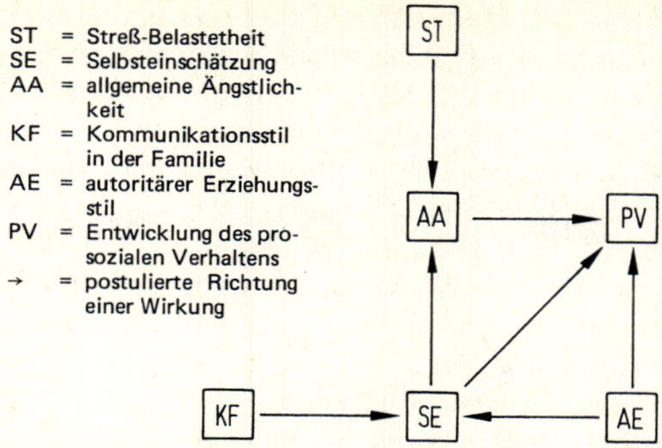

Abb. 24.8 Annahmen über Wirkungszusammenhänge, die anhand der Pfadanalyse überprüft werden sollen.

alle Variablen sein, die hemmend oder unterstützend auf die Sozialentwicklung (PV) einwirken. Allerdings braucht man bei diesem Vorgehen sehr gezielte Annahmen, welche Variablen in welcher Abfolge Einfluß auf die Zielvariable (PV) haben. Man müßte, bezogen auf das Anwendungsbeispiel aus Abbildung 24.8, beispielsweise formulieren können: „Eine positive (akzeptierende) familiäre Kommunikation (KF) ist die Vorbedingung für die Entwicklung eines positiven Selbstbildes beim Kind („Selbsteinschätzung“, SE) und ein positives Selbstbild unmittelbare Voraussetzung für die Ausübung prosozialer Verhaltensweisen (PV)“. Diese Hypothese läßt sich grafisch in einer Voraussetzungsabfolge abtragen, in eine Gleichung übersetzen und die mit dieser Gleichung erzielte Verhaltensvorhersage mit der realen Entwicklung des Kindes vergleichen. Ziel all dieser Bemühungen ist es, aus der Vielzahl der einwirkenden Variablen, die man nicht experimentell beeinflussen oder abschirmen kann, die zentralen auszuwählen, die zu möglichst guten Vorhersagen über die Entwicklung des Kindes führen. Der Methodiker möchte dabei dem Entwicklungspsychologen helfen, möglichst präzise Vorhersagen aufzustellen. Hierzu ist es möglich, daß man schrittweise, anhand von neueingeführten Variablen, die Vorhersagen verbessert. Alle neueingeführten Variablen müssen aus einem Entwicklungsmodell abgeleitet werden.

In unserem Beispiel kann man sich nun leicht vorstellen, daß sehr viele Einflüsse auf die Zielvariable – das prosoziale Verhalten – einwirken und daß man diese Einflüsse ordnen muß. Ein erstes, formales Ordnungskriterium stellt die Unterscheidung in direkte und indirekte Einflüsse auf das prosoziale Verhalten dar. Direkte Einflüsse sind durch Pfeile dargestellt, die ohne den Umweg über andere Variablen auf das prosoziale Verhalten einwirken. Indirekte Einflüsse geben über Umwege ihren Einfluß auf die Zielvariable an. So wirkt in unserem Beispiel der Kommunikationsstil lediglich auf die Form der Selbsteinschätzung, die zudem von anderen Variablen, wie dem autoritären Erziehungsstil in der Familie beeinflußt wird. Dieser Variablenverbund beeinflußt das Ausmaß der allgemeinen Ängstlichkeit des Kindes. Allerdings kann man einen direkten Einfluß der Selbsteinschätzung auf das prosoziale Verhalten des Kindes nicht ausschließen; dieser muß deshalb in Abbildung 24.8 durch einen Pfeil berücksichtigt werden. Die allgemeine Ängstlichkeit des Kindes, die von der Streß-Belastetheit des Kindes in einer aktuellen Situation mitgeprägt wird, wirkt sich dann erst auf die Ausübung prosozialen Verhaltens aus.

Als Ergebnis einer solchen Studie bekommen wir Aufschluß darüber, ob hoch-ängstliche Kinder mit hoher Streß-Belastung und einer geringen Selbsteinschätzung weniger helfen als wenig-ängstliche mit niedriger Streß-Belastung und einer hohen Selbsteinschätzung. Die beiden letzten Aussagen können wir einerseits an der aufgeklärten Varianz zwischen den Variablen und andererseits an der Höhe und Richtung der sogenannten *Pfadkoeffizienten* ablesen. Pfadkoeffizienten geben den Zusammenhang zwischen den mit Pfeilen in Abbildung 24.8 verknüpften Variablen an und *gewichten* damit den direkten und indirekten Einfluß der Variablen auf das prosoziale Verhalten des Kindes. Somit illustrieren Pfadkoeffizienten die Abhängigkeitsstruktur der Variablen und sind bei der Verknüpfung einer unabhängigen und einer abhängigen Variablen identisch mit den Korrelationskoeffizienten (vgl. zum Begriff „standardisierter Pfadkoeffizient" und zur Rechenprozedur Pedhazur 1982).

Die Pfadanalyse repräsentiert ein hypothesengeleitetes Verfahren zur Prüfung von verzweigten Variablenmustern, mit deren Hilfe es möglich ist, globale Korrelationen zwischen Variablen in Einflußbereiche (Pfade, Pfadkoeffizienten) zu zerlegen. Das Verfahren zwingt den Entwicklungspsychologen, Einflußkomponenten nach ihrer Gewichtigkeit zu ordnen. Dieses Vorgehen setzt zumindest dreierlei voraus (vgl. Petermann 1983a):

1. umfassende theoretische Bezugssysteme, die die Einflußgrößen im Entwicklungsprozeß eindeutig benennen und die vermutete Abhängigkeitsstruktur angeben. Hierbei sind auch Angaben über unbekannte (exogene) Variablen erforderlich, die von außen auf die Abhängigkeitsstruktur einwirken. Des weiteren sind die Meßfehler zu spezifizieren und Angaben darüber aufzustellen, ob alle Variablen der gleichen Abhängigkeitsstruktur unterliegen;
2. eine Verknüpfung der theoretischen Erkenntnisse im Sinne einer Vor- und Nachordnung von Einflußgrößen. Innerhalb dieser Darstellung müssen die unmittelbaren und direkten Effekte verdeutlicht werden. Eine Umsetzung dieser Aussagen erfolgt in sogenannten *Pfaddiagrammen,* wie sie schon in Kapitel 2 (vgl. Abb. 2.2) vorgestellt wurden. In diesem Kapitel wurde gezeigt, wie man durch die Pfadana-

lyse den komplexen Einfluß ökologischer Bedingungen auf sozialbezogene Aktivitäten des Kindes verdeutlichen kann;

3. eine präzise Übertragung der theoretischen Annahmen in Strukturgleichungsmodelle (vgl. Pedhazur 1982). Unter Strukturgleichungsmodellen versteht man die zahlenmäßige Darstellung der Abhängigkeiten (Wechselwirkungen) zwischen den Variablen; es werden dabei mehrere Gleichungen gebildet, die Teilaspekte näher spezifizieren.

Lineare Strukturgleichungsmodelle

Noch komplexere Annahmen im Rahmen der Kausalanalyse läßt die sogenannte *LISREL-Analyse* zu. LISREL ist dabei die Abkürzung für den Ausdruck ,,Analysis of *Li*near-*S*tructural *Rel*ationships, der von Jöreskog eingeführt wurde (vgl. Hodapp 1984, Pedhazur 1982). Diese Analyse ist komfortabler als die Pfadanalyse, da man eine Beziehung zwischen angenommenen und beobachteten Variablen herstellen kann. Somit können genaue Annahmen über die Verknüpfung zwischen Meßfehler und angenommenen sowie beobachteten Variablen aufgestellt und getestet werden. Wir wollen dies am Beispiel der Intelligenzentwicklung verdeutlichen (vgl. Abb. 24.9).

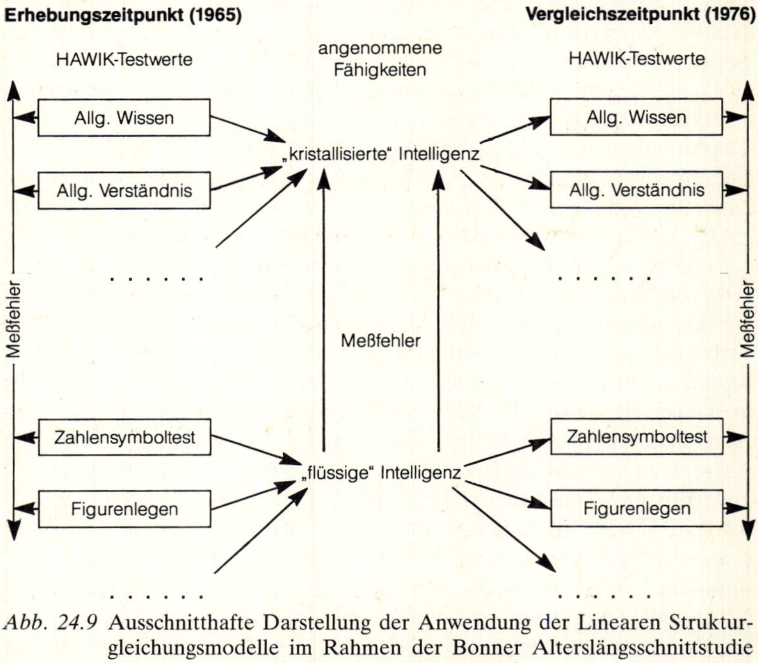

Abb. 24.9 Ausschnitthafte Darstellung der Anwendung der Linearen Strukturgleichungsmodelle im Rahmen der Bonner Alterslängsschnittstudie (vereinfacht dargestellt nach Rudinger 1986)

In diesem Beispiel wurde die Intelligenz im Rahmen der Bonner Alterslängsschnittstudie zu zwei Erhebungszeitpunkten verglichen (1965 und 1976), wobei die Veränderung mit Hilfe des Hamburg-Wechsler-Intelligenztestes (HAWIK) erfaßt wurde. Dieser Test gliedert sich in zwei Teile, die sich auf die ,,kristallisierte" und ,,flüssige" Intelligenz beziehen. Die Untertests des HAWIK wären demnach die gemessenen (beobachteten) Aspekte dieser beiden Intelligenzkomponenten; in Abbildung 24.9 wurden nur jeweils zwei Untertests eingetragen, um eine bessere Übersicht behalten zu können. Als Hintergrundfaktoren bestimmen die angenommenen Intelligenzfaktoren (,,kristallisierte" und ,,flüssige" Intelligenz) die im HAWIK gemessene Intelligenzleistung. Selbstverständlich stehen gemessene und angenommene Intelligenz in einer Beziehung – ansonsten wäre der Intelligenztest nicht sinnvoll einsetzbar. In unserer Abbildung drücken dies Pfeile aus. Die Pfeile, die an den äußeren Rändern der Abbildung eingezeichnet sind und ins Leere führen, kennzeichnen die Meßfehler in den Werten des Intelligenztests. Diese Meßfehler, wie auch die Meßfehler zwischen den angenommenen Variablen können miteinander korreliert sein. Alle Beziehungen zwischen den Variablen lassen sich durch lineare Gleichungen darstellen; sie werden dadurch testbar. Diese Beziehungen geben auch die *interne Struktur* zwischen den angenommenen Intelligenzkomponenten an. Auf diesem Hintergrund kann man auch die Bezeichnung dieses Ansatzes besser verstehen.

Versucht wird mit Hilfe des Ansatzes den Einfluß der Intelligenz auf bestimmte Fähigkeiten nachzubilden. Man ging dabei in der Bonner Längsschnittstudie von den Komponenten der ,,kristallisierten" und ,,flüssigen" Intelligenz aus, die durch die Einzeltests des HAWIK gemessen werden können. Damit soll von den meßbaren Variablen auf die innere Struktur einer psychischen Eigenschaft geschlossen werden.

In Abbildung 24.9 sind für den Entwicklungszeitpunkt 1965 und 1976 zwei vergleichbare Strukturen eingezeichnet und miteinander verknüpft worden. Zu erkennen ist, daß ein Pfeil die beiden Erhebungszeitpunkte verbindet; in dieser Verbindung und der damit festgelegten Anordnung ist eine wichtige entwicklungspsychologische Information enthalten, die man aus der ,,Enge" der Verbindung zwischen den angenommenen Intelligenzkomponenten ablesen kann. Diese Verbindung versetzt den Entwicklungspsychologen in die Lage, zwischen der Konvergenz und Divergenz von Intelligenzkomponenten im Entwicklungsverlauf zu entscheiden (zur weiteren Information s. Pedhazur 1982, Hodapp 1984).

So vorteilhaft und wünschenswert komplexe Kausalmodelle unter methodischer Sichtweise sein mögen, genauso schwierig erscheint es, alle notwendigen Einflußgrößen und die Abhängigkeitsstruktur in den Daten theoretisch abzuleiten. Bei den heute meist global ausgearbeiteten psychologischen Theorien muß eine Anwendung dieser komplexen Modelle in der Regel als verfrüht betrachtet werden. Aus diesem Grund sind die weniger eleganten und anspruchsvollen Cross-lagged Panel-Modelle kurz- und mittelfristig zu bevorzugen. Die Cross-lagged Panel Analysis dürfte in der Lage sein, stabile Abhängigkeitsstrukturen herauszuarbeiten, und diese Befunde können die Grundlage für die Erstellung von aufwendigeren Kausalmodellen bilden.

4. Entwicklungsnormen und Entwicklungsskalen

Datengewinnung in der Entwicklungspsychologie

Bei den bisherigen Überlegungen blieb die Frage vollkommen ausgeklammert, wie man zu *bedeutsamen Variablen* gelangt. Die Identifikation von Entwicklungsvariablen erfolgt auf zwei Ebenen:
1. Registrierung von offen erkennbaren Phänomenen und
2. Bestimmung der Position einer Person auf einem latenten Entwicklungskontinuum.

Zur Phänomenregistrierung verwendet die Entwicklungspsychologie die bekannten Datengewinnungsmöglichkeiten (Beobachtungsmethoden, Befragung, Entwicklungstests und retrospektive Informationen). Die Identifikation einer Person auf einem Entwicklungskontinuum kann nur mit Hilfe einer Dimensionsanalyse erfolgen (vgl. nächster Abschnitt).

Beobachtungsmethoden

Beobachtungsmethoden kann man in Verfahren der Selbst- und Fremdbeobachtung untergliedern. Allen Beobachtungsverfahren ist gemeinsam, daß aus der Sicht eines Beurteilers (bei der Selbstbeobachtung die eigene Person; bei Fremdbeobachtung der außenstehende Beobachter) Daten aus wahrnehmbaren Zuständen und Abläufen registriert werden. Der Einsatz der Beobachtungsverfahren ist gegenüber der Alltagsbeobachtung an eine Reihe von Vorannahmen geknüpft.

Für die Entwicklungspsychologie von besonderer Bedeutung sind Verfahren der Fremdbeobachtung (vgl. Trolldenier 1985). Beobachtung beinhaltet hierbei einerseits die deskriptive und minuziöse Beobachtung (z.B. Beobachtung eines Kleinkindes bei Barker & Wright (1951)) und andererseits die systematische Beobachtung aufgrund von Schätzurteilen (s.u.).

Eine gute Übersicht über Beobachtungsverfahren gibt Atteslander (1969). Er hebt die wissenschaftliche Beobachtung von der naiven insofern ab, als er fordert, daß bei einer wissenschaftlichen Beobachtung klar formulierte Hypothesen vorliegen müssen. Atteslander (1969) untergliedert die wissenschaftliche Beobachtung nach folgenden Kriterien in unterschiedliche Ansätze:

- Grad der Strukturierung der Beobachtung;
- Grad der Partizipation des Beobachters hinsichtlich des sozialen Feldes der Beobachtung und
- offene versus verdeckte Beobachtung.

Bei einer hohen Strukturierung des Vorgehens kann man von einer standardisierten Beobachtung sprechen. Diese Strukturierung schränkt gleichzeitig den Handlungsspielraum des Beobachters ein, was aber gerade erst kontrollier- und überprüfbare Ergebnisse ermöglicht.

In der Forschungspraxis wird man die unstrukturierte Beobachtung dazu einsetzen, den Hypothesenbereich näher abzuklären; daran anschließend kann man aufgrund der so gesammelten Informationen in einem zweiten Schritt eine strukturierte Beobachtung durchführen.

Eine strukturierte Beobachtung kann danach untergliedert werden, wie stark sich der Forscher in das zu beobachtende soziale Feld begibt. Ist der Forscher ein Teil des Feldes, so redet man von teilnehmender Beobachtung, im Rahmen derer er zwar unerkannt Daten sammeln kann, jedoch zwangsläufig auf das Geschehen einwirkt. Bei der nichtteilnehmenden Beobachtung wird dementsprechend jeder Versuch vermieden, auf das soziale Geschehen Einfluß auszuüben. Prinzipiell läßt sich jede Beobachtung offen oder verdeckt durchführen. Bei der offenen Beobachtung tritt der Forscher als solcher in dem sozialen Feld der Beobachtung auf, bei der verdeckten gibt er seine Identität nicht zu erkennen.

Für die praktische Arbeit ist es besonders entscheidend, die aus der Literatur (etwa Atteslander 1969, Ingenkamp 1985) hinreichend bekannten Fehlerquellen der Beobachtung zu beachten, um die Ergebnisse einer Beobachtung richtig interpretieren zu können.

Wenn sich solche Fehlerquellen auch auf ein Minimum reduzieren lassen, müssen dennoch hohe Anforderungen an die Objektivität der Beobachtung gestellt werden. Von einer standardisierten Beobachtung kann man nur dann sprechen, wenn das Beobachtungssystem ausreichend objektiv im Hinblick auf die Durchführung, Auswertung und Interpretation der Beobachtung ist.

Befragung und Selbstauskunft

Befragungstechniken eröffnen einen direkten Zugang zu der subjektiv-erlebten Entwicklung; ebenso wie bei den Beobachtungsverfahren lassen sich verschiedene Methoden unterscheiden. Auch hier spielt der Grad der Strukturierung die wesentliche Rolle.

Für die Entwicklungspsychologie bietet sich wegen der Komplexität der Forschungsgegenstände das halb-strukturierte Interview an.

Eine wesentliche Quelle entwicklungspsychologischen Wissens bilden Tagebuchaufzeichnungen in der Form von Selbsteinschätzungen

(Selbstauskünften) jeglicher Art (Biographien, Autobiographien, detaillierte Verhaltensbeschreibungen). Interessant sind hierbei vor allem biographische Daten. Solche Dokumente geben Aufschluß über die lebenslange Veränderung bedeutsamer entwicklungspsychologischer Variablen.

In Rückgriff auf eine Problemstellung im Kapitel 5 (Jugendalter) könnte mit Hilfe der Befragungsmethode untersucht werden, inwieweit sich der Tagesablauf von männlichen und weiblichen Lehrlingen unterscheidet. Als Bewertungsgrundlage soll einerseits ein ‚typischer' Arbeitstag und andererseits ein ‚typischer' Sonntag herangezogen werden. Individuen der zu befragenden Altersgruppe, die man hinsichtlich der Altersvariable noch homogenisieren sollte, werden gebeten, die jeweiligen Tagesverläufe zu beschreiben.

Das auf diese Weise entstandene Material muß in einem zweiten Schritt hinsichtlich bestimmter Merkmale/Auffälligkeiten eingeschätzt werden. Eine solche Einschätzung kann aufgrund von möglichst präzisen, jedoch nicht zu spezifisch formulierten Kategorien durchgeführt werden.

Entwicklungstests

Entwicklungstests dienen dazu, beschleunigte, verzögerte oder regressive Entwicklungsverläufe festzustellen (Brack 1986, Filipp & Doenges 1983). Diese Tests versuchen, anhand einer Entwicklungstheorie den aktuellen Entwicklungsstand eines Kindes festzustellen. Hierbei können zumindest vier verschiedene Aussagen aufgestellt werden:
- Festmachen von Entwicklungsstörungen (global oder auf Teilbereiche bezogen);
- Benennen eines Entwicklungsstillstandes und
- Entwicklungsrückstandes sowie
- Angaben darüber, ob eine beschleunigte Entwicklung vorliegt.

Entwicklungstests streben damit eine Aussage darüber an, an welcher Stelle des Entwicklungskontinuums das aktuelle Denken, Handeln und Fühlen des Kindes einzuordnen ist. Solche Tests werden u.a. in Beratungsstellen, in der psychiatrischen Klinik, in der Kinderklinik und im schulpsychologischen Dienst eingesetzt.

Wir wollen uns zunächst formal den Operationen zuwenden, die man bei der Anwendung von Entwicklungstests durchführen muß, um Entscheidungen über den Entwicklungszustand zu erhalten. Mit Hilfe eines solchen Tests soll ein Soll-Verhalten (= erwarteter Entwicklungsstand eines Kindes) mit dem gegebenen Verhalten (= Ist-Verhalten) verknüpft werden. Jeder Entwicklungstest ist damit ein Maßstab, an dem man ein Kind genau anhand gefundener Entwicklungsnormen beurteilen kann. Damit ermöglicht der Entwicklungstest eine Einordnung eines Kindes in eine für es typische Population (meist durch Alter und Ge-

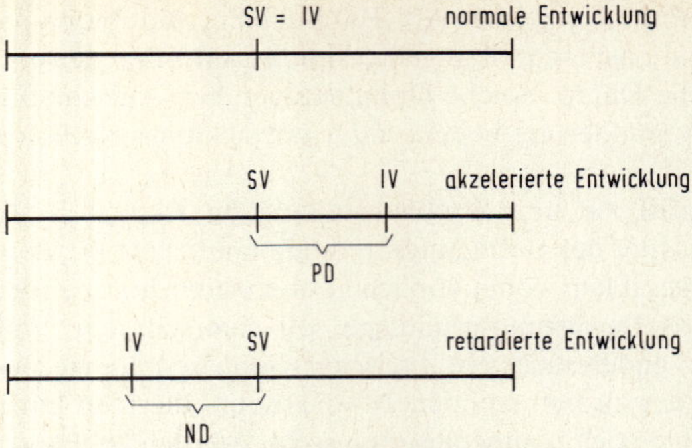

Abb. 24.10 Beziehung zwischen Soll- und Ist-Verhalten.
Erläuterung:
Die Entwicklung ist auf dem Kontinuum der individuellen Leistungsfähigkeit abgetragen. Die Abkürzungen bedeuten:
IV = Ist-Verhalten
SV = Soll-Verhalten
PD = positive Diskrepanz hinsichtlich des angegebenen Soll-Verhaltens
ND = negative Diskrepanz hinsichtlich des angegebenen Soll-Verhaltens

schlecht charakterisiert). Dabei kann, wie Abbildung 24.10 zeigt, eine negative und eine positive Diskrepanz auftreten.

Aufgrund der Informationen, die anhand der Entwicklungsdiagnostik gewonnen wurden und die meist durch andere Informationen wie Gespräche mit den Eltern und medizinische Daten ergänzt werden, läßt sich eine Reihe von Fragen beantworten. Grundsätzlich kann man dabei folgende Fragentypen formulieren:

1. Wie ist die Entwicklung in der Vergangenheit verlaufen?
2. Wie wird die Entwicklung in der Zukunft verlaufen?
3. Warum befindet sich ein Kind gerade an einer bestimmten (u. U. vorteilhaften) nicht erwarteten Stelle auf dem Entwicklungskontinuum?

In der Praxis ist die Bearbeitung und Beantwortung dieser drei grundlegenden Fragen nicht unabhängig voneinander. Im einzelnen können auf diese Weise diagnostiziert werden:

- die Psychomotorik;
- die Wahrnehmungsentwicklung;
- die Intelligenzentwicklung (Entwicklung kognitiver Operationen);
- die Entwicklung des Sozialverhaltens und
- die Sprachentwicklung.

Generell muß der Einsatz von Entwicklungstests durch eine Vielzahl von kritischen Fragen problematisiert werden, schon deshalb, weil es kein einheitliches Konzept „Entwicklung" gibt. Es gilt zu klären, ob

Entwicklung ein eindimensionales Geschehen ist, das zwar zu strukturellen Veränderungen führt, jedoch den Differenzierungs- und Komplexitätsgrad beibehält oder ob man Entwicklung in erster Linie als Erhöhung des Differenzierungs- und Komplexitätsgrades begreifen muß. Ohne eine solche Klärung bleiben unter methodischen Gesichtspunkten Entwicklungstests ein problematisches Hilfsmittel, Entwicklungsverläufe (Entwicklungsdimensionen) abzubilden. Diese Aussage bedeutet allerdings nicht, daß Entwicklungstests durch ihre eher intuitiv zusammengestellten Aufgaben Entwicklungsdefizite (also abweichende Entwicklungszustände) nicht charakterisieren könnten. Fragen nach der Homogenität bzw. Ähnlichkeit von Entwicklungsabläufen oder nach den Dimensionen des Entwicklungsverlaufes lassen sich mit diesen Entwicklungstests allerdings nicht beantworten; für solche Fragestellungen sind aufwendig zu konstruierende Entwicklungsskalen erforderlich, auf die wir noch eingehen werden. Die eben geäußerte Kritik trifft voll für den Bühler-Hetzer-Test, jedoch nicht für moderne Entwicklungstests zu (vgl. Holle 1986, Grimm & Schöler 1978, Winkelmann 1975).

Ein Beispiel für einen klassischen Entwicklungstest bildet der nachfolgend erläuterte Bühler-Hetzer-Test.

Charlotte Bühler und Hildegard Hetzer (1961, S. 3) entwickelten einen Kleinkindertest, der sehr instruktiv gut erfaßbare Fertigkeiten der frühen Kindheit aufgliedert. Es handelt sich dabei um die folgenden sechs fundamentalen Fertigkeiten, die sich in der angegebenen Reihenfolge von den ersten Lebensmonaten bis zum fünften bis sechsten Lebensjahr ausbilden:
- Sinnesrezeption (Stöcke reichen, lauschen, tanzenden Kreisel beobachten);
- Körperbeherrschung (Freistehen, Freigehen, Auf-den-Stuhl-steigen u.a.);
- soziales Verhalten (organisiertes Spiel mit Ball, Wechselspiel mit der Uhr u.a.);
- Lernen (Erinnern, zwei von drei versteckten Dingen finden, Silben nachsprechen u.a.);
- Materialbeherrschung (Hohlwürfel ein- und aus-„räumen", Bauwerk herstellen) und
- geistige Produktion (nach Keks im Spiegel greifen, ein Ding mit Stock heranholen).

Die genannten Fertigkeiten bilden sich sukzessive aus, wobei die Autoren ihre ‚Entwicklungsaufgaben' nur auf der Stufe der Inhaltsplausibilität belegen können. Von daher ist der Bühler-Hetzer-Test lediglich in der Lage, über die relative Bedeutung von Ereignissen im Entwicklungsprozeß Aussagen zu machen. Es ist damit weder theoretisch noch testtheoretisch bestimmt, ob der Test einen Entwicklungszustand abbilden kann. Auch bleibt ungeklärt, inwieweit situationsspezifische Faktoren die Testresultate beeinflussen oder dem Kind nur situationsspezifische Fähigkeiten abverlangt werden, die bei der Charakterisierung seines Entwicklungszustandes nicht generalisiert werden dürfen.

Als moderne Entwicklungstests, die auf einer mehr oder weniger geschlossenen Entwicklungstheorie basieren, sollen Verfahren von Winkelmann (1975) und Grimm und Schöler (1978) erklärt werden. Bei dem TEKO-Verfahren von Winkelmann (Testbatterie zur Entwicklung kognitiver Operationen) soll in Anlehnung an Piagets Entwicklungskonzept geprüft werden, ob fünf- bis achtjährige Kinder über die Schemata des Stadiums konkreter Operationen verfügen. Der TEKO besteht aus neun Untertests; so z. B. zur Erfassung der Substanzerhaltung, bei dem das Kind die Invarianz einer Flüssigkeitsmenge in unterschiedlich geformten Behältern erkennen soll. In den übrigen Untertests sollen ebenfalls Beziehungen zwischen zwei Mengen hergestellt, Mengen in eine Abfolge gebracht werden (z. B. in eine Größer-Kleiner-Ordnung) oder es wird geprüft, ob sich Kinder bei der Beurteilung räumlicher Relationen von den im Raum befindlichen Objekten leiten lassen.

Der Heidelberger Sprachentwicklungstest (H-S-E-T) von Grimm und Schöler (1978) versucht, in 13 Untertests die Prinzipien des Spracherwerbs und der Sprachentwicklung bei Drei- bis Neunjährigen zu erfassen. Der H-S-E-T will Unterschiede im Verstehen und Produzieren von Sprachäußerungen aufzeigen, wobei es im Testprofil klare Differenzen zwischen normalen, lernbehinderten und lese-rechtschreibschwachen Kindern gibt. Der Test besteht aus dem Verstehen und der Imitation grammatischer Strukturformen, morphologischer Strukturen (z. B. Singular-Plural-Bildung), Satz- und Wortbedeutung usw.

Abschließend soll noch auf ein umfassender einsetzbares Verfahren von Holle (1986) eingegangen werden, das bei null- bis siebenjährigen Kindern die motorische und wahrnehmungsmäßige (perzeptuelle) Entwicklung testet. Neben Grob- und Feinmotorik, kinästhetischer und taktiler Wahrnehmung werden auch beobachtbare Aspekte der Selbständigkeit (Essen, Anziehen, Sauberkeit, persönliche Hygiene) erfaßt. Der Vorteil diesen Verfahrens ist es, daß man nicht nur Entwicklungsverzögerungen deutlich erkennt, sondern ein erprobtes Förderungprogramm zur Hand hat. Ist man an der Anwendung entwicklungspsychologischen Wissens interessiert, kann dieses Verfahren ideal genutzt werden.

Retrospektive Informationen

Unter retrospektiven Informationen versteht man Hinweise, die sich auf vergangene Entwicklungszustände beziehen. Die Retrospektion (Rückschau) ist für die Entwicklungspsychologie von großem Interesse, da mit ihrer Hilfe große Entwicklungsabschnitte eingefangen werden, die bei prospektiven Studien nur durch eine lebenslange Begleitung gewonnen werden können. Das retrospektive Vorgehen stellt damit keine bestimmte Art der Datenerhebung im engeren Sinne dar, sondern vielmehr einen Zugang zu empirischen Fragestellungen überhaupt. Retrospektive Informationen können zumindest auf zweierlei Weise gewonnen werden:

- durch die Befragung einer Person hinsichtlich bereits vergangener Entwicklungszustände wie Kindheit, Krankheiten, Einschulung, Erinnerungen an die Familie usw. (vgl. Thomae & Petermann 1983);
- durch die Verwertung von empirischem Datenmaterial, das bereits erhoben vorliegt.

Das erste Vorgehen unterscheidet sich nicht allzu sehr von den Ausführungen zur Befragung (siehe oben) und braucht daher nicht besonders erläutert zu werden. Der zweite Ansatz prüft Aussagen über Entwicklungsverläufe, die auf öffentlich registrierten Daten einer Person aus der Vergangenheit basieren. Hierzu eignen sich Informationen über das Körperwachstum, standardisierte Fähigkeitstests, IQ-Tests bei der Einschulung, der Einstellung im Betrieb usw. Solche Daten werden in Zukunft sicherlich immer vollständiger in sogenannten *Datenbanken* gespeichert und können so umfassendes Material für retrospektive Studien bieten (vgl. Jäger 1985, Petermann 1982).

Eine Kombination beider Ansätze nahmen Kessen et al. (zitiert nach Thomae & Petermann 1983, S. 365) vor, indem sie auf der einen Seite Eltern nach der Entwicklung ihres Kindes befragten und auf der anderen Seite *Babybiographien* durch Datenquellen ergänzten, die sich sowohl aus Tagebuchaufzeichnungen als auch Bildmaterial (Dia, Filme, Fotografien, Videoaufnahmen) zusammensetzten.

Erstellung von Entwicklungsskalen

Grundformen der Entwicklungsskalen

Seit knapp 60 Jahren werden in der Sozialpsychologie Einstellungsskalen und deren Konstruktionsverfahren diskutiert. Mit Hilfe von Einstellungsskalen unternahmen Sozialpsychologen den Versuch, Erkenntnisse über das Ausmaß (den ‚Entwicklungsstand‘) einer Einstellung zu erhalten. Dieses Bestreben führte zu einer Vielzahl von Modellvorstellungen, von denen sich Entwicklungspsychologen die Verfahren des reaktionsorientierten Messens für ihre Belange auswählen (vgl. Wohlwill 1977, Coombs & Smith 1973). Prototypisch für diese Verfahren steht traditionell die sogenannte *Skalogrammanalyse* von Guttman (1950) oder in der modernen Diskussion das sogenannte *Rasch-Modell* (vgl. Rudinger et al. 1985, Petermann 1980).

Eine solche Skalogrammanalyse wurde in Kapitel 4 bereits ausführlich vorgestellt; es handelt sich dabei um die Studie von Wehren und De Lisi (1983). Untersucht wurde, in welcher Form Kinder im Alter von drei, fünf, sieben und neun Jahren die Konstanz des eigenen Geschlechts wahrnehmen. Wehren und De Lisi konnten bei 94% der untersuchten Kinder eine eindeutig hierarchische Reihenfolge bestätigen, in welcher über das Alter hinweg die Konstanz des eigenen Geschlechts definiert wird. Die Reihenfolge reicht von Stabilität, psychischen Merkmalen, Aktivitäten bis zu physikalischen Merkmalen.

Wir wollen uns nun damit beschäftigen, wie man mit Hilfe der Skalogrammanalyse zu einer solchen Abfolge gelangt, die dann als Entwicklungsskala vorgegeben werden kann. Hierzu sollen zunächst die methodischen Schritte der Studie von Wehren und De Lisi nachvollzogen und anschließend eine Klassifikation möglicher Ansätze vorgestellt werden.

Wehren und De Lisi wollten für die Altersgruppen der Drei-, Fünf-, Sieben- und Neunjährigen prüfen, in welcher Weise sie die folgenden vier Aussagen bewerteten:

a) Wenn Du ein Kleid trägst, bist Du dann ein Junge oder ein Mädchen? (Physikalische Merkmale)
b) Wenn Du Fußball spielst, bist Du dann ein Junge oder ein Mädchen? (Aktivität)
c) Wenn du freundlich und lieb bist, bist Du dann ein Junge oder ein Mädchen? (Psychische Merkmale)
d) Als Du geboren worden bist, warst Du da ein Junge oder ein Mädchen? (Stabilität)

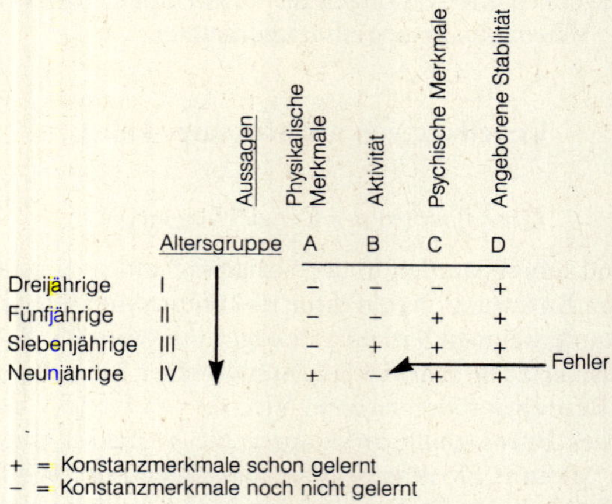

$$\text{Reproduzierbarkeitskoeffizient} = 1 - \frac{\text{Zahl der Fehler}}{\text{Zahl der Aufgaben} \times \text{Zahl der Personen}}$$

Fiktive Berechnung:

$$0{,}98 = 1 - \frac{8}{4 \times 100}$$

Abb. 24.11 Grafische Veranschaulichung der Studie von Wehren und De Lisi (1983) und Berechnung eines Reproduzierbarkeitskoeffizienten

Da die Autoren von einer kontinuierlichen Entwicklung ausgehen, müssen sich die Aussagen in einem Dreiecksmuster anordnen lassen (vgl. Abb. 24.11). Liegt dieses Dreiecksmuster wirklich vor, dann kann jede Altersgruppe eine für sie spezifische Aufgabe bewältigen. An der bewältigten Aufgabe kann man umgekehrt ablesen, wie alt das Kind ist, d. h. die persönlichen Fähigkeiten und der Standort auf einer Entwicklungsskala werden in Beziehung zueinander gesetzt. Die Güte einer solchen Entwicklungsskala ist dadurch bestimmt, daß ein Vergleich der Altersgruppen und Aussagen (Aufgaben) möglichst selten vom Entwicklungsmuster abweicht. Das Entwicklungsmuster ist im einfachsten Fall durch die in Abbildung 24.11 illustrierte Dreiecksanordnung gegeben. Abweichungen von diesem Muster liegen immer dann vor, wenn ein Kind aus der Altersgruppe der Jüngeren Aufgaben der Älteren bewältigt. Man kann damit also ablesen, ob eine beschleunigte oder verzögerte Entwicklung vorliegt. Die Abweichung kann man anhand eines sogenannten *Reproduzierbarkeitskoeffizienten* ablesen, der die Anzahl der Fehler entsprechend berücksichtigt (vgl. Abb. 24.11). Ein Reproduzierbarkeitskoeffizient von .90 und höher spricht dafür, daß eine gute oder ideale Guttman-Skala vorliegt, da man in diesen Fällen von einer hierarchisch geordneten Entwicklung ausgehen kann, die in ihrem Verlauf immer gezieltere Fähigkeiten herausbildet.

Mit Hilfe der Skalogrammanalyse versucht man, eine Anzahl von Aufgaben zu finden, die den Entwicklungsverlauf abdecken und ein Reaktionsmuster erzeugen, das eindeutig die Position einer Person auf dem latenten Kontinuum festlegt. Das latente Kontinuum steht für den Entwicklungsverlauf. Eine solche Entwicklungsskala kann mit Hilfe sehr unterschiedlicher Vorannahmen konstruiert werden. Einige wichtige Vorannahmen sind:

1. die Komplexität des Entwicklungsverlaufes (ein- oder mehrdimensional);
2. das Verhalten der Person im Hinblick auf den Entwicklungsverlauf (deterministisch versus probabilistisch) und
3. das hypothetisch angenommene Verhaltensmuster der Person im Hinblick auf den Entwicklungsverlauf (kumulative versus disjunktive Entwicklung).

Zu 1.: *Eindimensionale versus mehrdimensionale Entwicklungsskalen.* Kann der Entwicklungspsychologe davon ausgehen, daß die für die Konstruktion der Entwicklungsskala zentrale Dimension wenig komplex ist und sich eindeutig durch die Vor- und Nachordnung von Aufgaben abbilden läßt, dann genügen eindimensionale Modelle (vgl. Abb. 24.12). Eindimensional bedeutet dabei, daß eine strukturelle Veränderung über den Entwicklungsverlauf zwar vorliegt, sich die betrachteten Merkmale jedoch weder ausdifferenzieren noch in ihrem Komplexitätsgrad steigern dürfen. Muß man jedoch davon ausgehen, daß sich Ent-

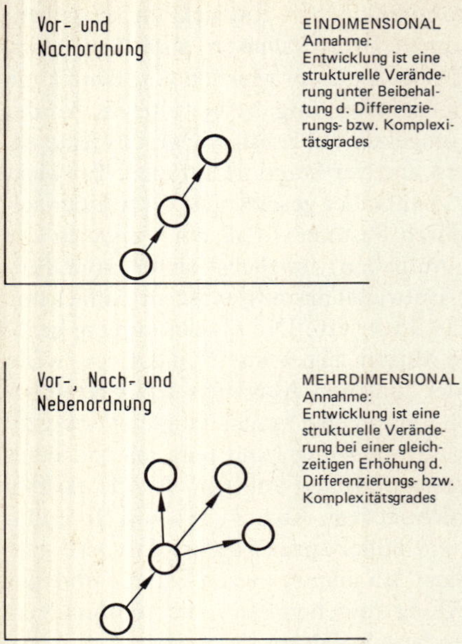

Abb. 24.12 Graphische Veranschaulichung des Aussagegehaltes einer ein- und mehrdimensionalen Entwicklungsskala

wicklungsverläufe ausdifferenzieren, d.h. verzweigen und somit eine Vor- und Nachordnung von Aufgaben durch eine Nebenordnung ergänzt werden muß, benötigt man mehrdimensionale Modelle.

Ein eindimensionales Modell ist z.B. die Guttman-Skalogrammanalyse, ein mehrdimensionales die *multiple Skalogrammanalyse* von Lingoes (1963) oder die *hierarchische Clusteranalyse,* die noch vorgestellt wird.

Zu 2.: *Deterministische versus probabilistische Entwicklungsskalen.* Eine deterministische Entwicklungsskala unterscheidet sich von einer probabilistischen hinsichtlich ihrer Annahmen über den Entwicklungsprozeß. Deterministische Modelle, wie die Guttman-Skalogrammanalyse, gehen von einem einschneidenden ,,Entwicklungsschub" aus, der sich in einem ,,Schwellenmodell" abbilden läßt. Der Begriff ,,Schwellenmodell" bedeutet dabei, daß Entwicklungsschritte über längere Altersspannen nicht beobachtbar zusammenhängen (vgl. Abb. 24.13).

Im Gegensatz dazu geht man beim probabilistischen Modell von einer ogiveförmigen Entwicklung aus (= ,,kontinuierliches Übergangsmodell", vgl. Abb. 24.13), die sich langsam anbahnt, sich beschleunigt und sich allmählich einem optimalen Entwicklungsniveau nähert. Eine präzise Angabe über den Entwicklungsverlauf läßt sich nicht treffen, da das Entwicklungsverhalten variabel ist. Zur Information über das schwierige Gebiet der Konstruktion probabilistischer Entwicklungsskalen sei auf

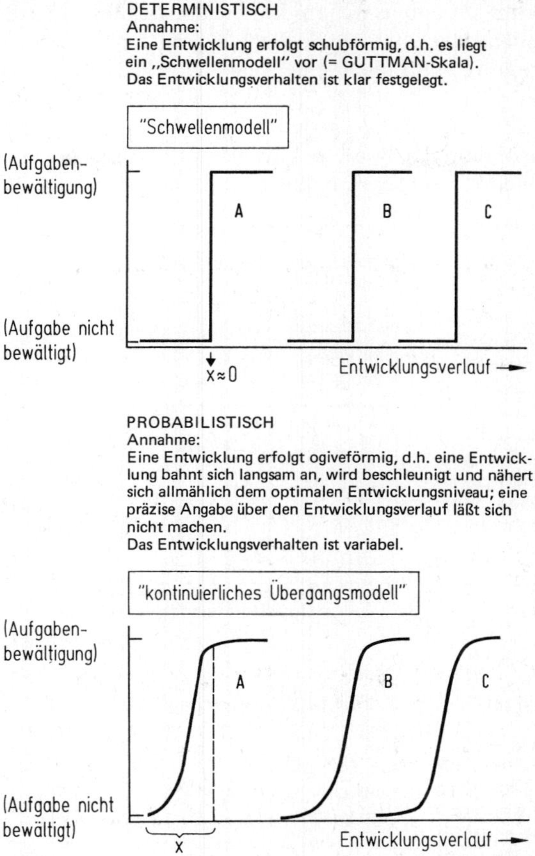

Abb. 24.13 Gegenüberstellung von deterministischem und probabilistischem Modell bezüglich der Reaktionswahrscheinlichkeiten von Personen, die sich auf verschiedenen Punkten (Zuständen) der durch die Aufgaben formulierten Skala befinden.
Erläuterungen: A = leichte Aufgaben; B = mittel-schwere Aufgaben; C = schwere Aufgaben; X = Spanne des Entwicklungsprozesses, die das Modell zuläßt.

Dayton und MacReady (1980) oder Miles und Huberman (1984) verwiesen.

Die Dimensionen „ein- versus mehrdimensional" und „deterministisch versus probabilistisch" bilden einen groben Klassifikationsansatz für mögliche Entwicklungsskalen. Es ist darauf hinzuweisen, daß bislang faktisch keine probabilistischen Entwicklungsskalen konstruiert wurden; sie sollen daher nur der Vollständigkeit halber genannt werden. Die weiteren Ausführungen gehen ausschließlich auf deterministische Modelle ein.

Zu 3.: *Kumulatives versus disjunktives Modell einer Entwicklungsskala.* Die Skalogrammanalyse von Guttman (1950) ist vorwiegend als kumulatives Modell bekannt, mit dem es z. B. möglich ist, die Entwicklung

DISJUNKTIV

Annahme:
Innerhalb einer Entwicklungsspanne wird eine Eigenschaft aktiviert, die dann wieder verschwindet (z.B. bestimmte Fertigkeiten im Rahmen der motorischen Entwicklung).

graphische Veranschaulichung

	Aufgaben					
Altersgruppen ↓	A	B	C	D	E	F →
I	+	+	–	–	–	–
II	–	+	+	–	–	–
III	–	–	+	+	–	–
IV	–	–	–	+	+	–
V	–	–	–	–	+	+
VI	–	–	–	–	–	+
VII	–	–	–	–	–	–

schon wieder verlernt (–)

noch nicht gelernt (–) gelernt (+)

KUMULATIV

Annahme:
Der Einzelne schreitet von Skalentyp zu Skalentyp voran und lernt neue Reaktionen dazu und behält die alten bei (z.B. die Entwicklung der Fertigkeiten zum kognitiven Problemlösen).

graphische Veranschaulichung

	Aufgaben					
Altersgruppen ↓	A	B	C	D	E	F →
I	+	–	–	–	–	–
II	+	–	–	–	–	–
III	+	+	–	–	–	–
IV	+	+	+	–	–	–
V	+	+	+	+	–	–
VI	+	+	+	+	+	–
VII	+	+	+	+	+	+

Gelernt (+)

noch nicht gelernt (–)

Abb. 24.14 Gegenüberstellung von kumulativem und disjunktivem Modell als Möglichkeiten der Erstellung einer Entwicklungsskala
Erläuterung:
+ = Aufgabe gelöst (= gelernt)
– = Aufgabe nicht gelöst (noch nicht gelernt oder beim disjunktiven Modell u. U. schon wieder verlernt)
↓ = Entwicklungsrichtung

des kognitiven Problemlösens zu beschreiben, bei der sich neue Verhaltensweisen auf dem Hintergrund bereits vorhandener sukzessiv herausbilden. Kumulativ bedeutet in diesem Zusammenhang, daß entwicklungspsychologisch unmittelbar erkennbare, aufeinander bezogene Sequenzen vorliegen (vgl. hierzu das einleitende Beispiel von Wehren & De Lisi). Führt man sich jedoch die motorische Entwicklung vor Augen, so ist erkennbar, daß neue Verhaltensweisen vorher ausgebildete verdrängen (z. B. Krabbeln, Laufen); damit liegt ein disjunktives Modell vor, bei dem sich Entwicklung sofort (abrupt) abzeichnet und nur noch der Zeitpunkt variiert, an dem die Entwicklung beginnt bzw. abgeschlossen ist (vgl. Abb. 24.14).

Nachgetragen werden soll noch, daß mit dem disjunktiven Modell sogenannte *sensible Perioden* der Entwicklung nachgewiesen und bestimmt werden können; innerhalb einer solchen sensiblen Periode können bestimmte Fertigkeiten – im Vergleich zu vorangegangenen und nachfolgenden Perioden – besonders gut erworben werden.

Grundlegende Schritte zur Erstellung einer Entwicklungsskala

Für die Gewinnung von Entwicklungsskalen ist es erforderlich, Aufgaben zusammenzustellen, die eine Aussage über den Standort des Individuums hinsichtlich einer postulierten Entwicklungsdimension zulassen. Zur Realisierung dieser Zielvorstellung sind in Anlehnung an Wohlwill mindestens die in Abbildung 24.15 angegebenen sieben Schritte notwendig.

Zunächst ist die theoretische Entwicklungsdimension festzulegen (z. B. Wahrnehmungskonstanz, verbale Fähigkeiten, motorische Fertigkeiten). Auf diesem Hintergrund läßt sich z. B. eine vorläufige Entwicklungsskala „verbale Fähigkeiten" aus Tests zur Erfassung des Wortschatzes und der verbalen Flüssigkeit bilden. Mit Hilfe von Querschnittsdaten, die den abzubildenden Entwicklungsverlauf in kleine Intervalle aufspalten, ist es möglich zu prüfen, ob der der Skalenbildung zugrunde gelegte Altersabschnitt angemessen ist. Exakt läßt sich daran anschließend die *Homogenität* (bzw. Eindimensionalität) der Entwicklungsskala prüfen. Eine solche Homogenitätsbestimmung ist innerhalb und zwischen festgelegten Altersspannen vonnöten. Sollte die Homogenität zwischen verschiedenen Altersspannen nicht gewährleistet sein, müßte der Geltungsbereich der Skala eingeschränkt werden; ist die Homogenität sogar innerhalb einer Altersspanne nicht gegeben, müssen neue Skalen gebildet werden, da sich ansonsten keine Aussagen aufstellen lassen. Erst nach der befriedigenden Homogenitätsprüfung kann eine endgültige Entwicklungsskala zusammengestellt werden. Diese bildet dann die Basis für ein zusammengesetztes Entwicklungsmaß, das zur Kennzeichnung des Entwicklungsstandes geeignet ist.

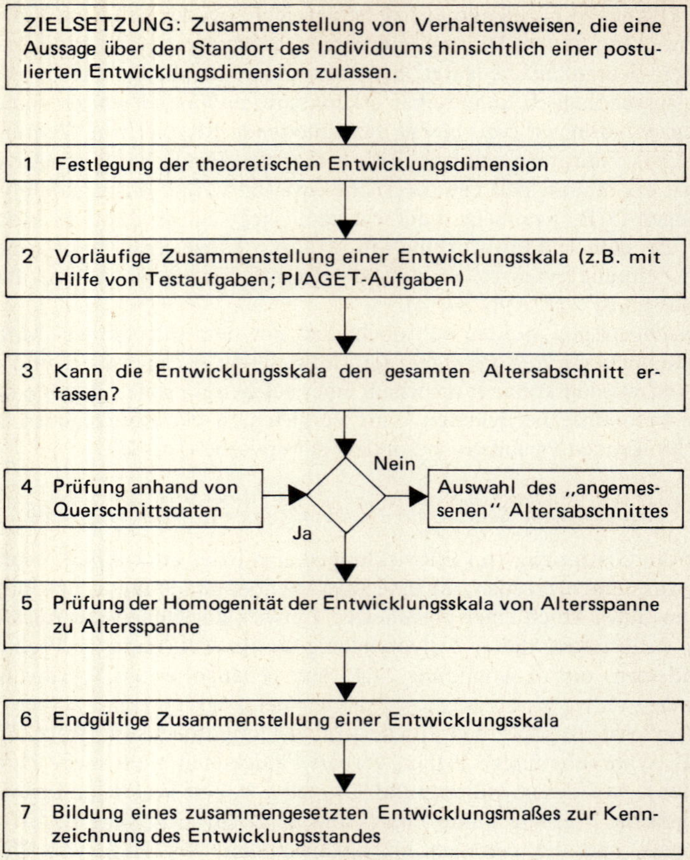

Abb. 24.15 Schritte zur Gewinnung einer Entwicklungsskala

Im Einführungskapitel wurde bereits auf die Notwendigkeit hingewiesen, eine Aussage über die Identität von entwicklungspsychologischen Merkmalen über den zeitlichen Verlauf zu machen. Die Forderung nach der Homogenität der Entwicklungsskala bezieht sich auf diese Notwendigkeit. Illustriert wurde die Forderung mit Hilfe der Untersuchungsergebnisse von Kagan und Moss (1962), die „Passivität" und „Unselbständigkeit" im Kindes- und Erwachsenenalter hinsichtlich ihrer Bedeutungshaltigkeit miteinander verglichen (vgl. Tab. 24.1).

Innerhalb einer bestimmten Altersgruppe wird also eine Homogenität der Bedeutung angenommen, während zwischen den verschiedenen Altersschnitten eine solche nicht vorhanden ist.

Tabelle 24.1 Gegenüberstellung von „Passivität" und „Unselbständigkeit" bei Kindern und Erwachsenen

Bedeutungsgehalt von „Passivität" und „Unselbständigkeit"	
bei 3–6jährigen	bei Erwachsenen
sich bei Konflikten mit Geschwistern zurückziehen;	emotionale Abhängigkeit von den Eltern (Häufigkeit der ratsuchenden Kontakte);
keine Reaktion zeigen, wenn ein Zielobjekt (z.B. ein Spielzeug) verloren geht;	emotionale Abhängigkeit vom Partner (Suche nach Zuneigung, Unselbständigkeit bei Entscheidungen);
generell eher resignatives und Vermeidungsverhalten;	Vermeidung belastender Situationen (Prüfungen, Verantwortungen);
	Sicherheitsstreben in finanzieller Hinsicht (Berufswahl);

Die Homogenitätsprüfung hat also für die Identifikation von Entwicklungsvariablen große Bedeutung. Auf diesen Aspekt soll noch etwas genauer eingegangen werden, zumal der Homogenitätsbegriff, wie erwähnt, als Homogenität zwischen und innerhalb einer Altersspanne definiert werden kann.

Eine Möglichkeit, die Homogenität zu bestimmen, stellen Campbell und Fiske (1959) vor, die Eigenschaften mit Hilfe verschiedener Meßverfahren erfassen und die Korrelation zwischen diesen Messungen mit denen bei der Anwendung derselben Methode zu der Erfassung anderer Eigenschaften verglichen. Durch diesen Schritt kann man eine Aussage über die Bereichsspezifität (= Homogenität innerhalb einer Altersspanne) eines Verfahrens hinsichtlich der Erfassung einer bestimmten Eigenschaft machen. Als Erweiterung dieses Vorgehens wäre es möglich, nicht nur verschiedene Eigenschaften und Methoden, sondern auch verschiedene Eigenschaften, Methoden und Altersspannen zu vergleichen. Dieser Ansatz wäre in der Lage, nicht nur die Bereichsspezifität eines Meßverfahrens im Hinblick auf die Erfassung einer Eigenschaft X, sondern auch die Aussagekraft desselben Verfahrens in dem Fall zu quantifizieren, in dem die Eigenschaft X über verschiedene Entwicklungszustände hinweg erfaßt wird. Mit diesem Ansatz erhält man dann eine Information über den Aussagegehalt (Homogenität) des Verfahrens über verschiedene Altersspannen hinweg.

Der Homogenitätsbegriff bezog sich in den bisherigen Ausführungen auf eindimensionale Abläufe, die nur eine Vor- und Nachordnung innerhalb eines Entwicklungsprozesses zulassen; die abschließend noch dazustellende Clusteranalyse hebt hingegen eine mehrdimensionale Analyse von Entwicklungsverläufen hervor; d.h. außer einer Vor- und

Nachordnung von „Entwicklungsaufgaben" geht eine Nebenordnung in die Betrachtung mit ein.

Erstellung einer mehrdimensionalen Entwicklungsskala

Das Ziel der Clusteranalyse besteht also in der Zusammenfassung von Merkmalen nach einem gewählten Maß der Ähnlichkeit bzw. Unähnlichkeit (vgl. Übersicht solcher Maße bei Kleiter & Petermann 1977). Nach Wahl eines Kriteriums für die Abbildung der Relation zweier Objekte, das theoretisch begründet werden muß, bildet man nach einem Rechenschema homogene Gruppen von Objekten. Solche homogene Gruppen von Objekten können in der Clusteranalyse etwa aggressive Störverhaltensweisen sein. Dabei bilden Störverhaltensweisen gegen andere Personen und Angriffe gegen die eigene Person je ein Cluster auf einer Ebene.

Eine Clusteranalyse gibt nun einerseits Informationen über den Aufbau eines einzelnen Clusters und andererseits über die Ähnlichkeit hinsichtlich anderer Cluster. Der *Aufbau eines Clusters* gibt uns an, welche Verhaltensweisen zusammengehören und in einer Entwicklungssequenz miteinander gekoppelt auftreten. Der Aufbau eines Clusters zeigt dem Entwicklungspsychologen an, welche Aspekte der Entwicklung „wesensverwandt" sind, auch wenn man auf den ersten Blick nicht vermutet, daß sie zusammengehören. Zu solchen Ergebnissen kam zum Beispiel Ulrike Petermann (1986) bei der Analyse des Verhaltens sozial ängstlicher Kinder, von denen eine Gruppe starke Verweigerungstendenzen aufwies. Die *Ähnlichkeit von Clustern* verdeutlicht, wie sich unterscheidbare Merkmalsgruppen zueinander verhalten. Hierbei könnte man zum Beispiel untersuchen, welche Formen der Verhaltensstörung sich nachhaltig auf die Herausbildung der schulischen Leistungsfähigkeit auswirken und welche nicht.

Die Clusteranalyse kann aber noch mehr leisten. So kann man versuchen, qualitative Veränderungen in der Äußerung sozial unerwünschten (und sozial erwünschten) Verhaltens nachzuweisen. Hierzu kann z. B. an zwei unterschiedlichen Stichproben (achtjährige versus zwölfjährige Schüler) ein Vergleich durchgeführt werden. Als Hypothese ergibt sich z. B.: die zwölfjährigen Schüler sollten differenzierte und qualitativ anders strukturierte Formen sozial unerwünschten (und sozial erwünschten) Verhaltens zeigen als die achtjährigen. Die erhobenen Daten können mit Hilfe einer Clusteranalyse untersucht werden, die einen Vergleich zwischen den Gruppenprofilen der acht- und zwölfjährigen Schüler zuläßt. Dieser Strukturvergleich zwischen den Gruppenprofilen bringt eine integrierte Information über ein komplexes entwicklungspsychologisches Problem: die qualitative Veränderung aggressiven Verhaltens im Kindesalter.

Klassifikationsmodelle:

- *Divisive Verfahren* versuchen, durch Unterteilung einer Variablengruppe in Untergruppen homogene Cluster zu bilden. Die Untergliederung ist dann abgeschlossen, wenn eine ausreichende Homogenität aufgrund eines vorher bestimmten Kriteriums erreicht ist.

Anwendungsbeispiel: In einer Studie prüften wir, welche Untergruppen aggressiven Verhaltens bei Jungen der Altersgruppe der Neun- bis 14jährigen vorliegt (Petermann & Petermann 1980). Wir konnten dabei sehr deutlich durch eine Clusteranalyse zwischen leichten Formen der verbalen Aggression (Anschreien, Beschimpfen), Hinterhältigkeit (heimliches Beinstellen und heimliche Sachbeschädigung), körperlichen Aggression (Boxen, Treten, Schlagen) und Eigenaggression (Nägelkauen u. ä.) unterscheiden.

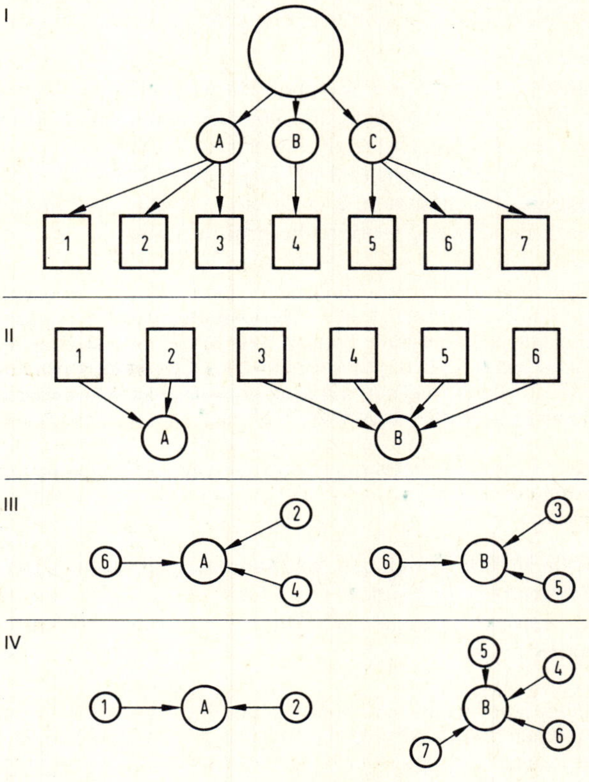

Abb. 24.16 Graphische Darstellung der Klassifikationsmodelle (1 . . . stellen Variablen dar, A . . . Cluster)
Erläuterung:
I = Divisives Verfahren
II = Agglomeratives Verfahren
III = Allokatives Verfahren
IV = Gewichtetes Verfahren

- *Agglomerative Verfahren* sind bei kleinen Datensätzen anwendbar und ordnen Elemente nach ihrer Ähnlichkeit. Als Kriterium der Ähnlichkeit dient u. a. der Mittelwert. Bei der Suche von Clustern können bei diesen Verfahren verschiedene Techniken eingesetzt werden (z. B. maximale Verbundenheit = kürzeste Wegstrecke zwischen den Elementen; maximale Kompaktheit = Abkapselungsstrategie).

Anwendungsbeispiel: Wir analysierten bei verhaltensgestörten Kindern, die von Erziehungsberatungsstellen als aggressiv gemeldet wurden, welche Formen der Aggression besonders zu beobachten waren. Die Kinder bearbeiteten 22 Geschichten mit aggressiven Inhalten (vgl. den Erfassungsbogen für aggressives Verhalten in konkreten Situationen, Petermann & Petermann 1980). Die Lösungen dieser Geschichten wurden zu Gruppen gestörten Verhaltens zusammengefaßt.

- *Allokative Verfahren* sind bei großen Datensätzen (z. B. aufwendigen Längsschnittstudien) möglich und können hypothesengeleitet eingesetzt werden. Im Gegensatz zum divisiven und agglomerativen Verfahren werden Zuordnungen nach inhaltlichen und nicht nach formalen Kriterien vorgenommen. Erst durch ein solches Verfahren können im eigentlichen Sinne Theorien überprüft werden.

Anwendungsbeispiel: Durchzuführen wäre eine Studie, die besonders stabile und für die Entwicklung eines Kindes ungünstige Formen von Aggression aufdecken will; besonders negative Formen sind dabei: massive Wutanfälle und hinterhältiges Verhalten. In der Clusteranalyse legt man beide Verhaltensweisen (Wutanfälle und Hinterhältigkeit) als ungünstig fest und prüft, inwieweit sie mit anderen positiven Verhaltensweisen verknüpft sind. Die Ergebnisse dieser Studie könnten in pädagogische Bemühungen umgesetzt werden, kindlicher Aggression schon frühzeitig dadurch entgegenzuwirken, daß man die ,,vernetzten" positiven Verhaltensweisen stark fördert, um damit das besonders ungünstige aggressive Verhalten zurückzudrängen.

- *Gewichtete Verfahren* nehmen simultan nach inhaltlichen und formalen Kriterien eine Zuordnung von Elementen vor. Diese Zuordnung kann als optimal angesehen werden, sie ist aber verfahrenstechnisch aufwendig.

Anwendungsbeispiel: Man möchte die Formen aggressiven Verhaltens bei Jungen und Mädchen vergleichen, wobei es bekannt ist, daß sich für beide Gruppen aggressives Verhalten in Ausprägung und Äußerungsart unterscheidet (vgl. Kap. 4 und 5). Bekannt ist auch, welche Form von Aggression bei Jungen und Mädchen besonders stabil ist und zu problematischen Entwicklungen führt. In einer Clusteranalyse hält man für Jungen und Mädchen diese ungünstigen Konstellationen fest und versucht, in einer weiteren formalen Zuordnung die Ähnlichkeit zwischen ihnen näher zu bestimmen. Diese Analyse könnte Hinweise darauf geben, wo bei aggressiven Jungen und Mädchen, trotz unterschiedlicher Aggression, gemeinsame Entwicklungsrisiken liegen (z. B. was die Entwicklung bestimmter Formen delinquenten Verhaltens betrifft).

In der Entwicklungspsychologie bieten sich Clusteranalysen vor allem dann an, wenn eine größere Variablenanzahl zu einem weitgefaßten Phänomenbereich vorliegt, die geordnet werden soll. Ein solches Vorgehen der Datenintegration stellt das letzte Anwendungsbeispiel dar.

Anwendungsbeispiel: In einem früheren Kapitel wurde in Anlehnung an Lewin das Konzept des Lebensraumes als ein sich differenzierendes und strukturierendes System beschrieben. Es wurde darauf hingewiesen, daß mit fortschreitender Entwicklung Kinder Vergangenheit und Zukunft stärker strukturieren können, klarer zwischen Realität und Irrealität trennen und zudem einzelne Lebensereignisse stärker differenzieren (vgl. Abb. 24.17).

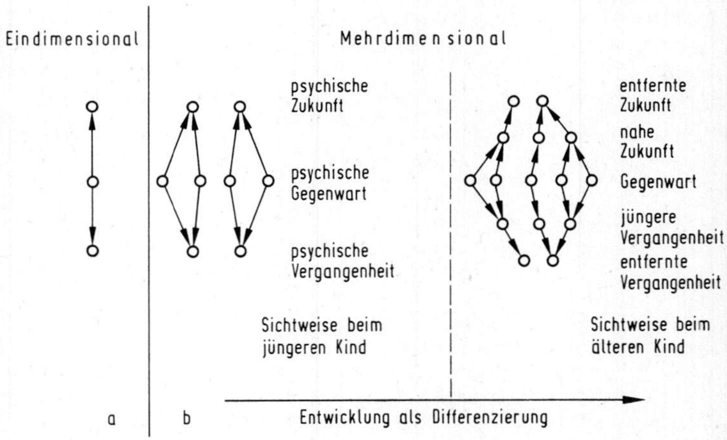

Abb. 24.17 Mehrdimensionale Verknüpfung im Rahmen der Lewinschen Sichtweise „Entwicklung als wachsende Differenzierung und Strukturierung des Lebensraumes"; links wird zusätzlich der unrealistische Fall einer eindimensionalen Sichtweise verdeutlicht.

Die Abbildung 24.17 (rechte Hälfte) zeigt die notwendige Nebenordnung von Elementen bei der quantitativen Aufschlüsselung eines Entwicklungsverlaufes im Sinne einer Differenzierung. Differenzierung verläuft demzufolge von einer wenig komplexen Struktur, die im vorliegenden Fall schon nicht mehr eindimensional darstellbar ist, zu einer Erhöhung des Komplexitätsgrades, der eine Verzweigung und damit eine komplexere Nebenordnung von entwicklungspsychologisch relevanten Informationen nötig macht.

Die zuletzt ausgeführten mehrdimensionalen Clusteranalysen zeigen das Bestreben von Forschungsmethoden, zu einer angemessenen Abbildung entwicklungspsychologischer Phänomene zu gelangen. In der zukünftigen Methodendiskussion in der Entwicklungspsychologie dürfte sich abzeichnen, daß die Probleme der Veränderungsmessung durch die alleinige Ausdifferenzierung von statistischen Methoden nicht zu lösen sind. Die Anwendung hochdifferenzierter Forschungsmethodik wird in vielen Fällen eine noch intensivere Abklärung entwicklungspsychologischer Grundfragen notwendig machen. Beispiele für einen gelungenen Austausch zwischen entwicklungsspsychologischer Theorienbildung und der Differenzierung der Forschungsmethodik sollten in Zukunft die Bestimmung der Dimensionen von Entwicklungsverläufen und die Identität von entwicklungspsychologischen Merkmalen darstellen.

Literatur

Abelson, W. D., Zigler, E. & DeBlasi, C.: Effects of a four-year Follow Through program on enconomically disadvantaged children. Journal of Educational Psychology 66 (1974), 756–771.

Abraham, E. & Hoefelmayr-Fischer, K. E.: Auswirkungen der früheren Arbeitstätigkeit auf den Ruhestand. Zeitschrift für Sozialisationsforschung und Erziehungssoziologie 2 (1982), 53–72.

Abramovitch, R., Corter, C. & Lando, B.: Sibling interaction in the home. Child Development 50 (1979), 997–1003.

Ackermann, N. J.: A theory of family systems. New York: Gardner Press 1984.

Adelson, J., Green, B. & O'Neill, R.: Growth of the idea of law in adolescence. Developmental Psychology 1 (1969), 327–332.

Adler, A.: Über den nervösen Charakter. München: Bergmann 1922 3. Aufl.

Aebli, H.: Didactique psychologique. Neuchâtel: Delachaux & Niestlé 1951 (dt.: Psychologische Didaktik. Stuttgart: Klett 1963).

Aebli, H.: Über die geistige Entwicklung des Kindes. Stuttgart: Klett 1963.

Aebli, H.: Natur und Kultur in der Entwicklung des Menschen. In: Hess, G. (Hg.) Konstanzer Universitätsreden. Konstanz: Universitätsverlag 1967.

Aebli, H.: Psychologische Didaktik. Didaktische Auswertung der Psychologie von Jean Piaget. Stuttgart: Klett 1970.

Aebli, H.: Grundformen des Lehrens. Stuttgart: Klett 1976.

Aebli, H.: Von Piagets Entwicklungspsychologie zur Theorie der kognitiven Sozialisation. In: Steiner, G. (Hg.): Piaget und die Folgen. Zürich: Kindler 1978.

Aebli, H.: Handlung, Begriff und Weltwissen in der Entwicklung des kindlichen Denkens. In: Seiler, Th. B., Wannenmacher, W. (Hg.): Begriffs- und Wortbedeutungsentwicklung. Theoretische, empirische und methodische Untersuchungen. Berlin: Springer 1985, 253–262.

Ainsworth, M. D. S.: The effects of maternal deprivation: A review of findings and controversy in the context of research strategy. In: Ainsworth, M. D. et al. (Ed.): Deprivation of maternal care: A reassessment of its effects. Public Health Papers No. 14. Genf: World Health Organization 1962, 97–165.

Ainsworth, M. D. S., Blehar, M. C., Waters, E. & Wall, S. N.: Patterns of attachment: A psychological study of the strange situation. Hillsdale, N. J.: Erlbaum 1978.

Alba, J. W. & Hasher, L.: Is memory schematic? Psychological Bulletin 93 (1983), 203–231.

Aldous, J.: Family interaction patterns. Annual Review of Sociology 3 (1977), 105–135.

Aldous, J.: Family careers. Developmental change in families. New York: Wiley 1978.

Aldrich, C. & Mendkoff, E.: Relocation of the aged and disabled – a mortality study. Journal of American Geriatrics Society 11 (1963), 185–194.

Alioth, A.: Entwicklung und Einführung alternativer Arbeitsformen. Bern: Huber 1980.

Allen, J. R. & West, L. J.: Flight from violence: Hippies and the green rebellion. American Journal of Psychiatry 125 (1968), 120–126.

Allerbeck, K. & Hoag, W. J.: Jugend ohne Zukunft? Einstellungen, Umwelt, Lebensperspektiven. München: Piper 1985.

Allmer, H.: Entwicklungspsychologie aus handlungstheoretischer Sicht: Implikationen für die Theoriebildung und Forschungskonzeption. Psychologische Rundschau 36 (1985), 181–190.

Als, H., Lester, B. M. Tronick, E. & Brazelton, B. T.: Toward a research instrument for the assessment of preterm infant's behavior (APIB). In: Fitzgerald, H. E., Lester, B. M. & Yogman, M. W. (Eds.): Theory and research in behavioral pediatrics, Vol. 1. New York: Plenum 1982, 35–132.

Anastasi, A.: Heredity, environment, and the question „how"? Psychological Review 65 (1958), 197–208.

Anderson, J. E.: The limitation of infant and preschool tests in the measurement of intelligence. Journal of Psychology 8 (1939), 351–379.
Anderson, J. R.: Cognitive Psychology and Its Implications. San Francisco: Freeman 1980.
Anderson, N. H.: Foundations of information integration theory. New York: Academic Press 1981.
Anderson, N. H. & Cuneo, D. O.: The heigth and width rule in children's judgements of quantity. Journal of Experimental Psychology 107 (1978), 335–378.
Anderson, Th. W.: Swimming and exercise during menstruation. Journal of Health Physical Education 36 (1965), 66–68.
Andrews, M. P., Bubholz, M. M. & Paolucci, B.: An ecological approach to the study of the family. Marriage and Family Review 3 (1980), 29–49.
Andrisani, P. J. & Nestel, G.: Internal-external control as contributor to and outcome of work experience. Journal of Applied Psychology 61 (1976), 156–165.
Angell, R. O.: The family encounters the depression. New York: Scribner 1936.
Angres, S.: Intergenerational relations and value congruence between young adults and their mothers. Chicago: University of Chicago, unpublished Ph. D. dissertation, 1975.
Anglin, J. M.: Word, object and conceptual development. New York: Norton 1977.
Apel, K. O.: Transformation der Philosophie. Das Apriori der Kommunikationsgemeinschaft. Bd. 2. Frankfurt: Suhrkamp 1976.
Appleton, T., Clifton, R. & Goldberg, S.: The development of behavioral competence in infancy. In: Horowitz, F. D. (Ed.): Review of Child Development Research. Chicago: University of Chicago Press 1975.
Arbeitsgruppe Hauptschule: Das Elend mit dem Sitzenbleiben. betrifft: erziehung 10 (1977), 51–57.
Arbeitsgruppe Schulforschung: Leistung und Versagen. Alltagstheorien von Schülern und Lehrern. München: Juventa 1980.
Argyle, M. & Robinson, P.: Two origins of achievement motivation. British Journal of Social and Clinical Psychology, 1 (1962), 107–120.
Ariès, P.: Geschichte der Kindheit. München: Carl Hanser 1975.
Asher, E. J.: The inadequacy of current intelligence tests for testing Kentucky mountain children. Journal of Genetic Psychology 46 (1935), 480–486.
Ashmead, D. H. & Perlmutter, M.: Infant memory in everyday life. In: Perlmutter, M. (Ed.): Children's memory. San Francisco: Jossey-Bass 1980, 137–152.
Ashton, P. T.: Cross-cultural Piagetian research. An experimental perspective. Harvard Educational Review 45 (1975), 475–506.
Ashton, R.: The state variable in neonatal research: A review. Merrill-Palmer-Quarterly (1973), 19, 3–30.
Atchley, R. C.: The life course, age grading, and age-linked demands for decision making: In: Datan, N. & Ginsberg, L. H. (Eds.): Life-span developmental psychology: Normative life crises. New York: Academic Press 1975, 261–278.
Atchley, R. C.: Retirement as a social institution. Annual Review of Sociology 8 (1982), 263–287.
Atkinson, J. W.: Einführung in die Motivationsforschung. Stuttgart: Klett 1975.
Atkinson, R. C., Shiffrin, R. M.: Human memory: A proposed system and its control processes. In: Spence: K. W. & Spence, J. T. (Eds.): The psychology of learning and motivation: Advances in research and theory. Vol. II. New York: Academic Press 1968, 89–195.
Atteslander, P.: Methoden der empirischen Sozialforschung. Berlin: De Gruyter 1969.
Auersperg, A. & Buhrmester, H. C.: Experimenteller Beitrag zur Frage des Bewegtsehens. Zeitschrift für Sinnesphysiologie 66 (1936), 274–309.
Augst, G.: Zur Ontogenese des Metaphernerwerbs – eine empirische Pilotstudie. In: Augst, G. (Hg.): Spracherwerb von 6–16. Düsseldorf: Schwann 1978.
Austin, J. L.: Zur Theorie der Sprechakte. Stuttgart: Reclam 1972.
Ausubel, D. P.: Das Jugendalter. München: Juventa 1968.
Ausubel, D. P.: Educational psychology. A cognitive review. New York: Holt, Rinehart & Winston 1969.
Ausubel, D. P. & Sullivan, E. V.: The development of language. In: Asubel, D. P. & Sullivan, E. V. (Eds.): Theory and problems of child development. New York: Grune & Stratton 1970, 505–550.

Avery, A. W., Ridley, C. A., Leslie, L. & Milholland, T.: Relationship enhancement with premarital dyads: A six-month follow up. American Journal of Family Therapy 8 (1980), 23–30.

Baacke, D. & Heitmeyer, W.: Neue Widersprüche. Zur Notwendigkeit einer integrierten Jugendtheorie. In: Baacke, D. & Heitmeyer, W. (Hg.): Neue Widersprüche. Jugendliche in den achtziger Jahren. Weinheim: Juventa 1985, 7–23.

Baar, E.: Schulreife – Entwicklungshilfe. Wien: Jugend und Volk 1952.

Baar, E. & Tschinkel, I.: Schulreife – Entwicklungshilfe. Wien: Jugend und Volk, 6. Aufl., 1973.

Bachmann, J. G.: Die Bedeutung des Bildungsniveaus für Selbstwertgefühl, berufsbezogene Einstellungen, Delinquenz und Drogenkonsum von Jugendlichen. In: Olbrich, E. & Todt, E. (Hg.): Probleme des Jugendalters. Berlin: Springer 1984, 131–186.

Baddeley, A. D.; The psychology of memory. New York: Basic Books 1976.

Baer, D. M. & Wright, J. C.: Developmental Psychology. Annual Review of Psychology 25 (1974), 1–82.

Baethge, M., Schomburg, H. & Voskamp, U.: Jugend und Krise – Krise aktueller Jugendforschung. Frankfurt/M.: Campus 1983.

Bahrick. H. P., Bahrick, P. O. & Wittlinger, R. P.: Fifty years of memory for names and faces: A cross-sectional approach. Journal of Experimental Psychology 104 (1975), 54–75.

Bailey, R. C. & Bailey, K. G.: Self-perception of scholastics ability at four grade levels. Journal of Genetic Psychology 124 (1974), 197–212.

Baitsch, C. & Frei, F.: Qualifizierung in der Arbeitstätigkeit. Bern: Huber 1980.

Baker, P.: Basic family therapy. Baltimore: University Park Press 1981.

Baldwin, A. L.: Theories of child development. New York: Wiley 1967.

Baldwin, A. L.: Theorien primärer Sozialisation. Weinheim: Beltz 1974.

Baltes, M. M. & Lascomb, S. L.: Creating a healthy institutional environment: The nurse as a change agent. International Journal of Nursing Studies 12 (1975), 5–12.

Baltes, M. M. & Zerbe, M. B.: Independence training in nursing-home residents. Gerontologist 16 (1976), 428–432.

Baltes, P. B.: Longitudinal and cross-sectional sequences in the study of age and generation effects. Human Development 11 (1968) 145–171.

Baltes, P. B.: Entwicklungspsychologie unter dem Aspekt der gesamten Lebensspanne: Einige Bemerkungen zu Geschichte und Theorie. In: Montada, L. (Hg.): Brennpunkte der Entwicklungspsychologie. Stuttgart: Kohlhammer 1979, 42–60.

Baltes, P. B.: Prototypical paradigmas and questions in life-span research on development and aging. Gerontologist 13 (1973), 458–467.

Baltes, P. B.: Life-span developmental psychology: Some converging observations on history and theory. In: Baltes, P. B. & Brim, O. G. Jr. (Eds.): Life-span development and behavior. Vol. 2. New York: Academic Press 1979, 256–279.

Baltes, P. B.: Life-span developmental psychology: Observations on history and theory revisited. In: Lerner, R. M. (Ed.): Developmental psychology: Historical and philosophical perspective. Hillsdale, N. J.: Erlbaum, 1983, 79–111.

Baltes, P. B.: Intelligenz im Alter. Spektrum der Wissenschaft 5 (1984), 46–60.

Baltes, P. B. & Brim, O. G. jr.: Life-span development and behavior (Vol. I–VI). New York: Academic Press 1978–85.

Baltes, P. B. & Danish, S. J.: Gerontologische Intervention auf der Grundlage einer Entwicklungspsychologie des Lebenslaufs. Probleme und Konzepte. Zeitschrift für Entwicklungspsychologie und Pädagogische Psychologie 11 (1979), 112–140.

Baltes, P. B. & Dittmann–Kohli, F.: Einige einführende Überlegungen zur Intelligenz im Erwachsenenalter. Neue Sammlung 22 (1982), 261–278.

Baltes, P. B. & Schaie, K. W.: On life-span developmental research paradigms: Retrospects and prospects. In: Baltes, P. B. & Schaie, K. W. (Eds.): Life-span developmental psychology. Personality and socialization. New York: Academic Press 1973, 365–395.

Baltes, P. B. & Schaie, K. W. (Eds.): Life-span developmental psychology: Personality and socialization. New York: Academic Press 1973.

Baltes, P. B. & Sowarka, D.: Entwicklungspsychologie und Entwicklungsbegriff. In: Silbereisen, R. K. & Montada, L. (Hg.): Entwicklungspsychologie. Ein Handbuch in Schlüsselbegriffen. München: Urban & Schwarzenberg 1983, 11–20.

Baltes, P. B. & Willis, S. L.: Plasticity and enhancement of intellectual functioning in old age: Penn State's Adult Development and Enrichment Program (ADEPT). In: Craik, F. I. M. & Trehub, S. E. (Eds.): Aging and cognitive processes. New York: Plenum Press 1982, 353–389.

Baltes, P. B., Cornelius, S. W., Spiro, A., Nesselroade, J. R. & Willis, S. L.: Integration versus Differenzierung von fluider und kristalliner Intelligenz im Alter. In: Montada, L. (Hg.): Entwicklungspsychologie und Psychologieentwicklung. Trierer Psychologische Berichte. Trier. Universität Trier, Sonderband, 1980, 40–64.

Baltes, P. B., Dittmann-Kohli, F. & Dixon, R. A.: New perspectives on the development of intelligence in adulthood: Toward a dual process conception and a model of selective optimization with compensation. In: Baltes, P. B. & Brim, O. (Eds.): Life-Span development and behavior. Vol. 6. New York: Academic Press 1984, 33–76.

Baltes, P. B., Reese, H. W. & Lipsitt, L. P.: Life-span developmental psychology. Annual Review of Psychology 31 (1980), 65–110.

Baltes P. B., Cornelius, S. W. & Nesselroade, J. R.: Cohort effects in behavioral development: Theoretical and methodological perspectives. In: Collins, W. A. (Ed.): Minnesota Symposium on Child Psychology: Dialectical perspectives on experimental research. New York: Academic Press 1977.

Bandura, A.: Vicarious and self-reinforcement processes. In: Glaser, R. (Ed.): The nature of reinforcement. New York: Academic Press 1971, 228–278.

Bandura, A.: Self-efficacy mechanism in human agency. American Psychologist 37 (1982), 122–147.

Bandura, A.: Social foundations of thought and action. Englewood Cliffs, N. J.: Prentice Hall 1985.

Baranowski, M. D.: Adolescent's attempted influence on parental behavior. Adolescence 13 (1978), 585–604.

Barcai, A.: Normative family development. Journal of Marital and Family Therapy 7 (1981), 353–359.

Barclay, C. R.: The executive control of mnemonic acitivity. Journal of Experimental Child Psychology 27 (1979), 262–276.

Barenboim, C.: Developmental changes in the interpersonal cognitive system from middle childhood to adolescence. Child Development 48 (1977), 1467–1474.

Barker, B. Lewis, M.: A multidimensional effect of birth-order on mother-infant interaction. Biennial Meeting der Society for Research in Child Development, Denver 1975, unveröff. Manuskript.

Barlow, D. H. & Hersen, M.: Designs für Einzelfallexperimente. In: Petermann, F. (Hg.): Methodische Grundlagen Klinischer Psychologie. Weinheim: Beltz 1977, 64–83.

Barker, R. G.: Ecological psychology. Concepts and methods for studying the environment of human behavior. Stanford, CA: Stanford University Press 1968.

Barker, R. G. & Wright, H. F.: Psychological ecology and the problem of social development. Child Development 20 (1949), 131–143.

Barker R. & Wright, H. F.: One boy's day. New York: Harper 1951.

Barker, R. G. & Wright, H. F.: Midwest and it children; the psychological ecology of an American town. Evanston, Ill.: Row, Peterson 1954.

Barnett, M. A., King, L. M. & Howard, J. A.: Inducing affect about self and other: Effects on generosity in children. Developmental Psychology 15 (1979), 164–167.

Barnett, R. C.: Sex differences and age trends in occupational preference and occupational prestige. Journal of Counseling Psychology, 22 (1975), 35–38.

Barnow, B. S.: The effects of Head Start and socio-economic status on cognitive development of disadvantaged children. Doctoral dissertation, University of Wisconsin 1973

Barrett, M. D.: Lexical development and overextension in child language. Journal of Child Language 5 (1978), 205–219.

Barrett, M. D.: Distinguishing between prototypes: The early acquisition of the meaning of object names. In: Kuczaj, S. A. (Ed.): Language development: Syntax and Semantics. Hillsdale: Erlbaum 1982, 313–335.

Barry, W. A.: Marriage research and conflict: An integrative review. Psychological Bulletin 73 (1970), 41–54.

Barton, E. M., Baltes, M. M. & Orzech, M. J.: Etiology of dependence in older nursing home residents during morning care: The role of staff behavior. Journal of Personality and Social Psychology 38 (1980), 423–431.

Bauer, U.: Bedingungen und Implikationen der Methodenwahl in der Begriffs- und Bedeutungsforschung, verdeutlicht durch die Gegenüberstellung von Dedre Gentners Vorgehen zu einer halbstrukturierten Interviewtechnik. Diplomarbeit, Institut für Psychologie, Technische Hochschule Darmstadt 1983.

Baumann, R., Diener, K. & Retter, H.: Auswirkungen vorschulischer Förderung im ersten Schuljahr. Bad Heilbrunn: Klinkhardt 1977.

Baumann, U.: Indikation zur Psychotherapie. München: Urban & Schwarzenberg 1981.

Baumrind, D.: Authoritarian vs., authoritative control on child behavior. Child Development 37 (1966), 887–907.

Baumrind, D.: Current patterns of parental authority. Developmental Psychology Monographs 1 (1971), 1–103.

Baumrind, D.: Early socialization and adolescent competence. In: Dragastin, S. E. & Elder, G. H. (Eds.): Adolescence in the life cycle: Psychological change and social context. New York: Wiley 1975.

Bavelas, J. B. & Segal, L.: Family systems theory: background and implications. Journal of Communication 32 (1982), 99–107.

Bayley, N.: Consistency and variability in the growth of intelligence from birth to eighteen years. Journal of Genetic Psychology 75 (1949), 165–196.

Bayley, N.: Bayley Scales of Infant Development. New York: Psychological Corporation 1969.

Beavers, R. M. & Voeller, M.: Family models: Comparing and contrasting the Olson Cirumplex model with the Beavers systems model. Family Process 22 (1983), 85–98.

Beck, U.: Jenseits von Stand und Klasse? Soziale Ungleichheiten, gesellschaftliche Individualisierungsprozesse und die Entstehung neuer sozialer Formationen und Identitäten. Soziale Welt, Sonderband 2 (1983), 35–74.

Beck, U., Brater, M. & Daheim, H.: Soziologie der Arbeit und Berufe. Grundlagen, Problemfelder, Forschungsergebnisse. Reinbek: Rowohlt 1980.

Becker-Schmidt, R.: Widersprüchliche Realität und Ambivalenz: Arbeitserfahrungen von Frauen in Fabrik und Familie. Kölner Zeitschrift für Soziologie und Sozialpsychologie 32 (1980), 681–704.

Bee, H. L., Barnard, K. E., Eyres, S. J. et al.: Prediction of IQ and language skill from perinatal status, child performance, family characteristics, and mother infant interaction. Child Development 53 (1982), 1134–1156.

Beilin, H.: Learning and operational convergence in logical thought development. Journal of Experimental Child Psychology 2 (1965), 317–339.

Beilin, H.: The training and acquisition of logical operations. In: Rosskopf, M. F., Steffe, L. P. & Taback, S. (Eds.): Piagetian cognitive developmental research and mathematical education. Washington: National Council of Teachers of Mathematics 1971.

Bell, S.: The development of the concept of object as related to mother-Infant attachment. Child Development 41 (1970), 291–311.

Beller, E. K.: Infant daycare: A longitudinal study. Final report to the Office of Child Development No. OCD-CB-310. 1976.

Beller, E. K.: Effects of age and social class grouping in infant daycare. Presented at the Annual Meeting of the Eastern Psychological Association. Boston 1977.

Beller, E. K.: Early intervention programs. In: Osofsky, J. D. (Ed.): The handbook of infant development. New York: Wiley 1979, 852–893.

Beller, E. K., Stahnke, M. & Laewen, H. J.: Das Berliner Krippenprojekt – eine empirische Untersuchung. Zeitschrift für Pädagogik 29 (1983), 3.

Belschner, W. & Kaiser, P.: Darstellung eines Mehrebenenmodells primärer Prävention. In: Filipp, S. H. (Hg.): Kritische Lebensereignisse. München: Urban & Schwarzenberg 1981, 174–195.

Belser, H. & Küsel, G.: Zum Sitzenbleiber-Problem an Volksschulen. In: Biermann, R. (Hg.): Schulische Selektion in der Diskussion. Bad Heilbrunn: Klinkhardt 1976, 101–115.

Bengtson, V. L. & Troll, L.: Youth and their parents: Feedback and integrational influence in socialization. In: Lerner, R. M. & Spanier, G. B. (Ed.): Child influences on marital and family interaction: a life-span perspective. New York: Academic Press 1978.

Bennett, L. & Wolin, S. J.: A sociocultural approach to the study of familial alcoholism. Center for Family Research, Department of Psychiatry and Behavioral Sciences, George Washington University Medical Center, Washington, D. C. 1985 (unveröffentlicht).

Bentler, P. M.: Some contributions to efficient statistics in structural models: specification and estimation of moment structures. Psychometrika 48 (1983), 493–517.

Bentler, P. M.: Theory and implementation of EQS: a structural equations program (Program Manual). Los Angeles: University of California 1984.

Bereiter, C. & Engelmann, S.: Teaching disadvantaged children in the preschool. New York: Englewood Cliffs 1966.

Berg, M.: Die berufstätige Jugend. Untersuchungen mit dem Problemfragebogen für männliche Jugendliche. Hannover: Schroedel 1969.

Bergius, R.: Entwicklung als Stufenfolge. In: Thomae, H. (Hg.): Entwicklungspsychologie. Göttingen: Hogrefe 1959, 104–195.

Bericht der Kommission ,,Zukunftsfragen gesellschaftlicher Entwicklungen". Raidwangen: Studiodruck 1983.

Berlyne, D. E.: Conflict, arousal, and curiosity. New York: McGraw-Hill 1960.

Berndt, T. J.: Effect of reciprocity norms on moral judgment and causal attribution. Child Development 48 (1977), 1322–1330.

Bernfeld, S.: Psychologie des Säuglings. Wien: J. Springer 1925.

Bernstein, B.: Elaborated and restricted codes: Their social origins and some consequences. American Anthropologist 66 (1964), Part 2, 55–69.

Bernstein, B.: Der Unfug mit der ,,kompensatorischen" Erziehung. betrifft: erziehung 3 (1970), 15–19.

Bertalanffy, L. v.: General systems theory. General Systems Yearbook 1956, 1, 1.

Bertalanffy, L. v.: General systems theory. New York: Braziller 1968.

Bertram, H.: Sozialökologische Konzepte in der Sozialisationsforschung und Mehrebenenmodelle. Methodologische Überlegungen zur sozialökologischen Perspektive in der Sozialisationsforschung, dargestellt an einer Untersuchung über gesellschaftliche und familiäre Bedingungen moralischen Urteilens. In: Walter, H. & Oerter, R. (Hg.): Ökologie und Entwicklung. Donauwörth: Auer 1979, 210–228.

Bever, T. G.: The cognitive basis for linguistic structures. In: Hayes, J. R. (Ed.): Cognition and the development of language. New York: Wiley 1970.

Bierhoff-Alfermann, D. & Höcke-Pörzgen, B.: Kindererziehung aus der Sicht von Eltern zweier antiautoritärer und evangelischer Kindergärten. Eine Erkundungsstudie. Zeitschrift für Entwicklungspsychologie und Pädagogische Psychologie 6 (1974), 139–145.

Biermann, G.: Zum Lesen-Lernen der Dreijährigen. Unsere Jugend 19 (1967), 259–264.

Bierwisch, M.: Semantics. In: Lyons, J. (Ed.): New horizons in linguistics. Harmondsworth: Penguin 1970.

Bijou, S. W. & Baer, D. M.: Some methodological contributions from a functional analysis of child development. Advances in Child Development and Behavior 1 (1963), 197–231.

Billow, R. M.: A cognitive developmental study of metapher comprehension. Developmental Psychology 11 (1975), 415–423.

Binet, A. & Simon, Th.: La mésure du developpement de l'intelligence chez les jeunes enfants. Paris 1907.

Binstock, R. H. & Shanas, E. (Eds.): Handbook of aging and the social sciences. New York: Van Nostrand 1976.

Birren, J. E.: The psychology of aging. Englewood Cliffs, N. J.: Prentice Hall 1964.

Birren, J. E. & Schaie, K. W. (Eds.): Handbook of the psychology of aging. New York: Van Nostrand-Reinhold 1977.

Birren, J. E. & Woodruff, D. S.: Human Development over the life span through education. In: Baltes, P. B. & Schaie, K. W. (Eds.): Life-span developmental Psychology: Personality and socialization. New York: Academic Press 1973, 305–337.

Birren, J. E., Woods, A. M. & Williams, M. V.: Behavioral slowing with age: Causes, organization, and consequences. In: Poon, L. W. (Ed.): Aging in the 1980s. Washington: American Association 1980, 291–308.

Bissel, J. S.: The cognitive effects of preschool programs for disadvantaged children. Washington: National Institute of Child Health and Human Development 1970.

Bjorklund, D. F. & Zeman, B. R: Children's organization and metamemory awareness in their recall of familiar information. Child Development 53 (1982), 799–810.

Blackburne-Stover, G. B., Belenky, M. & Gilligan, C.: Moral development and reconstructive memory: Recalling a decision to terminate an unplanned pregnancy. Developmental Psychology 18 (1982), 862–870.

Blackman, D. K., Howe, M. & Pinkston, E. M.: Increasing participation in social interaction of the institutionalized elderly. Gerontologist 16 (1976), 69–76.

Blasi, A.: Bridging moral cognition and moral action: a critical review of the literature. Psychological Bulletin 88 (1980), 1–45.

Block, J. & Haan, N.: Personality development from adolescence to adulthood. New York: Appleton Century Crofts 1971.

Block, J., Haan, N. & Smith, M. B.: Activism and apathy in contemporary adolescents. In: Adams, J. F. (Ed.): Understanding adolescence. 2nd. ed. Boston 1973.

Bloom, B. S.: Stability and change in human characteristics. New York: Wiley 1964.

Bloom, B. S.: Alle Schüler schaffen es. betrifft: erziehung 3 (1970), 15–21.

Bloom, B. S.: Stabilität und Veränderung menschlicher Merkmale. Weinheim: Beltz 1973.

Bloom, L.: Language Development: Form and function in emerging grammars. Cambridge, Mass.: M. I. T. Press 1970.

Bloom, M. & Blenkner, M.: Assessing functioning of older persons living in the community. Gerontologist 10 (1970), 31–37.

Blumer, H.: Der methodologische Standort des symbolischen Interaktionismus. In: Arbeitsgruppe Bielefelder Soziologen (Hg.): Alltagswissen, Interaktion und Gesellschaftliche Wirklichkeit. Bd. 1. Reinbek: Rowohlt 1973, 80–146.

Boesch, E. E.: Psychopathologie des Alltags. Bern: Huber 1976.

Bolscho, D.: Untersuchungen zur Wirksamkeit von Vorschulerziehung und ihre pädagogischen Konsequenzen. Westermanns Pädagogische Beiträge 30 (1978), 356–361.

Bolscho, D. & Schwarzer, C. (Hg.): Beurteilen in der Grundschule. München: Urban & Schwarzenberg 1979.

Borke, H.: Interpersonal perception of young children: Egocentrism or empathy? Developmental Psychology 5 (1971), 263–269.

Borkowski, J. G., Peck, V. A., Reid, M. K. & Kurtz, B. E.: Impulsivity and strategy transfer: metamemory as mediator. Child Development 34 (1983), 459–473.

Bornstein, P. E., Clayton, P. J., Halikas, J. A., Maurice, W. L. & Robins, E.: The depression of widowhood after thirteen months. British Journal of Psychiatry 122 (1973), 561–566

Bortz, J.: Lehrbuch der empirischen Forschung. Berlin: Springer 1984.

Boss, P. G.: Normative family stress: Family boundary changes across the life span. Family Relations 29 (1980), 445–450.

Bossong, B.: Motivationsförderung in der Schule. Weinheim: Beltz 1978.

Boszormenyi-Nagy, J. & Spark, G. M.: Unsichtbare Bindungen. Die Dynamik familiärer Systeme. Stuttgart: Klett-Cotta 1981.

Botvin, G. J.: Prevention research. In: Secretary, Department of Health and Human Services (Ed.): Drug abuse and drug abuse research. Rockville, Maryland: National Institute on Drug Abuse 1984, 35–51.

Botwinick, J.: Intellectual abilities. In: Birren, J. E. & Schaie, K. W. (Eds.): Handbook of the psychology of aging. New York: Van Nostrand 1977, 508–605.

Bourque, L. B. & Back, K. W.: Life graphs and life events. Journal of Gerontology 32 (1977), 669–674.

Bower, G. H., Clark. M. C., Lesgold, A. M. & Winzenz, D. B.; Hierarchical retrival schemes in recall of categorized word lits. Journal of Verbal Learning and Verbal Behavior 8 (1969), 323–343.

Bower, T. G. R.: The object in the world of the infant. Scientific American (1971) 225, 30–38.

Bower, T. G. R.: A primer of infant development. San Francisco: Freeman 1977.

Bower, T. G. R.: Human development. San Francisco: Freeman 1979.

Bowerman, M.: The acquisition of word meaning: Investigation into some current conflicts.

In: Waterson, N. & Snow, C. (Eds.): The development of communication. Chichester: Wiley 1978, 263–287.
Bowlby, I.: Maternal care and mental health. Geneva: World Health Organization 1951, 198–199.
Bowlby, I.: Maternal care and mental health. Genf: Monographs of the WHO, Vol. 2, 1952.
Bowlby, J.: Attachment and loss. Vol. l. London: Hogarth Press 1969.
Boyack, V. L.: Statement before the subcommittee on retirement income and employment. Washington, D. C.: United States Government Printing Office 1978.
Brack, U. (Hg.): Frühdiagnostik und Frühtherapie. Weinheim, München: Psychologie Verlags Union 1986.
Brackbill, Y.: Continuous stimulation and arousal level in infancy: Effects of stimulus intensity and stress. Child Development 46 (1975), 364–369.
Brackbill, Y., Hiram, E. & Larry, L. M.: A developmental study of classical conditioning. Monographs of the Society for Research in Child Development (1967) 116, 32/8.
Braiker, H. & Kelley, H. H.: Conflicts in the development of close relationships. In: Burgess, R. L. & Huston, T. L. (Eds.): Social exchange in developing relationships. New York: Academic Press 1979, 135–168.
Braine, M. D. S.: On two types of models of the internalization of grammars. In: Slobin, D. I. (Ed.): The ontogenesis of grammar. A theoretical symposium. New York: Academic 1971, 153–186.
Brainerd, C. J.: Reinforcement and reversibility in quantity conservation acquisition. Psychonomic Science 27 (1972a), 114–116.
Brainerd, C. J.: The age-stage issue in conservation acquisition. Psychonomic Science 29 (1972b), 115–117.
Brainerd, C. J.: Piaget's theory of intelligence. London/New York: Prentice-Hall 1978.
Brainerd, C. J.: Working-memory systems and cognitive development. In: Brainerd. C. J. (Ed.): Recent advances in cognitive-developmental theory. New York: Springer 1983, 167–236.
Brainerd, C. J. & Allen, T. W.: Experimental inductions of the conservation of ‚first-order' quantitative invariants. Psychological Bulletin 75 (1971), 128–144.
Brake, M.: Soziologie der jugendlichen Subkulturen. Eine Einführung. Frankfurt: Campus 1980.
Brammer, L. M. & Abrego, P. J.: Intervention strategies for coping with transitions. The Counseling Psychologist 9 (1981), 19–35.
Brandtstädter, J.: Normen. In: Herrmann, T., Hofstätter, P. R., Huber, H. P. & Weinert, F. E. (Hg.): Handbuch psychologischer Grundbegriffe. München: Kösel 1977, 327–334.
Brandtstädter, J.: Vom Sein zum Sollen in der Theorie des moralischen Urteils: Wege, Schleichwege, Irrwege. In: Eckensberger, L. H. & Silbereisen, R. K. (Hg.): Entwicklung sozialer Kognitionen: Modelle, Theorien, Methoden, Anwendungen. Stuttgart: Klett-Cotta 1980a, 133–144.
Brandtstädter, J.: Relationships between life-span developmental theory, research and intervention: A revision of some stereotypes. In: Turner, R. R. & Reese, H. W. (Eds.): Life-span developmental psychology. Intervention. New York: Academic Press 1980b, 3–28.
Brandtstädter, J.: Prävention als psychologische Aufgabe. In: Brandtstädter, J. & von Eye, A. (Hg.): Psychologische Prävention. Bern: Huber 1982a, 15–36.
Brandtstädter, J.: Prävention von Lern- und Entwicklungsproblemen im schulischen Bereich. In: Brandtstädter, J. & von Eye, A. (Eds.): Psychologische Prävention: Grundlagen, Programme, Methoden. Bern: Huber, 1982a, 275–299.
Brandtstädter, J.: Methodologische Grundfragen psychologischer Diagnostik. In: Brandtstädter, J. & von Eye, A. (Eds.): Psychologische Prävention. Bern: Huber 1982b, 37–79.
Brandtstädter, J.: Kern- und Leitbegriffe psychologischer Prävention. In: Brandtstädter, J. & von Eye, A. (Hg.): Psychologische Prävention. Bern: Huber 1982c, 81–115.
Brandtstädter, J.: Entwicklungsintervention und Evaluation. In: Silbereisen, R. K. & Montada, L. (Hg.): Entwicklungspsychologie. München: Urban & Schwarzenberg 1983, 167–173.
Brandtstädter, J.: Personal and social control over development: Some implications of an action perspective in life-span developmental psychology. In: Baltes, P. B. & Brim,

O. G. Jr. (Eds.): Life-span development and behavior. Vol. 6. New York: Academic Press 1984, 1–32.

Brandtstädter, J.: Entwicklungsberatung unter dem Aspekt der Lebensspanne: Zum Aufbau eines entwicklungspsychologischen Anwendungskonzeptes. In: Brandtstädter, J. & Gräser, H. (Hg.): Entwicklungsberatung unter dem Aspekt der Lebensspanne. Göttingen: Hogrefe 1985a, 1–15.

Brandtstädter, J.: Kontinuität, Wandel und Kontext: Zum Problem des Spielraums menschlicher Entwicklung. Bericht aus der Arbeitsgruppe „Entwicklung und Handeln" 12/85. Trier: Universität Trier 1985 b.

Brandtstädter, J. & Schneewind, K. A.: Optimal human development: Some implications for psychology. Human Development 20 (1977), 1–30.

Brandtstädter, J. & v. Eye, A.: Aussagenlogische Analyse von Kontingenztafeln: I. Methodologische Vorüberlegungen. Trierer Psychologische Berichte 9 (6). Trier: Universität Trier 1982.

Braukmann, W. & Filipp, S. H.: Strategien und Techniken der Lebensbewältigung. In: Baumann, U., Berbalk H. & Seidenstücker, G. (Hg.): Klinische Psychologie: Trends in Forschung und Praxis. Band 6. Bern: Huber 1984, 52–82.

Braun, P. & Tittelbach, E.: Verhaltenstherapie. In: Pongratz, L. J. (Hg.): Handbuch der Psychologie. Band 8, 2. Halbband, Göttingen: Hogrefe 1978, 1955–2081.

Braunroth, M. u. a.: Ansätze und Aufgaben der linguistischen Pragmatik. Frankfurt: Fischer-Athenäum 1975.

Brazelton, T. B.: Inplications of infant development among the Mayan Indians of Mexico. Human Development 15 (1972), 90–111.

Brazelton, T. B.: Neonatal Behavioral Assessment Scale, 2nd Edn. London: Blackwell 1984.

Brazelton, T. B. u. a.: The infant as a focus of family reciprocity. In: Lewis, M. & Rosenblum, L. A. (Eds.): The child and its family. New York: Plenum 1979, 29–44.

Brazziel, W. F.: Two years of Head Start. In: Frost, J. L. (Ed.): Early childhood education rediscovered. New York: Holt, Rinehart & Winston 1968, 298–304.

Bredenkamp. J. & Wippich, W.: Lern- und Gedächtnispsychologie. Bd. II. Stuttgart: Kohlhammer 1977.

Brehm, J. W.: A theory of psychological reactance. New York: Academic Press 1966.

Brem-Gräser, L.: Bericht über die Ergebnisse der Frühförderung in vier Münchner Kindergärten. Schule und Psychologie 16 (1969), 334–345.

Bretherton, I. & Waters, E. (Eds.): Growing points of attachment theory and research. Monographs of the Society for Research in Child Development 50 (1985), No. 1–2, 209.

Briggs, E. S.: How adults in Missouri use their leisure time. School and Society 47 (1938), 805–808.

Brim, O. G., jr: Socialization through the life cycle. In: Brim, O. G. jr. & Wheeler, S. (Eds.): Socialization after childhood. New York: Wiley 1966, 1–50.

Brim, O. G. jr.: Sozialization through the life cycle. In: Gordon, G. & Gergen, K. J. (Eds.): The self in social interaction. New York: Wiley 1968, 227–240.

Brim, O. G. jr. & Kagan, J. (Ed.): Constancy and change in human development. Cambridge, Mass.: Harvard University Press 1980.

Brim, O. G. jr. & Ryff, C. D.: On the properties of life events. In: Baltes, P. B. & Brim, O. G. jr. (Eds.): Life-span development and behavior. Vol. 3. New York: Academic Press 1980, 367–388.

Brittain, C. V.: A comparison of rural and urban adolescents with respect to parent vs. peer compliance. Adolescence 4 (1969), 59–68.

Bronfenbrenner, U.: Recent advances in Research on the decolity of human development. In: Silbereisen, R. K., Eyferth, K. & Rudinger, G. (Eds.): Development as action in context: Problem behavior and normal youth development. New York: Springer 1986, 287–309.

Bronfenbrenner, U.: Is early intervention effective? A report on longitudinal evaluation of preschool programs. Washington, D.C.: Department of Health, Education and Welfare, Office of Child Development 1974a, Vol. 2.

Bronfenbrenner, U.: Wie wirksam ist kompensatorische Erziehung? Stuttgart: Klett 1974b.

Bronfenbrenner, U.: Toward an experimental ecology of human development. American Psychologist 32 (1977), 513–531.

Bronfenbrenner, U.: Ansätze zu einer experimentellen Ökologie menschlicher Entwicklung (Orig.: Toward an experimental ecology of human development. American Psychologist 32 (1977), 513–531. In: Oerter, R. (Hg.): Entwicklung als lebenslanger Prozeß. Hamburg: Hoffmann & Campe 1978, 33–65.

Bronfenbrenner, U.: The ecology of human development. Cambridge, Mass.: Harvard University Press 1979.

Bronfenbrenner, U.: Die Ökologie der menschlichen Entwicklung. Stuttgart: Klett 1981.

Bronfenbrenner, U.: Interacting systems in human development. Research paradigms: Present and future. Arbeitspapier für die SRCD-Studiengruppe zu „Interacting Systems in Human Development" verfaßt an der Cornell University, Ithaca, N. Y. 15.–17. Mai 1985.

Bronson, G. W.: Infants' reactions to unfamiliar persons and novel objects. Monographs of the Society for Research in Child Development 37 (1972), Serial No. 148.

Bronson, G. W.: Aversive reactions to strangers: A dual process interpretation. Child Development 49 (1978), 495–499.

Bronson, G. W. & Pankey, W. B.: On the distinction between fear and weariness. Child Development 48 (1977), 1167–1183.

Brooks, J. & Lewis, M.: Infant's response to strangers: midget, adult, and child. Child Development 47 (1976), 323–332.

Brophy, J. E. & Good, T. L.: Die Lehrer-Schüler-Interaktion. München: Urban & Schwarzenberg 1976.

Brousseau, K. R.: Personality and job experience. Organizational Behavior and Human Performance 22 (1978), 235–252.

Brown, A. L.: The development of memory: Knowing, knowing about knowing, and knowing how to know. In: Reese, H. W. (Ed): Advances in child development and behavior. Vol. 10. New York: Academic Press 1975, 104–153.

Brown, A. L. & De Loache, J. S.: Skills, plans, and self-regulation. In: Siegler, R. (Ed.): Children's thinking: what develops. Thirteenth Annual Carnegie Symposium on Cognition. Hillsdale, N. J.: Erlbaum 1978.

Brown, A. L. & Smiley, S. S.: Rating the importance of structural units of prose passages: A problem of metacognitive development. Child Development 48 (1977), 1–8.

Brown, A. L.; Smiley, S. S. & Lawton, S. Q.C.: The effects of experience on the selection of suitable retrieval cues for studying texts. Child Development 49 (1978), 829–835.

Brown, B.: Long-term gains from early intervention: An overview of current research. In: Brown, B. (Ed.): Found: Long-term gains from early intervention. Boulder: Westview Press 1978, 169–185.

Brown, J. D. (Hg.): The Hippies. New York: Time-Life 1967.

Brown, R.: A first language. The early stages. Harmondsworth: Penguin 1973.

Brown, R. & Bellugi, U.: Three processes in the child's acquisition of syntax. In: Lenneberg, E. H. (Ed.): New directions in the study of language. Cambridge, Mass.: M. I. T. Press 1964, 131–162.

Bruder, J. & Schultze-Jena, H.: Psychotherapeutisch orientierte Hilfsangebote für Familien mit kranken alten Angehörigen in der Bundesrepublik Deutschland. Hamburg: Forschungsbericht des Projektes A 22 des Sonderforschungsbereichs 115 der DFG an der Universität Hamburg, 1986.

Bruggemann, A.: Erfahrungen mit wichtigen Variablen und einigen Effekten beruflicher Sozialisation in einem Projekt zur Humanisierung des Arbeitslebens. In: Groskurth, P. (Hg.): Arbeit und Persönlichkeit: berufliche Sozialisation in der arbeitsteiligen Gesellschaft. Reinbek b. Hamburg: Rowohlt 1979, 146–174.

Bruggemann, A., Groskurth, P. & Ulich, E.: Arbeitszufriedenheit. Bern: Huber 1975.

Bruner, J. S.: The process of education. New York: Vintage 1963 (dt.: Der Prozeß der Erziehung. Sprache und Lernen. Düsseldorf: Schwann 1971).

Bruner, J. S.: The course of cognitive growth. American Psychologist 19 (1964), 1–15.

Bruner; J. S.: Bereitschaft zum Lernen. In: Weinert, F. E. (Hg.): Pädagogische Psychologie. Köln: Kiepenheuer & Witsch 1967, 105–117.

Bruner, J. S.: Processes of cognitive growth: Infancy. Worcester/Mass.: Clark University Press & Barre Publ. 1968.

Bruner, J. S.: The ontogenesis of speech acts. Journal of Child Language 2 (1975), 1–19.

Bruner, J. S.: Wie das Kind lernt, sich sprachlich zu verständigen. Zeitschrift für Pädagogik 23 (1977), 829–845.

Bruner, J. S.: The pragmatics of acquisition. In: Deutsch, W. (Ed.): The child's construction of language. New York: Academic Press 1981, 39–55.

Bruner, J. S. & Sherwood, V.: Early rule structure. The case of 'Peekaboo'. In: Harré, R. (Ed.): Life sentences. New York: Wiley 1978.

Bruner, J. S., Olver, R. R. & Greenfield, P. M. (Ed.): Studies in cognitive growth. New York: Wiley 1966.

Brüderl, L.: Formen der Bewältigung des Übergangs zur Elternschaft. Unveröffentl. Diplomarbeit, Universität Gießen, Fachbereich Psychologie 1982.

Bryant, B. K.: An index of empathy for children and adolescents. Child Development 53 (1982), 413–425.

Bulman, R. J. & Wortman, C. B.: Attributions of blame and coping in the „real world": Severe accident victims react to their lot. Journal of Personality and Social Psychology 35 (1977), 351–363.

Bundesminister für Jugend, Familie und Gesundheit (Hg.): Nichteheliche Lebensgemeinschaften in der Bundesrepublik Deutschland. Stuttgart: Kohlhammer 1985.

Bundeszentrale für gesundheitliche Aufklärung (Hg.): Unterrichtswerk zu Drogenproblemen. Unterrichtswerk für die Sekundarstufe I (5. bis 10. Schuljahr). Stuttgart: Klett 1980.

Bunge, M.: The search for truth. Berlin: Springer 1967.

Bunge, M.: Scientific research, Bd. I und II. Zit. nach Westmeyer, H. 1979. Die rationale Rekonstruktion einiger Aspekte psychologischer Praxis. In: Albert, H. & Stapf, K. H. (Hg.): Theorie und Erfahrung. Stuttgart: Klett-Cotta 1967, 139–161.

Burgess, A. W. & Holmstrom, L. L.: Rape: Sexual disruption and recovery. American Journal of Orthopsychiatry 4q (1979), 648–657.

Burke, R. J. & Weir, T.: Husband-wife helping relationships as moderators of experienced stress: The „mental hygiene" function of marriage. In: McCubbin, H. I., Cauble, A. E. & Patterson, J. M. (Eds.): Family stress, coping, and social support. Springfield: Thomas 1982, 221–238.

Burr, W. R.: Theory construction and the sociology of the family. New York: Wiley 1973.

Burtis, P. J.: Capacity increase and chunking in the development of short term memory. Journal of Experimental Child Psychology 34 (1982), 387–413.

Burt. C.: The genetic determination of differences in intelligence: a study of monocygotic twins reared together and apart. British Journal of Psychology 57 (1966), 137–153.

Bühler, Ch.: Kindheit und Jugend: Genese des Bewußtseins. Leipzig: Hirzel 1928, 3. Aufl. 1931; 4. Aufl. Göttingen: Hogrefe 1967

Bühler, Ch. & Hetzer, H.: Kleinkindertests. München: Barth 1961.

Bühler, C.: Der menschliche Lebenslauf als psychologisches Problem. Leipzig: Hirzel 1933.

Bühler, K.: Die geistige Entwicklung des Kindes. Jena: Fischer 1918.

Bühler, K.: Sprachtheorie. Jena: Fischer 1934.

Büssing, A.: Arbeitszufriedenheit – ein Artefakt? Eine Kritik der Arbeitszufriedenheitsforschung. o. O. 1985 (hektograph. Manus.).

Caesar, B.: Der Beitrag der Ökologischen Psychologie Barkers zur Erforschung von sozialisatorischen Umwelten: Eine methodologisch orientierte Betrachtung. In: Walter, H. & Oerter, R. (Hg.): Ökologie und Entwicklung. Donauwörth: Auer 1979, 146–156.

Cairns, N. U. & Steward, M. S.: Young children's orientation of letters as a function of axes of symmetry and stimulus alignement. Child Development 41 (1970), 993–1002.

Caldwell, B. & Richmond, J. B.: Programmed day care for the very young child – A preliminary report. Journal of Marriage and the Family 26 (1964), 481–488.

Campbell, A., Converse, P. & Rodgers, W.: The quality of American life. New York: Russel Sage 1976.

Campbell, D. T. & Erlebacher, A.: How regression artifacts in quasi-experimental evaluations can mistakenly make compensatory education look harmful. In: Hellmuth, J. (Ed.): Disadvantaged child. Compensatory education. A national debate. Vol. 3. New York: Bruner/Mazel, 2nd ed. 1970, 185–210.

Campbell, D. T. & Fiske, D. W.: Convergent and discriminant validation by the multitrait-multimethod matrix. Psychological Bulletin 56 (1959), 81–105.

Campbell, D. T. & Stanley, J. C.: Experimental and quasi-experimental designs for research on teaching. In: Gage, N. L. (Eds.): Handbook of research on teaching. Chicago: Rand McNally 1965, 171–246 (dt.: Experimentelle und quasi-experimentelle Anordnungen in der Unterrichtsforschung. In: Ingenkamp, K.-H. (Hg.): Handbuch der Unterrichtsforschung. Weinheim: Beltz 1970).

Cantor, N. & Kihlstrom, J. F.: Social intelligence: The cognitive basis of personality. Review of Personality and Social Psychology 6 (1985).

Caplan, G.: The family as a support system. In: McCubbin, H. I., Cauble, A. E. & Patterson, J. M. (Eds.): Family stress, coping, and social support. Springfield: Thomas 1982, 200–220.

Carew, J. V.: Die Vorhersage der Intelligenz auf der Grundlage kindlicher Alltagserfahrungen. In: Grossmann, K. E. (Hg.): Entwicklung der Lernfähigkeit in der sozialen Umwelt, München: Kindler 1977, 108–144.

Carew, J. V.: Experience and the development of intelligence in young children at home and in day care. Monpgraph of the Society for Research in Child Development 45 (1980), 6–7, Serial No. 187.

Carey, S.: Semantic development: the state of the art. In: Wanner, E. & Gleitman, L. R. (Eds.): Language acquisition. Cambridge: Cambridge University Press 1982, 347–390.

Carlsmith, L.: Effect of early father-absence on scholastic aptitude. Harvard Educational Review 34 (1964), 3–21.

Carp, F. M.: User evaluation of housing for the elderly. Gerontologist 16 (1976), 102–111.

Carp, F. M.: Impact of improved living environment on health and life expectancy. Gerontologist 17 (1977), 242–249.

Carpenter, G.: Mother's face and the newborn. In: Lewin, R. (Ed.): Child live. London: Temple Smith 1975.

Carroll, J. B.: Lernerfolg für alle. Westermanns Pädagogische Beiträge 24 (1972), 7–12.

Carroll, J. B.: Ein Modell schulischen Lernens. In: Edelstein, W. & Hopf, D. (Hg.): Bedingungen des Bildungsprozesses. Stuttgart: Klett 1973.

Carter, E. A. & Orfanidis, M.: Family therapy with one person and the family therapists own family. In: Guerin, P. (Ed.): Family therapy: Theory and practice. New York: Gardner Press 1976, 193–219.

Carter, E. A. & McGoldrick, M.: The family life cycle and family therapy: An overview. In: Carter, E. A. & McGoldrick, M. (Eds.): The family life cycle: A framework for family therapy. New York: Gardner Press 1980, 3–20.

Carver, C. S. & Scheier, M. F.: Control theory: A useful conceptual framework for personality – social, clinical, and health psychology. Psychological Bulletin 92 (1982), 111–135.

Casati, I. & Lézine, I.: Les etapes de l'intelligence sensori-motrice de l'enfant. Paris: Les éditions du Centre de Psychologie appliquée. 1968.

Casby, M. W.: Comparison of static form and dynamic action as the basis of children's early word extensions. Kansas Working Papers Linquistics 4 (1979), 71–77.

Case, R.: Intellectual development from birth to adolescence: A Neo-Piagetian interpretation. Hillsdale, N. J.: Erlbaum 1978.

Case, R., Kurland, D. M. & Goldberg, J.: Operational efficiency and the growth of short-term memory span. Journal of Experimental Child Psychology 33 (1982), 386–404.

Casler, L.: Maternal deprivation: A critical review of the literature. Monographs of the Society for Research in Child Development 26 (1961).

Caspi, A. & Silbereisen, R. K.: Transitions into dating: Costs and benefits to adolescent self-esteem. Vortrag auf der II. European Conference on Developmental Psychology, Rom, 10.–13. September 1986.

Cattell, R. B.: Theory of fluid crystallized intelligence: A critical experiment. Journal of Educational Psychology 54 (1963), 1–22.

Cattell, R. B.: The scientific analysis of personality. Baltimore: Penguin Books 1965.

Catell, R. B.: Fluid and crystallized intelligence. Psychology Today 3 (1968), 56–62.

Catell, R. B., Schmidt, L. R., Klein, T. W. & Schürger, J. M.: Anlage – und Umweltkomponenten von Persönlichkeitsfaktoren – ermittelt mit der MAVA-Methode. Zeitschrift für Differentielle und Diagnostische Psychologie 4 (1980), 275–290.

Cavan, R. & Ranck, K. R.: The family and the depression. Chicago: University of Chicago Press 1938.

Cavanaugh, J. C. & Borkoswki, J. G.: Searching for metamemory-memory connections: A developmental study. Developmental Psychology 16 (1980), 441–453.

Cavanaugh J. C. & Perlmutter, M.: Metamemory: A critical examination. Child Development 53 (1982), 11–28.

Ceci, S. J. & Tishman, J.: Hyperactivity and incidental memory: Evidence for attentional diffusion. Child Development 55 (1984), 2192–2203.

Centers, R.: Sexual attraction and love: An instrumental theory. Springfield, III.: C. C. Thomas 1975.

Chaille, C.: the child's conceptions of play, pretending, and toys: sequences and structural parallels. Human Development 21 (1978), 201–210.

Chandler, M. J.: Egocentrism and antisocial behavior: The assessment and training of social perspective-taking skills. Developmental Psychology 9 (1973), 326–332.

Chandler, M. & Boyes, M.: Social-cognitive development. In: Wolman, B. & Stricker, G. (Eds.): Handbook of developmental psychology. Engelwood Cliffs, N. J.: Prentice Hall 1982, 387–402.

Chandler, M. J. & Greenspan, S.: Ersatz-egocentrism: A reply to H. Borke. Developmental Psychology 7 (1972), 104–106.

Chandler, M. J., Greenspan, S. & Barenboim, C.: Assessment and training of role-taking and referential communication skills in institutionalized emotionally disturbed children. Developmental Psychology 10 (1974), 546–553.

Chandler, M. J., Paget, K. F. & Koch, D.: The child's demystification of psychological defense mechanism: A structural and developmental analysis. Developmental Psychology 14 (1978), 197–205.

Chansky, N. M. & Taylor, M.: Perceptual training with young mental retardates. American Journal of Mental Deficiency 68 (1964), 460-468.

Chase, W. G. & Ericsson, K. A.: Skilled memory: In: Anderson, J. R. (Ed.): Cognitive skills and their acquisition. Hillsdale, N. J.: Erlbaum 1981.

Chase, W. G. & Ericsson, K. A.: Skill and working memory. In: Bower, G. H. (Ed.): The psychology of learning and motivation. Vol. 16. New York: Academic Press 1982

Chase, W. G. & Simon, H. A.: Perception in chess. Cognitive Psychologie 4 (1973), 55–81.

Chi, M. T. H.: Knowledge structures and memory development. In: Sigler (Ed.): Childrens thinking: What develop? Hillsdale, N. J.: Erlbaum 1978, 73–96.

Chi, M. T. H. & Rees, E. T.: A learning framework for development Contributions to Human Development 9 (1983), 71–107.

Child, I. L.: Sozialization. In: Lindzey, G. (Ed.) Handbook of social psychology. Vol. 2. Cambridge, Mass.: Harvard University Press 1954, 655–692.

Chomsky, N.: Aspekte der Syntaxtheorie. Frankfurt/M.: Suhrkamp 1969.

Cicchetti, D. & Sroufe, L. A.: The relationship between affective and cognitive development in Down's Syndrome infants. Child Development 47 (1976), 920–929.

Cicchetti, D. & Sroufe, L. A.: An organizational view of affect: Illustrations from the study of Down's Syndrome infants. In: Lewis, M. & Rosenblum, L. A. (Eds.): The development of affect. New York/London: Plenum 1978, 309–351.

Cicirelli, V. G., Evans, J. W. & Schulle, J.: The impact of Head Start: An evaluation of the effects of Head Start on children's cognitive and affective development. Ohio University 1969.

Clark, E.: On the acquisition of the meaning of before and after. Journal of Verbal Learning and Verbal Behavior 10 (1971), 266–275.

Clark, E. V.: What's in a word? On the child's acquisition of semantics in his first language. In: Moore, T. E. (Ed.): Cognitive development and the acquisition of language. New York: Academic Press 1973a, 65–111.

Clark, E. V.: Non-linguistic strategies and the acquisition of word meanings. Cognition 2 (1973b), 161–182.

Clark, H. & Clark, E.: Psychology and language. New York: Harcourt Brace Jovanovich 1977.

Clarke, J.: Stil. In: Clarke, J., Cohen, P., Corrigan, P. et al. (Eds.): Jugendkultur als Widerstand. Milieus, Rituale, Provokationen. Frankfurt/M.: Syndikat 1979, 133–157.

Clarke, J., Cohen, P., Corrigan, P. et al. (Hg.): Jugendkultur als Widerstand. Milieus, Rituale, Provokationen. Frankfurt/M.: Syndikat 1979.

Clarke, A. M. & Clarke, A. B. D. (Eds.): Early experience: Myth and evidence. New York: Free Press 1976.

Clayton, V.: Wisdom and intelligence: The nature and function of knowledge in the later years. International Journal of Aging and Human Development 15 (1982), 315–323.

Clayton, V. & Overton, W. F.: Concrete and formal operational thought processes in going adulthood and old age. International Journal of Aging and Human Development 7 (1975), 237–245.

Clayton, V. P. & Birren, J. E.: The development of wisdom across the life-span: A reexamination of an ancient topic. In: Baltes, P. B. & Brim, O. G. Jr. (Eds.): Life-span development and behavior. Vol. 3. New York: Academic Press 1980, 104–135.

Cobb, S.: Social support and health through the life course. In: McCubbin, H. I., Cauble, E. A. & Patterson, J. M. (Eds.): Family stress, coping, and social support. Springfield: Thomas 1982, 189–199.

Cohen, F.: Coping with surgery: Information, psychological preparation and recovery. In: Poon, L. (Ed.): Aging in the 1980s: Selected contemporary issues in the psychology of aging. Washington, D. C.: American Psychological Association 1980, 375–382.

Cohen, L. B. & Gelber, E. R.: Infant visual memory. In: Cohen, L. B. & Salapatek, P. (Eds.).: Infant perception: From sensation to cognition. Vol. 1. New York: Academic Press 1975.

Cohen, L. B., DeLoache, J. & Straus, M.: Infant visual perception. In: Osofsky, J. D. (Ed.): Handbook of Infant development. New York: Wiley 1979, 393–438.

Cole, M. & Bruner, J. S.: Cultural differences and inferences about psychological processes. American Psychologist 26 (1971), 867–876.

Coleman, J. C.: Current contradictions in adolescent theory. Journal of Youth and Adolescence 7 (1978), 1–11.

Coleman, J. C.: Intimate relationships, marriage, and family. Indianapolis: Bobbs-Merrill 1984.

Coleman, J. S.: The adolescent society. New York: Free Press 1961.

Coleman, J. S.: Relationship in adolescence. London: Routledge & Kegan Paul 1974.

Coleman, J. S.: The nature of adolescence. London: Methuen 1980.

Condon, W.: Speech makes babies move. In: Lewin, R. (Ed.): Child alive. New York: Anchor 1975, 75–85.

Condon, W. S. & Sander, L. W. Synchrony demonstrated between movements of the neonate and adult speech. Child Development (1974), 45, 456–462.

Conger, J. J.: Adolescence and youth: Psychological development in a changing world. New York: Harper & Row 1973.

Conger, J. J.: Eltern-Kind-Beziehungen und Sozialisation im Jugendalter. In: Montada, L. (Hg.): Brennpunkte der Entwicklungspsychologie. Stuttgart: Kohlhammer 1979, 324–336.

Conolly, K. & Jones, B.: A developmental study of affarent-reaffarent integration. British Journal of Psychology 61 (1970), 259–266.

Constantine, L. L.: Family sculpture and relationship mapping techniques. Journal of marriage and family Counseling 4 (1978), 13–23.

Cooley, G. H.: Human nature and the social order. New York: Scribner's 1922.

Coombs, C. H. & Smith, J. E. K.: On the detection of structure in attitudes and developmental processes. Psychological Review 80 (1973), 337–351.

Coombs, R. H.: Value consensus and partner satisfaction among dating couples. Journal of Marriage and the Family 28 (1966), 166–173.

Corder, W. D.: Effects of physical education on the intellectual, physical and social development of educable mentally retarded boys. Exceptional Children 32 (1966), 357–363.

Cordes, H. (Hg.): Curriculum des Bremer Projekts Hilfe für das Autistische Kind e.V. Bremen 1983.

Corman, H. H. & Escalona, S. K.: Stages of sensorimotor development: a replication study. Merrill-Palmer Quarterly (1969), 15, 361 ff.

Corrigan, R.: Language development as related to stage 6 object permanence development. Journal of Child Language 5 (1978), 173–189.

Corsale, K.: Factors affecting children's use of organizsation in recall. Doct. Diss., Chapel Hill, 1978.

Corsale, K. & Ornstein, P. A.: Developmental changes in children's use of semantic information in recall. Journal of Experimental Child Psychology 30 (1980), 231–245.

Corter, C. M., Zucker, K. J. & Galligan, R. F.: Patterns of the infant's search for mother during brief separations. Developmental Psychology 16 (1980), 62–69.

Costa, P. T. & McCrae, R. R.: Still stable after all these years: Personality as a key to some issues in adulthood and old age. In: Baltes, P. B. & Brim, O. G. Jr. (Eds.): Life-span development and behavior. Vol. 3. New York: Academic Press 1980, 65–102.

Costa, P. T. & McCrae, R. R.: Contribution of personality research to an understanding of stress and aging. Marriage and Family Review 6 (1983), 157–173.

Costa, P. T. Jr., McCrae, R. R. & Arenberg, D.: Recent longitudinal research on personality and aging. In: Schaie, K. W. (Eds.): Longitudinal studies of adult psychological development. New York: Guilford Press 1983, 222–265.

Craddock, A. E.: The effect of incongruent marital role expectations upon couples' degree of goal-value consensus in the first year of marriage. Australian Journal of Psychology 32 (1980), 117–125.

Craik, F. I. M.: Age differences in human memory. In: Birren, J. E. & Schaie, K. W. (Eds.): Handbook of the psychology of aging. New York: Van Nostrand 1977, 384–414.

Cranach, M. von, Kalbermatten, U., Indermühle, K. & Gugler, B.: Zielgerichtetes Handeln. Bern: Huber 1980.

Creamer, K. P.: Schüler-Selbstmord. betrifft: erziehung 13 (1980), 20–31.

Crockenberg, S. B.: Infant irritability, mother-responsiveness, and social support influences on the security of infant-mother attachment. Child Development 52 (1981), 857–865.

Croissier, S., Heß, G., & Köstlin-Gloger, G.: Elementarspiele zum sozialen Lernen. Weinheim: Beltz 1979.

Cromer, R. R.: Reconceptualizing language acquisition and cognitive development. In: Schiefelbusch, R. L. & Bricker, D. D. (Eds.): Early language: Acquisition and intervention. Baltimore: University Press 1981, 51–137.

Cromwell, R. L.: A social learning approach to mental retardation. In: Ellis, N. R. (Ed.): Handbook of Mental Deficiency. Psychological Theory and Research. New York: McGraw-Hill 1963, 722.

Cronbach, L. J.: How can instruction be adapted to individual differences? In: Gagné, R. M. (Ed.): Learning and individual differences. Columbus, Ohio: Merrill Books 1967.

Culter, S. J.: Transportation and changes in life satisfaction. Gerontologist 12 (1972), 155–159.

Cumming, E. & Henry, W. E.: Growing old: The process of disengagement. New York: Basic Books 1961.

Curtis, J. L.: A psychiatric study of 55 expectant fathers. US Armed Forces Medical Journal 6 (1955), 937–950.

Curtiss, S.: Genie: A psycholinguistic study of a modern-day „wild child". New York: Academic Press 1977.

Daerborn, W. F. & Rothney, J.: Predicting the child's development. Cambridge, Mass.: Harvard University Press 1941.

Daheim, H. et al. (Hg.): Sozialisationsprobleme arbeitender Jugendlicher. Untersuchungen zum Vierten Jugendbericht. Band I/II. München: Deutsches Jugendinstitut 1978.

Damon, W.: The social world of the child. San Francisco: Jossey-Bass 1977 a.

Damon, W.: Exploring children's social cognition on two fronts. In Flavell, J. H. & Ross, L. (Eds.): Social cognitive development. Frontiers and possible futures. Cambridge, Mass.: Cambridge University Press 1977 b, 154–175.

Damon, W.: Zur Entwicklung der sozialen Kognition des Kindes. Zwei Zugänge zum Verständnis von sozialer Kognition. In: Edelstein, W. & Keller, M. (Hg.): Perspektivität und Interpretation. Frankfurt: Suhrkamp 1982, 110–145.

Danish, S. J.: Life-span human development and intervention: A necessary link. Counseling Psychologist 9 (1981), 40–43.

Danish, S. J. & D'Augelli, A. R.: Kompentenzerhöhung als Ziel der Intervention in Entwicklungsverläufen. In: Filipp, S. H.: Kritische Lebensereignisse. München: Urban & Schwarzenberg 1981, 156–173.

Danish, S. J., D'Augelli, A. R. & Hauer, A. L.: Helping skills: A life development training program. New York: Human Sciences Press 1981.

Danish, S. J., Smyer, M. A. Nowak, C. A.: Developmental intervention: Enhancing life-event processes. In: Baltes, P. B. & Brim, O B. Jr. (Eds.): Life-span development and behavior. Vol. 3. New York: Academic Press 1980, 340–366.

Dargassies, S. S.-A.: Developmental neurology from the fetus to the infant: Some French work. In: Hartup, W. W. (Ed.): Review of child development research, Vol 6. Chicago: University of Chicago Press 1983, 45–72.

Darwin, C.: The Origin of species by means of natural selection. London: Murray 1859.

Darwin, C.: The descend of man and selection in relation to sex. New York: Appleton 1871.

Darwin, C.: A biological sketch of an infant. Mind 2 (1877), 285–294.

Datan, N. & Ginsburg, L. H. (Eds.): Life-span developmental psychology: Normative life crises. New York: Academic Press 1975.

Dau, R.: Projekt „Head Start" in Kritik und Gegenkritik. Modellfall eines kompensatorischen Vorschulprogramms? In: Höltershinken, D. (Hg.): Vorschulerziehung 2. Ausländische Erfahrungen und Tendenzen. Freiburg: Herder 1973, 86–97.

Davie, R.: The home and the school. In: Coleman, J. C. (Ed.): The school years. London: Methuen 1979, 122–143.

Daviter, J.: Der Lehrling im Betrieb. Bd. 2. Hamburger Lehrlingsstudie der Hochschule für Wirtschaft und Politik. München: Deutsches Jugendinstitut 1973.

Dayton, C. M. & MacReady, G. B.: A scaling model with response errors and intrinsically unscalable respondents. Psychometrika 45, (1980), 343–356.

Dearborn, W. F. & Rothney, J.: Predicting the child's development. Cambridge/Mass.: University Press 1941.

De Paolis, P., Carugati, F., Erba, M. & Mugny, G.: Connotazione sociale e sviluppo cognitivo. Giornale Italiano de Psicologia 8 (1981), 149–165.

deCharms, R.: Motivation der Klasse. München: Moderne Verlags-GmbH 1979.

Degenhardt, A.: Zur Veränderung des Selbstbildes von jungen Mädchen beim Eintritt in die Reifezeit. Zeitschrift für Entwicklungspsychologie und Pädagogische Psychologie 3 (1971), 1–13.

Degenhardt, A.: Die hormonelle Wachstumsbremsung und ihre Legitimation. II. Grenzen psychologischer Indikation. Zeitschrift für Morphologie und Anthropologie 75 (1984), 57–76.

Degenhardt, A. Miachaelis, H.: Primäres Geschlechtsverhältnis 125% zu 100%? – Analyse eines Artefakts. Zeitschrift für Bevölkerungswissenschaft 4 (1977), 3–22.

Dell, P.: Beyound homeostasis: Toward a concept of coherence. Family Process 21 (1982), 21–42.

Dempster, F. N.: Memory span: Sources of individual and developmental differences. Psychological Bulletin 89 (1981), 63–100.

Denis-Prinzhorn, M.: Perception des distances et constances de grandeurs. Archives de Psychologie 37 (1961), 181–309.

Dennis, W.: Causes of retardation among institutional children. Iran. Journal of Genetic Psychology 96 (1960), 47–59.

Dennis, W. & Dennis, M. G.: The effect of cradling practices upon the onset of walking in Hopi children. Journal of Genetic Psychology 56 (1940), 77–86.

Deutscher Bildungsrat: Empfehlungen der Bildungskommission. Strukturplan für das Bildungswesen. Stuttgart: Klett 1970.

Deutscher Bildungsrat (Hg.): Zur pädagogischen Förderung behinderter und von Behinderung bedrohter Kinder und Jugendlicher (Empfehlungen der Bildungskommission). Stuttgart: Klett 1974 und Zeitschrift für Heilpädagogik 1974, Heft 11.

Deutscher Bundestag: Kommission zur Auswertung der Erfahrungen mit dem reformierten § 218 des Strafgesetzbuches (31. 1. 80). Bundesdrucksache Nr. 8/3630.

DeVilliers, J. G. & DeVilliers, P. A.: Language acquisition. Cambridge: Harvard University Press 1979.

DeVries, R.: The development of role-taking as reflected by the behavior of bright, average, and retarded children in a social guessing game. Child Development 41 (1970), 759–770.

DeWit, J. & Van der Veer, G.: Psychologie des Jugendalters. Donauwörth: Auer 1982.

Di Lorenzo, L. T.: Pre-kindergarten programs for educationally disadvantaged children: Final report. Washington, D. C.: U. S. Office of Education 1969.

Di Vitto, B. & McArthur, L. Z.: Developmental differences in the use of distinctiveness, concensus, and consistency information for making causal attributions. Developmental Psychology 14 (1978), 474–482.

Diekmeyer, U.: Bericht über den Lesetest in der BILD-Zeitung. Schule und Psychologie 15 (1968), 106–113.

Diem, L.: Körper- und Bewegungsbildung in der Vorschulerziehung. Die Grundschule 3–4 (1971), 30–34.

Diener, C. I. & Dweck, C. S.: An analysis of learned helplessness: Continous changes in performance, strategy, and achievement cognitions following failure. Journal of Personality and Social Psychology 36 (1978), 451–462.

Dittmann-Kohli, F.: Intelligenzförderung im höheren Erwachsenenalter. Unterrichtswissenschaft 4 (1983), 361–369.

Dohrenwend, B. P. & Dohrenwend, B. S.: Social and cultural influences on psychopathology. Annual Review of Psychology 25 (1974), 417–452.

Doise, W.: Groups and individuals: explanations in social psychology. Cambridge: Cambridge University Press 1978.

Doise, W., Mugny, D. & Perret-Clermont, A. N.: Social interaction and the development of cognitive operations. European Journal of Social Psychology 5 (1975), 367–383.

Dollase, R.: Sozial-emotionale Erziehung in Kindergarten und Vorklasse. Hannover: Schroedel 1979.

Dollase, R.: Entwicklung und Erziehung. Stuttgart: Klett 1985.

Dollase, R., Rüsenberg, M. & Stollenwerk, H. J.: Kohortenspezifische Sozialisation. In: Bruhn, H., Oerter, R. & Rösing, H.: Musikpsychologie. München: Urban & Schwarzenberg 1985, 204–209.

Doman, G. & Lückert, H. R.: Wie kleine Kinder Lesen lernen. Freiburg: Herder 1967.

Dorval, B. & Eckerman, C. O.: Developmental trends in the quality of conversation achieved by small groups of acquainted peers. Monographs of the Society for Research in Child Development. 49 (1984), (2 Serial No. 206).

Douvan, E. & Adelson, J.: The adolescent experience. New York: Wiley 1966.

Döbert, R. & Nunner-Winkler, G.: Jugendliche „schlagen über die Stränge" – Abwehr- und Bewältigungsstrategien in moralisierbaren Handlungssituationen. In: Eckensberger, L. H. & Silbereisen, R. K. (Hg.): Entwicklung sozialer Kognition: Paradigmen, Theorien, Ergebnisse. Stuttgart: Klett 1980, 267–300.

Döbert, R. & Nunner-Winkler, G.: Adoleszenzkrise und Identitätsbildung: Psychische und soziale Aspekte des Jugendalters in modernen Gesellschaften. Frankfurt: Suhrkamp 1975, 3. Aufl. 1982a.

Döbert, R. & Nunner-Winkler, G.: Formale und materielle Rollenübernahme: Das Verstehen von Selbstmordmotiven im Jugendalter. In: Edelstein, W. & Keller, M. (Hg.): Perspektivität und Interpretation. Frankfurt: Suhrkamp 1982b, 320–374.

Döbert, R. & Nunner-Winkler, G.: Die Bewältigung von Selbstmordimpulsen im Jugendalter. Motiv-Verstehen als Dimension der Ich-Entwicklung. In: Edelstein, W. & Habermas, J. (Hg.): Soziale Interaktion und soziales Verstehen. Frankfurt: Suhrkamp 1984, 348–380.

Dörner, D.: Problemlösen als Informationsverarbeitung. Stuttgart: Kohlhammer, 2. Aufl., 1979.

Dreher, E. & Dreher. M.: Elterliche Hilfen bei der Bewältigung von Entwicklungsaufgaben aus der Sicht der Jugendlichen. Universität München: Entwicklungspsychologische Arbeiten und Berichte 1983 (unveröffentlicht).

Dreher, E. & Dreher, M.: Wahrnehmung und Bewältigung von Entwicklungsaufgaben im

Jugendalter: Fragen, Ergebnisse und Hypothesen zum Konzept einer Entwicklungs- und Pädagogischen Psychologie des Jugendalters. In: Oerter, R. (Hg.): Lebensbewältigung im Jugendalter. Weinheim: Edition Psychologie 1985a, 30–61.

Dreher, E. & Dreher, M.: Entwicklungsaufgaben im Jugendalter: Bedeutsamkeit und Bewältigungskonzepte. In: Liepmann, D. & Stiksrud, A. (Hg.): Entwicklungsaufgaben und Bewältigungsprobleme in der Adoleszenz. Göttingen: Hogrefe 1985b, 56–70.

Dreher, E. & Oerter, R.: Children's and adolescent's conception of adulthood. The changing view of a crucial developmental task. In: Silbereisen, R. K. & Eyferth, K. et al. (Eds.): Development as action in context. Berlin: Springer 1985.

Dreher, M. & Oerter, R.: Development of action planning during adolescence and early adulthood. In: Friedman, S., Scholnick, E. & Cocking, R. (Eds.): Blueprints for thinking: the role of planning in cognitive development. Cambridge, Mass.: University Press 1985.

Drexel, I.: Belegschaftsstrukturen zwischen Veränderungsdruck und Beharrung. Zur Durchsetzung neuer Ausbildungsberufe gegen bestehende Qualifikations- und Lohnstrukturen. Frankfurt: Campus 1982.

Driscoll, R., Davis, K. & Lipetz, M.: Parental inference and romantic love: The Romeo and Julie effect. Journal of Personality and Social Psychology 24 (1972), 1–10.

DuBois, C.: Attitudes toward food and hunger in Alor. In: Haring, D.G. (Ed.): Personal character and cultural milieu. Syracuse: University Press 1949.

Du Bois-Reymond, M.: Strategien kompensatorischer Erziehung. Das Beispiel USA. Frankfurt/M.: Suhrkamp 1971.

Düker, H.: Hat Jaenschs Lehre von der Eidetik heute noch Bedeutung? Psychologische Beiträge (1965), 8, 27–253.

Duell, W.: Partizipative Arbeitsgestaltung. Bedingungen erfolgreicher Intervention. Psychosozial 6 (1983), 71–90.

Duell, W.: Humanisierung der Arbeit und Kompetenzentwicklung. Zeitschrift für Berufs- und Wirtschaftspädagogik 81 (1985), 36–46.

Duhl, B. & Duhl, F.: From the inside out: It's hard to kiss a system. Vortrag beim Kongreß der American Psychological Association. Montreal 1980.

Dunkel-Schetter, Ch. & Wortman, C.: Dilemmas of Social Support: Parallels between Victimization and Aging. In: Kiesler S. B., Morgan J. N. & Oppenheimer K. K. (Eds.): Aging: Social Change. New York: Academic Press 1981, 349–381.

Dunn, J.: Die Mutter-Kind-Interaktion und die Entwicklung des Kindes. In: Waller, M. (Hg.): Jahrbuch für Entwicklungspsychologie 2. Stuttgart: Klett 1980, 9–39.

Dunn, J. & Kendrick, C.: Interaction between young siblings in the context of family relationships. In: Lewis, M. & Rosenblum, C. A. (Eds.): The child and its family. New York: Plenum 1979, 143–168.

Dunn, L. M. & Smith, J. O.: The Peabody Language Development Kits. Circle Pines, American Guidance Service, 1966.

Dunst, C.: Clinical and educational manual for use with the Uzgiris & Hunt Scales of Infant Psychological Development. Baltimore: University Park Press 1980.

Dusek, J. B. & Flaherty, J. F.: The development of the selfconcept during the adolescent years. Monographs of the Society for Research in Child Development (1981), 191 (Vol. 48), No. 4.

Duvall, E. M.: Family development. Philadelphia/New York: Lippincott, 3. rd. ed., 1971.

Duvall, E. M.: Marriage and family development. New York: Lippincott, 5th. Ed., 1977.

Duvall, E. M. & Hill, R.: Report of the Committee on the dynamics of family interaction. Erstellt für die National Conference on Family Life. Washington D.C. 1948.

Düker, H.: Hat Jaenschs Lehre von der Eidetik heute noch Bedeutung? Psychologische Beiträge 8 (1965), 27–253.

Dwyer, K. M., Dwyer, J. H. & Lippert, P.: Prevalence of substance use in a representative sample of West German youth. Bericht für das Institut für Sozialmedizin und Epidemiologie, Bundesgesundheitsamt, Berlin (West) 1985.

Dyer, E. D.: Parenthood as crisis: A re-study. Marriage and Family Living 25 (1963), 196–201.

Eaton, W.O. & Bargen, D.von: Asynchronous development of gender understanding in preschool children. Child development 52 (1981), 1020–1027.

Eckensberger, L. H. & Burgard, P.: Zur Beziehung zwischen Struktur und Inhalt in der Entwicklung des moralischen Urteils aus handlungstheoretischer Sicht. Arbeiten des FR Psychologie der Universität des Saarlandes 77 (1986).

Eckensberger, L. H. & Silbereisen, R. K.: Handlungstheoretische Perspektiven für die Entwicklungspsychologie sozialer Kognitionen. In: Eckensberger L. H. & Silbereisen, R. K. (Hg.): Entwicklung sozialer Kognitionen. Stuttgart: Klett-Cotta 1980, 11–45.

Edelstein, W., Keller, M. & Wahlen, K.: Structure and content in social cognition: Conceptual and empirical analyses. Child Development 55 (1984), 1514–1526.

Eder, G. & Hallinan, M. T.: Sex differences in children's friendships. American Sociological Review 43 (1978), 237–250.

Edwards, R. C.: Alienation and inequality: Capitalist relations of production in a bureaucratic enterprise.Cambridge, Mass.: Harvard University Press 1972.

Ehrenfels, C. v.: Über Gestaltqualitäten. Vierteljahrschrift für wissenschaftliche Philosophie 14 (1890), 249–292.

Eichhorn, D. H., Clausen, J. A., Honzik, M. P. & Mussen, P. H.: Present and past in middle life. New York: Academic Press 1981.

Eifermann, R. R.: Social play in childhood. In: Herron, R. E & Sutton-Smith, B. (Eds.): Child's play. New York: 1971, 270–297.

Einsiedler, W.: Fantasy play of preschoolers as a function of toy structures. Paper presented at the international symposium ,,Play – Play Therapy – Play Research". Amsterdam, Sept. 1985.

Eisdorfer, C.: Verbal Learning and response time in the aged. Journal of Genetic Psychology 107, 1964, 15–21.

Eisdorfer, C. & Stotsky, B. A.: Intervention, treatment and rehabilitation of psychiatric disorders. In: Birren, J. & Schaie, K. W. (Eds.): Handbook of the psychology of aging. New York: Van Nostrand 1977, 724–748.

Eisenberg, A. R. & Garvey, C.: Children's use of verbal strategies in resolving conflicts. Discourse Processes 4 (1981), 149–170.

Eisenberg, N. (Ed.): Altruistic cognition, emotion, and behavior. Hillsdale, N. J.: Erlbaum 1986.

Eisenstadt, M. J.: Problem-solving ability of creative and non-creative college students. Journals of Counseling Psychology 30 (1966), 81–83.

Elder, G. H.: Historical change in life patterns and personality. In: Baltes, P. B. & Brim, O. G.Jr. (Eds.): Life-span development and behavior. Vol. 2. New York: Academic Press 1979, 118–159.

Elder, G. H. jr.: Children of the great depression. Chicago: University of Chicago Press 1974.

Elder, G. H. Jr.: Historical change in life pattern and personality. In Life-span development and behavior, Vol. 2, Baltes, P. & Brim, O. (Eds.). New York: Academic Press 1979.

Elder, G. H. Jr., Liker, J. K. & Cross, C. E.: Parent-child behavior in the Great Depression: Life course and intergenerational influences. In: Baltes, P. B. & Brim, O. Jr. (Eds.): Life-span development and behavior, Vol. 6. New York: Academic Press 1984, 111–158.

Elder, G. H. Jr., Caspi, A. & van Nguyen, T.: Resourceful and vulnerable children: Family influences in hard times. In: Silbereisen, R. K., Eyferth, K. & Rudinger, G. (Eds.): Development as action in context: Problem behavior and normal youth development. New York: Springer 1986, 167–186.

Elias, M. J., Ubriaco, M. & Gray, J.: A cognitive-behavioral analysis of parental facilitation of children's social-cognitive problem solving. Journal of Applied Developmental Pschology 6 (1985), 57–72.

Elkind, E.: Egocentrism in adolescence. Child Development 38 (1967), 1025–1034.

Elkonin, D.: Symbolics and its functions in the play of children. Soviet Education 8 (1966), 35–41.

Elliott, D. S. & Huizinga, D.: The relationship between delinquent behavior and ADM problems. Boulder: Behavioral Research Institute 1984.

Elliott, D. S., Ageton, S. S. & Canter, R. J.: An integrated theoretical perspective on delinquent behavior. Journal of Research in Crime and Delinquency 16 (1979), 3–22.

Elliott, D. S., Ageton, S. S., Huizinga, D., Knowles, B. A. & Canter, R. J.: The prevalence and incidence of delinquent behavior: 1976–1980. National estimates of delinquent behavior by sex, race, social class, and other selected variables. Boulder: Behavioral Research Institute 1983.

Emmerich, W.: Structure and development of personal-social behaviors in economically disadvantaged preschool schildren. Genetic Psychology Monographs 95 (1977), 191–246.

Emnid-Institut für Meinungs- und Sozialforschung: Jugend. Gesellungsformen, Lebensberichte, Denkweisen. Bielefeld: Emnid 1964.

Engel, M.: The stability of the self-concept in adolescence. Journals of Abnormal and Social Psychology 58 (1959), 211–215.

Engelkamp, J.: Psycholinguistik. München: Fink 1974.

Entwistle, D.: Word association in young children. Baltimore: Hopkins Press 1966.

Eppel, H.: Förderung von Intelligenz und sprachlichem Ausdruck bei Vorschulkindern. Zeitschrift für Entwicklungspsychologie und Pädagogische Psychologie 6 (1974), 109–123.

Erickson, F.: School literacy, reasoning, and civility: An anthropologist's perspective. Review of Educational Research 54 (1984), 525–546.

Erikson, E. H.: Childhood and society. New York: Norton 1950.

Erikson, E. H.: Kindheit und Gesellschaft. Stuttgart: Klett 1965; 2. Aufl. 1976 (Orig: Childhood and society. New York: Norton 1950).

Erikson, E. H.: Identity. Youth and crisis. New York: Norton 1968 (dt.: Jugend und Krise. Stuttgart: Klett, 2. Aufl., 1974a).

Erikson, E. H.: Dimensions of a new identity. New York: Norton 1974b.

Erikson, E. H.: Identität und Lebenszyklus. Frankfurt: Suhrkamp 1976.

Eron, L. D. u. a.: Does television violence cause aggression? American Psychologist 27 (1972), 253–263.

Ertel, S.: Standardisierung eines Eindrucksdifferentials. Zeitschrift für Experimentelle und Angewandte Psychologie 12 (1965), 22–58.

Ervin-Tripp, S. M.: Imitation and structural change in children's language. In: Lenneberg, E. H. (Ed.): New directions in the study of language. Cambridge, Mass.: M.I.T. Press 1964, 163–190.

Esler, A.: Bombs, beards, and barricades: 150 years of youth revolt. New York: Stein & Day 1971.

Estes, C. L. & Freeman, H. E.: Strategies of design and research for intervention. In: Binstock, R. H. & Shanas, E. (Eds.): Handbook of aging and the social sciences. New York: Van Nostrand 1976, 536–560.

Evans, R. I., Rozelle, R. M., Mittlemark, M. B., Hansen, W. B., Bane, A. R. & Havis, J.: Deterring the onset of smoking in children: Knowledge of immediate physiological effects and coping with peer pressure, media pressure, and parent modeling. Journal of Applied Social Psychology 8 (1978), 126–135.

Ewert, O.: Selbstkonzept und Erklärung von Verhalten. In: Oerter, R. (Hg.): Entwicklung als lebenslanger Prozeß. Aspekte und Perspektiven. Hamburg: Hoffmann & Campe 1978, 136–146.

Ewert, O.: Entwicklungspsychologie des Jugendalters. Stuttgart: Kohlhammer 1983.

Falconer, D. S.: Introduction to quantitative genetics. New York: Ronald Press 1960.

Fantz, R. L.: The origin of form perception. Scientific American 204 (1961), 66–72.

Fantz, R. L.: Visual perception and experience in early infancy: A look at the kidden side of behavior development. In: Stevenson, H. W. u. a. (Eds.): Early behavior: comparative and developmental approaches. New York: Wiley 1967, 181–224.

Farber, B.: An index of marital integration. Sociometry 20 (1957), 117–134.

Farrington, D. P. & West, D. J.: The Cambridge study in delinquent development (United Kingdom). In: Mednick, S. A. & Baert, A. E. (Eds.): Prospective longitudinal research: An empirical basis for primary prevention research. Oxford: Oxford University Press 1981, 137–145.

Faust, M. S.: Somatic development of adolescent girls. Monographs of the Society for Research in Child Development (1977), 169 (Vol. 42, No. 1).

Federal Bureau of Investigation: Uniform crime reports for the United States. Washington D. C.: U. S. Dep. of Justice 1980.

Feffer, M.: A developmental analysis of interpersonal behavior. Psychological Review 77 (1970), 197–214.

Fein, G. G.: Child development. Englewood Cliffs: Prentice Hall 1978.
Fein, G. G.: Pretend play in childhood: An integrative review. Child Development 52 (1981), 1095–1118.
Fend, H. & Specht, W.: Zur Lage der leistungsschwächeren Schüler in unterschiedlichen Schulsystemen. betrifft: erziehung tabu, Sonderheft Hauptschule. Weinheim: Beltz 1977, 27–55.
Fend, H., Knörzer, W., Nagl, W., Specht, W. & Väth-Szusdziara, R.: Sozialisationseffekte der Schule. Soziologie der Schule II. Weinheim: Beltz 1976.
Fenigstein, A., Scheier, M. F. & Buss, A. H.: Public and private self-consciousness: Assessment and theory. Journal of Consulting and Clinical Psychology 43 (1975), 522–527.
Fenson, L., Kagan, J., Kearsley, R. B. & Zelazo, P. R.: The development and progession of manipulative play in the first two years. Child Development 47 (1976), 232–236.
Ferdinand, W.: Über Schulreife und Schulleistung IQ-äquivalenter Kinder aus unterschiedlichem sozialen Milieu. Zeitschrift für Entwicklungspsychologie und Pädagogische Psychologie 1 (1969), 190–199.
Ferdinand, W.: Zum Problem der Intelligenzförderung bei Kindern aus den sozialen Grundschichten. (Eine empirische Untersuchung in Düsseldorfer Vorklassen.) In: Nickel, H. & Langhorst, E. (Hg.): Brennpunkte der Pädagogischen Psychologie. Bern: Huber 1973, 203–212.
Ferdinand, W. & Uhr, R.: Entlassung aus der 6. Klasse – oder Sonderschulabschluß? Schule und Psychologie 15 (1968), 332–336.
Ferguson, C. A.: Baby talk in six languages. American Anthropologist (1964), 66, 103–114.
Ferguson, C. A.: Baby talk as a simplified register. In: Ferguson, C. A. & Snow, C. (Eds.): Talking to children: Language input and acquisition. Cambridge: Cambridge University Press 1977, 209–235.
Ferguson, C. A. & Snow, C. (Eds.): Talking to children: Language input and acquisition. Cambridge: Cambridge University Press 1977.
Feshbach, S.: The environment of personality. American Psychologist 33 (1978), 447–455.
Figley, C. R. & McCubbin, H. I. (Eds.): Stress and the family. Vol. 2. Coping with catastrophe. New York: Brunner/Mazel 1983.
Filipp, S.-H.: Aufbau und Wandel von Selbstschemata über die Lebensspanne. In: Oerter, R. (Hg.): Entwicklung als lebenslanger Prozeß. Hamburg: Hoffmann & Campe 1978, 111–135.
Filipp, S. H. (Hg.): Kritische Lebensereignisse. München: Urban & Schwarzenberg 1981a.
Filipp, S.-H.: Ein allgemeines Modell für die Analyse kritischer Lebensereignisse. In: Filipp, S.-H. (Hs.): Kritische Lebensereignisse. München: Urban & Schwarzenberg 1981b, 3–52.
Filipp, S. H., Ahammer, I., Angleitner, A. & Olbrich, E.: Eine Untersuchung zu inter- und intraindividuellen Differenzen in der Wahrnehmung und Verarbeitung von subjektiv erlebten Persönlichkeitsveränderungen. Universität Trier: Forschungsberichte aus dem E. P. E.-Projekt Nr. 11, 1980.
Filipp, S. H., Aymanns, P. & Klauer, T.: Formen der Auseinandersetzung mit schweren körperlichen Erkrankungen als Prototypen kritischer Lebensereignisse: Eine Verlaufsstudie. Universität Trier: Forschungsberichte aus dem F. A. E.-Projekt Nr. 1, 1983.
Filipp, S. H. & Gräser, H.: Psychologische Prävention im Umfeld kritischer Lebensereignisse. In: Brandtstädter, J. & von Eye, A. (Hg.): Psychologische Prävention. Grundlagen, Programme, Methoden. Bern: Huber 1982, 155–195.
Filipp S.-H. & Doenges, D.: Entwicklungstests. In: Groffmann K.-J. & Michel L. (Hg.): Intelligenz- und Leistungsdiagnostik. Enzyklopädie der Psychologie. Göttingen: Hogrefe 1983, 202–306.
Filipp, S.-H. & Klauer, T.: Conceptions of self over the life-span: Reflection s on the dialectics of change. In: Baltes, M. M. & Baltes. P. B. (Eds.): The psychology of aging and control. Hillsdale, N. J.: Erlbaum 1986, 167–205.
Filipp, S.-H. & Olbrich, E.: Human development across the life-span: Overview and highlights of the psychological perspective. In: Sorensen, A. B., Weinert, F. E. & Sherrod, L. (Eds.): Human Development: Interdisciplinary perspectives. Hillsdale, N. J.: Erlbaum 1986, 343–375.
Fillmore, C. J.: The case for case. In: Bach, E. & Harns, R. T. (Eds.): Universals in linguistic theory. New York: Holt, Rinehart & Winston 1968.

Finch, C. E. & Hayflick, L. (Eds.): Handbook of the biology of aging. New York: Van Nostrand 1977.

Fink, E.: Spiel als Weltsymbol. Stuttgart: Kohlhammer 1960.

Fischer, R., Hildeschmidt, A., Kleber, E. W., Meister, H. & Sander, A.: Hauptschulversagen. Bedingungsanalyse und pädagogische Konsequenzen. Saarbrücken: Arbeitskammer des Saarlandes 1982.

Fischer, A., Fischer, R. C., Fuchs, W. & Zinnecker, J.: Jugend '81. Lebensentwürfe, Alltagskulturen, Zukunftsbilder. Hamburg: Jugendwerk der Deutschen Shell 1981.

Fischer, K. W.: A theory of cognitive development: The control and construction of hierarchies of skills. Psychological Review 87 (1980), 477–531.

Fischer, M.: Ökologische Bedingungen für Verhaltensauffälligkeiten in der Schule. In: Lohmann, J. & Minsel, B. (Hg.): Störungen im Schulalltag. München: Urban & Schwarzenberg 1978, 157–181.

Fischer, M.: Die Gestaltung des Lebensraumes Behinderter aus ökopsychologischer Sicht. In: Wiedl, K. H. (Hg.): Rehabilitationspsychologie. Stuttgart: Kohlhammer 1985, 117–131.

Fischer, M., Rolf, J. E., Hasazi, J. E. & Cummings, L.: Follow-up of a preschool epidemiological sample: Cross-age continuities and predictions of later adjustment with internalizing and externalizing dimensions of behavior. Child Development 55 (1984), 137–150.

Fishkin, J., Keniston, K. & McKinnon, C.: Moral reasoning and political ideology. Journal of Personality and Social Psychology 27 (1973), 109–119.

Fittkau, B., Müller-Wolf, H.-M. & Schulz von Thun, F.: Kommunizieren lernen (und umlernen). Braunschweig: Westermann, 2. Aufl. 1980.

Flamser, F. D. & DeJong, G. F.: The efficacy of pre-retirement preparation for industrial workers. Journal of Gerontology 30 (1975), 596–600.

Flapan, D.: Children's understanding of social interaction. New York: Teachers College Press 1980.

Flavell, J. H.: Cognitive changes in adulthood. In: Goulet, L. R. & Baltes, P. B. (Eds.): Life-span development psychology: Research and theory. New York: Academic Press 1970, 247–253.

Flavell, J. H.: First discussant's comments: what is memory development the development of? Human Development 14 (1971), 272–278.

Flavell. J. H.: An analysis of cognitive-developmental sequences. Genetic Psychology Monographs 86 (1972), 279–350.

Flavell, J. H.: Cognitive development. Englewood Cliffs: Prentice Hall 1977.

Flavell, J. H.: Monitoring social cognitive enterprises: Something else that may develop in the area of social cognition. In: Flavell, J. H. & Ross, L. (Eds.): Social cognitive development: Frontiers and possible futures. Cambridge, Mass.: Cambridge University Press 1981, 272–287.

Flavell, J. H.: Cognitive development, 2nd. ed. Englewood Cliffs, N. J.: Prentice Hall 1985.

Flavell, J. H. & Ross, L. (Eds.): Social cognitive development: Frontiers and possible futures. Cambridge, Mass.: Cambridge University Press 1981.

Flavell, J. H., Beach, D. R. & Chinsky, J. M.: Spontaneous verbal rehearsal in a memory task as a function of age. Child Development 37 (1966), 283–299.

Flavell, J. H., Botkin, P. T., Fry, C. L., Wright, J. W. & Jarvis, P. E.: The development of role-taking and communication skills in children. New York: Wiley 1968, deutsch 1975.

Flavell, J. H., Friedrichs, A. G. & Hoyt, J. D.: Developmental changes in memorization processes. Cognitive Psychology 1 (1970), 324–340.

Flavell, J. H., Speer, J. R., Green. F. L. & August, D. L. (Eds.): The development of comprehension monitoring and knowledge about communication. Monographs of the Society for Research in Child Development 1981, 192.

Flay, B. R., Ryan, K. B., Best, J. A., Brown, K. S., Kersell, M. W., D'Avernas, J. R. & Zanna, M. P.: Cigarette smoking: Why young people do it and ways of preventing it. In: McGrath, P. J. & Firestone, P. (Eds.): Pediatric and adolescent behavioral medicine. New York: Springer 1983.

Flügel, J. C.: The psychoanalytic study of the family. London: Hobarth 1950.

Ford, M.: The construct validity of egocentrism. Psychological Bulletin 86 (1979), 1169–1188.

Ford, M. E.: Social cognition and social competence in adolescence. Developmental Psychology, 18, (1982) 323–340.
Forester, B. J.: The intervention study with mothers and infants. Nashville: Peabody Demonstration and Research Center in Early Education 1971.
Form, W. H.: The internal stratification of the working class. American Sociological Review 38 (1973), 697–711.
Fourrier, C.: Die harmonische Erziehung. Ausgewählt, eingeleitet und übersetzt von Walter Apelt. Berlin: Volk und Wissen 1958.
Fowler, W.: Teaching a two-year-old to read: An experiment in early childhood learning. Genetic Psychology. Monographs 66 (1962), 181–283.
Frederickson, W., Timm, W. & Brown, J. V.: Posture as a determinant of visual behavior in newborns. Child Development (1975), 46, 579–582.
Freedman, D. & Freedman, N.: Behavioral differences between Chinese-American and European-American newborns. Nature 224 (1969), 1127.
Frei, F. & Ulich, E. (Hg.): Beiträge zur psychologischen Arbeitsanalyse. Bern: Huber 1981.
Frei, F., Duell, W. & Baitsch, C.: Arbeit und Kompetenzentwicklung. Bern: Huber 1984.
Freire, P.: Der Lehrer ist Politiker und Künstler. Reinbek: Rowohlt 1981.
Freinet, C.: La méthode naturelle, 3 Bände. Neuchâtel: Delachaux & Niestlé 1971.
Freinet, E.: Erziehung ohne Zwang. Stuttgart: Klett-Cotta 1981.
French, L. A.: Real-world knowledge as the basic for social and cognitive development. In: Pryor, J. B. & Day, J. D. (Eds.): The development of social cognition. New York: Springer, 1985.
Frese, M. (Hg.): Streß im Büro. Bern: Huber 1981.
Frese, M.: Occupational socialization and psychological development: An underemphasized research perspective in industrial psychology. Journal of Occupational Psychology 55 (1982), 209–224.
Frese, M. & Greif, S.: Arbeit und Persönlichkeitsentwicklung. In: Silbereisen, R. K. & Montada, L. (Hg.): Entwicklungspsychologie: Ein Handbuch in Schlüsselbegriffen, München: Urban & Schwarzenberg 1983, 214–220.
Frese, M. & Mohr, G.: Die psychopathologischen Folgen des Entzugs von Arbeit: Der Fall Arbeitslosigkeit. In: Frese, M., Greif, S. & Semmer, N. (Hg.): Industrielle Psychopathologie. Bern: Huber 1978, 282–320.
Frese, M. & Sabini, J.: Goal directed behavior: The concept of action in psychology. Hillsdale, N. J.: Erlbaum 1985.
Frese, M., Greif, S. & Semmer, N. (Hg.): Industrielle Psychopathologie. Bern: Huber 1978.
Freud, A. & Dann, S.: An experiment in group upbringing Psychoanalytic Study of the Child 6 (1952), 127–168.
Freud, S.: The psychogenesis of a case of homosexuality in a woman. Vol. 18. The complete psychological works of Sigmund Freud. London: Hogarth 1920.
Freud, S.: Neue Folge der Vorlesungen zur Einführung in die Psychologie. Gesammelte Werke. Band 12. Frankfurt: Fischer (1968), 1933.
Freud, S.: Jenseits des Lustprinzips. Gesammelte Werke, Bd. XIII. Frankfurt: Fischer 1947.
Freud, S. (1938): Abriß der Psychoanalyse. Frankfurt: Fischer 1959.
Friedrich, B.: Zur Determinierung der konzeptionellen und sprachlichen Entwicklung der Kinder im jüngeren Schulalter durch den Unterrichtsstil des Lehrers. Vortrag, Symposium „Wechselwirkung Individuum-Umwelt und psychische Entwicklung der Persönlichkeit in der Ontogenese“. Berlin/DDR, Mai 1985.
Fries, J. F. & Crapo, L. M.: Vitality and aging. San Francisco: Freeman 1981.
Frodi, A. M. u. a.: Fathers and mothers responses to the faces and cries of normal and premature infants. Developmental Psychology (1978), 14, 490–498.
Frodi, A. M. & Lamb, M. E.: Child abusers' responses to infant smiles and cries. Child Development 51 (1980), 238–241.
Frommberger, H.: Das Sitzenbleiberproblem. Dortmund: Crüwell 1955.
Frostig, M., Horne, D. & Miller, A.-M.: Wahrnehmungstraining. Dortmund: Crüwell 1972 (dt.: Reinartz, A. & Reinartz, E.: Visuelle Wahrnehmungsförderung, 2. Aufl., 1977).
Fröbes, J.: Lehrbuch der experimentellen Psychologie. Freiburg/Br.: Herder 1920.
Fröhlich, D.: Ursachen eines dichotomen Gesellschaftsbildes bei Arbeitern. Kölner Zeitschrift für Soziologie und Sozialpsychologie 33 (1981), 302–328.

Fry, Ch. L.: The ages of adulthood: A question of numbers. Journal of Gerontology 2 (1976), 170–177.

Fry, P. S.: Effect and resistance of temptation. Developmental Psychology 11 (1975), 466–472.

Fthenakis, W. E.: Väter. Band 1. Zur Psychologie der Vater-Kind-Beziehung. München: Urban & Schwarzenberg 1985.

Fthenakis, W. E.: Väter. Bd. 2: Zur Psychologie der Vater-Kind-Beziehung. München: Urban & Schwarzenberg 1985.

Fulmer, R. H.: Teaching the family life cycle: A guide for a workshop using simulated families. American Journal of Family Therapy 11 (1983), 55–63.

Furth, H. G.: Children's social understanding and the process of equilibration. New Directions for Child Development. Social Cognition 1 (1978), 101–122.

Furth, H. G.: The world of grown-ups. Children's conceptions of society. New York: Elsevier 1980.

Gagné, R. M.: Die Bedingungen des menschlichen Lernens. Hannover: Schroedel 1973.

Gagné, R. M. & Smith, E. C.: A study of the effect of verbalisation on problem solving. Journal of Experimental Psychology 63 (1962), 12–18.

Gahagan, D. M. & G. A.: Talk reform. Explorations in language for infant school children. London: Routledge & Kegan Paul 1970 (dt.: Kompensatorische Spracherziehung in der Vor- und Grundschule. Düsseldorf: Schwann 1971).

Galambos, N. L. & Silbereisen, R. K.: Influences of income change and parental acceptance on adolescent transgression proneness and peer relations. European Journal of Psychology of Education 1986 (im Druck).

Galambos, N. L. & Silbereisen, R. K.: Income change, parental life outlook, and adolescent expectations for job success. Journal of Marriage and the Family (1987, im Druck).

Gallatin, J.: Political thinking in adolescence. In: Adelson, J. (Ed.): Handbook of adolescent psychology. New York: Wiley & Sons 1980, 344–382.

Gallup, G. G. Jr.: Self-recognition in chimpanzee and man: A developmental and comparative perspective. In: Lewis, M. & Rosenblum, C. A. (Eds.): The child and its family. New York: Plenum 1979, 107–126.

Galperin, P.: Dependence of the motor habit on the type of orientation toward a task. Presentations of APN RSTSR, No. 2, 1957.

Gantenbein, M. M.: Recherche sur le développement de la perception du mouvement avec l'âge (mouvement apparent dit stroboscopique). Archives de Psychologie 33 (1952), 197–294.

Gardell, B.: Alienation and mental health in the modern industrial environment. In: Levi, L. (Ed.): Society, stress and disease. London: Oxford University Press 1971, 148–180.

Gardner, R. & Gardner, B.: Teaching sign language to chimpanzee. Science 165 (1969), 664–672.

Garmezy, N. & Rutter, M. (Eds.): Stress, coping, and development in children. New York: McGraw-Hill 1983.

Garmezy, N., Masten, A. S. & Tellegen, A.: The study of stress and competence in children: A building block for developmental psychopathology. Child Development 55 (1984), 97–111.

Garrett, H. E.: A developmental theory of intelligence. American Psychologist 1 (1946), 372–378.

Garvey, C. & Berndt, R.: Organization of pretend play. Catalogue of Selected Documents in Psychology 7 (1977), 1589.

Gatting-Stiller, I., Gerling, M., Stiller, K., Voß, B. & Wender, I.: Änderung der Kausalattribuierung und des Ausdauerverhaltens bei mißerfolgsmotivierten Kindern durch Modellernen. Zeitschrift für Entwicklungspsychologie und Pädagogische Psychologie 11 (1979), 300–312.

Gehringer, M. & Strube, G.: Organization und recall of life events: What's special in autobiographical memory? München: Max-Planck-Institut für psychologische Forschung. Paper 12/1985.

Geiger, G. & Johnson, L.: Positive education for elderly persons: Correct eating through reinforcement. Gerontologist 14 (1974), 432–436.

Geisler, W. & Kalb, P. E. (Hg.): Fernsehvorschule. Weinheim: Beltz 1975.
Gentner, D.: Evidence for the psychological reality of semantic components: The verbs of possession. In: Norman, D. A. & Rumelhart, D. E. and the LNR Research Group: Explorations in cognition. San Francisco: Jossey-Bass 1975, 211–248.
Gentner, D.: Der experimentelle Nachweis der psychologischen Realität semantischer Komponenten: Die Verben des Besitzes. In: Norman, D. & Rumelhardt, D. E. (Hg.): Strukturen des Wissens. Stuttgart: Klett 1978a, 213–247.
Gentner, D.: What looks like a jiggy but acts like a zimbo?: A study of early meaning using artificial objects. Papers and Reports on Child Language Development 15 (1978b), 1–6.
Gergen, K. J.: Selbstkonzept und Sozialisation des aleatorischen Menschen. In: Montada, L. (Hg.): Brennpunkte der Entwicklungspsychologie. Stuttgart: Kohlhammer 1979, 358–373.
Gerris, J. R. M.: Onderwijs en sociale ontwikkeling. Lisse: Swets and Zeitlinger 1981.
Gershenson, H. P.: Ecological correlates of mental development in white families with adolescent mothers. Paper presented at the Biennial Meeting of the Society for Research in Child Development, Detroit 1983 (unveröff.).
Gerstein, H.: Erfolg und Versagen im Gymnasium. Weinheim: Beltz 1972.
Gesell, A.: The first five years of life. New York: Harper 1940.
Gesell, A. & Ilg, F. L.: The child from five to ten. New York: Harper 1946.
Gesell, A., Ilg, F. L. & Ames, L. B.: The years from ten to sixteen. New York: Harper 1956.
Gesell, A., Ilg, F. L. (mit Learner, J. & Ames, L. B.): Säugling und Kleinkind in der Kultur der Gegenwart. Die Förderung der Entwicklung im Elternhaus und Kindergarten. Bad Nauheim: Christian 1952.
Gesell, A., Ilg, F. L. (mit Ames, L. B. & Bullis, G. E.): Das Kind von fünf bis zehn. Bad Nauheim: Christian 1954.
Geulen, D.: Soziales Handeln und Perspektivenübernahme. In: Geulen, D. (Hg.) Perspektivenübernahme und soziales Handeln. Frankfurt: Suhrkamp 1982.
Gewirtz, J. L.: The course of infant smiling in four child-rearing environments in Israel. In: Foss, B. M. (Ed.): Determinants of infant behavior Vol. III. London: Methuen 1965, 205–260.
Gewirtz, J. L.: Mechanism of social learning: Some roles of stimulation and behavior in early human development. In: Goslin, D. A. (Ed.): Handbook of socialization theory and research. Chicago: Rand McNally 1969, 57–212.
Gigerenzer, G.: Informationsintegration bei Kindern: Eine Erwiderung auf Wilkening. Zeitschrift für Entwicklungspsychologie und Pädagogische Psychologie 15 (1983), 216–221.
Gilligan, C.: Die andere Stimme. München: Piper 1984.
Gilligan, C. & Belenky, M.: A naturalistic study of abortion decisions. In: Selman, R. & Yando, R. (Eds.): Clinical-developmental psychology. San Francisco: Jossey-Bass 1980.
Gilligan, J.: Beyond morality: Psychoanalytic reflections on shame, guilt, and love. In: Lickona, T. (Ed.): Moral development and behavior. New York: Holt, Rinehart & Winston. 1976, 144–158.
Ginsberg, B. C. & Vogelsong, E.: Premarital relationship improvement by maximizing empathy and self-disclosure: The Primes program. In: Guerney, B. G. (Ed.): Relationship enhancement. San Francisco: Jossey Bass 1977, 268–288.
Ginzberg, E.: Toward a theory of occupational choice. Occupations 30 (1952) 491–494.
Glamser, F. D. & De Jong, G. F.: The efficacy of preretirement preparation programs for industrial workers. Journal of Gerontology, 1975, 30, 595–600.
Glaser, R. & Resnick, L. B.: Instructional psychology. Annual Review of Psychology 23 (1972), 207–276.
Glick, P. C.: The family cycle. American Sociological Review 12 (1947), 164–174.
Gloger-Tippelt, G.: Der Übergang zur Elternschaft. Eine entwicklungspsychologische Analyse. Zeitschrift für Entwicklungspsychologie und Pädagogische Psychologie 17 (1985), 53–92.
Glueck, S. & Glueck, E.: Juvenile delinquents grow up. New York: Commonwealth Fund 1940.
Glueck, S. & Glueck, E.: Delinquents and nondelinquents in perspective. Cambridge, Mass.: Harvard University Press 1968.

Goetting, A.: Former spouse – current spouse relationships. Journal of Family Issues (1980), 58–80.

Goffman, E.: Stigma: Notes in the management of spoiled identity. Englewood Cliffs, N. J.: Prentice-Hall 1963 (dt.: Stigma. Frankfurt: Suhrkamp 1967).

Goldberg, S., Brachfeld, S. DiVitto, B.: Born too soon: Preterm birth and early development. Oxford: Freeman 1983.

Goldfarb, W.: Effects of psychological deprivation in infancy and subsequent stimulation. American Journal of Psychiatry 102 (1945), 18–33.

Golinkoff, R. M. & Harding, C. G.: The development of causality: The distinction between animates and inanimates. Paper presented at the International Conference on Infant Studies, New Haven, April 1980.

Goode, E.: Deviant behavior. An interaction approach. Englewood Cliffs, N. J.: Prentice Hall 1978.

Goodenough, F.T. & Maurer, K.M.: The mental growth of children from two to fourteen years. Minneapolis, Minn.: University of Minnesota Press 1942.

Goodson, B. D. & Hess, R. D.: The effects of parent training programs on child performance and parent behavior. In: Brown, B. (Ed.): Found: Long-term gains from early intervention. Boulder: Westview Press 1978, 37–78.

Goodstadt, M. S.: Alcohol and drug education. Health Education Monographs 6 (1978), 263–279.

Gordon, T.: Lehrer-Schüler-Konferenz. Reinbek: Rowohlt 1981.

Gordon, H.: Mental and scholastic tests among retarded children. Education Pamp hlet 44, London Board of Education. London: H. M. S. O. 1923 (Reprinted in abbreviated form in: Dennis W. (Ed.): Historical readings in developmental psychology. New York: Appleton-Century-Crofts 1972).

Gordon, I. J.: Early childhood stimulation through parent education. Final report to the Children's Bureau, Social and Rehabilitation Service. Department of Health, Education and Welfare. Gainesville, Fla. University of Florida. Institute for Development of Human Resources 1969, ED 038 166.

Gordon, I. J.: Early child stimulation through parent education. In: Gordon, I. J. (Ed.): Reading in research in developmental psychology. Glenview, Illinois: Scott, Foresman 1971, 146–154.

Gordon, I. J.: Infant Intervention Project. Progress Report 1972.

Gordon, I. J. & Guinagh, B. J.: A home learning center approach to early stimulation. Final Report to the National Institute of Mental Health, Institute for Development of Human Resources. University of Florida 1974.

Goren, C.: Form perception, innate form preferences and visually mediated head-turning in the human newborn. Kongreßvortrag (Manuskript) Society for Research in Child Development Denver, 1975.

Gosset, J. T., Lewis, S. B., Lewis J. M. & Phillips, V. A.: Follow up of adolescents treated in psychiatric hospitals. I. A review of studies. American Journal of Orthopsychiatry 43 (1973), 602–610.

Gottesman, L. E.: Milieu treatment of the aged in institutions. Gerontologist 13 (1973), 23–26.

Gottfredson, L. S.: Circumsciption and compromise: A developmental theory of occupational aspirations. Journal of Counseling Psychology, Monograph 28 (1981).

Gould, R. L.: Lebensstufen: Entwicklung und Veränderung im Erwachsenenleben. Frankfurt: Fischer 1979.

Goulet, L. R. & Baltes, P. B. (Eds.): Life-span developmental psychology. New York: Academic Press 1970.

Görlitz, D.: Entwicklungsmuster attributionaler Handlungsanalyse. In: Görlitz, D. (Hg.): Kindliche Erklärungsmuster. Entwicklungspsychologische Beiträge 1983.

Graham, P. & Rutter, M.: Adolescent disorders. In: Rutter, M. & Herson, L. (Eds.): Child psychiatry – modern approaches. Oxford: Blackwell 1977, 407–427.

Grandy, R.G. & Strahmann, R.F.: Types produce types: An examination of personality development using Holland's theory. Journal of Vocational Behavior 5 (1974), 231–239.

Gratch, G.: Recent studies based on Piaget's view object concept development. In: Cohen, L.

& Salapatek, P. (Eds.): Infant perception: From sensation to cognition. Vol. II, New York: Academic Press 1975, 51–99.
Gratch, G.: Review of Piagetian infancy research. Object concept development. In: Overton, W. F. & Gallagher, J. McC. (Eds.): Knowledge and development. Vol. 1: Advances in research and theory. New York/London: Plenum 1977, 59–91.
Gray, S. A.: A report on a home-parent centered intervention program: Home visiting with mothers of toddlers and their siblings. DARCEE, Peabody College 1976.
Gray, S. W. & Klaus, R. A.: The Early Training Project: A seventh year report. Child Development 41 (1970), 909–924.
Gray, S. W. & Ruttle, L.: The family-oriented home visiting program: A longitudinal study. Genetic Psychology Monographs 102 (1980), 299–316.
Gray, S. W., Ramsay, B. K. & Klaus, R. A.: From 3 to 20. The Early Training Project. Baltimore: University Park Press 1982.
Gräser, H.: Überprüfung der faktoriellen Struktur einer deutschsprachigen Version des „Eight State Questionnaire" mittels Ketten-P-Technik. Trierer Psychologische Berichte 5 (1978), Nr. 2.
Gräser, H.: Entwicklungsintervention. In: Wittling, W. (Hg.): Handbuch der Klinischen Psychologie. Bd. 6. Hamburg: Hoffmann & Campe 1980, 16–50.
Green, R. & Saeger, K.: Learning to „think systems": Five writing assignments. Journal of Marital and Family Therapy 8 (1982), 285–294.
Greenbaum, C. W. & Lindau, R.: The infant's exposure to talk by familiar people: mothers, fathers, and siblings in different environments. In: Lewis, M. & Rosenblum, L. A. (Eds.): The child and its family. New York: Plenum 1979, 67–90.
Greenberg, E. F. & Nay, R.: The intergenerational transmission of marital instability. Journal of Marriage and the Family 44 (1982), 335–347.
Greenberg, J. & Kuczaj, S. A.: Towards a theory of substantive word meaning acquisition. In: Kuczaj, S. A. (Ed.): Language development: Syntax and Semantics. Hillsdale: Erlbaum 1982, 275–313.
Greenfield, P. M.: Who is „Dada"?: Some aspects of the semantic and phonological development of a child's first words. Language and Speech 16 (1973), 34–43.
Greif, S.: Konzepte der Organisationspsychologie. Eine Einführung in grundlegende theoretische Ansätze. Bern: Huber 1983.
Greif, S.: Arbeitsmarkt, Reproduktionsbedingungen und Streß am Arbeitsplatz. In: Hoff, E.-H., Lappe, L. & Lempert, W. (Hg.): Arbeitsbiographie und Persönlichkeitsentwicklung. Bern: Huber 1985, 99–117.
Greverus, I. M.: Kultur und Alltagswelt. Eine Einführung in Fragen der Kulturanthropologie. München: Beck 1978.
Grimm, H.: Strukturanalytische Untersuchung der Kindersprache. Bern: Huber 1973.
Grimm, H.: On the child's acquisition of semantic structure underlying the wordfield of prepositions. Language and Speech 18 (1975a), 97–119.
Grimm, H.: Analysis of short-term dialogues in 5–7 years olds: Encoding of intentions and modifications of speech. Paper given at the Third International Child Language Symposium, London: 1975b, 1.
Grimm, H.: Psychologie der Sprachentwicklung. Bd. I: Allgemeine Grundlagen und Entwicklung grammatischer Formen. Stuttgart: Kohlhammer 1977 (a).
Grimm, H.: Psychologie der Sprachentwicklung. Bd. II: Entwicklung der Semantik und der sprachlichen Kommunikation. Stuttgart: Kohlhammer 1977 (b).
Grimm, H.: Psycholinguistische Aspekte der frühen Sprachanbahnung bei Säuglingen. Sozialpädiatrie in Praxis und Klinik 5 (1983), 12, 589–593.
Grimm, H.: Zur Frage der sprachlichen Wissenskonstruktion. Erwerben dysphasische Kinder die Sprache anders? In: Oksaar, E. (Hg.): Spracherwerb – Sprachkontakt – Sprachkonflikt. Berlin: de Gruyter 1984, 30–53.
Grimm, H.: Der Spracherwerb als Lehr-Lern-Prozeß. Unterrichtswissenschaft 1 (1985 a), 6–16.
Grimm, H.: Ontogenese der Sprache als Fortsetzung nichtsprachlichen Handelns. In: Bosshardt, H. G. (Hg.): Sprache interdisziplinär – Ringvorlesung zum Gedächtnis an Hans Hörmann. Berlin: de Gruyter 1985b (im Druck).

Grimm, H. & Schöler, H.: Heidelberger Sprachentwicklungstests (H-S-E-T). Braunschweig: Westermann 1978.

Grimm, H. & Wintermantel, M.: Zur Entwicklung von Bedeutungen. Weinheim: Beltz 1975.

Grimm, H., Schöler, H. & Wintermantel, M.: Zur Entwicklung sprachlicher Strukturformen bei Kindern. Weinheim: Beltz 1975.

Grinder, J. & Bandler, R.: Umdeuten. Paderborn: Junfermann 1985.

Groeben, N. & Scheele, B.: Argumente für eine Psychologie des reflexiven Subjekts. Darmstadt: Steinkopff 1977.

Groner, R. & Spada, H.: Some markovian models for structural learning. In: Spada, H. & Kempf, W. F. (Eds.): Structural models of thinking and learning. Bern: Huber 1977, 131–159.

Groskurth, P.: Zur Systemanalyse der „Neuen Formen der Arbeitsgestaltung". In: Groskurth, P. & Volpert, W.: Lohnarbeitspsychologie. Frankfurt/M.: Fischer 1975, 197–297.

Grossmann, K. E.: Frühe Entwicklung der Lernfähigkeit in der sozialen Umwelt. In: Grossmann, K. E. (Hg.): Entwicklung der Lernfähigkeit in der sozialen Umwelt. München: Kindler 1977 a, 145–183.

Grossmann, K. E. (Hg.): Entwicklung der Lernfähigkeit in der sozialen Umwelt. München: Kindler 1977 b.

Grossmann, K. E.: Emotionale und soziale Entwicklung im Kleinkindalter. In: Rauh, H. (Hg.): Jahrbuch für Entwicklungspsychologie 1. Stuttgart: Klett-Cotta 1978, 29–82.

Grossmann, K. E.: Vergleichende Entwicklungspsychologie. In: Silbereisen, R. K. & Montada, L. (Hg.): Entwicklungspsychologie. Ein Handbuch in Schlüsselbegriffen. München: Urban & Schwarzenberg 1983, 60–68.

Grossmann, K. E.: Die „Neonatal Behavioral Assessment Scale" von T. B. Brazelton und ihre Bedeutung innerhalb einer deutschen Längsschnittuntersuchung. Der Kinderarzt 15 (1984), 1283–1288.

Grossmann, K. E., Grossmann, K. & Huber F.: Das Verhalten deutscher Kinder in der fremden Situation nach Ainsworth gegenüber ihren Müttern mit 12 Monaten und ihren Vätern mit 18 Monaten. Unveröff. Manuskript, Universität Regensburg 1980.

Grossmann, W.: Vorschulerziehung. Historische Entwicklung und alternative Modelle. Köln: Kiepenheuer & Witsch 1974.

Gruen, G. E.: Experiences affecting the development of number conservation in children. Child Development 36 (1965), 963–979.

Grusec, J. E. & Abramovitch, R.: Imitation of peers and adults in a natural setting: A functional analysis. Child Development 53 (1982), 636–642.

Guerin, P. J. & Pendagast, E. G.: Evaluation of family system and genogram. In: Guerin, P. J. (Ed.): Family therapy: Theory and practice, New York: Gardner Press 1976. 450–464.

Guinagh, B. J. & Gordon, I. J.: School performance as a function of early stimulation. Final Report to Office of Child Development 1976.

Gulotta, T. & Adams, G. R.: Substance abuse minimization: Conceptualizing prevention in adolescent and youth programs. Journal of Youth and Adolescence 11 (1982), 409–424.

Gunn, B.: Children's conceptions of occupational prestige. Personal Guidance Journal (1964) 42, 558–563.

Gurack, E.: Die Entwicklung des Fähigkeitskonzepts im Vorschulalter. Unveröffentlichte Diplomarbeit. Psychologisches Institut der Ruhr-Universität Bochum 1978.

Gurin, G., Veroff, J. & Feld, S.: Americans view their mental health: A nation-wide survey. New York: Basic Books 1960.

Gurman, A. S. & Kniskern, D. F.: Research on marital and family therapy: Progress, perspective, and prospect. In: Garfield, S. L. & Bergin, A. E. (Eds.): Handbook of psychotherapy and behavior change. New York: Wiley 1978, 817–901.

Gurucharri, C. & Selman, R. L.: The development of interpersonal understanding during childhood, preadolescence, and adolescence: A longitudinal follow-up study. Child Development 53 (1982), 924–927.

Guttman, L.: The basis for scalogram analysis. In: Stouffer, S. A. et al. (Eds.): Measurement and prediction. Princeton, N. J.: Princeton University Press 1950.

Haan, N.: Personality organizations of well-functioning younger people and older adults. International Journal of Aging and Human Development 7 (1976), 117–127.
Haan, N.: Coping and defending: processes of self-environment organization. New York: Academic Press 1977.
Haan, N. & Day, D.: A longitudinal study of change and sameness in personality development: Adolescence to later adulthood. International Journal of Aging and Human Development 5 (1974), 11–39.
Haan, N., Smith, M. & Block, J.: Moral reasoning of young adults: Political-social behavior, family background, and personality correlates. Journal of Personality and Social Psychology 10 (1968), 183–201.
Haber, R. N. (Ed.): Contemporary theory and research in visual perception. New York: Holt, Rinehart & Winston 1968.
Habermas, J.: Soziologische Notizen zum Verhältnis von Arbeit und Freizeit. In: Funke, G. (Hg.): Konkrete Vernunft. Festschrift für E. Rothacker. Bonn: Bouvier 1958, 219–231.
Habermas, J.: Zur Entwicklung der Interaktionskompetenz. Frankfurt/M.: Suhrkamp 1975.
Habermas, J.: Moralentwicklung und Ich-Identität. In: Habermas, J.: Zur Rekonstruktion des Historischen Materialismus. Frankfurt: Suhrkamp, 2. Aufl. 1976a, 63–91.
Habermas, J.: Zum Theorievergleich in der Soziologie: am Beispiel der Evolutionstheorie. In: Habermas, J. (Hg.): Zur Rekonstruktion des historischen Materialismus. Frankfurt: Suhrkamp 1976b, 129–243.
Hacker, W.: Zu Wechselbeziehungen zwischen Arbeitsbedingungen und Persönlichkeitsentwicklung. Pädagogik 31 (1976), 28–34.
Hacker, W.: Allgemeine Arbeits- und Ingenieurpsychologie. Psychische Struktur und Regulation von Arbeitstätigkeiten. Bern: Huber, 2. Aufl., 1978.
Hacker, W. & Iwanowa, A.: Zur psychologischen Bewertung von Tätigkeitsmerkmalen. Zeitschrift für Psychologie 192 (1984), 103–121.
Hackman, J. R. & Lawler, E. E.: Employee reactions to job characteristics. Journal of Applied Psychology 55 (1971), 259–286.
Haeckel, E.: Generelle Morphologie der Organismen. Berlin: Reimer 1866.
Hagendorff, H.: Zur Struktur ereignisbezogenen Wissens bei Kindern im Alter von 4 bis 6 Jahren. Zeitschrift für Psychologie, Supplement 7, 1985.
Hagestad, G. O.: Multigenerational families: Socialization, support, and strain. In: Garms-Homolová, V. et al. (Eds.): Intergenerational relationship. Lewiston: Hogrefe 1984, 105–114.
Haggard, E. A.: Some effects of geographic and social isolation in natural settings. In: Rasmussen, J. (Ed.): Man in isolation and confinement. Chicago: Aldine 1973, 99–144.
Haigis, E.: Das Spiel als Begegnung. Zeitschrift für Psychologie (1941), 150.
Hains, A. A. & Ryan, E. B.: The development of social cognitive processes among juvenile delinquents and nondelinquent peers. Child Development 54 (1983), 536–1544.
Haith, M. M.: Rules that babies look by: The organization of newborn visual activity. Hillsdale, N. J.: Erlbaum 1980.
Hale, G. A. & Lewis, M. (Eds.): Attention and cognitive development. New York: Plenum 1979.
Haley, J.: Die Psychotherapie M. H. Ericksons. München: Pfeiffer 1978.
Hall, A. D. & Fagan, R. E.: Definition of system. General Systems Yearbook 1 (1956), 18–28.
Hall, G. S.: Adolescence: Its psychology and its relation to physiology, anthropology, sociology, sex, crime, religion, and education. New York: Appleton 1904.
Halliday, M. A. K.: Learning how to mean – Explorations in the development of language. London: Arnold 1975.
Hallinan, M. T. & Tuma, N. B.: Classroom effects on change in children's friendships. Sociology of Education 51 (1978), 270–282.
Halverson, C.F. & Waldrop, M.F.: Relations between preschool activity and aspects of intellectual and social behavoir at age 7½. Developmental Psychology 12 (1976), 107–112.
Hamilton, D. L.: Cognitive representations of persons. In: Higgins, E., Herman, C., & Zanna, M. (Eds.): Social cognition: The Ontario Symposium. Vol. 1. Hillsdale, N. J.: Erlbaum 1981, 130.

Hammill, D. D. & Larsen, S. C.: The effectiveness of psycholinguistic training. Exceptional Children 41 (1974), 5–14.

Hampson, J. L., Hampson, J. G. & Money, J.: The syndrome of gonadal agenesis (ovarian agenesis) and male chromosomal pattern in girls and women: psychologic studies. Bull. John Hopkins Hospital 97 (1955), 207–226.

Hampton, M., Shapiro, L. & Huemann, R.: Helping teenage girls improve their diets. Journal of Home Economics 53 (1961), 835–838.

Hand, H. H.: The relation between developmental level and spontaneous behavior: The importance of sampling contexts. New Directions for Child Development 12 (1981), 55–67.

Harlow, H. F.: The nature of love. Amercian Psychologist 13 (1958), 673–685.

Harpaz, I. & Kremer, Y.: Determinants of continued participation in pre-retirement training: An Israeli case study. Journal of Occupational Psychology 53 (1981), 527–530.

Harre, R.: Personal being. Cambridge, Mass.: Harvard University Press 1984.

Harris, B.: Developmental differences in the attribution of responsibility. Developmental Psychology 13 (1977), 257–265.

Hartup, W. W.: Peer interaction and social organization. In: Mussen, P. H. (Ed.): Carmichael's Manual of Child Psychology (3rd ed., Vol. 2). New York: Wiley 1970.

Hartup, W. W.: Adolescent peer relations: A look to the future. In: Hill, J. P. & Mönks, F. J. (Eds.): Adolescence and youth in the year 2000: Prospects and development. Guildford, Surrey: IPC Science and Technology Press 1977, 171–185.

Hassenstein, B.: Verhaltensbiologie des Kindes. München: Piper 1973.

Hauser, S. T.: Black and white identity formation. New York: Wiley 1971.

Haußer, K.: Identitätsentwicklung. New York: Harper & Row 1983.

Havelock, E.: The coming of literate communication. Journal of Communication 30 (1980), 90–98.

Havighurst, R. J.: Developmental tasks and education. New York: David McKay 1948.

Havighurst, R. J.: Developmental tasks and education. New York: McKay 1953.

Havighurst, R. J.: Research on the developmental task concept. In: School Review. A Journal of Secondary Education 64 (1956), 215–223.

Havighurst, R. J.: Dominant concerns in the life. In: Schenk-Danzinger, L. & Thomae, H. (Hg.): Gegenwartsprobleme der Entwicklungspsyhologie. Göttingen: Hogrefe 1963.

Havighurst, R. J.: Developmental tasks and education. New York: McKay, 3. rd. ed., 1972.

Hawkins, J. L. & Killorin, E. A.: Family of origin: An experimential workshop. American Journal of Family Therapy 7 (1979), 5–18.

Hayes, D. & Grether, J.: The school year and vacation: when do students learn? Paper presented at the Eastern Sociological Convention. New York 1969.

Hebble, P. W.: The development of elementary school children's judgement of intent. Child Development 42 (1971), 1203–1215.

Heckhausen, H.: Entwurf einer Psychologie des Spiels. Psychologische Forschung 27 (1963/64), 225–243.

Heckhausen, H.: Achievement motive research: Current problems and some contributions toward a general theory of motivation. In: Arnold, W. J. (Ed.): Nebraska Symposium on Motivation. Lincoln: University of Nebraska Press 1968, 103–174.

Heckhausen, H.: Die Interaktion der Sozialisationsvariablen in der Genese der Leistungsmotivation. In: Graumann, C. F. (Hg.): Handbuch der Psychologie (Bd. 7/2): Göttingen: Hogrefe 1972, 955–1019.

Heckhausen, H.: Motivationsanalysen. Berlin: Springer 1974a.

Heckhausen, H.: Leistungsmotivation und Chancengleichheit. Göttingen: Hogrefe 1974.

Heckhausen, H.: Motivation: Kognitionspsychologische Aufspaltung eines summarischen Konstrukts. Psychologische Rundschau 28 (1977), 175–189.

Heckhausen, H.: Motivation und Handeln. Berlin: Springer 1980.

Heckhausen, H.: Entwicklungsschritte in der Kausalattribution von Handlungsergebnissen. In: Görlitz, D. (Hg.): Kindliche Erklärungsmuster, Bd. 1, Weinheim: Beltz 1983, 49–85.

Heckhausen, H. & Oswald, A.: Erziehungspraktiken der Mutter und Leistungsverhalten des normalen und gliedmaßengeschädigten Kindes. Archiv für die gesamte Psychologie 121 (1969), 1–30.

Heckhausen, H. & Roelofsen, I.: Anfänge und Entwicklung der Leistungsmotivation: (1) Im Wetteifer des Kleinkindes. Psychologische Forschung 26 (1962), 313–397.
Heckhausen, H. & Wagner, I.: Anfänge und Entwicklung der Leistungsmotivation: (II) In der Zielsetzung des Kleinkindes. Psychologische Forschung 28 (1965), 179–235.
Hehlmann, W.: Geschichte der Psychologie. Stuttgart: Kröner 1963.
Heider, F.: The psychology of interpersonal relations. New York: Wiley 1958 (dt.: Psychologie der interpersonalen Beziehungen. Stuttgart: Klett 1977).
Heimlich, H. & Wimmer, H.: Hierarchische Rekonstruktionspläne als Bedingung der Gedächtnisentwicklung. Zeitschrift für Entwicklungspsychologie und Pädagogische Psychologie 9 (1977), 10–19.
Heinz, W. R., Krüger, H., Rettke, U., Wachtveitl, E. & Witzel, A.: Hauptsache eine Lehrstelle. Jugendliche vor den Hürden des Arbeitsmarkts. Weinheim: Beltz 1985.
Heiss, R.: Die Lehre vom Charakter. Berlin: De Gruyter 1936.
Helanko, R.: Theoretical aspects of play and socialization. Annales Universitatis Turkuensis. (1958), Ser. B. Tom. 70.
Hellbrügge, Th.: Kindliche Sozialentwicklung und ihre sinnesphysiologischen Grundlagen. In: Hellbrügge, Th. (Hg.): Fortschritte der Sozialpädiatrie. München: Urban & Schwarzenberg 1975. Bd. 2.
Henning, M.: Zum Einfluß von sozialer Herkunft und Vorschulerziehung auf die Schulreifetestleistung. Schule und Psychologie 17 (1970), 8–18.
Heringer, H. J.: Deutsche Syntax. Berlin: de Gruyter 1970.
Herrmann, Th.: Lehrbuch der empirischen Persönlichkeitsforschung. Göttingen: Hogrefe 1969.
Herrmann, Th.: Zur Entwicklung der Sprachschichtrepräsentation in der späten Kindheit. In: Augst, G. (Hg.): Spracherwerb von 6–16. Düsseldorf: Schwann 1978, 209–219.
Herrmann, Th.: Pädagogische Psychologie als psychologische Technologie. In: Brandtstädter, J., Reinert, G. & Schneewind, K. A. (Hg.): Pädagogische Psychologie: Probleme und Perspektiven. Stuttgart: Klett 1979, 209–238.
Herrmann, Th. & Deutsch, W.: Psychologie der Objektbenennung. Bern: Huber 1976.
Hetherington, E. M., Cox, M. & Cox, R.: Divorced fathers. Family Coordinator 25 (1976), 417–428.
Hetherington, E. M., Cox, M. & Cox, R.: The aftermath of divorce. In: Stevens, J. H. & Mathews, M. (Eds.): Mother-child, father-child relations. Washington, D. C.: National association for the education of young children 1978.
Hetzer, H.: Kind und Schaffen. Jena: Fischer 1931.
Hetzer, H.: Spielpflege bei geistig zurückgebliebenen Kindern als heilpädagogische Aufgabe. In: Bracken, H. v. (Hg.): Erziehung und Unterricht behinderter Kinder. Frankfurt/M.: Akademische Verlagsgesellschaft 1968.
Heuer, G.: Selbstmord bei Kindern und Jugendlichen. Ein Beitrag zur Suizidprophylaxe aus pädagogischer Sicht. Stuttgart: Klett-Cotta 1979.
Hewitt, L. St.: The effects of provocation, intentions, and consequences on children's moral judgements. Child Development 46 (1975), 540–544.
Hicks, M. W. & Platt, M.: Marital happiness and stability: A review of research in the sixties. Journal of Marriage and the Family 32 (1970), 553–574.
Higgins, E. T.: Role taking and social judgement: Alternative developmental perspectives and processes. In: Flavell, J. H. & Ross, L. (Eds.): Social cognitive development: Frontiers and possible futures. Cambridge, Mass.: Cambridge University Press 1981, 119–153.
Hildeschmidt, A.: Nichtversetzung – eine pädagogische Maßnahme? In: Fischer, R., Hildeschmidt, A., Kleber, E. W., Meister, H. & Sander, A.: Hauptschulversagen. Bedingungsanalyse und pädagogische Konsequenzen. Saarbrücken: Arbeitskammer des Saarlandes 1982, 125–174.
Hildeschmidt, A., Meister, H., Sander, A. & Schorr, E.: Unregelmäßiger Schulbesuch. Verbreitung, Bedingungen, Interventionsmöglichkeiten. Weinheim: Beltz 1979.
Hill, R.: Families under stress. New York: Harper 1949.
Hill, R.: Generic features of families under stress. Social Casework 49 (1958), 139–150.
Hill, R.: Contemporary developments in family theory. Journal of Marriage and the Family 28 (1966), 10–26.
Hill, R.: Families under stress. New York: Harper and Brothers 1979.

Hill, R. & Mattessich, P.: Family development theory and life-span development. In: Baltes, P. B. & Brim, O. G. (Eds.): Life-span development and behavior. Vol. 2. New York: Academic Press 1979, 161–204.

Hill, R. & Rodgers, R. H.: The developmental approach. In: Christensen, H. (Ed.): Handbook of marriage and the family. Chicago: Rand McNally 1964, 171–211.

Hinske, N.: Kant als Herausforderung an die Gegenwart. Freiburg: Alber 1980.

Hobbs, D. F. Jr.: Parenthood as crisis: A third study. Journal of Marriage and the Family 27 (1965), 367–372.

Hobbs, D. F. Jr.: Transition to parenthood: A replication and extension. Journal of Marriage and the Family 30 (1968), 413–417.

Hodapp, V.: Analyse linearer Kausalmodelle. Bern: Huber 1984.

Hoff, E.-H.: Sozialisation als Entwicklung der Beziehungen zwischen Person und Umwelt. Zeitschrift für Sozialisationsforschung und Erziehungssoziologie 1 (1981), 91–115.

Hoff, E.-H.: Kontrollbewußtsein: Grundvorstellungen zur eigenen Person und Umwelt bei jungen Arbeitern. Kölner Zeitschrift für Soziologie und Sozialpsychologie 34 (1982), 316–339.

Hoff, E.-H.: Gesellschaftlicher Zwang und individueller Freiraum? Naive und wissenschaftliche Theorien zum Verhältnis von Arbeit und Freizeit. In: Moser, H. & Preiser, S. (Hg.): Umweltprobleme und Arbeitslosigkeit. Gesellschaftliche Herausforderungen an die Politische Psychologie. Weinheim: Beltz 1984, 167–190.

Hoff, E.-H.: Berufliche Sozialisation: Zur Verbindung soziologischer und psychologischer Forschung. In: Hoff, E.-H., Lappe, L. & Lempert, W. (Hg.): Arbeitsbiographie und Persönlichkeitsentwicklung. Bern: Huber 1985a, 15–40.

Hoff, E.-H.: Berufliche Entwicklung und Entwicklungsberatung. In: Brandtstädter, J. & Gräser, H. (Hg.): Entwicklungsberatung unter dem Aspekt der Lebensspanne. Göttingen: Hogrefe 1985b, 133–149.

Hoff, E.-H.: Subjektive Theorien zu Arbeit, Freizeit und Kontrolle. Vortrag, Westeuropäischer Kongreß für Arbeits- und Organisationspsychologie, Aachen, April 1985c.

Hoff, E.-H. & Grüneisen, V.: Arbeitserfahrungen, Erziehungseinstellungen und Erziehungsverhalten von Eltern. In: Schneewind, K. & Lukesch, H. (Hg.): Familiäre Sozialisation. Stuttgart: Klett 1978, 65–89.

Hoff, E.-H. & Hohner, H.-U.: Was heißt autonomes Leben und Handeln? Überlegungen zur Zielbestimmung präventiver und therapeutischer Interventionen. Psychosozial 6 (1983), 9–29.

Hoff, E.-H. & Hohner, H.-U.: Occupational careers, work, and control. In: Baltes, M. M. & Baltes, P. B. (Eds.): Aging and the psychology of control. Hillsdale, N. J.: Erlbaum 1986 (im Druck).

Hoff, E.-H. & Lempert, W.: Subjektive Theorien über Kontrolle und Moral. Zum Verhältnis von Kontrollbewußtsein und moralischer Urteilsfähigkeit. Vortrag von W. Lempert an der Universität Fribourg, Juni 1985.

Hoffman, M. L.: Parent discipline and the child's consideration for others. Child Development 34 (1963), 573–588.

Hoffman, M. L.: Moral development. In: Mussen, P. H. (Ed.): Carmichaels handbook of child psychology. New York: Wiley 1970, 261–359.

Hoffman, M. L.: Empathy, role-taking, guilt, and development of altruistic motives. In: Lickona, T. (Ed.): Moral development and behavior. New York: Holt, Rinehart & Winston 1976, 124–143.

Hoffman, M. L.: Moral internalization: Current theory and research. In: Berkowitz, L. (Ed.): Advances in experimental social psychology. Vol. 10. New York: Academic Press. 1977, p. 86–135.

Hoffman, M. L.: Empathy, its development and prosocial implications. In: Keasey, C. B. (Ed.): Nebraska Symposium on Motivation (Vol. 25). Lincoln: University of Nebraska Press 1978.

Hoffman, M. L.: Eine Theorie der Moralentwicklung im Jugendalter. In: Montada, L. (Hg.): Brennpunkte der Entwicklungspsychologie. Stuttgart: Kohlhammer 1979, 252–266.

Hoffman, M. L.: Perspectives on the difference between understanding people and understanding things: The role of affects. In: Flavell, J. H. & Ross, L. (Eds.): Social Cognitive development: Frontiers and possible futures. Cambridge, Mass.: Cambridge University Press 1981, 67–81.

Hoffmann, E.: Vorschulerziehung in Deutschland. Witten: Luther 1971.

Hofmann, W.: Das Problem der Zurückschulung. Zeitschrift für Heilpädagogik 18 (1967), 325–334.

Hofstätter, P. R.: Einführung in die Tiefenpsychologie. Wien: Wilhelm Braunmüller 1948.

Hogrefe, G.-J., Wimmer, H. & Perner, J.: Ignorance versus false belief: A developmental lag in attribution of epistemic states. Child Development 57 (1986), 567–582.

Hohner, H.-U.: Kontrollbewußtsein und berufliche Restriktivität. Entwicklung und empirische Erprobung eines integrativen Modells. Dissertation. Technische Universität Berlin 1985.

Hohner, H.-U. & Hoff, E.-H.: Prävention und Therapie: Zur Modifikation von objektiver Kontrolle und Kontrollbewußtsein. Psychosozial 6 (1983), 30–47.

Hohner, H.-U. & Walter, H.: Ursachenzuschreibung (locus of control) bei Arbeitern und Angestellten. Einige empirische Befunde. Psychologisches Beiträge 23 (1981), 392–407.

Holland, J. L.: The psychology of vocational choice: A theory of personality types and model environments. Waltham: Blaisdell 1966.

Holland, J. L.: Explorations of a theory of vocational choice: VI. A longitudinal study using a sample of typical college students. Journal of Applied Psychology 52 (1968), 1–37 (Monograph Supplement No. 1, Part 2).

Holle, B.: Motorische und perzeptuelle Entwicklung des Kindes. Weinheim, München: Psychologie Verlags Union (i. Druck, 1987).

Hollos, M. & Cowan, F. A.: Social isolation and cognitive development: Logical operations and role-taking abilities in three Norwegian social settings. Child Development 44 (1973) 630–641.

Holmes, T. H. & Rahe, R. H.: The social readjustment rating scale. Journal of Psychosomatic Research 11 (1967), 213–218.

Holtzman, W. H.: Statistische Modelle zur Untersuchung von Veränderungen im Einzelfall. In: Petermann, F. (Hg.): Methodische Grundlagen Klinischer Psychologie. Weinheim: Beltz 1977, 155–168.

Holzkamp, K.: Kritische Psychologie. Frankfurt: Fischer 1972.

Homburger, A.: Vorlesungen über Psychopathologie des Kindesalters. Berlin 1926.

Honzik, M. P.: Intellectual abilities of age 40 years in relation to the early family environment. In: Mönks, F. J., Hartup, W. W. & deWit, J. (Eds.): Determinants of behavioral development. New York: Academic Press 1972, 653–656.

Honzik, M. P., McFarlane, J. W. & Allen, L.: Stability of mental test performance between two and eighteen years. Journal of Experimental Education 17 (1948), 309–324.

Hopf, D.: Entwicklung der Intelligenz und Reform des Bildungswesens. Bemerkungen zu B. S. Bloom, Stability and change in human characteristics. In: Nickel, H. & Langhorst, E. (Hg.): Brennpunkte der Pädagogischen Psychologie. Bern: Huber 1973, 215–231.

Hoppe, S., Schmid-Schönbein, C. & Seiler, B.: Entwicklungssequenzen. Bern: Huber 1977.

Horn, I. L. & Cattell, R. B.: Age differences in primary mental ability factors. Journal of Gerontology 21 (1966), 210–220.

Horn, J. L.: Human ability systems. In: Baltes, P. B. (Ed.): Life-span development and behavior. Vol. 1. New York: Academic Press 1978, 212–256.

Horn, J. L. & Donaldson, G.: Cognitive development in adulthood. In: Brim, O. G. jr. & Kagan, J. (Eds.): Constancy and change in human development. Cambridge: Harvard University Press 1980, 445–529.

Horn, W.: Zur Entwicklung, Aufgabenanalyse, Eichung und Anwendung der Begabungstests (BTS). Zeitschrift für experimentelle und angewandte Psychologie 4 (1957), 623–668.

Hornstein, W. u. a.: Lernen im Jugendalter. Stuttgart: Klett 1975.

Horowitz, F. D.: Intervention and its effect on early development: What model of development is appropriate? In: Turner, R. R. & Reese, H. W. (Eds.): Life-span developmental psychology: Intervention. New York: Academic Press 1980, 235–249.

Höhn, E.: Der schlechte Schüler. München: Piper 1967.

Höhn, C.: Der Familienzyklus – zur Notwendigkeit einer Konzepterweiterung. Boppard: Boldt 1982.

Höhn, E.: Der schlechte Schüler. München: Piper 1967.

Hörmann, H.: Psychologie der Sprache. Heidelberg: Springer 1967, (2. Aufl. 1977).
Hörmann, H.: Semantische Anomalie, Metapher und Witz oder: Schlafen farblose, grüne Ideen wirklich wütend? Folia linguistica 5 (1972), 310–330.
Hörmann, H.: Meinen und Verstehen, Frankfurt: Suhrkamp 1978.
Hörmann, H. J. & Brunke, Ch.: Aspekte der Selbstkonzeptentwicklung bei Jugendlichen nach Abschluß des Gymnasiums. In: Liepmann, D. & Stiksrud, A. (Hg.): Entwicklungsaufgaben und Bewältigungsprobleme in der Adoleszenz. Göttingen: Hogrefe 1985, 110–120.
Huber, G. L., Wahl, D. & Weinert, F. E.: Lehrerprobleme – Schülerprobleme (=Begleitmaterial zum Fernsehkolleg des Deutschen Instituts für Fernstudien an der Universität Tübingen). Weinheim: Beltz 1982.
Huber, H. P.: Entwicklungstendenzen in der Einzelfallstatistik. Eine Standortbestimmung. Psychologische Beiträge 1985, im Druck.
Hudson, D. W.: Asserti-care. Assertion training for the elderly client. New York: P. Lang 1983.
Hudson, J. & Nelson, K.: Repeated encounters of a similar kind: Effects of repetition on children's autobiographic memory. 1984, Manuscript submitted for publication.
Hudson, L. M., Forman, E. A. & Brion-Meisels: Role-taking as a predictor of prosocial behavior in cross-age tutors. Child Development 53 (1982), 1320–1329.
Hübner-Funk, S. & Müller, H.-U.: Hauptschüler vor dem Eintritt in die Arbeitswelt. In: Walter, H. (Hg.): Region und Sozialisation. Beiträge zur sozialökologischen Präzisierung menschlicher Entwicklungsvoraussetzungen. Bd. II. Stuttgart-Bad Cannstatt: Frommann-Holzboog. 1981, S. 137–187.
Hughes, S., Berger, M. & Wright, L.: The family life cycle and clinical intervention. Journal of Marriage and Family Counseling 4 (1978), 33–40.
Huizinga, J.: Homo ludens. Hamburg: Rowohlt 1956.
Hulicka, I. M.; Age differences for international and incidental learning and recall scores. Journal of the American Geriatric Society 13 (1965), 639–648.
Hull, J. G.: A self-awareness model of the causes and effects of alcohol consumption. Journal of Abnormal Psychology 90 (1981), 586–600.
Hull, J. G. & Young, R. D.: The self-awareness-reducing effects of alcohol: Evidence and implications. In: Suls, J. & Greenwald, A. G. (Eds.): Psychological perspectives on the self, Vol. 2. Hillsdale, N. J.: Lawrence Erlbaum 1983.
Hultsch, D. F. & Hickey, T.: External validity in the study of human development. Theoretical and methodological issues. Human Development 21 (1978), 76–91.
Hultsch, D. F. & Plemons, J. K.: Life events and life-span development. In: Baltes, P. B. & Brim, O. G. Jr. (Eds.): Life-span development and behavior. Vol. 2. New York: Academic Press 1979, 1–36.
Hundsnurscher, F.: Neuere Methoden der Semantik. Tübingen: Niemeyer 1971.
Hunt, J. McV.: Experimental psychoanalysis. In: Harriman, P. L. (Ed.): Encyclopedia of psychology. New York: Philosophical Library 1946.
Hunt, J. McV.: Intelligence and experience. New York: Ronald Press 1961.
Hunt, J. McV.: Intrinsic motivation and its role in psychological development. In: Levine, D. (Ed.): Nebraska Symposium on Motivation 1965. Lincoln: University of Nebraska Press 1965, 189–282.
Hunt, J. McV.: Erkenntnisse aus der kompensatorischen Vorschulerziehung in den U.S.A. In: Montada, L. (Hg.): Brennpunkte der Entwicklungspsychologie. Stuttgart: Kohlhammer 1979a, 213–230.
Hunt, J. McV.: Psychological development: Early experience. Annual Review of Psychology 30 (1979b), 103–143.
Hunt, J. McV. Predictiong intellectual disorders in childhood for preterm infants with birth weights below 1500gr. In: Friedman, L. S. & Sigman, M. (Eds.): Preterm birth an psychological development. New York: Academic Press 1981, 329–351.
Hurrelmann, K. & Ulich, D. (Hg.): Handbuch der Sozialisationsforschung. Weinheim: Beltz 1980.
Hussy, W.: Komplexe menschliche Informationsverarbeitung: das SPIV-Modell. Sprache und Kognition 2 (1983), 47–62.
Hussy, W.: Denkpsychologie. Ein Lehrbuch. Bd. 1. Stuttgart: Kohlhammer 1984.

Hussy, W. & Köhl, W.: Empirische, methodische und theoretische Beiträge zur Analyse der Entwicklung evaluativer Strukturen und Prozesse. Trierer Psychologische Berichte 9 (1982a), Heft 13.

Hussy, W. & Köhl, W.: Informationsverarbeitende Strukturen und Prozesse: Erfassung des kognitiven Aspekts von Evaluation. Trierer Psychologische Berichte 9 (1982b), Heft 3.

Hussy, W. & von Eye, A.: On cognitive operators in information processing and their effects on memory in different age groups. In: Weinert, F. E. & Perlmutter, M. (Eds.): Memory development: universal changes and individual differences 1986.

Hutt, C.: Exploration and play in children. In: Jewell, P. A. & Loizos, C.: Play, exploration, and territory in mammals. London 1966, 61–79.

Huttenlocher, J.: Children's ability to orient and order objects. Child Development 138 (1967a), 1169–1176.

Huttenlocher, J.: Discrimination of figure orientation: Effects of relative position. Journal of Comparative Physiological Psychology, 63 (1967b), 359–361.

Hübner-Funk, S. & Müller, H.-U.: Hauptschüler vor dem Eintritt in die Arbeitswelt. In: Walter, H. (Hg.): Region und Sozialisation. Beiträge zur sozialökologischen Präzisierung menschlicher Entwicklungsvoraussetzungen. Bd. 2. Stuttgart-Bad Cannstatt: Frommann-Holzboog 1981, 137–187.

Hymes, D.: Ways of speaking. In: Bauman R. & Sherzer J. (Eds.): Explorations in the ethnography of speaking. London 1974.

Ianotti, R.: Effect of role-taking experiences on role-taking, empathy, altruism, and aggression. Developmental Psychology 14 (1978), 119–124.

Iben, G.: Kompensatorische Erziehung. Analysen amerikanischer Programme. München: Juventa, 2. Aufl., 1972.

Imhoff, A. E.: Die gewonnenen Jahre. München: Beck 1981.

Ingenkamp, K.: Lehrbuch der pädagogischen Diagnostik. Weinheim: Beltz 1985.

Inhelder, B.: Some aspects of Piaget's genetic approach to cognition. In: Kessen, W. & Kuhlmann, C. (Eds.): Thought in the young children. Monograph of Society for Research in Child Development 27 (1962), 19–34.

Inhelder, B. & Piaget, J.: La genèse des structures logiques élémentaires. Classifications et sériations. Neuchâtel: Delachaux & Niestlé, 2. Aufl., 1967 (dt.: Die Entwicklung der elementaren logischen Strukturen. Düsseldorf: Schwann 1973).

Inhelder, B., Lezine, I., Sinclair, H. & Stambak, M.: Les debuts de la fonction symbolique. Archives de Psychologie 41 (1972), 187–243.

Institut für Jugendforschung, Markt- und Meinungsforschung GmbH.: Die Einstellung der jungen Generation zur Arbeitswelt und Wirtschaftsordnung 1979. Hamburg: Jugendwerk der Deutschen Shell (Hg.) 1980.

Issing, L. J. & Ullrich, B.: Einfluß eines Verbalisierungstrainings auf die Denkleistung von Kindern. Zeitschrift für Entwicklungspsychologie und Pädagogische Psychologie 1 (1969), 32–40.

Istomina, Z. M.: The development of voluntary memory in preschoolage children. Soviet Psychology 13 (1975), 5–64.

Iwanaga, M.: Development of interpersonal play structures in 3, 4, and 5 year old children. Journal of Research and Development in Education 8 (1973), 71–82.

Jacobs, B.: Angst in der Prüfung – Beiträge zu einer kognitiven Theorie der Angstentstehung in Prüfungssituationen. Frankfurt: Fischer 1981.

Jacobs, J.: Adolescent suicide. New York: Wiley 1971.

Jacobson, J. L.: Cognitive determinants of wariness toward unfamiliar peers. Development Psychology 16 (1980), 347–354.

Jacoby, A. P.: Transition to parenthood: A reassessment. Journal of Marriage and the Family 31 (1969), 720–727.

Jaensch. E. R.: Über die subjektiven Anschauungsbilder. Bericht 7. Kongreß experimentelle Psychologie. Jena 1922.

Jahoda, M., Lazarsfeld, P. F. & Zeisel, H.(1933): Die Arbeitslosen von Marienthal. Ein soziographischer Versuch. Frankfurt: Suhrkamp 1960 und 1975.

Jarrik, L. F. & Blum, J. E. (1971): Cognitive declines as predictors of mortality in twin pairs:

A twenty-year longitudinal study of aging. (zit. n. Jarrik, L. F. & Bank, L.: Aging Twins: longitudinal psychometric data. In: Schaie, K. W. (Ed.): Longitudinal studies of adult psychological development. New York: Guilford Press 1983, 40–63).

Jasnau, K. F.: Individualized versus mass transfer of nonpsychotic geriatric patients from mental hospitals to nursing homes with special reference to the death rate. Journal of the American Geriatric Society 15 (1967), 280–284.

Jäckel, U.: Partnerwahl und Eheerfolg. Stuttgart: Enke 1980.

Jäger, R. S.: Biographische Analyse in der Pädagogischen Diagnostik. In: Jäger, R. S., Horn R. & Ingenkamp K. (Hg.), Jahrbuch der pädagogischen Diagnostik. Tests und Trends. Bd. 4. Weinheim: Beltz 1985, 135–167.

Jedlicka, D.: A test of the psychoanalytictheory of mate selection. Journal of Social Psychology 112 (1980), 295–299.

Jegge, J.: Dummheit ist lernbar. Erfahrungen mit ,,Schulversagern". München: Kösel 1976.

Jegge, J.: Dummheit ist lernbar. Reinbek: Rowohlt 1983.

Jensen, A. R.: How far can we boost IQ and scholastic achievement? Harvard Educational Review 39 (1969), 1–123.

Jensen, A. R.: Wie sehr können wir Intelligenzquotient und schulische Leistung steigern? In: Skowronek, H. (Hg.): Umwelt und Begabung. Stuttgart: Klett 1973, 63–155.

Jerusalem, M.: Selbstbezogene Kognitionen in schulischen Bezugsgruppen. Eine Längsschnittstudie. Bd. I, Bericht über das Forschungsvorhaben ,,Entwicklung des Selbstkonzepts und selbsterzogener Kognitionen in Abhängigkeit von sozialen Vergleichssituationen in schulischen Umwelten": Freie Universität Berlin, Institut für Psychologie 1984.

Jessor, R.: Adolescent development and behavioral health. In: Matarazzo, J. D., Weiss, S. M., Herd, J. A. & Miller, N. E. (Eds.): Behavioral health: A handbook of health enhancement and disease prevention. New York: Wiley 1984.

Jessor, R.: Adolescent problem drinking: Psychosocial aspects and developmental outcomes. In: Silbereisen, R. K., Eyferth, K. & Rudinger, G. (Eds.): Development as action in context: Problem behavior and normal youth development. New York: Springer 1986, 241–264.

Jessor, R. & Jessor, S. L.: Problem behavior and psychosocial development: A longitudinal study of youth. New York: Academic Press 1977.

Jessor, R. & Jessor, S. L.: Adolescence to young adulthood: A twelve-year prospective study of problem behavior and psychosocial development. In: Mednick, S., Harway, M. & Finnelo, K. M. (Eds.): Handbook of longitudinal research in the United States, Vol. II. New York: Praeger 1984.

Jinks, J. L. & Fulker, D. W.: Comparison of the biometrical genetical Mava, and classical approaches to the analysis of human behavior. Psychological Bulletin 73 (1970), 311–349.

Johnson, B. D.: Marijuana users and drug subcultures. o. O. 1973.

Johnston, L. D. & Harrison, L. D.: An international perspective on alcohol and drug use in adolescence. Vortrag für die Swedish Society of Medical Sciences' IIIrd International Berzelius Symposium, ,,Alcohol and the Developing Brain", Stockholm, 12.–13. September 1984.

Johnston, L. D., O'Malley, P. N. & Bachman, J. G.: Highlights from drugs and American high school students 1975–1983. Rockville, Maryland. National Institute on Drug Abuse 1984.

Jones, H. E.: The California adolescent growth study. Journal of Educational Research 31 (1938), 561–567.

Jones, H. E.: Motor performance and growth: A developmental study of static dynamometric strength. University of California Publications in Child Development 1949, 35–36.

Jones, H. E.: Consistency and change in early maturity. Vita Humana 1 (1958), 43–51.

Jones, M. C.: The later careers of boys who were early or late maturing. Child Development 28 (1957), 113–128.

Jones-Molfese, V. J.: Responses of neonates to colored stimuli. Child Development (1977), 48, 1092–1095.

Jöreskog, K. G. & Sörbom, D.: LISREL V: Analysis of linear structural relationships by maximum likelihood and least square methods. Uppsala: University of Uppsala 1981.

Jugendwerk der Deutschen Shell: Jugend '81. Lebensentwürfe, Alltagskulturen, Zukunftsbilder, Bd. 3. Hamburg: Jugendwerk der Deutschen Shell AG 1981.

Jugendwerk der Deutschen Shell: Jugend und Erwachsene ’85. Generationen im Vergleich. Opladen: Leske & Budrich 1985.

Jung, C. G.: Zwei Schriften über Analytische Psychologie. Gesammelte Werke. Bd. 7. Olten: Walter (1. Aufl.1917), 1971.

Jung, C. G.: Die Ehe als psychologische Beziehung. In: Jung 9, C. G.: Über die Entwicklung der Persönlichkeit. Gesammelte Werke, Bd. 7. Olten: Walter 3. Aufl. 1978, 215–227.

Jurkuhn, D.: Arbeitssituation und Selbstverantwortlichkeit. Eine empirische Untersuchung über die Zusammenhänge zwischen Arbeitsbedingungen, Arbeitszufriedenheit und Selbst-, Fremd- und Zufallskontrolle. Dissertation, Universität Trier 1978.

Kärtner, G.: Die Entwicklung gesellschaftlich-politischer Handlungsfähigkeit in der Berufsausbildung. Zeitschrift Berufs- und Wirtschaftspädagogik (1985), 81, 24–36.

Kagan, J: Discrepancy, temperament and infant distress. In: Lewis, M. & Rosenblum, L. (Eds.): The origins of fear. New York: Wiley 1974, 229–248.

Kagan, J.: Das Auftreten von Angst während der frühen Kindheit. In: Lehr, U. & Weinert, F. E. (Hg.): Entwicklung und Persönlichkeit. Stuttgart: Kohlhammer 1975, 89–101.

Kagan, J.: Resilience and continuity in psychological development. In: Clarke, A. M. & Clarke, A. B. D. (Eds.): Early experience: Myth and evidence. New York: Free Press 1976, 97–121.

Kagan. J.: Universalien menschlicher Entwicklung. In: Montada, L. (Hg.): Brennpunkte der Entwicklungspsychologie. Stuttgart: Kohlhammer 1979, 144–156.

Kagan, J.: Perspectives on continuity. In: Brim, O. G. jr. & Kagan, J. (Eds.): Constancy and change in human development. Cambridge: Harvard University Press 1980, 26–74.

Kagan, J. & Moss, H. A.: Birth to maturity. New York: Wiley 1962.

Kagan, J., Kearsley, R. B. & Zelazo, P.: Infancy – its place in human development. Cambridge, Mass.: Harvard University Press 1980.

Kahana, B.: Social behavior and aging. In: Wolman, B. J. (Ed.): Handbook of developmental psychology. Englewood Cliffs: Prentice Hall 1982, 871–889.

Kahn, R. & Miller, N.: Adaptational factors in memory impairment in the aged. Experimental Aging Research 4 (1978), 273–290.

Kail, R. & Hagen, J. W.: Memory in childhood. In: Wolman, B. B. (Ed.): Handbook of developmental psychology. Englewood Cliffs, N. J.: Prentice Hall 1982, 350–366.

Kamenz, P. & Klapprott, J.: Wirkungen eines Intelligenztrainings mit leistungsschwachen Vorschulkindern. Psychologie in Erziehung und Unterricht 31 (1984), 100–108.

Kamerman, S. & Kahn, A.: Social services in the United States. Philadelphia: Temple University Press 1976.

Kamii, C.: An application of Piaget’s theory to the conceptualisation of a preschool curriculum. In: Parker, R. K. (Ed.): The preschool in action. Bosten: Allyn & Bacon 1972, 91–134.

Kamii, C. & DeVries, R.: Piaget for early education. In: Day, M. C. & Parker, R. (Eds.): The preschool in aktion. Boston: Allyn and Bacon, Inc. 1977.

Kaminski, G.: Verhaltenstheorie und Verhaltensmodifikation. Stuttgart: Klett 1970.

Kaminski, G.: Umweltpsychologie. Stuttgart: Klett 1977.

Kaminski, G.: Ordnung und Variabilität im Alltagsgeschehen. Das Behavior Setting-Konzept in den Sozial- und Verhaltenswissenschaften. Göttingen: Hogrefe 1985.

Kamratowski, J. & Meißner, H. (Hg.): Begabungsförderung. Weinheim: Beltz 1971.

Kamratowski, J., Meißner, H. & Robeck, A.: Begabungsförderung. Arbeitsmappe für Vorschulkinder und Schulanfänger. Weinheim: Beltz, 3. Aufl., 1972.

Kandel, D. B. (Ed.): Longitudinal research on drug use. Washington: Hemisphere 1978.

Kandel, D. B.: Drug and drinking behavior among youth. Annual Review of Sociology 6 (1980), 235–285.

Kandel, D. B.: Persönliche Mitteilung 1985.

Kandel, D. B.: Processes of peer influences in adolescence. In: Silbereisen, R. K., Eyferth, K. & Rudinger, G. (Eds.): Development as action in context: Problem behavior and normal youth development. New York: Springer 1986, 203–228.

Kandel, D. B. & Adler, I.: Socialization into marijuana use among French adolescents: A cross-cultural comparison with the United States. Journal of Health and Social Behavior 23 (1982), 295–309.

Kandel, D. B. & Lesser, G. S.: Youth in two worlds. San Francisco: Jossey-Bass 1972.

Kandel, D. B. & Logan, J. A.: Patterns of drug use from adolescence to young adulthood: I. Patterns of risk for initiation, continued use, and discontinuation. American Journal of Public Health 74 (1984), 660–666.

Kaniak-Urban, Ch.: Entwicklungsaufgabe „Intimität in der Adoleszenz“. Unveröffentlichte Zulassungsarbeit. München 1984.

Kanter, G. O.: Die Erziehung in der Schule für Lernbehinderte. In: Kanter, G. O. & Speck, O. (Hg.): Pädagogik der Lernbehinderten (= Handbuch der Sonderpädagogik, Bd. 4). Berlin 1977, 165–183.

Kaplan, H. B. 1975. Self-attitudes and deviant behavior. Pacific Palisades, Cal.: Goodyear.

Kaplan, H. B.: Deviant behavior in defense of self. New York: Academic Press 1980.

Kaplan, H. B., Martin, S. S. & Robbins, C.: Application of a general theory of deviant behavior: Self-derogation and adolescent drug use. Journal of Health and Social Behavior 23 (1982), 247–294.

Kaplan, H. B., Martin, S. S. & Robbins, C.: Pathways to adolscent drug use: Self-derogation, peer influence, weakening of social controls, and early substance use. Journal of Health and Social Behavior 25 (1984), 270–289.

Karabenick, J. D. & Heller, K. A.: A developmental study of effort and ability attributions. Developmental Psychology 12 (1976), 559–560.

Karasek, R. 1978. Job socialization: A longitudinal study of work, political and leisure activity. Stockholm: Swedish Institute for Social Research.

Karasek, R.: Job demands, job decision latitude, and mental strain: Implications for job redesign. Administrative Science Quarterly 24 (1979), 285–308. (zitiert nach Frese, M. & Greif, S.: Arbeit und Persönlichkeitsentwicklung. In: Silbereisen, R. K. & Montada, L. (Hg.) Entwicklungspsychologie: Ein Handbuch in Schlüsselbegriffen. München: Urban & Schwarzenberg 1983, 214–220).

Karasek, R. (1978): Job socialisation: A longitudinal study of work, political and leisure acitivity. Stockholm: Swedish Institute for Social Research. (zit. n. Frese, M. & Greif, S.: Arbeit und Persönlichkeitsentwicklung. In: Silbereisen, R. K. & Montada, L. (Hg.): Entwicklungspsychologie: Ein Handbuch in Schlüsselbegriffen. München: Urban & Schwarzenberg 1983, 214–220).

Karnes, M. B.: Research and development project on preschool disadvantaged children. U. S. Department of Health, Education and Welfare 1969a.

Karnes, M. B.: Investigations of classroom and at home intervention: Research and development program on preschool disadvantaged children. Final Report. U. S. Department of Health, Education and Welfare 1969b.

Karnes, M. B.: Educational intervention at home by mothers of disadvantaged infants. Child Development 41 (1970), 925–935.

Karniol, R.: Children's use of intention cues in evaluating behavior. Psychological Bulletin 85 (1978), 76–85.

Karniol, R. & Ross, M.: The development of causal attribution in social perception. Journal of Personality and Social Psychology 34 (1978), 455–464.

Karsten, H.: Beiträge zu einer Theorie der Interessenentwicklung. Habilitationsschrift, Fakultät Psychologie und Pädagogik, Universität München 1985.

Kassin, S. M. & Pryor, J. B.: The development of attribution processes. In: Pryor, J. B. & Day, J. D. (Eds.): The development of social cognition. New York: Springer 1985.

Kasten, H.: Die Entwicklung von Moralvorstellungen und Moralbegriffen beim Kind. Donauwörth: Auer 1976.

Kastenbaum, R.: Human developing: A life-span perspective. Boston: Allyn & Bacon 1979.

Kastner, P.: Die Revision des Fragebogens zum Drogengebrauch im Berliner Jugendlängsschnitt, die Einführung eines diskriminations-validen Fragebogens zum Sportverhalten und epidemiologische Daten zum Drogengebrauch Jugendlicher 1982 und 1983. In: Silbereisen, R. K., Eyferth, K. (Hg.): Berichte aus der Arbeitsgruppe TUdrop Jugendforschung, 53/85. Berlin (West): Technische Universität Berlin 1985.

Katz, A. M. & Hill, R.: Residential propinquity and marital selection, a review of theory. Method and fact. Marriage and Family Living 20 (1958), 27–35.

Katz, J. J. & Fodor, J. A.: The structure of a semantic theory. Language 39 (1963), 170–210.

Keeney, T. J., Cannizzo, S. R. & Falvell, J. H.: Spontaneous and induced verbal rehearsal in a recall task. Child Development 38 (1967), 953–966.
Kegel, G.: Sprache und Sprechen des Kindes. Reinbek: Rowohlt 1974.
Keil, F. C.: Semantic and conceptual development: An ontological perspective. Cambridge, Mass.: Harvard University Press 1979.
Keil, F. C.: On the emergence of semantic and conceptual distinctions. Journal of Experimental Psychology: General 112 (1983), 357–385.
Keister, M. E.: The good life for infants and toddlers. Washington, D. C.: National Association for the Education of Young Children 1970.
Keller, H. (Hg.): Geschlechtsunterschiede. Weinheim: Beltz 1979.
Keller, H. & Meyer, H.-J.: Psychologie der frühesten Kindheit. Stuttgart: Kohlhammer 1982.
Keller, H. & Werner-Bonus, E.: Vater-Kind-Interaktionen bei drei Monate alten Säuglingen. Zeitschrift für Entwicklungspsychologie und Pädagogische Psychologie. 10 (1978), 279–285.
Keller, H., Gauda, G., Miranda, D. & Schölmerich, A.: Die Entwicklung des Blickkontaktverhaltens im ersten Lebensjahr. Zeitschrift für Entwicklungspsychologie und Pädagogische Psychologie 17 (1985), 258–269.
Keller, M.: Entwicklungspsychologie sozial-kognitiver Prozesse. In: Waller, M. (Hg.): Jahrbuch für Entwicklungspsychologie, Band 2. Soziale Entwicklung im Kindesalter. Stuttgart: Klett-Cotta 1980, 89–126.
Keller, M.: Die soziale Konstitution sozialen Verstehens: Universelle und differentielle Aspekte. In: Edelstein, W. & Keller, M. (Hg.): Perspektivität und Interpretation: Beiträge zur Entwicklung des sozialen Verstehens. Frankfurt: Suhrkamp 1982, 266–285.
Keller, M. & Reuss, S.: An action-theoretical reconstruction of the development of social-cognitive competence. Human Development 27 (1984), 211–220.
Kelley, H. H.: Attributional theory in social psychology. In: Levine, D. (Ed.): Nebraska Symposium on motivation 1967. Lincoln, Nebr.: University of Nebraska Press 1967, 192–238.
Kelley, H. H.: The process of causal attribution, American Psychologist 28 (1973), 107–128.
Kemmler, L.: Erfolg und Versagen in der Grundschule. Göttingen: Hogrefe 1967.
Kemmler, L.: Schulerfolg und Schulversagen. Göttingen: Hogrefe 1976.
Keniston, K.: Student activism, moral development, and morality. American Journal of Orthopsychiatry 40 (1970), 577–592.
Keniston, K.: Youth and dissent. New York: Harcourt 1971.
Kennell, J. H., Slyter, H. & Klaus, M. H.: The mourning response of parents to the death of a newborn infant. New England Journal of Medicine 283 (1970), 344–349.
Kenny, D. A.: Correlation and causality. New York:Wiley 1979.
Kenny, J. B.: Pre-retirement planning seminars: A Canadian experience. Training and Development Journal 32 (1978), 68–74.
Kerkhoff, A. C. & Davis, K. F.: Value consensus and need complementarity in mate selection. American Sociological Review 27 (1962), 295–303.
Kern, A.: Schulreife und Schulleistung. Braunschweig: Westermanns Pädagogische Beiträge 1954, 2.
Kern, A.: Sitzenbleiberelend und Schulreife. Ein psychologisch-pädagogischer Beitrag zu einer inneren Reform der Grundschule. Freiburg: Herder 1966.
Kern, H. & Schumann, M.: Industriearbeit und Arbeiterbewußtsein. Eine empirische Untersuchung über den Einfluß der aktuellen technischen Entwicklung auf die industrielle Arbeit und das Arbeiterbewußtsein. (2 Bände) Frankfurt: Europäische Verlagsanstalt 1970.
Kessen, W.: „Stage and structure“ in the study of children. Detham, Mass.: Paper read at the SSRC Conference, April 1960 (zit. nach Flavell, 1963, 1960).
Kietz, G.: Zur Frühlesepropaganda. Ein Angriff – keine Verteidigung. Unsere Jugend 19 (1967), 450–462.
Kirchhoff, R.: Ausdruckspsychologie. Göttingen: Hogrefe 1965.
Kirk, S. A.: Early education of the mentally retarded. In: Stevens, H. A. & Heber, R. (Eds.): Mental retardation. A review of research. Chicago: University of Chicago Press 1964 (4th ed. 1967, 57–99).

Kirk, S. A., McCarthy, J. J. & Kirk, W. D.: Illinois Test of Psycholinguisti c Abilities. Urbana: University of Illinois Press 1968.
Klahr, D.: Informationsverarbeitungsmodelle der Denkentwicklung. In: Kluwe, R. H. & Spada, H. (Hg.): Studien zur Denkentwicklung. Bern: Huber 1981, 231–289.
Klauer, K. J.: Über den Effekt eines Schulreifetrainings für die Behandlung der Intelligenzschwäche. Zeitschrift für experimentelle und angewandte Psychologie 11 (1964), 443–454.
Klauer, K. J.: Intelligenztraining im Kindesalter. Weinheim: Beltz, 2. Aufl., 1975.
Klauer, K. J.: Kognitive Förderung. In: Dollase, R. (Hg.): Handbuch der Früh- und Vorschulpädagogik. Bd. 2. Düsseldorf: Schwann 1978a, 315–334.
Klauer, K. J. (Hg.): Handbuch der Pädagogischen Diagnostik, Bd. 1–4. Düsseldorf: Schwann 1978b.
Klauer, K. J. & Reinartz, A. (Hg.): Sonderpädagogik in allgemeinen Schulen (= Handbuch der Sonderpädagogik, Bd. 9) Berlin: Marhold 1978.
Klaus, M. H., Kennell, J. H., Plumb, N. & Zuehlke, S.: Human maternal behavior at the first contact with her young. Pediatrics 46 (1970), 187–192.
Klaus, R. A. & Gray, S.: The Early Training Project for disadvantaged children: A report after 5 years. Monographs of the Society for Research in Child Development 33 (1968), 4.
Klaus G. & Buhr, M. (Hg.): Philosophisches Wörterbuch. Leipzig: Bibliographisches Institut 6. Aufl. 1969.
Klaus, G. & Buhr, M.: Philosophisches Wörterbuch Bd. 1 u. 2. Berlin: Das europäische Buch 1972.
Klausmeier, H. J., Ghatala, E. S. & Frayer, D. A.: Conceptual learning and development: A cognitive view. New York: Academic Press 1974.
Kleber, E. W., Fischer, R., Hildeschmidt, A. & Lohrig, K.: Lernvoraussetzungen und Unterricht. Zur Begründung und Praxis adaptiven Unterrichts. Weinheim: Beltz 1977.
Kleber, E. W.: Hauptschulversagen – ein Problem ,,schwacher Begabung" (Restbegabung) oder einer defizitären Schullaufbahn? In: Fischer, R., Hildeschmidt, A., Kleber, E. W., Meister, H. & Sander, A.: Hauptschulversagen. Bedingungsanalyse und pädagogische Konsequenzen. Saarbrücken: Arbeitskammer des Saarlandes 1982, 55–68.
Kleinschmidt, G.: Ergebnisse im Bereich der ,,kompensatorischen Erziehung". Schule und Psychologie 18 (1971), 215–219.
Kleiter, E. F. & Petermann, F.: Abbildung von Lernwegen. München: Oldenbourg 1977.
Klewes, J.: Retroaktive Sozialisation: Einflüsse Jugendlicher auf ihre Eltern. Weinheim: Beltz 1983.
Kliegl, R., Smith, J. & Baltes, P. B.: Testing-the-limits, expertise, and memory in adulthood and old age. In: Klix, F. & Hagendorf, H. (Eds.): Proceedings of Symposium in Memoriam Hermann Ebbinghaus. Amsterdam: North Holland 1986.
Klinger, E.: Meaning and void: Inner experience and the incentives in people's lives. Minneapolis: University of Minnesota Press 1977.
Klug, J. & Rey, E. R.: Hirnschädigungen: Herausforderung für die Psychologie. Psychologie heute (1975), 2, 41–47.
Kluwe, R. H. & Schiebler, K.: Entwicklung exekutiver Prozesse und kognitive Leistungen. In: Weinert, F. & Kluwe, R. H. (Hg.): Metakognition, Motivation und Lernen. Stuttgart: Kohlhammer 1984, 31–60.
Kluwe, R. H. & Spada, H.: Wissen und seine Veränderung: Einige psychologische Beschreibungsansätze. In: Foppa, K. & Groner, R. (Hg.): Kognitive Strukturen und ihre Entwicklung. Bern: Huber 1981, 284–327.
Kluwe, R. H., Modrow, K. & Vaihinger, T.: Steuerung des Problemlöseverhaltens bei Kindern unterschiedlichen Alters. Bericht, Fachbereich Pädagogik (Abt. Psychologie), Hochschule der Bundeswehr Hamburg 1984.
Kniel, A.: Die Schule für Lernbehinderte und ihre Alternativen. Rheinstetten: Schindele 1979.
Knigge-Illner, H., Rubeau, P., Sommer, G. & Vollmer, K.: Suchtprävention in der Schule. Psychologische Beratung für Schüler und Lehrer. Weinheim: Beltz 1983.
Knöller, K.-F., Langfeldt, H.-P., Muth, N., Of, M., Strasser, D. & Unger, M.: Berufswahl und Berufsinteresse bei lernbehinderten Schülern. In: Langfeldt, H.-P. & Böhm, O. (Eds.):

Wirklichkeit der Lernbehindertenschule, Bd. 1: Lehrer-Schüler-Schullaufbahn. Bonn-Bad Godesberg: Dürrsche Buchhandlung 1975, S. 170–177.
Knoll, E.: Will public schools control Head Start? In: Frost, J. L. (Ed.): Early childhood education rediscovered. New York: Holt, Rinehart & Winston 1968, 314–317.
Knopff, H.: Kunsterziehung und Sinnesschulung im Vorschulalter. Donauwörth: Auer 1973.
Kobasa, S. C.: Stressful life events, personality and health: An inquiry into hardiness. Journal of Personality and Social Psychology 37 (1979), 1–11.
Kobasigawa. A.: Utilization of retrieval cues by children in recall. Child Development 45 (1974), 127–134.
Kochan, B.: Rollenspiel als Methode sprachlichen und sozialen Lernens. Kronberg/Ts: Scriptor 1977.
Kochan, B.: Rollenspiel als Methode sozialen Lernens. Königstein/Ts: Athenäum 1981.
Kohlberg, L.: Development of moral character and ideology. In: Hoffmann, M. L. & Hoffman, L. W. (Eds.): Review of child development research. Vol. 1 New York: Russel Sage 1964.
Kohlberg, L.: Zur kognitiven Entwicklung des Kindes. Frankfurt: Suhrkamp 1974.
Kohlberg, L.: Stage and sequence: The cognitive developmental approach to socialisation. In: Goslin, D. A. (Ed.): Handbook of socialisation theory and research. Chicago: Rand McNally 1969, 347–480 (dt.: Stufe und Sequenz. In: Kohlberg, L.: Zur kognitiven Entwicklung des Kindes. Frankfurt: Suhrkamp 1974, 7–255).
Kohlberg, L. & Candee, D.: The relationship of moral judgment and moral action. In: Kurtines, W. M. & Gewirtz, J. L. (Ed.): Morality, moral behavior, and moral development. New York: Wiley 1984.
Kohlberg, L. & Gilligan, C.: The adolescent as a philosopher. The discovery of the self in a postconventional world. Daedalus 100 (1971), 1051–1086.
Kohlberg, L., Havighurst, R. & Neugarten, B.: A further analysis of cross-cultural moral judgement data. Unveröffentlichtes Manuskript, zit. nach Lickona 1976.
Kohlberg, L., LaCrosse, J. & Ricks, D.: The predictability of adult mental health from childhood behavior. In: Wolman, B. (Ed.): Manual of child psychopathology. New York: McGraw Hill 1972, 1217–1284.
Kohli, M.: Antizipation, Bilanzierung, Irreversibilität – Dimensionen der Auseinandersetzung mit beruflichen Problemen im mittleren Erwachsenenalter. Zeitschrift für Sozialisationsforschung und Erziehungssoziologie 1 (1982), 39–52.
Kohn, M. L.: Class and conformity. A study in values. Homewood, Ill.: Dorsey Press 1969.
Kohn, M. L.: Bureaucratic man: A portrait and an interpretation. American Sociological Review 36 (1971), 461–474 (deutsch in: Kohn 1981).
Kohn, M. L.: Occupational structure and alienation. American Journal of Sociology 82 (1976), 1, 111–130.
Kohn, M. L.: Persönlichkeit, Beruf und soziale Schichtung. Stuttgart: Klett-Cotta 1981.
Kohn, M. L.: Arbeit und Persönlichkeit: ungelöste Probleme der Forschung. In: Hoff, E.-H., Lappe, L. & Lempert, W. (Hg.): Arbeitsbiographie und Persönlichkeitsentwicklung. Bern: Huber 1985, 41–73.
Kohn, M. L. & Schooler, C.: Occupational experience and psychological functioning. An assessment of reciprocal effects. American Sociological Review 38 (1973), 97–118.
Kohn, M. L. & Schooler, C.: Work and personality. An inquiry into the impact of social stratification. Norwood, N. J.: Ablex 1983. Schwarzenberg 1980.
Kohn, M. L. & Schooler, C.: The reciprocal effects of the substantive complexity of work and intellectual flexibility: A longitudinal assessment. American Journal of Sociology 84 (1978), 24–52.
Kohn, M. L. & Schooler, C.: Job conditions and personality: A longitudinal assessment of their reciprocal effects. American Journal of Sociology 87 (1982), 1257–1286.
Kohnstamm, G. A.: An evaluation of part of Piaget's theory. Acta Psychologica 21 (1963), 313–356.
Kon, I. S. & Losenkov, V. A.: Friendship in adolescence: Values and behavior. Journal of Marriage and Family 40 (1978), 143–155.
Konerding, U. & Wender, K. F.: Experimentelle Belege gegen die psychologische Realität semantischer Komponenten. In: Seiler, Th. B. & Wannenmacher, W. (Hg.): Begriffs- und Wortbedeutungsentwicklung. Berlin: Springer 1985, 132–145.

Kooy, G. A.: Jeugd en sexualiteit tegen de jaren zeventig. Wageningen: Veeman 1972.

Kornadt, H. -J.: Lehrziele, Schulleistung und Leistungsbeurteilung. Düsseldorf: Schwann 1975.

Kornhauser, H.: Mental health of the industrial worker: A Detroit study. New York: Wiley 1965.

Kramer, J. R.: Family interfaces: Transgenerational patterns. New York: Brunner/Mazel 1985.

Krampen, G.: Differentialpsychologie der Kontrollüberzeugungen. Göttingen: Hogrefe 1982.

Krapp, A.: Bedingungsfaktoren der Schulleistung. Psychologie in Erziehung und Unterricht 23 (1976), 93–109.

Krapp, A.: Ursachen und Folgen des Schulversagens. In: Klauer, K. J. & Reinartz, A.: Sonderpädagogik in allgemeinen Schulen. Berlin: Marhold 1978, 31–46.

Krapp, A. & Mandl, H.: Bedingungen des Schulerfolgs. München: Urban & Schwarzenberg 1973.

Krappmann, L.: Soziologische Dimensionen der Identität. Stuttgart: Klett 1973.

Krashen, S.: Lateralization, language learning, and the critical period: some new evidence. Language Learning 23 (1973), 63–74.

Krasnor, L. R. & Rubin, K. H.: Preschool social problem solving: Attempts and outcomes in naturalistic interaction. Child Development 54 (1983), 1545–1558.

Kratzmeier, N.: Kleinkindfibel. Weinheim: Beltz 1967 (2. Aufl. 1971).

Kratzmeier, N.: Sprach- und Denktraining. Werkspielblätter für 4–7jährige. Weinheim: Beltz 1970a.

Kratzmeier, N.: Untersuchungen zum familialen Lesenlernen. In: Schwartz, E. (Hg.): Begabung und Lernen im Kindesalter. Frankfurt/M.: Arbeitskreis Grundschule e. V. 1970b, 241–246.

Krause, C. & Hippler, H.-J.: Sozialisationsbedingungen und „Neue Werte“ bei Studenten. In: Stiksrud, A. (Hg.): Jugend und Werte. Weinheim: Beltz 1984, 138–149.

Krebs, D. & Russel, C.: Role-taking and altruism: When you put yourself in the shoes of another, will they take you to their owner's aid? In: Rushton, J. P. & Sorrentino, R. M. (Eds.): Altruism and helping behavior II. Hillsdale, N. J.: Erlbaum 1981.

Kreibich-Fischer, R., Silbereisen, R. K. & Vogel, I.: Förderung sozial-kognitiver Prozesse im Kindergarten. In: Eckensberger, L. H. & Silbereisen, R. K. (Hg.): Entwicklung sozialer Kognitionen: Modelle, Theorien, Methoden, Anwendung. Stuttgart: Klett-Cotta 1980, 381–404.

Kretschmann, R.: Lernstörungen – Störungen im Lernprozeß. Zeitschrift für Heilpädagogik 27 (1976), 237–247.

Kreutz, H.: Jugend, Gruppenbildung und Objektwahl. Dissertation, Universität Wien 1964.

Kreutzer, M. A., Leonard, D. & Flavell, J. H.: An interview study of children's knowledge about memory. Monographs of the Society for Research in Child Development (1975), 40.

Kreuzer, A.: Kinderdelinquenz und Jugendkriminalität. Zeitschrift für Pädagogik 11 (1983), 49–70.

Kroh, O.: Entwicklungspsychologie des Grundschulkindes. Manns Pädagogisches Magazin, 12. Aufl., 1935.

Krohne, H.-A.: Die Bedeutung der Eibettstörung für die Entstehung menschlicher Mißbildungen. Stuttgart: Fischer 1961.

Krosnick, J. A. & Judd, C. M.: Transitions in social influence at adolescence: Who induces cigarette smoking? Developmental Psychology 18 (1982), 359–368.

Krug, S. & Hanel, J.: Motivänderung: Erprobung eines theoriegeleiteten Trainingsprogramms. Zeitschrift für Entwicklungspsychologie und Pädagogische Psychologie 8 (1976), 274–284.

Krug, S. & Peters, J.: Persönlichkeitsänderung nach Sonderschuleinweisung. Zeitschrift für Entwicklungspsychologie und Pädagogische Psychologie 9 (1977) 181–184.

Krüger, R. & Dumke, D.: Vorschulisches Lesenlernen und seine Auswirkungen auf das Lernen und Lehren in der Primarstufe. In: Nickel, H. & Langhorst, E. (Hg.): Brennpunkte der Pädagogischen Psychologie. Bern: Huber 1973, 186–202.

Kuethe, J. L.: Social schemas. Journal of Abnormal and Social Psychology 64 (1962), 31–38.
Kuhl, J.: An integrative approach to the theory of achievement motivation: Coordinating cognitive and dynamic theory. Unveröffentl. Manuskript. Psychologisches Institut, Ruhr-Universität Bochum 1976.
Kuhn, D.: Inducing development experimentally: Comments on a research design. Developmental Psychology 10 (1974), 580–600.
Kuhn, T. S.: Die Struktur wissenschaftlicher Revolutionen. Frankfurt: Suhrkamp 1976, 2. Aufl.
Kultusminister des Landes Nordrhein-Westfalen: „Schulversuch Vorklasse“: Vorläufiger Bildungsplan für Vorklassen. Eine Schriftenreihe des Kultusministers. Ratingen: Henn 1972, Heft 45.
Kultusministerium Rheinland-Pfalz (Hg.): Fernsehkolleg Schulschwierigkeiten und Gesundheitserziehung, Bd. 1–6. Köln: Verlagsgesellschaft Schulfernsehen 1982.
Kun, A.: Development of the magnitude-covatiation and compensation schemata in ability and effort attributions of performance. Child Development 48 (1977), 862–873.
Kurdek, L. A.: Perspective taking as the cognitive basis of children's moral development: A review of the literature. Merril-Palmer Quarterly 21 (1978), 3–28.
Kury, H.: Klinisch-psychologische Forschung und Praxis im Bereich der Kriminologie, insbesondere des Strafvollzugs. In: Wittling, W. (Hg.): Handbuch der Klinischen Psychologie, Bd. 6. Hamburg: Hoffmann & Campe 1980, 225–288.
Küting, H. J., Baumgardt-Elms, C., Müller, E. & Silbereisen, R. K.: Förderung des sozialen Verständnisses von Grundschülern im Straßenverkehr, Berlin: Technische Universität 1983.

Laatz, W.: Berufswahl und Berufszufriedenheit der Lehrlinge. Band 3. Hamburger Lehrlingsstudie der Hochschule für Wirtschaft und Politik. München: Deutsches Jugendinstitut 1974, 2. Aufl., 1978.
Labouvie, E. W.: The coping function of adolescent alcohol and drug use. In: Silbereisen, R. K., Eyferth, K. & Rudinger, G. (Eds.): Development as action in context: Problem behavior and normal youth development. New York: Springer 1986, 229–240.
Labouvie, G. V.: Implications of geropsychological theories for intervention: The challenge for the seventies. Gerontologist 13 (1973), 10–14.
Labouvie-Vief, G. & Chandler, M. J.: Cognitive development and life-span developmental theory: Idealistic vs. contextual perspectives. In: Baltes, P. B. (Ed.): Life-span development and behavior. Vol. 1. New York: Academic Press 1978, 181–210.
Labouvie-Vief, G. & Gonda, I. B.: Cognitive strategy training and intellectual performance in the elderly. Journal of Gerontology 31 (1976), 327–332.
Lachmann, J. L., Lachmann, R. & Thronesbery, L.: Metamemory through the adult lifespan. Developmental Psychology 15 (1979), 543–551.
Lakatos, I.: Kritischer Rationalismus und die Methodologie wissenschaftlicher Forschungsprogramme. In: Weingart, P. (Hg.): Wissenschaftsforschung. Frankfurt: Campus 1975, 91–132.
Lally, J. R.: Development of a day care center for young children. Progress. P. R. 156 (C6). Office of Child Development. Syracuse, N. Y.: University of Syracuse 1971.
Lally, J. R. & Honig, A. S.: The family developmental research program. In: Day, M. C. & Parker, R. D. (Eds.): The preschool in action. Boston: Ally & Bacon 1977.
Lamb, M. E.: Interactions between eight-month-old children and their fathers and mothers. In: Lamb, M. E. (Ed.): The role of the father in child development. New York: Wiley 1976.
Lamb, M. E.: Father-infant and mother-infant interaction in the first years of the life. Child Development 48 (1977), 167–181.
Lamb, M. E.: Infant social cognition and small „second order“ effects. Infant Behavior and Development 1 (1978a), 1–10.
Lamb, M. E.: The development of sibling relationships in infancy: A short-term longitudinal study. Child Development 49 (1978b), 1189–1196.
Lambert, M. J.: Spontaneous remission in adult neurotic disorders: A revision and summary. Psychological Bulletin 83 (1976), 107–119.

Lambie, D. Z., Bond, I. T. & Weikart, D. P.: Home teaching with mothers and infants. Ypsilanti, Mich.: High Scope Educational 1974.

Landreth, C.: Early childhood: Behavior and learning. 2nd ed. New York: Knopf 1967.

Langer, E. J. & Rodin, J.: The effects of choice and enhanced personal responsibility for the aged: A field experiment in an institutional setting. Journal of Personality and Social Psychology 34 (1976), 191–198.

Langer, E. L.: Rethinking the role of thought in social interaction. In: Harvey, J., Ickes, W., & Kidd, R. (Eds.): New directions on attribution research, Vol. 2. Cambridge, Mass.: Harvard University Press 1978.

Langer, J.: Three theories of development. New York: Holt, Rinehart & Winston 1969.

Langfeldt, H.-P.: Die Schullaufbahn „schlechter" Grundschüler in der Hauptschule. Sonderpädagogik 8 (1978), 175–182.

Langlois, J. H. & Downs, A. C.: Mothers, fathers, and peers as socialization agents of sex-typed play behaviors in young children. Child Development 51 (1980), 1237–1247.

Lantermann, E.-D.: Interaktionen: Person, Situation und Handlung. München: Urban & Schwarzenberg 1980.

Lantermann, E.-D.: Kognitive und emotinoale Prozesse beim Handeln. In: Mandel, H. & Huber, G. L. (Hg.): Emotion und Kognition. München: Urban & Schwarzenberg 1983, 248–281.

Lappe, L.: Die Arbeitssituation erwerbstätiger Frauen. Geschlechtsspezifische Arbeitsmarktsegmentation und ihre Folgen. Frankfurt: Campus 1981.

Lappe, L.: Berufsverlaufsmuster und Reproduktionsinteressen junger Facharbeiter. In: Hoff, E.-H., Lappe, L. & Lempert, W. (Hg.): Arbeitsbiographie und Persönlichkeitsentwicklung. Bern: Huber 1985, 179–199.

Lapsley, D. K. & Murphy, M. N.: Another look at the theroretical assumptions of adolescent egocentrism. Developmental Review 5 (1985), 201–217.

Largo, R. H., & Molinari, L., Pinto, L. C., Weber, M. Duc, G.: Language development during the first five years of life in term and preterm children: The role of pre-, peri- and postnatal factors. Zürich: Universitäts-Kinderspital 1985 (unveröff.).

Larson, L. E.: The influence of parents and peers during adolescence: the situation hypothesis revisited. Journal of Marriage and the Family 34 (1972), 67–74.

Lave, J., Murtaugh, M. & de la Rocha, O.: The dialectic of arithmetic in grocery shopping. In: Rogoff, B. & Lave, J. (Eds.): Everyday cognition: Its development in social context. Cambridge, Harvard University Press 1984, 67–94.

LaVoie, J. C.: Cognitive determinants of resistance to temptation in seven-, nine-, and eleven-year-old children of low and high maturity of moral judgment. Developmental Psychology 10 (1974), 393–403.

Lawson, K. D. & Turkewitz, G.: Environmental characteristics of a neonatal intensivecare unit. Child Development (1977), 48, 1633–1639.

Lawton, M. P.: Environment and aging. Monterey: Brooks/Cole 1980.

Lawton, M. P.: The elderly in context: Perspectives from environmental psychology and gerontology. Environment and Behavior 17 (1985), 501–519.

Lazar, I. & Darlington, R.: Lasting effects of early education: A report from the consortium for longitudinal studies. Monographs of the Society for Research in Child Development 147 (1982), 1–151.

Lazarus, R. S.: Psychological stress and the coping process. New York: McGraw Hill 1966.

Lazarus, R. S.: The stress and coping paradigm. In: Bond A. & Rosen, J. E. (Eds.): Competence and coping during adulthood. Boston: University Press of New England 1980.

Lazarus, R. S.: Streß und Streßbewältigung – ein Paradigma. In: Filipp, S.-H. (Hg.): Kritische Lebensereignisse. München: Urban & Schwarzenberg 1981, 198–232.

Lazarus, R. S.: Puzzles in the study of daily hassles. In: Silbereisen, R. K., Eyferth, K. & Rudinger, G. (Eds.): Development as action in context: Problem behavior and normal youth development. New York: Springer 1986, 39–53.

Lazarus R. S. & Launier, R.: Streßbezogene Transaktionen zwischen Personen und Umwelt. In: Nitsch, J. R. (Hg.): Stress, Theorien, Untersuchungen, Maßnahmen. Bern: Huber 1981, 213–259. (Original: Stress-related transactions between person and environment. In: Pervin, L. A./Lewis, M. (Eds.): Perspectives in interactional psychology. New York: Plenum 1978, 287–327).

Le Mare, L. & Rubin, K. H.: Structure and content in perspective taking: Further empirical analyses. Waterloo, Ontario: University of Waterloo 1985.

Leahy, R. L.: The development of the conception of economic inequality. I. Description and comparison of rich and poor people. Child Development 52 (1981), 523–532.

Leahy, R. L.: Development of the conception of economic inequality: II. Explanations, justifications, and concepts of social mobility and change. Developmental Psychology 19 (1983), 111–125.

Lefcourt, H. M.: Locus of control and coping with life events. In: Staub, I. (Ed.): Personality. Basic aspects and current research. Englewood Cliffs: Prentice Hall 1980, 200–235.

Lefkowitz, M. M., Eron, L. D., Walder, L. O. & Huesman, L. R.: Growing up to be violent: A longitudinal study of the development of aggression. New York: Pergamon 1977.

Lehr, U.: Die Rolle der Mutter in der Sozialisation des Kindes. Darmstadt: Steinkopff 1974a.

Lehr, U.: Grundlagen, Aufgaben und Methoden der Vorbereitung auf die Pensionierung. Ärztliche Praxis 16 (1974b), 15–23.

Lehr, U.: Das mittlere Erwachsenenalter – ein vernächlässigtes Gebiet der Entwicklungspsychologie. In: Oerter, R. (Hg.): Entwicklung als lebenslanger Prozeß. Hamburg: Hoffmann & Campe 1978, 147–172.

Lehr, U.: Interventionsgerontologie. Darmstadt: Steinkopff 1979.

Lehr, U. & Bonn, R.: Ecology of adolescents as assessed by daily round method in an affluent society. Contributions to Human Development 1 (1974), 67–74.

Lehr, U. & Bonn, R.: Ecology of adolescents as assessed by the daily round method in an affluent society. Contributions to Human Development 1 (1974), 67–74.

Lehr, U. & Thomae, H.: Altersstörungen. In: Baumann, U., Berbalk, H. & Seidenstücker, G. (Hg.): Klinische Psychologie: Trends in Forschung und Praxis, Bd. 2. Bern: Huber 1979, 227–266.

LeMasters, E. E.: Parenthood as crisis. Marriage and Family Living 19 (1957), 352–355.

Lempert, W.: Untersuchungen zum Sozialisationspotential gesellschaftlicher Arbeit. Ein Bericht. Berlin: Max-Planck-Institut für Bildungsforschung 1977 (Materialien aus der Bildungsforschung, Bd. 12.).

Lempert, W.: Moralische Urteilsfähigkeit: Ebenen und Stufen, Anwendungsbereiche und Anwendungsbedingungen, Entwicklungspfade und Entwicklungskontexte. Zeitschrift für Sozialisationsforschung und Erziehungssoziologie 2 (1982), 113–126.

Lempert, W.: Moralische Entwicklung und berufliche Sozialisation. In: Bertram, H. (Hg.): Gesellschaftlicher Zwang und moralische Autonomie. Frankfurt/M.: Suhrkamp 1985a.

Lempert, W.: Wirklichkeit und Notwendigkeit, Möglichkeiten und Grenzen der Förderung sozialen Lernens in Betrieb und Berufsschule. Zeitschrift für Berufs- und Wirtschaftspädagogik 81 (1985b), 46–55.

Lempert, W., Hoff, E.-H. & Lappe, L.: Konzeptionen zur Analyse der Sozialisation durch Arbeit. Theoretische Vorstudien für eine empirische Untersuchung. Berlin: Max-Planck-Institut für Bildungsforschung 1979.

Lenneberg, E. H.: Understanding language without ability to speak. Journal of Abnormal Social Psychology 65 (1962), 419–425.

Lenneberg, E. H.: Biologische Grundlagen der Sprache. Frankfurt/M.: Suhrkamp 1972.

Leon, M.: Rules in children's moral judgments: Integration of intent, damage and rationale information. Developmental Psychology 18 (1982), 835–842.

Leontjew, A. N.: Probleme der Entwicklung des Psychischen. Berlin/DDR: Volk und Wissen 1967 (Frankfurt: Athenäum 1973).

Leontjew, A. N.: Tätigkeit, Bewußtsein, Persönlichkeit. Stuttgart: Klett 1977.

Lerner, R. M. Jugendliche als Produzenten ihrer eigenen Entwicklung. In: Olbrich, E. & Todt, E. (Hg.): Probleme des Jugendalters. Berlin: Springer 1984.

Lerner, R. M.: Adolescent maturational changes and psychosocial development: A dynamic interactional perspective. Journal of Youth and Adolescence 14 (1985), 355–372.

Lerner, R. M. & Busch-Rossnagel, N. A. (Eds.): Individuals as producers of their own development: a life-span persective. New York: Academic Press 1981.

Lerner, R. M. & Foch, T. T. (Eds.): Biological-psychosocial interactions in early adolescence: A life-span perspective. Hillsdale, N. J.: Erlbaum 1987 (im Druck).

Lerner, R. M. & Spanier, G. B.: Adolescent development. New York: McGraw-Hill 1980.

Lerner, R. M., Skinner, E. A. & Sorrel, G. T.: Methodological applications of contextual/ dialectical theories of development. Human Development 23 (1980), 225–235.

Lersch, Ph.: Ist das Kind ein kleiner Erwachsener? Unsere Jugend 19 (1967), 242–245.

Levant, R. F.: Sociological and clinical models of the family: An attempt to identify paradigms. American Journal of Family Therapy 8 (1980), 5–20.

Levenstein, P.: Cognitive growth in preschoolers through verbal interaction with mothers. American Journal of Orthopsychiatry 40 (1970a), 3–17.

Levenstein, P.: Cognitive growth in preschoolers through verbal interaction with mothers. American Journal of Orthopsychiatry 40 (1970b), 426–432.

Levenstein, P.: Mothers as early cognitive trainers. Guiding low income mothers to work with their preschoolers. Paper presented at the meeting of the Society for Research in Child Development. Minneapolis 1971.

Levenstein, P. & Levenstein, S.: Fostering learning potential in preschoolers. Social Casework 52 (1971), 74–78.

Levenstein, P. & Sunley, R. M.: Aiding cognitive growth in disadvantaged preschoolers: A progress report. Freeport, N. Y.: Mother-Child Home Program. Family Service Assoc. of Nassau County 1968.

Lever, J.: Sex differences in the games children play. Social Problems 23 (1976), 478–487.

Levine, C., Kohlberg, L. & Hewer, A.: The current formulation of Kohlberg's theory and a response to critics. Human Development 28 (1985), 94–100.

Levinger, G.: Toward an analysis of close relationships. Journal of Experimental Psychology 16 (1980), 510–544.

Levinger, G. & Snoek, D. J.: Attraction in relationships: A new look at interpersonal attraction. Morrison, N. J.: General Learning Press 1972.

Levinson, D. J.: The seasons in a man's life. New York: Balantine 1978.

Levinson, D. J., Darrow, C. M., Klein, E. B., Levinson, M. H. & McKee, B.: Periods in the adult developments of men: Ages 18 to 45. Counseling Psychologist 6 (1976), 21–25.

Lewin, K.: Vorsatz, Wille und Bedürfnis. Psychologische Forschung 7 (1926), 330–385.

Lewin, K.: Principles of topological psychology. New York: Mc Graw-Hill 1936.

Lewin, K.: Behavior and development as a function of the total situation. In: Carmichael, L. (Ed.): Manual of child psychology. New York: Wiley 1946, 791–844.

Lewin, K.: Behavior and development as a function of the total situation. In: Carmichael, L. (Ed.): Manual of child psychology. New York: Wiley 1954, 791–844.

Lewin, K.: Feldtheorie in den Sozialwissenschaften. Stuttgart/Bern: Huber 1963.

Lewin, R. (Ed.): Child alive. New York: Anchor 1975.

Lewis, M.: State as an infant-environment interaction: An analysis of mother-infant interaction as a function of sex. Merrill-Palmer Quarterly 16 (1972), 95–121.

Lewis, M. & Brooks, J.: Self, other and fear: Infants' reactions to people. In: Lewis, M. & Rosenblum, L. A. (Eds.): The origins of fear. New York: Wiley 1974.

Lewis, M. & Brooks, J.: Auf der Suche nach den Ursprüngen des Selbst: Implikationen für das Sozialverhalten und für pädagogische Intervention. In: Montada, L. (Hg.): Brennpunkte der Entwicklungspsychologie. Stuttgart: Kohlhammer 1979, 157–172.

Lewis, M. & Feiring, C.: The child's social network: Social object, social functions, and their relationships. In: Lewis, M. & Rosenblum, L. A. (Eds.): The child and its family. Genesis of behavior: Vol. 2. New York: Plenum 1979, 9–28.

Lewis, M. & Rosenblum, L. A. (Eds.): The origins of fear. New York: Wiley 1974.

Lewis, M. & Rosenblum, L. A. (Eds.): Friendship and peer relations. New York: Wiley 1975.

Lewis, M. & Rosenblum, L. A.: The child and its family. Genesis of behavior, Vol. 2. New York: Plenum 1979.

Lewis, M., Feiring, C., McGuffog, C. & Jaskir, J.: Predicting psychopathology in six-year-olds from early social relations. Child Development 55 (1984), 123–136.

Lewis, R. A.: A developmental framework for the analysis of premarital dyadic formation. Family Process 11 (1972), 17–48.

Lewis, R. A.: A longitudinal test of a developmental framework for premarital dyadic formation. Journal of Marriage and the Family 35 (1973), 16–25.

Liberty, C. & Ornstein, P. A.: Age differences in organization and recall: The effects of training in categorization: Journal of Experimental Child Psychology 15 (1973), 169–186.

Lickona, T.: Research on Piaget's theory of moral development. In: Lickona, T. (Ed.): Moral development and behavior. New York: Holt, Rinehart & Winston 1976, 219–240.

Liddle, H. & Saba, G.: Teaching familiy therapy at the introductory level: A conceptual model emphasizing a pattern which connects training and therapy. Journal of Marital and Family Therapy 8 (1982), 63–72.

Lieberman, M. A.: Adaptive processes in late life. In: Datan, N. & Ginsberg, L. H. (Eds.): Life-span developmental psychology: Normative life crises. New York: Academic Press 1975, 135–160.

Lieberman, M. A.: Self-help groups: Their contribution to the health care system. In: van Dyke, C., Temoshok, L. & Zegans, L. S. (Eds.): Emotions in health and illness. Application to clinical practice. Orlando: Grune & Stratton 1984, 231–242.

Liegle, L.: Familie und Kollektiv im Kibbuz. Weinheim: Beltz 1971, 4. Aufl. 1974.

Lienert, G. A.: Belastung und Regression. Meisenheim: Hain 1964.

Lingoes, J. C.: Multiple Scalogram Analysis: A set-theoretic model for analyzing dichotomes items. Journal of Educational and Psychological Measurement 23 (1963), 501–524.

Lipman-Blumen, J.: A crisis framework applied to macrosociological family changes: Marriage, divorce, and occupational trends associated with World War II. Journal of Marriage and the Family 3 (1975), 889–902.

Lippsitt, L. P.: Infants at risk: Perinatal and neonatal factors. International Journal of Behavioral Development 2 (1979), 23–42.

Lisina, M. I. & Neverovich Ya. Z.: Development of Movements and Formation of Motor Habits. In: Zaporozhets, A. V. & Elkonin, D. B. (Hrsg.), The Psychology of Preschool Children. Cambridge (Mass.)/London: MIT Press 1971.

Little, B. R.: Personal projects: A rationale and method for investigation. Department of Psychology. Carlton University, Ottawa, Canada 1980 (unpublished manuscript).

Little, B. R.: Personal projects: A rationale and method for investigation. Environment and Behavior 15 (1983), 273–309.

Livesley, W. J. & Bromley, D. B.: Person perception in childhood and adolescence, London: Wiley 1973.

Ljublinskaja, A.: Kinderpsychologie. Berlin/DDR: Volk und Wissen, 2. Aufl., 1977.

Locke, J.: Some thoughts concerning education. London: A. & J. Churchill 1699.

Loeber, R. & Dishion, T.: Early predictors of male delinquency: A review. Psychological Bulletin 94 (1983), 68–99.

Lohaus, A. & Trautner, H.-M.: Informationsintegration bei Kindern: Eine empirische Analyse auf der Basis von Paarvergleichen. In: Montada, L. (Hg.): Abschlußbericht „7. Tagung Entwicklungspsychologie". Trier: Universität Trier 1985, 527–528.

Lohmöller, J. B.: Residuals in PLS modeling. Paper presented at the Workshop on Soft Modeling Applications. Department of Political Sciences, University of Geneva, Oct. 1979.

Looft, W. R.: Egocentrism and social interaction across the life span. Psychological Bulletin 78 (1972), 73–92.

Looft, W. R.: Reflections on intervention in old age: Motives, goals, assumptions. Gerontologist 13 (1973), 6–10.

Lopez, J.: Obesity a problem. Get a move on. Forecast for Home Economics (1968), 13.

Lorenz, K.: Das sogenannte Böse. Wien: Schöler 1963.

Lorenzen, P. & Schwemmer, O.: Konstruktive Logik, Ethik und Wissenschaftstheorie. Mannheim: Bibliographisches Institut 1975.

Lorenzer, A.: Über den Gegenstand der Psychoanalyse. Oder Sprache und Interaktion. Frankfurt/M.: Suhrkamp 1973.

Lorenzer, A.: Zur Konstitution von Bedeutung im primären Sozialisationsprozeß. In: Schekker, M. (Hg.): Methodologie der Sprachwissenschaft. Hamburg: Hoffmann und Campe 1976, 185–203.

Lowenthal, F. M., Thurnher, M. & Chiriboga, D.: Four stages of life: A comparative study of woman and men facing transitions. San Francisco: Jossey-Bass 1975.

Lowe-Vandell, D., Shores-Wilson, K. & Bucharan, N. R.: Peer interaction in the first year of life: An examination of its structure, content, and sensibility to toys. Child Development 51 (1980), 481–488.

Löwe, H.: Einführung in die Lernpsychologie des Erwachsenenalters. Berlin/DDR: Deutscher Verlag der Wissenschaften 1975.

Luhmann, N.: Liebe als Passion: Zur Codierung von Intimität. Frankfurt/M.: Suhrkamp 1982.

Lukesch, H.: Erziehungsstile: pädagogische und psychologische Konzepte. Stuttgart: Kohlhammer 1975.

Lukesch, H.: Elterliche Erziehungsstile. Psychologische und soziologische Bedingungen. Stuttgart: Kohlhammer 1976.

Lumsden, D. B. (Ed.): The older adult as learner. Aspects of educational gerontology. Washington: Hemisphere 1985.

Luria, A. R.: The directive function of speech. Word 15 (1959), 341–352.

Luria, A. R.: Experimentelle Analyse der Entwicklung willensmäßiger Handlungen bei Kindern. In: Brengelman, J. C. & David, H. P. (Hg.): Perspektiven der Persönlichkeitsforschung. Bern: Huber 1961, 107–115.

Luria, A. R.: The mind of a mnemonist. New York: Basic Books 1968.

Luria, A. R.: Cognitive development. Its cultural and social foundations. Cambridge, Mass.: Harvard University Press 1976.

Lückert, H. R.: Begabungsforschung und basale Bildungsförderung. Schule und Psychologie 14 (1967a), 9–22.

Lückert, H. R.: Der kleine Leselehrgang. Freiburg: Hyperion, 2. Aufl., 1967b.

Lückert, H. R.: Lesen – ein Spiel mit Bildern und Wörter. Ravensburg: Meier 1968/69.

Lüer, G.: Bemerkungen zu mathematischen und psychometrischen Modellen der kognitiven Entwicklung aus der Sicht von Theorien der Informationsverarbeitung. In: Kluwe, R. H. & Spada, H. (Hg.): Studien zur Denkentwicklung. Bern: Huber 1981, 79–91.

Lüscher, K. & Böckle, F.: Familie. In: Böckle, F. (Hg.): Christlicher Glaube in moderner Gesellschaft. Teilband 7. Freiburg. Herder 1981, 87–145.

Lynn, D. B.: The process of learning parental and sex-role identification. Journal of Marriage and the Family 28 (1966), 466–470.

Lynn, D. B.: Parental and sex-role identification: A theoretical formulation. Berkeley: McCutchan 1969.

Lynn, D. B.: The father's influence. Belmon, CA: Brooks-Cole 1973.

Lyons, J.: Noam Chomsky. München: dtv 1972.

Maas, H. S. & Kuypers, J. A.: From thirty to seventy: A forty-year longitudinal study of adult styles and personality. San Francisco: Jossey-Bass 1975.

MacCall, R. B.: Exploratory manipulation and play in the human infant. Monographs of the Society for Research in Child Development 39 (1974), Serial No. 155.

MacDonald, M. Z. & Butler, A. K.: Reversal of helplessness: Producing walking behavior in nursing home wheelchair residents using behavior modification procedure. Journal of Gerontology 29 (1974), 97–101.

MacFarlane, A.: Die Geburt. Stuttgart: Klett-Cotta 1978 (amerik. Orig. 1977).

Macklin, E.: Non-traditional family forms: A decade of research. In: F. M. Berardo (Ed.): Decade Review: Family Research. A special issue of Journal of Marriage and the Family 42 (1980), 175–192.

Mackworth, N. H. & Bruner, J. S.: How adults and children search and recognize pictures. Human Development 13 (1970), 149–177.

Madden, J., Levenstein, P. & Levenstein, S.: Longitudinal IQ outcomes of the mother-child home program. Unpublished manuscript. 1977.

Magnusson, D. & Duner, A.: Individual development and environment: A longitudinal study in Sweden. In: Mednick, S. A., Baert, A. E. & Bachmann, A. (Eds.): Prospective longitudinal research. Oxford: Oxford University Press 1981.

Magnusson, D., Duner, A. & Zetterboom, G.: Adjustment. A longitudinal study. New York: John Wiley & Co. 1975.

Magnusson, D., Stattin, H. & Allen, V. L.: Differential maturation among girls and its relation to social adjustment: A longitudinal perspective. In: Baltes, P. B., Featherman, D. L. & Lerner, R. M. (Eds.): Life-span development, Vol. 7. New York: Academic Press 1986.

Mandel, A., Mandel, K. H., Stadler, E. & Zimmer, D.: Einübung in Partnerschaft durch Kommunikationstheraphie und Verhaltenstherapie. München: Pfeiffer, 4. Aufl., 1972.

Mandl, H.: Kognitive Entwicklungsverläufe von Grundschülern. München: Oldenbourg 1975.
Maratsos, O.: Trends in the development of imitation in early infancy. In: Bever, T. G. (Ed.): Regressions in mental development. Hillsdale, N. J.: Erlbaum 1982, 81–101.
Marcia, J. E. Identity in adolescence. In: J. Adelson (Ed.): Handbook of adolescent psychology. New York: Wiley 1980, 159–187.
Marcia. J. E.: Determination and construct validity of ego indentity status. (Unpublished Dissertation). Ohio State University 1964.
Markus, G. B. & Zajonc, R. B.: Systems simulations, family configuration and intellectual development: A simulation. Behavioral Science 22 (1977), 137–142.
Martin, E., Middeke, J.-J. & Romeiß-Stracke, F.: Freizeitverhalten. Hamburg: Spiegel-Verlag 1983.
Masendorf, F.: Zentrale Aspekte der Förderung lernschwacher Schüler aus der Sicht der empirischen Unterrichtsforschung. In: Kanter, G. O. & Masendorf, F. (Hg.): Interaktionskompetenz als didaktische Dimension. Berlin: Marhold 1979, 19–88.
Maslow, A. H.: Motivation and personality. New York: Harper 1954.
Massangkay, Z. S., McCluskey, K. A., McIntyre, C. W., Sims-Knight, J., Vaughn, B. E., & Flavell, J. H.: The early development of inference about the visual percept of others. Child Development 45 (1974), 357–366.
Massey, R. F.: Was/wer ist das Familiensystem? Zeitschrift für systemische Therapie 3 (1985), 21–34.
Masters, J. L.: Developmental Psychology. Annual Review of Psychology 32 (1981), 117–151.
Masur, E. F., McIntyre, C. W. & Flavell, J. H.: Developmental changes in apportionment of study time among items in a multi-trial free recall task. Journal of Experimental Child Psychology 15 (1973), 237–246.
Matarazzo, J. D., Weiss, S. M., Herd, J. A. & Miller, N. E. (Eds.): Behavioral health: A handbook of health enhancement and disease prevention. New York: Wiley 1984.
Maurer, D. M. & Maurer, Ch. E.: Newborn babies see better than you think. Psychology Today (1976), No. 10, 87–88.
Mayurama, M.: Morphogenesis and morphostasis. Methods 12 (1960), 251–296.
McAllister, A., Perry, C. L., Killen, J., Slinkard, L. A. & Maccoby, N.: Pilot study of smoking, alcohol and drug abuse prevention. American Journal of Public Health 70 (1980), 719–721.
McCall, R. B.: Callenges to a science of developmental psychology. Child Development 48 (1977), 333–334.
McCall, R. B., Parke, R. D. & Kavanaugh, R. D.: Imitation of live and televised models by children one to three years of age. Monographs of the Society for Research in Child Development 42 (1977), (5, Serial No. 173).
McCall, R., Eichhorn, D. H. & Hogarty, P. S.: Transitions in early mental development. Monographs of the Society for Research in Child Development 42 (1977), Ser. No. 171.
McClelland, Constantian, D. C., Regelado, C. A. & Stone, C.: Erziehen heißt auch: Ungezogen sein lassen. Psychologie heute. 9, Heft 5 (1978) 14–21.
McCord, W. & McCord, J.: Origins of crime: A new evaluation of the Cambridge Somerville Youth Study. New York: Columbia University Press 1959.
McCubbin, H. I. & Figley, C. R. (Eds.): Stress and the family. Vol. 1. Coping with normative transitions. New York: Brunner/Mazel 1983a.
McCubbin, H. I. & Figley, C. R.: Bridging normative and catastrophic family stress. In: McCubbin, H. I. & Figley, C. R. (Eds.): Stress and the family. Vol. 1. Coping with normative transitions. New York: Brunner/Mazel 1983b, 218–228.
McCubbin, H. I. & Patterson, J. M.: The family stress process: The double ABCX model of adjustment and adaptation. Marriage and Family Review 6 (1983a), 7–37.
McCubbin, H. I. & Patterson, J. M.: Family transitions: Adaptation to stress. In: McCubbin, H. I. & Figley, C. R. (Eds.): Stress and the family. Vol. 1. Coping with normative transitions. New York: Brunner/Mazel 1983b, 5–25.
McCubbin, H. I., Joy, C. B., Cauble, A. E., Comeau, J. K., Patterson, J. M. & Needle, R. H.: Family stress and coping: A decade review. Journal of Marriage and the Family (special issue) 42 (1980), 125–141.

McCubbin, H. I., Needle, R. & Wilson, M.: Adolescent health risk behaviors: Family stress and adolescent coping as critical factors. Family Realtions 34 (1985), 51–62.
McGhee, P. E.: Cognitive mastery and children's humor. Psychological Bulletin 81 (1974a), 721–730.
McGhee, P. E.: Development of children's ability to create the joking relationship. Child Development 45 (1974b), 552–556.
McGhee, P. E.: Children's appreciation of humor: A test of the cognitive congruency principle.Child Development 47 (1976), 420–426.
McGoldrick, M. & Carter, E. A.: The family life cycle. In: Walsh, F. (Ed.): Normal family process. New York: Guilford Press 1982, 167–195.
McGurk, H., Turnure, C. & Creighton, S. J.: Auditory – visual coordination in neonates. Child Development (1977), 48, 138–143.
McKellar, P.: Imagery and syesthesia. Vortrag, 20. Internationaler Kongreß der Psychologie. Tokio 1972.
McKenzie, S. C.: Aging and old age. Glenview, III.: Scott, Foresman & Co., 1980.
McKinney, J. D. & Corter, H. M.: Flexibility training with educable retarded and bright normal children. American Journal of Mental Deficiency 72 (1968), 603–609.
McKinney, J. D. & Corter, H. M.: Flexibility training with educable retarded children. Journal of School Psychology 9 (1971), 455–461.
McLoyd, V. C.: Verbally expressed modes of transformation in the fantasy play of black preschool children. Child Development 51 (1980), 1133–1139.
McLoyd, V. C.: The effects of the structure of play objects on the pretend play of low-income preschool children. Child Development 54 (1983), 626–635.
McNeill, D.: The acquisition of language. The study of developmental psycholinguistics. New York: Harper & Row 1970.
Mead, G. H.: Mind, self, and society. From the standpoint of a social behaviorist. Chicago: University Press 1934 (dt.: Geist, Identität und Gesellschaft. Frankfurt: Suhrkamp 1973).
Mead, M.: Culture and commitment. A study of generation gap. London: The Bodley Head 1970.
Mechanic, D.: Some modes of adaptation: Defense. In: Mohat, A. & Lazarus, R. S. (Eds.): Stress and coping. New York: Columbia University Press 1974, 244–257.
Mederer, H. & Hill, R.: Critical transitions over the family life span: Theory and research. Marriage and Family Review 6 (1983), 39–60.
Mehan, H. & Wood, H.: The reality of ethnomethodology. New York: Wiley & Sons 1975.
Mehrabian, A. & Epstein, N. A.: A measure of emotional empathy. Journal of Personality 40 (1972), 525–543.
Mehta, P.: Levels of an achievement in high school boys. Indian Educatinal Review (1967), 36–70.
Meichenbaum, D.: Self-instructional strategy training: A cognitive prothesis for the aged. Human Development 17 (1974), 273–280.
Meichenbaum, D.: Cognitive behavior modification. An integrative approach. New York: Plenum 1977.
Meissner, M.: The long arm of the job: A study of work and leisure. Industrial Relations 10 (1971), 239–260.
Meister, H.: Förderung schulischer Lernmotivation. Düsseldorf: Schwann 1977.
Meister, H.: Welche Einstellungen zu Lehrern, Mitschülern, Schule und Lernen haben nichterfolgreiche Hauptschüler? In: Fischer, R., Hildeschmidt, A., Kleber, E. W., Meister, H. & Sander, A.: Hauptschulversagen. Bedingungsanalyse und pädagogische Konsequenzen. Saarbrücken: Arbeitskammer des Saarlandes 1982, 175–204.
Meltzoff, A. N. & Moore M. K.: Newborn infants imitate adult facial gestures. Child Development (1983), 54, 702–709.
Menaghan, E. G.: Assessing the impact of family transitions on marital experience. In: McCubbin, H. I., Cauble, A. E. & Patterson, J. M. (Eds.): Family stress, coping, and social support, Springfield: Thomas 1982, 90–108.
Menaghan, E. G.: Individual coping efforts and family studies: Conceptual and methodological issues. Marriage and Family Review 6 (1983), 113–135.
Mendelson, M. J. & Haith, M. M.: The relation between audition and vision in the human

newborn. Monographs of the Society for Research in Child Development (1976), 41 (4), Ser. No. 167.
Merker, H.-J. Vorgeburtliche stoffliche Einflüsse auf die körperliche Entwicklung des Embryo und Fötus. In: Niemitz, C. (...): Der Mensch im Zusammenspiel zwischen Anlage und Umwelt (in Vorb.) (Universitätsvorlesung FU Berlin, 19. 11. 1985)
Merz, F. & Kalveram, K. T.: Kritik der Differenzierungshypothese der Intelligenz. Archiv für die gesamte Psychologie 117 (1965), 287–295.
Merz, F., Remer, H. & Ehlers, T.: Der Einfluß der Dauer der Schulbesuchs auf Intelligenztestleistungen. Vorpublikation, Fachbereich Psychologie der Universität Marburg 1984.
Meumann, E.: Ökonomie und Technik des Gedächtnisses. Leipzig: Klinkhardt 1912.
Meyer, B.: The development of girls' sex-role attitudes. Child Development 51 (1980), 508–514.
Meyer, W.-U.: Leistungsmotiv und Ursachenerklärung von Erfolg und Mißerfolg. Stuttgart: Klett, 1973.
Meyer, W. U. & Plöger, F. O.: Scheinbar paradoxe Wirkungen von Lob und Tadel auf die wahrgenommene eigene Begabung. In: Filipp, H. (Hg.): Selbstkonzept-Forschung: Probleme, Befunde und Perspektiven. Stuttgart: Klett-Cotta 1979, 221–235.
Meyerhofer, M. & Keller, W.: Frustration in früher Kindheit. Bern: Huber 1966.
Meyer-Probst, B. & Teichmann, H.: Risiken für die Persönlichkeitsentwicklung im Kindesalter. Leipzig: Thieme 1984.
Mietzel, G.: Kombinierter Schultest. Handanweisung für die Durchführung, Auswertung und Interpretation. Braunschweig: Westermann 1974.
Miles, H. B. & Huberman, A. M.: Qualitative data analysis: A sourcebook of new methods. Beverly Hills: Sage 1984.
Milgram, S.: Das Milgram-Experiment: Zur Gehorsamkeitsbereitschaft gegenüber Autorität. Reinbek: Rowohlt 1974.
Milholland, T. A. & Avery, A. W.: Journal of Marital and Family Therapy 8 (1982), 87–89.
Millar, W. St.: A study of operant conditioning under delayed reinforcement in early infancy. Monographs of the Society for Research in Child Development (1974a), 37 (2), Serial No. 147.
Millar, W. St.: Conditioning and learning in early infancy. In: Foss, B. (Ed.): New perspectives in child development. Harmondsworth/Middlesex: Penguin 1974b, 53–84.
Miller, B. & Sollie, D. L.: Normal stresses during the transition to parenthood. McCubbin, H. I. & Boss, P. G. (Eds.): Family Relations 29 (1980), 459–466.
Miller, G. A.: The magical number seven, plus or minus two. Some limits on our capacity for processing information. Psychological Review 63 (1956), 81–97.
Miller, G. A.: Some psychological studies of grammar. In: Jakobovits, L. A. & Miron, S. (Eds.): Readings in the psychology of language. New Jersey: Prentice Hall 1967, 201–218.
Miller, G. A., Galanter, E. & Pribram, K. H.: Plans and the structure of behavior. New York: Holt, Rinehart & Winston 1960.
Miller, J. D., Cisin, I. H., Gardner-Keaton, H., Harrell, A. V., Wirtz, P. W., Abelson, H. I. & Fisburne, P. M.: National survey on drug abuse: Main findings 1982. Rockville, Maryland: National Institute on Drug Abuse 1983.
Miller, J. G.: Living systems. New York: McGraw Hill 1978.
Miller, K. A. & Kohn, M. L.: The reciprocal effects of job conditions and the intellectuality of leisure-time activities. In: Kohn, M. L. & Schooler, C. (Eds.): Work and personality: An inquiry into the impact of social strafification. Norwood, N. J.: Ablex 1983, 217–241.
Miller, M.: Zur Logik der frühkindlichen Sprachentwicklung. Empirische Untersuchungen und Theoriendiskussion. Stuttgart: Klett 1976.
Miller, N. E.: A perspective on the effects of stress and coping on disease and health. In: Levine, S. & Ursin, H. (Eds.): Coping and health: Proceedings of NATO conference. New York: Plenum 1980, 323–353.
Miller, P., Kessell, F. & Flavell, J.: thinking about people, thinking about people, thinking about people ... Child Development 41 (1970), 613–623.
Minister für Arbeit, Gesundheit und Soziales des Landes Nordrhein-Westfalen (Hg.): Modellversuch 1970–1975, Abschlußbericht. Informationen für jeden, Heft 12. Düsseldorf 1977.

Minuchin, P.: Families and individual development: Provocations from the field of family therapy. Child Development 56 (1985), 289–302.
Minuchin, S.: Familie und Familientherapie. Freiburg: Lambertus 1977.
Mirande, A. M.: Reference group theory and adolescent sexual behavior. Journal of Marriage and the Family 30 (1968), 572–577.
Mischel, W.: Preference for delayed reinforcement: An experimental study of cultural observation. Journal of Abnormal and Social Psychology 56 (1958), 57–61.
Mischel, W.: Introduction to personality. New York: Holt, Rinehart & Winston 1971.
Mischel, W.: Toward a cognitive social learning reconceptualization of personality. Psychological Review 80 (1973), 252–283.
Mischel, W.: On the future of personality measurement. American Psychologist 32 (1977a), 246–254.
Mischel, W.: The interaction of person and situation. In: Magnusson, D. & Endler, N. S. (Eds.): Personality at the crossroads. Hillsdale, N. J.: Erlbaum 1977b, 333–352.
Mittag, O. & Jagenow, A.: Psychosoziale Aspekte der Empfängnisverhütung, Schwangerschaft und Sterilität. Eine Literaturstudie. Unveröffentl. Manus., 1982a.
Mittag, O. & Jagenow, A.: Überlegungen zu einem integrativen Konzept der Schwangerschaftsberatung. Referat, DGVT-Kongreß für klinische Psychologie, Berlin 1982b.
Moessinger, P.: Piaget on equilibration. Human Development 21 (1978), 255–267.
Molfese, D. L., Freemann, R. B. & Palermo, D. S.: The ontogeny of brain lateralisation for speech and nonspeech stimuli. Brain and Language 2 (1975), 356–368.
Molfese, V. J. & Thomsen, B.: Optimality versus complications: Assessing predictive value of perinatal scales. Child Development 56 (1985), 810–823.
Mollenhauer, K.: Sozialisation und Schulerfolg. In: Roth, H. (Hg.): Begabung und Lernen. Stuttgart: Klett 1969, 269–296.
Money, J.: Cytogenetic and psychosexual incongruities with a note on space-form blindness. American Journal of Psychiatry 119 (1963), 820–827.
Montada, L.: Über die Funktion der Mobilität in der kognitiven Entwicklung. Stuttgart: Klett 1968.
Montada, L.: Die Lernpsychologie Jean Piagets. Stuttgart: Klett 1970.
Montada, L.: Piaget und die empiristische Lerntheorie. In: Steiner, G. (Hg.): Die Psychologie des 20. Jahrhunderts, Bd. 7. Piaget und die Folgen. Zürich: Kindler, 1978, 290–305.
Montada, L.: Entwicklungspsychologie auf der Suche nach einer Identität. In: Montada, L. (Hg.): Brennpunkte der Entwicklungspsychologie. Stuttgart: Kohlhammer 1979a, 11–30.
Montada, L.: Überlegungen zu einer angewandten Entwicklungspsychologie. Berlin: Vortrag gehalten anläßlich der „Tagung Entwicklungspsychologie '79", 1979.
Montada, L.: Kritische Lebensereignisse im Brennpunkt: Eine Entwicklungsaufgabe für die Entwicklungspsychologie? In: Filipp, S.-H. (Hg.): Kritische Lebensereignisse. München: Urban & Schwarzenberg 1981, 272–292.
Montada, L.: Moralisches Urteil und moralisches Handeln – Gutachten über die Fruchtbarkeit des Kohlberg-Ansatzes. In: BMV: Wehrpsychologische Untersuchungen 18 (2), 1983a.
Montada, L.: Entwicklungspsychologie und praktisches Handeln. In: Silbereisen, R. K. & Montada, L. (Hg.): Entwicklungspsychologie. Ein Handbuch in Schlüsselbegriffen. München: Urban & Schwarzenberg 1983b, 21–31.
Montada, L.: Applied developmental psychology: Tasks, problems, perspectives. International Journal of Behavioral Development 7 (1984), 267–286.
Montada, L.: Entwicklungsberatung als angewandte Entwicklungspsychologie. In: Brandtstädter, J. & Gräser, H. (Hg.): Entwicklungsberatung unter dem Aspekt der Lebensspanne. Göttingen: Hogrefe 1985, 30–43.
Montada, L., Dalbert, C. & Schmitt, M.: Interpersonale Verantwortlichkeit erwachsener Töchter ihren Müttern gegenüber: Hypothesen über Zusammenhänge innerhalb der Kernvariablen und Kovariaten. Universität Trier: Forschungsbericht aus dem P. I. V.-Projekt Nr. 8, 1982.
Montada, L., Schmitt, M. & Dalbert, C.: Thinking about justice and dealing with one's own privileges: A study on existential guilt. In: Bierhoff, H. W., Cohen, R., & Greenberg, J. (Eds.): Justice in social relations. New York: Plemun 1986.
Montagne, A.: Prenatal influences. Springfield/Ill.: Thomas 1962.

Montessori, M.: Selbsttätige Erziehung im frühen Kindesalter. Deutsch von Knapp. Stuttgart 1913.

Montessori, M.: Erziehung für Schulkinder. Stuttgart: Julius Hoffmann 1926.

Moore, M. K., Borton, R. & Darby, B. L.: Visual tracking in young infants: Evidence for object indentity or object permanence? Journal of Experimental Child Psychology 25 (1978), 183–198.

Moore, T.: Language and intelligence: a longitudinal study of the first 8 years. Human Development 10 (1967), 88–106.

Moore, T. W.: Exclusive early mothering and its alternative. Scandinavian Journal of Psychology (1975), 16, 255–272.

Moos, R. H.: Family environment scale – preliminary manuel. Stanford: Social Ecology Laboratory. Stanford University 1974.

Moos, R. H. & Moos, B. S.: Family environment scale manual. Palo Alto: Consulting Psychologists Press 1981.

Morf, A.: Apprentissage d'une structure logique concrète (inclusion): effets et limites. In: Morf, A. et al. (Ed.) L'apprentissage des structures logiques. Paris: Presses Universitaires de France 1959.

Morley, E.: The mastery cycle. Boston, Mass.: Harvard Business School, o. J. (hektograph. Manus.).

Morris, Ch. W.: Grundlagen der Zeichentheorie. Ästhetik und Zeichentheorie. München: Hanser 1972.

Morrison, H. & Kuhn, D.: Cognitive aspects of preschoolers' peer imitation in a play situation. Child Development 54 (1983), 1054–1063.

Mortimer, J. T. & Lorence, J.: Work experience and occupational value socialization: A longitudinal study. American Journal of Sociology 84 (1979a), 1361–1385.

Mortimer, J. T. & Lorence, J.: Occupational experience and the self-concept: A longitudinal study. Social Psychology Quarterly 42 (1979b), 307–323.

Moss, H. A. & Kagan, J.: Stability of achievement and recognition seeking behaviors from early childhood through adulthood. Journal of Abnormal and Social Psychology 62 (1961), 504–513.

Moss, H. A. & Robson, K. S.: Maternal influence in early social-visual behavior. Child Development 39 (1968), 401–408.

Mossler, D. G., Marwin, R. S. & Greenberg, M. T.: Conceptual perspective taking in 2- to 6-year-old children. Developmental Psychology 12 (1976), 85–86.

Mösberger, H.: Volkswirtschaftliche Argumente für den Verbleib der Fünfjährigen im Kindergarten. In: Arbeitsgemeinschaft für Jugendhilfe (Hg.): Wohin mit den Fünfjährigen – Kindergarten oder Grundschule? Bonn: Leopold 1975, 81–83.

Mreschar, R. I. (Hg.): Erzieher & Erzogene. Schüler, Lehrer, Eltern im Blickpunkt der Forschung. Bonn-Bad Godesberg: Deutscher Forschungsdienst 1985.

Müller, R. G. E.: Leseschwäche – Leseversagen – Legasthenie. Band 1 und 2. Weinheim: Beltz 1974.

Mueller, E.: Toddlers + Toys = A autonomous system. In: Lewis, M. & Rosenblum, L. A. (Eds.): The child and its family. New York: Plenum 1979, 169–194.

Mugny, G. & Doise, W.: Socio-cognitive conflict and structure of individual and collective performance. European Journal of Social Psychology 8 (1978), 181–192.

Mugny, G., de Paolis, P. & Carugati, F.: Social regulations in cognitive development. In: Doise, W. & Palmonari, A. (Eds.): Social interaction in individual development. Cambridge, Mass.: Cambridge University Press 1984.

Munsinger, H.: Fundamentals of child development. New York: Holt, Rinehart & Winston 1971.

Munsinger, H.: The adopted child's IQ: A critical review. Psychological Bulletin 82 (1975), 623–659.

Murphy, M. D., Sanders, R. E., Gabriesky, M. A. & Schmitt, F. A.: Metamemory in the aged. Journal of Gerontology 36 (1986), 185–193.

Murphy, P. E. & Staples, W. A.: A modernized family life cycle. The Journal of Consumer Research 6 (1979), 12–22.

Murray, F. B.: Acquisition of conservation through social interaction. Developmental Psychology 6 (1972), 1–16.

Murrell, S. A., Norris, F. H. & Hutchins, G. L.: Distribution and desirability of life events in older adults: Popultion and policy implications. Journal of Community Psychology 12 (1984), 301–311.

Murstein, B. I.: Qualities of desired spouse: A cross-cultural comparison between French and American College students. Journal of Comparative Family Studies 7 (1976), 455–469.

Murstein, B. I.: Mate selection in the 1970 s. Journal of Marriage and the Family 42 (1980), 51–66.

Mussen, P. H. & Jones, M. C.: Self-conceptions, motivations and interpersonal attitudes of late- and early-maturing boys. Child Development 28 (1957), 243–256.

Mussen, P. H., Conger, J. J. & Kagan, J.: Lehrbuch der Kinderpsychologie. Stuttgart: Klett 1976.

Mußler, M.: Analyse der Bedeutung einiger Wörter und ihrer situativen Erhaltung bei Vier- bis Fünfjährigen. Diplomarbeit, Institut für Psychologie, FB 12, Freie Universität Berlin 1976.

Myers, J. K., Lindenthal, J. J. & Pepper, M. P.: Life events and psychiatric symptomatology. In: Ricks, D. F., Thomas, A. & Roff, M. (Eds.): Life history research in psychopathology. Vol. 3. Minneapolis: University of Minnesota Press 1974, 212–229.

Nakamura, Ch. Y & Finck, D. N.: Relative effectiveness of socially oriented and task-oriented children and predictability of their behaviors. Monographs (1980) No. 185, Vol. 45, Nos. 3–4.

Naus, M. J. & Ornstein, P. A.: Development of memory strategies: Analysis, questions, and issues. Contributions to Human Development 9 (1983), 1–30.

Needle, R. H., Glynn, T. J. & Needle, M. P.: Drug abuse: Adolescent addictions and the family. In: Figley, C. R. & McCubbin, H. I. (Eds.): Stress and the family. Vol. 2. Coping with catastrophe. New York. Brunner/Mazel 1983, 37–52.

Neisser, U.: Cognitive Psychology. New York: Appleton 1967 (dt.: Kognitive Psychologie. Stuttgart: Klett 1974).

Nelles-Bächler, M.: Frühleser in der Grundschule. Die Deutsche Schule 64 (1972), 638–648.

Nelson, K.: Concept, word, and sentence: Interrelationships in acquisition and development. Psychological Review 81 (1974), 267–285.

Nelson, K.: How children represent knowledge of their world in and out of language: A preliminary report. In: Siegler, R. S. (Ed.): Children's thinking: What develops? Hillsdale: Erlbaum 1978, 255–275.

Nelson, K.: Social cognition in a script framework. In: Flavell, J. H. & Ross, L. (Eds.): Social cognitive development: Frontiers and possible futures. Cambridge, Mass.: Cambridge University Press 1981, 97–118.

Nelson, K.: The syntagmatics and paradigmatics of conceptual development. In: Kuczaj, S. A. (Ed.): Language development: Language, thougt, and culture. Hillsdale: Erlbaum 1982, 335–365.

Nelson, K.: The derivation of concepts and categories from event representations. In: Kofsky Scholnick, E. (Ed.): New trends in conceptual representation: Challenges to Piaget's theory? Hillsdale: Erlbaum 1983, 131–151.

Nelson, K.: The transition from infant to child memory. In: Moscovitch, M. (Ed.): Infant memory. Its relations to normal and pathological memory in humans and other animals. New York: Plenum Press 1984, 103–130.

Nelson, K. (Ed.): Event knowledge: Structure and function in development. Hillsdale, N. J.: Lawrence Erlbaum 1986.

Nelson, K. & Gruendel: At morning it's lunchtime: A scriptal view of children's dialoges. Discourse Processes 2 (1979), 73–94.

Nelson, K., Fivush, R., Hudson, J. & Lucariello, J.: Scripts in the development of memory. Contributions to Human Development 9 (1983), 52–70.

Nelson, K.; Rescorla, L., Gruendel, J. & Benedict, H.: Early lexicons. What do they mean? Child Development 49 (1978), 960–968.

Nelson, K. E.: Abstract of keynote address. First Language 4 (1983), 51–54.

Nesselroade, J. R. & Baltes, P. B.: Adolescent personality development and historical change: 1970–1972. Monographs of the Society for Research in Child Development 39 (1974), 1.

Neuberger, H., Metz, J. & Selg, H.: Imitation bei Neugeborenen – eine kontroverse Befundlage. Zeitschrift für Entwicklungspsychologie und Pädagogische Psychologie 4 (1983), 267–276.

Neugarten, B. & Datan, N.: Sociological perspectives on the life cycle. In: Baltes, P. B. & Schaie, K. W. (Eds.): Life-span developmental psychology: Personality and socialization. New York: Academic Press 1973, 53–69.

Neugarten, B. L.: Personality and aging. In: Birren, J. E. & Schaie, K. W. (Eds.): Handbook of the psychology of aging. New York: Van Nostrand 1977, 626–650.

Neugarten, B., Moore, J. W. & Lowe, J. L.: Altersnormen, Alterszwänge und Erwachsenensozialisation. In: Kohli M. (Hg.): Soziologie des Lebenslaufes. Darmstadt: Luchterhand 1978, 122–133.

Newman, B.M. & Newman, P.R.: Development through life. A psychological approach. Homewood, Ill: Dorsey 1975.

Newman, B. M. & Newman, P. R.: An introduction to the psychology of adolescence. Homewood: The Dorsey Press 1979.

Newman, H. H., Freeman, F. N. & Holzinger, K. J.: Twins: A study of heredity and environment. Chicago: University of Chicago Press 1937.

Nicholls, J. G.: Development of perception of own attainment and causal attributions for success and failure in reading. Journal of Educational Psychology 71 (1979), 94–99.

Nicholls, J. G.: The development of the concepts of effort and ability. Perception of academic attainment, and the understanding that difficult tasks require more ability. Child Development 49 (1978), 800–814.

Nicholls, J. G.: Development of perception of own attainment and causal attributions for success and failure in reading. Journal of Educatinal Psychology 71 (1979), 94–99.

Nicholls, J. G. & Miller, A. T.: Reasoning about the ability of self and others: A developmental study. Child Development 55 (1984), 1990–1999.

Nickel, H.: Die Bedeutung planmäßiger Übung für die Entwicklung einer differenzierenden visuellen Auffassung im Vorschulalter. Zeitschrift für Entwicklungspsychologie und Pädagogische Psychologie 1 (1969), 102–118.

Nickel, H.: Entwicklungspsychologie des Kindes- und Jugendalters. Bd. 1. Bern: Huber 1975.

Nickel, H.: Die Lehrer-Schüler-Beziehung aus der Sicht neuerer Forschungsergebnisse – ein transaktionales Modell. Psychologie in Erziehung und Unterricht 23 (1976), 153–172.

Nickel, H.: Schulreife und Schulversagen: Ein ökopsychologischer Erklärungsansatz und seine praktischen Konsequenzen. Psychologie in Erziehung und Unterricht 28 (1981), 19–37.

Nickel, H.: Der Schuleintritt als ökopsychologischer und gesellschaftlicher Übergang. Vortrag auf dem Symposium „Wechselwirkung Individuum – Umwelt und psychische Entwicklung der Persönlichkeit in der Ontogenese". Berlin/DDR Mai 1985a.

Nickel, H.: Entwicklungspsychologie zwischen Anspruch und Wirklichkeit: Zehn Jahre theoretische Diskussion und empirische Forschung. In: Montada, L. (Hg.): Bericht über die 7. Tagung Entwicklungspsychologie Trier, 23. bis 25. 9. 85, Trier: Universität Trier 1985b.

Nickel, H. & Schmidt-Denter, U.: Sozialverhalten von Vorschulkindern. München: Reinhardt 1980.

Nickel, H., Lohmann-Falkner, R., Petzold, M. & Vetter, J.: Begriffliche Zuordnungen bei Vorschul- und Grundschulkindern – Stile oder Fähigkeiten? Ergebnisse eines Forschungsprojekts. Psychologie in Erziehung und Unterricht 31 (1984), 178–187.

Nieder, A. & Pezaro, A.: Wandel der Geschlechtsrolle im Kontext weiblicher Identitätsentwicklung in der Adoleszenz. In: Liepmann, D. & Stiksrud, A. (Hg.): Entwicklungsaufgaben und Bewältigungsprobleme in der Adoleszenz. Göttingen: Hogrefe 1985, 71–83.

Nigro, G. & Neisser, U.: Point of view in personal memories. Cognitive Psychology 15 (1983), 467–482.

Nimnicht, G., McAfee, O. & Meier, J.: The New Nursery School. (Book and pamphlets for teachers.) New York: General Learning Corporation, Early Learning Division 1969.

Nisan, M. & Koriat, A.: Children's actual choices and their conception of the wise choice in a delay-of-gratification situation. Child Development 48 (1977), 488–494.

Nitsch, J. R. & Hackfort, D.: Streß in Schule und Hochschule – eine handlungspsychologische Funktionsanalyse. In: Nitsch, J. R. (Hg.): Streß. Bern: Huber 1981, 261–350.

Noack, P. & Silbereisen, R. K.: Youth-specific leisure-time situations and their impact on adolescent development. TU drop Jugendforschung (1984), 39. Berlin: Technische Universität.

Nock, S. L.: The family life cycle: Empirical or conceptual tool? Journal of Marriage and the Family 41 (1979), 15–26.

Nock, S. L.: Family life cycle transitions: Longitudinal effects on family members. Journal of Marriage and the Family 43 (1981), 703–714.

Noelting, G.: The Development of proposal reasoning and the ratio concept: I. Differentiation of stages. Educational studies in mathematics 11 (1980), 217–253.

Noll, G. & Suder, A. L. (Hg.): Musik im Vorschulalter. Regensburg: Bosse 1974.

Norman, D. A. & Rumelhardt, D. E.: Strukturen des Wissens. Stuttgart: Klett 1978.

Norton, J. A.: Family life cycle. Journal of Marriage and the Family 45 (1983), 267–275.

Notz, J.: Wenn Schulanfänger lesen können. Schule und Psychologie 14 (1967), 223–231.

Nuttin, J.: Motivation und Zeitperspektive. Vortrag, Universität Bonn 1967 (unpublished manuscript).

Oerter, R.: Struktur und Wandlung von Werthaltungen. München: Oldenbourg 1970.

Oerter, R.: Sozialisation und religiöses Erleben. In: Keilbach, W. (Hg.): Archiv für Religionspsychologie, Bd. 11, Göttingen: Vandenhoeck & Ruprecht 1975, 188–208.

Oerter, R.: Zur Dynamik von Entwicklungsaufgaben im menschlichen Lebenslauf. In: Oerter, R. (Hg.): Entwicklung als lebenslanger Prozeß. Hamburg: Hoffmann & Campe 1978, 66–110.

Oerter, R.: Cognitive socialization during adolescence. International Journal of Behavioral Development 4 (1981), 61–76.

Oerter, R.: Interaktion als Individuum-Umwelt-Bezug. In: Lantermann, E.-D. (Hg.): Wechselwirkungen. Psychologische Analysen der Mensch-Umwelt-Beziehungen. Göttingen. Hogrefe 1982, 101–127.

Oerter, R.: Emotion als Komponente des Gegenstandsbezuges. In: Mandl, H. & Huber, G. L. (Hg.): Kognition und Emotion. München: Urban & Schwarzenberg 1983, 282–315.

Oerter, R.: Moderne Entwicklungspsychologie. Donauwörth: Auer, 20. Aufl. 1984a.

Oerter, R.: Die Anpassung von Jugendlichen an die Struktur von Arbeit und Beruf. Unterrichtswissenschaft 12 (1984b), 127–147.

Oerter, R.: Die Anpassung von Jugendlichen an die Struktur von Arbeit und Beruf. In: Oerter, R. (Hg.): Lebensbewältigung im Jugendalter. Weinheim: edition psychologie 1985, 69–110.

Oerter, R.: Developmental task through the life-span: A new approach to an old concept. In: Featherman, D. L. & Lerner, R. M. (Eds.): Life-span development and behavior Vol. 7. New York: Academic Press 1986, 233–271.

Oerter, R., Dreher, E. & Dreher, M.: Kognitive Sozialisation und subjektive Struktur. München: Oldenbourg 1977.

Oerter, R. & Mandl, H.: Individuelle Leistungsfähigkeit und Entwicklungsnorm im Bereich des schulischen Lernens. Unterrichtswissenschaft 5 (1977), 34–44.

Oerter, R., Mandl, H. & Zimmermann, A.: Neue Befunde zur Differenzierungshypothese der Intelligenz. Ein Nachgesang. Zeitschrift für Entwicklungspsychologie und Pädagogische Psychologie 6 (1974), 151–167.

Oesterreich, R.: Handlungsregulation und Kontrolle. München: Urban & Schwarzenberg 1981.

Offer, D.: Das Selbstbild normaler Jugendlicher. In: Olbrich, E. & Todt, E. (Hg.): Probleme des Jugendalters. Berlin: Springer 1984, 111–126.

Ogbu, J. U.: Minoritätsgruppen in der Schule: Rahmenbedingungen für Erfolg und Versagen. Unterrichtswissenschaft (1985), 13, Nr. 4, 377–390.

Olbrich, E.: Normative Übergänge im menschlichen Lebenslauf: Entwicklungskrisen oder Herausforderungen? In: Filipp, S.-H. (Hg.): Kritische Lebensereignisse. München: Urban & Schwarzenberg 1981, 123–138.

Olbrich, E.: Jugendalter – Zeit der Krise oder der produktiven Anpassung. In: Olbrich, E. & Todt, E. (Hg.): Probleme des Jugendalters. Berlin: Springer 1984, 1–47.

Olbrich E.: Normative Übergänge im menschlichen Lebenslauf: Entwicklungskrisen oder

Herausforderungen? In: Filipp, S.-H. (Hg.): Kritische Lebensereignisse. München: Urban & Schwarzenberg 1981 123–138.

Oliver, J. N.: The effect of physical conditioning exercises and activities on mental characteristics of educationally sub-normal boys. British Journal of Educational Psychology 27/28 (1958), 155–156.

Oliveri, M. E. & Reiss, D.: Families' schemata of social relationships. Family Process 21 (1982), 295–311.

Olson, D. H.: From utterance to text: The bias of language in speech and writing. Harvard Educational Review 47 (1977), 257–281.

Olson, D. H. & McCubbin, H. I.: Circumplex model of marital and family systems. V: Application to family stress and crisis intervention. In: McCubbin, H. I., Cauble, A. E. & Patterson, J. M. (Eds.): Family stress, coping, and social support. Springfield: Thomas 1982, 48–68.

Olson, D. H. & McCubbin, H. I.: Families. What makes them work. Beverly Hills: Sage 1983.

Olson, D. H., Sprenkle, D. H. & Russell, C. S.: Circumplex model of marital and family systems: I. Cohesion and adaptability dimensions, family types, and clinical applications. Family Process 18 (1979), 3–28.

Olson, D. R.: Language and thought. Aspects of a cognitive theory of semantics. Psychological Review 4 (1970), 330–358.

Olweus, D.: Stability of aggressive reaction patterns in males: A review. Psychological Bulletin 86 (1979), 852–875.

Omark, D. R. & Edelman, M. S.: The development of attention structure in young children. In: Chance, M. R. A. & Larson, R. R. (Eds.): The structure of social attention. London: Wiley 1976.

Omark, D. R., Omark, M. & Edelman, M.: Formation of dominance hierarchies in the young children. Action and perception. In: Williams, T. R (Ed.): Psychological anthropology. The Hague: Mouton 1975, 289–315.

Ong, W.: Interfaces of the word. Ithaca, NY: Cornell University Press 1977.

Oppenheimer, E. A.: The relationship between certain self constructs and occupational preferences. Journal of Counseling Psychology 13 (1966), 191–197.

Oppenheimer, L.: The development of the processing of social perspectives: A cognitive model. International Journal of Behavioral Development 1 (1978), 149–171.

Orendi, B. & Papst, J.: „Die Schere im Kopf" – Erfahrungen mit kollektiven Analysen von Kooperationsbedingungen. Psychosozial 6 (1983), 91–109.

Orlofsky, J. L.: Sex-role orientation, identity formation, and self-esteem in college men and women. Sex roles 3 (1977), 561–575.

Orlofsky, J. L., Marcia, J. E. & Lesser, I. M.: Ego identity status and the intimacy versus isolation crisis of young adulthood. Journal of Personality and Social Psychology 27 (1973), 211–219.

Ornstein, P. A., Naus, M. J. & Stone, B. P.: Rehearsal training and developmental differences in memory. Developmental Psychology 13 (1977) 15–24.

Ornstein, P. A., Stone, B. P., Medlin, R. G. & Naus, M. J.: Retrieving for rehearsal: An analysis of active rehearsal in children's memory. Developmental Psychology 21 (1985), 633–641.

Oser, F.: Moralisches Urteil in Gruppen, soziales Handeln, Verteilungsgerechtigkeit. Stufen der interaktiven Entwicklung und ihre erzieherische Stimulation. Frankfurt: Suhrkamp 1981.

Oser, F. & Schläfli, A.: Das moralische Grenzgänger-Syndrom: Eine Interventionsstudie zur Förderung sozial-moralischer Identität bei Lehrlingen. In: Oerter, R. (Hg.): Lebensbewältigung im Jugendalter. München: edition psychologie 1985.

Osofsky, J. D. & Danzger, B.: Relationships between neonatal characteristics and mother-infant interaction. Developmental Psychology (1974), 10, 124–130.

Osofsky, J. D. & O'Connell, E. J.: Patterning of newborn behavior in an urban population. Child Development 48 (1977), 532–536.

Oster, H.: Facial expression and affect development. In: Lewis, M. & Rosenblum, L. A. (Eds.): The development of affect. New York: Plenum 1978, 43–76.

Osterloh, M.: Handlungsspielräume und Organisationsspielräume als Voraussetzungen einer persönlichkeitsförderlichen Arbeitsgestaltung. In: Hoff, E.-H., Lappe, L. & Lempert, W. (Hg.): Arbeitsbiographie und Persönlichkeitsentwicklung. Bern: Huber 1985, 243–259.

Ostrom, T. M.: The sovereignty of social cognition. Handbook of social cognition, Vol. 1, 1984, 1–38.

Oswald, H., Krappmann, L., Chowdhuri, I. & v. Salisch, M.: Gaps and bridges. Interactions between girls and boys in elementary school. Paper presented at the Biennial Meetings of the International Society for the Study of Behavioral Development. Tours/France 1985.

Oswald, H. & Krappmann, L.: Konstanz und Veränderung in den Sozialen Beziehungen von Schulkindern. Zeitschrift für Sozialisationsforschung und Erziehungssoziologie 4 (1984), 271–286.

Oswald, W. D. & Fleischmann, U. M.: Gerontopsychologie: Psychologie des alten Menschen. Stuttgart: Kohlhammer 1983.

Overton, W. F. & Reese, H. W.: Models of development: Methodological implications. In: Nesselroade, J. R. & Reese, H. W. (Eds.): Life-span developmental psychology. Methodological issues. New York: Academic Press 1973, 65–86.

Owen, R.: Erziehung in Kinderschulen – Pädagogische Schriften. Ausgewählt, eingeleitet und erläutert von Karl-Heinz Günter. Übersetzt von Walter Apelt. Berlin: Volk und Wissen 1955.

Paget, K. F., Kritt, D. & Bergemann, L.: Understanding strategic interactions in television commercials: A developmental study. Journal of Applied Developmental Psychology 5 (1984), 145–161.

Painter, G.: The effect of a structured tutorial program on the cognitive and language development of culturally disadvantaged infants. Merrill-Palmer Quarterly 15 (1969), 279–294.

Palermo, D. S.: Semantics and language acquisition: some theoretical considerations. In: Campbell, R. N. & Smith, Ph. T. (Eds.): Recent advances in the psychology of language. New York: Plenum Press 1978, 45–55.

Palermo, D. S.: Ein Blick in die Zukunft. Theorie und Forschung der sprachlichen und kognitiven Entwicklung. In: Seiler, Th. B. & Wannenmacher, W. (Hg.): Begriffs- und Wortbedeutungsentwicklung. Berlin: Springer 1985.

Palmer, F. H.: Concept training curriculum for children aged two and three years. Institute for Child Development and Experimental Education. City University of New York 1968.

Palmer, F. H.: Children under three – Finding ways to stimulate development: II. Some current experiments: Learning at two. Children 16 (1969), 55–57.

Palmer, F. H.: The effects of minimal early intervention on subsequent IQ scores and reading achievement. Research Report for the Educational Commission of the States 1976.

Palmer, F. H.: The effects of early childhood intervention. In: Brown, B. (Ed.): Found: Long-term gains from early intervention. Boulder: Westview Press 1978, 11–35.

Palmer, F. H. & Siegel, R. J.: Minimal interaction at age two and three and subsequent intellectual changes. In: Day, M. C. & Parker, R. K. (Eds.): The preschool in action. Boston: Allyn & Bacon 1977, 437–465.

Palmore, E. & Jeffers, F. C.: Prediction of life-span. Lexington, Mass.: Heath 1971.

Papalia, D. & Bielby, D.: Cognitive functioning in middle and old age adults: A review of research based on Piaget's theory. Human Development 17 (1974), 424–443.

Papoušek, H. & Papoušek, M.: Das Spiel in der Frühentwicklung des Kindes. Supplementband zur Pädiatrischen Praxis (1977), 17–32.

Papoušek, H. & Papoušek, M.: Lernen im ersten Lebensjahr. In: Montada, L. (Hg.): Brennpunkte der Entwicklungspsychologie. Stuttgart: Kohlhammer 1979, 194–212.

Papoušek, H. & Papoušek, M.: Qualitative transitions in integrative processes during the first trimester of human postpartum life. In: Prechtl, H. F. R. (Ed.): Continuity of neural functioning from pre- to postnatal life. Oxford: Spastics International 1985 (in Druck).

Paris, S. G. & Lindauer, B. K.: The role of inference in children's comprehension and memory for sentences. Cognitive Development 8 (1976), 217–227.

Parke, R. D.: Rules, roles, and resistance to deviation: Recent advances in punishment, discipline, and self-control. In: Pick, A. E. (Ed.): Minnesota Symposia on Child Psychology, Vol. 8. Minneapolis: University of Minnesota Press 1974, 111–149.

Parke, R. D.: Parent-infant interaction: progress, paradigms, and problems. In: Sackett, G. P.

(Ed.): Observing behavior, Vol. 1, Theory and application in mental retardation. Baltimore: University Park Press 1978.
Parke, R. D.: Perspektives of father-infant development. In: Osofsky, J. (Ed.): Handbook of infant development. New York: Wiley 1979, 549–590.
Parkes, C. M.: Unexpected and untimely bereavement: A study of young Boston widows and widowers. In: Schönberg, B. et al. (Ed.): Bereavement: Its psychological aspects. New York: Columbia University Press 1975, 65–83.
Parmelee jr. A. H. & Sigman, M. D.: Perinatal brain development and behavior . In: Haith, M. M. & Campos, J. J. (vol.eds.): Infancy and developmental psychology. Mussen, P. H. (Ed.): Handbook of child psychology 4th ed. Vol. II. New York: Wiley 1983, 95–156.
Parsons, T.: The structure of social action. Vol. 2, New York: Free Press 1949.
Pascual-Leone, J.: Cognitive development and cognitive style: A general psychological integration: Genova: University of Genova 1969.
Pastalan, L. A.: Report on Pensylvania nursing home relocation program. Interim Research Findings. Institute of Gerontology, University of Michigan, Ann Arbor 1976 (zit. n.: Pastalan, L. 1983).
Pastalan, L. A.: Environmental displacement: A literature reflecting old-person-environment transactions. In: Rowles, G. D. & Otha, R. J. (Eds.): Aging and Milieu. New York: Academic Press 1983, 189–203.
Patterson, Ch. J. & Mischel, W.: Effects of temptation and task fascilitating plans of self-control. Journal of Personality and Social Psychology 32 (1976), 209–217.
Patterson, G. R.: Mothers: The unacknowledged victims. Monographs of the SRCD 45 (1980), Serial No. 186.
Patterson, G. R. & Dishion, T. J. & Bank, L.: Family interaction. Aprocess model of deviancy training. Aggressive Behavior Vol. 10, 3 (1984), 253–267.
Patterson, J.: Critical factors affecting family compliance with home treatment for children with cystic fibrosis. Family Relations 34 (1985), 79–89.
Paul, S.: Afrikanische Puppen. Berlin: Baessler-Archiv, N.F. Beiheft 6, 1970.
Paul, S.: Sozialisierung afrikanischer Kinder durch Rollenspiele. Sonderdruck aus „Abhandlungen und Berichte des Staatlichen Museums für Völkerkunde Dresden“. Bd. 34. Berlin/DDR: Akademie-Verlag 1975.
Pauls, H. & Johann, A.: Wie steuern Kinder ihre Eltern? Psychologie in Erziehung und Unterricht 31 (1984), 22–32.
Pearlin, L. I. & Schooler, C.: The structure of coping. Journal of Health and Social Behavior 19 (1978), 2–21.
Pechstein, J.: Das junge Kind in Heim und Krippe. In: Hundertmarck, G. & Ulshoefer, H. (Hg.): Kleinkinderziehung. München: Kösel 1972, Bd. 3, 7–46.
Pederson, F. A.: Mother, father, and infant as an interaction system. Paper presented at the annual meeting of the American Psychological Association. Washington. D. C. 1976.
Pederson, F. A., Yarrow, L. J., Anderson, B. J. & Cain, R. L. jun.: Conceptualization of father influences in the infancy period. In: Lewis, M. & Rosenblum, L. A. (Eds.): The child and its family. New York: Plenum 1979, 45–66.
Pedhazur, E. J.: Multiple regression in behavioral research. Explanation and prediction. New York: Holt, Rinehart & Winston 1982.
Pellegrini, D. S.: Social cognition and competence in middle childhood. Child Development 56 (1985), 253–264.
Pelzmann, L.: Arbeitslosenforschung. In: Lüer, G. (Hg.): Bericht über den 33. Kongreß der Deutschen Gesellschaft für Psychologie in Mainz 1982. Bd. 2. Göttingen: Hogrefe 1982, 674–681.
Pendagast, E. G. & Sherman, C. D.: A guide to the genogram. The Family 5 (1977), 3–14.
Perlmutter, M.: What is memory aging the aging of? Developmental Psychology 14 (1978), 335–345.
Perret-Clermont, A. N.: Social interaction and cognitive development in children. London: Academic Press 1980.
Perry, C. L. & Jessor, R.: The concept of health promotion and the prevention of adolescent drug abuse. Health Education Quarterly 12 (1985), 169–184.
Perry, D.G., White, A.J. & Perry, L.C.: Does early sex-typing result from children's at-

tempts to match their behavior to sex role stereotypes? Child Development 44 (1984), 2114–2121.

Pestalozzi, H.: Wie Gertrud ihre Kinder erzieht. In: Pestalozzis sämtliche Schriften Bd. 5. Stuttgart: Cotta 1920.

Petermann, F.: Veränderungsmessung. Stuttgart: Kohlhammer 1978.

Petermann, F.: Einstellungsmessung – Einstellungsforschung. Göttingen: Hogrefe 1980.

Petermann, F.: Identifikation und Effektanalyse von kritischen Lebensereignissen. In: Filipp, S.-H. (Hg.): Kritische Lebensereignisse. München: Urban & Schwarzenberg 1981.

Petermann, F.: Einzeldiagnose und klinische Praxis. Stuttgart: Kohlhammer 1982.

Petermann, F.: Veränderungsmessung und Kausalmodelle. In: Silbereisen R. K. & Montada L. (Hg.): Entwicklungspsychologie. München: Urban & Schwarzenberg 1983a, 69–77.

Petermann, F.: Single-case analysis (time-series analysis) for the evalution of documents. Archives of Psychology 135, (1983b), 257–267.

Petermann, F.: Psychologie des Vertrauens. Salzburg: Müller 1985.

Petermann, F. & Petermann, U.: Erfassungsbogen für aggressives Verhalten in konkreten Situationen (EAS-J; EAS-M). Braunschweig: Westermann 1980.

Petermann, F. & Petermann U.: Training mit aggressiven Kindern. München: Urban & Schwarzenberg, 2. Aufl., 1984.

Petermann, U.: Training mit sozial unsicheren Kindern. München: Urban & Schwarzenberg, 2. Aufl., 1986.

Petersen, A. G. & Spiga, R.: Adolescence and stress. In: Goldberger, L. & Breznitz,S. (Eds.): Handbook of stress: Theoretical and clinical aspects. New York: The Free Press 1982.

Peterson, C. & Seligman, M. E. P.: Causal explanations as a risk factor for depression: Theory and evidence. Psychological Review 91 (1984), 347–374.

Petillon, H.: Soziale Beziehungen zwischen Lehrern, Schülern und Schülergruppen. Weinheim: Beltz 1982.

Petrey, S.: Word associations and the development of lexical memory. Cognition (1977), 5.

Pettinger, R.: Bedingungen und Zielsetzungen des Projekts Tagesmütter. Zeitschrift für Pädagogik 6 (1974), 914–927.

Phillips, S., King, S., Dubois, L.: Spontaneous activities of female versus male newborns. Child Development 49 (1978), 590–597.

Phils, H. & Kelly, M.: Product and process in cognitive development: Some comparative data on the performance of school age children in different cultures. British Journal of Educational Psychology 44 (1974), 248–265.

Piaget, J.: Le langage et la pensée chez l'enfant. Neuchâtel: Delachaux & Niestlé 1923.

Piaget, J.: La représentation du monde chez l'enfant. Paris: Alcan 1926.

Piaget, J.: La causalité physique chez l'enfant. Paris: Alcan 1927.

Piaget, J.: Le jugement moral chez l'enfant. Paris: Alcan 1932/54.

Piaget, J.: La naissance de l'intelligence chez l'enfant. Neuchâtel: Delachaux et Niestlé 1936.

Piaget, J.: La construction du réel chez l'enfant. Neuchâtel: Delachaux & Niestlé 1937.

Piaget, J.: La formation du symbole chez l'enfant. Imitation, jeu et rêve; image et représentation. Neuchâtel: Delachaux & Niestlé 1945.

Piaget, J.: Les notions du mouvement et de vitesse chez l'enfant. Paris: Presses Universitaires de France 1946/55.

Piaget, J.: The child's concept of number. New York: Humanitics 1952.

Piaget, J.: Das moralische Urteil beim Kinde. Zürich: Rascher 1954.

Piaget, J.: Die Bildung des Zeitbegriffs beim Kinde. Zürich: Rascher 1955.

Piaget, J.: Le développment des perceptions en fonction des l'age. In: Fraisse, P. & Piaget. J. (Eds.): Traité de psychology expérimental. VI. 1a; Perception. Paris: Presses Universitaires de France 1963.

Piaget, J.: Genèse et structure en psychologie de l'intelligence. In: Piaget, J. (Ed.) Six études de psychologie. Genève: Gonthier 1964a.

Piaget, J.: Psychologie der Intelligenz. Zürich: Rascher 1964b.

Piaget, J.: Das Erwachen der Intelligenz beim Kinde. Stuttgart: Klett 1969a (Studienausgabe: 1975).

Piaget, J.: Nachahmung, Spiel und Traum. Stuttgart: Klett 1969b.

Piaget, J.: L'évolution intellectuelle entre l'adolescence et L'âge adulte (1970a). (dt.: Schöfthaler, R. & Goldschmidt, D. (Hg.): Soziale Struktur und Vernunft. Frankfurt: Suhrkamp 1984, 47–60).

Piaget, J.: Piaget's theory. In: Mussen, P. H. (Ed.): Carmichael's manual of child psychology, Vol. 1. New York: Wiley 1970b, 703–732 (dt.: Jean Piaget über Jean Piaget. München: Kindler 1981).

Piaget, J.: Science of Education and the Psychology of the Child, New York: The Viking Press 1971.

Piaget, J.: Theorien und Methoden der modernen Erziehung. Wien: Molden 1972.

Piaget, J.: Einführung in die genetische Erkenntnistheorie. Frankfurt/M.: Suhrkamp 1973.

Piaget, J.: Die Entwicklung des Objektbegriffs. In: Piaget, J. (Hg.): Der Aufbau der Wirklichkeit. Stuttgart: Klett 1975, 14–99(a).

Piaget, J.: Die Äquilibration der kognitiven Strukturen. Stuttgart: Klett 1976.

Piaget, J. & Inhelder, B.: Le développement des quantités chez l'enfant. Neuchâtel et Paris: Delachaux & Niestlé 1941.

Piaget, J. & Inhelder, B.: Die Entwicklung der physikalischen Mengenbegriffe. Stuttgart: Klett 1942/69.

Piaget, J. & Inhelder, B.: Die Entwicklung des räumlichen Denkens beim Kinde. Stuttgart: Klett 1948/71.

Piaget, J. & Inhelder, B.: La genèse de l'idée hasard chez l'enfant. Paris: Presses Universitaires de France. 1951.

Piaget, J. & Inhelder, B.: De la logique de l'enfant à la logique de l'adolescent. Paris: Presses Universitaires de France 1955/77.

Piaget, J. & Inhelder, B.: Le genèse des structures élèmentaires: classifications et sériations. Neuchâtel: Delachaux et Niestlé 1959/73.

Piaget, J. & Inhelder, B.: Die Entwicklung des physikalischen Mengenbegriffs. Stuttgart: Klett 1969.

Piaget, J. & Inhelder, B.: Die Psychologie des Kindes. Olten: Walter 1973.

Piaget, J. & Inhelder, B.: Gedächtnis und Intelligenz. Olten: Walter 1974.

Piaget, J. & Maroun, J.: La localisation des impressions d'impact dans la causalité perceptive tactilo-kinesthésique. Arch. de Psychologie (1958) 34, 243–288.

Piaget, J., Inhelder, B. & Szeminska, A.: Die natürliche Geometrie des Kindes. Stuttgart: Klett 1971.

Piaget, J. & Szeminska, A.: La genèse du nombre chez l'enfant. Paris: Delachaux & Niestlé 1941 (dt.: Die Entwicklung des Zahlbegriffs beim Kinde. Stuttgart: Klett 1965).

Piatelli-Palmarini, M. (Ed.): Language and learning. The debate between Jean Piaget and Noam Chomsky. London: Routledge & Kegan Paul 1980.

Pichottka, I.: Das Kleinkind lernt auf seine Weise. Unsere Jugend 19 (1967), 245–252.

Pilisuk, M. & Parks, S. H.: Social support and family stress. Marriage and Family Review 6 (1983), 137–156.

Pixa-Kettner, U., Rath, W. & Rick, G.: Zusammenhänge zwischen Test- und Retest-Ergebnissen im HAWIK, sozialen und schulischen Merkmalen und der späteren Berufseingliederung/-bewährung lernbehinderter Schüler. Zeitschrift für Heilpädagogik 29 (1978), 61–77.

Plemons, J. K., Willis, S. L. & Baltes, P. B.: Modifiability of fluid intelligence in aging: A short-term longitudinal training approach. Journal of Gerontology 33 (1979), 224–231.

Plomin, R., Loehlin, J. C. & DeFries, J. C.: Genetic and Environmental Components of ‚Environmental' Influences. Developmental Psychology 21 (1985), 391- 402.

Pohl, K.: Demographische Merkmale gewünschter und gewählter Ehepartner im Vergleich zu den tradierten Regeln der Partnerwahl. In: Jürgens, H. J. (Hg.): Partnerwahl und Ehe. Hamburg: Altmann 1973, 75–107.

Poon, L. W., Walsh-Sweeney, L. & Fozard, J. L.: Memory skill training for the elderly: Salient issues on the use of imagery mnemonics. In: Poon, L. W., Fozard, J. L., Lermak, L. S. & Arenberg, G. (Eds.): New directions in memory and aging. Hillsdale: Erlbaum 1980, 461–484.

Popitz, H., Bahrdt, H. P., Jüres, E. A. & Kesting, H.: Das Gesellschaftsbild des Arbeiters. Soziologisches Untersuchungen in der Hüttenindustrie. Tübingen: Mohr 1957.

Portele, G. (Ed.): Sozialisation und Moral. Neuere Ansätze zur moralischen Entwicklung und Erziehung. Weinheim: Beltz 1978.

Postman, N.: Das Verschwinden der Kindheit. Frankfurt/M.: Fischer 1983.

Prawat, R. S. & Cancelli, A. A.: Semantic retrieval in young children as a function of type of meaning. Developmental Psychology 13 (1977), 354–358.

Prechtl, H. F. R.: The study of neural development as a persective of clinical problems. In: Conolly, K. J. & Prechtl, F. R. (Eds.): Maturation and development: Biological and psychological perspectives. London: W. Heinemann 1981, 188–215.

Prechtl, H. F. R.: Regressions and transformations during neurological development. In: Bever, Th. G. (Ed.): Regressions in mental development. Hillsdale, N. J.: Erlbaum 1982, 103–116.

Prechtl, H. F. R.: Kontinuität der neuralen Funktionen vom prä- zum postnatalen Leben. Frühförderung interdisziplinär 2 (1983), 112–115.

Premack, D.: Language in chimpanzee? Science (1971), 172, 303–822.

Pressey, S. L. & Kuhlen, R. G.: Psychological development through the life span. New York: Harper & Row 1957.

Pressey, S. L., Janney, J. E. & Kuhlen, R. G.: Life: A psychological survey. New York: Harper 1939.

Pressley, M.: Elaboration and memory development. Child Development 53 (1982), 296–309.

Pressley, M. & Levin, J. R.: Developmental differences in subject's associative learning strategies and performance: Assessing a hypothesis. Journal of Experimental Child Psychology 24 (1977), 431–439.

Pressley, M., Forrest-Pressley, D. L., Elliott-Faust, D. & Miller, S.: Children's use of cognitive strategies. How to teach strategies, and what to do if they can't be taugth. In: Pressley, M. & Brainerd, C. (Eds.): Cognitive learning and memory in children. New York: Springer 1985, 1–48.

Preyer, W.: Die Seele des Kindes. Leipzig: Grieben 1882.

Prince, J. R.: The effect of Western education on science conceptualization in New Guinea. British Journal of Educational Psychology 38 (1968), 647-74.

Probst, H. H. & Metz, D.: Führt der Besuch einer Sonderschule für Lernbehinderte zu einer positiven Veränderung affektiver Persönlichkeitseigenschaften? Heilpädagogische Forschung 5 (1974), 161–179.

Prodöhl, D.: Gelingen und Scheitern ehelicher Partnerschaft. Göttingen: Hogrefe 1979.

Projektgruppe Arbeit und Leben Niedersachsen/HdA: Überlegungen zur Verbesserung von Arbeitsbedingungen durch handlungsorientierte Arbeiterbildung. In: Groskurth, P. (Hg.): Arbeit und Persönlichkeit: berufliche Sozialisation in der arbeitsteiligen Gesellschaft. Reinbek b. Hamburg: Rowohlt 1979, 203–225.

Projektgruppe TUdrop: Heroinabhängigkeit unbetreuter Jugendlicher. Weinheim: Beltz 1984.

Pulkkinen, L.: Youthful smoking and drinking in a longitudinal perspective. Journal of Youth and Adolescence 12 (1983), 253–283.

Pushkina, A. G.: Mechanisms of transposition of relations in preschool-age children. Soviet Psychology 9 (1971), 213–234.

Putnam, H.: The meaning of „meaning". In Putnam, H.: Philosophical papers, Vol. 2. Cambridge: Cambridge University Press 1975.

Quick, E. & Jacob, T.: Marital disturbance in relation to role theory and relationship theory. Journal of Abnormal Psychology 82 (1973), 309–316.

Raasoch, J. & Laquer, H.: Learning multiple family therapy through simulated workshops. Family Process 18 (1979), 95–98.

Raban, M.: Sex-role identification in young children in two divers social groups. Genetic Psychological Monographs 42 (1950), 81–158.

Rabbitt, P. M. A.: Some experiments and a model for changes in attentional selectivity with old age. In: Hoffmeister, F. & Müller, C. (Eds.): Brain function in old age: Evaluation of changes and disorders. New York: Springer 1979.

Rabbitt, P. M. A. & Subhash, M. V.: Selective anticipation for events in old age. Journal of Gerontology 35 (1980), 913–919.

Rabbitt, P. M. A.: How do old people know what to do next? In: Craik, F. I. M. & Trehub, S. (Eds.): Aging and cognitive processes. New York: Plenum Press 1982, 79–98.
Radnitzky, G.: Contemporary schools of metascience. Chicago: Regenery 1973, 3. Aufl.
Radnitzky, G.: Das Programm der systemorientierten Forschungstheorie. In: Weingart, P. (Hg.): Wissenschaftsforschung. Frankfurt: Campus 1975, 14–57.
Ramsay, R. W. & Happee, I. A.: The stress of bereavement: Components and treatment. Stress and Anxiety 4 (1977), 53–64.
Rank, O.: Das Trauma der Geburt und seine Bedeutung für die Psychoanalyse. Leipzig: Internationaler Psychoanalytischer Verlag 1924.
Raphael, B.: Preventive intervention with the recently bereaved. Archives of General Psychiatry 34 (1977), 1450–1454.
Rapoport, R.: Normal crisis, family structure and mental health. Family process 2 (1963), 68–80.
Rasch, G.: An item analysis which takes individual differences in account. British Journal of Mathematik Statistics 19 (1966), 49–57.
Rau, M. L.: Die Entwicklung von Vergangenheitsstrukturen in der Sprache eines Dreijährigen. Folia Linguistica. Societas Linguistica Europea o. O. o. J.
Rauh, H.: Entwicklung des Denkens. In: Weinert, F. E., Graumann, C. F. u. a.: Funkkolleg Pädagogische Psychologie, Bd. 1. Frankfurt: Fischer 1974.
Rauh, H.: Entwicklung des Denkens. In: Graumann, C. F., Heckhausen, H. & Rauh, H.: Pädagogische Psychologie Teil II. Entwicklung und Motivation. Weinheim: Beltz 1976, 141–201.
Rauh, H.: Zusammenhangsmuster in der frühkindlichen Entwicklung. In: Montada, L. (Hg.): Brennpunkte der Entwicklungspsychologie. Stuttgart: Kohlhammer 1979a, 119–143(a).
Rauh, H.: Vorschulerziehung. In: Groothoff, H. H. (Hg.): Die Handlungs- und Forschungsfelder der Pädagogik. Differentielle Pädagogik Teil 1. Königstein: Athenäum 1979b, 10–70.
Rauh, H.: Lernpsychologie. In: Bach, H. (Hg.): Handbuch der Sonderpädagogik, Bd. 5: Pädagogik der Geistigbehinderten. Berlin: Marhold 1979c, 354–391.
Rauh, H.: Analyse geistiger Behinderung im Rahmen der Piaget'schen Theorie. In: Montada, L., Reusser, K. & Steiner, G. (Hg.): Kognition und Handeln – Festschrift für Hans Aebli – Stuttgart: Klett-Cotta 1983a, 114–126.
Rauh, H.: Ganzheitlichkeit und Methoden in der Frühförderung – aus entwicklungspsychologischer Sicht. Frühförderung 2 (1983b), 145–156.
Rauh, H.: Entwicklungspsychologische Analyse geistiger Behinderung. In: Lüer, G. (Hg.): Bericht über den 33. Kongreß der Deutschen Gesellschaft für Psychologie in Mainz 1982. Göttingen: Hogrefe 1983c, 508–514.
Rauh, H.: Frühgeborene Kinder. In: Steinhausen, H.-Ch. (Hg.): Risikokinder. Ergebnisse der Kinderpsychologie und -psychiatrie. Stuttgart: Kohlhammer 1984a, 11–35.
Rauh, H.: Soziale Interaktion und Gruppenstruktur bei Krabbelkindern. In: Eggers, Ch. (Hg.): Bindungen und Besitzdenken beim Kleinkind. München: Urban & Schwarzenberg 1984b, 204–232.
Rauh, H.: Diagnose und Beratung in der frühkindlichen Entwicklung. In: Brandtstädter, J. & Gräser, H. (Hg.): Entwicklungsberatung unter dem Aspekt der Lebensspanne, Göttingen: Hogrefe 1985, 44–64.
Rauh, H.: Entwicklungspsychologische Grundlagen der Frühförderung bei geistig behinderten Kindern. In: Wiedl K. H. (Hg.): Rehabilitationspsychologie. Grundlagen, Anwendungsfelder, Perspektiven. Stuttgart: Kohlhammer 1986, 43–54.
Rauh, H.: Verhaltensausstattung und erste Anpassungsleistung des Säuglings – Anfänge der geistigen Entwicklung. In: Niemitz, C. (Hg.): Der Mensch im Zusammenspiel zwischen Erbe und Umwelt. 1987 (im Druck).
Rauh, H. & Ort, M.: Die Familie als Sozialisationsbedingung. In: Graumann, C. F. et al.: Pädagogische Psychologie Teil III. Weinheim: Beltz 1976, 102–132.
Rausch, H. L., Barry, W. A., Hertel, R. K. & Swain, M. A.: Communication, conflict, and marriage. San Francisco: Jossey-Bass 1974.
Raven, I. C.: The coloured progressive matrices. London: Lewis & Co., 11. Aufl., 1973.
Rawls, J.: Gerechtigkeit als Fairneß. Freiburg: Alber 1977.

Rayner, E.: Human development. London: George Allen and Unwin 1971.

Read, M. S.: Teen-age nutrition: Foundation for the future. Practical Forecast for Home Economics 10 (1965), 40.

Reese, H. W.: The development of memory: Life-span. perspective. Advances in Child Development and Behavior 11 (1976), 189–212.

Reese, H. W.: Discriminative learning and transfer: Dialectical perspectives. In: Datan, D. & Reese, H. W. (Eds.): Life-span developmental psychology: Dialectical perspectives on experimental research. New York: Academic Press 1977, 205–257.

Reese, H. W.: Gedächtnisentwicklung im Verlauf des Lebens: Empirische Befunde und theoretische Modelle. In: Montada, L. (Hg.): Brennpunkte der Entwicklungspsychologie. Stuttgart: Kohlhammer 1979, 90–102.

Reese, H. W. & Lipsitt, L. P.: Experimental child psychology. New York: Academic Press 1970.

Reese, H. W. & Overton, W. F.: Models of development and theories of development. In: Goulet, L. R. & Baltes, P. B. (Eds.): Life-span developmental psychology. Research and theory. New York: Academic Press 1970, 116–149.

Reese, H. W. & Overton, W. F.: Models, methods, and ethics of intervention. In: Turner, R. R. & Reese, H. W. (Eds.): Life-span developmental psychology. Intervention. New York: Academic Press 1980, 30–47.

Reinartz, A. & Sander, A. (Hg.): Schulschwache Kinder in der Grundschule, Bd. 2: Beispiele und Modelle für Unterricht und Förderung. Frankfurt: Arbeitskreis Grundschule e.V. 1978.

Reinert, G.: Entwicklungstests. In: Heiss, R. (Hg.): Handbuch der Psychologie, Bd. 6. Göttingen: Hogrefe 1964, 280–351.

Reinert, G.: Comparative factor analytic studies of intelligence throughout the human life-span. In: Goulet, L.R. & Baltes, P.B. (Eds.): Life-span development psychology. Research and theory. New York: Academic Press 1970, 467–484.

Reinert, G.: Grundzüge einer Geschichte der Human-Entwicklungspsychologie. In: Ballmer, H. (Hg.): Die Psychologie des 20. Jahrhunderts, Bd. 1. Die europäische Tradition: Tendenzen, Schulen, Entwicklungslinien. Zürich: Kindler 1976, 862–896.

Reisman, J. M. & Schorr, S. I.: Friedenship claims and expectations among children and adults. Child Development 49 (1978), 913–916.

Remmers, H.: Cross-cultural studies of teenager problems. Journal of Educational Psychology 53 (1962), 254–261.

Remplein, H.: Die seelische Entwicklung des Menschen im Kindes- und Jugendalter. München: Reinhardt 1957.

Rheinberg, F. & Enstrup, B.: Selbstkonzept der Begabung bei normalen Schülern und Sonderschülern gleicher Intelligenz: ein Bezugsgruppeneffekt. Zeitschrift für Entwicklungspsychologie und Pädagogische Psychologie 9 (1977), 171–180.

Rheingold, H. L.: The social and socializing infant. In: Goslin, D. A. (Ed.): Handbook of socialization. Chicago: Rand McNally 1969, 779–790.

Rholes, W. S. & Ruble, D. N.: Children's understanding of dispositional characteristics of others. Child Development 55 (1984), 550–560.

Rice, F. Ph.: The adolescence development, relationships and culture. Boston: Allyn & Bacon 1975.

Rice, R. W., Near, J. P. & Hunt, R. G.: The job satisfaction/life satisfaction relationship: A review of empirical research. Basis and Applied Social Psychology 1 (1980), 37–64.

Richards, M. M.: Sorting out what's in a word from what's not: Evaluating Clark's semantic feature acquisition theory. Journal of Experimental Child Psychology 27 (1979), 1–47.

Ridley, C. A., Jorgensen, S. R., Morgan, A. G. & Avery, A. W.: Relationship enhancement with premarital couples. American Journal of Familiy Therapy 10 (1982), 41–48.

Riegel, K. F.: Toward a dialectical theory of development. Human Development 18 (1975), 50–64.

Riegel, K. F.: Grundlagen der dialektischen Psychologie. Stuttgart: Klett-Cotta 1980.

Riegel, K. F. & Riegel, R.: Development, drop, and death. Developmental Psychology 6 (1972), 306–319.

Riegel, K. F.: Adult life crises: A dialectic interpretation of development. In: Datan, N. &

Ginsburg, L. H. (Eds.): Life-span developmental psychology. Normative life crises. New York: Academic Press 1975, 99–128.
Riegel, K. F.: Adult life crises: A dialectic interpretation of development. In: Datan, N. & Ginsberg, L. H. (Eds.): Life-span developmental psychology: Normative life crises. New York: Academic Press 1975, 99–128.
Ries, G., Hahn, M. & Barkowski, D.: Die Entwicklung von Anspruchsniveausetzung und Selbstbewertung bei Leistungen in der Grundschule. Psychologie in Erziehung und Unterricht 31 (1984), 188–196.
Riley, M. W. (Ed.): Aging from birth to death: Interdisciplinary perspectives. Boulder, Col.: Westview Press 1979.
Riley, M. W., Hess, M. B. & Bond, K. (Eds.): Aging in society: Selected reviews of recent research. Hillsdale, N. J.: Erlbaum 1983.
Ringler, N. M. et al.: Mother-to-child speech at two years: Effects of early postnatal contact. Journal of Pediatrics (1975), 86, 141–144.
Ringler, N.: Mothers' speech to her two-year-old child: its effect on speech and language comprehension at five years. Paper presented at the Annual Meeting of the Pediatric Research Society, St. Louis 1977.
Ripple, R. E., Biehler, R. F. & Jaquish, G. A.: Human Development. Boston, MA: Hougthon Mifflin 1982.
Roberts, P.: Memory strategy instruction with the elderly: What should memory training be the training of? In: Pressley, M. & Levon, J. R. (Eds.): Cognitive strategy research. New York: Springer 1983, 75–100.
Robins, L. M.: Deviant children grown up. Baltimore: Williams & Wilkins 1966.
Robins, L. N.: Follow-up studies investigating childhood disorders. In: Hare, E. H. & Wing, J. K. (Ed.): Psychiatric epidemiology. London: Oxford University Press 1970.
Robinson, E., Silbereisen, R. K. & Claar, A.: Le developpement de la communication. In: Mugny, G. (Ed.): Psychologie sociale du developpement cognitif. Bern: Peter Lang 1985, 109–124.
Robinson, H. R. & Robinson, N. M.: Longitudinal development of very young children in a comprehensive day care program: The first two years. Child Development 42 (1971), 1673–1683.
Robson, K. S. & Moss, H. A.: Patterns and determinants of maternal attachment. Journal of Pediatrics 77 (1970), 976–985.
Rock, J.: The orientation of forms on the retina and in the environment. American Journal of Psychology 69 (1956), 513–528.
Rodin, J. & Langer, E.: Aging labels: The decline of control and the fall of self-esteem. Journal of Social Issues 36 (1980), 12–29.
Rodgers, R. H.: Family interaction and transaction. The developmental approach. Englewood Cliffs: Prentice Hall 1973.
Rogers, S. J.: Characteristics of the cognitive development of profoundly retarded children. Child Development 48 (1977), 837–843.
Rohwer, W. D.: An elaborative conception of learner differences. In: Snow, R. E., Frederico, P. A. & Montague, W. E. (Eds.): Aptitude, learning and instruction. Hillsdale, N. J.: Erlbaum 1980.
Rosch, E. H.: On the internal structure of perceptual and semantic categories. In: Moore, T. E. (Ed.): Cognitive development and the acquisition of language. New York: Academic Press 1973, 111–145.
Rosch, E. H.: Human categorization. In: Warren, N. (Ed.): Advances in cross-cultural psychology, Vol. 1. London: Academic Press 1977.
Rosen, B. C. & D'Andrade, R.: The psychological origins of achievement motivation. Sociometry 22 (1959), 218–285.
Rosenthal, R. & Jacobson, E.: Pygmalion im Klassenzimmer. Weinheim: Beltz 1971.
Roskies, E. & Lazarus, R. S.: Coping theory and the teaching of coping skills. In: Davidson, P. O. & Davidson, S. M. (Eds.): Behavioral medicine. Changing health lifestyles. New York: Brunner-Mazel 1980, 38–69.
Rossi, A. E.: Transition to parenthood. Journal of Marriage and the Family 30 (1968), 26– 39.
Rost-Schaude, E., Kunstek, R. & Klatt, G.: Einführung neuer Arbeitsstrukturen im Betrieb – Die Gestaltung von bildungsförderlichen Arbeitsbedingungen. In: Groskurth, P. (Hg.):

Arbeit und Persönlichkeit: berufliche Sozialisation in der arbeitsteiligen Gesellschaft. Reinbek b. Hamburg: Rowohlt 1979, 113–145.

Roth, H.: Jugend und Schule zwischen Reform und Restauration. Berlin: Schroedel 1961.

Roth, H. (Hg.): Begabung und Lernen. Stuttgart: Klett 1969.

Roth, W. L.: Praxisorientierte Evalutionsmethodologie – Trends in der Einzelfallversuchsplanung. Zeitschrift für Klinische Psychologie, 14 (1985), 113–129.

Rothenberg, B.: Children's social sensitivity and the relationship of interpersonal competence, interpersonal comfort, and intellectual level. Developmental Psychology 2 (1970), 335–350.

Rotter, J. B.: Generalized expenctancies for internal versus external control of reinforcement. Psychological Monographs 80 (1966), (whole No. 609), 1–28.

Rotter, M. & Steinert, H.: Stadtstruktur und Kriminalität. Zur Konstruktion von Jugendkriminalität am Beispiel eines Wiener Stadtgebietes. In: Walter, H.: Region und Sozialisation. Beiträge zur sozialökologischen Präzisierung menschlicher Entwicklungsvoraussetzungen. Bd. 1. Stuttgart-Bad Cannstatt: Frommann-Holzboog 1981, 153–185.

Rousseau, J. J.: Emile ou de l'education. Amsterdam: Néaulme 1762.

Rowland, K. F.: Environmental events predicting death for the elderly. Psychological Bulletin 84 (1977), 349–372.

Rubenstein, J. & Howes, C.: The effect of peers in toddler interaction with mother and toys. Child Development 47 (1976), 597–605.

Rubin, K. H., Watson, K. S. & Jambor, T. W.: Free-play behaviors in preschool and kindergarten children. Child Development 49 (1978), 534–536.

Rubinstein, S. L.: Sein und Bewußtsein. Die Stellung des Psychischen im allgemeinen Zusammenhang der Erscheinungen in der materiellen Welt. Berlin/DDR: Akademie Verlag 1977.

Ruble, D. N., Parsons, J. E. & Ross, J.: Self-evaluative responses of children in an achievement setting. Child Development 47 (1976), 990–997.

Ruch, L. O.: A multidimensional analysis of the concept of life change. Journal of Health and Social Behavior 18 (1977), 71–83.

Rudinger, G.: Intellectual development in a longitudinal perspective. In: Munnichs, J. M. A., Mussen, P. & Olbrich, E. (Eds.): Life span and change in a gerontological perspective. New York: Academic Press 1986, im Druck.

Rudinger, G. & Lantermann, E. D.: Soziale Bedingungen der Intelligenz im Alter. Zeitschrift für Gerontologie 13 (1980), 433–441.

Rudinger, G., Chaselon F., Zimmermann, E. J. & Henning, H. J.: Qualitative Daten. München: Urban & Schwarzenberg 1985.

Rumbough, D. M. & Gill, T. V.: Conversations with a chimpanzee in a computer-controlled environment. Biological Psychiatry (1975), 10/6, 627–641.

Rupp, H.-G.: Soziale Kompetenz im Alter. Eine Untersuchung zur Anwendung des Selbstsicherheitstrainings bei alleinlebenden Frauen über 60 Jahre. Münster: Lit-Verlag 1984.

Russell, C. S.: Transition to parenthood: Problems and gratifications. Journal of Marriage and the Family 36 (1974), 294–301.

Rutter, M.: Surveys to answer questions: Some methodological considerations. In: Graham, P. J. (Ed.): Epidemiological approaches in child psychiatry. London: Academic Press 1977.

Rutter, M.: Protective factors in children's responses to stress and disadvantage. In: Kent, M. W. & Rolf, J. E. (Eds.): Primary prevention of psychopathology. Vol. III: Social competence in children: Hanover N. H.: University Press of New England 1979a, 49–74.

Rutter, M.: Maternal Deprivation 1972–1978: New findings, new concepts, new approaches. Child Development 50 (1979b), 283–305.

Rückert, W.: Interventionsmaßnahmen in der Bundesrepublik Deutschland – gegenwärtiger Stand der Altenhilfe. In: Lehr, U. (Hg.): Interventionsgerontologie. Darmstadt: Steinkopff 1979, 116–127.

Rüdiger, D.: Ansatz und erste Befunde einer experimentellen Längsschnittstudie zum Lesenlernen im Vorschulalter. Schule und Psychologie 17 (1970), 72–96.

Rüdiger, D.: Institutionalisiertes „Frühlesen“ und seine Entwicklungsauswirkungen. Zeitschrift für Entwicklungspsychologie und Pädagogische Psychologie 3 (1971), 195–211.

Rüdiger, D., Kornmann, A. & Peez, H.: Schuleintritt und Schulfähigkeit. Zur Theorie und Praxis der Einschulung. München: Reinhardt 1976.

Rüppell, H.: Eine Spiel-Batterie zur Intelligenzförderung. In: Tack, W. H. (Hg.): Bericht 29. Kongreß der Deutschen Gesellschaft für Psychologie Salzburg 1974. Göttingen: Hogrefe 1975, 214–216.

Rüppell, H.: Intelligenzförderung durch Spiele. In: Garlichs, A., Knab, D. & Weinert, F. E. (Hg.): CIEL II. Fallstudie zu einem Förderungsprogramm eder Stiftung Volkswagenwerk zur Elementarerziehung. Göttingen: Vandenhoeck & Ruprecht 1983, 194–205.

Rüppell, H. & Rüppell, M.: Intelligenzförderung – Möglichkeiten und Grenzen. Basel: Karger 1976.

Ryff, C. D.: Self-perceived personality change in adulthood and aging. Journal of Personality and Social Psychology 42 (1982), 108–115.

Ryff, C. D.: Personality development from the inside: The subjective experience of change in adulthood and aging. In: Baltes, P. B. & Brim, O. G. Jr. (Eds.): Life-span development and behavior. Vol. 6. New York: Academic Press 1984, 243–279.

Ryff, D. C. & Baltes, P. B.: Value transition and adult development in women. The instrumentality-terminality sequence hypotheses. Developmental Psychology 12 (1976), 567–568.

Ryff, C. D. & Heincke, S. G.: Subjective organization of personality in adulthood und aging. Journal of Personality and Social Psychology (1983), 44, 807–816.

Sabbath, J. C., Morris, T. A., Menzer-Benaron, D. & Sturgis, S. H.: Psychiatric observations in adolescent girls lacking ovarian function. Psychosomatic Medicine 23 (1961), 224–231.

Sachs, J. & Devin, J.: Young children's use of ageappropriate speech styles in social interaction and role-playing. Journal of Child Language 3 (1976), 81–98.

Sack, F.: Definition von Kriminalität als politisches Handeln: Der labeling approach. Kriminologisches Journal 4 (1972), 3–31.

Sackett, G. P.: Lag sequential analysis as a data reduction technique in social interaction research. In: Sawin, D. B. et al. (Eds.): Exceptional infant 4: Psychosocial risks in infant-environment-transactions. New York: Wiley 1980, 122–152.

Salapatek, P. H. & Kessen, W.: Visual scanning of triangles by the human newborn. Journal of Experimental Child Psychology (1966), 3, 155–167.

Salatas, H. & Flavell, J. H.: Behavioral and metamnenomic indicators of strategic behaviors under remember instructions in first grade. Child Development 47 (1976), 81–89.

Saldern, M. v.: Das Sozialklima als gruppenspezifische Wahrnehmung der schulischen Lernumwelt. Unterrichtswissenschaft 11 (1983), 116–128.

Saling (Perinatologe, FU Berlin, mündliche Mitteilung, 1979).

Saling, E.: Intrauterine Tondbandaufnahme einer kreißenden Mutter. Berlin: Krankenhaus Neukölln, Arbeitsgruppe Perinatologie 1984.

Salmon, Ph.: The role of the peer group. In: Coleman, J. C. (Ed.): The School Years. London: Methuen 1979.

Salomon, G.: Heuristische Modelle für die Gewinnung von Interaktionshypothesen. In: Schwarzer, R. & Steinhagen, K. (Hg.): Adaptiver Unterricht. München: Kösel 1975, 127–145.

Salthouse, T. A.: Age and memory: Strategies for localizing the loss. In: Poon, L. W., Fozard, J. L., Cermak, L. S., Arenber, D. & Thompson, L. W. (Eds.): New directions in memory and aging. Hillsdale, N. J.: Erlbaum 1980, 47–66.

Salthouse, T. A.: Adult cognition. An experimental psychology of human aging. New York: Springer 1982.

Saltz, E.: The cognitive bases of human learning. Homewood, Ill.: Dorsey Press 1971.

Saltz, E. & Hamilton, H.: Concept conservation under positiveley and negatively evaluated transformations. Journal of Experimental Child Psychology 8 (1969), 44–51.

Saltz, E., Soller, E. & Sigel, E.: The development of natural language concepts. Child Development (1972), 43, 1191–1202.

Saltzstein, H. D., Diamond, R. M. & Belenky, M.: Moral judgment level and conformity behavior. Developmental Psychology 7 (1972), 327–336.

Sameroff, A. J.: Transactional models in early social relations. Human Development 18 (1975), 65–79.

Sameroff, A. J.: Concepts of humanity in primary prevention. In: Albee, G. W. & Joffe, J. M. (Eds.): Primary prevention of psychopathology (Vol. 1). Hanover, N. H.: University Press of New England 1977, 42–61.

Sameroff, A. J.: Organization and stability of newborn behavior: A commentary on the Brazelton Neonatal Behavior Assessment Scale. Monographs of the Society for Research in Child Development (1978), 43 (5–6), Serial No. 177.

Sameroff, A. J.: The etiology of cognitive competence. A systems perspective. In: Kearsley, R. B. & Sigel, I. E. (Hg.): Infants at risk: Assessment and cognitive functioning. Hillsdale, N. J.: Erlbaum 1979, 115–151.

Sameroff, A. J. & Chandler, M. J.: Reproductive risk and the continuum of caretaking casualities. In: Horowitz, F. D. (Ed.): Review of Child Development Research, Vol. 4. Chicago/London: University of Chicago Press 1975, 187–244.

Sander, A.: Facts und Trends im Sonderschulwesen. Betrifft: Erziehung, Sonderheft: Endstation Sonderschule (1977), 10–14.

Sander, A.: Welche Schule für welchen Schüler? Behindertenpädagogik 17 (1978), 152–166.

Sander, A.: Überblick über spezielle Entwicklungshilfen. Bereiche: Sprache/Motorik. Hagen: Fernuniversität-Gesamthochschule 1981 a (Studiengang Sonderpädagogik, Heft 3368/03/S1).

Sander, A.: Überblick über spezielle Entwicklungshilfen. Bereiche: Spiel/Motivation. Hagen: Fernuniversität-Gesamthochschule 1981 b (Studiengang Sonderpädagogik, Heft 3368/1/04/S1).

Sander, A.: Stichwörter zur sonderpädagogischen Statistik. Arbeitsbericht Nr. 22, Fachrichtung Erziehungswissenschaft, Universität des Saarlandes. Saarbrücken 1984 (erscheint in: Dupuis, G. & Kerkhoff, W. (Hg.): Kleine Enzyklopädie der Sonderpädagogik, der Heilpädagogik und ihren Grenzgebieten Berlin: Marhold: 1987).

Sander, E.: Der Einfluß eines Wahrnehmungstrainings auf die HAWIK-Leistungen 8- und 9jähriger Schüler einer Sonderschule für Lernbehinderte. Heilpädagogische Forschung 4 (1973), 339–348.

Sander, E.: Programme zur Förderung der Intelligenzentwicklung. In: Klauer, K, J. & Reinartz, A. (Hg.): Handbuch der Sonderpädagogik. Sonderpädagogik in allgemeinen Schulen. Bd. 9. Berlin: Marhold 1978, 317–331.

Sander, L. W. & Julia, H. L.: Continuous interactional monitoring in the neonate. Psychosomatic Medicine (1966), 28 (6), 822–835.

Sarimski, K.: Ordinalskalen zur sensumotorischen Entwicklung. Deutsche Bearbeitung der Infant Psychological Development Scales vom I. Uzgiris und J. Mc v. Hunt nach einem Manual von Dunst. Weinheim: Beltz 1986.

Satir, V.: Selbstwert und Kommunikation. München: Pfeiffer 1975.

Saunders, N. M.: Some aspects of the effects of day care on infants' emotional and personality development. ERIC (1972).

Saup, W.: Übersiedlung ins Altenheim. Weinheim: Beltz 1984.

Savin-Williams, R. C.: Dominant hierarchies in groups of early adolescents. Child Development 50 (1979), 923–935.

Scarr, S. & McCartney, K.: How people make their own environments: A theory of genotype-environment effects. Child Development 54 (1983), 424–435.

Schacter, D. L. & Moscovitch, M.: Infants, amnestics and dissociable memory systems. In: Moscovitch, M. (Ed.): Infant memory. Its relations to normal and pathological memory in humans and other animals. New York: Plenum Press 1984, 173–218.

Schaefer, E. S.: A circumplex model for maternal behavior. Journal of Abnormal and Social Psychology 59 (1959), 241–246.

Schaefer, E. S.: Progress report: Intellectual stimulation of culturally deprived parents. National Institute of Mental Health 1968.

Schaefer, E. S. & Aaronson, M.: Infant Education research project: Implementations of the home-tutoring program. In: Parker, R. K. (Ed.): The preschool in action. Boston: Allyn & Bacon 1972, 410–436.

Schafer, R. B. & Keith, P. M.: Equity and depression among married couples. Social Psychology Quarterly 43 (1980), 430–435.

Schaffer, H. R.: Cognitive components of the infant's response to strangeness. In: Lewis, M. & Rosenblum, L. A. (Eds.): The origins of fear. New York: Wiley 1974, 11–48.

Schaie, K. W.: A general model for the study of developmental problems. Psychological Bulletin 64 (1965), 92–107.

Schaie, K. W.: Quasi-experimental research designs in the psychology of aging. In: Birren, J. E. & Schaie, K. W. (Eds.) Handbook of the psychology of aging. New York: Van Nostrand 1977, 39–58.

Schaie, K. W.: The Seattle Longitudinal Study: A 21-year exploration of psychometric intelligence in adulthood. In: Schaie, K. W. (Ed.): Longitudinal studies of adult psychological development. New York: The Guilford Press 1983, 64–135.

Schaie, K. W. & Geiwitz, J.: Adult development and aging, Boston: Little, Brown & Co., 1982.

Schaie, K. W., Labonvie, G. V. & Buech, B. V. 1973. Generational and cohort -specific differences in adult cognitive functioning: a fourteen-year study of independent samples. Developmental Psychology 9, 151–166.

Schallberger, U.: Elemente zu einer Rehabilitation traitpsychologsicher Untersuchungen im Feld Arbeit und Persönlichkeit. In: Hoff, E.-H., Lappe, L. & Lempert, W. (Hg.): Arbeitsbiographie und Persönlichkeitsentwicklung. Bern: Huber 1985, 74–87.

Schallberger, U., Häfeli, K. & Kraft, U.: Zur reziproken Beziehung von Berufsausbildung und Persönlichkeitsentwicklung. Zeitschrift für Sozialisationsforschung und Erziehungssoziologie 4 (1984), 197–210.

Schaller, F.: Das Spiel und die Spiele. Wien 1861.

Schank, R. C. & Abelson, R. P.: Scripts, plans, goals and understanding. Hillsdale: Erlbaum 1977.

Schell, R. E. (Ed.): Developmental psychology today. New York: Random House 1975 (2. Edition).

Scheller, R.: Psychologie der Berufswahl und der beruflichen Entwicklung. Stuttgart: Kohlhammer 1976.

Schelsky, H.: Die skeptische Generation. Düsseldorf–Köln: Diederichs 1957.

Schenk-Danzinger, L.: Schuleintrittsalter, Schulfähigkeit – Lesereife. Stuttgart: Klett 1969.

Schenk-Danzinger, L.: Möglichkeiten und Grenzen kompensatorischer Erziehung. Wien: Jugend und Volk 1980.

Schlaegel, J. et al.: Sexuelle Sozialisation in Vorpubertät, Pubertät und früher Adoleszenz. Sexualmedizin 4 (1975), 206–218.

Schläfli, A., Klaghofer, R. & Häflinger, R.: Lehrlinge zwischen Schule und Beruf. Ergebnisse einer Untersuchung an der Berufsschule Freiburg. Universität Freiburg (Schweiz), Pädagogisches Institut 1984.

Schläfli, A., Klaghofer, R. & Häflinger, R.: Lehrlinge zwischen Schule und Beruf. Ergebnisse einer Untersuchung an den Kaufmännischen Berufsschulen Zürich und Grenchen. Universität Freiburg (Schweiz), Pädagogisches Institut 1985.

Schleicher, R.: Die Intelligenzleistung Erwachsener in Abhängigkeit vom Niveau der beruflichen Tätigkeit. Probleme und Ergebnisse der Psychologie 44 (1973), 25–55.

Schlesinger, I. M.: The acquisition of words and concepts. Unveröff. Manuskript 1978.

Schlesinger-Kipp, G. & Rabold, H.: Familien- und Paartherapie im höheren und hohen Lebensalter – eine Literaturübersicht. In: Radebold, H. & Schlesinger-Kipp, G. (Hg.): Familien- und paartherapeutische Hilfen bei älteren und alten Menschen. Göttingen: Vandenhoeck & Ruprecht 1982, 12–41.

Schlippe, A. v.: Familientherapie im Überblick. Paderborn: Junfermann 1984.

Schloon, M.: Soziale Interaktion in Kleinkindergruppen. Eine differentialpsychologische Untersuchung an 18–30 Monate alten Kindern in freier Spielsituation mit Gleichaltrigen. Unveröff. Dissertation. Hamburg 1976.

Schlösser, M.: Freizeit und Familienleben von Industriearbeitern. Frankfurt: Campus 1981.

Schmalohr, E.: Psychologische Untersuchung zum Duisburger Frühleseversuch. Schule und Psychologie 16 (1969), 145–159.

Schmalohr, E.: Frühes Lesenlernen. Heidelberg: Quelle & Meyer 1973.

Schmalohr, E. & Winkelmann, W.: Über den Einfluß der Übung auf die Entwicklung der Mengen- und Substanzerhaltung beim Kinde. Zeitschrift für Entwicklungspsychologie und Pädagogische Psychologie 1 (1969), 93–102.

Schmid, R.: Intelligenz- und Leistungsmessung. Geschichte und Funktion psychologischer Tests. Frankfurt: Campus 1977.

Schmidt, E. A. F. et al.: Vergleichende Untersuchung von Prozessen sozialer Beziehungswahrnehmungen in altersgemischten und altersgleichen Gruppen von Vorschulkindern. Forschungsbericht für das Ministerium für Arbeit, Gesundheit und Soziales, NRW, 1977.
Schmidt, G. & Sigusch, V.: Arbeiter-Sexualtität. Neuwied: Luchterhand 1971.
Schmidt, H. & Schischkoff, G.: Philosophisches Wörterbuch. Stuttgart: Kröner 1974.
Schmidt, H. D.: Allgemeine Entwicklungspsychologie. Berlin: Deutscher Verlag d er Wissen schaften 1970.
Schmidt, M. H.: Verhaltensstörungen bei Kindern mit sehr hoher Intelligenz. Bern: Huber 1977.
Schmidt-Denter, U.: Erziehung zur sozialen Kompetenz. In: Dollase, R. (Hg.): Handbuch der Früh- und Vorschulpädagogik. Bd. 2. Düsseldorf: Schwann 1978, 391–406.
Schmidt-Denter, U.: Die soziale Umwelt des Kindes. Heidelberg: Springer 1984.
Schmidt-Denter, U.: Kontaktinitiativen von Vorschulkindern und ihre soziale Bedeutung. In: Nickel H. (Hg.): Sozialisation im Vorschulalter. Weinheim: Edition Psychologie 1985, 47–68.
Schmidt-Kolmer, E.: Frühe Kindheit. Beiträge zur Psychologie. Bd. 18. (Hg. von W. Forst, W. Kessel, A. Kossakowski J. Lompscher. Berlin/DDR: Volk und Wissen 1984.
Schmid-Schönbein, G., v. Tomkewitsch, R., Fröhlich, L. & Feder, H.: Spielorientierter Englischkurs für Vorschule und Primarbereich. Psychologie in Erziehung und Unterricht 21 (1974), 254–255.
Schmitz, P. G.: Trends in der entwicklungspsychologischen Forschung: Analyse der Psychological Abstracts 1963–1976 unter besonderer Berücksichtigung der Jahrgänge 1965, 1970 und 1975. Zeitschrift für Entwicklungspsychologie und Pädagogische Psychologie 11 (1979), 16–30.
Schmitz-Scherzer, R. & Thomae, H.: Constancy and change of behavior in old age: Findings from the Bonn Longitudinal Study of Aging. In: Schaie, K. W. (Ed.): Longitudinal studies of adult psychological development. New York: Guilford Press 1983, 191–221.
Schneewind, K. A.: Persönlichkeitstheorien I: Alltagspsychologie und mechanistische Ansätze. Darmstadt: Wissenschaftliche Buchgesellschaft 1982a.
Schneewind, K. A.: Familiäre Aspekte der Selbstverantwortlichkeit. In: Mielke, R. (Hg.) Interne/externe Kontrollüberzeugung. Bern: Huber 1982b, 199–221.
Schneewind, K. A.: Konsequenzen der Elternschaft. Psychologie in Erziehung und Unterricht 30 (1983), 161–172.
Schneewind, K. A.: Entwicklung personaler Kontrolle im Kontext der Familie. In: Kugemann, W. F., Preiser, S. & Schneewind, K. A. (Hg.) Psychologie und komplexe Lebenswirklichkeit. Göttingen: Hogrefe 1985a, 201–223.
Schneewind, K. A.: Der Familienlebenszyklus: Herausforderung für die psychologische Forschung. Forschungsberichte, Institutsbereich Persönlichkeitspsychologie und Psychodiagnostik, Universität München. Bericht 10/85, 1985b.
Schneewind, K. A.: Der Familienzyklus – eine Herausforderung für die psychologische Forschung. Festvortrag, akademische Feier der Univ. Erlangen anläßlich des 65. Geburtstages von Prof. Dr. W. Toman, 1985c.
Schneewind, K. A. & Herrmann, T. (Hg.): Erziehungsstilforschung. Bern: Huber 1980.
Schneewind, K. A., Beckmann, M. & Engfer A.: Eltern und Kinder. Stuttgart: Kohlhammer 1983.
Schneider, W.: The role of conceptual knowledge, strategy knowledge, and specific mnemonic context in the development of organizational processes in memory. Paper presented at the meetings of the Society for Research in Child Development. Toronto 1985a.
Schneider, W.: Developmental trends in the metamemory – memory behavior relationship: An integrative review. In: Forrest-Pressley, D. L., MacKinnon, G. R. & Waller, T. G. (Eds.): Cognition, metacognition, and human performance. Vol. 1. New York: Academic Press 1985b, 57–109.
Schofield, J. W.: Complementary and conflicting identities: Images and interaction in an interracial school. In: Asher, S. R. & Gottman, J. M. (Eds.): The development of children's friendships. Cambridge, Mass. 1981, 53–90.
Schofield, M.: Das sexuelle Verhalten junger Leute. Reinbek: Rowohlt 1969.
Schott, F.: Lehrstoffanalyse. Düsseldorf: Schwann 1975.
Schöfthaler, T. & Goldschmidt, D. (Hg.): Soziale Struktur und Vernunft. Jean Piagets Mo-

dell entwickelten Denkens in der Diskussion kulturvergleichender Forschung. Frankfurt: Suhrkamp 1984.

Schreiber, B.: Leselernspiel. Düsseldorf: Hagemann 1968.

Schroder, J. M., Driver, M. J. & Streufert, S.: Human information processing. New York: Holt, Rinehart & Winston 1967.

Schuhler, P.: Perspektivenübernahme im Handlungsvollzug: Konzeption und Evaluation eines Interventionsprogramms. Unveröffentlichte Dissertation, Technische Universität Berlin 1984.

Schulz, R.: Effects of control and predictability on the physical and psychological well-being of the institutionalized aged. Journal of Personality and Social Psychology 33 (1976), 563–573.

Schulz, R.: The psychology of death, dying and bereavement. Meuls Park: Addison-Wesley 1978.

Schulz, R. & Hanusa, B. H.: Long term effects of control and predictability-enhancing interventions: Findings and ethical issues. Journal of Personality and Social Psychology 36 (1978), 1194–1201.

Schulz, R. & Hanusa, B. H.: Experimental social gerontology: A social psychological perspective. Journal of Social Issues 36, (1980), 30–46.

Schuster, M. & Barkovski, D.: Intelligenz oder relevantes Wissen als Voraussetzung für Strategien der Umweltbewältigung im hohen Lebensalter. Zeitschrift für Gerontologie 13 (1980), 385–400.

Schuster, M. & Barkowski, B.: Die Messung des Veränderungswissens. Zeitschrift für Gerontologie 15 (1982), 5–11.

Schuster, M. & Metzing, W.: Lernen zu lernen. Heidelberg: Springer 1982.

Schüttler-Janikulla, K.: Arbeitsmappe zum Sprachtraining und zur Intelligenzförderung I–III. Oberursel: Finken 1968.

Schüttler-Janikulla, K.: Vorschulisches Lesenlernen und intellektuelle Leistungssteigerung. Schule und Psychologie 16 (1969), 169–179.

Schüttler-Janikulla, K.: Sprachbildungsarbeit in vorschulischen Institutionen der DDR und BRD. In: Schmalohr, E. & Schüttler-Janikulla, K.: Bildungsförderung im Vorschulalter. Zur Reform der Vorschulerziehung. Band I. Oberursel: Finken 1972, 238–260.

Schüttler-Janikulla, K. & Krohne, H.: Transferprobleme und Schulreifeleistung. Zeitschrift für experimentelle und angewandte Psychologie 12 (1966), 632–644.

Schwartz, S. H.: Normative influences on altruism. In: Berkowitz, L. (Ed.): Advances in Experimental Social Psychology. Vol. 10. New York: Academic Press 1977, 221–279.

Schwartz, S. H. & Howard, J. A.: A normative decision-making model of altruism. In: Rushton, J. P. & Sorrentino, R. M. (Eds.): Altruism and helping behavior. Hillsdale, N. J.: Erlbaum 1981, 189–211.

Schwarzer, Ch.: Gestörte Lernprozesse. München: Urban & Schwarzenberg 1983.

Schwarzer, R. & Steinhagen, K. (Hg.): Adaptiver Unterricht. München: Urban & Schwarzenberg 1975.

Scogin, F., Storandts, M. & Lott, L.: Memory-skills training, memory complaints, and depression in older adults. Journal of Gerontology 40 (1985), 562–569.

Scollon, R. & Scollon, S.: Linguistic convergence: An ethnography of speaking at Fort Chipewyan (Alberta). New York: Academic Press 1979.

Scollon, R. & Scollon, S.: Narrative, literacy, and face in interethnic communication. Norwood, NJ: Ablex 1981.

Scribner, S.: Denkweisen und Sprechweisen. Neue Überlegungen zu Kultur und Logik. In: Schöfthaler, T. & Goldmann, D. (Hg.): Soziale Struktur und Vernunft. Frankfurt: Suhrkamp 1984, 311–338.

Scribner, S. & Cole, M.: The psychology of literarcy. Cambridge, Mass. Harvard University Press 1981.

Scupin, E. & Scupin G.: Bubis erste Kindheit: Ein Tagebuch über die geistige Entwicklung eines Knaben in den ersten drei Lebensjahren. Leipzig: Grieben 1907.

Scupin, E. & Scupin, G.: Bubi im vierten bis sechsten Jahr: Ein Tagebuch über die geistige Entwicklung eines Knaben während der ersten sechs Lebensjahre. Zweiter Teil: das 4. bis 6. Lebensjahr umfassend. Leipzig: Grieben 1910.

Searle, J. R.: Sprechakte. Ein philosophischer Essay: Frankfurt/M.: Suhrkamp 1971.

Sears, P. S.: Effective reinforcement for achieving behaviors in disadvantaged children: the first year. Stanford Center for Research and Development in Teaching. Stanford 1972.

Sears, R. R., Maccoby, E. E. & Levin, H.: Patterns of child rearing. Evanston, ILL.: Row Peterson & Co. 1957.

Secord, P. F. & Peevers, B. H.: The development and attribution of person concepts. In: Mischel, T. (Ed.): Understanding other persons. Oxford: Blackwell 1974.

Seidenstücker, G.: Indikation in der Psychotherapie. In: Schmidt, L. R. (Hg.): Lehrbuch der Klinischen Psychologie. Stuttgart: Enke 1984, 443–511.

Seiffge-Krenke, I.: Entwicklung des sozialen Verhaltens. In: Hetzer, H. et al. (Hg.): Angewandte Entwicklungspsychologie des Kindes- und Jugendalters. Heidelberg: Quelle & Meyer 1979, 254–296.

Seiffge-Krenke, I.: Problembewältigung im Jugendalter. Habilitationsschrift des Fachbereichs 06 Psychologie Universität Gießen 1984.

Seiler, Th. B.: Die Reversibilität in der Entwicklung des Denkens. Stuttgart: Klett 1968.

Seiler, Th. B.: Die Bereichsspezifität formaler Denkstrukturen – Konsequenzen für den pädagogischen Prozeß. In: Frey, K. & Lang, M. (Hg.): Kognitionspsychologie und naturwissenschaftlicher Unterricht. Bern: Huber 1973, 249–283.

Seiler, Th. B.: Entwicklungstheorien in der Sozialisationsforschung. In: Hurrelmann, K. & Ulich, D. (Hg.): Handbuch der Sozialisationsforschung. Weinheim: Beltz 1980, 101–121.

Seiler, Th. B.: Die Entwicklung des Begriffs- und Bedeutungssystems ‚Arbeit'. Bericht über ein entwicklungspsychologisches Forschungsprojekt, das von der DFG gefördert wurde. Institut für Psychologie, Technische Hochschule Darmstadt 1985a.

Seiler, Th. B.: Sind Begriffe Aggregate von Komponenten oder idiosynkratische Minitheorien? Kritische Überlegungen zum Komponentenmodell von Dedre Gentner und Vorschläge zu einer alternativen Konzeption. In: Seiler, Th. B. & Wannenmacher, W. (Hg.): Begriffs- und Wortbedeutungsentwicklung. Berlin: Springer 1985b, 105–132.

Seiler, Th. B. & Wannenmacher, W.: Begriffs- und Bedeutungsentwicklung im Vorschul- und Schulalter – Kurzfassung der Begründung und Darstellung eines longitudinalen Forschungsvorhabens im Bereich der Begriffsbildung und des sprachlichen Bedeutungserwerbs. Manuskript, Institut für Psychologie, Technische Hochschule Darmstadt 1980.

Seiler, Th. B. & Wannenmacher, W.: Concept development and the development of word meaning concerning ,,Arbeit“ (work): A longitudinal research project. Paper presented at the Workshop on Concept Development and the Development of Word Meaning. Technische Hochschule Darmstadt 1981.

Seiler, Th. B. & Wannenmacher, W.: How can we assess meaning and investigate meaning development: Theoretical and methodological considerations from an epistemological point of view. In: Seiler, Th. B. & Wannenmacher, W. (Eds.): Concept development and the development of word meaning. New York: Springer 1983, 320–341.

Seiler, Th. B. & Wannenmacher, W. (Hg.): Begriffs- und Wortbedeutungsentwicklung. Theoretische, empirische und methodische Untersuchungen. Berlin: Springer 1985.

Seiler, T. B. (Hg.): Kognitive Strukturiertheit. Stuttgart: Kohlhammer 1973.

Seiler, T. B.: Grundlegende Entwicklungstätigkeiten und ihre regulative systemerzeugende Interaktion. In: Steiner, G. (Hg.): Die Psychologie des 20. Jahrhundert, Bd. VII: Piaget und die Folgen. Zürich: Kindler 1978, 628–645.

Seitz, R.: Ästhetische Elementarbildung. Donauwörth: Auer 1974.

Seligman, M. E. P.: Helplessness: On depression, development, and deadh. San Francisco: Freeman 1975 (dt: Erlernte Hilflosigkeit. München: Urban & Schwarzenberg 1979; 3. Aufl. 1986).

Selman, R. L.: Social-cognitive unterstanding: A guide to educational and clinical practice. In: Lickona, T. (Ed.): Moral development and behavior. New York: Holt, Rinehart & Winston 1976, 299–316.

Selman, R. L.: The growth of interpersonal understanding. New York: Academic Press 1980.

Selman, R. L.: The child as a friendship philosopher. In: Asher, S. R. & Gottman, J. M. (Eds.): The development of friedenships. New York: Cambridge University Press 1981.

Selman, R. L., Schorin, M. Z., Stone, C. R. & Phleps, E.: A naturalistic study of children's social understanding. Developmental Psychology 19 (1983), 82–102.

Semmer, N.: Streßbezogene Tätigkeitsanalyse. Psychologische Untersuchungen zur Analyse von Streß am Arbeitsplatz. Weinheim: Beltz 1984.

Senator für Gesundheit und Soziales in Berlin: Schwangerschaftsabbrüche in Berlin (West): Gegenüberstellung Bundesstatistik und Senator, Gesundheit, Soziales VIII A 7. Berlin: 1985 (unveröff.).

Sennlaub, G.: Frühleseversuch mit Dorfkindern. In: Schwartz, E. (Hg.): Begabung und Lernen im Kindesalter. Frankfurt/M.: Arbeitskreis Grundschule e. V. 1970, 261–283.

Setzen, K.: Fernsehprogramme für Vorschulkinder. Psychologie in Erziehung und Unterricht 20 (1973), 176–180.

Seuren, P. A. M.: Zwischen Sprache und Denken. Wiesbaden: Athenäum 1977.

Shaklee, H.: Development in inferences of ability and task difficulty. Child Development 47 (1976), 1051–1057.

Shalock, H. D.: Observation of mother-child interaction in the laboratory and in the home. Dissertation Abstracts (1956), 16, 707.

Shaman, J. & Kedar, H. S.: Phenomenological structuring of the adult life-span as a function of age and sex. International Journal of Aging and Human Development 10 (1979–1980), 343–357.

Shantz, C. U.: Thinking about people about thinking about people. Contemporary Psychology 27 (1982), 376–377.

Shantz, C. U.: Social Cognition. In: Flavell, J. H. & Markman, E. M. (Eds.): Handbook of child psychology, Vol. 3 Cognitive development (4th ed.).New York: Wiley 1983.

Shaw, M. E. & Sulzer, J. L.: An empirical test of Heider's levels in attribution of responsibility. Journal of Abnormal and Social Psychology 69 (1964), 39–46.

Sheehy, G.: In der Mitte des Lebens. München: Kindler 2. Aufl., 1976.

Shell Studie 1981 s. Jugendwerk der Deutschen Shell.

Shell Studie 1985 s. Jugendwerk der Deutschen Shell.

Shields, J.: Monocygotic twins brought up apart and brought up together. London: Oxford University Press 1962.

Shneiderman, B.: Exploratory experiments in programmer behavior. International Journal of Computer and Information Sciences 5 (1976), 123–143.

Shock, N. W.: System integration. In: Finch, C. G. & Hayflick, L. (Eds.): Handbook of the biology of aging. New York: Van Nostrand 1977, 639–665.

Shontz, F. C.: The psychological aspects of physical illnes and disability. New York: Macmillan 1975.

Showers, C., & Cantor, N.: Social cognition: A look at motivated strategies. In: Rosenzweig, M. & Porter, L. (Eds.): Annual Review of Psychology 36 (1985), 275–305.

Shultz, T. R., Butkowsky, I., Pearce, J. W. & Shanfield, H.: Development of schemes for the attribution of multiple psychological causes. Developmental Psychology 11 (1975), 502–510.

Shure, M. B. & Spivack, G.: Problem-solving techniques in child rearing. San Francisco: Jossey-Bass 1978.

Shuttleworth, F. K.: Sexual maturation and the physical growth of girls age six to nineteen. Monographs of the Society of Research in Child Development 1937, 2.

Siegel, S. M. & Rives, J. M.: Pre-retirement programs within services firms: Existing and planned programs. Aging and Work 3 (1980), 183–191.

Siegert, M. & Chapman, M.: Identitätsentwicklung im Erwachsenenalter. In: Frey, H. P. & Haußer, K. (Hg.): Identität. Stuttgart: Enke 1987 (im Druck).

Siegler, I. C.: Psychological aspects of the Duke Longitudinal Studies. In: Schaie, K. W. (Ed.): Longitudinal studies of adult psychological development. New York: Guilford Press 1983, 136–190.

Siegler, R. S. & Richards, D. D.: The development of two concepts. In: Brainerd, C. J. (Ed.): Recent advances in cognitive-developmental theory. New York: Springer 1983, 51–121.

Siegler, R. S. & Robinson, M.: The development of numeric understanding. In: Reese, H. & Lipsitt, L. P. (Hg.): Advances in child development and behavior. Bd. 16. New York: Academic Press 1982, 242–312.

Sigman, M.: Plasticity in development: Implications for intervention. In: Bond, L. A. & Joffe, J. M. (Eds.): Facilitating infant and early childhood development. Hanover, London, VT: University Press of New England 1982, 98–116.

Sigusch, V. & Schmidt, G.: Jugend und Ehe. Ereignisse einer empirischen Untersuchung. Ehe-Zentralblatt für Ehe- und Familienkunde 9 (1972), 28–47.

Silbereisen, R. K.: Perzipierte mütterliche Erziehungseinstellungen und Rollenübernahme bei Kindern. Zeitschrift für Entwicklungspsychologie und Pädagogische Psychologie 8 (1976), 288–297.

Silbereisen, R. K.: Untersuchungen zur Frage sozialkognitiv anregender Interaktionsbedingungen. In: Geulen, D: (Hg.): Perspektivenübernahme und soziales Handeln. Texte zur sozial-kognitiven Entwicklung. Frankfurt/M.: Suhrkamp 1982, 485–515.

Silbereisen, R. K.: Soziales Wissen und Verstehen – Soziale Kognition. In: Silbereisen, R. K. & Montada, L. (Hg.): Entwicklungspsychologie. Ein Handbuch in Schlüsselbegriffen. München: Urban & Schwarzenberg, 1983, 121–136.

Silbereisen, R. K.: Action-theory perspective in research on social cognition. In: Frese, M. & Sabini, J. (Eds.): Goal directed behavior: The concept of action in psychology. Hillsdale, N. J.: Erlbaum 1985, 215–227.

Silbereisen, R. K.: Entwicklung als Handlung im Kontext. Entwicklungsprobleme und Problemverhalten im Jugendalter. Zeitschrift für Sozialisationsforschung und Erziehungssoziologie 6 (1986), 29–46.

Silbereisen, R. K. & Eyferth, K.: Der Berliner Jugendlängsschnitt. Projekt „Jugendentwicklung und Drogen". Dritter Fortsetzungsantrag an die Deutsche Forschungsgemeinschaft. In: Silbereisen, R. K. & Eyferth, K. (Hg.): Berichte aus der Arbeitsgruppe TUdrop Jugendforschung, 50/85. Berlin (West): Technische Universität Berlin 1985.

Silbereisen, R. K. & Eyferth, K.: Development as action in context. In: Silbereisen, R. K., Eyferth, K. & Rudinger, G. (Eds.): Development as action in context: Problem behavior and normal youth development. New York: Springer 1986, 3–16.

Silbereisen, R. K. & Kastner, P.: Entwicklungstheoretische Perspektiven für die Prävention des Drogengebrauchs Jugendlicher. In: Brandtstädter, J. & Gräser, H. (Hg.): Entwicklungsberatung unter dem Aspekt der Lebensspanne. Göttingen: Hogrefe 1985, 83–102.

Silbereisen, R. K. & Kastner, P.: Neue Orientierungen in der psychologischen Jugendforschung. In: Heitmeyer, W. (Hg.): Interdisziplinäre Jugendforschung. Fragestellungen, Problemlagen, Neuorientierungen. München: Juventa 1986, 63–75.

Silbereisen, R. K. & Reitzle, M.: Selbstwertgefühl, Freizeitpräferenzen und Drogengebrauch im Jugendalter. In: Frey, H. P. & Haußer, K. (Hg.): Identität. Stuttgart: Enke 1987 (im Druck).

Silbereisen, R. K. & Schuhler, P.: Current trends in research on behavioral development in the Federal Republic of Germany. International Journal of Behavioral Development 5 (1982), 265–298.

Silbereisen, R. K., Benninghaus, H., Dieckmann, B. & Posner, R.: Jugendentwicklung und Drogen im Kulturvergleich: Interdisziplinäre Analysen des Berliner und Warschauer Jugendlängsschnitts. Antrag für ein interdisziplinäres Forschungsprojekt an die Technische Universität Berlin 1984.

Silbereisen, R. K., Mülle, K., Noack, P. & Walper, S.: Wie stimulieren Mütter die Perspektivenübernahme ihrer Kinder in einer Aufgabe zur „referential communication"? In: Michaelis, W. (Hg.): Bericht über den 32. Kongreß der Deutschen Gesellschaft für Psychologie in Zürich 1980. Göttingen: Hogrefe 1981, 422–426.

Silbereisen, R. K., Noack, P. & Eyferth, K.: Place for development: Adolescents, leisure settings, and developmental tasks. In: Silbereisen, R. K., Eyferth, K. & Rudinger, G. (Eds.): Development as action in context: Problem behavior and normal youth development. New York: Springer 1986, 87–108.

Silbereisen, R. K., Reitzle, M. & Dwyer, J. H.: Self-esteem, leisure motive , and adolescents' substance use. In: Bronfenbrenner, U. (Ed.): Classical and contemporary studies in human development (submitted).

Silbereisen, R. K., Schuhler, P. & Claar, A.: Forschungsmethoden zur Erfassung deskriptiver sozialer Kognitionen. In: Eckensberger, L. H. & Silbereisen, R. K. (Hg.): Entwicklung sozialer Kognitionen: Modelle, Theorien, Methoden, Anwendung. Stuttgart: Klett-Cotta 1980, 301– 334.

Silver, R. L. & Wortman, C. B.: Coping with undesirable life events. In: Garber, J. & Seligman, M. E. P. (Eds.): Human helplessness: Theory and applications. New York: Academic Press 1980, 279–340.

Silverman, J. W. & Geiringer, E.: Dyadic interaction and conservation induction: A test of Piaget's equilibration model. Child Development 44 (1973), 815–820.

Silverman, P. M.: The widow as a caregiver in a program of preventive intervention with other widows. In: Moos, R. (Ed.): Human adaptation. Lexington, Mass.: Heath 1976, 287–296.

Silvern, L. E., Waterman, J. M., Sobesky, W. & Ryan, V.: Effects of a developmental model of perspective-taking training. Child Development 50 (1979), 243–246.

Simmons, R. G., Blyth, D. A. & McKinney, K. L.: The social and psychological effects of puberty on white females. In: Brooks-Gunn, J. & Petersen, A. C. (Eds.): Girls at puberty. New York: Plenum 1983.

Simon, F. B. & Stierlin, H.: Die Sprache der Familientherapie. Ein Vokabular. Stuttgart: Klett-Cotta 1984.

Sinclair, H.: Acquisition du language et développement de la pensée. Paris: Dunod 1967.

Skeels, H. M.: Adult status of children with contrasting early life experiences. Monographs of the Society for Research in Child Development 31, Nr. 3, 1966.

Skeels, H. M. & Fillmore, E. A.: The mental development of children from unprivileged homes. Journal of Genetic Psychology 50 (1937), 427–439.

Skinner, B. F.: Verbal Behavior. New York: Appleton Century Crofts 1957.

Skolnick, A.: Married lives: Longitudinal perspectives on marriage. In: Eichhorn D. H. Haan, N., Mussen, P. H. & Swanson, G. (Eds.): Present and past in middle life. New York: Academic Press 1981 a, 269–298.

Skolnick, A.: The family and its discontents. Society 18 (1981 b), 42–47.

Slavin, R. E.: Constructivist approaches in educational research. Review of Educational Research 47 (1977) 651–693.

Slobin, D. I.: Cognitive prerequisites for the development of grammar. In: Ferguson, Ch. A. & Slobin, D. I. (Eds.): Studies of child language development. New York: Holt, Rinehart & Winston 1973, 175–208.

Slocum, W. F.: Some factors associated with happiness in unbroken homes. Family Life Coordinator 6 (1958), 35–39.

Smedslund, J.: Apprentissage des notions de la conservation et de la transitivité du poids. Etudes d'Epistémologie génétique 9 (1959), 85–124.

Smedslund, J.: The acquisition of conservation of substance and weight in children. I: Introduction. Scandinavian Journal of Psychology 2 (1961 a), 11–20.

Smedslund, J.: The acquisition of conservation of substance and weight in children. II: External reinforcement of conservation of weight and of the operations of addition and subtraction. Scandinavian Journal of Psychology 2 (1961 b), 71–84.

Smedslund, J.: The acquisition of conservation of substance and weight in children. III: Extinction of conservation of weight acquired ‚normally' and by means of empirical controls on an balance scale. Scandinavian Journal of Psychology 2 (1961 c), 85–87.

Smedslund, J.: The acquisition of conservation of substance and weight in children. IV: Attempt at extinction of the visual components of the weight concept. Scandinavian Journal of Psychology 2 (1961 d), 153–155.

Smedslund, J.: The acquisition of conservation of substance and weight in children. V: Practice in conflict situations without reinforcement. Scandinavian Journal of Psychology 2 (1961 e), 156–160.

Smedslund, J.: The acquisition of conservation of substance and weight in children. VI: Practice on continuous vs. discontinuous material in problem situations without external reinforcement. Scandinavian Journal of Psychology 2 (1961 f), 203–210.

Smedslund, J.: The acquisition of conservation of substance and weight in children. VII: Conservation of discontinuous quantity and the operations of adding the taking away. Scandinavian Journal of Psychology 3 (1962), 69–77.

Smith, C. R. & Steinschneider, A.: Differential effects of prenatal rhythmic stimulation on neonatal arousal states. Child Development (1975), 46, 574–578.

Smith, E. E. & Medin, L. L.: Categories and concepts, Cambridge: Harvard University Press 1981.

Smith, I. D.: The effects of training procedures on the acquisition of conservation of weight. Child Development 39 (1968), 515–526.

Smith, M. S. & Bissel, J. S.: Report analysis: The impact of Head Start. Harvard Educational Review 40 (1970), 51–104.

Smith, P.: Ethological methods. In: Foss, B. (Ed.): New perspectives in child development. Harmondsworth: Penguin 1974, 85–137.

Smyer, M. A.: Working with families of the impaired elderly. Journal of Community Psychology 12 (1984b), 323–334.

Smyer, M. A. Life transitions and aging: Implications for counseling older adults. Counseling Psychologist 12 (1984a), 17–28.

Sontag, L. W., Baker, C. T. & Nelson, V. L.: Mental growth and personality development: a longitudinal study. Monographs of the Society for Research in Child Development 23, Nr. 68, 1958.

Sorensen, R. C.: Adolescent sexuality in contemporary America: Personal values and sexual behavior ages 13–19. New York: H. N. Abrams 1973.

Sowarka, D.: Wisdom in the context of persons, situations, and actions: Common-sense conceptions of elderly women and men. Berlin: Max-Planck Institute for Human Development and Education (Preliminary summary of dissertation, unpublished), 1985.

Spada, H. & Kluwe, R. H.: Zwei Modelle der Denkentwicklung und ihr Bezug zur Theorie von Piaget. In: Kluwe, R. H. & Spada, H. (Ed.): Studien zur Denkentwicklung. Bern: Huber 1981, 27–77.

Spanier, G. B. & Glick, P. C.: Marital instability in the United States: Some correlates and recent changes. Family Relations 30 (1981), 329–338.

Spanier, G. B., Sauer, W. & Larzelere, R.: An empirical evaluation of the family life cycle. Journal of Marriage and the Family 37 (1979), 27–38.

Spark, G. M. & Brody, E. M.: The aged are family members. Family Press 9 (1970), 195–210.

Spearman, Ch.: The abilities of man. New York 1927.

Specht, W.: Die Schulklasse als soziales Beziehungsfeld altershomogener Gruppen. Forschungsbericht des Projektes: Entwicklung im Jugendalter. Universität Konstanz 1982.

Speer, D.: Family systems: Morphostasis and morphogenesis, or „is homeostasis enough?“ Family Process 9 (1970), 259–278.

Sperling, E., Massing, A., Reich, G., Georgi, H. & Wöbbe-Mönks, E.: Die Mehrgenerationen-Familientherapie. Göttingen: Vandenhoeck & Ruprecht 1982.

Spitz, R.: Hospitalism. An inquiry into the genesis of psychiatric conditions in early childhood. In: Eissler, R. et. al. (Ed.): The psychoanalytic study of the Child. Vol. 1. New York: International University Press 1945, 53–74.

Spitz, R.: Vom Säugling zum Kleinkind. Stuttgart: Klett 1967.

Spitz, R. A.: Hospitalism: an inquiry into the genesis of psychiatric conditions in early childhood. Psychoanalytic Study of the Child 1 (1945), 153–172.

Spitz, R. A.: Hospitalism: a follow-up report on investigation described in volume 1, 1945. Psychoanalytic Study of the Child 2 (1946), 113–117.

Spivack, G. & Shure, M. B.: Social adjustment of young children: A cognitive approach to solving real-life problems. San Francisco; Jossey-Bass 1974.

Spranger, E.: Psychologie des Jugendalters. Leipzig: Quelle & Meyer 1926.

Sroufe, L. A.: Wariness of strangers and the study of infant development. Child Development 48 (1977), 731–746.

Sroufe, L. A.: The coherence of individual development. American Psychologist 34 (1979), 834–841.

Sroufe, L. A.: Infant-caregiver attachment and patterns of adaption in prescho ol: The roots of maladaptation and competence. In: M. Perlmutter (Ed.): Minnesota symposia in child psychology, Vol. 16. Hillsdale, N. J.: Erlbaum 1983.

Sroufe, L. A. & Rutter, M.: The domain of developmental psychopathology. Child Development 55 (1984), 17–29.

Sroufe, L. A. & Waters, E.: The ontogenesis of smiling and laughter: A perspective on the organization of development in infancy. (Paper presented at the Biennial Meeting of the Society for Research in Child Development, Denver 1975). Psychological Review 83 (1976), 173–189.

Sroufe, L. A. & Waters, E.: Attachment as an organizational construct. Child Development 48 (1977), 1184–1199.

Sroufe, L. A. & Wunsch J. P.: The development of laughter in the first year of life. Child Development 43 (1972), 1326–1344.

Stanjek, K.: Das Überreichen von Gaben: Funktion und Entwicklung in den ersten Lebensjahren. Zeitschrift für Entwicklungspsychologie und Pädagogische Psychologie 10 (1978), 103–113.

Stapleton, C. M.: Reformulation of the family life cycle concept: Implications for residential mobility. Environment and Planning A 12 (1980), 1103–1118.

Starck, W.: Die Sitzenbleiberkatastrophe. Stuttgart: Klett 1974.

Statistisches Bundesamt: Wegen Verbrechen und Vergehen Verurteilte nach Alter und Geschlecht 1950–1983. Rechtspflegestatistik VII C. Wiesbaden: Statistisches Bundesamt. Auch: Fachserie 10, Reihe 3: Strafverfolgung. Stuttgart: Kohlhammer 1985.

Statistisches Bundesamt Wiesbaden: Fachserie 12: Gesundheitswesen. Reihe 3: Schwangerschaftsabbrüche. 1985.

Statistisches Jahrbuch der Bundesrepublik Deutschland 1984–85. Stuttgart: Kohlhammer 1985.

Statistisches Jahrbuch für die Bundesrepublik Deutschland Stuttgart: Kohlhammer 1984.

Statistisches Landesamt Baden-Württemberg, Familienwissenschaftliche Forschungsstelle: Neue Erkenntnisse zur Säuglingssterblichkeit. Materialien und Berichte, Heft 7. Stuttgart: Statistisches Landesamt 1983.

Staub, E.: Positive social behavior and morality: Vol. 2. Socialization and development. New York: Academic Press 1979.

Staub, E.: Entwicklung prosozialen Verhaltens. Zur Psychologie der Mitmenschlichkeit. München: Urban & Schwarzenberg 1982.

Steinberg, L. D., Greenberger, E., Jacobi, M. & Garduque, L.: Early work experience: A partial antidote for adolescent egocentrism. Journal of Youth and Adolescence 10 (1981), 141–157.

Steiner, G.: Mathematik als Denkerziehung. Stuttgart: Klett. 1973.

Steiner, G.: Hommage à Jean Piaget zum 80. Geburtstag. Stuttgart: Klett 1976.

Steiner, G.: Emotion und Reflexivität aus äquibrilationstheoretischer Sicht. In: Eckensberger, L. H. & Lantermann, E. D. (Hg.):Emotion und Reflexivität. München: Urban & Schwarzenberg 1985, 101–136.

Steinkamp, G. & Stief, W. H.: Lebensbedingungen und Sozialisation. Die Abhängigkeit von Sozialisationsprozessen in der Familie von ihrer Stellung im Verteilungssystem ökonomischer, sozialer und kultureller Ressourcen und Partizipationschancen. Opladen: Westdeutscher Verlag 1978.

Steinwachs, F.: Körperlich-seelische Funktionskoppelung im Antriebs- und Steuerungsbereich. Bericht, 24. Kongreß der Deutschen Gesellschaft für Psychologie Wien 1964, 199–204.

Stendler-Lavatelli, C.: Früherziehung nach Piaget. München: Reinhardt 1976.

Stephan, D., Petzold, M. & Nickel, H.: Entwicklungspsychologische Forschung im Spiegel empirischer Originalarbeiten. Eine Analyse deutschsprachiger Zeitschriftenpublikationen. Zeitschrift für Entwicklungspsychologie und Pädagogische Psychologie 18 (1986), 22–40.

Stern, C.: Acquisition of problem-solving strategies in young children and its relation to verbalization. Journal of Educational Psychology 48 (1967), 245–252.

Stern, C. & Stern, W.: Die Kindersprache. Eine psychologische und sprachtheoretische Untersuchung, 1. Aufl. 1907. Darmstadt: Wissenschaftliche Buchgesellschaft 1965.

Stern, W.: Die psychologischen Methoden der Intelligenzprüfung und deren Anwendung an Schulkindern. Leipzig: Barth 1912.

Stern, W.: Psychologie der frühen Kindheit bis zum 6. Lebensjahr. Leipzig: Quelle & Meyer 1914.

Stier, D.S. & Hall, J.A.: Gender differences in touch: An empirical and theoretical review. Journal of Personal and Social Psychology 47 (1984), 440–459.

Stoellger, N.: Erfahrungsbericht zum gemeinsamen Unterricht für behinderte und nichtbehinderte Kinder an einer Berliner Grundschule. In: Klein, G., Möckel, A. & Thalhammer, M. (Hg.): Heilpädagogische Perspektiven in Erziehungsfeldern. Heidelberg: Schindele 1982, 102–107.

Stollberg, D.: Lernen, weil es Freude macht. Eine Einführung in die Themenzentrierte Interaktion. München: Kösel 1982.

Stone, J. L. & Church, J.: Kindheit und Jugend. Einführung in die Entwicklungspsychologie Bd. 1. Stuttgart: Thieme 1978.

Strauss, S.: Inducing cognitive development and learning: A review of short-term training experiments I. The organismic-developmental approach. Cognition 1 (1972), 329–357.

Strayer, F. F. & Strayer, J.: An ethological analysis of social agonism and dominance relations among preschool children. Child Development 47 (1976), 980–989.

Stroebe, M. S., Stroebe, W., Gergen, K. J. & Gergen, M.: The broken heart: Reality or Myth? Omega: The Journal of Death and Dying 12 (1981), 87–106.

Stroebe, W., Stroebe, M. S., Gergen, K. S. & Gergen, M.: Der Kummer-Effekt: Psychologische Aspekte der Sterblichkeit der Verwitweten. Psychologische Beiträge 22 (1980), 1–26.

Struck, U.: Effektivitätsuntersuchungen von Vorschulprogrammen in Amerika und ihre Probleme. Psychologie in Erziehung und Unterricht 20 (1973), 36–48.

Stumpf, H., Angleitner, A., Wieck, T., Jackson, D. N. & Beloch-Till, H.: Deutsche Personality Research Form (PRF). Göttingen: Hogrefe 1985.

Sugarman, B. N.: Social norms in teenage boys' peer groups: A study of their implications for achievement and conduct in four London schools. Human Relations 1 (1968), 21.

Super, D. E.: A theory of vocational development. American Psychologist 8 (1953), 185–190.

Super, D. E.: The definition and measurement of early career behavior: A first formulation. Personnel and Guidance Journal 41 (1963), 775–780.

Super, D. E., Crites, J. O., Hummel, R. C., Vocational development: A framework for research. New York: Teachers College Bureau of Publications 1957.

Surber, C. F.: Developmental process in social inference: Averaging of intentions and consequences in moral judgment. Developmental Psychology 13 (1977), 654–665.

Surber, C. F.: Separable effects of motives, consequences, and presentation order on children's moral judgements. Developmental Psychology 18 (1982), 257–266.

Sutton-Smith, B. & Heath, S. B.: Paradigms of pretense. Quarterly Newsletter of the Laboratory of Comparative Human Cognition. University of California, San Diego 3 (1981), 41–45.

Sutton-Smith, B., Roberts, J. M. & Kozelka, R. M.: Game involvment in adults. Journal of Social Psychology 60 (1963), 15–30.

Szagun, G.: From „outer" to „inner" reality: On the meaning of some moral words. In: Seiler, Th. B. & Wannenmacher, W. (Eds.): Concept development and the development of word meaning. New York: Springer 1983, 157–173.

Tanner, J. M.: Wachstum und Reifung des Menschen. Stuttgart: Thieme 1962.

Tartler, R.: Das Alter in der modernen Gesellschaft. Stuttgart: Enke 1961.

Tausch, A. & Köhler, H.: Trainingsleiste zur Worterkennung. Hannover: Westermann 1971.

Tausch, R. & Tausch, A. (Hg.): Erziehungspsychologie. Göttingen: Hogrefe, 5. Aufl. 1970.

Tautermannova, M.: Smiling in infants. Child Development 44 (1973), 701–704.

Taylor, F. W.: Die Grundsätze wissenschaftlicher Betriebsführung. Weinheim: Beltz 1977 (Nachdruck der ersten deutschen Ausgabe, München: Oldenbourg 1913).

Tenbruck, F. (Hg.): Jugend und Gesellschaft. Soziologische Perspektiven. Freiburg i. Br.: Rombach, 2. Aufl., 1965.

Terman, L. M. & Oden, H. M.: The gifted groups at mid-life: Thirty-five years' follow up of the superior child. Stanford, Calif.: Stanford University Press 1959.

Tesch, S. A.: Review of friendship development across the life span. Human Development 26 (1983), 266–276.

Tetens, J. N.: Philosophische Versuche über die menschliche Natur und ihre Entwicklung. Leipzig: Weidmanns Erben und Reich 1777.

Thio, A.: Deviant behavior. Boston: Houghton Mifflin 1978.

Thomae, H.: Persönlichkeit: Eine dynamische Interpretation. Bonn: Bouvier 1951.

Thomae, H.: Entwicklung und Prägung. In: Thomae, H. (Hg.): Handbuch der Psychologie Bd. 3 Entwicklungspsychologie. Göttingen: Hogrefe 1959, 240–311.

Thomae, H.: Persönlichkeit – eine dynamische Interpretation. Göttingen: Hogrefe 1966.

Thomae, H.: Das Individuum und seine Welt. Eine Persönlichkeitstheorie. Göttingen: Hogrefe 1968.

Thomae, H.: Theory of aging and cognitive theory of personality. Human Development 13 (1970), 1–16.

Thomae, H.: Patterns of aging. Findings from the Bonn Longitudinal Study of Aging. Contributions to Human Development. Basel: Karger 1976.

Thomae, H.: Zur Problematik des Entwicklungsbegriffs im mittleren und höheren Erwachsenenalter. In: Oerter, R. (Hg.): Entwicklung als lebenslanger Prozeß. Hamburg: Hoffmann & Campe 1978, 21–32.

Thomae, H.: 50 Jahre Längsschnittforschung: Ein Beitrag zur Trendanalyse in der Entwicklungspsychologie. In: Montada, L. (Hg.): Brennpunkte der Entwicklungspsychologie. Stuttgart: Kohlhammer 1979, 31–41.

Thomae, H.: Alternsstile und Altersschicksale: Ein Beitrag zur differentiellen Gerontologie. Bern: Huber 1983.

Thomae, H.: Streßbewältigung. In: Oswald, W. D., Herrmann, W. M., Kanowski, S., Lehr, U. M. & Thomae, H. (Hg.): Gerontologie. Stuttgart: Kohlhammer 1984, 484–493.

Thomae, H. & Kranzhoff, H. E.: Erlebte Unveränderlichkeit von gesundheitlicher und ökonomischer Belastung. Zeitschrift für Gerontologie 12 (1979), 439–459.

Thomae, H. & Petermann, F.: Biographische Methode und Einzelfallanalyse. In: Bredenkamp, J. & Feger, H. (Hg.): Methodenlehre. Göttingen: Hogrefe 1983, 362–400.

Thoman, E. B.: Sleep and wake behaviors in neonates: Consistencies and consequences. Merrill-Palmer Quarterly (1975), 21, 295–314.

Thoman, E. B., Korner, A. F. & Beason-Williams, L.: Modification of responsiveness to maternal vocalization in the neonate. Child Development (1977), 48, 563–569.

Thomas, A. & Chess, S.: Temperament and development. New York: Bruner & Mazel 1977.

Thomas, A., Chess, S. & Birch, H. G.: Temperament and behavior disorders in children. New York: University Press 1968.

Thurstone, L. L.: Primary Mental Abilities. Psychometric Monographs No. 1. Chicago: University of Chicago Press 1938.

Thurstone, L. L. & Thurstone, T. G.: Factorial studies of intelligence. Chicago: University of Chicago Press 1941.

Tiedeman, D. V. & O'Hara, R. P.: Career development: Choice and adjustment. New York: College Entrance Examination Board 1963.

Tiedemann, D.: Beobachtungen über die Entwicklung der Seelenfähigkeit der Kinder. Hessische Beiträge zur Gelehrsamkeit der Kunst, Bd. II, Stück 2 und 3 (Gesamtzählung: Stück 6 und 7), 1787.

Tiedemann, J.: Schulerfolg und Schulversagen. In: Schiefele, H. & Krapp, A. (Hg.): Handlexikon zur Pädagogischen Psychologie. München: Ehrenwirth 1981, S. 304–310.

Tietze, W.: Chancenungleichheit bei Schulbeginn. Eine empirische Untersuchung über vorzeitig eingeschulte Kinder. Düsseldorf: Schwann 1973.

Tizard, B. & Hodges, J.: The effect of early institutional rearing on the development of eight-year-old children. Journal of Child Psychology and Psychiatry 19 (1978), 99–118.

Tizard, B. & Rees, J.: A comparison of the effects of adoption, restoration to the natural mother, and continued institutionalization on the cognitive development of four-year-old children. Child Development 45 (1974), 92–99.

Tizard, B. & Rees, J.: A comparison of the effects of adoption, restoration to the natural mother, and continued institutionalization on the cognitive development of four-year-old children: further note: December 1975. In: Clarke, A. M. & Clarke, A. D. B. (Eds): Early experience: myth and evidence. London: Open Books 1976.

Todt, E.: Das Interesse. Empirische Untersuchungen zu einem Motivationskonzept. Bern: Huber 1978.

Todt, E.: Geschlechtsrolle und schulisches Lernen. Unterrichtswissenschaft 7 (1979), 101–115.

Todt, E.: Theorie der Interessenentwicklung. Manuskript für die Diskussion im workshop „Interesse" 1985 im Schloß Rauischholzhausen bei Gießen.

Todt, R.: Selbstkonzept und Selbstkonzeptänderung als Mittler bei der Bewältigung von Anforderungen in der Adoleszenz. In: Olbrich, E. & Todt, E. (Hg.): Probleme des Jugendalters. Berlin: Springer 1984, 159–177.

Toman, W.: Familienkonstellationen. München: Beck, 2. Aufl., 1974.

Toman, W.: Family constellations: Its effects on personality. New York: Springer, 3. rd.ed., 1976.

Toman, W.: Familientherapie. Darmstadt: Wissenschaftliche Buchgesellschaft 1979.

Toman, W. & Preiser, S.: Familienkonstellationen und ihre Störungen. Stuttgart: Enke 1973.

Tomaszewski, T.: Struktur und Steuerungsmechanismen menschlicher Tätigkeit. In: Tomaszewski, T. (Hg.): Zur Psychologie der Tätigkeit. Berlin/DDR: Deutscher Verlag der Wissenschaften 1981.

Tornquist, K. & Wimmer, H.: Meta-Gedächtnis als Bedingung der Gedächtnisentwicklung. Zeitschrift für Entwicklungspsychologie und Pädagogische Psychologie 9 (1977), 252–264.

Trautner, H. M.: Lehrbuch der Entwicklungspsychologie. Göttingen: Hogrefe 1978.

Trautner, H. M.: Modelle für die Erklärung von Entwicklungsprozessen. In: Silbereisen, R. K. & Montada, L. (Hg.): Entwicklungspsychologie. Ein Handbuch in Schlüsselbegriffen. München: Urban & Schwarzenberg 1983, 44–54.

Trautner, H. M.: Magnificants of the appearance-reality distinction for the development of gender constancy. Entwicklungs- und Zusammenhangsmuster von Merkmalen der Geschlechtstypisierung im Kindesalter (Hrsg. v. Trautner, H. M.). Psychologisches Institut der Universität Münster. Nr. 7, 1985/1.

Trautner, H. M., Helbing, N. & Sahm, W. B.: Entwicklungs- und Zusammenhangsmuster von Merkmalen der Geschlechtstypisierung im Kindesalter. Schlußbericht Juni 1985 (Hrsg. v. Trautner, H. M.). Psychologisches Institut der Universität Münster.

Trautner, H. M., Sahm, W. B. & Stevermann, I.: The development of sex-role stereotypes and classificatory skills in children. Arbeiten aus dem Forschungsprojekt „Entwicklung und Zusammenhangsmuster von Merkmalen der Geschlechtstypisierung im Kindesalter". (1983/4), Nr. 5 (Hrsg. v. Trautner, H. M.). Universität Münster.

Travers, R.M. W.: Children's interests. Unpublished manuscript. Kalamazoo, Michigan: Western Michigan University 1978.

Treiber, B. & Weinert, F. E. (Hg.): Lehr-Lern-Forschung. Ein Überblick in Einzeldarstellungen. München: Urban & Schwarzenberg 1982.

Treiber, B. & Weinert, F. E.: Gute Schulleistungen für alle? Psychologische Studien zu einer pädagogischen Hoffnung. Münster: Aschendorff 1985.

Treiber, B. & Petermann, F.: Probleme der Unterrichtsdifferenzierung aus der Sicht des ATI-Forschungsprogramms. Zeitschrift für Pädagogik 22 (1976), 525–546.

Trethowan, W. H.: The Couvade Syndrome: Some further observations. Journal of Psychosomatic Research 12 (1968), 107–115.

Trevarthen, C.: Instincts for human understanding and for cultural cooperation: Their development in infancy. In: Cranach v. M. et al. (Eds.): Human ecology – claims and limits of a new discipline. London/New York: Cambridge University Press 1979, 530–594.

Trevarthen, C.: Neurological development and the growth of psychological functions. In: Sants, J. (Ed.): Developmental psychology and society. London: Macmillan 1980, 46–94.

Trevarthen, C.: Basic patterns of psychogenetic change in infancy. In: Bever, Th. G. (Ed.): Regression in mental development. Hillsdale, N. J.: Erlbaum 1982, 7–46.

Troll, L. E., Miller, S. & Atchley, R. C.: Families of the later life. Belmont, Cal.: Wadsworth 1979.

Trolldenier, H.-P.: Verhaltensbeobachtung in Erziehung und Unterricht mit der Interaktionsprozeßanalyse. Frankfurt/M.: Fachbuchhandlung für Psychologie 1985.

Trost, J.: The family life cycle: A problematic concept. In: Cuisenier, J. (Ed.): The family life cycle in European societies. Den Haag: Mouton 1977, 467–481.

Trouilet, B.: Vorschulerziehung in den USA. In: Deutsches Institut für International Pädagogische Forschung (Hg.): Dokumentation zum in- und ausländischen Schulwesen. Bd. 12. Weinheim: Beltz, 2. Aufl., 1972.

Tuddenham, I. D. & Snyder, M. M.: The physical growth of California boys and girls from birth to eighteen years. Child Development 1 (1954), 183–367.

Tudor, B.: A specification of relationships between job complexity and powerlessness. American Sociological Review 37 (1972), 596–604.

Tugendhat, E.: Problem der Ethik. Stuttgart: Reclam 1984.

Tulkin, S. R.: An analysis of the concept of cultural deprivation. Developmental Psychology 6 (1972), 326–339.

Tulving, E.: Episodic and semantic memory. In: Tulving, E., & Donaldson, W. (Eds.): Organization of memory. New York: Academic Press 1972, 382–404.

Tulviste, P.: On the origins of theoretic syllogistic reasoning in culture and the child. Quarterly Newsletter of the Laboratory of Comparative Human Cognition 1 (1979), 73–80.
Tuma, N. B., Hannan, M. T. & Groenveld, L. P.: Dynamic analysis of event histories. American Journal of Sociology 84 (1978), 829–854.
Turiel, E.: An experimental test of the sequentiality of developmental stages in the child's moral judgement. Journal of Personality and Social Psychology 3 (1966), 611–618.
Turiel, E.: Conflict and transition in adolescent moral development. Child Development 45 (1974), 14–29.
Turiel, E.: The development of soçial knowledge. Morality and convention. Cambridge, Mass.: Cambridge University Press 1983.
Turiel, E. & Smetana, J. G.: Social knowledge and action: The coordination fo domains. In: Kurtines, W. M. & Gerwirtz, J. L. (Eds.): Morality, moral behavior, and moral development: Basic issues in theory and research. New York: Wiley 1985.
Turner, R. H.: Role-taking: Processes vs. conformity. In: Rose, A. M. Ed.): Human behavior and social processes. London: Routledge and Kegan Paul 1962, 20–40.
Tyrell, H.: Literaturbericht. In: Bundesminister für Jugend, Familie & Gesundheit (Hg.): Nichteheliche Lebensgemeinschaften in der Bundesrepublik Deutschland. Stuttgart. Kohlhammer 1985, 93–140.

Udris, I.: Ist Arbeit noch länger zentrales Lebensinteresse?. Psychosozial 2 (1979), 100–120.
Udris, I.: Stress in arbeitspsychologischer Sicht. In: Nitsch, J. (Hg.): Stress. Bern: Huber 1981, 391–440.
Ueckert, H.: Computer-Simulation. In: Bredenkamp, J. & Feger, H. (Hg.): Methodenlehre. Göttingen: Hogrefe 1983, 530–616.
Ulich, D.: Pädagogische Interaktion. Weinheim: Beltz 1976.
Ulich, E.: Über mögliche Zusammenhänge zwischen Arbeitstätigkeit und Persönlichkeitsentwicklung. Psychosozial 1 (1978a), 44–63.
Ulich, E.: Über das Prinzip der differentiellen Arbeitsgestaltung. Industrielle Organisation 47 (1978b), 566–568.
Ulich, E.: Präventive Intervention im Betrieb: Vorgehensweisen zur Veränderung der Arbeitssituation. Psychosozial 6 (1983), 48–70.
Ulich, E. & Ulich, H.: Über einige Zusammenhänge zwischen Arbeitsgestaltung und Freizeitverhalten. In: Leuenberger, Th. & Ruffmann, K.-H. (Hg.): Bürokratie – Motor oder Bremse der Entwicklung?. Bern: Lang 1977, 209–227.
Ulich, E., Groskurth, P. & Bruggemann, A.: Neue Formen der Arbeitsgestaltung. Frankfurt/M.: Europäische Verlagsanstalt 1973.
Ullrich, H.: Ästhetische Erziehung im Vorschulalter. Zeitschrift für Kunstpädagogik 1 (1972), 17–26.
Underwood, B. & Moore, B.: Perspective-taking and altruism. Psychological Bulletin 91 (1982), 143–173.
Undeutsch, U.: Somatische Akzeleration und psychische Entwicklung der Jugend der Gegenwart. Studium Generale 5 (1952).
Urbain, E. S. & Kendall, T. C.: Review of social-cognitive problem solving i nterventions with children. Psychological Bulletin 88 (1980), 109–143.
Uzgiris, I.: Patterns of cognitive development in infancy. Merrill-Palmer Quarterly 19 (1973), 181–204.
Uzgiris, I. (Ed.): Social interaction and communication during infancy: New directions for child development. Vol. 4. London: Jossey-Bass 1979.
Uzgiris, I. C. & Hunt, J. McV.: Assessment in infancy: Ordinal scales of psychological development. Urbana–Chicago–London: University of Illinois Press 1975.

Vaillant, G. E.: Adaptation to life. Boston: Little, Brown & Co. 1977.
Vaughn, B., Egeland, B. & Sroufe, L. A.: Individual differences in infant-mother attachment at twelve and eighteen mounths: Stability and change in families under stress. Child Development 50 (1979), 971–975.
Veroff, J.: Social comparison and the development of achievement-related motives in children. New York: Russel Sage Foundation 1969.
Veroff, J., Atkinson, J. W. & Feld, S. K. & Gurin, G.: The use of thematic apperception to

assess motivation in a nationwide interview study. Psychological Monographs 74 (1960), 12.

Vieweger, G.: Zur altersgemäßen Einschulung. Weinheim: Beltz 1966.

Vogel, F. & Motulsky, A.: Human Genetics. Berlin: Springer 1979.

Volpert, W.: Die Lohnarbeitswissenschaft und die Psychologie der Arbeitsfähigkeit. In: Groskurth, P. & Volpert, W. (Hg.): Lohnarbeitspsychologie. Frankfurt: Fischer 1975, 11–196.

Volpert, W.: Von der Aktualität des Taylorismus. Einleitung zum Neudruck von F. W. Taylors „Grundsätzen wissenschaftlicher Betriebsführung". Weinheim: Beltz 1977.

Volpert, W.: Sensumotorisches Lernen. Frankfurt: Lampert Fachbuchhandlung für Psychologie 1981.

Volpert, W.: The model of the hierarchical-sequential organization of action. In: Hacker, W., Volpert, W. & v. Cranach, M. (Eds.): Cognitive and motivational aspects of action. Berlin: Deutscher Verlag der Wissenschaften 1982.

Volpert, W., Oesterreich, R., Gablenz-Kolakovic, S., Krogoll, T. & Resch, M.: Verfahren zur Ermittlung von Regulationserfordernissen in der Arbeitstätigkeit (VERA). Handbuch. Köln: Verlag TÜV Rheinland 1983.

von Bracken, F.: Psychologische Untersuchungen an Zwillingen. Bericht über den XIII. Kongreß der Gesellschaft für Psychologie in Leipzig. Leipzig: Fischer 1933, 117–119.

von Cube, F.: Kybernetische Grundlagen des Lernens und Lehrens. Stuttgart: Klett 1968.

von Wright, G. H.: Erklären und Verstehen. Frankfurt: Athenäum-Fischer 1974.

Vontobel, J.: Leistungsbedürfnis und soziale Umwelt. Zur soziokulturellen Determination der Leistungsmotivation. Bern: Huber 1970.

Voydanoff, P.: Unemployment: Family strategies for adaptation. In: Figley, C. R. & McCubbin, H. I. (Eds.): Stress and the family. Vol. 2. Coping with catastrophe. New York: Brunner/Mazel 1983, 90–102.

Vygotsky, L. S.: Denken und Sprechen (Übers. v. G. Sewekow). Stuttgart: Fischer 1964 (orig. 1934).

Vygotsky, L. S.: Play and its role in the mental development of the child. Soviet Psychology 5 (1967), 6–18.

Vygotsky, [Wygotski] L. S.: Mind and society: The development of higher psychological processes. (M. Cole, v. John-Steiner, S. Scribner & E. Souberman (Eds.) Cambridge, Mass.: Harvard University Press 1978 (orig. 1938).

Wachs, T. D.: Utilisation of a Piagetian approach in the investigation of early experience effects: A research strategy and some illustrative data. Merril-Palmer Quarterly 21 (1975), 269–294.

Wacker, A. (Hg.): Vom Schock zum Fatalismus? Soziale und psychische Auswirkungen der Arbeitslosigkeit. Frankfurt: Campus 1978.

Wadsworth, M. & Ford, D. H.: Assessment of personal goal hierarchies. Journal of Counseling Psychology 30 (1983), 514–526.

Wagner, D. A. & Stevenson, H. W. (Hg.): Cultural perspectives on child development. San Francisco: Freeman 1982.

Wagner, I.: Trainingsversuche mit kognitiv impulsiven Kindern. Archiv für Psychologie 125 (1973), 288–316.

Wagner, I.: Aufmerksamkeitstraining mit impulsiven Kindern. Stuttgart: Klett 1976.

Wagner, I.: Reflexivitätstraining. In: Klauer, K. J. & Reinartz, A. (Hg.): Handbuch der Sonderpädagogik. Sonderpädagogik in allgemeinen Schulen. Berlin: Marhold 1978, 332–339.

Wainwright, W. H.: Fatherhood as a precipitant of mental illness. American Journal of Psychiatry 123 (1966), 40–44.

Walker, E. L. & Heyns, R. W.: Conformity and conflict of needs. In: Walker, E. L. & Heyns, R. W. (Eds.).: An anatomy for conformity. Belmont, CA: Wadsworth 1962.

Walker, J. W., Kimmel, D. C. & Price, K. F.: Retirement style and retirement satisfaction: Retirees aren't all alike. International Journal of Aging and Human Development 12 (1980/81), 267–281.

Wall, T. P. & Clegg, C. W.: A longitudinal study of group work redesign. Journal of Occupational Behavior 2 (1981), 31–49. (zit. n. Frese, M. & Greif, S.: Arbeit und Persönlichkeitsentwicklung. In: Silbereisen, R. K & Montada, L. (Hg.): Entwicklungspsychologie: Ein Handbuch in Schlüsselbegriffen. München: Urban & Schwarzenberg, (1983) 214–220.

Wallach, A.: Varying fates of young drug users. Referat, Jahrestagung der California State Psychological Association. Colorado, Cal. 1971.

Wallach, L., Wall, A. J. & Anderson, L.: Number conservation: The roles of reversibility, addition/subtraction and misleading perceptual cues. Child Development 38 (1967), 425–442.

Wallach, M. A. & Kogan, N.: A new look at the creativity-intelligence distinction. Journal of Personality 3 (1965), 348–369.

Waller, M.: Soziales Lernen und Interaktionskompetenz. Stuttgart; Klett-Cotta 1978.

Walter, H. & Oerter, R. (Hg.): Ökologie und Entwicklung. Mensch-Umwelt-Modelle. Donauwörth: Auer 1979.

Walter, J. & Wolf, E.: Präventive Intervention – am Beispiel industrieller Schichtarbeit. Psychosozial 6 (1983), 110–130.

Walter, K.-H.: Sollen kleine Kinder lesen lernen? Für und wider das Frühlesen. Duisburg: Braun 1967.

Walters, L. H.: Are families different from other groups? Journal of Marriage and the Family 44 (1982), 841–850.

Walton, M. D.: Negotiation of responsibility: Judgments of blameworthiness in a natural setting. Developmental Psychology 21 (1985), 725–736.

Wannenmacher, W.: Zur Begriffs- und Bedeutungsentwicklung des Wortes „Arbeit". Vortragsmanuskript, 5. Tagung Entwicklungspsychologie, Augsburg 1981. (Abgedr. in: Oerter, R. (Hg.): Bericht über die 5. Tagung Entwicklungspsychologie, Bd. 1. Augsburg: Universität Augsburg 1981, 174–176).

Wannenmacher, W.: Zwischen Holismus und Atomismus: Einige Bemerkungen zu Theorie- und Modellvorstellungen der Begriffs- und Wortbedeutungsforschung. Vortragsmanuskript, 6. Tagung Entwicklungspsychologie, Regensburg 1983. (Abgedr. in: Grossmann, K. E. & Lütkenhans, P. (Hg.): Bericht über die 6. Tagung Entwicklungspsychologie, Bd. 2. Regensburg: Universität Regensburg 1983, 356–361).

Wannenmacher, W.: Begriffs- und Wortbedeutungsentwicklung bei 5–13jährigen. Vortragsmanuskript, Universität Oldenburg, Fachbereich 5, Institut für Kognitionsforschung 1985.

Wannenmacher, W.: Begriff und Wortbedeutung. In: Hoppe-Graff, S. & Wannenmacher, W. (Hg.): Lehrbuch der kognitiven Entwicklungspsychologie. Berlin: Springer (i. Vorb.).

Wannenmacher, W. & Seiler, Th. B.: Theoretische Ansätze und empirische Befunde zur Wortbedeutungsentwicklung in den 70er Jahren. In: Michaelis, W. (Hg.): Bericht über den 32. Kongreß der Deutschen Gesellschaft für Psychologie in Zürich 1980, Bd. 1. Göttingen: Hogrefe 1981, 231–237.

Wannenmacher, W. & Seiler, Th. B.: Historical trends of research in concept development and the development of word meaning. In: Seiler, Th. B. & Wannenmacher, W. (Eds.): Concept development and the development of word meaning. New York: Springer 1983a, 1–17.

Wannenmacher, W. & Seiler, Th. B.: Theoretische Perspektiven und die Erforschung von Begriffs- und Bedeutungsentwicklungen. In: Lüer, G. (Hg.): Bericht über den 33. Kongreß der Deutschen Gesellschaft für Psychologie in Mainz 1982, Bd. 1. Göttingen: Hogrefe 1983b, 297–300.

Wannenmacher, W. & Seiler, Th. B.: Die Bedeutung verbaler Methoden für die Untersuchung von Wortbedeutungsentwicklungen. In: Seiler, Th. B. & Wannenmacher, W. (Hg.): Begriffs- und Wortbedeutungsentwicklung. Berlin: Springer 1985, 193–211.

Warner, K. E.: Consumption impacts of change in the Federal Cigarette Excise Tax. In: Schelling, T. C (Ed.): The cigarette excise tax. Cambridge, Mass.: Harvard University 1985, 88–105.

Warnick, K. P. & Zachringer, M. V.: Food patterns of deficient diets. Journal of Home Economics 55 (1963), 169–172.

Warren, B. L.: A multiple variable approach to the assortive mating phenomenon. Eugenics Quarterly, 13 (1966), 285–290.

Warren, N. & Parkin, J. M.: A neurological and behavioral comparison of African and European newborns in Uganda. Child Development 45 (1974), 966–971.

Watermann, C. K. & Nevid, J. S.: Sex differences in the resolution of the identity crisis. Journal of Youth and Adolescence 6 (1977), 337–341.

Waters, E. & Sroufe, L. A.: Social competences as a developmental construct. Developmental Review 3 (1983), 79–97.

Waters, J. S. & Andreassen, C.: Children's use of memory strategies under instruction. In: Pressley, M. & Levin, J. R. (Eds.): Cognitive strategy research. New York: Springer 1983, 1–24.

Watson, J. B.: Behaviorismus. Köln: Kiepenheuer & Witsch 1968, Orig.: 1924.

Watson, J. S.: Orientation-specific age changes in responsiveness to the face stimulus in young infants. Paper presented at the meeting to the American Psychological Association. Chicago 1965.

Watson, M. W. & Amgott-Kwan, T.: Transitions in children's understanding of parental roles. Developmental Psychology 19 (1983), 659–666.

Watson, M. W. & Fischer, K. W.: A developmental sequence of agent use in late infancy. Child Development 48 (1977), 828–836.

Watson, W. M. & Amgott-Kwan, T.: Development of family-roles concepts in school-age children. Developmental Psychology 20 (1984), 953–959.

Watzlawick, P., Weakland, J. H. & Fisch, R.: Lösungen. Bern: Huber 1974.

Weakland, J. H. & Herr, J. J.: Beratung älterer Menschen und ihrer Familien. Bern: Huber 1984.

Wechsler, D.: Die Messung der Intelligenz Erwachsener, Bern: Huber 1955.

Wechsler, D.: The measurement and appraisal of adult intelligence. Baltimore: Williams & Wilkins, 1958.

Weeks, G. R. & Wright, L.: Dialectics of the family life cycle. The American Journal of Family Therapy 7 (1979), 85–91.

Wehren, A. & De Lisi, R.: The development of gender understanding: Judgement and explanations. Child Development 54 (1983), 1568–1578.

Weikart, D.: Über die Wirksamkeit vorschulischer Erziehung. Zeitschrift für Pädagogik 21 (1975), 489–509.

Weikart, D., DeLoria, D., Lawser, S. & Wiegerink, R.: Longitudinal results of the Ypsilanti Perry Preschool Project. Ypsilanti, Michigan: High/Scope Educational Research Foundation 1970.

Weikart, D., Rogers, C., Adcock, C. & McClelland, R.: The cognitively oriented curriculum: A framework for preschool teachers. Urbana: University of Illinois Press 1971.

Weiner, B.: Theorien der Motivation. Stuttgart: Klett 1976.

Weiner, B. & Peters, N. V.: A cognitive-developmental analysis of achievement and moral judgments. Developmental Psychology 9 (1973), 290–309.

Weinert, F. E.: Remediales Lehren und Lernen. In: Klauer, K. J. & Reinartz, A. (Hg.): Sonderpädagogik in allgemeinen Schulen. Berlin: Marhold 1978, 256–269.

Weinert, F. E.: Über die mehrfache Bedeutung des Begriffes ,,entwicklungsangemessen" in der pädagogisch-psychologischen Theorienbildung. In: Brandtstädter, J., Reinert, G. & Schneewind, K. (Hg.): Pädagogische Psychologie: Probleme und Perspektiven. Stuttgart: Klett-Cotta 1979, 181–207.

Weinert, F. E. & Knopf, M: Gedächtnisentwicklung. In: Silbereisen, R. K. & Montada, L. (Hg.): Entwicklungspsychologie: Ein Handbuch in Schlüsselbegriffen, München: Urban & Schwarzenberg (1983), 103–110.

Weinert, F. E., Knopf, M. & Barann, G.: Metakognition und Motivation als Determinanten von Gedächtnisleistungen im höheren Erwachsenenalter. Sprache und Kognition 2 (1983), 71–87.

Weinert, F. E., Knopf, M. & Körgel, J.: Zusammenhänge zwischen Metawissen, Verhalten und Leistung bei der Lösung von Gedächtnisaufgaben durch Kinder und ältere Erwachsene. In: Bericht, 33. Kongreß der Deutschen Gesellschaft für Psychologie, Mainz 1982 (Hg. F. Lüer). Göttingen: Hogrefe 1983, 262–271.

Weinert, F. E. & Zielinski, W.: Lernschwierigkeiten – Schwierigkeiten des Schülers oder der Schule? Unterrichtswissenschaft 5 (1977), 292–304.

Weingarten, K.: Family awareness for non-clinicians: Participation in a simulated family as a teaching technique. Family Process 18 (1979), 143–150.

Weinraub, M. & Putney, E.: The effects of height on infant's social responses to unfamiliar persons. Child Development 49 (1978), 598–603.

Weinraub, M., Clemens, L. P., Sockloff, A., Ethridge, T., Gracely, E. & Myrers, B.: The development of sex role stereotypes in the third year: Relationship to gender labeling, gender identity, sex-Zyped toy preference, and family characteristics. Child Development 55 (1984), 1493–1503.

Weiss, P.: Abschied von den Eltern. Frankfurt: Suhrkamp 1961.

Weiß, W. W.: Jugend und Musikkultur. In: Schäfers, B. (Hg.): Soziologie des Jugendalters. Eine Einführung. Opladen: Leske & Budrich 1980, 155–163.

Wellmann, H. M.: Tip of the tongue and feeling of knowing experience: a developmental study of memory monitoring. Child Development 48 (1977), 13–21.

Wellmann, H. M.: Metamemory revisited. In: Chi, M. T. H. (Ed.): Trends in memory development research. Basel: Karger 1983, 31–51.

Werner, E. E. & Smith, R. S.: Vulnerable but invincible. A study of resilient children. New York: McGraw-Hill 1982.

Werner, H.: Einführung in die Entwicklungspsychologie. Leipzig: Barth 1926.

Werthmann, M. W. jr.: Medical constraints to optimal psychological development of the premature infant. In: Friedman, S. L. & Sigman, M. (Eds.): Preterm birth and psychological development. New York: Academic Press 1981, 17–39.

West, D. J. & Farrington, D. P.: Who becomes delinquent? London: Heinemann 1973.

Westbrook, M.: A classifications of coping behavior, based on multidimensional scaling of similiarity ratings. Journal of Clinical Psychology 35 (1979), 407–410.

Westmeyer, H.: Die rationale Rekonstruktion einiger Aspekte psychologischer Praxis. In: Albert, H. & Stapf, K. H. (Hg.): Theorie und Erfahrung. Stuttgart: Klett 1979, 139–161.

Wewetzer, K. H.: Intelligenztests für Kinder. In: Heiss, R. (Hg.): Psychologische Diagnostik. Handbuch der Psychologie, Band 6. Göttingen: Hogrefe 1964, 200–225.

Wheeler, C. L. & Carnes, E. F.: Relationship among self-concepts, ideal-self-concepts, and stereotypes of probable and ideal vocational choices. Journal of Counseling Psychology 15 (1968), 530–535.

Whitbourne, S. K. & Weinstock, C. S.: Die mittlere Lebensspanne. München: Urban und Schwarzenberg 1982.

White, B. L.: An experimental approach to the effects of experience on early human behavior. In: Hill, J. P. (Ed.): Minnesota symposea on child behavior, Vol. 1. Minneapolis: University of Minnesota Press 1967, 201–266.

White, B. L.: Human infants: Experience and psychological development. New York: Prentice Hall 1970.

White, R. W.: Motivation reconsidered: The concept of competence. Psychological Review 66 (1959), 297–333.

Whiteman, M.: Children's conception of psychological causality. Child Development 38 (1967), 143–155.

Whiting, J. W. M. & Child, I. L.: Child training and personality: A cross-cultural study. New Haven, Conn.: Yale University Press 1953.

Wickens, D.: Piagetian theory as a model for open systems of education. In: Schoebel, M. & Raph, J. (Ed.): Piaget in the classroom. New York: Basic 1973.

Wilcox, S. & Palermo, D. S.: ,,In", ,,on" and ,,under" revisited. Cognition 3 (1975), 245–254.

Wilkening, F.: Beachtung und Addition zweier Dimensionen: Eine Alternative zu Piagets Zentrierungsannahme. Zeitschrift für Entwicklungspsychologie und Pädagogische Psychologie 10 (1978), 99–102.

Wilkening, F.: Development of dimensional integration in children's perceptual judgements: Experiments with area, volume, and velocity. In: Wilkening, F., Becker, J. & Trabasso, T. (Ed.): Information integration by children. Hillsdale, N. J.: Erlbaum 1980, 47–69.

Wilkening, F.: Integration velocity, time, and distance information: A developmental study. Cognitive Psychology 13 (1981), 231–247.

Willi, J.: Die Zweierbeziehung. Reinbek: Rowohlt 1975.

Willi, J.: Koevolution. Die Kunst gemeinsamen Wachsens. Reinbek: Rowohlt 1985.

Williams, W. V. & Polak, P. R.: Follow-up research in primary prevention: A model of adjustment in acute grief. Journal of Clinical Psychology 35 (1979), 35–45.

Wilms, W. R. & Kornmann, R.: Entwicklungsstörungen und ihre Auswirkungen auf das Verhalten in der Schule. In: Lohmann, J. & Minsel, B. (Hg.): Störungen im Schulalltag. München: Urban & Schwarzenberg 1978, 76–100.

Wilson, R. S.: Risk and resilience in early mental development. Developmental Psychology 21 (1985), 795–806.

Wimmer, H.: Gedächtnis, Gedächtnisentwicklung und schulisches Lernen. Unterrichtswissenschaft 5 (1977), 14–22.

Wimmer, H. & Perner, J.: Beliefs about beliefs: Representation and constraining function of wrong beliefs in young children's understanding of deception. Cognition 13 (1983), 103–128.

Winkelmann, W.: Testbatterie zur Entwicklung kognitiver Operationen (TEKO). Braunschweig: Westermann 1975.

Winkelmann, W., Holländer, A., Schmerkotte, H. & Schmalohr, E.: Kognitive Entwicklung und Förderung von Kindergarten- und Vorklassen-Kindern, Bde. 1 und 2. Kronberg/Ts.: Scriptor 1977.

Winograd, E. & Simon, E. W.: Visual memory and imagery in the aged. In: Poon, L. W., Fozard, J. L., Lermak, L. S. & Arenberg, D. (Eds.): New directions in memory and aging. Hillsdale, New Jersey: Lawrence Erlbaum 1980, 485–506.

Wismans, L.: Entwicklung von Geschlechtsrollen und Bedingungen der Veränderung von Geschlechtsrollenverhalten im Rahmen des Berufswahlunterrichts. Diplomarbeit, Fachbereich Psychologie, Justus-Liebig-Universität, Gießen 1977.

Wissenschaftlicher Beirat für Familienfragen beim Bundesministerium für Jugend, Familie und Gesundheit. Familie und Arbeitswelt. Stuttgart: Kohlhammer 1984.

Withbourne, S. K. & Weinstock, C. S.: Die mittlere Lebensspanne: Entwicklungspsychologie des Erwachsenenalters. München: Urban & Schwarzenberg 1982.

Wittgenstein, L.: Philosophische Untersuchungen. Frankfurt Suhrkamp 1971.

Wohlwill, J. F.: Strategien entwicklungspsychologischer Forschung. Stuttgart: Klett-Cotta 1977.

Wohlwill, J. F.: Cognitive development in childhood. In: Brim, O. G. Jr. & Kagan, J. (Eds.): Constancy and change in human development. Cambridge, MA: Harvard University Press 1980, 359–444.

Wolf, H. P.: Jugend und Sexualität. Betrifft: Erziehung 14 (1981), 27–32.

Wolff, M. & Stein, A.: Head Start six months later. In: Frost, J. L. (Ed.): Early childhood education rediscovered. New York: Holt, Rinehart & Winston 1968, 293–297.

Wolff, P. H.: Observations on the early development of smiling. In: Foss, B. M. (Ed.): Determinants of infant behavior, II. London: Methuen 1963, 113–134.

Wong-Fillmore, L.: Individual differences in second language acquisition. In: Fillmore, Ch. J. & Wang, W. S. Y. (Eds.): Individual differences in language ability and language behavior. New York: Academic Press 1979, 203–228.

Woodruff, D. S.: Can you live to be 100? New York: Chatham Square Press 1977.

Woodruff, D. S. & Birren, J. E.: Age changes and cohort differences in personality. Developmental Psychology 6 (1972), 252–259.

Wordon, J. W.: Grief counseling and grief therapy. London: Tavistock 1983.

Wunderlich, D.: Studien zur Sprechakttheorie. Frankfurt/M.: Suhrkamp 1976.

Wundt, W.: Völkerpsychologie. Eine Untersuchung der Entwicklungsgesetze von Sprache, Mythos und Sitte. 1. Band: Die Sprache. Leipzig: Engelmann 1900.

Wurzbacher, G.: Die Familie unter dem Aspekt eines lebenslangen Sozialisationsprozesses des Menschen. Hypothesen, Fragestellungen, Folgerungen. In: Wurzbacher, G. (Hg.): Die Familie als Sozialisationsfaktor. Stuttgart (1. Aufl. 1968), 1977.

Wyer, R. S. & Skrull, T. S.: (Eds.): Handbook of social cognition, Vol, 1. Hillsdale, N. J.: Erlbaum 1984.

Wyer, R. S. Jr. & Podeschi, D. M.: The acceptance of generalizations about persons, objects, and events. In: Revlin, R. & Mayer, R. (Eds.): Human reasoning. Washington, D. C.: V. H. Winston 1978.

Yamaguchi, K. & Kandel, D. B.: On the resolution of role incompatibility: A life event history analysis of family roles and marijuana use. American Journal of Sociology 90 (1985), 1284–1325.

Yarrow, L. J.: Separation from parents during early childhood. In: Hoffman, M. L. & Hoffman, L. W. (Eds.): Review of child development research. Vol. 1. New York: Russel Sage Foundation 1964, 89–136.

Yarrow, L. J. et al.: Dimensions of early stimulation and their differential effects on infant development. Merril-Palmer Quarterly 18 (1972), 205–218.

Youniss, J.: Parents and peers in social development. A Sullivan-Piaget Perspective. Chicago: University of Chicago Press 1980.

Youniss, J.: Die Entwicklung und Funktion von Freundschaftsbeziehungen. In: Edelstein, W. & Keller, M. (Hg.): Perspektivität und Interpretation. Frankfurt: Suhrkamp 1982, 78–109.

Yussen, S. R.: Moral reasoning from the perspective of others. Child Development 47 (1976), 551–555.

Yussen, S. R. & Levy, V. M.: Developmental changes in predicting one's span of short-term memory. Journal of Experimental Child Psychology 19 (1975), 502–508.

Zablocki, B.: The genesis of normative systems in rural Hippie communes. Vortrag, Society for Small Group Research 1969.

Zachry, W.: Ordinality and interdependence of representation and language development in infancy. Child Development 49 (1978), 681–687.

Zajonc, R. B.: Feeling and thinking: preferences need no inferences. American Psychologist 35 (1980), 151–175.

Zangwill, O. L.: The ontogeny of cerebral dominance in man. In: Lenneberg, E. H. & Lenneberg, E. (Eds.): Foundations of language development, Vol. 1. New York: Academic Press 1975, 137–147.

Zarit, S. H. & Zarit, J. M.: Families under stress: Interventions for care givers of senile dementia patients. Psychotherapy: Theory, Research and Practice 19 (1982), 461–471.

Zeskind, Ph. S. & Lester, B. M.: Acoustic features and auditory perceptions of the cries of newborns with prenatal and perinatal complications. Child Development (1978), 49, 580–589.

Zikowski, G.: Wie erfolgreich ist die schulische Rehabilitation der Lernbehinderten in der Sonderschule? In: Langfeldt, H.-P. & Böhm, O. (Hg.): Die Wirklichkeit der Lernbehindertenschule: Lehrer – Schüler – Schullaufbahn. Bonn-Bad Godesberg: Dürr'sche Buchhandlung 1975, 138–149.

Zielinski, W.: Wie erfolgreich ist die schulische Rehabilitation der Lernbehinderten in der Sonderschule? In: Langfeldt, H.-P. & Böhm, O. (Hg.): Die Wirklichkeit der Lernbehindertenschule, Bd. 1: Lehrer – Schüler – Schullaufbahn. Bonn – Bad Godesberg: Dürr 1975, 138–149.

Zielinski, W.: Lernschwierigkeiten. Stuttgart: Kohlhammer 1980.

Zimbardo, P. G.: Lehrbuch der Psychologie. Berlin: Springer 1983.

Zimmer, J.: Pädagogisch-inhaltliche Möglichkeiten des Kindergartens. In: Arbeitsgemeinschaft für Jugendhilfe (Hg.): Wohin mit den Fünfjährigen – Kindergarten oder Grundschule? Bonn: Leopold 1975, 13–15.

Zinnecker, J.: Jugend der Gegenwart – Beginn oder Ende einer historischen Epoche? In: Baacke, D. & Heitmeyer, W. (Hg.): Neue Widersprüche. Jugendliche in den achtziger Jahren. Weinheim: Juventa 1985, 24–45.

Zweig, J. & Csank, J.: Effects of relocation on chronically ill geriatric patients of a medical unit: Mortality rates. Journal of American Geriatrics Society 23 (1975), 132–136.

Personenverzeichnis

Sachverzeichnis

Angaben zu den Autoren

Beller, E. Kuno, geb. 1919, M.A., Dr. phil., Professor, Lehrstuhl für Kleinstkindpädagogik im Fachbereich für Erziehungswissenschaften an der Freien Universität Berlin. Arbeitsbereiche: Entwicklungspsychologie, Ökologie der Kleinstkindentwicklung, Modelle der Kleinstkindpädagogik.
Wichtige Veröffentlichungen: Early Intervention Programs. In: Joy Osofsky (ed.): The Handbook for Infant Development. (1979); Entwicklungsziele für Kleinstkinder – ihre Förderung bzw. Behinderung durch bestimmte Sozialisierungsbedingungen und -praktiken. In: Was brauchen unsere Kinder in den ersten drei Lebensjahren? Bonn. (1981); The Philadelphia Study: The Impact of Preschool in Intellectual and Socioemotional Development. In: As the twig is bent ... (1983); Kindergarten und Familie – Eine longitudinale Untersuchung. In: Fthenakis (Hg.), Tendenzen der Frühpädagogik. (1984); Untersuchungen zur familialen und familienergänzenden Erziehung von Kleinstkindern. In: Zimmer (Hg.), Enzyklopädie Erziehungswissenschaft, Band 6, Erziehung in früher Kindheit. (1984).
Adresse: Freie Universität Berlin, Arnimallee 12, 1000 Berlin 33

Filipp, Sigrun-Heide, geb. 1943, Dipl.-Psych., Dr. phil., Professorin für Psychologie an der Universität Trier.
Arbeitsgebiete: Entwicklungspsychologie des Erwachsenenalters (Forschungsprojekt der Stiftung Volkswagenwerk); Selbstwahrnehmung und Selbstaufmerksamkeit; Kritische Lebensereignisse; Erziehungs- und Sozialisationsprozesse.
Wichtige Veröffentlichungen: Selbstkonzept-Forschung (1979); Kritische Lebensereignisse (1981).
Adresse: FB I – Psychologie, Universität Trier, Schneidershof, 5500 Trier.

Grimm, Hannelore, geb. 1940, Dipl.-Psych., Dr. phil. habil., Professorin für Psychologie mit Schwerpunkt im Bereich der allgemeinen und angewandten Entwicklungspsychologie an der Universität Bielefeld.
Arbeitsschwerpunkte: Normale und abweichende Sprach- und Denkentwicklung, Interaktionsprozesse in Mutter-Kind-Dyaden, Attributionsprozesse, Sprachentwicklungsdiagnostik. Wichtige Veröffentlichungen: Strukturanalytische Untersuchung der Kindersprache (1973); Psychologie der Sprachentwicklung, Band I und II (1977); Zur Entwicklung sprachlicher Strukturformen bei Kindern (1975, mit H. Schöler u. M. Wintermantel); Zur Entwicklung von Bedeutungen (1975, mit M. Wintermantel); Heidelberger Sprachentwicklungstest (1978, mit H. Schöler); Sprachpsychologie – Handbuch und Lexikon der Psycholinguistik (1981, mit J. Engelkamp); Sprachentwicklungsdiagnostik (1985, mit H. Schöler); Mitherausgeberin der Zeitschrift „Sprache & Kognition".
Adresse: Abteilung Psychologie, Universität Bielefeld, Universitätsstraße 25, 4800 Bielefeld.

Hoff, Ernst-Hartmut, geb. 1946, Dipl.-Psych., Dr. phil., Priv.-Doz. an der TU Berlin, wiss. Mitarbeiter am Max-Planck-Institut für Bildungsforschung in Berlin, Arbeitsgebiete: Theorien und Methoden der Sozialisationsforschung, familiale Sozialisation, berufliche Sozialisation, Arbeit und Freizeit, Kontrollbewußtsein.
Wichtige Veröffentlichungen: Familienerziehung und Lebenssituation (1980^2 mit V. Grüneisen); Arbeitsbiographie und Persönlichkeitsentwicklung (1985 mit L. Lappe und W. Lempert als Hg.).
Adresse: Max-Planck-Institut für Bildungsforschung, Lentzeallee 94, 1000 Berlin 33.

Hussy, Walter, geb. 1946, Dr. habil., Dipl.-Psych., Professor für Psychologie an der Universität Trier. Arbeitsgebiete: Experimentelle Denk- und Gedächtnispsychologie (Forschungsprojekt DFG), Kognitive Entwicklung (Förschungsprojekt Stiftung Volkswagenwerk).
Wichtige Veröffentlichungen: Lehrbuch der Denkpsychologie: Bd. 1, (1984); Bd. 2, (1986).
Adresse: Fachbereich I – Psychologie, Universität Trier, Tarforst, 5500 Trier.

Kastner, Peter, geb. 1952; Dipl.-Psych.; Promotion 1984; wissenschaftlicher Mitarbeiter am Forschungsprojekt „Jugendentwicklung und Drogen" an der Technischen Universität Berlin.
Adresse: Institut für Psychologie der Technischen Universität Berlin, „Jugendentwicklung und Drogen", Hardenbergstraße 28, 1000 Berlin 12.

Montada, Leo, geb. 1938, Dr. rer. soc., Dipl.-Psych., Professor für Psychologie an der Universität Trier, Leiter der Zentralstelle für Psychologische Information und Dokumentation. Arbeitsgebiete: Angewandte Entwicklungspsychologie, Verantwortlichkeit, Gerechtigkeit, Moral und die Beziehungen zu Handeln und emotionalem Erleben.
Wichtige Veröffentlichungen: Die Lernpsychologie Jean Piagets (1970); Brennpunkte der Entwicklungspsychologie (1979); Entwicklungspsychologie. Ein Handbuch in Schlüsselbegriffen (mit R. K. Silbereisen) (1983); Buch- und Zeitschriftenbeiträge zu den oben genannten Arbeitsgebieten.
Adresse: Fachbereich I – Psychologie, Universität Trier, Postfach 3825, 5500 Trier.

Oerter, Rolf, geb. 1931, Studium der Psychologie, Philosophie und Musikwissenschaft an der Universität Würzburg, Dipl.-Psych., Dr. phil. habil., Professor für Psychologie an der Universität München. Arbeitsgebiete: Pädagogische Psychologie, Entwicklungspsychologie, Persönlichkeitspsychologie (insbesondere Attitudes und Wertstrukturen). Derzeitige Schwerpunkte: psychische Entwicklung und Sozialisation im Jugendalter.

Wichtige Veröffentlichungen: Die Entwicklung von Werthaltungen während der Reifezeit (1966); Moderne Entwicklungspsychologie (1967[1], 1982[19], übers. span. und ital.); Psycholgogie des Denkens (1971[1], 1980[6]), Struktur und Wandlung von Werthaltungen (1970); mit E. Dreher u. M. Dreher: Kognitive Sozialisation und subjektive Struktur (1977); als Hrsg.: Entwicklung als lebenslanger Prozeß (1978); mit H. Walter als Hrsg.: Ökologie und Entwicklung. Mensch-Umwelt-Modelle (1979). Als Hrsg.: Lebensbewältigung im Jugendalter (1985).
Adresse: Universität München, Leopoldstr. 13, 8000 München 40.

Olbrich, Erhard, geb. 1941, Dipl.-Psych., Dr. phil., Professor für Psychologie am Psychologischen Institut der Universität Erlangen-Nürnberg. Arbeitsschwerpunkte: Entwicklung im Erwachsenenalter und Alter, Interaktionen von Copingstrategien und Entwicklung.
Wichtige Veröffentlichungen: Soziale Interaktion im Alter (1976); Mitarbeit bei „Patterns of Aging" (Hrsg. Thomae, 1976); Probleme des Jugendalters (mit Todt, 1984); Life-Span and Change in a Gerontological Perspective (mit Munnichs, Mussen und Coleman, 1985); Mitherausgeber des „International Journal of Behavioural Development".
Adresse: Psychologisches Institut der Universität Erlangen-Nürnberg, Hindenburgstraße 14, 8520 Erlangen.

Petermann, Franz, geb. 1953, Prof. Dr. phil., Dipl.-Psych. arbeitet an der Abteilung für Sozialpsychologie der Universität Bonn. Gegenwärtige Forschungsschwerpunkte: Aggressives Verhalten im Kindes- und Jugendalter, psychosoziale Folgen chronischer Erkrankungen.
Wichtige Veröffentlichungen: Veränderungsmessung (1978), Einstellungsmessung – Einstellungsforschung (1980), Einzelfalldiagnose und klinische Praxis (1982), Training mit aggressiven Kindern (2. Auflage, 1984), Psychologie des Vertrauens (1985).
Adresse: Psychologisches Institut der Universität Bonn, Römerstr. 164,
5300 Bonn.

Rauh, Hellgard, geb. 1942, Dipl. Psych., Dr. phil., Professor für Psychologie mit Schwerpunkt Entwicklungspsychologie am Institut für Psychologie im Fachbereich Erziehungs- und Unterrichtswissenschaften der Freien Universität Berlin. Arbeitsschwerpunkte: Analyse von Entwicklungsprozessen, vor allem in der frühen Kindheit, kognitive Entwicklung, Entwicklung des Sozialverhaltens, Entwicklung geistig behinderter Kleinkinder, Frühförderung.
Wichtige Veröffentlichungen: Entwicklungspsychologische Analyse kognitiver Prozesse (1972), Jahrbuch 1 Entwicklungspsychologie (1978), sowie Beiträge in verschiedenen Handbüchern, Sammelwerken und Zeitschriften.
Adresse: Institut für Psychologie, FB Erz./Unt., FU Berlin, Habelschwerdter Allee 45, 1000 Berlin 33.

Schmidt, Hilde; Autorenname: Hildeschmidt, Anne, M. Ed., Dr. paed.; Akademische Rätin an der Universität des Saarlandes, FR. Erziehungswissenschaft, Arbeitseinheit Sonderpädagogik. Erste und Zweite Prüfung für das Lehramt an Grund- und Hauptschulen, zwölfjährige Tätigkeit als Lehrerin, Zweitstudium der Psychologie, Erziehungswissenschaft und Sonderpädagogik. Arbeitsschwerpunkte: Schulschwierigkeiten als Entwicklungsprobleme im Kontext Schule, Behinderungen als ,,kritische Lebensereignisse", integrationsorientierte Intervention.
Mitautor folgender Monographien: Individuelle Lernvoraussetzungen (1977), Unregelmäßiges Schulbesuchsverhalten (1978), Hauptschulversagen (1982).
Adresse: FB Erziehungswissenschaft, Bau 8, Universität des Saarlandes, 6600 Saarbrücken.

Schmidt-Denter, Ulrich, geb. 1946, Dipl.-Psych., Dr. phil., Professor für Psychologie an der Universität zu Köln. Arbeitsschwerpunkte: Soziale Entwicklung, Vorschulerziehung, ökologische Einflüsse auf die Entwicklung.
Wichtige Veröffentlichungen: Die soziale Umwelt des Kindes (1984), Sozialverhalten von Vorschulkindern (1980, mit H. Nickel), Vom Kleinkind zum Schulkind (1980^2, mit H. Nickel).
Adresse: Universität zu Köln, Psychologisches Institut II, Lehrstuhl 2, Richard-Wagner-Str. 39, 5000 Köln 1.

Schneewind, Klaus A., geb. 1939, Dipl.-Psych., Dr. phil., Professor für Psychologie, Leiter des Institutsbereichs Persönlichkeitspsychologie und Psychodiagnostik am Institut für Psychologie der Universität München. Arbeitsschwerpunkte: Persönlichkeitspsychologie, Psychodiagnostik, Methodenlehre und Wissenschaftstheorie, Pädagogische Psychologie, Familienpsychologie.
Wichtige Veröffentlichungen: Methodisches Denken in der Psychologie (1969), Psychologie – was ist das? (1975), Wissenschaftstheoretische Grundlagen der Psychologie (Hrsg. 1977), Familiäre Sozialisation (Hrsg. mit Lukesch 1978), Probleme und Perspektiven der Pädagogischen Psychologie (Hrsg. mit Brandtstädter & Reinert 1979), Familiäre Sozialisation und Intervention (Hrsg. mit Lukesch und Perrez 1980), Erziehungsstilforschung (Hrsg. mit Herrmann 1980), Persönlichkeitstheorien I und II (1982/1984), Eltern und Kinder (mit Beckmann und Engfer 1983), Psychologie und komplexe Lebenswirklichkeit (Hrsg. mit Kugemann und Preiser 1985).
Adresse: Institut für Psychologie, Persönlichkeitspsychologie und Psychodiagnostik, Universität München, Geschwister-Scholl-Platz 1, 8000 München 22.

Schuster-Oeltzschner, Martin, geb. 1946, Dipl.-Psych., Dr. phil., Akademischer Rat an der Erziehungswissenschaftlichen Abteilung der Universität Köln.
Wichtige Veröffentlichungen: Mnemotechniken (mit W. Metzig: Lernen zu lernen 1982), Lernen im Alter, Entwicklung des Wissens im Alter, Kunstpsychologie (Das ästhetische Motiv 1985).
Adresse: Univ. zu Köln, Institut f. Psychologie, Gronewaldstr. 2, 5000 Köln 41.

Seiler, Thomas Bernhard, geb. 1925; Philosophische und theologische Studien in Fribourg (Schweiz), dann Studium der Naturwissenschaften, der Mathematik und der Französischen Literatur für das Schweiz. Sekundarlehrerpatent; Studium der Psychologie in Fribourg, Paris und Berlin (Diplom 1964, Promotion, Dr. phil. 1966); Professor für Psychologie an der Freien Universität Berlin (1971) und seit 1976 an der Technischen Hochschule Darmstadt. Arbeitsschwerpunkte: Kognitionspsychologie, Begriffs- und Bedeutungsentwicklung.
Wichtige Veröffentlichungen: Die Reversibilität in der Entwicklung des Denkens (1968), Kognitive Strukturiertheit (1973), Concept development and the development of word meaning (1983), Begriffs- und Wortbedeutungsentwicklung (1985).
Adresse: Institut für Psychologie (FB 3) der Technischen Hochschule Darmstadt, Hochschulstraße 1, 6100 Darmstadt.

Silbereisen, Rainer K., geb. 1944; Dipl.-Psych.; Promotion 1975; Lehraufträge an der Technischen Universität Darmstadt und der Freien Universität Berlin; seit 1978 Professor an der Technischen Universität Berlin, seit 1986 an der Universität Gießen, Arbeitsschwerpunkte: Entwicklungspsychologie sozialen Denkens und Handelns, Jugendentwicklung und Drogengebrauch, Forschung zur Bürger-Verwaltungs-Beziehung.
Wichtige Veröffentlichungen: Entwicklung sozialer Kognitionen (1980, mit Eckensberger); Entwicklungspsychologie (1983, mit Montada); Development as Action in Context (1984, mit Eyferth).
Adresse: Justus-Liebig-Universität Gießen, Otto-Behaghel-Straße 10, 6300 Gießen.

Wannenmacher, Wolfgang, geb. 1946, Studium der Psychologie und Medizin; wissenschaftlicher Mitarbeiter und Lehrbeauftragter am Institut für Pädagogische Psychologie der Universität Frankfurt am Main und der Technischen Hochschule Darmstadt. Zur Zeit Mitarbeiter für Klinische Forschung und Entwicklung, Abt. ZNS (A 108), Fa. E. Merck, D-6100 Darmstadt, Frankfurter Straße 250.

Bildnachweis

S. 15 (links oben): Hogrefe, Göttingen; S. 15 (rechts oben), 15 (rechts unten), 15 (links unten), 207, 217 (unten), 297, 417, 593, 638, 747, 751, 808: Verlagsarchiv; S. 88: Cornell Universität; S. 116, 307, 399 (unten), 893: Ullstein Bilderdienst; S. 183, 371m 399 (oben), 866, 927, 963: SZ-Bilderdienst; S. 184: Chatto & Windus, The Hogarth Press, London; S. 217 (oben): Herbert Gräßer, aus: Freudenreich, D., Gräßer, H., Köberling, J.: Rollenspiel: Rollenspiellernen für Kinder und Erzieher in Kindergärten, Vorklassen und ersten Schuljahren. Hannover: Schroedel Schulbuchverlag GmbH 1981; S. 293: Fotoarchiv Christa Petri, Regensburg; S. 335: Jochen Fiebig, München; S. 471, 513, 575: Ute Andresen, München; S. 562: John H. Flavell: Cognitive Development, 2/e, © 1985, S. 338. Nachgedruckt mit Genehmigung von Prentice-Hall, Inc., Englewood Cliffs, New Jersey; S. 585: Bühler Editionsprojekt – Prof. Dr. Eschbach – Universität GH Essen; S. 733: CBS Publishing, New York; S. 817: Internationales Design Zentrum, Berlin, S. 1009 (oben): Jochen Fiebig, München; S. 1009 (unten): Helga Trölenberg-Buchholz, Hannover.